Camille Flammarion

Dictionnaire Encyclopédique Universel

Illustré de 20000 Figures

SCIENCES
ARTS
LETTRES
INDUSTRIE
HISTOIRE
GRAMMAIRE
GÉOGRAPHIE
ET DÉCOUVERTES

PARIS

E. FLAMMARION

LIBRAIRE-ÉDITEUR

26, RUE RACINE, PRÈS L'ODÉON

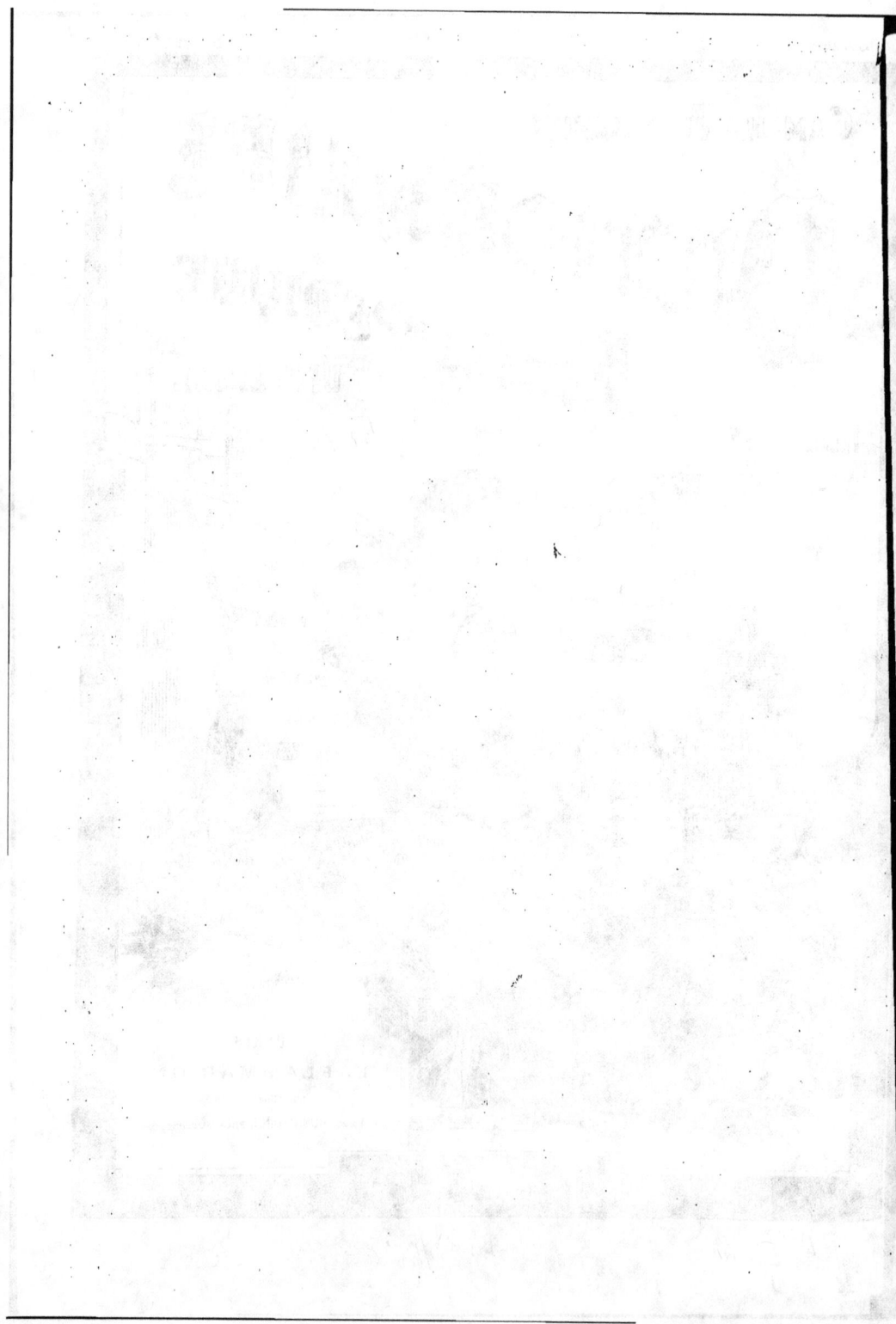

E

E. s. m. La cinquième lettre de notre alphabet et la seconde de nos voyelles. *Un grand E. Un petit e. Il faut mettre un accent aigu sur l'e de donné.*

Obs. gram. — Dans notre langue, on reconnaît communément trois sortes d'e, l'e ouvert, l'e fermé, l'e muet, que l'on trouve réunies dans les mots *sévère* et *évêque.* Ainsi, dans le premier mot, par ex., la syllabe *sé* a un *e* fermé, la syllabe *vè* un *e* ouvert, et la syllabe *re* un *e* muet. Mais chaque espèce d'*e* présente, en outre, des variations secondaires. — 1° *L'E ouvert* offre quatre variétés : l'e ouvert aigu, l'e ouvert grave, l'e très ouvert, et l'e ouvert emphatique. C'est l'e ouvert aigu que nous prononçons dans les premières syllabes des mots *père, mère,* et dans les mots *nièce, appelle,* etc. Il en est de même des mots *hymen, ciel, chef, muluel,* où l'e est suivi d'une consonne avec laquelle il forme une seule syllabe, à moins toutefois que cette consonne ne soit l's ou le z, qui marquent le pluriel, ou le *nt* de la troisième personne du pluriel des verbes. La seconde espèce d'e ouvert s'observe dans les mots *greffe* et *nèfle.* L'e est très ouvert dans les mots *accès, forêt.* Enfin, il est emphatique dans les mots *fête, tempête,* etc. Nous ferons remarquer en passant qu'il n'y a pas de mot français qui commence ou finisse par un e très ouvert. — 2° *L'E fermé* est celui que nous faisons entendre en prononçant la dernière syllabe des mots *bonté, fierté, vérité :* on l'appelle quelquefois e masculin parce que, lorsqu'il se trouve à la fin d'un adjectif ou d'un participe, il indique toujours ce genre. — 3° *L'E muet* mérite à peine le nom de son, car on ne peut lui donner aucune espèce d'intonation. Aussi ne commence-t-il jamais une syllabe et s'élide-t-il constamment, quand il se trouve devant une autre voyelle. On l'appelle quelquefois e féminin parce qu'il sert à former le féminin des adjectifs, comme on le voit dans *saint, secret, plein,* etc., qui font au fém. *sainte, secrète, pleine,* etc. Dans le corps des mots, l'e muet est nul ou presque nul : ainsi, par ex., *rapidement* et *demander,* se prononcent comme s'ils s'écrivaient *rapidment, dmander.* A la fin des mots, l'e muet disparaît encore presque complètement. En conséquence, *Marie, joue, luloie,* se prononcent comme s'il y avait simplement, *Mari, jou, lutoi.* Parfois cependant il indique que la voyelle qui précède doit être longue, comme dans *joue, enjouement.* Dans certains mots, tels que les monosyllabes, *je, me, te, se,* et *le* (après l'impératif d'un verbe, *gardez-le,* par ex.), il a un son qui se rapproche de celui d'*en* faible. C'est aussi le son qu'on lui donne dans le chant, lorsqu'il est le support d'une note, et dans la déclamation des vers où on doit *toujours* le prononcer, si faiblement que ce soit, sous peine de faire entendre un vers faux. — Quelquefois l'e muet prend le son de l'a, ou plutôt il entre comme simple signe dans l'expression graphique de la voyelle nasale *an,* ainsi qu'on l'observe dans les mots *embaumer, empereur, emmener, entier, enterrement,* etc., qui se prononcent comme si leur lettre initiale était un *a : anbaumer, anpereur, anmener.* E adopte encore le même son devant la double consonne *nt,* qui termine un grand nombre de nos

adverbes ; mais à la troisième personne plurielle des verbes, l'e de la terminaison *ent* est véritablement muet. — Enfin, il est des cas où l'e muet joue un rôle purement euphonique : c'est ce qui a lieu, par ex., dans les verbes en *ger,* où il se place devant les voyelles *a* et *o,* uniquement pour indiquer que le *g* doit quitter le son *gue,* qui lui est naturel, pour prendre celui du *j.* Ainsi *mangeons, mangea,* se prononcent *manjons, manja,* et non *manguons* et *mangua.* — Voy. THÈMA.

La lettre E occupe le cinquième rang dans notre alphabet : c'est aussi la seconde de nos voyelles et la lettre dont l'usage est le plus fréquent dans notre langue. Sa forme dérive de celle de l'epsilon grec. — E figure souvent dans les inscriptions latines pour représenter les mots : *et, ex, erigere, ejus,* etc. Dans les abréviations françaises, en géographie, il s'emploie pour *Est.* Dans la notation musicale littérale, il représente la note *mi.* Enfin, c'est la cinquième des lettres dominicales.

É. préf. Voy. Es.

ÉACIDES, nom patronymique des descendants d'Éaque : Télamon, Pélée, Achille, Néoptolème, etc.

ÉAQUE, roi d'Égine, fils de Jupiter et père de Télamon et de Pélée ; suivant la Fable, un des trois juges des enfers.

EARLE, chirurgien, oculiste anglais (1755-1817).

EARLE (THOMAS), publiciste américain (1791-1849).

EASTLAKE, célèbre peintre anglais (1793-1865).

EASTWICK, orientaliste anglais (1814-1883).

EAU. s. f. (lat. *aqua,* m. s.). Substance liquide et transparente, sans odeur ni saveur, qui se solidifie par le froid et se vaporise par la chaleur. *Eau naturelle. Eau de source, de puits, de rivière. Eau de pluie* ou *Eau pluviale. Eau du ciel. Eau de mer. Eau distillée. Eau bonne à boire. Eau fade, fraîche. Eau bouillante. Eau vive. Eau courante. Eau dormante.* Prov.

Il n'est, comme l'on dit, pire eau que l'eau qui dort.

MOLIÈRE.

Eau croupie. Eau légère. Eau pesante. Une goutte d'eau. Mettre de l'eau dans son vin. Un cours d'eau. Une source d'eau. Jet d'eau. Pièce d'eau. Puiser, tirer de l'eau. Faire écouler les eaux. Jeûner au pain et à l'eau, Ne manger que du pain et ne boire que de l'eau. Dans un sens anal., on dit, Mettre quelqu'un au pain et à l'eau. Eau douce, Eau des rivières, des lacs, des étangs et des fontaines, par opposit. à l'eau de la mer. — *Eau battue,* Eau que l'on a versée plusieurs fois d'un vase dans un autre, pour l'aérer davantage. —*Eau de savon, eau d'empois*, etc., Eau dans laquelle on a fait dissoudre du savon, de l'empois, etc. — *Eau baptismale*, Eau qui sert à baptiser. — *Eau bénite, Eau lustrale.* Voy. BÉNITIER et LUSTRAL. —*Eau bénite de cour*, Paroles flatteuses et peu sincères. Fam. — *Voie d'eau*, Quantité d'eau que contiennent deux seaux d'une capacité déterminée. — T. Mar. *Faire de l'eau*, signifie se pourvoir d'eau bonne à boire; et *Faire eau*, se dit d'un navire où l'eau entre par quelque ouverture faite à la carène. *Nous descendîmes à terre pour faire de l'eau. Notre navire faisait eau de toutes parts.* — Rompre l'eau à un cheval, Interrompre un cheval quand il boit, l'obliger à boire à différentes reprises. *Rompez l'eau à votre cheval, qui a trop chaud.* — Prov., *Il ne vaut pas l'eau qu'il boit*, se dit d'un homme qui n'est bon à rien, qui est incapable de rien faire d'utile. — Fig. et fam., *Mettre de l'eau dans son vin*, se dit pour marquer le changement qui s'opère dans une personne quand elle devient plus modérée dans sa conduite, ses sentiments, ses prétentions. Et prov., *Il se noierait dans un verre d'eau*, Il est si malheureux ou si malhabile que le moindre accident est capable de le perdre. *Il ne trouverait pas de l'eau à la rivière*, se dit d'une personne si malavisée qu'elle ne sait pas trouver les choses les plus faciles à trouver. *Porter de l'eau à la mer, à la rivière*, ou *Porter l'eau à la mer*, Porter des choses en un lieu où il y en a déjà en grande abondance. On dit de même, *C'est une goutte d'eau dans la mer.* || Se dit aussi dans le sens de Pluie. *Les terres ont grand besoin d'eau. L'eau tombait à torrents. Si le vent dure, nous aurons de l'eau.* || Se dit de toute masse plus ou moins considérable d'eau, soit mer, rivière, lac, étang, etc. *Voyager par eau. Passer, traverser l'eau, Tomber dans l'eau. Nager, flotter sur l'eau. Aller au fond de l'eau. S'en aller à vau-l'eau. Craindre l'eau. Lancer un bâtiment à l'eau. Le navire fendait les eaux. Rat d'eau. Poule d'eau.* — *Faire une pleine eau, Se baigner en pleine rivière.* — *Les eaux sont grandes, grosses, hautes,* etc., Les eaux des rivières sont grandes, etc. *Pendant les grosses, les grandes eaux* — *Les eaux sont basses*, Il y a peu d'eau dans la rivière. — *Être comme le poisson dans l'eau*, Se trouver bien, se trouver à son aise dans l'endroit où l'on est. Dans un sens contraire, on dit, *Être comme le poisson hors de l'eau.* — Prov., *Il passera bien de l'eau sous les ponts avant ça et là, on d'ici à ce temps-là*, Cela n'arrivera pas de si tôt. Par exagér., *Il jouerait les pieds dans l'eau*, se dit de quelqu'un qui a la passion du jeu. — Figur. et fam., *Tomber dans l'eau*, Manquer, échouer. *Leur projet est tombé dans l'eau. Revenir sur l'eau, Rétablir sa fortune, recouvrer son crédit, rentrer en faveur.* — Fig. iron., *De la plus belle eau*, Ce qu'il y a de mieux en fait de personnes et de choses. — Fig. et prov., *Il faut laisser couler l'eau*, Il faut laisser aller les choses comme elles vont. *Faire venir l'eau au moulin*, Procurer à soi ou aux siens des avantages, du profit, par son industrie, par son adresse. *Pêcher en eau trouble*, Profiter du désordre des affaires des autres ou des malheurs publics pour tirer son profit, son avantage. || T. Mar. *Les eaux d'un navire*, La trace qu'un navire laisse après lui à mesure qu'il avance. On dit qu'un *bâtiment* est ou *se tient dans les eaux d'un autre*, lorsqu'il gouverne dans le même sillage; et dans un sens anal., *Prendre, suivre les eaux d'un bâtiment*, etc. || *Eaux et forêts*, se dit des forêts, des rivières, des étangs, etc., en tant qu'ils sont l'objet de la surveillance de l'État et d'une législation spéciale. *Inspecteur des eaux et forêts. L'administration des eaux et forêts*, ou absol., *Les eaux et forêts.* || Dans un sens particul., se dit des eaux médicinales qui se trouvent dans quelque endroit, et dont on fait usage, soit en s'y baignant, soit en les prenant comme boisson. *Il boit de l'eau de Vichy à ses repas. On lui a ordonné des bains d'eau de Barèges. Les eaux de Plombières, de Spa. Eau thermale*, Eau de source jaillissant à une température élevée. — *Eaux minérales.* Absol. et au plur., se dit du lieu où il y a des eaux médicinales et où l'on va pour en faire usage. *Aller aux eaux. Il est aux eaux. Revenir des eaux.* Voy. plus loin **Eaux minérales.** || Se dit aussi de certaines préparations sous forme liquide qui sont usitées en médecine, en parfumerie et dans les arts. *Eau de chicorée. Eau de mélisse. Eau vulnéraire, Eau-de-vie camphrée. Eau de Cologne. Eau-forte. Eau seconde. Eau de chaux.* Voy. plus loin **Pharm. et Arts.** — *Graver à l'eau-forte*, Graver une planche avec le seul secours de l'eau-forte. Par ext., *Eau-forte* se dit d'une estampe gravée à l'eau-forte. *Une eau-forte de Rembrandt.* Voy. GRAVURE. || Vulgairement, se dit de certains produits

de sécrétion ordinairement séreux, qui se forment dans le corps de l'homme ou des animaux. *Des ampoules pleines d'eau. Les eaux de l'amnios. Son sang n'était presque que de l'eau*, Il était extrêmement séreux et peu coloré. — Se dit quelquefois pour sueur. *Il a été forcé de courir, il est tout en eau.* — Se dit encore pour urine. *Lâcher de l'eau, Faire de l'eau.* Très fam. || En parlant de certains fruits, se dit pour suc. *Cette poire a beaucoup d'eau. Ce fruit a une eau fort agréable.* || S'emploie encore pour désigner la transparence, l'éclat qu'ont les perles, les diamants et quelques autres pierreries. *Voilà des perles d'une belle eau. Ces diamants sont de la première eau.* — Par ext., *Donner eau à un drap, à un chapeau*, Lui donner du lustre. || *Couleur d'eau*, Couleur bleuâtre qu'on donne au fer poli. *Il faut mettre ces pistolets en couleur d'eau.* — *Vert d'eau*, Couleur vert clair. — *A fleur d'eau*, A la surface de l'eau. — *Eau de boudin*, Résultat nul. *S'en aller, tourner en eau de boudin.* Très fam. — *Eau rougie*, Eau mêlée d'une petite quantité de vin. — *Eau gazeuse*, Eau dans laquelle on a introduit artificiellement de l'acide carbonique. || T. Véner. *Battre l'eau*, Se jeter à l'eau en parlant d'une bête que l'on court. || T. Mécan. Chacune des ouvertures de la noix d'un robinet laissant passer le fluide qu'il reçoit. *Robinet à deux eaux.*—*Eau de condensation*, Eau que l'on envoie dans le condenseur pour réduire la vapeur qui y arrive. || T. Minér. *Eau de cristallisation*, Eau retenue par un cristal dans sa formation. — *Eau de constitution*, Eau faisant partie essentielle d'une substance cristallisée. Voy. plus loin *Propriétés chimiques de l'eau.* || *Eau de carrière*, Eau que l'on trouve dans les pores de certaines roches. || T. Techn. *Travailler à grande eau*, Faire une pâte à papier contenant une grande quantité d'eau.

Chimie. — I. — Les anciens regardaient l'eau comme l'un des quatre éléments de la nature; mais aujourd'hui personne n'ignore qu'elle est un corps composé de deux gaz, l'hydrogène et l'oxygène. Déjà, vers la fin du XVIIe siècle, Newton avait conçu du grand pouvoir réfringent de l'eau qu'il devait exister dans ce liquide, un corps combustible; mais cette induction n'amena aucun résultat. Cependant, en 1776, Macquer et Sigaud-Lafond, en cherchant quelle sorte de suie donne la combustion du gaz hydrogène à l'air, avaient reconnu, non sans étonnement, que cette suie n'était autre chose que de l'eau. Cette expérience peut se faire de la manière suivante (fig. 1). On met de l'eau, du zinc et de l'acide sulfurique dans le flacon A, afin de produire un dégagement d'hydrogène. Après avoir enflammé le gaz, on renverse au-dessus de la flamme un second flacon bien sec, B, dont les parois ne tardent pas à se couvrir d'humidité. Or, cette humidité résulte de ce que, en brûlant, c.-à-d. en se combinant avec l'oxygène de l'air, l'hydrogène donne naissance à de l'eau; celle-ci, à cause de la chaleur produite par la combinaison, est d'abord à l'état de vapeur, mais

Fig. 1.

se condense en gouttelettes aussitôt qu'elle est refroidie par les parois du flacon. Quelques années plus tard, en faisant détoner ensemble un mélange d'hydrogène et d'oxygène, Priestley constata également que les parois du vase dans lequel il avait expérimenté s'étaient recouvertes d'humidité. Bientôt les recherches à peu près simultanées de Cavendish, de James Watt et de Monge (1781) établirent de la façon la plus rigoureuse que l'eau est un composé d'hydrogène et d'oxygène. Enfin, Lavoisier le premier (1783) montra, la balance à la main, que les deux gaz, pour former de l'eau, se combinent entre eux dans la proportion de 2 volumes d'hydrogène et de 1 volume d'oxygène, et que le poids de l'eau produite est égal à la somme des poids des deux gaz.

Analyse ou Décomposition de l'eau. — La méthode imaginée par Lavoisier pour décomposer l'eau était fort simple.

Il versait dans une cornue une quantité d'eau exactement déterminée; puis il adaptait au col de ce vase un tube de porcelaine renfermant une quantité également déterminée de copeaux de fer. L'extrémité opposée du tube aboutissait à un serpentin qui débouchait lui-même dans un flacon à deux tubulures. Enfin, de la seconde tubulure de ce flacon partait

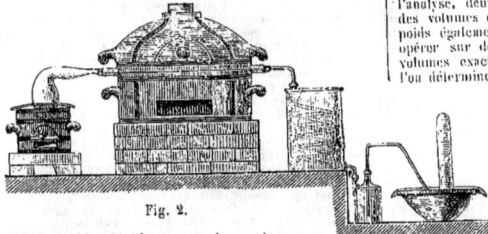

Fig. 2.

un tube destiné à porter les gaz sous la cuve à mercure (Fig. 2). On chauffait l'eau de la cornue après avoir porté au rouge, à l'aide d'un fourneau à réverbère, le fer contenu dans le tube de porcelaine; l'eau se vaporisait, venait se décomposer au contact du fer, lequel s'emparait alors de son oxygène pour se transformer en oxyde, tandis que l'hydrogène allait se rendre sous la cloche graduée.

L'eau qui avait échappé à la réaction se condensait dans le serpentin et tombait dans le flacon disposé pour cet objet. Ainsi donc, l'augmentation de poids qu'avait subie le fer donnait le poids de l'oxygène isolé; l'hydrogène était directement mesuré au moyen de la cloche graduée; enfin la perte de poids éprouvée par l'eau faisait connaître la quantité de liquide qui avait été décomposée. Par conséquent, Lavoisier avait tous les éléments nécessaires pour établir la composition de l'eau. Par cette méthode, il trouva que la décomposition de 100 grains d'eau donne 87 grains d'oxygène et 13 grains d'hydrogène.

L'emploi de la pile électrique fournit un procédé plus élégant pour décomposer l'eau, et permit, en outre, de mesurer avec exactitude le volume de chacun des deux gaz. La première application du courant électrique à la décomposition de l'eau est due à Carlisle et Nicholson (1800). Pour faire cette expérience, on

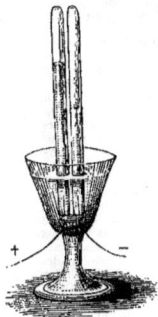

Fig. 3.

se sert ordinairement d'un verre à pied dans le fond duquel passent deux fils de platine. On mastique les petits trous qui donnent passage aux fils, puis on remplit à moitié le verre avec de l'eau aiguisée de quelques gouttes d'acide sulfurique pour la rendre conductrice de l'électricité. Cela fait, on établit au-dessus des fils (Fig. 3) deux petites éprouvettes longues et étroites, et graduées avec soin. Il suffit alors de mettre les fils de platine en communication avec les deux pôles de

la pile. Aussitôt, on voit de l'hydrogène se dégager au pôle négatif et de l'oxygène au pôle positif. Chacun des gaz se rend dans l'éprouvette qui lui est destinée, et l'on constate ainsi que le volume de l'hydrogène est double de celui de l'oxygène.

Synthèse ou Recomposition de l'eau. — Pour opérer la synthèse de l'eau, on peut employer, comme pour en faire l'analyse, deux méthodes différentes, c.-à-d. opérer : 1° sur des volumes connus d'hydrogène et d'oxygène; 2° sur des poids également connus de ces deux gaz. — Lorsqu'on veut opérer sur des volumes, on introduit dans une cloche des volumes exactement mesurés d'hydrogène et d'oxygène, et l'on détermine la combinaison des deux gaz, soit en mettant le feu au mélange, soit en y faisant passer une étincelle électrique. Pour faire commodément ces expériences, on se sert d'un appareil nommé *Eudiomètre.* Voy. EUDIOMÈTRE. On introduit dans l'eudiomètre des volumes connus d'hydrogène et d'oxygène, et l'on y fait passer une étincelle électrique; aussitôt les deux gaz se combinent dans les rapports de 2 volumes d'hydrogène pour 1 volume d'oxygène. Si, par ex., on introduit dans l'appareil 200 volumes d'hydrogène et 200 d'oxygène, on constate, lorsque les gaz se sont remis en équilibre de température avec l'air ambiant, que 300 volumes de gaz ont disparu et que les 100 volumes qui restent sont de l'oxygène. Par conséquent, 200 volumes d'hydrogène se sont combinés avec 100 volumes d'oxygène, ou 2 volumes du premier avec 1 volume du second. On peut aussi introduire dans l'eudiomètre les gaz qui se dégagent de l'eau sous l'influence de la pile. Dans ce cas, les deux gaz se trouvant précisément dans les proportions voulues pour former de l'eau, le mélange gazeux disparaît entièrement; il s'est transformé en eau qui coule sur les parois de l'instrument. Il faut prendre garde, dans cette dernière expérience, que la détonation est très violente et risque de briser l'appareil.

La seconde méthode, c.-à-d. la méthode pondérale, est susceptible d'une plus grande précision que celle de l'eudiomètre. Elle est fondée sur ce fait que certains oxydes métalliques, quand on les chauffe dans un courant d'hydrogène, abandonnent leur oxygène et se réduisent à l'état métallique. L'oxygène, ainsi abandonné, se combine avec l'hydrogène pour former de l'eau qu'on peut recueillir et peser. La perte de poids que subit l'oxyde métallique donne le poids de l'oxygène qui est entré dans la composition de cette eau, et la différence entre le poids de cette dernière et le poids de l'oxygène donne celui de l'hydrogène. Berzelius et Dulong, les premiers firent usage de cette méthode, trouvèrent que l'eau était formée de 88,91 d'oxygène et de 41,09 d'hydrogène=100,00, ou bien, de 100 d'oxygène et de 12,479 d'hydrogène. Mais ce procédé a été singulièrement perfectionné par Dumas, qui se proposait de déterminer de la façon la plus rigoureuse l'équivalent de l'hydrogène.

Cette expérience exigeant que l'hydrogène employé soit parfaitement pur et desséché, l'appareil de Dumas se compose de deux parties distinctes, l'une pour produire et purifier l'hydrogène, l'autre pour opérer la synthèse de l'eau (Fig. 4). On voit d'abord un grand flacon à deux tubulures, A, qui contient de l'eau, du zinc et de l'acide sulfurique, et qui sert à produire l'hydrogène nécessaire à l'opération. Mais l'hydrogène ainsi obtenu n'est pas chimiquement pur. En conséquence, on fait passer cet hydrogène d'abord par les deux tubes en U, s, s, qui contiennent du sulfate d'argent, lequel retient le phosphore et l'arsenic

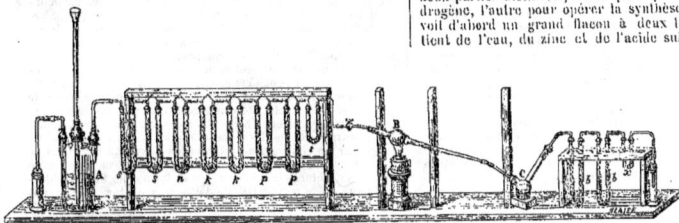

Fig. 4.

dont le zinc du commerce est toujours souillé. De là, le gaz passe dans un troisième tube, n, qui renferme du nitrate d'argent destiné à détruire le composé que l'hydrogène forme avec le soufre contenu dans le zinc; puis, dans un quatrième et un cinquième tube, k, k, remplis de potasse pour absorber la combinaison huileuse que forme l'hydrogène avec le charbon qui se trouve dans le zinc; ensuite, dans deux nouveaux tubes, p, p, pleins d'acide phosphorique anhydre pour enlever l'humidité contenue dans l'hydrogène; enfin, dans un dernier tube à acide phosphorique, *t*, appelé *tube témoin*, qui a été pesé d'avance, et qui prouve, par l'invariabilité de son poids, que le gaz est absolument sec. — La seconde partie de l'appareil présente d'abord un premier ballon à deux tubulures, B, de verre très solide, et capable de supporter la chaleur rouge sombre pendant une journée entière sans se déformer; après l'avoir bien desséché, on le remplit d'oxyde de cuivre sec et on le pèse avec soin. Ce ballon communique avec un autre ballon C, qu'on pèse aussi préalablement, et

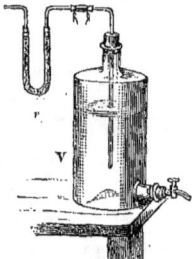

Fig. 5.

qui est destiné à recevoir la plus grande partie de l'eau formée. A ce second ballon s'adaptent deux tubes, *b*, *b*, pleins de chlorure de calcium et de pierre ponce imprégnée d'acide sulfurique pour retenir le reste de l'eau qui se produit dans l'expérience. Enfin, un tube témoin, *x*, termine l'appareil. — Tout étant préparé et l'appareil rempli de gaz hydrogène, on chauffe le ballon B avec une lampe à alcool. L'oxyde de cuivre abandonne alors son oxygène et se transforme en cuivre métallique. Quand il est complètement réduit, on laisse refroidir et l'on adapte au tube *x* un nouveau tube desséchant, *r*, avec un flacon, A, rempli d'eau et muni d'un robinet à sa partie inférieure (Fig. 5). Le tube *r* a pour fonction d'empêcher qu'aucune trace de vapeur d'eau provenant du flacon V ne pénètre dans l'appareil. Maintenant, on ouvre le robinet de ce flacon : aussitôt l'eau s'écoule, mais en même temps il entre de l'air par l'autre extrémité de l'appareil, de telle sorte que tout l'hydrogène contenu dans celui-ci est balayé, et qu'on peut peser les tubes et les ballons pleins d'air, comme avant l'expérience. On pèse séparément d'abord le ballon B, puis le récipient C et les tubes *b*, *b*. La différence entre le poids du ballon B renfermant l'oxyde de cuivre avant l'expérience, et celui du même ballon contenant le cuivre réduit, donne le poids de l'oxygène qui est entré dans la composition de l'eau, tandis que l'augmentation de poids du récipient C et des tubes *b*, *b*, donne le poids de l'eau qui s'est formée. Dans les nombreuses expériences qu'il a exécutées au moyen de cet ingénieux appareil, Dumas a trouvé que 100 gr. d'eau contiennent 11 gr. 111 d'hydrogène et 88,889 d'oxygène. Donc 9 gr. d'eau contiennent exactement 1 gr. d'hydrogène et 8 d'oxygène. — D'autre part, comme l'eau est formée de deux volumes d'hydrogène et d'un volume d'oxygène, on peut déterminer le rapport qui existe entre le volume de la vapeur d'eau et celui des gaz qui la constituent. Il suffit, pour cela, de comparer la densité de la vapeur d'eau avec la somme résultant de la densité de l'oxygène et du double de la densité de l'hydrogène. Or, la densité de l'oxygène est 1,10563 et celle de l'hydrogène 0,06926. Le double de la densité de ce dernier étant 0,13852, on obtient, pour la somme cherchée, le chiffre **1,24415**. Mais ce dernier représente exactement le double de la densité de la vapeur d'eau, laquelle est 0,622, comme le prouvent les expériences de Gay-Lussac et celles de Regnault. Il résulte nécessairement de là qu'un volume d'oxygène et 2 volumes d'hydrogène, en se combinant, forment 2 volumes de vapeur aqueuse, et, par conséquent, qu'un volume de cette vapeur est formé d'un volume d'hydrogène et d'un demi-volume d'oxygène condensé en un volume. On conclut de là qu'une molécule d'eau est formée de 2 atomes d'hydrogène unis à un atome d'oxygène, et l'on donne à l'eau la formule H²O. Si l'on prend pour unité le poids atomique de l'hydrogène, celui de l'oxygène étant 16, le poids moléculaire de l'eau sera 18. L'eau est donc un véritable oxyde d'hydrogène; nous l'appellerons *protoxyde d'hydrogène* pour la distinguer de l'eau oxygénée qui constitue le bioxyde. Dans la notation en équivalents, on donne à l'eau la formule HO et l'on prend pour équivalent de l'oxygène le poids de ce gaz qui s'unit à un gramme d'hydrogène pour former de l'eau, c.-à-d. 8.

Propriétés physiques de l'eau. — L'eau liquide est inodore insipide et incolore sous de faibles épaisseurs; mais, en grandes masses, elle présente une teinte verdâtre très pro-

noncée. A la température de 4° au-dessus de zéro, elle passe par un maximum de densité, c.-à-d. par un minimum de volume. Cette densité à 4° sert d'unité pour évaluer la densité des autres liquides. Voy. Dilatation. L'eau est très peu compressible et son volume ne diminue que de 0,000047 pour une augmentation de pression de 1 atmosphère. Elle se congèle à 0° en se dilatant brusquement de 0,008 de son volume; les formes cristallines de la glace se rapportant au système hexagonal. Voy. Congélation et Glace. Le point de congélation est abaissé quand l'eau tient en dissolution des sels; ainsi l'eau de mer ne se congèle qu'à — 2°,5. Voy. Cryoscopie et Cryohydrate. A 100° et sous la pression de 0,76, l'eau passe à l'état de vapeur. Voy. Ébullition et Vapeur. Cependant, aux températures ordinaires, elle abandonne des vapeurs très sensibles à l'air, et la formation de ces vapeurs est d'autant plus abondante que l'air est plus éloigné de son point de saturation, et que sa température est plus élevée : on dit alors que l'eau *s'évapore* à l'air. Voy. Évaporation. — De tous les corps connus, l'eau est celui qui possède la plus grande chaleur spécifique, c.-à-d. qui exige, à poids égal, le plus de chaleur pour s'échauffer d'un même nombre de degrés. Le coefficient de chaleur spécifique de l'eau, c.-à-d. la quantité de chaleur nécessaire pour élever de 0° à 1° la température de 1 gramme d'eau a été pris pour unité de chaleur et nommée *une calorie*. Voy. Calorimétrie. La chaleur spécifique de la glace n'est que 0,5 calorie. Sa chaleur latente de fusion est 79 calories. La chaleur latente de vaporisation de l'eau à 100° est 537 calories. La densité de la vapeur d'eau est 0,622 par rapport à l'air. Le point critique, c.-à-d. la température au-dessus de laquelle la vapeur d'eau ne peut plus être liquéfiée par compression, est situé entre 400° et 500°.

L'eau dissout un très grand nombre de corps. En général, les corps solides et liquides sont d'autant plus solubles dans l'eau que la température de celle-ci est plus élevée : c'est ce principe que l'on met à profit pour faire cristalliser les corps par refroidissement de leur dissolution saturée à chaud. Cependant, on connaît un certain nombre de substances, comme la chaux et la magnésie, qui sont moins solubles à chaud qu'à froid. Certains liquides, tels que l'alcool, le vinaigre, le vin et les acides sulfurique, nitrique, etc., se mêlent à l'eau en toutes proportions; d'autres, tels que les huiles, y sont complètement insolubles. Il en est des gaz comme des liquides. Les uns, comme l'acide chlorhydrique, l'ammoniaque et le fluorure de bore, se dissolvent en quantités énormes dans l'eau, tandis que d'autres, tels que l'hydrogène, l'azote, l'oxygène, y sont à peine solubles. La solubilité d'un même gaz dans l'eau est d'autant plus grande que la température est plus basse (phénomène inverse de celui qu'on observe dans la dissolution des corps solides), et que la pression exercée sur la dissolution par la portion du gaz non dissous est plus considérable. L'eau, en présence d'un mélange de deux ou plusieurs gaz, dissout de chacun de ces gaz une quantité précisément égale à celle qu'elle dissoudrait en présence de ce gaz seul, sous une pression égale à la fraction de la pression totale qui appartient à ce gaz dans le mélange.

Propriétés chimiques de l'eau. — L'eau n'éprouve aucune action de la part de la lumière. Sous l'influence de la chaleur elle se dissocie, c'est-à-dire qu'elle se décompose partiellement en oxygène et en hydrogène; mais ces deux gaz se recombinent quand la température s'abaisse de nouveau; aussi, ce phénomène est-il resté longtemps inaperçu et l'on croyait autrefois que l'eau était indécomposable par la chaleur seule. Un grand nombre de corps simples décomposent l'eau. Les uns, comme le chlore, s'emparent de son hydrogène, en mettant son oxygène en liberté. Les autres, comme le charbon, le potassium, le fer, etc., se combinent avec son oxygène et dégagent son hydrogène. Avec les corps composés l'eau détermine souvent des doubles décompositions. C'est ainsi qu'elle réagit sur les chlorures de métalloïdes et sur les chlorures des radicaux acides : un atome d'hydrogène de l'eau s'unit à un atome de chlore du chlorure pour former de l'acide chlorhydrique, et le résidu OH de l'eau se combine avec le métalloïde ou avec le radical acide. Par ex., le chlorure d'acétyle, C²H³OCl, se transforme en acide acétique C²H³O.OH, le trichlorure de phosphore Ph Cl³ donne de l'acide phosphoreux Ph(OH)³, etc. Ce résidu OH, qui joue un rôle important dans beaucoup de composés, a reçu le nom d'*oxhydryle*.

L'eau, à proprement parler, ne possède ni des propriétés basiques, ni des propriétés acides. Ainsi, elle n'exerce aucune action sur les réactifs colorés. Cependant elle s'unit, en général, avec facilité, soit aux bases, soit aux acides, et se comporte comme un oxyde indifférent, jouant le rôle de base vis-à-vis des acides forts, et celui d'acide vis-à-vis des bases fortes. Les composés qu'elle forme ainsi sont désignés sous le nom d'*hydrates*. Avec les oxydes métalliques anhydres, elle donne des bases hydratées, qu'on appelle *hydrates métalliques* : elle convertit, par exemple, l'oxyde de potassium K^2O en potasse caustique ou hydrate de potassium KOH, la chaux vive CaO en hydrate de calcium $Ca(OH)^2$. Avec les anhydrides acides (acides anhydres), l'eau forme les acides proprement dits (acides hydratés) ; c'est ainsi que l'anhydride azotique Az^2O^3 se convertit en acide azotique AzO^3H, l'anhydride sulfurique SO^3 en acide sulfurique SO^4H^2; l'anhydride phosphorique Ph^2O^5 donne trois composés différents, qui sont les acides métaphosphorique PhO^3H, pyrophosphorique $Ph^2O^7H^4$, et phosphorique normal PhO^4H^3. Par leurs propriétés chimiques, les acides hydratés, de même que les hydrates métalliques, diffèrent notablement des anhydrides qui leur ont donné naissance. — La plupart de ces produits d'hydratation peuvent eux-mêmes fixer une ou plusieurs molécules d'eau, mais sans que leurs propriétés chimiques subissent de nouvelles modifications. Ainsi, l'acide sulfurique peut former les hydrates SO^4H^2,H^2O, et $SO^4H^2,2H^2O$. Ces nouveaux hydrates, généralement assez instables, sont considérés par beaucoup de chimistes comme représentant, non pas une molécule unique, mais un groupement de molécules juxtaposées; on leur a donné le nom de *combinaisons moléculaires*. Dans cette catégorie se rangent aussi les combinaisons que beaucoup de sels forment avec l'eau, quand ils cristallisent dans ce liquide. Par exemple, le sulfate de magnésie, en dissolution aqueuse, laisse déposer des cristaux répondant à la formule $SO^4Mg + 7H^2O$. Cette eau, qu'on ne peut enlever au sel sans changer la forme cristalline, s'appelle *eau de cristallisation*. Un grand nombre de sels hydratés perdent tout ou partie de leur eau de cristallisation par la simple exposition à l'air libre; d'autres, dans l'air sec ou dans le vide; d'autres, seulement à 100°; d'autres, enfin, au-dessus de 100°. Le sulfate de magnésie, que nous venons de citer, perd 5 molécules d'eau à l'air sec, une sixième à 132°, et la dernière seulement vers 220°. On a appelé *eau de constitution*, celle qui persiste ainsi à une température élevée. — Certains sels changent de couleur lorsqu'ils sont combinés avec de l'eau. Ainsi, par ex., le sulfate ferreux, qui est blanc à l'état anhydre, devient vert d'eau lorsqu'il est hydraté; le sulfate de cuivre, blanc lorsqu'il est complètement desséché, devient immédiatement bleu au contact de l'eau; le chlorure cuivrique anhydre, qui est brun jaunâtre, devient vert au contact d'une très petite quantité d'eau, puis bleu, si l'on augmente la proportion du liquide aqueux. — Quelques sels sont décomposés au contact de l'eau et se dédoublent en deux parties, dont l'une, insoluble, se précipite, tandis que l'autre, soluble, reste dissoute dans l'eau : tels sont le nitrate de bismuth, le nitrate mercureux, etc.

État de l'eau dans la nature et purification des eaux potables. — L'eau, telle qu'on la rencontre dans la nature, soit à la surface de la terre, soit dans son intérieur, n'est jamais absolument pure. Elle contient toujours des quantités variables de différentes substances, soit en dissolution, soit en suspension.

D'abord, l'eau qui coule ou qui séjourne à la surface du sol tient de l'air en dissolution. Cet air se sépare de l'eau, soit lorsqu'elle se congèle, soit lorsqu'on la chauffe. On démontre aisément, par l'expérience suivante, la présence de l'air dans l'eau : On remplit entièrement d'eau un ballon (Fig. 6), auquel on adapte un tube abducteur, de telle manière qu'en forçant le bouchon l'eau déplacée sorte par le tube et en chasse tout l'air.

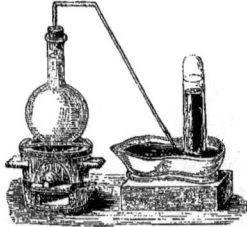

Fig. 6.

Alors on engage le tube sous une cloche pleine de mercure, et l'on chauffe le ballon. Vers 50° ou 60°, on voit une foule de petites bulles se dégager et se rendre sous la cloche. Enfin, si l'on chauffe jusqu'à l'ébullition, tout l'air se trouve dégagé et est entraîné par la vapeur d'eau. On constate ainsi que 100 volumes d'eau donnent environ 3,2 volumes de gaz. L'air contenu dans l'eau est beaucoup plus riche en oxygène que l'air atmosphérique. Il contient en effet 32 ou 33 volumes d'oxygène pour 100, tandis que l'air atmosphérique n'en contient que 21 : ce fait tient à la différence de solubilité des deux gaz. On comprend aisément la nécessité de la présence de l'air, et particulièrement de l'oxygène dans l'eau, quand on réfléchit à la prodigieuse quantité d'êtres vivants, animaux et végétaux qui habitent au sein de ce liquide. Les poissons, par exemple, meurent au bout de quelques instants lorsqu'on les place dans de l'eau privée d'air par l'ébullition. En outre, l'air contenu dans l'eau la rend plus agréable au goût, et surtout plus propre à la digestion. C'est Diogène d'Apollonie qui, le premier (470 av. J.-C.), a constaté la présence de l'air dans l'eau et l'a reconnue indispensable à la respiration des poissons.

Les substances solides qu'on rencontre en dissolution dans les eaux naturelles varient nécessairement selon la nature des terrains que ces eaux traversent. Celles qu'on y trouve le plus généralement sont : 1° du carbonate de chaux; 2° du sulfate de chaux; 3° du sulfate de soude; 4° du chlorure de sodium; 5° du chlorure de magnésium; 6° des traces d'iodures et de bromures; 7° de la silice et des silicates alcalins; 8° des matières organiques. Lorsque les sels que nous venons d'énumérer ne se trouvent dans l'eau qu'en quantités minimes (moins de $0^{gr},5$ par litre), l'eau est potable et propre aux usages domestiques; mais elle devient malsaine et impropre à ces usages dans le cas où il y a excès de certains de ces sels. C'est ce qui a lieu pour les eaux qu'on nomme vulgairement *eaux crues* ou *dures*.

Au reste, on distingue deux sortes d'eaux crues : 1° celles qui sont chargées de sulfate de chaux, et qu'on appelle aussi *eaux séléniteuses* ; telles sont les eaux des environs de Paris : 2° celles qui sont chargées de carbonate de chaux ou de magnésie. Ces deux sortes d'eaux sont impropres au savonnage ainsi qu'à la cuisson des légumes : au savonnage, parce que le sulfate ou la magnésie se combinent avec l'acide gras du savon et forment avec lui un savon calcaire insoluble; à la cuisson des légumes, parce que la légumine qui y est contenue, forme avec la chaux un sel insoluble qui incruste et durcit le tissu végétal. On reconnaît chimiquement la présence du sulfate de chaux dans les eaux à ce qu'elles forment des précipités abondants avec le chlorure de baryum et l'oxalate d'ammoniaque. On peut rendre les eaux séléniteuses, sinon potables, du moins propres aux usages domestiques et industriels, en y versant une dissolution de carbonate de soude qui transforme le sulfate de chaux dissous en carbonate de chaux insoluble, lequel se précipite. Quant au sulfate de soude qui provient également de la réaction et qui reste en dissolution dans l'eau, il ne lui communique aucune propriété nuisible. On peut aussi traiter l'eau séléniteuse avec des cendres de bois, attendu que ces cendres renferment du carbonate de potasse qui se comporte comme le carbonate de soude. Les eaux crues de la seconde espèce sont plus faciles encore à purifier. Comme les carbonates de chaux et de magnésie sont insolubles dans l'eau pure, ces sels ne peuvent se trouver à l'état de dissolution que dans des eaux chargées de gaz acide carbonique. Or, ce gaz se dégageant dans l'atmosphère lorsque l'eau qui le contient arrive au jour, il suffit, pour rendre ces eaux potables et propres aux usages domestiques, de les laisser séjourner un certain temps au contact de l'air : les carbonates, qui n'étaient dissous qu'à la faveur de l'acide carbonique en excès, se précipitent à mesure que ce gaz se dissipe. On peut hâter cette précipitation en faisant bouillir l'eau quelques instants, et en l'abandonnant ensuite au repos. Enfin, on peut la purifier instantanément, pour les usages industriels, en y ajoutant un lait de chaux; l'acide carbonique en excès se dégage ou se porte sur la chaux, et l'on n'a plus que du carbonate de chaux qui, étant insoluble, ne peut plus exercer d'action nuisible.

Il est rare que les eaux potables contiennent plus de 3 décigrammes par litre de matières salines, et celles-ci consistent presque entièrement en sels calcaires. La présence de ces sels, toutes les fois qu'ils ne dépassent pas une certaine proportion, est non seulement tolérable, mais encore utile : car ils concourent, avec ceux que fournissent les aliments, au développement du système osseux des animaux. Quant à l'iode, dont l'existence dans la plupart des eaux a été démontrée par le Dr Chatin, il paraît jouer un rôle des plus importants dans l'économie animale, car le savant observateur a constaté que, dans tous les pays où le goître et le crétinisme sont endémiques, ce principe minéralisateur fait défaut ou ne se trouve pas en quantité suffisante dans les eaux. Les eaux pluviales recueillies avec soin sont les eaux naturelles les plus pures; on doit rejeter les premières portions qui tombent, parce qu'elles entraînent les poussières minérales et organiques répandues dans l'atmosphère; on doit surtout éviter l'emploi de récipients en plomb, car ce métal peut être attaqué par l'eau de pluie et lui communiquer des propriétés nuisibles; grâce à ces précautions, les eaux pluviales peuvent remplacer l'eau distillée dans la plupart des opérations de chimie, et sont également bonnes à boire. Celles qui proviennent de la fonte des neiges dans les montagnes granitiques sont aussi très pures, à peu près au même degré que l'eau de pluie; mais elles ne sont pas assez aérées et ne valent rien pour abreuver les hommes et les bestiaux. Les eaux moins pures que fournissent les sources, les fleuves, les rivières, les puits artésiens, sont en général les meilleures de toutes: ce sont, d'ailleurs les plus répandues dans la nature. Les eaux de puits sont ordinairement peu propres à la boisson et à la cuisson des aliments, car elles sont en général trop chargées de sels calcaires. Souvent aussi elles contiennent des matières organiques, animales ou végétales, en quantité suffisante pour nuire à la santé. Les eaux de citerne présentent fréquemment aussi ce dernier inconvénient. Pour reconnaître la présence de ces matières dans l'eau, on prend une petite quantité du liquide suspect et l'on y verse quelques gouttes de chlorure d'or. Si l'eau devient violette et trouble, il faut absolument la rejeter comme boisson, ou bien la filtrer à travers une couche épaisse de charbon de bois. Après cette filtration, on laisse séjourner l'eau pendant quelque temps au contact de l'air, afin qu'elle puisse absorber la quantité de gaz atmosphérique que doit contenir l'eau normale.

Les matières organiques que peut contenir l'eau sont bien moins dangereuses que les micro-organismes vivants. Une eau chargée de substances organiques privées de vie ne produit pas par elle-même de maladies infectieuses; néanmoins, on doit, autant que possible, la proscrire comme boisson, car elle constitue un milieu favorable au développement des microbes pathogènes et, d'autre part, elle exerce sur l'appareil digestif une action fâcheuse qui rend l'individu plus apte à contracter les maladies épidémiques. Quant aux micro-organismes vivants, on en rencontre dans toutes les eaux naturelles. Les eaux de source et l'eau de pluie sont celles qui en contiennent le moins. L'eau de rivière arrive souvent à en renfermer un nombre énorme, après son passage à travers une grande ville. C'est ainsi que la Seine qui contient déjà 56,000 microbes par centimètre cube à Ivry, en présente environ 250,000 au pont de l'Alma; plus bas, à Clichy et à Saint-Ouen, elle reçoit des eaux d'égout contenant plus de 18 millions de bactéries par centimètre cube. Beaucoup de ces micro-organismes sont inoffensifs; mais certaines espèces, connues sous le nom de microbes pathogènes (bacille de la fièvre typhoïde, spirille du choléra, etc.) sont au contraire fort dangereux et peuvent déterminer de terribles épidémies.

Dans la purification des eaux potables, on devra donc se proposer comme but principal d'éliminer ou de détruire les microbes pathogènes. Quand il s'agit de l'eau destinée à l'alimentation d'une grande ville, on ne peut employer que des moyens praticables sur une grande échelle: on opère généralement par filtration à travers des lits de sable et de gravier plus ou moins fin; à la base de la couche filtrante se trouve le gravier le plus grossier; la partie supérieure est constituée par un lit de sable fin; celui-ci, au bout de quelque temps de filtration, se recouvre d'un enduit limoneux qui non seulement arrête les matières solides en suspension, mais retient la presque totalité des microbes. Aux États-Unis, on a appliqué en grand le système Hyatt, qui consiste à additionner l'eau d'une très petite quantité d'alun et à la filtrer ensuite à travers une couche de coke et de sable; il se forme un précipité d'alumine qui coagule et retient les micro-organismes. Pour les eaux extrêmement impures d'Anvers, on emploie la méthode d'Anderson: l'eau traverse lentement des cylindres creux en fer où elle est brassée avec du fer très divisé; elle se charge de sels ferreux qui, au contact de l'air, se transforment ensuite en oxyde ferrique; les substances organiques sont oxydées, le précipité ferrique englobe et retient toutes les impuretés, et le nombre des micro-organismes est réduit dans une énorme proportion. — Pour la purification de l'eau sur une petite échelle, on a préconisé, dans ces dernières années, un grand nombre de substances filtrantes. Le coke, le charbon de bois, le noir animal, le fer spongieux, lorsqu'on les emploie sous une épaisseur suffisante, éliminent les substances organiques et réduisent beaucoup le nombre des microbes. Mais toutes ces substances, et notamment le noir animal, doivent être fréquemment renouvelées; autrement il s'y établit des colonies de microbes qui peuvent rendre l'eau plus impure qu'avant la filtration. Les filtres ordinaires en pierre poreuse grossière ne servent qu'à clarifier l'eau, mais n'arrêtent nullement les microbes. Il en est tout autrement de certaines substances à pores très fins, comme la porcelaine et la terre d'infusoires calcinée, qui s'opposent complètement au passage des organismes vivants et de leurs germes. En France on emploie surtout le filtre Chamberland: c'est un cylindre creux en porcelaine dégourdie, ayant la forme d'une bougie renversée; il est renfermé dans un manchon métallique qu'on visse au robinet de distribution; la partie inférieure du cylindre dépasse le manchon et présente une ouverture par où l'eau s'écoule après avoir traversé la porcelaine de l'extérieur vers l'intérieur; les corps organisés et leurs germes sont arrêtés au passage ainsi que toutes les matières en suspension. Les filtres de ce genre présentent l'inconvénient de ne fournir qu'un faible débit, de s'encrasser rapidement, et de ne fonctionner que sous une pression d'eau assez forte. — La purification de l'eau par ébullition, pratiquée depuis fort longtemps par les peuples de l'Asie qui font usage du thé, mérite beaucoup plus de confiance que la plupart des procédés de filtration. Elle se borne à faire périr les microbes, mais c'est là le point capital pour l'hygiène. L'application en grand de cette méthode serait assez coûteuse; de plus il faut remarquer que certains germes pathogènes peuvent résister quelque temps à la température de 100°, et que l'ébullition ordinaire prive les eaux potables de tous leurs gaz et de leur carbonate de chaux, substances utiles à l'organisme. Ces inconvénients sont évités dans l'appareil Geneste-Herrscher, qui permet de porter l'eau à une température de 115° pendant un quart d'heure; l'opération s'effectuant en autoclave, l'eau ne perd aucune des substances qu'elle tenait en dissolution. Le refroidissement qui se fait aussi en vase clos et sous pression est *méthodique*, c.-à-d. que l'eau froide, non encore stérilisée, qui pénètre dans l'appareil sert à refroidir l'eau chaude déjà stérilisée qui en sort. Cette récupération de chaleur a pour conséquence une grande économie de combustible et permet d'opérer rapidement et à peu de frais sur des quantités relativement grandes de liquide. Le procédé que nous venons de décrire offre ceci d'intéressant qu'il procure une stérilisation rigoureuse; l'eau ainsi traitée ne contient plus aucune trace d'organismes vivants.

L'eau de mer et les *eaux salées* de certains lacs et de certaines sources constituent une catégorie particulière dont l'importance est telle que nous leur consacrerons des articles spéciaux. Il en est de même des eaux minérales et thermales si usitées en médecine. Voy. MER, SEL, et plus loin Eaux minérales.

Distillation de l'eau. — Lorsque les eaux naturelles contiennent des principes solubles, on ne peut employer, pour

Fig. 7.

les purifier, les procédés que nous avons indiqués tout à l'heure. Il faut alors recourir à la distillation. On peut, à l'aide de cette méthode, transformer l'eau la plus impure en eau chimiquement pure. Quand on a à distiller une grande quantité d'eau, on fait usage de l'alambic ordinaire. Voy. ALAMBIC. En chauffant l'eau contenue dans la cucurbite, le liquide se réduit en vapeurs qui passent dans le serpentin, où elles se condensent au contact de l'eau froide qui remplit le réfrigérant. Lorsque, au contraire, on ne veut opérer que sur une petite quantité d'eau (il en est d'ailleurs de même pour tout liquide susceptible d'être distillé), on introduit l'eau dans une cornue de verre qu'on chauffe au bain-marie ou dans un bain de sable (Fig. 7), pour empêcher qu'elle ne soit brisée par la chaleur. Un long tube de verre fait l'office de serpentin, et un manchon de fer-blanc dans lequel passe le tube, celui de réfrigérant. Ce manchon est hermétiquement fermé à ses extrémités au moyen de bouchons, et il est en outre muni de deux tubes, l'un en entonnoir pour recevoir l'eau froide destinée à condenser la vapeur, et l'autre recourbé, pour laisser échapper cette même eau quand elle s'est échauffée. Il faut rejeter les premières portions d'eau distillée, lesquelles entraînent avec elles les corps gazeux que contient l'eau. Puis, on arrête l'opération quand les trois quarts du liquide ont passé. Sans cette dernière précaution, l'eau distillée pourrait contenir de petites quantités de sels entraînés ou décomposés. Quelquefois on ajoute à l'eau qu'on veut distiller une petite proportion de chaux pour absorber l'acide carbonique dissous dans l'eau, ainsi que pour décomposer le chlorure de magnésium que contiennent certaines eaux. Dans ce dernier cas, la chaux donne naissance, par double décomposition, à du chlorure de calcium et à de la magnésie, corps qui sont tous les deux inaltérables sous l'influence combinée de l'eau et de la chaleur. — Sur les navires, la distillation de l'eau de mer se fait en grand au moyen d'appareils particuliers dans lesquels on utilise la chaleur provenant de la cuisson des aliments. Au reste, comme cette eau conserve encore une saveur désagréable, on ne s'en sert guère que pour les différents usages domestiques de l'équipage. Si l'on est obligé de l'employer comme boisson, il faut auparavant l'aérer en l'agitant au contact de l'air.

II. *Eau oxygénée.* — L'eau étant considérée comme le *protoxyde d'hydrogène*, l'eau oxygénée qui contient deux fois plus d'oxygène, c.-à-d. qui se compose de 2 volumes d'hydrogène et de 2 volumes d'oxygène, constitue un *bioxyde d'hydrogène*. Elle renferme donc 2 atomes d'hydrogène pour 2 d'oxygène, et a pour formule $H^2 O^2$ (en équivalents HO^2). — L'eau oxygénée est incolore, de consistance sirupeuse, sans saveur métallique très prononcée et d'une odeur particulière. Elle décolore la teinture de tournesol, comme le ferait un acide, et blanchit l'épiderme quand on la met en contact avec la peau. Sa densité est égale à 1,452. Elle ne se solidifie pas par un froid de — 30°; mais elle se décompose spontanément ou en eau et en oxygène à une température de 15° à 20° au-dessus de zéro. Quand on la chauffe, sa décomposition s'opère avec rapidité, et parfois même avec explosion. Dissous dans l'eau, le bioxyde d'hydrogène est plus stable, et ne se détruit que si l'on porte la liqueur à 40° ou 50°. L'électricité même, lorsqu'elle passe également ce corps; mais la lumière est sans action sur lui.

L'eau oxygénée se forme avec une forte absorption de chaleur; elle dégage de nouveau cette chaleur, c.-à-d. 21,5 calories, lorsqu'elle se décompose en eau et en oxygène. Aussi peut-elle déterminer un grand nombre d'oxydations que l'oxygène seul serait incapable de produire à la température ordinaire. Elle convertit l'arsenic et le sélénium en acides, le potassium, le sodium et le magnésium en hydrates, les sels ferreux en sels ferriques, etc.; la plupart des sulfures sont convertis en sulfates; la baryte, la chaux, l'oxyde de zinc sont transformés en peroxydes. Mais beaucoup de corps à l'état pulvérulent peuvent aussi décomposer l'eau oxygénée sans s'oxyder eux-mêmes; ils semblent n'agir que par leur simple présence, et les réactions de ce genre appartiennent à cette classe de faits singuliers auxquels Berzélius a donné le nom de phénomènes *catalytiques*. Ainsi, par ex., l'or, l'argent, le platine, quoique n'ayant aucune affinité pour l'oxygène, décomposent tout à coup, et avec une sorte de détonation, l'eau oxygénée en mettant son oxygène en liberté; mais ces corps n'agissent sur elle que lorsqu'ils sont très divisés : quand on les prend en masse, leur action est nulle. Le charbon très divisé et le peroxyde de manganèse décomposent aussi le bioxyde d'hydrogène en eau et en oxygène, sans éprouver aucune espèce d'altération. La fibrine agit de même, tandis que l'albumine et la caséine ne produisent aucun effet. On explique ces réactions par l'action de l'air qui est condensé dans les matières pulvérulentes et qui faciliterait la décomposition de l'eau oxygénée, de même que la présence de bulles gazeuses facilite l'ébullition d'un liquide. Des phénomènes plus curieux encore s'observent avec certains composés oxygénés qui non seulement

réduisent le bioxyde d'hydrogène, mais sont eux-mêmes désoxydés comme si ce liquide exerçait une action réductrice. C'est ainsi que l'oxyde d'argent et l'eau oxygénée se décomposent mutuellement en laissant pour résidu de l'eau ordinaire et de l'argent métallique. De même le bioxyde de plomb, l'oxyde de mercure, l'oxyde d'or, le chlorure de chaux, perdent leur oxygène en partie ou en totalité. Enfin l'ozone et l'eau oxygénée se détruisent l'un l'autre en donnant naissance à de l'oxygène et à de l'eau pure. Ces réactions nous présentent le cas singulier de deux corps éminemment oxydants qui, mis en contact, se désoxydent mutuellement. — L'eau oxygénée devient moins instable quand on l'étend de beaucoup d'eau pure. Les acides augmentent également sa stabilité, tandis que les bases facilitent sa décomposition, et que les sels ne produisent aucun effet sur elle. En ajoutant, par ex., quelques gouttes d'acide sulfurique à de l'eau oxygénée mise en pleine décomposition par la présence de l'argent, le dégagement d'oxygène s'arrête aussitôt; il reparaît quand on sature l'acide par une base.

L'eau oxygénée a été découverte en 1818 par Thénard. Pour la préparer, on ajoute un peu de bioxyde de baryum à de l'acide chlorhydrique; il se forme de l'eau oxygénée et du chlorure de baryum. Dans cette liqueur on verse goutte à goutte de l'acide sulfurique jusqu'à ce qu'on ait précipité le baryum à l'état de sulfate et remis l'acide chlorhydrique en liberté. On peut alors ajouter une nouvelle quantité de bioxyde de baryum. On répète ces opérations un certain nombre de fois; à la fin, on précipite le chlorure de baryum par du sulfate d'argent. Cette préparation est difficile et exige de nombreuses précautions lorsqu'on veut obtenir un produit très concentré; mais elle ne présente pas de difficultés quand il s'agit seulement d'obtenir une solution étendue. On peut remplacer l'acide chlorhydrique par d'autres acides donnant directement un sel de baryum insoluble : tels sont les acides fluorhydrique, fluosilicique, sulfurique, phosphorique. Industriellement on se sert de l'acide fluorhydrique pour obtenir avec le bioxyde de baryum une eau oxygénée en solution plus ou moins étendue. La richesse d'une pareille solution se détermine par le volume d'oxygène que dégage le liquide quand on le décompose par la chaleur ou par le bioxyde de manganèse. Pour obtenir de très petites quantités d'eau oxygénée, on se sert d'une solution faible d'acide chromique, qui se colore en bleu au contact de ce corps. On peut aussi employer une solution d'iodure de potassium, additionnée d'empois d'amidon et d'un peu de sulfate ferreux; cette solution bleuit dans une liqueur qui contient un millionième d'eau oxygénée.

Dans les laboratoires l'eau oxygénée sert principalement à préparer certains peroxydes métalliques, entre autres les bioxydes de calcium et de strontium. Dans l'industrie, elle est fort employée pour le blanchiment de la soie, de la paille, des plumes d'autruche et de beaucoup de fibres végétales ou animales. Elle a été recommandée par Thénard pour restaurer les vieux tableaux dans lesquels le carbonate de plomb s'est graduellement converti en sulfure. L'eau oxygénée, en effet, fait passer ce sulfure de plomb noir à l'état de sulfate blanc, et l'on voit reparaître la peinture sous son aspect primitif. L'eau oxygénée décolore les cheveux, peut être employée à les blanchir entièrement, ou à donner une nuance blonde aux cheveux châtain ou même aux cheveux noirs.

Pharm. et Arts. — Dans la Pharmacie et dans les Arts, on désigne, sous la dénomination générique d'*Eau* accompagnée de quelque épithète caractéristique, une multitude de composés liquides dont la nature tout à fait différente. Les pharmaciens et les parfumeurs en particulier appliquent cette désignation, non seulement à des préparations liquides formées d'eau et de certains principes actifs obtenus par simple solution (*Hydrolés*), ainsi qu'à celles qu'on obtient en distillant de l'eau sur des fleurs odorantes ou d'autres substances aromatiques (*Hydrolats*), mais encore à des *Alcoolés* et à des *Alcoolats* proprement dits. — Pour faciliter les recherches, nous réunissons ici, malgré leur hétérogénéité, un certain nombre de préparations, principalement pharmaceutiques et cosmétiques, choisies parmi celles qui sont les plus fréquemment usitées.

Eau acidule, E. gazeuse simple ou *E. de Seltz artificielle,* Eau pure chargée de cinq fois son volume d'acide carbonique au moyen d'un appareil approprié. Voy. CARBONE. — *E. albumineuse.* Se prépare avec quatre blancs d'œufs dans un litre d'eau, et s'emploie comme contre-poison des préparations mercurielles. — *E. alcaline gazeuse.* Dissolution aqueuse de bicarbonate de potasse, dans laquelle on introduit six fois son volume d'acide carbonique. — *Eau africaine,* Solution aqueuse de nitrate d'argent qui s'emploie pour teindre les cheveux. Les préparations destinées au même usage et qu'on désigne sous les noms pompeux d'*E. grecque, E. de Java, E. de Chine, E. d'Egypte* et *E. de Perse,* s'obtiennent également en dissolvant dans l'eau du nitrate d'argent, soit seul, soit mêlé à d'autres substances. — *E. d'Aliban,* ou *Collyre de Saint-Jeremon :* Sulfate de cuivre 20, sulfate de zinc 70, camphre 10, safran 4, eau 2000. — *Eau alumineuse :* Alun 1, eau 100; *E. alumineuse composée :* Alun 3, sulfate de fer 3, eau 100. — *E. antipsorique de Rangue,* Décoction de staphisaigre, dans laquelle on dissout de l'extrait de pavot; on l'emploie en lotions froides contre la gale. — *E. d'Armagnac,* voy. *E. de Bonferme.* — *E. d'Arquebusade,* voy. Arquebusade. — *E. blanche.* On appelle ainsi de l'eau ordinaire dans laquelle on fait tremper du son pour la donner aux chevaux; mais, en pharmacie, on nomme *E. blanche, E. de Goulard,* ou bien encore *E. végétominérale,* un mélange d'eau et de sous-acétate de plomb liquide. On la prépare en versant 30 gr. de sous-acétate dans 1 litre d'eau ordinaire. Parfois on y ajoute 30 gr. d'alcool. L'aspect laiteux de ce mélange tient à ce qu'il se produit une petite quantité de sulfate de plomb par la double décomposition du sous-acétate plombique et du sulfate de chaux qui est contenu dans l'eau commune. L'eau blanche s'emploie exclusivement à l'extérieur, comme sédatif et résolutif, dans le pansement des plaies, des contusions, des entorses, etc. — *E. de Bonferme, E. d'Armagnac, Essence céphalique* ou *Teinture aromatique.* On la prépare avec muscade et girofle (de chaque 16 gr.), cannelle et fleurs de grenadier (de chaque 12 gr.), qu'on pulvérise et qu'on fait digérer pendant huit jours dans 500 grammes d'alcool à 85°. On passe le produit en exprimant fortement et l'on filtre. Cet alcoolé s'emploie comme vulnéraire dans les chutes ou coups sur le crâne, et quelquefois même dans les douleurs de tête chroniques. On en verse une demi-cuillerée dans le creux de la main, et on l'aspire fortement par le nez. — *E. de Botot.* On fait digérer sept à huit jours, dans 875 gr. d'eau-de-vie, 32 gr. d'anis, 8 de girofle, 8 de cannelle et 1 d'essence de menthe; on filtre et l'on aromatise en ajoutant 4 gr. de teinture d'ambre. Cette eau s'emploie à la dose de quelques gouttes dans un verre d'eau pure et sert à se rincer la bouche, dont elle entretient la fraîcheur en même temps qu'elle raffermit les gencives. — *E. de boule,* voy. Fer. — *E. de bouquet* ou *E. de toilette.* C'est un mélange d'eau de miel odorante (64 gr.), d'alcoolé de girofle (30 gr.), d'alcoolé de lavande, d'ancre aromatique, de souchet long (de chaque 20 gr.), d'eau sans pareille (120 gr.), d'alcoolé de jasmin (36 gr.), d'alcoolé d'iris de Florence (30 gr.) et d'alcoolé de néroli (20 gouttes). Ainsi que son nom l'indique, cette préparation est destinée à la toilette : il suffit d'en verser quelques gouttes dans l'eau dont on fait usage. — *E. des Carmes,* voy. *E. de mélisse.* — *E. céleste, ophtalmique* ou *azurée :* Sulfate de cuivre 0,20, ammoniaque liquide 1,20, eau 125. — *E. chalybée,* voy. *E. ferrée.* — *E. de chaux.* Elle se prépare en agitant une quantité quelconque de chaux hydratée avec 30 ou 40 fois son poids d'eau; on laisse reposer, on décante, on jette le liquide (*E. de chaux première*), et l'on verse sur la poudre ou hydrate qui reste, 100 fois son poids d'eau de fontaine; on agite de temps en temps le premier jour, on laisse reposer quelques heures, et l'on décante au fur et à mesure des besoins. La liqueur décantée constitue l'*E. de chaux seconde* en usage en médecine. — *E. chlorée,* voy. Chlore. — *E. de Cologne.* Cet alcoolat, si usité dans la toilette, tire son nom de la ville où il a été inventé au commencement du XVIIIe siècle, par le distillateur Jean-Marie Farina. Parmi les nombreuses recettes qu'on en a données, la suivante est une des plus simples. Prenez alcool à 85°, 2 litres; néroli, 24 gouttes; essences de cédrat, d'orange, de citron, de bergamote, de romarin, de chaque 24 gouttes; ajoutez 8 gr. de semences de petit cardamome, et distillez au bain-marie de manière à retirer les trois quarts de l'alcool. On donne parfois le nom d'*E. de Cologne* à un simple alcoolé qui est plus souvent appelé *E. sans pareille :* on prend 86 gr. d'essence de citron, 80 gr. d'essence de bergamote et autant d'essence de cédrat; on mêle avec 6 litres d'alcool rectifié, et l'on ajoute 250 gr. d'alcoolat de romarin. — *E. de Chine,* voy. *E. africaine.* — *Eaux distillées.* Ces eaux, appelées aussi, comme nous l'avons dit, *Hydrolats,* sont extrêmement nombreuses, et portent, en général, le nom des plantes qui ont servi à les préparer, telles sont : l'*E. distillée de laitue,* l'*E. distillée de laurier-cerise,* l'*E. distillée de fleur d'oranger,* appelée communément *E. de fleur d'orange.* Celle-ci reçoit dans le commerce différents noms, suivant les proportions de fleurs employées et de produit obtenu. On a l'eau *quadruple* quand on retire kilogr. pour

kilogr.; l'eau *triple,* lorsqu'on retire 3 kilogr. de produit pour 2 de fleurs; l'eau *double,* en retirant 2 kilogr. pour 1 kilogr.; et l'eau *simple,* lorsqu'on étend le double d'une égale quantité d'eau ordinaire. — *E. d'Egypte,* voy. *E. africaine.* — *E. éthérée :* Eau distillée 1000, éther 120; on agite et on décante après saturation. — *E. ferrée.* Elle s'obtient en jetant une poignée de clous rouillés dans 1 litre d'eau; on laisse douze heures en contact et l'on décante. L'*E. chalybée* est une dissolution de sulfate de fer cristallisé dans un 1/2 litre d'eau qu'on a privée d'air par l'ébullition. — *E.-forte,* voy. plus loin. — *E. de goudron,* voy. Térébenthine. — *E. de Goulard,* voy. *E. blanche.* — *E. grecque,* voy. *E. africaine.* — *E. hémostatique,* voy. Hémostatique. — *E. de Javelle,* voy. Potasse. — *E. iodée,* voy. Iode. — *E. de Luce.* On fait une teinture avec alcool à 90°,4 gr.; huile de succin, 10 centigr.; savon blanc et baume de la Mecque, 5 centigr. de chaque; puis on y ajoute 64 gr. d'ammoniaque liquide. L'eau de Luce est un liquide laiteux, d'odeur forte et de saveur âcre et caustique. On l'emploie comme stimulant dans les évanouissements en la faisant aspirer par le nez, et on l'administre à l'intérieur dans l'eau sucrée (12 gouttes dans un verre d'eau). On s'en sert aussi pour cautériser les morsures des animaux venimeux. — *E. de Mars,* voy. Fer. — *E. de mélisse.* Cette eau que l'on appelle également *E. des Carmes, E. de mélisse spiritueuse* et *Alcoolat de mélisse composé,* était préparée autrefois par des religieux qui ont donné leur nom, et suivant une méthode excessivement compliquée. On l'obtient aujourd'hui d'une manière beaucoup plus simple et sans rien lui enlever de ses qualités, en jetant, dans 4 kilogr. d'alcool à 85°, 750 gr. de mélisse fraîche en fleur, 125 de zeste frais de citron, 60 de cannelle fine, 60 de girofle, 60 de muscade, 60 de coriandre et 30 de racine d'angélique, le tout divisé convenablement. On laisse macérer pendant quatre jours, et l'on distille de manière à retirer toute la partie spiritueuse. En ajoutant un peu de safran, on obtient l'*E. de mélisse jaune.* L'eau de mélisse s'emploie comme stomachique, tonique et vulnéraire. On l'applique en fomentations sur les contusions récentes. A l'intérieur, on l'administre à la dose d'une à deux cuillerées dans une tasse d'eau, contre les flatuosités et les débilités des voies digestives. — *E. de Meltembergy,* voy. Mercure. — *E. de miel odorante* ou *Alcoolat de miel composé.* On distille au bain-marie un mélange de miel, de coriandre, d'écorces récentes de citron, de girofle, de muscade, de storax calamite, de benjoin, de vanille, d'eau de rose, d'eau de fleur d'oranger et d'alcool à 85°. Cette liqueur, dont l'odeur est extrêmement suave, s'emploie pour la toilette. — *Eaux minérales artificielles.* Voy. plus loin Eaux minérales. — *E. de noyaux,* Liqueur de ménage qui se prépare en faisant macérer pendant plusieurs jours de l'alcool ou de l'eau-de-vie sur des noyaux d'abricots, de cerises ou de pêches concassés. On y ajoute ensuite du sucre et quelques aromates (cannelle, girofle, coriandre, etc.). — *E. panée,* Eau dans laquelle on a fait bouillir, pendant un quart d'heure, un fragment de pain de froment, afin d'en ôter la crudité et de la rendre plus nourrissante. En se servant d'un croûton grillé, on obtient une boisson plus agréable et légèrement stomachique. — *E. de Perse,* voy. *E. africaine.* — *E. phagédénique :* Sublimé 0,40, eau de chaux 125. — *E. phagédénique noire,* Calomel 4, opium pulvérisé 2, eau de chaux 375. — *E. phénique saturée :* Acide phénique cristallisé 50, eau 1000; on prépare avec cette eau qui est à 5 p. 100 des solutions à divers titres : 1/100, 1/1000, etc. — *E. de Rabel,* voy. Soufre. — *E. régale,* voy. Chlore. — *E. de la reine de Hongrie,* Eau de toilette qui est connue dans les laboratoires, sous le nom d'*Alcoolat de romarin.* Pour la préparer, on prend 4 kilogr. de sommités fleuries et fraîches de romarin, quantité égale d'eau distillée de romarin, et 3 kilogr. d'alcool à 80°; on fait macérer pendant quatre jours, et l'on distille au bain-marie jusqu'à ce qu'on obtienne 2,500 gr. de liqueur. — *E. sans pareille,* voy. *E. de Cologne.* — *E. seconde.* Deux produits portent ce nom. L'un est un mélange d'une partie d'acide azotique du commerce avec deux parties d'eau; l'autre est une solution caustique de potasse ou de soude. Ce dernier sert principalement pour nettoyer les peintures à l'huile et les boiseries; on l'appelle souvent *E. seconde des peintres* et *Lessive des savonniers.* Celui-là est surtout employé par les orfèvres, les graveurs et les doreurs sur métaux; on lui donne communément le nom d'*E. seconde des graveurs.* — *E. sédative de Raspail.* C'est une dissolution de 60 gr. de sel de cuisine dans un litre d'eau, à laquelle on ajoute 10 gr. d'alcool camphré et 60 à 80 gr. d'ammoniaque liquide. Elle s'emploie en compresses ou en lotions, pourvu néanmoins que ces parties sur lesquelles on veut l'appliquer ne soient pas excoriées. On en fait un grand usage dans les fièvres et les inflammations de toute nature. — *E. de toilette*, voy. *E. de bouquet*. — *Eaux-rannes*, voy. EAUX-VANNES. — *E. végéto-minérale*, voy. *E. blanche*. — *E.-de-rie*, voy. plus loin EAU-DE-VIE. — *E. vulnéraire*, Alcoolat très vanté qui se prépare en distillant de l'alcool sur des feuilles de basilic, de calament, d'hysope, de marjolaine, de mélisse, de menthe, d'origan, de sarriette, de sauge, de serpolet, de thym, d'absinthe, d'angélique, de fenouil, de rue, de lavande et d'hypericum. On l'emploie, à l'extérieur, en fomentations résolutives, soit pure, soit étendue, dans les cas de contusions, d'ecchymoses, de luxations, etc. On s'en sert aussi quelquefois en gargarismes pour raffermir les gencives.

Eaux minérales. — On entend par *Eaux minérales* toutes celles qui, en raison soit de leur température bien supérieure à celle de l'air ambiant, soit de la quantité et de la nature spéciale de leurs éléments fixes ou gazeux, sont ou peuvent être employées comme agents médicamenteux. En conséquence, ces eaux sont appelées *Eaux médicinales*, et l'on donne le nom d'*Hydrologie médicale* à cette partie de la science qui en fait l'objet de ses études.

I. *Origine des eaux minérales.* — La plupart des eaux ainsi nommées sont caractérisées à la fois par leur haute température et par les éléments qu'elles contiennent. Quelques-unes, cependant, ne diffèrent des eaux ordinaires que par leur *thermalité* et d'autres par leur composition chimique. De là trois classes d'eaux minérales : les eaux *thermales*, les eaux *thermo-minérales* et les eaux *minérales froides*. La théorie de la chaleur centrale du globe rend parfaitement compte de la température élevée de certaines sources : il suffit d'admettre qu'elles proviennent d'une assez grande profondeur. En effet, on a calculé que la chaleur des couches de la terre augmente de 1° centig. par 30 m. environ ; ainsi une source qui émerge à la surface du sol avec une température de 100° doit provenir d'une profondeur d'environ 2,700 m. Le célèbre Albert le Grand est le premier (XIIIᵉ siècle) qui ait proposé cette théorie aujourd'hui généralement adoptée par les géologues. Suivant lui, les eaux thermales sont le résultat de courants aqueux souterrains qui, échauffés par l'action de la chaleur intérieure du globe, viennent enfin s'épancher à la superficie du sol. Descartes, au XVIᵉ siècle, fait faire un nouveau pas à la théorie. En effet, il pense que les eaux pénètrent par des conduits souterrains jusqu'au-dessous des montagnes, d'où la chaleur qui est dans la terre les élève comme une vapeur sur leur sommet. Dans cette position, elles reprennent la forme liquide et jaillissent partout où le sol le permet. Enfin, l'illustre auteur de la *Mécanique céleste*, Laplace, s'exprime en ces termes : « Si l'on conçoit que les eaux pluviales, en pénétrant dans l'intérieur d'un plateau élevé, rencontrent dans leur mouvement une cavité de 3,000 mètres de profondeur, elles la remplissent d'abord ; puis elles acquièrent à cette profondeur une chaleur d'au moins 100 degrés, et, devenues par là plus légères, elles s'élèveront et seront remplacées par des eaux supérieures ; en sorte qu'il s'établira deux courants d'eau, l'un montant, l'autre descendant, perpétuellement entretenus par la chaleur intérieure de la terre. Ces eaux, en sortant de la partie inférieure du plateau, auront évidemment une chaleur bien supérieure à celle de l'air au point de leur sortie. » Ainsi donc, les eaux pluviales, après avoir pénétré dans l'intérieur de la terre, peuvent se réduire en vapeur ; celle-ci, refoulée de bas en haut par la pression à laquelle elle est soumise et en traversant des couches de terrain plus froides, redevient liquide et vient sourdre enfin à la surface. — On remarque une grande différence dans la température des eaux thermales. Ainsi, tandis que la chaleur du plus grand nombre varie de 20° à 40°, les eaux de Dax, dans les Landes, marquent 60° ; celles de Carlsbad (Bohême) indiquent 73° et celles de Chaudes-Aigues (Cantal) 81° ; Humboldt a même trouvé près de Valencia, en Amérique, une source marquant 90° ; et Boussingault a obtenu 97° pour celle de Trincheras. Enfin, les sources d'Arijino, au Japon, marquent plus de 100° et s'échappent en partie en vapeur.

Quant à la manière dont les eaux se minéralisent au sein de la terre, il est admis en principe que les eaux, soit pluviales, soit souterraines, empruntent aux terrains qu'elles traversent leurs principes salins. Aussi Pline a-t-il dit : *Tales sunt aquæ qualis terra per quam fluunt*. On a même remarqué qu'à part quelques exceptions, les sources qui sortent de terrains de même nature contiennent des principes minéraux analogues. Mais le lessivage des roches et des terres

ne suffit pas pour expliquer la dissolution dans les eaux de certains principes peu solubles de leur nature. A l'action dissolvante des eaux il faut joindre l'influence de la pression, celle de la température élevée de l'intérieur du globe, celle du développement de divers gaz, comme l'acide carbonique, dans certaines conditions déterminées, celle de compositions et de décompositions alternatives, et enfin celle de l'électricité. Mais il est évident que les circonstances dont l'intervention est nécessaire à la minéralisation des eaux varient en raison même de la nature de ces principes. On pense généralement que les eaux *minérales froides*, c.-à-d. sans température propre, proviennent de l'action immédiate des infiltrations superficielles sur les terrains traversés. C'est assurément le cas pour la chaleur, aussi peu peuvent guère s'effectuer sans le concours de la chaleur, d'une forte pression, etc., il faut admettre qu'elles tirent, comme les eaux thermales, leur origine des profondeurs de la terre, et qu'elles se sont ensuite refroidies par la rencontre et le mélange d'infiltrations à la température ordinaire.

II. *Classification des eaux minérales.* — On classe communément les eaux minérales en 6 catégories, d'après les principes prédominants qu'elles renferment et l'action thérapeutique qu'elles exercent sur l'organisme :

1° *Eaux acidules gazeuses.* — Ces eaux, dont l'élément principal est l'acide carbonique, sont excitantes de la nutrition lorsque leur usage n'est pas trop prolongé ; employées à l'extérieur, elles modifient heureusement les ulcères atoniques. Leur goût agréable les fait employer journellement comme eaux de table, mais il faut bien savoir qu'elles peuvent amener à la longue des troubles du système nerveux central, dans des hallucinations : *Seltz*, Allemagne ; *Saint-Galmier*, Loire ; *Condillac*, Drôme ; *Chateldon*, Puy-de-Dôme ; *Soultzmatt*, Alsace.

2° *Eaux sulfurées ou sulfureuses.* — Les eaux sulfurées sodiques, examinées à leur sortie même du sol, ne répandent aucune odeur caractéristique ; mais dès qu'elles ont absorbé l'oxygène de l'air, elles dégagent une odeur plus ou moins prononcée d'acide sulfhydrique que l'on compare communément à celle des œufs couvés. Au contraire, les eaux sulfurées calciques répandent toujours une odeur sulfhydrique très prononcée. Leur saveur est douceâtre ou fade, ou quelquefois un peu amère. Leur température est variable ; néanmoins les sulfurées sodiques sont plus souvent thermales que les sulfurées calciques. En revanche, celles-ci sont généralement plus riches en principes minéralisateurs. Les eaux à base de chlorure de sodium sont souvent riches en chlorure de sodium comparativement aux autres sels ; les sulfurées calciques, au contraire, sont plus chargées de sulfate de chaux, origine première de leur principe sulfuré. Un grand nombre d'eaux sulfurées, surtout lorsqu'elles ont une température modérée de 25° à 35°, sont onctueuses au toucher. Cette onctuosité paraît due à la présence dans ces eaux d'une manière organique, amorphe, selon plusieurs auteurs, qu'on a appelée *Glairine*, *Barégine*, etc. De toutes les eaux minérales, les sulfurées sont celles qui sont le plus modifiées par l'oxygène de l'air, l'odeur des sulfurées sodiques est d'abord faible, puis elle disparaît peu à peu, à mesure que ces eaux se décomposent. Les eaux sulfureuses, en raison du soufre qu'elles contiennent, sont spécialement avantageuses dans les affections cutanées liées à une diathèse herpétique et dans les catarrhes de l'appareil respiratoire. Elles sont encore utiles, mais surtout en vertu de leur température et de l'excitation qu'elles exercent sur la surface tégumentaire, chez les individus à tempérament lymphatique exagéré et dans les cas de scrofules, de rhumatisme, de syphilis constitutionnelle et de chlorose. — Eaux SULF. SODIQUES : *Ax* et *Usson*, Ariège ; *Guagno*, *Guitera* et *Pietra-Pola*, Corse ; *Bagnères-de-Luchon* ou *Luchon*, Haute-Garonne ; *Gamarde*, Landes ; *Bagnols*, Lozère ; *Baynoles*, Orne ; *Saint-Honoré*, Nièvre ; *Eaux-Bonnes* et *Eaux-Chaudes*, Basses-Pyrénées ; *Barèges*, *Cauterets* et *Saint-Sauveur*, Hautes-Pyrénées ; *Amélie-les-Bains*, *Escaldas*, *Molig* et *Vinça*, Pyrénées-Orientales ; *Yverdun*, Suisse. — Eaux SULF. CALCIQUES : *Digne* et *Gréoulx*, Basses-Alpes ; *Saint-Bonnet*, Hautes-Alpes ; *Castéra-Verduzan*, Gers ; *Allevard*, Isère ; *Cambo*, Basses-Pyrénées ; *Bagnères-de-Bigorre*, Hautes-Pyrénées ; *Aix*, Savoie ; *Enghien*, Seine-et-Oise ; *Schinznach*, Suisse. — Eaux SULF. IODURÉES. *Gazost* (Hautes-Pyrénées) et *Castel-Nuovo* (Sardaigne).

3° *Eaux chlorurées.* — De toutes les eaux minérales, celles-ci sont les plus riches en principes fixes. Elles sont aussi plus souvent tempérées et thermales que froides. Dans toutes, l'élément dominant est le chlorure de sodium ; puis viennent le chlorure de magnésium, les bicarbonates et les sulfates alcalins et terreux. Les eaux chlorurées sont en général très limpides et inodores; leur saveur est sensiblement salée et quelquefois amère, quand le chlorure de magnésium est abondant. Presque toutes sont aussi ferrugineuses. Enfin, la plupart arrivent sur le sol avec de l'acide carbonique et de l'azote, qui les font bouillonner dans les puits. La qualité d'être gazeuses ou non est importante à considérer dans ces eaux, attendu que l'acide carbonique libre qu'elles renferment facilite leur absorption, quand elles sont administrées en boisson. En outre, cet acide y ajoute des propriétés stimulantes. Quant à l'hydrogène sulfuré que contiennent certaines eaux chlorurées sodiques, il communique aussi à celles-ci les propriétés spéciales des eaux sulfureuses. Dans tous les cas, il importe, pour se déterminer dans le choix des nombreuses sources de cette catégorie, de tenir compte de la proportion des principes minéralisateurs, laquelle est extrêmement variable. En effet, tandis que les eaux de Bourbon-Lancy, par ex., n'en contiennent pas 2 grammes par litre, celles de Homburg en contiennent 16 et celles de Hammam-Meloumne 30. « Les eaux chlorurées sodiques, dit le Dr Durand-Fardel, représentent une médication *reconstituante*, c.-à-d. qu'elles agissent à la manière d'agents toniques et stimulants à la fois sur les surfaces digestive et cutanée. C'est sans doute en vertu de cette action qu'elles possèdent des propriétés résolutives assez caractérisées. Elles réveillent à un haut degré l'action de la peau, stimulent l'appétit, excitent les sécrétions intestinale et urinaire, et activent la circulation abdominale.» C'est surtout à la classe des chlorures sodiques qu'appartiennent les eaux minérales purgatives; mais cette action purgative est rarement cherchée : on s'attache plutôt à l'éviter, en administrant ces eaux à dose fractionnée. La plupart de ces eaux sont plus usitées extérieurement qu'intérieurement. Lorsque leur température est élevée, leur emploi provoque fréquemment ces éruptions variées que l'on nomme *poussées*. Les eaux de cette classe sont spécialement indiquées dans les scrofules et dans le lymphatisme exagéré. On les emploie fréquemment aussi dans les cas de paralysie, de rhumatisme, de pléthore abdominale et de blessures. Dans ces derniers cas, elles agissent principalement par leurs qualités excitantes et résolutives. — EAUX CHLORURÉES SODIQUES : *Bourbon-l'Archambault*, Allier; *Rennes-les-Bains*, Aude; *Balaruc*, Hérault; *Lamotte*, Isère; *Lons-le-Saulnier* et *Salins*, Jura; *Bourbonne*, Haute-Marne; *Chatelguyon*, Puy-de-Dôme; *Niederbronn* et *Soultz-sous-Forêt*, Alsace; *Bourbon-Lancy*, Saône-et-Loire; *Salins*, Haute-Savoie; *Bains*, Vosges; *Mers-el-Kébir* et *Hammam-Meloumne*, Algérie; *Baden-Baden*, *Kissingen*, *Kreuznach*, *Wiesbaden*, Allemagne; *Cheltenham*, Angleterre. — EAUX CHLOR. SODIQUES BICARBONATÉES : *La Bourboule*, Puy-de-Dôme. — EAUX CHLOR. SODIQUES SULFUREUSES : *Uriage*, Isère; *Saint-Gervais*, Savoie; *Bagnoles*, Orne; *Aix-la-Chapelle*, Allemagne.

4° *Eaux bicarbonatées.* — Les principes dominants de ces eaux sont, outre l'acide carbonique libre, les bicarbonates de soude, de chaux et de magnésie. On y admet aussi des bicarbonates de potasse, de fer, de manganèse, et beaucoup contiennent encore des proportions très notables de chlorures alcalins et des sulfates alcalins et terreux. Les eaux bicarbonatées sont en général froides, quelquefois tempérées, assez rarement thermales. Limpides, incolores et inodores, elles ont une saveur d'abord aigrelette, puis terreuse et alcaline. Les plus riches en fer ont en outre une saveur stiptique. Quand on les agite vivement dans un vase, elles dégagent de l'acide carbonique et pétillent comme du vin de Champagne. Lorsque ce gaz en excès, il forme des bulles plus ou moins fortes et nombreuses qui parfois simulent à la source un bouillonnement continu. Au contact de l'air, le gaz acide carbonique est éliminé en partie; celles dans lesquelles prédominent les bicarbonates de chaux et de magnésie se troublent notablement et déposent peu à peu du carbonate de chaux sous la forme de masses compactes cristallines : on désigne sous le nom d'*incrustantes* les sources qui jouissent de cette propriété à un degré éminent. Les eaux bicarbonatées ferrugineuses s'altèrent encore plus que les autres, et il se forme, par absorption de l'oxygène de l'air, de l'oxyde de fer rouge insoluble qui se dépose. Dans les *Eaux bicarbonatées sodiques*, la proportion des principes minéralisateurs est très variable, et l'on a remarqué qu'en général elle est beaucoup plus considérable dans les eaux froides que dans les eaux thermales. Les eaux bicarbonatées sodiques même les plus actives, comme celles de Vichy, ne déterminent pas dans l'économie des modifications bien apparentes. Cependant la quantité des urines est généralement augmentée; la peau

fonctionne un peu plus activement et les digestions se font avec plus de rapidité. Pendant la durée du traitement, on observe aussi que les produits des sécrétions acides de l'économie perdent généralement, au moins d'une manière passagère, leur caractère d'acidité. Ces eaux s'adressent spécialement aux maladies du foie, à la goutte, à la gravelle urique et aux engorgements des viscères abdominaux. On n'est point encore parvenu à expliquer d'une manière satisfaisante l'action curative des eaux bicarbonatées sodiques dans les cas de gravelle urique et de goutte; mais l'expérience a prononcé. On les administre encore très fréquemment dans les affections dyspeptiques. Enfin, leur emploi dans le diabète, le catarrhe des voies urinaires, etc., est quelquefois utile. — Les *Eaux bicarbonatées calciques et bicarb mixtes* ne possèdent plus des propriétés thérapeutiques spéciales des bicarbonatées sodiques. Elles ne peuvent en général être considérées que comme des eaux digestives, vertu qu'elles doivent à leur qualité gazeuse. Les bases calciques qu'elles contiennent rendent aussi plusieurs d'entre elles préférables aux bicarbonatées sodiques dans les affections catarrhales de l'appareil génito-urinaire. — EAUX BICARBONATÉES SODIQUES : *Hauterive*, *Vichy*, Allier; *Saint-Laurent-les-Bains*, *Vals*, Ardèche; *Chaudes-Aigues*, Cantal; *Ems*, Allemagne; *Bilin*, Bohême; — EAUX BICARB. CALCIQUES : *Ussat*, Ariège; *Aix*, Bouches-du-Rhône; *Foucaude*, Hérault; *Pougues*, Nièvre; *Bagnères-de-Bigorre*, Hautes-Pyrénées. — EAUX BICARB. MIXTES : *Néris*, *Saint-Pardoux*, Allier; *Celles*, Ardèche; *Avesne*, Hérault; *Monestier-de-Clermont*, Isère; *Sail-lez-Chateaumorand*, Loire; *Chambon*, *Mont-Dore*, *Pont-Gibaut*, *Royat*, *Saint-Nectaire*, Puy-de-Dôme; *Evian*, Savoie; *Mouzaïa-les-Mines*, Algérie; *Cheltenham*, Angleterre.

5° *Eaux sulfatées.* — Ces eaux renferment, comme principes dominants, des sulfates de soude, de chaux et de magnésie. Leur température est très variable, et il en est de même de la proportion de leurs principes fixes. Leur degré de minéralisation est ordinairement d'autant plus élevé que leur température est plus froide. Presque toujours, quand elles sont froides ou tempérées, on y découvre de l'acide carbonique, et quelquefois des traces plus ou moins notables d'acide sulfhydrique. Les *Eaux sulf. sodiques*, qui sont en même temps bicarbonatées, paraissent avoir une action fort analogue à celle des bicarbonatées sodiques, et, par conséquent, sont indiquées à peu près dans les mêmes cas. Les *Eaux sulf. magnésiques* ne sont guère usitées comme eaux minérales proprement dites; mais quelques-unes sont extrêmement employées comme médicament : telles sont les eaux de Sedlitz, d'Epsom et de Pullna. Quant aux sources *sulf. calciques* et *sulf. mixtes*, ce sont des eaux douces, sédatives, qui trouvent surtout leur application dans les affections qui s'accompagnent habituellement d'un état d'éréthisme nerveux, ou qui ont leur siège dans des appareils facilement excitables. Elles sont encore utiles dans diverses névroses et dans certaines formes rhumatismales. — EAUX SULFATÉES SODIQUES : *Enaux*, Creuse; *Plombières*, Vosges; *Gastein*, Allemagne; *Carlsbad*, *Marienbad*, Bohême. — EAUX SULF. CALCIQUES : *Monestier de Briançon*, Hautes-Alpes; *Audinac*, Ariège; *Cransac*, Aveyron; *Encausse*, Haute-Garonne; *Saint-Amand*, Nord; *Contrexéville*, Vosges; *Brucourt*, Calvados; *Hammam-Riva*, Algérie; *Baden*, Allemagne (Autriche); *Bath*, Angleterre; *Baden*, *Bex*, Suisse. — EAUX SULF. MAGNÉSIQUES : *Sermaize*, Marne; *Epsom*, Angleterre; *Pullna*, *Sedlitz*, Bohême; *Gran*, Hongrie. — EAUX SULF. MIXTES : *Dax*, Landes; *Friedrichshall*, Allemagne.

6° *Eaux ferrugineuses.* — Ces eaux sont minéralisées tantôt par le sulfate de fer, tantôt et le plus souvent par le carbonate de protoxyde. Berzelius a reconnu en outre dans ces eaux la présence d'acides organiques particuliers, l'*acide crénique* et *apocrénique*, qui s'y trouvent unis à l'oxyde de fer. Toutes ont une saveur stiptique et atramentaire plus ou moins prononcée. Cependant la proportion de fer est toujours très faible, les plus riches atteignant à peine et ne dépassant presque jamais 5 centigr. de sels de fer pour 1000 grammes. La plupart sont froides, et les autres ne possèdent jamais une température élevée. Exposées à l'air, ces eaux se troublent et laissent précipiter un dépôt ocracé. Les eaux ferrugineuses sont toniques et astringentes. Leur usage est indiqué dans la chlorose, dans l'état constitutionnel anémique, où le sang présente un appauvrissement de son élément ferreux ou globulaire, et dans les affections qui en dépendent. Certaines sources contiennent une notable proportion de manganèse pour être distinguées des eaux ferrugineuses ordinaires. Le manganèse est un adjuvant du fer et s'adresse aux mêmes affections. Suivant Pétrequin et Socquet, il facilite chez quelques personnes la tolérance pour ce métal, en même temps qu'il le rend plus actif et plus efficace. — Les sources ferrugineuses existent en très grand nombre sur tous les points du sol ; en conséquence, nous ne mentionnerons que les plus connues. — EAUX FERRUGINEUSES BICARBONATÉES : *Renne-les-Bains*, Aude; *Camarès, Sylvanès*, Aveyron; *Sainte-Marie, Vic-sur-Cère*, Cantal ; *Luchon*, Haute-Garonne ; *La Malou*, Hérault; *Saint-Alban*, Loire; *Châteauneuf, Chaleldon, Chatelguyon, Mont-Dore*, Puy-de-Dôme; *Bagnères-de-Bigorre*, Hautes-Pyrénées; *Soultzbach*, Alsace; *Charbonnières*, Rhône; *Forges*, Seine-Inférieure; *Provins*, Seine-et-Marne; *Bussang, Plombières*, Vosges; *Pyrmont*, Allemagne ; *Harrowgate*, Angleterre; *Spa*, Belgique. — EAUX FERRUGINEUSES SULFATÉES : *Castéra-Verduzan*, Gers; *Bagnères-de-Bigorre*, Hautes-Pyrénées; *Passy*, Seine; *Pilsen*, Bohême. — EAUX FERRUGINEUSES MANGANÉSIENNES : *Luxeuil*, Haute-Saône; *Birkenfeld*, Allemagne.

IV. *Du traitement par les eaux minérales.* — Le mode d'administration varie selon la nature des eaux, et selon la nature des maladies qu'il s'agit de combattre. Certaines eaux ne s'administrent qu'en boisson, d'autres ne s'emploient guère qu'en bains ou qu'en applications externes, comme affusions, douches, injections, etc. Un grand nombre, et ce sont principalement les eaux thermales en tempérées, se prêtent à tout les modes possibles d'administration. Dans quelques localités, notamment à Franzensbad, en Bohême, et à Saint-Amand (Nord), on prend des *bains de boue*, c'est-à-dire que le corps est plongé dans un limon formé par les sources minérales. Dans une cure d'eau minérale, le changement de climat, de vie, la tranquillité d'esprit, sont des adjuvants très puissants. Les malades du poumon, les emphysémateux doivent préférer les stations de plaine aux stations de montagne ; les névropathes doivent choisir les eaux calmantes en même temps qu'un climat doux.

V *Eaux minérales artificielles.* — On est parvenu à imiter plus ou moins exactement la plupart des eaux minérales naturelle : les eaux *chlorurées* et *sulfatées*, au moyen de simples solutions salines; les *acidules gazeuses*, avec les solutions imparfaites d'acide carbonique retenu par une certaine pression; les *bicarbonatées*, en ajoutant un bicarbonate alcalin, ordinairement celui du soude, dans de l'eau chargée d'acide carbonique; les *ferrugineuses*, soit au moyen de solutions de sulfate de fer, soit avec un protocarbonate de fer tenu en dissolution par l'acide carbonique. Ce sel peut être produit par double décomposition du liquide au moyen d'un mélange déterminé de protochlorure de fer et de carbonate de soude : on évite ainsi l'action de l'air, qui décompose promptement le protocarbonate Enfin, les eaux *sulfureuses* sont le résultat d'une solution saline unie à de l'acide sulfhydrique, ou consistent en une simple solution de sulfhydrate de soude cristallisé dans des proportions déterminées. Néanmoins l'emploi des eaux minérales artificielles n'est pas généralement accompagné des mêmes résultats que celui des eaux naturelles. Cela est vrai, surtout, pour ce qui concerne leur administration à l'intérieur. C'est que, comme nous l'avons dit plus haut, le traitement hydrologique sur les lieux mêmes trouve, dans les circonstances extérieures, dans le changement de milieu, dans la cessation des occupations habituelles, etc., des conditions de succès qui manquent au traitement que l'on peut suivre sans sortir de chez soi.

VI. *Législation.* — Le mode d'administratif auquel les eaux minérales se trouvent aujourd'hui soumises est réglé par l'ordonnance du 18 juin 1823, la loi du 14 juillet 1856, le décret du 28 janvier 1860. Le principe qui domine cette réglementation, c'est qu'aucun établissement d'eaux minérales ne peut être ouvert au public sans une autorisation préalable du Ministre des travaux publics, laquelle n'est délivrée qu'après constatation des propriétés thérapeutiques des eaux qu'on veut exploiter. Les établissements d'eaux minérales appartiennent, soit à l'État, soit à un département ou à une commune, soit à des particuliers. Les établissements qui appartiennent à l'État : Vichy, Néris, Bourbon-l'Archambault, Plombières, Bourbonne, Luxeuil, etc., sont administrés en régie ou mis en ferme, et leurs produits entrent dans les recettes générales du Trésor. Ceux qui appartiennent à des départements, à des communes, à des particuliers, sont gérés pour leur compte. Quand un établissement d'eaux minérales est susceptible de rendre de grands services à la santé, il peut être déclaré d'intérêt public. Cette déclaration a lieu par décret rendu en Conseil d'État, après une enquête préalable, et après avis donné par le Comité consultatif d'hygiène publique et par le Conseil général des mines. Une fois la source déclarée d'intérêt pu-

blic, un décret rendu dans la forme précédente peut lui assigner un *périmètre de protection*. Dans ce cas, aucun sondage, aucun travail souterrain, ne peuvent être pratiqués dans ce périmètre, à moins d'une autorisation préalable. Bien plus, le propriétaire de la source peut faire, sur le terrain d'autrui (à l'exception des maisons et cours, et sauf indemnité), compris dans ledit périmètre, tous les travaux de *captage* et d'aménagement nécessaires pour la conservation, la conduite et la distribution de cette source, quand ces travaux ont été autorisés par le ministre. — Un *médecin inspecteur* et, s'il y a lieu, un *inspecteur adjoint*, sont attachés à toute localité qui comprend un ou plusieurs établissements d'eaux minérales autorisées. Ces inspecteurs sont nommés par le ministre, qui peut aussi les révoquer. Leurs fonctions consistent à surveiller toutes les parties de l'établissement affectées à l'administration des eaux, au traitement des malades, etc. Ils ne peuvent rien exiger des malades dont ils ne dirigent pas le traitement, et ils soignent gratuitement les indigents admis à faire usage des eaux. Depuis la loi du 12 février 1883, l'emploi de médecin-inspecteur des établissements d'eaux minérales naturelles ne donne droit à aucune rétribution, soit de la part de l'État, soit de la part des propriétaires de ces établissements. Les tarifs pour l'usage des eaux, lorsque les sources sont la propriété de l'État, sont arrêtés par le ministre ou, dans le cas de mise en ferme, par le décret d'adjudication. Ceux des autres établissements sont soumis à l'approbation du préfet ; mais, quand il s'agit de sources qui appartiennent à des particuliers, cette approbation sert seulement à constater les prix. — Les eaux minérales qui s'envoient au loin pour être administrées en médicament, sont expédiées sous la surveillance de l'inspecteur avec un certificat d'origine. Elles peuvent être vendues, soit par un pharmacien, soit par tout individu muni d'une autorisation. Dans ce dernier cas, les eaux, à leur arrivée, sont vérifiées par les inspecteurs. Ce sont les préfets, aujourd'hui, qui statuent sur les autorisations de *fabriques d'eaux minérales artificielles* et sur les autorisations de *dépôts d'eaux minérales naturelles ou artificielles* (Décret du 13 avril 1861, art. 2). Le nombre total des sources d'eaux minérales exploitées en France était, au 1er janvier 1892, de 1257; en Algérie, de 54. — On pourra consulter le *Dict. gén. des Eaux minérales*, par Durand-Fardel, Eug. Lebret, Lefort et Jules François, ouvrage qui nous a servi de guide dans le résumé qui précède.

Techn. — *Alimentation des grandes villes.* — L'alimentation d'une grande ville en eau potable et propre à tous les usages de la vie, est un problème important qui s'est posé à toutes les époques où la civilisation a produit l'agglomération d'une grande masse d'hommes sur un espace restreint. Les Romains qui, par l'usage fréquent des bains, consommaient de prodigieuses quantités d'eau, étaient passés maîtres dans l'art d'aménager les eaux et de les amener à profusion à l'intérieur de leurs villes. La ville de Rome était sous ce rapport admirablement pourvue, et, aujourd'hui encore, quoique presque tous les travaux des anciens aient été détruits, elle reste la ville d'Europe la mieux fournie sous ce rapport. Les anciens Romains n'hésitaient pas à construire, à grands frais, d'immenses aqueducs qui amenaient dans l'intérieur des villes de véritables rivières puisées dans les régions les plus éloignées. On trouve encore en Italie, en France et dans le Nord de l'Afrique des ruines imposantes de ces magnifiques travaux d'art. Voy. AQUEDUC.

Le moyen âge ne fit rien de pareil. On se contentait de l'eau des rivières, des puits ou même des eaux de pluie recueillies sur les toits et conservées dans des citernes. De nos jours, on est devenu plus difficile et l'on exige une grande quantité d'eau pure. De plus, le développement des théories microbiennes a montré le danger qu'il y a à employer pour l'alimentation l'eau d'une rivière qui a déjà traversé de nombreux lieux habités et s'est souillée au passage de tous les immondices provenant des déchets de la vie domestique ou des opérations industrielles. C'est surtout en temps d'épidémie que ce danger devient manifeste. De nombreuses statistiques ont prouvé que deux maladies, en particulier, la fièvre typhoïde et le choléra, se propagent le plus souvent le long des cours d'eau où les habitants puisent leur eau d'alimentation, de sorte que ces cours d'eau sont les véhicules les plus certains et les plus dangereux de la propagation de l'épidémie. Pour toutes ces causes, il est devenu nécessaire que chaque grande ville puisse disposer d'une quantité suffisante d'eau pure puisée dans des régions plus ou moins éloignées, à des sources qui n'ont pas encore eu le temps de se contaminer dans leur cours. Il y a des villes qui, par leur position, sont naturellement favorisées à cet égard.

Telles sont par exemple, en Europe, les villes de Suisse assises au bord de ces beaux lacs alimentés par les glaces des Alpes, immenses réservoirs d'une eau d'une grande pureté. Telles sont aussi, en Amérique, les villes construites au bord des grands lacs, en particulier la ville de Chicago, qui dispose d'une quantité illimitée d'eau irréprochable. Mais la plupart des villes ne jouissent pas de ces avantages naturels et doivent aller chercher leur eau plus ou moins loin. La ville de Paris, en particulier, ne peut s'alimenter ni à la Seine, qui lui arrive déjà souillée, ni à ses eaux souterraines: car tous les puits creusés dans la région de Paris ne donnent qu'une eau séléniteuse. On a bien trouvé quelques ressources dans les puits artésiens de Grenelle et de Passy (voy. ARTÉSIEN); mais le débit de ces deux puits était de beaucoup insuffisant. Il a donc fallu s'adresser plus loin.

La distribution des eaux fraîches et pures que fournissent les sources est un bienfait contemporain. Il faudrait remonter à 283 ans en arrière pour y rencontrer une tentative unique en faveur de l'adduction d'eaux de sources. Le 17 juin 1613, le prévôt des marchands et les échevins réunis à Cachan, y recevaient solennellement le roi Louis XIII qui, en présence de Marie de Médicis, venait poser la première pierre de l'aqueduc d'Arcueil. L'espoir de ceux qui pensaient trouver dans ces sources utilisées autrefois par l'empereur Julien pour son palais des Thermes la quantité d'eau nécessaire à la capitale fut déçu; le volume amené par le nouvel aqueduc était environ de 1,000 mètres cubes par jour en temps ordinaire et s'abaissait encore pendant les sécheresses. On demanda donc à la Seine l'eau nécessaire aux besoins de Paris, et la pompe du pont Notre-Dame fut établie cinquante ans après l'inauguration de l'aqueduc d'Arcueil. En 1822, le canal qui dérivait la rivière de l'Ourcq vint apporter dans le bassin de la Villette 100,000 mètres cubes d'eau pure et salubre.

Jusqu'en 1860 le vieil aqueduc d'Arcueil, les aqueducs de Belleville et des Prés-Saint-Gervais et le puits artésien de Grenelle ne contribuaient à eux tous que pour 1,300 mètres cubes environ par jour à désaltérer Paris. Le surplus était fourni par l'Ourcq ou la Seine, et nous nous accommodions d'un régime qui représentait pour nous le progrès et le travail des siècles. L'eau puisée en Seine par les pompes de Chaillot et du Gros-Caillou, la petite machine du quai d'Austerlitz et la pompe du quai Notre-Dame amenaient les eaux de la Seine au niveau du sol et les Auvergnats les montaient sur leur dos, aux ménagères.

L'annexion des communes de la banlieue, en étendant Paris jusqu'à l'enceinte fortifiée, rendit nécessaire le renouvellement et la transformation du service des eaux. L'ingénieur Belgrand fit adopter par le préfet Haussmann deux résolutions essentielles: la préférence des eaux de source aux eaux de la rivière et la double canalisation dans Paris. Et pour rendre abordable la gigantesque entreprise que ce plan entraînait, il montra que les aqueducs n'étaient pas nécessairement des monuments imposants tels que ceux dont nous admirons encore les restes, et qu'il était possible d'obtenir des résultats plus considérables avec des moyens plus simples. La première dérivation, celle de la Dhuis, amena, en août 1865, à travers la Brie, par un aqueduc de 131 kilomètres, 20,000 mètres cubes d'eau par jour au réservoir de Ménilmontant.

Le résultat ne semblait pas en rapport avec les sacrifices. En 1875, les travaux de la paix ayant été repris, la Vanne, captée aux environs de Troyes, envoya à travers d'une canalisation de 173 kilomètres, un volume d'eau de plus de 100,000 mètres cubes, que l'adjonction des belles eaux de Cochepies porta bientôt à 130,080 mètres cubes.

Cependant cette quantité était encore insuffisante. On songea alors à dériver les sources de la Vigne et de Verneuil (Eure), par la vallée de l'Avre sur une longueur de 102 kilomètres. En juin 1891, les travaux d'art commencés sur un grand nombre de points; 3,500 ouvriers y furent occupés, sans autre interruption que celle de l'hiver. Le 16 mars 1893, vingt mois après, les ouvrages étaient terminés et l'eau des sources arrivait au réservoir de Passy. Cette eau est recueillie au moyen de deux aqueducs de prise d'eau mesurant ensemble 3 kilomètres et se réunissant dans l'aqueduc principal, d'un développement de 102 kilomètres, qui les amène au réservoir de Saint-Cloud. De là, une conduite qui franchit la Seine sur une passerelle les transporte à l'entrée de Paris, d'où elles sont dirigées d'une part sur le réservoir de Passy, d'autre part jusqu'à la rencontre du réseau des eaux de la Dhuis, sous la place de l'Étoile. Comme ses devancières, la nouvelle dérivation ne comporte que peu d'ouvrages apparents. Sur 72 kilomètres, c.-à-d. sur la plus grande partie du par

cours, l'aqueduc chemine en tranchée à peu de distance de la surface du sol; il franchit des vallées profondes, d'un développement de 7 kilomètres, au moyen de siphons en fonte, ou s'enfonce en souterrain sous les reliefs du terrain, dans une étendue de 26 kilomètres.

Si ce remarquable travail, malgré son importance exceptionnelle, n'éloigne pas les regards comme ces gigantesques aqueducs que nous ont laissés les Romains, l'œuvre accomplie n'en est pas moins grande; la simplicité extrême des moyens employés, dont l'effet est de réduire partout la dépense au minimum, ajoute, au contraire, au mérite de ceux qui l'ont conçu et réalisé. Les difficultés qu'ils avaient à vaincre étaient d'ailleurs bien supérieures à celles que pouvait présenter la construction des ouvrages de l'antiquité. Le plus grand des aqueducs qui alimentaient l'ancienne Rome n'avait que 92 kilomètres, et la pente dont on disposait entre les sources et le point d'arrivée n'était pas moindre de 237 mètres. L'aqueduc de la Dhuis, avec son développement de 130 kilomètres, n'a que 20 mètres de pente, depuis le point d'émergence des sources jusqu'au réservoir de Ménilmontat. Pour celui de la Vanne qui mesure 156 kilomètres, la pente totale dont on disposait n'était encore que de 25m,70. Pour l'aqueduc de la Vigne et de Verneuil, les conditions étaient plus favorables; cependant, la pente totale répartie sur son parcours de 105 kilomètres, n'est que de 40 mètres, soit 0,40 par kilomètre en moyenne. Pour réaliser cette vaste opération, la ville de Paris a dû s'imposer une dépense de 35 millions. Tous ces travaux réunis constituent un ensemble grandiose dans lequel la canalisation intérieure de Paris entre pour une large part. On s'en fera une idée si nous disons que les conduites publiques de distribution à l'intérieur de Paris mesurent à elles seules 2,186 kilomètres, plus que la distance de Paris à Varsovie.

Malgré tant de dépenses, l'alimentation en eau de la ville de Paris est encore aujourd'hui (1896) insuffisante, surtout en été et dans les périodes de sécheresse où le débit des sources diminue considérablement. Une nouvelle adduction est à l'étude; il s'agit cette fois de deux ou trois petites sources situées l'une dans la vallée du Loing, les autres dans la vallée du Lunain, non loin de la ville de Nemours, et non, comme on l'a dit dans certains journaux, des sources mêmes des rivières du Loing et du Lunain. Ce serait là un appoint bien maigre: car ces sources débitent peu, surtout en été. D'un autre côté, la banlieue de Paris, dont la population s'accroît tous les jours, n'a point de part dans la distribution des eaux de source; elle en est réduite à l'eau de Seine ou à l'eau plus ou moins sélénitleuse des puits. Aussi, une solution plus radicale s'imposera à bref délai. Il ne paraît plus possible de chercher de nouvelles ressources dans les sources du bassin de la Seine; il faut aller puiser à des réservoirs plus vastes. On a pensé aux lacs de Suisse, et actuellement (1896), la ville de Paris fait faire des études pour examiner les conditions dans lesquelles il serait possible d'amener à Paris les eaux puisées au lac de Genève ou à un autre grand lac des Alpes. Il semble que, quelque coûteuse que puisse être une pareille entreprise, la nécessité en fera réaliser. Au reste, comme les réservoirs où l'on puiserait seraient pratiquement inépuisables, on pourrait alimenter les villes voisines du parcours de l'aqueduc et les faire contribuer à la dépense. Comme de plus le niveau des lacs de Suisse est très élevé, la descente progressive des eaux pourrait être utilisée en partie comme force motrice, ou qui assurerait un revenu certain à la ville possesseur de l'aqueduc. Un autre avantage serait que l'on n'aurait jamais à redouter la sécheresse. C'est pendant les grandes chaleurs que le besoin d'eau se fait le plus vivement sentir; c'est alors que les eaux contaminées sont le plus dangereuses, et c'est justement alors que nos sources viennent à tarir. Au contraire, les sources des Alpes, alimentées par la fonte des neiges, débitent plus en été que l'hiver. Il est à souhaiter que ce vaste projet puisse être mis à exécution, car il semble le seul qui permette d'assurer à la banlieue une distribution suffisante et régulière d'eau pure.

Hippiatrique. — Les vétérinaires donnent le nom d'*Eaux aux jambes* à une maladie du cheval qui a son siège au pied et à la partie inférieure de la jambe postérieure le plus souvent, et qui présente, comme symptôme caractéristique, un suintement séreux à travers les pores de la peau. Cette maladie tient à la constitution lymphatique de l'animal, elle est causée par l'humidité et la malpropreté des écuries. Elle s'annonce par le hérissement des poils et l'engorgement de la peau et du tissu cellulaire sous-cutané. Ensuite il survient un suintement d'abord séreux et limpide, puis plus épais, âcre, fétide et grisâtre ou verdâtre. Quelquefois l'engorgement dé vient énorme, se couvre de végétations et finit par amener la gangrène du pied. Lorsque la maladie est récente on soustrait l'animal aux causes provocatrices, on emploie avec succès les émollients, auxquels on fait succéder les lotions de vin chaud. Quand elle est passée à l'état chronique, on doit recourir aux applications toniques et astringentes; en outre, il faut donner de l'arsenic d'une façon continue. Enfin, quand elle est constitutionnelle, elle est en général incurable.

EAU-DE-VIE. s. f. (R. *eau*, et *vie*). Liqueur que l'on obtient par distillation du vin. Se dit aussi de plusieurs liqueurs extraites de sucs végétaux. *Eau-de-vie de betteraves.* || *Eau-de-vie de Dantzig*, infusion d'écorces de citron et de macis dans de l'eau-de-vie ordinaire avec addition de feuilles d'or.

L'eau-de-vie est le produit brut de la distillation des jus sucrés et des matières amylacées ayant subi la fermentation alcoolique. A cet effet, on se sert d'alambics simples (voy. Distillation), et l'on arrête l'opération quand la moitié du liquide a été vaporisée. Alors, tout l'alcool contenu dans l'appareil a passé par le réfrigérant. En Europe, on emploie, le plus souvent, pour faire de l'eau-de-vie, le vin, les marcs de raisins, le cidre, la bière, en un mot les boissons fermentées de fruits: prunes (couëtche), cerises (kirsch); les jus de betteraves; les matières féculentes: grains, riz, maïs, pommes de terre, etc. Les pays équatoriaux utilisent plus spécialement la canne à sucre (rhum, tafia); les dattes, les bananes et les sèves fermentées de certains arbres: érables, palmiers, agaves, etc.

Les eaux-de-vie de toutes provenances possèdent un fonds commun de substances nées pendant l'acte de la fermentation sucrée. Elles diffèrent par les quantités variables de ces mêmes éléments et surtout par la présence de corps spéciaux: huiles essentielles et produits immédiats, qui tirent leur origine des diverses matières soumises à la fermentation.

Les eaux-de-vie de vin les plus renommées se fabriquent dans les Charentes et l'Armagnac. Pour faire le cognac — seul produit qui va nous occuper, parce qu'il peut être considéré comme le type du genre — les propriétaires distillent leur vin blanc dès que la fermentation est terminée, c'est-à-dire du novembre et décembre. Ils se servent d'un alambic primitif, mesurant quatre ou cinq hectolitres de capacité et de forme aplatie. Le fonctionnement de cet instrument donne des résultats précisément opposés à ceux qu'on obtiendrait au moyen des appareils à colonnes fort compliqués qu'on met en œuvre pour la rectification des alcools industriels. C'est qu'il ne s'agit pas ici d'isoler un esprit neutre de goût, mais, au contraire, de faciliter l'entraînement de substances aromatiques et savoureuses qui entrent dans la constitution du vin. Les pratiques traditionnelles, conservées avec soin, peuvent se résumer ainsi: distillation conduite avec lenteur, combustible dégageant peu de calorique, alambic présentant une grande surface d'évaporation. On arrête la distillation quand le liquide se présente louche. On distille une seconde fois le produit, ou brouilli, pour le concentrer et obtenir l'eau-de-vie commerciale titrant d'abord 68° à 70°, mais que l'âge affaiblit graduellement; car le cognac jeune est rude, sans agrément, et a besoin de vieillir. Le temps en provoquant les combinaisons éthérées résultant du contact des divers éléments constitutifs mis en présence, développe dans la liqueur les aromes et les saveurs qui lui donnent tant de prix.

Comme conséquence de ce mode opératoire, le cognac renferme, outre l'alcool ordinaire (éthylique) qui avec l'eau sert de véhicule, une foule de corps dont voici les principaux: cent litres à 52° ont donné: alcool éthylique, 50837ᵍʳ; alcool propylique, 27ᵍʳ,17; alcool isobutylique, 6ᵍʳ,52; alcool amylique, 190ᵍʳ,21; alcools supérieurs, 2ᵍʳ,1; huiles odorantes du vin, 8ᵍʳ,2; acides divers, 6ᵍʳ,3; butylglycol, 2ᵍʳ,19; glycérine, 4ᵍʳ,38

Les alcools propylique, isobutylique et amylique ont une grande importance dans les eaux-de-vie. Purs, ils donnent la force, le montant qui manque à l'alcool neutre (éthylique); éthérifiés, ils contribuent fortement au bouquet. On a cru pendant longtemps que la mauvaise qualité des alcools bruts de betteraves, pommes de terre et autres fécules était due à la présence de l'alcool amylique, parce que leurs huiles de rectification en sont formées presque entièrement. On admettait aussi que l'eau-de-vie le goût et l'arome sont très agréables, n'en contenait pas. Des investigations très récentes ont détruit ces assertions. Henninger, le premier, a prouvé que tous les vins contiennent de l'alcool amylique; enfin, on s'est assuré que les eaux-de-vie les plus agréables sont celles qui offrent la plus forte dose de cet alcool.

Les substances que nous avons indiquées dans l'analyse de l'eau-de-vie se retrouvent dans toutes les liqueurs ayant subi la fermentation de la levure elliptique, à l'exception, bien entendu, de celles que nous avons groupées sous le nom d'huiles odorantes du vin. Ces huiles, de nature très complexe, avaient été mal définies jusqu'à présent. Des travaux récents ont enfin déterminé leur constitution; on est parvenu à isoler les principes immédiats, ou busiques, qui leur donnent naissance. Voy. Vin (*Bouquet du*).

EAU-FORTE. s. f. Nom vulgaire de l'acide azotique du commerce. Voy. Azote.

EAU-FORTE. s. f. Manière de graver qui consiste à faire mordre par l'acide azotique une planche de cuivre vernie, qu'on a dessinée en mettant le cuivre à jour à l'aide d'une pointe. L'acide creuse les parties du métal découvertes par la pointe et fait des tailles analogues à celles du burin. || Nom de ces gravures elles-mêmes. Les eaux-fortes les plus recherchées sont celles de Rembrandt, de Claude Lorrain, de Callot.

EAUTOGNOSIE. s. f. [Pr. *é-ô-tog-nô-zî*] (gr. ἑαυτὸς, soimême; γνῶσις, connaissance). T. Didact. Connaissance de soi-même.

EAUTOLOGIE. s. f. [Pr. *é-ô-tolo-zî*] (gr. ἑαυτὸς, soi-même; λόγος, discours). T. Didact. Étude de l'état moral fondée sur l'observation interne.

EAUX-AUX-JAMBES. T. Vét. Voy. Eau (**Hippiatrique**).

EAUX-BONNES, village des Basses-Pyrénées. Eaux thermales renommées.

EAUX-VANNES. s. f. pl. Eaux chargées de matières putrides en dissolution et en suspension qu'on fait écouler hors des fosses d'aisances, des bassins de vidange des sucreries, féculeries et autres établissements industriels. Voy. Vidange.

EAUZE, ch.-l. de c. (Gers), arr. de Condom, 4,100 hab.

EAVAGIER. s. m. [Pr. *éa-va-jié*] (Vx fr. *cave*, eau). Artisan qui se sert d'appareils mis en mouvement par un cours d'eau.

ÉBAHIR (S'). v. pron. (R. *é* ou *es*, préf., et le rad. *bair*, étonner, qu'on retrouve dans l'espagnol et dans l'italien, et qui vient de *bah*, exclamation naturelle d'étonnement, ou du lat. *hiare*, rester bouche béante). S'étonner, être surpris. *Il n'y a point là de quoi s'ébahir*. Famil. — Ébahi, ie. part. Très surpris, stupéfait. *J'en restai tout ébahi*.

Syn. — *Ébahi, Stupéfait* — Ces trois termes marquent les effets différents produits sur nous par la surprise. Nous sommes *ébahis*, lorsqu'elle nous fait tenir la bouche béante, comme il arrive aux enfants et aux badauds; nous sommes *ébaudis*, quand elle nous déconcerte au point de nous faire balbutier; *nous sommes stupéfaits*, lorsqu'elle nous rend immobiles et semble nous ôter l'usage de notre esprit et de nos sens, comme si nous étions stupides. *Ébahi* et *ébaudi* sont du style familier; *stupéfait* appartient au style noble et soutenu.

ÉBAHISSEMENT. s. m. (R. *ébahir*). Étonnement, surprise très grande. *L'éb. fut grand dans l'assistance*.

ÉBARBAGE. s. m. (R. *ébarber*). Action d'ébarber.

ÉBARBEMENT. s. m. (R. *ébarber*). L'action d'ébarber, le résultat de cette action. || T. Chir. Action d'enlever avec le bistouri des productions morbides végétantes.

ÉBARBER. v. a. Ôter les parties excédantes et superflues de certaines choses. *Éb. des plumes, du papier, des pièces de monnaie.* || T. Grav. Enlever avec un outil ce qui reste au bord de la taille, afin que le trait paraisse net. || T. Hortic. Enlever les petites branches d'une haie, d'une charmille, etc. || T. Chir. Couper avec le bistouri les productions morbides. || T. Typogr. *Éb. une lettre*, Abattre un talus qui marque au tirage. || T. Techn. Enlever les bavures qui restent après la fonte. — Rogner, en parlant des feuilles d'un volume. — Débarrasser des grands poils en parlant des lisières du drap. = Ébarbé, ée. p.

ÉBARBEUSE. s. f. T. Agric. Machine spéciale pour ébarber les grains d'orge et de quelques autres variétés de céréales.

La machine est constituée en principe par un cylindre de tôle dans l'intérieur duquel tourne avec rapidité un arbre muni de couteaux ou de dents. || T. Techn. Machine à ébarber.

ÉBARBOIR. s. m. (R. *ébarber*). T. Techn. Outil qui sert à ébarber.

ÉBARBURE. s. f. (R. *ébarber*). T. Techn. Bavure qu'on enlève en ébarbant. || T. Gravure. Se dit des petites lèvres ou barbes que chaque coup de burin forme sur la planche.

ÉBARDOIR. s. m. T. Techn. Sorte de grattoir à trois côtés à l'usage des menuisiers.

ÉBARQUIR. v. a. T. Mar. Dessécher, en parlant de l'action du soleil sur les bordages d'un navire.

ÉBAROUISSAGE. s. m. T. Mar. Dessèchement qui disjoint les douves des futailles, les bordages.

ÉBAT. s. m. (R. *battre*). Passe-temps, divertissement que l'on se donne en sautant, en courant. Fam. et ne s'emploie guère qu'au plur. *Prendre ses ébats.* || T. Vénerie. *Mener les chiens à l'ébat*, Les promener.

ÉBATTEMENT. s. m. [Pr. *éba-teman*] (R. *s'ébattre*). Syn. d'ébat. Ne se dit guère qu'en plaisantant. *S'il veut plaider, je lui en donnerai l'éb.* Vx. || T. Carrossier. *L'éb. d'une voiture*, Le jeu qu'elle a dans ses balancements entre les brancards.

ÉBATTRE (S'). v. pron. Se réjouir, se divertir, surtout en courant, en sautant. *Allez vous éb. dans la prairie.* Fam. — Au fig., se donner carrière. == Conj. Voy. BATTRE.

ÉBAUBI, IE. adj. (lat. *balbus*, bègue). Étonné, stupéfait. *Le voilà tout éb. J'en suis encore tout ébaubie.* Fam. et ne s'emploie qu'en plaisantant.

ÉBAUCHAGE. s. m. (R. *ébaucher*). Action d'ébaucher. || T. Potier. Action de donner sans moule une forme à la terre molle.

ÉBAUCHE. s. f. (Vx fr. *bauche*, sorte de mortier à bâtir). Ouvrage de peinture, de sculpture, de gravure, qui n'est que commencé, mais où les parties principales sont indiquées. *Ce n'est que la première éb. Une grossière éb. La statuaire peut encore moins que la peinture se contenter d'une éb.* — Par ext., Objet indécis dont la forme est plutôt indiquée que déterminée. || Fig., se dit des productions de l'esprit qui sont incomplètes, qui n'ont pas reçu leur forme définitive. *Cette tragédie n'est pas achevée, ce n'est qu'une éb. Ce n'est encore que l'éb. d'une législation.* || T. Horlog. Mouvement de montre dégrossi.

Syn. — *Esquisse.* — L'esquisse n'est qu'un modèle plus ou moins court de l'ouvrage qu'on se propose d'exécuter; l'ébauche est la première forme donnée à l'ouvrage lui-même. Donnez à l'esquisse toute la perfection possible, ce ne sera jamais qu'un modèle; quand au contraire l'ébauche a reçu tout ce qu'elle est susceptible de recevoir, l'ouvrage se trouve fini.

ÉBAUCHEMENT. s. m. (R. *ébaucher*). Action d'ébaucher.

ÉBAUCHER. v. a. (R. *ébauche*). Commencer un ouvrage, lui donner les premiers traits en indiquant les parties principales. *Éb. une statue, un tableau. Cette gravure n'est qu'ébauchée.* — Par ext., dans quelques métiers, se dit pour dégrossir. || Fig., s'emploie en parlant des ouvrages d'esprit. *Éb. un roman, une tragédie. Il n'a fait encore qu'éb. son ouvrage.* — Par anal., *Son éducation était à peine ébauchée. Saint Louis avait ébauché l'organisation d'un régime nouveau.* || T. Techn. Faire à la main le premier travail d'un ouvrage de poterie. == s'ÉBAUCHER. v. pron. Être ébauché, préparé. == ÉBAUCHÉ, ÉE. part.

ÉBAUCHEUR. s. m. (R. *ébaucher*). Celui qui commence un ouvrage. || Cylindre pour étirer la loupe.

ÉBAUCHOIR. s. m. (R. *ébaucher*) Outil de bois ou d'ivoire dont les sculpteurs se servent pour ébaucher, pour modeler. || T. Techn. Se dit de divers outils qu'on emploie pour dégrossir. || Grand peigne servant à donner au chanvre sa première façon.

ÉBAUDIR. v. a. (R. é ou es, préf., et le vieil adj. *baud* ou *bald*, hardi. On a aussi indiqué le lat. *gaudere*, réjouir). Amuser, récréer, égayer. — s'ÉBAUDIR. v. pron. Se réjouir avec vivacité; témoigner sa joie en sautant, en dansant, etc. Vx. et ne s'emploie qu'en plaisantant. == ÉBAUDI, IE. part.

ÉBAUDISSEMENT. s. m. (R. *ébaudir*). Action de s'ébaudir. Vx et inusité.

ÉBE ou **EBBE.** s. m. T. Mar. Nom, sur les côtes de Normandie, du reflux de la mer.

ÉBÉNACÉES. s. f. pl. (R. *ébène*). T. Bot. Famille de végétaux Dicotylédones de l'ordre des Gamopétales supérovariés diplostémones.

Caract. bot. : Arbres ou arbrisseaux non lactescents et à bois dense, pesant et souvent noir. Feuilles alternes, entières, coriaces, sans stipules, et articulées avec la tige d'une manière très peu apparente. Inflorescence axillaire. Fleurs unisexuées dioïques, par avortement, rarement hermaphrodites;

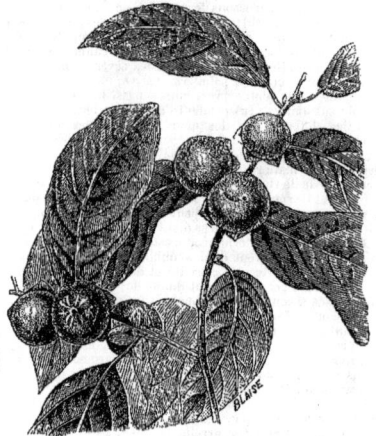

1

les mâles offrant un ovaire rudimentaire, les femelles quelques étamines stériles. Calice gamosépale présentant de 3 à 6 divisions, à peu près égales, persistant. Corolle gamopétale hypogyne, régulière, caduque, un peu coriace, ordinairement pubescente en dehors, et glabre en dedans, avec un limbe partagé en 3-6 divisions, imbriquées dans l'estivation. Étamines

définies en nombre double de celui des segments de la corolle, quelquefois en nombre quadruple, et alors alternes avec eux, souvent insérées par paire à la base de ces mêmes segments, et alors ni opposées ni alternes avec eux, rarement en nombre égal ; filets simples dans les espèces hermaphrodites, généralement doubles dans les espèces polygames et dioïques : chacune de leurs divisions porte des anthères, mais la branche interne est en général plus petite ; anthères fixées par leur base, lancéolées, à 4 sacs, s'ouvrant longitudinalement, rarement par des pores terminaux, quelquefois barbues, pollen sphérique lisse. Pistil formé d'autant de carpelles que de sépales. Ovaire sessile, pluriloculaire, chaque cellule renfermant 1 ou 2 ovules anatropes suspendus à son sommet. Style divisé, rarement simple ; stigmate bifide ou simple. Baie souvent oligosperme par avortement ; son péricarpe s'ouvre quelquefois d'une manière régulière. Graines à test membraneux de la même forme que l'albumen, qui est corné ; embryon situé dans l'axe de la graine ou très peu en dehors, droit, blanc, en général moitié plus long que l'albumen ; cotylédons foliacés, à nervures fines, étroitement appliqués l'un contre l'autre, ou quelquefois légèrement séparés ; radicule cylindrique, plus ou moins allongée, supère et dirigée vers le hile. [Fig.—1. *Diospyros Lotus.* — 2. *Maba elliptica*; 3. Fleur ; 4. Corolle de fleur mâle coupée; 5. Calice et pistil; 6. Fruit; 7. Coupe du même; 8. Coupe verticale d'une graine.]

Cette famille renferme 6 genres et environ 250 espèces dont 150 pour le seul genre *Diospyros*, qui presque toutes habitent l'Inde et les régions tropicales. En Europe, nous n'avons que le *Diospyros Lotus* ou *Plaqueminier d'Italie*. Dans l'Amérique du Nord, le *Diospyros virginiana* remonte jusqu'à la latitude de New-York. On rencontre aussi quelques Ébénacées au Cap de Bonne-Espérance et dans la Nouvelle-Hollande. — A très peu d'exceptions près, les espèces de cette famille se font remarquer par la dureté de leur bois : telles sont surtout les espèces du genre *Diospyros* ou *Plaqueminier*, et particulièrement les *D. ebenus* (Ébénier), *ebenaster*, *melanoxylon*, *tomentosa* et *Roylei*. Leur bois, de couleur noire, quelquefois veiné de lignes blanches ou brunes, est extrêmement recherché sous les noms d'*Ébène* et de *Bois de fer*. Le fruit des Plaqueminiers est remarquable par sa saveur acerbe avant d'être arrivé à maturité, mais il est comestible lorsqu'il est devenu blet (*Diospyros Lotus, D. Kaki*). Celui du *Diospyros Kaki* nous est quelquefois apporté de Chine à l'état confit. On croit aussi que le fruit appelé *Pomme Kau* par les colons du sud de l'Afrique est produit par une autre espèce du même genre. L'écorce astringente du *Diospyros virginiana* a été employée avec succès aux États-Unis comme fébrifuge, ainsi que dans le choléra des enfants et dans les formes les plus graves de la diarrhée du Mississipi. Cet arbre produit en outre une espèce de gomme. Le fruit du *Diospyros glutinosa* est tellement glutineux qu'au Bengale on s'en sert pour enduire les bateaux.

ÉBÈNE. s. f. [Plus. botanistes font ce mot masc.] (lat. *ebenus*. m. s.) Le bois de l'ébénier. *Meuble d'éb. Le véritable bois d'éb. est noir.* — Abusiv., on appelle *Eb. rouge*, le bois de grenadille, et *Éb. verte*, celui du *Bignonia leucoxylon*. Quand on dit simplement *Ébène*, on entend par ce mot l'*Ébène noire*. ‖ Fig., *Des cheveux d'ébène*, Des cheveux très noirs. Poétiq., on dit aussi *L'ébène de ses cheveux*. ‖ T. Mar. Nom donné aux esclaves par les négriers.

ÉBÉNER. v. a. (R. *ébène*). Donner à des bois la couleur noire de l'ébène. = ÉBÉNÉ, ÉE. part. = s'ÉBÉNER. v. pron. Prendre l'apparence de l'ébène. *Le poirier s'ébène facilement.* = Conj. V. ALLÉGUER.

ÉBÉNIER. s. m. (R. *ébène*). Nom donné au *Diospyros Ebenus*. Voy. ÉBÉNACÉES. — *Faux éb.* Nom par lequel on désigne souvent le *Cytisus Laburnum* appelé aussi *Aubours*. Voy. LÉGUMINEUSES.

ÉBÉNIN, INE. adj. (R. *ébène*). T. Didact. Qui est d'ébène, couleur d'ébène.

ÉBÉNISTE. s. m. (R. *ébène*). T. Techn. Ouvrier qui travaille à la fabrication des meubles, et particulièrement des meubles de bois précieux.

ÉBÉNISTERIE. s. f. (R. *ébène*). T. Techn. Le métier, l'art de l'ébéniste. *Travailler en éb.* ‖ Collectiv., Les ouvrages que fait l'ébéniste. *Magasin d'éb.*

Techn. — Le terme d'*Ébénisterie* s'est d'abord exclusivement appliqué à la fabrication des meubles de luxe, c'est-à-dire faits de bois précieux et particulièrement de bois d'ébène. Aujourd'hui on l'étend à celle de tous les meubles qui servent à orner un appartement, alors même qu'ils sont faits de bois indigènes.

L'é. englobe un certain nombre de métiers distincts les uns des autres tout en se rattachant à la fabrication proprement dite des meubles ou aux ordinaires. C'est ainsi que les ouvriers spéciaux travaillant à cette industrie se classent en *menuisiers, sculpteurs, ouvriers en moulures, serruriers, tourneurs, découpeurs, incrusteurs, marqueteurs*, etc. De plus, les ouvriers de ces diverses catégories ont chacun leur spécialité, les uns ne travaillant qu'à la confection des chaises, d'autres à celle des tables, d'autres encore à celle des buffets. En somme chaque nature de meubles a ses ouvriers. Cependant, parmi eux, les menuisiers occupent le premier rang, ce sont eux, en effet, qui débitent les bois, les préparent, les dressent et assemblent les diverses parties dont le tout constitue l'ensemble du meuble. Ce sont eux aussi qui procèdent à la pose des ferrures et des pièces de serrurerie, vernissent les bois au *tampon*, placent les moulures, collent les placages.

Aujourd'hui parmi les bois les plus communément employés et qui forment en quelque sorte le gros œuvre du meuble, nous pouvons citer le chêne, le cerisier, le sapin qui travaillent peu et offrent une solidité suffisante Autrefois, au moyen âge, par ex., les meubles, peu nombreux en variété du reste, étaient en bois massif, en chêne principalement. Mais à l'heure actuelle, les meubles ayant singulièrement augmenté en nombre et en diversité, on a renoncé à fabriquer des meubles massifs. On se borne à revêtir le bois commun employé de feuilles minces de bois précieux ; c'est cette opération qui constitue le placage. Les bois qui peuvent servir à faire ce revêtement sont en nombre presque infini Mais on emploie le plus généralement, parmi les bois indigènes, les loupes de frêne, d'aune et d'orme, le houx, l'if et le noyer, et parmi les bois exotiques, l'acajou, le courbaril, le palissandre, l'érable d'Amérique, l'ébène, le bois d'aloès, le bois de rose, le bois satiné, le gaïac, le santal rouge, le santal citrin, etc. Au reste, il est bon de remarquer que les ébénistes les plus distingués ne recherchent pas les bois les plus rares; leur art consiste à obtenir des effets nouveaux avec les bois qui sont entrés dans l'usage habituel. — Les billes de bois d'ébène sont débitées, à l'aide de scies mécaniques circulaires, en plaques ou feuilles tellement minces, qu'on en tire jusqu'à 22 sur une épaisseur de 1 centimètre. Ces feuilles, étant absolument semblables, permettent de former des dessins parfaitement symétriques.

L'opération du *Placage*, c.-à-d. l'opération qui consiste à revêtir le bâti des meubles avec les feuilles de bois préparées comme nous venons de le dire, est la partie la plus importante et la plus délicate de l'art de l'éb. Dans un placage bien fait, on ne doit pas apercevoir les joints ou passages d'une pièce à l'autre ; il ne doit rester aucune bulle d'air entre la feuille plaquée et le bois de la charpente, et le placage doit porter partout. Pour cela et pour que l'adhérence soit aussi parfaite que possible, il faut que la colle soit uniformément répartie et d'excellente qualité. Afin que les variations de la température ne fassent pas décoller les pièces pendant que la colle sèche, on comprime fortement, ordinairement au moyen de presses à vis, les feuilles contre le bâti. Le placage des pièces courbes offre des difficultés particulières : on l'exécute aujourd'hui à l'aide d'une machine spéciale, dite *machine à plaquer*, qui facilite l'enroulement des feuilles, et l'on maintient celles-ci en place à l'aide d'un ruban de fil et d'une forte sangle disposés en hélice et fortement serrés. Enfin, pour les parties plus ou moins irrégulières, on interpose entre le placage et les presses à vis des coussins rembourrés de forme appropriée. Le placage terminé, il reste encore à faire ressortir les veines du bois. L'ébéniste commence par faire disparaître les petites aspérités du bois à l'aide de rabots dont les dentures sont de plus en plus fines : c'est le *Replanissage*. Cela fait, il procède au *Polissage*, en passant sur toutes les parties, d'abord une lame d'acier à tranchant très doux, appelée *racloir*, et ensuite des fragments de papier de verre, de la pierre ponce, etc. Enfin, on donne aux meubles l'éclat et le brillant que recherche le consommateur au moyen de plusieurs couches de vernis particuliers qu'on étend avec un tampon.

Ce sont surtout des raisons d'économie qui font qu'à présent on emploie couramment le placage; il en est d'autres, néanmoins, qui nécessitent ce procédé. Certaines essences sont très cassantes et ne résisteraient pas à la fatigue imposée à certains meubles, tandis que débitées en feuilles minces elles se conservent indéfiniment sans se fendre, ce qui se produirait infailliblement si on les employait à l'état massif. L'acajou, par exemple, que chacun connaît et dont l'usage est si répandu, est extrêmement friable, et on ne pourrait en retirer aucun service si l'on voulait fabriquer des meubles massifs avec lui; le moindre choc les fendrait.

Les seuls bois massifs que l'on rencontre dans l'é. de luxe ne sont guère que le noyer, le chêne, le merisier et le palissandre. Ce sont des essences résistantes, solides, et qui, une fois assemblées, ne se disjoignent pas; elles ne travaillent pas, selon l'expression classique.

Nous savons avec quelle curiosité les anciens recherchaient les meubles précieux et tenaient à l'élégance de leurs formes. Il est donc certain que l'éb. était pratiquée avec une très grande habileté chez les Grecs et chez les Romains; mais la nature même des matériaux a empêché que ces monuments de l'art antique soient parvenus jusqu'à nous. — Chez les modernes, les produits de l'éb. ne commencent à être remarquables qu'à l'époque de la Renaissance Au XVe siècle, l'Italien Jean de Vérone imagina de multiplier les nuances du bois par des procédés de coloration artificielle, et exécuta des meubles de marqueterie d'une grande beauté. Ce maître forma une école d'où sortirent deux grands artistes, Philippe Brunelleschi et Benoît de Maiano, dont les élèves introduisirent leur art en France, sous le règne de François Ier. Dès ce moment, l'éb. fut cultivée avec succès chez nous; néanmoins, elle ne prit réellement une extension remarquable qu'à partir du XVIIe siècle, après la création par Colbert d'une fabrique modèle aux Gobelins. Les meubles de châtaignier ou de chêne, revêtus d'ornements de cuivre, exécutés par And.-Ch. Boule (m. en 1732), ont servi de point de départ et de type à l'une des branches de l'éb. de luxe.

De nos jours, à de très rares exceptions près, nous ne pouvons plus considérer l'é. comme un art; elle est devenue un métier, et cela grâce aux perfectionnements considérables apportés dans l'outillage. Le travail du menuisier est même en partie supprimé, les bois étant dressés et corroyés mécaniquement. Les ornements et les moulures qui autrefois étaient faits à la main, le sont à présent par des machines: tout se borne donc pour l'ouvrier à un travail d'assemblage ne nécessitant plus aucune initiative ni aucune ingéniosité de sa part.

ÉBERGEMENT s. m. (R. berge). T. Ponts et Ch. Opération qui consiste à raviver les talus des berges, lorsqu'on cure les cours d'eau.

ÉBERGUER. v. a. (R. Bergen, ville où cette pratique est générale) T. Pêch. Mutilation que l'on fait subir aux morues vivantes et qui en relève la saveur.

ÉBERHARD, philosophe allemand, partisan des doctrines de Leibniz (1739-1809).

EBERSBERG ou **EBELSBERG,** village de la Haute-Autriche; 2.200 hab. — Victoire de Masséna le 3 mai 1809.

EBERSDORF, v. de la Basse-Autriche ; 3.500 hab.

ÉBERTAUDER. v. a. T. Manuf. Tondre un drap, une étoffe en première coupe.

ÉBÊTIR. v. a. (du préf. é, et de bête). Rendre bête. = s'Enêtir. v. pron. Devenir bête, s'abrutir.

ÉBEURRER. v. a. (du préf. é, et de beurre). T. Techn. Oter le beurre du lait.

ÉBEYLIÈRES. s. f. pl. (vx fr. ébée, vanne d'un canal). Ouvertures ménagées pour l'écoulement des eaux.

ÉBIBER. v. a. (R. é, préf. et lat. bibere, boire). Faire disparaître un liquide par une action opposée à l'imbibition.

ÉBIONISME. s. m. T. Hist. relig. Doctrine des Ébionites.

ÉBIONITE. s. m. (R. Ébion, prétendu fondateur de la secte, ou plutôt d'un mot hébreu qui veut dire pauvre, misérable). T. Hist. relig. Le nom d'Ébionites a d'abord été donné à une secte chrétienne qui restait attachée aux pratiques juives et qui aurait été fondée par un nommé Ébion; mais

l'existence de cet Ébion a été mise en doute Les Ébionites niaient sa divinité, croyaient Jésus fils de Joseph, voyaient en lui l'incarnation d'un esprit superangélique; ils conservaient la circoncision, avaient adopté le baptême et la cène, et se conformaient pour le reste à la discipline ascétique des Esséniens. Ils acceptaient l'Ancien Testament et rejetaient le Nouveau, auquel ils substituaient un Évangile basé sur les faits racontés par saint Mathieu, auquel on a donné le nom d'Évangile des Ébionites. Plus tard, on a donné le nom d'Ébionites à des communautés ou des sectes qui condamnaient la propriété privée et prétendaient que les pauvres seuls seront sauvés.

ÉBISÈLEMENT. s. m. T. Techn. Action d'ébiseler.

ÉBISELER. v. a. (R. e, préf., et biseau). T. Techn. Donner une forme conique à un trou. — Couper une planche en dessous en inclinant.

ÉBISELURE. s. f. (R. ébiseler). T. Techn. Résultat de l'action d'ébiseler.

ÉBLANINE. s. f. T. Chim. Substance jaune, cristallisable, qui se trouve dans l'acide pyroligneux brut.

ÉBLÉ (J.-B.), général français (1758-1812), sauva l'armée française en faisant construire des ponts sur la Bérésina, pendant la retraite de Russie.

ÉBLOUIR. v. a. (R. bleu, prop. rendre bleu, on anc. haut all. blidhi, interdit. Peut-être y a-t-il deux formes d'origine différente qui se sont confondues par la suite) Frapper les yeux d'un éclat trop vif qu'ils ne peuvent supporter. Le soleil éblouit la vue, éblouit les yeux, nous éblouit La blancheur de la neige éblouit. Un éclair m'avait ébloui. — Fig., Une beauté qui éblouit, Une personne d'une grande beauté. || Fig., Frapper, surprendre l'esprit par quelque chose de vif, de brillant, de spécieux. La multitude se laissera toujours éb. par les apparences. Son éloquence éblouit, mais elle n'entraine pas. || Par anal., Séduire, tenter, tromper. Elle ne se laissa point éblouir par les grandeurs. — Étre ébloui de quelque chose, signifie quelquefois en être ridiculement fier, orgueilleux. Il est ébloui de sa fortune. = Ébloui, ie. part.

ÉBLOUISSANT, ANTE. adj. (R. éblouir). Qui éblouit. Se dit dans les deux premiers sens d'éblouir. Éclat éb Une neige éblouissante. Beauté éblouissante. Une toilette éblouissante. Un style éb.

ÉBLOUISSEMENT s. m. (R. éblouir). Trouble de la vue causé par une lumière trop vive, ou par une cause interne, ordinairement une congestion sanguine. Cette lumière subite me causa un éb. Cette affection s'accompagne souvent de vertiges et d'éblouissements. = Au fig., Grande surprise, admiration mêlée d'étonnement. — Égarement momentané. Sa grande fortune lui causa des éblouissements voisins de la folie.

EBN DJOUNIS, astronome arabe du Xe siècle.

ÉBONITE. s. f. (angl. ebon, ébène). T. Techn. Caoutchouc durci qui n'est qu'une sorte de variété de caoutchouc vulcanisé. On l'appelle aussi Vulcanite. L'é. a été découverte par Goodyear; elle est d'un brun noir, assez dure, quoique pourvue d'une élasticité analogue à celle de la corne ou de la baleine; elle peut contenir jusqu'à 60 p. 100 de son poids de soufre et est d'autant plus dure qu'elle en renferme davantage; mais son élasticité diminue d'autant. Pour fabriquer l'é. de bonne qualité, on emploie la gomme de Java, à laquelle on fait d'abord subir les opérations préliminaires du séchage et de la trituration (voy. Caoutchouc). Ensuite, on incorpore à la masse de 20 à 40 et même 60 p. 100 de soufre, et après une nouvelle trituration, on lamine le mélange en feuilles d'épaisseur variable. Chaque feuille est étalée et pressée sur une plaque de fer-blanc graissée, à laquelle on la fait adhérer de manière qu'il ne reste aucune bulle d'air entre les deux surfaces en la pressant au moyen d'un rouleau de fer poli. Toutes ces feuilles de fer-blanc sont alors placées sur une étagère inclinée à 45°, et le tout enfermé dans un appareil clos où l'on fait arriver de la vapeur d'eau. On élève progressivement la température jusqu'à 435° correspondant à une pression de 3 atmosphères environ, et on maintient cette température de sept à dix heures, après lesquelles on laisse refroidir lentement. Le caoutchouc est alors durci et les feuilles d'é. se détachent facilement des plaques de fer-blanc. Ces feuilles sont ensuite découpées suivant les objets qu'on veut fabriquer. On peut les courber en les ramollissant par une chaleur un peu supérieure à 120°, et leur donner alors toute forme désirable. — On peut aussi utiliser les déchets d'é. en les réduisant en poudre qu'on incorpore au caoutchouc neuf dans une proportion plus ou moins grande; mais on obtient ainsi un produit fragile et cassant. On arrive à un bien meilleur résultat en mélant 100 parties de poudre de déchet avec 70 parties d'huile lourde de gaz ou 50 parties d'essence de térébenthine. La masse devient alors bien liante et bien homogène, et peut se mêler intimement au caoutchouc neuf pour donner un bon produit économique.

L'é. est employée pour fabriquer des tubes, des manches de porte-plumes, des équerres, des peignes, des objets de tabletterie ou un peu supérieure, etc. On est même parvenu à fabriquer du caoutchouc durci qui, au lieu de la couleur noire qui lui est habituelle, présente une teinte ambrée ou rousse plus ou moins foncée. Voy. CAOUTCHOUC.

ÉBORGNAGE. s. m. [Pr. *gn* mouillé] (R. *éborgner*). T. Hortic. Opération qui consiste à supprimer le bourgeon après la chute des feuilles, et avant que la sève se mette en mouvement.

ÉBORGNEMENT. s. m. [Pr. *gn* mouillé] (R. *éborgner*). Action d'éborgner, état de celui qui est éborgné.

ÉBORGNER. v. a. [Pr. *gn* mouillé] (R. *é*, préf., et *borgne*). Rendre borgne, priver d'un œil. *Une branche d'arbre l'a éborgné à la chasse.* — Fam. et par exagér. *Éb. quelqu'un*, Lui faire grand mal à l'œil. || T. Hortic. *Éb. un arbre*, Lui faire subir l'opération appelée *Éborgnage.* = **s'Éborgner**, v. pron. *Il s'est éborgné en tombant.* = Éborgné, ée. part.

ÉBOTTER. v. a. [Pr. *ébo-ter*] (R. *é*, préf., et *bot*, bout). T. Hortic. *Éb. un arbre*, c'est, lorsqu'il est en danger de périr, en ôter toutes les petites branches, et n'y laisser que les plus grosses taillées fort court. || T. Techn. Couper la tête de quelque chose. *Ébotter un clou, une épingle.*

ÉBOUAGE. s. m. (R. *ébouer*). T. Ponts et Ch. Action d'enlever les boues des rues.

ÉBOUER. v. a. (R. *é*, préf. priv., et *boue*). T. Ponts et Ch. Débarrasser de la boue.

ÉBOUEUR. s. m. (R. *ébouer*). T. Ponts et Ch. Ouvrier employé à l'ébouage. — Machine armée de racloirs pour ébouer.

ÉBOUILLANTAGE. s. m. [Pr. *ébou-llantaje*, *ll* mouillées] Action d'ébouillanter, de traiter par l'eau bouillante ou la vapeur.

ÉBOUILLANTER. v. a. [Pr. *ébou-llanter*, *ll* mouillées] (R. *é*, préf., et *bouillant*). Tremper les cocons dans l'eau bouillante, pour tuer les chrysalides. = **s'Ébouillanter** v pron. *Les cocons doivent s'ébouillanter de bonne heure.*

ÉBOUILLIR. v. n. [Pr. *ébou-llir*, *ll* mouillées] (R. *é*, préf., et *bouillir*). Diminuer à force de bouillir. Ne s'emploie guère qu'à l'infinitif et au participe. *Ne laissez point tant ébouillir le pot.* = Ébouilli, ie. part.

ÉBOULAGE. s. m. (R. *ébouler*). T. Techn. Défaut d'une étoffe qui provient d'une trame mal bobinée.

ÉBOULEMENT. s. m. (R. *ébouler*). Chute d'une chose qui s'éboule, ou état d'une chose éboulée. *L'é. des terres, d'une muraille, d'une montagne. Être enseveli sous un éboulement.* || T. Min. *Exploitation par éboulement*, Mode d'exploitation employé lorsque les roches sont peu consistantes.

ÉBOULER. v. n. (R. *boule*). Tomber en ruine; se dit des amas de terre et des constructions qui s'affaissent et tombent. *Le torrent a fait éb. cette butte. Ces terres sont près d'éb.* = **s'Ébouler**, v. pron. Tomber en s'affaissant. *Le talus s'est éboulé. Cette muraille va s'éb.* == Éboulé, ée. part.

Syn. — *S'écrouler.* — *S'ébouler*, c'est se partager en fragments qui tombent en roulant sur eux-mêmes comme des

boules et sans produire beaucoup de bruit; *s'écrouler*, c'est tomber en se détachant par grandes masses qui roulent avec violence et fracas. Les sables, les talus d'une terre, etc., *s'éboulent*, les rochers et les grands édifices *s'écroulent*. Celui qui creuse sous terre court risque d'y être enseveli par des *éboulements*; celui dont la maison est bâtie sur des fondements peu solides court risque d'être écrasé par l'*écroulement* de l'édifice.

ÉBOULIS. s. m. Amas de choses éboulées.

ÉBOUQUETER. v. a. (R. *bouquet*). T. Jard. Couper le bout du bourgeon pour fortifier le fruit.

ÉBOUQUEUR, EUSE. s. T. Techn. Personne chargée d'enlever avec des pinces les corps étrangers qui se trouvent dans les étoffes.

ÉBOUQUINER. v. a. (R. *bouquin*). T. Chass. Détruire les lièvres et lapins mâles qui sont de trop dans une chasse.

ÉBOURGEONNAGE. s. m. [Pr. *ébour-jo-naje*]. Action d'ébourgeonner.

ÉBOURGEONNEMENT. s. m. [Pr. *ébour-jo-neman*] (R. *ébourgeonner*). T. Hort. Opération qui consiste à retrancher au printemps les bourgeons inutiles des arbres fruitiers. Voy. BOURGEON.

ÉBOURGEONNER. v. a. [Pr. *ébour-jo-ner*] (R. *é*, préf. priv., et *bourgeon*). T. Hortic. *Éb. un arbre*, Lui faire subir l'opération appelée *Ébourgeonnement.* || T. Techn. Séparer la laine de mauvaise qualité du mouton pour la vendre à part. = Ébourgeonné, ée. part.

ÉBOURGEONNEUR s. m. [Pr. *ébour-jo-neur*] (R. *ébourgeonner*). Celui qui coupe les bourgeons, en parlant de certains oiseaux et insectes.

ÉBOURGEONNOIR. s. m. [Pr. *ébour-jo-noir*] (R. *ébourgeonner*). T. Agric. Instrument servant à couper les bourgeons et les rameaux que la nature ne peut alimenter.

ÉBOURIFFANT, ANTE. adj. [Pr. *ébouri-fan*] (R. *ébouriffer*). Extraordinaire, stupéfiant. *Il a eu hier encore un succès éb. Un prospectus éb.* Très fam. et ne se dit qu'en plaisantant.

ÉBOURIFFÉ, ÉE. adj. [Pr. *ébouri-fé*] (R. *bourre*). Se dit de la chevelure, de la coiffure, lorsqu'elle est en désordre, lorsque les cheveux sont mêlés ensemble. *Avoir les cheveux ébouriffés. Votre coiffure est tout ébouriffée.* — Par ext., se dit des personnes. *Comme vous voilà ébouriffée.* || Fig. et fam., se dit pour troublé, agité. *Qu'avez-vous donc? Vous êtes tout éb., vous avez l'air tout éb.*

ÉBOURIFFER. v. a. [Pr. *ébouri-fer*] (R. *bourre*). Mêler les cheveux, mettre la coiffure en désordre. *Le vent a ébouriffé ses cheveux. Vous allez m'éb.* — Par anal. Hérisser, en parlant d'un objet quelconque. = Ébouriffé, ée. part.

ÉBOURRER. v. a. (R. *bourre*). T. Corr. Ôter la bourre des peaux.

ÉBOUSINER. v. a. [Pr. *ébou-ziner*] (R. *bousin*). T. Maçon. Ôter le bousin d'une pierre. = Ébousiné, ée. part.

ÉBOUTAGE. s. m. (R. *ébouter*). T. Techn. Action d'ébouter les fils restés sur la dentelle.

ÉBOUTER. v. a. (R. *é*, préf. priv., et *bout*). Couper le bout. || T. Techn. Couper, éplucher les fils adhérents au parchemin dans la dentelle-réseau. || T. Mar. Couper le bout d'une pièce de bois ou d'un mât pour juger de la qualité du bois.

ÉBOUTEUSE. s. f. T. Techn. Celle qui éboute.

ÉBOUTURER. v. a. (R. *bouture*) T. Hort. Enlever les boutures.

ÉBOUYER. v. a. [Pr. *ébou-ier*] (R. *boyau*). Écraser, éventrer.

ÉBRACTÉOLÉ, ÉE. adj. (R. é, priv., et *bractéole*). T. Bot. Qui est dépourvu de bractéoles.

ÉBRAISOIR. s. m. (R. é, préf., et *braise*). T. Techn. Pelle pour tirer la braise d'un fourneau. — Voûte pratiquée sous les fours à chaux, pour mettre le bois et le charbon.

ÉBRANCHAGE. s. m. (R. *ébrancher*). T. Arbor. Suppression des branches d'un arbre.

ÉBRANCHEMENT. s. m. (R. *ébrancher*). Action d'ébrancher, ou le résultat de cette action.

ÉBRANCHER. v. a. (R. é, préf. priv., et *branche*). Dépouiller un arbre d'une partie de ses branches, en les coupant ou en les rompant. *Il faut éb. cet arbre.* == ÉBRANCHÉ, ÉE. part.

ÉBRANCHOIR. s. m. (R. *ébrancher*). T. Jard. Serpe qu'on manie au bout d'une perche.

ÉBRANLABLE. adj. (R. *ébranler*). Qui peut être ébranlé. *Cette construction n'est pas ébranlable.*

ÉBRANLEMENT. s. m. (R. *ébranler*). Secousse, action par laquelle une chose est ébranlée. *Après un si grand éb., il était à craindre que ce mur ne tombât. L'éb. du cerveau causé par sa chute lui a affaibli l'esprit.* || Fig. *L'éb. des États, des trônes. L'éb. du crédit. L'éb. de sa fortune inquiète ses amis.*

ÉBRANLER. v. a. (R. é, préf., et *branler*). Donner des secousses à une chose en sorte qu'elle ne soit plus dans une ferme assiette. *L'explosion de la mine ébranla le bastion. Les vents ont ébranlé cette maison. Ce coup lui a ébranlé le cerveau.* || Fig., *L'empire était ébranlé par cette longue série de désastres. Les guerres civiles ébranlent le fondement des États. Cet échec a ébranlé le ministère.* || En parlant d'une personne, émouvoir, faire qu'elle soit moins ferme dans ses opinions ou dans ses résolutions. *Vos raisons l'ont fort ébranlé. Les menaces ne sauraient m'ébranler.* On dit de même, *Éb. la résolution, la confiance, l'espoir, etc., de quelqu'un.* — Remuer, agiter fortement. *Éb. l'imagination.* — s'ÉBRANLER. v. pron. Être ébranlé. *Les voûtes du temple s'ébranlèrent.* — Fig., *Un empire qui s'ébranle. Une fermeté qui ne s'ébranle jamais.* || T. Guerre. Se mettre en mouvement. *Au point du jour, les troupes commencent à s'éb. Tout étant disposé, l'ennemi s'ébranla sur toute la ligne.* — Commencer à faire quelque mouvement pour se retirer, pour prendre la fuite. *Ce régiment était exposé à un si grand feu, qu'il commençait à s'éb.; la présence du général le rassura.* == ÉBRANLÉ, ÉE. part.

ÉBRASEMENT. s. m. (R. *ébraser*). T. Archit. Action d'ébraser, ou le résultat de cette action. *L'éb. d'une porte.*

ÉBRASER. v. a. T. Archit. Élargir en dedans la baie d'une porte ou d'une fenêtre, suivant un plan oblique. == ÉBRASÉ, ÉE. part. *Porte, fenêtre ébrasée.*

ÈBRE, fleuve d'Espagne, passe à Saragosse, Tortose, et se jette dans la Méditerranée après un parcours de 800 kil.

ÉBRÈCHEMENT. s. m. (R. *ébrécher*). Action d'ébrécher.

ÉBRÉCHER. v. a. (R. é, préf., et *brèche*). Faire une brèche à un instrument tranchant. *Éb. un rasoir, un couteau, etc.* — S'éb. une dent, Se casser une partie d'une dent. || Fig. et fam., Diminuer, affaiblir. *La perte de ce procès a bien ébréché sa fortune. Son crédit est fort ébréché.* == s'ÉBRÉCHER. v. pron. *Ce couteau s'ébrèche. Sa fortune s'ébrèche tous les jours.* == ÉBRÉCHÉ, ÉE. part. == Conj. Voy. ALLÉCHER.

ÉBRENER. v. a. (R. *bran*). Nettoyer, enlever les ordures. *Cette nourrice a ébrené son enfant.* == ÉBRENÉ, ÉE. part.

ÉBREUIL, ch.-l. de c. (Allier), arr. de Gannat; 2,300 hab.

ÉBRIÉTÉ. s. f. (lat. *ebrietas*). Ivresse; ne s'emploie guère qu'en termes de médecine. — Par ext., Exaltation. *État d'ébriété.*

ÉBRIEUX, EUSE. adj. (lat. *ebriosus*, ivre) T. Méd. Qui a rapport à l'ivrognerie. *Folie ébrieuse.*

ÉBRIOSITÉ. s. f. (lat. *ebriositas*). T. Didact. Habitude de l'ivresse.

ÉBROÏN, maire du palais de Neustrie, lutta contre les leudes de Bourgogne, qui avaient saint Léger à leur tête, et contre le duc d'Austrasie, Pépin d'Héristal; il fut assassiné (681).

ÉBRONDEUR. s. m. T. Métall. Ouvrier de tréflerie chargé d'enlever l'oxyde produit par le chauffage du fer au contact de l'air.

ÉBROUAGE. s. m. (R. *ébrouer*). T. Techn. Immersion des laines dans de l'eau de son.

ÉBROUDAGE. s. m. (R. *ébroudir*). T. Techn. Action de passer un fil métallique dans la filière.

ÉBROUDEUR. s. m. (R. *ébroudir*). Ouvrier chargé de l'ébroudage.

ÉBROUDI. s. m. (R. *ébroudir*). T. Techn. Fil métallique qui a subi l'ébroudage.

ÉBROUDIR. v. a. T. Techn. Passer un fil métallique à travers la filière.

ÉBROUEMENT. s. m. [Pr. *ébroû-man*] (R. *s'ébrouer*). T. Art vétér. Se dit de l'éternument de certains animaux domestiques. || T. Man. Le ronflement d'un cheval à la vue des objets qui le surprennent ou qui l'effraient. || Respiration haletante.

ÉBROUER. v. a. (all. *brühen*, laver à l'eau chaude). Laver, passer dans l'eau; se dit seulement des toiles, des étoffes. *Éb. une pièce d'étoffe, de toile.* == ÉBROUÉ, ÉE. part.

ÉBROUER (S'). v. pron. (orig. inconnue). T. Art vétér. Se dit des animaux domestiques lorsqu'ils font une espèce d'éternument, comme pour dégager leurs naseaux de ce qui y cause de la gêne, de l'irritation. — T. Man. Se dit aussi d'un cheval qui fait un ronflement à la vue d'un objet qui le surprend ou qui l'effraie. *Les chevaux vifs s'ébrouent facilement.*

ÉBROUEUSE. s. f. (R. é, préf. priv., et *brou*). Femme qui casse des noix.

ÉBROUISSAGE. s. m. (R. *ébrouer*). Opération que les teinturiers font subir aux étoffes de laine.

ÉBROUSSER. v. a. T. Rur. (R. é, préf. priv., et *brosse*, pour broussailles). Effeuiller un arbre. || Ébourgeonner la vigne.

ÉBROUTER. v. a. (R. *brou*). T. Magnan. Débarrasser les feuilles des petites ramilles qui pourraient blesser les vers à soie encore jeunes.

ÉBRUITEMENT. s. m. (R. *ébruiter*). Action d'ébruiter.

ÉBRUITER. v. a. (R. *bruit*). Divulguer, rendre public. *Il ne faut pas éb. cette affaire.* == s'ÉBRUITER. v. pron. Devenir public. *Cette nouvelle commence à s'éb. Prenez garde que cette affaire ne s'ébruite.* == ÉBRUITÉ, ÉE. part.

EBSAMBOUL ou **IBSAMBOUL**, village de la basse Nubie, sur la rive gauche du Nil, célèbre par ses temples souterrains.

ÉBUARD. s. m. Coin de bois fort dur, qui sert à fendre des bûches.

ÉBÛCHETER. v. n. (R. *bûchette*). Ramasser du menu bois.

ÉBULLIOSCOPE. s. m. [Pr. *ébul-li-oskope*] (lat. *ebullire*, bouillir; gr. σκοπέω, j'examine). Nom d'appareils imaginés pour mesurer par l'ébullition la richesse alcoolique des spiritueux. || T. Phys. Instrument destiné à mesurer la différence entre le point d'ébullition d'une solution et celui du dissolvant pur. Il sert à déterminer les poids moléculaires des substances solubles.

ÉBULLIOSCOPIE. s. f. [Pr. *ébul-lios-kopi*] (R. *ébullioscope*). T. Chim. Étude de l'ébullition des dissolutions, ayant principalement pour objet la détermination des poids moléculaires des corps solubles. Voy. DISSOLUTION.

ÉBULLITION. s. f. [Pr. *ébul-li-sion*] (lat. *ebullitio*, m. s.). Le mouvement qui se produit dans un liquide soumis à l'action de la chaleur, lorsqu'il passe à l'état de vapeur. — Au fig. Effervescence. || Dans le langage vulgaire, se dit de certaines éruptions cutanées passagères et apyrétiques.

Phys. — La transformation des liquides en vapeurs, c.-à-d. en fluides élastiques, est désignée sous la dénomination générique de *Vaporisation*; mais on lui donne particulièrement le nom d'*Ébullition* quand les vapeurs se forment au sein de la masse du liquide, et celui d'*Évaporation* lorsqu'elles se forment à la surface de ce dernier.

I. — *Phénomènes de l'ébullition.* — Lorsqu'après avoir rempli d'eau un vase de verre, on chauffe celui-ci par sa partie inférieure, on voit bientôt toutes les parties du liquide agitées d'un mouvement tumultueux, résultant de la présence d'une multitude de bulles de vapeur plus ou moins grosses et abondantes, qui se forment sur les parois échauffées du vase, s'élèvent en vertu de leur légèreté et viennent éclater à la surface de l'eau. Pour que ces bulles puissent se former et s'élever ainsi, malgré la pression qu'exerce de toutes parts sur elles la masse du liquide, il faut évidemment que la force de tension de la vapeur qui les remplit soit supérieure à la pression qui environne chacune d'elles. Ainsi, « la première condition de l'éb., dit Pouillet, est que la température soit assez haute pour que la tension élastique de la vapeur puisse vaincre toutes les pressions qui se font sentir dans la masse liquide. La seconde condition est que la vapeur trouve à absorber la chaleur nécessaire à sa formation. De la première condition il résulte que tout ce qui fait varier la pression du liquide ou la tension de la vapeur fait aussi changer le *point d'éb.*, et il résulte de la seconde que la rapidité de l'éb. dépend uniquement de la quantité de chaleur qui, dans un temps donné, passe des parois du vase à la portion du liquide qui se vaporise. »

II. — *Influence de la pression sur le point d'ébullition.* — Au niveau de la mer, et sous la pression moyenne de 760 millim., l'eau pure bout à 100°. Au sommet du Mont-Blanc, qui a 4,810 mèt., et où la pression atmosphérique est réduite à 420 millim., l'eau bout à 84°, car alors, pour que l'eau entre en éb., il suffit que la vapeur formée puisse surmonter une pression de 420 millim. Ainsi donc, avec une table, indiquant la tension de la vapeur d'un liquide quelconque, on peut aisément calculer la température de son point d'éb. sous une pression donnée, et réciproquement, on peut faire bouillir un liquide à une température donnée en augmentant ou en diminuant la pression à laquelle il est soumis. Au reste, cette conséquence est facile à démontrer expérimentalement. On met de l'eau à 50° environ dans un vase de verre sous le récipient de la machine pneumatique. Après quelques coups de piston, quand l'éprouvette ne marque plus que 89 millim. de pression, l'eau commence à bouillir avec autant de vivacité que si on la faisait chauffer à l'air libre sur un feu très ardent. Cette éb., il est vrai, s'arrête bientôt, parce que la vapeur remplit le récipient et exerce sur le liquide une certaine pression; mais il suffit de donner quelques coups de piston qui évacuent cette vapeur pour voir l'éb. recommencer. Cette démonstration se fait encore d'une manière plus saisissante (Fig. ci-dessus). On prend un ballon à long col A; on le remplit d'eau à moitié; on fait bouillir cette eau pour chasser l'air que contient le ballon, puis on ferme au chalumeau l'extrémité *b* du col ou, plus simplement, avec un bouchon. Cela fait, on le place dans la position que re-

présente la figure. Alors l'eau du ballon comprimée par la vapeur qui remplit l'espace non occupé par le liquide, ne donne pas de signe sensible d'éb.; mais si, à l'aide d'une pipette, on verse un peu d'eau froide sur la partie supérieure du ballon, on voit aussitôt l'éb. se manifester avec vivacité. Or, ce phénomène s'explique par la condensation, sous l'influence de l'eau froide, de la vapeur contenue dans le ballon, condensation qui fait cesser la pression exercée sur le liquide. — D'après ce qui précède, il est facile de concevoir que l'éb. ne se produit pas à la même température à tous les lieux de la terre. Ainsi, par ex., à Quito l'eau bout à 90°; or, cette température n'est pas assez élevée pour cuire certaines substances qui exigent une chaleur de 100°. Ce n'est pas tout : la pression atmosphérique variant continuellement dans un même lieu, il s'ensuit que le point d'éb. y éprouve aussi des variations perpétuelles. A Paris, où les deux extrêmes de la hauteur barométrique sont 749 et 781 millim., les deux extrêmes du point d'éb. sont 99°,5 et 100°,8. — Si la diminution de la pression abaisse le point d'éb. au-dessous de 100°, toute augmentation de cette pression a au contraire pour effet de retarder l'éb., ou, en d'autres termes, d'exiger un accroissement de température pour que l'éb. se produise : ceci est une conséquence évidente de ce que nous venons de dire. Au reste, on le démontre expérimentalement au moyen de la marmite de Papin, dans laquelle on peut porter l'eau à 200° et 300°, et même davantage sans la faire bouillir. Voy. DIGESTEUR.

III. — *Influence des substances dissoutes dans le liquide sur son point d'éb.* — Le point d'é. des liquides n'est aucunement changé par les substances qui s'y trouvent simplement suspendues, comme le sont par ex. des parcelles de sable; mais il en est autrement quand les molécules du corps étranger sont chimiquement combinées avec eux : c'est ainsi que tous les sels solubles retardent l'éb. du liquide dans lequel ils sont dissous. Nous indiquerons ici, d'après les expériences du professeur Legrand, le point d'éb. de l'eau, selon l'espèce de sel dont on l'a préalablement saturée :

Carbonate de soude. .	104°,6	Azotate de soude. . .	121°,0
Phosphate de soude. .	106°,5	Carbonate de potasse.	135°,0
Chlorure de potassium.	108°,3	Azotate de chaux. . .	151°,0
Chlorure de sodium. .	108°,4	Acétate de potasse. .	169°,0
Tartrate neutre de pot.	114°,6	Chlorure de calcium. .	179°,5
Azotate de potasse. . .	115°,9	Azotate d'ammoniaque.	180°,0

Un savant physicien suédois, Rudberg, a établi, par des expériences qui paraissent exactes, que la vapeur qui se dégage d'une dissolution saline bouillante ne prend jamais que la température qu'elle aurait si elle se dégageait de l'eau pure à la même pression, alors même que la température de la dissolution bouillante est supérieure à celle de l'eau également bouillante. — L'élévation du point d'éb. de l'eau par les sels qui y sont dissous résulte évidemment d'une sorte d'attraction qui existe entre les molécules salines et aqueuses. En outre, on peut rattacher à cette attraction cet autre fait, que la force de tension de la vapeur qui se dégage d'une dissolution saline est toujours inférieure, toutes choses étant égales d'ailleurs, à celle de la vapeur produite par l'eau pure. Voy. DISSOLUTION. — Lorsqu'un liquide est combiné avec un autre liquide, il y a encore changement dans le point d'éb. Si le liquide ajouté est moins volatil, il retarde l'éb.; il l'accélère dans le cas contraire. Ainsi l'acide sulfurique retarde le point d'éb. de l'eau, tandis que l'alcool l'avance. Quant à la vapeur qui prend alors naissance, elle n'est en général qu'un mélange des vapeurs des deux liquides.

IV. — *Influence de la nature des vases et de la présence de gaz dissous.* — Gay-Lussac, le premier, a constaté que l'eau bout un peu plutôt dans les vases métalliques que dans les vases de verre et que dans ces derniers l'éb. se fait par soubresauts très violents. Il suffit de jeter un morceau de métal dans le vase de verre pour rendre l'éb. régulière. Des expériences plus récentes montrent que tous les liquides privés d'air ou de gaz présentent une éb. par soubresauts. Les solides que l'on introduit pour régulariser l'éb. agissent par la petite quantité d'air qu'ils entraînent avec eux. Ces phénomènes s'expliquent par ce fait que la vapeur ne se forme jamais au sein même du liquide, mais seulement au contact d'une bulle de gaz déjà existante, si petite qu'elle soit. La théorie de la transformation d'un liquide en vapeur se lie intimement à celle de la tension superficielle des liquides. Voy. CAPILLARITÉ et VAPORISATION.

V. — *Rapidité de l'ébullition.* — Nous avons peu de chose à dire de la rapidité de l'éb., car elle dépend uniquement de la quantité de chaleur que reçoit le liquide dans un temps donné. Or, celle-ci à son tour résulte de l'activité du foyer, de la nature et de l'épaisseur des parois de la chaudière, qui conduisent plus ou moins bien la chaleur, et enfin de l'étendue de la surface de chauffe, c.-à-d. de l'étendue des parois du vase qui est soumis à l'action directe de la flamme.

VI. — Nous terminerons cet article, en donnant le point d'éb. d'un certain nombre de liquides, sous la pression de 0,76.

Cyanogène	— 18°,»	Benzine	+ 86°
Acide sulfurique	— 10°,»	Essence de térébent.	157°
Éther chlorhydrique	+ 12°,5	Phosphore	290°
Éther sulfurique	37°,8	Acide sulfurique	310°
Sulfure de carbone	47°,0	Huile de lin	316°
Chloroforme	60°,8	Mercure	350°
Alcool	79°,7	Soufre	440°

ÉBURNATION. s. f. [Pr. ...sion] (lat. ebur, ivoire). T. Physiol. Transformation d'un os ou d'un cartilage en une substance analogue à l'ivoire par sa densité et sa consistance

ÉBURNE. s. f. T. Zool. Nom du genre de mollusques appelé *Ivoire* dans certains ouvrages et qui a pour type l'Éburne canaliculée.

ÉBURNÉ, ÉE. adj. (lat. ebur, ivoire). Qui ressemble à l'ivoire. *Le tissu des exostoses est ordinairement éb. Consistance éburnée.* || T. Pathol. Qui a subi l'éburnation.

ÉBURNÉEN, ENNE ou **ÉBURNIN, INE.** adj. (lat. eburneus, d'ivoire). T. Hist. nat. Qui a les caractères de l'ivoire.

ÉBURNIFICATION. s. f. Voy. ÉBURNATION.

ÉBURONS, peuple de l'ancienne Gaule, sur les rives de la Meuse.

ÉCABOCHAGE. s. m. Action d'écabocher le tabac.

ÉCABOCHER. v. a. Couper les caboches des feuilles de tabac.

ÉCACHEMENT. s. m. (R. écacher). T. Mét. Action d'écacher; état de ce qui est écaché. || T. Chir. Meurtrissure par écrasement.

ÉCACHER. v. a. (lat. coactus, serré). Écraser, froisser. *Éc. une noix, un colimaçon en marchant dessus. Il s'est écaché le doigt.* Fam. || T. Techn. Aplatir du métal au laminoir. — Pétrir et amollir la cire. — Comprimer les feuilles de papier pour en retirer l'air. — Dresser des faux et autres outils. = ÉCACHÉ, ÉE. part. || Fam., *Nez écaché,* Nez camus et aplati.

ÉCACHEUR. s. m. (R. écacher). T. Techn. Ouvrier qui aplatit le fil de métal en le passant entre deux moules, qui pétrit la cire, qui dresse les faux ou les autres outils à la moule, etc.

ÉCAFFER. v. a. [Pr. éka-fer]. T. Vann. Partager l'osier en deux dans l'épaisseur.

ÉCAFLOTE. s. f. (bas-lat. scaffa, cosse). T. Art culin. Peaux des légumes restant dans la passoire quand on passe une purée.

ÉCAGNE. s. f. (bas-lat. scagna). Portion d'un écheveau qu'on divise.

ÉCAILLAGE. s. m. [Pr. éka-llaje, ll mouillées] (R. écailler). Action d'enlever les écailles. || Action d'ouvrir les huîtres. || Action de détacher le sel qui s'attache aux chaudières. || T. Arts. Défaut d'une poterie, d'une peinture qui s'écaille.

ÉCAILLE. s. f. [Pr. é-kaller, ll mouillées] (orig. germ.: goth. skalja, tuile; all. schale, écaille). T. Zool. Se dit des lames ordinairement minces et aplaties qui recouvrent la peau de certains poissons, et des plaques de forme très variable qui garnissent le corps d'un grand nombre de reptiles, ainsi que de certains mammifères, les pattes des oiseaux, les ailes des lépidoptères, etc. — Par anal., dans le langage ordinaire, se

dit des valves de certains mollusques conchifères. *Les écailles d'huîtres.* || Chacune des deux parties du test d'une tortue. || T. Bot. On désigne sous ce nom des organes appendiculaires de nature fort diverse, feuilles, bractées, sépales, etc., mais qui ont généralement une forme triangulaire, ovale ou lancéolée, et une consistance sèche et coriace. || T. Path. Se dit des lamelles d'épiderme qui se détachent d'elles-mêmes dans certaines maladies de la peau. — Fig. et fam., *Les écailles lui sont tombées des yeux,* Ses yeux sont dessillés. || Dans les Arts, *Tomber par écailles,* se dit des couleurs, des vernis, etc., qui, par suite de vétusté, se gercent et se détachent par petites plaques. || T. Techn. Croûte qui se produit sur le fer trop vivement chauffé. — Plaque de cuivre employée par les émailleurs pour confectionner le bleu de Turquie. — Rouge sombre employé par les relieurs pour colorer la tranche des livres. || *Écaille de mer,* Pierre très dure détachée de la roche dont on se sert pour broyer les couleurs. || T. Monn. *Écaille d'azur,* Poudre d'acier que l'on place sous le carré pour l'éloyer. || T. Zool. *Écaille-martre,* Papillon de la famille des *Nocturnes.* Voy. BOMBYCITES.

Techn. — Dans l'industrie, le nom d'*Écaille* s'applique exclusivement à la substance cornée qui recouvre la carapace des Tortues. La plus estimée est fournie par le Caret, qui vit dans les mers de l'Asie et de l'Amérique. Chaque carapace porte treize grandes plaques et vingt-six plus petites, nommées *Onglons,* que l'on détache à l'aide de la chaleur, le plus souvent en les faisant tremper dans l'eau bouillante. L'éc. est tantôt blonde, tantôt brune et tantôt noire; mais ordinairement ces trois couleurs se trouvent sur le même morceau, où elles nuancent d'une manière agréable. Cette matière se travaille, sauf quelques modifications de détail, absolument comme la corne; par conséquent, ce que nous avons dit de l'aplatissage, de la soudure et du moulage de celle-ci s'applique presque entièrement à celle-là. Les objets d'éc. sont souvent enrichis d'incrustations soit d'or ou de cuivre doré. Pour faire ces ornements, on donne au fil métallique la forme qu'il doit avoir; puis, après l'avoir fixé sur l'objet avec de la gomme adragante, on introduit en dernier dans le moule où il a été fabriqué, et, au moyen de la pression à chaud, on fait pénétrer les dessins dans l'éc. ramollie. La contraction qu'éprouve la matière animale en se refroidissant, suffit pour fixer très solidement les lamelles ou les fils métalliques. — L'espèce d'éc. appelée improprement *Éc. fondue,* se fait avec les rognures et fragments qu'on ne peut employer autrement. On les râpe, on les humecte, et on les introduit dans un moule cylindrique où l'action de la chaleur combinée avec une pression énergique les fait prendre en une masse compacte, qui se travaille ensuite comme l'éc. ordinaire. Mais cette sorte d'éc. n'a pas la transparence de la précédente; en outre, elle est extrêmement fragile. — Enfin, l'éc. vraie étant d'un prix assez élevé, on a cherché, dans ces derniers temps, à la remplacer par une variété de caoutchouc durci, qui est beaucoup plus économique. Le produit nouveau a reçu le nom d'*Éc. artificielle*

ÉCAILLEMENT. s. m. [Pr. éka-lle-man, ll mouillées] (R. écailler). Action d'ôter les écailles, d'ouvrir les huîtres. || Action de s'écailler. *L'Écaillement d'un bateau.* || Écailles de cuivre que vendent les chaudronniers.

ÉCAILLER. v. a. [Pr. éka-ler, ll mouillées] (R. écaille). Dépouiller de ses écailles. *Éc. un poisson.* || T. Techn. Couvrir d'ornements en forme d'écailles. — Gratter le plomb pour le mettre en état de recevoir la soudure. — *Éc. un caillou,* En détacher, au moyen d'un marteau, des écailles pour en faire des pierres à fusil. — Donner la couleur de l'écaille de tortue. = S'ÉCAILLER. v. pron. Se dit de tout ce qui se lève, se détache par écailles, par plaques minces. *Cet enduit s'écaille. Ce tableau commence déjà à s'éc. Une peau qui s'écaille.* = ÉCAILLÉ, ÉE. part. *Une carpe écaillée.* || Adject., se dit quelquefois pour *Écailleux,* Garni d'écailles. *Animaux écaillés.*

ÉCAILLER, ÈRE. s. [Pr. éka-llé, ll mouillées] (R. écailler). Celui, celle qui vend et qui ouvre des huîtres.

ÉCAILLETTE. s. f. [Pr. éka-llète, ll mouillées] (Dimin. d'écaille). Petite écaille.

ÉCAILLEUX, EUSE. adj. [Pr. éka-lleu, ll mouillées]. Qui se lève, qui se détache par écailles, par plaques minces. *Peau dure et écailleuse. Ardoise écailleuse.* || T. Hist. nat. Qui est couvert, garni, formé d'écailles, ou en forme d'écailles.

La queue du rat est écailleuse. Le bulbe du lis est éc.
|| T. Anat. Os éc., Moitié supérieure de l'os frontal. Suture
éc., Suture du temporal et du pariétal. || T. Minér. Se dit
de la cassure d'un minéral offrant l'aspect de petites écailles
soulevées. L'agate a la cassure écailleuse.

ÉCAILLIÈRE. s. f. [Pr. éka-llère, ll mouillées] (R. écailler). Instrument qui sert à ouvrir les huîtres.

ÉCAILLON. s. m. [Pr. éka-llon, ll mouillées] (R. écaille).
Principal ouvrier d'une ardoisière.

ÉCAILLURE. s. f. [Pr. éka-llure] (R. écaille). Pellicule
qu'on enlève du plomb avec le grattoir. || T. Zool. Test formé
par une réunion d'écailles.

ÉCALE. s. f. (altérat. de écaille). Enveloppe extérieure qui
renferme la coque dure de certains fruits. Éc. de noix. — Se
dit aussi des coquilles d'œufs et de la peau des pois qui se
lève quand ils cuisent. || T. Techn. Fragments de grès servant
au pavage commun. — Fil de soie légèrement gommé dans la
fabrication des blondes. — Fosse où se place l'ouvrier qui pose
les flans sur le carré.

ÉCALER. v. a. Éc. des noix, En ôter l'écale. — s'ÉCALER.
v. pron. Les pois s'écalent quand ils ont bouilli, Ils se séparent de l'écale, etc. — ÉCALÉ, ÉE. part.

ÉCALEUR, EUSE. s. (R. écaler). Personne qui casse les
noix.

ÉCALOT. s. m. T. Agric. Noix dépouillée de son écale.
|| Variété de noix.

ÉCALURE. s. f. (R. écaler). T. Comm. Pellicule dure de
certains fruits. Éc. de café.

ÉCALYPTROCARPE. adj. (R. é, préf. priv., et gr. καλύπτρα,
voile; καρπός, fruit). T. Bot. Dont le fruit est dépourvu de
coiffe.

ÉCANG. s. m. T. Rur. Instrument pour écanguer.

ÉCANGAGE. s. m. T. Techn. Action d'écanguer, effet de
cette action.

ÉCANGUER. v. a. T. Rur. Broyer le chanvre ou le lin pour
en détacher la paille.

ÉCANGUEUR, EUSE. s. (R. écanguer). Ouvrier qui
écangue le lin ou le chanvre.

ÉCAQUEUR. s. m. (R. caque). T. Pêc. Celui qui est chargé
de caquer le hareng.

ÉCARASSE. s. f. T. Techn. Machine qui sert pour écarter
la laine qui sort de la teinture.

ÉCARBOUILLER. v. a. [Pr. ékarbou-ller, ll mouillées]
(lat. excarbunculare, propr. réduire en charbon). Écacher,
écraser. Il lui a écarbouillé la figure. Pop. — s'ÉCAR-
BOUILLER. v. pr. Sa cervelle s'est écarbouillée. — ÉCAR-
BOUILLÉ, ÉE. part.

ÉCARDINES. s. m. pl. (R. é, préf. priv. et cardo, gond).
T. Zool. Ordre de Brachiopodes désigné encore sous le nom
de Inarticulés. Voy. BRACHIOPODES.

ÉCARLATE. s. f. (ital. scarlatto; angl. scarlett, orig.
inconnue). Couleur rouge et fort vive. Teint en éc. Rouge
comme l'éc., comme de l'éc. — Par ext., L'étoffe même
teinte de cette couleur. Manteau d'éc. J'ai acheté vingt
aunes d'éc. — T. Comm. Graine d'éc. Voy. CHÊNE. — Figur. et famil. Avoir les yeux bordés d'éc., Avoir le bord
des paupières très rouge. — ÉCARLATE. adj. 2 g. Du drap
éc. Elle avait une robe éc.

ÉCARLATIN, INE. adj. (R. écarlate). Qui a la couleur de
l'écarlate. — Subst. m. Étoffe de laine rouge.

ÉCARNER. v. a. (R. é, préf. priv., et carne) Briser,
détacher les angles extérieurs d'un objet. Écarner une
pierre.

ÉCARQUILLEMENT. s. m. [Pr. les ll mouillées] (R. écarquillé). Action d'écarquiller. L'éc. des jambes. Fam.

ÉCARQUILLER. v. a. [Pr. les ll mouillées] (R. écart).
Écarter, ouvrir; ne se dit que dans ces phrases du style fam.,
Éc. les jambes. Éc. les yeux. — s'ÉCARQUILLER. v. pron.
Ses yeux s'écarquillèrent. — ÉCARQUILLÉ, ÉE. part.

ÉCARRISSAGE. s. m. Voy. ÉQUARRISSAGE.

ÉCART. s. m. (R. écarter). Action de s'écarter. En faisant
un éc., j'évitai le coup qui m'était porté Son cheval eut
peur, fit un éc. et le renversa dans le fossé — T. Danse.
Faire un éc., Porter le pied de côté. — || Fig., Action de s'écar-
ter mal à propos du sujet que l'on traite. Faire un éc. dans
un discours. — Dans une signif. plus générale, action de
s'écarter de ce qui est raisonnable, de ce que nous prescrivent la morale, les bienséances, etc Les écarts de l'imagination. Les écarts de la jeunesse. Être sujet à des écarts,
à faire des écarts. || T. Jeu. Les cartes qui ont été écar-
tées. Voici mon éc. Vous ne devez pas regarder mon
éc. || T. Magn. Ce qu'on rejette des chambres des vers à soie.
|| T. Mar. Jonction de deux plaques de tôle d'une chaudière
ou d'un navire en fer. — Surface de jonction de deux laizes
de voile. || T Techn. Surface de jonction de deux pièces de
bois qui doivent se prolonger en tout ou en partie. Éc. à
croc. éc à sifflet. — Fragments de grès employés comme
revêtement ||T. Pathol. Relâchement des ligaments mainte-
nant deux parties en contact. || T. Blas. Syn. de Quartier. —
A L'ÉCART. loc. adv. En un lieu écarté, écarté. Les voleurs
le trouvèrent à l'éc. et le dépouillèrent. Prendre quel-
qu'un à l'éc. || À part. Tirer quelqu'un à l'éc. Se mettre, se
tenir, demeurer à l'éc. — Mettre à l'éc. Réserver, et fig,
Faire abstraction. J'ai mis à l'éc. une partie de mon capital
Mettons cette considération à l'éc. Mettons nos intérêts à
l'éc. — Figur., Laisser ou mettre quelqu'un à l'éc., Le laisser
de côté. Il n'a pas été compris dans la promotion,
on l'a mis à l'éc.
Méd. vét. — Distension des muscles unissant l'épaule au
tronc, par un effort; accident rare, observé surtout dans l'armée et les manèges. La boiterie est assez marquée et l'animal
fanche pendant la marche. On le diagnostique en écartant vivement le membre antérieur du tronc, ce qui provoque une
vive douleur. Quand la lésion est très légère, on l'appelle
Faux éc., tandis qu'on lui applique le nom d'Entr'ouverture, lorsqu'elle est portée au plus haut degré. On vient ordinairement à bout de la guérir par le repos et l'application
de topiques résolutifs. Voir aussi EFFORT.

ÉCARTABLE. adj. On peut ou qui doit être écarté. Jeu é.
Carte é. || T. Fauc. Faucon qui a la coutume de monter en
essor, quand le chaud le presse.

ÉCARTÉ. s. m. (R. écarter). Sorte de jeu de cartes qui se
joue à deux, et dans lequel on écarte des cartes. Jouer à l'é.
Faire une partie d'é. Il est à la table d'é.

ÉCARTÈLEMENT. s. m. (R. écarteler). On nomme ainsi
un supplice abominable qui consiste à attacher un cheval à
chaque pied et à chaque bras du patient, puis à faire tirer
les quatre chevaux dans des sens opposés, jusqu'à ce que les
membres soient détachés du tronc. Le plus ancien exemple
de ce supplice que nous trouvions dans l'histoire est celui de
Métius Suffétius, dictateur d'Albe, que Tullus Hostilius, troisième roi de Rome, fit écarteler pour le punir de sa trahison.
En France, on ne condamnait guère à ce supplice que les criminels de lèse-majesté. Le dernier criminel qui l'ait subi chez
nous fut Damiens, qui avait tenté d'assassiner Louis XV (1757).
Le Code pénal de 1791 a fait disparaître de nos lois ce monument de barbarie Chez les anciens, le supplice de l'é. se pratiquait quelquefois autrement. On attachait les jambes du condamné à deux arbres opposés que l'on courbait violemment,
et ces arbres, en se relevant, déchiraient le corps du patient.

ÉCARTELER. v. a. (lat. ex, indiquant séparation, et
quartus, quart; propr. Mettre en quartiers, mettre en pièces)
Faire subir l'écartèlement. || Par anal., Arracher les mem-
bres à .. || T. Blas. Partager un écu en quatre parties. Voy Écu.
— ÉCARTELÉ, ÉE. part. — || ÉCARTELER. v. pron. Être écartelé.
Les prisonniers ne s'écartèlent plus. — Conj. Voy. GELER.

ÉCARTELURE. s. f. (R. écarteler). T. Blas. Division de
l'écu en quatre quartiers ou écarts Voy. Écu.

ÉCARTEMENT. s. m. (R. *écarter*). Action d'écarter, de s'écarter, ou le résultat de cette action. *L'é. des jambes. L'é. de deux lignes.* || La séparation, la disjonction de choses qui doivent être jointes. *Il y a eu de l'é. dans cette cloison.*

ÉCARTER v. a. (R. *é*, préf. sépar., et *carte*. Le sens primitif est celui d'écarter une carte au jeu). A certains jeux de cartes, mettre à part des cartes dont on ne veut point se servir. *Vous ne pouvez é. que trois cartes.* || Éloigner l'une de l'autre des choses qui sont jointes ou rapprochées. *É. les jambes. É. les lèvres d'une plaie.* — Se dit aussi des choses qui gênent, qui empêchent le passage, la vue. *É. les branches qui empêchent de passer. É. un rideau. J'écartai les cheveux qui lui couvraient le visage.* || Disperser. *É. les ennemis. La tempête écarta nos vaisseaux. Le vent a écarté les nuages. É. la foule.* On dit aussi avec ellipse du pronom personnel, *Faire é. la foule.* — *Ce fusil écarte le plomb,* ou simpl., *Ce fusil écarte,* Il éparpille trop le plomb. || Détourner. *É. quelqu'un de son chemin. Il écarta le coup avec son bâton.* || Figur., Éloigner, détourner. *On avait cherché à é. de lui tous ses amis. Il a écarté tous ceux qui lui nuisaient. É. les mauvaises pensées. É. les soupçons.* == S'ÉCARTER. v. pron. Se dit dans les sens ci-dessus, tant au prop. qu'au fig. *Deux lignes qui vont en s'écartant. Écartez-vous du feu. Vous vous écarteriez trop si vous preniez ce chemin-là. S'é. du but. S'é. de son sujet dans un discours. La nature ne s'écarte jamais des lois qu'elle s'est prescrites.* — Famil., Ne vous écartez pas, Restez ici près. == ÉCARTÉ, ÉE. part.

Syn. — *Éloigner, Mettre à l'écart.* — Éloigner est plus fort qu'écarter. Un prince doit *éloigner* de lui les traîtres, et en *écarter* les flatteurs. Écarter est plus fort que *mettre à l'écart.* On *écarte* ce dont on veut se débarrasser pour toujours; on *met à l'écart* ce qu'on veut ou ce qu'on peut reprendre ensuite. Un juge doit *écarter* toute prévention, et *mettre à l'écart* tout sentiment personnel.

ÉCARTEUR. s. m. (R. *écarter*). Dans les combats de taureaux, celui qui provoque l'animal.

ÉCARTILLEMENT. s. m. et **ÉCARTILLER.** v. a. [Pr. les *ll* mouillées] Voy. ÉCARQUILLEMENT et ÉCARQUILLER.

ÉCARVER. v. a. (R. *écart*). T. Mar. Joindre ensemble deux pièces de bois ou deux bordages entaillés.

ÉCATIR. v. a. (R. *é*, préf. et *catir*). T. Techn. Donner aux draps un apprêt, un lustre.

ÉCATISSAGE. s. m. (R. *écatir*). T. Techn. Action d'écatir les draps.

ÉCATISSEUR. s. m. (R. *écatir*). T. Techn. Ouvrier chargé de l'écatissage.

ÉCATOIR. s. m. T. Techn. Ciselet dont on se sert pour sertir les pièces séparées d'une garde d'épée et les faire tenir dans la monture.

ÉCAUDÉ, ÉE. adj. (lat. *cauda*, queue). T. Zool. Qui n'a pas de queue, qui a perdu la queue, qui a une queue très courte.

ÉCAUSSINE. s. f. Sorte de pierre à construire.

ÉCAYER. s. m. T. Mar. Bateau normand de même forme que le foncet.

ECBALLE ou **ECBALLIUM.** s. m. [Pr. *ek-bal-liome*] (gr. ἐκβάλλω, je lance dehors). T. Bot. Genre de plantes Dicotylédones de la famille des *Cucurbitacées.* Voy. ce mot.

ECBASE. s. f. (gr. ἔκβασις, sortie). T. Rhétor. Syn. de *Digression.*

ECBATANE, v. de l'Asie anc. (Médie).

ECBOLADE. s. f. (gr. ἐκβολὰς, même sens, de ἐκ, hors, et βάλλω, je jette). Détritus, dans les mines.

ECBOLINE. s. f. (gr. ἐκβολὴ, expulsion, à cause de ses propriétés médicinales). T. Chim. Alcaloïde extrait de l'ergot de seigle. Voy. ERGOT.

ECBOLIQUE. adj. (gr. ἐκβολὴ, expulsion). T. Méd. Qui détermine l'expulsion, l'avortement. *Médicament e.*

ECBYRSOME. s. m. (gr. ἐκ, hors de; βύρσα, peau). T. Méd. Saillie d'un os à travers les parties molles.

ECCE HOMO. s. m. [Pr. *ek-sé-omo*]. Mots latins qui signifient *Voilà l'homme,* et que prononça Ponce-Pilate lorsque, après avoir fait flageller Jésus, il le présenta aux Juifs couronné d'épines. Cette expression s'emploie aujourd'hui pour désigner un tableau ou une statue représentant le Christ couronné d'épines. || Fig. et fam., on dit d'un homme pâle et fort maigre, *C'est un Ecce homo.*

ECCÉITÉ. s. f. [Pr. *ek-sé-ité*] (lat. *ecce*). T. Philos. scolast. Présence, qualité de ce qui est présent.

ECCHYMOSE. s. f. [Pr. *ek-ki-moze*] (gr. ἐκ, hors de; χύμος, suc). T. Méd. Infiltration du sang dans le tissu cellulaire. Voy. CONTUSION.

ECCHYMOSER. v. a. [Pr. *ek-kimo-zer*] (R. *ecchymose*). T. Méd. Produire une ecchymose. == s'ECCHYMOSER. v. pron. Être affecté d'ecchymose.

ECCHYMOTIQUE. adj. [Pr. *ek-kimotike*] (R. *ecchymose*). T. Méd. Qui est de la nature de l'ecchymose.

ECCHYNE. s. m. [Pr. *ek-kine*] (gr. ἐγχύνω, je fais infuser). T. Bot. Genre de Champignons de la famille des *Trémellacées.* Voy. ce mot.

ECCHYNÉES. s. f. pl. [Pr. *ek-kiné*] (R. *Ecchine*). T. Bot. Tribu de champignons de la famille des *Trémellacées.* V. ce mot.

ECCLÉSIARCHISME. s. m. [Pr. *é-klé-ziar-kisme*] (gr. ἐκκλησία, église; ἀρχή, souveraineté). Opinion théologique qui n'accorde l'infaillibilité qu'à l'Église présidée par le pape, et manifestant ses décisions dans les conciles.

ECCLÉSIARQUE. adj. (gr. ἐκκλησία, église; ἀρχὸς, chef). T. Hist. relig. Officier qui, dans l'ancienne Église grecque, remplissait les fonctions du sacristain de nos églises.

ECCLÉSIASTE. s. m. [Pr. *éklé-ziaste*] (gr. ἐκκλησιαστὴς, celui qui harangue dans une assemblée). Livre de l'Ancien Testament. Voy. BIBLE.

ECCLÉSIASTIQUE. adj. 2 g. [Pr. *éklé-zias-tike*] (gr. ἐκκλησία, assemblée, église). Qui appartient à l'Église, au clergé, ou qui concerne l'Église, le clergé. *L'ordre ec. Dignités, fonctions ecclésiastiques. Biens ecclésiastiques. Auteur ec.* || T. Administr. *Division ec.* Division d'un pays soumise pour le culte à un dignitaire ecclésiastique.

ECCLÉSIASTIQUE. s. m. [Pr. *é-klé-ziastike*] (gr. ἐκκλησία, église). Se dit d'un homme attaché à l'Église, et particulièrement de celui qui est dans les ordres, *Un jeune ec. C'est un ec. fort charitable.* || Titre de l'un des livres canoniques de l'Ancien Testament. Voy. BIBLE.

Adm. — La France est divisée, au point de vue du culte catholique, en circonscriptions territoriales appelées diocèses et administrées par un archevêque ou un évêque.

En 1789, la France, abstraction faite d'Avignon et du comtat Venaissin, qui appartenaient au pape, comptait 135 diocèses, savoir : 18 archevêchés ou provinces ecclésiastiques, 106 évêchés dépendant de ces archevêchés, et 11 relevant d'archevêchés étrangers. Aujourd'hui, notre territoire continental comprend 84 diocèses dont 17 archevêchés. Le tableau qui suit indique les titres de chacun de ces diocèses, ainsi que sa circonscription. Le nom de chaque archevêché est suivi de celui de ses évêchés suffragants.

Aix, Bouches-du-Rhône, moins l'arrondissement de Marseille; *Marseille,* l'arrondissement de ce nom; *Fréjus,* Var, plus l'arrondissement de Grasse (Alpes-Maritimes); *Digne,* Basses-Alpes; *Gap,* Hautes-Alpes; *Nice,* Alpes-Maritimes, moins l'arrondissement de Grasse; *Ajaccio,* Corse. — ALBI, Tarn; *Rodez,* Aveyron; *Cahors,* Lot; *Mende,* Lozère; *Perpignan,* Pyrénées-Orientales. — AUCH, Gers; *Aire-sur-l'Adour,* Landes; *Tarbes,* Hautes-Pyrénées; *Bayonne,* Basses-Pyrénées. — AVIGNON, Vaucluse; *Nîmes,* Gard; *Valence,* Drôme; *Viviers,* Ardèche; *Montpellier,* Hérault. — BESANÇON, Doubs, Haute-Saône; territoire de Belfort; *Verdun,* Meuse; *Belley,* Ain;

Saint-Dié, Vosges; *Nancy*, Meurthe-et-Moselle. — BORDEAUX, Gironde; *Agen*, Lot-et-Garonne; *Angoulême*, Charente; *Poitiers*, Vienne et Deux-Sèvres; *Périgueux*, Dordogne; *La Rochelle*, Charente-Inférieure; *Luçon*, Vendée. — BOURGES, Cher, Indre; *Clermont-Ferrand*, Puy-de-Dôme; *Limoges*, Haute-Vienne, Creuse; *Le Puy*, Haute-Loire; *Tulle*, Corrèze; *Saint-Flour*, Cantal. — CAMBRAI, Nord; *Arras*, Pas-de-Calais. — CHAMBÉRY, Savoie; *Saint-Jean-de-Maurienne*, Savoie (arrondissement de Saint-Jean-de-Maurienne, partie des arrondissements d'Albertville et de Chambéry); *Annecy*, Haute-Savoie; *Tarentaise*, Savoie (arrondissement de Moutiers, partie de l'arrondissement d'Albertville). — LYON, Rhône, Loire; *Autun*, Saône-et-Loire; *Langres*, Haute-Marne; *Dijon*, Côte-d'Or; *Saint-Claude*, Jura; *Grenoble*, Isère. — PARIS, Seine; *Chartres*, Eure-et-Loir; *Meaux*, Seine-et-Marne; *Orléans*, Loiret; *Blois*, Loir-et-Cher; *Versailles*, Seine-et-Oise. — REIMS, Marne (arrondissement de Reims) et Ardennes; *Châlons*, Marne (moins l'arrondissement de Reims); *Soissons*, Aisne; *Beauvais*, Oise; *Amiens*, Somme. — RENNES, Ille-et-Vilaine; *Quimper*, Finistère; *Vannes*, Morbihan; *Saint-Brieuc*, Côtes-du-Nord. — ROUEN, Seine-Inférieure; *Bayeux*, Calvados; *Évreux*, Eure; *Sées*, Orne; *Coutances*, Manche. — SENS, Yonne; *Troyes*, Aube; *Nevers*, Nièvre; *Moulins*, Allier. — TOULOUSE, Haute-Garonne; *Montauban*, Tarn-et-Garonne; *Pamiers*, Ariège; *Carcassonne*, Aude. — TOURS, Indre-et-Loire; *Le Mans*, Sarthe; *Laval*, Mayenne; *Angers*, Maine-et-Loire; *Nantes*, Loire-Inférieure. — Les évêchés de la *Basse-Terre*, Guadeloupe, de *Saint-Pierre*, Martinique, et de *Saint-Denis*, île de la Réunion, dépendent de l'archevêché de Bordeaux. Enfin, les évêchés de Constantine et d'Oran dépendent de l'archevêque d'Alger. Ce qui fait, en résumé, tant pour la France continentale que pour les colonies, 18 archevêchés et 72 évêchés; total, 90 diocèses.

ECCLÉSIASTIQUEMENT. adv. [Pr. *é-klé-ziastikeman*]. En ecclésiastique; au point de vue ecclésiastique.

ECCLÉSIE. s. f. [Pr. *é-klé-zi*] (gr. ἐκκλησία, même sens). T. Antiq. gr. Assemblée du peuple à Athènes.

ECCLÉSIOLOGUE. s. m. [Pr. *é-klé-ziologue*] (gr. ἐκκλησία, église; λόγος, discours). T. Théol. Auteur qui écrit sur l'histoire d'une ou plusieurs Églises.

ECCLÉSIOPHOBE. adj. [Pr. *é-klé-zio-fobe*] (gr. ἐκκλησία, église; φοβέω, j'ai peur). Qui déteste ou redoute l'Église. *Écrivain éc.*

ECCLÉSIOPHOBIE. s. f. [Pr. *é-klé-zio-fobi*] (gr. ἐκκλησία, église; φόβος, crainte). Haine ou peur de l'Église. *L'é. des encyclopédistes.*

ECCOPE. s. f. [Pr. *ek-kope*] (gr. ἐκ, de; κόπτω, je coupe). T. Chir. Entaille faite dans une direction oblique à la surface, sans occasionner une perte de substance.

ECCOPEUR. s. m. [Pr. *ek-kopeur*] (gr. ἐκ, de; κόπτω, je coupe). T. Chir. Instrument propre à diviser les fragments de calculs urinaires.

ECCOPROTIQUE. adj. 2 g. [Pr. *ek-kopotike*] (gr. ἐκ, hors de; κόπρος, excrément). T. Méd. Qui purge légèrement. Syn. peu us. de *Laxatif*.

ECCRÉMOCARPE. s. m. [Pr. *ek-krémo-carpe*] (gr. ἐκκρεμής, suspendu; καρπός, fruit). T. Bot. Genre de plantes de la famille des *Bignoniacées*.

ECCRINOLOGIE. s. f. [Pr. *ek-krinoloji*] (gr. ἐκκρίνειν, sécréter; λόγος, discours). T. Méd. Partie de la médecine relative aux sécrétions.

ECCRINOLOGIQUE. adj. [Pr *ek-krinolojike*] (R. *eccrinologie*). T. Méd. Qui a rapport aux sécrétions.

ECDÉMIQUE. adj. (gr. ἐκ, hors de; δῆμος, population). T. Méd. Maladie non contagieuse par opposition à *épidémique*.

ECDIQUE. s. m. (lat. *ecdicus*, m, s.). T. Antiq. rom. Sorte de tribun des municipes.

ÉCERVELÉ, ÉE. adj. (R. *é*, préf. priv., et *cervelle*). Qui a l'esprit léger, évaporé, qui est sans jugement. *Tête écervelée. Ce jeune homme est encore bien éc.* || Substant., *Agir en éc. C'est une petite écervelée.*

ECGONINE. s. f. (gr. ἐκ, hors de; γονός, génération). T. Chim. Alcaloïde provenant du dédoublement de la cocaïne chauffée avec de l'acide chlorhydrique concentré. L'ecg. cristallise en prismes obliques contenant une molécule d'eau qu'elle perd à 100°; elle fond à 198° en se décomposant. Elle présente une réaction légèrement alcaline et peut s'unir aux acides pour former des sels. Elle dérive d'une méthylpyridine et doit être considérée comme de l'acide tropine-carbonique; l'oxydation par le mélange chromique la transforme en effet en acide tropinique, identique avec celui que fournit l'oxydation de la tropine. L'ecg. possède, comme la tropine, un oxhydryle alcoolique; de plus, elle contient un carboxyle CO^2H qui lui communique la fonction acide, tandis que la présence du noyau pyridique explique ses propriétés basiques. Sa formule peut s'écrire $C^7H^{12}Az(CHOH)CO^2H$. L'ecg. réunit donc les fonctions de base, d'alcool et d'acide monobasique. En tant qu'alcool, elle peut s'unir aux anhydrides d'acides pour former des éthers-alcools, tels que la benzoylecgonine, qui répondent à la formule générale $C^7H^{12}Az(CHOR)CO^2H$, où R représente un radical d'acide. En tant qu'acide, l'ecg. forme des éthers-acides quand on la chauffe avec un iodure alcoolique et une solution alcoolique de potasse; la formule générale de ces éthers-acides $C^7H^{12}Az(CHOH)CO^2R'$, où R' désigne un radical alcoolique. Enfin, en effectuant successivement sur l'ecg. ces deux transformations, on obtient des éthers doubles $C^7H^{12}Az(CHOR)CO^2R'$, dont le principal représentant est la cocaïne. Ce dernier corps est un dérivé à la fois benzoylé et méthylé de l'ecg.; il répond à la formule

$$C^7H^{12}Az(CHO C^7H^5 O)CO^2CH^3.$$

On pourra donc, en partant de l'ecg., réaliser la synthèse de la cocaïne de deux façons : 1° En faisant agir l'anhydride benzoïque sur une solution aqueuse d'ecg., on obtient la benzoylecgonine, solide, fusible à 188°; celle-ci, chauffée avec l'iodure de méthyle et la potasse en solution dans l'alcool méthylique. se transforme en cocaïne; 2° si l'on dissout le chlorhydrate d'ecg. dans l'alcool méthylique et qu'on y fasse passer un courant d'acide chlorhydrique sec, il se forme du chlorhydrate d'ecg. méthylée; ce sel, traité par le chlorure de benzoyle, donne du chlorhydrate de cocaïne, d'où l'on peut extraire la cocaïne à l'aide de la soude.

Cette synthèse est importante au point de vue industriel, parce qu'elle permet d'utiliser des alcaloïdes assez nombreux qui accompagnent la cocaïne dans l'érythroxylon coca. En faisant bouillir ces alcaloïdes avec de l'acide chlorhydrique concentré, on arrive à les transformer en chlorhydrate d'ecg. que l'on convertit ensuite en cocaïne par l'un des procédés indiqués ci-dessus.

L'*anhydro-ecgonine* $C^9H^{13}Az O^2$ diffère de l'ecg. par une molécule d'eau en moins; elle ne possède plus la fonction alcoolique, mais elle est encore acide et peut donner naissance à des sels et à des éthers. Elle forme des cristaux incolores, extrêmement solubles dans l'eau, qui fondent à 235° en se décomposant. On l'obtient en faisant bouillir le chlorhydrate d'ecg. avec un excès d'oxychlorure de phosphore.

ÉCHAFAUD. s. m (autre forme de *catafalque*). Plancher de bois que les ouvriers dressent pour travailler en un point élevé du sol. || Par anal. Tribune provisoire où se placent des spectateurs. || Plancher élevé sur une place publique sur lequel se faisait l'exécution des condamnés. — Par extens., La guillotine.

> Le crime fait la honte, et non pas l'échafaud.
>   TH. CORNEILLE.

|| T. Mar. Grand treillis de bois sur lequel on fait sécher la morue à Terre-Neuve. — E. *volant*. Assemblage de planches sur lesquelles sont amarrés les cordages servant à soutenir l'appareil le long du bord d'un bâtiment.

Techn. — On appelle *Échafauds* ou *Échafaudages* des constructions provisoires en bois de charpente dont on se sert pour faciliter l'exécution ou la réparation des édifices. Ils servent à élever les ouvriers, les matériaux, les outils et les machines. On distingue les échafaudages *simples* et les échafaudages *d'assemblages*. Les premiers consistent quelquefois en simples chevalets sur lesquels on pose des planches ; mais le plus souvent ils se composent de grandes perches verticales, appelées *Écoperches*, *Tendières* ou *Échasses*, qu'on plante parallèlement à 1 mètre ou 1 mèt. 50 du mur en construction, en laissant entre elles un espace de 2 à 3 mètres. On consolide leur pied en l'enfonçant dans le sol ou en l'entourant d'un empâtement de maçonnerie légère. Ces perches sont ensuite reliées entre elles par des traverses horizontales attachées avec des cordes. En même temps qu'elles empêchent le mouvement du système, ces traverses servent à supporter d'autres pièces transversales nommées *Boulins*, sur lesquelles on établit le plancher, et dont une extrémité est solidement attachée aux éperoches, tandis que l'autre est fixée dans le mur qui s'élève. Les échafaudages se construisent par étages à mesure que la maçonnerie gagne en hauteur. — Les échafauds d'*assemblages* ne sont employés que pour la construction des grands édifices. En raison même de leur destination et des poids énormes qu'ils doivent supporter, on les établit toujours avec la plus grande solidité, et on les compose de pièces d'assez fort équarrissage, assemblées, boulonnées et consolidées avec le plus grand soin. Cependant on cherche, autant que possible, à diminuer le nombre des pièces dont ils sont formés; parce que l'excès dans ce sens est toujours nuisible à la libre exécution des travaux.

On appelle encore *Éch.* volant ou simplement *Volant*, un système de charpente dont se servent les peintres, les sculpteurs et les badigeonneurs pour travailler à la façade des édifices. Cet échafaud consiste le plus souvent en une sorte d'échelle munie d'une rampe de sûreté et recouverte de planches, qui est tantôt portée par des pièces de bois ou des barres de fer fixées dans la maçonnerie, tantôt suspendue à la toiture par une corde passant dans la gorge d'une poulie. Dans ce dernier cas, elle peut être facilement abaissée ou élevée, soit par les ouvriers eux-mêmes qu'elle supporte, soit par d'autres ouvriers placés sur le sol. On a imaginé une disposition nouvelle qui, pour certains travaux, est de beaucoup préférable aux anciennes et surtout à la corde à nœuds, généralement employée par les badigeonneurs. Le nouvel appareil consiste en une traverse placée horizontalement le long d'un édifice, et solidement maintenue dans sa position au moyen de vis de pression installées entre les pieds-droits des croisées. Un montant perpendiculaire se meut, à l'aide de roulettes à poulies, sur cette traverse, et porte un siège ou balcon pouvant contenir une ou deux personnes. L'ouvrier se trouve ainsi entièrement maître de ses mouvements, et il lui est facile de changer de place, verticalement en élevant son siège le long du montant, et horizontalement en faisant marcher ce dernier sur la traverse. — Dans les chantiers maritimes, on applique encore la dénomination d'*Éc.* à un assemblage de planches que l'on suspend aux flancs des navires à calfater, et sur lequel se placent les ouvriers chargés de cette opération.

Les pêcheurs de Terre-Neuve donnent le nom d'*Éch.* aux espèces de plates-formes faites de planches sur lesquelles ils étendent et font sécher la morue avant de l'embarquer.

Enfin, on appelle encore *Éch.* la plate-forme qu'on dressait pour l'exposition ou l'exécution des criminels. Aujourd'hui, la guillotine est posée à la surface même du sol, et l'é. proprement dit n'existe plus. Par métonymie *Éch.* s'emploie aussi pour signifier la peine capitale. *C'est ainsi que l'on dit que l'éch. politique a été aboli, pour faire entendre que la peine de mort n'est plus infligée aux individus coupables de crimes purement politiques.*

ÉCHAFAUDAGE. s. m. (R. *échafauder*). Action d'établir des échafauds pour bâtir ou peindre ou pour faire quelque chose d'analogue ; ou l'assemblage de ces échafauds. *Il en a coûté beaucoup pour l'é. Voilà un é. bien mal dressé.* ‖ Fam., Amas d'objets entassés les uns sur les autres. ‖ Fig., Assemblage de preuves, de raisonnements inutiles ou qui ne prouvent rien. *Tout ce bel é. d'arguments s'écroule devant les faits.*

ÉCHAFAUDER. v. n. (R. *échafaud*). Dresser des échafauds ; ne se dit que de ce qui regarde la construction ou la décoration des bâtiments. *Il faudra é. pour terminer ce mur.* = Fam. Amonceler. *É. des meubles.* ‖ Fig., Arranger, disposer. *É. un roman.* == s'ÉCHAFAUDER, v. pron. Dresser l'échafaudage dont on a besoin. *Ces charlatans furent longs à s'é.* == ÉCHAFAUDÉ, ÉE. part.

ÉCHAFAUDEUR. s. m. T. Mar. Celui qui à Terre-Neuve établit l'échafaud pour le séchage des morues.

ÉCHAFAUDIER s. m. T. Mar. Celui qui à Terre-Neuve surveille les morues mises à sécher sur l'échafaud.

ÉCHAILLON. s. m. [Pr. *écha-llon*, ll mouillées]. Roche fine de l'Isère, de trois couleurs, blanche, jaune et rosée, recevant le poli comme le marbre.

ÉCHALAS. s. m. (bas-lat. *carvatium*, m. s., du gr. χάραξ, pieu). T. Agric. Perche longue de 1 mètre et demi à 2 mètres, que l'on fiche en terre pour soutenir un cep de vigne, un jeune arbre, un arbuste. *É. de vigne. Une botte d'é. Planter, arracher des é.* — Fam., Se tenir droit comme un é., Affecter de se tenir très droit. ‖ Fig. et fam., on dit d'une personne grande, maigre et sèche, *C'est un é., un grand é.* ‖ T. Techn. Bâton servant à faire une raquette. — Bâton de treillage.

ÉCHALASSEMENT. s. m. (R. *échalas*). T Agric. Action d'échalasser.

ÉCHALASSER. v. a. (R. *échalas*). T. Agric. Garnir d'échalas. *É. une vigne.* == ÉCHALASSÉ, ÉE. part.

ÉCHALIER. s. m. (R. *échalas*). Clôture d'un champ faite avec des branches d'arbres, pour en fermer l'entrée aux bestiaux. ‖ Petite échelle qu'on place contre une haie pour passer par-dessus.

ÉCHALIS. s. m. (R. *échalas*). T. Rur. Passage au-dessus d'une haie sèche.

ÉCHALOTE. s. f. (lat. *Ascalonia*, m. s., de *Ascalo*, ville de Phénicie). T. Bot. Nom par lequel on désigne une espèce d'Ail condimentaire, l'*Allium ascalonicum*. ‖ T. Techn. Lame de laiton servant de languette aux tuyaux d'anche dans les orgues.

ÉCHAMPEAU. s. m. T. Pêche. Bout de ligne auquel est attaché l'hameçon avec lequel on pêche à la morue.

ÉCHAMPELÉ, ÉE. adj. T. Agric. Se dit de la vigne dont les boutons ne sont pas formés avant les chaleurs.

ÉCHAMPIR. v. a. Voy. RÉCHAMPIR.

ÉCHAMPLURE. s. f. T. Vitic. Maladie de la vigne qui empêche les bourgeons de se former.

ÉCHANCRER. v. a. (R. *é*, préf. sépar., et *chancre*). Tailler, évider, couper en forme de croissant, de segment de cercle ; se dit des étoffes, de la toile, du cuir, du bois, etc. *É. le collet d'un manteau, une housse de cheval, une table. Les femmes ont tant échancré leurs corsages qu'elles ont fini par en supprimer la moitié.* == s'ÉCHANCRER. v. pron. Être échancré. == ÉCHANCRÉ, ÉE. part. ‖ T. Bot. S'emploie adject., en parlant des parties dont les bords sont découpés en forme de croissant ou de sinus arrondi et peu profond. — *Émarginé, ée,* se dit aussi dans le même sens.

ÉCHANCRURE. s. f. (R. *échancrer*). Coupure faite en dedans en forme de croissant, de segment de cercle. *Il faut un peu plus d'é. à cette manche. Les bassins du barbier ont une é. qui s'appelle aussi gorge.* ‖ Dans les sciences naturelles, se dit de toute entaille naturelle en forme d'échancrure. *Ces feuilles ont une é. à leur sommet. L'é. d'un os. La côte présente une é. profonde.* ‖ T. Mar. Arc rentrant taillé sur chacun des côtés, au bas de la voile.

ÉCHANDOLE. s. f. (bas-lat. *scandula*). Ais de merrain servant à couvrir les toits dans certaines contrées.

ÉCHANFREINER. v. a. (R. *chanfrein*). T. Techn. Raccourcir les dents d'une roue d'engrenage.

ÉCHANGE. s. m. (R. *é*, préf., et *change*). Acte par lequel on transfère à quelqu'un la propriété d'une chose, et l'on acquiert comme équivalent la propriété d'une autre chose. — T. Guerre. *É. des prisonniers,* Remise réciproque des prisonniers faits de part et d'autre. ‖ Fig., se dit, dans le langage diplomatique, des notes, des pièces, etc., qu'on se communique, des courriers qu'on s'envoie réciproquement. *Les plénipotentiaires ont fait l'é. de leurs pouvoirs. Il y a un é. continuel de courriers et de notes entre les deux cabinets.* — Dans le langage ordinaire, on dit de même, *Un é. de bons offices, de compliments, de civilités, d'injures, etc.* ‖ T. Techn. *Roue, pignon d'é.,* Roue, pignon, dont le plan fait un angle avec celui de son pignon, ou de sa roue, et qui sert à changer la direction du mouvement. ‖ *Libre-échange.* Voy. plus bas. == Loc. adverb. *En échange,* par contre. == Loc. prépos. *En échange de,* pour prix de.

Écon. polit. — L'*Echange* est le phénomène le plus universel de l'économie politique ; il intervient dans toutes les phases de la production et de la distribution des produits jusqu'au moment où ces derniers arrivent entre les mains du consommateur improductif, ou mieux du consommateur définitif. On peut même dire, avec Bastiat, qu'il est l'économie politique, qu'il est la société tout entière, car il est impossible de concevoir par exception l'éch., l'éch. sans la société. Il est donc du plus haut intérêt de se faire une idée exacte et précise d'un phénomène d'une pareille importance.

1. *Formes de l'échange.* — L'é. se distingue en é. *direct* ou *simple*, autrement appelé *Troc*, et en éch. *indirect* ou *composé*. Supposons deux sauvages dont l'un a un arc et l'autre un filet : le premier veut se livrer à la chasse, et le second à la pêche ; ils conviennent de se faire une cession réciproque, celui-ci de son arc, celui-là de son filet, et l'é. s'accomplit : voilà le *troc*. Mais cette forme de l'é. ne se pratique que dans l'enfance des sociétés. Dans les pays civilisés, elle ne se rencontre que par exception et, dans une foule de cas, elle serait, pour ainsi dire, impossible. Un cordonnier, par ex., qui n'a que des souliers, ne peut guère payer son boulanger, son chapelier, son tailleur, etc., avec cette sorte de marchandise. Admettez que ses fournisseurs veuillent se prêter quelquefois à ce troc, ils ne tardent pas à être pourvus de souliers. Pour obvier à cet inconvénient, chez les peuples qui commencent à se civiliser, on fait choix d'une marchandise particulière, en général de l'or et de l'argent, qui, sous le nom de *monnaie*, sert d'intermédiaire aux échanges. Dans ce cas, pour reprendre notre ex., le cordonnier donne d'abord des *souliers* contre de la *monnaie*, ensuite de la *monnaie* contre un *chapeau* ; ce qui équivaut à ceci : des *souliers* contre un *chapeau*. La monnaie, l'or et l'argent disparaissent en dernière analyse après avoir fait fonction de moyen ou d'instrument de circulation ; mais leur intervention ne change rien à la nature du phénomène. En effet, le cordonnier *vend* des souliers et *achète* de la monnaie, puis il *vend* cette monnaie pour *acheter* un chapeau ; par abréviation, on dit simplement qu'il *vend* ses souliers et *achète* un chapeau. La *vente* et l'*achat* du langage usuel constituent donc un éch. complet : la *vente* est l'é. d'un produit contre le produit appelé monnaie, et l'*achat* est l'é. de la monnaie contre un produit. Ainsi, selon la juste expression de J.-B. Say, l'é. qui s'accomplit dans ce cas est un *troc à deux facteurs*, dont l'un s'appelle *vente* et l'autre *achat*, facteurs dont la réunion est indispensable pour constituer un troc complet.

II. *Principe de l'échange.* — C'est l'idée de l'utile qui fait l'objet particulier de l'économie politique ; c'est le principe de l'intérêt qui est le mobile des phénomènes que cette science étudie. Nulle part ce principe n'est plus évident que dans le fait de l'é. Toutes les fois que deux individus font un troc, il est certain que chacun d'eux n'y consent que parce qu'il y trouve un avantage : « Par cela seul qu'un é. s'accomplit, dit Condillac, il doit y avoir nécessairement profit pour les deux parties contractantes, sans quoi il ne se ferait pas. Donc, chaque é. renferme deux gains pour l'humanité. » Cette proposition, bien que vraie, donne de l'é. une idée trop étroite. En effet, elle ne nous fait pas connaître en quoi consiste cet avantage : or, c'est ce qu'il importe surtout de savoir. L'avantage, dit le vulgaire, c'est que l'on donne ce que l'on a de trop pour recevoir ce dont on manque : l'é. est le troc du superflu contre le nécessaire. Outre que cette assertion, comme le fait justement observer Bastiat, est contraire aux faits qui se passent sous nos yeux (car qui osera dire que le paysan, en cédant le blé qu'il a cultivé et dont il ne mangera jamais, donne son superflu ?), elle ne nous donne pas l'explication demandée. Les chapeaux que ce chapelier a dans sa boutique ne sont point pour lui du superflu ; et si l'on veut donner ce nom à sa marchandise, c'est précisément l'origine de ce superflu qu'il s'agit de rechercher.

L'é. est le résultat de deux autres phénomènes économiques, la coopération ou la combinaison des efforts, et la division du travail ou la séparation des occupations. Ces trois grands faits de l'ordre économique ont apparu le jour où un homme a dit à un autre : « Fais ceci, tandis que moi je ferai cela, et nous échangerons. » Cette idée si simple devait être pour la société le point de départ d'un progrès illimité, non seulement au point de vue du bien-être matériel, mais encore au point de vue du perfectionnement moral et intellectuel des hommes.

III. — *Utilité de l'échange.* — Ce n'est pas ici le lieu de parler de la division du travail et des merveilles véritablement inouïes qu'elle a enfantées. Il nous suffira de dire que ces résultats n'auraient pu se produire sans l'é., de même que l'é. ne saurait exister sans la division du travail. Ces deux phé-

nomènes sont inséparables dans le développement économique. Nés en même temps, tous deux ont parcouru absolument les mêmes phases. Plus le travail se divise, plus les hommes réunissent leurs efforts dans le but commun de la production (car la division du travail implique nécessairement la coopération), plus les échanges se multiplient. Et réciproquement, tout ce qui tend à favoriser les échanges, comme l'amélioration des voies de communication, le développement des institutions de crédit, et surtout la liberté commerciale, tend à augmenter la division du travail et la production. L'é. est en réalité le pivot autour duquel s'opère toute l'évolution économique. Si les hommes font un meilleur emploi de leurs forces, de leurs facultés intellectuelles, de leurs capitaux, ainsi que des agents naturels, c'est parce qu'ils peuvent échanger entre eux leurs produits. Si les peuples civilisés font sans cesse de nouveaux progrès dans la voie de la richesse et du bien-être, c'est que tous les jours ils multiplient leurs échanges et augmentent la sphère de leurs relations commerciales. Que l'on compare l'état de misère inconcevable où végètent les rares sauvages de l'Australie, avec celui des nations les plus peuplées et les plus riches de l'Europe occidentale et de l'Amérique du Nord, qui ne font, pour ainsi dire, qu'une seule et immense société dont les membres échangent chaque jour entre eux une masse incalculable de produits, et l'on se convaincra bientôt que l'é. est réellement le levier le plus puissant de la civilisation matérielle. Bien plus, que l'on considère isolément les individus qui forment cette société, et l'on se convaincra encore que chacun d'eux, même celui qui se trouve placé dans les conditions les plus obscures, peut, grâce à l'é., se donner une multitude de satisfactions qui seraient inaccessibles à l'homme isolé et, par conséquent condamné à pourvoir par lui-même à ses besoins les plus impérieux.

« Prenons, dit Bastiat, un homme appartenant à une classe modeste de la société, un menuisier de village, par ex., et observons tous les services qu'il rend à la société et tous ceux qu'il en reçoit ; nous ne tarderons pas à être frappés de l'énorme disproportion apparente. Cet homme passe sa journée à raboter des planches, à fabriquer des tables et des armoires, il se plaint de sa condition, et cependant que reçoit-il en réalité de cette société en échange de son travail ? D'abord, tous les jours en se levant il s'habille et il n'a personnellement fait aucune des nombreuses pièces de son vêtement. Or, pour que ces vêtements, tout simples qu'ils sont, soient à sa disposition, il faut qu'une énorme quantité de travail, d'industrie, de transports, d'inventions ingénieuses, ait été accompli. Il faut que des Américains aient produit du coton, des Indiens de l'indigo, des Français de la laine et du lin, des Brésiliens du cuir ; que tous ces matériaux aient été transportés dans des villes diverses, qu'ils y aient été ouvrés, filés, tissés, teints, etc. Ensuite, il déjeune. Pour que le pain qu'il mange lui arrive tous les matins, il faut que des terres aient été défrichées, closes, labourées, fumées, ensemencées ; il faut que les récoltes aient été préservées avec soin du pillage ; il faut qu'une certaine sécurité ait régné au milieu d'une innombrable multitude ; il faut que le froment ait été récolté, broyé, pétri et préparé ; il faut que le fer, l'acier, le bois, la pierre, aient été convertis par le travail en instruments de travail ; que certains hommes se soient emparés de la force des animaux, d'autres, du poids d'une chute d'eau, etc. ; toutes choses dont chacune, prise isolément, suppose une masse incalculable de travail mise en jeu, non seulement dans l'espace, mais dans le temps. Cet homme ne passera pas sa journée sans employer un peu de sucre, un peu d'huile, sans se servir de quelques ustensiles. Il enverra son fils à l'école pour y recevoir une instruction qui, quoique bornée, n'en suppose pas moins des recherches, des études antérieures, des connaissances dont l'imagination est effrayée. Il sort, il trouve une rue pavée et éclairée. On lui conteste une propriété : il trouvera des avocats pour défendre ses droits, des juges pour l'y maintenir, des officiers de justice pour faire exécuter la sentence ; toutes choses qui supposent encore des connaissances acquises, par conséquent des lumières et des moyens d'existence. Il va à l'église : elle est un monument prodigieux, et le livre qu'il y porte est un monument peut-être plus prodigieux encore de l'intelligence humaine. On lui enseigne la morale, on éclaire son esprit, on élève son âme ; et, pour que tout cela se fasse, il faut qu'un autre homme ait pu fréquenter les bibliothèques, les séminaires, puiser à toutes les sources de la tradition humaine, qu'il ait pu vivre sans s'occuper directement des besoins de son corps. Si notre artisan entreprend un voyage, il trouve que, pour lui épargner du temps et diminuer sa peine, d'autres hommes ont aplani, nivelé le sol, comblé des vallées, abaissé des montagnes, joint les rives

304

des fleuves, amoindri tous les frottements, placé des véhicules à roues sur des blocs de grès ou des bandes de fer, dompté les chevaux ou la vapeur, etc. Il est impossible de ne pas être frappé de la disproportion véritablement incommensurable qui existe entre les satisfactions que cet homme puise dans la société et celles qu'il pourrait se donner s'il était réduit à ses propres forces. J'ose dire que, dans une seule journée, il consomme des choses qu'il ne pourrait produire lui-même dans dix siècles. Ce qui rend le phénomène plus étrange, c'est que tous les autres hommes sont dans le même cas que lui. Chacun de ceux qui composent la société a absorbé des millions de fois plus qu'il n'aurait pu produire ; et cependant ils ne se sont rien dérobé mutuellement. Et si l'on regarde les choses de près, on voit que le menuisier a payé en services tous les services qui lui ont été rendus. S'il tenait ses comptes avec une rigoureuse exactitude, on se convaincrait qu'il n'a rien reçu sans le payer au moyen de sa modeste industrie ; que quiconque a été employé à son service, dans le temps ou dans l'espace, a reçu ou recevra sa rémunération. »

IV. *Rapports de l'échange avec les autres faits économiques.* — L'é., avons-nous dit, est comme le pivot autour duquel s'opère toute l'évolution économique. En effet, non seulement il implique, ainsi qu'on l'a vu, la division du travail et la combinaison des forces productives, mais encore il intervient dans tous les faits du monde industriel. C'est lui qui commande le travail et la production, et leur signale la direction à suivre ; c'est lui qui, chaque jour, détermine avec une exactitude merveilleuse ce rapport constamment variable qu'on appelle la valeur ; c'est par lui que tous les travaux, tous les services trouvent une rémunération équitable ; c'est par lui que circule sur toute la surface de la terre, et dans tous les sens, cette infinie variété de productions que donnent chaque peuple et chaque climat ; c'est lui qui les fait arriver par la voie la plus courte et sans perte de temps jusqu'au consommateur qui les désire ; c'est par lui que les volontés de millions d'hommes tous inconnus les uns des autres, concourent au même but ; c'est par lui que les besoins de chaque homme obtiennent leur satisfaction, et cela moyennant des efforts toujours moindres. Voy. VALEUR, TRAVAIL, DÉBOUCHÉ, COMMERCE, COLONIES, MONNAIE, CRÉDIT, CHANGE, etc.

BANQUE D'ÉCHANGE. — Ce nom de *Banque d'é.* a été appliqué à deux choses fort différentes : 1° à un établissement de crédit qui n'a existé qu'en projet, et qui se proposait de fonctionner sans capital et au moyen d'un papier non convertible ; 2° à un établissement de commerce qui a pour objet principal de servir d'intermédiaire entre les diverses classes de producteurs, envisagés soit comme producteurs, soit comme consommateurs. Le projet d'établissement de crédit que nous avons cité en premier, a fait beaucoup de bruit, grâce au nom de son auteur, P.-J. Proudhon. Il est véritablement regrettable que ce projet n'ait pas été mis à exécution, car c'eût été la meilleure réfutation de la théorie socialiste de l'auteur. Pour nous, c'est au mot PAPIER-MONNAIE que nous présenterons la réfutation de ce système. Quant à la banque d'é. proprement dite, elle mérite que nous en disions quelques mots, parce qu'elle a fonctionné de longues années avec une réelle prospérité. Pour mieux faire comprendre son objet et son mécanisme, prenons un exemple.

Un cordonnier a besoin de cuir pour une somme d'environ 1,000 fr ; il est bon ouvrier, laborieux, solvable même ; mais son petit capital est tout entier engagé en chaussures fabriquées qui garnissent son magasin. Il pourrait bien acheter des cuirs à crédit chez son marchand ordinaire, mais pour les obtenir il lui faudrait contracter une dette exigible en espèces, ce qui constituerait pour lui l'engagement implicite d'avoir vendu, entre le moment de l'achat et l'échéance de son billet, une quantité déterminée de chaussures. Or, il n'est rien moins que certain de ce dernier fait, car il ne dépend pas de lui seul. Au lieu donc de procéder ainsi, notre homme s'adresse à la banque d'é. et lui demande les cuirs dont il a besoin. Supposons qu'elle les ait en magasin et qu'il conviennent quant à la qualité et quant au prix . le marché se conclut ; le bottier emporte ses cuirs après avoir remis à la banque pour 1,000 fr. de petits bons au porteur qu'il a signés à un terme convenu, mais payables en chaussures. La banque, à laquelle le cordonnier a payé une commission, met ces bons dans son portefeuille, et procède successivement de la même manière avec des producteurs de toute profession, de telle sorte qu'elle a bientôt entre les mains une multitude de bons représentant des marchandises de toute espèce Mais parmi les différents producteurs qui viennent s'adresser à la banque, il y a nécessairement bon nombre d'individus qui ont besoin des marchandises de son portefeuille, et entre autres de chaussures.

Elle offre un bon du cordonnier auquel elle a fourni des cuirs, soit un bon de 15 fr. : c'est à celui qui traite avec elle de voir s'il lui convient de prendre de la chaussure chez le signataire du bon : il est absolument libre d'accepter ou de refuser. Accepte-t-il, la banque lui transmet le bon ; il le reçoit comme marchandise et donne en échange ses propres bons. Maintenant que devient ce bon de 15 fr. ? Comme il ne produit aucun intérêt, et que d'ailleurs le porteur ne l'a pris que parce qu'il a besoin de chaussures, il va chez le cordonnier, choisit ce qui lui convient, débat le prix comme à l'ordinaire, puis, le marché conclu, il remet le bon, lequel éteint jusqu'à concurrence de 15 fr. la dette qu'il vient de contracter. — Nous avons supposé tout à l'heure que la banque avait des cuirs en magasin ; c'est qu'en effet elle accepte certains produits en consignation ou en nantissement avec mandat pour vendre. Mais, si elle n'a pas de cuirs au moment où le cordonnier lui en demande, elle a certainement entre les mains (pour peu qu'elle ait une clientèle étendue) des bons de divers marchands de cuirs. Dans ce cas, elle remet ces bons à notre cordonnier qui s'en va chez les susdits marchands de cuirs choisir ceux dont il a besoin, à prix débattu et comme au comptant, et qui paie ensuite ses vendeurs avec leurs propres bons. — Dans cette suite de transactions, tout le monde a contracté librement, dans les conditions ordinaires du marché, en se servant de la monnaie courante, comme commune mesure des évaluations. Les bons d'é. de notre cordonnier ont simplement remplacé le billet qu'il aurait souscrit à son marchand de cuirs. Mais, comme on l'a vu, l'engagement qu'il a pris à l'égard de la banque n'est pas plein de risques comme celui qu'il aurait pris à l'égard d'un marchand ordinaire. Bien loin de là, plus notre cordonnier a d'échéances, plus il est assuré d'avoir des débouchés et, par suite, des bénéfices ; car la banque en négociant ses bons lui envoie des clients, et il fait les profits ordinaires sur chacun des articles qu'il peut vendre.

La première banque d'é. a été créée à Marseille, en 1849, par un homme doué d'une capacité commerciale remarquable, C. Bonnard. Son succès fut tel qu'un grand nombre d'établissements ne tardèrent pas à se fonder sur les mêmes bases ou sur des bases à peu près semblables, soit à Marseille, soit à Paris, soit dans quelques grandes villes industrielles ; mais tous n'ont pas prospéré de la même manière : car l'habileté du directeur est pour beaucoup dans une entreprise de cette nature. A Paris, la banque d'é. établie et dirigée par le fondateur même de la banque de Marseille, est celle qui a donné les meilleurs résultats. Au reste, malgré leur prospérité passagère, les établissements de cette nature ont aujourd'hui disparu, ce qui semble indiquer qu'il y avait dans leur principe même quelque chose de contraire aux lois naturelles de l'échange, qu'il ne serait peut-être pas difficile de démêler ; mais cette analyse nous entraînerait trop loin. — Pour plus de détails sur ce sujet, on pourra consulter le traité de Courcelle-Seneuil, intitulé *Des opérations de banque.*

LIBRE-ÉCHANGE. — Théorie économique qui revendique la liberté du commerce international et soutient que les entraves mises à la circulation des marchandises, sous forme de *droits de douane*, aux frontières des divers pays, ne peuvent être que nuisibles au développement et à la bonne distribution de la richesse générale. Cette théorie est opposée au *protectionnisme*, qui prétend au contraire, par le jeu des tarifs de douane, favoriser le développement et la prospérité du commerce et de l'industrie nationale. Ces deux théories ont été discutées au mot COMMERCE. Voy. aussi COMPENSATEUR, DOUANE.

ÉCHANGEABILITÉ. s. f. (R. *échangeable*). Qualité de ce qui est échangeable.

ÉCHANGEABLE. adj. 2 g. (R. *échanger*). Qui est susceptible d'être échangé. *Valeur é. Ces deux produits sont échangeables l'un contre l'autre.*

ÉCHANGEAGE. s. m. (R. *échanger*). T. Techn. Changement de position des feuilles de papier pendant le pressage pour égaliser le grain.

ÉCHANGER. v. a. (du préf. é; et de *changer*). Faire un échange *É. un objet contre un autre. On a échangé les prisonniers.* || Fig., dans le langage diplomatique, se remettre, se communiquer de s'envoyer réciproquement des pouvoirs, des notes, etc. *Les plénipotentiaires ont échangé leurs pouvoirs. É. des notes diplomatiques.* — Dans un sens anal., on dit : *É. des politesses. E. des injures, des coups* de poing. E. des coups de canon. || E. des prisonniers de guerre, En faire la remise réciproque. || T. Techn. E. du linge, Le laver à l'eau pour en enlever tout ce qui peut être dissous sans le secours des alcalis. Voy. ESSANGER. || E. le papier, Le soumettre à l'opération de l'échangeage. = S'ÉCHANGER, v. pron. Être échangé. = ÉCHANGÉ, ÉE. part. = Conj. Voy. MANGER.

ÉCHANGEUR. s. m. Celui qui fait des échanges.

ÉCHANGISTE. s. m. (R. échanger). Celui qui a consenti un échange. || Libre-é., Partisan de la liberté du commerce. Voy. COMMERCE, DOUANE.

ÉCHANSON. s. m. (all. schenken, verser à boire). Officier chargé de servir à boire à un roi, à un prince. — Fam. et par plaisant., Le quelquefois de toute personne qui sert à boire. Hist. — L'office d'É. remonte à la plus haute antiquité, ainsi que le prouvent l'histoire de Joseph en Égypte et la fiction poétique d'Hébé et de Ganymède chez les Grecs. Les empereurs de Constantinople, toujours empressés d'imiter les souverains de l'Orient, leur empruntèrent cet usage, qui ne tarda pas à s'introduire chez les rois barbares. Déjà, sans doute, cet office existait en France sous les rois de la première race; car nous voyons, à l'époque de Charlemagne, le maître des échansons (magister pincernarum) figurer parmi les grands dignitaires de l'État. Quelques auteurs pensent qu'à l'origine l'office d'é. ne faisait qu'un avec celui de Bouteillier; mais, dès le commencement de la troisième race, ces deux charges étaient parfaitement distinctes, et leurs titulaires avaient des attributions indépendantes. Ainsi, le bouteillier avait la surintendance des boissons de la cour, et tous les cabaretiers de Paris étaient soumis à sa juridiction, tandis que l'é. était spécialement chargé de l'achat des vins et de leur distribution aux différentes personnes attachées à la cour. Tous deux signaient les chartes royales et prenaient rang parmi les grands officiers de la couronne; mais leur place dans la hiérarchie ne paraît pas avoir été toujours bien définie. Au reste, il y avait ordinairement plusieurs échansons : on en comptait 4 sous Philippe le Bel, 7 sous Philippe le Long, et plus tard 13. Le chef de ces officiers se qualifiait d'É. du roi, de Premier é. ou de Maître é. Gui Damas de Cousan (vers 1386) fut le premier qui prit le titre de Grand é. Malgré ce nom pompeux, dans le siècle suivant, la dignité d'é. déchut rapidement et perdit la plupart de ses privilèges utiles. Par compensation, on attribua au grand é., en 1490, les droits de l'office du grand bouteillier, dont le dernier titulaire venait de mourir. Malgré cela, de nouvelles suppressions opérées dans ses attributions réduisirent bientôt cette charge à néant. Enfin, lorsque la Révolution la supprima, il y avait déjà longtemps qu'elle ne représentait plus qu'un simple titre honorifique : car le grand é. n'avait à remplir son office que dans trois ou quatre cérémonies solennelles, telles que les sacres, les entrées des rois et des reines, les mariages des princes, et la cène du jeudi saint. Le grand é. avait pour marque héraldique de sa charge deux flacons de vermeil aux armes de France, qu'il plaçait l'un à droite et l'autre à gauche de son écu. — L'un des grands officiers de l'ancien empire germanique portait le titre d'Archiéchanson : cette dignité appartenait au roi de Bohême.

ÉCHANSONNERIE. s. f. [Pr. échanso-neri] (R. échanson). Le corps des officiers qui servent à boire à un roi, à un prince. || Le lieu où l'on tient les boissons dans le palais d'un roi, d'un prince.

ÉCHANT. s. m. T. Rur. Intervalle entre deux rangées de vigne.

ÉCHANTIGNOLLE. s. f. (R. chanteau). Nom donné aux petites pièces de bois qui, dans un comble, soutiennent les tassoaux. || Nom donné à deux pièces de bois qui, réunies aux brancards, soutiennent l'essieu des roues de devant. = ÉCHANTIGNOLLES. s. f. pl. T. Mar. Gros taquets placés sous les flasques de l'affût de certaines bouches à feu.

ÉCHANTIL. s. m. (R. é, préf., et le vx rad. cant, morceau). Étalon de mesures publiques. || Vieux mot.

ÉCHANTILLON. s. m. [Pr. les ll mouillées] (même orig. qu'échantil). Petite portion prise sur un objet de commerce quelconque pour faire apprécier la qualité et la valeur de ce dernier. Montrez-moi un é. de votre drap. Voici un é. de

notre vin. La pièce ne se rapporte pas à l'é. — Fig. et prov., Juger de la pièce par l'é., Juger de quelqu'un ou de quelque chose par le peu qu'on en a vu. || Fig., se dit d'un passage, d'un fragment qu'on détache d'un ouvrage d'esprit pour en donner une idée. Voilà une scène de la nouvelle tragédie, cet é. vous donnera une idée de la pièce. || Fig. et fam., Donner un é. de son savoir-faire, Montrer par quelque exemple ce que l'on sait faire. || T. Arch. et Charpent. Bois d'é., Pierres d'é., Briques d'é., Qui ont la longueur, la largeur, l'épaisseur ordinaires, ou conformes au modèle donné. Ces deux pièces sont de même é., d'é. différent. — On dit encore, Cette pièce de bois est d'un grand é., d'un petit é., Elle est de grande, de petite dimension. — T. Mar. On dit de même, Ce bâtiment est d'un grand é., d'un faible é., La charpente de la muraille, de son bordage, a beaucoup, a peu d'épaisseur. || T. Techn. Planche sur laquelle sont entaillées les moulures d'un canon. — Outil de menuisier servant à donner aux pièces l'épaisseur voulue. — Outil servant à égaliser les roues de rencontre dans un ouvrage d'horlogerie. — Planche de chêne qui a 0m,25 de largeur et 0m,04 d'épaisseur, constituant un des types dans le commerce des planches. || T. Métrol. Matrice type à laquelle on compare les poids, les mesures, les monnaies.

ÉCHANTILLONNAGE. s. m. [Pr. échanti-llo-naje, ll mouillées]. Action d'échantillonner, de disposer par échantillon.

ÉCHANTILLONNER. v. a. [Pr. échanti-lloner, ll mouillées] (R. échantillon). Comparer à l'échantillon; confronter un poids, une mesure avec son étalon. Les poids de ce trébuchet ont été marqués et échantillonnés à la Monnaie. || T. Comm. Couper, faire des échantillons. || T. Techn. É. les peaux, En retrancher la queue, le front et les mamelles. = ÉCHANTILLONNÉ, ÉE. part.

ÉCHANVRER. v. a. (R. chanvre). T. Rur. Enlever les grosses chènevottes de la filasse.

ÉCHANVROIR. s. m. (R. chanvre). Instrument pour échanvrer.

ÉCHAPOTER. v. a. T. Pot. Enlever les parties endommagées de la porcelaine.

ÉCHAPOTIN. s. m. T. Techn. Instrument pour échapoter.

ÉCHAPPADE. s. f. [Pr. écha-pade] (R. échapper). T. Graveur. Accident qui arrive lorsque l'outil échappe et va tracer un sillon sur une partie déjà gravée. || T. Céram. Mode d'enfournement qui consiste à placer les poteries sur des planchers établis les uns au-dessus des autres, au moyen de plaques en terre réfractaire supportées par des colonnettes en même terre.

ÉCHAPPATOIRE. s. f. [Pr. écha-patoire] (R. échapper). Défaite, subterfuge, moyen adroit et subtil pour se tirer d'embarras. Trouver une é. Il a ses échappatoires toutes prêtes. Fam.

ÉCHAPPE. s. f. T. Fauc. Action de laisser échapper le gibier qu'on tient en main pour lancer sur lui l'oiseau de proie. || Oiseau d'é., Celui qui s'est élevé de lui-même sans aucun soin. = ÉCHAPPES. s. f. pl. T. Techn. Pièces du métier à galon.

ÉCHAPPÉE. s. f. [Pr. écha-pé] (R. échapper). Action inconsidérée, déraisonnable. C'est une é. de jeune homme. Il a déjà fait plusieurs échappées. Fam. — Fam., Faire quelque chose par échappées, La faire par intervalles et en se dérobant à ses occupations ordinaires. || T. Archit. L'espace ménagé pour le tournant des voitures à leur entrée dans une cour ou dans une remise. — L'espace compris entre les marches d'un escalier tournant et le dessous de la révolution supérieure, ou entre la voûte et les marches d'un escalier de cave. On dit aussi dans ce sens, Échappement. || T. Peint. É. de lumière, Lumière qu'on suppose passer entre deux corps très proches l'un de l'autre, et qui éclaire quelque partie du tableau, laquelle sans cela serait dans l'ombre ou dans la demi-teinte. É. de vue, Vue resserrée entre des montagnes, des bois, des maisons. Il y a dans cet endroit de belles échappées de vue. || T. Mar. Rétrécissement des formes de l'arrière d'un navire. || T. Chasse. Chasser l'é., Chasser en dehors de la piste du gibier en parlant des chiens. || T.

Rur. Action des bestiaux qui s'échappent et envahissent les terrains mis en défends.

ÉCHAPPEMENT. s. m. [Pr. *écha-pe-man*] (R. *échapper*). T. Méc. Mouvement du fluide moteur qui s'échappe du moteur. *Tuyau d'é.* || T. Horlog. Appareil à l'aide duquel le mouvement du balancier régularise le mouvement des rouages et reçoit du moteur l'impulsion nécessaire à l'entretien de ses oscillations. Voy. HORLOGERIE. || T. Archit. Voy. ÉCHAPPÉE.

Anecd. — Le grand horloger Berthoud se plaisait à décrire les moindres détails de son art et était un peu prolixe. Un jour qu'il avait abusé de la patience de ses auditeurs de l'Académie des sciences, l'un de ceux-ci écrivit sur un billet le quatrain suivant :

> Berthoud, quand de l'échappement
> Tu nous traces la théorie,
> Heureux qui peut adroitement
> S'échapper de l'Académie.

Puis il passa le billet à son voisin et se dirigea vers la porte. Celui-ci l'imita, et bientôt la salle fut à peu près vide, ce qui mit fin à la séance.

ÉCHAPPER. v. n. [Pr. *écha-per*] (confusion de deux mots d'origines différentes : on trouve dans les vieux auteurs *escaper*, qui vient de *caper*, et veut dire sortir de la cape, se mettre à découvert, et *escamper*, qui vient du lat. *campus*, champ, et signifie sortir du champ). Se sauver, s'esquiver, se tirer de quelque circonstance fâcheuse. Dans ce sens, il veut la prépos. *de*. *É. des mains des ennemis. É. de prison. É. du naufrage, d'un incendie.* || Se soustraire, se dérober à, se préserver de... Dans ce sens, il veut la prépos. *à*. *E. à la fureur, à la poursuite des ennemis. E. au danger. Vous ne pourrez lui é.* — Fig., *Il vous est impossible d'é. à ce dilemme.* — S'emploie absolument dans l'un et l'autre sens. *Laisser é. un prisonnier. Tous ses parents furent massacrés, et lui-même n'échappa que par miracle.* || En parlant des choses physiques et morales, se dit de celles qui restent insaisissables à nos sens ou à notre esprit. Dans cette acception, *Échapper* veut la prép. *à*, et se conjugue toujours avec l'auxiliaire *Avoir. Il y a des êtres si petits, des astres tellement éloignés, qu'ils échappent à nos yeux. La cause de ce phénomène a jusqu'ici échappé à toutes les recherches. Le véritable sens de ce passage vous a échappé. Ces complaisances ne lui échappent pas, il y est très sensible.* || Se dit encore d'une chose que nous tenons et que nous laissons aller ou tomber involontairement. *L'oiseau qu'il tenait à la main lui a échappé. Sa canne lui a échappé, lui est échappée de la main.* — Par anal., *Un cri, un soupir lui a échappé, lui est échappé, vint à lui é.* || Fig., s'emploie aussi en parlant des choses dont on est frustré, que l'on ne peut conserver, qui se perdent, s'évanouissent. *Cet emploi lui a échappé au moment où il croyait le tenir. Cet héritage pourrait bien vous é.* — *E. de la mémoire*, se dit des choses dont on perd la mémoire. *Cela m'avait ou cela m'était échappé de la mémoire.* — *Laisser é. l'occasion, une bonne occasion*, Ne pas savoir en profiter. || *Échapper* se dit encore, dans un sens particulier, en parlant de ce que l'on dit ou l'on fait par inadvertance, par indiscrétion, etc. ; mais alors il prend toujours l'auxiliaire *Être. C'est une bévue qui m'est échappée. Son secret lui est échappé.* On dit de même, *Laisser é. un mot, un secret, une bévue*, etc. — *Échapper* s'emploie fréquemment, dans le sens qui précède, avec la forme impersonnelle. *Il vous est échappé un mot inconvenant. Il m'est échappé de dire, de faire,* etc. = ÉCHAPPER. v. a. Éviter. *É. le danger. É. la corde. Il ne l'échappera pas.* — Prov., *L'é. belle.* Éviter heureusement un péril dont on est menacé. = S'ÉCHAPPER. v. pron. S'évader, s'enfuir, s'esquiver. *S'é. de prison, des mains des gendarmes. L'animal rompit son lien et s'échappa.* || Fig., Se laisser aller à, s'emporter, Dire ou faire quelque chose contre la raison, la bienséance. *Il s'est échappé jusqu'à frapper sa femme.* || Par ext., se dit des choses qui sortent d'un lieu, d'un endroit où elles étaient contenues, enfermées. *La colonne de feu qui s'échappait du volcan. L'eau s'échappa avec impétuosité par l'issue qu'on lui ouvrit. Des larmes s'échappèrent de ses yeux.* || Au sens moral, Se dissiper, s'évanouir. *Elle vit ainsi s'é. le dernier espoir qui lui restait.* = ÉCHAPPÉ, ÉE. part. — Fig. et fam., *C'est un cheval échappé*, se dit d'un jeune homme étourdi, emporté, que l'on ne peut plier à l'obéissance à la règle. || S'emploie aussi subst. Fig. et fam.,

on dit, *Un échappé des Petites-Maisons*, Un fou. *Un échappé des galères*, Un homme qui a été aux galères, ou qui les a méritées. *Un échappé de prison*, Un homme qui sort de prison, ou qui est si mal vêtu qu'il semble s'être échappé d'un bareau et d'une cavale du pays.

Syn. — *S'enfuir, s'évader.* — Ces mots diffèrent entre eux par des nuances sensibles. *S'évader* se fait en secret ; *s'échapper* suppose qu'on a déjà été pris, ou qu'on est près de l'être ; *s'enfuir* ne suppose aucune de ces conditions. On *s'évade* d'une prison ; on *s'échappe* des mains de quelqu'un ; on *s'enfuit* après une bataille perdue ou après un crime, pour se mettre à l'abri des poursuites.

ÉCHARDE. s. f. (lat. *carduus*, chardon). Piquant de chardon ou petit éclat de bois qui est entré dans la chair. *Il m'est entré une écharde sous l'ongle.*

ÉCHARDONNAGE. s. m. [Pr. *échardo-naje*] (R. *échardonner*). T. Agric. Action d'enlever les chardons.

ÉCHARDONNER. v. a. [Pr. *échar-do-ner*] (R. *é.*, prét. priv. et *chardon*). *É. un champ, un jardin,* etc., Couper, arracher les chardons qui s'y trouvent. || Faire passer par une machine, munie de chardons, la laine ou le drap. = ÉCHARDONNÉE, ÉE. part.

ÉCHARDONNET. s. m. [Pr. *échardo-nè*] (R. *échardonner*). T. Agric. Espèce de houlette pour couper les chardons.

ÉCHARDONNEUSE. s. f. [Pr. *échardo-neuze*]. Machine utilisée pour l'échardonnage des laines.

ÉCHARNEMENT ou **ÉCHARNAGE.** s. m. (R. *écharner*). T. Mégiss. Action d'écharner les peaux.

ÉCHARNER. v. a. (R. *é.*, prét. et *chair*). T. Techn. Enlever la chair qui reste attachée à une peau de bête, à un cuir. = S'ÉCHARNER. v. pron. Être écharné. = ÉCHARNÉ, ÉE. part. Voy. CUIR.

ÉCHARNOIR. s. m. (R. *écharner*). Sorte de couteau dont on se sert pour écharner.

ÉCHARNURE. s. f. (R. *écharner*). Reste de chair qu'on retire du cuir, ou façon qu'on donne en écharnant.

ÉCHARPAGE. s. m. (R. *écharper*). T. Techn. Action de diviser les brins des matières textiles.

ÉCHARPE. s. f. (all. *scherbe*, poche). Large bande de taffetas, de mousseline ou de quelque autre tissu, que les chevaliers portaient autrefois en ceinture ou en bandoulière. *La couleur de l'é. servait autrefois à distinguer les troupes des différentes nations :* les Français portaient l'é. blanche, les Espagnols l'é. rouge, les Anglais l'é. bleue. *L'é. tricolore est l'insigne des magistrats municipaux et des commissaires de police. Le grand cordon de plusieurs ordres se porte en é.*, En manière de baudrier. — Fig. et fam., *Changer d'é.*, Changer de parti. || Bande de quelque étoffe qu'on porte passée au cou, pour soutenir un bras blessé ou malade. *Avoir le bras en é.* || Sorte de châle très étroit et d'un tissu très léger que portent les femmes. *É. de soie, de gaze,* etc. || T. Mar. Cordage en é., Cordage disposé obliquement. || T. Art milit. Dans un sens oblique par rapport au but visé. *Battre en é. le front d'une armée.* || T. Mar. Armature de fer qui entoure la caisse d'une poulie. || T. Archit. Petite moulure de l'architrave. || T. Techn. Planche de bois placée diagonalement dans un bâti de menuiserie. — Pièce de fer qui soutient la roue d'une poulie et porte le boulon. || T. Ponts et chaus. Tirant de fer placé au bas d'une porte d'écluse pour empêcher les assemblages de céder sous le poids de l'eau. — Tranchée pratiquée pour l'écoulement des eaux d'une montagne. — Exhaussement pratiqué sur une route inclinée, pour rejeter les eaux sur les côtés. || T. Constr. Cordage servant à retenir le fardeau qu'on monte avec une grue. — Cordage employé par les maçons pour monter et descendre différents objets. — Pièce du bâti d'un parquet. — Moufle ou réunion de poulies ayant le même axe. || EN ÉCHARPE. loc. adv. Obliquement, de biais. *Un coup d'épée qui va en é. Le canon tirait en é.* Cordage en é., Cordage qui traverse diagonalement un objet.

ÉCHARPEMENT. s. m. (R. *écharper*). T Milit. Marche d'une troupe qui marche diagonalement.

ÉCHARPER. v. a. (R. *é*, préf. sépar., et *charpie*). Faire une grande blessure, une large entaille, avec un coutelas, un sabre, etc. *Il lui a écharpé le visage, le bras.* || Fig., on dit qu'*Un régiment a été écharpé*, qu'*On l'a écharpé*, pour dire qu'il a été fort maltraité, presque entièrement détruit. = s'ÉCHARPER, v. pron. *Il s'est écharpé la figure en tombant.* = ÉCHARPÉ, ÉE. part.

ÉCHARPILLER. v. a. [Pr. les *ll* mouillées]. T. Tapiss. Diviser le crin neuf qui est tressé. || Très fam., Mettre en pièces.

ÉCHARS, ARSE. adj. T. Mar. anc. Vents faibles qui changent subitement d'un rhumb à l'autre. || T. Monnaie anc. Se disait d'une pièce de monnaie au-dessous du titre exigé.

ÉCHARSER. v. a. Diminuer le titre d'une pièce de monnaie. = ÉCHARSER. v. n. T. Mar. Varier, faiblir, en parlant du vent.

ÉCHARSETÉ. s. f. (R. *échars*). T. Monn. Défaut d'une pièce qui n'est pas au titre ordonné.

ÉCHASSE. s. f. (anc. flamand *schœsse*, même sens). On appelle *Échasses* deux longs bâtons, à chacun desquels est fixée une espèce d'étrier ou de fourchon sur lequel on met les pieds, afin d'être plus élevé en marchant. *On se sert d'échasses pour marcher dans les marais. Les pâtres des Landes marchent avec des échasses pour parcourir plus facilement les terres sablonneuses ou marécageuses du pays.* — Fam., on dit de quelqu'un qui a les jambes trop longues, qu'*il semble être sur des échasses*; et fig., de quelqu'un qui parle ou écrit d'une manière emphatique, ou bien qui affecte de grands airs pour se faire remarquer, qu'*il est toujours monté sur des échasses.* || T. Constr. Règle de bois mince servant à mesurer les dimensions des pierres à tailler. — *Échasses d'échafaud*, Perches servant à la construction des échafauds dans les bâtiments. || T. Zool. Genre d'oiseaux.

Ornith. — Ce nom désigne un genre d'oiseaux qui appar-

tient à l'ordre des *Échassiers* et à la famille des *Longirostres* de Cuvier. Les oiseaux qui composent ce genre ont le bec rond, grêle et pointu; mais ils se reconnaissent surtout à leurs jambes nues, excessivement grêles et hautes, réticulées et

dépourvues de pouces. En outre, la flexibilité de leurs jambes est telle qu'elles sont susceptibles de subir une courbure très prononcée, sans risque de se briser. Par suite de cette structure particulière, les Échasses ne sont propres qu'à marcher dans la vase, mais non sur la terre ferme. Le vol des Échasses est très rapide, et l'aspect de l'oiseau volant est très singulier à cause de la longueur de ses jambes qu'il porte tendues en arrière pour suppléer à la brièveté de sa queue. Les Échasses vivent dans les marais ou les lacs salés et sur le bord de la mer, où elles se nourrissent de frai de Grenouille, de Mouches, de Cousins, de Vermisseaux et de petits Mollusques. A l'époque des amours, toutes les Échasses d'un canton se réunissent par troupes, et construisent leurs nids tout près les uns des autres, sur une éminence ou butte que les eaux ne puissent pas submerger. Ces nids sont formés de petites brindilles ou d'herbes, et chaque femelle dépose dans le sien 4 œufs verdâtres, gros comme ceux de la Perdrix, et tachetés de cendré ou pointillés de brun rougeâtre. — Il existe plusieurs espèces d'Échasses, mais nous n'en avons chez nous qu'une seule : l'*É. d'Europe* ou *É. à manteau noir* (*Himantopus melanopterus*) [Fig. ci-contre] Son plumage est blanc, avec la calotte et le manteau noirs; ses pieds sont rouges. Sa taille ne dépasse pas 40 centimètres. Cet oiseau arrive au mois d'avril sur notre littoral méditerranéen, et le quitte au mois d'août pour des pays plus chauds.

ÉCHASSIER. s. m. (R. *Échasse*). T. Ornith. Les *Échassiers*, ou *Grallæ* de Linné et de Temminck, forment un ordre de la classe des *Oiseaux*. Ils sont essentiellement caractérisés par la longueur de leurs tarses et la nudité de toute la partie inférieure de leurs jambes, qui sont fort longues, comparativement à la grosseur de leur corps. Lorsqu'ils marchent, ils avancent le tibia et le tarse tout d'une pièce; ce qui les fait ressembler à des gens montés sur des échasses : de là le nom d'*Échassiers*, que leur a donné Cuvier. Cette disposition des membres inférieurs permet à ces oiseaux d'entrer dans l'eau à une certaine profondeur sans se mouiller le corps; aussi les habitudes de la plupart d'entre eux sont-elles essentiellement aquatiques : de là encore le nom d'*Oiseaux de rivage*, qu'ils ont reçu de plusieurs auteurs, et celui de *Waders*, c.-à-d. oiseaux de gué, que leur donnent les Anglais. — Les caractères généraux de cet ordre sont : Tête relativement petite; cou ordinairement long; bec de forme variée, le plus souvent droit, en cône très allongé, comprimé, rarement déprimé ou plat; pieds grêles, longs, plus ou moins nus au-dessus du genou; deux ou trois doigts devant, et en général un derrière. Le plus souvent le doigt extérieur est uni par sa base à celui du milieu au moyen d'une courte membrane; quelquefois il y a deux membranes semblables; d'autres fois, elles manquent entièrement et les doigts sont tout à fait libres; enfin il arrive aussi, mais rarement, que leurs pieds sont bordés tout du long ou palmés jusqu'au bout. Presque tous ces oiseaux ont les ailes longues, volant très bien et pouvent être rangés parmi les *Oiseaux de passage*. En volant, ils étendent leurs jambes en arrière au contraire des autres, qui les replient sous le ventre. Les Échassiers qui ont le bec fort, vivent de poissons et de reptiles; ceux qui l'ont faible, de vers et d'insectes. Très peu se nourrissent en partie de graines ou d'herbages et ceux-là seulement vivent éloignés des eaux. Ceux qui habitent l'intérieur des terres nourrissent leurs petits jusqu'à ce qu'ils soient en état de voler; ceux qui vivent sur le bord des eaux les abandonnent dès qu'ils sont éclos et les laissent subvenir eux-mêmes à leurs besoins. — C'est parmi les Échassiers que l'on rencontre ces oiseaux (Cigognes, Hérons) qui ont l'habitude de rester de longues heures perchés sur une seule patte. Cette faculté extraordinaire résulte de la disposition particulière que présente chez eux l'articulation du genou, et qui est assez analogue au mécanisme d'un ressort.

Cuvier divisait cet ordre en cinq familles principales: 1° Les *Brévipennes*, caractérisés par la brièveté de leurs ailes et l'impossibilité où ils sont de voler (Autruche, Casoar, etc.); 2° les *Pressirostres*, à bec médiocre, à jambes élevées et dépourvues de pouce, ou dont le pouce est trop court pour toucher la terre (Outarde, Vanneau, Pluvier, etc.); 3° les *Cultrirostres*, dont le bec est gros, fort, long, le plus souvent tranchant et pointu, et dont le pouce est en général assez long pour toucher le sol (Héron, Grue, Cigogne, etc.); certains auteurs ont séparé dans cette famille le groupe des *Ardéidées* (Héron); 4° les *Longirostres*, qui ont le bec grêle, long et faible, et chez lesquels le pouce est ordinairement court ou même nul (Ibis, Bécasse, Chevalier, Avocette, etc.); 5° les *Macrodactyles*, qui sont caractérisés par l'extrême longueur de leurs doigts, ce qui leur permet de courir sans enfoncer sur les herbes des marais; ou qui les ont bordés d'une membrane plus ou moins développée, ce qui leur permet alors de nager (Kamichi, Râle, Foulque, etc.). — A ces cinq grandes familles Cuvier en ajoutait trois petites constituées par un seul genre chacune. Ces trois genres étaient le genre *Chionis*, le genre *Giarole* et le genre *Flamant* ou *Phénicoptère*.

La classification de Cuvier est encore généralement adoptée, au moins dans les musées; on a séparé cependant la famille des *Brévipennes* pour en faire un ordre spécial.

ÉCHAUBOULÉ, ÉE. adj. (R. é, préf., *chaud*, et *boule*). Qui a des échauboulures.

ÉCHAUBOULURE. s. f. (R. *échauboulé*). Nom vulgaire des petites élevures rouges qui viennent quelquefois sur la peau pendant les chaleurs de l'été, et qui causent une démangeaison plus ou moins vive. *Le régime rafraîchissant et l'emploi de bains tièdes ou frais constituent la seule médication rationnelle à opposer aux échauboulures.* Voy. URTICAIRE. ‖ T. Art vét. Maladie éruptive du cheval et du bœuf.

ÉCHAUDAGE. s. m. (R. *chaud*). T. Techn. Action de passer de l'eau chaude dans les feuillettes neuves pour s'assurer qu'elles ne fuient pas. ‖ Macération dans un lait de chaux de substances destinées à la préparation de la colle forte. ‖ Lait de chaux qui sert à blanchir les murs; cette opération elle-même.

ÉCHAUDÉ. s. m. Sorte de pâtisserie sèche et très légère, faite de pâte échaudée.

ÉCHAUDEMENT s. m. (R. *échauder*). État du blé et des graines qui sont échaudées. ‖ T. Salines. État d'un œillet qui cesse de pouvoir donner du sel.

ÉCHAUDER. v. a. (R. é, préf., et *chaud*). Laver avec de l'eau très chaude, bouillante. *E. un pot de terre.* — Tremper dans l'eau bouillante. *E. un cochon de lait.* — Jeter de l'eau chaude sur quelque chose. *É. de la pâte.* — Se dit de la brûlure causée par un liquide très chaud. *Il s'est échaudé le pied en renversant un vase d'eau bouillante.* = S'ÉCHAUDER, v. pron. Se brûler. *Elle s'est échaudée en retirant une marmite du feu.* ‖ Fig. et fam., Être attrapé, éprouver quelque perte, quelque mal, dans une affaire. *Il s'est échaudé dans cette affaire*, ou *Il y a été échaudé. Il craint de s'é.* ou *d'être échaudé.* = ÉCHAUDÉ, ÉE. part. ‖ Fig. et prov., *Chat échaudé craint l'eau froide*, Quand une fois on a été attrapé, ou quand on a éprouvé quelque douleur, quelque préjudice en quelque chose, on craint même tout ce qui a l'apparence de cette chose. ‖ T. Agric. *Blé échaudé*, Blé dont le grain, sec et flétri par suite d'un coup de soleil trop violent, contient peu de farine. — *Graine échaudée*, Graine dont le germe a péri par suite de trop de chaleur. — Se dit encore des bourgeons humides qui deviennent noirs par suite d'un coup de soleil trop vif. ‖ T. Pêc. *Harengs échaudés*, Harengs que l'on a poussés à un feu trop vif.

ÉCHAUDER. v. a. (R. é, préf., et *chaux*). T. Techn. Recouvrir un vieux plafond de plusieurs couches de chaux éteinte avant de le blanchir.

ÉCHAUDEUR, EUSE. s. (R. *échauder*). Celui, celle qui échaude.

ÉCHAUDILLON. s. m. [Pr. les *ll* mouillées] (R. *échauder*). T. Techn. Morceau de fer que l'on soude quand il est chaud.

ÉCHAUDIS. s. m. T. Mar. Grosse boucle de fer dans laquelle on passe la lisse du beaupré.

ÉCHAUDOIR. s. m. (R. *échauder*). T. Techn. Lieu où l'on échaude. ‖ Chaudière qui sert à échauder. ‖ Dans un abattoir, lieu où l'on prépare la viande pour la vente en gros.

ÉCHAUDURE. s. f. Effet produit sur la peau par une brûlure, principalement par l'eau bouillante.

ÉCHAUFFAISON. s. f. [Pr. échô-fè-zon] (R. *échauffer*). T. Path. Indisposition qui se manifeste par une légère éruption à la peau. Pop.

ÉCHAUFFANT, ANTE. adj. [Pr. échô-fan]. Qui échauffe; ne se dit guère que des aliments, des remèdes, de la manière de vivre. *Aliments échauffants. Un régime trop é.* ‖ Substant. et au masc., *Évitez les échauffants.*

ÉCHAUFFE. s. f. (R. *échauffer*). T. Tann. Étuve dans laquelle on met les peaux pour en ôter le poil. ‖ Travail qui consiste à mettre les peaux à l'étuve pour qu'elles se pénètrent bien du corps gras dont on les imprègne.

ÉCHAUFFÉE. s. f. [Pr. échô-fé] (R. *échauffer*). T. Techn. Première opération des sauniers pour chauffer le fourneau.

ÉCHAUFFEMENT. s. m. [Pr. échô-feman] (R. *échauffer*). L'action d'échauffer, ou le résultat de cette action. ‖ Au fig., Surexcitation morale. *Les échauffements de la colère.* ‖ T. Méd. État maladif provoqué par une élévation de la chaleur animale. ‖ T. Art vét. *É. de la fourchette*, Maladie du pied des solipèdes.

Méd. — Ce terme, qui n'est guère employé que dans le langage ordinaire, sert à désigner un état de l'organisme qui est surtout caractérisé par une excitation particulière de l'appareil circulatoire, d'où résultent un sentiment général de chaleur, un teint animé, une soif plus vive, de la tendance à transpirer, de la constipation, des urines rouges et rares, des ébullitions et des démangeaisons dans tout le corps, un sommeil agité, etc. On donne le nom d'*Échauffants* aux substances dont l'usage est susceptible de déterminer cet état : tels sont le vin, les boissons alcooliques, le thé, le poivre, l'ail, les viandes salées, etc. Le plus souvent il suffit, pour faire disparaître ces phénomènes, qui d'ailleurs ne constituent point une maladie, de se soumettre à un régime doux et de recourir à quelques légers laxatifs. — Dans le langage vulgaire, *Échauffement* s'emploie encore dans le sens de constipation et dans celui d'uréthrite ou blennorrhagie légères.

Chez les animaux, ce terme signifie l'état fébrile qui accompagne ou précède les maladies aiguës. Chez le cheval et le mulet, l'é. de l'épaule n'est autre chose que la contusion produite par le harnais pouvant aller du simple érythème jusqu'à l'escarre de la peau. Il faut modifier le harnais, faire reposer les animaux et les panser soit à la vaseline boriquée, soit avec des pansements humides ou secs, mais antiseptiques.

ÉCHAUFFER. v. a. [Pr. échô-fer] (R. é, préf., et *chauffer*). Donner de la chaleur. *É. une chambre.* *Ces oiseaux échauffent leurs petits sous leurs ailes.* ‖ Dans le langage ordinaire, se dit de tout ce qui augmente l'action organique, accélère la circulation et accroît la chaleur animale. *Cette course m'a beaucoup échauffé. Les épices échauffent le sang.* — Figur., *É. le sang, la bile, les oreilles à quelqu'un*, L'impatienter par ses paroles ou ses actions. ‖ Figur., Animer, exciter. *Cette nouvelle échauffa les esprits. Quand les esprits sont échauffés, plus une opinion est impertinente, plus elle a de crédit.* ‖ T. Techn. *É. une étoffe*, lui donner des plis en la foulant à l'excès. = S'ÉCHAUFFER, v. pron. Devenir chaud, prendre chaud. *La chambre commence à s'é. Ne courez pas tant, vous vous échaufferez.* — T. Agric. *Les blés s'échauffent*, Ils commencent à fermenter. — T. Chasse. *S'é. sur la voie*, se dit des chiens qui suivent la voie avec trop d'ardeur ‖ Figur., S'animer beaucoup, se passionner, s'emporter, se mettre en colère. *Vous ne sauriez lui parler de cela qu'aussitôt il ne s'échauffe. Ne vous échauffez pas tant! Les esprits s'échauffèrent.* — Par ext., *La querelle, la dispute, la conversation s'échauffe, est fort échauffée*, Elle s'anime, elle est très animée. = ÉCHAUFFÉ, ÉE. part. ‖ Substant., *Sentir l'échauffé*, Exhaler une certaine odeur causée par une chaleur excessive ou par un commencement de fermentation.

ÉCHAUFFOURÉE. s. f. [Pr. échô-fou-ré] (R. *échauffer*). Entreprise mal concertée, téméraire, malheureuse. *Il a fait une étrange é.* ‖ T. Guerre. Rencontre imprévue et sans conséquences graves. *Ce ne fut pas un combat, ce ne fut qu'une é.* ‖ T. Prat. Incident de procédure qui tourne contre la partie qui l'a fait naître.

ÉCHAUFFURE. s. f. [Pr. échô-fure] (R. *échauffer*). Petite rougeur, petite élevure qui vient sur la peau, dans une échauffaison. *Ce n'est qu'une é.* Pop. ‖ T. Phys. Altération produite dans une substance qui s'échaude. ‖ T. Techn. Pli imprimé à une étoffe par une pression trop grande.

ÉCHAUGUETTE. s. f. (all. *schauer*, qui regarde; *wachter*, surveillant). T. Archit. Guérite de pierre placée au sommet des tours dans les châteaux du moyen âge. Voy. CHATEAU.

ÉCHAULER. v. a Voy. CHAULER.

ÉCHAUMER. v. a. (R. é. préf., et chaume). T. Rur. Arracher le chaume, le pied du blé après la moisson.

ÉCHAUX. s. m. (corrupt. de échenaux). T. Rur. Rigole pour l'écoulement des eaux dans les prairies.

ÉCHÉABLE. adj. (R. échoir). T. Comm. Qui peut, qui doit échoir. On dit mieux Échéant.

ÉCHÉANCE. s. f. (R. échoir). Le jour où expire un délai, et particulièrement celui où une obligation doit être remplie, où l'on doit faire un paiement. C'est demain l'é., le jour de l'é. L'é. d'un billet à ordre. A l'é. du terme. — Délai à parcourir pour arriver à l'échéance. || Billets échus ou à acquitter. Une forte é.

ÉCHÉANCIER. s. m. (R. échéance). T. Comm. Carnet de négociant pour inscrire les échéances des effets à recevoir et à acquitter.

ÉCHÉANT, ANTE. adj. (R. échoir). Qui échoit. Terme é.

ÉCHEC. s. m [Pr. échèk, au pl. des échèks, sans lier l's] (étym. douteuse; les uns le font venir du jeu d'échecs, les autres du haut all. schäh, butin, d'autres enfin du verbe échoir, ce qui n'explique pas le c final. Il est probable qu'il y a eu confusion de deux mots d'origine différente). Atteinte, dommage, mauvais succès quelconque. Ce fut un grand é. à sa faveur, à sa fortune. Tant d'échecs ne découragèrent point cet auteur. || Fig., se dit d'une perte considérable que fait une armée, un corps de troupes dans un combat, dans une retraite. Souffrir, essuyer un grand é. Ce général reçut un é. en se retirant. Tenir des troupes en é., Les empêcher d'agir, de rien entreprendre. Tenir une place en é., La tenir en crainte d'être assiégée. Tenir quelqu'un en é., L'empêcher d'agir, de prendre un parti.

ÉCHECS. s. m. pl. [Pr. échè] (persan sha, roi; la loc. échec et mat veut dire, en persan, le roi est mort). Sorte de jeu. = Au sing. échec [Pr. échèk], Coup qui menace le roi. || T. Blas. Pièce du jeu d'échecs servant de meuble dans l'écu.
Une tradition vulgaire attribue l'invention du jeu des Échecs au héros Palamède, qui l'aurait imaginé pendant la guerre de Troie pour tromper les longs ennuis de ces dénué de tout fondement. Tout porte à croire que ce jeu est d'origine indienne; mais nous ne savons ni la date de son invention, ni le nom de son inventeur. L'analogie des mots échecs, scacchi, chess, schachspiel et zatrichion, par lesquels les Français, les Italiens, les Anglais, les Allemands et les Grecs modernes désignent ce jeu, avec le mot persan schah qui veut dire roi, indique suffisamment son origine orientale. Or, les Persans eux-mêmes affirment qu'ils tiennent ce jeu de l'Inde, d'où il aurait été importé dans leur pays au VIe siècle de notre ère, sous le règne de Chosroès le Grand. Les Chinois, de leur côté, pensent également que les échecs sont d'invention indienne.
Le jeu des échecs se joue sur une table carrée appelée Échiquier. Cette table est divisée en 64 carreaux ou cases, 32 blanches et 32 noires qui alternent ensemble et qui forment huit rangées égales nommées Tires. Chaque joueur a 16 pièces, savoir : 1 Roi, 1 Reine, 2 Fous, 2 Cavaliers, 2 Tours et 8 Pions. Les Indiens donnent à la reine le nom de pharz ou ferz, c.-à-d. général. Chez les Arabes, les fous sont nommés fil, c.-à-d. éléphant, car ils ont resté dans l'espagnol alfil. C'est dans le roman de la Rose que nous voyons pour la première fois ces deux fous appelées de leur nom actuel. La place des fous aux côtés du roi et de la reine leur avait fait donner, par les Maures d'Espagne, la dénomination d'alferez ou aides de camp, terme que les Italiens ont transformé en alfiere. Enfin, les fous s'appellent bishop ou évêque en Angleterre, et laufer, c.-à-d. coureur, en Allemagne. Les cavaliers reçoivent une désignation analogue dans toutes les langues, excepté en allemand où ils se nomment springer, c.-à-d. sauteurs. Dans l'Inde, la tour est représentée par un éléphant sur lequel se trouvent des hommes armés de javelines ou d'arbalètes. Les Arabes ont remplacé cet animal par un chameau, rokh, et c'est de ce mot que nous avons tiré notre verbe roquer, qui sert à désigner une certaine manœuvre du jeu. Enfin, le mot

pion signifie dans l'Inde valet ou soldat à pied. Les Espagnols en ont fait peon et les Italiens pedone ou piéton. Les Allemands nomment cette même pièce bauer ou paysan, et les Anglais man, homme, simple soldat.
Aux échecs, chaque pièce a une marche différente. Ainsi, le roi se meut dans tous les sens, mais il ne peut abandonner sa place que pour occuper une des cases immédiatement voisines. La reine va dans toutes les directions, mais elle peut se porter, si aucune autre pièce ne l'arrête, d'une extrémité de l'échiquier à l'autre. Les fous ne suivent que la diagonale. Les tours vont verticalement et horizontalement. Les cavaliers marchent pour ainsi dire en demi-cercle. Enfin, les pions ne peuvent passer que sur les cases immédiatement au-devant d'eux. — Le roi est la pièce principale, et il est de règle qu'il ne peut jamais être pris. En conséquence, quand il est en échec, c.-à-d. dans une position telle qu'il serait pris par une pièce de l'adversaire, il est obligé de changer de place ou de se masquer par une autre pièce. Mais s'il ne peut se mouvoir sans s'exposer de nouveau à être pris, on dit qu'il est Mat et la partie est finie. C'est donc à une seule pièce, au roi, que s'adressent en réalité toutes les attaques. Les autres pièces ne servent qu'à le défendre, et tout le jeu consiste à l'attaquer de manière qu'il ne puisse avancer ni reculer sans se mettre en prise. Dans le cas où le roi est entouré de telle façon par les pièces ennemies qu'il ne peut se remuer sans se mettre de lui-même en échec, on dit qu'il est Pat et la partie est nulle, si le possesseur de ce roi n'a pas d'autre pièce à jouer. Les joueurs d'échecs appellent Gambit, de l'italien gambetto, croc-en-jambe, certains coups préparés qui exercent sur la partie une influence décisive. La plupart de ces coups sont désignés sous des noms particuliers : tels sont, par ex., le gambit du roi, le gambit de la dame, etc. — Le jeu des échecs est un des amusements les plus inoffensifs qu'on ait imaginés; mais l'extrême contention d'esprit qu'il nécessite ne le rend abordable qu'aux intelligences heureusement douées. Ses règles, qui d'ailleurs varient pour certains détails, suivant les pays, se trouvent exposées dans divers ouvrages, parmi lesquels nous citerons le traité de Philidor, celui de la Bourdonnais, celui de Walker et l'Encyclopédie des Échecs, par A. ALEXANDRE. Il existe un curieux livre du XVIIe siècle : La Philosophie royale du jeu des Eschets, pour Mgr le Dauphin, par G. Du PEYRAT, aumônier ordinaire et servant de Sa Majesté. — Paris, 1608.

ÉCHÉE. s. f. T. Mét. Quantité de fil que l'on place à la fois sur le dévidoir.

ÉCHELAGE. s. m. (R. écheler). T. Dr. cout. Droit de poser une échelle sur l'héritage d'autrui pour construire ou réparer un bâtiment ou un mur. || T. Techn. Partie du fourneau dans les grosses forges.

ÉCHELER. v. a. (R. échelle). Escalader en appliquant l'échelle. || T. Milit. Syn. d'Échelonner.

ÉCHELET. s. m. (Vx fr., écheler, escalader). T. Ornith. Nom donné par Temminck et Lesson à un petit Passereau australien voisin des Grimpereaux. On appelle Echelette ou Echelete une autre sorte de Grimpereaux, le Tichodrome des murailles. Voy. GRIMPEREAU.

ÉCHELETTE. s. f. (dimin. de échelle). Sorte de petite échelle qu'on attache à côté du bât d'une bête de somme pour y placer, y accrocher ce qu'on veut transporter, comme des gerbes, du foin, de la paille. || Espèce de ridelle qu'on met à le devant d'une charrette et qui sert à retenir le foin, la paille, etc., dont la charrette est chargée. || T. Mar. Laize de toile à voile dont le droit fil ne correspond pas à la laize qui est au-dessus. || T. Techn. Instrument employé pour la lecture des dessins dans les fabriques de tapis. || T. Ornith. Voy. ÉCHELET, GRIMPEREAU.

ÉCHELEUR. s. m. (R. écheler). T. anc. Art milit. Soldat d'un corps organisé spécialement pour l'escalade.

ÉCHELIER. s. m. (R. échelle). T. Const. Sorte d'échelle composée d'une seule perche traversée par des chevilles qui servent d'échelons.

ÉCHELLE. s. f. (lat. scala, m. s.). Machine composée le plus ordinairement de deux longues perches, traversées d'espace en espace par des bâtons disposés en sorte qu'on

s'en puisse servir pour monter et pour descendre. — Fig.
prov. et fam., *Après lui, il faut tirer l'é.*, Il a si bien fait
dans son genre qu'on ne saurait faire mieux. || *Faire la courte
é.*, se dit de plusieurs personnes qui montent les unes sur
les autres pour aider quelqu'un à escalader un mur, à atteindre
un point élevé. On dit aussi dans ce sens, *Escalader un mur
à la courte é.* || Fig., *L'é. sociale*, La hiérarchie sociale.
Être au premier degré, au dernier degré de l'é. sociale.
On dit, dans un sens anal., *L'é. des êtres.* — Fig. et popul.
Monter à l'é., S'emporter, se mettre en colère pour peu de
chose. = T. Géom., Géogr., Archit., etc., Ligne divisée en un
certain nombre de parties qui représentent des mètres, des
kilomètres, des lieues, des milles, etc., placée dans un plan,
dans une carte, etc., pour indiquer le rapport des dimensions, des distances marquées sur le plan, la carte, etc.,
avec les distances et les dimensions réelles. *É. de dix kilom.,
de vingt lieues. Prendre la distance sur l'é. Mesurer
d'après l'é. É. d'un centimètre pour mètre*, É. où chaque division longue d'un centimètre sur la carte ou sur le
dessin représente une longueur d'un mètre sur l'objet réel.
On dit aussi, *Cette carte, ce plan est sur une grande é.,
sur une petite é.*, ou *à grande, à petite é.*, L'étendue, la
distance y sont représentées sur une grande ou sur une
petite proportion. — Fig., *Faire quelque chose, opérer,
travailler sur une grande é.*, Faire quelque chose, travailler en grand, sur de vastes proportions. Dans le sens
contraire, on dit *Faire quelque chose, opérer, travailler
sur une petite é.* || *L'é. d'un thermomètre, d'un baro-
mètre, d'un aréomètre*, etc., La série des divisions qu'on
trace sur ces instruments pour exprimer les quantités à la
mesure desquelles ces appareils sont destinés. || T. Mus. Voy.
GAMME. || T. Techn. Série de nuances dont | s teinturiers
varient les couleurs || *É. campanaire*, É. indiquant les
dimensions à donner aux cloches suivant les tons qu'on veut
obtenir. || T. Agric. Sorte de crible qui sert à nettoyer le
grain. || T. Mar. Escalier fixe ou mobile. *É. de la dunette.*
|| T. Min. *É. mobile*, Machine employée dans les mines pour
faire monter et descendre les ouvriers. || T. Jurispr. Espace
déterminé sur lequel un propriétaire peut établir des échelles
sur la propriété d'un voisin. || T. Comm. *É. de proportion.*
Tableau graphique ou numérique indiquant par des divisions
la hausse et la baisse des valeurs commerciales. || T. Écon.
polit. *É. mobile*, Système de tarifs de douanes qui consistait
à abaisser les droits des céréales à l'importation, à élever
les droits à l'exportation dès que le prix des céréales atteignait une certaine limite, et cela en vue d'éviter la disette.
Ce système est aujourd'hui abandonné. || T. Anat. Plexus trans-
verse des faisceaux acoustiques. || T. Mar. *Les échelles du
Levant*, Les villes maritimes du Levant (v. ci-dessous). || T.
Géom. *É. logarithm.que*, Divisions marquées sur une ligne
droite, telles que la distance de chacune d'elles à l'origine
des divisions est proportionnelle au logarithme du nombre
correspondant. La *règle à calcul* est composée de deux
échelles logarithmiques égales pouvant glisser l'une devant
l'autre. Voy. LOGARITHMIQUE (*Règle*).

Techn. — La définition que nous avons donnée du mot
Echelle s'applique à l'é. ordinaire, que tout le monde connaît,
et qu'on appelle aussi *é. simple*, par opposition à *é. double*.
Celle-ci consiste en deux espèces de triangles isoscèles tron-
qués, dont les grands côtés portent les échelons et qui sont
assemblés à leur partie supérieure par une tige boulonnée ou
par des charnières. Pour s'en servir, il suffit d'éloigner les
deux triangles l'un de l'autre et l'on règle leur écartement au
moyen d'une corde ou d'un long crochet. Les échelles de ce
genre se nomment *É. de jardinier, É. de peintre*, etc., suivant l'usage auquel on les emploie. Les *É*-*helles à incendie*
sont des échelles simples très courtes, construites avec beaucoup de solidité et disposées de manière à pouvoir promptement s'ajuster les unes à la suite des autres. Dans tous les
cas, celle qui occupe la tête est terminée supérieurement par
un fort crochet de fer qui sert à fixer le système aux appuis
des croisées. — Parmi les *Echelles de corde*, les unes consistent simplement en un gros câble muni de nœuds : telles
sont celles qu'emploient les couvreurs et les plombiers; les
autres sont composées de deux câbles qui forment de véritables montants et qui sont unis l'un à l'autre soit par des
échelons de corde, soit par des échelons de bois. Une é. de
cette dernière espèce est toujours suspendue à l'arr.ère des
bâtiments : on l'appelle *É. de poupe*. Au reste, en termes
de marine, on donne le nom d'é. à tout degré fixe ou volant
qui existe sur un bâtiment. — Les *Echelles d'escalade* en
usage dans les opérations militaires sont, comme leur nom
l'indique, destinées à pénétrer dans les ouvrages de fortifi-

cation. Elles se font de bois et le plus souvent courtes, mais
très solides. Les unes sont armées de crochets, les autres en
sont dépourvues. Enfin, celles qui doivent servir pour les
escalades de nuit sont quelquefois munies, à leur partie supérieure, de roues garnies de feutre.

Mar. — En termes de marine, on dit *faire échelle*, et plus
ordinairement *faire escale* (du lat. *scala*, échelle), en parlant
d'un bâtiment qui relâche successivement dans les divers
ports ou dans quelques-uns des ports qu'il rencontre dans le
cours de son voyage, comme s'il parcourait les degrés successifs d'une *échelle*. C'est de cette location que sont venues les
dénominations d'*Echelle* et d'*Escale* qui, dans le commerce
maritime, s'appliquent, la première aux villes maritimes du
Levant et la seconde aux comptoirs de commerce de la côte
du Sénégal. Les *Échelles du Levant* : Constantinople,
Smyrne, Alep, Alexandrie, Tripoli, Saïd, etc.

ÉCHELLEMENT. s. m. [Pr. échè-*leman*] (R. écheler).
Action d'écheler, d'escalader.

ÉCHELON. s. m. (dimin. d'échelle). Chacune des traverses
de l'échelle qui servent de degrés pour monter. *Mettre, avoir
le pied sur le premier, sur le dernier é.* || Fig. et fam., Ce
qui sert à monter d'un rang, d'un grade à un autre plus élevé.
*Cette petite charge est un é. pour monter à une plus
grande. Il vient encore de monter un é.*, ou de monter
d'un é. — *Descendre d'un é., descendre un é.*, Descendre
d'un rang, d'un grade quelconque au rang, etc., immédiate-
ment inférieur. || T. Art milit. *Disposer des troupes par
échelons, les former en échelons*, Les disposer sur divers
plans, de façon que les unes puissent soutenir et remplacer
successivement les autres. On dit, dans un sens anal., *Mar-
cher par échelons*. Voy. TACTIQUE. || T. Mar. Marche ou
laquet où l'on pose le pied pour monter.

ÉCHELONNER. v. a. [Pr. échelo-*ner*] (R. échelon). T. Art
milit. *É. un corps de troupes*, Le ranger en échelons, le faire
marcher par échelons. || *Fixer à des époques distantes les unes
des autres. É. ses échéances.* = s'ÉCHELONNER. v. pron. *Notre
corps d'armée s'échelonne sur la route de Valenciennes
à Cambrai.* = ÉCHELONNÉ, ÉE. part.

ÉCHENAL. s. m. T. Techn. Rigole conduisant au moule
le métal en fusion. || T. Constr. Gouttière de bois placée le
long d'un toit pour empêcher les eaux de couler sur le mur.

ÉCHENEAU et **ÉCHENO.** s. m. T. Techn. Petit bassin de
brique que les fondeurs pratiquent au-dessus du moule d'une
statue, etc., et dans lequel on verse le métal en fusion, qui
va ensuite par divers tuyaux se distribuer dans les différentes
parties du moule. || Canal construit pour conduire les eaux

ÉCHÉNÉIDE ou **ÉCHÉNÉIS.** s. m. (gr. ἐχενηΐς, nom de
l'animal). T. Icht. Genre de Poissons osseux de la famille
des *Scombéroïdes*. Voy. ce mot.

ÉCHENILLAGE. s. m. [Pr. les *ll* mouillées] (R. écheniller). T. Agric. Action d'écheniller.

Agric. — Les chenilles sont un des fléaux les plus redoutables pour nos forêts et nos vergers. Leur destruction constitue donc une opération des plus importantes, surtout après
les années où la température a favorisé le développement d'un
grand nombre de papillons. Mais l'insouciance des habitants
des campagnes à ce sujet est souvent telle que l'autorité
administrative est obligée d'intervenir pour les obliger à procéder à cette opération. Quoiqu'il soit de règle que l'autorité
ne s'immisce pas dans la gestion des intérêts privés, son intervention est ici justifiée, non pas seulement par l'utilité générale, mais encore parce que la nonchalance des cultivateurs
qui négligent de détruire chez eux les chenilles rend de nul
effet la prudence et le travail de ceux qui ont fait tous leurs
efforts pour anéantir cette race malfaisante. C'est pour ce
motif surtout que la loi du 26 ventôse an IV (16 mars 1796)
et l'art 471 du Code pénal obligent les propriétaires et les
fermiers à écheniller les arbres de leurs jardins, de leurs
vergers, ainsi que leurs haies, sous peine, pour les contrevenants, d'une amende de 1 à 5 fr. Les préfets sont obligés de
faire pratiquer l'é. sur les biens non affermés du domaine de
l'État. Ils sont également tenus de rendre tous les ans un
arrêté fixant l'époque à laquelle l'opération doit avoir lieu. De
leur côté, les maires prescrivent chaque année l'é. par un
arrêté spécial ou par la publication de la loi, et veillent, sous
leur propre responsabilité, à son entière exécution. Enfin,

dans le cas où l'é. n'aurait pas été fait en temps utile par les propriétaires ou autres pour lesquels il est une obligation, ils sont tenus de le faire faire aux frais des contrevenants, qui sont condamnés par le juge de paix au remboursement, sans préjudice de l'amende dont il a déjà été question. L'hiver est l'époque la plus favorable pour l'opération de l'é., car alors il est facile d'apercevoir sur les branches dénudées de feuilles les bourses et les nids qui renferment les œufs des chenilles. En outre, les habitants de la campagne ont alors tout le loisir de faire cette chasse avec soin. Aussi la loi prescrit-elle de pratiquer cette opération avant le mois de mars. L'é. se fait avec un instrument appelé *Échenilloir*, qui se compose de deux lames tranchantes réunies en forme de ciseaux, dont l'une est fixée à l'extrémité d'un long manche, tandis que l'autre est mue par une ficelle au moyen de laquelle on l'ouvre à volonté, un ressort appliqué contre cette même lame, la fermant dès que l'on cesse de tirer la ficelle. Les rameaux coupés doivent être immédiatement brûlés.

ÉCHENILLER. v. a. [Pr. les *ll* mouillées] (R. *é* préf. sépar. et *chenille*). T. Agric. Oter les chenilles des arbres. = s'ÉCHENILLER. v. pr. *Les arbres s'échenillent à l'entrée de l'hiver.* = ÉCHENILLÉ, ÉE. part.

ÉCHENILLEUR. s. m. [Pr. les *ll* mouillées] (R. *écheniller*). T. Rur. Ouvrier qui échenille les arbres. || T. Zool. Tout animal qui détruit les chenilles dans un jardin. || T. Ornith. Genre d'oiseaux de la famille des *Ampélidés*. Voy. COTINGA. — On appelle encore ainsi un certain nombre de Passereaux qui habitent les pays chauds. Tous ces oiseaux doivent leur nom à leur genre de nourriture.

ÉCHENILLOIR. s. m. [Pr. les *ll* mouillées] (R. *écheniller*). T. Agric. Instrument qui sert à écheniller les arbres.

ÉCHENO. Voy. ÉCHENEAU.

ÉCHEVEAU. s. m. (lat. *scapellus*, petit rouleau). Assemblage de fils de chanvre, de soie, de laine, etc., repliés en plusieurs tours, afin qu'ils ne se mêlent point. *Dévider un é. Pour les fils de coton, l'é. a mille mètres de longueur et contient dix échevettes ayant cent mètres de longueur chacune.* || T. anc. Art milit. Tortis de crins formant le ressort de certaines armes balistiques. — Fam. Réunion d'objets entremêlés. — Fig. Assemblage de choses longues et embrouillées.

ÉCHEVELÉ, ÉE. adj. (R. *cheveu*). Qui a les cheveux épars et en désordre. *Cet enfant est tout é. Tête échevelée.* —Fig. Dépourvu d'ordre, de clarté; fantasque. *Danse échevelée.*

ÉCHEVELER. v. a. (R. *cheveu*). Laisser flotter sa chevelure, mettre en désordre la chevelure. = s'ÉCHEVELER. v. réfl. Être échevelé. = ÉCHEVELÉ, ÉE. part.

ÉCHEVELLEMENT, s. m. [Pr. *échevè-leman*] (R. *écheveler*). Action d'écheveler, état de celui qui est échevelé. || Manque de cheveux, calvitie.

ÉCHÉVÉRIA. s. f. (R. *Echeveria*, n. d'un peintre de fleurs). T. Bot. Genre de plantes Dicotylédones de la famille des *Crassulacées.*

ÉCHEVETTE. s. f. (Dimin. d'*écheveau*). T. Comm. Petit écheveau. || Dans la filature du coton, le dixième de l'écheveau.

ÉCHEVIN. s. m. (bas-lat. *scabinus*). T. Hist. — Charlemagne, voyant que les hommes libres ne se rendaient plus aux plaids, et avaient ainsi renoncé volontairement au droit de se juger les uns les autres, créa une classe particulière de magistrats permanents qui furent spécialement chargés d'assister les comtes dans l'administration de la justice. Ces nouveaux magistrats reçurent, dans le latin barbare de l'époque, le nom de *Scabini, Scabinei* (dont nous avons fait *Échevins*), du théotisque *skafene*, établis, constitués (sous-entendu *judices*, juges). Suivant quelques auteurs, leurs fonctions auraient été soumises à l'élection des justiciables; mais, comme le fait remarquer Guizot, cette élection n'était en réalité qu'une désignation faite par le comte ou le centenier dans l'assemblée qu'il présidait, et à laquelle les assistants ne prenaient part que par leur présence. À l'époque du triomphe de la féodalité, les échevins établis dans les campagnes disparurent, mais ceux des villes réussirent à se maintenir. Bien plus,

leurs fonctions reçurent une extension considérable, du moins dans beaucoup de localités, où à leurs attributions judiciaires on joignit des attributions purement administratives. Ils parvinrent même, lors de la révolution communale, à réunir entre leurs mains la juridiction municipale, et devinrent les assesseurs du premier magistrat de la cité. Au XVIII° siècle, le mot *Échevin* avait cette dernière signification, mais il n'était guère employé que dans les villes du Nord, tandis que, dans celles du Midi, ces officiers municipaux étaient nommés *Jurats, Capitouls, Syndics, Consuls* ou *Prud'hommes*. Le nombre, le mode d'élection et les attributions des échevins ou des jurats variaient suivant les villes. À Paris, par exemple, il y avait quatre échevins qui étaient élus par l'assemblée du corps de ville et des notables bourgeois convoqués à cet effet le jour de la Saint-Roch; leurs fonctions duraient deux ans, et ils se renouvelaient chaque année par moitié. Ils étaient spécialement chargés de juger, sous la présidence du prévôt des marchands, les contestations survenues entre les payeurs et les rentiers au sujet des rentes constituées, et celles des commerçants pour fait de marchandises arrivées par eau; de taxer les denrées venues par la même voie; de veiller à l'entretien des bords de la rivière, etc. Ils jouissaient de divers privilèges qu'ils tenaient de la bienveillance royale : le principal était d'être anoblis par le fait seul de leur élection.

Pendant la période de la féodalité, les échevins contribuèrent puissamment à affaiblir les seigneurs au profit de l'autorité royale et à maintenir l'ordre dans les finances des villes. Mais, dès que le pouvoir royal fut solidement établi, forts de son appui, les échevins se livrèrent à toutes sortes d'exactions et de dilapidations dans la gestion des finances municipales qui leur étaient confiées.

Louis XIV modifia la constitution des bureaux des villes et l'organisation de l'échevinage sous la fin de son règne : il assimila les échevins aux magistrats de l'ordre judiciaire en leur permettant de transmettre par héritage ou de revendre leurs charges avec l'agrément du roi. Ce fut là une mesure purement fiscale et ne visait en rien à réformer les mœurs de cette magistrature corrompue.

Les échevins ont été supprimés par la Révolution française (Décret du 14 déc. 1789).

ÉCHEVINAGE. s. m. (R. *échevin*). Fonction d'échevin. *Briguer l'é.* || L'exercice même de cette fonction. *Durant son é.* || Ressort dans lequel s'exerçait la juridiction d'un échevin. *L'échevinage de Paris.*

ÉCHEVINAL, ALE. adj. (R. *échevin*). Qui concerne le corps des échevins ou une municipalité.

ÉCHICAOUTCHINE, ÉCHICÉRINE. s. f. [Pr. *é-ki...*]. T. Chim. Principes contenus dans l'écorce de dita. Voy. DITAINE.

ÉCHIDNA (Mythol.), monstre fabuleux, moitié femme et moitié serpent, qui enfanta Cerbère, l'Hydre de Lerne, la Chimère, le Sphinx, le Dragon, la Gorgone et le Lion de Némée.

ÉCHIDNÉ. s. m. [Pr. *é-kid-né*] (gr. ἔχιδνα, vipère). T. Mamm. Genre de *Mammifères* ovipares appartenant à l'ordre des *Monotrèmes*. Voy. ce mot.

ÉCHIDNINE. s. f. [Pr. *é-kid-nine*]. T. Chim. Substance organique qui est le principe venimeux du venin de la vipère.

ÉCHIFFE ou **ÉCHIFFRE.** s. f. (bas-lat. *eschiffa*, maisonnette). Mur dont la partie supérieure est rampante et porte l'extrémité des marches d'un escalier.

ÉCHIGNOLE. s. f. T. Techn. Bobine servant à dévider et à disposer les soies dont se sert le passementier.

ÉCHILLON. s. m. [Pr. les *ll* mouillées]. T. Mar. Nuage noir dont la queue forme une trombe ou un siphon.

ÉCHIM. s. m. [Pr. *é-kim*] (Arabe *hakim*, médecin). Médecin du sérail.

ÉCHIMIN, INE. adj. [Pr. *é-kimin*]. T. Mamm. Qui ressemble ou se rapporte à l'échimys.

ÉCHIMOSE. s. f. Voy. ECCHYMOSE.

ÉCHIMYS ou **ÉCHINOMYS.** s. m. [Pr. *é-ki-miss, é-kino-miss*] (gr. ἐχῖνος, hérisson; μῦς, rat). T. Mamm. Genre de

Mammifères Rongeurs appartenant au groupe des Muridés. Voy. RAT.

ÉCHINE. s. f. (coll. chein, dos). Nom vulgaire donné à la colonne vertébrale, à cause des éminences osseuses qu'elle présente sur toute sa longueur. Se rompre l'é. Il était crotté jusqu'à l'é. — Pop. Longue é., maigre é., Une grande personne fort maigre. || T. Architect. Moulure courbe placée sous le tailloir du chapiteau dorique. Voy. MOULURE.

ÉCHINÉE. s. f. (R. échine). Morceau du dos d'un cochon.

ÉCHINÉEN, ENNE. adj. [Pr. é-kiné-in] (gr. ἐχῖνος, hérisson). T. Zool. Qui ressemble au hérisson. = ÉCHINÉENS. s. m. pl. Famille de Mammifères qui a pour type le Hérisson.

ÉCHINELLE. s. f. [Pr. é-kinèle] (gr. ἐχῖνος, hérisson). T. Bot. Genre d'algues d'eau douce.

ÉCHINER. v. a. (R. échine). Rompre l'échine. Il l'a échiné d'un coup de bâton. Par ext. et fam., Tuer, assommer. Les paysans échinèrent tous les traînards. — E. de coups, Battre outrageusement. Fam. — Popul., Fatiguer excessivement. Ce fardeau m'échine. Ce travail m'a échiné. = s'ÉCHINER. v. pron. Se rompre l'échine. Il s'est échiné pour avoir voulu porter un fardeau trop pesant. || Fig. et fam., S'excéder de fatigue. Vous êtes bien bon de vous é. pour si peu de chose..= ÉCHINÉ, ÉE. part.

ÉCHINIDES. s. m. pl. [Pr. éki-nides] (gr. ἐχῖνς, oursin; εἶδος, aspect). T. Zool. Les É. ou Oursins forment une des classes les plus abondantes de l'embranchement des Échinodermes. Ils ont le corps plus ou moins globuleux, revêtu par un test calcaire qui se compose de plaques polygonales, exactement réunies entre elles. La surface de cette coque est armée d'épines roides, cassantes, de forme extrêmement variable, et portées sur des tubercules arrondis et mobiles au gré de l'animal, qui s'en sert pour se mouvoir, quoique en même temps il emploie au même usage des tentacules rétractiles ou ambulacres qui sont situés entre les épines. Leur bouche, qui occupe le centre de la face inférieure du corps, est en général armée de cinq dents enchâssées dans une charpente calcaire très compliquée et qu'on appelle lanterne d'Aristote. L'intestin est fort long et attaché en spirale aux parois intérieures du test par un mésentère. Un double système vasculaire règne le long de ce canal, et il y a aussi un système aquifère bien développé. Cinq glandes sexuelles, situées autour de l'anus, se déchargent chacune par un orifice particulier. Ces animaux vivent les uns dans le sable du bord de la mer, les autres sur les rochers ou cachés sous les pierres et parmi les algues. Leurs mouvements sont très lents. Ils se nourrissent soit de petits mollusques qu'ils saisissent avec leurs ambulacres, soit de débris de matières organiques. — On donne vulgairement à ces animaux le nom de Hérissons et de Châtaignes de mer.

Les Échinides se partagent en trois ordres principaux : les

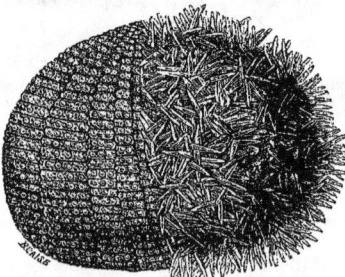

Fig. 1.

Cidarites, les Clypéastroïdes et les Spatangoïdes. — Les Cidarites ou Réguliers sont caractérisés par la forme sphéroïdale de leur test, par la position de la bouche qui est située au milieu de la face inférieure, et par celle de l'anus qui, en général, lui est diamétralement opposée. L'Oursin commun

(Echinus ou Sphœrechinus esculentus) est de la forme et de la grosseur d'une pomme; son corps est tout couvert de piquants courts, rayés et ordinairement violets (Fig. 1. Oursin

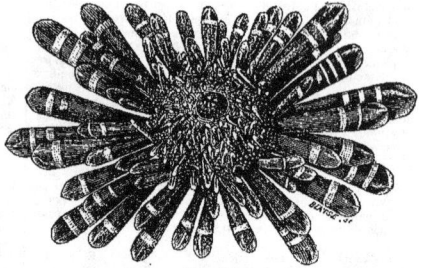

Fig. 2.

commun réduit des deux tiers, et dépouillé de ses épines d'un côté, pour montrer la disposition des tubercules spinifères

Fig 3.

et des plaques du dermato-squelette). Il est très commun sur nos côtes, et, au printemps, on en apporte un grand nombre

Fig. 4.

sur les marchés. On ne mange que les glandes sexuelles qui sont volumineuses, rougeâtres et d'un goût assez agréable. Nous citerons encore l'Oursin mamelonné (Cidaris mam-

millata), à test roussâtre et à épines barrées de blanchâtre qui se trouve dans la mer des Indes et dans la mer Rouge (Fig. 2. *Oursin mamelonné*, réduit et vu par sa face inférieure). — 2° Les *Clypéastroïdes* ont la bouche centrale ou subcentrale ouverte dans une échancrure du test, et pourvue ou dépourvue de dents. Nous nous contenterons de nommer dans cette famille les *Scutelles*, dont le corps est très déprimé, un peu convexe en dessus et un peu concave en dessous, à bord presque tranchant, et couvert d'épines très petites égales et éparses. La *Scutelle sexforée* (*Scutella hexapora*), qui habite l'Amérique, est remarquable par la présence de six trous qui percent le test de part en part, mais sans pénétrer dans sa cavité (Fig. 3. *Scut. sexforée* réduite, vue en dessous, et dépouillée de ses piquants d'un côté. — 3° Les *Spatangoïdes* ont la bouche latérale dépourvue de dents, et ouverte dans une échancrure bilabiée du test. Nous citerons comme exemple de cette famille le *Spatangue pourpré* (*Spatangus purpureus*), appelé vulgairement *Cœur de mer*, à cause de sa forme (Fig. 4. *Spat. pourpré*, de grandeur naturelle; il est dépouillé de ses épines sur l'un de ses côtés). Cette espèce se trouve sur nos côtes de l'Océan, enfoncée dans le sable où elle se nourrit des détritus organiques dont elle est entourée.

Paléont. — Les Échinides apparaissent dès l'époque primaire (silurien) par quelques types mal conservés; ce sont des oursins réguliers, c.-à-d. symétriques par rapport à une ligne verticale qui unirait la bouche à l'anus; ils ont beaucoup de rapport avec certains crinoïdes, les Cystidées, qui seraient la forme ancestrale de tous les Échinodermes (Fig. 5), *Palæchinus elegans*, de l'époque carbonifère). A l'époque du jurassique, une nouvelle forme d'oursin apparaît; les organes se disposent symétriquement par rapport à un plan, l'anus devient excentrique et l'appareil masticateur fait, en général, défaut. Les mers crétacées renfermaient également un grand nombre d'oursins réguliers et irréguliers; leurs tests fossiles sont presque toujours remplis de silex qui a pris la place des organes internes.

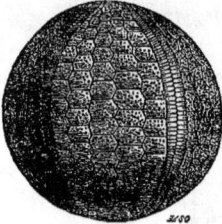

Fig. 5.

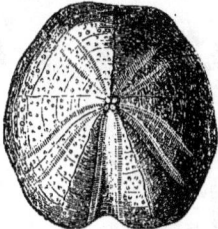

Fig. 6.

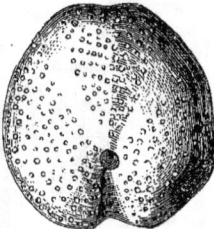

Fig. 7.

Les Fig. 6 et 7 montrent un oursin irrégulier du crétacé inférieur (*Coraster complanatus*) vu en dessus et en dessous. Pendant toute l'époque tertiaire, les Échinides sont toujours représentés par un grand nombre de genres qui se rapprochent de plus en plus des genres actuels, et dont quelques-uns se sont maintenus jusqu'à nos jours.

ÉCHINIPÈDE. adj. 2 g. [Pr. *ékini-pède*] (lat. *echinus*, hérisson; *pes*, *pedis*, pied). T. Zool. Qui a les pattes hérissées de poils raides ou de piquants.

ÉCHINITE. s. m. (gr. ἐχῖνος, oursin). Oursin de mer pétrifié ou fossile.

ÉCHINOCACTE. s. m. [Pr. *é-kino-kak-te*] (gr. ἐχῖνος, hérisson, et fr. *Cactus*). T. Bot. Genre de plantes Dicotylédones

(*Echinocactus*) à tiges épineuses, de la famille des *Cactées*. Voy. ce mot.

ÉCHINOCACTÉES. s. f. pl. [Pr. *é-kino-kakté*] (R. *Échinocacte*). T. Bot. Tribu de végétaux de la famille des *Cactées*. Voy. ce mot.

ÉCHINOCARPE. adj. 2 g. [Pr. *ékino-carpe*] (gr. ἐχῖνος, hérisson; καρπός, fruit). T. Bot. Qui a le fruit hérissé de pointes raides. || Subst. Grand arbre de l'île de Java, de la famille des *Bixacées*.

ÉCHINOCOCCOSE. [Pr. *é-kinokok-koze*] (R. *échinocoque*). T. Méd. vét. Le *Tænia Echinococcus* du chien émet des œufs qui, rejetés avec les excréments du chien, se mélangent aux aliments ou à l'eau de boisson des autres animaux. C'est surtout chez le bœuf que les œufs se développent en embryon, puis ensuite en *Echinococcus polymorphus*; mais les autres animaux : mouton, chèvre, porc, ruminants sauvages, dindon et l'homme, n'en sont pas exempts. — L'échinocoque ou hydatide peut se trouver dans tous les tissus et organes, mais surtout dans le foie et le poumon, où il revêt quatre formes : échinocoque simple, fertile, et contenant des têtes en plus ou moins grand nombre; échinocoque composé d'une vésicule mère, de vésicules filles et de vésicules petites-filles, développées en dehors ou en dedans de la vésicule mère; échinoque acéphalocyste, vésicule sans tête et par suite stérile. Les trois premières formes sont les plus fréquentes; la quatrième, l'échinocoque multiloculaire, à aspect de cancer, est très rare. Ces divers échinoques peuvent atteindre la dimension d'une tête d'homme dans le foie, du poing dans le poumon. Ces deux organes peuvent en être farcis et parvenir à un volume et à un poids incroyables (un foie de bœuf a été trouvé de 19 kilos, alors qu'il n'en pèse normalement que 5. — Les symptômes que fait naître ces tumeurs sont peu caractéristiques et varient nécessairement avec l'organe atteint. — L'échinocoque du foie entraîne de l'amaigrissement, des troubles digestifs. L'échinocoque du poumon entraîne les symptômes de la phtisie. Les animaux, cependant, mangent bien et n'ont pas de fièvre. Au foie, il est possible de constater, outre l'hypertrophie, des tumeurs qui, par percussion, donnent un frémissement spécial. Au poumon, l'auscultation permet quelquefois le diagnostic. La maladie est très longue. On la reconnaît rarement et, quand cela est, le mieux est d'abattre les animaux. La chair des animaux atteints d'échinocoques, si elle est utilisée, doit être cuite profondément et par morceaux ne dépassant guère une livre).

ÉCHINOCOQUE. s. m. [Pr. *é-kinokoke*] (gr. ἐχῖνος, hérisson; κόκκος, grain). T. Zool. Une des formes embryonnaires des vers *Plathyelmintes*. Voy. ce mot et ÉCHINOCOCCOSE.

ÉCHINODERMES. s. m. pl. [Pr. *é-kinoderme*] (gr. ἐχῖνος, hérisson; δέρμα, peau). T. Zool. L'embranchement des É. renferme des animaux marins qui se reconnaissent tout d'abord par la disposition rayonnée de leurs organes et par la présence d'appareils digestif et circulatoire distincts. Presque toutes les espèces que l'on connaît possèdent une charpente solide, qui appartient, pour la plus grande partie, à la peau extérieure, et constitue un véritable dermatosquelette. De plus, un très grand nombre sont revêtues extérieurement d'une multitude de pointes ou épines articulées et mobiles, ce qui les a fait appeler Échinodermes, d'abord par Bruguière, et ensuite par Cuvier à la plupart des zoologistes. L'enveloppe solide de ces animaux est en outre percée d'un grand nombre de petits trous disposés en séries très régulières, au travers desquels passent les tentacules locomoteurs que l'on appelle *ambulacres*. Ces derniers organes sont terminés chacun par un petit disque qui fait l'office de ventouse. La partie de ces tentacules qui reste à l'intérieur du corps est vésiculaire; une liqueur est épanchée dans toute sa cavité, et se porte, au gré de l'animal, dans la partie extérieure qu'elle étend. Des vaisseaux partant de chacun de ces tentacules (*vaisseaux ambulacraires*) se rendent dans des troncs qui répondent à leurs rangées, et qui aboutissent à un canal circulaire situé autour de l'œsophage; de ce canal part un autre vaisseau (*canal du sable*) qui s'ouvre à l'extérieur; l'ensemble de ces vaisseaux porte le nom d'*appareil aquifère*. Un autre système, également propre aux Échinodermes, est annexé au premier et communique avec les espaces interorganiques, c'est l'*appareil plastidogène*.

L'appareil digestif comprend une bouche inerme, ou armée de pièces squelettiques dont l'ensemble forme chez les Oursins un appareil masticateur très puissant (*lanterne d'Aristote*). L'intestin est un long tube flottant dans la cavité générale; il est suspendu aux parois du corps par un mésentère et s'ouvre

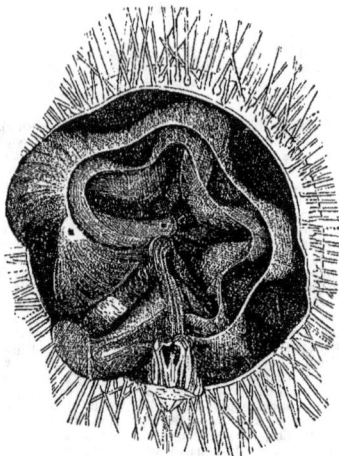

Fig. 1.

grossi, montrant la bouche et l'orifice anal en *b*). Les mers des pays chauds en produisent de plus grandes: telle est

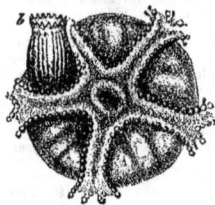

Fig. 3.

l'*Encrine tête de Méduse* (*Pentacr. caput Medusæ*), ap-

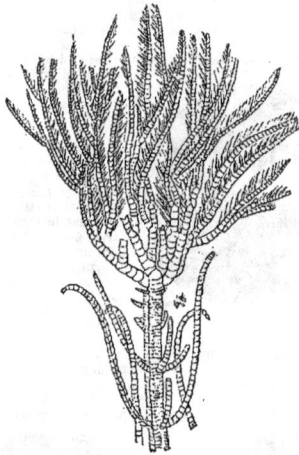

Fig. 4.

en général à l'extérieur par un orifice analogue (Fig 1. Oursin ouvert par la face inférieure pour montrer les deux circonvolutions intestinales; l'œsophage, terminé par la lanterne d'Aristote, a été rejeté en bas).

Le système nerveux se compose essentiellement d'un collier péribuccal duquel partent un certain nombre de branches. En général, les sexes sont séparés chez les Échinodermes, mais ils ne diffèrent par aucun caractère extérieur. Le développement de l'animal se fait au moyen de métamorphoses assez compliquées.

On divise l'embranchement des É. en quatre classes: les *Crinoïdes*, les *Astérides*, les *Echinides* et les *Holothurides*. Ces deux dernières faisant l'objet d'articles spéciaux, nous ne parlerons ici que des Crinoïdes et des Astérides. Pour la paléontologie, se reporter aux différents noms de classes.

1. *Crinoïdes*. — Les *Crinoïdes* ou *Encrines* se distinguent essentiellement des autres Échinodermes en ce qu'elles présentent un pédicule plus ou moins long et ordinairement articulé par lequel elles sont fixées au fond de la mer On nomme *Entroques* les disques dont se compose cette tige (Fig. 5, *a*). La bouche est au centre des rayons et l'anus sur un des côtés.

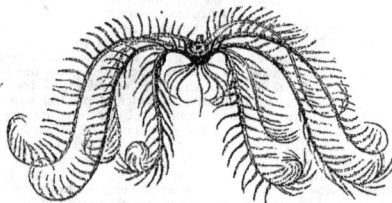

Fig. 2.

Les *C.*, qui ont été très abondantes aux époques géologiques primaires, ne sont plus représentés actuellement que par quelques genres En Europe, nous avons l'*Encrine d'Europe* (*Pentacrinus europæus*), qui s'attache à divers lithophytes, et la *Comatule de la Méditerranée* (*Antedon rosaceus*), qui n'est fixée que pendant le jeune âge (Fig. 2. *Rosaceus* grossi du double; Fig. 3. Le disque ventral de la même plus

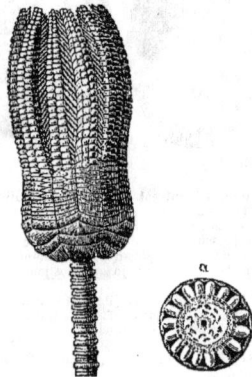

Fig. 5.

palée anciennement *Palmier marin* (Fig 4, de grandeur naturelle), qui se rencontre dans la mer des Antilles. Parmi les nombreuses espèces fossiles que contiennent les formations secondaires et de transition, surtout en Europe, nous mentionnerons seulement le *Lis de mer* du Trias (*Encrinus liliiformis*) [Fig. 5. *a*, un des entroques vu par sa face articulaire]. Cette espèce est remarquable par la multiplicité des pièces qui entrent dans la composition de son squelette et qui, suivant Miller, sont au nombre de plus de 26.000.

Nous représentons (Fig. 6) deux espèces des genres *Apiocrinus* et *Ichthyocrinus* qui appartiennent au terrain silurien.

II. *Astérides*. — Les Astérides sont essentiellement caractérisés par leur forme étoilée, leur corps étant composé d'une partie centrale et de rayons allongés ou bras, le plus sou-

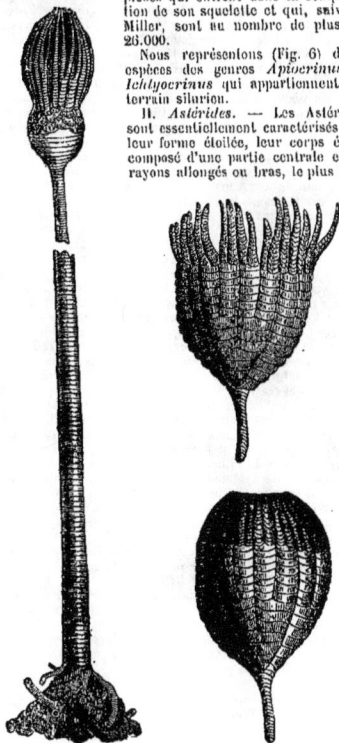

Fig. 6.

vent au nombre de cinq, tantôt entiers, tantôt ramifiés. La bouche est ordinairement au centre. Cette classe se subdivise en deux ordres : les *Stellérides* et les *Ophiurides*. — 1° Les *Stellérides* ou *Étoiles de mer*, comme on les appelle vulgairement, doivent leur dénomination à la forme de leur corps qui est divisé en rayons, généralement au nombre de cinq. Ces animaux ont une charpente solide composée de petites pièces diversement combinées. Chaque rayon représente en dessous un rayon longitudinal aux côtés duquel se trouvent les petits trous qui laissent passer les ambulacres ou tentacules ambulatoires. Le reste de la surface inférieure est muni de petites épines mobiles. Toute la surface est aussi percée de pores qui laissent passer des tubes très petits, lesquels servent peut-être à absorber l'eau et à l'introduire dans la cavité générale pour une sorte de respiration. La bouche qui, dans la plupart des espèces, sert en même temps d'anus, est située au centre de la face inférieure du corps. A l'intérieur, on voit un grand estomac, d'où partent, pour chaque rayon, deux cæcums ramifiés comme des arbres ; les glandes génitales sont disposées par paire dans chaque rayon. Enfin, leur système nerveux consiste en un anneau très fin, qui entoure la bouche et envoie un rameau à chaque bras. Quelques-uns de ces animaux, parvenus à l'âge adulte, se meuvent avec assez de rapidité, soit en nageant, soit en rampant. La force de reproduction de

ces êtres est des plus remarquables : quelques jours, dans la belle saison, leur suffisent pour réparer les membres qu'ils ont perdus. Un seul rayon, avec le centre conservé, peut reproduire les autres. Le type de cet ordre est l'*Astérie com-*

Fig. 7.

mune ou *rougeâtre* [Fig. 7, vue en dessous], qui est excessivement commune sur toutes nos côtes, au point qu'on l'emploie en quelques endroits pour fumer les terres. — 2° Les *Ophiurides* n'ont point en dessous des rayons de sillon longitudinal pour loger les pieds ; généralement ces sillons ne sont pas creux, et l'estomac ne s'y prolonge pas en cæcums. La locomotion se fait principalement par les courbures et le mouvement des rayons. Cet ordre comprend deux familles : les *Ophiures* (*Ophiura*) qui ont les bras simples, et les *Euryales*, qui les ont en général ramifiés. Pour la paléontologie, voir ASTÉRIDES.

ÉCHINODORE. s. m. [Pr. *é-kinodore*] (gr. ἐχῖνος, hérisson ; δόρυ, lance). T. Bot. Genre de plantes Dicotylédones (*Echinodorus*) de la famille des *Alismacées*.

ÉCHINOÏDIEN, IENNE. adj. [Pr. *é-kino-idi-in*] (gr. ἐχῖνος, oursin ; εἶδος, aspect). T. Mamm. Qui a des piquants semblables à ceux des oursins.

ÉCHINOMYIE. s. f. [Pr. *é-kino-mi*] (gr. ἐχῖνος, hérisson ; μυια, mouche). T. Zool. Genre d'insectes de la famille des *Athéricères*.

ÉCHINOMYS. s. m. Voy. ÉCHIMYS.

ÉCHINON. s. m. T. Écon. dom. Boîte dans laquelle on met le caillé destiné à faire du fromage.

ÉCHINOPE. s. m. [Pr. *é-ki...*] (gr. ἐχῖνος, hérisson ; ὤψ, aspect). T. Bot. Genre de plantes Dicotylédones (*Echinops*), à capitules uniflores de la famille des *Composées*. Voy. ce mot.

ÉCHINOPHORE. adj. 2 g. [Pr. *é-kino-fore*] (gr. ἐχῖνος, hérisson ; φορός, qui porte). T. Hist. nat. Qui porte des épines ou des piquants. == ÉCHINOPHORE. s. m. T. Bot. Genre de plantes Dicotylédones (*Echinophora*) de la famille des *Ombellifères*. Voy. ce mot.

ÉCHINOPHORÉES. s. f. pl. [Pr. *é-ki-noforé*] (R. *Échinophore*). T. Bot. Tribu de plantes de la famille des *Ombellifères*. Voy. ce mot.

ÉCHINOPHTALMIE. s. f. [Pr. *é-kinof-talmi*] (gr. ἐχῖνος, hérisson, et *ophtalmie*). T. Path. Inflammation des paupières dans laquelle les cils restent hérissés.

ÉCHINOPHTALMIQUE. adj. 2 g. [Pr. *é-ki...*]. T. Path. Qui a rapport à l'échinophtalmie. *Inflammation é.*

ÉCHINOPS. s. m. Voy. ÉCHINOPE.

ÉCHINORRHYNQUE. s. m. [Pr. *éki-norinke*] (gr. ἐχῖνος, hérisson; ρύγχος, bec). T. Zool. Groupe de *Vers* parasites appartenant à la classe des *Némathelminthes*. Voy. ce mot.

ÉCHINOSPERME. s. m. [Pr. *é-kinosperme*] (gr. ἐχῖνος, hérisson; σπέρμα, graine). T. Bot. Genre de plantes Dicotylédones (*Echinospermum*) de la famille des *Borraginées.*

ÉCHINOSTOME. adj. [Pr. *é-kinostome*] (gr. ἐχῖνος, hérisson; στόμα, bouche). T. Zool. Qui a la bouche hérissée de poils rudes, de dents ou de crochets.

ÉCHINOSTROBUS. s. m. [Pr. *é-kino-stro-bus*] (gr. ἐχῖνος, hérisson; στρόβος, tournoiement). T. Bot. pal. Genre de Conifères fossiles, renfermant quatre espèces que l'on trouve dans

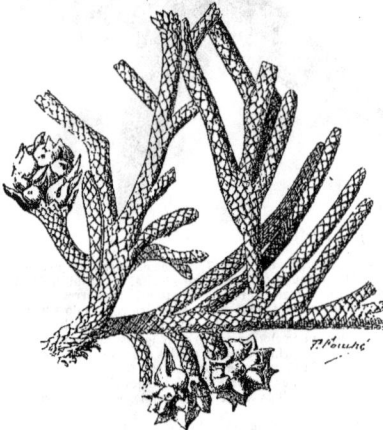

le corallien supérieur et l'oolithe. Par ses strobiles à écailles appendiculées et par sa ramification, ce genre paraît se rattacher aux *Thuia* et aux *Thuiopsis*, et d'un autre côté aux *Arthrotaxis*, par la disposition et la forme de ses feuilles. La Fig. représente l'*Echinostrobus Sternbergii*, d'après un échantillon calcaire lithographique de Solenhofen, de Bavière. (Corallien supérieur).

ÉCHINULÉ, ÉE. adj. [Pr. *é-kinulé*] (lat. *echinus*, hérisson). T. Hist. nat Qui est hérissé de petites épines ou de petits tubercules.

ÉCHINURE. adj. 2 g. [Pr. *é-kinure*] (gr. ἐχῖνος, hérisson; οὐρά, queue). T. Zool. Dont la queue est hérissée d'épines.

ÉCHIQUETÉ, ÉE. adj. [R. *échiquier*]. Divisé en carrés égaux comme les cases d'un échiquier. || T. Blas. Se dit de l'écu, des pièces principales, et même de quelques animaux, comme l'aigle et le lion, quand ils sont composés de pièces carrées alternant entre elles.

ÉCHIQUIER. s. m. [R. *échecs*]. Tableau sur lequel on joue aux échecs, et qui est divisé en plusieurs carrés alternativement blancs et noirs. — Disposition d'objets en carrés égaux et contigus. *Planter des arbres en é.*, Les planter de manière que leur disposition présente plusieurs carrés rangés comme ceux d'un échiquier. *Ordre en é.* Voy. TACTIQUE. || T. Mar. Se dit d'un ordre de marche d'une armée navale, qui consiste à faire courir les vaisseaux de telle sorte que leurs lignes se croisent comme celles d'un é. *Marcher en é.* || T. Pêc. Filet carré soutenu par deux demi-cerceaux qui se croisent au milieu, auquel est attachée une perche et

dont on se sert pour pêcher de petits poissons. || T. Techn. Instrument à l'usage des vitriers pour composer un panneau de vitrail.

Hist. — Jusqu'au XVIe siècle, on a donné en Normandie le nom d'*Échiquier* à une cour souveraine qui y rendait la justice, d'abord au nom des ducs de cette province, puis à celui de nos rois. C'était un parlement ambulatoire, qui se réunissait deux fois par an, pendant trois mois, et qui jugeait en dernier ressort les affaires précédemment soumises aux tribunaux inférieurs. Cette cour existait bien avant la conquête de l'Angleterre par Guillaume le Bâtard, au XIe siècle : c'est donc à tort qu'on en attribue l'institution à Henri II, roi d'Agleterre, à la fin du siècle suivant. Après la réunion de la Normandie à la couronne de France, l'é. continua de subsister. En 1499, sur la demande des États de la province, il fut rendu perpétuel et sédentaire à Rouen. Enfin, en 1515, il reçut le titre de Parlement. L'ancien nom d'é. donné à cette cour vient, selon du Cange, de ce que le pavé de la salle où elle siégeait était formé de carreaux diversement colorés et disposés comme le sont les cases d'un é.

Au XIe siècle, les Normands introduisirent ce terme (*exchequer*) en Angleterre, où il est encore employé pour désigner la *Cour de l'é*. En théorie, la Cour de l'é. est chargée du contrôle de l'administration financière de la Grande-Bretagne; mais, dans la pratique, la trésorerie et l'é. ne contiennent qu'une seule et même administration, placée sous la haute direction de six lords commissaires, dont la réunion constitue le Conseil supérieur des finances, qui statue souverainement en matière de recettes et de dépenses publiques. Deux de ces lords ont le titre, l'un de *Premier lord de la Trésorerie*, l'autre de *Lord chancelier de l'É*. Le premier est toujours le chef du cabinet, et le second en est toujours membre. C'est ce dernier qui est le véritable ministre des finances : il doit siéger à la chambre des Communes, car il est chargé de présenter le budget et d'en soutenir la discussion. Il dirige et surveille la perception des taxes et produits divers; il assure l'exécution du budget des dépenses; il signe les traites de l'é. sur la caisse de l'État pour le paiement des fonds attribués à chaque département; il établit les règlements généraux destinés à assurer la marche des divers services; enfin, il statue sur les questions qui lui sont soumises par les administrations financières, et, dans certains cas, sur les contestations survenues, en matière de taxe, entre les particuliers et l'État. Le chancelier exerce ces différentes fonctions *en conseil des finances*, c.-à-d. assisté des cinq autres lords de la trésorerie. — Les *Billets* ou *Bills de l'é*, sont, comme nos *Bons du Trésor*, des obligations publiques à terme émises par le Trésor public avec l'autorisation du parlement. La première émission en fut faite en 1696, et les billets alors émis furent escomptés par la Banque d'Angleterre. C'est encore par l'escompte de ces billets que la Banque est dans l'usage de faire des avances au gouvernement.

ÉCHIRÉTINE. s. f. [Pr. *éki...*]. T. Chim. Principe contenu dans l'écorce de Dita. Voy. DITAÏNE.

ÉCHITE. s. m. [Pr. *ékite*] (gr. ἔχις, serpent). T. Bot. Genre de plantes Dicotylédones (*Echites*) de la famille des *Apocynées*, renfermant des arbustes et des arbrisseaux à tige sarmenteuse ou volubile. Voy. APOCYNÉES.

ÉCHITÉES. s. m. [Pr. *é-kité*] (R. *échite*). T. Bot. Tribu de plantes de la famille des *Apocynées*. Voy. ce mot.

ÉCHITÉINE. s. f. [Pr. *éki...*] T. Chim. Principe contenu dans l'écorce de Dita. Voy. DITAÏNE.

ÉCHITINE. s. f. [Pr. *éki...*]. T. Chim. Principe contenu dans l'écorce de Dita. Voy. DITAÏNE.

ÉCHIUM. s. m. [Pr. *é-kio-me*] (gr. ἔχις, vipère). T. Bot. Nom scientifique du genre *Vipérine* de la famille des *Borraginées*. Voy. ce mot.

ÉCHIURE. adj. 2 g. [Pr. *é-kiure*] (gr. ἔχις, vipère, οὐρά, queue). T. Zool. Dont la queue est hérissée de piquants. = ÉCHIURE. s. m. Genre de *Vers* appartenant à la classe des *Géphyriens*. Voy. ce mot.

ÉCHMÉE. s. f. [Pr. *ek-mée*]. T. Bot. Genre de plantes Monocotylédones (*Æchma*), de la famille des *Broméliacées*. Voy. ce mot. On cultive fréquemment dans nos serres l'*Æchmea fulgens* et l'*Æ. cœlestis*.

ECHO. s. m. [Pr. *é-ko*] (gr ήχώ, m. s.). Son réfléchi par un corps solide, de sorte que l'oreille l'entend une seconde fois ; ce qui produit cette répétition du son ; lieu où elle se fait. *Entendre un é. Il y a de l'é. ici. L'é. seul répondait à sa voix. Ce rocher fait é. Il y a des échos qui répètent plusieurs fois.* — Fig., se dit d'une personne qui répète ce qu'une autre a dit ; et du lieu où se redisent certaines choses. *Cet homme n'est que l'é. d'un tel. — Se faire l'é. de,* Répéter, propager. || T. Mus. Par anal., se dit de la répétition adoucie ou affaiblie d'une ou plusieurs notes. *Faire un é. sur l'orgue. Chœur en é. Les cors faisaient é.* Voy. Orgue. || T. Peint. *Échos de lumière,* Rappels de lumière à des pièces différentes. || T. Littér. Titre sous lequel on désigne dans les journaux les nouvelles circulant dans une ville.

Mythol. — Parmi les fables de la mythologie grecque, il en est plusieurs qui évidemment ont eu pour objet d'expliquer certains phénomènes physiques dont on ne pouvait se rendre compte : telle est celle de la nymphe *Écho.* — Suivant Ovide, Écho était fille de la Terre et de l'Air, et faisait partie de la suite de Junon. Elle amusait celle-ci par son babil, tandis que Jupiter courtisait les nymphes de la déesse. Mais Junon, s'étant aperçue de cette ruse, punit la coupable Écho en la privant de la parole et la condamnant à ne plus répéter que la dernière syllabe des mots qui frapperaient son oreille.

Phys. — I. *Réflexion du son.* — Les ondes sonores se comportent, sous une foule de rapports, absolument comme les rayons lumineux ou calorifiques. C'est ainsi, par ex., qu'elles se réfléchissent quand elles rencontrent un corps solide quelconque. Cette réflexion a également lieu suivant les

Fig. 1.

mêmes lois, c.-à-d. qu'elle s'accomplit toujours dans une direction telle que l'angle de réflexion soit égal à l'angle d'incidence. C'est ce qu'il est facile de démontrer à l'aide de deux miroirs concaves paraboliques ou sphériques. Soient, par ex. (Fig. 1), les deux miroirs concaves sphériques *rs* et *tu,* distants l'un de l'autre de 4 à 6 mètres, mais disposés de telle façon que leurs axes coïncident. Si l'on suspend une montre au foyer A du miroir *rs,* et qu'ensuite on place l'oreille au foyer B de l'autre miroir, on entendra distinctement le tic-tac de cette montre, car toutes les ondes sonores parties du foyer A seront réfléchies par le miroir *rs* parallèlement à son axe, iront frapper le miroir *tu,* et seront de nouveau réfléchies par ce dernier, mais dans la direction de son foyer B, où elles se concentreront. Si l'on éloigne l'oreille du foyer B, en la plaçant en D, le son cesse d'être perçu, quoique alors on se soit rapproché du foyer A. C'est sur ce principe général de la réflexion des ondes sonores suivant un angle égal à l'angle d'incidence que repose l'explication des échos.

Écho. — Mais bien que l'é. soit un simple effet de la réflexion du son, il ne s'ensuit pas que toute réflexion du son puisse donner lieu à un é. : il faut pour cela que certaines conditions se trouvent réunies. En premier lieu, il est nécessaire que l'oreille soit située dans la ligne de la réflexion ; et pour que la personne qui a émis un son puisse elle-même entendre l'é., il est indispensable que cette ligne soit perpendiculaire à la surface réfléchissante, du moins s'il n'y a qu'une surface réfléchissante ; car, dans le cas où il existe plusieurs surfaces de ce genre, elles peuvent être disposées de telle manière que le son se trouve, par une série de réflexions successives, renvoyé au point d'où il est parti. En second lieu, il faut absolument que la surface réfléchissante soit à une certaine distance de l'oreille. En effet, si le son direct et le son réfléchi se succèdent avec une grande rapidité, ils se confondent en partie, et, au lieu d'un é. distinct, on n'a qu'une *simple résonance.* C'est que l'on observe, par ex., dans une grande salle ou dans une pièce voûtée : la proximité des murs ne permet pas de distinguer les sons réfléchis ; on ne les perçoit que comme un simple retentissement. — Ainsi que nous l'avons vu ailleurs, le son se propage dans l'atmosphère à raison de 340 mètres par seconde. Par conséquent, une personne placée à 170 mètres de la surface réfléchissante entendra l'é. une seconde juste après qu'elle aura émis le son. Dans ce cas, l'é. répétera autant de sons distincts que l'oreille peut en distinguer dans l'espace d'une seconde ; mais le nombre de sons que l'oreille peut distinguer dans ce court intervalle de temps ne dépasse pas 10. Il résulte donc de là que, pour obtenir un é. monosyllabique distinct, il faut que le point d'où part le son et où il doit revenir soit à une distance d'au moins 17 mèt. de la surface réfléchissante. Si la surface réfléchissante est distante de deux fois, trois fois 17 mèt., l'é. sera *bisyllabique, trisyllabique,* et ainsi de suite. Pour qu'il se produise un é., il n'est nullement nécessaire que la surface réfléchissante soit dure et polie ; car on observe souvent à la mer que les nuages forment é., et que les voiles d'un bâtiment éloigné, lorsqu'elles sont bien tendues, forment des échos assez parfaits. On observe en ballon que l'eau d'un lac tranquille est excellente pour former écho.

L'explication des *échos multiples,* c.-à-d. qui répètent plusieurs fois la même syllabe, repose sur les mêmes principes. Un son réfléchi ayant la propriété de se réfléchir de nouveau, deux surfaces réfléchissantes pourront se renvoyer le son, comme deux miroirs opposés se renvoient la lumière. Aussi, c'est entre deux tours, ou entre des murs parallèles et éloignés, que les échos multiples se font entendre. On était autrefois un é. situé près de Verdun, qui répétait 12 ou 13 fois le même mot : il était formé par deux tours voisines. Parmi les échos multiples les plus célèbres, nous mentionnerons encore celui du parc de Woodstock, qui répète 17 syllabes dans le jour et 20 pendant la nuit, et celui du palais Simonetta, près de Milan, qui répète 60 fois le bruit d'un coup de pistolet. C'est l'un des plus curieux qui existent et l'on y produit de fort curieuses combinaisons musicales. Dans l'*Histoire de la société royale de Londres,* par Birch, il est question d'un é. qui répétait trois fois, complètement et distinctement, un air joué par une trompette : cet é. se trouvait à Rosneath, près de Glasgow, en Écosse.

Foyers acoustiques. — Le phénomène des *foyers acoustiques* que présentent certaines salles voûtées, et particulièrement celles dont la voûte offre une courbe elliptique, s'explique, aussi facilement que le phénomène de l'é., par les lois de la réflexion du son. Soit une voûte de ce genre (Fig. 2) ayant deux foyers en A et B. Comme dans une ellipse, tous les rayons menés des foyers au même point de la courbe font des angles égaux avec la

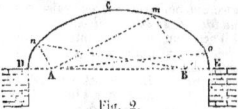

Fig. 2.

courbe ou avec la tangente en ce point, ou avec la normale, tout son formé au foyer A ira, par sa réflexion, sur toute la courbe DnCmE, se concentrer au foyer B. Ainsi, les ondes sonores qui partent de A vont frapper la voûte dans la direction *nB, mB,* etc., se réfléchissent ensuite dans la direction *nB, mB,* etc., et se concentrent au foyer B. Il résulte de là qu'un bruit produit en A sera perçu en B avec la même intensité qu'il avait en A, tellement que si ce bruit est faible, on ne l'entendra pas au milieu de la salle, et cependant on l'entendra toujours en B. Il y a au Conservatoire des Arts et Métiers, à Paris, une grande salle carrée à voûte elliptique qui présente ce phénomène d'une manière remarquable. Deux personnes placées à des angles opposés peuvent converser entre elles, à voix basse, sans que les auditeurs intermédiaires puissent saisir un mot de leur conversation.

II. *Réfraction du son.* — Ce n'est pas seulement au point de vue de la réflexion que les ondes sonores se comportent comme les rayons lumineux et calorifiques : de même que ces derniers, elles donnent encore lieu au phénomène de la *réfraction,* c.-à-d. qu'elles changent de direction quand elles passent d'un milieu dans un autre. C'est ce qu'a démontré un physicien allemand, Sondhauss, à l'aide d'une expérience aussi simple qu'ingénieuse. Avec un anneau de tôle d'environ 33 centim. de diamètre et deux segments sphériques coupés sur un grand ballon de collodion, il construit une espèce de lentille biconvexe et épaisse, au centre, d'environ 12 centim. Il remplit de gaz acide carbonique l'intérieur de cette lentille creuse, puis il suspend une montre ordinaire à quelque distance de la lentille sur la direction de l'axe. Cela fait, on place l'oreille du côté opposé, et l'on observe que le tic-tac de la montre s'entend très distinctement lorsque l'oreille se trouve au foyer de la lentille, tandis qu'il est à peine perceptible lorsqu'on éloigne l'oreille de ce point. Il est donc évident que les ondes sonores qui sont parties de la montre, et qui ont frappé la lentille, convergent au sortir de celle-ci, et viennent se réunir au foyer de l'appareil.

Littér. — On appelle *Vers en écho* une sorte de vers dont la dernière ou bien les deux ou trois dernières syllabes, formant la rime, se répètent de manière à faire un mot qui, ajouté aux paroles précédentes, on achève le sens ou leur sert de réponse. Tels sont ces vers de Joachim du Bellay, où un amant interroge la nymphe Écho qui lui répond :

Qui est l'auteur de ces maux avenus ?
Vénus.
Qu'étais-je avant d'entrer dans ce passage ?
Sage.
Qu'est-ce qu'aimer et se plaindre souvent ?
Vent.

Tels sont encore ces vers d'un vaudeville de Panard, sur Paris :

On y voit des commis
Mis
Comme des princes,
Après être venus
Nus
De leurs provinces.

Ces difficiles puérilités étaient fort en vogue au XVIᵉ siècle, sous François 1ᵉʳ et sous Henri II ; aujourd'hui elles sont à peu près tombées dans l'oubli.

ÉCHOIR. v. n. (R. *choir*). Être dévolu par le sort ou arriver par cas fortuit. *Cela lui est échu en partage. Il lui est échu une succession du chef de sa femme.* || Se dit aussi du temps préfix auquel on doit faire certaines choses, et des choses mêmes qui doivent se faire à un temps préfix. *Le premier terme échoit à la Saint-Martin. Le premier paiement doit é. le vingt du mois prochain. Votre lettre de change est échue.* || T. Prat. anc. Se disait, mais avec la forme impersonnelle, des peines imposées à ceux qui contrevenaient aux lois. *A cela il y échoit amende. Il n'y échoit aucune peine afflictive.* || En parl. des personnes, s'emploie quelquefois avec les adverbes *bien* et *mal*, et sign. alors, Faire une bonne ou une mauvaise rencontre. *Vous ne sauriez que bien é. Je suis mal échu.* Fam. et Vx. || Le cas échéant, Si l'occasion s'en présente. *Il jura de le venger le cas échéant.* = ÉCHU, UE. part. *Il n'a pas encore payé le terme échu.*

Conjug. — *Echoir* est un verbe défectif et irrégulier qui ne s'emploie guère qu'à l'infinitif, au participe, aux temps et aux personnes suivantes de l'indicatif et du subjonctif. *J'échois, tu échois, il échoit* ou *il échet. J'échéais, il échéait. J'échus*, etc. *J'écherrai*, etc. *J'écherrais*, etc. *Que j'échusse*, etc. *Échéant.*

ÉCHOISELER. v. a. T. Agric. Labourer pendant l'hiver en parlant des vignes. = ÉCHOISELÉ, ÉE. part.

ÉCHOLALIE. s. f. [Pr. *ékol-ali*] (du gr. ἠχώ, écho ; λαλεῖν, parler). T. Phys. Phénomène observé chez certains individus dont le système nerveux est déséquilibré, et qui consiste dans la répétition immédiate, involontaire, des derniers mots d'une phrase prononcée devant eux.

ÉCHOME. s. m. T. Mar. Cheville de bois ou de fer qui sert à tenir les rames.

ÉCHOMÈTRE. s. m. [Pr. *é-kô-mètre*] (gr. ἠχός, son ; μέτρον, mesure). T. Phys. Règle divisée servant à mesurer les rapports des sons.

ÉCHOMÉTRIE. s. f. [Pr. *é-kô-métri*] (R. *échomètre*). T. Archit. Art de calculer, de combiner la réflexion des sons.

|| T. Phys. Art de mesurer les rapports des sons avec l'échomètre.

ÉCHOMÉTRIQUE. adj. [Pr. *é-ko-métrique*] (R. *échométrie*). Qui a rapport à l'échométrie.

ÉCHONELER. v. a. T. Agric. Rassembler l'avoine après qu'elle a été coupée.

ÉCHOPPAGE. s. m. [Pr. *écho-paje*] (R. *échopper*). Action d'échopper.

ÉCHOPPE. s. f. (orig. germ. : angl. *shop;* all. *shoppen,* boutique). Petite boutique ordinairement en appentis et adossée contre une muraille. *Autrefois l'église était entourée d'échoppes.* || T. Féod. *Droit d'é.*, Droit que les seigneurs percevaient sur les marchands qui, les jours de foire, installaient des échoppes dans les rues.

ÉCHOPPE. s. f. (lat. *scalpellum*, dimin. de *scalprum*, ciseau, burin). Sorte de burin à pointe plate et tranchante dont se servent les graveurs, les orfèvres, les ciseleurs, etc.

ÉCHOPPER. v. a. [Pr. *écho-per*] (R. *échoppe*). Travailler avec l'échoppe. = ÉCHOPPÉ, ÉE. part.

ÉCHOPPIER, IÈRE. s. [Pr. *écho-pié*] (R. *échoppe*). Personne établie dans une échoppe.

ÉCHOTIER. s. m. [Pr. *é-ko-tié*] (R. *écho*). Rédacteur chargé des échos dans un journal.

ÉCHOUAGE. s. m. (R. *échouer*). T. Mar. Situation d'un navire qui, n'ayant pas assez d'eau pour flotter, porte sur le fond. || *Lieu d'é.*, Lieu où un navire peut être échoué sans danger, comme une plage unie, un fond de sable.

ÉCHOUEMENT. s. m. [Pr. *échou-man*] (R. *échouer*). Action d'échouer un bâtiment. *E. volontaire.* || Accident arrivé au navire qui frappe sur un bas-fond quelconque et y demeure plus ou moins engagé. *E. forcé. E. avec bris.* = Au fig., Insuccès, échec.

ÉCHOUER. v. n. (origine inconnue. Diez indique le latin *cautes*, écueil, d'autres *scopulus*, rocher. Toubin propose la préf. *c*, hors de, et le rad. sanscrit *ka*, eau, lat. *aqua*). T. Mar. Se dit d'un bâtiment qui est conduit volontairement ou poussé par les courants, les vents, etc., dans un endroit de la mer où il n'a plus assez d'eau pour flotter, de sorte qu'il reste plus ou moins engagé dans le sable, sur un écueil, etc. *Le navire échoua sur un fond de vase.* — Par anal., *Nous échouâmes contre des rochers. Une baleine a échoué à la côte, sur la côte.* || Fig., Ne pas réussir dans ce qu'on entreprend. *N'entreprenez pas cette affaire, vous y échouerez. Cette tentative échoua complètement. Ses desseins échouèrent.* = ÉCHOUER. v. a. Faire échouer. *Il fallut é. le vaisseau. Le pilote nous échoua par maladresse.* = s'ÉCHOUER. v. pron. Se faire échouer. *Le capitaine aima mieux s'é. que de se laisser prendre.* = ÉCHOUÉ, ÉE. part. *Un navire échoué. On trouva une baleine échouée à la côte. C'est un projet échoué.* = Conj. Voy. JOUER.

ÉCHOUX. s. m. (R. *échouer*). Endroit d'une côte où les bateaux peuvent s'échouer.

ÉCIJA. v. d'Espagne, prov. de Séville ; 30,000 hab. Sur le Génil, affluent du Guadalquivir.

ÉCIMABLE. adj. (R. *écimer*). Arbre ou plante qui peut être écimé.

ÉCIMAGE. s. m. (R. *écimer*). T. Agric. Action d'écimer les arbres, d'écimer un champ.

ÉCIMER. v. a. (R. *cime*). Enlever la cime d'un arbre ou d'une plante. Syn. d'*Éteter.* || *E. un champ*, En retourner une partie. = s'ÉCIMER. v. pron. *Tous les arbres ne s'éciment pas.* = ÉCIMÉ, ÉE. part. || T. Blas. Se dit adjectiv. d'un chevron dont on a coupé la pointe.

ECKLONIE. s. f. (R. *Eckton*, nom d'un botaniste anglais). T. Bot. Genre d'*Algues* (*Ecklonia*) de la famille des *Phéosporées*. Voy. ce mot.

ECKMÜHL, village d'Allemagne (Bavière), célèbre par une victoire de Napoléon et de Davoust sur les Autrichiens (1809). Davoust fut fait prince d'Eckmühl.

ECKSTEIN (Baron d'), érudit et publiciste d'origine danoise (1790-1861).

ÉCLABOUSSEMENT. s. m. (R. *éclabousser*). Action d'éclabousser.

ÉCLABOUSSER. v. a. (L'anc. forme est *esclaboter* qui paraît la même qu'*esclafer;* mais à mesure que le mot s'est éloigné de son origine, le vulgaire n'y a plus vu qu'un composé d'*éclat* et de *boue*). Faire rejaillir de la boue sur quelqu'un. *Une voiture a éclaboussé mon manteau, m'a tout éclaboussé.* — Fig. Traiter avec dédain. *Ce monsieur veut é. tout le monde.* = s'ÉCLABOUSSER. v. pron. Faire jaillir sur soi de la boue, ou quelque autre liquide.=ÉCLABOUSSÉ, ÉE. part.

ÉCLABOUSSURE. s. f. (R. *éclabousser*). Boue qui a rejailli sur quelqu'un ou sur quelque chose. *Il y a une é. à votre habit. Il était couvert d'éclaboussures.* — Par ext. Fragment de matière solide qui se détache et vole en éclats. — Fig. Fait secondaire qui résulte d'un fait principal.

ÉCLADOUÈRE. s. f. T. Chas. Sorte de filet d'oiseleur.

ÉCLAIR. s. m. (lat. *clarus*, brillant). Éclat de lumière vif et instantané qui se produit par la décharge de l'électricité atmosphérique. *Il fait des éclairs. Les éclairs brillent. On ne voyait qu'à la lueur des éclairs. Éclairs de chaleur.* Voy. FOUDRE. || Fig., se dit d'une chose qui passe rapidement, qui ne fait que paraître et disparaître. *Sa prospérité ne fut qu'un é. Il y a dans cet ouvrage quelques éclairs de génie.* || Fig. et poétiq., *Les éclairs de ses yeux,* L'éclat de ses yeux, la vivacité de son regard. || *Comme l'é.,* Avec une extrême rapidité. *Prompt comme l'é.* || T. Chim. Lumière étincelante et mobile qui paraît à la surface du bouton d'or ou d'argent qui reste sur la coupelle, au moment où l'opération de l'affinage est terminée. Voy. ESSAI. || T. Pâtiss. Espèce de gâteau. || T. Pêche. Éclat lumineux qui se montre sur la mer au moment du passage d'une troupe de harengs.

Mét. — L'*éclair* est la manifestation visible des décharges de l'électricité atmosphérique, de la foudre, dont le tonnerre

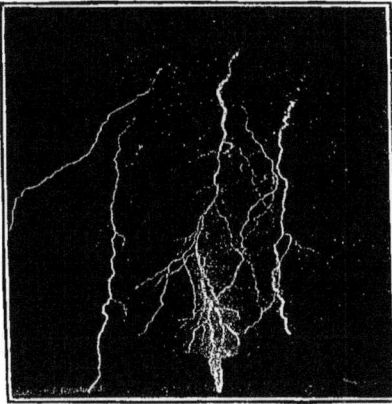

est le bruit. Cette décharge électrique, dont nous avons des diminutifs dans les étincelles de nos appareils de laboratoire, franchit instantanément, ou du moins avec une vitesse très grande, des distances considérables, qui atteignent parfois plusieurs kilomètres. Elles n'ont point la forme des zigzags classiques de la foudre de Jupiter, et ne suivent pas non plus le plus court chemin, la ligne droite. La distribution variable de l'humidité dans l'atmosphère, qui en fait varier la conductibilité, donne au parcours de l'é. les formes en apparence

les plus capricieuses. Ces formes si curieuses sont aujourd'hui saisies, fixées, par la photographie. Parmi les meilleures photographies que nous ayons sous les yeux, nous offrons ici aux lecteurs du *Dictionnaire encyclopédique* un cliché pris à Paris pendant l'orage très intense du 30 avril 1889, par M. Maurice Petit. On admire sur cette figure (reproduite sans aucune retouche) trois immenses éclairs avec de très nombreuses branches et bifurcations secondaires. La plaque est restée exposée une minute devant l'orage, qui a enregistré là une manifestation véritablement grandiose. Plusieurs éclairs qui se sont succédé rapidement, se sont inscrits sur cette plaque. Ce spectacle n'est-il pas un véritable poème?

La durée des éclairs paraît varier entre un millième et un centième de seconde.

ÉCLAIRAGE. s. m. (R. *éclairer*). Action d'éclairer : habituellement une ville, une salle de spectacle, un établissement quelconque; le résultat de cette action. *L'é. de cette ville coûte tant par jour. L'é. au gaz a supplanté l'é. à l'huile. L'entreprise de l'é.* || *Gaz d'é.,* Carbure d'hydrogène employé aujourd'hui pour l'é. des villes. Voy. GAZ.

Techn. — On sait que l'oxygène de l'air atmosphérique a la propriété de se combiner avec la plupart des corps simples pour former avec eux différents composés nouveaux. Cette combinaison, ou *combustion,* comme on l'appelle, se fait toujours avec dégagement de chaleur, rarement avec chaleur et lumière : ce dernier cas est le seul dont nous avons à nous occuper ici. Les corps qui donnent lieu à ce phénomène et qui peuvent être appliqués à l'é. sont assez peu nombreux, car ils doivent satisfaire à trois conditions essentielles : 1° ils doivent brûler dans l'air, et la chaleur dégagée dans cette combustion doit être suffisante pour l'entretenir; 2° ils doivent être très répandus dans la nature, et par suite à bas prix; 3° leur combustion ne doit donner aucun produit qui puisse nuire à l'économie animale. Certains carbures d'hydrogène sont les seuls corps qui satisfassent à toutes ces conditions : ils existent d'ailleurs dans toutes les substances solides, liquides ou gazeuses employées pour l'é. Plus ces matières sont riches en carbure d'hydrogène, plus leur pouvoir éclairant est considérable. Il faut remarquer à ce sujet que lorsqu'un gaz brûle sans donner lieu à aucun dépôt de matière solide, la lumière qu'il développe est peu considérable, malgré la très haute température qui se produit alors. La présence d'une matière solide dans la flamme est donc une condition indispensable au développement de celle-ci. On peut s'assurer de ce fait en plaçant dans la flamme un fil métallique qui y devient instantanément incandescent. Si le gaz dépose quelque substance solide, un effet analogue se produit et la lumière devient beaucoup plus intense. Ainsi, par ex., le gaz hydrogène, qui dégage en brûlant une température beaucoup plus élevée qu'aucun autre gaz, ne donne qu'une lumière extrêmement faible, à cause de son peu de densité, tandis que l'hydrogène bicarboné développe une lumière brillante, parce qu'une partie du carbone qu'il contient se dépose par l'élévation de la température, et produit un effet analogue au fil métallique.

Les matières employées à l'é. sont *solides, liquides* ou *gazeuses.* Nous ne parlerons pas de l'éclairage par le gaz extrait de la houille, ce gaz servant à d'autres usages que l'é., et son importance industrielle exigeant un article spécial. Voy. GAZ. — Nous ne dirons rien non plus de l'É. *électrique,* la question se rattachant intimement aux effets lumineux produits par l'électricité, qui doivent être étudiés dans leur ensemble et feront l'objet d'un article spécial. Voy. LUMIÈRE ÉLECTRIQUE.

I. *Éclairage avec les matières solides.* — Si l'on excepte les branches d'arbres résineux en usage chez les peuplades complètement étrangères aux arts de la civilisation, les diverses matières solides employées à l'é. proviennent presque exclusivement du règne animal : ce sont les graisses des herbivores, la cire des abeilles, le blanc de baleine et les acides gras : stéarique et margarique. C'est sous forme de chandelle ou de bougie que nous nous servons de ces substances pour nous éclairer. Comme il a déjà été question de la fabrication de la chandelle et des différentes espèces de bougies (Voy. BOUGIE, CHANDELLE), nous n'avons à considérer que la manière dont la combustion s'y effectue. Lorsque la mèche est allumée, il rayonnement de la flamme fait fondre la couche supérieure de la matière solide; le liquide résultant de cette fusion, et qui baigne constamment la mèche, s'élève dans les interstices capillaires de celle-ci au fur et à mesure des progrès de la combustion. Arrivée dans la région de la flamme où règne une haute température, la matière fondue se décompose en donnant naissance à un carbure d'hydrogène dont la combustion entretient incessamment la flamme. Quant à la mèche, quoiqu'elle soit elle-

306

même formée par une substance très combustible, elle ne peut pas brûler, attendu qu'elle se trouve dans la région intérieure et obscure de la flamme où il n'y a pas d'oxygène. Voy. FLAMME. Dans sa partie inférieure, là où elle est toujours humectée par le liquide ascendant, la mèche ne se décompose même pas, tandis qu'au-dessus elle se charbonne, parce que le liquide n'y arrive plus en quantité suffisante pour l'empêcher de s'échauffer. Mais le niveau de la matière en fusion baissant à mesure que la combustion marche, il arrive un moment où la partie supérieure de la mèche s'élève au-dessus de l'espace obscur, entre dans la région lumineuse où s'opère la combustion du gaz hydrogène par l'oxygène de l'air ambiant, et s'y incinère. Or, cette portion de la mèche, ne recevant plus de matière grasse fondue, constitue un corps inerte qui enlève beaucoup de chaleur et gêne la combustion régulière. Alors la température s'abaisse, une portion du charbon cesse de brûler, la flamme devient très fumeuse, son pouvoir éclairant diminue; et il se dégage une odeur très désagréable due aux gaz qui ne brûlent plus qu'imparfaitement. Il faut donc rendre à la mèche son premier état, ou en d'autres termes, la moucher. Cet inconvénient, ainsi que nous l'avons dit, a été supprimé dans les bougies par l'emploi des mèches tressées qui se recourbent et se brûlent alors dans la partie lumineuse de la flamme; mais il subsiste toujours pour la chandelle. L'invention des bougies stéariques et des mèches tressées a porté l'é. par les matières solides à un tel point de perfection qu'il paraît impossible d'aller au delà : malgré cela, ce mode d'é. est bien inférieur aux procédés dont nous avons encore à parler.

II. *Éclairage par les matières liquides.* — Les matières liquides les plus anciennement employées sont extraites des fruits oléagineux et des graines de même nature; mais, depuis le milieu du XIXᵉ siècle, on fait aussi usage de différents hydrocarbures tirés de substances minérales d'origine organique. De là deux sortes de matières éclairantes liquides, les *huiles* et les *hydrocarbures*.

A. *Éclairage par les huiles.* — Les huiles dont on fait surtout usage pour l'é. sont celles de colza, d'œillette, de navette et d'olive, c.-à-d. des huiles grasses peu siccatives. Les huiles essentielles et les huiles siccatives sont peu employées : les premières à cause de l'odeur désagréable qu'elles exhalent et de la fumée qu'elles dégagent en brûlant; les secondes à cause de leur durcissement à l'air. Les huiles d'olive (on ne destine à l'é. que celles de qualité très inférieure) peuvent s'employer telles quelles; mais celles que fournissent les graines oléagineuses ont généralement besoin d'être débarrassées de quelques matières étrangères qu'elles tiennent en suspension. Cette purification s'opère au moyen de l'acide sulfurique concentré. On verse dans l'huile 2 p. 100 en poids d'acide sulfurique à 66° de l'aréomètre de Baumé; on brasse le mélange, puis on ajoute deux fois son volume d'eau. L'eau entraîne toutes les matières étrangères qui se déposent au fond du vase, et sont ensuite séparées par filtration à une température d'environ 40°.

Le mode de combustion de l'huile est absolument le même que celui des matières solides; mais les huiles, par cela seul qu'elles sont liquides, offrent l'avantage de se prêter à des combinaisons d'appareils très variés. Tous les instruments dont on se sert pour l'é. à l'huile, et qu'on désigne généralement sous le nom de *Lampes*, se composent d'un réservoir pour l'huile et d'un appareil où se fait la combustion. Les lampes où l'appareil de combustion consiste en une simple mèche faite de filaments textiles, qui plonge dans le liquide, présentent un défaut capital. Comme l'air atmosphérique n'a accès que sur le contour de la flamme, on ne peut donner à celle-ci de grandes dimensions, et par conséquent on n'obtient qu'une lumière peu intense. En outre, comme la combustion du charbon est incomplète, la lumière offre toujours une teinte rougeâtre, et il s'opère un dégagement de fumée plus ou moins considérable. Telles étaient les lampes des anciens, et telles sont encore la plupart des lampes usitées dans nos campagnes. Le premier perfectionnement de ce mode d'é., datant du XVᵉ siècle, a été l'emploi de cheminées de verre ajustées au-dessus de l'appareil de combustion, afin d'augmenter l'afflux de l'air, de régulariser le tirage et d'obtenir une flamme plus égale et de plus grandes dimensions. Mais cette amélioration était insuffisante, car elle n'obviait qu'à une faible partie des inconvénients du système de l'antiquité. Enfin, vers la fin du siècle dernier, en 1783, Argand imagina son bec à *double courant*. Ce qui caractérise essentiellement cet appareil, c'est l'emploi d'une mèche circulaire, tressée en coton, et maintenue au moyen d'un anneau sur un cylindre métallique qui communique infé-

rieurement avec le réservoir d'huile. Il résulte de cette disposition que la flamme elle-même est annulaire, et que l'air a accès autour d'elle, à l'intérieur comme à l'extérieur On peut de cette façon obtenir des flammes aussi larges que l'on veut. De plus, on active à volonté le courant d'air au moyen d'une cheminée de verre. Alors la combustion est complète, et la flamme présente une intensité et une pureté incomparablement supérieures à la lumière fournie par les appareils usités avant l'invention d'Argand. La forme de la cheminée et sa disposition relativement à la flamme exercent une influence considérable sur l'intensité et la longueur de celle-ci. Dans toutes les lampes qui se font aujourd'hui, on peut élever et abaisser à volonté la mèche et la cheminée indépendamment l'une de l'autre. Il est alors facile de les amener dans la position où la flamme a le plus d'éclat et où la combustion est complète. Si le tirage est trop fort, la flamme est très éclatante, mais elle n'acquiert pas des dimensions assez grandes, parce que la combustion s'opère dans un trop petit espace. Si, au contraire, le tirage est trop faible, la flamme prend un grand développement, parce que les gaz combustibles s'élèvent très haut avant de rencontrer la quantité d'oxygène nécessaire à leur combustion complète; mais elle est peu brillante et dégage de la fumée: on dit alors que la lampe file. Le cylindre de verre qui forme la cheminée des lampes actuellement en usage, se composant de deux parties de diamètre différent, dont l'inférieure est la plus large, on doit amener à la hauteur de la flamme l'endroit où se trouve le rétrécissement ou, pour mieux dire, le raccordement des deux parties de la cheminée. Cette disposition a pour effet de rejeter sur la flamme le courant d'air extérieur, ce qui rend la combustion plus complète et plus active. On obtient le même résultat, avec plus d'avantage encore, en donnant à la cheminée un diamètre à peu près égal dans toute sa longueur, et en y pratiquant un étranglement qu'on amène au niveau de la flamme. Le grand diamètre donné à la cheminée détermine un tirage très actif, et l'étranglement amène vers la flamme un courant d'air très rapide et très chaud; mais ces sortes de verres ne s'emploient guère que pour activer la combustion de certaines huiles minérales, le pétrole en particulier. Tout le monde sait que dès que la mèche d'une lampe cesse d'être convenablement imbibée d'huile, elle se charbonne, donne une clarté rougeâtre et produit de la fumée. Il importe donc que l'imbibition de la mèche s'opère d'une manière déterminée et régulière, lors même que la quantité du liquide contenu dans le réservoir diminue par l'effet de la combustion. Ainsi ceci est un problème de mécanique que l'on peut résoudre et qui a été résolu en effet de différentes manières. Nous en parlerons au mot LAMPE.

B. *Éclairage par les hydrocarbures.* — Depuis un certain nombre d'années, divers industriels font des essais persévérants pour substituer aux huiles des liquides composés, comme les dernières, d'hydrogène et de carbone, mais en proportions différentes. Ces liquides sont : l'essence de térébenthine, les huiles de naphte, le pétrole, les huiles essentielles extraites des schistes, les goudrons de houille, les résines, etc. Plusieurs de ces produits peuvent en effet s'obtenir à beaucoup plus bas prix que les huiles généralement usitées; mais, comme le dit très bien Gibon, cela ne suffit pas : il faut encore pouvoir les appliquer à l'é. sans incommodité pour les consommateurs. Or, il est impossible de brûler ces liquides dans les appareils employés pour l'é. à l'huile, parce qu'étant beaucoup plus carburés que celle-ci, ils laissent déposer trop de carbone. En conséquence, leur flamme est très fuligineuse, peu éclairante, et répand une odeur fort désagréable. Pour obvier à ces inconvénients, on a employé deux procédés différents.

Le premier consiste à mélanger ces huiles et ces essences trop carburées avec d'autres liquides pauvres en carbone, de manière à contre-balancer l'excès de l'un par le défaut de l'autre. Les liquides que l'on peut employer dans ce but sont : l'alcool, l'esprit de bois et l'éther. La fantaisie des fabricants a baptisé ces mélanges des noms de *Gaz liquide*, d'*Hydrogène liquide*, de *Gazogène*, etc. L'appareil de combustion de ces carbures d'hydrogène se compose simplement d'un réservoir dans lequel plonge une mèche de coton pleine, non tressée. Quand la lampe doit servir simplement de bougie, la mèche est assez mince, et son bout supérieur apparaît au-dessus du réservoir; mais lorsqu'on veut obtenir une grande clarté, on fait usage d'une mèche plus épaisse, et on la loge dans un tube de laiton peu épais qui s'adapte et se fixe sur le réservoir en le dépassant toutefois d'une certaine hauteur. La partie supérieure de ce tube est fermée par un disque percé de très petits trous pour laisser dégager la vapeur du liquide.

L'appareil ainsi garni, il s'agit de l'allumer; mais ceci ne se peut faire qu'en déterminant la vaporisation du liquide. A cet effet, on entoure la partie supérieure du tube qui renferme la mèche avec un anneau muni d'un fil métallique préalablement trempé dans l'esprit-de-vin. On enflamme l'alcool dont le fil est chargé : la chaleur qui se produit aussitôt vaporise le liquide que la mèche a aspiré, et cette vapeur s'échappant par les orifices du disque dont nous avons parlé, vient s'allumer à la flamme de l'anneau. Cela fait, la chaleur développée par les petits jets de vapeur enflammée du disque continuent incessamment à vaporiser le liquide carburé, à mesure qu'il arrive par capillarité au bout supérieur de la mèche. Une cheminée de verre s'ajuste au-dessus du bec de l'appareil, dans le double but de redresser les jets de flamme et d'activer le tirage pour rendre la combustion plus complète. Lorsque les mélanges liquides sont préparés dans les conditions voulues et lorsque les appareils sont bien construits, ce mode d'é. donne une lumière très blanche, sans fuliginosité et sans point d'odeur. Mais, pour ne pas parler des inconvénients reprochés d'abord à ce mode d'é., attendu que la plupart ont disparu par suite des perfectionnements apportés aux appareils, il est évident que la fabrication d'un hydrocarbure alcoolisé ne se trouve pas dans de bonnes conditions économiques. Tout le monde sait que des droits élevés pèsent sur l'alcool : or, il faudrait, pour permettre à cette industrie de se développer, non pas diminuer, mais supprimer complètement ces droits. C'est pour tourner la question fiscale que certains fabricants ont eu l'idée de substituer l'éther à l'alcool dans la préparation du mélange éclairant.

Il y a d'ailleurs dans ce procédé quelque chose d'antiscientifique; car, en définitive, il consiste à augmenter la dépense afin de diminuer l'intensité de la lumière. Il est donc beaucoup plus rationnel de renoncer à ces mélanges hétérogènes et de brûler complètement tout le carbone des hydrocarbures, en profitant ainsi de toute la puissance éclairante qu'ils possèdent. Mais cela ne se peut faire qu'en faisant arriver sur la flamme une quantité d'air considérable, et la question se résout à la construction d'un appareil de combustion propre à remplir cet objet.

Il s'agit de brûler les hydrocarbures liquides, sans mélange et sans gazéification préalable, comme on brûle l'huile. Selligue est le premier qui s'est occupé de la solution de ce problème. Dans son système, l'hydrocarbure monte par capillarité dans une mèche d'amiante, absolument comme l'huile dans les lampes ordinaires : un double courant d'air et un disque métallique interposé au milieu de la flamme multiplient suffisamment les contacts de l'oxygène de l'air avec la vapeur combustible pour permettre à tout le carbone de se brûler. Après Selligue, Ménage apporta quelques perfectionnements à cet appareil. Conservant le disque métallique interposé au milieu de la flamme, il supprima la mèche, qui avait l'inconvénient de s'encrasser très rapidement lorsque les hydrocarbures n'étaient pas suffisamment épurés. Ménage adapta également à ses lampes une cheminée de verre renflée à la hauteur de la flamme, de manière à faire arriver à l'extrémité de celle-ci un excès d'air qui la fait brûler avec un éclat éblouissant. Depuis lors, un grand nombre de perfectionnements ont été apportés à l'é. par les hydrocarbures, tant sous le rapport de la construction des appareils que sous le rapport de la fabrication du liquide combustible, mais nous sommes obligés de nous arrêter.

Parmi les hydrocarbures qu'on a essayé d'appliquer à l'é., celui qui s'extrait des schistes bitumineux, et qu'on désigne communément sous le nom d'*Huile de schiste*, a d'abord été le plus employé. Les schistes qui le fournissent se rencontrent en abondance dans certains terrains, principalement aux environs d'Autun. Les procédés de distillation sont à peu près les mêmes que ceux qui sont employés pour la houille. On charge le minerai concassé dans de grandes cornues présentant la plus grande surface de chauffe possible; la distillation dure de 12 à 18 heures, et les hydrocarbures en vapeur viennent se condenser dans des appareils réfrigérants qui font suite aux appareils distillatoires. Après cela, on soumet le liquide obtenu à des rectifications successives qui donnent des essences plus ou moins volatiles propres à l'é., et des goudrons plus ou moins consistants qu'on applique à divers usages, comme au graissage des roues des voitures, à la fabrication de l'asphalte pour les trottoirs, etc.

Le pétrole a de nos jours remplacé presque partout les huiles végétales et l'huile de schiste. Son bas prix en a rendu l'emploi extrêmement populaire. On connaît le pétrole, sorte de bitume liquide, depuis la plus haute antiquité. C'est vers 1830 qu'on songea sérieusement à faire usage de cette

huile minérale (voy. PÉTROLE) pour l'é. Par suite de la défectuosité des appareils destinés à obtenir sa combustion, et aussi de son extrême volatilité, occasionnant de nombreux et terribles accidents, il se produisit une sorte de réaction qui, pendant de longues années, empêcha le pétrole de jouir de la vogue qu'il méritait.

Aujourd'hui, cette prévention a disparu et il est bien peu de ménages où l'usage du pétrole ne soit exclusivement admis. Du reste, l'industrie est arrivée à un tel degré de perfectionnement dans la fabrication des lampes spécialement employées avec cette huile minérale, qu'on obtient un é. d'une très grande intensité tout en ne constituant qu'une somme insignifiante comme dépense; cet é. est à la portée de tous. L'ascension du pétrole dans la mèche ne s'opérant que par capillarité, on donne aux lampes une forme particulière; le réservoir renfermant l'huile minérale est toujours à une très faible distance de l'extrémité de la mèche où se produit l'ignition. S'il en était autrement, la combustion, et, par suite, l'intensité de l'é., laisserait beaucoup à désirer. Avec une lampe bien construite, ce qui arrive à l'heure actuelle dans la généralité des cas, et un pétrole bien rectifié, on obtient une intensité lumineuse de beaucoup supérieure à celle que donnerait une lampe à huile de consommation identique et dont le bec aurait la même dimension.

On emploie aussi un produit de la distillation du pétrole connu sous le nom d'*Essence de pétrole*; ce liquide, d'une odeur moins désagréable que le pétrole, est beaucoup plus volatil et beaucoup plus inflammable. Aussi, son emploi n'est-il pas sans offrir quelques dangers. On n'est pas parvenu à le brûler d'une manière pratique et exempte de dangers dans des lampes de quelque dimension. Il ne sert qu'à alimenter de petites lampes à mèche cylindrique pleine, ne donnant qu'une flamme de peu de surface qu'on peut rendre très brillante par l'addition d'une cheminée de verre. Pour écarter tout danger, ces lampes ne doivent pas contenir le liquide en nature : elles doivent être remplies d'une matière spongieuse, éponge, feutre, etc., sur lesquelles on verse l'essence de pétrole. Avant d'allumer, on vide l'excès de liquide; ce qui imbibe la matière spongieuse suffit à alimenter la lampe pendant plusieurs heures.

III. *Éclairage à l'acétylène.* — En 1895, on a beaucoup parlé d'un nouveau mode d'é. domestique, à l'aide d'un carbure d'hydrogène gazeux nommé *Acétylène*, qui était connu depuis longtemps, mais dont la préparation économique venait d'être trouvée par l'action de l'eau sur le carbure de calcium. Ce carbure de calcium a été découvert en 1894 par un de nos savants les plus distingués, M. Henri Moissan, membre de l'Académie des sciences. Il l'avait trouvé en portant à une température de 3,500 degrés centigrades, dans un four électrique, des morceaux de marbre et de sucre. Sous l'influence d'un courant de 250 ampères et de 70 volts, la chaux, qui compose en grande partie le marbre, se combine au carbone du sucre, et le résultat de la combinaison est le carbure de calcium qu'on retrouve au fond du creuset, sous l'apparence d'une masse noire à la cassure brillante et cristalline. Or, si l'on met le carbure de calcium en présence de l'eau, l'hydrogène s'empare du calcium pour former de la chaux et l'hydrogène se combine au carbone pour donner naissance à l'*Acétylène*, dont le pouvoir éclairant dépasse de vingt à trente fois celui du gaz de houille.

Mais, pour brûler l'acétylène, il faut une lampe propre à cet usage, qui lui permette de s'enflammer au fur et à mesure de sa production. Cela est d'autant plus indispensable que le gaz acétylène fait explosion avec une déplorable facilité; de plus, il fume au delà de toute expression lorsqu'il n'est pas intégralement brûlé; en outre, il répand une odeur nauséabonde; enfin, il est extrêmement délétère. On conçoit aisément que ces défectuosités rendent difficile l'emploi de l'acétylène, d'autant plus que pendant longtemps son prix de revient très élevé ne le rendait pas accessible à tous.

Ce dernier inconvénient a disparu. En effet, le carbure de calcium se prépare en grand à Spray (Nouvelle-Colombie), aux États-Unis d'Amérique, la « Wilson Company » fabrique en grand ce produit. Elle a établi des fours électriques, une dynamo donnant un courant de 2,000 ampères et 35 volts, soit une force d'environ 100 chevaux. Elle arrive ainsi à fournir du carbure de calcium à raison de 100 francs la tonne, sans défalcation de la valeur des sous-produits. A ce prix, le mètre cube d'acétylène revient à 30 ou 31 centimes; mais, d'un autre côté, en n'évaluant qu'à 10 son pouvoir éclairant par rapport à celui du gaz d'éclairage, pris pour unité, l'équivalent du mètre cube de gaz ordinaire ne coûterait plus que 3 centimes.

Les Américains ont également imaginé divers types de

lampes assez compliqués afin d'employer ce gaz. La description suivante peut donner une idée très exacte du principe sur lequel repose leur fonctionnement. On prend un verre à pétrole portant un fort renflement vers la base, et on en bouche le haut avec un bouchon plat. Dans ce bouchon qu'on a pris le soin de recouvrir de paraffine, on perce un trou circulaire à l'aide d'une *queue de rat*, et l'on fixe dans cette ouverture un bec à gaz muni de son robinet. Il faut que l'orifice par où passera l'acétylène soit le plus petit possible, car si le gaz n'est pas entièrement brûlé, il donne une flamme rougeâtre et dépose partout du noir de fumée. Un fil de fer maintient, à l'intérieur du verre et au-dessous du bouchon, à une distance de plusieurs centimètres, une petite corbeille dans laquelle on dispose des cristaux de carbure de calcium. On plonge le tout dans l'eau, en ayant soin d'ouvrir le robinet du bec de gaz. Dès que le liquide atteint ces cristaux, immédiatement il y a dégagement d'acétylène, qu'on peut enflammer, après avoir pris toutefois la précaution de laisser échapper l'air contenu primitivement dans l'appareil. Il est curieux de remarquer que la formation du gaz est intermittente dans une lampe de ce genre. En effet, lorsque la production d'acétylène est trop rapide, la pression refoule l'eau par le bas, et, le carbure n'étant plus mouillé, le dégagement s'interrompt momentanément pour recommencer dès que, la pression diminuant, l'eau atteint de nouveau la corbeille.

En Amérique, on utilise aussi l'acétylène après l'avoir liquéfié. Un mètre cube de gaz n'occupe plus que deux décimètres cubes une fois liquide, et représente le pouvoir éclairant de 12 mètres de gaz ordinaire. On construit aussi des sortes de lampes contenant de l'acétylène liquide et munies d'un bec à gaz ; la pression intérieure du gaz dans le récipient, étant très faible, permet d'utiliser sur place ce nouvel et puissant éclairage.

É. par le gaz, voy. GAZ ; *É. électrique*, voy. LUMIÈRE ÉLECTRIQUE.

IV. *Éclairage public*. — Au milieu du XVIe siècle, Paris n'était pas encore éclairé. Les propriétaires devaient seulement, de l'entrée de la nuit jusqu'à minuit, tenir une lanterne allumée au premier étage des maisons. En 1559, le président Minard ayant été tué en revenant du palais, on décida un é. public. En 1662 seulement parut l'ordonnance de Louis XIV sur les lanternes des rues et carrefours et sur les porte-lanternes. En 1667, La Reynie commença à éclairer la ville régulièrement à chaque extrémité de rue, ce qui fut fait d'abord pendant l'hiver et les nuits sans lune, ensuite pendant toute l'année. En 1769, Bourgeois de Châteaublanc installa les réverbères (7,000 becs). Il y en eut 11,050 en 1809, 12,672 en 1821. Philippe Lebon découvrit le *gaz* en 1786, prit un brevet d'invention en 1800, et mourut en 1805 sans l'avoir vu adopter. Ce n'est qu'en 1813 qu'on en commença l'application à l'é. de Paris.

On a tenté, depuis un certain nombre d'années, de substituer la lumière électrique à celle du gaz ; mais les perfectionnements apportés à la combustion éclairante du gaz ont, jusqu'à présent, laissé la palme à cette dernière lumière, du moins pour l'é. public. Voy. GAZ et LUMIÈRE ÉLECTRIQUE.

ÉCLAIRANT, ANTE. adj. (R. *éclairer*). Qui a la propriété d'éclairer, de produire l'éclairage. *Pouvoir éclairant d'un gaz.*

ÉCLAIRCIE. s. f. (R. *éclaircir*). Endroit clair dans un ciel chargé de brume ou de nuages. || Par anal., Espace découvert dans un bois. En ce sens, on dit ordinair., *Clairière*. || Opération qui consiste à couper quelques arbres dans un massif trop serré. || Opération qui consiste à retrancher une partie des fruits encore verts, pour permettre aux autres de devenir plus beaux.

Sylviculture. — Pendant l'été qui suit la coupe d'un taillis, il se développe, sur chaque souche, un certain nombre de bourgeons qui donnent naissance à autant de brins. Ceux-ci sont généralement trop nombreux pour acquérir un développement convenable ; de là la nécessité d'en supprimer plusieurs, afin de concentrer l'action de la sève. Mais cette éclaircie doit être pratiquée avec prudence. Si, pour un taillis qui sera exploité à l'âge de 30 ou 40 ans, on supprimait d'un seul coup, et pendant l'une des premières années, tous les brins qui ne peuvent pas être conservés jusqu'à cet âge, il en résulterait un grand vide entre chaque souche ; le soleil dessécherait la surface et la croissance du bois en souffrirait beaucoup. L'éclaircie des taillis, et surtout de ceux qui doivent avoir une longue durée, doit donc être faite progressivement. Il faut veiller aussi, à ce que les bourgeons qui pourraient naître sur la souche après chaque éclaircie, soient étouffés ou

détruits. Pour remplir ces conditions, on opère de la manière suivante : Deux années après la coupe du taillis dont la durée doit être portée à 30 ou 40 ans, on pratique l'éclaircie une première fois. On laisse, sur chaque souche, 12 à 14 brins, en choisissant de préférence ceux qui sont les plus rapprochés du sol, et on les répartit le plus régulièrement possible sur tout le périmètre de la souche. Vers la dixième année, on procède à une seconde éclaircie. Le nombre de brins qu'on réserve est déterminé par la vigueur et par la distance qui sépare les souches ; en général, on ne doit pas en conserver plus de 8 à 10 sur chaque souche. — Pour les taillis qui ne doivent durer que 15 à 20 ans, on n'éclaircit qu'une seule fois, à l'âge de 8 ans, et on laisse sur chaque souche un nombre plus grand de brins. C'est à ce moment qu'on pratique aussi le nettoiement et l'élagage des scions. — Si malgré toutes les précautions que l'on a prises pour prévenir le développement de nouveaux jets à la place des ceux qu'on a coupés, quelques bourgeons paraissent au pied des souches, on fait passer dans le taillis, âgé au moins de 10 ans, un troupeau de bétail pour brouter ces brins, et déterminer leur destruction.

Éclaircie des futaies d'arbres non résineux. — La première opération à exécuter dans les jeunes massifs de futaie de chêne ou de hêtre repeuplés au moyen de l'ensemencement, consiste à enlever, vers la vingt-quatrième année, tous les bois blancs dont la présence est devenue inutile pour abriter les autres espèces et qui gênaient leur développement. Mais cette première suppression est insuffisante pour des arbres dont l'exploitation n'aura lieu qu'à 80 ou 100 ans, et qui sont souvent placés à moins d'un mètre de distance les uns des autres. Ils devront donc être eux-mêmes successivement enlevés, jusqu'à ce qu'il existe entre chacun d'eux un espace suffisant pour qu'ils puissent attendre, sans se gêner, le moment de l'exploitation. Quant à cet espacement, il est subordonné au degré de fertilité du sol et à la nature des espèces qui peuvent croître plus ou moins serrées. Dans tous les cas, ces éclaircies successives devront toujours être faites au moment où les arbres à enlever commencent à souffrir, de manière que le sol soit constamment assez couvert pour ne pas être desséché par le soleil ; enfin, les arbres devront toujours être suffisamment rapprochés pour qu'ils tendent à croître en hauteur. Dans le plus grand nombre des cas, ces éclaircies seront pratiquées tous les 12 ou 15 ans.

Éclaircie des forêts résineuses. — Les massifs d'arbres résineux doivent aussi recevoir des éclaircies successives. Mais l'expérience a démontré que ces sortes de végétaux ont besoin d'être plus rapprochés pour développer des tiges bien filées. On se contente de supprimer seulement les arbres qui sont dépassés par les voisins et qui vont être étouffés. En général, les sapins, mélèzes, épicéas, seront tenus plus serrés que les pins.

ÉCLAIRCIR. v. a. (R. *é*, préf., et *clair*). Rendre clair, plus clair. *Le vent a éclairci le ciel, le temps, l'horizon.* — Fig. *N'éclaircirez-vous point ce front chargé d'ennuis ?* || Rendre plus net, plus pur, plus éclatant. *É. la vue. É. le teint. É. des armes, de la vaisselle*, etc. || En parlant des couleurs, rendre moins foncé. *Cette couleur est trop foncée, il faudrait l'é.* || En parlant des choses liquides, rendre moins épais. *É. un sirop. É. une sauce*, etc. || Rendre moins épais, moins serré, moins pressé, diminuer le nombre. *L'âge avait déjà bien éclairci ses cheveux. É. une planche de laitues. É. une forêt.* || Fig., Rendre clair, intelligible, élucider, débrouiller. || En matière, une question, une affaire. *C'est là un point qu'il a bien éclairci. — É. un doute, une difficulté*, Les résoudre. — || *É. quelqu'un de quelque chose*, Instruire quelqu'un de quelque chose ; dissiper ses doutes relativement à une chose. *Sachez ce qui se passe et ne perdez pas un moment pour m'en é. =* S'ÉCLAIRCIR, v. pron. Se dit dans la plupart des acceptions qui précèdent. *Le temps, le ciel s'éclaircit. En la voyant paraître, son front s'éclaircit aussitôt. Votre teint s'éclaircit. Mes cheveux s'éclaircissent. Cette question s'éclaircira par la discussion.* || Fig., *L'horizon s'éclaircit.* Voy. HORIZON. || T. Techn. *É. la grille d'un fourneau*, La débarrasser de tout ce qui peut gêner le passage de l'air. || *É. des clous d'épingles*, Les polir en les agitant dans un sac avec du son. || *É. des peaux*, Les lustrer du côté de la fleur. || T. Agric. Supprimer des plantes dans un endroit où elles sont trop serrées, ou des fruits sur un arbre qui en est trop chargé. = ÉCLAIRCI, IE. part.

ÉCLAIRCISSAGE. s. m. (R. *éclaircir*). Action de polir à la meule les verres de montre. || Action d'éclaircir un bois, un plant et aussi d'enlever une partie du fruit d'un arbre trop chargé.

ÉCLAIRCISSEMENT. s. m. (R. *éclaircir*). Explication d'une chose obscure ou mal connue. *L'é. d'un doute, d'une difficulté. Demander, prendre, donner, fournir des éclaircissements sur une matière. Je ne puis tirer de lui aucun é.* || Explication que l'on demande à quelqu'un pour savoir s'il a réellement fait ou dit une chose dont on se trouve offensé, ou si en la disant, ou en la faisant, il a eu l'intention d'offenser. *Demander, donner un é. En venir à un é. Avoir un é. avec quelqu'un.* = Syn. Voy. DÉVELOPPER.

ÉCLAIRCISSEUR. s. m. (R. *éclaircir*). T. Techn. Ouvrier qui décrasse et éclaircit le fil de laiton.

ÉCLAIRE. s. f. (R. *éclairer*). T. Bot. *Grande é.* Un des noms vulgaires de la *Grande Chélidoine* (*Chelidonium majus*) de la famille des *Papavéracées.* Voy. ce mot. — *Petite é.* Nom vulgaire de la *Ficaire* (*Ficaria ranunculoides*), de la famille des *Renonculacées.* Voy. ce mot. || T. Pêch. Ouverture par laquelle le pêcheur de morue fait tomber le poisson dans la cale du vaisseau.

ÉCLAIREMENT. s. m. Qualité de ce qui est éclairé. Effet produit par la lumière sur un corps qui la diffuse. *L'é. est susceptible de mesure.* Voy. LUMIÈRE, PHOTOMÉTRIE, PHOSPHORESCENCE.

ÉCLAIRER. v. a. (R. *é*, préf., et *clair*). Illuminer, répandre de la clarté. *Le soleil éclaire la terre. Ce flambeau éclaire toute la salle.* Absol., *Le soleil éclaire. Votre lampe éclaire bien.* || Se tenir auprès de quelqu'un, l'accompagner avec de la lumière, afin qu'il y voie clair. *On va vous é. pour descendre l'escalier. Éclairez monsieur.* Absol., *Allez é. Éclairez.* — On disait autrefois dans le même sens, *É. à quelqu'un.* || Fig., en parl. des personnes, Orner des lumières, développer l'esprit, instruire, ou faire voir clair dans quelque chose. *Cela contribua beaucoup à é. les esprits. De quoi sert que la raison nous éclaire, quand la passion nous conduit. Vous seul pouvez m'é. là-dessus. Vous verriez l'é. sur sa position.* — En parlant des choses, Répandre la lumière sur elles, les rendre plus aisément intelligibles. *Cette découverte a fort éclairé l'histoire de ces temps obscurs.* || Fig., Surveiller, observer, épier. *E. la conduite de quelqu'un. Cet homme est suspect, on éclaire toutes ses démarches.* — T. Guerre. *É. sa marche,* Faire observer les lieux où l'on doit se porter. On dit de même, *E. la campagne.* || T. Peint. Distribuer les lumières d'un tableau, y répandre des clairs avec intelligence. *Se peintre a l'air d'é. admirablement ses tableaux.* = ÉCLAIRER. v. n. Étinceler, jeter une lueur. *Les vers luisants éclairent pendant la nuit.* || Avec la forme impersonnelle, Faire des éclairs. *Il éclaire. Il a éclairé toute la nuit.* = S'ÉCLAIRER. v. pron. Ne s'emploie qu'au fig. — Acquérir des lumières, des connaissances, devenir plus éclairé, plus intelligent. *Déjà les esprits commençaient à s'é. Plus l'homme s'éclaire, plus il a la conscience de la dignité de sa nature.* — Se renseigner. *C'est une chose sur laquelle je veux m'é. par moi-même.* = ÉCLAIRÉ, ÉE. part. *Une ville éclairée au gaz. Cette pièce est bien ou est mal éclairée.* Le jour y pénètre bien ou n'y pénètre pas assez, ou n'y entre pas dans la direction convenable. — *Il est nourri, logé et éclairé,* On le nourrit et on lui fournit le logement et l'éclairage. || Figur., Qui a des lumières, des connaissances, de l'expérience, etc. *C'est un homme fort éclairé. Un juge éclairé. Un siècle éclairé.* On dit de même, *Une vertu éclairée. Un jugement éclairé. Une politique éclairée.*

ÉCLAIREUR. s. m. (R. *éclairer*). T. Guerre. Celui qui va à la découverte. *Il s'avança seul en é. On envoya quelques éclaireurs en avant.* || T. Mar. Bâtiment qu'on a détaché pour éclairer la marche d'une armée navale. — Au fig., Homme qui en devance d'autres. *É. de l'avenir.*

ÉCLAMÉE, ÉE. adj. (R. *esclame*). T. Oisel. Oiseau qui a la patte ou l'aile cassée.

ÉCLAMPSIE. s. f. (gr. εϰλαμψις, apparition soudaine). T. Méd. Maladie survenant pendant la grossesse et après l'accouchement, caractérisée par des *accès convulsifs.* Elle arrive surtout chez les primipares (première grossesse) et presque toujours on trouve de l'albumine dans les urines. La malade se plaint d'abord de maux de tête, sa vue se trouble, elle est absorbée. Puis arrive l'accès éclamptique : la face grimace, les yeux roulent, puis la malade se raidit, les membres tendus, la tête et le corps portés en arrière, la respiration se suspend,

la face bleuit, la langue tirée hors de la bouche est mordue par les dents et l'écume sort sanglante. Après vingt à trente secondes de raideur, les convulsions se succèdent rapides, mais sur place, de tout l'être ; le coma arrive enfin. Ces accès sont extrêmement variables comme nombre ; on en a compté jusqu'à 60 et plus. Le pronostic est d'autant plus grave qu'ils sont plus nombreux. La malade meurt dans le coma. La guérison est précédée de polyurie (urines abondantes). Le diagnostic est quelquefois difficile avec l'*épilepsie* dont les attaques sont identiques. Il est nécessaire de savoir si la femme était épileptique. Il en est de même pour l'*hystérie* ; on recherchera les zones hétérogènes (voy. HYSTÉRIE). Le traitement doit être surtout préventif : quand on reconnaîtra l'albuminurie chez une femme enceinte, on la mettra au *régime lacté exclusif.* Si les accès surviennent, on fera des saignées copieuses et on administrera le chloroforme à doses massives et des lavements de chloral. Si l'éclampsie survient avant ou pendant l'accouchement, l'indication capitale est de *délivrer la femme le plus rapidement possible.* On provoque la dilatation du col, s'il est nécessaire, par les moyens usités, et on emploie le forceps pour aller plus vite. Enfin, on extraira sans tarder le placenta et les caillots qui séjournent dans la matrice.

Méd. vét. — Ce nom s'applique à une sorte d'épilepsie aiguë atteignant les animaux jeunes et les nouveau-nés, quelques adultes et les chiennes nourrices. Les causes sont variables, mais la nature même de la maladie est peu certaine. Comme chez l'espèce humaine, l'éclampsie des animaux semble due à une intoxication par des déchets de la vie organique non rejetés. Chez les jeunes animaux, le chien et le porcelet en particulier, l'éclampsie survient à la suite d'irritations périphériques, telles que helminthiase intestinale, éruption des dents, ou sans cause appréciable ; elle se manifeste par des convulsions de tout le corps et de la face, et quelques cris. Chez les animaux adultes, l'éclampsie est plus rare et ressemble à l'épilepsie réflexe ; les attaques ont lieu après excitation périphérique, par exemple sur la peau de la base des cornes, quand elle est blessée, sur le conduit auditif externe du chien, quand la gale s'y est développée. L'excitation périphérique peut être purement accidentelle ou être due à une lésion. Chez les chiennes nourrices, l'éclampsie éclate dans le premier mois de l'allaitement et semble due à l'irritation des fibres nerveuses des mamelles ; l'attaque est brusque, et les spasmes atteignent surtout les muscles extenseurs, le train de derrière se paralyse, les animaux tombent sur le dos ; quand on les relève, ils sont immobiles, les pattes écartées, et agités de tremblements et de spasmes. Il y a congestion de tous les organes et de toutes les muqueuses, la respiration est anxieuse, rapide ; les malades ne peuvent ni boire, ni manger, ni déféquer, ni uriner. La maladie dure de quelques heures à deux jours, avec quelques rémissions. Abandonnés à eux-mêmes, les malades meurent par asphyxie. Le traitement de l'éclampsie amène en général une prompte guérison. Pour les jeunes animaux, le bromure de potassium, le chloral, et surtout les injections de chloroforme jusqu'à résolution, donnent des succès remarquables.

ÉCLAMPSIQUE. adj. T. Pathol. Qui a rapport à l'éclampsie, qui en est atteint. *Femme é.*

ÉCLANCHE. s. f. (anc. allem. *hlancha*, flanc). T. Boucherie. Épaule de mouton séparée du corps de l'animal.

ÉCLANCHER. v. a. T. Techn. Faire disparaître les faux plis d'une étoffe.

ÉCLANCHEUR. s. m. (R. *éclancher*). T. Techn. Ouvrier qui éclanche les étoffes.

ÉCLAT. s. m. (R. *éclater*). Fragment, partie qui se détache ou s'est détachée avec violence d'un corps dur. *Il fut blessé d'un é. de bois. Les lances des deux chevaliers volèrent en éclats. Un é. de pierre, de verre, d'obus.* || Son, bruit plus ou moins violent qui se fait entendre tout à coup. *Un é. de tonnerre. Les éclats de la foudre. Je n'aime pas ces éclats de voix. Rire aux éclats.* — Figur., Bruit, scandale. *Il est à craindre que cet homme ne fasse quelque é. On étouffa cette affaire pour éviter l'é. En venir à un é.* En venir à une mesure violente, à un parti extrême. || L'effet produit sur la vue par une vive lumière, et, en général, par quelque objet qui détermine une impression analogue. *L'é. du soleil, de la lumière, du feu. Ces pierreries ont beaucoup d'é. L'é. des yeux, du teint. L'é. de sa beauté. Le coloris* de ce tableau a beaucoup d'é. — Fig., se dit aussi du style, des pensées. *Le style de ce discours a de l'é. L'é. et la pompe de son style.* — Fig., se prend encore dans le sens de gloire, d'illustration, de splendeur, de magnificence. *L'é. de ses belles actions, de ses vertus. Ses vertus rehaussaient l'é. de sa naissance. Action d'é. Être ébloui par l'é. des grandeurs, des richesses.* || Dans les phares et signaux, un jet vif de lumière se nomme un *éclat.* || T. Agric. Fragment d'un végétal qui sert à la production d'un nouveau pied. || *Éclat de Jersey,* Sorte de pierre à aiguiser. = Syn. Voy. CLARTÉ.

ÉCLATABLE. adj. (R. *éclater*). Qui est susceptible de se fendre, de se briser par éclats.

ÉCLATANT, ANTE. adj. (R. *éclater*). Qui a de l'éclat. *Lumière éclatante. Pierreries éclatantes. D'une éclatante blancheur.* = Qui fait un bruit perçant. *Un son é. Voix éclatante. Le bruit é. des trompettes.* || Figur., Qui frappe, qui se fait remarquer par sa grandeur, son importance, son retentissement, sa publicité, etc. *Services éclatants. Vengeance éclatante. Des crimes éclatants. Vertu, action éclatante. É. de gloire,* Qui a acquis une grande gloire. — Poétiq., *Elle était éclatante de beauté. Tout é. de jeunesse.* = ÉCLATANTE. s. f. T. Pyrotech. Fusée qui produit un très grand éclat.

ÉCLATEMENT. s. m. (R. *éclater*). Rupture d'une bouche à feu par l'explosion de sa charge. || T. Arboric. Action de briser à demi des branches trop vigoureuses.

ÉCLATER. v. n. (orig. germ. : anc. all. *skleizan,* rompre, à rapprocher du gr. κλάω, je brise; κλάσις, action de briser). Se rompre, se briser avec violence et par éclats. *Ce bois a éclaté. La chaudière de la machine a éclaté en mille morceaux. La bombe éclata en tombant.* || Faire entendre un bruit soudain et violent. *Le tonnerre vient d'é. Des cris, des menaces, des applaudissements éclatèrent de toutes parts.* — *É. de rire,* Rire d'une manière bruyante. — Fig., se dit de tout ce qui se manifeste d'une manière soudaine et violente, surtout en parlant des choses cachées, contenues pendant quelque temps. *L'incendie éclata pendant la nuit. La maladie éclata tout d'un coup. La peste venait d'é. Il était à craindre que la division n'éclatât parmi les alliés. De nouveaux troubles éclatèrent à cette occasion. Sa patience était à bout, il finit par é.* É. *en reproches,* Manifester sa colère, son ressentiment par des injures, etc. || Avoir de l'éclat, briller, étinceler. *L'or et les pierreries éclataient de toutes parts. Le plumage de cet oiseau éclate des plus vives couleurs.* — Fig., *Sa gloire éclata aux yeux du monde entier. La sagesse éclatait dans ses paroles.* || T. Techn. Enlever l'émail dont est couverte une pièce d'orfèvrerie. = s'ÉCLATER, v. pron. Se rompre en éclats. *Le bois s'est éclaté.* = *S'est dit pour éclater.*

Le premier qui les vit de rire s'éclata.

LA FONTAINE.

= ÉCLATÉ, ÉE. part. *Bois éclaté. Pierre éclatée.* || T. Blason. Se dit d'un écu dont les divisions sont tracées en zigzags.

ÉCLECTIQUE. adj. 2 g. (gr. ἐκλεκτός, choisi, de ἐκλέγω, je choisis). T. Philos. Qui appartient à l'éclectisme. *Doctrine é. Médecine é.* = Par ext., Qui compose un système à l'aide d'emprunts faits à d'autres systèmes. || Qui est partisan de l'éclectisme. *Cousin était un philosophe éclectique. Ce médecin est éclectique* — On dit aussi substantiv. et au masculin, *Un éclectique, Les éclectiques.*

ÉCLECTIQUEMENT. adv. (R. *éclectique*). D'une manière éclectique; comme les éclectiques.

ÉCLECTISER. v. a. (R. *éclectique*). T. Néol. Procéder d'après la manière éclectique.

ÉCLECTISME. s. m. (gr. ἐκλέγω, choisir). T. Philos. Système de philosophie composé avec des idées empruntées à des philosophes antérieurs appartenant à des écoles très différentes. — Se dit dans le même sens de certaines théories médicales. Voy. MÉTHODE et PHILOSOPHIE.

ÉCLI. s. m. (allem. *kliozan,* fendre). T. Mar. Languette de bois éclaté.

ÉCLIÉ, ÉE. adj. (R. *écli*). T. Mar. On dit qu'une pièce de bois est *éclié,* quand elle éclate par l'effet d'une flexion plus ou moins considérable.

ÉCLIMÈTRE. s. m. (gr. κλίνω, j'incline; μέτρον, mesure). T. Géod. Instrument qui sert à faire connaître la distance zénithale d'un objet. Voy. BOUSSOLE.

ÉCLIPSE. s. f. (gr. ἐκλειψις, m. s., de ἐκλείπω, défaillir). T. Astron. Disparition apparente et momentanée d'un astre. *E. de lune, de soleil.* || Fig., Obscurcissement momentané de l'intelligence, de la gloire. *Sa raison est sujette à des éclipses. Il n'y a point de gloire qui ne soit sujette à souffrir quelque é.* — Fig. et fam., on dit d'un homme qui a disparu tout à coup, qu'*il a fait une é. Vous avez fait une bien longue é.*

Astr. — *Définition.* — Le *Dictionnaire de l'Académie* (7e édition, 1884) donne la définition suivante du mot *Éclipse :* « Disparition apparente d'un astre, causée par l'interposition d'un autre corps céleste entre cet astre et l'observateur. — Il se dit principalement de l'obscurcissement du Soleil à notre égard par l'interposition de la Lune, et de l'obscurcissement de la Lune par l'interposition de la Terre. »

Cette définition est incomplète et inexacte. Il n'est pas nécessaire qu'un corps céleste s'interpose entre un astre et l'observateur pour que cet astre soit éclipsé. Dans le cas des éclipses de Soleil, il y a bien interposition de la Lune entre l'astre lumineux et nous; mais, dans le cas des éclipses de Lune, cette interposition n'existe pas : la Lune passe dans l'ombre de la Terre, mais il n'y a aucun corps entre cet astre et l'observateur. Il en est de même dans le cas des satellites de Jupiter. Nous examinerons d'abord ici les éclipses de lune :

1. — *Éclipses de lune.* — Notre satellite, en tournant autour de la Terre, traverse parfois, juste à l'opposé du Soleil, l'ombre de notre planète, et s'y éclipse totalement ou partiellement.

A. *Cône d'ombre de la Terre.* — La Terre est un corps opaque, c.-à-d. qui arrête les rayons lumineux émis par le Soleil; par conséquent, elle projette derrière elle, c.-à-d. du côté opposé au Soleil, une ombre plus ou moins étendue. Mais comme la Terre est sphérique ou à peu près, et qu'en outre elle a un volume bien inférieur à celui du Soleil, cette ombre a la forme d'un cône. Quelle est la longueur de ce

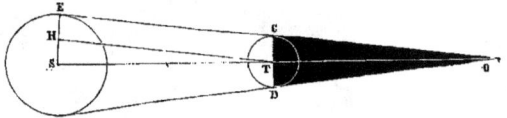

Fig. 1.

cône? — Supposons (Fig. 1) le centre du Soleil en S, et celui de la Terre en T. La Terre projettera derrière elle le cône d'ombre COD. Menons les tangentes EC et FD aux deux astres ; puis, du centre de la Terre, tirons TH parallèle à EC. Nous aurons deux triangles semblables OCT, THS, qui nous donneront la proportion $\dfrac{OT}{TC} = \dfrac{TS}{SH}$.

Mais TC est le demi-diamètre de la Terre que nous pouvons prendre pour unité; TS est la distance de la Terre au Soleil qui vaut 23.000 demi-diamètres terrestres, et SH est le demi-diamètre solaire, moins le rayon terrestre, ou bien 108 demi-diamètres terrestres. Le quatrième terme de la proportion s'obtient donc sans peine, et l'on trouve que la longueur du cône d'ombre projeté par notre Terre vaut environ 213 rayons terrestres. Or la distance de la Lune à la Terre étant seulement de 60 rayons terrestres, il en résulte que la Lune peut parfaitement pénétrer dans le cône d'ombre de celle-ci, et même qu'elle y peut pénétrer tout entière. — Lorsque la Lune ne pénètre qu'en partie dans le cône d'ombre projeté par la Terre, l'é. est dite *partielle;* elle est *totale* quand notre satellite disparaît tout entier dans l'intérieur de ce cône. — Il n'est pas besoin de dire que, lorsque la Lune ne pénètre qu'en partie, ou commence seulement à pénétrer dans le cône d'ombre, son disque nous présente une échancrure arrondie du côté par lequel se fait la pénétration, cette échancrure noire occupant précisément la portion de la surface lunaire qui est à l'intérieur du cône d'ombre, et qui, par suite, ne reçoit plus la lumière du Soleil. Quand ensuite, à la fin d'une é. totale, la Lune émerge du cône, l'échancrure est en sens inverse, c'est-à-dire sur le côté opposé du disque lunaire.

B. *Pénombre.* — Le phénomène d'une é. de Lune n'est cependant pas aussi net et aussi tranché que semblerait l'indiquer ce que nous venons de dire. Le cône d'ombre projeté par la Terre est entouré d'une ombre imparfaite appelée *Pénombre*, qui dépend des dimensions et de la distance du corps lumineux, c'est-à-dire du Soleil. La pénombre aussi affecte nécessairement la forme d'un cône (Fig. 2), mais son

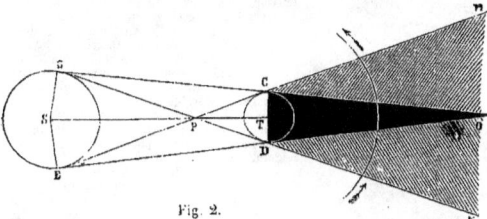

Fig. 2.

sommet est situé entre le Soleil et la Terre, en P, c'est-à-dire au point d'intersection des rayons tangents au Soleil et à la Terre, sur les côtés opposés des deux astres. Il est évident que tout l'espace compris dans cette pénombre ne reçoit qu'une partie des rayons émis par la surface du Soleil. En effet, si nous supposons un spectateur dans l'espace HGO, l'interposition de la Terre entre son œil et le Soleil agira comme un écran et dérobera à sa vue une portion plus ou moins grande du disque solaire, selon qu'il sera plus près du cône d'ombre COD ou de la tangente CH. Il suit de là que la Lune, dans ses éclipses, doit d'abord traverser la pénombre avant d'arriver au cône d'ombre projeté par la Terre, et que, par conséquent, au moment où elle pénètre dans ce cône, l'éclat de son disque a déjà éprouvé un affaiblissement graduel. Aussi est-il impossible d'indiquer rigoureusement l'instant précis où un point du disque de la Lune entre dans le cône d'ombre pur, ou bien sort de ce cône, parce que, au fur et à mesure que ce point arrive dans le cône d'ombre, il perd graduellement toute la lumière qu'il recevait du Soleil. En général, toutefois, la pénombre est peu marquée.

C. *Réfraction.* — Une autre circonstance vient encore modifier l'aspect de la Lune dans ses éclipses : c'est la réfraction des rayons solaires par l'atmosphère terrestre. En effet, les rayons que le Soleil nous envoie en droite ligne, sauf ceux qui viennent du zénith, sont tous déviés de leur direction rectili-

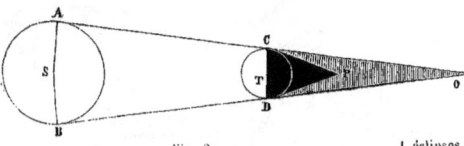

Fig. 3.

ligne à leur entrée dans l'atmosphère Voy. RÉFRACTION. Cette déviation est plus ou moins grande suivant que la densité du corps réfringent est plus ou moins considérable. Si donc l'on conçoit l'épaisseur de l'atmosphère partagée en tranches concentriques de densité croissante, on voit que les rayons qui raseront la surface du sol seront les plus fortement déviés ou réfractés. L'observation et la théorie nous apprennent que ces derniers éprouvent en marchant dans l'atmosphère depuis leur entrée jusqu'au point de contact C (Fig. 3) une déviation de 33 minutes, et une seconde réfraction égale et dans le même sens, en marchant de ce point jusqu'au lieu d'émersion, ce qui donne 1°6' pour leur réfraction totale. Alors, tous les rayons qui ont rasé la surface de la Terre iront convergcer en un certain point P situé à l'intérieur du cône d'ombre, et toute la région de ce cône comprise entre CPB et COB recevra une certaine quantité de rayons solaires réfractés par l'atmosphère

terrestre. Nous aurons donc un petit cône d'ombre CPD emboîté, pour ainsi dire, dans le grand cône COD. Or si l'on calcule la distance à laquelle se trouve de la Terre le sommet P du petit cône, on trouve que la distance qui le sépare du centre de la Terre est égale à 42 rayons terrestres. Mais la distance moyenne de la Lune est de 60 rayons terrestres ; elle ne peut donc jamais pénétrer dans le petit cône CPD. Par conséquent, dans les éclipses même totales, elle doit toujours être encore faiblement éclairée par une partie des rayons solaires qu'a déviés la réfraction atmosphérique. L'éclat ainsi communiqué à la Lune est nécessairement très faible : car la totalité des rayons que le phénomène de la réfraction disperse dans le cône d'ombre de la Terre est celle que notre planète intercepte comme l'aire d'une section circulaire de l'atmosphère est à celle d'une section diamétrale de la Terre elle-même. En outre, la lumière réfractée que reçoit la Lune est modifiée par les nuages qui sont habituellement répandus dans notre atmosphère, ainsi que par la présence constante de la vapeur d'eau dans l'air, particulièrement dans les couches les plus rapprochées de la surface terrestre. Cette lumière présentera donc des teintes rougeâtres semblables à celles que nous admirons au coucher du Soleil ; seulement ces teintes seront deux fois plus sombres, parce que les rayons lumineux dont nous parlons auront à traverser deux fois l'épaisseur de l'atmosphère. En conséquence, la surface lunaire, dans les éclipses, nous apparaîtra en général avec une teinte rougeâtre plus ou moins prononcée. Au reste, cette teinte varie et se mélange d'autres nuances.

Il est même arrivé, dans certaines éclipses totales de Lune, que cette teinte rougeâtre a fait entièrement défaut et s'est trouvée remplacée par une teinte ardoisée. L'explication de cette anomalie reste encore à trouver.

D. *Conditions nécessaires pour qu'il y ait éclipse de Lune.* — Les éclipses de Lune ne peuvent évidemment avoir lieu qu'aux époques où cet astre est en *opposition*, c'est-à-dire aux époques de pleine Lune, puisqu'elles sont causées par l'interposition de la Terre entre le globe lunaire et le Soleil. Si la Lune, dans son mouvement autour de la Terre, demeurait toujours dans le plan de l'écliptique, c.-à-d. dans le plan de l'orbite de la Terre, nous aurions à chaque pleine Lune, une é. de cet astre. Mais il n'en est point ainsi. Comme l'orbite lunaire est inclinée de plus de 5° sur le plan de l'écliptique, il arrive le plus souvent que la Lune se trouve d'un côté ou de l'autre de ce plan au moment où elle est en opposition avec le Soleil, et qu'alors elle passe au-dessus ou au-dessous du cône d'ombre de la Terre sans y pénétrer. Pour qu'il y ait é., il faut qu'au moment de l'opposition la Lune soit suffisamment rapprochée de l'écliptique, ou, ce qui revient au même, suffisamment rapprochée de l'un des deux points où son orbite perce le plan de l'écliptique, points qu'on appelle les *nœuds* de l'orbite lunaire.

On a calculé qu'il ne peut y avoir d'é. de Lune, si, au moment de la pleine Lune, la distance angulaire entre la Lune et le nœud de l'orbite lunaire dépasse 11°21'. — Les éclipses de Lune sont *universelles*, c'est-à-dire qu'elles sont visibles avec les mêmes apparences pour tous les lieux qui ont la Lune sur l'horizon. Au reste, on les distingue en *totales, partielles* ou *appulses*. Les deux premiers de ces termes n'ont pas besoin d'être définis ; quant au troisième, il se dit des éclipses dans lesquelles la Lune effleure simplement l'ombre de la Terre par son bord : mais, à proprement parler, c'est abusivement qu'on applique aux appulses le nom d'éclipses. Pour estimer la *phase* de l'é., on partageait autrefois le diamètre du disque lunaire en 12 parties égales appelées *Doigts*, et le doigt lui-même en 60 minutes. Aujourd'hui, on calcule cette phase en continièmes et même en millièmes du diamètre de la Lune.

II. — *Éclipses de Soleil.* — Les éclipses de Soleil sont produites par l'interposition de la Lune entre le Soleil et la Terre.

A. *Cône d'ombre de la Lune.* — De même que la Terre, la Lune, éclairée par le Soleil, projette un cône d'ombre derrière elle, mais ce cône est bien moins étendu que celui de la Terre, attendu que le diamètre de la Lune est à celui de la Terre à peu près dans le rapport de 3 à 11. De plus, la longueur de ce cône d'ombre n'est pas constante, parce que la distance du Soleil à la Lune, à l'époque de la pleine Lune, n'est pas invariable et oscille entre certaines limites, ce qui tient à la forme elliptique des orbites respectives de la Terre autour du Soleil et de la Lune autour de la Terre. La plus grande longueur du cône d'ombre lunaire, évaluée en rayons terrestres, est 59,73, et sa plus petite longueur 57,76. D'autre part, la plus grande distance entre le centre de la Terre et celui de la Lune est 63,80, et la plus petite est 55,94. Il ré-

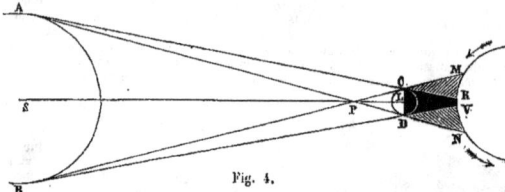

Fig. 4.

suite de là que l'interposition de la Lune entre le Soleil et la Terre présente deux cas à considérer : celui où le cône d'ombre atteint la surface de la Terre, et celui où il ne l'atteint pas. Dans le premier cas, qui est représenté par la Fig. 4, il y a

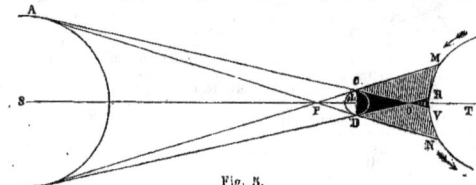

Fig. 5.

é. *totale* de Soleil pour les lieux RV que recouvre le cône d'ombre. Dans le second (Fig. 5), il n'y a d'é. totale pour aucun des lieux de la Terre; mais il y a é. *annulaire* pour les lieux RV compris dans le prolongement du cône d'ombre

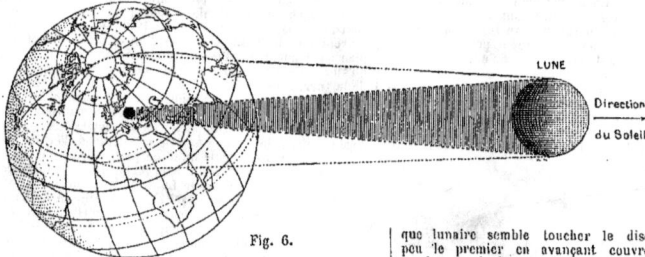

Fig. 6.

lunaire. En effet, pour un observateur placé dans cette région, le diamètre apparent de la Lune sera moindre que celui du Soleil, et l'observateur verra le disque noir de la Lune projeté sur le disque du Soleil qui débordera tout autour du premier sous la forme d'un anneau lumineux. — Mais ces deux sortes d'éclipses sont constamment accompagnées d'é. partielle, car les observateurs placés dans les cônes de pénombre qui enveloppent les cônes d'ombre, voient une é. partielle. Il est facile de comprendre en effet, par la seule inspection des figures, qu'un individu placé dans un des lieux couverts par la pénombre doit voir la Lune projetée sur une portion du disque solaire, en produisant l'apparence d'une échancrure circulaire de ce dernier. Il est également évident que l'é. partielle sera d'autant plus grande que le spectateur sera plus rapproché du cône d'ombre lui-même.

Ce qui distingue essentiellement les éclipses de Soleil des éclipses de Lune, c'est que ces dernières sont visibles à la fois dans tous les lieux qui ont la Lune sur leur horizon, à l'instant où a lieu le phénomène, tandis qu'il n'en est pas de même pour les éclipses de Soleil, qui ne se produisent que pour certains pays seulement. D'autre part, les éclipses de Lune commencent et finissent en même temps pour tous les lieux où elles sont visibles, tandis que les éclipses de Soleil commencent et finissent à différentes heures pour les différents pays. Ces deux circonstances sont faciles à comprendre, quand on observe que jamais les dimensions soit du cône d'ombre, soit du cône de pénombre (à cause de la petitesse de la Lune par rapport au Soleil et de la proximité où celle-ci est de la Terre), ne sont assez grandes pour couvrir la surface entière de l'hémisphère terrestre qui regarde le Soleil. En conséquence, lorsque la Lune passe devant le disque du Soleil, elle emporte avec elle, d'occident en orient, ses deux cônes d'ombre et de pénombre, dont les sommets parcourent successivement différentes régions terrestres, selon les positions respectives des deux astres. L'ombre projetée par la Lune offre donc sur notre globe l'image d'une tache qui parcourt de proche en proche les parties éclairées de l'hémisphère terrestre à commencer par l'occident. C'est ainsi qu'on voit l'ombre d'un nuage emporté par le vent d'ouest couvrir les plaines et dérober momentanément l'image du Soleil, tandis que les spectateurs situés au delà des limites de ce nuage voient l'astre briller de tout son éclat. Les peuples orientaux voient l'é. du Soleil les derniers, et les parties occidentales du Soleil sont les premières cachées. L'ombre d'un ballon en donne encore une image plus exacte. L'ombre de la Lune est parfois très petite; ainsi, dans l'é. du 17 mai 1882, observée en Égypte, elle ne mesurait que 22 kilomètres de largeur. Mais cette largeur peut s'élever à 50, 100, 200, 300 kilom. Dans l'é. du 19 août 1887, par ex., elle s'élevait, en Russie, à 220 kilom. Cette largeur dépend de la différence des grandeurs apparentes des disques solaire et lunaire le jour de l'é. Cette ombre court avec une vitesse qui dépend de la rotation de la Terre et du mouvement de la Lune, et que l'on peut apprécier si l'on observe du haut d'une montagne. La Fig. 6 montre encore clairement l'ombre et la pénombre de la Lune sur la surface de la Terre. — Les phases des éclipses de Soleil, se calculent aujourd'hui en centièmes et même en millièmes du diamètre solaire.

B. *Phénomènes de l'éclipse.* — L'é. commence à l'instant où le disque lunaire semble toucher le disque du Soleil. Peu à peu le premier en avançant couvre une portion de plus en plus grande du second. Si, dans ce mouvement, le centre de la Lune passe assez près du centre du Soleil pour que la distance de ces points devienne plus petite que la différence des rayons apparents des deux astres, l'é. est *totale* ou *annulaire*; totale, quand le diamètre apparent de la Lune est plus grand que celui du Soleil; *annulaire*, quand c'est l'inverse. En même temps, elle est *partielle* pour les lieux où la distance des deux centres est plus grande que la différence des rayons apparents des deux astres. Ensuite, la Lune continuant sa marche, la portion du Soleil qu'elle avait cachée se dégage successivement, et l'é. se termine au moment où le disque lunaire devient tangent à celui du Soleil. « Le calcul, dit Delaunay, montre que la plus grande durée possible d'une é. de Soleil est de 4 heures 29 min. 44 sec. pour un lieu situé sur l'équateur, et de 3 h. 26 m. 32 sec. sous le parallèle de Paris. Dans les éclipses totales, la Lune ne peut pas cacher complètement le Soleil pendant plus de 7 m. 58 sec. à l'équateur, et de 6 m. 10 sec. à la latitude de Paris. Enfin, dans les éclipses annulaires, la Lune ne peut pas se projeter tout entière sur le disque du Soleil pendant plus de 12 minutes.

24 sec. à l'équateur, et de 9 m. 56 sec. à la latitude de Paris. On comprend d'ailleurs que les durées de ces phénomènes peuvent passer par tous les états de grandeur au-dessous des limites qui viennent de leur être assignées. »

Dans les éclipses totales elles-mêmes l'obscurité n'est jamais complète. Il existe seulement une sorte de crépuscule pendant lequel les étoiles les plus brillantes et les principales planètes peuvent devenir visibles. Mais ce qui fait paraître cette obscurité plus intense qu'elle ne l'est en réalité, c'est qu'elle arrive brusquement. En même temps que la lumière solaire disparaît, la température s'abaisse de quelques degrés.

De tous les phénomènes astronomiques, il en est peu qui aient autant frappé l'imagination humaine que les éclipses totales du Soleil. Quel spectacle plus étrange, en effet, que celui de la disparition subite de l'astre du jour, en plein midi, au milieu du ciel le plus pur! Aux temps où l'humanité ignorait les causes naturelles d'un pareil effet, une telle disparition était considérée comme surnaturelle et l'on voyait avec terreur en elle une manifestation de la colère divine. Depuis que ces causes naturelles ont été découvertes et que ces phénomènes répondent à nos calculs avec la fidélité la plus obéissante, toute terreur surnaturelle a disparu des esprits cultivés, mais ce grandiose spectacle n'en impressionne pas moins le contemplateur.

Quand l'é. est devenue totale, quel merveilleux spectacle s'offre alors à tous les yeux dirigés vers le même point du ciel! Au lieu du Soleil plane un disque noir entouré d'une glorieuse couronne de lumière. Dans cette couronne éthérée, on voit des rayons immenses diverger du Soleil éclipsé; des flammes roses paraissent sortir de l'écran lunaire qui masque le dieu du jour. Pendant deux minutes, trois minutes, quatre minutes, l'astronome étudie cet étrange entourage rendu visible par le passage de la Lune devant le disque radieux, tandis que le peuple, surpris et toujours silencieux, semble attendre avec anxiété la fin d'un spectacle qu'il n'a jamais vu et qu'il ne reverra plus. Soudain un jet de lumière, un cri de bonheur sorti de mille poitrines annoncent le retour du joyeux

Fig. 7.

Soleil, toujours pur, toujours lumineux, toujours ardent, toujours fidèle. On croit entendre dans ce cri universel l'expression bien sincère d'une satisfaction non déguisée : « C'était bien vrai, le Soleil, le beau Soleil n'était pas mort, il était seulement caché; oui, le voici tout entier, quel bonheur! et pourtant c'était bien curieux de le voir ainsi disparu un instant! »

Si l'on expose au Soleil, pendant une é. partielle, une carte de visite percée d'un petit trou d'épingle, et si l'on place en arrière un écran destiné à recevoir les rayons solaires qui

traversent le trou, on voit sur cet écran une image du disque solaire avec l'échancrure produite par l'interposition de la Lune. Le feuillage des arbres laisse souvent passer quelques rayons du Soleil, qui viennent éclairer certaines parties du sol, au milieu de l'ombre du feuillage. Les interstices des feuilles

Fig. 8.

jouent alors le rôle que nous venons de signaler ; il en résulte que les parties du sol éclairées sont rondes ou ovales (Fig. 7).

Pendant les éclipses de Soleil, l'échancrure plus ou moins prononcée du disque de l'astre se reproduit dans ces espaces clairs au milieu de l'ombre, et ils prennent la forme d'ellipses échancrées toutes du même côté et de la même quantité (Fig. 8).

Lorsque le Soleil est complètement éclipsé, on observe autour du disque noir de la Lune des apparences singulières, qui ont, vers le commencement du XIXᵉ siècle, singulièrement intrigué les astronomes. Ce sont, d'une part, des sortes de flammes rougeâtres qui semblent émerger du disque noir de l'astre éclipsé et qu'on a désignées sous le nom de *Protubérances*, et d'autre part une sorte de gloire ou d'auréole lumineuse nommée la *Couronne*, qui s'étend quelquefois en jets plus ou moins irréguliers jusqu'à une distance égale au double du diamètre du Soleil (Fig. 9). Éclipse totale de Soleil du 19 août 1887, photographiée en Russie). On sait aujourd'hui que ces apparences sont dues à des enveloppes gazeuses très raréfiées qui entourent le Soleil, et qui sont invisibles en temps ordinaire, à cause de leur peu d'éclat complètement masqué par la lumière éblouissante du Soleil. Cependant, grâce à l'emploi du spectroscope, on est parvenu à observer en tout temps les protubérances, et il n'est pas douteux qu'on parviendra de même à observer la couronne en tout temps. Quoi qu'il en soit, la découverte de ces enveloppes lumineuses du Soleil marque un progrès considérable dans l'état de nos connaissances relatives à la constitution physique de cet astre et montre la grande importance que présentent les éclipses totales de Soleil pour l'étude de l'Astronomie physique, puisqu'elles permettent de faire des observations absolument impossibles en dehors d'elles. C'est pourquoi, chaque année, les astronomes de toutes les nations organisent à grands frais des missions scientifiques chargées de se rendre dans les lieux où il doit y avoir une é. totale pour l'observer avec le plus grand soin. Ces expéditions ont souvent rapporté des résultats fort importants. C'est ainsi qu'en 1868 MM. Janssen et Lockyer trouvèrent, chacun de leur côté, le moyen de voir les protubérances en tout temps, et qu'en 1893 M. Deslandres découvrit que la *couronne* est animée d'un mouvement de rotation autour du même axe et avec la même vitesse que le Soleil lui-même; mais toutes ces questions se rattachent intimement à la physique solaire et nous les traiterons avec détails au mot SOLEIL.

A. *Conditions nécessaires pour qu'il y ait éclipse de Soleil.* — Pour qu'il y ait é. de Soleil, il faut non seulement que le Soleil et la Lune soient *en conjonction*, c.-à-d. que les deux astres aient la même longitude, mais encore qu'ils se trouvent à peu près à la même latitude. En d'autres termes, il faut, comme pour les éclipses de Lune, que les centres des trois astres soient à très peu près en ligne droite; mais la Lune doit être entre les deux autres. Cette condition n'est remplie que lorsque la Lune est *nouvelle;* cependant on aurait tort d'en conclure que chaque néoménie doit nous amener une é. de Soleil. Pour cela, il faudrait, comme pour les éclipses de Lune, que le plan de l'orbite lunaire coïncidât avec celui de

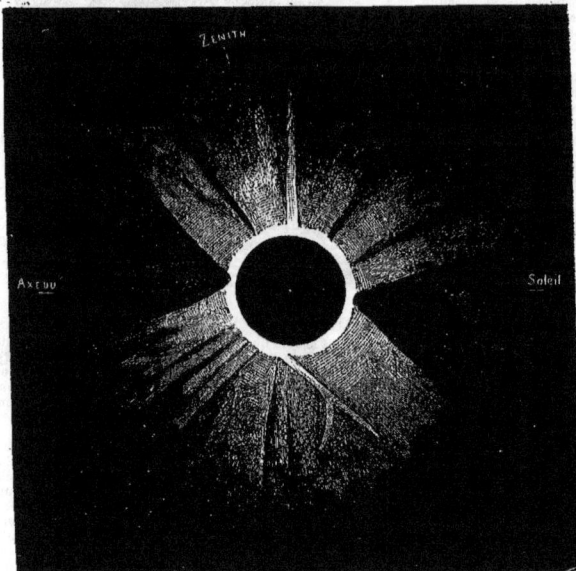

Fig. 9.

l'écliptique. Cette coïncidence n'existant pas, il en résulte que la conjonction ou l'égalité des longitudes a souvent lieu dans une partie de l'orbite de la Lune où cet astre est trop éloigné de l'écliptique pour que son disque puisse passer devant celui du Soleil. Nous observerons que, pour qu'une é. de Soleil se produise, il faut que d'un point de la Terre la Lune se projette au moins en partie sur le disque solaire. Ici encore, comme pour les éclipses de Lune, il faut que la Lune, à l'époque de la néoménie, soit suffisamment rapprochée de l'un des nœuds de son orbite. Pour aller plus loin, considérons (Fig. 1) le cône circonscrit extérieurement à la Terre et au Soleil EFCDO qui a son sommet au delà de la Terre; c'est le cône d'ombre de la Terre. Pour qu'il y ait é. de Soleil, il faut que la Lune pénètre dans ce cône entre la Terre CD et le Soleil EF. Si elle n'y pénètre pas tout entière, l'é. sera partielle; mais si elle y pénètre tout entière, il est clair que son ombre se projettera en quelque endroit de la surface terrestre et qu'il y aura en cet endroit une é. totale ou annulaire, suivant que ce sera le cône d'ombre de la Lune lui-même, ou simplement son prolongement, qui rencontrera la surface de la Terre. Il est facile de calculer le diamètre de la section de ce cône qui se trouve à la distance de la Lune, entre CD et CF. Vue de la Terre, cette section qu'on appelle improprement le *cercle d'ombre*, présente un rayon d'environ 1°12'. Imaginons deux cercles concentriques à celui-là, à une distance égale au demi-diamètre

apparent de la Lune qui est, comme on sait, de 15' environ. Ces cercles auront: l'extérieur 1°27', et l'intérieur 57' de rayon. Il est clair que si le centre de la Lune pénètre à l'intérieur du cercle extérieur, le disque lunaire pénétrera en partie dans le cercle d'ombre, tandis qu'il y pénétrera tout entier si le centre de la Lune pénètre dans le cercle intérieur. On remarquera que, sur la sphère céleste, le centre du cercle d'ombre se projette au même point que le centre du Soleil. Il faut donc, pour qu'il y ait é. partielle du Soleil, que le centre de la Lune et celui du Soleil, vus du centre de la Terre, soient à une distance inférieure à 1°27', et pour qu'il y ait é. totale, à une distance inférieure à 57'. Or, cette distance, à l'époque où la Lune et le Soleil ont la même longitude, dépend exclusivement de la distance des deux astres au nœud de l'orbite, les deux astres étant d'autant plus éloignés que la conjonction se fait plus loin du nœud. Tout calcul fait, on trouve que l'é. est impossible si la distance du Soleil au nœud est plus grande que 16°58', et l'é. totale impossible si la distance du Soleil au nœud est plus grande que 13° 26'. A l'intérieur de ces limites, l'é. est très probable.

III. *Prédiction des éclipses.* — Il n'entre point dans notre plan d'exposer la méthode suivie par les astronomes pour déterminer le commencement, la durée et la grandeur d'une é. de Lune ou de Soleil. Nous dirons seulement que ces éléments se calculent plus aisément pour les éclipses de Lune que pour celles de Soleil, parce que les premières sont indépendantes de la position du spectateur à la surface de la Terre et les mêmes que pour un spectateur qui serait placé au centre. Les mouvements du Soleil et de la Lune étant parfaitement connus, on a pu dresser des tables qui donnent à l'avance, et pour chaque instant, les positions relatives du Soleil et de la Lune, de sorte qu'on a ce qu'il faut pour déterminer les instants où la distance du centre de la Lune au centre du cercle d'ombre est précisément égale à la somme du demi-diamètre de la Lune et du demi-diamètre de la pénombre ou de l'ombre, c'est-à-dire les époques où la Lune entre dans la pénombre et dans l'ombre, et celles où elle en sort.

Pour les éclipses de Soleil, il faut tenir compte de la position de l'observateur. On devra donc déterminer les différentes circonstances que présentera l'é. pour divers lieux de la Terre. Les résultats du calcul sont synthétisés dans une carte qui indique les circonstances principales du phénomène. On s'en rendra compte par la Fig. 10, qui montre la marche de l'é. annulaire du 1er avril 1764, laquelle a été centrale pour Paris. La *Connaissance des Temps* publie, pour chaque année et pour chaque é. une carte de cette nature, avec les éléments numériques nécessaires pour calculer avec précision le commencement et la fin de l'é. en un lieu donné.

Si l'on ne tient pas à connaître toutes les circonstances du phénomène, et qu'on veuille seulement savoir les époques des éclipses, on peut employer un procédé approximatif très remarquable qui était connu des anciens Chaldéens depuis une haute antiquité. Il repose sur ce fait que les éclipses se reproduisent périodiquement à certaines époques, de manière que leur ensemble constitue un *cycle* qui se répète périodiquement. Dès lors, il suffit de connaître toutes les éclipses d'un seul cycle pour prédire les époques de leur retour dans les cycles suivants. Nous avons dit qu'une é. de Lune ou de Soleil a lieu lorsque, au moment de la pleine Lune ou de la nouvelle Lune, notre satellite se trouve suffisamment près de l'un des nœuds de son orbite. Or, cette ligne des nœuds n'est pas invariable; elle tourne, dans le plan de l'écliptique, dans le sens rétrograde, de manière à faire un tour complet en dix-huit ans et $\frac{2}{3}$ environ. Il en résulte que la Lune, qui se

meut dans le sens direct, rencontre le nœud avant d'avoir achevé un tour complet. Le calcul montre qu'il faut 27ʲ,21229 pour que la Lune revienne au même nœud de son orbite. Cette période a reçu le nom de *période draconique* ou *mois draconique* (du mot latin *draco*, dragon), parce que le nœud était autrefois représenté par la figure d'un dragon. D'autre part, le temps qui s'écoule entre deux nouvelles Lunes consécutives, c.-à-d., la lunaison, est égal à 29ʲ,53060. Or, s'il se trouve que 223 lunaisons font exactement 242 mois draconiques, à un centième de jour près; car, en faisant la multiplication, on trouve 6,585ʲ,37, soit 18 ans, 11 jours. Il en résulte qu'au bout de ces 223 lunaisons, les trois points: centre de la Lune, centre du Soleil et nœud ont repris la même position relative. S'ils coïncidaient au début de la pé-

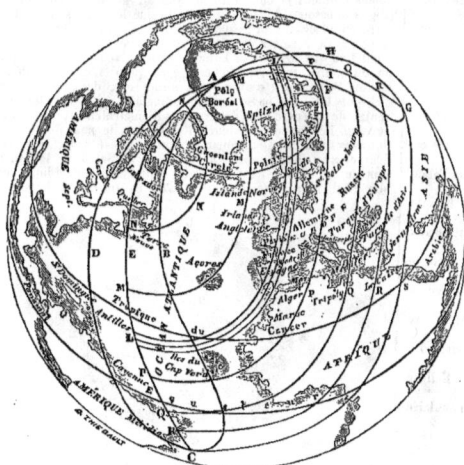

Fig. 10.

riode, ils coïncideront encore à la fin, et il y aura é. aux deux époques. Ainsi, les éclipses se reproduisent périodiquement au bout de 18 ans 11 jours, et même se reproduisent avec des circonstances presque semblables, dont à qu'une é. totale sera encore totale ou du moins presque totale dans le cycle suivant; seulement, s'il s'agit d'une é. de Soleil, elle ne sera pas totale pour les mêmes points de la Terre. Cette période de 18 ans et 11 jours a reçu le nom de *Saros* qui vient, paraît-il, des anciens Chaldéens. Il convient de remarquer que ce cycle ou cette période n'est qu'approché à 1 centième de jour près. Il en résulte une petite erreur qui peut s'accumuler avec les siècles. De plus, les conclusions qu'on en tire peuvent être altérées par les inégalités des mouvements de la Lune et du Soleil: car ce calcul repose sur la considération des mouvements *moyens*. Or, on démontre que les inégalités de la Lune et du nœud peuvent s'élever à 8° ou 9°, tandis que celles du Soleil peuvent atteindre 2°. « Il semble donc, dit M. Faye, que la période chaldéenne ne peut remettre ces trois mobiles en mêmes positions relatives qu'à un 10ᵉ près. S'il en était réellement ainsi, la règle qu'on en a déduite pour prédire les éclipses devrait se trouver souvent en défaut: car un pareil écart est plus que suffisant pour empêcher une é. de se produire, ou pour transformer une é. totale en une é. à peine perceptible. Cependant, on sait par expérience qu'elle qu'elle est très exacte..... C'est que le cycle tient plus qu'il ne promet. La révolution anomalistique de la Lune (temps qu'elle met à revenir au périgée) est de 27ʲ,5545. Eh bien, 239 de ces révolutions font encore 6,585ʲ,5, ce qui ne diffère

de la période chaldéenne que de $\frac{1}{6}$ de jour. Ainsi, à 18 ans

11 jours d'intervalle, le Soleil, la Lune, son nœud, son périgée se retrouvent aux mêmes points; le périgée du Soleil revient aussi au sien à une dizaine de degrés près; ce qui est insignifiant ici. C'est ce singulier concours de quatre mobiles, presque de cinq, qui fait le mérite de cette curieuse et utile découverte des temps les plus anciens. » Il convient cependant d'ajouter que, si approchée que soit la valeur de cette période, elle n'est cependant qu'approché, de sorte qu'en un temps très long les éclipses contenues dans le cycle finissent par se modifier. Il arrive qu'une é. totale, au bout de plusieurs siècles, devient partielle, puis son importance décroît de siècle en siècle et qu'elle finit par disparaître. Au contraire, il apparaît parfois dans le cycle une é. très faible, qui s'augmente progressivement et finit par devenir totale. D'autres voient leur grandeur osciller entre certaines limites. Enfin, toutes les circonstances peuvent se présenter; mais ces modifications sont très lentes, et la règle du Saros suffit largement dans la pratique pour annoncer longtemps à l'avance l'apparition d'une é. de quelque importance.

IV. — *Fréquence des éclipses de Lune et de Soleil.* — La période chaldéenne de 18 ans 11 jours environ comprend *en moyenne* 70 éclipses, dont 41 de Soleil et 29 de Lune. Il est facile de s'expliquer la plus grande fréquence des éclipses solaires, quand on considère que, dans les premières, la Lune traverse le cône circonscrit à la Terre et au Soleil entre les deux astres, c.-à-d., dans sa partie la plus large EPCD (Fig. 2); tandis que dans les éclipses de Lune elle le traverse au delà de la Terre, c.-à-d. dans sa partie la plus étroite CDO. On arrive à la même conclusion en remarquant que l'é. de Lune se produit quand, au moment de la pleine Lune, la distance de la Lune au nœud de son orbite est inférieure à 11° 21', tandis que l'é. de Soleil arrive si la distance de la Lune à son nœud, au moment de la nouvelle Lune, est inférieure à 16° 58', valeur plus grande que la précédente. Il y a donc plus de chances pour la production d'une é. dans le premier cas que dans le second. Mais si, pour l'ensemble du globe, le nombre des éclipses de Soleil est à celui des éclipses de Lune à peu près comme 3 est à 2, pour un lieu donné, au contraire, il y a moins d'éclipses de Soleil que d'éclipses de Lune. Cette contradiction apparente résulte de ce qu'une é. de Lune est toujours observable pour près d'un hémisphère terrestre, tandis qu'une é. de Soleil ne peut s'apercevoir que dans une étendue beaucoup plus restreinte. C'est par un motif semblable que les éclipses totales et annulaires de Soleil sont si rares pour un lieu donné: on s'en rend compte en remarquant la petitesse de la zone terrestre pour laquelle l'é. peut avoir l'un ou l'autre de ces caractères. — Jamais il n'y a plus de 7 éclipses solaires ou lunaires dans une année, et jamais il n'y en a moins de 2: quand il n'y en a que 2, elles sont toutes deux de Soleil.

V. — *Importance de l'observation des éclipses.* — Nous avons déjà dit combien l'observation attentive des phénomènes qui accompagnent les éclipses totales de Soleil avaient avancé nos connaissances sur la constitution de cet astre. Mais les observations des éclipses constituent aussi des des observations de position de premier ordre. « Leur importance est aujourd'hui bien diminuée par la facilité qu'on a de se procurer d'excellentes observations méridiennes du Soleil et de la Lune. Mais, pour les temps anciens, les éclipses seules fournissent des données précises sur les positions relatives du Soleil et de la Lune, et un contrôle précieux pour les tables de notre satellite. Une très faible erreur sur la position du dernier astre déplacera notablement la ligne de centralité; si donc l'histoire rapporte qu'à une certaine date une é. totale a été observée en un certain lieu, il en résulte un document très précieux pour fixer la position de la Lune à cette date. C'est ainsi que les éclipses de Thalès, en 584 av. J.-C.; de Larissa, en 556; de Xerxès, en 479; d'Agathoclès, en 309 av. J.-C., etc., jouent un grand rôle dans l'étude de l'accélération séculaire du moyen mouvement de la Lune. » Voy. LUNE.

V. — *Époques des éclipses.* — Le retour des éclipses est réglé, comme nous l'avons vu, par un cycle de 18 ans 11 jours et 7 à 8 heures environ. Mais tandis que les éclipses de Lune sont visibles de tout l'hémisphère terrestre qui a la Lune au-dessus de l'horizon, et sont par conséquent assez fréquentes; les éclipses totales de Soleil, si elles sont assez communes pour l'ensemble de la Terre, sont néanmoins extrêmement rares en un lieu donné. La dernière é. totale de Soleil visible à Paris a été celle du 22 mai 1724; la prochaine sera celle du 17 avril 1912 à la limite de la totalité. Puis viendra celle du 11 août 1999, totale de quelque durée. En France, pendant tout le XIXᵉ siècle, il n'y a eu qu'une seule é. totale: celle du 8 juillet 1842, totale dans le Midi de la France, et qui fut observée à Perpignan, par Arago.

Voici toutes celles qui depuis cette époque ont été vues en France, à des degrés divers:

1842, 8 juillet. *Totale* pour Perpignan, Montpellier, Marseille. Partielle pour Paris: 88 centièmes du diamètre solaire.

1845, 6 mai. Partielle pour Paris: 30 centièmes. Annulaire au pôle nord.

1846, 25 avril. Partielle pour Paris: 30 centièmes. Annulaire pour les Antilles.

1847, 9 octobre. *Annulaire* pour le Havre, Paris, Beauvais, Châlons, Nancy, Lille, Auxerre, Besançon, Colmar.

1851, 28 juillet. Partielle et très forte pour Paris et le nord-est de la France. Totale en Suède et en Prusse.

1858, 15 mars. Partielle: 90 *centièmes* à Paris. Annulaire en Angleterre.

1860, 18 juillet. Partielle: 85 *centièmes* à Paris. Totale en Espagne et en Algérie.

1861, 31 décembre. Partielle: 54 centièmes à Paris. Totale en Algérie.

1863, 17 mai. Partielle: 26 centièmes à Paris. Éclipse partielle.

1865, 19 octobre. Partielle: 35 centièmes à Paris. Totale aux États-Unis.

1866, 8 octobre. Partielle: 57 centièmes à Paris. Éclipse partielle.

1867, 6 mars. Partielle: 79 centièmes à Paris. Annulaire en Algérie et en Italie.

1868, 23 février. Partielle: 3 centièmes à Paris. Annulaire à Lima.

1870, 22 décembre. Partielle: 83 *centièmes* à Paris, 90 à Marseille. Totale en Algérie.

1873, 26 mai. Partielle: 29 centièmes à Paris. Éclipse partielle.

1874, 10 octobre. Partielle: 29 centièmes à Paris. Annulaire en Sibérie.

1875, 29 septembre. Partielle: 12 centièmes à Paris, 13 à Lyon, 15 à Marseille, 21 à Bordeaux. Annulaire en Afrique.

1879, 19 juillet. Partielle: 13 millièmes à Paris; 11 centièmes à Lyon, 15 à Toulouse, 18 à Marseille, 35 à Alger. Annulaire en Afrique.

1880, 31 décembre. 32 centièmes à Paris. Partielle (0,71) pour l'Atlantique.

1882, 17 mai. Partielle: 24 centièmes à Paris, 36 à Marseille, 46 à Alger. Totale pour la Perse et l'Égypte.

1887, 19 août. Partielle pour Paris: 22 centièmes au lever du soleil. Totale pour la Russie et la Chine.

1890, 17 juin. Partielle pour Paris: 24 centièmes, 71 à Alger, 79 à Turin, 91 au Sénégal. Annulaire en Afrique.

1891, 6 juin. Partielle pour Paris: 20 centièmes, 24 à Lille. Annulaire dans le nord de l'Asie et au pôle nord.

1893, 16 avril. Partielle pour Paris: 28 millièmes; 21 centièmes à Marseille, 42 à Alger. Totale au Sénégal et dans l'Amérique du Sud.

Le 28 mai 1900, une belle éclipse totale de soleil passera non loin de la France, sur l'Espagne et l'Algérie.

VI. — Il resterait encore à parler des occultations de la Lune et des éclipses des satellites de Jupiter. Nous traiterons ces questions en un autre lieu. Voy. OCCULTATION, SATELLITE et PLANÉTAIRE (*Système*).

ÉCLIPSEMENT. s. m. (R. *éclipser*). Action d'éclipser.

ÉCLIPSER. v. a. (R. *éclipse*). T. Astron. Cacher en totalité ou en partie. *La lune éclipse quelquefois le soleil.* = Par ext., Cacher, dérober aux regards. *Un nuage éclipsa le soleil.* || Figur., en parlant du mérite, de la gloire, etc., sign. Effacer, surpasser. *Corneille éclipsa tous les poètes tragiques qui l'avaient précédé. Son nom éclipsa tous les autres.* = s'ÉCLIPSER. v. pron. T. Astron. Se dit d'un astre qui est caché par un autre astre. *Le soleil commencera à s'é. à* telle heure. — Fig., Perdre de son éclat. *Sa gloire s'éclipsa en un instant.*

Tel brille au second rang, qui s'éclipse au premier.
VOLTAIRE.

— Fig., Se retirer, disparaître, *Je saisis le moment où je pouvais m'é. sans être remarqué. Il s'est éclipsé de la ville.* || Fig. et fam., on dit encore d'une chose qui semble avoir disparu tout d'un coup, qu'*elle s'est éclipsée. J'avais mis là des papiers, je ne les retrouve plus, ils se sont éclipsés. Tout son argent s'est éclipsé au jeu.* = ÉCLIPSÉ, ÉE. part. *Le soleil demeura éclipsé pendant une heure.*

ÉCLIPTE. s. f. (gr. ἐκλιπής, imparfait). T. Bot. Genre de plantes Dicotylédones (*Eclipta*) de la famille des *Composées*, tribu des *Radiés*. Voy. COMPOSÉES.

ÉCLIPTIQUE. s. f. (R. *éclipse*). T. Astron. — Les astronomes donnent le nom d'*Écliptique* au grand cercle DBCA (Fig. ci-dessous) de la sphère céleste que le Soleil semble décrire en effectuant sa révolution annuelle apparente autour de la Terre. Ce cercle a été ainsi appelé parce que les éclipses n'ont lieu que lorsque la Lune se trouve dans le même plan, ou du moins très rapprochée de ce plan. L'é. a ses *pôles*, comme l'équateur: ceux-ci sont situés aux deux points du ciel par lesquels passe la perpendiculaire qu'on lui élève au centre de la Terre. Les deux points diamétralement opposés B et A, où l'é. coupe l'équateur EE, ont reçu le nom de *Points équinoxiaux*, ou simplement d'*Équinoxes* (du lat. *æquus*, égal, et *nox*, nuit), parce que, lorsque le Soleil se trouve à l'un de ces points, les jours et les nuits sont d'égale longueur sur toute la surface du globe: c'est ce qui a lieu deux fois

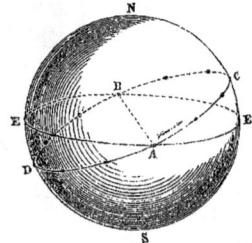

par an, vers le 21 mars et le 22 septembre. Le point A, où le Soleil coupe l'équateur pour passer de l'hémisphère austral dans l'hémisphère boréal, est appelé *Équinoxe du printemps*, et le point opposé B, *Équinoxe d'automne*. Les deux points opposés, CD, situés au milieu de chacune des deux demi-circonférences de l'é. reçoivent le nom de *Solstices* (du lat. *sol*, soleil, et *stare*, s'arrêter), parce que lorsque le Soleil y est arrivé, il se trouve à sa plus grande distance de l'équateur, de sorte que sa déclinaison cesse de grandir pour commencer à diminuer, d'où il suit que la variation de la déclinaison étant très petite, le Soleil semble s'arrêter un instant. Le point C, qui est dans l'hémisphère boréal, est le *Solstice d'été*, et le point D, qui est dans l'hémisphère austral, est le *Solstice d'hiver*. Les époques où le Soleil arrive à l'un de ces deux solstices correspondent respectivement, pour les habitants de notre zone, aux jours les plus longs et les plus courts de l'année.

De temps immémorial, les observateurs ont supposé l'é. divisée en douze parties égales appelées *signes*, savoir: le *Bélier*, le *Taureau*, les *Gémeaux*, le *Cancer*, le *Lion*, la *Vierge*, la *Balance*, le *Scorpion*, le *Sagittaire*, le *Capricorne*, le *Verseau* et les *Poissons*. Nous en reparlerons au mot ZODIAQUE.

L'*obliquité de l'écliptique* est l'angle que le plan de ce cercle fait avec celui de l'équateur, et c'est à la position oblique de ces deux plans l'un par rapport à l'autre que sont dues les alternances des saisons. Si l'é. coïncidait avec l'équateur, il n'y aurait ni été, ni hiver, et la durée des jours et des nuits serait toujours égale à la même pour tous les lieux de la Terre. L'obliquité de l'é. est actuellement (1896) de 23°27′18″, mais cette quantité, outre qu'elle est sujette à une variation périodique d'environ 18″, qui résulte de la nutation de l'axe terrestre, est affectée par une *inégalité séculaire* dont la période n'est pas encore connue. En effet, on compare les observations modernes avec celles des astronomes de l'antiquité, on trouve que l'obliquité de l'é. n'a pas cessé d'éprouver une diminution progressive qu'on évalue à 48″ par siècle, ce qui fait un quart de degré depuis le temps d'Hipparque. Par conséquent, dans le cours des vingt derniers siècles, les plans de l'é. et de l'équateur se sont continuellement rapprochés l'un de l'autre. Voici quelques valeurs :

1100	ans av. J.-C.	Tchéou-Kong, en Chine	23°54′
350	—	Pythéas, à Marseille	23°49′
250	—	Ératosthènes, à Alexandrie. . .	23°46′
890	après J.-C.	Albategni, à Antioche	22°36′
1437	—	Ulugh-Bey, à Samarkande. . .	23°31′
1655	—	Cassini, à Bologne	23°29′
1800	—	Observations modernes.	23°28′
1900	—	—	23°27′

Quoiqu'on ne puisse pas déterminer la limite de ce rapprochement, il est certain que l'oscillation de l'é. de l'un et de l'autre côté de sa position moyenne ne peut excéder 1°21′. Ainsi donc, dans quelques milliers d'années, on verra se produire le mouvement inverse, c'est-à-dire les deux plans s'écarter de nouveau. Quoi qu'il en soit, la diminution de l'obliquité de l'é. est due à l'action des autres planètes, particulièrement de Vénus et de Jupiter, sur la Terre, action en vertu de laquelle le plan de l'orbite terrestre est, pour ainsi dire, rapproché des plans dans lesquels se meuvent ces deux planètes. Voy. PRÉCESSION et SAISONS.

ÉCLIPTIQUE. adj. 2 g. Qui a rapport aux éclipses et à l'écliptique. *Conjonction é. Les pleines lunes ne sont pas toutes écliptiques*. Il n'y a pas toujours éclipse de lune, lorsque cet astre est dans son plein.

ÉCLISSAGE. s. m. (R. *éclisse*). T. Techn. Système d'éclisses. || Pose des éclisses.

ÉCLISSE. s. f. (anc. allem. *kliozan*, fendre). Éclat de bois en forme de coin. Bois de fente qui sert à faire des seaux, des tambours, etc. || Petit rond d'osier sur lequel on met égoutter le lait caillé pour en faire des fromages. || T. Techn. Plaque en fer laminé réunissant deux rails bout à bout à l'aide de quatre boulons. — Plaque de tôle destinée à assujettir les parties d'une pièce fracturée. — Second rang de morceaux de bois disposé dans un four à charbon. || T. Luthier. Plaque de bois très mince servant à la confection d'un violon. Voy. ARCHET. || T. Artill. Petit coin de sapin servant à assujettir les obus dans l'âme des obusiers de siège. || T. Art vét. Nom des attelles que l'on pose sous le pied d'un cheval pour maintenir le pansement appliqué sur la sole. || T. Chirurgie. Petite lame de bois que l'on applique le long d'un membre fracturé pour le maintenir dans une même position. Voy. FRACTURE.

ÉCLISSER. v. a. (R. *éclisse*). Maintenir au moyen d'éclisses. *On lui a éclissé la jambe*. || T. Fauconn. *E. l'oiseau*, lui jeter quelques gouttes d'eau avec les doigts. == ÉCLISSÉ, ÉE. part.

ÉCLISSETTE. s. f. Petite éclisse.

ÉCLOPER. v. a. (R. é. préf., et bas-latin *cloppus*, boiteux, rad. qu'on retrouve dans *clopin-clopant*). Rendre boiteux. Fam. et presque inus. ==s'ÉCLOPER. v. pron. Devenir éclopé. == ÉCLOPÉ, ÉE. part. Qui ne peut marcher qu'avec peine, en traînant la jambe, en boitant. *Un soldat éclopé. Un cheval éclopé. Être tout éclopé*. Fam. || T. Bl. *Écu é.*, Se dit d'un écu irrégulièrement taillé. == On écrivait autrefois *Éclopper*.

ÉCLOPEMENT. s. m. État de ce qui est éclopé.

ÉCLORE. v. n. (lat. *excludere*, tirer dehors, de *ex*, hors de, et *claudere*, fermer). Se dit proprement des animaux qui sortent de l'œuf, de l'œuf lui-même, et de tout germe en général. *Voilà des poussins qui viennent d'é. La chaleur fait é. les vers à soie. Les œufs de la cigogne éclosent au bout d'un mois*. || Par anal., se dit des fleurs qui commencent à s'ouvrir et du bouton lui-même. *Le soleil fait é. les fleurs. Ces roses sont écloses ce matin*. || Fig., Naître, se produire, se manifester. *Les grands génies que ce siècle vit é. Cette époque fit é. bien des talents. Ses dessins éclôront quel-*

que jour. = ÉCLOS, OSE. part. *Une fleur fraîche éclose, fraîchement éclose*.
Conjug. — Ce verbe ne s'emploie guère qu'aux modes, aux temps et aux personnes qui suivent : *Il éclôt, ils éclosent. Il éclôra ; nous éclôrons, ils éclôront. Il éclôrait ; ils éclôraient. Qu'il éclose ; qu'ils éclosent*. Il est encore usité aux troisièmes personnes des temps composés qui se forment avec l'auxiliaire *Être*.

ÉCLOSION. s. f. (R. *éclore*). Action d'éclore. || Par ext., Épanouissement des fleurs et des bourgeons. — Fig. Production, manifestation. *L'é. d'une vérité*.

ÉCLUSAGE. s. m. Manœuvre par laquelle on fait franchir une écluse à un bateau. Voy. ÉCLUSE et CANAL.

ÉCLUSE. s. f. (lat. *exclusa aqua*, eau exclue, séparée). T. Techn. Sorte de réservoir fermé par des portes et mettant en communication deux biefs d'un canal ou d'une voie navigable. || Plaque de fer forgé qui sert dans une fonderie à diriger le métal du fourneau coulant dans le canal au gré du fondeur. || T. Pêc. Parc de pierres disposé pour retenir le poisson amené par la marée. || T. Fortif. *E. provisionnelle*, Réservoir ménagé pour inonder le fossé d'une forteresse en cas de besoin. || Fig. Ce qui arrête.
Techn. — Le mot *écluse* a d'abord été employé pour désigner les barrages mobiles qui servent à constituer des retenues dans les usines à moteur hydraulique ; on l'a depuis étendu aux passages établis entre deux bassins voisins et fermés par des portes pour retenir l'eau enfermée dans l'un d'eux pendant que l'autre se vide plus ou moins. Ces portes sont généralement munies de vannes qui, fermées, forment une retenue complète, et qui, ouvertes, laissent passer l'eau d'un bassin dans l'autre. On ne peut ouvrir les portes que quand le niveau de l'eau est le même de part et d'autre des portes. Dans les canaux et les rivières navigables qui sont séparés en plusieurs biefs où l'on maintient un niveau différent, il faut, pour permettre la communication entre deux biefs, établir deux écluses simples séparées par une chambre intermédiaire que l'on nomme *sas*. On donne alors le nom d'*écluse* à l'ensemble du sas et des deux écluses. On distingue, dans une é. à sas, outre le *sas*, les *portes*, les *vannes* qui permettent d'emplir ou de vider le sas, le *radier* qui est le plancher de fond du sas, et les *bajoyers* qui en sont les parois latérales. Nous avons expliqué ailleurs le fonctionnement et la manœuvre des écluses à sas. Voy. CANAL.
Dans les ports de l'Océan, où la marée fait osciller le niveau de l'eau entre de grandes limites, il est nécessaire d'établir des écluses suivant des systèmes particuliers, selon que le mouvement de la navigation est plus ou moins considérable. Voy. PORT.
On donne encore le nom d'*écluses* ou d'*écluses à air* aux dispositions adoptées pour pénétrer dans les travaux qui se font dans une enceinte remplie d'air comprimé. Ce mode de travail est adopté pour les ouvrages importants qui doivent se faire sous l'eau. On descend au fond de l'eau une chambre ouverte par le bas et fermée par le haut, dans laquelle on envoie de l'air que la pression de l'eau comprime à une pression d'autant plus élevée que la profondeur est plus grande. Pour communiquer de l'extérieur à la chambre du travail, on établit au-dessus de celle-ci une chambre intermédiaire entièrement close, mais communiquant par des portes étanches et des tuyaux à robinet, d'une part avec la chambre du travail, de l'autre avec l'air extérieur. C'est cette chambre qui reçoit le nom d'é. Pour pénétrer de l'extérieur dans la chambre de travail, on commence par ouvrir le robinet du tuyau qui met l'é. en communication avec l'extérieur. L'air s'échappe et, quand l'équilibre de pression est établi, on peut ouvrir la porte et entrer dans l'é. Alors on ferme la porte et le premier robinet, et l'on ouvre celui qui communique avec la chambre de travail. L'air de celle-ci pénètre dans l'é., l'équilibre de pression s'établit, on ouvre la porte et l'on peut entrer dans la chambre de travail. Une manœuvre inverse permet la sortie. Des pompes à air comprimé envoient presque constamment de l'air comprimé dans la chambre de travail, afin de compenser les pertes d'air dues aux fuites et aux *éclusées* nécessitées par les allées et venues. Cet apport d'air extérieur est évidemment nécessaire, car, la pression étant maintenue constante par la poussée de l'eau, toute perte d'air entraîne une élévation du niveau de l'eau dans la chambre de travail. Voy. CLOCHE.

ÉCLUSE (L')., en hollandais **Sluis**, petite ville de Hollande, prov. de Zélande ; 2.100 hab.

ÉCLUSÉE. s. f. (R. *écluse*). La quantité d'eau qui coule depuis qu'on a lâché l'écluse jusqu'à ce qu'on l'ait refermée. — Dans les écluses à sas, *éclusée* signifie la quantité d'eau contenue dans le sas entre le niveau inférieur et le niveau supérieur. C'est cette quantité d'eau qui passe du bief supérieur dans le bief inférieur chaque fois qu'on fait la manœuvre de l'écluse. || T. Navig. Train de bois construit de façon à pouvoir passer dans toutes les écluses qu'il doit traverser.

ÉCLUSEMENT. s. m. (R. *écluse*). Action de remplir d'air comprimé le premier compartiment d'une écluse à air.

ÉCLUSER. v. a. (R. *écluse*). Faire passer un bateau par une écluse. || Munir d'écluses ; fermer au moyen d'une écluse.

ÉCLUSIER, IÈRE. s. (R. *écluse*). Celui, celle qui gouverne une écluse, qui en reçoit le péage. || Adj. Qui a rapport à l'écluse. *Porte éclusière*, Porte d'une écluse.

ECMARTURIE. s. f. (gr. ἐx, hors de ; μαρτυρία, témoignage). T. Antiq. gr. Témoignage d'un absent transmis par des témoins présents.

ECNÉPHIAS. s. m. (gr. ἐxνεφίας, qui sort de la nue ; de νέφος, nue). T. Météor. Vent violent qui semble souffler des nuages.

ÉCOBUAGE. s. m. (R. *écobuer*). T. Agric. Mode de défrichement.

On désigne sous ce nom une opération agricole qui a pour but de brûler la croûte superficielle des sols arables et de répandre uniformément sur ce sol les parties qui ont subi l'action du feu. On écobue, soit pour modifier les propriétés de la terre de culture, soit pour la débarrasser des mauvaises herbes qui la souillent. Aussi applique-t-on constamment l'é. aux vieilles prairies infestées de mousses, aux friches couvertes de plantes vivaces difficiles à extirper. D'un autre côté, l'argile exposée à un certain degré de chaleur a perdu la propriété de se combiner avec l'eau pour former une pâte liée. Elle se resserre, se durcit et conserve cet nouvel état de cohésion. C'est l'histoire de la brique qui reste ferme et dure en présence de l'eau. On peut l'écraser à l'état de sable et la jeter, après cette opération, dans le champ organique dont elle diminuera la compacité. Cependant, la cuisson de l'argile, pour les besoins de l'agriculture, ne doit pas être poussée aussi loin. Elle dépenserait trop de combustible et de force pour la broyer. Il suffit d'arriver au point où cette terre a perdu son affinité pour l'eau. Alors elle reste friable ; répandue, elle divise mécaniquement le terrain à la manière de la silice et de la chaux. Ces avantages indiquent suffisamment sur quels terrains on doit pratiquer cette opération avec succès ; c'est sur les sols qui pèchent par trop de cohésion et sur les tourbières où les acides nuisibles à la végétation sont abondants. — En outre, l'argile cuite remplit une double fonction fort importante : 1° elle rotient, au profit de la végétation, et cède facilement aux plantes l'ammoniaque introduite dans le sol par les eaux pluviales et les fumiers ; 2° elle est devenue un réservoir presque inépuisable de sels alcalins. Ces sols, dans les argiles, sont ordinairement à l'état de silicates ; leur extrême division, après l'é., les amène à des conditions très favorables pour leur assimilation par les végétaux. — On comprend donc qu'avec ces terres brûlées on puisse réparer l'appauvrissement du sol, surtout en potasse. Les plantes qu'il convient de cultiver après l'é. sont les crucifères, navets, choux, colzas, les pommes de terre, l'avoine, les légumineuses fourragères ; toutes espèces qui prennent dans le sol peu de matières azotées, dont il est alors presque dépourvu, mais grands consommateurs de la potasse qui est en abondance.

En Angleterre, les sols crayeux sont soumis à une répétition constante de l'é. Dans ce cas, la chaleur convertit une certaine quantité de calcaire en chaux vive. C'est le plus grand avantage qui apparaît avec la destruction des graines et des mauvaises herbes. S'il y a perte de matière azotée, l'opération peut contribuer, par compensation, à la nitrification de la terre, d'après la théorie de MM. Muniz et Schlœsing. L'opération pour la cuisson de l'argile ne doit coûter ni grand temps ni beaucoup de combustible ; voici comment on la pratique habituellement. On ouvre sur le terrain même une tranchée étroite qu'on remplit de brindilles, ronces, broussailles, tiges de colza, herbes sèches, ramassis sans valeur dans les terrains boisés, et qui croissent autour du champ. Ces débris sont recouverts de plaques de terre mi-sèches que l'on veut écobuer. Les premières sont posées en arc-boutant, et forment voûte sur le combustible. Les autres sont disposées de telle

façon qu'elles laissent de faibles interstices pour le passage des flammes. Ces plaques, enlevées à la bêche ou au moyen d'une charrue spéciale, ne doivent être ni trop mouillées, elles uscraient trop de combustible, ni trop sèches, les molécules seraient alors trop rapprochées, et la terre se diviserait mal. Si le combustible le permet, on ajoute de nouvelles argiles sur les tas rougi par le feu. Après refroidissement, le résidu de la calcination peut être broyé immédiatement et répandu sur le sol. On recouvre par un labour pour éviter la perte par le vent des matières ténues.

La pratique de l'é. est fort ancienne, puisque Virgile la mentionne déjà (*Géorgiques*, I, 84).

ÉCOBUE. s. f. (R. *écobuer*). T. Agric. Espèce de pioche recourbée comme une houe et armée d'un manche un peu recourbé au dessus. = ÉCOBUES. s. f. pl. Racines pouvant servir à l'écobuage.

ÉCOBUER. v. a. (lat. *scopare*, balayer ?). T. Agric. Enlever avec l'écobue la superficie d'une terre couverte d'herbes, que l'on brûle et dont on répand ensuite les cendres sur le sol.

ÉCOBUEUR. s. m. T. Agric. Celui qui fait l'écobuage.

ÉCOCHELAGE. s. m. T. Agric. Action d'écocheler.

ÉCOCHELER. v. a. T. Agric. Ramasser avec deux râteaux les tiges que la faux a étendues en les coupant. = Conj. Voy. , APPELER.

ÉCŒURANT, ANTE. adj. (R. *écœurer*). Qui écœure, qui inspire le dégoût.

ÉCŒUREMENT. s. m. (R. *écœurer*). État de ce qui est écœuré.

ÉCŒURER. v. a. (R. *cœur*). En parlant des boissons, des aliments, etc., Inspirer du dégoût, affadir le cœur. *Cette boisson vous écœure. Ces sucreries mielleuses et parfumées finirent par m'é.* Fam. || Fig. et fam., *C'est une lecture qui vous écœure. Ce travail m'écœure.* = s'ÉCŒURER. v. pron. Se dégoûter. = ÉCŒURÉ, ÉE. part.

ÉCOFRAI ou **ÉCOFROI.** s. m. (bas-lat. *escofferius*, marchand de cuir ; de l'all. *schuh*, soulier ; goth, *skoch*). T. Techn. Grosse table dont se servent plusieurs artisans pour tailler et préparer leur ouvrage.

ÉCOIN. s. m. Instrument à l'usage des mineurs.

ÉCOINÇON ou **ÉCOINSON.** s. m. (R. *coin*). T. Techn. Pièce de maçonnerie ou de menuiserie qui sert à diminuer les angles que forment les murs d'une chambre. *Il faut me faire là une armoire en é.* || Pierre qui fait l'encoignure de l'embrasure d'une porte ou d'une fenêtre.

ÉCOINE. s. f. Rabot pour faire le logement de la baguette du fusil.

ÉCOLÂTRE. s. m. (R. *école*). Autrefois, l'ecclésiastique qui dirigeait l'école attachée à l'église cathédrale, et qui, plus tard, fut chargé d'exercer une surveillance sur les maîtres d'école du diocèse.

ÉCOLÂTRIE. s. f. (R. *écolâtre*). Charge, emploi d'écolâtre.

ÉCOLE. s. f. (lat. *schola*, m. s.). L'établissement, le lieu où l'on enseigne un ou plusieurs arts. *É. de théologie, de droit, de médecine, de pharmacie. É. des chartes. É. des langues orientales. É. de commerce. É. des arts et métiers. É. de musique, de peinture, de sculpture, d'architecture. É. de danse, d'équitation, de natation. É. normale. É. militaire. É. polytechnique. É. de marine, d'artillerie, des mines, des ponts et chaussées. Ouvrir une é. Les élèves, les professeurs d'une é. Camarade d'é. Aller à l'é. On proposa de transférer l'é. dans une autre ville.* — Se dit particulièr. des écoles où l'on donne l'instruction élémentaire. *Écoles primaires. É. d'adultes. É. d'enseignement mutuel* ou *É. mutuelle. É. chrétienne. Une é. de village. Un maître d'é.* — Fig. et prov., *Renvoyer quelqu'un à l'é.*, Lui faire sentir son ignorance. *Dire les nouvelles de l'é.*, Révéler une chose qui s'est passée dans une

compagnie et qu'il convenait de taire. *Faire l'é. buissonnière.*
Voy. Buissonnier. *Prendre le chemin de l'é.,* Prendre un
chemin long et détourné. || Collect., se dit quelquefois de tous
les élèves d'une é., ou encore des élèves et des professeurs
pris ensemble. *Cela mit toute l'é. en rumeur. L'é. tout en-
tière assista à la cérémonie.* || Absol., se dit en parl. de
l'enseignement donné dans les anciennes universités, et de la
méthode qu'on y suivait, particul. pour la théologie et la philosophie. *Le langage, les termes de l'é. sent l'é. La
philosophie de l'é.* || Figur., se dit, soit en bonne, soit en
mauvaise part, de ce qui est propre à instruire, à donner de
l'expérience. *Il est devenu sage à l'é. du malheur. S'instruire à l'é. de l'expérience. Il s'était formé à l'é. des
plus grands généraux. Tenir é. de mauvaises mœurs, de
mauvais goût.* — Fam., *Il faut aller à votre é. pour apprendre cela,* Il n'y a que vous qui puissiez apprendre cela.
Être à bonne é., en bonne é., Être avec des gens capables
de bien instruire sur certaines choses. = École se dit aussi
de toute secte philosophique qui adopte les opinions d'un philosophe, d'un docteur célèbre, ou fait profession des mêmes
principes et de la doctrine de cette secte. *L'é. de Platon,
d'Épicure. L'é. d'Élée, d'Alexandrie. Les écoles rivales
de Duns Scot et de saint Thomas. L'é. cartésienne. L'é.
hégélienne. C'est le dernier représentant de l'é. écossaise.
Suivre, adopter les principes d'une é.* || S'emploie dans un
sens analogue, en parlant de certaines doctrines médicales.
L'é. d'Hippocrate, de Stahl, de Broussais. — Se dit encore
dans les sciences morales et politiques. *L'é. mercantile. L'é.
doctrinaire. L'é. historique. L'é. philosophique.* || Dans les
Beaux-Arts, se dit de même de tout groupe d'artistes qui
suivent les principes ou imitent la manière d'un maître. *L'é.
de Michel-Ange, de Raphaël, de Rubens,* etc. *L'é. de Palladio. L'é. florentine, l'é. flamande, l'é. française,* etc. *Ce
tableau est de telle é. L'é. vénitienne se distingue par le
coloris.* — En parlant de la musique, on dit aussi, *L'é. italienne, allemande, française. L'é. de Rossini.* — Par anal.,
se dit également des imitateurs d'un écrivain et des partisans
d'un certain style, d'un certain genre d'écrire. *L'é. de Port-
Royal. L'é. de Voltaire. L'é. classique. L'é. romantique.* ||
Faire é., se dit d'un philosophe, d'un artiste, d'un écrivain, dont
la doctrine, la manière a été suivie par d'autres. || T. Man.
Ce cheval a de l'é., Il a été dressé au manège. — *Haute é.*
Travaux de deux pistes au trot et au galop. || T. Jeu de tric-
trac. *Faire une é.,* Oublier de marquer les points qu'on a
gagnés, on en marquer mal à propos. || T. Mar. *Vaisseau-é.,*
Vaisseau à bord duquel étudient les élèves de l'é. navale. ||
T. Art milit., Série d'expériences et d'études pour habituer
les soldats à la manœuvre. *E. de peloton, É. de bataillon.*
|| T. Artill. Nom donné aux garnisons d'artillerie.

Admin. — *Caisse des écoles.* — La caisse des écoles,
rendue obligatoire pour toutes les communes par la loi du
28 mars 1882, a pour but de faciliter la fréquentation des classes
par des récompenses, accordées sous forme de livrets de caisse
d'épargne, aux élèves les plus appliqués, et par des secours
alloués aux élèves indigents ou peu aisés (livres, fournitures
de classe, vêtements, chaussures, aliments chauds). Les ressources de la caisse se composent : 1° des subventions qu'elle
peut recevoir de la commune, du département, de l'État ;
2° de fondations ou souscriptions particulières ; 3° du produit des dons, legs, quêtes, fêtes de bienfaisance, etc. ; 4° des
dons en nature, livres, vêtements, etc. **La** caisse des écoles
est administrée par un Comité présidé par le maire, et qui
comprend un vice-président, un secrétaire et un trésorier ;
toutes les fonctions du Comité sont essentiellement gratuites.
— Cette institution, dont l'origine remonte à la loi de 1867, a
efficacement aidé pendant ces dernières années à combattre
l'ignorance et à diminuer le nombre des illettrés ; il est permis
de regretter que, malgré les prescriptions formelles de la loi
de 1882, un grand nombre de communes n'aient pas encore
mis en pratique cette « œuvre de bienfaisance scolaire ».

Liste des principales écoles publiques de France :

I. Ministère de l'Agriculture. — *Écoles nationales
d'agriculture.* Grignon, Grand-Jouan et Montpellier forment
des agriculteurs instruits. Admission après concours dont sont
dispensés les bacheliers ès sciences, les bacheliers de l'enseignement spécial et les vétérinaires diplômés. Les candidats
doivent être âgés de 16 ans accomplis.

Institut agronomique. École supérieure d'agriculture,
fondée à Versailles en 1848, complètement abandonnée en
1852, réorganisée une première fois en 1876 au Conservatoire
des Arts et Métiers à Paris, et une deuxième fois en 1888,
actuellement établie rue Claude-Bernard, forme des ingénieurs

agricoles. Admission après concours. Il est tenu compte des
différents diplômes (sans qu'aucun soit exigé) aux candidats,
qui doivent être âgés de 17 ans révolus.

École forestière, à Nancy, fondée en 1824. Avant 1888, on
y était admis par la voix du concours. Depuis cette époque, on
n'y reçoit que d'anciens élèves de l'Institut agronomique et
d'anciens élèves de l'École polytechnique. Les candidats doivent être âgés de 22 ans au plus. La durée des études est
de 2 ans. Les élèves sortants reçoivent des emplois dans l'administration des forêts.

Écoles vétérinaires d'Alfort, Lyon et Toulouse. Celle de Lyon
a été fondée en 1762, celle d'Alfort en 1765. Elles forment des
médecins vétérinaires. Les candidats pourvus d'un des diplômes
suivants : bachelier ès lettres, bachelier ès sciences, bachelier
de l'enseignement spécial, diplômé de l'Institut agronomique,
ou d'une école nationale d'agriculture, sont admis au concours
à 17 ans au moins et 25 ans au plus. Durée des études, 4 ans.

II. Ministère du Commerce et de l'Industrie. — *École
centrale des Arts et Manufactures,* fondée en 1829, à Paris,
forme des ingénieurs civils. Les candidats admis au concours
doivent avoir 17 ans. Les élèves sont externes, la durée des
études est de 3 ans. Les meilleurs élèves sortants reçoivent
un diplôme *d'ingénieur des arts et manufactures ;* ceux qui
n'ont satisfait que partiellement aux épreuves des examens de
sortie, reçoivent un certificat de capacité. Aucun élève sortant
n'est employé par l'État : tous doivent chercher à tirer parti
de leurs connaissances dans l'industrie privée.

Écoles des Arts et Métiers à Aix, Angers et Châlons-sur-
Marne, destinées à faire des chefs d'atelier pour le travail du
bois et du fer. L'idée première de ces écoles appartient au
duc de Larochefoucauld-Liancourt, qui fonda en 1788, dans
ses domaines, l'école dite de *la Montagne.* Sous la République,
elle fut transférée au château de Compiègne sous le titre de
Prytanée français ; on y installa des ateliers en 1803 ; en 1806,
elle fut transférée à Châlons-sur-Marne. Plus tard on installa
les écoles d'Angers et d'Aix. Concours à l'âge de 15 ans au
moins et de 17 ans au plus. La durée des études est de 3 ans ;
le régime est l'internat.

École des Hautes Études commerciales, fondée à Paris,
par la chambre de commerce en 1881, forme des négociants
et des agents consulaires. Admission après examen dont sont
dispensés les bacheliers ès lettres ou ès sciences ainsi que les
bacheliers de l'enseignement secondaire spécial et les brevetés
de l'enseignement primaire. Candidats âgés de 16 ans au
moins ; internes et demi-pensionnaires. Durée des études, 3 ans.

Écoles d'horlogerie. Au nombre de trois (Besançon, Cluses
et Paris), elles forment des ouvriers horlogers après trois ans
d'études. Le régime est l'externat.

École pratique de contremaîtres et d'ouvriers de Cluny,
ouverte le 2 novembre 1891, destinée à former des ouvriers
d'élite. Admission après concours ; durée des études, 3 ans.
Élèves internes et externes.

École de télégraphie, comprend deux sections, l'une destinée à assurer le recrutement du personnel supérieur de
l'Administration, l'autre le recrutement du service technique
des télégraphes. Les candidats qui ne sortent pas des grandes
écoles scientifiques doivent appartenir à l'administration, être
âgés de 20 à 30 ans et présenter diverses garanties de capacité.

III. Ministère de la Guerre. — *École polytechnique,*
fondée en 1794 par Lombardie, Monge, Carnot, Prieur (de la
Côte-d'Or) et Fourcroy sous le nom d'*École centrale des travaux publics,* pour former des ingénieurs civils et militaires ;
elle prit le nom d'école polytechnique en 1795. Installée d'a-
bord au Palais-Bourbon, elle fut transférée en 1804 à l'ancien
collège de Navarre, rue de la Montagne-Sainte-Geneviève, où
elle est encore. Les candidats, munis du diplôme de bachelier
ès lettres ou de l'enseignement secondaire spécial, doivent être âgés de 16 ans au moins et de 21 ans au
plus ; mais la limite d'âge est reculée jusqu'à 25 ans pour les
sous-officiers et soldats en activité de service. La durée des
études est de deux ans, à la suite d'un examen de
sortie, sont déclarés aptes, suivant le rang obtenu, aux écoles
d'application suivantes : Manufactures de l'État, poudres et
salpêtres, génie maritime, mines, ponts et chaussées, postes et
télégraphes, génie ou artillerie, etc. Les élèves militaires en
activité ne peuvent recevoir que des emplois militaires.

École spéciale militaire de Saint-Cyr, fondée en 1803. Les
candidats, bacheliers et âgés de 17 à 21 ans, sont admis après
un concours et un engagement volontaire dans l'armée. Les
sous-officiers et soldats peuvent se présenter jusqu'à 25 ans.
Le régime de l'école est l'internat, la durée des études est de
deux ans, au bout desquels les élèves sont nommés sous-lieutenants de cavalerie ou d'infanterie.

École d'application d'artillerie et du génie. Cette école, d'abord à Metz et depuis 1871 à Fontainebleau, reçoit des élèves sortant de l'École polytechnique qui sont nommés sous-lieutenants d'artillerie ou du génie; on autorise chaque année des lieutenants étrangers à suivre les cours. Après deux ans les élèves sont nommés lieutenants dans l'artillerie ou le génie.

École de cavalerie de Saumur. Elle se recrute parmi : 1° les lieutenants instructeurs qui viennent s'y perfectionner ; 2° les élèves de Saint-Cyr sortant dans la cavalerie et qui doivent y passer un an avant d'être incorporés dans un régiment ; 3° les sous-officiers de cavalerie qui doivent y passer un an avant d'être nommés sous-lieutenants ; 4° les élèves des écoles vétérinaires.

École de sous-officiers d'artillerie et du génie, fondée en 1844 à Versailles. Les sous-officiers sont admis après concours et sortent sous-lieutenants au bout de deux ans d'études.

École des poudres et salpêtres, établie à Paris pour les élèves qui, à leur sortie de l'École polytechnique, entrent dans le corps des ingénieurs des poudres et salpêtres.

École de sous-officiers d'infanterie, fondée à Saint-Maixent en 1883. Les sous-officiers, admis à la suite d'un examen, y passent deux ans avant d'être nommés sous-lieutenants.

École de service de santé militaire, fondée à Lyon en 1889. Les élèves doivent avoir 22 ans au plus et une année de médecine (4 inscriptions). Les militaires peuvent se présenter jusqu'à 25 ans.

École d'application de médecine et de pharmacie militaires, établie au Val-de-Grâce, reçoit comme stagiaires sans concours les docteurs sortant de l'École de Lyon, et au concours les docteurs en médecine et pharmaciens de 1re classe civils.

École d'administration militaire de Vincennes, fondée en 1875. Elle reçoit après concours des sous-officiers de toutes armes qui sont, à la sortie, nommés adjudants élèves d'administration (intendance, subsistances, habillement, etc.).

Prytanée militaire de La Flèche. Donne à des fils de militaires et marins une éducation qui les prépare à la carrière militaire, 10 ans révolus pour entrer en septième. Places gratuites et demi-gratuites.

Écoles préparatoires militaires. Elles sont au nombre de quatre pour l'infanterie, une pour la cavalerie, une pour l'artillerie et le génie. Elles reçoivent les fils de soldats, sous-officiers et officiers jusqu'au grade de capitaine, et les fils d'officiers supérieurs décédés.

École militaire, monument construit à Paris, à l'extrémité du Champ-de-Mars, sous Louis XV, par l'architecte Gabriel. On y élevait les enfants de la noblesse aux grades d'officiers. Elle a été démocratisée en 1790. C'est depuis longtemps une simple caserne.

IV. MINISTÈRE DE L'INSTRUCTION PUBLIQUE ET DES BEAUX-ARTS. — *École normale supérieure,* fondée à Paris en 1795, licenciée peu de temps après et réorganisée en 1808. Les candidats, bacheliers ès lettres ou ès sciences et âgés de 18 à 24 ans, sont admis au concours ; ils sortent, au bout de trois ans d'internat, professeurs d'enseignement secondaire. Une quatrième année d'études est accordée aux élèves qui désirent préparer une thèse de doctorat pour se vouer à l'enseignement supérieur.

Écoles ou facultés des sciences et des lettres. Les cours y sont faits en vue de préparer les bacheliers aux examens de la licence. C'est devant elles que sont subies les épreuves du baccalauréat, de la licence et du doctorat.

Écoles ou facultés de médecine. Les étudiants qui ont pris régulièrement un certain nombre d'inscriptions et subi avec succès divers examens, obtiennent le diplôme de docteur en médecine.

Écoles préparatoires de médecine et de pharmacie. Elles ont été créées dans des villes où n'existe pas de faculté de médecine.

Écoles supérieures de pharmacie, établies à Paris, Nancy, Montpellier et Toulouse, pour préparer les jeunes gens à l'obtention du diplôme de pharmacien de 1re et de 2e classe.

Écoles ou facultés de droit. Elles sont au nombre de treize et leurs professeurs enseignent le droit romain, le droit français, le droit international privé, l'économie politique. Les élèves doivent être âgés de 16 ans au moins. Ceux qui ont pris douze inscriptions obtiennent, après examen, le diplôme de licencié en droit ; ceux qui ont pris seize sont admis à subir les épreuves du doctorat. Les étudiants non bacheliers ès lettres n'obtiennent point la licence, mais un simple certificat de capacité en droit. Voy. DROIT.

Écoles normales primaires. Les candidats, filles ou garçons, doivent être âgés de 16 à 18 ans, produire le brevet élémentaire, subir un concours d'admission et s'engager à servir pendant dix ans dans l'enseignement public ; l'enseignement est gratuit et a pour objet de former des instituteurs et des institutrices. Le régime est l'internat.

École normale supérieure d'enseignement primaire (Instituteurs). Établie à Saint-Cloud (Seine-et-Oise). Les élèves munis du brevet supérieur, âgés de 19 à 25 ans et admis après concours, en sortent professeurs dans les écoles normales primaires d'instituteurs.

École normale supérieure d'enseignement primaire (Institutrices). À Fontenay-aux-Roses (Seine). Les élèves, munies du brevet supérieur, âgées de 19 à 25 ans et admises après concours, en sortent comme maîtresses dans les écoles normales primaires d'institutrices.

École normale supérieure d'enseignement secondaire pour les jeunes filles, établie à Sèvres (Seine-et-Oise). Les élèves, admises au concours, munies du diplôme de bachelière ou du brevet supérieur et âgées de 18 ans au moins et 24 au plus, sortent professeurs d'enseignement secondaire.

Écoles primaires supérieures. Indépendamment des écoles primaires proprement dites, il y a dans un certain nombre de villes importantes des écoles primaires supérieures. On y donne aux enfants, en outre des connaissances ordinaires de l'enseignement primaire, des notions pratiques sur l'agriculture, l'industrie et le commerce.

Écoles primaires. Créées par la Convention en 1792, elles reçoivent des enfants de 6 à 13 ans. Leur nombre s'est multiplié, et le moindre village a son école, depuis que l'enseignement primaire est devenu gratuit et obligatoire.

Écoles maternelles (anciennes salles d'asile). Les enfants âgés de 2 à 7 ans y sont préparés à entrer à l'école primaire et y apprennent les éléments de lecture, écriture, calcul, leçons de choses.

École nationale des chartes, fondée en 1821 à Paris, pour former des *archivistes paléographes.* Les candidats doivent produire un diplôme de bachelier ès lettres, subissent un examen portant sur l'histoire de France et la langue latine. La durée des études est de trois ans ; les élèves sont externes.

École spéciale des langues orientales vivantes, fondée à Paris en 1795 pour former des drogmans et des interprètes chargés d'assister nos agents diplomatiques et consulaires dans les pays du Levant et de l'Extrême-Orient. Les élèves doivent être bacheliers ès lettres ou subir un examen d'admission. Durée des études trois ans.

École pratique des hautes études, fondée à Paris, près de la Sorbonne, en 1868. Aucune condition d'admission, les leçons de l'École des hautes études ayant pour objet de permettre aux élèves de se perfectionner dans les hautes questions scientifiques ou littéraires.

École du Louvre. On désigne sous ce nom l'ensemble des cours faits dans le palais du Louvre sur l'archéologie et les civilisations de l'antiquité.

École des Beaux-Arts, fondée à Paris en 1785. Les élèves, âgés de 15 à 30 ans, sont admis après examen dans l'une des sections de peinture, de sculpture, d'architecture et de gravure. Elle prépare les jeunes artistes au concours pour le grand prix de Rome.

Écoles nationales des Beaux-Arts, de Bourges, Dijon, Lyon, Alger.

École nationale des Arts décoratifs, fondée en 1766. Toutes les branches industrielles qui dérivent du dessin servent de thème à un enseignement qui a pour objet de former des artisans plutôt que des artistes.

Écoles nationales d'art décoratif d'Aubusson, Limoges, Nice, Roubaix.

École nationale de dessin pour les jeunes filles, à Paris. Admission de 12 à 25 ans. Instruction primaire.

Conservatoire national de musique et de déclamation, consacré à l'enseignement gratuit de la musique vocale et instrumentale et de la déclamation dramatique et lyrique. Admission par voie d'examen et de concours, de 9 à 22 ans. Voy. CONSERVATOIRE.

École française d'Athènes, fondée en 1846 pour perfectionner des professeurs, âgés de moins de 30 ans (docteurs ès lettres ou agrégés des lettres, de grammaire, de philosophie et d'histoire), dans la langue, l'histoire et l'archéologie grecques. La durée du séjour à Athènes est de trois ans au plus.

École archéologique de Rome, fondée au palais Farnèse (1875). Elle est aux antiquités latines ce qu'est l'École d'Athènes aux antiquités grecques.

École française de Rome, fondée en 1666 par Colbert. Elle reçoit pendant trois ans les architectes, sculpteurs, peintres, graveurs et musiciens ayant obtenu le grand prix de Rome.

V. MINISTÈRE DE L'INTÉRIEUR. — *École des sourds-muets.*

Les enfants admis dans ces écoles reçoivent avec les soins médicaux une instruction élémentaire et professionnelle. Outre diverses institutions spéciales, il y a en France trois institutions nationales de sourds-muets : celles de Paris, Bordeaux et Chambéry.

Écoles d'aveugles. Il y a en France deux établissements nationaux affectés à l'instruction intellectuelle et professionnelle des jeunes aveugles : l'Institution nationale des jeunes aveugles à Paris et l'École Braille à Saint-Mandé (Seine).

VI. MINISTÈRE DE LA MARINE. — *École navale*, fondée au Havre en 1773, établie actuellement en rade de Brest, à bord du vaisseau *le Borda*. Les élèves âgés de 14 à 18 ans y entrent à la suite d'un concours, y passent deux ans, et en sortent, après examen, aspirants de 2° classe.

École d'application du génie maritime, fondée à Paris pour préparer les élèves sortant de l'École polytechnique aux fonctions d'ingénieur des constructions navales. Les cours durent deux ans.

École coloniale à Paris, comprend deux sections, l'une constituée pour instruire dans nos mœurs et notre civilisation des jeunes gens venus de nos diverses colonies ; l'autre, pour assurer le recrutement des administrations et corps coloniaux. Durée des cours 3 ans; deux ans pour les licenciés en droit.

Écoles d'hydrographie, fondées en 1791 dans nos principaux ports pour former des capitaines au long cours et des maîtres au cabotage. On exige des candidats, âgés de 13 ans au moins, une instruction élémentaire ; mais on ne peut prétendre au brevet de capitaine au long cours ou de maître au cabotage qu'à l'âge de 24 ans et après 60 mois de navigation.

Écoles des mécaniciens, destinées à fournir des mécaniciens pour la flotte nationale. Les candidats doivent être âgés de 16 ans au moins et de 18 ans au plus ; concours consistant en épreuves manuelles et épreuves écrites. Durée des études, 2 ans.

École des pupilles de la marine, fondée à Brest en 1862, pour les orphelins fils de marins. Les enfants admis par le gouvernement et jugés aptes au service de la marine sont gardés de 7 à 13 ans, puis envoyés à l'École des mousses.

École des mousses, établie en rade de Brest à bord de *l'Austerlitz*. Elle reçoit les enfants de 14 ans au moins et de 15 ans au plus et des pupilles de la marine. A 16 ans, les élèves contractent un engagement dans les équipages de la flotte.

Écoles de médecine et de pharmacie navales, existent à Brest, Rochefort et Toulon, et préparent des officiers pour le corps de santé de la marine. Les candidats doivent être âgés de 18 à 23 ans au plus; comme médecins, être pourvus du diplôme de bachelier ès lettres et du diplôme de bachelier ès sciences restreint ; comme pharmaciens, être pourvus d'un des trois diplômes des baccalauréats ès lettres, ès sciences ou enseignement spécial.

VII. MINISTÈRE DES TRAVAUX PUBLICS. — *École des ponts et chaussées*, fondée à Paris en 1747 pour former les ingénieurs du service des ponts et chaussées. Les élèves ordinaires sortent de l'École polytechnique. Quant aux élèves libres admis à suivre ces cours qui durent 3 ans, ils obtiennent, après les épreuves de sortie, un diplôme comportant le brevet d'ingénieur civil. L'enseignement est gratuit.

École des mines, fondée à Paris en 1795. Elle reçoit : 1° des élèves *titulaires*, sortant de l'École polytechnique et destinés à recruter le corps des ingénieurs de l'État pour le service des mines ; 2° des élèves *libres*, admis après examen et qui sont aptes, après les trois ans d'études, à diriger des exploitations minières et métallurgiques.

École des mineurs de Saint-Étienne, formant des directeurs d'exploitation minière ou métallurgique et des gardes-mines. La durée des études est de 3 ans. L'École ne reçoit que des externes admis après examen à suivre les cours.

École des maîtres ouvriers mineurs. Il y en a une à Alais et une à Douai. Les candidats, admis après examens, sont internes et la durée des cours est de deux ans. Pour être admis il faut avoir préalablement travaillé comme ouvrier dans une mine.

ÉCOLES LIBRES. — *École libre des sciences politiques*, école d'administration fondée en 1870 et dont l'enseignement prépare aux carrières diplomatique et consulaire, au Conseil d'État, à la Cour des Comptes et aux divers ministères.

École spéciale d'architecture, fondée à Paris (1865) pour former des architectes pratiques. La durée des cours est de 3 ans.

École des hautes études commerciales, fondée en 1881, par la chambre de commerce de Paris, pour préparer à la direction des affaires de banque, de comptabilité et de commerce. La durée des cours est de deux ans.

École supérieure de commerce, établissement fondé à Paris en 1820 pour les études théoriques et pratiques propres à former le négociant. Les cours sont de 3 ans. Le régime est l'internat et les élèves doivent avoir 15 ans au moins.

ÉCOLERIE. s. f. (R. *école*). Ensemble des écoliers.

ÉCOLIER, IÈRE. s. (R. *école*). Celui, celle qui va, qui est à l'école. *Ce collège a beaucoup d'écoliers. Un é. de cinquième, de rhétorique*, etc. || Celui qui prend ou qui a pris des leçons d'un maître. *Ce maître a beaucoup d'écoliers. Ce maître de piano fait de bonnes écolières.* Aujourd'hui, on dit plus ordinairement *Élève.* || Fam., *Faire une faute d'é.*, Faire une faute qui marque beaucoup d'incapacité ou d'inexpérience. — Fig. et fam., *Ce n'est qu'un é.*, se dit d'un homme peu habile, peu avancé dans une profession, dans un art. *Tour d'é.*, *malice d'é.*, Espièglerie du genre de celles que font les écoliers. *Prendre le chemin des écoliers*, Prendre le chemin le plus long. || Adjectiv., *Papier é.*, Papier blanc employé généralement dans les établissements d'instruction. = Syn. Voy. DISCIPLE.

ÉCOLLAGE. s. m. [Pr. *éko-laje*] (R. *colle*). T. Techn. Écharnement des peaux.

ÉCOLLETÉ, ÉE. adj. [Pr. *éko-le-té*] (R. *écollette*). T. Techn. Se dit des ouvrages d'orfèvrerie échancrés qui ne sont pas à pans.

ÉCOLLETTE. s. f. [Pr. *éko-lè-te*] (R. *collet*). T. Techn. Diminution dans la circonférence d'une pièce d'orfèvrerie.

ÉCOLLETER. v. a. [Pr. *é-ko-leter*] (R. *écollette*). Élargir au marteau une pièce d'orfèvrerie dont le haut a la forme et le profil d'un vase.

ÉCOMMOY, ch.-l. de c. (Sarthe), arr. du Mans ; 3.700 habitants.

ÉCONDUIRE. v. a. (R. *é*, préf. sépar., et *conduire*). Conduire dehors ; éloigner avec ménagement quelqu'un de chez soi, d'une société, etc. *Il s'était introduit dans cette société, mais il a été éconduit. Elle a éconduit tous ses soupirants.* || Par ext., Refuser avec ménagement à une personne ce qu'elle demande. *Je lui avais fait ma demande, mais il m'a éconduit fort poliment.* = ÉCONDUIT, ITE. part.

ÉCONOMAT. s. m. (R. *économe*). Charge, office d'économe. *Il a obtenu l'é. de tel collège, de tel hospice.* — Le bureau de l'économe. *Aller à l'é.* || Autrefois, se disait de l'administration des revenus d'un évêché, d'une abbaye et autres bénéfices, pendant la vacance. *Il jouissait des revenus de son bénéfice par é., en vertu de ses lettres d'é.* — Au plur., Le bureau établi pour l'administration des bénéfices vacants qui tenaient à la nomination du roi. *Ce bénéfice était aux Économats.*

ÉCONOME. adj. 2 g. (R. *économie*). Ménager, ménagère, qui sait épargner la dépense. *Il est extrêmement é. Une femme é. Il est é. de ses deniers.* — Fig., *Être é. de paroles, de louanges*, etc., Ne pas prodiguer les paroles, les louanges, etc. = ÉCONOME. s. Personne qui a de l'économie, qui règle sagement sa dépense. *Le plus riche des hommes, c'est l'é.; le plus pauvre, c'est l'avare* (CHAMPFORT). || Celui ou celle qui a soin de la conduite d'un ménage, de la dépense d'une maison ; et plus souvent celui qui, dans un collège, un hospice, etc., est chargé de la recette et de la dépense, et en général de toute l'administration matérielle. *C'est un excellent é. Adressez-vous à mon é. On a changé l'é. du collège.* = Adject., dans les communautés religieuses, *Le père é. La mère é.* || Autrefois, celui qui était nommé par le roi pour administrer les revenus d'un évêché, d'une abbaye, etc., pendant la vacance. — É. *séquestre*, Celui entre les mains duquel on mettait les biens en séquestre.

ÉCONOMICO- (R. *économique*). Préfixe employé devant

certains mots pour y ajouter un des sens propres au mot *économique*. Le *fatalisme* Économico-politique.

ÉCONOMIE. s. f. (gr. οἰκονομία; de οἶκία, maison, et νομή, règle). Ordre dans la conduite d'une maison, d'un ménage, dans l'administration d'un bien. *Il avait établi chez lui une é. admirable.* — *É. domestique*, L'administration intérieure de la maison, des affaires privées et l'art de la diriger; se dit aussi pour les usages domestiques en général. *On fait un grand emploi de cette substance dans l'é. domestique.* — *É. rurale*, Science qui a pour but la recherche des moyens à employer pour obtenir la plus grande production d'un sol. Voy. Agriculture. || Plus ordinairement, se dit du soin de ne dépenser que ce qui convient et surtout de l'épargne dans la dépense. *Vivre avec é. Une mauvaise é. La plus stricte é.* || Par ext., Ce qui est épargné. Dans ce sens, il s'emploie surtout au pluriel. *C'est une é. insignifiante. Faire, réaliser des économies. S'acheter quelque chose sur ses économies, avec ses économies.* || Sobriété, mesure dans l'usage de quelque chose. *Une é. de temps.* || Fig., L'harmonie qui existe entre les différentes fonctions d'un organisme vivant. *L'é. animale. L'é. végétale. Le dérangement de cette seule fonction suffit pour troubler toute l'économie du corps humain. L'être le plus insignifiant à nos yeux remplit sans doute un rôle dans l'é. générale de la nature.* Dans un sens anal., on dit, *L'é. du corps social. Ces prétendues réformes tendaient à détruire toute l'économie de l'État.* || Fig., se dit aussi de la juste distribution des parties d'un tout, de leur coordination en vue de l'ensemble. *L'é. d'un tableau, d'une pièce de théâtre,* etc. *Cela détruisait toute l'é. de son plan, de son système.*

Syn. — *Épargne, Ménage, Parcimonie.* — *Économie* désigne une ordonnance, la juste distribution des parties d'un tout, le prudent et bon emploi des choses. Ainsi, on dit l'é. rurale, l'é. d'un discours, l'é. du temps, etc. Son idée principale est donc celle de l'ordre et d'harmonie en grand. *Ménage* se restreint aux choses domestiques, au régime intérieur de la maison. *Épargne* se dit proprement de la chose épargnée : on dit *épargne* de temps, de peine, etc. *Parcimonie* n'a qu'une idée précise et un emploi invariable : c'est une sorte de manière ou une attention très particulière à *épargner*. L'épargne s'étend en général sur toutes les sortes de dépenses sur lesquelles il y a des suppressions ou des réductions à faire. La parcimonie s'exerce et s'attache aux plus petites dépenses ou aux plus petits retranchements dans les grandes. *Économie* convient à toutes les fortunes, et particulièrement aux plus considérables; le *ménage* aux fortunes ordinaires; l'*épargne* aux fortunes qui ne sont pas solidement assises; la *parcimonie* s'excuse dans les fortunes chétives.

Écon. pol. — I. *Définition et objet de l'économie politique.* — Bien que la science économique soit une création toute moderne de l'esprit humain, et peut-être à cause de cela même, il n'existe pas encore une définition de cette science qui soit unanimement acceptée par les auteurs. Toutefois, la définition de J.-B. Say est celle qui a le plus généralement cours : « L'é. politique, dit l'éminent économiste, est la science qui montre comment la richesse se forme, se distribue et se consomme. » Cette formule n'a, suivant nous, qu'un seul défaut, celui de contenir une division de la science : il suffit donc, pour la rectifier, de dire avec Rossi : « L'é. politique est la science de la richesse. »

Mais ce mot *richesse* a lui-même besoin d'être bien compris. Doit-on le prendre dans son acception la plus générale qui signifie valeur en usage ainsi que valeur en échange, ou faut-il le restreindre au sens de valeur échangeable ? Pour nous, comme pour Rossi et Bastiat, l'é. politique a pour objet la valeur en usage tout comme la valeur en échange. Prétendre que l'é. politique doit considérer la richesse uniquement en tant que valeur échangeable, « c'est, dit Rossi, une erreur qui attaque la science dans ses bases, qui la mutile et la dénature. S'il est vrai que le valeur en usage est l'expression du rapport qui existe entre nos besoins et les objets extérieurs, il serait étonnant qu'on pût impunément retrancher ce fait fondamental du domaine de la science. La valeur en échange existe, parce qu'il y a une valeur en usage; elle disparaît dès le moment que cesse cette dernière. Faut-il donc s'occuper de l'effet en négligeant la cause; développer les conséquences, en mettant complètement en oubli les principes dont elles découlent ? »

« Les ignorants, dit Bastiat, donnent les deux sens au mot *richesse*. Quelquefois on leur entend dire : — L'abondance des eaux est une richesse pour telle contrée, — alors ils ne pensent qu'à l'utilité. Mais quand l'un d'entre eux veut connaître sa propre richesse, il fait un inventaire où il ne tient compte que de la valeur (en échange). N'en déplaise aux savants, je crois que les ignorants ont raison cette fois. La richesse en effet est *effective* ou *relative*. Au premier point de vue, elle se juge par nos satisfactions; l'humanité devient d'autant plus riche qu'elle acquiert plus de bien-être, quelle que soit la valeur des objets qui le procurent. Mais veut-on connaître la part proportionnelle de chaque homme au bien-être général, ou en d'autres termes la *richesse relative* ? C'est à un simple rapport que la valeur (en échange) seule révèle, parce qu'elle est elle-même un rapport. Aux yeux de la science, la richesse *effective*, ce n'est pas la somme des valeurs (en échange), mais la somme des utilités gratuites ou onéreuses attachées à ces valeurs. Au point de vue de la satisfaction, c.-à-d. de la réalité, nous sommes riches autant de la valeur en échange *anéantie* par le progrès que de celle qui lui survit encore. Dans les transactions ordinaires de la vie, il est vrai, on ne tient plus compte de l'utilité à mesure qu'elle devient *gratuite* par l'abaissement de la valeur (en échange). Pourquoi ? Parce que ce qui est gratuit est *commun*, et que ce qui est commun n'altère en rien la part proportionnelle de chacun à la richesse effective. On n'échange pas ce qui est commun, et, comme dans la pratique des affaires, on n'a besoin que de connaître cette proportion qui est constatée par la valeur (en échange), on ne s'occupe que d'elle. »

— L'é. politique qui prétend ne considérer que la valeur échangeable, risque de confondre perpétuellement le *but* auquel nous aspirons avec l'*obstacle* qui nous arrête et qui seul donne lieu à la valeur en échange. « S'il n'y avait jamais d'obstacles entre les utilités et les désirs, il n'y aurait ni efforts, ni services, ni valeurs, et pendant que dans le premier sens (celui d'utilité) l'humanité serait en possession de la richesse infinie, suivant la seconde acception (valeur en échange), elle serait dépourvue de toutes richesses. De deux économistes, dont chacun adopterait exclusivement l'une de ces définitions de la richesse, l'un dirait : Elle est infiniment riche; l'autre : Elle est infiniment pauvre. »

Ainsi donc, nous disons que l'é. politique est la science qui a pour objet la richesse, en prenant ce dernier mot dans toute sa signification, et nous ajouterons qu'elle n'a pas d'autre objet.

L'expression d'*É. politique*, pour désigner la science de la richesse, a été souvent critiquée. Ces critiques n'ont pas, selon nous, une grande importance, et nous ne voyons aucun avantage à essayer de substituer à cette dénomination tout autre terme même plus exact, comme ceux de *Chrématistique* et de *Ploutonomie* qu'ont employés quelques auteurs. Les termes de Géométrie, de Chimie, de Physique, de Physiologie, sont tout aussi défectueux relativement aux objets dont s'occupent les sciences ainsi nommées, et nul ne songe à les changer. Ce désaccord entre les noms et les sciences qu'ils désignent tient à ce qu'on nomme celles-ci bien longtemps avant qu'elles ne soient véritablement constituées comme sciences et qu'on ait nettement déterminé leur objet.

II. — *Limites de l'économie politique.* — La définition que nous avons adoptée limite, aussi nettement qu'il est possible de le faire, le champ de la science dont nous parlons. Les écrivains qui, trouvant cette définition trop vulgaire, trop matérielle, trop étroite, ont voulu l'éclaircir, l'étendre ou l'ennoblir, sont tombés dans des erreurs plus ou moins graves. La plupart ont confondu l'*objet* de la science économique avec le *but* de l'é. politique pratique : tels sont de Sismondi, qui a écrit que l'é. politique « a pour objet le bien-être physique de l'homme »; Droz, qui la définit « une science dont le but est de rendre l'aisance aussi générale que possible »; Storch, d'après lequel l'é. politique est la science des lois naturelles qui déterminent la prospérité des nations », etc. Sous peine de n'être rien, l'é. politique doit se borner à l'étude des lois de la richesse; car, dès qu'elle veut empiéter sur les autres sciences morales et politiques, elle est absorbée par celles-ci. Déjà, avant l'invasion des systèmes socialistes, Rossi disait très bien : « Vouloir embrasser dans le domaine de l'é. politique tout ce qui peut contribuer au bonheur et aux progrès de la société, ce n'est pas tracer des limites à la science, c'est effacer toute limite. » « En considérant l'homme, soit isolé, soit en état de société, continue l'illustre économiste, on peut le considérer sous trois points de vue distincts : sous le rapport de la richesse, sous le rapport plus large de son bonheur matériel, enfin sous le rapport beaucoup plus étendu encore de son développement moral. — La richesse n'est point une cause nécessaire de bonheur; on peut concevoir le bonheur matériel avec peu de richesse, et le malheur largement distribué à côté d'une grande masse de richesse. Ce qui est vrai de chacun de nous, est vrai de tous, et peut être vrai d'une société tout entière. Enfin, la richesse et le bonheur matériel peuvent bien être des causes indirectes, auxiliaires, secondaires, mais ne sont pas des causes nécessaires du développement moral. Comme on trouve des individus, on trouve aussi des nations dont la richesse et le bonheur matériel sont en progrès, tandis que leur développement moral est très retardé. On peut donc envisager les nations comme les individus, sous le point de vue de la richesse, sous le point de vue du bien-être matériel, et sous le point de vue du développement moral. Chacun de ces trois états suppose un certain emploi de nos facultés, chacun de ces buts exige certains moyens, une certaine action de l'homme sur le monde extérieur et des hommes les uns sur les autres. » Le premier seul est de la sphère de l'é. politique; au second concourent la morale, la politique, la médecine, l'hygiène, etc. Le troisième, se rapportant uniquement à l'homme intellectuel et moral, appartient exclusivement au domaine de la philosophie et de la religion.

III. — *De l'économie politique considérée comme science.* — Les détracteurs de l'é. politique, et ils sont nombreux, lui contestent d'un commun accord le titre de science. — Une science étant simplement la possession d'un certain ordre de vérités, la connaissance réfléchie des rapports qui découlent de la nature même des choses, c.-à-d. des lois qui régissent une certaine catégorie de phénomènes, il s'agit de savoir s'il y a des lois qui président au développement des phénomènes économiques. Or, à moins de supposer que l'immense quantité de richesses qui sont chaque jour produites, distribuées et consommées à la surface du globe, se produisent, se distribuent et se consomment au hasard, et que les faits économiques font exception à cette loi suprême, générale, de l'univers physique et qui veut que tous les phénomènes obéissent à des lois, il faut bien admettre *à priori* que le monde é. est également régi par des lois quelconques, qui peuvent être très complexes et très difficiles à démêler, mais qui n'en existent pas moins. C'est la recherche de ces lois qui constitue la science économique.

Pour éviter des discussions oiseuses, il faudrait d'abord s'entendre sur le sens exact du mot *Science*. Si l'on réfléchit à la manière de procéder des sciences les mieux constituées, on reconnaîtra qu'elles sont d'autant plus parfaites qu'elles font un plus large emploi du raisonnement sous sa forme la plus rigoureuse, c.-à-d. sous la forme de l'analyse algébrique. En présence des phénomènes complexes que nous offre le monde extérieur, le physicien cherche à démêler les causes principales de ces phénomènes. Comme plusieurs causes concourent à la production d'un même phénomène, il sépare ces différentes causes, et assigne à chacune d'elles un mode de fonctionnement simple qui en est la loi. Il s'efforce alors, à l'aide du raisonnement, aidé ou non des mathématiques, de déduire les conséquences les plus éloignées des lois qu'il a soupçonnées. Si ces conséquences sont conformes à l'expérience, la loi est considérée comme démontrée. Sinon, ou la loi est fausse, ou, plus souvent, la différence tient à ce que les phénomènes dépendent d'autres causes qui n'avaient pas été prévues et dont il faut analyser les effets. C'est ainsi que se constituent et se perfectionnent les hypothèses fondamentales, et que le progrès se poursuit sans qu'on puisse jamais espérer arriver à la connaissance de la vérité complète; mais, du moins, le champ de nos connaissances s'élargit de jour en jour.

L'é. politique ne procède pas autrement : les quelques principes dont elle part n'ont pas été inventés de toutes pièces; ils sont le résultat de l'observation, aidée de l'abstraction nécessaire pour démêler, dans les phénomènes les plus simples, la cause qui a contribué le plus puissamment à les produire. De ces principes on fait découler toute une variété de conséquences qui valent juste autant que les principes eux-mêmes et qu'il est impossible de nier sans nier les principes, à condition toutefois que la déduction soit correcte, ce qui est facile à vérifier. Vient ensuite le contrôle de l'expérience, qui fait rarement défaut. Si parfois un désaccord se manifeste, c'est l'effet d'une cause non prévue qui exige une étude nouvelle. En fait, les principes de la science économique ne sont pas contestés; ce qu'on conteste, c'est l'application des conséquences auxquelles ils conduisent, et ceci est une autre affaire, parce que l'application d'une science à la pratique exige de minutieuses précautions, et qu'il faut s'assurer avant tout que les conditions où l'on veut faire l'application sont bien celles qui ont été supposées dans la suite des raisonnements, et qu'aucune cause autre que celles qui ont été prévues ne viendra modifier les résultats. Dans le cas d'un mécompte, ce n'est pas la science qu'il faut incriminer, c'est l'appli-

cation inconsidérée qu'on en a faite. Les mêmes mécomptes se présentent dans l'application des doctrines de la mécanique ou de la physique, et tous les ingénieurs le savent bien. Mais peu à peu la science se perfectionne, peut aborder des problèmes de plus en plus compliqués, et le champ de ses applications s'étend de plus en plus. L'é. politique ne pouvait échapper à cette loi. Mais, s'il y a présomption à vouloir appliquer des théories nécessairement simplifiées à des circonstances très complexes, il y a une présomption bien plus grande à vouloir se passer entièrement de théorie. La sagesse consiste à se rappeler que les théories ne sont jamais qu'*approchées*, mais le sont d'autant plus qu'elles sont plus complètes, et à savoir jusqu'à quel point la théorie peut être appliquée à une circonstance particulière; c'est là une question de discernement et de prudence; mais au moins la théorie enseigne à ne pas chercher le mouvement perpétuel. Quand la théorie paraît impuissante à résoudre le problème, il faut avoir recours à l'*empirisme*, c.-à-d., étudier les cas analogues à celui où l'on se trouve, profiter des expériences déjà faites, éviter les mesures qui ont donné de mauvais résultats et imiter celles qui en ont donné de bons; mais qui ne sait que ce mode d'opérer est bien plus dangereux que l'application d'une bonne théorie? S'il est quelquefois difficile de reconnaître si les circonstances sont tout à fait conformes aux hypothèses théoriques, n'est-il pas bien plus de discerner les analogies et les différences que présentent deux époques ou deux pays différents, et n'est-il pas hasardeux de conclure sans une analyse approfondie, c.-à-d. sans théorie, que ce qui est bon dans un cas est aussi bon dans l'autre? Les adversaires de l'é. politique lui reprochent de ne pas prévoir tous les cas qui peuvent se présenter et de ne pas répondre à toutes les questions. On pourrait adresser le même reproche à toutes nos sciences. Dira-t-on que la mécanique n'existe pas, parce que bien des problèmes ne sont pas résolus, par exemple, parce qu'on n'a rien pu tirer de l'équation différentielle de la houle? Ce serait vouloir que toute science fût parfaite et infinie, alors qu'elle est nécessairement incomplète et bornée : science inachevée, mais science néanmoins. En fait, les adversaires de l'é. politique raisonnent autant que ses partisans; seulement, avec leur parti pris de négation, ils laissent systématiquement de côté de nombreuses considérations qu'une étude approfondie de la science économique leur aurait appris à examiner de plus près; ils ne voient qu'une des faces de la question; ils font aussi de la théorie, mais de la théorie bien plus incomplète que celle qu'ils critiquent.

On voit par ce qui précède que l'é. politique doit être divisée en é. politique théorique, laquelle est une science et une science rationnelle au même titre que la physique ou la mécanique, en é. politique pratique qui est un *art*, l'art d'appliquer les conséquences de la science aux circonstances qui comportent cette application, et de résoudre les problèmes économiques et pratiques en s'aidant de l'empirisme au moyen des statistiques, des expériences des autres pays, des enseignements de l'histoire. Si la science était parfaite, cette distinction n'existerait pas, car la théorie aurait tout prévu et indiquerait la solution dans tous les cas possibles. Il s'en faut de beaucoup qu'il en soit ainsi : l'é. politique est une science nouvelle, encore dans l'enfance. Aussi, dans l'état actuel, cette distinction entre la théorie et l'application est essentielle; certains économistes l'ont oublié sans doute et ont ainsi contribué à propager cette espèce de discrédit qui s'attache à leurs études. Au reste, cette distinction n'est pas particulière à l'é. politique. On la retrouve plus ou moins accentuée dans toutes nos sciences; particulièrement en mécanique, où toute la mécanique des fluides est presque entièrement livrée à l'empirisme, et elle est la cause de la vieille et malheureuse querelle entre les théoriciens et les praticiens.

Ce n'est pas ici le lieu de faire un cours d'é. politique. Cependant, il n'est pas sans intérêt de signaler ses principes et ses divisions principales. L'é. politique rationnelle part de ce principe qu'en matière de richesse, l'homme laissé à la liberté de ses actions agit toujours en vue de son intérêt matériel et cherche à augmenter sa richesse. Il serait puéril de chercher à démontrer que ce principe est vrai dans l'immense majorité des cas. C'est le fait d'expérience qui sert de base aux déductions ultérieures. Cependant, si général qu'il soit, ce principe ne peut être considéré que comme une sorte d'approximation. D'abord, l'homme ne discerne pas toujours bien son intérêt; ensuite il y a d'autres mobiles de ses actions: les passions de toute nature, et surtout les passions violentes le font fréquemment agir à l'encontre de ses intérêts les plus clairs. Néanmoins, le principe est assez général pour servir de base à l'établissement d'une science rationnelle, dont les conclusions s'écarteront fort peu de la réalité des choses. C'est en partant de là qu'on cherche à établir les lois qui président à la formation et à la distribution des richesses, ce qui fait deux divisions bien réelles de la science. La première partie, celle qui s'occupe de la formation des richesses, est incomparativement plus facile que l'autre, et les conséquences qui y ont été établies ont rencontré, en général, assez peu de contradictions. La seconde partie présente de bien plus grandes difficultés, et c'est sur elle qu'ont porté principalement les attaques des adversaires. Il faut reconnaître qu'il y a en cette matière beaucoup à faire encore et beaucoup à découvrir, le problème étant en effet très complexe. Mais il y a encore une autre division de la science sur laquelle peu d'auteurs ont insisté et qu'il importe de signaler. Lorsqu'il s'agit d'étudier les effets que peut produire sur la richesse un phénomène nouveau, comme l'ouverture d'une nouvelle série de communications, la transformation d'un système d'impôts ou d'un régime douanier, la plupart des économistes envisagent immédiatement l'effet ultime du changement considéré : ils supposent que toutes les modifications transitoires ont cessé, et étudient le régime économique stable et régulier qui doit résulter, en dernière analyse, du nouvel état de choses; puis ils le comparent à l'ancien et concluent s'il y a ou non avantage. Cependant, il eût été bon de s'occuper de l'état de transition; toute modification dans les conditions économiques d'une grande agglomération d'hommes entraîne à sa suite des perturbations nombreuses : crises, ruines, spéculations effrontées, etc.; tous ces phénomènes, généralement désastreux, font acheter souvent un peu cher l'avantage qui doit résulter du changement, et, en tous cas, demanderaient à être étudiés et analysés avec soin. Nous ne croyons pas qu'on l'ait déjà fait, à cause sans doute de la difficulté du sujet. On se contente généralement de recommander d'effectuer les changements avec lenteur et prudence; c'est insuffisant, et il y a là une lacune de la science, d'autant plus grave que le régime stable et régulier n'existe que pour ainsi dire pas : nous vivons dans un perpétuel changement. Pour emprunter une comparaison à la mécanique, l'é. politique statique est aujourd'hui suffisamment avancée, l'é. politique dynamique est entièrement à faire.

IV. Rapports de l'économie politique avec les autres sciences. — Ainsi que nous l'avons dit plus haut, l'é. politique ne saurait être la science de la société tout entière, elle est seulement l'une des branches de cette science. A côté d'elle, nous trouvons au premier rang la morale et la politique : la morale a pour objet le bien et le juste; l'é. politique a pour objet l'utile en tant que richesse; enfin, la politique, qui a pour but l'organisation de l'État, la sécurité intérieure et extérieure, l'indépendance et l'autonomie nationales, représente un ordre d'utilités différentes de celui dont se préoccupe l'é. politique. Chacune de ces sciences a donc sa sphère propre et parfaitement distincte, théoriquement parlant. Mais dans la pratique il n'en est plus tout à fait ainsi. La connexité intime des différents phénomènes sociaux ne nous permet pas toujours de résoudre une question sociale à l'aide d'un seul principe. Un grand nombre de questions réclament le concours de ces trois sciences. Bien plus, toute solution d'une question soit économique, soit politique, doit être soumise au contrôle de la morale, attendu que l'objet de celle-ci, le bien et le juste, est supérieur à l'utile, qui est la règle pratique de l'é. politique, ainsi que de la politique proprement dite. Supposons que l'é. politique vînt un beau jour à démontrer par des preuves irréfragables que le travail servile est plus productif et moins coûteux que le travail libre (ce qui est d'ailleurs complètement faux), serait-ce un motif de réorganiser chez nous l'esclavage antique? Assurément non : notre conscience se soulèverait contre cette pensée, et la voix de la morale devrait l'emporter sur les suggestions de l'é. politique. Supposons encore, avec Rossi, que ce fût un moyen de richesse nationale que de faire travailler les enfants 15 heures par jour. « La morale dirait que cela n'est pas permis; la politique aussi nous dirait que c'est là une chose nuisible à l'État, qu'elle paralyserait les forces de la population. Pour avoir des ouvriers de 11 ans, on aurait de chétifs soldats à 20 ans. La morale ferait valoir ses préceptes, la politique ses exigences, et quand même il serait prouvé que le procédé serait utile comme moyen de richesse, on ne devrait pas l'employer. — Encore une fois », continue le célèbre professeur, « nous avons plus d'un but à atteindre dans ce monde. L'é. politique peut nous servir de guide pour nous diriger vers l'un de ces buts; mais elle n'a pas mission de nous contraindre à faire telle ou telle chose; car, je le répète, une science n'a d'autre but direct que la re-

cherche de la vérité. L'é. politique donne des résultats économiques, des conséquences du principe économique : c'est aux législateurs, aux hommes d'affaires, de tenir compte de tous les autres principes qui doivent concourir pour que la solution d'une question sociale quelconque soit conforme aux intérêts les plus chers de la nation et des individus. »

V. Utilité et importance de l'économie politique. — « Il semble inutile, dit Baudrillart, d'insister longuement pour démontrer qu'il ne saurait être indifférent à l'individu et à la société de savoir par quelles causes la richesse naît et s'accroît, se perd ou décline, à quelles lois elle obéissent, dans leurs alternatives de hausse ou de baisse, les profits, les salaires et les rentes; comment l'impôt doit être réparti et quelle est son action sur l'industrie; si l'industrie et le commerce doivent être libres ou réglementés; à quelles conditions doivent satisfaire un bon système monétaire et un bon système de crédit, etc. L'importance de ces questions et d'autres analogues apparaît clairement quand on songe à tout le mal que l'ignorance des lois économiques a produit dans le monde. Qu'une fausse vue sur l'astronomie domine dans la croyance générale et dans la science, cela n'empêchera pas la terre de tourner et le monde de suivre régulièrement son cours. Mais qu'une fausse vue sur la production, sur le crédit, sur le commerce, s'empare des esprits, et voilà des milliers de familles ruinées et peut-être tout l'avenir d'une nation compromis. Sans évoquer les souvenirs du régime prohibitif, sans rappeler les funestes expériences de Law et de la Convention, qu'on veuille seulement se remettre en mémoire les systèmes qui se sont produits vers le milieu du XIXe siècle sur l'organisation du travail et sur celle des banques, systèmes qui ont si profondément troublé l'ordre social. Sans doute, le mal que se font les hommes ne vient pas uniquement de leurs erreurs, il vient aussi de leurs passions ; mais quand les unes servent aux autres de prétexte et d'aliment, à quelles souffrances étendues, à quels maux profonds ne faudra-t-il pas s'attendre ! Le bon sens lui-même, comme on se l'imagine trop communément, ne peut pas plus tenir lieu de la science économique qu'il ne tient lieu du savoir en physiologie et en médecine ; et cela est d'autant plus vrai en é. politique que c'est surtout en é. politique que les apparences se répondent pas aux réalités. Les apparences ont porté des hommes auxquels assurément le bon sens et même le génie ne faisaient pas défaut, à condamner les machines, qui concourent trop souvent par causer du préjudice aux ouvriers, à confondre le numéraire avec la richesse, à accuser la propriété des maux qu'elle contribue à adoucir, à prendre des moyens qui épuisent les peuples et aggravent leur sort pour des moyens propres à les soulager. Un mal dispense donc, pour résoudre les problèmes dont l'é. politique poursuit la solution, d'une analyse régulière et scientifique. »

VI. De quelques objections. — Dès sa naissance, l'é. politique a rencontré des détracteurs et des critiques passionnés. Elle attaquait de grands intérêts individuels ; ceux-ci se liguèrent contre elle et appelèrent en outre à leur secours l'ignorance et les préjugés dominants. La lutte dure encore, mais l'é. politique a déjà vaincu des obstacles plus puissants que ceux qui lui restent à vaincre. Nous ne nous occuperons pas ici des objections que certains intérêts privés adressent à l'é. politique, qui est la science des intérêts généraux ; il nous suffira de répondre à quelques critiques qui n'ont d'autre fondement que l'ignorance la plus complète des principes fondamentaux de la science.

1° On reproche aux études économiques de tourner beaucoup trop l'activité humaine vers la recherche des biens matériels, d'abaisser à la fois les cœurs et les intelligences. D'abord, nous ne voyons pas qu'avant l'apparition de la science économique sur la scène du monde, les hommes recherchassent la richesse avec moins d'ardeur que depuis ce moment. Ensuite, pour que les études économiques eussent le triste effet dont nous parlons, il faudrait, comme l'observe très bien Dunoyer, qu'on en eût pris une idée bien peu exacte, et qu'on leur imprimât une direction bien mal avisée. « Ne leur fût-il assigné d'autre objet que l'acquisition de la richesse, ajoute le savant économiste, rien ne serait encore si aisé que de leur imprimer une direction élevée et morale. Et, en effet, la fortune ne sert-elle donc qu'à la satisfaction de plaisirs grossiers ? Prenons garde qu'elle peut être recherchée, et qu'elle doit l'être comme un instrument de force, d'indépendance, de dignité, plus encore que comme une source de bien-être. Considérons aussi que les travaux qui la créent sont par eux-mêmes un moyen très actif de développement et de moralisation ; que ces travaux, pour s'exécuter avec aisance et avec succès, exigent l'acquisition de toute sorte de talents et de qualités honorables ; que leur puissance est aussi étroitement subordonnée au progrès des mœurs qu'à celui des idées, et que voulût-on n'assigner à l'activité sociale d'autre objet que d'enrichir la société, il ne serait permis encore de négliger aucun des arts élevés que la société pratique ; qu'elle a besoin, pour prospérer, de goût, de science, d'honneur et de moralité, tout aussi bien qu'elle a besoin des matériaux, des instruments et des forces aveugles qu'elle emploie. » Au reste, ce genre d'arguments d'un ordre sentimental est de nulle valeur en ce qui concerne la science. Il est toujours beau et généreux de rechercher la vérité dans quelque ordre de connaissances que ce soit, et l'étude des lois qui régissent un ordre quelconque de phénomènes restera toujours l'une des plus nobles occupations de l'esprit humain. N'a-t-on pas dit que l'étude des mathématiques dessèche le cœur et l'imagination, et n'a-t-on pas fait aux études et à l'art de l'ingénieur précisément le même reproche de tourner exclusivement l'activité humaine vers la recherche des biens matériels ?

2° Il est aussi de mode d'accuser l'é. politique d'insensibilité. — Pour nous, nous ne croyons à la sensibilité d'aucune science, et nous ne voyons pas pourquoi on adresse ce reproche à l'é. politique et point à la mécanique, par exemple. Les hommes qui exigent cette qualité dans la science économique n'ont qu'à s'adresser à nos réformateurs sociaux (ils n'auront que l'embarras du choix), et on leur fera une petite société modèle d'où la souffrance sera absolument bannie. Quant à l'é. politique, elle suit que c'est une loi de l'organisation humaine et sociale, loi divine, car ce n'est pas la société qui l'a établie, que l'homme ne peut satisfaire ses besoins qu'au moyen d'un effort, d'une peine, d'une souffrance. Elle constate cette loi, qui est la loi première de la production de toute richesse ainsi que les lois diverses par lesquelles sont régis les phénomènes économiques ; mais elle ne fait pas ces lois, et ne se charge pas de faire la société. Rendre la science économique responsable des souffrances que peuvent éprouver les hommes dans l'ordre social, est aussi absurde que de rendre la physiologie, qui a pour objet l'étude de l'organisme humain, responsable de la fragilité de nos organes et des maladies dont ils peuvent être affectés. — C'est surtout ici qu'il importe de bien comprendre que l'é. politique n'est pas la science tout entière, et qu'il ne faut pas lui demander ce qui est du domaine de la science politique ou de la science morale, et moins encore ce qui appartient au principe de la sympathie, de la charité. Ce dernier n'est d'aucune science, mais il se superpose à toutes les sciences sociales pour, soulager, non pour supprimer, toute souffrance, soit physique, soit morale.

3° On a souvent reproché à l'é. politique sa fameuse maxime *Laissez faire, laissez passer.* Non seulement on a prétendu que cette formule était la négation de toute science, mais encore quelques-uns ont été jusqu'à dire que les économistes ont entendu par là la liberté de tout faire en économie, en politique, et même en morale. Ces odieuses imputations sont dénuées de tout fondement. La formule du *laissez faire, laissez passer,* est une maxime d'é. politique pratique, et elle n'a trait qu'à l'immixtion du gouvernement dans les choses qui intéressent la production et l'échange. *Laissez faire* signifie simplement que les particuliers sont meilleurs juges de leur propre intérêt que le gouvernement, et qu'un travailleur quelconque doit être libre de choisir le travail auquel il lui convient de s'appliquer, sans que l'autorité ait à s'en occuper. *Laissez passer* signifie que le travailleur doit être libre d'échanger comme il l'entend le fruit de son travail, sans que le pouvoir intervienne pour entraver les échanges. Cette belle et simple formule est due à l'école de Quesnay : c'est dire qu'elle s'est produite à une époque où l'industrie et les échanges étaient entravés de toutes les manières par l'action gouvernementale. Elle est encore de mise aujourd'hui et le sera toujours ; car, en fait de production et d'échange, la seule fonction qui appartienne au pouvoir c'est de garantir la sécurité des travailleurs et des échanges, et de réprimer les actes qui portent atteinte, soit à la propriété, soit à la liberté du travail et des transactions.

4° L'é. politique, disent une foule de gens, se repaît de vaines théories qui n'ont en rien affaire avec la pratique des choses. C'est la vieille antithèse de la théorie et de la pratique sur laquelle nous nous sommes déjà expliqués. Nous ajouterons que, presque toujours, quoi qu'en disent les partisans de la *pratique,* la théorie a toujours précédé l'action pratique. « Qu'on cite un fait, grand ou petit, dans quelque ordre que ce soit, dit M. Baudrillart, qui ait été d'abord une idée dans l'esprit humain ! La liberté industrielle, cette pratique de la France depuis soixante ans, a été une théorie dans la tête de Turgot. La liberté commerciale, cette grande expérience du XIXᵉ siècle, que l'Angleterre a inaugurée et à laquelle elle reste fidèle malgré le courant violent qui entraîne le reste du monde civilisé dans la voie du protectionnisme, était, il y a longtemps déjà, une théorie dans la pensée d'Adam Smith. Un homme d'un grand esprit, Royer-Collard, a dit : « A vouloir se passer de la théorie, il y a la prétention excessivement orgueilleuse de n'être pas obligé de savoir ce qu'on dit quand on parle, et ce qu'on fait quand on agit. »

VII. *État actuel de l'économie politique.* — Il serait méril de nier qu'une certaine défaveur pèse actuellement sur la science économique et que, plus peut-être aujourd'hui qu'autrefois, les législateurs refusent de tenir compte de ses enseignements, au risque d'adopter les mesures les plus dangereuses. Les causes de cet état des esprits sont assez difficiles à démêler. Cependant on en peut indiquer quelques-unes. D'une part, il faut bien reconnaître l'insuffisance actuelle de la science. D'autre part, les sentiments généreux et les passions violentes se montrent pressés d'améliorer un état social qu'on trouve, avec une certaine raison, défectueux ; et comme la théorie n'indique pas de remède radical aux maux dont on souffre, on se hâte d'avoir recours à des palliatifs quelconques, sans trop rechercher si l'on ne va pas aggraver le mal au lieu de le guérir. Enfin, l'état de paix armée qui ruine l'Europe depuis vingt-cinq ans, introduit des nécessités sociales qui faussent le jeu des lois purement économiques, et contribuent à rendre la science insuffisante à servir de règle aux actions des gouvernements.

Alors que les sciences physiques manifestent un incessant progrès, l'é. politique est restée stationnaire depuis une cinquantaine d'années, et cela seul suffirait à entretenir un état de méfiance vis-à-vis d'elle. Sans doute, les travaux des maîtres, Adam Smith, Jean-Baptiste Say, Rossi, Bastiat, conservent toute leur valeur ; mais ils n'ont pas été, comme le fait s'est présenté dans les autres branches des connaissances humaines, l'origine de découvertes et de progrès nouveaux. Il serait injuste de leur en faire reproche. Ce n'est pas leur faute si les études des hommes les mieux doués se sont portées d'un autre côté et l'on peut affirmer, sans crainte de blesser personne, que les élèves n'ont jamais égalé les maîtres. Tandis que notre outillage industriel s'est entièrement transformé et que les conditions du travail se sont considérablement modifiées, la théorie est restée stationnaire. Quoi d'étonnant s'il s'est aussi produit dans le monde des phénomènes économiques qui s'expliquent mal par les théories anciennes, et ne serait-ce pas une raison pour étudier de plus près les faits, les principes et leurs conséquences, et pour faire servir les observations nouvelles aux progrès de la science ? C'est ainsi qu'agiraient les physiciens en présence de faits nouveaux. En économie, on a préféré renier la science des anciens, alors qu'il aurait fallu l'étendre, la préciser et la perfectionner. L'école des grands économistes, celle qu'on a qualifiée assez maladroitement d'école orthodoxe, concluait à la liberté. Elle affirmait, elle croyait prouver que le meilleur moyen de développer la richesse était de laisser les hommes absolument libres d'opérer leurs transactions suivant ce qu'ils croient leur intérêt ; elle croyait que, dans tous les cas, l'intervention du législateur, de l'État, ne peut être que nuisible. Il s'est trouvé que le développement de la grande industrie, en contraignant les travaux, a créé des entreprises gigantesques qui constituent ou semblent constituer des monopoles de fait, exclusifs de toute concurrence. On ne peut reprocher aux fondateurs de l'é. politique de n'avoir pas prévu cet état de choses si différent de ce qu'ils avaient sous les yeux ; mais il aurait fallu que les contemporains fissent une étude approfondie de cette situation nouvelle. Il aurait fallu examiner le danger, s'il y en a un, et analyser avec grand soin l'influence des remèdes proposés. Cela n'a pas été fait, du moins, avec une largeur scientifique suffisante. Aussi, les esprits superficiels, plus enclins à suivre les suggestions du sentiment que les indications de la raison et du calcul, se sont laissé entraîner vers les palliatifs dangereux : tarifs de douanes, lois restrictives de la liberté, etc., le tout au hasard des circonstances et de l'impression du moment. Ainsi se sont trouvés encouragées les espérances chimériques de ceux qui, sous le nom de socialistes, voudraient en définitive abolir la liberté et la propriété privée, et pensent trouver dans cette voie le moyen d'améliorer le sort du plus grand nombre, sans comprendre qu'ils détruiraient du même coup le principal ressort de toute activité humaine et qu'ils tariraient la richesse dans sa source même. Voy. SOCIALISME.

Une seule tentative sérieuse de rénovation de l'é. politique s'est produite en Allemagne et en Amérique ; malheureusement, elle s'est, dès le début, placée dans une fausse voie. Reprochant à tort à l'école orthodoxe d'être trop rationnelle, elle a voulu instituer une école *expérimentale.* Malheureusement, l'expérience n'est pas de mise en cette matière : elle est trop dangereuse. On ne peut avoir recours qu'à l'observation. Mais tant de causes contribuent à la production des phénomènes économiques que les conclusions à tirer d'une observation sont extrêmement délicates à formuler. Il ne suffit pas qu'une mesure ait été suivie de bons résultats pour en conclure que la mesure était bonne en elle-même. Il peut se faire que la prospérité dont on est frappé tienne à une cause toute différente de celle qu'on lui assigne, et, pour démêler la cause véritable du phénomène, il faut autant de raisonnement et de réflexion que pour établir la théorie même. L'observation et l'expérience ne sont fructueuses que quand elles sont étudiées et discutées à la lumière d'une théorie rationnelle déjà fort avancée ; les physiciens le savent bien, et pour avoir méconnu ce principe et méprisé la science rationnelle, l'école dite expérimentale est tombée dans une sorte d'empirisme aussi éloigné de la véritable science que peut l'être un tableau de densités d'un bon traité de physique.

En définitive, l'é. politique mérite toute l'attention des hommes doués d'un véritable esprit scientifique. Le jour où elle aura trouvé l'homme de génie qui doit la mettre au niveau de ce qu'elle doit être chez notre siècle si riche en progrès industriels, elle s'imposera aux législateurs, leur évitera les tâtonnements désastreux que les conclusions à travail et la fécondité totale de chaleur fournie à une machine thermique. = Économique. s. m. T. anc. légist. Exécuteur testamentaire. = Économique. s. f. Ce mot a été employé par quelques écrivains dans la signification de science de l'administration intérieure d'un État. C'est une règle d'é. aussi bien que de politique.

ÉCONOMIQUEMENT. adv. (R. économique). Avec économie. Vivre é. || D'après les règles de l'économie politique ou sociale.

ÉCONOMISER. v. a. (R. économie). Administrer avec économie. Il a bien économisé les revenus de cette terre. Peu usité. || Épargner. Économiser le bois, la chandelle ; la provision touche à sa fin. || Figur., É. ses forces, son temps. = Économiser. v. n. Faire des économies. É. sur ses revenus. Il ne sait pas é. = s'Économiser. v. pr. Être économisé. = Économisé, ée. part. Un petit pécule économisé à grand'peine.

ÉCONOMISEUR. s. m. (R. économie). T. Techn. Appareil qui chauffe, à l'aide de la vapeur sortant des cylindres des machines, l'eau d'alimentation des générateurs, ce qui procure une économie de combustible.

ÉCONOMISME. s. m. (R. économie). Système, science des économistes.

ÉCONOMISTE. s. m. (R. économie). Publiciste qui s'occupe spécialement d'économie politique. Un profond é. || Dans un sens particulier, les disciples de Quesnay, autrement appelés Physiocrates.

ÉCOPE. s. f. (orig. germ. : angl. scoop, holl. schoppen). T. Mar. Pelle en bois, creuse et recourbée, munie d'un manche ou d'une poignée, qui sert à rejeter dehors l'eau qui a pénétré dans une embarcation. = T. Techn. Grande cuiller dont on se sert pour retirer le dessus d'un liquide clarifié, dont le dépôt est tombé au fond. — Machine employée pour épuiser une enceinte fermée, telle qu'un étang ou un bassin. || T. Écon. rurale. Soucoupe employée pour écrémer le lait. || T. Hortic. Ustensile de bois servant à l'arrosage.

ÉCOPER. v. a. (R. écope). T. Mar. Vider l'eau d'un bateau à l'aide d'une écope.

ÉCOPERCHE. s. f. (vx français escot, bâton, et perche). T. Charpent. Pièce de charpente dressée debout, à l'extrémité de laquelle est fixée une poulie qui sert à monter les fardeaux. Perche servant de support à un échafaudage.

ÉCOQUER. v. a. (R. coq). T. Chasse. Détruire les mâles de faisans ou perdrix dans les chasses où ils sont trop abondants.

ÉCORAGE. s. m. (R. écorer). T. Pêche. Action de régler les comptes d'un ou de plusieurs bateaux pêcheurs.

ÉCORÇAGE. s. m. (R. écorcer). T. Sylvic. Opération qui consiste à retirer des arbres l'écorce devant servir dans l'industrie.

ÉCORCE. s. f. (lat. cortex, m. s.). T. Bot. La partie extérieure de la tige dans les végétaux phanérogames. — Dans le langage ordinaire, se dit surtout de l'enveloppe extérieure des végétaux ligneux qui recouvre immédiatement le bois. Voy. Tige. — Par ext., L'enveloppe épaisse ou coriace de certains fruits. L'é. d'une orange, d'une grenade, d'un marron. || T. Géol. L'é. du globe terrestre, L'espèce d'enveloppe que forment les couches et les amas de matières minérales dont le globe terrestre est recouvert extérieurement. || Fig., Aspect extérieur, apparence. Vous vous arrêtez à l'é., il faut pénétrer plus avant. Il cache sous une rude é. le cœur le plus sensible. || T. Archit. Partie latérale des volutes du chapiteau ionique. || T. Mat. médicale. É. d'Alcornoque (Bodwichia virgitiodes), Légumineuses. — É. d'Alstonia scholaris et A. constricta), Apocynées. — É. d'Alyxie (Alyxia stellata), Apocynées. — É. d'Angusture vraie, voy. Angusture. — É. d'Angusture fausse (Strychnos nux vomica), Loganiées. — É. de Baobab (Adansonia digitata), Malvacées. — É. de Bébéaru (Nectandra Rodici), Lauracées. — É. de Buranhem, voy. É. de Monésia. — É. de CailCédra (Swietenia senegalensis), Méliacées. — É. de Carabaya (Cinchona elliptica), Rubiacées. — É. de Cascara (Rhamnus purshianus), Rhamnées. — É. de Cascarille (Croton Elutheria), Euphorbiacées. — É. de Cinnamodendron (Cinnamodendron corticosum), Bixacées. — É. de Cannelle, voy. Cannelle. — É. de Cannelle blanche (Cannella alba), Bixacées. — É. de Copalchi (Croton niveus), Euphorbiacées. — É. de Coto (Palicurea densiflora), Rubiacées. — É. de Culilawan (Cinnamomum Culilawan), Lauracées. — É. de Doundaké (Sarcocephalus esculentus), Rubiacées. — É. de Garou (Daphne gnidium), Thyméléacées. — É. de Gayac (Gaiacum officinale), Zygophyllées. — É. de Gurunhem, voy. É. de Monésia. — É. de Lycium (Berberis Lycium), Berbéridées. — É. de Malambo (Croton Malambo), Euphorbiacées. — É. de Mançone, voy. É. de Sassy. — É. de Margosa (Melia azadirachta), Méliacées. — É. de Mézereori (Daphne Mezereori), Thyméléacées. — É. de Monésia (Lucima glycyphlœa), Sapotées. — É. de Mudas (Calotropis gigantea), Asclépiadées. — É. de Mussenna (Albizzia anthelmintica), Légumineuses. — É. de Panama (Quillaja saponaria), Rosacées. — É. de Paratudo aromatique (Cinnamodendron axillare), Bixacées. — É. de Piscidia (Piscidia erythmia), Légumineuses. — É. de Prinos (Prinos verticillatus), Iliacées. — É. de Québracho (Aspidosperma quebracho), Apocynées. — É. sacrée, voy. É. de Cascara. — É. de Sassy (Erythrophlœum guincense), Légumineuses. — É. de Simarouba (Simaruba amara), Rutacées. — É. de Soymida (Soymida febrifuga), Méliacées. — É. de Tulipu (Liciodendron virginicum), Magnoliacées. — É. de Winter (Drimys Winteri), Magnoliacées.

ÉCORCEMENT. s. m. (R. écorce). Action d'écorcer. On doit défendre l'é. des jeunes arbres.

ÉCORCER. v. a. (R. écorce). Dépouiller de son écorce. On écorce les arbres au printemps, parce que la sève, qui est abondante, facilite la séparation de l'écorce. = s'Écorcer. v. pron. Perdre son écorce ; se laisser dépouiller de son écorce. Cet arbre commence à s'é. Cette orange s'écorce aisément. = Écorcé, ée. part. Arbres écorcés. Le bois écorcé s'appelle Bois pelard.

ÉCORCHÉE. s. f. Nom vulg. d'un coquillage très élégant appelé Cône strié par les naturalistes.

ÉCORCHELER. v. a. T. Rur. Mettre en tas les javelles d'avoine.

ÉCORCHEMENT. s. m. (R. *écorcher*). Action d'écorcher.

ÉCORCHER. v. a. (bas-lat. *excorticare*, m. s., de *ex* indiquant séparation, et *cortex*, écorce). Dépouiller un animal de sa peau. *É. un cheval, un mouton, un lapin, une anguille.* — Fig. et prov., *Il faut tondre les brebis et non pas les é.*, On ne doit pas trop charger le peuple d'impôts. *Autant vaut, autant fait celui qui tient que celui qui écorche*, Le complice d'un crime est aussi coupable que celui qui en est l'auteur. || Emporter, déchirer, enlever un morceau de la peau d'une personne, d'un animal. *Mon soulier m'a écorché le talon, m'a écorché au talon. Il s'est écorché la jambe en grimpant sur un arbre.* — *É. l'oreille, les oreilles*, Produire sur l'organe de l'ouïe une impression désagréable. *Voilà une voix, une musique, une langue qui écorche les oreilles.* — *Jamais beau parler n'écorcha la langue*, Il ne nuit jamais de parler avec politesse. || Fig. et Fam., *É. une langue*, La parler très mal ou en mal prononcer les mots. *É. le nom de quelqu'un*, Le prononcer mal. || Exiger un prix trop élevé pour un objet ou un service quelconque. *Cet aubergiste écorche les voyageurs. Un avoué qui écorche ses clients.* || T. Sculpt. Ôter au noyau d'une figure qu'on se propose de couler en plâtre, en bronze, autant d'épaisseur qu'on veut en donner au plâtre ou au bronze. = s'ÉCORCHER. v. pron. Se faire une écorchure. *Je me suis écorché au bras. Il s'est tout écorché en se grattant.* = ÉCORCHÉ, ÉE. part. || En T. Sculpt., Point. et Anat., s'emploie substant. pour désigner les modèles de plâtre, ou de carton peint, ou les dessins de figures dont les muscles sont à découvert. *Étudier, dessiner l'écorché. L'écorché de Michel-Ange, de Houdin.* || T. Blas. Se dit des animaux qui, dans l'écu, sont de couleur rouge. = A ÉCORCHE-CUL. loc. adv. et fam. En glissant, en se traînant sur le derrière. *Les enfants jouent à écorche-cul.* || Fig. et trivial., Par force, avec répugnance, de mauvaise grâce. *Il ne fait jamais les choses qu'à écorche-cul.*

ÉCORCHERIE. s. f. (R. *écorcher*). Lieu où l'on écorche les bêtes. || Action d'écorcher, de rançonner.

ÉCORCHEUR. s. m. (R. *écorcher*). Celui dont le métier est d'écorcher les bêtes mortes. || Fig. et fam., *C'est un é.*, se dit de celui qui fait payer trop cher ses marchandises ou ses services. || T. Hist. *Les écorcheurs*, Bandes de soldats ou ou plutôt de brigands qui, au XVᵉ siècle, désolèrent plusieurs provinces de la France. || Espèce d'oiseau du genre Pie-grièche.

ÉCORCHURE. s. f. (R. *écorcher*). Plaie légère de la peau. || T. Tech. Nom donné par les tisserands au manquement d'un ou plusieurs des brins réunis pour la formation d'un seul fil de chaîne ou de trame.

ÉCORCIER. s. m. (R. *écorce*). T. Tech. Le magasin où sont mises les écorces de chêne.

ÉCORÇON. s. m. (R. *écorce*). T. Tech. Fragment d'écorce.

ÉCORE. s. f. T. Pêc. *Feuille d'é.*, Feuille qui contient le résultat d'un écorage. || T. Mar. Syn. d'*Accore* qui est plus usité.

ÉCORER. v. a. (R. *écore*). T. Pêc. Tenir les comptes d'un bateau pêcheur. || T. Mar. Soutenir au moyen d'écores ou d'accores.

ÉCOREUR. s. m. (R. *écorer*). T. Pêc. Homme chargé par l'équipage de tenir le compte du poisson livré aux marchands.

ÉCORNE. s. f. (R. *écorner*). Action d'écorner, de diminuer, atteinte, dommage.

ÉCORNEMENT. s. m. Action d'écorner; état de ce qui est écorné.

ÉCORNER. v. a. (R. *corne*). Rompre une corne ou les cornes. *É. un taureau.* — Prov. et par exag., on dit d'un très grand vent, *Il fait un vent à é. les bœufs.* || Par ext., Casser, abattre, couper un angle, des angles. *É. une pierre, une table. É. un bastion. É. un livre.* || Fig. et fam., *É. une*

chose, La diminuer, en ôter une partie. *Cette faillite a bien écorné sa fortune.* = s'ÉCORNER. v. pron. Se rompre une corne ou les cornes. *Cette vache s'est écornée en tombant.* = ÉCORNÉ, ÉE. part. *Des dés écornés*, Dont les angles sont émoussés.

ÉCORNIFLER. v. a. (dérivation irrégulière et plaisante d'*écorner*). Chercher à manger aux dépens d'autrui, prendre part à un repas auquel on n'est pas invité. *Il écornifle un dîner où il peut. Il est allé hier vous é.* Fam. — Fig. Recueillir çà et là. *É. un cadeau.* = ÉCORNIFLÉ, ÉE. part. *Repas écorniflé.*

ÉCORNIFLERIE. s. f. (R. *écornifler*). Action d'écornifler. *Il ne vit que d'écornifleries.* Fam. et peu usité. — Par ext., Plagiat.

ÉCORNIFLEUR, EUSE. s. (R. *écornifler*). Celui, celle qui écornifle, parasite. *C'est un é. de profession.* Fam. et peu usité.

ÉCORNURE. s. f. (R. *écorner*). Éclat emporté de l'angle d'une chose écornée; la brèche de l'objet écorné. *Un plat plein d'écornures.*

ÉCOSSAIS, AISE. adj. (R. *Écosse*). Qui est de l'Écosse, qui y a rapport. *Le costume é.* || *Hospitalité écossaise*, Hospitalité gracieuse et désintéressée. || T. Comm. *Étoffes, écossaises* ou substant. *Écossais*, Étoffes à carreaux ou à couleurs ou à lignes de couleurs variées. || *Franc-Maçonnerie.* — *Rit écossais*, Une des grandes subdivisions de la franc-maçonnerie. || Substant., Habitant de l'Écosse.

Philos. — *École écossaise.* — École fondée au XVIIIᵉ siècle par le Dʳ Hutcheson, à laquelle appartiennent Reid, Adam Smith, Dugald-Stewart et Brown, et qui a proclamé pour la première fois la nécessité d'appliquer l'observation à l'étude des phénomènes intimes de l'entendement. Quoiqu'elle n'ait pas produit d'œuvres de premier ordre, l'école écossaise, par la précision et la netteté qu'elle a cherché à introduire dans les études philosophiques, a été un grand élément de progrès.

ÉCOSSAISE. s. f. T. Techn. Instrument de fer pour fourgonner le feu.

ÉCOSSAS. s. m. T. Sculpt. Sorte de feuille convexe formant palmette.

ÉCOSSE. s. f. (même mot que *Cosse*). Enveloppe des fèves, des pois, des haricots, etc.; mot encore usité. Voy Cosse.

ÉCOSSE. L'Écosse, un des trois royaumes unis de l'empire britannique, est située au nord de l'Angleterre entre les 54° 36' et 58° 40' de latitude nord. Sa plus grande longueur du nord au sud est de 272 milles anglais et sa plus grande largeur de 155 milles. La superficie totale est de 78,900 kil. carrés et la population de 4,400,000 hab.

Les côtes sont très irrégulières et profondément découpées de baies ou de *firths*, souvent appelés *lochs* sur la côte occidentale. Les îles sont très nombreuses et complètent, par leurs irrégularités, l'aspect bizarre et déchiqueté du pourtour du pays. Les golfes principaux sont : sur la mer du Nord, le golfe de Forth, le golfe de Murray et le firth de Dornoch; sur l'Océan Atlantique, l'Inner Sound et le Sleat Sound, le firth de Lorne, les golfes de Clyde et de Solway. Les îles forment trois groupes principaux : les Orcades, les Shetland et les Hébrides. Elles sont près de 800, inhabitables pour la plupart.

La division ancienne et nationale de l'Écosse est en Highlands et Lowlands, c'est-à-dire en hautes et basses terres La limite est une zone formée de terrains bas, de plaines et de vallées, depuis les environs de la baie de Monrose jusqu'à la vallée du Forth. On distingue trois massifs principaux : le groupe du Forth, depuis l'extrémité septentrionale de l'Écosse jusqu'à la grande dépression appelée Glenmore; le groupe central entre le Glenmore et le Strathmore et le groupe du Sud ou des Lowlands, entre le Strathmore et la frontière d'Angleterre. Le premier n'est qu'un massif granitique coupé de gorges abruptes et surplombé de pics qui s'élèvent jusqu'à 1,200 mètres. La vallée de Glenmore est longue d'environ 115 kil., et parsemée de lacs longs et étroits, qui communiquent entre eux par des courants non navigables: le canal Calédonien relie entre eux tous les lacs du Glenmore. Le groupe central ou massif des Grampians s'élève au delà des plaines de la Clyde et du Forth; il est sillonné de vallées et de bassins lacustres. Les Grampians renferment le point culminant de toute la Grande-Bretagne, le Ben-Nevis (1,342 mètres) Le groupe du Sud ou monts Cheviots ne dépasse pas 813 mètres. Ce sont des montagnes de formation silurienne.

Les cours d'eau sont fort nombreux, mais peu étendus. Dans la mer du Nord se jettent la *Tweed* (154 kil.), la *Leith*, le *Forth*, le *Tay* (175 kil.), la *Ness*, etc.; dans l'Océan Atlantique tombent le *More*, la *Clyde*, le premier fleuve qui ait porté un bateau en vapeur, en 1812, l'*Irvine*, etc. Les lacs sont peu nombreux, mais renommés par leur charme et la beauté des paysages qui les entourent. Le plus grand de tous est le lac *Lomond*; on cite encore les lacs Ness, Tay, Katrine, etc.

Le climat de l'Écosse est remarquable par son égalité; grâce aux courants marins, il fait moins froid en janvier dans les Hébrides que sur les bords de la Tamise. Les froids sont moins rudes et les neiges durent moins longtemps que dans les autres pays qui se trouvent à une égale latitude. La température moyenne de l'hiver est de + 3°,35 et celle de l'été de + 14°.

La population de l'Écosse se partage en deux races distinctes : les *Highlanders*, qui sont de race celtique et ont une parenté très proche avec les Irlandais, et les *Lowlanders*, qui ont un mélange de sang danois, celte et anglo-saxon. Les premiers se nomment eux-mêmes Gaëls et parlent un dialecte de la vieille langue celtique; les autres parlent l'anglais; leur domaine s'accroît tous les jours. Le vieux celtique n'est plus parlé exclusivement que par 200 à 250,000 Écossais. Cette population, malgré les tentatives d'unification faites par le gouvernement depuis deux siècles, est restée fidèle à ses habitudes et à son costume traditionnel; les *Highlanders* portent toujours le tartan jeté sur les épaules, la jupe courte et pour coiffure une toque ornée d'une plume de coq. Ils ont conservé leur organisation en tribus appelées *Clans*; ils se regardent toujours comme les vassaux d'un chef héréditaire. Au contraire, dans le Lowland tout entier, l'unification a depuis longtemps accompli son œuvre.

Les premières notions certaines sur l'Écosse remontent au Ier siècle de notre ère; c'est l'expédition d'Agricola dans la Grande-Bretagne qui nous les fournit (84-85). Cette contrée était appelée Calédonie, probablement d'un mot kymrique, qui signifie forêts. L'empereur Antonin porta la frontière romaine jusqu'à l'isthme de la Clyde; mais les invasions des Pictes et des Scots, peuples venus de l'Irlande, obligèrent les Romains à reculer. Ces deux peuples vécurent d'abord séparés, puis ne formèrent qu'un seul royaume à partir du IXe siècle; toutefois, le mot *Écosse* ne devint d'un usage courant qu'à partir du XIe siècle.

Pendant cinq siècles, l'histoire de l'Écosse n'est qu'une succession ininterrompue de guerres civiles et étrangères. En 1371, l'extinction de la famille de Robert Bruce fit arriver au trône la dynastie des Stuarts, et en 1603, l'accession de Jacques Ier au trône d'Angleterre plaça les deux couronnes sous le même sceptre. Elles y sont restées. Par suite de l'acte d'union de 1707, l'Écosse a cessé d'avoir un parlement séparé et son gouvernement a été assimilé à celui de l'Angleterre. Elle est représentée à la Chambre des communes par 72 représentants et par 16 à la Chambre des lords.

La religion dominante est le presbytérianisme, qui compte plus d'un million et demi d'adhérents. Les dissidents ont formé plusieurs sectes, dont l'ensemble représente le même chiffre de population. Les catholiques sont environ 400,000.

L'Écosse forme 34 comtés, dont 15 dans le Highland et 19 dans le Lowland. Les villes principales sont : Édimbourg, la capitale (270,000 hab.); Glascow (675,000); Aberdeen (105,000); Dundée (445,000); Greenoch (70,000); Paisley (50,000); Perth (25,000).

Comparée à l'Angleterre ou à l'Irlande, l'Écosse est un pays de moyenne propriété. L'étendue des propriétés s'explique par ce fait qu'une grande partie du sol est couverte de montagnes et par conséquent indivisible en de petites propriétés; puis plusieurs familles puissantes, organisées depuis longtemps sous le régime féodal, ont occupé le sol et l'ont gardé; ce sont les familles des Scott et des Douglas dans le Lowland, des Argyll et des Breadalbane dans le Highland. Un quart seulement du pays est livré à la culture; la céréale la plus commune est l'avoine, qui occupe la moitié des terres arables. La farine d'avoine, transformée en galette ou en bouillie, est le fond de la nourriture des classes pauvres, surtout dans le Highland.

— L'industrie a acquis, dans certaines régions, un aussi grand degré de perfection qu'en Angleterre. Les mines de charbon fournissent toutes les matières qui sont de première nécessité; l'industrie manufacturière s'est, par suite, très développée : les articles de laine, tartans, couvertures, etc., les manufactures de toiles, de lin et de chanvre, les cotonnades, occupent près de 300,000 ouvriers. Il faut y ajouter les raffineries de sucre et la construction des navires. Glascow est de beaucoup la ville la plus industrielle.

ÉCOSSE (*Rois d'*). — Malcolm Ier, 943..... Malcolm II, 1003; Duncan Ier, 1033; Macbeth, 1040; Malcolm III, 1057; Donald VI, 1093; Duncan II, 1094; Edgar, 1098; Alexandre Ier, 1107; David Ier, 1124; Malcolm IV, 1153; Guillaume 1165; Alexandre II, 1213; Alexandre III, 1249; Marguerite, 1286; Jean Baillol, 1292; Robert Ier, Bruce, 1306; David II, Bruce, 1329; Édouard Baillol, 1332; David II, rétabli, 1342; Robert II, Stuart, 1371; Robert III, 1390; Jacques Ier, 1406; Jacques II, 1437; Jacques III, 1460; Jacques IV, 1488; Jacques V, 1513; Marie Stuart, 1542; Jacques VI, 1567, devient roi d'Angleterre en 1603, sous le nom de Jacques Ier.

ÉCOSSE (NOUVELLE-) ou **ACADIE**. Voy. ACADIE.

ÉCOSSER. v. a. (R. *cosse*). Tirer de la cosse. *É. des pois, des fèves.* = s'Écosser. v. pron. *Des pois qui s'écossent bien.* = Écossé, ÉE. part.

ÉCOSSETTE. s. f. Botillion de betteraves.

ÉCOSSEUR, EUSE. (R. *écosser*). Celui, celle, qui écosse.

ÉCOSSISME. s. m. T. Franc-Maçonn. Nom donné à divers systèmes maçonniques originaires de l'Écosse.

ÉCOT. s. m. (orig. germ. ou celt. ; anc. frison *scot*; all. *schloss*; gaël. *sgot*, impôt, contribution). Quote-part due par chaque convive pour un repas commun. *J'ai payé mon é., payez le vôtre. Chacun son é. Il a payé l'é. pour tous.* — Fig., Part que chacun prend à quelque chose. || Compagnie de gens qui mangent ensemble dans une auberge, etc. *Il y a trois écots dans le jardin.* — Fig. et prov., on dit à une personne qui se mêle de parler à des gens qui ne lui adressent point la parole, *Parlez à votre é.*

ÉCOT. s. m. (all. *scuz*, même sens). T. Sylv. Tronc d'arbre où il reste encore des bouts de branches coupées. || T. Blas. Fig., Un tronc d'arbre dont les branches sont coupées.

ÉCOTAGE. s. m. (R. *écoter*). T. Techn. Action d'enlever les côtes du tabac. || Opération par laquelle le tréfileur enlève au fil de fer les côtes qui y sont restées.

ÉCOTARD. s. m. T. Mar. Pièce de bois qu'on met en saillie sur les côtés d'un vaisseau pour empêcher les haubans de porter contre le bordage.

ÉCOTÉ, ÉE. adj. (R. *écot*). T. Blas. Se dit des troncs et des branches dont les menus rameaux ont été coupés.

ÉCOTER. v. a. (R. *côte*). Enlever la côte des feuilles de tabac. || Travailler le fil de fer de manière à enlever les côtes. = s'Écoter. v. pron. *Le fil de fer s'écote en le faisant passer à la filière.* = Écoté, ÉE. part.

ÉCOTEUR. s. m. (R. *écoter*). T. Techn. Ouvrier qui ôte les côtes du tabac. || Celui qui travaille à l'écotage du fer.

ÉCOUAGE. s. m. T. Dr. cout. Visite officielle d'un chemin, d'une rivière. || Visite judiciaire du corps d'une personne dont la mort est suspecte.

ÉCOUAILLES. s. f. pl. [Pr. *écou-alle*, Il mouillées] (R. *coue*, qui s'est dit pour *queue*). T. Rur. Laine que l'on coupe sous la cuisse et la queue des moutons et qui est de basse qualité.

ÉCOUANE. s. f. (R. *couenne*, ce qu'on dérive étant comparé à une couenne ?) T. Techn. Lime plate servant pour le bois et la corne. Voy. LIME. || T. Monn. Petite lime servant à enlever de la matière sur la surface des flans dont le poids est trop lourd avant de les soumettre au monnayage.

ÉCOUANER. v. a. (R. *écouane*). T. Techn. Limer avec

l'écouane. || T. Monn. Réduire les espèces d'or et d'argent au poids ordonné.

ÉCOUANETTE. s. f. (Dim. d'écouane). T. Techn. Petite écouane.

ÉCOUCHE. s. f. T. Agric. Outil pour préparer le lin et le chanvre.

ÉCOUCHÉ, ch.-l. de c. (Orne), arr. d'Argentan, 1,400 hab.

ÉCOUCHER. v. a. (R. écouche). T. Techn. Travailler le lin et le chanvre avec l'écouche.

ÉCOUCHURES. s. f. pl. Brins de lin ou tiges de chanvre dépouillés de leur écorce à l'aide de l'écouche.

ÉCOUEN, ch.-l. de c. (Seine-et-Oise), arr. de Pontoise, 1,100 hab. Beau château dans lequel est établie une des maisons d'éducation de la Légion d'honneur.

ÉCOUER. v. a. (R. coue, qui s'est dit pour queue). Couper la queue à... É. un chat.

ÉCOUET. s. m. (R. coue, qui s'est dit pour queue). T. Mar. Nom d'un cordage qui va en diminuant par un bout; armure de la grande voile et de la voile de misaine.

ÉCOUFLE. s. m. (bas-breton skoul. milan). Nom vulgaire du milan. || Nom du cerf-volant dans quelques provinces.

ÉCOULAGE. s. m. T. Techn. Opération qui consiste à racler les peaux pour en extraire toute l'eau de chaux. || Opération qui consiste à faire couler le jus du raisin.

ÉCOULARD. s. m. T. Vitic. Cep de vigne dont la fleur coule.

ÉCOULEMENT. s. m. (R. écouler). Action de s'écouler; mouvement de ce qui s'écoule. É. des eaux. || T. Phys. É. des liquides. Voy. Hydrodynamique. É. des gaz. Voy. Gaz. — Flux, mouvement d'un fluide qui s'échappe du lieu où il était contenu. L'é. des eaux, etc. — Par anal., Mouvement des personnes qui se retirent d'un même endroit. Faciliter l'é. de la foule. — Par ext., se dit de certaines sécrétions et surtout de certains flux morbides. L'é. périodique des femmes. Un é. muqueux, syn. de blennorrhagie. || Fig., se dit en parlant de la vente, du débit des marchandises, des produits. Cela facilitera l'é. des marchandises qui encombraient nos magasins.

ÉCOULER. v. a. (R. couler). Vendre, débiter, en parlant d'une marchandise. Nous avons écoulé tout ce que nous avions fabriqué. || T. Techn. É. le cuir, Le faire égoutter. || É. une peau, La racler avec le dos du couteau à écharner pour en faire tomber l'eau de chaux. — s'Écouler. v. pron. Couler hors de quelque endroit. L'eau s'écoula, les eaux s'écoulèrent rapidement. Le vin s'est écoulé du tonneau. Avec ellipse du pronom, Faire, laisser é. les eaux. || Par anal., on dit, La foule s'écoula lentement; avec ellipse du pronom, Laisser é. la foule. || Fig., Diminuer, se dissiper, passer, L'argent s'écoule vite. Avec quelle rapidité le temps s'écoule! Les jours pour lui s'écoulaient trop lentement. || Fig., se dit des produits du tout genre, et sign. alors se vendre, se débiter. C'est un produit qui s'écoule facilement. = Écoulé, ée. part. L'eau est entièrement écoulée. || Fig., Le temps est écoulé, Le délai est expiré.

ÉCOUPE. s. f. (lat. scopæ, balai). T. Mar. Balai pour nettoyer un bateau. || T. Rur. Sorte de large pelle de fer.

ÉCOURGÉE. s. f. (lat. corrigium, courroie). Fouet fait de plusieurs courroies de cuir. || Coup de ce fouet.

ÉCOURGEON. s. m. T. Agric. Syn. d'Escourgeon.

ÉCOURS. s. m. Dans les salines, canal amenant l'eau de mer à la vasière.

ÉCOURTER. v. a. (R. court). Rogner, couper trop court. É. des cheveux. É. un manteau, une robe. — É. un chien, un cheval, Leur couper la queue, les oreilles. || Fig., en parlant des ouvrages d'esprit, Ne pas leur donner les développements nécessaires. Il fallait abréger cette scène et non pas l'é. = Écourté, ée. part. Cet habit est bien écourté, Il est beaucoup trop court.

ÉCOUSSAGE. s. m. T. Techn. Nom de taches de la faïence, produites par la fumée ou les doigts sales des ouvriers.

ÉCOUSSURE. s. f. T. Agric. Nom donné dans le Midi à la portion du produit brut de la récolte que l'on abandonne aux ouvriers après le battage des grains.

ÉCOUTANT, ANTE. adj. (R. écouter). Qui écoute. Ne s'emploie guère que dans cette loc., Avocat é., qui se dit en plaisantant d'un avocat qui ne plaide point. || Subst., se dit quelquefois pour auditeurs. Ce beau discours ravit les écoutants.

ÉCOUTE. s. f. (R. écouter). Lieu où l'on écoute sans être vu; ne s'emploie guère qu'au plur. Il y avait en Sorbonne des écoutes où se tenaient les docteurs pour entendre les disputes publiques. — Fig. et fam., Être aux écoutes, Écouter attentivement pour se rendre compte d'un bruit qu'on ne distingue pas bien; Être attentif à remarquer, à recueillir ce qui se dit ou se fait autour de soi. Soyez prudent, il y a ici des gens qui sont aux écoutes. || T. Art milit. Petites galeries de mines d'où l'on peut entendre le mineur ennemi travaille. — Sentinelle placée dans ces galeries pour suivre le travail de l'ennemi. || T. Vèner. Nom donné aux oreilles du sanglier. || Adject., Sœur é., Religieuse qui accompagne au parloir une autre religieuse ou une pensionnaire.

ÉCOUTE. s. f. (orig. germ.). T. Mar. Cordage attaché au coin inférieur des voiles et servant à la déployer, à la tendre de manière qu'elle reçoive l'impulsion du vent. Écoutes de grande voile ou Grandes écoutes. Écoutes de misaine, de perroquet, etc., Border, larguer les écoutes. Fausses écoutes, Cordages volants que dans les grands vents on ajoute aux écoutes pour les renforcer. || É. de revers, Celle qui est fixée au point d'amure d'une basse voile au vent, et qui est actuellement sans usage. || Avoir le vent entre deux écoutes, Marcher vent arrière. || Être sous l'é. d'un bâtiment, Être très près de lui, sous le vent.

ÉCOUTEMENT. s. m. (R. écouter). Action d'écouter, de prêter l'oreille. Inus.

ÉCOUTER. v. a. (lat. auscultare. m s.). Prêter l'oreille pour entendre, ouïr avec attention. On entend tout ce qui frappe l'oreille, on n'écoute au contraire que ce qu'on veut entendre. Ne parlez pas si haut, on nous écoute. Parlez, je vous écoute. Il écouta patiemment sa défense, ses raisons. Nous écoutions le bruit du torrent. Absol., Elle écoute aux portes. Quand on lui parle, il n'écoute pas. — À l'impér., ou dit souvent, Écoute, écoutez, Quand on veut appeler quelqu'un ou éveiller son attention. Quand il prit la parole, on cria de tous côtés : Écoutez! écoutez! — Fam., N'é. que d'une oreille, Ne prêter qu'une très faible attention à ce qu'on nous dit. || Accueillir les discours que l'on nous tient, les propositions que l'on nous fait.

> Tout flatteur
> Vit aux dépens de celui qui l'écoute.
>
>   LA FONTAINE.

Il parla d'accommodement, mais il ne fut pas écouté. || Exaucer. Le prince écouta les vœux de ses peuples. Le ciel a écouté nos prières. || Obtempérer, obéir, suivre les avis. Il faut é. ses parents. Cet enfant ne veut é. personne. On dit de même, É. les conseils, les avis de quelqu'un. — N'écoutez que vous-même, Ne suivez que vos propres inspirations. — Fig., É. la raison. É. la voix de la nature. É. sa conscience. Elle n'écouta que son cœur, que les mouvements de son cœur. || Subst., Un écoute s'il pleut, Un moulin qui ne va que par des écluses. — Fig. et fam., on dit, C'est un écoute s'il pleut, en parlant d'un homme qui se laisse rebuter par les moindres difficultés, ou bien d'une promesse sur laquelle on ne peut compter, d'une espérance illusoire. = s'Écouter. v. pron. Fam., on dit d'un homme qui parle lentement et qui croit bien dire, qu'il s'écoute parler, et absol., qu'il s'écoute. || On dit aussi de quelqu'un qui a trop d'attention à ce qui se passe en lui par rapport à sa santé, qu'il s'écoute trop. = Écouté, ée. part. || T. Man. Des mouvements écoutés, Des mouvements faits avec justesse et précision.

309

Syn. — *Entendre, Ouïr.* — *Entendre,* c'est être frappé des sons ; *écouter,* c'est prêter l'oreille pour les entendre. Quelquefois on *n'entend* pas quoiqu'on *écoute,* et souvent on *entend* sans *écouter. Ouïr* n'est guère d'usage qu'au prétérit. Il diffère d'*entendre,* en ce qu'il marque une sensation plus confuse : On a quelquefois *ouï* parler sans avoir *entendu* ce qui a été dit.

ÉCOUTEUR, EUSE. s. (R. *écouter*). Celui, celle qui a l'habitude d'écouter, par une curiosité indiscrète, ce qu'on ne veut pas lui faire connaître. *C'est un é., c'est une écouteuse aux portes.* Fam.

ÉCOUTEUX, EUSE. adj. T. Man. *Cheval é.,* Cheval qui se laisse distraire par quelque bruit ou par les objets qui l'entourent.

ÉCOUTILLE. s. f. [Pr. les *ll* mouillées] (orig. inconnue). T. Mar. Sorte de trappe, d'ouverture carrée pratiquée au pont d'un bâtiment, pour descendre dans l'intérieur. *La grande é. Fermer les écoutilles.* || *Écoutilles d'appareil,* Ouvertures pratiquées le long du bord, sur le pont supérieur des pontons servant à un abatage en carène, pour le passage des garants de caliornes.

ÉCOUTILLON. s. m. [Pr. les *ll* mouillées] (Dim. d'*écoutille*). T. Mar. Petite ouverture pratiquée dans le panneau d'une écoutille, pour recevoir le pied d'un mât de hune.

ÉCOUTOIR. s. m. (R. *écouter*). Appareil acoustique dont les personnes qui ont l'oreille dure se servent pour mieux entendre.

ÉCOUVETTE. s. f. T. Techn. Petit balai de bouleau avec lequel les épincetouses époussètent le drap pour en faire tomber les épluchures. || Brosse à manche servant aux ouvriers apprêteurs pour humecter les plaques destinées à chauffer les étoffes pendant le pressage. || Instrument dont on se sert pour mouiller le charbon à la forge.

ÉCOUVILLON. s. m. [Pr. les *ll* mouillées]. Vieux linge attaché à un long bâton avec lequel les boulangers nettoient leur four. || T. Artill. Longue tige de fer portant d'un bout une brosse métallique et de l'autre un refouloir pour le nettoyage et le bourrage des canons. Voy. CANON. || T. Mar. *É. d'abordage,* Écouvillon dont la hampe est formée d'un bout de filin dont on se sert lorsque, deux bâtiments étant bord à bord, il est impossible d'employer l'é. à manche rigide. || T. Techn. *É. de tube,* Baguette de fils de laiton tordus, munie, à une extrémité, d'une tête de poils de blaireau, dont on se sert pour nettoyer les petits tubes. || T. Chir. Petite brosse de crins dont on se sert pour nettoyer les canules employées dans l'opération de la trachéotomie.

ÉCOUVILLONNAGE. s. m. [Pr. *ékouvi-llo-naje, ll* mouillées]. Action d'écouvillonner.

ÉCOUVILLONNEMENT. s. m. [Pr. *ékouvi-llo-neman, ll* mouillées]. Action d'écouvillonner.

ÉCOUVILLONNER. v. a. [Pr. *ékouvi-llo-ner, ll* mouillées]. Nettoyer avec l'écouvillon. || Mouiller légèrement, en parlant du charbon. = ÉCOUVILLONNÉ. ÉE. part.

ECPÉRISPASME. s. m. (gr. ἐκπερισπασμὸς, de ἐκ, de ; περὶ, autour ; σπάσμα, contraction). T. Antiq. gr. Évolution des troupes grecques qui équivalait à trois quarts de conversion.

ECPHONÈME. s. m. (gr. ἐκφώνημα, de ἐκ, et φώνημα, intonation). T. Didact. Élévation soudaine de la voix causée par quelque surprise ou quelque passion violente.

ECPHRACTIQUE. adj. (gr. ἐκφρακτικὸς, de ἐκ, de, et φράσσειν, boucher). T. Méd. Apéritif. *Aliment e.* — Subst. Remède e. *Employer les ecphractiques.*

ECPHYSE. s. f. (gr. ἐκ, de ; φύσις, nature). T. Méd. Appendice quelconque du corps humain. Peu us.

ECPHYSÈSE. s. f. (gr. ἐκφύσησις, action de souffler, de ἐκ, hors de, et φυσᾶν, je souffle). T. Méd. Essoufflement, expiration bruyante et rapide. Peu us.

ECPIESME. s. f. (gr. ἐκπιέζω, je presse). T. Chir. Fracture du crâne dans laquelle les esquilles enfoncées en dedans compriment les membranes du cerveau.

ECPLECTIQUE. adj. (R. *ecplexie*). T. Méd. Qui a rapport à l'ecplexie. *Stupeur e.*

ECPLÉROME. s. m. (gr. ἐκπλήρωμα, complément). T. Chir. Coussinet qui sert de remplissage dans le pansement d'une fracture.

ECPLEXIE. s. f. (gr. ἐκπληξις, effroi). T. Pathol. Stupeur causée par une grande surprise. Inus.

ECPTOME. s. m. (gr. ἐκπτωμα, chute). T. Chir. Déplacement des parties d'une fracture. Peu us.

ECPYÈME. s. m. (gr. ἐκπύημα, abcès). T. Méd. Suppuration, abcès. Inus.

ECPYÉTIQUE. adj. T. Méd. Suppuratif, qui a rapport à l'ecpyème. Peu us.

ÉCRAI. s. m. T. rur. Milieu de la raie faite par la charrue.

ÉCRAN. s. m. (orig. germ.). Sorte de petit meuble dont on se sert pour se garantir de l'ardeur du feu. *É. à pied, à main. Mettez cela devant la cheminée en guise d'é.* — Par ext., Objet interposé qui empêche de voir, ou qui protège. || Toile blanche tendue sur un châssis dont se servent les dessinateurs les graveurs, etc., pour amortir l'éclat du jour et avoir une lumière plus égale. || T. Phys. Surface quelconque sur laquelle on fait projeter l'image d'un objet. || T. Archit. Barrière à jour qui sépare du reste de l'église le chœur ou une chapelle. || T. Techn. Plaque de fer suspendue devant une forge pour protéger la figure des ouvriers. || T. Chem. de fer. Plaque de tôle percée de trous munis de verres que l'on place sur une locomotive pour protéger le mécanicien du vent. || T. Méc. Plaque de tôle servant à boucher le cendrier d'une machine à vapeur lorsqu'on laisse tomber les feux.

ÉCRANCHER. v. a. Effacer les faux plis d'une étoffe.

ÉCRAPETTE. s. f. Sur les côtes de la Manche, petit balai de chiendent employé à divers usages de propreté.

ÉCRASABLE. adj. (R. *écraser*). Qui peut être écrasé, qui mérite d'être écrasé. *Des pierres facilement écrasables.*

ÉCRASAGE. s. m. (R. *écraser*). Action d'écraser.

ÉCRASANT, ANTE. adj. (R. *écraser*). Qui écrase. Qui fatigue extrêmement. *Une chaleur écrasante, un travail é. Le fardeau é. des impôts.* || Excessif. *Un luxe é.*

ÉCRASÉE. s. f. T. Minér. Effondrement qui se produit au-dessus des anciennes fouilles.

ÉCRASEMENT. s. m. (R. *écraser*). Action d'écraser, résultat de cette action. — Fig. Abaissement, dégradation. || T. Mécan. *É des chaudières,* Rupture des tôles de la chaudière sous l'effort de la pression atmosphérique, quand, après un refroidissement soudain, le vide se fait dans la chambre de la chaudière. || T. Chir. *É. linéaire,* Procédé par lequel, au lieu de couper les parties avec un instrument tranchant, on les coupe par l'écrasement et la constriction. || T. Méc. Résistance à l'é. Voy. RÉSISTANCE *des matériaux.*

ÉCRASER. v. a. (anc. scand. *krassa,* broyer). Aplatir, broyer quelque chose par un grand poids, par une forte compression, par un choc violent. *La roue de la voiture lui écrasa la jambe. É. un insecte avec le pied. É. des raisins dans un pressoir.* — Par exag., *Cet homme est écrasé par le poids de son fardeau.* || Fig. Accabler. *Ce travail m'écrase. É. les peuples d'impôts.* || Fig., Culbuter, renverser, anéantir. *Il fit charger une division de cuirassiers qui écrasa tout ce qui se trouva sur son passage. L'armée des alliés fut écrasée.* — Ruiner, perdre, détruire. *Le fort écrase le faible. Cet homme est puissant, il vous écrasera si vous entrez en lutte avec lui.* — *É. quelqu'un dans une discussion,* Le battre entièrement, le réduire au silence. || Figur., Éclipser. *Il fut écrasé par la gloire de son rival.*

Sa beauté écrasait celle de toutes les autres femmes. || Fig., on dit encore d'une chose qui empêche qu'une autre chose ressorte comme elle devrait, qu'*elle l'écrase. Ces tentures sont trop éclatantes, elles écrasent toutes les toilettes.* || T. Techn. *É. une étoffe,* La frapper à l'excès. = s'ÉCRASER. v. pron. *Un fruit qui s'écrase en tombant.* || T. Escrime. Fléchir en avant le genou droit en se laissant affaisser et lever le pied gauche. = ÉCRASÉ, ÉE. part. || Fig., Trop aplati, trop court, trop bas. *Il a le nez écrasé. Ce dôme est trop écrasé. Taille écrasée,* Taille trop courte et engoncée. || T. Chem. de fer. *Rail écrasé,* Rail dont le champignon est décollé en partie.

ÉCRASEUR. s. m. (R. *écraser*). Celui qui écrase. *Un é. de pommes à cidre.* || T. Chir. *É. linéaire,* Instrument qui sert à pratiquer l'écrasement linéaire.

ÉCRASURE. s. f. (R. *écraser*). Débris d'un objet écrasé. || T. Techn. Partie du velours où le poil est écrasé.

ÉCRÉMAGE. s. m. (R. *écrémer*). Action d'ôter la crème du lait. || T. Techn. Opération qui consiste à écumer la surface d'un bain de verre avant de l'employer.

ÉCRÉMAISON. s. f. Action d'écrémer le verre fondu, d'en retirer les ordures.

ÉCRÉMER. v. a. (R. *crème*). Oter la crème de dessus le lait. *É. le lait, du lait.* || Figur. et fam., se dit des choses dont on tire ce qu'il y a de meilleur. *É. une affaire. É. une bibliothèque. É. une cargaison.* || T. Techn. *É. le verre,* Enlever du verre en fusion les scories qui montent à la surface. = ÉCRÉMÉ, ÉE. part. *Lait écrémé. Une affaire écrémée.* = Conj. Voy. CÉDER.

ÉCRÉMEUSE. s. f. Machine rotative employée pour l'écrémage industriel du lait. || Outil dont se sert le verrier pour écrémer le verre fondu.

ÉCRÉMIÈRE. s. f. (R. *écrémer*). T. Moll. Moule d'eau douce dont la coquille sert pour écrémer le lait.

ÉCRÉMOIRE. s. f. (R. *écrémer*). T. Écon. rur. Ustensile de bois pour écrémer le lait. || T. Techn. Instrument pour ramasser les matières broyées par l'artificier ou pour les prendre dans les boîtes. || Ustensile de verrier pour débarrasser le verre fondu de ses scories.

ÉCRÉNAGE. s. m. (R. *écréner*). T. Techn. Façon donnée par le fondeur à certaines lettres.

ÉCRÉNER. v. a. (R. *cran*). T. Techn. Dégager une lettre d'un peu de matière qui la fait porter à faux.

ÉCRÉNEUR. s. m. (R. *écréner*). Ouvrier qui pratique l'écrénage.

ÉCRÉNOIR. s. m. (R. *écréner*). Outil d'acier qui sert à écréner les caractères typographiques.

ÉCRÊTEMENT. s. m. (R. *écrêter*). T. Guerre. Action d'écrêter un ouvrage, d'en enlever la crête. || T. Agric. Réparation des côtés d'un fossé. || Opération qui consiste à gratter au printemps les côtés des trous pratiqués en hiver pour y planter des arbres.

ÉCRÊTER. v. a. (R. *crête*). Retrancher la crête de. *É. un coq.* || T. Guerre. Abattre à coups de canon la crête, le sommet d'un ouvrage de fortification. *Le canon a déjà écrêté le bastion.* || T. Ponts et Ch. Abaisser. *É. une route.* || T. Agric. Couper les sommités de. *É. du blé.* = ÉCRÊTÉ, ÉE. part.

ÉCREVISSE. s. f. (orig. germ. : all. *krebs*). T. Zool. Animal de la classe des crustacés. — *Buisson d'écrevisses,* Plat d'écrevisses arrangées en monceau avec de la verdure. — Famil., *Aller à reculons comme les écrevisses,* ou simpl., *Aller comme les écrevisses,* se dit de quelqu'un dont les affaires, au lieu de s'améliorer, vont plus mal. — Popul., *Être rouge comme une é.,* se dit, par allusion à la couleur que les écrevisses prennent par la cuisson, d'une personne dont le visage est haut en couleur, ou qui rougit beaucoup. On dit aussi, dans ce dernier sens, *Devenir rouge comme une é.* || T. As-

tron. Syn. de *Cancer.* || T. Techn. Instrument destiné à saisir et retirer du fond de l'eau des matériaux pouvant s'y trouver. — Dans les forges, c'est un outil servant à apporter sur l'enclume les pièces de fer rougies au feu. — Pierre à chaux qui prend une couleur rouge à la calcination.

Zool — On nomme *Écr* un genre de Crustacés qui appartient

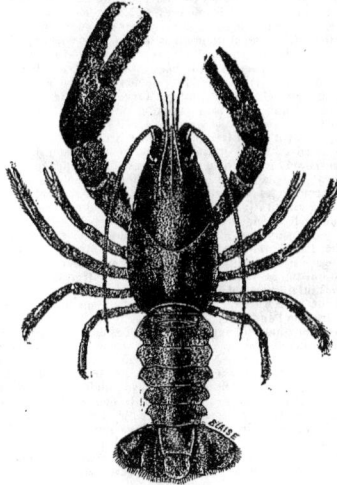

Fig. 1.

à la section des Décapodes Macroures et à la famille des Astacides. Il renferme six espèces, toutes d'eau douce, dont

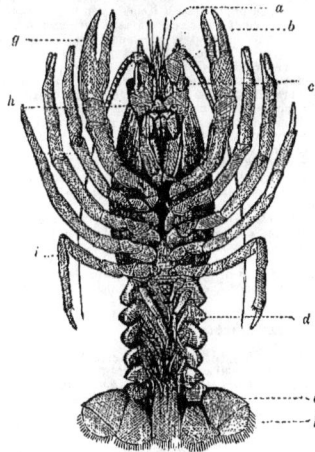

Fig. 2.

une seule appartient à l'Europe. Cette dernière, appelée *É. commune* ou *fluviatile (Astacus fluviatilis),* est de couleur brun verdâtre, à rostre armé d'une petite dent de chaque côté, et à pinces chagrinées (Fig. 1. *É. commune* vue en dessous et Fig. 2 en dessous : — *a*, antennules; *b*, antennes; *c*, œil; *d*, deuxième anneau abdominal ; *e*, anus ; *f*, nageoire caudale; *g*, patte ravisseuse; *i*, dernière patte ambulatoire). — Elle habite les eaux douces de l'Europe et du nord de l'Asie, où elle se tient, soit sous les pierres, soit dans les trous, dont elle ne sort guère que le soir pour chercher sa nourriture. Elle se nourrit habituellement de mollusques, de petits poissons, de larves d'insectes, etc.; mais elle se repaît également de chairs corrompues et de cadavres d'animaux. Cette espèce est très féconde ; vers le mois de novembre, la femelle pond à la fois de 20 à 30 œufs, et même davantage. Ceux-ci sont fixés à l'aide d'une pellicule aux filets mobiles qui garnissent la queue. La mère porte ces espèces de grappes jusqu'à la naissance des petits, qui sont d'abord très mous, mais trouvent un refuge sous le ventre maternel jusqu'à ce que leur test soit devenu assez consistant. L'é. fluviale renouvelle son enveloppe tous les ans, entre les mois de mai et de septembre. Réaumur a décrit minutieusement les diverses phases de cette mue, dont nous avons parlé ailleurs (voy. CRUSTACÉS), et dont il est très facile de se donner le spectacle en nourrissant durant la belle saison un de ces animaux dans un bocal. Lorsque l'époque critique approche, l'é. cherche un lieu où elle puisse être à l'abri de tout danger : car, si elle était rencontrée au moment où elle vient de quitter sa vieille enveloppe par d'autres écrevisses, elle serait infailliblement dévorée. Heureusement pour elle que sa nouvelle peau est déjà, au bout de deux ou trois jours, aussi dure que l'ancienne. Chez les écrevisses prêtes à muer, on trouve constamment sur les côtés de l'estomac deux corps calcaires, qu'on désigne vulgairement sous le nom d'*Yeux d'écrevisse*, à cause de leur forme arrondie. Ces deux pièces disparaissent pendant la mue, et on ne les trouve plus dans les individus qui ont subi cette épreuve ; elles tombent dans l'estomac et sont absorbées pour fournir les matériaux calcaires à la nouvelle carapace. La faculté que possèdent les écrevisses de reproduire leurs membres quand ils ont été brisés ou coupés, leur est commune avec la plupart des autres crustacés. Ces animaux peuvent vivre une vingtaine d'années, et leur croissance dure toute leur vie ; néanmoins, ils n'atteignent jamais qu'une taille médiocre.

On pêche l'é. de différentes manières ; d'abord, avec des « balances » ou, pour mieux dire, des cerceaux suspendus à une perche, formés d'un filet, sur lequel on place un petit morceau de viande défraîchie ; ensuite, avec un fagot menu dans lequel on a mis de la viande, et que l'on retire lorsque les écrevisses ont pénétré de toutes parts entre les branchages. On les prend aussi à la main ; on les pêche au flambeau, etc. La chair de l'é. est un mets fort recherché. Pour être avantageuse au point de vue comestible, l'é. doit avoir au moins cinq ans. Tout le monde sait que la cuisson change la couleur brun verdâtre de son test en une belle couleur rouge. On a rencontré une variété d'é. qui, au lieu de présenter la couleur brune ordinaire, était d'un beau bleu cobalt. — Formés de phosphate et de carbonate de chaux, les yeux d'écrevisses étaient autrefois employés en médecine comme absorbant ; actuellement, ils ne servent plus que pour faire certaines poudres dentifrices.

Les écrevisses ont été décimées depuis 1878 en France, en Allemagne, en Autriche par une maladie, désignée sous le nom de *mycosis astacina*, produite par la pullulation d'un champignon de la famille des Saprolégniacées. Une autre maladie, la peste des écrevisses, est due à l'ingestion de la larve d'un distome qui va s'enkyster dans les muscles. Voy. ASTACIDES et DÉCAPODES.

ECRHEXIS. s. f. (gr. ἐx, de; ῥήγνυμι, je romps). T. Chir. Rupture en général, et particulièrement rupture de l'utérus

ECRIER. v. a. T. Techn. Nettoyer le fil de fer en le frottant avec un linge chargé de grès.

ÉCRIER (S'). v. pron. (R. *crier*). Faire un grand cri, une exclamation. *A l'aspect du danger, il s'écria. S'é. d'admiration, de douleur, de frayeur.* || Prononcer quelques paroles en criant, en élevant la voix. *Je m'écriai que c'était une injustice. Comment ! s'écria-t-il, vous seriez capable de...* = Conj. Voy. PRIER.

ÉCRIEUR. s. m. T. Techn. Ouvrier qui écrie le fil de fer.

ÉCRILLE. s. f. [Pr les *ll* mouillées] (R *grille*) T. Pêc.

Clôture de clayonnage qu'on pratique à la décharge d'un étang, pour empêcher le poisson d'en sortir.

ÉCRIN. s. m. (lat. *scrinium*, m. s.). Petit coffret où l'on met des bagues, des pierreries. || Par ext., Les joyaux contenus dans un écrin. *Un écrin de trente mille francs.* || Fig., Réunion d'objets éclatants ou précieux.

ÉCRIRE. v. a. (lat. *scribere*, m. s.). Tracer, former des lettres, des caractères. Dans ce sens, il s'emploie toujours absol. *Il sait lire et é. Apprendre à é. Les anciens écrivaient sur des tablettes enduites de cire. E. en grosses lettres.* — Fig., Imprimer, empreindre profondément. *Les rides ont écrit son âge sur son front.* || Mettre, consigner, énoncer une chose par écrit. *Cette lettre est écrite de sa main. É. son nom, son adresse. Il a l'habitude d'é. tout ce qui lui vient à l'esprit. Absol., Il ne suffit pas de donner des paroles, il faut é.,* || Il faut les mettre par écrit, s'engager par écrit. — Par anal., on dit *É. un morceau de musique, un air, etc.* — *Se faire é. chez quelqu'un ou à la porte de quelqu'un,* Faire mettre son nom sur la liste déposée chez le concierge, afin de montrer qu'on est venu. || Se dit aussi de la manière d'orthographier. *Comment écrivez-vous ce mot ?* || Fig., Composer, en écrivant à mesure que l'on compose ou en faisant é. sous sa dictée. *É. une lettre, un discours, un mémoire, une histoire. Tous les auteurs qui ont écrit sur cette matière. É. en prose, en vers, en latin. Elle se mêle d'é. On a écrit des volumes sur cette question.* — *É. au courant de la plume,* É. rapidement, sans prendre beaucoup de temps pour réfléchir. — Absol., *É. à quelqu'un,* Lui adresser une lettre, des lettres. *Je lui ai déjà écrit plusieurs fois. Elle lui a écrit sur la naissance de son fils, à l'occasion de sa fête. Il y a longtemps que nous ne nous écrivons plus.* — *É. quelque chose à quelqu'un,* Lui faire savoir, lui mander quelque chose par écrit. *Je lui ai écrit le mariage de son neveu. Il m'a écrit qu'il était malade.* || Dans un sens partie., *Écrire* se dit de la manière d'exprimer sa pensée, du genre de style. *Il écrit clairement, avec pureté, avec élégance. Il écrit mal, platement, pesamment. C'est Cicéron qui le premier a fait la remarque que les avocats ne savent pas é. Pour bien é., il faut posséder pleinement son sujet* (BUFFON). *Bien é., c'est tout à la fois bien penser, bien sentir et bien rendre; c'est avoir en même temps de l'esprit, de l'âme et du goût* (BUFFON).

Avant donc que d'écrire, apprenez à penser

BOILEAU.

|| Fig., Avancer quelque proposition, enseigner une doctrine par écrit. *Aristote a écrit que les animaux...* || T. Prat., Exposer ses raisons dans une requête, dans un mémoire, etc., pour défendre une cause. *Ils furent appointés à é. et à produire.* Vx. — Figur. et famil., *A mal exploiter bien é.,* se dit lorsqu'un homme, ayant manqué à quelque formalité, écrit ensuite la chose, non pas comme il l'a faite, mais comme il la devait faire. Vx. == *S'ÉCRIRE.* v. pron. Se mettre, s'exprimer par l'écriture. *Tout ce qui se dit ne s'écrit pas.* — *S'é. à la porte de quelqu'un,* É. son nom chez le concierge de quelqu'un, pour faire savoir qu'on est venu. || S'orthographier. *Comment tel nom s'écrit-il ?* — Correspondre mutuellement par lettres. *Quand pensez-vous m'écrire ?* == ÉCRIT, ITE. part. Discours écrit. *La langue parlée et la langue écrite. Un livre, un morceau de musique bien écrit.* — Prov., *Ce qui est écrit est écrit,* Il ne sera rien changé à ce qui a été écrit, à ce qui a été convenu et résolu. || Figur., *Cela était écrit au ciel,* la Providence a voulu que cela fût ainsi. On dit de même, *Cela était écrit le livre du destin.* On dit encore absolument et impersonnellement, *Il est écrit que...* Il est décidé que... *Il est écrit que je ne gagnerai jamais.* || Se dit aussi du papier, du parchemin, etc., sur lequel on a écrit. *Papier écrit des deux côtés.* — *Une page bien écrite, mal écrite,* Qui est couverte d'une écriture bien ou mal formée. || Fig., Empreint, marqué. *Son malheur est écrit sur son visage.*

Conjug. — *J'écris. tu écris, il écrit; nous écrivons, vous écrivez, ils écrivent. J'écrivais ; nous écrivions. J'écrivis; nous écrivîmes. J'écrivais; nous écrivions. J'écrirai; nous écrirons. J'écrirais; nous écririons.* — *Écris; écrivons.* — *Que j'écrive; que nous écrivions. Que j'écrivisse; que nous écrivissions.* — *Écrivant.*

ÉCRIT. s. m. (lat. *scriptum*, ce qui est écrit, part. passé de *scribere*, écrire). Papier, parchemin, sur lequel il y a quelque chose d'écrit ; ce qui est écrit sur ce papier, etc. *Il tira un é. de sa poche. Quel écrit est-ce là? Mettre une chose en é.*, En prendre note, l'écrire, afin de s'en souvenir. — Popul., *Coucher par é.*, Écrire. || T. Droit. *Preuve par é. Instruction écrite.* Voy. PREUVE et INSTRUCTION. || Engagement, promesse, convention rédigée par écrit. *Faire, signer un é. L'é. a été fait double. Plaider contre son é.* || Ouvrage d'esprit. Au plur., il se dit d'un ouvrage quelconque ; et au sing. il ne se dit que d'un ouvrage de peu d'étendue. *C'est un é. plein de sel. Des écrits séditieux.*

ÉCRITEAU. s. m. (R. *écrit*). Espèce d'inscription en grosses lettres destinées à faire connaître quelque chose au public.

ÉCRITOIRE. s. f. (lat. *scriptorium*, m. s., de *scribere*, écrire). Petit ustensile qui renferme les choses nécessaires pour écrire, encre, papier, plumes, canif, etc. || Abusiv., se dit quelquefois pour *Encrier*. || T. Hist. eccl. Nom donné aux cellules des monastères dans lesquelles on copiait les manuscrits.

ÉCRITURE. s. f. (lat. *scriptura*, m. s., de *scribere*, écrire). La représentation des idées au moyen de signes. || Caractères écrits. *É. bâtarde, ronde, coulée*, etc. *Vieille é. É. gothique. É. hiéroglyphique. Faux en é. publique.* — La manière de former les lettres. *J'ai vu de son é. Il a reconnu son é.* || Écritures, ou plur., se dit en T. Palais, des écrits qu'on fait à l'occasion d'un procès ; et, en T. Comptabilité, des livres d'un négociant, d'un banquier, etc. — Dans les administrations, on appelle *Commis aux écritures*, les commis employés à écrire, à copier. || *L'É. sainte. Les saintes Écritures*, ou simpl., *L'É., les Écritures*, Les livres de l'Ancien et du Nouveau Testament.

Hist. — *L'Écriture est idéographique ou phonétique*, selon qu'elle sert à exprimer des idées ou simplement des sons. Dans le premier cas, elle se compose de figures qui représentent les objets eux-mêmes, soit en entier, soit en partie, soit seulement au moyen de symboles, tandis que, dans le second, elle est formée de signes ou *lettres* qui représentent les sons dont se compose le langage parlé. Cependant il ne faut pas croire qu'il y ait un abîme entre ces deux systèmes si différents au premier abord. Loin de là, le second est issu du premier, et l'on a même vu l'é. idéographique et l'é. phonétique être usitées simultanément chez un même peuple.

I. *Origine de l'écriture*. — L'origine de l'é. a été longtemps l'objet de recherches, toujours vaines et souvent absurdes. En effet, s'agit-il de l'é. idéographique ? Elle se retrouve partout et jusque chez les peuplades sauvages. Est-ce l'époque, le lieu et l'auteur de l'invention de l'é. alphabétique que l'on veut découvrir ? Mais c'est supposer gratuitement que cette invention est sortie un beau jour du cerveau d'un seul homme ou est le résultat du travail d'un seul peuple. Aujourd'hui, les savants sont unanimes à admettre que l'é. phonétique a son point de départ dans l'é. idéographique, qu'elle s'est constituée progressivement et n'est arrivée au point où nous la voyons qu'à la suite de modifications successives. Aucun témoignage historique n'a pu nous être transmis au sujet de cette série de transformations, car l'usage de l'é. même eût été nécessaire pour cette transmission ; mais il est possible de s'en rendre compte en étudiant les procédés naturels et logiques de l'esprit humain, et en contrôlant les résultats obtenus, soit par les découvertes de l'archéologie moderne, soit par l'examen des systèmes d'é. en usage chez les différents peuples.

Les anciens, habitués qu'ils étaient à rapporter à quelqu'un de leurs dieux ou de leurs héros l'invention de la plupart des arts utiles à l'homme, ne pouvaient manquer d'agir de même à l'égard d'une invention aussi merveilleuse que l'é. Ainsi les Égyptiens en faisaient honneur à leur dieu Thot ; les Grecs à Saturne, à Mercure, au Phénicien Cadmus ; les Scandinaves à Odin. Quant aux anciens patriarches, Abraham ou Énoch, et même Adam. Bien plus, beaucoup supposaient que l'é. avait été donnée à l'homme par Dieu lui-même.

II. *Écriture idéographique et Écriture phonétique*. — Nous venons de dire que l'é. idéographique est la première que l'homme ait connue. C'est, en effet, la seule que l'on ait trouvée et que l'on rencontre encore chez les nations les moins civilisées. Elle a d'abord consisté dans la représentation entière de l'objet dont on voulait perpétuer le souvenir. Ainsi, quand les compagnons de Cortez débarquèrent au Mexique, les autorités du littoral en donnèrent connaissance à leur gouvernement au moyen de dessins coloriés, tracés sur des bandes de toile de coton et qui représentaient les circonstances principales de l'événement. Un peu plus tard, au lieu de peindre les objets eux-mêmes, on imagina de simplifier le travail en se servant de figures auxquelles on attribua une signification symbolique. C'est que l'on firent, par ex., les Mexicains, quand ils adoptèrent l'usage de désigner une bataille par deux flèches, une année par un cercle, un mois par un croissant, une ville par une maison accompagnée d'une marque particulière, etc. C'est ce que faisaient aussi les naturels de la Virginie, lorsque, pour indiquer l'arrivée des Européens dans leur pays, ils peignaient un cygne vomissant du feu, voulant par là faire connaître la couleur des nouveaux débarqués, leur venue par mer et l'effet des leurs armes. Ce progrès était grand sans doute, mais il ne suffisait pas encore. Cette sorte d'é. était trop compliquée, parce qu'il était impossible de donner à toutes les espèces d'un même genre un signe idéographique distinct. Mais l'é. idéographique ne dépassa jamais, chez les peuples du nouveau continent, le point que nous venons d'indiquer. Sans l'arrivée des Européens qui leur apportèrent l'é. alphabétique, il est vraisemblable qu'ils auraient perfectionné graduellement ce système ; cependant il est impossible de rien affirmer à ce sujet. Pour suivre les transformations successives de l'é. idéographique, c.-à-d. son passage à l'é. phonétique, il faut revenir aux peuples de l'ancien continent.

Le progrès qui logiquement devait suivre ceux qui étaient déjà accomplis par les Mexicains, consistait évidemment dans la substitution à la figure de l'objet d'un signe qui rappelât simplement le nom même de cet objet dans la langue parlée. Par conséquent, les premiers mots exprimés phonétiquement devaient constituer des espèces de rébus. En procédant ainsi, on était amené à créer, c'est ce que firent les Chinois, un véritable syllabaire. Néanmoins, malgré ses avantages sur le procédé purement figuratif, le nouveau système exigeait une trop grande multitude de caractères pour pouvoir être d'un usage bien commode. En outre, les Chinois s'arrêtèrent à moitié chemin de ce perfectionnement, car leur é. resta essentiellement figurative et ne fut pas parfaitement phonétique. D'ailleurs, on pouvait aller plus loin et passer de la représentation du son du mot à celle du son de la lettre. Ce progrès se réalisa en Égypte. En effet, l'ancienne é. égyptienne se composait d'une série d'animaux, d'hommes, de parties du corps, de végétaux et d'objets divers, qui se combinaient ensemble de manière à représenter, comme de véritables lettres, les sons de la parole. Ainsi, par ex., l'image d'un aigle représentait la voyelle *a*, qui était elle-même le son initial du nom de cet oiseau (*achom*) ; une main (*tot*) représentait l'articulation *t*, un hibou (*moulag*) avait la valeur d'une *m*, etc. Cette écriture était presque entièrement phonétique, et le symbolisme ne s'y montrait que par exception. Aussi, pouvait-elle, avec 800 à 900 signes, dont un tiers ou un quart représentait exclusivement des sons, exprimer plus d'idées que la langue chinoise avec son répertoire de 40,000 caractères. Cependant, malgré leur immense supériorité sur tous les systèmes précédents, les hiéroglyphes étaient encore très éloignés de l'admirable simplicité qui résulte de l'emploi des caractères alphabétiques proprement dits. Il serait extrêmement curieux de pouvoir suivre le passage de l'é. hiéroglyphique au système alphabétique, passage qui sans doute ne s'effectua pas d'un seul coup ; malheureusement, les éléments nous manquent pour suivre cette transformation.

III. *Des diverses écritures alphabétiques*. — Les différents systèmes d'é. alphabétique en usage chez les divers peuples sont-ils dérivés d'une source unique ou de plusieurs sources ? Les savants ne sont point d'accord sur cette question. Les uns croient à une source unique : tel est Paravey, qui pense que les écritures proviennent de l'é. hiéroglyphique égyptienne ; d'autres, au contraire, reconnaissent trois ou seulement deux types distincts. Ainsi, par ex., le savant Klaproth admet trois souches, la chinoise, l'indienne et la sémitique, tandis que plusieurs philologues, comme Volney, Schleiermacher, Léon Vaïsse, n'admettent que la première et la troisième de Klaproth, et pensent que toutes les écritures indiennes sont des imitations des écritures sémitiques. Nous suivrons ici la manière de voir de Klaproth.

A. *Souche chinoise*. — Ainsi que nous l'avons dit, l'é. chinoise n'est pas phonétique que par exception. En général, elle n'exprime pas le son des mots, mais présente chaque mot sous une figure particulière qui en rappelle l'idée ; par conséquent, elle renferme autant de figures ou de caractères que la langue elle-même contient de mots. Or, comme tout le monde le sait, la langue chinoise étant monosyllabique, il résulte de là qu'une foule de mots différents sont exprimés par un même son. Si donc l'é. chinoise avait employé simplement des signes de sons, elle aurait créé une confusion inextricable dans la langue. C'est uniquement pour éviter cette confusion que les Chinois ont persisté dans l'usage de l'é. idéographique. L'existence de 40,000 caractères différents dans leur langue s'explique de cette façon fort naturellement, et l'on conçoit aisément que, dans un pareil état de choses, la masse des mots représentés par l'é. soit au moins dix fois plus considérable que celle des mots perçus par l'oreille. — Les Chinois distribuent leurs caractères en six classes. La première est formée de figures simples d'objets sensibles, comme *soleil, lune, arbre, montagne*, etc.; on en compte 608. Les caractères qui résultent de la juxtaposition de deux ou de plusieurs figures simples, forment la seconde classe: ces caractères servent généralement à exprimer des idées générales ou abstraites : ainsi, par ex., la réunion du soleil et de la lune signifie *lumière;* celle d'une bouche et d'un oiseau veut dire *chant;* celle d'une oreille et d'une porte, *entendre*, etc. Cette classe compte 740 figures. La troisième classe se compose de caractères qui expriment des rapports de position, comme en *haut*, en *bas*, des rapports de *nombre*, etc.; on en compte 107. La quatrième comprend les caractères dont la signification diffère suivant qu'on les écrit dans un sens ou dans l'autre : tels sont ceux qui expriment les idées *debout, couché, à droite, à gauche*, etc., ces caractères sont au nombre de 372. La cinquième se compose de 598 caractères, appelés *empruntés*, parce qu'on les emprunte aux figures des objets matériels pour les appliquer, par analogie, à des choses immatérielles ou à des idées abstraites, etc.; c'est ainsi que la figure d'un cœur reçoit la signification de *pensée*, de *sentiment*, que la figure d'une chambre signifie une *femme*, etc. Les caractères de la sixième classe sont à la fois figuratifs et phonétiques. On ajoute aux signes figuratifs certains autres signes dont la prononciation est supposée généralement connue. Bien que ces signes ajoutés aient aussi une signification propre, on fait abstraction de celle-ci pour ne considérer que la valeur phonétique qui y est attachée. Ainsi, par ex., le signe qui signifie *lieue* ou *mille* (mesure de distance) et qui se prononce *li*, quand il se trouve ajouté à la figure signifiant un poisson, désignera l'espèce de poisson appelée *li* en chinois, c.-à-d. la carpe. C'est au moyen de cet ingénieux artifice de combinaison que les Chinois expriment les noms d'animaux, de végétaux, et une foule d'autres qu'il eût été impossible de représenter figurativement. Aussi cette classe est-elle la plus nombreuse : on n'y compte pas moins de 21,810 caractères. Au reste, ces chiffres sont uniquement relatifs aux mots et aux caractères du langage parlé et de la langue écrite ordinaire: car, dans les dictionnaires, le nombre total des caractères s'élève à environ 40,000. Afin de se reconnaître dans cette multitude de signes, et les distribuer méthodiquement dans les dictionnaires, les Chinois ont analysé minutieusement leurs formes graphiques et en ont extrait une série de radicaux qu'ils appellent *pou*, et que les sinologues européens nomment *clefs*. Chaque clef se compose de 1 à 17 traits, et tout mot écrit en renferme au moins une. Hin-Chin, qui, le premier, a eu l'idée de ces clefs, l'an 121 de notre ère, en reconnaissait 540. Plus tard, d'autres écrivains en admirent un plus ou moins grand nombre. Aujourd'hui, les grammairiens s'accordent à en compter 214. Les Chinois ont modifié à plusieurs époques la forme de leurs caractères graphiques; il y a néanmoins plusieurs siècles qu'ils ont adopté la forme carrée aujourd'hui en usage dans les livres. Nous ajouterons que, pour les affaires ordinaires de la vie, les Chinois se servent de diverses écritures cursives, qui s'éloignent singulièrement du type des ouvrages imprimés. Parmi ces écritures expéditives, nous citerons celle qui est dite *des bureaux* ou *li*, parce qu'elle est employée dans les administrations. Elle passe pour avoir pris naissance au IIᵉ siècle avant l'ère.

La plupart des peuples voisins de la Chine, tels que les Coréens, les Tonkinois et les Cochinchinois, ont adopté l'é. chinoise, mais en la lisant dans leur propre langue. C'est ainsi que les différents peuples de l'Europe lisent chacun dans leur langue les chiffres et autres signes usités dans les mathématiques. Les Japonais en ont fait autant vers le IIIᵉ siècle de notre ère. Toutefois, ces derniers ne s'en servent que pour les ouvrages scientifiques, et ils emploient, dans les cas ordinaires, divers syllabaires formés de portions de caractères chinois, dont les plus répandus sont le *firokana* pour les ouvrages en langue vulgaire, et le *katakana* pour les commentaires et autres ouvrages du même genre.

B. *Souche indienne.* — Le plus ancien type d'é. que l'on ait jusqu'ici découvert dans l'Inde est celui des inscriptions en langue pâli, qui subsiste encore dans le Bihar. Cette é., qui est désignée sous le nom de *magadha*, est purement alphabétique et se compose de 36 lettres, dont 5 voyelles et 31 consonnes. Après ce système d'é., celui qui remonte à l'époque la plus reculée est celui qu'on appelle *dévânâgari*, c.-à-d. é. *des dieux*, parce qu'il est principalement usité pour transcrire les livres sacrés; c'est l'é. du sanscrit. Il se compose de 14 voyelles ou diphtongues, 35 consonnes et 2 signes particuliers destinés à représenter divers accidents de prononciation. Le dévânâgari est l'un des alphabets les plus parfaits que l'on connaisse; mais il ne paraît avoir pris sa forme régulière actuelle que vers le VIIᵉ ou VIIIᵉ siècle de notre ère. C'est le dévânâgari qui a servi de type aux divers systèmes d'écriture en usage chez les différents peuples de l'Asie méridionale, mais les changements qu'ont éprouvés avec le temps la plupart de ces systèmes, rendent souvent leur filiation très difficile à reconnaître. Parmi les principaux alphabets dérivés du dévânâgari, nous citerons le thibétain, la guzarate, le tamoul, le télinga, le cingalais, le birman, le kavi et le javanais.

C. *Souche sémitique.* — L'Égypte ancienne avait trois sortes d'écritures : l'é. *hiéroglyphique*, qui était à la fois idéographique et phonétique; l'é. *hiératique*, qui n'était qu'une forme cursive ou même tachygraphique des hiéroglyphes, et l'é. *démotique*, qu'on employait pour les besoins ordinaires de la vie et qui était presque exclusivement alphabétique. C'est cette dernière é., dérivée très probablement des deux autres, qui est certainement le point de départ des différentes écritures sémitiques. Voy. HIÉROGLYPHE. En outre, les caractères phéniciens, hébraïques, palmyréniens, syriaques, arabes, etc., offrent entre eux des analogies de formes telles qu'un coup d'œil même superficiel suffit pour faire reconnaître leur parenté. Parmi les écritures sémitiques, l'é. phénicienne et l'é. hébraïque primitive, connue sous le nom d'é. samaritaine, sont les plus anciennes; mais il est difficile de déterminer leur âge relatif.

Les caractères phéniciens offrent cela d'intéressant qu'il existe entre eux et les caractères grecs et romains une affinité bien plus grande qu'entre ces derniers et les autres caractères sémitiques. L'é. hébraïque présente deux variétés principales : la samaritaine, qui est la plus antique, et qui, selon l'opinion générale des savants, fut employée par le peuple juif jusqu'à l'époque de sa captivité à Babylone, et l'hébreu carré ou chaldaïque, que les uns font rapporter de la Babylonie par Esdras, tandis que les autres le font naître seulement deux siècles environ avant notre ère. L'hébreu rabbinique n'est qu'une forme cursive de l'hébreu carré : il date seulement du moyen âge. — L'alphabet syriaque a aussi deux formes particulières, l'une plus ancienne et plus compliquée, nommée *estranghelo*, et l'autre plus arrondie et plus cursive, qu'on appelle *péchito*, c.-à-d. simple. — C'est de l'estranghelo qu'est dérivé l'ancien caractère arabe, appelé *koufique*, du nom de la ville de Koufa, où furent établies les premières écoles musulmanes. Cependant les Arabes de la partie méridionale de l'Yémen, appelés Himyarites ou Homérites, avaient jadis possédé un alphabet particulier, qu'on désigne sous le nom de *musnad*, et qui a été employé dans un grand nombre d'inscriptions récemment découvertes dans les ruines de Mérab; mais cette sorte d'é. étant tombée en désuétude, les peuples de l'Arabie, entre la fondation du mahométisme, se firent un nouvel alphabet en modifiant les caractères graphiques usités en Syrie. Depuis longtemps l'é. koufique n'est plus employée que pour les inscriptions; mais elle a produit diverses variétés plus cursives. La plus usitée est l'é. *neskhi* ou é. des copies. L'é. arabe, et particulièrement l'é. neskhi, est devenue, par suite des conquêtes du mahométisme, l'é. des Persans, des Turcs, des Afghans, ainsi que des populations musulmanes de l'Inde et de la Malaisie. Aujourd'hui même, elle se propage chaque jour dans l'intérieur de l'Afrique, au fur et à mesure des progrès que fait l'islamisme chez les peuplades noires du Soudan. Les Turcs, les Persans, etc., en l'adoptant, se sont contentés d'y ajouter quelques caractères particuliers pour exprimer certains sons qui manquent à la langue arabe. — Les savants rapportent aussi à la souche sémitique les autres sortes d'écritures encore usitées aujourd'hui, soit de nos jours, dans le reste de l'Asie; telles sont les écritures zende, pehlvi, ouïgour, etc.

Un phénomène commun, sauf de rares exceptions, aux écritures des langues sémitiques proprement dites, c'est que les consonnes seules y sont exprimées. L'invention de certains signes, appelés *points-voyelles* chez les Hébreux, et *motions* chez les Arabes, et destinés à faire connaître la voyelle que doit supporter la consonne, est d'une date bien postérieure à la formation des caractères graphiques de ces écritures. Nous nous abstenons de parler de l'é. arménienne, qui a été imaginée par le docteur Miesrob au Ve siècle de notre ère, et qui se compose de caractères pour ainsi dire arbitrairement formés. L'é. géorgienne en est une dérivation.

D. *Écritures européennes.* — Tous les historiens sont d'accord pour reconnaître l'origine phénicienne de l'alphabet grec. « Les Phéniciens qui vinrent en Grèce avec Cadmus, dit Hérodote, y apportèrent diverses sciences, et, entre autres choses, des caractères graphiques qui, selon mon opinion, n'y étaient pas connus avant leur arrivée. Ces lettres furent d'abord employées telles que les Phéniciens les employaient eux-mêmes; mais, par la suite des temps, elles furent modifiées sous le rapport du son et de la forme. » L'alphabet grec primitif ne se composait que de 16 lettres; les 8 autres y furent ajoutées plus tard. Suivant la tradition, c'est à Palamède, l'un des héros de la guerre de Troie, que l'on doit le Θ, le Ξ, le Φ et le X; et après lui Simonide de Céos introduisit le Σ, le H, le Ψ et l'Ω. Ainsi augmenté, l'alphabet grec reçut le nom d'*Alphabet ionien*, parce que ce furent les Ioniens qui l'adoptèrent les premiers. Les Pélasges, après avoir reçu l'alphabet de Phénicie, l'introduisirent en Italie au moyen de leurs colonies dans ce pays. La comparaison des plus anciennes inscriptions grecques et italiotes démontre, on peut presque dire l'identité des caractères employés dans les deux pays. « La découverte des tables eugubines et des anciennes inscriptions, dit à ce sujet Pauthier, autorise à dire que l'alphabet phénicien, propagé par les tribus pélasgiques, a été la souche primitive de tous les alphabets grecs et latins qui en sont dérivés; que les monuments les plus purs de cet alphabet se sont trouvés en Italie; qu'enfin l'é. latine, telle qu'on la trouve figurée dans l'inscription de la colonne rostrale, et depuis, est restée plus voisine de l'é. pélasgique que l'é. grecque des beaux siècles d'Athènes et d'Alexandrie. C'est donc à tort qu'après avoir établi que l'alphabet grec était dérivé de l'ancien alphabet phénicien, tel qu'il était usité 1500 ans av. J.-C., on a dit et répété que l'alphabet latin était emprunté du grec : il fallait dire, pour être dans le vrai, que les écritures latine et grecque étaient des modifications locales d'une ancienne é., l'é. pélasgique, commune aux deux contrées, et que cette é. pélasgique était dérivée du phénicien. »

Quant aux écritures en usage chez les divers peuples de l'Europe moderne, elles ont toutes l'alphabet gréco-latin pour souche commune, et ne diffèrent les unes des autres que par quelques modifications de détail généralement insignifiantes. C'est du grec que procédait le caractère mésogothique, imaginé au IVe siècle par Ulphilas, évêque des Goths de Nœsie, et le caractère slavon, inventé au IXe siècle par saint Cyrille, l'apôtre des Slaves : c'est de ce dernier que l'é. russe est dérivée. Nous mentionnerons ici l'é. copte, bien qu'elle appartienne à l'Afrique, parce qu'elle est également formée par le type grec altéré et que son introduction est postérieure à notre ère. Elle paraît avoir d'abord servi à la transcription des livres saints à l'usage des Égyptiens convertis. L'alphabet latin, de son côté, a donné naissance à l'é. anglo-saxonne, à l'ancienne é. irlandaise et aux caractères dits gothiques ou allemands, qui ne sont qu'une légère modification des lettres latines employées au XIIe siècle.

Il est difficile de dire quelle est l'origine de l'é. *runique*. Cette é., dont le nom vient du gothique *runa*, secret, a été en usage dans tous les pays scandinaves, ainsi que dans les contrées du nord de l'Allemagne. Il existe de nombreuses inscriptions runiques tracées sur des rochers, des tombeaux, des ustensiles, etc. La forme des *runes*, c.-à-d. des caractères qui composent ces inscriptions, présente des variations considérables selon les lieux et selon les monuments. On reconnaît dans plusieurs le type évident de l'ancienne é. pélasgique, ce qui rend assez vraisemblable l'opinion des auteurs qui pensent que cette sorte d'é. dérive du phénicien. D'autres, au contraire, croient que les runes datent simplement de l'époque de la conversion au christianisme des pays scandinaves.

E. *Écriture cunéiforme.* — En dehors des écritures qui précèdent, il en est une fort importante dont l'origine n'a pu encore être rattachée à aucune des souches connues, mais qu'on est parvenu à déchiffrer dans le cours du XIXe siècle, l'é. *cunéiforme*, dont l'usage, ainsi que le témoignent les monuments, a été jadis répandu dans plusieurs parties de l'Asie, particulièrement dans la Perse, l'Arménie, la Médie et l'Assyrie. On lui donne le nom de cunéiforme, parce que le trait fondamental des caractères qui la composent a une certaine ressemblance avec un coin triangulaire ou avec un fer de flèche. Il existe plusieurs variétés, ou mieux plusieurs systèmes de cette sorte d'é. Voy CUNÉIFORME.

IV. *Direction des signes de l'écriture.* — La direction que suit la main lorsqu'elle trace les signes graphiques de l'é. est un des éléments à considérer dans la classification des divers systèmes d'écritures; néanmoins, cette considération est bien moins importante que celle de la forme des caractères eux-mêmes. — Les Chinois, les Japonais, les Coréens et les Cô-chinchinois, dont les écritures ont, comme nous l'avons dit, une souche commune, disposent leurs mots en colonnes, qui se lisent de haut en bas et se succèdent de droite à gauche. L'é. mandchoue se trace de la même manière; celle des Mongols, au contraire, bien que s'écrivant aussi en colonnes perpendiculaires, marche de gauche à droite. Les écritures sémitiques, telles que l'hébreu, le phénicien, l'arabe, le zend, etc., suivent généralement la direction de droite à gauche, tandis que les écritures indiennes ou qui en dérivent, ainsi que celles qui procèdent du type gréco-latin, marchent de gauche à droite. Toutefois, nous ferons remarquer qu'avant d'adopter définitivement cette dernière marche, l'é. grecque passa par un système intermédiaire qui réunissait les deux autres. Dans ce système, la première ligne commençait ordinairement à droite et finissait à gauche, comme l'é. phénicienne; mais chacune des lignes suivantes commençait au-dessous du point où se terminait la précédente. L'ensemble des lignes présentait ainsi une certaine analogie avec les sillons tracés par les bœufs dans les allées et retours de la charrue d'une extrémité du champ à l'autre : de là le nom d'é. *boustrophédone* qu'on donne à cette manière d'écrire. Il existe d'assez nombreuses inscriptions grecques écrites en boustrophédon. Nous ajouterons que les plus anciennes inscriptions étrusques sont tracées de droite à gauche, nouvelle preuve de l'origine sémitique de l'antique é. italiote. Voy. CALLIGRAPHIE, STÉNOGRAPHIE, etc.

V. — Il reste à dire un mot des matières et des instruments qui ont été employés à diverses époques pour fixer les signes de l'é. En dehors des inscriptions gravées sur la pierre, les plus anciens monuments que l'on connaisse sont sur bois. L'*Album* où les pontifes romains écrivaient les annales était une planche enduite de cire. Les Athéniens écrivaient sur une coquille (ὄστρακον) le nom du citoyen qu'ils voulaient proscrire, d'où le nom d'*ostracisme* donné à ce mode de votation. A Syracuse, où régnait la même coutume, on employait, au lieu de coquilles, des feuilles d'olivier (*petala*), d'où le nom de *pétalisme* donné à cette sorte de bannissement. Jusqu'au XIIe siècle de notre ère, on se servit de l'écorce intérieure de certains arbres, du *liber*, d'où est dérivé le mot *livre*. La toile fut employée en Égypte dès la plus haute antiquité. Les écritures cunéiformes sont gravées sur des briques. On écrivait sur l'argile encore molle et l'on faisait cuire la matière au soleil. L'emploi des peaux tannées paraît aussi très ancien. Suivant plusieurs écrivains, le *parchemin* ne serait pas antérieur au IIe siècle avant notre ère. C'est à Pergame qu'il fut, sinon inventé, du moins perfectionné, d'où son nom. Le *papyrus*, beaucoup plus ancien que le parchemin, était une sorte de papier fabriqué en Égypte avec l'enveloppe membraneuse d'une espèce de roseau qui croissait dans les marais de l'Égypte et de la Chaldée. D'après Champollion, il était employé en Égypte dès le XVIIIe siècle avant notre ère; son usage devint universel jusqu'à l'introduction en Occident du papier de coton, vers le XIe siècle de notre ère. Les Orientaux, et particulièrement les Chinois, connaissaient le papier depuis longtemps. Les tablettes (*tabulæ*) étaient en usage dès la plus haute antiquité, comme on le voit par le témoignage d'Hérodote et de la Bible. Elles se composaient d'un assemblage de feuilles d'ivoire, de bois ou de métal enduites d'une couche de cire noire ou verte sur laquelle on écrivait avec un poinçon ou *style*. On pouvait effacer l'é. en aplatissant la cire avec la grosse extrémité du style. L'encre des anciens était un mélange de noir de fumée, de gomme, d'eau et d'un peu de vinaigre pour lui donner de la fluidité; cette encre fut en usage jusqu'au XIIe siècle de notre ère. Voy. ENCRE. On employait aussi des encres de couleur, et même d'or et d'argent. Pour tracer les caractères on eut le style d'or ou de métal servant à écrire sur les tablettes de cire, le pinceau dont se servent encore les Chinois, le roseau que l'on taillait comme une plume d'oie et qui est encore en usage dans l'Orient, la plume d'oiseau, déjà mentionnée au Ve siècle de notre ère, et enfin la plume de fer qui ne date que du XIXe siècle.

ÉCRITURER. v. n. (R. *écriture*). T. Mét. Faire des copies, des écritures.

ÉCRITURERIE. s. f. (R. *écriture*). T. Néol. Manie d'écrire, de composer des ouvrages.

ÉCRITURIER. s. m. (R. *écritureric*). Celui qui écriture, qui fait des copies.

ÉCRIVAILLER. v. n. [Pr. *ékriva-ller*, *ll* mouillées] (R. *écrire*). T. Fam. Écrire avec négligence des choses sans valeur. || Activ., *É. de mauvais romans.*

ÉCRIVAILLERIE. s. f. [Pr. *ékriva-lleri*, *ll* mouillées]. (R. *écrivailler*). Manie d'écrire, d'écrivailler.

ÉCRIVAILLEUR, EUSE. s. [Pr. *ékriva-lleur*, *ll* mouillées] (R. *écrivailler*). Mauvais auteur qui écrit beaucoup.

ÉCRIVAIN. s. m. (bas-lat. *scribanus*, m. s., de *scribere*, écrire). Celui dont la profession, l'occupation habituelle est d'écrire ou de montrer à écrire. *C'est un é. fort habile.* Peu us., si ce n'est dans la loc. *É. public*, Celui qui écrit pour le public des lettres, des mémoires, des pétitions, etc. || T. Mar. L'agent comptable qui était autrefois chargé, sur les vaisseaux de l'État, de tenir les registres en ordre, de veiller aux consommations et de les porter sur les livres. — Dans la marine marchande, le commis embarqué sur un bâtiment pour y remplir les fonctions analogues. || Celui qui compose des livres. *Un bon, un mauvais é. Les grands écrivains du XVIIe siècle. C'est l'é. qui représente le génie d'un peuple; c'est lui qui en élève sans cesse l'intelligence.* (E. Pelletan.) *Dans tout grand é. il doit y avoir un grand grammairien.* (V. Hugo.)

> Soyez plutôt maçon, si c'est votre talent ;
> Ouvrier estimé dans un art nécessaire
> Qu'écrivain du commun et poète vulgaire.
> BOILEAU.

— Employé absol., *Écrivain*, se dit d'un auteur distingué par les qualités de son style. *C'est réellement un é.* || T. Chancell. rom. *É. apostolique*, Secrétaire de la chancellerie du pape. || T. Icht. Nom vulgaire d'une espèce de perche. || T. Entom. Nom vulgaire d'un insecte de la famille des *Eumolpides*.

ÉCRIVANT, ANTE. adj. (R. *écrire*). Qui écrit.

ÉCRIVASSERIE. s. f. (R. *écrivassier*). Manie d'écrivassier.

ÉCRIVASSIER, IÈRE. s. (R. *écrivant*). Auteur qui écrit beaucoup et mal.

ÉCRIVE. s. f. (R. *écrou*). T. Techn. Arbre d'écrou de la presse à apprêter les draps.

ÉCRIVEUR, EUSE. s. (R. *écrivant*). Qui écrit beaucoup, qui aime à écrire.

ÉCROS. s. m. Lisière de drap, sur les côtes de la Manche. *Chansons d'é.*

ÉCROTAGE. s. m. (R. *écroter*). T. Techn. Action d'écroter; la terre qui provient de l'é.

ÉCROTER. v. a. (R. *croûte*). T. Techn. Enlever la première terre d'un ouvrier de saline.

ÉCROU. s. m. (lat. *scrobis*, trou, ou plutôt orig. germ.: wallon *skrôw*, angl. *screw*, all. *shraube*). T. Techn. Pièce creuse filetée à l'intérieur pour recevoir une vis. Voy. VIS.

ÉCROU. s. m. (lat. *scriptura*, écriture). Procès-verbal inscrit sur le registre d'une prison, où l'on indique le jour où une personne a été incarcérée, la cause pour laquelle elle a été arrêtée et par l'ordre de qui s'est faite l'arrestation. *Dresser, biffer un é. Le registre des écrous.* || *Lever l'é. de quelqu'un*, Lui rendre la liberté.

ÉCROUELLES. s. f. pl. [Pr. *ékrou-èle*] (lat. *scrofula*, m. s.). T. Méd. Nom vulgaire de la *scrofule*, maladie chronique caractérisée par la dégénérescence tuberculeuse des glandes superficielles, spécialement de celles du cou. *La crédulité populaire a été convaincue pendant des siècles que les rois de France avaient le don de guérir les écrouelles en les touchant.* Voy. SCROFULE.

ÉCROUELLET. s. m. [Pr. *ékrou-èlè*] (R. *écrouelles*). T. Vétér. Tumeur de la région cervicale chez le bœuf.

ÉCROUELLEUX, EUSE. adj. [Pr. *ékrou-èleu*] (R. *écrouelles*). Qui a rapport aux écrouelles; qui est atteint des écrouelles. *Enfant é.*

ÉCROUER. v. a. (R. *écrou*). Incarcérer quelqu'un, ou littéralement, l'inscrire sur le registre d'écrou. *Il fut écroué à Sainte-Pélagie, à Mazas.* — Par extens., Emprisonner. =≈ ÉCROUÉ. ÉE. part.

ÉCROUES. s. f. pl. (R. *écrou*). Autrefois les rôles de la dépense de la maison du roi.

ÉCROUIR. v. a. (R. *écrou*?) T. Techn. Battre un métal à froid, pour le rendre plus dense et plus élastique. *On écrouit surtout les métaux qui ne sont pas susceptibles de se durcir par la trempe.* =≈ s'ÉCROUIR. v. pron. *L'or s'écrouit sous le marteau.* =≈ ÉCROUI, IE. part.

ÉCROUISSAGE. s. m. (R. *écrouir*). T. Techn. Action d'écrouir un métal. *L'é. se fait non seulement à l'aide du marteau et du balancier, mais encore au moyen du laminoir et de la filière.*

ÉCROUISSEMENT. s. m. (R. *écrouir*). T. Techn. Action d'écrouir, et le résultat de cette action.

ÉCROULEMENT. s. m. (R. *écrouler*). Chute, éboulement de rochers, de murailles, etc. — Par ext., Amas d'objets entassés confusément. — Fig. Ruine complète. *Il n'a pu survivre à l'é. de sa fortune.*

ÉCROULER (S'). v. pron. (R. *crouler*). Tomber en s'affaissant et avec fracas. *La vieille tour s'écroula tout d'un coup.* Avec ellipse du pronom, *Vous allez faire é. la maison.* || Fig., *Ce vaste empire s'écroulait de toutes parts.* ÉCROULÉ, ÉE. part. =≈ Syn. Voy. s'ÉBOULER.

ÉCROÛTAGE. s. m. (R. *écroûter*). T. Agric. Action d'écroûter une terre inculte.

ÉCROÛTEMENT. s. m. (R. *écroûter*). T. Agric. Action d'écroûter la terre; résultat de cette action.

ÉCROÛTER. v. a. (R. *é*, préf. sépar., et *croûte*). Ôter la croûte. *Il faut é. le pain.* || T. Agric. Labourer superficiellement. =≈ s'ÉCROÛTER. v. pron. *Le pain bien cuit s'écroûte facilement.* =≈ ÉCROÛTÉ, ÉE. part.

ÉCRU, UE. adj. (lat. *crudus*, cru, non cuit). T. Techn. Se dit des tissus qui n'ont pas subi l'opération du blanchiment: *Toile écrue, cuir é., fil é.* Soie écrue, Celle qui n'a point été mise à l'eau bouillante.

ÉCRUES. s. f. pl. T. Agric. Bois qui ont crû spontanément sur des terres labourables.

ÉCRYSIE. s. f. (gr. ἔκχυσις, écoulement). T. Méd. Écoulement de la liqueur fécondante qui n'a pas été retenue après l'accouplement. Inus.

ÉCRYTHMIQUE. adj. (gr. ἐκ, de; et fr. *rythmique*). T. Méd. Irrégulier. *Pouls é.* Peu us.

ECSARCONE. s. m. (gr. ἐκσάρκωμα, de ἐκ, hors de; σάρξ, σαρκὸς, chair). T. Méd. Excroissance de chair.

ECTASE. s. f. (gr. ἔκτασις, extension). T. Prosodie grecque. Allongement d'une syllabe grecque naturellement brève. || T. Pathol. Distension de la peau. — Tension morbide de l'iris.

ECTATIQUE. adj. Qui concerne l'ectase.

ECTHÉLYNSIE. s. f. (gr. ἐκθήλυνσις, mollesse). T. Chir. Relâchement d'un bandage. || T. Pathol. Flaccidité des chairs et de la peau.

ECTHÈSE. s. f. (gr. ἔκθεσις, exposition). T. Hist. ecclés. Formule, profession de foi, dressée au nom d'un concile, d'un empereur ou d'une autorité quelconque. Ce mot s'applique surtout à l'ecthèse publiée en 639 par l'empereur Héraclius en faveur du monothélisme, c.-à-d. de la doctrine qui ne reconnaît en Jésus-Christ qu'une seule volonté.

ECTHLIMME. s. m. (gr. ἔκθλιμμα, compression). T. Chir. Contusion ou excoriation superficielle de la peau produite par compression.

ECTHYMA. s. m. (gr. ἔκθυμα, pustule). T. Méd. Affection de la peau qui consiste en de larges pustules blanches se transformant en croûtes noires et épaisses. Voy. Pustule.

ECTHYMATEUX, EUSE. adj. T. Méd. Qui est de la nature de l'ecthyma. Chancre ecth. Voy. Chancre.

ECTHYMOSE. s. f. (gr. ἐκθύμωσις, irritation). T. Pathol. Agitation, bouillonnement du sang.

ECTOCARPE. s. m. (gr. ἐκτὸς, en dehors; καρπὸς, fruit). T. Bot. Genre d'Algues (Ectocarpus) de la famille des Phéosporées. Voy. ce mot.

ECTOCARPÉES. s. f. pl. (R. Ectocarpe). T. Bot. Tribu d'Algues ayant pour type le genre Ectocarpus, de la famille des Phéosporées. Voy. ce mot.

ECTOCYSTÉ, ÉE. adj. (gr. ἐκτὸς, dehors; κύστις, vessie). T. Bot. Qui a les spores placées en dehors des filaments. Inus.

ECTODERME. s. m. (gr. ἐκτὸς, en dehors; δέρμα, peau). T. Zool. Nom que l'on donne à la membrane extérieure du Blastoderme. Voy. ce mot.

ECTODERMIQUE. adj. T. Zool. Qui a rapport à l'ectoderme.

ECTOME. s. f. (gr. ἐκτομὴ, section). T. Chir. Amputation, ablation par excision.

ECTOPAGE. s. m. (gr. ἐκτὸς, en dehors; παγεὶς, fixé). T. Tératol. Monstre double dont les deux corps sont réunis dans toute l'étendue du thorax et qui a un ombilic commun.

ECTOPARASITE. s. m. (gr. ἐκτὸς, en dehors; et fr. parasite). T. Zool. Parasite habitant l'extérieur du corps sur lequel il vit.

ECTOPHLÉODE. adj. (gr. ἐκτὸς, en dehors; φλοιὸς, écorce). T. Bot. Se dit des lichens qui croissent à la surface des arbres. Inus.

ECTOPHYTE. adj. (gr. ἐκτὸς, en dehors; φυτὸν, plante). T. Bot. Se dit des végétaux parasites qui vivent à l'extérieur des organes soit animaux, soit végétaux, sans pénétrer dans leur intérieur.

ECTOPIE. s. f. (gr. ἐκ, hors de; τόπος, lieu). T. Tératol. Déplacement; anomalie d'un organe qui n'est pas dans le lieu où il devrait être. L'ec. du cœur. Voy. Tératologie.

ECTOPOCYSTE. s. f. (gr. ἔκτοπος, déplacé; κύστις, vessie). T. Méd. Déplacement de la vessie. Peu us.

ECTOPOCYSTIQUE. adj. T. Pathol. Qui a rapport à l'ectopocyste.

ECTOZOAIRE. s. m. (gr. ἐκτὸς, en dehors; ζῶον, animal). Nom donné aux insectes parasites qui peuvent vivre à la surface extérieure du corps de l'homme ou des animaux. C'est l'opposé d'Endozoaire.

ECTRODACTYLIE. s. f. (gr. ἔκτρωσις, avortement; δάκτυλος, doigt). Anomalie consistant en l'absence d'un ou plusieurs doigts de la main.

ECTROGÉNIE. s. f. (gr. ἐκτρόω, je fais avorter; γένεσις, génération). Production des anomalies par défaut, par arrêt de développement de certains organes.

ECTROMÈLE. s. m. (gr. ἐκτρόω, je fais avorter; μέλος, membre). T. Tératol. Monstre auquel manque un ou plusieurs membres thoraciques ou abdominaux.

ECTROPION. s. m. (gr. ἐκτρέπω, je renverse). T. Méd. Renversement des paupières en dehors. Voy. Œil.

ECTROSE. s. f. (gr. ἔκτρωσις, m. s.). T. Chir. Avortement. Inus.

ECTROTIQUE. adj. 2 g. (gr. ἔκτρωσις, avortement). T.

Méd. On a donné le nom de Méthode ectr. à l'emploi de la cautérisation pour faire avorter le zona, l'érysipèle et les pustules varioliques. Cette méthode, qui n'a jamais donné de bons résultats, est aujourd'hui abandonnée.

ECTYLOTIQUE. adj. (gr. ἐκ, en dehors de; τύλος, durillon). T. Méd. Propre à consumer les callosités. Substance ect.

ECTYPE. s. f. (gr. ἔκτυπος, moulé). T. Antiq. Objet monté en relief. || Empreinte d'une médaille, d'un cachet; ou copie figurée d'une inscription. Vx.

ÉCU. s. m. (lat. scutum, bouclier). Espèce de bouclier que portaient autrefois les chevaliers. Voy. Bouclier. || T. Blas. Figure de bouclier qui sert de champ aux armoiries. || Nom de diverses monnaies, ordinairement d'argent, et quelquefois d'or. Un é. de six livres. Un é. de cinq francs. On demanda cent écus d'or pour sa rançon. Voy. Monnaie. — Monnaie de compte de la valeur de trois francs. Il a cent mille écus de rente. — Prov., Les vieux amis et les vieux écus sont les meilleurs, ou simplement, Vieux amis, vieux écus. || Fig. et prov., C'est le père aux écus, se dit d'un homme qui a beaucoup d'argent. Voici le reste de notre é., ou Le reste de nos écus, se dit en plaisantant d'une personne qu'on voit avec plaisir arriver dans une compagnie. || T. Astron. Constellation de l'hémisphère austral. || T. Admin. marit. É. de mer, Congé que délivre la douane dans certains ports de l'Europe au capitaine d'un bâtiment qui a déchargé sa cargaison. || T. Comm. Papier de petite dimension.

Blas. — Les héraldistes appellent Écu ou Écusson, le fond ou champ sur lequel on représente les figures des armoiries.

I. — Formes de l'écu. — L'écu autrefois employé en France était presque triangulaire, mais, depuis très longtemps, l'usage a prévalu de lui donner la forme d'un quadrilatère de 7 parties de largeur sur 8 de hauteur, arrondi aux angles inférieurs et terminé en pointe au milieu de sa base (Fig. 3). L'écu de cette forme constitue l'écu français proprement dit. Toutefois, celui des dames et des demoiselles nobles est en losange; mais cette forme n'a été définitivement adoptée qu'à la fin du XVe siècle; elle est également usitée en Angleterre pour les femmes nobles (Fig. 1. Écu de la comtesse Mansfield). Quant aux veuves, elles portent, depuis le XIVe siècle, deux écus accolés, c.-à-d. placés à côté l'un de l'autre : celui de droite est aux armes du mari, et celui de gauche à celles de la femme. Parfois encore on se sert d'écus accolés pour y placer les armoiries de deux États incorporés. Anciennement, les hommes faisaient souvent usage d'un écu entièrement carré, que l'on appelait Écu en bannière, parce qu'il avait la forme de l'enseigne des chevaliers bannerets. Enfin, on rencontre encore une espèce d'écu dit couché, parce qu'il est incliné sur le côté. Voy. la Fig. du mot Cimier. C'est la position naturelle du bouclier quand on le porte suspendu au cou. Il paraît qu'à l'origine on représentait généralement l'écu de cette manière : on ne l'a redressé qu'à l'époque où s'est introduit l'usage de le timbrer d'une couronne. Les pays étrangers ont, comme la France, des formes particulières d'écus. Ainsi, les Allemands se servent d'écus échancrés de mille manières, tandis que les Espagnols préfèrent les écus ronds et les Italiens les écus ovales. Enfin, en Angleterre, l'écu royal est circulaire, tandis que celui de la noblesse et du clergé est semblable à l'écu français modifié dans sa partie supérieure (Fig. 2. Écu de la famille de Byron). On distingue encore d'autres formes d'écu, les écus en cartouche par ex.; mais elles sont en dehors des lois héraldiques.

II. — Positions de l'écu. — On distingue dans un écu 9 points ou Positions : ce sont les diverses places que les figures peuvent occuper. Mais avant de les énumérer il faut savoir ce

Fig. 1.   Fig. 2.   Fig. 3.

qu'on entend par le côté dextre et le côté senestre de l'écu. Ces expressions sont relatives à la position de l'écu quand le chevalier le porte au bras gauche. Pour ce chevalier, le côté dextre est réellement à sa droite, et le côté senestre à sa gauche; mais c'est l'inverse pour le spectateur. Pour ce dernier, la dextre de l'écu est donc le côté qui se trouve à sa gauche, et la senestre la partie qui se trouve à sa droite. Maintenant il est facile de comprendre les noms donnés aux neuf positions de l'écu (Fig. 3). A est le *Milieu* ou *Centre* de l'écu : on l'appelle aussi *Cœur* ou *Abîme*. La réunion des trois points B, D, E, se nomme *Chef :* B est le *point du chef* ou le *chef proprement dit*, D le *canton dextre*, et E le *canton senestre du chef*. Le point F est appelé *flanc dextre*, et le point G *flanc senestre*. Enfin, le point C est la *pointe :* le point H le *canton dextre de la pointe*, et le point I son *canton senestre*.

III. *Partitions*. — Quelle que soit sa forme, l'écu est *simple* ou *composé*. L'écu simple, qu'on appelle aussi écu *plein*, est

Fig. 4.  Fig. 5.  Fig. 6.

celui qui ne présente qu'un seul émail, c.-à-d. qu'une seule couleur, tandis que l'écu composé, qui se nomme également écu *divisé*, offre plusieurs émaux. Les divisions de l'écu composé, qui sont affectées à une couleur différente, sont sé-

Fig. 7.  Fig. 8. Fig. 9.

parées l'une de l'autre par des lignes qu'on appelle *Partitions*. — On distingue quatre partitions principales, lesquelles se forment toujours d'un seul trait : 1° le *Parti*, qui partage verticalement l'écu en deux parties égales (Fig. 4) ; 2° le

Fig. 10.  Fig. 11. Fig. 12.

Coupé, qui le divise aussi en deux parties égales mais horizontalement (Fig. 5) ; 3° le *Taillé*, qui est formé par une diagonale allant de l'angle senestre du chef à l'angle dextre de la pointe (Fig. 6) ; 4° et le *Tranché*, qui résulte d'une dia-

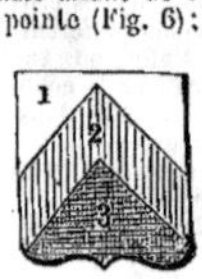

Fig. 13. 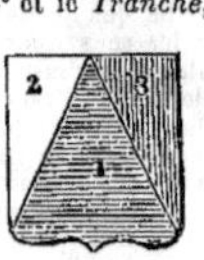 Fig. 14. Fig. 15.

gonale menée de l'angle dextre du chef à l'angle senestre de la pointe (Fig. 7). L'écu est dit *parti, coupé, taillé, tranché*, suivant qu'il présente l'une ou l'autre de ces partitions, et, quand on le blasonne, on lit chacune de ses sections en suivant l'ordre indiqué par les chiffres placés dans l'intérieur des dessins. — En multipliant ou en combinant les partitions principales, on obtient de nouvelles divisions, qui se nomment *Répartitions*. Ainsi, l'écu est dit *coupé-mi-parti*, quand, se trouvant déjà coupé, une de ses sections est partie (Fig. 8). On donne le nom de *tiercé* à l'écu qui est divisé en trois parties égales de différents émaux ; mais cette répartition peut se faire de plusieurs manières. On appelle *tiercé en pal*, le tiercé par le parti (Fig. 9) ; *tiercé en fasce*, le tiercé par le coupé (Fig. 10) ; *tiercé en barre*, le tiercé par le taillé (Fig. 11) ; et *tiercé en bande*, le tiercé par le tranché (Fig. 12).

Outre ces tiercés, qui ont lieu suivant la direction des partitions principales, on en admet encore quatre autres dont les lignes reçoivent d'autres directions, savoir : le *tiercé en chevron* (Fig. 13), le *tiercé en pointe* ou *en mantel* (Fig. 14), le *tiercé en écusson* (Fig. 15), et le *tiercé en pairle* (Fig. 16),

Fig. 16. 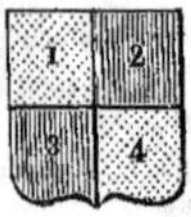 Fig. 17. 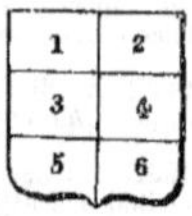 Fig. 18.

dont les dessins ci-joints font suffisamment connaître la disposition. — La réunion du parti et du coupé forme l'*Écartelé en croix*, ou simplement l'*Écartelé* (Fig. 17). Cette répartition, qui est fort usitée, offre quatre divisions égales, dites *Écarts, Écartelures* ou *Quartiers*. Le premier quartier et le deuxième sont au haut de l'écu, celui-ci à senestre, celui-là à dextre. Le troisième vient immédiatement au-dessous du premier, et le quatrième au-dessous du second. Les armoiries propres à la famille occupent le premier et le quatrième, tandis que le second et le troisième sont réservés à celles des alliances. Quand on veut perpétuer le souvenir de l'origine maternelle, on place les armoiries du père dans les quartiers 1 et 4, et celles de la mère dans 2 et 3. Enfin, on dit d'un écartelé qu'il est *Contre-écartelé* (Fig 22), lorsque l'un de ses quartiers est lui-même écartelé. Les quartiers de la nouvelle répartition sont appelés *Contre-écarts*. — Souvent l'écartelé présente plus de 4 quartiers. Dans ce cas, on ne donne pas de nom particulier à chacune de ses dispositions différentes, mais les quartiers sont toujours égaux en dimensions et en nombre. Ainsi, *parti d'un et coupé de deux* donne 6 quartiers (Fig. 18) ; *parti de trois et coupé de un* produit

Fig. 19.  Fig. 20. 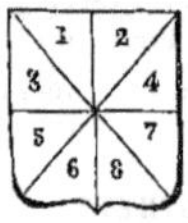 Fig. 21.

8 quartiers (Fig. 19), et ainsi de suite jusqu'au parti de 7 et coupé de 3, qui en produit 32. — On appelle *Écartelé en sautoir* une espèce d'écartelé qui est formé par la réunion du tranché et du taillé (Fig. 20). Comme la précédente, cette répartition a aussi 4 quartiers : le premier est en chef, le second en pointe, le troisième à dextre, et le quatrième à senestre. — Le parti mi-coupé et l'écartelé montrent que les partitions principales peuvent se trouver réunies deux à deux dans un même écu. On peut encore les y rencontrer toutes les quatre ensemble : tel est le cas de l'écu *gironné* (Fig. 21) qui est à la fois parti, coupé, taillé et tranché. — Enfin, on rencontre souvent des partitions et des répartitions réunies sur le même écu. Ainsi, la Fig. 22 est un écu écartelé, aux 1 et 4 contre-écartelés en croix, aux 2 et 3 contre-écartelés en sautoir.

Les partitions et les répartitions sont destinées à faire connaître les alliances. Nous avons déjà parlé de la place qu'oc-

Fig. 22. 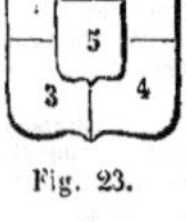 Fig. 23. 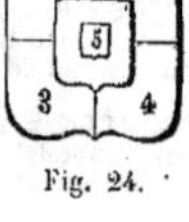 Fig. 24.

cupent les armes de la famille principale ; mais il arrive assez fréquemment, surtout quand l'écu est écartelé, que l'on place ces dernières sur un petit écu ou écusson qui est placé au centre du champ, c.-à-d. en abîme, et qui est appelé *Sur le tout* (Fig. 23). Quelquefois encore ce petit écusson en porte lui-même un second beaucoup plus petit (Fig. 24), auquel on donne le nom de *Sur le tout du tout*.

IV. — L'écu n'est pas seulement employé pour servir de champ; quelquefois aussi il joue le rôle de figure héraldique, et, dans ce cas, il se trouve toujours en nombre. Voy. ARMOIRIES, Fig. 9 et 11. Lorsque l'écu est employé comme figure, on le désigne exclusivement par le terme d'écusson.

ÉCUAGE. s. m. (R. écuyer). T. Féod. Service féodal auquel était tenu un écuyer envers son seigneur. || T. Blas. Droit de porter l'écu, d'avoir des armes.

ÉCUANTEUR. s. m. T. Charr. Espèce de côte creux que présente le dehors d'une roue de voiture.

ÉCUBIER. s. m. T. Mar. Trou rond percé à l'avant d'un bâtiment, pour y faire passer les câbles et les chaînes. Il y a ordinairement deux écubiers de chaque côté de l'étrave. É. de pont. É. d'embossage. || Guirlande d'é., Pièce de bois horizontale placée au-dessous des écubiers pour consolider la partie où ils se trouvent. || Tape d'é., Cylindre de bois muni d'une échancrure pour le passage des chaînes, avec lequel on ferme les écubiers pour empêcher l'eau d'y pénétrer.

ÉCUEIL. s. m. [Pr. ékeul, ll mouillées] (lat. scopulus, rocher). Rocher dans la mer. Donner sur un é. Se briser contre un é. Une mer pleine d'écueils. || Figur., se dit des choses dangereuses pour la vertu, l'honneur, la réputation, la fortune, etc. Le monde est plein d'écueils. Cette question est l'é. de la raison humaine.

ÉCUEILLÉ, ch.-l. de c. (Indre), arr. de Châteauroux; 2,000 hab.

ÉCUELLE. s. f. [Pr. é-kué-le, en trois syllabes] (lat. scutella, dimin. de scuta, m. s.). Pièce de vaisselle d'argent, de terre, de bois, etc., qui sert le plus communément à mettre du bouillon, du potage, etc. É. couverte. É. à oreilles. Laveuse d'écuelles. Dans cet exemple-ci, Écuelle se prend pour toute sorte de vaisselle. — Figur. et popul., Rogner l'é. à quelqu'un, Lui retrancher de sa subsistance, de son revenu. Mettre tout par écuelles, Faire épargner pour faire grand'chère à quelqu'un. || Archer de l'é., Archer qui était chargé d'arrêter les mendiants et de les mener à l'hôpital. || T. Mar. Plaque de fer de forme concave, qui porte un clou sur lequel tourne le pied de la mèche d'un cabestan. || T. Techn. Vide compris entre deux filets consécutifs d'une vis. || T. Bot. É. d'eau, Nom vulgaire de la Drocotyle commune. Voy. OMBELLIFÈRES.

ÉCUELLÉE. s. f. [Pr. é-kué-lé, en trois syllabes] (R. écuelle). Contenu d'une écuelle pleine.

ÉCUISSAGE. s. m. (R. écuisser). Action d'écuisser un arbre.

ÉCUISSER. v. a. (R. cuisse). Faire éclater un arbre en l'abattant. = s'ÉCUISSER. v. pron. Être écuissé. =ÉCUISSÉ, ÉE. part.

ÉCULER. v. a. (R. cul). Se dit en parlant des bottes et des souliers qui s'affaissent par derrière. Vous marchez mal, vous éculez vos bottes. || T. Techn. E. la cire, La façonner, la mouler en pains. = s'ÉCULER. v. pron. Quand un soulier est trop court, il s'écule facilement. = ÉCULÉ, ÉE. part.

ÉCULON. s. m. (R. éculer). T. Techn. Vase à deux becs et à deux anses dont le cirier se sert pour emplir les planches où se font les pains de cire.

ÉCUMAGE. s. m. (R. écumer). Action d'écumer.

ÉCUMANT, ANTE. adj. (R. écumer). Qui écume, qui jette de l'écume. La mer écumante. Un coursier é. — Fig., Plein de rage, furieux.

ÉCUME. s. f. (lat. spuma). Espèce de mousse blanchâtre qui se forme et surnage sur l'eau ou sur quelque autre liquide qu'on agite, qu'on chauffe, ou qui fermente. L'é. de la mer, des flots. L'é. d'un pot qui bout. L'é. de la bière. || La bave de quelques animaux, lorsqu'ils sont échauffés ou en colère. L'é. d'un cheval, d'un chien, etc. — Se dit quelquefois des personnes. Quand cet homme est en colère, l'é. lui sort de

la bouche. || La sueur qui s'amasse sur le corps d'un cheval. Son cheval était couvert d'é. — Par extens. Scories qui surnagent sur les métaux en fusion. = Fig., Ce qu'il y a de vil et de méprisable parmi les hommes. C'est l'é. de la société. || T. Minér. É. de terre, Substance calcaire d'un blanc jaunâtre. || É. de fer, For oligiste. || T. Agric. É. de mer. Plantes marines que les flots rejettent sur le rivage et dont on se sert comme engrais. || T. Entom. É. printanière. Voy. CICADAIRES. || T. Comm. É. de mer, Magnésite, silicate de magnésie naturel avec lequel on fabrique des pipes de luxe.

ÉCUMÉNICITÉ. s. f. Voy. ŒCUMÉNICITÉ.

ÉCUMER. v. n. (R. écume). Jeter de l'écume, se couvrir d'écume. La mer écume. Son cheval commençait à é. Cet homme écumait de rage, de colère. — Fig. Purifier, débarrasser. = ÉCUMER. v. a. Ôter l'écume qui se forme sur un liquide en ébullition. É. le pot au feu É. un sirop. — Fig. et fam., É. les marmites, Vivre en parasite, écornifler. || Figur., É. les mers, é. les côtes, Exercer la piraterie. — Fig. et fam., Recueillir çà et là. Il va partout é. des nouvelles. || T. Fauconn. Se dit de l'oiseau qui court sur le gibier que lancent les chiens. — É. la remise, Se dit de l'oiseau qui passe sur le gibier sans le voir. = s'ÉCUMER. v. pron. Être écumé. = ÉCUMÉ, ÉE. part.

ÉCUMERESSE. s. f. (R. écumer). Écumoir de raffineur de sucre.

ÉCUMETTE. s. f. (R. écumer). Écumoire de fabricant de papier et de fabricant de pipes.

ÉCUMEUR, EUSE. s. (R. écume). Celui, celle qui écume. — Fig., É. de mer, Pirate; é. de marmites, Parasite. Fam.

ÉCUMEUX, EUSE. adj. (R. écume). Qui jette beaucoup d'écume, qui est chargé d'écume. Flots é. Bouche écumeuse. Ne s'emploie guère qu'en poésie.

ÉCUMOIRE. s. f. (R. écumer). Ustensile de cuisine fait en forme de cuiller plate, percée d'un grand nombre de petits trous et qui sert à écumer. || T. Techn. Espèce de cuiller servant à enlever la crasse des métaux fondus. — || T. Mar. Plaque de métal percée de trous qui sert à égaliser les fils de caret. || T. Mar. Plaque percée de trous placée à l'extrémité d'une conduite pour retenir les gros débris.

ÉCURAGE. s. m. (R. écurer). Action d'écurer, de nettoyer; résultat de cette action. || T. Métall. Nettoyage de la tôle destinée à la fabrication du fer-blanc.

ÉCUREAU. s. m. (R. écurer). T. Techn. Ouvrier qui écure les cardes, les chardons dans une manufacture de draps.

ÉCURÉE. s. f. T. Techn. Garniture d'une serrure de sûreté, brasée et mise sur le tour pour être dressée.

ÉCUREMENT. s. m. (R. écurer). T. rur. Raie traversant un champ ensemencé pour l'écoulement des eaux.

ÉCURER. v. a. (R. curer). Nettoyer, débarrasser de toute ordure. É. un puits. É. la vaisselle. || T. Techn. Nettoyer les chardons et les débarrasser de la bourre dont ils se sont chargés en peignant les draps. = s'ÉCURER. v. pron. Être écuré. = ÉCURÉ, ÉE. part.

ÉCURETTE. s. f. (R. écurer). T. Techn. Sorte de grattoir de luthier. || Instrument pour nettoyer les chardons.

ÉCUREUIL. s. m. [Pr. éku-reul, l mouillée] (lat. sciurus, du gr. σκιά, ombre, et οὐρά, queue; animal qui se met à l'ombre de sa queue). T. Mamm. Le charmant petit animal qui porte ce nom et que tout le monde connaît, appartient à l'ordre des Rongeurs et à la famille des Sciuridés. — Les caractères généraux de cette famille sont : Dents molaires, cinq en haut, quatre en bas; doigts, quatre aux membres antérieurs et cinq aux postérieurs, parfois cinq à tous les membres; queue longue, touffue, à poils ordinairement distiques, c'est-à-dire allant ou divergeant comme les barbes d'une plume; des abajoues chez quelques espèces; chez d'autres, la peau des flancs est étendue entre les deux membres de chaque côté, de façon à former une sorte de parachute. Cette famille se subdivise en *Marmottes* qui feront le sujet d'un article spécial et en *Écureuils* qui renferment quatre genres principaux : Écureuil, Polatouche, Pteromys et Tamia.

I. Le genre *Écureuil* (*Sciurus*) a été subdivisé en plusieurs sous-genres, mais nous n'entrerons pas dans ces détails : nous

Fig. 1.

nous contenterons de mentionner quelques-unes des espèces les mieux connues. — L'*É. commun* (*Sc. vulgaris*) [Fig. 1] se trouve dans toute l'Europe, ainsi que dans le nord de l'Asie. Il habite exclusivement les grandes forêts, et se tient sur les arbres les plus élevés, où il trouve sa nourriture, construit son gîte et élève ses petits. Son pelage est d'un roux vif sur les parties supérieures du corps, blanc sur le ventre, la gorge et la partie interne des cuisses ; ses moustaches sont fauves ; ses oreilles sont terminées par un bouquet de poils ; sa queue est formée de poils distiques, annelés de blanc et de brun, et terminée de rouge. Sa taille varie entre 18 et 24 centimètres de longueur, non compris la queue qu'il relève toujours en panache au-dessus de sa tête. Cet animal se distingue entre tous les Rongeurs par sa propreté, son agilité, sa vivacité et la finesse de sa physionomie. Il est presque toujours en mouvement et parcourt les forêts en sautant d'un arbre à l'autre. Lorsque par hasard il descend à terre, il ne marche pas, mais va par petits sauts ou par bonds ; ses ongles forts et très pointus lui permettent de grimper en un instant au sommet du hêtre le plus lisse. Il craint beaucoup l'eau, et n'y entre jamais : il n'est donc pas vrai qu'il essaie de franchir les rivières en s'embarquant sur un morceau d'écorce en guise de bateau, et en étalant sa queue au vent en guise de voile. Quand il est en repos, il se tient ordinairement assis, et se sert de ses pieds de devant comme de deux mains, pour porter ses aliments à la bouche. Il se nourrit habituellement de fruits à coque dure, d'amandes, de noisettes, de faines, de glands, etc. Cependant, s'il trouve un nid d'oiseau, il suce les œufs qu'il y trouve, ou dévore les petits. Pendant l'été, il ramasse des vivres pour l'hiver et cache ses provisions dans des trous d'arbres, où il sait fort bien les retrouver. L'é. commun vit par couples isolés ; son domicile est propre, chaud et impénétrable à la pluie ; c'est ordinairement sur l'enfourchure d'une grosse branche qu'il l'établit. Le mâle et la femelle commencent par transporter des bûchettes qu'ils entrelacent avec de la mousse : ils la serrent ensuite ; ils la foulent, et donnent assez de capacité et de solidité à leur ouvrage pour y être à l'aise et en sûreté avec leurs petits. Il n'y a qu'une seule ouverture vers le haut, juste, étroite, et qui suffit à peine pour passer. Au-dessus de l'ouverture est une espèce de couvercle en cône qui met le tout à l'abri et fait que la pluie s'écoule et ne pénètre pas à l'intérieur du nid. Au mois de mai ou au commencement de juin, la femelle met bas 3 ou 4 petits qu'elle élève avec le plus grand soin. L'é., pris jeune, est très facile à apprivoiser. Il a

la voix éclatante ; mais lorsqu'on l'irrite, il fait entendre un petit grognement. Sa chair est bonne à manger, et les poils de sa queue servent à faire des pinceaux. — Le *Petit-Gris* des fourreurs est une simple variété de l'é. commun qui se rencontre dans certaines parties de la Sibérie. — L'*É. des Pyrénées* (*Sc. alpinus*), qui habite aussi les Alpes suisses et françaises, est une espèce distincte de la précédente. Il a les parties supérieures du corps brun foncé et la queue noire.

Parmi les nombreuses espèces exotiques, nous citerons

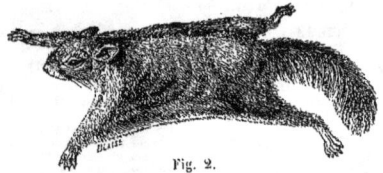

Fig. 2.

l'*Écureuil de Malabar* (*Sc. maximus ou indicus*) qui habite l'Inde et atteint la taille d'un chat. Il habite les forêts de la côte dont il porte le nom. Le cocotier lui fournit tout ce dont il a besoin : il étanche sa soif avec le lait des jeunes

Fig. 3.

cocos ; il se nourrit de l'amande de ceux qui sont arrivés à maturité, et avec la bourre qui recouvre ces fruits, il fait le nid de ses enfants. L'*É. palmiste* (*Sc. palmarum*), qui se trouve en Afrique et en Asie, est gris avec des bandes brunes sur le dos. Cet animal s'apprivoise aisément, et devient familier, quoique libre : il pénètre alors jusque dans les appartements et vient manger les miettes qui tombent sous la table.

II. Les *Polatouches* (*Sciuropterus*) sont essentiellement caractérisés par le repli que la peau des flancs forme de chaque côté, entre les membres antérieurs et postérieurs, de telle sorte que, lorsqu'ils sautent d'un arbre à l'autre, cette membranc s'étend et constitue une sorte de parachute. Leurs dents sont semblables à celles des Écureuils, et leur queue est aplatie et distique. Le type du genre est l'*Assapanick* ou le *Polatouche* de Buffon (*Sciuropterus volucella*) [Fig. 2 et 3]. Cette espèce, qui habite le Canada et la partie septentrionale des États-Unis, n'a que 12 à 13 centimètres de longueur, non compris la queue, qui est presque aussi longue que le corps. Son pelage est d'un gris roussâtre en dessus et blanc en dessous. L'Assapanick est un joli petit animal, très timide, triste, nocturne, comme tous ceux de son genre. Il dort le jour dans un nid de foin et de feuilles sèches qu'il s'est fait un trou d'un trou d'arbre, et n'en sort que la nuit pour se mettre en quête de sa nourriture, qui consiste en graines, en fruits et en bourgeons de bouleau. Lorsque le crépuscule du soir descend sur les forêts, de lent et paresseux qu'il était, il devient d'une vivacité et d'une agilité surprenantes. Grâce à la membrane qui s'étend entre ses pattes, il peut franchir, d'un arbre à l'autre, la distance prodigieuse de 40 à 50 pas, si l'on en croit les voyageurs. Il vit par petites troupes et ne descend jamais de dessus les arbres, parce que, dit-on, sa marche est embarrassée sur la terre. Il s'apprivoise assez facilement, mais il ne s'attache pas à son maître et ne manque pas de reconquérir sa liberté, si l'occasion s'en présente.

III. Les *Ptéromys* sont, comme les précédents, munis d'une membrane qui leur sert de parachute; mais ils s'en distinguent par leur queue ronde et non distique, par leurs os nasaux qui sont très bombés, par leurs dents molaires à tubercules nombreux. La plupart des espèces connues appartiennent à l'archipel de la Malaisie. Nous mentionnerons, comme exemple, le *Taguan* ou *grand É. volant* (*Pter petaurista*), qui a près de 50 centimètres de longueur non compris la queue, laquelle est plus longue que le corps de l'animal. Cette espèce habite les Moluques et les Philippines.

IV. Le genre *Tamia* comprend des Écureuils à abajoues, qui passent leur vie dans des trous souterrains, ou dans des terriers qu'ils se creusent eux-mêmes: aussi les appelle-t-on quelquefois *Écureuils de terre*. Leur queue est longue, non distique, et leur pelage présente un système de coloration par bandes. Nous citerons, comme type de ce genre, le *Suisse* (*T. striatus*) qui habite l'Asie et l'Amérique boréale. L'aspect de cet animal est plutôt d'un rat que d'un é. Sa longueur totale est de 13 à 14 centimètres, et sa queue n'en a que 9.

Les Tamias forment le passage des Écureuils proprement dits aux Marmottes.

ÉCUREUR, EUSE. s. Celui, celle qui écure la vaisselle et la batterie de cuisine. || Celui qui cure les puits, les égouts. *É. d'égouts.* || T. Techn. Ouvrier qui écure les chardons.

ÉCURIE. s. f. (bas-lat. *scura* ou *scuria*, m. s.; orig. germanique; anc. all. *skura*, *skuria*, étable.) Lieu destiné à loger des chevaux, des mulets, etc. *Mettre des chevaux à l'é. Les écuries du roi.* || Par ext., se dit des équipages d'un roi, d'un prince, d'un grand seigneur. *L'é. du prince est partie. Il dépense des sommes énormes pour ses écuries.* || Ensemble des chevaux de course d'un propriétaire ou de plusieurs propriétaires associés. || T. Mar. Bâtiment affecté spécialement au transport de la cavalerie.

ÉCURIEU. s. m. T. Blas. Figure d'écureuil dans des armoiries.

ÉCUSSON. s. m. (Dimin. d'*écu*.) T. Blason. Panonceau sur lequel on fait peindre des armoiries. *Un consul a le droit de placer au-dessus de sa porte l'é. de la nation qu'il représente. L'é. de France, d'Autriche.* — Figure héraldique qui représente un écu. || T. Mar. Partie inférieure de la poupe d'un navire, sur laquelle se trouve inscrit son nom. — Pièce d'ornement de la poupe d'un bâtiment. — *Courbes d'é.*, Pièces de liaison parallèles au marsouin d'arrière et reliant toutes les barres d'arcasse. || T. Techn. Plaque de métal qui orne les entrées de serrure et les heurtoirs de porte. || T. Monn. Côté d'une pièce de monnaie marqué aux armes du souverain. || T. Géol. *Écussons fossiles*, Fragments d'oursins fossiles ayant la forme d'un é. || T. Bot. Tache qu'on remarque sur la graine des céréales. || T. Archit. Sorte de cartouche sur lequel on sculpte des pièces héraldiques ou des inscriptions. || T. Hortic. Mode de greffe. Voy. GREFFE. || T. Pharm. Préparation emplastique étendue sur de la peau, de la toile, du sparadrap, etc. Voy. EMPLÂTRE. || T. Zool. Chacune des lames cornées qui revêtent le pied des oiseaux. Voy. OISEAU. — Plaques cal-

caires qui recouvrent tout ou partie du corps de certains poissons, tels que les esturgeons. — Pièce triangulaire qui se voit entre la seconde paire de pattes et les élytres des coléoptères. Voy. COLÉOPTÈRES. — Pièce calcaire qui se trouve sur le dos de certaines coquilles, et qui tombe quand l'animal est mort. Voy. CONCHYLIOLOGIE. || T. Écon. rur. Sorte de plaque colorée qui s'étend des mamelles de la vache à des points variés du périnée et dont la disposition particulière est jugée propre à faire apprécier les qualités laitières de l'animal. On dit aussi *Gravure*.

ÉCUSSONNABLE. adj. [Pr. *éku-so-nable*] (R. *écusson*). T. Hortic. Qui peut être écussonné. *Arbre é.*

ÉCUSSONNER. v. a. [Pr. *éku-so-ner*] (R. *écusson*). T. Hortic. Greffer en écusson. = ÉCUSSONNÉ, ÉE. part.

ÉCUSSONNOIR. s. m. [Pr. *éku-so-noir*] (R. *écussonner*). T. Hortic. Petit couteau dont on se sert pour écussonner.

ÉCUYER. s. m. [Pr. *éku-ié*] (lat. *scutarius*, qui porte l'écu, de *scutum*, écu). Gentilhomme qui accompagnait un chevalier et qui portait son écu. || Celui qui enseigne à monter à cheval, qui dresse les chevaux au manège. *Les écuyers du roi. Quel est l'écuyer qui tient ce manège?* — Celui dont la profession est de faire des exercices équestres. *Les écuyers du cirque.* — On dit encore d'une personne qui monte bien à cheval, qui sait bien dresser un cheval, *C'est un bon é.* || T. Constr. Perche de bois fixée le long d'un mur pour servir d'appui aux personnes qui montent ou qui descendent. || T. Vén. Jeune cerf qui en accompagne un plus vieux. || T. Agric. Faux bourgeon qui croît au pied d'un cep de vigne.

Hist. — Sous les empereurs d'Orient, on désignait, sous la dénomination de *Scutarii* ou de *Scutiferi*, des cavaliers armés de la lance et du bouclier, qui constituaient l'élite de l'armée: c'est de ce terme, et non de celui d'*equus*, que vient le terme d'*Écuyer*. Au moyen âge, on appelait ainsi le jeune homme qui, aspirant à l'honneur de la chevalerie, s'attachait à un chevalier par une sorte de domesticité. Ce titre, qui alors était à peu près synonyme de *Varlet* et de *Damoiseau*, représentait le degré inférieur de l'ordre de la *Chevalerie*. Voy. ce mot. Plus tard, quand cette institution eut disparu, ce terme devint un titre honorifique par lequel on distingua les gentilshommes des derniers rangs de la noblesse. Toutefois, ce titre n'appartint d'abord qu'à la noblesse d'épée; mais, par la suite, la noblesse de robe se l'attribua. Enfin, certains emplois, tels, par exemple, que ceux de secrétaire du roi, de commissaire et de contrôleur des guerres, conférèrent à leurs titulaires le droit d'ajouter ce titre à leur nom, mais néanmoins sans pouvoir le transmettre à leurs descendants. Les gardes du corps jouissaient du même privilège. — À la cour, on donnait également le nom d'*Écuyers* aux officiers spécialement chargés de la surveillance et de l'administration des écuries royales. L'un d'eux s'appelait d'abord *Maître de l'écurie du roi* (1294-1399), puis *Grand maître de l'écurie du roi* (1399), le premier des officiers qui, au XVe siècle, le titre de *Grand écuyer de France*, et, par abréviation, on l'appela *Monsieur le Grand*. Au commencement du XVIe siècle, le grand é. était devenu l'un des grands officiers de la couronne. Comme insignes héraldiques de sa charge, il faisait représenter de chaque côté de ses armoiries l'épée royale dans le fourreau et posée sur le baudrier. Le grand é. avait sous ses ordres ce qu'on appelait la *Grande écurie*, c.-à-d. l'ensemble des chevaux de guerre, de manège et de chasse du roi, et l'on donnait le nom de *Petite écurie* à la réunion des chevaux destinés à traîner les voitures royales. Au XVIIIe siècle, on comptait, parmi les officiers qui étaient subordonnés au grand é. et qui tous appartenaient à la grande écurie: 1 *écuyer commandant*, 3 *écuyers ordinaires*, 3 *écuyers cavalcadours*, et plus de 150 pages, fourriers, hérauts, etc. La petite écurie, qui formait une administration indépendante, était gouvernée par un officier qui portait le titre de *Premier écuyer du roi*, ou par abréviation, *M. le Premier*, et desservie par des *écuyers ordinaires*, des *écuyers de quartier* ou *de main*, etc. — Enfin, on appelait encore, à la cour, *Écuyer tranchant*, un officier dont les fonctions consistaient à découper les viandes et à les servir; *Écuyer-bouche*, celui qui était chargé de porter les plats sur la table de l'office avant qu'on ne servît; et *Écuyer de cuisine*, celui qui était chargé de la surveillance générale de la cuisine. — La plupart de ces charges, abolies par la Révolution, rétablies sous le premier empire et sous la Restauration, disparurent sous le règne de Louis-Philippe. Le second empire en ressuscita quelques-unes, par exemple celles de *grand écuyer*, *premier écuyer*.

En Angleterre, le titre d'*Ecuyer* (*Esquire*) constitue le titre le moins élevé de l'ordre de la noblesse. Les fils aînés de chevaliers, les shérifs des comtés, les juges de paix, les docteurs en théologie, etc., ont le rang d'é. en vertu de leurs fonctions ou de leur grade. Les chefs des anciennes familles ont droit à ce titre par prescription.

ÉCUYÈRE. s. f. [Pr. *ékui-ière*] (fémin. du mot *écuyer*). Femme qui monte à cheval. || Femme qui fait des exercices équestres dans un spectacle public. *Les écuyères du cirque.* || *Bottes à l'é.*, Bottes à l'usage de certains corps de cavalerie : la partie antérieure de la tige est plus haute que le genou, tandis que la postérieure est échancrée sous le jarret.

ECZÉMA. s. m. (gr. ἔκζεμα, m. s., de ἐκ, de, et ζέω, je bous). T. Méd. L'ecz. est une inflammation polymorphe de la peau ou des muqueuses; c'est un syndrôme plutôt qu'une maladie déterminée. Ses causes doivent être recherchées surtout dans l'état général mauvais des individus et dans la prédisposition héréditaire ou acquise, l'irritation locale n'étant presque toujours que d'ordre secondaire. Il est bien vrai que l'irritation produite par des peignes malpropres sur le cuir chevelu, l'usage de certaines pommades peuvent donner lieu à des éruptions eczémateuses, mais ce ne sont là que de simples épidermites ou dermites qui disparaissent avec la cause occasionnelle.

Ce sont les individus lymphatiques, les arthritiques qui sont le plus sujets à l'ecz. et on assiste quelquefois à des poussées eczémateuses alternant avec les manifestations de la goutte; on voit des femmes sujettes à des éruptions au moment des règles ou de la ménopause. L'ecz. se rencontre dès le plus jeune âge, les *croûtes de lait* étant une forme d'ecz. s₂ éclale aux enfants à la mamelle; mais c'est surtout la jeunesse qui est la plus favorable au développement de cette affection.

Au point de vue des symptômes, l'ecz. est caractérisé dans son ensemble par l'apparition de très petites vésicules agglomérées en grand nombre, et occupant le plus souvent des surfaces très larges et irrégulières. Ces vésicules renferment une sérosité qui peut se résorber, mais qui, le plus souvent, crève la vésicule et forme une exhalation continue ou donne lieu à une exfoliation de la peau. L'ecz. se présente sous les formes aiguë et chronique et, dans les deux cas, acquiert des aspects différents qui lui ont fait donner différents noms. L'*Ecz. simplex* présente des vésicules extrêmement petites et très rapprochées les unes des autres; cependant la surface de la peau conserve sa couleur normale, et l'on ne voit aucune auréole inflammatoire autour des vésicules. Celles-ci se dessèchent bientôt en produisant des lamelles minces qui se détachent et tombent sans laisser la plus légère trace. Le prurit est le seul symptôme incommode que présente cette affection. Cette forme de l'ecz. s'observe surtout dans l'intervalle des doigts, où il peut très bien en imposer pour la gale. — L'*Ecz. rubrum* se distingue du précédent par l'extension de la phlegmasie à la peau qui entoure les vésicules, et qui est d'un rouge vif. Dans les cas les plus simples, le fluide des vésicules se résorbe, l'épiderme s'exfolie et la peau conserve encore quelques jours une teinte rougeâtre. Mais, le plus souvent, les vésicules se déchirent, la surface enflammée exhale un fluide séro-purulent qui se concrète sous forme de lamelles minces et molles. — Dans l'ecz. *impétigineux*, l'inflammation est plus vive; la peau est très rouge et tuméfiée. Les vésicules sont confluentes et contiennent un liquide séro-purulent qui se concrète, non en lamelles minces, mais en squames ou croûtes jaunes, humides et molles. Parmi elles, il se développe même des vésicules pustuleuses, c'est-à-dire qui renferment un fluide purulent. Lorsque la maladie disparaît, la peau conserve en général, pendant un temps plus ou moins long, une couleur brunâtre. — La durée de ces trois formes est très variable : car de nouvelles éruptions de vésicules peuvent se succéder les unes aux autres. La première forme ne dure guère que deux ou trois septénaires, la seconde ; mais celle-ci et la troisième peuvent durer plusieurs mois, et passer enfin à l'état chronique. — L'*Ecz. chronique*, en effet, succède ordinairement à l'ecz. rubrum et à l'ecz. impétigineux. La peau est alors tendue, luisante et d'un rouge vif. Sans cesse irritée par l'éruption successive de vésicules et par la présence du pus que sécrète sa surface, elle s'excorie et se fendille. Il s'établit parfois des gerçures assez profondes, surtout au voisinage des articulations. Le liquide sécrété se concrète promptement, en formant des squames jaunâtres et épaisses, qui se reproduisent incessamment. Cet eczéma s'accompagne toujours de démangeaisons fort vives et parfois intolérables : alors le malade se gratte et s'écorche de manière à faire saigner la surface enflammée. La durée de l'ecz. chronique est indéterminée. — D'après ce que nous avons dit sur la nature de l'ecz., on comprend que le traitement de cette affection doit surtout viser l'état général du sujet. Localement, on s'abstiendra de médication trop active, qui ne ferait souvent qu'étendre l'éruption ou la faire passer à l'état chronique. On se bornera à employer au début des lotions émollientes et narcotiques, des cataplasmes de fécule de pommes de terre, des bains d'amidon, etc. Plus tard, quand l'ecz. est devenu chronique, il devient nécessaire de modifier la vitalité de la peau. En conséquence, on a recours aux bains gélatineux, alcalins et sulfureux. On emploie des applications topiques stimulantes, comme les pommades à l'acétate de plomb, au calomel, au protoiodure de mercure, au goudron, à l'huile de cade, etc. Souvent il faut y combiner les narcotiques dans une certaine proportion, afin de diminuer le prurit. L'emploi des cathérétiques, tels que le nitrate d'argent et l'acide chlorhydrique, produit quelquefois de bons effets, mais en ayant soin de marcher avec prudence. Enfin, une dérivation méthodique opérée avec précaution par le tube intestinal à l'aide de laxatifs et même de purgatifs donne encore d'heureux résultats.

Méd. vét. — L'ecz. est une maladie très commune chez nos animaux domestiques, souvent difficile à guérir; elle présente à peu près les mêmes symptômes que chez l'homme, et offre plusieurs variétés souvent confondues sous le nom de *dartre* ou *gale*. La dentition chez les jeunes sujets, la plénitude de l'utérus ou l'allaitement chez les femelles, paraissent être des conditions favorables au développement de la maladie. On distingue, comme chez l'homme, l'ecz. *simple*, *aigu*, l'ecz. *rubrum* et l'ecz. *chronique*. Le premier réclame un traitement antiphlogistique; dans le second, on emploiera les boissons acides, les lotions à l'eau de son additionnée de guimauve, les frictions de pommade de calomel. L'ecz. chronique exige un traitement général et un traitement local. Le traitement local consiste en lotions alcalines ou en frictions de pommade camphrée au calomel, à l'huile de cade, en vésicatoires, etc. Le traitement général est dépuratif; on emploie des tisanes dépuratives additionnées d'acide arsénieux.

ECZÉMATEUX, EUSE. adj. T. Méd. Qui a rapport à l'eczéma.

ÉDACITÉ. s. f. (lat. *edacitas*, voracité, de *edax*, vorace). T. Poétiq. Cause qui consume et détruit lentement. *L'éd. du temps.*

ÉDAM. v. et p. de Hollande, près du Zuyderzée; 5.000 h.

EDDA. s. f. T. Histoire littéraire. — On désigne sous ce nom, qui signifie proprement bisaïeule, deux ouvrages de l'ancienne littérature scandinave. Le premier, qu'on appelle *Edda poétique*, est une collection de chants épiques, dont dix-neuf contiennent les traditions scandinaves relatives aux dieux, et vingt-un celles qui sont relatives aux héros. Ces chants, après avoir été, durant plusieurs siècles, conservés par la tradition orale, furent recueillis par écrit, en Islande, entre les années 1050 et 1133. Ce fut Sœmund Sigfusson, dit le *Sage* ou le *Savant*, qui forma la collection de ces chants poétiques. — La seconde Edda, appelée *Edda prosaïque* ou *de Snorro*, est en quelque sorte un commentaire de la première, et a été composée par l'historien islandais Snorro Sturleson, mort en 1243. Elle est écrite sous forme de dialogues et se divise en trois parties. Les deux premières traitent de la religion et de la mythologie scandinaves, et la troisième de la poésie des Scaldes. Les deux Eddas ont été plusieurs fois imprimées. Nous citerons seulement l'édition que Rask en a donnée à Stockholm, en 1818, et la traduction française de Mademoiselle du Puget. M. Léouzon le Duc en a publié une traduction littérale en 1868.

EDDYSTONE, rocher de la côte de Cornwall (Angleterre). Magnifique phare construit par Smeaton en 1759.

ÉDÉLITE. s. f. T. Minér. Silicate double d'alumine et de chaux que l'on trouve en Suède.

EDELFORSE ou **EDELFORSITE.** s. f. (R. *Edelforss*, nom de lieu). T. Minér. Silicate de chaux naturel découvert à Edelforss, en Suède.

EDELINCK (Gérard), graveur flamand (1640-1707).

EDELSPATH. s. m. (all. *edel*, noble; *spath*, pierre). T. Minér. Variété de feldspath.

ÉDEN. s. m. [Pr. *édèn*]. Nom hébreu du paradis terrestre. Voy. PARADIS. || Fig., Lieu, séjour délicieux. *C'est un véritable é.*

ÉDÉNIQUE. adj. (R. *éden*). Qui appartient à l'Éden ou y a rapport.

ÉDENTER. v. a. (R. *dent*). Arracher ou casser les dents de... *E. quelqu'un d'un coup de poing.* || Rompre, user les dents d'une scie, d'un peigne, etc. *Vous allez é. ma scie.* = s'ÉDENTER. v. pron. *Mon peigne s'édente.* = ÉDENTÉ, ÉE. part. Qui a perdu ses dents. || Fam., *Une vieille édentée,* Une vieille qui n'a plus de dents.

ÉDENTÉS. s. m. pl. (R. *é*, préf. privatif, *et dent*). T. Mamm. Les *Édentés* ou *Brutes* forment un ordre de mammifères placentaires qui se rapprochent des *Monotrèmes* par leur infériorité organique et intellectuelle. Le nom d'Édentés est im-

Fig. 1.

propre : car, si les Fourmiliers et les Pangolins sont totalement dépourvus de dents, la plupart au contraire en sont abondamment pourvus. Ce qui est caractéristique, au contraire, c'est la forme et la structure de ces dents : toutes sont semblables entre elles (Fig. 1), dépourvues de racine et d'émail ; chez les Tardigrades seulement il existe des dents antérieures que l'on considère comme des incisives, et des racines. Sauf deux exceptions, il n'y a également qu'une seule dentition.

Tous les Édentés ont des membres puissants pourvus de griffes ou d'ongles très épais qui ressemblent à de petits sabots. La peau est couverte de poils secs et durs, d'écailles imbriquées ou de plaques osseuses. Les organes génitaux externes sont très peu développés.

En général, les Édentés sont des animaux exclusivement terrestres qui se nourrissent de cadavres, d'insectes, de fruits ou de racines ; tous habitent les régions chaudes de l'Amérique, de l'Asie et de l'Afrique ; on n'en trouve pas en Australie, où ils sont remplacés par les Monotrèmes, qui sont de véritables Édentés dépourvus de placenta.

En tenant compte des espèces fossiles, on peut diviser les Édentés de la manière suivante : 1° *Gravigrades*. Édentés de taille gigantesque, dépourvus de carapace ; tous fossiles. — 2° *Tardigrades*. Corps couvert de poils, museau court, dentition complète. — 3° *Vermilingues*. Corps couvert de poils, museau très allongé, pas de dents. — 4° *Glyptodontes*. Édentés de grande taille, carapace formée de pièces soudées, museau court, tous fossiles. — 5° *Dasypodés*. Édentés de petite taille, carapace formée de pièces libres, museau allongé. — 6° et 7° *Oryctéropodidés* et *Manidés*, qui, seuls parmi les Édentés, habitent l'ancien continent et semblent avoir une origine différente.

Les quatre premiers groupes faisant le sujet d'articles spéciaux, nous ne parlerons ici que des Dasypodés, des Oryctéropodidés et des Manidés.

1. Les *Dasypodés* ont la tête et la queue plus ou moins complètement couvertes de plaques cornées, disposées par bandes transversales et séparées par des portions molles permettant leur mobilité ; tous les genres appartenant à ce groupe sont propres à l'Amérique méridionale. — Le genre *Tatou* (*Dasypus*) se compose d'animaux de petite ou de moyenne taille, mais à corps épais et bas sur jambes. Leur test écailleux est composé de compartiments en mosaïque. Cette substance, qui paraît constituée par des poils agglutinés ensemble, forme un premier bouclier sur le front, un second sur les épaules et un troisième sur la croupe. Entre les deux derniers, le corps est revêtu de plusieurs bandes parallèles et mobiles qui donnent au corps la faculté de se ployer. Leur queue est ronde et recouverte irrégulièrement d'écailles tuber-

culeuses. Leurs mamelles sont pectorales. Leurs pieds ont tous 5 doigts. Leurs dents sont au nombre de 38 : il y en a une de chaque côté dans l'os intermaxillaire. Le *Tatou encoubert* (*Das. encoubert*) [Fig. 2] est le type de ce genre. Il a environ 45 centimètres de longueur, non compris la queue, qui en a 28. Cet animal est craintif, nocturne, et cherche toujours à

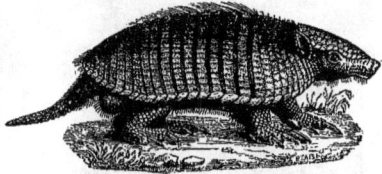

Fig. 2.

se cacher : il court avec beaucoup de vitesse. On le trouve au Paraguay, où il se creuse des terriers et vit principalement de cadavres. Sa voix est une sorte de grognement qu'il fait entendre, surtout lorsqu'on le contrarie. Sa chair, grasse, de mauvaise odeur et de mauvais goût, est mangée par les naturels du pays. — Les genres qui suivent ressemblent beaucoup au genre Tatou proprement dit sous le rapport des formes extérieures ; mais ils s'en distinguent en ce qu'ils sont dépourvus d'incisives, et à d'autres points de vue encore. Les genres *Apar* (*Das. apara*) et *Cachicame* ou *Armadille* (*Das. peba*) ont les membres antérieurs terminés par 4 doigts ; mais celui-ci a la queue arrondie et celui-là a la queue aplatie, et il a en outre la faculté de se rouler en boule. Le genre *Tatusie* a 5 doigts, dont le médius est fort long : il a pour type le *Cabassou* ou *Tatouay* (*Das. Tatouay*). Enfin, le genre *Priodonte* (*Priodontes*) est essentiellement caractérisé par la longueur de ce même médius qui est aussi grand à lui seul que le reste du membre. Il ne renferme qu'une seule espèce, le *Tatou géant* (*Priod. gigas*). C'est le plus grand des Dasypodés : en effet, il a quelquefois plus d'un mètre de longueur, sans la queue, qui est longue d'environ 45 centimètres. Le Priod. est de tous les Mammifères celui qui a le plus

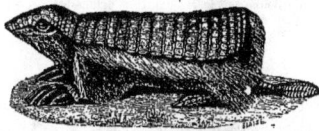

Fig. 3.

grand nombre de dents ; on n'en compte pas moins de 98. Il habite les parties boisées du Paraguay. Il recherche les cadavres et même les déterre, en fouissant avec une grande rapidité. — Le genre *Chlamydophore* se compose d'une seule espèce, le *Chl. tronqué* (*Chlamydophorus truncatus*) [Fig. 3] qui se distingue de tous les précédents par la forme de sa cuirasse. Celle-ci est formée d'un grand nombre de plaques, disposées par rangées transversales, et toutes également mobiles les unes à l'égard des autres. En outre, elle n'est attachée au corps que le long de l'épine dorsale. Son ventre est recouvert de poils plus longs et plus fins que ceux de la queue, mais moins serrés. Le Chl. est le plus petit de tous les Édentés : sa longueur totale est de 15 centimètres seulement. Il vit sous terre la plupart du temps, et ses habitudes ont beaucoup de rapport avec celles de la taupe. Il porte ses petits sous le manteau écailleux dont il est revêtu. Cet animal habite à l'est de la chaîne des Andes, dans le Chili.

II. — Les *Oryctéropodidés* ne renferment actuellement qu'une seule espèce, l'*Oryctérope du Cap* (*Orycteropus capensis* (Fig 4). L'Oryctérope ressemble aux Fourmiliers par la forme de sa tête, par sa langue extensible, quoique à moindre degré, et par sa manière de vivre ; mais il en diffère en ce qu'il a des dents mâchelières et un ongles plats, propres à fouir et non tranchants. Sa longueur est d'environ 1 mètre, sans compter la queue, qui a près de 50 centim. Son pelage est ras et généralement gris brunâtre. C'est un animal foulsseur et nocturne, qui se creuse des terriers où il demeure. Sa nourriture ordinaire consiste en Fourmis, ce qui donne à sa chair un goût très prononcé d'acide formique, et cependant c'est un gibier assez recherché des Européens et des

Fig. 4.

Hottentots. Lorsqu'il a faim, il va chercher une fourmilière; dès qu'il a fait cette bonne trouvaille, il regarde tout autour de lui pour voir si tout est tranquille et s'il n'y a point de danger. Alors il se couche en plaçant son museau tout près de la fourmilière, et tire autant qu'il peut sa langue enduite d'une matière visqueuse et gluante. Les Fourmis se jettent dessus en foule, s'empêtrent dans cette viscosité et deviennent sa proie.

III. — La famille des *Manidés* ne se compose que du seul genre *Pangolin* (*Manis*). Les animaux ainsi nommés manquent de dents, ont la langue très extensible, et vivent de Fourmis et de Termites, comme les Fourmiliers proprement dits. Mais leur corps, leurs membres et leur queue sont

Fig. 5.

revêtus de grosses écailles imbriquées, qui sont formées de poils agglutinés. Tous leurs pieds ont cinq doigts. Leur nature est doux, leur cri faible, leur démarche lente, et ils ne sortent guère que la nuit. Pour se défendre, ils se roulent en boule, position qui relève la pointe de leurs écailles et les rend assez difficiles à aborder. On assure qu'ils se creusent des terriers. Leur chair est très délicate et recherchée par les naturels des pays qu'ils habitent. L'espèce type est le *Pang. à grosse queue* (*Manis crassicaudata*) [Fig. 5] qui habite le continent indien, ainsi que les îles de Ceylan et de Formose. Il a environ 65 centimètres de longueur, y compris la queue. On en connaît trois autres espèces : l'une habite l'Inde continentale, l'autre Java, et la troisième, appelée *Phatagin*, est propre à l'Afrique.

IV. — **Paléont.** — Les É. étaient beaucoup plus nombreux aux époques tertiaire et quaternaire que de nos jours; ils comprenaient, entre autres, des formes véritablement gigantesques que nous étudierons aux mots GRAVIGRADES et GLYPTODONTES. En France, on a retrouvé des restes d'É. et principalement des formes intermédiaires (*Chalicotherium*), qui

montrent nettement que ces êtres ne sont que des Ongulés dégénérés.

EDER, riv. d'Allemagne; 120 kilomètres.

ÉDESSE. s. f. T. Entom. Genre d'Insectes hémiptères.

EDESSE. v. de l'Asie anc. (Mésopotamie), aujourd'hui ORFA. || *École d'Edesse*, École de philosophie, célèbre surtout au IV° siècle, sous saint Éphrem.

EDGAR, roi d'Angleterre de 957 à 975; détruisit tous les loups de l'Angleterre.

EDGAR, roi d'Écosse de 1097 à 1107.

EDGEWORTH (LOWELL), ingénieur-mécanicien anglais (1744-1817).

EDGEWORTH DE FIRMONT, prêtre irlandais qui accompagna Louis XVI à l'échafaud (1793).

EDGEWORTH (MARIE), Anglaise connue par des romans et des traités d'éducation (1767-1849).

EDHARZ. s. m. T. Minér. Nom donné à plusieurs résines naturelles très combustibles.

ÉDICTAL, ALE. adj. (lat. *edictum*, édit). Qui appartient aux édits. *Forme édictale*.

ÉDICTER. v. a. (lat. *edictum*). Publier sous forme d'édit. *É. des lois*.

ÉDICULE, s. m. (lat. *ædiculum*, dimin. de *ædes*, bâtiment). Petit édifice élevé sur les boulevards, dans les places, et servant à différents usages.

ÉDIFIANT, ANTE. adj. (R. *édifier*). Qui porte à la piété, à la vertu; se dit des actions ou des paroles. *Une conduite, une vie très édifiante. Il prêche d'une manière fort édifiante. Des paroles édifiantes.*

ÉDIFICATEUR. s. m. (lat. *ædificator*, m. s.). Celui qui élève, qui construit un édifice. Peu us.

ÉDIFICATION. s. f. [Pr. ...*sion*] (lat. *ædificatio*, m. s. de *ædes*, édifice). Action de bâtir; ne se dit guère au propre qu'en parlant des temples. *L'é. du temple de Jérusalem fut réservée à Salomon.* || Fig., L'action d'inspirer des sentiments de piété et de vertu par la parole ou par l'exemple, ou les paroles et les actions qui inspirent ces sentiments. *Travailler à l'é. du prochain. Cela contribua beaucoup à l'é. des fidèles.* || Par. anal., se dit quelquefois pour satisfaction, instruction. *Je vais, pour l'é. du public, faire connaître vos méfaits.*

ÉDIFICE. s. m. (alt. *ædificium*, m. s., de *ædes*, bâtiment). Bâtiment; se dit surtout des temples, des palais et autres grands bâtiments. *C'est un bel é. Les édifices publics. Construire, élever un é.* || Fig., se dit de certaines choses qu'on ne réalise que par des efforts ou qui constituent un ensemble, etc. *Un seul échec renversa l'é. de sa fortune si péniblement élevé. L'é. social s'écroulait de toutes parts.*

ÉDIFIER. v. a. (lat. *ædificare*, m. s., de *ædes*, bâtiment, et du suff. *ficare*, faire). Bâtir, ne s'emploie guère qu'en parlant des grands bâtiments publics. *É. un temple, un palais.* — Fig., se dit des institutions sociales, des doctrines religieuses, des systèmes philosophiques. *Le système édifié par Charlemagne périt après lui.* ABSOL., se dit par opposition à Bouleverser, détruire. *Il a été envoyé pour é. et non pour détruire.* || Fig., Inspirer des sentiments de piété, porter à la vertu par l'exemple ou par les discours. *É. le prochain. Ce prédicateur cherche à é. plutôt qu'à plaire.* — Se dit aussi des actions, des discours. *La lecture de ce livre m'a beaucoup édifié.* || Fig., Satisfaire par un bon procédé, donner bonne opinion de soi. *La conduite qu'il a tenue dans cette affaire m'édifie extrêmement.* Vx et inus. || Fig., lustraire, renseigner. *Je puis vous é. Il est assez é. sur cette affaire.* = S'ÉDIFIER. v. pron. *Ce monument s'édifie rapidement.* = ÉDIFIÉ, ÉE. part. || Touché. *Il s'en retourna très édifié* *du sermon. N'êtes-vous pas édifié de sa conduite ?* — Avec la négation ou l'adverbe *mal*, il signifie scandalisé. *Il fut mal édifié de ce discours. Il n'est pas trop édifié de ce qu'un tel a fait.*

Oui, je sors de chez vous fort mal édifiée.
                                        MOLIÈRE.

Conj. Voy. PRIER.

ÉDILE. s. m. (lat. *ædilis*, m. s.), Magistrat romain qui avait l'inspection des édifices, etc. || Par ext., se dit des magistrats municipaux d'une ville. *Les édiles de notre cité.*

Hist. — L'étymologie du mot *Édile* est incertaine. On fait communément venir ce nom du mot latin *ædes*, qui signifie édifice, parce que ces magistrats étaient chargés de la surveillance des édifices publics; néanmoins cette dérivation paraît peu probable, attendu que, dans le principe, ce soin n'entrait pas dans leurs attributions. Suivant Creuzer, Niebuhr et Schubert, les Édiles devaient leur nom au temple de Cérès (*ædes Cereris*) où était le siège de leur administration. Suivant Rossbach, *é.* viendrait bien de *ædes*, mais ce dernier mot n'aurait signifié *maison* que par extension; il aurait eu primitivement le sens de *foyer*, et se rattacherait au grec αἴθω, je brûle; au sanscrit *idh*, *indh*, foyer, et serait allié aux formes germaniques et celtiques : anglo-saxon *ad*, *am*, *all eit*, bûcher; irland. *aidhe*, maison, lié à *œdh*, feu; kymrique *aidh*, feu, chaleur.

1. — Quoi qu'il en soit, l'institution des Édiles date de l'an 260 de Rome, ou 494 av. J.-C. Ils furent créés en même temps que les Tribuns du peuple, dont ils étaient, pour ainsi dire, les assesseurs. Comme les Tribuns, ils furent d'abord au nombre de deux, choisis exclusivement parmi les plébéiens et élus par ces derniers seuls. Dans le principe, leurs fonctions se réduisaient à peu de chose, car ils étaient simplement chargés des affaires les moins importantes, que les Tribuns leur confiaient. Cependant, peu d'années après leur création (446 av. J.-C.), nous voyons les Édiles chargés de conserver les décrets du Sénat, que jusqu'alors les Consuls avaient arbitrairement supprimés ou altérés. La garde des plébiscites leur fut également confiée. Enfin, leurs attributions devinrent graduellement tellement nombreuses et importantes, qu'il n'est pas toujours aisé de les distinguer de celles qui appartenaient aux Censeurs. Ils avaient la garde de tous les édifices publics, et veillaient à leur construction et à leur entretien; ils veillaient aussi à ce que les bâtiments privés fussent construits dans l'alignement et fussent entretenus de manière à ne pas compromettre la sécurité publique. Tout ce qui concernait la salubrité de la cité, la distribution des eaux, le pavage et le nettoyage des rues, l'état des égouts, rentrait encore dans leurs attributions. Ils présidaient aux distributions de blé qui se faisaient aux citoyens, inspectaient les marchés, surveillaient les poids et mesures, punissaient les fraudes, etc. La police des mœurs leur appartenait également. A ce titre, ils surveillaient les bains, les tavernes, ainsi que tous les lieux de plaisir ou de débauche. Enfin, ils veillaient à la célébration des jeux et des cérémonies du culte national et empêchaient l'introduction dans la cité de religions étrangères. Les Édiles étaient secondés, dans l'exercice de leurs fonctions, par plusieurs catégories d'agents, que l'on appelait greffiers (*scribæ*), appariteurs (*præcones*) et messagers (*viatores*).

II. — L'an 389 de Rome (365 av. J.-C.), le peuple ayant obtenu que l'un des deux consuls serait pris parmi les plébéiens et cette mesure ayant ramené la concorde dans la cité, le Sénat, pour remercier les dieux, décréta qu'à l'avenir les grands jeux (*ludi maximi*) dureraient quatre jours au lieu de trois. Les Édiles plébéiens reculant devant les frais que devait occasionner la fête nouvelle, les jeunes patriciens offrirent de se charger de la dépense, et comme il n'y avait que les Édiles qui pussent présider les jeux romains, un sénatus-consulte prescrivit au dictateur Camille de demander au peuple la création de deux nouveaux Édiles qui seraient pris dans les familles patriciennes. Le peuple accepta la proposition, et, dès ce moment, il y eut deux Édilités, une édilité plébéienne à laquelle les patriciens ne purent jamais arriver, et une édilité qui d'abord se recruta exclusivement parmi les patriciens, mais qui finit néanmoins par devenir accessible aux plébéiens. Les Édiles nouvellement créés étaient investis de prérogatives honorables qui n'appartenaient point aux Édiles plébéiens. Ils portaient la robe prétexte, siégeaient sur une chaise curule (de là le nom d'*Édiles curules* qu'on leur donna), jouissaient du droit de léguer leur effigie à leurs descendants et de faire porter celles de leurs ancêtres dans les cérémonies funèbres (*jus imaginum*), prenaient part aux délibérations du Sénat, et même opinaient avant les simples sénateurs. En un mot, l'édilité

curule avait rang parmi les grandes magistratures. Quant aux attributions des Édiles curules, elles étaient en général les mêmes que celles des Édiles plébéiens. Celles qui étaient relatives à la police, à la voirie, à la salubrité et à la sécurité publiques, étaient exercées indifféremment par les uns et par les autres, et, chaque année, cinq jours après leur élection, les quatre Édiles se partageaient entre eux, soit à l'amiable, soit par la voie du sort, les différents quartiers de la ville. Mais, pour les jeux, il existait une distinction. Les Édiles plébéiens étaient seuls chargés de la célébration des jeux plébéiens : il leur était même alloué des fonds à cet effet. Les jeux de Flore, de Cérès, et quelques autres, étaient indifféremment présidés par les Édiles plébéiens et curules. Quant aux grands jeux (*ludi maximi ou romani*), aux jeux mégalésiens et aux représentations dramatiques, leur célébration constituait une des attributions spéciales des Édiles curules, parce qu'elle donnait lieu à des dépenses considérables qui ne pouvaient être supportées que par ces grandes familles. En outre, les Édiles curules seuls avaient le droit de rendre des édits (*jus edicendi*) auxquels devaient se conformer tous les Édiles. Au reste, ces édits ne concernaient guère que les transactions commerciales, les achats et les ventes qui se faisaient sur les marchés. — Les Édiles plébéiens furent d'abord nommés par les comices assemblés par centuries, et plus tard par les comices assemblés par tribus. Les Édiles curules étaient également élus par ces dernières assemblées. Il y a lieu de croire qu'il fallait être âgé de 36 ans pour pouvoir briguer cette magistrature.

III. — Les Édiles subsistèrent sous l'empire; mais leur autorité subit à diverses époques des modifications qui d'abord l'amoindrirent, puis finirent par l'annihiler presque complètement. Dès l'an 708 de Rome, ou 46 av. J.-C., Jules César créa de nouveaux Édiles plébéiens qui furent spécialement chargés de veiller aux approvisionnements de blé, et que, pour cette raison, on appela *Édiles cereales*. Bientôt Auguste réunit à la préture les fonctions judiciaires de l'édilité. Il enleva également aux édiles l'organisation des jeux, la surveillance des temples et la police des cultes. Enfin, l'institution par ce prince de divers magistrats nouveaux, tels que le Préfet de Rome (*præfectus urbis*), le Chef des gardes de nuit (*præfectus vigilum*), l'Intendant des travaux publics (*curator operum publicorum*), etc., qui se partagèrent les fonctions de la police municipale, réduisit à si peu de chose les fonctions des Édiles, que dès lors les personnages distingués dédaignèrent cet office. En effet, il ne restait guère aux Édiles que la police des mœurs et la surveillance des lieux publics. Mais Claude leur ayant encore retiré ces dernières attributions, le titre d'Édile lui-même finit par disparaître.

ÉDILICIEN, ENNE. adj. (R. *édile*). T. Antiq. rom. Qui appartient aux édiles. *Fonctions édiliciennes.*

ÉDILITAIRE. adj. Qui a rapport aux édiles.

ÉDILITÉ. s. f. (R. *édile*). Magistrature de l'édile. — Par ext., Magistrature municipale. *L'é. parisienne.* || L'exercice de cette magistrature. *Pendant son édilité.*

ÉDIMBOURG, en anglais *Edimburg*, cap. de l'Écosse; 230,600 hab. Situation pittoresque. C'est l'une des plus belles et des plus originales villes du monde. Vieux château, palais et abbaye d'Holyrood, habités par Marie Stuart. Université célèbre fondée en 1582.

ÉDINGTONITE. s. f. (R. *Édington*, nom d'homme). T. Minér. Silicate hydraté d'alumine et de baryte.

ÉDINITE. s. f. T. Min. Minéral trouvé avec la prehnite dans les basaltes sur lesquels est bâti le château d'Édimbourg.

ÉDIOLE. s. f. Petit cabriolet en usage à Milan.

ÉDISONITE. s. f. (R. *Édison*, nom d'homme). T. Minér. Oxyde de titane cristallisé en prismes orthorhombiques.

ÉDIT. s. m. (lat. *edictum*, m. s.). Ordonnance, loi. *L'é. du préteur. Les édits du roi. La révocation de l'é. de Nantes.* Voy. DROIT, PRÉTEUR. — *Chambre de l'é.* Voy. CHAMBRE.

Hist. — Chez les Romains, le mot *édit* désignait tantôt la citation qui appelait un citoyen devant le tribunal du préteur, tantôt les règlements faits par certains magistrats par leur entrée en charge, tantôt les sentences rendues par le préteur dans les cas où la loi ordinaire était insuffisante à trancher le litige. Ces sentences faisaient jurisprudence et devenaient de véritables règlements de droit. On a donné le nom d'*É. perpétuel* à une sorte de codification du droit prétorien rédigée sous l'empereur Adrien. Voy. PRÉTEUR.

En France, les *édits* avaient habituellement pour objets des mesures fiscales, des créations fiscales ou des règlements contre les duels. On a aussi compris, au XVIe siècle, sous le nom d'*édits*, des déclarations ou traités par lesquels on s'efforçait de mettre fin aux guerres de religion. Le plus célèbre est l'é. de Nantes.

Édit de Nantes. — L'é. de Nantes rendu par Henri IV, le 13 avril 1598, mit fin aux guerres de religion. Il accordait amnistie pleine et entière pour le passé, et libre exercice de la religion réformée pour l'avenir, sauf pour Paris avec un rayon de cinq lieues, et dans les camps militaires. Une Chambre, dite *Chambre de l'é.*, et composée de catholiques et de protestants, était instituée aux parlements de Paris, de Bordeaux, du Dauphiné et de Castres, pour juger les protestants. Enfin, les Réformés étaient admis à toutes les charges et dignités. Bien que cet é. accordât aux protestants beaucoup plus que tous les édits antérieurs, il ne leur donnait cependant pas une satisfaction complète, car il contenait encore certaines mesures restrictives. Aussi, les Réformés s'agitèrent-ils encore sous Louis XIII, et, d'autre part, le parti catholique et ultramontain ne cessa de réclamer contre ces dispositions qu'il trouvait trop favorables aux hérétiques. Au bout d'un siècle, ce parti, soutenu par le confesseur du roi et par Mme de Maintenon, devait avoir raison des dernières résistances de Louis XIV, et l'é. de Nantes fut révoqué le 25 avril 1685. Voici les principales dispositions de l'é. de révocation : démolition de tous les temples, défense de s'assembler pour l'exercice du culte ou aucun lieu ou maison particulière, à peine de confiscation de corps et de biens; injonction à tous les ministres de la religion réformée qui ne voudront pas obéir de quitter le royaume sous quinze jours; confiscation des biens des religionnaires qui sortiront du royaume, etc.; peine des galères pour ceux qui seront convaincus de tentative de fuite; faveurs nombreuses pour ceux qui se convertiront. Cet é. fut appliqué avec une grande sévérité et même une grande barbarie. Les *Dragonnades* des Cévennes ont laissé un odieux souvenir. Cependant, malgré les dangers et la surveillance militaire, l'émigration des protestants prend des proportions inouïes; la partie la plus active et la plus intelligente de la nation va porter à l'étranger son travail et le secret de son industrie. Les manufactures se ferment, des cantons entiers sont dépeuplés, et aujourd'hui encore on voit des illustrations allemandes, américaines, anglaises, porter des noms français. Ce sont des descendants des émigrés de 1685. La révocation de l'é. de Nantes fut un acte odieux au point de vue moral; ce fut aussi la mesure la plus impolitique qu'ait jamais inspirée l'esprit du fanatisme à un puissant monarque. Comme le dit Henri Martin, « la France baissa de ce qu'elle perdit, et de ce que gagnèrent ses rivales ».

ÉDITER. v. a. (lat. *edere*, mettre au jour). Publier. *Les Bénédictins ont édité presque tous les Pères de l'Église.* — Par ext., se dit des libraires, marchands de musique, marchands d'estampes, etc., qui publient des livres, etc., à leurs frais. *Il a toujours édité de très bons livres.* = s'ÉDITER, v. pron. *Être édité.* = ÉDITÉ, ÉE. part.

ÉDITEUR. s. m. (lat. *editor*). Celui qui prend le soin de faire imprimer et de publier l'ouvrage d'un autre. *Une préface de l'é. Reiske, le savant é. de Plutarque.* — *É. responsable*, Celui sous la responsabilité duquel paraît un journal, une feuille périodique. || Par ext., Les libraires, les marchands de musique et d'estampes prennent le titre d'*éditeurs* des ouvrages qu'ils publient à leurs frais. *Libraire é.* ou simplement *é.* *Il cherche un é. pour son livre.* *Un é. de musique.* || T. Antiq. rom. Nom donné à Rome aux simples particuliers qui donnaient des spectacles à leurs frais.

ÉDITH, nom de la femme de Loth qui fut changée en statue de sel (*Bible*). Saint Irénée assure qu'on la voyait encore de son temps, et même que l'on pouvait constater en elle le caractère physiologique principal de la femme vivante.

ÉDITHE (SAINTE), princesse anglaise, fille naturelle d'Edgar, roi d'Angleterre (961-984). Fête le 16 septembre.

ÉDITION. s. f. [Pr. ... sion] (lat. *editio*, m. s.). Impression et publication d'un ouvrage, soit qu'il paraisse pour la première fois, soit qu'il ait déjà été imprimé; ou la collection

des exemplaires imprimés pour cette publication. *La première, la seconde é. d'un ouvrage. Toute l'é. a été saisie.* — *É. princeps*, La première é. d'un auteur ancien. || En parlant de la manière dont l'impression d'un ouvrage est faite, on dit, *Une belle é. Une é. soignée. Une é. fautive.*

Les *Éditions*, la manière dont les livres sont imprimés, entrent pour la plus grande part dans la passion des bibliophiles. Ils semblent tenir plus à la forme qu'au fond. On les voit rechercher à des prix fous les éditions rares, tout simplement parce qu'elles sont devenues rares. On se souvient de cette exclamation inspirée par une trouvaille d'un ancien :

C'est elle ! Dieu que je suis aise !
Oui, c'est la bonne édition ;
Voilà bien, pages neuf et seize,
Les deux fautes d'impression
Qui ne sont pas dans la mauvaise.

BOILEAU.

EDME ou **EDMOND** (SAINT), archevêque de Cantorbéry en 1234, mort en 1242. Fête le 20 novembre.

EDMOND Ier, roi des Anglo-Saxons (941-946). || EDMOND II, *Côte de Fer*, roi des Anglo-Saxons (1016-1017), partagea l'Angleterre avec le Danois Canut, et périt assassiné.

EDMOND DE LANGLEY, duc d'York et fils d'Édouard III, mort en 1402.

EDMONDES (Sir THOMAS), diplomate anglais (1563-1639).

EDMONSTONE, peintre anglais (1795-1834).

ÉDOCÉPHALE. s. m. (gr. αἰδοῖα, parties sexuelles; κεφαλὴ, tête). T. Térat. Genre de monstres autosites, dont le nez a la figure d'un pénis.

ÉDOLIUS. s. m. [Pr. *édoli-uss*]. T. Ornith. Genre de Passereaux. Voy. DRONGO.

ÉDONIENS, peuple de Thrace, sur les bords du Strymon.

ÉDOSSAGE. s. m. (R. *édosser*). T. Techn. Opération qui consiste à racler les peaux avec le dos du couteau à écharner, pour en faire tomber les ordures.

ÉDOSSER. v. a. (R. *dos*). T. Tur. Enlever la superficie du sol avec les racines qui s'y trouvent pour les transporter ailleurs. || T. Techn. Exprimer l'eau du côté de la chair, dans la peau qu'emploie le parcheminier.

ÉDOUARD (ILE DU PRINCE-), île de l'Amérique anglaise, dans le golfe de Saint-Laurent.

ÉDOUARD, nom de plusieurs rois anglo-saxons : ÉDOUARD Ier, l'*Ancien* (901-925). || ÉDOUARD II, le *Martyr* (975-978). || ÉDOUARD III, le *Confesseur* (1044-1066), n'ayant point d'héritier, légua son royaume à Harold.

ÉDOUARD, nom de plusieurs rois d'Angleterre de la dynastie normande : ÉDOUARD Ier, successeur de Henri III (1272-1307), soumit les Gallois et donna le titre de prince de Galles à son fils; entreprit la conquête de l'Écosse et fut arrêté dans ses succès par Robert Bruce. || ÉDOUARD II, son fils, fut déposé par les barons et assassiné (1327). || ÉDOUARD III, fils du précédent, régna de 1327 à 1377, battit Philippe VI à Crécy, prit Calais, et après la victoire de son fils, le prince de Galles, à Poitiers, conclut le traité de Brétigny. Mais sous Charles V il perdit la plupart de ses conquêtes || ÉDOUARD IV, fils de Richard, duc d'York, devint en 1461 chef du parti de la *Rose blanche* et triompha de son rival Henri VI de Lancastre (1471). || Son fils ÉDOUARD V, qui lui succéda (1483), fut assassiné avec son jeune frère Richard, par son oncle Richard de Glocester. Cette tragédie historique est le sujet de plusieurs drames de Shakespeare, du drame historique de Casimir Delavigne : *Les Enfants d'Édouard* (1833), et du tableau portant le même titre, chef-d'œuvre de P. Delaroche (1831). || ÉDOUARD VI, fils de Henri VIII et de Jeanne Seymour, régna sous pouvoir de 1547 à 1553. Il favorisa la propagation de la Réforme.

ÉDOUARD, prince de Galles, fils d'Édouard III, surnommé le *Prince Noir*, à cause de la couleur de ses armes (1330-1376), fit le roi Jean prisonnier à Poitiers.

ÉDOUARD DE LANCASTRE, prince de Galles, fils de Henri VI et de Marguerite d'Anjou, péri assassiné.

ÉDOUARD (le *Libéral*), comte de Savoie de 1323 à 1329.

ÉDOUARD, fils de Jean 1er, roi de Portugal, de 1433 à 1438.

ÉDRED, fils d'Édouard 1er, l'*Ancien*, roi des Anglo-Saxons de 946 à 955.

ÉDREDON. s. m. (suéd. *eider*, espèce d'oie du Nord: *dun*, duvet). Duvet que fournit l'espèce de canard appelé *Eider*. *Un couvre-pied d'é.* — Par ext., on appelle *Édredon*, un couvre-pied d'é. || T. Comm. *Drap é.*, Drap de première qualité servant à faire des vêtements de luxe pour l'hiver.

ÉDRIOPHTALMES. s. m. pl. (gr. ἑδραῖος, fixe; ὀφθαλμός, œil). T. Zool. Expression synonyme d'*Arthrostracés*. V. ce mot.

ÉDRISI (El), célèbre géographe arabe, né à Ceuta vers 1099; mort vers 1164.

ÉDUCABILITÉ. s. f. (R. *éducable*). Aptitude à être instruit, dressé, chez les animaux.

ÉDUCABLE. adj. (R. *éducation*). Qui est apte à être instruit, à être dressé.

ÉDUCATEUR, TRICE. adj. (R. *éduquer*). Qui concerne l'éducation; qui la donne. *Livre éducateur.*

ÉDUCATIF, IVE. (R. *éducation*). Qui procure l'éducation. *Une méthode éducative.*

ÉDUCATION. s. f. [Pr. ...sion] (lat. *educatio*, m. s.). Action d'élever, de former un enfant, un jeune homme, de développer ses facultés physiques, intellectuelles et morales; le résultat de cette action. *É. physique. É. morale, religieuse. Traité d'é. Règle, maxime d'é. S'occuper de l'é. de ses enfants. Une bonne, une mauvaise é. Il n'a pas profité de la bonne é. qu'il a reçue. L'é. est préférable à l'instruction; elle dirige les sentiments et sert beaucoup mieux à la pratique de la vie.* — *Les peuples modernes s'occupent assez de l'instruction, qui ouvre l'esprit, et trop peu de l'éducation, qui forme les caractères* (DE SÉGUR). *Le but de l'é. n'est pas de plaire aux enfants, mais de faire des hommes* (H. RIGAULT).—*Maison d'é.*, Maison où l'on prend les enfants en pension pour les instruire. || La connaissance et la pratique des usages de la société, relativement aux manières, à la politesse, aux bienséances. *Un homme qui a point d'é., qui est sans é., qui est dépourvu d'é.* || Par ext., en parlant de certains animaux, tels que le cheval, le chien, etc., l'action de les dresser à certains exercices. *L'é. d'un cheval.* || T. Écon. rurale. L'art d'élever certains animaux, de les multiplier, et d'en tirer le plus grand avantage qu'il est possible. *L'é. des troupeaux. Il entend bien l'é. des bêtes à laine.* — Par anal., se dit quelquefois des végétaux. *L'é. de cette plante est très difficile sous notre climat.*

ÉDUCATIONNEL, ELLE. adj. [Pr. *éduka-sio-nel*] (R. *éducation*). Qui a rapport à l'éducation.

ÉDUENS, tribu de l'ancienne Gaule au temps de César (entre la Loire et la Saône).

ÉDULCORATION. s. f. [Pr. .. sion] (R. *édulcorer*). Action d'édulcorer.

ÉDULCORER. v. a. (lat. *edulcorare*). T. Pharm. Adoucir un médicament en y ajoutant du sucre, du miel ou du sirop. — Fig., adoucir. *É. un reproche.* || T. Chim. Verser de l'eau sur des substances en poudre, pour en retirer certains corps solubles qu'elles peuvent contenir. = s'ÉDULCORER, v. pron. *Cette préparation s'édulcore avec du miel.* = ÉDULCORÉ, ÉE. part. *Tisane édulcorée.*

ÉDULE. adj. (lat. *edulis*, m. s.). Qui est susceptible d'être mangé et peut servir d'aliment.

ÉDUQUER. v. a. (lat. *educare*, m. s., de *é*, préf., et *ducere*, conduire). Donner de l'éducation, élever. *É. un enfant.* = ÉDUQUÉ, ÉE. part. *Voilà un enfant bien mal éduqué.*

EDWARDS (GEORGE), naturaliste anglais (1693-1773).

EDWARDS (MILNE-). Voy. MILNE-EDWARDS.

EDWARSITE. s. f. (R. *Edwars*, nom d'homme). T. Min. Minéral d'un rouge hyacinthe trouvé dans les gneiss de Norwich.

EDWY (*Le beau*), roi des Anglo-Saxons, de 955 à 957.

EECKEREN, v. de Belgique, prov. d'Anvers; 4,000 hab.

EECLOO, v. de Belgique, Flandre orientale; 10,500 hab.

EETION, roi de Thèbes en Cilicie, père d'Andromaque, tué par Achille avec ses fils (Myth.).

ÉFAUFILER. v. a. (R. *é*, préf., et *faufiler*). Tirer du bout d'un tissu quelques brins de la trame pour juger de sa qualité ou pour en faire de la ouate, de la charpie, etc. = ÉFAUFILÉ, ÉE. part.

ÉFENDI. s. m. Voy. EFFENDI.

EFFAÇABLE. adj. 2 g. [Pr. è-fa-sable] (R. *effacer*). Qui peut être effacé.

EFFAÇAGE. s. m. [Pr. è-fa-saje]. Action d'effacer; travail consistant à effacer.

EFFACEMENT. s. m. [Pr. è-fa-seman] (R. *effacer*). Action d'effacer; résultat de cette action. || T. Techn. Perte de l'empreinte propre. *É. des caractères.* — Par ext., Mouvement pour se mettre à l'écart.

EFFACER. v. a. [Pr. è-fa-ser] (R. *é*, préf., et *face*; prop. ôter de la face). Enlever, faire disparaître la figure, l'image, le caractère, les couleurs, les traits, l'empreinte de quelque chose. *Effacez-moi cette figure. Le temps a effacé les traits et les couleurs de ce tableau. La maladie a bien effacé ses couleurs.* — Par ext., *Cette femme était belle, mais le temps a bien effacé sa beauté.* || En parlant de l'écriture, Rayer, raturer. *Voilà deux lignes d'écriture qu'il faut e. Effacez-moi ces deux mots-là.* — Fig., *Il y avait alors des privilèges qui effaçaient du nombre des hommes la plupart des citoyens. Être effacé du nombre des humains, Mourir.* || Fig., Faire disparaître, faire oublier. *É. le souvenir d'un évènement. Les bienfaits sont bientôt effacés de la mémoire des ingrats.*

La gloire efface tout, tout excepté le crime.
LAMARTINE.

|| Fig., Surpasser éclipser. *Il effaça par sa magnificence tous ceux qui parurent à ce carrousel. Ce poète a effacé tous ses contemporains.* || Dans certains exercices, comme l'escrime, la danse, le manège, etc. *É. le corps. É. une épaule, les épaules*, etc., Tenir le corps, etc., dans la position qui donne le moins de prise, le plus de grâce. = s'EFFACER, v. pron. S'employer au prop. et au fig., *Ce qui est tracé au crayon s'efface aisément. Chez les enfants, les impressions s'effacent promptement. Toute autre gloire s'efface devant la sienne.* || Dans certains exercices du corps, signifie, É. le corps, l'épaule, etc. *Effacez-vous un peu plus. Il s'effaça pour éviter le coup.* || T. Mar. Se dit d'un vaisseau qui, étant embossé, présente le flanc à un autre bâtiment. = EFFACÉ, ÉE. part. *Écriture tout effacée. Une empreinte à demi effacée.* || Adjectiv., *Ce soldat a les épaules bien effacées.* = Conj. Voy. AVANCER.

Syn. — Raturer, Rayer. — *Effacer*, c'est faire disparaître ce qui est tracé sur une surface quelconque; *Rayer* et *raturer* ne se disent que de l'écriture. *Rayer*, c'est passer une raie, un trait de plume sur ce qui a été écrit; *raturer*, c'est *rayer* plusieurs fois. *Effacer* est du style noble; les deux autres n'en sont pas.

EFFACEUR, EUSE. s. [Pr. è-fa-seur] (R. *effacer*). Celui, celle qui efface.

EFFAÇURE. s. f. [Pr. è-fa-sure] (R. *effacer*). Ce qui est effacé, soit par accident, soit à dessein. *Une lettre pleine d'effaçures.*

EFFANAGE. s. m. [Pr. è-fanaje] (R. *effaner*). T. Agric. Opération qui consiste à enlever une partie des feuilles des céréales, pour empêcher qu'une végétation trop vigoureuse ne nuise à la formation des épis. *L'é. se pratique avant la formation des épis.*

EFFANER. [Pr. *è-faner*] (R. *fane*). T. Agric. Enlever une partie des feuilles des céréales. *E. les blés.* — Par ext., *E. un champ.* — S'EFFANER, Être effané. = EFFANÉ, ÉE. part.

EFFANEUR, EUSE. s. [Pr. *è-faneur*] (R. *effaner*). T. Agric. Celui, celle qui effane les plantes.

EFFANURES. s. f. pl. [Pr. *è-fanure*] (R. *effaner*). T. Agric. Ce qui provient des blés et des plantes qu'on a effanés.

EFFAREMENT. s. m. [Pr. *è-fa-reman*] (R. *effarer*). État de celui qui est effaré. — Fig., Grand trouble moral.

EFFARER. v. a. [Pr. *è-farer*] (lat. *ferus*, sauvage). Troubler tellement une personne, que son air et ses yeux ont quelque chose de hagard. *Qu'a-t-on pu vous dire qui vous ait si fort effaré?* = s'EFFARER. v. pron. *Pourquoi vous e. de si peu de chose?* = EFFARÉ, ÉE. part. Qui est tout troublé, tout hors de lui. *Il arriva tout effaré.* || Adjectiv., *Visage, air effaré.*
Syn. — *Effarouché.* — Quoique ces deux mots aient la même étymologie, leur signification est assez différente. *Effaré* signifie simplement troublé, *effarouché* veut dire troublé par la peur. L'air *effaré* est l'opposé de l'air calme; l'air *effarouché* est le contraire de l'air confiant. La moindre chose suffit pour *effarer* les gens qui perdent facilement la tête; les gens méfiants *s'effarouchent* aisément.

EFFAROUCHANT, ANTE. adj. [Pr. *è-farouchan*] (R. *effaroucher*). Qui effarouche, qui donne de l'ombrage.

EFFAROUCHEMENT. s. m. [Pr. *è-faroucheman*] (R. *effaroucher*). Action de s'effaroucher; état de celui qui est effarouché.

EFFAROUCHER. v. a. [Pr. *è-farou-cher*]. Épouvanter, faire fuir en effrayant. *E. des pigeons. Il faut tâcher de familiariser un cheval avec les objets qui l'effarouchent.* — Fig. et prov., *E. les pigeons*, Éloigner d'une maison ceux qui y apportent du profit. *Un marchand au surfait trop effarouche les pigeons.* || Figur., Donner de l'éloignement, rendre moins traitable. *Si vous lui faites cette proposition, vous l'effaroucherez.* = s'EFFAROUCHER. v. pron. *Mon cheval s'est effarouché. C'est un homme qui s'effarouche aisément.* || Fig., *La vertu est prompte à s'e.* = EFFAROUCHÉ, ÉE. part. — Syn., voy. EFFARER.

EFFARVATTE ou **EFFERVATTE.** s. f. [Pr. *è-farvate* ou *è-fervate*] (Probablement, altération de *fauvette*). T. Ornith. Nom vulgaire d'une espèce de *Fauvette.* Voy. ce mot.

EFFAUCHETTER. v. a. [Pr. *è-fô-cheter*] (R. *fauchet*). T. Agric. Ramasser les avoines avec un fauchet.

EFFAUTAGE. s. m. [Pr. *è-fô-taje*]. T. Comm. Merrain de rebut.

EFFECTIF, IVE. adj. [Pr. *è-fek-tif*] (lat. *effectivus*, m. s., de *effectus*, effet). Qui est réellement et de fait. *Une armée de trente mille hommes effectifs. Il a dix mille écus effectifs dans sa caisse. Deniers effectifs*, Les espèces, par oppos. aux valeurs fiduciaires. — Fam., *C'est un homme e., sa parole est effective*, C'est un homme qui fait ce qu'il dit, qui ne promet rien qu'il ne tienne. = EFFECTIF. s. m. T. Admin. milit. Le nombre réel des soldats d'une armée, d'une troupe, par opposition au nombre que les règlements lui assignent ou qu'on lui suppose. *L'e. de l'armée n'était que de vingt mille hommes. L'e. d'une compagnie.* — Par ext., Nombre réel de certains objets.

EFFECTIVEMENT. adv. [Pr. *è-fek-tiveman*] (R. *effectif*). Réellement, en effet. *Il ne vous a point fait de conte, cela est e. arrivé. Il prétend avoir droit sur cette terre, et eff. il a de bons titres.*
Syn. — En effet. — *Effectivement* est opposé à *fictivement*, comme *effectif* l'est à *fictif*. *En effet* est opposé à *en apparence*. Ainsi, par ex. : Une armée de trente mille hommes, selon les rôles, n'est souvent pas *effectivement* de vingt

mille. L'hypocrite, vertueux en apparence, est vicieux en *effet*. *Effectivement* est une affirmation que la chose annoncée est, qu'elle est réelle, positive, effectuée. *En effet* marque une preuve, une confirmation, une explication. Il signifie proprement : dans le fait, dans la vérité du fait ou des choses, selon ce qui est, et marque plus particulièrement la vérité d'une proposition, tandis qu'*effectivement* marque davantage la réalité de la chose même.

EFFECTIVITÉ. s. f. [Pr. *è-fek-tivité*] (R. *effectif*). Caractère, nature de ce qui est effectif.

EFFECTRICE. adj. 2 g. [Pr. *è-fek-trice*] (lat. *effectus*, effet). T. Didact. Cause qui produit un effet. *Cause e.* On dit plutôt *Cause efficiente.*

EFFECTUATION. s. f. [Pr. *è-fectu-a-sion*] (R. *effectuer*). Action d'effectuer.

EFFECTUER. v. a. [Pr. *è-fek-tu-er*] (lat. *effectus*, effet). Mettre à effet, à exécution, réaliser. *Il a effectué ses promesses. E. un paiement.* Absol., *Ce n'est pas tout que de promettre, il faut e.* = s'EFFECTUER. v. pron. *Ses projets ne tarderont pas à s'e.* ou *à être effectués.* = EFFECTUÉ, ÉE. part.
Syn. — *Exécuter, Réaliser.* — *Réaliser*, c'est accomplir ce que des apparences ont donné lieu d'espérer. *Effectuer*, c'est accomplir ce que des promesses formelles ont donné droit d'attendre. *Exécuter*, c'est accomplir une chose conformément au plan qu'on s'était tracé d'avance.

EFFELURE. s. f. [Pr. *è-felure*] T. Techn. Rognure de peau blanche servant à faire la colle.

EFFÉMINANT, ANTE. adj. [Pr. *è-féminan*] (R. *efféminer*). Qui effémine, amollit. *Plaisirs efféminants.*

EFFÉMINATION. s. f. [Pr. *è-fémina-sion*] (R. *efféminer*). Action d'efféminer; état de celui qui est efféminé.

EFFÉMINÉMENT. adv. [Pr. *è-féminéman*] (R. *efféminé*). D'une manière efféminée.

EFFÉMINER. v. a. [Pr. *è-féminer*] (lat. *effeminare*, m. s., de *e*, préf., et *femina*, femme). Rendre faible et délicat comme une femme, amollir. *Les voluptés efféminent l'âme et le corps. Le luxe efféminé une nation.* = s'EFFÉMINER. v. pron. Devenir efféminé. = EFFÉMINÉ, ÉE. part. || Adjectiv., Qui tient de la faiblesse, qui a la faiblesse d'une femme. *Homme efféminé. Cœur efféminé. Visage, naturel efféminé. Mœurs efféminées.* || Subst. C'est un efféminé.

EFFENDI. s. m. [Pr. *è-fandi*] (turc *efandi*; corruption du gr. αὐθέντης qu'on prononce en gr. moderne *afthentis*, *th* anglais). T. Relat. Le mot turc *Effendi* signifie proprement maître, seigneur : aussi s'applique-t-il au sultan lui-même. Mais, dans l'usage ordinaire, c'est le titre que l'on donne aux fonctionnaires de l'ordre civil et religieux, par opposition à celui d'*Aga*, qui se donne aux militaires. Par extension, on l'attribue aux savants, aux écrivains, aux gens des affaires étrangères. Dans certains cas, la qualification d'*effendi* ajoutée au titre d'une charge désigne la prééminence de rang : c'est ainsi que le premier médecin de la cour est appelé *Hakim-effendi.* Le titre de *Reis-effendi*, qui signifie proprement le chef des effendis, servait à désigner le directeur de la chancellerie de l'empire, qui remplissait les fonctions de ministre des affaires étrangères.

EFFÉRENT, ENTE. adj. [Pr. *ef-féran*] (lat. *efferre*, emporter). T. Anat. Se dit des vaisseaux ou conduits par lesquels les fluides secrétés par les glandes sortent de ces glandes. || Se dit des nerfs qui portent à la périphérie les actions des centres nerveux.

EFFERVATTE. s. f. Voy. EFFARVATTE.

EFFERVESCENCE. s. f. [Pr. *è-fervé-sance*] (lat. *effervescere*, bouillonner, de *e*, et *fervere*, être chaud). T. Phys. et Chim. Le bouillonnement que produit un gaz en se dégageant d'un liquide. || Fig., Émotion, agitation vive et passagère dans les âmes, dans les esprits. *Calmer l'e. populaire. L'e. des esprits, des passions. Dans un moment d'e.*
Phys. — Les circonstances dans lesquelles se produit l'e. sont

variables, mais toujours elle est produite par le dégagement d'un gaz ou d'une vapeur qui se forme en bulles au sein d'un liquide : ces bulles s'élèvent rapidement à cause de leur faible densité et viennent crever à la surface du liquide où elles forment une masse plus ou moins abondante. — Souvent, l'e. résulte de la diminution de la pression exercée sur le liquide dans lequel le gaz est dissous : c'est ce qui a lieu quand on débouche une bouteille de bière, de vin mousseux, ou d'eau de Seltz artificielle. Le gaz acide carbonique se dégage alors rapidement en donnant naissance à des bulles qui viennent crever à la surface du liquide. L'e. peut être aussi produite par l'action de deux liquides l'un sur l'autre. Lorsque, par ex., on décompose une dissolution de carbonate de potasse par l'acide acétique, l'acide carbonique du premier corps passe à l'état gazeux et se dégage avec e. Enfin, dans certains cas, l'e. est le résultat de l'action d'un liquide sur un solide : telle est celle qui s'observe dans la décomposition du carbonate de chaux par un acide.

EFFERVESCENT, ENTE. adj. [Pr. è-fervè-san] (lat. *effervescens*). T. Chim. Qui est en effervescence, ou qui est susceptible de faire effervescence. *Liquide e. Matières effervescentes.* || Fig., *Une tête effervescente.*

EFFET. s. m. [Pr. è-fè] (lat. *effectus*, m. s., de *efficere*, effectuer, de *e*, préf., et *facere*, faire). Ce qui est produit par quelque cause. *Il n'y a point d'e. sans cause. Remonter des effets aux causes. Le rapport de cause à e.* || Ce que produit une chose, ce qui en résulte. *Cette mesure produisit un bon e., d'excellents effets. Les funestes effets de cette loi se firent bientôt sentir. La médecine ne tarda pas à faire son e. Un remède d'un e. assuré. Les effets que la loi attache à un contrat, à l'accomplissement de certaines formalités.* || T. Jurisp. *Les effets civils d'une condamnation.* Les conséquences d'une condamnation relativement aux droits civils. || L'impression morale qu'une chose fait sur quelqu'un. *Cela fit beaucoup d'e. sur son esprit. Quel e. son discours a-t-il produit dans l'âme des auditeurs?* — Fam., *Faire l'e. de..., Avoir l'air de... Cet homme me fait l'e. d'un coquin.* || Dans les Beaux-Arts et en Littérature, se dit de ce qui frappe, de ce qui attire ou captive les regards, les oreilles, l'attention. *Cette draperie est d'un très bel e. Cela faisait un très joli e. Il y a de beaux effets de lumière, de clair-obscur dans ce tableau. Cet artiste sacrifie tout à l'e. Cette scène produit beaucoup d'e. à la représentation. Une scène à e.* || L'exécution, la réalisation d'une chose. *En venir à l'e. Voilà de belles promesses, mais il faut les mettre à l'e., en voir l'e.; il faut que l'e. s'ensuive. Tout cela est demeuré sans e.* — Pour cet e., à cet e., Pour l'exécution de quoi, ou en vue de quoi. — A quel e.? A quelle intention ? quel résultat? — A l'e. de, Pour l'exécution, pour l'accomplissement de, ou afin de. || T. Comm. et Fin. Toute valeur négociable, billet à ordre, lettre de change, etc. *Un e. de commerce. Avoir des effets en portefeuille. Souscrire un e. E. payable au porteur,* ou simplement, *E. au porteur.* Voy. CHANGE. *Les effets publics,* Le rentes sur l'État, les bons du Trésor, etc. || T. Jurisp. *Effets mobiliers,* ou simplement, *Effets,* Objets mobiliers. *Les effets d'une succession.* — Dans un sens plus limité, se dit au pluriel des objets qui sont à l'usage d'une personne, et spécialement des vêtements. *Rangez mes effets dans ma malle.* == EN EFFET, loc. adv., Réellement, véritablement. *Ce n'est pas assez de porter le nom de chrétien, il faut l'être en e. Il le mérite en e.* || S'emploie aussi par manière de conjonction, et pour servir de liaison au discours. *Il maintient que telle chose est; en e., peut-on en douter après tant d'expériences?* = Syn. Voy. EFFECTIVEMENT. = T. Philos. Voy. CAUSE.

EFFEUILLAGE. s. m. [Pr. è-feu-llaje, *ll* mouillées] (R. *effeuiller*). T. Agric. Action d'effeuiller. *L'e. de la vigne.*

EFFEUILLAISON. s. m. [Pr. è-feu-llè-zon, *ll* mouillées] (R. *effeuiller*). T. Bot. Chute naturelle des feuilles.

EFFEUILLEMENT. s. m. [Pr. è-feu-lle-man, *ll* mouillées] (R. *effeuiller*). État des arbres dépouillés de leur feuillage ou qui s'en dépouillent.

EFFEUILLER. v. a. [Pr. è-feu-ller, *ll* mouillées] (R. *effeuiller*). préf. sépar., et *feuille*). Ôter les feuilles, dépouiller de feuilles. *E. une branche d'arbre. Dans certaines contrées,*

on *effeuille la vigne lorsque le raisin est presque mûr.* — *E. une fleur, une rose, une marguerite,* En détacher les pétales. — Fig., Détruire progressivement, anéantir. == s'EFFEUILLER, v. pron. *Les roses épanouies s'effeuillent bientôt.* == EFFEUILLÉ, ÉE. part.

EFFEUILLEUR, EUSE. s. [Pr. è-feu-lleur, *ll* mouillées] (R. *effeuiller*). T. Agric. Celui, celle qui effeuille les arbres.

EFFEUILLURE. s. f. [Pr. è-feu-llure, *ll* mouillées] (R. *effeuiller*). Produit de l'effeuillage des arbres.

EFFIAT (Marquis D'), maréchal de France, surintendant des finances, père de Cinq-Mars (1581-1632).

EFFICACE. adj. 2 g. [Pr. è-fi-ka-se] (lat. *efficax*, m. s., de *efficere*, effectuer). Qui produit de l'effet, son effet. *Ce remède est fort e. contre la toux. Moyen e. Discours e.* || T. Théol. *Grâce e.,* Grâce qui a toujours son effet.

EFFICACE. s. f. [Pr. è-fi-ka-se]. Ce mot est ancien; il a la même signification qu'*efficacité*, mais il est aujourd'hui très peu usité. *L'e. d'un remède. Une louange en grec est d'une merveilleuse e. à la tête d'un livre. L'e. de la grâce.*

EFFICACEMENT. adv. [Pr. è-fika-seman] (R. *efficace*). D'une manière efficace. *Travailler e. à quelque chose. Vouloir e. quelque chose.*

EFFICACIEN. s. m. T. Théol. Partisan de la grâce efficace.

EFFICACITÉ. s. f. [Pr. è-fika-sité] (R. *efficace*). Force, vertu d'une cause pour produire son effet. *L'e. d'un remède. L'e. des prières, de la grâce.*

EFFICIENT, ENTE. adj. [Pr. è-ficient] (lat. *efficiens*, m. s., de *efficere*, effectuer). Qui produit certains effets. N'est guère usité que dans cette loc., *Cause efficiente.* Voy. CAUSE.

EFFIGIAL, ALE. adj. [Pr. è-fijial] (R. *effigie*). Qui a rapport à l'effigie. Peu us.

EFFIGIE. s. f. [Pr. è-fiji] (lat. *effigies*, m. s., de *effingere*, représenter, de *e*, et *fingere*, former). Fig., Représentation d'une personne, soit en relief, soit en peinture. *Cette médaille est à l'e., porte l'e. de tel prince.* || Fig., Sceau, marque, type.

Législ. anc. — *Exécution en effigie.* — Lorsqu'un accusé était parvenu à échapper à la justice et qu'il était condamné, on exécutait la sentence sur son *effigie,* avec un grand luxe de cérémonial. On ne croit pas que cette pratique judiciaire ait été en usage chez les anciens, et l'on en cite, comme le premier exemple authentique, l'exécution en e. de Thomas de Marle, de la maison de Coucy, condamné à mort sous le règne de Louis VI pour crime de lèse-majesté, et qui consista à suspendre un mannequin à une potence. Le terme *Exécution par e.* est conservé dans l'article 27 du Code civil; mais l'article 472 du Code d'instruction criminelle règle qu'invariablement, en cas d'absence d'un condamné, un extrait du jugement sera attaché par l'exécuteur des jugements criminels à un poteau planté sur une place publique voisine du lieu où le crime a été commis.

EFFIGIER. v. a. [Pr. è-figier] (R. *effigie*). Exécuter en effigie. Vx. EFFIGIÉ, ÉE. part.

EFFILAGE. s. m. [Pr. è-filage] (R. *effiler*). Action d'effiler; résultat de cette action.

EFFILÉ. s. m. [Pr. è-filé]. Linge qui est effilé par le bout en forme de frange et qu'on porte dans les grands deuils pendant un certain nombre de jours. *Porter de l'e. Porter le deuil en e.* || Sorte de frange qui ressemble à une étoffe effilée. *Un manteau garni d'e.* || T. Chasse. *Chien e.,* Chien qui a couru avec trop d'ardeur, ce qui a altéré sa constitution.

EFFILÉ, ÉE. adj. [Pr. è-filé] (R. *fil*). Mince et long, étroit et allongé. *Avoir le visage e., la taille effilée.* || T. Man. *Cheval e.,* Qui a l'encolure fine et déliée.

EFFILER. v. a. [Pr. è-filer] (R. *fil*). Défaire un tissu fil à fil. *É. une toile, de la toile*. || *É. les cheveux*, Les dégarnir en les coupant de biais. = s'EFFILER. v. pron. S'en aller fil à fil. *Le bord de votre jupe s'effile*. || T. Filat. Se dit des fils de laine qui n'ont pas reçu une torsion suffisante. || EFFILÉ, ÉE. part.

EFFILEUR. s. m. Celui qui fait l'effilage.

EFFILOCHAGE. s. m (R. *effilocher*). Action de tirer brin à brin les brins d'un tissu de fil, de coton ou de laine.

EFFILOCHE. s. f. Voy. EFFILOQUE.

EFFILOCHÉE. s. f. [Pr. *è-filoché*]. T. Techn. Nom donné à la pâte à papier quand elle sort de la machine à effilocher.

EFFILOCHER. v. a. Voy. EFFILOQUER.

EFFILOCHEUR, EUSE. s. Voy. EFFILOQUEUR.

EFFILOCHURES. s. f. pl. [Pr. *è-filochure*] (R. *effilocher*). Produit de l'effilochage. || *É. de bois tinctoriaux*, Poudre obtenue en broyant à l'aide de machines les bois de teinture.

EFFILOQUE. s. f. [Pr. *è-filo-ke*] (R. *filoche*). Soie légère de rebut. || Bouts de soie qui se trouvent aux lisières d'une étoffe. || Nom donné à la soie non torsée.

EFFILOQUEMENT. s. m. [Pr. *è-filo-kement*]. Action d'effiloquer; état de ce qui est effiloqué.

EFFILOQUER. v. a. [Pr. *è-filo-ker*]. (R. *effiloque*). T. Papet. Détruire le tissu des chiffons et le réduire à ses éléments filamenteux. *É. des chiffons*. = s'EFFILOQUER. v. pron. *Cette toile s'effiloque*. = EFFILOQUÉ, ÉE. part.

EFFILOQUEUR, EUSE. s. [Pr. *è-filo-keur*] (R. *effiloquer*). T. Techn. Ouvrier, ouvrière qui effiloque les chiffons pour faire le papier. || s. m. Outil pour effiloquer. || s. f. Machine à effiloquer le coton. || Adjectiv. Cylindres effiloqueurs. Machines servant à réduire le chiffon en charpie.

EFFILURE. s. f. [Pr. *è-filure*] (R. *effiler*). T. Techn. Fil qui provient d'un tissu effilé.

EFFIOLER. v. a. [Pr. *è-fioler*] (R. *fiole*, feuille). T. Agric. Enlever une partie de la verdure du blé quand il y en a trop. || T. Techn. Exprimer l'eau du côté de la chair dans la peau qu'emploie le parcheminier.

EFFLANQUER. v. a. [Pr. *è-flanquer*] (R. *flanc*). Rendre maigre au point d'avoir les flancs creux et abattus; se dit proprement des chevaux. *É. un cheval à force de le faire travailler. Le travail l'a fort efflanqué*. || T. Techn. *É. un pigeon*, Passer une lime en forme de couteau entre les ailes, pour donner aux faces de ces ailes la forme convenable. = s'EFFLANQUER. v. pron. *Notre cheval s'efflanque*. = EFFLANQUÉ, ÉE. part. || Substant., On dit d'un homme grand et fort maigre, *C'est un grand efflanqué*. Fam.

EFFLEURAGE. s. m. [Pr. *è-fleurage*] (R. *effleurer*). T. Techn. Action d'effleurer une peau pour l'adoucir.

EFFLEUREMENT. s. m. [Pr. *è-fleurman*] (R. *effleurer*). Action d'effleurer; résultat de cette action. — Fig., Légère atteinte morale.

EFFLEURER. v. a. [Pr. *è-fleurer*] (R. *é*, préf. sép., et *fleur*). Ôter les fleurs. *É. un rosier*. || Enlever seulement la superficie d'une chose. *Le coup n'a fait que lui e. la peau. Il s'est effleuré la jambe en tombant*. — Par ext., Passer tout près, raser, toucher légèrement. *La barque effleurait le rivage. La balle a effleuré le mur*. — Se dit aussi d'une question, d'une matière qu'on n'approfondit pas. *Il ne fait qu'e. les choses, il ne va pas au fond*. || T. Techn. *É. les peaux*. En détacher, du côté de l'épiderme, toutes les parties qui les rendent dure. = s'EFFLEURER. v. pron. *Un pareil sujet ne doit pas s'e.* || EFFLEURÉ, ÉE. part.

EFFLEURIR (S'). v. pron. [Pr. *è-fleurir*] (R. *é*, préf., et

fleurir]. T. Chim. Tomber en efflorescence. = EFFLEURI, IE. part.

EFFLEUROIR. s. m. [Pr. *è-fleuroir*] (R. *effleurer*). T. Techn. Peau d'agneau avec laquelle le parcheminier essuie le blanc répandu sur le parchemin.

EFFLEURURE. s. f. [Pr. *è-fleurure*] (R. *effleurer*). T. Techn. Rognure provenant de l'effleurage d'une peau.

EFFLORAISON. s. f. [Pr. *è-florè-zon*] (R. *é*, préf., et *floraison*). Action d'entrer en fleur.

EFFLORESCENCE. s. f. [Pr. *è-florè-sance*] (R. *e*, préf., et *florescere*, fleurir; de *flos*, fleur). T. Chim. Voy. plus bas. || T. Méd. Exanthème qui s'élève au-dessus de la peau. || T. Hortic. Premier moment où la floraison a lieu.

Chim. — On donne le nom d'*Efflorescence* à divers phénomènes caractérisés par la formation d'un dépôt pulvérulent à la surface des corps; le même terme sert à désigner les substances ainsi effleuries. Certains sels hydratés, tels que le phosphate et le carbonate de sodium, peuvent perdre leur eau de cristallisation à l'air et tomber en poussière; c'est l'effet d'une dissociation qui dépend de la tension de la vapeur d'eau de l'atmosphère. Voy. DISSOCIATION. — Les corps poreux exposés à l'air se recouvrent quelquefois d'un dépôt cristallin pulvérulent de substances salines; ces substances existaient à l'état de solution dans les pores du solide, ou s'y sont formées à l'aide des matériaux contenus dans le corps ou empruntés à l'atmosphère ambiante; la solution est amenée par les actions capillaires jusqu'à la surface du solide et y cristallise par évaporation. C'est ainsi que les murs se recouvrent souvent de sulfate et de carbonate de sodium, que le salpêtre s'amasse sur les parois des caves humides et à la surface de certains terrains, que les pyrites de fer exposées à l'air se recouvrent de sulfate ferreux, etc. — Un phénomène analogue à l'e. se produit quand certaines solutions salines s'évaporent lentement dans un vase ouvert: le sel cristallisé forme un anneau à l'intérieur d'un vase au-dessus de la surface du liquide; la solution monte par capillarité entre ces cristaux et forme une nouvelle couche au-dessus de la première; peu à peu le sel grimpe jusqu'au bord du vase et peut déborder à l'extérieur.

EFFLORESCENT, ENTE. adj. [Pr. *è-florè-san*]. T. Chim. Qui tombe ou qui est susceptible de tomber en efflorescence.

EFFLOTTER. v. a. [Pr. *è-floter*] (R. *e*, préf. sépar., et *flotte*). T. Mar. Séparer, écarter du reste de la flotte ou d'un navire qui naviguait de conserve.

EFFLUENCE. s. f. [Pr. *è-flu-ance*] (R. *effluent*). T. Phys. anc. Émanation réelle ou supposée d'un fluide ou de corpuscules invisibles.

EFFLUENT, ENTE. adj. [Pr. *è-flu-an*] (lat. *effluere*. s'écouler au dehors, de *e*, et *fluere*, couler). T. Phys. anc. *Matière effluente*, Les émanations invisibles qui sortent ou qui sont supposées sortir d'un corps.

EFFLUVE. s. m. [Pr. *è-fluve*] (lat. *effluvium*, de *ex*, et *fluere*, couler). T. Phys. Émanations qui se dégagent des corps en certaines circonstances. *Effluves marécageux*. *Des effluves pernicieux s'exhalent de ces terres humides et donnent la fièvre. Quels agréables effluves émanent de ces fleurs*, — Fig. Émanation supposée à laquelle on attribue certaines influences morales. *Son regard impérieux lançait des effluves. Les effluves de l'amour divin l'ont embrasée*. || T. Méd. Nom donné aux matières organiques chargées de germes pathogènes qui se dégagent des marais. *On a trouvé des microbes dans ces effluves*. || *Effluves magnétiques*, Nom donné par les magnétiseurs aux influences qu'ils exercent sur les magnétisés, en tant qu'elles sont attribuées à un fluide magnétique. Voy. HYPNOTISME.

Obs. gram. — On fait souvent ce mot du féminin (ex.: Victor Hugo), ce qui est plus en rapport avec sa terminaison et même avec son sens général d'émanation invisible. *De douces effluves émanent de cette femme si exquise*.

Phys. — *Effluve électrique*. — On a donné ce nom à la décharge électrique sous forme diffuse et silencieuse s'effectuant entre les deux armatures rapprochées d'un condensateur à air ou à gaz. Ce genre de décharge est éminemment apte à produire de puissants effets chimiques.

On se sert surtout de l'appareil à effluves de M. Berthelot. Cet appareil se compose de deux tubes concentriques en verre mince, laissant entre eux un espace annulaire dans lequel on peut introduire les gaz que l'on veut faire réagir (Fig.). Le tube intérieur est rempli d'eau acidulée en relation avec un des pôles d'une bobine de Rhumkorff au moyen d'un fil A. L'appareil tout entier est plongé dans une éprouvette d'eau

acidulée en relation avec l'autre pôle de la bobine par le fil B. On voit qu'avec ce dispositif la décharge se fera entre les deux tubes, dans l'espace annulaire. L'appareil à effluve sert à préparer l'ozone, en faisant arriver un courant lent d'oxygène par le tube C. Ce gaz sort fortement ozonisé par le tube D. Sous l'influence de l'effluve, l'azote et l'oxygène se combinent pour donner l'anhydride perazotique (Az² O⁵). L'azote soumis à l'effluve est absorbé par le benzine, la térébenthine, la cellulose, et beaucoup de matières organiques. L'iode et l'oxygène se combinent sous l'influence de l'effluve. L'anhydride sulfureux et l'oxygène donnent, dans l'appareil de M. Berthelot, de l'anhydride persulfurique S² O⁷.

EFFLUVOGRAPHIE s. f. [Pr. è-flu...] (R. effluve, et gr. γράφω, j'écris). T. Techn. Obtention de l'image photographique dans l'obscurité par l'effluve électrique.

EFFLUX s. m. ou **EFFLUXION**. s. f. (lat. effluxus, m.s.). T. Chir. Expulsion du produit de la conception dans les premiers jours de la grossesse.

EFFONDREMENT. s. m. [Pr. è-fondreman] (R. effondrer). T. Agric. Action d'effondrer les terres. || Action d'enfoncer, de briser. L'ef. d'une futaille. || T. Géol. Cratère d'é., Affaissement de terrain attribué à un tremblement de terre.

EFFONDRER. v. a. [Pr. è-fondrer] (R. fond). T. Agric. Fouiller la terre profondément. || Dans le langage ordinaire, Briser en enfonçant. E. une futaille. E. un coffre. || T. Techn. Tirer à la rame cuire une étoffe de laine. || Tirer à poil une vieille couverture. — s'EFFONDRER. v. pron. S'abîmer s'enfoncer. Le feu ayant gagné le premier étage, le plancher s'effondra. — EFFONDRÉ, ÉE. part.

EFFONDREUR. s. m. [Pr. è-fondreur] (R. effondrer). T. Agric. Celui qui effondre les terres.

EFFONDRILLES. s. f. pl. [Pr. è-fon-drille, ll mouillées] (R. fond). Les parties grossières qui restent au fond d'un verre dans lequel on a fait cuire ou infuser quelque chose.

EFFORCER (S'). v. pron. [Pr. è-for-ser] (bas-lat. exfortiare, de ex, et fortiare, de fortis, fort). Faire effort, faire des efforts pour venir à bout de faire quelque chose. S'e. de soulever un fardeau. Ne vous efforcez point à parler. Ne vous efforcez pas, vous vous blesseriez. || Fig. Employer toute son industrie, s'ingénier pour parvenir à une fin. S'e. de plaire à quelqu'un. S'e. de parvenir.

EFFORT. s. m. [Pr. è-for] (R. é, préf., et lat. fortis, fort). Contraction musculaire plus ou moins forte qui a pour objet soit d'agir sur les objets extérieurs, soit d'accomplir une fonction naturelle devenue accidentellement laborieuse. || Un e. musculaire. Dans le cas d'induration de ses valvules, le cœur fait e. pour vaincre leur résistance. || Emploi plus

qu'ordinaire des forces physiques, intellectuelles ou morales, pour faire quelque chose. Un léger e. Faire beaucoup d'efforts, tous ses efforts. Les ennemis ont fait un grand e. pour emporter cette place. Cela n'exige pas de grands efforts. Redoubler d'efforts. E. d'esprit, d'imagination, de mémoire. Un grand e. de volonté. — Faire un e. sur soi-même, Se déterminer à une chose, malgré la répugnance qu'on éprouve. || Par extension, se dit des productions de l'esprit ou de l'art, et des actes moraux qui résultent d'un effort extraordinaire. Un pareil acte de dévouement est le suprème e. de la vertu. Cette statue est un des plus grands efforts de l'art. — Se dit encore quelquefois en parlant de certaines choses qui exigent qu'on s'impose un sacrifice. Il a fait un grand e. pour établir son fils, pour marier sa fille.

Mais plus l'effort est grand, plus la gloire en est grande.
CORNEILLE.

|| La force avec laquelle un corps tend à produire un effet. L'e. de l'eau a rompu cette digue. Cet arbre n'a pu résister à l'e., aux efforts du vent. || T. Méc. Se dit des forces qui agissent sur un corps solide sans le faire mouvoir, mais tendant à le déformer ou à le rompre. E. de compression, de dilatation. — E. tranchant. Voy. RÉSISTANCE des matériaux. || Douleur vive survenue dans le corps d'un muscle ou vers ses points d'attache, à l'occasion d'une violente contraction musculaire. Il s'est donné un e. de reins. Ce cheval a un e. || Vulg., se dit pour Hernie.

Méd. vét. — Toute action violente produite pendant un mouvement, aboutissant à la déchirure des attaches ou des soutiens d'un membre ou de viscères. On désigne ainsi ce qu'en chirurgie humaine on appelle entorse, c'est-à-dire l'écart, l'allonge ou effort de hanche, effort de genou et de la couronne, de tendon, de boulet, des reins ; enfin, la hernie. L'allonge est l'écart du membre postérieur : c'est une lésion rare, s'accusant par une boiterie variable, et le fauchage pendant la marche ; on la diagnostique en soulevant le membre et le portant brusquement en dehors, ce qui entraîne une vive douleur chez l'animal.

L'effort du genou et celui du boulet forment de véritables entorses ; il y a chaleur, douleur, tuméfaction et dermature pouvant s'étendre jusqu'au pâturon dans l'effort du boulet, et, enfin, une boiterie variable suivant le degré de l'effort.

L'effort du tendon ou des tendons, perforant et perforé de la région du canon ; en examinant la région, on constate que l'animal éprouve une vive douleur.

L'effort des reins est le tour de reins ou lumbago de l'homme ; en général, il est symptomatique et, dans ce cas, il se rapporte à des maladies graves. On l'observe d'ordinaire sur les chevaux de gros trait ; pendant le repos, les membres postérieurs sont ou écartés ou entrecroisés ; pendant la marche, la colonne vertébrale est fortement annelée, très flexible, et le train de derrière est très faible. Le recul est très difficile. Ces différents efforts sont traités par le repos et les antiphlogistiques. Au cas où ils ne se résolvent pas, on se sert de médicaments vésicants, teinture de cantharides, onguent vésicatoire. Pour l'effort des reins récent on peut essayer le ou raies sur les lombes.

EFFOUAGE. s. m. [Pr. è-fouaje] (R. focus, feu). T. Anc. cout. Impôt qui se payait par feu, par ménage.

EFFRACTEUR. s. m. [Pr. è-frakteur] (lat. effractor, m. s.). T. Antiq. rom. Criminel coupable d'effraction.

EFFRACTION. s. f. [Pr. è-frak-sion] (lat. effractio, m. s. de effringere, briser). T. Droit crim. Bris, fracture que fait un voleur pour dérober. Vol avec e. Voy. VOL.

Légis. — L'effraction est une circonstance aggravante du vol, qui entraîne la peine des travaux forcés à temps (art. 384 du Code pénal). — Est qualifié effraction, tout forcement, rupture, dégradation, démolition, enlèvement de murs, toits, planchers, portes, fenêtres, serrures, cadenas, ou autres ustensiles ou instruments servant à fermer ou à empêcher le passage, et de toute espèce de clôture, quelle qu'elle soit. — Les effractions sont extérieures ou intérieures. — Les effractions extérieures sont celles à l'aide desquelles on peut s'introduire dans les maisons, cours, basses-cours, enclos, ou dépendances, ou dans les appartements ou logements particuliers. Les effractions intérieures sont celles qui, après l'introduction dans les lieux ci-dessus visés, sont faites aux portes ou clôtures du dedans, ainsi qu'aux armoires ou autres meubles fermés. Est compris dans la classe des effractions *intérieures* : le simple enlèvement des caisses, boîtes, ballots sous toile et corde, et autres meubles fermés, qui contiennent des effets quelconques, bien que l'effraction n'ait pas eu lieu sur place (art. 393 à 396 du Code pénal).

EFFRAIE. s. f. [Pr. *è-frè...*] (R. *effrayer*). T. Ornith. Genre de Rapaces nocturnes. Voy. CHOUETTE.

EFFRANGER. v. a. [Pr. *è-fran-jer*] (R. *frange*). Former des franges en parlant de la lumière. || Effiler sur les bords, pour former des espèces de franges. = s'EFFRANGER, v. pron. Devenir effrangé. = EFFRANGÉ, ÉE. part.

EFFRAYABLE. adj. [Pr. *è-frè-iable*] (R. *effrayer*). Qui est susceptible d'être effrayé, qui s'effraie facilement.

EFFRAYANT, ANTE. adj. [Pr. *è-frè-ian*] (R. *effrayer*). Qui donne de la frayeur. *Un spectacle* e. *Une figure effrayante.* — Fam. Excessif. *Une chaleur effrayante.*

EFFRAYER. v. a. [Pr. *è-frè-ier*] (R. *effroi*). Donner de la frayeur, épouvanter. *E. un enfant, des oiseaux. Cet événement a effrayé tout le monde.* || Effaroucher, décourager. *L'énormité de mon travail m'effraie.* = s'EFFRAYER. v. pron. Être saisi de frayeur. *Vous vous effrayez de peu de chose.* = EFFRAYÉ, ÉE. part.

EFFRÉNÉ, ÉE. adj. [Pr. *è-fré-né*] (lat. *effrenatus*, de *ex*, hors de, et *frenum*, frein). Qui est sans frein, sans retenue; ne se dit qu'au fig. *Licence, ambition, passion effrénée. Luxe* e. *Langue effrénée.* || T. Blas. *Cheval* e., Cheval représenté sans bride et sans selle.

EFFRÉNEMENT. s. m. [Pr. *è-frèneman*] (R. *effréné*). T. Néol. Déchaînement des passions.

EFFRÉNÉMENT. adv. [Pr. *è-fré-né-man*] (R. *effréné*). D'une manière effrénée.

EFFRITEMENT. s. m. [Pr. *è-friteman*] (R. *effriter*). T. Agric. Épuisement du sol. *L'e. est le plus souvent causé par la culture trop longtemps continuée des mêmes plantes, ou par les eaux qui entraînent les principes nécessaires au développement des végétaux.*

EFFRITER. v. a. [Pr. *è-friter*] (R. *é*, préf. sépar., et *fruit*). T. Agric. Épuiser la terre. = s'EFFRITER. v. pron. *La terre s'effrite, si l'on n'y met point d'engrais.* || Se résoudre en poussière, en parlant des pierres. = EFFRITÉ, ÉE. part.

EFFROI. s. m. [Pr. *è-froi*] (R. *é*, préf., et *frayeur*). Grande frayeur, terreur, épouvante. *Porter, répandre, inspirer l'e. Être saisi, trembler, pâlir d'e.* || Par ext., ce qui inspire l'effroi. *Vous seriez l'effroi et la terreur de vos voisins.* || T. Vénér. *Partir d'e.*, Se dit du cerf qui, effrayé, est obligé de sortir de sa retraite.

Syn. — *Crainte, Épouvante, Frayeur, Peur, Terreur.* — La *crainte* est un trouble de l'âme causé par la considération d'un danger ou d'un mal prochain. La *peur* est une *crainte* violente, qui met l'âme hors de son assiette : elle trouble l'esprit au point de détruire son énergie : aussi peur se prend-il toujours en mauvaise part. La *frayeur* n'agit pas seulement sur l'âme, elle agit encore sur le corps lui-même ; elle nous fait frissonner. L'*effroi* est un état de *frayeur* plus durable. La *terreur* agite notre être plus fortement encore : elle nous fait trembler. L'*épouvante* est une peur très grande, mais elle s'accompagne d'étonnement : elle est toujours causée par quelque chose d'extraordinaire. En outre, l'*épouvante*, ainsi que le fait observer Roubaud, est dit surtout d'un certain nombre d'hommes, d'une armée, d'une population. Dans l'*épouvante* dit-il, chacun a sa peur et la peur des autres.

EFFRONTÉ, ÉE. adj. [Pr. *è-fronté*] (lat. *effrons*, de e, préf. priv., et *frons*, front; littéral., qui n'a pas de front). Qui brave les bienséances, impudent. *Une femme effrontée. Vous êtes bien* e. — Par ext., *Un air* e. *Des regards effrontés. Répondre d'un ton* e. || Subst., *C'est un* e., *une effrontée.*

Syn. — *Éhonté, Impudent.* — L'*impudent* n'a point de décence : il ne respecte ni les choses, ni les hommes, ni lui-même ; car il a secoué le premier des freins qui maintiennent l'homme dans la bonne voie, la pudeur. L'*effronté* affronte tout ce qu'il devrait respecter : il a secoué un frein plus puissant encore, la crainte. L'*éhonté* n'a plus de sentiment;

il n'est rien qu'il ne brave de sang-froid : il a rompu le dernier lien qui nous empêche de tomber dans le vice et de nous y complaire, la honte et la crainte de la honte.

EFFRONTÉMENT. adv. [Pr. *è-fron...*] (R. *effronté*). D'une manière effrontée. *Parler* e. *Il la regarda* e. Soutenir e. *un mensonge.*

EFFRONTERIE. s. f. [Pr. *è-fron...*] (R. *effronté*). Impudence. *Voilà une étrange* e. *Il a eu l'e. de le menacer.*

EFFROYABLE. adj. 2 g. [Pr. *è-fro-iable*] (R. *effroi*). Qui cause de l'effroi, de l'horreur. *On exigeait d'eux des serments effroyables. Ce spectacle était* e. *à voir.* — Par exag., *Cette femme est* e., Elle est extrêmement laide. || Excessif, prodigieux. *Elle est d'une laideur* e. *Il fait une dépense* e. *C'est* e. *combien il a perdu au jeu.* || subst. Caractère de ce qui est effroyable. *Voici l'e. de l'histoire.* = Syn. Voy. AFFREUX.

EFFROYABLEMENT. adv. [Pr. *è-fro-iableman*] (R. *effroyable*). D'une manière excessive, prodigieuse. *Elle est* e. *laide. Il dépense* e.

EFFRUITER. v. a. [Pr. *è-frui-ter*] (R. *fruit*). T. Hortic. Ôter le fruit de. *E. un arbre.* || T. Agric. Épuiser la terre, la rendre stérile. = s'EFFRUITER. v. pr. Être effruité en parlant d'une terre.

EFFUMER. v. a. [Pr. *è-fumer*] (R. *fumée*). T. Peint. Éteindre une peinture qui paraît trop ardente.

EFFUSION. s. f. [Pr. *è-fu-zion*] (lat. *effusio*, m. s., de *ex*, hors de, et *fusum*, sup. de *fundere*, verser). Épanchement. *L'e. du vin dans les sacrifices. Il y eut une grande e. de sang dans ce combat.* || Fig., *E. de cœur, de tendresse*, Vive et sincère démonstration de confiance, d'amitié, de tendresse. *Parler avec* e. *de cœur*, ou simpl., *Parler avec* e. *Dans ses effusions de cœur, il me disait...* || T. Méd. Épanchement d'un liquide hors des vaisseaux qui le contiennent. || T. Phys. Diffusion. *L'e. de la lumière.* || T. Alchim. Purification de la pierre philosophale.

Syn. — *Épanchement.* — L'*effusion*, c'est l'écoulement à pleins bords; l'*épanchement*, c'est l'écoulement lent, peu abondant, comme celui qu'on obtient en penchant peu à peu un vase. Une large blessure donne lieu à une *effusion* de sang; une contusion détermine un simple *épanchement*. Ces mots conservent leur différence au figuré. Un cœur sensible se plaît aux doux *épanchements* de l'amitié; un cœur trop plein cherche à se décharger par des *effusions*.

ÉFOURCEAU. s. m. (lat. *furca*, fourche). Machine composée d'un essieu, de deux roues et d'un timon, qui sert à transporter des fardeaux très pesants, tels que des troncs d'arbres, etc.

ÉGADES ou **ÉGATES** (îles), îles au N.-O. de la Sicile (Italie); victoire navale des Romains sur les Carthaginois, en 242 av. J.-C.

ÉGAGROPILE. s. m. (gr. αἴξ, chèvre; ἄγριος, sauvage; πῖλος, pelote de laine). T. Méd. et Art vét. Concrétion que se forme dans l'estomac de certains mammifères par l'accumulation des poils que ces animaux avalent en se léchant. || *E. de mer*, Pelote formée de débris de plantes marines que les flots rejettent sur la plage.

ÉGAL, ALE. adj. (lat. *æqualis*, m. s.). Pareil, semblable, soit en nature, soit en quantité, soit en qualité. *Deux poids égaux. Des parts égales. Des droits égaux. Tous les Français sont égaux devant la loi. Toutes choses égales d'ailleurs. Ces deux ouvrages sont d'une égale perfection.* — *Faire tout* é., Tenir la même conduite entre deux ou plusieurs personnes, ne pas favoriser l'une plus que l'autre. Plus ordinair. on dit fig., *Tenir la balance égale.* — Fam., *Tout lui est* é., Tout lui est indifférent. De même, *Cela m'est* é., pour marquer que de deux choses en question ou ne tient pas plus à l'une qu'à l'autre. *Qu'il m'aime ou qu'il ne m'aime pas, qu'il reste ou qu'il s'en aille, cela m'est parfaitement* é. || Uni, qui n'est point raboteux, qui est de de niveau. *Une aire bien égale. Un chemin bien* é. *Une allée bien égale.* || Uniforme, qui ne varie pas. *Un mouvement toujours* é. *Son pouls est très* é. *Une âme, une humeur égale. Un style* é. *Une conduite égale.* || T. Géom. Se dit de deux figures superposables. *Deux triangles sont égaux quand ils ont leurs trois côtés égaux chacun à chacun.* = ÉGAL, ALE. s. Celui, celle qui est é. à un autre. *Vous êtes son é. en mérite. Elle est votre égale. Vivre avec ses égaux. D'é. à é.* || *N'avoir point d'é.,* Exceller, être le premier. *Il n'a point d'é. au billard.* = A L'ÉGAL DE. loc. prépos. Autant que, de même que. *Il est craint à l'é. du tonnerre.*

ÉGALABLE. adj (R. *égaler*). Qu'on peut égaler. Peu us.

ÉGALADE. s. f. Variété de châtaigne.

ÉGAL-A-TOUT. s. m. T. Mar. Nom d'un pavillon de signaux qui prend le numéro du pavillon au-dessous duquel il est placé.

ÉGALEMENT. s. m. (R. *égaler*). T. Jurispr. anc. Distribution préalable qui se faisait, avant partage, entre des enfants héritiers de leur père ou mère, lorsqu'ils avaient reçu des avancements d'hoirie inégaux.

ÉGALEMENT. adv. D'une manière égale. *Il les estime é. Ils ont été partagés é.* || Autant, pareillement. *Cet établissement sera é. glorieux et utile. Ce mot se dit é. des personnes et des choses.*

ÉGALER. v. a. Rendre égal. *Égaler les parts, les portions. La mort égale tous les hommes.* || Être égal à. *La recette égale la dépense. Quatre, multiplié par deux, égale huit.* En arith. et en alg., il est ordinairement représenté par ce signe ==. || Être ou devenir pareil, atteindre au même degré. *É. quelqu'un en mérite, en vertu. Racine a égalé les anciens. Sa prudence égale son courage. Cela est d'une perfection que rien n'égale.* || Mettre au même rang. *Il n'y a personne qu'on puisse lui é.* || Rendre uni, plan. On dit mieux, *Égaliser.* == s'ÉGALER. v. pron. Se rendre l'égal, ou se prétendre l'égal d'un autre. *Il voulait s'é. aux maîtres de l'art. Il s'est égalé par cette campagne aux plus illustres capitaines.* == ÉGALÉ, ÉE. part.

Syn. — *Égaliser.* — *Égaler* se dit des personnes et des choses; *égaliser* ne se dit que des choses. *Égaliser* n'a que deux acceptions, rendre égal et rendre uni; *égaler,* comme on vient de le voir, en a d'autres encore. Mais, dans les acceptions mêmes qui sont communes aux deux verbes, il y a une différence fondamentale : c'est qu'*égaler* exprime simplement le fait de rendre égal, ou bien de rendre uni, tandis qu'*égaliser* renferme l'idée d'intention et rappelle le travail exécuté pour rendre égal ou pour aplanir. Or, c'est précisément pour cela qu'*égaliser* s'emploie presque exclusivement en parlant des choses matérielles. On *égalise* les lots dans le partage d'une succession. On passe au crible les grains de poudre pour les *égaliser.* Enfin, on *égalise* une allée pour qu'on puisse s'y promener sans fatigue.

ÉGALIR. v. a. (R. *égal*). T. Techn. S'emploie, dans quelques métiers, pour égaliser. *É. une roue.*

ÉGALISAGE. s. m. (R. *égaliser*). T. Techn. Action d'égaliser la poudre à canon ou de chasse. — Opération ayant pour but de nouer tous les maillons d'un corps pour les fixer à la même hauteur. — Instrument employé pour cette opération.

ÉGALISATEUR, TRICE. adj. (R. *égaliser*). Qui égalise. *Système é.*

ÉGALISATION. s. f. [Pr. ...sion] (R. *égaliser*). Action d'égaliser. *L'é. des lots dans un partage.* Peu us.

ÉGALISER. v. a. (R. *égal*). Rendre égal; ne se dit guère qu'en parlant des choses. *É. les lots d'un partage. L'amour égalise toutes les conditions.* || Rendre uni, plan. *É. un terrain, un chemin.* || T. Mét. En terme de tisseur, faire l'égalisage. == s'ÉGALISER. v. pron. Devenir égal. || ÉGALISÉ, ÉE. part. == Syn. Voy. ÉGALER.

ÉGALISEUR, EUSE. s. (R. *égaliser*). Celui, celle qui égalise.

ÉGALISOIR. s. m. (R. *égaliser*). T. Techn. Crible pour égaliser la poudre à canon ou de chasse.

ÉGALISSAGE. s. m. (R. *égalir*). T. Techn. Action d'égalir. *L'é. d'une roue d'horlogerie.*

ÉGALISURES. s. f. pl. (R. *égaliser*). Poudre qui a été mise au grains et tamisée.

ÉGALITAIRE. adj. 2 g. (R. *égalité*). Qui a rapport à la doctrine d'après laquelle il ne devrait y avoir dans la société aucune espèce d'inégalité. *Le système é. Rêveries égalitaires.* || Subst., se dit des partisans de cette doctrine. *Suivant nos égalitaires, il s'agit tout simplement d'imposer à chaque homme sa tâche et de le mettre à la ration.*

ÉGALITAIREMENT. adv. (R. *égalitaire*). D'une manière égalitaire.

ÉGALITÉ. s. f. (lat. *æqualitas*, m. s., de *æqualis*, égal). Rapport entre des choses égales, conformité, parité. *L'é. de deux lignes, de deux surfaces, de deux quantités, de deux nombres. É. d'âge. É. des conditions, des droits. A é. de mérite, le plus âgé doit être préféré.* || Mettre en é., Mettre sur le même pied. — Pris absol., se dit de l'égalité entre les membres d'une même société, de l'égalité des conditions. *En fait d'é., il n'y a qu'un principe vrai, c'est l'é. devant la loi. Il rêve une é. chimérique.* — *Distribuer avec é.,* Distribuer en parties égales, par portions égales. || Uniformité. *L'é. d'un mouvement. É. du pouls. É. d'esprit, d'humeur. Grande é. de conduite.* || *L'é. d'un terrain, d'une surface,* se dit d'un terrain, d'une surface plane et unie, sans aspérités. || T. Turf. *Cheval coté é.,* Quand ses adversaires n'osent pas engager contre lui une somme supérieure à celle qui est pariée par ses partisans.

ÉGALURE. s. f. (préf. *é,* et patois, *gail,* moucheté). T. Fauc. Nom donné à des mouchetures blanches sur le dos d'un oiseau.

ÉGARD. s. m. (vx fr. *esgarder,* de *es,* préf., et *garder,* qui sign. avoir soin, surveiller, regarder). Attention, considération particulière pour quelqu'un ou pour quelque chose. *Il n'a eu aucun é. à ce que je lui ai dit. Il faut avoir é. au mérite des personnes. Sans avoir é., aucun é. aux sollicitations.* — *Eu é. à,* En considération de. *Eu é. à votre jeunesse, à la nature de l'affaire.* || Déférence, marque de respect, de considération, d'estime. *Si je le fais, c'est par é. pour votre père. Avoir de grands égards, être rempli d'égards pour quelqu'un. Manquer aux égards qu'on doit à quelqu'un.* — A L'ÉGARD DE. locut. prépost. Relativement à, pour ce qui regarde, pour ce qui concerne. *É. l'é. de ce que vous disiez. A mon é. A votre é.* — *A tous égards,* Sous tous les rapports. *A différents égards, à divers égards, à certains égards,* Sous différents rapports, à certains points de vue. || *A l'é. de,* se dit aussi dans le sens de par comparaison, en proportion de. *La terre est petite à l'é. du soleil.* == Syn. Voy. ATTENTION et CONSIDÉRATION.

ÉGARD. s. m. (vx fr. *esgarder;* voy. le mot précédent). Tribunal qui siégeait à Malte et qui jugeait par commission les procès entre les chevaliers de l'ordre.

ÉGAREMENT. s. m. (R. *égarer*). Au propre, Action de s'écarter de son chemin, du droit chemin. Vx et inus. || Fig., *Les égarements des philosophes. Le cœur a ses égarements comme l'esprit. Il est revenu des égarements de sa jeunesse.* || *É. d'esprit,* se dit quelquefois pour aliénation mentale. || Action d'égarer, de perdre un objet.

ÉGARER. v. a. (R. *é,* préf. priv., et *garer*). Fourvoyer, faire sortir du bon chemin. *Notre guide nous égara.* || Fig., Jeter dans l'erreur. *C'est un ami qui pourrait bien vous é. La prospérité nous égare. Ce sont nos passions qui nous égarent.* — *É. l'esprit,* Le troubler, l'aliéner. *Sa ruine soudaine lui a égaré l'esprit.* || Se dit aussi en parlant d'une chose qu'on ne trouve pas, et que néanmoins on ne croit pas perdue. *Ces papiers ne sont pas perdus, je les aurai égarés. J'ai égaré mes gants.* || T. Man. *É. la bouche d'un cheval,* Lui gâter la bouche en le menant mal. == s'ÉGARER. v. pron. S'écarter involontairement du son chemin, se fourvoyer. *S'é. de son chemin. S'é. dans une forêt.* || Fig., Perdre le fil de ses pensées, de son discours. *S'é. dans ses pensées. Il s'égara dans son discours.* || Tomber dans l'erreur. *Que de philosophes se sont égarés dans la recherche de la vérité. L'imagination va vite quand elle s'égare.* || Se troubler, délirer. *Son esprit s'égara. Je sens que je m'égare, que ma tête s'égare.* == ÉGARÉ, ÉE. part. *Voyageur égaré. Brebis égarée. Ce cheval a la bouche égarée.* —

313

Avoir les yeux égarés, l'air égaré, se dit d'une personne dont l'air ou les regards semblent annoncer quelque trouble d'esprit. || Fig., dans le style de la chaire, *Brebis égarée*, Celui qui est sorti du sein de l'Église, pour embrasser l'hérésie, et, par ext., un pécheur. *Ramener au bercail les brebis égarées.*

ÉGARROTTER. v. a. [Pr. *éga-ro-ter*] (R. *garrot*). T. Vétér. Blesser au garrot. = ÉGARROTTÉ, ÉE. part. *Un cheval égarrotté.*

ÉGAULER. v. a. (R. *gaule*). Ébrancher, élaguer les gaules de...

ÉGAYANT, ANTE. adj. [Pr. *è-ghè-ian, g* dur] (R. *égayer*). Qui égaye. *Récit égayant.*

ÉGAYEMENT. s. m. [Pr. *è-ghè-ieman, g* dur] (R. *égayer*). Action d'égayer. || T. Agric. Fossé pour diriger les eaux d'irrigation.

ÉGAYER. v. a. [Pr. *é-ghé-ier, g* dur] (R. *gai*). Réjouir, rendre gai. *E. un malade, une compagnie. E. la conversation. Tâchez de vous é. l'esprit.* || Fig., *E. un ouvrage, é. son style, son sujet,* Le rendre plus agréable, y répandre certains ornements. *Ce sujet est trop aride, il fallait un peu é. la matière.* Dans un sens anal., on dit, *E. un tableau,* etc. || Rendre moins sombre, éclairer. *Si quelque beau soleil vient é. ma triste prison. E. un appartement.* — *E. son deuil,* Commencer à porter un deuil moins rigoureux, moins régulier. || T. Hortic. Retrancher les branches qui étouffent un arbre. = s'ÉGAYER. v. pron. *Il faut s'é. un peu.* — *S'é. sur le compte ou aux dépens de quelqu'un,* Se permettre des plaisanteries sur son compte. — *Cet auteur s'égaye quelquefois,* Il dit quelquefois des choses agréables qui ne sont pas tout à fait de son sujet. — ÉGAYÉ, ÉE. part.

EGBERT LE GRAND, roi des Anglo-Saxons, réunit les sept royaumes saxons (800-836).

ÉGÈDE (JEAN), missionnaire danois (1686-1758).

ÉGÉE, roi d'Athènes, père de Thésée, se jeta de désespoir dans la mer Égée (auj. l'Archipel), croyant que son fils avait péri.

ÉGÉE (Mer), nom donné par les anciens à la partie de la Méditerranée qui s'étend de l'île de Crète à l'Hellespont. Aujourd'hui l'Archipel.

ÉGER ou **ERLAU,** riv. et v. de Hongrie; 20.000 hab.

ÉGERANE. s. f. T. Minér. Idocrase d'Éger, en Hongrie.

ÉGÉRIE, nymphe qui passait pour inspirer Numa, dans le bois d'Aricie.

ÉGERMAGE. s. m. Action d'égermer.

ÉGERMER. v. a. (R. *germe*). T. Techn. Dépouiller de son germe, en parlant de l'orge destinée à la fabrication de la bière.

ÉGERTON (FRANCIS), ingénieur anglais, construisit le canal de Manchester à Liverpool (1729-1803).

EGESTIF, IVE. adj. (lat. *egerere,* expulser). T. Physiol. Se dit des causes qui contribuent à faire sortir du corps de l'animal des substances qui y ont été ingérées.

EGG, peintre anglais (1816-1863).

EGGEBAS. s. m. T. Métrol. Unité de poids usitée sur la côte occidentale d'Afrique, et qui, en Guinée, vaut 21 gr. 44.

EGGER (ÉMILE), philosophe et helléniste français (1813-1885).

ÉGICÈRE. s. m. T. Bot. Genre de plantes Dicotylédones (*Ægiceras*) de la famille des *Myrsinées.* Voy. ce mot et ÆGICÈRE.

ÉGIDE. s. f. (gr. αἰγὶς, ἰδος, peau de chèvre). Nom donné

par les anciens au bouclier de Jupiter, ainsi qu'au bouclier et à la cuirasse de Minerve. Voy. MINERVE. — Poétiq. Bouclier. || Figur., dans le style soutenu, se dit de ce qui met à couvert. *Il est mon é. Sa protection m'a servi d'é. contre mes ennemis.*

L'é. n'est pas à proprement parler un bouclier; c'était une pièce défensive fixée au haut de l'épaule gauche et retombant sur le bras qui pouvait la soulever pour protéger le corps.

ÉGIDIEN. s. m. (lat. *egidius*). T. Archéol. Monnaie frappée à Saint-Gilles en Languedoc, par les comtes de Toulouse.

ÉGIDIO, cardinal et poète italien (1480-1532).

ÉGIDIUS. Voy. ÆGIDIUS.

ÉGILOPS. s. m. T. Pathol. Fistule qui se produit à l'angle interne des paupières, à la suite d'un abcès nommé *Anchilops.* Voy. ce mot. || T. Bot. Genre de plantes Monocotylédones (*Ægilops*) de la famille des *Graminées.* Voy. ce mot.

ÉGINE, île de l'Archipel, au milieu du golfe d'Athènes, anc. golfe Saronique; 6.400 hab. On y a trouvé un grand nombre de statues antiques d'un style primitif.

ÉGINE, fille d'Asope, aimée de Jupiter, qui s'enveloppa d'une flamme et la changea en île (Myth.).

ÉGINÉTIQUE. adj. (R. *Égine,* île grecque). T. Antiq. Se dit des monuments et des sculptures antiques de l'île d'Égine.

ÉGINHARD, seigneur franc, auteur d'une *Vie de Charlemagne* en latin (770-844).

ÉGIPAN. s. m. (gr. αἰγίπαν, de αἴξ, αἰγὸς, chèvre, et Πάν, le dieu Pan). T. Mythol. Monstre appelé aussi *Capricorne.* — Par anal., Personnage d'un aspect grotesque.

ÉGISTHE, fils de Thyeste, assassina Agamemnon à son retour de Troie, et fut tué par Oreste.

ÉGLANDEMENT. s. m. (R. *églander*). T. Art vétér. Action ou manière d'églander.

ÉGLANDER. v. a. (R. *é,* priv., et *glande*). T. Méd. vét. Opération qui consiste à extraire les ganglions malades sous la ganache d'un cheval.

ÉGLANDULEUX, EUSE. adj. (*é,* préf. priv., et lat. *glandula,* glande). T. Hist. nat. Qui n'a plus de glandes.

ÉGLANTIER. s. m. (R. *églantine*). T. Bot. Nom donné à une espèce de Rosier sauvage (*Rosa canina*) qui croît dans les buissons et dans les haies. Voy. ROSACÉES. || T. Icht. Espèce de raie.

ÉGLANTINE. s. f. (lat. *aculeus,* aiguillon?). La fleur de l'Églantier que l'on nomme vulgairement *Rose de chien* et *Rose sauvage.*

ÉGLÉ. s. m. T. Bot. Genre de plantes Dicotylédones (*Ægle*) de la famille des *Rutacées.* Voy. ce mot et ÆGLE.

ÉGLEFIN. s. m. T. Icht. Nom vulgaire d'une espèce de morue. On dit aussi *Egrefin* et *Aigrefin.* Voy. AIGREFIN.

ÉGLETONS, ch.-l. de c. (Corrèze), arr. de Tulle; 1,800 habitants.

ÉGLISE. s. f. (gr. ἐκκλησία, assemblée). L'assemblée des chrétiens en général; et dans un sens plus restreint, toute communion de personnes unies par une même foi chrétienne. — Absol., se dit de l'Église catholique, apostolique et romaine. *Le pape est le chef visible de l'É. Les commandements de l'É. Les cérémonies de l'É. Les enfants de l'É. — En face de l'É.,* Avec toutes les cérémonies et toutes les solennités de l'Église. *Se marier en face de l'É.* || Se dit aussi des parties de l'É. universelle primitive, et de celles de l'É. catholique. *L'É. d'Orient ou l'É. grecque. L'É. d'Occident ou l'É. latine. L'É. d'Afrique. L'É. gallicane. L'É. de Milan.* || Par ext., l'édifice consacré chez les catholiques à la célébration du service divin. *Consacrer une é. La nef, la voûte, le* chœur de l'é. É. *paroissiale, collégiale, métropolitaine, cathédrale.* — Prov., *Près de l'é. et loin de Dieu,* se dit de celui qui loge près d'une église et qui s'acquitte mal de ses devoirs de chrétien. || L'état ecclésiastique ; le clergé, en général. *C'est un homme d'É. Donner le pas à l'É. dans une cérémonie. — Se faire d'É., Entrer dans l'état ecclésiastique.* Vx. || T. Constr. Sorte de girouette en fer-blanc que l'on place sur les cheminées pour les empêcher de fumer.

Théol. — Dès le temps des apôtres, le mot *Église* s'employait déjà dans les diverses acceptions que nous venons d'indiquer. Il signifie, tantôt le lieu dans lequel les fidèles s'assemblent pour prier (I Cor., XIV, 34), et tantôt la société des fidèles répandus sur toute la terre (Éphés., v, 24 et 26); quelquefois, il désigne les chrétiens d'une seule ville ou d'une seule province (I Cor., 1, 1 et 2 ; II Cor., VIII, 1) ; enfin, il s'applique particulièrement aux pasteurs et aux ministres de l'*Église* (Matth., XVIII, 11). — En général, le terme d'*Église* s'emploie pour désigner la société des chrétiens. Au ce sens, comme on distingue la révélation primitive, la révélation mosaïque et la révélation évangélique, qui répondent aux trois états différents que présente l'histoire de la religion, on distingue également l'*É. primitive* ou des patriarches : l'*É. mosaïque,* qui était composée de tous ceux qui suivaient la loi de Moïse ; et l'*É. chrétienne,* qui comprend ceux qui professent la religion de J.-C. Enfin, dans son acception la plus étendue, on entend par É. l'ensemble des fidèles qui *militent* sur la terre, des justes qui *souffrent* dans le purgatoire, et des saints qui *triomphent* dans le ciel : de là la distinction de l'*É. militante,* de l'*É. souffrante* et de l'*É. triomphante.* Les théologiens professent que l'É. forme une communauté solidaire et que tous ses membres participent aux effets des mérites de Jésus-Christ et des bonnes œuvres des saints. C'est cette communauté qu'on entend sous le nom de *Communion des saints.*

L'*É. catholique* s'intitule *apostolique* et *romaine.* Catholique est un mot grec qui veut dire universelle ; apostolique, signifie qu'elle continue la tradition des apôtres ; romaine, qu'elle reconnaît la suprématie de l'évêque de Rome qui, dès les premiers temps de la chrétienté, est devenu le chef sous le nom de Pape, et a été considéré comme le successeur de l'apôtre saint Pierre.

L'*É. réformée* ou *protestante* est aujourd'hui divisée en un grand nombre de sectes qui diffèrent par les dogmes, les croyances et l'organisation du clergé.

L'*É. grecque* est cette partie de l'É. d'Orient qui, du IXe au XIe siècle, s'est séparée de la communion de l'É. romaine Ses dogmes diffèrent à peine de ceux de l'É. catholique ; aussi n'est-elle pas qualifiée d'*hérétique* comme les églises protestantes, mais simplement de *schismatique.* Elle s'intitule *orthodoxe.* L'É. grecque n'a pas comme l'É. romaine une unité de gouvernement : les uns reconnaissent pour chef de la religion le patriarche de Constantinople ; les autres, le patriarche d'Antioche ; ceux-ci le patriarche d'Alexandrie ; ceux-là le patriarche de Jérusalem ; d'autres enfin, comme les Russes, ne dépendent plus que des souverains.

Il n'entre point dans notre cadre de faire l'histoire de l'É. ; toutefois on trouvera un grand nombre de faits historiques importants dans divers articles, particulièrement aux mots HÉRÉSIE et SCHISME.

ÉGLISE (*États de l'*), ancien nom de la partie centrale de l'Italie, dont le pape était souverain ; cap. *Rome*; réunis au roy. d'Italie en 1870.

ÉGLOGUE. s. f. (gr. ἐκλογὴ, pièces choisies, de ἐκλέγειν, choisir). T. Littér. Petit poème pastoral. Voy. PASTORAL.

ÉGLON, roi des Moabites, opprima les Israélites (1345-1327), fut tué par Aod.

ÉGLOUTRONNAGE. s. m. [Pr. égloutro-naje]. T. Techn. Action d'égloutronner la laine.

ÉGLOUTRONNER. v. a. [Pr. égloutro-ner] (R. *gloutron*). Détacher les gloutrons de la laine.

ÉGLOUTRONNEUR. s. m. [Pr. égloutro-neur] (R. *égloutronner*). T. Techn. Cylindre qui, dans une égloutronneuse, a pour fonction de détacher les gloutrons.

ÉGLOUTRONNEUSE. s. f. [Pr. égloutro-neuze] (R. *égloutronner*). T. Techn. Machine formée de plusieurs cylindres garnis de peignes, et qui sert à égloutronner la laine.

EGMONT (Comte d'), seigneur des Pays-Bas, servit avec éclat Charles-Quint, puis s'éleva contre la tyrannie de Philippe II. Arrêté par l'ordre du duc d'Albe, il fut décapité avec l'amiral de Horn (1568).

ÉGOGER. v. a. T. Tann. Ôter les extrémités de la peau d'un veau.

ÉGOHINE ou **ÉGOÏNE.** s. f. Petite scie à main servant à couper les branches trop fortes pour la serpe.

ÉGOÏSER. v. n. (lat. *ego,* moi). Parler trop de soi. Peu usité.

ÉGOÏSME. s. m. (lat. *ego,* moi). Vice de l'homme qui rapporte tout à soi. *Un sot é. Les calculs de l'é.*

ÉGOÏSTE. s. et adj. 2 g. (R. *égoïsme*). Celui ou celle qui a le vice de l'égoïsme. *C'est un é. C'est une femme très é. Les enfants sont égoïstes.* || Adject., se dit aussi des choses qui marquent de l'égoïsme. *Conduite é.*

ÉGOÏSTEMENT. adv. (R. *égoïste*). D'une manière égoïste.

ÉGOÏSTIQUE. adj. (R. *égoïste*). Qui appartient à l'égoïsme.

ÉGOPHONIE ou mieux **ÆGOPHONIE.** s. f. Voy. AUSCULTATION.

ÉGOPODE. Voy. ÆGOPODE.

ÉGORGEMENT. s. m. (R. *égorger*). Action d'égorger.

ÉGORGEOIR. s. m. (R. *égorger*). Lieu où l'on fait un massacre. || T. Mar. Cargue provisoire usitée au mouillage pour serrer les huniers en chemin.

ÉGORGER. v. a. (R. *gorge*). Couper la gorge. *É. un mouton, un veau,* etc. — Par extens., Tuer, massacrer. *Il fit é. tous les prisonniers.* || Fig. et fam., Ruiner les affaires de quelqu'un, lui porter un préjudice considérable. *Dans l'embarras où je suis, me demander de l'argent, c'est m'é.* = s'ÉGORGER. v. pron. Se couper la gorge réciproquement. *Allez-vous vous é. pour une plaisanterie?* = ÉGORGÉ, ÉE. part. — Conj. V. MANGER.

ÉGORGETAGE. s. m. T. Mét. Opération qui consiste à écharner les peaux de veaux pour les rendre semblables des deux côtés.

ÉGORGETER. v. a. (R. *égorger*). T. Techn. Faire subir à une peau l'opération de l'égorgetage.

ÉGORGEUR, EUSE. s. (R. *égorger*). Celui, celle qui égorge. || s. m. pl. Se dit des meurtriers poussés par le fanatisme religieux ou politique. *Les égorgeurs de la Saint-Barthélemy. Les égorgeurs de la Glacière.* — Par anal., Bourreau.

ÉGOSILLER (S'). v. pron. [Pr. les *ll* mouillés]. Se faire mal à la gorge à force de crier, de chanter. *Il s'est égosillé à force de crier.* — Avec ellipse du pron., *Vous allez le faire é.* || En parlant d'un oiseau, Chanter beaucoup et fort haut. *Cette fauvette s'égosille.*

ÉGOTISME. s. m. (lat. *ego,* moi). Le travers de celui qui parle sans cesse de lui. *L'é. se rapporte à la vanité, l'égoïsme à l'intérêt.*

ÉGOTISTE. s. m. (R. *égotisme*). Celui qui a la manie de l'égotisme.

ÉGOUGEOIR ou **ÉGOUGEOIRE.** s. (R. *égout*). Crevasse par laquelle l'eau d'une mine se perd dans les terres.

ÉGOUT. s. m. (R. *égoutter*). La chute et l'écoulement des eaux de pluie, ou de celles qui viennent de quelque endroit. *Se tenir sous l'é. d'un toit. Il a recueilli l'é. de plusieurs sources, et en a fait de belles fontaines.* || Cloaque ou conduit par où s'écoulent les eaux et les immondices d'une ville. — Figur., *Cette ville est l'é. du pays,* C'est l'endroit où se rendent les gens de mauvaise vie, les gens dangereux. ||

T. *Agric.* Fossé servant à l'écoulement des eaux, ‖ **T.** *Chir.* Exutoire, fontanelle. ‖ **T.** *Art vétér.* *E. nasal*, Orifice du conduit lacrymal, placé dans la commissure des lèvres du naseau, chez le cheval ‖ **T.** *Constr.* Canal de plomb au bord d'un toit, qui conduit en dehors les eaux pluviales. — Pente d'un toit. *Toit à deux égouts.* Voy. Comble ‖ **T.** *Techn.* Eau des raffineries qui n'est pas assez chargée de sucre pour être considérée comme sirop. ‖ Table de miroitier servant à faire égoutter le vif-argent.

Constr. — Les *Égouts* sont des canaux, le plus souvent souterrains, qui sont destinés à recevoir les eaux ménagères, les eaux pluviales et les immondices d'une ville. Il n'est pas nécessaire de démontrer combien un bon système d'égouts importe à la salubrité d'un grand centre de population. Dans l'antiquité, les égouts (*cloaca*) de Rome n'étaient pas moins célèbres que ses plus superbes monuments. La ville entière y était parcourue en tous sens par un si grand nombre d'égouts que Pline lui applique l'épithète de ville suspendue (*urbs pensilis*). Le plus célèbre de ces égouts était celui qui débouchait dans le Tibre presque vis-à-vis l'une des extrémités de l'*insula Tiberina*. Il avait été construit pour emporter les eaux

qui, des collines adjacentes, descendaient dans le Vélabre et dans la vallée où était situé le Forum. On le désignait sous le nom de *cloaca maxima*. Il était bâti de grosses pierres de taille qu'aucun ciment ne liait, et représentait une voûte en plein cintre formée par trois rangs de voussoirs posés en liaison l'un au-dessus de l'autre. Son diamètre pris en dedans de la rangée interne des voussoirs était de 4 mèt. 25 centim. environ, et sa hauteur de 10 mèt. (La Fig. ci-jointe montre le système de construction adopté pour cet égout, tel qu'on le voit dans un endroit où il a été découvert, près de l'arc de Janus Quadrifrons.) La grande cloaque avait été construite sous le gouvernement des rois. Commencée par Tarquin l'Ancien, sa construction fut terminée par Tarquin le Superbe, vers l'an 239 de Rome (513 av. J.-C.). Cet é. s'étendait seulement du Forum au Tibre, et avait une longueur d'environ 600 mètres ; mais plus tard, on le prolongea jusqu'au quartier de Suburra. Il en reste encore un fragment de près de 170 m. de long.

Aujourd'hui, il n'est pas une ville de quelque importance qui ne possède de vastes égouts. Ceux de Paris, par exemple, présentent actuellement un développement de près de 600 kilomètres dont les galeries se déversent dans deux grands égouts dits *collecteurs*, dont l'un se répand encore dans la Seine à Saint-Ouen, tandis que l'autre, grâce à deux siphons construits en 1895 sous le fleuve à Asnières et à Herblay, et à deux usines élévatoires situées à Paris et à Colombes, va conduire ses eaux sur le territoire de la commune d'Achères. Avant l'exécution de cet important travail, les eaux de la Seine se trouvaient absolument empoisonnées à Clichy et ne recouvraient guère un peu de limpidité que vers le confluent de la rivière d'Oise. L'établissement de ces siphons a mis un terme à cet état déplorable de choses qui transformait la Seine en un véritable égout à ciel ouvert et rendait ses rives inhabitables jusque près de Maisons-Laffite, tellement les émanations pestilentielles qui se dégageaient des eaux contaminées étaient intolérables, surtout au moment de la belle saison.

Pendant des siècles, les égouts qui sillonnaient Paris restèrent des ruisseaux fangeux à ciel ouvert ; ils recevaient toutes les immondices qui, en peu de temps, les emplissaient, empêchant tout écoulement d'eau. Cela dura jusque sous le règne du Grand Roi, époque à laquelle on comptait à peine *deux kilomètres* d'égouts couverts, sur une longueur totale d'environ neuf kilomètres.

Au commencement de ce siècle, il n'y avait encore que 20 à 25 kilomètres d'égouts voûtés. Les divers régimes qui se succédèrent jusqu'à l'avènement du second empire en construisi-

rent et recouvrirent 134 kilomètres. C'est principalement sous ce dernier régime que furent établis les réseaux d'égouts tels qu'ils existent aujourd'hui. Depuis 1870, on travaille sans relâche à l'achèvement du système, tout en perfectionnant l'ensemble déjà existant.

C'est ainsi qu'à Paris le *tout-à-l'égout* prend une extension de plus en plus considérable et il est bien à prévoir qu'avant la fin du siècle actuel ce système, que préconise l'administration, aura triomphé des anciens errements. Déjà, un décret datant de 1852 obligeait tous les propriétaires désireux d'édifier leurs immeubles à front de rues sous lesquelles existaient des égouts, à établir des branchements formés de grilles et chargés de recevoir toutes les eaux ménagères et pluviales.

Sur tout le territoire de la République française, des règlements d'administration publique régissent de la manière la plus formelle les dimensions intérieures à donner aux égouts, suivant l'usage auquel ils sont destinés et leur importance comme conduits d'évacuation des eaux. Quant à la forme qu'ils doivent avoir, ces règlements restent muets ; cela se conçoit du reste, car tout dépend de la nature des terrains dans lesquels on les installe. Ils diffèrent nécessairement aussi par la nature des matériaux employés à leur construction. Autrefois, on faisait de préférence usage du moellon piqué hourdi au ciment de Portland, tandis qu'à l'heure actuelle on emploie indifféremment la pierre meulière ou la brique avec un mortier de ciment. Une voûte à plein cintre reposait le plus généralement sur des pieds-droits ; un radier concave réunissait les bases de ces maçonneries perpendiculaires, en même temps que parallèles l'une à l'autre. La largeur moyenne était de 1 mèt. sur 2 mèt. de hauteur, bien que cette dernière dimension variât beaucoup suivant la pente du terrain sous lequel l'égout était construit. Plus tard, vers 1830, on donna aux pieds-droits une inclinaison ; leurs bases se rapprochaient tandis qu'à la retombée de la voûte les murs s'éloignaient l'un de l'autre. Depuis, on a remplacé ces dernières dispositions par un mode de construction beaucoup plus résistant contre les poussées du sol. On donne actuellement aux pieds-droits une forme légèrement concave, calculée de telle manière que ces courbes se raccordent avec celles de la voûte et du radier ; ces égouts ont ce que l'on nomme une section *ovoïde*.

Il est souvent nécessaire, lorsque l'é., a par sa destination, une grande importance comme celle d'un collecteur, par ex., de ménager, entre le radier et les pieds-droits, une banquette permettant aux ouvriers égouttiers de procéder à des nettoyages périodiques en circulant à pied sur une telle sorte de trottoir. Dans les grands collecteurs, on ménage deux banquettes, une de chaque côté du radier qui, dans ce cas, se transforme en une cuvette de 1 mèt. à 1m,50 de largeur et de 0m,50 à 0m,80 de profondeur. Sur l'une des banquettes se trouvent enchâssés deux rails sur lesquels peuvent circuler des wagonnets destinés à recevoir les immondices provenant de la cuvette.

Afin de faciliter la descente des ouvriers spéciaux dans les égouts qu'ils doivent nettoyer, on dispose, de distance en distance, des puits verticaux couverts au niveau du sol par des plaques circulaires en fonte. Des barreaux en fer enclavés dans la maçonnerie des parois des puits, servent d'échelle aux égouttiers, qui descendent et remontent aisément. En outre, le long des trottoirs, dans les endroits les plus bas des chaussées, on a ménagé des orifices rectangulaires que l'on nomme *bouches d'égout*. Ces derniers ont pour but de recevoir l'excédent des eaux servant à l'arrosage des rues, en même temps que les boues et immondices entraînées. Les ordures mélangées à l'eau se déversent par les bouches directement dans l'é. qui les conduit au loin. Comme les puits, ces bouches servent à l'aérage.

Le prix du mètre courant d'é. varie considérablement suivant ses dimensions. Il atteint *cent* à *cent vingt francs* pour un é. de proportions moyennes, par ex., de 1m,50 à 1m,75 de hauteur sous clef, du 0m,75 à 1m,10 de largeur à la naissance de la voûte et un radier de 0m,50 à 0m,75 de largeur. Ces prix supposent que le travail de construction s'exécute dans un terrain solide, mais non rocheux, et n'ayant pas de tendance à s'écouler. Dans ces deux derniers cas, le prix de revient des fouilles augmente dans une grande proportion et majore d'autant le mètre courant d'é.

Techn. — *Épuration et utilisation des eaux d'égout.* — Le rejet simple des eaux d'é. dans une rivière avoisinante n'est admissible que si la quantité d'eau polluée est très faible par rapport à l'importance de la rivière. Dans ce cas la nature a bientôt fait, par les actions de l'oxygène de l'air, de la lumière et de la végétation, d'épurer les eaux primitivement chargées de matières organiques et de germes de toutes sortes. Mais ce procédé est tout à fait impossible quand il s'agit d'agglomérations importantes et surtout par le fait de l'application du « tout-à-l'égout ». L'infection des cours d'eau est alors telle qu'elle devient un danger permanent pour la santé publique. L'infection de la Seine et celle de la Tamise sont, pour ne citer que les plus connus, deux exemples frappants des inconvénients du procédé. Aussi, est-ce actuellement un principe absolu d'hygiène de ne rejeter à la rivière que des eaux d'é. préalablement épurées.

À côté de cette raison hygiénique capitale, vient s'en placer une seconde qui n'est pas non plus sans importance : les eaux d'é. contiennent une quantité considérable de matière fertilisante qui, rejetée à la rivière ou à la mer, est complètement perdue pour l'agriculture. On se rend compte de la valeur de cette perte en examinant la composition de eaux d'é. de la ville de Paris, qui contiennent en moyenne, par mètre cube, pour le collecteur de Clichy : 0^k,041 d'azote, avec un débit annuel de 116,000,000 mètres cubes; pour le collecteur de Saint-Denis : 0^k,140 d'azote, avec un débit annuel de 16,000,000 mètres cubes. Ce qui correspond, en n'estimant l'azote qu'à un franc le kilogramme, à une valeur minimum annuelle de près de sept millions de francs.

On conçoit dès lors tout l'intérêt qu'il y a à combiner ensemble l'épuration des eaux d'é. et leur utilisation agricole.

Les procédés d'épuration actuellement usités sont la décantation et l'épandage sur le sol.

1° *Décantation.* — Ce système consiste à faire cheminer l'eau dans des bassins très étendus, à la faible vitesse de 6 à 8 millimètres par seconde. Les parties les plus lourdes se déposent en boues au fond des bassins; les plus légères sont ultérieurement arrêtées par une filtration grossière. L'épuration ainsi obtenue est imparfaite et n'a fait qu'insuffisante. Aussi la décantation n'est-elle généralement plus adoptée qu'avec adjonction préalable de réactifs chimiques ayant pour effet de faciliter le dépôt, de détruire les mauvaises odeurs et d'arrêter les fermentations.

Les principaux corps employés à cet effet sont la chaux, le sulfate d'alumine, le perchlorure de fer, le chlorure de chaux, etc.

Système Howatson. — Le procédé chimique qui paraît depuis quelque temps le plus en faveur, surtout en Angleterre, est celui que l'on connaît généralement sous le nom de « système Howatson ». Ce procédé consiste à précipiter les eaux par l'addition d'un réactif spécial appelé *Ferozone*, et à les filtrer ensuite, après décantation, sur une matière nommée *Polarite*.

Le ferozone contient p. 100 :

    16,28 de sulfate de fer anhydre,
    6,07 de sesquisulfate de fer anhydre,
    22,20 de sulfate d'alumine anhydre,
    4,47 de carbone.

Le sulfate d'alumine précipite la chaux et cette précipitation entraîne en les englobant la majeure partie des matières en suspension. Les sels de fer et le carbone agissent comme désinfectants.

La polarite contient essentiellement de la silice (25,5 p. 100) et de l'oxyde magnétique de fer (53,8 p. 100). C'est un minéral insoluble, à l'état spongieux, qui n'agit pas chimiquement par lui-même. L'oxygène emprisonné dans ses pores joue seul un rôle actif en brûlant les matières organiques, qui échappent à la précipitation et à la filtration.

Ce procédé a reçu de nombreuses applications en Angleterre. Il fonctionne principalement à Leicester, Anddersfield, Walsall, Southampton, etc.

Tout récemment en France, une commission nommée par la municipalité de la ville de Rouen, pour rechercher le meilleur système d'assainissement de la ville, s'est prononcée en faveur de ce procédé.

Quoi qu'il en soit, les procédés chimiques, même les moins défectueux, présentent encore l'inconvénient d'accumuler des boues dont le placement est difficile et souvent même impossible, et celui de ne pas assurer aux eaux une épuration suffisante. Ils ne peuvent donc être admis que lorsque les eaux, imparfaitement épurées, sont rejetées dans un cours d'eau puissant, ainsi que cela a lieu pour la ville de Rouen.

Procédé Hermite. — Ce système rentre dans la catégorie des procédés chimiques; mais il est encore trop récent pour qu'on puisse préjuger de l'avenir qui lui est réservé; il est cependant intéressant à plus d'un titre et mérite d'être décrit. Il consiste à distribuer dans la ville, par une canalisation spéciale, distincte de celle qui sert pour l'eau potable, de l'eau de mer préalablement électrolysée. L'eau de mer ainsi traitée

se charge, par suite de la décomposition du chlorure de magnésium, de composés oxygénés du chlore, et devient un liquide désinfectant et antiseptique, presque inodore et inoffensif. Elle est employée pour le lavage des rues, des cours, l'alimentation des réservoirs de chasse dans les cabinets d'aisances, etc. La désinfection des eaux d'é. et la destruction des matières organiques sont ainsi assurées dès l'origine de leur production : ces eaux peuvent être sans danger rejetées au cours d'eau voisin.

Ce système, qui n'est d'ailleurs applicable qu'aux villes voisines de la mer, paraît exiger, pour la production de l'électricité nécessaire à l'électrolyse, une force motrice assez considérable et par suite coûteuse. Il donnera peut-être lieu cependant à des applications intéressantes dans les cas particuliers où le travail moteur pourra être emprunté sans grands frais aux forces naturelles.

2° *Épuration par le sol.* — Bien qu'il ait encore des détracteurs convaincus, ce système est à tous les points de vue le plus pratique et le plus parfait, et de nombreuses années d'application en ont définitivement démontré la haute valeur. Il consiste dans les grandes lignes à répandre sur un sol perméable et peu fertile, préalablement drainé, les eaux qu'il s'agit d'épurer. La fertilité des terrains est accrue dans des proportions considérables, et la pureté des eaux qui s'écoulent par les drains est à peu près complète. Dans la partie superficielle du sol, sur une hauteur de 20 centimètres environ, l'eau subit une simple filtration. Dans les régions plus profondes (1 à 2 mètres), il se produit un phénomène d'oxydation ou de nitrification dû à la présence des germes saprophytes contenus dans le sol et à l'action de l'oxygène de l'air. C'est au-dessous de cette zone d'oxydation que sont disposés les tuyaux de drainage servant à collecter les eaux épurées et à empêcher que le niveau de la nappe souterraine ne s'élève et ne vienne inonder les couches inférieures, rendues dès lors imperméables à l'air et par suite inactives.

L'épuration ainsi obtenue est des plus efficaces. Les expériences faites à côté de Paris, à Gennevilliers, ne laissent aucun doute à cet égard. Les chiffres donnés par M. Alphand, d'après les analyses de M. Miquel, en 1888, sont, par centimètre cube :

Pour l'eau qui sort du drain d'Asnières. 54 bactéries.
  — à la Garenne. 915 —

          Moyenne. . . . . . 484 bactéries.

Tandis que les eaux de source distribuées à Paris donnent :

Eau de la Vanne. . . . . 115 bactéries.
  — Dhuis. . . . . 595 —

          Moyenne. . . . . 355 bactéries.

L'eau d'é. épurée sur les champs de Gennevilliers est donc tout à fait comparable comme pureté aux meilleures eaux de source, et cependant cette eau contient, avant son épuration, d'après les analyses de MM. Chantemesse et Cornil (1888), près de 300,000 microbes par centimètre cube.

Nous n'avons parlé que de la pureté bactériologique, car c'est celle dont la réalisation présente les plus grandes difficultés pratiques; mais au point de vue de leur composition chimique et de leur limpidité, les eaux provenant des champs d'épandage ne laissent quoi que ce soit à désirer.

L'utilisation agricole des principes fertilisants contenus dans l'eau d'é. n'est pas moins remarquable. Le produit brut à l'hectare sur les terrains de Gennevilliers est de 3,000 à 4,000 francs, et le revenu des terres, grâce à l'irrigation, s'est élevé de 50 ou 100 francs à plus de 500 francs.

De tels résultats ne peuvent s'obtenir que grâce à une technique rigoureuse, sur laquelle il est utile de donner quelques indications générales.

À l'exception des terres exposées à être submergées, il n'y a pour ainsi dire pas de terrain qui ne puisse servir à l'épandage. Des sables siliceux comme à Édimbourg, et de l'argile forte comme à South-Norwood, réussissent également. Le terrain le plus favorable serait un sol argileux friable de 0^m,80 d'épaisseur reposant sur une couche perméable formée, par exemple, de graviers.

La quantité d'eau qui peut être épurée par hectare et par an est de 12,000 à 45,000 mètres cubes. A Berlin, où la couche perméable n'a que 1 à 1^m,50, on ne dépasse guère 14,000 mètres cubes; tandis que, à Gennevilliers, où les drains sont à plus de 2 mètres, la dose habituelle est de 40,000 mètres cubes.

Le drainage se compose essentiellement de tuyaux évacuateurs imperméables avec des branches collectives perméables, placées en dessous du niveau que les eaux souterraines ne doivent pas surpasser. Ces tuyaux de drainage doivent être d'autant plus abondants que le terrain est plus compact.

Les eaux d'é. arrivent dans les champs à l'aide de conduites fermées, aboutissant à des bouches de distribution qui sont ouvertes selon les besoins de la culture.

Au sortir des bouches de distribution, l'eau se rend dans des rigoles à ciel ouvert bordant les parcelles à irriguer et d'où l'eau s'écoule sur les terrains. L'irrigation se fait suivant trois méthodes :

1° *Par filtration latérale.* — Le terrain est aménagé en plates-bandes ou billons de 1ᵐ,80 à 2 mètres au plus de large, séparés par des rigoles ou raies dans lesquelles circule l'eau d'irrigation. C'est le système qui convient le mieux à la culture maraîchère.

2° *Par déversement.* — Le terrain est disposé suivant deux plans inclinés adossés dos à dos; une rigole qui forme l'arête supérieure déverse son eau des deux côtés. Ce procédé convient aux prairies naturelles ou artificielles.

3° *Par submersion.* — Le terrain est divisé en bassins entourés de digues peu élevées, que l'on inonde à des époques déterminées.

Les cultures les plus variées réussissent également bien (céréales, luzernes, prairies, betteraves, pommes de terre, colza, plantes potagères, fraises, asperges, arbres fruitiers); aussi est-il facile, par une combinaison rationnelle de ces cultures, d'obtenir un résultat très important au point de vue de l'épuration, qui est la permanence des irrigations. A ce point de vue, le *ray-grass* d'Italie jouit d'une grande faveur, grâce à la facilité avec laquelle il pousse et aux forts volumes d'eau qu'il absorbe. Après lui, ce sont les choux qui supportent le mieux les irrigations continues.

Le principe des irrigations remonte à l'antiquité; mais, dans notre siècle, c'est l'Angleterre qui a donné l'exemple. Une commission officielle anglaise, après avoir visité les marchés arrosées deux cents ans par une eau qui contient les vidanges de Milan, émettait l'avis qu'il n'est plus permis de perdre dans les rivières ou dans la mer des eaux riches dont il faut savoir doter l'agriculture.

En France, les travaux de M. de Freycinet sur l'emploi des eaux d'é. ont contribué pour une large part à vulgariser le système de l'épandage déjà appliqué en Angleterre; des expériences étaient commencées en 1868 et 1869, à Gennevilliers, où actuellement la surface des terrains irrigués est de 790 hectares. Tout récemment, un deuxième champ d'épuration pour les eaux de la ville de Paris vient d'être ouvert. C'est celui d'Achères qui, bientôt, dans moins d'une année, possédera 1,000 hectares aménagés pour l'irrigation. A ce moment la moitié de l'efflux parisien, 70,000,000 mètres cubes, sera épuré par l'épandage agricole.

A Berlin, le plan d'épuration des eaux d'é. par le sol fut commencé en 1873, d'après l'exemple de Gennevilliers, et peut être considéré aujourd'hui comme terminé.

Beaucoup d'autres villes, chaque jour plus nombreuses, appliquent ce système, qui paraît devoir prendre un développement de plus en plus considérable, à l'exclusion de tous les autres. Il a fait ses preuves et a définitivement triomphé des nombreuses critiques dont il a été si souvent l'objet.

ÉGOUTIER. s. m. (R. *égout*). Ouvrier chargé de l'écurage et de l'entretien des égouts.

ÉGOUTTAGE. s. m. [Pr. *égou-taje*] (R. *égoutter*). T. Techn. Action de faire égoutter. || *É. du sol,* Opération qui consiste à enlever l'humidité du sol par le moyen de fossés empierrés.

ÉGOUTTEMENT. s. m. [Pr. *égoute-man*] (R. *égoutter*). Action d'égoutter. *É. du sol,* Opération qui consiste à enlever aux terres l'excès d'humidité.

ÉGOUTTER. v. a. [Pr. *égou-ter*] (R. *goutte*). Débarrasser de liquide, en parlant d'un objet qui en est imbibé. *É. ce fromage. É. des asperges, de la vaisselle.* || T. Agric. *É. une terre,* En faire écouler l'eau. Voy. DRAINAGE. || Dans certaines industries, se dit pour faire sécher, faire écouler le liquide superflu. = S'ÉGOUTTER. v. pron. Perdre son eau peu à peu. *Ce fromage s'égoutte peu à peu.* — Avec ellipse du pron., *Faire é. du linge.* = ÉGOUTTÉ, ÉE, part.

ÉGOUTTEUR. s. m. [Pr. *égou-teur*]. T. Pap. Nom du rou-

leau que l'on passe sur le papier, quand il commence à prendre une certaine consistance, pour chasser l'excès d'eau.

ÉGOUTTOIR. s. m. [Pr. *égou-toir*] (R. *égoutter*). Planche, treillis, etc., sur lequel on met égoutter quelque chose. || T. Écon. domest. Appareil destiné à recevoir les bouteilles pour qu'elles s'égouttent. || T. Rur. Rond d'osier sur lequel on fait égoutter le fromage. || T. Min. Conduit pratiqué dans une galerie pour l'écoulement des eaux.

ÉGOUTTURE. s. f. [Pr. *égou-ture*] (R. *égoutter*). Liquide fourni par un objet qui égoutte. || Ce qui reste de liquide dans un vase qu'on vient de vider. *Ils ont bu tout le vin, et je n'ai eu que l'é., que les égouttures.* Fam.

ÉGRAIN ou **ÉGRIN.** s. m. T. Agric. Jeune poirier ou pommier non greffé.

ÉGRAINER. v. a. Voy. ÉGRENER.

ÉGRAINEUSE. s. f. Voy. ÉGRENEUSE.

ÉGRAINOIR. s. m. Voy. ÉGRENOIR.

ÉGRAMINAGE. s. m. T. Techn. Action d'égraminer. Opération qui consiste à enlever toute la chair des peaux, pour les disposer à bien recevoir la chaux.

ÉGRAMINER. v. a. (lat. *e,* préf. sépar., et *gramen,* gazon, duvet). T. Techn. Enlever à une peau toute la chair superflue.

ÉGRAPPAGE. s. m. [Pr. *égra-paje*] (R. *égrapper*). T. Agric. Action d'égrapper.

ÉGRAPPER. v. a. [Pr. *égra-per*] (R. *grappe*). T. Agric. Détacher les grains de raisin de la grappe. || T. Techn. Séparer des grappes ou gravois, en parlant du minerai de fer. = S'ÉGRAPPER. v. pron. *Être égrappé.* = ÉGRAPPÉ, ÉE. part.

ÉGRAPPOIR. s. m. [Pr. *égra-poir*] (R. *égrapper*). T. Agric. Instrument en forme de râteau ou de grillage, au moyen duquel on égrappe le raisin. || T. Techn. Appareil employé dans certains pays pour débourber le minerai du fer.

ÉGRATERONNER. v. a. [Pr. *égra-tero-ner*] (R. *grateron*). T. Techn. Débarrasser des graterons. *É. les laines.*

ÉGRATERONNEUSE. s. f. [Pr. *égra-tero-neuze*] T. Techn. Machine servant à débarrasser les laines des débris végétaux qu'elles contiennent.

ÉGRATIGNER. v. a. [Pr. *gn* mouillés] (R. *gratter*). Déchirer légèrement la peau avec les ongles, avec une pointe ou quelque chose de semblable. *Votre chat m'a égratigné.* — Par anal., *É. la terre,* Labourer très superficiellement. || Fig., Déniger sans faire semblant de rien. *S'il ne peut mordre, il égratigne.* || T. Techn. Se dit d'une certaine façon qu'on donne à quelques étoffes de soie avec la pointe d'un fer. *É. du satin.* || Découper les peaux, terme de passementerie. = S'ÉGRATIGNER. v. pron. *Ces deux enfants ne sauraient jouer ensemble sans qu'ils ne s'égratignent.* = ÉGRATIGNÉ, ÉE. part. || T. Grav. *Cette planche n'est qu'égratignée,* Le cuivre n'a pas été coupé avec hardiesse et netteté.

ÉGRATIGNEUR, EUSE. s. [Pr. *gn* mouillés] (R. *égratigner*). Celui, celle qui égratigne. || T. Techn. Ouvrier, ouvrière qui se sert de l'égratignoir.

ÉGRATIGNOIR. s. m. [Pr. *gn* mouillés] (R. *égratigner*). T. Techn. Fer à découper du passementier.

ÉGRATIGNURE. s. f. [Pr. *gn* mouillés] (R. *égratigner*). Légère blessure que l'on fait en égratignant. *Se faire une é. à la main. Recevoir des égratignures.* — *Ce n'est qu'une é.,* se dit d'une blessure qui est légère et peu dangereuse. — Fig. Blessure faite à l'amour-propre. || T. Vén. Traces légères laissées par la bête sur la terre dure. || Figur. et prov. On dit de quelqu'un qui est peu endurant et trop délicat, qu'*il ne peut souffrir la moindre é.*

ÉGRAU. s. m. T. Pêch. Filet qui sert à la pêche dite *jagude.*

ÉGRAVILLONNER. v. a. [Pr. *égravi-llo-ner*, *ll* mouillées] (R. *gravier*). T. Hortic. Oter la plus grande partie de la terre d'entre les racines d'un arbre qui a été levé en motte et qu'on veut replanter. *On égravillonne, afin que les racines puissent profiter des sels de la nouvelle terre.* = ÉGRAVILLONNÉ, ÉE. part.

ÉGRAVOIR. s. m. T. Techn. Outil dont se sert le paumier-raquetier.

ÉGREFIN. s. m. T. Zool. Voy. AIGREFIN.

ÉGRENAGE. s. m. (R. *égrener*). Action d'égrener. || T. Peint. Action d'enlever les grains du plâtre.

ÉGRÈNE. s. f. T. Techn. Coin de fer qu'on met aux ouvrages de layeterie pour empêcher l'écart des bords et des côtés.

ÉGRENÉ. adj. m. T. Agric. Se dit d'un bœuf d'attelage qui ne se prête pas à changer de compagnon. *Bœuf é.*

ÉGRENEMENT. s. m. (R. *égrener*). T. Artill. Dégradation d'une bouche à feu de bronze.

ÉGRENER. v. a. (R. *grain*). Détacher le grain, la graine d'une plante quelconque. *E. du blé, des, épis, du maïs, de l'anis, du raisin.* — Par anal. Faire passer successivement entre ses doigts les grains d'un chapelet. || T. Techn. Polir. Effacer le grain de... *E. une planche pour la mettre en couleur.* = s'ÉGRENER. v. pron. *Ce blé est trop mûr, il s'égrène.* || T. Techn. S'en aller en grains. *L'acier s'égrène facilement.* Avec ellipse du pron., *La sécheresse fait é. le raisin.* = ÉGRENÉ, ÉE. part. || Conj. Voy. GELER.

ÉGRENEUR. s. m. Celui qui égrène. || Fig. *É. de chapelet*, se dit de celui qui affecte la dévotion.

ÉGRENEUSE. s. f. (R. *égrener*). T. Agric. Machine servant à égrener les plantes à grains.

ÉGRENOIR. s. m. Nom de divers instruments qui servent à égrener.

ÉGRET. s. m. T. Vitic. Verjus.

ÉGRILLARD, ARDE. adj. [Pr. les *ll* mouillées]. Vif, éveillé, gaillard. *Il a l'air bien é. Un minois é. Il est d'une humeur égrillarde.* Fam. || Subst., *C'est un é., une égrillarde.* Fam.

ÉGRILLOIR. s. m. [Pr. les *ll* mouillées]. Déversoir. || T. Pêc. Grille de pieux qu'on met sur le bord de la mer pour contenir le poisson.

ÉGRIN. s. m. Voy. ÉGRAIN.

ÉGRISAGE. s. m. (R. *égriser*). T. Lapidaire. Travail du diamant au moyen de l'égrisée. || Travail que l'on fait subir au marbre avant de le polir, et qui consiste à y enlever les traces laissées par la scie ou le ciseau.

ÉGRISÉE. s. f. (R. *gris*). Poudre de diamant employée pour le polissage des pierres précieuses. Voy. DIAMANT.

ÉGRISER. v. a. (R. *é*, préf., et allem. *gries*, gravier). Travailler le diamant au moyen de l'égrisée. || Faire subir au marbre l'opération de l'égrisage. = ÉGRISÉ, ÉE. part.

ÉGRISOIR. s. m. (R. *égriser*). T. Techn. Vase où tombe la poudre qui résulte du frottement de deux diamants bruts et qui sert ensuite à les polir.

ÉGRUGEAGE. s. m. T. Techn. Écrasement du blé entre les cylindres égrugeurs des moulins à cylindres.

ÉGRUGER. v. a. (R. *é*, préf., et lat. *grumus*, grumeau). Écraser, mettre en poudre dans l'*égrugeoir*. || User, roguer par le frottement ou autre opération. || T. Agric. Débarrasser des graines, en parlant du chanvre ou du lin. == ÉGRUGÉ, ÉE. part. == Conj. V. MANGER.

ÉGRUGEOIR. s. m. (R. *égruger*). Sorte de petit vase ordi-

nairement de bois, dans lequel on égruge du sel, du sucre, avec un pilon. — Par extens. Mortier en général. || T. Techn. Outil au moyen duquel l'artificier réduit la poudre en pulvérin. || T. Agric. Machine à fouler le raisin. || Instrument dont on se sert pour faire tomber la graine du chanvre et du lin, en peignant ces plantes.

ÉGRUGEURE. s. f. (R. *égruger*). Parties menues d'un corps dur séparées par le frottement.

ÉGRUGEUR, EUSE. adj. T. Techn. Se dit des cylindres cannelés, concasseurs et broyeurs, des moulins à cylindres, entre lesquels passe le blé avant d'arriver aux cylindres convertisseurs.

ÉGUEULEMENT. s. m. (R. *gueule*). T. Artill. Déformation de la bouche d'une pièce, qui provient le plus souvent des battements du boulet lorsqu'il sort du canon, ou bien de ce que l'alliage de la pièce se trouve trop doux.

ÉGUEULER. v. a. (R. *gueule*). Casser le haut du goulot d'un vaisseau de terre ou de verre. *Elle a égueulé sa cruche.* || T. Artill. Endommager la gueule d'une bouche à feu. *É. un canon.* = s'ÉGUEULER. v. pron. *Cette pièce de canon s'égueule.* || Figur. et bass., *S'é. de crier, à force de crier*, S'enrouer à force de crier. = ÉGUEULÉ, ÉE. part.

ÉGUILLETTE. s. f. [Pr. *é-ghi-llè-te*, *g*, dur, *ll* mouillées]. T. Mar. Pièce de bois qu'on met sur le serrage pour renforcer un navire qui porte une grosse artillerie. || Menue corde servant à divers usages. || *É. de mâts*, Mâts auxiliaires destinés à en renforcer d'autres. *É. de voiles*, Cordages qui tiennent la tête des grandes voiles dans les radeaux.

ÉGUISIER. s. m. Sorte d'irrigateur, nommé du nom de son inventeur.

ÉGUZON. ch.-l. de c. (Indre), arr. de La Châtre; 1.700 h.

ÉGYLOPE. s. f., et **ÉGILOPS.** Voy. ÆGILOPS.

ÉGYPTE. — L'Égypte n'est en réalité que la vallée du Nil, vallée très étroite et resserrée entre deux chaînes rocheuses qui la protègent contre les sables du désert. Au nord, la vallée s'élargit et forme le Delta, terre d'alluvion extrêmement fertile. L'Égypte s'étend du 24° au 32° de latitude Nord et du 26° au 34° de longitude Est: sa superficie est de 1,021,350 kilomètres carrés et sa population de 6,825,000 habitants. L'Égypte est baignée par la Méditerranée sur une longueur de 870 kilomètres, et sur la mer Rouge sur une longueur de 1.300 kilomètres. Le littoral méditerranéen est plat, coupé par les embouchures du Nil, et toujours prêt à s'ensabler. Il est bordé d'étangs et de lacs dont quelques-uns, comme le lac Mariout, près d'Alexandrie, ont été desséchés et leur emplacement livré à la culture. Les côtes d'Égypte, sur la mer Rouge, sont droites, rocheuses; elles offrent peu d'anfractuosités. La péninsule du Sinaï, qui se rattache à l'Égypte, forme deux golfes qui échancrent profondément les terres, celui d'Akabah à l'est, et celui de Suez à l'ouest.

L'Égypte n'a pas de montagnes; sa partie orientale est traversée par la chaîne de rochers désignée sous le nom de chaîne arabique, entre la mer Rouge et la vallée du Nil; l'autre côté de la vallée est tenu par des rochers analogues et désignés sous le nom de chaîne libyque. — L'Égypte ne possède qu'un seul fleuve, le Nil, qui prend naissance dans les régions équatoriales. Les anciens l'avaient qualifié *Horus* et *Zeïdorus*, ce qui signifie soleil et fertilité; ses inondations périodiques déposent un limon, qui apporte la fertilité au pays. Avant de se jeter dans la mer, il se partage en deux grandes branches divergentes, dont l'une forme la bouche de Rosette et l'autre celle de Damiette. — L'Égypte ne connaît que deux saisons: le printemps qui dure de la fin de novembre au commencement de février, qui fait tout le reste de l'année. L'air est excessivement sec: les vents brûlants, chargés de parcelles de sable venant du désert y sont fréquents en été et vraiment intolérables. Les ophtalmies sont communes. Au Caire, les températures extrêmes sont de + 3° et + 40° à l'ombre; à Alexandrie, la température moyenne est de 20°.

L'Égypte a été l'une des premières contrées civilisées dans le monde. Son histoire se mêle à tous les grands événements de l'Europe occidentale (conquête romaine, croisades, guerre de 1798). L'Égypte, conquise par les Turcs en 1171, resta sous leur domination directe jusqu'en 1840, époque où Méhémet-

Ali, pacha du pays, réussit à se faire reconnaître comme khédive ou vice-roi héréditaire, moyennant le paiement d'un tribut. Méhémet-Ali et ses successeurs n'ont pas craint de s'adresser à l'Europe pour régénérer leur pays; toutefois, après le percement de l'isthme de Suez, en 1869, les obligations financières conclues avec la France et l'Angleterre ont placé l'Égypte sous la tutelle administrative et le contrôle commun de ces deux pays. En 1882, à la suite du soulèvement d'Arabi, le contrôle a été supprimé et l'Angleterre a établi plus étroitement son autorité particulière; toutefois, les finances égyptiennes restent soumises au contrôle d'une commission internationale dite commission de la Dette.

L'Égypte est divisée physiquement en trois grandes régions;

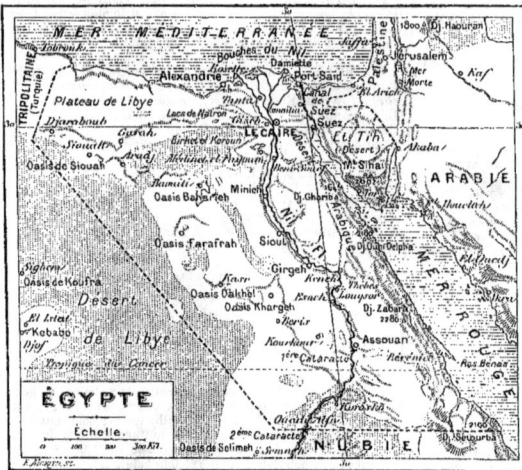

haute, moyenne et basse Égypte, mais politiquement on n'en distingue que deux : la haute et la basse Égypte. Elles se divisent en 7 gouvernements, subdivisés en 14 moudiriehs ou provinces. Les 7 gouvernements sont ceux du Caire, d'Alexandrie, de Damiette, de Rosette, de Kosséir, de l'isthme et d'El-Arich. Les villes les plus peuplées sont: le Caire (375,000 hab.), Alexandrie (250,000 hab.), Tanta (60,000 hab.), Benha (50,000 hab.), puis Zagazig, Syout, Fayoum, Damanhour, qui ont entre 50 et 25,000 hab. Le Caire est la capitale du gouvernement.

Des grandes villes de l'antiquité égyptienne, aucune, sauf Alexandrie, n'est restée debout. Mais d'importantes ruines attestent la grandeur de cette civilisation. La fameuse Thèbes aux cent portes subsiste cachée sous les villages de Louqsor et de Karnak. Mariette a découvert une partie importante des ruines de Memphis et d'Abydos, ensevelies par les envahissements des sables poussés par le vent du désert. Mais, de tous les vestiges de sa puissance évanouie, le plus imposant qui reste à l'Égypte consiste dans les pyramides de Djizeh, une des merveilles du monde.

En ce qui concerne la situation économique actuelle du pays, il n'y a que la vallée du Nil, soit une superficie de 31,000 kilom. carrés, qui soit susceptible de culture. Le pays est fertilisé en hiver par les débordements du Nil, qui laisse après lui un limon composé de calcaire, de magnésie, de silice et de détritus végétaux, et en été par un système d'irrigations par immersion à l'aide de canaux qui s'embranchent sur le fleuve. On arrive ainsi à obtenir quelquefois trois récoltes par an : le nombre normal est de deux. L'Égypte produit du blé, de l'orge, du sorgho, du maïs, du riz, du coton, la canne à sucre, la garance, l'indigo, les plantes potagères et surtout les oignons, enfin les palmiers, dattiers, figuiers, senés et jujubiers. — Le pays est peu industriel : cependant, il y a des fonderies de fer au Caire, à Boulaq, à Alexandrie, des fabri-

ques d'armes à Alexandrie et au Caire. La poterie se fabrique principalement à Syout.

En Égypte, il y a peu de routes proprement dites, mais les digues et chaussées servent de moyens de communication. Les chemins de fer couvrent tout le Delta; il y a en outre de nombreux canaux créés par Méhémet-Ali et ses successeurs. De tous ces canaux, le plus important est le canal de Suez, commencé en 1859 et inauguré le 17 septembre 1869; œuvre persévérante et glorieuse de Ferdinand de Lesseps. Ce canal a une longueur de 160 kilom. et une largeur de 58 à 100 mètres. Voy. CANAL. — Le commerce est presque tout entier entre les mains des Européens. Le mouvement des échanges s'élève annuellement à près de 250 millions pour l'importation et de 350 millions pour l'exportation. Le port d'Alexandrie a la plus grande part dans ce commerce. — Le transit est de 125 à 150 millions de francs.

ÉGYPTIAC. adj. m. [Pr. éjip-siak] (R. Égypte). T. Pharm. Voy. ONGUENT.

ÉGYPTIAQUE. adj. [Pr. é-jipsia-ke]. Égyptien, appartenant à l'Égypte.

ÉGYPTIEN, IENNE. adj. [Pr. é-jip-si-in]. Qui appartient à l'Égypte, qui concerne l'Égypte. Le peuple é. Architecture égyptienne. — Nom donné autrefois aux mendiants vagabonds appelés aujourd'hui Bohémiens. = Substantiv. Habitants de l'Égypte. || T. Typog. Genre de caractères gras (Égyptien) employés pour les titres, les sous-titres et les divisions de chapitres. == ÉGYPTIENNE. s. f. T. Comm. Étoffe de soie en usage dans le siècle dernier.

ÉGYPTOLOGIE. s. f. (R. égyptologue). Études des choses relatives à l'ancienne Égypte.

ÉGYPTOLOGIQUE. adj. Qui a rapport à l'égyptologie.

ÉGYPTOLOGUE. s. m. (gr. Αίγυπτος, Égypte; λόγος, discours). Celui qui s'occupe de l'histoire et des antiquités de l'Égypte.

ÉGYPTUS ou mieux **ÆGYPTUS**, prince fabuleux d'Égypte, frère de Danaüs, dont les 50 fils auraient épousé les 50 filles de celui-ci. Voy. DANAÏDES.

EH. interj. de surprise, d'admiration. Eh! qui aurait pu croire cela? — Eh bien, s'emploie pour marquer la surprise, etc., et souvent aussi pour donner plus de force à ce qu'on dit. Eh bien, que faites-vous donc? Eh bien, le croirez-vous maintenant? Eh bien, soit! || Eh quoi! loc. employée pour marquer la surprise ou l'indignation. Eh quoi! vous osez m'insulter. — Eh donc! loc. que l'on emploie pour encourager ou exciter. Eh donc! décidez-vous.

ÉHANCHÉ, ÉE. adj. (R. é, préf., et hanche). Syn. de DÉHANCHÉ. Voy. ce mot.

ÉHERBER. v. a. (R. herbe). T. Jardin. Débarrasser des mauvaises herbes. Synon. de sarcler.

EHLITE. s. f. (R. Ehl, nom de lieu). T. Miner. Phosphate de cuivre hydraté trouvé en Prusse, à Ehl.

ÉHONTÉ, ÉE. adj. (R. honte). Qui n'a point de honte. C'est un homme é., une femme éhontée. On dit aussi Déhonté. == Syn. Voy. EFFRONTÉ.

ÉHONTÉMENT. adv. D'une manière éhontée.

ÉHOUPER. v. a. (R. houppe). T. Sylvicult. Couper la cime d'un arbre. || T. Agric. Détacher de leurs tiges les têtes des trèfles. == ÉHOUPÉ, ÉE, part.

EHRAM. s. m. T. Comm. Sorte de tapis pelucheux aux tons rouges et mats qui se fabrique à Philippopoli.

EHRENBERG, naturaliste allemand (1795-1876).

EHRENBERGITE. s. f. (R. *Ehrenberg*, n. d'un naturaliste allemand). T. Minér. Argile rose, presque gélatineuse à l'état frais, contenue dans les fentes de certaines trachytes.

EHRENBREITSTEIN, v. de la Prusse occidentale; une des plus fortes places de l'Europe; 5.800 hab.

EHRETIE. s. f. (R. *Ehret*, n. prop). Genre de plantes Dicotylédones (*Ehretia*) de la famille des *Borraginées*. Voy. ce mot.

EHRÉTIÉES. s. f. pl. [Pr. è-ré-sié]. T. Bot. Tribu de plantes de la famille des *Borraginées*. Voy. ce mot.

EICHHOFF, philologue français (1790-1875).

EICHHORN, (GODEFROY), orientaliste et historien allemand (1752-1827); son fils CHARLES-FRÉDÉRIC, historien et jurisconsulte (1781-1864).

EICHHORNIE. s. f. [Pr. *ay-kornie*] (R. *Eichhorn*, nom d'homme). T. Bot. Genre de plantes Monocotylédones de la famille des *Pontédériacées*. Voy. ce mot.

EICHHORNIÉES. s. f. pl. [Pr. *ay-kornié*] (R. *Eichhornie*). T. Bot. Tribu de plantes de la famille des *Pontédériacées*. Voy. ce mot.

EICHTAL (GUSTAVE D'), publiciste français (1804-1886).

ÉICOSAÈDRE. s. m. [Pr. *é-ï*...] (gr. εἴκοσι, vingt; ἕδρα, face). T. Géom. Solide à vingt faces. On dit plus généralement *Icosaèdre*. Voy. ce mot.

Obs. gram. — Au sujet de ce mot et de quelques-uns des suivants, nous ferons remarquer que l'orthographe *Ei* est vicieuse: il est en effet de règle de traduire en français la diphthongue grecque ει par *i* comme dans le nom du sculpteur Φειδίας, qui s'écrit en français Phidias.

ÉICOSANE. s. m. [Pr. *é-ï*...] (gr. εἴκοσι, vingt). T. Chim. Hydrocarbure saturé répondant à la formule $C^{20}H^{42}$. L'é. normal, appelé aussi *bidécyle*, a été obtenu synthétiquement en traitant l'iodure de décyle par le sodium. Il est contenu en assez forte proportion dans la paraffine. Il cristallise en paillettes nacrées fusibles à 36°,6. Chauffé avec le perchlorure de phosphore, il se transforme en chlorure d'éicosyle qui, distillé sur le sodium, donne l'*éicosylène*, hydrocarbure non saturé, liquide, bouillant vers 315°.

ÉICOSIPENTARQUE. s. m. [Pr. *é-ï*...] (gr. εἴκοσι, vingt; πέντε, cinq; ἄρχω, je commande). Officier qui commandait à 25 hommes en Grèce.

ÉICOSTOLOGUE. s. m. [Pr. *é-ï*...] (gr. εἴκοστος, vingtième; λόγος, discours). T. Antiq. gr. Nom d'un magistrat d'Athènes qui recevait l'impôt frappé sur les marchandises des alliés non tributaires.

EIDER. s. m. (mot allem. tiré du suédois). T. Ornith. Oiseau palmipède appartenant au groupe des *Canards*. Voy. ce mot.

EIDER ou **EYDER**, fleuve de l'Allemagne du Nord, sépare le Holstein du Sleswig et se jette dans la mer du Nord.

ÉIDOTROPE. s. m. [Pr. *é-ï*...] (gr. εἶδος, apparence; τροπή, changement). Instrument qui fait voir des formes diverses, comme le kaléidoscope.

EIGNES. s. f. pl. T. Agric. Marc de raisin, dans la Champagne.

EILAMIDES. s. f. pl. [Pr. *è-lamide*] (gr. εἴλαμιδες, de εἴλημα, j'enveloppe). T. Anat. Nom générique des enveloppes du cerveau ou méninges.

EILÈNE. s. m. [Pr. *è-lène*]. T. Pathol. Douleur fixe dans un des points du canal intestinal.

EIMMART (GEORGES), peintre, graveur et astronome allemand (1638-1705).

EINSIEDELN, v. de Suisse, canton de Schwitz; 5,000 hab.

EISENACH, v. du grand-duché de Saxe-Weimar; 19,736 habitants.

EISENAPATITE. s. f. [Pr. *ay-sen-apatite*] (all. *eisen*, fer, et fr. *apatite*). T. Minér. Apatite ferrugineuse.

EISENCHROME. s. m. [Pr. *ay-sen-kròm*] (all. *eisen*, fer, et fr. *chrome*). T. Minér. Combinaison de sesquioxyde de chrome et de protoxyde de fer.

EISEN-GLIMMER. s. m. [Pr. *aysen-glim-mer*] (all. *eisen*, fer; *glimmer*, mica). T. Minér. Minerai de fer micacé, gris.

EISENKIES. s. m. [Pr. *ai-zen-kiz*] (all. *eisen*, fer; *kies*, pyrite). Pyrite de fer.

EISEN-KIESEL. s. m. [Pr. *ay-sen-ki-zel*] (all. *eisen*, fer; *kiesel*, quartz). Quartz ferrugineux, jaune ou brun rougeâtre.

EISEN-RAM. s. m. [Pr. *ay-sen-ram*] (all. *eisen*, fer; *ram*). T. Minér. Hématite en paillettes brillantes.

EISENROSE. s. f. [Pr. *ay-sen-roze*] (all. *eisen*, et fr. *rose*). T. Minér. Hématite titanifère du Saint-Gothard, en cristaux groupés en rosace.

EISENSPATH. s. m. [Pr. *ay-sen-spat*] (all. *eisen*, fer; *spath*, pierre). T. Minér. Carbonate de fer naturel.

EISENVITRIOL. s. m. [Pr. *ay-sen-vitriol*] (all. *eisen*, fer, et fr. *vitriol*). T. Minér. Sulfate de protoxyde de fer très hydraté.

EISLEBEN, v. de la prov. de Saxe (Prusse); 20,000 hab. Patrie de Luther.

EISPNOÏQUE. adj. [Pr. *ès-pno-ïke*] (gr. εἰσπνοή, aspiration, de εἰς, dans, et πνοή, respiration). T. Physiol. Qui a rapport à l'inhalation cutanée.

EISSAUGE. s. f. T. Pêch. Sorte de filet qui ressemble à la seine.

EISSPATH. s. m. [Pr. *ay-spat*] (all. *eis*, glace; *spath*, pierre). T. Minér. Silicate d'alumine naturel, variété d'orthose très transparente.

EITLANDITE. s. f. [Pr. *ayt-landite*] (R. *Eitland*, n. de lieu). T. Minér. Niobate ou titanate d'yttrium et d'uranium, trouvé à Eitland (Norvège).

ÉJACULATEUR, TRICE. adj. 2 g. (R. *éjaculer*). T. Anat. Qui sert, qui contribue à l'éjaculation. *Les conduits, les muscles éjaculateurs.*

ÉJACULATION. s. f. [Pr. ...*sion*] (R. *éjaculer*). T. Physiol. Émission, au dehors, avec une certaine force, d'une matière liquide. || Acte mécanique par lequel la liqueur spermatique est lancée hors des voies génitales. — Par ext. Éruption. || Figur., en langage mystique, Prière fervente et qui part du cœur.

ÉJACULATOIRE. adj. (R. *éjaculer*). T. Physiol. Relatif à l'éjaculation du sperme. *Organe é.*

ÉJACULER. v. a. (lat. *ejaculari*, m. s.)). T. Physiol. Lancer avec une certaine force hors de soi. *Certains reptiles éjaculent une humeur très âcre sur les animaux qui veulent les saisir.* — Absol. Émettre le sperme. = ÉJACULÉ, ÉE. part.

ÉJAMBER. v. a. (R. *jambe*, dans le sens de support). T. Techn. Enlever la côte longitudinale d'une feuille de tabac.

ÉJARRAGE. s. m. [Pr. *éja-raje*] (R. *éjarrer*). T. Techn. Action d'éjarrer les peaux.

ÉJARRER. v. a. [Pr. *éja-rer*] (R. *jarre*). T. Techn. Débarrasser de la jarre, en parlant des peaux.

ÉJECTER. v. a. Rejeter au dehors, à l'aide d'un éjecteur.

ÉJECTEUR. s. m. Engin propre à rejeter l'eau au dehors d'un navire. || Tuyau d'évacuation. || T. Art milit. Petite vis saillant dans la culasse mobile des fusils de guerre, qui projette dehors la cartouche vide, quand on ouvre la culasse mobile pour recharger. || T. Méc. Appareil hydraulique ou pneumatique produisant l'évacuation d'un liquide, au moyen d'un jet de vapeur.

ÉJECTION. s. f. [Pr. ...sion] T. Méd. et Géol. Se dit quelquefois pour déjection. Voy. ce mot.

ÉJOINTAGE. s. m. Amputation de l'aileron, à 1 centim. environ de l'articulation de l'avant-bras et de l'os du pouce.

ÉJOINTER. v. a. (R. joint). T. Fauc. Rogner l'aile d'un oiseau, pour qu'il ne puisse plus voler.

ÉJOU. s. m. Nom d'un textile fourni par l'Arenga saccharifera, de la famille des Palmiers.

ÉJOUIR (S'). v. pron. Se réjouir. Vx et ne s'emploie que dans le style badin. Il s'éjouissait déjà d'être du festin.

ÉJULATION. s. f. [Pr. ...sion] (lat. ejulatio, m. s.). Plainte douloureuse, sanglots.

EKAALUMINIUM, EKABORE. s. m. (sanscr. eka, un, et fr. aluminium, bore). T. Chim. Noms donnés provisoirement par Mendéléef à deux corps simples inconnus, dont le rang et les propriétés étaient prévus dans le système périodique. Voy. ÉLÉMENTS chimiques. Ces deux corps ont été découverts depuis; ce sont le gallium et le scandium.

EKDÉMITE. s. f. T. Minér. Chloroarsénite de plomb, en incrustations cristallines, trouvé en Suède.

ÉKEBERGITE. s. f. (R. Ekeberg, nom d'homme). T. Minér. Silicate double d'alumine et de chaux.

EKLOGITE. s. f. (gr. ἐκλογή, choix, extrait). T. Minér. Roche assez rare composée d'un mélange de grenat rouge et d'émeraudine verte ou grise.

EKMANNITE. s. f. [Pr. ekmann-nite] (R. Ekmann, nom d'homme). T. Minér. Silicate hydraté de fer et de manganèse contenant des traces d'alumine et de magnésie.

EL. s. m. T. Métrol. Nom du mètre dans les Pays-Bas.

ELA, roi d'Israël, de 919 à 918 av. J.-C.

ÉLABORABLE. adj. T. Physiol. Qui peut être élaboré.

ÉLABORANT, ANTE. adj. T. Didact. Qui élabore. Cellules élaborantes.

ÉLABORATEUR, TRICE. adj. T. Didact. Qui fait la fonction d'élaborer. Organe é.

ÉLABORATION. s. f. (lat. elaboratio). T. Physiol. Action d'élaborer, de s'élaborer. L'é. du chyle. L'é. de la sève dans les végétaux. Une lente é. || Fig., L'é. de ce mémoire lui a donné bien de la peine.

ÉLABORER. v. a. (lat. elaborare, de labor, travail). Faire subir par un labeur, par un travail, une modification spéciale. || T. Physiol. Se dit des modifications et transformations que certains organes vivants font subir aux substances soumises à leur action. L'appareil digestif élabore les aliments. La bile est élaborée par le foie. — Fig. Préparer, perfectionner graduellement. É. un projet. = s'ÉLABORER. v. pron. Les sucs laiteux des plantes s'élaborent dans des vaisseaux particuliers. = ÉLABORÉ, ÉE. part.

ÉLABRÉ, ÉE. adj. (R. labre). T. Entom. Qui n'a pas de labre.

ÉLÆAGNUS. s. m. [Pr. éléag-nuss] (gr. ἐλέαγνος, m. s.). Voy. CHALEF et ÉLÉAGNÉES.

ÉLÆÉRINE. s. f. (gr. ἔλαιον, huile; ἔριον, laine). T. Chim. Principe voisin de l'oléine qu'on trouve dans le suint.

ÉLAÈNE. s. m. (gr. ἔλαιον, huile). T. Chim. Carbure d'hydrogène qu'on obtient par la distillation de l'acide méléique.

ÉLÆOLITHE. s. m. (gr. ἔλαιον, huile; λίθος, pierre). T. Minér. Silicate alumineux de soude naturel d'un éclat gras.

ÉLÆOMARGARINE. s. f. (gr. ἔλαιον, huile, et fr. margarine). T. Chim. Se dit d'un acide extrait de l'huile de l'éléococque.

ÉLÆOMÈTRE. s. m. (gr. ἔλαιον, huile; μέτρον, mesure). T. Phys. Espèce d'aréomètre servant à reconnaître la pureté des huiles grasses par leur densité. = On dit aussi Élaiomètre.

ÉLAGABAL. Voy. HÉLIOGABALE.

ÉLAGAGE. s. m. (R. élaguer). T. Agric. Action d'élaguer. || Les branches qu'on a retranchées en élaguant. — Par anal. Suppression d'objets inutiles.

Sylviculture. — Si, dans la culture des plantations d'alignement forestières, on ne voulait obtenir que la plus grande quantité possible de bois, dans un temps et sur un espace donnés, on pourrait, lorsque les plantations ont été convenablement faites, abandonner les jeunes arbres à eux-mêmes, et se contenter de les préserver de tout ce qui peut nuire à leur vigoureux accroissement. Mais on cherche surtout à obtenir des bois de construction, et, pour cela, les troncs doivent être à la fois le plus longs, le plus gros possible, et surtout dépourvus de ces nœuds volumineux, souvent cariés, qui diminuent singulièrement la valeur des arbres. Lorsque les jeunes sujets sont arrivés à l'âge de 6 ou 8 ans, et qu'ils n'ont pas été trop rapprochés dans la pépinière, leur tige est couverte de ramifications sur la moitié environ de leur hauteur. Si ces arbres sont plantés en massif un peu serré, les branches inférieures ne prendront aucun développement, et la sève, agissant surtout vers le sommet, où l'appelle une végétation vigoureuse, abandonnera bientôt les ramifications inférieures qui se dessécheront. L'arbre continuant à s'élever, les branches latérales se trouveront à leur tour privées de lumière, s'étioleront et finiront par mourir. C'est ainsi que, successivement, les branches latérales disparaissent à mesure que la tige s'allonge. Quand, enfin, l'arbre cesse de croître en hauteur, les ramifications du sommet continuant à se développer et formant la tête de l'arbre qui n'éprouve, depuis ce moment jusqu'à sa décrépitude, que des changements peu sensibles. Il s'ensuit que les arbres ainsi plantés peuvent former d'eux-mêmes un tronc droit, fort élevé, assez gros, et surtout dépourvu de nœuds ou de grosses ramifications, sans qu'il soit nécessaire de leur appliquer l'é. Mais il n'en est pas ainsi pour les plantes en lignes isolées. Leur tige étant complètement éclairée de la base au sommet, toutes les branches latérales, les plus basses comme les plus élevées, profitent de cette influence et poussent vigoureusement ; elles absorbent une grande partie de la sève, se partageant son action presque également, de sorte que l'arbre s'élève moins et sa tête s'élargit beaucoup. Souvent même le tronc se divise à une hauteur peu considérable, parce que des branches latérales ont contrebalancé, par leur position favorable, la vigueur de la flèche. Si l'on vient à exploiter ces arbres, le tronc peu élevé, couvert de ramifications volumineuses, sera tout à fait impropre aux constructions et ne pourra être utilisé que comme bois de chauffage. Ceci posé, examinons les principes généraux de l'é. — C'est pendant les premières années qui suivent la reprise qu'on doit imposer à l'arbre une forme convenable. Si on retardait trop le premier é., on se verrait dans la nécessité de supprimer à la fois un grand nombre de branches, ce qui est toujours fâcheux, en l'amenage de ces branches auraient acquis un diamètre tel que leur suppression laisserait sur la tige des plaies énormes qui enlèveraient au tronc de l'arbre toute sa valeur, comme bois de service ; car la cicatrice ne se ferme jamais avant que l'aubier mis à nu ait été plus ou moins altéré par l'action de l'air et de l'humidité qui hâte sa décomposition et détermine la carie. — L'é., en supprimant un grand nombre de rameaux, apporte un trouble considérable dans la circulation de la sève et, par suite, dans l'ensemble de la végétation. Pour que ce désordre soit moins préjudiciable, il importe de choisir l'époque où la sève est suspendue, c'est-à-dire depuis la fin d'octobre jusqu'au milieu de mars. On préfère la fin de l'hiver, parce que la reprise de la végétation ayant lieu peu de temps après cette opération, les plaies sont exposées moins longtemps à l'influence désorganisatrice de l'air.

Nous avons dit qu'on doit s'efforcer de faire prendre au tronc le plus grand développement en diamètre et en hauteur. Pour atteindre ce but, l'expérience a démontré que la tête, c'est-à-dire l'étendue de la tige pourvue de branches, doit former la moitié environ de la hauteur totale de l'arbre. Nous devons donc conclure que l'é. des plantations d'alignement doit être conduit de façon à supprimer de temps en temps les branches inférieures de la tête, à mesure que la tige s'allonge. Mais l'é. doit porter aussi, par anticipation, sur les ramifications suivantes, quelle que soit leur position sur la tige : 1° Sur celles qui, plus favorisées que leurs voisines, prennent un accroissement disproportionné. Si l'on attendait, pour les faire disparaître, qu'elles fussent comprises dans l'élage des branches qui doit être enlevé, elles déformeraient la tige en contre-balançant l'action absorbante de la flèche ou rameau principal. 2° Sur les branches faibles ou de moyenne grosseur qui naissent plusieurs au même point. Dans ce cas, on supprime l'une, au moins, de ces branches. 3° Sur les ramifications qui naissent à la même hauteur autour de la tige ; si elles étaient laissées intactes, il en résulterait des plaies multipliées et trop rapprochées, lorsque viendrait le moment de les supprimer toutes. Il convient donc d'en couper quelques unes à l'avance. 4° Sur le rameau situé à côté du rameau terminal, lorsque ce dernier menace de prendre trop de vigueur, et de déformer la tige. On retranche les trois quarts de sa longueur, et l'on attache sur le chicot conservé le rameau terminal pour le ramener à une position verticale. Ce chicot est entièrement supprimé lors de l'é. suivant.

Manière d'opérer les suppressions. — On ne doit supprimer entièrement une branche qu'autant que ses couches ligneuses centrales ne sont pas encore passées à l'état de bois parfait. Autrement, il en résulterait les inconvénients graves que nous avons déjà signalés. Si, par négligence, on a laissé acquérir cet état à une branche, on se contente de diminuer sa vigueur en retranchant la moitié de sa longueur, immédiatement au-dessus d'une petite ramification. Lorsqu'une branche n'offre pas encore de couche ligneuse à l'état de bois parfait, mais que, plus favorisée que les autres, elle a acquis un diamètre trop considérable par rapport à la tige, il faut la supprimer en deux fois. On retranche d'abord les deux tiers, ayant soin de pratiquer l'amputation immédiatement au-dessus d'une petite ramification, et lors de l'é. suivant, on retranche le reste. Si l'on coupe une branche contre la tige, que cette ramification ait été raccourcie ou non, on doit faire l'amputation de façon que le diamètre de la plaie ne soit pas plus grand que celui de la base de la branche. Il n'existe aucune raison valable pour élargir une blessure dont la cicatrisation est toujours laborieuse. Souvent on laisse sur le tronc une section de 15 ou 20 centimètres de la branche coupée ; c'est là une pratique vicieuse, qui n'apporte aucun avantage et ne présente que des inconvénients. Enfin, les branches à supprimer, quelle que soit leur grosseur, doivent être coupées de manière qu'on se détachant elles n'entraînent pas une partie de l'écorce du tronc au-dessous de leur point d'intersection. Ces déchirements se cicatrisent difficilement et sont très préjudiciables aux arbres. Pour les éviter, on pratique, au-dessous de la branche à couper, une entaille comprenant le quart de son diamètre. On attaque ensuite à la partie supérieure l'entaille principale, et la branche se détache sans accident. On termine en rendant la plaie la plus nette possible, car les aspérités qu'on laisserait retiendraient l'humidité et hâteraient la décomposition du bois. Pour diminuer les inconvénients de l'é., il est de bonne pratique, trop négligée, de recouvrir les plaies avec un englument quelconque ; le goudron de houille, par exemple, est excellent pour cet usage.

ÉLAGNE. s. f. Nom vulgaire de la femelle du Bouquetin des Alpes. Voy. CHÈVRE.

ÉLAGUER. v. a. (anc. all. *lah*, incision des arbres, avec le préf. é). T. Agric. Retrancher d'un arbre les branches superflues et nuisibles à son développement ou à la nourriture des branches qui portent des fruits. *C'est vers la fin de l'été qu'on élague les arbres. Il faudra é. cette branche.* || Figur., Retrancher, dans un ouvrage d'esprit, ce qui l'allonge inutilement. *Un exorde qui a besoin d'être élagué. Il faudra é. cette scène.* = ÉLAGUÉ, ÉE. part.

Syn. — *Émonder.* — *Élaguer* signifie simplement couper, retrancher ; *émonder* a le sens de nettoyer, ôter ce qui défigure. En conséquence, *élaguer* doit se dire des arbres frui-

tiers, dont on retranche certaines branches pour qu'ils portent plus de fruits, et des arbres de rapport dont on coupe les branches pour favoriser l'accroissement du tronc, comme on le fait aux peupliers, et *émonder*, des arbres d'agrément dont on coupe les branches qui dépassent une certaine limite ou tendent à changer l'aspect qu'on veut donner à l'arbre.

ÉLAGUEUR. s. m. T. Agric. Celui qui élague les arbres.

ÉLAÏDINE. s. f. (gr. ἔλαιον, huile). T. Chim. Substance solide, fusible à 32°, qui se produit par l'action des vapeurs nitreuses sur l'oléine. Elle constitue un polymère de ce dernier corps. On la rencontre dans l'onguent citrin des pharmacies et dans la pommade nitrique, qu'on obtient en faisant réagir l'acide azotique sur l'axonge. Presque insoluble dans l'alcool ; très soluble dans l'éther.

ÉLAÏDIQUE. adj. 2 g. (gr. ἔλαιον, huile). T. Chim. L'*acide é.*, $C^{18}H^{34}O^2$, est un isomère de l'acide oléique et s'obtient en traitant ce dernier par l'acide nitreux. Il est solide et se présente sous forme de tables nacrées, blanches. Il est insoluble dans l'eau, soluble dans l'alcool et l'éther ; il fond à 52°. Chauffé à l'air à 65°, il s'oxyde et rancit en se liquéfiant. Il n'est pas saturé et s'unit directement à deux atomes de brome. Ses sels, les *élaïdates*, ont la même composition que les oléates.

ÉLAÏLE ou **ÉLAYL.** s. m. (gr. ἔλαιον, huile). T. Chim. Nom que Berzélius donnait à l'éthylène. Inus.

ÉLAÏNE. s. f. (gr. ἔλαιον, huile). T. Chim. Portion des huiles grasses qui demeure liquide quand on abaisse leur température.

ÉLAÏODE. s. m. (gr. ἔλαιον, huile). T. Chim. Partie fluide d'une huile volatile.

ÉLAIOMÈTRE. s. m. Voy. ÉLÉOMÈTRE.

ÉLAISER. v. a. T. Monn. Frapper les flans sur l'enclume avec le frattoir.

ÉLALDÉHYDE. s. f. Modification isomérique liquide de l'aldéhyde.

ÉLAM, fils de Sem, père des *Élamites*, qui auraient peuplé le pays de Suse (Bible). == Nom donné à ce pays, appelé plus souvent SUSIANE.

ÉLAMBIFICATION. s. f. [Pr. ...sion] (R. *alambic*). T. Chim. Analyse des eaux minérales naturelles, au point de vue médical.

ÉLAN. s. m. (R. *élancer*). Mouvement de locomotion qui s'opère subitement et avec un effort violent. *Il fit un grand é. et s'échappa des mains des alguazils. Ce cheval ne va que par élans. Il prit son é. pour franchir la barrière.* || Figur., Mouvement impétueux de l'âme, lorsqu'elle se porte avec ardeur vers un objet. *Un é. de zèle. Des élans de patriotisme. Quand on lui parle de son fils, il lui prend des élans de douleur. Les élans du cœur. La domination étrangère comprima longtemps chez ce peuple l'é. du génie national.*

ÉLAN. s. m. (all. *elaho, elenn*, même sens). T. Mamm. Genre de *Mammifères ruminants* appartenant au groupe des *Cerfs*. Voy. ce mot.

ÉLANCEMENT. s. m. (R. *élancer*). Action d'élancer, élan. || T. Pathol. Douleur subite, aiguë et de peu de durée, provenant de quelque cause interne. *Je viens d'éprouver un é. dans la tête. Cela me cause des élancements.* || T. Dévotion. Mouvement affectueux et subit de l'âme ; n'est guère usité qu'au plur. *Les élancements de l'âme vers Dieu.* || T. Mar. Angle formé par l'étrave ou l'étambot avec le prolongement de la quille.

ÉLANCER. v. a. (R. *lancer*). Pousser, lancer en avant avec impétuosité ; ne s'emploie guère qu'avec le pronom personnel. == ÉLANCER. v. n. Faire éprouver des élancements douloureux. *Le doigt m'élance. Je sens quelque chose qui m'élance.* == s'ÉLANCER. v. pron. Se porter avec impétuosité vers quelque chose. *Il s'élança au travers des ennemis.* Les serpents s'*élancent*. || Être ou devenir élevé, élancé, en parlant d'un objet svelte et de haute taille. || Fig., *Non âme s'é-lançait vers Dieu.* = ÉLANCÉ, ÉE. part. *Cheval élancé,* Cheval dont le corps est effilanqué. — *Taille élancée,* Taille svelte, dégagée et bien prise. — *Arbre élancé,* Arbre dont le tronc est élevé et peu chargé de branches. *Branche élan-cée,* Branche longue, menue et peu garnie de rameaux. || T. Blas. Se dit du cerf quand il est courant. || T. Mar. Dévoyé, en parlant des couples.

ÉLANDRÉ, ÉE. adj. T. Sylvic. Se dit d'un arbre dont la tige trop élevée n'est pas dans une proportion convenable avec sa grosseur.

ÉLANGUEUR. s. m. (R. *langue*). T. Pêch. Instrument auquel on attache les morues qu'on vient de prendre, par la tête.

ÉLAPHIEN, IENNE. adj. (gr. ἔλαφος, cerf). T. Zool. Qui ressemble au cerf.

ÉLAPHOGRAPHE. s. m. (gr. ἔλαφος, cerf ; γράφω, j'écris). T. Mamm. Auteur qui a écrit sur les cerfs.

ÉLAPHOGRAPHIQUE. adj. 2 g. (gr. ἔλαφος, cerf; γράφω, j'écris). T. Mamm. Qui concerne les cerfs.

ÉLAPHOMYCE. s. m. (gr. ἔλαφος, cerf; μύκης, champignon). T. Bot. Genre de Champignons (*Elaphomyces*) de la famille des *Périsporiacées*. Voy. ce mot.

ÉLAPHORNITHE. adj. 2 g. (gr. ἔλαφος, cerf; ὄρνις, ὄρνιθος, oiseau). T. Ornith. Qui tient du cerf et de l'oiseau.

ÉLAPHRE. s. m. (gr. ἐλαφρίζω, j'allège). T. Bot. Genre de plantes Dicotylédones (*Elaphrium*) de la famille des *Anacardiacées*. Voy. ce mot.

ÉLAPHRE. s. m. (gr. ἐλαφρός, agile). T. Entom. Petits *Coléoptères* qui ressemblent aux Cicindèles. Voy. CARABIQUES.

ÉLAPIDÉS. s. m. pl. (R. *Élaps*). T. Erpét. — Les É. forment une famille de serpents Protéroglyphes (voy. SERPENTS). Ce sont des animaux terrestres qui présentent pour caractères communs d'avoir de grandes plaques sur la tête et la queue conique, d'où le nom de *Conocerques* que Duméril avait donné à cette famille. Toutes les espèces sont très venimeuses; nous ne parlerons ici que des principales.

Les *Élaps* ont une seule dent cannelée à la mâchoire supérieure, comme les serpents Solénoglyphes, mais leur bouche est peu dilatable et leur tête, petite et arrondie, présente de larges plaques sur son sommet. Toutes les espèces de ce genre qui habitent les régions tropicales des deux continents sont revêtues de couleurs éclatantes et variées. Les *Bongares*, ou *Pseudo-Boas*, sont surtout caractérisés par la forme de leur dos, qui est comprimé en carène et garni d'une rangée d'écailles plus larges que les latérales; ils habitent Java et l'Inde. Enfin, les *Najas* ou serpents à lunettes forment le genre le plus intéressant de la famille; nous en ferons le sujet d'un article spécial.

ÉLAPS. s. m. (gr. ἔλαψ, sorte de couleuvre). T. Erpét. Genre de serpents venimeux appartenant à la famille des *Élapidés*. Voy. ce mot.

ÉLAQUIR. s. m. T. Chim. Sulfate rouge de fer calciné.

ÉLARGIR. v. a. Rendre plus large. *É. un habit, des souliers. É. une chambre, une allée, un parc, un fossé.* || Fig., *É. ses idées. É. la sphère de ses connaissances. É. des règles,* Les rendre moins rigoureuses. *É. son dis-cours,* S'étendre sur un sujet. || T. Grav. *É. les tailles,* Rendre plus larges les espaces qui sont entre les tailles. || Mettre hors de prison. *É. un prisonnier. On l'a élargi moyennant caution.* || T. Man. *É. son cheval,* Lui faire raser les murs du manège. = s'ÉLARGIR. v. pron. Devenir plus large. *Mes souliers se sont trop élargis. Le chemin s'élargit en cet endroit.* — Fig., *Le cercle des connaissances humaines s'élargit tous les jours.* || Dans un sens particulier, on dit de quelqu'un qu'*il s'élargit,* Lorsqu'il agrandit son terrain, sa propriété. *Il s'est élargi du côté de la rivière. Le grand chemin l'empêche de s'é.* = ÉLARGI, IE. part.

ÉLARGISSEMENT. s. m. Action d'élargir; le résultat de cette action. *On travaille à l'é. de la route, du canal. L'é. d'un fossé.* || Délivrance de prison. *Il a obtenu son é.* — Fig., Développement moral.

ÉLARGISSEUR. s. m. Appareil employé dans l'apprêt des tissus pour enlever les plis qui ont pu se produire. || T. Techn. Appareil servant à élargir les puits forés pour faire descendre leur tubage arrêté par un obstacle.

ÉLARGISSURE. s. f. (R. *élargir*). Ce qu'on ajoute à un vêtement, à un meuble, etc., pour le rendre plus large.

EL-ASHA, oasis de l'Arabie orientale.

ÉLASMIE. s. f. (gr. ἔλασμα, lame). T. Zool. Chacune des plaques cornées qui, chez les baleines, tiennent lieu de dents.

ÉLASMOSE. s. m. (gr. ἔλασμός, feuillet). T. Minér. Tellure natif auro-plombifère.

ÉLASMOTHERIUM. s. m. [Pr. *élas-motéri-ome*] (gr. ἔλασμός, lame; θηρίον, bête sauvage). T. Paléont. Espèce de *Rhinocéros* fossile que l'on a trouvé dans le terrain quaternaire du Nord de la Russie et de la Sibérie; c'était un animal monstrueux dont la tête, qui avait un mètre de long, portait une corne nasale petite et une corne frontale énorme; la protubérance osseuse qui supportait cette dernière représente, en effet, près de la moitié de la face dorsale de la tête.

ÉLASSAR, v. anc. de l'Assyrie.

ÉLASTE. s. m. (gr. ἐλαστής, qui meut). T. Zool. Sorte d'organe élastique qui garnit l'abdomen de certains insectes et qui les rend propres à sauter.

ÉLASTICINE. s. f. (R. *élastique*). T. Chim. Voy. ÉLAS-TINE.

ÉLASTICITÉ. s. f. (gr. ἐλαστής, qui pousse). T. Phys. Propriété qu'ont les corps de reprendre exactement ou partiellement leur forme et leur volume primitif, quand la force qui les déformait cesse d'agir. — Par extens., Souplesse. *L'é. des membres.* — Fig., Mobilité, facilité à changer d'opinions ou de conduite; aptitude à plier, à céder. *Un esprit rude et sans é.*

Phys. — En parlant des propriétés générales des corps, nous avons déjà défini l'É. (Voy. CORPS); nous n'avons donc à nous occuper ici que des applications que la théorie fournit à la pratique. — On distingue trois sortes d'é. : l'é. par *traction,* l'é. par *flexion* et l'é. par *torsion.* Ces trois cas rentrent les uns dans les autres pour les corps homogènes, tels que les métaux; mais il n'en est plus ainsi pour les corps organisés, tels que les bois : car leur résistance n'est pas la même dans toutes les directions.

I. — *Elasticité par traction.* — Lorsqu'un corps est soumis à l'action d'une charge convenable, nous avons vu qu'il s'allonge, et que, si la charge n'est pas trop forte, il reprend sa longueur primitive après que la charge a été supprimée. On appelle *Allongement élastique,* l'allongement qu'un corps éprouve dans ces conditions. Mais si la charge à laquelle est soumis un corps est trop considérable, alors le corps, au lieu de reprendre sa longueur primitive après que la charge a cessé d'agir, conserve un certain allongement que l'on appelle *Allongement permanent.* Ce dernier allongement est toujours plus petit que l'allongement élastique. On nomme *Limite d'é.* la charge la plus petite qui produit un allongement permanent. Souvent on prend pour cette limite le poids qui produit un allongement permanent de 0,00005 par unité de longueur; la limite d'é. se trouve ainsi mieux définie. Enfin, on donne le nom de *Ténacité* à la résistance que les corps opposent à la rupture, c.-à-d. aux forces qui agissent en sens contraire. La ténacité dépend principalement de la cohésion, et croît à mesure que le coefficient d'é. diminue. Lorsqu'un corps, par l'action d'une certaine charge, a pris un allongement permanent, et qu'on le soumet encore à une nouvelle charge, il se conduit sous l'influence de cette dernière absolument comme sous l'influence de la première, c.-à-d. qu'il prend un nouvel allongement élastique et ensuite un nouvel allongement permanent, si la limite d'é. est dépassée. Les allongements élastiques que prend un corps sous l'action de différentes charges sont proportionnels à ces charges, non seulement tant que la limite d'é. n'a pas été atteinte, mais alors même que cette limite a été dépassée, dans tous les états d'équilibre; d'où il suit que le coefficient d'é. reste toujours le même, que l'on ait dépassé ou non la limite d'élasticité.

L'allongement A peut être mis sous la forme $A = k \dfrac{PL}{S}$, P étant le poids tenseur, S la section, L la longueur de la barre, k un coefficient qui est le *coefficient de compressibilité* de la substance. C'est l'allongement qu'éprouve une verge ayant pour longueur l'unité, pour section l'unité de surface sous une charge égale à l'unité de poids. Son inverse $E = \dfrac{1}{k}$ est le coefficient d'élasticité.

Pour étudier les lois de l'é. des corps, on peut employer différentes méthodes; mais quand il s'agit de mesurer l'é. par traction, on se soumet en général à l'action de charges croissantes. A cet effet, on commence par donner au corps à éprouver la forme d'une verge soit cylindrique, soit prismatique. On fixe un anneau à chacune de ses extrémités : l'un d'eux sert à suspendre la verge à un crochet assez solide pour rester invariable, et l'autre porte un plateau dans lequel on place les poids qui doivent opérer la traction. On marque, sur la longueur de la verge, deux points de repère dont on mesure exactement la distance au moyen d'un cathétomètre, d'abord avant que le plateau soit chargé, puis après chaque expérience. C'est en opérant par ce procédé que Wertheim a trouvé les chiffres suivants pour les coefficients d'é. des divers métaux :

Plomb	1727	Fer recuit	20794
Or recuit.	5584	Fil de fer recuit . .	18613
— écroui. . . .	8603	— écroui . . .	18613
Argent recuit. . . .	7140	Acier fondu	19561
— écroui . . .	7411	Fil d'acier angl. recuit	17278
Cuivre recuit . . .	10519	— recuit au bleu.	18045
— écroui . . .	12200	— écroui au bleu.	18045
Platine recuit . . .	15518	Laiton écroui	9005
— écroui . . .	15647		

Les deux tableaux suivants indiquent la ténacité des métaux et des bois les plus usuels : les chiffres qui accompagnent le nom de chaque métal expriment la charge en kilogrammes sous laquelle a lieu la rupture. Le poids est rapporté, pour les métaux, à 1 millimètre carré, et pour les bois, à 1 centimètre carré, au moment de la rupture.

Fer en fil	60 kg.	Cuivre rouge laminé	21 kg.
— forgé. . . .	43,84	— fondu . .	13,39
Tôle de fer. . . .	38 »	— jaune. . .	12,61
Acier en barre. . .	30 à 40	Étain fondu . . .	3,32
Fonte.	13 »	Plomb laminé . .	1,35
Métal des canons. .	25,54	— fondu . .	1,27
Cuivre battu . . .	24,86	Verre en tige ou en tube	2 à 3

Buis	1400 kg.	Hêtre	800 »
Frêne	1200 »	Chêne	700 »
Sapin.	900 »	Poirier.	690 »
Tek.	813 »	Acajou.	569 »

Les bois sont en général beaucoup moins résistants dans le sens perpendiculaire à la direction de leurs fibres. En outre, si l'on considère leur ténacité dans le sens transversal, ils ne se rangent plus dans le même ordre. Certains bois très résistants dans le sens des fibres le sont très peu dans le sens opposé. L'acacia est de tous les bois celui qui offre dans les deux sens la plus grande é. et la plus grande cohésion. Le chêne offre cette particularité remarquable que, sans présenter ni le coefficient le plus élevé ni la plus grande cohésion dans aucun sens, ses propriétés restent à peu près les mêmes dans tous les deux; ce qui justifie la fréquence de son emploi.

Diverses influences modifient l'é. La température doit être rangée en première ligne. Les grands froids augmentent le coefficient d'é., mais diminuent la ténacité des métaux. Ainsi, dans les pays du Nord, les essieux des voitures se cassent plus fréquemment en hiver qu'en été, et les marins ont remarqué que les chaînes qui ont été quelque temps en contact avec la glace deviennent très cassantes. L'élévation de la température, au contraire, ne diminue pas beaucoup la cohésion des métaux, pourvu qu'ils aient été recuits d'avance. Le recuit augmente le coefficient d'é. pour les métaux en général, excepté pour le cuivre et ses alliages; en même temps il di-

minue beaucoup leur résistance à la rupture. En général, tout ce qui tend à troubler l'équilibre des molécules et à produire un nouvel état d'équilibre modifie l'é. Ainsi, l'écrouissage, qui augmente la densité des métaux, augmente leur é., du moins pour le plus grand nombre. La trempe augmente également l'é. des métaux, bien que, au contraire de l'écrouissage, elle diminue leur densité : le cuivre seul fait exception à cette règle. La forme du corps exerce aussi une influence sur l'é. des corps. En effet, les lames sont en général plus élastiques que les verges, et celles-ci plus que les corps en masse.

II. — *Élasticité par flexion.* — Elle est soumise aux mêmes lois que l'é. par traction. On distingue également des flexions élastiques et des flexions permanentes; seulement ce ne sont plus des allongements que l'on mesure, mais des arcs de courbure plus ou moins grands, selon la puissance de la force et la durée de son action. — Pour étudier l'é. par flexion, on place dans une position bien horizontale le corps sur lequel on veut opérer, en appuyant ses extrémités sur des appuis invariables, et l'on suspend à son milieu les poids qui doivent produire la flexion; c'est là le procédé le plus ordinaire. D'autres fois, on encastre solidement les deux extrémités du corps, et l'on applique la charge au milieu, ou bien encore on encastre seulement l'une des deux extrémités, et l'on suspend à l'extrémité libre les poids qui produisent la flexion. Selon que l'on opère par l'une ou l'autre de ces méthodes, on obtient des coefficients différents. Sous le rapport de la théorie, c'est la première méthode qui donne les résultats les plus comparables; mais sous le rapport pratique, c.-à-d. au point de vue de la résistance, il vaut mieux encastrer les extrémités du corps. De cette manière, on obtient une résistance qui est à celle du même corps, quand ses extrémités sont seulement posées sur des appuis, comme 3 est à 2. Pour les pièces encastrées par un bout seulement, la résistance est en raison inverse de la longueur. Quand les deux extrémités sont soutenues et que le poids agit au milieu, chaque moitié se comporte comme si l'encastrement existait au milieu. Enfin, quand, pour une pièce posée sur deux appuis, le poids n'agit pas au centre, mais à un point qui partage la pièce en deux parties m et n, la résistance est proportionnelle à mn; d'où il résulte que l'effort est le plus grand possible quand le poids est au centre. Enfin, lorsque le poids d'agir au centre, est réparti uniformément sur la pièce, l'effort est deux fois plus petit que si le poids était réuni au centre.

III. — *Élasticité par torsion.* — L'étude de cette sorte d'é. n'a presque aucun intérêt au point de vue des arts industriels, mais elle est d'une haute importance au point de vue purement scientifique.

Soit AB (Fig. ci-contre) un fil métallique suspendu par son extrémité A et tendu par un poids P, lequel porte à sa partie inférieure une aiguille CD, pouvant parcourir le cercle gradué fixe MN. Si nous faisons tourner le poids sur lui-même de manière que le fil reste toujours dans la même verticale, et si nous abandonnons le poids à lui-même, les particules du fil, dérangées

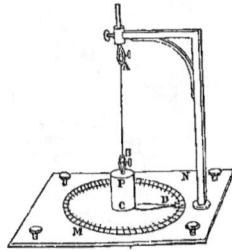

par la torsion, tendront à revenir à leur position primitive, en entraînant le poids P et l'aiguille CD; mais, comme elles arriveront à leur position initiale avec une vitesse acquise, elles la dépasseront et feront autour de cette position une série d'oscillations dont les amplitudes iront continuellement en décroissant. Enfin, l'aiguille s'arrêtera au point où elle se trouvait avant l'expérience. — Coulomb a reconnu dans ces mouvements les lois suivantes : 1° La force nécessaire pour maintenir un fil tordu est proportionnelle à l'angle de torsion, et, pour un même fil tendu par le même corps, les oscillations sont isochrones. 2° Pour un même fil tendu par un poids cylindrique dont l'axe se confond avec celui de l'aiguille, la durée d'une oscillation est proportionnelle au rayon du cylindre et à la racine carrée de son poids. 3° Pour un même fil tendu par une aiguille très mince suspendue par son milieu, la durée des oscillations est proportionnelle à la longueur de l'aiguille et à la racine carrée de son poids. 4° Pour des fils de même nature, mais de longueur et de diamètre différents, tendus par le même corps, la force développée par une torsion d'un même angle et estimée à la même distance de l'axe de rotation, est proportionnelle à la quatrième puissance du diamètre, en raison inverse de la longueur; et, dans les mêmes circonstances, la durée d'une oscillation est proportionnelle à la racine carrée de la longueur, et en raison inverse du carré du diamètre. — Nous ne décrirons pas ici la balance de torsion imaginée par Coulomb : cet appareil ingénieux est identique à la balance électrique dont il est question dans notre article *Electricité*, où il se trouve représenté Fig. 4. Voy. aussi BALANCE (*de torsion*). — Savart a fait de nombreuses expériences sur l'é. de torsion, en opérant sur des verges de différentes formes, afin de compléter le travail de Coulomb, qui n'avait opéré que sur des fils d'un diamètre très faible. Au reste, les nouvelles recherches de Savart ont confirmé toutes les lois établies par Coulomb.

ÉLASTIFICATION. s. f. [Pr. ...*sion*] (gr. ἐλαττός, qui pousse, et lat. *facere*, faire). Opération par laquelle on rend un objet élastique.

ÉLASTINE ou **ÉLASTICINE.** s. f. (R. *élastique*). T. Chim. Matière albuminoïde jaunâtre constituant la substance fondamentale des fibres du tissu élastique. On la rencontre surtout dans les ligaments jaunes des vertèbres, le ligament cervical des quadrupèdes, la tunique moyenne des artères. Elle est insoluble dans l'eau, même à 120°, et inattaquable par la plupart des réactifs. Elle se dissout lentement dans les solutions alcalines et dans les acides sulfurique et nitrique concentrés. Elle peut être digérée, quoique difficilement, et se dédouble alors en deux substances solubles dans l'eau : 1° l'*hémiélastine*, dont la solution est précipitée par les acides minéraux concentrés; elle est également précipitée par la simple ébullition, mais se redissout par le refroidissement; 2° l'*élastine-peptone*, soluble à froid et à chaud, non précipitable par les acides.

ÉLASTIQUE. adj. 2 g. (gr. ἐλαστός, qui pousse, de ἐλαύνειν, pousser). Qui a de l'élasticité, du ressort. *Corps é. Les gaz sont très élastiques. Tissu é. Gomme é. Bretelles élastiques.* || Qui a rapport à l'élasticité. *Force é.* || Fig. et fam., Qui cède, qui se plie aisément. *Une conscience é.* || T. Mar. *Emplanture é.*, Établissement du pied des mâts sur un fort madrier évidé en dessous et placé à plat sur la curlingue, de façon à faire ressort quand on ride le grément. || T. Géom. *Courbe é.*, Courbe formée par une lame élastique homogène fixée à l'une de ses extrémités, et portant à l'autre extrémité un poids qui la fait ployer. Cette courbe, dont l'équation dépend des fonctions elliptiques, a donné lieu à de nombreux travaux de la part des géomètres modernes. || Substantiv., et au masc., se dit de la gomme élastique ou caoutchouc, et des fils métalliques en spirale qui servent à donner de l'élasticité aux bretelles, aux sommiers, etc. *Une balle d'é. Les élastiques de ce sommier sont brisés.*

Anat. — On donne le nom de tissu é. à un tissu très répandu dans l'économie animale, très résistant, pouvant acquérir le double de sa longueur, mais revenant subitement sur lui-même, dès que la distension cesse; il a pour éléments constitutifs *les fibres élastiques* qui se présentent sous trois états différents: 1° fibres fines, minces, onroulées, tortueuses; 2° fibres anastomosées, d'un diamètre un peu plus grand que les précédentes; 3° fibres réunies en lamelles minces, membraneuses, striées.

ÉLATCHE. s. f. T. Comm. Étoffe des Indes en soie et coton.

ÉLATÉE, v. de l'ancienne Phocide, sur les bords du Céphise.

ÉLATER. s. m. (gr. ἐλατήρ, qui meut.) T. Entom. Genre d'insectes de l'ordre des Coléoptères. Voy. ÉLATÉRIDES.

ÉLATÈRE. s. m. (gr. ἐλατήρ, ressort). Sorte d'organe élastique qui se trouve dans le sporogone de certaines hépatiques et qui, en se distendant brusquement, contribue à la dissémination des spores.

ÉLATÉRIE. s. f. (gr. ἐλατήρ, ressort). T. Bot. Fruit charnu dont la déhiscence se fait brusquement et avec explosion. Voy. FRUIT.

ÉLATÉRIDES. s. m. pl. (R. *Élater*) T. Ent. Famille d'in-

sectes *Coléoptères pentamères*. Les *É.*, voisins des Buprestes, sont essentiellement caractérisés par la disposition singulière du sternum qui, lorsqu'ils sont sur le dos, leur donne la faculté de sauter et de retomber sur leurs pattes. Cette disposition, dont la raison d'être se trouve dans la brièveté des pattes qui empêche l'animal de se retourner directement, consiste en ce que le prosternum se termine postérieurement par une pointe allongée et comprimée, que l'animal fait entrer à volonté dans une fossette située à la base du mésosternum, entre l'origine de la seconde paire de pattes (Fig. 1 et 3). Lorsque l'insecte est sur le dos, il enfonce le stylet prosternal dans la fossette, puis il le fait ressortir au moyen d'un effort brusque qui détermine la projection du corps en l'air; mais souvent il est obligé de répéter plusieurs fois ce manège pour se remettre sur ses pattes. Le bruit sec que ces animaux font en sautant leur a valu les noms populaires de *marteaux*, *maréchaux*, *toque-maillets*, etc.

Les *É.* se trouvent dans toutes les parties du monde; à l'état adulte, ils vivent sur les arbres ou sur les fleurs; leurs larves, qui sont cylindriques et luisantes comme les *vers de farine* (larves de Tenebrio), se nourrissent également de matières végétales. Le genre *Taupin (Élater)* renferme de petits insectes de couleur sombre, au corps étroit et allongé, aux angles du corselet prolongés en pointe aiguë. Ils volent bien, baissent la tête en marchant, et quand on les approche, ils se laissent tomber à terre en faisant le mort. Le *Taupin germain (E. germanus)* [Fig. 1 et 2, de grandeur naturelle et grossie, pour montrer l'appareil du saut], est très commun aux environs de Paris; il est long de 13 millimètres et d'un vert bronzé luisant avec les pattes

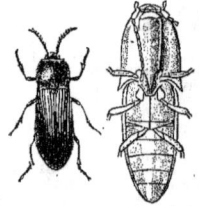

Fig. 1.   Fig. 2.

noires. Le *Taupin des moissons (E. segetis)* a une couleur gris jaunâtre sur fond noir, due à la présence de poils très nombreux; il vit dans les champs et sa larve produit souvent de

Fig. 3.

grands dégâts dans les champs d'avoine, de pois, etc. Le *Taupin sanguin (E. sanguineus)* est noir avec les élytres rouges; il est très commun sous les écorces de pins. Nous le représentons (Fig. 3) grossi et vu de profil, au moment où il saute. Le genre *Athous* comprend un grand nombre d'espèces, dont la plupart sont européennes.

Parmi les espèces exotiques, nous citerons seulement celles qui appartiennent au genre *Pyrophore (Pyrophorus)* qui se trouvent au Mexique et dans le nord de l'Amérique du Sud. Ces insectes sont d'une couleur assez uniforme, mais ils offrent, à la base de leur corselet, deux ou trois petites taches lisses et brillantes qui projettent, la nuit, une lumière vive et bleuâtre, ce qui leur a fait donner le nom de *mouches lumineuses* par les colons; les Mexicains les appellent *Cucuyos* ou *Coyonyous*. Les foyers lumineux de ces animaux produisent une dépense organique très faible par rapport à l'intensité de la lumière obtenue; on peut très bien lire à la lumière des Pyrophores et même obtenir des photographies. Avant l'arrivée des Espagnols au Mexique, il paraît que les indigènes ne se servaient pas d'autre lumière pour leurs usages domestiques; encore actuellement, les femmes créoles ornent leur chevelure, les soirs de bal, de Pyrophores emprisonnés dans de petites cages dissimulées au milieu des fleurs ou des oiseaux-mouches.

ÉLATÉRINE. s. f. (gr. ἐλατήριος, qui purge). T. Chim. Principe actif du Concombre sauvage (*Momordica elaterium*). L'é. cristallise en tables hexagonales incolores, très amères, fusibles à 200°, insolubles dans l'eau, très solubles dans l'alcool. C'est un violent purgatif agissant à la dose de 2 à 3 milligrammes.

ÉLATÉRION. s. m. Voy. ÉLATÉRIUM.

ÉLATÉRITE. s. f. (gr. ἐλατήριος, qui pousse). T. Minér. Résine fossile, molle et élastique, d'un brun plus ou moins foncé. Voy. BITUME.

ÉLATÉRIUM. s. m. [Pr. *élatéri-ome*] (gr. ἐλατήριος, qui purge). T. Mat. méd. On désigne ainsi l'extrait très amer et âcre obtenu avec le suc du fruit du Concombre sauvage (*Ecballium elasticum*), autrefois employé comme purgatif drastique, à la dose de 6 à 15 milligrammes. Voy. ÉLATÉRINE.

ÉLATÉROMÈTRE. s. m. (gr. ἐλατήρ, qui pousse; μέτρον, mesure). T. Phys. Appareil qui sert à déterminer l'état de tension des vapeurs ou gaz employés comme moteurs mécaniques.

ÉLATÉROMÉTRIE. s. f. (R. *élatéromètre*). T. Phys. Action de déterminer la tension des vapeurs et des gaz.

ÉLATÉROMÉTRIQUE. adj. T. Phys. Qui a rapport à l'élatérométrie.

ÉLATHERIUM. s. m. [Pr. *éla-té-riome*] (gr. ἐλάω, je chasse; θηρίον, bête). T. Paléont. Genre de mammifères fossiles voisin des porcs actuels, mais de la taille de l'hippopotame. Voy. BUXODONTE.

ÉLATHINE. s. f. Liquide huileux, jaune brun, extrait du goudron de Norvège.

ÉLATIDES. s. m. [Pr. *é-la-ti-desse*] (gr. ἐλάτη, sapin). T. Paléont. Bot. Genre de Conifères fossiles, de la tribu des Cupressinées, comprenant quatre espèces trouvées dans le Jurassique supérieur de Ust-Balei (Sibérie).

ÉLATINE. s. m. (gr. ἐλάτη, sapin). T. Bot. Genre de plantes Dicotylédones de la famille des *Élatinées*. Voy. ce mot.

ÉLATINÉES. s. f. pl. (R. *élatine*). T. Bot. Famille de végétaux Dicotylédones Dialypétales, de l'ordre des supérovariées diplostémonés.

Caract. bot. : Petites plantes annuelles croissant dans les endroits marécageux, à tiges fistuleuses radicantes. Feuilles opposées, à stipules interpétiolaires. Sépales, 2-5, imbriqués, libres ou légèrement soudés à la base. Pétales en même nombre que les sépales, imbriqués, hypogynes. Étamines hypogynes, ordinairement en nombre double de

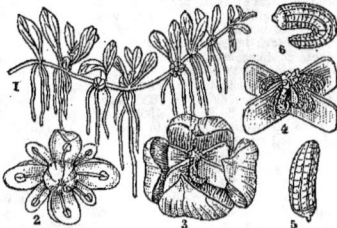

colui des pétales. Pistil formé de 2-5 carpelles concrescents en un ovaire à 2-5 loges; styles en nombre égal; stigmates capités; ovules indéfinis, anatropes. Fruit capsulaire à 2-5 loges, s'ouvrant par déhiscence septicide. Graines indéfinies, dépourvues d'albumen, ridées transversalement, cylindriques; embryon courbe, à radicule dirigée vers le hile qui est situé à une des extrémités de la graine [Fig. 1. *Élatine hydropiper*; 2. Fleur; 3. Capsule après la déhiscence; 4. placenta; 5 et 6, Graines].

Cette famille se compose de 2 genres (*Élatine* et *Bergia*) et de 20 espèces dispersées dans les 5 parties du monde. Le genre *Élatine* est le seul qui ait des représentants en Europe. Nous citerons l'*Él. hydropiper*, qui est commun dans les ma-

res et dans les fossés aux environs de Paris, et qui doit à son âcreté le nom vulgaire de *Poivre d'eau* sous lequel on le désigne. Dans l'Inde, le *Bergia ammannioides* a reçu une dénomination semblable: on l'appelle ou tamoul *Nir-mel-teripou*, qui veut dire *Feu d'eau*.

ÉLATOBRANCHE. adj. (gr. ἐλάτη, rame, et *branche*). T. Mal. Qui a des branchies en forme de rames.

ÉLAVAGE. s. m. (R. *lavage*). T. Techn. Opération du papetier qui consiste à blanchir à l'aide d'un chlorure décolorant et d'un acide les chiffons défilés, et à les laver ensuite.

ÉLAVER. v. a. (R. *laver*). T. Techn. Soumettre à l'opération de l'élavage.

ÉLAVEUSE. adj. f. (R. *élaver*). T. Techn. *Pile é.*, Pile qui sert à l'opération du blanchiment et du lavage des chiffons après le défilage.

ÉLAYL. s. m. Voy. ÉLAÏLE.

ELBE (Ile d'), dans la Méditerranée, entre l'Italie et la Corse (à l'Italie); mines de fer. L'île d'Elbe fut assignée à Napoléon pour sa résidence en 1814, après sa première abdication; 24,000 hab.

ELBE, fleuve d'Allemagne, prend sa source en Bohême, arrose Dresde, Magdebourg, Hambourg, et se jette dans la mer du Nord après un cours de 1,100 kilomètres. Napoléon avait créé un département français des Bouches-de-l'Elbe : chef-lieu *Hambourg*.

ELBÉE (GIGOT D'), général vendéen, né à Dresde, fusillé à Noirmoutiers (1752-1794).

ELBERFELD, v. de l'Allemagne (Prusse rhénane); 125,800 h. Manufactures de coton, teintureries importantes.

ELBEUF. s. m. Drap fabriqué à Elbeuf, v. de Normandie. Voilà un bon *e*.

ELBEUF (*Elbovium* des Romains), ch.-l. de c. (Seine-Inférieure), arr. de Rouen; 21,400 hab. Importantes fabriques de drap. ⸗ Nom des hab. : ELBEUVIEN, ENNE.

ELBING, v. de Prusse, à 54 kilom. de Dantzig; 38,300 habitants.

ELBOURZ, chaîne de montagnes au nord de la Perse, au sud de la mer Caspienne.

ELBROUZ, haute montagne du Caucase, 5,650 mètres.

ELCAJA. s. m. (mot arabe). T. Bot. Genre de plantes de la famille des *Méliacées*. Voy. ce mot.

ELCHINGEN, village de Bavière sur le Danube; victoire remportée par le maréchal Ney sur les Autrichiens (1805); elle valut au vainqueur le titre de *duc d'Elchingen*.

ELCOSE. s. f. (gr. ἕλκος, ulcère). T. Pathol. Solution de continuité produite dans les parties molles par un agent corrosif.

ELDORADO. s. m. Mot espagnol qui sign. *le doré*, et qui fut appliqué au XVIe siècle à un pays imaginaire qu'on supposait situé dans l'intérieur de l'Amérique méridionale, entre l'Orénoque et le fleuve des Amazones, et qu'on disait abonder en or et en pierres précieuses. — Par allus. à la richesse de ce prétendu pays, on dit d'une contrée très riche et où toutes les choses nécessaires à la vie s'obtiennent sans beaucoup de travail, C'est un *e*. || Nom donné à un café-concert de Paris.

ÉLÉAGNÉES. s. f. pl. [Pr. *élé-ag-né*] (R. *Elæagnus*). T. Bot. Famille de végétaux Dicotylédones, de l'ordre des Apétales supérovariées.

Caract. bot. : Arbres ou arbrisseaux, ordinairement recouverts d'une croûte scarieuse, à rameaux souvent épineux. Feuilles alternes ou opposées, entières et sans stipules, couvertes de poils en écusson. Fleurs axillaires, fort souvent odorantes, en chatons ou en panicules, ordinairement unisexuées dioïques, rarement hermaphrodites. Fleurs mâles, en chatons; sépales 2-4 ou 5 parfois soudés en forme de coupe; étamines, 4, 8 ou 5, sessiles; anthères biloculaires à déhiscence longitudinale. Fleurs femelles et hermaphrodites : calice libre tubuleux, à limbe entier ou 2-5-denté. Pistil formé d'un seul carpelle, renfermant un ovule solitaire, ascendant, pédicellé, anatrope; stigmate simple, subulé, glanduleux. Akène enveloppé par le calice devenu charnu ou seulement par sa base tubuleuse. Graine dressée; embryon droit et entouré par un albumen charnu très mince; radicule courte, infère; cotylédons charnus. [Fig. 1. *Hippophae rhamnoides*; 2. Fleur mâle; 3. Coupe verticale d'une fleur femelle; 4. Coupe d'un fruit mûr.]

Cette famille se compose de trois genres (*Elæagnus*, *Hippophae*, *Shépherdea*), et de trente-six espèces qui sont plus ou moins répandues sur tout l'hémisphère boréal, à partir de l'équateur, depuis le Canada et le Japon jusqu'à

la Guyane et à Java; ces plantes sont comparativement rares au sud de la ligne équinoxiale. Il faut y joindre 3 espèces fossiles tertiaires (un *Elæagnus* et deux *Hippophae*. — Le fruit de l'*Argoussier* (*Hippophae rhamnoides*) se mange quelquefois en sauce avec le poisson. Cependant le professeur Santagala y a trouvé une matière grasse qui est narcotique : 60 centigrammes de cette substance donnés à un chien de moyenne taille déterminèrent sur lui une prostration des plus remarquables. Sa racine distille un suc laiteux très amer qu'on emploie quelquefois comme purgatif. Le fruit du *Chalef d'Orient* (*Elæagnus orientalis*) est presque aussi gros qu'une jujube : en Perse, on le sert au dessert sous le nom de *Zinzeyd*. Les habitants du Népaul mangent les drupes des *El. arborea*, *conferta*, et autres. Les fleurs de l'*El. orientalis* et celles de l'*El. angustifolia*, appelé vulgairement *Olivier de Bohème*, sont très odorantes, et contiennent en abondance un nectar qui, dans quelques pays de l'Europe, s'administre contre les fièvres de mauvaise nature.

ÉLÉATES ou **ÉLÉATIQUES**. s. m. pl. (R. *Élée*, n. de ville). Nom d'une école de philosophes de l'antiquité dont Zénon et Parménide, tous deux d'Élée, furent les chefs. L'école éléatique prétendait qu'il y a deux sortes de connaissances : les unes qui viennent des sens et ne sont qu'illusion, et les autres que nous devons à la raison seule et qui sont les seules véritables. Cette école donna naissance à la dialectique et finit par aboutir au panthéisme; elle eut surtout une valeur critique.

ÉLÉATISME. s. m. Doctrine des philosophes éléatiques.

ÉLÉAZAR, grand prêtre des Hébreux, successeur d'Aaron.

ÉLECTE. s. m. (lat. *electus*). T. Art milit. anc. Soldat des cohortes prétoriennes.

ÉLECTEUR, TRICE. s. (lat. *elector*, m. s.). Personne qui élit, qui a droit de concourir à une élection. Se dit principalement des citoyens qui nomment les membres du corps législatif, des conseils généraux et des conseils municipaux. *Les élec-*

teurs d'un département. Les électeurs de la Seine. Une carte d'é. Les conditions requises pour être é. || Autrefois, se disait particul. des princes d'Allemagne qui avaient le droit d'élire l'empereur. On appelait *Electrice*, la femme d'un é. de l'empire. Voy. BULLE.

ÉLECTIF, IVE. adj. (lat. *electum*, sup. de *eligere*, choisir). Qui est nommé par élection. *Le pape est é. La chambre élective.* || Qui se donne par élection. *Royauté, couronne élective. Emploi é. La papauté est élective.* || T. Physiol. *Sensibilité é.*, Sorte de sympathie physique entre certains organes et certains corps.

ÉLECTION. s. f. [Pr. ...*sion*] (lat. *electio*, m. s., de *eligere*, choisir). Action d'élire, choix fait par la voie des suffrages. *Faire une é. É. directe. É. indirecte ou à deux degrés. L'é. des représentants. L'é. d'un académicien. Procès-verbal d'é.* — Absol., et au plur., il s'entend ordin. de la nomination des représentants. *L'époque des élections. Loi sur les élections.* || T. Jurisprud. *Faire é. de domicile*, Assigner un lieu certain et connu, où tous les actes de justice puissent être signifiés. Voy. DOMICILE. || T. Pharm. Choix des produits qui doivent entrer dans la composition des médicaments. || T. Biol. Choix des animaux destinés à la reproduction. || T. Chir. *Temps d'é.*, *lieu d'é.*, etc., Temps, lieu qu'on choisit pour faire une opération. || T. Admin. anc. *Pays d'é.*, Étendue de pays payant la taille, et sur lequel les élus exerçaient leur juridiction.

Législ. — L'élection peut avoir lieu *au suffrage universel* ou *au suffrage restreint*, *directement* ou *indirectement*, *au vote secret* ou *au vote public*. — Dans l'é. au suffrage universel, le droit de vote est accordé à tous les citoyens indistinctement; au contraire, quand le suffrage est restreint, ce droit n'appartient qu'à certaines catégories de personnes désignées par la loi, en raison de leur fortune ou de leurs capacités. Le suffrage universel est actuellement en vigueur, non seulement en France, mais dans beaucoup de pays étrangers, parmi lesquels l'Allemagne, la Suisse, le Danemark. — L'é. a lieu directement, quand le représentant est désigné par les électeurs mêmes, sans intermédiaire; on la nomme encore dans ce cas *élection à un seul degré*. Au contraire, dans l'é. indirecte ou *à plusieurs degrés*, les électeurs désignent d'abord certaines personnes qui sont chargées de choisir à leur tour le représentant. Le premier mode est employé pour les élections de la *Chambre des députés*, des conseils généraux, d'arrondissement et municipaux; le second pour celles du *Sénat*. Voy. ce mot. Enfin, le vote peut être secret ou public; en France, il a été secret de tout temps; il n'en est pas de même dans certains pays étrangers, tels que la Prusse, l'Autriche, la Hongrie, le Danemark, où le vote est encore actuellement public.

Les conditions pour être électeur, en ce qui concerne les assemblées politiques, se trouvent dans les lois constitutionnelles. Voy. CONSTITUTION. D'après la Constitution actuelle, est électeur tout Français âgé de 21 ans, jouissant de ses droits civils et politiques, et ne tombant pas sous le coup des incapacités prévues par la loi; sont exclus, en conséquence, du droit de voter : 1° les femmes; 2° les interdits judiciaires pour cause de démence; 3° les individus condamnés à la dégradation civique, à l'interdiction civique, les officiers ministériels destitués, les faillis non réhabilités, etc. Voir l'art. 15 du décret organique du 2 fév. 1852, modifié dans son paragraphe 11 par la loi du 24 janv. 1889). — De plus, les militaires, bien qu'inscrits sur la liste électorale, sont privés du droit de voter tant qu'ils sont sous les drapeaux.

Confection de la liste électorale. — Depuis la loi d'organisation municipale du 5 avril 1884, il n'existe plus dans chaque commune qu'une seule liste électorale, servant à la fois aux élections communales ou départementales et aux élections législatives. Ont droit à l'inscription sur cette liste : 1° les citoyens remplissant les conditions ci-dessus énoncées qui ont leur domicile réel dans la commune ou qui y habitent depuis six mois; 2° ceux qui sont inscrits au rôle des contributions; 3° les fonctionnaires publics assujettis à la résidence obligatoire dans la commune. Au commencement de chaque année, la liste électorale doit être revisée; ce travail est confié à une commission composée du maire, d'un délégué de l'administration et d'un délégué du conseil municipal (cette commission se compose, à Paris, du maire, du conseiller municipal du quartier et d'un électeur désigné par l'administration préfectorale). Les inscriptions et radiations sur la liste électorale doivent être faites dans les délais suivants : du 1er au 10 janvier, quand elles ont lieu d'office par les soins de la commission ; du 16 janvier au 4 février, quand c'est sur la demande de l'intéressé ou d'un autre électeur de la commune. Notons que tout citoyen omis a le droit de requérir son inscription dans le délai fixé ; de même, la loi reconnaît à tout citoyen d'une commune le droit de demander l'inscription ou la radiation d'un nom sur la liste ; le préfet et le sous-préfet ont le même droit. Un registre de réclamations est ouvert à cet effet dans chaque mairie, et le maire doit donner un récépissé pour toutes les demandes qui lui sont adressées concernant la liste électorale. — Les réclamations sont jugées par une commission comprenant d'abord les membres de la commission préposée à la confection de la liste, puis deux autres délégués du conseil municipal, pour la province, et deux électeurs choisis par la commission administrative, pour Paris et Lyon. L'appel est porté devant le juge de paix, qui doit statuer dans les dix jours, sans frais ni forme de procédure. La décision du juge de paix est en dernier ressort, mais elle est susceptible de pourvoi en Conseil d'État ; pour faciliter l'exercice de ce pourvoi, la loi le dispense des frais de procédure, de la consignation d'amende, ainsi que de certaines formalités gênantes ou coûteuses, telles que constitution d'avocat, enregistrement.

Les opérations électorales pour l'é. des députés sont réglées par les décrets organique et réglementaire du 2 fév. 1852. — Le vote se fait au chef-lieu de chaque commune (loi du 30 nov. 1875), le dimanche ou un jour férié : le scrutin ne dure qu'un jour ; s'il y a lieu à un second tour de scrutin, il a lieu le deuxième dimanche qui suit le jour de la proclamation des résultats du premier tour. Les collèges ou sections sont présidés par les maire, adjoints et conseillers municipaux ; à leur défaut, les présidents sont désignés par le maire. Les assesseurs sont pris, suivant l'ordre du tableau, parmi les conseillers municipaux ou, à leur défaut, ces fonctions sont remplies dans chaque section par les deux plus âgés et les deux plus jeunes électeurs présents. Le bureau prononce provisoirement sur les difficultés qui s'élèvent touchant les opérations du collège ou de la section. Ses décisions sont motivées. — Toutes les réclamations et décisions sont inscrites au procès-verbal ; les pièces ou bulletins qui s'y rapportent y sont annexés, après avoir été paraphés par le bureau. — Le dépouillement est fait par des *scrutateurs* désignés par le bureau parmi les électeurs présents. Immédiatement après le dépouillement, le résultat du scrutin est rendu public. Le recensement général des votes, pour chaque circonscription électorale, est fait au chef-lieu du département, en séance publique. Cette opération terminée, le président de la commission proclame les résultats. Chacune des deux Chambres est seule juge de l'éligibilité de ses membres et de la régularité de leur élection (loi des 16-18 juillet 1875, art. 10).

ÉLECTIONNER. v. n. [Pr. *élek-sio-ner*]. Néol. Agir à l'effet de préparer les élections.

ÉLECTIONNEUR. s. m. [Pr. *élek-sio-neur*]. Entrepreneur d'élections politiques. Fam.

ÉLECTIVEMENT. adv. En forme élective.

ÉLECTIVITÉ. s. f. (R. *électif*). T. Polit. Qualité d'un magistrat électif.

ÉLECTORAL, ALE. adj. (R. *électeur*). Qui est relatif au droit d'élire ou aux élections. *Droits électoraux. Affiches électorales. Loi électorale. Cens é.* Voy. Cens. — T. Hist. *Collège é.*, Assemblée d'électeurs ; s'est dit particul. sous le régime de la Charte. ǁ Ce qui appartenait à un prince portant le titre d'Électeur. *Palais é. Bonnet é. La dignité électorale. Prince é.*, Titre que l'on donnait au fils aîné d'un électeur de l'empire.

ÉLECTORALEMENT. adv. En forme d'élection.

ÉLECTORAT. s. m. (R. *électeur*). Droit d'électeur ; usage de ce droit. ǁ T. Hist. La dignité d'électeur de l'Empire. *L'é. était, dans l'Empire, la plus haute dignité après celle de l'Empereur et du roi des Romains.* — Le pays auquel était attaché le titre d'électorat. *L'é. de Trèves. L'é. de Hesse-Cassel.*

ÉLECTRAGOGUE. adj. (gr. ἤλεκτρον, électricité ; ἀγωγός, qui conduit). Qui suscite l'électricité.

ÉLECTRE, fille d'Agamemnon et de Clytemnestre, excita

son frère Oreste à venger sur leur mère le meurtre d'Agamemnon (Myth.).

ÉLECTRICIEN. s. m. (R. *électrique*). Se dit d'un physicien qui s'est particulièrement occupé de l'électricité. ǁ Celui qui s'occupe des applications industrielles de l'électricité. — Adjectif. *Ingénieur é.*

ÉLECTRICISME. s. m. T. Phys. Ensemble des phénomènes électriques.

ÉLECTRICITÉ. s. f. (gr. ἤλεκτρον, succin, ambre jaune). T. Phys.

Environ 600 ans avant J.-C., on avait déjà remarqué que l'ambre jaune, ou *succin*, après avoir été frotté, attire les corps légers placés dans son voisinage ; et c'est du mot *electron*, nom grec de cette substance, que dérive celui d'*Électricité*, employé pour désigner la cause de cette propriété attractive. Ce phénomène avait frappé Thalès au point de lui faire regarder le succin comme un corps animé. Il paraît qu'on étendit cette observation à d'autres corps, puisque Théophraste joint au succin une pierre appelée *Lyncurium*, que l'on croit être la topaze roussâtre. Depuis cette époque, les siècles s'écoulèrent sans qu'on ajoutât rien à ces remarques. Il faut arriver jusqu'à la fin du XVIᵉ siècle pour trouver de nouveaux faits rassemblés par Gilbert de Colcester, médecin de la reine Élisabeth, dans son livre *De magnete*. En augmentant beaucoup le catalogue des substances dans lesquelles le frottement manifeste une force attractive, en y inscrivant le verre, non-seulement il ramena l'attention sur cet ordre de phénomènes, mais encore il présenta les moyens de les porter, dans les expériences, à un degré d'énergie bien supérieur à celui qu'ils avaient offert jusque-là. Car alors qu'un tube de verre bien sec, un bâton de résine ou de cire d'Espagne, frottés assez longtemps avec une étoffe de laine, ne se bornent point à attirer les corps légers qu'on leur présente, mais les repoussent ensuite. A partir de ce fait, aperçu par Boyle et développé par Otto de Guéricke, la multiplicité des recherches et des découvertes ne permet pas d'en donner le détail sous la forme historique. Il faut donc exposer méthodiquement les faits, ce qui est d'ailleurs le chemin le plus court pour les faire connaître.

Division de la science électrique. — L'étude de l'é. se partage en deux grandes divisions qui comprennent : les phénomènes que présente l'é. en repos, ou l'é. *statique* ; l'autre, ceux que présente l'é. en mouvement, ou l'é. *dynamique*.

I. Électricité statique. — *Développement de l'électricité par le frottement.* — Lorsqu'on frotte avec une fourrure de chat ou avec un morceau de drap un bâton de gomme laque ou de cire d'Espagne, ce bâton s'*électrise* et attire les corps légers, tels que de petits morceaux de papier, des brins de paille, des barbes de plume, de petites bulles de moelle de sureau, de minces feuilles de métal, etc. — Les substances qui, dans les circonstances ordinaires, manifestent le plus facilement les propriétés électriques par le frottement, sont les suivantes : Gomme laque, soufre, succin, jayet ; Corps résineux de toute espèce ; Gommes diverses, camphre, caoutchouc ; Coton-poudre ; Verres et substances vitrifiées ; Diamant, agate et autres pierres précieuses ; Tourmalines et autres pierres cristallisées, transparentes, argileuses et siliceuses ; Substances bitumineuses ; Soies de toute espèce ; Fourrures et peaux desséchées ; Cheveux, laine, plumes, papier, porcelaine ; Essence de térébenthine et diverses huiles ; Gaz secs ; Air atmosphérique ; Vapeur d'eau à haute tension ; Glace à 17° au-dessous de 0°.

II. *Corps conducteurs et non conducteurs.* — Lorsqu'on frotte une tige de métal que l'on tient à la main de la même manière qu'un bâton de gomme laque, on n'obtient aucun signe d'influence électrique. — Mais si, au lieu de tenir la tige de métal à la main, on la fixe à un manche de verre, et qu'alors on la frotte avec un morceau de soie, elle acquiert promptement la faculté d'attirer les corps légers. Maintenant si, pendant que la tige métallique est dans cet état électrique, on vient à la toucher avec la main, aussitôt elle cesse de manifester la moindre trace d'é., ce qui n'a pas lieu avec une tige de verre ou des autres substances dont il vient d'être question. Les métaux peuvent donc aussi, dans des circonstances particulières, acquérir la propriété électrique et la perdre subitement. On a expliqué ce phénomène en disant que l'é. peut se mouvoir sur les métaux, tandis qu'elle reste fixée sur les corps tels que le verre, la résine, etc. En d'autres termes, on dit que les métaux *conduisent* l'é., tandis que le verre, la gomme laque, etc., ne la *conduisent* pas, ou du moins la conduisent très peu. C'est au physicien anglais Grey que l'on doit les premières expériences (vers 1729) sur la conductibilité de l'é. par les métaux. D'autres corps encore se conduisent comme les métaux : ce sont précisément les corps anélectriques, c'est-à-dire ceux qui ne manifestent pas d'é. par le frottement dans les circonstances ordinaires. Ainsi donc, au point de vue de la conductibilité, les divers corps de la nature peuvent encore se diviser en deux classes, les corps *conducteurs* et les corps *non conducteurs* ou *isolants.* Voici la liste de quelques corps rangés dans l'ordre de leur pouvoir conducteur : Les substances métalliques ; le charbon fortement calciné ; La plombagine ; Les acides concentrés ou étendus ; Les dissolutions salines ; L'eau et les végétaux humides ; Le corps humain et les animaux vivants ; les flammes, la fumée. Le sol est également conducteur. Lorsque l'é. libre n'est pas retenue par des corps isolants, elle s'écoule dans le sol par l'intermédiaire des corps conducteurs en communication avec elle ; c'est pour cette raison qu'on a donné à la terre le nom de *Réservoir commun.*

La chaleur modifie le pouvoir conducteur des corps : elle tend en général à augmenter la faculté conductrice des mauvais conducteurs. Ainsi, par ex., le verre chauffé à 200° devient conducteur ; l'air et les gaz chauds deviennent également conducteurs, puisque la flamme et la fumée sont rangés dans la liste qui précède. L'humidité produit sur les gaz le même effet. Les gaz secs, qui appartiennent à la catégorie des corps isolants, deviennent conducteurs quand ils sont humides. Ainsi donc, de ce qu'on n'observe pas d'é. en frottant une tige métallique qu'on tient à la main, il n'en faut pas conclure qu'il ne s'en produit pas. En effet, le contraire a lieu : seulement l'é. ne se manifeste pas, parce qu'au fur et à mesure de sa production, elle s'écoule dans le sol par l'intermédiaire de notre corps, qui est également conducteur. La preuve en est que, si l'on empêche l'é. de s'écouler en plaçant la tige métallique sur un corps isolant, on obtient aussitôt des signes d'é. Il résulte de là que, si l'on veut conserver à un corps conducteur l'é. qu'on lui a communiquée, il faut le placer dans un air sec, sur un support isolant de résine ou de verre enduit de gomme laque. Le verre, étant très hygroscopique, est toujours humide, et conduit alors l'é. en raison de l'eau qui le recouvre : aussi quand on veut s'en servir comme isolant, il est indispensable de le chauffer ou de le recouvrir de vernis à la gomme laque. La paraffine est un excellent isolant.

III. *Des deux espèces d'électricité.* — Quoique le pouvoir attractif que manifestent les corps électrisés soit le premier phénomène qu'on ait observé et celui qui frappe le plus, ce n'est cependant pas le seul qu'ils possèdent. Ainsi, lorsqu'on examine attentivement les phénomènes, on remarque, si l'électrisation est forte et si le corps attiré est isolé, que dès qu'il a touché le corps électrisé, il s'en éloigne avec violence comme repoussé par une nouvelle force, et n'en est plus attiré aussi longtemps qu'il n'a pas été mis en contact avec le sol. La force attractive est alors remplacée par une force répulsive.

En étudiant d'une manière plus approfondie ces attractions et ces répulsions, on découvre de nouveaux faits très importants. Si l'on prend un *Pendule électrique,* c.-à-d. une petite balle de moelle de sureau suspendue à l'extrémité d'un fil de soie très fin, que l'on fixe à un support isolant (Fig. 1), et qu'ensuite on lui présente un bâton de gomme laque frotté R, on voit qu'après avoir été attirée, la petite balle est violemment repoussée, et n'est plus attirée par le bâton R. Si maintenant à ce même pendule on présente un tube de verre V (Fig. 2) également électrisé, la petite balle est attirée aussitôt, puis immédiatement repoussée, et alors elle est de nouveau attirée par le bâton de gomme laque R, et ainsi de suite indéfiniment. On peut faire l'expérience inverse en présentant d'abord au pendule le tube de verre ; il y a attraction et puis répulsion ; en présentant ensuite le bâton de gomme laque, il y a de nouveau attraction. Par conséquent, le verre et la gomme laque frottés, quoique ayant tous deux la propriété électrique, ne sont cependant pas dans le même état. Ils sont évidemment dans des états électriques opposés, puisque l'un attire ce que l'autre repousse, et réciproquement. Ajoutons que tous les corps se comportent comme le verre et la gomme laque.

C'est au physicien français Dufay (1733 à 1737) que l'on doit la découverte de ces faits remarquables qui tendent à établir l'existence de deux états électriques opposés dans lesquels se développent des forces qui attirent les corps électrisés de manières différentes et repoussent les corps électrisés de la même manière. Il était assez naturel, pour expliquer ces phénomènes, de supposer l'existence de deux sortes d'é., et c'est ce que l'on fit : l'une fut appelée *vitrée* et l'autre *résineuse,* parce

qu'on les supposa propres, la première aux corps vitreux, et la seconde aux corps résineux. Mais, plus tard, on trouva que ces deux espèces d'é. pouvaient s'obtenir avec le même corps en changeant seulement la nature du *frottoir.* Alors, pour généraliser, on appela *É. positive* celle que développe le verre frotté avec la soie, et *É. négative* celle que développent les corps résineux frottés avec la soie ou la laine. Les deux espèces d'électricités se représentent au moyen des signes algébriques + et − ; le signe + désigne l'é. positive ou vitrée, et le signe − l'é. négative ou résineuse.

Les électricités de même nom se repoussent, et celles de nom contraire s'attirent. Cette loi est déjà démontrée par les expériences qui précèdent. En effet, si lorsqu'on approche du

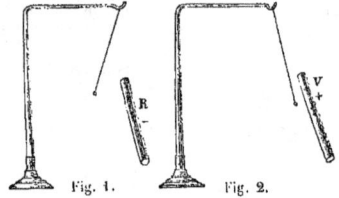

Fig. 1.   Fig. 2.

pendule électrique un bâton électrisé (Fig. 1 et 2), l'action attractive du bâton est immédiatement suivie d'une action répulsive, c'est que la petite balle du pendule s'est chargée de la même é. que celle du bâton. D'autre part, une fois électrisé, le pendule est attiré par les corps chargés d'é. vitrée. Ainsi, le pendule (Fig. 1) repoussé par le bâton de gomme laque R est attiré par le tube de verre V (Fig. 2). Maintenant, si l'on suspend l'un à côté de l'autre deux petits pendules en moelle de sureau à une tige métallique fixée sur un support isolant (Fig. 3), au moment où l'on approche de l'extrémité M un corps électrisé, on voit les deux petits pendules, qui étaient en contact, se repousser mutuellement, parce qu'ils ont acquis la même espèce d'é.

Fig. 3.

IV. *Théorie des deux fluides.* — Dans cette théorie due à Symmer, on admet que tout corps à l'état *neutre* contient des quantités égales de deux fluides électriques : le fluide *positif* et le fluide *négatif.* Lorsqu'on frotte deux corps ensemble, un excès d'é. positive passe sur l'un d'eux et un même excès d'é. négative passe sur l'autre. Le premier est alors électrisé positivement et le second négativement.

On vérifie expérimentalement qu'il est impossible de produire une certaine quantité d'é. sur le corps frotté sans produire une quantité égale et de signe contraire sur le corps avec lequel on frotte le premier. Pour le vérifier, il suffit de frotter l'un contre l'autre deux disques isolés par des manches de verre. Si, après les avoir ainsi frottés, on les laisse unis, ils ne donnent aucun signe d'é. ; mais, aussitôt qu'on les sépare, il est facile, en les approchant du pendule électrique, de reconnaître que l'un est électrisé positivement et l'autre négativement.

Voici une liste de corps rangés de telle façon que chacun d'eux prenne de l'é. positive quand on le frotte avec le corps qui le suit : peau de chat, verre poli, laine, plumes, bois, papier, soie, gomme laque, résine, verre dépoli.

V. *Communication de l'électricité.* — L'é. libre peut se communiquer, soit au contact, soit à distance ; cette communication dépend toujours de la conductibilité des corps et de l'étendue de leur surface. — Au contact avec un corps électrisé, les corps peu conducteurs ne prennent l'é. qu'au point de contact immédiat ; l'é. ne se répand pas sur toute leur étendue. De même un isolateur électrisé ne perd un peu de son é. qu'à l'endroit par où il est touché, et le reste de sa surface conserve son état électrique. Ce fait se démontre aisément à l'aide d'une verge de verre ou d'un bâton de cire d'Espagne, dont on a développé l'é. par le frottement. Avec les bons conducteurs les choses se passent tout autrement. Lorsqu'on les met en contact par un seul point avec un corps électrisé, l'é. se répand sur le conducteur tout entier, et si l'on met un conducteur électrisé et isolé en contact par un seul point avec un autre corps en communication avec le sol, il perd à l'instant toute son é. — L'é. peut aussi passer d'un corps à un autre sans qu'il y ait entre eux contact immédiat; mais alors on observe le phénomène remarquable de l'étincelle électrique. Si l'on approche une tige de métal ou la jointure du doigt d'une verge de verre ou d'un bâton de cire électrisé, on aperçoit une petite étincelle et l'on entend en même temps un bruit de pétillement. Lorsque le corps électrisé est métallique et offre une surface considérable, comme le conducteur de la machine électrique, l'é. s'élance quelquefois à la distance de plus d'un mètre : la lumière qu'elle produit est éblouissante, et le bruit qui l'accompagne est comparable à celui d'un coup de fouet. C'est Otto de Guéricke qui le premier observa l'étincelle électrique, et plus tard Dufay montra, à la grande stupéfaction du public, qu'on pouvait tirer des étincelles du corps humain lui-même, comme on en tire du conducteur de la machine électrique. Pour faire cette expérience, on se place sur un gâteau de résine ou sur le *Tabouret électrique*, c.-à-d. sur un tabouret muni de pieds de verre, et l'on se met en communication avec le conducteur de la machine, en le touchant avec le doigt ou avec une tige métallique. Lorsqu'on tourne la machine pour développer de l'é., la personne montée sur le tabouret ne reçoit aucune commotion : elle éprouve simplement à la peau, et surtout au visage, une sensation particulière assez analogue à celle que produit le contact d'une toile d'araignée. En même temps les cheveux se hérissent. Alors si une autre personne, en communication avec le sol, approche de l'individu ainsi électrisé la jointure du doigt, elle tire de celui-ci une étincelle, et éprouve une commotion d'autant plus forte que l'étincelle jaillit d'une plus grande distance, ou en d'autres termes que l'individu isolé est plus chargé d'é. Dans cette expérience, la personne isolée qui est en communication avec la machine ressent à peu près la même commotion que la personne qui l'approche pour en tirer des étincelles.

Lorsque la communication de l'é. a lieu d'un conducteur isolé à un autre corps également conducteur, elle se fait toujours en raison des surfaces. En conséquence, pour qu'un corps isolé perde toute son é., il faut le mettre en contact avec un autre corps dont la surface soit beaucoup plus grande, par exemple avec le plancher, car celui-ci communique lui-même avec la surface entière de la terre. Lorqu'on met en contact un globe de métal électrisé et isolé avec un autre globe de même grosseur, également isolé, mais non électrisé, le premier perd exactement la moitié de son é., c'est-à-dire que les deux boules sont aptes à produire exactement les mêmes phénomènes, ce qu'on exprime en disant qu'elles contiennent la même quantité d'é. De même, si l'on approche du conducteur de la machine électrique un globe de métal isolé, il n'en tire que de faibles étincelles, tandis qu'on en tire de très fortes et qu'on décharge complètement le conducteur, quand le globe communique avec le sol au moyen d'une chaîne métallique.

VI. Loi des attractions et des répulsions électriques. — Les actions mutuelles qui s'exercent entre les corps électrisés sont soumises aux deux lois suivantes :

1° Les attractions et les répulsions entre deux corps électrisés sont en raison inverse du carré de la distance, c.-à-d. que la distance devenant double, l'action électrique devient le quart de ce qu'elle était. — Cette loi a été démontrée par Coulomb au moyen de l'appareil représenté par la Fig. 4, qu'on appelle, de son nom, *Balance électrique de Coulomb.* Cet instrument consiste essentiellement en un fil d'argent AG, très mince et non recuit, pour lui conserver toute son élasticité. Ce fil est fixé supérieurement à une pince en A, et il porte à son extrémité inférieure un petit poids et une aiguille horizontale en gomme laque EF, terminée par une petite boule de moelle de sureau dorée E. Le tout est renfermé dans une cage de verre. Tout contre la boule E, il y a une autre boule D, qui est isolée et supportée par le couvercle de la cage elle-même. Le centre de cette boule répond au zéro du

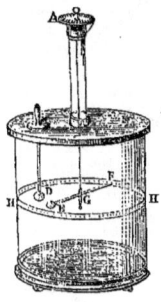

Fig. 4.

cercle gradué HH, qui entoure la cage, et à l'aide duquel on peut estimer la distance angulaire des boules DE. Quand la boule D est électrisée et introduite dans la cage à l'aide d'un trou que porte le couvercle, de manière à toucher la boule de l'aiguille, les deux boules se repoussent mutuellement; l'aiguille EF tourne autour de son centre et le fil de suspension se tord plus ou moins : de cette façon, il se produit dans le fil une force de réaction et à un certain point il s'établit un équilibre entre cette force et la répulsion électrique. Si, en communiquant de l'é. à la boule fixe D, la boule E s'écarte de 36° de la première, il est évident que le fil se tordra d'un angle de 36°; et comme Coulomb a démontré que la force de réaction d'un fil tordu ou sa tendance à reprendre sa position initiale est exactement proportionnelle à la torsion qu'on lui a fait subir, ce nombre 36° sera la mesure de la force électrique qui agira sur les deux boules à cette distance. Supposons maintenant que l'on veuille trouver la force de torsion nécessaire pour maintenir les boules à 18°, c.-à-d. à la moitié de la distance précédente, malgré la force répulsive, on tournera la pince A à laquelle le fil est attaché et en sens inverse de la direction de la force répulsive, jusqu'à ce que les boules soient en équilibre à la distance voulue; on aura ainsi la nouvelle force de torsion. Pour la mesurer il y a un cercle gradué et un index à l'extrémité de la pince A. Supposons, par ex., que, pour maintenir les boules à 18°, nous ayons tourné le fil AG de 126° en sens inverse de la répulsion, ce que nous indiquera le cadran A; alors 126° plus la torsion précédente 18°, ou 144°, sera la force totale pour cet angle. On aura donc les nombres 36 et 144 pour les valeurs relatives des forces répulsives aux distances angulaires de 36° et de 18°. Comme 144 est le quadruple de 36, on en conclut que pour une distance moitié moindre, la force électrique est devenue 4 fois plus grande, et d'une manière générale, la force de répulsion électrique est, toutes choses égales d'ailleurs, *en raison inverse du carré de la distance* des deux corps électrisés, loi qu'on vérifie plus complètement en variant l'expérience avec d'autres nombres. En donnant aux balles des électricités contraires, on constate que les forces attractives suivent les mêmes lois.

2° Les attractions et les répulsions entre deux corps électrisés sont en raison directe des quantités d'é. qu'ils possèdent. — La démonstration de cette loi s'appuie sur le principe déjà signalé, que deux sphères conductrices et de même rayon se partagent également, quand on les met en contact, les électricités qu'elles possèdent. On électrise la boule D (Fig. 4), et on note la répulsion imprimée à la boule E; puis on retire la première et on la touche avec une seconde boule de même nature et de même diamètre, à l'état neutre et isolée à l'aide d'un manchon de verre. La boule D cède nécessairement la moitié de son é. à l'autre, puisque toutes deux ont une égale surface. Cela fait, en replaçant la première dans la cage de verre, on observe que la répulsion n'est plus que la moitié de celle observée d'abord. Si l'on enlève encore, de la même manière, à la boule D la moitié de l'é. qui lui reste, on trouve que la force répulsive est réduite au quart de ce qu'elle était dans le principe, et ainsi de suite.

Il résulte de ceci que la force qui s'exerce entre les deux sphères de la balance de Coulomb, peut se mettre sous la forme : $f = \dfrac{m\,m'}{r^2}$, où r est la distance des deux sphères, m et m' les quantités d'é. qu'elles contiennent.

Unité de quantité d'électricité ou unité de masse électrique. — Cette unité se définit au moyen de la loi de Coulomb que nous venons d'établir. C'est une quantité d'é. telle que, placée à l'unité de distance d'une même masse électrique, elle exerce sur celle-ci une force égale à l'unité de force.

Unité électrostatique absolue. — Dans le système centimètre-gramme-seconde, l'unité absolue de masse électrique est telle qu'elle exerce une force répulsive de une dyne sur une unité semblable placée à un centimètre de distance. Cette unité est très petite. Voy. UNITÉS.

VII. Distribution de l'électricité à la surface des corps. Pouvoir des pointes. — Tant qu'un corps est à l'état naturel, c'est-à-dire tant que les deux fluides électriques restent combinés, il est évident que ces deux fluides sont uniformément répandus dans toute la masse du corps : car sans cela le corps ne serait pas à l'état neutre; mais dès que l'on vient à l'électriser, c.-à-d. à séparer ses deux fluides, alors, comme toutes les parties d'un même fluide se repoussent mutuellement, il s'opère dans tous les points du corps une répulsion électrique qui tend à chasser l'é. au dehors. Si le corps n'est pas conducteur, l'effet est borné aux molécules du corps ; mais s'il est conducteur, alors l'é. peut passer d'une molécule à l'autre et se porter tout entière à la surface. On démontre ce fait de la manière suivante. On prend une sphère de cuivre creuse, isolée par un pied de verre qui lui sert de support, et percée, à sa partie supérieure, d'une ouverture circulaire (Fig. 5). On l'électrise en la mettant en contact avec une source électrique quelconque. Cela fait, on met en contact avec la surface de cette sphère un petit disque de clinquant de 1 à 2 centim. de diamètre, fixé à une longue aiguille de verre ou de gomme laque, appareil qu'on nomme *plan d'épreuve* (Fig. 5), et l'on approche ce plan d'épreuve d'un pendule électrique. Si le plan d'épreuve a touché la surface *extérieure* de la sphère, la boule du pendule est attirée ; mais si le plan d'épreuve, introduit par l'ouverture, a touché la surface *intérieure* de la sphère, la boule du pendule n'est pas attirée. Cette expérience démontre que tous les points de la surface extérieure sont électrisés, tandis que la surface intérieure ne possède aucune charge électrique sensible. On arrive au même résultat en enveloppant la sphère de deux calottes hémisphériques de métal très mince, munies de manches isolants. Lorsqu'on enlève les deux calottes, on constate que toute l'é. a été enlevée de la sphère et s'est répandue sur les deux calottes. Cet effet s'observe indifféremment avec les deux électricités. Faraday électrisa une cage en fil métallique, munie de pendules électriques à l'intérieur et à l'extérieur, et vit que les pendules extérieurs seuls divergeaient, tandis que ceux de l'intérieur restaient immobiles. On en conclut que l'é. libre s'accumule, et une couche infiniment mince, à la surface des corps, où elle exerce une pression contre l'air, dans lequel elle ne peut pas pénétrer à cause de la non-conductibilité de ce milieu. Cette théorie, d'abord uniquement fondée sur les expériences de Coulomb, a été ensuite confirmée par les calculs de Poisson, qui a démontré que cet arrangement du fluide électrique, dans son état d'équilibre, est une conséquence rigoureuse de la répulsion qui agit sur les molécules en raison inverse du carré de la distance.

Coulomb a également étudié l'influence de la forme des corps sur la distribution de l'é. Il a constaté que si, dans le cas d'une sphère, l'é. se répand uniformément sur toute la surface, il n'en est plus de même pour les autres corps. On appelle *densité électrique*, en un point d'un conducteur, la quantité d'é. contenue par unité de surface. Pour un ellipsoïde, l'épaisseur de la couche électrique, ou mieux la densité

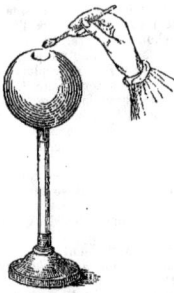 

Fig. 5.   Fig. 6.

électrique, est beaucoup plus grande aux deux extrémités du grand axe qu'aux extrémités du petit, et cela précisément dans le rapport du grand axe au petit. Si donc l'ellipsoïde vient à s'allonger, et que le rapport du grand axe au petit devienne de plus en plus grand, le rapport de l'épaisseur de la couche de fluide aux extrémités de ces deux axes deviendra aussi de plus en plus grand, et si l'on exagère le grand axe de façon que l'ellipsoïde se réduise à une véritable pointe, l'épaisseur de la couche de fluide à l'extrémité du grand axe deviendra infiniment grande en comparaison de celle du petit axe. Alors la pression du fluide contre l'obstacle que l'air lui oppose ira aussi en croissant, et il arrivera un instant où cette pression finira par vaincre la résistance atmosphérique : le fluide s'écoulera donc dans l'espace. Plus la pointe sera aiguë, plus l'écoulement de l'é. sera facile

Cette action des pointes est excessivement remarquable : on a fondé sur elle un grand nombre d'appareils. Au reste, dans tous, sans exception, on doit en tenir compte, soit pour l'utiliser, soit pour se prémunir contre ses effets. C'est pour se mettre à l'abri de cette action des pointes que, lorsqu'il s'agit d'accumuler et de conserver de grandes quantités d'é., on donne aux appareils des formes aussi arrondies que possible, tandis que, dans les paratonnerres, au contraire, on met à profit cette propriété des pointes pour faciliter l'écoulement de l'é. du sol. Ce *pouvoir* des pointes, c.-à-d. la propriété qu'elles possèdent de laisser écouler le fluide électrique, se vérifie à l'aide d'un grand nombre d'expériences. Ainsi, par exemple, lorsqu'on place une pointe aiguë sur les conducteurs de la machine électrique, il devient impossible de leur donner de l'é. et d'en tirer des étincelles, le fluide se dissipant par cette pointe au fur et à mesure de son développement par le mouvement de la machine. — Le *timbre à pointe* (Fig. 6) sert à démontrer ce phénomène sous une forme saisissante. Cet appareil se compose de trois timbres suspendus à un pied isolant terminé par une pointe métallique. Deux de ces timbres communiquent avec la pointe ; le troisième, celui du milieu, communique avec le sol. Deux petits pendules isolés sont suspendus entre les trois timbres. Lorsqu'on approche cet appareil d'une machine électrique, l'é. développée par *influence* (Voy. plus loin IX), ne pouvant rester dans la pointe, s'écoule d'une façon continue, de telle sorte que les petits pendules vont sans cesse des deux timbres extrêmes électrisés au timbre du milieu en communication avec le sol. L'appareil fonctionne alors comme le carillon que nous décrivons plus loin : seulement ici c'est le pouvoir de la pointe qui le fait agir, tandis que, dans le premier, c'est la conductibilité. — Lorsqu'on ap-

Fig. 7.

proche de la main une pointe en communication avec une machine électrique, on éprouve la sensation d'un courant d'air émanant de la pointe. En outre, la flamme d'une bougie placée entre une pointe électrisée et un conducteur communiquant au sol, s'infléchit et s'éloigne de celle-ci comme sous l'action d'un courant d'air. C'est sur cette action répulsive exercée sur l'air par les pointes qu'est fondé le *Moulinet électrique* (Fig. 7). Il consiste en une roue légère, montée sur un pivot, et munie d'ailettes de papier, qu'on soumet à l'action du fluide électrique, tandis que celui-ci s'écoule d'une pointe fixée au conducteur d'une machine électrique : aussi longtemps qu'on fait marcher la machine, le *vent électrique* fait tourner la roue ailée autour de son axe. Le phénomène de l'écoulement du fluide électrique se manifeste également, comme celui des liquides, par un mouvement de recul. C'est ce qu'on démontre au moyen du *Tourniquet électrique*. L'appareil ainsi nommé est un pied isolant qui porte un arbre métallique sur lequel se trouvent des tiges également métalliques munies de pointes verticales. Sur ces pointes on place de petites aiguilles métalliques horizontales et mobiles, dont les extrémités, terminées en pointe, sont coudées en sens inverse. Lorsqu'on fait communiquer l'appareil avec une machine électrique, les petites aiguilles se mettent à tourner en sens inverse de la direction des pointes. Cependant, le phénomène est ici tout différent de celui qui se produit dans le tourniquet hydraulique. Ce n'est pas la pression de l'é. qui fait tourner l'appareil, mais l'action répulsive de l'é. sur l'air qui environne la pointe. Les molécules de cet air sont électrisées par l'é. qui s'échappe de la pointe, et il se développe ainsi entre elles et la pointe une force répulsive, qui a pour effet de chasser l'air dans le sens de la pointe et de faire reculer celle-ci dans l'autre sens. C'est également de la même manière que la répulsion exercée sur les molécules de l'air électrisées explique le phénomène du *vent électrique*.

VIII. *Déperdition.* — L'é. des corps disparaît avec le temps, elle se dissipe plus ou moins promptement, soit par l'air, soit par les supports isolants. — *La déperdition par l'air* est due, pour la grande partie, à la vapeur d'eau que contient toujours l'atmosphère : elle est d'autant plus considérable que cette vapeur d'eau est plus abondante. Coulomb est parvenu à dresser des tables qui donnent pour chaque degré de l'hygromètre la déperdition correspondante de l'é., c.-à-d. le rapport entre la quantité d'é. perdue par le corps dans l'espace d'une minute, et celle qui lui reste après cette minute. Lorsque l'air est calme et que l'état hygrométrique ne varie pas, il a trouvé que la déperdition, dans un temps très court, est proportionnelle à la tension. — *La perte par les supports* tient à l'imperfection du pouvoir isolant de ceux-ci. Toutefois on peut pour ainsi dire annuler cette perte : car, d'après les expériences de Coulomb, un cylindre de gomme laque, lorsque sa longueur est suffisante, isole complètement un corps électrisé. On vérifie ce fait en suspendant de petites boules à des tiges cylindriques de gomme laque de plus en plus longues. On trouve que, passé une certaine limite de longueur, une boule électrisée suspendue à deux tiges ou à une seule perd la même quantité d'é. dans le même temps. Il est évident qu'alors la perte ne peut être due qu'au seul contact de l'air. Coulomb a trouvé que cette limite de longueur varie comme le carré de la charge électrique à isoler.

IX. De l'électricité par influence. — Nous avons vu que chacun des fluides électriques repousse le fluide de même nom et attire le fluide de nom contraire. Mais cette attraction et cette répulsion ne se manifestent pas seulement sur les fluides déjà décomposés; elle se manifeste également sur les fluides qui sont encore à l'état de combinaison. Par conséquent, un corps conducteur à l'état neutre peut, sans rien perdre et sans rien recevoir, se constituer dans un état électrique particulier qui naît de l'approche d'un corps électrisé, et qui cesse par l'éloignement de celui-ci. Les deux électricités combinées dans le corps conducteur se séparent pour s'unir ensuite de nouveau. L'é. ainsi produite à distance a reçu le nom d'é. *par influence*. Soit un cylindre de cuivre jaune AB (Fig. 8), porté sur un pied de verre isolant, et muni à chacune de ses extrémités, qui sont arrondies, d'un petit pendule électrique formé d'une balle de sureau suspendue par un fil de chanvre. Si on place le cylindre à quelques centimètres du conducteur M de la machine électrique, celui-ci, qui est chargé de fluide positif, attire de son côté le fluide négatif de l'é. et repousse le fluide positif de ce dernier à l'extrémité opposée, ainsi que l'indiquent les signes. En vertu de cette distribution des fluides du conducteur sur ses deux moitiés, les pendules des extrémités A et B divergent. En outre, la densité électrique de chacun des fluides contraires va en diminuant des extrémités au centre, ainsi que le prouve la divergence à peine sensible des pendules posés au centre C. Il est facile

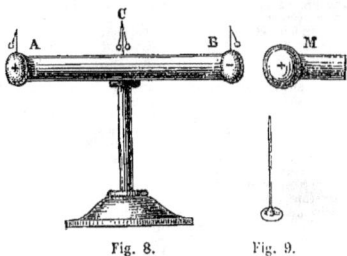

Fig. 8.   Fig. 9.

de démontrer qu'en effet l'é. neutre du cylindre s'est décomposée, sous l'influence du conducteur de la machine, en ces deux fluides, et que le fluide négatif occupe la moitié BC du cylindre, tandis que le positif occupe l'autre moitié AC. Pour cela, il suffit de toucher le cylindre avec un petit *plan d'épreuve* (Fig. 9). En touchant avec ce petit appareil un corps électrisé quelconque, il se charge de la même é. que lui, et alors, quand on le présente à un électroscope électrisé d'avance, on reconnaît aussitôt la nature du fluide pris par le plan d'épreuve, et la quantité qui en existe sur le corps qu'il a touché; car le plan d'épreuve se charge proportionnellement à la force électrique du corps auquel on le présente, et, comme ses dimensions sont très petites, la quantité d'é. qu'il enlève

à ce corps est tout à fait insignifiante. On constate ainsi que le conducteur M étant chargé, par ex., d'é. positive, l'extrémité B est chargée d'é. négative et l'extrémité A d'é. positive. Lorsqu'on enlève le conducteur M, aussitôt les deux fluides séparés par l'influence de M se recombinent, et tout effet électrique disparaît sur le cylindre isolé : les deux pendules A et B retombent au repos. Cette expérience montre bien clairement que c'est à l'influence du corps électrisé M qu'est dû le dégagement de l'é. sur le corps AB, puisque, dès que cette influence cesse, tout effet électrique disparaît. — Si, au contraire, le corps électrisé M restant en présence du conducteur AB, on touche un point quelconque de ce dernier, l'é. de même nom que celle de M, c.-à-d. l'é. positive repoussée par M, s'écoule dans le sol, et l'é. de nom contraire à M, c.-à-d. l'é. négative, reste seule sur B maintenue par l'action attractive de M. En conséquence, le petit pendule A tombe au repos, tandis que le pendule B continue à diverger. Si, après avoir touché le cylindre isolé, on enlève le conducteur M, alors il ne reste plus, comme tout à l'heure, que de l'é. négative sur AB; mais cette é. se répand aussitôt sur tout le cylindre, de sorte que tous les pendules divergent en vertu de la même é., quoique à des degrés différents. — Nous avons dit plus haut que l'intensité des forces électriques dans le cylindre AB décroît à partir des deux extrémités A et B jusqu'au centre. Il y a un point appelé *point neutre*, qui ne manifeste aucun signe d'é., et où le pendule reste immobile; mais ce point n'est jamais exactement au milieu du cylindre; sa position dépend de la charge électrique et de la distance du cylindre au corps qui agit sur lui par influence. Néanmoins, ce point neutre se trouve toujours du côté sur lequel agit l'influence.

Un corps qui est électrisé par influence, agit de son côté par influence sur un autre corps, si celui-ci est assez rapproché pour se trouver dans sa sphère d'action; ce dernier à son tour agit de même, et ainsi de suite; de telle sorte que ce mode d'électrisation peut se propager à de très grandes distances.

Le phénomène qui se produit lorsqu'un corps électrisé agit ainsi à distance sur un corps conducteur isolé est fréquemment désigné sous le nom d'*Induction électrostatique*. Le corps électrisé est alors appelé *corps inducteur*, et l'on nomme *é. induite* l'é. qui se développe par influence sur le corps conducteur. Dans le cas où le conducteur induit enveloppe entièrement le conducteur inducteur, on démontre qu'il se produit sur la face interne du premier une couche d'é. égale et de signe contraire à celle du corps inducteur. (Théorème de Faraday.)

Attraction des corps légers. — L'induction joue un grand rôle dans les actions électriques : car toutes les fois qu'un corps électrisé agit sur un corps à l'état neutre, il se produit un phénomène d'induction. C'est à la suite d'une action de ce genre que se manifestent les attractions et les répulsions électriques. En effet, les actions électriques ne sont pas produites par un corps électrisé sur un corps à l'état neutre, mais par deux corps électrisés. Lorsqu'un corps électrisé M attire un corps léger AB, l'é. libre du premier agit par influence sur l'é. neutre du second, attire de son côté l'é. de nom contraire et repousse l'é. de même nom dans la partie la plus éloignée A du corps léger (Fig. 10). Alors l'attraction entre l'é. positive de M et l'é. négative de B l'emporte sur la répulsion entre l'é. positive de M et l'é. positive de A, parce que B est plus près de M que A; mais lorsque AB est venu au contact de M, alors c'est le contraire qui arrive : l'é. positive de M neutralise l'é. négative de B; l'attraction n'existe plus, la répulsion seule agit et AB est repoussé.

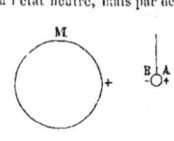

Fig. 10.

X. Potentiel électrique. — Considérons deux conducteurs électrisés et mettons-les en relation par un fil métallique fin. S'il n'y a aucun échange d'é. entre les deux, on dit que les conducteurs sont au même *potentiel*; sinon, ils sont à des potentiels différents. Nous dirons qu'un conducteur est à un potentiel plus élevé qu'un autre lorsque l'é. positive tend à passer du premier sur le second. Le potentiel électrique est une quantité qui peut être comparée à la température dans l'étude de la chaleur ou au niveau en hydrostatique. La chaleur tend à passer des corps dont la température est plus élevée aux corps dont la température est plus basse. Les liquides s'écoulent des niveaux plus élevés vers les niveaux plus bas. De même, l'é. positive s'écoule du corps qui a le plus grand potentiel à celui qui a le moindre. Aussi appelle-t-on quelquefois le potentiel : niveau électrique.

Définition du potentiel électrique par le travail. — Nous appellerons *différence de potentiel* entre deux points A et B le travail effectué par l'unité d'électricité positive se déplaçant de A en B. (On démontre que ce travail est le même, quel que soit le chemin parcouru). Voy. Travail. — On prend pour zéro de potentiel celui du sol. Il en résulte que le potentiel d'un point quelconque a pour mesure le travail effectué par l'unité d'é. positive se déplaçant de ce point jusqu'au sol.

On a donné le nom de *surface équipotentielle* ou *surface de niveau électrique* à l'ensemble des points ayant même potentiel.

Le potentiel possède en outre les propriétés importantes qui suivent : 1° Le potentiel en un point du champ a pour valeur $V = \Sigma \dfrac{m}{r}$, le symbole Σ indiquant qu'il faut faire la somme de tous les termes $\dfrac{m}{r}$ où m désigne chacune des masses électriques agissantes et r la distance de chaque masse au point considéré.

2° Tous les points à l'intérieur d'un conducteur en équilibre sont au même potentiel. (Les conducteurs réalisent donc des surfaces équipotentielles.)

3° La direction de la force électrique en un point est normale à la surface équipotentielle qui passe par ce point.

4° Le travail correspondant à la décharge d'un conducteur au potentiel V dans le sol a pour valeur :

$$W = \frac{MV}{2}$$

où M est la quantité d'é. que contient le conducteur. W s'appelle l'*énergie* du conducteur. Voy. Potentiel.

Capacité électrique. — C'est la quantité d'é. qu'il faut pour élever d'une unité le potentiel d'un conducteur. On a par définition M = CV, en appelant C la capacité du conducteur.

La capacité d'une sphère seule a pour mesure son rayon en unités absolues.

La capacité d'un conducteur dépend non seulement de sa grandeur et de sa forme, mais aussi de sa position par rapport aux autres conducteurs.

XI. *Électroscopes et électromètres.* — Les *Électroscopes* sont des appareils propres à accuser la présence de l'é. libre dans un corps, tandis que les *Électromètres* servent à mesurer les différences de potentiel.

Le plus simple de tous les électroscopes est le *Pendule électrique* (Fig. 1), dont il a déjà été question. L'*Aiguille électrique* (Fig. 11) est un électroscope un peu plus sensible que le pendule. Elle se compose d'un fil de cuivre terminé par deux petites boules métalliques creuses. Au milieu de la longueur du fil est une chape d'acier ou d'agate par laquelle il repose sur un pivot bien aiguisé. Le frottement de la chape sur

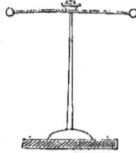 

Fig. 11.   Fig. 12.

le pivot étant la seule résistance à vaincre, on peut donner à l'aiguille une grande mobilité. — Lorsqu'on se propose d'estimer approximativement la charge d'une machine ou d'une batterie, on peut se servir de l'*électromètre de Henley* (Fig. 12). Il consiste en une tige d'ébène terminée par un demi-cercle ou un quart de cercle d'ivoire, au centre duquel est suspendue une paille munie à son extrémité d'une petite boule de sureau. Quand l'appareil est en repos, l'aiguille est dans la position verticale ; mais dès qu'il est électrisé, l'aiguille s'éloigne de la tige, et d'autant plus que la charge est plus forte. Cet appareil se monte ordinairement sur l'un des conducteurs d'une machine électrique ou d'une batterie. — Mais lorsque les forces électriques sont peu développées, ces

instruments sont insuffisants. Il faut avoir recours à des appareils plus délicats, dont nous parlerons plus loin.

La découverte des phénomènes de l'é. par influence a conduit à construire d'autres électroscopes qui ont l'avantage particulier de conserver assez longtemps l'é. qu'on leur donne, et qui sont plus propres à donner approximativement une idée de l'intensité des forces électriques qui les sollicitent. Tous se composent essentiellement d'un vase de verre qui renferme l'appareil, pour le soustraire à toute influence extérieure, d'un conducteur fixe et d'un conducteur mobile. On les distingue en électroscopes à pailles, à balles de sureau, à feuilles d'or, selon la matière dont est formé le conducteur mobile. En outre on leur donne des formes assez variées. La Fig. 13 représente un électroscope à feuilles d'or. Une tige métallique terminée supérieurement par une boule de même matière porte deux minces lames d'or suspendues à son extrémité inférieure. Cette tige traverse un bouchon de paraffine qui ferme le haut de la cloche. La paraffine a pour but d'assurer un isolement parfait. — Lorsqu'on veut simplement reconnaître la présence de l'é. dans un corps, on l'approche graduellement du conducteur fixe A de l'électroscope. Si les deux feuilles d'or ne bougent pas, quelque près qu'on approche le corps, c'est qu'il n'est pas électrisé ; mais s'il est électrisé, on observe une divergence toujours croissante des conducteurs mobiles à mesure qu'on approche davantage celui-ci. Maintenant, si l'on veut reconnaître l'espèce d'é. que possède un corps, on donne d'abord à l'électroscope une é. connue, ce qui se fait de la manière suivante. On approche un corps électrisé, et en même temps on touche avec le doigt la boule A de l'électroscope. Le fluide repoussé par le corps passe dans le sol, et, en retirant le doigt d'abord et ensuite le corps électrisé, l'électroscope reste chargé du fluide qui était attiré par le corps, c.-à-d. du fluide contraire à celui de ce corps. Dans cet état, tout corps qu'on approche du bouton A et qui augmente la divergence des lames d'or, est certainement chargé de la même é. que l'électroscope : car il est clair que cette augmentation de divergence vient de ce que le corps repousse une plus grande quantité d'é. sur les feuilles. Or, comme il n'y a que les électricités de même nom qui se repoussent, il est évident que le corps a une é. de même espèce que l'électroscope. Mais l'inverse n'a pas lieu : tout corps qui diminue la divergence n'est pas nécessairement chargé d'une é. contraire à celle de l'électroscope ; car les corps conducteurs pris dans leur état naturel doivent eux-mêmes produire cet effet sur les conducteurs mobiles, à cause de la décomposition d'é. qu'ils éprouvent par l'influence de l'électroscope électrisé. Ainsi, l'augmentation de divergence est une preuve décisive, tandis que la diminution est une preuve incertaine, à moins pourtant que cette diminution ne soit très grande, et que le corps qui la produit, étant approché davantage, ne soit capable de déterminer une divergence nouvelle, après avoir rapproché, jusqu'à se toucher, les conducteurs mobiles de l'électroscope.

On peut augmenter la sensibilité de l'appareil en y ajoutant deux tiges métalliques qui communiquent avec le sol par l'intermédiaire du plateau. Quand les feuilles d'or sont électrisées, l'é. qui se développe aussitôt par influence sur les deux tiges augmente l'écartement des feuilles. Souvent on adapte encore à l'instrument un arc de cercle divisé, pour mesurer l'écartement de celles-ci. Enfin, lorsque l'air est humide, comme alors l'é. se perd promptement, on dessèche l'air contenu dans l'électroscope avec quelques fragments de chlorure de calcium.

Électromètres. — L'un des plus employés est l'*électromètre à quadrants* de Thomson. Nous décrirons le modèle perfectionné de M. Mascart. Une aiguille très légère en aluminium, découpée en forme de huit (Fig. 14). Elle est mobile entre les quatre secteurs d'une boîte métallique très plate, coupée suivant deux diamètres rectangulaires. Ces secteurs sont supportés par des colonnes de verre. Les deux secteurs opposés sont reliés entre eux par un fil métallique et chacune des paires de secteurs communique respectivement avec les bornes B et B'. La borne A communique avec l'aiguille. Les déviations sont indiquées par un miroir M qui oscille avec l'aiguille et dans lequel on observe l'image d'une règle graduée. Il est collé à un fil métallique dont l'extrémité plonge dans une cuvette d'acide sulfurique (corps desséchant). Des bouts de fil à angle droit sur le premier servent à amortir les oscillations.

Fig. 13.

Cet appareil sert à mesurer les différences de potentiel de conducteurs quelconques, les forces électromotrices des piles, les capacités, etc., etc. La déviation α est donnée par la formule :

$$\alpha = k\,(V_1 - V_2)\left(V - \frac{V_1 + V_2}{2}\right)$$

où V est le potentiel de l'aiguille, V_1 celui d'une des paires de quadrants, V_2 le potentiel de l'autre paire, et k une constante dépendant de l'appareil.

Électromètre absolu de Thompson. — On mesure l'attraction exercée entre deux disques très rapprochés. On en déduit la différence de potentiel au moyen de la formule du condensateur plan. Voy. plus loin XIV.

Électromètre de Lippmann. (Voy. ÉLECTRO-CAPILLARITÉ). — On se sert aussi en électrométrie de galvanomètres spéciaux appelés *volt-mètres.* Voy. ce mot.

XII. *Machines électriques à frottement.* — Ces machines se composent d'un corps frottant, d'un corps frotté et d'un conducteur isolé.

1° *Machine de Ramsden.* — Cet appareil, imaginé à Londres vers le milieu du XVII° siècle, se compose (Fig. 15) d'un plateau circulaire de verre de 30 centimètres à 1 m. 80 de diamètre, mis en mouvement au moyen d'une manivelle, et frottant contre deux paires de coussins fixés entre les montants de bois qui soutiennent le plateau. Ces coussins communiquent avec le sol par la table de l'appareil et par une chaîne métallique. Dans le frottement du plateau contre les coussins, ceux-ci prennent l'é. négative, laquelle s'écoule dans le sol au fur et à mesure qu'elle est produite. Le verre, au contraire, prend l'é. positive qui agit ensuite par influence sur deux conducteurs isolés au moyen de pieds en verre vernis à la gomme laque. A cet effet, ces conducteurs sont terminés par des espèces de mâchoires qui embrassent le bord du plateau aux extrémités de son diamè-

tre horizontal. De plus, ces mâchoires sont munies de pointes qui permettent l'écoulement de l'électricité négative sur le plateau chargé d'é. positive. Ce dernier est ainsi ramené à l'état neutre, tandis que les conducteurs restent chargés positivement. Une tige métallique relie les deux conducteurs qui n'en font qu'un au point de vue électrique. Enfin, pour empêcher que l'é. développée sur le plateau ne se perde dans l'air avant d'arriver devant les pointes en question, on place autour du verre, de chaque côté de la roue, des gaines de taffetas ciré ou de soie qui isolent le plateau. — Pour bien fonctionner, une machine doit satisfaire à plusieurs conditions relatives au corps frotté, aux frottoirs et aux conducteurs. Si

l'air dans lequel on opère n'est pas bien sec, il faut commencer par le dessécher, car l'air humide est conducteur de l'é. et l'enlève en grande partie à mesure qu'elle se produit. En conséquence, on chauffe au besoin l'air de la pièce dans laquelle on opère et l'on essuie avec soin les conducteurs avec des linges propres préalablement chauffés. En passant sur le plateau un linge légèrement imbibé d'huile de pétrole, on obtient après quelques instants de frottement de bien meilleurs résultats. Pour augmenter la puissance de la machine, on monte quelquefois deux plateaux de verre sur le même axe : telle est la machine du musée Teyler à Harlem, construite par Van-Marum, machine dont on peut obtenir des étincelles de 1 mètre de longueur. Les frottoirs exercent également une grande influence sur la puissance de la machine. Ceux qu'on emploie le plus généralement sont de peau et rembourrés de crin. Afin d'obtenir le maximum d'effet, on les recouvre d'un amalgame de zinc, d'étain et de mercure, ou bien d'or mussif, c.-à-d. de bisulfure d'étain. Aujourd'hui on fait encore un assez grand usage de coussins imaginés par Van-Marum, et qui sont formés d'une planchette de bois bien plane sur laquelle on colle une feuille d'étain, qu'on recouvre avec un morceau de soie enduit d'amalgame. — La feuille d'étain sert à enlever à chaque instant l'é. du frottoir, ce qui augmente la quantité d'é. sur le plateau. Enfin, des vis de pression permettent d'exercer un frottement plus ou moins fort en rapprochant plus ou moins ces frottoirs du plateau.

2° *Machine de Van-Marum.* — La machine de Ramsden est surtout destinée à donner de l'é. positive : si pourtant on voulait obtenir avec elle de l'é. négative, il faudrait isoler les coussins et mettre les conducteurs en communication avec le sol. Mais on doit à Van-Marum, de Harlem, une machine spécialement construite pour donner à volonté de l'é. positive ou négative. Elle consiste en un large plateau

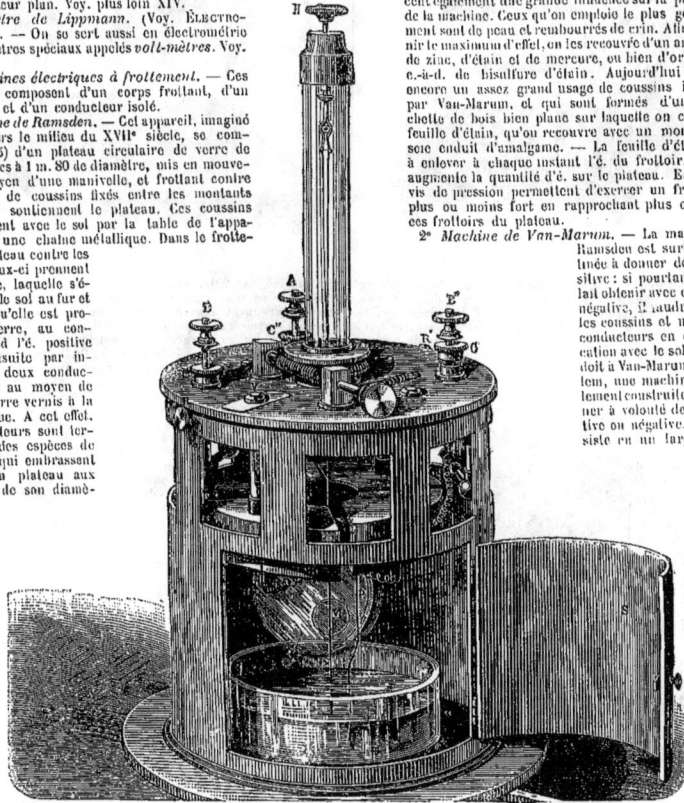

Fig. 14.

de verre tournant à l'extrémité d'un axe horizontal qui communique avec le sol (Fig. 16). Quand on veut obtenir de l'é. positive sur le conducteur isolé A, on dispose verticalement les deux branches BB′, et les branches LL′ touchent les frottoirs pour établir leur communication avec le sol et faire ainsi écouler l'é. négative. Lorsqu'au contraire on veut obtenir de l'é. négative, on dispose les deux branches BB′ horizontalement de manière qu'elles communiquent avec les frottoirs, tandis que les branches LL′ sont disposées verticalement : on ne recueille alors que de l'é. négative, l'é. positive s'écoulant dans le sol.

3° *Machine de Nairne.* — Cette machine (Fig. 17) donne

également les deux espèces d'é., mais elle les donne simultanément. Dans cet appareil, le plateau de verre est remplacé par un manchon cylindrique monté sur un axe de bois horizontal qui est

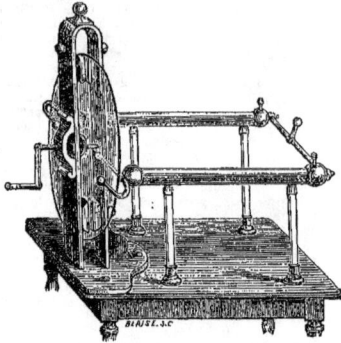

Fig. 15.

isolé sur des colonnes de verre. De chaque côté de ce cylindre sont disposés parallèlement deux conducteurs isolés, dont l'un porte un frottoir, et dont l'autre est armé de pointes métalliques. Le conducteur qui est en communication avec le frottoir se charge d'é. négative, et le conducteur armé de pointes se charge d'é. positive. Si l'on veut recueillir seulement l'é.

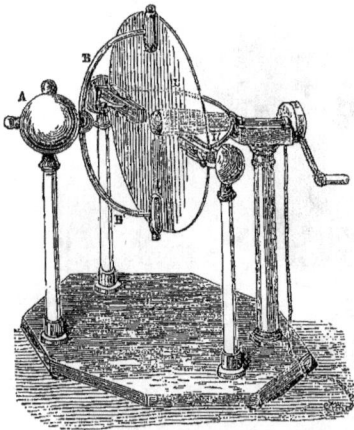

Fig. 16.

positive, on fait communiquer avec le sol le conducteur qui porte le frottoir; c'est au contraire l'autre conducteur qu'on met en contact avec le sol quand on ne veut que de l'é. négative. Lorsqu'on ne recueille que l'une des deux électricités, on obtient des effets bien plus puissants. Quand on a recueilli simultanément les deux espèces d'é, et qu'on met les deux conducteurs en communication l'un avec l'autre au moyen de deux arcs métalliques que l'on peut à volonté rapprocher; une étincelle éclate de l'un à l'autre chaque fois que

l'on tourne la machine, les deux électricités se recombinant à mesure que le frottement les sépare; mais alors on n'en peut plus recueillir sur les conducteurs.

Machines électriques à influence. — Ces machines produisent de l'é. par le déplacement relatif des parties composantes.

Électrophore. — On peut considérer l'*électrophore* comme la plus simple des machines à influence. Cet appareil, qui a

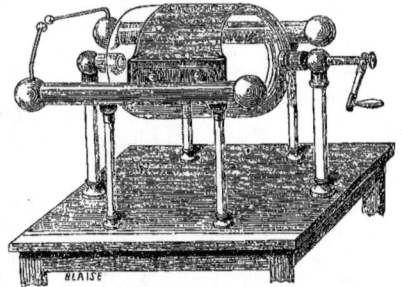

Fig. 17.

été imaginé par Wilck et perfectionné par Volta, est remarquable par sa simplicité et son utilité. On s'en sert en effet très fréquemment dans les laboratoires de chimie, lorsqu'on a besoin d'avoir à sa disposition une faible source d'é., notamment pour les expériences eudiométriques. L'électrophore (Fig. 18, Aspect extérieur de l'appareil, et 19, Coupe) se compose de deux parties, à savoir : d'un *gâteau* de résine coulé dans un moule de bois ou de métal, et d'un *plateau* de cuivre ou de bois revêtu d'étain, auquel est adapté un manche isolant, ordinairement de verre. Il importe, d'une part, que la surface du gâteau de résine soit aussi plane que possible, et de l'autre que le plateau ait un rebord arrondi et un diamètre moindre que celui du gâteau. Quand on veut faire usage de cet appareil, on électrise la surface de la résine en la battant avec une peau de chat, puis on pose sur elle le plateau en prenant celui-ci par son manche isolant. Le frottement a développé dans le gâteau une quantité notable d'é. résineuse ou négative; mais comme la résine est un corps très mauvais conducteur, elle retient avec force son é. et ne l'abandonne point au plateau posé sur le gâteau. Toutefois cette é. n'est pas sans action sur ce dernier, car elle agit sur lui par influence, c.-à-d.

Fig. 18.   Fig. 19.

qu'elle décompose l'é. neutre du plateau, attire son é. positive à la surface inférieure de celui-ci et repousse son é. négative à sa surface supérieure. Quant à l'é. positive développée à la surface inférieure du plateau, elle ne saurait venir neutraliser l'é. négative de la résine, attendu qu'elle ne peut pas s'accumuler sur un point pour vaincre la résistance de l'air. Le plateau étant ainsi placé sur le gâteau électrisé, on touche le premier avec le doigt et il en jaillit une étincelle : c'est le fluide négatif, repoussé à la surface supérieure du plateau lui-même, qui s'écoule dans le sol. Il ne reste donc plus dans le plateau que de l'é. positive. En conséquence, si on enlève de dessus le gâteau ou le saisissant par son manche de verre, et qu'on lui présente ensuite l'autre main, on fait jaillir une vive étincelle, qui est due à la recomposition de l'é. positive du plateau avec l'é. négative de la main. On peut répéter cette expérience plusieurs centaines de fois de suite, sans qu'il soit nécessaire de charger de nouveau le gâteau avec la peau de chat. —

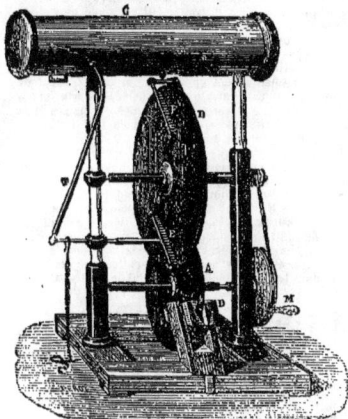

Fig. 20.

Mais si, après avoir posé le plateau sur la résine, on le relevait sans l'avoir préalablement touché avec le doigt, comme le plateau conserverait alors ses deux électricités, elles se recombineraient aussitôt, et l'on n'obtiendrait pas d'étincelle.

Machine de Carré (Fig. 20). — Cette machine comprend

Fig. 24.

deux plateaux en ébonite A et B. Le premier A s'électrise négativement entre les coussins D, ce qui détermine un appel d'é. positive du peigne métallique E sur le grand plateau et repousse l'é. négative en T. La charge positive du grand plateau arrive ensuite devant le peigne F, attire de l'é. négative qui s'écoule par les pointes, laissant le conducteur G chargé positivement.

En éloignant alors T de C, il jaillira des étincelles entre ces conducteurs qui constituent les deux pôles de la machine.

Machine de Holtz. — Cette machine comporte deux plateaux en verre, l'un fixe dans lequel on a découpé deux ouvertures appelées fenêtres, contre lesquelles on a collé deux armatures en papier ayant une partie pointue s'avançant dans la fenêtre (Voir Fig. 21) Le deuxième plateau est animé d'un

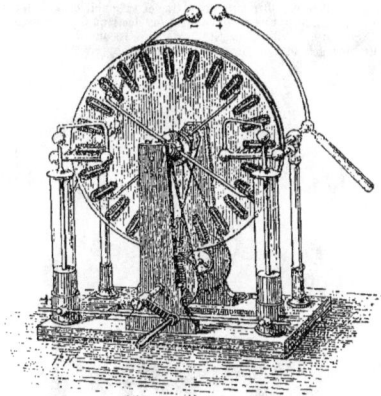

Fig. 22.

mouvement de rotation très rapide au moyen d'une manivelle et d'une transmission multiplicative. Deux conducteurs métalliques P et N, isolés, portent des peignes dont les pointes se trouvent en face des armatures en papier. Pour se servir de la machine on pousse d'abord la boule de N contre P, puis on amorce la machine. A cet effet, pendant que l'on fait tourner rapidement le plateau mobile, on communique à l'une des armatures une faible charge d'é. au moyen d'une lame d'ébonite frottée. (Le plateau doit tourner à l'encontre des pointes des armatures.) Au bout de quelques tours, on entend un bruissement particulier qui indique que la machine est amorcée. On peut alors écarter les deux conducteurs P et N entre lesquels jaillissent des étincelles qui atteignent des longueurs considérables. Ils constituent les deux pôles de la machine. On a tout intérêt à employer une machine de Holtz double, c.-à-d. avec 2 plateaux fixes et 2 plateaux mobiles. L'expérience montre en effet que la machine de Holtz simple est sujette à se désamorcer. La machine double fonctionne beaucoup plus régulièrement. C'est un appareil de ce genre que représente la Fig. On adjoint habituellement aux conducteurs deux petites bouteilles de Leyde H et K pour augmenter la force des étincelles. (Voy. plus loin XIV.) La machine de Holtz est très sensible à l'humidité. Les plateaux devront être bien vernis à la gomme laque, et la machine placée sur une table munie d'une large ouverture sous laquelle on placera un petit fourneau contenant du charbon de bois bien allumé.

Machine de Wimshurst (Fig. 22). — Cette machine comporte deux plateaux en verre ou en ébonite, que l'on fait tourner rapidement en sens inverse. Chacun d'eux porte un grand nombre de petits secteurs métalliques (feuilles d'étain). Deux balais métalliques frottent contre chaque plateau. L'é. se recueille au moyen de conducteurs munis de peignes qu'on voit sur la droite et la gauche de la figure. On peut dire que cette machine reste amorcée indéfiniment. Elle est bien moins sensible à l'humidité que la machine de Holtz.

Les machines électriques que nous venons de décrire produisent beaucoup plus d'électricité que les machines à frottement.

4° *Machine hydro-électrique.* — Cet appareil est le

315

résultat d'une découverte fortuite faite en 1840, par suite des observations d'un ouvrier employé à une machine à vapeur fixe, à Sighill, près de Newcastle. Une fuite s'étant déclarée dans le mastic de la soupape de sûreté, il se dégagea une quantité considérable de vapeur. Le machiniste, ayant alors placé une de ses mains au milieu de la fuite, pendant qu'il approchait l'autre du levier de la soupape pour ajuster les poids, vit une étincelle jaillir entre ce levier et sa main, et en même temps il ressentit une forte commotion électrique. Armstrong, de Newcastle, vérifia l'exactitude du fait, reconnut que la vapeur dégagée était chargée d'é. positive, et répéta l'obser-

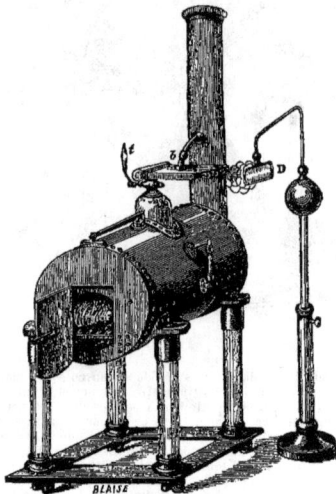

Fig. 23.

vation sur d'autres chaudières. A la suite de ces expériences il imagina de construire une machine électrique à vapeur qu'il baptisa du nom de *Machine hydro-électrique*. Cette machine (Fig. 23) se compose d'une chaudière à vapeur de 96 centim. de longueur et de 44 de diamètre, montée sur quatre fortes colonnes de verre. Le foyer est placé intérieurement. A la partie supérieure de la chaudière s'élève un dôme, sur lequel se trouve fixé un court tuyau que l'on peut fermer à volonté au moyen d'un robinet *t*; c'est ce tuyau lui-même qui porte la vapeur aux tubes de sortie que nous allons décrire. En arrière du dôme, on voit une soupape de sûreté dont le poids est mobile à volonté et peut être mis à une distance telle que la vapeur soit obligée d'acquérir une force de 6 atmosphères pour soulever la soupape. Sur la droite de la chaudière se trouve un tube de verre en communication avec la chaudière à la partie supérieure aussi bien qu'à la partie inférieure, de manière à permettre de surveiller le niveau de l'eau dans la chaudière, absolument comme dans les chaudières des machines à vapeur. Quand la vapeur de la chaudière a acquis une tension suffisante, on ouvre le robinet *t* qui la conduit dans un tube de fonte *bc* long d'environ 24 centimètres sur 5 de diamètre. De là, la vapeur s'échappe par quatre à six tubes horizontaux qui sont renfermés dans une boîte de laiton. Ces tubes sont terminés par des ajutages de bois contournés à l'intérieur, afin d'augmenter le frottement de la vapeur à sa sortie. Enfin, immédiatement en face de ces ajutages, on pose un conducteur garni de plusieurs rangées de pointes D, qui est chargé de recevoir et d'emporter l'é. contraire de la vapeur, afin d'empêcher son retour sur la chaudière, ce qui neutraliserait l'é. développée. La chaudière se charge d'é. négative, et le conducteur garni de pointes d'é. positive. Quand on veut augmenter la charge de ce dernier, il

suffit de faire communiquer la chaudière avec le sol. — L'é. produite par cette machine est extrêmement abondante; les étincelles qu'on en tire sont très fortes et se succèdent rapidement en présentant l'apparence d'une flamme continue. Faraday a prouvé par des expériences nombreuses et d'une haute importance que c'est le frottement des molécules d'eau liquide emportées par la vapeur qui développe l'é. dans la machine d'Armstrong; que si l'on emploie de la vapeur sèche, on ne produit pas d'é.; et que ce n'est ni le passage de la vapeur par de petits orifices, ni l'évaporation, ni la condensation, ni aucun changement chimique, qui est la cause du dégagement d'é. Les molécules d'eau emportées par la vapeur font l'office du plateau de verre des machines ordinaires et se chargent d'é. positive; les ajutages de bois font l'office de frotteurs et se chargent d'é. négative.

5° *Expériences diverses.* — On peut faire avec la machine électrique un fort grand nombre d'expériences qui mettent en évidence de la manière la plus frappante les principales propriétés de l'é. statique : nous nous contenterons d'en citer quelques-unes. — En fixant sur le conducteur d'une machine une tige métallique terminée par un petit disque auquel sont suspendues de petites bandelettes de papier ou d'autres corps légers, on voit, lorsqu'on vient à tourner la machine, les bandelettes s'écarter et s'étaler horizontalement comme les rayons d'un cercle dont le disque métallique serait le centre. Cet effet

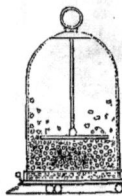 

Fig. 24. Fig. 25.

est dû à ce que les bandelettes de papier se sont chargées du même fluide; en conséquence, elles se repoussent mutuellement. — La Fig. 24 représente une cloche de verre, dont le fond est de métal et communique avec le sol, tandis que le disque intérieur est mis en communication avec la machine électrique. Aussitôt que l'on tourne celle-ci, le disque s'électrise et attire les balles de sureau, qui, en arrivant en contact avec la surface inférieure du disque constamment positif, se déchargent de l'é. négative qu'elles avaient acquise par influence, et en prennent de la positive par communication; ce qui fait qu'immédiatement repoussées, elles retombent sur le fond, lequel, communiquant avec le sol, leur enlève leur é. positive. Revenues à leur état initial, leur é. naturelle est de nouveau décomposée; en conséquence, elles sont alternativement attirées et repoussées, aussi longtemps que l'é. de la machine arrive au disque intérieur. Cette expérience, qui semble n'être qu'un simple jeu, a été imaginée par Volta à l'appui d'une théorie de la grêle que l'illustre physicien avait proposée. Il expliquait la suspension de la grêle dans l'atmosphère en supposant que les grêlons étaient alternativement attirés et repoussés par deux nuages superposés et chargés d'électricités contraires, comme le sont les balles de sureau dans l'expérience précédente. Cette théorie est du reste insuffisante et a été abandonnée. On remplace quelquefois les balles de sureau par des morceaux de liège façonnés en forme de petits bonshommes : on a alors la *Danse des pantins* (Fig. 25). Il suffit pour cela de placer deux disques, dont l'un communique avec le conducteur de la machine et l'autre avec le sol, à la distance d'environ 20 centim. L'un de l'autre : c'est entre les deux disques que s'opèrent les mouvements. — Si l'on remplace les pantins par une feuille d'or battu, on la voit de même

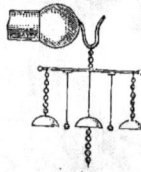

Fig. 26.

voltiger entre les deux disques de métal. — Le *Carillon électrique* (Fig. 26) reproduit, sous une autre forme, le même phénomène que la danse des pantins. Trois timbres sont suspendus à une tige métallique horizontale en communication avec le conducteur de la machine. Deux de ces timbres sont suspendus par une chaîne métallique, et le troisième par un fil de soie; mais, en même temps, ce dernier communique avec le sol au moyen d'une chaîne fixée à sa partie inférieure. Entre ces trois timbres on suspend, par des fils de soie, à la même tige horizontale deux petites boules métalliques. Les choses ainsi disposées, si l'on fait marcher la machine électrique, les boules seront attirées par les deux timbres extrêmes et viendront les toucher; mais aussitôt elles seront repoussées et attirées par le timbre communiquant avec le sol. Elles se porteront donc vers lui, le toucheront, se déchargeront, et iront se recharger de nouveau par le contact des timbres extrêmes. Ces chocs alternatifs feront donc vibrer les timbres aussi longtemps que la tige recevra l'é. de la machine: de là le nom de carillon donné à cet appareil. Dans quelques pays, on s'en sert pour accuser le passage d'un nuage électrisé.

XIII. *De l'étincelle électrique.* — Lorsqu'on place un conducteur isolé en présence d'un corps électrisé, nous avons vu que ce conducteur se charge par influence d'é. contraire à celle du corps inducteur; mais il faut avoir soin de conserver entre les deux corps une distance telle que l'é. du corps inducteur ne puisse pas passer directement sur le conducteur, car sans cela ce dernier se chargerait, non par influence, mais par simple conductibilité, l'air n'étant pas isolant pour de faibles distances et surtout pour de fortes charges. Dans ce cas, le conducteur, au lieu d'être chargé d'é. de nom contraire à celle du corps électrisé, se chargerait de la même é. Lorsque la distance entre les deux corps n'est pas assez grande, il arrive un instant où la tension de l'é. développée par influence sur le conducteur est assez forte pour faire équilibre à l'obstacle opposé par l'air et obéir à l'attraction qu'exerce l'é. *inductrice*: alors les deux électricités se combinent à travers l'air, et l'on aperçoit une lueur plus ou moins vive, selon la force de la charge, en même temps qu'on entend un léger craquement. On appelle cette lueur *étincelle électrique.* Si la charge développée par influence sur le conducteur isolé est assez forte pour faire équilibre à celle du corps inducteur, les deux électricités se neutralisent mutuellement, et les deux corps ne donnent plus signe d'é.: ils sont repassés à l'état naturel. Lorsque, au contraire, l'é. induite est trop faible pour neutraliser celle du corps inducteur, le conducteur isolé se trouve chargé de la même é. que le corps inducteur et la charge de ce dernier se trouve diminuée. Si le conducteur communique avec le sol et que le corps inducteur soit en communication avec une machine électrique, alors, après la première décharge, le corps inducteur recommence à agir sur le conducteur, le fluide de même nom étant toujours repoussé dans le sol, et les décharges se succèdent indéfiniment, dès que la tension de la charge induite est devenue assez forte pour faire équilibre à l'obstacle que lui oppose l'air. — Il est à remarquer que, lorsqu'un corps électrisé agit ainsi par influence sur un autre corps, sa charge ne diminue pas. Par conséquent, il peut ainsi agir par influence sur un nombre indéfini de conducteurs placés à la suite les uns des autres, sans que sa charge s'affaiblisse autrement que par les pertes qu'elle éprouve de la part de l'air et des supports. Il en est autrement quand un corps agit par conductibilité sur un autre : dans ce cas, sa charge diminue précisément de la quantité qui est passée sur cet autre corps.

XIV. *Condensateurs.* — Mettons un plateau métallique isolé A en communication avec le conducteur, il se chargera jusqu'à ce que son potentiel soit le même que celui de la machine. On verra alors diverger un pendule fixé à ce plateau (Fig. 27). Si maintenant nous approchons un second plateau métallique C en communication avec le sol, il s'électrise négativement par influence, ce qui détermine un nouvel appel d'é. positive sur le premier plateau qui peut donc se charger davantage que s'il était seul. C'est le phénomène de la *condensation.* Les deux plateaux métalliques ont reçu le nom d'*armatures*; le milieu isolant qui les sépare s'appelle le *diélectrique.* Si l'on place en C une lame de verre, on peut rapprocher bien davantage les armatures et accumuler bien plus d'é.

L'armature en relation avec la machine s'appelle aussi *collecteur*: celle qui est en communication avec le sol, *condenseur.* La capacité d'un condensateur est la capacité du collecteur (le condenseur étant relié au sol). La *force condensante* est le rapport de la capacité du collecteur fonctionnant avec le condenseur, à la capacité du collecteur considéré seul.

La capacité d'un condensateur plan, à lame d'air, a pour valeur $C = \dfrac{S}{4\pi c}$, où S est la surface du condensateur, c la distance qui sépare les deux armatures planes parallèles, π le rapport de la circonférence au diamètre.

Les deux disques étant en contact avec la lame de verre, on peut charger le condensateur de deux manières différentes, par une *décharge lente* ou par une *décharge instantanée.* — Pour opérer la *décharge lente*, on touche

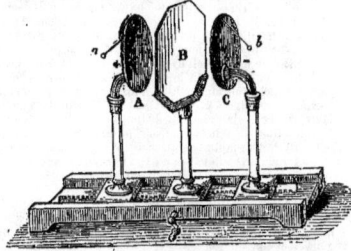

Fig. 27.

d'abord avec le doigt le disque A qui possède un excès d'é.; alors toute cette é. qui n'est pas *dissimulée* par celle du disque C, c'est-à-dire que l'étincelle maintenue sur le disque A par l'attraction de l'é. contraire du disque C, s'écoule dans le sol, et c'est ce dernier qui manifeste un léger excès d'é.: le pendule b diverge et le pendule a tombe au repos. Si maintenant on touche le disque C, son pendule retombe, tandis que celui du disque A diverge. En continuant ainsi, on arrive à décharger le condensateur; néanmoins la décharge n'est complète qu'au bout de quelques heures, surtout si l'air est sec. — Si l'on commençait d'abord par toucher le disque C, on ne lui enlèverait pas d'é., car elle est tout entière dissimulée par celle du disque A. — Pour opérer la *décharge instantanée* du condensateur, il suffit d'établir la communication entre les deux disques au moyen d'un *Excitateur.* On nomme ainsi un instrument composé de deux arcs de laiton, terminés par des boules de même métal, réunis par une charnière, et munis de manches isolants de verre (Fig. 28). Quand on veut en faire usage, on met une de ces boules en contact avec l'un des disques métalliques, et l'on approche l'autre boule du second disque. On voit alors jaillir une étincelle très forte et très brillante, qui est produite par la recomposition des électricités contraires accumulées sur les faces de l'appareil. Mais l'étincelle est plus courte que l'étincelle ordinaire, parce que l'excès de tension en vertu duquel les deux électricités se combinent est très faible, tandis que la quantité d'é. est considérable.

Fig. 28.

Le *Carreau fulminant*, imaginé par Franklin, consiste en une lame de verre d'environ 30 centim. de côté, sur chacune des faces de laquelle on colle une feuille d'étain plus petite que la verre d'environ 6 centim. de tous les côtés. Un petit pendule de sureau est fixé avec de la cire au-dessus de chacune des faces de l'appareil. On charge ce carreau comme le condensateur à plateaux, en mettant l'une des feuilles d'étain en communication avec le conducteur d'une machine électrique, tandis que l'on fait communiquer l'autre avec le sol par l'intermédiaire du corps de l'expérimentateur qui le touche avec le doigt.

Condensateur sphérique. — Les armatures sont deux sphères concentriques. Lorsque le diélectrique est l'air, sa capacité est $C = \dfrac{RR'}{R'-R}$, R et R' étant les rayons des deux sphères.

Pouvoir inducteur spécifique. — La capacité d'un condensateur varie suivant la nature du diélectrique qui sépare les armatures. On appelle *pouvoir inducteur spécifique* d'un diélectrique, le rapport de la capacité d'un condensateur construit avec ce diélectrique à la capacité du même condensateur dans lequel on aurait remplacé le diélectrique par de l'air. Voici la valeur de ce pouvoir pour quelques corps : Soufre, 3 ; Verre ordinaire, 6 ; Gomme laque, 3,15 ; Ébonite, 2,5 ; Pétrole, 2.

XV. *Bouteille de Leyde.* — En 1746, trois savants hollandais de Leyde, Musschenbroeck, Allaman et Cuneus, voyant que l'é. abandonne rapidement un simple conducteur isolé, pensèrent qu'il serait possible de l'emmagasiner, pour ainsi dire, si on la recueillait sur un conducteur enfermé dans un vase isolant. L'eau étant un bon conducteur, ils en mirent une certaine quantité dans un ballon de verre, passèrent un crochet métallique au travers du bouchon et suspendirent leur ballon par ce crochet au conducteur d'une machine électrique de manière à conduire l'é. dans l'eau à l'aide de la tige de métal. Mais, après avoir enlevé le ballon du conducteur, l'un des expérimentateurs ayant touché par hasard le crochet tandis qu'il tenait le ballon de l'autre main, il reçut dans les bras et dans la poitrine une commotion d'une violence extrême. Cette expérience fit grand bruit, et partout on s'empressa de la répéter. Un physicien anglais, Smeaton, remarqua que lorsqu'on recouvre extérieurement la bouteille d'une feuille d'étain, la puissance de l'appareil était singulièrement augmentée. L'abbé Nollet imagina de remplacer l'eau par des feuilles de clinquant et l'Anglais Watson, de son côté, la remplaça par une garniture métallique intérieure. La bouteille de Leyde, telle qu'elle est usitée encore aujourd'hui en France et en Angleterre, se trouva inventée. Bientôt Franklin donna la théorie de cet appareil. Il fit voir que la bouteille de Leyde est un véritable condensateur, que l'*Armature intérieure*, c.-à-d. les feuilles de clinquant ou l'eau de l'appareil primitif, représente l'un des disques du condensateur, et que l'*Armature extérieure*, c.-à-d. la feuille d'étain, représente l'autre.

La bouteille de Leyde (Fig. 29) se compose d'un flacon de verre mince d'une grandeur appropriée à la quantité d'é. qu'on veut y accumuler ; l'intérieur est rempli de feuilles minces de clinquant

Fig. 29.   Fig. 30.   Fig. 31.

et la surface extérieure est revêtue d'une feuille d'étain, mais de manière à laisser un assez grand espace libre jusqu'au goulot. Une tige métallique terminée en pointe à son extrémité inférieure traverse le bouchon de la bouteille, et communique avec les feuilles métalliques : à sa partie supérieure, elle se recourbe en forme de crochet terminé par un bouton, ce qui permet de la suspendre commodément aux conducteurs. Une autre forme de bouteille de Leyde fort employée est celle que représente la Fig. 30. Cette bouteille est revêtue de feuilles métalliques à l'intérieur comme à l'extérieur, et sa tige se termine inférieurement par plusieurs fils de laiton qui, par leur élasticité, viennent s'appliquer contre les parois intérieures. Cette sorte de bouteille reçoit le nom de *Jarre*, à cause de la largeur de son goulot. Pour charger cet appareil on présente à la machine le bouton qui termine l'armature intérieure pendant qu'on la tient à la main par l'armature extérieure. Le fluide positif de la machine s'accumule alors sur les feuilles de clinquant et le fluide négatif sur la feuille d'étain : le contraire arriverait si, tenant la bouteille par le crochet, on présentait à la machine l'armature extérieure. La bouteille une fois chargée, on peut la décharger soit instantanément, soit lentement, absolument comme le condensateur. Pour rendre plus sensible la décharge lente, on adapte un petit timbre à la tige de la bouteille. Une tige métallique, en

communication avec l'armature extérieure, porte un second timbre et un petit pendule formé d'une boule de cuivre suspendue à un fil de soie. Le petit pendule, attiré d'abord par l'armature extérieure qui possède un excès d'é., en est aussitôt après repoussé et attiré par le second timbre ; revenu alors à l'état neutre, il est de nouveau attiré par le premier timbre et ainsi de suite, pendant plusieurs heures, si l'air est sec et la bouteille un peu grande.

Dans la bouteille de Leyde, comme dans tous les condensateurs en général, ce n'est pas seulement sur les armatures que résident les deux fluides dissimulés, mais principalement sur le verre qui les sépare. Quand on a déchargé une bouteille au moyen d'un excitateur, si l'on attend quelques instants, on en tire une nouvelle étincelle presque aussi forte que la première ; en attendant encore quelque temps, on peut obtenir plusieurs décharges, mais qui vont sans cesse en s'affaiblissant. On explique cet effet en admettant que les deux électricités s'attirant mutuellement, pénètrent jusqu'à une certaine profondeur dans le verre. Alors, au moment de la première décharge, ces portions d'é. qui ont pénétré dans le verre ne peuvent se recombiner immédiatement, de sorte qu'au bout de quelques instants on peut obtenir une seconde décharge. On démontre, si ce n'est cette pénétration de l'é. dans le verre jusqu'à une certaine profondeur, du moins l'existence des électricités dissimulées sur les deux faces du verre qui sépare les armatures, au moyen de la bouteille à armatures mobiles (Fig. 31). Cette bouteille se compose de 3 parties mobiles emboîtées les unes dans les autres, savoir : un vase de zinc ou de fer-blanc qui forme l'armature extérieure ; un vase de verre plus élevé qui s'emboîte dans le vase de zinc ; et un troisième vase de zinc qui s'emboîte dans le vase de verre, porte une tige métallique et fait l'office d'armature intérieure. Ces diverses pièces réunies forment une bouteille de Leyde complète, que l'on charge de la même manière qu'une bouteille ordinaire. Après avoir chargé la bouteille, si on la place sur un gâteau de résine, et qu'on enlève avec un crochet de verre l'armature intérieure et qu'après on l'ait touché, on peut toucher impunément les armatures sans recevoir de commotion. Cependant, si l'on replace alors les diverses pièces de manière à reconstituer la bouteille, on peut en tirer une étincelle presque aussi forte que si l'on n'y avait pas touché, ce qui démontre évidemment que les électricités dissimulées se trouvaient sur les deux faces du verre en contact avec les armatures.

Batteries électriques. — Lorsqu'on se propose d'obtenir des décharges considérables, on réunit ensemble plusieurs bouteilles de Leyde ou plusieurs jarres, dont on met en commu-

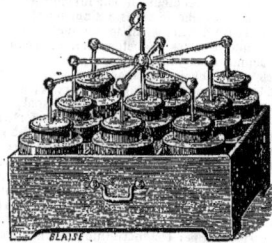

Fig. 32.

nication d'une part toutes les armatures intérieures, et de l'autre toutes les armatures extérieures. Les premières communiquent ensemble au moyen de tiges métalliques, et les secondes au moyen d'une feuille d'étain collée sur le fond de la caisse dans laquelle on place les jarres : cette feuille d'étain se prolonge latéralement jusqu'à la rencontre de deux poignées métalliques (Fig. 32). La batterie se charge en faisant communiquer les armatures intérieures avec la machine et les armatures extérieures avec le sol, au moyen d'une chaîne métallique fixée à l'une des poignées de la caisse. Un électromètre à cadran fixé à l'une des jarres sert à indiquer la charge. Malgré la quantité énorme d'é. accumulée dans la batterie, l'électromètre ne diverge que fort lentement et d'un petit nombre de degrés, la divergence n'ayant lieu qu'en vertu de la différence de tension entre les deux armatures. Quand on veut décharger une batterie, il faut prendre toutes les précautions nécessaires pour éviter de recevoir la commotion ; car la décharge d'une forte batterie peut entraîner des accidents graves et même la mort. Il faut toucher d'abord l'armature extérieure en communication avec le sol, puis employer un excitateur à manche de verre.

On peut également former des batteries électriques en disposant des bouteilles de Loyde les unes au-dessus des autres, de manière que, l'armature intérieure de la première communiquant avec la machine, son armature extérieure communique avec l'armature intérieure de la seconde. L'armature extérieure de cette deuxième bouteille communique avec l'armature intérieure d'une troisième, et ainsi de suite, l'armature extérieure de la dernière communiquant avec le sol. De cette façon, aussitôt que la première bouteille se charge, elle réagit sur l'é. neutre de la seconde, puis réagit de même sur la troisième, et ainsi de suite : de sorte que toutes les bouteilles prennent sur leurs armatures intérieures l'é. de même nom que la machine, et sur leurs armatures extérieures de l'é. de nom contraire. Les bouteilles étant ainsi chargées, on peut les décharger successivement les unes après les autres en faisant communiquer leurs deux armatures, ou simultanément toutes à la fois en mettant l'armature intérieure de la première en communication avec l'armature extérieure de la dernière. — On donne à cette disposition le nom de *Charge par cascade*, mais elle est aujourd'hui peu employée.

Énergie d'une batterie. — Appelons W l'énergie (Voy. plus haut X), *n* le nombre des bouteilles, C la capacité de chacune d'elles, V le potentiel auquel on a porté les armatures intérieures (les armatures extérieures étant reliées au sol, et, par conséquent, au potentiel zéro), M la charge de la batterie. On a :

$$W = \frac{1}{2} M V,$$

mais M = *n* C V, d'où :

$$W = \frac{1}{2} n C V = \frac{1}{2 n} \frac{M^2}{C}.$$

Énergie de plusieurs bouteilles en cascade. — On aurait, dans ce cas :

$$W = \frac{1}{2} n \frac{M^2}{C} = \frac{1}{2} \frac{C}{n} V^2.$$

Le *Condensateur à feuilles d'or* ou *Électromètre condensateur* (Fig. 33) n'est autre chose que l'électroscope ordinaire à feuilles d'or. Seulement, sa tige, au lieu de se terminer supérieurement en boule, porte un plateau de laiton. Sur ce plateau on en place un second tout à fait semblable, mais muni d'un manche isolant. On enduit les deux faces des disques destinées à être en contact avec quelques couches d'un vernis à la gomme laque. On a ainsi une pellicule dont l'épaisseur est moindre qu'un dixième de millimètre, et qui cependant est suffisante pour arrêter les fluides électriques. Cet électromètre permet de constater l'é. à des potentiels très faibles. Pour s'en servir, on met les corps dont on veut reconnaître l'é. en communication avec l'un des plateaux, l'inférieur de préférence, qui devient alors le plateau *collecteur*, tandis qu'on touche l'autre avec le doigt légèrement mouillé pour le mettre en communication avec le sol. L'é. du corps qu'on étudie se répand alors sur le plateau inférieur, agit par influence à travers les couches de vernis sur le plateau supérieur, attire l'é. de nom contraire et repousse celui de même nom qui s'écoule dans le sol par la main et le corps de l'expérimentateur. En conséquence les deux électricités s'accumulent sur les deux plateaux. Toutefois, comme les électricités sont dissimulées, les deux feuilles d'or ne divergent pas. Le plateau étant ainsi chargé, on retire d'abord le doigt, puis le corps électrisé, sans qu'on remarque encore aucune trace d'électrisation de l'appareil ; mais on voit les deux feuilles d'or diverger dès qu'on enlève le plateau supérieur. L'appareil se trouve chargé de la même é. que le corps qu'on lui a présenté.

Expériences diverses. — On fait avec la bouteille de Loyde et les batteries un grand nombre d'expériences pour mettre en évidence les propriétés de l'é. et les effets qu'elle produit. A l'aide des batteries, on obtient des effets beaucoup plus énergiques qu'avec les machines. Lorsque, dans ces expériences, on se propose d'agir sur un objet particulier, on fait habituel-

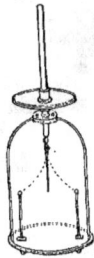

Fig. 33.

lement usage de l'instrument appelé *Excitateur universel* (Fig. 34). Cet appareil se compose de deux verges de cuivre *gh*, mobiles, au moyen de deux charnières, autour des extrémités de deux tiges isolantes. Une petite tablette de bois

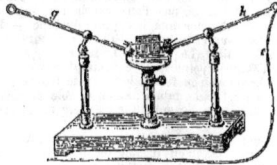

Fig. 34.

dont on fait varier à volonté la hauteur, sert à placer entre les extrémités des verges de cuivre l'objet sur lequel on veut expérimenter. On fait communiquer, au moyen de la chaîne métallique *c*, l'une des verges *h*, par exemple, avec l'armature extérieure d'une batterie, et l'autre *g*, avec l'une des boules d'un excitateur à manche, puis on approche la seconde boule de ce dernier de la garniture intérieure de la batterie. Aussitôt il part une étincelle entre cette boule et l'armature, et une autre entre les extrémités des deux verges ; c'est celle-ci qui agit sur l'objet placé sur le plateau.

XVI *Effets divers dus à l'électricité statique.* — Les effets dus à l'é. statique peuvent se diviser en effets *mécaniques*, effets *physiques*, effets *chimiques*, et effets *physiologiques*.

A. *Effets mécaniques.* — Quand une décharge électrique éclate dans l'air, indépendamment de l'élévation de température qu'elle détermine, elle produit un refoulement de l'air plus ou moins violent. C'est ce qu'on démontre au moyen de

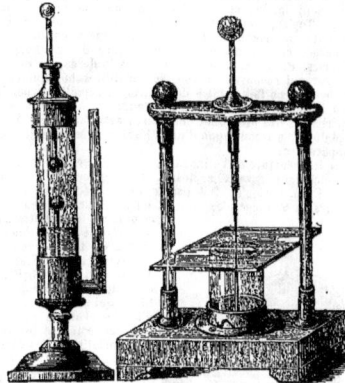

Fig. 35.   Fig. 36.

l'instrument appelé improprement *Thermomètre de Kinnersly* (Fig. 35). Cet appareil consiste en un fort tube de verre hermétiquement fermé à ses deux extrémités et en relation avec un petit tube latéral. Deux boules de cuivre sont fixées dans le gros tube à une certaine distance l'une de l'autre. Quand on fait éclater une étincelle entre les deux boules, on voit le liquide coloré placé au fond des tubes monter, puis redescendre aussitôt par suite du refoulement de l'air au moment de la décharge. L'élévation du liquide dans le tube latéral donne la mesure de l'expansion produite. — Le *Mortier électrique* conduit aux mêmes conclusions que le thermomètre de Kinnersly. C'est un petit mortier de substance isolante, d'ivoire par ex., dans la chambre duquel se trouvent deux boules métalliques. Lorsqu'on fait passer une décharge entre ces deux boules, le refoulement de l'air projette hors de l'appareil une petite balle de liège qui en ferme l'orifice. Pour augmenter la force de projection, on met un peu d'alcool ou d'éther au fond du mortier. — Si l'on fait passer une décharge entre deux fils de cuivre placés dans un tube de verre exactement rempli d'eau et bouché aux deux extrémités, l'eau est violemment refoulée et détermine la rupture du tube. — Les expériences du *Perce-verre* (Fig. 36) et du *Perce-carte* sont curieuses à plus d'un titre. La première se fait en plaçant une lame de verre entre deux pointes, et en faisant passer entre celles-ci une décharge un peu forte : le verre se trouve percé d'un trou rond, s'il est assez mince ; sinon il vole en éclats. Dans la seconde expérience, on substitue au verre un morceau de carton.

Enfin, quand on place un morceau de bois sur le plateau de l'excitateur universel et qu'on le fait toucher par les deux boules qui terminent les verges métalliques, le bois vole en éclats au moment de la décharge, si celle-ci passe dans le sens des fibres.

B. *Effets physiques.* — Les effets physiques comprennent des effets *calorifiques*, des effets *lumineux*, des effets *magnétiques* et des *changements dans les propriétés physiques des corps.*

1° *Effets calorifiques.* — Les effets calorifiques que peut produire l'é. statique lorsqu'elle passe à travers des corps conducteurs consistent en des phénomènes d'incandescence, de fusion et de volatilisation, selon la force des décharges et les dimensions des corps. L'étincelle électrique enflamme les liquides combustibles, tels que l'éther, l'alcool, etc. ; elle agit de même sur la poudre à canon, propriété qu'on a mise à profit pour faire éclater les mines. Une chandelle que l'on vient d'éteindre se rallume quand on la place entre les deux boules de l'excitateur universel et qu'on y fait passer une décharge, pourvu qu'elle présente encore quelques points en ignition ; l'étincelle électrique enflamme alors les produits gazeux qui s'échappent encore de la mèche. — Si l'on dispose entre les branches d'un excitateur universel un fil fin de fer ou d'acier, ce fil devient incandescent et brûle avec une vive lumière : avec une décharge puissante, des fils d'argent, d'or, de platine, sont fondus et volatilisés. A l'aide de la machine du musée Teyler, Van-Marum a pu fondre des fils de fer de 16 mètres de longueur. L'action calorifique produite par les décharges est à peu près comme la charge des batteries. En opérant sur des fils de soie dorée, on remarque que l'or qui recouvre la soie se volatilise sans que celle-ci soit brûlée : ce fait suffit à démontrer la rapidité prodigieuse avec laquelle l'é. saisit les substances conductrices. — Les expériences qui précèdent établissent assurément que le passage de l'é. s'accompagne d'une élévation très considérable de température.

La température de l'étincelle électrique permet d'enflammer les mélanges gazeux explosifs. Ainsi qu'on l'a vu ailleurs (voy. EAU), lorsqu'on fait passer une étincelle électrique à travers un mélange d'oxygène et d'hydrogène, les deux gaz se combinent immédiatement en formant de l'eau. Dans les cours, on fait souvent cette expérience avec le *Pistolet de Volta.* Cet appareil (Fig. 37) consiste en un flacon de fer blanc qui se ferme au moyen d'un bouchon de liège. Sur l'un des côtés se trouve une tige métallique mastiquée dans un tube de verre, afin de l'isoler des parois, et terminée à l'intérieur et à l'extérieur par une boule métallique. La boule intérieure est à 1 centimètre environ de la paroi du flacon. L'appareil étant rempli d'un mélange d'oxygène et d'hydrogène, ou

Fig. 37.

simplement d'air et d'hydrogène, et fermé avec un bouchon, lorsqu'on vient à faire éclater une étincelle entre la boule intérieure et la paroi du flacon en approchant la boule extérieure du plateau d'un électrophore ou du bouton d'une bouteille de Leyde, il y a combinaison du mélange gazeux avec production d'une chaleur très intense. La vapeur d'eau qui prend naissance acquiert une force élastique telle que le bouchon est projeté avec force et avec accompagnement d'une détonation analogue à un coup de pistolet.

2° *Effets lumineux.* — L'étincelle électrique se produit **toutes les fois qu'il y a combinaison des deux électricités dans**

un milieu non conducteur, ou que l'une de ces électricités s'écoule dans l'air. La couleur de l'étincelle électrique varie avec la nature du milieu dans lequel elle apparaît, et avec la nature des conducteurs entre lesquels elle éclate. Entre deux baguettes de charbon elle est jaune ; entre des boules d'argent elle est verte ; entre des boules de bois ou d'ivoire elle est cramoisie. Dans l'air, à la pression ordinaire, elle a une teinte blanche légèrement violacée ; dans l'air comprimé elle est blanche, et rougeâtre dans l'air raréfié. Dans le vide elle est violacée : ce qui provient de ce que plus la résistance qui s'oppose à la recomposition des deux électricités est faible, moins l'é. acquiert de tension, et par suite moins l'étincelle est éclatante. Dans l'acide carbonique, l'étincelle est blanche et éclatante comme dans l'air ; dans l'hydrogène, elle est rouge et faible, et verte dans la vapeur de mercure ; dans la vapeur d'eau elle est jaune, et vert pomme dans les vapeurs d'alcool ou d'éther. On montre souvent ces différents aspects de l'étincelle dans les gaz raréfiés au moyen des *tubes de Geissler.* Ce sont des tubes en verre de formes variées munis de deux fils de platine qui servent à amener l'é. Ces tubes contiennent des gaz très raréfiés. L'aspect de la décharge lumineuse varie suivant la nature du gaz et la pression. C'est en poussant la raréfaction très loin dans des tubes de ce genre que M. Crookes a découvert ce qu'il appelle la *Matière radiante.* Les tubes de Crookes émettent des rayons *cathodiques* qui ont la propriété de traverser l'aluminium (M. Lénard). C'est aussi avec ces tubes que M. Rœntgen a obtenu des rayons de nature inconnue qui ont la propriété de traverser les corps opaques, tels que le bois, etc. Ces radiations excitent la fluorescence et impressionnent les plaques photographiques. Voy. FLUORESCENCE, RADIANTE (*Matière*), RADIATION. Fusinieri a montré que, lors de la décharge électrique, il y a toujours transport de particules matérielles à un état de ténuité extrême ; par conséquent, il est très probable que la couleur de l'étincelle électrique dépend de la couleur des vapeurs des corps entre lesquels elle éclate. — La forme qu'affecte la lumière électrique varie également avec la nature du milieu qu'elle traverse. Ainsi, dans l'air ordinaire,

Fig. 38.

elle se manifeste sous la forme d'une étincelle assez courte, mais très brillante, tandis que, dans le vide, elle se présente sous l'aspect d'une gerbe très diffuse, mais d'un éclat peu intense. On étudie facilement ces effets au moyen de l'*Œuf électrique.* Cet appareil consiste simplement en un globe de verre porté sur un pied métallique, et dans lequel se trouvent deux tiges également métalliques terminées en boule. L'une de ces tiges est fixe, et l'autre, la supérieure, est mobile, de manière à pouvoir se rapprocher plus ou moins de l'inférieure. Si, après avoir fait le vide dans l'intérieur du globe, on fait passer une décharge à travers les deux boules, on obtient une lueur violacée peu intense qui va d'une boule à l'autre et remplit presque tout le globe. Quand on laisse rentrer un peu d'air, la lumière devient moins diffuse ; elle se resserre et forme entre les deux boules des arcs de couleur pourpre (Fig. 38). A mesure qu'on augmente la quantité d'air, on voit la lumière redevenir blanche et brillante, et prendre la forme d'une étincelle ordinaire. Enfin, quand on comprime l'air dans le globe, l'étincelle se resserre de plus en plus, en même temps qu'elle devient plus brillante. — La forme des conducteurs entre lesquels s'échappe l'é. exerce une grande influence sur la forme de l'étincelle. En approchant du conducteur positif d'une puissante machine une grosse boule métallique en communication avec le sol, il passe du conductour sur la boule une série d'étincelles courtes, brillantes et parfaitement droites, accompagnées d'un bruit sec. Avec l'é. négative, les étincelles sont moins fortes et moins longues, mais plus pointues. En terminant le conducteur d'une machine par une petite boule, et en lui présentant une grosse

Fig. 39.

boule en communication avec le sol, on obtient des étincelles moins brillantes que précédemment, mais plus longues et en forme de *zigzag*. La Fig. 39 représente cette espèce d'étincelle qui a le plus grande analogie avec l'éclair en zigzag. — Si l'on place sur le conducteur de la machine une pointe métallique, la forme de l'étincelle est toute différente : on obtient alors la *décharge en pinceau* (Fig. 40). Ceci est l'étincelle obtenue avec le fluide positif ; avec le fluide négatif, l'aigrette n'est jamais aussi brillante ni aussi étalée. — Enfin, quand, au lieu d'une pointe, on emploie une boule, alors on remarque une lueur phosphorescente qui paraît couvrir toute la surface de la sphère : c'est ce qu'on appelle la *décharge lumineuse*.

Fig. 40.

Les *Figures de Lichtenberg* mettent également en évidence la différence qui existe entre les apparences lumineuses des deux électricités. On charge d'é. positive l'armature intérieure de la bouteille de Leyde, puis on fait partir une étincelle du bouton sur un mince gâteau de résine. Cela fait, si l'on saupoudre le gâteau avec une matière pulvérulente disposée à prendre l'é. négative, comme la colophane réduite en poudre excessivement fine, cette poudre prend la forme d'une étoile rayonnée (Fig. 41). Si, au contraire, on charge l'armature intérieure d'é.

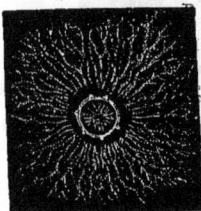

Fig. 41.

négative, qu'on décharge l'étincelle sur un second gâteau de résine, et qu'ensuite on répande sur ce plateau une autre substance disposée à prendre l'é. positive du minium réduit en poudre par ox., la figure formée par cette substance représente des anneaux ou des zones concentriques (Fig. 42). Ces expériences mettent aussi en évidence la pénétration de l'é. dans les diélectriques.

Le *Tube étincelant* est un tube long d'environ 1 mètre, à l'intérieur duquel sont collées de petites lames d'étain taillées en losange, et disposées en spirale de manière à laisser un très petit intervalle entre deux feuilles consécutives. Quand on

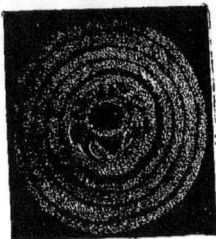

Fig. 42.

fait communiquer l'une des extrémités du tube avec une machine et l'autre avec le sol, l'étincelle jaillit au même instant entre tous ces petits losanges, et le tube paraît illuminé dans toute sa longueur. La *Bouteille étincelante* est fondée sur un principe semblable. — Le *Carreau magique* consiste en une feuille de verre sur laquelle est collée une bande étroite d'étain se repliant un grand nombre de fois parallèle-

ment à elle-même. Sur cette bande on pratique de petites solutions de continuité, de façon à représenter un dessin quelconque ; puis on recouvre le tout d'un vernis à la gomme laque pour isoler les spires, afin que l'é. traverse la bande d'étain dans toute sa longueur. Les choses ainsi disposées, si l'on met le haut de la feuille d'étain en communication avec une machine électrique et le bas avec le sol, on voit apparaître en traits lumineux le dessin qu'on a tracé sur cette bande.

Photographie de l'étincelle électrique. — A voir la brutalité et l'énergie indomptable de l'étincelle électrique quand, éclatant dans la nue, elle vient l'abattre sur la Terre pour y apporter la destruction, la terreur et la mort, on se douterait peu que cet agent terrible soit susceptible de se manifester sous une allure plus bénigne, et de revêtir des formes d'une suavité et d'une grâce incomparables. C'est cependant ce qui a lieu quand l'expérimentateur vient à provoquer ses manifestations sous leur côté bénin et gracieux, et sait fixer par la Photographie les formes légères qu'elle revêt alors.

L'effluve électrique qui, durant certains orages, apparaît comme un feu follet qui sautille au haut des mâts des navires ou sur la pointe des objets métalliques qui terminent les monuments élevés, est de ce genre. L'électricité terrestre, développée et attirée par l'influence de l'électricité opposée qui charge les nuages orageux, s'accumule sur les objets élevés, et en se déchargeant dans l'air produit la douce lueur connue des marins sous le nom de *feu Saint-Elme*. Cette faible lueur, visible seulement dans la nuit, fait soupçonner, quand on vient à l'examiner de près, les formes gracieuses dont il vient d'être question ; formes qu'un astronome français, M. Trouvelot, est parvenu il y a quelques années (1889) à fixer sur la plaque sensible jusque dans leurs linéaments les plus délicats.

Toute source d'électricité donnant une tension un peu élevée est propre à produire de ces résultats. L'expérience est des plus simples, et n'a pas besoin de nombreux appareils : un condensateur composé d'une feuille d'étain collée sur une plaque de verre forme, avec le générateur d'électricité, tout ce qui est nécessaire pour réussir.

On opère dans la nuit, et, posant une plaque au gélatino-bromure d'argent sur la surface du condensateur, on amène sur la plaque sensible l'un des pôles de la machine électrique, tandis que le pôle opposé est mis en contact avec la feuille d'étain, et alors on provoque une décharge. L'étincelle, en jaillissant sur la plaque photographique, agit sur les sels d'argent, partout où elle s'est répandue, et l'expérience est faite. Il ne reste plus alors qu'à développer l'image latente et à la fixer par les procédés ordinaires.

Si c'est le pôle positif dont on a provoqué la décharge sur la plaque, on voit apparaître une image singulièrement ramifiée, offrant l'aspect de racines, de radicelles, d'algues, de lichens (Fig. 43). Si, au contraire, c'est le pôle négatif dont on a provoqué la décharge, on obtient une image d'une suavité de forme incomparable, qui rappelle les feuilles de certains palmiers et les plumes les plus délicates (Fig. 44). En déchargeant simultanément les deux pôles sur la même plaque et en les disposant convenablement, l'étincelle jaillit entre eux et les images se trouvent réunies par un trait de feu qui rappelle l'éclair. Le développement révèle une image curieuse, ressemblant à un arbre, à un palmier fraîchement déraciné et encore garni de toutes ses feuilles.

On peut combiner l'expérience de mille manières, et toujours les mêmes pôles donnent des figures présentant les mêmes caractères. Selon la source d'électricité employée et selon la nature des plaques sensibles, les résultats varient quelque peu, mais le caractère fondamental reste toujours le même.

3° *Effets magnétiques.* — La décharge d'une batterie puissante peut aimanter une aiguille d'acier trempé, comme Arago l'a prouvé le premier. Cette expérience a été le point de départ d'une nouvelle branche de la physique, qu'on désigne sous le nom d'*Électro-magnétisme.* Voy. MAGNÉTISME.

4° *Changements dans les propriétés physiques des corps.* — Les décharges électriques peuvent modifier les propriétés de certains corps ; mais la plus remarquable des actions de ce genre est celle que l'é. opère sur l'oxygène. L'oxygène ainsi modifié par l'é. a reçu le nom d'*Ozone*. Nous en parlerons quand nous ferons l'histoire de ce gaz. Il convient du reste de remarquer que cette transformation de l'oxygène en ozone est plutôt du domaine de la chimie que de celui de la physique. Voy. OXYGÈNE, OZONE et EFFLUVE électrique.

C. *Effets chimiques.* — Les effets chimiques de l'é. sont

des combinaisons ou des décompositions que détermine la recomposition de l'é. dans les corps. L'étude de ces actions a pris une telle extension qu'elle constitue actuellement une branche importante de la science : c'est l'*Électro-chimie*. Voy. ce mot.

D. *Effets physiologiques.* — Les phénomènes produits par la commotion électrique ne sont pas les seuls effets physiologiques que l'é. détermine chez l'homme et chez les animaux. Il est vraisemblable que l'é. joue chez tous les êtres vivants, soit animaux, soit végétaux, un rôle important; mais la difficulté de distinguer nettement les effets qui résultent d'un agent physique aussi subtil que le fluide électrique de ceux qui sont produits par les forces vitales, n'a pas encore permis d'arriver à des conclusions incontestables. Des travaux nombreux ont été entrepris dans cette voie; malheureuse-

quartz, la topaze prennent des charges électriques égales et de signes contraires aux deux extrémités de l'axe d'hémiédrie, quand on les comprime suivant cette direction. On a donné à ce phénomène le nom de phénomènes *Piézo-électriques*.

B. — *Actions physiques.* — Tout changement dans la température d'un corps tend à modifier son état électrique; mais nous étudierons ces effets lorsque nous parlerons des *courants Thermo-électriques* (voy. THERMO-ÉLECTRICITÉ). — Les actions capillaires dégagent également de l'é. Voy. ÉLECTRO-CAPILLARITÉ. — Certains cristaux, tels que la tourmaline, s'électrisent quand on les chauffe (Phénomènes de pyro-électricité).

C. — *Actions chimiques.* — Toutes les actions chimiques sont accompagnées d'un dégagement d'é. : ce sont ces actions

Fig. 43. — Décharge électrique photographiée. Pôle positif.

ment ces expériences ont été faites par des physiciens peu familiers avec la physiologie, et aucune des conséquences qu'ils ont tirées de leurs recherches ne nous paraît à l'abri d'objections sérieuses. Signalons cependant celles qui viennent d'être faites tout récemment (1896) par le Dr de Narkiewicz-Jodko en Russie, et par le Dr Baraduc à Paris. L'électricité joue dans la vie humaine un rôle beaucoup plus important et beaucoup plus étendu qu'on ne l'a cru jusqu'à présent. L'emploi médical de l'é. nous montre, d'autre part, qu'elle agit sur l'homme à la manière d'un stimulant énergique. Mais, comme c'est l'é. dynamique dont il est fait usage dans ce cas, nous en parlerons ailleurs. Voy. ÉLECTRO-THÉRAPIE.

XVII. *Sources de l'électricité.* — Le *frottement* n'est pas la seule cause qui dégage de l'é. Toute action qui tend à modifier l'état d'un corps en dégage également; par conséquent, toutes les actions *mécaniques, physiques, chimiques* et *physiologiques* sont autant de sources d'électricité.

A.—MM. P. et J. Curie ont montré qu'un grand nombre de cristaux hémièdres s'électrisent par pression. La tourmaline, le

qui sont la source la plus puissante et la plus abondante d'é. Il en sera parlé au mot GALVANISME.

D. — *Actions physiologiques.* — Les diverses actions chimiques qui se passent dans les êtres vivants doivent nécessairement donner lieu à un dégagement d'é. libre, laquelle également doit se manifester en général à la surface du corps. En outre, certains animaux, comme tout le monde le sait, possèdent des appareils spéciaux qui leur permettent de produire des phénomènes électriques vraiment extraordinaires : il en sera question à l'article ZOO-ÉLECTRICITÉ.

XVIII. *Vitesse de l'électricité.* — La vitesse de propagation de l'é. dans les conducteurs métalliques a été l'objet de recherches fort ingénieuses de la part de divers expérimentateurs. Si l'on touche l'une des garnitures d'une bouteille de Leyde avec un fil métallique faisant un grand nombre de circonvolutions, et terminé par une petite boule conductrice placée très près de l'autre garniture, on ne peut observer aucun intervalle de temps appréciable entre le moment du contact et l'apparition de l'étincelle à l'autre extrémité du fil. Les expériences de ce genre démontrent bien que l'é. se propage avec une rapidité prodigieuse, mais elles ne peuvent fournir la mesure exacte de cette vitesse. Wheatstone est le premier (1834) qui ait cherché à résoudre enfin ce problème. Son procédé était fondé sur la considération de la rapidité de l'étincelle observée au moyen d'un miroir tournant. Par cette méthode, l'ingénieux expérimentateur a trouvé que l'é. parcourt, dans un fil de cuivre, 460,000 kilom. par seconde. En 1849, Walker, aux États-Unis, entreprit de nouvelles recherches à ce sujet, au moyen de signaux transmis par les télégraphes électriques, et il obtint seulement le chiffre de 30,000 kilom. par seconde, mais dans des fils de fer qui sont moins bons conducteurs que ceux de cuivre. Ainsi, selon Wheatstone, la vitesse de l'é. correspond à une fois et demie celle de la lumière, et le chiffre donné par Walker est quinze fois plus petit que celui du célèbre physicien anglais. Le problème avait donc besoin d'être étudié de nouveau. En 1850, Fizeau et Gounelle expérimentèrent sur les fils des télégraphes de Paris à Rouen et de Paris à Amiens. Ils trouvèrent que l'é. se propage avec une vitesse de 180,000 kilom. par seconde dans les fils de cuivre, et de 100,000 kilom. dans les fils de fer. Après eux, deux autres physiciens français, Guillemin et E. Burnouf, en employant un procédé analogue, ont obtenu une vitesse de 180,000 kilom. pour les fils de fer. D'autres expériences faites en Angleterre sur les fils du télégraphe de Greenwich à Édimbourg, ont donné pour résultat seulement 12,250 kilom. pour les fils de cuivre. Bien que les nombres obtenus par Fizeau et Gounelle soient généralement considérés comme les plus vraisemblables, il est évident que la question n'est pas encore définitivement résolue. Quant aux expériences faites sur le télégraphe en partie sous-marin de Londres à Bruxelles, et qui n'ont donné qu'une vitesse de 4,350 kilom., elles ne peuvent entrer en ligne de compte, à cause de l'influence que l'eau de la mer exerce sur le courant électrique à travers la gutta-percha qui entoure le fil télégraphique. Cette diversité dans les résultats tient à ce qu'il ne faut pas chercher une vitesse uniforme de propagation d'une perturbation électrique. L'étude de l'état variable d'un fil qui est le siège de phénomènes électriques est des plus complexes. Elle est des plus importantes dans les questions de *Télégraphie*. Voy. ce mot.

XIX. *Théories relatives à l'électricité.* — Pour expliquer les différents phénomènes résultant des attractions et répulsions électriques, on a admis diverses hypothèses, dont aucune à elle seule ne représente l'ensemble de tous les phénomènes. — L'hypothèse la plus généralement adoptée est la théorie du dualisme électrique. Cette théorie, qui a pris naissance à la suite des découvertes de Dufay et de Symmer, suppose que l'é. est un fluide extraordinairement subtil, qui pénètre les corps les plus compacts et qui se compose de deux éléments simples doués de propriétés distinctes et opposées. Ces

Fig. 44. — Décharge électrique photographiée. Pôle négatif.

éléments, appelés d'abord é. vitrée et é. résineuse, et, plus tard, é. positive et é. négative, sont également des fluides d'une subtilité prodigieuse et d'une élasticité parfaite, dont chacun repousse ses propres molécules et attire celles de l'autre. Lorsqu'ils sont combinés, ils se neutralisent mutuellement, et il y a équilibre : les corps ne manifestent alors aucun phénomène électrique. Mais quand, par une cause ou une autre, ces éléments viennent à se séparer, chacun d'eux devient actif, et les phénomènes électriques apparaissent. Dans cette théorie, ces phénomènes sont donc considérés comme produits par la séparation des deux éléments, et la disparition de l'un d'eux, l'autre restant en excès sans être contre-balancé. — La théorie unitaire proposée par Franklin, vers 1747, diffère essentiellement de la précédente. En effet, elle suppose l'existence d'un seul fluide élémentaire d'une ténuité et d'une élasticité extrêmes, impondérable, et existant dans un état d'égale distribution dans toute la matière. Répulsif à l'égard de ses propres particules, il est attractif à l'égard de toute autre matière. Lorsqu'il est distribué dans les corps proportionnellement à leur capacité ou à leur attraction pour lui, les corps sont à l'état naturel : il y a repos électrique, par suite, équilibre de distribution. Mais quand on augmente ou quand on diminue la quantité d'é. contenue dans un corps, on trouble l'équilibre, et il en résulte une action énergique, provenant de l'attraction du corps pour reprendre la quantité voulue de fluide électrique, que l'on a diminué la quantité primitive, ou pour en répandre une partie sur d'autres corps, si l'on a augmenté cette même quantité.

Ces deux théories sont abandonnées aujourd'hui, toute idée de « fluide » de ce genre étant repoussée par la science contemporaine. Les mots seuls sont restés pour la commodité du langage. L'é. se présente à nous comme une forme particulière de l'énergie, que nous pouvons mesurer et transformer, et qui obéit au principe de la conservation de l'énergie. L'application de ce principe sert, du reste, à mettre en équation une foule de problèmes relatifs à l'é. D'importantes recherches ont amené la découverte de relations imprévues entre les phénomènes électriques, magnétiques et lumineux; selon Maxwell, tous ces phénomènes ont une origine commune et résultent de différents modes de vibration d'un milieu unique. Les expériences de Hertz ont montré que l'on peut produire de véritables rayons électriques analogues aux rayons lumineux. Voy. ONDULATIONS électriques.

XX. *Électricité atmosphérique*. — A. *Historique*. — Les premiers physiciens qui observèrent l'étincelle électrique la comparèrent aussitôt à la lueur des éclairs, et le bruit qui l'accompagne à celui du tonnerre. En 1745, l'abbé Nollet, le premier obtint des étincelles capables de donner la mort à des animaux de petite taille, parle « du tonnerre et des éclairs qui sont dans les mains de la nature ce que l'é. est dans les nôtres », et il discute la probabilité qu'un nuage orageux « soit un corps électrisé placé dans les mêmes conditions qu'un conducteur électrisé ». La grande découverte de la bouteille de Leyde et les brillantes recherches de Franklin rendirent ces conjectures plus vraisemblables. Voulant établir d'une manière irrécusable qu'entre la cause qui produit les orages et celle qui produit tous les phénomènes électriques il y a une identité complète, ce physicien eut l'idée de mettre à profit le pouvoir des pointes qu'il avait constaté le premier. Dès 1749, il indiqua les expériences qu'il y avait à faire pour smiliver l'é. des nuages orageux. A son instigation, Dalibard fit élever, dans un jardin qu'il possédait à Marly, près de Paris, une barre de fer haute de 33 mètres, terminée en pointe à son extrémité supérieure et isolée à son extrémité inférieure. Le 10 mai 1752, cet appareil donna, lors du passage d'un nuage orageux, une série d'étincelles assez fortes pour charger plusieurs bouteilles de Leyde. Franklin, lassé d'attendre, pour exécuter ses propres expériences, l'érection d'un clocher qu'il se proposait de surmonter d'une tige semblable à celle de Dalibard, imagina de faire usage d'un cerf-volant qui pourrait atteindre à de plus grandes hauteurs. Au mois de juin 1752, il se rendit dans les champs par un temps d'orage, et lança dans les airs un cerf-volant armé d'une pointe, et dont la corde était isolée inférieurement par un cordon de soie. Il vit d'abord plusieurs nuages passer au-dessus de son cerf-volant sans que celui-ci donnât aucun signe d'é.; mais une légère pluie étant survenue, le pouvoir conducteur de la corde se trouva augmenté, et alors en approchant la main d'une clef attaché à celle-ci, Franklin vit éclater une série d'étincelles. L'émotion de l'illustre physicien fut tellement vive que, suivant son propre récit, il ne put retenir ses larmes. L'identité du tonnerre et de l'é. était dès lors une certitude. La même année, Romas fit la même expérience que Franklin, mais en employant de meilleures dispositions. En effet, il eut l'idée d'entourer d'un fil de cuivre la corde de son cerf-volant. A sa partie inférieure, cette même corde était isolée par un cordon de soie attaché à une tige de fer. Son expérience eut un plein succès. L'ayant répétée quelques années après, en 1757, pendant un orage médiocre, il obtint des étincelles d'une grandeur surprenante. « Imaginez-vous, dit-il, des lames de feu de neuf ou dix pieds de longueur et d'un pouce de grosseur qui faisaient autant ou plus de bruit que des coups de pistolet. En moins d'une heure, j'eus certainement trente lames de cette dimension, sans compter mille autres de sept pieds et au-dessous. » Des expériences du genre de celles qui précèdent furent faites dans toute l'Europe, et partout l'identité de la foudre avec le fluide électrique fut démontrée, ce qui impliquait son existence dans l'atmosphère.

B. *État électrique de l'atmosphère*. — Plus tard, on étudia non plus seulement la foudre, mais encore l'état électrique habituel de l'atmosphère. Saussure et d'autres savants

constatèrent que l'air est constamment électrisé, soit positivement, soit négativement, alors même que le ciel est serein et qu'il n'y a aucun nuage. — Par un ciel serein, l'atmosphère est constamment chargée d'un excès d'é. positive et d'autant plus que l'on considère des couches plus élevées. Quant à la terre, elle est constamment chargée d'électricité négative, bien que la quantité de cette électricité négative varie suivant l'humidité du sol et la température. La quantité d'électricité positive qui existe dans l'air varie également selon les circonstances. Le potentiel d'un point quelconque de l'air peut se déterminer par l'électromètre à quadrants. Il augmente à peu près d'une unité C. G. S. par mètre au fur et à mesure que l'on s'élève au-dessus du sol. Ce n'est qu'exceptionnellement que le potentiel de l'air n'est pas positif. Si l'on ne tient compte que des jours sans nuages et que l'on fasse la moyenne des résultats obtenus dans le cours de l'année, le potentiel de l'air observé au voisinage du sol présente une marche diurne assez régulière, avec deux maxima principaux, qui suivent de quelques heures le lever et le coucher du soleil. A l'inverse de ce que l'on pourrait prévoir, ce potentiel électrique est beaucoup plus élevé en hiver qu'en été. Toutefois, cette variation normale est singulièrement troublée soit par les temps pluvieux ou les averses de courte durée, soit par les nuages qui couvrent le ciel ou qui passent à la portée de l'observateur, soit par la direction du vent, soit même en temps calme et par un ciel pur, sans rapport apparent avec aucun indice étranger. Les principaux observatoires météorologiques enregistrent d'une manière continue les indications de l'électromètre et ont réuni déjà beaucoup de documents qu'il ne paraît pas facile d'interpréter encore et que l'on trouvera dans les *Annales du Bureau central météorologique de France*.

C. *Électricité des nuages*. — Les nuages sont tous électrisés, soit positivement, soit négativement, et ne diffèrent entre eux que par leur tension plus ou moins grande. Il est facile d'expliquer l'é. positive des nuages : car l'atmosphère étant électrisée positivement, les vapeurs qui se condensent dans les hautes régions doivent participer à son état électrique. Quant aux nuages négatifs, leur état électrique peut dépendre de causes différentes. Les uns sont formés de vapeurs qui, parties de la surface du sol, ont emporté avec elles l'é. négative qu'elles possédaient lors de leur contact avec la terre. Les autres sont devenus négatifs par l'action inductrice de nuages positifs plus ou moins éloignés. En effet, un nuage fortement positif peut agir à distance sur un nuage faiblement électrisé ou à l'état naturel, et en communication avec la terre. L'é. positive du second nuage est alors repoussée dans le sol et son é. négative attirée à la surface la plus voisine du nuage inducteur. Si alors, par une cause quelconque, la communication est rompue avec le sol, le nuage se trouve électrisé négativement. En outre, la terre étant électrisée négativement et l'atmosphère positivement, il peut arriver qu'un nuage situé à peu de distance du sol soit électrisé par influence, négativement à sa partie supérieure, et positivement à sa partie inférieure. Or, si celle-ci vient à se dissiper par suite d'une élévation de température, le nuage restera électrisé négativement. Au reste, les nuages négatifs sont beaucoup moins fréquents que les nuages positifs. M. Pellat a démontré que l'énorme quantité d'é. négative répandue à la surface du sol suffit à expliquer par un phénomène d'influence comment dans les tourbillons aériens qui constituent les orages, les nuages peuvent acquérir des charges assez grandes pour donner lieu aux gigantesques étincelles qui constituent les éclairs ou la foudre.

D. *Origine de l'électricité atmosphérique*. — On est très embarrassé quand on veut expliquer d'une manière satisfaisante la production de l'é. atmosphérique. Si l'évaporation et l'humidité semblent en être le facteur principal, cet aperçu vague ne suffit pas, et l'on doit reconnaître que le mécanisme de la formation et du transport des masses électriques dans les différentes couches d'air laisse un problème à résoudre. Il n'est pas douteux, en tous cas, que l'existence préalable d'é. dans l'air ne soit la cause immédiate des orages. Voy. FOUDRE, GRÊLE, ORAGE, etc.

ÉLECTRICITÉ DYNAMIQUE. — Nous venons de passer en revue les principaux phénomènes que présente l'é. statique, c.-à-d. ceux qui se manifestent lorsque l'é. est à l'état statique ou en équilibre à la surface des corps. On a vu que, lorsqu'elle se transmet d'un corps à un autre, il se produit une étincelle au moment de son passage dans l'air; mais lorsque ce passage a lieu au travers des solides et des liquides, on observe d'autres effets. Quand l'é. chemine ainsi dans les corps, elle est dite en mouvement ou à l'état *dynamique*;

alors elle donne lieu aux courants électriques. Il nous reste donc à étudier ces nouveaux phénomènes; c'est ce que nous ferons aux mots GALVANISME, MAGNÉTISME (*Électro-magnétisme*), ÉLECTRO-CHIMIE, THERMO-ÉLECTRICITÉ, INDUCTION.

ÉLECTRIFICATION. s. f. [Pr. .. *sion*] (R. *électrique*, et le suff. lat. *ficare*, faire). T. Phys. Production d'électricité.

ÉLECTRIQUE. adj. 2 g. (gr. ἤλεκτρον, ambre jaune). T. Phys. Qui a rapport à l'électricité; qui détermine un dégagement d'électricité, ou qui en résulte. *Phénomènes électriques. Machine é. Courants électriques.* Voy. ÉLECTRICITÉ. || Fig., se dit des choses qui font une impression vive et subite. *Un coup d'œil é. Ces simples paroles produisirent sur la foule un effet électrique.*

ÉLECTRIQUEMENT. adv. Par voie électrique.

ÉLECTRISABLE. adj. T. Phys. Qui est susceptible d'acquérir les propriétés électriques. || Fig., Susceptible d'être enthousiasmé.

ÉLECTRISANT, ANTE. adj. T. Phys. Qui électrise. || Fig., Qui entraîne, qui emporte. *Paroles électrisantes.*

ÉLECTRISATION. s. f. [Pr. *élek-tri-za-sion*] (R. *électriser*). T. Phys. Action d'électriser; état d'un corps électrisé. *É. par influence.* || T. Méd. *É. statique*, Application de l'électricité, développée par le frottement, au traitement des maladies.

ÉLECTRISER. v. a. (gr. ἤλεκτρον, ambre jaune). T. Phys. Développer dans un corps des propriétés électriques. *É. un corps positivement, négativement. É. une personne. Se faire é.* || Fig., Faire une impression vive et subite. *Ce discours les électrisa.* = s'ÉLECTRISER. v. pron. Acquérir des propriétés électriques. = ÉLECTRISÉ, ÉE. part.

ÉLECTRISEUR. s. m. T. Phys. Celui qui électrise. || Physicien qui s'occupe de l'étude de l'électricité. || Médecin qui emploie l'électricité dans le traitement des maladies.

ÉLECTRO-. Préfixe ajoutant au mot suivant l'idée d'un phénomène électrique.

ÉLECTRO-AIMANT. s. m. Masse de fer qui acquiert les propriétés de l'aimant sous l'influence d'un courant électrique. Voy. MAGNÉTISME.

ÉLECTRO-BIOLOGIQUE. adj. T. Physiol. Se dit des phénomènes électriques qui se produisent dans l'économie animale par suite des actes vitaux. Voy. ZOO-ÉLECTRICITÉ.

ÉLECTRO-CAPILLAIRE. adj. 2 g. [Pr. *élek-tro-ka-pil-lère*]. T. Phys. Qui se rapporte à l'électricité développée dans les tubes capillaires.

ÉLECTRO-CAPILLARITÉ. s. f. [Pr. *élek-tro-kapil-la-rité*]. T. Phys. Branche de la science qui s'occupe des phénomènes *électro-capillaires*.

La tension capillaire de deux liquides en contact dépend de l'état électrique de leur surface, ainsi que le démontre l'expérience suivante : on prend un tube DA (Fig 1), terminé par une pointe capillaire A, assez fine que le tube ce métal ne s'écoule pas. La pointe A plonge dans un petit vase contenant de l'eau acidulée B au-dessus d'une couche de mercure C. Deux fils F et K sont en relation avec les deux couches de mercure. Relions ces deux fils, le ménisque du mercure aura une certaine position. Intercalons dans le circuit des fils F et K une pile, le pôle négatif étant relié au fil K. Les deux surfaces du mercure en A et C qui jouent le rôle d'électrodes vont être polarisées. Le mercure de la pointe capillaire A sera polarisé par l'hydrogène. M. Lippmann a fait voir que cette circonstance augmente la constante capillaire et l'on voit alors le ménisque de mercure remonter dans le tube. Cet effet a son maximum pour une différence de potentiel de

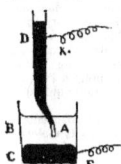

Fig. 1.

0 volt,9. C'est sur cette expérience qu'est basé l'*électromètre capillaire* de M. Lippmann (Fig. 2). On voit le tube effilé E et en O un petit vase contenant du mercure sous une couche d'eau acidulée. Un microscope M permet d'observer le ménisque. Si l'on met en relation les deux masses de mercure par des fils da et cb avec deux points d'un circuit parcouru par un courant, le ménisque de mercure s'élève dans le tube E. On peut ainsi constater les différences de potentiel les plus faibles;

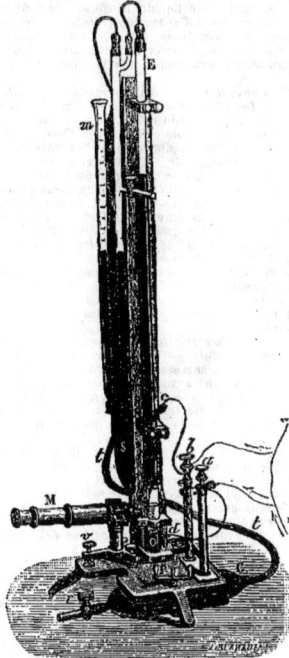

Fig. 2.

certains de ces appareils sont tellement sensibles qu'ils peuvent indiquer $\frac{1}{1000}$ de volt. Pour faire des mesures on ramène le ménisque à sa position initiale en comprimant de l'air dans le tube E au moyen d'une poire en caoutchouc C. Un manomètre m indique la pression qu'il a fallu exercer, et comme l'on a dressé d'avance expérimentalement une table donnant la relation entre la différence de potentiel et la pression due au manomètre, l'inspection de cette table donne la différence de potentiel correspondant à la pression indiquée par le manomètre.

Les phénomènes électro-capillaires sont réversibles. Si on laisse écouler le mercure par la pointe A d'un tube (Fig. 1), et que l'on réunisse les fils K et F aux deux bornes d'un galvanomètre, on constatera la production d'un courant.

M. Lippmann a imaginé un moteur électrique original basé uniquement sur les actions électro-capillaires.

Il va sans dire que dans toutes ces expériences la force électromotrice doit être insuffisante pour effectuer l'électrolyse de l'eau acidulée.

ÉLECTRO-CAUSTIQUE. adj. T. Chim. Se dit d'une méthode d'application à la chirurgie de la chaleur obtenue à l'aide des appareils électriques.

ÉLECTRO-CAUTÈRE. s. m. Appareil pour cautériser, au moyen de la chaleur dégagée par un courant électrique. Voy. GALVANOCAUSTIE.

ÉLECTRO-CHIMIE. s. f. T. Phys. Cette étude comprend deux séries de phénomènes : 1° le développement de l'électricité dans les actions chimiques ; 2° les effets chimiques dus à l'électricité.

I. *Développement de l'électricité dans les actions chimiques.* — Volta a fait voir que le contact de deux métaux établit entre eux une certaine différence de potentiel. Le contact d'un métal et d'un liquide, le contact de deux liquides établissent aussi des différences de potentiel et donnent lieu à des forces électro-motrices. Les réactions chimiques développent des quantités considérables d'électricité. Cette partie de l'électro-chimie sera étudiée avec les piles au mot GALVANISME.

II. *Effets chimiques dus à l'électricité.* — A. *Effets chimiques de l'électricité statique.* — Sous l'influence de l'étincelle électrique, l'azote et l'oxygène se combinent pour donner du peroxyde d'azote. Un mélange d'azote et d'hydrogène soumis à l'étincelle donne de petites quantités de gaz ammoniac. La présence de l'azotate d'ammonium dans l'air s'explique par les décharges électriques dont notre atmosphère est le siège. Voy. AIR. L'étincelle électrique transforme l'oxygène en ozone. Voy. OXYGÈNE et OZONE. L'azote et l'acétylène se combinent à volumes égaux sous l'influence de l'étincelle pour donner de l'acide cyanhydrique. On se sert beaucoup dans les laboratoires de l'*Effluve électrique* (Voy. ce mot) pour effectuer certaines réactions.

L'étincelle électrique peut aussi effectuer des décompositions. Ainsi le gaz ammoniac traité pendant plusieurs heures par des étincelles électriques, est presque entièrement décomposé en azote et hydrogène. Voy. l'action est limitée par la réaction inverse.

B. *Effets de l'électricité dynamique.* — *Actions chimiques des courants.* — Les décompositions effectuées par les courants sont nombreuses. On peut se servir d'une pile ou d'une machine dynamo à courant continu comme source d'électricité. On a donné le nom d'*électrolyse* à ce genre de décomposition. On appelle *électrolyte* le corps que l'on décompose, et *électrodes* les corps métalliques qui servent à amener le courant dans le liquide à décomposer. L'électrode positive est celle qui est reliée au pôle positif de la pile et l'électrode négative, celle qui communique avec le pôle négatif. Enfin l'on a classé les corps en deux groupes et appelé corps *électropositifs* ceux qui se dégagent à l'électrode négative, et *électronégatifs* ceux qui se dégagent à l'électrode positive. Il est à remarquer que dans l'électrolyse les produits de la décomposition apparaissent seulement à la surface des électrodes et jamais dans le liquide intermédiaire.

On désigne quelquefois par *anode* l'électrode positive, par *cathode* l'électrode négative, par *anions* et *cathions* les corps qui s'y dégagent.

Décomposition de l'eau. — L'eau pure ne conduit pas le courant, il n'en est pas de même de l'eau acidulée avec de l'acide sulfurique. On a donné le nom de *voltamètre* à l'appareil qui sert dans cette expérience. Il se compose d'un vase en verre à travers le fond duquel passent deux fils de platine, terminés en général par deux lames de platine. Deux tubes sont placés au-dessus de ces lames de manière à recueillir les gaz qui s'en dégagent. Le vase est les deux tubes sont d'abord remplis d'eau acidulée, et les deux fils de platine sont mis en relation avec les pôles de la pile. Dès que le courant passe, on voit se dégager l'hydrogène sur l'électrode négative et l'oxygène sur l'électrode positive, ce dernier gaz en volume moitié du premier. Voy. EAU.

Décomposition de la potasse et de la soude. — Davy (1807) décomposa ces corps au moyen d'une puissante pile, et vit le métal potassium ou sodium se porter à l'électrode négative. On peut faire l'expérience plus facilement en prenant le dispositif de Seebeck. Un morceau de potasse ou de soude, humecté avec de l'eau, est placé sur une lame de platine qui sert d'électrode positive. Une cavité est creusée dans ce morceau de potasse et l'on y verse du mercure. Un fil de platine relié au pôle négatif de la pile plonge dans le mercure. Ce dernier constitue alors l'électrode négative, c'est là que vient le potassium ou le sodium. Le métal provenant de l'électrolyse forme alors un amalgame avec le mercure qui sert d'électrode négative. En distillant cet amalgame dans un gaz inerte on a le potassium ou le sodium.

Davy isola le calcium et le baryum en 1808 par des procédés analogues.

Décomposition des sels. — Le métal se dépose sur l'électrode négative et le reste va à l'électrode positive. Exemple : électrolysons une dissolution de sulfate de cuivre, CuSO⁴, avec des électrodes en platine. Nous verrons apparaître un dépôt de cuivre sur l'électrode négative. Le reste SO⁴ va à l'électrode positive, où il se décompose en SO³ + O. On voit l'oxygène se dégager en même temps que SO³ donne avec l'eau de la dissolution SO³ + H²O = SO⁴ H². Il y a donc formation d'acide sulfurique au pôle positif. Si l'électrode positive était en cuivre au lieu d'être en platine, elle se dissoudrait et régénérerait, avec l'acide sulfurique qui se forme contre elle, du sulfate de cuivre. L'électrolyse du sulfate de cuivre a reçu d'importantes applications. Voy. GALVANOPLASTIE.

D'une manière générale on a donné le nom d'*électrode soluble* à une électrode positive attaquable, qui se dissout dans le liquide au fur et à mesure du passage du courant.

Réactions secondaires. Cas du sulfate de potassium. — La dissolution de ce sel, SO⁴K², donne SO⁴ au pôle positif et K² au pôle négatif. SO⁴ se scinde en SO³ + O ; il y a donc au pôle positif dégagement d'oxygène et formation d'acide sulfurique. A l'électrode négative le potassium réagit sur l'eau de la dissolution, donnant un dégagement d'hydrogène avec formation de potasse (K + H²O = H + KOH). L'expérience suivante montre bien ces réactions : On remplit un tube en U d'une dissolution de sulfate de potassium colorée par de la teinture de mauve. On fait passer le courant au moyen de deux électrodes en platine, une dans chaque branche du tube. En dehors des dégagements gazeux sur chaque électrode, on voit le liquide devenir vert autour de l'électrode négative, ce qui indique la présence d'une base, et rouge autour de l'électrode positive, ce qui caractérise la présence d'un acide.

Électrolyse des sels ammoniacaux. — L'ammonium Az H⁴ se rend sur l'électrode négative, et si celle-ci est un mercure, forme un amalgame. Voy. AMMONIUM.

Hypothèse de Grotthuss. — Grotthuss a donné de ces phénomènes et de toutes les autres décompositions chimiques une explication qui a été admise par tous les physiciens, non seulement parce qu'elle est ingénieuse, mais encore parce qu'elle semble tout à fait conforme à la vérité. La théorie de Grotthuss peut s'énoncer ainsi : Quand une dissolution est soumise à l'action décomposante d'un courant électrique, toute la masse participe à la décomposition ; mais par suite des recompositions qui se font de molécule à molécule, c'est aux extrémités seulement que les éléments séparés se dégagent. « Dans la décomposition de l'eau par ex., concevons, dit Pouillet, une file de molécules liquides 1, 2, 3, 4, etc., formant une espèce de chaîne qui s'étend de l'électrode positive à l'électrode négative. L'électricité de l'électrode positive agira par influence sur la première molécule d'eau, et la *tournera* pour attirer l'oxygène qui est électro-négatif et repousser l'hydrogène qui est électro-positif ; cette molécule 1 agira de même sur la molécule 2, et ainsi de suite ; à l'autre extrémité de la chaîne, la même disposition se produira, et, dès que la tension électrique sera assez forte, l'oxygène de la molécule 1, entraîné par l'attraction, sera comme arraché des molécules d'hydrogène auxquelles il est uni, et, s'en viendra au pôle positif, tandis que l'hydrogène, devenu libre, se portera sur l'oxygène de la molécule 2 pour se combiner avec lui, donnant la liberté à l'hydrogène de cette molécule, lequel ira à son tour prendre l'oxygène de la molécule 3, et ainsi de suite. A l'autre pôle, des phénomènes analogues se produiront en sens inverse, et il y aura ainsi au même instant une foule de décompositions et de recompositions successives. Ce qui se passe dans une file de molécules se passe dans toutes les files qui joignent les deux pôles, et de là la multitude des atomes gazeux devenus libres, et l'abondance des bulles distinctes qui se forment et qui se dégagent. Ces mouvements vibratoires des derniers éléments de la matière peuvent s'accomplir au milieu des éléments des masses solides, comme au milieu des masses fluides ; et certainement si, comme tout semble l'indiquer, l'hypothèse de Grotthuss est vraie pour la décomposition des liquides, elle ne peut manquer de l'être pour celle des solides et de tous les autres corps sur lesquels le courant électrique peut avoir quelque prise. »

Loi de Faraday. — Le poids d'un électrolyte décomposé est proportionnel à la quantité d'électricité. En un temps donné, par conséquent, le poids sera proportionnel à l'intensité du courant. Faraday a démontré la loi suivante qui relie entre eux les différents électrolytes :

Les poids d'électrolytes décomposés par une quantité déterminée d'électricité sont proportionnels à leurs poids moléculaires ou à un multiple simple de ces poids moléculaires.

Cette loi se démontre directement en introduisant dans un même circuit plusieurs voltamètres ou auges à décomposition contenant, l'un de l'eau acidulée, un autre de l'acide chlorhydrique, un autre un sel d'argent, un autre du sulfate de cuivre, etc., etc. L'expérience montre alors que pendant qu'il se dégage 1 milligramme d'hydrogène dans le premier, il se dégage 35; 5 milligr. de chlore dans le second, 108 d'argent dans le troisième ; 31,5 de cuivre dans le quatrième, etc., etc.

Pour avoir les quantités de sels décomposés pendant qu'il se dégage 1 d'hydrogène, il faudra prendre le poids moléculaire en entier pour les sels de la forme R'M', R' étant un radical mono-atomique et M' un métal monovalent; la moitié du poids moléculaire pour les sels de la forme R''M'', R'' étant un radical bivalent et M'' un métal bivalent.

Cette loi s'applique non seulement au circuit extérieur de la pile, mais elle s'étend aussi aux réactions qui ont lieu à son intérieur.

L'unité d'électricité ou *coulomb* décompose 0^{mms},0932 d'eau et dégage, par conséquent, 0^{mms},0104 d'hydrogène. Un *coulomb* dépose 0^{mms},327 de cuivre, 1^{mms},118 d'argent.

Force électromotrice nécessaire pour effectuer l'électrolyse. — L'expérience montre qu'il est impossible de décomposer l'eau avec un seul élément de pile Daniell et qu'il en faut au moins deux. Les données de la thermochimie permettent de prévoir ce fait, puisque la décomposition d'une molécule d'eau exige 69 calories, et la réaction de la pile Daniell (remplacement du cuivre par le zinc) ne fournit que 51 calories par élément en série. Mais deux éléments Daniell suffiront, puisque 51 × 2 > 69, et il restera encore de l'énergie disponible.

La décomposition de l'eau exige une différence de potentiel de 1 volt 49 environ.

C. Effets dus au contact des gaz et des métaux inoxydables. Courant et pile secondaires. Polarisation. Pile à gaz. — Quand on décompose l'eau acidulée au moyen de deux lames de platine en communication avec les deux pôles d'une pile, si, au bout de quelques instants, on interrompt le courant, et qu'on réunisse les deux lames par un fil métalli-

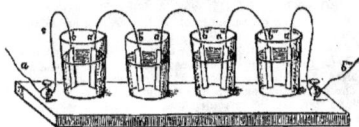

Fig. 1.

que, il se produit aussitôt un courant dirigé en sens inverse du premier, c'est-à-dire que la lame qui formait le pôle positif de la pile est devenue le pôle négatif, et *vice versa*. Le courant qui se produit dans ces circonstances a reçu le nom de *Courant secondaire*, et Ritter a montré qu'en réunissant une série d'appareils semblables au précédent, on peut former une *Pile secondaire*. Soient (Fig. 1) quatre vases plein d'eau légèrement acidulée. Si on les réunit l'un à l'autre par des arcs métalliques formés d'un seul métal, platine ou plomb, *ab*, *a'b'*, *a''b''*, etc., il ne se manifeste aucun effet électrique ; mais si l'on vient à faire passer un courant à travers tout le circuit de *a* en *b'''*, et qu'interrompant un bout de quelques instants le courant, on mette *a* et *b'''* en communication avec un multiplicateur, on constate un courant allant en sens inverse du premier, c.-à-d. de *b'''* en *a*. Un appareil de ce genre fonctionne comme une pile il le peut, par ex., opérer la décomposition de l'eau ; mais son action est de courte durée. Le courant secondaire est dû à ce que, lors du passage du courant de *a* en *b'''*, l'eau des vases est décomposée, son oxygène se déposant sur la lame en communication avec le pôle positif, et son hydrogène sur la lame opposée ; c'est la recomposition de ces gaz qui produit le *courant secondaire*. — On obtient également un couple à effet secondaire en laissant quelque temps deux lames de platine, l'une dans du gaz oxygène, l'autre dans du gaz hydrogène, et en les plongeant ensuite dans de l'eau acidulée. Les lames qui ont acquis la propriété de donner naissance à des effets secondaires sont dites *polarisées*

Fig. 2.

et elles restent longtemps dans cet état. — C'est sur cette propriété des lames qu'est fondée la *Pile à gaz* de Grove, dont la Fig. 2 représente un couple. Il consiste en un vase de verre muni de trois tubulures ; celui qui le remplit d'eau aiguisée d'acide sulfurique, puis on fixe dans les tubulures latérales, au moyen de bouchons de liège, les tubes de verre O et H qui plongent dans le liquide. Ces tubes sont ouverts inférieurement, mais fermés supérieurement ; seulement, ils livrent passage par un petit trou bien mastiqué à un fil de platine auquel est suspendue une lame étroite du même métal qui plonge en partie dans le liquide conducteur. Cela fait, par l'ouverture B, on introduit, à l'aide d'un tube de dégagement, du gaz hydrogène dans l'un des tubes, et du gaz oxygène dans l'autre. Maintenant, si l'on met les fils de platine en rapport avec un multiplicateur, celui qui touche à la lame plongée dans l'oxygène donne de l'électricité positive, et l'autre de l'électricité négative. En réunissant plusieurs couples de ce genre, on obtient une pile qui n'est réellement formée que d'un seul liquide et d'un seul métal, et où, par conséquent, le courant électrique qui se produit aussitôt que l'on met en communication les deux pôles de la pile, résulte uniquement de la réaction de l'hydrogène et de l'oxygène. Dans cette réaction, on voit la quantité des deux gaz diminuer dans les deux tubes ; mais la diminution de l'hydrogène est, dans le même espace de temps, double de celle de l'oxygène. La pile à gaz est assez forte pour produire un grand nombre de décompositions chimiques, et même pour décomposer l'eau. C'est de ces appareils que dérivent les *accumulateurs* électriques, aujourd'hui si employés. Voy. ce mot.

Applications de l'électro-chimie. — L'électrolyse permet d'obtenir des dépôts de cuivre, d'or, d'argent, de nickel, etc. Voy. GALVANOPLASTIE. On traite aussi certains minerais par des procédés électrolytiques, notamment pour le raffinage du cuivre et la fabrication de l'aluminium. Voy. ÉLECTRO-MÉTALLURGIE.

M. Hermite blanchit la pâte à papier en y ajoutant du chlorure de sodium et du chlorure de magnésium qu'il soumet à l'action d'un courant. Il se dégage, à l'électrode positive, un composé de chlore et de l'oxygène qui constitue un agent décolorant énergique.

M. Hermite a également proposé l'eau de mer électrolysée comme désinfectant. Voy. ÉGOUT.

C'est en soumettant l'acide fluorhydrique à l'électrolyse que E. Moissan a isolé le *fluor*. On doit aussi à ce savant de belles recherches d'électro-chimie à haute température faites dans le *four électrique*. Voy. ces mots.

ÉLECTRO-CHIMIQUE. adj. 2 g. Qui a rapport à l'électro-chimie. *Théorie électro-chimique*. *Phénomènes électro-chimiques*. Voy. ÉLECTRO-CHIMIE.

ÉLECTRO-CHIMISME. s. m. T. Chir. Théorie qui prétend expliquer les phénomènes chimiques par l'action de l'électricité.

ÉLECTRO-CINÉTIQUE. s. f. (R. *électricité*, et gr. κινητὸς, mobile). T. Électr. Étude des propriétés de l'électricité en mouvement, indépendamment des causes de ce mouvement.

ÉLECTROCUTION. s. f. (R. *électricité*, et *exécution*). Exécution des condamnés à mort par l'électricité, adoptée en 1889, par l'État de New-York. Le premier criminel exécuté électriquement fut Kemmler ; l'opération eut lieu le 6 août 1890. On se servit de courants alternatifs à haute tension avec une différence de potentiel d'environ 1000 volts. Une chaise était munie de courroies destinées à lier le patient. Le courant de la machine arrivait par le sommet du crâne et par l'épine dorsale. La disposition défectueuse des appareils transforma cette première é. en un horrible spectacle. On fut obligé de lancer le courant à deux reprises au milieu des contorsions terrifiantes du condamné. L'installation a été perfectionnée depuis.

M. d'Arsonval ne pense pas que l'é. constitue un progrès sur les anciens modes de supplice ; d'autant plus que, d'après lui, la mort immédiate n'est pas réelle dans bien des cas. Ce savant a fait des recherches intéressantes sur les effets physiologiques des courants alternatifs à haute tension. Il a montré que l'on peut ramener à la vie des personnes en apparence foudroyées par ces courants en pratiquant la respiration artificielle, comme pour les noyés. Un ouvrier de Saint-Denis foudroyé par une décharge de 4.800 volts et ne donnant plus signe de vie depuis une demi-heure, a pu être ramené à l'existence grâce à la respiration artificielle et à des tractions rythmées de la langue.

ÉLECTRODE. s. f. (gr. ἤλεκτρον, ambre jaune, dans le sens électricité; ὁδὸς, route). Les deux extrémités du conducteur à travers lequel circule un courant électrique. L'extrémité ou *pôle* positif s'appelle l'*anode*, et l'extrémité ou *pôle* négatif, la *cathode*. Voy. GALVANISME et ÉLECTRO-CHIMIE.

ÉLECTRO-DIAPASON. s. m. T. Techn. Sorte de diapason dont les vibrations sont obtenues et entretenues électriquement.

ÉLECTRO-DYNAMIQUE. adj. 2 g. (R. *électricité*, et gr. δύναμις, force) T. Phys. Qui a rapport aux actions produites par le mouvement de l'électricité; qui a la propriété de donner lieu à un courant électrique. = s. f. Science de l'électricité en mouvement, c.-à-d. des courants électriques. On dit aussi dans le même sens, *Électro-cinétique*, et alors on réserve le nom d'*Électro-dynamique* à l'étude des actions que les courants exercent sur les courants. Voy. GALVANISME, INDUCTION, et MAGNÉTISME (*Électro-*).

ÉLECTRO-DYNAMISME. s. m. (R. *électricité*, et gr. δύναμις, force). T. Phys. Ensemble des phénomènes produits par les courants électriques. Voy. GALVANISME, INDUCTION.

ÉLECTRO-DYNAMOMÈTRE. s. m. (R. *électricité*, et gr. δύναμις, force, μέτρον, mesure). T. Phys. Appareil de mesure. = Plur. *Des électro-dynamomètres*.

Phys. — *L'É.-D.* est un appareil de mesure fondé sur les actions réciproques des courants. L'é-d. de Weber se compose d'une bobine suspendue par deux fils à l'intérieur d'une bobine fixe, les spires des deux bobines étant à angle droit. Le passage d'un courant fait dévier la bobine intérieure d'un angle qu'on mesure, soit au moyen d'un index fixé à la bobine mobile, soit mieux, par la déviation d'un rayon lumineux qui vient frapper un miroir fixé à la bobine mobile. Si l'on fait passer le courant dans les deux bobines, l'intensité de ce courant est proportionnelle au carré de la tangente de l'angle de déviation, de sorte que l'interversion du sens du courant ne change pas le sens de la déviation. Il en résulte que l'appareil se prête très bien à la mesure de l'intensité des courants alternatifs, quelque rapides que soient les alternances, tandis que dans ces conditions un galvanomètre ne donnerait aucune indication. Il existe aussi un é.-d. à *poids* et un é.-d. de *torsion*.

ÉLECTRO-GALVANIQUE. adj. 2 g. T. Phys. Produit par une pile voltaïque. *Courant é.-g.* Voy. GALVANISME.

ÉLECTRO-GALVANISME. s. m. T. Phys. Théorie des effets produits par les piles voltaïques. Voy. GALVANISME.

ÉLECTROGÈNE. adj. (R. *électricité*, et gr. γεννάω, j'engendre) T. Phys. Qui produit l'électricité. *Appareil é. des poissons* = s. m. T. Phys. Appareil producteur de l'électricité.

ÉLECTROGÉNÈSE ou **ÉLECTROGÉNIE.** s. f. (R. *électricité*, et gr. γένεσις, génération). Production d'électricité par les tissus vivants.

ÉLECTROGRAPHE. s. m. (R. *électricité*, et gr. γράφω, j'écris). Auteur qui écrit sur l'électricité.

ÉLECTROGRAPHIE. s. f. (R. *électricité*, et gr. γράφω, j'écris). Traité sur l'électricité. ‖ Branche de la galvanoplastie qui a pour objet de produire des planches gravées par l'action directe d'un courant électrique.

ÉLECTRO-HARMONIQUE. adj. 2 g. T. Techn. Se dit d'un appareil télégraphique dans lequel des sons sont reproduits avec leur hauteur, mais non avec leur timbre.

ÉLECTRO-LECTEUR. s. m. T. Techn. Appareil électrique pour la lecture des aveugles.

ÉLECTROLOGIE. s. f. (R. *électricité*, et gr. λόγος, discours). Traité sur l'électricité; partie de la physique qui traite de l'électricité.

ÉLECTROLOGIQUE. adj. Qui a rapport à l'électrologie.

ÉLECTROLYSABLE. adj. T. Phys. Qui est susceptible d'être électrolysé.

ÉLECTROLYSATION. s. f. [Pr. ...*sion*]. T Phys. Action d'électrolyser.

ÉLECTROLYSE. s. f. (R. *électricité*, et gr. λύσις, action de dissoudre). Séparation des deux éléments d'un corps composé par le passage dans ce corps, à l'état liquide, d'un courant électrique. Voy. ÉLECTRO-CHIMIE, GALVANISME.

ÉLECTROLYSER. v. a (R. *électrolyse*). T. Phys. Décomposer par l'électricité E. *un corps*.

ÉLECTROLYTE. s. m. (R. *électrolyse*). T. Phys. Corps soumis à l'action de la pile pour être décomposé.

ÉLECTROLYTIQUE. adj. T. Phys. Qui a rapport à l'électrolyte; qui se fait par l'électrolysation *Analyse é.*

ÉLECTRO-MAGNÉTIQUE. adj. T. Phys. Qui a rapport à l'électro-magnétisme.

ÉLECTRO-MAGNÉTISME. s. m. T. Phys. Partie de la science électrique qui traite des actions réciproques des courants électriques et des aimants. Voy. MAGNÉTISME (*Électro-*).

ÉLECTRO-MÉDICAL. adj. T. Méd. Qui se rapporte à l'électricité considérée comme agent médical. Voy. ÉLECTRO-THÉRAPIE.

ÉLECTRO-MÉGALOSCOPE. s. m. (R. *électricité*, et gr. μέγας, μεγάλη, grand ; σκοπέω, j'examine. T. Chir. Instrument destiné à l'examen des cavités du corps humain, telles que la vessie, le rectum, à l'aide de lampes électriques.

ÉLECTRO-MÉTALLURGIE. s. f. T. Phys. Branche de la science qui s'occupe du raffinage et de l'extraction électrique des métaux.

Raffinage électrolytique du cuivre. — On prépare aujourd'hui de grandes quantités de cuivre pur au moyen de l'électrolyse. Le point de départ est le cuivre brut du commerce, contenant environ 95 p. 100 du métal et de nombreuses impuretés : fer, soufre, arsenic, etc., quelquefois même de l'or. Le cuivre brut est d'abord coulé en grandes plaques, que l'on plonge ensuite dans de vastes cuves contenant une dissolution de sulfate de cuivre, acidulée par l'acide sulfurique. Ces plaques sont reliées au pôle positif d'une machine dynamo-électrique et forment l'électrode positive ou anode du bain. L'électrode négative ou cathode reliée au pôle négatif de la dynamo est une plaque mince en cuivre pur. Dès que le courant est établi, l'électrolyse transporte le cuivre pur seulement de l'électrode positive à l'électrode négative. Les impuretés tombent entre les deux électrodes sous forme d'une boue à composition variable et qui n'est pas toujours sans valeur. On obtient ainsi sur l'électrode négative un dépôt de cuivre pur, très recherché par les électriciens à cause de sa grande conductibilité.

Extraction de l'aluminium. — Ce métal se fabrique actuellement en grandes quantités par des procédés électriques. Le procédé Minet permet d'obtenir l'aluminium pur par l'électrolyse de la cryolithe fondue. Ce minerai est un fluorure double d'aluminium et de sodium ; on y ajoute du chlorure de sodium. L'opération se fait dans une cuve en fer dans laquelle plongent deux électrodes de charbon (Fig. 1). Au-dessous de l'électrode négative, on a placé un creuset destiné à recevoir l'aluminium qui s'y dépose. On chauffe vers 1000°. Afin d'éviter l'attaque de la

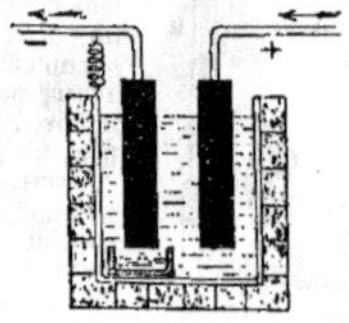

Fig. 1.

cuve, on la relie à l'électrode négative de manière qu'elle reçoive environ la vingtième partie du courant. Elle se recouvre alors d'une légère couche d'aluminium qui la protège. (M. Minet admet 4^{volts},19 comme force électromotrice d'électrolyse).

N. Héroult emploie une sorte de four électrique pour fabriquer l'aluminium par électrolyse de l'alumine (Fig 2) Cet appareil garni de charbon, comme un creuset brasqué, laisse passer l'électrode négative par sa partie inférieure. Un gros cylindre de charbon aggloméré constitue l'électrode positive. On amorce la réaction en versant dans le creuset de la *Cryo-*

lithe fondue, puis on continue avec de l'alumine ou de la *Bauxite.* Voy. ces mots. La chaleur développée par le courant suffit ensuite pour maintenir la masse en fusion. Un conduit d'écoulement est ménagé pour permettre la coulée du métal, qui se porte sur l'électrode négative. Ce procédé permet aussi

d'obtenir immédiatement les alliages de l'aluminium. Dans ce cas, tout le creuset est entièrement revêtu d'une couche de charbon conductrice qui est reliée au pôle négatif de la machine. En plaçant dans le creuset du cuivre, avec l'alumine que l'on électrolyse, l'aluminium va se porter sur le cuivre qui est à l'électrode négative et forme avec lui le bronze d'aluminium. Avec la fonte on obtient, par le même procédé, du ferro-aluminium.

Fig. 2.

Le procédé Cowles, qui permet d'obtenir les alliages de l'aluminium, est plutôt électrothermique qu'électrolytique, c'est-à-dire que le courant agit comme source de chaleur. La réaction se fait dans des fours réfractaires munis d'électrodes en charbon. On place entre celles-ci un mélange d'alumine, de charbon et du métal dont on désire l'alliage avec l'aluminium. Le courant dont se sert la compagnie Cowles a atteint 5,000 ampères. Les procédés électriques ont complètement révolutionné l'industrie de l'aluminium en le fournissant à bas prix; ils étendent chaque jour les applications de ce métal et de ses alliages.

On peut aussi rattacher à l'électro-métallurgie la *Galvanoplastie* et un grand nombre d'expériences faites avec le *Four électrique.* Voy. ces mots.

ÉLECTROMÈTRE. s. m. (R. *électricité*, et gr. μέτρον, mesure). Instrument servant à mesurer le potentiel électrique. Voy. ÉLECTRICITÉ, XI.

ÉLECTROMÉTRIE. s. f. (R. *électricité*, et gr. μέτρον, mesure). Partie de la science ayant pour objet la mesure des grandeurs électriques. Voy. ÉLECTRICITÉ, GALVANISME, MAGNÉTISME (*Electro-*), etc.

ÉLECTROMÉTRIQUE. adj. 2 g. T. Phys. Qui a rapport à l'électrométrie.

ÉLECTROMICROMÈTRE. s. m. (R. *électricité*, et gr. μικρός, petit; μέτρον, mesure). T. Phys. Électromètre employé pour mesurer de très faibles quantités d'électricité.

ÉLECTROMICROMÉTRIE. s. f. (R. *électromicromètre*). T. Phys. Détermination des tensions produites par de très faibles quantités d'électricité.

ÉLECTROMOTEUR, TRICE. adj. (R. *électricité*, et *moteur*). Qui développe de l'électricité. = ÉLECTROMOTEUR, s. m. Dénomination générale applicable à tous les générateurs d'électricité statique ou cinétique.

ÉLECTROMOTOGRAPHE. s. m. (R. *électricité*, lat. *motus*, mouvement, et gr. γράφω, j'écris). T. Phys. L'électromotographe d'Édison est un récepteur téléphonique basé sur ce fait que la présence d'un courant électrique fait varier le coefficient de frottement d'une lame de platine sur un cylindre de

craie imbibé de potasse ou d'une dissolution d'un sel convenablement choisi. L'appareil se compose d'un disque de mica A (Voy. la Fig.) qui porte en son centre une tige plate en laiton H au bout de laquelle est fixée une mince lame de platine E. Un gros tampon de caoutchouc B, commandé par une vis F, appuie cette lame sur le cylindre humecté C, que l'on fait tourner soit à la main, soit au moyen d'un petit moteur électrique spécial adjoint à l'appareil. Le courant de la ligne téléphonique passe par la lame et le cylindre. On voit qu'à chaque variation du courant le coefficient de frottement entre la lame de platine et le cylindre tournant variant, le disque de mica sera mis en mouvement. Il vibrera synchroniquement avec les variations du courant de la ligne téléphonique et émettra par suite le son transmis par cette ligne.

ÉLECTRO-MUSCULAIRE. adj. T. Physiol. Se dit des phénomènes particuliers de sensibilité excités dans les muscles par l'électricité dynamique.

ÉLECTRONÉGATIF, IVE. adj. T. Phys. Qui a rapport à l'électricité négative. Se dit surtout des corps qui, dans l'électrolyse d'un de leurs composés, se portent au pôle positif de la pile, comme le chlore, l'oxygène, etc., parce qu'on a supposé que ces corps étaient chargés d'électricité négative et qu'ils étaient ainsi attirés par l'électricité positive de la pile. Voy. ÉLECTRO-CHIMIE.

ÉLECTRO-OPTIQUE. s. m. T. Phys. Branche de la science qui traite des relations de l'électricité et du magnétisme avec la lumière. Voy. ÉLECTRICITÉ, GALVANISME, LUMIÈRE, MAGNÉTISME.

ÉLECTROPHILE. s. m. (R. *électricité*, et gr. φίλος, ami). Partisan des théories qui font intervenir l'électricité à tout propos.

ÉLECTROPHONE. s. m. (R. *électricité*, et gr. φωνή, voix). T. Techn. Récepteur d'un système téléphonique combiné dans le but d'accroître l'intensité des sons dans le téléphone.

ÉLECTROPHORE. s. m. (R. *électricité*, et gr. φορός, qui porte). T. Phys. Appareil produisant de l'électricité par le frottement d'une peau de chat sur un gâteau de cire. Voy. ÉLECTRICITÉ, XII.

ÉLECTRO-PHYSIOLOGIE. s. f. T. Physiol. Phénomènes particuliers de sensibilité, provoqués et constatés par l'électricité dynamique.

ÉLECTRO-POLAIRE. adj. T. Phys. Se dit d'un conducteur qui possède un pôle positif et un pôle négatif.

ÉLECTROPOSITIF, IVE. adj. T. Phys. Qui a rapport à l'électricité positive. Se dit surtout des corps qui, dans l'électrolyse d'un de leurs composés, se portent au pôle négatif de la pile, comme les métaux, parce qu'on a supposé ces corps chargés d'électricité positive et attirés ainsi par l'électricité négative de la pile. Voy. ÉLECTRO-CHIMIE.

ÉLECTROPUNCTEUR. s. m. [Pr. ...*ponkteur*]. T. Méd. Opérateur qui pratique l'électro-puncture.

ÉLECTROPUNCTURE. s. f. [Pr. ... *ponkture*] (R. *électricité*, et lat. *punctura*, piqûre). Opération qui consiste dans l'introduction d'une aiguille en fer dans les chairs à travers laquelle on fait passer un courant électrique. C'est une méthode thérapeutique utilisée surtout dans le traitement des anévrysmes même volumineux. On l'utilise aussi dans le traitement des pseudarthroses, et pour tuer les hydatides des kystes hydatiques du foie. Pour ce faire on introduit deux aiguilles très acérées en or ou en platine iridié d'ordinaire dans la partie malade que l'on veut traiter et en des points très voisins; ces deux aiguilles sont en communication avec une pile; le courant doit être assez faible et n'a pas d'autre but qu'une action chimique, telle que la désorganisation des tissus étrangers ou la coagulation du sang. — On emploie aussi l'électropuncture pour l'*épilation*. Il suffit d'introduire jusqu'au bulbe du poil une aiguille formant pôle positif. Le pôle négatif étant une plaque placée sur la nuque, par ex., le poil se laisse arracher aisément et ne repousse plus.

ÉLECTROPUNCTURER. v. a. [Pr. ...*ponkturer*]. T. Méd. Pratiquer l'électropuncture.

ÉLECTROSCOPE. s. m. (R. *électricité*, et gr. σκοπέω, j'examine). T. Phys. Appareil servant à constater qu'un corps est électrisé et à distinguer le signe de cette électricité. Voy. ÉLECTRICITÉ.

ÉLECTROSCOPIE. s. f. (R. *électricité*, et gr. σκοπέω, j'examine). T. Phys. Ensemble des méthodes propres à déterminer l'espèce d'électricité dont un corps est chargé.

ÉLECTRO-SÉMAPHORE. s. m. T. Chem. de fer. On désigne sous ce nom des signaux de chemin de fer ayant pour but d'empêcher deux trains, circulant *dans le même sens*, de s'engager librement sur la même voie entre deux postes consécutifs, et réalisant ainsi le *Block-système*, qui consiste à substituer à l'intervalle de temps réglementaire entre deux trains qui se suivent, la distance kilométrique séparant les postes.

La propriété caractéristique de ces appareils est de solidariser les signaux électriques et les signaux optiques s'adressant aux mécaniciens et agents des trains. La mise à l'arrêt, au poste A, du signal visuel couvrant un train qui s'engage

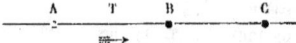

```
        A     T      B           C
        ┣————————●————————————●
            ▭▷
```

dans une section comprise entre deux postes sémaphoriques A et B, et le maintien du signal dans cette position, sont obtenus *mécaniquement* à l'aide de la rotation d'une manivelle; la même manœuvre fait apparaître, *électriquement*, au poste suivant B vers lequel se dirige le train, un signal prévenant l'agent de ce poste de l'arrivée du train. Le signal qui se trouve ainsi mis à l'arrêt au poste A pendant que le train est engagé dans la section AB ne peut plus être décalé et effacé que par le poste B placé à l'autre extrémité de la section, lorsque l'agent de ce dernier poste efface le signal secondaire à l'aide duquel il a été avisé d'avance de l'arrivée du train. Ainsi, au moment où le train T franchit le poste B et pénètre dans la section BC, l'agent du poste B met à l'arrêt *mécaniquement* le signal d'arrêt de ce dernier poste, efface par une autre opération le petit signal qui l'a avisé de l'arrivée du train, et simultanément par ce dernier mouvement efface *électriquement* le signal qui n'a plus de raison d'être à l'arrêt au poste A : ce qui permet à un nouveau train de s'engager dans la section AB.

La partie principale d'un électro-sémaphore, dans le cas général d'un poste intermédiaire, est constituée par un mât en fer de 6 à 12 mètres de hauteur (Voy. la Fig.), dressé dans un socle en fonte ; ce mât supporte, à sa partie supérieure, deux grandes ailes b peintes en rouge et s'adressant aux mécaniciens qui circulent respectivement sur chacune des deux voies principales ; la grande aile qu'on voit se développer à gauche en regardant le sémaphore vers lequel on se dirige est la seule dont les agents des trains aient à tenir compte (sur la Fig , l'aile de gauche est développée horizontalement à l'arrêt, et l'aile de droite est rabattue dans la position voie libre). Au-dessous de ces grands bras, et à mi-hauteur du mât, sont placés deux petits bras E peints en jaune et servant à annoncer l'entrée du train dans la section intéressée. Enfin, au pied du mât et posées sur le socle, se trouvent les boîtes F et G, munies de manivelles pour la manœuvre mécanique des bras du sémaphore et renfermant dans leur intérieur les appareils électriques. Bien entendu, les différents postes sémaphoriques d'une même ligne sont reliés entre eux par des fils électriques ; le courant est fourni par des éléments de pile renfermés dans un abri en ciment aggloméré placé ordinairement au pied du sémaphore.

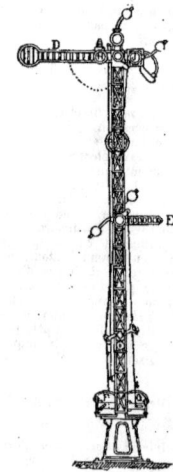

La nuit, les bras supérieurs sont suppléés par des lanternes, un double feu H et J, rouge et vert, correspondant à la position horizontale du bras à l'arrêt, et un feu blanc correspondant à la position effacée du bras ; les mêmes lanternes éclairent, par réflexion, les petits bras inférieurs.

L'électro-sémaphore d'un poste extrême ne comporte qu'une grande aile et un petit bras avec deux boîtes de manœuvre.

Lorsqu'un même sémaphore doit desservir plusieurs voies dirigées dans le même sens, il porte un nombre correspondant de bras superposés ; alors le bras le plus élevé s'adresse à la direction la plus à gauche, et le plus bas à la direction la plus à droite.

Chaque poste sémaphorique est protégé, comme une station,

par des disques à distance, qui doublent en quelque sorte les indications du sémaphore lui-même : ainsi le garde du poste doit mettre et maintenir à l'arrêt le disque à distance précédant un sémaphore pendant tout le temps que la grande aile du sémaphore est horizontale ; c'est une précaution par laquelle on prévient le mécanicien qu'il va trouver une grande aile à l'arrêt et qu'il doit prendre ses mesures pour s'arrêter en temps utile et ne pas entrer dans la section couverte par ce sémaphore.

L'espacement des postes sémaphoriques, pour les lignes à grand trafic, est de 2,500 mètres en moyenne dans les parties intermédiaires des lignes ; mais à proximité des grandes gares il est de bonne règle de réduire le plus possible la longueur des sections sémaphoriques, qui peut varier dans ce cas de 1,500 à 1,800 mètres. Il est de toute importance, en effet, de ne pas encombrer les approches d'une grande station, et d'assurer le débit des trains.

ÉLECTROSTATIQUE adj. 2 g. T. Phys. Qui a rapport à l'électricité statique — ÉLECTROSTATIQUE. s f Partie de la science électrique qui étudie les phénomènes produits par l'électricité accumulée sur les corps, par opposition à l'électrocinétique ou électrodynamique, qui étudie les phénomènes produits par le mouvement de l'électricité. Voy ÉLECTRICITÉ.

ÉLECTROTÉLÉGRAPHIQUE. adj. T. Phys. Qui a rapport à la télégraphie électrique.

ÉLECTROTHÉRAPIE. s. f. (R. *électricité*, et gr. θεραπεύω, je soigne). On appelle *Électrothérapie* l'emploi de l'électricité comme moyen de traitement des maladies. C'est au milieu du XVIII° siècle que les médecins eurent l'idée d'appliquer cet agent à la cure des affections nerveuses : un Suisse, Jallabert, ayant guéri une paralysie du bras datant de 14 ans, tous les médecins voulurent employer ce nouveau mode de traitement ; mais on peut dire que ce n'est qu'à partir des travaux d'un médecin français, Duchenne de Boulogne, que l'é. est entrée dans une voie véritablement scientifique. Jusqu'à ces derniers temps encore, on pensait que, des différents modes sous lesquels se présente l'électricité, certains se devaient avoir aucune action thérapeutique sur l'organisme ; les uns vantaient les courants induits ou faradiques, d'autres les courants continus ou voltaïques, d'autres enfin l'électricité statique ou franklinisation. Les moyens que l'on possède aujourd'hui de mesurer, de doser, pour ainsi dire, l'électricité comme un médicament ordinaire, font que l'électrothérapie est de plus en plus employée avec succès par la médecine actuelle. Sous le nom spécial de *galvanocaustie*, on utilise la chaleur développée par les courants pour faire des cautérisations ou même de graves opérations ; de même, les phénomènes chimiques d'*électrolyse*, comme on dit, qui résultent du passage d'un courant, sont utilisés pour le traitement des fibromes utérins ou pour les rétrécissements de l'urèthre, de l'œsophage, etc.

L'action dynamique de l'électricité sur l'organisme varie suivant ses différentes manifestations. Les muscles, les nerfs et probablement même tous nos tissus sont le siège de manifestations électriques qui sont connues depuis les expériences de Galvani. C'est donc tout d'abord en modifiant cet état électrique que les courants agissent sur nos organes : quand on interrompt un courant que l'on a fait passer pendant un certain temps dans un muscle, on constate l'existence d'un courant intense qui va en sens inverse du premier. Ces courants de polarisation, comme on les appelle, peuvent également se produire sur les nerfs ; c'est probablement en réveillant les courants physiologiques que l'on ramène le fonctionnement de certains nerfs et, par suite, la contraction des muscles paralysés auxquels ils se distribuaient. Du reste, l'électricité elle-même est l'excitant le plus puissant du tissu musculaire après les nerfs ; c'est ce qui explique son action constrictive sur les vaisseaux sanguins. Enfin, les courants exercent une action certaine, bien qu'inexpliquée, sur l'état moléculaire de nos tissus, au moyen de laquelle on peut expliquer la guérison des névralgies rebelles, le réveil de la nutrition, etc.

Les applications médicales de l'é. sont excessivement nombreuses et on ne peut donner ici que des indications générales en parlant des principaux appareils qui ont été imaginés pour mettre l'électricité au service du médecin. Lorsqu'on veut obtenir une action générale sur l'organisme, comme, par exemple, dans l'hystérie, on emploie des machines statiques, dont la p us répandue est celle de Carré. Le malade, placé sur un tabouret à pieds de verre, tient un tube de cuivre dans sa main ;

le médecin promène, sur telle ou telle partie du corps qu'il veut influencer, des excitateurs à pointes ou à boules suivant qu'il veut produire le souffle électrique ou l'étincelle. Dans le premier cas, le patient ressent une légère sensation de fraîcheur qui n'a rien de désagréable ; dans le second cas, l'impression est plus forte et peut même devenir douloureuse si l'on n'a pas pris la précaution de retirer toutes les pièces métalliques que l'on peut avoir dans ses vêtements.

L'électricité dynamique semble exercer une action plus spéciale sur la nutrition ; c'est elle qui est la plus employée. Le grand appareil à courants continus construit par Trouvé est très bien compris : car il renferme en même temps une machine d'induction et la pile voltaïque ; mais c'est un véritable meuble dont le prix élevé ne permet de l'employer que pour les cliniques spéciales ; les appareils portatifs ordinaires suffisent dans la pratique courante. A ces instruments sont annexés des galvanomètres qui permettent de mesurer la force du courant que l'on désire employer ; en général, dix milliampères, amenés progressivement, sont très suffisants ; avec une quantité plus grande, on pourrait produire des effets thermiques douloureux et même des effets caustiques. Ce n'est que dans les cas d'électrolyse, où on veut avoir une décomposition des tissus, que l'on peut aller jusqu'à 40 et 50 milliampères.

Les appareils à courants induits sont employés lorsqu'on veut obtenir des effets locaux sur les nerfs ou sur les muscles ; le manuel opératoire diffère selon les cas. Si on veut ramener la contractilité d'un muscle paralysé, on prend une bobine à gros fil qui donne un débit d'électricité considérable ; on a soin de mouiller les électrodes de manière que la peau fasse le moins de résistance possible et soit peu impressionnée. Si, au contraire, on veut agir plus spécialement sur le système nerveux, on emploie une bobine à fil fin qui donne un courant faible, mais possédant une tension très forte ; dans ce cas, on sèche la peau et les tampons.

ÉLECTROTHERMIE. s. f. (R. *électricité*, et gr. θέρμη, chaleur). T. Méd. Emploi de la chaleur provenant d'une source électrique pour certaines opérations chirurgicales.

ÉLECTROTHERMIQUE. adj. T. Méd. Qui a rapport à l'électrothermie.

ÉLECTROTONIQUE. adj. 2 g. (R. *électricité*, et *tonique*). T. Physiol. État dans lequel se trouve un nerf électrisé.

ÉLECTROTRIEUSE. s. f. T. Techn. Machine au moyen de laquelle on fait séparer, par des aimants, le minerai de fer des matières étrangères auxquelles il est mêlé.

ÉLECTROTYPE. s. m. (R. *électricité*, et gr. τύπος, empreinte). Coquille de cuivre formée par dépôt électrométallique, reproduisant une composition typographique, et pouvant être employée à l'impression. Voy. CLICHAGE et GALVANOPLASTIE.

ÉLECTROTYPIE. s. f. (R. *électricité*, et gr. τύπος, empreinte). Nom général donné aux applications de la galvanoplastie à la reproduction des clichés pour l'impression, la gravure, etc. Voy. CLICHAGE et GALVANOPLASTIE.

ÉLECTROTYPIQUE. adj. Qui a rapport à l'électrotypie.

ÉLECTROVITAL, ALE. adj. T. Physiol. Se dit des phénomènes électriques qui se produisent dans les actes vitaux.

ÉLECTROVITALISME. s. m. T. Physiol. Système dans lequel on prétend expliquer les phénomènes de la vie animale par l'électricité.

ÉLECTRUM. s. m. [Pr. *élek-trome*] (gr. ἤλεκτρον, m. s.). T. Antiq. Les anciens donnaient ce nom à l'ambre jaune ou succin, ainsi qu'à un alliage d'or et d'argent. Cet alliage se composait, suivant Pline le Naturaliste, de 4 parties d'or pour 1 d'argent, et, selon Isidore de Séville, de 3 parties du premier métal contre 1 du second. On n'employait guère l'électrum que pour faire des vases, des coupes, etc. Ainsi, Hélène, au rapport de Pline, consacra dans le temple de Minerve, à Linduss, une coupe d'é. qui avait été modelée sur son propre sein. Il est encore parvenu jusqu'à nous quelques monnaies gauloises, grecques et siciliennes, qui sont formées d'un alliage d'or et d'argent ; mais cet alliage est-il véritablement l'é. ? —

Dans les premiers siècles du moyen âge, les imitations de pierreries en verre émaillé étaient désignées sous le nom d'*Electrum*.

ÉLECTUAIRE. s. m. (lat. *electuarium*, m. s. corrupt. du gr. ἐκλειγματάριον, de ἔκλειγμα, bâton de réglisse enduit d'un médicament, de ἐκ, de et λείχειν, lécher) T. Pharm. Les électuaires sont des médicaments de consistance molle, composés de substances dures, pulvérisées et incorporées à des pulpes, des sucs épurés, des extraits, des sirops, du miel. Les termes de confections, d'opiats, ont été souvent considérés comme synonymes, mais ce sont de vieux abus de langage, ces mots ayant une signification particulière plus restreinte. — L'ancienne pharmacopée distinguait deux sortes d'électuaires : les électuaires simples, appelés aussi conserves, qui ne contiennent qu'une seule substance végétale associée à du sucre (conserve d'écorce d'oranger, conserve de cynorrhodon, etc.), et les électuaires composés. Ceux-ci résultent du mélange de poudres, de pulpes, d'extraits, de produits immédiats des végétaux, de diverses substances minérales, etc., qu'on incorpore avec le miel ou le sucre, et qu'on lie quelquefois avec un sirop et même avec du vin ; les ingrédients y étaient multipliés à profusion, jusqu'à 70 dans certains. — Le *diaphœnix* devait son nom à la pulpe de dattes, le *diaprun* à la pulpe de pruneaux, le *diascordium* aux feuill's de scordium, le *dialessaron*, à ce fait qu'il se composait de 4 substances seulement. Actuellement, le codex donne seulement la formule de l'é. dentifrice, des électuaires de copahu, de diascordium, de rhubarbe, de safran, de thériaque. Ces formules mêmes ne sont plus guère usitées : à peine la thériaque et le diascordium sont-ils administrés parfois comme narcotiques, étant tous deux à base d'opium. Le reste est rangé au musée des antiques.

C'est qu'en effet, considérés comme médicaments officinaux, c'est-à-dire destinés à conserver dans leur intégrité les agents de la matière médicale sous une forme qui se prête aux besoins journaliers de la thérapeutique, les électuaires en général laissent beaucoup à désirer. D'une part, les formules compliquées qui nous ont été léguées sont en désaccord avec les principes modernes ; nous n'avons plus confiance en l'harmonie de ces correctifs et de ces adjuvants que nos prédécesseurs se faisaient une gloire d'assembler, tant l'expérimentation nous a démontré la complexité d'action de chaque médicament isolé. D'autre part, on n'est pas en droit d'attendre des effets thérapeutiques précis et comparables d'un électuaire, quelque identique que puisse être sa constitution, même en le maintenant dans des vases en porcelaine ou en grès, placés à des endroits frais. Il faut bien savoir que l'excipient sucré ne détruit pas le moins du monde les affinités chimiques des composants, ni ne peut mettre obstacle aux réactions complexes qui s'y opèrent lentement ; ses propres éléments entrent en mouvement et fermentent ; l'oxygène de l'air intervient, ainsi que les variations de température et d'hygrométrie atmosphérique. Aussi les électuaires n'offrent pas la première des qualités exigibles d'un médicament officinal, qui est d'être stable, c'est-à-dire de composition chimique invariable. Ces médicaments se trouvent donc relégués, à juste titre, au nombre des curiosités pharmaceutiques, et bientôt seront entièrement oubliés.

ÉLÉDON. s. m. (gr. ἐλεδώνη, espèce de polype). T. Zool. Espèce de *Poulpe* qu'Aristote rangeait dans le groupe des Polypes. Voy. CÉPHALOPODES.

ÉLÉE. v. de l'Italie anc. célèbre par son école philosophique, dont Xénophane fut le fondateur (VIe siècle av. J.-C.

ÉLÉÉMOSYNAIRE. s. m. (gr. ἐλεημοσύνη, aumône). T. Hist. Officier du palais qui était chargé de la distribution des aumônes.

ÉLÉENCÉPHALE. s. f. (gr. ἔλαιον, huile, et *encéphale*). T. Chim. Matière grasse trouvée dans le cerveau.

ÉLEF-D'EAU. s. m. (R. *élever*, et *eau*). T. Anc. mar. Marée montante.

ÉLÉGAMMENT. adv. [Pr. *éléga-man*]. D'une manière élégante, avec élégance. *Être é. vêtu. Parler, écrire é. Comme vous le dites fort é.*

ÉLÉGANCE. s. f. (lat. *elegantia*, m. s.). Se dit d'une certaine grâce, d'une certaine distinction dans la forme ; s'em-

317

ploie en parlant des productions de l'art ou de la nature. *L'é. des formes, des contours. L'é. de la taille. L'é. de toute sa personne vous frappait tout d'abord. L'é. d'une parure, d'un ameublement.* — Absol., *Elle a des prétentions à l'é.* || Dans les Beaux-Arts, *Cet air de ce qui a des formes sveltes et légères. L'é. de son dessin séduit le public. Cette statue manque d'é. Ce monument a de l'é., mais il manque de majesté.* || Se dit particul. d'un certain choix de mots et de tours, d'où résultent la grâce et la facilité du langage. *Parler, écrire avec é. Son style a de l'é. sans affectation.* || T. Math. *L'é. d'une solution, d'une démonstration,* se dit de la solution d'un problème, de la démonstration d'un théorème, lorsqu'elle est simple, facile et nette.

ÉLÉGANT, ANTE. adj. (lat. *elegans*, m. s., de *electus*, choisi). Qui a de l'élégance ; se dit dans tous les sens du mot *Élégance. Cet animal a des formes très élégantes. Parure élégante. La coupe de ce vêtement est fort élégante. Un discours, un style é. Une façon de parler élégante. Termes élégants. Solution, démonstration élégante.* || Substantiv., se dit d'une personne recherchée dans son ton, ses manières et sa parure. *C'est un de nos élégants, une de nos élégantes. Faire l'é.*

ÉLÉGIAQUE. adj. 2 g. (R. *élégie*). T. Littér. Qui appartient à l'élégie. *Le genre é. Poésies élégiaques. Vers é.* — *Poète, auteur é.*, Qui a composé des élégies. — Fig. Mélancolique, triste. *Une plainte é.*

ÉLÉGIE. s. f. (gr. ἐλεγεία, m. s., de ἔλεγος, plainte, de ἔ, hélas, et λέγω, je dis). T. Littér. Petit poème consacré à la tristesse. — Fam. Plainte chagrine.

Littér — Conformément à son étymologie, on appelle *Élégie* un petit poème consacré au deuil et à la tristesse. Néanmoins, la poésie élégiaque peint aussi les joies et les tourments de l'amour. Ainsi que le dit Boileau :

La plaintive *élégie*, en longs habits de deuil,
Sait, les cheveux épars, gémir sur un cercueil :
Elle peint des amants la joie et la tristesse ;
Flatte, menace, irrite, apaise une maîtresse.

L'auteur de l'*Art poétique* dit encore avec raison :

Il faut que le cœur seul parle dans l'élégie.

Chez les anciens, le terme *Élégie* avait une signification plus large encore, parce qu'ils l'appliquaient à toute composition poétique écrite en *vers élégiaques*, c.-à-d. en distiques composés d'hexamètres et de pentamètres. Ainsi, par ex., les poésies guerrières de Tyrtée, les poèmes moraux de Solon, de Théognis, etc., étaient rangés au nombre des élégies.

ÉLÉGIOGRAPHE. s. m. (gr. ἐλεγεία, élégie; γράφω, j'écris). T. Littér. Auteur d'élégies.

ÉLÉGIR. v. a. (R. *léger*). T. Const. Diminuer l'épaisseur d'une pièce de bois en y poussant des moulures.

ÉLÉGISSEMENT. s. m. (R. *élégir*). Action d'élégir une pièce de bois.

ÉLÉIDE. s. m. (gr. ἐλαία, olivier). T. Bot. Genre de plantes Monocotylédones (*Elæis*), de la famille des *Palmiers*. Voy. ce mot.

ÉLÉIDINE. s. f. (gr. ἔλαιον, huile). T. Chim. Huile essentielle découverte dans l'épiderme et dans certains organes de l'homme et des animaux.

ÉLÈME. adj. 2 g. Se dit d'un raisin qu'on a trié pour faire du raisin sec.

ÉLÉMENT. s. m. (lat. *elementum*, m. s.). Anciennement, se disait de l'air, du feu, de la terre et de l'eau, que l'on considérait comme des substances simples, et comme ayant servi à former toutes les autres. *Le mélange des éléments. Ce sens n'est plus usité que dans le style poétique. Le feu est un é. destructeur. L'é. liquide,* La mer. — Aujourd'hui *Élément* se dit de tous les corps qui n'ont pu être décomposés, et qui, en se combinant entre eux, donnent naissance aux autres corps. *Le soufre et l'oxygène sont les éléments de l'acide sulfurique.* Voy. Chimie. || Le milieu dans lequel vit un animal. *L'é. du poisson est l'eau.* — Figur., *Être dans son é.,* Être dans un lieu, dans une so-

ciété qui convient aux goûts, au caractère que l'on a ; s'occuper d'une chose que l'on aime ou que l'on connaît particulièrement. *Quand il parle peinture, il est dans son é.* On dit dans le même sens, *La guerre est son é.* Dans un sens contraire, on dit aussi, *Quand il quitte Paris, il est hors de son é. L'étude n'est pas son é.* || Par ext., se dit de tout ce qui entre dans la composition d'une chose quelconque, qui contribue à sa forme. *Les éléments du langage. Ce pays a de nombreux éléments de prospérité. La famille est l'é. de la société. Le principal é.* || Au plur., se dit des principes, des notions premières et fondamentales d'une science ou d'un art. *Les éléments de la géométrie, de la grammaire. Apprendre les éléments d'une science. Il n'a pas les premiers éléments de cette science. Il n'en a aucune notion.* || T. Phys. Couple d'une pile voltaïque. *Une pile de cinq éléments.* || T. Pathol. *Éléments d'une maladie,* Ensemble des phénomènes constants qui la constituent. || T. Mus. *Éléments musicaux,* Ensemble de notes qui composent un morceau. || T. Anat. *Éléments organiques,* Principes constitutifs des organes. || T. Astron. Éléments des orbites, données nécessaires pour la détermination de la position d'un astre à un moment donné. || T. Géom. Les parties dont se compose une figure ou qui servent à la déterminer.

Chim. — En appliquant les procédés mécaniques ou physiques de séparation aux différents corps de la nature, on est arrivé à isoler une foule de substances homogènes, bien distinctes, caractérisées par des propriétés constantes. Tels sont, par ex., l'eau, l'air, la silice, la chaux, les différents sels, les principes immédiats d'origine animale ou végétale, etc. On serait tout naturellement porté à considérer ces espèces chimiques, soit comme autant d'espèces différentes de matière, soit comme les modifications d'une matière unique, multiforme. Mais l'analyse et la synthèse chimiques montrent que toutes ces substances sont formées par la combinaison d'un petit nombre de corps qu'il nous est impossible de décomposer en constituants plus simples, ni de transformer les uns dans les autres. Ces corps, qui ont résisté à toutes les tentatives de décomposition et de transmutation, sont appelés *corps simples* ou *éléments chimiques.* Nous pouvons les isoler de leurs combinaisons et les recombiner de mille manières, mais non les détruire, ni en augmenter le nombre ou la quantité : car ils se conservent avec leur poids dans toutes les réactions chimiques. C'est Lavoisier qui établit cette doctrine des corps simples, base de la chimie moderne ; il fit voir que l'eau et l'air, considérés jusqu'alors comme des éléments, sont en réalité composés de substances plus simples ; il reconnut la nature élémentaire de l'oxygène, de l'hydrogène, de l'azote, du carbone, du soufre, du phosphore et des métaux ; enfin il démontra, par ses pesées, la loi de conservation des éléments chimiques. Depuis, le nombre des corps simples a plus que triplé. La pile voltaïque permit, en 1806, d'isoler les métaux alcalins et alcalino-terreux, déjà prévus par Lavoisier. Vers la même époque, le chlore, qu'on croyait composé, fut reconnu comme un métalloïde, auquel vinrent s'adjoindre des corps très analogues : l'iode en 1812, et le brome en 1826. La découverte du sélénium, du bore, du silicium, et celle, beaucoup plus récente (1886), du fluor complétèrent la liste des métalloïdes. Quant aux métaux, le chrome, le titane, le tantale, et ceux qui accompagnent le platine dans ses minerais, furent isolés vers le commencement de ce siècle. Plus tard, l'étude des terres rares amena peu à peu la découverte d'un certain nombre de métaux difficiles à isoler et dont l'étude n'est pas encore achevée. L'aluminium, si important et si répandu dans la nature, ne fut isolé qu'en 1827 et n'est bien connu que depuis une quarantaine d'années. Enfin, à partir de 1860, le spectroscope devint l'instrument le plus puissant pour la découverte des éléments inconnus, et l'analyse spectrale étendit ses recherches chimiques bien au delà de notre globe, en nous révélant l'existence de nos corps simples dans le soleil et jusque dans les régions les plus reculées de l'univers.

Les éléments chimiques connus sont au nombre de 70 environ ; on les trouvera énumérés avec leurs symboles et leurs poids atomiques à l'article Chimie. Il convient d'ajouter à cette liste l'*Argon* (Ar = 40), et l'*Hélium* (He = 4) découverts depuis la publication de cet article. Il est probable que la liste n'en est pas close encore ; certains métaux rares, imparfaitement connus, pourront sans doute être scindés, comme le didyme, en deux ou plusieurs éléments peu différents et, par suite, difficiles à séparer ; d'autre part, la découverte toute récente de l'argon (1895) dans l'air atmosphérique nous montre qu'un corps très répandu dans la nature peut rester longtemps inaperçu.

Différence entre les éléments chimiques et les corps

composés. — Rien ne nous autorise à affirmer que nos corps simples soient absolument indécomposables, et il est fort possible qu'on arrive un jour à les dédoubler en constituants plus simples encore, ou à reconnaître en eux les différents états d'agrégation d'une substance unique. Mais, décomposables ou non, les éléments actuels paraissent être des corps d'un ordre à part, ne rentrant pas dans la catégorie des composés ordinaires. Pour tous les corps simples, sauf un très petit nombre d'exceptions, la chaleur spécifique, dans l'état solide, est sensiblement la même quand on la rapporte au poids atomique ; de plus, elle reste à peu près constante dans un intervalle de température très étendu. Pour un composé, au contraire, la chaleur spécifique est très variable avec la température, et, rapportée au poids moléculaire, elle est sensiblement égale à la somme des capacités calorifiques des composants. Les autres propriétés des corps simples présentent des analogies et des relations numériques qui donnent à ces corps un air de parenté et les distinguent des composés. Ces relations ont permis d'abord de classer les éléments chimiques en familles naturelles, et finalement de les considérer tous comme les différents termes d'une seule et même série.

Classification des éléments chimiques. — C'est Thénard qui, au commencement de ce siècle, partagea les corps simples en métalloïdes et en métaux. Il donna en même temps pour les métaux une classification fondée sur la manière dont ils se comportent vis-à-vis de l'oxygène et de l'eau ; mais cette classification, encore en usage aujourd'hui, est tout artificielle et n'a qu'une valeur pratique. Quant à la distinction entre les métaux et les métalloïdes, elle est beaucoup plus naturelle ; cependant elle n'est pas susceptible d'une définition précise. Aucune des propriétés invoquées à l'appui de cette distinction (voy. Chimie) ne constitue un criterium absolu. Ainsi, parmi les métalloïdes, le silicium, l'arsenic, le tellure ont l'éclat métallique ; parmi les métaux, le bismuth et l'antimoine ne sont pas ductiles ; le plomb l'est peu, le zinc cesse de l'être à 200°. Le caractère le plus constant des métaux c'est de former un ou plusieurs oxydes basiques, salifiables par un acide ; cependant les oxydes de tantale, de titane, de zirconium, ne se combinant aux acides, ne forment pas de véritables sels, tandis que l'acide silicique peut s'unir à l'acide phosphorique pour former une sorte de phosphate de silice et que l'acide sélénieux se combine aux hydracides.

La première classification naturelle fut établie par Dumas, mais pour les métalloïdes seulement. Il partagea ces corps en quatre familles, d'après la constitution de leurs combinaisons hydrogénées. Dans chaque famille les éléments sont rangés dans l'ordre de leurs poids atomiques croissants.

1re *famille* : Fluor, Chlore, Brome, Iode. — Ces corps forment avec l'hydrogène des composés fortement acides, répondant à la formule générale MH.

2e *famille* : Oxygène, Soufre, Sélénium, Tellure. — Composés hydrogénés faiblement acides, ayant pour formule MH^2.

3e *famille* : Azote, Phosphore, Arsenic. — Composés hydrogénés à tendance basique, de formule MH^3.

4e *famille* : Carbone, Silicium. — Composés hydrogénés neutres, de formule MH^4.

Les composés analogues que forment les différents termes d'une même série, présentent de nombreux cas d'isomorphisme et possèdent en général des propriétés semblables. Tels sont les chlorures, les bromures et les iodures métalliques ; les phosphates et les arséniates, etc. Le premier membre de chaque famille s'écarte assez notablement des autres. — Aux

métalloïdes de la 3e famille on pourrait adjoindre un métal, l'antimoine, qui présente avec l'arsenic de nombreuses analogies. Le bore, que Dumas avait placé dans la 4e famille, doit être mis à part. Quant à l'hydrogène, il se rapproche plutôt des métaux que des métalloïdes.

Lorsque la notion de l'atomicité s'introduisit dans la science, on remarqua que les corps de la 1re famille sont univalents, ceux de la 2e bivalents, etc. ; et l'on chercha à classer tous les corps simples d'après leur atomicité. Mais, suivant les circonstances, l'atomicité d'un é. peut varier, et le même corps devrait, par conséquent, se trouver à la fois dans plusieurs groupes. Ainsi l'iode peut être univalent ou trivalent : l'azote fonctionne, suivant les cas, comme tri- ou quinquivalent. D'ailleurs, pour un grand nombre de corps l'atomicité n'est pas encore fixée d'une façon certaine.

Vers 1864, B. de Chancourtois, puis Newlands et Lothar Meyer eurent l'idée de ranger tous les éléments par ordre de la grandeur de leurs poids atomiques, et remarquèrent une gradation et une certaine périodicité dans les propriétés des corps ainsi classés. C'est à Mendeléef et à Lothar Meyer que revient l'honneur d'avoir donné à cette conception tout son développement et montré combien elle est féconde. Tous deux arrivèrent en 1869 à cette conclusion que les propriétés physiques et chimiques des corps simples sont des fonctions périodiques du poids atomique ; c'est ce qu'on a appelé la *loi périodique*. La série complète des éléments rangés dans l'ordre de leurs poids atomiques peut être divisée en séries plus petites ou périodes dans lesquelles les propriétés varient régulièrement du premier au dernier terme et présentent vers le milieu un maximum ou un minimum. Et, si l'on compare les périodes entre elles, les termes de même rang forment des groupes de corps analogues.

Le système périodique. — Nous donnons ci-dessous la classification de Mendeléef en représentant chaque élément par son symbole accompagné du poids atomique. Les séries périodiques sont formées par les lignes horizontales, tandis que les colonnes verticales constituent les groupes d'éléments semblables. La première ligne horizontale contient les formules des composés des plus oxygénés que peuvent renfermer les éléments de chaque groupe ; elle indique ainsi la limite de la capacité de saturation de ces éléments vis-à-vis de l'oxygène. Les formules de la deuxième ligne horizontale représentent les composés hydrogénés, encore les composés méthylés, éthylés, etc. (on remplaçant H par CH^3, par C^2H^5, etc.). — L'hydrogène, qui s'écarte de tous les autres éléments par ses propriétés exceptionnelles, forme à lui seul la 1re série. Dans les séries suivantes on constate que la différence des poids atomiques de deux éléments consécutifs est à peu près constante, ou, du moins, ne s'écarte jamais beaucoup d'une valeur moyenne qui est environ 2,3. Les vides, indiqués par des guillemets, que l'on remarque à partir de la 8e série, seront correspondre à des éléments encore inconnus et seront vraisemblablement comblés au fur et à mesure des découvertes ultérieures. Pour montrer la continuité du système, on pourrait mettre toutes les séries bout à bout et les enrouler en spirale sur un cylindre, chaque série formant une spire d'hélice ; les éléments d'un même groupe seraient alors rangés sur une même génératrice et l'on aurait la disposition imaginée par de Chancourtois sous le nom de *vis tellurique*.

Dans les colonnes verticales ou groupes, on retrouve les familles des métalloïdes de Dumas (4e, 5e, 6e et 7e groupes) et les familles naturelles des métaux : ainsi, les métaux alcalins

SÉRIES périodiques.	GROUPES									
	I	II	III	IV	V	VI	VII	VIII		
	M^2O MH	MO MH^2	M^2O^3 MH^3	MO^2 MH^4	M^2O^5 MH^3	MO^3 MH^2	M^2O^7 MH	MO^4		
1	H=1									
2	Li=7	Gl=9	Bo=11	12=C	14=Az	16=O	19=Fl			
3	23=Na	24=Mg	27=Al	28=Si	31=Ph	32=S	35,5=Cl			
4	K=39	Ca=40	44=Si	48=Ti	Va=51	Cr=52	Mn=55	Fe = 56	Ni = 58,5	Co = 59
5	63=Cu	65=Zn	70=Ga	72=Go	75=As	79=Se	80=Br			
6	Rb=85	Sr=87,5	Yt=89	Zr=90	Nb=94	96=Mo	125=Te	Ru = 102	Rh = 104	Pd = 106
7	108=Ag	112=Cd	114=In	118=Sn	120=Sb	125=Te	127=I			
8	Cs=133	Ba=137	La=138	Ce=140	Di=143					
9	"	"			166=Er			Os = 192	Ir = 193	Pt = 195
10	"	"	Yb=173		Ta=182	Tu=184				
11	197=Au	200=Hg	204=Tl	207=Pb	208=Bi					
12	"	"		Th=232		U=240				

sont tous dans le premier groupe, les alcalino-terreux dans le second. D'autre part, si l'on examine les séries horizontales ou périodes, on constate, du premier au dernier terme de chaque série, une modification graduelle de presque toutes les propriétés physiques et chimiques : volume atomique, densité, coefficients de dilatation, point de fusion et d'ébullition, ductilité, conductibilité, caractères spectroscopiques, tendance à former des composés acides ou basiques, etc. Il faut faire exception pour la chaleur atomique qui est constante. Les mêmes, régularités s'observent dans les combinaisons de même genre que forment ces éléments. — L'hydrogène et les corps de la 2ᵉ série possèdent des propriétés exceptionnelles et ont reçu le nom d'*éléments typiques* ; dénomination impropre, puisque ces corps, loin d'être des types, sont des exceptions. Si, laissant de côté ces éléments typiques, on compare soit les séries paires, soit les séries impaires, on trouve beaucoup plus d'analogies qu'en comparant des séries de parité différente. En général, les métalloïdes se rencontrent dans les séries impaires, en même temps qu'un certain nombre de métaux ; et tous ces éléments peuvent former des combinaisons hydrogénées et des composés organo-métalliques. Ce caractère ne se présente pas dans les séries paires ; de plus, ces dernières contiennent chacune un 8ᵉ groupe formé de trois métaux très voisins par leurs poids atomiques et leurs propriétés. Pour faire ressortir ces analogies, Mendeléef a donné une seconde forme à son tableau, en formant des périodes doubles, composées chacune de deux séries consécutives ; la première de ces « grandes périodes » commence au Lithium pour finir au Chlore, la deuxième va du Potassium au Brome, et ainsi de suite.

Les éléments *atomanalogues* d'un terme quelconque sont ceux qui l'avoisinent dans sa série et dans les séries de même parité. Par ex., les atomanalogues du Sélénium sont l'Arsenic, le Brome, le Soufre et le Tellure. Le poids atomique d'un élément est, à très peu près, la moyenne des poids atomiques de ses atomanalogues ; ainsi, pour le Sélénium, on trouve :

$$\frac{75 + 80 + 32 + 125}{4} = 78.$$

On peut, de même, prévoir les autres propriétés d'un corps simple en prenant une sorte de moyenne entre celles de ses atomanalogues. En s'appuyant sur ces relations, Mendeléef a pu reconnaître que les poids atomiques adoptés pour certains corps (Tellure, Platine, Osmium, Iridium) étaient erronés ; il a ainsi provoqué de nouvelles recherches qui ont fait corriger les erreurs. Pour les poids atomiques de l'Iridium, de l'Urane, etc., on hésitait entre les différents multiples de l'équivalent ; la loi périodique a permis de faire un choix. Mais l'application la plus intéressante et qui a le plus contribué au succès du système périodique, consiste dans la prévision d'éléments encore inconnus qui correspondent aux vides du tableau, et dont on peut connaître à l'avance les principales propriétés. C'est ainsi que Mendeléef, pour remplir la lacune qui existait en 1869 entre le Calcium et le Titane, imagina un é. qu'il appela Ekaboro ; il calcula son poids atomique, sa densité, la formule de son oxyde, annonça que cet oxyde serait analogue à l'alumine, mais plus basique et insoluble dans les alcalis, que les sels seraient incolores et donneraient des précipités gélatineux avec la potasse et le phosphate de soude, que le sulfate, difficilement soluble, formerait un sel double analogue aux aluns, mais non isomorphe avec eux, etc. Toutes ces prévisions se réalisèrent de point en point lorsque, six ans plus tard, Nilson découvrit le Scandium. Il en fut de même pour le Gallium et le Germanium. La loi périodique permet aussi d'indiquer des composés inconnus d'éléments connus ; l'acide azothydrique, par exemple, avait été prévu par Mendeléef.

Ces brillants résultats ne doivent pas toutefois nous fermer les yeux sur les imperfections de la loi périodique. Les relations numériques ne sont qu'approchées, la périodicité des propriétés présente de nombreuses exceptions, les analogies ne sont pas toujours respectées, un certain nombre de corps ne paraissent pas à leur place naturelle, les limites de la capacité de saturation sont quelquefois dépassées. Peut-être que ces irrégularités s'expliqueront si l'on parvient à déterminer le caractère exact de la périodicité, dont nous n'avons actuellement qu'une idée assez vague.

Hypothèses sur la constitution des éléments. — Les relations mises en lumière par le système périodique et qui établissent une sorte de parenté entre tous les corps simples, ont donné un certain poids à la conception, déjà ancienne, d'une matière primordiale unique dont seraient composés tous nos éléments. Déjà, en 1815, Prout crut reconnaître dans l'hydrogène cette matière primordiale, et conclut que les poids ato-

miques de tous les corps simples devaient être des multiples entiers du poids atomique de l'hydrogène. Combattue par Berzélius, l'hypothèse de Prout fut reprise par Dumas, qui admit des multiples de la moitié et du quart de ce poids ; elle fut définitivement renversée par Stas, qui détermina à nouveau et avec une précision incomparable les poids atomiques d'un grand nombre d'éléments. Toutefois, il reste ce fait remarquable et inexpliqué, que la plupart des poids atomiques bien connus diffèrent de moins de 0,1 de nombres entiers. — Lockyer, en 1873, reprit la conception de l'unité de la matière en y associant l'idée d'une évolution des éléments. Le spectre des nébuleuses et des étoiles blanches, que l'on regarde comme les plus chaudes, ne présente guère que les raies de l'hydrogène ; dans les étoiles moins chaudes, on observe des éléments à poids atomique de plus en plus élevé. De ces observations et de l'examen spectroscopique des métaux plus ou moins chauffés, Lockyer crut pouvoir conclure que les corps simples se dissocient à une température élevée et que la matière primitive des nébuleuses s, en se condensant par le refroidissement, donne successivement naissance à l'hydrogène et aux éléments de plus en plus lourds ; nos corps simples seraient donc le résultat d'une évolution parallèle à celle de la nébuleuse qui a produit le système solaire. — Plus récemment, Crookes a traité le sujet à un nouveau point de vue. L'étude spectroscopique des terres rares combinée avec les méthodes de précipitation fractionnée, l'a amené à considérer les métaux de ces terres comme des groupements de corps extrêmement voisins par leurs propriétés et presque inséparables. Ces corps paraissent en trop grand nombre pour trouver place dans le système périodique. Faut-il y voir des éléments véritables ou des « méta-éléments » intermédiaires entre les corps simples et les composés ordinaires ? Crookes est porté à admettre une évolution de la matière à partir d'un fluide primordial qu'il appelle le *protyle* ; la condensation progressive de cette substance l'aurait fait passer par différents états stables qui correspondraient à nos éléments actuels accompagnés de produits accessoires très peu différents. Les termes du système périodique représenteraient des groupes élémentaires plutôt que des éléments véritables. — En somme, la question de la constitution des corps simples est encore très obscure, et toutes les spéculations à ce sujet, si intéressantes qu'elles soient, n'ont fourni, jusqu'à présent, aucune preuve décisive pour ou contre l'unité de la matière.

ÉLÉMENTAIRE. adj. 2 g. (R. *élément*). Qui constitue l'élément, qui appartient à un élément. *Les corps, les molécules élémentaires. Les qualités élémentaires.* ‖ Qui est relatif aux éléments de quelque science, ou qui les contient, qui les expose. *Notions élémentaires. Géométrie é. Livre, ouvrage, traité é.* — Par anal. *Classe é.*, Classe où l'on enseigne les premiers éléments des lettres ou des sciences. — Fig. Très simple dans sa composition ou dans son fonctionnement. *Un procédé é.*

ÉLÉMENTOLOGIE. s. f. (R. *élément*, et gr. λόγος, discours). Branche de l'anatomie qui s'occupe des éléments anatomiques. On dit plus souvent *histologie*.

ÉLÉMI. s. m. Sorte de résine produite par des arbres de la famille des *Anacardiacées* (Voy. ce mot). On en connaît plusieurs sortes : 1° l'É. du Brésil, produit par l'*Icica Icicariba* ; 2° l'É. en pains, fourni par l'*Icica carana* ; 3° l'É. de Manille, produit sans doute par le *Canarium commune*. C'est cette sorte que l'on trouve presque exclusivement aujourd'hui dans le commerce. On ne l'emploie plus guère actuellement que dans la fabrication des vernis.

ÉLÉMIFÈRE. adj. (R. *élémi* ; lat. *fero*, je porte). T. Bot. Qui produit de l'élémi. *Staphre é.*

ÉLÉMINE. s. f. (R. *élémi*). T. Chim. Résine cristallisable de l'élémi du Brésil.

ÉLENCHOS. s. m. [Pr. *é-lin-koss*] (gr. ἔλεγχειν, réfuter). T. Philos. scolast. Argument, principe fondamental de la question.

ÉLENCTIQUE. adj. 2 g. [Pr. *é-link-tike*] (gr. ἐλεγκτικὸς, m. s., de ἐλέγχειν, réfuter). T. Théol. Partie de la théologie qui renferme la controverse.

ÉLENGI. s. m. T. Bot. Genre de plantes Dicotylédones de la famille des *Sapotées*. Voy. ce mot.

ÉLÉOCARPE. s. f. (gr. ἔλαιον, huile ; καρπὸς, fruit). T. Bot. Genre de plantes Dicotylédones (*Elæocarpus*) de la famille des *Malvacées*, tribu des *Tiliées*. Voy. MALVACÉES.

ÉLÉOCÉROLÉ. s. m. (gr. ἔλαιον, huile ; lat. *cereus*, de cire). T. Pharm. Médicament composé d'huile et de cire. Peu us. Syn. de CÉRAT. Voy. ce mot.

ÉLÉOCOCCA. s. m. (Pr. *éléo-kok-ka*] (gr. ἔλαιον, huile ; κόκκος, grain). T. Bot. Genre de plantes de la famille des *Euphorbiacées*. Voy. ce mot.

  Chim. — Les graines de l'*E. vernicia* fournissent, par expression, une huile incolore, inodore, très siccative, contenant, à l'état d'éthers de la glycérine, deux acides isomères : l'un solide, appelé *acide élæomargarique*; l'autre liquide, l'*acide éléolique*.

ÉLÉODÉ, ÉE. adj. (gr. ἔλαιον, huile). Onctueux.

ÉLÉODENDRE. s. f. (gr. ἔλαιον, huile ; δένδρον, arbre). T. Bot. Genre de plantes Dicotylédones (*Elæodendron*) de la famille des *Célastracées*. Voy. ce mot.

ÉLÉOLAT. s. m. (gr. ἔλαιον, huile). T. Pharm. Médicament qui a pour base une huile volatile.

ÉLÉOLÉ. s. m. (gr. ἔλαιον, huile). T. Pharm. Se dit des préparations pharmaceutiques formées d'une huile fixe et d'un ou plusieurs principes médicamenteux qui sont unis à ce liquide par solution ou par simple mélange.

ÉLÉOLITHE. s. f. T. Min. Voy. ÉLÆOLITHE.

ÉLÉONORE ou ALIÉNOR DE GUYENNE, reine de France, femme de Louis VII ; répudiée par son mari, elle épousa Henri Plantagenet, qui devint le roi d'Angleterre Henri II, et lui porta en dot la Guyenne, le Poitou, la Gascogne. Mais plus tard elle souleva ses fils Henri, Geoffroy, Richard et Jean contre leur père (1122-1204).

ÉLÉONORE D'AUTRICHE, sœur aînée de Charles-Quint, épousa François Ier.

ÉLÉOPHAGE. adj. (gr. ἔλαιον, olive ; φάγω, je mange). Qui mange des olives, qui s'en nourrit.

ÉLÉOPTÈNE. s. m. (gr. ἔλαιον, huile ; πτηνὸς, volatile). T. Chim. Désigne les parties liquides et volatiles des huiles essentielles naturelles, par opposition au nom de stéaroptène (ou camphre) qui sert à désigner les portions solides.

ÉLÉOTHÈSE ou ÉLÆOTHÈSE. s. m. (lat. *élæothesis*, m. s., du gr. ἔλαιον, huile ; θέσις, action de placer). T. Antiq. Esclave qui frottait d'huile le corps des baigneurs.

ÉLÉOTHÉSION ou ÉLÆOTHÉSION. s. m. (lat. *elæothésion*, m. s., du gr. ἔλαιον, huile ; θέσις, action de poser). T. Antiq. Lieu où l'on se frottait d'huile dans les bains publics.

ÉLÉPHANT. s. m. (gr. ἐλέφας, ἐλέφαντος, m. s.). Genre de mammifères à trompe, comprenant les plus grands quadrupèdes connus. — *E. marin.* Voy. PHOQUE et MORSE. ‖ Fig. et prov., *Faire d'une mouche un é.*, Exagérer extrêmement une petite chose. ‖ T. Comm. Sorte de papier. ‖ *Ordre de l'É.*, Ordre de chevalerie fondé en 1478 par Christiern Ier, roi Danemark.

  Zool. — Les *Éléphants* sont les plus volumineux de tous les Mammifères terrestres et forment un type tout à fait spécial dans la faune actuelle ; ils appartiennent à l'ordre des *Proboscidiens*, dont Cuvier faisait un simple famille de ses *Pachydermes*. Chacun connaît ces singuliers animaux : leur corps épais, leur démarche pesante, leur peau nue, et surtout la trompe allongée et mobile qui termine leur tête, sont des caractères extérieurs qui les distinguent au premier coup d'œil de tous les autres Mammifères. La trompe des Éléphants consiste en un tube cylindrique qui se continue avec les fosses nasales, et contient deux tuyaux revêtus d'une muqueuse toujours humide. Le corps de cet organe est composé, dans sa plus grande longueur, de milliers de faisceaux musculaires au moyen desquels l'animal peut allonger sa trompe, la raccourcir et la courber dans tous les sens. A sa partie supérieure, la trompe est munie d'une valvule cartilagineuse et élastique,

que l'animal peut ouvrir et fermer à volonté, tandis qu'à son extrémité inférieure elle offre un appendice digitiforme, mobile dans tous les sens, à l'aide duquel l'é. peut saisir les plus petits objets. En effet, la trompe des Proboscidiens est un organe multiple. Assez longue pour atteindre la terre, sans que l'animal soit obligé de baisser la tête, elle lui sert à cueillir l'herbe et les feuilles dont il se nourrit et à les porter à sa bouche, à pomper la boisson qu'il lance ensuite dans son gosier, à soulever de lourds fardeaux et à les charger sur son dos, à ramasser les plus petits objets, à déboucher une bouteille, etc. Contre ses ennemis, c'est une arme d'une puissance terrible ; avec sa trompe l'é. saisit son adversaire, l'enlace, le presse, l'étouffe, le brise, le lance dans les airs, ou le renverse pour l'écraser sous ses pieds. En un mot, comme le dit Buffon, la trompe de l'é. lui sert de bras et de main. — Avec ces traits principaux, les éléphants ont encore, pour caractères communs, des pieds divisés en 5 doigts engagés dans la peau et dont les ongles seulement sont apparents. Leur dentition, comprend, à la mâchoire supérieure : deux incisives, qui se développent continuellement pour constituer de puissantes défenses, et une paire de fortes molaires composées ; à la mâchoire inférieure, il n'y a qu'une seule paire de dents, les molaires. Le développement de ces dents ne se fait pas comme chez les autres mammifères ; il n'y a pas à proprement parler de dentition de lait. Les incisives ne sont bien remplacées qu'une seule fois, mais les molaires le sont plusieurs fois et, chose curieuse, elles ne se succèdent pas, comme celles de la plupart des autres animaux, en se poussant dehors de dessous en dessus, mais en se poussant d'arrière en avant : suivant Corse, elles se remplacent jusqu'à huit fois. Les yeux de ces animaux sont pourvus de 3 paupières : quoique très petits, ils sont assez vifs, et leur vue est perçante. Leur ouïe est très fine, et leurs oreilles, au lieu de se développer en cornet, sont collées contre la tête. Quant à leur peau, elle est épaisse, calleuse et presque sans poils, sauf autour des yeux, sur la tête et au bout de la queue. On ne connaît que deux espèces d'éléphants actuellement vivantes. Toutes deux habitent la zone torride de l'ancien continent : l'une est propre à l'Afrique, et l'autre aux Indes.

  L'*É. des Indes* (*Elephas indicus*) (Fig. 1) est caractérisé par sa tête oblongue, son front concave, la petitesse comparative de ses oreilles, ses pieds de derrière qui sont pourvus de 4 ongles, et la couronne de ses mâchelières qui présente des rubans transverses et ondoyants. Cette espèce se trouve depuis l'Inde jusqu'à la mer Orientale, et dans les grandes îles au midi de l'Inde. Sa taille ordinaire est de 2 mètres à 2 m. 40 pour les femelles, et de 2 m. 50 à 3 m. 20 pour les mâles. Outre sa moindre taille, la femelle se distingue du mâle par la brièveté de ses défenses. La gestation est de 20 mois. Le petit est à sa naissance, de la grosseur d'un veau ; il tette sa mère avec la bouche en renversant sa trompe en arrière. Le jeune devient adulte de 15 à 20 ans. Quant à la durée de la vie de ces animaux, elle n'est pas connue : vraisemblablement elle peut atteindre deux siècles ; on en a vu qui avaient 130 ans. — A l'état de nature, les éléphants vivent par troupes, qui s'élèvent quelquefois jusqu'à 100 individus de tout âge et de tout sexe, et ils habitent de préférence les forêts humides et le voisinage des rivières, où ils aiment à se plonger et où ils nagent avec une grande facilité, en ne tenant hors de l'eau que l'extrémité de leur trompe, par où ils respirent. Dès que l'é. est sorti de l'eau, il ramasse de la terre avec sa trompe et s'en couvre le corps : cet instinct le porte même à se couvrir ainsi de poussière lorsqu'il n'en trouve pas. On rencontre aussi quelquefois des éléphants solitaires, qui sont ordinairement très méchants et très dangereux ; ils attaquent tout ce qu'ils trouvent sur leur passage, détruisent les huttes, tuent le bétail, et causent tout ravages considérables. Comme ces individus isolés sont toujours des mâles. on croit qu'ils ont été chassés des hordes par d'autres mâles plus forts qu'eux.

  L'É. des Indes passe à l'état de domesticité aussi facilement que s'il appartenait depuis longtemps à une race soumise à l'empire de l'homme. Lorsque les Indiens veulent se procurer des éléphants, ils se réunissent en grandes troupes, entourent la horde, et la chassent à force de bruit dans une vaste enceinte, appelée *keddah*, qui est formée de fossés et de palissades, et à laquelle communique une seule ouverture ou entrée de couloir étroit qu'on ferme dès que les animaux y sont entrés. On se rend maître ensuite de chacun des individus de la horde, en les attirant successivement par l'attrait de la nourriture dans le couloir par lequel ils sont entrés. A la sortie, l'é. sauvage est saisi par deux éléphants apprivoisés ; on l'attache à ces derniers qui l'entraînent et le corrigent à coups de trompe, dès qu'il fait effort pour s'échapper. Il existe encore d'autres manières de s'emparer des éléphants sauvages; mais il est inutile de les décrire. Lorsqu'on s'est rendu maître d'un é., on travaille à le dresser, et pour cela on emploie,

Fig. 1.

suivant le caractère de l'individu, les caresses ou les corrections : il faut environ six mois pour que son éducation soit complète. Les éléphants sont surtout utiles comme bêtes de somme : les plus forts portent jusqu'à 1 millier de kilogr., et, malgré la pesanteur de leur marche, ils font aisément de 70 à 90 kilom. par jour. Il n'est pas d'animal dont on ait autant exalté l'intelligence, et qui, sous ce rapport, ait été jugé avec plus de prévention. Le trait caractéristique de son esprit, dit

Fig. 2.   Fréd. Cuvier, est la prudence Il n'apprend rien qu'on ne puisse apprendre à un cheval, mais il l'apprend plus aisément. Si l'on a cru apercevoir le contraire, c'est qu'on n'a pas fait attention à la différence des organes, qui le rend, pour certaines choses, supérieur à ce dernier. Ce qui a sans doute donné lieu au préjugé populaire en faveur des facultés intellectuelles de l'é., c'est la singulière gravité de sa physionomie et la saillie considérable de son front; mais cette saillie est presque entièrement due au développement des sinus frontaux. Le cerveau de l'é. est plus petit que celui du cheval, proportionnellement aux tailles respectives de ces deux animaux. Au reste, l'é. est en général d'un caractère assez doux et docile, et il s'attache aisément à son gardien, qu'on appelle *mahoud* dans l'Inde, et chez nous *cornac*. Pour conduire son é., le cornac se met assis ou à cheval sur son cou, et dirige sa marche en lui tirant légèrement l'oreille du côté où il veut aller, au moyen d'un bâton armé d'un petit crochet de fer. — Un préjugé qui a régné fort longtemps, et que Buffon a beaucoup

contribué à répandre, c'est que l'é., par une sorte de haine contre l'esclavage, refuse de se reproduire en captivité; c'est une erreur que Corse a réfutée d'une façon péremptoire. On répète aussi tous les jours que cet animal ne se couche point, et que, tombé sur le côté, il ne peut se relever. C'est encore une erreur que rien ne motive. Les éléphants s'agenouillent, se couchent et se relèvent quand ils le veulent : mais on trouve parmi eux, comme parmi les chevaux, des individus qui dorment debout et ne se couchent que très rarement, ou même jamais.

Il existe plusieurs variétés de l'é. des Indes, qui diffèrent surtout par la forme et les dimensions de leurs défenses. Dans la race *Mouknah*, par ex., les mâles les ont droites et courtes, tandis que, dans la race *Dountalah*, ils les ont longues et fortement courbées. On en a vu dont les défenses pesaient jusqu'à 74 kilogram. La peau présente également quelques variétés dans sa coloration, qui est d'un gris tantôt pâle et tantôt foncé. Tout le monde sait qu'il y a aussi des éléphants tout à fait blancs, et que ces animaux sont, dans le royaume de Siam, l'objet d'un respect et d'un culte superstitieux. Les savants admettent généralement que cette blancheur de certains éléphants constitue un véritable albinisme.

L'*E. d'Afrique* (*E. africanus*) se distingue spécifiquement du précédent par la forme ronde de sa tête, par son front convexe, par ses longues oreilles qui descendent jusqu'aux jambes (Fig. 2), par ses pieds de derrière qui n'ont que trois ongles, et par ses mâchelières qui présentent sur leurs couronnes des losanges au lieu de rubans. Les femelles ont des défenses aussi grandes que les mâles. Ses mœurs et ses habitudes sont absolument les mêmes que celles de l'é. indien. Smith dit qu'au Cap on s'en sert pour porter de lourds fardeaux, et qu'on l'emploie même aux travaux des champs. Les éléphants qui figuraient dans les anciennes armées carthaginoises appartenaient à l'espèce africaine. Ce sont les éléphants d'Afrique qui fournissent la plus grande partie de l'*ivoire* du commerce. — Pour la paléontologie, voy. PROBOSCIDIENS.

ÉLÉPHANTE. s. f. T. Zool. Femelle de l'éléphant.

ÉLÉPHANTEAU. s. m. Petit d'éléphant.

ÉLÉPHANTHORNITE. adj. (gr. ἐλέφας, ἐλέφαντος, éléphant; ὄρνις, oiseau). T. Ornith. Qui tient de l'éléphant et de l'oiseau.

ÉLÉPHANTIAQUE. adj. 2 g. [Pr. *élé-fan-tia-ke*]. T. Méd. Qui est atteint d'éléphantiasis. || Substant., *Un é.*

ÉLÉPHANTIASIQUE. adj. [Pr. *élé-fan-tia-zike*] (R. *éléphantiasis*). T. Pathol. Qui a rapport à l'éléphantiasis.

ÉLÉPHANTIASIS. s. f. (R. *éléphant*). T. Méd. On décrivait, il y a quelques années encore, l'é. des Grecs et l'é. des Arabes. Mais l'é. des Grecs est simplement une modalité de la lèpre et doit être éliminée. Il convient de réserver le nom d'é. à une altération hypertrophique du derme et des tissus sous-jacents, localisée généralement aux membres inférieurs ou aux organes génitaux, engendrée par un œdème inflammatoire chronique, dans lequel le système lymphatique semble jouer le rôle prépondérant. — L'é. n'est pas, à proprement parler, une maladie; c'est une lésion commune à maints états morbides : il y a des é., ou mieux, des états éléphantiasiques. En dehors des causes multiples (phlébites, lymphangites, varices, adénopathies cancéreuses, etc), qui peuvent produire l'é. sous tous les ciels, il existe dans les pays chauds, tropicaux et circa-tropicaux, une é. dite *endémique*, très répandue, atteignant en certaines régions un dixième de la population, et dont l'agent responsable est un parasite, un helminthe, la *filaire*. Elle pénètre dans l'organisme humain par les voies digestives, le plus souvent grâce à l'ingestion d'eaux impures. Elle s'installe, pullule et peut produire, chez l'individu dont elle devient l'hôte, divers états morbides : le craw-craw, la chylurie ou l'é.; dans ce dernier cas, elle se cantonne dans la lymphe. Le rôle des filaires paraît en grande partie mécanique: elles oblitèrent vaisseaux et ganglions lymphatiques. Dès lors, les altérations apparaissent, non pas d'emblée, mais par une série d'accès dits lymphangitiques, qui se succèdent brefs intervalles jusqu'à l'organisation définitive de l'état éphantiasique. En dehors des complications possibles, l'évolution des lésions est lente, et l'aggravation, silencieusement progressive, se traduit par une gêne de plus en plus grande des fonctions physiologiques des membres atteints. Malheureusement, les tentatives d'intervention mécanique (compression, ligature d'artères, etc.) ont donné jusqu'ici des résultats peu satisfaisants, qui nécessitent, en fin de compte, l'extirpation des masses éléphantiasiques, seul remède.

ÉLÉPHANTIDE. adj. (gr. ἐλέφας, ἐλέφαντος, éléphant; εἶδος, aspect). T. Mamm. Qui ressemble à un éléphant.

ÉLÉPHANTIN, INE. adj. (R. éléphant). Qui ressemble à l'éléphant, qui est gros comme l'éléphant. || Tortue éléphantine ou Tortue géante, Grosse tortue terrestre. Voy. CHÉLONIEN.

ÉLÉPHANTINE, île du Nil dans la haute Égypte.

ÉLÉPHANTIQUE. adj. (R. éléphant). T. Pathol. Qui est affecté d'éléphantiasis. || Substantiv. Un é.

ÉLÉPHANTOGRAPHIE. s. f. (gr. ἐλέφας, ἐλέφαντος, éléphant; γράφω, j'écris). Traité ou histoire de l'éléphant.

ÉLÉPHANTOPODE. adj. (gr. ἐλέφας, ἐλέφαντος, éléphant; πούς, ποδός, pied). T. Zool. Qui a des pieds semblables à ceux de l'éléphant.

ÉLÉPHANTOPODIE. s. f. (gr. ἐλέφας, ἐλέφαντος, éléphant; πούς, ποδός, pied). T. Pathol. Éléphantiasis de smembres inférieurs.

ÉLÉPHANTOPUS. s. m. [Pr. élé-fanto-puss] (gr. ἐλέφας, ἐλέφαντος, éléphant; πούς, ποδός, pied). T. Bot. Genre de plantes de la famille des Composées.

ÉLETTARIA. s. m. [Pr. élèt-taria] (mot indien). T. Bot. Genre de plantes Monocotylédones de la famille des Scitaminées. Voy. ce mot.

ÉLEUSINE. s. f. (Nom mythol.). T. Bot. Genre de plantes Monocotylédones de la famille des Graminées. Voy. ce mot. || T. Mythol. Surnom de Cérès, adorée à Éleusis. Voy. CÉRÈS.

ÉLEUSINIES. s. f. pl. (gr. ἐλευσίνια, m. s., de Ἐλευσίς, Éleusis, ville). T. Antiq. Fêtes en l'honneur de Cérès. Voy. CÉRÈS.

ÉLEUSIS, v. de la Grèce ancienne (Attique), où se trouvait un temple de Cérès. Voy. CÉRÈS.

ÉLEUTHÉRANTHÈRE. adj. 2 g. (gr. ἐλεύθερος, libre, et fr. anthère). T. Bot. Dont les anthères ne sont pas soudées ensemble. || s. m. Genre de plantes Dicotylédones de la famille des Composées.

ÉLEUTHÉRATE. adj. (gr. ἐλεύθερος, libre). T. Entom. Se dit des insectes qui ont la mâchoire libre.

ÉLEUTHÈRE (SAINT), pape (177-192). Fête le 16 mai.

ÉLEUTHÉRIA (gr. ἐλευθερία, liberté). Déesse de la Liberté.

ÉLEUTHÉRODACTYLE. adj. (gr. ἐλεύθερος, libre; δάκτυλος, doigt). T. Zool. Qui a les doigts libres.

ÉLEUTHÉROGYNE. adj. 2 g. (gr. ἐλεύθερος, libre; γυνή, femelle). T. Bot. Dont l'ovaire est libre et n'adhère point au calice. Inus.

ÉLEUTHÉROMANE. adj. 2 g. (gr. ἐλεύθερος, libre; μανία, folie). Qui aime passionnément la liberté.

ÉLEUTHÉROPHOBE. adj. (gr. ἐλεύθερος, libre; φοβέω, je crains). Qui a la liberté en horreur.

ÉLEUTHÉROPHYLLE. adj. 2 g. (gr. ἐλεύθερος, libre; φύλλον, feuille). T. Bot. Qui a des feuilles libres et distinctes. Inus.

ÉLEUTHÉROPODE. adj. 2 g (gr. ἐλεύθερος, libre; πούς,

ποδός, pied). T. Zool. Qui a les pieds libres ou les nageoires pectorales séparées.

ÉLEUTHÉROPOME. adj. 2 g. (gr. ἐλεύθερος, libre; πῶμα opercule). T. Zool. Qui a les opercules libres et sans membranes.

ÉLEUTHÉROSTÉMONE. adj. 2 g. (gr. ἐλεύθερος, libre; στήμων, filet). T. Bot. Qui a des étamines libres de toute adhérence. Inus.

ÉLEUTHÉROTECHNIQUE. adj. (gr. ἐλεύθερος, libre; τέχνη, art). T. Bot. Se dit de la science des moyens que l'homme possède pour communiquer ses idées.

ÉLEUTHÉROTHÈLE. adj. (gr. ἐλεύθερος, libre; θηλή, mamelou). T. Bot. Qui a l'ovaire libre.

ÉLEVABLE. adj. 2 g. Qui peut être élevé.

ÉLEVAGE. s. m. (R. élever). Action et art d'élever les bestiaux. Il se livre à l'é. des bestiaux. Il entend bien l'é.

ÉLÉVATEUR. adj. et s. m. (R. élever). T. Anat. Se dit des muscles qui sont destinés à élever certaines parties. Le muscle é. de l'œil. L'é. de la lèvre supérieure. || T. Techn. Se dit de tout appareil destiné à élever les corps. É. de paille, de grains. || T. Mar. Se dit d'un appareil qui sert, dans les bassins de radoub, à élever les navires.

ÉLÉVATION. s. f. [Pr. ...sion] (lat. elevatio, m. s., de elevatum, sup. de elevare, élever). Action d'élever, exhaussement; état d'une chose qui est élevée, hauteur. Travailler à l'é. d'un mur. Il faut donner plus d. à cet étage. Quand on est parvenu à cette é., le baromètre marque tant de degrés. — L'é. de l'hostie, ou simplement, L'é., Le moment de la messe où le prêtre élève l'hostie. || E. de terrain, ou simplement, Élévation, Terrain élevé, éminence. Je montai sur une é. pour découvrir le pays. || E. de la voix, Passage d'un ton à un ton plus élevé; son de voix plus haut que celui que l'on prend ordinairement. On voyait bien à l'é. de sa voix qu'il était en colère. || Fig., en parlant des prix, Augmentation, hausse. L'abondance de l'or produisit une é. générale des prix. — Fig., l'action de s'élever en dignité, ou l'état d'une personne qui s'est ainsi élevée, qui occupe un poste éminent, etc. Il a vaincu tous les obstacles qui s'opposaient à son é. Il lui doit son é. || Fig., Grandeur d'âme, noblesse dans les sentiments. Il a de l'é. dans l'âme. Je connais l'é. de ses sentiments. — Avoir beaucoup d'é. dans l'esprit, dans les idées, une grande é. d'esprit, etc., Avoir des idées vastes, considérer les choses d'un point de vue élevé. — Se dit quelquefois aussi de la noblesse et de la pompe du style. Il y a beaucoup d'é. dans son style. || Fig., se dit aussi des mouvements vifs et affectueux de l'âme vers Dieu, et de certaines prières, de certaines méditations qui excitent ces mouvements. L'é. du cœur à Dieu. L'é. des âmes. || T. Astr. Hauteur angulaire d'un corps céleste ou d'un météore au-dessus de l'horizon. || T. Archit. La représentation d'une face de bâtiment. E. géométrale, ou absolument, Élévation, Celle qui représente les diverses parties de l'édifice dans leurs proportions réelles. E. perspective, Celle où ces parties sont représentées suivant les lois de la perspective. || T. Méd. L'é. du pouls, Le mouvement du pouls lorsqu'il est plus fréquent et plus fort qu'à l'ordinaire. || T. Mar. Plan vertical longitudinal passant par l'axe de la quille sur lequel se projettent les lignes d'eau, la quille, l'étrave, l'étambot. || T. Chir. Emploi d'appareils destinés à soutenir les parties lésées dans une position élevée. || T. Artill. Inclinaison sur l'horizon de l'axe longitudinal d'une pièce; ouverture de l'angle formé par une ligne horizontale et par la droite menée de la bouche de la pièce au point de plus grande é. du projectile.

ÉLÉVATOIRE. adj. 2 g. Qui sert à élever, à porter en haut. Pompe, machine é. || s. m. T. Chir. Instrument qui sert à relever les portions d'os enfoncées, surtout pour les os du crâne (trépanation).

ÉLÈVE. s. 2 g. (R. élever). Celui ou celle qui reçoit, qui a reçu les leçons de quelqu'un. Un élève laborieux. C'est la plus jeune de ses élèves. || Se dit pour écolier, écolière, surtout dans les collèges et les maisons d'éducation. Les élèves d'un collège. Un é. de sixième. || Dans un sens particulier, Celui, celle qui suit ou a suivi les cours des écoles spéciales. *Un é. en pharmacie. Un ancien é. de l'école polytechnique. Une é. du Conservatoire.* || Se dit encore d'une personne qui est ou a été instruite dans un art par quelque maître *C'est une é. de la Taglioni. Raphaël fut é. du Pérugin. Faire de bons élèves. Former des élèves.* || T. Écon. rurale. Se dit au féminin pour élevage. *Il entend bien l'é. du cheval.* — S'emploie encore pour désigner les jeunes animaux qu'on a produits et élevés. *Cet agronome a présenté au concours des élèves remarquables.*

ÉLEVÉ, ÉE. adj. (part. pass. de *élever*). Haut. *Un lieu é. Des montagnes élevées. Un prix trop élevé. Une température élevée.* || T. Méd. *Avoir le pouls é.,* Avoir le pouls plus vif, plus fréquent qu'à l'ordinaire. || Fig., Éminent, supérieur. *Un homme é. en dignité. Être né dans un rang é. Des idées, des considérations d'un ordre très é.* — Noble, grand, généreux. *Une âme élevée. Des sentiments élevés.* — Style é., Style noble. *Cette expression ne s'emploie que dans le style é.* || T. Mar. *Pôle élevé,* Celui qui est-au-dessus de l'horizon du lieu. = s. m. T. Chorégr. Mouvement du danseur qui se redresse après avoir plié les genoux.

ÉLÈVEMENT. s. m. Action d'élever. || Fig., Action de monter aux dignités, aux hautes positions.

ÉLEVER. v. a. (lat. *elevare,* m. s., de e préf., et *levare,* lever). Hausser, mettre plus haut, rendre plus haut, faire monter plus haut. *Ce tableau est trop bas, il faudrait l'é. Il faut encore é. ce mur d'un mètre. É. des eaux pour faire une cascade.* || É. *la voix,* Parler plus haut qu'on ne doit. *Il ne vous convient pas d'é. ici la voix.* — Fig., É. *la voix pour quelqu'un, en faveur de quelqu'un, contre quelqu'un,* Prendre la parole pour défendre, pour attaquer quelqu'un. — T. Mus. É. *le ton d'un morceau,* Transposer un morceau pour qu'il soit exécuté sur un ton plus haut que celui dans lequel il est écrit. || Fig., É. *son cœur, son esprit, son âme à Dieu,* Porter ses pensées, ses désirs vers Dieu. || Fig., É. *quelqu'un aux charges, aux dignités, aux honneurs, au plus haut rang,* etc. || Fig., É. *quelqu'un au-dessus des autres,* Lui attribuer la supériorité. — É. *quelqu'un au-dessus de lui-même,* Augmenter son énergie morale, lui communiquer comme une nature supérieure. *Le stoïcisme semblait vouloir é. la nature humaine au-dessus d'elle-même. La vertu nous élève au-dessus de nous-mêmes.* — É. *quelqu'un au-dessus d'une chose,* Le rendre supérieur à cette chose. *La raison nous a été donnée pour nous é. au-dessus de nos passions et de nos faiblesses.* — S'emploie aussi absolument, et signifie alors placer dans un haut rang, dans une position supérieure; rendre supérieur en pouvoir, en fortune, en gloire, etc. *La faveur l'a élevé de bien bas. Les grands nous abaissent au lieu d'é. ceux qui ne savent pas les soutenir.* — Par hyperbole, É. *quelqu'un jusqu'aux nues, l'é. jusqu'au ciel,* Lui donner des louanges excessives. || Fig., É. *une chose au rang d'une autre,* Faire qu'elle ait la même valeur, le même mérite. *Il a, par ses travaux, élevé la physiologie au rang des sciences exactes.* — Fig., É. *l'âme, l'esprit,* etc., Leur donner de la noblesse, de l'élévation. On dit aussi, dans un sens analogue, É. *les sentiments, les idées,* etc. — Fig., É. *son style,* Prendre un ton plus noble dans son style. || Fig., Augmenter. É. *le prix des denrées.* É. *le taux de l'intérêt.* É. *la température d'un lieu, d'un liquide,* etc. — T. Math. É. *un nombre à la seconde, à la troisième, à la quatrième puissance,* etc., Calculer son carré, son cube, sa quatrième puissance. Voy. **Puissance.** || Construire, bâtir, dresser, ériger. É. *un bâtiment.* É. *des fortifications.* É. *un autel, une statue, un obélisque, une pyramide.* || Nourrir, entretenir un enfant, le prendre sous jusqu'au moment où il pourra se suffire à lui-même; le faire croître, le faire vivre. *Cette pauvre veuve a quatre enfants à é.* É. *un enfant par charité.* — Par anal., se dit des animaux et même des plantes. É. *un chien.* É. *des oiseaux. Les faisans sont difficiles à é. Il est difficile d'é. cette plante, même dans une serre.* || Fig., Donner de l'éducation, former, instruire. *Son père l'avait fait é. par un homme sage et pieux. Nous avons été élevés ensemble.* || Fig., Faire naître, opposer. *Cette lecture a élevé des doutes dans mon esprit. Il élève toujours quelque difficulté.* || T. Mar. Se rapprocher de... É. *une côte.* = s'**Élever.** v. pron. Se dit tant au prop. qu'au fig. dans la plupart des acceptions qui précédent. *Le terrain s'élève en amphithéâtre. Des montagnes qui s'élèvent à une hauteur prodigieuse. S'é.*

en l'air. *Nous vîmes s'é. un nuage de poussière. A mesure qu'on s'élève, on découvre un pays admirable. Un cri général s'éleva contre lui. Aucune voix ne s'est élevée pour prendre sa défense. La Grèce s'était élevée au plus haut point de gloire. S'é. à force d'intrigues. Tout ce qui s'élève au-dessus de la multitude lui devient odieux et insupportable. Un homme qui s'é. au-dessus de ses contemporains, au-dessus de son temps. Son style s'élève quelquefois. Le prix de cette marchandise s'est élevé tout d'un coup. Le thermomètre s'est élevé à 36 degrés. De toutes parts s'élèvent des édifices somptueux. Sur les ruines d'une république corrompue s'éleva le despotisme. A Sparte, les enfants s'élevaient en commun.* — *S'é. jusqu'à la plus haute éloquence,* Atteindre à la plus haute éloquence. — Fig., *S'é. à de hautes considérations sur un sujet,* Considérer et traiter un sujet d'un point de vue élevé. || Fig. *Cette somme, ce nombre,* etc., *s'élève à tant,* Monte à tant, est de tant. *Le total s'élève à plus de dix mille francs.* || Signifie aussi tant au prop. qu'au fig., Se former, survenir, naître. *Il s'éleva un grand bruit dans l'assemblée. Une dispute, une sédition s'est élevée.* || S'é. *contre quelqu'un,* Se déclarer contre lui, contre ce qu'il propose; porter témoignage contre quelqu'un. *Dès qu'il eut ouvert son avis, tout le monde s'éleva contre lui. Les preuves qui s'élèvent contre l'accusé.* || En parlant de la peau, Se boursoufler, se couvrir d'élevures, de pustules. *La moindre chose fait que sa peau s'élève, et avec ellipse du* pron., *Lui fait é. toute la peau.* || T. Mar. *S'é. en latitude,* Atteindre une latitude plus élevée ou se rapprochant du pôle. || *S'é. de la côte,* S'en éloigner. *S'é. à la lame,* Se laisser soulever sans secousse par les vagues qui viennent assaillir l'avant. == **Élevé, ée.** part. *Un enfant mal élevé. Un homme bien élevé.* = Conj. Voy. **Crider.**

Syn. — *Élever, Soulever, Hausser, Exhausser.* — L'action de *lever* a proprement pour objet d'ôter, de tirer, d'enlever une chose de la place où elle était; *soulever* a le sens de faire perdre terre, de porter en l'air : il n'exprime qu'une action passagère; *élever* veut dire placer dans une situation ou un rang plus éminent; *hausser,* c'est donner plus de hauteur, plus d'élévation; *exhausser,* c'est augmenter la dimension dans une direction verticale. *Vous étiez assis, vous vous levez, vous êtes assis debout et dans votre hauteur naturelle. Vous êtes malade et immobile dans votre lit; on vous soulève pour changer vos draps. Un tableau est trop bas pour être au point de vue, vous l'élevez. Si vous vous tenez sur la pointe des points pour élever ce tableau, vous vous haussez, vous vous élevez au-dessus de votre grandeur naturelle. Exhausser* ne se dit que des constructions. On dit *lever* une échelle, *élever* une statue, *soulever* un coffre, *hausser* les épaules et la voix, *exhausser* un bâtiment.

ÉLEVEUR, EUSE. s. T. Écon. rurale. Personne qui élève des animaux, qui cherche à en perfectionner la race par d'heureux croisements.

ÉLEVURE. s. f. (R. *élever*). Dénomination vague par laquelle on désigne tout élément éruptif cutané saillant, sans préjuger de sa nature ultérieure (papule, vésicule ou pustule).

ELFE. s. m. Nom des génies élémentaires de l'air, dans la mythologie scandinave; ce que les cabalistes appellent sylphes.

ELGIN, diplomate et antiquaire écossais, recueillit en Grèce une foule d'objets d'art connus sous le nom de marbres d'Elgin (1769-1842).

EL-GOLÉAH, oasis du Sahara algérien.

ÉLHUYARITE. s. f. (R. *Élhuyar,* nom d'un minéralogiste espagnol). T. Minér. Variété jaunâtre d'allophane.

ÉLIASITE. s. f. (R. *Élias,* nom d'une mine en Bohême). T. Minér. Variété de pechblende, brune, d'aspect résineux, constituée par de l'oxyde d'urane mélangé à diverses impuretés : sesquioxyde de fer, silice, eau, etc.

ÉLICITE. adj. (lat. *elicitus,* m. s.). T. Philos. scolast. Absolument volontaire, produit par la volonté. *Un acte é.*

ÉLIDE, pays de l'ancienne Grèce (Péloponèse).

ÉLIDER. v. a. (lat. *elidere,* étouffer). T. Gramm. Supprimer une voyelle finale dans l'écriture ou dans la prononciation.

= s'ÉLIDER. v. pron. Souffrir élision. *Cette lettre s'élide dans l'écriture.* = Élidé, ée. part. Voy. Élision.

ÉLIDRION. s. m. T. Métall. Alliage d'or, d'argent et de cuivre.

ÉLIE, prophète hébreu, vivait du temps d'Achab et de Jézabel, vers 900 av. J.-C. D'après la Bible, il aurait été enlevé au ciel, en laissant son manteau à Élisée.

ÉLIE DE BEAUMONT, célèbre avocat au parlement de Paris, défenseur des Calas (1732-1786).

ÉLIE DE BEAUMONT, célèbre géologue français, de la famille du précédent (1798-1874).

ÉLIEN, écrivain grec, mort vers 260 de notre ère. Il ne nous reste de lui que ses *Histoires variées.*

ÉLIER. v. a. (R. *lie*). T. Rur. Soutirer, en parlant des vins.

ÉLIÉZER, serviteur d'Abraham, ramena de Mésopotamie Rébecca pour épouse à Isaac.

ÉLIGIBILITÉ. s. f. Capacité d'être élu. *On contestait son é. Conditions d'é.*

ÉLIGIBLE. adj. 2 g. (lat. *eligere*, élire). Qui a les conditions nécessaires pour être élu, qui peut être élu. || S'emploie subst., au masc. *Un é.*

ÉLIMER. v. a. (lat. *elimare*, limer). User par l'usage, en parlant d'une étoffe. *É. ses habits.* = s'Élimer. v. pron. S'user à force d'être porté. *Cette étoffe commence à s'é.* Peu us. = Élimé, ée. part. *Cet habit est tout élimé.*

ÉLIMINATEUR, TRICE. adj. Qui élimine. *Méthode éliminatrice.* || T. Méd. Qui chasse hors du sein des parties vivantes. *Inflammation éliminatrice.*

ÉLIMINATION. s. f. [Pr. ...sion]. Action d'éliminer; État de ce qui est éliminé. || T. Méd. Opération par laquelle les matériaux non assimilables ou nuisibles sont rejetés au dehors. La sueur, les urines, les matières fécales sont des éliminations physiologiques. La gangrène, la carie, la nécrose sont des éliminations pathologiques.
Math. — *Éliminer* une inconnue x entre deux équations $f(x) = 0$ et $\varphi(x) = 0$, c'est trouver la condition nécessaire et suffisante pour que ces deux équations aient une racine commune. Le résultat de l'é. s'exprime en égalant à 0 une certaine fonction des coefficients qui est appelée le *Résultant des deux équations.* Quand on peut résoudre l'une des deux équations, par rapport à x, l'é. s'opère en mettant à la place de x, dans la seconde équation, la valeur de x tirée de la première. Ce ce qu'on appelle l'é. *par substitution.* Par exemple, si l'on veut éliminer x entre deux équations du premier degré :

$$ax + b = 0$$
$$a'x + b' = 0,$$

si on suppose a différent de 0, on pourra tirer x de la première, ce qui donne :

$$x = -\frac{b}{a},$$

et, en portant cette valeur dans la première, on a la condition cherchée :

$$-\frac{a'b}{a} + b' = 0,$$

ou, en chassant le dénominateur :

$$a'b - ba' = 0.$$

De même, éliminer plusieurs inconnues x, y, z, entre plusieurs équations, c'est chercher la condition nécessaire et suffisante pour que ces équations admettent une solution. On démontre, dans la théorie des équations linéaires, que, pour éliminer n inconnues entre $n + 1$ équations linéaires, il suffit d'égaler à 0 le déterminant formé par les coefficients des inconnues et des termes constants dans ces $n + 1$ équations. Voy. Forme et Déterminant. Par exemple, pour éliminer x, y, z, entre les 4 équations :

$$ax + by + cz + d = 0$$
$$a'x + b'y + c'z + d' = 0$$
$$a''x + b''y + c''z + d'' = 0$$
$$a'''x + b'''y + c'''z + d''' = 0,$$

il suffira d'écrire :

$$\begin{vmatrix} a & b & c & d \\ a' & b' & c' & d' \\ a'' & b'' & c'' & d'' \\ a''' & b''' & c''' & d''' \end{vmatrix} = 0.$$

La condition ainsi trouvée est nécessaire dans tous les cas ; elle est suffisante si l'un des déterminants mineurs du troisième ordre n'est pas nul.
Soit maintenant à éliminer x entre deux équations algébriques de degrés quelconques :

$$a_0x^m + a_1x^{m-1} + a_2x^{m-2} + \ldots + a_{m-1}x + a_m = 0$$
$$b_0x^p + b_1x^{p-1} + b_2x^{p-2} + \ldots + b_{p-1}x + b_p = 0.$$

Je multiplierai la première successivement par

$$x, \ x^2, \ x^3 \ldots x^{p-1},$$

et la seconde par

$$x, \ x^2, \ x^3 \ldots x^{m-1}.$$

Je formerai ainsi, en comprenant les 2 équations données, $m + p$ équations, qui contiendront toutes les puissances de x jusqu'à x^{m+p-1}, et entre lesquelles je pourrai, par un simple déterminant, éliminer ces $m + p - 1$ puissances de x considérées comme autant d'inconnues distinctes. La condition ainsi trouvée est manifestement nécessaire. On démontre aussi qu'elle est suffisante, mais par un raisonnement qu'il serait trop long de reproduire. On peut arriver à la même condition en s'appuyant sur un théorème dû à Euler et qui est le suivant :
Si deux équations algébriques $f(x) = 0$ et $\varphi(x) = 0$, la première de degré m, la seconde de degré p, admettent une racine commune, on peut trouver deux polynômes $\lambda(x)$ et $\mu(x)$, λ étant au plus de degré $p - 1$, et μ au plus de degré $m - 1$, et tels que l'on ait identiquement :

$$\lambda(x)\,f(x) - \mu(x)\,\varphi(x) = 0.$$

Ce théorème peut se démontrer par les conséquences de la théorie du plus grand diviseur ; il résulte aussi de la décomposition des polynômes en facteurs du premier degré (Voy. Équation, Polynôme), car si f et φ admettent une même racine α, ils sont divisibles par $x - \alpha$, et l'on peut prendre pour λ le produit des $p - 1$ autres facteurs de φ, et pour μ le produit des $m - 1$ autres facteurs de f.
Pour appliquer ce théorème, prenons pour inconnues les p coefficients de λ qui est du degré $p - 1$ et les m coefficients de μ qui est du degré $m - 1$, et écrivons que le produit $\lambda f - \mu \varphi$ est identiquement nul. Il faudra écrire que tous ses coefficients sont nuls séparément. Or ce polynôme étant du degré $m + p - 1$ a $m + p$ coefficients, ce qui nous donnera $m + p$ équations linéaires et homogènes pour déterminer les $m + p$ coefficients de λ et μ, ou plutôt leurs rapports mutuels. Comme ces $m + p$ équations devront être vérifiées par des valeurs des inconnues qui ne seront pas toutes nulles, il faudra que le déterminant des coefficients soit nul. Ce déterminant est de l'ordre $m + p$ et il est identique à celui qui a été trouvé par la première méthode précédente. C'est ce déterminant qui est le *résultant* des deux équations données.
Enfin, on peut encore éliminer x entre les deux équations, en écrivant que les deux polynômes f et φ ont un plus grand commun diviseur du premier degré, puisqu'ils doivent être tous deux divisibles par $x - \alpha$, si α désigne leur racine commune.
Par exemple, soit à éliminer x entre deux équations, l'une du troisième degré, l'autre du second :

$$ax^3 + bx^2 + cx + d = 0$$
$$mx^2 + nx + p = 0.$$

La première méthode conduit à joindre à ces deux équations les trois équations suivantes :

$$ax^4 + bx^3 + cx^2 + dx = 0$$
$$mx^3 + nx^2 + px = 0$$
$$mx^4 + nx^3 + px^2 = 0.$$

En éliminant alors les 4 quantités x, x^2, x^3, x^4, on a le déterminant du cinquième ordre :

$$\begin{vmatrix} a & b & c & d & 0 \\ 0 & a & b & c & d \\ m & n & p & 0 & 0 \\ 0 & m & n & p & 0 \\ 0 & 0 & m & n & p \end{vmatrix} = 0.$$

L'application du théorème d'Euler conduirait à considérer les deux polynômes :

$$\lambda = nx + v \qquad \mu = \alpha x^2 + \beta x + \gamma,$$

318

et à écrire l'identité :

$$(ax^3 + bx^2 + cx + d)(ux + v)$$
$$- (mx^3 + nx + p)(xx^2 + \beta x + \gamma) = 0.$$

En faisant les calculs, ordonnant par rapport à x, et écrivant que chaque coefficient est nul, on a les 5 équations linéaires :

$$au - ma = 0$$
$$bu + av - na - m\beta = 0$$
$$cu + bv - pa - n\beta - m\gamma = 0$$
$$du + cv - p\beta - n\gamma = 0$$
$$dv - p\gamma = 0.$$

entre lesquelles l'é. de u, v, α, β, γ, donne le déterminant :

$$\begin{vmatrix} a & 0 & m & 0 & 0 \\ b & a & m & 0 \\ c & b & p & m & 0 \\ d & c & 0 & p & n \\ 0 & d & 0 & 0 & p \end{vmatrix} = 0$$

qui est le même que le précédent, sauf que les lignes sont écrites en colonnes, et réciproquement.

L'é. d'une inconnue entre deux équations du second degré se rencontre fréquemment : soient les 2 équations :

$$ax^2 + bx + c = 0$$
$$a'x^2 + b'x + c' = 0.$$

L'application de la théorie précédente donne le déterminant de 4ᵉ ordre :

$$\begin{vmatrix} a & b & c & 0 \\ 0 & a & b & c \\ a' & b' & c' & 0 \\ 0 & a' & b' & c' \end{vmatrix} = 0,$$

que l'on transforme facilement en

$$\begin{vmatrix} ac' - ca' & bc' - cb' \\ ab' - ba' & ac' - ca' \end{vmatrix} = 0,$$

ou

$$(ac' - ca')^2 - (ab' - ba')(bc' - cb') = 0.$$

On arrive au même résultat en résolvant les deux équations :

$$au + bv + c = 0$$
$$a'u + b'v + c' = 0,$$

et en exprimant ensuite que la valeur de u est le carré de celle de v. Cette méthode particulière au second degré a même l'avantage de donner la valeur de la racine commune qui est celle de v :

$$x = v = -\frac{ac' - ca'}{ab' - ba'}.$$

L'é. sert à résoudre un système de deux équations algébriques à deux inconnues :

$$f(xy) = 0$$
$$\varphi(xy) = 0,$$

car, en éliminant x, on a la condition que doit remplir y pour que les deux équations puissent être résolues, c'est-à-dire une équation qui détermine y. Une suite d'opérations analogues permet de résoudre un système de plusieurs équations à plusieurs inconnues. Voy. ÉQUATION.

ÉLIMINATOIRE. adj. Qui élimine. *Examen é.*

ÉLIMINER. v. a. (lat. *eliminare*; de *e*, hors de, et *limen*, seuil). Expulser, retrancher. *Il fut éliminé de la Chambre pour cause d'indignité.* On a *éliminé plusieurs noms de la liste des candidats.* || T. Méd. Chasser hors du sein des parties vivantes. Voy. ÉLIMINATION. || T. Math. Voy. ÉLIMINATION. = s'ÉLIMINER. v. pron. Être éliminé. *Les matériaux nuisibles ou non assimilables s'éliminent par les urines, les sueurs, les matières fécales,* etc. == ÉLIMINÉ, ÉE. part.

ÉLINDE. s. f. T. Techn. Cadre métallique rigide supportant le chapelet des godets d'une *drague.* Voy. ce mot.

ÉLINGUE. s. f. (angl. *sling*, fronde). T. Mar. Fort cordage de peu de longueur, dont les extrémités sont réunies par l'entrelacement de leurs cordons. *Les élingues servent à ceindre les fardeaux et à les enlever pour charger ou décharger un navire.* — Gros filin garni d'un croc, à l'aide duquel on peut mettre un canot à la mer ou l'en retirer. || T. Techn. Cordage employé dans les corderies pour le commettage.

ÉLINGUÉ, ÉE. adj. (R. *é*, préf. priv., et lat. *lingua*, langue). T. Hist. nat. Qui n'a point de langue, de trompe.

ÉLINGUER. v. a. (R. *élingue*). T. Mar. Passer une élingue autour d'un objet qu'on veut hisser ou déplacer.

ÉLINGUET. s. m. T. Mar. Pièce de bois qui tourne horizontalement sur le pont et qui sert à arrêter le cabestan.

ÉLIOT (JEAN), surnommé l'*Apôtre des Indiens*, missionnaire protestant américain (1603-1690).

ÉLIRE. v. a. (lat. *eligere*, choisir; de *e*, hors de, et *legere*, choisir). Choisir, nommer à une fonction, à une place par la voie des suffrages. *É. un roi, un député. É. à la pluralité des voix. É. le plus digne. É. un tuteur.* On dit quelquefois, *É. au sort.* — Dans le langage de l'Écriture, se dit de ceux que Dieu a prédestinés à la vie éternelle. *Ceux que Dieu a élus jouiront de la béatitude éternelle.* || *É. sa sépulture,* Marquer le lieu où l'on veut être enterré. — T. Jurisp. *É. domicile,* Choisir et désigner son domicile légal. Voy. DOMICILE. || T. Techn. *É. les osiers,* Séparer dans la récolte des osiers ceux qui sont destinés aux divers usages de l'industrie. == S'ÉLIRE. v. pron. *Être élu.* ÉLU, ÉE. part. || *Élu* s'emploie aussi subst. *Le nouvel élu. Les élus du peuple. Le bonheur, la gloire des élus.* — Se disait autrefois des officiers d'une élection. *Les élus de telle ville. Une charge d'élu.* La femme d'un élu était appelée *Madame l'élue.* == Conj. Voy. LIRE. == Syn. Voy. CHOISIR.

ÉLISABETH (SAINTE), parente de sainte Anne, la mère de la Vierge Marie, épousa le grand prêtre Zacharie, et fut la mère de saint Jean-Baptiste.

ÉLISABETH DE HONGRIE (SAINTE), fille d'André II, roi de Hongrie, célèbre par sa charité (1207-1231).

ÉLISABETH WOODVILLE, femme d'Édouard IV, roi d'Angleterre, et mère des deux malheureux princes qui furent assassinés par ordre de leur oncle, le duc de Glocester; morte en 1488.

ÉLISABETH, reine d'Angleterre, fille de Henri VIII et d'Anne Boleyn (1533-1603), succéda à sa sœur Marie en 1558, rétablit le protestantisme en Angleterre, fit juger et décapiter Marie Stuart, et triompha de l'*invincible armada* de Philippe II. Son gouvernement fut un cruel despotisme; mais il contribua à faire l'Angleterre grande et forte, et elle protégea les lettres, les sciences et les arts.

ÉLISABETH DE FRANCE, fille de Henri II et de Catherine de Médicis, épouse de Philippe II, roi d'Espagne (1545-1568).

ÉLISABETH FARNÈSE, fille d'un duc de Parme (1692-1766), épousa Philippe V, roi d'Espagne, en 1714.

ÉLISABETH-CHARLOTTE DE BAVIÈRE, dite la *princesse Palatine*, femme de Monsieur, frère de Louis XIV et mère du Régent (1652-1722).

ÉLISABETH PETROVNA, impératrice de Russie de 1741 à 1762, fille de Pierre Le Grand et de Catherine, prit part à la guerre de Sept ans.

ÉLISABETH (MADAME), née en 1764, sœur de Louis XVI, fut compagne de sa captivité, et mourut sur l'échafaud en 1794.

ÉLISANT, ANTE. adj. Qui élit. *Les membres élisants d'une commission.*

ÉLISÉE, prophète hébreu, disciple d'Élie, mourut vers 835 av. J.-C.

ÉLISION. s. f. (lat. *elisio*, m. s., de *elidere*, écraser, annuler). T. Gram. L'*Élision* est la suppression d'une voyelle à la fin d'un mot, quand le mot suivant commence par une autre voyelle ou une *h* muette (*l'esprit, l'homme*) : cette suppression s'indique en français par une *apostrophe.* Nous n'avons en français que trois voyelles, *a*, *e* muet et *i*, qui soient susceptibles de s'élider. La première ne s'élide que dans l'article et le pronom *la* (*l'amitié, je l'aime*), et la troisième ne s'élide jamais que dans la conjonction *si*; encore cette é. n'a-t-elle lieu que devant le pronom *il* ou *ils* (*s'il arrive, s'ils tardent*). Les élisions de l'*a* et de l'*i* ont lieu également dans l'écriture et dans la prononciation. Mais il n'en est pas de même pour la voyelle e muet. Celle-ci s'élide toujours dans la prononciation et s'élide assez rarement dans l'écriture. Il est inutile de citer ici les cas où cette é. doit se marquer dans l'écriture, puisqu'on les trouvera tous consignés en leur lieu et place dans ce Dictionnaire.

ÉLITE. s. f. (lat. *electus*, élu, part. pass. de *eligere*, choisir). Ce qu'il y a de meilleur et de plus digne d'être choisi. *Soldats d'é. Troupe d'é. L'é. de la noblesse, de la nation, de l'armée. C'est un homme d'é.* || T. Art milit. *Compagnies d'é.*, Compagnies de grenadiers et de voltigeurs dans un bataillon d'infanterie. || Se dit quelquefois des choses. *J'ai eu l'é. de ses livres.* == s. m. Élève d'une école militaire qui a obtenu les épaulettes.

ÉLIXATION. s. f. [Pr. ...*sion*] (lat. *elixatio*, m. s., de *elixare*, faire cuire dans l'eau). T. Chim. Syn. peu usité de DÉCOCTION.

ÉLIXIR. s. m. (ar. *al aksir*, l'essence). T. Pharm. Actuellement on réserve le nom d'*Élixir* pour désigner certaines préparations pharmaceutiques qui résultent du mélange d'un sirop avec un alcoolat. Toutefois on continue, par habitude, d'appliquer cette dénomination à des préparations qui ne contiennent ni alcool, ni éther, ni même un liquide vineux : tel est, par ex., l'É. *parégorique* de la pharmacopée de Londres, qui s'emploie comme diaphorétique et calmant, et qui se compose d'acide benzoïque 12, de safran 12, d'huile essentielle d'anis 2, d'opium 8, d'ammonique liquide 150, et d'alcool à 85°, 350. — Parmi les nombreuses préparations qualifiées d'élixirs, nous nous contenterons de mentionner les deux plus usitées, l'É. *de longue vie* et l'É. *de Garus.* Le premier se prépare en faisant digérer pendant quinze jours, dans un litre d'alcool à 22° : aloès succotrin, 36 gr.; thériaque, 8 gr.; safran, 0gr,50; on fait macérer pendant 2 jours et on prend d'autre part : capillaire du Canada, 20 gr.; eau bouillante, 500 gr.; on fait infuser pendant une demi-heure, on passe avec expression et on ajoute : eau de fleur d'oranger, 200 gr.; sucre blanc, 1000 gr. On fait un sirop que l'on mêle à la macération du safran et de la vanille dans l'alcoolat. On filtre au papier. Pour préparer l'alcoolat, on prend : aloès succotrin, 5 gr.; myrrhe, 2 gr.; safran, 5 gr.; cannelle de Ceylan, 20 gr.; girofle, 5 gr.; noix muscade, 10 gr.; alcool à 80°, 5000 gr.; on fait macérer toutes les substances dans l'alcool pendant cinq jours; on filtre le produit de la macération, et on distille au bain-marie jusqu'à ce qu'on ait retiré 450 gr. de produit. L'é. de Garus est une excellente liqueur de table, qui a l'avantage d'être stomachique.

ELKYSMOLOGIE. s. f. (gr. ἑλκυσμός, traction violente; λόγος, discours). T. Phys. Exposé des notions qui se rapportent aux tremblements de terre.

ELKYSMOMÉTRIE. s. f. (gr. ἑλκυσμός, traction; μέτρον, mesure). T. Phys. Art de mesurer les forces de traction.

ELLAGIQUE. adj. 2 g. [Pr. *el-lajike*] (R. *galle*, par renversement). T. Chim. *L'acide ellagique* $C^{14}H^3O^8 + 2H^2O$ résulte de l'oxydation de l'acide gallique ou du tanin; il se forme dans la fermentation de la noix de galle à l'air. On l'appelait autrefois acide *bézoardique*, parce qu'on le rencontre dans les bézoards orientaux. Il se présente en poudre jaunâtre ou en prismes microscopiques insolubles dans l'eau, un peu solubles dans l'alcool, perdant deux molécules d'eau vers 115°. Il fonctionne comme acide bibasique.

ELLAGITE. s. f. [Pr. *el-lajite*] T. Minér. Variété de scolézite ferrifère d'un brun jaunâtre.

ELLE. pron. pers. féminin de la troisième personne (lat. *illa*). *Elle vient. Elles parlent. Elle nous dit. Elle nous en parla. Elle y veut aller. Elle n'en veut pas.* || Le pron. *Elle* se met immédiatement après le verbe dans les interrogations et dans certaines phrases exclamatives, suppositives

ou affirmatives. *Que fait-elle? Viendra-t-elle? Dût-elle s'en fâcher. Alors, dit-elle. Quoi? répondit-elle. Aussi est-elle fort irritée.*

Obs. gram. — *Elle* est tantôt le féminin de *il*, et tantôt le féminin de *lui*. Dans le premier cas, il est toujours le sujet du verbe, le précède toujours, excepté dans les interrogations, et ne peut en être séparé que par un autre pronom personnel ou une particule négative. *Elle,* sujet d'une proposition, se dit également des personnes et des choses. — *Elle* féminin de *lui* ne se dit pas toujours des choses : on ne dit pas d'une science ou d'une profession, *il s'est adonné à elle,* il faut dire, *il s'y est adonné;* ni d'une jument, *je ne me suis pas encore servi d'elle;* mais *je ne m'en suis pas encore servi.* Ainsi, il semble qu'avec les prépositions *de* et *à,* les pronoms *elle, lui, eux* ne se disent pas indifféremment des choses et des personnes. Cependant, lorsqu'ils sont précédés des prépositions *avec* ou *après,* ils peuvent se dire des choses même inanimées. *Cette rivière, dans ses débordements, entraîne avec elle tout ce qu'elle rencontre. Elle ne laisse rien après elle.*

Quoiqu'il n'y ait proprement que l'usage qui puisse instruire à fond là-dessus, et qu'il soit difficile de s'expliquer pourquoi l'un se dit plutôt que l'autre, on peut cependant marquer quelques occasions où *elle* se dit fort bien des choses, à la suite d'une préposition. 1° Quand, par ex., la chose est personnifiée : *Si la vertu paraissait à nos yeux avec toutes ses grâces, nous serions tous charmés d'elle.* 2° Quand le mot *elle* est entrelacé dans la période et ne la finit point. Ainsi, on pourrait dire, en parlant de la philosophie : *De toutes les sciences, c'est la plus utile; c'est à elle que nous devons nos plus belles connaissances.* 3° *Elle* peut se dire des choses à la fin d'une phrase, quand l'idée générale de la phrase se rapporte aux personnes, *Il ne faut pas s'étonner,* dit la Rochefoucauld, en parlant de l'amour-propre, *s'il se joint quelquefois à la plus rude austérité, et s'il entre si hardiment en société avec elle.* 4° En parlant des personnes, *elle* ne peut pas servir de régime indirect à un verbe actif; on y substitue *lui,* qui alors est féminin : *Elle demande ses gages; donnez-les-lui.* Cependant, si la phrase marque une opposition, on se dira plus *lui,* mais à *elle.* Ainsi, on dira : *Ces femmes ne méritent pas ce présent, faites-le à elle,* en désignant celle que l'on entend indiquer par le pronom. On dira encore, selon les cas, *Je veux lui parler* ou *Je veux parler à elle,* quand on veut marquer plus fortement, par exemple, que c'est à madame et non à monsieur que l'on veut parler. 5° Après les verbes neutres et les pronominaux qui régissent la préposition *à,* on dit *elle,* mais seulement dans les cas où *elle* représente une personne. *Adressez-vous à elle. Vous en reviendrez à elle.* — Il y a des phrases fort en usage en parlant des personnes dont on ne se sert pas en parlant d'une multitude. Quoiqu'on dise d'une femme, *Je m'approchai d'elle,* il faut dire d'une armée, *Je m'en approchai.*

Quand le pronom *le* est le régime direct d'un verbe, et qu'après ce verbe il y a un nom qui concourt avec le pronom à former ce régime direct, on le répète après le verbe, au moyen d'*elle. Le lion la décora, elle et ses enfants.* De même au pluriel : *On les condamna, elles et leurs complices.* — Lorsque le pronom *elle* est le sujet d'une proposition et qu'on veut le joindre à un nom qui concourt avec lui à former ce sujet, on laisse le verbe après le pronom, parce qu'il ne peut en être séparé; mais, après le verbe, on répète *elle* pour le joindre au nom qui concourt avec ce pronom à le sujet : *Elle mourut, elle et les siens.*

ELLÉBORACÉ, ÉE. adj. [Pr. *el-lébora-sé*] T. Bot. Qui ressemble à l'ellébore.

ELLÉBORE ou **HELLÉBORE.** s. m. [Pr. *el-lébore*] (gr. ἑλλέβορος ou ἐλλέβορος, m. s.). T. Bot. Genre de plantes Dicotylédones (*Helleborus*) de la famille des *Renonculacées.* Voy. ce mot.

Le genre E. comprend une douzaine d'espèces. Toutes ces plantes exhalent une odeur désagréable; leur saveur est âcre, amère et brûlante. Leurs propriétés médicales purgatives étaient connues dès la plus haute antiquité et fort exagérées. On croyait qu'elles allaient jusqu'à guérir les maladies du cerveau.

Souvent notre bon sens malgré nous s'évapore
Et nous avons besoin tous d'un grain d'ellébore.
REGNARD.

ELLÉBORÉINE. s. f. [Pr. *el-léboré-ine*] (R. *Ellébore*). T. Chim. Glucoside contenu dans les racines de l'Ellébore. On l'obtient sous forme d'une poudre blanche, hygroscopique, à saveur douceâtre, très soluble dans l'eau, insoluble dans l'éther. Dans l'acide sulfurique elle se dissout avec une coloration brun rouge, passant peu à peu au violet. Elle a pour formule $C^{36}H^{24}O^{15}$ C'est un poison narcotique.

Quand on fait bouillir l'ell. avec les acides étendus, elle se dédouble en glucose et en *elléborétine* $C^{14}H^{20}O^3$, poudre insipide, d'un bleu verdâtre foncé. Cette substance fond au-dessous de 200°, puis se charbonne: elle n'est pas toxique.

ELLÉBORÉSINE. s. f. T. Chim. Voy. ELLÉBORINE.

ELLÉBORÉTINE. s. f. T. Chim. Voy. ELLÉBORÉSINE.

ELLÉBORINE ou **HELLÉBORINE.** s. f. (R. *Ellébore*). T. Bot. Genre de plantes Monocotylédones de la famille des *Orchidées*. Voy. ce mot.

Chim. — Glucoside extrait de l'ellébore, cristallisant en aiguilles blanches presque insipides: insoluble dans l'eau froide, très soluble dans l'alcool bouillant. La solution alcoolique possède une saveur brûlante. L'é. colore l'acide sulfurique en rouge cramoisi et s'y dissout lentement. Elle répond à la formule $C^{36}H^{12}O^{36}$. C'est un poison narcotique encore plus violent que l'elléboréine.

Bouilli avec les acides étendus, ce glucoside se dédouble en glucose et en *elléborésine* $C^{30}H^{34}O^4$, substance résineuse, grisâtre, insipide, insoluble dans l'eau, soluble dans l'alcool, se ramollissant vers 150°, puis se charbonnant sous l'action de la chaleur. L'é. se rencontre surtout dans l'ellébore vert, tandis que l'ellébore noir renferme principalement de l'elléboréine.

ELLÉBORISÉ, ÉE. adj. [Pr. *el-léborizé*] T. Pharm. Qui contient de l'ellébore. *Médicament elléborisé.*

ELLÉBOROÏDE. adj. 2 g. [Pr. *el-léboroïde*] (gr. ἐλλέβορος, ellébore; εἶδος, aspect). T. Bot. Qui ressemble à l'ellébore.

ELLÉVIOU, célèbre ténor français (1769-1842).

ELLICE, île de l'archipel des Navigateurs.

ELLIOT, général anglais (1718-1790).

ELLIOTT (ÉBÉNÉZER), poète anglais très populaire (1781-1849).

ELLIPANTHE. adj. 2 g. [Pr. *el-lipante*] (gr. ἐλλιπὴς, incomplet; ἐλλείπω, j'omets; ἄνθος, fleur). T. Bot. qui a des fleurs incomplètes, n'ayant que des étamines ou des pistils. Inus.

ELLIPSE. s. f. [Pr. *el-lipse*] (gr. ἔλλειψις, défaut, ce qui manque, de ἐλλείπω, j'omets). T. Gram. et Géom || T. Mus. Suppression d'un accord que réclameraient les règles de l'harmonie.

Gramm. — L'*Ellipse* est une figure de mots très usitée; elle consiste à supprimer un ou plusieurs mots qui seraient nécessaires pour la régularité parfaite de la construction grammaticale. L'e. a pour objet d'abréger le discours et d'en augmenter la force sans nuire à la clarté. Mais l'emploi de cette figure est soumis à une règle absolue: c'est que les mots retranchés se présentent naturellement à l'esprit, et qu'on puisse les suppléer sans altérer la construction de la phrase. Les bons écrivains sont pleins de ces ellipses régulières. Ainsi, la Rochefoucauld a dit: « Il y a des reproches qui louent, et des louanges qui médisent, » et *il y a des louanges qui médisent*. Nous citerons de même le *Qu'il mourût* du vieil Horace et le *Moi* de Médée, dans les tragédies de ce nom, de Pierre Corneille, que l'on fait figurer à juste titre parmi les plus belles ellipses que présente notre langue. L'e. est d'une si grande utilité, qu'on tolère sur tout si elle est à l'expression, qu'on la pardonne même quand elle est le moins susceptible d'analyse, pourvu toutefois qu'elle rende le discours plus rapide sans le rendre obscur. Tel est, entre autres, le cas de l'e. si connue de Racine:

Je t'aimais inconstant, qu'aurais-je fait fidèle?

où les exigences de la construction auraient voulu : *Si je t'aimais quoique tu fusses inconstant, qu'aurais-je fait si tu eusses été fidèle?* Quelques grammairiens ont vivement critiqué ce vers de Racine; mais nous sommes de l'avis de la Harpe, qui dit à ce sujet : « Voilà de toutes les ellipses connues la plus hardie et la plus naturelle. »

Géom. — L'*Ellipse* est la section faite dans un cône droit circulaire par un plan qui coupe toutes les génératrices sur

une même nappe de cône. Voy. CÔNE et CONIQUE. Cette courbe a été ainsi nommée par les géomètres grecs, parce que les premiers qui en ont fait l'étude la faisaient dériver d'un cône dont les génératrices les plus écartées faisaient entre elles un angle aigu, c.-à-d. plus petit qu'un angle droit, ainsi que nous l'avons expliqué au mot CONIQUE.

Quoique les anciens géomètres aient d'abord considéré l'e. comme l'une des sections coniques, on peut la définir en partant d'une de ses propriétés les plus importantes, et déduire de celle-là toutes les autres propriétés de la courbe.

1° Deux points F et f étant donnés dans un plan (Fig. 1), si l'on conçoit un point D se mouvant autour de ces points, de telle façon que la somme des deux distances DF et Df soit toujours la même, le point D décrira dans ce plan une e. ADB *ab*. Les points F et f sont appelés les *foyers* de l'e. Il est évident que la courbe ainsi définie est symétrique, par rapport à la droite Ff, à la perpendiculaire Bb élevée au milieu C de cette droite, et au point C lui-même. Aussi, le point C est le *centre* de la courbe. La droite Aa s'appelle le *Grand axe* et la droite Bb reçoit le nom de *Petit axe*. Les distances DF et Df d'un point D de la courbe, distances dont la somme reste constante, sont nommées les *rayons vecteurs* du point D.

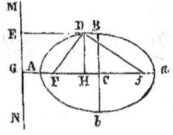

Fig. 1.

Pour décrire l'e. mécaniquement, on fixe dans un plan deux épingles FF' (Fig. 2), auxquelles on attache les extrémités d'un fil; puis, on fait mouvoir un crayon en dedans du fil, en ayant soin de le tenir toujours ce dernier tendu ; la pointe du crayon tracera une ellipse. On peut aussi placer autour des 2 épingles un fil dont la longueur est égale à la ligne brisée FCF'F. En tendant ce fil par un crayon, celui-ci décrira l'e. d'un mouvement continu, sans que le fil soit arrêté par les épingles. C'est ainsi que les jardiniers tracent les corbeilles ovales sur le terrain au moyen de deux piquets et d'un cordeau noué, et d'un petit pieu mobile pour tendre celui-ci.

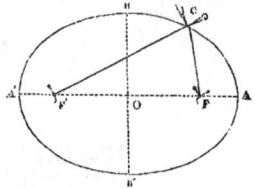

Fig. 2.

2° Il résulte d'abord de cette définition que le grand axe de l'ellipse AA', ou AF + F'A, est égal à la somme constante des 2 rayons vecteurs, car AF + A'F = A'F + A'F = CF' + CF. D'autre part, si du point F comme centre, avec le grand axe comme rayon, on décrit une circonférence, la distance du point C de l'e. à cette circonférence sera mesurée par l'excès du rayon passant par F et C, excès qui sera égal à CF', c.-à-d. que cette distance sera égale à la distance du point C à l'autre foyer F'. Ainsi, l'e. est le lieu des points équidistants d'un cercle fixe et d'un point F' intérieur à ce cercle, proposition importante qui peut servir de définition. Ce cercle, décrit de l'un des foyers comme centre avec le grand axe pour rayon, a reçu le nom de *cercle directeur*. — Parmi les propriétés importantes que l'on peut déduire facilement de la définition précédente, nous citerons les théorèmes suivants :

La tangente à l'é. en un point de la courbe fait des angles égaux avec les rayons vecteurs de ce point.

Le lieu des projections des foyers sur les tangentes à l'é. est le cercle décrit sur le grand axe comme diamètre, cercle qui a reçu le nom de cercle principal.

Le produit des distances des foyers à une tangente quelconque de l'e. est constant et égal au carré du demi-petit axe, CB.

Le lieu des points d'où l'on peut mener des tangentes rectangulaires à l'e., ou, si l'on aime mieux, *le lieu des sommets des rectangles circonscrits à l'e., est un cercle concentrique à l'ellipse.*

3° Étant donné un point F et une ligne droite MN (Fig. 1): si un autre point D se meut sur le même plan, de telle sorte que sa distance DF à F soit toujours à sa distance DP à la ligne donnée MN, dans le rapport constant de deux lignes X et Y,

X étant plus petit que Y, le point D décrira une e. La droite MN est appelée *Directrice*, et sa distance au centre C est telle que CG est une troisième proportionnelle à CF et à CA. D'après cela il est évident que FA est à AG dans le rapport donné de X à Y. Ce rapport, qui est aussi égal à $\dfrac{CF}{CA}$, s'appelle l'*excentricité de l'e.* Il est toujours plus petit que 1.

4° L'e. est la projection orthogonale d'un cercle. On en déduit immédiatement la proposition suivante : Si l'on décrit un cercle sur l'un des axes de l'e., et que d'un point quelconque de cet axe on mène une ordonnée au cercle et à l'e. à la fois, l'ordonnée du cercle sera à celle de l'e. comme cet axe est à l'autre. Il suit de là que le rectangle construit sur AB et BA (Fig. 1) est au carré de l'ordonnée HD, comme le carré de CA est au carré de CB. C'est de cette propriété que dérive l'équation ordinaire de l'e. Soient :

$$CA = a,\ CB = b,\ CH = x,\ HD = y;$$

on aura :

$$\frac{AH.HA}{\overline{DH}^2} = \frac{a^2}{b^2},$$

c'est-à-dire

$$\frac{(x+a)(a-x)}{y^2} = \frac{a^2}{b^2},$$

d'où

$$y^2 = \frac{b^2}{a^2}(a^2 - x^2),$$

équation qui peut se mettre sous la forme plus symétrique

$$\frac{x^2}{a^2} + \frac{y^2}{b^2} = 1.$$

5° Une autre conséquence importante mais un peu détournée de ce que l'ellipse est la projection orthogonale d'un cercle, peut servir à tracer la courbe par points : Soient MN et PQ (Fig. 3) deux lignes droites se coupant en C : si l'on mène une ligne droite BA, d'une longueur donnée, qui joigne les deux premières, tout point D pris sur AB, ou sur son prolongement, décrira une e. dont le centre sera en C, quand on fera mouvoir AB, de telle manière que ses extrémités restent constamment sur MN et PQ. C'est sur ce principe qu'est fondée la construction des compas elliptiques et des tours pour tourner des ovales. On peut ajouter que tout point du plan mobile, invariablement lié à la droite AB, décrira aussi une e. de centre C.

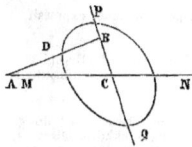

Fig. 3.

6° Lorsqu'un cercle mobile ou générateur tourne en roulant à l'intérieur d'un autre cercle fixé dans le même plan, et que le rayon du premier est la moitié de celui du second, tout point pris dans le plan du cercle générateur, soit en dedans, soit en dehors, décrira une e. On a mis à profit cette propriété remarquable de l'e., qui montre que cette courbe est une hypocycloïde, dans la construction d'un instrument fort ingénieux, au moyen duquel on peut décrire une e. par un mouvement continu.

7° L'e. est la courbe que décrivent les planètes en tournant autour du Soleil : aussi la considération de ses propriétés entre-t-elle dans la plupart des recherches relatives à l'astronomie physique. Dans ces recherches on a trouvé plus commode de représenter la courbe par une équation entre le *rayon vecteur* et l'angle que fait ce rayon avec l'axe transverse de l'e. Cette équation est désignée sous le nom d'*Équation polaire* de l'e. Soient (Fig. 1) le rayon vecteur FD = r, CA = c et l'angle AFD = φ, qu'on appelle l'*anomalie excentrique* = φ; on aura :

$$r = \frac{a^2 - c^2}{a + c\cos\varphi}.$$

qu'on met aussi sous la forme suivante, en désignant par e l'excentricité $\dfrac{c}{a}$ et par p le paramètre $\dfrac{a^2 - c^2}{a}$:

$$r = \frac{p}{1 + e\cos\varphi}.$$

De ce que l'e. est la projection orthogonale d'un cercle, il résulte encore que l'aire totale du cercle est à l'aire totale de l'e. dans le rapport du grand au petit axe : par consé-

quent, l'aire d'une e. est une moyenne proportionnelle entre les aires des deux cercles décrits sur ses axes. Par conséquent, l'aire de l'e. est donnée par la formule :

$$S = \pi ab$$

où π représente le rapport de la circonférence au diamètre, et a et b les demi-longueurs des axes. — La longueur de la circonférence d'une e. est exprimée par la série suivante :

$$2\pi a\left(1 - \frac{1}{2^2}e^2 - \frac{1^2.3}{2^2.4^2}e^4 - \frac{1^2.3^2.5}{2^2.4^2.6^2}e^6 - \frac{1^2.3^2.5^2.7}{2^2.4^2.6^2.8^2}e^8,\ \dots\right)$$

où π représente le rapport de la circonférence au diamètre, a le demi-grand axe, et e l'excentricité. Pour plus de détails, consulter un Traité de Géométrie et un Traité de Géométrie analytique.

ELLIPSER. v. a. [Pr. *el-lipser*]. T. Gramm. Supprimer par ellipse. *E. un pronom.*

ELLIPSOGRAPHE. s. m. [Pr. *el-lip...*] (gr. ἔλλειψις, ellipse ; γράφω, j'écris). Instrument pour tracer des ellipses.

ELLIPSOÏDAL, ALE. adj. [Pr. *el-lip...*]. T. Didact. Qui a la forme d'une ellipse ou d'un ellipsoïde.

ELLIPSOÏDE. s. m. [Pr. *el-lip...*] (gr. ἔλλειψις, ellipse ; εἶδος, aspect). T. Géom. Une des surfaces du second ordre. Voy. plus bas. — ELLIPSOÏDE. adj 2 g. Qui a la forme d'un e. On dit aussi *Ellipsoïdal, ale.*

Géom. — L'e. est une surface du second ordre dont toutes les sections planes sont des ellipses. L'e. a trois plans de symétrie rectangulaires et trois axes rectangulaires de longueurs généralement inégales. La drague peut en donner une image. L'équation de cette surface rapportée à ses trois plans de symétrie est :

$$\frac{x^2}{a^2} + \frac{y^2}{b^2} + \frac{z^2}{c^2} = 1.$$

Si deux des axes a, b, c deviennent égaux, alors la section faite par le plan contenant ces deux axes devient un cercle, et tous les diamètres de ce cercle sont des axes. L'e. est alors de *révolution* et peut être considéré comme engendré par la rotation d'une ellipse autour d'un de ses axes. Si cette rotation s'effectue autour du petit axe, l'e. est dit *aplati*, il a la forme d'une pomme ; c'est la forme de la terre. Si la rotation s'effectue autour du grand axe, l'e. est dit *allongé* ; il a la forme d'un œuf dont les deux bouts seraient symétriques. Le volume de l'e. est donné par la formule :

$$V = \frac{4}{3}\pi\,abc,$$

où a, b, c, sont les trois demi-axes de l'e.

ELLIPSOLOGIE. s. f. [Pr. *el-lip...*] (gr. ἔλλειψις, ellipse ; λόγος, discours). T. Géom. Traité sur la manière de tracer des ellipses.

ELLIPSOSPERME. adj. [Pr. *el-lip...*] (gr. ἔλλειψις, ellipse, σπέρμα, graine). T. Bot. Qui a des graines elliptiques.

ELLIPSOSTOME. adj. [Pr. *el-lip...*] (gr. ἔλλειψις, ellipse ; στόμα, bouche). T. Zool. Qui a la bouche ou l'ouverture elliptique.

ELLIPTICITÉ. s. f. [Pr. *el-lip...*] (R. *elliptique*). T. Géom. et Astron. Qualité d'une figure elliptique. *L'e. de l'orbite de la terre.*

ELLIPTIQUE. adj. 2 g [Pr. *el-lip...*] (R. *ellipse*). T. Gramm. Qui renferme une ellipse. *Façon de parler e. Tour e.* — *Langue e.*, Qui fait un fréquent usage de l'ellipse. || T. Géom. et Astron. Qui tient de la figure de l'ellipse. *Dôme e. Orbite e.* — *Compas e.*, Qui sert à décrire une ellipse.

Math. — *Intégrales elliptiques.* — On appelle ainsi les intégrales de la forme :

$$\int \frac{F(x, R)}{\varphi(x, R)}\,dx$$

où F et φ sont des polynômes entiers, et R la racine carrée d'un polynôme entier du 4° ou du 3° degré par rapport à x :

$$R = \sqrt{ax^4 + bx^3 + cx^2 + d}$$

a pouvant être nul. Legendre a démontré que toutes ces intégrales peuvent se ramener à l'une des trois suivantes :

$$\int \frac{dx}{\sqrt{(1-x^2)(1-k^2x^2)}} \qquad \int \frac{x^2\,dx}{\sqrt{(1-x^2)(1-k^2x^2)}}$$

$$\int \frac{dx}{(1-ax^2)\sqrt{(1-x^2)(1-k^2x^2)}}$$

qui sont appelées respectivement intégrales elliptiques de *première*, *deuxième* et *troisième* espèce. La qualification d'*elliptiques* leur a été donnée parce que la longueur de l'arc d'ellipse est représentée par l'intégrale :

$$\int_{x_0}^{x} dx \sqrt{\frac{a^2 - c^2x^2}{a^2 - x^2}}$$

qui peut s'écrire :

$$\int_{x_0}^{x} \frac{(a^2 - c^2x^2)\,dy}{\sqrt{(a^2 - x^2)(a^2 - c^2x^2)}}$$

et qui rentre ainsi dans le type général.

Fonctions elliptiques. — On nomme ainsi des fonctions qui s'obtiennent par l'inversion de l'intégrale *e.* de première espèce et qui jouent un très grand rôle dans l'analyse mathématique. Considérons la quantité :

$$x = \int_0^y \frac{dy}{\sqrt{(1-y^2)(1-k^2y^2)}}$$

qui est une fonction de *y.* Inversement, *y* est une fonction de *x* ; c'est cette fonction qui est la première fonction *e.* ; il y en a deux autres qui sont respectivement égales à $\sqrt{1-y^2}$ et $\sqrt{1-k^2y^2}$; on les désignait autrefois sous le nom de *sinus amplitude*, *cosinus amplitude*, et Δ *amplitude*. Aujourd'hui on emploie de préférence les notations plus rapides : *sn*, *cn* et *dn* ; entre ces trois fonctions on a par définition les relations :

$$cn^2 x = 1 - sn^2 x \qquad dn^2 x = 1 - k^2 sn^2 x.$$

Les fonctions elliptiques donnent lieu à tout un arsenal de formules analogues aux formules de la *trigonométrie*, mais beaucoup plus nombreuses, et dont la plus importante est la formule dite d'addition :

$$sn\,(a+b) = \frac{sn\,a\ cn\,b\ dn\,b + sn\,b\ cn\,a\ dn\,a}{1 - k^2\,sn\,a\ sn\,b}$$

Le nombre *k* qui est compris entre 0 et 1 est appelé le *module* des fonctions elliptiques.

On sait que les fonctions trigonométriques jouissent de la propriété remarquable d'être *périodiques*, c.-à-d. de reprendre la même valeur quand on ajoute à la variable un nombre constant qui est égal à 2π :

$$sin\,(x + 2\pi) = sin\,x \qquad cos\,(x + 2\pi) = cos\,x.$$

Les fonctions elliptiques sont *doublement périodiques* ; c.-à-d. qu'elles ne changent pas de valeur quand on ajoute à la variable l'un ou l'autre de deux nombres constants qui sont les deux *périodes* de ces fonctions. L'une de ces périodes est un nombre imaginaire. Jacobi a démontré que les fonctions elliptiques s'expriment au moyen de 4 fonctions particulières représentées par des produits de facteurs en nombre infini et connus sous le nom de fonctions Θ. Si on les désigne par $\Theta_1\ \Theta_2\ \Theta_3\ \Theta_4$ on a :

$$sn\,x = \frac{\Theta_1(x)}{\Theta_4(x)} \qquad cn\,x = \frac{\Theta_2(x)}{\Theta_4(x)} \qquad dn\,x = \frac{\Theta_3(x)}{\Theta_4(x)}$$

Les fonctions Θ sont uniformes et doublement périodiques.

ELLIPTIQUEMENT. adv. [Pr. *el-lip...*]. T. Gramm. Par ellipse, en faisant une ellipse. *On dit quelquefois e.*: Du tout, pour l'as du tout. || T. Géom. En forme d'ellipse.

ELLIS (John), naturaliste anglais distingué, mort en 1776.

ELLORA, ville de l'Hindoustan anglais, dans la province des Circars, district de Mosulipatan ; 6,500 hab. Grottes célèbres des anciens temples souterrains de l'Inde.

ELLYCHNOTÈTE. s. m. [Pr. *el-lik-notète*] (gr. ἐλλύχνιον, mèche ; τίθημι, je place). T. Techn. Instrument dont on se sert pour introduire la mèche dans le bec d'une lampe.

ELM, village situé dans une vallée entre deux montagnes de schiste argileux, en partie détruit en 1881 par un éboulement d'une masse de 10 millions de mètres cubes.

ELME (Saint-). T. Météor. Lueur produite par le dégagement d'électricité à l'extrémité d'un objet pointu : mât de navire, pique, etc. Les anciens Grecs appelaient ces flammes *Castor et Pollux*. Ceux du moyen âge les appelaient *feux de saint Érasme*, saint invoqué dans les tempêtes ; d'où *feux Saint-Elme*. Voy. FOUDRE.

ELNE, vge du canton de Perpignan, 3.100 h. Belles ruines des XIIe et XIIIe siècles. Ancienne Illiberis du temps d'Annibal.

ÉLOCHER. v. a. (lat. *e*, hors de ; *locus*, lieu). T. Agric. Ébranler un arbre, comme si on voulait l'arracher. || T. de Verr. Détacher un pot de dessus les sièges à l'aide de la pince à élocher.

ÉLOCULAIRE. adj. (R. *é*, préf. priv., et lat. *locula*, loge). T. Bot. Qui ne présente aucun vestige de cloison.

ÉLOCUTION. s. f. [Pr. ...*sion*] (lat. *elocutio*, m. s., de *e* préf. et *loqui*, parler). L'expression de la pensée par la parole ; la manière dont on s'exprime. *É. nette, facile, élégante, figurée, faible, triviale, embarrassée. Cet orateur a beaucoup de noblesse dans son é.* || Cette partie de la rhétorique qui traite du style. *Traité de l'é.* == Syn. Voy. STYLE.

ÉLODÉE. s. f. (gr. ἑλώδης, marécageux). T. Bot. Plante aquatique d'eau douce, originaire du Canada, introduite depuis quelques années en Europe, a pris une telle expansion qu'elle menace d'empêcher la circulation dans certains canaux de navigation, notamment dans ceux du centre de la France. == On devrait écrire *Hélodée*.

ÉLODICON. s. m. T. Mus. Espèce d'orgue expressif à lames vibrantes.

ÉLODITE. s. f. (gr. ἑλώδης, marécageux). T. Erpét. Tortue qui habite les marais et les lacs. Voy. CHÉLONIENS. == On devait écrire *Hélodite*.

ÉLOGE. s. m. (lat. *elogium*, note, observation ; du gr. ἐλλόγιον, article d'un compte, de ἐν, dans, et λόγος, discours). Discours à la louange de quelqu'un, de quelque chose. *Faire l'é. de quelqu'un. É. pompeux. É. funèbre, académique. L'é. de Bossuet, de Corneille.* — Par ext., se dit de simples louanges. *Il a fait de vous de grands éloges. En prétendant te blâmer, vous faites son é. Sa conduite est digne d'éloges.*

Un éloge insipide et sottement flatteur
Déshonore à la fois le héros et l'auteur.
                                                    BOILEAU.

Syn. — *Louange.* — L'*éloge* est le témoignage avantageux que l'on rend au mérite, le jugement favorable qu'on en porte. La *louange* est l'hommage qu'on lui rend, le tribut qu'on lui paie dans ses discours. L'*éloge* est la raison de la considération, de l'estime, de l'admiration qu'on a pour l'objet : la *louange* est l'expression ou plutôt le cri de ces sentiments, ou de tout autre sentiment favorable. On dit qu'une action suffit à son *éloge*. Il est des cas malheureux où l'homme le plus modeste est forcé de faire son propre *éloge* ; il n'y en a point où l'on soit obligé de se donner des *louanges*. On fait son *éloge* par le simple récit de sa conduite : on se donne des *louanges* en parlant de soi avec ostentation, en se glorifiant. On fait l'*éloge* et non pas la *louange* d'une personne.

ÉLOGIER. v. a. T. Néol. Louer, faire l'éloge.

ÉLOGIEUSEMENT. adv. D'une façon élogieuse.

ÉLOGIEUX, EUSE. adj. Qui contient un éloge, des louanges. *Son discours était beaucoup trop é. Phrase élogieuse.*

ÉLOGISTE. s. m. Auteur d'éloges littéraires.

ÉLOHIM ou ÉLOÏM. s. m. (mot hébreu). Un des noms de Dieu dans la Bible. Il est remarquable qu'en hébreu ce mot est un pluriel, le pluriel d'Eloah. Ce fait a beaucoup intrigué les commentateurs ; mais il n'a peut-être pas l'importance qu'on a voulu lui attribuer : car, si le mot a la forme grammaticale du pluriel, il est toujours employé comme un nom au singulier.

ÉLOI (SAINT), orfèvre, puis ministre et conseiller du roi Dagobert Ier, enfin évêque de Noyon (588-659).

ÉLOIGNÉ, ÉE. adj. (part. passé de *éloigner*). Qui est loin ; s'emploie dans ce sens au prop. et au fig.. *Pays é. Des possessions éloignées. Un récit fort é. de la vérité.* || Fig. *Être bien éloigné de faire une chose,* N'en avoir pas l'intention ou le pouvoir. — Fig. et fam., *Ils sont bien éloignés de compte,* Ils sont bien éloignés de s'accorder. *Être é. de son compte,* Se tromper dans quelque pensée, dans quelque prétention, dans quelque projet. || En parlant de causes, de conséquences, etc., se dit de celles qui ne sont point immédiates. *Causes éloignées. Résultat é. Conséquences éloignées.*

ÉLOIGNEMENT. s. m. Action d'éloigner, de s'éloigner, ou le résultat de cette action ; se dit au prop. et au fig. *Ce prince a rétabli ses affaires par l'é. du ministre qui le trompait Vivre dans l'é. du monde.* || Distance, soit de temps, soit de lieu. *L'é. de nos demeures nous empêche de nous voir souvent. L'é. des temps est cause de l'obscurité qu'il y a dans cette histoire.* || S'emploie aussi dans le sens de lointain. *On découvre la mer dans l'é.* — Fig., *Voir de grands biens en é.,* se dit de quelqu'un qui n'est pas riche, mais qui a une grande succession à espérer. || Aversion, répugnance, antipathie pour les personnes ou pour les choses. *J'ai de l'é. pour cet homme-là. Il a de l'é. pour le mariage.* || Absence. *Je ne puis me consoler de son é. Depuis votre é. de la capitale.*

ÉLOIGNER. v. a. (R. *é.*, préf., et *loin*). Mettre, porter, envoyer, repousser à une distance plus grande, à une grande distance ; écarter une chose ou une personne d'une autre. *Éloignez cette chaise du feu. Puisqu'ils ne peuvent vivre d'accord, il faut les éloigner l'un de l'autre. Je l'irais voir, si cela ne m'éloignait pas trop du vrai chemin ou ne m'éloignait pas trop.* Le roi fut contraint d'é. son favori. Il eut soin d'é. d'abord tous ses domestiques. *Son mauvais caractère a éloigné de lui tous ses amis.* — En parlant du temps, *Chaque jour nous éloigne de ces tristes événements. Cet incident va é. la paix.* || Fig. Écarter, tenir éloigné. *É. quelqu'un des affaires. Il réussit d'abord à é. les soupçons.* || En parlant de confiance, d'estime, d'affection, l'aliéner, la faire perdre. *Cette mesure éloigna de lui tous les esprits. Votre conduite éloignera de vous tous les honnêtes gens.* == s'ÉLOIGNER. v. pron. Aller plus loin, s'en aller, s'écarter. *Ne vous éloignez pas. S'é. du rivage. Il faut vous é. pour quelque temps, afin de laisser l'affaire s'apaiser.* — Elliptiq., on dit. *Faire é.,* pour *Faire s'é.* Cela fit é. tout le monde. || Par anal., se dit aussi du temps : *Plus le temps où il vécut s'éloigne de nous, plus sa renommée grandit.* || T. Peint. *Cette figure s'éloigne trop, ne s'éloigne pas assez,* etc. *Elle paraît trop éloignée dans le tableau, ou elle ne paraît pas assez éloignée.* || Fig. S'écarter. *S'é. de son but.* — *S'é. de son devoir, du respect qu'on doit à quelqu'un.* — *Manquer à son devoir, au respect qu'on doit à quelqu'un,* etc. — *Avec un nom de chose pour sujet, S'é. de,* se dit dans le sens de différer de. *Sa doctrine s'éloigne peu de la vôtre. Son récit s'éloigne de la vérité.* == ÉLOIGNÉ, ÉE. part. — Syn. Voy. ÉCARTER.

ÉLONGANTHE. adj. (lat. *elongare*, allonger, et gr ἄνθος, fleur). T. Bot. Dont les fleurs sont disposées en épis allongés.

ÉLONGATION. s. f. [Pr. ...*sion*]. T. Chir. Allongement d'un membre résultant de la distension des ligaments. — Extension pratiquée dans le but de réduire une fracture ou une luxation. **Astr.** — En Astronomie, on désigne sous le nom d'*Élongation* la distance apparente, c.-à-d. la distance angulaire d'une planète au Soleil, telle qu'elle apparaît de la Terre. Le mot *Digression* a la même signification, mais on ne l'emploie qu'en parlant des planètes inférieures, tandis qu'é. se dit de toutes les planètes indifféremment. La digression ne surpasse pas 28°20′ pour Mercure, et 47°48′ pour Vénus. Lorsque la digression d'une planète inférieure atteint son maximum, le rayon visuel selon lequel on la voit, est une tangente à son orbite, et la planète paraît pendant quelques jours presque stationnaire. Quant aux planètes supérieures,

leur é. peut varier de 0° à 180°, attendu que la Terre est située entre elles et le Soleil.

ÉLONGER. v. a. (lat. *elongare*, allonger). T. Mar. Allonger, étirer dans le sens de la longueur. *É. un câble.* || *É. une ancre,* La descendre dans une barque qui doit aller la mouiller à quelque distance du bord. || Longer, approcher par le flanc. *É. un navire.*

ÉLONGIS. s. m. pl. [Pr. *élon-ji*]. T. Mar. Pièces de bois placées à la noix du mât de hune et destinées à supporter la hune ou les barres du perroquet. || Nom donné à des pièces de bois destinées à en allonger d'autres. || *É. de tambour.* Madrier supportant le bout de l'arbre des roues d'un vapeur à aubes.

ÉLOPE. s. m. (gr. ἔλοψ, nom d'un poisson). T. Icht. Genre de poissons voisins des harengs. Voy. CLUPES.

ÉLOPHILE. s. m. (gr. ἕλος, marais ; φιλέω, j'aime). T. Ent. Sorte de mouche dont les larves, appelées *Vers à queue de rat,* vivent dans les égouts et les latrines. Voy. ATHÉRICÈRES. == On devrait écrire *Hélophile.*

ÉLOQUEMMENT. adv. Avec éloquence. *Parler é.*

ÉLOQUENCE. s. f. (lat. *eloquentia,* m. s., de *é,* préf., et *loqui,* parler). L'art, le talent de bien dire, d'émouvoir, de persuader. *Une é. mâle, nerveuse, persuasive. Une douce é. La véritable é. Il avait une éloquence naturelle qui produisait plus d'effet que l'é. étudiée de nos orateurs. La force de l'é. Un discours plein d'é. Les principes de l'é.* — Par ext, tout ce qui, dans l'orateur, peut produire de l'effet sur l'auditeur. *L'é. du geste, du regard.* **Littér.** — L'*Éloquence* est le talent de bien dire, la faculté de persuader et de convaincre. Or, pour convaincre et persuader, il faut être soi-même ému et convaincu : aussi le grand orateur romain dit-il de l'é. qu'elle est « un mouvement continu de l'âme ». L'homme le plus inculte peut être éloquent, lorsqu'il est violemment agité par la passion. L'é. ne doit pas être confondue avec la rhétorique : celle-ci est un art qui développe le talent oratoire ; celle-là ne peut le créer. L'é. est née avant les règles de la rhétorique, comme les langues ont existé avant la grammaire. L'ancien adage : « On naît poète, on devient orateur, » est faux, si on le prend à la lettre ; mais il est vrai, si l'on entend seulement par là que l'orateur de profession a été obligé d'acquérir un grand nombre de connaissances générales ou particulières, selon l'objet qu'il se propose.

Le domaine de l'é. est infini : néanmoins, tous les sujets dont elle s'occupe, peuvent se réduire à trois classes que les anciens, à l'exemple d'Aristote et de Cicéron, appelaient *Genres de causes* : le *Démonstratif,* le *Délibératif* et le *Judiciaire.* « Le démonstratif, dit Cicéron, est consacré à blâmer ou à louer une personne déterminée ; le délibératif, qui suppose une consultation, a pour but de conseiller ou de dissuader ; le judiciaire, qui repose sur une controverse, renferme l'accusation ou l'attaque et la défense. » A cette division, tirée de la nature même du sujet, nous en avons substitué une beaucoup moins philosophique, empruntée au lieu où le discours est prononcé : *É. de la tribune, É. du barreau, É. de la chaire,* et *É. académique.* L'é. de la chaire, ainsi que Le Clerc l'observe très bien, rentre dans le genre délibératif, puisqu'elle a pour but ordinaire d'inspirer l'amour de la vertu et l'horreur du vice. Quant aux oraisons funèbres, bien que prononcées en général dans les temples, elles appartiennent au genre démonstratif. Il en est de même des éloges, des panégyriques, qui constituent l'é. académique des modernes.

Aujourd'hui qu'on ne parle plus au peuple assemblé sur la place publique, et que la plupart des discours se font dans des enceintes fermées, à un auditoire spécial, l'é. a quelque peu changé de caractère. La multiplicité des affaires de notre vie civile, le caractère à la fois plus précis et plus compliqué des démêlés auxquels elles donnent lieu, font qu'en politique comme au barreau, ce qu'on demande surtout à l'orateur, c'est la clarté, la netteté, la précision, la sobriété, l'art d'analyser et de débrouiller les situations embrouillées, et surtout cette facilité de démonstration qui fait que l'auditeur peut suivre sans fatigue, et quelquefois même avec plaisir, les raisonnements et les calculs que nécessite le développement de la question. Les agréments littéraires des discours ne viennent qu'au second rang et sont quelquefois plus nuisibles qu'utiles.

Ce genre sobre et précis, qui n'exclut pas une réelle é., convient à notre siècle scientifique. L'é. même de la chaire en a subi l'influence à cause des luttes qu'elle a eu à soutenir contre les philosophies matérialistes et positivistes qui se prétendaient, bien à tort, la conséquence même de la science moderne : il a fallu les suivre sur ce terrain. Enfin, il s'est produit dans ce XIXᵉ siècle, sous l'empire de nos besoins d'instruction, un genre nouveau d'é. simple et familière qui n'exclut nullement l'élévation de la pensée, mais qui répudie aussi les agréments oratoires : c'est l'é. du professeur et du conférencier qui vulgarise dans le public le goût des chefs-d'œuvre littéraires, et fait connaître et apprécier les grandes découvertes de la science moderne. Ici encore, la clarté de l'exposition, la netteté, la précision, et une certaine simplicité, une certaine bonhomie de langage sont les qualités les plus nécessaires. Voy. CONFÉRENCES.

ÉLOQUENT, ENTE. adj. Qui a de l'éloquence. *Il y a des gens qui sont naturellement éloquents. Démosthène et Cicéron sont les plus éloquents orateurs de l'antiquité.* — Par ext., se dit aussi des discours, des ouvrages d'esprit, du style. *Un discours très é. Sa défense a été fort éloquente. Style é.* || Par anal., Qui est capable de toucher, d'émouvoir. *Des larmes éloquentes. Un regard é. Un geste é. Silence é.* || Fig., *La passion est éloquente,* Elle rend éloquent. = Syn. Voy. DISERT.

ELPASOLITE. s. f. (R. *El Paso,* n. de lieu, Nouveau-Mexique). T. Minér. Variété de cryolithe contenant du potassium au lieu de sodium.

ELSENEUR, v. du Danemark ; 9.000 hab.

ELSTER, riv. de Saxe qui arrose Leipzig ; 175 kil.

ELTACH. s. m. Sorte de résine.

ÉLU. s. m. (part. pass. d'*élire*). Celui qui est élu. Voy. ÉLIRE.

ÉLUCIDATION. s. f. (Pr. ...*sion*). T. Didact. Action d'élucider. Éclaircissement.

ÉLUCIDER. v. a. (lat. *elucidare,* m. s., de *e* préf. et *lux, lucis,* lumière). Rendre clair ; ne se dit que des choses d'esprit. = s'ÉLUCIDER, v. pron. Être élucidé. = ÉLUCIDÉ, ÉE. p.

ÉLUCUBRATEUR, TRICE. s. Celui, celle qui se livre aux élucubrations, aux travaux longs et assidus.

ÉLUCUBRATION. s. f. (Pr. ...*sion*) (lat. *elucubratio,* m. s.). Ouvrage composé à force de veilles et de travail ; n'est guère usité qu'au plur. et en parlant des ouvrages d'érudition. *Il va publier ses doctes élucubrations.* || Les veilles, les travaux mêmes qu'un ouvrage a coûtés. *Tel est donc le fruit de ses élucubrations.* — Dans les deux sens, mais surtout dans le second, il s'emploie souvent par plaisanterie ou par dénigrement.

ÉLUCUBRER. v. a. (lat. *elucubrari,* m. s., de *e* et *lucubrare,* travailler à la lampe). Composer à force de veilles. *É. un ouvrage.*

ÉLUDABLE. adj. Que l'on peut éluder. *Question é.*

ÉLUDER. v. a. (lat. *eludere,* m. s., de *e* et *ludere,* jouer). Éviter avec adresse, esquiver, se soustraire. *É. une question. É. la difficulté. É. une promesse. É. la loi. É. les artifices, les poursuites de quelqu'un.* = s'ÉLUDER, v. pron. *Cette question peut s'é.; mais non se résoudre.* = ÉLUDÉ, ÉE. part.
Syn. — *Éviter, Fuir.* — On *fuit* les choses et les personnes qu'on craint et celles qu'on a en horreur ; on *évite* les ch ses qu'on ne veut pas rencontrer, et les personnes qu'on ne veut pas voir ou dont on ne veut pas être vu ; on *élude* les questions auxquelles on ne veut pas ou l'on ne peut pas répondre. On *fuit* en prenant une direction opposée ; on *évite* en se détournant ; on *élude* en donnant le change. La peur fait *fuir* devant son ennemi ; la prudence fait *éviter* sa rencontre, et l'adresse en fait *éluder* les attaques.

ÉLUDEUR, EUSE. s. Personne qui élude les questions.

ÉLUDORIQUE. adj. (gr. ἔλαιον, huile ὕδωρ, eau) T.

Peint. Procédé de peinture dans lequel le pinceau, chargé de peinture à l'huile, doit passer à travers une eau très claire pour atteindre le fond qu'il s'agit de peindre.

ÉLUTION. s. f. (Pr. ... *sion*) (lat. *eluere,* épuiser). T. Techn. Procédé pour extraire le sucre des mélasses.

ELVAN. s. m. T. Minér. Sorte de roche porphyrique.

ELVAS, v. forte du Portugal ; 10,500 hab.

ELVELLE. s. f. T. Bot. Voy. HELVELLE.

ELVEN, ch.-lieu de c. (Morbihan), arr. de Vannes ; 3,300 hab. Beau donjon octogonal du château de Largoët (XIVᵉ siècle). Nombreux monuments celtiques sur son territoire.

ELVEND, haute montagne de la Perse occidentale.

ÉLYME. s. m. (gr. ἔλυμος, flûte, roseau). T. Bot. Genre de plantes Monocotylédones (*Elymus*) de la famille des Graminées. Voy. ce mot.

ÉLYNA. s. m. (gr. ἔλυνος, rameau). T. Bot. Genre de plantes de la famille des Cypéracées.

ÉLYSÉE. s. m. (lat. *elysium,* m. s.). T. Mythol. L'*E.* ou les *Champs Elysées.* Séjour des âmes vertueuses dans les enfers. — Par anal. Lieu de plaisirs publics. — *Champs-Elysées,* Nom d'une célèbre promenade de Paris. || Palais situé sur cette promenade, construit en 1720, agrandi en 1850 ; aujourd'hui, demeure du président de la République.
Myth. — Dans la mythologie gréco-romaine, le séjour des âmes vertueuses, après la mort, était appelé *Élysée* et *Champs Elysées,* Homère le place aux limites occidentales de la terre. Suivant ce poète, un printemps éternel règne dans l'*É.* ; le soleil y répand toujours sa lumière ; jamais la pluie ni les orages ne viennent attrister les héros, qui y vivent dans une félicité parfaite. Hésiode nomme ce lieu fortuné les *Iles bienheureuses,* et le place au delà de l'Océan. Suivant lui, la terre s'y couvre, trois fois par année, de fleurs et de fruits. Les traditions postérieures s'écartent en quelques points du type primitif. Ainsi, d'après Lucien, l'*E.* serait situé dans la lune ; Plutarque le place au contre de la terre, et Denys le Périégète dans les Iles Blanches. Enfin, Virgile suppose qu'après un séjour de mille ans dans les Champs Elysées, les ombres que les habitent boivent de l'eau du fleuve Léthé, et reviennent sur la terre où leurs âmes vont animer d'autres corps.

ÉLYSÉEN, ENNE. adj. Qui appartient à l'Élysée. *Les ombres élyséennes.*

ÉLYSIENS. adj. m. pl. N'est usité que dans cette loc., *Les Champs Elysiens,* Les Champs Elysées.

ÉLYTRE. s. f. (gr. ἔλυτρον, enveloppe ; quelques-uns font ce mot masc.). T. Entom. Aile supérieure des insectes coléoptères de consistance cornée, qui recouvre les ailes intérieures membraneuses. Celles-ci sont les seules propres au vol. Latreille paraît être le premier qui ait employé ce mot (1810) et il le fait du féminin.

ÉLYTREMPHRAXE. s. f. (gr. ἔλυτρον, vagin ; ἔμφραξις, obstruction). T. Méd. Obstruction du vagin. Inus.

ÉLYTRHÉMIE. s. f. (gr. ἔλυτρον, vagin ; αἷμα, sang). T. Méd. Congestion sanguine du vagin.

ÉLYTRITE. s. f. (gr. ἔλυτρον, vagin). T. Méd. Inflammation du vagin.

ÉLYTRO-BLENNORRHÉE. s. f. (gr. ἔλυτρον, vagin, et fr. *blennorrhée*). T. Méd. Blennorrhée du vagin.

ÉLYTRO-CAUSTIQUE. adj. (gr. ἔλυτρον, vagin, et fr. *caustique*). T. Chir. Se dit d'une pince qui servait à la cautérisation du vagin.

ÉLYTROCÈLE. s. f. (gr. ἔλυτρον, vagin ; κήλη, hernie). T. Chir. Hernie vaginale.

ÉLYTROCLASIE. s. f. (gr. ἔλυτρον, vagin ; κλάσις, rupture). T. Méd. Rupture du vagin.

ÉLYTROÏDE. adj. (gr. ἔλυτρον, enveloppe; εἶδος, ressemblance). T. Didact. Qui ressemble à une gaine. || T. Anat. *Membrane é.*, Prolongement du péritoine qui accompagne le testicule, quand celui-ci franchit l'anneau inguinal.

ÉLYTROPLASTIE. s. f. (gr. ἔλυτρον, vagin; πλάσσω, je restaure). T. Chir. Opération par laquelle on répare une perte de substance dans le vagin.

ÉLYTROPTOSE. s. f. (gr. ἔλυτρον, vagin; πτῶσις, chute). T. Chir. Chute, renversement du vagin.

ÉLYTRORRHAGIE. s. f. (gr. ἔλυτρον, vagin; ῥέω, je coule). T. Méd. Hémorrhagie vaginale.

ÉLYTRORRHAGIQUE. adj. T. Méd. Qui a rapport à l'élytrorrhagie.

ÉLYTRORRHAPHIE. s. f. (gr. ἔλυτρον, vagin; ῥάπτω, je couds). T. Méd. Opération par laquelle on fait une suture dans le vagin pour réparer une déchirure, ou pour remédier à une chute de l'utérus.

ÉLYTRORRHÉE. s. f. (gr. ἔλυτρον, vagin; ῥέω, je coule). T. Méd. Écoulement muqueux par le vagin.

ÉLYTROSTÉNIE. s. f. (gr. ἔλυτρον, vagin; στενός, étroit). T. Méd. Rétrécissement du vagin.

ÉLYTROTOME. s. m. T. Chir. Instrument en forme de ciseaux employé pour l'élytrotomie.

ÉLYTROTOMIE. s. f. (gr. ἔλυτρον, vagin; τομή, section). T. Chir. Incision du vagin.

ELZEVIR. s. m. Édition imprimée dans les XVIe et XVIIe siècles par l'un des typographes hollandais du nom d'Elzevir. || Nom d'un caractère d'imprimerie.

ELZEVIR ou **ELZEVIER**, nom d'une famille illustre d'imprimeurs établis à Leyde, à la Haye, à Utrecht et à Amsterdam aux XVIe et XVIIe siècles. On en connaît quatorze, dont le plus ancien a été Louis (1540-1617), et dont le dernier fut ABRAHAM II, mort après 1712.

ELZEVIRIEN, IENNE. adj. Qui appartient aux elzevirs. *Édition elzevirienne. Format elzevirien.*

ÉMACIATION. s. f. [Pr. ... *sion*] (lat. *emaciare* de *e*, et *macer*, maigre). T. Méd. Amaigrissement extrême; l'é. est un phénomène pathologique, tandis que l'amaigrissement est plutôt physiologique. Voy. AMAIGRISSEMENT.

ÉMACIÉ, ÉE. adj. (lat. *emaciatus*, m. s., part. pass.; de *emaciare*, amaigrir). Qui est amaigri, qui est devenu maigre.

ÉMAIL. s. m. [Pr. *émal*, *l* mouillée] (ital. *smalto*; du haut-all. *smelzan*, fondre). Enduit vitreux qu'on applique sur la plupart des produits de l'art céramique. *L'é. de cette porcelaine n'est pas solide.* Voy. CÉRAMIQUE. || Matière vitrifiée et généralement teinte de diverses couleurs qu'on applique sur les métaux. *É. bleu, rouge. Un œil d'é. Peindre en é.* — Par ext., se dit des objets métalliques émaillés. *Une collection d'émaux de Limoges.* || Substance blanche et brillante qui recouvre la couronne des dents. Voy. DENT. || Fig. et poét., on dit, *L'é. des fleurs, l'é. d'une prairie*, en parlant de la variété des fleurs qui embellissent un parterre, etc.

Techn. — On donne le nom d'*Émaux* à des matières vitreuses, blanches ou diversement colorées, qui sont destinées, soit à recouvrir les divers produits de l'art céramique, soit à être appliquées en manière d'ornement sur les métaux. Nous ne parlerons ici que de cette dernière catégorie d'émaux.

L'é. le plus simple est l'é. incolore : comme il sert de base à tous les autres, on l'appelle *fondant* ou *couverte*. Pour faire cet é., on mêle de 15 à 50 parties d'étain avec 100 de plomb; on calcine ce mélange dans un vase ouvert. Le bain métallique s'oxyde alors rapidement et sa surface se recouvre d'une poudre jaunâtre qui est un stannate de plomb et qu'on enlève à mesure qu'elle se forme. On la porphyrise et on la lave avec soin. Cela fait, on prend 200 parties de cette poussière, on y ajoute 100 parties de sable siliceux et 80 parties

de carbonate de potasse, et l'on soumet le tout à une chaleur suffisante pour lui faire éprouver un commencement de fusion. La *fritte* ainsi obtenue constitue le *fondant*. Si, au mélange qui précède, on ajoute une très minime proportion de bioxyde de manganèse, le fondant aura une couleur *blanc de lait*. On voit, par la composition qui sert à faire ce fondant, que c'est tout simplement un verre à base de potasse, contenant du stannate de plomb. Maintenant, quand on veut obtenir un é. coloré, il suffit de réduire le fondant en poussière et de le faire fondre en y ajoutant une très faible proportion d'un oxyde métallique convenable.

On obtient l'é. *bleu* avec l'azur ou l'oxyde de cobalt; le *jaune*, avec un mélange d'oxyde d'antimoine, de carbonate de plomb, d'alun et de sel ammoniac; l'*orangé*, en ajoutant du sesquioxyde de fer à l'oxyde d'antimoine; le *vert*, avec l'oxyde de chrome ou le deutoxyde de cuivre; le *rouge*, avec le sesquioxyde de fer; le *pourpre*, le *carmin* et le *rose*, avec de l'or très divisé ou le pourpre de Cassius, selon les doses; le *noir*, avec un mélange de peroxyde de manganèse et d'oxyde de fer, auquel on ajoute un peu de cobalt, quand la coloration doit être très vive, et le *violet*, avec du peroxyde de manganèse. Il existe, en outre, dans ces couleurs, une multitude de nuances qu'on obtient soit par des mélanges des oxydes déjà cités, soit par l'emploi d'autres oxydes. Tous les émaux qui précèdent sont transparents, mais il suffit d'y introduire de l'oxyde d'étain pour leur donner de l'opacité. On obtient ce produit en faisant fondre à l'air libre, dans une capsule métallique, de l'étain pur.

Une fois l'é. fondu, on le coule dans l'eau et on le pulvérise. Quand on veut s'en servir, on délaie cette poudre d'é. dans l'eau pure de manière à en former une pâte plus ou moins liquide, qu'on applique ensuite sur les métaux préalablement décapés avec soin, à l'aide d'une petite spatule ou d'un pin-

Fig. 1.

ceau. Si alors on l'expose à une température convenable dans un four de forme appropriée, dit *four à moufle*, cette pâte se ramollit, entre en fusion et fait corps avec le métal. Autrefois, les émaux étaient réservés aux objets artistiques, mais depuis plusieurs années leur emploi a pris un grand développement industriel. À l'aide de l'é. commun, on recouvre les ustensiles de ménage en fonte ou en fer. Les couleurs les plus usitées sont les suivantes : bleue, grise ou blanche. Souvent aussi la coloration est marbrée ou granitée.

Suivant le procédé employé pour fixer la pâte vitreuse sur les plaques métalliques, les émaux se divisent en : *émaux cloisonnés*, ce sont les plus anciens qui datent du VIe siècle, et qu'on appelle souvent *émaux byzantins; émaux chample-*

vés, lesquels ont fait leur apparition vers le XIIIe siècle; *émaux translucides sur relief* et *émaux peints*. Ceux des deux premières classes constituent les *émaux des orfèvres*, et ceux de la troisième les *émaux des peintres*.

Pour faire les premiers, l'artiste donne à la plaque métallique sa forme définitive; il l'entoure d'un petit rebord pour retenir l'é., et y dispose les traits des figures avec de minces bandelettes de métal qu'il soude sur le fond. Cela fait, il introduit la pâte vitreuse dans les loges produites par ces petites cloisons, et il ne lui reste plus qu'à la mettre au four et à la polir après son refroidissement. — Comme dans les précédents, un trait de métal forme à la surface des émaux champlevés les linéaments principaux des figures; mais ce trait, au lieu d'être fait à part et rapporté sur le fond, est pris, au contraire, aux dépens de la plaque elle-même. L'artiste décalque son dessin sur le métal, puis, à l'aide du burin, évide tout ce qui n'a pas été couvert par le crayon. Il obtient ainsi une véritable gravure en relief, et les espaces vides entre les contours forment autant de petites cuves qu'il remplit de ses divers émaux. Ces derniers émaux ont été créés afin de diminuer les frais d'exécution des émaux cloisonnés, qui nécessitaient beaucoup de temps, un très grand soin et une extrême habileté de la part de l'ouvrier émailleur.

Les *émaux translucides* sur relief ne s'emploient qu'avec des métaux précieux, l'or et l'argent; ils peuvent s'exécuter de plusieurs manières; mais, en général, on trace légèrement sur la plaque le calque du dessin, et l'on grave la composition en relief avec toute la finesse du modelé. On étend ensuite sur cette sculpture les émaux à l'état pulvérulent, puis on les soumet à la chaleur du four qui les fait entrer en fusion et leur donne

Fig. 2.

le brillant et la transparence de la glace. Les saillies de la sculpture laissent à l'é. peu d'épaisseur, et les fonds, au contraire, lui en donnent beaucoup, il se produit une échelle infinie de tons différents dans la même nuance d'émail.

Les *émaux peints*, qui datent de la Renaissance, constituent la troisième classe des produits de l'émaillerie. Ils diffèrent essentiellement des précédents. Ici l'émailleur n'a pas besoin de graver le métal pour exprimer les traits du dessin; la plaque métallique est entièrement cachée sous la matière vitreuse : l'é. seul rend tout à la fois le trait et le coloris. C'est plutôt une véritable peinture qu'un émaillage proprement dit, puisque ce n'est qu'après fusion de la poudre d'é. que les traits des figures apparaissent.

Nous représentons (Fig. 1) une aiguière en émail de Limoges, de Jean Courtois, et (Fig. 2) un plat en émail de Bernard Palissy, qui se trouve au musée du Louvre.

Émaux galvanoplastiques. — Depuis quelques années, l'art de la galvanoplastie a permis d'obtenir des émaux qui rappellent les émaux dits *cloisonnés* et *champlevés*. On dispose tout d'abord sur les feuilles métalliques que l'on veut émailler et qui sont perforées, les parcelles d'é. représentant le dessin terminé; on plonge ensuite le tout dans un bain galvanoplastique, de cuivre, de zinc, d'or ou d'argent. Grâce à l'ac-

tion du courant électrique, le sel métallique du bain se décompose; le métal garnit alors les intervalles compris entre les morceaux d'é. et forme ainsi la cloison.

L'art d'émailler les métaux remonte à une époque très reculée. Les Romains et les Grecs fabriquaient des sortes d'émaux composés de fils de verre diversement colorés et soudés les uns aux autres, mais sans confusion des couleurs. Ces fils assemblés étaient ensuite découpés par petites plaquettes, que les artistes juxtaposaient les uns aux autres. Bien antérieurement, les Égyptiens eux-mêmes avaient créé des émaux, simples cloisonnages ou plutôt mosaïques du plus beau style. Toutefois, ce n'est qu'à partir du XIe siècle que l'émaillerie a commencé à être cultivée avec ardeur. A partir de cette époque, elle constitua l'une des branches les plus importantes de l'orfèvrerie religieuse, et, pendant plus de quatre cents ans, les artistes de Limoges se maintinrent à la tête de cette partie de l'art. Depuis le XVIe siècle, la fabrication des émaux a reçu une direction toute mondaine qui l'a considérablement amoindrie ; néanmoins elle n'a jamais cessé de fournir des produits d'un très grand mérite. Parmi les émailleurs les plus renommés de notre époque, nous citerons Ch. Wagner, Froment-Maurice, Morel et Rudolphi.

Blason. — Dans l'art héraldique, les différentes couleurs que présentent l'écu et ses figures sont désignées sous le nom d'*Émaux*, parce qu'autrefois on peignait les armoiries en émail sur les meubles, et particulièrement sur les armes et les pièces d'orfèvrerie. — Les émaux se divisent en trois

Fig. 1.    Fig. 2.    Fig. 3.

classes : les *Métaux*, les *Couleurs* proprement dites, et les *Fourrures*. Nous allons les énumérer en indiquant en même temps les signes de convention au moyen desquels on les re-

Fig. 4.    Fig. 5.    Fig. 6.

présente dans la gravure et dans la sculpture. Il y a deux métaux : l'or ou le *jaune* (Fig. 1) et l'argent ou le *blanc* (Fig. 2). Les couleurs sont au nombre de cinq principales, savoir : le

Fig. 7.    Fig. 8. 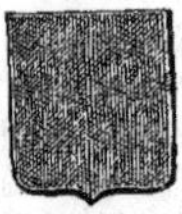   Fig. 9.

rouge, qui, en termes de blason, se nomme *gueules* (Fig. 3); le *bleu* ou *azur* (Fig. 4), le *vert* ou *sinople* (Fig. 5), le *pourpre* ou *violet* (Fig. 6), et le *noir* ou *sable* (Fig. 7). Les

Fig. 10.    Fig. 11. 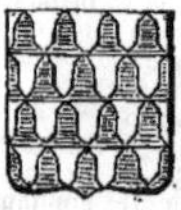   Fig. 12.

héraldistes anglais admettent en outre la *sanguine* (Fig. 8) ou couleur de chair, et l'*orangée* ou *tannée*, qui est aurore (Fig. 9). Enfin, on emploie encore la *carnation* ou couleur de chair pour les figures humaines, et la *couleur naturelle* pour les plantes et les animaux, ces deux couleurs, ainsi qu'il est aisé de le comprendre, n'ont pas de signes particuliers. Quant aux fourrures, qu'on appelle aussi *Pannes*, elles sont au nombre de quatre, l'*hermine* (Fig. 10), qui est le blanc moucheté de noir ; la *contre-hermine* (Fig. 11), qui est le noir moucheté de blanc ; le *vair* (Fig. 12), qui se compose de petites cloches alternativement blanches et bleues, et disposées en files horizontales ou *tires*, la base d'une cloche bleue touchant celle d'une cloche blanche ; et le *contre-vair* (Fig. 13) qui présente également les files de clochettes bleues et blanches, mais la base de chacune de celles-ci touche celle d'une clochette de même émail. Le vair et l'hermine prennent quelquefois d'autres couleurs que celles qui leur sont propres. Dans

Fig. 13.

ce cas, on dit *vairé* ou *herminé* de tel ou tel émail ; par exemple, *vairé d'or et de gueules.*

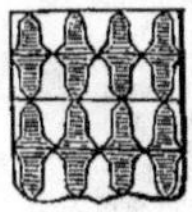

C'est une règle fondamentale du blason, qu'il ne faut pas mettre métal sur métal, ni couleur sur couleur, c.-à-d. que si le champ de l'écu est de métal, les figures doivent être de couleur, et réciproquement. Il n'est fait exception à cette règle que pour les animaux dont le bec, les griffes et la langue sont d'un autre émail que le corps. Enfin, dans un écu à partitions, si un quartier est de couleur, les quartiers adjacents doivent être de métal. — Les armes de métal sur métal ou de couleur sur couleur sont fausses, mal blasonnées ou du moins à *enquerre* (voy. AUMOIRIES), et celui qui les porte doit pouvoir justifier de l'origine de cette anomalie.

ÉMAILLAGE. s. m. [Pr. *éma-llaje*, *ll* mouillées]. Action d'émailler ; travail d'émaux.

ÉMAILLER. v. a. [Pr. *éma-ller*, *ll* mouillées] Appliquer de l'émail sur quelque chose ; orner, embellir avec de l'émail. *E. de la porcelaine. E. une bague.* || Fig., Orner, embellir ; ne se dit que des fleurs. *Le printemps a émaillé ces prairies d'une admirable variété de fleurs.* == S'ÉMAILLER, v. pron. *Certains métaux s'émaillent plus facilement que d'autres.* == ÉMAILLÉ, ÉE. part. *Une montre émaillée. Des prés émaillés de fleurs.*

ÉMAILLERIE. s. f. [Pr. *éma-llerie*, *ll* mouillées]. L'art de l'émailleur.

ÉMAILLEUR. s. m. [Pr. *éma-lleur*, *ll* mouillées]. Celui qui travaille en émail. *Lampe d'é.* Voy. CHALUMEAU.

ÉMAILLEUX, EUSE. adj. [Pr. *éma-lleu*, *ll* mouillées]. Qui est d'émail ou de la nature de l'émail.

ÉMAILLOÏDE. s. m. [Pr. *éma-llo-ide*, *ll* mouillées] (R. *émail*, et gr. εἶδος, apparence). T. Techn. Travail qui a pour but de recouvrir les métaux d'un coloris semblable à celui de l'émail.

EMAILLURE. s. f. [Pr. *éma-llure*, *ll* mouillées]. L'art de l'émailleur. || Ouvrage en émail. || T. Fauconn. Taches rouges dont sont marquées les pennes des oiseaux de proie.

ÉMANATEUR. s. m. Appareil destiné à faciliter la vaporisation d'un produit volatil.

ÉMANATIF, IVE. adj. (lat. *emanatus*, émané). T. Didact. Qui tient à l'émanation, qui s'y rapporte.

ÉMANATION. s. f. [Pr. *...sion*]. Action d'émaner. *L'é. de Dieu. L'é. de la lumière. Par voie d'é.* || La chose qui émane. *Les odeurs sont des émanations de certains corps. Des émanations fétides, pestilentielles.* || Fig., Manifestation, dérivation. *L'autorité de ce corps est une é. de la puissance souveraine.*

Philos. — En philosophie, on donne le nom de système de l'*Émanation* à la doctrine suivant laquelle tous les êtres, esprits et corps, dont se compose l'univers, ne sont qu'une extension, qu'un écoulement de la substance divine, et, par conséquent, sont autant de parcelles de celle-ci. D'après cette doctrine, les êtres sont sortis et sortent éternellement du sein de Dieu, sans le diminuer, ni l'épuiser, comme la lumière émane du soleil. En outre, à mesure que les êtres ainsi émanés de la substance divine s'éloignent de leur source, ils deviennent de plus en plus imparfaits et impurs. Le système de l'é. est évidemment la forme la plus simple et la plus grossière du panthéisme. Elle paraît avoir succédé au culte matériel des astres et du soleil, et même à ce genre de sabéisme ayant revêtu une forme métaphysique. La doctrine de l'é. se retrouve, mais avec des modifications aussi nombreuses que

diverses, chez les adeptes de la Kabbale, dans les différentes sectes du gnosticisme et dans l'école néoplatonicienne d'Alexandrie. Elle se présente alors avec un aspect plus spiritualiste. De l'Être suprême, ineffable, intelligence pure, et existant par lui-même, sort, par une série de générations successives, une longue chaîne d'intelligences de plus en plus inférieures, qui se termine par les êtres matériels. Ces intelligences, qu'on appelait les *Éons*, représentent simplement des idées personnifiées, telles que l'*intelligence*, la *pensée*, la *vérité*, le *verbe*, la *vie* ; au reste, le nombre de ces Éons est tout à fait arbitraire, et varie dans chaque secte philosophique ; Basilide, par exemple, en admettait 364. — Le système de l'é. est incompatible avec la libre activité de Dieu, car tous les êtres procèdent nécessairement de lui par un écoulement continu. En outre, en supprimant l'idée de cause, il efface toute distinction réelle entre les êtres, et nous les fait concevoir, non comme la production, mais comme l'extension d'un seul être. La conséquence naturelle d'un tel système est la négation du libre arbitre et de la morale. Aussi, certains partisans de cette doctrine, comme les Carpocratiens et les Marcosiens, etc., poussant la logique jusqu'au bout, se livraient aux débauches les plus honteuses. Au point de vue métaphysique, ce système avait été imaginé pour expliquer l'origine du mal sur la terre, et pour concilier son existence avec la bonté de l'Être suprême. Or, est-ce résoudre le problème que de l'attribuer à l'imperfection des intelligences subalternes, quand on admet en même temps que ces intelligences sont émanées de Dieu par un écoulement nécessaire ? Comment des êtres qui ne sont point distincts de l'Être suprême, qui ne font qu'un avec lui, sont-ils eux-mêmes imparfaits ? — La doctrine de l'é. a eu de nombreux adeptes dans les trois premiers siècles de notre ère, et ses partisans, tantôt se sont montrés adversaires du christianisme, tantôt se sont donnés comme les seuls représentants de la vraie doctrine de Jésus-Christ. Voy. GNOSTICISME.

ÉMANATISTE. adj. et s. Qui repose sur le système de l'émanation, qui admet ce système.

ÉMANCHE. s. f. (R. *manche*). T. Blas. Pièce de l'écu de plusieurs pointes triangulaires mourantes de l'un des bords ou de l'un des angles.

ÉMANCHÉ, ÉE. adj. T. Blas. Se dit de l'écu couvert de pointes mourantes des bords et d'émaux alternés.

ÉMANCIPATEUR, TRICE. s. Celui, celle qui émancipe.

ÉMANCIPATION. s. f. [Pr. *...sion*]. Action d'émanciper ; état de celui qui est émancipé. Voy. MINORITÉ, FAMILLE, ESCLAVAGE et SERVAGE. || Fig., Affranchissement. *L'é. des communes. L'é. des colonies.*

ÉMANCIPER. v. a. (lat. *emancipare*, m. s., de *e*, et *mancipare*, vendre suivant un mode solennel, de *manus*, main, et *capere*, prendre ; parce que l'émancipation se faisait, chez les Romains, par trois ventes fictives qui épuisaient l'autorité paternelle). T. Droit français. Donner à un mineur, à l'âge déterminé par la loi, le droit d'administrer ses biens et de toucher ses revenus. *Son père l'avait émancipé Se faire é.* || T. Droit rom. Mettre hors de la puissance paternelle. *Il refusa d'é. son fils.* || Par anal., *É. un esclave. É. un serf.* Lui donner la liberté, lui rendre la libre disposition de sa personne. || Fig., *É. un pays*, l'affranchir d'une domination qui lui pèse. || Fig., Rendre libre. *É. le peuple. Avant d'é. cette multitude, il eût fallu l'instruire. É. la raison, l'intelligence humaine.* == S'ÉMANCIPER, v. pron. || Figur., Conquérir son indépendance. *Les colonies américaines s'émancipèrent malgré les efforts de la métropole.* || Fig. et pron., Se donner trop de licence, ou sortir des bornes des bienséances ; ne pas garder la mesure convenable. *Vous vous émancipez trop. Il s'est un peu émancipé. Vous vous émancipez beaucoup, pour un homme qui relève de maladie.* == ÉMANCIPÉ, ÉE. part. *Mineur émancipé.*

ÉMANDIBULÉ, ÉE. adj. (R. *mandibule*). T. Zool. Qui est dépourvu de mandibules.

ÉMANER. v. n. (lat. *e*, hors de ; *manare*, couler). Provenir, sortir, découler de. *Les odeurs sont produites par des corpuscules qui émanent des substances odorantes. Cet acte émane de la puissance souveraine.* == ÉMANÉ, ÉE. part. *Des lettres émanées du prince. Un ordre émané de l'autorité.* == Syn. Voy. DÉCOULER.

ÉMANISTE. s. m. (R. *émaner*). T. Philos. Partisan du système des émanations.

ÉMANUÉ, ÉE. adj. (lat. *e* priv.; *manus*, main). T. Zool. Qui n'a pas de main.

ÉMARGEMENT. s. m. Mention d'un paiement, ou toute autre annotation inscrite en marge d'un compte, d'un mémoire, etc. L'é. *des sommes énoncées. L'é. d'un compte.* — Par ext., Payement d'un traitement.

ÉMARGER. v. n. (R. *marge*). Mettre sa signature, écrire une annotation quelconque en marge d'un compte, d'un inventaire, etc. *É. la feuille des appointements.* || Absol., Toucher ses appointements. *Dans notre administration, c'est le premier du mois que l'on émarge.* || Couper, diminuer la marge. *É. une estampe.* == ÉMARGÉ, ÉE. part. || T. Conchyl. Se dit d'une valve d'une coquille qui présente une échancrure n'existant pas sur la valve opposée. Voy. CONCHYLIOLOGIE. == Conj. Voy. MANGER.

ÉMARGINATIROSTRE. adj. (lat. *emarginatus*, échancré; *rostrum*, bec). T. Ornith. Qui a le bec échancré.

ÉMARGINATURE. s. f. (lat. *emarginatus*, échancré). T. Bot. Échancrure terminale d'un organe.

ÉMARGINÉ, ÉE. adj. (lat. *emarginatus*, échancré). T. Bot. Se dit des organes qui présentent une échancrure arrondie et peu profonde.

ÉMARGINULE. s. f. (R. *émarginé*). T. Zool. Genre de Mollusques Gastéropodes, dont la coquille présente une échancrure en avant. Voy. SCUTIBRANCHES.

ÉMASCULATEUR. s. m. (R. *émasculer*). Celui qui châtre un homme ou un animal mâle.

ÉMASCULATION. s. f. (Pr...*sion*) (R. *émasculer*). Action de châtrer un homme ou un animal mâle. Voy. CASTRATION. — Fig., Énervation, abâtardissement.

ÉMASCULER. v. a. (lat. *e* priv.; *masculus*, mâle). Châtrer un animal mâle. — Fig., Affaiblir, abâtardir.

EMBABEH, village de la basse Égypte où fut livrée la bataille dite des Pyramides (21 juillet 1798).

EMBABOUINER. v. a. (R. *babouin*). Engager quelqu'un par des caresses, par des paroles flatteuses, à faire ce qu'on souhaite de lui. *Cette femme l'a embabouiné. Il s'est laissé e.* == s'EMBABOUINER. v. pron. T. Mar. S'engager dans de mauvais passages, en parlant d'un navire. == EMBABOUINÉ, ÉE. part.

EMBÂCLE. s. m. (R. *bâcler*). T. Ponts et Chauss. Amoncellement de glaçons qui barre un cours d'eau dans une débâcle. L'une des plus extraordinaires a été celle de la Loire, en amont de Saumur, en décembre 1879. || Se dit de tout embarras dans les eaux, ruisseaux et rivières.

EMBALLAGE. s. m. (Pr. *an-ba-laje*). Action d'emballer. *C'est un tel que j'ai chargé de l'e. de mes meubles. Frais d'e.* — *Toile d'e.*, Toile grossière qui sert à emballer.
Emballage des fruits. — Lorsqu'on veut baser une spéculation sur la production des fruits, surtout lorsqu'on est obligé d'expédier ces fruits au loin, il est nécessaire de choisir pour chaque espèce un mode d'é. qui la préserve des détériorations du voyage. Les divers fruits de table ne présentant pas la même consistance, il convient, à cet égard, de les partager en deux catégories : les fruits à chair molle, comme les fruits à noyaux et quelques autres; puis ceux de consistance plus ferme, comme les poires et les pommes. Pour les fruits à chair très molle, il convient de remplir les quatre conditions suivantes : 1° Les cueillir un peu avant leur complète maturité. Ils sont ainsi plus fermes et sont moins exposés à être contusionnés. Il faut cependant que la maturité soit assez avancée pour qu'elle puisse se compléter pendant le voyage. 2° Les envelopper et les isoler dans une matière assez élastique, pour qu'ils ne puissent se meurtrir mutuellement. 3° Employer pour l'emballage des caisses en bois blanc léger, de dimensions assez restreintes pour qu'on ne puisse placer qu'une ou deux couches de fruits. Ces caisses étant très petites et le

poids de chacune d'elles peu considérable, les secousses qu'elles éprouveront pendant le voyage seront très atténuées et les fruits moins contusionnés. 4° Remplir les caisses assez complètement pour que l'ébranlement continu ne donne pas lieu à un tassement qui produirait le vide et exposerait les fruits à se déplacer, à se meurtrir par des chocs répétés. Indiquons maintenant les soins particuliers réclamés par chaque espèce de fruits de cette catégorie. — Les pêches ne doivent fermer qu'un seul lit dans les boîtes. On place au fond et sur les côtés de ces boîtes une couche de rognures de papier; on enveloppe chaque fruit dans une ou deux feuilles de vigne, et on le place les uns à côté des autres en les séparant par une couche de ouate. Il convient de les serrer le plus possible sans les froisser, et de bien remplir les vides avec de la ouate On termine en plaçant par-dessus une dernière couche de rognures de papier pour remplir exactement la boîte. Ces fruits ainsi emballés pourront faire, sans altération, le trajet de Marseille à Londres. — Les abricots et les prunes seront emballés comme les pêches, avec cette seule différence que leur volume étant plus petit, on pourra en placer deux lits dans une même boîte, en les séparant par une couche de rognures de papier. — Les cerises pourront être superposées sur trois ou quatre lits. — Les raisins recevront aussi le même mode d'e. Chaque grappe sera entourée par une feuille de vigne ou de papier joseph, et l'on pourra superposer deux lits, en interposant entre eux une couche de ouate. — Pour les poires et les pommes, on choisira des caisses ou des paniers dont le poids total, fruits et c. compris, ne dépasse pas 20 kilogrammes. On place au fond et sur les côtés une couche épaisse de mousse sèche ou de regain, on dispose sur cette couche un premier lit de fruits bien serrés, enveloppés de papier joseph et séparés les uns des autres par des rognures de papier. On superpose autant de lits de fruits que la caisse peut en contenir, en séparant chaque lit par une couche de mousse. Ces caisses ou paniers doivent être pourvus d'anses permettant de les saisir et de les transporter facilement. — Les procédés que nous venons de décrire s'appliquent aux fruits de premier choix, dont le prix assez élevé peut supporter ces frais d'e. Pour les fruits plus communs, surtout lorsqu'ils ne doivent pas parcourir de grandes distances, l'e. peut être très simplifié. Dans ce cas, les pêches, les abricots sont placés dans des paniers plus larges que hauts, qui peuvent recevoir trois ou quatre rangées de fruits séparées par des feuilles fraîches. Les prunes, les cerises, les raisins, de consistance plus ferme, sont placés dans des paniers plus grands; on ne doit employer les feuilles que pour garnir les parois. — Les framboises sont de tous les fruits plus difficiles à protéger. Leur transport au loin paraît impossible, à moins qu'on ne procède comme les cultivateurs de Dijon, qui les expédient dans de petits tonneaux. Elles arrivent à l'état de marmelade, mais propres à faire des sirops et des gelées.

EMBALLER. v. a. (Pr. *anba-ler*) (R. *en*, et *balle*). Empaqueter, mettre dans une balle, dans une caisse. *E. des hardes, des meubles*, etc. || Fig. et par plaisant., *E. quelqu'un dans une voiture*, Le faire partir en voiture, ou le voir monter en voiture pour quelque voyage. == s'EMBALLER. v. pron. *Être emballé*, Se dit d'un cheval qui prend le mors aux dents. || Fig. et fam., Se laisser vivement pour quelque chose; se laisser emporter en paroles ou en actions. == EMBALLÉ, ÉE. part.

EMBALLEUR. s. m. (Pr. *anba-leur*). Celui dont la profession est d'emballer des marchandises, etc. || Fig., et pop., Hâbleur, homme qui veut en faire accroire. *Ne vous fiez pas à ses promesses, c'est un e.*

EMBANDER. v. a. (R. *bande*). Envelopper de bandes.

EMBANQUER. v. a. T. Techn. Passer au centre les canons de l'organsin, lorsqu'on se dispose à ourdir.

EMBARBE. s. f. T. Techn. Nom que les tisseurs donnent à des ficelles servant à maintenir les cordes du semple qui ont été prises lors de la lecture de la carte.

EMBARBER. v. a. (R. *barbe*). Mettre une barbe à. *E. un masque.*

EMBARBOUILLER. v. a. (Pr. *anbarbou-ller, ll* mouillées). Barbouiller beaucoup. — Fig., Faire perdre à quelqu'un le fil de ses idées. || s'EMBARBOUILLER. v. pr. Se perdre dans ce qu'on dit.

EMBARCADÈRE. s. m. T. Mar. Jetée construite pour faciliter l'embarquement des marchandises. || Lieu de départ et d'arrivée des bateaux faisant le transport des voyageurs. || T. Chem. de fer. Endroit où l'on charge et où l'on décharge les voyageurs et les marchandises dans une gare. Voy. DÉBARCADÈRE.

EMBARCATION. s. f. [Pr. ...sion]. T. Mar. Dénomination générique sous laquelle on comprend tous les bateaux à rames, tels que chaloupes, canots, yoles, etc., et quelquefois même les petites barques à un ou deux mâts.

EMBARDAGE. s. m. T. Navig. fluv. Action d'engager un bateau sous l'arche d'un pont.

EMBARDÉE. s. f. T. Mar. Mouvement alternatif de droite à gauche et de gauche à droite, qui écarte la proue d'un navire de la direction qu'elle devrait garder, et qui, le plus souvent, résulte de l'action du vent ou d'un courant.

EMBARDER. v. a. T. Mar. Faire avancer son vaisseau pour éviter un autre vaisseau qui pourrait l'endommager. || T. Navig. fluv. Engager, faire entrer sous l'arche d'un pont. = EMBARDER. v. n. Éprouver une embardée. E. au large.

EMBARGO. s. m. (Mot espagnol qui veut dire séquestre). T. Mar. — On appelle ainsi la défense faite aux navires marchands qui se trouvent dans un port d'en sortir sans permission. L'E. est aussi nommé Interdiction de commerce et Arrêt par ordre de puissance, parce qu'il ne peut avoir lieu qu'en vertu d'un ordre du souverain. Cette mesure peut atteindre non seulement les navires nationaux, mais encore les navires étrangers. Quand un souverain met e. sur les navires qui se trouvent dans ses ports, c'est le plus souvent pour les employer à un service ou pour les autres, et empêcher de communiquer avec ses ennemis. Dans le droit international moderne, l'e. sur les navires étrangers, quelle que soit la gravité d'un acte pareil, n'est point considéré comme une mesure hostile, c.-à-d. n'est point regardé comme une déclaration de guerre. Il ne faut donc pas le confondre avec le séquestre dont une puissance, qui déclare la guerre à une autre, frappe la marine marchande de cette dernière. L'e. ne se met point sur les bâtiments de guerre.

EMBARILLAGE. s. m. [Pr. anbari-llage, ll mouillées] (R. baril). Action d'emplir de poudre des barils.

EMBARILLER. v. a. [Pr. anbari-ller, ll mouillées] (R. baril). Mettre de la poudre dans les barils.

EMBARQUEMENT. s. m. Action de s'embarquer ou d'embarquer quelque chose. Depuis notre e., nous n'avons pas descendu à terre. E. de troupes. E. de marchandises. || Ce qu'il en coûte pour embarquer des marchandises. Cet e. a coûté cent écus.

EMBARQUER. v. a. (R. barque). Mettre dans une barque, dans un navire, dans un vaisseau ; on dit des hommes, des armes, des vivres, des marchandises, etc. E. des troupes. E. des marchandises. — E. en grenier, E. des marchandises non emballées et les mettre en tas dans la cale. || E., se dit d'un navire dans lequel la vague entre et de la vague elle-même. — Par ext., Recevoir dans le navire en parlant de l'eau qui passe par-dessus bord. || E., Engager à quelque chose ou dans quelque affaire ; se dit ordin. en mauvaise part. On l'a embarqué dans une méchante affaire. = s'EMBARQUER. v. pron. Entrer dans un vaisseau ou dans quelque autre bâtiment pour faire route. Nous nous embarquâmes à Toulon. — Par ext. Monter dans une voiture pour se mettre en route. S'e. en diligence. || Fig., S'engager dans quelque affaire. Vous vous êtes embarqué dans une belle affaire. = EMBARQUÉ, ÉE. part.

EMBARRAS. s. m. [Pr. anba-râ] (R. en et barre). Obstacle qu'on rencontre dans un chemin, dans un passage ; encombrement. Il y a toujours de l'e. dans cette rue. Un e. de voitures. Se tirer d'un e. — Causer de l'e. à quelqu'un, Lui causer du dérangement, faire qu'il soit obligé de se gêner pour vous recevoir. — Fig. et fam., Faire de l'e., faire ses e., Se donner de grands airs, afficher de grandes prétentions. || Fig., Accumulation d'affaires survenues toutes à la fois. Je me trouve dans un tel e. d'affaires que je ne sais par laquelle commencer. || Fig., Position difficile où se trouve quelqu'un. Je me suis vu dans un étrange e. Je l'ai aidé à se tirer d'e. — Dans un sens partic., se dit pour pénurie d'argent. Le jeu l'a mis dans un grand e. — Se dit aussi d'affaires embrouillées et d'affaires en mauvais état. Il y a de l'e. dans cette succession, dans les affaires de ce négociant. || Fig., État de perplexité où l'on se trouve lorsqu'on ne sait quel parti prendre, ni par quelle voie se tirer d'une position difficile. E. d'esprit. Il est dans l'e. de savoir à quoi se résoudre. — Gêne, malaise où l'on se trouve, quand on ne sait que dire ni que faire. Tout le monde s'aperçut de son e. Sa contenance trahissait son e.

Syn. — Timidité. — L'embarras est l'incertitude de ce qu'on doit dire ou faire ; la timidité est la crainte de dire ou de faire quelque chose de mal. La timidité ne se montre pas toujours au dehors ; l'embarras est toujours extérieur : la timidité tient au caractère ; l'embarras aux circonstances. L'embarras est passager, la timidité est permanente. On peut être timide sans être embarrassé, et embarrassé sans être timide.

Méd. — Embarras gastrique. On désigne sous le nom d'Embarras gastrique une affection fort commune, qui paraît résulter d'une altération dans la fonction sécrétoire des glandes digestives. — Les phénomènes principaux de l'e. gastrique sont la perte d'appétit, le dégoût des aliments et particulièrement des aliments gras, la langue pâteuse, amère et couverte d'un enduit jaunâtre, la couleur jaunâtre des ailes du nez et du pourtour des lèvres, les nausées, les renvois fades ou acides et la sensibilité de l'épigastre. A son début, on observe fréquemment que le malaise disparaît aussitôt après l'ingestion des aliments, pour se reproduire après la digestion. Lorsque l'e. est plus prononcé, il y a des vomissements de matières glaireuses ou muco-bilieuses ; le malade éprouve de la céphalalgie, des douleurs contusives dans les articulations ; les urines sont épaisses, sédimenteuses et briquetées. — L'état morbide que nous venons de décrire s'observe en général dans l'automne ou vers la fin de l'été, chez les individus qui se livrent à la bonne chère, chez ceux qui se nourrissent mal, usent de la digestion difficile, etc. — L'e. gastrique pur et simple n'offre aucune gravité ; mais il peut être symptomatique ou constituer les prodromes d'une autre affection, telle que la fièvre typhoïde : dans ce cas, le pronostic est subordonné à celui de la maladie principale. Pris au début, souvent il suffit de faire usage d'une boisson acidulée, telle que la limonade, ou légèrement amère, comme l'eau de chicorée, pour s'en débarrasser. Néanmoins, le plus ordinairement il est nécessaire d'administrer un purgatif léger (les sels neutres doivent être préférés), ou mieux encore un émétocathartique. Après l'emploi des évacuants, il est bon de prendre pendant quelques jours une tisane amère et aromatique.

EMBARRASSANT, ANTE. adj. [Pr. anba-ra-san]. Qui cause de l'embarras ; qui est incommode, gênant. Des bagages sont embarrassants dans une marche. Cela est fort e. à porter. || Fig., Qui cause de la perplexité. Situation embarrassante. Ce choix est e. Une question embarrassante. || Se dit aussi des personnes. Une femme embarrassante. Cet enfant est parfois très e. avec ses questions.

EMBARRASSEMENT. s. m. [Pr. anba-ra-se-man]. Action d'embarrasser.

EMBARRASSER. v. a. [Pr. anba-ra-ser]. Causer de l'embarras, obstruer. E. les rues. Cette charrette embarrasse le chemin. Ces moulins embarrassent le cours de la rivière. — Par anal., Gêner, déranger. Je n'ose aller vous voir à votre maison de campagne de crainte de vous e. Si cet enfant vous embarrasse, donnez-le-moi. || Entraver, gêner la liberté des mouvements. Otez votre manteau, il ne fait que vous e. || Fig., E. une affaire, une question, etc., L'embrouiller, la rendre obscure, difficile à éclaircir. || Fig., Mettre en peine, troubler, rendre perplexe. Ce que vous me dites m'embarrasse fort, je ne sais plus quel parti prendre. Cette question l'embarrassa visiblement. — Surcharger, fatiguer. On doit éviter les divisions et les sous-divisions trop nombreuses, parce qu'elles embarrassent l'esprit. — s'EMBARRASSER. v. pron. Être embarrassé. Il s'embarrassa dans les broussailles. Elle s'embarrassa dans son manteau. || Fig., Ne vous embarrassez point dans cette affaire-là. Ne vous en mêlez pas, vous y éprouveriez des difficultés, des désagréments. — Il s'embarrasse de tout, Les moindres choses le mettent en peine. || S'e. dans ses discours, Perdre la suite de ses discours, ne savoir plus par où en sortir. || T. Méd. Sa langue s'embarrasse, se dit de quelqu'un que la maladie, la crainte ou toute autre cause empêche d'articuler distinctement. *Sa tête s'embarrasse*, se dit d'un malade qui commence à délirer. *Sa poitrine s'embarrasse*, se dit d'un malade dont la poitrine commence à s'engorger. = EMBARRASSÉ, ÉE. part. *Rue embarrassée. Avoir la tête, la langue embarrassée.* || *Affaire, fortune embarrassée*, Affaire, fortune en mauvais état. || *Je trouvai mon homme bien embarrassé*, fort perplexe, ne sachant que faire. — *Prononciation embarrassée*, Prononciation lente et mal articulée.

EMBARREMENT. s. m. [Pr. *anba-remun*]. Action d'embarrer ; résultat de cette action.

EMBARRER. v. a. [Pr. *anba-rer*] (R. *barre*). T. Mar. E. *un levier*, Le placer dans une position convenable, de façon à ce qu'en agissant dessus on porte le canon dans la direction voulue. = EMBARRER. v. n. T. Techn. Placer un levier sous un fardeau, afin de le soulever. || Dans les verreries, saisir le creuset par la ceinture. = s'EMBARRER. v. pron. Se dit d'un cheval qui, après avoir passé une jambe au delà de la barre qui limite sa stalle dans l'écurie, ne peut plus se dégager. = EMBARRÉ, ÉE. part.

EMBARRIQUER. v. a. [Pr. *anba-riker*]. Mettre en barrique.

EMBARRURE. s. f. [Pr. *anba-rure*] (R. *en* et *barre*). T. Méd. vét. Contusion de la face interne des membres postérieurs du cheval, due à ce que celui-ci ayant passé l'un des membres postérieurs derrière la barre ou le bat-flanc, cherche à se dégager. Cette contusion est d'une gravité variable. On la guérit par des compresses d'eau boriquée tiède. Mais s'il y a éraillure de la peau, les compresses seront à l'eau phéniquée chaude à 2 p. 100.

EMBASE. s. f. (R. *en* et *base*). T. Techn. Renflement donné à une pièce tournante près de l'axe de rotation pour en augmenter la solidité. || T. Archit. Base sur laquelle repose une construction pour en augmenter la stabilité. || T. Horlog. Renflement de l'axe d'une roue d'horlogerie, lui servant de point d'appui. || T. Serrur. Moulure pratiquée au-dessous de l'anneau d'une clef.

EMBASEMENT. s. m. T. Archit. Espèce de piédestal contenu sous la masse d'un bâtiment.

EMBASSURE. s. f. Parois du four du verrier, de la base à la voûte.

EMBASTILLEMENT. s. m. [Pr. les *ll* mouillées]. Action d'embastiller.

EMBASTILLER. v. a. [Pr. les *ll* mouillées] (R. *Bastille*). Mettre dans une bastille, dans une prison quelconque. Entourer une ville de forts, de murailles.

EMBASTIONNEMENT. s. m. [Pr. *anbas-tio-neman*]. Action d'embastionner, d'entourer de forts.

EMBASTIONNER. v. a. [Pr. *anbas-tio-ner*] (R. *bastion*). Entourer de bastions, de forts.

EMBÂTAGE. s. m. (R. *bât*). Action d'embâter, résultat de cette action.

EMBATAGE ou **EMBATTAGE.** s. m. (R. *battre*). T. Techn. Action d'embattre, c.-à-d. de placer le bandage d'une roue. Voy. CHARRONNAGE.

EMBATAILLEMENT. s. m. [Pr. *anbata-lleman*, *ll* mouillées] (R. *bataille*). T. Art milit. Passage de l'ordre en colonne à l'ordre en bataille.

EMBATAILLER. v. a. [Pr. *anbata-ller*, *ll* mouillées] (R. *bataille*). Ranger en bataille. *E. une armée*.

EMBATAILLONNER. v. a. [Pr. *anbata-llo-ner*, *ll* mouillées] (R. *bataillon*). T. Art milit. Ranger des soldats en bataillon, les incorporer dans un bataillon.

EMBÂTER. v. a. (R. *bât*). Mettre le bât sur une bête de somme. *E. un âne*. || Fig. et fam., Charger quelqu'un d'une chose qui l'incommode. *On l'a embâté d'une affaire bien désagréable*. = s'EMBÂTER. v. pron. Être embâté. = EMBÂTÉ, ÉE. part.

EMBATEUR. s. m. (R. *embatre*). T. Techn. Celui qui place les bandes des roues des voitures.

EMBATOIR. s. m. (R. *embatre*). T. Techn. Fosse étroite dans laquelle on place les roues des voitures que l'on veut ferrer.

EMBÂTONNER. v. a. [Pr. *anbâto-ner*] (R. *bâton*). Armer d'un bâton. Fam. et peu us. = s'EMBÂTONNER. v. pron. S'armer d'un bâton. = EMBÂTONNÉ, ÉE. part.

EMBATRE. v. a. (R. *battre*). T. Charron. Revêtir une roue de bandes de fer. = s'EMBATRE. v. pron. *Les roues s'embatent à chaud.* = EMBATU, UE. part. = Conj. Voy. BATTRE. — Voy. CHARRONNAGE.

EMBATTAGE. s. m. Voy. EMBATAGE.

EMBAUCHAGE. s. m. Action d'embaucher des ouvriers. — Par extens., se dit dans le sens de provocation à la désertion.

EMBAUCHE. s. f. T. Rur. Prairie propre à engraisser le bétail.

EMBAUCHÉE. s. f. (R. *embaucher*). T. Mar. Commencement ou reprise du travail dans une journée.

EMBAUCHEMENT. s. m. Action d'embaucher.

EMBAUCHER. v. a. (R. *en* et *bauche*, vieux mot qui signifiait *lieu de travail*). Se dit d'un ouvrier qu'on engage. *E. des ouvriers*. *Ce compagnon est embauché depuis huit jours.* || Enrôler par adresse. *Il l'a embauché fort adroitement*. Fam. || Provoquer des soldats à passer à l'ennemi ou dans les rangs des rebelles. *On l'accuse d'avoir embauché plusieurs soldats*. = s'EMBAUCHER. v. pron. Être embauché. = EMBAUCHÉ, ÉE. part.

EMBAUCHEUR, EUSE. s. Celui, celle qui embauche. || Se dit de celui qui embauche des soldats.

EMBAUCHOIR. s. m. (R. *bouche*). T. Bottier. Instrument de bois en forme de jambe, dont on se sert pour élargir les bottes ou pour empêcher qu'elles ne se rétrécissent : il est composé de deux pièces entre lesquelles on chasse un coin. *Une paire d'embauchoirs.* || Appareil destiné à prendre l'empreinte, à la gutta-percha, de l'âme des bouches à feu dans lesquelles on a constaté des défauts.

EMBAUCHURE. s. f. T. Techn. Fourniture générale des ustensiles nécessaires dans une fabrique de sel.

EMBAUMEMENT. s. m. Action d'embaumer un corps mort ; résultat de cette action.

On nomme E. l'ensemble des préparations que l'on fait subir à un cadavre dans le but de le soustraire à la putréfaction, et de le mettre en état d'être conservé. Le nom d'*Embaumement* qu'a reçu cette opération vient évidemment de l'emploi que l'on a fait généralement des baumes pour obtenir ce résultat. — Presque toutes les nations anciennes étaient dans l'usage d'embaumer leurs morts ; mais aucune d'elles n'a porté cet art plus loin que les Égyptiens. Chez eux la pratique de l'e. se liait à une croyance religieuse, car ils s'imaginaient que l'âme restait auprès du corps qu'elle avait quitté, tant qu'il conservait sa première forme. Chez les Hébreux, où l'honneur de l'e. était réservé aux personnages de plus haut rang, on y mettait probablement moins de soins, parce qu'on ne se proposait d'arrêter la putréfaction que pendant le temps du deuil. Les Grecs, qui brûlaient les corps des morts, pratiquaient aussi une sorte d'e., pour les préserver de la putréfaction pendant le temps qui précédait cette cérémonie. Les Romains ont, pendant longtemps, embaumé leurs cadavres ; mais ils ont été loin d'égaler les Égyptiens, qui désiraient conserver les corps intégralement pendant une longue suite de siècles.

D'après les renseignements que nous ont transmis Hérodote, Diodore de Sicile et Porphyre, sur la manière dont les anciens Égyptiens pratiquaient l'e., tout ce système de conservation peut se réduire aux opérations suivantes : 1° vider toutes les cavités du corps, soit en faisant l'extraction des viscères qu'on lavait dans une liqueur aromatique, soit en les dissolvant à l'aide d'un liquide caustique ; 2° enlever aux corps leur graisse et leurs parties muqueuses en les soumettant pendant 70 jours à l'action du nitrum ou carbonate de soude; 3° opérer la dessiccation des corps tantôt à l'air, tantôt dans une étuve. Pendant cette dessiccation, les uns étaient vernis en dehors et remplis à l'intérieur de substances odorantes et antiseptiques; les autres étaient plongés dans du bitume chaud et liquide ou dans de la cire fondue qui les pénétrait de toutes parts. Enfin, de nombreuses bandelettes, enduites de gomme et appliquées avec beaucoup d'art sur toutes les régions du corps, fermaient tout accès à l'air et à l'humidité. — Quelque admirable que paraisse le procédé égyptien, quand on considère simplement le merveilleux état de conservation des momies qui remplissent les nécropoles de la haute Égypte et qui remontent à plus de 3000 ans, il y a lieu de croire que ce qui a le plus contribué à la conservation indéfinie de ces momies, c'est le climat du pays, et principalement l'absence d'humidité, et la température élevée et toujours égale (25 degrés) qui règne dans l'intérieur des chambres sépulcrales.

Les Guanches, antiques aborigènes des îles Canaries, avaient aussi leurs momies; mais c'était par des procédés plus simples qu'ils les préparaient. Ils se contentaient de faire sécher rapidement les corps, après l'extraction des viscères, et d'enduire les parties conservées de plusieurs couches d'un vernis aromatique. Il existe de ces momies au Jardin des plantes. Elles sont parfaitement conservées, sèches, légères, jaunes, odorantes, enveloppées dans des peaux de chèvre cousues avec soin. — On montre quelquefois, comme objet de curiosité, des têtes de sauvages de la Nouvelle-Zélande, ornées de leur épaisse chevelure, et dont les traits de la face, sillonnés par le tatouage, ont conservé toute leur expression. Ces têtes sont assurément mieux préparées que les momies égyptiennes. Le procédé d'c. usité par ces sauvages paraît consister dans un tannage pratiqué avec beaucoup de soin au moyen d'une substance végétale excessivement astringente, et terminé par la dessiccation dans la fumée.

Les procédés usités dans le moyen âge et dans les temps modernes pour embaumer les corps des rois, des princes et des personnages célèbres dont on voulait conserver aussi longtemps que possible la dépouille mortelle, ne sont guère qu'une imitation plus ou moins intelligente de la méthode égyptienne. On avait pris à la lettre le mot c., et l'on employait une foule d'aromates, ainsi que diverses substances astringentes. Si, parmi les cadavres traités de la sorte, on en a trouvé quelques-uns dans un bon état de conservation, c'est presque exclusivement à l'action de ces dernières substances qu'on doit attribuer ce résultat.

Les progrès de la chimie ont seuls permis de perfectionner l'art d'embaumer, c.-à-d. de préserver les cadavres de la putréfaction. Tout corps organisé, dès que la vie l'a quitté, devient la proie des micro-organismes qui le décomposent pour leur nourriture, et lui font subir la *fermentation putride*. Les os seuls échappent à cette destruction. Les liquides sont les premiers atteints, parce c'est dans les liquides que se développent les micro-organismes. En faisant disparaître ceux-ci soit par l'évaporation, soit par un moyen quelconque d'absorption, on arrête le mouvement de désorganisation des corps; mais en même temps on détruit toutes les formes, et, en outre, les cadavres restent toujours susceptibles de putréfaction, si, par une cause quelconque, ils viennent à se trouver accessibles à l'humidité qui permet le développement des germes putrides que renferme le corps. Il est donc indispensable d'introduire dans les corps qu'on veut conserver des substances qui détruisent les germes des micro-organismes ou, tout au moins, s'opposent complétement à leur développement, substances désignées aujourd'hui sous le nom d'*antiseptiques*. Chaussier, le premier, a proposé l'emploi du sublimé corrosif ou deutochlorure de mercure. Il s'est assuré que des matières animales plongées dans la solution mercurielle pendant un temps suffisant pour s'en pénétrer exactement deviennent absolument inaltérables. Au sortir de ce bain, les pièces sont molles, flexibles, et se prêtent à toutes les formes qu'on veut leur donner; mais, lorsqu'elles sont exposées à l'air libre, elles se dessèchent rapidement, perdent leur flexibilité, et acquièrent une couleur grisâtre. D'ailleurs elles sont absolument imputrescibles et inattaquables aux insectes. Thénard a vu une tête préparée par ce procédé qu'on avait abandonnée pendant six ans dans la gouttière du toit d'une maison, et qui n'avait éprouvé, au bout de ce temps, aucune altération; elle était seulement devenue un peu noire. — La manière la plus parfaite d'embaumer, selon Berzélius, serait d'injecter dans les artères du vinaigre de bois ou acide acétique concentré, et de conserver la peau et peut-être aussi les viscères, en les plongeant dans une dissolution alcoolique de bichlorure de mer-

cure. John David a proposé une solution aqueuse d'acide sulfureux; Braconnot, une solution de sulfate de protoxyde de fer; le Dr Tronchina, de Naples, l'acide arsénieux; ce dernier agent chimique est doué de propriétés antiseptiques aussi énergiques que le bichlorure de mercure. Gannal a beaucoup prôné divers sels d'alumine, qu'il injectait dans le système artériel par une incision faite à la carotide; mais les sujets préparés par ce procédé ne se conservaient que quelques mois, à moins que l'on n'eût ajouté à la liqueur une certaine proportion d'arsenic. Le Dr Tauffieb a proposé le bichlorure d'étain, et le Dr Sucquet le chlorure de zinc. L'efficacité du sublimé et de l'acide arsénieux est incontestable; mais ces deux procédés offrent un inconvénient très grave au point de vue de la médecine légale: aussi leur emploi est-il interdit en France. — Parmi les autres méthodes, le procédé de Sucquet est celui qui a donné les résultats les plus satisfaisants: l'Académie de médecine lui a donné son entière approbation. Sucquet injecte sa solution de chlorure de zinc par l'une des artères poplitées, d'abord dans la direction de l'abdomen, puis dans celle du pied: la quantité de liquide injecté est de 4 à 5 litres. Il applique ensuite deux ligatures, l'une au-dessus et l'autre au-dessous de l'ouverture du vaisseau, et enfin il ferme la plaie des téguments par une suture. Les pièces préparées avec le chlorure de zinc se conservent fraîches et souples, tant qu'il ne peut y avoir d'évaporation du liquide injecté, comme dans le cas d'inhumation; elles se dessèchent, au contraire, sans putréfaction, et passent à l'état de momie quand elles sont exposées à l'air libre. — Gorini, professeur de physique à Lodi, a imaginé une méthode particulière d'c. dont il n'a pas révélé le secret. Par ce procédé, dit-on, non seulement on obtient la conservation des pièces anatomiques et d'une portion quelconque d'un cadavre, mais encore on leur donne la dureté de la pierre et l'apparence des préparations en cire. On ajoute même que des pièces ainsi préparées ont pu être travaillées comme le marbre, de manière à en faire une marqueterie. — Pennès a donné un excellent procédé qui consiste à injecter par l'artère carotide au poids égal la quinzième partie du corps d'un mélange de 4 parties de vinaigre de Pennès (Voy. VINAIGRE) et 2 parties de glycérine blanche. — Enfin, nous signalerons aussi le procédé par l'ensevelissement dans un lit de myrrhe, qui consiste à ensevelir le cadavre dans un cercueil rempli de myrrhe.

Dans quelques circonstances, l'influence du milieu suffit à elle seule pour conserver indéfiniment les cadavres. Tout le monde sait que la congélation conserve admirablement les corps: la Sibérie a présenté des exemples extraordinaires de ce phénomène dans les mammouths fossiles qu'on a retrouvés intacts sous la glace, et dont ni la peau ni les chairs n'avaient subi aucune espèce d'altération. L'extrême chaleur produit un effet analogue. Al. de Humboldt a rencontré au Mexique de véritables momies. Des voyageurs ont visité des champs de bataille, situés sur un sol privé de pluie et dans une atmosphère brûlante: ils ont vu avec étonnement que ces champs étaient couverts de cadavres espagnols et péruviens, desséchés et conservés depuis longtemps. Certains terrains possèdent aussi la propriété de momifier les cadavres. Tels sont, sur le territoire de Toulouse, le cimetière de Saint-Nicolas, et les caveaux du couvent des Cordeliers et des Jacobins. A Bordeaux, dans l'église Saint-Michel, il existe, au-dessous de la tour, un caveau qui renferme une centaine de corps à l'état de momies; il y en a de toutes les dates: quelques-uns, dit-on, plus de six cents ans; les plus récents y ont été déposés il y a une centaine d'années.

Législ. — *Ordonnance du préfet de police du 6 septembre 1839, concernant le moulage, l'autopsie, l'embaumement et la momification des cadavres:*

Art. 1er. — A Paris et dans les autres communes du ressort de la préfecture de police, il est défendu de procéder au moulage, à l'autopsie, à l'embaumement ou à la momification des cadavres, avant qu'il ne se soit écoulé un délai de 24 heures depuis la déclaration du décès à la mairie et sans qu'il ait été adressé une déclaration préalable au commissaire de police (à Paris) ou au maire de la commune.

Art. 2. — Cette déclaration devra indiquer que l'opération est autorisée par la famille; elle fera connaître, en outre, l'heure du décès ainsi que le lieu et l'heure de l'opération, et sera accompagnée d'un échantillon des substances employées pour l'embaumement.

Art. 3. — Les maires et les commissaires de police devront transmettre ces déclarations à la préfecture, après avoir constaté que l'on s'est conformé aux dispositions de l'art. 1er.

Art. 4. — Il n'est fait exception aux dispositions de la présente ordonnance que pour les cadavres des personnes dont le décès aurait été constaté judiciairement.

Art. 5. — Les infractions aux dispositions qui précèdent seront constatées par des procès-verbaux, qui seront adressés à la préfecture de police pour être transmis aux tribunaux compétents.

Nous ajouterons que, d'après les ordonnances de 1846 et 1848, l'emploi de l'arsenic et des composés mercuriels est interdit pour les embaumements.

EMBAUMER. v. a. (R. *baume*). Remplir un cadavre de substances balsamiques, de drogues odorantes et antiseptiques, pour empêcher qu'il ne se corrompe. *E. un corps mort.* — Par ext., se dit de tout procédé au moyen duquel on conserve un cadavre. *On l'a embaumé par le procédé Sucquet.* || Parfumer, remplir de bonne odeur. *Il vient de ces orangers une odeur qui embaume l'air. Ces fleurs ont embaumé ma chambre.* — Absol., *Ce vin embaume.* == s'EMBAUMER. v. pron. Être, devenir embaumé. == EMBAUMÉ, ÉE. part.

EMBAUMEUR. s. m. (R. *embaumer*). Celui qui embaume les cadavres.

EMBAUSSER. v. a. (R. *bau*). T. Mar. Garnir de ses baux. *E. une frégate.*

EMBECQUER, v. a. [Pr. *an-bè-ker*] (R. *bec*). T. Oisel. Donner la becquée à... *E. un oiseau.* || T. Rur. Faire manger de force la volaille qu'on veut engraisser. || T. Pêc. *E. l'hameçon,* Y attacher l'appât.

EMBECQUETER. v. a. [Pr. *an-bè-keter*] (R. *bec*). T. Mar. Dépasser, en s'approchant d'un rivage, l'un des caps qui se trouvent à l'entrée d'un golfe, d'un canal.

EMBÉGUINER. v. a. (R. *béguin*). Coiffer d'un béguin. — Par anal., Envelopper la tête d'un linge ou de choses analogues en forme de béguin. *Qui vous a si plaisamment embéguiné?* Famil. || Fig., Entêter de quelque chose, infatuer. *Il s'est laissé e. de cette opinion.* == s'EMBÉGUINER. v. pron. Se coiffer d'un béguin. — Fig. S'infatuer, s'éprendre follement. == EMBÉGUINÉ, ÉE. part.

EMBÉLIE. s. m. (ind. de Ceylan, *ambel*, m. s.). T. Bot. Genre de plantes Dicotylédones (*Embelia*) de la famille des *Myrsinées.* Voy. ce mot.

EMBELLE. s. f. T. Mar. Partie du vaisseau comprise entre la herpe d'un grand mât et celle de l'avant.

EMBELLIE. s. f. [Pr. *an-bè-li*] (R. *embellir*). T. Mar. Amélioration du temps devenant au moment, après une bourrasque. *Profiler d'une e. pour passer une barre.*

EMBELLIR. v. a. [Pr. *an-bè-lir*] (R. *beau*). Rendre beau ou plus beau, orner. *E. une maison. La toilette embellit une femme. Cette fontaine embellit votre jardin.* — *E. un conte, une histoire,* Les orner aux dépens de la vérité ou les rendre plus agréables par des détails intéressants. On dit de même, *E. la vérité.* == EMBELLIR. v. n. Devenir beau. *Cette jeune fille embellit tous les jours.* Prov., *Ne faire que croître et e.,* Grandir rapidement et gagner de la beauté. == s'EMBELLIR. v. pron. Devenir beau. *La campagne commence à s'e. Cette ville s'embellit de jour en jour.* — EMBELLIE, IE. part.

EMBELLISSEMENT. s. m. [Pr. *an-bè-li-seman*]. Action par laquelle on embellit. *Il s'occupe de l'e. de sa maison.* || La chose même qui sert à embellir. *Ce jardin est un grand e. à votre maison. Les embellissements d'une ville.*

EMBELLISSEUR. s. m. [Pr. *an-bè-li-seur*] (R. *embellir*). T. Néol. Celui qui a la manie des embellissements.

EMBÉRIZE. s. f. (all. *emmeriz*, m. s.). T. Ornith. Nom scientifique du genre bruant.

EMBERLIFICOTER. v. a. T. Popul. Embarrasser, au propre et au figuré; envelopper, séduire. == s'EMBERLIFICOTER. v. pron. Être emberlificoté, entortillé, séduit. == EMBERLIFICOTÉ, ÉE. part.

EMBERLIFICOTEUR. s. m. Celui qui emberlificote, qui cherche à séduire.

EMBERLUCOQUER. v. a. (R. *berlue*). Entortiller : convaincre en usant de ruse. == s'EMBERLUCOQUER. v. pron. S'infatuer sottement d'une opinion. == EMBERLUCOQUÉ, ÉE. part.

EMBESOGNÉ, ÉE. part. de l'ancien v. *Embesogner,* aujourd'hui inus. — Fam. et par plaisant., se dit de quelqu'un qui est très occupé à quelque besogne, à quelque affaire. *Un homme embesogné.*

EMBÊTANT, ANTE. adj. Qui embête. *Une besogne embêtante. Un homme e.* Popul.

EMBÊTEMENT. s. m. T. Popul. Action d'embêter. || Chose qui ennuie, contrariété.

EMBÊTER. v. a. (R. *bête*). Rendre bête; ennuyer au suprême degré. *Cela m'embête. Vous m'embêtez.* Pop. == s'EMBÊTER. v. pron. S'ennuyer extrêmement. *Il s'embête.* == EMBÊTÉ, ÉE. part.

EMBEURRER. v. a. [Pr. *an-beu-rer*] (R. *beurre*). Garnir d'une couche de beurre.

EMBICHETAGE. s. m. T. Techn. Distance qui se trouve dans une montre entre le centre de la petite platine et le centre de la grande.

EMBILLOTEUSE. s. f. [Pr. les *ll* mouillées]. Machine servant à rassembler le foin en petites meules.

EMBITÉ, ÉE. adj. T. Techn. Se dit du verre fondu qui a perdu la liquidité nécessaire pour être soufflé, ce qui se produit par suite d'un abaissement de température.

EMBLAISON. s. f. (R. *blé*). T. Agric. Saison des semailles.

EMBLASONNER. v. a. [Pr. *an-bla-zo-ner*] (R. *blason*). Accorder un blason à. *E. un financier.* == EMBLASONNÉ, ÉE. part. Qui a reçu un blason.

EMBLAVAGE. s. m. T. Agric. Action d'emblaver.

EMBLAVER. v. a. (bas-lat. *bladum*, blé). T. Agric. *E. une terre,* La semer en blé. == s'EMBLAVER. v. pron. *Les terres s'emblavent en automne.* == EMBLAVÉ, ÉE. part.

EMBLAVURE. s. f. (R. *emblaver*). T. Agric. Terre ensemencée de blé. || Culture des terres ensemencées.

EMBLAY. s. m. T. Agric. Partie d'une charrue.

EMBLE. s. m. Voy. AMBLE.

EMBLÉE (D'). loc. adv. (du vieux fr. *embler,* enlever, dérober). Du premier effort, sans difficulté. *Prendre, emporter une ville d'e. Il a été élu, nommé d'e. Emporter une affaire d'emblée.*

EMBLÉMATIQUE. adj. 2 g. Qui sert d'emblème; qui tient de l'emblème. *Des figures emblématiques.*

EMBLÉMATIQUEMENT. adv. D'une manière emblématique.

EMBLÉMATOLOGIE. s. f. (R. *emblème;* et gr. λόγος, discours). Traité sur les emblèmes.

EMBLÈME. s. m. (gr. ἔμβλημα, ornement en relief). — Chez les anciens, le mot *Emblème* servait à désigner soit les ouvrages de marqueterie et de mosaïque, soit les ornements en relief dont on décorait les meubles, etc. Quelquefois encore il s'appliquait aux broderies des vêtements. — Aujourd'hui, ce terme désigne une sorte de figure symbolique qui, par la représentation d'un objet connu, conduit à la connaissance d'un autre objet ou à celle d'une idée morale. Cette figure est le plus souvent seule, et présente alors une très grande analogie avec le symbole; d'autres fois elle est accompagnée d'une *devise,* c.-à-d. de quelques paroles en forme de sentence. Dans ce dernier cas, elle constitue le *corps* de la devise. La fumée est l'e. du feu qui la produit; un torrent qui se précipite, celui du temps qui s'envole; un calice avec une hostie, celui de la religion catholique. L'usage des figures emblématiques remonte à l'origine même des sociétés, et, ainsi que nous l'avons dit ailleurs (Voy. Écriture), il a joué un grand rôle dans la formation de l'écriture idéographique. Chez les Hébreux, le grand prêtre portait sur sa poitrine 12 pierres précieuses qui représentaient les 12 tribus d'Israël. Les guerriers des temps primitifs, comme on le voit dans les *Sept chefs* d'Eschyle, faisaient souvent peindre sur leurs boucliers des emblèmes caractéristiques. — E. se prend encore quelquefois dans le sens d'attribut. C'est ainsi que l'on dit : *les emblèmes de la royauté*; *l'e. de la justice*; *l'e. de la force*, etc.

EMBLICA. s. m. (ar. *embelgi*, nom des fruits du végétal). T. Bot. Genre de plantes Dicotylédones de la famille des *Euphorbiacées*. Voy. ce mot.

EMBLIER. v. a. T. Anc. Mar. Encombrer, prendre de la place.

EMBLOQUER. v. a. (R. *bloc*). T. Techn. Aplatir un morceau de corne chaud entre deux plaques.

EMBLOUSER. v. a. (R. *blouse*). Vêtir d'une blouse. *E. un ouvrier*.

EMBOBINER. v. a. (R. *bobine*). T. Techn. Enrouler autour d'une bobine; former en bobine. — Fam. Enjôler, séduire.

EMBODINURE. s. f. T. Mar. Nom de plusieurs bouts de cordes dont on couvre l'organeau de l'ancre pour renverser le câble sur le fer.

EMBOIRE. v. a. (R. *en* et *boire*). T. Sculpt. *E. d'huile ou de cire un moule de plâtre*, Le frotter d'huile ou de cire fondue, pour empêcher la matière qu'on y coulera de s'y attacher. = s'Emboire. v. pron. T. Peint. Se dit d'un tableau dont les couleurs deviennent ternes et mates, parce que le peintre les a appliquées sur une couche qui n'était pas encore sèche. *Ce tableau s'emboit. Ces couleurs s'emboivent*. = Embu, ue. part. *Tableau embu. Couleurs embues*. = Conj. Voy. Boire.

EMBOISER. v. a. (vx fr. *boise*, tromperie, mensonge). Engager quelqu'un par de petites flatteries, par des cajoleries et par des promesses à faire ce qu'on souhaite de lui. *Ils sont parvenus à l'e*. Popul. = Emboisé, ée. part.

EMBOISEUR, EUSE. s. Celui, celle qui emboise. Pop.

EMBOÎTAGE. s. m. (R. *emboîter*). Mise en boîte.

EMBOÎTEMENT. s. m. Situation d'une chose qui s'emboîte dans une autre, de deux choses qui s'emboîtent l'une dans l'autre. || T. Anat. Genre d'articulation dans lequel la convexité d'un os est engagée dans la concavité de l'autre. *L'e. de la tête du fémur dans la cavité cotyloïde*. Voy. Articulation.
Philos. — *Emboîtement des germes*. — La génération et le développement des êtres vivants, animaux et plantes, ont été, pour tous les philosophes un sujet d'étonnement et de spéculations plus ou moins étranges. Malebranche en tête ont donné de ce problème une solution simple et ingénieuse qui consiste à admettre que dans chaque être vivant existent, tout formés et emboîtés les uns dans les autres, tous ses descendants. D'après cette hypothèse, l'organisation de l'être vivant ne s'arrêterait pas à des éléments primordiaux de dimensions accessibles à nos appareils de mesure; le germe contiendrait tout formé, en petites dimensions, l'être à qui il doit donner naissance; celui-ci contiendrait de nouveaux germes plus petits, renfermant encore des êtres tout formés, et ainsi de suite, à l'infini, ou du moins, ces germes emboîtés seraient en nombre suffisant pour assurer la reproduction de l'espèce pendant tout le temps qu'il a plu au Créateur de lui assigner. Cette théorie avait été suggérée aux deux philosophes par les découvertes des naturalistes de leur temps, Swammerdam, Redi et Malpighi, au sujet des métamorphoses des insectes. Avant eux, on croyait que la chenille se *transformait* en chrysalide et ensuite en papillon; ils ont fait voir que tous les organes du papillon existent dans la chenille à l'état plus ou moins rudimentaire. Telle est l'idée qu'ont généralisée Malebranche et Leibniz et qui les a conduits à ne voir dans la génération d'un nouvel être qu'un simple phénomène d'accroissement d'organes déjà existants.
   La théorie de l'e. *des germes* a fait beaucoup de bruit au siècle dernier; elle est aujourd'hui abandonnée, car elle se heurte à des objections qui paraissent insurmontables. En premier lieu, se présente la question des dimensions extrêmement petites qu'il faut attribuer aux derniers des germes emboîtés. Cette objection ne pouvait pas exister du temps de Leibniz. Celui-ci aurait répondu que les dimensions des corps sont essentiellement relatives, et qu'il n'est pas plus difficile de concevoir un corps organisé comme un éléphant et tenant tout entier dans un cube dont le côté n'aurait qu'un millionième de millimètre ou même moins, qu'il ne le serait de concevoir un éléphant tellement grossi qu'il occuperait tout l'espace d'ici un Soleil. A notre époque l'objection est plus grave, parce qu'à la suite des progrès récents de la physique, on s'est habitué à considérer la matière comme formée de particules indivisibles séparées par des intervalles dont les dimensions ne peuvent tomber au-dessous d'une certaine limite, de sorte qu'on ne peut plus concevoir de corps dont les dimensions seraient inférieures aux distances des atomes qui les composent. D'un autre côté, les progrès de la physiologie sont venus apporter de nouvelles objections. Ainsi, Malebranche estimait que le germe existait dans l'ovule porté par la femelle. Au contraire, Leibniz, frappé de la découverte récente des animalcules contenus dans la liqueur spermatique, plaçait les germes dans ces animalcules, c.-à-d. chez le mâle. De nos jours, on a observé avec plus de soin le phénomène de la fécondation, et l'on a constaté que la cellule mâle et la cellule femelle se mêlent absolument l'une à l'autre de manière à former une cellule nouvelle, sans qu'il soit possible d'assigner un rôle prépondérant à l'une ou à l'autre. Cette parfaite conformité des rôles est peu conciliable avec l'idée que l'une des deux cellules apporterait avec elle toute la série des germes des descendants futurs. Enfin la théorie de l'e. des germes ne s'accorde ni avec le phénomène de réparation des parties détruites chez certains animaux, queue du lézard, pattes des écrevisses, etc., ni avec les modifications que présentent les métis issus de parents d'espèces voisines, mais rapprochées, ni avec l'hérédité des qualités du père et de la mère, ni surtout avec le *Transformisme*, doctrine en si grande faveur aujourd'hui et d'après laquelle les espèces animales et végétales ne présenteraient rien de fixe, mais se modifieraient suivant les circonstances et les milieux à tel point que tous les êtres actuels pourraient descendre d'un très petit nombre de types primitifs, sinon d'un seul couple.
   D'autre part, pour un germe utilisé, il y en a des millions de perdus. Ces germes inutiles contiendraient-ils aussi des germes futurs?

EMBOÎTER. v. a. (R. *boîte*). Enchâsser une chose dans une autre. *Maintenant il faut e. le tenon dans sa mortaise. E. des tuyaux*. || T. Techn. Mettre dans sa reliure primitive un livre qui en est ôté. || T. Tactiq. *E. le pas*, se dit des soldats, lorsqu'ils marchent les uns derrière les autres, en rangs assez serrés pour que le pied de chaque homme vienne se poser à la place et à côté celui de l'homme qui le précède. = s'Emboîter. v. pron. *La tête du fémur s'emboîte dans une cavité de l'os iliaque. Ces pièces de bois s'emboîtent exactement*. = Emboîté, ée. part.

EMBOÎTURE. s. f. L'endroit où les choses s'emboîtent. — L'insertion d'une chose dans une autre. *E. bien juste, bien faite*. — Les *emboîtures d'une porte, d'un volet*, etc., Les deux ais de travers en haut et en bas, dans lesquels les autres ais sont emboîtés.

EMBOLE. s. m. (gr. ἔμβολος, m. s. de βάλλω, je jette). T. Ant. Éperon de la proue des navires. = Embole. s. f. T. Antiq. gr. Tête du bélier qui servait à battre les murailles des places assiégées. || T. Anat. Articulation par emboîtement réciproque. || Réduction des luxés.

EMBOLIE. s. f. (gr. ἐμβόλιον, m. s. de ἐν, dans, et βάλλω, je jette). T. Méd. On entend par e. l'oblitération brusque d'un vaisseau par une masse solide, liquide ou gazeuse, charriée par le sang, tandis que dans la thrombose la concrétion sanguine obstructrice reste fixée au point où elle a pris naissance. Dans la majorité des cas, l'e. résulte du morcellement d'un caillot de thrombose préexistant, d'où se détache un *embolus* ou caillot migrateur. Les conséquences varient suivant l'importance du département de l'appareil vasculaire oblitéré, cardiaque, artériel, veineux ou capillaire.

EMBOLIQUE. adj. T. Méd. Qui a le caractère de l'embolie. *Lésions emboliques*.

EMBOLISATION. s. f. (Pr. ...*sion*). Formation d'une embolie.

EMBOLISME. s. m. (gr. ἐμβολισμός, m. s.). T. Chronol. Intercalation.

EMBOLISMIQUE. adj. 2 g. T. Chronol. Intercalaire. Se dit d'un mois qu'on ajoute à l'année, à certaines époques, dans certains calendriers, pour rétablir l'accord de l'année civile avec l'année tropique. Voy. CALENDRIER.

EMBOLITE. s. f. (gr. ἐμβολὴ, action de jeter). T. Minér. Chlorobromure d'argent qui se rencontre en masses compactes.

EMBOLUS. s. m. [Pr. an-boluss] (R. embolie). T. Méd. Caillot de sang charrié par la masse du sang dans les veines ou les artères. Voy. EMBOLIE.

EMBONPOINT. s. m. (R. en bon point). État du corps de l'homme ou des animaux dans lequel la quantité de graisse est proportionnée au volume et à la stature. Voy. ADIPEUX. — Fig. Abondance, état de prospérité.

EMBOQUER. v. a. Mettre à force de la nourriture dans la bouche des animaux pour les engraisser plus vite.

EMBORDURER. v. a. (R. bordure). Mettre une bordure à un tableau, à une estampe. Peu us. — EMBORDURÉ, ÉE. part.

EMBOSSAGE. s. m. T. Mar. L'action d'embosser, de s'embosser : l'état d'un vaisseau embossé.
Mar. — L'Embossage est la position d'un ou de plusieurs navires de guerre, lorsque, étant à l'ancre, ils présentent le flanc ou le travers à un point déterminé. — Lorsqu'un navire veut s'embosser, l'ancre devient le pivot sur lequel il peut se mouvoir à l'aide d'un autre cordage appelé croupière, qui, fixé au dehors, soit au moyen d'une ancre légère, soit sur le câble ou l'anneau de la première ancre, est ensuite tendu à l'aide du cabestan pour faire tourner le bâtiment. C'est lorsqu'il s'agit de présenter le côté à un fort pour le canonner, ou à l'entrée d'une rade pour la défendre, que l'on embosse un navire. Une escadre ou une flotte mouillée sur une rade foraine où elle peut être attaquée, se forme en ligne d'e. Cette ligne, selon les localités ou les présomptions de l'attaque, est droite ou courbe. Dans certains cas, l'e. se fait sur deux lignes en faisant alterner les vaisseaux.

EMBOSSER. v. a. (R. bosse, cordage). T. Mar. Placer un bâtiment à l'ancre dans une position telle qu'il présente le travers à un objet déterminé. — s'EMBOSSER. v. pron. Se placer de manière à présenter le flanc. — EMBOSSÉ, ÉE. part.

EMBOSSURE. s. f. (R. bosse, cordage). T. Mar. Nœud que l'on fait sur une manœuvre et auquel on ajoute un amarrage. || Le point de l'amarrage fait sur un câble mouillé et le grelin ou l'aussière.

EMBOTTELER. v. a. [Pr. an-bo-teler] (R. botte). T. Rur. Mettre en bottes. E. le foin, le chanvre.

EMBOUCAUTER. v. a. (R. en, et boucaut). Mettre dans des espèces de barils destinés à leur transport certaines marchandises. E. la morue.

EMBOUCHE. s. m. (R. bouche). T. Agric. Prairie très fertile dont l'herbe engraisse les bestiaux.

EMBOUCHEMENT. s. m. Action d'emboucher.

EMBOUCHER. v. a. (R. en, et bouche). Mettre à sa bouche un instrument à vent, afin d'en tirer des sons. E. une trompette, une flûte, une clarinette, etc. || T. Man. E. un cheval, Lui faire un mors convenable à sa bouche. || Fig. et fam., E. quelqu'un, Le bien instruire de ce qu'il a à dire. || T. Mar. Entrer dans l'embouchure. = s'EMBOUCHER. v. pron. Être embouché. Se dit d'une rivière qui se jette dans une autre, ou qui se décharge dans une autre. La Marne s'embouche dans la Seine. La Loire va s'e. dans l'Océan. = EMBOUCHÉ, ÉE. part || Fig. et fam., Être mal embouché, Être grossier dans ses paroles. C'est un homme bien mal embouché. || Ce bateau, ce train de bois est embouché dans le pertuis, dans la troisième arche du pont. || T. Blas. Se dit d'une trompe, d'un cor, dont le bout est d'un émail différent de celui de l'instrument.

EMBOUCHOIR. s. m. (R. emboucher). T. Mus. Bout mobile d'un instrument que l'on applique à la bouche lorsque l'on veut jouer. E. d'une clarinette. || T. Arquebusier. Anneau qui sert à relier l'extrémité supérieure du fût et du canon dans une arme à feu. Voy. FUSIL.

EMBOUCHURE. s. f. (R. en, et bouche). La partie d'un instrument à vent qu'on place contre les lèvres ou dans la bouche pour en tirer des sons. E. de trompette, de flûte, de flageolet. — Par ext., la manière dont on doit emboucher ou dont un artiste embouche un instrument. La grande difficulté de la flûte, c'est l'e. Cet artiste a une e. excellente. || La partie du mors qui entre dans la bouche du cheval. Voy. BRIDE. || T. Géogr. L'entrée d'une rivière dans la mer ou dans une autre rivière. L'e. de la Loire. Les embouchures du Nil. A l'e. de la Saône dans le Rhône. || T. Fortif. Ouverture pratiquée dans une enceinte pour y placer une bouche à feu. || T. Techn. Côté du trou d'une filière le plus large par où on introduit le fil métallique à étirer. || T. Géol. Cratère d'un volcan.

EMBOUCLER. v. a. (R. boucler). Attacher avec une boucle; on dit plutôt boucler.

EMBOUDINURE. s. f. Voy. EMBOUDINURE.

EMBOUER. v. a. Couvrir, salir de boue. || T. Const. Enduire de boue. E. une muraille. = s'EMBOUER. v. pron. Se salir de boue. = EMBOUÉ, ÉE. part.

EMBOUQUEMENT. s. m. (R. embouquer). T. Mar. L'entrée d'une passe étroite, d'un canal, entre des terres ou des îles.

EMBOUQUER. v. n. (R. en, et bouque, pour bouche). T. Mar. Entrer dans un canal, un détroit. || Activ. E. un canal.

EMBOURBEMENT. s. m. L'action d'embourber, l'état de ce qui est embourbé.

EMBOURBER. v. a. (R. en, et bourbe). Mettre dans un bourbier. || Fig. et fam., E. quelqu'un dans une mauvaise affaire, L'y engager si avant, qu'il ne peut s'en tirer que difficilement. = s'EMBOURBER. v. pron. Notre voiture s'embourba. Ce charretier s'est embourbé. S'e. dans une méchante affaire. == EMBOURBÉ, ÉE. part. Enfoncé dans la bourbe. Cheval embourbé. Voiture embourbée.

EMBOURDER. v. a. (R. bourde, perche). T. Mar. anc. Soutenir avec des accores un bâtiment échoué.

EMBOURDIGUE. s. f. T. Pêc. Se dit de certains goulets qui séparent les différentes chambres des bourdigues.

EMBOURGEOISER. v. a. Donner le caractère bourgeois, vulgaire. = s'EMBOURGEOISER. v. pron. Prendre un caractère bourgois.

EMBOURRAGE. s. m. [Pr. an-bou-raje]. Action d'embourrer.

EMBOURREMENT. s. m. [Pr. an-bou-reman]. Action d'embourrer, résultat de cette action.

EMBOURRER. v. a. [Pr. anbou-rer]. Garnir de bourre, de crin, etc. On dit ordin., Rembourrer. || T. Techn. Cacher, à l'aide d'un mélange de terre et de chaux, un défaut dans une poterie. = EMBOURRÉ, ÉE. part.

EMBOURRURE. s. f. [Pr. an-bou-rure]. T. Techn. Ce qui sert à embourrer. L'e. d'un fauteuil. || Grosse toile qui couvre la matière dont le tapissier embourre certains meubles.

EMBOURSEMENT. s. m. Action d'embourser ; résultat de cette action.

EMBOURSER. v. a. Mettre dans sa bourse. Ce que nous jouons est pour les pauvres, et non pour e. = EMBOURSÉ, ÉE. part.

EMBOUSER. v. a. Garnir de bouse.

EMBOUT. s. m. (R. en, et bout). T. Techn. Garniture de métal ou autre matière qui termine un objet, principalement une canne, un parapluie.

EMBOUTEILLAGE ou **EMBOUTEILLEMENT**. s. m. [Pr. *anbouté-llaje.* — *lleman, ll* mouillées]. L'action d'embouteiller, de mettre en bouteille.

EMBOUTEILLER. v. a. [Pr. *an-bou-tè-ller, ll* mouillées]. Mettre en bouteille. *E. du vin.*

EMBOUTER. v. a. Mettre un embout.

EMBOUTIQUEMENT. s. m. Action d'emboutiquer.

EMBOUTIQUER. v. a. Mettre en boutique.

EMBOUTIR. v. a. (R. *bout*). T. Archit. Revêtir de plomb étamé une corniche ou tout autre ornement de bois, pour les préserver de la pourriture. || Former des ornements en tôle, au marteau et au repoussoir. || T. Techn. Rendre une plaque de métal convexe d'un côté et concave de l'autre. || Travailler l'argent sur une petite machine qu'on appelle étampe. || Emboutir, ie, part. *Cuir embouti,* Cuir dont le rebord est replié pour garnir le piston d'une pompe ou d'une machine à vapeur, de manière que la pression, appliquant ce repli sur la surface intérieure du cylindre, détermine une fermeture hermétique.

EMBOUTISSAGE. s. m. Art ou action d'emboutir les métaux.

EMBOUTISSEUR. s. m. Ouvrier qui emboutit.

EMBOUTISSOIR ou **AMBOUTISSOIR**. s. m. T. Techn. Appareil composé d'un poinçon et d'une matrice et servant à donner une forme concave à une plaque de métal. On emboutit les têtes de clous de tapissier, les boutons, les douilles de cartouches, etc.

EMBRANCHEMENT. s. m. (R. *en,* et *branche*). Division d'un tronc d'un arbre subdivisée elle-même en rameaux. || Position d'un tuyau qui part d'un autre tuyau, ou qui y aboutit. *E. de tuyaux.* || Point de rencontre de deux ou de plusieurs chemins. — En T. Chemins de fer, Chemin de second ordre qui part de la ligne principale ou y aboutit. *Ce chemin de fer a un embranchement dirigé sur telle ville.* || T. Géogr. Chaîne secondaire de montagnes qui se détache de la chaîne principale. || T. Charpent. Pièce qui fait partie de la charpente d'un toit. — Pièce de charpente posée de nouveau dans l'enrayure d'un pavillon. || T. Didact. Se dit des divisions premières de certaines sciences. *L'e. des vertébrés. L'e. des mollusques,* etc.

EMBRANCHER. v. a. (R. *en,* et *branche*). Réunir des tuyaux, des chemins. = s'EMBRANCHER. v. pron. Former un embranchement. *Les tuyaux secondaires vont s'e. avec le tuyau principal. Le chemin de fer de Grenoble s'embranche avec celui de Lyon à Marseille.*

EMBRAQUER. v. a. T. Mar. Roidir. *E. une manœuvre.*

EMBRASEMENT. s. m. L'action d'embraser, le résultat de cette action. || Incendie vaste et violent. *E. de Troie.* || Figur., se dit de grands troubles qui surviennent dans un État. *Cet e. gagna les provinces. Ce fut un e. général.*

Syn. — *Incendie.* — L'*embrasement* n'est une sorte de conflagration ou de combustion totale, ou plutôt un feu général; l'*incendie*, au contraire, a des progrès successifs : il s'allume, il s'accroît, il se communique, il envahit, il *embrase* des masses énormes, des maisons, des villages, des forêts. Une étincelle allume un *incendie*, et l'*incendie* produit un vaste *embrasement*. — L'acception du subst. *embrasement* n'est pas exactement la même que celle du participe *embrasé.* On dit un corps *embrasé*, quel que soit ce corps, grand ou petit, tandis qu'*embrasement* ne se dit pas d'un petit corps, mais uniquement d'une masse considérable de matières qui sont en feu.

EMBRASER. v. a. (R. *en,* et le rad. qu'on retrouve dans *braise,* du sanscrit *bhrag,* brûle, all. *brasen,* brûler). Mettre en feu. *E. une maison, une ville.* || Fig., se dit en parlant de la guerre, de l'amour, de l'enthousiasme, etc. *La guerre embrasa l'Europe entière. L'amour de Dieu embrasait leurs cœurs. Son discours avait embrasé les esprits.* = s'EMBRASER. v. pron. Prendre feu. — Se dit au prop. et au fig. *Cette substance s'embrase facilement. Son cœur*

s'est embrasé. Mon imagination s'embrasait à ces récits = EMBRASÉ, ÉE. part. || Par exagér., *Air embrasé. Atmosphère embrasée,* Air, atmosphère dont la chaleur est excessive. — Voy. EMBRASEMENT.

EMBRASEUR. s. m. Celui qui embrase, qui met le feu.

EMBRASSADE. s. f. Action de deux personnes qui s'embrassent. *Ils se firent mille embrassades.* Fam.

EMBRASSANT, ANTE. adj. Qui aime à embrasser. *Un enfant e.* || T. Bot. Se dit des feuilles et du pétiole, quand leur expansion embrasse une partie de la tige d'où ils sortent.

EMBRASSE. s. f. Bande d'étoffe, ou cordelette de soie, de laine, etc., qui est attachée à une patère et qui sert à tenir les rideaux drapés.

EMBRASSEMENT. s. m. Action d'embrasser, de s'embrasser. *Un long e. Un tendre e. Leur querelle finit par des embrassements.* || Au pl., se dit quelquefois de l'union de l'homme et de la femme. *Achille naquit des embrassements de Thétis et de Pélée.*

EMBRASSER. v. a. (R. *bras*). Serrer, étreindre avec les deux bras. *E. une personne. E. étroitement. E. les genoux à quelqu'un. Cet arbre est si gros que deux personnes ne sauraient l'e.* — Figur. et prov., *Qui trop embrasse, mal étreint,* Qui entreprend trop de choses à la fois réussit rarement. || Serrer quelqu'un avec les deux bras, et lui donner un baiser, des baisers; souvent même, il n'exprime que cette dernière action. *E. un enfant, une dame. E. tendrement.* || Par anal., Environner, ceindre. *La vigne embrasse l'ormeau. L'Océan embrasse la terre. Cette rivière se sépare en deux et embrasse une grande étendue de pays.* || Fig., Contenir, renfermer. *Cette science embrasse bien des matières. Cette période embrasse environ trois siècles.* || Figur., Découvrir, saisir par la vue. *De cette éminence, on embrasse une vaste étendue de pays.* || Fig., Saisir par l'intelligence, comprendre. *C'est un esprit capable d'e. toutes les sortes de sciences. E. d'un coup d'œil toutes les parties d'un système.* || Figur., Entreprendre quelque chose, s'en charger. *N'embrassez pas tant de choses à la fois.* || Fig., Choisir, prendre un parti, adopter une idée, et s'y attacher. *E. un parti. E. un état. E. la profession des armes. E. la vie religieuse. E. la cause de quelqu'un. E. sa querelle. E. une idée, une opinion.* || T. Man. *E. bien son cheval,* Le tenir entre les cuisses pour être plus ferme. = s'EMBRASSER. v. pron. Se tenir dans les bras l'un de l'autre; se donner mutuellement des baisers. *On les réconcilia et ils s'embrassèrent. Nous nous sommes embrassés.* = EMBRASSÉ, ÉE. part.

EMBRASSEUR, EUSE. s. Personne qui a la manie d'embrasser. = EMBRASSEUR. s. m. Bande de fer qui embrasse les tourillons d'une pièce d'artillerie pendant le forage.

EMBRASSOIRES. s. f. pl. Sortes de tenailles en usage chez les orfévres.

EMBRASURE. s. f. (R. *embrasser*). Ceinture formée d'une bande de fer dont on entoure un tuyau de cheminée ou une pièce de charpente. || Assemblage, à queue d'aronde, de quatre chevrons chevillés qui, placé au-dessus du larmier d'une souche de cheminée, empêche qu'elle ne s'en écarte.

EMBRASURE. s. f. (même origine que *braise* et *embraser*) T. Archit. Ouverture pratiquée dans l'épaisseur d'un mur pour y placer une porte ou une fenêtre. *Nous avons causé dans l'e. de la fenêtre. Je me tenais dans l'e.* — Le biais qu'on donne à l'épaisseur d'un mur à l'endroit d'une fenêtre. *Les côtés de cette fenêtre n'ont pas assez d'e.* || La partie d'un fourneau où passe le cou de la cornue. . T. Artill. Voy. BATTERIE. = Au pl. T. Métall. Vides pratiqués dans le massif d'un haut fourneau.

EMBRAYAGE. s. m. [Pr. *an-brè-iaje*]. Action d'embrayer. Techn. — Le mot *embrayage* désigne soit l'action de mettre en communication l'arbre moteur d'une machine avec l'organe de l'outil qu'il doit mouvoir, soit le mécanisme qui sert à établir ou à supprimer cette communication. Le plus souvent, la communication entre le moteur et la machine-outil est établie au moyen d'une courroie. Alors l'arbre de la machine-outil porte deux poulies contiguës [Fig. 1] dont l'une est calée sur l'arbre, tandis que l'autre est *folle* sur cet axe. Suivant que la courroie mise en mouvement par la poulie de l'arbre moteur sera placée sur la poulie calée ou sur la poulie folle, elle fera mouvoir la machine-outil, ou ne produira d'autre effet que de faire tourner la poulie folle. Dans le premier cas, l'outil sera *embrayé*; dans le second, il sera *débrayé* ou *désembrayé*. On amène la courroie sur celle des deux poulies qu'on désire, au moyen d'une *fourchette* munie d'un levier dont la Fig. 1 fait suffisamment comprendre le maniement. — Quelquefois, il s'agit d'embrayer ou de désembrayer deux arbres placés dans le prolongement l'un de l'autre. A cet effet,

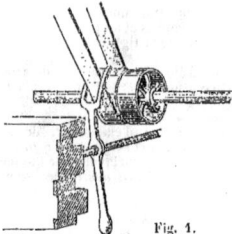

Fig. 1.

sur chacun des deux arbres est calée une pièce circulaire munie de dents qui peuvent s'emboîter les unes dans les autres; l'une de ces pièces est mobile le long de l'arbre correspondant, au moyen d'un levier [Fig. 2]. On embraye en rapprochant les deux pièces et on débraye en les écartant. Ce mécanisme s'appelle un *manchon d'e.* — Enfin, lorsque la communication est établie au moyen de roues dentées, on embraye en rapprochant les roues pour les faire engrener, et on désembraye en les éloignant l'une de l'autre. Ce rap-

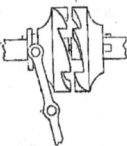

Fig. 2.

prochement et cet écartement peuvent être obtenus de deux manières, soit qu'on fasse mouvoir l'une des roues dans le plan commun aux axes des roues, soit qu'on fasse glisser l'une des roues le long de l'axe qui lui est perpendiculaire. Le premier système a l'inconvénient d'exiger le déplacement d'un des deux arbres, tandis que dans le second la roue glisse seulement sur son arbre, ou bien celui-ci glisse sur lui-même suivant les dispositions adoptées. L'e. des roues d'angle exige des dispositions un peu plus compliquées, mais qu'il est assez facile d'imaginer. En combinant deux systèmes de roues d'angle qu'on peut embrayer ou débrayer à volonté, on a construit des *embrayages* qui permettent d'obtenir à volonté la rotation de l'arbre de l'outil dans un sens ou dans l'autre. — Les cônes de friction qui fonctionnent comme des roues d'angle, chacun d'eux entraînant l'autre par frottement, s'embrayent et se débrayent comme celles-ci par approche et éloignement. Il faut seulement, pour que le mouvement se communique, qu'une certaine pression applique les deux cônes l'un sur l'autre.

EMBRAYER. v. a. [Pr. *an-bré-ier*] (R. en, et *brayer*, s. m.). v. a. Faire communiquer un mécanisme avec l'arbre moteur d'une machine, afin de le mettre en mouvement. Voy. EMBRAYAGE.

EMBRELAGE. s. m. Action d'embreler.

EMBRELER. v. a. Fixer un chargement sur une voiture par des cordages.

EMBRENAGE. s. m. (R. *embrener*). T. Techn. Opération qui consiste à passer les peaux dans un confit de son.

EMBRENER. v. a. (R. *bran*). Salir de matière fécale. Bas. = s'EMBRENER. v. pron. Se salir de matière fécale. || Fig., *S'e. dans une vilaine affaire*, Se compromettre dans une vilaine affaire. || T. Techn. *E. une peau*, La soumettre à l'action de l'embrenage. = EMBRENÉ, ÉE. part.

EMBRÈNEMENT. s. m. Action d'embrener, état de ce qui est embrené.

EMBRÈVEMENT. s. m. T. Techn. Mode d'assemblage de

deux pièces de bois au moyen d'un tenon oblique dit en *about*, qui ne pénètre pas dans toute l'épaisseur de la pièce mortaisée. De plus, pour consolider l'assemblage, la pièce mor-

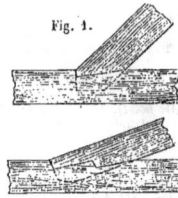

Fig. 1.

Fig. 2.

taisée est entaillée sur les bords, afin de recevoir la saillie de l'autre pièce. C'est cette disposition des bords qui reçoit proprement le nom d'*e*. Le nom complet de l'assemblage est *Assemblage par tenon en about avec e.* (Fig. 1 et 2). Il peut même y avoir *e.* sans qu'il y ait de tenon. Alors l'échancrure de la pièce règne avec la même profondeur sur toute la largeur.

EMBREVER. v. a. Unir deux solives par un embrèvement.

EMBRIGADEMENT. s. m. T. Milit. Action d'embrigader les régiments. || Organisation hiérarchique donnée à des agents par leur réunion en brigades. || T. Eaux et forêts. Réunion de trois ou cinq gardes. || Enrôlement de gens pour quelque dessein.

EMBRIGADER. v. a. Réunir en brigades, en escouades. *Il avait embrigadé tous les ouvriers du port et les faisait mouvoir à son gré.* || Réunir des agents en brigade. || Par ext., Enrôler des gens pour quelque dessein. = EMBRIGADÉ, ÉE. part.

EMBROCATION. [Pr. ...*sion*] (gr. ἐμβροχή, lotion). T. Chir. Fomentation faite, sur une partie malade, avec un liquide gras ou huileux. || Le liquide employé à cet effet? *E. huileuse.*

EMBROCHEMENT. s. m. Action d'embrocher.

EMBROCHER. v. a. Mettre en broche ou à la broche. *E. un gigot, une volaille.* || Fig. et pop., *E. quelqu'un*, Lui donner un coup d'épée au travers du corps. = s'EMBROCHER. v. pron. Se percer soi-même. = EMBROCHÉ, ÉE. part.

EMBROCHEUR. s. m. T. Pop. Celui qui embroche, qui passe son épée au travers du corps des gens.

EMBRONCHER. v. a. Ranger des tuiles de manière qu'elles s'emboîtent les unes dans les autres. || T. Charpent. Engager des pièces de bois les unes dans les autres.

EMBROUILLAMINI. s. m. Syn. de brouillamini.

EMBROUILLEMENT. s. m. [Pr. *an-brou-lleman*, ll mouillées]. Confusion, état de ce qui est embrouillé. *E. d'affaires. E. d'esprit. L'e. des idées.*

EMBROUILLER. v. a. [Pr. *an-brou-ller*, ll mouillées] (R. en, et *brouiller*). Mettre du désordre, de la confusion. *Il a embrouillé l'affaire. Cela m'embrouille les idées. Il embrouille toutes les questions qu'il traite.* = s'EMBROUILLER. v. pron. Se dit d'une chose qui se complique, devient obscure. *L'affaire s'embrouille.* || Perdre le fil de ses idées. *Il s'embrouille aisément.* On dit de même, *Son esprit s'embrouille. Ses idées s'embrouillent.* = EMBROUILLÉ, ÉE. part. *Affaire embrouillée. Idées, paroles embrouillées.* = Syn. Voy. BROUILLER.

EMBROUILLEUR, EUSE. s. [Pr. *an-brou-lleur*, ll mouillées]. Celui, celle qui embrouille les choses dont il se mêle.

EMBROUSSAILLÉ, ÉE. adj. [Pr. an-brou-sa-llé, ll mouillées] (R. broussaille). Embarrassé dans des broussailles; empêtré, confus. Une chevelure embroussaillée.

EMBRUGER. v. a. (R. bruyère). Disposer des faisceaux de bruyère autour des vers à soie, afin qu'ils puissent y faire leur cocon.

EMBRUINÉ, ÉE. adj. [Pr. anbruiné] (R. bruine). T. Rur. Brûlé, gâté par la bruine.

EMBRUMÉ, ÉE. adj. T. Mar. Qui est chargé de brume. Un horizon e. Des terres embrumées.

EMBRUMER (S'). v. pron. Se charger de brume. Le ciel s'embrume.

EMBRUN. s. m. (R. brume). T. Mar. Ciel couvert de brouillards. || Pluie fine qui résulte du vent ou du choc des lames. || Nom d'un vent dans les Pyrénées.

EMBRUN. ch.-l. d'arr. (Hautes-Alpes), sur la Durance; 4,000 hab. = Nom des hab.: EMBRUNOIS, OISE.

EMBRUNIR. v. a. Rendre brun. | T. Peint. Peindre d'une couleur trop brune.

EMBRUYER. v. a. [Pr. an-bru-ier]. Mettre les vers à soie sur la bruyère.

EMBRYOCTONIE. s. f. (gr. ἔμβρυον, embryon; κτόνος, meurtre). T. Méd. Opération qui consiste à faire périr le fœtus dans l'utérus, pour faciliter l'accouchement.

EMBRYOGÉNIE. s. f. (gr. ἔμβρυον, embryon; γενάω, génération). La formation et le développement de l'embryon. || Se dit aussi dans le sens d'Embryologie. Voy. ce mot.

EMBRYOGRAPHIE. s. f. (gr. ἔμβρυον, embryon; γράφω, je décris). Description de l'embryon.

EMBRYOLOGIE. s. m. (gr. ἔμβρυον, embryon; λόγος, discours). Science qui traite du mode de formation des êtres organisés.

Hist. nat. — Tous les êtres vivants proviennent d'individus semblables à eux, soit directement par bourgeonnement ou par division, soit indirectement par la production d'œufs. Voy. REPRODUCTION. L'e. est la science qui étudie le développement d'un être depuis son origine jusqu'à ce qu'il soit parvenu à l'état adulte, c.-à-d. à l'âge où il sera capable de donner naissance à des êtres semblables à lui. Cette science ne date guère que du milieu du XVIIIe siècle, à l'époque où Wolff démontra la fausseté des théories ayant cours alors sur la génération des êtres. Voy. GÉNÉRATION. Le plan de ce Dictionnaire ne comporte pas un historique complet de l'e.; citons seulement les principaux savants qui ont illustré cette science. Ce sont les Allemands Wolff, Rathke, Bischoff, Müller, Remak, Haeckel, Kölliker, Wagner et Hertwig; les Anglais Huxley et Balfour; les Russes de Baër et Kowalewsky; les Français Coste, Serres, Lacaze-Duthiers, Dareste, Mathias Duval, Giard et Delage.

Si on néglige les animaux dont le corps n'est composé que

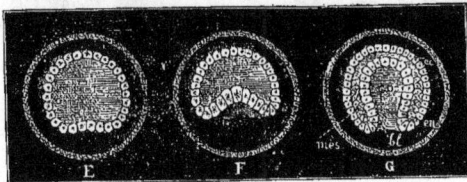

Fig. 1.

d'une cellule, on peut dire que le point de départ de tout être est la rencontre de deux éléments cellulaires: le spermatozoïde et l'ovule, qui se fusionnent entre eux pour former l'œuf (Fig. 1. Œuf de mammifère).

Une fois fécondé, comme nous le verrons au mot FÉCONDATION, l'œuf entre immédiatement en activité; il se divise d'abord en deux segments qui ont la valeur de cellules (Fig. 2, A), puis chacune de celles-ci se divise également de manière à former un ensemble de quatre cellules (Fig. 2, B): ces phénomènes de division ou de segmentation, comme on dit encore, se poursuivant sans trêve pendant un certain temps,

il en résulte une masse de cellules que son aspect bosselé a fait comparer à une mûre, d'où son nom de Morula (Fig. 2, C et D).

Tout en continuant à se multiplier ainsi, les cellules de la morule sécrètent bientôt un liquide qui s'accumule à son intérieur et la transforment en une sorte de vésicule appelée

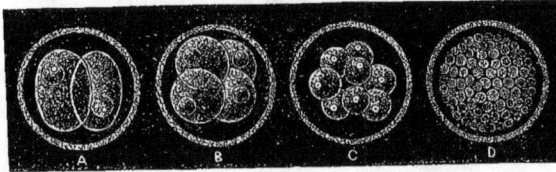

Fig. 2.

Blastula (Fig. 3, E). Certains animaux gardent pendant toute leur vie ce degré rudimentaire d'organisation; tels sont les Volvox.

Mais, chez tous les autres animaux, on voit, au bout de quelque

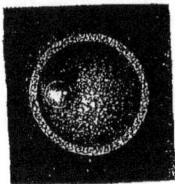

Fig. 3.

temps, un des côtés de la vésicule s'aplatir et s'enfoncer peu à peu dans l'intérieur (Fig. 3, E et F) jusqu'à toucher la face interne de l'autre partie de la blastula, de la même façon que l'on fait rentrer un des côtés du bonnet de coton pour pouvoir le placer sur la tête. Il en résulte une troisième forme embryonnaire, appelée Gastrula (G, Fig. 3), qui semble être la forme originelle des différents types du règne animal et dont l'étude acquiert, à cause de cela, une très grande importance. Voy. GASTRULA. On lui reconnaît une paroi, le Blastoderme, formée de deux feuillets accolés l'un à l'autre: l'ectoderme (ec) ou feuillet externe et l'entoderme (en) ou feuillet interne, et une cavité qui résulte de l'invagination de la blastula et qu'on appelle Cœlentéron (co). Cette cavité s'ouvre à l'extérieur par un orifice appelé Blastopore (bl). Plus tard, il se formera, entre les deux feuillets primordiaux, un troisième feuillet appelé Mésoderme (més).

Beaucoup d'animaux marins, les Cœlentérés, par exemple, sortent de l'œuf sous cette forme qu'ils garderont pendant toute leur vie. D'autres, les Échinodermes, les Vers et les Brachiopodes, nagent pendant un certain temps à cet état de développement, englobant par le blastopore des matières nutritives qu'ils digèrent au moyen de leur entoderme. Mais bientôt, chez les animaux supérieurs, la gastrula s'aplatit et s'allonge, et ses trois feuillets se reploient sur eux, bourgeonnent de manière à former les organes définitifs de l'adulte. Ces transformations ne se font pas sans des changements d'aspect qui sont quelquefois très compliqués et donnent lieu aux différentes formes que nous étudierons au mot LARVES.

Chez tous les Vertébrés, nous retrouvons, au début du développement, les stades successifs de morula, blastula et gastrula; mais alors que ces formes sont encore très nettes chez les Poissons les plus inférieurs, elles se modifient plus ou moins chez la plupart des Poissons et chez les Batraciens, et deviennent même très difficiles à retrouver chez les Reptiles, les Oiseaux et les Mammifères. Ces modifications sont dues en grande partie à la présence dans l'œuf de matières étrangères à la constitution du futur être. Voy. ŒUF. — Comme exemple du développement des Vertébrés, nous prendrons les Oiseaux, qui ont été l'objet du plus grand nombre de recherches et dont l'e. est la même que celle des autres Vertébrés, au moins dans ses grandes lignes. — Lorsqu'on examine l'intérieur d'un œuf de Poule, un peu avant la ponte, on voit à la surface du jaune une petite tache circulaire, de couleur blanchâtre, que l'on appelle *Cicatricule* ou *Germe* (Fig. 4. D'après Mathias Duval). C'est dans cette région qu'apparaîtront les premiers rudiments du jeune oiseau; on voit

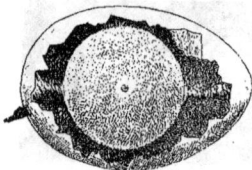

d'abord se produire un sillon, puis deux, qui diviseront la cicatricule en deux, puis en quatre parties, et ainsi de suite jusqu'à ce qu'il se soit formé un nombre considérable de petits segments, qui deviendront bientôt de véritables cellules (Fig. 5.

Fig. 4.

Germe segmenté, d'après M. Duval). Ces cellules forment à la surface du jaune une sorte de membrane, au-dessous de laquelle se produit, par le fait même de sa formation, une

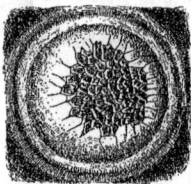

fente horizontale. La segmentation, s'étendant en profondeur, entame les couches superficielles du jaune et produit de même une seconde membrane cellulaire, séparée de la première par une cavité qui n'est autre que la cavité centrale de la blastula, comme l'a montré le professeur Mathias Duval (Fig. 6. Cicatricule d'un œuf de poule vue en profondeur et fortement grossie). A ce stade nous trouvons déjà les deux feuillets primordiaux

Fig. 5.

du blastoderme; c.-à-d. l'ectoderme en haut et l'entoderme plus profondément. Il va se former également une gastrula,

mais par un procédé plus compliqué que celui que nous avons décrit ci-dessus et que nous indiquerons au mot GASTRULA. Disons seulement que ces modifications dans le développement sont dues à la présence du jaune, masse de

Fig 6.

substances nutritives qui ne serviront guère qu'à la nourriture de l'embryon.

Pendant ces formations, la cicatricule a changé d'aspect. A peine le blastoderme a-t-il pris la forme membraneuse

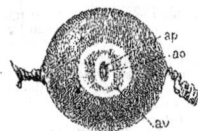

que les cellules se condensent en un point de sa surface qui s'obscurcit : ce point a reçu le nom de *Tache embryonnaire.* C'est lorsque l'œuf est parvenu à cet état qu'a lieu la ponte; mais comme alors il a besoin, pour que son développement continue de s'effectuer, d'une certaine température (35 à 40 degrés centigrades), l'oiseau s'ap-

Fig. 7.

plique sur lui et le couve. Le premier changement qu'on aperçoit, par suite de l'incubation, est le développement en diamètre de la tache embryonnaire; puis sa partie moyenne devient transparente lorsqu'on examine le blastoderme à la lumière transmise; cette partie moyenne qu'on nomme pour cela *Aire transparente* (*ap*, Fig. 7, d'après Mathias Duval), présente une forme elliptique; en dehors d'elle se trouvent deux zones concentriques appelées *Aire opaque* (*ao*) et *Aire vitelline* (*av*). Peu après, on voit apparaître dans l'aire opaque des îlots de sang, qui se réunissent entre eux pour former les premiers vaisseaux de l'embryon; en même temps, l'aire vitelline s'étend de plus en plus, de telle sorte qu'elle finit par envelopper le jaune tout entier (Fig. 8. Œuf au second

jour de l'incubation, d'après Mathias Duval. *ap*, aire transparente avec l'embryon; *av*, aire opaque devenue vasculaire; *avi*, aire vitelline). Alors, le blastoderme représente un sac clos qui renferme le jaune. Si on avait examiné en même temps les modifications qu'il subit en profondeur, on aurait vu un nouveau feuillet apparaître entre l'ectoderme et l'entoderme; c'est le *Mésoderme*, appelé encore *Feuillet vasculaire*, parce que c'est dans son intérieur qu'apparaissent

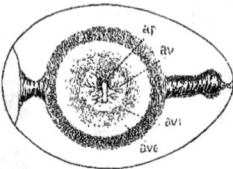

Fig. 8.

les îlots sanguins. Ce troisième feuillet ne s'étend pas au delà du bord interne de l'aire vitelline.

C'est dans l'axe de l'aire transparente qu'apparaît, au bout de 12 heures d'incubation, le premier vestige de l'*embryon*, sous la forme d'une strie blanche un peu plus épaisse en avant qu'en arrière, appelée la *Ligne primitive* (Fig. 7). Sur les côtés de cette ligne s'élèvent bientôt deux crêtes qu'on nomme *Lames dorsales*, et qui constituent les moitiés latérales du système nerveux central. Au-dessous apparaît la *Corde dorsale*, petite languette gélatiniforme qu'on regarde comme l'état transitoire du corps des vertèbres. Ces rudiments de l'axe de l'embryon sont intimement unis au feuillet externe

Fig. 9.

du blastoderme et sont d'abord situés dans le même plan que lui. Mais bientôt l'embryon, avec la portion immédiatement contiguë du blastoderme, se soulève en forme de petite nacelle au-dessus de la surface. La cavité qui en résulte, et qui est d'abord ouverte inférieurement, représente le premier état de la cavité du tronc de l'animal futur. Mais l'inflexion du blastoderme se continuant en avant, en arrière et sur les côtés de l'embryon rudimentaire, cette cavité s'isole de plus en plus, et acquiert ainsi des parois latérales et une paroi inférieure. (La Fig. 9 représente la coupe idéale d'un embryon de 36 heures d'incubation : *a*, embryon; *b*, ectoderme; *c*, entoderme; *x* indique le lieu où apparaît le cœur.) A mesure que l'embryon se courbe, l'ectoderme se relève en avant et en arrière, de

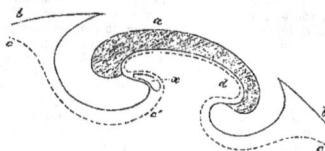

Fig. 10.

manière à former deux replis, appelés d'après leur position, *Capuchon céphalique* et *Capuchon caudal* (Fig. 10. *a*, embryon; *b*, feuillet externe du blastoderme; *c*, son feuillet interne; *d*, cavité digestive de l'embryon; *x*, cœur). D'autres replis semblables se produisent sur les côtés; tous tiennent les uns avec les autres, et viennent se souder ensemble au-dessus du dos de l'embryon. Cette soudure accomplie, celui-ci se trouve enfermé dans une vésicule qu'on nomme *Amnios* (Fig. 12. *b*) et qui est pleine d'un liquide appelé *liquide amniotique*. L'amnios se développe dans le courant du troisième jour de l'incubation. Tandis que le feuillet externe accomplit l'évolution que nous venons d'indiquer, l'embryon lui-même se développe avec rapidité. Les changements subis par le mésoderme dans l'aire vasculaire ont donné naissance aux premiers rudiments du système vasculaire et du sang. A la circonférence de l'aire vasculaire, on voit apparaître des espèces d'îles, et de canaux qui s'unissent pour former une sorte de réseau rempli d'un liquide transparent et jaune pâle. Vers la même époque, c.-à-d. au bout de 36 heures d'incubation environ, le cœur apparaît dans la couche moyenne du blastoderme, à l'endroit où cette membrane se réfléchit de la partie antérieure de l'embryon pour aller revêtir la région antérieure de la cavité du tronc. Le cœur lui-même a la forme d'un tube allongé, qui se prolonge inférieurement en deux troncs veineux, et supérieurement en plusieurs arcs aortiques (au moins trois de chaque côté), qui s'unissent au-dessous de la colonne vertébrale pour produire l'aorte. En outre, le réseau vasculaire ne tarde point à se ramifier dans l'embryon tout entier, tant dans le système animal que dans le système organique, où il joue un rôle essentiel dans tous les développements ultérieurs. (La Fig. 11 représente, d'après Wagner, un embryon de poulet au commencement du troisième jour de l'incubation ; il est très grossi, et

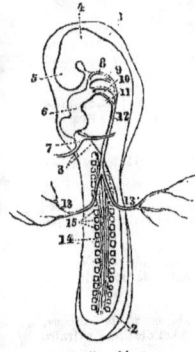

Fig. 11.

vu du côté abdominal — 1, capuchon céphalique ; 2, capuchon caudal ; 3, passage du capuchon céphalique aux replis latéraux du blastoderme ; 4, saillie des corps quadrijumeaux ou des lobes optiques du cerveau ; 5, masse cérébrale antérieure ou hémisphères ; 6, cœur ; 7, entrée des grands troncs veineux dans l'oreillette ; 8, 9, 10 et 11, arcs aortiques ; 12, aorte descendante ; 13, artères omphalo-mésentériques ; 14, lames dorsales rendues légèrement sinueuses par l'action de l'eau ; 15, proto-vertèbres). — Pendant tout ce temps, l'entoderme s'étrangle par l'incurvation de l'embryon, et se développe pour constituer la *Vésicule ombilicale*. L'ou-

rieure de ce même intestin une petite vésicule d'abord ronde, puis piriforme, très vasculaire, destinée à jouer un rôle fort important dans les phénomènes ultérieurs du développement de l'œuf : c'est l'*Allantoïde*. Son pédicule qui, de même que

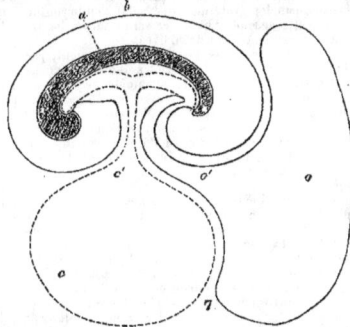

Fig. 12.

le conduit vitellino-intestinal, traverse l'ombilic, a reçu le nom d'*Ouraque* (Fig. 12. *a*, partie dorsale de l'embryon ; *b*, amnios ; *c*, sac du jaune ; *c'*, canal vitellin ; *o*, allantoïde ; *o'*, ouraque). L'allantoïde prend rapidement un accroissement considérable qui lui permet d'envelopper entièrement l'embryon ; elle est destinée à l'exercice de la respiration. En effet, tous les phénomènes que nous venons de passer en revue ne peuvent s'accomplir qu'autant que l'œuf est entouré par l'air atmosphérique, l'œuf qui croît, respire à travers la paroi calcaire qui l'entoure ; il y entre de l'air et il s'en échappe de l'acide carbonique. La formation de l'allantoïde appartient au troisième jour de l'incubation. C'est également le troisième jour que le foie commence à se former ; ses rudiments sont deux vésicules

Fig. 13.

verture, appelée *Ombilic*, par laquelle cette vésicule communique avec la cavité intestinale de l'embryon, se rétrécit graduellement, et représente alors une sorte de collet allongé qu'on nomme *Canal vitellino-intestinal*, le feuillet interne du blastoderme ayant à cette période enveloppé le jaune tout entier et étant devenu le sac vitellin. La masse du jaune contenue dans la vésicule ombilicale sert exclusivement à la nutrition de l'embryon. Aussi, à mesure que ce dernier se développe et que les tissus des différents organes se produisent, le sac vitellin diminue peu à peu de volume. Un moment arrive où il rentre tout entier dans l'abdomen, mais il reste en communication avec l'intestin par le moyen du canal vitellin, tandis que l'ombilic se ferme. Pendant que la vésicule ombilicale s'isole de l'intestin, on voit naître de l'extrémité posté-

à parois vasculaires annexées à l'intestin. Les quatre extrémités commencent aussi à germer à la fin de cette période.

Les phénomènes successifs que nous venons d'observer dans l'œuf, peuvent être considérés comme constituant la première phase de son développement ; ils forment l'objet de l'*Ovologie* proprement dite, à laquelle succède l'*Embryogénie*, qui étudie le développement des divers organes et des différentes parties de l'embryon. Quand il est achevé et que le moment de l'éclosion est venu, le poulet déchire l'allantoïde et la membrane de la coque qui le séparaient de l'espace aéré où il commence à respirer. Une petite proéminence très dure qu'il porte sur sa mandibule supérieure encore molle, et qui tombera bientôt après l'éclosion, est l'instrument dont il se sert pour briser sa prison comme avec un diamant. Il sort enfin couvert de plumes, et.

peut presque aussitôt courir et manger. Au reste, ce degré avancé du développement du poulet est loin d'être celui de tous les Oiseaux. La plupart naissent faibles, presque entièrement dénués de plumes, et ont besoin de rester encore assez longtemps dans le nid avant de pouvoir prendre leur essor. — Nous ne décrirons pas les évolutions que subit l'embryon de l'Oiseau durant cette seconde phase : ce serait sortir des limites que nous impose la nature de ce livre.

L'homme passe, dans le cours de son développement, par les mêmes formes embryonnaires que celles que nous venons de voir chez les Oiseaux. Seulement l'allantoïde acquiert un plus grand développement, en rapport avec le rôle essentiel qu'elle est destinée à remplir. L'œuf des Mammifères ne renferme pas de substances nutritives, comme celui des Oiseaux ; c'est pourquoi l'embryon est forcé de se développer dans l'intérieur même de la mère, dont il reçoit la nourriture. L'allantoïde est l'organe chargé d'aller puiser cette nourriture dans le sang maternel.

Arrivé dans l'utérus, l'œuf se fixe dans un des replis de la muqueuse qui bourgeonne autour de lui et l'enveloppe complètement en formant une véritable membrane appelée *caduque*. L'allantoïde tapisse bientôt la face interne de cette membrane et s'unit à elle au moyen de nombreuses villosités remplies de vaisseaux sanguins. Ces villosités ne se développent jamais beaucoup, sauf à l'endroit même de la muqueuse où l'œuf s'était primitivement fixé ; là, elles bourgeonnent et s'enfoncent dans l'intérieur de la matrice, comme autant de racines qui vont s'accoler aux vaisseaux maternels. Il en résulte la formation d'un organe spécial appelé *placenta* dans l'intérieur duquel se font des échanges de nutrition entre le sang de la mère et celui de l'embryon. Le *cordon ombilical*, que l'on coupe lors de l'accouchement, n'est autre que le pédicule du placenta ; celui-ci forme ce que les sages-femmes appellent le *délivre*.

Dans la figure 13, nous représentons, d'après Hæckel, des embryons de Poisson, de Tortue, de Poulet et d'Homme arrivés à peu près au même stade de développement. Comme on le voit par l'examen de ces figures, il est un âge où l'homme ne diffère en rien d'un animal vertébré quelconque.

EMBRYOLOGIQUE. adj. Qui a rapport à l'embryologie.

EMBRYOLOGUE ou **EMBRYOLOGISTE**. s. m. Auteur d'un traité sur l'embryologie.

EMBRYON. s. m. (gr. ἔμβρυον, m. s.). Le fœtus avant que ses organes définitifs soient distincts et bien formés. Voy. EMBRYOLOGIE. — Fig. et par mépris, on dit d'un homme très petit, *Ce n'est qu'un e.* — Fig. Germe, origine. *La famille est l'e. de l'État.* — Chose inachevée, à peine commencée. *Un e. de livre. Un e. de drame.* ‖ T. Bot. Germe de la plante renfermé dans la graine. Voy. GRAINE.

EMBRYONÉ, ÉE. adj. T. Bot. Pourvu d'un ou de plusieurs embryons.

EMBRYONIFÈRE. adj. (R. *embryon* et lat. *fero*, je porte). T. Hist. nat. Qui porte ou renferme un embryon.

EMBRYONIFORME. adj. (R. *embryon*, et *forme*). T. Hist. nat. Qui a la forme d'un embryon.

EMBRYONNAIRE. adj. 2 g. [Pr. *an-bri-ionère*]. Qui est relatif à l'embryon. *L'évolution e. Pendant la période e.* — Fig., *L'état e. des langues* (RENAN). ‖ En Botanique, on appelle Sac e. une cavité du nucelle dans laquelle se forme l'oosphère ou élément femelle.

EMBRYOPARE. adj. (R. *embryon*, et lat. *parere*, enfanter). T. Zool. Qui met au monde de simples embryons.

EMBRYOPHTHORIQUE. adj. 2 g. (gr. ἔμβρυον, embryon) ; φθορά, destruction). T. Anat. Qui tue l'embryon.

EMBRYOPLASTIQUE. adj. (gr. ἔμβρυον, embryon ; πλάσσειν, former). T. Anat. Qui appartient à la constitution du corps de l'embryon.

EMBRYOPTÉRIS. s. m. (gr. ἔμβρυον, embryon ; πτέρις, fougère). Nom donné au Bengale au fruit du *Diospyros glutinosa*, de la famille des Ébénacées.

EMBRYOSAC. s. m. (R. *embryon*, et *sac*). T. Bot. Représentant de ce qu'est l'ovule chez les animaux.

EMBRYOTÈGE. s. m. (R. *embryon*, et lat. *tego*, je couvre). T. Bot. Petit corps renflé en forme de calotte, qui recouvre une partie de l'embryon dans certaines graines. Imus.

EMBRYOTHLASTE. s. m. (gr. ἔμβρυον, embryon ; θλάω, je brise). T. Chir. Instrument qui servait à briser les os du fœtus pour en faciliter l'extraction lorsque l'accouchement était impossible.

EMBRYOTOCIE. s. f. (gr. ἔμβρυον, embryon ; τόκος, mise au monde). T. Térat. Naissance d'un fœtus avec un autre fœtus dans son sein.

EMBRYOTOME. s. m. Instrument qui sert à pratiquer l'embryotomie.

EMBRYOTOMIE. s. f. (gr. ἔμβρυον, embryon ; τομή, section). T. Chir. Division du fœtus dans le sein maternel, lorsque la parturition est impossible.

EMBRYOTROPHE. s. m. (gr. ἔμβρυον, embryon ; τροφή, qui nourrit). T. Bot. Substance qui sert à la nourriture de l'embryon.

EMBRYULCE. s. m. (gr. ἐμβρυουλκός, m. s., de ἔμβρυον, embryon ; et ἕλκειν, tirer). Sorte de crochet destiné à extraire de l'utérus le fœtus mort.

EMBRYULCIE. s. f. T. Chir. Opération pratiquée avec l'embryulce.

EMBRYULE. s. m. (Dim. de *embryon*). Premiers rudiments de l'embryon.

EMBU, UE. part. pas. d'*emboire*. Voy. ce mot.

EMBÛCHE. s. f. (all. *busch*, buisson). Entreprise secrète pour surprendre quelqu'un, dans le dessein de lui nuire ; s'emploie surtout au plur. *Dresser une e. Tendre des embûches. Échapper aux embûches de son ennemi.* == Syn. Voy. APPAT.

EMBÛCHEMENT. s. m. (R. *embûcher*). T. Eaux et for. Action de commencer la coupe d'un bois.

EMBÛCHER. v. a. (R. *bûche*). T. Eaux et for. Commencer la coupe d'un bois.

EMBÛCHER. v. a. (R. *embûche*). T. Vén. Embûcher la bête, la faire rentrer dans le bois. == s'EMBÛCHER. v. pron. Se dit des bêtes poursuivies qui se réfugient dans le bois. ‖ Se dit quelquefois pour Se mettre en embuscade.

EMBUSCADE. s. f. (ital. *imboscata*, dérivé lui-même de l'all. *busch*). T. Guerre. Troupe de gens armés cachés dans un bois, dans un ravin, dans quelque lieu couvert, pour surprendre les ennemis. *Dresser une e. Donner, tomber dans une e. Découvrir, éviter une e.* — *Se mettre, se tenir en e.*, Se mettre, se tenir caché de manière à pouvoir surprendre quelqu'un au passage ; se dit d'une seule personne comme de plusieurs. *Il était en e. au coin de la rue. Les voleurs se mirent en e. au détour de la route.*

EMBUSQUER. v. a. Mettre en embuscade. *Il embusqua une partie de sa troupe dans un bois voisin.* — s'EMBUSQUER. v. pron. Se mettre en embuscade. *Il s'était embusqué derrière un arbre. Ils s'embusquèrent dans un ravin.* == Embusqué, ée. part.

EMBUVAGE. s. m. (R. *emboire*). T. Tiss. Raccourcissement de la longueur apparente des fils de chaîne dû aux ondulations qu'ils subissent pour contourner les duites ou pour former des boucles ou des houppes de velours.

EMDEN, v. de Prusse (Hanovre), 15,000 hab. Port à l'embouchure de l'Ems.

ÉMENDATEUR. s. m. (R. *émender*). Celui qui corrige un texte.

ÉMENDATIF, IVE. adj. Qui émende, qui réforme.

ÉMENDATION. s. f. [Pr. é-manda-sion] (R. émender). Action de corriger un texte.

ÉMENDER. v. a. (lat. emendare, m. s., de e, préf. priv. et menda, faute). T. Palais. Corriger, réformer. La cour, émendant, ordonne... = ÉMENDÉ, ÉE. part.

ÉMERAUDE. s. f. (gr. σμάραγδος, m. s.). T. Minér. Sorte de pierre précieuse. Voy. plus bas. || T. Ornith. Espèce d'oiseau de paradis.

Minér. — Les minéralogistes réunissent, sous ce nom, trois sortes de pierres précieuses diaphanes qui, dans la joaillerie, sont appelées Émeraude, Béryl et Aigue-marine. Malgré leurs différences extérieures, toutes trois ont la même composition et constituent une simple variété du genre Corindon. Elles sont composées de silice, d'alumine et de glucine, et ne doivent leurs qualités distinctives qu'aux principes accidentels qui les colorent : la première à l'oxyde de chrome, et les deux autres à l'oxyde de fer. Quelles que soient leurs couleurs, ces gommes sont des substances vitreuses, fusibles en émail et insolubles dans les acides. Elles sont assez dures pour rayer le quartz, mais elles se laissent rayer par la topaze. Leur densité est 2,7. — L'É. verte, appelée É. orientale et É. du Pérou, doit sa belle couleur verte à l'oxyde de chrome. Quand elle est sans défaut, elle a une grande valeur et vient immédiatement après le diamant et le rubis. Les émeraudes les plus estimées se trouvent dans la vallée de Tunco, aux environs de Santa-Fé de Bogota, dans la Colombie. On en trouve aussi dans l'Oural et quelques autres localités. Les anciens tiraient les leurs de la haute Égypte : un voyageur français, Cailliaud, a retrouvé le gisement exploité par les anciens Égyptiens, au mont Sabarah, près de Cosseir. — L'Aigue-marine et le Béryl sont peu recherchés : les anciens les abandonnaient à leurs graveurs pour être travaillés en taille. Le Béryl est incolore ou faiblement coloré en vert jaunâtre ; on le trouve surtout en Sibérie et au Brésil. L'Aigue-marine doit son nom à sa couleur vert bleuâtre qui se rapproche de celle de l'eau de mer ; les variétés les plus pures proviennent de la Daourie, sur la frontière de la Chine.

ÉMÈRE. s. m. T. Bot. Arbrisseau d'agrément (Coronilla Emerus), le séné bâtard des jardiniers, famille des Légumineuses. Voy. ce mot.

ÉMERGÉ, ÉE. adj. Qui n'est pas plongé dans l'eau ; par opposition à Immergé.

ÉMERGEMENT. s. m. T. Géol. Action d'émerger en parlant des montagnes soulevées.

ÉMERGENCE. s. f. T. Phys. Sortie. Au point d'é. des rayons lumineux.

ÉMERGENT, ENTE. adj. T. Phys. Rayons émergents, Les rayons lumineux qui sortent d'un milieu après l'avoir traversé. || T. Géol. Terrain é., Terrain qui, à mer basse, se trouve à découvert. || T. Minér. Cristal é., Cristal composé de six prismes rhomboïdes dont l'un fait des angles rentrants avec les deux prismes adjacents. || T. Chron. L'an é., L'an par lequel on commence à compter une ère ou une période.

ÉMERGER. v. n. (lat. emergere, m. s., de e, préf. priv., et mergere, plonger). T. Géol. S'élever, surgir ; se dit, par opposition à Submerger, des terres qu'un soulèvement fait apparaître au-dessus du niveau de la mer. Voy. SOULÈVEMENT. || T. Astron. Se dit d'un astre qui apparaît de nouveau après avoir été caché par un autre. || T. Phys. Sortir d'un milieu après l'avoir traversé. = Conj. Voy. MANGER.

ÉMERI ou **ÉMERIL.** s. m. (gr. σμύρις, m. s.). T. Minér. Variété de corindon, composé d'alumine, de silice et d'oxyde de fer, employé sous forme de poudre pour polir les pierres, les métaux, le cristal. Voy. CORINDON. || Taches noires dures qu'on rencontre dans certains marbres. || Flacon bouché à l'é. Flacon dans lequel les surfaces du bouchon et du goulot ont été frottées avec de l'é., afin de rendre le contact parfait et la fermeture hermétique. || Potée d'é., Matière qui tombe en bouc de la meule des lapidaires.

ÉMERIC, roi de Hongrie de 1196 à 1204.

ÉMERIC-DAVID, archéologue français, né à Aix (1755-1839).

ÉMERIGON (BALTHAZAR), jurisconsulte français, mort en 1685.

ÉMERILLON. s. m. [Pr. les ll mouillées] (bas-lat. mirlus, m. s., de merula, merle). T. Ornith. Nom vulgaire d'une espèce de Faucon. Voy. FAUCON. || T. Mar. Croc de poulie ou de palan destiné à faire tourner les manœuvres sur elles-mêmes. || T. Techn. Morceau de bois creux armé d'un crochet, qui sert à câbler la corde. Voy. CORDERIE. || T. Pêc. Petit crochet de fer disposé sur son manche de manière à y tourner facilement. — Croc tournant sur un bout de chalne dont on se sert pour pêcher les requins.

ÉMERILLONNÉ, ÉE. adj. [Pr. émeri-ll-oné, ll mouillées]. Gai, vif, éveillé comme un émerillon. Je vous trouve bien émerillonné aujourd'hui. Elle a l'œil é. Fam.

ÉMERILLONNER (S'). v. pron. [Pr. émeri-ll-oner, ll mouillées]. Prendre une humeur gaie et joviale.

ÉMÉRITAT. s. m. État, prérogative d'un professeur émérite.

ÉMÉRITE. adj. (lat. emeritus, qui a mérité). Chez les Romains, on appelait Émérite (emeritus) tout soldat qui avait fait son temps de service et mérité son congé (vacatio). Ce service était de vingt ans pour les légionnaires et de seize seulement pour les prétoriens. En quittant le drapeau, l'é. recevait, soit en argent, soit en terres, ou bien partie d'une manière et partie de l'autre, une sorte de retraite, dite emeritum, commoda missionum ou justæ militiæ commoda, dont la quotité varia suivant les temps. Ainsi, Dion Cassius nous apprend que, sous Auguste, l'emeritum fut fixé à 20,000 sesterces pour les prétoriens et à 12,000 pour les légionnaires ; mais Caligula réduisit ces chiffres de moitié. — En France, on donne le titre de professeur é. au professeur de l'Université qui a exercé pendant trente années. Dans l'ancienne Université de Paris, l'Éméritat s'obtenait après vingt ans de service, et l'on accordait aux impétrants une pension de retraite qui était de 1,500 livres pour les plus jeunes et 1,700 pour les plus âgés. Quant à la pension de retraite à laquelle a droit, dans l'Université actuelle, le professeur é., elle est réglée par la loi du 9 juin 1853. Voy. RETRAITE.

ÉMERSION. s. f. (lat. emersio, m. s., de emergere, émerger). T. Phys. Soulèvement d'un corps qui vient à la surface du fluide dans lequel il était plongé. || T. Astron. La réapparition d'un astre quelconque, après qu'il a été caché par l'ombre ou par l'interposition d'un autre astre. L'é. des satellites de Jupiter.

ÉMERSON, célèbre philosophe américain, né à Boston (1803-1882).

ÉMERVEILLABLE. adj. 2 g. [Pr. émer-vè-llable, ll mouillées]. Qui émerveille.

ÉMERVEILLEMENT. s. m. [Pr. émer-vè-lleman, ll mouillées]. Action de s'émerveiller.

ÉMERVEILLER. v. a. [P. émer-vè-ller, ll mouillées]. Donner de l'admiration, étonner. Cela a émerveillé tout le monde. J'en suis tout émerveillé. Qui n'en serait émerveillé ? Fam. — S'ÉMERVEILLER. v. pron. S'étonner. Il n'y a pas de quoi s'é. = ÉMERVEILLÉ, ÉE. part.

ÉMERY. Voy. PARTICELLI.

ÉMERY (JACQUES-ANDRÉ), théologien français né à Gex (1732-1811).

ÉMERYLITE. s. f. T. Minér. Silicate hydraté d'alumine et de chaux, ressemblant au mica.

ÉMÈSE. v. de Syrie, sur l'Oronte ; patrie d'Héliogabale.

ÉMÉTICITÉ. s. f. (R. émétique). Propriété vomitive.

ÉMÉTINE. s. f. (gr. ἐμέω, je vomis). Alcaloïde constituant le principe actif de la racine d'Ipécacuanha (Cephælis Ipecacuanha, fam. des Rubiacées). Poudre blanche un peu amère, très soluble dans l'alcool concentré, presque insoluble dans l'eau, dans l'éther et les corps gras. Elle présente une réaction alcaline et s'unit aux acides pour former des sels amers, la plupart amorphes. — L'é. est un vomitif extrêmement énergique; pure, elle provoque déjà des vomissements à la dose de 3 milligr.; il suffit de 4 décigr. pour tuer un chien. — On l'obtient en traitant la racine d'ipécacuanha d'abord par l'éther, qui s'empare de la matière grasse; ensuite par l'alcool bouillant. On filtre la dissolution; on y ajoute un peu d'eau; on distille l'alcool; on filtre une seconde fois et l'on fait bouillir la solution aqueuse avec la magnésie. Le dépôt magnésien est repris, séché et traité par l'alcool bouillant, qui dissout l'é. Pour le purifier, on le dissout dans l'eau acidulée par l'acide tartrique; on agite avec le noir animal pour décolorer. La solution filtrée est enfin traitée par un alcali qui précipite l'é.

ÉMÉTIQUE. adj. 2 g. et s. m. (gr. ἐμετικός, qui fait vomir). T. Méd. Syn. de vomitif. *Poudre é. Vin é. L'ipécacuanha est un excellent é.* — Se dit particulièrement du tartrate d'antimoine et de potasse. Voy. ANTIMOINE et VOMITIF.

ÉMÉTISER. v. a. Mêler de l'émétique dans quelque boisson. *É. une tisane.* || Déterminer le vomissement. *É. un malade.* = ÉMÉTISÉ, ÉE part.

ÉMÉTO-CATHARTIQUE. adj. 2 g. et s. m. (gr. ἐμέω, je vomis, et *cathartique*). T. Méd. Médicament qui agit à la fois comme vomitif et comme purgatif. — On se sert des médicaments émeto-cathartiques lorsqu'on veut agir sur toute la longueur du tube digestif. Voy. VOMITIF.

ÉMETTEUR. s. m. [Pr. *émè-teur*]. Celui qui met en circulation, qui émet.

ÉMETTRE. v. a. (lat. *emittere*, m. s., de e, préf. sépar., et *mittere*, envoyer; prop. envoyer au dehors). Produire, manifester. *É. un vœu. É. des idées, des opinions,* etc. || T. Phys. Lancer hors de soi. *Les rayons qu'émet le soleil.* || Mettre en circulation. *La Banque de France a seule le droit d'é. des billets à vue et au porteur.* = ÉMIS, ISE. part. || T. Jurisp. canon. *Des vœux non valablement émis,* Des vœux qui ne sont point valides.

ÉMEU. s. m. T. Ornith. Oiseau appartenant à l'ordre des *Brévipennes* et au genre *Casoar.* Voy. CASOAR.

ÉMEULAGE. s. m. Action d'émeuler la nacre.

ÉMEULER. v. a. (R. *meule*). Polir à la meule. Passer à la meule les coquilles de nacre.

ÉMEUTE. s. f. (lat. *emotio*, agitation). Tumulte séditieux, soulèvement dans le peuple. *Qui a causé cette é.? Apaiser une é.* Ce sont des émeutes perpétuelles.

ÉMEUTER. v. a. Mettre en émeute.

ÉMEUTIER. s. m. Celui qui excite aux émeutes, qui prend part à une émeute. *On arrêta une centaine d'émeutiers.*

ÉMEUTIR. v. a. T. Fauc. Fienter, en parlant des oiseaux de vol.

ÉMEUTITION. s. f. [Pr. ...*sion*]. Action de requérir une dignité dans l'ordre de Malte.

ÉMEX. s. m. (altér. du lat. *rumex*, patience, oseille). T. Bot. Genre de plantes Dicotylédones de la famille des *Polygonacées.* Voy. ce mot.

ÉMIER. v. a. (R. *mie*). Froisser un corps entre les doigts, de manière à le réduire en petites parcelles. *É. du pain, de la cassonade, de l'alun.* = ÉMIÉ, ÉE. part. = Conj. Voy. PRIER.

ÉMIETTEMENT. s. m. [Pr. *émiè-teman*]. Action d'émietter, le résultat de cette action.

ÉMIETTER. v. a. [Pr. *émi-è-ter*] (R. *miette*, dérivé de *mie*). Réduire en miettes, en petites parcelles. *É. du pain.* || Fig., *É. le sol.* = s'ÉMIETTER. v. pron. Être réduit en miettes. = ÉMIETTÉ, ÉE. part.

ÉMIGRANT, ANTE. s. et adj. Celui qui sort de son pays pour aller s'établir ailleurs. *Le grand nombre des émigrants annonce ordinairement la misère d'un pays. Il y avait à bord du navire une douzaine d'émigrantes qui allaient rejoindre leurs maris. Troupe émigrante.*

ÉMIGRATION. s. f. [Pr. ...*sion*]. Action de quitter son pays pour aller s'établir ailleurs. *Les émigrations se multiplièrent malgré les défenses de l'autorité.* || Se dit aussi d'un nombre plus ou moins considérable de personnes qui émigrent, qui ont émigré en même temps. *L'é. polonaise était représentée à cette cérémonie par plusieurs de ses principaux membres.* || T. Zool. Passage annuel et régulier de certains animaux d'une contrée dans une autre.

Écon. polit. — Le terme d'*Emigration* ne doit pas se confondre avec celui de *Migration.* Le premier s'emploie en parlant d'individus qui s'expatrient et vont fixer à jamais leur demeure sur une terre étrangère; le second ne se dit que d'un peuple qui se déplace en masse pour s'établir ailleurs. L'é. est pacifique; les migrations, au contraire, se font presque toujours à main armée : ce sont des invasions. Telles furent les migrations des peuples du Nord qui, du IVe au Xe siècle, envahirent l'Europe méridionale. Les premiers envahisseurs de l'Amérique ne furent pas des émigrants, mais des conquérants. Nous avons dit, en parlant des colonies, quels étaient les motifs généraux qui, aux diverses époques historiques, avaient déterminé leur fondation. L'é. qui est un fait individuel, est déterminée par des considérations purement personnelles. Parmi les causes qui déterminent les grands mouvements d'é., les unes sont morales, les autres sont matérielles. L'é. protestante qui eut lieu en France à la suite de la révocation de l'Édit de Nantes, celle des dissidents anglais qui, sous la conduite de Penn, allèrent chercher dans l'Amérique du Nord un pays où ils pussent vivre en liberté, celle des Polonais qui, en 1832, abandonnèrent leur patrie, après la destruction de sa nationalité, appartiennent à la première catégorie. C'est au contraire dans la seconde qu'on doit ranger les émigrations actuelles qui sont poussées dans le nouveau continent et dans l'Océanie par l'espoir de s'enrichir ou par la difficulté de vivre dans notre vieille Europe.

Aujourd'hui ce ne sont guère que ces derniers mobiles qui déterminent les habitants des diverses contrées de l'Europe à abandonner leur pays natal pour aller s'établir au loin. Ce courant d'é. éprouve des fluctuations irrégulières, selon les circonstances : une crise industrielle, une mauvaise récolte, etc., augmentent aussitôt son intensité. Néanmoins, considéré d'une façon générale, il va sans cesse croissant, et ne s'arrêtera vraisemblablement que lorsqu'il se sera fait un certain équilibre dans la distribution des races humaines sur le globe. La facilité toujours plus grande des communications, la diminution progressive des frais des voyages lointains ne peuvent que favoriser ce mouvement. Quant à sa direction, elle est influencée par des causes particulières. Actuellement, le courant général de l'é., laissant de côté les contrées plus riantes et plus fertiles de l'Amérique Centrale et de l'Amérique du Sud, se porte vers l'Amérique du Nord et vers l'Océanie, parce que dans ces pays l'émigrant est le bienvenu, au lieu d'être considéré comme un intrus. Là on sait qu'un travailleur nouveau est une source de richesse, et s'il fait fortune, on ne l'accuse pas de s'être enrichi aux dépens des habitants primitifs du pays. Une autre cause qui influe encore singulièrement sur la direction que prend l'é., c'est l'attraction exercée par les émigrants déjà établis sur les familles qui sont restées dans le pays natal. Celles-ci émigrent à leur tour parce qu'elles retrouveront sur la terre étrangère la langue, les croyances, les mœurs et les habitudes de la patrie. Ainsi, plus il y a d'émigrants dans un lieu, plus ce lieu attire d'autres émigrants venant du même pays. L'Angleterre, l'Irlande et l'Allemagne sont les pays qui fournissent actuellement le plus grand nombre d'émigrants. Les Anglais vont un peu partout, au Sud de l'Afrique, en Océanie, etc. Les Allemands vont surtout aux États-Unis.

Les principaux ports d'embarquement pour l'é. sont, en Angleterre, Liverpool; en Allemagne, Brême et Hambourg; en France, le Havre.

Les Chinois ont eu des *émigrations* considérables depuis un demi-siècle, notamment aux États-Unis et en Australie, où des lois restrictives s'efforcent aujourd'hui de les arrêter, à cause du tort qu'elles causaient aux intérêts des citoyens. Les Chinois sont très nombreux chez eux, très pauvres, d'une grande frugalité, et travaillent à des salaires très médiocres.

Hist. — Dès les premières années de la Révolution, il se produisit, parmi les classes naguère privilégiées, un mouvement d'é. considérable. Parmi les individus qui s'expatrièrent alors, beaucoup le firent d'abord pour ne pas se soumettre au régime nouveau; plus tard, d'autres se réfugièrent, plutôt qu'ils n'émigrèrent, à l'étranger, pour fuir les dangers qui menaçaient leur tête. Dans tous les cas, ce mouvement d'é. différait des émigrations dont nous venons de parler, en ce sens que les émigrés de la Révolution ne quittaient point la France sans esprit de retour. Le signal de l'é. fut donné le 16 juillet 1789 par le comte d'Artois, frère de Louis XVI, qui entraîna avec lui plusieurs des principaux personnages de la cour. Dès l'année suivante, l'é. prit des proportions si formidables, qu'au bout de quelques mois la plus grande partie de la noblesse valide se trouva réunie à l'étranger, où elle commit la faute de se joindre aux ennemis de la patrie. La conduite des émigrés ne tarda pas à éveiller l'attention du gouvernement français. On les somma d'abord de rentrer dans un délai de deux mois (9 juin 1791); mais comme ils n'obéirent pas à cette sommation, leurs biens furent frappés de séquestre (9 févr. 1792), puis confisqués et mis en vente au profit de la nation (2 sept. 1792). Ils furent, en outre, bannis à perpétuité et la peine de mort fut édictée contre tous ceux, sans distinction d'âge ni de sexe, qui repasseraient la frontière (23 oct. 1792). Enfin, la loi du 27 mars 1793 les déclara morts civilement, attribua leurs biens actuels à l'État, et déclara ce dernier apte à recueillir, pendant cinquante ans, leurs successions échues ou à échoir. Les gouvernements qui se succédèrent de 1794 à 1796 firent exécuter, et aggravèrent même les mesures prises antérieurement contre les émigrés. Peu à peu cependant les rigueurs diminuèrent, et, dès 1798, ceux qui ne s'étaient pas trop compromis purent rentrer sans crainte d'être poursuivis. Enfin, le 6 floréal an X (26 avril 1802), un décret du premier consul amnistia tous les prévenus d'é., sauf un millier environ, et leur rendit ceux de leurs biens qui n'avaient pas été vendus, ou ne faisaient pas partie du domaine inaliénable de l'État. La plupart des émigrés se hâtèrent de rentrer: néanmoins quelques-uns persistèrent à rester à l'étranger, et n'effectuèrent leur retour qu'après les événements de 1814. Le 5 décembre 1814, une loi restitua aux émigrés tous ceux de leurs biens qui n'avaient pas été vendus à des particuliers; enfin, le 25 mars 1825, fut votée la loi célèbre qui mit à la disposition du gouvernement 30 millions de rentes, au capital d'un milliard, pour indemniser les émigrés des pertes qu'ils avaient éprouvées pendant la Révolution. Cette loi mit le sceau à l'irrévocabilité des ventes des biens nationaux, et, en même temps qu'elle réparait des malheurs souvent immérités, elle eut pour effet de rassurer les intérêts nouveaux nés de la Révolution.

ÉMIGRER. v. n. (lat. *e*, hors de; *migrare*, sortir). Quitter son pays pour aller s'établir dans un autre. || Changer de contrée, en parlant de certains animaux. = ÉMIGRÉ, ÉE. part. || S'emploie substant., surtout en parlant de ceux qui émigrèrent par suite de la Révolution. *Un émigré. Une émigrée. Loi contre les émigrés.*

ÉMIGRETTE. s. f. Sorte de joujou qui consiste en un disque de bois ou d'ivoire, creusé d'une rainure sur sa tranche et traversé par un cordon qu'une légère secousse fait enrouler autour de la rainure, de sorte que le disque remonte le long du cordon.

ÉMILE (SAINT), martyrisé en Afrique en 205. Fête le 22 mai.

ÉMILE (PAUL-). Voy. PAUL-ÉMILE.

ÉMILIE, prov. de l'anc. Gaule cispadane; auj. prov. du roy. d'Italie, comprenant les anc. duchés de Parme, de Modène et les Romagnes; pop. 2.262.000 hab.

ÉMILIEN, empereur romain (253 apr. J.-C.), fut battu par Valérien et tué par ses soldats (254).

ÉMINCER. v. a. (R. é, préf., et *mince*). Couper de la viande en tranches fort minces. = ÉMINCÉ, ÉE. part. *Du mouton émincé.* || Subst. et au masc., *Un émincé de gigot.*

ÉMINEMMENT. adv. [Pr. émi-na-man]. Excellemment, au plus haut degré; au dernier point. *Il possédait é. cette qualité. Les métaux sont é. conducteurs de l'électricité.* || T. Philos. scolast. Virtuellement; se dit par opposition à Formellement. *L'effet est contenu é. dans la cause.*

ÉMINENCE. s. f. (lat. *eminentia*, m. s., de *eminens*, éminent). Élévation de terrain; hauteur, monticule. *Les ennemis s'étaient postés sur une é. Il s'empara des éminences qui dominaient la ville.* || T. Anat. Saillie. *Les éminences des os.*

Hist. — Le titre d'*Éminence* remonte aux derniers temps de l'empire romain. Au VIe siècle, saint Grégoire le Grand autorisa tous les prélats à le porter; mais, en 1630, une bulle d'Urbain VIII le réserva exclusivement aux cardinaux, aux trois électeurs ecclésiastiques de l'Empire d'Allemagne, et au grand maître de l'ordre de Malte. On les qualifia aussi d'*Éminentissimes*. Aujourd'hui qu'il n'y a plus ni électeurs de l'Empire, ni grand maître de Malte, les cardinaux seuls ont conservé le titre d'*Éminence* et même la qualification d'*éminentissime*.

ÉMINENT, ENTE. adj. (lat. *eminens*; de *eminere*, être élevé). Haut, élevé. *Un lieu é.* — Fig., Occuper un poste é., *une position éminente dans l'administration, dans l'État, à la cour,* Occuper un poste très élevé, etc. — *Un personnage é.,* Qui occupe une position très élevée. || Fig., se dit d'une personne qui se distingue par quelque qualité ou qui possède une chose à un degré supérieur. *Un homme é. par son savoir.* — Se dit aussi des choses. *Des qualités éminentes. Un savoir é. Dans un degré é. — Danger é.,* Danger très grand.

Syn. — *Imminent.* — L'expression péril *éminent* donne l'idée d'un péril très grand, mais qui peut être à distance; péril *imminent* signifie péril qui va fondre sur quelqu'un, qui menace sa tête, qui déjà tombe sur lui. Ainsi un danger *éminent* peut n'être pas *imminent.* Cette différence dans le sens des deux mots résulte de leur étymologie: en effet, *eminere* veut dire s'élever, qui surpasse les autres, et *imminere* signifie être suspendu au-dessus. Il est préférable, toutefois, de ne jamais employer le mot *éminent* appliqué à un danger, car ce mot comporte une idée avantageuse qui n'est pas à sa place ainsi associée.

ÉMINENTISSIME. adj. superl. 2 g. Très éminent. Voy. ÉMINENCE.

ÉMIR. s. m. Mot arabe qui signifie *Commandant.*

Hist. — Dans les pays musulmans, ce titre est attribué à tout individu qui descend ou prétend descendre de Mahomet. Le nombre de ces émirs est très considérable, car dans l'empire ottoman seul ils forment, dit-on, près du trentième de la population. Ils doivent à leur origine de jouir d'une grande considération, et, en Turquie, ils constituent avec les uléma l'un des quatre ordres de l'État. Ils se distinguent des autres musulmans par leur turban vert qu'eux seuls ont le droit de porter. Toutefois, quand un é. est domestique, il s'abstient de le porter, soit à cause de l'infériorité de sa condition, soit pour ne pas affaiblir l'autorité de son maître. Bien plus, le mufti, le grand vizir, les ministres de la Sublime-Porte, et les pachas, quand ils sont émirs, s'en abstiennent également; mais, dans ce cas, c'est afin de ne pas offusquer le sultan, qui n'appartient pas à la famille du prophète. Dans le principe, le terme d'*Émir* comportait avec lui l'idée d'un pouvoir temporel plus ou moins indépendant. Aussi le voyons-nous, dans les premiers siècles de l'islamisme, adopté par les gouverneurs qui secouèrent la domination des Khalifes, sans toutefois se soustraire à leur suprématie religieuse. Tels furent, par ex., les Thahérides de Perse et les Thoulounides d'Égypte. Les Khalifes eux-mêmes ne dédaignèrent pas de se qualifier d'*Émir-al-moumenin* (prince ou commandeur des croyants), titre que plusieurs souverains du Maroc transformèrent en celui d'*Émir-al-mouslémin* (prince des musulmans). C'est en défigurant cette dernière dénomination que les écrivains espagnols du moyen âge ont créé le mot *Miramolin* pour désigner les princes musulmans du nord de l'Afrique. Enfin, aujourd'hui encore, plusieurs chefs disséminés sur divers points de la Syrie, de l'Arabie et de la Barbarie, et dépendants du sultan, du vice-roi d'Égypte, de l'empereur du Maroc, etc., portent le titre d'*Émir:* tel est, entre autres, l'É. des Druses.

Le mot *Émir* entre encore dans la composition de plusieurs titres de dignités. Ainsi, en 935, Rhadi, khalife de Bagdad, imagina, pour son premier ministre, la dénomination d'*Émir-al-omrah* (é. des émirs), qui fut plus tard remplacée par celles de *Mir-miran* et de *Beglerbey*, dont la signification est la même. Les Arabes appellent *Émir-al-ma* (commandant de mer) le chef de leurs flottes, et c'est de cette expression qu'est venu le mot français amiral. Aujourd'hui on donne le nom d'*Émir-al-hadj* (chef des pèlerins, à celui qui est chargé de commander les caravanes des fidèles qui vont, chaque année, en pèlerinage à la Mecque.

ÉMISSAIRE. s. m. (lat. *emissarius*, agent ; *emissarium*, canal d'évacuation, de *emissus*, sup. de *emittere*, envoyer au loin). Celui qui est chargé d'une commission secrète, qui est envoyé secrètement pour porter un avis, surprendre ce qui se passe, semer des bruits, tramer quelque intrigue, etc. *Envoyer un é. Ses émissaires cherchaient, en semant de faux bruits et en distribuant de l'argent, à provoquer un soulèvement.* || *Bouc é.*, Bouc chargé des malédictions et des péchés du peuple israélite. Voy. Bouc. — Fig. Personne à qui on impute tous les torts. || T. Hydraul. Conduit qui sert à vider un bassin, un lac. || T. Anat. Canal qui sert à évacuer une humeur et qu'on appelle plus ordinairement *émonctoire.* — *Émissaires de Santorini.* Petites veines qui pénètrent à travers les os du crâne et qui relient les veines extérieures et les veines intérieures. Dans ce dernier sens, certains auteurs font ce mot féminin.

Syn. — *Espion.* — L'*émissaire* est chargé d'une commission, mais non avouée ; il est sans pouvoir ; son métier est de répandre des bruits, de fausses alarmes, de suggérer, de soulever. C'est par des *émissaires* qu'on tâte, qu'on sonde la disposition des esprits. L'*espion* est celui dont l'action est d'épier. Il y a des *espions* dans les camps, dans les arsenaux dans les cours, dans les cabinets. L'*émissaire* doit avoir le talent de l'à-propos ; il se montre et parle. L'*espion* n'a besoin que de voir ; il se cache et se tait. Celui qui veut fomenter un mouvement se sert d'*émissaires* ; celui qui veut savoir se sert d'*espions*.

Archéol — Les Romains désignaient sous le nom d'*Emissaires* (*emissaria*) les canaux destinés à décharger les eaux d'un grand lac. Plusieurs de ces émissaires méritent de figurer parmi les monuments les plus remarquables de l'ancienne Rome. Le mieux conservé est l'é. du lac Fucin, aujourd'hui lac Celano. Le projet de ce grand ouvrage fut conçu par Jules César, mais il ne fut exécuté que sous l'empereur Claude. La longueur de l'é. qui se dirige presque en droite ligne du lac à la rivière de Liris, actuellement Garigliano, est d'environ

4,900 mètres. Pendant 11 années, 30.000 hommes furent employés à ce travail. Ce canal, sur une longueur d'environ 1.700 mèt., est creusé sous une montagne élevée de 330 mèt. au-dessus du niveau du lac, et traverse une roche tellement dure qu'on ne peut l'entamer qu'avec le ciseau. Le reste de l'é. est creusé dans un sol moins résistant ; il est voûté en briques et situé peu profondément. Dans la partie qui traverse la montagne, on remarque une suite d'ouvertures verticales (*putei*), et une série de galeries latérales (*cuniculi*), dont quelques-unes se séparent en deux branches : c'est par ces puits et ces galeries qu'on extrayait les déblais. L'entrée du tunnel est à quelque distance des bords actuels du lac ; l'intervalle qui l'en sépare est occupé par deux vastes réservoirs destinés à briser la violence des eaux. Cette entrée présente

une magnifique arcade d'ordre dorique, large de 3 mèt. et haute de 5 m. 80, qui est formée d'énormes blocs de pierre. L'orifice par lequel les eaux se déchargeaient dans le Liris est beaucoup plus simple, ainsi qu'on le voit par la Fig. ci-jointe. Le Liris coule dans un ravin profond de 18 mèt., situé entre cet orifice et le premier plan, de sorte qu'on ne peut l'apercevoir. La petite ouverture qu'on remarque au-dessus de l'embouchure du canal est l'entrée de l'une des galeries (*cuniculi*) dont nous avons parlé.

ÉMISSIF, IVE. adj. T. Phys. Ne s'emploie guère que dans cette loc., *Pouvoir é.* Voy. CHALEUR.

ÉMISSION. s. f. (lat. *emissio*, m. s., de *emittere*, envoyer hors de). T. Didact. Action par laquelle une chose est poussée, lancée au dehors. *L'é. des rayons du soleil. L'é. de voix.* — En Physiol., *É. de l'urine*, etc. || T. Méd., *É. sanguine*, Saignée générale ou locale. *Il faudra recourir aux émissions sanguines.* || T. Fin. Action de mettre en circulation. *É. d'une nouvelle monnaie, de billets de banque. Une nouvelle é. d'actions.* || T. Jurisp. can. *É. des vœux*, Prononciation solennelle des vœux. *On avait cinq ans pour réclamer à compter du jour de l'é. des vœux.* || T. Méc. Nom donné aux organes qui servent à évacuer la vapeur d'un cylindre après qu'elle a exercé son action sur l'une des faces du piston. *Orifice, soupape d'émission.* || T. Phys. *É. de la lumière.* Voy. ce mot.

ÉMISSIONNAIRE. adj. 2 g. [Pr. émi-sio-nère]. Qui se rapporte à l'émission de titres, de valeurs. *Banquiers émissionnaires.*

ÉMISSOLE. s. m. (altér. du lat. *mustellus*, nom de l'animal). Nom vulgaire d'une sorte de poisson cartilagineux. Voy. SQUALE.

EMMAGASINAGE. s. m. [Pr. an-maga-zinaje]. Action d'emmagasiner.

EMMAGASINATEUR, TRICE. s. [Pr. an-maga-zinateur]. Corps qui emmagasine une force. || Adj. Qui recueille, emmagasine.

EMMAGASINEMENT. s. m. [Pr. an-maga-zinc-man]. Placement des marchandises dans un magasin. || T. Photog. Absorption de la lumière par un corps soumis à l'insolation et ensuite conservé dans l'obscurité.

EMMAGASINER. v. a. [Pr. an-maga-ziner] (R. en, et magasin). Mettre en magasin. — S'EMMAGASINER. v. pron. Être mis en magasin. || T. Photog. *La lumière s'emmagasine.* = EMMAGASINÉ, ÉE. part.

EMMAGASINEUR. s. m. [Pr. an-maga-zineur]. Celui qui emmagasine.

EMMAIGRIR. v. a. [Pr. an-mègrir]. Voy. AMAIGRIR.

EMMAIGRISSEMENT. s. m. [Pr. an-mègri-seman]. L'action d'emmaigrir.

EMMAILLOTEMENT. s. m. [Pr. an-ma-llo-teman, ll mouillées]. Action d'emmailloter. *É. des enfants*

EMMAILLOTER. v. a. [Pr. an-ma-llo-ter, ll mouillées]. Mettre un enfant dans un maillot. = S'EMMAILLOTER. v. pron. S'envelopper. = EMMAILLOTÉ, ÉE. part.

EMMALADIR. v. a. [Pr. an-maladir]. Rendre malade.= EMMALADIR v. n. Devenir malade.

EMMANCHE. s. f. [Pr. an-manche]. T. Blas. Triangle pyramidal qui s'avance d'un des bords de l'écu vers le milieu de la surface.

EMMANCHEMENT. s. m. [Pr. an-mancheman]. Action d'emmancher. || T. Peint. et Sculpt. La manière dont les membres sont joints au tronc, ou dont les parties d'un membre tiennent les unes aux autres. || Action d'emmancher un outil.

EMMANCHER. v. a. [Pr. an-mancher] (R. manche, s. m.). Mettre un manche à un outil, à un instrument, etc. *É. une faux. É. des couteaux. É. d'ivoire, de corne.* || Figur. et famil., *E. une affaire*, La mettre en train. = s'EMMANCHER. v. pron S'ajuster. *Cela ne s'emmanche pas bien.* || Figur. et fam., *L'affaire s'emmanche bien. Cela ne s'emmanche pas ainsi, ne s'emmanche pas comme vous le pensez*, Cela n'est pas si aisé que vous le pensez, ou bien, Cela ne se fait pas de cette façon. = EMMANCHÉ, ÉE. part. || T. Blas. Se dit des haches, des faux, etc., qui ont un manche d'un émail différent. MOYÈME, *en Flandre, porte de gueules à trois faucilles d'argent emmanchées d'or.* || T. Peint. et Sculpt. *Ces membres sont bien emmanchés*, Ils s'attachent bien au corps dont ils font partie.

EMMANCHER. v. n. [Pr. *an-mancher*] (R. manche, mer). T. Mar. Entrer dans la Manche. || Entrer dans un bras de mer quelconque.

EMMANCHEUR. s. m. [Pr. *an-mancheur*]. Celui qui emmanche.

EMMANCHURE. s. f. [Pr. *an-man-chure*]. L'ouverture d'un habit, d'une robe, d'une chemise, etc., faite pour recevoir une manche. *Cette e. est trop large.*

EMMANNEQUINER. v. a. [Pr. *an-ma-ne-ki-ner*] (R. en, et mannequin). T. Hortic. Mettre des arbustes ou des plantes avec la terre qui tient à leurs racines, dans des paniers, dans des mannequins. = EMMANNEQUINÉ, ÉE. part.

EMMANTELÉ, ÉE. adj. [Pr. *an-mantelé*] (part. pass. de *emmanteler*). Couvert d'un manteau. || Revêtu d'un plumage qui imite un manteau. Voy. MANTELÉ.

EMMANTELER. v. a. [Pr. *an-manteler*] (R. en, et mantel, anc. forme de manteau). Envelopper d'un manteau. || T. Art milit. anc. Revêtir une place d'une enceinte. = Conj. Voy. GELER.

EMMANUEL *le Fortuné*, roi de Portugal de 1495 à 1521, sous lequel fut fondé l'empire portugais aux Indes.

EMMANUEL-PHILIBERT, duc de Savoie de 1533 à 1580, dit *Tête de fer*; gagna pour Philippe II la bataille de Saint-Quentin (1557), et épousa Marguerite, fille de François Ier.

EMMARCHEMENT. s. m. [Pr. *an-marcheman*]. Disposition des marches d'un escalier. || Entaille faite pour recevoir ces marches. || Ligne d'e., Ligne tracée sur l'épure, au milieu de la longueur des marches.

EMMARGER. v. a. [Pr. *an-marger*]. Mettre dans les marges.

EMMARINER. v. a. [Pr. *an-mariner*] (R. en, et marin). T. Mar. Garnir un vaisseau de l'équipage nécessaire. — Accoutumer à la mer.

EMMARQUISER. v. a. [Pr. *an-marki-zer*] (R. en, et marquis). Donner le titre de marquis. = s'EMMARQUISER. v. pron. Prendre la qualité de marquis.

EMMASSEMENT. s. m. [Pr. *en-ma-seman*] (R. en, et masse). T. Art milit. Formation des masses dans les grandes manœuvres.

EMMASSER. v. a. [Pr. *an-ma-ser*] (R. en, et masse). T. Art milit. Réunir en masses.

EMMATELOTAGE. s. m. [Pr. *an-matelo-taje*] (R. matelot). T. Mar. Désignation de deux matelots destinés à avoir le même hamac.

EMMAÜS, bourg de la Judée, à 11 kil. de Jérusalem, où Jésus-Christ aurait apparu, après sa résurrection, à deux de ses disciples.

EMME. s. f. [Pr. *è-me*]. T. Ponts et Chauss. Nom donné aux profils que l'on construit, de distance en distance, soit en déblai soit en remblai, et qui sont destinés à déterminer la forme que l'on veut donner à une digue, un rempart, etc.

EMMÊCHER. v. a. [Pr. *an-mécher*] (R. en, et mèche). Mettre une mèche à une pièce d'artifice.

EMMÊLAGE. s. m. [Pr. *an-mélaje*]. Vice de la soie grège qui fait qu'elle s'emmêle, dans l'opération du décreusement.

EMMÊLEMENT. s. m. [Pr. *an-mêleman*] Action d'emmêler; résultat de cette action.

EMMÊLER. v. a. [Pr. *an-mêler*]. Brouiller, mêler; se dit famil., en parlant des écheveaux de fil, de laine, etc. || Fig., Mettre du trouble, de la confusion. *Vous emmêlez cette affaire, cette histoire.* = EMMÊLÉ, ÉE. part.

EMMÉNAGEMENT. s. m. [Pr. *an-ménajeman*]. Action de ranger des meubles dans une maison, dans un appartement où l'on va loger. || T. Mar. Se dit, au plur., des compartiments et logements qu'on pratique dans l'intérieur d'un navire, *Ce paquebot a des emménagements très commodes pour les passagers.*

EMMÉNAGER. v. n. [Pr. *an-ménajer*] (R. en et ménage; propr. Mettre en ménage). Mettre ses meubles en place quand on les a transportés d'une maison dans une autre. *J'ai fini d'e.* || On dit aussi activ., *E. quelqu'un* pour faire son emménagement. = s'EMMÉNAGER. v. pron. Emménager. *Il m'a fallu huit jours pour m'e.* || Monter son ménage, se fournir de meubles. *Il s'emménage peu à peu.* = EMMÉNAGÉ, ÉE. part. *Je ne suis pas encore tout à fait emménagé.* || T. Mar. *Ce bâtiment est bien emménagé*, Il est bien distribué intérieurement. = Conj. Voy. MANGER.

EMMÉNAGOGUE. adj. 2 g. et s. m. [Pr. *èm-ména-gog*] (gr. ἐμμηνος, menstruel, de ἐν, dans, et μήν, mois; ἀγωγὸς, qui pousse). Se dit des agents thérapeutiques qui provoquent ou favorisent l'écoulement menstruel. — Les médicaments emménagogues sont en même temps abortifs : rue, sabine, seigle ergoté, pilocarpine, armoise, salicylate de soude, etc.

EMMENER. v. a [Pr *an-mener*] (R. en, et mener). Mener avec soi au lieu où l'on est dans un autre. *Emmenez cet homme. Voulez-vous m'e. avec vous? Je vous emmène dans ma voiture.* — Se dit des choses. *Il a emmené ses marchandises.* Peu usité. = EMMENÉ, ÉE. part. = Conj. Voy. GELER.

EMMÉNOLOGIE. s. f. [Pr *èm-ménolojî*] (gr. ἐμμηνος, menstruel; λόγος, discours). T. Méd. Traité de la menstruation.

EMMENOTTER. v. a [Pr. *an-meno-ter*]. Mettre les menottes *On emmenotta les prisonniers.* = EMMENOTTÉ, ÉE. part.

EMMENTHAL, vallée suisse du canton de Berne. Fromages renommés.

EMMERY (CLAUDE), jurisconsulte et homme politique français né à Metz (1762-1823).

EMMÉSOSTOME. adj. 2 g. [Pr. *èm-mé-zostome*] (gr. ἐν, dans; μέσος, milieu; στόμα, bouche). T. Zool. Qui a la bouche placée au milieu du corps.

EMMÉTRAGE. s. m. [Pr. *an-métraje*]. s. m T. Constr. Opération d'emmétrer.

EMMÉTRER. v. a. [Pr. *an-métrer*]. (R. en, et métrer). T. Constr. Disposition des matériaux de façon à faciliter le métrage.

EMMÉTROPE. adj. 2 g. [Pr. *èm-métrope*] (gr. ἐν, dans, μέτρον, mesure; ὤψ, œil). T. Opt. Se dit de l'œil dont la rétine se trouve au foyer principal de son système dioptrique. C'est l'œil bien conformé pour la vue normale de près et de loin, et qui n'est ni myope ni presbyte. Voy. VISION.

EMMÉTROPIE. s. f. [Pr. *èm-mé-tropi*]. Qualité de l'œil emmétrope.

EMMEULAGE. s. m. [Pr. *an-meulaje*]. T. Rur. Action d'emmeuler.

EMMEULER. v. a. [Pr. *an-meuler*]. T. Rur. Mettre les foins en meules.

EMMIELLEMENT. s. m. [Pr. *an-mièleman*]. Action d'emmieller.

EMMIELLER. v. a. [Pr. *an-miè-ler*]. Enduire de miel. E. *les bords d'un vase*. — Fig., E. *les bords du vase*, Faire, par des paroles séduisantes ou par quelque artifice, que ce qui est naturellement pénible paraisse facile, agréable || Mettre du miel dans une liqueur. E. *du vin*. = EMMIELLÉ, ÉE. part. || Figur. et fam., *Paroles emmiellées*, Paroles flatteuses et d'une douceur affectée.

EMMIELLURE. s. f. [Pr. *an-miè-lure*] (R. *emmieller*). T. Art vét. Topique qui a le miel pour excipient et qu'on applique sur le pied d'un cheval pour adoucir la corne. || T. Agric. Maladie des blés qui fait maigrir les épis et en retarde la maturité.

EMMINEUR. s. m. [Pr. *an-mineur*]. Celui qui mesurait le sel par minot.

EMMITONNER. v. a. [Pr. *an-mi-to-ner*]. Envelopper les mains dans des mitaines, et, par ext., tout le corps dans une étoffe moelleuse. = s'EMMITONNER. v. pron. *S'e. dans une bonne douillette.* = EMMITONNÉ, ÉE. part.

EMMITOUFLER v. a. [Pr. *an-mitoufler*] (R. *en*, et *moufle*, devenu *mitoufle*, par confusion avec *mitaine*). Envelopper quelqu'un de fourrures, de vêtements, surtout au cou et à la tête, pour le tenir chaudement. *Elle emmitoufle trop son enfant.* Famil. = s'EMMITOUFLER. v. pron. *Il aime à s'e.* Fam. = EMMITOUFLÉ, ÉE. part. || Fig. et prov., *Jamais chat emmitouflé ne prit souris*, Pour faire une chose qui demande une certaine liberté d'action, il ne faut être embarrassé de rien qui empêche d'agir.

EMMITRER. v. a. [Pr. *an-mitrer*] (R. *mitre*). Donner la mitre à un évêque.

EMMONITE. s. f. [Pr. *èm-monite*] [R. *Emmons*, nom d'homme]. T. Minér. Variété calcifère de carbonate de strontiane.

EMMORPHOSE. s. f. [Pr. *èm-morfoze*] (gr. ἐν, dans ; μορφόω, je donne une forme). T. Zool. Mode particulier de métamorphose de certains insectes.

EMMORTAISER. v. a. [Pr. *an-mor-tè-zer*] (R. *en*, et *mortaise*). T. Techn. Faire entrer dans une mortaise le bout d'une pièce de bois ou de métal. = EMMORTAISÉ, ÉE. part.

EMMOTTÉ, ÉE. adj. [Pr. *an-mo-té*]. Se dit des arbres dont la racine est entourée d'une motte de terre.

EMMOUFLEMENT. s. m. [Pr. *an-mou-fleman*]. T. Céram. Action d'emmoufler.

EMMOUFLER. v. a. [Pr. *an-moufler*] (R. *moufle*). T. Céram. Mettre des poteries dans un moufle.

EMMURAILLER. v. a. [Pr. *an-mu-ra-ller*, ll mouillées]. Enfermer dans une muraille.

EMMURER. v. a. [Pr. *an-murer*] (R. *en*, et *mur*). Enfermer entre des murailles, entourer de murailles. = EMMURÉ, ÉE. part — S'emploie subst. *Les emmurés de Carcassonne*.

EMMUSELER. v. a. [Pr. *an-mu-zeler*] (R. *en*, et *museler*). Mettre une muselière à un animal. E. *un veau pour l'empêcher de téter*. On dit mieux *museler*. = EMMUSELÉ, ÉE. part. = Conjug. Voy. APPELER.

EMMUSQUER. v. a. [Pr. *an-mus-ker*]. Parfumer de musc.

ÉMODINE. s. f. T. Chim. Substance contenue dans l'acide chrysophanique brut extrait de la rhubarbe. On traite cet acide par une solution bouillante de carbonate de soude qui dissout l'émodine. Celle-ci cristallise en aiguilles brillantes, rouge orangé, fusibles à 250°, sublimables. C'est une trioxyméthyl-anthraquinone, répondant à la formule C¹⁵H⁴(CH³)O² (OH)³. Elle est soluble dans les alcalis et les carbonates alcalins et forme des composés rouges avec la chaux et la baryte.

ÉMOI. s. m. (lat. *emovere*, émouvoir). Trouble, agitation.

Il était tout en é. Cela mit tout le quartier en é. Un doux é. || T. Écon. rur. Plancher de bois établi entre quatre jumelles sur le sommier du pressoir à cidre.

ÉMOLLIENT, ENTE. adj. et s. m. [Pr. *émo-lian*] (lat. *emolliens*, m. s., de *emollire*, amollir ; de *e*, et *mollis*, mou). On désigne sous ce nom toutes les substances médicamenteuses qui ont la propriété de relâcher et de ramollir les tissus vivants, sains ou malades. L'eau occupe la première place parmi les émollients. On l'emploie fréquemment seule, mais portée à une certaine température, en boisson, en fomentations, en bains et en vapeur. En outre, elle sert presque toujours de véhicule aux autres substances émollientes et, à vrai dire, c'est souvent elle seule qui agit. Cependant, les gommes, les huiles grasses fraîches, les décoctions mucilagineuses de guimauve, de graine de lin, agissent aussi comme émollients. Les *espèces émollientes* du Codex sont les feuilles sèches de mauve, de guimauve, de mélène, de séneçon et de pariétaire, mêlées par parties égales. Les *Farines émollientes* sont celles de lin, de seigle et d'orge, qu'on mêle aussi par parties égales. Nous citerons encore parmi les émollients les jujubes, les dattes, les figues et quelques substances animales, telles que la gélatine, l'albumine, le mucus animal et toutes les solutions, décoctions ou bouillons qui contiennent plus ou moins de ces substances en solution. — Ces agents thérapeutiques s'appliquent soit à l'extérieur, soit à l'intérieur en lavements, gargarismes, fomentations.

ÉMOLUMENT. s. m. (lat. *emolumentum*, m. s., de *emolere*, moudre). Profit, avantage. *Tirer un grand é., de grands émoluments de quelque chose. Il n'a reçu aucun é. de cette affaire.* || Au plur., se dit pour appointements, traitement, salaire. *Quels sont les émoluments attachés à cette place?* || Se dit quelquefois des profits et avantages casuels qui proviennent d'une place, d'une charge, par opposition aux appointements fixes et certains. *Il s'était réservé les gages de cet office, et il en laissait les émoluments à ses commis.* = Syn. Voy. APPOINTEMENT.

ÉMOLUMENTAIRE. adj. Qui concerne les émoluments.

ÉMOLUMENTER. v. n. (R. *émolument*). Gagner, faire quelque profit. Vx et inus.

ÉMONCTOIRE. s. m (lat. *emunctorium*, m. s., de *emungere*, moucher). Ce terme, qui n'est plus usité que dans le langage vulgaire, s'applique à tous les organes de sécrétion excrémentitielle, et particulièrement aux surfaces par lesquelles ces produits sécrétoires sont versés en dehors. Les pores cutanés, les narines, la bouche, les oreilles, les reins et la vessie sont des émonctoires. On appelle encore ces organes et ces surfaces *Émonctoires naturels*, par opposition aux *Émonctoires artificiels*, tels que les vésicatoires, les cautères, etc.

ÉMONDAGE. s. m. Action d'émonder.

ÉMONDATION. s. f. [Pr. *...sion*] (R. *émonder*). T. Pharm. Opération par laquelle on retire des substances animales et végétales certaines portions inutiles.

ÉMONDE. s. f. T. Faucon. Fiente d'un oiseau de proie.

ÉMONDEMENT. s. f. L'action d'émonder; résultat de cette action.

ÉMONDER. v. a. (lat. *emundare*, nettoyer, de *e*, et *mundus*, propre). T. Jardin. Couper, retrancher d'un arbre les branches nuisibles ou inutiles. *Il faudra é. les arbres de cette allée.* || Fig. Purger, débarrasser des choses inutiles. || T. Techn. É. *les amandes*, Les jeter dans l'eau bouillante pour en enlever facilement la peau. É. *la bourre*, Éplucher et battre la bourre que les fondeurs emploient dans la fabrication de certains moules.

ÉMONDES. s. f. pl. (R. *émonder*). Les branches superflues qu'on retranche des arbres.

ÉMONDEUR, EUSE. s. Celui, celle qui émonde. || s. m. T. Rur. Sorte de crible pour nettoyer le blé.

ÉMONDOIR. s. m. Instrument servant à émonder les arbres.

ÉMORFILER. v. a. Enlever le morfil et les arêtes vives d'une pièce de métal ou de cuir.

ÉMOTIF, IVE. adj. T. Physiol. Qui est relatif aux émotions, qui suscite les émotions.

ÉMOTIVITÉ. s. f. T. Phys. Degré suivant lequel chaque personne est sujette à s'émouvoir de quelque impression perçue.

ÉMOTION. s. f. [Pr. ...sion] (lat. emotio, m. s., de *emovere, émouvoir*). Agitation, trouble. *Il y a de l'é. dans le pouls. Il n'a plus la fièvre, mais je lui trouve encore quelque é.* ‖ Trouble, agitation de l'âme; attendrissement. *Une douce é. Éprouver de l'é. Être en proie à une vive é. Rien ne vint trahir son é. Une foule avide d'émotions violentes. La moindre é. le tuerait. Elle ne peut supporter aucune é. Parler de quelqu'un avec é.* ‖ Agitation dans le peuple qui annonce une disposition au soulèvement, à la révolte. *Il y a de l'é. dans le peuple. Calmer l'é. populaire.*

ÉMOTIONNER. v. a. [Pr. *émo-sio-ner*]. T. Néol. Causer des émotions. = **s'ÉMOTIONNER.** v. pron. = **ÉMOTIONNÉ, ÉE.** part. [Mot inutile, à éviter. Ne dit ni plus ni moins qu'*émouvoir* qui est bien plus correct.]

ÉMOTTAGE. s. m. [Pr. *émo-taje*]. Action d'émotter.

ÉMOTTEMENT. s. m. [Pr. *émo-teman*]. L'action d'émotter; le résultat de cette action.

ÉMOTTER. v. a. [Pr. *émo-ter*] (R. e, préf. sépar., et *motte*). T. Agric. Briser les mottes d'un champ, avec la herse, le rouleau, etc. *On émotte les terres quand il n'a pas plu depuis longtemps.* ‖ Écraser les grosses agglomérations de sucre. — v. pron. *Être brisé,* en parlant de mottes. = **ÉMOTTÉ, ÉE.** part.

ÉMOTTEUR, EUSE. s. [Pr. *émo-teur*]. T. Agric. Celui, celle qui émotte. = **ÉMOTTEUR.** s. m. T. Raffin. Instrument pour concasser les sucres agglomérés.

ÉMOTTOIR. s. m. [Pr. *émo-toir*]. T. Agric. Sorte de batte pour concasser les mottes de terre.

ÉMOU. s. m. T. Ornith. Nom vulgaire du Casoar de la Nouvelle-Hollande (*Dromœus*).

ÉMOUCHER. v. a. (R. é, préf. sépar., et *mouche*). Chasser les mouches. *É. un cheval.* ‖ Par extens., Battre. ‖ T. Rur. Réunir les grains de blé séparés de l'épi par l'action du battage. ‖ *É. un fleuret,* En ôter la mouche ou le bouton. = **s'ÉMOUCHER.** v. pron. *Les chevaux s'émouchent avec leur queue.* = **ÉMOUCHÉ, ÉE.** part.

ÉMOUCHET. s. m. (R. *émouche,* à cause des mouchetures du plumage). T. Ornith. Nom vulgaire de l'Épervier, de la Crécelle, et, dans certaines régions, du Coucou.

ÉMOUCHET. s. m. (R. *émoucher*). Nom que donnent les tanneurs à la queue des animaux dont ils préparent les peaux.

ÉMOUCHETAGE. s. m. T. Techn. Action d'émoucheter les rubans. — Opération qui consiste à retirer du lin les bouts de paille. — Ce qu'on en retire. — On dit aussi **Émouchures.**

ÉMOUCHETER. v. a. (R. é, préf., et *mouchette,* petite mouche). Casser la pointe d'un instrument aigu. ‖ Donner le fini aux rubans.

ÉMOUCHETTE. s. f. (R. *émoucher*). Sorte de caparaçon fait de réseau, et garni tout autour de petites cordes pendantes qui s'agitent au moindre mouvement du cheval, et servent ainsi à le garantir des mouches.

ÉMOUCHEUR. s. m. Celui qui émouche.

ÉMOUCHOIR. s. m. (R. *émoucher*). Queue de cheval attachée à un manche et dont on se sert pour chasser les mouches.

ÉMOUCHURES. s. f. pl. Voy. **ÉMOUCHETAGE.**

ÉMOUDRE. v. a. (R. é, préf. sépar. et *moudre*). Aiguiser sur une meule. *É. des couteaux.* = **ÉMOULU, UE.** part. ‖ Combattre à fer émoulu. Avec les armes affilées. Voy. TOURNOI. ‖ Fig. et fam., *Un jeune homme frais émoulu du collège,* Un jeune homme sorti tout récemment du collège. On dit aussi d'un homme tout rempli d'une matière qu'il vient d'approfondir, qu'*Il en est frais émoulu.* Conj. Voy. MOUDRE.

ÉMOULAGE. s. m. (R. *émoudre*). T. Coutell. Opération qui donne sa forme définitive à la pièce qui doit fournir le couteau.

ÉMOULERIE. s. f. (R. *émoudre*). Action de mettre une lime en contact avec une lame en mouvement jusqu'à ce que celle-ci soit complètement blanche.

ÉMOULEUR. s. m. Celui qui fait le métier d'émoudre, d'aiguiser les couteaux, les ciseaux et autres instruments tranchants.

ÉMOUSSAGE. s. m. (R. é, préf. sépar., et *mousse*). T. Rur. Action de détruire les mousses nuisibles.

ÉMOUSSEMENT. s. m. Action d'émousser. ‖ État de ce qui est émoussé.

ÉMOUSSER. v. a. (R. *mousse,* adj.). Rendre mousse, c.-à-d. moins tranchant, moins aigu; ôter la pointe ou le tranchant à un instrument piquant ou coupant. *É. la pointe d'une épée. É. un rasoir.* ‖ Fig., se dit au sens physique et au sens moral, pour, Rendre moins vif, affaiblir, amortir, diminuer. *L'habitude des jouissances physiques émousse les sens. La volupté émousse le courage. Les longues peines émoussent l'esprit.* ‖ T. Art milit. Émousser les angles d'un bataillon, Former des pans sur les angles d'un bataillon carré, de façon à lui donner la forme d'un octogone. = **s'ÉMOUSSER.** v. pron. Se dit au fig., *La pointe de ce couteau s'est émoussée. Le courage s'émousse dans l'oisiveté.* = **ÉMOUSSÉ, ÉE.** part. *Pointe émoussée. Des sens émoussés.*

ÉMOUSSER. v. a. Ôter la mousse. *É. un arbre.* ‖ T. Techn. Pour les fleurs artificielles, séparer les unes des autres, au moyen d'une pince, les étoiles qui sont souvent adhérents entre eux par les bords. = **ÉMOUSSÉ, ÉE.** part.

ÉMOUSSOIR. s. m. T. Rur. Instrument pour émousser les arbres.

ÉMOUSTILLER. v. a. [Pr. les *ll* mouillées] (R. é, et *moustille,* qui se dit du pétillement du vin). Exciter à la gaieté, mettre en bonne humeur. *Le vin de Champagne avait émoustillé nos jeunes gens.* = **ÉMOUSTILLÉ, ÉE.** part.

ÉMOUVANT, ANTE. adj. Qui émeut, qui cause de l'émotion.

ÉMOUVEMENT. s. m. Action d'émouvoir; résultat de cette action.

ÉMOUVOIR. v. a. (lat. *emovere,* m. s., de *e,* préf., et *movere,* mouvoir). Mettre en mouvement, exciter, agiter. *Cette drogue émeut les humeurs, la bile et ne purge pas. É. les sens. C'est un homme facile, difficile à é.* ‖ Remuer, soulever. *Il ne faut que le moindre vent pour é. les flots.* — Fig., *É. une sédition, une querelle, une dispute,* etc., Exciter, faire naître une sédition, etc. On dit aussi, *É. la colère, la compassion de quelqu'un. Il sait l'art d'é. les passions.* ‖ Fig., en parlant du cœur, de l'âme, des passions, Remuer, attendrir, troubler. *Elle sut m'é. par ses larmes et par ses prières. É. le cœur. É. de compassion. Cela émeut fortement. C'est un homme que rien ne saurait é.* — *É. à compassion,* Toucher de compassion. Vx. ‖ Fig., Agiter, exciter, pousser à la sédition. *Ils cherchèrent à é. les esprits. É. à sédition,* Exciter à la sédition. Vx. = **s'ÉMOUVOIR.** v. pron. En parlant de la mer, Se soulever. *La mer commence à s'é.* ‖ Fig., *Mon cœur, mon âme s'émeut. Elle s'émut jusqu'à pleurer. Il s'émut à la vue du péril. C'est un homme qui ne s'émeut de rien. Il lui répondit sans s'é. que... Le peuple commençait à s'é.* ‖ Fig., *Sa bile s'émeut aisément,* Il se met aisément en colère. ‖ Impersonnellement, *Il s'émut une grande tempête,* _une violente querelle_, Il survint une grande tempête, etc. || T. Écon. rur. Se dit de la graine des vers à soie, lorsqu'elle commence à blanchir. = **Ému, UE.** part. _Être ému de compassion. Elle était fort émue._ == Conjug. Voy. **Mouvoir.**

Syn. — _Toucher._ — Ces verbes ne sont synonymes qu'au sens figuré, quand ils expriment l'action de causer une altération dans l'âme. L'action de _toucher_ fait une impression dans l'âme; l'action d'_émouvoir_ lui cause une agitation. Pour _émouvoir_ l'âme, il faut la _toucher_, comme il faut _toucher_ le corps pour le _mouvoir_. Ce qui _touche_ excite la sensibilité; ce qui _émeut_ excite une passion. On est _touché_ de pitié, de peur, de colère, etc. On cherche à vous _toucher_ pour vous attendrir, vous gagner, vous ramener; on vous _émeut_ souvent en vous offensant, en vous irritant. L'action d'_émouvoir_ s'étend donc plus loin que celle de _toucher_.

EMPAILLAGE. s. m. [Pr. _an-pa-llaje_, _ll_ mouillées]. Art ou action d'empailler, d'entourer ou de bourrer de paille. Voy. **TAXIDERMIE.** || T. Mar. Sorte d'exhaussement ou d'abri dans certains bateaux.

EMPAILLEMENT. s. m. [Pr. _an-pa-lleman_, _ll_ mouillées]. Action d'empailler. || T. Rur. Ensemble des pailles qui proviennent des récoltes des céréales. || Action de mettre de la paille ou des herbes dans du fumier.

EMPAILLER. v. a. [Pr. _an-pa-ller_, _ll_ mouillées]. Envelopper de paille. _E. des ballots, des porcelaines._ — _Il faudra e. ces figuiers, pour les garantir du froid._ || Garnir de paille. _E. des chaises._ — Par ext., _E. des animaux_, Préparer des animaux morts, les remplir de paille ou d'autres matières pour les conserver. = **EMPAILLÉ, ÉE.** part. _Un oiseau bien empaillé._

EMPAILLEUR, EUSE. s. [Pr. _an-pa-lleur_, _ll_ mouillées]. Celui, celle qui empaille. _E. de chaises. E. d'oiseaux._

EMPALANGE. s. m. Buffle d'Afrique.

EMPALEMENT. s. m. (R. _pal_; lat. _palus_, pieu). Le _Supplice du pal_ ou l'_Empalement_ est une de ces monstruosités qu'a inventées la cruauté orientale. Il consiste à enfoncer dans le fondement du condamné un pieu de bois taillé en pointe qui traverse ses entrailles. On plante ensuite le pal en terre, et on laisse mourir lentement le malheureux dans cette position horrible. Le poids du corps faisant toujours entrer davantage le pal, celui-ci finit par sortir par l'aisselle, la poitrine ou la gorge. — Ce supplice était usité en Turquie, en Perse, dans le royaume de Siam, et dans l'extrême Orient. Il a été également en usage en Russie jusque vers le milieu du siècle dernier, où il fut aboli par l'impératrice Élisabeth, fille de Pierre le Grand. En Russie, on empalait par le côté, ce qui faisait périr immédiatement le supplicié.

EMPALEMENT. s. m. Petite vanne de moulin ou d'une autre usine.

EMPALER. v. a. Traverser par un pieu un objet quelconque. || Infliger le supplice du pal. _E. un criminel._ Voy. **EMPALEMENT.** = **s'EMPALER.** v. pron. Se dit d'un accident où un homme tombant de haut sur un objet pointu se fait une blessure. = **EMPALÉ, ÉE.** part.

EMPAMPRÉ, ÉE. adj. Garni de pampre.

EMPAN. s. m. (all. _spann_, m. s., de _spannen_, étendu). Sorte de mesure de longueur, qui est à peu près égale à l'intervalle entre l'extrémité du pouce et celle du petit doigt, quand ces deux extrémités sont aussi éloignées que possible l'une de l'autre. _Long de deux empans. L'e. de Toulouse_ valait 8 pouces ou 22 centimètres et demi.

EMPANACHER. v. a. Orner d'un panache. _E. un casque._ = **s'EMPANACHER.** v. pron. Se parer d'un panache. = **EMPANACHÉ, ÉE.** part.

EMPANNER. v. a. [Pr. _an-paner_]. T. Mar. _E. un navire_, Le mettre en panne. = **EMPANNÉ, ÉE.** part.

EMPANNON et **EMPANON.** s. m. [Pr. _an-panon_]. T. Charpent. Chevron de croupe qui tient aux arêtiers par le haut et par le bas aux plates-formes. Voy. **COMBLE.** || T.

Charron. Nom de deux pièces de bois qui, prenant des deux côtés de la flèche d'un carrosse, passent sur l'essieu.

EMPAPILLOTER. v. a. [Pr. les _ll_ mouillées]. Garnir de papillotes.

EMPAQUETAGE. s. m. Action d'empaqueter.

EMPAQUETER. v. a. Mettre en paquet. _E. du linge, des livres._ || Figur. et fam., Couvrir avec soin, comme lorsqu'on enveloppe un paquet. _J'ai bien empaqueté ma mère pour qu'elle ne prenne pas froid. S'e. la tête._ || Fig. et fam., Entasser comme des paquets. _On nous empaqueta dix ensemble dans la voiture._ == **s'EMPAQUETER.** v. pron. _Je m'empaquetai dans mon manteau._ == **EMPAQUETÉ, ÉE.** part. == Conj. Voy. **ACHEVER.**

EMPARADISER. v. a. Mettre en paradis, en un état de délices.

EMPARENTÉ, ÉE. adj. Qui possède des parents par alliance.

EMPARER (S'). v. pron. (lat. _imparare_ [_sibi_], disposer [pour soi]). Se saisir d'une chose, s'en rendre maître, ordinairement en usant de moyens violents ou irréguliers. _Les ennemis s'emparèrent de la ville par surprise. Il quitte sa place, je m'en empare. Il s'est emparé de tous les papiers, de tous les titres. S'e. des effets d'une succession. S'e. des biens de quelqu'un. S'e. du trône._ || Figur., _S'e. de l'esprit de quelqu'un. La peur s'empara de lui. Lorsque les passions se sont emparées de nous._ || T. Chim. Absorber en se combinant. _Certains métaux exposés quelque temps à l'air s'emparent de l'oxygène qu'il renferme._

EMPARFUMER. v. a. Emplir d'une odeur parfumée.

EMPARQUER. v. a. Mettre dans un parc. — Fig. Circonvenir.

EMPASME. s. m. (gr. ἐν, en; πάσσειν, saupoudrer). T. Pharm. Poudre parfumée qu'on répand sur le corps pour en absorber la sueur.

EMPASTELER. v. a. T. Teint. Employer le pastel ou guède pour faire prendre le bleu aux laines.

EMPATAGE. s. m. (R. _empater_). Action d'empater.

EMPÂTAGE. s. m. (R. _empâter_). Action de mélanger la lessive avec l'huile, dans la fabrication du savon.

EMPATEMENT. s. m. (R. _empater_). Ce qui sert de pied à quelque chose pour le soutenir.

EMPÂTEMENT. s. m. (R. _empâter_). État de ce qui est empâté ou pâteux. _L'e. des mains. L'e. de la langue, de la bouche._ || T. Peint. L'action d'empâter un tableau et le résultat de cette action. _E. de couleurs. Bon e._ || T. Grav. Effet semblable à celui de l'empâtement des couleurs, et que l'on obtient par l'emploi des tailles et des points. || L'action d'empâter la volaille. _L'e. des dindons._ || T. Chir. Engorgement non inflammatoire, qui conserve plus ou moins l'impression du doigt, et qui, par conséquent, tient de l'œdème. || T. Mus. _E. des sons_, Effet qu'on leur fait produire en les fondant. — _E. de la voix_, Défaut d'une voix grasse et voilée.

EMPÂTER. v. a. Voy. **EMPATTER.**

EMPÂTER. v. a. (R. _pâte_). Remplir, enduire de pâte ou de quelque autre matière pâteuse. _Cela m'a empâté les mains._ || Rendre pâteux, _Cela m'a empâté la bouche, la langue._ || Engraisser la volaille avec de la pâtée. _E. des oies._ || T. Peint. Mettre les couleurs chacune à leur place, sans d'abord les mêler ou les fondre ensemble. _Cette tête n'est qu'empâtée._ — Peindre par couches de couleurs épaisses. || T. Mus. _E. les sons_, Les marier, les fondre, au lieu de les marquer séparément. || T. Techn. Remplir de pâte les trous d'une roue de moulin. = **EMPÂTÉ, ÉE.** part. _Avoir les mains empâtées, la langue empâtée. Un tableau bien empâté._ || T. Grav. _Des chairs bien empâtées_, Des chairs qui ont le moelleux de la peinture.

EMPÂTEUR. s. m. Celui qui empâte la volaille.

EMPATTEMENT. s. m. [Pr. an-pa-teman] (R. *empatter*). T. Architect. Saillie ou plus grande épaisseur de bâtisse qu'on laisse sur les deux faces d'un mur dans ses fondations, pour augmenter la solidité de la construction. — Ornement usité dans l'architecture du moyen âge, rattachant le tore inférieur de la base d'une colonne au socle qui la soutient. || T. Arboric. Endroit d'où sort la tige ou le rameau. || T. Bot. La base qui sert à fixer les algues. || T. Techn. Se dit des pièces de bois qui servent de base à une grue. || T. Mar. Entrelacement des torons de deux cordages réunis par une épissure.

EMPATTER. v. a. [Pr. an-pa-ter] (R. *patte*). Fixer avec des pattes. || T. Constr. Fonder la maçonnerie qui sort de base à un mur. | T. Mar. Enlacer les torons de deux cordages ; joindre deux pièces de bois juxtaposées. || T. Charron. E. *les rais*, Faire les pattes des rais d'une roue.

EMPATURE. s. f. (R. *empatter*). Assemblage bout à bout de deux pièces de bois. || T. Mar. Partie suivant laquelle deux pièces de bois qui se croisent sont réunies l'une à l'autre.

EMPAUME. s. f. T. Maçonn. Saillie qu'on réserve sur les parements, en taillant une assise, pour en faciliter la pose.

EMPAUMER. v. a. (R. *paume*). Recevoir une balle, un éteuf à plein dans le milieu de la paume de la main, de la raquette ou du battoir, et le pousser fortement. E. *la balle*. Fig. et fam., Se rendre maître de l'esprit d'une personne. *Si elle empaume une fois ce jeune homme, elle l'aura bientôt ruiné. Il s'est laissé e. comme un sot.* — E. *la parole*, S'en emparer. — E. *une affaire*, La bien saisir, la bien prendre. || T. Chasse. E. *la voie*, se dit des chiens qui, rencontrant la piste, la suivent et l'annoncent par leurs aboiements. = EMPAUMÉ, ÉE. part.

EMPAUMURE. s. f. T. Gantier. La partie d'un gant qui couvre la paume de la main. || T. Vén. Voy. CERF.

EMPEAU. s. m. T. Jardin. Ente ou écorce.

EMPÊCHANT, ANTE. adj. Qui empêche, qui gêne.

EMPÊCHEMENT. s. m. Obstacle, opposition. *Apporter de l'e. à quelque chose. Je n'y mets point d'e. J'ai levé tous les empêchements.* Voy. MARIAGE. — Syn. Voy. DIFFICULTÉ.

EMPÊCHER. v. a. (lat. *impedicare*, de *in*, dans, et *pedica*, piège ; propr. embarrasser dans des filets. Comparer avec *dépêcher* qui veut dire débarrasser du piège). Apporter de l'opposition ; faire ou mettre obstacle. E. *le jugement d'un procès.* E. *un mariage. Je l'empêcherai bien de faire ce qu'il dit. Cette digue empêche les inondations. La pluie empêche d'aller se promener ou qu'on n'aille se promener.* || Embarrasser, gêner. *Cela m'a fort empêché. Peu us.* = s'EMPÊCHER, v. pron. Se défendre de, s'abstenir de. *Je ne puis m'e. de vous donner cet avis. Elle ne put s'e. de rire.* — EMPÊCHÉ, ÉE. part. || Fam., Géné, embarrassé. *Il a les mains empêchées. Il se trouva fort empêché de lui répondre.* — Prov., *Être empêché de sa personne, de sa contenance,* Ne savoir comment se tenir ; ou fig., *Être dans un grand embarras d'esprit.* || Subst., *Faire l'empêché,* Affecter l'embarras, la préoccupation que donnent les grandes affaires.

EMPECINADO (EL). Célèbre chef de guérillas à l'époque de l'occupation de l'Espagne par les Français ; de son vrai nom *Juan-Martin* DIAZ (1775-1823).

EMPÉDOCLE, philosophe grec de Sicile, se jeta, dit-on, dans le cratère de l'Etna (V° siècle av. J.-C.). Disciple de Pythagore, il enseignait l'existence éternelle de la matière et d'un Dieu organisateur, l'immortalité de l'âme et la métempsychose. Sa morale était douce, pure et élevée.

EMPÉDOCLÉEN, ENNE. adj. Qui appartient à Empédocle, à ses doctrines.

EMPEIGNE. s. f. [Pr. *gn* mouillés] (lat. *in*, sur ; *pes, pedis,* pied ; qui est sur le pied). T. Techn. Pièce qui forme le

dessus d'un soulier, depuis le cou-de-pied jusqu'à la pointe. Voy. CORDONNERIE.

EMPEIGNÉ, ÉE. adj. [Pr. *gn* mouillés]. T. Tissage. Se dit de la disposition des fils dans la chaîne.

EMPEIGNEMENT. s. m. [Pr. *gn* mouillés]. T. Tissage. Disposition des fils dans la chaîne.

EMPELOTER. v. a. (R. *en,* et *pelote*). Mettre en pelotes. = s'EMPELOTER, v. pron. T. Fauconn. Se dit d'un oiseau qui ne peut digérer ce qu'il a avalé. *Faucon empeloté.*

EMPELOTONNEMENT. s. m. [Pr. *an-pelo-toneman*] (R. *peloton*). T. Art milit. Formation d'un peloton d'infanterie.

EMPÉNAGE. s. m. (R. *empéner*). État d'une serrure à plus d'un pêne.

EMPÉNER. v. a. (R. *pêne*). Garnir une serrure de plus d'un pêne.

EMPENNELAGE. s. m. [Pr. *an-pè-nelaje*]. T. Mar. Action d'empenneler.

EMPENNELER. v. a. [Pr. *an-pè-neler*]. T. Mar. Mouiller une petite ancre nommée *Empennelle.* Voy. ce mot.

EMPENNELLE. s. f. [Pr. *an-pè-nèle*]. T. Mar. Petite ancre tenue par un câble à une plus grosse, et qui est mouillée en avant de celle-ci pour tenir mieux le vaisseau.

EMPENNER. v. a. [Pr. *an-pèn-ner*] (lat. *penna,* plume). E. *une flèche,* La garnir de plumes. = EMPENNÉ, ÉE. part. *Flèche empennée.*

EMPENOIR. s. m. T. Techn. Ciseau recourbé par ses deux extrémités, qui sont également tranchantes, mais sur divers sens.

EMPERCHEUR. s. m. T. Mét. Ouvrier chargé des soins du séchoir d'une filature de lin.

EMPEREUR. s. m. (lat. *imperator,* chef militaire). Chef, souverain d'un empire. *Les empereurs romains. L'e. de Russie. L'e. de la Chine.* — Absol., se disait autrefois par l'empereur d'Allemagne. *La France fit la paix avec l'empereur.* || T. Icht. Un des noms de l'espadon et d'un poisson du genre holocanthe. — E. *du Japon,* Poisson des plus rares et des plus estimés de la mer des Indes. || T. Entom. Espèce de papillon qui vit dans les jardins. || T. Moll. Coquille du genre troque ou toupie. || T. Monn. Monnaie d'or frappée en Allemagne à l'effigie d'un empereur de ce pays.

Syn. — *Roi, Monarque, Prince, Potentat.* — Le mot *roi* désigne la fonction ou l'office : cet office est de diriger, de conduire. *Monarque* désigne le genre de gouvernement, le gouvernement d'un seul. *Potentat* désigne la puissance : il dispose des forces d'un grand État. *Prince* désigne le rang : ce rang est le premier dans l'État, mais il peut être subordonné au chef de ce dernier. *Empereur* désigne la charge ou l'autorité ; cette autorité est le droit de commander. En général, le pouvoir impérial est plus étendu que le pouvoir royal. Un e. peut avoir plusieurs rois sous sa suzeraineté, ses égaux comme rois, mais sur lesquels il a certains privilèges.

Hist. — Voy. EMPIRE.

EMPERLER. v. a. Garnir de perles.

EMPERON. s. m. Sorte de bois pour le charronnage.

EMPERRUQUÉ, ÉE. adj. [Pr. *an-pè-ruké*]. Garni d'une perruque.

EMPESAGE. s. m. Action d'empeser. || La façon dont une chose est empesée.

EMPESER. v. a. (R. *empois*). Apprêter le linge avec de l'empois pour lui donner une sorte de roideur. E. *un jabot.* E. *de la dentelle.* || T. Mar. E. *une voile,* La mouiller parce qu'elle est trop claire et que le vent passe au travers. *On empèse la voile pour que le tissu se resserre. Vx.* = EMPESÉ, ÉE. part. || Fig. et fam., on dit qu'*Un homme est bien em-*

pesé, qu'une femme est bien empesée, Lorsqu'ils ont une attitude roide, un air composé, des manières affectées. On dit de même, *Un air empesé, des manières empesées,* etc. — *Style empesé,* Style roide et pesant par l'affectation d'arrangement, d'exactitude et de purisme qu'on y remarque. = Conj. Voy. ACHEVER.

EMPESEUR, EUSE. s. Celui, celle qui empèse.

EMPESTER. v. a. Apporter, communiquer la peste. *On suppose que ce sont des ballots venus de Tunis qui ont empesté la ville* — Par ext., Infecter, *Les cadavres qui étaient demeurés sur le champ de bataille avaient empesté l'air.* || Empuantir, infecter de mauvaise odeur. *Il empeste tout le monde de son haleine.* — Absol., Répandre une odeur fétide. *Ce cadavre empeste.* || Fig., Souiller, corrompre, infecter. *Le monde est empesté de doctrines perverses.* = EMPESTÉ, ÉE. part.

EMPÉTRÉES. s. f. pl. (lat. *empetrum,* Camarine). T. Bot. Famille de végétaux Dicotylédones de l'ordre des Dialypétales supérovariées méristémones à carpelles clos.

Caract. bot. : Sous-arbrisseaux, à feuilles toujours vertes, à port de bruyère. Fleurs petites, régulières, dioïques ou monoïques, sessiles, solitaires, ou rassemblées en petit nombre à l'aisselle des feuilles, plus rarement pelotonnées à l'extrémité des rameaux. Calice composé de 3 ou très rarement de 2 folioles imbriquées dans la préfloraison, et souvent accompagnées de plusieurs bractées de même forme. Pétales en même nombre que les sépales et alternant avec elles. Fleurs mâles : Étamines hypogynes, alternant avec les pétales; filet filiforme, anthères arrondies, biloculaires, introrses, et s'ouvrant longitudinalement. Pollen en tétrades. Fleurs femelles. Pistil formé de 2, 3 ou 6-9 carpelles. Ovaire libre, situé dans un disque charnu, à 2, 3, 6 ou 9 loges; ovules solitaires, ascendants, anatropes; style unique, stigmate rayonné dont les rayons sont en même nombre que les loges de l'ovaire. Drupe renfermée dans un calice persistant, renfermant 2, 3, 6 ou 9 noyaux à test membraneux. Graines solitaires ascendantes; embryon cylindrique, situé dans l'axe d'un albumen charnu, radicule infère [Fig. 1. *Coratiola ericoides*; 2. Fleur mâle; 3. Fleur femelle; 4. Ovaire coupé en partie pour montrer les ovules; 5. Fruit mûr; 6. Coupe transversale d'une graine.]

Les E. ne comprennent que 3 genres (*Empetrum, Ceratiola, Corema*) avec 4 espèces qui habitent le nord et le midi de l'Europe, l'Amérique septentrionale et le détroit de Magellan. — Leurs feuilles et leurs fruits sont légèrement acides. Dans les régions arctiques de l'Europe on mange les baies noires de l'*Empetrum nigrum,* quoique acides et peu agréables au goût : on les regarde comme diurétiques et antiscorbutiques. Les Groënlandais s'en servent pour préparer une liqueur fermentée. Avec les baies blanches du *Corema,* les Portugais font une boisson acidulée, que les médecins du pays administrent dans les cas de fièvre.

EMPÊTREMENT. s. m. Ce qui empêtre, obstacle.

EMPÊTRER. v. a. (lat. *in,* dans, et bas-lat. *pastoria,* entraves, de *pastor,* pâtre. Comparer avec *Dépêtrer*). Embarrasser, engager. — Au prop., ne se dit que des pieds, des jambes. *Ce cheval s'est empêtré les pieds.* — Fig et fam., *E. quelqu'un dans une mauvaise affaire. Pourquoi m'avez-vous empêtré de cette homme-là ?* = S'EMPÊTRER. v.

pron Se dit au prop. et au fig. *Ce cheval s'est empêtré dans ses traits,* ou simplem., *s'est empêtré. Votre ami vient de s'e. sottement dans une mauvaise affaire.* = EMPÊTRÉ, ÉE. part. — Figur. et fam., *Avoir l'air empêtré, tout empêtré,* Avoir le maintien embarrassé.

EMPETRUM. s. m. [Pr. *an-pé-trome*]. T. Bot. Genre de plantes Dicotylédones (*Camarine*) de la famille des *Empétrées.* Voy. ce mot.

EMPEURÉ, ÉE. adj. Plein de peur, saisi de peur.

EMPHASE. s. f. (gr. ἔμφασις, m. s. de ἐμφαίνω, je fais briller, de ἐν, en, et φαίνω, je fais apparaître). Pompe affectée, exagération dans le discours, dans la voix. *Il écrit et parle toujours avec e. Déclamer avec e. Tout cela était dit simplement et sans e. L'e. de son style.* || T. Rhétor. Figure qui consiste à employer un mot qui a beaucoup de force.

EMPHASISTE. s. m. Celui qui parle, écrit avec emphase.

EMPHATIQUE. adj. 2 g. Qui a de l'emphase. *Discours, style e. Prononciation e. Il a parlé d'un air e.* — *Accent e.* Voy. ACCENT. = Syn. Voy. AMPOULÉ.

EMPHATIQUEMENT. adv. D'une manière emphatique. *Un homme qui parle e.*

EMPHRACTIQUE. adj. 2 g. (gr. ἐμφράσσω, boucher). T. Méd. Syn. d'*Emplastique.*

EMPHYSÉMATEUX, EUSE. adj. T. Méd. Qui est affecté d'emphysème. *Poumon e.* || Qui a rapport à l'emphysème. *Le tissu cellulaire avait un aspect e.*

EMPHYSÈME. s. m. (gr. ἐμφύστημα, m. s., de ἐν, dans, et φυσάω, je souffle). T. Méd. Conformément à son étymologie, ce terme désigne une enflure particulière dont la cause réside dans un développement des espaces interorganiques par un gaz venu du dehors ou dégagé sur place. Or, les espaces en cause sont remplis par du tissu dit *conjonctif.* Aussi l'e. représente exactement le développement par un gaz des mailles du tissu conjonctif. Cette définition élimine d'emblée une série de lésions ainsi nommées par abus de langage; en première ligne, l'e. vésiculaire des poumons, qui n'est en réalité qu'une transformation des différentes cavités alvéolaires, composant les lobulins, en une cavité unique par déplissement des alvéoles. Il existe d'ailleurs un e. vrai des poumons : c'est l'e. interlobulaire, qui se distingue très aisément du vésiculaire. Tandis que, dans le premier cas, si l'on cherche à réduire la vésicule pleine d'air, celui-ci file dans les bronches et s'échappe; dans l'e. vrai, ayant pour siège le tissu conjonctif, l'air se résout en bulles fines qui se répandent jusque dans le tissu conjonctif sous-pleural. De même, certaines collections gazeuses qui se produisent dans les grandes séreuses (plèvre, péricarde, etc.), ne méritent pas le nom d'emphysèmes. — Il convient de distinguer deux variétés d'emphysèmes : l'e. aérien et l'e. gazeux, dénominations impropres en ce sens que l'air est un gaz, mais suffisamment compréhensibles pour une classification. — L'e. aérien est presque toujours traumatique, et ne demande, pour se produire, qu'une augmentation de la pression extérieure ou une diminution de la pression dans la cavité cellulaire : il peut se produire, en un mot, par insufflation ou par aspiration. L'insufflation est employée dans les abattoirs pour le dépeçage; les médecins légistes, d'autre part, connaissent bien le mécanisme de cet e., réalisé artificiellement par certains criminels dans un but de vengeance (insufflation par les bourses), par certains jeunes gens pour échapper au service militaire (insufflation palpébrale), par certains mendiants pour apitoyer le public. L'aspiration se produit surtout au niveau de cavités normalement virtuelles, qui deviennent réelles dès leur mise en communication avec l'atmosphère, telle le creux de l'aisselle. Les symptômes sont nets : gonflement indolore, mobile, progressif; crépitation molle donnant la sensation d'une poignée de neige comprimée dans la main; sonorité, d'autant plus accentuée que l'air est plus abondant. — L'e. gazeux peut naître sur place ou provenir d'ailleurs par diffusion. Né sur place, c'est l'e. microbien, provoqué par la décomposition cadavérique de nos tissus, à la suite de traumatismes, sous l'influence de micro-organismes infectieux. Ici les symptômes sont différents: outre une douleur des plus vives, de la dyspnée, de la fièvre, localement, l'apparition de plaques bleuâtres et de phlyctènes constituent un tableau étrangement grave, et, en effet, l'issue de ce processus morbide est généralement fatale. L'o. gazeux par diffusion est plus fréquent; il se produit au voisinage du tube digestif ou de la vessie, dans des collections purulentes qui, sous cette influence, exhalent une odeur fétide. — C'est au chapitre *Poumon* qu'on trouvera la description de l'o. pulmonaire.

EMPHYTÉOSE. s. f. (gr. ἐμφύτευσις, m. s., propr., plantation, de ἐν, dans, et φυτεύω, je plante, de φυτὸν, plante). L'*Emphytéose* est un contrat par lequel un propriétaire concède, pour de longues années, la jouissance d'un immeuble, moyennant une redevance annuelle, à la charge par le preneur qu'on appelle *Emphytéote*, d'exécuter des constructions, défrichements ou autres travaux ayant pour effet d'améliorer le fonds. L'o. était d'un usage fréquent à Rome, où souvent même elle était perpétuelle : les empereurs se servirent de ce moyen pour attirer des populations agricoles sur les terres de leurs domaines. Au moyen âge, l'o. fut aussi pratiquée dans la Gaule, en vue d'utiliser des immeubles qui seraient restés stériles sous l'inerte administration de la mainmorte ou des grands écrasés par l'immensité de leurs domaines. Les concessions de cette nature ne convenaient qu'aux biens allodiaux, c'est-à-dire libres; les conventions qui avaient pour objet des biens soumis au régime féodal constituaient des baux à cens; d'où il suit qu'en pays coutumier où, de droit public, il n'y avait nulle terre sans seigneur, les concessions étaient réputées baux à cens, tandis qu'en pays de droit écrit, où les fonds étaient présumés francs-alleux roturiers, les redevances étaient censées n'être pas féodales et les concessions étaient réputées emphytéotiques.

Le Code civil ne s'est pas occupé de l'o., mais il ne l'a pas interdite, d'où il suit que ce contrat est licite; il est encore aujourd'hui fréquemment employé, surtout par les compagnies industrielles qui se forment pour une longue durée. D'après la loi de 1790, le bail emphytéotique ne peut pas être fait pour plus de 99 ans ou plus de trois générations, à peine d'être réputé perpétuel, d'où résulterait, pour le preneur, la faculté de racheter la redevance et de devenir ainsi propriétaire incommutable. A raison des travaux imposés au preneur et dont l'exécution est le plus souvent le but et en quelque sorte le prix réel de la concession, la redevance annuelle est généralement modique, parce qu'elle est stipulée, moins comme équivalent d'une partie quelconque de la jouissance que comme une reconnaissance périodique du droit du propriétaire. Elle a pour effet d'empêcher le preneur de prescrire la propriété à la faveur de sa longue possession. — Les droits de l'emphytéote sont fort étendus : ils comprennent les fruits, la chasse, la pêche, l'alluvion. Il peut aliéner sa jouissance, mais cette aliénation est soumise aux mêmes causes d'extinction que la jouissance elle-même. En revanche, il est tenu de toutes les réparations grosses et menues ; la perte partielle de l'immeuble tombe à sa charge, en ce sens qu'il ne peut demander une réduction proportionnelle de sa redevance où qu'il est obligé de remédier aux dégradations, si graves qu'elles soient. Toutefois, quand la redevance, au lieu d'être simplement récognitive du droit du propriétaire, est en rapport avec la valeur et le produit de la chose, on convient ordinairement que le bailleur supportera la perte partielle. L'o. prend fin par l'expiration du temps pour lequel elle a été convenue ; elle n'est pas susceptible de se continuer par tacite réconduction.

EMPHYTÉOTE. s. 2 g. Personne qui jouit par bail emphytéotique. Voy. EMPHYTÉOSE.

EMPHYTÉOTIQUE. adj. 2 g. Qui appartient à l'emphytéose. *Bail e.*

EMPIERREMENT. s. m. [Pr. an-piè-reman]. Revêtement formé de pierres sèches qui servent à consolider des terres. || T. Ponts et Chauss. Lit de pierres disposées dans un encaissement pour former une chaussée. || T. Rur. Empilement de pierres dans un fossé pour donner de l'écoulement aux eaux entre leurs interstices.

Techn. — *Empierrement des routes.* — Les chaussées des routes sont formées de matériaux réguliers et volumineux et sont dites, alors, chaussées pavées (voy. PAVAGE) ; ou bien de matériaux sans forme déterminée, enchevêtrés les uns dans les autres, et prennent en ce cas, le nom de chaussées en e.

La construction des chaussées en e. a lieu de différentes manières suivant la nature du sol sur lequel elles sont établies. Quand le sol est peu résistant, on met en fondation, à la partie inférieure, un rang de pierres de grès ou de moellons plats, qui servent à répartir la pression sur une grande surface, et l'on établit par-dessus, et à la main, des pierres de forme conique, leur plus petite base en haut. Enfin, on étale sur ces dernières des couches de cailloux roulés ou des pierres plus petites, qui remplissent parfaitement les vides, et que l'on tasse successivement avec des rouleaux de fonte. Quand le sol est bon, on supprime la fondation de pierres plates, et l'on place directement sur le terrain les pierres coniques. Dans l'un et l'autre cas, on maintient la chaussée par deux lignes de bordure, auxquelles on donne la forme d'un prisme triangulaire pour qu'elles aient une plus grande assiette. Si la chaussée est dans un sol de glaise, on fait, de distance en distance, des pierrées qui aboutissent à la forme dans les fossés par les lignes de plus grande pente : le but de ces pierrées, qui constituent de petits canaux, est d'empêcher les eaux pluviales de séjourner dans la forme. De plus, lorsque la route est exposée à recevoir beaucoup d'eau pendant les pluies, ou qu'elle est située sur le penchant d'une montagne, ou qu'elle a une pente supérieure à 2 centim., on y construit, de distance en distance, de petites rigoles nommées *Écharpes* ou de petits ruisseaux empierrés, appelés *Cassis*, qui sont disposés ceux-ci transversalement, celles-là en biais sur la chaussée, et dont l'objet est de forcer les eaux à s'écouler dans les fossés.

Les chaussées à *la Mac-Adam* sont des chaussées en e. qui diffèrent des précédentes en ce qu'elles suppriment toute fondation inférieure. Elles se composent exclusivement d'une couche de pierres concassées de 15 à 30 centim. d'épaisseur, que l'on recharge au fur et à mesure qu'il s'y produit des tassements. Ce système n'est pas d'origine anglaise, comme on le croit généralement, car il a été accidentellement employé dans plusieurs pays, même en France, longtemps avant l'époque qu'on assigna à son invention ; mais comme on doit à l'ingénieur anglais J. Loudon Mac-Adam (vers 1820) d'avoir perfectionné ce système et d'en avoir généralisé l'usage, c'est avec justice qu'on lui a donné son nom. Au lieu d'employer simplement des pierres concassées, comme on le faisait dans le principe, on y ajoute habituellement aujourd'hui du sable fin ou des pierres tendres qui remplissent les vides et forment une espèce de ciment qui lie les différentes parties de la construction. Les chaussées *macadamisées* occasionnent, dans les commencements, des frais énormes d'entretien, par la nécessité où l'on se trouve de remplir promptement les ornières qui se produisent à chaque passage de voiture, tant que les matériaux ne sont pas convenablement tassés; mais on remédie en partie à cet inconvénient en faisant passer plusieurs fois sur toute la surface un rouleau de fonte d'un poids considérable, qui force les pierres à s'enchevêtrer les unes dans les autres, et à arriver tout de suite à leur place Voy. CYLINDRAGE. Leur entretien est assuré par l'établissement, sur la route, d'ouvriers toujours en mesure d'exécuter les travaux nécessaires, et par l'approvisionnement des matériaux sur les accotements. Voy. CANTONNIER.

EMPIERRER. v. a [Pr. an-piè-rer]. T. Ponts et Chauss. Garnir de pierres un chemin, une chaussée. || T. Rur. Empiler des pierres dans un fossé. = EMPIERRÉ, ÉE. part.

EMPIÉTANT. adj. m. T. Blas. *Oiseau e.*, Celui qui tient sa proie entre ses serres.

EMPIÉTÉ, ÉE. adj. (R. pied). T. Vén. *Chien e.*, Celui qui a les pieds bons et beaux.

EMPIÉTEMENT. s. m Action d'empiéter; le résultat de cette action. *Je lui intente un procès pour cause d'e.* Il commet sans cesse de nouveaux empiétements sur mon domaine. — Par anal., *Les empiétements de la mer sur les terres.* || Fig., *L'autorité militaire ne souffre pas d'e. sur ses attributions.*

EMPIÉTER. v. a. (R. en, et pied). Usurper sur la propriété d'autrui. *Il a empiété sur moi plus d'un hectare.* || T. Fauconn. Se dit de l'autour, lorsqu'il arrête le gibier avec la serre. = EMPIÉTER. v. n. Usurper la propriété d'autrui. *Vous avez empiété sur mon terrain.* — Par anal., en parlant de l'envahissement des eaux, des sables, etc. *La mer empiète sur les côtes. La rivière empiète tous les jours de ce côté. Les sables empiètent continuellement* *sur cette province* || Fig., Usurper sur les droits, sur les attributions d'un autre. *Vous avez empiété sur mes attributions. E. sur l'autorité du souverain. Il empiète autant qu'il peut.* — Dans toutes les acceptions du verbe neutre, on dit, *E. sur quelqu'un,* pour signifier, Usurper sur ce qui lui appartient. *Ce fermier a empiété sur moi; Le Rhône empiète constamment sur moi,* Sur mes terres. *Ce fonctionnaire empiète sur moi,* Sur mes attributions. ⹏ **Empiété**, ée. part. ⹏ Conj. Voy. Céder.

EMPIFFRER. v. a. [Pr. *an-pi-frer*] (R. *piffre*). Faire manger excessivement. *E. un enfant de pâtisseries; Vous l'empiffrez trop.* Fam. || Rendre excessivement gras et replet *Trop manger et trop dormir l'ont empiffré à un tel point, qu'il n'est pas reconnaissable.* Fam. et peu us. ⹏ ⹏ s'Empiffrer. v. pron. Manger avec excès. *Il s'empiffra tellement à ce repas, qu'il en devint malade.* Fam. || Devenir excessivement gras. *Vous vous empiffrez à la vie que vous menez.* Fam. et peu us. ⹏ **Empiffré**, ée. part.

EMPIFFRERIE. s. f. [Pr. *an-pi-freri*]. Action d'empiffrer.

EMPILAGE. s. m. Action d'empiler; temps pendant lequel une chose reste empilée.

EMPILE. s. f. T. Pêch. Nom d'une sorte de fils déliés, ordinairement doubles, qui portent l'hameçon et s'attachent aux lignes ou aux cannes.

EMPILEMENT. s. m. Action d'empiler.

EMPILER. v. a. Mettre en pile. *E. du bois, des livres, des paquets, du fumier, des boulets, des écus.* || T. Pêch. *E. des hameçons,* Les attacher à une empile. ⹏ Absol., Empiler, amasser de l'argent. ⹏ s'Empiler. v. pron. Être mis en pile. ⹏ **Empilé**, ée. part.

EMPILEUR, EUSE. s. Celui, celle qui empile des marchandises.

EMPIPEUR. s. m. (R. *pipe*). Tonnelier qui arrange les harengs saurs dans les tonnes.

EMPIRANCE. s. f. T. Mar. Diminution ou corruption qui arrive aux marchandises d'un vaisseau.

EMPIRE. s. m. (lat. *imperium*, m. s.). Commandement, puissance, autorité, pouvoir. *Exercer un e. despotique dans sa maison, sur ses domestiques, sur ses enfants. Avoir de l'e., prendre de l'e., beaucoup d'e. sur quelqu'un, sur l'esprit de quelqu'un. Avoir, prendre de l'e. sur soi-même,* Savoir commander à ses passions. — *Traiter quelqu'un avec e.,* Le traiter avec hauteur, avec rudesse. — Fig. se dit aussi des choses. *L'e. de la raison, de l'amour. L'e. que les sens ont sur nous. L'e. de la beauté. L'e. de la mode, de la coutume.* || Domination. *Alexandre aspirait à l'e. de toute la terre.* || Le gouvernement d'un État par un chef ayant le titre d'empereur. *A Rome, l'e. succéda à la république.* — *Le siège d'un e., la résidence du souverain qui est à la tête d'un e. Constantin transféra le siège de l'e. de Rome à Byzance.* || Le règne d'un empereur. *Cet événement se passa sous l'e. de Charlemagne.* — Absol., se dit du règne de Napoléon Ier. *Sous l'e., la France comptait 130 départements.* L'époque du règne de Napoléon III s'appel e de même *le second e.* || L'État gouverné par un empereur, et le territoire de cet État. *L'e. romain. L'e. d'Orient. L'e. d'Occident. L'e. français. L'e. russe. La capitale d'un e. Tenir les rênes de l'e. Étendre, reculer les bornes d'un e. Le démembrement de l'e.* — *Le Bas-Empire,* L'e. romain, depuis la chute de l'e. d'Occident jusqu'à la prise de Constantinople par les Turcs. — *Le saint-e.,* ou simplement, *L'Empire, L'e. d'Allemagne. Les électeurs de l'E. Feudataires de l'E. Les cercles de l'E. Relever de l'E. Prince, comte du saint-e.* || Fig. et poétiq., *L'e. de Borée, l'e. des airs, des vents,* Les airs. *L'e. de Neptune, l'e. des ondes, le liquide e.,* La mer. *L'e. de Pluton, l'e. des ombres,* le sombre e., Les enfers. || Se dit aussi quelquefois du peuple soumis au gouvernement d'un empereur. *Tout l'e. se souleva.* || Se dit fréquemment d'un État vaste et puissant, quel que soit le titre que porte le souverain et même quelle que soit la forme de son gouvernement. *L'e. des Mèdes, des Assyriens. L'e. des Perses, des Romains. L'e. d'Alexandre. L'e. des Anglais dans les Indes. Le*

vaste e. que ce prince gouverne. Les empires que le temps a détruits. La chute des empires. || Céleste E., Chine dans le langage des Chinois, adopté par quelques écrivains. — Figur. et prov., *Il ne céderait pas pour un e.,* Rien n'est capable de le faire céder.

Syn. — *Règne.* — Le mot *empire* s'applique au gouvernement domestique des particuliers, aussi bien qu'au gouvernement public des souverains. On dit d'un *père,* qu'il a un *empire despotique sur ses enfants;* d'un *maître,* qu'il exerce un *empire cruel sur ses esclaves;* d'un *tyran,* que la flatterie triomphe et que la vertu gémit sous son *empire.* Le mot *règne* ne s'applique qu'au gouvernement public ou général, et non au particulier. On ne dit pas qu'une femme est malheureuse sous le *règne,* mais bien sous l'*empire* d'un jaloux. Il entraîne, même dans le figuré, cette idée de pouvoir souverain et général. C'est par cette raison qu'on dit le *règne* et non l'*empire* de la vertu et du vice; car alors on ne suppose, ni dans l'un ni dans l'autre, un simple pouvoir particulier, mais un pouvoir général sur tout le monde et en toute occasion. — *Royaume.* L'e. est la domination ou le domaine d'un empereur, le royaume est la domination ou le domaine d'un roi. De plus, e. se dit d'une domination s'exerçant sur une vaste étendue, même sans empereur : *L'e. de la République romaine avant Auguste.* Il est clair que, dans ce sens, *royaume* ne saurait être substitué à *empire.*

Hist. — Les termes *e.* et *empereur* viennent du lat. *imperium* et *imperator.* — Bien que Jules César soit le premier qui ait pris à Rome le titre d'*imperator* comme désignation de la puissance souveraine, on ne fait remonter la fondation de l'E. romain qu'à Auguste (29 ans av. J.-C.), parce que, dès ce moment, le monde romain fut gouverné par l'autorité d'un seul. Sous les successeurs de ce prince, l'e. romain forma un seul et unique État jusqu'en 364, où il fut partagé en deux États distincts, l'E. d'Orient et l'E. d'Occident. En 394, ces deux empires furent réunis de nouveau un un seul par Théodose le Grand; mais ce ne fut que pour un instant. Théodose étant mort l'année suivante, l'e. fut divisé de nouveau (395). L'E. d'Occident ne dura que jusqu'en 476, époque où il fut détruit par Odoacre, roi des Hérules; mais l'E. d'Orient se prolongea jusqu'en 1453, c'est-à-dire jusqu'à la conquête de Constantinople par les Turcs. — Cependant, un nouvel E. d'Occident fut fondé par Charlemagne, qui, après avoir conquis l'Italie, reçut du pape Léon III le titre d'*Empereur d'Occident* (800). Lors du partage des vastes États de ce prince, il fut convenu que le titre d'*Empereur* appartiendrait à celui de ses successeurs qui régnerait sur les pays germaniques : de là, les noms d'*Empire* et d'*Empereur d'Allemagne.* Ce titre resta héréditaire dans la famille des Carolingiens jusqu'à son extinction au Xe siècle (911). A cette époque, l'e. devint électif; à l'origine, l'élection se fit par les hommes libres des six nations (Francs, Souabes, Bavarois, Lotharingiens, Saxons et Frisons) qui composaient le corps germanique; plus tard, le droit d'élire l'empereur fut usurpé par les grands feudataires (1156); enfin, l'élection se rencontra d'abord par l'usage (1254), puis par une loi formelle (1356), entre les mains des sept électeurs. Dans les premiers siècles de l'e. d'Allemagne, le pape sacrait et couronnait l'empereur; et le prince qui parvenait à l'e., soit par droit de naissance, soit par le droit de l'élection, n'en prenait le titre qu'après cette cérémonie. Mais, en 1338, Louis V, de Bavière, décida que le couronnement par le souverain pontife n'était point nécessaire, et que l'empereur élu était empereur légitime en vertu même de cette élection. Frédéric III fut le dernier empereur qui se soumit à cette sujétion (1452); pour marquer leur indépendance sous ce rapport, ses successeurs s'intitulèrent *empereurs élus.* Par exception, Charles-Quint se fit sacrer à Bologne, en 1531, par le pape Clément III. Avant l'époque de Frédéric, le prince qui était élu à l'e. prenait, en attendant le sacre pontifical, le simple titre de *Roi des Romains.* On donnait encore ce titre à l'héritier présomptif de l'e., lorsque l'empereur vivant, pour assurer la succession impériale à sa famille, faisait de son vivant, procéder à l'élection de son successeur. L'empereur d'Allemagne prenait encore le titre de *Chef du saint-empire* et celui d'*Avocat et chef temporel de la Chrétienté.* Il avait la préséance sur tous les autres souverains de l'Europe. L'e. d'Allemagne a fini, en 1806, par la formation de la Confédération du Rhin sous le protectorat de Napoléon, et par l'abdication de l'empereur François II. — On a donné le nom de *diète,* du lat. *dies,* jour, c.-à-d. jour fixé pour la réunion, à des assemblées dont la composition et le mode de convocation a varié avec les siècles, et qui ont contribué au gouvernement de l'E. On peut dire d'une manière générale que ces diètes se composaient des seigneurs les plus importants, des évêques et des députés des villes; elles étaient l'analogue, plus ou moins éloigné, de nos *États généraux*. Avant 1356, l'assemblée des électeurs qui nommait l'empereur était une *diète*, quelles que fussent du reste le nombre et la qualité des électeurs. A partir de 1356, la *diète* fut convoquée par les empereurs. Un certain nombre de ces assemblées sont restées célèbres dans l'histoire; on les désigne par le nom de la ville où elles se sont réunies. Citons les diètes de Worms, 1521, de Nuremberg, 1523 et 1524, de Spire, 1544, et d'Augsbourg, 1548 et 1550, toutes convoquées par Charles-Quint et occupées surtout des difficultés que faisaient naître les progrès de la religion réformée. A partir de 1622, presque toutes les diètes se tiennent à Ratisbonne.

Aujourd'hui, il existe en Europe cinq grands États qui reçoivent la qualification d'*Empire*, et quatre souverains qui portent le titre d'*Empereur*. Ces États sont la Russie, l'Allemagne, l'Autriche, la Turquie et la Grande-Bretagne. Pierre le Grand est le premier souverain russe qui ait pris le titre d'empereur (1721). L'empire d'Allemagne a été constitué le 18 mai 1871. L'e. d'Autriche remonte à 1806, époque où l'empereur François II, forcé d'abdiquer, se qualifia empereur d'Autriche, sous le nom de François Ier. Le titre de Padishah, que porte le souverain de la Turquie, a toujours été traduit par le terme d'empereur. Enfin, bien que le souverain de la Grande-Bretagne porte simplement le titre de *roi* ou de *reine*, ses domaines sont invariablement désignés sous la dénomination d'*E. britannique* (*British Empire*). On donne encore le titre d'empereur aux souverains de la Chine, du Japon et du Maroc. En France, le titre d'empereur ayant été conféré à Napoléon par le vote du Sénat et du Corps législatif, Napoléon le prit officiellement le 18 mai 1804; néanmoins, le gouvernement de la France conserva

Fig. 1.

la dénomination de *République française* jusqu'en 1809. Le premier e. français prit fin par l'abdication de Napoléon, le 6 avril 1814. Le second empire dura du 2 décembre 1852 au 4 septembre 1870. Les insignes de la dignité impériale varient suivant les pays. En Europe, ils consistent en un

Fig. 2.

sceptre et une couronne fermée, dont les accessoires peuvent être modifiés à l'infini. La couronne des anciens empereurs d'Allemagne (Fig. 1) était rehaussée en façon de mitre, et avait, au milieu des deux pointes, un diadème surmonté d'une boule ronde et d'une croix de perles. La couronne impériale de France (Fig. 2) représentait un diadème dont les cercles, au nombre de six et en forme de panache, étaient soutenus par un fleuron, aboutissant à un globe que surmontait également une croix; entre chaque fleuron se trouvait une aigle.

EMPIRÉE. s. m. Voy. Empyrée.

EMPIREMENT. s. m. Action d'empirer; résultat de cette action.

EMPIRER. v. a. Rendre pire; mettre en pire état. *Les remèdes n'ont fait qu'e. son mal. Au lieu de rendre votre condition meilleure, vous ne faites que l'e.* = Empirer. v. n. Devenir pire; être en plus mauvais état. *La maladie empire. Ses affaires empirent tous les jours.* = s'Empirer. v. pron. Devenir pire. = Empiré, ée. part.

EMPIRIQUE. adj. 2 g. (gr. ἐμπειρικὸς, de ἐν, dans, et πεῖρα, expérience). Qui se guide seulement par l'expérience. Qui est fourni par l'expérience à l'exclusion de toute théorie propre à lier les résultats des expériences. *Idée e. Connaissances empiriques.* — *Méthode e.*, C'est l'opposé de la méthode analytique et théorique. Voy. Théorie. ‖ T. Phys. et Méc. *Formule e.*, Formule fondée non sur la théorie et le cu.cul, mais sur l'expérimentation, à l'exclusion de toute idée théorique. — *Philosophie e.*, Celle qui n'admet que l'expérience comme source et fondement de nos connaissances. On dit dans le même sens, *Philosophe e.* — *Médecine e.*, Celle qui, dans le traitement des maladies, se guide uniquement d'après une expérience routinière. On dit dans le même sens, *Un médecin e.* ‖ *Empirique* se dit aussi subst., en parlant des philosophes et des médecins empiriques. *La secte des empiriques.* — En parlant des médecins, s'emploie encore subst., dans le sens de *Charlatan*, et s'applique surtout à celui qui traite les maladies au moyen de prétendus secrets.

EMPIRIQUEMENT. adv. D'une manière empirique.

EMPIRISME. s. m. Se dit de toute règle de conduite en quelque matière que ce soit : politique, économie politique, médecine, art de l'ingénieur, etc., quand cette règle se conduit est uniquement fondée sur l'expérience, plus ou moins incomplète, sans souci du raisonnement et de la théorie. Voy. Empirique, Expérience. ‖ T. Philos. et Méd. Philosophie, Doctrine empirique.

EMPIS, auteur dramatique français, né à Paris (1795-1868).

EMPLACEMENT. s. m. (R. *en*, et *place*). Lieu, place considérée comme propre à un établissement quelconque. *Voilà un bel e. pour bâtir un hôtel, pour faire un jardin. Choisir un bon e. C'est le meilleur e. de la foire. E. à vendre, à louer.* ‖ Action de décharger et de placer le sel dans les lieux de dépôt. ‖ Manière dont les masses de sel sont disposées dans les greniers.

EMPLACER. v. a. Mettre le sel dans les greniers.

EMPLAGE. s. m. (Dérivé de *emplir*). T. Constr. Masse d'éclats de pierres jetés avec du mortier entre deux rangs de pierres taillées.

EMPLANTER. v. a. (R. *planter*). Couvrir un terrain de plantations.

EMPLANTURE. s. f. (R. *en*, et *planter*). T. Mar. Ouverture pratiquée dans la carlingue pour y faire entrer le pied des bas mâts.

EMPLASTIQUE. adj. 2 g. (gr. ἐμπλάσσω, j'applique dessus). Qui est propre à servir d'emplâtre. *Onguent e. Substance e.*

EMPLASTRATION. s. f. [Pr. ...sion]. T. Hortic. Action d'emplastrer, c.-à-d. d'enter en écusson.

EMPLASTRER. v. a. (autre forme d'emplâtrer). T. Hortic. Enter en écusson.

EMPLÂTRE. s. m. (gr. ἔμπλαστρον, de ἐμπλάσσω, j'enduis par-dessus; de ἐν, dans, et πλάσσω, je forme). T. Médec. Médicament externe, solide, glaineux, se ramollissant par la chaleur, ce qui le rend propre à adhérer à la partie sur laquelle on l'applique. Prov., *Où il n'y a point de mal, il ne faut point d'e.* — Fig. et fam., *Mettre un e. à une affaire*, Couvrir, réparer ce qu'il y a de mauvais, de défectueux dans une affaire. ‖ Fig. et fam., se dit souvent d'une personne qui est ordinairement infirme ou d'un individu qui n'a aucune vigueur d'esprit, aucune force de caractère ou qui est très maladroit. *C'est un e. Elle a un e. de mari. Quel e. vous faites!* ‖ T. Arboric. Sorte d'englumen ou de mastic qu'on étend sur les plaies des arbres.

Pharm. — Parmi les différents composés désignés sous ce

nom, les uns doivent leur consistance à la cire ou aux ré-sines, les autres la doivent aux oxydes métalliques. Les premiers se préparent en mélangeant, après liquéfaction préalable, les diverses substances dont ils se composent; les seconds résultent d'une véritable combinaison des corps gras avec un oxyde métallique qui les saponifie : de là les noms d'*Emplâtres par mélange* et d'*Emplâtres par combinaison*, sous lesquels on distingue ces deux catégories de préparations. Les premiers sont encore appelés *Onguents emplastiques* et les seconds constituent les *Emplâtres proprement dits*. Les corps gras dont on se sert le plus ordinairement sont l'axonge, le beurre et l'huile d'olive; parmi les oxydes, le protoxyde de plomb ou litharge est celui que l'on préfère comme le moins coûteux et le moins facile à falsifier. — Pour faire usage d'un e., on le ramollit en le malaxant entre les doigts ou en le trempant dans l'eau chaude; puis on l'étend sur un morceau de toile ou de diachylon, et on l'applique sur la partie malade ; cette préparation porte le nom d'*écusson*.

Les usages auxquels sont destinés les emplâtres varient suivant la composition de ces préparations. Les uns, comme l'*E. de poix de Bourgogne*, ont pour objet unique de provoquer la transpiration cutanée sur la partie qu'ils recouvrent : ils procurent ainsi une sorte de bain local; enfin, ils stimulent la peau et par là agissent comme révulsifs. D'autres sont employés comme *agglutinatifs* pour réunir des parties divisées ou simplement pour mettre les parties à l'abri du contact de l'air. Pour cet usage ils ne sont plus employés à cause de leur manque d'asepsie. Plusieurs exercent une action irritante très prononcée et constituent les emplâtres *résicants*. Quelques-uns agissent comme narcotiques : ceux-ci doivent leurs propriétés calmantes à l'opium, à la belladone ou autres substances analogues qu'on y incorpore. La plupart agissent comme maturatifs ou résolutifs. Parmi ces derniers, les plus usités sont l'*E. brun*, l'*E. de Vigo* et l'*E. de ciguë*. — L'*E. brun*, appelé aussi *Onguent de la mère Thècle* (du nom d'une religieuse de l'Hôtel-Dieu de Paris), s'obtient en faisant fondre, dans une bassine, de l'huile d'olive, de l'axonge, du beurre frais et du suif de mouton, de chaque 125 gram.; on y verse ensuite 125 gram. de litharge réduite en poudre; on fait cuire le mélange en remuant continuellement, et l'on ajoute 100 gram. de cire et 50 de poix. Enfin, lorsque la masse est devenue d'un brun noirâtre, on la coule dans des moules de papier fort. — L'*E. de Vigo* se compose de cire, de poix, de gomme ammoniaque, d'oliban, de myrrhe, de safran, de térébenthine et de styrax. Il s'emploie surtout comme résolutif; mais son action est bien plus efficace quand on y ajoute du mercure que l'on triture jusqu'à extinction : on a alors l'*E. mercuriel*. — L'*E. de ciguë* a pour base la cire, le galipot, la gomme ammoniaque et la poix blanche, auxquels on incorpore l'huile de ciguë et des feuilles fraîches de cette plante. Ce dernier est surtout employé dans les cas de tumeurs cancéreuses à leur début. Voy. AGGLUTINATIF, SPARADRAP et VÉSICATOIRE.

EMPLÂTRER. v. a. Étendre le vernis sur une peau pour faire prendre à cette peau la couleur de l'or.

EMPLÂTRIER. s. m. Lieu de la boutique d'un apothicaire où il met les emplâtres.

EMPLECTITE. s. f. (gr. ἔμπλεκτὸς, entrelacé, à cause de la forme des cristaux en longues aiguilles). T. Minér. Nom donné à une variété de bismuth sulfuré cuprifère, qui est un minerai très riche de bismuth. On l'a trouvée en Saxe à Schwarzenberg.

EMPLECTON. s. m. [Pr. èm-plek-tonn] (gr. ἔμπλεκτὸς, entrelacé). T. Antiq. Désignant un des procédés employés par les Grecs pour construire leurs murs.

EMPLETTE. s. f. [Pr. an-plè-te]. Achat de quelque marchandise, d'un meuble, d'un vêtement, d'un livre, etc. *Bonne, mauvaise e. Faire une e., des emplettes. Faire l'e. de quelque chose.* || La chose achetée. *Je vais vous montrer mes emplettes.* Syn. Voy. ACHAT.

EMPLEURE. s. m. (gr. ἔμπλευρος, qui a de robustes flancs). T. Bot. Genre de plantes Dicotylédones (*Empleurum*) de la famille des *Rutacées.* Voy. ce mot.

EMPLI. s. m. T. Raffin. de sucre. Endroit où l'on met les formes vides. || Opération qui consiste à puiser le sirop pour le porter aux formes.

EMPLIR. v. a. (lat. *implere*). Rendre plein. *E. un tonneau de vin. E. un coffre, une armoire, une bouteille, un verre.* — Fam., *Il emplit bien son vêtement,* se dit, au prop., d'un homme gros et gras, et figur., d'un homme qui mange beaucoup. — Fig., Combler. *Cette pensée emplit mon âme de joie.*

Le messager de mort, noir recruteur des ombres,
Emplira de mon nom les longs corridors sombres.
ANDRÉ DE CHÉNIER.

|| T. Techn. *Faire l'empli dans le raffinage du sucre.* = S'EMPLIR. v. pron. Devenir plein. *Le navire s'emplissait tellement d'eau, qu'il était près de couler bas.* = EMPLI, IE. part.

Syn. — Remplir. — *Emplir* exprime l'action de mettre une chose dans un espace propre à la contenir, de manière que sa capacité en soit entièrement occupée ; *remplir* désigne l'action d'emplir complètement. Il semble qu'*emplir* se dise proprement des vases, des vaisseaux, des choses destinés à contenir certaines matières; *remplir* se dit indifféremment de toute place occupée par la multitude ou par la quantité. Vous *emplissez* une cruche d'eau, un verre de vin, vos poches de fruits; vous *remplissez* une rue de gravois, une basse-cour de fumier, un pays de mendiants. *Emplir* ne se dit guère qu'au propre. *Remplir* s'emploie aussi au figuré. Ainsi on dit : il a *rempli*, et non il a *empli*, tout l'univers du bruit de sa renommée.

EMPLISSAGE. s. m. T. Techn. Action d'emplir. — Manière dont est emplie une mesure quelconque.

EMPLOI. s. m. Usage qu'on fait d'une chose. *Faire un bon, un mauvais e. de ses revenus, de sa fortune, de son temps. Il ne peut pas justifier de l'e. de cette somme. Faire un noble e. de ses talents. L'e. de ce moyen n'est pas sans danger. L'e. du fer dans les constructions.* || T. Droit. L'usage que l'on fait de certains deniers ou capitaux, suivant leur destination. *La loi prescrit l'emploi que l'époux marié sous le régime dotal doit faire des deniers provenant des biens de sa femme. Le Code de commerce déclare banqueroutier frauduleux le failli qui ne justifie pas de l'e. de ses recettes. Défaut d'e. Quittance d'e.* || T. Fin. L'action de porter une somme, soit en recette, soit en dépense. *Faire l'e. d'une somme dans un compte. Faux e.* — *Double e.*, Répétition inutile. Voy. DOUBLE. || *L'e. d'un mot, d'une expression,* la manière de s'en servir. *L'e. d'un verbe avec le pronom personnel. Ce mot a divers emplois.* || Place, fonction, occupation. *Bel. e. E. honorable. E. ruineux. Un modeste e. Aspirer aux emplois. Donner de l'être sans e. Demeurer sans e. Chercher de l'e. Il s'acquitte bien de son e. Il a eu de grands emplois.* || T. Mar. *E. du temps,* Règlement officiel indiquant, pour chaque jour de la semaine, l'heure et la durée des exercices. || T. Théâtre. Se dit des rôles dont un acteur est spécialement chargé. *Cet acteur a l'e., tient l'e. des rois, des valets,* etc. *Les rôles d'un e.* — *Chef d'e.,* Acteur qui joue en chef les rôles de son e. = Syn. Voy. CHARGE.

EMPLOYABLE. adj. 2 g. [Pr. an-plo-ia-ble]. Qui peut être employé.

EMPLOYÉ, ÉE. s. [Pr. an-plo-ié] (part. pass. de *employer*). Individu employé dans une administration, dans un bureau, etc. *Un e. dans les contributions indirectes. Un e. du ministère de la guerre. Il y a beaucoup d'employés dans cette administration. Congédier un e.* = Syn. Voy. COMMIS.

EMPLOYER. v. a. [Pr. an-plo-ier] (lat. *implicare*, envelopper, engager; de *in*, dans, et *plicare*, ployer). Mettre en usage, faire usage de... *E. de l'étoffe, de l'argent. E. la plus grande partie de son revenu en aumônes. Cet argent a été employé aux nécessités de l'État. Ce terrain ne peut être employé à telle culture. C'est un remède que vous devriez e. Il a bien employé son temps. E. la douceur, la force, les châtiments. E. tout son art, toute son éloquence, toute son industrie, tous ses soins. E. toutes sortes de moyens. E. ses bons offices. E. le crédit de ses amis. Il emploie tout le monde pour obtenir cette place. Tous les moyens que l'art peut e.* — Fig. et prov., *E. le vert et le sec,* Faire usage de toutes sortes de moyens pour réussir. || *E. son temps à faire une chose,* Consacrer son temps à cette chose. *J'emploie mes* soirées à lire. *Employez-y tout votre temps. Il a employé dix ans de sa vie à cet ouvrage.* Par antiph., *Il emploie tout son temps à ne rien faire.* || *E. une phrase, un mot, une locution,* S'en servir en parlant ou en écrivant. *Employez toujours le terme propre.* — *E. une raison, une pièce,* S'en servir pour en tirer quelque preuve. — *E. une partie dans un compte.* La mettre en ligne de compte. On dit de même, *E. une somme en recette, en dépense.* — *E. quelqu'un sur l'état,* Le mettre sur l'état de ceux qui doivent être payés. Cette loc. a vieilli. || Donner de l'occupation, de l'emploi à quelqu'un. *On a employé cet homme dans les pays étrangers. On l'a employé dans de grandes affaires, à de grandes négociations. Il est employé dans les finances. Ce général est aujourd'hui employé en Afrique. Il est employé sur la frontière, employé dans les bureaux de la Banque de France. C'est un homme qui mérite d'être employé. Cette usine emploie deux mille ouvriers.* = s'EMPLOYER. v. pron. Être appliqué à quelque usage. *Cette substance ne s'emploie qu'en pharmacie.* || Être usité. *Ce terme ne s'emploie qu'au propre. Ce procédé ne s'emploie que dans les laboratoires.* || S'occuper, s'appliquer, agir. *Je m'y emploierai avec joie. Il ne s'emploie qu'à cela. Il s'est employé pour vous avec beaucoup de zèle.* = EM-PLOYÉ, ÉE. part. || Subst. Voy. EMPLOYÉ.

 Conjug. — *J'emploie, tu emploies, il emploie; nous employons, vous employez, ils emploient. J'employais, tu employais, il employait; nous employions, vous employiez, ils employaient. J'employai; nous employâmes. J'ai employé; nous avons employé. J'eus employé; nous eûmes employé. — J'avais employé; nous avions employé. J'emploierai; nous emploierons. J'aurai employé; nous aurons employé. — J'emploierais; nous emploierions. J'aurais ou j'eusse employé; nous aurions ou nous eussions employé. — Emploie; employons, employez. — Que j'emploie, que tu emploies, qu'il emploie; que nous employions, que vous employiez, qu'ils emploient. — Que j'employasse; que nous employassions. Que j'aie employé; que nous ayons employé. Que j'eusse employé; que nous eussions employé. — Employer. Avoir employé. Employant. Employé, ée.*

 Syn. — *User, Se servir.* — *User* exprime l'action de faire *usage* d'une chose, selon le droit ou la liberté qu'on a d'en disposer. *Se servir* exprime l'action de tirer un *service* d'une chose, selon le pouvoir et les moyens qu'on a de s'en aider. *Employer* exprime l'action de faire une *application* particulière d'une chose, selon les propriétés qu'elle possède. On *use* de sa chose, de son droit, de ses facultés à sa fantaisie : on en *use* bien ou mal, selon qu'on en fait un *emploi* bon ou mauvais, une disposition raisonnable ou déraisonnable. On *se sert* d'un agent, d'un instrument, d'un moyen, comme on le peut, comme on *sait* : on *s'en sert* bien ou mal, selon le talent ou l'habileté que l'on a. On *emploie* les choses, les personnes, ses moyens, ses ressources, eu égard à l'objet qu'il s'agit de remplir : on les *emploie* bien ou mal, selon qu'ils sont propres ou non à faire une fonction déterminée, à produire l'effet qu'on désire, à procurer le succès qu'on attend.

 EMPLOYEUR. s. m. [Pr. *an-plo-ieur*]. T. Écon. polit. Celui qui demande le travail et qui emploie les travailleurs.

 EMPLUMER. v. a. (R. *plume*). Garnir de plumes. *E. un clavecin,* Garnir de petits morceaux de plume les marteaux d'un clavecin. = s'EMPLUMER. v. pron. Se garnir de plumes. = EMPLUMÉ, ÉE. part. || Adject., Qui a des plumes. *La gent emplumée.*

 EMPLURE. s. f. Nom des feuilles de parchemin entre lesquelles les batteurs d'or empilent les feuilles métalliques pour amortir les coups de marteau.

 EMPOCHER. v. a. Mettre en poche ; se dit proprement de l'argent ou de quelque nature qu'on serre dans sa poche avec une sorte d'empressement, d'avidité. *A mesure qu'il gagne de l'argent au jeu, il l'empoche. E. des fruits, des dragées.* Fam. = s'EMPOCHER. v. pron. Être mis en poche. = EMPOCHÉ, ÉE. part.

 ' EMPOIGNANT, ANTE. adj. [Pr. *an-po-gnan,* gn mouillés]. T. Pop. Qui saisit, qui cause une forte émotion.

 EMPOIGNE. s. f. [Pr. *an-po-gne,* gn mouillés]. Action de saisir avec la poigne.

 EMPOIGNEMENT. s. m. [Pr. *an-po-gne-man,* gn, mouillés]. Action d'empoigner.

 EMPOIGNER. v. a. [Pr. *an-po-gner,* gn mouillés] (R. poing). Saisir dans la main, saisir à pleine main ; saisir en serrant fortement. *Cela est si gros qu'on ne peut l'e. Pour jouer à la paume, il faut bien e. sa raquette. E. quelqu'un par le bras, par les cheveux, au collet.* || Critiquer vertement, dans le langage des gens de lettres. — *E. quelqu'un,* L'arrêter. *La garde arriva et on l'empoigna.* Pop. = s'EMPOIGNER. v. pron. Se saisir, se colleter réciproquement. *Ils finirent par s'e., et l'on eut beaucoup de peine à les séparer.* Popul. = EMPOIGNÉ, ÉE. part.

 EMPOIGNEUR. s. m. [Pr. *an-po-gneur,* gn mouillés]. Celui qui empoigne.

 EMPOINTAGE. s. m. T. Techn. Action d'empointer.

 EMPOINTER. v. a. Retenir les plis d'une étoffe par quelques points d'aiguille. || T. Techn. Faire la pointe des épingles, des aiguilles.

 EMPOINTEUR. s. m. Celui qui empointe.

 EMPOINTURE. s. f. T. Mar. Angle supérieur d'une voile.

 EMPOIS. s. m. (lat. *impicare,* poisser). Voy. AMIDON.

 EMPOISE. s. f. Coussinet en boîte qui, dans les machines, sert d'appui aux tourillons des axes tournants.

 EMPOISONNANT, ANTE. adj. 2 g. [Pr. *an-poi-zo-nan*]. Qui empoisonne.

 EMPOISONNEMENT. s. m. [Pr. *an-poi-zo-neman*]. Action d'empoisonner. *L'e. est un crime capital.* || Résultat de cette action. *L'e. par le sublimé détermine des douleurs atroces.* || Fig., Corruption.

 Législ. — « L'homicide commis volontairement par poison, aux termes du Code pénal des 25 septembre-6 octobre 1791, sera qualifié de crime d'e. et puni de mort. » Le Code pénal de 1810 a suivi cette disposition en assimilant ce crime à l'assassinat, c.-à-d. au meurtre commis avec préméditation, lequel est lui-même puni de mort, sans préjudice des règles spéciales relatives au *parricide* (Voy. ce mot). — Est qualifié e., tout attentat à la vie d'une personne par l'effet de substances qui peuvent donner la mort plus ou moins promptement, de quelque manière que ces substances aient été employées ou administrées et quelles que soient les suites. — L'e. des animaux est également prévu et réprimé par le Code pénal : « Quiconque aura empoisonné des chevaux ou autres bêtes de voiture, de monture ou de charge ; des bestiaux, des poissons dans les étangs ou réservoirs, etc., sera puni d'un emprisonnement de un à cinq ans, d'une amende de 16 à 300 francs, et pourra être condamné à l'interdiction de séjour pendant deux ans au moins, cinq ans au plus (art. 301, 302 et 452).

 Méd. — Pour qu'une substance toxique puisse agir sur l'organisme, il faut qu'elle soit absorbée, qu'elle se mélange à la masse du sang qui la distribue aux différents organes, lui permettant d'exercer ses propriétés nocives sur les éléments anatomiques. L'absorption se fait surtout par les vaisseaux sanguins et lymphatiques. Certaines conditions influent sur l'activité vénéneuse des substances, la forme sous laquelle elles sont introduites (poudres, dissolutions, etc.), leur mode d'administration (ingestion, respiration, lavements, etc.). D'ailleurs l'e. n'est pas fatal à la suite de l'ingestion et même de l'absorption des poisons : la dose doit être prise en considération, car un excès devient parfois une sauvegarde, en déterminant des vomissements ou tel autre phénomène curateur. Le milieu où pénètre la substance (estomac, intestin, etc.), son véhicule ont également une grande importance ; enfin tous les sujets ne réagissent pas de la même manière ; il y a là une idiosyncrasie inexpliquée. — Les signes sur lesquels on se base pour diagnostiquer un e. sont tirés de commémoratifs, des symptômes éprouvés par la victime ou observés sur elle, et des lésions anatomiques rencontrées à l'autopsie, lésions locales, directement produites par des substances caustiques, ou plus généralisées, consécutives à l'absorption des poisons et à leur élimination par les émonctoires (foie, reins, etc.); en dernier lieu, des résultats précis sont donnés par les examens chimique et microscopique, et par l'expérimentation physiologique. — En général, toute maladie dont le début est brusque, dont les symptômes rapidement croissants persistent avec une grande violence, dont la marche paraît insolite, dont la terminaison est promptement funeste, peut faire naître l'idée d'e.

EMPOISONNER. v. a. [Pr. *an-poi-zo-ner*] (R. *en*, et *poison*). Faire prendre du poison ; se dit surtout lorsque le poison est donné à dessein de faire mourir. *Le bruit courut qu'on l'avait empoisonné. On a empoisonné mon chien.* — Fig. et fam., Faire manger quelque chose de très mauvais. *Ce restaurateur nous a empoisonnés.* || Infecter de poison. *E. des viandes, des fruits. E. une fontaine, un puits. E. une plaie. E. des armes, un poignard, des flèches.* — *E. un étang, une rivière,* Y jeter des drogues qui font périr ou stupéfient le poisson. — *E. des terres,* Y répandre des substances propres à e. les chiens, afin d'empêcher la chasse. || Se dit des choses douées de propriétés vénéneuses. *Il y a des champignons qui empoisonnent. La noix de galle empoisonne les chiens* || Par ext., Répandre une odeur infecte. *En remuant la terre, il en sortit une vapeur qui empoisonna tous les travailleurs. Cette charogne empoisonne.* || Fig., en parlant de l'esprit et des mœurs, se dit pour Corrompre. *Cette doctrine a empoisonné beaucoup d'esprits. Ces maximes sont capables d'e. la jeunesse.* || Fig. et au sens moral, signifie encore Troubler, altérer, remplir d'amertume. *Ce souvenir empoisonnait son existence. Cette pensée n'est bonne qu'à e. la vie.* || Fig., Dénaturer, interpréter favorablement. *C'est un mauvais esprit qui empoisonne les choses les plus innocentes. Les médisants empoisonnent tout.* — s'Empoisonner, v. pron. Prendre du poison, se donner la mort par le poison. *Elle s'est empoisonnée avec de l'arsenic.* — Se dit aussi d'une absorption involontaire de poison. *Il arrive souvent que des familles entières s'empoisonnent avec des champignons ramassés dans les bois.* = Empoisonné, ée. part. || Fig., *Dans empoisonnés, louanges empoisonnées,* Dons faits à dessein de nuire ; louanges données à dessein de corrompre.

EMPOISONNEUR, EUSE. [Pr. *an-poi-zo-neur*]. s. Celui, celle qui empoisonne. — Fig. et fam., se dit d'un mauvais cuisinier, d'un mauvais traiteur. *C'est un e.* || Fig., se dit d'un homme qui répand des doctrines immorales ou subversives de l'ordre social. *C'est un e. public.* || Racine a employé ce mot adjectivement au masculin :

Loin du trône nourri, de ce fatal honneur,
Hélas ! vous ignorez le charme *empoisonneur.*

EMPOISSER. v. a. [Pr. *an-poi-ser*]. Enduire de poix. Voy. Poisser.

EMPOISSONNEMENT. s. m. [Pr. *an-poi-so-neman*]. Action d'empoissonner. *Faire l'e. d'un étang.*

EMPOISSONNER. v. a. [Pr. *an-poi-so-ner*] (R. *en*, et *poisson*). Peupler, garnir de poisson. *E. un étang.* = Empoissonné, ée. part.

EMPORIÆ ou **EMPORIUM,** anc. ville d'Espagne, aujourd'hui *Ampurias.*

EMPORT. s. m. T. Droit. Action d'emporter.

EMPORTÉ, ÉE. adj. Qui se laisse facilement aller à la colère. *Un homme e. Une femme emportée Un caractère violent et e.* — *Un esprit e., un esprit fougueux.* — *Des paroles emportées,* Des paroles violentes. || Substant., *C'est un e., une emportée.*
Syn. — *Violent.* — « Il me semble, dit Girard, que le *violent* va jusqu'à l'action, et que l'*emporté* s'arrête ordinairement aux discours. Un homme *violent* est prompt à lever la main ; il frappe aussitôt qu'il menace ; un homme *emporté* se fâche aisément, et il est prompt à dire des injures. Il faut se tenir sur ses gardes avec les personnes *violentes* ; il ne faut souvent que de la patience avec les personnes *emportées.* »

EMPORTEMENT. s. m. Mouvement violent et déréglé de l'âme, qui est causé par quelque passion, et se manifeste au dehors avec vivacité. *E. de colère, de haine. E. d'amour, de joie. Toute passion a ses emportements. Dans l'e. de la passion, l'homme ne sait plus ce qu'il fait.* — *Les emportements de la jeunesse, Les écarts de la jeunesse.* || Employé absol., il signifie e. de colère. *Il a des emporte-*
ments terribles. Être sujet à l'e. à des emportements.* — *Parler, disputer avec e.,* Avec beaucoup trop de véhémence. = Syn. Voy. Colère.

EMPORTE-PIÈCE. s. m. Instrument tranchant qui, dans le contour de sa partie tranchante, a précisément la figure et les dimensions de la pièce qu'on veut enlever. *La force qui presse l'emporte-pièce doit être d'autant plus puissante que la feuille à découper est d'une substance plus dure et plus résistante.* || Fig. et fam., se dit d'une personne qui a l'esprit satirique, qui est mordante dans ses paroles. *C'est un emporte-pièce.* = Pl. *Des emporte-pièce.*

EMPORTER. v. a. (lat. *portare*). Enlever, porter hors d'un lieu. *Il faut e. ces lumières. Emportez cet enfant, il me fatigue par ses cris. On a emporté ce malade sur un brancard. Il a fait e. ses meubles de la maison.* || Porter d'un lieu dans un autre, porter avec soi. *Emportez ce livre, cet objet. Chacun emporta sa part de butin. Je n'emporte jamais en voyage que très peu d'effets avec moi.* — Fig., se dit des choses morales. *Il a emporté son secret dans la tombe. L'agréable souvenir que j'ai emporté de ces lieux.* — Fig., se dit aussi dans le sens de prélever. *Lorsque la législation reconnaissait le droit d'aînesse, l'aîné emportait les deux tiers du bien. Les faux frais emportent le plus clair des bénéfices.* || Entraîner, enlever, arracher, emmener avec violence. *Son cheval prit le mors aux dents et l'emporta à travers les champs, et absolument, l'emporta. Les courants emportèrent le vaisseau. Le vent a emporté son chapeau. Un coup de canon lui emporta la jambe. Cette voiture entra si vite qu'elle pensa e. la borne. La rivière a emporté le pont. Cet outil emporte la pièce d'un seul coup.* — Fig. et fam., *E. la pièce,* Railler, médire d'une manière cruelle. *C'est un homme qui emporte la pièce.* — Fig. et prov., on dit, *Autant en emporte le vent,* en parlant de promesses auxquelles on n'ajoute pas foi, ou de menaces dont les effets ne sont pas à craindre. || Fig., en parlant d'une maladie, Faire mourir. *Le choléra emporte les gens en quelques heures. Il sera emporté par une attaque d'apoplexie.* Dans un sens analogue, on dit, *Cette faillite emporta sa fortune,* Renversa sa fortune. — Fig., signifie encore, Faire disparaître. *Le quinquina a emporté sa fièvre. Le temps emportera sa douleur.* || Fig., en parlant des passions, Entraîner, pousser à quelque acte blâmable, à quelque excès. *Votre colère vous a emporté trop loin. Se laisser e. à la vengeance. La jeunesse se laisse e. aux plaisirs.* || Fig., Obtenir, venir à bout. *Cet homme a tant de crédit qu'il emporte tout ce qu'il veut. Il emporta cette affaire à force de sollicitations.* — *E. une place,* S'en rendre maître en peu de temps. *E. une place d'assaut, l'e. d'emblée.* On dit de même, *E. un ouvrage l'épée à la main. E. un retranchement, etc.* || Entraîner par une suite nécessaire, impliquer. *Le mot vertu emporte l'idée d'effort fait sur soi-même.* || T. Procéd *La forme emporte le fond,* Dans le jugement d'une affaire, la forme prévaut sur le fond, c.-à-d., le défaut d'accomplissement de certaines formalités peut faire écarter la demande la mieux fondée. Dans le sens contraire, on dit, *Le fond emporte la forme.* || *L'em,* Avoir la supériorité, le dessus, prévaloir. *Les vins de France l'emportent sur tous les autres vins. Il l'a emporté sur tous ses concurrents. L'amour l'emporte souvent sur la raison. Ce fut son avis qui l'emporta.* || Peser davantage. *A volume égal, l'or l'emporte de beaucoup sur l'argent.* = s'Emporter, v. pron. Être emporté. *Les voleurs ont pris tous les objets qui pouvaient s'e. facilement.* || Fig., Se fâcher violemment, s'abandonner à la colère. *S'e. contre quelqu'un. Vous vous emportez pour rien. Il s'emporte pour que on le contredise.* — Par analogie, on dit qu'*Un cheval s'emporte,* lorsqu'il se livre à toute sa fougue et ne peut plus être retenu par celui qui le monte ou le conduit. *Les chevaux s'emportèrent et la voiture versa.* On dit de même, qu'*Un chien de chasse s'emporte.* = Emporté, ée. part. = Syn. Voy. Apporter.

EMPOTAGE. s. m. Action d'empoter. || T. Cuisine. Bouillon dont on se sert pour mouiller les potages.

EMPOTEMENT. s. m. Action de mettre dans des pots, de mesurer un liquide par pot.

EMPOTER. v. a. Mettre en pot. *E. des plantes. E. des confitures.* = Empoté, ée. part.

EMPOUDRER. v. a. Couvrir de poudre, de poussière.

EMPOUILLÉ, ÉE. adj. [Pr. *an-pou-llé, ll* mouillées]. Garni d'empouilles.

EMPOUILLES. s. f. pl. [Pr. *an-pou-lle, ll* mouillées]. T. Droit cout. Les fruits de la terre encore sur pied.

EMPOUPER. v. a. T. Mar. Prendre un vaisseau en poupe, en parlant du vent.

EMPOURPRER. v. a. Colorer de pourpre ou de rouge. *Le soleil couchant empourprait les nuages.* Poêt. == s'Em-pourprer. v. pron. *L'horizon s'empourprait.* == Empourpré, ée. part. *Des raisins empourprés. Des fleurs empourprés.*

EMPOUTAGE. s. m. Distribution systématique des fils dans les métiers à tisser les étoffes de soie.

EMPOUTRERIE. s. f. Réunion de deux poutres qui soutiennent le plancher du beffroi d'un moulin.

EMPREINDRE. v. a. (lat. *imprimere*, m. s., de *in*, en, et *premere*, presser). Imprimer une figure, un dessin, des traits sur une surface. *E. une figure, une marque, des caractères.* || Fig., Marquer, graver. *Un caractère de grandeur est empreint sur tous les monuments dus aux Romains. La douleur était empreinte sur son visage.* == s'Empreindre. v. pron. S'imprimer, laisser une marque. *Leurs pas s'étaient empreints sur la neige.* || Fig., *Nos habitudes morales s'empreignent souvent sur notre visage.* || Empreint, einte. part. == Conj. Voy. Peindre.

Syn. — *Imprimer.* — *Empreindre* signifie *imprimer*, par l'application d'un corps sur un autre, la figure, l'image, les traits sensibles de ce corps : vous *imprimez* un mouvement à un corps, des sensations à un être animé, des leçons dans l'âme, etc. ; toutes choses que vous ne sauriez rigoureusement *empreindre*, car elles n'ont pas de figure. Pour *empreindre*, il faut *imprimer* de manière que l'impression laisse *l'empreinte* ou l'image de la chose. La physionomie est *l'empreinte* du caractère; mais cette *empreinte* est sans cesse altérée par des *impressions* nouvelles.

EMPREINTE. s. f. (part. pass. de *empreindre*). Impression, marque, figure de ce qui est empreint. *L'e. d'un cachet, d'un sceau, d'une médaille. Voilà encore l'e. du boulet.* — Fig., *Ils mirent dans leurs ouvrages l'e. de leur génie. Nous portons tous l'e. du milieu, l'e. du siècle où nous vivons.* || T. Peint. Couleur uniforme dont on couvre la toile avant d'y dessiner un sujet quelconque. || T. Hist. nat. Se dit des figures de plantes, d'insectes, de poissons, etc., qu'on trouve empreintes sur certaines pierres. *Les empreintes de fougère. Ces fossiles ont laissé là de belles empreintes.* || 1. Physiol. Se dit du caractère laissé par un premier mâle à une descendance future qui lui serait étrangère. || T. d'imprim. Moulage d'une page d'imprimerie faite sur le caractère mobile et destinée au clichage. || T. Anat. Se dit des inégalités des os qui donnent attache à des fibres musculaires ou ligamenteuses. || *Cabestan à empreinte*, Sorte de cabestan.

EMPRESSANT, ANTE. adj. Qui cause de l'empressement.

EMPRESSÉ, ÉE. adj. (part. pass. de *empresser*). Qui se donne beaucoup de mouvement pour le succès de ce qu'il a entrepris. *C'est un homme fort e.* — On dit aussi substant., *Faire l'e.* || Qui met de la précipitation à faire quelque chose. *On les vit empressés à courber la tête sous le joug du despotisme. Une foule empressée accourut pour voir ce spectacle.* || Qui cherche, par des soins et des prévenances, à se bien faire venir de quelqu'un. *Il paraît fort e. auprès de son oncle.* — Subst., *Il fait l'e. auprès de cette femme.* || On dit dans des sens analogues, *Il a l'air e., des manières empressées. Des vœux, des désirs empressés.*

EMPRESSEMENT. s. m. (R. *empresser*). Ardeur, zèle, prévenance. *Agir avec e. Marquer de l'e., avoir beaucoup d'e. pour quelque chose. Il a beaucoup d'e. à vous servir. Accueillir quelqu'un avec e. Témoigner beaucoup d'e. auprès d'une personne.*

Syn. — *Zèle.* — L'*empressement* peut manifester le *zèle* ;

mais fort souvent il n'en est que l'apparence. Le *zèle* est l'ardeur de l'âme ; l'*empressement*, le mouvement extérieur. Le *zèle* cherche à être utile, à rendre service ; l'*empressement* cherche à être agréable, à complaire.

EMPRESSER (S'). v. pron. (R. *en*, et *presser*). Se donner beaucoup de mouvement pour faire réussir quelque chose, ou pour montrer son zèle, son affection, sa sympathie. *C'est un homme qui s'empresse fort. S'e. à faire sa cour. Tout le monde s'empressa autour de lui.* || Se hâter. *Il s'empressa de prendre la parole. Je m'empressai de l'avertir.* == Empressé, ée. part.

Obs. gram. — On dit *s'empresser à* et *s'empresser de*, mais il existe une différence dans ces deux locutions. On doit, dit Laveaux, employer la préposition *à* lorsqu'il y a un but marqué hors de la personne qui agit ; et lorsque le but n'est pas marqué, c'est de la préposition *de* que l'on doit faire usage. Ainsi l'on dira : *Je m'empresse de marcher, d'écrire, de répondre*, parce qu'on ne voit pas un but marqué hors de la personne qui agit ; *Je m'empresse à le secourir, à le consoler*, parce qu'ici le but est marqué hors de la personne qui agit ; on s'empresse d'arriver à un but, savoir : *le secourir, le consoler.*

EMPRIMERIE. s. f. T. Tannerie. Grande cuve pour mettre à rougir les cuirs.

EMPRISE. s. f. (R. *en*, et *prise*). Anc. T. milit. Entreprise chevaleresque. Voy. Chevalerie. || T. Const. Action de prendre une portion de terrain pour l'approprier à un objet quelconque.

EMPRISONNEMENT. s. m. [Pr. *an-prizo-neman*]. Action par laquelle quelqu'un est mis en prison; état de celui qui est emprisonné. *Le jour de son e. Depuis son e.*

EMPRISONNER. v. a. [Pr. *an-prizo-ner*]. Mettre en prison. *On l'a emprisonné, on l'a fait e.* || Par ext., Retenir comme dans une prison. *Les eaux débordées nous emprisonnèrent dans un étroit espace.* == Emprisonné, ée. part.

EMPROSTHOTONOS. s. m. (gr. ἔμπροσθεν, en avant, et τόνος, contraction). T. Méd. Contraction tétanique dans laquelle le corps est infléchi en avant.

EMPRUNT. s. m. Action d'emprunter ou la chose qu'on emprunte. *Faire un emprunt. Recourir à la voie des emprunts. C'est un homme qui est toujours aux emprunts, qui ne vit que d'emprunts. Cheval d'e. Érudition d'e. Esprit d'e. Cet auteur a fait aux anciens des emprunts trop nombreux.* || Fig., *Beauté d'e., Beauté qui n'est point naturelle. Vertus d'e.*, Vertus dont on n'a que l'apparence. || Sorte de jeu de cartes. || T. Eaux et For. *Arbre d'e.*, Celui d'une ancienne vente, marqué pour servir de pied cornier à une vente nouvelle. || T. Terres d'e., Terres qu'on enlève dans le voisinage pour faire un remblai ou autre travail. || T. Mar. Passage qui conduit à la traverse d'un bateau foncet. || T. Mus. *Accord par e.*, Accord qui ne peut se pratiquer que dans les tons mineurs et qui doit sa perfection à un son qui n'y paraît pas. Voy. Dette et Prêt.

Écon. polit. — Sans revenir à ce qui a été dit aux mots *Dette publique* et *Budget*, nous résumerons les emprunts faits par la France en ces derniers temps (emprunts d'État, non compris les conversions de rentes ni les emprunts des départements et villes).

Emprunts d'État du second	
empire.	4,305,000,000 fr.
Emprunt Morgan 1870 . .	250,000,000 —
Emprunt de 1871.	2,500,000,000 —
Emprunt de 1872.	3,000,000,000 —
Emprunt de 1881.	1,000,000,000 —
Emprunt de 1884.	350,000,000 —
Emprunt de 1886.	500,000,000 —
Emprunt de 1891.	869,488,000 —

Il faudrait bien se garder de croire que la somme de ces nombres, qui s'élève à environ 13 milliards, représente le montant de la dette de la France; il faut y ajouter, d'une part, la dette antérieure au second empire, et d'autre part, la dette flottante et diverses autres dettes courantes. En réalité, le total dépasse 30 milliards. Voy. Dette.

EMPRUNTER. v. a. (lat. *imprastare*, prêter ?). Demander,

323

recevoir en prêt. *E. de l'argent. E. à gros intérêt. E. sur gages, sur hypothèque. E. un cheval, des livres. J'emprunterai cette somme à mon frère. J'ai emprunté cette somme d'un de mes amis.* Absol., *Ce n'est pas tout d'e., il faut rendre.* ‖ T. Jeux. *A l'emprunt,* Demander à son voisin telle des cartes qu'il faut jouer et qu'on n'a pas — Fig., *Le vice emprunte souvent le masque de la vertu. E. les apparences de la vérité.* ‖ Fig., Recevoir, tirer de... *Les magistrats empruntent leur autorité du pouvoir qui les institue. Les planètes empruntent leur lumière du soleil.* ‖ Fig., Prendre, se servir. *E. une pensée à un auteur. Il a emprunté cela d'Homère. La langue anglaise a emprunté un grand nombre de mots au français. E. le nom, le bras, la plume, le crédit, le secours de quelqu'un.* = s'EMPRUNTER. v. pron. Être obtenu par emprunt. = EMPRUNTÉ, ÉE. part. *Argent emprunté. Ce mot est emprunté de l'italien.* ‖ Adject., Qui n'est pas propre à la personne ou à la chose dont il s'agit. *Beauté empruntée. Lumière empruntée. Ornements empruntés. Érudition empruntée. C'est de l'esprit emprunté.*

> Même elle avait encore cet éclat emprunté
> Dont elle eut soin de peindre et d'orner son visage...
>   RACINE.

— *Ce livre a paru sous un nom emprunté,* Sous un autre nom que celui de l'auteur véritable. *Conter une histoire sous des noms empruntés,* Sous des noms déguisés, sous de faux noms. — *Avoir un air emprunté, des manières empruntées,* Avoir un air embarrassé, contraint, des manières peu naturelles.

EMPRUNTEUR, EUSE. s. Celui, celle qui emprunte. *Le prêteur et l'e.* ‖ Celui, celle qui a l'habitude d'emprunter. *C'est une emprunteuse perpétuelle.* ‖ Fig., Qui fait des imitations ou des emprunts.

EMPSYCHOSE. s. f. (gr. ἐμψύχωσις, m. s., de ἐν, en; ψυχή, âme). T. Métaphys. Union de l'âme et du corps.

EMPUANTIR. v. a. (R. *en,* préf., et *puant*). Infecter, répandre une mauvaise odeur, la communiquer. *Cet égout empuantit tout le quartier* ‖ Fig., Souiller, infecter. *Les mauvaises mœurs ont empuanti ce pays.* = s'EMPUANTIR. v. pron. Devenir puant. *Les eaux de ce fossé commencent à s'e.* = EMPUANTI, IE. part.

EMPUANTISSEMENT. s m. État d'une chose qui s'empuantit.

EMPUSE. s. f. (Nom mythol.). T. Entom. Genre d'insectes appartenant à l'ordre des *Orthoptères.* Voy. ce mot. ‖ T. Bot. Genre de Champignons (*Empusa*) de la famille des *Entomophthoracées.* Voy. ce mot.

EMPYÈME. s. m. (gr. ἐν, dans; πύον, pus). T. Méd. A proprement parler, le mot *Empyème* ne devrait se dire que d'une collection purulente contenue dans une cavité quelconque; mais, dans le langage médical, on l'applique à tout amas de pus, de sang ou de sérosité situé dans la cavité des plèvres. L'e. ne constitue point par lui-même une maladie spéciale : c'est un épiphénomène ou une complication qui s'observe assez fréquemment à la suite de la pleurésie, de la pneumonie, des tubercules pulmonaires et de certaines affections cachectiques, telles que l'albuminurie. On étend encore le nom de l'e., ainsi que celui de *Paracentèse du thorax,* à l'opération par laquelle on donne issue au liquide épanché dans la cavité pleurale, afin de faire cesser la compression du poumon et rétablir la fonction respiratoire. Pour faire l'opération de l'e., on emploie alors le bistouri. On ouvre largement la cavité pleurale et on la lave avec des liquides antiseptiques; on draine et on obture la plaie avec un pansement antiseptique.

EMPYOCÈLE. s. f. (gr. ἐμπύον, abcès; κήλη, tumeur). T. Chir. Abcès du scrotum, de la tunique vaginale.

EMPYOMPHALE. s. f. (gr. ἔμπυον, abcès; ὀμφαλός, nombril). T. Chir. Abcès du nombril.

EMPYRÉAL, ALE. adj. Qui se rapporte à l'empyrée.

EMPYRÉE. s. m. (gr. ἔμπυρος, qui est enflammé). Suivant les anciens, la partie la plus élevée du ciel, celle qu'ils regardaient comme le séjour des divinités célestes. *Les dieux de l'e.*

— Par ext., Le séjour des bienheureux. ‖ Adjectiv., *Le ciel e.*

EMPYREUMATIQUE. adj. 2 g. (R. *empyreume*). T. Chim. *Odeur e.,* Odeur qui tient de l'empyreume, analogue à celle de la créosote ou de la viande fumée. *Goût e.,* Goût analogue à celui d'une substance roussie. — *Huile e., Alcool e.,* Qui a une odeur ou une saveur e.

EMPYREUME. s. m. (gr. ἐμπύρευμα, m. s., de ἐν. en, et πῦρ, feu). Qualité désagréable au goût ou à l'odorat, que contractent certaines substances végétales ou animales soumises à la distillation ou à l'action d'un feu violent.

EMS, fleuve d'Allemagne, affluent de la mer du Nord; arrose la Westphalie et le Hanovre, 378 kil.

EMS, v. d'Allemagne, près de Coblentz (Prusse Rhénane); eaux thermales ; 6,400 hab.

ÉMULATEUR, TRICE. s. (R. *émule*). Qui est animé d'un sentiment d'émulation. *Il a en plus d'envieux de sa fortune que d'émulateurs de sa vertu.* Peu us. et ne s'emploie que dans le style soutenu. = Syn. Voy. ÉMULE.

ÉMULATION. s. f. (Pr. ...*sion*) (lat. *æmulatio,* m. s.). Sentiment qui nous excite à surpasser quelqu'un en quelque chose ; se dit surtout en parlant des choses louables. *Noble, belle, louable é. Avoir de l'é. Ils étudieront mieux par é. Exciter l'é. de quelqu'un, lui donner de l'é. L'é. porte à imiter les grandes actions.*

Syn. — *Rivalité.* — L'*émulation* ne désigne que la concurrence ; la *rivalité* dénote le conflit. Il y a *émulation* quand on court la même carrière ; il y a *rivalité* quand les intérêts se combattent. Deux *émules* vont ensemble ; deux *rivaux,* l'un contre l'autre. Les avantages qui peuvent être à tous ou à beaucoup excitent l'*émulation ;* ceux qui ne peuvent être qu'à un seul ou à un très petit nombre produisent la *rivalité.* L'*émulation* excite ; la *rivalité* irrite et divise. L'*émulation* suppose l'estime des concurrents les uns pour les autres ; la *rivalité* porte la teinte de l'envie. L'*émulation* veut mériter le succès, la *rivalité* veut l'obtenir. L'*émule* tâche de surpasser son concurrent ; le *rival* supplantera le sien, s'il le peut. Les talents inspirent l'*émulation,* et les prétentions la *rivalité.*

ÉMULE. s. m. (lat. *æmulus,* m. s.). Concurrent, rival. *Il est l'é. d'un tel. Surpasser ses émules.* ‖ Se dit aussi des personnes qui sont regardées comme étant d'un mérite égal en quelque art, en quelque profession. *Ces deux peintres étaient émules.* = ÉMULE. s. f. Rivale. *Carthage se montra la digne é. de Rome.*

Syn. — *Émulateur.* — L'*émule* a des *émules,* c.-à-d. des pairs ; l'*émulateur* a des modèles. Votre *émule* marche en concurrence avec vous ; votre *émulateur* marche sur vos traces. L'*émule* veut surpasser ses *émules* ; l'*émulateur* veut seulement suivre de près ou arriver à égaler son modèle. Avec des efforts et de la persévérance, l'*émulateur* peut parvenir à être l'*émule* de celui qu'il a pris pour type. On dit *émule* dans tout genre de travail, de concurrence ; *émulateur* ne s'emploie que pour les choses d'un ordre élevé.

ÉMULGENT, ENTE. adj. (lat. *emulgere,* traire). T. Anat. *Artères, veines émulgentes,* Celles qui aboutissent aux reins et qui en sortent.

ÉMULSIF, IVE. adj. (lat. *emulsum,* sup. de *emulgere,* traire). T. Pharm. Qui peut fournir de l'huile par expression, qui est propre à faire des émulsions. *Le chènevis est é. Les graines de melon sont émulsives.* ‖ Subst., au masc., *Les émulsifs.*

ÉMULSINE. s. f. (R. *émulsion*). T. Chim. Principe soluble appartenant à la classe des diastases, et contenu dans les amandes. C'est cette diastase qui, en présence de l'eau, détermine la formation de l'essence d'amandes amères ; elle provoque en effet le dédoublement de l'amygdaline de ces amandes en glucose, acide cyanhydrique et aldéhyde benzylique. Elle dédouble de même la salicine en glucose et saligénine, l'arbutine en glucose et hydroquinone, la coniférine en glucose et alcool conïférylique. L'é., appelée aussi *synaptase,* peut être isolée sous la forme d'une poudre blanche, hygroscopique, très soluble dans l'eau. Ses solutions dévient à gauche le plan de polarisation de la lumière.

On prépare l'é. avec les amandes douces; les amandes amères en contiennent fort peu. Les premières sont émondées, broyées et soumises à une forte pression, pour éliminer la plus grande partie de l'huile. Le tourteau est délayé dans trois fois son poids d'eau froide, et exprimé de nouveau. Si l'on employait de l'eau bouillante pour délayer les tourteaux, l'é. se coagulerait et deviendrait impropre à modifier l'amygdaline. L'émulsion obtenue est abandonnée dans un endroit chauffé de 25° à 30°; elle se sépare en deux couches; l'inférieure claire et transparente, la supérieure coagulée et crémeuse. La couche aqueuse est traitée par l'alcool; le précipité obtenu est séché dans le vide. L'é. ainsi préparée se présente sous forme d'une masse blanche, opaque, friable, contenant 22 à 38 p. 100 de matières minérales, surtout de phosphates, dont il est difficile de la séparer.

ÉMULSION. s. f. (lat. *emulsio*, m. s., de *emulgere*, traire). T. Pharm. Une *É.* est une préparation pharmaceutique qui contient en suspension dans l'eau des corps insolubles, tels que des corps gras liquides ou solides, des matières résineuses, oléo-résineuses, des huiles essentielles; le lait est une é. naturelle; il en est de même du latex de certaines plantes, telles que: Pavot, Chélidoine, Euphorbes, etc. On les distingue en *Émulsions vraies* et en *Émulsions fausses*. Les *Émulsions vraies* proviennent directement de semences huileuses ou de substances gommo-résineuses sans autre intermédiaire que l'eau. Le *Lait d'amandes* est la plus usitée des émulsions de ce genre. On la prépare ainsi : On enlève d'abord l'enveloppe des amandes, après les avoir plongées un instant dans l'eau bouillante pour faciliter la séparation de cette pellicule; on réduit ensuite celles-ci en pâte très fine en les broyant dans un mortier de marbre, et on y ajoutant de l'eau peu à peu; on passe avec expression, et l'on édulcore avec du sirop ou du sucre. Le *Sirop d'orgeat* est une simple é. d'amandes étendue d'eau. On fait également des émulsions avec les semences de melon, de concombre, de citrouille, les noisettes, les pistaches, les graines de lin ou de pavot blanc, etc. — Les *Émulsions fausses* se préparent avec des huiles ou des résines liquides, divisées et tenues en suspension dans l'eau à l'aide d'un jaune d'œuf, d'une gomme ou de tout autre mucilage. On les appelle *É. camphrée*, *É. huileuse*, *É. térébenthinée*, etc., suivant les substances dont elles sont formées. — Les propriétés médicales des émulsions dépendent des substances qu'elles renferment; mais on emploie surtout celles qui sont adoucissantes, rafraîchissantes et pectorales. — Le *Lait de poule* est une véritable é. animale qu'on prépare en battant un jaune d'œuf avec de l'eau chaude et du sucre, et en aromatisant avec de l'eau de fleur d'oranger.

On prépare aussi, en pharmacie, des émulsions très stables, par le moyen de la *saponine*, principe actif du bois de Panama (*Quillaja saponaria*).

ÉMULSIONNER. v. a. [Pr. *émulsio-ner*]. T. Pharm. Mêler une émulsion avec une tisane ou une boisson quelconque. = **ÉMULSIONNÉ, ÉE.** part.

ÉMYDE. s. f. (gr. ἐμὺς, ἐμύδος, tortue d'eau). T. Erpét. Nom que l'on donne aux Tortues qui fréquentent les eaux douces. Voy. **CHÉLONIENS.**

ÉMYDINE. s. f. (gr. ἐμὺς, ἐμύδος, tortue). T. Chim. Albuminoïde qui existe dans le jaune des œufs de tortue. Ceux-ci lavés, battus à grande eau, puis, après décantation, épuisés successivement par l'alcool et l'éther, laissent un résidu constituant l'é. qui se présente sous forme de grains blancs, transparents, durs, très solubles dans la potasse diluée.

ÉMYDOÏDE. adj. (R. *émyde*, et gr. εἶδος, forme). T. Zool. Qui ressemble à une émyde.

EMYRNE, province située sur le plateau central de *Madagascar.* Voy. ce mot.

EN. prép. (lat. *in*, en, dans). Cette préposition sert principalement à indiquer le lieu dans lequel on est, ou celui dans lequel on va. La prép. *En* s'emploie rarement avec l'article défini. Elle s'emploie aussi, lorsque la désignation du lieu a simplement pour but d'indiquer une manière d'être, un état, ou de préciser une action; c'est ainsi que l'on dit : *Un ouvrier qui travaille en chambre; Loger en chambre garnie; Être en lieu sûr; Monter en voiture,* etc. Enfin, il arrive souvent que l'idée de rapport d'une chose à celle qui la contient s'affaiblit et même disparaît entièrement; alors, la prép. *En*

n'exprime plus qu'un rapport de position, de direction, de manière d'être, etc., comme dans ces phrases : *Avoir le casque en tête; En haut, en bas; Voltiger de fleur en fleur; Être armé de pied en cap,* etc. == I. Les exemples ci-après montrent les différents emplois de la prép. *En*, considérée comme indiquant un rapport de lieu, soit au propre, soit au figuré : *Mettre quelqu'un en prison. Mettre un enfant en pension. Être en pleine mer. Passer en Espagne. Voyager en Italie. Aller de province en province. Porter, mettre un mort en terre. Avoir de l'argent en poche. Se mettre en chemin. Rester en place. Dîner en ville. Dire en pleine assemblée. Une affaire jugée en plein parlement. Être bien en selle. Voir en songe. Avoir mortel en tête. Ce mot ne s'emploie guère qu'en poésie. On doit, en toute chose, se conduire prudemment. Exceller en quelque chose. Que faire en un tel danger? Que feriez-vous en pareille circonstance? En cas que cela arrive. Il n'a de confiance qu'en vous. J'ai mis en lui tout mon espoir. Il n'est pas en mon pouvoir de faire cela. Descendre en soi-même. En bas. En haut. En avant. En arrière. En dedans. En dehors. Marcher en tête. Avoir quelque chose en tête. Suivre en queue. De fil en aiguille, il nous conta toute l'histoire. De point en point.* == II. Par suite de l'analogie qui existe entre l'idée de l'espace et celle du temps, la prép. *En* s'emploie de la même manière pour exprimer un rapport de temps. Le plus souvent, elle signifie durant, pendant. *En hiver. En été. En tout temps. En temps de guerre. En ces temps de calamité. En votre absence. En plein jour. Napoléon est né en 1769 et mort en 1821. — En l'an 700 de l'hégire. En l'an 500 de la fondation de Rome.* Dans ces deux derniers exemples, la prép. est suivie de l'art. *Le,* à cause du complément qui détermine la date. || Se dit aussi pour marquer le temps qu'on emploie à faire quelque chose. *Il arrivera en trois jours.* Si l'on disait, *Il arrivera dans trois jours,* cela signifierait, *Il arrivera au bout de trois jours.* == III. En sert également à marquer l'état, la manière d'être, la disposition, la modification d'une personne ou d'une chose. *Il a tant couru qu'il est tout en eau, tout en nage. Une femme en couches. Une vigne en fleur. Une allée en pente, qui va en pente. Un portrait en pied. Un habit en lambeaux. Ce mot n'est plus en usage. Un liquide en ébullition. Être en rapport avec quelqu'un. Se tenir en haleine, en exercice. Une terre en friche. Les ennemis sont en pleine déroute. Être en apprentissage. Il n'est plus en fonction. Être en possession d'un bien. Tout le pays était en armes. Être en guerre avec quelqu'un. Vivre en paix, en repos. Être en vogue, en faveur, en disgrâce. Être en péril. Être en vie, en bonne santé, en appétit, en bonne humeur, en verve, en colère, en fureur. Être en crainte, en espérance, en doute. Être en extase. Être en fond. En reste, en avance. Être, revenir en son bon sens. Tomber en défaillance. Mettre en couleur. Teindre, colorer en bleu, en rouge,* etc. *Mettre des vers en musique. Se mettre en mesure d'. Se tenir en garde. Mettre en pièces. Ranger une armée en bataille. Un arrêt passé en force de chose jugée. Aller en décadence.* || Quelques-uns des rapports compris dans l'énoncé général qui précède peuvent être spécifiés d'une manière plus précise; nous indiquerons les principaux : 1° L'occupation. *Être en affaire, en oraison, en prières.* — 2° La forme. *Des arbres taillés en boule. Des perles en poire. Une fenêtre en ogive. S'élever en pyramide. Se terminer en pointe.* — 3° Le changement d'état, la transformation. *S'en aller en fumée, en vapeur. Narcisse fut métamorphosé en fleur. Son amour se convertit en haine.* Fig. et par exag., *Fondre en larmes.* — 4° Le genre de culture. *Ce coteau a été mis en vigne. Ce terrain a été mis en potager, mis en potager.* — 5° Le vêtement et le costume. *Être en chemise, en veste, en robe de chambre, en paletot. Elle était en robe blanche. Être en grande toilette. Être en deuil. Une femme habillée, travestie en homme. Il était en pierrot.* — 6° Le mode de division. *Diviser en deux, en trois, en quatre parties,* ou simpl., *Diviser en deux, en trois,* etc. *Il partagea son armée en deux corps. Poème en six chants. Un drame en cinq actes.* — IV. *En* s'emploie aussi lorsqu'il s'agit d'indiquer la manière dont se fait une action, sa destination, et le motif qui la détermine. || 1° La manière dont se fait une action. *En trois sauts, je fus chez lui. Se ruiner en folles dépenses. S'épuiser en efforts inutiles. Ils s'y rendirent en toute hâte. Voyager en poste. Se promener en long et en large. Voir quelqu'un en secret. Lire, parler en cachette. Vendre en gros, en détail. En quoi vous ai-je fait tort? Il lui ressemble, mais en beau. Parler de quelqu'un en bien, en mal.* — Les façons de s'exprimer qui suivent sont analogues aux précédentes : *Vivre en homme de bien. Agir en roi, en maître. Parler en étourdi. En homme prudent, il se retira.* — Dans les exemples suivants, la prép. *En* et son régime expriment encore un rapport de manière, et complètent le sens du mot principal. *Écrire un ouvrage en latin, en allemand. Une comédie en vers, en prose. Écrire en ronde, en bâtarde.* ‖ 2° La destination. *Armer en course, en guerre. Mettre en vente. Déposer en gage. Confier en dépôt. Donner en otage. Livrer en proie. Arborer un drapeau en signe de détresse.* ‖ 3° Le motif qui fait agir, ou la fin qu'on se propose. *Il l'a fait en haine d'un tel. En reconnaissance de ses bienfaits. En vue de leur plaire. En mémoire de moi. En faveur dudit mariage. En exécution dudit arrêt. Livrer une chose en échange d'une autre. En foi de quoi, je lui ai délivré le présent certificat.* ‖ 4° La conformité. *En bonne justice, cela n'est pas possible. En bonne politique. En conscience. Je vous le dis, en vérité.* = V. *En* s'emploie souvent pour lier au substantif, à l'adjectif ou au verbe qui précède, le complément qui détermine leur signification. *La récolte en rin n'a pas été fort abondante. Général en chef. Une terre fertile en blé. Sa fortune consiste en rentes sur l'État. Vendre son bien en tout ou en partie. Cela est vrai en général. Je n'ai fait, en cela, que suivre mes instructions.* On dit aussi, *Je pose en fait que. Il met en doute les choses les plus avérées. Avoir en horreur. Prendre quelqu'un en amitié. Prendre quelque chose en bonne, en mauvaise part. Prendre son mal en patience. Être en tiers. Mettre en double.* = VI. *En* se joint fréquemment avec le participe, et alors il a deux principaux usages, qui sont : — 1° De marquer le temps, le moment, l'époque : *Il donna ordre, en partant, que... Il leur dit, en les recevant, que... En mourant, il a déclaré.* On apprend en vieillissant.* — 2° De marquer la manière : *Parler en tremblant. Son mal va en augmentant. Ce ruisseau va en serpentant.* = VII. *En* sert encore à former un grand nombre de locutions, telles que : *En définitive. En vain. En conséquence. En retour. En revanche. En outre. En comparaison de. En qualité de. En tant que,* etc. On en trouvera quelques-unes aux mots DÉFINITIVE, CONSÉQUENCE, etc. = VIII. Enfin, la prép. *En* entre comme préfixe dans la composition d'un grand nombre de mots, et surtout de verbes, qui signifient Mettre dans, garnir de, etc. Elle s'écrit alors *em* avec un *m*, toutes les fois qu'elle est suivie d'un *b*, d'une *m* ou d'un *p*, comme dans les mots *Embarquer, Emmailloter, Empaumer,* etc.

Obs. gram. — La prép. *En* se prend ordinairement dans une acception indéterminée, ou qui n'est pas déterminée d'une façon précise. C'est pour ce même motif que, lorsqu'elle régit un substantif, elle n'est presque jamais suivie de l'article déterminatif *le, la, les.* Cependant on observe quelques exceptions ; c'est ainsi que l'on dit : *En l'honneur des saints; En l'absence d'un tel; En la présence de Dieu; Ce procès a été jugé en la chambre du conseil; Président en la chambre des comptes,* etc. Mais, dans ces formules exceptionnelles, on peut remarquer que le nom régi par la prép. *En* est lui-même déterminé par un complément quelconque : or, c'est là ce qui autorise l'emploi de l'article défini.

Certains grammairiens ont critiqué l'emploi de *en* pour indiquer la matière dont une chose est faite. Ainsi, il serait incorrect de dire *une table en bois,* et il faudrait dire *une table de bois.* Le fait est que la seconde locution est préférable ; cependant, on trouve dans Arago, Voltaire, et même dans Montaigne, des exemples de la première qui semblent montrer qu'on ne doit pas la condamner d'une manière absolue.

Syn. — *Dans.* — La seule distinction entre les deux prépositions *en* et *dans,* distinction établie par l'usage seul et ne reposant sur aucune considération théorique, c'est que, comme on vient de le voir, *en* ne se construit généralement pas avec l'article.

EN. pron. relatif ou particule relative (lat. *inde,* de là). *En* équivaut à la prépos. *De* avec son complément, et peut être régi par un nom, un adj. ou un verbe. *Cette affaire est délicate, le succès en est douteux,* c.-à-d. Le succès de cette affaire est douteux. *On accorde sa confiance à bien des gens qui en sont indignes,* Qui sont indignes de cette confiance. *On ne doit jamais se repentir d'avoir bien fait, aussi ne s'en repent-il pas d'avoir bien fait. C'est une maladie fort dangereuse, il pourrait bien en mourir. Vient-il de Paris? Oui, il en vient. Il avait deux fils, il lui en est mort un. Prêtez-moi cela,*

j'en ai besoin. J'aurais moins d'indulgence qu'il n'en a eu. Il a élevé plus de monuments que d'autres n'en ont détruit. — Lorsque *En* est suivi d'un adjectif qui se rapporte au mot que ce pronom rappelle, on peut ordinairement le traduire par ce mot seul, sans la prépos. *De. A-t-il des parents? Il en a et de fort riches,* Il a des parents, etc. *A-t-il des amis? Il n'en a qu'un seul,* Il n'a qu'un seul ami. ‖ Très fréquemment, *En* tient lieu d'une proposition entière qui a été énoncée, ou qui va suivre immédiatement. *C'est là, soyez-en convaincu, la cause de son absence,* c.-à-d. C'est là, soyez convaincu de ce que je viens de vous dire, la cause, etc. *N'en doutez pas, il est incapable d'une action si basse,* Ne doutez pas de cela, qu'il est incapable, etc. — Dans quelques cas, *En* se rapporte à une expression complètement sous-entendue. *En est-il un seul parmi vous qui consentit...?* Est-il parmi vous un seul homme qui consentirait...? *En est-il parmi vous qui consentissent...?* Est-il parmi vous des hommes qui consentissent...? *Il en veut à un tel,* Il veut du mal à un tel. *A qui en veut-il?* veut dire encore, dans un autre sens, A qui veut-il parler? qui demande-t-il? *A qui en avez-vous?* Contre qui avez-vous de la mauvaise humeur, de la colère? — On peut expliquer, par des substitutions de ce genre, les locutions suivantes : *Il s'en faut beaucoup. Il ne sait où il en est. Cela n'en vaut pas. Je l'en souhaite. S'en prendre à quelqu'un. Il en tient. Il en a dans l'aile. Je n'en reviens pas. Elle ne s'en tint pas là. C'en est trop. C'en est fait. Quoi qu'il en soit.* ‖ *En* se joint souvent aux verbes *Aller, Retourner, Venir, Revenir,* et alors on peut le traduire par *d'ici,* du lieu où l'on est. Dans ces sortes de phrases, *En* se place immédiatement après le pronom personnel. *Allons-nous-en. Si vous avez affaire, nous nous en irons. Nous nous en allâmes à la promenade. Vous en allez-vous au spectacle? Voulez-vous vous en retourner? Il s'en retournait dans son pays. Veux-tu t'en venir? Ils s'en vinrent l'épée à la main. T'en reviens-tu? Je m'en vais partir,* Je vais partir d'ici, etc.

Obs. gram. — On a déjà vu ailleurs (voy. ELLE) dans quelles circonstances on doit employer le pronom relatif *En,* et le pronom personnel *de lui, d'elle.* Il faut encore savoir dans quels cas on doit faire usage du pronom *En,* ou des adjectifs *son, sa, ses, leur, leurs.* La règle générale est d'employer l'adjectif *son, sa, ses, leurs,* lorsqu'on parle des personnes ou des choses personnifiées, c.-à-d. auxquelles on attribue des vues et une volonté. Cette règle ne souffre pas d'exception. Hors de ces cas, il vaut mieux employer *en;* mais ce second précepte n'est pas une règle absolue ; la clarté et l'élégance doivent servir de guide et les meilleurs écrivains ne se sont astreints à cet égard à aucune règle. Il en est même qui ont employé les deux formes dans la même phrase :

> Mes chers amis, quand je mourrai,
> Plantez un saule au cimetière ;
> J'aime son feuillage éploré,
> La pâleur m'*en* est douce et chère,
> Et son ombre sera légère
> A la terre où je dormirai.
>
> A. DE MUSSET.

Ajoutons qu'on ne peut employer que *son, sa, ses, leur,* quand le nom auquel se rapporte le possessif est un complément indirect. *C'est une belle pièce; il faudra venir à la représentation.*

L'accord du participe passé avec le relatif *En* n'offre pas de difficulté sérieuse. Il s'agit simplement de savoir si *En,* joint à un verbe actif est régime direct ou régime indirect, ce qui se reconnaît aisément. En effet, lorsque *En* est régime direct, on ne peut essayer de le supprimer, la phrase n'a plus de sens, tandis que, lorsqu'il est régime indirect, sa suppression n'empêche pas de savoir à quel mot se rapporte le participe. Ainsi, dans ces exemples : *Il a élevé plus de monuments que les autres n'*EN* ont détruit; Il n'est que trop vrai qu'il y a eu des anthropophages, nous* EN *avons trouvé en Amérique,* si l'on supprime le pronom relatif *En,* la phrase n'a plus de sens ; ici donc, le pronom *En* est régime direct. Il est au contraire régime indirect dans celles-ci : *Les deux lettres que j'*EN* ai reçues; Il a vendu son domaine, mais il a dissipé follement les sommes qu'il* EN *a retirées:* car dans ces phrases, nonobstant la suppression du relatif *En,* on voit clairement que les participes *reçu* et *retiré* se rapportent aux mots *lettres* et *sommes.* Ceci établi, comme il est de règle que le participe passé n'est modifié que par son régime direct, il est évident que dans les phrases où *En* est régime direct, le participe doit rester invariable, attendu que *En* n'a ni genre ni nombre. Quand, au contraire, ce pronom est régime indirect, il n'exerce aucune influence sur le participe, et ce dernier s'accorde avec son véritable régime direct qui, dans les exemples ci-dessus, est le relatif *que* représentant les mots *lettres* et *sommes*.

ÉNADELPHIE. s. f. [Pr. *é-na-delfie*] (gr. ἐν, en ; ἀδελφὸς, frère). T. Thérap. Inclusion monstrueuse d'un fœtus dans un autre.

ÉNALLAGE. s. f. [Pr. *énal-lage*] (gr. ἐναλλαγὴ, changement). — Les auteurs définissent l'É. une figure de grammaire qui fait subir à une phrase un changement dans l'ordre naturel de la construction. On distingue cinq espèces d'énallages, selon que le changement a lieu dans le genre, dans le nombre, dans les personnes, dans les temps ou dans les modes. On trouve un exemple de cette dernière sorte d'é. dans ce vers de la Fontaine :

Ainsi dit le Renard, et flatteurs d'applaudir.

Mais qui ne voit qu'il y a ici une simple ellipse ? Or, comme il en est de même de tous les autres genres d'énallages, on peut rayer cette prétendue figure de la liste des tropes.

ÉNAMOURER. v. a. [Pr. *an-namourer*] (R. en et amour). Donner de l'amour. = s'ÉNAMOURER. v. pron. Devenir amoureux.

ÉNANTHÈME. s. m. [Pr. *é-nan...*] (gr. ἐν, en ; ἀνθεῖν, faire éruption). T. Méd. Se dit d'une éruption qui se produit à la surface interne d'une cavité naturelle, généralement sur les muqueuses.

ÉNANTIOMORPHE. adj. 2 g. [Pr. *é-nan-tio-morfe*] (gr. ἐναντίος, contraire ; μορφὴ, forme). T. Chim. Se dit de deux formes cristallines dont tous les éléments sont identiques, mais qui ne sont pas superposables, l'une étant comme l'image de l'autre dans un miroir, ou encore comme la main gauche par rapport à la main droite.

ÉNANTIOPATHIE. s. f. [Pr. *énan-ti-o...*] (gr. ἐναντίος, contraire ; πάθος, maladie). T. Méd. Médication par les contraires.

ÉNANTIOPATHIQUE. adj. 2 g. [Pr. *énan-ti-o...*] (R. *énantiopathie*). T. Méd. Qui guérit d'une maladie ou agissant sur l'économie en sens inverse de cette maladie.

ÉNANTIOSE. s. f. [Pr. *énan-ti-oze*] (gr. ἐναντίωσις, opposition). T. Gram. Sorte d'antithèse. || T. Méd. Mode de traitement qui consiste à traiter les maladies par les choses qui y sont contraires.

ENARBRER. v. a. [Pr. *an-arbrer*] (R. arbre). Monter ou river une roue ou un pignon sur l'arbre qui doit les porter.

ÉNARGITE. s. m. [Pr. *é-nargite*] (gr. ἐναργὴς, évident). Minéral qui est un sulfo-arséniure de cuivre.

ÉNARMES. s. f. pl. [Pr. *é-narmes*] (de en, et armes). Courroies fixées au bouclier qui servaient à l'embrasser.

ÉNARRABLE. adj. 2 g. [Pr. *é-nar-rable*] (R. énarrer). T. Néol. Qui peut être raconté, narré.

ÉNARRATION. s. f. [Pr. *énar-ra-sion*]. Action d'énarrer, longue narration.

ÉNARRER. v. a. [Pr. *é-nar-rer*] (lat. *enarrare*, de e et *narrare*, narrer). T. Néol. Raconter longuement.

ENARRHEMENT. s. m. [Pr. *an-nar-reman*]. Action d'enarrher.

ENARRHER. v. a. [Pr. *an-nar-rer*] (R. arrhes). Donner des arrhes.

ÉNARTHROSE. s. f. [Pr. *é-nar-troze*]. T. Anat. Voy. ARTICULATION.

ÉNASER. v. a. [Pr. *é-nazer*] (lat. e, et *nasus*, nez). Écraser le nez.

ÉNAUCHER. v. a. Former sur l'enclume la place de la branche d'une épingle, avant de former celle de la tête.

EN-BELLE. s. f. T. Mar. *Tir en-belle*, Tir direct.

ENCABANAGE. s. m. [Pr. *an-ka-banaje*]. Action d'encabaner.

ENCABANEMENT. s. m. [Pr. *an-ka...*]. T. Mar. Partie inférieure du bâtiment, qui rentre depuis la ligne du fort jusqu'au plat-bord.

ENCABANER. v. a. [Pr. *an-ka...*] (de en, et *cabane*). Mettre des vers à soie sur des claies.

ENCÂBLURE. s. f. (de en, et *câble*). T. Mar. Distance de 120 brasses ou 195 mètres.

ENCADENASSER. v. a. [Pr. *an-kadenas-ser*] (R. en, et *cadenas*). Attacher avec un cadenas.

ENCADREMENT. s. m. (R. *encadrer*). Action d'encadrer. || Ce qui sert à encadrer. || T. Milit. *Files d'e.*, Soldats désignés pour former une ligne de bataille dans les manœuvres, et entre lesquels doit venir s'encadrer le front de la troupe. || T. Archit. Ornement en saillie qui entoure certains membres d'architecture.

ENCADRER. v. a. (de en et *cadre*). Mettre dans un cadre. *Faire e. une estampe, un tableau.* — Par anal., Entourer à la manière d'un cadre. *Un bandeau de cheveux noirs encadrait son front blanc comme l'ivoire.* || T. Art milit. Faire entrer dans les cadres. Masser dans les encadrements. *E. un peloton,* Y disposer les officiers et sous-officiers nécessaires pour les manœuvres. || Figur., en parlant des ouvrages d'esprit, se dit de ce qu'on y insère, comme allusion, digression, épisode. *Il a encadré très adroitement l'éloge du prince dans son discours. Cette anecdote est intéressante, mais l'auteur l'a mal encadrée.* = ENCADRÉ, ÉE. part.

ENCADREUR. s. m. Celui qui encadre des tableaux.

ENCAGER. v. a. (de en et *cage*). Mettre en cage. || Figur. et fam., Mettre en prison. = ENCAGÉ, ÉE. part.

ENCAISSABLE. adj. [Pr. *an-kè-sâble*]. Qui peut être encaissé.

ENCAISSAGE. s. m. [Pr. *an-kè-saje*]. Action d'encaisser, de mettre en caisse. || État d'un objet encaissé. || T. Hortic. Action d'encaisser une plante.

ENCAISSANT, ANTE. adj. [Pr. *an-kè-san*]. Qui encaisse, qui forme un encaissement.

ENCAISSE. s. f. [Pr. *an-kès*] (de en et *caisse*). T. Fin. et Com. Des sommes qu'un établissement financier, qu'un négociant a dans sa caisse. *L'e. de la banque était de 300 millions.* || *E. métallique,* Valeurs en métaux précieux monnayés ou en lingots.

ENCAISSEMENT. s. m. [Pr. *an-kè-se-man*]. Action d'encaisser; le résultat de cette action. *L'e. de ces marchandises coûtera très cher. Voilà un e. solide.* || T. Fin. et Comm. L'action de recevoir de l'argent et de le mettre en caisse. *L'e. de la journée s'est élevé à deux mille francs.* = Payement effectif du montant d'un effet. = *Sauf e.,* Réserve que l'on mentionne sur certains effets et qui donne à l'accepteur recours contre le signataire du billet, en cas de non-payement. || T. Hortic. *Ces orangers ont besoin d'un e.,* Ils ont besoin d'être mis dans des caisses nouvelles, remplies de bonne terre. — *Faire un jardin par e.,* Y planter des arbres dans des trous qu'on remplit ensuite de bonne terre. || T. Ponts et Chauss. *Faire un chemin par e.,* Y faire des tranchées qu'on remplit de cailloux. — *Faire un pont par e.,* Le construire sans épuisement, en descendant les piles par assises toutes faites.

ENCAISSER. s. m. [Pr. *an-kè-ser*] (de en, et *caisse*). Mettre dans une caisse. *E. des marchandises.* || T. Fin. et Comm. Mettre dans sa caisse les fonds que l'on a reçus. || T. Hortic. *E. des orangers,* etc., Les mettre dans des caisses remplies de terre. || T. Ponts et Chauss. *E. une rivière,* Contenir une rivière au moyen de digues latérales. = ENCAISSÉ, ÉE. part. || Adject., on dit qu'*Un fleuve est encaissé,* Lorsque ses bords sont escarpés et fort élevés au-dessus de la surface de l'eau. *Une rivière encaissée entre des rochers.*

ENCAISSEUR. s. m. [Pr. *an-kê-seur*]. T. Banq. Celui qui encaisse.

ENCALMINÉ, ÉE. adj. (R. *en* et *calme*). T. Mar. *Navire e.*, Navire qui se trouve sous l'influence d'un temps calme ou sous un abri.

ENCALYPTE. s. f. (gr. ἐν, en ; χαλύπτρα, coiffe). T. Bot. Genre de Mousses (*Encalypta*) de la famille des *Bryacées.*

ENCAN. s. m. [Pr. *an-kan*] (lat. *in quantum*, pour combien). Vente publique au plus offrant et dernier enchérisseur ; ne se dit qu'en parlant d'objets mobiliers. *Mettre, vendre des meubles à l'e. J'ai acheté ce bureau dans un e.* || Fig., Trafic honteux d'une chose qui ne doit pas se vendre à prix d'argent. *Mettre sa conscience à l'e.* Voy. ENCHÈRE.

ENCANAILLER. v. a. [Pr. *an-ka-na-ller, ll* mouillées] (*en*, et *canaille*). Mêler avec de la canaille ; introduire dans une compagnie une ou plusieurs personnes qui ne sont pas faites pour y être admises. *Je ne veux point recevoir de pareilles gens, vous nous encanailleriez.* Fam. == s'ENCA- NAILLER. v. pron. Hanter de la canaille ; se lier avec des gens de mauvaise compagnie. *Il s'encanaille de plus en plus. Vous ne devriez pas vous e. ainsi.* Fam. || Fig., S'avilir, prendre des habitudes basses. == ENCANAILLÉ, ÉE. part.

ENCANTHIS. s. m. [Pr. *an-kan-tis*] (gr. ἐγχανθίς, de ἐν, en, et χανθὸς, coin). T. Méd. Inflammation chronique de l'angle interne de l'œil, due à un développement exagéré des poils de la caroncule lacrymale. Voy. ŒIL.

ENCAPUCHONNER. v. a. [Pr. *an-ka-pu-cho-ner*]. Couvrir d'un capuchon. == s'ENCAPUCHONNER. v. pron. Se couvrir la tête d'une sorte de capuchon. *Vous vous êtes plaisamment encapuchonné.* Fam. || Se faire moine d'un ordre où l'on porte capuchon. Fig., et par dénigration, Se faire moine. || T. Man. On dit figur., qu'*Un cheval s'encapuchonne*, lorsque, pour se refuser à l'effet des rênes, il ramène l'extrémité de la tête contre le poitrail. == ENCAPUCHONNÉ, ÉE. part.

ENCAQUEMENT. s. m. Action, manière d'encaquer.

ENCAQUER. v. a. Mettre dans une caque. *E. des harengs.* || Fig. et fam., Entasser dans une voiture. *On nous avait encaqués, nous étions encaqués comme des harengs.* Fam. == ENCAQUÉ, ÉE, part.

ENCAQUEUR, EUSE. (R. *encaquer*). Celui, celle qui encaque.

ENCARPE. s. m. (gr. ἐν, en ; χαρπὸς, fruit). T. Archit. Guirlande composée de fleurs, de feuillages et de fruits.

ENCARRAILLADE. s. f. [Pr. *an-kara-lla-de, ll* mouillées]. T. Métall. Mine bien grillée et propre à servir dans les fours catalans.

ENCART. s. m. [Pr. *an-kar*] (R. *encarter*). T. Relieur. Les huit pages qui, dans une feuille in-12, se placent entre les huit premières et les huit dernières pages de la feuille.

ENCARTAGE. s. m. Action d'encarter des feuillets d'impression. || T. Techn. Représentation des dessins à imprimer sur une étoffe, sur des cartons troués qui servent ensuite à guider le mouvement des pièces du métier Jacquard. — Action de mettre des étoffes collées sur des cartons ou dans des enveloppes.

ENCARTATION. s. f. [Pr. ...*sion*]. T. Relieur. Opération par laquelle on fait l'encart.

ENCARTER. v. a. (R. *en*, et *carte*). T. Brocheur. Mettre, insérer un carton à l'endroit d'une feuille où il doit être. *Ces quatre pages doivent être encartées ou s'e. au milieu de la feuille.* — Brocher un catalogue, une feuille dans une livraison, dans une revue. || T. Relieur. Mettre dans une feuille in-12 les encarts. || T. Techn. En parlant d'une pièce d'étoffe, placer un carton entre ses plis avant de la catir à chaud. == On dit aussi *Encartonner.* == ENCARTÉ, ÉE. part.

ENCARTONNAGE. s. m. [Pr. *an-kar-to-naje*]. Action d'encartonner. Voy. ENCARTAGE.

ENCARTONNEMENT. s. m. [Pr. *an-kar-to-ne-man*]. État d'une chose encartonnée.

ENCARTONNER. v. a. [Pr. *an-kar-to-ner*]. Insérer des cartons entre les plis du drap qu'on veut catir à chaud. || T. Relieur. Mettre un carton dans un livre. Voy. ENCARTER.

ENCARTOUCHAGE. s. m. Action de mettre dans des cartouches une poudre explosive.

ENCARTOUCHER. v. a. Mettre dans des cartouches une poudre explosive.

EN-CAS. s. m. Objet préparé pour être mis en usage dans des circonstances imprévues. — Sorte de voiture. — Mets tout préparés, prêts à être servis s'il en est besoin.

ENCASSURE. s. f. T. Charron. Entaille faite au lisoir de derrière et à la sellette de devant pour placer l'essieu d'une roue.

ENCASTELER (S'). v. pron. (lat. *in*, en; *castellum*, château). T. Art vétér. Se dit d'un cheval dont le sabot se resserre. *Ce cheval commence à s'e.* == ENCASTELÉ, ÉE. part.

ENCASTELURE. s. f. [Pr. *an-kas-te-lure*] (R. *encasteler*). T. Vétér. C'est le rétrécissement transversal, total ou partiel du sabot du cheval. Cette maladie atteint plus souvent les sabots des membres antérieurs. Les causes sont diverses : il en est de climatériques, tels sont les temps chauds et secs, l'alternance de l'humidité et de la sécheresse sur le sabot; de physiologiques, comme l'inaction du cheval, son long séjour à l'écurie; de mécaniques, telles que la ferrure, qui finit par produire l'e. surtout au talon, par suite de l'excès d'abatage que font les maréchaux, et de la mauvaise habitude qu'ils ont de râper la surface externe du sabot sur toute sa hauteur. L'e. se complique d'autres maladies du sabot. Pour éviter l'e., il faut supprimer autant que possible les causes susdites et surtout pour les chevaux dont le sabot est petit comme ceux d'Orient, qui ont une véritable prédisposition pour cette maladie. Pour ce qui est du remède, les maréchaux seuls peuvent l'appliquer en ferrant avec des fers désencastelcurs.

ENCASTER. v. a. (Mauvaise prononciation du mot *Encastrer*). T. Techn. Ajuster les pièces dans le four.

ENCASTILLAGE. s. m. [Pr. *an-kasti-lla-je, ll* mouillées] (de *en*, et *castel*). T. Mar. La partie d'un vaisseau que l'on voit depuis la surface de l'eau jusqu'au haut du bois.

ENCASTILLÉ, ÉE. adj. [Pr. *an-kasti-llé, ll* mouillées]. T. Mar. *Navire e.*, Navire fort élevé par les parties qui sont sur le pont.

ENCASTRAGE. s. m. T. Céram. Opération qui consiste à ajuster et à placer dans le four les pièces destinées à être cuites. Voy. CÉRAMIQUE.

ENCASTREMENT. s. m. Action d'encastrer; le résultat de cette action.

ENCASTRER. v. a. (lat. *incastrare*, m. s., de *in*, dans, et un radical qu'on retrouve dans *castrum*, camp retranché; *castellum*, château, et qui veut dire ce qui entoure, ce qui renferme). Enchâsser; unir une chose à une autre par le moyen d'une entaille. *Il faut e. ce tableau dans le lambris.* || T. Techn. Quand les pièces de poterie sont tournées on les encastre; ce qui consiste à les arranger dans des étuis semblables à ceux qui servent à cuire la porcelaine. == s'EN- CASTRER. v. pron. *Les deux extrémités de ce crampon s'encastrent bien dans la pierre.* == ENCASTRÉ, ÉE. part.

ENCASTREUR. s. m. Ouvrier qui encastre les poteries.

ENCATALOGUER. v. a. Mettre en catalogue.

ENCAUME. s. m. (gr. ἔγχαυμα, brûlure). T. Chir. Ulcère profond et rongeant la cornée.

ENCAUSTIQUE. s. f. et adj. 2 g. (gr. ἐγχαυστιχὸς, m. s., de ἐγκαίω, imprimer au moyen du feu). Enduit ou préparation à base de cire employé pour divers usages.

Techn. — On désigne sous ce nom diverses préparations dans la composition desquelles il entre de la cire, mais dont les unes sont employées pour exécuter une espèce de peinture, appelée pour cela *Peinture à l'e.* ou *Peinture e.*, et dont les autres servent à donner aux meubles et aux parquets un brillant qui imite plus ou moins le vernis. Nous parlerons des premières au mot Peinture; ici nous nous contenterons de parler des secondes. — L'*e. pour cirer les appartements* se prépare avec de la cire que l'on saponifie. Pour cela, on dissout une partie de belle potasse du commerce dans 20 à 30 parties d'eau, puis on chauffe et l'on ajoute 8 parties de cire jaune coupée en fragments; on fait bouillir en agitant le mélange pendant environ vingt minutes et l'on retire le vase du feu. On obtient ainsi une liqueur épaisse ou de la consistance d'un miel fluide, suivant qu'on a employé plus ou moins d'eau, ou qu'on l'a plus ou moins évaporée. Cette e. s'étend sur le parquet ou sur le carreau, au moyen d'un linge fixé à l'extrémité d'un bâton : on la laisse sécher, puis on la lisse avec une brosse à frotter. On peut la remplacer par une simple dissolution de cire dans l'essence de pétrole. — L'*e. pour vernir les meubles* s'obtient de différentes manières. La préparation la plus usitée est la suivante : on fait fondre dans une bassine de cuivre bien propre 250 grammes de cire jaune pure; lorsqu'elle est bouillante, on retire la bassine du feu, et l'on y ajoute peu à peu, en mélangeant sans cesse, 500 grammes d'essence de térébenthine que l'on a fait tiédir à part. Enfin, on continue d'agiter la masse jusqu'à complet refroidissement. Cette e. s'étend sur les meubles avec une brosse douce ou une éponge fine, et, quand l'essence s'est évaporée, il suffit de la frotter avec un chiffon de laine pour lui donner le brillant du vernis. Cette pommade est jaune; mais on peut la colorer en rouge en se servant d'une essence dans laquelle on a mis la veille digérer à froid 30 grammes d'orcanette.

ENCAUSTIQUER. v. a. Étendre de l'encaustique et frotter pour faire reluire les objets encaustiqués.

ENCAVEMENT. s. m. Action d'encaver.

ENCAVER. v. a. Mettre en cave; ne se dit que du vin et autres boissons. = s'Encaver. v. pron. *Être encavé.* = Encavé, ée. part.

ENCAVEUR. s. m. Celui qui fait le métier d'encaver du vin, etc.

ENCEINDRE. v. a. [Pr. *an-sindre*] (lat. *incingere*, de *in*, en, et *cingere*, ceindre). Entourer d'une ceinture. || Environner, entourer, enfermer. *E. une ville de murailles. E. un parc de fossés, de palissades.* = Enceint, einte. part. = Conjug. Voy. Peindre.

Syn. — *Enclore, Entourer, Environner.* — *Enceindre* une chose, c'est l'entourer dans sa circonférence, de manière qu'elle ne soit ouverte nulle part. Ce mot peu usité ne se dit que d'une étendue assez considérable. *Enclore* une chose, c'est l'enfermer comme dans un rempart, former tout autour une clôture, de manière qu'elle soit fermée, garantie. Une ville est *enceinte* de murailles, une forêt est *enceinte* de fossés; un verger est *enclos* de murs. — Il semble que ce qui *entoure* touche de plus près à la chose, qu'il forme tout autour une chaîne plus serrée, qu'il a des rapports plus étroits avec elle; tandis que ce qui *environne* peut être plus ou moins éloigné, plus vague, moins continu, plus détaché. Un anneau *entoure* le doigt, un bracelet *entoure* le bras, une bordure *entoure* un tableau; des fossés *entourent* un château. Les cieux *environnent* la terre; des satellites *environnent* une planète; des eaux *environnent* un pays.

ENCEINTE. s. f. (part. pass. d'*enceindre*). Circuit, tour. *Tracer l'e. des murailles d'une ville.* || Ce qui forme clôture autour d'un espace. *Une e. de murailles, de haies, de fossés.* || L'espace même qui est clos, entouré. *Il y a une e. pour les dames. L'e. d'un tribunal. L'e. du cirque est réservée aux écuyers.* || T. Vén. Espace entouré de branches et autres brisées que sème le veneur dans un bois, lorsque, après avoir détourné un cerf, il veut marquer le lieu où l'animal s'est retiré. *Le veneur a détourné un cerf et fait son e.* || E. de pesage, Endroit réservé aux opérations de pesage avant la course. || T. Pêc. Ceinture de canots que l'on forme sur la mer pour entourer un banc de poissons.

ENCEINTE. adj. f. [Pr. *an-sinte*] (lat. *incincta*, qui ne porte pas de ceinture). *Femme e.*, Femme qui porte un enfant dans son sein.

ENCELADE, personnage mythologique, un des Titans que foudroya Jupiter.

ENCELADE. s. m. (Nom mythol.). T. Entom. Genre d'insectes coléoptères qui habitent Cayenne, et dont quelques espèces sont remarquables par leur grande taille. Voy. Canabuques. || T. Astr. L'un des satellites de Saturne, découvert par Herschell en 1789.

ENCELLULEMENT. s. m. [Pr. *an-sè-lu-le-man*]. Action d'encelluler.

ENCELLULER. v. a. [P. *an-sè-lu-ler*] (R. cellule). Enfermer dans une cellule, en parlant des religieuses ou des prisonniers.

ENCENS. s. m. [Pr. *an-san*] (lat. *incensum*, enflammé). Substance gommo-résineuse et aromatique dont on fait usage dans les cérémonies religieuses. *Brûler de l'e. sur les autels. L'e. fumait sur les autels.* — *Donner de l'e.*, Brûler de l'e. devant quelqu'un ou quelque chose, pour accomplir une cérémonie religieuse. *Refuser de donner ou d'offrir de l'e. aux idoles.* — Fig., *Brûler de l'e. devant quelqu'un*, donner de l'e. à quelqu'un, L'aduler, le flagorner. || Fig., Louange, flatterie. *Cet homme aime l'e. L'e. lui porte à la tête.*

Techn. — Le véritable *Encens*, qu'on appelle aussi *Oliban*, *E. mâle* ou *E. indien*, est une gomme-résine qui découle d'un arbre de la famille des Anacardiacées, le *Boswelia Carterii*, petit arbre qui croît dans le pays des Somalis, près du cap Gardafui et dans le sud de l'Arabie. L'Oliban nous arrive de l'Inde, par la voie de Bombay, sous forme de larmes rubicondes ou jaune clair, sèches, friables, demi-transparentes, et ordinairement grosses comme une fève. Il brûle avec une flamme blanchâtre et une fumée abondante, et répand une odeur balsamique, légèrement amère. Quant à l'*E. d'Afrique*, c'est tout simplement une sorte inférieure, qui arrive directement par la voie de l'Égypte ou de la mer Rouge.

Comme gomme-résine aromatique, l'e. jouit de propriétés stimulantes. Les anciens l'employaient beaucoup en médecine; aujourd'hui on s'en sert encore pour faire des fumigations, et il entre dans quelques préparations pharmaceutiques, telles que la thériaque, le baume du Commandeur, l'emplâtre de Vigo *cum mercurio*, etc. Mais son principal usage a toujours consisté à le faire brûler dans les temples. Dans l'antiquité, peut-être l'employa-t-on d'abord pour masquer la mauvaise odeur résultant de la combustion des victimes. Plusieurs auteurs pensent même que si les premiers chrétiens adoptèrent cet usage païen, ce fut aussi comme moyen de désinfection, et afin de purifier l'air des lieux souterrains où la persécution les força d'abord à se cacher pour célébrer les mystères de leur religion. Plus tard, quand ils purent vaquer en liberté aux cérémonies de leur culte, ils conservèrent une pratique devenue respectable par son ancienneté, et qui leur rappelait le souvenir des catacombes, ainsi que l'un des premiers événements de la vie du Sauveur : nous voulons parler de la visite des Mages. On sait ce que les princes, pour témoigner leur respect pour le fils de Dieu, lui avaient offert de l'or, de l'e. et de la myrrhe. D'ailleurs, la fumée, l'e. ont été regardés, de toute antiquité, comme des symboles de prière au ciel. Quoi qu'il en soit, l'e. figure aujourd'hui dans toutes les cérémonies solennelles de l'Église catholique. Seulement, pour la rendre plus odorant, on y ajoute quelques autres substances aromatiques. Ainsi l'e. dit d'*église* est un mélange de 450 p. d'oliban, 250 de benjoin, 120 de storax, 150 de nitre, 100 de sucre et 60 de cascarille. L'e. dit *des Mages* renferme en outre du charbon et de la myrrhe. Dans tous les cas, on en fait une poudre du mélange et on la projette par petites parties sur des charbons ardents.

L'usage de l'e. a donné naissance à l'*Encensoir.* Il est fréquemment question de cet instrument dans les cérémonies du culte mosaïque et des cultes de la mythologie gréco-romaine. À l'origine, l'encensoir (θυμιατήριον; *thuribulum*) était une simple cassolette, tantôt ouverte et tantôt munie d'un couvercle percé de trous. On la remplissait de charbons ardents, puis on y jetait la substance odorante. Il y en avait de deux sortes : les encensoirs à trépied étaient placés à demeure de chaque côté de l'autel, quelquefois à l'entrée du sanctuaire; les encensoirs portatifs étaient munis d'un manche ou d'une anse afin d'en faciliter le transport. Plus tard on imagina de balancer le vase en le suspendant à des chaînes, et cette forme s'est maintenue jusqu'à nous. Au moyen âge, l'encensoir constituait l'un des éléments principaux de l'orfèvrerie religieuse, et les

E. BLAISE

rares modèles qui sont parvenus jusqu'à nous témoignent de l'habileté des artistes de cette époque. L'encensoir que représente la Fig. ci-dessus est un ouvrage du XIVᵉ siècle.

ENCENSEMENT. s. m. Action d'encenser; ne se dit qu'en parlant du culte catholique. *Les encensements faits, le célébrant continue l'office.*

ENCENSER. v. a. Envoyer vers quelqu'un ou quelque chose de la fumée d'encens. *E. une idole. E. les autels. E. l'évêque, le célébrant, le peuple.* || Fig., *E. une divinité, Lui rendre un culte religieux.* || Fig., Donner des louanges, flatter. *E. quelqu'un. E. la fortune. E. les défauts, les vices de quelqu'un.* || T. Manège. Le cheval encense quand il fait aller sa tête de bas en haut. = **s'ENCENSER.** v. pron. Se donner des flatteries les uns aux autres. = **ENCENSÉ, ÉE.** p.

ENCENSEUR. s. m. Celui qui donne de l'encens; n'est d'usage qu'au fig. *Les courtisans sont des encenseurs de profession.* Fam.

ENCENSOIR. s. m. Espèce de cassolette suspendue à de petites chaînes, dans laquelle on brûle de l'encens et dont on se sert pour encenser. *Un e. d'argent. Tenir l'e. Un coup d'e.* Voy. ENCENS. — Fig. et prov., *Casser le nez à coup d'e.*, ou *Donner de l'e. par le nez*, Donner en face des louanges outrées qui font voir qu'on se moque de celui qu'on loue, ou donner des louanges grossières qui blessent plus qu'elles ne flattent. || Fig., dans le style élevé, se dit quelquefois pour désigner la puissance sacerdotale. *Il tient le sceptre et l'e.* — *Mettre la main à l'e.*, se dit d'un laïque qui entreprend sur les fonctions ecclésiastiques. || T. Astron. On appelle quelquefois ainsi la constellation nommée ordinairement *Autel.*

ENCÉPHALALGIE. s. f. (R. *encéphale*; et gr. ἄλγος, douleur). T. Méd. Douleur nerveuse de l'encéphale.

ENCÉPHALALGIQUE. adj. 2 g. Qui a le caractère de l'encéphalalgie.

ENCÉPHALARTOS. s. m. [Pr. *an-sé-fal-ar-toss*] (gr. ἐν, dans; κεφαλή, tête; ἄρτος, pain). T. Bot. Genre de plantes Gymnospermes de la famille des *Cycadacées.* Voy. ce mot.

ENCÉPHALE. s. m. [Pr. *an-sé-fale*] (gr. ἐν, dans; κεφαλή, tête). T. Anat. C'est la partie antérieure du névraxe, la masse nerveuse contenue dans le crâne.

1. *Anatomie.* — L'e. est le renflement terminal de la moelle épinière à laquelle il fait suite, enveloppé comme elle par les méninges, baignant dans le liquide céphalo-rachidien, renfermé dans une boîte osseuse rigide, le crâne, constitué en somme par des vertèbres modifiées.

Le poids et le volume de l'e. varient pour les vertébrés selon la classe à laquelle ils appartiennent. Chez l'homme, le poids moyen est de 1,300 grammes, variable selon les races, selon le sexe, selon les individus, selon les âges. — L'e. se compose de quatre segments principaux : le cerveau proprement dit, le cervelet, l'isthme de l'e. qui unit entre elles les deux parties précédentes, et, d'autre part, les relie au bulbe rachidien ou moelle allongée, qui se continue inférieurement avec la moelle épinière.

A. *Cerveau.* — Le cerveau est le plus élevé, le plus volumineux et le plus important des quatre segments de l'e., remplissant la partie antérieure et supérieure du crâne, reposant en arrière sur le cervelet. Il a la forme d'un segment d'ovoïde, la grosse extrémité étant tournée en arrière. On lui distingue deux faces. La face supérieure convexe présente, sur la ligne médiane, un sillon profond, antéro-postérieur, appelé grande scissure, qui divise la masse encéphalique en deux hémisphères, et ne les laisse reliés que par une sorte de pont, commissure de fibres nerveuses, dite corps calleux. Les hémisphères présentent une surface irrégulière, creusée de scissures profondes, qui les divisent en lobes, et de sillons plus superficiels qui partagent les lobes en circonvolutions. Chaque hémisphère présente une face superficielle et une face interne ou profonde, adossée à l'hémisphère correspondant, bordant la grande scissure. Sur la face superficielle, 3 scissures, la scissure de Rolando, la scissure de Sylvius et la scissure perpendiculaire externe, circonscrivant 4 lobes, lobe frontal, lobe pariétal, lobe occipital et lobe tempo-sphénoïdal. Sur la face interne, 4 scissures, scissure du corps calleux, scissure calloso-marginale, scissure calcarine et scissure perpendiculaire interne, limitant deux circonvolutions, frontale interne et du corps calleux, et deux lobules, le cunéus, et le précunéus. — La face inférieure de l'e. présente la naissance de la scissure de Sylvius, en avant de laquelle se trouve le lobe orbitaire, et en arrière, le lobe tempo-occipital; sur la ligne médiane, d'avant en arrière, l'extrémité antérieure de la grande scissure et du corps calleux; le chiasma ou entre-croisement des nerfs optiques; le tuber cinereum; la tige et le corps pituitaires, petits corps dont les fonctions sont encore inconnues, mais dont l'hypertrophie coïncide avec une maladie, dite acromégalie, caractérisée par des déformations dominantes aux extrémités; en arrière, les deux tubercules mamillaires; la protubérance annulaire bifurquée en deux pédoncules cérébraux, l'extrémité postérieure du corps calleux et de la grande scissure.

Le trait le plus saillant de la configuration intérieure du cerveau est l'existence d'une grande cavité entre les deux moitiés qui le composent. Étroite à sa partie inférieure où elle répond au Corps cendré et aux tubercules mamillaires, cette cavité s'élargit dans tous les sens à sa partie supérieure, où elle est limitée par le corps calleux. Cet élargissement résulte de la divergence des deux Pédoncules cérébraux qui, d'abord contigus à leur sortie de la protubérance annulaire, se portent en haut, en dehors et en avant, l'un à droite, l'autre à gauche, en présentant dans ce trajet un premier renflement qui forme la Couche optique, puis un second renflement qui constitue le Corps strié, et enfin leur épanouissement terminal qui s'étend du centre de chaque hémisphère à sa surface pour se perdre dans les circonvolutions. Deux cloisons, l'une horizontale et l'autre verticale, traversent cette cavité. La cloison horizontale la divise en deux étages, l'un inférieur et l'autre supérieur, et la cloison verticale partage ce dernier en deux compartiments latéraux. La première de ces cloisons est appelée Trigone cérébral ou Voûte à trois piliers, à cause de sa forme, et la seconde Cloison transparente, à cause de sa transparence. Ainsi disposées, ces cloisons partagent la cavité du cerveau en trois cavités secondaires, l'une inférieure et médiane qui constitue le Ventricule moyen, deux supérieures et latérales, qui forment les Ventricules latéraux. Le ventricule moyen, situé au-devant et au-dessus de l'angle de séparation des pédoncules cérébraux, sépare les deux couches optiques : on y remarque la Toile choroïdienne, prolongement membraneux formé par la pie-mère, qui tapisse la face intérieure de la voûte à trois piliers. C'est dans l'épaisseur de cette toile, en arrière du ventricule, au-devant du cervelet et au-dessus des tubercules quadrijumeaux, qu'est située la Glande pinéale. Cette prétendue glande, devenue célèbre par l'hypothèse de Descartes qui en faisait le siège de l'âme, est un petit corps grisâtre, de la forme d'une pomme de pin, qui renferme presque constamment de petites concrétions calcaires, et dont les fonctions sont absolument inconnues. Les ventricules latéraux, appelés aussi Ventricules supérieurs, sont creusés au centre de chaque hémisphère cérébral et représentent un canal presque circulaire qui embrasse dans son circuit la racine de l'hémisphère correspondant. La portion supérieure de ces cavités offre surtout à considérer les *Corps striés*, éminences grisâtres, au nombre de deux, et la *Bandelette demi-circulaire*. La portion inférieure contient plusieurs prolongements médullaires; ce sont les *Corps godronnés* et les *Cornes d'Ammon* : la corne d'Ammon est aussi appelée *Grand hippocampe*. La cloison transparente qui sépare les deux ventricules latéraux est formée de deux lames très minces, lesquelles renferment entre elles un petit espace triangulaire qui est plein d'un liquide séreux, et qu'on désigne généralement sous le nom de *Ventricule de la cloison*.

B. *Cervelet.* — Le cervelet est le segment de l'e. qui repose sur la partie la plus reculée du crâne, situé au-dessous du cerveau, avec lequel il se continue par les pédoncules cérébelleux supérieurs; au-dessus du bulbe rachidien, auquel il est relié par les pédoncules cérébelleux inférieurs; en arrière de la protubérance qui lui est unie par les pédoncules cérébelleux moyens. — Le cervelet représente un segment d'ellipsoïde dont le pourtour est échancré aux deux extrémités de son petit axe, dirigé d'avant en arrière Il présente une partie moyenne, le lobe médian, et deux latérales, les hémisphères cérébelleux. Toute sa surface est parcourue par des sillons, moins prononcés que ceux du cerveau, parallèles et concentriques, qui découpent le cervelet en segments, les segments en lames, et les lames en lamelles. — Le cervelet limite en arrière une cavité, dont la paroi antérieure est formée par la protubérance et le bulbe rachidiens; c'est le quatrième ventricule, situé sur le prolongement du canal central de la moelle, canal de l'épendyme, dont il n'est que l'évasement.

C. *Isthme de l'encéphale.* — C'est la portion de masse encéphalique qui relie le cerveau au cervelet et au bulbe rachidien. Situé au-dessous du premier, au-devant du second,

lonnées, les tubercules quadrijumeaux, que l'on distingue en antérieurs (*nates*) et postérieurs (*testes*); en arrière les pédoncules sont reliés par une lamelle très mince, la valvule de Vieussens. — Le plan inférieur est formé d'un renflement central, la *Protubérance annulaire*, pont de Varole, *Nœud de l'e.*, *Mésocéphale*, d'où rayonnent les quatre prolongements antérieurs et postérieurs, que nous avons déjà nommés.

D. *Bulbe rachidien.* — Le bulbe est le segment encéphalique qui s'étend de la protubérance et du cervelet à la moelle épinière, limité à sa partie inférieure par la présence de faisceaux fibreux qui s'entre-croisent sur la ligne médiane antérieure. Long de 27 millimètres, sa limite inférieure correspond exactement à l'articulation de l'atlas avec l'apophyse odontoïde du l'axis. Le bulbe se compose de huit faisceaux principaux séparés par des sillons longitudinaux; deux antérieurs et médiaux, les pyramides antérieures; deux plus latéraux, les olives ou corps olivaires; latéralement, les pyramides latérales, ou corps restiformes; en arrière les pyramides postérieures, faisceaux minimes. — Les faits anatomiques les plus importants résident dans la texture du bulbe : c'est à ce niveau que se produit l'entre-croisement des pyramides antérieures; chacune d'elles se divise à la partie inférieure du bulbe en plusieurs faisceaux qui passent du côté opposé en formant une série d'X étagées de bas en haut. Toutefois l'entre-croisement n'est pas total, car le faisceau le plus externe de chaque pyramide n'y participe pas et se continue directement avec le cordon antérieur de la moelle.

La Fig. 1 représente l'encéphale de l'Homme vu par sa face inférieure : 1. Lobe antérieur ou frontal; 2. Partie sphénoïdale du lobe postérieur; 3. Partie occipitale du même; 4. Extrémité antérieure de la grande scissure du cerveau; 5. Extrémité postérieure de la même; 6. *Tuber cinereum* et tige pituitaire; 7. Tubercules mamillaires; 8. Pédoncules du cerveau; 9. Protubérance annulaire; 10. Bulbe rachidien; 11. Hémisphères du cervelet; 12. Scissure médiane du cervelet; 13. Nerf olfactif droit; 14. Bulbe qui termine ce nerf; 15. Chiasma des nerfs optiques. — La Fig. 2 représente la

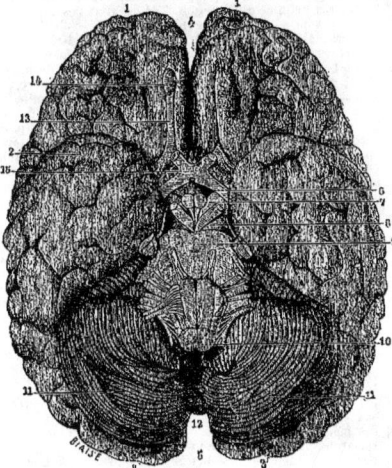

Fig. 1.

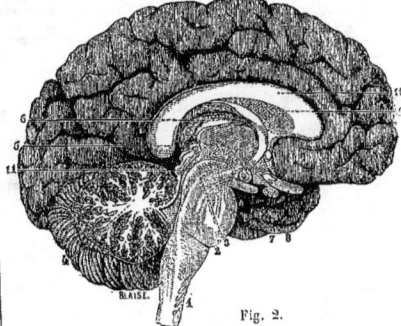

Fig. 2.

au-dessus du troisième, il se compose de deux plans superposés : un plan supérieur rectangulaire, étendu comme une commissure du cerveau au cervelet; un plan inférieur long, épais et rayonné, constitué en bas par la protubérance annulaire, en avant par les pédoncules cérébraux, en arrière et de chaque côté par les pédoncules cérébelleux moyens; ces deux plans sont reliés entre eux à droite et à gauche par des fibres dites faisceau triangulaire de l'isthme. — Le plan supérieur de l'isthme est essentiellement constitué par deux faisceaux parallèles qui s'étendent du cerveau au cervelet, les pédoncules cérébelleux supérieurs. Ces pédoncules sont recouverts dans leur moitié antérieure par quatre saillies mame-

face interne de la grande scissure du cerveau, la coupe verticale du cervelet, celle du corps calleux, etc. : 1. Bulbe rachidien; 2. Protubérance annulaire; 3. Pédoncule cérébral; 4. Arbre de vie du lobe médian du cervelet; 5. Glande pinéale; 6. Toile choroïdienne; 7. Corps pituitaire; 8. Nerf optique; 9. Cloison transparente; 10. Corps calleux; 11. Tubercules quadrijumeaux.

E. *Nerfs encéphaliques.* — L'e. donne naissance à douze paires de nerfs qui sont disposés de chaque côté à droite et à gauche, et qui se portent au dehors à travers les trous de la base du crâne. Il nous suffira de les nommer. — 1re paire, *Nerf olfactif* : ce nerf est surtout remarquable par le renflement qu'il présente avant de se ramifier : il donne à la membrane pituitaire la sensibilité spéciale dont elle jouit pour les odeurs. — 2e p., *N. optique* : il va s'épanouir à l'intérieur du globe de l'œil où il constitue la rétine; une partie des fibres du nerf de chaque côté s'entrecroisent avec celles du côté opposé, dans ce qu'on appelle le *chiasma* ou commissure des nerfs optiques. — 3e p., *N. moteur oculaire commun* : il donne le mouvement à la plupart des muscles de l'œil. —

4ᵉ p., *N. pathétique* : il imprime un mouvement de rotation au globe oculaire. — 5ᵉ p., *N. trijumeau* ou *trifacial* : il doit son nom aux trois racines qui le composent, et dont deux (branche ophthalmique et branche maxillaire supérieure) sont sensitives, tandis que la troisième (branche maxillaire inférieure) est à la fois motrice et sensitive. Cette paire donne la sensibilité à presque tous les téguments cutanés et muqueux de la tête, et le mouvement à un groupe de muscles qui agissent pendant la mastication. — 6ᵉ p., *N. moteur oculaire externe* : c'est le nerf abducteur du globe de l'œil. — 7ᵉ p., *N. facial* : il communique le mouvement à presque tous les muscles de la face et de la tête. — 8ᵉ p., *N. auditif* ou *acoustique* : il préside, comme le dit son nom, au sens de l'ouïe. — 9ᵉ p., *N. glosso-pharyngien* : il anime quelques muscles de la région palato-pharyngienne, et surtout communique à la base de la langue la faculté gustative dont elle jouit. — 10ᵉ p., *N. pneumogastrique* : il fournit des rameaux au pharynx, au larynx, au cœur, aux poumons et à l'estomac, et tient ainsi sous sa dépendance trois grandes fonctions de l'économie, la respiration, la circulation et la digestion. — 11ᵉ p., *N. spinal* ou *accessoire de Willis* : il se divise en deux branches, l'une interne, qui s'accole au nerf pneumogastrique, et l'autre externe, qui donne le mouvement à divers muscles du cou. — 12ᵉ p., *N. hypoglosse* : il anime les muscles de la langue.

F. *Enveloppes de l'encéphale.* — Non seulement l'e. est renfermé dans une boîte osseuse qui le protège contre les agents ext rieurs (Voy. Crâne), mais encore il est entouré de trois membranes particulières qu'on désigne sous la dénomination commune de *Méninges* : ce sont la *Dure-mère*, l'*Arachnoïde* et la *Pie-mère*.

La *Dure-mère* est la plus extérieure des trois : c'est une membrane fibreuse, dense, épaisse, blanchâtre, demi-transparente, qui par sa face externe est en rapport avec les os du crâne, auxquels elle adhère intimement. Sa face interne présente plusieurs cloisons très importantes, appelées *Faux du cerveau*, *Tente* et *Faux du cervelet*. Ces cloisons ont pour usage principal de séparer les diverses parties de l'e. et de s'opposer à la compression mutuelle que ces parties pourraient exercer l'une sur l'autre. La faux du cerveau est verticale et sépare les deux hémisphères cérébraux ; la tente du cervelet est à peu près horizontale, et sépare cet organe du lobe postérieur du cerveau qui s'appuie sur elle inférieurement, tandis qu'elle-même recouvre le cervelet. Enfin, la faux du cervelet est verticale et sépare les lobes latéraux de cet organe. — A la réunion des trois replis de cette membrane, on observe une cavité large, irrégulière, désignée sous le nom de *Pressoir d'Hérophile*, et dans laquelle s'ouvrent les canaux veineux appelés *Sinus de la dure-mère*. Ces sinus, au nombre de six, sont tapissés par la membrane interne des veines et remplissent la même fonction que ces vaisseaux. La dure-mère encéphalique se continue avec la dure-mère spinale, de sorte qu'elle forme l'enveloppe externe de tout le système des centres nerveux.

L'*Arachnoïde*, ainsi nommée à cause de sa ténuité, est une membrane séreuse placée entre la dure-mère et la pie-mère. Elle est formée de deux feuillets représentant un sac sans ouverture. Son feuillet pariétal tapisse la dure-mère, tandis que son feuillet viscéral enveloppe l'encéphale et la moelle épinière. L'arachnoïde est destinée à isoler l'axe cérébro-spinal des parties osseuses et fibreuses qui l'entourent. En outre, elle sécrète le *liquide céphalo-rachidien*, appelé aussi *liquide de Cotugno*. Ce liquide a pour usage : 1ᵒ de combler les espaces anfractueux qui existent entre les diverses parties de l'encéphale, ainsi que le vide variable qui résulte de la différence entre le volume de l'axe cérébro-spinal et la capacité de ses enveloppes osseuses et fibreuses ; 2ᵒ de diminuer le poids de la masse encéphalo-rachidienne. En effet, celle-ci se trouve ainsi plongée dans une sorte de bain, et si l'on tient compte de la densité du liquide et de celle de la masse nerveuse, on trouve qu'en vertu du principe d'Archimède cette dernière doit perdre les 98/100 de son poids.

La *Pie-mère* est une membrane fine, mince et demi-transparente, qui partout revêt exactement les surfaces libres de l'axe cérébro-spinal et pénètre dans toutes les anfractuosités, dans toutes les cavités de l'e., de manière à être constamment en contact avec la substance nerveuse. Cette membrane est essentiellement vasculaire ; à la surface cérébrale même, elle représente un véritable réseau de ramuscules artériels et veineux. Suivant plusieurs auteurs, entre autres Magendie et Longet, c'est la pie-mère qui sécrète le liquide céphalo-rachidien.

II. *Texture de l'encéphale.* — La masse nerveuse encéphalique se compose de deux substances différentes, appelées, à cause de leur couleur, l'une *substance blanche*, et l'autre *substance grise*. Celle-ci est encore nommée *substance corticale*, parce qu'elle semble former l'enveloppe générale de la première. En effet, on la voit, dans le cerveau, passer sans interruption d'une circonvolution à une autre, et, dans le cervelet, former la masse principale des lobes cérébelleux. Par opposition, la substance blanche a reçu le nom de *substance médullaire*. Celle-ci constitue la plus grande partie de l'isthme de l'e. et la portion centrale du cerveau, ainsi que celle des trois lobes du cervelet, où elle représente, par la manière dont elle se ramifie dans la substance grise, ce que les anciens anatomistes appelaient l'*Arbre de vie*. Toutefois les dénominations de substance médullaire et de substance corticale n'expriment pas un fait absolu. En effet, d'une part, on rencontre de la substance grise dans les divers lieux de la partie centrale de l'e. ; et, de l'autre, Baillarger a démontré que la couche corticale des circonvolutions cérébrales, au lieu d'être formée uniquement de substance grise, comme on l'admettait naguère, est formée de six couches superposées alternativement blanches et grises. Les parties blanches de l'e. sont beaucoup plus fermes et plus consistantes que les parties grises. Elles sont essentiellement constituées par des *tubes nerveux primitifs*, vulgairement appelés *fibres nerveuses*, tandis que la substance corticale contient, outre les tubes nerveux qui circulent également dans son épaisseur, des éléments vésiculeux, appelés *corpuscules nerveux* ou *cellules nerveuses*, qui, assemblés en masse, donnent aux parties où on les rencontre une teinte grisâtre. Cette teinte est due à un pigment particulier contenu dans les cellules.

Malgré les travaux remarquables dont l'anatomie de l'e. a été l'objet depuis un certain nombre d'années, il reste encore bien des questions à résoudre. Quelles sont les connexions entre les tubes nerveux primitifs et les cellules nerveuses ? Toutes ces cellules communiquent-elles avec des tubes nerveux ? N'y en a-t-il point de libres et d'indépendantes ? Ces cellules sont-elles de plusieurs espèces ou sont-elles toutes identiques ? Comment les tubes nerveux qui ont cheminé dans les nerfs se comportent-ils en arrivant au contact de la substance grise ? S'y terminent-ils par des extrémités libres, ou bien sont-ils continus à eux-mêmes, c.-à-d. leur terminaison dans l'e. représente-t-elle des anses ? Les assertions des auteurs sur ces points sont trop peu d'accord pour qu'on puisse encore rien affirmer avec certitude. Nous nous contenterons donc de dire que, suivant l'opinion la plus probable, les tubes nerveux primitifs émanés des diverses parties du corps se continuent dans la moelle épinière (du moins pour la plupart), et cheminant jusqu'à l'e., où ils s'épanouissent et se mettent en relation avec les cellules de la substance grise ; puis ils redescendent dans la moelle pour se reporter dans les nerfs et se distribuer à toutes les parties de l'organisme.

Pour les détails voy. les traités d'anatomie humaine (Sappey, Testut, Poirier et surtout Charpy).

III. *Composition chimique de l'encéphale.* — Très complexe, l'encéphale se distingue principalement de tous les autres tissus par la quantité de phosphore qu'il renferme, et ce phosphore s'y trouve combiné à la matière organique sous forme de combinaisons organiques phosphorées. La substance cérébrale vivante possède une réaction neutre ou légèrement alcaline, mais, aussitôt après la mort, elle devient de plus en acide par développement d'acide lactique.

IV. *De l'encéphale dans l'embranchement des vertébrés.* — 1ᵒ *Chez les Mammifères*, l'e. se compose essentiellement des mêmes parties que chez l'Homme : les différences qu'on y remarque ne portent guère que sur l'importance relative de ces mêmes parties, sur leur développement plus ou moins considérable. A mesure que l'on descend de l'Homme au Singe, de celui-ci aux Carnassiers, et de ces derniers aux Rongeurs et aux Herbivores, on voit en général le cerveau devenir de plus en plus petit, et finir par ne plus recouvrir le cervelet. En même temps, les circonvolutions cérébrales deviennent moins nombreuses, moins profondes, et même disparaissent entièrement. (Fig. 3. E. du *Hérisson* vu par-dessus.) Enfin, dans l'ordre des Marsupiaux et dans celui des Monotrèmes, l'e. présente un autre genre d'imperfection résultant de l'état rudimentaire ou de l'absence du corps calleux, qui, chez tous les autres Mammifères, unit entre eux les deux hémisphères cérébraux.

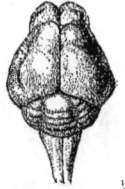

Fig. 3.

2° Chez les *Oiseaux*, l'e. est moins développé que dans la classe précédente. Les hémisphères cérébraux en sont bien encore les parties les plus volumineuses, mais ils sont dépourvus de circonvolutions, et il n'existe pas de corps calleux. Les tubercules quadrijumeaux, au nombre de quatre chez les Mammifères, ne sont ici qu'au nombre de deux; mais ils acquièrent un développement considérable et méritent le nom de *lobes optiques* (c, Fig. 4). Très petits et cachés chez les

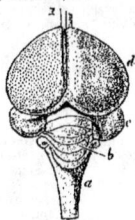 

Fig. 4.   Fig. 5.

Mammifères, entre le cerveau et le cervelet, ils se montrent, chez les Oiseaux, à découvert, et débordent de chaque côté de ce dernier. Toutefois, au lieu d'être solides, ils sont creux comme les hémisphères. Le cervelet est presque entièrement formé par le lobe médian (b), tandis que les lobes latéraux, qui, chez les Mammifères, sont plus volumineux que celui-ci, restent à un état plus ou moins rudimentaire. Enfin, la protubérance annulaire fait défaut chez les Oiseaux, ainsi que chez les Reptiles et les Poissons (Fig. 4. E. de *Poule* vu en dessus; 5. Le même, vu en dessous).

3° Les *Reptiles* ont un e. encore moins développé que les Oiseaux. Les deux hémisphères cérébraux sont ovalaires, plus ou moins allongés, lisses, et creux intérieurement. Les lobes

Fig. 6.

optiques sont en général assez grands, et placés en arrière des hémisphères sur le même niveau. Le cervelet est en général très petit, et il n'y a pas de pont de Varole. A la partie antérieure des deux hémisphères cérébraux, on remarque souvent des lobules olfactifs assez volumineux (Fig. 6. E. du *Crocodile à museau de brochet*, vu latéralement.)

4° Chez les *Batraciens* et chez les *Poissons*, les lobes qui composent l'e. sont placés à la file les uns des autres et re-

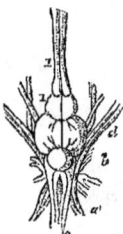 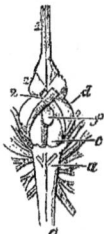

Fig. 7.   Fig. 8.

présentent souvent une espèce de chapelet. On y distingue un cervelet, des lobes optiques, des hémisphères cérébraux, des lobes olfactifs, et, en arrière de toutes ces parties, le renflement de la moelle que l'on appelle bulbe rachidien ou moelle

allongée (Fig. 7. E. de la *Perche commune*, face supérieure; 8. Le même, face inférieure.) — Dans les Fig. 4 à 8 que nous avons empruntées au *Règne animal* de Cuvier, la lettre *a* désigne la moelle épinière, *a'* la moelle allongée, *b* le cervelet, *c* les lobes optiques ou tubercules quadrijumeaux, *d* les hémisphères cérébraux, *f* les corps optiques sur lesquels s'implante la grande pituitaire (cette glande ne se voit que dans la Fig. 6); enfin, le chiffre 1 indique les nerfs olfactifs et les nerfs olfactifs, et le chiffre 2 marque les nerfs optiques.

V. *Physiologie de l'encéphale.* — Pendant longtemps, jusqu'à la fin du XVIIIe siècle, ce chapitre est resté obscur et Buffon niait que le cerveau fût le siège des sensations, affirmant qu'il n'était qu'un organe de sécrétion et de nutrition, un mucilage à peine organisé où les nerfs puisaient leur nourriture comme les plantes dans le sol. Les travaux de Bichat, trop vagues, et de Gall, basés sur des doctrines erronées, amenèrent Flourens à faire des expériences bien conduites : il fit de l'encéphale l'organe de l'intelligence, du jugement, de la volonté, de la perception, mais non de la motricité. Tout le monde acceptait ses conclusions, lorsque Fritsch et Hitzig démontrèrent l'existence à la surface de l'encéphale de centres psychomoteurs, c.-à-d. de points localisés, dont l'excitation est capable de provoquer des réactions limitées dans tel ou tel groupe de muscles. — Cette question était à peine entreprise que de nouvelles découvertes soulevèrent les problèmes relatifs aux fonctions sensitives du cerveau. Les travaux de Ferrier, de Munk, de Goltz et de beaucoup d'autres ont affirmé l'existence, à côté des centres psychomoteurs, de régions spécialement affectées à la perception et à l'élaboration des diverses sensations, en un mot des centres sensitifs. Le dernier mot n'est pas dit à ce sujet; mais la clinique et l'expérimentation physiologique sauront pénétrer le secret du fonctionnement encéphalique.

VI. *Pathologie de l'encéphale.* — Nombre de maladies reconnaissent pour point de départ une lésion de l'encéphale, et mieux vaut les décrire au fur et à mesure que nous les rencontrerons. Le diagnostic de la nature de la lésion est souvent difficile, parce que les symptômes prépondérants sont généralement des signes résultant du siège de l'altération, en sorte que plusieurs affections de même nature, de par leur localisation, présentent un tableau identique. Toutefois nous devons nous estimer heureux du pouvoir, à l'aide de localisations cérébrales, intervenir chirurgicalement dans de nombreux cas, lésions traumatiques, tumeurs cérébrales, etc.

ENCÉPHALINE. s. f. (R. *encéphale*). T. Chim. Substance azotée, sans phosphore, retirée du cerveau. Elle cristallise en feuillets et forme parfois avec l'alcool. Elle diffère peu de la cérébrine, dont elle paraît être un produit de transformation.

ENCÉPHALIQUE. adj. 2 g. T. Anat. Qui a rapport, qui appartient à l'encéphale. *Vaisseaux encéphaliques. Les maladies encéphaliques.*

ENCÉPHALITE. s. f. T. Méd. Inflammation de l'encéphale qu'il faut distinguer de la simple congestion. L'e. peut être aiguë ou chronique. Aiguë, elle peut être simple ou non. L'e. suppurée ou abcès du cerveau est la forme, sinon la plus fréquente, au moins la plus intéressante : elle est généralement secondaire à la suppuration des organes ou des os voisins, aux suppurations de l'appareil respiratoire ou à un traumatisme. Le pronostic des diverses formes d'encéphalites est généralement grave; cependant les progrès de la chirurgie le rendent un peu moins sombre à l'heure actuelle.

ENCÉPHALOCÈLE. s. f. [Pr. *an-sé-fa...*] (gr. ἐγκέφαλος, cerveau; κήλη, hernie). T. Méd. Hernie d'une partie du cerveau à travers une ouverture accidentelle ou congénitale des os du crâne.

ENCÉPHALOÏDE. adj. (de *encéphale*, et du gr. εἶδος, forme). Qui offre des sinuosités semblables à celles du cerveau. || T. Méd. *E.* ou *Tissu e.* Une des formes du cancer. Voy. CANCER. || T. Minér. Espèce de madrépore fossile.

ENCÉPHALOLITHE. s. m. (R. *encéphale*; gr. λίθος, pierre). T. Anat. Concrétion du cerveau.

ENCÉPHALOLOGIE. s. f. (R. *encéphale*; gr. λόγος, traité). Traité sur l'encéphale.

ENCÉPHALOPATHIE. s. f. (R. *encéphale*; gr. πάθος,

maladie). T. Méd. Nom donné à différentes formes de maladies nerveuses.

ENCÉPHALOZOAIRE. adj. (R. *encéphale;* gr. ζωάριον, petit animal). *Animaux encéphalozoaires,* Ceux qui sont pourvus d'un cerveau.

ENCERCLER. v. a. Entourer d'un cercle.

ENCHAÎNEMENT. s. m. Ensemble de choses qui forment une chaîne. N'est guère usité qu'au fig., et signifie alors *Liaison,* Suite de choses qui paraissent dépendre les unes des autres. *Un e. de causes et d'effets. L'e. des événements.*

ENCHAÎNER. v. a. (R. *en,* et *chaîne*). Lier, attacher avec une chaîne. *E. un chien. E. des prisonniers, des esclaves. E. un furieux.* — Fig., *E. la victoire à son char,* Être toujours victorieux. On dit aussi quelquefois d'une femme, qu'*Elle enchaîne un amant, des amants à son char.* || Fig., Soumettre, subjuguer. *E. un peuple.* || Fig., Retenir, arrêter. *Les obstacles qui enchaînaient sa valeur. Un serment enchaîne ma langue. E. la pensée.* || Fig., Captiver. *Sa beauté enchaîne tous les cœurs. E. les cœurs par ses bienfaits.* || Fig., en parlant de propositions, de preuves, etc., Les coordonner, pour faire apparaître leur dépendance mutuelle. *E. des propositions, des preuves, etc. Il enchaîne bien ses idées.* ⸗ s'ENCHAÎNER. v. pron. Fig., Dépendre, dériver l'un de l'autre. *Toutes les propositions de la géométrie s'enchaînent les unes aux autres.* On dit, dans le même sens, au passif, *Les causes naturelles sont enchaînées les unes aux autres, les unes avec les autres.* ⸗ ENCHAÎNÉ, ÉE. part.

ENCHAÎNEUR. s. m. T. Techn. Ouvrier qui charge les bennes dans les cages.

ENCHAÎNURE. s. f. Enchaînement. Ne se dit qu'en parlant des ouvrages de l'art.

ENCHALAGE. s. m. Action d'empiler le bois pour le service d'une saline.

ENCHALER. v. a. Empiler le bois destiné à une saline.

ENCHALEUR. s. m. Ouvrier qui enchale.

ENCHAMBRER. v. a. Mettre les vers à soie sur la bruyère.

ENCHANTELAGE. s. m. Action d'enchanteler.

ENCHANTELER. v. a. (R. *en,* et *chantier*). *E. du bois,* Le mettre dans le chantier. || *E. du vin,* Mettre sur le chantier une pièce de vin. ⸗ ENCHANTELÉ, ÉE. part.

ENCHANTEMENT. s. m. (R. *enchanter*). Se dit des paroles, des opérations prétendues magiques, auxquelles la crédulité populaire attribuait jadis une puissance surnaturelle. *Faire un e. Formule d'e. La puissance des enchantements.* || L'effet produit par ces paroles, ces opérations. *Défaire, rompre, briser un e. Les vieux romans de chevalerie sont pleins d'enchantements.* — Par exagération, on dit d'une chose qui s'est faite avec une grande promptitude ou avec beaucoup de facilité, bien qu'elle parût devoir être longue ou difficile, qu'*Elle s'est faite comme par e. La douleur disparut comme par e. De superbes édifices sortaient comme par e. du sein de la terre.* || Fig., se dit d'une chose merveilleuse et surprenante. *Cette fête était fort belle, c'était un e., une succession d'enchantements.* || Fig., se dit aussi de ce qui charme et captive le cœur ou l'esprit. *Les enchantements de l'amour, de la poésie. Une vie pleine d'enchantements.* — Se dit encore d'une satisfaction, d'une joie très vive. *Il est dans l'e. d'avoir obtenu la main de votre fille. Cette nouvelle l'a mis dans l'e.*

ENCHANTER. v. a. (lat. *incantare,* de *in,* et *cantare,* chanter). Exercer une puissance surnaturelle au moyen de paroles, de cérémonies, d'opérations prétendues magiques. *Bien des gens croient encore qu'il y a des magiciens qui enchantent les hommes, les animaux,* etc. || Fig., Captiver, séduire. *Ne vous laissez pas e. par cet homme-là.* — Se dit aussi des choses. *Ces paroles flatteuses enchantaient son cœur. Se laisser e. par l'éclat des grandeurs, par les*

plaisirs du monde. || Fig., Causer un vif sentiment de plaisir ou d'admiration. *Je suis enchanté de vous trouver en bonne santé. Tout le monde est enchanté de sa politesse, de la manière dont il s'est comporté. Cette musique est ravissante, elle m'a enchanté.* ⸗ ENCHANTÉ, ÉE. part. *Tous mes sens étaient enchantés.* || Fait par enchantement, plein d'enchantements, ou qui sert aux enchantements. *Palais enchanté. Armes enchantées.* || Fig., Merveilleux, extraordinairement beau, surprenant. *Un séjour enchanté. Des jardins enchantés.*

ENCHANTERIE. s. f. (R. *enchanter*). Effet de pratiques magiques.

ENCHANTEUR, ERESSE. s. Celui, celle qui enchante par des paroles prétendues magiques. *L'e. Merlin. Circé l'enchanteresse.* || Fig., se dit, soit en bonne, soit en mauvaise part, d'une personne qui sait charmer, séduire. *Ce poète est un e. C'est une aimable enchanteresse. Défiez-vous de lui, c'est un grand e.* — On dit encore, *La poésie est une enchanteresse. L'imagination est une enchanteresse qui nous égare souvent.* || Adject., Qui charme, qui captive, qui ravit. *Style e. Regard e. Un séjour e. Poésie enchanteresse. Une voix enchanteresse.*

ENCHAPER. v. a. (R. *chape*). T. Comm. Enfermer un baril de marchandise dans un second baril.

ENCHAPERONNEMENT. s. m. [Pr. *an-cha-pe-ro-ne-man*]. Action d'enchaperonner; résultat de cette action.

ENCHAPERONNER. v. a. [Pr. *an-cha-pe-ro-ner*]. Couvrir la tête d'un chaperon. *E. un faucon.* || Se dit quelquefois en parlant de cérémonies funèbres. *Le grand maître et les maîtres des cérémonies et hérauts d'armes étaient enchaperonnés.* || T. Fauc. Envelopper d'un chaperon la tête d'un oiseau de proie. ⸗ ENCHAPERONNÉ, ÉE. part.

ENCHAPURE. s. f. (R. *en,* et *chape*). Morceau de peau qui, saisissant la chape d'une boucle, la fixe à une courroie.

ENCHARGER. v. a. Donner charge, commission.

ENCHARNER. v. a. Mettre des charnières à une boîte.

ENCHÂSSEMENT. s. m. État de ce qui est enchâssé.

ENCHÂSSER. v. a. (R. *en,* et *châsse*). Mettre dans une châsse. — Par ext., Fixer quelque chose dans du bois, dans la pierre, dans l'or, etc. *E. des reliques dans de l'or. E. un diamant dans une bague. E. un tableau dans une bordure.* || Fig., Intercaler, insérer dans un discours ou dans quelque autre ouvrage d'esprit. *E. une citation dans un discours. Il a très bien enchâssé cette anecdote.* ⸗ ENCHÂSSÉ, ÉE. part. || Se dit quelquefois de ce qui est fixé naturellement dans quelque chose, comme si on l'y avait enchâssé. *Chez l'homme, les dents sont enchâssées dans les os de la mâchoire.*

ENCHÂSSURE. s. f. Action d'enchâsser une chose dans une autre; ne se dit qu'au propre. *On travaille à l'enchâssure de vos diamants.* || L'ouvrage qui résulte de cette action. *Une e. solide.*

ENCHATONNEMENT. s. m. [Pr. *an-cha-to-ne-man*]. T. Chir. *Enchatonnement* ou *Chatonnement du placenta,* Rétention du placenta dans une espèce de poche formée par la contraction irrégulière des fibres utérines après la sortie du fœtus.

ENCHATONNER. v. a. (R. *en,* et *chaton*). Insérer une pierre précieuse dans un chaton. ⸗ s'ENCHATONNER. v. pron. S'incruster dans un chaton. ⸗ ENCHATONNÉ, ÉE. part. || T. Méd. Se dit du placenta, lorsqu'il y a enchatonnement, et des calculs vésicaux, quand ils sont logés dans une espèce de poche quelconque.

ENCHÂTRE. s. f. (R. *encastrer*). T. Constr. Pièce servant à encastrer.

ENCHAUSSAGE. s. m. (R. *en,* et *chaux*). T. Tiss. Opération qui consiste à imbiber de lait de chaux une pièce de velours de coton quand le teneur la trouve trop molle.

ENCHAUSSENAGE. s. m. Action d'enchaussener les peaux.

ENCHAUSSENER. v. a. (R. en, et chaux). Plonger les peaux dans un bain de chaux, afin que le poil s'en détache facilement.

ENCHAUSSENOIR. s. m. Outil de chamoiseur. || Fosse où l'on met les peaux en chaux. On dit aussi Enchause.

ENCHAUSSER. v. a. T. Jardin. Couvrir des légumes avec de la paille ou du fumier, pour les faire blanchir ou pour préserver de la gelée. || T. Techn. E. une roue, Y mettre les rayons. = ENCHAUSSÉE, ÉE. part.

ENCHAUX. s. m. (R. en, et chaux). Chaux détrempée dans l'eau. || Vase rempli de chaux liquide.

ENCHÉLYSOME. adj. [Pr. an-ké-li-sôme] (gr. ἔγχελυς, anguille; σῶμα, corps). T. Icht. Qui a le corps long et cylindrique comme l'anguille.

ENCHÈRE. s. f. (bas-lat. incheria, de in, en, et carus, cher). Offre d'un prix supérieur, soit à la mise à prix, soit au prix déjà offert par quelqu'un, pour une chose qui se vend ou se loue au plus offrant. Vendre à l'e., aux enchères. Mettre aux enchères, à l'e. Ouvrir, recevoir les enchères. Faire, couvrir, retirer une e. Cela a été délivré à la première e. On l'a adjugé à la seconde e. || Fig., Mettre à l'e., aux enchères, les honneurs, les emplois, etc., Ne les accorder qu'à celui qui donne le plus pour les obtenir. — On dit aussi d'un homme disposé à sacrifier ses principes, ses opinions, etc., à quelque intérêt, qu'Il est à l'e., que sa conscience est à l'e., que ses talents sont à l'e.

Législ. — Les Ventes aux enchères se distinguent en volontaires, judiciaires et administratives; elles peuvent avoir pour objet toutes sortes de biens, soit meubles, soit immeubles. Lorsqu'il ne s'agit que d'objets mobiliers, on les appelle habituellement Encans ou Ventes à l'encan. — Les ventes volontaires sont celles qui sont faites par les simples particuliers. Mais la faculté qu'ont les particuliers d'employer ce mode de vente a été limitée par la loi du 25 juin 1841, laquelle interdit les ventes en détail de marchandises neuves, à cri public, soit aux enchères, soit au rabais, soit à prix proclamé avec ou sans assistance des officiers publics. Les commissaires-priseurs, ou à leur défaut les notaires, les courtiers de commerce, mais ceux seulement qui sont inscrits sur la liste du tribunal de commerce (loi du 18 juillet 1866); les huissiers et les greffiers ont seuls le droit de procéder à ces sortes de ventes. — Les commissaires-priseurs dont la fonction consiste uniquement à faire la prisée ou estimation des meubles et objets mobiliers, et d'en opérer la vente aux enchères publiques, sont nommés par le président de la République; ce sont des officiers ministériels admis comme tels à vendre leurs charges. — Toutefois, les notaires ont seuls qualité pour vendre, aux enchères et par adjudication volontaire, les immeubles appartenant à des individus majeurs, ainsi que les meubles incorporels, tels que les fonds de commerce, créances, etc. De plus, pour les dernières ventes, comme pour les ventes judiciaires, dès que les enchères sont ouvertes, il est allumé successivement trois bougies (ou feux) préparées de manière que chacune dure environ une minute, et l'adjudication n'a lieu qu'après l'extinction des trois bougies sans nouvelles enchères. Dans les autres ventes, l'officier public ou l'administrateur chargé de vendre est juge de la durée des enchères. — Les enchères judiciaires sont celles qui ont lieu en exécution d'un jugement du tribunal civil ou du tribunal de commerce. Dans ces ventes, ainsi que dans les précédentes, les enchères se font toujours à la criée, c.-à-d. de vive voix. En outre, quand il s'agit de la vente d'un immeuble, l'e. ne peut être mise que par le ministère d'un avoué. — Les enchères administratives se font devant les fonctionnaires préposés à ce service dans chaque administration. Pour les fournitures et les travaux dont les administrations ont besoin, on a généralement recours à ce qu'on appelle l'e. au rabais. Les entrepreneurs formulent leurs propositions par écrit, et les mettent sous une enveloppe cachetée : on les appelle soumissions. C'est celui qui offre le plus fort rabais qui obtient l'adjudication. — On nomme folle e. une e. faite témérairement et aux conditions de laquelle l'enchérisseur ne peut satisfaire. Dans ce cas, on poursuit la folle e., c.-à-d. qu'on procède, aux frais de l'enchérisseur téméraire, à une nouvelle vente, appelée vente sur folle e. Si le prix de cette nouvelle vente est inférieur à celui qu'avait offert le fol enchérisseur, celui-ci est tenu de payer la différence : c'est ce qu'on nomme payer la folle e. De là est venue l'expression proverbiale, payer la folle e. de quelque chose, en payer la folle e., pour dire porter la peine de sa témérité, de son imprudence.

Le Code pénal a prévu dans l'article 412 les entraves apportées à la liberté des enchères, en punissant le délit, lorsqu'il est accompagné de voies de fait, violences ou menaces, d'un emprisonnement de quinze jours à trois mois et d'une amende de 100 à 5,000 francs.

ENCHÉRIR. v. a. (R. enchère). Faire une offre supérieure à la mise à prix, ou à une offre déjà faite; Mettre enchère sur quelque chose. E. une terre, une maison sur quelqu'un, au-dessus de quelqu'un, par-dessus quelqu'un. Absol., Ils étaient trois ou quatre qui enchérissaient à l'envi. || Rendre une marchandise plus chère, en élever le prix. Les bouchers se sont entendus pour e. la viande. = ENCHÉRIR. v. n. Devenir plus cher, hausser de prix. Les blés ont fort enchéri, sont fort enchéris. || Fig., Ajouter à ce qu'un autre a fait, le surpasser en quelque chose, soit en bien, soit en mal. Un tel nous avait admirablement traités, mais cet autre a bien enchéri sur lui. E. sur l'éloquence des anciens. Il enchérit sur l'avarice de son père. — Se dit quelquefois des choses. Les doctrines d'Helvétius enchérissent bien sur celles de Condillac. Ce mot enchérit sur tel autre, Il ajoute à l'idée que tel autre exprime. = ENCHÉRI, IE. part.

ENCHÉRISSEMENT. s. m. (R. enchérir). Hausse de prix.

ENCHÉRISSEUR. s. m. (R. enchérir). Celui qui met une enchère. Vendre au plus offrant et dernier e. Il y avait à cette vente beaucoup d'enchérisseurs. — Fol e. Voy. ENCHÈRE.

ENCHEVALEMENT. s. m. (R. en, et chevalement). T. Constr. Opération qui consiste dans l'étayement d'une maison, pour y faire des reprises.

ENCHEVAUCHER. v. a. Pratiquer une enchevauchure.

ENCHEVAUCHURE. s. f. (R. en, et chevaucher). T. Techn. Jonction de pièces de bois par recouvrement. || Position des ardoises qui reviennent en partie les unes sur les autres.

ENCHEVÊTREMENT. s. m. Action d'enchevêtrer; résultat de cette action. || Fig. État des choses difficiles à débrouiller.

ENCHEVÊTRER. v. a. Mettre un chevêtre, un licou. Peu us. || T. Const. Unir par un chevêtre. E. des solives. = s'ENCHEVÊTRER. v. pron. Au prop., se dit d'un cheval qui se prend la jambe dans la longe de son licou. Ce cheval s'est enchevêtré. || Fig., S'engager dans une affaire, dans un raisonnement, etc., dont on a de la peine à se tirer. Il s'est bien mal à propos enchevêtré dans cette affaire. Il s'enchevêtra dans un raisonnement dont il eut peine à sortir. = ENCHEVÊTRÉ, ÉE. part. || Par anal., on dit de choses confusément engagées les unes dans les autres, et fort difficiles à séparer, qu'Elles sont enchevêtrées les unes dans les autres. || Fig. et fam., Des phrases, des périodes enchevêtrées, Des phrases, etc., embarrassées, embrouillées.

ENCHEVÊTRURE. s. f. (R. enchevêtrer). T. Techn. Solive d'e., Forte solive placée dans le voisinage d'une cheminée. Voy. CHARPENTERIE. || T. Art vét. La blessure qu'un cheval se fait parfois au pied, en s'enchevêtrant.

ENCHEVILLÉ, ÉE. adj. [Pr. les ll mouillées] (R. en, et cheville). Maintenu au moyen de chevilles.

ENCHIFRÈNEMENT. s. m. (R. enchifrener). Embarras dans le nez causé par un rhume de cerveau.

ENCHIFRENER. v. a. (R. en, et chanfrein). Causer un enchifrènement. Cet air frais m'a tout enchifrené. = s'ENCHIFRENER. v. pron. Attraper un enchifrènement. Je me suis enchifrené en sortant du bal. = ENCHIFRENÉ, ÉE. part.

ENCHIRIDION. s. m. [Pr. an-ki-ri-dion] (gr. ἐν, dans;

χείρ, main). Mot emprunté du grec qui signifie *Manuel.*

ENCHONDROME. s. m. [Pr. *an-kon-drôme*] (gr. ἐν, dans; χόνδρος, cartilage). T. Chir. Tumeur composée de substance cartilagineuse. Syn. de CHONDROME. Voy. ce mot.

ENCHYMOSE. s. m. [Pr. *an-ki-môse*] (gr. ἐγχύμωσις, de ἐν, dans, et χυμός, suc). Afflux subit de sang dans les vaisseaux cutanés de certaines parties, par l'effet d'émotions vives, telles que la joie, la colère, etc. Jaus.

ENCIREMENT. s. m. Action d'encirer; effet de cette action.

ENCIRER. v. a. (R. *en*, et *cire*). Enduire de cire.

ENCKÉ, astronome allemand né à Hambourg (1791-1865), célèbre surtout par le calcul de l'orbite de la comète qui porte son nom, et qui avait été découverte par Pons en 1818. Encke prouva son identité avec celle de 1786, de 1795, de 1805, etc., et il trouva pour elle la période la plus courte des orbites cométaires : 3 ans 114 jours.

ENCKÉA. s. m. (R. *Encke*, nom propre). T. Bot. Genre de plantes Dicotylédones de la famille des *Pipéracées.* Voy. ce mot.

ENCLANCHEMENT. s. m. Voy. ENCLENCHEMENT.

ENCLASSEMENT. s. m. Action d'enclasser.

ENCLASSER. v. a. (R. *en*, et *classer*). Mettre dans des classes.

ENCLAVATION. s. f. [Pr. ...*sion*] (R. *enclaver*). T. Mar. Fosse disposée dans des bassins où vient l'eau de mer pour retenir les bois de mâture qu'on veut y conserver.

ENCLAVE. s. f. (lat. *inclausus*, enfermé). Terrain qui est enfermé dans la propriété d'autrui. *Le propriétaire d'une e. peut réclamer un passage sur les fonds de ses voisins, à la charge d'indemnité.* — Se dit aussi d'un territoire appartenant à un souverain. *Le comtat Venaissin était une des enclaves de la France.* On dit encore, *Cette paroisse est une e. de tel évêché.* ‖ Ancienn., en parlant de juridiction, *E.* se disait pour bornes, limites. *Cela était dans l'e., dans les enclaves de sa juridiction.* ‖ T. Const. L'espace d'un bajoyer destiné à loger la porte d'une écluse quand elle est ouverte. ‖ La partie avancée d'un escalier ou d'une soupente qui empiète sur un appartement. ‖ T. Archit. Engagement d'un corps sur un autre.

Législ. — Le propriétaire dont les fonds sont enclavés et qui n'a sur la voie publique aucune issue, ou qu'une issue insuffisante pour l'exploitation, soit agricole, soit industrielle de sa propriété, peut réclamer un passage sur les fonds de ses voisins, à la charge d'une indemnité proportionnée au dommage qu'il peut occasionner. Le passage doit régulièrement être pris du côté où le trajet est le plus court du fonds enclavé à la voie publique. Néanmoins, il doit être fixé dans l'endroit le moins dommageable à celui sur le fonds duquel il est accordé. Si l'c. résulte de la division d'un fonds par suite d'une vente, d'un échange, d'un partage ou de tout autre contrat, le passage ne peut être demandé que sur les terrains qui ont fait l'objet de ces actes. — L'action en indemnité due au propriétaire pour le dédommager de la servitude de passage se prescrit par 30 ans, mais notons que le passage peut être continué, quand bien même l'action en indemnité ne serait plus recevable (art. 682 à 685 du Code civil, modifiés par la loi du 20 août 1881).

ENCLAVEMENT. s. m. Action d'enclaver. État d'une pièce de terre enclavée, d'un territoire enclavé. ‖ T. Chir. La position de la tête du fœtus, lorsque, dans l'acte de la parturition, elle se trouve tellement engagée et serrée par les os de la cavité pelvienne, qu'elle ne peut plus être poussée au delà, ni même se mouvoir dans aucun sens.

ENCLAVER. v. a. (lat. *in*, dans; *claudere*, fermer). Enfermer, enclore une chose dans une autre. Ne se dit guère que d'une pièce de terre, d'un héritage ou d'un territoire, d'une juridiction. *Il veut enclaver cette pièce de terre dans son parc. On a enclavé le département de la Seine dans celui de Seine-et-Oise. La principauté de Monaco est enclavée dans le département des Alpes-Maritimes.* ‖ T. Mar.

Loger une pièce de bois dans une enclavation. ‖ T. Const. *E. une pierre, une solive,* La lier, l'encastrer avec une autre. ‖ Arrêter une pièce de bois avec une clef ou un boulon. = s'ENCLAVER. v. pron. Être enclavé. *Cette pièce de terre s'enclave dans mon domaine,* Elle y avance, elle s'y prolonge. = ENCLAVÉ, ÉE. part.

ENCLENCHEMENT. s. m. (R. *en*, et *clenche*). Mise d'un certain mécanisme en état de produire son effet quand on le voudra. — Action de rendre solidaires deux pièces d'un mécanisme.

Ch. de fer. — Au début des chemins de fer les leviers de manœuvre des signaux et des aiguilles d'une gare étaient installés à proximité des appareils à manœuvrer; ils se trouvaient par suite dispersés dans la gare et indépendants les uns des autres; un aiguilleur était préposé à la manœuvre de quelques-uns d'entre eux, et devait, à cet effet, observer un règlement qui, bien appliqué, assurait la sécurité.

L'énorme développement qu'ont pris de nos jours les chemins de fer nécessite l'emploi d'une multitude de signaux et d'aiguilles; il a fallu chercher le moyen de réduire les déplacements des agents à travers les voies ainsi que leur nombre, en confiant à chacun d'eux un groupe important de leviers; c'est dans ce but qu'on a réalisé la *concentration* des leviers ou leur groupement en un point donné appelé *Poste d'aiguilleur,* d'où les signaux et aiguilles sont manœuvrés à distance à l'aide de transmissions par fils ou par tringles rigides. D'autre part, on a cherché également le moyen de diminuer la responsabilité des agents en les empêchant, mécaniquement, de commettre des erreurs; ce dernier résultat est obtenu par les *enclenchements.*

L'invention des enclenchements remonte à l'année 1854; elle est due à M. Vignier, alors chef de section à la Compagnie de l'Ouest. L'appareil imaginé par M. Vignier s'applique spécialement aux bifurcations et a pour but de prévenir l'ouverture simultanée de deux directions; il établit une solidarité entre les aiguilles et le signal, de telle sorte qu'on ne peut ouvrir le

Fig. 1.

signal que sur une seule direction, celle pour laquelle l'aiguille est préparée. Soit (Fig. 1) le cas d'une bifurcation simple: *a* est le levier du signal et *b* celui de l'aiguille ; pour qu'on puisse ouvrir le signal, il faut que la tige dont est muni son levier puisse elle-même s'avancer dans le sens de la flèche, et on conçoit que ce mouvement de translation n'est possible que pour une seule position du levier *b* de l'aiguille, celle où la tige *a* passe devant la tige *a*. Il faut donc au préalable faire la manœuvre de l'aiguille avant de pouvoir mettre le signal à voie libre; tel est le principe très simple de tous les enclenchements.

L'appareil Vignier a été perfectionné, en Angleterre, par MM. Saxby et Farmer. L'appareil très ingénieux que ces constructeurs ont réalisé est constitué par un nombre plus ou moins grand de leviers de manœuvre alignés en batterie et abrités dans une guérite ou cabine. La Fig. 2 représente une coupe en travers de l'appareil Saxby et Farmer. Le mouvement d'oscillation que l'on communique au levier L autour de l'axe O, se transmet directement aux tringles T ou aux fils de transmission placés sous le plancher de la cabine; la course du levier est limitée par deux encoches pratiquées dans le secteur fixe H qui sert de guide au levier. D'autre part, les organes d'enclenchement sont réunis dans le petit bâti B placé à droite de l'appareil; ils se composent d'un gril oscillant G actionné par le levier L, et de barres longitudinales F munies de taquets, de telle sorte que la position de ces taquets en face des parties pleines ou évidées du gril empêche ou permet l'oscillation de ce dernier et réalise ainsi l'enclenchement. Les barres F sont, bien entendu, actionnées par les grils d'autres leviers avec lesquels le levier L est conjugué. Le point essentiel des perfectionnements apportés par MM. Saxby et Farmer est d'avoir séparé la manœuvre des enclenchements de la manœuvre même du levier, de manière qu'en essayant de manœuvrer le levier on ne puisse pas forcer les organes d'enclenchement qui sont délicats et auxquels il faut éviter toute usure. A cet effet, le levier L est muni d'une poignée de manœuvre P actionnant une tige à ressort qui, par l'intermédiaire d'un secteur mobile S, fait osciller le gril d'enclenchement G.

En résumé, ce type d'appareil est le plus perfectionné de ceux qui ont été imaginés jusqu'à ce jour; il se distingue des autres en ce que la manœuvre même du levier n'exerce aucune influence sur les organes d'enclenchement, lesquels sont actionnés uniquement par la petite poignée P, qu'il faut toujours soulever avant de pouvoir déplacer le levier; il en résulte que l'*intention* seule de l'agent de manœuvrer un levier, intention exprimée par la pression de la main sur la poignée de la tige à ressort, suffit pour effectuer immédiatement l'e., c.-à-d. l'immobilisation com-

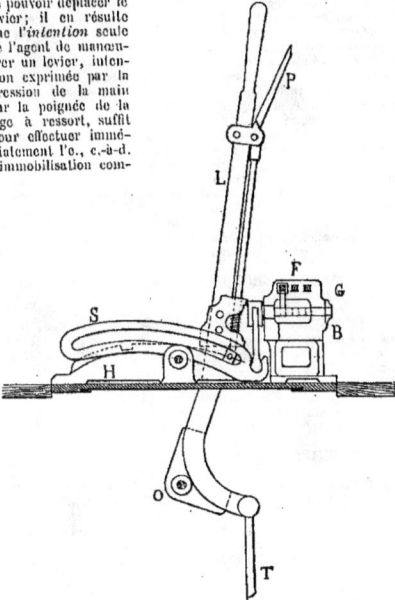

Fig. 2.

plète de tous les autres autres leviers qui doivent être enclenchés.

L'application de ce système peut s'étendre à un nombre indéterminé de leviers; ainsi, l'un des appareils de la gare de Paris-Nord comporte 200 leviers en service; à l'une des gares de Londres on a été jusqu'à réunir 280 leviers dans un même poste.

Il reste à dire quelques mots des cabines qui abritent les appareils d'e.; ce sont en général des constructions légères en fer ou en bois, vitrées autant que possible sur toutes les faces, afin de permettre aux aiguilleurs de voir les appareils qu'ils ont à manœuvrer; le plancher de ces cabines peut être établi à des hauteurs variables suivant les exigences de la visibilité.

ENCLIN, INE. adj. (lat. *inclinis*, penché). Porté de son naturel à quelque chose; se dit le plus souvent en mauvaise part. *Il est e. au bien. Être e. à l'ivrognerie. Il est fort e. à médire. La nature de l'homme est encline au mal.*

ENCLIQUETAGE. s. m. (R. *encliqueter*). T. Méc. Appareil servant à rendre deux pièces solidaires l'une de l'autre, lorsque le mouvement a lieu dans un sens, et indépendantes quand le mouvement a lieu en sens contraire, de sorte que, quel que soit le sens du mouvement de la pièce de commande, la pièce commandée se meut toujours dans le même sens.

On distingue les encliquetages à *rochet* et les encliquetages à *frottement*. L'e. à rochet se compose d'une pièce appelée *Cliquet*, qui vient buter contre les dents obliques d'une roue. Soit (Fig. 1) une *roue à rochet*, c.-à-dire à dents obliques, qui tourne dans la direction de la flèche; il est évident que la petite dent ou *cliquet a*, en s'engageant entre les dents obliques de la roue, permettra bien à celle-ci de tourner de gauche à droite, mais qu'elle l'empêchera de tourner de droite

à gauche, à moins que le cliquet ne soit levé. Le ressort *b* sert à maintenir le cliquet dans la position voulue; mais on peut s'en passer, quand le poids de celui-ci est suffisant pour le faire retomber. Au mot Cric, nous avons déjà vu un emploi du cliquet.

Si l'on suppose que la roue extérieure soit calée sur un arbre moteur, on voit que lorsqu'elle tournera dans le sens

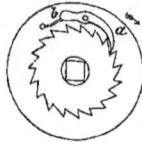 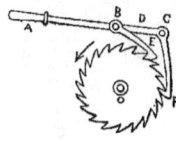

Fig. 1. Fig. 2.

de la flèche, elle entraînera nécessairement la roue à rochet par l'intermédiaire du cliquet, tandis que si elle tourne dans un sens inverse, la roue à rochet restera immobile pendant que le cliquet glissera sur les dents. Dans l'e. à levier de La Garousse (Fig. 2), la roue à rochet est entraînée dans le sens de la flèche, quel que soit le sens dans lequel on fasse mouvoir le levier autour du point D. L rsqu'on abaisse la poignée A, le cliquet CF s'élève et entraîne la roue; lorsqu'on l'élève, c'est le cliquet BF qui détermine le mouvement.

Dans les encliquetages à frottement, les organes sont disposés de telle sorte que, dans un certain sens, les pièces sont tellement pressées qu'elles déterminent forcément le mouvement, tandis que dans l'autre sens elles peuvent glisser librement l'une sur l'autre. L'e. *Dobo* est le plus employé; il est représenté par la fig. 3, et se compose essentiellement de quatre doigts mobiles autour des axes c solidaires avec l'arbre à conduire D. La pièce de commande est un anneau extérieur A. Si l'anneau tourne dans le sens de la flèche, les doigts se serrent contre l'anneau et toute

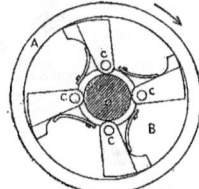

Fig. 3.

la pièce est entraînée; si, au contraire, l'anneau tourne en sens inverse, les doigts fléchissent sous ce nouveau sens et l'anneau glisse librement sur eux; des ressorts r empêchent les doigts de trop s'écarter de leur position normale. — On a construit aussi des encliquetages formés d'une ou plusieurs balles de caoutchouc placées entre un anneau et une pièce oblique. Si le mouvement a lieu dans le sens de l'obliquité, la balle est pressée entre l'anneau extérieur et la pièce oblique, et le tout devient solidaire; dans l'autre sens la balle glisse sur la pièce oblique et vient se loger dans une cavité où elle ne gêne plus le mouvement relatif de la pièce intérieure.

ENCLIQUETER. v. a. (R. *en* et *cliquet*). Arrêter au moyen d'un encliquetage.

ENCLITIQUE. s. f. (gr. ἐγκλιτικός; de ἐν, en, et κλίνειν, baisser). — Les grammairiens appellent ainsi certains mots qui s'appuient sur le mot précédent, et semblent parfois ne faire qu'un avec lui Tels sont, en grec, le pronom τις, τί, la particule δέ, les adverbes πώς, τέ, γέ, etc ; en latin, les conjonctions *que, ve, ne*; en français, les pronoms *je* dans *aimè-je*, *ce* dans *est-ce*, etc. En grec, l'e. ne s'unit pas nécessairement au mot qui précède; en latin, elle s'y joint toujours immédiatement; en français, elle s'y attache par un trait d'union.

Ce mot s'emploie quelquefois au masc.: alors il est considéré comme adjectif avec ellipse du mot *Mot*.

ENCLOÎTRER. v. a. (R. *en*, et *cloître*). Mettre dans un cloître. == s'ENCLOÎTRER. v. pron. Se mettre dans un cloître.

ENCLORE. v. a. (lat. *in*, dans; *claudere*, fermer). Clore de murailles, de fossés, de haies, etc. *Il faut e. votre jardin. E. un parc de fossés, de murailles.* ‖ Comprendre dans un clos, dans une étendue que l'on enceint. *Il a enclos ce pré dans son parc*. — E. *les faubourgs dans la ville*, Porter l'enceinte au delà des faubourgs pour les réunir à la ville. == s'ENCLORE. v. pron. Former son jardin de murs. || T. Mar. Tourner pour dépasser. *E. un écueil*. || T. Techn. *E. l'épingle*, Serrer les deux parties de sa tête pour les fermer. == ENCLOS, OSE. part. == Conj. Voy. CLORE. == Syn. Voy. ENCEINDRE.

ENCLOS. s. m. (part. de *enclore*). Espace contenu dans une enceinte de maisons, de haies, de murailles, de fossés, etc. *Un grand e. est attenant au jardin*. || L'enceinte même de l'e. *Un e. de murailles, de haies*, etc. *Réparer un e.* || T. Techn. Demi-cercle en bois dont se servent les épingliers.

ENCLOTIR. v. n. (R. *enclore*). T. Chasse. Entrer dans son terrier, en parlant du gibier.

ENCLOTURE. s. f. Ce qui sert de clôture, ce qui enclôt.

ENCLOUAGE. s. m. T. Artill. Action d'enclouer des pièces d'artillerie.

ENCLOUER. v. a. (lat. *inclavare*; de *in*, dans, et *clavus*, clou). Piquer un cheval jusqu'au vif avec un clou, quand on le ferre. || T. Artill. *E. une pièce de canon*, etc., Enfoncer de force un clou dans la lumière, pour mettre la pièce hors de service. Voy. CANON. == s'ENCLOUER. v. pron. On dit qu'*Un cheval s'est encloué*, lorsque, en marchant, il a rencontré un clou qui lui est entré dans le pied. == ENCLOUÉ, ÉE. part.

ENCLOUURE. s. f. [Pr. *an-klou-u-re*] (R. *enclouer*). La blessure d'un cheval encloué. || Fig. et fam., Empêchement, obstacle, nœud d'une difficulté. *Voilà où est l'e. J'ai découvert l'enclouure.*

Méd. vét. — Quand, pendant la ferrure, un clou a pénétré dans les parties vivantes du sabot, puis qu'il est sorti sur la *muraille* et qu'on l'y a fixé, on dit qu'il y a *enclouure*; si le clou est retiré aussitôt qu'il a pénétré dans les parties vivantes du sabot, ce dont on est averti par les mouvements violents du cheval, il n'y a que *piqûre*. Il faut déferrer le sabot encloué ou piqué et tout cheval devenu brusquement boiteux; l'examen à la tricoise décèlera par la douleur provoquée le quartier atteint. Il ne faut pas négliger l'e. à cause des suppurations étendues et des complications qui peuvent survenir. On amincit à fond le sabot par sa face inférieure, et on débride le trajet fistuleux s'il y a du pus; on enveloppe le sabot d'un cataplasme à l'eau phéniquée à 2 p. 100, arrosé matin et soir d'eau phéniquée. Si la boiterie ne cesse pas, on recourt à l'opération de l'enclouure.

ENCLUME. s. f. (lat. *incus*, m. s., de *in*, en, et *cudere*, frapper). Masse de fer sur laquelle on bat le fer et les autres métaux, pour leur donner une certaine forme ou pour les écrouir. *Battre, frapper sur l'e.* || Fig. et fam., *Remettre un ouvrage sur l'e.*, Y travailler de nouveau, afin de le rendre meilleur. *Se trouver entre l'e. et le marteau*, Se trouver froissé entre deux personnes qui ont des intérêts contraires; Avoir à souffrir des deux côtés, être entre deux maux également fâcheux. On dit encore. *Il faut être e. ou marteau*, lorsqu'on est obligé ou de faire du mal ou d'en souffrir; et *Il vaut mieux être marteau qu'e.*, Il vaut mieux battre que d'être battu. || T. Anat. Le second des quatre osselets de l'oreille moyenne. Voy. OREILLE.

Techn. — L'*Enclume* est l'instrument sur lequel on bat les métaux. C'est une masse ordinairement de fer (on n'emploie guère d'enclumes de fonte que dans les grosses forges), dont la forme, le poids et les dimensions varient suivant la destination. On distingue dans une e. trois parties essentielles : l'*Estomac*, qui en est le corps, la *Table* du dessus, et les *Bigornes* ou extrémités. L'estomac est un prisme dont la largeur et l'épaisseur sont généralement dans le rapport de 1 à 2. La table a la forme d'un parallélogramme ; elle consiste en une plaque bien dressée, formée de petits morceaux d'acier placés de bout et soudés à l'estomac. Quant aux bigornes, l'une est cylindrique et l'autre quadrangulaire. Un trou percé sur l'un des bords de la table sert à recevoir la *soie* ou *queue* d'une espèce de ciseau, appelé *Tranchet*, sur lequel on coupe le fer. Les enclumes se placent à proximité de la forge, tantôt dans un massif de maçonnerie, tantôt, et c'est l'usage le plus habituel, sur des billots de bois, nommés *Chaboltes*, qui sont fixés dans le sol. L'e. dont nous venons de parler est l'e. ordinaire ;

on lui donne le nom d'*Enclumeau*, quand elle est assez petite pour être portative. — L'e., dite *Bigorne*, diffère de l'e. ordinaire par sa table qui est moins large, et par la forme de ses extrémités ou bigornes, qui sont plus pointues, et dont l'une est pyramidale et l'autre conique. En outre, au lieu d'être simplement posée sur le billot, la bigorne y est fixée au moyen d'un pied qui s'enfonce dans le bois. L'extrémité aiguë de la bigorne conique s'appelle *Bigorneau*; mais on applique encore la même dénomination à une bigorne de petites dimensions, qui se place dans un trou de l'établi ou entre les mâchoires d'un gros étau. — Enfin, on donne le nom de *Tas* à une petite e. carrée, c.-à-d. sans bigornes, qui sert à dresser les feuilles métalliques. Cet instrument est le plus souvent de forme cubique ou hexaédrique ; et sa table est toujours très lisse et souvent même polie avec soin. Parfois elle est plus ou moins bombée. Quand il est de petite dimension, le tas est muni d'une queue cunéiforme qu'on enfonce dans un billot. Lorsqu'au contraire il est très lourd, on le pose à plat sur ce dernier, et on le fixe au moyen de quelques clous plantés tout autour. Certains tas présentent une forme particulière, en raison de leur destination spéciale. Nous citerons seulement le *Tas à replier* ou *Pied de chèvre*, qui est très long, très élevé, et ressemble à un grand T. Il sert aux ferblantiers pour courber et replier le fer-blanc.

ENCLUMEAU ou **ENCLUMOT.** s. m. Petite enclume portative. Voy. ENCLUME.

ENCLUMETTE. s. f. Petite enclume portative dont les faucheurs se servent pour aiguiser leur faux en la battant. || Pièce de fer dont le boisselier se sert pour maintenir les planches qu'il veut clouer.

ENCOCHE. s. f. Établi du sabotier. || Trait de scie fait par le boulanger sur la taille. || Entaille sur le pêne ou sur la gâchette d'une serrure pour y servir d'arrêt.

ENCOCHEMENT. s. m. Action d'encocher.

ENCOCHER. v. a. (R. *en* et *coche*). Entailler, faire une encoche. || Mettre la corde d'un arc dans la coche d'une flèche. *E. une flèche.* || Faire une coche sur un morceau de bois, pour tenir le compte du pain, de la viande, etc., qu'on prend à crédit. || Dans l'exploitation du bois de flottage, faire la coche pour assembler les chantiers. == ENCOCHÉ, ÉE. part.

ENCOCHURE. s. f. (R. *en* et *coche*). T. Mar. Extrémité de la vergue où l'on amarre le bout des voiles.

ENCOCONNER. v. a. [Pr. *an-koko-ner*] (R. *en* et *cocon*). Mettre les vers à soie sur la bruyère.

ENCOFFRER. v. a. [Pr. *an-ko-frer*]. Enfermer dans un coffre ; ne se dit guère qu'en parlant des choses que l'on serre par avarice ou par friponnerie. *Il se prive du nécessaire afin d'e. tous ses revenus.* -- Fig. Mettre en prison. == ENCOFFRÉ, ÉE. part.

ENCOIGNURE ou **ENCOGNURE.** s. f. [Pr. *anko-gnure*] (R. *en* et *coin*). L'angle, le coin formé par la jonction de deux murailles. || Par ext., Petit meuble en forme d'armoire ou de buffet, propre à être placé dans les coins des appartements. || T. Mar. Gansé qui entoure les cosses que l'on place aux extrémités de l'enverg

ure des voiles.

ENCOLLAGE. s. m. [Pr. *an-ko-laje*]. Action d'encoller, ou le résultat de cette action. || L'apprêt avec lequel on encolle. Voy. DÉTREMPE, DORURE, TISSAGE, etc.

ENCOLLER. v. a. [Pr. *an-ko-ler*]. Étendre, appliquer sur quelque chose un apprêt fait de colle, de gomme ou de quelque autre matière semblable. *E. des moulures avant de les dorer. E. une toile sur laquelle on veut peindre. E. une étoffe.* || T. Tiss. Enduire les fils de chaîne d'une substance agglutinante qui en rend la surface lisse. Voy. TISSAGE. || T. Mar. *E. une ancre*, En souder la croisée à la verge. == ENCOLLÉ, ÉE. part.

ENCOLLEUR. s. m. [Pr. *an-ko-leur*]. Ouvrier dont le métier est de faire l'encollage.

ENCOLLEUSE. s. f. [Pr. *an-ko-leuze*]. Machine à encoller. Voy. TISSAGE.

ENCOLLURE. s. f. [Pr. *an-ko-lure*]. T. Serrur. Réunion de plusieurs pièces de fer soudées ensemble.

ENCOLPITE. s. f. (gr. ἔγχολπος; de ἐν, en, et χολπος, vagin). T. Méd. Inflammation du vagin. Voy. VAGINITE.

ENCOLURE. s. f. (R. *en*, et *col*). La partie du cheval qui s'étend depuis la tête jusqu'aux épaules et au poitrail. *Une belle e. Une vilaine e. Ce cheval a l'e. fine, l'e. chargée. Il est chargé d'e.* — *E. rouée*, Celle qui décrit une courbe plus ou moins prononcée dans toute la longueur de son bord supérieur. *E. de cerf ou renversée*, C'est l'opposé de la précédente : elle force le cheval à porter au vent. || Fig. et fam., se dit de l'air, de la tournure d'une personne, et se prend ordinair. en mauvaise part. *Il a l'e. d'un sot. C'est un fripon, il en a toute l'e.* || T. Techn. Dégagement d'un habit autour du cou. || T. Mar. Élévation du milieu de chaque varangue au-dessus de la râblure de la quille. || Épaisseur de la courbe au point de jonction de ses deux branches.

ENCOMBRANT, ANTE. adj. Qui encombre, qui tient beaucoup de place.

ENCOMBRE. s. m. (lat. *in*, dans; *cumbrus*, corruption de *cumulus*, amas). Empêchement, embarras, accident. *Il est arrivé sans encombre. Fam.*

ENCOMBREMENT. s. m. Action d'encombrer, ou le résultat de cette action. *Un e. de voitures.*

ENCOMBRER. v. a. (R. *encombre*). Obstruer, embarrasser. *Une foule de voitures encombraient le passage. Un peuple immense encombrait toutes les avenues du palais.* || Par ext., Fournir quelque chose en quantité excessive. = s'ENCOMBRER. v. pr. Devenir encombré. = ENCOMBRÉ, ÉE. p.

ENCONTRE. s. f. (R. *en* et *contre*). Vieux mot français qui signifiait aventure, et qui se dit encore dans cette phrase famil., *Dieu vous garde de male encontre.* = A L'ENCONTRE DE. loc. prép., qui n'est guère usitée que dans cette phrase, *Aller à l'e. de quelque chose*, S'y opposer, y être contraire. *Je ne vais point à l'e. de ce que vous dites.* — Absol., *Cela est juste, personne ne va à l'e. Fam.* — On disait autrefois, au Palais, *Plaider pour un tel à l'e. d'un tel,* Pour un tel contre un tel.

ENCOQUER. v. a. [Pr. *an-ko-ker*] (R. *encoche*). T. Mar. Faire passer au long d'une vergue une boucle de fer, pour l'y attacher.

ENCOQÛRE. s. f. [Pr. *an-ko-kure*] (R. *encoquer*). T. Mar. Enfilement de la vergue dans la boucle.

ENCORBELLEMENT. s. m. [Pr. *an-kor-bè-le-man*] (R. *en*, et *corbeau*). T. Archit. Construction en saillie du plan vertical d'un mur, soutenue par des consoles, des corbeaux ou un segment de voûte. *Balcon, galerie en e.* Voy. CONSOLE. || Fig., Objet qui ne porte ou ne semble ne porter sur rien.

ENCORDAGE. s. m. (R. *en* et *corde*). T. Tiss. Disposer les cordes et ficelles pour le montage d'un métier.

ENCORE, ou, en poésie, ENCOR. adv. de temps. (lat. *ad hunc horam*, à cette heure, jusqu'à présent). *E.* sert à marquer le prolongement d'un état ou d'une action jusqu'à une époque déterminée qui est indiquée par le verbe ou les autres circonstances du discours. *Il vit e. Il vivait e. il y a dix ans. Il est e. au lit. Il n'est e. que surnuméraire. Depuis vingt ans qu'ils sont mariés, ils sont e. à leur première querelle.* — Avec la négation, suivie du *pas* ou du *point, E.* indique, au jusqu'au moment dont il s'agit, une certaine chose n'existe pas ou n'a pas eu lieu, tandis qu'elle doive ou puisse exister, avoir lieu. *Il n'est pas e. temps d'agir. Il n'est pas e. jour. Il n'est pas e. nuit. Il n'était pas e. arrivé. Il n'est pas e. en âge de s'établir.* || De nouveau. *Donnez-nous e. à boire. Je veux e. essayer si je pourrai réussir.* — Dans ce sens, *E.* s'emploie quelquefois interjectivement, lorsqu'on reproche à quelqu'un de retomber dans la même faute. *Eh quoi! e.!* ou tout simplement, *E.!* || De plus, *Outre l'ordre qu'on lui avait donné, on lui commanda e. de... On ajouta e. à cela que...* — Avec la conjonct. *Mais, E.* s'emploie par opposition à non seulement. *Non seulement il est paresseux, mais e. il est gourmand.* || Avec les adverbes *Plus* et *Davantage, E.* il exprime qu'une

qualité, qu'une chose enchérit sur une autre. *Elle est e. plus belle que sa sœur. Dieu voulut l'élever e. plus haut. Il gagne déjà beaucoup, mais il voudrait gagner plus e., e. davantage.* — *E.*, joint à certains verbes qui marquent augmentation ou diminution, conserve la même signification. *Cela augmentait e. sa joie. Cela diminue e. la succession.* == ENCORE. conjonct. Se place alors au commencement d'une phrase ou d'un membre de phrase, pour exprimer une restriction, une opposition. *Ce mot n'est guère usité que dans le langage familier, e. ne l'emploie-t-on que rarement. E. s'il voulait faire cette concession, on finirait par s'entendre.* == ENCORE QUE. loc. conjonct. Bien que, quoique. *E. qu'il soit jeune, il ne laisse pas d'être sage.*

ENCORNAIL. s. m. [Pr. *an-kor-nal, l mouillée*] (R. *en*, et *corne*). T. Mar. Trou pratiqué dans l'épaisseur d'un mât à son extrémité supérieure pour servir à mettre un rouet de poulie.

ENCORNÉ, ÉE. adj. Qui a des cornes. *Un bélier haut e. Fam.* || T. Art vétér. *Javart e.* Voy. JAVART.

ENCORNER. v. a. ou tr. (R. *en*, et *corne*). Frapper, percer avec les cornes. || Mettre, donner des cornes. || Fam. Faire cocu. *E. son mari.*

ENCOTONNER. v. a. [Pr. *an-ko-to-ner*] (R. *en*, et *coton*). Garnir de coton, de duvet.

ENCOUBERT. s. m. T. Mamm. Nom donné à une espèce de *Tatou* qui vit au Paraguay. Voy. ÉDENTÉS.

ENCOULOIR. s. m. (R. *en* et *couler*). Pièce de bois entaillée d'une fente dans laquelle passe l'étoffe à mesure qu'on la tisse.

ENCOURAGEANT, ANTE. adj. Qui encourage. *Ce début n'est guère e. Des paroles encourageantes.*

ENCOURAGEMENT. s. m. Ce qui encourage. *Les louanges sagement placées sont des encouragements à la vertu, pour la vertu. Les arts ont besoin d'encouragement.*

Il existe à Paris, sous le titre de *Société d'encouragement pour l'industrie nationale*, une association de savants, de manufacturiers, de fonctionnaires publics et de propriétaires, qui a pour objet de seconder le développement et le perfectionnement des diverses branches des arts industriels. Son origine remonte à 1802, mais ses statuts n'ont été homologués que par une ordonnance royale du 23 avril 1824. Ses moyens d'action consistent à distribuer des récompenses, soit pécuniaires, soit simplement honorifiques, à ceux qui inventent ou qui introduisent de l'étranger des machines ou des procédés utiles ; à faire expérimenter les inventions nouvelles ; à guider, par ses conseils, les agriculteurs et les industriels qui réclament son concours ; à publier, dans un bulletin spécial, le résultat des travaux de ses comités, ainsi que la description et les dessins des appareils nouveaux dont elle croit l'adoption utile dans l'intérêt public. Les services que la société, depuis sa fondation, a rendus à l'industrie et à l'agriculture ne sauraient être trop appréciés. Il n'est presque pas une invention sérieuse ou un perfectionnement utile qu'elle n'ait patronné et récompensé. La compétence incontestable des membres qui forment ses comités et leur impartialité donnent aux jugements favorables ou défavorables qu'elle prononce une autorité singulière, et le poids de sa parole a bien des fois suffi pour réprimer le charlatanisme, tandis que d'un autre côté il appelait la faveur publique et même le concours des capitalistes sur des industries utiles qui, sans elle, eussent péniblement végété ou peut-être même seraient mortes faute de concours et d'appui.

Il existe d'autres sociétés dites d'encouragement parmi lesquelles nous citerons l'*Association pour l'encouragement des études grecques en France*, datant de 1869 ; la *Société d'émulation pour l'encouragement des sciences, lettres et arts* à Abbeville, 1831 ; la *Société pour l'encouragement de la bijouterie, joaillerie et orfèvrerie*, Paris, 1876 ; la *Société d'encouragement de l'enseignement mutuel élémentaire*, Angers, 1831.

ENCOURAGER. v. a. Donner, inspirer du courage, de l'ardeur ; exciter, irriter. *E. des soldats. Ce premier succès l'a fort encouragé. Je l'encourageai dans cette bonne résolution. Il m'encouragea à continuer. Les piqueurs encourageaient les chiens. E. du geste et de la voix. Ces plaintes publiques encourageaient les factieux.* || *E. les* *arts, l'industrie, l'agriculture,* En favoriser le progrès, le développement, par la protection, les récompenses, les avantages qu'on leur accorde. Dans un sens anal., on dit, *E. le talent, la vertu,* etc. — *E. le vice, le crime, la révolte,* etc. Exciter, pousser au vice, au crime, etc., des gens qui y sont déjà enclins. = s'ENCOURAGER. v. pron. *Ils s'encourageaient l'un l'autre à bien faire.* = ENCOURAGÉ, ÉE. part. = Conj. Voy. MANGER. = Syn. Voy. AIGUILLONNER.

ENCOURIR. v. a. (lat. *incurrere; de in, en,* et *currere,* courir). Attirer sur soi, s'exposer à. Ne se dit qu'en mauvaise part en parlant de peines, de châtiments, de disgrâces, etc. *E. les peines portées par la loi. E. une amende. Sous peine d'e. les censures ecclésiastiques, l'excommunication. Dussé-je e. la haine du peuple, je lui dirai la vérité. E. l'indignation de sa famille. E. le déshonneur, l'infamie, la honte, le mépris public,* etc. = ENCOURU, UE part. *Subir la peine encourue.*

ENCOURTINER. v. a. (R. *en,* et *courtine*). Garnir de courtines, de tapisseries.

ENCOUTURE. s. f. T. Mar. Disposition des madriers encouturés.

ENCOUTURER. v. a. (R. *en,* et *couture*). T. Mar. Disposer des madriers à recouvrement, suivant l'arrangement que l'on appelle *clin.*

ENCRAGE. s. m. T. Typogr. Action d'encrer, de passer à l'encre.

ENCRASSEMENT. s. m. Action d'encrasser, résultat de cette action.

ENCRASSER. v. a. Rendre crasseux. *La poudre encrasse les habits.* = s'ENCRASSER. v. pron. Devenir crasseux. *Cette étoffe s'encrasse aisément.* Avec ellipse du pron. personnel, *Laisser e. un habit.* || Fig. et fam., Se mésallier, s'avilir en fréquentant mauvaise compagnie. *S'en. dans de mauvaises compagnies.* || T. Mécan. Obstruer de scories. = ENCRASSÉ, ÉE. part.

ENCRATITES. s. m. (gr. ἐν, en; κρατεῖν, commander). Sectaires qui condamnaient le mariage et disaient qu'il n'est pas bon de boire du vin et de manger de la chair.

ENCRE. s. f. (lat. *encaustum,* m. s.). Liqueur ordinairement noire, dont on se sert pour écrire. || Fig. et fam., *Écrire de bonne e., de la bonne e. à quelqu'un,* Lui écrire en termes forts et même menaçants. *C'est la bouteille à l'e.,* se dit d'une affaire très obscure, très embrouillée. *Être dans la bouteille à l'e.,* Être dans le secret d'une intrigue. **Techn.** — Les substances ainsi nommées sont en fort grand nombre, et leur composition varie suivant leur destination. 1. *Encre à écrire.* — Tout le monde sait que les anciens écrivaient sur le *papyrus* ou sur le parchemin (*pergamentum*) avec un roseau effilé dont la pointe était fendue, et qu'on trempait dans l'e., comme nous y trempons nos plumes. L'e. des anciens (γραπτικὸν μέλαν, *atramentum scriptorium*) se préparait de diverses manières. Celle dont Pline donne la composition, et qui se fabriquait avec le charbon provenant de la combustion de bois résineux, lequel était ensuite trituré dans un mortier et préparé avec de la gomme, était bien supérieure à notre e. ordinaire, au moins sous le rapport de la durée. L'excellence de l'espèce d'e. dont les Égyptiens faisaient usage, quoique nous n'en ayons pas la recette, est démontrée par les papyrus trouvés dans les tombeaux. Les écritures des manuscrits qui datent du Vᵉ au XIIᵉ siècle de notre ère, sont très lisibles et bien conservées; tandis que celles du XVᵉ siècle et du XVIᵉ sont tellement décolorées, qu'on a toutes les peines du monde à les lire. Cette différence tient sans doute à ce que, avant le XVᵉ siècle, les copistes écrivaient avec de l'e. antique, tandis que les dérivatifs de cette dernière époque se servaient d'encres fabriquées avec la noix de galle et le sulfate de fer. C'est aussi d'encres de ce genre, c.-à-d. au tanno-galate de protoxyde de fer auquel on ajoute souvent, de façon à donner à l'e. un beau brillant, du sucre, de la gomme et de l'indigo, souvent aussi du sulfate de cuivre, que nous nous servons habituellement : encore sont-elles souvent mal préparées.

Parmi les nombreuses recettes imaginées pour préparer l'e. ordinaire, les meilleures nous paraissent être celles de

Chaptal et de Payen ; nous nous contenterons de citer la dernière. — On fait macérer pendant 36 heures, dans 5 litres d'eau distillée ou d'eau de rivière filtrée, 1 kilog. de noix de galle concassée et 75 gram. de fragments de campêche; on maintient la liqueur, pendant 2 heures, près de l'ébullition, on filtre dans une chausse, et l'on ajoute 500 gram. de sulfate de fer et 500 à 600 gram. de gomme arabique que l'on aura préalablement fait dissoudre dans au moins 2 litres 1/2 d'eau. On agite bien le tout, et on l'abandonne, pendant deux à trois jours, à l'action de l'air. Enfin, on décante, on aromatise avec 30 ou 40 gouttes d'essence de lavande, et l'on met en bouteilles. — La plupart des autres recettes en usage diffèrent de la précédente, non pas tant par les proportions différentes des matières employées, mais bien parce que les inventeurs font usage de substances autres que la noix de galle. C'est ainsi que, dans la composition de ces encres entrent des écorces de chêne, d'aulne, de châtaignier, qui sont très riches en acide tannique.

On supprime souvent aussi la couperose ou protoxyde de fer et le campêche et du sucre.

Enfin, depuis quelques années, l'*aniline* joue un grand rôle dans la fabrication des encres noires à bon marché ; ces encres ont le défaut de pâlir très rapidement.

Il existe aussi des encres à écrire à l'état solide, la plupart du temps vendues sous forme de pastilles que l'on plonge dans l'eau avant d'en faire usage.

Quel que soit le procédé employé, « il faut, dit Thénard, que l'e. soit une teinture, et non pas seulement une couleur, c.-à-d. qu'elle pénètre les fibres du papier et s'y fixe en s'y combinant, comme la teinture avec les fibres d'une étoffe, sans que, comme une couleur, elle puisse s'en détacher par le lavage; il faut, de plus, qu'elle soit coulante, d'une durée presque indéfinie, et d'une composition telle que si, avec le temps la teinte vient à s'affaiblir assez pour rendre la lecture difficile, il soit toujours facile de la faire reparaître en y passant une couche de dissolution de sulfate de fer. » Dans ces dernières années, on a imaginé une foule de liquides destinés à remplacer l'e. à écrire, et auxquels on a improprement donné le même nom. Plusieurs de ces préparations jouissent de qualités précieuses qui en rendent l'usage au moins égal à celui des meilleures encres; mais d'autres ne présentent aucune garantie de durée, et les écrits auxquels on les emploie sont exposés à s'altérer au point de devenir illisibles au bout de fort peu d'années. Ces dernières ne renferment ni sulfate de fer ni noix de galle; alors il est impossible de faire revivre les caractères effacés.

Il y a dans la Nouvelle-Grenade une plante appelée *Coriara thymofolia* dont le suc est excellent pour écrire.

II. *Encres de couleur.* — La meilleure *Encre rouge* s'obtient en faisant dissoudre du carmin ou de la cochenille en poudre dans l'ammoniaque liquide; on laisse évaporer l'alcali en excès, et l'on ajoute à la dissolution un peu de mucilage de gomme arabique. Mais comme la cochenille est fort chère, la plupart des encres rouges usuelles aujourd'hui sont à base d'aniline ou d'éosine. On obtient du reste une encre rouge suffisante en bien des cas, en faisant simplement dissoudre de l'éosine dans de l'eau. L'e. *pourpre* s'obtient en additionnant de sous-acétate de cuivre et d'alun une dissolution gommeuse de bois de campêche. En mêlant 1 partie de gomme-gutte avec une quantité égale de gomme arabique dissoute par l'ébullition, dans 12 parties d'eau, on prépare une excellente *Encre jaune.* Les *Encres bleues* se font avec l'indigo ou le bleu de Prusse soluble. Pour préparer ces dernières, on porphyrise le bleu de Prusse, puis on le broie avec un mucilage de gomme épais, et on le délaie avec de l'eau gommée jusqu'à ce que la préparation soit assez fluide pour couler facilement dans la plume. Les *Encres vertes, violettes* et *oranges* ne sont que des mélanges des précédentes : on varie seulement les proportions des liquides composants suivant la nuance qu'on veut obtenir. Quant aux encres métalliques, telles que celles d'or et d'*argent,* on les fabrique en broyant avec de l'eau gommée le métal réduit en poudre impalpable; on les emploie avec des plumes neuves, et, quand l'écriture est sèche, on les brunit avec une dent de loup.

III. *Encre de Chine.* — Cette e., dont l'usage est si fréquent pour le lavis, n'est autre chose qu'un mélange, à l'état solide, de matières charbonneuses avec de la gélatine qui a éprouvé au commencement de fermentation. On aromatise le mélange avec une substance odorante quelconque, surtout avec du musc ou du camphre, et on le moule en pains de bâtons de différentes grandeurs. Pour les qualités les plus fines, on emploie le noir de lampe ou le noir de fumée provenant de la combustion des bois résineux, et, pour les variétés communes, les noirs de liège, de marc de raisin, etc. Les manipulations varient suivant les fabricants. Lorsque l'e. est bonne, sa cassure est d'un noir luisant, et sa pâte est fine et parfaitement homogène. Pour constater sa qualité, on frotte le bout du bâton dans un godet avec un peu d'eau, et on laisse ensuite sécher rapidement le morceau d'e. de Chine et l'e. du godet. Si l'e. faite et la partie du pain qui a été frottée sont troubles, graveleuses et ternes, c'est une marque infaillible que cette e. ne vaut rien. Si, au contraire, elles sont claires, unies et brillantes, l'e. doit être bonne, surtout si, en séchant, sa surface se couvre d'une pellicule d'aspect métallique. Après cette première épreuve, on peut faire, dans un godet, de l'e. assez épaisse pour tracer un trait bien pur et bien noir. Quand le trait est sec, on passe dessus avec le pinceau une couche d'eau pure ; si l'e. qui a servi se délaie, si le trait s'élargit, et devient inégal, c'est un signe de la mauvaise qualité de l'e. : car elle doit supporter le lavis sans aucune altération.

Le charbon qui constitue la partie essentielle de l'e. de Chine, étant insoluble et inattaquable à une basse température, par tous les agents chimiques connus, on a pensé qu'il serait possible de s'en servir pour fabriquer des *encres indélébiles*, c'est-à-dire ineffaçables, faisant corps avec le papier qui la reçoit et ne disparaissant qu'avec lui. En 1837, une commission ayant été nommée par l'Académie des sciences pour examiner les moyens de la falsification des actes, des titres négociables et des effets de commerce, elle proposa les recettes suivantes : — *Encre indélébile pour écrire avec des plumes d'oie*, E. de Chine délayée dans l'eau acidulée par l'acide chlorhydrique du commerce marquant 1° 1/2 à l'aréomètre Baumé. — *Encre indélébile pour écrire avec des plumes métalliques*, E. de Chine délayée dans l'eau rendue alcaline par la soude caustique et marquant 1° au même aéromètre. Malheureusement de nouveaux essais ont constaté que ces encres peuvent être détruites par des moyens mécaniques, et même qu'on peut les faire disparaître sans le secours d'agents chimiques doués d'une très grande énergie. — Nous citerons la recette de Westrumb, comme donnant un résultat assez rapproché. Cette e. est ainsi composée : baume e. ordinaire, 2 lit. ; indigo très finement pulvérisé, 80 gram. ; noir de fumée délayé dans l'alcool, 50 gram. — Payen a proposé la formule d'une e. très solide qu'on peut obtenir instantanément ; elle consiste à mélanger par parties égales une solution d'e. de Chine avec de l'e. ordinaire. Ce mélange, suivant lui, résiste au chlore, à l'acide oxalique et au frottement du pinceau.

Celle de ces encres indélébiles qui présentent une résistance absolue à tous les agents chimiques connus est obtenue à l'aide du cyanoferrure jaune de potassium. Quel que soit le réactif avec lequel on traite cette e., elle résiste toujours, le cyanoferrure se transformant instantanément en bleu de Prusse.

IV. *Encre typographique*. — Cette e. consiste en un mélange, en proportions variables, d'huile de lin ou de noix, cuite, épurée à l'acide sulfurique, avec de la fumée provenant de la combustion de la poix-résine ou du goudron. On y introduit également une quantité plus ou moins considérable d'autres substances, telles que la poix, la colophane, l'arcanson, les baumes de copahu, du Pérou ou du Canada, le savon de résine, le noir de fumée végétal, etc. La bonne e. d'imprimerie doit adhérer fortement au papier sans le pénétrer et sans former de *cerne* jaune autour des lettres. Elle doit sécher très rapidement et encore résister à l'action de l'humidité, ainsi qu'à la chaleur, aux lavages à l'eau et à la plupart des agents chimiques en usage dans l'économie domestique. L'e. pour l'imprimerie en taille-douce diffère surtout de la précédente en ce que l'huile qu'on y introduit est un peu moins cuite et qu'on la fait avec du noir d'os ou du noir de lie de vin brûlée. L'*encre lithographique pour écrire*, ou pour *dessiner*, est un mélange de savon et d'un alcali fixe (soude ou sous-carbonate de soude), de suif ou de graisse, de cire, de gomme laque et de noir de fumée. Les proportions seules de ces substances diffèrent suivant que l'on veut obtenir la première ou la seconde de ces encres lithographiques. Le mastic en larmes et la térébenthine de Venise, qu'on y fait quelquefois entrer, la gâtent au lieu de l'améliorer.

V. *Encres à copier*. — Ces encres, devenues d'un usage courant dans le commerce et l'industrie, ont la propriété de transmettre sur une feuille de papier mouillé, en les reproduisant, les caractères d'une lettre écrite sur une autre feuille. Leur composition est la même que celle des encres noires ordinaires ; seules, les proportions de gomme et de sucre sont plus considérables. On y emploie souvent le violet d'aniline, ce qui leur donne cette teinte violette qu'elles présentent souvent.

VI. *Encres diverses*. — Nous réunissons sous ce chef quelques espèces d'encres particulières dont l'usage est infiniment plus restreint que celui des précédentes. — *Encres à marquer le linge*. L'une des plus simples se prépare en mêlant intimement 30 gram. de nitrate d'argent, 30 de gomme arabique, 125 d'eau distillée et 8 de noir de fumée ou d'e. de Chine. On en étend une petite quantité sur un tampon, et l'on imprime sur le linge avec un cachet de bois. — *Encres d'horticulture*. On nomme ainsi certains liquides qui servent à étiqueter les plantes. La meilleure est un mélange de 1 partie de vert-de-gris en poudre, 1 p. de sel ammoniac également pulvérisé, 1/2 p. de noir de fumée et 10 p. d'eau. Cette recette, qui est due à Braconnot, s'emploie surtout quand on doit étiqueter les morceaux de zinc. — *Encres pour le verre*. Pour écrire sur les bouteilles ordinaires qu'on veut conserver, dans les caves, on emploie une encre blanche qu'on prépare en délayant du blanc de céruse dans de l'essence de térébenthine. Pour imprimerie délayé dans la térébenthine. Pour les flacons destinés à renfermer les acides, on se sert d'une e. composée de 5 parties de copal en poudre dissoutes dans 32 p. d'essence de lavande et l'on colore la dissolution avec du noir de fumée, de l'indigo ou du vermillon, selon que l'on veut une inscription en lettres noires, bleues ou rouges.

VII. *Encres de sympathie ou sympathiques*. — On appelle ainsi des liquides incolores qui ne développent une teinte colorée que sous l'action de la chaleur ou de réactifs appropriés. La plus curieuse de ces encres est celle qui a été découverte par Waitz, au commencement du dernier siècle : elle consiste en une simple dissolution de chlorure de cobalt très pur dans une quantité d'eau distillée suffisante pour que la couleur de la solution, vue dans un flacon de verre blanc, soit à peine sensible. Les caractères tracés avec cette e. sur le papier sont invisibles à froid, mais ils deviennent bleus dès qu'on chauffe légèrement ce dernier, pour disparaître de nouveau par degrés aussitôt qu'il se refroidit. Voy. COBALT. En ajoutant à la solution de chlorure de cobalt un peu de chlorhydrate de trioxyde de fer, on obtient un liquide qui devient vert sous l'influence de la chaleur. Si, par ex., on dessine à l'e. de Chine un paysage représentant une scène d'hiver, et que l'on ajoute avec de l'e. sympathique, sur les parties blanches qui figurent la neige, les feuilles aux arbres et le gazon aux prairies, ces feuilles et ce gazon resteront invisibles tant qu'on ne fera pas chauffer le papier ; mais aussitôt qu'on l'approchera du feu, on verra l'herbe verdir, les arbres se couvrir de feuillage, et une scène d'été succéder à une scène d'hiver. Pour rétablir le dessin dans son premier état, il suffira de le laisser refroidir ou de souffler dessus. — Une solution d'acétate de plomb fournit une e. sympathique, qui apparaît en noir lorsqu'on l'expose aux vapeurs de la liqueur fumante de Boyle. L'acide sulfurique, étendu de 40 fois son poids d'eau, développe, à l'approche du feu, une couleur bleue qui ne s'efface plus. On obtient une coloration pourpre avec une solution de chlorure d'or quand on passe sur le papier une autre solution de chlorure d'étain. Enfin, le suc d'oignon, le suc de citron, etc., constituent des encres sympathiques à la portée de tout le monde.

ENCRÈCHEMENT. s. m. (R. *en*, et *crèche*). Enceinte formée de pieux pour préserver les fondations d'un ouvrage hydraulique.

ENCRENÉ, ÉE. adj. T. Métall. *Fer encrené*, Fer qui a passé sous le marteau après la seconde chaude.

ENCRÊPER. v. a. Garnir de crêpe, pour cause de deuil. = s'ENCRÊPER. v. pron. Prendre un crêpe.

ENCRER. v. a. T. Imprim. Charger, enduire d'encre. E. *les formes*. — s'ENCRER. v. réfl. S'enduire d'encre. = ENCRÉ, ÉE. part.

ENCREUR. adj. Qui sert à encrer. *Rouleau e. Godet e.*, Ustensile employé dans le télégraphe électrique.

ENCRIER. s. m. Petit vase où l'on met de l'encre pour la prendre ensuite avec la plume.

Techn. — Il existe, à l'heure actuelle, une quantité d'encriers des plus ingénieux et des plus commodes empêchant l'encre de rester en contact constant avec l'air et, par conséquent, d'épaissir en recevant la poussière. L'ingéniosité des inventeurs a, depuis longtemps, remédié à cet inconvénient en créant tout d'aubord, l'*E. siphoïde* et l'*E. à pompe*. Tous deux ont pour but de soustraire l'encre à l'action de l'air qui l'altère, et en même temps de ne jamais permettre à la plume de prendre une quantité d'encre trop considérable. — L'*E. siphoïde* (Fig. 1) est un simple réservoir formé qui communique par le bas avec un tube latéral dans lequel on prend l'encre. Supposons le réservoir entièrement plein d'encre et inclinons-le légèrement ; une ou plusieurs bulles d'air, s'introduisant par le tube latéral, viendront se loger à la partie supérieure du ré-

Fig. 1. Fig. 2.

servoir, et déplaceront une quantité d'encre correspondante qui refluera dans le tube latéral, où on la fera ainsi monter à la hauteur convenable. Lorsque le réservoir étant vide, on voudra le remplir, on versera l'encre par le tube latéral, en inclinant l'e. en sens contraire, de manière que l'air contenu dans le réservoir puisse s'échapper par le tube latéral, au fur et à mesure que l'encre s'y introduit. L'*E. à pompe* (Fig. 2, coupe) se compose d'un réservoir, ordinairement de porcelaine, dans lequel on met l'encre, et qui est percé latéralement, au-dessus du niveau habituel du liquide, d'un petit trou qui vient aboutir au fond du godet où l'on plonge la plume. Le couvercle du réservoir est traversé par une vis qui supporte un cylindre plein de verre ou de porcelaine. En tournant le bouton qui forme la tête de la vis, le cylindre plein s'enfonce dans l'encre qu'il déplace et force à remonter dans l'intervalle annulaire compris entre le contour du cylindre et les parois du réservoir ; dans ce mouvement ascensionnel, le niveau de l'encre atteint le trou latéral qui communique avec le godet, où elle s'élève plus ou moins, selon le degré d'immersion du cylindre. En faisant tourner le bouton en sens inverse, on fait remonter le cylindre : alors l'encre du godet, pressée par l'air extérieur, rentre dans le réservoir par le trou dont nous avons parlé. L'e. pompe a été imaginé par Boquet. Bien que très commodes, ces encriers ont été remplacés par des créations plus ingénieuses encore, parmi lesquelles nous citerons les *encriers inversables* de types divers, les *encriers stiligouttes*, *encriers à clapets*, etc., etc. On a même imaginé des porteplumes qui contiennent l'encre, tantôt liquide, tantôt solide, et qui possèdent les appellations les plus diverses, souvent baroques, dues à la fantaisie de leurs inventeurs. Mais, en somme, on est revenu, dans la pratique, aux encriers à ciel ouvert, aux godets plus ou moins évasés, dont le principal inconvénient est de subir une évaporation assez rapide, et d'obliger au renouvellement fréquent de l'encre, ce qui n'a rien de bien onéreux. — En typographie, on appelle également *Encrier* une espèce de réservoir fixé à l'un des côtés d'une table carrée, sur lequel les imprimeurs prennent, avec les balles ou le rouleau, l'encre qu'ils étendent ensuite sur la forme.

ENCRINES. s. m. pl. (gr. ἐν, dans, parmi ; κρίνον, lis). T. Zool. Nom que l'on donne à une classe d'Échinodermes appelée encore *Crinoïdes*. Voy. ce mot et ÉCHINODERMES.

ENCRINITE. s. m. Encrine pétrifié.

ENCRINITIQUE. adj. 2 g. T. Géol. *Terrain e*, Celui qui renferme des encrinites.

ENCRIVORE. adj. 2 g. (R. *encre*, et lat. *vorare*, dévorer. Substance qui efface l'encre.

ENCROISEMENT. s. m. Action d'encroiser, de faire une croix.

ENCROISER. v. a. T. Mét. Croiser les fils d'une partie ourdie.

ENCROIX. v. a. T. Mét. Division alterne entre les fils destinés à former la chaîne d'une pièce d'étoffe. || Fil de coton que le teinturier croise sur des chevilles, afin de pouvoir le teindre sans le mêler.

ENCROTTER. v. a. [Pr. *an-kro-ter*]. Remplir de crotte.

ENCROUÉ, ÉE. adj. [Pr. *an-krou-é*] (bas-lat. *in*, dans ; *crocare*, accrocher). T. Eaux et For. Se dit d'un arbre qui est tombé sur un autre lorsqu'on l'abattait, et qui s'est embarrassé dans ses branches.

ENCROÛTANT, ANTE. adj. T. Zool. Qui enveloppe les corps en formant une espèce de croûte.

ENCROÛTEMENT. s. m. Action d'encroûter, état de ce qui est encroûté.

ENCROÛTER. v. a. (lat. *incrustare*, de *in*, en, et *crusta*, croûte). T. Maçonn. Enduire un mur de mortier. = s'EN-CROÛTER. v. pron. Se couvrir d'une espèce de croûte. || Fig. et fam., S'abêtir. *Vous vous encroûtez en restant dans cette petite ville.* = ENCROÛTÉ, ÉE. part. || Fig. et fam., *Être encroûté de préjugés.* Avoir beaucoup de préjugés. *Un pédant encroûté,* Un homme d'une extrême pédanterie.

ENCUIRASSER. v. a. (R. *en*, et *cuirasse*). Couvrir d'une cuirasse. = s'ENCUIRASSER. v. pron. Se dit de la peau, du linge, des habits, des étoffes, etc., lorsque la crasse, la graisse, l'ordure s'y amassent et s'y unissent fortement. *Il est si sale que ses habits s'encuirassent.* Fam. et peu us. = ENCUIRASSÉ, ÉE. part.

ENCULASSER. v. a. T. Milit. Mettre la culasse au canon d'une arme à feu.

ENCUVAGE. s. m. Action d'encuver le linge ou la vendange. || T. Mét. La quantité de cuirs que le hongroyeur met ensemble dans la cuve.

ENCUVEMENT. s. m. Action d'encuver.

ENCUVER. v. a. Mettre dans une cuve. *E. la vendange.* = ENCUVÉ, ÉE. part.

ENCYCLIE. s. f. (gr. ἐν, dans ; κύκλος, cercle). T. Phys. Nom donné aux cercles qui se forment à la surface d'un liquide quand on y laisse tomber un corps.

ENCYCLIQUE. adj. 2 g. (gr. ἐγκύκλιος, circulaire, de ἐν, en, et κύκλος, cercle). *Lettre e*, Lettre circulaire que le souverain pontife envoie à tous les évêques de la chrétienté, pour leur faire connaître son opinion sur un sujet quelconque. — S'emploie aussi substantiv. au fém. *L'Enc. de Léon XIII.*

ENCYCLOGRAPHIE. s. f. (gr. ἐγκύκλιος, circulaire ; γράφειν, décrire). Réunion de traités sur toutes les branches des connaissances humaines.

ENCYCLOPÉDIE. s. f. (gr. ἐγκύκλιος, circulaire ; παιδεία, éducation, c.-à-d. éducation qui embrasse le cercle entier des connaissances).
Ce terme se prend dans deux acceptions différentes. Tantôt il se dit de l'ensemble des connaissances humaines systématiquement coordonné ; tantôt il sert à désigner un ouvrage où l'on traite de toutes les sciences et de tous les arts en général, soit par ordre alphabétique, soit méthodiquement. C'est surtout dans cette dernière acception que le mot *Encyclopédie* est usité ; néanmoins on l'emploie encore dans un sens plus limité, en l'appliquant à un ouvrage qui ne traite que d'une seule science, d'un seul art, comme l'*E. des sciences médicales*, l'*E. des chemins de fer*, etc. — Une e., dans l'acception la plus large de ce terme, est une œuvre impossible : car nul homme ne peut embrasser le cercle entier des connaissances humaines, et nul homme n'a besoin de tout savoir. Mais un ouvrage qui donne des renseignements exacts et succincts sur les principales branches des connaissances humaines, qui puisse être consulté avec fruit par l'ignorant qui désire s'initier à une étude, par le savant auquel la mémoire fait défaut, par l'homme du monde qui borne son ambition à acquérir une idée précise des choses, un pareil ouvrage, disons-nous, est non seulement possible, mais encore d'une haute utilité. Cette utilité est si bien sentie, que chez tous les peuples qui cultivent la littérature, les sciences et les arts, il existe des recueils destinés à satisfaire ce besoin, soit sous le titre d'e., soit sous tout autre titre plus ou moins analogue. Aujourd'hui surtout que chacun, en présence des progrès incessants qui s'accomplissent dans l'ordre scientifique et dans

l'ordre industriel, aspire sinon à prendre part à ce mouvement, du moins à le suivre, les publications de ce genre se sont extrêmement multipliées. Jusqu'à quel point ces œuvres remplissent-elles leur but, c'est ce que nous n'examinerons point. Nous dirons seulement que nous faisons, quant à nous, tous nos efforts pour agir autrement ou mieux que nos prédécesseurs. Pour cela, nous voulons qu'il y ait unité dans la rédaction de notre livre, et que les divers articles qui le composent ne se contredisent sous aucun rapport; nous voulons que les diverses parties de notre œuvre se relient entre elles, de manière à former un tout; nous voulons que, sans être encombrant et prolixe, ce *Dictionnaire encyclopédique* contienne une définition de tous les mots essentiels de la langue française et une exposition satisfaisante de tous les sujets. Ce n'est point à nous à dire si nous avons réussi; nous nous contentons d'indiquer le but que nous nous sommes proposé.

Le premier ouvrage qui ait porté le titre d'*E.* et le plus célèbre par l'influence qu'il exerça sur le mouvement des idées est l'*E. du XVIIIᵉ siècle* ou *Dictionnaire raisonné des Sciences, des Arts et des Métiers* par Diderot et d'Alembert. Ce livre remarquable auquel collaborèrent presque tous les hommes de valeur du temps, eut une portée considérable. Il est le résumé des opinions des hommes les plus éclairés du XVIIIᵉ siècle sur tous les sujets: Philosophie, Morale, Politique, Sciences, etc. L'esprit dans lequel il est rédigé est bien celui du temps: *en religion*, scepticisme à l'égard des dogmes; déisme rationaliste inclinant au matérialisme, mais le plus grand respect pour la morale, avec d'éloquents appels à la tolérance et en faveur de la liberté de conscience; *en philosophie*, peu de profondeur métaphysique, mais beaucoup de clarté, haine des controverses stériles, le bon sens pris pour guide, préférence marquée pour les doctrines faciles à comprendre, même quand elles sont très superficielles, empirisme expérimental qui est au fond le sensualisme de Locke; *en politique*, proclamation de l'égalité, revendications en faveur des humbles, haine des privilèges et de l'arbitraire. Tous les principes de rénovation sociale, si éloquemment proclamés par les hommes de 1789, sont déjà dans l'*E.*, et l'on peut affirmer que la publication de ce livre a hâté la Révolution française ou a fourni à ses premiers hommes d'État les théories du gouvernement qu'ils rêvaient d'installer.

ENCYCLOPÉDIQUE. adj. 2 g. Qui appartient à l'encyclopédie, qui concerne l'ensemble des sciences. *Arbre e. Dictionnaire e. Journal e.* || Fig., *Avoir un esprit, un savoir, une érudition e.*, Posséder, réunir des connaissances en tout genre.

ENCYCLOPÉDISME. s. m. Système des encyclopédistes.

ENCYCLOPÉDISTE. s. m. Auteur, écrivain qui fait ou qui a fait une encyclopédie. — Se dit particulièrement des écrivains qui travaillèrent à l'Encyclopédie entreprise par Diderot et d'Alembert. *La secte des encyclopédistes.* Voy. ENCYCLOPÉDIE.

ENCYPROTYPE. adj. (gr. ἐν, en; κύπρος, cuivre; τύπος, empreinte). T. Didact. Qui est gravé sur cuivre. *Planche encyprotype.*

ENDARTÉRITE. s. f. Voy. ENDO-ARTÉRITE.

ENDAUBAGE. s. m. T. Cuis. Mettre une pièce de volaille en daube. — Au plur. T. Mar. Comestibles préparés pour être conservés en mer.

ENDAUBER. v. a. Mettre en daube.

ENDAUBEUR. s. m. T. Mar. Celui qui prépare les endaubages.

ENDÉCAGONE, ENDÉCASYLLABE. Voy. HENDÉCAGONE, etc.

ENDELLITE. s. f. T. Minér. Syn. de BOURNONITE. Voy. ce mot.

ENDÉMIE. s. f. (gr. ἐνδημία, m. s., de ἐν, en, et δῆμος, peuple). T. Méd. Maladie particulière à un pays et toute locale.

ENDÉMIQUE. adj. 2 g. (R. *endémie*). Qui est particulier à un peuple, à un pays; se dit surtout des maladies. *Maladies endémiques Le choléra est e. dans l'Inde. — L'ivrognerie est un vice e. des climats rigoureux.*

ENDENTEMENT. s. m. T. Méc. Action d'endenter une roue, le résultat de cette action. || T. Constr. Action d'unir deux pièces de bois par des dents. || T. Mar. Disposition de vaisseaux sur deux lignes voisines et parallèles, telle que ceux d'une ligne correspondent aux intervalles de l'autre ligne.

ENDENTER. v. a. (R. *en* et *dent*). Mettre des dents à une roue ou à quelque autre machine. || T. Mar. Disposer des vaisseaux en endentement. = s'ENDENTER. v. pron. Être fixé dans une entaille. = ENDENTÉ, ÉE. part. || Adjectiv., Pourvu, garni de dents; se dit de l'homme et des animaux. *Avoir une bouche bien endentée, mal endentée.* Fam. || T. Blas. Se dit d'un pal, d'une bande et autres pièces composées de triangles alternés de divers émaux.

ENDENTURE. s. f. (R. *en*, et *dent*). Ensemble et qualité des dents. || T. Paléogr. Charte découpée suivant une ligne en zigzags. Voy. CHARTE.

ENDERMIQUE. adj. 2 g. (gr. *en*, dans; δέρμα, peau). T. Méd. On appelle *méthode endermique*, non une méthode particulière de traitement, mais simplement une manière d'administrer certains médicaments, qui consiste à les appliquer directement à la surface du derme, c.-à-d. sur la peau préalablement dénudée de son épiderme, soit par le moyen de vésicatoires ordinaires, soit par tout autre procédé. La méthode endermique a été tuée par la méthode *hypodermique* (seringue de Pravaz), et son application est aujourd'hui des plus restreintes.

ENDETTEMENT. s. m. [Pr. *an-dè-te-man*]. Action de contracter des dettes.

ENDETTER. v. a. [Pr. *an-dè-ter*]. Charger de dettes, engager dans des dettes. *L'achat de cette terre l'a fort endetté.* = s'ENDETTER. v. pron. *Il s'est endetté.* = ENDETTÉ, ÉE. part.

ENDÉVÉ, ÉE. adj. (part. pass. de *endéver*). Mutin, obstiné. *Il faut être bien e. pour s'obstiner à cela.* Pop. || Subst. *C'est un e.* Très fam. et peu us.

ENDÊVER. v. n. (lat. *deviare* faire erreur). Avoir un grand dépit de quelque chose. *Il endêvait de cela. Il endêve de voir qu'on ne lui parle pas. Faire e. quelqu'un.* Très fam.

ENDHYMÉNINE. s. f. (gr. ἔνδον, en dedans; ὑμήν, membrane). T. Bot. Nom donné autrefois à la membrane interne des grains de pollen.

ENDIABLÉ, ÉE. adj. Furieux, enragé, extrêmement méchant. *Esprit e. Il faut être e. pour faire des tours pareils.* Famil. — *Un chemin e.,* Un chemin très mauvais. || Substantiv., *C'est un e.,* une *endiablée.* Fam.

ENDIABLER. v. n. Se donner au diable, être furieux. *Il endiablait des contrariétés qu'on lui faisait éprouver. Faire e. quelqu'un.* Fam.

ENDIE. s. f. (gr. ἔνδεια, manque). T. Gramm. Métaplasme par lequel on retranche quelque lettre.

ENDIGUEMENT. s. m. Action d'endiguer; le résultat de cette action.

ENDIGUER. v. a. (R. *en*, et *digue*). Contenir un cours d'eau à l'aide d'une digue. || Fig. Contenir par des obstacles = ENDIGUÉ, ÉE. part.

ENDIMANCHER. v. a. Mettre à quelqu'un ses habits du dimanche. *E. un enfant.* = s'ENDIMANCHER. v. pron. Mettre ses habits du dimanche; se dit ordinairement par plaisanterie en parlant d'une personne du peuple qui a mis ses beaux habits. *Il s'est endimanché.* Fam. = ENDIMANCHÉ, ÉE. part. || *Avoir l'air endimanché,* se dit d'une personne qui paraît gauche, empruntée dans sa toilette, ou qui a une toilette de mauvais goût.

ENDIVE. s. f. (lat. *intybus*, gr. ἔντυϐον, m. s.). T. Bot. Nom que l'on donne à une espèce du genre *Chicorée.* Voy. ce mot.

ENDIVISIONNEMENT. s. m. [Pr. *andivi-zio-ne-man*]. T. Art milit. Formation d'une division par la réunion de deux pelotons.

ENDIVISIONNER. v. a. [Pr. *andivi-zio-ner*]. T. Mi lt. Former les régiments en divisions.

ENDIZELER. v. a. T. Rur. Faire des dizeaux.

ENDO-ARTÉRITE. s. f. (gr. ἔνδον, en dedans ; fr. *artère*). T. Méd. Inflammation de la membrane interne des artères. On dit aussi *Endartérite*.

ENDOBRANCHE. adj. (gr. ἔνδον, en dedans ; βράγχια, branchies). T. Zool. Qui a les branchies placées à l'intérieur.

ENDOCARDE. s. m. (gr. ἔνδον, à l'intérieur ; καρδία, cœur). T. Anat. Membrane qui tapisse les cavités internes du cœur. Voy. CŒUR.

ENDOCARDITE. s. f. T. Méd. Inflammation de l'endocarde. Voy. CŒUR.

ENDOCARPE. s. m. (gr. ἔνδον, en dedans ; καρπός, fruit). T. Bot. Portion interne du péricarpe qui, dans les drupes, se lignifie et constitue ce que le vulgaire désigne sous le nom de *noyau* (cerise, pêche, abricot, etc.). Voy. FRUIT. || Genre de Champignons (*Endocarpon*) de la famille des *Lichens*. Voy. ce mot.

ENDOCARPÉ, ÉE. adj. T. Bot. Qui ressemble à un endocarpe.

ENDOCÉPHALE. adj. (gr. ἔνδον, en dedans ; κεφαλή, tête). T. Zool. Qui n'a point de tête apparente au dehors.

ENDOCHORION. s. m. [Pr. *ando-korion*] (gr. ἔνδον, en dedans, et fr. *chorion*). T. Anat. Feuillet interne du chorion.

ENDOCHROME. s. m. [Pr. *ando-krôme*] (gr. ἔνδον, en dedans ; χρῶμα, couleur). T. Bot. Mot autrefois spécialement employé pour désigner la matière verte qui occupe les cellules de certaines Algues filamenteuses. Inus.

ENDOCRÂNE. s. m. (gr. ἔνδον, en dedans ; κρανίον, crâne). T. Anthrop. Surface interne de la cavité crânienne.

ENDOCTRINABLE. adj. Qui peut être endoctriné.

ENDOCTRINEMENT. s. m. Action d'endoctriner ; résultat de cette action.

ENDOCTRINER. v. a. Enseigner quelque doctrine. *Les désorganisateurs endoctrinaient à leur aise l'ignorante multitude.* || Fig. et fam., Faire la leçon à quelqu'un, le bien instruire de ce qu'il doit dire ou faire dans quelque circonstance. *Il s'acquittera bien de la commission, on l'a bien endoctriné.* = ENDOCTRINÉ, ÉE. part.

ENDOCTRINEUR. s. m. Celui qui endoctrine, qui cherche à endoctriner.

ENDODERME ou **ENTODERME.** s. m. (gr. ἔνδον, en dedans ; δέρμα, peau). Couche interne muqueuse, chez les polypiers, les hydres d'eau, etc. || T. Anat. Le feuillet interne du blastoderme. Voy. EMBRYOLOGIE. || T. Bot. L'assise la plus interne de l'écorce dans la racine et dans la tige.

ENDOESTHÉSIE. s. f. [Pr. *ando-è-stézie*] (gr. ἔνδον, en dedans ; αἴσθησις, sensation). T. Didact. La sensibilité interne.

ENDOGÈNE. adj. 2 g. (gr. ἔνδον, à l'intérieur ; γενεά, génération). T. Bot. Qui se forme, qui se développe à l'intérieur. *La racine est un organe e.* — Substantiv. et au fém. plur., ce mot a été employé par de Candolle pour désigner la classe des *Monocotylédones*. Voy. BOTANIQUE. Ce mot n'est plus us. dans ce sens.

ENDOGÉNÈSE. s. f. (R. *endogène*). T. Physiol. Naissance de cellules dans l'intérieur d'autres cellules.

ENDOGONE. s. m. (gr. ἔνδον, en dedans ; γόνος, qui engendre). T. Bot. Mot employé par certains auteurs pour désigner le sac sporifère ou *sporange* des Mousses à l'époque de la floraison.

ENDOLORI, IE. adj. Qui ressent quelque douleur. *Un bras e. J'ai le corps tout endolori.*

ENDOLORIR. v. a. (R. *en*, et *douleur*). Rendre douloureux. = s'ENDOLORIR. v. pron. *Son bras s'endolorissait.*

ENDOLORISSEMENT. s. m. Action d'endolorir. T. Néol.

ENDOLYMPHE. s. f. (gr. ἔνδον, en dedans ; fr. *lymphe*). T. Anat. Liquide clair et albumineux qui remplit le labyrinthe de l'oreille interne.

ENDOMMAGEMENT. s. m. [Pr. *an-do-ma-je-man*]. Action d'endommager ; résultat de cette action.

ENDOMMAGER. v. a. [Pr. *an-do-ma-jer*]. Causer du dommage ; ne se dit que des choses. *La grêle a fort endommagé les récoltes. Cet édifice a été endommagé par le canon.* s'ENDOMMAGER. v. pron. Éprouver du dommage. *Ce meuble s'est endommagé dans sa chute.* = ENDOMMAGÉ, ÉE. part.

ENDOMYCE. s. m. (gr. ἔνδον, en dedans ; μύκης, champignon). T. Bot. Genre de Champignons (*Endomyces*) de la famille des *Discomycètes*. Voy. ce mot.

ENDOMYCHIDES. s. m. pl. (gr. ἔνδον, en dedans ; μύκης, champignon). T. Entom. Famille de *Coléoptères cryptotétramères* qui renferme de petits insectes de l'Amérique méridionale, dont la forme du corps rappelle beaucoup celle de nos Coccinelles. Ils sont caractérisés principalement par la disposition des quatre articles que présentent les tarses : les deux premiers sont très larges, couverts de poils en dessous ; les deux derniers sont rudimentaires et cachés pour ainsi dire dans une rainure du second article ; le dernier est allongé en forme de crochet.

Les E. se nourrissent presque exclusivement de moisissures, de champignons dans lesquels on les trouve cachés ; ils se répartissent en une cinquantaine de genres renfermant plus de 300 espèces. Une seule espèce, l'*Endomychus coccineus*, vit en France sous les écorces des arbres morts où se développent des productions cryptogamiques. Sa couleur est rouge vif avec quatre taches noires sur les élytres et une autre sur le corselet ; la longueur de son corps ne dépasse pas 5 millimètres. Voy. CRYPTOTÉTRAMÈRES.

ENDOMYXÉES. s. f. pl. (gr. ἔνδον, en dedans ; μύξα, mucosité). T. Bot. Famille de Champignons de l'ordre des Myxomycètes, caractérisée par la présence d'un plasmode fusionné avec spores internes. — Au moment où la spore est jetée dans le milieu extérieur, elle germe (Fig. 1. — 1, 2, 3) en émettant au dehors sa masse protoplasmique qui reste nue et ne tarde pas à se mouvoir, avec ou sans cil, à la façon d'un amibe ; en un mot, elle devient un myxamibe (Fig. 1. — 4, 5).

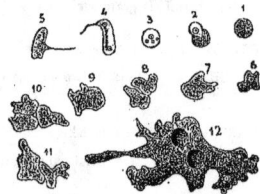

Fig. 1.

Celui-ci s'accroît, puis se divise en deux myxamibes, qui se séparent et se divisent à leur tour (Fig. 1. — 6, 7, 8). Plus tard, tous les myxamibes formés à la suite de ces bipartitions successives se rapprochent et se fusionnent en une masse unique qui prend le nom de *plasmode* (Fig. 1. — 10, 11, 12). Ce plasmode continue à se mouvoir de la même façon que les myxamibes jusqu'au moment où il formera les spores. Le plasmode est le plus souvent s'il est incolore ; il peut cependant être coloré en jaune, en rouge ou violet ; tantôt il est à peine visible à l'œil nu, tantôt il forme des masses de 20 à 30 centimètres carrés, sur 2 ou 3 centimètres d'épaisseur. Tel est le plasmode du *Fuligo septica*, qui se développe à la surface du tan, et qui porte pour cette raison le nom de *Fleur de tan, Tannée fleurie*. Au moment où il va former les spores, le plasmode cesse tout mouvement, se ramasse sur lui-même, prend une forme déterminée pour chaque espèce, s'entoure d'une membrane cellulosique et produit des spores dans son intérieur (Fig. 2, A. — Fig. 3).

La forme et la structure de cet appareil sporifère sont des plus variées ; sa partie essentielle est un sporange qui peut

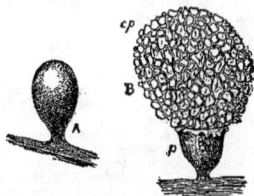

Fig. 2.

être sessile, c.-à-d. appliqué directement contre le support (Fig. 2, A), ou bien être porté sur un pédicelle plus ou moins long (Fig. 3). La membrane du sporange est tantôt incolore, tantôt diversement colorée ; tantôt mince, tantôt très épaisse

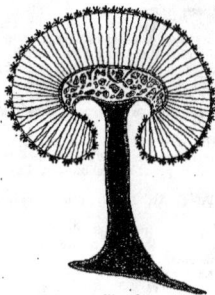

Fig. 3.

et parfois incrustée de carbonate de chaux (Fig. 3). Quant au pédicelle, il peut simplement faire suite directement au sporange, ou bien en être séparé par une cloison, convexe vers le haut, et qui s'élève dans l'axe du sporange en formant ce qu'on appelle la *columelle* (Fig. 3).

Quelquefois, tout le protoplasme du sporange est employé à la formation des spores ; mais, le plus souvent, certaines portions du protoplasme se séparent de la masse et se condensent en filaments solides, qui s'entremêlent aux spores et constituent le *capillitium*. Ils sont fortement recourbés et pelotonnés sur eux-mêmes à l'intérieur du sporange ; mais sous l'influence de la sécheresse, ils se détendent et contribuent puissamment à déchirer d'abord la membrane du sporange et ensuite à disséminer les spores (Fig. 2, B, *cp*). Cette ouverture du sporange mûr se fait de diverses manières, mais le plus souvent cette déhiscence est irrégulière.

Cette famille renferme environ 40 genres que l'on groupe en cinq tribus de la façon suivante :

Tribu I. — *Tubulinées.* — Spores claires ; ni capillitium, ni columelle ni calcaire (*Tubulina, Dictydium, Enteridium*, etc.).

Tribu II. — *Arcyriées.* — Spores claires ; capillitium ; ni columelle, ni calcaire (*Trichia, Arcyria, Reticularia*, etc.).

Tribu III. — *Stémonitées.* — Spores violettes ; capillitium et columelle ; pas de calcaire (*Stemonitis, Amaurochæte*, etc.).

Tribu IV. — *Physarées.* — Spores violettes ; capillitium ; pas de columelle ; du calcaire (*Physarum, Fuligo*, etc.).

Tribu V. — *Didymiées.* — Spores violettes ; capillitium ; columelle et calcaire (*Didymium*, Fig. 3, *Spumaria*, etc.).

ENDONÉPHRITE. s. f. (gr. ἔνδον, en dedans, et fr. *néphrite*). T. Méd. Inflammation de la membrane qui tapisse le bassinet du rein.

ENDOPARASITE. s. m. (gr. ἔνδον, en dedans, et fr *parasite*). Parasite habitant l'intérieur du corps où il vit.

ENDOPHLŒUM. s. m. (gr. ἔνδον, en dedans ; φλοιός, écorce). T. Bot. Nom sous lequel Link a désigné le liber.

ENDOPHRAGME. s. m. (gr. ἔνδον, en dedans ; φράγμα, cloison). T. Bot. Cloison entre les cellules dont les algues marines sont formées. Inus.

ENDOPLÈVRE. s. f. (gr. ἔνδον, en dedans ; πλευρά, plèvre). T. Bot. Désignait autrefois la membrane interne de la graine ou immédiatement l'amande. Inus.

ENDOR, v. de Palestine ; séjour d'une pythonisse célèbre qui évoqua l'ombre de Samuel et prédit à Saül sa défaite, la veille de la bataille de Gelboé.

ENDORMANT, ANTE. adj. Qui endort, qui est propre à endormir. *Lecture endormante.*

ENDORMEUR, EUSE. s. Celui, celle qui endort, qui a l'art d'endormir. ‖ Malfaiteur qui emploie des drogues somnifères pour endormir ses victimes et les dépouiller. ‖ Fig., Personne qui cherche à amuser quelqu'un afin de le tromper et de l'empêcher d'agir. *Ne l'écoutez pas, c'est un e.* Prov., on dit, dans le même sens, *C'est un e. de mulots, de couleuvres.*

ENDORMIR. v. a. Faire dormir. *Bercer un enfant pour l'e.* — Provoquer le sommeil par l'ennui, la fatigue. *Cette pièce est si ennuyeuse qu'elle endort. Vous m'endormez avec toutes vos histoires.* ‖ Fig., Amuser quelqu'un afin de le tromper et de l'empêcher d'agir. *Il l'a endormi de belles paroles, avec de vaines espérances, par de vaines promesses.* Dans un sens anal., on dit, *E. la vigilance, la prudence*, etc., *de quelqu'un.* ‖ Engourdir. *Cette position forcée m'a endormi la jambe. Il a fallu lui e. le bras avant de le lui couper.* = **S'ENDORMIR.** v. pron. Commencer à s'endormir. *Il s'endort. Je ne pouvais m'e. Je ne me suis endormi qu'à la pointe du jour.* — Fig. et poétiq., *S'e. du sommeil de la tombe*, Mourir. On dit encore, dans le style de l'Écriture, *S'e. du sommeil du juste, s'e. dans le Seigneur*, Mourir en état de grâce. ‖ Fig. et fam., Manquer d'activité, de vigilance, ne pas donner à une affaire les soins qu'elle exige. *C'est un homme qui ne s'endort pas, qui ne s'endort jamais. Ce n'est pas un homme à s'e. sur ses intérêts.* — Fam., *S'e. sur le rôti*, Négliger ce qui demande un soin assidu. ‖ Fig., *S'e. dans le vice, dans les voluptés*, etc., Croupir dans le vice, dans les voluptés, etc. = **ENDORMI, IE.** part. *Ce tableau représente une nymphe endormie.* ‖ Adject. et fig., Qui manque de vivacité, lent, paresseux. *C'est un homme endormi, un esprit endormi. Avoir l'air endormi.* = Conj. Voy. SORTIR.

ENDOS. s. m. (R. *en*, et *dos*). T. Comm. Se dit pour endossement. *Mettre son e. sur une lettre de change.* ‖ Fig., Garantie, engagement que l'on prend au nom d'un autre.

ENDOSCOPE. s. m. (gr. ἔνδον, en dedans ; σκοπέω, je regarde). T. Chir. Instrument imaginé par Désormeaux en 1853 et destiné à l'examen des conduits et des cavités du corps dont l'ouverture étroite ne permet que l'introduction d'une sonde de faible diamètre : l'urètre, la vessie, le col et le corps de l'utérus, l'œsophage et les fosses nasales. Il se compose : 1° d'une lampe dont la flamme est située au centre de courbure d'un réflecteur concave sphérique ; 2° d'une lentille qui reçoit la lumière directe et celle qui est renvoyée par le réflecteur, et la concentre sur le point à éclairer ; 3° d'un miroir plan, percé au centre et qui, recevant le faisceau lumineux sous un angle de 45 degrés, le réfléchit à angle droit dans la direction d'une sonde introduite dans les parties à examiner.

ENDOSMOMÈTRE s. m. (R. fr. *endosmose*, et gr. μέτρον, mesure). T. Phys. Instrument propre à rendre sensibles les phénomènes de l'endosmose.

ENDOSMOSE. s. f. (gr. ἔνδον, à l'intérieur; ὠσμός, impulsion). T. Phys. Passage d'un liquide à travers une membrane ou cloison poreuse. Voy. Osmose.

ENDOSMOTIQUE. adj. Qui a rapport à l'endosmose.

ENDOSPERME. s. m. (gr. ἔνδον, en dedans; σπέρμα, semence). T. Bot. Ce mot était autrefois synonyme d'albumen. Aujourd'hui, on l'emploie exclusivement pour désigner l'ensemble des matières de réserve que l'on trouve à côté de l'embryon dans les graines des *Gymnospermes*. Voy. Graine.

ENDOSPERMÉ, ÉE. adj. T. Bot. Qui a la forme d'un endosperme.

ENDOSPERMIQUE. adj. 2 g. T. Bot. Qui est accompagné d'un endosperme. *Embryon e.*

ENDOSPORE. adj. 2 g. (gr. ἔνδον, en dedans, et fr. *spore*). T. Bot. Membrane interne des spores. = Adject. Qui porte des spores enfermées dans des conceptacles.

ENDOSPORÉ, ÉE. adj. T. Bot. Dont les spores sont situées à l'intérieur d'une cavité spéciale ou *sporange*.

ENDOSSAGE. s. m. T. Techn. Syn. d'Endossure. Préparation du dos d'un livre relié.

ENDOSSE. s. f. (R. *en*, et *dos*). Le fardeau, la peine, la responsabilité que donne une chose. *Vous en aurez l'e. Mettre l'e. sur quelqu'un.* Très fam.

ENDOSSEMENT. s. m. (R. *endos*). Ce qu'on écrit au dos d'un acte; se dit surtout de l'ordre qu'on met au dos d'un billet, d'une lettre de change, etc., pour en transférer la propriété à quelqu'un. — Voy. Change.

ENDOSSER. v. a. (R. *endos*). Mettre sur son dos, revêtir; se dit d'une armure, d'un vêtement propre à une profession, etc. E. la cuirasse, le harnais. E. un uniforme, une *livrée.* || Fig. et fam., E. le harnais, se dit, en plaisantant, d'un homme d'Église ou de robe qui revêt les habits de sa profession. E. l'uniforme, Embrasser la carrière militaire. E. la livrée, Se faire domestique. || Fig. et fam., Charger quelqu'un d'une chose désagréable, fâcheuse. On l'a endossé *de cette mauvaise commission.* — Prendre sur soi. *C'est lui qui a endossé toute la responsabilité de cette affaire.* || T. Com. E. une lettre de change, un billet, etc., Mettre au dos l'ordre de payer à une autre personne la somme énoncée dans la lettre, etc. || T. Rel. Exécuter l'opération de l'endossage.— *Poinçon à e.* Outil de fer qui sert à l'endosseur pour arrondir le dos des livres.— *Presse à e.*, Presse à main dans laquelle on serre le livre que l'on veut e. || T. Agric. Relever le milieu des sillons au moyen de la charrue. || T. Jeu. Charger quelqu'un ou se charger soi-même de la perte. = Endossé, ée. part.

ENDOSSEUR. s. m. (R. *endos*). T. Comm. Voy. Change. || T. Rel. Ouvrier qui fait l'endossage.

ENDOSSURE. s. f. T. Techn. Préparation du dos d'un livre relié.

ENDOSTOME. s. m. (gr. ἔνδον, en dedans; στόμα, bouche). T. Bot. Ouverture dont est percée la membrane interne de l'ovule végétal.

ENDOTHÈQUE. s. f. (gr. ἔνδον, en dedans; θήκη, loge). T. Bot. Membrane interne des loges de l'anthère.

ENDOTHERMIQUE. adj. 2 g. (gr. ἔνδον, à l'intérieur; θέρμη, chaleur). T. Chim. Se dit des composés et des réactions qui ne se produisent qu'avec absorption de chaleur.

ENDOTRICHÉ, ÉE. adj. (gr. ἔνδον, en dedans; θρίξ, θριχός, cheveu). T. Bot. Qui est garni de poils à l'intérieur.

ENDOUILLETTER. v. a. [Pr. *an-dou-llè-ter*, *ll* mouillées]. Revêtir d'une douillette. || v. réfl. *S'e.*, Se revêtir d'une douillette.

ENDOUZAINEMENT. s. m. Action de mettre par douzaines.

ENDOUZAINER. v. a. (R. *en*, et *douzaine*). Mettre par douzaine.

ENDROIT. s. m. (lat. *in*, en; *directus*, droit). Lieu, place, partie déterminée d'un espace. *Voici l'e. où je veux bâtir. Vous le trouverez en tel e. Voilà l'e. où arriva cet accident.*— Fam., Le lieu où un homme est né; petite ville, village. *Cet homme est de mon e. Les gens de l'e. C'est un très petit e.* Par plaisant. *Il est bien de son e.*, se dit de quelqu'un qui a conservé la simplicité, les préjugés, les manières de son village. || Place, partie déterminée d'une chose quelconque. *A quel e. du corps a-t-il été blessé? Mettez la main sur l'e. où vous souffrez. La ville a des endroits faibles et mal fortifiés. J'ai marqué les endroits du livre où il faut placer les gravures.* || Partie d'un discours, d'un poème, d'un ouvrage d'esprit. *Il y a un bel e. dans ce discours. Il sait par cœur les plus beaux endroits de Virgile. Il y a des endroits faibles dans ce livre.* || En parlant d'une étoffe, le beau côté, par opposition à *Envers. Voici l'e. de l'étoffe.* — *Étoffe à deux endroits*, Étoffe dont les deux côtés sont semblables. || Fig. et fam., *Se faire voir*, se montrer par son mauvais e. On dit aussi, C'est son e. faible, C'est son côté faible. Prendre quelqu'un par son e. faible, par son e. sensible, Le prendre par ce qui l'intéresse ou le touche le plus. — Fig., C'est le plus bel e. de sa vie, C'est la plus belle partie de sa vie; et, dans un sens contraire, C'est le vilain e. de sa vie.

Il est bien des endroits où la pleine franchise
Deviendrait ridicule et serait peu permise.
      Molière.

= A l'endroit de. loc. prép. A l'égard de, relativement à. *Il avait, à l'e. des femmes, les opinions les plus singulières.* Cette façon de parler a vieilli. On disait aussi en ce sens, *En mon e., en votre e.*, etc., Relativement à moi, à vous, etc.

Syn. — Lieu, Place. — Lieu a un sens plus étendu que celui d'*endroit :* le premier marque un certain espace pris dans son ensemble; *endroit* indique un point particulier dans un *lieu; place* contient une idée d'ordre et d'arrangement. Ainsi l'on dit : voilà un *lieu* fort agréable, mais c'est cet *endroit*-ci qui m'en plaît le mieux. On dit aussi, le *lieu* de l'habitation, l'*endroit* d'un livre cité, la *place* d'un convive à un festin ou de quelqu'un dans une assemblée.

ENDUIRE. v. a. (lat. *induere*, revêtir). Couvrir d'un enduit. *E. une muraille de plâtre, une barque de goudron.* = s'Enduire. V. pron. Être enduit. = Enduit, ite. part.

ENDUISANT, ANTE. adj. Qui est propre à enduire.

ENDUIT. s. m. (part. pas. de *enduire*). Se dit de toute substance molle, pâteuse ou même liquide, qu'on étend sur la surface d'un corps. *Un e. de plâtre, d'enduit. Un e. de goudron. Le vernis est une espèce d'enduit.* || Fig. Vernis, apparence extérieure. || T. Chir. Enduit fœtal, Couche de matière blanchâtre dont la peau des nouveau-nés est souvent couverte.

Archit. — En Architecture, on désigne sous le nom d'*Enduit* toute substance, toute préparation qui sert à revêtir le nu d'un mur, afin d'en rendre la surface plus ou moins unie, ou de cacher les points de jonction des matériaux de construction, ou de prolonger la durée de ceux-ci en les mettant à l'abri des influences atmosphériques: ainsi, le *crépi*, le *badigeon*, le *stuc*, etc., sont les enduits. Mais nous ne parlerons ici que des *enduits hydrofuges*, c.-à-d. de ceux qui ont pour objet d'assainir les habitations dont les murs sont habituellement imprégnés d'humidité, quelle que soit la source ou la cause de celle-ci. — On a employé à cet effet la peinture à l'huile et, ce qui vaut beaucoup mieux, les applications d'huile chaude sur la surface des murs humides; mais ces moyens sont tout à fait insuffisants. Un procédé plus efficace est celui qui consiste à revêtir la surface des murs avec une couche de mastic bitumineux très chaud, lequel forme, en se desséchant, un e. très solide et d'une certaine épaisseur; mais ce moyen, qui réussit bien sur la pierre d'appareil et sur les plâtres neufs, échoue complétement quand les plâtres sont vieux. Le meilleur e. hydrofuge, qui en outre est applicable dans tous les cas, est celui qu'on imagina Thénard et Arcet. Il consiste tout simplement en un mastic gras qu'on prépare en faisant cuire 1 partie d'huile de lin avec 1/10 de litharge, et en y faisant fondre ensuite 2 parties de résine commune. Pour employer cette préparation, on gratte le mur, s'il est vieux, pour mettre le plâtre ou la pierre à nu; on le sèche à l'aide d'un réchaud de doreur; puis on le chauffe de nouveau, et, avec un large pinceau, on applique au fur et à mesure à sa surface le mastic gras ci-dessus. Lorsque l'e. ne pénètre pas assez vite, on approche de nouveau le brasier des parties rebelles, et l'on continue ainsi, en chauffant et en passant le pinceau, jusqu'à ce que le plâtre ou la pierre refuse absolument d'absorber la préparation. La dernière couche forme alors, à la surface du mur, une sorte de glacis léger qui est très solide et sur lequel on peut ensuite peindre ou coller du papier de tenture. Gaultier de Claubry cite le cas d'une salle de l'ancienne Sorbonne, à Paris, qui n'avait pu être rendue habitable par aucun procédé, et que le mastic de Thénard et d'Arcet avait si bien desséchée, qu'au bout de quinze ans on n'y avait encore aperçu aucune trace d'humidité. Il fallut six couches d'e. pour obtenir ce résultat, et la dépense en mastic ne s'éleva qu'à 2 fr. 80 par mètre carré.

Méd. — En termes de Médecine, on appelle aussi *Enduit* toute couche de matière plus ou moins adhérente qui revêt la surface de certains organes, et qui est ordinairement le produit altéré de quelque sécrétion. En conséquence, lorsque les surfaces couvertes d'un e. sont accessibles à l'observation, sa consistance, sa couleur, etc., fournissent des données sémiologiques d'une certaine valeur. Tels sont l'e. muqueux, jaunâtre ou blanchâtre de la langue, dans les maladies naguère qualifiées de fièvres muqueuses et bilieuses; l'e. fuligineux de la langue, des dents et des lèvres, dans les affections autrefois appelées fièvres putrides, etc.

ENDURABLE. adj. Qui peut être enduré.

ENDURANCE. s. f. Qualité de celui qui endure.

ENDURANT, ANTE. adj. (R. endurer). Qui souffre aisément les injures, la contrariété, les mauvais procédés. *Ce n'est pas un homme e. Vous avez été bien e. Je ne suis pas d'une humeur endurante.* — *C'est un homme peu e., une femme peu endurante.* Qui est prompt ou prompte à se mettre en colère.

Syn. — *Patient.* — L'homme *endurant* souffre avec constance les duretés, les injures, les persécutions, par prudence, par faiblesse, par lâcheté. L'homme *patient* souffre avec modération, avec calme; c'est vertu. On peut être *endurant* sans être *patient.* Socrate, outragé par sa femme, reste calme; il est *patient*; le marquis, dans le *Joueur*, est un homme *endurant.* L'homme *endurant* souffre et enrage; l'homme *patient* souffre et reste calme.

ENDURCIR. v. a. Rendre dur. *Le grand air endurcit certaines pierres.* ‖ Par anal., Rendre fort, rendre robuste, accoutumer à la fatigue, etc. *Le travail endurcit le corps. Il est bon d'e. les jeunes gens au travail, aux intempéries de l'air, aux privations.* ‖ Fig., Rendre insensible, impitoyable. *L'avarice lui avait endurci le cœur.* Dans le langage de l'Écriture, *Dieu endurcit le cœur des pécheurs,* Il les abandonne à leur égarement. = **s'Endurcir.** v. pron. Devenir dur. *Le corail s'endurcit à l'air. La plante des pieds s'endurcit à force de marcher.* ‖ S'accoutumer à ce qui est dur, fâcheux, de façon à le supporter aisément. *S'e. au travail, à la fatigue, à la douleur. S'e. aux injures, aux affronts.* ‖ Fig., Devenir insensible, sans pitié. *S'e. aux misères d'autrui.* A force de voir souffrir les malades, son *cœur s'était endurci. S'e. contre les cris de sa conscience.* — *S'e. dans le vice, dans le crime,* Contracter l'habitude du vice, du crime, au point de n'avoir plus ni honte ni remords. On dit aussi, *S'e. au crime.* = **Endurci, ie.** part. *Un corps endurci à la fatigue,* par les fatigues. *Un cheval endurci aux coups. Un homme endurci au crime, dans le crime. Un pécheur endurci.* ‖ Substant., Qui a perdu tout sentiment de piété.

ENDURCISSEMENT. s. m. État de ce qui devient dur. *On observe parfois chez les nouveau-nés un e. du tissu cellulaire qui constitue une maladie fort grave.* ‖ Fig., État d'un cœur devenu insensible. *Cet e. de cœur que vous remarquez en lui est la conséquence des déceptions sans nombre qu'il a éprouvées.* ‖ Fig., État d'une âme qui a perdu tout sentiment de piété, de vertu. *Cela marque l'e. du cœur, un grand e. L'e. des pécheurs.*

ENDURER. v. a. (R. en et durer). Souffrir. *Les peines, les tourments que j'endure. E. un grand froid. E. la faim, la soif.* ‖ Supporter avec fermeté, avec constance. *Il y a des gens qui endurent mieux que d'autres la faim et la soif. E. le martyre sans proférer*

une plainte. *E. une injure, un affront.* ‖ Tolérer. *Je puis tout e. de vous. Je n'aurais jamais enduré une pareille insolence.* On dit plus ordinair., *Ne souffrez pas,* etc. ‖ T. Mar. Diminuer l'effort produit sur les avirons. = **s'Endurer.** v. pron. Être toléré. *Un pareil affront ne peut s'e.* = **Enduré, ée.** part.

Syn. — *Souffrir, Supporter.* — *Souffrir* a une signification toute passive; on *souffre* le mal dont on ne se venge point et dont on ne songe pas même à se venger. *Endurer* marque le mécontentement de l'individu qui ne peut se venger. *Supporter* se dit des maux légers, particulièrement des inconvénients qui résultent des défauts personnels. L'humilité chrétienne fait *souffrir* les injures sans ressentiment. On n'*endure* un mauvais traitement que parce qu'on ne peut faire autrement.

ENDYALITE. s. f. T. Minér. Minéral complexe rosé.

ENDYMION, berger de Carie, fut aimé de Diane, selon la Fable.

ÉNÉE, prince troyen, fils d'Anchise et de Vénus, dont Virgile a fait son héros et le fondateur de la race des Romains, dans son *Énéide.*

ÉNÉORÈME. s. m. (gr. ἐναιώρημα; de ἐν, et αἰωρεῖν, suspendre). T. Méd. Voy. Urine.

ÉNERGÉTIQUE. s. f. (R. énergie). T. Phys. L'é. est la science de l'énergie: elle étudie les différentes espèces sous lesquelles se manifeste l'énergie et les lois qui président à ses transformations ou à son transport d'un corps à un autre. Fondée vers 1845, par les travaux de J. R. Mayer et de Joule, cette science s'est développée dans deux directions différentes, correspondant à deux manières d'envisager l'énergie. Les premiers physiciens qui se sont occupés de l'é. ont, presque tous, considéré les différentes formes d'énergie comme identiques au fond avec l'énergie mécanique; ils ont donc cherché à expliquer tous les phénomènes par les mouvements ou par l'action de forces. Cette méthode nécessite de nombreuses hypothèses sur la structure de la matière, ses mouvements invisibles et ses forces moléculaires; appliquée à la chaleur, elle a donné naissance à la théorie mécanique de la chaleur et à la théorie cinétique des gaz. Une méthode analogue consiste à appliquer aux phénomènes les équations les plus générales de la mécanique, par ex., les équations de Lagrange; mais on y introduit, à la place des coordonnées ordinaires, les grandeurs physiques qui déterminent l'état d'un corps: température, pression, volume, potentiel et champ électriques, etc.; on arrive ainsi à représenter les phénomènes par un système d'équations susceptibles d'une interprétation mécanique. — Mais on peut aussi, comme on l'a fait surtout dans ces dernières années, traiter l'é. indépendamment de toute hypothèse mécanique: considérer, à l'exemple de J. R. Mayer, les différentes formes d'énergie comme équivalentes, sans les identifier avec la force vive ou le travail, partir des lois expérimentales de l'énergie fournies par la Thermodynamique et chercher à étendre leur portée; mais en établissant des relations entre des quantités hypothétiques, mais non entre des grandeurs mesurables. Ainsi comprise, l'é. cesse d'être une branche de la mécanique et tend à coordonner, à l'aide de la conception de l'énergie, les lois les plus générales de la mécanique, de la physique et de la chimie. C'est à ce point de vue que nous nous placerons ici. L'é. est souvent désignée sous le nom de *Thermodynamique*; mais ce nom doit être réservé à la branche de l'é. qui concerne l'étude de la chaleur.

Conservation de l'énergie. — Nous parlons, au mot Énergie, de l'équivalence des différentes espèces d'énergie. Depuis les travaux de Joule sur la transformation du travail mécanique en chaleur, cette équivalence a été vérifiée par de nombreux expérimentateurs pour toutes les formes de l'énergie. Elle permet d'exprimer toute quantité d'énergie à l'aide d'une même unité, par ex. en kilogrammètres. L'expérience nous apprend qu'une énergie ainsi mesurée conserve toujours sa valeur, malgré les déplacements et les transformations qu'elle peut subir, et n'est jamais détruite; on constate d'autre part que dans aucune circonstance il ne se crée de l'énergie. La quantité totale d'énergie qui existe autour de nous ne peut donc subir ni augmentation ni diminution, et reste invariable. Ce principe de la *conservation de l'énergie* conduit tout d'abord à des conséquences importantes.

L'accroissement d'*énergie interne* qu'éprouve un corps en passant d'un état à un autre est la somme algébrique de toutes les énergies dépensées à l'extérieur pour produire ce changement d'état Si le corps revient ensuite à son état initial, il devra céder au milieu extérieur cette même quantité sous une forme ou une autre, et son énergie interne reprendra la même valeur qu'auparavant. Il résulte de là que la variation de l'énergie interne est indépendante de la manière dont s'opère le changement d'état et ne dépend que de l'état initial et de l'état final; la valeur de l'énergie interne elle-même ne dépend à chaque instant que de l'état actuel du corps. C'est ce qu'en langage mathématique on exprime en disant que cette valeur est une fonction uniforme des variables qui définissent l'état du corps, et que sa variation est une différentielle exacte de ces variables. Si nous considérons un système matériel *isolé*, c.-à-d. qui ne prend ni ne cède d'énergie au dehors, son énergie interne restera constante; tous les changements qui s'opéreront à l'intérieur du système ne pourront que la transformer, sans l'augmenter ni la diminuer. En assimilant l'univers à un système isolé, on peut dire que l'énergie totale de l'univers reste constante.

Un corps ou un système de corps qui reçoit de l'énergie et qui la cède ensuite sous une forme ou une autre en revenant à son état initial, constitue une *machine*. D'après ce qui précède, on voit qu'un pareil système pourra servir à transporter ou à transformer de l'énergie, mais ne pourra jamais en créer. Une machine qui en revenant à son état initial, fournirait une quantité d'énergie plus grande que celle qu'on lui aurait donnée sous forme de puissance motrice, pourrait servir indéfiniment à créer de l'énergie et réaliserait ce qu'on appelle le *mouvement perpétuel*. La loi de conservation de l'énergie montre qu'une pareille machine est impossible; inversement, on peut démontrer cette loi en partant de l'impossibilité du mouvement perpétuel, constatée depuis longtemps par l'expérience.

Tension de l'énergie. — Le transport et la transformation d'une forme quelconque d'énergie dépendent d'une quantité qu'on peut faire entrer comme facteur dans l'expression de l'énergie et qu'on appelle *tension* ou *intensité*. Ce facteur est représenté, suivant le cas, par la vitesse, la pression, la température, la force électromotrice, etc. Voy. ÉNERGIE. Il jouit des propriétés suivantes : 1° aucun transport d'énergie ne peut se faire entre deux corps où la tension de cette énergie possède la même valeur; on dit alors que ces corps sont en équilibre par rapport à cette forme d'énergie; 2° s'il existe des différences de tension, l'énergie tendra à se transporter toujours dans un même sens, en allant des corps ou des points où sa tension est plus forte vers ceux où elle est plus faible. Le transport en sens inverse n'est pas possible que s'il se produit en même temps un transport direct ou si une certaine quantité de cette forme d'énergie prend naissance aux dépens d'une autre forme. C'est là la généralisation du principe énoncé par Clausius pour la chaleur : il est impossible de transporter de la chaleur d'un corps froid sur un corps chaud sans dépenser du travail ou sans qu'une autre quantité de chaleur passe en même temps d'un corps chaud à un corps froid. L'existence d'une différence de tension est une condition nécessaire pour la production d'un phénomène quelconque; mais ce n'est pas une condition suffisante, car il peut arriver que les différences de tension d'une certaine forme d'énergie soient compensées par celles d'une autre forme d'énergie; si deux tensions sont séparément égales à une troisième, elles seront égales entre elles. Ou autrement : Si deux corps, par rapport à une certaine forme d'énergie, sont séparément en équilibre avec un troisième, ils seront en équilibre quand on les mettra en communication l'un avec l'autre. Ce principe, que nous admettons tacitement chaque fois que nous mesurons des températures à l'aide d'un thermomètre, des pressions à l'aide d'un manomètre, etc., n'est pas, comme on pourrait le croire, une vérité évidente; c'est un fait expérimental vérifié par la possibilité même de ces mesures. Il exprime que les tensions d'énergie sont des grandeurs indépendantes de la nature particulière des corps où nous les observons. Pour mieux saisir la portée de ce principe, supposons pour un instant qu'il ne soit pas vrai, et que, par exemple, deux corps prennent au contact d'un troisième des températures différentes. En mettant ensuite ces deux corps en contact l'un avec l'autre on obtiendrait un transport de chaleur à l'aide duquel on pourrait faire fonctionner une machine; cette opération pourrait se renouveler indéfiniment. Ce serait là une autre espèce de mouvement perpétuel par lequel, sans créer de l'énergie, nous pourrions par ex. utiliser l'énorme provision d'énergie que l'océan et l'atmosphère contiennent sous forme de chaleur à température uniforme. Mais le principe de l'équivalence des tensions nous montre l'impossibilité de ce mouvement perpétuel;

et réciproquement le fait expérimental de cette impossibilité prouve que le principe est vrai.

Capacités d'énergie. — Considérons un corps subissant une transformation par laquelle il reçoit ou perd une quantité E d'une certaine énergie, tandis que la tension t de cette énergie reste constante et uniforme à l'intérieur du corps;

le quotient $\dfrac{E}{t}$ représente l'accroissement ou la diminution d'une

quantité appelée *capacité*, dont la valeur, à chaque instant, ne dépend que de l'état actuel du corps. En appelant c et c' les valeurs de la capacité à l'instant initial et à l'instant final, on aura donc $E = t(c' - c)$. Dans le cas général où la tension varie pendant la transformation du corps, on considérera des transformations infiniment petites et l'on aura $dE = t \times dc$, en appelant dE et dc les accroissements infiniment petits de l'énergie et de la capacité. Enfin, si à l'intérieur du corps la tension n'est pas uniforme et qu'il se produise des transports d'énergie d'une partie à une autre, ou des transformations de cette énergie en une autre et inversement, il faudra en tenir compte pour avoir la variation totale de la capacité dans le corps. — A chaque forme d'énergie correspond une capacité particulière : quantité de mouvement, volume, quantité d'électricité, etc. Ces capacités sont énumérées à l'article ÉNERGIE. La plupart obéissent à une loi qu'on a appelée la loi de *conservation des capacités* et qu'on peut énoncer ainsi : dans un système matériel *isolé* par rapport à une certaine forme d'énergie (c.-à-d. dans un système qui ne prend ni ne cède de cette forme d'énergie à l'extérieur et qui, par conséquent, n'éprouve que des transformations intérieures) la somme algébrique des variations de la capacité correspondante est nulle; ou, en d'autres termes, la capacité totale du système reste constante. Ce principe n'est que la généralisation d'un certain nombre de lois déjà connues. Dans le cas de l'énergie cinétique, c'est la loi de conservation de la quantité de mouvement. Dans le cas de l'énergie de distance, c'est la loi de conservation du mouvement du centre de gravité. Pour l'énergie de volume le principe est évident, puisque le système, pour être isolé au point de vue élastique, doit être supposé renfermé dans une enveloppe de volume invariable. Pour l'énergie électrique, nous retrouvons la loi de Faraday : la production d'une quantité d'électricité positive s'accompagne toujours de la production d'une quantité égale d'électricité négative et *vice versâ*, de sorte que la somme algébrique des quantités d'électricité qui peuvent se développer dans un système isolé au point de vue électrique reste constamment nulle. Pour les réactions chimiques, toute augmentation de la masse d'un des corps réagissants se fait aux dépens de la masse des autres corps, et la masse totale reste constante si l'on comprend dans le système tous les corps qui réagissent.

Pour l'énergie calorifique, dont la capacité s'appelle l'*entropie*, cette loi de conservation ne se vérifie plus en général. L'entropie totale d'un système isolé ne reste constante que dans le cas idéal d'une transformation réversible. Elle augmente dans toutes les transformations réelles, car celles-ci ne sont jamais rigoureusement réversibles. C'est le principe de Carnot et Clausius, qu'on appelle souvent le second principe de la thermodynamique. Voy. ENTROPIE.

Énergie utilisable. — D'après la loi des tensions, l'énergie ne se transporte d'un corps à un autre que si elle est à des tensions différentes dans ces deux corps. Celui où la tension t est la plus forte, éprouve une diminution de capacité dc et une perte d'énergie $dE = t \times dc$. Celui où la tension est plus faible reçoit une augmentation de capacité dc' et un gain d'énergie $dE' = t' \times dc'$. Si le système formé par les deux corps est isolé par rapport à cette forme d'énergie, et si la loi de conservation des capacités est applicable, l'augmentation dc' sera égale à la diminution dc. L'énergie perdue et l'énergie gagnée seront

dans le rapport $\dfrac{dE}{t} = \dfrac{dE'}{t'}$. La première sera plus grande que

la seconde, puisque t est supérieur à t'. Le premier corps ne pourra donc transmettre au second qu'une partie de son énergie. La portion restante $dE - dE'$, ne pouvant être anéantie, se transformera en une autre forme d'énergie. Cette portion, dont la valeur a pour expression :

$$dE - dE' \text{ ou } (t - t')dc \text{ ou } (t - t')\frac{dE}{t},$$

représente le maximum de l'énergie que l'on pourrait, par l'aide d'une machine, utiliser dans cette transformation. Le rendement de la machine, c.-à-d. le rapport de l'énergie utilisée à l'énergie dépensée dE, aura pour valeur maximum $\dfrac{t-t'}{t}$: on voit que le rendement maximum dépend uniquement des tensions de l'énergie dans les deux corps entre lesquels se fait le transport. C'est la généralisation d'un théorème démontré par Carnot pour les machines thermiques, qui utilisent le transport de chaleur d'un corps à un autre.

Lorsque l'énergie transformable n'est pas utilisée, elle se convertit d'elle-même en une autre forme d'énergie qui, à son tour, pourra se transporter ou se transformer. Le plus souvent, c'est de l'énergie mécanique qui se produira tout d'abord, en donnant naissance à des déplacements, des oscillations, des vibrations. Par suite des frottements et des résistances passives, une portion plus ou moins grande de cette énergie finit toujours par se convertir en chaleur.

Or, dans le cas de la chaleur, la loi de conservation des capacités n'est plus applicable. Lorsque de la chaleur se transporte d'un corps à un autre, la capacité totale, qui est ici l'entropie du système, ne se conserve que si le transport se fait par voie réversible. Les phénomènes naturels ne sont pas réversibles et produisent toujours un accroissement d'entropie aux dépens de l'énergie utilisable. Chaque fois que, par conductibilité, deux corps arrrivent à se mettre en équilibre de température, la chaleur perdue par le corps chaud passe tout entière, sans se transformer, sur le corps froid. En appliquant à ce cas les équations données plus haut, on aura à chaque instant $dE = dE'$ et $t \times dc = t' \times dc'$. L'entropie totale augmente de $dc' - dc$ et l'énergie utilisable $dE - dE'$ se réduit à zéro. Chaque fois qu'une énergie quelconque se transforme en chaleur, celle-ci tend à égaliser les températures, en augmentant l'entropie et diminuant l'énergie utilisable. Ainsi, dans tous ou presque tous les phénomènes naturels, l'énergie totale, tout en restant constante, subit une dépréciation, car la portion de cette énergie qui est transformable ou utilisable diminue; c'est ce qu'on appelle la *Dissipation* ou la *Dégradation de l'énergie*.

Considérons un corps qui cède de l'énergie à un milieu extérieur en se mettant en équilibre avec lui, et cherchons la portion de cette énergie qu'on pourrait utiliser sous forme de travail. Nous supposerons la température du milieu constante et égale à T. Soit U l'énergie interne et S l'entropie du corps dans son état actuel, U_0 et S_0 l'énergie interne et l'entropie quand le corps sera mis en équilibre avec le milieu. La quantité totale d'énergie cédée à l'extérieur sera $U - U_0$; il faut en retrancher la portion qui est cédée sous forme de chaleur. Cette portion sera au moins égale à $T(S - S_0)$; elle pourra être plus grande si le corps abandonne sa chaleur à une température supérieure à T, ou si, par suite de transformations intérieures, il subit un accroissement d'entropie qui, pour disparaître, nécessiterait un nouveau dégagement de chaleur. La quantité d'énergie qui pourra être transformée en travail sera donc tout au plus égale à $U - U_0 - T(S - S_0)$, ce qu'on peut écrire $U - TS - (U_0 - TS_0)$. C'est la diminution qu'éprouve la fonction $U - TS$; cette fonction, entièrement déterminée par l'état du corps à chaque instant, a été appelée l'*Énergie disponible* ou l'*Énergie libre* du corps.

Équations de l'Énergétique. — Soit dU l'accroissement infiniment petit d'énergie interne qu'éprouve un corps ou un système matériel dans une transformation quelconque, et soit $\Sigma\,dE$ la somme des différentes quantités d'énergie que ce système reçoit de l'extérieur pendant cette transformation. Le principe de la conservation de l'énergie nous donne la condition $dU = \Sigma\,dE$. En mettant chaque quantité dE sous la forme $t \times dc$, on aura $dU = \Sigma\,t \times dc$ pour toute transformation réversible. Si certaines capacités restent invariables, les termes $t \times dc$ correspondants disparaissent dans l'équation. — En exprimant que dU et les dc sont des différentielles exactes par rapport aux variables qui définissent l'état du système, on obtiendra dans chaque cas des relations entre les grandeurs dont dépend la transformation. C'est ainsi qu'on peut obtenir par ex. la relation établie par Clapeyron entre la pression, la température, le volume et la chaleur latente des vapeurs saturées, relation qui a été étendue aux différents changements d'état physique et à la dissociation.

Pour toute transformation non réversible on aura

$$dU < \Sigma\,t \times dc,$$

à cause du principe de l'accroissement de l'entropie.

Si certaines tensions sont invariables, on peut écrire cette condition sous une autre forme en mettant en évidence des fonctions qu'on peut appeler des *potentiels énergétiques*. Supposons par ex. que la transformation s'accomplisse à tem-

pérature et à pression constantes, et admettons pour plus de simplicité que le système ne puisse prendre ou céder à l'extérieur d'autre énergie que de la chaleur ou de l'énergie de volume : on aura $dU < T\,dS - p\,dv$ ou $dU - T\,dS + p\,dv < 0$, en appelant T la température absolue du système, S son entropie, p sa pression, v son volume. Comme T et p sont constants, on pourra écrire $d(U - TS + pv) < 0$. La fonction $U - TS + pv$ a reçu le nom de *potentiel thermodynamique à pression constante*. Les seules transformations possibles du système sont celles qui font diminuer ce potentiel. Quand celui-ci est minimum pour la température et la pression données, le système est en équilibre stable. — Si le volume total est constant, le terme pv disparaît et l'on a

$$d(U - TS) < 0.$$

Nous retrouvons ici l'*énergie libre* $U - TS$ dont il a été question plus haut; elle jouit des mêmes propriétés que le potentiel précédent et a été appelée le *potentiel thermodynamique à volume constant*. Ces potentiels jouent un rôle important en particulier dans la chimie, où ils servent à représenter la tension de l'énergie chimique et à prévoir le sens des réactions.

ÉNERGIE. s. f. (gr. ἐνέργεια, m. s., de ἐν, en, et ἔργω, j'agis). Force, puissance d'action. *L'é. d'un malade. L'é. des passions, d'un sentiment.* ‖ La vigueur d'âme. *Il est plein d'é. Montrer, déployer de l'é. Un homme sans é. Une âme, un caractère sans é. Doué d'é.* On dit aussi, *L'é. du caractère.* — Par anal., se dit du discours, de la parole et de la pensée. *Parler, s'exprimer avec é. Un discours plein d'é. Il y a dans les prophètes des expressions d'une grande é.* — Dans les Beaux-Arts, se dit de la vigueur dans le dessin. *L'é. ne dispense pas de la correction.* ‖ La fermeté, la résolution que l'on fait paraître dans les actes de la vie publique ou privée. *Il se comporta avec beaucoup d'é. Montrer, déployer de l'é.* — Par ext., se dit des choses qui dénotent cette fermeté, cette résolution. *Il déconcerta l'insurrection par l'é. de ses mesures.*

Syn. — **Force.** — *Force* se dit généralement de tout ce qui est capable d'agir sur une chose quelconque; *énergie* représente simplement la manière dont agit une *force* : elle marque la puissance, la promptitude d'action de celle-ci. Une *force* se manifeste avec plus ou moins d'*énergie*.

Phys. — L'*É. de mouvement* ou *E. cinétique* d'un corps n'est autre chose que sa puissance vive ou la moitié de sa force vive, c.-à-d. la moitié du produit de sa masse par le carré de sa vitesse. L'é. cinétique d'un système de corps est la somme des puissances vives de toutes ses parties. Elle ne peut varier que sous l'influence de forces qui modifient les vitesses, et l'on démontre en mécanique que la variation d'é. cinétique qu'éprouve le système pendant que son état se modifie est égale à la somme des travaux de toutes les forces qui agissent sur ce système pendant qu'il passe de l'état initial à l'état final. Si le système est mécaniquement isolé, c.-à-d. soumis uniquement aux actions mutuelles qui s'exercent entre ses différentes parties, tout travail développé de ces forces intérieures produit un accroissement égal d'é. cinétique, mais diminue d'autant la somme de travail que le système est susceptible de développer; inversement, toute diminution d'é. cinétique correspond à un travail négatif et augmente la quantité de travail encore possible. On appelle *E. potentielle* du système dans un certain état la plus grande somme de travail que les forces intérieures pourraient développer dans les transformations possibles du système à partir de cet état. D'après ce qui précède, tout accroissement de l'é. cinétique du système produit une diminution égale de l'é. potentielle et *vice versâ*; on peut donc dire que l'é. cinétique se transforme en é. potentielle et inversement. La somme des deux énergies reste constante et s'appelle l'*É. mécanique totale* du système. — Si, au lieu d'être isolé, le système est mis en relation avec des corps extérieurs, tout travail positif qu'il effectuera sur ces corps en surmontant leurs résistances diminuera son é. mécanique et accroîtra d'autant celle des corps extérieurs; si, au contraire, ceux-ci effectuent un travail sur le système, ce lui céderont une partie de leur é. mécanique. La quantité totale d'é. mécanique n'aura donc pas varié; mais une partie se sera transportée de l'intérieur du système à l'extérieur ou inversement. L'é. d'un corps représente donc la plus grande quantité de travail que ce corps peut effectuer à l'extérieur; elle peut exister sous la forme cinétique ou sous la forme potentielle. Toute transformation mécanique se réduit, soit à un transport d'é. d'un corps à un autre, soit à une transformation d'é. cinétique ou é. potentielle ou *vice versâ*. —

Lorsque, par ex., nous élevons un corps pesant à une certaine hauteur, nous effectuons sur lui un travail égal au produit de son poids par la hauteur ; nous perdons ainsi de l'é., mais ce corps le reçoit sous forme d'é. potentielle ; si ensuite il retombe en chute libre, cette é. potentielle se transformera en é. cinétique par suite de la vitesse acquise ; si le corps, en redescendant, est employé à soulever un autre poids, il lui cédera son é. Un pendule qui oscille transforme, chaque fois qu'il s'élève, son é. de mouvement en é. potentielle ; mais cette dernière, à chaque descente, se convertit de nouveau en é. cinétique.

L'é. mécanique étant équivalente à un travail possible pourra être évaluée en unités de travail. L'unité habituellement choisie est le kilogrammètre : c'est le travail nécessaire pour élever un poids de 1 kilogramme à 1 mètre de hauteur.

Jusqu'à présent, il ne s'agissait que de changements purement mécaniques, et nous avons vu que l'é. mécanique y reste constante. Mais la plupart des phénomènes naturels nous montrent une diminution ou une destruction d'é. mécanique. La perte est alors compensée par des changements dans l'état calorifique, chimique, électrique des corps en présence, et la grandeur de ces changements est, dans chaque cas, proportionnelle à l'é. disparue. Les corps ainsi modifiés acquièrent par là le pouvoir de produire, en revenant à leur état initial, des modifications pareilles ou du travail mécanique sur les corps environnants. On peut donc, en généralisant la notion d'é., dire que l'é. mécanique perdue a été remplacée par d'autres formes d'é. ou encore qu'elle s'est transformée en énergie calorifique, chimique, électrique, etc. Dans toutes nos machines, une partie de l'é. mécanique se détruite par les frottements et se convertit en chaleur. Les machines dynamoélectriques servent à transformer l'é. mécanique en é. électrique. Celle-ci, à son tour, se change en é. chimique dans l'électrolyse, en lumière dans les appareils d'éclairage électrique, en magnétisme dans les électro-aimants, en chaleur dans son passage à travers tous les conducteurs résistants ; elle peut enfin, dans une seconde machine dynamo-électrique, se convertir de nouveau en é. mécanique et réaliser ainsi le transport à distance de la puissance motrice. L'é. chimique produit de la chaleur dans la combustion du charbon, de l'é. électrique dans les piles, de la puissance mécanique dans l'usage des projectiles. Les piles thermo-électriques permettent de convertir la chaleur en électricité et inversement. Dans les machines à vapeur, la chaleur sert à produire du travail mécanique. Enfin, l'é. rayonnante de la lumière est absorbée par les plantes qui la transforment en é. chimique, et celle-ci est transmise à l'homme et aux animaux par l'intermédiaire des aliments, ou utilisée par l'industrie sous forme de combustible.

Toute forme d'é. pouvant être engendrée, directement ou indirectement, par une transformation d'é. mécanique, sa grandeur pourra être mesurée par le nombre de kilogrammètres dépensés dans cette transformation. Or, quand on convertit de nouveau cette é. en puissance mécanique, par une voie quelconque, l'expérience montre que l'on retrouve le même nombre de kilogrammètres. Par exemple, dans la transformation de l'é. mécanique en chaleur, il faut dépenser 425 kilogrammètres pour produire 1 calorie ; dans la transformation inverse, quelle que soit la manière dont elle s'opère, chaque calorie qui disparaîtra donnera naissance à 425 unités d'é. mécanique. C'est ce qu'on exprime en disant qu'une calorie est équivalente à 425 kilogrammètres, ou qu'il y a équivalence entre la chaleur et l'é mécanique. Il en est de même pour les autres formes d'é. De plus, l'expérience nous apprend que toute é. qui disparaît donne naissance à des quantités équivalentes d'une ou de plusieurs autres formes d'é. Si donc on évalue une é. quelconque en kilogrammètres, la quantité ainsi mesurée conservera sa valeur et sera indépendante des corps sur lesquels cette é. se transportera et des formes qu'elle pourra revêtir dans ses transformations.

L'accroissement d'é. que subit un corps quand on modifie son état pourra se mesurer, soit par l'é., évaluée en travail mécanique, qu'il faut dépenser pour amener le corps de l'état initial à l'état final, soit par le travail que ce corps pourrait effectuer à l'extérieur en revenant de l'état final à l'état initial. L'é. propre d'un corps serait mesurée par la somme de travail qu'il pourrait produire en dehors de lui en passant à un état où son é. serait nulle, c.-à-d. où il ne serait plus capable de produire aucun changement extérieur. Mais il nous est impossible d'extraire toute l'é. d'un corps, et l'on définit l'é. interne d'un corps comme la somme de toutes les actions, mesurées en unités de travail, que le

corps est susceptible de produire à l'extérieur en passant de son état actuel à un autre état choisi arbitrairement, que l'on conviendra de prendre pour l'état zéro.

Au lieu d'évaluer en kilogrammètres un accroissement ou une diminution d'é., on pourra l'exprimer en fonction des grandeurs qui définissent l'état du corps où cette é. se manifeste et des changements qu'elle y détermine. C'est par voie expérimentale qu'on trouve les relations entre ces grandeurs et la quantité d'é. évaluée en kilogrammètres. Chaque forme d'é. prend alors une expression différente et se présente comme le produit de deux quantités qu'on appelle les facteurs de cette forme d'é. L'un de ces facteurs a reçu le nom de tension ou d'intensité; il joue un rôle analogue à celui de la force en mécanique et règle le sens du transport de l'é.; celle-ci tend à passer des points où la tension est plus forte à ceux où elle est plus faible ; elle ne se déplace jamais là où la tension est uniforme. Le second facteur représente l'augmentation ou la diminution d'une quantité appelée capacité, qui varie dans un corps chaque fois que celui-ci reçoit ou perd de l'é. d'une espèce déterminée. Si l'on désigne par E la quantité de cette é. que le corps reçoit ou perd en passant d'un état à un autre, par t la tension, par c_1 et c_2 les valeurs de la capacité pour l'état initial et final, on aura $E = t(c_2 - c_1)$. Si la tension varie, on considérera des changements assez petits pour qu'on puisse regarder la tension comme constante, et l'on aura pour chacun de ces changements $dE = t \times dc$, en désignant par dE et dc les variations de E et de c. On ferait ensuite la somme de ces quantités ou plutôt leur intégration. Pour les propriétés générales des tensions et des capacités, voy. ÉNERGÉTIQUE.

Nous terminerons par l'énumération des principales formes d'é. avec les tensions et les capacités correspondantes.

A. L'Energie mécanique peut se présenter sous plusieurs formes :

1° L'É. cinétique est la puissance vive des masses en mouvement ; c'est celle des projectiles, du vent, d'une chute d'eau, celle qui se transmet dans le choc des corps. Une variation infiniment petite de cette é. est représentée par le produit $u \times d(mu)$. La tension u n'est autre chose que la vitesse; la capacité mu, dont $d(mu)$ représente l'accroissement ou la diminution, est le produit de la masse m par la vitesse; elle a reçu en mécanique le nom de quantité de mouvement.

2° L'É. de distance se manifeste dans l'action de la pesanteur, de la gravitation universelle, dans les attractions et les répulsions des corps électrisés. Sa tension est la force agissant sur l'unité de masse, sa capacité est le produit de la masse par la distance qui sépare le point matériel attiré ou repoussé du centre d'attraction ou de répulsion. Une variation de cette é. s'exprimera le produit $f \times d(ml)$ ou $f \times m \times dl$, si l'on appelle f la force, m la masse, l la distance. On prendra f positif ou négatif suivant que la force est attractive ou répulsive. Ce qu'on appelle travail positif d'une pareille force correspond à une perte d'é., le travail négatif à une augmentation.

3° Les phénomènes capillaires des liquides nous montrent l'existence d'une é. de surface; sa tension est la tension superficielle, sa capacité est la surface du liquide.

4° L'é. de volume est celle qui possède les corps élastiques et que nous utilisons principalement dans l'expansion des gaz et des vapeurs. Sa tension est la tension ou la pression du corps élastique, sa capacité est le volume de ce corps. Nous exprimerons sa variation par $p \times dv$ en appelant p la pression, v le volume.

B. L'Energie calorifique n'est autre chose que la quantité de chaleur telle que la définissent les physiciens. Sa tension est la température absolue, sa capacité est l'entropie du corps. Soit dq la quantité infiniment petite de chaleur que le corps reçoit à la température T; nous pourrons exprimer cette

variation d'énergie par le produit $T \times \dfrac{dq}{T}$. La température absolue est sensiblement égale à la température mesurée par un thermomètre à air en prenant le zéro à 273° centigrades au-dessous du point de fusion de la glace. Le quotient $\dfrac{dq}{T}$ représente l'accroissement de l'entropie du corps.

C. L'Energie électrique est celle des corps électrisés, des condensateurs et des courants électriques. Sa tension est appelée force électromotrice ou potentiel ; la capacité correspondante est la quantité d'électricité, positive ou négative, que possède un corps. Si l'on représente cette quantité par i et la force électromotrice ou le potentiel par c, un changement infiniment petit d'é. électrique s'exprimera par $e \times di$.

D. L'*Energie chimique* se manifeste dans toutes les réactions chimiques; c'est elle que nous transformons en chaleur dans les combustions, en électricité dans les piles. C'est la forme sous laquelle nous pouvons le mieux condenser l'é. dans un petit volume, la conserver et la transporter. La tension, qu'on ne peut mesurer qu'indirectement, a été étudiée par Gibbs sous le nom de *potentiel chimique*; elle correspond à l'idée plus ou moins vague qu'exprime le mot *affinité*. La capacité correspondante est la *masse* ou le poids des corps réagissants; il y a autant d'unités distinctes de capacité chimique qu'il y a de corps simples. Un changement dans l'é. chimique pourra s'exprimer par $\pi \times dm$, si π désigne le potentiel chimique, et dm l'accroissement ou la diminution de la masse de chaque corps dans une transformation chimique.

E. L'*Energie rayonnante*, qui est émise à travers l'espace par les corps lumineux ou chauds, ne devient accessible à notre connaissance que lorsqu'elle est transformée en une autre é. par un corps qui la reçoit. C'est la forme d'é. la moins connue; on n'est pas arrivé à déterminer la tension et la capacité correspondantes.

ÉNERGIQUE. adj. 2 g. Qui a de l'énergie. *Remède é. Ame é. Caractère é. Style é. Discours, parole é. Termes énergiques. Ce mot est fort é. Une conduite é. Des mesures énergiques.*

ÉNERGIQUEMENT. adv. D'une manière énergique. *Il lui parle é. Il se comporte é.*

ÉNERGUMÈNE. s. 2 g. (gr. ἐνεργούμενος, m. s.). T. Théol. Possédé du démon. *Exorciser un é.* — Fam., *Crier, s'agiter comme un é.* || Fig., dans le langage ordinaire, on appelle ainsi un homme qui parle et s'agite avec violence par suite de l'exaltation de ses idées. *C'est un é. Quel ton d'é.!*

ÉNERVANT, ANTE. adj. Qui est propre à énerver.

ÉNERVATION. s. f. [Pr...sion] (lat. *enervare*, énerver). Abattement des forces physiques. || Fig. Affaissement moral, perte du courage, de l'énergie. || T. Méd. Interruption aponévrotique de la longueur des fibres charnues d'un muscle. || Art vétér. Section des tendons éleveurs de la lèvre chez le cheval. || Supplice usité, dit-on, en France, sous les rois des deux premières races, et qui consistait à brûler les nerfs du jarret, ce qui paralysait les jambes du patient. || T. Boucherie. Procédé nouveau pour abattre des bestiaux, qui consiste à leur trancher la moelle épinière en introduisant la lame d'un couteau entre le crâne et les premières vertèbres cervicales.

ÉNERVE. adj. (lat. *e*, priv.; *nervus*, nerf). T. Bot. Qui est sans nervures.

ÉNERVEMENT. s. m. État de ce qui est énervé.

ÉNERVER. v. a. (lat. *enervare*, même s., de *e*, priv. et *nervus*, nerf). Faire perdre la force, la vigueur. *Les débauches l'ont énervé. La chaleur excessive énerve et accable.* || Fig. Amollir, affaiblir. *Les voluptés énervent. Un long repos avait énervé son âme, son courage. Trop de recherche énerve le style, le langage. Le rend faible et lâche.* = s'Énerver, v. pr. Se dit au prop. et au fig. *Il s'est énervé à force de débauches. Le courage s'énerve au milieu des voluptés. Le style s'énerve par l'abus des ornements.* || T. Art vétér. E. *un cheval*, Lui enlever le tendon des muscles releveurs de la lèvre supérieure, pour rendre le nez plus fin et plus gracieux. || T. Techn. E. *un ressort*, Lui faire perdre son élasticité. || Soumettre au supplice de l'énervation. = Énervé, ée. part.

Hist. — Les énervés de Jumièges, Souvenir légendaire d'après lequel Clovis II aurait fait brûler les jarrets à ses deux fils révoltés et les aurait abandonnés sur un bateau qui les aurait conduits à l'abbaye de Jumièges. Cette légende est apocryphe et date du XIIe siècle, par suite de la fausse interprétation d'un tombeau.

EN ÉTANT. T. Eaux et For. *Bois en étant*, Bois sur pied.

ÉNEYER. v. a. [Pr. *é-nè-ier*] (R. *nœud*?). Ôter les nœuds de la canne avant de la fendre.

ENFAÎTEAU. s. m. (R. *enfaîter*). Tuile demi-canal qui sert à couvrir le faîte d'une maison. Voy. TOIT.

ENFAÎTEMENT. s. m. (R. *enfaîter*). Garniture de plomb qui recouvre le faîte d'un toit en ardoises.

ENFAÎTER. v. a. (R. *en* et *faîte*). Couvrir le faîte d'une maison avec de la tuile ou du plomb. || Mettre des objets dans une mesure, de manière qu'ils en dépassent le bord. = Enfaîté, ée. part.

ENFANCE. s. f. (lat. *infantia*, m. s., de *infans*, enfant). La période de la vie de l'homme qui s'étend de la naissance à l'âge de la puberté. *Dès mon e. Dans la plus tendre e. Au sortir de l'e. Les jeux de l'e. Un ami d'e.* Voy. ÂGE. || Fig., Commencement. *L'e. du monde, de la société, d'un peuple. L'e. de Rome. L'e. de l'art. La peinture était alors dans l'e.* || Celui, celle qui est encore dans l'âge de l'e. *Les grâces de l'e. Ils n'épargnèrent ni la vieillesse ni l'e. C'est elle qui a élevé mon e.* || Fig., L'état d'une personne âgée qui perd ses facultés intellectuelles et retourne à l'état d'enfant inconscient de ses actes et de ses paroles. *Être en e. Tomber en enfance.*

ENFANT. s. m. (lat. *infans*, m. s., de *in*, priv., et *fari*, parler). Celui ou celle qui est en bas âge, qui n'est pas parvenu à l'âge de puberté. *Un petit e. Un bel e. Un e. caressant. Un enfant à la mamelle. Sevrer un e. Tenir un e. sur les fonts baptismaux. Pleurer, jouer comme un e.* — Se dit quelquefois au fém. sing., en parlant d'une très jeune fille. — *Voilà une jolie e., une belle e. La pauvre e.!* — Se comporter, se conduire, agir comme un e. *Agir sans réflexion, tenir des discours puérils. On dit de même, Une conduite, une action, un discours d'e. Une colère d'e. Des terreurs d'e.* — *Faire l'e. S'amuser, se comporter comme un e. Être e.*, se dit dans le même sens : *Dieu, que vous êtes e.! Est-elle e.!* On dit aussi à celui ou à celle qui a l'esprit crédule, qui cède à des terreurs ridicules, etc., *Que vous êtes enfant de croire ce qu'il vous dit. Vous êtes un e. de craindre les revenants.* || Fig. et fam., *C'est un bon e.*, C'est un homme d'un bon caractère, d'une humeur facile. On dit aussi au fém., *C'est une bonne e., une bien bonne e.* — *Il est bon e. de croire cela, de se prêter à cela*, etc. Il est bien simple de croire cela, etc. — Prov., *Il n'y a pas d'enfants*, se dit à propos d'un enfant qui parle de choses qu'il devrait encore ignorer. || *Enfants d'honneur*, Jeunes gens de qualité qui étaient nourris auprès d'un prince pendant son bas âge. — E. de chœur, Enfants qui chantent au chœur. Voy. LITURGIE, MAÎTRISE. || Fig., *Enfants perdus*, Soldats détachés qui commencent l'attaque un jour de combat, et par ext., les personnes que l'on jette en avant ou qui se lancent les premières dans quelque entreprise hasardeuse. = *Enfant*, se dit encore d'un fils ou d'une fille, quel que soit leur âge, par rapport au père et à la mère, ou à l'un des deux seulement. *Avoir des enfants. Un e. nulle. Être chargé d'enfants. Il laisse une veuve et quatre enfants en bas âge. Cette mère gâte ses enfants. La parabole de l'enfant prodigue. Les enfants mineurs.* — E. *légitime*, Celui qui est issu d'un mariage légitime. E. *naturel*, Celui qui est né hors mariage. E. *adoptif*. E. *d'adoption*, Celui qui est entré dans une famille par adoption. — *Les enfants de France*, Les princes enfants légitimes des rois de France, et ceux qui descendent des aînés. *Gouverneur des enfants de France.* — *Enfants de troupe*, Fils de militaires qui sont élevés dans les casernes aux frais de l'État. — Fam., *C'est bien l'e. de son père, de sa mère*, Il lui ressemble beaucoup, il en a les manières, les qualités, les défauts. || Par ext., se dit au pl. des descendants directs de quelqu'un, de ses fils, petits-fils et arrière-petits-fils. *Ce père de famille avait aujourd'hui, à sa table, tous ses enfants.* — *Les petits-enfants d'une personne*, Les petits-fils et arrière-petits-fils. || Par une extension plus grande encore, Tous ceux qui sont sortis d'une même souche, qui ont la même origine. *Nous sommes tous enfants d'Adam. Les Juifs sont appelés les enfants d'Israël.* — Fig., *Nous sommes les enfants de Dieu par la grâce. Tous les fidèles sont les enfants de l'Église. Les enfants de la patrie. Les enfants de la France.* — Fig., *Un e. de Saint-François, un e. de Saint-Ignace*, etc., Un franciscain, un jésuite, etc. — Fig. et poét. *Les enfants de Mars ou de Bellone*, Les guerriers. *Les enfants d'Apollon*, Les poètes. || Fig. et fam., E. *de Paris, e. de Lyon*, etc., Natif de Paris, etc. || Fig., En style de l'Écriture, *Les enfants de lumière*, Ceux qui sont éclairés des lumières de l'Évangile. *Les enfants de ténèbres*, Les idolâtres. *Les enfants des hommes*, Les hommes, mais principalement ceux qui vivent dans l'iniquité. = Fig., se dit quelquefois d'une chose qui est la production ou le résultat d'une autre. *Le bonheur est e. de la vertu.* = S'emploie fréquemment comme terme d'amitié et de familiarité, en parlant à quelqu'un de plus jeune que soi, ou à un inférieur, pour le flatter, le consoler, l'encourager, etc. *Voyez-vous, mon e., il ne faut pas agir ainsi. Ne craignez rien, ma belle e. Chers enfants, suivez mes conseils. Allons, enfants, travaillez. Courage, enfants, criait-il à ses soldats.*

Législ. — Nous nous occuperons, dans cet article, des mesures de protection de l'enfance édictées par le législateur; pour tout ce qui concerne la situation de l'e. dans la famille, ses droits et ses devoirs vis-à-vis de ses parents, l'étendue de la puissance paternelle, etc., nous renvoyons nos lecteurs aux mots FAMILLE et FILIATION.

I. — Le Code pénal, dans ses articles 345 et suivants, prononce des peines sévères contre les auteurs des crimes ou délits tendant à empêcher ou à détruire la preuve de l'état civil d'un enfant ou à porter atteinte à son existence.

II. — En raison des dangers tout spéciaux auxquels sont exposés les enfants du premier âge confiés à des nourrices, la loi du 23 déc. 1874, communément appelée du nom de son éminent promoteur, loi *Roussel*, a fixé les obligations imposées aux nourrices ainsi qu'aux divers agents de placement, et a organisé une inspection en vue de contrôler ce service : « Tout e., âgé de moins de 2 ans, qui est placé, moyennant salaire, en nourrice, en sevrage, ou en garde hors du domicile de ses parents, devient par ce fait l'objet d'une surveillance de l'autorité publique, ayant pour but de protéger sa vie et sa santé. » — La surveillance de ces enfants est confiée par la loi, dans le département de la Seine au préfet de police, et, dans les autres départements aux préfets. Ces fonctionnaires sont assistés d'un *comité* ayant pour mission d'étudier et de proposer les mesures à prendre, et, au besoin, de *commissions locales* instituées par arrêté du préfet et qui doivent comprendre au moins deux mères de famille (art. 2). — L'art. 3 institue auprès du ministre de l'Intérieur un *Comité supérieur de protection des enfants du premier âge*, chargé notamment de publier chaque année un rapport sur l'application de la loi de 1874 et d'accorder des récompenses honorifiques aux personnes qui se seront distinguées par leur dévouement et leurs services. Tous les ans, également, le ministère de l'Intérieur publie une *statistique* détaillée de la mortalité des enfants du premier âge, et spécialement des enfants placés en nourrice, en sevrage ou en garde (art. 4). — Dans les départements où l'utilité d'établir une inspection médicale des enfants en nourrice, en sevrage ou en garde est reconnue par le ministre de l'Intérieur, le comité supérieur consulté, un ou plusieurs médecins sont chargés de cette inspection. La nomination des inspecteurs appartient aux préfets (art. 5). — Sont soumis à la surveillance instituée par la présente loi : toute personne ayant un nourrisson ou un ou plusieurs enfants en sevrage ou en garde, placés chez elle moyennant salaire; les bureaux de placement et tous les intermédiaires qui s'emploient au placement des enfants en nourrice, en sevrage ou en garde. Le refus de recevoir les visites prescrites par la loi entraîne une amende et, dans certains cas même, la peine de l'emprisonnement (art. 6). — Toute personne qui place un e. en nourrice est tenue d'en faire la déclaration à la mairie de la commune où a été faite la déclaration de naissance de l'e. ou à la mairie de la résidence actuelle du déclarant, et de remettre à la nourrice un bulletin de naissance de l'e.; l'omission de cette déclaration entraîne à la fois une amende et un emprisonnement (art. 7). — Toute personne qui veut se procurer un nourrisson ou un ou plusieurs enfants en sevrage ou en garde, est tenue de se munir préalablement des certificats exigés par les règlements, pour indiquer son état civil et justifier de son aptitude à nourrir ou à recevoir des enfants en sevrage ou en garde (art. 8). — Toute personne qui reçoit un nourrisson chez elle est tenue : 1° d'en faire la déclaration dans les trois jours à la mairie de son domicile; 2° de faire, en cas de changement de résidence, la même déclaration à la mairie de sa nouvelle résidence; 3° de déclarer, dans le même délai, le retrait de l'e. par ses parents ou la remise de cet e. à une autre personne, pour quelque cause que cette remise ait lieu; 4° en cas de décès de l'e., de déclarer ce décès dans les 24 heures, sous peine d'amende et d'emprisonnement (art. 9). Dans chaque mairie, il est ouvert un registre spécial pour les déclarations ci-dessus prescrites (art. 10). L'art. 11 détermine les conditions d'ouverture des agences de placement des nourrices, et édicte des peines contre les personnes exerçant cette profession sans autorisa-

tion, aussi bien que contre les nourrices capables de négligence ou de contravention à la loi.

Un règlement d'administration publique a été rendu le 27 fév. 1877 en exécution de la loi qui précède; ce règlement porte principalement sur les points suivants : organisation du service (commissions locales, médecins inspecteurs, comités départementaux), déclaration imposée aux personnes qui placent un e. en nourrice; obligations imposées aux nourrices; bureaux de nourrices, meneurs et meneuses; tenue des registres dans les mairies.

Dans une instruction détaillée en date du 14 juill. 1884, le ministre de l'Intérieur invite les préfets à faire un pressant appel auprès des conseils généraux en faveur de la protection de l'enfance, dans les départements où la loi de 1874, faute de crédits votés, est restée à l'état de lettre morte.

III. *Enfants assistés.* — Les *Enfants trouvés* proprement dits sont ceux qui, nés de pères et de mères inconnus, ont été *trouvés* exposés dans un lieu quelconque, ou bien ont été portés dans les hospices ou autres établissements destinés à les recevoir.

L'institution des asiles charitables étant inconnue aux peuples de l'antiquité, il ne faut pas chercher chez eux des lieux de dépôt pour les enfants trouvés. Le christianisme apporta un soulagement inespéré au sort des enfants trouvés; mais les premières mesures légales relatives à ces malheureux ne datent que du règne de Constantin. En 315, le prince enjoignit aux officiers publics des provinces d'Afrique et d'Italie de diminuer, autant que possible, le nombre des expositions en fournissant des avances aux parents trop chargés d'enfants pour pouvoir les élever; mais en même temps, par une sorte de concession aux idées païennes encore enracinées dans les esprits, il reconnut un droit absolu de propriété sur les enfants trouvés à ceux qui auraient la charité de les recueillir et de les élever. Dès ce moment, les Pères de l'Église s'élevèrent avec force contre l'abandon des enfants, et les conciles prononcèrent la peine de l'excommunication contre ceux qui s'en rendaient coupables. Sous Justinien, une loi accorda l'*ingénuité* aux enfants trouvés et les plaça sous la protection spéciale de l'Église. Enfin, la charité des fidèles éleva, pour les recevoir, des asiles spéciaux, que l'on appela *Bréphotrophies* c'est-à-d. lieux destinés à nourrir (τροφέω) les petits enfants (βρέφος). Nous manquons de détails sur l'histoire de ces maisons, mais il est probable qu'elles disparurent à l'époque de l'invasion des barbares. Plusieurs textes semblent faire allusion à des maisons de refuge existant au VI⁰ siècle, et dans lesquelles les enfants trouvés étaient reçus, mais c'est seulement au VIII⁰ siècle qu'apparaît un hospice exclusivement destiné à ces malheureux.

Suivant Muratori, cet hospice fut fondé à Milan, en 787, par l'archevêque Dalthous. Au X⁰ siècle, la Bourgogne vit naître un ordre religieux dont les membres devaient particulièrement veiller à l'éducation des orphelins et des enfants abandonnés. En 1180, un autre ordre, celui du Saint-Esprit, ouvrit un hospice d'enfants trouvés à Montpellier; c'est le premier établissement de ce genre qu'il y ait eu en France. Marseille en eut un semblable en 1188, et son exemple fut, peu après, suivi par les municipalités de Bordeaux, d'Aix et de Toulon, et beaucoup plus tard, en 1523, par celle de Lyon. Mais ces diverses créations, et plusieurs autres du même genre que nous passons sous silence, n'étaient à proprement parler que le résultat d'efforts isolés : en dehors d'un petit nombre de villes, le sort des enfants trouvés était entièrement livré à la charité privée. On ne peut guère citer, comme mesure générale, qu'un arrêt du 13 août 1452, dont les dispositions, encore en vigueur en 1789, mais toujours mal exécutées, enjoignaient aux seigneurs hauts justiciers de se charger des enfants trouvés exposés dans l'étendue de leurs juridictions. Les choses commencèrent à changer de face au XVII⁰ siècle. En effet, vers la fin du règne de Louis XIII, une bienfaitrice, dont on n'a pas conservé le nom, recueillit plusieurs enfants trouvés et les éleva dans une maison du quartier de la Cité, à Paris, que l'on appela *Maison de la Couche*. A sa mort les femmes qui l'avaient aidée dans cette œuvre la continuèrent; cependant l'institution dépérit entre leurs mains, et il ne fallut rien moins, pour la relever, que l'intervention de saint Vincent de Paul, qui la prit à sa charge. Le sort de l'établissement fut dès lors assuré; toutefois il ne subsista qu'à l'aide de la charité privée jusqu'en 1670, époque où Louis XIV lui donna une existence légale sous le nom d'*Hospice des Enfants trouvés* et le dota de 12,000 livres de rentes. Ce fut également sous le règne de ce prince que fut consacré le droit des enfants trouvés à l'assistance. En outre, plusieurs mesures furent prises dans le but d'améliorer le sort de ces malheureux; la dernière que l'on doive à l'ancienne monarchie parait être un don de 120,000 livres que fit Louis XV à leur hospice, le 9 mai 1767. A cette époque, l'institution comptait près de 6,000 enfants, dont 7 à 800 à peine venaient des départements, et l'on portait à plus de 30,000 écus que les hauts justiciers avaient à leur charge. En 1791, un décret de l'Assemblée nationale mit au nombre des dépenses publiques l'entretien des enfants trouvés; mais c'est le décret du 28 juin 1793 qui régit la matière durant la période révolutionnaire. « La nation, dit cette loi, se charge de l'éducation physique et morale des enfants trouvés. Ils seront désormais désignés sous le titre d'*Orphelins;* toute autre dénomination est interdite. Toute fille-mère qui déclarera vouloir allaiter elle-même son enfant, aura le droit de réclamer les secours de la nation; elle ne sera tenue qu'aux formalités prescrites pour les mères de famille: le secret le plus inviolable sera observé. Les enfants abandonnés jouiront des mêmes pensions que la loi promet aux enfants des familles indigentes. » Le 25 floréal an VIII (5 mai 1800) un arrêté affecta au paiement des mois de nourrice des enfants abandonnés une portion d'amendes et de confiscations destinées aux hôpitaux et aux pauvres. La loi du 11 frimaire an VII range au nombre des dépenses de l'État celles des enfants abandonnés ou *enfants de la patrie.*

Il faut arriver au décret du 19 janv. 1811 pour trouver une réglementation durable du service des enfants trouvés. Ce décret forme encore aujourd'hui, avec l'instruction du 8 février 1823, la base de la législation sur cette matière : le titre Ier reconnaît trois catégories d'enfants qui sont confiés à la charité publique; les enfants *trouvés,* c.-à-d. ceux qui sont nés de pères et mères inconnus, les enfants *abandonnés,* c.-à-d. ceux qui, nés de pères et de mères connus, ont été ensuite délaissés, sans qu'on sache ce que ceux-ci sont devenus; les *orphelins,* c.-à-d. ceux qui, ayant perdu leurs père et mère, sont dépourvus de tout moyen d'existence.

La *question des enfants abandonnés et délaissés au XIXe siècle* a fait l'objet d'un mémoire fort intéressant de M. Léon Lallemand, auquel nous empruntons la plupart des renseignements ci-dessous; nous renvoyons nos lecteurs, pour de plus amples développements, à la lecture même de l'ouvrage.

Aujourd'hui, en France, dans chaque département, la tutelle des enfants trouvés, abandonnés et orphelins, appartient aux commissions administratives des hospices où ils sont recueillis.

A. *Admissions.* — Aux termes du décret de 1811, il doit y avoir, au moins, dans chaque arrondissement, un hospice susceptible de recevoir les enfants *trouvés.* Ces hospices sont autant que possible placés dans une position centrale et choisis parmi ceux dont les ressources sont les plus considérables. Beaucoup d'entre eux étaient autrefois pourvus d'un *Tour* destiné à recevoir les enfants qu'on voulait abandonner afin d'empêcher les expositions sur la voie publique. Les tours étaient des cylindres de bois, convexes et concaves d'un côté à l'autre, qui tournaient facilement sur eux-mêmes. Le côté convexe faisait face à une rue, tandis que le côté concave s'ouvrait à l'intérieur d'un appartement; une sonnette dont le cordon pendait à l'extérieur était placée auprès du tour. Quand on voulait exposer un nouveau-né, on avertissait par un coup de sonnette la personne de garde; aussitôt, le cylindre, décrivant un demi-cercle, présentait au dehors, sur la rue, son côté concave, recevait l'enfant et l'apportait dans l'intérieur de l'hospice en achevant son évolution. Quelquefois la construction était autrement disposée, mais l'analogie de destination lui faisait également donner le nom de tour. Elle consistait en deux fenêtres parallèles placées l'une à l'intérieur et l'autre à l'extérieur d'une ouverture assez profonde pour contenir un berceau; lorsque la fenêtre extérieure était ouverte et que l'enfant était déposé dans le berceau, un mécanisme mettait en mouvement une sonnette qui avertissait la personne chargée de recevoir l'e. — En 1811, lorsque le décret du 11 janv. reçut sa première application, on organisa 273 hospices dépositaires, savoir 256 avec tour et 17 sans tour. Mais le chiffre des enfants trouvés s'étant accru d'une manière énorme, on reconnut que cet accroissement provenait de la facilité que procurait pour les expositions le trop grand nombre des dépôts et des tours; en conséquence, des suppressions graduelles furent opérées dans les deux sens. 35 tours furent fermés de 1823 à 1834; 25 en 1835; 32 en 1836; 16 en 1837. En 1860, il existait encore 25 tours pour toute la France; aujourd'hui, il n'en existe plus un seul, mais plusieurs propositions de loi ont été déposées ces derniers temps en faveur de leur rétablissement; nous signalerons notamment la proposition *Bérenger* (session 1877-1878.)

B. *Mise en nourrice et en apprentissage.* — A leur entrée à l'hospice, les enfants trouvés sont enregistrés avec soin, et toutes les précautions sont prises pour qu'il soit facile de les reconnaître si leurs parents viennent les réclamer. De plus, on leur donne un nom, s'ils n'en ont pas déjà reçu un de l'officier de l'état civil, ou si l'on n'a pas trouvé avec eux des papiers indiquant les noms sous lesquels on demande qu'ils soient désignés. Ces formalités remplies, les enfants sont mis en nourrice, aussitôt qu'on le peut. Ils restent en nourrice jusqu'à l'âge de six ans; après quoi, on les met en pension chez des artisans ou des cultivateurs. Néanmoins, si les nourrices demandent à les conserver, on leur donne la préférence, et on leur alloue la pension mensuelle fixée par les règlements. Cette pension décroît graduellement chaque année et cesse entièrement quand les enfants ont 12 ans. A cette époque, on les met en apprentissage : les garçons, chez des cultivateurs ou des artisans ; les filles, chez des ménagères, des couturières ou des ouvrières, ou dans des fabriques, des manufactures, etc. Dans ce cas encore, on les laisse de préférence aux nourrices, pourvu que celles-ci s'engagent à leur faire apprendre un métier ou à les appliquer à l'agriculture. Les enfants estropiés ou infirmes, qui ne peuvent être mis en apprentissage, restent à la charge de l'hospice qui les a reçus et qui est tenu de les occuper, s'il ne trouve à les placer dans quelque atelier.

C. *Tutelle.* — Les enfants recueillis par un hospice sont, quelle que soit leur situation, sous la surveillance administrative de l'établissement. A cet effet, la commission de l'hospice désigne un de ses membres pour remplir les fonctions de tuteur, et les autres membres forment le conseil de famille. Si les enfants ont des biens, le receveur de la maison remplit à leur égard les mêmes fonctions que pour les biens ordinaires de l'hospice. Ces biens appartiennent à l'établissement si l'enfant y meurt avant sa majorité ou son émancipation. Néanmoins, si ses héritiers se présentent, on leur rend l'héritage, mais à la condition qu'ils remboursent toutes les dépenses auxquelles l'enfant a donné lieu. Enfin, tout enfant trouvé peut être réclamé et reconnu en tout temps par ses parents, à la condition que ceux-ci restituent à l'hospice les frais faits pour lui. En outre, la remise ne peut avoir lieu que sur un certificat de moralité délivré aux parents par le maire de leur commune, attestant de plus qu'ils sont en état d'élever leur enfant. Toutefois, lorsque des parents, bien qu'en mesure de pouvoir désormais élever leurs enfants, sont en même temps dans l'impossibilité de rembourser les dépenses faites par l'hospice pour ces derniers, ils peuvent être dispensés de cette restitution par les préfets, après constatation de leur position.

D. *Ressources du service.* — Aux termes du décret de 1811, la dépense du service des enfants trouvés incombait, pour la plus grande partie, à l'État, et pour le surplus, aux départements. A dater de 1817, les sommes allouées par l'État retombèrent à la charge des départements. La loi du 5 mai 1869 réorganisa la partie financière de ce service, en y affectant les ressources suivantes: 1° le produit des fondations ; 2° le produit des amendes de police correctionnelle ; 3° le contingent des communes: 4° les subventions de l'État; 5° les subventions départementales.

La dépense du service des enfants assistés, tant pour les soins donnés directement par les hospices que pour les frais de placement en nourrice ou en apprentissage s'est élevée pendant l'année 1888 à 11,900,000 francs, dont 4,960,000 francs pour le département de la Seine en particulier.

L'accroissement incessant du nombre des enfants trouvés depuis l'époque de la Révolution, est un phénomène des plus graves au point de vue économique: aussi a-t-il attiré depuis longtemps toute l'attention des gouvernements. En 1789, on évaluait à 40,000 seulement le chiffre des enfants trouvés pour toute la France; mais il s'élevait déjà à 69,000 en 1811; à 99,346 en 1819; à 117,305 en 1825; à 118,073 en 1830, et atteignit 129,699 en 1833. A cette époque, on tenta diverses mesures pour arriver à diminuer le chiffre des abandons. — Dans quelques départements, on imagina de déplacer les enfants et de les transporter du département où ils avaient été déposés dans d'autres départements plus ou moins éloignés, afin que la crainte de ne pouvoir plus les réclamer engageât les parents à ne pas les mettre à l'hospice ou à les reprendre. Cette mesure eut en effet pour résultat de faire retirer, dans les lieux où on la pratiqua, plus de la moitié des enfants trouvés ; mais ces enfants furent retirés, non par leurs familles, mais uniquement par les nourrices qui, s'étant attachées à eux, refusèrent de s'en séparer. Le déplacement était donc une mesure mauvaise, car elle n'atteignait pas le but proposé, et brisait des liens qui pouvaient, jusqu'à un certain point, remplacer pour les enfants ceux de la famille. La diminution du nombre des tours, que beaucoup de personnes regardent, et avec raison, comme une provocation à l'abandon des enfants, a donné des résultats plus véritablement efficaces. Quelques auteurs avaient exprimé la crainte que cette mesure ne rendît les infanticides plus fréquents ; mais il est aujourd'hui reconnu que cette appréhension était sans fondement. D'ailleurs, son adoption a été accompagnée d'un correctif excellent sous tous les rapports : c'est la distribution de secours suffisants aux mères qui gardent leurs enfants avec elles, et qui, sans cette assistance, seraient hors d'état de pourvoir à leurs besoins.

La loi de 1869 a eu le mérite de poser le principe du secours à domicile destiné à prévenir ou à faire cesser l'abandon des enfants. Désormais, on comprend sous la dénomination d'*enfants assistés* deux catégories, celle des enfants recueillis par les hospices, et celle des enfants temporairement secourus à domicile. Comme le fait justement remarquer la circulaire ministérielle du 3 août 1869, le second mode d'assistance est bien préférable au premier ; l'expérience a, en effet, démontré que les élèves des hospices coûtaient beaucoup plus cher que les enfants secourus chez leurs parents ; que, de plus, la mortalité était bien moindre chez ceux-ci (29 p. 100 au lieu de 57 p. 100) ; enfin, que l'on obtenait, par ce nouveau mode d'assistance, des résultats moraux très appréciables, soit au point de vue des légitimations d'enfants naturels, soit au point de vue de l'accroissement du nombre des mariages. Ce système a cependant donné lieu à des critiques qui paraissent contenir une part de vérité : il est à craindre, en effet, que ces secours ne soient accordés à des filles-mères qui n'ont aucun sentiment de tendresse pour leurs enfants, et qui ne se résignent à les élever que pour toucher l'argent qu'ils leur rapportent. « Des mères qui marchandent le prix de leur nourriture et qui n'acceptent qu'à contre-cœur, dit M. Levasseur, dans une communication à l'Académie, sont, pour la plupart, indignes d'élever des enfants ; elles les laissent mourir ou les font vivre dans le vice. Mieux vaut, dans ce cas, la nourrice choisie et surveillée par l'administration. »

IV. — Pour la protection des enfants employés dans l'industrie ou dans les professions ambulantes, voir au mot TRAVAIL.

V. *Enfants de troupe.* — La création des enfants de troupe est due à un arrêté consulaire du 7 thermidor an VIII ; depuis cette époque, cette institution a été l'objet de nombreuses modifications ; d'après les décrets du 13 juillet et 13 septembre 1878, les enfants de troupe restaient jusqu'à l'âge de dix ans chez leurs parents et avaient droit à des indemnités et des vivres, et, au-dessus de cet âge, ils étaient versés dans les corps de troupe où ils recevaient une instruction spéciale, sous la direction d'officiers choisis à cet effet ; on reconnut plus tard les dangers qu'offrait, au point de vue de l'éducation physique et morale de ces jeunes gens, la vie de caserne, et une loi en 1884 vint abolir cette réglementation vicieuse, en organisant six écoles militaires préparatoires pour les enfants de troupe à Rambouillet, Saint-Hippolyte-du-Fort (Gard), Autun, Billom, Montreuil-sur-Mer, aux Andelys. Cette idée avait d'ailleurs été déjà émise en 1875 ; mais on ne l'avait appliquée que partiellement, en créant une seule école de ce genre, celle de Rambouillet. Plus tard, la loi du 12 février 1887 vint adjoindre l'orphelinat Hériot comme annexe aux écoles militaires préparatoires organisées par la loi du 19 juillet 1884.

ENFANTEMENT. s. m. Action d'enfanter. Voy. ACCOUCHEMENT. || Fig. et fam., on dit d'un auteur qui compose avec beaucoup de difficulté : *Lorsqu'il travaille il est dans les douleurs de l'e.*

ENFANTER. v. a. Mettre au monde un enfant. || Fig. Produire, créer, faire naître. *Ce son les grands génies qui enfantent une heureuse idée.* — Fig. et prov., *La montagne a enfanté une souris,* ou, *C'est la montagne qui enfante une souris,* se dit lorsque de grands projets, de belles promesses ne produisent rien qui réponde à l'espérance qu'on en avait conçue. || Fig., en parlant des productions, des conceptions de l'esprit, on dit aussi : *Cet auteur enfante tous les ans un gros volume. Il enfante avec peine. E. un projet, un système.* || Fig., Produire, déterminer un effet bon ou mauvais *Les guerres civiles enfantent mille maux.* = ENFANTÉ, ÉE. part. = Syn. Voy. ACCOUCHER.

ENFANTILLAGE. s. m. (Pr. les *ll* mouillées). Discours, manières qui ne conviennent qu'à un enfant ; ne se dit que des personnes qui ont passé l'enfance. *Pour un homme de votre âge, de votre caractère, voilà bien de l'e. Faire des enfantillages.* Fam.

ENFANTIN (BARTHÉLEMY-PROSPER), ingénieur français né à Paris ; l'un des fondateurs du Saint-Simonisme, généralement nommé le *P. Enfantin* (1796-1864).

ENFANTIN, INE. adj. Qui a le caractère de l'enfance, qui appartient à l'enfance. *Des traits enfantins. Une voix enfantine.*

Syn. — *Puéril.* — *Enfantin* se dit toujours en bonne part, de ce qui appartient à l'enfance et la caractérise ; *puéril* se prend toujours en mauvaise part, car il s'applique à des choses qui rappellent l'enfance, mais qui ne sont point dites ou faites par l'enfance. *Enfantin* s'emploie au propre et au figuré ; *puéril* n'est guère usité que dans ce dernier sens. J'aime les jeux *enfantins,* les conversations *enfantines* des jeunes enfants ; mais je déteste les amusements *puérils* de nos désœuvrés, et je fuis les conversations *puériles* des femmes sans instruction.

ENFARINER. v. a. Poudrer de farine. *Un batelier qui s'enfarine le visage.* == S'ENFARINER. v. pron. *Je me suis tout enfariné dans ce moulin.* == ENFARINÉ, ÉE. part. || Fig. et vulg., *Venir la gueule enfarinée, Venir inconsidérément et avec une sotte confiance. Être enfariné d'une opinion, d'une doctrine,* Être un peu prévenu en sa faveur. *Être enfariné d'une science,* En avoir quelque teinture.

ENFER. s. m. [Pr. *an-fère*] (lat. *infernus,* souterrain, qui est au-dessous). Lieu souterrain que l'on considérait comme le séjour des âmes des morts dans les anciennes religions polythéistes. — Dans ce sens ce mot s'emploie le plus souvent au pluriel. *Les Enfers contenaient les champs Élysées et le Tartare. La descente d'Énée aux enfers.* Voy. ACHÉRON. || Dans les religions modernes, lieu que l'on suppose destiné au supplice des damnés. Il est opposé à *Ciel* et à *Paradis. L'e. est le partage des réprouvés. Jésus-Christ a promis que les portes de l'e. ne prévaudront point contre son Église. Les puissances de l'e. Satan fut précipité au fond des enfers.* Dans ce mot, le pluriel n'ajoute rien à la signification du singulier. — Fig. et fam., *C'est un e. Un véritable e.,* se dit d'un lieu où l'on se déplaît, où l'on est extrêmement tourmenté, où il y a beaucoup de désordre, de confusion. || Par ext., Les démons, les puissances de l'e. *L'e. en gémit.* || Fig., *Porter son e. avec soi,* Porter son supplice avec soi. *Avoir l'e. dans le cœur,* Être tourmenté de remords ou rouler dans son esprit des pensées atroces. || T. Chim. anc. *E. de Boyle,* Vaisseau dans lequel on faisait bouillir le mercure jusqu'à ce qu'il fût entièrement oxydé. || T. Typogr. Cassetin dans lequel on jette les caractères typographiques hors d'usage. On dit aussi cassetin du diable.

Philos. et Théol. — La croyance à l'existence d'un lieu de punition où les méchants sont punis a existé dans tous les temps, chez tous les peuples et dans toutes les religions. Nous voyons que non seulement les peuples anciens reconnaissaient l'existence d'un enfer, mais encore que la plupart admettaient l'éternité des peines. — Ce dogme soulève deux questions principales : l'une est relative à la durée des tourments qu'on y souffre, et l'autre à la nature de ces mêmes tourments.

I. *De la durée des peines de l'enfer.* — En ce qui concerne la durée des peines de l'e., *il est de foi,* dans l'Église catholique, que ces peines sont éternelles et ne finiront jamais. Cette croyance est fondée sur l'Écriture et la tradition, ainsi que sur la croyance universelle et constante de l'Église, qui est en cela, comme en beaucoup d'autres choses, d'accord avec la croyance des plus anciens peuples. Ce dogme terrible de l'éternité des peines a soulevé de très graves objections, auxquelles les théologiens n'ont jamais pu répondre que par de bien faibles arguments. Il est certain que ce dogme paraît contraire à la bonté de Dieu et qu'il est difficile de comprendre comment la vie terrestre, si courte, et en tous cas *limitée,* peut suffire à décider du sort de l'âme pendant *l'éternité* : il y a là entre la cause et l'effet une disproportion tout à fait choquante ; quoi qu'il en soit, nous n'insisterons pas sur la question, si grave qu'elle soit, parce que les éléments pour la résoudre nous font absolument défaut. Les adeptes d'une religion ne peuvent que se rapporter aux enseignements de cette religion, et les philosophes spiritualistes indépendants ne peuvent que se fier à la bonté et à la miséricorde de Dieu. En ce qui concerne l'état de l'âme après la mort, on est livré aux hypothèses et aux conjectures les plus vagues, et l'imagination peut se donner toute carrière dans les recherches sur les conditions de l'immortalité. L'idée vague de changements et de perfectionnements successifs, caractérisée par le mot d'*évolution,* est peut-être celle qui s'accorde le mieux avec la conscience moderne, si l'on y ajoute cette considération morale que les conséquences des actes méritoires ou condamnables accomplis pendant la vie influent directement ou indirectement sur cette sorte d'évolution.

II. *Nature des peines de l'enfer.* — Les théologiens distinguent deux peines de l'e., la peine du *dam* et la peine du *sens*. — La peine du *dam* consiste dans le regret d'avoir, en offensant Dieu, perdu le bonheur du ciel. Cette peine, disent les théologiens, est clairement désignée par Jésus-Christ lui-même, quand il menace les pécheurs du *ver rongeur qui ne meurt point*. — La peine du sens serait également désignée par ces paroles de Jésus-Christ : *le feu qui ne s'éteint point*. Mais cette expression de feu doit-elle s'entendre au propre ou au figuré? S'agit-il d'un feu matériel, ou d'une vive douleur du corps analogue à celle que cause le feu? Plusieurs docteurs, dont l'opinion n'a point été condamnée, ont adopté cette seconde interprétation. Nous croyons inutile de développer davantage les dissertations des théologiens sur ce sujet.

III. *Descente de Jésus-Christ aux Enfers.* — Le symbole des apôtres nous apprend que Jésus-Christ, après sa mort sur la croix, a été enseveli, qu'il est *descendu aux enfers*, et qu'il est ressuscité le troisième jour. Le sentiment unanime des Pères de l'Église et des théologiens orthodoxes est que, pendant que le corps de Jésus-Christ était dans le tombeau, son âme descendit dans le lieu où étaient renfermées les âmes des anciens justes, et leur annonça leur délivrance. Cette croyance est fondée sur ce que dit saint Pierre, que Jésus-Christ est mort corporellement, mais qu'il a repris la vie par son esprit, par lequel il est allé prêcher aux esprits qui étaient détenus en prison, et que l'Évangile a été prêché aux morts (*I Épit.*, VI, 49, et III, 6.)

ENFERMER. v. a. (R. *en* et *fermer*). Mettre, tenir dans un lieu d'où l'on ne puisse pas sortir; se dit des personnes et des animaux. *E. un homme dans une chambre, dans une maison. E. des chevaux dans une écurie, un oiseau dans une cage.* On *l'enferma entre quatre murailles.* — Par ext., *E. une armée dans un lieu, L'y tenir bloquée*, l'empêcher d'en sortir. — Abs., Détenir quelqu'un dans une prison, un hôpital, etc. *C'est un fou à e. On l'a enfermé à cause de ses déportements. Son mari l'a fait* e. *dans un couvent.* ‖ Serrer une chose dans un lieu, ou bien dans un meuble que l'on ferme. *E. des habits dans une armoire. E. des papiers dans un secrétaire. E. à clef, sous clef.* ‖ Fig., *E. son chagrin, sa douleur, sa honte,* etc., Se tenir dans un lieu où l'on peut se livrer à son chagrin, cacher sa honte, etc. *Pendant dix ans, il enferma sa douleur dans une retraite profonde. Qu'il aille e. sa honte quelque part où il soit inconnu.* ‖ Enceindre, clore de toutes parts. *E. un parc de murailles. E. un verger de haies.* ‖ Fig., Contenir, comprendre. *Cette proposition en enferme beaucoup d'autres. Ce passage enferme beaucoup de vérités.* ‖ Loc. prov. *E. le loup dans la bergerie,* Laisser quelqu'un dans l'endroit où il peut être le plus dangereux; guérir prématurément un exutoire nécessaire à la santé. = s'ENFERMER. v. pron. Fermer la porte du lieu où l'on est, afin d'empêcher qu'on n'y pénètre. *Elle s'était enfermée dans sa chambre.* ‖ Absol., *J'ai l'habitude de s'e. pour travailler. S'e. sont enfermés deux heures durant. S'e. avec un malade,* S'établir près d'un malade pour le soigner et demeurer avec lui jusqu'à la fin de sa maladie. ‖ *S'e. dans un cloître,* Se faire religieux ou religieuse. — *S'e. dans une place,* Demeurer dans une place qui va être assiégée et qu'on veut défendre. = **ENFERMÉ, ÉE.** part. ‖ Subs.., on dit d'une chose qui sent mauvais, parce qu'il y a longtemps qu'elle n'a été à l'air ou que l'air n'y a pénétré, qu'*Elle sent l'enfermé,* ou mieux, *le renfermé.*

ENFERMÉS. s. m. plur. T. Zool. Sous ce nom, créé par Cuvier pour la 5e famille de ses Acéphales testacés, nous réunissons tout un groupe de Mollusques Lamellibranches siphoniens, qui vivent presque tous enfoncés dans le sable, dans la vase, dans la pierre ou dans le bois. Nous ne parlerons ici que des principaux genres, qui sont très nombreux et réunis en plusieurs familles.

Les *Lutraires* (*Lutraria*) ressemblent beaucoup aux Mactres; néanmoins elles en diffèrent par leur charnière qui n'a pas de lames latérales, par leurs valves très bâillantes, surtout au bout postérieur par lequel sort le double tube charnu de la respiration et de l'anus. Le pied qui s'ert à l'opposite est petit et comprimé. Ce sont des Mollusques littoraux qui s'enfoncent perpendiculairement dans le sable vaseux et s'y creusent un trou au haut duquel vient s'ouvrir l'extrémité postérieure des siphons. On en trouve une grande espèce (*Lut. oblonga*) vul-

gairement appelée *Lavagnon*, dans le sable de l'embouchure de nos fleuves. — Les *Myes* (*Mya*) sont caractérisées par l'existence d'une grande dent cardinale, comprimée en forme de lame et dressée presque verticalement à la valve gauche, et d'une fossette correspondante à la valve droite : la dent et la fossette sont réunies par le ligament. La *Mye des sables* (M. *arenaria*) [Fig. 1], qui est le type du genre, se rencontre le long de nos côtes dans le sable. — Dans les *Solémyes* (*Solemya*), le ligament se montre au dehors de la coquille. La Méditerranée renferme une espèce de ce genre, la *Sol. togata*. — Le g. *Pandore* (*Pandora*) se compose de très petites coquilles dont la valve droite est beaucoup plus plate que l'autre, et s'accompagne d'une dent saillante. L'espèce la plus connue

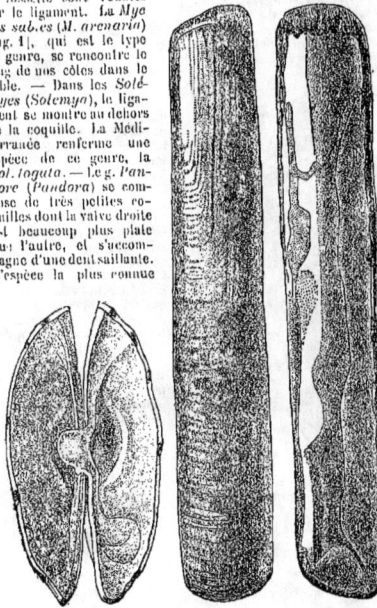

Fig. 1.   Fig. 2.   Fig. 3.

est la *P. rostrata*, qui habite nos côtes. Toutes les espèces qui précèdent ont les habitudes des Lutraires et des Myes.

Au lieu de vivre dans le sable, les *Byssomies* (*Byssomia*) pénètrent dans les pierres et s'y fixent à l'aide d'un byssus. Leurs valves oblongues et sans dent marquée ont l'ouverture pour le pied à peu près dans le milieu de leurs bords et vis-à-vis des sommets.

Les *Analines* ont une coquille transparente, fragile, prolongée en arrière en une sorte de bec de canard; elles se trouvent dans toutes les mers. Voy. ANATINIDES.

Les *Solens* (*Solen*), vulgairement appelés *Manches de couteau*, ont une coquille bivalve, allongée transversalement, bâillante aux deux extrémités ; la charnière est garnie d'un ligament extérieur et pourvue de dents saillantes et bien prononcées. L'animal a le manteau fermé par-devant ou dans le sens de sa longueur, et il fait sortir par l'extrémité antérieure un pied cylindrique tronqué ou terminé par un épatement contractile qui lui sert à monter et à descendre rapidement dans les trous qu'il habite sur la grève découverte, à la marée basse. A l'extrémité postérieure, le manteau se prolonge en un tube court contenant les deux siphons réunis qui viennent faire saillie à la superficie du tube ou même au-dessus (Fig. 2. *Solen gaine :* valve droite de grandeur naturelle, vue en dessus ; 3. La même, vue en dedans ; 4. Siphons postérieurs représentés dans toute la longueur que leur donne l'animal). Outre cette espèce, nous en avons sur nos côtes quatre autres du même genre. Elles vivent enfoncées verticalement dans le sable,

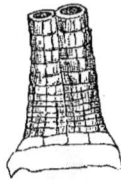

Fig. 4.

à la profondeur de 3 à 6 décimètres, mais en s'élevant, au moyen de leur pied, jusqu'au sommet de leur trou, pour s'y enfoncer de nouveau à ce vis-ses, dès qu'elles sont menacées de quelque danger; aussi leur capture est-elle difficile. — Parmi les genres voisins des Soleus, nous nous contenterons de mentionner les *Solécurtes* (*Solecurtus*) et les *Glycimères* (*Glycimeris*).

Les Mollusques qui forment le genre *Pholade* (*Pholas*), vulgairement *Dail*, ont deux valves principales, larges et bombées du côté de la bouche, se rétrécissant, et s'allongeant du

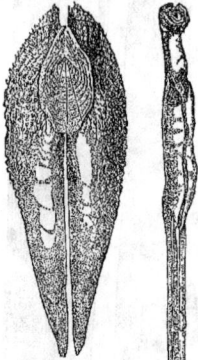

Fig. 5.

côté opposé, et laissant à chaque bout une grande ouverture oblique. Leur charnière a, comme celle des Myes, une lame saillante et un ligament intérieur allant de cette lame à une fossette correspondante. Leur manteau se reflechit en dehors sur la charnière, et y contient une et quelquefois deux ou trois pièces calcaires surnuméraires. Le pied sort par l'ouverture du côté de la bouche qui est la plus large, et du bout opposé sortent les deux tubes réunis qui sont susceptibles de se dilater beaucoup en tous sens. Les Pholades sont, pour la plupart, des coquillages térébrants. Elles percent les pierres, le bois, ou s'enfoncent dans le sable, et vivent dans les trous qu'elles se sont pratiqués. Quelques espèces de ce genre, entre autres la *Ph. dactyle* ou *Dail commun* (Fig. 5), sont assez abondantes sur les bords de la Méditerranée, où on les recherche à cause de leur goût agréable. — Les *Tarets* (*Teredo*) sont des Mollusques remarquables par leur corps fort allongé et presque vermiforme, qui n'est recouvert que dans une très petite partie par deux valves rhomboïdales, mais qui est enveloppé dans un manteau tubuleux ouvert à l'extrémité antérieure et inférieur pour livrer passage au pied. Ce manteau se termine par deux tubes courts, dont la base est pourvue de chaque côté d'une palette pierreuse et mobile. (Fig. 6. *Taret naval*, réduit d'un tiers;

Fig. 7.

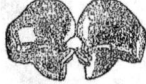

Fig. 8.

Fig. 9.   Fig. 6.

7. Les deux valves grossies, vues en dedans; 8. Valve droite, vue en dessus; 9. Les palettes terminales de grandeur naturelle.) Ces Mollusques sont célèbres par les dégâts qu'ils produisent en perçant les bois plongés sous l'eau, tels que pilotis, quilles de navires, écluses, etc. D'après les observations de Laurent, le jeune Taret, vingt-quatre heures après sa naissance, se fixe sur le bois en causant d'abord un petit godet à sa surface; puis il se recouvre d'une couche de mucosité percée d'un trou par lequel il sort ses deux petits siphons charnus. A partir de ce moment, les palettes térébrantes sont sécrétées très promptement, et le jeune animal s'en sert aussitôt pour perforer le bois. Une fois niché dans l'intérieur de ce dernier, on ne voit plus paraître en dehors que les deux siphons charnus, où il amène l'eau et les aliments au moyen de ses palettes; mais il rentre ses tubes au premier danger. Le Taret attaque toutes les essences de bois depuis les plus molles jusqu'aux plus dures. En général, il perce le

bois perpendiculairement à la longueur des fibres ligneuses, et ensuite parallèlement à ces fibres, lorsqu'il n'est pas gêné par ses voisins. Le canal où se tient le Taret est tapissé d'une croûte calcaire qu'il a transsudée, et qui lui forme encore une sorte de coquille tubuleuse. Ce g. contient un ass. z grand nombre d'espèces; la plus répandue chez nous est le *T. Commun* (*Teredo navalis*). Elle a été apportée, dit-on, de la zone torride. Elle fait de grands ravages dans nos ports de mer, et elle a menacé plus d'une fois la Hollande de sa destruction, en ruinant ses digues. — Les genres *Fistulane* (*Fistulana*) et *Gastrochène* (*Gastrochaena*) se rapprochent beaucoup du g. Taret; mais les Fistulanes vivent généralement enfoncées dans le sa le, tandis que les Gas rocheuses attaquent seulement les pierres calcaires et les masses madréporiques où ils se creusent une demeure. Ces deux genres de Mollusques tapissent leur habitation d'une matière calcaire qui constitue p ur l'animal un tube complémentaire.

Les *Arrosoirs* (*Aspergillum*) sont des coquilles tubuleuses et en forme de cône a longé, fermé à son extrémité antérieure par un disque percé de petits trous tubuleux, disposition qui leur a valu le nom sous lequel on les désigne. En outre, les petits tubes de la rangée extérieure, qui sont plus longs, donnent a ce disque l'aspect d'une corolle. Sur la ligne dorsale et médiane du tube, et à peu de distance du disque, on remarque une impression dans laquelle on reconnaît toutes les formes d'une coquille bivalve, dont les valves ont leurs contours saisis dans l'épaisseur du tube et laissent saillir au dehors leurs crochets. Les Arrosoirs vivent enfoncés verticalement dans le sable. L'espèce la plus connue, l'*Arrosoir de Java* (Fig. 10) est longue de 18 à 21 centim. — Les *Clavagelles* (*Clavagella*) sont fort analogues aux Arrosoirs; mais leurs valves sont plus développées, et l'une d'elles seulement, celle de droite, s'incruste dans les parois du tube que sécrète l'animal.

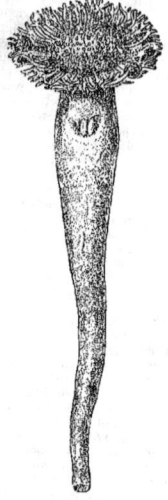

Fig. 10.

ENFERRER. v. a. [Pr. *anfé-rer*] (R. en, et fer). Percer avec une épée, une pique, etc. *En, son ennemi*. || T. Techn. Placer les coins de fer dans les joints des bocs d'ardoise. == s'ENFERRER. v. pron. Se jeter sur la pointe de l'arme de son adversaire. *Il s'est enferré lui-même. Ils se sont enferrés l'un l'autre*. || Fig. et fam., Se nuire à soi-même par des discours ou des actions qui décèlent que l'on est dans l'erreur, que l'on a tort, ou que l'on est coupable. *Vous vous enferrez. Il cherchait d'abord à nier, mais il s'enferra dans ses réponses. Il s'est enferré lui-même par cette démarche*. == ENFERRÉ, ÉE. part.

ENFERRURE. s. f. [Pr. *anfé-rure*]. Placement des coins de fer dans un bloc d'ardoise.

ENFEU (R. *enfouir*). Cave dans une église pour la sépulture des morts.

ENFEUILLER (S'). v. pron. [Pr. *anfeu-ller*, *ll* mouillés]. Se couvrir de feuilles, en parlant des arbres.

ENFICELER. v. a. Serrer avec une ficelle. || T. Techn. Serrer un chapeau avec une ficelle pour le maintenir dans sa forme.

ENFIELD. v. d'Angleterre (Middlesex), 20.000 hab. Armes.

ENFIÉVRER. v. a. Donner la fièvre. — Fig. Produire une excitation morale que l'on peut comparer à la fièvre.

ENFIÉVREMENT. s. m. Action d'enfiévrer; état de celui qui est enfiévré.

ENFILADE. s. f. (R. *enfiler*). Au prop. Ensemble de choses situées à la suite les unes des autres. *Une longue en. de chambres.* || Fig. et fam. *Une longue en. de phrases, d'épithètes,* Une longue et ennuyeuse suite de phrases, etc. || T. Jeu de Trictac. Série de dames qui, étant découvertes, courent grand risque d'être battues. *Il ne saurait éviter l'en.* || T. Artil. Se dit d'une pièce de canon ou d'une batterie dont les projectiles frappent une tranchée, un navire, etc., dans le sens de sa longueur *Tirer des coups d'en. Recevoir une en.* || T. Hort. Salles de verdure qui se suivent et communiquent entre elles par des ouvertures pratiquées dans la même direction.

ENFILE-AIGUILLE. s. m. Instrument servant à enfiler une aiguille.

ENFILER. v. a. (R. *en*, et *fil*). Passer un fil par le trou d'une aiguille, d'une perle, *En. une aiguille. En. un chapelet.* — Fig. et prov. *Nous ne sommes pas ici pour en. des perles,* Pour perdre notre temps à des bagatelles, à des choses frivoles. || Famil., *E. un chemin, une allée,* etc., Prendre un chemin, etc., s'y engager. *En. le degré,* Descendre rapidement un escalier pour s'échapper. || Fig. et famil. *En. un discours,* S'engager, s'embarquer dans un long discours. — T. Artill. *En. une tranchée,* La battre dans le sens de sa longueur, *En. un navire,* Tirer sur lui dans le sens de sa longueur. On dit aussi, *Être enfilé par l'avant, par l'arrière, de l'avant à l'arrière,* etc. — Par anal., *Le vent enfile la rue, le corridor.* || Par extens., Percer d'outre en outre. *Après la troisième passe,* il enfila d'emblée son adversaire. || Fig. et famil. Engager dans une quelque affaire désavantageuse, l'entraîner dans une grosse perte. *C'est un tel qui m'a enfilé dans cette maudite affaire.* = **S'ENFILER.** v. pron. Être enfilé. — Fig. et prov. *Cela ne s'enfile pas comme des perles,* se dit d'une chose qui est plus difficile à faire qu'il ne paraît. || T. Jeu. Se laisser aller à faire une perte considérable. *Prenez garde de vous enfiler et de vous en.* — Au Trictrac. Disposer son jeu de telle manière qu'on ne peut éviter d'être battu plusieurs fois de suite. = **ENFILÉ, ÉE.** part.

ENFILEUR. s. m. Ouvrier qui passe les têtes des épingles dans les branches.

ENFILURE. s. f. Action d'enfiler. — Fig. Suite, enchaînement.

ENFIN. adv. (R. *en* et *fin*). Finalement, bref, en un mot. *En. cette affaire est terminée. En. il m'a dit que. En. pour abréger. Puisque en. vous le voulez. Car en. que pouvait-il faire? Mais en. que vous a-t-il dit?* || S'emploie pour laisser à l'auditeur le soin de préciser une idée, qu'on ne veut ou qu'on ne peut achever d'exprimer :

C'est un homme qui... Ah!... un homme... un homme enfin.
MOLIÈRE.

|| A la fin. *En., je vous trouve.*

Syn. — *A la fin, Finalement.* — *Enfin* signifie, en finissant, pour finir, pour conclusion. *A la fin* signifie, après tout cela, pour résultat des choses. *Finalement* signifie, à la fin finale, comme on disait jadis, c.-à-d. pour dernières conclusions, définitivement. *Enfin* annonce par une sorte d'explosion la fin ou la conclusion d'un discours, d'un récit, d'un raisonnement. *A la fin* annonce la fin ou le résultat des choses, des affaires, des événements, considérés en eux-mêmes. *Finalement* annonce un résultat final ou une conclusion finale. On dit : *Enfin,* c'est mon plaisir, je veux vous satisfaire; *à la fin* le masque tombe, et l'on voit le fourbe; nos comptes sont *finalement* arrêtés.

ENFLAMMEMENT. s. m. [Pr. *anfla-meman*]. État de ce qui est enflammé.

ENFLAMMER. v. a. [Pr. *an-fla-mer*] (lat. *inflammare,* de *in, en,* et *flamma,* flamme). Allumer, mettre en feu. *Une seule étincelle su fit pour en. un magasin de poudre. En un moment tout la ma son fut enflammée* || Fig. Échauffer, causer de l'inflammation, donner de l'animation. *L'alcool enflamme le sang. Cet onguent en tam nera votre peau. La colère enflamme les yeux, le visage.* || Fig., au sens moral, Animer, exciter. *Ce discours enflamma leur courage. Ces récits enflammaient leur imagination. En. la colère de quelqu'un.* — Dans un sens particulier, signifie : inspirer de l'amour, brûler. *Sa beauté avait enflammé b en des cœurs.*

L'ardeur qui l'enflamme. = **S'ENFLAMMER.** v. pron. Prendre feu; se dit au prop. et au fig. *Ce bois s'enflamme rapidement. S'en. de colère, d'amour. Son imagination s'enflamme a sément.* || Fig. Devenir le siège d'une inflammation. *La plaie s'était enflammée.* || Fig. Se passionner, s'emporter, ou s'éprendre d'amour *Cet homme s'enflamme pour rien. Comme il s'enflamme pour son opinion! Le jeune homme s'enflamme aisément.* = **ENFLAMMÉ, ÉE.** part. *Un tison enflammé. Des regards enflammés.*

ENFLE. s. m. (R. *enfler*). Sorte de jeu de cartes.

ENFLE-BŒUF. s. m. Nom vulgaire donné, dans quelques provinces, au Carabe doré, parce qu'on suppose, mais à tort, qu'il fait enfler les bestiaux qui, en paissant, l'avalent par mégarde.

ENFLÉCHER. v. n. (R. *en,* et *flèche*). T. Mar. Monter aux mâts, en s'accrochant sur des cordages appelés enfléchures.

ENFLÉCHURE. s. f. (R. *en,* et *flèche*). T. Mar. Cordages qui servent d'échelons pour monter d'un hauban à l'autre.

ENFLEMENT. s. m. État d'une chose enflée.

ENFLER. v. a. (lat. *inflare,* de *in, en,* et *flare,* souffler). Grossir, gonfler en remplissant d'air ou de quelque autre chose. *En. un ballon. En. ses joues. L'hydropisie enfle le corps. Le vent enflait nos voiles.* — En parlant des eaux, Augmenter leur volume. *Les plu es ont enflé la rivière.* || Fig. et fam., *En. la dépense,* Porter les objets qu'on a achetés à un prix plus élevé que le prix d'achat, afin de gagner sur la dépense. On dit, dans un sens anal. *En. un mémoire, un compte,* etc. — T. Pratiq. *En. le cahier, en. les rôles,* Y met re des choses inutiles afin de les grossir. || Fig., *En. le cœur, le courage,* Augmenter le courage. *Cela lui a enflé le courage. Ce succès enfla le cœur à nos troupes.* On dit de même, *En. les espérances de quelqu'un,* Lui donner de nouveaux motifs d'espérer. || Fig. *En. d'orgueil,* donner de la vanité. *Cela l'a tellement enflé qu'on ne peut plus vivre avec lui. Être enflé d'orgueil.* || Fig., *En. son style,* Écrire d'un style ampoulé. = **ENFLER.** v. n. Se dit surtout au prop. *Les jambes lui enflent à vue d'œil. La rivière enfle tous les jours.* = **S'ENFLER.** v. pron. Se dit au prop. et au fig. *Ses jambes commencent à s'en. La rivière s'enfle. La rivière s'enfle.* = **ENFLÉ, ÉE.** part. *Un corps enflé. Un individu enflé d'orgueil. Un style enflé* || Absol., *Être enflé,* se dit quelquefois d'un hydropique. — Fam., *Être enflé comme un ballon,* Être fort enflé. Fig., Avoir un orgueil excessif. = Syn. Voy. BOUFFIR.

ENFLEURAGE. s. m. Action d'enfleurer.

ENFLEURER v. a. (R. *en,* et *fleur*). T. Parfum. Charger une huile d'un certain parfum.

ENFLEURI, IE. adj. Garni de fleurs. *Un buisson tout e.*

ENFLURE. s. f. (R. *enfler*). Gonflement qui survient dans quelque partie du corps. *L'en. produite par l'hydropisie. Une simple fluxion cause souvent une en. considérable.* = Fig., *L'en. du cœur,* L'orgueil, la vanité. — *L'en. du style,* Le vice d'un style enflé.

ENFOLIER v. a. (R. *en,* et *feuille*). Frapper le creuset dans lequel on a fait fondre de l'argent pour en détacher les feuilles collées aux parois.

ENFONÇAGE. s. m. Action d'enfoncer. || T. Techn. Action de mettre le fond à un tonneau. || T. Mar. L'une des avaries ordinaires à la charge de l'armateur.

ENFONCEMENT. s. m. Action d'enfoncer, de rompre, de briser. *L'en. d'un peu dans la terre. L'en. d'une porte, d'une barricade.* || La partie d'un lieu où d'une perspective qui est ou qui paraît la plus éloignée, la plus reculée. *Dans l'en. de la vallée, il y avait un ruisseau. Dans l'en. de la scène, on voit un palais.* || T. Archit. La partie d'une façade qui est en retraite. *Sa boutique est dans l'en.* || T. Peint. *Il y a beaucoup d'en. dans ce tableau,* La perspective des fonds y est bien rendue.

ENFONCER. v. a. (R. *en,* et *foncer*). Pousser vers le **fond,**

faire pénétrer dans l'intérieur. *En. un vase dans l'eau. En. un clou dans la muraille. En. des pilotis. Il lui en. son poignard dans le sein.* — *En. les éperons dans le ventre de son cheval.* Les lui faire sentir avec force — *En. son chapeau sur la tête*, ou simplem., *En. son chapeau*, Faire que la tête entre plus avant dans le chapeau. || Rompre, briser, en poussant, en pesant, etc. *En. une porte, un cabinet. La bombe enfonça la voûte de l'édifice. En. une côte.* — *En. un bataillon, un carré, un escadron, les rangs.* Les rompre, les percer, les renverser en y pénétrant. = ENFONCER, v. n. Aller au fond. *Le vaisseau enfonça dans l'eau et disparut. Nous enfonçons dans le sable jusqu'aux genoux.* = s'ENFONCER, v. pron. Aller au fond, ou s'affaisser. *S'en. dans la boue. Le plancher s'enfonça.* || Pénétrer bien avant vers le fond, vers l'extrémité. *S'en. dans une caverne. S'en. dans le bois. Il s'en. dans son l.t.* || Fig. Se donner tout entier à quelque chose *Cet homme s'enfonce dans l'étude, dans la débauche, dans le jeu. S'en. dans de profondes rêveries. S'en. dans les ténèbres de la m. taphys que.* = ENFONCÉ, ÉE. part. *Avo.r les yeux enfoncés dans la tête,* Avoir les yeux creux. || *Un lieu enfoncé, une partie enfoncée,* Qui n'est pas au niveau du reste, qui forme cavité; un endroit profond. || Fig. et fam. *Avoir l'esprit enfoncé dans la matière,* ou simplem., *Être enfoncé dans la matière,* Être stupide; se dit surtout d'un homme qui est gras et bien nourri. *Être en dans ses méd.tations,* Être profondément occupé à méditer. On dit de même, famil., *Être enfoncé dans le droit, dans l'histoire,* Se livrer assidûment à l'étude du droit, etc. || T. Fauconn. *Fondre sur la proie en la poussant jusqu'à la remise.* || T. Typog. *En. une ligne,* La repousser sur la droite, par ex., pour y mettre un cadratin et faire un alinéa. On dit plutôt *Renfoncer.* = Conjug. Voy. AVANCER.

ENFONCEUR. s. m. Celui qui enfonce; n'est guère usité que dans cette loc. prov. et fig., *Un en. de portes ouvertes,* Un fanfaron, un homme qui se vante d'avoir fait une chose très facile, comme si elle eût été fort difficile.

ENFONÇOIR. s. m. Outil avec lequel on enfonce un objet dans un autre. || Masse pour fouler les peaux.

ENFONÇURE. s. f. (R. *enfoncer*). Creux, cavité. *Il y a des enfonçures dans le parquet de cette chambre.* || L'assemblage des pièces qui forment le fond d'une fu.aille, d'un tonneau, etc. || L'assemblage des ais qu'on met à un bois de lit pour soutenir la paillasse, les matelas. || T. Chir. Affaissement des fragments dans une fracture du crâne.

ENFORCIR. v. a. Rendre plus fort. *En. un mur. La bonne nourriture a enforci ce cheval.* Est peu usité en parlant des personnes. = ENFORCIR. v. n. Devenir plus fort. *Ce cheval enforcit* ou *s'enforcit tous les jours.* En parlant du vin, prendre du ton. *Notre vin commence à enforcir.* = s'ENFORCIR, v. pron. Devenir plus fort. = ENFORCI, IE. part.

Obs. gram. — Les verbes *enforcir* et *renforcer* signifient, l'un et l'autre, rendre plus fort ou devenir plus fort. La bonne nourriture a enforci ce cheval. *Ce vin renforcira.* À la gelée. On a renforcé l'armée. *Cette place se renforce tous les jours. Ce jeune homme s'est bien renforcé dans le calcul.* — Quelques personnes, pensant apparemment que l'on dit *enforcer, renforcir,* ont forgé les participes *enforcé, renforci.* Mais ces participes et ces infinitifs sont autant de barbarismes. On ne connaît qu'*enforcir* et *renforcer,* dont les participes passés sont *enforci* et *renforcé.*

ENFORMER. v. a. (R. *en,* et *forme*). T. Tech. *En. un chapeau,* Le remplir d'un moule de bois.

ENFOUIR. v. a. (lat. *infodere,* m. s., de *in,* en et *fodere,* creuser . Cacher en terre *En. un trésor En. de l'argent.* = *En. du fumier. En. des plantes, des arbres,* Les mettre en terre, les couvrir de terre. — Par extens., Placer, cacher une chose dans un lieu, parmi d'autres choses où il n'est pas facile de la découvrir. *Ils avaient enfoui ce manuscrit dans une armoire, avec de vieilles paperasses.* || Fig., on dit d'une personne douée de certains avantages, qui se retire dans un lieu où ces avantages ne peuvent être appréciés. ne peuvent lui servir, qu'*Elle les enfouit. Comment pouvez-vous en. tant de beauté, tant d'esprit dans un pareil lieu! Il ne faut pas en. le talent que Dieu nous a donné,* il ne faut pas le laisser inutile. = s'ENFOU.IR. v. pron. Se dit d'un animal qui se réfugie et se blottit quelque part. *Le renard alla s en. dans*

son terrier. || Fig., se dit d'une personne qui se retire dans un lieu écarté. *Il est allé s'en. dans une province reculée.* = ENFOUI, IE. part.

ENFOUISSEMENT. s. m. Action d'enfouir; résultat de cette action.

Méd. vét. — On enfouit les animaux morts de maladies contagieuses, soit da..s son propre terrain, soit dans un terrain communal affecté à cet usage et entouré de clôtures, dans des fosses de près de 2 mètres de profondeur, que l'on recouvre de la terre extraite. La loi du 22 juin 1882 défend qu'on fasse paître les bestiaux sur ces fosses, et que l'on déterre les cadavres sans autorisation préfectorale.

ENFOUISSEUR. s. m. Celui qui enfouit; ne se dit guère que de celui qui enfouit un trésor

ENFOURCHEMENT. s. m. (R. *enfourcher*). T. Charp. Assemblage de chevrons sur un faîte, lorsque ces chevrons sont mis à tenons et à mortaises ouvertes. || T. Menuis. Assemblage dont la mortaise et le tenon occupent toute la longueur de la pièce. || T. Jardin. Sorte de greffe. || T. Archit. Se dit des premières retombées des angles des voûtes d'arête, dont les voussoirs sont à branches.

ENFOURCHER. v. a. (R. *en* et *fourche*). *En. un cheval,* Monter à cheval, jambe deçà, jambe delà. *Cette femme enfourche un cheval comme ferait un cavalier.* || Fam. Percer avec une fourche. = ENFOURCHÉ, ÉE. part.

ENFOURCHURE. s. f. Point où un arbre se bifurque. *Les écureuils établissent ordinairement leur domicile sur l'en. d'un arbre.* || T. Tailleur. La partie d'un pantalon qui forme l'entre-deux des cuisses. || T. Man. La partie du corps comprise entre les deux cuisses.

ENFOURNAGE. s. m. Action d'enfourner.

ENFOURNEMENT. s. m. T. Techn. Action d'enfourner; Action de mettre les pains au four. || Les opérations d'une verrerie, depuis la fonte jusqu'à l'affinage. — Action de disposer dans le four les pièces céramiques pour les faire cuire.

ENFOURNER. v. a. (R. *en,* et *four*). Mettre dans le four. *En. le pain. En. de la pâtisserie.* || T. Techn. Mettre dans un creuset les matières du verre. || Prov. et absol. *À mal en., on fait les pains cornus,* Quand, dès le principe, on ne prend pas une affaire de bon biais, on a de la peine à réussir. || Fig. et fam, *Bien en., mal en.,* Bien ou mal commencer une affaire. = s'ENFOURNER, v. pr. S'engager dans une voie, dans une affaire d'où l'on n'aura de la peine à sortir. *Il s'est enfourné dans une mauvaise affaire.* = ENFOURNÉ, ÉE. part.

ENFOURNEUR. s. m. Ouvrier qui met le pain au four. || Celui qui enfourne la matière dans les verreries. || Celui qui arrange les briques dans le fourneau.

ENFOURRER. v. a. [Pr. *anfou-rer*] (R. *en* et *fourrer*). T. Seller e. Bourrer l'intérieur des colliers. || Chez le batteur d'or, mettre les feuillets de vélin dans ses fourreaux.

ENFRANGER. v. a. (R. *en,* et *frange*). Garnir de franges.

ENFRAYER. v. a. [Pr. *an-frè-ier*]. Mettre en train des cardes neuves.

ENFRAYURE. s. f. [Pr. *an-frè-iure*]. Première portion de laine préparée avec les cardes neuves.

ENFREIGNEUR. s. m. [Pr. *an-frè-gneur,* gn mouillés]. Celui qui enfreint.

ENFREINDRE. v. a. (lat. *infringere,* m. s., de *in,* en, et *frangere,* briser). Transgresser, violer, rompre, contrevenir a; n'est d'usage qu'en parlant de traité, de loi, de règle, etc *En. un traité, les conditions d'un tra.té. En. la loi, des ordres, un vœu.* = ENFREINT, EINTE. part. = Conj. Voy. PEINDRE.

Syn. — *Contrevenir, Transgresser. Violer.* — Considérés dans leur étymologie, *contrevenir* signifie aller contre, faire une chose contraire a ce qui est ordonné; *enfreindre,* rompre un frein, briser des liens; *transgresser,* aller à travers, franchir les bornes; et *violer,* faire violence, faire outrage. On *contrevient* à l'ordre, à l'ordonnance que l'on n'observe pas.

On *enfreint* les lois, les engagements auxquels on est soumis ou assujetti. On *transgresse* les préceptes, les commandements faits pour arrêter et contenir dans certaines bornes. On *viole* les lois, les droits que l'on doit le plus respecter et honorer. La *contravention* regarde spécialement la discipline, la police, l'administration. L'*infraction* concerne proprement l'ordre public ou privé auquel notre foi est engagée, les traités entre les souverains, les conventions entre les particuliers, les vœux, les promesses, la parole. La *transgression* s'exerce dans l'ordre moral, et particulièrement dans l'ordre religieux. La *violation* attaque audacieusement, dans l'ordre de la nature, des mœurs, de la société, de la religion, ce qu'il y a de plus innocent, de plus respectable, de plus sacré.

ENFROQUER. v. a. (R. *en* et *froc*). Faire moine. *C'est un jeune homme qui n'est bon à rien, il faut l'en.* = s'Enfroquer. v. pron. Se faire moine. *Il s'est enfroqué.* Ne se dit que par plaisanterie. — Enfroqué, ée. part.

ENFUIR (S'). v. pron. Fuir de quelque lieu. *On l'a mis en prison, mais il s'est enfui. Elle n'eut que le temps de s'e. Si vous me parlez encore de cela, je m'enfuis. Elle s'est enfuie en désordre. Enfuis-toi, si tu le peux.* — Lorsque ce verbe est précédé de *Faire*, on élide le second pronom. *Vous me ferez e., si vous continuez à crier ainsi.* || Par anal., se dit d'un liquide qui sort, qui s'écoule d'un vase. *Prenez garde, votre vin s'enfuit.* — Par métonymie, on dit, dans le même sens, qu'*Un pot, qu'une cruche, qu'un tonneau s'enfuit.* — Fig. et prov., *Ce n'est pas par là que le pot s'enfuit.* Ce n'est pas par là que l'affaire peut manquer, ou, Ce n'est pas là le défaut qu'on peut reprendre dans cette personne. || Fig., se dit de certaines choses qui passent, disparaissent, se dissipent, etc. *La terre s'enfuyait à l'horizon. Le temps s'enfuit. Mon bonheur s'est enfui pour jamais. Ses craintes se sont enfuies.* == Enfui, ie. part. == Conj., voy. Fuir. == Syn., voy. Échapper.

ENFUMAGE. s. m. Action d'enfumer.

ENFUMER. v. a. Remplir de fumée, envelopper de fumée. *E. un terrier. Vous allez nous e. si vous mettez du bois vert au feu.* — *E. un renard, un blaireau,* L'obliger à sortir de son terrier en remplissant celui-ci de fumée. On dit de même, *E. des abeilles.* || Exposer à la fumée pour noircir. *E. des tableaux pour les faire paraître plus anciens.* — *Les lampes ont enfumé le plafond,* L'ont noirci. || Faire un petit feu dans le fourneau à briques pour le chauffer graduellement == s'Enfumer. v. pron. Être enveloppé de fumée. *Nous sommes obligés de tenir la fenêtre ouverte pour ne pas nous e.* || Devenir noir par la fumée. *Mes meubles se sont enfumés cet hiver.* == Enfumé, ée. part. || T. Peint. *Tableau enfumé,* Tableau noirci par la fumée ou par le temps.

ENFUMOIR. s. m. T. Rur. Ustensile pour le transvasement des abeilles.

ENFÛTAGE. s. m. Action de mettre le vin dans les fûts.

ENFUTAILLER. v. a. [Pr. *an-fu-taller, ll* mouillées]. T. Comm. Mettre en futailles.

ENGADDI, v. de Palestine, tribu de Juda.

ENGADINE, vallée de la Suisse (Grisons).

ENGAGEANT, ANTE. adj. Insinuant, attirant. *Cet homme a l'esprit doux et e. Des manières engageantes. Une personne engageante, fort engayeante.*

ENGAGEANTES. s. f. pl. (R. *engager*). Ancienne parure de femme ; sorte de manches de batiste ou de dentelle qui pendaient au bout du bras.

ENGAGEMENT. s. m. Action d'engager quelque chose, ou le résultat de cette action. *E. d'effets au mont-de-piété. L'e. de sa foi, de sa parole.* — T. Jurisp. *E. d'immeubles.* Voy. Antichrèse et Domaine. || Promesse, obligation. *E. formel, tacite. C'est un e. sacré. Entrer dans un e. Prendre, contracter un e. Remplir ses engagements. Il a manqué à tous les engagements. Il y a des engagements qui se forment sans convention.* — *Un e. de cœur, un tendre e.,* Liaison d'amour ou de galanterie. || L'obligation

que l'on contracte de servir quelqu'un, de faire quelque chose pendant un certain temps : l'acte qui renferme cet engagement. *Les conditions d'e. du capitaine et des hommes d'équipage d'un navire marchand. Cet acteur a un e. pour Marseille. Signer un e.* || L'enrôlement volontaire d'un soldat et même l'argent qu'il reçoit en s'enrôlant. *L'e. de ce soldat n'est que pour deux ans. Il a reçu deux cents francs d'e.* || T. Guerre. Se dit pour combat, surtout en parlant d'un combat entre des corps détachés. *Il y a eu quelques engagements partiels.* Voy. Bataille. || T. Escr. *E. de l'épée.* Action de toucher l'épée de son adversaire avec la sienne. || T. Turf. Lettre par laquelle le propriétaire qui veut faire courir son cheval notifie son intention aux commissaires des courses.

ENGAGER. v. a. (R. *en,* et *gage*). Mettre en gage, donner en gage *E. ses meubles, son argenterie.* — Se dit aussi d'un immeuble qu'on donne en antichrèse ou que l'on hypothèque. *E. sa maison à un créancier. E. un domaine.* || Fig., *E. sa foi, sa parole,* Donner sa foi, sa parole, promettre sur son honneur. — *E. son cœur,* Donner son cœur, promettre son amour. || Obliger. *Cet acte, ce traité engage tous ceux qui l'ont signé. Ceci n'engage à rien.* — Astreindre à... *Cette place engage à beaucoup de dépense.* || Prendre à gages. *E. un domestique. E. des matelots. E. des musiciens pour une soirée. E. un soldat, l'enrôler.* || Exhorter, inviter. *On l'engageait à continuer, mais il n'en a rien fait. Il m'a beaucoup engagé à aller voir. E. quelqu'un à dîner. Le beau temps engage à la promenade.* || Déterminer à... *C'est ce qui m'a engagé à venir vous voir.* — *E. dans un parti, dans une affaire, dans une entreprise,* Y faire entrer. || *E. une chose dans une autre,* L'empêtrer, l'embarrasser de telle sorte qu'on a de la difficulté à l'en dégager. *E. un bateau dans le sable. En tombant de cheval, il s'engagea le pied dans l'étrier.* — Fig., en parlant d'une personne, on dit qu'*Elle est engagée dans de grandes difficultés, dans une entreprise périlleuse.* T. Escr. *E. le fer,* Saisir avec le fort de son épée le faible de celle de l'adversaire, en sorte qu'il ne peut plus détourner le fer. Quelquefois il signifie seulement toucher le fer de son ennemi. *Engagez de quarte et tirez de tierce.* || Commencer, provoquer. *E. une querelle, une discussion, un procès. E. la partie. E. la conversation. Cette escarmouche engagea le combat. On lança des tirailleurs qui engagèrent le combat.* — *E. le combat,* signifie aussi livrer bataille, en venir aux mains. *Escarmoucher sans e. le combat. Le général ne voulut pas e. le combat.* == s'Engager. v. pron. S'obliger, promettre. *Je m'engage à vous servir dans cette affaire. Il s'est engagé à vous venir voir dans quelque temps. C'est une chose à laquelle il ne voudra jamais s'e.* — *S'e. pour quelqu'un,* Répondre pour lui, le cautionner. — Contracter des dettes *Il est déjà fort obéré, et il s'engage tous les jours de plus en plus. Il s'est engagé de tous côtés.* || S'obliger à servir quelqu'un, à faire telle chose pendant un certain temps. *Les matelots s'engagent au mois ou au voyage. Il s'est engagé pour quatre ans, moyennant tant par an.* — *S'enrôler. Il s'est engagé dans les hussards.* || *S'e. dans les ordres,* Recevoir les ordres sacrés. *S'e. dans les liens du mariage,* Se marier. || S'embarrasser, se prendre, s'empêtrer. *Cette perdrix s'est engagée dans les filets. Son pied s'engagea dans l'étrier.* || Entrer, se lancer dans une affaire, etc. *S'e. dans une mauvaise affaire, dans de grandes difficultés. Tu ne connais rien de ce monde où tu vas t'e.* Absol., *Vous vous êtes trop engagé pour pouvoir reculer.* — *S'e. dans un bois, dans un défilé,* Y pénétrer trop avant. *En parlant de combat, dans le sens de* discussion, *e.,* Commencer, naître, s'élever. *Le combat ne tarda pas à s'e. Voici à quelle occasion s'est engagé ce différend, s'est engagée la querelle.* == Engagé, ée. part. *C'est une affaire engagée, il faut absolument la poursuivre.* || T. Mar. *S'e. sous voile,* Se dit d'un bâtiment lorsqu'il est pris en travers par un coup de vent violent qui le couche sur le flanc. || T. Pathol. Se dit d'un organe qui commence à ressentir quelques atteintes d'une affection quelconque. *Un mase., Un engagé, Un soldat qui s'est enrôlé volontairement.* == Conj. Voy. Manger.

ENGAGISTE s. m. Celui qui jouit d'un domaine par engagement. Voy. Domaine,

ENGAINANT, ANTE. adj. Qui enveloppe comme ferait une gaine.

ENGAINER v. a. (R. en, et gaine). Mettre dans une gaine. E. des couteaux. || T. Bot. Envelopper comme dans une gaine Le pétiole enga.ne la tige. = s'Engaîner. v. pron. Être engainé. = Engainé, ée.

ENGALLAGE. s. m. [Pr. an-ga-la-je]. Action d'engaller.

ENGALLER. v. a. [Pr.an-ga-ler] (R. en, et galle). T. Teintur. Faire passer ce que l'on veut teindre en noir dans une décoction de galle.

ENGAMER. v. n. T. Pêc. Avaler l'hameçon, en parlant du poisson.

ENGANE. s. f. T. Comm. Espèce de soude.

ENGANTER. v. a. (R. en, et gant. T. Mar. Approcher le bâtiment que l'on poursuit d'une façon sensible. — Fig., E. quelqu'un, Le prendre comme un gant, le faire sien. = s'En-ganter. v. pron. Contract.r une mauvaise liaison avec quelqu'un.

ENGARDE. s. f. T. Rur. Sarment de vigne qu'on laisse extrêmement long.

ENGARRE. s. f. [Pr an-gare]. T. Pêc. Long filet plombé et traîné par des bateaux.

ENGARROTTÉ, ÉE. adj. [Pr. an-ga-ro-té]. T. Vét. Blessé au garrot.

ENGASTRIMYSME. Faculté du ventriloque. Voy. Ventri-loque.

ENGASTRIMYTHE. s. m. (gr. ἐγγαστρίμυθος, m. s . de ἐν, en, γαστήρ, ventre, et μῦθος, parole). Syn. de Ventriloque. Voy. ce mot.

ENGASTRIMYTHISME. s. m. (R. engastrimythe). Faculté du Ventriloque. Voy. ce mot.

ENGAVER. v. a. (R. en, et gaver). Engraisser la volaille en lui introduisant de force la nourriture dans le bec.

ENGAZONNEMENT. s. m. [Pr. anga-zo-ne-man]. Action de couvrir de gazon.

ENGAZONNER. v. a. [Pr. anga-zo-ner]. Couvrir de gazon.

ENGEANCE. s. f. [Pr. an-janse] (lat. gens, race). Race. Au propre, se dit seulement de quelques animaux domestiques, et particulièrement de certaines espèces de volailles. Ces canes, ces poules sont d'une belle e. Peu us. || Fig., se dit des personnes, mais par injure, par mépris. La maudite e. que celle des valets ! — On dit aussi d'une personne très méchante, E. de vipères.

ENGEANCER. v. a. [Pr. an-janser]. Embarrasser de quelqu'un comme d'une mauvaise engeance. = s'Engeancer. v. pron. Être engeancé. = Engeancé, ée. part.

ENGEIGNER. v. a. [Pr. an-jè-gner, gn mouillés] (R. eng n). Vieux mot qui se trouve dans La Fontaine, et signifie tromper, duper. Tel, comme dit Merlin, cuide e. autrui, qui souvent s'engeigne lui-même.

ENGEL, écrivain allemand (1741-1802).

ENGELBRECHT, patriote suédois mort en 1436. Il lutta contre la domination danoise.

ENGELER. v. a. Geler tout à fait.

ENGELHARDITE. s. f. [Pr. an-ghel-ardite, g dur] (R. Engelhardt, nom d'homme). T. Miner. Syn. de Zircon.

ENGELHARDTIA. s. m. [Pr. an-ghel-arsia, g dur] (R. Engelhardt, nom d'homme). T. Bot. Genre d'arbres de la famille des Juglandées. Voy. ce mot.

ENGELMANN, introducteur de la lithographie en France (1816), et inventeur de la chromolithographie.

ENGELURE. s. f. (R. engeler). T. Méd. Gonflement des tissus sous-cutanés produit par le froid. Voy. Congélation.

ENGENDRABLE. adj. 2 g. Qui peut être engendré.

ENGENDRANT, ANTE. adj. Qui engendre, qui produit.

ENGENDREMENT. s. m. Action d'engendrer ; résultat de cette action.

ENGENDRER. v. a. (lat. in, en et generare, m. s.'. Produire son semblable ; se dit de l'homme et des animaux, mais ne s'applique guère qu'aux mâles. E. des enfants. Chaque animal engendre son semblable. — En parlant d's personnes divines, on dit que Le l'ère engendre le Fils de toute éternité. || Par ext., Produire, faire naître quelque chose, de quelque manière que ce soit. L'insalubrité de l'air engendre une foule de maladies. Cette nourriture engendre des vers chez les enfants. — Fig , Être la cause, l'occasion de quelque chose ; alors il se prend ordinairement en mauvaise part La diversité d'intérêts engendre les inimitiés. Le jeu engendre les querelles. L'oisiveté engendre le vice. || T. Géom. Se d.t d'un point, d'une ligne ou d'une surface, qui, par son mouvement, décrit une figure, une surface ou un solide. Le cylindre droit est engendré par la rotation d'un rectangle autour d'un de ses côtés. = s'Engendrer. v. pron Être produit, être formé; naître. Les procès s'engendrent aisément dans les familles. = Engendré, ée. part. = Syn. Voy. Accoucher.

ENGENDRER. v. a (R. en et gendre). Fam. Donner pour gendre ; se dit par p aisanterie. Ma femme voulait m'e de ce grand imbécile. = s'Engendrer. v pron. Vous vous êtes joliment engendré. = Engendré, ée. part.

ENGENDREUR. s. m. Celui qui engendre.

ENGEOLER. v. a. Voy. Enjôler.

ENGEOLEUR. s. m. Voy. Enjôleur.

ENGER. v. a. (lat. angere, vexer, tourmenter ?). Embarrasser, charger. Votre père se moque-t-il de vouloir vous e. de son avocat de Limoges? Qui m'a engé de cet animal? Vx et fam. = Engé, ée. part.

ENGERBAGE. s. m. Action d'engerber les blés qui sont en javelles.

ENGERBER. v. a. Mettre en gerbe. Il faut e. ces javelles. || Par ext., Entasser des choses les unes sur les autres. E. des tonneaux de vin = Engerbé, ée. part.

ENGHIEN. v. de Belgique (Hainaut), arr. de Mons; 4,000 hab.

ENGHIEN (Comte d'), général français, vainquit les impériaux a Cerisoles (1544).

ENGHIEN (Duc d'), titre du premier-né de la maison de Condé. || Louis-Antoine-Henri de Bourbon-Condé, duc d'Enghien, fils de Louis-Henri-Joseph de Bourbon, émigra avec sa famille, fut arrêté par ordre de Bonaparte dans le duché de Bade, jugé par une commission militaire et fusillé à Vincennes (1804).

ENGHIEN-LES-BAINS, village de France (Seine-et-Oise), arr. de Pontoise ; 2,700 hab Lac de 1,000 mètres de long sur 500 de large. Eaux sulfureuses.

ENGIN. s. m. (lat. ingenium, esprit d'invention). Adresse, industrie ; n'est plus usité en ce sens que dans le vieux proverbe : Mieux vaut e. que force. || Machine, instrument ; ne se dit guère que des machines dont on se sert pour enlever, traîner et transporter des fardeaux, des matériaux, etc. Il fallut élever du canon à force d'engins pour battre la place. — Engins de guerre, Machines dont on se servait à la guerre avant l'invention des bouches à feu. || T. Pêc. et Chass. Se dit des filets et autres pièges dont on fait usage pour la pêche et la chasse. || T. Mar. Petit bâtiment de guerre mal construit et mal armé. — Petite grue en usage dans les ports pour descendre les fardeaux dans les embarcations || T. Techn. Machine placée dans le comble d'un moulin pour monter le blé. — Treuil qui sert à tourner un moulin du côté d'où vient le vent. — Machine établie en haut d'une carrière pour en tirer les blocs d'ardoise. — Planche couverte de clous pour redresser le fil de fer.

ENGLOBER. v. a. (lat. *in*, en; *globus*, globe). Réunir plusieurs choses pour en former un tout. *Il a en. plusieurs terres dans la sienne.* || Comprendre dans une seule chose. *On les englobe tous dans la même accusation. Au lieu de traiter ces questions séparément, il les a toutes englobées dans un seul article.* = Englobé, ÉE. part.

ENGLOUTIR. v. a (lat. *inglutire*, même s). Avaler gloutonnement. *Il engloutit les morceaux sans les mâcher.* — Fig., faire disparaître dans un gouffre. *La mer a englouti bien des richesses. Cette ville fut engloutie par un tremblement de terre.* — Plus fig. encore, *Toutes ces petites républiques furent eng.outies par cet empire formidable. Combien de renommées n'aura jour sont englouties dans l'abîme de l'oubli!* || Consumer d. s biens, des richesses *Il a englouti en peu de temps toute cette riche succession.* = s'Engloutir. v. pron. Se perdre, d'sparaître dans la mer, dans un gouffre. *La ville s'est engloutie* || Fig., *Il supprima les d penses fr voles dans lesquelles allait s'en. la fortune publ.que.* = Englouti, ie, part.

ENGLOUTISSEMENT. s. m. Action d'engloutir; résultat de cette action.

ENGLOUTISSEUR. s. m. Celui qui engloutit.

ENGLUEMENT. s. m. Action d'engluer, résultat de cette action. || T. Rur. Composition destinée à recouvrir les plaies des arbres.

ENGLUER. v. a. Enduire de glu. *En. de petites branches pour prendre des o seaux. Un oiseau qui s'est en. les ailes.* = s'Engluer. v. pron. Se prendre à la glu. *Un oiseau qui vient de s'en.* = Englué, ÉE p.

ENGLUMEN. s. m. [Pr. *anglu-mène*] (R. *engluer*). T. Rur. Enduit gluant dont on recouvre les p aies des arbres.

ENGLYPHIQUE. adj. (gr. ἐγγλύφειν, graver; de ἐν, en, et γλύφειν, graver). Qui a rapport à la gravure.

ENGOBAGE. s. m. Action d'engober.

ENGOBE. s. m. T. Tech. Matière terreuse dont les potiers recouvrent leur pâte pour en changer la couleur.

ENGOBER. v. a. Appliquer un engobe.

ENGOMMAGE. s. m. [Pr. *an-go-maje*]. Action d'engommer.

ENGOMMER. v. a. [Pr. *an-go-mer*]. Enduire de gomme. *E. un tissu.* || T. Poterie. Couvrir les casettes d'un émail très chargé de plomb.

ENGONCEMENT. s. m. État d'une personne engoncée.

ENGONCER v. a. (R. en et *gond*). Se dit d'un habit qui fait paraître le cou enfoncé dans les épaules, et qui donne un air gauche et contraint *Cet habit vous en.* = s'Engonce. R v. pron. = Engoncé, ÉE, part *Il est tout en. Il a l'air b.en en. dans cet habit.* = Cou. Voy. Avance.r

ENGORGEMENT. s. m. (R *engorger*). Embarras formé dans un tuyau, dans un canal || T. Méd. Embarras produit dans une partie du corps par l'accumulation et l'épaississement des fluides animaux. Voy Congestion. — Fig. Gêne, embarras. || Nœud qu'on rencontre dans le toit ou dans le sol des veines de charbon de terre.

ENGORGER. v. a. (R. en, et *gorge*). Obstruer, boucher un canal, un tuyau, etc. *Les immondices ont engorgé cet égout.* — En termes de Méd. se dit dans le même sens. || Remplir l'âme d'une pièce d'artifice. = s'Engorger. v pron. *La pompe s'était engorgée. Dans la pléthore, les vaisseaux s'engorgent. — Ce havre, ce canal s'engorgent,* ils se comblent de sable, de galets. = Engorgé, ÉE. part. *Des canaux, des tuyaux engorgés. Des glandes engorgées.* || *Les moul ns sont engorgés,* L'eau est si haute, qu'elle empêche leurs roues de tourner. || Se dit aussi des jambes, quand elles sont gonflées par le sang et les humeurs. *Les jambes de la malade commencent à s'en. Ce cheval a les jambes engorgées.*

ENGORGEUR. s. m. (R. *engorger*). En. de pigeons, Celui qui, avec les lèvres, donne du grain aux pigeons.

ENGOUEMENT ou **ENGOÛMENT.** s m. [Pr. *an-gou-man*]. Obstruction d'un conduit ou d'une cavité par des m tières qui y sont accumulées. *Il y a un peu d'en. dans les bronches. L'en. d'une hernie.* Voy. II. BXIE. || Fig., Admiration exagérée, prévention excessive en faveur de que.qu'un, de quelque chose. *On ne saurait le fa.re revenir de son en. pour cette personne. Je ne conçois pas votre en. pour cet ouvrage.*

ENGOUER. ou ENGOÛMER. s m. [Pr. *an-gou-er*] (D'un rad. gav. qui se trouve dans le mot popula re *gueion*, gosier). Obstruer e gosier. *Ce canard vient d'avaler un morceau trop gros, qui l'engoue.* = s'Engouer. v. pron S'obstruer le gosier. *Il a bu et mangé si avidement qu'il s'est engoué.* || Fig., S'en. ou Être engoué d'une personne, d'une chose, Se prendre de passion pour une personne ou une chose sans motifs bien raisonnables. *Comment une femme d'esprit a-t-elle pu s'en. de ce fat? Vous êtes trop engoué de cet ouvrage.* = Engoué, ÉE. participe

ENGOUFFRER (S'). v. pron. [Pr. *an-gou-frer*]. Tomber dans un gouffre. Se dit des cours d'eau lorsqu'ils disparaissent dans quelque ouverture de la terre, dans un gouffre. *La Guadiana s'engouffre et se perd l'espace d'environ trois lieues.* || Se dit aussi des tourbillons de vent, lorsqu'ils pénètrent dans que que l eu resserré. *Le vent s'engouffrait dans la cheminée* Fig., Se perdre s'eng outir. *Que de fortunes viennent s'en. dans les spéculations les plus absurdes.* = Engouffré. v a Fa.re disparaître, faire tomber dans un gouffre.

ENGOUJURE. s. f. T. Mar. Rainure pratiquée en travers, sous les caisses des mâts de hune et de perroquet, pour recevoir le braquet.

ENGOULANT, ANTE. adj. (R. *engouler*) T. Blas. Se dit d'un animal représenté engloutissant dans sa gueule une pièce des armoiries.

ENGOULER. v. a. (R. en, et *gueule*). Prendre tout d'un coup avec la gueule. *Ce chien engoule tout ce qu'on lui jette.* Pop. = Engoulé, ÉE. part. T. B as. Se dit des pièces dont les ex rémités entrent dans des gueules d'animaux.

ENGOULEVENT. s. m. (R engouler, et *vent*). T Ornithol. On nomme *Engoulevent* (*Caprimulgus*) une espèce d'oiseau qui est fort analogue aux Hirondelles, mais qui a les habitud s des Oiseaux de proie nocturnes. Cet oiseau appartient, dans la méthode de Cuvier, à l'ordre des *Passereaux* et à la section des *Fissirostres*, où il constitue le type d'un genre assez nombreux en espèces. Mais les ornithologistes actue s ont érigé ce genre en famille, sous le nom de *Caprimulgidés*. Les Oiseaux qui la composent ont ce même plumage léger, mou et nuancé de gris et de brun qui caractérise les Rapaces nocturnes. Leurs yeux sont grands; leur bec, encore plus fendu que chez les Hirondelles, est garni de fortes moustaches, capab e d'engloutir les p.us gros insectes. qui sont en outre retenus au moyen d'une salive gluante Leurs ailes sont longues; leurs pieds sont courts; .eurs tarses sont grêles et emp umés. Cette famille est subdivisée en plusieurs tribus; nous ne pa lerons ici que des principaux genres.

Le premier, celui des *Engoulevents* proprement dits, se distingue essentiellement par s s doigts. dont sont réunis par une membrane, et dont le méd an a l'ongle pectiné. Sur une trentaine d'espèces qu'il renferme, une seule, l'*En. d'Europe* (*Capr. europæus*) [Fig. ci-contre] habite nos pays. Cet oiseau est de la taille d'une Grive : son p umage, très finement duveté, comme celui des oiseaux de nuit, est gris brun, ondulé et moucheté de brun noirâtre, avec une bande blanchâtre al ant du bec à la nuque. Il a la tête volumineuse, de très gros yeux noirs et le bec si couvert de plumes q l'il paraît fort petit : néanmoins il peut s'ouvrir très argement, car il est fendu jusque sous les yeux. les mandibules cornées du bec sont minces et légèrement courbées. Le mâle diffère de la fem lle par les taches blanches qui terminent les rectrices latérales Ces oiseaux se nourrissent de hannetons, grillons, courtilières, libellules, guêpes, etc., mais surtout de phalènes, qu'ils happent en volant le bec ouvert, d'où leur nom d *Engoulevent*. Le jour, ils se tiennent cachés dans les taillis épais et fourrés, et, comme leur couleur est sombre, ils sont assez difficiles à découvrir. Ils chassent la nuit, mais particulièrement au crépuscule du matin et du soir. Ils vivent par couples isolés. Ils ne font pas de nid; la femelle pond dans un petit trou, au pied d'un arbre ou d'un rocher, ou même dans les sentiers d'un bois, sur la terre nue, deux œufs oblongs marbrés de taches bleuâtres et cendrées sur un fond blanc. La mère les couve avec une grande sollicitude, et lorsqu'on s'approche qu'on les a touchés, elle les change de place, en les poussant avec ses ailes, mais sans les cacher avec plus de soin. Le vol de l'En., qui est bas

et incertain quand on le fait lever en plein jour, est vif et soutenu après le coucher du soleil. La nuit, l'En. jette un cri perçant qu'il répète trois fois de suite et qui paraît avoir pour objet de faire lever les insectes qu'il cherche : ce cri, que l'on a comparé à celui du crapaud, a fait donner à cet oiseau le nom de *Crapaud volant*. L'En. perche rarement, et lorsque cela lui arrive, il se place longitudinalement sur la branche qu'il semble cacher; de là son nom provençal de *Chauche-branche*. Quant à celui de *Tête-chèvre*, que lui donnent encore nos paysans et que lui donnaient déjà les Grecs et les Romains, il vient sans doute de ce que ces oiseaux visitent assidûment les troupeaux pour les délivrer des insectes qui les incommodent. Quelques paysans disent sérieusement que les Engoulevents vont téter les mamelles des Chèvres. — Les Engoulevents sont des oiseaux migrateurs; on les rencontre en France depuis le printemps jusqu'en septembre. C'est le jour surtout qu'on leur fait la chasse. On profite de leur sommeil pour les approcher à quelques pas et les envelopper d'un filet à main, ou bien pour les étourdir d'un coup de baguette. Les plus grands ennemis de l'En. sont les Oiseaux de proie et les petits Carnivores; car l'homme le respecte habituellement à cause des services qu'il lui rend, en faisant la chasse aux papillons et en détruisant ainsi toute une génération de chenilles. — Parmi les espèces étrangères, nous mentionnerons l'*En macrodiptère* de Sierra-Leone, en Afrique, remarquable par une plume deux fois plus longue que le corps, laquelle naît près du poignet de chaque aile et n'a de barbe qu'à son extrémité.

Les autres genres qui forment la fam. des Caprimulgidés appartiennent à l'Amérique, à l'Afrique et à l'Océanie. Dans le g. *Ibijau* (*Nyctibius*), les doigts sont réunis par une membrane comme dans le g. précédent, mais l'ongle médian n'est pas pectiné; en outre, la queue est fourchue. L'espèce la plus curieuse du g. est l'*Urutau* de d'Azara (*N. psalurus*), dont les fourches caudales sont à elles seules plus longues que le corps de l'oiseau. — Le g. *Ægothèle* a les doigts libres et l'ongle médian non pectiné. Il ne renferme qu'une seule espèce, qui habite la Nouvelle-Hollande. — Les *Podarges* n'ont ni ongle dentelé, ni membrane interdigitale; mais ils se distinguent des autres Caprimulgidés par leur bec énorme, dont les bords ont un développement corné extraordinaire. Nous nommerons dans ce g. le *P. cendré* (*Podargus cinereus*) qui habite la Nouvelle-Hollande et qui est de la taille d'une Corneille, et le *P. cornu*, ainsi nommé à cause des grandes touffes de plumes qui ornent ses oreilles et lui donnent un aspect des plus singuliers.

ENGOURDIR. v. a. (R. *en* et *gourd*). Rendre comme perclus, stupéfier une partie du corps, en sorte qu'elle soit presque sans mouvement et sans sentiment. *Le froid engourdit les mains. Le tabac engourdit le cerveau.* Absol., *Le sommeil trop long engourdit.* || Fig., Diminuer l'activité intellectuelle, l'énergie morale, etc. *L'oisiveté engourdit l'esprit.* — s'Engourdir, v. pron. Se dit au prop. et au fig., *Les mains s'engourdissent par le froid. L'esprit s'engourdit par l'oisiveté.* = Engourdi, ie. part.

ENGOURDISSEMENT. s. m. État de celui qui est engourdi. *Avoir un e. à la jambe. Cet e. du bras est un commencement de paralysie. L'e. général causé par le froid.* || Fig., Torpeur de l'âme ou de ses facultés. *Il est dans un étrange e. d'esprit. Secouez votre e. Tirer quelqu'un de son e.* || T. Zool. Sorte de sommeil profond et prolongé de certains animaux.

ENGRAIN. s. m. (R. *en*, et lat. *crena*, cran). Biseau pratiqué à une meule, qui sert à engager dessous les matières qui doivent être broyées. || Tabac qui, ayant déjà subi une première trituration, a besoin d'une deuxième, avant de passer au tamis.

ENGRAIN. s. m. (R. *en*, et *grain*). T. Rur. Toute semence faite en cérénces.

ENGRAINAGE. s. m. Action d'engrener, de mettre du grain pour attirer le gibier.

ENGRAIS. s. m. (lat. *in*, en, et *crassus*, gras). Se dit des herbages où l'on met engraisser certains animaux domestiques qui servent à la nourriture de l'homme. *Mettre des bœufs à l'e. Voilà de bons engrais.* || La pâture qu'on donne à des volailles pour les engraisser. *Mettre des chapons à l'e.* || Fig., Ce qui provoque le développement des facultés de l'âme.

Agric. — *L'Engrais* est la substance utile à la plante et qui fait défaut dans le sol de culture. Donc, la propriété qu'on possède une matière d'être un e resté très relative. Ainsi les matières azotées que l'on considère généralement comme l'élément dominant des apports fertilisants peuvent être un e. pour le froment et ne le sont dans aucun cas pour les légumineuses, parce que celles-ci ont la faculté de puiser dans l'air et de condenser dans leurs tissus tout l'azote dont elles ont besoin, tandis que ce privilège a été refusé à la graminée, qui ne peut utiliser que la moitié de l'azote aérien nécessaire à son entier développement. Il est indispensable que cette plante trouve le complément dans un sol riche ou dans un *apport d'engrais*.

On sait encore par expérience que si l'on ajoute au sol cultivé une matière susceptible d'être assimilée par la plante, mais existant déjà dans le sol en quantité suffisante, l'effet obtenu est nul, ou à peu près, parce que la capacité d'absorption des végétaux et leur faculté de développement ont des limites.

Enfin, les matières fertilisantes doivent être combinées à la terre dans de telles conditions qu'elles puissent être dissoutes par les eaux, puisque les canaux de la plante n'absorbent aucune substance solide, quelque ténue qu'elle soit.

Il faut donc reconnaître tout d'abord que la question des engrais est assez complexe. Pour la résoudre, il convient de commencer par acquérir quelques notions sur la composition intime des divers sols et inventorier les matériaux qui entrent dans la formation des végétaux, afin de connaître les besoins des plantes de culture et de les satisfaire.

Le sol, ou terre arable, est composé de matières *organiques* en décomposition, désignées généralement sous le nom d'*humus* ou *terreau*, et de matières *minérales* pulvérulentes provenant de la désorganisation des roches.

Les matières organiques sont formées des corps élémentaires suivants : oxygène, hydrogène, carbone, azote, combinés diversement entre eux, et fréquemment avec un ou plusieurs des éléments minéraux ci-après : silicium, calcium, magnésium, potassium, sodium, fer, manganèse, phosphore, soufre, chlore. Ces trois derniers corps s'unissent, en outre, directement à presque tous ces métaux pour former des phosphures, des sulfures, des chlorures. C'est avec ces 14 éléments ou corps simples, sauf quelques rares exceptions, que la nature produit tous les végétaux qui ornent la surface de la terre, si dissemblables de consistance, de formes et d'aspects.

Par les progrès de la science, de grands avantages ont été obtenus depuis un demi-siècle. Nous savons maintenant, avec précision, le nombre et l'importance des matériaux dont la nature a besoin pour fabriquer spécialement la récolte qu'on va lui demander; quels sont les éléments de fertilité dont le sel est naturellement pourvu ; sous quel état nous devons présenter ceux qui font défaut dans le champ de culture pour que la plante puisse s'en nourrir et prospérer.

Heureusement et l'agriculture n'a pas à se préoccuper de l'apport de tous les éléments que nous avons énumérés. L'oxygène, l'hydrogène et le carbone sont fournis par l'eau et par l'air. Or, l'appoint de ces trois substances dans la constitution de la plante est considérable, puisque l'on peut admettre comme composition moyenne des ligneux les chiffres suivants :

Oxygène	}	
Hydrogène	} 43, dans les proportions qui forment l'eau.	
Carbone	51	
Azote	1	
Subst. minérales .	5	
Total	**100**	

Cependant, malgré son faible rapport dans le bois, 1 p. 100, la plante ne serait pas née sans la présence de l'azote, et elle serait restée rachitique sans l'intervention des 5 p. 100 de sels minéraux. Mais la plupart de ces sels font partie constituante de toutes les terres arables et s'y trouvent en suffisantes quantités ; sauf de rares exceptions qu'il faut cependant prévoir, l'agronome ne doit porter son attention que sur les minéraux qui influencent plus particulièrement la végétation et dont le sol se trouve nécessairement appauvri à cause des prélèvements successifs opérés par les récoltes antérieures.

Ces éléments essentiels de la fertilité, qui concentreront notre attention, sont ordinairement au nombre de quatre : l'azote, l'acide phosphorique, la potasse et la chaux. Leur importance n'est pas basée seulement sur les quantités absorbées par les plantes, mais encore sur leurs fonctions dominantes dans la vie végétale.

Importance de l'azote dans la végétation. — L'atmosphère qui nous environne renferme une réserve considérable d'azote, puisque l'air respirable est composé pour les quatre cinquièmes de ce gaz. Il semblerait donc inutile, à première vue, de se préoccuper d'un e. répandu avec tant de libéralité, puisque les plantes vivent au sein d'une masse gazeuse où l'azote domine. Malheureusement, à l'exception peut-être des seules légumineuses, les végétaux ne peuvent l'assimiler, sous cet état simple, en quantités suffisantes à leurs besoins. Il faut avoir recours aux apports supplémentaires de l'engrais.

La valeur des plantes destinées à la nourriture du bétail et à faire de l'engrais pouvant se baser sur l'azote qu'elles renferment, il importe de connaître la quantité de cette substance retenue dans les organes des principales plantes de culture. Les chiffres suivants, extraits du tableau de Wolff, vont nous renseigner à cet égard. Les quantités d'azote énoncées en kilogr. se rapportent à 1,000 kilogr. des matières indiquées.

Fourrages secs. — Foin de prairies, 13,1 ; trèfle, 23,5 ; luzerne, 24 ; paille de b.é, 3,2.

Grains et graines. — B.é, 20,8 ; seigle, 17,6 ; orge, 16 ; avoine, 17,9 ; maïs, 16 ; sarrasin, 14,4 ; colza, 31 ; pois, 35,8 ; vesces, 44 ; lupin, 60 ; lentille, 41,7 ; pavot, 28 ; chanvre, 26,2 ; lin, 32.

Plantes racines. — Pomme de terre, 3,2 ; topinambour, 3,2 ; betterave à sucre, 1,6 ; navet, 1,3 ; carotte, 2,1.

Produits animaux. — Lait, 6,4 ; viande de bœuf, 30 ; sang, 32 ; laine, 94,4 ; œufs, 21,8 ; fromage, 45,3.

Engrais divers. — Fumier d'étable humide, 5 ; purin, 4,5 ; excréments humains, 10 ; urine humaine, 6 ; fumier de pigeon, 17,6 ; sulfate d'ammoniaque, 200 ; nitrate de potasse, 140 ; nitrate de soude, 150.

On remarque que les plantes telles que vesces, fèves, lupins, qui ne sont jamais influencées par aucun apport d'e. azoté, sont précisément celles qui emmagasinent la plus forte dose de cette matière dans leurs tissus, et que les végétaux gourmands d'e. font une consommation prodigieuse d'azote, nullement en rapport avec les quantités qu'elles retiennent dans leurs organes. Ainsi, sans la présence dans le sol de composés azotés assimilables, la tige du blé, qui neutralise des quantités très minimes d'azote, resterait chétive, atteignant à peine quelques centimètres de hauteur, parce que tous les autres éléments qui le composent soient à la disposition de ses feuilles et de ses racines.

On peut donc établir comme règle que l'azote, alors même qu'il entre pour des quantités minimes dans la composition des végétaux, imprime une action vigoureuse à tous leurs éléments constitutifs, lesquels, sans son concours, ne produiraient qu'un effet à peu près nul. Sans azote, pas d'assimilation, pas de vie.

Voici un tableau indiquant pour quelle part l'azote de l'air

et celui de l'e. sont mis à contribution par les principales plantes de culture qui absorbent le plus de cette nourriture.

	Azote tiré de l'air	Azote tiré de l'eng.
Trèfle, luzerne, sainfoin, pois, lupin, haricot	100 p. 100	néant.
Orge, avoine, seigle	80 p. 100	20 p. 100
Colza	70 p. 100	30 p. 100
Betterave	60 p. 100	40 p. 100
Froment	50 p. 100	50 p. 100
Pomme de terre	30 p. 100	69 p. 100

La vente d'une grande partie des produits animaux et végétaux de la ferme appauvrit l'exploitation de matières azotées. Il est donc indispensable de remplacer cette perte de substance nutritive par une importation d'e. au moins équivalente, si l'on veut maintenir la fertilité de la terre. Le fumier de ferme a servi depuis longtemps à opérer cette restitution ; mais il ne peut donner que ce qu'il a, et ne peut faire atteindre qu'à des rendements assez médiocres.

En effet, la consommation à l'écurie et à l'étable des légumineuses qui prennent tout leur azote à l'air, et des grains et fourrages qui ne demandent au fumier qu'une partie de cette nourriture, ramènerait au sol d'assez grandes quantités d'éléments azotés pour compenser les pertes causées par l'exportation. Mais l'ammoniaque qui se produit par décomposition dans les terres arables, dans les fumiers, et se dégage sous cette forme ou sous celle de carbonate, est très volatile. Une partie, il est vrai, se trouve retenue par les éléments absorbants du sol, les argiles, l'oxyde de fer, l'humus, à la faveur de l'humidité. Une autre partie est employée immédiatement au profit de la végétation. Le reste peut être évalué à la moitié, dans les circonstances les plus heureuses, se disperse dans l'atmosphère ; de sorte que les meilleurs fumiers de la ferme, les plus soignés, augmentent peu ou pas le contingent d'engrais azotés tenu à la disposition des récoltes futures.

Donc, si l'on veut se livrer à une production plus intensive et plus lucrative, doubler par exemple la récolte moyenne du froment, il est indispensable de recourir à l'emploi d'auxiliaires, parmi lesquels on doit compter les composés ammoniacaux et nitrés du commerce. Ces produits industriels présentent sur le fumier les avantages d'être très assimilables, de ne pas s'évaporer et de rester à la disposition des plantes, dont l'activité se trouve prodigieusement augmentée par leur intervention, pourvu qu'on les emploie avec discernement.

Les matières azotées que le commerce peut offrir à l'agriculture sont : le sulfate d'ammoniaque ; l'azotate ou nitrate de soude ; l'azotate ou nitrate de potasse ; quelques substances organiques végétales et animales.

Sulfate d'ammoniaque. — Ce sel est le plus riche en azote des matières commerciales. À l'état de pureté, il contient sur 100 parties, 21,21 d'azote.

Le sulfate d'ammoniaque est préparé par saturation directe de l'acide sulfurique, au moyen des vapeurs ammoniacales obtenues par distillation, soit des eaux vannes, soit des eaux résiduaires des usines à gaz. Quand ce sel est convenablement fabriqué, la quantité d'impuretés qui l'accompagne ne doit pas dépasser 3 à 4 p. 100. Dans cet état, le sulfate est blanc, bien cristallisé ; mais on ne rencontre ainsi, d'aspect très beau, dont la richesse en azote ne dépasse pas 15 à 16 p. 100. Ce sont des sels contenant des proportions variables de bisulfate d'ammoniaque provenant d'une fabrication mal conduite par négligence ou intentionnellement. Lorsqu'on achète ce sel, on ne saurait trop prendre de précautions pour n'être pas trompé.

L'azote du sulfate d'ammoniaque est tout entier assimilable par les plantes. De plus, ce sel possède la remarquable propriété de remonter par cristallisation à la surface du sol, au lieu de se laisser entraîner par les eaux de drainage, comme beaucoup d'autres substances solubles. Aussi est-il tout particulièrement indiqué pour la culture des céréales dont les racines sont superficielles. Mais il ne faut pas perdre de vue qu'il n'apporte qu'un seul élément utile, l'azote, et que le sol doit, par ailleurs, fournir tous les minéraux. Si donc on l'emploie seul, il déterminera un épuisement rapide de la richesse du sol en acide phosphorique, potasse et chaux ; ou si la terre n'est pas suffisamment pourvue de ces éléments, il produira des effets désastreux. Dans ces fâcheuses conditions, le blé pousse en herbe, verse et ne produit pas de grains ; les colzas donnent une végétation splendide, mais les graines avortent ; les pommes de terre sont de mauvaise qualité ; les betteraves donnent beaucoup de feuilles et peu de sucre ; les raisins de la vigne restent petits et verts. Le sulfate d'ammoniaque est donc un engrais incomplet, qui ne doit être employé qu'avec circonspection.

Nitrate de soude. — C'est un sel formé par l'acide azotique ou nitrique, combiné à la soude ; il contient en 100 parties 16,47 d'azote, 57,06 d'oxygène et 35,47 de soude.

A l'état de pureté, il cristallise en petits rhomboèdres qui ressemblent à des cubes. Celui du commerce vient du Pérou, où il force des gisements considérables.

Comme le sulfate d'ammoniaque, le nitrate de soude est un engrais essentiellement azoté. Il contient cependant une quantité importante de soude qui peut être utile dans certains cas. Quelques plantes en effet, comme la betterave, la canne à sucre, le colza, contiennent une assez forte proportion de soude et, pour ces végétaux, il paraît que la soude peut remplacer la potasse, dans une certaine mesure. Pour d'autres plantes au contraire, le froment, la vigne, par ex., il est bien établi que cette substitution n'est pas possible.

Comme le sulfate d'ammoniaque et pour les mêmes raisons, le nitrate de soude ne doit être utilisé que très rarement. Les bons effets de ces deux sels ne se font guère sentir, si on les emploie isolément, que par l'épandage en couverture, vers la fin de mai, sur les froments et les betteraves, semés en terres engraissées par des sels minéraux, mais qui paraissent souffrir à cette époque de l'année.

Le *Nitrate de potasse* ou salpêtre, azotate de potasse des chimistes, renferme sur 100 parties : 13,84 d'azote et 46,51 de potasse. On obtient aujourd'hui de grandes quantités de salpêtre en traitant le nitrate de soude par le chlorure de potassium. On peut ainsi obtenir un produit qui ne renferme au delà de 5 p. 100 d'impuretés. Son prix étant beaucoup plus élevé que celui du nitrate de soude, on ne doit évidemment l'employer que si la terre a besoin d'azote et de potasse.

Pour ne pas interrompre la série descriptive des engrais chimiques, il sera traité seulement à la fin de cet article des matières organiques azotées, qui offrent d'ailleurs en des proportions variées les quatre formes de l'engrais.

Rôle de l'acide phosphorique. — Il est important de retenir que si l'assimilation de l'acide phosphorique ne se produit pas en dehors de la présence de l'azote, l'assimilation des autres matériaux nécessaires à la nourriture du végétal ne s'effectue que sous l'action de l'acide phosphorique. On a constaté que l'abondance des matières azotées, dans les organes de la plante elle-même, croît avec la proportion de cet acide.

La plupart des produits agricoles qui se consomment à la ferme, fourrages, pailles, racines, etc., sont pauvres en acide phosphorique, tandis que cette substance domine dans presque tous les produits qui s'exportent : grains, lait, animaux, etc. Comme l'acide phosphorique est d'ailleurs le plus rare des minéraux fertilisants de sol, c'est généralement par l'abaissement de sa proportion que la fertilité des terres se modifie peu à peu. C'est donc surtout cet acide que le cultivateur doit ramener à la terre, car rien ne viendrait compenser les pertes qu'elle éprouve par l'exportation.

Le sol arable qui ne renferme pas au moins 30 grammes d'acide phosphorique par 100 kilogr. de terre, peut être considéré comme absolument stérile. Les terres de moyenne fertilité fournissent à l'analyse de 80 à 100 grammes ; celles de première qualité vont jusqu'à 500 et 600 grammes.

Voici les quantités d'acide phosphorique retenues dans les organes des principales plantes et qui se rapportent à 1,000 kilogr. des matières indiquées :

Fourrages. — Foin, 4,1 ; trèfle, 5,6 ; luzerne, 5,1 ; paille de blé, 2,3.

Grains et graines. — Blé, 8,2 ; seigle, 8,2 ; orge, 7,2 ; avoine et maïs, 5,5 ; sarrasin, 4,4 ; colza, 16,4 ; pois, 8,6 ; vesces, 7,9 ; lupin, 8,7 ; lentille, pavot, 16,4 ; chanvre, 17,5 ; lin, 13.

Plantes racines. — Pomme de terre, 1,8 ; topinambour, 1,6 ; betterave, navet, carotte, 1,1.

Produits animaux. — Lait, 1,9 ; viande de bœuf, 5,8 ; sang, 0,4 ; laine, 2,4 ; œufs, 3,2 ; fromage, 11,5.

Engrais divers. — Fumier d'étable, 3,2 ; purin, 0,1 ; excréments humains, 10,9 ; urine humaine, 1,7 ; fumier de pigeon, 32.

De toutes les combinaisons de l'acide phosphorique, le phosphate de chaux est la plus importante pour l'agriculture, parce que ce sel est le plus répandu dans la nature et qu'on peut se le procurer à bas prix. Les sources les plus considé-

rables sont les os et les minerais connus sous le nom d'apatite et de nodules ou coprolithes.

Isolé, le phosphate de chaux naturel, c.-à-d. à l'état tribasique, est complètement insoluble dans l'eau, mais très soluble dans les liqueurs acides, d'où il est précipité par l'ammoniaque en flocons blancs gélatineux. Il se dissout manifestement dans une eau chargée d'acide carbonique, de sel marin ; circonstances qui se rencontrent, il est vrai, dans les conditions ordinaires de la culture. Mais ces agents de dissolution sont en faible quantité dans l'eau ; leur action, d'ailleurs, n'est pas très énergique, et le phosphate étant lui-même assez rare, il en résulte que les quantités de l'acide en disponibilité dans les terres arables sont très limitées.

Dans la pratique agricole, on distingue trois sortes de phosphates de chaux, basées sur la plus ou moins grande quantité de chaux retenue dans leurs combinaisons ; on les désigne sous les termes de triphosphate, biphosphate et monophosphate ou superphosphate ou encore phosphate acide. La dernière sorte est seule soluble dans l'eau pure.

Le commerce offre, le plus ordinairement, le phosphate de chaux sous les trois formes suivantes : 1° Phosphates naturels ou tricalciques provenant des os et des nodules bruts ; 2° phosphate acide ou superphosphate ; 3° phosphate précipité.

Il existe en France et en Algérie de nombreux gisements de phosphates naturels dont la richesse flotte, selon les provenances, entre 14 et 25 p. 100 d'acide phosphorique. Les os sont plus riches : ceux de bœuf vont à 57,4 ; ceux de porc à 49 ; ceux de poisson à 48 p. 100.

Le superphosphate est obtenu par le traitement des os et des nodules soumis à l'influence de l'acide sulfurique en quantité déterminée. Cet acide s'empare de deux molécules de chaux, dont il fait du plâtre (sulfate de chaux), et ces molécules sont remplacées par deux molécules d'eau de constitution auxquelles viennent s'ajouter deux molécules de cristallisation.

Quel que soit le titre du phosphate soumis à l'action de l'acide sulfurique, le produit renferme toujours, après le traitement, les substances suivantes, mais en proportions variables : 1° Phosphate acide de chaux ; 2° phosphate bicalcique ; 3° phosphate tricalcique, non utile ; 4° acide phosphorique libre ; 5° sulfate de chaux, eau, et impuretés contenues primitivement dans le phosphate naturel. Les quatre premiers corps, ayant accaparé tout l'acide phosphorique, ont seuls une importance supérieure pour l'agriculteur. Il est donc indispensable, sous peine de mécomptes sérieux, d'être renseigné par une analyse consciencieuse sur la quantité d'acide phosphorique présente dans l'engrais.

Il y a lieu de remarquer que le phosphate acide, après un certain temps, éprouve un changement de constitution, dit phénomène de *rétrogradation*. Ce phosphate s'est emparé de deux molécules d'eau aux dépens de l'atmosphère. Ce n'est pas encore le phosphate neutre de chaux ou bicalcique, puisqu'il lui manque une molécule de chaux, mais le produit est devenu insoluble dans l'eau. Ce nouvel état devrait préoccuper l'agriculteur, si l'extrême division de la matière et sa facile dissolution par les acides faibles de l'humus ne faisaient disparaître ce désavantage.

Si l'on arrose de l'os et les phosphates naturels avec l'acide chlorhydrique, au lieu de les traiter par l'acide sulfurique, on obtient une dissolution qui contient tout l'acide phosphorique et toute la chaux du phosphate. Il reste pour résidu la gélatine des os et les impuretés, sable, argile, du produit organique ou minéral employé.

Si dans la liqueur claire ainsi obtenue on verse un lait de chaux, il se forme un dépôt abondant, qui n'est autre que le phosphate de chaux régénéré à l'état de précipité chimique, et par conséquent dans une extrême division. Suivant la quantité de chaux ajoutée et la manière dont l'opération a été conduite on obtient du phosphate bi- ou tricalcique, ou encore un mélange des deux. Dans une fabrication bien conduite le phosphate bicalcique forme les neuf dixièmes du produit. Malheureusement il n'en est pas toujours ainsi. Cette poudre blanche, d'un prix relativement élevé, a toujours tenté les fraudeurs.

Le phosphate précipité est une des meilleures formes de l'o. Il est vrai qu'il n'est pas soluble dans l'eau, mais il reste facilement attaquable par les acides faibles du sol, dont l'intervention constante rend à la disposition des plantes une quantité suffisante de ce sel terreux.

Potasse. — Au point de vue agricole, la potasse remplit une double fonction ; elle est nécessaire au développement de la plante : répandue sur le sol, elle ne tarde pas à mettre à la disposition des végétaux une quantité très appréciable de l'azote de l'air par la fixation de ce gaz sous forme d'azotate de polasse et sous les influences de l'humidité, de la chaux et d'un ferment spécial.

Si la potasse est soluble dans l'eau, son composé, le silicate, qui se rencontre ordinairement dans la nature, se montre plus récalcitrant à la dissolution, parce qu'il est lui-même engagé dans des combinaisons, souvent très complexes, qui résistent longtemps aux influences de l'air, des acides faibles et de la température. Dans les cultures bien entendues, où l'on demande à la terre des récoltes intensives et répétées, avec suppression de la jachère, il faut donc lui restituer au sol, et enrichir celui-ci d'un élément de fertilité indispensable à toutes les plantes.

Les chiffres suivants indiquent les quantités de potasse retenues dans les organes des principales plantes de culture. Ces quantités énoncées en kilogrammes, se rapportent à 1,000 kil. de matières indiquées :

Fourrages secs. — Foin de prairie, 17,1; trèfle, 19,5; luzerne, 15,2; paille de blé, 4,9; vesces vertes, 30,9.

Grains et graines. — Froment, 5,5; seigle, 5,4; orge, 4,8; avoine, 4,2; maïs, 3,3; sarrasin, 2,1; colza, 8,8; pois, 9,8; carotte, 14,3; lupin, 14,4; lentille, 7,7; pavot, 7,1; chanvre, 9,7; lin, 10,4; trèfle, 13,8.

Plantes racines. — Pomme de terre, 5,6; topinambour, 6,7; betterave, 4; navet, 3,1; carotte, 3,2.

Produits animaux. — Lait, 1,7; viande de bœuf, 5,2; sang, 0,6; laine, 0,0; œuf, 1,6; fromage, 2,5.

Engrais divers. — Fumier humide, 6,0; purin, 4,9; poudrette, 1,3; urines, 2,0; fougère et prèle, 26,0; carex, 23,0.

Dès que la potasse fait défaut, le végétal accuse un grand état de souffrance. La tige, au lieu de s'élever verticalement, s'incline; les feuilles se recroquevillent et les graines sont nulles.

Les expériences de M. G. Ville, confirmées par une longue pratique, l'ont conduit à formuler les conclusions suivantes : « En l'absence de la potasse, le froment ne donne que des résultats précaires. La potasse est l'engrais dominant de la pomme de terre. Le défaut de potasse coïncide avec l'invasion de la maladie, d'où cette proposition capitale : les plantes privées de leur dominante, att intes, par conséquent, dans les conditions les plus essentielles de leur existence, deviennent la proie des organismes inférieurs, champignons microscopiques, pucerons, et le reste. Explication inattendue de l'un des fléaux les plus redoutables avec lesquels l'agriculture ait à lutter : les épidémies végétales. »

Les sels de potasse solubles qu'il est facile de se procurer à bas prix, sont les suivants : nitrate de potasse, dont il a déjà été question, chlorure de potassium, carbonate, sulfate et silicate de potasse.

Le chlorure de potassium renferme 47,59 p. 100 de potassium. La potasse étant ainsi constituée : oxygène, 17; potassium, 83, 100 kilogrammes de chlorure de potassium correspondent à 63,14 de potasse.

Le carbonate de potasse est composé de : potasse (K²O) 68,16; acide carbonique (CO²) 31,84.

Le sulfate de potasse est ainsi constitué : potasse (K²O) 54,07; acide sulfurique (SO³ H²) 45,93.

Enfin, le sorte de silicate commerciale contient habituellement : potasse, 28; silice, 72. Elle n'est employée, à cause de son prix élevé, que dans le cas où l'on demande la silice soluble à l'engrais. Voy. Vigne. *Engrais spécial.*

Le chlorure de potassium, le sulfate et carbonate de même base peuvent renfermer de 5 à 30 p. 100 d'impuretés, selon le mode de fabrication.

Le carbonate de potasse ne peut être mêlé ni au sulfate d'ammoniaque qu'il décompose, ni au phosphate acide de chaux dont il diminue la solubilité. Il est, au contraire, sans action sur les nitrates et les phosphates précipités.

Chaux — Lorsqu'il s'agit de l'emploi de la chaux en agriculture, il faut établir une distinction entre le chaulage destiné à modifier l'état physique du sol (Voy. Amendement), et l'emploi de la chaux ou de ses sels comme e.; c.-à-d. pour alimenter les plantes des produits calcaires qui entrent dans leurs organes. Il ne sera question ici que de la chaux utilisée à titre d'engrais.

L'usage de chaux réduite en poudre qu'on laisse éteindre à l'air, est très répandu; c'est d'ailleurs un excellent e. Mais il présente l'inconvénient grave, au point de vue des e. chimiques et du fumier, de décomposer les sels ammoniacaux et de faire perdre une partie de leur azote. En outre, la chaux passe rapidement à l'état de carbonate, qui ne peut plus être dissous que par un grand excès d'acide carbonique. Il est donc préférable d'employer le sulfate de chaux, qui présente l'élément calcaire sous une forme plus soluble et ne pouvant

exercer aucune action nuisible sur les autres termes de l'e.

Voici la composition du plâtre, ou sulfate de chaux hydraté, pour 100 parties : chaux, 32,55; acide sulfurique, 46,51; eau, 20,93.

Le plâtre des environs de Paris renferme seulement de 80 à 88 p. 100 de sulfate de chaux pur.

Formules des engrais chimiques. — Nous avons déjà remarqué que tous les végétaux se nourrissent d s mêmes éléments; mais tous ne les absorbent pas en mêmes quantités et dans les mêmes proportions.

Chaque végétal a sa loi de composition, dont il ne peut s'écarter que dans de très faibles limites. Autrement, sa constitution en est altérée, et on lui applique la loi de *restitution*, consistant dans l'apport des é éments nécessaires à la fabrication des végétaux qu'on veut obtenir, plus un léger excès pour enrichir le fonds et à lliciter des récoltes plus copieuses.

L'agriculteur trouve ces engrais dont il a besoin dans l'achat des matières élémentaires que nous avons décrites à la ferme. Les e. chimiques, si appréciés depuis une trentaine d'années, sont entre les mains de l'agronome comme les cent vures sur la palette du peintre; il peut les mé anger à son gré, pour obtenir des e. variés selon ses vues et conformément à ses besoins. Offrons, comme exemple, deux formules généralement employées avec succès.

Pour le blé :	
Superphosphate de chaux. . . .	400 kilog.
Nitrate de potasse	200 —
Sulfate d'ammoniaque.	250 —
Sulfate de chaux.	350 —

Pour la betterave :	
Superphosphate de chaux.	400 kilog.
Nitrate de potasse.	200 —
Nitrate de soude.	300 —
Sulfate de chaux.	300 —

Consulter à cet égard les leçons de M. G. Ville.

II. *Matières organiques fertilisantes.* — On peut les diviser en trois classes : Engrais verts; déjections et débris des animaux; fumiers et gadoues.

Engrais verts. — On donne le nom d'E. verts aux plantes que l'on enfouit, quand elles ont acquis un certain développement, pour tenir lieu de fumier. Cette espèce d'e. peut produire de bons résultats, surtout dans les terrains nouvellement défrichés; toutefois il convient mieux aux pays chauds qu'aux pays froids, aux terrains secs qu'aux terrains humides. En outre, le choix des végétaux qui le constitue n'est pas indifférent. Il faut toujours choisir les plantes les moins épuisantes, c.-à-d. celles qui prennent leur azote dans l'atmosphère et non au sol, et parmi ces p antes, donner la préférence à celles qui acquièrent avec rapidité leur complet développement. Ces végétaux qui remplissent ces conditions sont peu nombreux. Le trèfle blanc en incarnat, le lupin, le seigle, etc., conviennent surtout aux terrains légers et sablonneux; la vesce, les feveroles, les pois, etc., aux terrains où l'argile domine. Dans tous ces cas, on doit enfouir les plantes au moment où elles sont sur le point de fl urir; car alors elles ont acquis tout leur accroissement et absorbé dans l'atmosphère ces substances nutritives qu'elles doivent y puiser.

On estime généralement aujourd'hui que le meilleur moyen de faire de l'e. avec les plantes vertes, les trèfles, la vesce, les minettes, consiste à les faire passer par le ventre des bestiaux, qui se chargent de conduire la besogne à bonne fin. Le résultat, pour le cultivateur, se résumera par de la viande et d'excellent fumier.

Les feuilles des végétaux que l'on cultive pour leurs tubercules ou leurs racines, comme les betteraves, les pommes de terre, les navets, etc., servent, avec plus de raison, être enfouies, parce qu'elles offrent une détestable nourriture pour les animaux Quand on défriche des terrains couverts de bruyères, d'ajoncs ou de genêts, il faut enfouir ces végétaux et non les brûler, parce que le feu fait perdre l'e. azote, qui est considérable dans ces jeunes rameaux, feuilles et fleurs de ces plantes ainsi que les pays de montagnes, on enfouit au même usage les rameaux feuillés des pins. A leurs, en Provence, on fume les oliviers en déposant autour d'eux des paquets de roseaux. Enfin, dans les contrées maritimes, les algues marines, vulgairement appelé ses *Goémons*, constituent un e. végétal p us riche que les précédents en potasse et acide phosphorique. Ces plantes se décomposent très vite et contribuent immédiatement à la fertilisation du sol.

Les *fruits* et les *graines* qui ont servi à la préparation de divers produits industriels, peuvent être utilisés comme e. Mais, de tous les marcs, les plus riches en azote et en acide phosphorique, par conséquent les plus puissants, sont ceux des graines oléagineuses, vulgairement appelés *Tourteaux*. On les répand sur le sol à l'état sec et réduits en poudre.

Récapitulons les éléments puissants de leur fertilité : Pour 1.000 kilog. de leur poids, les graines de lin renferment : azote, 32; acide phosphorique, 13. Pavot : azote, 28; acide phosphorique, 16,4. Colza : azot, 31; acide phosphorique, 16,4.

Déjections et débris d'animaux. — 1° Les *oiseaux* fournissent trois engrais principaux : la *colombine*, la *poulaitte* et le *guano*. Ces trois substances sont douées d'une grande énergie. Leur richesse en azote, phosphate de chaux et potasse peut nous donner le secret de leur activité. En outre, ces matières se trouvent dans un état d'extrême division et soumises à des combinaisons qui permettent une prompte assimilation.

Le fumier de pigeon, ou *colombine*, renferme sur 1.000 kil.: azote, 17,6; acide phosphorique, 32,0; potasse, 18,0; chaux,26,0. — Suivant Boussingault et Payen, il ne faudrait que 1.440 kil. de cette matière pour remplacer 30.000 kil.og. de fumier normal. — Les excréments des poules ou *Poulaitte*, ont moins d'énergie.

2° Le *Guano* ou *Huano* n'est autre chose que le résultat de l'accumulation des excréments, pendant plusieurs centaines de siècles, d'une multitude d'oiseaux qui vivent par troupes nombreuses dans certains lieux habités. Cette substance forme des couches de 17 à 20 mètres d'épaisseur, prise comme des carrières d'argile. Ce qui la rend supérieure à la colombine et à la plupart des autres engrais animaux, c'est qu'elle renferme non seulement une plus forte proportion d'azote et de sels ammoniacaux, mais encore une grande quantité de phosphates terreux. À cause de sa puissante activité, le guano ne doit être employé qu'avec modération. Il ne faut jamais le mêler directement aux semences, parce qu'il brûle le germe aussitôt que celui-ci commence à se montrer. Le mieux est d'en former un compost avec du charbon ou de la bonne terre sèche, mais surtout avec du plâtre. Girardin évalue de 350 à 400 kilog. par hectare le guano du Pérou, qui peut équivaloir à 30.000 kilog. du fumier normal. Cependant, il convient de partager les guanos en deux groupes distincts : Les *guanos ammoniacaux* (Pérou, Bolivie) et les *guanos terreux* (Chili, Afrique, etc.).

Voici la composition moyenne des principales espèces de guanos pour 1.000 kilog. : Guanos du Pérou : azote, 143,3; phosphates, 241,0 (J. Girardin). — Guanos du Chili : azote, 27,40; phosphate, 372,0; potasse, 20 (J. Girardin). — Guanos de Backer : azote, 3,2; phosphate, 822,7 (Barral). Ces derniers sont surtout caractérisés par leur pauvreté en azote et leur richesse en phosphates. Dans la pratique, il faut tenir compte de ces différences en principes fertilisants. Le principal inconvénient du guano est sa courte durée; son action s'épuise en une seule année, et il faut le renouveler constamment. « On devra, dit Girardin, choisir le guano le moins humide possible. Lorsqu'il est nouveau, celui du Pérou est d'une couleur pâle café au lait, mais il devient d'un rouge foncé en vieillissant. Quand il est exposé à l'air, il exhale une odeur putride ou marine qui masque son odeur musquée. Le guano doit avoir une saveur piquante et salée très prononcée, et offrir de nombreuses concrétions blanchâtres qui s'écrasent sous les doigts. Lorsqu'on le chauffe, il noircit et produit une forte vapeur ammoniacale. Enfin, il ne doit pas contenir plus de 2 p. 100 de sable et autres matières terreuses. »

Les *excréments des herbivores* sont loin d'être aussi énergiques que ceux des oiseaux, parce qu'ils renferment une moindre quantité de principes azotés et salins. Voici la richesse, pour 1.000 kilog. des déjections mixtes des animaux désignés ci-après :

	Azote	Acide phosphorique
Vache	4,1	5,5
Cheval	7,4	11,2
Porc	3,7	34,4
Mouton	9,1	18,2

Les excréments des bêtes à cornes, à cause de leur nature aqueuse, conviennent principalement aux terrains sablonneux et calcaires, et produisent surtout d'excellents effets dans les années de sécheresse. Le fumier de cheval, au contraire, convient particulièrement aux sols argileux, profonds et humides.

Les *excréments humains* constituent un engrais actif, parce qu'ils présentent, concentrées sous un petit volume et dans un état de division extrême, toutes les matières organiques et salines dont les plantes ont besoin. On les emploie à l'état frais ou à l'état de *Poudrette*, c.-à-d. à l'état pulvérulent. Mais leur richesse est très variable. Les excréments des hommes qui se nourrissent copieusement sont riches en principes azotés et phosphatés, tandis que ceux des casernes, par exemple, sont pauvres en ces matières. Les quantités suivantes établissent une moyenne, pour 1.000 kilog. de déjections à l'état frais: Azote, 10; acide phosphorique, 10,9; potasse, 2,5. — Voici la moyenne de deux analyses de poudrette prise à Bondy : Matières organiques renfermant 8°,5 d'azote, 470°; acide phosphorique, 31,1; potasse, 21; chaux, 61; silice et sable, 230,3; magnésie et oxyde de fer, 81,5; chlore, 11,3; soude, 50,6; acide sulfurique, 25,7; acide carbonique, 16,5.

Les poudrettes ont perdu la plus grande partie de leur azote, soit par évaporation de la matière ammoniacale, soit par les lavages et soutirage des *eaux vannes* que l'on distille afin d'en retirer l'ammoniaque sous la forme de sulfate. Ces lavages successifs ont entraîné, en même temps, les principes fertilisants immédiatement solubles, de sorte que les poudrettes de Paris forment aujourd'hui un assez médiocre e.; mais, ayant perdu toute odeur désagréable. — Dans beaucoup de pays, les cultivateurs emploient les matières stercorales à l'état frais, sous les noms divers de *Gadoue*, de *Courtegraisse*, d'*E. flamand*, ou simplement de *Tanneaux*. Dans le Nord, les cultivateurs conservent ces matières dans des citernes voûtées, placées au-dessous du sol, sur le bord d'une route, et à proximité des champs cultivés. Ces citernes, dont le fond est de grès et les murs de briques, sont remplies quand les travaux agricoles le permettent: on laisse fermenter cet e. quelques mois avant de s'en servir, et l'on a soin d'y ajouter de la matière à mesure qu'on en retire. L'e. flamand est surtout usité pour la culture du lin, du colza, de l'œillette et du tabac. Il s'emploie sous forme liquide et on le transporte aux champs dans des barils portés par des chariots. Arrivés à leur destination, on vide ces barils dans des baquets, et l'on puise ensuite l'e. avec de longues cuillers de fer pour le répandre sur les semences. Les graines germent dans l'espace de quelques jours et puisent dans cet e. une nourriture abondante.

La puissance fertilisante des *urines* de l'homme et des animaux est bien connue de tous les cultivateurs. Cette puissance peut être précisée par les quantités de matières fertilisables qu'elles renferment. Voici, à ce point de vue, un inventaire bon à consulter.

Urine humaine fraîche, sur 1.000 kilog. : azote, 6; acide phosphorique, 1,70; potasse, 2; soude, 4.6. — Purin : azote, 1,5; acide phosphorique, 0,1; potasse, 4; soude, 4.

À cause des sels acides et de l'urée qu'elle renferme, l'urine humaine doit être allongée par addition d'un moins 4 fois son volume d'eau. Il convient de l'employer immédiatement pour éviter les fermentations et la perte de l'ammoniaque produite. Pour empêcher cette volatilisation, il faut ajouter 35 à 40 grammes de couperose de fer ou 45 à 50 de plâtre en poudre par hectolitre d'urine. On conseille de réserver les urines pour les sols très légers, sablonneux et calcaires. L'incorporation aux fumiers est la meilleure destination des purins.

Débris d'animaux morts. — On peut appliquer à la fertilisation du sol une multitude de produits animaux, mous, solides ou liquides. De ce nombre sont: les os, le noir de raffinerie, les crins, les chiffons de laine.

Les os sont une mine de phosphate de chaux non négligeable. Terme moyen, ceux de boucherie sont ainsi composés:

Tissu cartilagineux, très azoté, soluble dans l'eau bouillante	30
Graisse, sans principe fertilisant, nuisible même	2
Phosphate de chaux et de magnésie	59
Soude et sel marin	3
Carbonate de chaux	6
	100

Les os bruts, même finement concassés, ont le désavantage de résister longuement aux agents dissolvants du sol, parce qu'ils sont imprégnés de graisse, formant rapidement avec le carbonate de chaux un savon insoluble qui les défend contre toute attaque extérieure, ensuite, parce que leurs phosphates sont à l'état tribasique. De sorte que ces os, après un séjour de 5 à 6 années en terre, n'ont souvent perdu que 8 à 9 0/0 de leur poids. Le meilleur moyen de les utiliser consiste à les plonger, sans préparation préalable, dans un cuvier rempli d'eau faiblement additionnée d'acide chlorhydrique ordinaire. Cet acide vaut environ 5 centimes le litre; le liquide du macération doit marquer 8° à l'aréomètre Baumé. L'acide, tel qu'on l'achète, pèse 26°,5. La dépense est donc insignifiante; dix jours après, les os sont devenus semi-transparents et flexibles. Tous les sels terreux ont été dissous. Il ne reste plus que le tissu cartilagineux.

Le liquide, ainsi chargé de tous les sels, peut servir à désinfecter les urines; on peut le répandre directement sur le sol, en humecter les fumiers, ou précipiter les phosphates par addition d'un lait de chaux. Le tissu cellulaire a sa destination. Après avoir été lavé, pour enlever le reste de l'acide, il entre dans la chaudière où cuisent les légumes pour la porcherie et se dissout dans l'eau bouillante.

Le *noir de raffinerie*, ou charbon animal, a beaucoup perdu de sa réputation et de sa vertu fertilisante depuis que, par suite des progrès de l'industrie, il n'est plus livré avec le sang de bœuf coagulé. Composition : charbon azoté, 10; sels terreux, 90 p. 100.

Les *crins, râpures de corne, chiffons de laine*, sont d'une décomposition fort lente. Ces débris animaux renferment de 9 à 17 p. 100 d'azote. Leur usage est excellent pour les jeunes vignes, les arbres, les pépinières.

Le *sang* est très riche en azote, pauvre en acide phosphorique et en potasse. Voici sa composition pour 1,000 : azote, 32,0; acide phosphorique, 0,4; potasse, 0,6. Mais on ne peut l'employer à l'état liquide, car il se décompose trop rapidement au contact de l'air atmosphérique; ses éléments volatils. Il en est encore de même lorsqu'on l'emploie pur après l'avoir simplement coagulé et desséché à l'aide de la chaleur. Le meilleur procédé consiste à répandre le sang frais sur trois fois son volume de terre chauffée fortement dans un four. On broie et l'on mélange avec soin, puis on saupoudre le tout avec du plâtre ou du poussier de charbon de bois, pour fixer les gaz ammoniacaux produits par la décomposition du sang. L'emploi du sang comme c. est fort répandu dans nos colonies, où on l'applique à la culture de la canne à sucre : on l'expédie à l'état sec et pulvérulent.

Fumiers et gadoues. — Le fumier de ferme se compose des excréments de tous les animaux entretenus sur une exploitation, mélangés avec les matières végétales qui ont servi à former le lit de ces animaux, et qui pour cela sont désignées sous le nom de *Litière* Cette litière est le p us ordinairement formée de paille, mais quelquefois aussi on la fait avec des roseaux, des feuilles ou de jeunes branches d'arbres. La valeur de ce fumier varie suivant sa composition, c.-à-d. suivant la nature des excréments des animaux qui ont servi à sa confection, la nature et la proportion de la litière, et la manière de préparer le mélange. En effet, il est évident que toutes choses égales d'ailleurs, le fumier sera d'autant plus chaud et plus actif que, dans l'exploitation, le nombre des chevaux et des moutons sera dans une proportion plus grande relativement aux bêtes à cornes. L'influence des litières est aussi à noter, car elles sont d'autant meilleures comme c. que leur tissu est plus spongieux, plus apte à retenir les parties liquides, à se mêler aux parties solides des excréments, et qu'elles sont plus riches en principes azotés et en substances assez fines. Bien que certaines pailles, comme celles des pois, soient plus riches en azote et en substances minérales que celles des céréales, ces dernières sont en général préférées, soit parce qu'elles procurent un meilleur coucher aux animaux, soit parce que, en raison de leur conformation tubuleuse, elles retiennent mieux les déjections animales, soit parce qu'elles se réduisent moins en se desséchant, et donnent un fumier plus abondant. Mais comme la paille des céréales peut être appliquée en grande partie à la nourriture du bétail, il importe de l'utiliser comme litière une multitude de matières végétales qu'on se procure presque partout à peu de frais, telles que les bruyères, les fougères, les feuilles tombées des arbres, les genêts, les roseaux, etc. Toutes ces matières, d'ailleurs, contiennent de trois à cinq fois plus d'azote que la paille du froment. Dans divers pays, notamment en Angleterre, la paille est remplacée par la terre sèche : chaque jour on en ajoute dans les étables une nouvelle couche. Si l'on a soin de varier la nature de la terre suivant celle du sol qu'on veut fumer, on obtient à la fois des excès d'un amendement et ceux d'un engrais.

Le fumier, au sortir des écuries et des étables, est généralement entassé dans un lieu voisin, au fur et à mesure de sa production. Mais, le plus souvent, le cultivateur construit ses

las sans aucun soin, car il ne se doute pas de l'influence que les dispositions bien entendues exercent sur leur puissance fertilisante. Les eaux qui s'en écoulent et celles qui proviennent de l'étable doivent être recueillies dans un réservoir situé à côté du tas de fumier. Une pompe de bois qui plonge dans le réservoir permet d'arroser à volonté ce dernier, lorsque sa surface se dessèche trop. Les litières imprégnées d'excréments et imbibées d'urine doivent être arrangées avec précaution, pour qu'une fermentation trop active ne puisse avoir lieu dans la masse et occasionner des pertes. On a parfois le soin de mettre le fumier à l'abri du soleil; il serait bon aussi de le mettre à l'abri de la pluie : dans tous les cas, il faut le garantir du contact des eaux courantes. Les fumiers peuvent être employés immédiatement au sortir de l'étable; on les nomme alors *fumiers longs, frais* ou *pailleux*. On appelle, au contraire, *fumiers courts* ou *gras*, ceux qu'on a conservés en tas et fait fermenter jusqu'à ce qu'ils aient été réduits en une sorte de terreau ou de pâte noirâtre. Chacun de ces modes d'emploi des fumiers a ses inconvénients, et il n'est bon de s'en servir que dans des circonstances particulières. Les fumiers frais mettent beaucoup plus de temps à se décomposer lorsqu'ils sont enfouis immédiatement dans la terre que lorsqu'ils sont mis en tas, agissant en général avec trop de lenteur. En conséquence, ils ne conviennent que pour les végétaux qui restent longtemps en terre, et pour les terres fortes, compactes et argileuses, dont ils contribuent à ameublir les particules. Les fumiers gras agissant avec énergie et rapidité; on peut donc les appliquer avec avantage aux terres légères et aux plantes qui ne vivent que trois à quatre mois. Mais, pour obtenir le fumier à cet état, il faut se résoudre à subir une perte considérable, et sur le volume primitif et du fumier, et sur les principes actifs qu'il contient. En effet, le volume du fumier gras se trouve réduit d'un quart, et d'après les expériences de Gasparin, il perd parfois les deux tiers de son azote. « C'est donc, disent Du Breuil et J. Girardin, entre ces deux extrêmes qu'il faut se placer, pour obtenir des fumiers le plus d'effets utiles comme c. Par conséquent, il convient de les mettre en tas pendant quelque temps au sortir des étables, pour qu'une légère fermentation mol isse et aplatisse toutes les pailles, donne à celles-ci une couleur brune et en rende les diverses parties homogènes; car c'est seulement alors que la masse est dans le meilleur état pour se convertir promptement, dans la terre, en principes solubles et gazeux, les seuls utiles à la nutrition des plantes. Cette *macération* des fumiers longs, bien différente de la *putréfaction* qu'ils subissent habituellement pour arriver à l'état de fumier gras, n'exige la conservation en tas que pendant fort peu de temps, de six semaines à trois mois, suivant la saison. Elle augmente singulièrement leur valeur comme c., et leur communique cette rapidité d'action si nécessaire dans la plupart des cas » Dans une exploitation bien conduite, le fumier de ferme à demi-consommé renferme, pour 1,000 kilog. : Eau 750; azote, 5; acide phosphorique, 3,2; potasse, 7.

Les *boues* et les *immondices* des villes constituent un c. chaud des plus actifs, dont l'emploi est surtout avantageux pour précipiter la végétation des légumes et des plantes qui ne restent que quelques mois en terre. Il convient plus particulièrement aux terres fortes, compactes ou argileuses, et, à cause du contact qu'il renferme, il est d'une application très utile aux céréales et à toutes les crucifères. Mais il faut, avant d'en faire usage, le mettre en tas et le laisser fermenter trois à quatre mois, c.-à-d. jusqu'à complet dégagement de l'hydrogène sulfuré qu'il renferme. — Ce que nous venons de dire du fumier de ville s'applique, en grande partie, à la *vase* des marais, des étangs, des égouts et des fossés. On est également obligé de soumettre cette vase, avant de s'en servir, à une fermentation préalable, afin de la débarrasser des principes acides qu'elle contient et qui nuiraient à la végétation.

ENGRAISSAGE. s. m. Action d'engraisser les bestiaux.

ENGRAISSANT, ANTE. adj. Qui engraisse.

ENGRAISSEMENT. s. m. Action d'engraisser, de rendre gras || État de celui qui devient gras. || T. Techn. *Joindre du bois par c.*, l'assembler à force, de manière qu'il n'y reste aucun vide.

ENGRAISSER. v. a. (R. *engrais*). Faire devenir gras. *E. des bœufs, des cochons, de la volaille*, etc. || En parl. des terres. Les amender, les améliorer au moyen de fumier, etc. *E. des terres avec du guano, avec de la marne.*

T. Techn. Graisser la base de certaines pièces de poterie pour les faire sortir plus facilement du moule. — ENGRAISSER. v. n. Devenir gras. *Vous avez beaucoup engraissé depuis un an.* — Prov., *Il engraisse de mal avoir,* se dit d'un homme qui se porte bien, quoiqu'il soit accablé de travail ou fort misérable. — Fig. et prov., *Il engraisse de ses afflictions,* Tout lui réussit, au gré des imprécations qui s'élèvent contre lui. — s'ENGRAISSER. v. pron. Devenir gras, prendre de l'embonpoint. || Fig. et fam., *S'e. dans une affaire,* Y faire un gain considérable. On dit de même, *S'e. des misères publiques, du sang de la veuve et de l'orphelin,* etc. = ENGRAISSÉ, ÉE. part.

ENGRAISSEUR. s. m. Celui qui engraisse des bestiaux.

ENGRANGEMENT. s. m. Action de serrer les blés dans la grange.

ENGRANGER. v. a. Serrer des grains dans la grange. = ENGRANGÉ, ÉE. p. = Conj. Voy. MANGER.

ENGRAVÉE. s. f. (R. en, et *gravier*). T. Art vét. Maladie du pied que l'on observe surtout sur les bœufs travaillant dans des terrains durs.

ENGRAVEMENT. s. m. État d'un bateau, d'un train de bois engravé.

ENGRAVER. v. a. (R. en, et *graver*). Graver sur. || T. Const. Enfoncer le plomb d'une gouttière, d'une lucarne. — Clouer l'extrémité d'une bande de plomb sur une autre ou sur le pied d'un poteau.

ENGRAVER. v. n. (R. en, et *gravier*). Engager un bateau, un train de bois dans le sable, dans un bas-fond, de sorte qu'il ne flotte plus. *Ce batelier a engravé son bateau. Prenez garde de nous e.* || T. Mar. Enfoncer un objet quelconque dans le lest qui est à fond de cale, de manière qu'il y soit caché en tout ou en partie. *E. des futailles.* — s'ENGRAVER. v. n. *Le bateau engrava.* — s'ENGRAVER. v. pron. *La chaloupe s'engrava. Nous nous sommes engravés à deux lieues d'ici.* = ENGRAVÉ, ÉE. part.

ENGRAVURE. s. f. Action d'engraver; résultat de cette action. || T. Const. Nappe de plomb employée dans la couverture.

ENGRÊLÉ, ÉE. adj. T. Blas. Se dit de certaines pièces honorables de l'écu, qui sont dentelées tout autour. *Il porte d'or à la croix engrêlée de gueules.*

ENGRÊLER. v. a. Mettre une engrêlure à une dentelle.

ENGRÊLURE. s. f. (R. en, et *grêle*). Sorte de petit point très étroit que l'on met à une dentelle. *Remettez une e. à cette dentelle.* || T. Blas. Se dit d'une bordure engrêlée, qui n'a de largeur que le quart de la bordure ordinaire.

ENGRENAGE. s. m. T. Méc. Action d'engrener; résultat de cette action; disposition de deux roues qui s'engrènent l'une dans l'autre. || Fig. Concours de circonstances qui se compliquent mutuellement. || T. Mar. Arrimage d'une barrique, d'une futaille, dans un vide de la cale. || Disposition de barriques analogue à celle des piles de boulets. || T. Techn. Action d'introduire dans les moulins les matières à broyer.

Méc. — Un *Engrenage* est un système de roues dentées disposées de telle sorte que, lorsqu'on imprime à l'une des roues un mouvement de rotation, celle-ci fait nécessairement tourner toutes les autres avec des vitesses déterminées. Les roues dentées sont destinées à transmettre le mouvement de rotation d'un arbre à un autre, dans certains cas particuliers, c.-à-d. lorsque les deux arbres étant parallèles ou non, ils sont suffisamment rapprochés l'un de l'autre.

I. — Lorsque la circonférence de la roue doit agir immédiatement sur la circonférence d'un cylindre contigu, on peut quelquefois se contenter d'établir un contact immédiat entre les deux circonférences : en effet, si la pression est énergique, il se produit entre les deux surfaces une adhérence qui suffit pour déterminer la transmission du mouvement de l'une à l'autre. La rotation des deux roues aura nécessairement lieu en sens contraire (Fig. 1), absolument comme si elles étaient munies de dents. Ce procédé est quelquefois usité dans les

filatures, où une large roue, placée horizontalement et garnie de peau de buffle, se meut en contact avec un certain nombre de petits rouleaux, revêtus de même, et dont chacun transmet le mouvement à une bobine. La Fig. 2 représente la roue M et les rouleaux R, R... On peut à volonté supprimer ou rétablir le contact de chaque rouleau avec la roue. — Les avantages de ce mode de transmission sont de communiquer le mouvement d'une pièce à l'autre d'une manière très douce et très uniforme, et de n'occasionner que peu ou point de bruit;

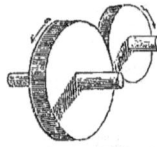 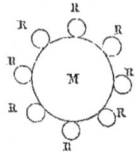

Fig. 1. Fig. 2.

mais il ne peut guère s'employer que dans les cas où la résistance à vaincre est peu considérable : aussi est-il rare qu'on l'applique aux machines construites sur une grande échelle. Cependant Euler cite, d'après Gregory, une scierie mécanique située à Southampton, dont les roues étaient mises en mouvement par le frottement du bois taillé à contre-fil. La machine faisait très peu de bruit et fonctionnait fort bien, puisqu'elle avait servi pendant vingt ans.

II. — Le procédé le plus usité pour transmettre le mouvement au moyen d'un système de rouages, consiste à disposer sur le contour des roues des saillies et des cavités qui *engrènent* les unes dans les autres. De cette manière, les roues ne peuvent plus glisser les unes contre les autres, quelle que soit la résistance qu'elles ont à vaincre, et la roue motrice fait nécessairement tourner en sens contraire la roue conduite avec elle, à moins toutefois que les saillies ou *Dents* de l'une d'elles ne se brisent. On appelle *Cercles primitifs* les deux cercles tangents passant par le milieu des dents, et dont les rayons sont dans le rapport inverse du nombre de tours qu'elles doivent faire. Le *Pas* de l'e. est l'intervalle compris entre les deux mêmes parties de deux dents consécutives, mesuré sur les cercles primitifs. La *longueur* d'une dent est sa dimension dans le sens du rayon de la roue; sa *largeur* est sa dimension dans le sens de l'axe de la roue; et son *épaisseur* est sa dimension prise sur le cercle primitif.

On doit apporter beaucoup de soins pour donner aux dents la figure la plus convenable, afin que le mouvement se communique avec douceur et uniformité. Il est facile de comprendre l'importance de cette considération, quand on réfléchit aux

 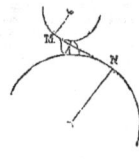

Fig. 3. Fig. 4.

effets qui se produiraient si les dents avaient la forme de chevilles équarries, comme l'indique la Fig. 3. Lorsque la dent A vient en contact avec la dent B, elle agit obliquement sur celle-ci, et pendant que la première se meut, l'angle de B glisse sur la surface plane de A, de manière à produire un frottement considérable et une rapide usure des surfaces. Au moment où les deux dents viennent appliquer leurs surfaces planes l'une contre l'autre, en arrivant dans la position CD, il se produit un choc; après quoi l'angle de la dent A glisse à son tour avec frottement sur la surface plane de B, jusqu'à ce que les deux dents soient dégagées. Pour éviter ces inconvénients, les dents sont terminées latéralement par des surfaces courbes qui doivent être telles que les dents d'une des roues jouissent de la propriété de *conduire* celles de l'autre roue d'une manière continue et avec le moins de frottement possible. Ces surfaces sont différentes pour chaque espèce de roues ; c'est la géométrie qui détermine les courbes que l'on doit employer à cet effet, et donne les règles pour les tracer. Si, par ex., ou donne aux dents la courbure représentée dans la Fig. 4, les surfaces des deux dents restent constamment en contact, glissent l'une sur l'autre avec un frottement très faible, et la direction dans laquelle la pression s'exerce est celle de la ligne MN, tangente aux deux roues ou perpendiculaire aux rayons. Cette pression reste toujours la même ; et comme elle agit avec le même bras de levier, il en résulte un effet uniforme.

III. — La simplicité de la solution et la facilité d'exécution matérielle des engrenages exigent que les dents d'une même roue soient toutes égales et disposées régulièrement autour de la *couronne*, c.-à-d. de sa circonférence ; mais il n'est pas nécessaire que l'épaisseur des dents soit la même d'une roue à l'autre. Pour une roue de fer, la dent sera bien moins épaisse que pour une roue de bois. Il faudra aussi plus d'épaisseur aux dents de la roue qui tourne le plus vite, parce qu'elles éprouvent plus d'usure. Quant au *pas*, il doit être absolument le même, non seulement pour toutes les dents d'une même roue, mais encore pour les dents de deux roues qui engrènent, en sorte que le rapport des circonférences de ces roues soit le même que celui des nombres de dents dont elles sont pourvues. Une roue très petite, par rapport à celle avec laquelle elle doit engrener, et un arbre ou indigène denté, sont en général désignés sous le nom de *Pignons*, et les dents s'appellent alors les *Ailes du pignon*. — Quand on veut évaluer la puissance d'une machine ainsi composée, on multiplie entre eux les nombres qui expriment les puissances de chacune des machines simples composantes. La manière la plus commune de faire ce calcul consiste à prendre le produit des nombres de dents de toutes les roues et le produit des nombres d'ailes de tous les pignons, puis à diviser le premier produit par le second : le quotient représentera la puissance de la machine. Si quelques-unes des pièces portent des dents et d'autres non, on exprimera les circonférences des pièces non dentées par le nombre de dents qui pourraient y être découpées, si elles

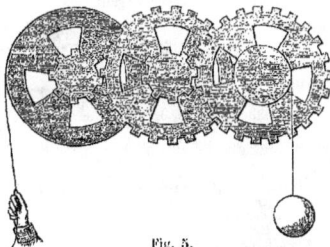

Fig. 5.

devaient s'engrener avec les autres. La Fig. 5 représente un système de dents et de pignons. La roue à la circonférence de laquelle la puissance est attachée, et le cylindre qui supporte le poids, n'ont point de dents ; mais il est facile de calculer le nombre de dents qu'ils pourraient recevoir. Cette règle se justifie facilement, soit en prenant les moments des forces par rapport aux axes des roues, soit par l'application du principe du travail virtuel.

Il est évident que chaque pignon accomplit sa rotation beaucoup plus rapidement que la roue avec laquelle il s'engrène. Si, par ex., un pignon a dix dents et que la roue en ait soixante, le pignon fera six tours pendant que la roue n'en fera qu'un. En d'autres termes, les vitesses angulaires de la roue et du pignon seront en raison inverse des nombres de dents que porte chacun d'eux. Il en résulte que la règle précédente donne le rapport des vitesses ou des circonférences extrêmes, rapport qui, pour l'équilibre, doit être inverse de celui des forces.

Pour que les dents des roues ne s'usent pas d'une manière inégale, il faut faire en sorte que chaque aile du pignon vienne successivement en contact avec chaque dent de la roue. Si la figure des dents était rigoureusement tracée d'après les principes mathématiques, et si les matériaux dont elles sont formées étaient parfaitement homogènes, cette précaution serait moins nécessaire, mais comme il se présente toujours de petites irrégularités, tant dans la matière que dans la forme, on doit autant que possible en égaliser les effets, en

faisant en sorte qu'ils portent sur toutes les parties de l'appareil. Pour cela, on a soin (surtout lorsque la machine doit déployer une force considérable, comme dans les moulins) de régler le rapport des nombres de dents, dans les roues et dans les pignons, de manière que la même aile du pignon ne s'engage avec la même dent de la roue qu'après un nombre d'engrènements égal au produit du nombre d'ailes du pignon par le nombre de dents de la roue. On obtient ce résultat en faisant en sorte que les nombres d'ailes et de dents soient premiers entre eux, c.-à-d. n'aient point de diviseur commun : tels sont les nombres 8 et 23 qui représentent l'un les ailes des pignons, et l'autre les dents des roues dans la Fig. 5. La dent impaire, ajoutée pour produire cet effet, est appelée la *Dent de chasse* par les gens du métier.

IV. — Les dents des roues d'e. sont ordinairement de bois ou de fonte. Fort souvent, en vue de diminuer le frottement, l'une des roues porte des dents de fonte, et l'autre des dents de bois, qu'on appelle *Alluchons*. En effet, on supposait naguère que le frottement est moindre entre deux corps de matières différentes qu'entre deux corps de même matière, ce qui n'est point exact. Lorsque les dents sont de fonte, elles sont coulées d'une même pièce avec la jante ou couronne de la roue, et suivant qu'elles doivent engrener avec des dents de bois ou de fonte, il faut les polir, ou seulement les ébarber. Les bois les plus convenables pour faire les dents d'e. sont le gaïac et le bois de fer ; mais on ne s'en sert que pour les petites roues, parce qu'ils sont trop chers. On fait ordinairement usage du sorbier, de l'alisier, du cormier et du charme. Il ne faut jamais employer ces bois que bien secs. On loge les dents de bois dans des mortaises dont la jante de la roue de fonte est percée, on en les taille de manière que les fibres du bois soient placées suivant les rayons de la roue. Ces dents, quand elles sont bien exécutées, durent très longtemps et ne s'usent pas plus que celles de fonte. Il faut avoir soin de les graisser fréquemment, non pas avec de l'huile qui, pénétrant dans l'intérieur du bois, ne produit pas l'effet attendu, mais avec du savon noir ou avec du suif mélangé à la plombagine.

Suivant l'usage auquel on le destine, les engrenages ont des dents qui épousent des contours très variés, bien que tous dérivant de figures géométriques absolument déterminées. D'après la forme que possède la dent, l'e. reçoit un nom spécial. L'*E. à flancs droits ou rectilignes* est celui dont le tracé des dents est le plus simple en même temps que son exécution est la plus facile. Le profil des dents d'une des roues est le rayon de cette roue ; le profil des dents de l'autre roue est une épicycloïde. L'*e. à développante de cercle* permet d'opérer l'*engrènement* d'une même roue avec d'autres roues de diamètres plus grands ou plus petits, ce qui revient à éloigner ou à rapprocher les axes autour desquels tournent ces roues. Les profils des dents sont dans les deux roues des développantes du cercle. L'*e. de White* aux dents hélicoïdales ne détermine pas de frottement ; mais il ne peut s'employer que lorsque les efforts à transmettre sont extrêmement faibles, comme dans la manœuvre des instruments de précision.

Au commencement du siècle existait un e. très usité pour transmettre le mouvement à deux arbres rectangulaires, mais qui, cependant, offrait des inconvénients sans nombre par suite

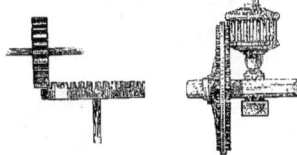

Fig. 6.   Fig. 7.

des frottements produits ; c'était l'*e. à lanterne*, auquel on a renoncé complètement depuis. L'une des roues, dite *roue de champ*, portait des dents perpendiculaires à son plan ; l'autre portait des dents de forme ordinaire (Fig. 6) ou bien était formée de deux disques parallèles reliés par des chevilles (Fig. 7) : les dents de la roue de champ venaient s'engager entre les dents ou les chevilles de l'autre roue et déterminaient le mouvement en poussant celles-ci. Cet e. a été avantageusement remplacé par l'*e. conique ou Roues d'angle*.

On le rencontre partout aujourd'hui. Son but est d'*engrener*
des roues dont les axes, au lieu d'être parallèles, forment un
angle entre eux, la plupart du temps un angle droit (Fig. 8

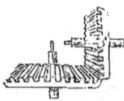 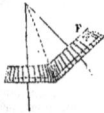

Fig. 8.   Fig. 9.

et 9). On emploie aussi pour le même objet des cônes non munis
de dents; le mouvement se communique de l'un à l'autre par
le simple frottement : on les nomme *Cônes de friction*.

Les *Engrenages différentiels* comportent des roues dont
l'axe est lui-même mobile, parce qu'il est invariablement lié à
une autre roue. Ces engrenages facilitent l'emploi courant
de roues marchant à des vitesses très différentes les unes des
autres; on en fait notamment usage dans les filatures, pour la
manœuvre des bancs à broches, la roue conductrice ayant
toujours une vitesse autre que celle de la roue conduite. Généralement ces engrenages comprennent un ensemble de roues
coniques et de roues droites, dont le mouvement combiné
égale la somme ou la différence de deux autres mouvements.

Quelquefois le mouvement est communiqué à une roue dentée par une *vis sans fin*, aux dents hélicoïdales. Mais cet
e. n'est pas réciproque, c.-à-d. que la vis donne le mouvement à la roue dentée, sans qu'il soit possible à cette dernière
de le donner à la vis sans fin. Ce qui pourrait paraître un
inconvénient est utilisé, au contraire. En effet cette sorte d'e.
s'emploie de préférence dans les monte-charges. Un fardeau
abandonné à lui-même ne peut redescendre par son propre
poids, puisque la roue devient sans action sur la vis. Enfin,
il arrive encore souvent qu'une roue dentée engrène, soit avec
une *chaîne de Vaucanson*, soit avec une *crémaillère*, c.-à-d.
avec une barre dentée, comme on l'observe dans le cric. Il
sera question de ce mécanisme au mot MOUVEMENT.

ENGRENANT, ANTE. adj. Qui engrène. *Roue engre-
nante.*

ENGRÈNEMENT. s. m. (R. *en*, et *grain*). Action de mettre
le blé dans la trémie du moulin. || Action d'engrener des che-
vaux, de la volaille.

ENGRÈNEMENT. s. m. Action d'engrener une roue.

ENGRENER. v. a. (R. *en*, et *grain*). Mettre du grain quelque part pour attirer le gibier. Mettre du grain dans la
trémie du moulin pour moudre. E. *la trémie*. Absol., *Puisqu'il a engrené, c'est à lui à moudre.* — Fig. et fam.,
Bien e., mal e., Bien commencer, mal commencer une affaire.
Il a bien engrené, il réussira. || Présenter le blé avec sa
paille à la machine à battre || *E. une pompe*, Jeter de l'eau
dans une pompe, avant de commencer à la faire jouer. ||
Faire prendre de l'embonpoint à des chevaux en les nourrissant de bon grain. *Il faut e. vos chevaux, si vous voulez
en tirer du service.* — E. *de la volaille*, L'engraisser avec
du grain, par oppos. à *Empâter*. || T. Comm. Charger des
marchandises sur un bateau qui n'est pas encore en état de
partir. = ENGRENÉ, ÉE. part. Conj. Voy. CELER.

ENGRENER. v. n. (R. *en*, et lat. *crena*, cran). T. Mécan.
Se dit d'une roue dont les dents entrent dans les intervalles
des dents d'une autre roue, ou d'une crémaillère, etc. —
T. Mar. Arrimer du grain en grenier. E. *des futailles*. || T. Techn.
Introduire le grès entre les surfaces de deux glaces disposées
l'une sur l'autre. = s'ENGRENER. v. pron. T. Méc. Se joindre
par engrenure. = ENGRENÉ, ÉE. part.

ENGRENEUR. s. m. Celui qui présente le blé avec la
paille à la machine à battre.

ENGRENURE. s. f. T. Méc. Position respective de deux
roues, dont l'une engrène dans l'autre. || T. Anat. Mode d'union
des os de la voûte du crâne, à l'aide de dentelures qui s'engrènent.

ENGROIS. s. m. T. Techn. Petit coin placé entre le manche
et la tête des pointes et des pics de l'ardoisier.

ENGROSSER. v. a. Rendre une femme enceinte. Très fam.
= ENGROSSÉ, ÉE. part.

ENGRUMELER. v. a. Mettre en grumeaux. = s'ENGRUME-
LER. v. pron. Se prendre en grumeaux. *Le lait s'est tout
engrumelé.* Avec ellipse du pron. pers., *Cela fait e. le lait.*
= ENGRUMELÉ, ÉE. part. = Conj. Voy. APPELER.

ENGUENILLER. v. a. [Pr. *an-ghe-ni-ller*, *g* dur, *ll*
mouillées]. Couvrir de guenilles. = s'ENGUENILLER. v. pron.
Se couvrir de guenilles. = ENGUENILLÉ, ÉE. part.

ENGUEULEMENT. s. m. Action d'engueuler. Pop. et
grossier. || T. Constr. Nom donné à deux entailles d'embrève-
ment dans lequel l'arbalétrier reçoit l'arête du poinçon.

ENGUEULER. v. a. (R. *en*, et *gueule*). Dire des injures.
= s'ENGUEULER v. pron. Se dire des injures. Pop. et grossier.
= ENGUEULÉ, ÉE. part.

ENGUICHAGE. s. m. T. Tiss. Concrétion qui résulte de
l'ensimage des laines avec de mauvaises huiles, et fait virer
les couleurs quand les fibres sont teintes.

ENGUICHÉ, ÉE. adj. (R. anc. fr. *guiche*, lien). T. Blas.
Se dit des instruments dont l'embouchure est d'un autre
émail que le corps.

ENGUICHURE. s. f. (R. *enguiché*). Nom des cordons
qui servent à porter un cor de chasse.

ENGUIGNONNÉ, ÉE. adj. [Pr. *an-ghi-gno-né*, *g* dur, *gn*
mouil.ée]. Néol. Qui a du guignon.

ENGUIRLANDER. v. a. Garnir de guirlandes.

ENHACHÉ, ÉE. adj. [Pr. *an-ha-ché*]. (R. *en*, et *hache*).
T. Arp. *Parcelles enhachées*, Parcelles de terrain qui rentrent les unes dans les autres par de nombreux angles.

ENHALUS. s. m. [Pr. *én-a-luss*] (gr. ἔναλιος, marin, de
ἔν, dans, et ἅλς, sel). T. Bot. Genre de plantes Monocotylédones de la famille des *Hydrocharidées*. Voy. ce mot.

ENHARDÉ, ÉE. adj. [Pr. *an-har-dé*]. T. Chasse. Qui est
en harde.

ENHARDIR. v. a. [Pr. *an-har-dir*]. Donner de la har-
diesse, encourager. *E. quelqu'un à faire quelque chose.
Ce bon succès l'avait enhardi.* = s'ENHARDIR. v. pron. *Je
me suis enhardi à faire cette demande. Il s'est enhardi à
parler en public.* = ENHARDI, IE. part.

ENHARDISSEMENT. s. m. [Pr. *an-har-di-se-man*].
Action d'enhardir, de s'enhardir.

ENHARMONIE. s. f. [Pr. *é-nar-mo-nie*] (gr. ἔν, en;
ἁρμονία, harmonie). T. Mus. anc. Passage qui procédait par
des quarts de ton consécutifs. — Actuel., Passage où le même
son est désigné par deux notes différentes.

ENHARMONIQUE. adj. 2 g. [Pr. *é-nar-mo-nik*] (gr.
ἐναρμονικός, m. s.). T. Mus. — Les Grecs désignaient sous le
nom d'*Enharmonie* ou de *genre enharmonique* une succession mélodique qui procédait par quart de ton; mais en nous
empruntant ces termes, nous les avons complètement détour-
nés de leur signification primitive. L'enharmonie, dans la musique moderne, consiste dans le changement de destination
d'un accord ou le changement d'une ou plusieurs notes d'une
dénomination dans une autre, changement qui détermine une
mutation de gamme. Si, par ex., un trait mélodique semble
appartenir au ton de *sol* par *fa* dièse, et si ce *fa* dièse est
changé en *sol* bémol par l'harmonie qui l'accompagne, ce *sol*
bémol deviendra la quatrième d.gré du ton de *ré* bémol, et
il y aura enharmonie dans ce changement.

ENHARNACHEMENT. s. m. [Pr. *an-har...*]. Action
d'enharnacher, ce qui enharnache.

ENHARNACHER. v. a. [Pr. *an-har...*]. Syn. de *Harna-*

cher. Mettre un harnais. *E. un cheval.* == ENHARNACHÉ, ÉE. part. || Fig. et par plaisanterie, on dit a quoiqu'un qui est vêtu d'une manière extraordinaire : *Vous voilà bien enharnaché, plaisamment enharnaché.*

ENHAYEUR. s. m. [Pr. *an-hè-ieur*] (R. en, et haie). Ouvrier qui pose les briques en haies pour les faire sécher.

ENHERBER. v. a. [Pr. *an-nèr-ber*]. *E. un terrain,* Le mettre en herbe. Peu us. = ENHERBÉ, ÉE. part.

ENHUCHÉ, ÉE. adj [Pr. *an-hu-ché*] (R. en, et huche). T. Mar. Se dit d'un bâtiment dont les œuvres mortes ont une élévation plus qu'ordinaire.

ENHYDRE. adj. 2 g. [Pr. *é-ni-dr*] (gr. ἐν, dans; ὕδωρ, eau). T. Miner. Se dit de certains minéraux ayant des cavités remplies d'eau. Voy. AGATE.

ÉNIELLAGE. s. m. [Pr. *é-niè-laje*]. T. Rur. Action d'arracher les niell. s.

ÉNIF. s. m. Étoile ε de la constellation de Pégase. Ce nom est une abréviation, d'*anf al faras* « le nez du cheval »; l'étoile est, en effet, placée sur la bouche de Pégase.

ÉNIGMATIQUE. adj 2 g. Qui renferme une énigme ou qui tient de l'énigme. *Sens é. Paroles énigmatiques. Discours é. Peinture é.*

ÉNIGMATIQUEMENT. adv. D'une manière énigmatique. *Il parle toujours é.*

ÉNIGME. s. f. (gr. αἴνιγμα, m. s.). Description d'une chose par des qualités qui lui conviennent, mais qui sont indiquées d'une manière assez ambiguë pour la déguiser et la rendre plus ou moins difficile a deviner. *E. en vers. Faire, proposer, deviner une é. Trouver le mot d'une é. Recueil d'énigmes.* || Autrefois, se disait de certains des eaux qu'on exposait dans les collèges, pour exercer l'esprit des écoliers à deviner le sens caché sous les figures. || Fig., Discours ou phrase dont il est difficile de découvrir le sens, *Ce que vous me dites est une é. pour moi. Vous parlez par énigmes.* — Par ext., se dit de toutes les choses dont on ne peut découvrir les causes, les motifs. *Le caractère de cet homme est une é. pour tout le monde. Votre conduite est une é. pour lui. De toutes parts la nature ne nous offre que des énigmes.* — *Voilà le mot de l'é.,* Voilà l'explication de la chose qu'on ne comprenait pas.

On trouve les énigmes en usage dès la plus haute antiquité littéraire. La Bible rapporte que la reine de Saba, ayant entendu vanter l'esprit de Salomon, vint à Jérusalem pour lui proposer des énigmes. L'une des plus anciennes énigmes est celle que Tinée de Locres avait composée aux philosophes : « Qu'est-ce qu'un cercle dont le centre est partout et la circonférence nulle part ? » Réponse : DIEU. Pensée souvent exprimée depuis, notamment par Pascal comme définition de l'espace infini.

L'une des plus jolies énigmes que l'on ait composées est assurément celle-ci, due à La Motte :

> J'ai vu, j'en suis témoin croyable,
> Un jeune enfant armé de fer vainqueur,
> Le bandeau sur les yeux, tenter l'assaut d'un cœur
> Aussi peu sensible qu'aimable.
> Bientôt après, le front élevé dans les airs,
> L'enfant, tout fier de sa victoire,
> D'une voix triomphante en cé ébruit la gloire
> Et semblait pour témoin vouloir tout l'univers.
> Quel est donc cet enfant dont j'admirai l'audace ?
> Ce n'était pas l'amour, cela vous embarrasse.
>
> (Le Ramoneur.)

ENIMBAS. s. m. Sorte de palmier d'Afrique.

ENIVRANT, ANTE. adj. [Pr. *an-ni-vran*]. Qui enivre, qui produit une certaine exaltation des sens. *Boisson enivrante. Parfums enivrants Musique enivrante.* || Figur., Séduisant; qui exalte les passions. *Louanges enivrantes. Applaudissements enivrants.*

ENIVREMENT. s. m. [Pr. *an-ni-vre-man*]. État d'une

personne ivre. N'est guère d'usage qu'au fig., pour exaltation de l'âme, ou d'une passion ; au prop., on d.t *Ivresse. L'e. de l'amour, de la volupté. Mettez-vous en garde contre l'e. des passions. Il est dans l'e. de la joie.*

ENIVRER. v. a. [Pr. *an-ni-vrer*]. Rendre ivre; se dit proprement des boissons. *Ils le firent tant boire qu'ils l'enivrèrent. La bière enivre aussi bien que le vin.* || Par extension, se dit de certaines choses qui déterminent un état ana ogue à l'ivresse. *La fumée du tabac l'a enivré. Certaines odeurs enivrent.* || Fig., Avougler, étourdir, éblouir, ravir. *La prospérité enivre. Les louanges, les flatteries dont on enivre ce jeune prince. La volupté enivre l'âme. L'espérance enivrait son cœur.* == S'ENIVRER. v. pron. Devenir ivre; se dit, au prop. et au fig. *Cet homme s'enivre tous les jours. S'e des éloges qu'on reçoit. S'e. de la bonne opinion de soi-même. S'e. de son vin, S'enivrer de ses propres idées.* == ENIVRÉ, ÉE. part. *Enivré de sa fortune.*

ENJABLER. v. a. (R. en, et jable). Mettre un fond à une futaille.

ENJALER. v. a (R en, et jas). T. Mar. Garnir une ancre de son jas, pour faire tomber la pointe au fond, en contre-balançant le poids du fer.

ENJAMBÉE. s. f. Le pas qu'on fait pour enjamber. *Fa're de grandes enjambées.* || L'espace qu'on enjambe, qu'on peut enjamber. *Ce fossé n'a qu'une e. Il y a d'ici là trois enjambées.*

ENJAMBEMENT s. m. (R. enjamber). T. Versification. On appelle ainsi le rejet au vers suivant d'un ou de plusieurs mots qui sont indispensables pour faire un sens, parce que, dans ce cas, le premier vers semble empiéter sur le s cond Dans les langues où une prosodie fortement accentuée permet de fonder le rythme poétique sur la quantité des mots, le poète a toute liberté au sujet de l'e. Mais, dans notre langue, où le rythme repose uniquement sur la rime et la césure, l'e. est généralement un défaut; car, d'une part, il fait disparaître la césure finale du vers, et, de l'autre, il détruit l'effet de la rime. Au XVIe siècle, les poètes de l'école de Ronsard, qui prétendaient modeler notre poésie sur le type de la poésie grecque ou latine, firent le plus étrange abus de l'e. ; mais enfin Malherbe parut, et, dès lors, comme le dit Boileau :

> Les stances avec grâce apprirent à tomber,
> Et le vers sur le vers n'osa plus enjamber.

L'e. est un défaut toutes les fois qu'il ne produit pas une beauté : c'est dire qu'il est permis dans certains cas, bien qu'il soit impossible de déterminer ces derniers. L'oreille et le goût doivent seuls guider le poète en cela, comme en beaucoup d'autres circonstances. Personne, par ex., n'oserait blâmer l'e. que présentent ces vers de Racine :

> Je l'ai trouvé couvert d'une affreuse poussière,
> Revêtu de lambeaux, tout pà e; mais son œil
> Conservait sous la cendre encor le même orgueil.

Les poètes du XIXe siècle, et particulièrement l'école romantique, ont fait un grand usage de l'e. Quelquefois, surtout dans les vers des pièces de théâtre, l'effet produit est de rapprocher le langage versifié de la prose, ce qui est certain ment voulu par le poète, pour éviter l'abus d'une langue trop recherchée, quand le su et ne le comporte pas; d'autres fois, l'e. produit un effet esthétique tout particulier et devient une beauté; mais il faut bien reconnaître que ce cas est assez rare.

ENJAMBER. v. n. (R. en, et jambe). Étendre la jambe plus qu'à l'ordinaire, pour passer par-dessus ou au delà de quelque chose. *Il a enjambé par-dessus le parapet.* — Faire de grands pas en marchant. *Voyez comme il enjambe!* || Fig., se dit d'une chose qui avance, qui se prolonge sur une autre. *Cette poutre enjambe le mur du voisin.* || Fig., Usurper, empiéter. *Il a enjambé sur l'héritage de son voisin.* || T. Versific. On d.t qu'*Un vers enjambe sur le vers suivant.* Lorsque le sens d'un vers n'est achevé qu'au commencement du vers suivant, du vers suivant. On dit aussi. *E. d'un vers à un autre.* == ENJAMBER. v. a. Franchir en enjambant. *E. le ruisseau. E. deux marches à la fois*

== Enjambé, ée. part. || Fam., *Être haut enjambé*, Avoir les jambes extraordinairement longues.

ENJARRETÉ, ÉE. adj. [Pr. *anja-reté*] (R. en, et *jarret*). T. Man. Se dit du cheval qui a les pieds liés.

ENJAVELER. v. a. Mettre en javelles. *E. des blés.* == Enjavelé, ée. part. == Conj. Voy. Appeler.

ENJEU. s. m. (R. en, et *jeu*). Ce que l'on met au jeu en commençant à jouer, pour appartenir a celui qui gagnera. *Voilà mon e. Garder les enjeux.* || Fig., Ce que l'on hasarde dans une entreprise. *Mettre sa tête pour e.* || Fig et fam., *Retirer son e.*, Se retirer d'une affaire, d'une entreprise hasardeuse, sans avoir fait ni perte ni bénéfice.

ENJOINDRE. v. a. (lat. *injungere*, m. s., de *in*, en, et *jungere*, joindre). Ordonner, commander expressément. *La loi de Dieu nous enjoint d'aimer notre prochain. L'Église enjoint l'observation du jeûne. E. expressément quelque chose. On leur enjoignit de se retirer. On lui enjoignait d'être plus circonspect à l'avenir.* == Enjoint, ointe. part. == Conj. Voy. Peindre.

ENJÔLEMENT. s. m. Action d'enjôler.

ENJÔLER. v. a. (R. en, et *geôle*). Engager, attirer, tromper par des paroles flatteuses. *E. une femme, une fille Il m'a si bien enjôlé, que j'ai fini par céder. Les amitiés qu'ils vous font ne sont que pour vous e.* Fam. == s'Enjôler. v. pron. *S'enjôler l'un l'autre.* == Enjôlé, ée. part.

ENJÔLEUR, EUSE. s. Celui, celle qui enjôle. *C'est un e., une enjôleuse.* Fam.

ENJOLIVEMENT. s. m. Ornement qui rend une chose plus jolie. *Un petit e. Faire des enjolivements à une maison, à un jardin.*

ENJOLIVER. v. a. (R. en, et *joli*). Ajouter des enjolivements, des enjolivures; rendre quelque chose plus joli. *Il a fort enjolivé son cabinet, sa maison. Cette garniture enjolive bien votre robe.* == s'Enjoliver. v. pron. Devenir plus joli. == Enjolivé, ée. part.

ENJOLIVEUR, EUSE. s. Personne qui aime à enjoliver. *C'est un e. sans goût.* Fam.

ENJOLIVURE. s. f. Enjolivement qu'on fait à de petits ouvrages *Cet étui-là est trop uni, il faut y mettre quelques enjolivures.*

ENJONCHER. v. a. (R. en, et *jonc*). Couvrir de jonc, et en général de fleurs. *E. un chemin de roses.*

ENJOUÉ, ÉE adj. Qui a de l'enjouement. *Je vous trouve bien enjoué. Avoir l'humeur enjouée, l'esprit, l'air e.* || Se dit aussi de la conversation, du style, d. s ouvrages d'esprit *Sa conversation est enjouée. Écrire d'un style e. Il m'a écrit une lettre fort enjouée.*

Syn. — *Gai, Réjouissant.* — C'est par l'humeur qu'on est *gai*, par le caractère d'esprit qu'on est *enjoué*, et par les façons d'agir qu'on est *réjouissant.* Le triste, le sérieux, l'ennuyeux sont précisément leurs opposés. Notre gaieté tourne presque entièrement à notre profit; notre enjouement satisfait autant ceux avec qui nous nous trouvons que nous-mêmes; mais c'est pour les autres uniquement que nous sommes réjouissants; par conséquent, il faut éviter de l'être par le ridicule.

ENJOUEMENT ou **ENJOÛMENT.** s. m [Pr. *an-jou-man*] Gaieté douce, badinage léger. *Cette personne a beaucoup d'e. Il est aujourd'hui d'un e. qui ne lui est pas ordinaire.*

ENJOUER. v. a. (R. en, et *jouer*). Rendre enjoué.

ENJOUER. v. a. (R. en, et *joue*). T. Chass. Mettre en joue, en parl. d'un fusil.

ENJUPONNER. v. a. [Pr. *an-ju-poner*]. Mettre en jupon. == s'Enjuponner. v. pron. S'attacher à un jupon, à une femme.

ENKHUYSEN, v. de la Hollande septentrionale; 6,500 habitants.

ENKYSTÉ, ÉE. adj. T. Méd. Qui est renfermé dans un kyste. *Tumeur, hydropisie enkystée.*

ENKYSTEMENT. s. m. T. Méd. Action de s'enkyster; résultat de cette action.

ENKYSTER (S'). v. pron. T. Méd. S'envelopper d'un kyste.

ENLAÇAGE. s. m. T. Tiss. Opération qui consiste à placer les cartons Jacquard les uns à la suite des autres et à les ajuster avec des cordes ou des lacets.

ENLACEMENT. s. m. Action d'enlacer; le résultat de cette action.

ENLACER. v. a. (R. en, et *lacs*). Mêler, passer l'un dans l'autre des lacets, des cordons, etc. *E. des rubans l'un dans l'autre.* — Par ext., se dit de certaines autres choses longues et flexibles. *E des branches d'arbres les unes dans les autres.* || Serrer, étreindre. *Elles enlaçaient leurs bras en dansant. E quelqu'un dans ses bras Le reptile les enlaça de ses replis.* || *E. des papiers,* Les attacher ensemble avec un même lacet. == s'Enlacer. v. pron. *Leurs branches s'enlaçaient les unes dans les autres. Deux serpents qui s'enlacent.* == Enlacé, ée. part. == Conj. Voy. Avancer.

ENLAÇURE. s f. (R. *enlacer*). T. Techn. Réunion d'une mortaise et d'un tenon par une cheville.

ENLAIDIR. v. a. Rendre laid. *La petite vérole l'a extrêmement enlaidi.* == Enlaidir. v. n Devenir laid. *Cette femme enlaidit tous les jours.* == s'Enlaidir. v. pron. Se rendre laid. == Enlaidi, ie. part.

ENLAIDISSEMENT. s. m. Action d'enlaidir; le résultat de cette action.

ENLARME. s. f. (R. en, et *larme*). Grandes mailles que l'on ajoute à un filet. || T. Pêc. Petite branche que les pêcheurs plantent le long de leurs verveux.

ENLARMER. v. a. (R. *enlarme*). Faire de grandes mailles à côté d'un filet, avec de la ficelle. || T. Pêc. Mettre de petites branches le long des verveux.

ENLARMURE. s. f. (R. *enlarme*). T. Pêc. Bordure d'un filet.

ENLEVAGE. s. m. Manière d'imprimer sur toile en enlevant la couleur avec le chlore, partout où le cylindre s'applique.

ENLÈVEMENT. s. m. Action d'enlever, d'emporter quelque chose de lourd. *Procéder à l'e. d'un corps. L'e. des boues et immondices. E. d'un registre, de pièces.* — Se dit aussi de l'action d'enlever une personne, de l'enlever par force. *L'e. de Proserpine. L'e. des Sabines. L'e. d'un enfant, d'une mineure.* || L'action d'enlever, de s'emparer d'une position défendue par l'ennemi. *L'e. d'un bastion, d'une barricade.* || Accaparement. *L'e. des grains amena la disette.* || T. Mar. Prise à l'abordage d'un navire ennemi. || T. Beaux-Arts Opération consistant à enlever la peinture d'un vieux panneau, pour la reporter sur une toile neuve.

Législ. — La loi pénale punit de la réclusion l'e. des enfants (Code pénal. art. 345). Elle prévoit et réprime également l'e. des mineurs par les dispositions suivantes : « Quiconque, par fraude ou violence, enlève ou fait enlever des mineurs, est puni de la réclusion : si la personne ainsi enlevée est une fille au-dessous de 16 ans accomplis, la peine est celle des travaux forcés à temps; quand la fille au-dessous de 16 ans a consenti à son e. ou l'a suivi volontairement le ravisseur, si celui-ci était majeur de vingt-un ans; il est condamné aux travaux forcés à temps; s'il n'avait pas encore vingt-un ans, il est puni d'un emprisonnement de deux à cinq ans. » — La loi présume, en effet, que le consentement donné par la fille âgée de moins 16 ans lui a été arraché par surprise et elle assimile le cas où l'e. est fait du consentement de la mineure avec celui où il est fait par fraude ou violence, en supposant que le ravisseur ait plus de vingt-un ans. — Dans le cas où le ravisseur a épousé la fille qu'il a enlevée, il ne peut être poursuivi que sur la plainte des personnes qui, d'après le Code civil, ont le droit de demander la nullité du mariage, ni condamné qu'après que la nullité du mariage a été prononcée (voir art. 180 et s. du Code civil). Notons enfin que le cas d'e. constitue la seule exception à la règle absolue en vertu de laquelle, aux termes de notre Code civil, « la recherche de la paternité est interdite » — « Dans le cas d'e., dit, en effet, l'art. 340 du Code civil, lorsque l'époque de l'e. se rapporte à celle de la conception, le ravisseur peut être, sur la demande des parties intéressées, déclaré père de l'enfant. »

Enlèvement de pièces — Le Code pénal réprime très sévèrement l'e. de pièces appartenant à des dépôts publics Outre les dépositaires chargés de la garde de ces pièces qui sont punis d'emprisonnement et d'amende, à raison de leur négligence, les auteurs de ces enlèvements encourent la réclusion ou les travaux forcés à temps, suivant qu'ils ont ou non employé la violence. Quand l'e. est l'œuvre du dépositaire lui-même, celui-ci est puni des travaux forcés à temps.

ENLEVER. v. a. (R. *en*, et *lever*). Lever en haut. *On enlève les plus grosses pierres avec une grue.* || Emporter dans les airs avec rapidité, avec violence. *Il vint un tourbillon qui l'enleva. Un coup de vent a enlevé le toit de cette maison.* || Fig. Transporter d'admiration, ravir, charmer. *Cet orateur enlève son auditoire Le charme de ses paroles enleva tous les cœurs. Cette musique enlève tout le monde.* = Ravir, emmener, emporter par force. *Il aimait cette fille, il l'a enlevée On lui a enlevé sa femme. Il fit e. pendant la nuit les principaux meneurs. Ses complices l'enlevèrent des mains des gendarmes. Cette crue subite a enlevé tous les ponts.* — Fig., *E. quelqu'un*, se dit de ce qui fait mourir quelqu'un promptement d'une manière inattendue. *Le choléra l'a enlevé en quelques heures. C'est ainsi qu'il fut enlevé à sa famille.* || Prendre, ôter, dérober; se dit au prop. et au fig. *Je lui enlevai des mains l'arme dont il me menaçait. Il enleva un drapeau à l'ennemi. Cette consolation m'a toujours été enlevée. Si cette ressource m'est enlevée. .* — T. Guerre. *E. un poste, une place, une province, etc*, S'emparer d'un poste, d'une place, etc , sur l'ennemi. *Le poste fut enlevé après une rive résistance. E. une place, une ville d'assaut On dit aussi, E. un quartier, E. un régiment,* Surprendre et forcer des troupes dans leur quartier. || Fig., *E. les suffrages,* Exciter l'enthousiasme. *Cette pièce, cet acteur a enlevé tous les suffrages.* || T. Chasse *E. la meute,* Entraîner les chiens par le plus court chemin où l'on a vu le cerf et où l'on retrouve la voie. = Emporter, retirer, ôter quelque chose d'un endroit. *Il faudra faire e. ces matériaux. Enlevez cela de dessus la table. Je vous ai déjà dit de venir e. les marchandises que je vous ai vendues.* — *E. un corps,* Prendre un corps mort pour le porter en terre ou pour le déposer momentanément dans quelque église, etc. *Les prêtres ont enlevé le corps. La justice fit e. le corps.* Voy. CADAVRE. — *E. des marchandises,* Se hâter de les acheter, de sorte qu'il devient très difficile aux autres acheteurs de s'en procurer. *Dès le matin, tous les blés étaient enlevés du marché. Ce restaurateur a enlevé les plus beaux fruits de la halle.* = Séparer, détacher une chose de celle sur laquelle elle est appliquée, ou à laquelle elle est adhérente. *E. la croûte d'un pâté E. la peau d'une partie du corps. E. l'écorce d'un arbre.* || Ôter, faire disparaître *Ce savon enlève les taches. E. la couleur d'une étoffe* = s'ENLEVER. v. pron. S'élever en haut. *Le ballon s'enleva dans les airs.* || En parlant de marchandises, Se vendre ou se débiter avec promptitude. *Cette marchandise s'enlève ou est enlevée en moins de rien.* || Se détacher, se séparer. *L'écorce de cet arbre commence à s'e.* || Se détruire, disparaître *Cette encre s'enlève avec facilité.* = ENLEVÉ, ÉE. part. = Conj. Voy. GELER.

ENLEVEUR. s. m. Celui qui enlève.

ENLEVURE. s. f. T. Techn. Partie d'acier que l'on a séparée de la masse à laquelle elle tenait. || Saillie faite par de gros fils écrus dans une broderie. Retaille des peaux dont on fait les gants. || T. Sculpt. Relief, saillie. || T. Peint. Élévation de la couleur , qui se détache de la toile.

ENLIASSER. v. a. Mettre en liasse.

ENLIER. v. a. T. Maçonn. Joindre et engager des pierres

ensemble, en élevant un mur. = ENLIÉ, ÉE. part. = Conj. Voy. PRIER.

ENLIGNEMENT. s. m. Action d'aligner; état de ce qui est enligné.

ENLIGNER. v. a (R. *en*, et *ligne*). T. Techn. Placer plusieurs corps contigus sur une même ligne. || T. Typogr. Disposer les lignes d'un livre. || T. Mar. Donner à une pièce de construction la forme qu'elle doit avoir. || *E. des bordages,* Les disposer les uns à la suite des autres, de manière à former la courbure de la coque. = ENLIGNÉ, ÉE. part.

ENLIOUBER. v. a. (R. *en*, et *lioube*). Ajouter une pièce de bois taillée en coin dans le bout d'une autre, qui a été ouverte pour la recevoir.

ENLISSERONNER. v. a. [Pr. *an-li-sero-ner*]. T. Techn. Tendre les lisses sur les lisserons.

ENLIZEMENT. s. m. Action d'enlizer ou de s'enlizer.

ENLIZER. v. a. (R. *en*, et *lize*). Enfoncer dans une lize, dans un sable mouvant. = s'ENLIZER v. pron. S'enfoncer dans les sables mouvants. = ENLIZÉ, ÉE. part.

ENLUMINAGE. s. m. (R. *enluminer*). T. Imprim. sur étoffes. Action de fixer sur les toiles peintes des couleurs qui ne seront pas très apparentes, mais qui contribueront puissamment à l'harmonie de l'effet général.

ENLUMINEMENT. s. m. Action d'enluminer; état de ce qui est enluminé.

ENLUMINER. v. a. (R. *en*, et lat. *lumen,* lumière). Colorier. *E. une estampe, des images, des cartes à jouer, etc.* || T. Techn. Voy ENLUMINAGE. || Fig., *E. son style,* Y répandre des ornements qui lui donnent de l'éclat, mais qui sont de mauvais goût. || Fig. et fam., Rendre rouge ou enflammé; n'est usité qu'en parlant du teint, du visage. *L'ardeur de la fièvre lui avait enluminé le visage. Le vin lui a enluminé la figure.* = s'ENLUMINER. v. pron. Se mettre du rouge; ne se dit guère que des femmes et par dénigrement. *Elle a beau s'e., elle n'en paraît pas plus jeune.* On dit aussi, *S'e. le visage.* = ENLUMINÉ, ÉE. part. *Un visage, un teint enluminé.*

ENLUMINEUR, EUSE. s. Celui, celle qui fait métier d'enluminer des estampes, des images, etc.

ENLUMINURE. s. f. L'art d'enluminer; l'action d'enluminer et le résultat de cette action. *Apprendre l'e. Faire l'e. d'une estampe. L'e. de cette estampe n'est pas soignée.* || Par ext., Estampe, image coloriée. *Cela n'est pas peint, ce n'est qu'une e.* || Fig., Le clinquant, le faux éclat dans le style. *Il a répandu dans son poème du brillant, de l'e.* || Fig. Coloration vive du teint.

Techn. — Dans le langage ordinaire, on confond généralement l'*Enlumınure* et le *Coloriage;* néanmoins ces deux termes ont une signification différente L'E proprement dite consiste à donner aux dessins imprimés les couleurs qui leur conviennent, en se servant de patrons de carton ou de cuivre mince qui sont découpés, et à travers les ouvertures du ceux-ci on passe au pinceau-brosse chargé de matière colorante. C'est ainsi, par exemple, que l'on enlumine les cartes à jouer. Évidemment ce procédé ne peut donner que des résultats grossiers; aussi ne l'applique-t-on qu'aux images à bas prix et destinées à un colportage. Le *Coloriage,* au contraire, n'est pas une simple opération mécanique; c'est une sorte de peinture sans empâtement qui s'exécute avec des dessins lithographiés ou gravés, à l'aide de pinceaux ordinaires et de couleurs transparentes, sans épaisseur et délayées dans de l'eau pure. Quand l'artiste a terminé son travail, il en glace ordinairement les parties les plus sombres au moyen d'une légère couche gommeuse. Le coloriage produit des effets fort remarquables lorsqu'il est parfaitement exécuté; mais son prix élevé fait qu'il est peu employé aujourd'hui. On n'en fait guère usage que pour certains ouvrages relatifs aux sciences naturelles. Parmi les grandes publications ornées de planches coloriées, on peut citer comme des modèles l'*Iconographie du règne animal* de Cuvier, éditée par Masson, et les magnifiques planches d'anatomie de Bourgery et Jacob.

ENNASSER. v. a. |Pr. *an-na-ser*]. T. Pêc. Mettre dans la nasse. — Fig., Tromper.

ENNÉACANTHE. adj. |Pr. *ènn-né-a-kante*] (gr. ἐννέα, neuf; ἄκανθα, épine). T. Hist. nat. Qui est muni de neuf épines ou aiguillons.

ENNÉADACTYLE. adj. |Pr. *ènn-né-a...*] (gr. ἐννέα, neuf; δάκτυλος, doigt). T. Zool. Qui a neuf doigts.

ENNÉADE. s. f. |Pr. *ènn-néade*] (gr. ἐννάς, neuvaine). T. Didact. Assemblage ou réunion de neuf choses ou de neuf personnes. || Titre du recueil de la philosophie de Plotin, par Porphyre, les *Ennéades*, distribuées en six neuvaines.

ENNÉADÉCATÉRIDE. s. f. (gr. ἐννέα, neuf; δέκά, dix; ἔτος, année). Nom de la période luni-solaire de dix-neuf ans, ou cycle de Méton, qui ramène à peu près les mêmes positions du soleil et de la lune. 19 années solaires égalent 235 lunaisons.

ENNÉAGONAL, ALE. adj. |Pr. *ènn-néagonal*] (R. *ennéagone*). T. Géom. Qui a neuf angles.

ENNÉAGONE. s. m. |Pr. *ènn-néagone*] (gr. ἐννέα, neuf; γωνία, angle). T. Géom. Polygone de neuf côtés.

ENNÉAGYNIE. s. f. |Pr. *ènn-néa-ji-nie*] (gr. ἐννέα, neuf; γυνή, femelle). T. Bot. Un des ordres du système de Linné, comprenant les plantes dont la fleur a neuf carpelles distincts.

ENNÉAHEXAÈDRE adj. |Pr. *ènn-néa-exa-è tre*] (gr. ἐννέα, neuf; ἕξ, six; ἕδρα, face). T. Minér. *Cristal e.*, Cristal cubique dont chaque angle solide est remplacé par six facettes, ce qui fait en tout cinquante-quatre faces.

ENNÉANDRIE. s. f. |Pr. *ènn-né-andri*] (gr. ἐννέα, neuf; ἀνήρ, mâle). T. Hist. nat. Nom de la 9e classe du système de Linné, qui renferme les plantes dont la fleur a neuf étamines (*Laurier*). Voy. BOTANIQUE.

ENNÉANTHÈRE. adj. 2 g. |Pr. *ènn-néantère*] (gr. ἐννέα, neuf; ἄνθος, fleur). Qui a neuf anthères ou étamines.

ENNÉAPÉTALE. adj. 2 g. |Pr. *ènn-néa-pétale*] (gr. ἐννέα, neuf; πέταλον, feuille). T. Bot. Dont la corolle offre neuf pétales.

ENNÉAPHYLLE. adj. 2 g. |Pr. *ènn-néa-file*] (gr. ἐννέα, neuf; φύλλον, feuille). T. Bot. Dont les feuilles sont composées de neuf folioles.

ENNÉAPTÉRYGIEN, IENNE. adj. |Pr. *ènn-néa-ptéri-ji-in*] (gr. ἐννέα, neuf; πτερύγιον, nageoire). T. Icht. Qui a neuf nageoires.

ENNÉASÉPALE. adj. 2 g. |Pr. *ènn-nén-sépale*] (gr. ἐννέα, neuf; fr. *sépale*). T. Bot. Dont le calice est composé de neuf sépales.

ENNÉASPERME. adj. 2 g. |Pr. *ènn-néa-sperme*] (gr. ἐννέα, neuf; σπέρμα, graine). T. Bot. Dont le fruit renferme neuf graines.

ENNEMI, IE. s. |Pr. *è-ne-mi*| (lat. *inimicus*, m. s., de *in*, nég., et *amicus*, ami). Celui, celle qui hait quelqu'un, qui veut du mal à quelqu'un. *E. déclaré. E. caché. E. juré, mortel, implacable, puissant. Se faire un e., des ennemis. Il est e. de cette famille. Se déclarer e. de quelqu'un. Vaincre ses ennemis. Triompher de ses ennemis. Il faut être bien e. de soi-même pour vouloir...* — Prov., *Ami au prêter, e. au rendre.* — Dans le style de la chaire, *L'e. du genre humain,* ou absol., *L'ennemi,* Le diable, le démon. || E. s'emploie très souvent absol., soit au sing., soit au p ur., en parlant de la nation avec laquelle on est en guerre, de l'armée que l'on combat. *L'e. est en marche, il s'approche. L'e. est en force. Le camp des ennemis. Les positions occupées par l'e. Tomber entre les mains des ennemis. Des drapeaux pris sur l'e. Faire tête à l'e. A la vue, en présence de l'e. Battre, vaincre, surprendre, chasser les ennemis. Repousser l'e. Mettre l'e. en fuite.* — Fig. et prov., *C'est autant de pris sur l'e.,* se dit d'une mauvaise affaire dont on a retiré quelque chose. || *E.,* se dit de quelqu'un qui a de l'éloignement, de l'aversion pour une chose. *E. de la violence, de toute violence. E. des procès, des cérémonies, de la contrainte. E. de la gaieté, de la joie. E. des arts, de la musique. E. du bon sens, de la raison, de la vertu.* || Se dit également des animaux, pour marquer l'aversion d'une espèce pour une autre, ou plutôt pour indiquer qu'une espèce en recherche une autre pour en faire sa nourriture, ou pour s'y établir en parasite. *Le chat est e. de la souris.* || Se dit même des choses entre lesquelles on remarque ou l'on suppose une sorte d'antipathie, d'opposition, soit au physique, soit au moral. *L'eau et le feu sont ennemis. L'ambition est l'ennemie du repos.* — ENNEMI, IE. adj. Est usité dans la plupart des sens qui précèdent. *Un voisin e. Des peuples ennemis, ennemis l'un de l'autre. L'armée ennemie. En pays e.* — Poétiq., *La fortune ennemie. Les destins ennemis,* etc. — T. Peint. *Couleurs ennemies, Couleurs qui, par leur opposition, produisent un effet dur.* = Syn. Voy. ADVERSAIRE.

ENNEZAT, ch.-l. de c. (Puy-de-Dôme), arr. de Riom; 1,303 hab.

ENNILLAGE. s. m. |Pr. *an-ni-llaje, ll* mouillées]. Liaison de l'arbre ou axe tournant avec la meule dans un moulin.

ENNIS, v. d'Irlande, ch.-l. du comté de Clare; 7,000 hab.

ENNISKILLEN, v. d'Irlande, ch.-l. du comté de Fermanagh; 14,700 hab.

ENNIUS, ancien poète latin, dont il ne reste que des fragments (240-170 av. J.-C.), auteur assez grossier, comme on en remarque quelques-uns de nos jours, qui ont pris le titre de « naturalistes » et d'où est venue l'expression « le fumier d'Ennius ».

ENNOBLIR. v. a. |Pr. *an-no-blir*]. Rendre noble. Donner de la noblesse, de l'élévation, de la dignité, de l'éclat; s'applique aux personnes et aux choses. *La vertu ennoblit l'homme. Ces sentiments vous ennoblissent à mes yeux. La religion ennoblit et élève le cœur. Les sciences, les beaux-arts ennoblissent une langue. E. son style. E. un terme par la manière de s'en servir.* = S'ENNOBLIR. v. pron. *L'âme s'épure et s'ennoblit par la pratique de la vertu.* = ENNOBLI, IE. part. — Syn. Voy. ANOBLIR.

ENNODIUS, écrivain ecclésiastique, né en Gaule; un des Pères de l'Église latine (473-521).

ENNS. Voy. ENS.

ENNUI. s. m. |Pr. *an-nui*] (Étym. douteuse. On a proposé le lat. *noxia,* tort, préjudice, et le basque *enoch,* qui s'adaptent mal aux formes romanes du m t. Diez propose la locution latine : *Est mihi in odio,* cela m'est en haine, d'où serait venu un substantif *inodium*). État moral dans lequel l'âme ne prenant aucun intérêt ni aux objets extérieurs, ni à ce qui se passe en elle, éprouve un malaise ou un dégoût intolérable. *Tomber dans un e. profond. J'éprouvais un e. mortel. Être accablé d'e. L'e. est quelque, ois plus difficile à supporter que la douleur.* — *L'e. de la vie,* Le dégoût de la vie. || Langueur, lassitude de l'esprit, causée par le désœuvrement, par une chose dépourvue d'intérêt, monotone, déplaisante, etc. *Donner, causer de l'e. Tromper l'e. On ne saurait entendre cette lecture sans e., sans mourir d'e.*

L'ennui naquit un jour de l'uniformité.
                                        BOILEAU.

|| Inquiétude, peine, souci; dans ce sens, il s'emploie surtout au plur. *Cette affaire lui a donné beaucoup d'ennu.s. L'e. de l'absence. De mortels ennuis. Les ennuis de la vieillesse.* — Poétiq. *Un front chargé d'ennuis.*

ENNUSURE. s. m. |Pr. *an-nu-zure*]. T. Constr. Morceau de plomb qui est sous le berceau d'un comble.

ENNUYANT, ANTE. adj. |Pr. *an-nui-ian*]. Qui ennuie; se dit de ce qui ennuie, contrarie, importune dans le moment. *Cela est fort e. Quel temps e.!*

Syn. — *Ennuyeux.* — La terminaison d'*ennuyant* indique assez que ce mot s'applique à une action, tandis que celle *d'ennuyeux* indique une qualité inhérente au sujet dont on parle. Ainsi, on peut dire, suivant les circonstances, *ennuyant* ou *ennuyeux*, des choses et des personnes. *Ennuyant* se dit de ce qui ennuie actuellement, passagèrement; *ennuyeux*, de ce qui ennuie toujours. Un homme *ennuyeux* ne peut cesser de l'être; un homme qui a toutes les qualités requises pour être agréable et qui l'est ordinairement, peut être parfois *ennuyant*. La même distinction s'applique aussi aux choses, particulièrement aux ouvrages d'esprit.

ENNUYER. v. a. [Pr. *an-nui-ier*]. Causer de l'ennui, importuner, contrarier, chagriner. *Cet homme m'ennuie. Ce travail m'ennuie à la mort. La solitude l'ennuie. Ce prédicateur ennuie tous ses auditeurs. Je suis très ennuyé de tout cela.* Absol., *Le secret d'e. est celui de tout dire.* || S'emploie quelquefois impersonnellement. *Il m'ennuyait beaucoup d'être séparé de vous. J'ai cessé de le voir, il m'ennuyait d'entendre toujours dire les mêmes choses.* ≡ s'ENNUYER. v. pron. Éprouver de l'ennui. *Il s'ennuie partout. On ne saurait s'e. dans votre société. S'e. à attendre. — S'e. de quelqu'un, de quelque chose.* En éprouver du dégoût, du chagrin, s'en lasser. *Je fus bientôt ennuyé d'eux. S'e. de tout. Je m'ennuyais d'attendre et je suis parti.* ≡ ENNUYÉ, ÉE. part. *Les oisifs sont toujours ennuyés d'eux-mêmes.* ≡ Conj. Voy. EMPLOYER.

ENNUYEUSEMENT. adv. [Pr. *an-nui-ieu-ze-man*]. Avec ennui; d'une manière ennuyeuse. *Passer la journée e. Il m'a raconté fort e. toute son histoire.*

ENNUYEUX, EUSE. adj. [Pr. *an-nui-ieu*]. Qui ennuie, qui est propre à ennuyer, qui ennuie habituellement. *Livre e. Quel e. personnage! Une femme ennuyeuse.* || Subst., *C'est un grand e.* ≡ Syn. Voy. ENNUYANT.

ENOCH ou **HÉNOCH**, nom de plusieurs personnages de la Bible, entre autres du père de Mathusalem.

ENOISELER. v. a. [Pr. *an-noi-ze-ler*]. T. Fauc. Instruire l'oiseau, l'accoutumer au gibier.

ÉNONCÉ. s. m. Voy. ÉNONCER.

ÉNONCER. v. a. (lat. *enuntiare*, m. s., de e, et *nuntiare*, annoncer). Exprimer, rendre sa pensée. *Ce n'est pas tout que de bien penser, il faut savoir é. ce que l'on pense. La manière dont il énonce ses pensées leur donne de la force.* || Faire mention, relater. *On avait énoncé telle chose dans le contrat. Ces choses y étaient clairement énoncées.* || T. Procéd. É. faux. Avancer quelque chose contre la vérité. ≡ s'ÉNONCER. v. pron. S'exprimer. *Cet homme s'énonce bien. Il s'énonce clairement, il s'énonce mal. S'é. avec facilité. Il n'a pas le don de s'é.* ≡ ÉNONCÉ, ÉE. part. || Subst., se dit dans le sens d'expression, d'assertion. *La loi est précise dans son énoncé. Un simple énoncé. Une chose avancée sans explication, sans développement. Un faux énoncé. Une chose avancée contre la vérité.* || T. Math. É. d'un problème, La question qu'il s'agit de résoudre. É. d'un théorème, La proposition qu'il s'agit de démontrer. *On ne saurait apporter trop de soin à la rédaction des énoncés.*

Syn. — Exprimer. — Énoncer sa pensée, c'est la produire en termes précis qui la font connaître nettement; l'exprimer, c'est lui donner une forme quelconque. On énonce un théorème de géométrie, on exprime sa satisfaction, son mécontentement, etc.

ÉNONCIATIF, IVE. adj. T. Logiq. et Palais. Qui énonce. *Terme é. Proposition énonciative.*

ÉNONCIATION. s. f. [Pr. *énon-sia-sion*]. Action d'énoncer. *L'é. de la pensée. En matière de théologie, il faut prendre garde aux moindres énonciations.* || Le fait d'être énoncé. *Cet écrit contient l'é. des faits. Une simple é. dans les titres anciens est une espèce de preuve.* || La manière de s'énoncer, quant à l'expression et quant au ton de la voix. *Avoir l'é. facile, heureuse.* || T. Log. anc. L'action de nier ou d'affirmer. *Il y a trois opérations de l'entendement : la simple perception, l'é. et le raisonnement.*

Syn. — Expression. Voy. ÉNONCER.

ÉNOPHITE. s. f. (gr. ἐν, en; ὄφις, serpent). T. Minér. Variété de serpentine.

ÉNOPTROMANCIE. s. f. (gr. ἔνοπτρον, miroir; μαντεία, divination). Divination au moyen d'un miroir.

ÉNORGUEILLIR. v. a. [Pr. *an-nor-gheu-llir*, g dur; ll mouillées]. Rendre orgueilleux. *La faveur l'a énorgueilli.* ≡ s'ÉNORGUEILLIR. v. pron. S'e. de son savoir, de sa fortune. *La Grèce peut s'e. des grands hommes qu'elle a produits.* ≡ ÉNORGUEILLI, IE. part.

ÉNORME. adj. 2 g. (lat. *enormis*, m. s.; de e, hors de, et *norma*, règle). Démesuré, qui est d'une grandeur ou d'une grosseur extraordinaire. *Un colosse d'une grandeur é. Un é. bloc de granit.* || Fig., se dit, soit au sens physique, soit au sens moral, mais ordinairement en mauvaise part, de tout ce qui est excessif en son genre. *Faire des dépenses énormes. Une dette é. Un crime é. Une faute é. Ingratitude é. C'est cette é. contradiction qu'il fallait éviter.*

ÉNORMÉMENT. adv. Excessivement. *Il est é. gros. Il a é. gagné.*

ÉNORMITÉ. s. f. Qualité de ce qui est énorme; se dit au sens physique et au sens moral. *L'é. de sa taille, de sa grosseur. L'é. d'un crime. L'é. du fait. L'é. du cas.* || Absol., se dit d'un crime, d'une faute, d'une absurdité énorme. *Commettre une é. Je ne l'aurais pas cru capable de pareilles énormités.* Fam.

ENOS, v. de la Turquie d'Europe sur le golfe de ce nom et sur le delta de la Maritza; 7,000 hab.

ÉNOSTOSE. s. f. (gr. ἐν, en; ὀστέον, os). T. Méd. Tumeur osseuse développée dans le canal médullaire d'un os.

ÉNOUAGE. s. f. Action d'énouer les draps.

ÉNOUER. v. a. T. Techn. Éplucher les draps et en ôter les nœuds. Voy. DRAP. — ÉNOUÉ, ÉE. part.

ÉNOUEUR, EUSE. s. Ouvrier, ouvrière qui énoue le drap.

ENQUÉRIR (S'). v. pron. (lat. *inquirere*, rechercher). S'informer, faire des recherches; se dit en parlant des personnes et des choses. *S'e. d'un fait, de la vérité d'un fait. Enquérez-vous soigneusement de cela. Je me suis enquis d'un tel ou à un tel, si le bruit qui court est vrai.* ≡ ENQUIS, ISE. part. Il ne se dit qu'en T. Prat. et en parlant de témoins, dans le sens d'interrogé. *Un tel, enquis s'il savait..., a répondu.. Cette femme, enquise de son âge, etc.* ≡ Conj. Voy. ACQUÉRIR.

Syn. — S'informer. S'enquérir dit plus que s'informer. On s'informe d'une chose que l'on ignore; on s'enquiert d'une chose dont on a déjà quelques notions. S'informer, c'est chercher à savoir ce qui est; s'enquérir, c'est rechercher toutes les causes et les circonstances de ce qui est. Pour s'informer, on demande; pour s'enquérir, on questionne. Le journaliste s'enquiert des affaires publiques; l'homme actif se contente de s'informer.

ENQUERRE. v. a. [Pr. *an-kè-re*]. Syn. de S'enquérir. N'est usité que dans la loc. fam. A e., dont on se sert quelquefois pour marquer qu'on met, qu'on fait, etc., à besoin d'être vérifié. || T. Blas. *Armes à enq.*, Celles d'une personne qui, pour une raison quelconque, prend les armes et le nom d'une autre famille. Voy. ARMOIRIES.

ENQUERRÉ, ÉE. adj. [Pr. *an-kè-ré*]. T. Blas. *Armes enquerrées*, Celles dont il faut demander l'explication pour les comprendre.

ENQUÊTE. s. f. (lat. *inquisitio*, m. s.). T. Admin. et Procéd. civile. || T. Mar. E. de pavillon, Action de donner la chasse à un navire que l'on veut reconnaître, afin de le forcer à hisser son pavillon.

Légis. — Ce terme s'applique à toute recherche faite au moyen du témoignage des hommes, pour vérifier l'existence et les circonstances de faits allégués en justice, ou dont la connaissance est indispensable pour éclairer l'autorité supérieure et servir de base à une décision administrative, à un décret, à une loi. Par extension, on désigne également, sous le nom d'E., le recueil des témoignages obtenus dans le cours de cette sorte de procédure. — D'après la définition qui précède, on voit qu'il existe trois sortes d'enquêtes : l'e. *judiciaire*, l'e. *administrative* et l'e. *parlementaire*. — 1° L'e. *judiciaire* est celle qui est ordonnée par un tribunal, dans un procès civil (au criminel, elle prend le titre d'*information*), pour obtenir la constatation des faits avancés par une partie et méconnus par l'autre. Elle se fait par écrit ou verbalement; dans le premier cas, elle a lieu dans la chambre du conseil, devant un juge commissaire, et les dépositions des témoins sont consignées dans un procès-verbal.; dans le second cas, elle se fait publiquement à l'audience et l'on dresse procès-verbal, si la cause est de nature à être portée en appel devant une autre juridiction. — 2° L'e. *administrative* est celle qui a lieu par ordre d'une des autorités auxquelles la loi confie la direction ou la surveillance d'une des nombreuses branches de l'administration publique. Elle peut avoir pour objet une multitude de questions différentes. Souvent on la désigne par un nom particulier qui indique son objet, E. *commerciale*, E. *douanière*. E. *sur les sucres*, etc. On appelle E. *de commodo et incommodo*, celle qui a pour but de constater les avantages (*de commodo*) ou les inconvénients (*de incommodo*) d'une entreprise projetée ou d'une mesure que l'on se propose de prendre, en avertissant les personnes que l'exécution de cette mesure ou de cette entreprise peut intéresser, et en les mettant à même de présenter leurs observations. Il y a généralement lieu à e. dans les cas d'aliénation, d'acquisition, d'échange, d'expropriation pour cause d'utilité publique. Une e. est le préliminaire indispensable de toute autorisation pour la création d'un établissement dangereux ou insalubre. — 3° On appelle E *parlementaire* celle qui est ordonnée par une assemblée législative et faite en son nom par une commission spéciale composée de membres choisis dans son sein. Le droit d'e. parlementaire est né chez nous avec la charte de 1830.

Sous l'ancienne monarchie, on désignait sous le nom de *Chambres des enquêtes*, ou simplement sous celui d'*Enquêtes*, les chambres des parlements qui étaient spécialement chargées de juger les appels des sentences rendues sur procès par écrit. On appelait *Président des enquêtes* le magistrat qui présidait chacune de ces chambres. Enfin, on disait *convertir les significations en enquête pour civiliser un procès criminel.*

ENQUÊTÉ, ÉE. adj. Qui est l'objet d'une enquête.

ENQUÊTER (S'). v. pron. (R. *enquête*). S'enquérir. *Je m'en suis enquêté partout.* — *Ne s'e. de rien*, Ne se mettre en peine de rien. Fam. et peu us.

ENQUÊTEUR. adj. m. Autrefois, Juge ou officier commis pour faire des enquêtes. *Commissaire e.* || Celui qui s'enquiert.

ENQUEUTER. v. a. T. Mar. Passer sans danger sur la queue d'un banc, d'une pierre. = ENQUEUTÉ, ÉE. part.

ENQUINAUDER. v. a. Rendre quinaud, attraper, tromper. *Il m'a joliment enquinaudé.* Fam. = ENQUINAUDÉ, ÉE. part.

ENRACINABLE. adj. Qui peut être enraciné.

ENRACINATION. s. f. [Pr. ...*sion*]. Néol. T. Hort. Action de prendre racine, de s'enraciner.

ENRACINEMENT. s. m. Action d'enraciner, de s'enraciner. || T. Const. hydr. Espèce de culée.

ENRACINER. v. a. (R. *racine*). Faire prendre racine à. E. un arbre. — Fig.

> Quand, pour loger un jour ce maître héréditaire,
> On eut enraciné bien avant dans la terre
> Les pieds de marbre des palais.
>
> V. Hugo.

— Fig., Fixer par des attaches morales comparées à des racines. *E. un préjugé dans les esprits.* = S'ENRACINER. v. pron. Prendre racine. *Les arbres ne peuvent s'e. dans ce mauvais terrain.* || Fig., *Si cette opinion vient à s'e. dans les esprits.* Avec ellipse du pron., *Il ne faut pas laisser s. les maux, les abus, les mauvaises habitudes.* || S'empl. quelquefois activ. au fig. *Voilà comme on enracine les préjugés chez les hommes.* = ENRACINÉ, ÉE. part.

ENRAGEANT, ANTE. adj. Qui met de très mauvaise humeur. *Cela est e.* Fam.

ENRAGEMENT. s. m. L'état de celui qui enrage.

ENRAGER. v. n. Être pris de la rage. *Si l'on ne donne à boire à ce chien, il enragera.* Inus. — Fig. et prov., *Il ferait e. la bête et le marchand*, se dit d'un homme qui ne fait que tracasser et qu'on ne saurait satisfaire sur rien. *Il n'enrage pas pour mentir*, Il est dans l'habitude de mentir. || Fig. et fam., *Souffrir une douleur excessive. Il enrage des dents* ou *du mal de dents.* E. *de douleur.* — Éprouver un violent besoin, ou un désir ardent. *Il enrage de faim, il enrage de jouer, de parler.* || Fig. et fam., Éprouver un vif dépit, un extrême déplaisir. *Il enrage de voir que son rival lui a été préféré. Il n'y peut plus tenir, il enrage dans sa peau. Dût-il e.* — *Être enragé contre quelqu'un*, Être dans une grande colère contre lui. = ENRAGÉ, ÉE. part. *Un animal enragé*, Un animal atteint de la rage. — Fig et fam., *Il faut être enragé pour faire cela*, etc., se dit d'un homme qui se laisse emporter par quelque passion à faire une chose hors de raison. || Adj., *Un mal enragé, une douleur enragée*, Un mal violent, une douleur excessive. — Par anal., *Une faim enragée*, etc. Fam. || Substant., se dit d'une personne fougueuse, impétueuse, ou qui s'acharne à quelque chose. *Mais c'est un enragé que cet homme-là! Elle fait l'enragée depuis ce matin.* Fam. || *Se battre, crier comme un enragé*, etc. Se battre, etc., comme si l'on était animé d'une sorte de rage. = Conjug. Voy. MANGER.

ENRAIEMENT. s. m. [Pr. *an-rè-man*]. Action d'enrayer.

ENRAMER. v. a. (R. *rame*, *rameau*). Mettre les vers à soie sur la bruyère.

ENRAYAGE. s. m. [Pr. *an-rè-iage*]. Action d'enrayer. *Sabot d'e.*

ENRAYEMENT. s. m. Voy. ENRAIEMENT.

ENRAYER. v. a. [Pr. *an-rè-ier*] (R. *en*, et *rais*). Garnir une roue de rais. E. *une roue.* || Plus ordinair. Arrêter une roue par les rais, ou au moyen de quelque autre mécanisme, en sorte qu'elle ne tourne point et ne fasse que glisser. *Il faut e. la roue, la voiture, au a sol., Il faut e.* = ENRAYER. v. n. Fig. et fam. S'arrêter. *Vous faites trop de dépense, je vous conseille d'e. Le temps des folies est passé pour nous, il faut e.* « Je vois bien que je ne suis plus jeune, disait Louis XV à son médecin La Martinière, il faudra que j'enraye. — Sire, vous feriez même bien de dételer. » || T. Agricult. Tracer le premier sillon dans un champ qu'on veut labourer. = ENRAYÉ, ÉE. part. = Conj. Voy. PAYER.

ENRAYEUR. s. m. [Pr. *an-ré-i-eur*]. Ouvrier qui conduit la soucoule à déclic.

ENRAYOIR. s. m. [Pr. *an-rè i-oir*]. Machine pour enrayer une voiture.

ENRAYURE. s. f [Pr. *an-rè-iure*]. Ce qui sert à enrayer. || T. Artill. Corde ou chaîne servant à enrayer les roues d'affûts et de fourgons. || T. Constr. Assemblage de pièces de bois qui rayonnent autour d'un centre commun. — *Plancher d'e.*, Plancher formé de pièces de bois qui ne vont pas d'un mur à l'autre. || T. Agric. Première raie que trace la charrue dans un champ.

ENRÉGIMENTATION. s. f. [Pr. ...*sion*]. T. Néol. Action d'enrégimenter.

ENRÉGIMENTEMENT. s. m. Néol. Action de former un régiment.

ENRÉGIMENTER. v. a. Incorporer dans un régiment, former un régiment. *On a enrégimenté tous ces soldats. E. des compagnies.* Par ext., Réunir, rassembler en troupe; faire agir ensemble. = S'ENRÉGIMENTER. v pron. Se mettre dans un parti et en suivre tous les mouvements. = ENRÉGIMENTÉ, ÉE. part.

ENREGISTRABLE. adj. Qui peut, qui doit être enregistré.

ENREGISTREMENT. s. m. Action d'enregistrer. Fin. — I. — L'E. est une formalité qui consiste à transcrire ou à analyser sur un registre un acte ou une déclaration de mutation, moyennant le paiement d'un droit. Cette formalité a pour objet, dans l'intérêt de la société, de contrôler les opérations des officiers publics, de compléter les garanties destinées à assurer la sincérité des actes authentiques, de suppléer, dans quelques cas, à la perte des actes, et enfin, de donner date certaine aux actes sous seing privé; dans l'intérêt de l'État, elle donne lieu à la perception d'un impôt qui s'élève annuellement à plus de 500 millions, et dont les frais de recouvrement n'atteignent pas 4 p. 100.

A. *Historique.* — Avant 1790, les actes et les mutations étaient soumis à un grand nombre de droits qui, par la vicieuse économie des tarifs et par leur multiplicité, posaient leur entrave sur les transactions et en arrêtaient l'essor. C'étaient d'abord le *Contrôle* et l'*Insinuation*, qui consistaient, l'un et l'autre, dans une analyse des actes sur un registre, moyennant le paiement d'un droit; néanmoins, ces deux opérations n'avaient pas le même objet. Le contrôle, établi par un édit de 1581, assurait l'existence et la date des actes, et leur imprimait la forme obligatoire; l'insinuation, instituée en 1539, était destinée à rendre publiques certaines dispositions, notamment les donations et testaments, et les actes translatifs de propriété immobilière. Abstraction faite de la présentation volontaire des actes à l'insinuation, les mutations d'immeubles étaient par elles-mêmes, lorsque les agents du trésor pouvaient les découvrir, passibles du *Droit de centième denier*, qui tirait son origine des profits seigneuriaux connus sous le nom de *Lods et ventes* et de *Droits de relief*. Ces différents droits on profits étaient le prix de l'autorisation que le seigneur donnait à son vassal d'aliéner son fief ou de recueillir une succession. Du principe qu'en pays coutumier il n'y avait nulle terre sans seigneur, on déduisait cette conséquence que ces fonds qui ne relevaient d'aucun seigneur relevaient du roi et devaient être assujettis envers lui aux profits seigneuriaux. Divers édits étendirent successivement cette prescription à tous les biens libres comme à tous les biens féodaux, et fixèrent au centième de leur prix ou de leur valeur les droits dus au trésor royal. Il existait encore d'autres droits analogues : le *Droit de scel*, sur les sentences des juridictions royales; le *Droit d'amortissement* et le *Droit de nouvel acquet*, sur les biens des gens de mainmorte; le *Droit de franc-fief* dû par tout roturier qui achetait des biens de nature noble, etc. A la Révolution, la Constituante (17 déc. 1791) remplaça tous ces impôts par le droit d'e., dont le code complet, à part quelques modifications de détail introduites depuis dans les lois de finances, se trouve formulé dans la loi du 22 frimaire an VII (12 déc. 1798).

B. *Législation actuelle.* — Comme nous n'avons pas la prétention d'exposer cette partie fort compliquée de notre législation fiscale, nous nous contenterons de donner ici quelques indications d'une utilité journalière.

1° *Délais.* — A l'exception des actes sous seing privé n'ayant pas pour objet une transmission d'immeubles, et qu'il suffit de faire enregistrer avant de les produire en justice ou devant une autorité constituée, ou bien encore avant de les faire mentionner dans un acte public, tous les actes doivent être soumis à la formalité de l'e. dans un certain délai à partir de leur date, sous peine du double droit ou tout au moins d'une amende fixe. Ce délai est de 10 ou 15 jours pour les actes des notaires, selon que les officiers publics résident ou non dans la commune où est établi le bureau d'e.; néanmoins les testaments notariés ne sont enregistrés que dans les 3 mois qui suivent le décès des testateurs. Le délai est de 20 jours pour les actes des greffes et tribunaux, et pour ceux des administrations centrales et municipales, de 4 jours pour les exploits et procès-verbaux, de 3 mois pour les actes sous seing privé portant transmission d'immeubles. Enfin, il est de 6 mois à partir du jour du décès, pour passer déclaration des biens composant une succession. La peine, en cas d'infraction à cette dernière disposition, n'est que d'un demi-droit en sus; les mutations entre-vifs d'immeubles, dans le cas où aucun acte n'en aurait été rédigé, doivent être déclarées dans les 3 mois de la convention, à peine du double droit.

2° *Bureaux.* — La formalité doit être requise, moyennant le paiement préalable des droits, dans les bureaux de la résidence des officiers publics, pour les actes de leur ministère. Les successions doivent être déclarées aux bureaux dans le ressort desquels elles se sont ouvertes, mais seulement en ce qui concerne les meubles. La déclaration des immeubles doit se faire aux bureaux dans le ressort desquels ils sont situés. Il en est de même de celle des mutations qui font l'objet d'une mutation verbale entre-vifs. Quant aux actes sous seing privé, ils peuvent être enregistrés dans tous les bureaux indifféremment. — Pour assurer, en ce qui concerne les officiers

publics, l'exécution des dispositions qui viennent d'être rappelées, la loi leur impose l'obligation de tenir un *répertoire* à colonnes sur lequel ils inscrivent, jour par jour et par ordre de numéros, tous les actes de leur ministère, sous peine d'amende en cas d'omission; ce répertoire est soumis à de fréquentes vérifications. — Les receveurs de l'e. ne peuvent délivrer d'extraits de leurs registres que sur une ordonnance du juge de paix, lorsque ces extraits ne sont pas demandés par l'une des parties contractantes ou par ses ayants cause. Il leur est dû 1 fr. pour recherche de chaque année indiquée, et 50 centimes pour chaque extrait.

3° *Liquidation et perception des droits.* — Les droits sont *fixes, fixes gradués* ou *proportionnels.*

Le *droit fixe* est applicable aux actes ou dispositions qui ne contiennent ni obligation, ni libération, ni transmission, en un mot qui ne constatent aucun mouvement de valeurs.

Les *droits fixes gradués* ont été établis par une loi du 28 février 1872. Ils frappent tous les actes déclaratifs de propriété ou attributifs d'une propriété divise. Cette taxe est de 1 p. 1.000.

Le *droit proportionnel* est exigible pour tout acte ou toute disposition contenant obligation, libération ou transmission : il est perçu sur les valeurs par portion indivisible de 20 fr.; ainsi, par ex., le droit s'élève au même chiffre pour 101 fr. que pour 120 fr., et pour 241 que pour 260. Le droit se liquide, pour les baux, sur le prix cumulé de toutes les années; pour les baux à vie et les baux illimités, sur 10 fois ou 20 fois le loyer; pour les obligations et les cessions de créances, pour les constitutions de rente et leurs cessions, sur le capital de la créance ou de la rente, pour les marchés et les ventes sur leur prix, augmenté du capital des charges stipulées; pour les échanges, sur 20 fois le revenu d'un des lots; pour les donations et les successions, sur la valeur des meubles et sur 20 fois le revenu des immeubles. L'usufruit est évalué à la moitié de la propriété.

Voici le *tarif* des actes les plus usuels, pour chaque somme de 100 fr. — Bail, 25 centimes; Lettre de change, billet à ordre, cautionnement, condamnation, quittance, 0 fr. 125; Marché, obligation, cession de créance, 1 fr. 25; Vente de meubles, constitution et cession de rente, dommages-intérêts, 2 fr. 50; Licitation et soulte de partage d'immeubles; bail à vie d'immeubles, 5 fr. — Donation par contrat de mariage : en ligne directe, meubles, 1 fr. 3625; immeubles, 3 fr. 4375; entre époux, 1 fr. 875 et 3 fr. 75; entre frères, oncles et neveux, 5 fr. 625; grands-oncles, petits-neveux et cousins germains, 6 fr. 25; parents au-delà du quatrième degré, 6 fr. 875; entre étrangers, 7 fr. 50. Hors contrat de mariage : en ligne directe, 1 fr. 125 et 5 fr.; entre époux, 3 fr. 75 et 5 fr. 625. Successions : en ligne directe, 4 fr. 25; entre époux, 3 fr. 75. Dans les autres degrés, les donations hors contrat de mariage et les successions sont tarifées aux mêmes droits, savoir : entre frères, oncles et neveux, 8 fr. 125; grands-oncles, petits-neveux et cousins germains, 8 fr. 75. Au-delà du quatrième degré, 10 fr.; étrangers, 11 fr. 25. On voit qu'en général les donations sont tarifées aux mêmes droits que les immeubles, en ce qui concerne la transmission à titre gratuit.

Taxes annuelles. — Les titres d'actions des sociétés et des compagnies, et les obligations négociables de ces mêmes sociétés sont assujettis à un droit de transmission. Lorsqu'il s'agit de titres nominatifs, ce droit est facile à percevoir au moyen du transfert de ces titres; mais le transfert des titres au porteur échappe à toute investigation : pour ces titres le droit de transmission a été converti par la loi du 30 mars 1872 en une taxe annuelle de 0 fr. 20 p. 100 du capital des actions ou obligations. Cette taxe tient lieu du droit de *vente* dont ces titres seraient frappés au moment du transfert s'ils étaient nominatifs. Elle ne les dispense ni du droit de donation ni du droit de mutation par décès.

Une taxe analogue de 10 p. 100 de la prime a été établie en 1871 sur les contrats d'assurance contre l'incendie.

Toutes les dispositions indépendantes les unes des autres renfermées dans un même acte sont passibles, chacune suivant sa nature, d'un droit particulier. Ainsi, par ex., une vente avec pouvoir à un tiers de toucher le prix et de le remettre à une autre personne à qui le vendeur en fait donation, rend exigibles trois droits différents : un droit de vente, un droit de donation, et un droit fixe pour le pouvoir.

4° *Prescription.* — Il arrive fréquemment que les contractants, pour soustraire à l'impôt une partie des valeurs, atténuent le prix d'une vente ou le revenu des immeubles échangés, donnés ou transmis par décès. L'administration peut prouver cette fraude au moyen de l'expertise, à charge par elle d'introduire son action dans le délai d'une année à partir du jour de l'e. du contrat, s'il s'agit de la dissimulation d'un prix, et de deux ans, s'il s'agit d'une insuffisance de revenu; si les parties succombent, elles sont tenues de payer le droit et le double droit sur ce supplément d'estimation. La prescription de deux ans s'applique aussi aux aux des encourues pour contraventions, ainsi qu'à la rectification des perceptions vicieuses. Les parties lésées par une perception excessive peuvent, pendant le même laps de temps, demander la restitution. Le Trésor peut, pendant cinq ans à partir du jour des dénarations de succession, poursuivre le paiement du droit et du double droit sur les valeurs qui y ont été omises; la prescription pour la demande du droit et du demi-droit en sus dus à raison des successions non déclarées est de dix ans à compter du jour du décès. Dans tous les autres cas, et notamment lorsqu'il s'agit soit d'un acte qu'on a omis de faire enregistrer, bien qu'il fut assujetti à cette formalité dans un délai déterminé, soit d'une mutation entre-vifs d'immeubles opérée clandestinement, le droit et le double droit ne se prescrivent que par trente ans. Toutes ces prescriptions peuvent être interrompues par une demande en justice signifiée ou enregistrée avant l'expiration du terme fatal.

C. *Administration de l'enregistrement.* — L'Assemblée constituante ayant adopté le principe général de la perception directe de l'impôt par l'État, confia celle des droits d'e. à une administration nouvelle, qui reçut le nom de *Régie des domaines.* Plus tard, un arrêté des Consuls la constitua sur de nouvelles bases sous le titre d'*Administration de l'e. et des domaines.* — Cette administration dépend du ministère des finances, dont elle forme l'une des *Directions générales.* Elle embrasse à la fois l'e. proprement dit, les domaines et le timbre. Il faut y distinguer l'*administration centrale* et le *service départemental.* A la tête de cette direction est placé un *Directeur général,* qui dirige et surveil le toutes les branches du service, et qui forme, avec les administrateurs, un *conseil dit d'administration,* dont il est le président-né. L'administration centrale comprend 3 *divisions,* à la tête de chacune desquelles se trouve un *Administrateur.* Enfin, chaque division est partagée en un certain nombre de bureaux. — Dans les départements et les colonies, le service est confié à deux catégories d'employés : les *employés supérieurs* et les *receveurs.* A la première appartiennent les *Directeurs,* les *Inspecteurs* et les *Vérificateurs;* à la seconde, les *Premiers commis,* les *Contrôleurs des successions,* les *Conservateurs des hypothèques,* les *Receveurs* et les *Garde-magasins.* En dehors des cadres de l'administration, on compte un certain nombre de *Surnuméraires,* c.-à-d. de jeunes gens admis à travailler dans les bureaux pour y acquérir les connaissances nécessaires aux receveurs avant d'être promus à ces dernières fonctions.

Le produit des droits d'e. forme une des ressources les plus importantes du budget; il s'est élevé :

en 1810	à	113.798.000
1820		116.692.000
1830		143 032 000
1840		175.181.000
1850		186.369.000
1860		278.497.000
1869		352.252 000
1875		440.490 000
1890		521.938.000
1894		531.024.000

II. — En France, avant la Révolution de 1789, on appelait E. un acte par lequel les parlements, après avoir examiné les ordonnances, édits, arrêts, etc., rendus par les rois, les faisaient transcrire sur leurs registres, afin qu'ils pussent être publiés et exécutés dans le royaume. Quand la loi ou l'ordonnance présentée à l'e. leur paraissait contraire aux lois fondamentales de la monarchie, les magistrats avaient le droit de faire des *Remontrances,* c.-à-d. des observations, avant de l'enregistrer. Néanmoins, si le prince croyait devoir passer outre, il ordonnait, dans une assemblée spéciale, dite *Lit de justice,* que la transcription aurait lieu nonobstant toute opposition. — L'e. paraît avoir pris naissance en 1302, mais ce n'est seulement en 1418 qu'on trouve le premier exemple de remontrances. Cette formalité, qui a plus d'une fois donné lieu à des troubles très graves, est remplacée aujourd'hui par l'insertion au *Moniteur* et au *Bulletin des lois.*

III. — Dans les administrations publiques, on donne encore le nom d'e. à une mesure d'ordre qui consiste à inscrire, toutes les pièces qui arrivent ou qui sont expédiées, sur un registre spécial. En même temps, chacune d'elles reçoit un numéro d'ordre. L'employé qui est chargé de ce travail est appelé *Commis d'ordre.* — Enfin, le terme d'e. s'applique encore à l'inscription, à la mention faite, soit sur un registre *ad hoc,* soit sur la pièce elle-même, pour faire foi que celle-ci a été enregistrée. C'est ainsi que l'on dit : « L'e. de cet acte porte telle date », etc.

ENREGISTRER. v. a. (R. *en,* et *registre*). Mettre, écrire quelque chose sur un registre. *Voilà un article, un colis que l'on a oublié d'e.* || Consigner par écrit *Une sèche chronique où l'auteur se contente d'e. les faits au fur et à mesure qu'ils arrivent.* || Fig., Prendre note. *Ce qu'il a fait, je n'en sais rien; je ne suis pas chargé d'e. toutes ses actions.* || Mentionner un acte sur un registre public afin d'en constater la date. *E. un acte de vente, une donation, un protêt, un jugement.* || Dans l'ancienne législation, *E. une ordonnance,* etc., En faire l'enregistrement. *Plusieurs parlements refusèrent d'e. l'édit.* Voy. **ENREGISTREMENT** II. = s'**ENREGISTRER,** v. pron. Être enregistré. = **ENREGISTRÉ, ÉE.** part.

ENREGISTREUR. s. m. T. Phys. Appareil destiné à enregistrer certains phénomènes au fur et à mesure qu'ils ont lieu. = Adj. m. Appareil enregistreur.

Phys. — On nomme *Enregistreurs* ou *Appareils enregistreurs,* des appareils de mesure qui inscrivent automatiquement leurs indications. On peut en imaginer autant qu'il y a de diverses espèces de grandeurs à mesurer; c'est ainsi qu'on connaît des thermomètres enregistreurs, baromètres enregistreurs, hygromètres enregistreurs, dynamomètres enregistreurs, électromètres enregistreurs, etc. Le principe de tous ces appareils est toujours le même, quel que soit leur usage. Une plume, qui est mue par l'appareil de mesure, se déplace de haut en bas suivant la grandeur de la mesure, devant un cylindre qui tourne d'un mouvement uniforme et qui est recouvert d'une feuille de papier. Prenons, comme exemple, le baromètre enregistreur : la plume est reliée à un baromètre métallique; elle s'élève quand la pression augmente et s'abaisse quand la pression diminue. Si la pression restait invariable, la plume tracerait sur le cylindre un cercle qui, une fois le papier déroulé, deviendrait une ligne droite horizontale. Si, au contraire, le cylindre restait immobile, la plume se déplacerait suivant une génératrice et tracerait une ligne droite verticale. La combinaison des deux mouvements fait que le tracé est une ligne ondulée qui s'élève et s'abaisse avec la pression : on dit que le temps est figuré par les *abscisses* et la pression par les *ordonnées.* Voy. ces mots. Comme la rotation du cylindre est réglée par un mouvement d'horlogerie dont on connaît la marche, on peut marquer à l'avance les génératrices qui passeront devant la plume à des heures déterminées, de même que l'on marque les lignes horizontales qui correspondent aux diverses valeurs de la pression. Alors, sur le quadrillé ainsi obtenu, l'inspection seule de la courbe tracée par l'appareil, courbe appelée *Diagramme,* permet de lire la valeur de la pression à tout instant. Nous avons donné au mot **BAROMÈTRE** le dessin du Baromètre enregistreur Richard et la production d'un diagramme obtenu à l'aide de cet appareil à l'observatoire de Juvisy. Voy. **BAROMÈTRE** (Fig. 11 et 12). Les lignes qui correspondent à une même heure ne sont pas tout à fait des génératrices parce que, dans l'appareil, la plume ne se déplaçant pas suit pas exactement une génératrice du cylindre : elle est placée à l'extrémité d'un long levier qui oscille autour d'un point fixe, d'où il suit que la plume décrit sur le cylindre, pendant son oscillation, une courbe concave du côté du pivot. Tous les autres appareils enregistreurs sont construits et fonctionnent d'après des principes identiques.

ENRÊNER. v. a. Nouer les rênes d'un cheval.

ENRÊNOIRE. s. f. T. Man. Morceau de bois auquel on attache les rênes.

ENRHUMER. v. a. Causer un rhume. *Le moindre changement de temps l'enrhume.* = s'**ENRHUMER,** v. pron. *Vous allez vous e.* = **ENRHUMÉ, ÉE.** part.

ENRHUNER. v. a. T. Tech. Placer la tête d'une épingle à l'extrémité du fil de laiton.

ENRICHIR. v. a. Rendre riche. *Le commerce l'a enrichi. Il a souvent enrichi le trésor public des dépouilles enlevées* à l'ennemi La terre ne demande ici qu'à e. ses habitants. = Garnir de quelque chose de riche, de précieux; orner E. une montre de diamants. E. un livre de figures, de vignettes, etc. Une broure.c enrichissait son habit. || Figur., on dit dans les deux sens qui précèdent : E. la sc.ence de nouvelles découvertes E. son esprit de nouvelles connaissances. E. sa mémoire E. une langue, Y introduire de n uveaux mo's, de nouveaux tours, de nouvelles acceptions que l'usage adopte. — E. un conte, un récit. Y ajouter des circonstances inventées pour l'embellir, le rendre plus intéressant. = s'Enrichir. v. pron. S'emploie dans toutes les acceptions qui précèdent. On s'enrichit par le travail S'e. des dépouilles d'autrui, aux dépens d'autrui. La chimie s'enrichit tous les jours de quelque découverte nouvelle. Une langue qui s'enrichit. Qui paie ses dettes, s'enrichit. == Enrichi, ie. part. || Subst., on dit, La morgue d'un nouvel enrichi.

ENRICHISSEMENT. s. m. Action de rendre riche, plus riche; ne se dit guère qu'au figur Un sage emploi de mots étrangers peut contribuer à l'e. d'une langue. || Ornement; en ce sens, il se dit au prop. et au figur. L'e. d'un habit, d'une tapisserie. Les peintures, les dorures sont un e. nécessaire dans un palais. Peu us.

ENRICHISSEUR. s. m. Celui qui enrichit.

ENRIQUEZ-GOMEZ, poète espagnol né à Ségovie (XVIIe s.).

ENROBAGE. s. m. Action d'enrober.

ENROBER. v. a. (R. en, et robe). T. Douane. Revêtir d'un entourage les objets qui ne doivent pas être visités. || Café enrobé, Café brûlé avec du sucre qui le rend et le rond luisant. ||T. Pharm. Enfermer certains médicaments pour en faciliter l'absorption.

ENROCHEMENT. s. m. (R. en, et roche). T. Ingénieur. Massif de pierres jeté dans l'eau pour y asseoir ou protéger une fondation.

ENROCHER. v. a. (R. en, et roche). Faire un enrochement.

ENRÔLEMENT. s. m. Action d'enrôler ou de s'enrôler. E. forcé. E. volontaire. Faire des enrôlements. || L'acte où l'e. est écrit. Signer son e.

ENRÔLER. v. a. Inscrire sur le rôle; se dit particulièrement de ceux qu'on engage p ur le service militaire. E. des soldats, des matelots. || Par ext. et fam., se dit de ceux que l'on fait entrer dans une société, dans un parti. Nous l'avons enrôlé dans notre confrérie. Ils sont parvenus à l'e dans leur parti. == s'Enrôler. v. pron Se dit dans les deux sens ci-dessus. Il s'est enrôlé dans l'infanterie, dans les hussards. S'e. dans un parti, dans une troupe de comédiens == Enrôlé, ée. part.

ENRÔLEUR. s. m. Celui qui enrôle des soldats.

ENROQUER. v. a. T. Pêc. Laver des morues dans l'eau de mer après qu'elles ont été tranchées.

ENROUEMENT. s. m. [Pr. anroú-man]. Incommodité de celui qui est enroué. Il a un e.

ENROUER. v. a. (lat. raucus, rauque). Rendre la voix rauque, ou moins nette et moins libre qu'à l'ordinaire Le brouillard m'a enroué. Les efforts qu'il a faits pour se faire entendre de ses auditeurs l'ont enroué. == s'Enrouer, v. pron. S'emploie dans tous ses ouvrages de serrurerie. Il s'expose à force de parler. — A force de crier, la voix s'enroue. El e devient rauque, ou moins nette, moins libre. == Enroué, ée. p. Un hom.ne enroué. Une voix enrouée. || Fam. Parler enroué, Parler d'une voix enrouée. Ici, Enroué est pris adverbial. == Conj. Voy. Jouer.

ENROUILLEMENT. s. m. [Pr an-rou-lle-man, ll mouillés]. Action s'enrouiller, état de qui s'enrouille.

ENROUILLER. v. a. [Pr. an-rou-ller, ll mouillés]. S'emploie dans les différents sens de Rouiller, qui est plus usité. Voy. Rouiller.

ENROULAGE. s. m. Action d'enrouler, de s'enrouler.

ENROULEMENT. s. m. État de ce qui est contourné en cross e, en spirale, etc. L'e. d'une volute. L'e. des feuilles dans le bourgeon. L'e. de cette coquille a lieu de gauche à droite. L'e. d'une plate-bande. || T. Techn. Sorte de volute très usitée dans les ouvrages de serrurerie. || T. Chir. Accident produit par le cordon ombilical qui s'enroule autour du corps du fœtus.

ENROULER. v. a. Rouler plusieurs fois une chose autour d'une autre ou sur elle-même. E. une pièce d'étoffe sur un cylindre. == s'Enrouler. v. pr. Les grilles de cette plante s'enroulent autour des corps voisins. == Enroulé, ée. part.

ENROULOIR. s. m. T. Imprim. sur el. Appareil destiné à mettre le tissu sur de petites bobines pour le tisser.

ENROÛMENT. s. m. Voy. Enrouement.

ENRUBANER. v. a. (Pr. an-ru-ba-ner). Couvrir de rubans. == s'Enrubaner. v. pr. Se parer de rubans.

ENRUE. s. f. (R. en, et rue) T. Agric. Large sillon composé de plusieurs raies de terre relevées par la charrue.

ENS ou **ENNS,** ville d'Autriche; 3,800 hab.

ENSABLEMENT. s. m. Action de remplir de sable. || Amas de sable formé par un courant d'eau ou par le vent.

ENSABLER. v. a. Faire échouer sur le sable; ne se dit guère qu'en parlant des rivières. Il n'y avait pas assez d'eau dans la Saône, le batelier nous a ensablés. || Couvrir de sable. E. une allée. E. un bateau. || E. un bateau. || T. Pêc. Tendre sur un fond de sable des filets au pied desquels on ne met pas de lest. == s'Ensabler. v. pron. Le bateau s'est ensablé. || Ensablé, ée. part.

ENSABOTEMENT. s. m. Action d'enrayer une voiture avec le sabot. || T. Art. milit. Action d'ensaboter un boulet.

ENSABOTER. v. a. Chausser quelqu'un de sabots. || Enrayer une voiture à l'aide du sabot. || T. Art. milit. E. un boulet, Le mettre dans un sabot de bois, sur la poudre, au sommet de la gargousse.

ENSACHEMENT. s. m. Action de mettre en sac.

ENSACHER. v. a. Mettre dans un sac. E. des noix, des pommes, etc. == Ensaché, ée. part.

ENSACHEUR. s. m. Ouvrier que l'on emploie pour mettre des marchandises en sac.

ENSAFRANER. v. a. T. Techn. Teindre de la couleur du safran.

ENSAISINEMENT. s m. [Pr. an-sè-zi-ne-man]. T. Dr. féodal. Action d'ensaisiner. — Acte par lequel on ensaisinait.

ENSAISINER. v. a. [Pr. an-sè-zi-ner]. Mettre en possession. — E. un contrat, se disait du seigneur censier. lorsque, par un acte, il reconnaissait pour son nouveau censitaire l'acquéreur d'un héritage dépendant de sa seigneurie. == Ensaisiné, ée. part.

ENSANGLANTEMENT. s. m. L'action d'ensanglanter, le résultat de cette action.

ENSANGLANTER. v. a. Tacher, souiller de sang La blessure qu'il reçut ensanglanta tout son habit La terre était tout ensanglantée || Fig., L histo re de chaque nation est tout ensanglantée, comme si les hommes étaient des an.moux féroces. — E. des jeux, etc., Les faire d'épouvanter en une rixe sang ante. — E. la scène, Mettre, dans une pièce de théâtre, un meurtre sous les yeux des spectateurs. == Ensanglanté, ée. part. || T. Zool. Marqué de taches rouges qui ressemblent à des taches de sang. La tourterelle ensanglantée. == Syn. Voy. Sanglant.

ENSAUVAGER. v. a. Rendre sauvage. || s'Ensauvager. v. réfl. Devenir sauvage. == Ensauvagé, ée. part.

ENSCEPTRER. v. a. Donner le sceptre, faire roi.

ENSECTIONNEMENT. s. m. (P. *an-sek-sio-neman*]. T. Art milit. Évolution qui forme la section d'infanterie.

ENSEIGNABLE. adj. 2 g. [Pr. *an-sè-gnable, gn* mouillés]. Qui peut être enseigné.

ENSEIGNANT, ANTE. adj. [Pr. *an-sè-gnan, gn* mouillés]. Qui enseigne. *Le corps enseignant.*

ENSEIGNE. s. f. (lat. *in*, en; *signum*, signe). Marque, indice servant à faire reconnaître quelque chose. *Donner de bonnes, de fausses enseignes.* Dans ce sens, il ne s'emploie guère qu'au plur., et en outre il vieillit. *A bonnes enseignes,* À bon titre, à juste titre, ou, Avec des garanties, des sûretés. *Il ne faut se fier à lui qu'à bonnes enseignes. Il ne veut prêter son argent qu'à bonnes enseignes. Je ne me laisserai persuader qu'à bonnes enseignes — A telles enseignes que... Et la preuve en est que... J'ai fait votre commission, à telles enseignes qu'on m'a remis ce billet pour vous.* || Tableau portant une inscription, une figure, un emblème, ou toute autre indication, qu'un marchand, un artisan, un aubergiste, etc., met à sa maison pour indiquer sa profession et pour qu'on puisse trouver facilement sa demeure. *Il loge à l'e. des Trois Rois. N'avez-vous point d'e. à votre magasin?* — Par dénigrem., on dit d'une mauvaise peinture, *Ce portrait, ce tableau n'est bon qu'à faire une e.* || Fig. et prov., *Nous sommes tous les deux logés à la même e..* Nous sommes dans le même embarras, nous éprouvons la même contrariété, le même malheur. *A bon vin il ne faut point d'e.,* on, plus ordinairement, *A bon vin point d'e.,* Ce qui est bon n'a pas besoin d'être prôné. || Signe de ralliement militaire; drap. au. *Les enseignes romaines. Déployer les enseignes. Tambour battant et enseignes déployées.* — Fig. *Marcher, combattre sous les enseignes de quelqu'un.* Suivre son parti. || Autrefois, en France, charge de celui qui portait le drapeau. *Son fils obtint une e.* || ENSEIGNE. s. m. Autrefois, celui qui avait la charge de porter le drapeau. — *Enseigne* était aussi le titre donné à certains officiers de la gendarmerie, des gardes du corps, etc. — Actuellement, E. de vaisseau, Titre d'un grade inférieur des officiers de marine. *Le grade d'e. est immédiatement au-dessous de celui de lieutenant de vaisseau.*

Nous avons parlé ailleurs (Voy. BANNIÈRE, COULEURS nationales, DRAPEAU, etc.) des signes de ralliement en usage dans les temps modernes: il ne sera question ici que de ceux dont se servaient les principaux peuples de l'antiquité

I. — A Rome, les *Enseignes* militaires consistèrent d'abord en une poignée de foin (*manipulus*) que l'on attachait au bout d'une perche, et c'est à cette circonstance que les compagnies de soldats durent d'être appelées *Manipules*. Plus tard, quand les armées romaines cessèrent d'être de simples bandes de pâtres ou de laboureurs, on remplaça ces enseignes grossières par des représentations d'animaux. Suivant Pline l'Ancien, les nouvelles enseignes furent au nombre de cinq: l'aigle, le loup, le cheval, le sanglier et le minotaure, qui correspondaient vraisemblablement aux cinq catégories de soldats (*hastati, principes, triarii, rorarii, accensi*), dont l'ensemble constituait la légion (Fig. 1. Cheval de bronze ayant appartenu à une e. romaine). Mais l'an 104 av. J.-C., pendant son second consulat, Marius supprima les quatre dernières et ne garda que l'oiseau de Jupiter, nommé depuis le *dieu des légions* (*proprium legionum numen*). Dès lors l'aigle devint l'emblème de la légion, de telle sorte que l'on trouve souvent les mots d'*aquila* (aigle) et de *legio* employés comme synonymes. Les aigles romaines étaient de bronze, ordinairement doré ou argenté. On variait leur forme générale ou on les accompagnait de pièces accessoires, afin qu'il fût possible de distinguer les légions, mais on leur donnait toujours les ailes déployées comme symbole d'une activité permanente. Quant à leur gros-

Fig. 1.

seur, elle était, du moins sous la république, peu considérable, puisque, du temps de César, un porte-aigle (*aquilifer*), se trouvant dans un danger imminent, cacha son aigle dans un pli de sa ceinture. L'aigle était supportée par un petit plateau fixé à l'extrémité d'une hampe, et celle-ci était souvent ornée, dans sa moitié supérieure, de couronnes et de lauriers qui rap-

Fig. 2.

pelaient le souvenir des batailles et des prises de villes auxquelles la légion avait assisté. On y attachait aussi, surtout sous l'empire, de petits médaillons métalliques, qui étaient destinés à recevoir, soit des inscriptions, soit l'effigie du prince

Fig. 3.

ou l'image de quelque divinité. Enfin, l'extrémité inférieure de la hampe se terminait par un fer aigu (*cuspis*); de cette manière le porte-aigle pouvait la planter dans le sol, et devenir ainsi libre de ses mouvements lorsqu'il était obligé de repousser une attaque.

Les différentes divisions de la légion avaient aussi des enseignes particulières. L'e. de la cohorte représentait une petite bannière faite d'un carré d'étoffe écarlate dont le bord supérieur était fixé à une traverse qui surmontait la hampe. Mais sous les derniers empereurs, l'e. des cohortes portait la figure d'un *Dragon* (*draco*), qui était ordinairement tissée dans l'étoffe: de là l'expression de *textilis anguis* dont se sert Sidoine Apollinaire pour la désigner, et le nom de *Dragonnaire* (*draconarius*) donné au soldat qui le portait. Quant à l'e. de la centurie, elle consistait en une hampe souvent surmontée d'un fer de lance ou d'une main droite, tantôt seule, tantôt entourée d'une couronne de laurier. Enfin, chacune des *turmes* de la cavalerie portait une e. analogue à celle de la cohorte.

Outre les enseignes dont nous venons de parler, les Romains en adoptèrent plusieurs autres sous les empereurs; mais on ne sait rien de positif à ce sujet. Les unes avaient leur hampe surmontée d'un globe (*pila*), que l'on suppose avoir été le symbole de la domination de la ville éternelle sur le monde entier, tandis que les autres présentaient une statuette de la Victoire ou du dieu Mars, à laquelle on rattachait des idées analogues (Fig. 2 et 3; ces deux dessins sont empruntés à l'arc de Constantin : l'un représente Trajan donnant un roi aux Parthes, et l'autre l'espèce de sacrifice appelé *suovetaurilia*).

Dans les armées romaines, tous les mouvements s'exécutaient au moyen de signaux donnés avec les enseignes; de là les expressions suivantes par lesquelles les auteurs latins désignaient certaines évolutions militaires. *Signa inferre*, signifie avancer; *signa referre*, reculer; *signa convertere*, faire volte-face; *signa efferre*, sortir du camp; *ad signa convenire*, se rassembler; *signa relinquere* ou *a signis discedere*, déserter; *signa conferre*, livrer bataille; *signis infestis incedere*, marcher contre l'ennemi, etc. De plus, il paraît établi que les Romains donnaient spécialement le nom d'*aquila* à l'e. de la légion, celui de *signum* à l'e. de la cohorte, et celui de *vexillum* à l'e. de la centurie et de la cavalerie. Néanmoins il résulte de plusieurs textes que les mots *aquila signaque* servaient à désigner toutes les enseignes d'une légion sans exception, et, par extension, toutes les troupes qui composaient le corps légionnaire. Les porte-enseignes s'appelaient *aquiliferi*, *signiferi* et *vexillarii*, suivant la nature de l'e. confiée à leur garde. Mais sous l'empire ce dernier nom fut aussi appliqué à une classe de vétérans, créés par Auguste, qui combattaient, non avec les autres soldats sous les enseignes ordinaires (*sub signis et aquilis*), mais sous une e. particulière (*sub vexillo seorsim*); d'où on les appela aussi *subsignani*. Enfin, comme le porte-e. se tenait au milieu des rangs, on appelait *antesignani*, les soldats des premiers rangs, et *postsignani* ceux des derniers.

II. — On possède très peu de renseignements sur les enseignes des autres peuples de l'antiquité. Il paraît que celles des Parthes étaient semblables à celles des Romains; seulement elles étaient enrichies d'ornements d'or et de soie. Suivant Xénophon, l'e. royale de la Perse consistait en une aigle d'or aux ailes déployées. En Egypte, les troupes avaient pour signe de ralliement des figures représentant des animaux sacrés. Toutefois, ainsi qu'on le voit sur les peintures de Thèbes, d'autres objets servaient au même usage. Les Juifs marchaient probablement au combat avec des bannières, mais on ne sait rien de positif à ce sujet. En Grèce, dans les temps héroïques, une pièce d'armure assujettie au fer d'une pique tenait lieu d'e. Plus tard, chaque petit Etat adopta une figure particulière : une chouette à Athènes, un sphinx à Thèbes, un Pégase à Corinthe, etc.

Les Gaulois portaient au sommet d'une hampe un sanglier de bronze.

ENSEIGNEMENT, s. m. Action d'enseigner, Instruction, précepte. Se dit surtout de la transmission des choses morales. *Il n'a guère profité des bons enseignements qu'on lui a donnés*. Les malheurs d'autrui nous doivent servir d'e. || L'action, l'art, la manière d'enseigner. L'e. public, privé. L'e. primaire, secondaire, supérieur. L'e. mutuel, simultané. Une bonne méthode d'e. Ce maître a la pratique de l'e. Se consacrer à l'e. La carrière de l'e. || T. Prat. Se disait autrefois des pièces qui servaient à prouver, à établir un droit, une possession, une qualité, etc.; ne s'employait guère qu'avec le mot *Titres*. Fournir des titres et enseignements.

On peut considérer l'e. sous plusieurs points de vue différents. — Quand on l'envisage sous le rapport de la nature et de l'étendue des matières qu'il embrasse, on distingue l'e. primitive, l'e. secondaire et l'e. supérieur. Le premier se borne aux connaissances élémentaires qui sont indispensables à toutes les classes de la société; le second comprend l'étude des langues anciennes ou vivantes, de l'histoire, de la géographie et des sciences; enfin, dans l'e. supérieur, on expose, avec tous leurs développements, les hautes théories littéraires ou scientifiques. — Considéré au point de vue de sa destination, l'e. est général, quand il prépare à plusieurs carrières à la fois; il est spécial ou professionnel, lorsqu'il prépare à une seule carrière. Dans ce dernier cas, il prend encore les

qualifications de *scientifique*, *littéraire*, *commercial*, *industriel*, etc., suivant le caractère dominant des matières qui en font l'objet. — Considéré sous le rapport des personnes qui le donnent, l'e. est public, lorsque c'est l'Etat qui le dispense; privé, quand ce sont des particuliers; et domestique, quand il est donné par les parents eux-mêmes, soit directement, soit indirectement, dans l'habitation de la famille. Il est encore dit monopolisé ou officiel, quand il dépend exclusivement du gouvernement, et libre, quand tout particulier a la faculté de l'enseigner, sans contrôle de la part de l'autorité.

Envisagé sous le rapport du mode adopté pour le distribuer, l'e. se distingue en e. individuel, e. simultané, et e. mutuel. — Dans l'e. individuel, le maître se met successivement, l'e. se distingue de ses élèves et les donne séparément à leçon. Ce procédé offre deux graves défauts : il entraîne une perte de temps considérable, et il ne permet pas à la population de se développer. Aussi n'est-il employé d'une manière exclusive que dans l'e. domestique, où il n'est guère possible de faire autrement. Cependant il est des cas où il s'applique avec un grand avantage : tel est celui où il est nécessaire de relever un écolier qui est trop retardé et ne peut suivre ses condisciples. — L'e. simultané consiste à faire la leçon à toute une classe à la fois, ou du moins à une fraction de cette classe. Dans ce dernier cas, les enfants sont formés en groupes de la même force, de manière que ces élèves du même groupe puissent profiter ensemble d'une leçon unique. Les avantages de ce mode sont incontestables; néanmoins il n'est pas sans inconvénients. Ainsi, par ex., le maître se laisse volontiers aller à négliger les élèves les plus faibles pour donner tous ses soins aux plus forts. En outre, les enfants inattentifs sont exposés à perdre presque tout leur temps, s'ils ne sont constamment l'objet d'une surveillance sévère. L'emploi du mode simultané remonte à l'e. primaire; il paraît dater seulement de la fin du XVIIe siècle, époque où l'abbé de la Salle l'établit dans les écoles de la Doctrine chrétienne, dont il fut le fondateur. C'est à son adoption que les écoles de cette congrégation ont dû, pendant longtemps, leur supériorité sur celles des instituteurs laïques. Aujourd'hui, ce mode est à peu près exclusivement suivi dans les bons établissements d'instruction primaire, parce que, malgré ses imperfections, c'est celui qui produit les meilleurs résultats. — Dans les écoles où l'e. mutuel est en vigueur, les élèves sont également divisés en groupes; mais, au lieu de faire lui-même la leçon à chaque groupe successivement, le maître la fait donner par des Moniteurs, c.-à-d. par les élèves les plus forts. Ce mode facilite singulièrement la tenue d'une école très nombreuse, mais il n'est applicable qu'aux matières les plus élémentaires, et particulièrement à la lecture. De plus, son succès reposant sur l'instruction et l'intérêt des moniteurs, il est très difficile de former convenablement ces derniers. Enfin, le bruit, le désordre et la durée des mouvements qui ont lieu toutes les fois qu'il faut passer d'un exercice à un autre, constituent autant d'inconvénients auxquels il n'est pas facile de remédier. Le mode d'e. mutuel paraît avoir été connu des anciens. On assure même que les instituteurs indiens s'en servent depuis un temps immémorial. Chez nous, sa première application remonte au XVIIe siècle, où il fut introduit à Saint-Cyr par madame de Maintenon. Au siècle suivant, ce système fut également adopté dans quelques écoles; mais il ne commença réellement à fixer l'attention publique que sous le premier empire, lorsque Bell et Lancaster l'eurent répandu en Angleterre. En 1815, il se répandit en France avec une rapidité inouïe, grâce au patronage d'une association composée d'hommes vertablement amis des lumières. Dès le principe, il obtint aussi les encouragements de l'Etat; mais bientôt l'esprit de parti s'en étant emparé et l'ayant transformé en moyen d'opposition, le gouvernement finit par lui voir de mauvais œil les écoles mutuelles, et leur retira les subventions qu'il leur avait d'abord accordées. Néanmoins, l'e. mutuel se soutint jusqu'à la fin de la Restauration, et il reçut même après 1830 un développement nouveau. Malgré cela, l'engouement eut un terme; les défauts qui sont propres à ce mode firent place à peu d'abandonner; de telle sorte que, quelques années plus tard, il n'en fut presque plus question. Dans le petit nombre d'écoles où il continua à être appliqué, on y introduisit diverses modifications empruntées au mode simultané : c'est à l'e. mutuel ainsi transformé que l'on donne communément la dénomination impropre d'e. mixte. On désigne également sous ce nom un autre mode d'e., qui résulte du mélange du mode simultané et du mode individuel.

Aujourd'hui, toutes ces querelles du « mode d'e. » n'ont plus qu'un intérêt historique; les écoles actuelles prennent ce qu'il y a de meilleur dans les différents systèmes, sans se préoccuper de la valeur comparative de chacun d'eux et sans en exclure aucun de parti pris.

Enfin, quand on le considère sous le rapport de la méthode suivie pour transmettre les connaissances, l'e. se distingue en *synthétique* et *analytique*. Il est synthétique lorsqu'il procède du général au particulier, des règles aux applications, des principes aux conséquences; tandis que l'e. analytique adopte une marche contraire, c.-à-d. s'élève des conséquences aux principes, et des applications aux règles. La méthode synthétique est adoptée dans presque toutes les écoles; c'est même parce qu'on la considère comme la p us rationnelle que les logiciens la désignent spécialement sous le nom de *méthode d'e.* ou *méthode de doctrine.* — Pour l'organisation de l'e. public et de l'e. privé, voy. au mot INSTRUCTION publique.

ENSEIGNER. v. a. [Pr. *an-sè-gner*, gn mouillés] (bas-lat. *insignare*, de *in*, en, et *signum*, signe). Instruire. *E. la jeunesse. E. des enfants. Il est bien enseigné, mal enseigné. Jésus-Chr.st dit à ses disciples: Allez et enseignez* || Montrer quelque science, quelque art, etc.; en donner des leçons. *E. un art, une science. E. le latin à quelqu'un. E. la danse, la musique. Dans ces écoles, on enseigne l'amour de la justice, le respect des lois.* On dit de même, E. à *faire quelque chose, Méthode pour e. à l re. E. à monter à cheval.* On dit aussi, *E. comment on fait une chose. Caton enseigne comment on sème, comment on moissonne et comment on vendange.* || Indiquer, faire connaître une chose. *E. une recette. Enseignez-moi sa maison. Enseignez-nous le chemin. La nature nous enseigne que tous les excès sont pernicieux.* == ENSEIGNÉ, ÉE. part.

Syn. — *Apprendre, Informer, Instruire, Faire savoir.* — *Enseigner,* c'est donner des leçons à quelqu'un. *Apprendre* a la même signification, mais il implique l'idée que l'élève met à profit les leçons qu'il reçoit. *Instruire,* c'est mettre que qu'un au fait de certaines choses par un enseignement spécial. *Informer* signifie simplement avertir les personnes des événements qui peuvent être de quelque conséquence. *Faire savoir,* c'est rapporter ou mander fidèlement les choses. — *Enseigner* et *apprendre* ont p us de rapport à tout ce qui est propre à cultiver l'esprit et à former une belle éducation. *Instruire* en a davantage à ce qui est utile à la conduite de la vie et au succès des affaires. *Informer* renferme une idée d'autorité à l'égard des personnes qu'on *informe,* et une idée de dépendance à l'égard de celles dont les faits sont l'objet de l'*information. Faire savoir* a plus de rapport à ce qui satisfait simplement la curiosité.

ENSELLÉ, ÉE. adj. [Pr. *an-sè-lé*]. Fig., *Cheval e., jument ensellée,* Qui a le dos un peu enfoncé, comme le siège d'une selle. || Par anal , on dit d'un navire dont le milieu est bas et dont les extrémités sont relevées, qu'*il est e.*

ENSELLER. v. a. [Pr. *an-sè-ler*]. T. Man. Mettre la selle à un cheval.

ENSEMBLE. adv. (lat. *in*, en ; *simul*, même s.). L'un avec l'autre, les uns avec les autres. *Ils sont sortis e. Ils vivent e. Ils sont b en e. Ils sont mal e. Chantons, dansons e. Mettre e. Oter d'e. Il a acheté tout cela ensemble.* || Simultanément, en même temps, *Il fut convenu que les deux divisions attaqueraient e.*

|| voit comme un néant tout l'univers ensemble.

RACINE.

|| T. Peint. *Cette figure, cette tête est bien e., n'est pas e.* Les différentes parties y sont ou n'y sont pas dans leurs justes proportions, dans le rapport convenable. *Tâchez de mettre cette figure e.* || *Le tout e.,* La totalité d'une chose, quand on la considère en masse, sans égard aux détails. *Il y a bien des défauts dans ce tableau, mais le tout e. ne manque pas de mérite. Elle a des traits peu réguliers, mais le tout e. plaît infiniment.*

ENSEMBLE. s. m. L'assemblage de plusieurs choses considérées simultanément. L'effet qui résulte de l'union, de la juste combinaison des parties d'un tout. *Il y a de belles parties dans cet édifice, mais l'e. n'est pas satisfaisant. Tout cela forme un assez bel e., un e. pitoyable.* || Accord, harmonie de plusieurs choses qui concourent à un effet unique. *Ces soldats commencent à mettre de l'e. dans leurs mouvements. Les acteurs ont exécuté cette*

scène *avec un e. parfait. Il n'y a aucun e. dans cet orchestre. Ce tableau manque d'e.* || T Musiq. *Morceau d'e.,* Morceau à diverses parties chanté par plusieurs voix. || T. Man. *Avoir de l'e.,* en parlant du cheval qui a les parties du corps bien proportionnées et bien ajustées. || T. Math. On appelle e. de nombres tous ceux qui jouissent d'une propriété commune lorsque ce constitue la définition de l'e. *L'e. des nombres plus petits que 3.*

ENSEMENCEMENT. s. m. Action d'ensemencer ; le résultat de cette action. Voy. SEMAILLES.

ENSEMENCER. v a. Jeter de la semence dans un champ destiné à la recevoir. *Il a déjà ensemencé toutes ses terres.* || Fig., Inspirer des goûts, des penchants destinés à se développer. == S'ENSEMENCER. v. pron. == ENSEMENCÉ, ÉE. part. == Conj. Voy. AVANCER. == Syn. Voy. SEMER.

ENSEÑADA (LA), homme d'État espagnol (1704-1781).

ENSERREMENT. s. m. [Pr. *an-sè-re-man*]. Action d'enserrer, d'enfermer.

ENSERRER. v. a. [Pr. *an-sè-rer*]. Enfermer. *Il enserrait son argent dans sa cave. Tout ce que la tombe enserre.* Vx. et ne s'empl. guère que dans le style poét. || T. Jardin. Mettre dans la serre. *Enserrer des orangers.* == ENSERRÉ, ÉE. part.

ENSEUILLEMENT. s. m. [Pr. *an-seu-lle-man*, ll mouillées] (R. en et *seuil*). T. Archit. Nom donné à la hauteur comprise entre l'appui d'une fenêtre et le plancher.

ENSEVELIR. v. a, [Pr. *an-seu-ve-lir*] (lat. *sepelire*, même s.). Envelopper un corps mort dans un drap, dans un linceul. *Il est mort si pauvre, qu'il n'a pas laissé un drap pour l'e.* || Poétiq., Engloutir. *Peut-être qu'il est maintenant enseveli dans les profonds abîmes de la mer. Son vaisseau fut enseveli dans les ondes.* — On dit aussi, dans le langage ordinaire, *La maison s'est écroulée, et ceux qui l'habitaient ont été ensevelis sous ses ruines.* || Figur., *Être enseveli dans l'oubli,* Être entièrement oublié. — *Être enseveli dans une profonde rêverie,* Rêver pr fondément. *Être enseveli dans le chagrin,* Avoir un chagrin profond. — *Être enseveli dans les livres,* S'adonner sans relâche à la lecture, à l'étude. *Être enseveli dans la débauche, dans la crapule,* S'y abandonner tout entier. — *Être enseve i dans le sommeil,* Dormir profondément. || Fig., Cacher. *E. sa vie dans un désert.* == S'ENSEVELIR. v. pron. Fig., *S'e. dans la retraite, dans la solitude,* Se retirer entièrement du monde. || *S'e. sous les ruines d'une place,* Se faire tuer en défendant une place jusqu'à la dernière extrémité. == ENSEVELI, IE. part.

ENSEVELISSEMENT. s. m. [Pr. *an-seu-ve-li-se-man*]. Action d'ensevelir.

ENSEVELISSEUR, EUSE. [Pr. *an-seu-ve-li-seur*]. Celui, celle qui ensevelit.

ENSHEIM, anc. village de France près Strasbourg ; victoire de Turenne sur les Impériaux (1674).

ENSICAUDE. adj. [Pr. *in-si-cô-de*] (lat. *ensis,* épée; *cauda,* queue). T. Zool. Qui a la queue plate et pointue.

ENSIFOLIÉ, ÉE. adj. [Pr. *in-si-fo-lié*] (lat. *ensis,* épée; *folium,* feuille). T. Bot. Qui a des feuilles en forme d'épée.

ENSIFORME. adj. 2 g. [Pr. *in-si-forme*] (lat. *ensis,* épée; *forma,* forme). T. Hist. nat. Se dit d'une chose qui a la forme d'un sabre, d'une épée. Voy. FEUILLE.

ENSILAGE. s. m. Mise et garde du blé dans des silos.

ENSILER. v. a. Mettre, conserver dans des silos.

ENSILEUR. s m. Celui qui met et conserve dans des silos.

ENSIMAGE. s. m. Action d'ensimer; résultat de cette action.

ENSIMER. v. a. T. Techn. Passer légèrement la main enduite de saindoux du côté de l'endroit des étoffes, afin de pouvoir les tondre plus facilement.

ENSIPENNE. adj. [Pr. *in-si-pè-ne*] (lat. *ensis*, épée; *penna*, plume). T. Zool. Qui a les pennes des ailes en forme de sabre.

ENSIROSTRE. adj. [Pr. *in-si-rostre*] (lat. *ensis*, épée; *rostrum*, bec). T. Zool. Dont le bec est en forme de sabre.

ENSISHEIM, anc. ch.-l de c. du Haut-Rhin, arr. de Colmar, cédé à l'Allemagne en 1871 ; . ,500 hab. Le 7 novembre 14 2, un aérolithe pesant 158 kilogrammes tomba près de cette ville, devant l'empereur Maximilien, à la tête de son armée.

ENSOCHURE. s. f. (R. *en*, et *soc*). T. Agric. Sorte de douille qui sert à joindre le soc d'une charrue au sep. Voy. CHARRUE.

ENSONAILLE. s. f. [Pr. *an-so-nalle*, *ll* mouillées]. T. Mar. Petite corde qui retient le bout de la crosse du gouvernail d'un bateau foncet.

ENSORCELANT, ANTE. adj. Qui charme, qui plaît.

ENSORCELER. v. a. (R. *en* et *sort*). Causer une maladie par de prétendus sortilèges ou maléfices. *Il fut accusé d'avoir ensorcelé plusieurs personnes. Ce paysan prétendait qu'on lui avait ensorcelé sa vache.* || Fig. et fam., on dit, par exagér., d'une personne qui a inspiré à une autre une violente passion, un amour qui va jusqu'à la folie, qu'*Elle l'a ensorcelé. Elle en est folle, je ne sais comment il a pu l'e. ainsi.* = ENSORCELÉ, ÉE. part. = Conj. Voy. APP..LER.

ENSORCELEUR, EUSE. s. Celui, celle qui ensorcelle, qui enchante.

ENSORCELLEMENT. s. m. [Pr. *an-sor-sè-le-man*] Action d'ensorceler, ou l'effet prétendu de cette a.tion. *Il y a encore des gens assez simples pour attribuer certaines maladies à un e.* || Fig. et fam., *Sa passion pour cette femme est inexplicable, il y a de l'e., c'est un véritable e.*

ENSOUFRER. v. a. ou tr. T. Techn. Garnir de soufre; mettre du soufre. *E. des allumettes.* || Exposer à la vapeur du soufre. *E. des soies, des laines.*

ENSOUFROIR. s. m. Lieu, appareil pour exposer un objet à la vapeur du soufre.

ENSOUPLE. s. f. (lat. *insubulum*, m. s., de *in*, en, et *subula*, alène). T. Tiss. Rouleau de bois sur lequel on roule la chaîne, pour faire la toile. Machine en bois sur laquelle les brodeurs travaillent. || On dit aussi *ensuple*.

ENSOUPLEAU. s. m. Rouleau opposé à l'ensouple, et sur lequel s'enroule la toile qui vient d'être tissée.

ENSOUTANÉ, ÉE. adj. Couvert d'une soutane. Se dit quelquefois d'un prêtre.

ENSOUTER. v. a. Mettre dans la soute d'un navire. Famil. et en mauvaise part.

ENSOYEMENT. s. m. [Pr. *an-soi-man*]. Action d'ensoyer.

ENSOYER. v. a. [Pr. *an-so-ier*] T. Techn. Garnir d'une soie de cochon le fil pour coudre la semelle d'un soulier.

ENSTATITE. s. f. T. Minér. Silicate anhydre de magnésie.

ENSUAIRER. v. a. Envelopper d'un suaire.

ENSUCRER. v. a. Confire dans du sucre.

ENSUIFER. v. a. Enduire de suif.

ENSUITE. adv. (R. *en*, et *suite*). Après, à la suite de. *E. nous ferons le reste. Vous irez là e. Travaillez d'abord,*

vous vous amuserez e. == EXSUITE DE. loc. prép. Après ; ne s'emploie guère que dans ces deux phrases : *E. de cela. E. de quoi.*

ENSUIVANT. adj. T. Pratiq. Suivant. Vx; on dit maintenant, *Suivant.*

ENSUIVRE (S'). v. pron. Suivre, être après. *Le premier chapitre et tout ce qui s'ensuit.* || Dériver, procéder, venir de. *Un grand bien s'ensuivit de tant de me ux. Le tribunal cassa la procédure et tout ce qui s'était ensuivi.* || Dans cette acception, il s'emploie souvent impersonnellement. *Il s'ensuivit de grands maux. S'ensuit-il de là que la prière soit inutile? De là il s'ensuit que... Si l'on admettait ce principe, il s'ensuivrait que...* == Conj. Voy. SUIVRE; mais *S'ensuivre* n'est usité qu'à la troisième personne.

ENSUPLE. s. f. Voy. ENSOUPLE.

ENTABLEMENT. s. m (lat. *in*, en; *tabula*, planche). T .Archit. L'E. est la partie supérieure d'un ordre d'architecture. Il a surtout pour objet de lier entre elles les colonnes d'un portique et de former l'assiette des constructions élevées au dessus. Ses proportions et le caractère de ses ornements varient suivant la nature de l'ordre auquel il appartient.

Fig. 1.

Dans tous les cas, il se compose de trois parties, l'*architrave*, la *frise* et la *corniche* (Fig. 1). — L'*Architrave* pose immédiatement sur les chapiteaux des colonnes : de là le nom d'*Epistyle* (ἐπί, sur; στῦλος, colonne), qu'on lui donnait quelquefois dans l'antiquité. Sa dénomination actuelle vient de ce qu'le tient lieu de la maitresse poutre (ἀρχός, principal; *trabs*, poutre) qui, dans les constructions primitives en bois, était couchée sur les piliers afin de les joindre les unes aux autres. En conséquence de cette origine, elle doit se prolonger en ligne droite et d'une manière continue. C'est commettre une faute grossière que de lui donner une autre direction, comme aussi de l'interrompre pour augmenter la hauteur d'une porte ou d'une fenêtre placée entre deux colonnes. Dans les monuments de l'antiquité, l'architrave est en général formée de longues pierres qui portent d'un centre de colonne à l'autre; mais aujourd'hui, par raison d'économie, elle est habituellement f rmée par des plates-bandes à claveaux. — La *Frise* surmonte l'architrave. Elle est quelquefois *lisse*, c.-à-d. sans ornements; mais le plus souvent on la décore de bas-reliefs de peu de saillie représentant des enroulements, des guirlandes, des hommes, des animaux, etc. C'est pour ce dernier motif que les Grecs l'appelaient ζωοφορος, c.-à-d. porte-figure d'animaux. C'est également sur la frise que l'on place ordinairement les inscriptions et les

Fig. 2.

emblèmes propres à faire connaitre la destination des édifices. — La *Corniche* domine l'entablement. Elle se compose de plusieurs moulures en saillie les unes au-dessus des autres, et est censée supporter le toit. En conséquence, les architectes habiles évitent de l'employer, lors même que plusieurs ordres sont superposés, là où l'on ne saurait supposer que le bâtiment est terminé. — La corniche s'emploie aussi séparée de l'e.; elle prend alors divers noms. On l'appelle *corniche de piédestal*, quand elle couronne un piédestal supportant une statue, un vase ou tout autre objet semblable; *corniche rampante*, lorsqu'elle termine un fronton triangulaire; *corniche cintrée*, quand c'est un fronton circulaire. La *corniche d'appartement* couronne le revêtement des murs d'un appartement, immédiatement au-dessous du plafond auquel elle semble servir de support et qu'elle contribue à faire paraître plus élevé. Enfin, la *corniche de couronnement* est celle qui couronne une façade, bien que celle-ci ne soit décorée d'aucun ordre d'architecture, et qui porte l'égout du comble. Ces deux dernières espèces de corniches, et les corniches semblables qu'on emploie à l'ornement des baies de portes et de fenêtres, sont quelquefois supportées par une moulure en plate-bande de façon à figurer une

Fig. 3.

doute ce qu'on nomme *corniche architravée* (Fig. 2. Corniche d couronnement, due à Vignole). Les corniches de ce genre font un bel effet dans les grands édifices, et l'on en trouve de fort beaux modèles dans un grand nombre de palais de Rome, de Florence, de Vérone, etc. La corniche de couronnement étant indépendante de tout ordre, sa hauteur peut varier dans de certaines limites. Si, par ex., on la calcule relativement à l'élévation totale de l'édifice, on trouve, en prenant pour types quelques-uns des plus beaux palais de l'Italie, qu'elle varie de 81 à 51 millièmes. Cette dernière proportion, qui est le maximum, se remarque dans la fameuse corniche du palais Farnèse à Rome (Fig. 3), corniche qui est due au génie de Michel-Ange.

ENTABLER. v. a. T. Coutel. Ajuster deux pièces l'une avec l'autre à demi-épaisseur. || T. Manége. On dit qu'*Un cheval s'entable*, lorsque ses hanches devancent les épaules, quand il manie de deux pistes, tant sur les volts que sur les changements de main. — s'ENTABLER. v. pron. = ENTABLÉ, ÉE. part.

ENTABLURE. s. f. T. Techn. L'endroit où se trouve le pivot, dans les ciseaux.

ENTACAGE. s. m. T. Tiss. Assemblage de baguettes adapté à l'ensouple, pour supporter le velours.

ENTACHER. v. a. (R. en, et *tache*). Fig., Flétrir. *Cet arrêt l'a entaché dans son honneur*. N'est usité en ce sens qu'au barreau. — s'ENTACHER. v. pron. Devenir entaché. = ENTACHÉ, ÉE. part. S'emploie au prop. et au fig., dans le sens d'infecté. *Une famille entachée de scrofules*. *Être entaché d'avarice*. || *Un acte entaché de nullité*, etc., Un acte vicié par quelque défaut qui le rend de nul effet.

ENTADA. s. m. [Pr. *in-ta-da*] T. Bot. Genre de plantes Dicotylédones de la famille des *Légumineuses*. Voy. ce mot

ENTAGE. s. m. (R. *ente*). Action de forer un bijou en or en laissant intactes les marques des poinçons du contrôle, et de remplacer l'or enlevé par de l'argent.

ENTAILLAGE. s. m. [Pr. *an-ta-llage*, ll mouillées]. Action de faire une entaille.

ENTAILLE. s. f. [Pr. *an-tall*, ll mouillées] (R. en et *taille*). Coupure avec enlèvement de partie, faite dans une pierre, dans une pièce de bois, etc. || Par ext., Coupure profonde faite dans les chairs. || T. Techn. Instrument qui sert aux graveurs pour assujettir les petites pièces qu'ils ne pourraient tenir entre les doigts. || Outil de menuisier. Pièce de bois fendu, dans laquelle on fait entrer à scie pour en limer les dents. || T. Sylvic. Portion d'exploitation d'une forêt. = T. Chir. Scarification profonde destinée à produire un dégor-

gement. = ENTAILLES. s. f. pl. T. Mar. Se dit de deux trous pratiqués dans les huniers.

ENTAILLER. v. a. [Pr. *an-tal-ler*, ll mouillées]. Faire une entaille à quelque chose. *E. une poutre pour y emboîter des solives*. || T. Techn. Enlever de son épaisseur dans le bois la tête d'un boulon, d'une équerre. = ENTAILLÉ, ÉE. part.

ENTAILLOIR. s. f. [Pr. *an-ta-lloir*, ll mouillées]. Outil de facteur d'instruments et de menuisier.

ENTAILLURE. s. f. [Pr. *an-ta-llure*, ll mouillées]. Syn. d'*Entaille*. Peu us.

ENTALINGUER. v. a. T. Mar. *E. un câble*, L'amarrer à l'organeau d'une ancre.

ENTAME. s. f. Premier morceau qu'on coupe d'un pain, d'un pâté, d'un rôti, etc. *Réservez-moi l'e*. On dit aussi *Entamure*. || T. Jeux, Action d'entamer.

ENTAMEMENT. s. m. L'action d'entamer.

ENTAMER. v. a. (lat. *attaminare*, prendre?). Faire une petite incision, une petite déchirure. *Le coup lui a entamé les chairs*. *Il n'a entamé que la peau*. *E. l'écorce d'un arbre*. — Fig., *E. la réputation, le crédit de quelqu'un*, Y porter atteinte. || Oter une partie d'une chose entière. *E. un pain, un melon, un pâté*. *E. un sac d'argent*. — Fig., *Il a déjà bien entamé la succession paternelle* || Fig., Commencer. *E. une matière, un discours, une affaire, une négociation, un procès*. *Une fois qu'il se met à e. le chapitre de ses malheurs, il n'en finit pas*. || Fig., *E. quelqu'un*, Empiéter sur ses droits, sur ses attributions; l'amener à faire quelque chose contre sa résolution, contre son devoir; Pénétrer sa pensée, ses sentiments, ses vues cachées; prendre quelque avantage sur lui dans une discussion. *Prenez garde qu'on vous entame*. *C'est un homme facile à e. Il s'est laissé e. C'est un homme profondément dissimulé, on ne sait par où l'e*. || Fig., *E. un corps de troupes*, Commencer à l'ouvrir, à le rompre. *Dès que la première ligne fut entamée, tout le reste prit la fuite* || T. Manége. *E. un cheval*, Commencer son éducation. || *E. le chemin*, Se mettre au galop en parlant du cheval. || T. Jeux. *E. une couleur*, Jouer la première carte de cette couleur. = ENTAMÉ, ÉE. part.

ENTAMURE. s. f. (R. *entamer*). Petite déchirure, petite incision. *Ce coup l'a meurtri, mais il n'y a point d'e*. || Le premier morceau qu'on coupe d'un pain, d'un pâté, d'un rôti, etc. *Réservez-lui l'e*. Dans ce sens on dit aussi *entame*. — *L'e. d'un jambon, d'un pâté*, L'ouverture d'un pâté, d'un jambon. *Je me suis trouvé à l'e. d'un excellent pâté*. || La partie entamée. *Coupez un morceau de jambon du côté de l'e*. || T. Chir. Solution de continuité des parties dures, entre autres des os, sans fracture. || T. Vétér. Blessure produite sur certains animaux par le frottement de la longe sur le pli du paturon. || *E. d'une carrière*, Les pierres du premier lit d'une carrière nouvellement exploitée.

ENTAQUAGE. Voy. ENTACAGE.

ENTAQUER. v. a. Joindre plusieurs pièces de velours au moyen de l'entacage.

ENTASSEMENT. s. m. Amas de plusieurs choses entassées les unes sur les autres. *Un e. de papiers, de livres, de meubles, de pierres*. || Fig., *Un e. d'idées, de figures, de mots, d'affaires*, etc.

ENTASSER. v. a. Mettre en tas, mettre plusieurs choses les unes sur les autres. *E. des meubles les uns sur les autres*. *Il entasse papiers sur papiers*. *E. des gerbes, du foin*. *E. des écus* || Fig. et fam., *E. procès sur procès*. *E. les citations dans un livre*. — *E. paroles sur paroles*, Parler beaucoup pour dire peu de chose. — *E. sou sur sou, écu sur écu*, Épargner sur les plus petites choses. || Par exag., se dit de plusieurs personnes extrêmement pressées en quelque endroit. *On nous avait entassés les uns sur les autres dans une méchante voiture*. = s'ENTASSER. v. pron. *Les marchandises s'entassent dans ses magasins*. *Les souvenirs s'entassaient dans ma mémoire*. *Nous nous entassâmes dans la diligence*. = ENTASSÉ, ÉE. participe. — Fig. et fam.,

Être entassé, Avoir la taille épaisse et ramassée, avoir la tête enfoncée dans les épaules = Syn. Voy. Accumuler.

ENTASSEUR, EUSE. s. T. Fam. Personne qui entasse.

ENTE. s. f. (gr. ἔμφυτον, implanté, de ἐν, dans, et φυτόν, planté). Greffe, scion d'arbre qui est greffe sur un autre. *Faire une ente, des entes* ǁ L'arbre même où l'on a fait une ente. Il y a beaucoup de jeunes entes dans ce jardin ǁ T. Chasse. Peau remplie de paille qu'on plante, en forme d'oiseau, sur un pieu, pour attirer les oiseaux. ǁ T. Peint. Le morceau de bois qui sert de manche à un pinceau. ǁ T. Archit. Nom donné aux jambes de force qui sortent un peu hors du mur. ǁ T. Techn. Partie du volant d'un moulin. ǁ Dans ces trois derniers sens on écrit aussi *ante* qui paraît être l'orthographe correcte, et qui vient du latin *ante*, avant.

ENTÉES. s. f. pl. Fumées de cerf réunies deux à deux, de telle façon qu'on ne peut les séparer sous les reins e.

ENTÉLÉCHIE. s. f. (gr. ἐντελέχεια, perfait, de ἔχειν, posséder). T. Philos. — Ce terme, créé par Aristote, a donné lieu à des discussions interminables. L'interprétation la plus vraisemblable qu'on en ait donnée paraît être celle qui lui fait signifier « la force essentielle ou le principe actif d'un être ». C'est ainsi qu'Aristote définit l'âme : « l'e. de tout corps naturel ayant la vie en puissance. » Leibniz a essayé de re- mettre ce terme en honneur en l'appliquant à ses monades.

ENTELLE. s. m. T. Mamm. Nom d'une espèce de singe qui habite l'Inde. Voy. Semnopithèque.

ENTEMENT. s. m. Action d'enter.

ENTENDEMENT. s. m. (R. entendre). T. Philos. Se dit de l'intelligence humaine, considérée sous le rapport de la conception et de la conservation des idées. *L'e. humain. Les facultés, les opérations de l'e. E. subtil, grossier.* ǁ Dans le langage ordinaire, se prend souvent pour jugement, raison, bon sens. *C'est un homme d'e., de petit e., de peu d'e. Il faut avoir perdu l'e. pour se conduire ainsi.* — Voy. Intelligence.

ENTENDEUR. s. m. Celui qui entend et qui conçoit bien quelque chose; n'est d'usage que dans ces phrases prov. ex., *A bon e. salut*, Que celui qui entend bien ce que je dis en fasse son profit; *A bon e. peu de paroles*, Peu de paroles suffisent pour se faire comprendre d'un homme intelligent.

ENTENDRE v. a. (lat. *intendere*, tendre à, de *in* et *tendere*, tendre). Ouïr, recevoir l'impression des sons par l'organe de l'ouïe. *E. un bruit, une voix, un son. Il est tellement sourd qu'il n'entend pas le son des cloches. Un bruit dans le lointain. Je les entendais crier, rire, chanter. Je les entends venir quelqu'un. Je l'ai entendu dire. J'en ai entendu parler. J'en prends à témoin tous ceux qui m'entendent.* Prov., *Il se fait tant de bruit, qu'on n'entendrait pas Dieu tonner.* — Fam., *E. dur*, Avoir l'ouïe dure, être un peu sourd. *E. clair*, Entendre distinctement. — Fig. et proverb., *Il n'entend pas de cette oreille-là*, se dit de qui, d'un air fait semblant de ne pas comprendre une demande, une proposition, parce qu'il ne veut pas l'accorder ou y consent r. ǁ *E. la messe, les vêpres, le sermon*, Assister à la messe, aux vêpres, au sermon ǁ *E. quelqu'un*, L'entendre discourir, plaider, professer, déclamer, chanter, jouer d'un instrument. *J'aurais beaucoup de plaisir à e. cet orateur, cet acteur. C'est un chanteur qu'on entend toujours avec plaisir. Avez-vous entendu l'opéra ni?* ǁ Recueillir, prêter l'oreille à. *E. les parties, les témoins. Faire e. quelqu'un comme témoin à décharge*, Le faire déposer comme témoin à décharge. *Tous les orateurs inscrits ont été entendus. E. une lecture. Veuillez m'e., veuillez e. mes raisons.* — Fam., *Ne savoir auquel e.*, Avoir affaire à plusieurs personnes à la fois, et éprouver quelque embarras à les satisfaire *Vous me questionnez tous à la fois, je ne sais auquel e.* — *Ne vouloir rien e.*, Refuser d'écouter les explications de quelqu'un, ou repousser ses propositions. *Il est furieux, il ne veut rien e.*ǁ Exaucer. *Dieu a entendu ma prière.* ǁ Comprendre, concevoir *E. le latin, le grec. Il entend un peu l'anglais. Cet étranger a beaucoup de peine*

à se faire e. E. un auteur. Un passage difficile à e. Je n'ai pas bien entendu votre question.

> Excusez-moi, je n'entends pas le grec.
> MOLIÈRE.

J'ai toujours entendu que notre arrangement s'exécuterait ainsi. J'entends fort bien ce que vous voulez dire, ou simpl. J'entends. Ellipt., *Vous avez parlé d'une personne et j'ai entendu une autre.* — Fig., *Votre cœur entend le sien.* ǁ *Donner à e., laisser e., faire e.*, Insinuer, laisser or. ire, faire comprendre. *On lui donna à e. qu'il ferait bien de se retirer. Il m'avait laissé e. que vous vous ri fusiez à tout accommodement. Il veut faire e. par là que .* ǁ *E. à demi-mot*, Comprendre facilement ce qu'un autre veut dire, sans qu'il se soit entièrement expliqué. *E. finesse, e. malice à quelque chose*, Donner un sens fin et malin à que que chose. *Je ne sais pas quelle finesse vous entendez à cela. Il n'entend malice à rien.* — *Ne pas e. mal ce à quelque chose*, Faire ou dire quelque chose sans mauvaise intention. *Ne vous offensez pas de ce que vous a dit cet imbécile, il n'y entendait pas malice.* ǁ *E. la plaisanterie, e. bien la plaisanterie, e. plaisanter e.*, Prendre bien les choses dites en plaisantant, ne point s'en offenser *On dit de même. E. raillerie. Ne pas s'offenser des railleries dont on est l'objet; mais E. la raillerie a un sens tout à diverct. Voy. plus loin.* — *Il n'entend pas plaisanterie,* sign. aussi, Il est susceptible, il se fâche des plaisanteries qu'on lui fait *On dit également, Il n'entend pas raillerie là-dessus, Il est sensible et chatouilleux sur une certaine se.* — *Il n'entend pas plaisanterie, et Il n'entend pas raillerie*, signifie encore, Il est sévère et il veut qu'on fasse exactement ce qu'il a ordonné. ǁ *E. raison,* Comprendre la raison, acquiescer à ce qui est juste et raisonnable, *Quelque proposition qu'on lui ait faite, il n'a jamais voulu e. raison. On n'a jamais pu lui faire e. raison.* Enfin, *vous entendez raison.* — *Il n'entend pas raison là-dessus,* Il se montre là-dessus inflexible, e. sévère, opiniâtre, toujours prêt à se formaliser.* — Prov., *N'e. ni rime ni raison*, Refuser par humeur, par entêtement, etc., de se rendre aux propositions les plus raisonnables = Avoir la connaissance et la pratique d'une chose. *Il entend bien son métier. E. le commerce, les affaires. Il entend à e. quelque chose.* L'ignorer comple comment ou y être fort inhabile. *Il n'entend rien à cette science, au commerce, aux affaires. Il n'entend rien à gouverner.* — *E. son intérêt, ses intérêts*, Savoir très bien comment on doit agir dans son intérêt. ǁ *E. la raillerie, e. bien la raillerie*, Avoir la facilité, l'art, le talent de bien railler Ou dit aussi quelquef is. *E. bien la plaisanterie*, Savoir plaisanter finement et sans offenser. ǁ Avoir intention, dessein, avoir en vue. *Quand je dis qu'il écrit bien, j'entends parler de sa prose et non de ses vers.* — *Qu'entendez-vous par là?* Que voulez-vous dire par là? Quelles sont vos prétentions? On dit de même, *Comment l'entendez-vous?* — *Faites comme vous l'entendrez*, Com. e vous le jugerez convenable, comme il vous plaira Prov., *Cha un fait comme il l'entend.* — Exiger, voul-ir. *J'entends qu'on m'obéisse, qu'on n'obéisse pas à la chose. J'entends bien qu'on sorte, j'entends que l'on sorte. — Je l'entends ainsi, J'exige que la chose soit ainsi.* = Entendre, v. n. Consentir, acquiescer. *Il ne veut e. à aucun arrangement. Je lui ferai part de vos propositions, mais je ne sais s'il y voudra e. Il n'y veut point e.* = S'Entendre. v. pron. Être entendu. *Cela s'entend de lo n.* — Entendre les paroles l'un de l'autre. *Le bruit est si grand qu'on ne s'entend pas* = Être compris. *Cela s'entend aisément Cea ne s'entend pas Cela s'entend de soi-même.* — Fam., *Cela s'entend bien, cela s'entend*, Cela se comprend de soi, il est inutile d'en parler = Savoir ce que l'on dit, se comprendre soi-même *Je ne m'entends b en. Il ne s'entend pas lui-même.* — *Entendons-nous, entendons-nous b en*, Comprenons bien, précisons bien ce que nous disons. — *Nous convenons d nous e.*, A ne plus différer autant d'avis, d'opinion, *Nous nous entendons, Nous sommes d'accord, d'intelligence, nous agissons de concert.* ǁ *S'e. avec quelqu'un*, Se concerter avec lui, en agir de concert. *J'ai besoin de m'e. avec vous à ce sujet. Ils s'entendaient tous deux pour duper ce tiers.* — *S'e. avec quelqu'un*, sign. encore très en mal es. Être en bonne intelligence avec quelqu'un. *Il a tout le commerce très agréable, et je m'entends fort b en avec lui. Ils ne s'entendent guère ensemble.* ǁ *S'e à une chose*, La savoir bien faire, s'y prendre bien. *Il s'entend très b en à diriger une exploitation. Il ne s'y entend pas trop b en.* — Prov., *Il s'y entend comme à faire un coffre, comme à ruiner des choux*, se dit d'un homme qui veut faire une chose à laquelle il n'entend rien. ǁ

S'e, en musique, en tableaux, etc. Être connaisseur en musique, etc. = ENTENDU, UE, part. *L'affaire, la cause est entendue*, Les débats sont clos. — *C'est entendu*, c'est une chose entendue, C'est une chose convenue, arrêtée || Adjec., en parlant des personnes, sign. qui a l'intelligence d'une chose. *Un homme entendu, bien entendu aux affaires, dans les affaires, un jardinage, au métier de la guerre.* — Absol., se dit dans le sens d'intelligent, d'avisé. *C'est un homme entendu, fort entendu* || Adject., en parlant des choses, sign. Bien assorti, bien ordonné, fait avec art, av c goût, avec intelligence. *Un repas bien entendu. Un service bien entendu* || *Un appartement bien entendu. L'ordonnance de ce tableau est bien entendue.* On dit, dans le sens contraire, *Mal entendu*. — *Bien entendu, mal entendu*, se disent encore dans c s ns de Bien compris, mal compris. *Une dévotion bien entendue. Voilà une charité bien mal entendue.* || Subst., *Faire l'entendu*, Faire le capable, le suffisant, l'important. — BIEN ENTENDU, locut. adv Sans doute, assurément *Viendrez-vous comme vous l'avez prem s? B en entendu.* — BIEN ENTENDU QUE, loc. conj. A condition que, pourtant, *Je vous accorde cela, mais b en entendu que vous ferez ce que je vous demande. Voilà la règle, bien entendu qu'il y a des exceptions.* = Syn. Voy. ÉCOUTER et COMPRENDRE.

ENTÉNÉBRER. v. a. Envelopper de ténèbres.

ENTENTE. s. f. (R. entendre). Interprétation; se dit seulement en parlant d'un mot, d'une phrase équivoque, susceptible de plusieurs sens, et ne s'emploie guère que dans cette loc. *Mots, phrases à doub e e., à deux ententes*. — Prov., on dit aussi, *L'e. est au d.seur*. Voy. DISEUR. || T. Beaux-Arts. L'intelligence dans la distribution. *Ce peintre a l e. du coloris, des oppositions, du clair-obscur, de la lumière Il n'y a point d'e. à ce tableau. Cet architecte a de l'e. dans la distribution.* — Se dit, dans un sens anal., en parlant de certains ouvrages littéraires. *Il y a dans cette comédie beaucoup d'e. de la scène.* || Accord, bonne intelligence. *Il existait à cette époque une c. cordiale entre les deux gouvernements.*

ENTER. v. a. (R. ente). T. Agric. Greffer, faire une ente. *E. un poirier. E. sur sauvageon. E. franc sur franc. E. en écusson* Voy. GREFFE || T. Charpent. Assembler deux pièces de bois de la même grosseur, dans la même direction. =s'ENTER, v. pron. Être enté = ENTÉ, ÉE, part. — Par ext., *Canne entée*, Canne composée de plusieurs pièces emboîtées les unes dans les autres. || Fig. *Cette ma son, cette famille est entée sur telle autre*, Elle y est entrée, et elle en a pris le nom et les armes. || Fig., se dit d'une personne qui joint ensemble diverses qualités. *C'est un financier enté sur un praticien. Il a beaucoup de vices entés sur de bonnes qualités.*

ENTÉRADÈNE. s. f. (gr. ἔντερον, intestin; ἀδήν, glande). T. Anat. Ganglion lymphatique intestinal.

ENTÉRADÉNOGRAPHIE. s. f. (de entéradène, et du gr. γράφειν, décrire) Description des ganglions lymphatiques intestinaux.

ENTÉRALGIE. s. f. (gr. ἔντερον, intestin; ἄλγος, douleur). T. Méd. Douleur qui a son siège dans les intestins.

ENTÉRECTASIE. s. f. gr. ἔντερον, intestin; ἔκτασις, dilatation). T. Méd. Dilatation des intestins.

ENTÉRINAL, ALE adj. T. Droit. Qui concerne l'entérinement, qui le permet.

ENTÉRINEMENT. s. m. (lat. *integer*, entier). Action d'entériner.

Législ. — On appelle ainsi la déclaration par laquelle un tribunal, dans un jugement, vérifie ou confirme un acte qui, sans cette formalité, ne pourrait produire son plein effet. Les lettres de grâce ou de commutation de peine doivent être entérinées par la cour d'appel du ressort Dans notre système de procédure, les procès-verbaux d'experts et les requêtes civiles sont également soumis à la formalité de l'e. — Voy. HOMOLOGATION.

ENTÉRINER. v. a. T. Jurisp. Ratifier, homologuer. = ENTÉRINÉ, ÉE, part.

ENTÉRIQUE adj. (gr. ἐντερικός, m s., de ἔντερον, intestin). Se dit de ce qui a rapport à l'intestin ou qui y appartient.

ENTÉRISCHIOCÈLE. s. f. (gr. antéri-ski-océ'e) (gr. ἔντερον, intestin; fr. *ischiocèle*). T. Chir. Hernie intestinale par l'échancrure ischiatique.

ENTÉRITE. s. f. (gr. ἔντερον, intestin). T. Méd. Inflammation de la membrane muqueuse qui tapisse le canal intestinal. Il est exceptionnel que toutes les tuniques de l'intestin soient atteintes par l'inflammation, et sous le nom d'e. on désigne presque uniquement l'inflammation de la muqueuse intestine c. Cette inflammation peut être aiguë ou chronique. Aiguë, l'e. se produit au cours de la p upart des maladies générales infectieuses ; mais e le ne constitue véritablement une entité morbide que lorsque les symptômes intestinaux dominent la scène. La multitude des organismes qui végètent dans ce canal et des toxines qu'il y sécrètent rend compte de la fréquence de ces inflammations. C'est surtout chez les enfants qu'on la rencontre, et fréquemment à la suite d'une alimentation vicieuse Elle revêt des allures différentes suivant les cas, forme cholérique, forme dysentérique, forme typhoïde, etc. Parmi les inflammations chroniques, il en est une qui tient la première place. l'e tuberculeuse, et par sa gravité et par sa fréquence. Le traitement varie suivant les manifestations de l'e. Toutefois, les théories modernes semblent approuver dans l'e aiguë l'administration précoce d'un purgatif, suivie de l'usage de désinfectants (naphtol, benzonaphtol...). Le régime alimentaire surveillé est le meilleur prophylactique. Chez les enfants, il convient de s'en tenir au lait bouilli ; le lait stérilisé doit être proscrit, la stérilisation ayant pour effet d'altérer les principes nutritifs du lait, et le bouillissage suffisant à son asepsie. Dans l'e. chronique, les désinfectants intestinaux doivent être seuls mis en usage.

ENTÉROBRANCHE. adj. (gr. ἔντερον, intérieur; et *branchie*). T. Zool. Dont les branchies sont cachées dans l'intérieur du corps.

ENTÉROCÈLE. s. fr. (gr. ἔντερον, intestin ; κήλη, hernie). T. Chir. Hernie formée par l'intestin seul.

ENTÉROCOLITE. (gr. ἔντερον, intestin; fr. *côlon*). T. Méd. Inflammation de l'intestin et particulièrement du côlon.

ENTÉROCYSTOCÈLE. s. f. (gr. ἔντερον, intestin; fr. *cystocèle*). T. Méd. Hernie contenant la vessie urinaire et une anse intestinale.

ENTÉRODÈLE. adj. (gr. ἔντερον, intestin ; δῆλος, visible). T. Zool. Qui a un tube intestinal bien distinct.

ENTÉRODYNIE. s. f. (gr. ἔντερον, intestin; ὀδύνη, douleur). T. Méd. Douleur intestinale, colique nerveuse.

ENTÉRO-ÉPIPLOCÈLE. s. f (gr. ἔντερον, intestin; fr. *épiplocèle*). T. Méd. Hernie qui renferme à la fois l'intestin et l'épiploon.

ENTÉROGRAPHIE. s. f. (gr. ἔντερον, intestin; γράφειν, décrire). Description anatomique des intestins.

ENTÉROHÉMIE. s. f. (gr. ἔντερον, intestin; αἷμα, sang). T. Méd. Congestion du sang au canal intestinal. Inus.

ENTÉRO-HÉMORRAGIE. s. f. (gr. ἔντερον, intestin ; fr. *hémorragie*). T. Méd. Hémorragie dans l'intestin. Inus. Voy. INTESTIN.

ENTÉRO-HYDROCÈLE. s. f. (g. ἔντερον, intestin; fr. *hydrocèle*). T. Chir. Hernie intestinale compliquée d'hydrocèle.

ENTÉRO-HYDROMPHALE. s. f. (gr. ἔντερον, intestin; fr. *hydromphale*). T. Chir. Hernie ombilicale contenant une portion d'intestin avec un amas de sérosité dans le sac herniaire.

ENTÉROLITHE. s. m. (gr. ἔντερον, intestin; λίθος, pierre). T. Méd. Concrétion ou pierre intestinale.

ENTÉROLOGIE. s. f. (gr. ἔντερον, intestin; λόγος, traité). Traité sur les intestins

ENTÉROMÉROCÈLE. s. f (gr. ἔντερον, intestin; fr. *mérocèle*). T. Chir. Hernie crurale formée par l'intestin. Inus.

ENTÉROMÉSENTÉRIQUE. adj. 2 g. (gr. ἔντερον, intestin; fr. *mésentérique*). T. Anat. Qui a rapport aux intestins et au mésentère. Voy. TYPHOÏDE.

ENTÉROMORPHE. s. f. (gr. ἔντερον, intestin; μορφή, forme). T. Bot. Genre d'*Algues* marines (*Enteromorpha*) de la famille des *Confervacées*. Voy. ce mot.

ENTÉROMPHALE. s. f. (g. ἔντερον, intestin; ὀμφαλός, nombril). T. Chir. Hernie ombilicale formée par l'intestin seul.

ENTÉROMYIASE. s. f. (gr. ἔντερον, intestin; μυῖα, mouche). T. Méd. Affection intestinale caractérisée par l'expulsion de larves de mouches développées dans le canal intestinal.

ENTÉROPÉRISTOLE. s. f. (gr. ἔντερον, intestin; περιστολή, resserrement). T. Chir. Étranglement des intestins dans une hernie.

ENTÉRO-PNEUMATOSE. s. f. (gr. ἔντερον, intestin; fr. *pneumatose*). T. Méd. Développement morbide d'une quantité considérable de gaz dans l'intestin.

ENTÉRORRHAPHIE. s. f. (gr. ἔντερον, intestin; ῥαφή, couture). T. Chir. Suture des intestins, que l'on pratique dans le but de maintenir en contact les lèvres d'une plaie faite à l'intestin.

ENTÉRORRHÉE. s. f. (gr. ἔντερον, intestin; ῥεῖν, fluer). T. Méd. Diarrhée.

ENTÉROSARCOCÈLE. s. f. (gr. ἔντερον, intestin; fr. *sarcocèle*). T. Chir. Hernie intestinale compliquée de sarcocèle.

ENTÉROSCHÉOCÈLE. s. f. (gr. ἔντερον, intestin; fr. *oschéocèle*). T. Chir. Hernie scrotale formée par l'intestin seul.

ENTÉROSTÉ, ÉE. adj. (gr. ἔντερον, intestin; ὀστέον, os). T. Conchyl. Qui a un ou plusieurs os dans l'intérieur du corps.

ENTÉROSTÉNOSE. s. f. (gr. ἔντερον, intestin; στενός, étroit). T. Méd. Rétrécissement de l'intestin.

ENTÉROSYPHILIDIE. s. f. (gr. ἔντερον, intestin; fr. *syphilis*). T. Méd. Affection syphilitique de l'intestin. La localisation se produit en général au niveau du rectum et sous forme de rétrécissement. Voy. RECTUM.

ENTÉROTOME. s. m. (gr. ἔντερον, intestin; τομή, section). Ciseau avec lequel on peut, dans les ouvertures de cadavres, fendre le canal intestinal dans toute sa longueur. || Instrument imaginé pour la guérison des anus contre nature.

ENTÉROTOMIE. s. f. (R. *entérotome*). T. Anat. Dissection des intestins. || T. Chir. Opération pratiquée aux deux extrémités de l'intestin pour détruire un anus contre nature et rétablir le cours normal des matières stercorales. || Division des parois d'une anse intestinale destinée à l'évacuation des matières qui y sont contenues.

ENTÉROZOAIRE. s. m. (gr. ἔντερον, intestin; ζῴάριον, petit animal). T. Hist. nat. Nom donné aux helminthes et aux larves qui vivent dans l'intestin de certains animaux.

ENTERRAGE. s. m. [Pr antè-raje] (R. *enterrer*). Massif de terre dont le fondeur emplit la fosse autour du moule, pour rendre celui-ci plus solide.

ENTERREMENT. s. m. [Pr. antè-reman]. Action d'enterrer, de mettre en terre, de couvrir de terre. || Par anal. Action d'enterrer un mort; les cérémonies qu'on observe pour porter et mettre un corps en terre. Assister à un e. Un e. magnifique. Un e. sans pompe, sans cérémonie. Billet d'e. = Convoi funèbre. Voir passer un e. Voy. FUNÉRAILLES.

ENTERRER. v. a. [Pr. antè-rer]. Enfouir, mettre dans la terre. E. des oignons de tulipe. E. de l'argent dans une cave. || Fig., Tenir caché, E. son secret. E. ses talents. || Fig. et fam., on dit d'une construction, d'un jardin, d'une terre, où l'on a fait des travaux fort dispendieux, qu'On y a enterré beaucoup d'argent. = Inhumer, mettre un corps en

terre. E. en terre sainte, dans un cimetière, dans l'église. Les vestales qui violaient leur vœu de chasteté étaient enterrées vivantes. Les premiers chrétiens faisaient e. avec eux les livres des Évangiles. — Fig. et fam., E. quelqu'un. Vivre plus longtemps que lui. Cet homme-là nous enterrera tous. || Sign. encore éclipser, faire oublier quelqu'un comme s'il était mort. Ce peintre a enterré tous ses rivaux. || Fig. et fam., E. le carnaval, Faire les dernières réjouissances du carnaval. = s'ENTERRER, v. pron. Être enterré. Les morts ne doivent s'e. qu'au bout de vingt-quatre heures. || Fig. Se faire e., s'e. sous les ruines d'une place, Mourir en la défendant. On dit aussi, au passif, de quelqu'un qui a été accablé par la chute d'un édifice, qu'Il a été enterré sous ses ruines. || Fig. S'e. dans sa province, dans son château, Quitter la capitale, le grand monde, pour vivre d'une manière retirée en province, à la campagne. — S'e. tout vif, Se retirer entièrement du commerce du monde, Il a été s'e. tout vif dans un cloître. = ENTERRÉ, ÉE. p. || Adjectiv., se dit d'une maison, d'un jardin, etc., dont la situation est trop basse et la vue bornée. Une maison enterrée. Un jardin e. Fam. || T. Mar. Mettre dans la cale avec le lest. || T. Manège. Baisser la tête et s'abandonner des épaules, en parlant du cheval qui cherche un point d'appui sur la main du cavalier.

Syn. — Inhumer. — Littéralement ces deux verbes ont le même sens; néanmoins ils ne s'emploient pas l'un pour l'autre. *Enterrer* se dit simplement de l'acte matériel de déposer un corps mort dans la terre, tandis qu'*inhumer* signifie enterrer avec des cérémonies religieuses ou civiles. On *enterre* tout ce qu'on cache en terre: on *inhume* l'homme à qui on rend les honneurs funèbres. Les ministres de la religion *inhument* les fidèles: un assassin *enterre* le cadavre de sa victime. On *enterre* en tous lieux; on *inhume* dans les lieux consacrés à cet usage pieux. Enfin, *inhumer* ne se dit qu'au propre; *enterrer* s'emploie aussi au figuré.

ENTERREUR. s. m. [Pr. antè-reur]. Celui qui enterre.

EN-TÊTE. s. m. Ce qui est écrit, imprimé, en tête d'une lettre, d'un tableau, d'une brochure, etc. = Pl. Des en-tête.

ENTÊTEMENT. s. m. (R. en, et tête). Attachement opiniâtre à ses idées, à ses goûts, etc.; persistance non raisonnée dans ses résolutions. C'est par e. qu'il refuse ce que vous lui proposez. Il est évident qu'il y met de l'e. Il persiste dans son e. || Engouement pour une personne. Son e. pour cette femme est inconcevable. Peu usité.

ENTÊTER. v. a. (R. en, et tête). Envoyer à la tête des vapeurs qui étourdissent, qui incommodent. Ce vin est fumeux, il entête. L'odeur de ces fleurs entête. Le tabac entête ceux qui n'ont pas coutume d'en prendre. — Fig. et fam., Les louanges entêtent, Elles donnent de la présomption, de l'orgueil. || Fig., Donner de l'engouement; se prend toujours en mauvaise part. Qui est-ce qui vous a entêté de cet homme-là, de ce système? || T. Techn. Attacher la tête d'une épingle à la hanse, de manière qu'elle paraisse y avoir été soudée. = s'ENTÊTER. v. pron. S'infatuer, s'engouer. Il s'est entêté de cette femme. Le peuple s'entête facilement des charlatans politiques. Vous le verrez s'e. de toutes les opinions nouvelles. S'e. d'un auteur, d'un système. || Absol., Persister sans raison dans ses idées, ses résolutions, etc. Les ignorants s'entêtent facilement, ils sont sujets à s'e. = ENTÊTÉ, ÉE. part. || Adjectiv., Opiniâtre, obstiné, trop attaché à ses idées, etc. Je n'ai jamais vu vieillard plus entêté. || Substantiv., on dit d'une personne qui ne veut pas démordre d'une opinion, d'un sentiment, d'une résolution, à qui l'on ne peut faire entendre raison: C'est un entêté, une entêtée.

Syn. — Obstiné, Opiniâtre, Têtu. — Le têtu est celui qui s'attache à son opinion avec une persévérance stupide. Peu capable de juger, il met l'obstination à la place de la raison et de la fermeté: il y a ici manque d'intelligence et vice de caractère. L'entêté est celui qui est fortement prévenu; mais il peut revenir: il y a erreur d'esprit, mais pas toujours vice de caractère. L'opiniâtre est fortement attaché à son opinion; il l'a pesée, jugée à sa manière, ne veut rien au delà: c'est un caractère qui a beaucoup d'analogie avec la fermeté; il ne lui manque que de voir mieux. L'obstiné tient à son opinion malgré la preuve; il s'élève contre elle, il est inflexible. Il diffère de l'opiniâtre en ce que celui-ci peut être de bonne foi; de l'entêté en ce que celui-ci peut revenir, et du têtu, en ce que celui-ci ne sait ni entendre ni comprendre. L'obstiné ne cède pas même à l'évidence: il a tort, il le sent, mais il ne revient pas. L'*opiniâtre* défend son opinion, qu'il croit la meilleure; l'*entêté* est prévenu; le *têtu* est une borne contre laquelle la raison vient se briser. De toutes ces qualifications, celle d'*opiniâtre* est la seule qui puisse ne pas être toujours prise en mauvaise part.

ENTÊTEUR. s. m. Ouvrier qui entête les épingles.

ENTÊTOIR. s. m. Machine pour entêter les épingles.

ENTHLASIE. s. f. [Pr. *an-tla-zie*] (gr. ἐν, en; et θλάω, enfoncer). T. Chir. Fracture du crâne avec dépression d'une partie osseuse. Jaus.

ENTHOUSIASME. s. m. (gr. ἐνθουσιασμός, m. s., de ἔνθους, inspiré de Dieu, de ἐν, en, et θεός, dieu). Trouble, exaltation extraordinaire de l'âme que l'on croyait autrefois produite par l'inspiration divine; se disait des prophètes, de la pythie, des sibylles, et en général de ceux qui rendaient des oracles. *Saül, se trouvant parmi les prophètes, fut saisi du même e. qu'eux. La pythie, dans son e., avait prédit que...* || Par anal., L'exaltation des facultés de l'âme qu'un poëte, un orateur, un artiste éprouve quelquefois, et qui l'élève en quelque sorte au-dessus de lui-même. *E. poétique. Quand l'é. le prend, le saisit.* || Par extens., Mouvement extraordinaire de l'âme qui excite à des actes de courage, de dévouement, etc. *Ce discours les remplit d'e. Des cris d'e. L'e. guerrier, patriotique, religieux. Le farouche e. des sectateurs de Mahomet.* || Admiration vive, goût excessif pour une personne ou pour une chose. *Il ne parlait de lui qu'avec e. Des éloges dictés par l'e. Son e. pour cet auteur l'aveugle. Il était animé d'un sincère e. pour la liberté. L'e. de l'amitié. Ses enthousiasmes sont ridicules, mais ils ne durent pas.* || Se dit aussi de grandes démonstrations de joie, d'allégresse. *On le reçut avec e.*

Syn. — *Exaltation.* — L'*enthousiasme* et l'*exaltation* sont deux états où l'âme est élevée au-dessus du diapason ordinaire; mais l'*enthousiasme* est un phénomène purement spirituel, tandis que l'*exaltation* est ordinairement liée au tempérament. Aussi l'*enthousiasme* est-il toujours de courte durée; l'*exaltation*, au contraire, dure davantage, et parfois même elle est permanente. L'*enthousiasme* n'a jamais qu'un objet; l'*exaltation* se manifeste à propos de tout; il y a des gens qui sont toujours exaltés. L'*enthousiasme* pousse à agir, l'*exaltation* s'évapore fréquemment en paroles. *Enthousiasme* est plus usité dans le langage poétique et religieux; *exaltation* s'emploie surtout dans le langage médical ou politique.

ENTHOUSIASMER. v. a. Ravir d'admiration; transporter d'enthousiasme. *La lecture de cet ouvrage l'a enthousiasmé. Cette musique a enthousiasmé le public.* — On dit quelquefois neutral., *Il s'est laissé e. de cette musique, de la voix de cette femme.* — s'**ENTHOUSIASMER.** v. pron. S'engouer de quelqu'un ou de quelque chose. *Il s'enthousiasme pour tout ce qui lui semble nouveau. Il s'enthousiasme aisément.* = **ENTHOUSIASMÉ, ÉE.** part.

ENTHOUSIASTE. s. 2 g. Visionnaire, fanatique qui se croit inspiré. *En écoutant cet e., la multitude crut entendre un prophète.* || Plus communément, Celui ou celle qui a une admiration excessive pour quelqu'un ou pour quelque chose. *Les enthousiastes de cet auteur. Un e. du romantisme.* — Absol., *C'est un e.; C'est un individu sujet à s'engouer.* = **ENTHOUSIASTE.** adj. 2 g. S'emploie dans le sens qui précède. *Il est fort e. de cet ouvrage. C'est un peuple e. et léger.* || Qui marque l'enthousiasme. *Un dévouement e. Des applaudissements enthousiastes.*

ENTHOUSIASTEMENT. adv. Néol. D'une manière enthousiaste.

ENTHYMÉMATIQUE. adj. Qui est de la nature de l'enthymème.

ENTHYMÈME. s. m. (gr. ἐνθύμημα, réflexion). T. Log. Syllogisme réduit à deux propositions, par suppression de la majeure ou de la mineure. Ex.: *Je suis homme, donc sujet à l'erreur.*

On cite souvent, comme exemple d'e. la fameuse phrase de Descartes: *Je pense, donc je suis.* C'est là une erreur, Descartes s'étant toujours défendu d'avoir voulu faire un syllogisme qui supposerait une majeure: *Tout ce qui pense existe.* Voy. **CARTÉSIANISME** et **RAISONNEMENT.**

ENTICHEMENT. s. m. Action d'enticher, résultat de cette action.

ENTICHER. v. a. (Corruption d'*Entacher*). Fig., Donner, faire prendre de l'engouement; se prend toujours en mauvaise part. *Qui vous a enticné de cette personne, de cette opinion?* = S'**ENTICHER.** v. pron. Fig., Prendre de l'engouement. *S'e. d'une personne, d'une opinion.* = **ENTICHÉ, ÉE.** part. || Fig., On le soupçonnait d'être un peu entiché de jansénisme. *Toute l'Europe était encore entichée de la croyance aux sciences occultes.*

ENTIER, IÈRE. adj. (lat. *integer*, m. s.). Complet; se dit pour marquer qu'une chose a toutes ses parties, ou qu'on la considère dans toute son étendue. *Un pain e. Une année entière. Le monde e. L'univers e.* Pour donner plus d'énergie à cette expression, on y joint souvent le mot *Tout. Lire un livre tout e. Attendre une heure tout entière. Une famille tout entière a péri dans cet incendie.* — *Cheval e. Cheval mâle qui n'a pas subi la castration.* || Par anal., s'applique aussi aux choses morales. *Conserver sa raison tout entière. Conserver sa vertu, sa réputation entière. — La question reste entière.* Elle est toujours la même, elle n'a pas fait un pas vers sa solution. Dans un sens anal., on dit aussi, particulièrement au barreau, *Les choses ne sont pas entières.* L'état des choses a changé, les circonstances ne sont plus les mêmes. || Fig., *Cette affaire, cette fonction, cette science demande un homme tout e.*, il est nécessaire d'y employer tous ses soins, toutes ses facultés, tout son temps. Dans le même sens, on dit, *Se donner, se livrer tout e. à un travail, à une étude, etc. — Mourir tout e.*, Ne laisser aucune renommée, aucun souvenir après sa mort. || Fig., Complet, absolu, sans réserve. *Vivre dans un e. détachement des choses du monde. Avoir une entière confiance en Dieu. Une entière soumission. Laisser une entière liberté à ses amis.* || Fig., Obstiné, opiniâtre, absolu. *C'est un homme fort e. dans ses opinions. Un esprit très e. C'est une femme fort entière.* || T. Arith. *Un nombre e.*, ou subst., *Un e.* Voy. **NOMBRE.** || T. Bot. Se dit d'un organe simple, d'une feuille par ex., dont la circonférence ou les bords ne présentent aucune découpure. = **ENTIER.** s. m. Totalité, état d'intégrité; ne se dit que dans ces loc., *En son entier, en leur entier. Ce passage est rapporté en son e. dans cet livre. Cet antique monument est encore dans son e. Remettre les choses en leur e.* Mot qu'on donne à deviner dans une charade. = **EN ENTIER.** loc. adv. En totalité, entièrement. *J'ai lu l'ouvrage en entier. Il faut le refaire en entier.* = Syn. Voy. **COMPLET** et **ENTIÈREMENT.**

ENTIÈREMENT. s. m. T. Droit. Action de saisir une chose mobilière et de la mettre en main tierce.

ENTIERCER. v. a. (R. *en*, et *tiers*). T. Droit. Mettre en main tierce.

ENTIÈREMENT. adv. Complètement, totalement, tout à fait. *E. ruiné. Abandonner e. Ils sont e. différents. Se livrer e. à l'étude, aux plaisirs, etc.*

Syn. — *En entier.* — *Entièrement* modifie l'action exprimée par le verbe; *en entier* modifie l'objet sur lequel tombe cette action. Quand vous avez fait *entièrement* une chose, la chose est faite *en entier*; il n'y a plus rien à y faire. — Il est souvent indifférent d'employer l'une ou l'autre de ces manières de parler, puisque le résultat paraît être le même; mais parfois il est nécessaire de choisir l'une des deux à l'exclusion de l'autre. Vous direz *entièrement* quand il s'agira de marquer l'étendue de votre action, et *en entier*, lorsqu'il faudra proprement déterminer l'étendue de l'effet ou de la chose. Une personne change *entièrement* d'avis; on ne dira pas qu'elle en change *en entier*. La poste a cessé *entièrement*, et non *en entier*; car la poste elle-même ne se divise pas comme un tout qui a plusieurs parties. — *En entier* indique aussi ce qui se fait tout à la fois, en un seul coup par un seul acte, tandis qu'*entièrement* désigne une succession d'actes. Une ville est *entièrement* engloutie par plusieurs secousses de tremblement de terre; par une seule ouverture subite de la terre, elle est engloutie *en entier*.

ENTITÉ. s. f. (lat. *ens, entis*, ce qui est). T. Philos. Ensemble des propriétés d'un être. Voy. **UNIVERSAUX.**

ENTOCÉPHALE. s. m. (gr. ἐντός, en dedans; κεφαλή, tête). T. Entom. Une des pièces de la tête des insectes.

ENTODERME. s. m. (gr. ἐντός, en dedans; δέρμα, peau). Feuillet interne du blastoderme. Voy. EMBRYOLOGIE.

ENTODERMIQUE. adj. Qui a rapport à l'entoderme.

ENTODISCAL, ALE. adj. (gr. ἐντός, en dedans; franç. *disque*). T. Bot. Qui est situé en dedans du disque.

ENTOGASTRE. s. m. (gr. ἐντός, en dedans; γαστήρ, ventre). T. Entom. Une des pièces de l'abdomen des insectes.

ENTOILAGE. s. m. Action d'entoiler; le résultat de cette action. || La toile, etc., dont on s'est servi pour entoiler. *E. de mousseline.* || Réseau auquel on coud une dentelle.

ENTOILER. v. a. Fixer, coller sur de la toile. *E. une estampe, une carte de géographie.* || Fixer, coudre de la dentelle ou quelque autre tissu délicat sur de la toile ou sur une étoffe moins fine, etc. *E. des manchettes, un tour de gorge.* = ENTOILÉ, ÉE. part.

ENTOISAGE. s. m. Action d'entoiser.

ENTOISER. v. a. (R. *en*, et *toise*). Disposer des matériaux de manière à faciliter l'enmétrage.

ENTOMIQUE. adj. (gr. ἔντομον, insecte). T. Zool. Qui a rapport aux insectes.

ENTOMOGÈNE. adj. (gr. ἔντομον, insecte: γενής, né). T. Hist. nat. Qui se développe et vit sur le corps des insectes morts.

ENTOMOGRAPHE. s. m. (gr. ἔντομον, insecte; γράφω, je décris). Celui qui s'occupe d'entomographie.

ENTOMOGRAPHIE. s. f. (gr. ἔντομον, insecte; γράφω, je décris). Histoire des insectes.

ENTOMOÏDE. adj. (gr. ἔντομον, insecte; εἶδος, aspect). T. Zool. Qui ressemble à un insecte.

ENTOMOLITHE. s. f. (gr. ἔντομον, insecte; λίθος, pierre). Insecte fossile. || Pierre ayant des empreintes d'insectes.

ENTOMOLOGIE. s. f. (gr. ἔντομον, insecte; de ἐν, en ; τομή, section; λόγος, science). T. Zool. — Pris dans son acception étymologique, le mot *Entomologie* comprend l'histoire de tous les animaux articulés que Linné rangeait sous le nom d'*Insecta*, c.-à-d. des insectes proprement dits ou *Hexapodes*, des *Myriapodes*, des *Arachnides*, des *Crustacés*, des *Cirripèdes*. Aujourd'hui on prend le mot *E.* dans un sens beaucoup plus restreint, et on l'applique exclusivement à cette partie de la zoologie qui traite de la connaissance des insectes proprement dits. Dans notre article ARTICULÉS, nous avons exposé les caractères qui distinguent essentiellement les différentes classes de ce vaste embranchement; mais c'est au mot INSECTE que nous décrirons l'organisation générale de ces derniers animaux et que nous indiquerons leur classification.

ENTOMOLOGIQUE. adj. 2 g. Qui appartient, qui a rapport à l'entomologie.

ENTOMOLOGISTE. s. m. Celui qui s'occupe d'entomologie. *Un savant entomologiste.*

ENTOMOMYCÈTE. adj. et s. m. (gr. ἔντομον, insecte; μυκής, champignon). T. Bot. Se dit des Champignons qui sont parasites des insectes.

ENTOMOPHAGE. adj. (gr. ἔντομον, insecte; φάγω, je mange). T. Zool. Qui vit d'insectes.

ENTOMOPHILE. s. m. (gr. ἔντομον, insecte; φίλος, ami). Amateur, collectionneur d'insectes.

ENTOMOPHORE. adj. (gr. ἔντομον, insecte; φορός, qui porte). T. Didact. Qui porte, qui contient des insectes.

ENTOMOPHTHORACÉES. s. f. pl. (R. *Entomophthore*). T. Bot. Famille de Champignons de l'ordre des Oomycètes caractérisée par la formation d'œufs par isogamie et la présence de spores exogènes.

Les *E.* sont ordinairement parasites sur divers insectes (mouches, chenilles, etc.), plus rarement sur des plantes (prothalles de Fougères). Dans les *Empusa*, le thalle consiste en une cellule qui bourgeonne, puis les bourgeons se détachent, bourgeonnent à leur tour et ainsi de suite. Dans les *Entomophthora* le thalle se développe en un système de filaments ramifiés, qui en peu de temps consomment toute la substance interne de l'insecte.

La croissance terminée, le thalle produit des spores. Dans les *Empusa*, chaque cellule isolée s'allonge en un filament qui perce la peau de la mouche, se développe au dehors et se termine par une spore. Au-dessous de cette spore, le tube progressivement distendu se rompt brusquement et la spore est lancée dans l'air avec un peu de matière gélatineuse provenant de l'intérieur du filament. Cette spore ainsi projetée peut aller se coller à l'abdomen d'une mouche et s'y développer; la mouche se trouve ainsi à son tour envahie par le parasite. Dans les *Entomophthora* le thalle pousse au dehors des filaments ramifiés et chaque dernière branche de ces filaments aériens se termine par une spore qui est projetée comme celle des *Empusa*, mais ici par simple dédoublement de la cloison.

Après avoir formé ainsi pendant quelque temps des spores, les Entomophthores produisent des œufs. A cet effet, deux tubes voisins poussant l'un vers l'autre deux rameaux qui se fusionnent et s'unissent au sommet. Puis, sur l'un des rameaux de conjugaison, près du point de fusion, il se fait une proéminence sphérique dans laquelle se condensent en se contractant les deux protoplasmes combinés. L'œuf s'entoure ensuite d'une membrane qui devient très épaisse et passe alors à l'état de vie latente.

Les genres de cette famille peuvent être groupés en deux tribus :

TRIBU I. — *Entomophthorées.* — Spores projetées par dédoublement de la cloison (*Entomophthora, Conidiobolus*, etc.)

TRIBU II. — *Empusées.* — Spores projetées par rupture du pédicelle sous la cloison (*Empusa, Basidiobolus*, etc.)

ENTOMOPHTHORE. s. m. (gr. ἔντομον, insecte; φθορά, corruption). T. Bot. Genre de Champignons (*Entomophthora*) de la famille des *Entomophthoracées.* Voy. ce mot.

ENTOMOPHTHORÉES. s. f. pl. (R. *Entomophthore*). T. Bot. Tribu de Champignons de la famille des *Entomophthoracées.* Voy. ce mot.

ENTOMOPHYTE. adj. et s. m. (gr. ἔντομον, insecte; φυτόν, plante). T. Bot. Se dit des Cryptogames qui sont parasites des insectes.

ENTOMOSTOME. adj. (gr. ἔντομος, divisé; στόμα, bouche). T. Conchyl. Dont la bouche est échancrée.

ENTOMOSTRACÉS. s. m. pl. (gr. ἔντομος, divisé; ὄστρακον, coquille). Nom donné à un grand groupe de Crustacés dont les caractères n'ont rien de bien précis. On les divise en 7 ordres qui sont traités à leur ordre alphabétique : PHYLLOPODES, OSTRACODES, COPÉPODES, CIRRIPÈDES, XIPHOSURES, TRILOBITES et GIGANTOSTRACÉS. Nous parlerons seulement ici des *Copépodes*, qui n'ont pas fait le sujet d'un article spécial.

Les *Copépodes* ont la bouche conformée pour broyer ou

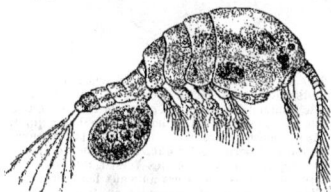

Fig. 1.

pour sucer; la segmentation typique du corps comprend 18 anneaux, mais elle peut disparaître complètement par suite du parasitisme qui se rencontre fréquemment chez ces Crustacés. Ils se divisent en deux sous-ordres les *Eucopépodes* et les *Branchiures*.

1° Les *Eucopépodes* renferment des espèces libres et des espèces fixées vivant en commensaux ou en parasites. Parmi les premiers, nous citerons le *Cyclope commun (Cyclops vulgaris)* [Fig. 1, très grossie]. Ce petit Crustacé, qui n'a qu'un millimètre et demi de longueur, habite les eaux douces, et se trouve en grand nombre dans les mares des environs de Paris. Sa couleur est très variable : il est tantôt rougeâtre, tantôt vert, et d'autres fois brunâtre ou blanchâtre. Ainsi que l'indique son nom, il n'a qu'un œil. Les *Lernéides* forment la famille la plus intéressante des Eucopépodes fixés ; ce sont des Crustacés suceurs qui vivent en parasites sur les corps d'autres animaux aquatiques ; mais leur thorax n'offre point de divisions annulaires, et leur appareil locomoteur est tellement rudimentaire qu'ils ne peuvent changer de place. Dans leur jeune âge, les Lernéens passent par la forme *Nauplius* ; ils sont alors pourvus d'un

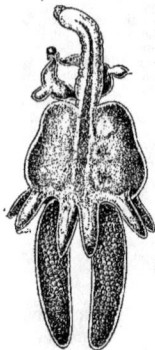
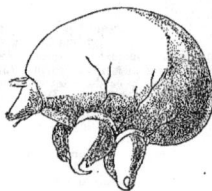

Fig. 2.   Fig. 3.

œil frontal et de lames natatoires, au moyen desquelles ils se meuvent avec rapidité. L'œil disparaît presque toujours, et la configuration de l'animal se change au point de rendre celui-ci méconnaissable. Ce sont ces modifications singulières qui ont fait si longtemps méconnaître le rang que doivent occuper ces êtres bizarres dans la série zoologique. Notre illustre Cuvier, par ex., les rangeait encore parmi les Vers. Enfin, les travaux de A. Nordmann ont assigné à ces animaux leur véritable place. Milne-Edwards divise les Lernéides en trois familles : les *Chondracanthiens*, les *Lernéopodiens* et les *Lernéocériens*. La *Brachielle impudique (Brachiella impudica* [Fig. 2, femelle vue de dos ; 3, mâle vu de profil ; tous deux très grossis] appartient à la seconde de ces familles. Chez la femelle, la portion céphalique se prolonge en un cou très long, terminé par la bouche, et armé à son extrémité de deux paires de pattes-mâchoires en forme d'ancre et très apparentes.

2° Les *Branchiures* ou *Siphonostomes* ont la bouche en forme de bec ou de trompe cylindrique qui renferme des appendices styliformes propres à percer le tégument des animaux dont ils sucent les humeurs. Ce caractère leur est commun avec les Lernéens ; mais ils se distinguent de ces derniers par leur thorax, qui se compose de plusieurs articles distincts. De plus, les Siphonostomes ont toujours des pattes natatoires, qui leur permettent de se mouvoir et de se déplacer pour aller à la recherche d'une autre proie ou d'un individu de sexe différent. Milne Edwards partage les Siphonostomes en deux familles, les *Peltocéphales* et les *Pachycéphales*. Parmi les genres assez nombreux qui composent cet ordre, il nous suffira de mentionner comme ex., le genre *Argule*, remarquable par la forme ovalaire et discoïde de sa carapace, par l'état rudimentaire de son abdomen et par la conformation singulière de sa seconde paire de pattes-mâchoires, lesquelles sont terminées par une ventouse. L'*Argule foliacée (Argula foliacea)* [Fig. 4, grossie environ six fois] est un petit crustacé parasite qu'on rencontre sur le corps des Épinoches et des têtards de Grenouille.

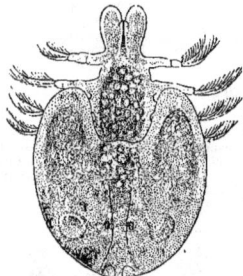

Fig. 4

ENTONNAGE. s. m. [Pr. *anto-naje*]. Action de mettre un liquide en tonne.

ENTONNAISON. s. f. [Pr. *anto-nè-zon*]. Action de mettre en tonneau.

ENTONNEMENT. s. m. [Pr. *anto-ne-man*]. Action de mettre en tonne.

ENTONNER. v. a. [Pr. *anto-né*] (R. *en*, et *tonne*). Verser une liqueur dans un tonneau. *E. du vin, du cidre*, etc. || Fig. et popul., *Il entonne bien*, Il boit beaucoup. == S'ENTONNER. v. pron. Se dit du vent, lorsqu'il entre avec impétuosité dans un lieu étroit. *Le vent s'entonne dans cette cheminée.* == ENTONNÉ, ÉE. part.

ENTONNER. v. a. [Pr. *anto-ner*] (R. *en*, et *ton*). Prendre le ton, saisir l'intonation. *Cette note est difficile à e.* Peu us. — Par ext. Chanter les premières paroles, les premières notes d'une hymne, d'une antienne, d'un air, etc. *E. le Te Deum, le Magnificat.* — Absol., *Ce chantre entonne juste, Il a mal entonné. Il a entonné si haut que le chœur ne peut le suivre.* || Chanter. *Entonnons ce gai refrain. E. un cantique.* — Fig., *E. les louanges de quelqu'un*, Célébrer ses louanges. == ENTONNÉ, ÉE. part.

ENTONNERIE. s. f. [Pr. *anto-ne-rie*]. Lieu où sont rangés les tonneaux que le brasseur emplit de bière à mesure qu'il achève un brassin.

ENTONNOIR. s. m. [Pr. *anto-noir*]. Instrument en forme de tube étroit par le bas et évasé par le haut, à l'aide duquel on verse une liqueur dans un tonneau ou dans un vase quelconque. || Par anal., dans le langage des sciences naturelles principalement, on donne le nom d'*Entonnoir* à divers objets qui ressemblent plus ou moins exactement à cet instrument. On dit dans le même sens, *Une fleur en e.*, Qui a la forme d'un e. || T. Milit. Ce qui sert à couler la poudre dans la lumière d'une pièce. — Excavation en forme de tronc de cône renversé, qui forme l'explosion d'une mine de guerre. || T. Techn. Espèce de cratère qui résulte de l'explosion d'une mine. — Partie du four à chaux. — Partie de l'embouchoir qui livre passage à la baguette dans une arme à feu. || T. Chir. Instrument qui sert à conduire le cautère vers certaines parties malades. || T. Anat. Prolongement conique de la base du troisième ventricule du cerveau, au-dessus de la tige pituitaire. || Petite cavité conique au sommet du noyau commun, dans l'oreille interne.

ENTOPHYLLIN, INE. adj. [Pr. *anto-fil-lin*] (gr. ἐντὸς, en dedans ; φύλλον, feuille). T. Bot. Qui porte des bourgeons enfoncés dans la substance même de la plante. Inus.

ENTOPHYTE. s. m. (gr. ἐντὸς, en dedans ; φυτὸν, plante). T. Bot. Se dit des végétaux parasites qui se développent dans le tissu même d'une plante vivante.

ENTOPHYTOGÉNÈSE. s. f. (R. *entophyte*, et *genèse*, production). T. Bot. Production des plantes parasites internes.

ENTOPTIQUE. adj. (gr. ἐντὸς, en dedans ; ὄπτομαι, voir). T. Phys. *Phénomènes entoptiques*, Phénomènes de vision qui s'observent dans l'intérieur de l'œil, les paupières étant fermées.

ENTORSE. s. f. (R. en, et tors). Extension violente des ligaments et en général des parties molles qui entourent une articulation. Se donner une e. au pied. || Fig. et fam., On lui a donné une e., se dit en parlant d'un homme en place ou en faveur, dont on a diminué par quelque moyen l'autorité ou le crédit. Ce préfet se croyait bien établi dans son poste, mais un tel lui a donné une terrible e. On dit dans le même sens, Sa fortune, son crédit a souffert une rude e. — Donner une e. à un texte, à un passage, Le détourner de son vrai sens, de son sens naturel, et lui faire signifier autre chose que ce qu'il signifie. — Donner une e. à la vérité, au bon droit, Dissimuler ou altérer la vérité, méconnaître le bon droit. || T. Techn. Résidu de la cire fondue. || Accidents de lissage résultant de la torsion de plusieurs fils groupés derrière l'enverjure.

Pathol. — Il y a e. lorsque les mouvements d'une articulation sont portés au delà de leur limite physiologique, sans entraîner néanmoins un déplacement permanent. L'e. est le premier degré d'une luxation ou d'une fracture para-articulaire, suivant l'articulation dont il s'agit, énarthrose ou ginglyme. Certains auteurs confondent le diastasis et l'e. ; en réalité, le diastasis est une distension qui provoque une mobilité anormale dans l'article. — Les entorses se produisent généralement à la suite de violences extérieures directes, exerçant leur effet au niveau même de la jointure, ou indirectes, exerçant leur effet à distance de la jointure lésée : cependant une contraction musculaire exagérée, brusque, peut déterminer une e. Les ginglymes sont les articulations les plus exposées, étant munies de ligaments courts et résistants, qui ne permettent de mouvements qu'en deux sens ; au contraire, les énarthroses. Ces lésions se produisent surtout chez les adultes, déjà atteints, ou souffrant de déviations accidentelles ou acquises des membres, de faiblesse congénitale ou acquise des muscles ou des ligaments. — Les désordres portent sur les ligaments (déchirure, désinsertion, arrachement), sur les os (arrachement de parcelles osseuses, écrasement de surfaces articulaires), sur les muscles (distension, déchirure, luxations tendineuses, ruptures aponévrotiques) ; enfin sur les vaisseaux et les nerfs du voisinage. — L'e. se traduit par des symptômes d'autant plus accusés que les lésions sont plus graves, mais à peu près constants : ce sont des signes subjectifs, de la douleur, parfois vive au moment de l'accident jusqu'à produire la syncope, puis plus sourde, réveillée par la pression au niveau des points d'insertion des ligaments tiraillés, et de la gêne des mouvements, allant jusqu'à l'impotence. Ce sont, d'autre part, des signes objectifs : du gonflement général, lent, quand il est dû à l'infiltration séreuse des tissus, immédiat, lorsqu'il reconnaît pour cause un épanchement sanguin, accompagné d'ordinaire d'empâtement œdémateux et de rougeur violacée ; l'ecchymose, souvent bilatérale, siège tantôt au niveau de la jointure, tantôt à distance, quand il se produit des ruptures musculaires plus ou moins lointaines. — Le diagnostic n'est pas toujours simple : contusions, fractures et luxations s'en distinguent parfois malaisément ; il repose surtout sur le siège exact, ligamenteux de la douleur, et sur l'apparition de l'ecchymose. — Le pronostic de l'e. doit être réservé, vu les complications possibles dans les cas les plus simples. L'e. simple, distension sans rupture des liens fibreux, se guérit rapidement en quelques jours, après disparition du gonflement et de la douleur. L'e., compliquée de déchirure des tendons ou des ligaments, a des allures bénignes, mais la douleur et la gêne fonctionnelle durent plusieurs semaines. Enfin, l'e. grave, avec fractures plus ou moins étendues des extrémités osseuses, ne se répare que plus difficilement, et de la raideur articulaire peut persister durant de longs mois. Des lésions plus fâcheuses peuvent d'ailleurs se surajouter, de l'atrophie musculaire, de la périarthrite ; bien plus, il importe de savoir que l'e. peut déterminer sur une jointure la localisation d'un processus tuberculeux latent. — Le traitement de l'e. a subi des vicissitudes diverses, et on ne peut nier l'influence indirecte que les rebouteurs ont exercée sur l'organisation d'une thérapeutique rationnelle ; mais cette classe de praticiens illégitimes n'en est pas moins un danger perpétuel pour les naïfs qui ne comprennent pas qu'un ignorant peut leur faire beaucoup de mal, en se servant sous notions scientifiques d'une méthode bonne en elle-même. — Le temps est passé des immobilisations continues dans les gouttières de fil de fer, des appareils plâtrés ou silicatés. On fait actuellement de la mobilisation précoce, à l'aide du massage. Cette méthode consiste à exercer des pressions périarticulaires, avec les mains enduites d'un corps gras ou de préférence de poudre d'amidon, dans un sens unique, celui de la circulation veineuse ; on augmente progressivement les pressions, jusqu'à pétrir ou malaxer le membre, chaque séance durant environ un quart d'heure. Entre les séances, le malade garde le repos absolu dans une gouttière ou peut se servir de son membre, suivant les indications du médecin, qui se conforment à la gravité des lésions. Les résultats sont excellents et la guérison s'obtient dans les cas moyens en quatre ou cinq jours, surtout si on y joint certains adjuvants, tels la balnéation chaude à 48° ou 50° avant le massage, et une compression discrète avec la bande élastique, après le massage.

Vét. — Voy. Effort.

ENTORSÉ, ÉE. adj. T. Chir. Qui a éprouvé une entorse. Pied e.

ENTORTILLAGE. s. m. [Pr. antorti-llage, ll mouillées]. État de ce qui est entortillé. Voy. Entortillement.

ENTORTILLEMENT. s. m. [Pr. antorti-lleman, ll mouillées]. Action de ce qui s'entortille autour de quelque chose ; ou l'état d'une chose entortillée autour d'une autre. L'e. d'un serpent. L'e. du lierre, de la vigne. || Fig., Enchevêtrement, embarras des phrases dans le discours ou des mots dans une phrase. Il y a de l'e. dans cette phrase. — Dans ce sens, on dit aussi Entortillage.

ENTORTILLER. v. a. [Pr. antorti-ller, ll mouillées]. (R. en, et tortiller). Envelopper dans quelque chose ; envelopper tout autour en tortillant, en faisant des tours. E. un objet dans du papier. E. une bouteille avec de la paille. || Fig. Enchevêtrer ses idées, ses phrases, etc. E. son style, ses idées. Il entortille ses phrases de manière qu'on n'y comprend rien. || Fig. et pop., E. quelqu'un, Se rendre maître de son esprit, l'amener insensiblement à faire ce qu'on veut. J'avais d'abord refusé ; mais il m'a si bien entortillé que j'ai fini par consentir. == s'Entortiller. v. pron. S'envelopper dans quelque chose. S'e. dans son manteau, dans sa couverture. — S'attacher à une chose, en faisant plusieurs tours autour d'elle. Le lierre s'entortille autour des ormeaux. == Entortillé, ée. part. Pensée, période entortillée. Style, discours entortillé.

ENTOSTERNAL. s. m. (gr. èntòc, en dedans ; fr. sternum). T. Anat. Pièce du sternum des tortues.

ENTOTHORAX. s. m. (gr. èntòc, en dedans ; fr. thorax). T. Entom. Une des pièces du thorax des insectes.

ENTOUF, nom de six rois de l'ancienne Égypte (XIe dynastie).

ENTOUR. s. m. (R. en, et tour). Environs, circuit ; n'est usité qu'au plur. Il s'est emparé des entours de la place. || Fig. Les entours de quelqu'un, Les personnes qui vivent dans sa familiarité, qui forment sa société intime et qui ont quelque crédit sur lui. Il se laisse gouverner par ses entours. — Fig. et fam., Savoir bien prendre les entours, Savoir mettre dans ses intérêts ceux qui ont du crédit sur l'esprit des personnes dont on a besoin. == A l'entour. Voy. Alentour.

ENTOURAGE. s. m. Se dit de tout ce qui entoure, protège un objet. Mettre un e. à un arbre. [Ornements qui entourent un bijou. E. de perles, de rubis. || Fig. et fam., Les entours de quelqu'un. Son e. lui fait beaucoup de tort. || T. Techn. Sorte de boîte dont on enveloppe certaines parties d'une machine.

ENTOURANT, ANTE. adj. Qui sert à entourer.

ENTOURER. v. a. (R. entour). Environner, ceindre ; ou être, se tenir autour. E. une ville de murailles. Le camp était retranché et presque entouré de marais Les Egyptiens entouraient de bandelettes les cadavres embaumés. Ils l'entourèrent et le saisirent. Il s'adressa à la foule qui l'entourait. Le prince était entouré des seigneurs de sa cour — Fig., Les dangers qui nous entouraient. Être entouré de dangers — E. quelqu'un de soins, Lui prodiguer des soins. || Former l'entourage de quelqu'un. Il fait le malheur de ceux qui l'entourent. Être bien, être mal entouré. == s'Entourer. v. pron. Choisir plusieurs autres personnes pour vivre familièrement avec elles, pour prendre leurs conseils, etc. *S'e. de savants, d'artistes. Il voulut s'entourer des hommes les plus habiles, les plus sages. Il ne s'entourait que de libertins et de gens tarés.* || Par ext., se dit des choses que l'on aime à avoir habituellement autour de soi. *Elle aimait à s'e. de mille superfluités.* = ENTOURÉ, ÉE. part. *Un portrait entouré de diamants.* = Syn. Voy. ENCEINDRE.

ENTOURNURE. s. f. T. Tailleur et Coutur. Échancrure d'une manche, dans la partie qui touche à l'aisselle.

EN-TOUT-CAS. s. m. Espèce de petit parapluie qui sert à abriter de la pluie ou du soleil.

ENTOZOAIRES. s. m. pl. (gr. ἐντὸς, dedans; ζῶον, animal). T. Zool. Cuvier plaçait les *E.* ou *Helminthes* dans son embranchement des Zoophytes; plus tard, les naturalistes les considérèrent comme une classe distincte d'Annélides et les divisèrent en *Cavitaires* (Filaires, Ascarides, Oxyures, Linguatules, etc.), et en *Parenchymateux* (Acanthocéphales, Trématodes, Ténioïdes et Cystiques).

Ce terme ne peut être conservé dans les classifications actuelles, car il comprend des êtres très différents d'organisation, n'ayant de commun que leur aspect vermiforme et leur mode d'existence, le parasitisme. Nous renvoyons aux mots suivants: NÉMATHELMINTHES pour la plus grande partie des Cavitaires et les Acanthocéphales, et PLATHYELMINTHES pour les Trématodes et les Ténioïdes.

Les Linguatules forment un groupe incertain que l'on range dans l'embranchement des Articulés; enfin, les Cystiques ne sont autre chose que des formes larvaires de certains Plathyelminthes.

On peut conserver le terme d'*E.* dans son sens général pour désigner les animaux qui vivent en parasites dans l'intérieur du corps des autres animaux. Il est alors l'opposé d'*Epizoaires.*

ENTOZOOGENÈSE. s. f. (gr. ἐντὸς, en dedans; ζῶον, animal et fr. *genèse*). T. Zool. Production des entozoaires.

ENTOZOOGENÉTIQUE. adj. Qui a rapport à l'entozoogenèse.

ENTOZOOLOGIE. s. f. (gr. ἐντὸς, en dedans; ζῶον, animal; λόγος, traité). Histoire des animaux qui vivent dans le corps d'autres animaux.

ENTR'ABORDER (S'). v. pron. S'aborder mutuellement.

ENTR'ACCOLER (S'). v. pron. [Pr. *an-tra-ko-ler*]. S'accoler réciproquement.

ENTR'ACCORDER (S'). v. pron. [Pr. *an-tra-kor-der*]. S'accorder l'un avec l'autre, se mettre de bonne intelligence ensemble.

ENTR'ACCROCHER (S'). v. pron. S'accrocher mutuellement.

ENTR'ACCUSER (S'). v. pron. [Pr. *an-tra-ku-zer*]. S'accuser l'un l'autre.

ENTR'ACTE. s. m. Intervalle qui, dans la représentation d'une pièce de théâtre, sépare un acte d'un autre. *Dans l'e. Il y a plusieurs évènements que l'on suppose s'être passés pendant les entr'actes.* || Se dit quelquefois dans le sens d'*Intermède.*

ENTR'ADMIRER (S'). v. pron. S'admirer mutuellement.

ENTR'ADMONESTER (S'). v. pron. S'admonester réciproquement.

ENTR'AFFRONTER (S'). [Pr. *an-tra-fron-ter*]. v. pron. S'affronter l'un l'autre.

ENTRAGE. s. m. T. Féod. Droit que l'on payait au seigneur en prenant possession d'un fief.

ENTRAGUES (CHARLES DE BALZAC D'), gentilhomme du parti du duc de Guise, mort en 1599.

ENTRAGUES (HENRIETTE DE BALZAC D'), marquise de Verneuil, née à Orléans, favorite de Henri IV après la mort de Gabrielle d'Estrées (1579-1633).

ENTR'AIDER (S'). v. pron. S'aider mutuellement. *Les hommes doivent s'e.*

Il se faut entr'aider; c'est la loi de nature.
LA FONTAINE.

ENTR'AIGUISER (S'). v. pron. S'aiguiser réciproquement.

ENTRAILLES. s. f. pl. [Pr. *an-trâll*, ll mouillées] (gr. ἔντερα, les intestins). Intestins, boyaux. *Avoir une inflammation d'e. La colique me déchirait les e. On a porté son cœur dans telle église, et ses e. dans telle autre.* || Dans un sens plus général, se dit de tous les viscères renfermés dans l'abdomen et dans la poitrine. *Les anciens cherchaient des présages dans les e. des victimes.* || Dans un sens partic., se dit quelquefois du sein de la mère. *Aimer le fruit de ses e.* — Fig., se dit aussi pour enfants. *S'armer contre ses propres e.* || Fig., se dit encore des viscères, et surtout du cœur, considérés comme le siège de la sensibilité, et, par ext., des sentiments tendres et affectueux qu'on supposait résider dans ces viscères. *Ses e. furent émues de compassion. Ce coup fut terrible pour ses e. paternelles. Cette femme a des e. de mère pour cet enfant. C'est un homme sans e., qui n'a pas d'e.* — Voilà un acteur qui a des e., Qui rend avec chaleur et vérité les rôles pathétiques, les choses de sensibilité. || T. Dévotion. *Les e. de la miséricorde de Dieu,* La tendresse et la bonté que Dieu a pour les hommes. || Figur., les lieux les plus profonds de la terre. *On fouille dans les e. de la terre pour en tirer les métaux. Un sourd mugissement se faisait entendre dans les e. du volcan.*

ENTR'AIMER (S'). v. pron. S'aimer l'un l'autre.

ENTRAIN. s. m. (R. en, et *train*). Gaieté franche et communicative. *Cet homme a de l'e.* || Vivacité, chaleur. *Cet acteur a de l'e., joue avec e. Ce drame est plein d'invraisemblances, mais il y a de l'e.*

ENTRAINANT, ANTE. adj. Qui entraîne; ne s'emploie qu'au fig. *Un style e. Une éloquence entrainante. Le jeu de cet acteur est e.*

ENTRAINEMENT. s. m. Action d'entraîner, ou l'état de ce qui est entraîné; ne se dit guère qu'au fig. *L'e. des passions, de l'habitude, de l'exemple. Ce drame a produit le plus grand effet, et l'e. a été général.* || Sorte d'éducation physique en vue d'un but déterminé, et ayant pour objet, au moyen d'un régime spécial et d'efforts gradués, de rendre un homme ou un animal capables d'accomplir des exercices de force, de souplesse ou d'adresse particuliers. *S'est dit d'abord des chevaux de course et des jockeys.* Se dit aujourd'hui de toute espèce de sport. Voy. COURSE.

ENTRAINER. v. a. Traîner avec soi, après soi. *Le torrent entraîna tout ce qui se trouva sur son passage. La débâcle a entraîné les bateaux.* || Emmener, conduire avec une sorte de violence. *Je le pris par le bras et l'entraînai hors de la chambre. Il s'est laissé e. dans une maison de jeu.* — Fig., *Le temps nous entraîne,* Nous ne pouvons ralentir son cours. || Figur., se dit de tout ce qui nous porte à quelque chose avec force, et comme malgré nous. *Il a dit de si fortes raisons, qu'il a entraîné tout le monde dans son sentiment. Cet orateur entraîne tous les esprits. Nos passions, nos penchants, l'habitude, l'exemple, l'occasion nous entraînent. E. quelqu'un à sa perte.* || Fig., *E. avec soi, après soi,* ou simpl., *Entraîner,* Avoir pour résultat, pour conséquence nécessaire, inévitable; se dit surtout en parl. de choses fâcheuses. *La guerre entraîne avec elle, après elle, bien des maux. Les inconvénients qu'entraîne cette mesure. La perte de la bataille entraîna celle d'Athènes. Cela peut e. de longs retards.* — En matière criminelle, *La condamnation à une peine infamante entraîne toujours la dégradation.* || Préparer un homme ou un animal, par un régime spécial et des efforts gradués, à accomplir certains exercices de force. Se dit principalement des chevaux de course. Voy. COURSE. = s'ENTRAÎNER. v. pron. *S'e. mutuellement.* — *S'e. à la course,* Se préparer par des exercices à concourir à une course. — ENTRAÎNÉ, ÉE. part. == Syn. Voy. TRAÎNER.

ENTRAÎNEUR. s. m. Celui qui entraîne, qui prépare les chevaux pour la course.

ENTRAIT. s. m. T. Charpenterie. Pièce horizontale sur laquelle s'appuient les arbalétriers. *Faux e.*, Pièce placée parallèlement au-dessus de l'e. et qui supporte le poinçon.

ENTRANT, ANTE. adj. Qui entre. *Élèves entrants.* || Insinuant, engageant. *Son caractère a je ne sais quoi d'e. Ins.* || S'empl. aussi substantiv. Voy. SORTANT.

ENTR'APERCEVOIR. v. a. Apercevoir à peine, fugitivement.

ENTR'APPELER (S'). v. pron. [Pr. *antra-pe-ler*]. S'appeler l'un l'autre.

ENTR'APPRENDRE (S'). v. pron. [Pr. *antra-pran-dre*]. Se donner des leçons réciproques.

ENTR'APPROCHER (S'). v. pron. [Pr. *antra-procher*]. S'approcher l'un de l'autre.

ENTR'ASSASSINER (S'). v. pron. [Pr. *antra-sa-si-ner*]. S'assassiner l'un l'autre.

ENTR'ASSIGNER (S'). v. pron. [Pr. *antra-si-gner*, *gn* mouillées]. Lancer l'un contre l'autre une assignation. || *S'e. un rendez-vous*, S'assigner l'un à l'autre un rendez-vous.

ENTR'ASSOMMER (S'). v. pron. [Pr. *antra-somer*]. S'assommer l'un l'autre.

ENTR'ATTAQUER (S'). v. pron. [Pr. *antra-taker*]. S'attaquer l'un l'autre.

ENTRAVAILLÉ, ÉE. adj. [Pr. *antrava-llé*, *ll* mouillées] (R. en, et *travail*). T. Blas. Se dit des oiseaux représentés avec les ailes déployées, mais avec un bâton passé entre les ailes et les pattes.

ENTRAVANT, ANTE. adj. Qui entrave.

ENTRAVEMENT. s. m. Supplice qui est une variété de celui de la cangue.

ENTRAVE. s. f. (lat. *trabes*, poutre, bâton). Lien que l'on attache aux jambes d'un cheval, soit pour l'empêcher de s'éloigner du lieu où on l'a mis paître, soit pour le forcer à prendre l'amble. S'empl. surtout au plur. *Mettre des entraves à un cheval.* || Fig., Se dit de tout ce qui constitue un obstacle, un embarras, une gêne. *Cet homme s'est donné des entraves à lui-même. Les entraves de la versification. Mettre des entraves au commerce. Briser les entraves.* — On dit aussi au sing., *La jeunesse est naturellement emportée, elle a besoin de quelque e. qui la retienne.*

ENTRAVER. v. a. Mettre des entraves. *E. un cheval.* || Figur., Arrêter le mouvement, embarrasser la marche de quelque chose. *Toutes ces formalités entravent la marche des affaires. Il cherchait par des chicanes à e. les négociations.* || T. Fauconn. En parlant de l'oiseau de proie, arranger ses jets de façon à l'empêcher de se déchaperonner. == s'ENTRAVER. v. pron. Se prendre dans des entraves. == ENTRAVÉ, ÉE. part.

ENTRAVERSER. v. a. (R. en et *travers*). T. Mar. Mettre un navire en travers par rapport à une côte ou à un objet quelconque.

ENTR'AVERTIR (S'). v. pron. S'avertir mutuellement.

ENTRAVON. s. m. Petite pièce de cuir dont on entoure le pâturon du cheval, pour qu'il ne soit pas blessé par l'entrave.

ENTR'AVOUER (S'). v. pron. S'avouer quelque chose réciproquement l'un à l'autre.

ENTRAYGUES, ch.-l. de c. (Aveyron), arr. d'Espalion; 1,900 hab.

ENTRE. prép. de lieu (lat. *inter*, m. s.). Dans l'espace qui sépare deux personnes ou deux choses. *E. ces deux villes on trouve plusieurs villages. E. les deux rives. Il était assis e. nous deux. Il se jette e. les deux combattants. Nous nous trouvâmes ainsi e. deux feux.* — Se dit aussi de l'espace qui s'étend d'un lieu, d'un point à un autre. *La distance qu'il y a e. les deux pôles, e. le Soleil et la Terre. E. Paris et Marseille il y a 813 kilomètres,* || Fig., *Le gris est e. le blanc et le noir. Cette étoffe tient le milieu e. la soie et le coton. E. la pauvreté et la richesse. Flotter e. l'impatience et la crainte. L'homme est appelé à choisir e. le bien et le mal. Se trouver e. deux extrémités fâcheuses.* == Par anal., *Entre* s'emploie en parlant du temps comme en parlant de l'espace, et sign., dans l'intervalle de temps qui sépare deux époques. *Il s'est écoulé tant d'années e. ces deux époques, e. ces deux événements. E. onze heures et midi. E. le lever et le coucher du soleil. E. l'a retiré d'e. ses mains. La plupart d'e. eux. Quel est celui d'e. nous qui...* == *E.* s'emploie encore en parlant de deux ou plusieurs personnes, de deux ou plusieurs choses, pour exprimer quelque rapport de l'une à l'autre ou des unes aux autres. *Il y a bien de la différence e. ces deux hommes. Il n'y a aucune ressemblance e. ces deux choses. Il n'y a nulle comparaison à faire e. ces deux étoffes. Il ne faut pas tant de cérémonies e. amis. Ils s'aident e. eux. Ils ne se marient qu'e. eux. Ils parlaient e. eux. Qu'y a-t-il de commun e. vous et moi? Le traité de paix qui vient d'être conclu e. la France et l'Angleterre. E. les soussignés, il a été convenu ce qui suit. Établir l'équilibre e. les recettes et les dépenses. Je laisse entre vous ce débat. Distribuer, répartir, partager quelque chose, faire la répartition, le partage de quelque chose e. plusieurs personnes.* — Fam., *Entre nous soit dit e. nous, ou plus elliptiq., E. nous,* Que cela ne soit pas redit à d'autres. On dit de même, *E. vous et moi.* == La préposition *E.* sert à la composition de plusieurs noms et de plusieurs verbes, tels que : *Entr'acte, S'entr'aider, Entrecouper, Entre-deux, Entrefaites, Entrelacer, Entremets, Entr'ouverture,* etc. Dans les verbes où elle est accompagnée du pronom personnel, elle exprime une action réciproque : *S'entr'aimer, S'entrenuire,* etc. Elle marque aussi, dans la composition de quelques autres, comme *Entrevoir, Entr'ouvrir,* etc., une action diminutive. — L'e final d'*Entre* ne s'élide devant une voyelle que dans les mots composés. || Fig. et fam., *Être e. les mains de quelqu'un,* Être en son pouvoir. *Nager e. deux eaux,* Ménager deux partis contraires. *Être placé entre deux feux,* Répondre aux attaques de deux personnes différentes. *Regarder quelqu'un e. les deux yeux,* Le regarder de près et attentiv. *E. la poire et le fromage,* À la fin d'un dîner, au moment où l'expansion est naturelle. *E. deux vins,* À moitié ivre. *E. deux âges,* Entre la jeunesse et la vieillesse, à l'âge mûr. *E. chien et loup,* Tout près du soir, au crépuscule. || *E. vent et marée,* Poussé dans un sens par le vent et dans l'autre par la marée. || *Avoir le vent e. deux écoutes,* Être poussé par un vent du l'arrière. || *Se trouver e. la vergue et les rabans,* Être gêné, serré, dans une position fâcheuse.

ENTRE-BÂILLEMENT. s. m. [Pr. *an-tre-bâ-lle-man*, *ll* mouillées]. État de ce qui est ouvert à demi. *L'e.-bâillement d'une porte.*

ENTRE-BÂILLER. v. a. [Pr. *an-tre-bâ-ller*, *ll* mouillées]. Entr'ouvrir légèrement. *E. bâiller une porte.* == ENTRE-BÂILLÉ, ÉE. part.

ENTRE-BÂILLURE. s. f. [Pr. *an-tre-bâ-llure*, *ll* mouillées]. État d'une chose entre-bâillée.

ENTRE-BAISER (S'). v. pron. Se baiser l'un l'autre.

ENTRE-BANDE. s. f. T. Comm. Se dit du commencement et de la fin d'une pièce d'étoffe de laine.

ENTRE-BAS. s. m. T. Techn. Défaut de fabrication qui consiste en une distance inégale entre les fils de la chaîne d'une étoffe.

ENTRE-BÂT. s. m. Le milieu du bât d'une bête de somme.

ENTRE-BIENFAIRE (S'). v. pron. Se faire du bien réciproquement l'un à l'autre.

ENTRE-BLESSER (S'). v. pron. Se blesser l'un l'autre.

ENTRE-BOUQUE. s. f. T. Pêc. Première chambre des bourdigues, du côté de l'entrée.

ENTRE-BRISER (S'). v. pron. Se briser l'un l'autre.

ENTRE-CARESSER (S'). v. pron. Se caresser réciproquement.

ENTRE-CASSER (S'). v. pron. Casser réciproquement l'un à l'autre. *S'e.-casser les dents.*

ENTRECASTEAUX (Bruni, chevalier d'), navigateur et amiral français (1739-1793). Envoyé à la recherche de La Pérouse, il mourut en mer, pendant ce voyage.

ENTRE-CÉDER (S'). v. pron. Céder réciproquement quelque chose l'un à l'autre.

ENTRE-CHARGER (S'). Se charger réciproquement. *Les troupes s'entre-chargèrent.* || S'accuser l'un l'autre.

ENTRECHAT. s. m. (ital. *intrecciato*, entrelacé). T. Danse. Saut léger pendant lequel on croise rapidement les deux pieds à plusieurs reprises. *Faire un e. E. à six, à huit. Vestris battait des entrechats à dix.*

ENTRE-CHERCHER (S'). v. pron. Se chercher mutuellement.

ENTRE-CHÉRIR. v. réfl. Se chérir l'un l'autre.

ENTRE-CHOQUEMENT. s. m. Choc de plusieurs combattants. || Choc réciproque de sons qui se heurtent.

ENTRE-CHOQUER. v. a. Choquer des objets l'un contre l'autre. = s'**ENTRE-CHOQUER.** v. pron. Se choquer l'un l'autre. || Fig. Se contredire avec aigreur; s'opposer l'un à l'autre pour se nuire. *Ces deux hommes s'entre-choquent sans cesse.*

ENTRE-CLORE. v. a. Clore à demi. *E.-clore les yeux.*

ENTRE-COLONNE ou **ENTRE-COLONNEMENT.** [Pr. ... *kolo-ne*, ... *kolo-neman*]. s. m. T. Archit. On appelle *E.-colonne*, et plus habituellement *Entre-colonnement*, l'intervalle qui existe entre deux colonnes mesuré à la partie inférieure de leurs fûts. Vitruve, et après lui les architectes modernes, décrivent cinq sortes d'entre-colonnements : ce sont le *pycnostyle*, le *systyle*, l'*eustyle*, le *diastyle* et l'*aréostyle*. Les intervalles qui séparent les colonnes dans ces cinq ordonnances sont 3 modules, c.-à-d. 1 diamètre et 1/2 de la colonne, 4 modules ou 2 diamètres, 4 modules et 1/2 ou 2 diamètres et 1/4, 6 modules ou 3 diamètres, et 7 modules ou 3 diamètres et 1/2 et au delà. En outre, Vitruve dit qu'il faut donner aux colonnes de l'aréostyle 8 diamètres de hauteur, au diastyle 8 et 1/2, à l'eustyle et au systyle 9 et 1/2, et 10 au pycnostyle. Le pycnostyle convient surtout à l'ordre corinthien, parce que les colonnes étant fort grêles, la raison de solidité motive leur rapprochement. De même le systyle s'adapte très bien à l'ordre ionique, dont les colonnes sont un peu plus fortes. L'eustyle, imaginé par Hermogène, est celui auquel Vitruve donne la préférence. Néanmoins les deux premières dispositions sont plus employées que la troisième par les architectes modernes. L'aréostyle est universellement condamné; cependant, nous croyons qu'il est parfois possible d'en faire usage avec l'ordre toscan. Des auteurs trop sévères,

à notre avis, condamnent également l'intervalle diastyle, dont on voit à Paris un exemple remarquable dans la colonnade du Garde-Meuble, sur la place de la Concorde. Quant à l'ordre dorique, ce sont les triglyphes qui règlent ses entre-colonnements. Or, l'axe de chaque colonne devant toujours coïncider avec un triglyphe, il ne peut guère admettre que le pycnostyle, où il y a un triglyphe entre chaque colonne, et le diastyle, où il y en a deux. A cause de cette circonstance, au lieu de désigner le premier de ces entre-colonnements sous son nom commun de pycnostyle, on l'appelle plus souvent

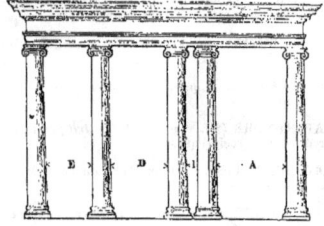

Fig. 1.

systyle monotriglyphe. On peut aussi concevoir l'ordre dorique avec l'ordonnance aréostyle : dans ce cas, il y a trois triglyphes dans le vide des colonnes; mais on rejette, avec raison, cette sorte d'e.-colonne. Ce que nous venons de dire se comprendra facilement en jetant un coup d'œil sur les dessins ci-joints, qui représentent les diverses espèces d'entre-

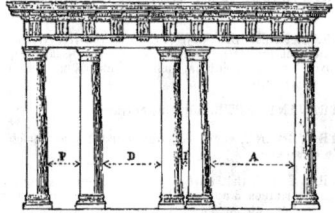

Fig. 2.

colonnements, sauf le systyle, appliquées à l'ordre ionique et à l'ordre dorique [Fig. 1. Ordre ionique : E, eustyle; D, diastyle; A, aréostyle. — Fig. 2. Ordre dorique : P, pycnostyle; D, diastyle; A, aréostyle. La lettre 1 indique l'intervalle entre les colonnes accouplées]. Quelle que soit l'ordonnance de l'e.-colonne, il est absolument nécessaire que les modillons, les denticules et autres ornements de l'entablement tombent toujours d'aplomb sur les axes des colonnes. C'est pour cela que Vignole, au lieu des 2 diamètres et 1/4 voulus par Vitruve pour l'eustyle, donne environ 2 diamètres et 1/3 aux intervalles dans tous les ordres, à l'exception du dorique, modification qui simplifie singulièrement les règles. Dans les portiques, l'e.-colonne qui fait face à la porte de l'édifice est souvent un peu plus large que les autres. On donne alors un module de plus à ce dernier. — Il peut se présenter des circonstances où l'on a besoin d'un e.-colonne plus large que l'eustyle et même que le diastyle. Comme, dans ce cas, on ne peut cependant recourir à l'aréostyle, Claude Perrault a imaginé une ordonnance nouvelle qu'il nomme *Aréosystyle.* Dans ce système, les colonnes sont accouplées de telle sorte que le grand intervalle entre deux colonnes soit égal à 3 diamètres et 1/2, tandis que celui qui sépare les colonnes accouplées est de 1/2 diamètre. L'addition de ces deux intervalles donne 4 diamètres, c.-à-d. deux fois l'intervalle du systyle. La célèbre colonnade du Louvre, l'un des chefs-d'œuvre de l'architecture moderne, nous offre le plus bel exemple connu de cette ordonnance.

ENTRE-COMBATTRE (S'). v. pron. Se combattre l'un l'autre.

ENTRE-COMMUNIQUER (S'). v. pron. Communiquer réciproquement l'un à l'autre.

ENTRE-CONFESSER (S'). v. pron. Se confesser réciproquement.

ENTRE-CONNAÎTRE (S'). v. pron. [Pr. santre-konêtr]. Se connaître mutuellement.

ENTRE-CONSOLER (S'). v. pron. Se consoler réciproquement.

ENTRE-CONTREDIRE (S'). v. réfl. Se contredire l'un l'autre.

ENTRE-CONTREFAIRE (S'). v. réfl. Se contrefaire l'un l'autre.

ENTRECÔTE. s. m. T. Bouch. Morceau de viande coupé entre deux côtes de bœuf. || T. Techn. En termes de tisseur, croisement compris entre deux côtes; coupure qui sépare ces côtes, entre-deux.

ENTRECOUPE. s. f. T. Archit. Intervalle vide entre deux voûtes qui sont l'une sur l'autre. || T. Ponts et Chauss. Dégagement qui se fait dans un carrefour afin de faciliter le tournant des voitures. || T. Techn. Manière de couper qui a pour but d'utiliser le plus d'étoffe possible.

ENTRECOUPEMENT s. m. Action d'entrecouper; résultat de cette action.

ENTRECOUPER. v. a. Couper, interrompre en divers endroits. *Ce pays est entrecoupé de collines.* || Fig., *Son discours était entrecoupé de citations, de parenthèses. Les soupirs entrecoupaient sa voix, ses paroles.* == S'EN- TRECOUPER. v. pron. Se dit des chevaux et autres animaux qui se blessent en se frottant un pied contre l'autre quand ils marchent. *Ce cheval est sujet à s'e. Ce mulet s'entrecoupe des pieds de devant.* On dit ordinairement, Se couper. Voy. COUPER. == ENTRECOUPÉ, ÉE. part. *Mots entrecoupés. Voix entrecoupée.*

ENTRE-COURS. s. m. T. Rur. Réciprocité de pâturage entre les habitants de plusieurs communes.

ENTRE-COUVRIR (S'). v. pron. Se couvrir réciproquement.

ENTRE-CRAINDRE (S'). v. pron. Se craindre réciproquement.

ENTRECROISEMENT. s. m. Disposition de deux choses qui s'entre-croisent. *L'e. des nerfs optiques.* || T. Phys. Action, état, résultat du croisement de races par unions sexuelles.

ENTRE-CROISER. v. a. Croiser réciproquement. == S'EN- TRE-CROISER. v. pron. Se croiser l'un l'autre. *Des lignes qui s'entre-croisent.*

ENTRE-CUEILLIR. v. a. [Pr. antrekeu-llir, ll mouil.]. T. Jard. Cueillir en plusieurs fois les fruits d'un arbre, en tenant compte des degrés différents de maturité.

ENTRE-CUISSE. s. m. L'entre-deux des cuisses.

ENTRE-DÉCHIRER (S'). v. pron. Se déchirer l'un l'autre.

ENTRE-DÉCLARER (S'). v. pron. Se déclarer quelque chose réciproquement.

ENTRE-DÉCOURAGER (S'). v. pron. Se décourager réciproquement.

ENTRE-DÉFAIRE (S'). v. pron. Se défaire l'un l'autre.

ENTRE-DÉFENDRE (S'). v. pron. Se défendre réciproquement.

ENTRE-DEMANDER (S'). v. pron. Se demander quelque chose réciproquement.

ENTRE-DÉPOSSÉDER (S'). v. pron. Se déposséder réciproquement.

ENTRE-DÉROBER (S'). v. pron. Se dérober réciproquement quelque chose l'un à l'autre.

ENTRE-DÉTRUIRE (S'). v. pron. Se détruire l'un l'autre. *Vos allégations s'entre-détruisent.*

ENTRE-DEUX. s. m. Partie ou espace qui est entre deux choses. *On a ôté l'e.-deux qui séparait ces deux chambres. Dans l'e.-deux de ces pilotis. L'e.-deux des épaules. Un e.-deux de morue,* La partie qui est entre la tête et la queue. == ENTRE-DEUX. loc. adv. qui s'emploie pour signifier un terme moyen. *Ce mouton est-il tendre ou dur? E.-deux. Fait-il froid? E.-deux.* || Espèce de console qu'on place entre deux fenêtres. || Nom de petites pièces de dentelle servant à orner divers objets de la toilette des femmes. || T. Techn. Endroit où les forces n'ont pas tondu le drap d'assez près. — Nom donné à des planchettes dont on se sert pour mettre les volumes en presse. — Bulles qui se forment dans le verre pendant qu'on le travaille. || T. Mar. *E.-deux des lames,* L'espace vide compris entre deux lames élevées par une forte mer. — *E.-deux des sabords,* Espace plein de la muraille intérieure qui est entre les deux sabords. — Absol. L'espace compris entre le grand mât et le mât de misaine. || T. Mécan. *E.-deux des tiroirs,* Partie pleine qui sépare les deux orifices du tiroir en cylindre.

ENTRE-DEVOIR (S'). v. pron. Se devoir quelque chose réciproquement.

ENTRE-DÉVORER (S'). v. pron. Se dévorer mutuellement.

ENTRE-DIFFAMER (S'). v. pron. [Pr. santre-ffa-mer]. Se diffamer l'un l'autre.

ENTRE-DIFFÉRER. v. n. [Pr. antredi-férer]. Différer l'un de l'autre.

ENTRE-DIRE (S'). v. pron. Dire réciproquement quelque chose l'un à l'autre.

ENTRE-DISPUTER (S'). v. réfl. Se disputer quelque chose l'un à l'autre.

ENTRE-DONNER (S'). v. pron. [Pr. santre-do-ner]. Se donner mutuellement quelque chose.

ENTRÉE. s. f. Lieu, endroit par où l'on entre. *L'e. de la ville, de la maison, de l'église. Boucher, fermer l'e. l'e. du pont. Tout à l'e. Cette maison est belle, mais l'e. en est incommode. L'e. d'un port, d'une rade.* — Par anal., se dit de l'ouverture de certaines choses. *L'e. d'un chapeau, d'une botte, d'un soulier, d'une manche,* etc. *Ces bottes sont trop larges d'e. L'e. d'une serrure.* || L'action d'entrer. *L'e. d'un vaisseau dans le port. L'e. d'un corps de troupes en pays ennemi.* — L'action d'entrer solennellement dans une ville. *L'e. du roi. L'e. de la reine.* || *L'e. d'un ambassadeur. L'e. triomphante d'une armée dans une ville conquise.* — Par ext., La réception solennelle qu'on fait à un souverain, à un personnage de distinction, etc., lorsqu'il entre en cérémonie dans une ville. *On fit à la reine une e. magnifique.* || T. Théâtre. Se dit absol., de l'entrée en scène d'un acteur, d'une actrice. *Cet acteur a manqué son e. Il a fait une fausse e.* || Au plur., se dit du privilège qui est attaché à certaines charges ou accordé à certaines personnes, de pouvoir entrer dans la chambre du roi à des heures où les autres courtisans n'entrent pas. *Il y a les grandes et les petites entrées. Cette charge donne toutes les entrées. Avoir ses entrées chez le roi. Bien qu'il ait résigné sa charge, le prince lui a conservé les entrées.* — Au sing., Le droit de siéger dans une assemblée, d'y prendre part aux délibérations. *Le gouverneur de Paris avait e. au Parlement. Ce prince a e. à la diète.* — Se dit encore, au sing. qu'au plur, du privilège d'entrer sans payer dans un spectacle. *Il a son e., ses entrées à l'Opéra. Les entrées de faveur sont suspendues.* || Fig., se dit de l'admission d'une personne dans quelque endroit, de son début dans le monde, dans une profession, etc.

Depuis son e. au collège, cet enfant est toujours malade. Faire son e. dans le monde. Depuis son e. au barreau. E. en exercice, en fonction. || Fig., *Donner e.,* Être l'occasion, favoriser l'introduction. *Cette tolérance a donné e. à bien des abus.* || Fig., Commencement. *A l'e., vers l'e. de l'hiver, L'e. de son pontificat. A l'e. de son discours. A l'e. du livre. Dès l e. du repas ou Dès l'e. de la table,* Dès le commencement du repas. — *D'e. de jeu,* au prop., sign. Dès le commencement du jeu; et fig., se prend pour tout aussitôt. *Il se mit à jouer et d'e. de jeu il perdit tout son argent. D'e. de jeu il fit voir son extravagance.* Fam. || T. Mus. Commencement de chaque partie dans un morceau de musique. *Le cor a manqué son e. Les basses n'ont pas bien attaqué leur e.* || Dans le langage administratif, Nom de petits tableaux indiquant les objets à discuter dans un conseil. || T. Turf. On appelle *Entrées,* les sommes versées par le propriétaire qui engage un cheval pour une course. || T. Mathém. *Table à double e.,* Table numérique dans laquelle une signification est donnée aux colonnes verticales et une aux colonnes horizontales. *La table de Pythagore est une table de multiplication à double e.* || T. Théâtre. *E. de ballet,* ou simplement, *Entrée,* Partie de ballet qu'on désigne sous le nom de scène dans un opéra. Voy. BALLET. || L'action de faire entrer des marchandises dans un État, dans une ville, et le droit que l'on paie pour cette introduction. *L'e. d'une marchandise en contrebande. Droit d'e. Payer l'e., les droits d'e. Cela paie e.* || T. Jurisp. *E. en possession, en jouissance,* Action de commencer à posséder une chose, à en jouir. || T. Eaux et For. *Bois d'e.,* Bois qui commence à présenter des signes de dépérissement. || T. Archit. Décoration, façade qui sépare le chœur d'une église du reste de la nef. || T. Mar. Passage par lequel on entre dans une rade. — *Avoir l'e.,* Avoir satisfait à tous les règlements sanitaires ou de douane et être en droit de pénétrer dans le port, dans la rade. || T. Techn. *E. de serrure,* Entaille par laquelle la clef entre dans la serrure. — Petite pièce de cuivre ou de fer qui couvre en partie l'ouverture pratiquée dans le bois pour l'introduction d'une clef. || T. Astron. Le moment où un astre, dans son mouvement, semble pénétrer d'un lieu de l'espace dans un autre. *L'e. du Soleil dans le signe du Bélier. L'e. de la Lune dans l'ombre de la Terre.* || T. Cuis. Mets qui se sert au commencement du repas, avec le bœuf ou les relevés du potage. *Un plat d'e. Il y avait quatre entrées. Un plat d'e.* — D'EN-TRÉE, loc. adv. Tout d'abord. *Il nous dit d'e. trois ou quatre fausses nouvelles.* Vx.

ENTRE-ÉCLAIRCIR (S'). v. pron. Se donner des éclaircissements réciproques.

ENTRE-ÉCLOS, OSE. adj. *A demi-éclos.*

ENTRE-ÉCOUTER (S'). v. pron. S'écouter réciproquement.

ENTRE-ÉCRIRE (S'). v. pron. Écrire réciproquement quelque chose l'un à l'autre.

ENTRE-FAIRE (S'). v. pron. Se faire l'un à l'autre.

ENTREFAITE. s. f. [R. *entre,* et *fait*). Occasion, circonstance. Ne s'emploie plus dans ces locutions adverbiales : *Dans l'e., sur cette e. Dans ces entrefaites, sur ces entrefaites,* Pendant ce temps-là, pendant que les choses étaient dans cet état. — Le sing. est rarement usité.

ENTRE-FAVORISER (S'). v. pron. Se favoriser l'un l'autre.

ENTREFEND. s. m. Syn. de *Mur de refend.*

ENTRE-FESSES. s. m. T. Bouch. Maniement impair ou simple situé entre les fesses, et immédiatement en arrière du pis de la vache.

ENTRE-FESSON. s. m. [Pr. *antre-fè-son*]. Inflammation érysipélateuse, qui se produit quelquefois entre les fesses et la région du périnée, à la suite d'une longue marche. || T. Vét. Excoriation qu'un cheval gras se fait entre les fesses.

ENTRE-FESTOYER (S'). v. pron. [Pr. *antre-festo-ier*]. Se festoyer réciproquement.

ENTRE-FEUILLE. s. f. T. Rur. Intervalle compris entre les feuilles d'un cep de vigne. || T. Bot. Feuille secondaire qui croît à l'aisselle des feuilles primordiales.

ENTREFILET. s. m. T. Journ. Nom donné aux lignes des paragraphes que l'on met entre deux filets.

ENTRE-FIN, INE. adj. T. Comm. Intermédiaire entre gros et fin.

ENTRE-FLANQUER (S'). v. pron. Se flanquer réciproquement, se couvrir par le flanc.

ENTRE-FLATTER (S'). v. pron. [Pr. *santre-fla-ter*]. Se flatter réciproquement.

ENTRE-FOUETTER (S'). v. pron. [Pr. *santre-foi-ter*]. Se fouetter l'un l'autre, les uns les autres.

ENTRE-FRAPPER (S'). v. pron. [Pr. *santre-fra-per*]. Se frapper l'un l'autre.

ENTRE-FROISSER (S'). v. pron. Se froisser réciproquement.

ENTRE-FROTTER (S'). v. pron. [Pr. *santre-fro-ter*]. Se frotter réciproquement.

ENTRE-FUIR (S'). v. réfl. Se fuir l'un l'autre.

ENTRE-GARDER (S'). v. pron. Se garder réciproquement.

ENTREGENT. s. m. (R. *entre,* et *gens*). Manière adroite de se conduire dans le monde. *Un homme qui a de l'e. Il n'a pas d'e. Il manque d'e.* Fam.

ENTRE-GLOSER (S'). v. réfl. Se gloser, s'interpréter l'un l'autre.

ENTR'ÉGORGEMENT. s. m. Action de s'entr'égorger.

ENTR'ÉGORGER (S'). v. pron. S'égorger l'un l'autre.

ENTRE-GOURMER (S'). v. pron. Se gourmer réciproquement.

ENTR'ÉGRATIGNER (S'). v. pron. S'égratigner l'un l'autre.

ENTRE-GRATTER (S'). v. pron. [Pr. *santre-gra-ter*]. Se gratter l'un l'autre.

ENTRE-GREFFER (S'). v. pron. [Pr. *santre-grè-fer*]. Être greffés les uns sur les autres. *Les arbres s'entre-greffent.*

ENTRE-GRONDER (S'). v. pron. Se gronder l'un l'autre.

ENTRE-GUERROYER (S'). v. pron. [Pr. *santre-gher-roi-ier*]. Se faire la guerre l'un contre l'autre.

ENTRE-HAÏR (S'). v. pron. Se haïr mutuellement.

ENTRE-HANTER (S'). v. pron. Se hanter l'un l'autre.

ENTRE-HAPPER (S'). v. pron. [Pr. *santre-hap-per*]. Se happer l'un l'autre.

ENTRE-HARCELER (S'). v. pron. Se harceler mutuellement.

ENTRE-HARPER (S'). v. pron. Se saisir, s'empoigner.

ENTRE-HEURTEMENT. s. m. Action de s'entre-heurter.

ENTRE-HEURTER (S'). v. pron. Se heurter mutuellement.

ENTREILLISÉ, ÉE. adj. [Pr. *antrè-lli-zé,* ll mouillées]. Fait en forme de treillis, qui ressemble à un treillis.

ENTRE-JETER. v. a. Jeter de l'un à l'autre.

ENTRE-JOINDRE (S'). v. pron. Se joindre réciproquement.

ENTRE-JOUER (S'). v. pron. Se jouer, se tromper l'un l'autre.

ENTRE-JURER (S'). v. pron. Se jurer réciproquement quelque chose l'un à l'autre.

ENTRELACEMENT. s. m. État de plusieurs choses entrelacées les unes dans les autres. L'e. de ces guirlandes est fait avec goût. Des entrelacements de chiffres, d'arabesques.

ENTRELACER. v. a. Enlacer l'un dans l'autre. E. des branches d'arbres l'une dans l'autre. E. les cheveux de rubans, de fleurs, de perles, etc. == s'ENTRELACER. v. pron. Des branches qui s'entrelacent. == ENTRELACÉ, ÉE. part. Des chiffres entrelacés. == Conj. Voy. AVANCER.

ENTRELACS. s. m. [Pr. antre-la]. Cordons entrelacés de façon à former quelques nœuds. T. Archit. Ornement composé de moulures diversement enlacées, quelquefois liées ensemble par un fleuron. Un e. bien fait. Les e. sont surtout usités pour former les panneaux à jour des balcons, des rampes d'escalier. || T. Peint. Ornements de feuillage ou de vigne qui se croisent dans un tableau. || T. Passement. Cordons propres à attacher des rideaux, des ornements. || T. Calligr. Traits de plume qui se lient et s'entrelacent les uns dans les autres.

ENTRE-LAISSER (S'). v. pron. Se laisser réciproquement quelque chose.

ENTRELARDEMENT. s. m. T. Cuis. Action d'entrelarder, état d'une viande entrelardée.

ENTRELARDER. v. a. T. Cuis. Piquer de lard une viande. Il faut e. ce filet de bœuf. — Par anal., E. un pâté, une daube, un pain d'épice, etc., de clous de girofle, de cannelle, d'écorce de citron, etc. || Fig. et fam., E. un discours, un ouvrage de vers, de passages d'auteurs anciens, etc., Y insérer des vers, des passages d'auteurs anciens, etc.; se dit en mauvaise part. == ENTRELARDÉ, ÉE. part. || Adject. Viande entrelardée, Viande mêlée de gras et de maigre.

ENTRE-LARGE. adj. T. Comm. Qui tient le milieu entre large et étroit.

ENTRELASSURE. s. f. Entrelacement, complication de figures.

ENTRE-LIER (S'). v. pron. Se lier l'un l'autre.

ENTRE-LIGNE. s. m. Espace qui est entre deux lignes d'écriture. Il ne faut pas écrire dans l'e.-ligne, dans les entre-lignes. La loi défend aux notaires d'écrire en e.-ligne. || Ce qui est écrit entre deux lignes.

ENTRE-LIRE. v. a. Lire à demi. Je n'ai fait que l'e.-lire.

ENTRE-LOUER (S'). v. pron. Se louer l'un l'autre.

ENTRE-MAILLADE. s. f. [Pr. antrema-llade, ll mouillées]. T. Pêc. Filet pierré et flotté en usage sur la Méditerranée.

ENTRE-MANGER (S'). v. pron. Se manger l'un l'autre. Peu us.

ENTRE-MANGERIE. s. f. Hostilités par lesquelles des hommes de même profession cherchent à se nuire mutuellement.

ENTR'EMBARRASSER (S'). v. pron. S'embarrasser mutuellement.

ENTR'EMBRASSER (S'). v. pron. S'embrasser l'un l'autre.

ENTRE-MÉFAIRE (S'). v. pron. Se faire du mal réciproquement, les uns aux autres.

ENTREMÊLEMENT. s. m. Action d'entremêler; résultat de cette action.

ENTREMÊLER. v. a. Mêler, insérer plusieurs choses parmi d'autres. E. des fleurs rouges parmi des blanches. Il faut e. les orangers et les grenadiers. || Fig., Il ne faut point e. des questions si différentes. Son discours est entremêlé de traits nobles et d'idées triviales. == s'ENTREMÊLER. v. pron. Se mêler ensemble. Des nuances qui s'entremêlent agréablement. || S'entremettre. Je ne veux point m'e. dans cette affaire. Peu us. == ENTREMÊLÉ, ÉE. part.

ENTRE-MESURER (S'). v. pron. Se mesurer réciproquement.

ENTREMETS. s. m. [Pr. entre-mè]. Autrefois, tout ce qui se faisait entre les mets, divertissements, etc. || Aujourd'hui, T. Cuis. Mets en général légers, tels que soufflés, gelées, glaces, etc., qui se servent sur la table après le rôti et avant le dessert. Après cela on servit l'e. Ce plat n'est pas un e. On servit à l'e., pour l'e., telle chose. — Par ext., Nous étions à l'e.

ENTREMETTEUR, EUSE. s. [Pr. antre-mè-teur]. Celui, celle qui s'entremet, qui s'emploie dans une affaire entre deux ou plusieurs personnes. Il a été l'e. de cette affaire. || Au fém., ne se dit qu'en mauvaise part, en parlant d'une femme qui facilite quelque intrigue galante.

ENTREMETTRE (S'). v. pron. [Pr. santre-mè-tre]. S'employer pour quelque affaire qui intéresse d'autres personnes. Il s'entremet pour lui faire avoir cette place. — S'e. d'une d'une affaire, S'en mêler, négocier avec ceux qu'elle regarde principalement. C'est une affaire dont il s'est entremis pour accommoder les parties. Il s'en est entremis d'office. == ENTREMIS, ISE. part.

ENTREMISE. s. f. Action d'une personne qui s'entremet, qui interpose ses offices, son crédit, son autorité, etc. Se servir de l'e. de quelqu'un. La paix se fit par l'e. des puissances neutres. J'ai arrangé cette affaire par l'e. d'un de mes correspondants. || T. Mar. Nom donné à des pièces de bois qu'on place entre deux autres, pour les renforcer et les affermir. — Chacune des pièces de bois sur lesquelles reposent les surbaux des écoutilles.

ENTRE-MODILLON. s. m. [Pr. antremodi-llon, ll mouillés]. T. Archit. Intervalle compris entre deux modillons.

ENTREMONT, belle vallée de la Suisse, au pied du Grand Saint-Bernard.

ENTRE-MORDRE (S'). v. pron. Se mordre l'un l'autre.

ENTR'EMPÊCHER (S'). v. pron. S'empêcher, se gêner mutuellement.

ENTR'ENCOURAGER (S'). v. pron. S'encourager l'un l'autre.

ENTRE-NERF. s. m. T. Techn. Espace compris entre les nervures du dos d'un livre.

ENTR'ENLEVER (S'). v. pron. S'enlever réciproquement quelque chose l'un à l'autre.

ENTRE-NŒUD. s. m. T. Bot. Désigne toute portion de tige comprise entre deux feuilles ou deux verticilles de feuilles. Les entre-nœuds d'une tige.

ENTRE-NOUER (S'). v. pron. Se nouer réciproquement.

ENTR'ENTENDRE (S'). v. pron. Être d'intelligence l'un avec l'autre.

ENTRE-NUIRE (S'). v. pron. Se nuire l'un à l'autre.

ENTR'ENVOYER (S'). v. pron. S'envoyer réciproquement quelque chose l'un à l'autre.

ENTRE-PARDONNER (S'). v. pron. Se pardonner réciproquement quelque chose l'un à l'autre.

ENTRE-PARLER (S'). v. pron. Se parler réciproquement l'un à l'autre.

ENTREPAS. s. m. T. Manège. Allure défectueuse du cheval. Voy. Traquenard.

ENTRE-PAYER (S'). v. pron. [Pr. *santre-pè-ier*]. Se payer l'un l'autre.

ENTRE-PERCER (S'). v. pron. Se percer l'un l'autre. == Conj. Voy. Avancer.

ENTRE-PERSÉCUTER (S'). v. pron. Se persécuter l'un l'autre.

ENTRE-PICOTER (S'). v. pron. Se picoter réciproquement, se harceler l'un l'autre.

ENTREPIED. s. m. Partie d'un moulin qui joint concentriquement la feuillure.

ENTRE-PILASTRE. s. m. T. Archit. Espace compris entre deux pilastres.

ENTRE-PILLER (S'). v. pron. [Pr. *santre-pi-ller*, ll mouillés]. Se piller l'un l'autre.

ENTRE-PLAIDER (S'). v. pron. Se faire réciproquement un procès l'un à l'autre.

ENTRE-PLANT. s. m. T. Rur. Ceps plantés dans une vieille vigne pour en regarnir les vides.

ENTRE-POINTILLÉ, ÉE. adj. [Pr. *antre-pouin-ti-llé*. ll mouillés]. T. Grav. *Tailles entre-pointillées*, Tailles entre lesquelles on met du pointillé.

ENTREPONT. s. m. T. Mar. Intervalle, étage qui sépare deux ponts dans un vaisseau. *Dans les entreponts.* — L'étage inférieur d'un grand navire. — L'espace compris entre la batterie basse et celle qui est immédiatement au-dessus.

ENTRE-PORTER (S'). v. pron. Se porter l'un à l'autre.

ENTREPOSAGE. s. m. Action d'entreposer, de mettre en entrepôt.

ENTREPOSER. v. a. Déposer des marchandises dans un entrepôt. *Il a entreposé au Havre des cotons filés pour les faire transiter.* == Entreposé, ée. part.

ENTREPOSEUR. s. m. Celui qui tient un entrepôt. || Celui qui est commis à la garde d'un entrepôt, à la garde de marchandises entreposées. || Celui qui est préposé à la garde et à la vente de certaines marchandises dont le gouvernement a le monopole. *E. de tabac.*

ENTREPOSITAIRE. s. m. Celui qui dépose des marchandises dans un entrepôt.

ENTREPÔT. s. m. T. Comm. et Admin. financière. On donne communément le nom d'*Entrepôt* aux lieux où les marchandises sont déposées, en attendant que les besoins de la consommation viennent les y chercher. Dans ce sens, Alexandrie était jadis l'e. du commerce de l'Inde; Marseille est un des entrepôts des produits du Levant. Mais aujourd'hui la dénomination d'e. s'applique spécialement à des magasins où les commerçants ont la faculté de déposer leurs marchandises sans payer de droits de douane, si ces marchandises sont réexportées, et en ne payant les droits qu'au fur et à mesure de la vente, si ces marchandises entrent dans la consommation intérieure. — On distingue l'e. *réel* et l'e. *fictif*. Le premier est le dépôt des marchandises dans un magasin public placé sous la surveillance immédiate de la douane et fermant à deux clefs, dont l'une est remise à l'entrepositaire et l'autre reste aux mains des agents de l'État. L'e. fictif est celui qui s'opère dans les magasins du négociant lui-même, sous la condition de représenter à toute réquisition la marchandise entreposée ou le certificat d'acquittement des droits auxquels elle est soumise. La faculté d'e. fictif s'accorde seulement pour certaines marchandises et à certains négociants bien famés ou qui fournissent caution. La durée légale de l'e. réel est de trois années, et de l'e. fictif d'une année seulement; mais elle peut être prolongée par l'administration. Il existe des entrepôts réels dans toutes nos villes maritimes de quelque importance. Plusieurs villes de l'intérieur ont obtenu l'e. réel pour les marchandises destinées au transit, et d'autres en plus grand nombre pour les marchandises de leur commerce local. C'est ce qu'on appelle *entrepôts spéciaux.*

ENTRE-POURSUIVRE (S'). v. pron. Se poursuivre l'un l'autre.

ENTRE-POUSSER (S'). v. pron. Se pousser l'un l'autre.

ENTREPRENABLE. adj. Qui peut être entrepris.

ENTREPRENANT, ANTE. adj. Hardi, qui se porte aisément à quelque entreprise. *Ce général est e. Un négociant actif et e.* || Qui est disposé à entreprendre sur le droit d'autrui. *C'est un homme bien e. Il est d'une humeur entreprenante.*

ENTREPRENDRE. v. a. Se décider à faire une chose et s'engager dans son exécution; se dit en parlant d'une opération qui a besoin d'un certain temps pour être terminée. *E. une guerre, un voyage, une besogne. Il a entrepris d'écrire l'histoire de... Il a réussi dans tout ce qu'il a entrepris. Vous entreprenez trop de choses à la fois.* Absol. *Il ne faut pas e. au delà de ses forces.* || S'engager à faire pour autrui ou à fournir à autrui quelque chose à certaines conditions. *Cet architecte a entrepris la construction de la nouvelle église pour telle somme. Il a entrepris cette fourniture de vivres moyennant telles conditions. Cette compagnie a entrepris l'éclairage de la ville au gaz.* || Fig. et fam. *E. quelqu'un,* Se mettre après lui, le persécuter, le poursuivre, le railler, le quereller. *S'il me force à l'e., il verra de quel bois je me chauffe. Vous courez grand risque d'être malmené s'il vous entreprend. Il a voulu m'e. sur ce que j'avais dit de lui.* || En parlant d'une maladie, Attaquer, embarrasser. *La fièvre l'a entrepris avec une violence extraordinaire. Être entrepris par un rhume. Il a un rhumatisme qui lui entreprend toute la jambe.* == Entreprendre. v. n. Empiéter. *E. sur quelqu'un. E. sur la propriété, sur les droits de quelqu'un.* || Attenter à. *César entreprit sur la liberté du peuple romain. Il a entrepris sur la vie de son bienfaiteur.* || T. Jeux. Commencer un coup. — s'Entreprendre. v. pron. Se disputer, se quereller. *C'est à ce sujet qu'ils se sont entrepris.* Fam. == Entrepris, ise. part. || Adj., Embarrassé, perclus. *J'ai la tête tout entreprise. Avoir le bras entrepris.*

ENTREPRENEUR, EUSE. s. Celui, celle qui entreprend quelque chose. || Par dénigr. Personne qui se livre à une industrie coupable ou ridicule.

Écon. polit. — Dans le langage de l'économie politique, l'*Entrepreneur* est celui qui se met à la tête d'une entreprise quelconque et se charge de sa direction. Dans le langage ordinaire, on désigne plus particulièrement l'e. par le nom de l'espèce d'industrie à laquelle il se consacre : ainsi l'e. d'industrie agricole est appelé *Cultivateur,* lorsque la terre lui appartient, et *Fermier,* lorsqu'il la loue. On applique le nom de *Manufacturier* à l'e. d'industrie manufacturière, celui de *Négociant* à l'e. d'industrie commerciale, etc. Lorsqu'on parle purement et simplement d'une e., on entend vulgairement celui qui se charge à forfait d'une entreprise particulière, et surtout d'une entreprise de construction ou d'une entreprise de fourniture.

L'e. est l'agent principal, non seulement de la production, mais encore de la distribution de la richesse produite. L'exécution d'un produit exige le concours de trois ordres de connaissances : 1° le travail du *savant,* qui découvre les principes, les lois, les procédés; 2° le travail de l'*entrepreneur,* qui conçoit l'idée de produire et, pour la réaliser, applique ces principes, ces lois, ces procédés; 3° le travail de l'*ouvrier,* qui exécute les prescriptions de l'e. On conçoit qu'à la rigueur la même personne puisse remplir ces trois rôles différents : ce cas est rare; mais, en revanche, nous voyons chaque jour une foule d'individus qui remplissent à la fois les deux derniers, c.-à-d. le rôle d'e. et celui d'ouvrier. Quoi qu'il en soit, lorsque l'e. a conçu l'idée de produit, il faut qu'il réunisse tous les instruments nécessaires à la réalisation de cette idée, et, pour cela, qu'il fasse concourir l'instrument-terre, l'instrument-capital et l'instrument-travail, s'il s'agit d'une entreprise agricole, ou ces deux derniers instruments, s'il s'agit d'une entreprise manufacturière ou commerciale. Lorsque l'e. agit avec ses propres ressources, lorsque, par ex., il exploite sa propre terre, ou fait marcher son industrie avec son propre capital, cette circonstance ne change absolument rien à son rôle quant à ce qui concerne la production : elle modifie simplement le mode de distribution de la valeur produite.

Ce qui fait la difficulté de la tâche de l'e., c'est de créer des produits qui vaillent autant que leurs *frais de production.* Or, ce problème est fort compliqué. « L'e., dit Jos. Garnier, est un travailleur, et, au point de vue de l'entreprise dont il conçoit et dirige les éléments, un travailleur de premier ordre. Il faut qu'il ait les connaissances spéciales de sa profession et le talent de les appliquer à la nature de l'entreprise. Il faut qu'il sache choisir et conduire les hommes dont il a besoin, et tirer le meilleur parti possible de leurs facultés et de leur travail. Il faut qu'il sache se procurer les capitaux et les moyens nécessaires, soit par le crédit, soit par l'association, qui supposent la confiance en ses qualités, son habileté, sa droiture. Il faut qu'il soit commerçant, c.-à-d. qu'il sache écouler ses produits, attirer, ménager, satisfaire ses clients. Il faut, en deux mots, qu'il réunisse le double talent de l'application et des affaires, le double talent de conduire les hommes et les choses, et de faire converger vers le but de la production tous les éléments de cette production. Dans le cours de toutes ses opérations, il y a des obstacles à surmonter qui demandent une certaine énergie ; il y a des inquiétudes à supporter qui demandent une certaine fermeté ; il y a des malheurs à réparer pour lesquels il faut l'esprit de ressource. — Toutes ces conditions ne sont pas remplies sans que l'e. fasse beaucoup d'efforts intellectuels et physiques, sans qu'il développe une grande activité d'esprit. Jointes à la responsabilité redoutable, aux risques et aux soucis que n'ont point les autres agents de la production, ces conditions expliquent légitimement le haut salaire que l'e. peut prélever. Néanmoins ce salaire est, comme toutes les valeurs, soumis à la loi de l'offre et de la demande, et ramené à ses limites naturelles par la concurrence des hommes à talents et à aptitudes analogues qui peuvent offrir les mêmes avantages aux consommateurs, aux ouvriers et aux capitalistes. »

Nous avons dit que l'e. est non seulement l'agent directeur de la production, mais que c'est encore à lui qu'incombe la fonction de répartir la valeur du produit réalisé, entre tous ceux qui ont concouru à sa formation. « Un produit, dit le savant économiste que nous venons déjà de citer, étant le plus souvent le résultat de plusieurs entreprises successives, l'e. qui reçoit le produit non terminé des mains d'un autre e. rembourse à celui-ci toutes les avances faites jusque-là. Une paire de chaussures, par ex., passe ainsi sous diverses formes par les mains des entrepreneurs divers qu'on nomme fermier, boucher, tanneur, corroyeur, cordonnier, et même de plusieurs entrepreneurs voituriers et marchands, qui se sont trouvés interposés dans les différentes phases de cette production complexe, et qui remboursent chacun successivement des salaires, des intérêts, des fermages. La production nécessitant des dépenses, des consommations, des avances, le producteur prélève avant tout sur le résultat de son industrie ce qu'il a avancé. S'il n'en retire qu'une valeur égale, il n'a manqué son but : car il a employé en pure perte son travail et son talent. Mais lorsque, après avoir retiré du résultat brut de l'entreprise les avances de capital qu'il a faites, il trouve une différence en plus, cette différence ne sera réellement suffisante que s'il peut y trouver deux choses bien distinctes : son salaire comme travailleur, et un bénéfice net qu'il pourra capitaliser, consommer ou employer de la manière qu'il jugera convenable. Il est bien entendu que, dans les avances qu'il devra prélever avant tout, se trouvent : 1° le *salaire* des ouvriers qui ne sont point ses associés, et qui n'ont pas voulu ou ne prennent les éventualités de l'entreprise ; 2° le *fermage* qu'il a payé au possesseur du sol ; 3° l'*intérêt* ou *loyer* du capital qu'il lui a servi à faire les avances. » Ainsi donc, c'est par les soins de l'e. que sont répartis tous les revenus de la société ; il les répartit selon les conventions libres débattues avec lui, soit par le propriétaire terrien, soit par le capitaliste, soit par les ouvriers. Lorsque lui-même est un propriétaire-fermier, ou capitaliste, ou travailleur manuel, il prélève sa part pour chacune de ces qualités : sa part totale est plus considérable, mais la part qui constitue son profit comme e. reste proportionnellement la même. — Voy. PRODUCTION, PROFIT et SALAIRE.

ENTRE-PRESSER (S'). v. pron. Se presser l'un l'autre.

ENTRE-PRÊTER (S'). v. pron. Se prêter réciproquement quelque chose l'un à l'autre.

ENTREPRISE. s. f. Ce que l'on veut entreprendre ; ce que l'on a entrepris ; se dit d'une opération qui a besoin d'un

certain temps pour être terminée. *Belle, hardie, grande, glorieuse e. E. téméraire, chimérique, insensée. E. de commerce, de finances, de transports,* etc. *Former, exécuter une e. Venir à bout d'une e. Renoncer à une e. Échouer dans une e. Il a placé toute sa fortune dans cette e.* || Marché à forfait par lequel quelqu'un s'engage à faire ou à fournir quelque chose. *Mettre des travaux à l'e. Les faire exécuter par e. Avoir l'e. d'une fourniture, de la construction d'un pont,* etc. || Se dit aussi de certains établissements destinés à procurer au public un service particulier. *E. générale des omnibus, de l'éclairage au gaz,* etc. || Action injuste ou illégale par laquelle on entreprend sur le bien, sur les droits d'autrui, etc. *C'est une e. contre le droit des gens, contre la foi publique.* || T. Fauconn. *Oiseau de grande e.,* Qui attaque résolument sa proie.

ENTRE-PRODUIRE (S'). v. pron. Se produire mutuellement.

ENTRE-PROMETTRE (S'). v. pron. Se promettre quelque chose l'un à l'autre.

ENTR'ÉPROUVER (S'). v. pron. S'éprouver réciproquement.

ENTRE-QUERELLER (S'). v. pron. [Pr. *santre-ke-rè-ler*]. Se quereller l'un l'autre.

ENTRE-QUITTER (S'). v. pron. [Pr. *santre-ki-ter*]. Se quitter l'un l'autre.

ENTRER. v. n. (lat. *intrare,* m. s.). Passer du dehors d'un lieu au dedans de ce lieu. *E. dans une ville, dans une maison, dans une chambre, dans un jardin, dans une allée. E. dans un bois. E. dans une voiture, dans un bateau. E. au concert, au spectacle. E. en Allemagne, en Italie. E. dans le port, au port. E. dans la lice, en lice. — E. en scène,* Arriver sur la scène pour y jouer son rôle. — *E. à table,* Se mettre à table pour prendre un repas. || Fig., *E. dans une bonne, dans une mauvaise voie,* S'engager dans une bonne, dans une mauvaise direction. — *E. dans une affaire.* S'y associer, s'y intéresser, y prendre part. *Il est entré dans cette affaire pour un intérêt de tant.* On dit de même, *E. dans une bonne œuvre. — E. dans le détail des choses,* Examiner les choses en détail. Absol., *E. dans le détail, dans les détails,* Expliquer avec détail les choses. On dit de même, *E. dans de longues explications, dans de longs développements,* etc. || Fig., *E. dans une bonne part;* embrasser un genre de vie, une profession, un état. *E. au collège. E. à l'hospice. E. au conseil. E. à l'Académie. E. dans le commerce, dans la marine, dans la magistrature, dans l'administration, dans l'Église, dans les ordres. E. au service. E. dans une famille. Elle est entrée à l'Opéra. — E. en prison,* Être mis en prison. — *E. en condition, e. au service de quelqu'un,* Devenir domestique de quelqu'un. — *E. dans le monde,* Commencer à paraître dans le monde. — *E. au couvent, e. en religion,* Se faire religieux ou religieuse. En parlant d'une chose, Pénétrer, s'engager dans une autre. *Cette clef n'entre pas, ne peut e. dans la serrure. Ce couteau n'entre pas facilement dans sa gaine. Faire e. une clavette dans un boulon. Les dents de cette roue entrent dans un pignon. Le coup est entré bien avant dans les chairs. Une épine lui est entrée dans le pied. Ce bois est si dur, que la cognée n'y s'aurait e. La lumière, le jour n'entre dans ce lieu que par une très petite ouverture.* — Par hypallage, *Ce chapeau n'entre pas bien dans la tête,* La tête n'entre pas bien dans ce chapeau. || Fig. et fam., *Ce bruit entre dans la tête, dans les oreilles,* Il importune, il étourdit. — *On ne peut rien lui faire e. dans la tête,* On ne peut rien lui faire comprendre. *On ne peut lui faire e. cela dans la tête,* On ne peut le lui persuader. — *Cela ne m'est jamais e. dans l'esprit, dans la pensée, dans la tête, dans l'imagination,* Cette idée ne m'est jamais venue à l'esprit. On dit dans le même sens, *Il ne m'est jamais entré en pensée, dans l'esprit, dans la tête, que cela pût être. Comment cela pouvait-il vous e. dans l'esprit?* etc. Fam., on dit encore, *Cela n'est jamais entré dans la tête de personne,* Cette idée est si absurde, que personne ne l'a jamais eue. — *E. dans l'âme, dans le cœur,* S'insinuer, pénétrer, naître dans l'âme, dans le cœur, etc. *La haine entra dans son âme. La défiance entre dans les cœurs, dans les esprits. — E. dans le sens, dans la pensée d'un auteur,* Comprendre le sens, la pensée d'un auteur.

Vous n'entrez pas dans ma pensée, Vous ne concevez pas bien ce que j'ai voulu dire. *E. dans la pensée de quelqu'un*, Comprendre et approuver les motifs qui le font penser de telle manière. — *E. dans les sentiments, dans les idées, dans les vues de quelqu'un*, Les accepter, les partager. *Cela entre, n'entre pas dans ses vues*, Cela est conforme, n'est pas conforme à ses vues. On dit de même, *Il entre, il n'entre pas dans ses vues de faire cela*. — *Cet auteur, cet orateur, ce peintre entre bien dans les passions*, Il les entend et les exprime bien. On dit de même, *Cet acteur entre bien dans la passion, dans le caractère de son personnage*. — *E. dans les secrets, dans les plaisirs, dans les peines*, etc., *de quelqu'un*, Avoir part aux secrets, aux plaisirs de quelqu'un, avoir ses intérêts à cœur, prendre part à ses peines, etc. = Fig., Commencer à faire quelque chose; être au commencement de quelque chose. *E. en guerre, en procès, en dispute. E. en campagne, en charge, en fonction, en exercice. E. en explication, en conversation, en correspondance, en conférence, en pourparlers, en négociation. E. en colère, en fureur, en défiance, en soupçon*, etc.

J'entre en une humeur noire, en un chagrin profond.

MOLIÈRE.

E. en ébullition, en fermentation. E. en ménage. E. en vacances. E. en seconde, en rhétorique. E. en possession, en jouissance. E. dans l'adolescence, dans la belle saison. — *E. en accommodement, en arrangement*, Accepter des propositions d'arrangement, etc. On dit de même, *E. en composition*. — *E. en concurrence avec quelqu'un*, Se mettre en rivalité avec lui. — *E. dans des mesures violentes*, Prendre des mesures violentes. — Prov., *E. en danse*. Voy. DANSE. *E. en jeu*. Voy. JEU. — *E. en matière*, Commencer à traiter le sujet, ce dont il s'agit. — *E. en connaissance de cause*, Commencer à prendre connaissance de quelque chose. *E. en paiement*, Commencer à payer ce que l'on doit. Ces deux phrases sont peu usitées. — *E. en chaleur, en amour*, se dit des femelles de certains animaux, lorsque l'instinct de la reproduction se réveille en elles. *E. en rut*, se dit dans le même sens, en parlant des bêtes fauves. = Tenir, être contenu dans quelque chose. *Jamais tout cela n'entrera dans votre malle. Combien entre-t-il de tonneaux dans votre cave?* || Être employé dans la composition ou à la confection d'une chose. *Les drogues qui entrent dans un remède. Il entre de l'opium dans cette potion. Il entre tant de drap dans ce manteau.* On dit de même, *E. dans la composition, dans la construction, dans la formation, etc., de quelque chose.* || Fig., *Faire e. quelque chose dans un traité, dans un livre, dans un discours*, L'y insérer, l'y placer. || Fig., Être mis au nombre. de, Être compris dans. *E. en ordre parmi d'autres créanciers*, Être mis au nombre de ceux qui doivent être payés par rang de privilège ou d'hypothèque. Dans un sens analogue, on dit, *E. en partage*. — *E. en compte, en ligne de compte, en luxe*, etc., Être compris dans un compte, parmi les articles d'un compte, d'une taxation de frais, etc. — *E. en comparaison, en parallèle*, Être mis en comparaison, etc. || Fig., au sens moral, Concourir, contribuer à. *Cela n'entre pour rien dans ma résolution. Il entre trop d'animosité dans cette critique, trop d'aigreur dans ces reproches.* — *Il entre bien de l'homme en cela*, se dit pour exprimer que c'est par des considérations humaines qu'une personne agit. || T. Mar., *E. un navire*, Le conduire dans le port. = ENTRÉ, ÉE. part. = Conj. *Entrer*, à ses temps composés, se conjugue avec l'auxiliaire *Être*.

ENTRE-RABOTER (S'). v. pron. Se polir réciproquement.

ENTRE-RAFRAÎCHIR (S'). v. pron. Se rafraîchir réciproquement.

ENTRE-RAIL. s. m. [Pr. *antre-rèl*]. Espace entre les rails d'un chemin de fer.

ENTRE-RANG. s. m. Espace entre les rangs.

ENTRE-RECEVOIR (S'). v. pron. Se recevoir l'un l'autre.

ENTRE-RECONNAÎTRE (S'). v. pron [Pr. *santre-rekoné-tre*]. Se reconnaître l'un l'autre.

ENTRE-RÉGALER (S'). v. pron. Se régaler l'un l'autre.

ENTRE-REGARDER (S'). v pron. Se regarder l'un l'autre.

ENTRE-REGRETTER (S'). v. pron. [Pr. *santre-regrè-ter*]. Se regretter mutuellement.

ENTRE-RÉPONDRE (S'). v. pron. Se répondre l'un à l'autre.

ENTRE-REPROCHER (S'). v. a. Se reprocher l'un à l'autre.

ENTRE-REVOIR (S'). v. pron. Se revoir l'un l'autre.

ENTRE-RIOS, prov. de la Rép. Argentine; ch.-l. *Uruguay*.

ENTRE-RUINER (S'). v. pron. Se ruiner réciproquement.

ENTRE-SABORDS. s. m. T. Mar. Bordage placé entre les sabords d'un bâtiment.

ENTRE-SAISIR (S'). v. pron. Se saisir l'un l'autre.

ENTRE-SALUER (S'). v. pron. Se saluer l'un l'autre.

ENTR'ESCROQUER (S'). v. pron. S'escroquer l'un l'autre.

ENTRE-SECOURIR (S'). v. pron. Se secourir mutuellement.

ENTRE-SÉDUIRE (S'). v. pron. Se séduire l'un l'autre.

ENTRE-SEMER. v. a. Semer entre, disperser entre.

ENTRE-SERVIR (S'). v. pron. Se servir l'un l'autre.

ENTRESOL. s. m. T. Archit. Tout logement pris sur la hauteur d'un étage. — Dans un sens plus restreint, Logement pratiqué entre le rez-de-chaussée et le premier étage. *Il loge à l'e. La hauteur des entresols est généralement du tiers de l'étage aux dépens duquel ils sont construits.*

ENTRE-SOLER. v. a. T. Mét. Pratiquer des entresols dans les étages hauts de plafond.

ENTRE-SOUFFRIR (S'). v. pron. [Pr. *santre-sou-frir*]. Se souffrir réciproquement.

ENTRE-SOULEVER (S'). v. pron. Se soulever l'un l'autre.

ENTRE-SOURCILS. s. m. L'espace compris entre les deux sourcils.

ENTRE-SOUTENIR (S'). v. pron. Se soutenir l'un l'autre.

ENTRE-SUITE. s. f. Qualité de ce qui s'entre-suit.

ENTRE-SUIVRE (S'). v. pron. Aller de suite l'un après l'autre. *Les jours et les nuits s'entre-suivent.*

ENTRE-SUPPORTER (S'). v. pron. [Pr. *santre-su-porter*]. Se donner un support mutuel, s'entr'aider.

ENTRE-SURPRENDRE. v. a. Surprendre à demi. = S'ENTRE-SURPRENDRE. v. pron. Se surprendre mutuellement.

ENTRETAILLE. s. f. [Pr. *antre-tall, ll* mouillées]. T. Gravure. Taille légère qu'on glisse entre des tailles plus fortes, pour donner de l'effet à certaines parties.

ENTRE-TAILLER (S'). v. pron. [Pr. *santre-ta-ller, ll* mouillées]. T. Art vétér. Se dit d'un cheval qui se heurte les jambes l'une contre l'autre et qui s'entrecoupe. = ENTRE-TAILLÉ, ÉE. part. = Voy. COUPER.

ENTRETAILLURE. s. f. [Pr. *antre-ta-llure, ll* mouillées]. Blessure que se fait lui-même un cheval qui s'entretaille. Voy. COUPER.

ENTRE-TALONNER (S'). v. pron. [Pr. *santre-talo-ner*]. Se talonner l'un l'autre.

ENTRE-TEMPS. s. m. Intervalle de temps qui s'écoule entre deux actions. *Je n'ai fait qu'aller et venir, dans cet entre-temps vous êtes arrivé.* Peu usité.

ENTRETENEUR. s. m. Celui qui pourvoit aux dépenses

d'une femme avec laquelle il a un commerce de galanterie. Très fam.

ENTRETENIR. v. a. Arrêter et tenir ensemble les diverses parties d'un tout. *Cette pièce de bois entretient toute la charpente*. Peu us. || Tenir en bon état, en faisant, au fur et à mesure des besoins, les réparations et les travaux nécessaires. *E. un bâtiment, un jardin, une route, la couverture d'un bâtiment*. Faire subsister et durer dans le même état. *E. un peuple dans l'erreur. Je m'efforçai de l'e. dans cette idée, dans ces bonnes dispositions. E. la désunion, la discorde dans une famille. E. la paix, l'union, l'amitié*, etc. *Les bons offices entretiennent l'amitié. Les eaux qui descendent des montagnes entretiennent dans la vallée une fraîcheur perpétuelle. Les vestales étaient chargées d'e. le feu sacré*. — Avoir d'une manière suivie, continue. *E. une correspondance avec quelqu'un. E. des intelligences avec l'ennemi*. — *E. ses pensées, ses rêveries*, etc., Penser souvent à quelque chose, méditer, rêver. || Fournir les choses nécessaires à la subsistance. *E. ses enfants, sa famille, sa maison. E. une armée. E. un enfant au collège. E. des chevaux à l'écurie. E. quelqu'un de linge, de vêtements*, etc. — Dans un sens particulier, *E. une femme*, Pourvoir aux dépenses d'une femme avec laquelle on a un commerce de galanterie. — *E. un grand train, un grand équipage, un nombreux domestique*, etc., Avoir beaucoup de valets, de chevaux, etc. — Fig. *E. quelqu'un d'espérances, de belles promesses*, L'amuser en lui donnant toujours des espérances, en lui faisant beaucoup de promesses. = Parler à quelqu'un. *Je l'ai entretenu de votre affaire. Je l'ai entretenu ce matin dans son cabinet*. == **s'Entretenir**, v. pron. Se soutenir, se maintenir en place réciproquement. *Ces deux pièces de bois s'entretiennent*. || Se conserver. *Cette femme s'entretient toujours jeune. L'union ne s'entretient pas longtemps entre des personnes qui ont des intérêts contraires*. || Pourvoir à sa subsistance, se procurer les choses nécessaires à la vie; se pourvoir de... *Il a de quoi s'e. honnêtement. Il s'entretient de ce que ses parents lui donnent. S'e. de linge, de vêtements*, etc. *S'e. du jeu*, Gagner au jeu suffisamment pour pourvoir à ses besoins. — Fig. *S'e. de chimères*, S'en repaître. == Converser, parler avec quelqu'un; parler ensemble. *Ils s'entretenaient de propos sérieux, de propos frivoles, de bagatelles. Quand pourrai-je m'e. avec vous à loisir de cette affaire? S'e. de quelqu'un. S'e. par lettres*. — Fig. *S'e. de ses propres pensées, s'e. avec soi-même*, Méditer, rêver. == **Entretenu, ue**. part. || Adj., se dit d'un homme au service de l'État, qui reçoit une paye sans faire un service actif; ne s'emploie guère que dans la marine de l'État. *Capitaine entretenu*. — *Femme entretenue*, Femme qui vit aux dépens de celui dont elle est la maîtresse. || T. Blason. Se dit des clefs et autres choses pareilles, liées ensemble par leurs anneaux. = Conj. Voy. **Tenir**.

ENTRETIEN. s. m. Action de maintenir une chose en bon état; la dépense qu'exige cette conservation. *L'e. d'un bâtiment. L'e. de la toiture. Elle est chargée de l'e. du linge. Ce château est d'un grand e., de grand e.* || Action d'entretenir, de faire subsister; ce qui est nécessaire pour la subsistance et les autres besoins de la vie. *Il n'épargne rien pour l'e. de ses enfants. Il dépense tant pour l'e. de sa maison. Fournir à l'e. d'une armée*. — Se dit particulièrement en parlant de l'habillement. *Il donne tant à sa femme pour son e.* || Conversation. *E. familier, sérieux. Avoir un e. avec quelqu'un. Nous eûmes un long e. ensemble. L'e. tomba sur tel sujet. Après une heure d'e.* — *Faire l'e. du public, de toutes les sociétés*, se dit d'une personne ou d'une chose dont tout le monde parle. || *Entretiens spirituels*, Discours de piété que les ecclésiastiques font dans certaines assemblées. = Syn. Voy. **Conversation**.

ENTRE-TISSER. v. a. Tisser entre, unir par le tissu.

ENTRETOILE. s. f. Espèce de réseau ou de dentelle qu'on met entre deux bandes de toile pour servir d'ornement.

ENTRETOISE. s. f. T. Charp. et Serrur. Pièce de bois ou barre de fer qui se met entre d'autres pour les soutenir, pour les lier ensemble. *E. croisée*, Assemblage de pièces de bois en forme de sautoir. || T. Charron. Morceau de bois qui surmonte les deux pièces d'une voiture appelées moutons de derrière. || T. Artill. Pièces qui unissent les deux flasques d'un affût.

ENTRE-TOUCHER (S'). v. pron. Se toucher mutuellement.

ENTR'ÉTOUFFER (S'). v. pron. S'étouffer l'un l'autre, être étouffés l'un par l'autre.

ENTRE-TRAVE s. f. Ensemble des poutrelles qui s'appuient sur les poutres maîtresses.

ENTRE-TROMPER (S'). v. pron. Se tromper l'un l'autre.

ENTRE-TUER (S'). v. pron. Se tuer l'un l'autre, les uns les autres.

ENTREVAUX, ch.-l. de c. (Basses-Alpes), arr. de Castellane; 1,400 hab.

ENTR'ÉVEILLER (S'). v. pron. [Pr. *santré-ré-lier, ll* mouillées]. S'éveiller l'un l'autre.

ENTRE-VENDRE (S'). v. pron. Se trahir mutuellement. || Se vendre une chose l'un à l'autre.

ENTRE-VISITER (S'). v. pron. Se visiter mutuellement.

ENTRE-VOIE. s. f. Espace compris entre deux voies d'un chemin de fer.

ENTREVOIR. v. a. Voir imparfaitement ou en passant. *E. un objet à travers le brouillard, dans l'obscurité, dans l'éloignement*, etc. *Sa vue est si faible, qu'il ne fait qu'e. les objets. Je n'ai pu le reconnaître, parce que je n'ai fait que l'e.* — Fig. *Nos lumières sont si faibles, que nous ne faisons qu'e. la vérité. J'ai entrevu les desseins, les intentions de cet homme.* || Fig., Conjecturer, prévoir confusément ce qui doit arriver. *J'entrevois de grandes difficultés. E. l'issue d'une affaire. E. l'issue d'une affaire.* == **s'Entrevoir**. v. pron. Avoir une entrevue. *Ils s'entrevirent dans telle maison.* == **Entrevu, ue**. part. == Conj. Voy. **Voir**. — Syn. Voy. **Apercevoir**.

ENTRE-VOULOIR (S'). v. pron. Vouloir quelque chose l'un pour l'autre.

ENTREVOUS. s. m. T. Charp. et Maçon. Intervalle d'une solive à l'autre dans un plancher. || Espace garni de plâtre qui est entre les poteaux d'une cloison. || T. Techn. Planche propre à faire des panneaux.

ENTREVOÛTER. v. a. T. Const. Garnir de maçonnerie entre les solives.

ENTREVUE. s. f. Visite, rencontre concertée entre deux ou plusieurs personnes pour se voir, pour parler d'affaires. *Avoir une e. avec quelqu'un. Demander une e. Convenir d'une e. Ménager une e. entre deux personnes. Toutes ces entrevues n'ont abouti à rien.*

ENTR'EXCITER (S'). v. pron. S'exciter mutuellement.

ENTR'EXHORTER (S'). v. pron. S'exhorter mutuellement.

ENTR'HIVER. s. m. T. Agric. Labour fait pendant l'hiver, à la suite d'un dégel.

ENTR'HIVERNER. v. a. Donner un labour aux champs dans l'intervalle des gelées.

ENTR'IMMOLER (S'). v. pron. [Pr. *santrim-mo-ler*]. S'immoler réciproquement.

ENTR'INCOMMODER (S'). v. pron. [Pr. *santrinko-moder*]. S'incommoder réciproquement.

ENTR'INJURIER (S'). v. pron. S'injurier mutuellement.

ENTR'INSTRUIRE (S.). v. pron. S'instruire l'un l'autre.

ENTR'OBLIGER (S'). v. pron. S'obliger mutuellement.

ENTR'ŒIL. s. m. Partie du visage qui se trouve entre les deux yeux.

ENTR'OFFENSER (S'). v. pron. (Pr. *santro-fanser*). S'offenser mutuellement.

ENTR'OMBRAGER (S'). v. pron. S'ombrager mutuellement.

ENTR'OPERCULE s. m. T. Anat. Partie osseuse de la tête d'un poisson, placée derrière le maxillaire inférieur.

ENTROPIE. s. f. T. Phys. Lorsqu'un corps, possédant dans toute sa masse une température uniforme et constante, absorbe une quantité de chaleur égale à Q, on dit que son *entropie* s'accroît de $\frac{Q}{T}$, en désignant par T la température absolue du corps. Si, au contraire, il perdait cette même quantité de chaleur, son e. diminuerait de $\frac{Q}{T}$. Dans les transformations que subit un corps à température constante, comme dans la fusion, la vaporisation, etc., la quantité de chaleur absorbée ou dégagée s'appelle ordinairement chaleur latente; la variation d'e. est alors égale au quotient de la chaleur latente par la température absolue. S'il s'agit d'une transformation qui fait varier la température, on pourra toujours la décomposer en une série de transformations assez petites pour que chacune d'elles s'opère à une température sensiblement constante; l'accroissement d'e. qui en résultera sera alors représenté par une somme algébrique de termes

$$\frac{Q_1}{T_1} + \frac{Q_2}{T_2} + \frac{Q_3}{T_3} + \ldots$$

ou, plus exactement, par l'intégrale $\int \frac{dQ}{T}$.

Lorsque de la chaleur se transporte par conductibilité d'un corps sur un autre, elle passe toujours du corps où la température T_2 est plus élevée au corps dont la température T_1 est plus basse. L'e. du premier diminue de $\frac{Q}{T_2}$; celle du second augmente de $\frac{Q}{T_1}$. L'e. totale du système formé par les deux corps s'est accrue de $\frac{Q}{T_1} - \frac{Q}{T_2}$, quantité positive, puisque T_2 est plus grand que T_1.

Ainsi l'e. d'un corps dont les diverses parties sont à des températures différentes pourra s'accroître sans qu'on ait besoin de lui céder de la chaleur venant de l'extérieur. Il en serait de même si des chocs, des frottements ou toute autre cause produisaient une transformation d'énergie mécanique en chaleur; le système s'échaufferait et accroîtrait son e. sans que le milieu extérieur lui fournisse de la chaleur. Si donc nous désignons par Q la quantité de chaleur qu'un corps ou un système matériel quelconque, à la température absolue, T, reçoit d'un milieu extérieur, le rapport $\frac{Q}{T}$ sera généralement inférieur à l'accroissement qu'éprouve en même temps l'e. du corps. A plus forte raison, si T désignait la température du milieu extérieur; car celui-ci, pour céder de la chaleur au corps, doit être plus chaud que lui, et le terme $\frac{Q}{T}$ serait alors trop petit. Pour une transformation quelconque, on aurait une somme de termes pareils; cette somme $\sum \frac{Q}{T}$ sera donc inférieure ou tout au plus égale à l'accroissement total de l'e. du corps.

Pour qu'elle lui fût égale, il faudrait qu'il n'y eût ni frottements, ni chocs, ni détente brusque des corps élastiques; les changements réciproques de volume devraient se faire sans différences de pression entre les parties en contact, les échanges de chaleur sans différences de températures; partout où le corps et le milieu extérieur sont en communication, leurs températures ainsi que leurs pressions devraient être égaux. Mais alors la transformation pourrait s'opérer indifféremment dans un sens ou dans l'autre; le corps et le milieu pourraient revenir de l'état final à l'état initial en repassant en sens inverse par tous les états qu'ils avaient parcourus dans la transformation directe. Une pareille transformation est dite *réversible*, c.-à-d. effectuée par voie réversible.

Appelons S_1 et S_2 les valeurs de l'e. du corps au commencement et à la fin de la transformation, et Q la quantité de chaleur qu'il reçoit de l'extérieur; l'accroissement $S_2 - S_1$ de l'e. sera égal à la somme $\sum \frac{Q}{T}$, si le passage du premier au second état s'effectue par voie réversible. Clausius, en partant d'un principe établi par Carnot, a démontré que cet accroissement dépend seulement de l'état initial et de l'état final du corps, et non de la manière dont s'est effectuée la transformation. L'e. elle-même est donc une quantité entièrement déterminée, à chaque instant, par l'état actuel du corps, et ne dépend pas de ses états antérieurs; elle reprend la même valeur chaque fois que l'état physique, la pression et la température du corps redeviennent les mêmes. Pour la réduire à zéro, il faudrait enlever au corps toute sa chaleur. Comme c'est une opération impossible, on prend pour zéro l'e. du corps dans un état arbitrairement choisi, défini par une température et une pression normales. L'e. du corps dans un état quelconque est alors la somme des quantités de chaleur, divisées chacune par sa température absolue, que le corps céderait à l'extérieur s'il passait, par une voie réversible quelconque, de son état actuel à l'état arbitrairement choisi pour zéro.

Pour mesurer de la façon la plus simple l'e. ainsi définie, on pourra procéder de la manière suivante. Comprimons le corps ou laissons-le se dilater, sans lui prendre ni lui céder de chaleur, jusqu'à ce qu'il arrive à la température normale T_0. Ensuite amenons-le à la pression normale en le maintenant constamment à cette température, et soit Q_0 la chaleur que le corps cédera à l'extérieur pendant cette seconde opération. La quantité $\frac{Q_0}{T_0}$ représentera l'e. que possédait le corps dans son état initial. Il est bien entendu qu'en procédant ainsi il faudra éviter toutes les modifications non réversibles: frottements, différences de pression et de température entre les parties en contact, etc.

Pour une substance homogène, dans un état déterminé, l'e. est proportionnelle à la masse. Le rapport de l'e. à la masse représente l'e. *spécifique* de la substance dans l'état actuel. L'e. d'un système matériel formé de plusieurs substances à des états différents, est la somme des entropies de chacune de ces substances. — Tandis que la chaleur reçue ou cédée pendant une transformation peut dépendre de la manière dont cette transformation s'opère, l'e. ne dépend que de l'état du corps à chaque instant; c'est une propriété physique du corps au même titre que son volume, sa pression et sa température.

Appliquons les résultats précédents à un corps ou à un système de corps qui subit une transformation en échangeant de la chaleur avec un milieu ambiant. Appelons Q la quantité de chaleur que le corps reçoit pendant qu'il est à la température absolue T; nous compterions cette chaleur négativement si le corps la cédait à l'extérieur. Si la transformation est réversible, la somme des termes $\frac{Q}{T}$ sera égale à l'accroissement de l'e. du corps, et l'on aura $\sum \frac{Q}{T} = S_2 - S_1$. Si la transformation n'est pas réversible, on aura $\sum \frac{Q}{T} < S_2 - S_1$. C'est là une des formes les plus simples sous lesquelles on peut énoncer le principe de Carnot et Clausius, qu'on appelle souvent le deuxième principe de la thermodynamique.

Pour une transformation infiniment petite, appelons dS l'accroissement d'e., dQ la chaleur fournie par le milieu; on aura, par voie réversible, $\frac{dQ}{T} = dS$, donc $dQ = TdS$; l'augmentation de l'e. provient uniquement de la chaleur cédée au corps. Si la transformation n'est pas réversible, on aura $dQ < TdS$: la chaleur venant de l'extérieur ne représente qu'une portion de celle qui est nécessaire à l'accroissement d'e.; le reste provient des frottements, de l'égalisation des températures à l'intérieur du corps, etc. Par suite des mêmes causes, si le corps dégage de la chaleur en diminuant son e., il cédera à l'extérieur une quantité de chaleur supérieure à TdS.

Une transformation rigoureusement réversible n'est pas réalisable. Il y a toujours production irréversible de chaleur par suite de frottements ou de causes analogues; les transferts de chaleur et les changements de volume ne se produisent que si les parties en contact sont à des températures et à des pressions différentes. Pour tout changement d'état réalisable, on aura donc $\sum \frac{Q}{T} < S_2 - S_1$.

Supposons que le corps revienne à son état initial; son entropie reprendra la même valeur S^1 et l'on aura $\sum \frac{Q}{T} < 0$. Mais, puisque Q désigne la chaleur perdue par le milieu ambiant, $\sum \frac{Q}{T}$ représente la diminution de l'e. du milieu. On voit que cette diminution est négative, ce qui revient à dire que l'e. du milieu a augmenté.

Supposons au contraire que le milieu soit revenu à son état initial; on aura $\sum \frac{Q}{T} = 0$ et, par conséquent, $S_2 - S_1 > 0$ ou $S_2 > S_1$. L'e. du corps a augmenté.

Considérons enfin un système matériel qui est *isolé*, c.-à-d. qui ne prend ni ne cède de chaleur à l'extérieur. On aura encore $\sum \frac{Q}{T} = 0$ et $S_2 > S_1$. Par conséquent, toute transformation réalisable d'un système isolé augmente son e.; le système ne pourra donc jamais revenir à l'un de ses états antérieurs et il marchera forcément vers un état final où son e. sera la plus grande possible. On peut assimiler l'univers matériel à un système isolé et lui appliquer ces conclusions. L'e. totale de l'univers augmente donc par suite de tous les changements qui se réalisent dans la nature; l'univers ne peut jamais repasser par un état entièrement identique à l'un de ses états antérieurs, et il se rapproche constamment d'un état final dans lequel son e. sera maximum.

L'accroissement de l'e. est lié à la *dissipation de l'énergie*, dont il a été question à l'article Énergétique. En même temps que l'e. augmente, l'énergie de l'univers se convertit peu à peu en chaleur, et les températures des différents corps tendent à s'égaliser. Dans l'état final, correspondant au maximum d'e., l'univers aura transformé toute son énergie en chaleur et sera partout à une température uniforme et dans un repos absolu.

ENTROPION. s. m. (gr. ἐν, en dedans; τρέπειν, tourner). T. Méd. Renversement du bord libre des paupières vers le globe de l'œil. Voy. Œil.

ENTROQUE. s. m. (gr. ἐν, dans; τροχός, roue). T. Zool. Nom que l'on donne aux parties discoïdales dont sont formées les tiges des Crinoïdes. Voy. Echinodermes.

ENTR'OUBLIER (S'). v. pron. S'oublier mutuellement.

ENTR'OUÏR. v. a. Ouïr imparfaitement. *J'ai entr'ouï quelque chose de ce que vous me dîtes là.* = Entr'ouï, ouïe. part.

ENTR'OUTRAGER (S'). v. pron. S'outrager l'un l'autre.

ENTR'OUVERTURE. s. f. État de ce qui est entr'ouvert. *L'e. d'une porte.* Vieux. || T. Art vét. Syn. d'*Écart.*

ENTR'OUVRIR. v. a. Ouvrir à demi, ouvrir un peu. *Entr'ouvrez la porte, la fenêtre. Il entr'ouvrit les yeux.* = s'Entrouvrir. v. pron. *La terre s'entr'ouvrit. Cette voûte commence à s'e. Les roses commencent à s'e. A la fin ses yeux s'entrouvrirent.* = Entr'ouvert, erte. part. *Une porte entr'ouverte.* || T. Art vét. *Cheval entr'ouvert,* Cheval qui s'est donné un écart.

ENTRURE. s. f. T. Rur. Profondeur plus ou moins grande à laquelle pénètre le soc de la charrue.

ENTR'USER (S'). v. pron. S'user l'un l'autre.

ENTURE. s. f. T. Agric. L'endroit où l'on place une ente, une greffe. || T. Techn. Petite pièce de bois qui en traverse une grosse pour former des échelons des deux côtés, comme dans les roues des carrières. — Nœud fait à un fil cassé par le fabricant de bas au métier. — Opération par laquelle un arquebusier remédie à la rupture d'un bois de fusil.

ENTYPOSE. s. f. (gr. ἐντύπωσις, empreinte). T. Anat. Nom donné à la cavité glénoïde de l'omoplate.

ÉNUCLÉATION. s. f. [Pr. ...sion] (lat. *enucleare*, ôter le noyau, de *e*, priv., et *nucleus*, noyau). T. Chir. Mode d'extirpation qui consiste à faire une incision sur une tumeur, et à la faire sortir à travers la plaie, à peu près comme un noyau qu'on chasse en pressant un fruit. || T. Didact. Se dit pour Solution d'une difficulté.

ÉNUMÉRATEUR. s. m. Celui qui fait une énumération.

ÉNUMÉRATIF, IVE. adj. Qui énumère, qui sert à l'énumération. *Adverbes énumératifs.*

ÉNUMÉRATION. s. f. [Pr. ...sion]. Dénombrement de choses. *La simple é. de ses travaux suffit à son éloge.* || T. Rhétor. Voy. Topique.

ÉNUMÉRER. v. a. (lat. *enumerare*, m. s., de *numerus*, nombre). Dénombrer. *Il faudra énumérer toutes les circonstances du fait.* = Énuméré, ée. part.

ÉNURÉSIE. s. f. (gr. ἐν, en; οὔρησις, action d'uriner). T. Méd. Écoulement involontaire des urines.

ENVAGONNER. v. a. [Pr. anva-goner]. Mettre en wagon. — On écrit aussi *Enwagonner* et *Wagon.*

ENVAHIR. v. a. (lat. *invadere*, m. s., de *in*, en, et *vadere*, aller). Entrer de vive force, s'emparer avec violence, usurper par fraude. *E. un État, une province. La foule envahit la salle où siégeait l'assemblée. Il a envahi mon bien, ma terre, mon héritage.* || Fig. se dit soit au sens physique, soit au sens moral. *Les eaux avaient envahi toute la plaine. E. l'autorité, la puissance souveraine.* = Envahi, ie. part.

ENVAHISSANT, ANTE. adj. Qui envahit. *Armée envahissante.*

ENVAHISSEMENT. s. m. Action d'envahir. *L'e. d'une province. Avoir des projets d'e. L'e. de l'assemblée par la foule interrompit la délibération. Les envahissements de la mer sur les terres.*

ENVAHISSEUR. Celui qui envahit.

ENVALEMENT. s. m. T. Pêc. Action d'ouvrir un verveux.

ENVALER. v. a. T. Pêc. Tenir un verveux ouvert avec l'archelet.

ENVASEMENT. s. m. Dépôt de vase fait par les eaux sur un terrain qu'elles recouvrent. || État d'un lieu qui est rempli de vase.

ENVASER. v. a. Couvrir de vase. = s'Envaser. v. pron. Se remplir de vase, se cacher dans la vase en parlant de certains animaux. = Envasé, ée. part. *L'entrée du port est envasée.*

ENVEILLOTAGE. s. f. [Pr. anvè-llotaje, ll mouillées]. T. Rur. Action d'enveilloter.

ENVEILLOTER. v. a. [Pr. anvè-lloter, ll mouillées] (R. en et *veillote*). T. Rur. Rassembler le foin coupé et le mettre en petits tas.

ENVELOPPANT, ANTE. adj. [Pr. anvelo-pan]. Qui enveloppe. Surface enveloppante. *La ligne enveloppante est plus longue que la ligne enveloppée convexe.*

ENVELOPPE. s. f. [Pr. anvelo-pe]. Ce qui sert à envelopper. *L'e. d'un paquet, d'une lettre. Mettre, ôter, défaire, déchirer une e. Papier, toile d'e. Mettre sous e. E. de cuir, de toile cirée.* — *Écrire sous l'e. de quelqu'un,* Lui adresser une lettre qui doit être remise à un autre. || Fig., Apparence, forme extérieure. *Sous une e. épaisse, il cache un esprit fin et délié.* || T. Zool. Se dit des membranes qui recouvrent et protègent certains organes. *Les enveloppes du cerveau. Les enveloppes du fœtus.* — T. Botan. Enveloppes florales. Voy. Fleur. *Enveloppes séminales.* Voy. Graine. || T. Fortif. Ouvrage qui en couvre, qui en défend un autre. || T. Géom. Courbe ou surface fixe à laquelle une courbe ou une surface mobile reste toujours tangente. Voy. plus bas. || T. Méc. Cylindre qui entoure celui dans lequel joue le piston.

333

Géom. — I. *Enveloppe des courbes planes.* — Considérons une courbe plane (C) qui se déplace et se déforme d'une manière continue en restant dans le même plan. Deux positions successives (C) et (C_1) de cette courbe se coupent en un certain nombre de points $M_1 M'_1 M''_1$, etc. Quand la courbe (C_1) se rapproche indéfiniment de la courbe (C), les points $M_1 M'_1 M''_1$, etc., tendent vers les positions limites $M M' M''$, etc. Il y a donc sur la courbe (C) un certain nombre de points particuliers qui sont appelés les points *caractéristiques* de cette courbe mobile. Quand cette courbe (C) se déforme, ces points caractéristiques décrivent un certain lieu qui est appelé l'E. de la courbe (C). L'*e. d'une courbe plane variable est donc le lieu des points d'intersection de cette courbe avec la courbe infiniment voisine.* Pour trouver l'équation de cette enveloppe, remarquons que l'équation de la courbe mobile (C) doit contenir un paramètre variable t. On peut donc la représenter par :

$$(1) \qquad f(x, y, t) = 0.$$

Pour chaque valeur de t il y a une position particulière de la courbe (C). Si l'on donne à t un accroissement dt, on aura l'équation de la courbe (C_1) :

$$(2) \qquad f(x, y, t + dt) = 0,$$

et les points d'intersection des deux courbes sont définis par les équations (1) et (2). Or, l'équation (2) peut être remplacée par la différence des deux équations (1) et (2) :

$$f(x, y, t + dt) - f(x, y, t) = 0,$$

qu'on peut aussi diviser par dt :

$$(3) \qquad \frac{f(x, y, t + dt) - f(x, y, t)}{dt} = 0.$$

Si la courbe (C_1) se rapproche indéfiniment de la courbe (C), c'est-à-dire que dt tend vers 0 et l'équation (3) a pour limite :

$$(4) \qquad f'_t(x y t) = 0,$$

le premier membre étant la dérivée de la fonction f par rapport au paramètre variable t. Il suit de là que les points caractéristiques sont définis par les équations (1) et (4), et qu'on aura l'équation de leur lieu en éliminant t entre les équations (1) et (4). Donc :

On trouve l'équation de l'e. en éliminant le paramètre variable entre l'équation de la courbe mobile et la dérivée de cette équation par rapport au paramètre variable.

Les positions successives de la courbe variable (C) sont appelées les *enveloppées*. Une propriété importante de la courbe e., celle qui lui a valu son nom, c'est que : *la courbe e. est tangente à toutes les enveloppées.* Pour le démontrer, rappelons que l'e. est définie par les deux équations :

$$(1) \qquad f(x y t) = 0,$$
$$(4) \qquad f'_t(x y t) = 0.$$

La tangente au point xy aura donc pour équation :

$$(5) \qquad \frac{X - x}{dx} = \frac{Y - y}{dy},$$

dx et dy étant obtenus en différentiant les deux équations (1) et (4) dans la supposition que t est également variable; mais il suffit de différentier la première, car on a ainsi :

$$f'_x \, dx + f'_y \, dx + f'_t \, dt = 0.$$

Or, f'_t est nul d'après l'équation (4), si l'on donne à x et y les valeurs des coordonnées des points caractéristiques M. Il reste donc :

$$f'_x \, dx + f'_y \, dy = 0.$$

Cette équation montre que le rapport $\dfrac{dy}{dx}$, qui est le coefficient de la tangente, est le même que si t était resté constant, c.-à-d. que la tangente à l'e. et la tangente à la courbe ($f = 0$) se confondent. En partant de cette propriété, on peut encore définir l'e. en disant que : l'e. *d'une courbe variable est une courbe tangente à toutes les positions de la courbe variable.*

Un cas particulier fort intéressant des enveloppes de courbes planes est celui où la courbe variable est une droite. On démontre aisément qu'une droite mobile reste constamment normale à une infinité de courbes qui sont dites *Parallèles* (Voy. ce mot), et qui sont les développantes de l'e. de la droite mobile. Inversement, on peut se donner une de ces courbes et chercher l'e. de ses normales. L'e. des normales à une courbe s'appelle la *développée* de cette courbe : c'est le lieu des centres de courbure. Voy. DÉVELOPPÉE.

II. *Enveloppe des courbes dans l'espace.* — Une courbe gauche variable dans l'espace n'a pas d'e. en général, parce que deux positions successives de la courbe mobile n'ont en général aucun point commun. Il peut cependant arriver que deux courbes infiniment voisines se coupent toujours, et alors la courbe variable aura une e. qui sera une courbe tangente à toutes les enveloppées. Considérons, par ex., une droite mobile dont on peut mettre les équations sous la forme :

$$x = az + p,$$
$$y = bz + q;$$

a, b, p, q étant des fonctions d'un paramètre t. En raisonnant comme pour les courbes planes, on verra que le point caractéristique, s'il existe, doit vérifier les deux équations précédentes, et en plus les équations :

$$a' z + p' = 0,$$
$$b' z + q' = 0;$$

$a' b' p' q'$ désignant les dérivées des quatre fonctions par rapport à t. Pour que ces quatre équations aient une solution commune, il faut et il suffit que les deux dernières donnent la même valeur de z, c.-à-d. qu'on ait :

$$a' q' - b' p' = 0.$$

On démontre aisément que l'e. est tangente à chacune des enveloppées, par un raisonnement analogue à celui qui a été donné par les courbes planes. Donc, l'équation précédente exprime aussi la condition pour que la droite mobile reste tangente à une courbe fixe. S'il en est ainsi, la droite mobile engendre une surface *développable* dont les génératrices sont les diverses positions de la droite mobile, et l'e. de ces génératrices est l'arête de rebroussement de la surface développable. Voy. DÉVELOPPABLE.

III. *Enveloppe des surfaces.* — Il y a lieu de distinguer si la déformation de la surface variable dépend d'un ou deux paramètres.

1° S'il n'y a qu'un paramètre variable, deux surfaces successives (S) et (S_1) se coupent suivant une courbe qui tend vers une position limite quand (S_1) se rapproche infiniment de (S). Cette courbe limite est la *caractéristique*, et l'e. est le lieu des caractéristiques. L'e. *d'une surface variable est donc le lieu des courbes d'intersection de cette surface avec la surface infiniment voisine.* On démontre, par le même raisonnement que, pour les courbes planes, que l'équation de la surface e. s'obtient en éliminant le paramètre variable entre l'équation de la surface et la dérivée de cette équation par rapport au paramètre variable, c.-à-d. entre les équations :

$$f(x, y, z, t) = 0 \quad \text{et} \quad f'_t(x, y, z, t) = 0.$$

Enfin, par un raisonnement analogue à celui des courbes planes, on fait voir que l'e. est tangente à chacune des enveloppées tout le long de la courbe caractéristique, de sorte que l'e. *d'une surface variable est une surface fixe à laquelle la surface variable reste constamment circonscrite.*

Si la surface mobile est un plan, la caractéristique est nécessairement une ligne droite; l'enveloppe est donc une surface réglée, dont les caractéristiques sont les génératrices et qui jouit de cette propriété que le plan tangent y est le même tout le long d'une même génératrice. Une surface e. d'un plan mobile s'appelle une surface *développable.* Voy. ce mot.

Tout plan mobile est normal à une infinité de courbes qui sont ses trajectoires orthogonales. Inversement, l'e. des plans normaux à une courbe s'appelle la *surface polaire* de cette courbe. C'est le lieu des axes de courbure. Voy. COURBURE.

2° Si la variation de la surface dépend de deux paramètres, u et v, on considère trois positions de la surface variable correspondant aux valeurs u, v; $u + du, v$; $u, v + dv$ de ces deux paramètres. Ces trois surfaces se coupent en un certain nombre de points qui tendent vers des positions limites quand du et dv tendent vers 0. Ces points limites sont appelés *caractéristiques*, et l'e. est le lieu de ces points *caractéristiques.* On démontre, toujours de la même manière, que l'équation de l'e. s'établit en éliminant les paramètres variables entre l'équation de la surface et ses deux dérivées partielles par rapport aux deux paramètres, c.-à-d. entre les trois équations :

$$f(x, y, z, u, v) = 0; \quad f'_u = 0; \quad f'_v = 0.$$

L'e. est toujours tangente à toutes les enveloppées et le point de contact de chaque enveloppée avec son e. est le point *caractéristique.*

ENVELOPPÉE. s. f. [Pr. *anve-lo-pé*]. T. Fortif. Ouvrage dont le but est de rétrécir un fossé. ‖ T. Géom. Ligne enveloppée par une autre. Voy. ENVELOPPE.

ENVELOPPEMENT. s. m. [Pr. *anve-lo-pe-man*]. Action d'envelopper.

ENVELOPPER. v. a. [Pr. *an-ve-lo-per*] (lat. *in velo operire*, cacher dans une toile). Mettre autour de quelque chose une étoffe, un papier, etc., qui l'enferme, qui l'environne de tous côtés. E. du linge, des habits. E. un objet dans du papier. E. de papier, de paille. S'e. la tête avec un foulard. S'e. le corps de son manteau. ‖ Se dit aussi de la chose qui en recouvre entièrement une autre. Déchirez le papier qui enveloppe ce paquet. = Par ext., Environner, entourer, couvrir. E. l'ennemi de toutes parts. Il faut e. cette hauteur, ce village. Les ténèbres enveloppaient la terre. Un tourbillon de poussière les enveloppa. Un brouillard épais enveloppait toute la vallée. ‖ Fig. E. quelqu'un dans une accusation, dans une déposition, dans un crime, etc., Le comprendre avec d'autres dans une accusation, etc. On l'a enveloppé mal à propos dans cette affaire, dans ce procès. ‖ Fig. Dissimuler, déguiser. Les poètes ont enveloppé la vérité sous des fables. Il enveloppe à dessein sa pensée. Il saîle. d'expressions décentes les récits les plus scabreux. = s'ENVELOPPER. v. pron. Se dit au prop. et au fig. S'e. dans son manteau. La terre s'enveloppe des ombres de la nuit. Le sage s'enveloppe de sa vertu. = ENVELOPPÉ. ÉE. part. ‖ Fig., Avoir l'esprit enveloppé dans la matière, Être fort grossier, sans esprit. Absol., C'est un esprit enveloppé, il a l'esprit enveloppé, se dit de quelqu'un dont les idées sont confuses et qui s'exprime avec peu de clarté et de précision. ‖ Fig. Être, se trouver enveloppé dans une proscription, Être au nombre des proscrits. On dit aussi, Se trouver enveloppé dans de mauvaises affaires, dans une faillite, S'y trouver engagé, embarrassé. Être, se trouver enveloppé dans un désastre, dans la ruine de quelqu'un, En éprouver les effets, y être compris. ‖ Fig., Discours enveloppé, Discours où, par circonspection, on donne plus à entendre qu'on ne dit. Raisonnement enveloppé, Raisonnement obscur, embarrassé. ‖ T. Géom. Se dit d'une courbe ou d'une surface mobile qui reste toujours tangente à une courbe ou à une surface fixe. Voy. ENVELOPPE.

ENVELOPPEUR. s. m. [Pr. *anve-lo-peur*]. Celui qui enveloppe.

ENVENIMER. v. a. Infecter de venin, communiquer une qualité vénéneuse. On prétend qu'il y a des reptiles qui enveniment les herbes dans lesquelles ils séjournent. — Abusiv., E. la bouche, Y causer quelque irritation. Cette herbe m'a envenimé la bouche. ‖ Fig., E. une blessure, une plaie, L'irriter, la rendre plus douloureuse, plus difficile à guérir. ‖ Fig., au sens mor., E. un discours, un récit, un fait, Leur donner un sens odieux, les rapporter d'une manière odieuse. Il envenime tout ce qu'on lui dit, tout ce qu'il rapporte. — E. l'esprit de quelqu'un, L'aigrir, l'irriter. Il a envenimé l'esprit de la querelle. = s'ENVENIMER. v. pron. La plaie s'envenime. Le récit de ce fait s'est fort envenimé en passant par sa bouche. Leurs dissensions s'envenimaient de jour en jour. = ENVENIMÉ. ÉE. part. Langue envenimée. Discours envenimés.

ENVENIMEUR. s. m. Celui qui envenime.

ENVERGER. v. a. [R. en et *verge*). Garnir de petites branches d'osier. ‖ Croiser les fils d'une partie ourdie. ‖ Garnir les soufflets de baguettes de bois sur lesquelles on tend le cuir. ‖ T. Papet. Balancer la forme de façon à ce que la matière s'étende également dans le sens des brins de la vergeure, et entre leurs intervalles. ‖ T. Navig. Passer la corde de halage d'un bateau de l'amont à l'aval et vice versa à la rencontre d'un pont ou de tout autre obstacle. = ENVERGÉ. ÉE. part. — Conj. Voy. MANGER.

ENVERGEUR. s. m. T. Tisserand. Action d'enverger.

ENVERGUER. v. a. [Pr. *anver-gher*]. T. Mar. Attacher les voiles aux vergues. = ENVERGUÉ. ÉE. part.

ENVERGURE. s. f. [Pr. *an-vèr-ghure*]. T. Mar. L'arrangement des voiles dans leur largeur sur les mâts. La longueur

des vergues d'un bâtiment. Ce vaisseau a beaucoup d'e., a peu d'e., Ses vergues ont beaucoup de longueur, etc. L'e. d'une voile, Sa largeur dans le haut. ‖ Filière d'e., Cordage solidement fixé sur la partie supérieure de la vergue. ‖ Garcettes d'e. Petits bouts de filin plat pris dans la ralingue et qu'on noue solidement sur la filière. ‖ T. Ornith. L'étendue qu'il y a entre les deux extrémités des ailes d'un oiseau quand elles sont déployées. Le condor a jusqu'à quatre mètres et demi d'envergure. ‖ T. Fam. Largeur totale. Mon tableau a huit pieds de haut sur trois d'e.

ENVERMEU, ch.-l. de c. (Seine-Inférieure), arr. de Dieppe, 1,400 hab.

ENVERRAGE. s. m. [Pr. *anvè-ra-je*]. T. Verr. Action de mettre dans un vase neuf une petite quantité de verre en fusion pour enlever la crasse du vase. ‖ Portion de cristal qui reste dans les creusets.

ENVERRER. v. a. [Pr. *anvè-rer*] (R. *verre*). T. Tech. Mettre dans un vase neuf un peu de verre en fusion pour qu'il entraîne la crasse et la poussière qu'il peut contenir.

ENVERS. prépos. [Pr. *an-vèr*]. A l'égard de. Charitable e. les pauvres. Pieux e. Dieu. Ingrat e. son bienfaiteur. Traître e. sa patrie. — Servir, aider, défendre quelqu'un, ou, Soutenir quelque chose, etc., e. et contre tous, Contre tout le monde.

ENVERS. s. m. [Pr. *an-vèr*] (lat. *inversus*, retourné). Dans la plupart des étoffes, Le côté qui ne doit pas être exposé à la vue, et, dans un ouvrage de toile, comme les chemises, etc., Le côté de la couture. Voilà l'endroit de cette étoffe, voici l'e. Cette étoffe n'a ni endroit ni e. — Etoffe à deux e., Etoffe dont les deux côtés sont semblables, qui n'a, à proprement parler, sans e. — A l'ENVERS. loc. adv. S'emploie en parl. d'une chose qui n'est pas du côté où elle devrait être. Mettre son manteau, son châle, à l'e. — Tomber à l'e., Tomber sur le dos ; peu us. : on dit, Tomber à la renverse. Figur. et fam., Ses affaires sont à l'e., Elles vont mal. — Avoir la tête, l'esprit à l'e., Avoir l'esprit faux, manquer de jugement. Mettre la tête à l'e., Troubler l'esprit. Cette nouvelle lui a mis la tête à l'e. ‖ Fig. D'une façon contraire, opposée à ce qui devrait être. Vous prenez la chose à l'envers.

ENVERSER v. a. Façonner une étoffe en l'étirant.

ENVERSIR. v. a. Carder une étoffe avec des chardons.

ENVI. s. m. T. Jeu. Argent qu'on met au jeu pour enchérir sur son adversaire.

ENVI (A L'). loc. adv. et prépos. (lat. *invitus*, malgré soi). Avec émulation, à qui mieux mieux. Ils étudient à l'e. Ils travaillent à l'envi l'un de l'autre, à l'envi les uns des autres.

ENVIABLE. adj. 2 g. Que l'on peut envier ; à qui l'on peut porter envie.

ENVIDAGE. s. m. Action d'envider le fil.

ENVIDER. v. a. Tourner le fil autour du fuseau.

ENVIDEUR. s. m. Ouvrier qui tourne le fil autour du fuseau.

ENVIE. s. f. (lat. *invidia*, m. s.). Chagrin, peine que l'on ressent du bonheur, du succès, des avantages d'autrui. E. maligne. Avoir une e. secrète contre quelqu'un. Porter e. à quelqu'un. Éprouver de l'e. Être rongé d'e. Sécher d'e. L'e. le décore. Exciter l'e. Être au-dessus, se mettre au-dessus de l'e., hors des atteintes de l'e. Les traits de l'e. La mort fait taire l'e. — Faire e., Donner de l'e., exciter l'e. Prov., Il vaut mieux faire e. que pitié. — Porter e. à quelqu'un, Se dit souvent pour souhaiter un bonheur, un avantage pareil au sien, sans être attristé de ce qu'il jouit de ce bonheur, etc. Je porte e. à mon ami de ce qu'il le plaisir d'être avec vous. On dit dans le même sens, Votre sort, votre bonheur est digne d'e. ‖ Désir, intention, volonté. Grande e. Une e. déréglée, furieuse, désordonnée, immodérée. Avoir une extrême e. de dire, de faire quelque chose. Avoir e. de quelque chose. Je n'ai nulle e. de vous nuire. On lui en a fait naître l'e. L'e. lui a pris d'aller en Italie. Si l'e.

vous en prend. Elle brûle, elle meurt d'e. de revenir à Paris. — *Passer son e. de quelque chose,* Satisfaire le désir qu'on en a. *L'e. lui en est passée, lui en a passé,* Il ne la désire plus. *Faire passer l'e. de quelque chose à quelqu'un,* L'en rassasier ou l'en dégoûter. || Se dit aussi de certains besoins physiologiques. *Avoir e., grande e. de boire, de manger, de dormir.* — *Envies de vomir,* Nausées, soulèvements de cœur. — *E. de femme grosse,* Désir subit et pressant, souvent même désordonné, que quelques femmes enceintes ont de quelque chose. Voy. plus loin.

Syn. — *Jalousie.* — On est jaloux de ce qu'on possède; et *envieux* de ce que possèdent les autres. Quand ces deux mots sont relatifs à ce que possèdent les autres, *envieux* dit plus que *jaloux.* Le premier marque une disposition plus habituelle, le second peut désigner un état passager. La *jalousie,* surtout au premier mouvement, est un sentiment dont on a quelquefois peine à se défendre; l'*envie* est un sentiment bas, qui ronge et tourmente celui qui en est pénétré. La *jalousie* peut être aussi l'effet du sentiment de nos désavantages comparativement aux avantages qu'un autre possède; quand à cette *jalousie* il se joint de la haine, c'est *envie.* Toute *jalousie* n'est pas exempte de quelque sorte d'*envie,* et souvent même ces deux passions se confondent. Voy. ENVIER.

Pathol. — Dans le langage vulgaire, ce terme a plusieurs acceptions différentes. Il désigne : tantôt ces dépravations de l'appétit qu'on observe surtout chez les femmes enceintes ; tantôt de petites portions de peau qui se détachent autour des ongles, et qui causent une douleur assez vive quand on les arrache; tantôt enfin des taches (*nævi materni*) que les enfants apportent en naissant, et auxquelles, avec de la bonne volonté on trouve toujours une tache ressemblance avec quelque objet que la mère aurait désiré pendant sa grossesse. Ces taches se présentent sous des formes et des couleurs différentes. Le plus souvent, elles résultent d'un excès local de la matière colorante, et peuvent être appelées *mélaniennes,* à cause de leur teinte intermédiaire entre la couleur normale de la peau et le noir. Ailleurs, elles sont dues à la présence, dans une portion de la peau, d'un réseau d'artérioles et surtout de veinules capillaires, plus nombreuses, plus développées, ou disposées autrement que dans l'état normal. On peut alors les nommer *sanguines,* parce qu'elles sont rouges, rosées, violacées, bleuâtres ou jaunâtres. Il y en a avec ou sans poils, et, selon leurs aspects divers, on les compare, dans le peuple, au vin, aux fruits, au lard, à un poisson, à une chenille, à un crapaud, etc. La chirurgie a recours à différents moyens pour les faire disparaître : ligatures des troncs artériels afférents, injections coagulantes, thermocautérisation, électropuncture, excision; dans certains cas, la vaccination au niveau des taches pigmentaires a pu faire disparaître la coloration anormale. L'opinion vulgaire attribue la production de ces anomalies à l'influence de l'imagination de la mère sur le fruit qu'elle porte dans son sein. Ce préjugé ne repose sur aucun fondement réel ; mais nous ne pouvons exposer ici les arguments sur lesquels se fonde la science pour repousser la croyance populaire.

ENVIEILLIR. v. a. [Pr. *anviè-llir,* ll mouillées]. Faire paraître vieux. *Cet ajustement l'envieillit.* Peu us. = ENVIEILLIR. v. n. Devenir vieux dans... *Un homme envieilli dans la misère.* = s'ENVIEILLIR. v. pron. Devenir vieux. = ENVIEILLI, IE. part. || Fig. et adjectivem., *Erreurs, habitudes envieillies.* On dit mieux, *Invétérées.* — *Pécheur envieilli,* Qui a un vice, un défaut invétéré. On dit mieux, *Endurci.*

ENVIEILLISSEMENT. s. m. [Pr. *anviè-lli-seman,* ll mouillées]. L'action d'envieillir ; le résultat de cette action.

ENVIER. v. a. (lat. *invidere,* m. s.). Voir avec peine, chagrin ou dépit qu'une personne ait certains avantages que nous n'avons pas. *E. le bonheur, les succès d'autrui. On les censure s'ils échouent, et on les envie s'ils réussissent. Tout le monde l'envie.* || Souhaiter pour soi-même un bonheur, un avantage pareil à celui qu'un autre possède, mais sans être attristé de ce qu'il jouit de ce bonheur. *Je voudrais bien être aussi indépendant que vous, j'envie votre bonheur.* || Désirer. *Voilà la place que j'envierais le plus.* = ENVIÉ, ÉE. part. *Une place, une condition bien enviée. Une place,* etc., *fort recherchée, fort souhaitée de beaucoup de gens.*

Syn. — *Avoir envie, Porter envie.* — Nous envions aux autres ce qu'ils possèdent ; nous voudrions le leur ravir. Nous

avons envie pour nous de ce qui n'est pas en notre possession ; nous voudrions l'avoir. *Envier* se dit surtout des choses, des avantages personnels et généraux ; *porter envie* ne se dit que des personnes; et *avoir envie* se dit des choses particulières et détachées des personnes. Ainsi, l'on *envie* le bonheur de quelqu'un ; on *porte envie* à l'homme opulent ; on a *envie* d'un objet rare ou curieux.

ENVIER. v. a. T. Jeu. Faire un envi.

ENVIEUX, EUSE. adj. (lat. *invidiosus,* m. s.). Qui a de l'envie, qui est sujet à l'envie ; ne s'emploie qu'en mauvaise part. *Un homme e. Une femme envieuse. Il est même e. de la fortune de son frère. Un esprit bas et e.* || Subst., *Un e. n'a jamais de repos. Les envieux sont injustes. Les envieux sortent rarement de l'obscurité.* = Syn. Voy. ENVIE.

ENVINÉ, ÉE. adj. *Vase enviné,* Qui a contracté l'odeur du vin.

ENVINER. v. a. (R. *en* et *vin*). Garnir de vignes. *E. un coteau.*

ENVIRON. adv. (R. *en* et *virer*). A peu près ; un peu plus, un peu moins. *Il y a e. deux heures. Depuis e. dix ans. Son armée était d'e. vingt mille hommes. Il avait fait e. deux lieues. Combien y a-t-il dans cette cassette? Il y a deux cents louis e.*

ENVIRONNANT, ANTE. adj. [Pr. *anvi-ro-nan*]. Qui environne. *Les lieux environnants.*

ENVIRONNEMENT. s. m. [Pr. *anvi-ro-ne-man*]. Action d'environner; résultat de cette action.

ENVIRONNER. v. a. [Pr. *anvi-ro-ner*]. Entourer, enfermer. *E. une ville de murailles, de fossés.* || Être ou se mettre autour de quelqu'un ou de quelque chose. *Les ennemis environnaient la place. Il eut peine à se dérober à la multitude qui l'environnait. Les gardes, les courtisans qui environnent le prince. Les objets qui nous environnent.* ||Fig., *Être environné de flatteurs. Les dangers qui l'environnent. Être environné de gloire.*

> Peut-être assez d'honneurs environnaient ma vie.
>   RACINE.

= s'ENVIRONNER. v. pron. Réunir autour de soi. = ENVIRONNÉ, ÉE. part. = Syn. Voy. ENCEINDRE.

ENVIRONS. s. m. pl. Lieux d'alentour. *Paris et ses environs. Les troupes se logèrent aux e., dans les e. de la place. Les environs n'offrent de tous côtés que des bois et des rochers escarpés. Les communes des e.*

ENVISAGEMENT. s. m. [Pr. *an-vi-za-je-man*]. Action d'envisager.

ENVISAGER. v. a. [Pr. *an-vi-za-jer*]. Regarder une personne au visage. *Dès que je l'eus envisagé, je le reconnus. Il n'oserait m'envisager.* || Fig. Considérer une chose en esprit, l'examiner. *Le sage ne saurait e. les richesses comme un bien. E. la mort. l'exil, les tourments, la pauvreté sans effroi. E. l'avenir avec crainte. Il envisageait la mort comme la fin de ses misères. Il faut envisager cette affaire sous toutes ses faces. E. les suites d'une affaire.* = s'ENVISAGER. v. pron. Se dit des deux sens qui précèdent. *Ils s'envisagèrent un instant et se reconnurent. Cette question peut s'e. sous deux points de vue tout à fait différents.* = ENVISAGÉ, ÉE. part. = Conj. Voy. MANGER.

ENVOI. s. m. (R. *en* et *voie*). Action par laquelle on envoie ; se dit partic. en parlant des marchandises. *Faire un e. de marchandises. On en a déjà fait deux envois. Lettre d'e.* || Par méton., La chose même qui est envoyée. *J'ai reçu votre e. de cet jour.* || T. Littér. Vers mis à la suite d'une pièce de poésie, pour l'adresser, pour en faire hommage à quelqu'un. *Il y a à la fin de ce conte un e. fort spirituel.* Voy. BALLADE. || T. Jurisp. *E. en possession.* Voy. POSSESSION.

ENVOILER (S'). v. pron. T. Techn. Se courber ; se dit du fer, de l'acier qui se courbe, lorsqu'on le trempe. — ENVOLÉ, ÉE. part.

ENVOILURE. s. f. T. Techn. Nom donné à la légère courbure de la lame des ciseaux.

ENVOISINÉ, ÉE. adj. *Être bien, être mal e.*, Avoir de bons, de mauvais voisins. Fam.

ENVOISINER. v. a. Entourer de voisins. — s'ENVOISINER. v. pron. *Il s'est mal envoisiné.* = ENVOISINÉ, ÉE. part.

ENVOLÉE. s. f. Néol. Action de s'envoler. Ne s'emploie qu'au fig. *Une prose où des vers entiers prennent leur envolée tout à coup. Cette phrase musicale est d'une belle envolée.*

ENVOLEMENT. s. m. T. Néol. Action de s'envoler.

ENVOLER (S'). v. pron. Prendre son vol, s'enfuir en volant. *Les oiseaux se sont envolés du nid. Une mouche qui s'envole.* Avec ellipse du pron., *Le moindre bruit fait e. cet oiseau.* — Fig. et prov., *Il n'y a plus que le nid, les oiseaux se sont envolés,* La personne ou la chose que vous cherchez n'est plus là où vous le cherchez. || Par anal., se dit des corps légers que le vent emporte. *La fenêtre s'ouvrit brusquement, et tous les papiers s'envolèrent par la chambre.* || Fig. *Le temps s'envole, l'occasion s'envole. Avec l'âge, les plaisirs s'envolent.* = ENVOLÉ, ÉE. part. *Les oiseaux sont envolés.* || Fig.

Il pleure sa jeunesse avant l'âge envolée.
              V. HUGO.

ENVOÛTEMENT. s. m. T. Magie. Action d'envoûter. On croyait autrefois (Voy. Ovide et plus tard les historiens du temps de Charles IX et de Henri III) qu'on pouvait faire périr quelqu'un en perçant d'une épingle, à la place du cœur, une figurine de cire représentant la personne dont on voulait la mort. C'est cette opération magique et d'autres analogues qui portent le nom d'*envoûtement.* Il fallait que l'image fût ressemblante, rappelât le visage (*vultus*) de la personne contre laquelle on voulait agir. Voy. MAGIE.

M. Albert de Rochas nous adresse sur ce sujet les remarques suivantes :

« La pratique de l'e. a existé à toutes les époques et dans tous les pays. Le chapitre III de mon livre sur l'*Extériorisation de la Sensibilité* contient un grand nombre de citations montrant son emploi dans l'Antiquité, chez les Chaldéens, les Égyptiens, les Grecs et les Romains, ainsi que chez les nations modernes de l'Europe et dans la plupart des peuplades sauvages du Nouveau Monde. J'y ajouterai deux documents qui m'ont été récemment communiqués. Le premier est tiré d'un article sur la sorcellerie chez les Cambodgiens publié en 1895 par M. Adhémard Leclère dans la *Revue Scientifique* :
« On dit qu'il y a des sorciers qui savent fabriquer des *rup* ou statuettes en cire, qu'ils nomment du nom de la personne qu'ils veulent blesser ou tuer, puis qu'ils les percent en prononçant des paroles magiques avec un couteau. Alors, me raconte-t-on, la personne que représente la statuette est blessée ou tuée à l'instant même où la statuette est percée par le sorcier. D'autres font une statuette en cire, la nomment, puis la placent dans un endroit que visitent les rayons du soleil. Alors, à mesure que s'altèrent les traits de la statue, s'altère la santé de la personne qu'elle représente et dont elle a reçu le nom. Quand cette statue cesse d'en être une, la personne meurt. C'est notre e. d'*accident.*
Le second a été trouvé par M. Émile Ruelle dans un manuscrit grec de la Bibliothèque Nationale (n° 2537, fol. 419, v.) remontant à l'année 1272. En voici la traduction.
« *Pour consumer et déchiqueter le corps d'un homme et d'une femme.* — Prends l'argile avec laquelle on fait des pots en terre cuite, pétris-la en prononçant le nom du tu veux et de sa mère, et modèle-la en la ressemblance d'un homme ou d'une femme selon la ressemblance de l'homme que tu veux. Ensuite grave sur sa tête le nom de ce dernier et de sa mère avec une aiguille d'airain et de l'écarlate de mer à un seul feu, et sur son dos les deux signes suivants :

∴ —— ⚭

« Ensuite plante dans tout le corps des épines..... et sur chaque épine prononce..... : « Pour dissoudre, pour piquer et épuiser le corps d'un tel ou d'une telle ». Ensuite grave à l'intérieur du nom les noms des sept planètes ; Kronos, Zeus,

Arès, Soleil, Aphrodite, Hermès et Lune. Puis après avoir suspendu le tout sur le fourneau, lorsque l'argile aura été consumée, le corps de l'homme le sera aussi. »

Paracelse, qui avait étudié avec sa haute intelligence tous les phénomènes de la magie, dit, dans son livre sur l'Existence des esprits (*De Ente Spirituum*) : « Vous savez que selon la volonté d'un esprit en lutte avec un autre esprit, si l'on couvre de terre et de pierres une image en cire, l'homme en vue duquel l'image a été faite est inquiet et tourmenté *dans le lieu où les pierres ont été amoncelées,* et n'est soulagé que lorsque l'image a été remise au jour. Notez encore que si l'on brise une jambe à cette image, l'homme se ressent de cette fracture ; il en est de même des piqûres et autres blessures semblables faites à l'image. »

Les sorciers modernes complètent ces pratiques par l'adjonction de quelque partie du corps ou des vêtements habituels de la personne à envoûter.

Le Volt (du latin *vultus*, effigie) de l'e. magique est la figure, modelée en cire, du personnage dont on veut la perte. Plus la ressemblance est parfaite, plus le maléfice a chance de réussir. Si, dans la composition du volt, le sorcier peut faire entrer, d'une part, quelques gouttes de saint chrême ou ou des fragments d'hostie consacrée; d'autre part, des *rognures d'ongle,* une dent ou *des cheveux de sa future victime,* il pense que c'est là autant d'atouts dans son jeu. S'il peut dérober à celle-ci quelques *vieux effets qu'elle ait beaucoup portés,* il s'estime heureux d'y tailler l'étoffe dont il habillera la figurine le plus possible à l'instar de son vivant modèle. La tradition prescrit d'administrer à cette poupée ridicule tous les sacrements qu'a pu recevoir le destinataire du sacrilège : Baptême, eucharistie, confirmation, prêtrise et jusqu'à l'extrême-onction, si le cas y échoit.

« Puis l'exécration se pratique en lardant cet objet d'art d'épingles empoisonnées, avec une grande explosion d'injures pour exciter à la haine, ou bien en l'écorchant à certaines heures fatidiques, au moyen d'éclats de vitre ou d'épines venimeuses toutes dégoûtantes de sang corrompu.

« Un crapaud auquel on donne le nom de celui qu'on désire envoûter remplace aussi parfois le Volt en cire; mais les cérémonies imprécatoires demeurent identiques. Une autre qu'on s'est procurée d'avance; après avoir craché sur ce vilain paquet, on l'enterre sous le seuil de son ennemi ou en tout autre endroit qu'il fréquente tous les jours par nécessité ». (ST. DE GUAÏTA, *Le temple de Satan,* p. 185).

Des expériences récentes ont permis de reconnaître la réalité d'un fait, qui a dû être la base des diverses légendes relatives à l'e. Ce fait est le suivant :

« Le corps humain émet constamment des effluves susceptibles de s'emmagasiner dans les objets longtemps en contact avec lui; ces objets restent en relation avec le corps pendant un certain temps, quand ils ne sont pas trop éloignés, de telle sorte que si on exerce sur eux une action quelconque, le corps peut ressentir cette action.

« C'est le phénomène que j'ai étudié sous le nom d'*Extériorisation de la sensibilité.* »

Au point de vue théorique, chacun devrait pouvoir vérifier le fait sur lui-même; mais, en réalité, il n'y a que certaines organisations exceptionnelles dont le système nerveux soit assez sensible pour percevoir des actions aussi faibles.

On a reconnu que les objets détachés du corps humain, comme les cheveux, les substances grasses et molles comme la cire, le velours, etc., étaient en général les plus propres à emmagasiner ces effluves, qu'ils se comportent un peu comme les odeurs.

Les actions peuvent être malfaisantes comme dans le cas de l'e., ou bienfaisantes comme dans celui de la poudre de sympathie (So². Cu O), avec laquelle on traitait autrefois les blessures de certaines personnes en l'appliquant sur le linge imbibé de leur sang.

Je n'ai envisagé ici qu'un des éléments de la question, laissant de côté ceux qui peuvent se rapporter à l'action de la volonté ou des invocations. Ce sont des régions dans lesquelles la science positive n'a point encore osé s'aventurer.

ENVOÛTER. v. a. (lat. *vultus,* visage). Pratiquer le maléfice appelé *Envoûtement.* Voy. ce mot. = ENVOÛTÉ, ÉE. part.

ENVOYÉ. s. m. [Pr. *an-vo-ié*]. Personne envoyée. Titre qu'on donne à certains agents diplomatiques. Voy. DIPLOMATIE. || On donne aussi à la femme d'un e. la qualification d'*Envoyée.*

ENVOYER. v. a. [Pr. *anvo-ié*] (lat. *inviare*, marcher; de *in*, en, et *via*, chemin). Faire partir une personne pour quelque autre lieu, ou Faire porter quelque chose dans un autre lieu. *Il a envoyé son fils en Italie, en province, à la campagne, aux eaux. J'ai envoyé mon domestique à la ville. E. en mer. E. un courrier, un exprès. E. des députés à quelqu'un, vers quelqu'un. E. un paquet par le courrier. E. des étrennes. E. du secours dans une place. Les ennemis envoyèrent reconnaître la place. Je l'ai envoyé savoir de ses nouvelles.* Absl., *E. chez quelqu'un*, E. savoir de vos nouvelles. — Fig. et fam., *E. quelqu'un dans l'autre monde*, Faire mourir ou laisser mourir quelqu'un. *E. au diable.* Voy. DIABLE. || Se dit aussi des choses qui nous viennent ou sont supposées nous venir de Dieu, du ciel, du destin. *Dieu nous a envoyé une bonne récolte. Le ciel derrait nous e. de la pluie. Les biens et les maux que le destin nous envoie.* || Émettre, lancer. *La chaleur que le soleil envoie à la terre. La lumière que la lune nous envoie. Le vin envoie des fumées à la tête. E. une flèche, une bombe. Le vaisseau ennemi nous envoya une bordée terrible.* || E. promener. E. paitre, Repousser avec rudesse. || v. n. ou tr. T. Mar. Mettre la barre du gouvernail sous le vent pour faire virer vent devant. *Timonnier, envoyez!* || Faire une décharge d'artillerie. *Canonniers, envoyez!* = ENVOYÉ, ÉE. part.

Conj. — *Envoyer* se conjugue comme *Employer;* seulement il fait, au futur de l'indicatif, J'enverrai, tu enverras, etc., et au présent du conditionnel, J'enverrais, tu enverrais, etc.

ENVOYEUR. s. m. [Pr. *anvo-ieur*]. T. Comm. Celui qui fait un envoi, une expédition. || T. Admin. Celui qui envoie de l'argent à un correspondant par la poste.

ENZ, rivière du Wurtemberg ; 130 kil.

ENZO ou **HANS**, roi de Sardaigne, fils naturel de l'empereur Frédéric II (1224-1272).

ENZOÏQUE. adj. (gr. ἐν, dans ; ζῶον, animal). T. Géol. Terrain e., Celui qui renferme beaucoup de débris d'animaux fossiles.

ENZOOTIE. s. f. [Pr. *an-zo-o-sie*] (gr. ἐν, dans ; ζῶον, animal). T. Vét. Maladie régnant dans une contrée sur une ou plusieurs espèces d'animaux, soit constamment, soit périodiquement. C'est le même sens qu'*Endémie* dans la médecine humaine.

ENZOOTIQUE. adj. Qui a le caractère de l'enzootie.

ENZOOTIQUEMENT. adv. D'une manière enzootique.

ENZYME. s. f. (gr. ἐν, dans ; ζύμη, levain). T. Chim. Nom donné à certaines substances azotées, rangées aujourd'hui parmi les *diastases*. Voy. ce mot.

ÉOCÈNE. s. m. (gr. ἕως, aurore ; καινός, nouveau). T. Géol. Nom donné à la période qui commence l'époque *tertiaire*. Voy. ce mot.

ÉOHIPPUS. s. m. (gr. ἕως, aurore ; ἵππος, cheval). T. Paléont. Espèce de mammifère fossile qui vivait pendant la période éocène et d'où descend vraisemblablement le cheval actuel. Voy. DESCENDANCE.

ÉOLE. s. m. (lat. *Æolus* ; gr. Αἴολος). T. Mythol. Dieu qui préside aux vents, || T. Hist. nat. *Bouches d'É.*, Fissures qui se produisent quelquefois dans une montagne, et d'où s'échappe un courant d'air.

ÉOLIDE. s. f. (R. *Eole*, nom mythol.). T. Zool. Nom donné à un mollusque Gastéropode qui vit dans la mer. Voy. NUDIBRANCHES.

ÉOLIE, anc. contrée de l'Asie Mineure, colonisée par les Éoliens ; v. principale, Cumes.

ÉOLIEN, IENNE. adj. (gr. αἰολεύς, qui appartient aux Éoliens, l'une des races helléniques). Se dit de l'un des modes de la musique des anciens, et d'un dialecte de la langue grecque ancienne. *Le mode é. Le dialecte é.*, ou subst., *L'é. a été employé par Alcée et par Sapho.* || *Harpe* *éolienne*, Harpe ou boîte sonore portant des cordes, suspendue dans le passage d'un courant de vent et résonnant doucement sous l'action de la brise. = *Iles éoliennes*, aujourd'hui *Iles Lipari.*

ÉOLIPYLE. s. m. (R. fr. *éole;* gr. πύλη, porte). T. Phys. Appareil composé d'une sphère creuse et de deux tubes recourbés, dans lequel on fait bouillir de l'eau et qui se met à tourner quand la vapeur s'échauffe. Voy. VAPEUR.

ÉOLIQUE. adj. 2 g. (gr. αἰολικός, m. s.). Se dit quelquefois pour Éolien. *Le dialecte é. Le mode é.*.

ÉOLUS, fils d'Hellen, père des Éoliens.

ÉON. s. m. (gr. αἰών, le temps). Êtres ou intelligences de nature divine, émanés de Dieu, selon les doctrines gnostiques. Voy. ÉMANATION et GNOSTICISME.

ÉON DE BEAUMONT, agent politique et aventurier français, célèbre surtout par l'incertitude où l'on fut de son sexe de son vivant. Pendant une longue période de sa vie il passa pour femme, en porta les vêtements, et signa : la chevalière Éon de Beaumont (1728-1810).

ÉOPHRYNIDES. s. m. pl. (gr. ἕως, aurore ; φρῦνος, crapaud). T. Paléont. zool. Famille d'*Arachnides* fossiles appartenant à l'ordre des *Anthracomartides* (Voy. ce mot), caractérisée par un large céphalothorax présentant des plaques saillantes sur sa face dorsale. L'abdomen déborde le céphalothorax sur les côtés : il a une forme arrondie ou un peu ovale et comprend neuf à dix anneaux. Ces animaux ont été pris d'abord pour des insectes coléoptères ; quelques espèces atteignaient la taille des Scorpions des pays chauds.

ÉOPHYTON. s. m. (gr. ἕως, aurore ; φυτόν, plante). T. Paléont. Plante que l'on trouve dans le terrain cambrien.

ÉOSCORPIONIDES. s. m. pl. (gr. ἕως, aurore ; σκορπίος, scorpion). T. Paléont. zool. Famille de *Scorpions* fossiles appartenant à l'ordre des *Anthracoscorpiides* (Voy. ce mot), et qui s'étend du terrain silurien au carbonifère. Ces animaux avaient de grandes analogies avec les formes actuellement vivantes et, comme elles, possédaient un dard venimeux à l'extrémité de l'abdomen.

ÉOSINE. s. f. T. Chim. Matière colorante rouge appartenant à la classe des phtaléines. Elle est constituée par le dérivé tétrabromé de la fluorescéine. On la prépare dans l'industrie en faisant couler du bromo dans une solution alcoolique de fluorescéine ; on ajoute du chlorate de potasse pour décomposer l'acide bromhydrique qui se forme et faire servir le brome qu'il contient. L'é. se dépose sous forme de précipité. — L'é. est insoluble dans l'eau, soluble dans l'alcool ; c'est un acide assez énergique qui s'unit facilement aux bases, et qui déplace l'acide carbonique des carbonates. Les éosinates alcalins sont solubles ; aussi prépare-t-on l'*éosine soluble* du commerce en saturant l'é. par la soude ou la potasse.

La *méthyléosine*, appelée *primerose*, est le dérivé méthylique de l'é. et s'obtient en chauffant l'é. en solution alcoolique avec du chlorure de méthyle. Elle donne en teinture des nuances plus fraîches et plus stables que l'é. ordinaire.

On donne encore le nom d'*éosines* à un assez grand nombre de matières colorantes analogues, dérivées de la fluorescéine. L'*érythrosine* est le dérivé tétraiodé et se prépare comme l'é. ordinaire, en remplaçant le brome par l'iode ; elle donne des nuances plus violettes que l'é. Le *rose bengale* et la *phloxine* s'obtiennent en traitant par le brome ou par l'iode une fluorescéine particulière dérivée d'un acide dichlorophtalique. La *cyanosine* est l'éther éthylique de la phloxine. La *safrosine* est la fluorescéine dibromée et dinitrée, qu'on obtient en chauffant l'é. avec du nitrate de soude, et qui teint la laine en rouge.

Les éosines étant insolubles, on les solubilise ou les combinant avec la soude, la potasse ou l'ammoniaque. Elles servent à teindre la laine et la soie en rouge, en rose ou en violet ; elles donnent des nuances très brillantes, mais peu solides. On les emploie beaucoup dans la fabrication des papiers peints. Enfin elles servent à faire des encres rouges et à préparer des plaques photographiques qui sont sensibles à la lumière rouge, par un phénomène encore mal expliqué. Voy. ORTHOCHROMATIQUE.

ÉOSITE. s. f. (gr. ἔως, aurore). T. Minér. Mélange isomorphe de molybdate et de vanadate de plomb, en petits octaèdres quadratiques rouge aurore foncé.

ÉOSPHORITE. s. f. (gr. ἔως, aurore, et fr. *phosphore*). T. Minér. Phosphate hydraté d'alumine, de manganèse et de fer, en petits prismes ou en masses compactes, rose pâle.

ÉOZOON. s. m. (gr. ἔως, aurore; ζῶον, animal). T. Paléont. Formations singulières que l'on a rencontrées dans les gneiss ou schistes cristallins du Canada, c.-à-d. dans des terrains très anciens, n'ayant présenté jusqu'ici aucune trace de corps organisé. Ce sont des masses arrondies pouvant atteindre la

grosseur de la tête et formées par des couches concentriques de serpentine et de calcaire, alternant entre elles. Ce seraient là les restes de l'être organisé le plus ancien que l'on connaisse; mais, alors que certains paléontologistes en font un groupe de *Foraminifères*, d'autres ne veulent y voir qu'une simple stratification de substances minérales : la serpentine, en s'infiltrant dans les gneiss, aurait provoqué la formation du carbonate de chaux par action métamorphique. La Fig. ci-dessus représente une portion de ce qu'on a appelé *E. canadense*.

ÉPACMASTIQUE. adj. (gr. ἐπί, sur; ἀκμάζειν, être fort). T. Méd. Qui croît, en parlant des maladies aigues.

ÉPACRÉES. s. f. pl. (R. *Épacride*). T. Bot. Tribu de plantes Dicotylédones de la famille des *Épacridées*. Voy. ce mot.

ÉPACRIDE. s. m. (gr. ἔπακρος, terminé en pointe). Genre de plantes Dicotylédones (*Epacris*) de la famille des *Épacridées*. Voy. ce mot.

ÉPACRIDÉES. s. f. pl. (R. *Épacride*). T. Bot. Famille de végétaux Dicotylédones de l'ordre des Gamopétales supérovariées.

Caractères bot. : Arbustes ou arbrisseaux. Feuilles persistantes, alternes, très rarement opposées, entières ou quelquefois dentées en scie, ordinairement pétiolées, quelquefois dilatées à leur insertion qui enveloppe plus qu'à moitié la branche, à nervure moyenne nulle, à nervures simples et parallèles, ou partant ou divergeant de la base de la feuille, sans stipules. Fleurs hermaphrodites blanches ou pourpres, rarement bleues, tantôt en grappes ou en épis terminaux, tantôt solitaires et axillaires; le calice ou les pédicelles accompagnés de 2 ou plusieurs bractées, qui offrent ordinairement la même texture que le calice. Calice 5-parti (très rarement 4-parti), souvent coloré, persistant. Corolle gamopétale, caduque ou marcescente, quelquefois avec pétales libres; limbe à 5 divisions égales (rarement 4) qui paraît parfois, à raison de leur soudure, se déchirant transversalement; estivation valvaire ou imbricative. Étamines en nombre égal à celui des segments de la corolle, et alternes avec eux; très rarement en nombre moindre. Filets insérés sur la corolle. Anthères uniloculaires introrses s'ouvrant longitudinalement. Pollen en tétrade ou en grains simples. Pistil composé de 5 carpelles. Ovaire sessile, en général entouré à sa base par 5 écailles libres ou connées, à 5 loges, rarement à une seule; ovules solitaires et suspendus ou nombreux; style unique; stigmate simple, quelquefois denté. Fruit drupacé, à 1 ou plusieurs noyaux ou capsulaire. Graines renfermant un albumen charnu abondant. Embryon cylindrique, droit, axile,

de moitié plus court que l'albumen; cotylédons très courts; radicule supère dans les espèces à fruit drupacé, à direction

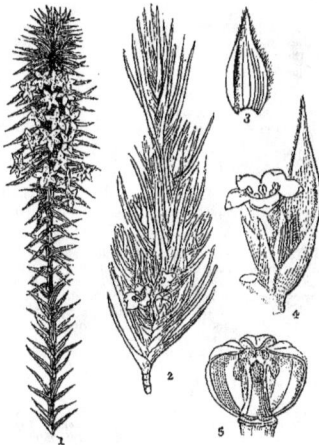

variable dans celles dont le fruit est capsulaire. [Fig. **1.** *Epacris pungens*. — 2. *Dracophyllum scoparium*; 3. Sépale; 4. Fleur avec sa bractée; 5. Coupe d'une capsule.]

La famille des É. renferme 26 genres et environ 320 espèces, toutes originaires de l'archipel indien, de l'Australie ou de la Polynésie, où elles abondent comme les Éricacées au cap de Bonne-Espérance. Les plantes de cette famille sont surtout remarquables par la beauté de leurs fleurs et la singulière conformation de leurs feuilles. On divise cette famille en 2 tribus :

Tribu I. — *Épacrées.* — Loges pluriovulées; capsule loculicide (*Epacris, Lysinema, Richea*, etc.).

Tribu II. — *Styphéliées.* — Loges uniovulées; drupe (*Styphelia, Leucopogon, Trochocarpus*, etc.).

Tous les fruits des espèces à drupes, spécialement ceux de la *Lissanthe sapida*, sont comestibles; mais les graines sont trop grosses et la pulpe qui les recouvre est trop mince, pour que ces fruits puissent utilement servir comme aliment. L'*Astroloma humifusum* ou *Canneberge de la Tasmanie*, qui croît dans toute l'étendue de la colonie, a un fruit de couleur verte ou blanchâtre, quelquefois légèrement rougeâtre, de la grosseur d'un grain de cassis. Il contient une pulpe visqueuse à odeur de pomme et renferme une grosse graine. La plante ressemble au Genévrier et se couvre en hiver de belles fleurs écarlates. Les fruits du *Styphelia ascendens*, petit arbrisseau couché, ressemblent à ceux de l'Astroloma. Le *Leucopogon Richei* est un large arbrisseau touffu, qui croît seulement sur les bords de la mer, et qui atteint une hauteur de 1 à 2 mètres. Ses baies sont petites, blanches, et d'une saveur herbacée. Dans le voyage de d'Entrecasteaux à la recherche de La Peyrouse, le naturaliste Riche, étant resté perdu pendant trois jours sur la côte méridionale de la Nouvelle-Hollande, fit sa principale nourriture des baies de cette plante : c'est en mémoire de cette circonstance que cette espèce a reçu le nom spécifique qu'elle porte. — Plusieurs espèces de cette famille sont cultivées comme plantes d'ornement : tels sont, dans le genre *Styphelia*, les *St. tubiflora* et *triflora*; dans le genre *Leucopogon*, le *L. Drummondi*; dans le genre *Epacris*, les *Ep. longiflora, pulchella* et *purpurascens*; et dans le genre *Sprengelia*, le *Spr. incarnata*. Toutes ces espèces sont originaires de l'Australie extratropicale.

ÉPACTAL, ALE. adj. T. Astron. Qui se rapporte à l'épacte. *Nombre é.*

ÉPACTE. s. f. (gr. ἐπακτός, ajouté). T. Chron. Age de la lune au 1ᵉʳ janvier de chaque année. Voy. Comput.

ÉPAGNEUL, EULE. s. (R. *espagnol*). T. Mamm. Race de *Chiens* qui provient de l'Espagne. — Le nom d'*Espagnols* pour *Épagneuls* se retrouve dans les ouvrages de Rabelais. Voy. CHIEN.

ÉPAGOMÈNE. adj. m. (gr. ἐπαγόμενος, ajouté). *Jours épagomènes*, Les cinq jours que les anciens Égyptiens ajoutaient à leurs 12 mois de 30 jours pour former l'année dite *vague* de 365 jours. Voy. CALENDRIER.

ÉPAILLAGE. s. m. [Pr. *épa-llaje, ll* mouillées]. Action d'effeuiller les nœuds inférieurs des cannes à sucre. || Action de débarrasser le drap de toutes les matières végétales.

ÉPAILLEMENT. s. m. [Pr. *épa-lleman, ll* mouillées]. Action d'épailler; résultat de cette action.

ÉPAILLER. v. a. [Pr. *épa-ller, ll* mouillées]. T. Techn. Enlever de l'or les saletés qui proviennent de la fonte. || Purger le drap de toute matière végétale.

ÉPAIS, AISSE. adj. (lat. *spissus*, m. s.). Se dit d'un corps solide considéré par rapport à son épaisseur. *Un mur é. de trois pieds. Une planche épaisse de quatre centimètres.* || Se dit souvent par opposition à *Mince. Du drap, du velours é.*, etc. — Fam., *Avoir la taille épaisse* ou *Être é.*, Avoir la taille grosse, être peu dégagé dans sa taille. *Avoir la langue épaisse*, Avoir de la difficulté à parler. — *Cheval é.*, Cheval qui n'est pas fin. || Qui est trop consistant, qui n'est pas assez fluide, qui est trop dense. *Ce sirop est beaucoup trop é. Un vin é. Une encre épaisse. Une épaisse fumée. Un brouillard é. Air é.*, Air grossier. — Par anal., *Ténèbres épaisses, nuit épaisse*, etc., Grande obscurité, nuit noire. — Fig., *Ignorance épaisse*, Ignorance profonde. *Avoir l'esprit, l'intelligence épaisse*, ou simplement *et familièrement Être é.*, Avoir l'esprit lourd, pesant; avoir l'intelligence lente. || Serré, rapproché, dense, composé de choses fort près les unes des autres. *Il y aura bien du foin dans ce pré, l'herbe y est bien épaisse. Des cheveux é. Une crinière épaisse. Une épaisse forêt. Il était dans le plus é. du bois.* == ÉPAIS. s. m. Se dit pour épaisseur. *Cette pierre a un mètre d'é. Il y a de la neige deux pieds d'é.* == ÉPAIS, adv. *Cette graine ne doit pas être semée si é. Il a neigé é. de trois doigts.*

Syn. — *Gros.* — Une chose est *grosse* par l'étendue de sa circonférence; elle est *épaisse* par l'une de ses dimensions. Un arbre est *gros*; une planche est *épaisse*. Il est difficile d'embrasser ce qui est *gros*; on a de la peine à percer ce qui est *épais.*

ÉPAISSEMENT. adv. D'une manière épaisse.

ÉPAISSEUR. s. f. La profondeur d'un corps solide. *L'é. d'un mur. Cette pierre a douze pieds de longueur et trois d'é. Pratiquer une armoire, un escalier, une cheminée dans l'é. d'un mur. L'é. d'un bataillon.* || *L'é. d'un bois, d'une forêt*, L'endroit où les arbres sont massés près les uns des autres. *Il se perdit dans l'é. du bois.* || Densité, opacité. *L'é. du brouillard. L'é. de l'air. L'é. des ténèbres.*

ÉPAISSIR. v. a. Rendre plus épais. *Ajoutez du sucre à ce sirop pour l'é. Les vapeurs épaississent l'air.* == S'ÉPAISSIR. v. pron. et ÉPAISSIR. v. n. Devenir épais, plus épais. *Le sirop s'épaissit* ou *épaissit en cuisant. Un nuage qui s'épaissit. L'ombre s'épaississait.* — *Sa taille s'é- paissit* ou *épaissit*, se dit de quelqu'un qui grossit. — *Sa langue s'épaissit*, Elle s'embarrasse. || Fig. et fam , *Son esprit s'épaissit* ou *épaissit tous les jours*, Son esprit devient pesant, plus obtus. == ÉPAISSI, IE. part.

ÉPAISSISSANT, ANTE. adj. Qui a la propriété d'épaissir, de s'épaissir.

ÉPAISSISSEMENT. s. m. Action d'épaissir, de s'épaissir, ou l'état de ce qui est épaissi. *L'é. de la taille. L'é. des liqueurs. L'é. de la nymphe. L'é. des nues.*

ÉPALEMENT. s. m. Action d'épaler.

ÉPALER. v. a. Jauger par empotement ou dépotement, par opposition au jaugeage métrique.

ÉPALPÉ, ÉE. adj. T. Zool. Qui est dépourvu de palpes.

ÉPAMINONDAS, général thébain, remporta sur les Spartiates la victoire de Leuctres et celle de Mantinée, dans laquelle il fut blessé mortellement (411-362 av. J.-C.).

ÉPAMPRAGE. s. m. Action d'épamprer la vigne, le blé.

ÉPAMPREMENT. s. m. Action d'épamprer.

ÉPAMPRER. v. a. T. Agric. *É. la vigne*, En ôter les pampres, les feuilles inutiles. — Par ext., *É. le blé*, Diminuer l'excès de végétation herbacée d'un champ de blé. == ÉPAM- PRÉ, ÉE. part.

ÉPANALEPSE. s. f. (gr. ἐπανάληψις, m. s., de ἐπί, sur; ἀνά, au milieu de; λῆψις, action de prendre). T. Gramm. Figure d'élocution qui consiste à répéter un ou plusieurs mots, et quelquefois même un membre de phrase entier.

ÉPANAPHORE. s. f. (gr. ἐπανάφορα, m. s., de ἐπί, sur; ἀνά, au milieu de, et φορά, action de porter). T. Gramm. Figure de mots qui consiste à répéter le même mot au commencement de chacun des membres d'une période.

ÉPANCHEMENT. s. m. Action de s'épancher; écoulement, effusion. — Au propre, Extravasation de quelque humeur dans une partie du corps qui n'est pas destinée à la contenir. *É. de bile, de sang. É. au cerveau.* || Fig., *É. de cœur. É. de joie; de doux, de tendres épanchements. Les épanchements de l'amitié.* == Syn. Voy. EFFUSION.

ÉPANCHER. v. a. (lat. *expandere*, m. s.). Verser doucement, répandre en inclinant le vase. *É. du vin, de l'huile.* — Fig., *É. sa bile*, Exhaler sa colère, sa mauvaise humeur. || Fig., *É. son cœur*, L'ouvrir avec sincérité, tendresse, confiance, etc. *É. son cœur dans le sein de l'amitié.* == S'ÉPANCHER. v. pron. S'extravaser. *Le sang s'est épanché dans la poitrine.* || Fig., se dit en parlant des épanchements du cœur, de l'âme. *Mon cœur a besoin de s'é.* == ÉPANCHÉ, ÉE. part.

ÉPANCHOIR. s. m. Ouvrage d'art par lequel se déversent les eaux d'un canal.

ÉPANDAGE. s. m. (R. *épandre*). T. Agric. Action de répandre l'engrais sur le sol.

ÉPANDRE. v. a. (lat. *expandere*, m.s.). Jeter çà et là en plusieurs endroits, éparpiller; se dit en parlant des choses liquides et de celles qui peuvent aisément s'amasser ensemble et aisément se séparer. *Ce fleuve épand ses eaux dans la campagne. É. du fumier dans un champ pour l'engraisser. É. du grain dans une terre.* == S'ÉPANDRE. v. pron. S'étendre. *Les eaux s'épandirent par la campagne.* || Fig., *Les Celtes s'épandirent dans l'Italie*, Vx; on dit *Se répandre.* == ÉPANDU, UE. part.

ÉPANNELAGE. s. m. [Pr. *épa-nelaje*]. T. Maçonn. Première taille en chanfrein d'une arête sur laquelle on veut tailler une moulure. — Parties superflues enlevées d'un bloc de pierre ou de marbre.

ÉPANNELER. v. a. [Pr. *épa-ne-ler*] (R. *panneau*). Dégrossir un bloc de marbre. || Tailler en chanfrein le parement d'une pierre qui doit être taillée en moulure.

ÉPANNELLEMENT. s. m. [Pr. *épa-nè-leman*]. Action d'épanneler; résultat de cette action.

ÉPANNEUR. s. m. [Pr. *épa-neur*]. T. Mét. Ouvrier qui dégrossit le marbre ou la pierre.

ÉPANODE. s. f. (gr. ἐπάνοδος, m. s., de ἐπί, sur; ἀνά, au milieu de, et ὁδός, chemin). T. Gramm. Répétition qui se fait en reprenant tour à tour plusieurs mots qui précèdent, pour développer l'idée contenue dans chacun d'eux.

ÉPANORTHOSE. s. f. (gr. ἐπανόρθωσις, redressement; de ἐπί, sur, ἀνά, au milieu de, et ὀρθὸς droit). T. Rhét. Syn. de *Correction.* Voy. ce mot.

ÉPANOUIR. v. a. (lat. *expandere*, épandre, m. s.). Se dit en parlant des fleurs dont les pétales s'ouvrent et s'étalent. — Fig. *É. la rate, le cœur*, Faire rire, réjouir. *Je lui ai fait un conte qui lui a fait é. la rate. Cette* bonne nouvelle lui a épanoui le cœur. Fam. || É. le visage, Le dérider, le rendre serein. La joie épanouit le visage. == s'ÉPANOUIR. v. pron. Au propre, se dit des fleurs, lorsque le bouton s'entr'ouvre et que les enveloppes florales se déploient. Les fleurs commençaient à s'é. Un bouton de rose qui s'épanouit. Avec ellipse du pronom, Le soleil fait é. les fleurs. || Fig., Son visage, son front s'épanouit; ses traits s'épanouissent, Son visage se déride, devient serein, etc. == ÉPANOUI, IE. part. Une rose épanouie. Son visage était tout épanoui.

ÉPANOUISSEMENT. s. m. Action de s'épanouir. La chaleur hâte l'é. des fleurs. || Fig., É. du cœur, L'état de l'âme quand elle éprouve une vive satisfaction. L'é. du visage, des traits, L'air serein et gai que prend alors le visage. — Fam., É. de rate, Action de rire, de se réjouir de quelque chose.

ÉPARCET. s. m. T. Bot. Voy. ESPARCETTE.

ÉPARCHIE. s. f. (gr. ἐπαρχος, éparque). Dignité d'éparque. || Ancienne division territoriale qui s'est conservée en certaines contrées jusqu'à nos jours.

ÉPARER (S'). v. pron. T. Man. Détacher des ruades. Ce cheval s'épare au moindre coup de fouet.

ÉPARGNANT. s. m. Celui qui épargne.

ÉPARGNANT, ANTE. adj. Qui use d'épargne; qui est fort ménager. Cet homme est trop é. Être d'une humeur épargnante.

ÉPARGNE. s. f. Économie dans la dépense. Cet homme a amassé de grands biens par son é., par ses épargnes. Un homme de grande é., d'une épargne honteuse, sordide. Aller à l'é. || La chose même qu'on a épargnée, économisée. Il avait de petites épargnes. Il vit de ses épargnes. Acheter une propriété avec ses épargnes. || Autrefois, se disait du Trésor public. Billet de l'é. || Se dit aussi en parlant du temps et de toute autre chose qu'on ménage. Il n'y a pas de plus utile é. que celle du temps. Il affecte une grande concision dans son style, il va à l'é. des mots. || T. Beaux-Arts. Partie de la planche de cuivre qu'on couvre d'un enduit protecteur pour empêcher l'acide d'y mordre. Voy. GRAVURE. || T. Techn. Parties d'un objet doré ou argenté qu'on recouvre d'un enduit nommé aussi É., afin qu'il reste mat pendant le brunissage. Voy. DORURE. || T. Horlic. Poire d'é., Espèce de poire qui vient de bonne heure et est assez juteuse. = Syn. Voy. ÉCONOMIE.

Écon. polit. — CAISSES D'ÉPARGNE. — Il est inutile d'insister sur les services que peuvent rendre les Caisses d'é. et de prévoyance, et les Caisses de retraite pour la vieillesse qui en sont le développement nécessaire. Chacun comprendra facilement l'utilité morale et sociale de ces sortes d'établissements.

I. — Bien que ce soit à Hambourg (1778) qu'ait été fondée la première caisse d'épargne, cette institution, ainsi que l'observe très justement Ch. Dupin, devait naturellement prendre ses plus grands développements au sein d'une contrée où la loi féodale, plus forte que l'amour du paysan pour la propriété, n'a pas permis que ce dernier pût affecter ses épargnes à l'acquisition du sol. « Dans la Grande-Bretagne, ajoute le savant écrivain, les caisses d'é. ont commencé d'être établies en 1798. Après quelques essais insignifiants risqués à Tottenham et à Bath, dans la vieille Angleterre, l'Écosse, pays classique de la prévoyance et d'austère économie, l'Écosse s'empara de la conception qui languissait ignorée dans l'opulente Albion. En 1810, un homme bienfaisant, Henri Duncan, pasteur à Dumfries, établit une caisse d'é. à Ruthwell. Il en dirige l'administration; il en publie les résultats, en explique le système, en signale les avantages, et, par l'action puissante de la presse périodique, fixe l'attention générale sur cette institution. En 1813, un autre ami de l'humanité, W. Forbes, ouvre la caisse d'Édimbourg, sur un plan qui sert de modèle à toutes celles qui ont été fondées depuis. Enfin, en juillet 1816, l'institution originaire d'Angleterre y revient fortifiée par toute l'expérience et le progrès des Écossais. Alors, sous la présidence du banquier Th. Baring, est fondée la première caisse d'é. de Londres. » Dès ce moment le sort des caisses d'é. fut assuré chez nos voisins, et ces établissements s'y multiplièrent avec une rapidité inouïe. En 1832, la somme des dépôts consignés aux

Caisses d'é. de l'Écosse, bien que la population de ce pays ne dépassât pas 2,300,000 habitants, était évaluée à 350 millions de francs. En 1834, l'Angleterre proprement dite comptait 379 caisses d'é., l'Irlande 74, et le pays de Galles 22. A cette époque, les caisses de ces trois pays avaient reçu de 499,207 déposants la somme de 384,246,100 francs, ce qui portait à 770 francs, en moyenne, la valeur de chaque livret.

Du Royaume-Uni le bienfait des caisses d'é. se répandit sur le continent européen. « Mais ici encore, ce n'est point, dit Ch. Dupin, par les pays les plus opulents que les nouveaux établissements commencent : c'est dans la Suisse que, pour ses rochers, son climat, et surtout son génie, on peut appeler l'Écosse continentale. Dès 1787, Berne avait fondé et patronné la première caisse, qui reçut le nom de Diensten-Kasse (Caisse des Serviteurs). Dans l'année même où l'on établissait à Londres la première caisse d'é., Genève fondait la sienne. Le descendant du célèbre Tronchin hypothéquait sa fortune, afin d'offrir une garantie aux déposants, et consacrait pour 26 ans un revenu annuel de 2,400 florins pour subvenir aux frais d'administration. » C'est seulement en 1818, c.-à-d. deux ans après Londres et Genève, que la première caisse française fut fondée à Paris. A cette époque, vingt administrateurs de la Compagnie royale d'assurances maritimes s'unirent dans le but de constituer en société anonyme une caisse d'é. et de prévoyance à l'usage des personnes industrieuses qui voudraient y verser de petits dépôts. Une foule de bienfaiteurs apportèrent aussitôt leurs offrandes, afin de former un capital qui pût payer les frais d'administration. Des dons nombreux vinrent encore assurer la stabilité du nouvel établissement. Enfin, Agathon Prévost créa, pour la caisse de Paris, un système de comptabilité qui est un modèle d'ordre et de rapidité, modèle que se sont empressées d'imiter nos caisses départementales, ainsi que la plupart des établissements du même genre fondés à l'étranger. Mais il ne suffisait pas d'avoir créé la caisse d'é., il fallait en faire apprécier les avantages par ceux qui devaient le plus en profiter : il fallait surtout vaincre les défiances naturelles qu'inspire toujours une institution récente et peu connue, et lutter contre les habitudes de dissipation, d'oisiveté, de luxe, d'imprévoyance, pour inspirer les vertus contraires. C'est à cette tâche multiple que se dévouèrent un grand nombre d'hommes éminents à divers titres, parmi lesquels il nous suffira de citer le duc de la Rochefoucauld-Liancourt, le cardinal de Cheverus, archevêque de Bordeaux, Benj. Delessert, Lemontey, Navier, Jomard, et le savant illustre que nous avons déjà plusieurs fois cité.

II. — A cette heure, l'utilité des caisses d'é. n'est plus contestée, et leur rapide diffusion chez tous les peuples civilisés montre que cette institution répond véritablement à l'une des besoins les plus impérieux de notre époque. La France seule, au 31 déc. 1893, possédait 544 caisses d'é., non compris 1079 succursales. A la même date, le nombre des livrets en circulation était de 6,472,480, et si l'on rapproche ce nombre du chiffre légal de la population, qui était de 38,343,192 hab., on voit qu'il y avait alors, en moyenne, un livret pour 6,21 hab. environ, ou 161 déposants sur 1000 hab. Cette moyenne était dépassée dans 34 départements, tandis qu'elle n'était pas atteinte dans les 53 autres. La Seine, par ex., avait 1 livret pour 5 hab. ; Seine-et-Oise 1 pour 4 1/2 ; la Somme 1 pour 4 ; la Sarthe, 1 pour 2 1/2 ; les Basses-Pyrénées, 1 pour 7 ; la Manche, 1 pour 8 ; le Cantal, 1 pour 10 ; les Basses-Alpes, 1 pour 11 ; l'Allier 1 pour 13 ; le Morbihan 1 pour 16 ; la Savoie 1 pour 20 ; la Vendée 1 pour 23 ; la Corse 1 pour 50.

Le solde dû aux déposants, à la même époque, s'élevait à 3.140.261.867 fr. 27 cent. La moyenne du solde par département était de 36.094.963 fr. 99. Cette moyenne était dépassée dans 29 départements, tels que la Seine, le Nord, le Rhône, la Seine-Inférieure, la Marne, la Somme, la Côte-d'Or, l'Hérault, le Pas-de-Calais. Elle n'avait pas été atteinte dans 58 départements, tels que l'Ain, les Côtes-du-Nord, le Cher, l'Indre, la Dordogne, la Haute-Loire, la Vendée, le Lot, l'Ariège, la Corse.

Considérés sous le rapport de leur valeur respective, les 6,472,480 livrets se divisaient en 1,879,294 livrets de 20 fr. et au-dessous; 1,058,139 livrets de 21 à 100 fr. ; 509,386 livrets de 101 à 200 fr. ; 823,183 livrets de 201 à 500 fr. ; 548,609 livrets de 501 à 1,000 fr. ; 441,819 livrets de 1,001 à 1,500 fr. ; 365,546 livrets de 1,501 à 2,000 fr. ; 546,504 livrets de 2,000 fr. et au-dessus.

Examinés au point de vue de la profession des déposants, les livrets forment plusieurs catégories, dont les chiffres suivants peuvent faire approximativement connaître la composition; bien qu'ils ne se rapportent qu'aux nouveaux déposants, au nombre de 435,317 qui se sont fait inscrire aux caisses d'é.

dans le cours de 1893. Chefs d'établissements agricoles, industriels et commerciaux 25,237 ; journaliers et ouvriers agricoles, 27,296 ; ouvriers d'industrie, 36,727 ; domestiques, 44,605 ; militaires et marins, 5,454 ; employés, 14,823 ; professions libérales, 4,931 ; propriétaires, rentiers et personnes sans profession, 20,071 ; mineurs sans profession, 68,893 ; sociétés et associations, 1061.

Enfin, le tableau qui suit indique les sommes dont étaient débitrices envers leurs déposants les 36 caisses d'é. les plus riches de France.

Paris....	453,805,099f,08	Besançon....	22,508,115f,85
Marseille....	61,434,762 43	Évreux....	16,921,125 35
Bordeaux....	59,634,075 06	Brest....	28,745,960 77
Lyon....	74,818,168 27	Blois....	17,363,575 94
Rouen....	26,385,245 51	Pithiviers....	20,001,259 65
Lille....	20,301,583 37	Montargis....	17,748,294 98
Nantes....	28,872,463 47	Châlons-sur-Marne	20,660,579 93
Orléans....	35,456,274 28	Sens....	17,210,527 96
Toulon....	20,908,119 58	Joigny....	17,495,512 80
Nancy....	35,816,942 28	Auxerre....	19,608,317 92
Amiens....	31,417,724 29	Abbeville....	18,702,183 97
Beauvais....	12,208,373 02	Bar-le-Duc....	17,190,394 96
Reims....	26,534,825 47	Commercy....	16,738,002 42
Meaux....	16,633,200 71	Douai....	18,118,000 43
Grenoble....	15,421,449 78	Clermont (Oise)...	15,283,537 04
Montpellier....	17,276,098 26	Compiègne....	17,660,592 98
Le Havre....	16,253,412 89	Mantes....	20,280,040 96
Angers....	19,649,107 86	Le Mans....	29,981,872 49

III. — La comparaison de l'état des caisses d'é. des différents pays de l'Europe fournit des éléments précieux, quand on veut apprécier la situation à la fois matérielle et morale des classes laborieuses dans chacun de ces pays. À la fin de 1890 la totalité des caisses de la Grande-Bretagne s'élevait à 324. Elles devaient à leurs déposants 787,317,425 fr. — À la même époque, l'Italie possédait 400 caisses d'é., ayant reçu 11,922,211 fr. de dépôts. — En Hollande, le solde dû aux déposants s'élevait à environ 26,000,000. — En Autriche, il existait 339 caisses communales, 66 caisses privées et 25 caisses de district. Elles avaient 1,282,759,132 florins de dépôts. L'Espagne possédait seulement 39 caisses d'é., parmi lesquelles celle de Madrid seule est importante, ayant 45 millions d'actif. — La Prusse, à la fin de l'exercice 1885-86, possédait 1,318 caisses d'é. avec 2,803 comptoirs. Le nombre des livrets était de 4,299,453 et le montant des dépôts de 2,260,933,912 marks. — En Belgique, la caisse générale d'é. recevait, en 1887, 745,078 versements s'élevant à 56,334,403 fr. et opérait 164,531 remboursements montant à 37,725,442 fr. Le solde dû à 347,920 déposants était de 122,091,031 fr. — Aux États-Unis, les caisses d'é. ont reçu de tels dépôts, qu'elles sont devenues en réalité des banques fonctionnant sous la surveillance de l'État. Au 1er janv. 1888, le total des dépôts effectués dans les caisses d'é. de l'État de New-York était représenté par une somme de 2,525 millions de francs.

IV. — En France, l'institution des caisses d'é. a été l'objet de nombreuses dispositions législatives dont les principales sont : la loi du 5 juin 1835, modifiée et complétée par celles du 31 mars 1837, 22 juin 1845, 15 juillet 1850, 30 juin 1851 et 7 mai 1853, ainsi que par l'ordonnance royale du 28 juil. 1846, les décrets des 26 mars et 15 avril 1852, la loi du 9 avril 1881, complétée par le règlement d'administration publique du 31 août 1881, la loi du 6 juillet 1883, les lois du 3 fév. 1893 et 20 juillet 1895, et de nombreuses instructions ministérielles.

Aux termes de cette législation, les caisses d'é. sont établies, sur la demande exclusive des conseils municipaux, par des décrets rendus dans la forme des règlements d'administration publique, c.-à-d. après examen et avis du Conseil d'État. Le conseil municipal qui demande la création d'un établissement de ce genre est préalablement tenu de s'engager à voter, chaque année, la somme nécessaire pour payer les frais d'administration. — Cette administration est confiée à un conseil dont les fonctions sont absolument gratuites, et qui se compose de 15 membres choisis par le conseil municipal (5 au moins doivent être choisis parmi les membres du conseil), et renouvelés par tiers chaque année. Ce conseil a pour mission de statuer sur toutes les mesures qui peuvent intéresser la caisse, de veiller à l'exécution des règlements, de vérifier les écritures, d'arrêter les comptes, etc. Il est, en outre, chargé de nommer les employés inférieurs de l'établissement, c.-à-d. les agents salariés qui en exécutent les travaux matériels. Le caissier est astreint à fournir un caution-

nement. Le contrôle des opérations ayant paru insuffisant, la loi de 1835 a créé une commission supérieure auprès du ministère du Commerce, chargée de donner son avis sur les questions qui concernent les caisses d'é.

Les caisses d'é. reçoivent les fonds qu'on leur confie, sans distinction de personnes ; les sommes qui leur sont versées portent intérêt au déposant, et celui-ci est toujours libre de retirer le capital qu'il a confié à la caisse. Le titre de chaque déposant consiste en un Livret numéroté nominatif, qui lui est remis à l'époque du premier versement, et qui doit être unique pour une même personne. Celui qui parviendrait à s'en faire délivrer plusieurs, soit par la même caisse, soit par des caisses différentes, sous son nom ou sous des noms supposés, perdrait l'intérêt de la totalité des sommes déposées. Les mineurs et les femmes mariées sont autorisés à se faire ouvrir des livrets et à retirer leurs dépôts, sans l'intervention de leurs tuteurs et maris. Les versements ne peuvent pas être inférieurs à 1 fr. Toutefois, les caisses d'é. sont autorisées à recevoir des bons ou timbres d'un prix inférieur à 1 fr. et à recevoir ces coupures, lorsque, réunies, elles représentent le montant du versement minimum autorisé. Si l'on en fait plusieurs, leur totalité ne doit pas dépasser 300 fr. par semaine. Enfin, nul versement n'est reçu sur les comptes dès que le total a atteint le chiffre de 1,500 fr. Lorsqu'un compte dépasse 1,500 fr., si le déposant auquel ce compte appartient ne le ramène pas au-dessous de ce maximum dans les trois mois de l'avis qui lui est adressé par lettre chargée, la caisse lui achète sans frais 20 fr. de rentes sur l'État. Ces règles s'appliquent rigoureusement à toutes les catégories de déposants ; toutefois, la loi admet certaines exceptions en faveur des sociétés de secours mutuels. Ces institutions peuvent avoir à leur compte jusqu'à 15,000 fr. Quant aux sommes que reçoivent les caisses d'é., elles sont tenues de les placer, en compte courant, à la caisse des dépôts et consignations, qui leur sert un intérêt annuel, dont le taux est actuellement de 3 fr. 25 p. 100 ; elles fournissent elles-mêmes aux déposants un intérêt de 2 fr. 75 p. 100 environ (la différence représentant les frais d'administration, etc.). Cet intérêt est alloué sur toute somme ronde de 1 fr. ; il commence à courir le septième jour qui suit le versement. À la fin de l'année, l'intérêt est capitalisé au profit du déposant. Lorsque ce dernier veut être remboursé, il doit prévenir la caisse 15 jours à l'avance. Dans la pratique, les caisses se récemment pas ce délai ; la plupart remboursent même séance tenante, quand le retrait est partiel ou qu'il ne dépasse pas une certaine somme. Dans ce cas, l'intérêt du compte cesse de courir, avant le remboursement, au plus prochain jour correspondant à celui auquel le versement a été effectué. Les remboursements peuvent être de la totalité ou d'une partie seulement des fonds versés, y compris ou non les intérêts acquis. Enfin, quand un déposant change de résidence, il a toujours le droit d'exiger le transfert de son crédit de la caisse où il le possède dans la nouvelle caisse qu'il désigne ; mais cette opération n'est admise que pour la totalité du crédit. Dans tous les cas, les formalités qu'impose aux déposants la tenue des caisses d'é. sont entièrement gratuites pour ces derniers, l'administration ne leur réclamant que le prix d'achat (15 centimes) du livret. Enfin, lorsqu'il s'est écoulé un délai de 30 ans à partir de la liquidation du crédit d'un déposant, avec le concours de celui-ci, les sommes non réclamées sont converties en rentes sur l'État, et remises à la Caisse des dépôts et consignations pour le compte de l'ayant droit vis-à-vis duquel la caisse d'é. est entièrement déchargée. Si les fonds résultant de la liquidation ne sont pas assez élevés pour que leur conversion en rentes puisse avoir lieu, ils demeurent acquis à la caisse d'é.

V. Caisse d'épargne postale. — La caisse d'é. nationale ou postale a été créée par la loi du 9 avril 1881. Elle a son siège à Paris, à la direction générale des Postes et Télégraphes, et chaque bureau de poste peut être appelé à pratiquer, en qualité de correspondant, l'encaissement des sommes versées par les déposants et le remboursement en capital et intérêts des fonds déposés. Le déposant reçoit un livret nominatif qui est dit « national » parce que le titulaire peut continuer ses versements et opérer ses retraits dans tous les bureaux de postes français, sans qu'il soit besoin de procéder à un transfert. Le livret est délivré dans un délai de trois jours, à partir de la date de la demande. Les versements sont constatés par des timbres-épargne apposés sur le livret, revêtus du timbre à date du bureau et contresignés par le receveur. Ces timbres-postes varient de 1 à 1,000 fr. Le maximum est de 2,000 fr. Pour favoriser la petite é., on met à la disposition du public des bulletins d'é. sur lesquels on peut apposer successivement des timbres-poste de 5 et de 10 centimes. Lorsque la valeur de ces timbres atteint 1 fr., le bulletin présenté à un bureau de poste quelconque est accepté comme numéraire, et porté au crédit du déposant. Le remboursement se fait par le bureau de poste que désigne l'intéressé, dans un délai de trois jours environ, sauf en cas de force majeure. Des remboursements immédiats sont faits par le bureau central de la rue Saint-Romain. Pour répondre aux besoins du public, la caisse d'é. postale a organisé successivement, outre le service de remboursement à vue, le remboursement par la voie des tubes pneumatiques à Paris, les remboursements par mandats-poste, les remboursements par la voie télégraphique, les remboursements par versements à la Caisse des retraites pour la vieillesse, etc., et elle a installé des succursales étrangères (Alexandrie, Tanger, Constantinople, Salonique, Smyrne, Beyrouth, Port-Saïd). Comme les caisses d'é. ordinaires, la caisse d'é. postale achète des rentes pour le compte des déposants, soit sur leur demande, soit d'office, quand leur compte dépasse 2,000 fr. L'intérêt servi aux déposants est de 2 fr. 50 p. 100. Quelques chiffres montreront l'importance de cette institution. Dans le cours de 1894, il a été effectué 2,658,162 versements dont le montant total s'est élevé à 394,693,726 fr. 72. D'autre part, il a été opéré 1,230,617 remboursements dont le total a été de 332,021,544 fr. 69 (parmi lesquels figurent — il est bon de le noter — 4,955 achats de rentes pour lesquels il a été employé une somme de 6,643,466 fr. 50). Au 31 décembre 1894, l'avoir net des déposants était de 690,844,460 fr. 38 dont 646,337,314 fr. 60 étaient placés en valeurs de l'État français (rentes, obligations et bons du Trésor). Les intérêts capitalisés au profit des déposants, en 1894, se sont élevés à 17,378,358 fr. 06. Les livrets nouveaux (482,372) se divisent comme suit, d'après la profession des déposants : chefs d'établissements agricoles, industriels et commerciaux, 27,576 ; journaliers et ouvriers agricoles, 50,512 ; ouvriers d'industrie, 84,848 ; domestiques, 55,748 ; militaires et marins, 13,021 ; employés, 35,237 ; professions libérales, 19,619 ; propriétaires, rentiers et personnes sans profession, 88,266 ; mineurs n'exerçant aucune profession, 100,309 ; nomades, 1,236. Le chiffre moyen par opération de versement est d : 148 fr. 69. Cette moyenne a été dépassée dans 62 départements (Ariège, Puy-de-Dôme, Gers, Côtes-du-Nord, Deux-Sèvres, Corse, Finistère, Indre, Saône-et-Loire, Rhône, etc.). 28 départements sont restés au-dessous de cette moyenne (Savoie, Vosges, Yonne, Aube, Eure, Côte-d'Or, Seine, Somme, Oise, etc.) Au point de vue de l'importance, les livrets se classent ainsi : 874,990 livrets de 20 fr. et au-dessous ; 487,501 livrets de 21 à 100 fr. ; 216,565 livrets de 101 à 200 fr. ; 279,053 livrets de 201 à 500 fr. ; 187,468 livrets de 501 à 1,000 fr. ; 174,602 livrets de 1,001 à 2,000 fr. ; 59,882 livrets de 2,000 fr. et au-dessus.

VI. *Caisses d'épargne scolaires.*—Le premier essai de caisse d'é. scolaire remonte à 1834 et fut tenté au Mans. Ces caisses se sont multipliées jusqu'en 1878 ; depuis, le mouvement s'est sensiblement ralenti. Elles n'ont, d'ailleurs, point d'attaches officielles et administratives et sont fondées par la libre initiative des particuliers et des instituteurs. Les fonds qu'elles recueillent sont convertis par leurs soins en livrets de caisse d'é.

VII. *Caisses d'épargne navales.*—Ce sont de simples succursales de la caisse d'é. postale à bord des bâtiments de l'État. Les opérations sont constatées sur des livrets spéciaux (séries marines). Lors de leur libération du service, les titulaires reçoivent un livret de la série du département qu'ils désignent. Les versements et remboursements ont lieu tous les jours, sauf le dimanche.

VIII. *Caisse d'épargne pénitentiaire.*—Cet établissement a été créé, par le décret du 4 janv. 1878, en Nouvelle-Calédonie. Ses règles sont les mêmes que pour les caisses d'é. en France, sauf en ce qui concerne le contrôle supérieur, qui appartient au ministre des Colonies.

ÉPARGNER. v. a. (lat. *parcere*). Ménager quelque chose, ne l'employer qu'avec réserve. *E. son bien. E. son argent. Nous n'avons guère de provisions, il faut les é. Le vin ne fut pas épargné à cette noce. Il est si avare, qu'il s'épargne jusqu'à la nourriture. On n'épargne rien pour vous satisfaire. Il n'y a épargné aucun soin. Il faut savoir é. le temps. E. sa peine, ses pas. E. le sang. E. la vie des hommes.* — Absol., *Faire des épargnes. Il faut é. dans sa jeunesse. E. sur la table, sur la toilette,* etc. || Fig., *Ne m'épargnez pas,* Employez-moi aussi souvent qu'il vous plaira. — Avec un nom de chose pour sujet, on dit : *Cela épargne l'étoffe, beaucoup d'étoffe,* Cela permet d'em-

ployer moins d'étoffe, *Cette méthode épargne un temps considérable.* || *E. une chose à quelqu'un,* La lui éviter, ou faire en sorte qu'il n'éprouve pas une peine, une perte, etc. *Je vous épargnerai ce soin, cet embarras, cette perte de temps. Je voudrais bien pouvoir m'é. cette dépense, cette peine, cet ennui, cette inquiétude. Épargnez-lui ce chagrin, cette douleur, cette confusion, cette honte. On ne leur épargna aucun outrage. Épargnez-moi vos larmes, vos prières,* Faites-moi grâce de vos larmes, etc. *Épargnez-moi le reste,* Ne m'en dites pas davantage. || *Épargner quelqu'un,* Ne pas le traiter aussi mal qu'on pourrait le faire, ou aussi mal que d'autres. *Je pourrais lui faire beaucoup de mal, mais je l'ai épargné. Il ordonna que, dans la répartition des nouvelles taxes, on épargnât les laboureurs.* — *Il n'épargne personne,* Il maltraite tout le monde de paroles, il médit de tout le monde. — En parlant d'un fléau, on dit aussi, *Le choléra a épargné telle ville. La peste ne nous a pas épargnés. La grêle a épargné ce canton.* || Faire grâce de la vie. *E. les vaincus. Dans le sac de cette ville on n'épargna ni les femmes, ni les vieillards, ni les enfants.* On dit de même, *La mort n'épargne personne.* || Fig., *E. la vieillesse, la faiblesse, l'enfance,* etc., Avoir des égards, des ménagements pour la vieillesse, etc. == *E. la sensibilité, l'amour-propre,* etc., *de quelqu'un,* Ne pas dire ou ne pas faire ce qui pourrait exciter trop vivement sa sensibilité, ce qui pourrait offenser son amour-propre, etc. || T. Techn. Ménager quelque chose dans la matière que l'on travaille, de telle sorte que l'on puisse tirer parti de la chose épargnée. *Cette table a été épargnée dans l'épaisseur du bloc. Mon tailleur a épargné un gilet sur le drap, dans le drap de ma redingote.* || T. Beaux-Arts. Dessiner, peindre de telle façon que les parties blanches soient figurées par le blanc du papier ou de l'ivoire. == s'ÉPARGNER. v. pron. Famil., *Ne s'y é. pas,* Ne pas ménager sa peine, ses soins, etc. *Quand il peut obliger ses amis, il ne s'y épargne pas. S'il peut vous nuire, il ne s'y épargnera pas.* || User de ménagements l'un envers l'autre. *Dans cette lutte, les deux adversaires ne se sont pas épargnés.* == ÉPARGNÉ, ÉE. part. *C'est autant d'épargné.*

ÉPARPILLEMENT. s. m. [Pr. les *ll* mouillées]. Action d'éparpiller ; ou l'état de ce qui est éparpillé. *L'é. de ses troupes lui fit perdre la bataille.*

ÉPARPILLER. v. a. [Pr. les *ll* mouillées] (R. *épars*). Disperser çà et là ; au propre, se dit de choses légères, minces, etc. *E. de la paille, de la cendre, des papiers,* etc. *Un tourbillon a éparpillé ce tas de foin.* — Par anal., *E. ses troupes, ses forces,* Les distribuer en petits corps. || Fig., *E. son argent,* L'employer en dépenses frivoles et multipliées. — On dit encore, *E. ses idées, son talent.* || T. Peint. *E. les lumières,* Les répandre çà et là au lieu de les masser. == s'ÉPARPILLER. v. pron. *Voilà mes papiers qui s'éparpillent ! Les soldats s'étaient éparpillés de tous les côtés.* == ÉPARPILLÉ, ÉE. part.

ÉPARQUE. s. m. (gr. ἔπαρχος, commandant). T. Hist. anc. Nom du préfet de Constantinople.

ÉPARS. s. m. [Pr. é-par]. T. Météorol. Se dit de petits éclairs qui ne sont pas suivis de coups de tonnerre.

ÉPARS, ARSE. adj. [Pr. é-par] (lat. *sparsus,* part. pass. de *spargere,* disperser). Épandu, dispersé çà et là. *Les soldats étaient é. dans la campagne. Les loups avaient épouvanté le troupeau, il était é. dans les blés. Les Juifs sont é. dans toutes les parties du monde. Bataillons é. S'il eut ramassé toutes les particularités de notre histoire qui étaient éparses dans les livres, dans les chartes,* etc. — *Avoir les cheveux é.,* Avoir les cheveux flottants et en désordre.

ÉPARSEMENT. adv. D'une manière éparse.

ÉPARSER. v. a. Rendre épars.

ÉPARTS. s. m. pl. [Pr. épar]. T. Charron. Morceaux de bois longs et plats qui unissent les deux limons d'une voiture, et les maintiennent à la même distance. || Espèce de jonc d'Espagne qu'on emploie en vannerie.

ÉPARVIN ou **ÉPERVIN.** s. m. (bas-lat. *sparvuus*). T.

Art vétér. — On appelle ainsi, dans le Cheval, tantôt une exostose qui survient à la partie latérale interne du jarret (*É. calleux* ou *É. osseux*), tantôt une flexion convulsive et précipitée du membre, au moment où il entre en action pour se mouvoir, sans qu'on aperçoive aucune grosseur (*É. sec*), et qui fait dire que l'animal *harpe* ou *trousse*. L'é. calleux étant l'indice d'un jarret faible, on doit rejeter tout cheval qui en est porteur. — Dans le Bœuf, l'é. est une tumeur qui occupe presque toute la partie latérale interne du jarret, et qui, d'abord molle, durcit avec le temps et devient comme plâtreuse.

ÉPATEMENT. s. m. État de ce qui est épaté. *É. du nez.* — Fig. Grand étonnement. ‖ T. Mar. Angle plus ou moins grand que forme le bas des haubans avec le mât sur lequel ils sont capelés.

ÉPATER. v. a. (R. *patte*). É. un verre, En rompre le pied. ‖ Faire tomber sur les quatre pattes. Bas. — Fig., Étonner, déconcerter. ⸗ s'ÉPATER. v. pron. Être épaté. ÉPATÉ, ÉE. part. *Un verre épaté.* ‖ Adject., *Nez épaté*, Nez gros, large et court.

ÉPAUFRURE. s. f. T. Maçonn. Éclat de pierre enlevé mal à propos par un coup de travers ou un accident.

ÉPAULARD. s. m. (R. *épaule*). T. Mam. Nom d'une espèce de *Cétacé* (*Orca gladiator*) appartenant à la famille des *Delphinidés*. Voy. DAUPHIN.

ÉPAULE. s. f. (lat. *spathula*, omoplate). La partie la plus élevée du bras chez l'homme, et du membre antérieur chez les quadrupèdes. *Les os qui forment la charpente de l'é. sont l'omoplate, la clavicule et la tête de l'humérus. Il portoit un fardeau sur l'é., sur son é. On lui ôta son manteau de dessus les épaules. Pousser de l'é., avec l'é. Cet homme a les épaules larges, de larges épaules. Ce cheval est blessé à l'é. É. de mouton.* — *Hausser, lever les épaules*, Témoigner en haussant les épaules qu'une chose déplaît, choque, mécontente, ou inspire du mépris. *Cela me fit hausser les épaules. Hausser les épaules de mépris, de pitié.* — Fam., *Manger par-dessus l'é., jouer par-dessus l'é.*, Manger derrière les autres, jouer sans avoir de place à la table du jeu. ‖ Fig. et famil., *Plier, baisser les épaules*, Recevoir avec soumission, et sans rien répondre, une chose fâcheuse ou désagréable. — *Il n'a pas les épaules assez fortes*, il a les épaules trop faibles pour cet emploi, *pour soutenir cette dignité, pour faire cette entreprise*, Il n'a pas assez de talent, assez de bien, assez de ressources pour cela. — *Mettre quelqu'un dehors par les épaules*, Le chasser honteusement. — *Porter quelqu'un sur ses épaules*, En être importuné, vexé, excédé. — *Prêter l'é. à quelqu'un*, Lui aider, lui fournir des moyens. *Donner un coup d'é. à une affaire, à quelqu'un*, Aider à quelque affaire, venir au secours de quelqu'un. — *Regarder quelqu'un par-dessus l'é.*, Le regarder d'un air de mépris. — *Faire quelque chose par-dessus l'é.*, Ne point la faire du tout. *Croyez-vous qu'il me paiera? Il vous paiera par-dessus l'é.* — *Pousser le temps avec l'é.*, Tâcher de gagner du temps, Subsister avec peine, ou se désennuyer comme on peut, en attendant des conjonctures plus favorables. ‖ T. Art milit. *L'é. d'un bastion*, Voy. FORTIFICATION. ‖ T. Mar. Partie de l'avant du navire sur laquelle il s'appuie. — *É. de mouton*, Espèce de voile triangulaire. ‖ T. Techn. *É. de mouton*, Cognée à l'usage des charpentiers. ‖ T. Escrime. *Avoir de l'é.*, Se dit d'un tireur qui a la mauvaise habitude d'exécuter ses mouvements avec l'é. au lieu de ne se servir que du poignet. ‖ T. Manège. *S'abandonner des épaules*, Se dit du cheval qui ne plie pas les jarrets et ne se campe point sur les hanches. — *É. gagnée*, Progrès du cavalier qui s'est rendu maître des épaules de sa monture. — *Trotter des épaules*, Se dit du cheval qui trotte en soulevant pesamment les épaules. — *É. en dedans*, Manœuvre qui consiste à amener les épaules du cheval dans le manège et à garder les jambes du derrière sur la piste.

ÉPAULÉE. s. f. Effort que l'on fait de l'épaule pour pousser quelque chose. *Rouler une pierre par épaulées.* ‖ Maçonnerie faite par épaulées, Celle qui est élevée à diverses reprises et par redents. ‖ Charge qu'on porte sur l'épaule. — Fig. et fam., *Faire une chose par épaulées*, La faire à diverses reprises et négligemment. ‖ T. Boucherie. Le quartier de devant du mouton, dont on a retranché l'épaule.

ÉPAULEMENT. s. m. T. Art milit. Mur en terre élevé pour protéger des pièces d'artillerie. Voy. BATTERIE. ‖ T. Constr. Mur qui sert à soutenir des terres. ‖ T. Charpent. *É. d'un tenon*, Face suivant laquelle on a coupé le bois pour former un tenon et qui s'appuie sur la pièce mortaisée. — Espace de bois plein, entre deux mortaises.

ÉPAULER. v. a. Rompre, démettre l'épaule; ne se dit qu'en parlant des quadrupèdes. *Je lui avais prêté mon cheval, il l'a épaulé.* ‖ En parlant de certaines armes, Appuyer l'arme contre l'épaule. *Vous n'épaulez pas bien votre fusil.* Fig. et fam., Assister, aider. *Je vous épaulerai de tout mon pouvoir.* ‖ T. Guerre. *É. des troupes*, Les mettre à couvert du canon par un épaulement. ‖ T. Coutell. Faire baisser une partie et monter l'autre à l'aide de la lime et du marteau. ‖ T. Charp. Diminuer l'épaisseur d'un tenon pour qu'elle soit égale à celle de la mortaise. ‖ T. Mar. *É. un navire*, Augmenter les façons de son avant au moyen d'un soufflage artificiel destiné à remplacer un épaulement insuffisant. ⸗ s'ÉPAULER. v. pron. Se rompre, se démettre l'épaule. *Ce cheval s'est épaulé.* ‖ Fig. et fam., Se prêter un mutuel appui. *S'ils avaient eu le bon esprit de s'é., ils auraient infailliblement réussi.* ‖ T. Art milit. Se couvrir d'un épaulement. ⸗ ÉPAULÉ, ÉE. part. ‖ Fig. et popul., *C'est une bête épaulée.* Voy. BÊTE.

ÉPAULETTE. s. f. Espèce de bande recouverte d'étoffe ou de métal, que les soldats de certains corps portent sur chaque épaule en guise d'ornement, et qui est garnie à son extrémité de franges qui tombent sur le haut du bras. *É. de laine, d'argent*, etc. *Des épaulettes de grenadier, de chasseur. Des épaulettes de lieutenant, de capitaine, de colonel.* ‖ S'emploie quelquefois pour désigner le grade d'officier. *Porter, avoir l'é., les épaulettes. Il a bien gagné ses épaulettes.* ‖ Petite bande d'étoffe, rapportée sur la partie de la chemise, de la robe, etc., qui couvre le dessus de l'épaule. ‖ T. Entom. Pièce qui entoure la base de l'aile antérieure des insectes Hyménoptères. ‖ T. Mar. Entaille faite sur l'arête d'une pièce de bois pour l'endenter avec une autre pièce. ‖ Sorte de renfort servant d'arrêt dans un mât. ‖ T. Typogr. Pièce de fer qui dans certaines presses est adaptée au corps de la presse, et sert à retenir la partie supérieure de la colonne.

L'*Épaulette* a d'abord été destinée à retenir le baudrier, ainsi qu'à protéger l'épaule quand le soldat, dans les marches, appuyait son mousquet sur cette partie du corps; puis, vers le milieu du siècle dernier, elle fut adoptée pour les officiers et servit à désigner leurs grades suivant sa forme ou sa matière. On distingue trois parties dans l'é. : la bande qui appuie sur l'épaule ou le *corps*, la *tournante* ou *torsade* qui borde le corps, et la *frange* qui lui sert d'ornement. L'é. dépourvue de frange reçoit le nom de *Contre-épaulette*.

L'é. a toujours été considérée comme l'ornement accoutumé de l'habit ou de la tunique. Elle est donc adoptée par toutes les armes qui ne portent pas le dolman; elle est de laine pour la troupe, d'or ou d'argent pour les officiers. L'é. de laine contribua par sa couleur à distinguer les corps les uns des autres, rouge pour l'infanterie de ligne, le génie, les cuirassiers et les dragons, jaune pour l'infanterie de marine, verte avec tournante jaune pour les chasseurs à pied, verte et rouge pour la Légion étrangère, blanche pour les trompettes de cuirassiers et de dragons, pour les sections d'état-major, etc. Les épaulettes des sous-officiers rengagés se distinguent de celles de la troupe par leur tournante d'or ou d'argent.

Le dolman ayant été adopté depuis une dizaine d'années pour les officiers de la plupart des corps, l'é. n'était plus restée en usage que pour ceux des cuirassiers et de la gendarmerie (argent), ceux de la garde républicaine et de la marine (or) et pour les officiers généraux de terre et de mer.

Mais en 1893 le rétablissement de la tunique a ramené l'usage des épaulettes d'or pour les officiers de l'infanterie et du génie, d'argent pour les officiers des chasseurs à pied et des dragons.

Elles ont des franges simples pour les grades de sous-lieutenant à capitaine, et des franges à graines d'épinard, c.-à-d. à grosses torsades, pour tous les grades supérieurs. La contre-épaulette concourt avec l'é. à distinguer quelques-uns entre eux. Les différences sont les suivantes : *Maréchal de France*, deux épaulettes d'or à grosses torsades avec 7 étoiles d'argent et 2 bâtons en croix brodés sur le corps; *Général de division*, épaulettes semblables avec 3 étoiles et sans bâtons; *Général de brigade*, les mêmes avec 2 étoiles seulement; *Colonel*, deux épaulettes d'or ou d'argent suivant le corps; *Lieutenant-colonel*, épaulettes semblables, mais dont le corps est d'argent quand les boutons sont dorés, et d'or quand ils sont argentés; *Chef de bataillon* ou d'escadron, une é. semblable à celle du colonel à gauche, et une contre-é. à droite; *Capitaine*, deux épaulettes à franges simples; *Lieutenant*, une é. à gauche et une contre-é. à droite; *Sous-lieutenant*, l'é. à droite et la contre-é. à gauche; *Adjudant-major*, deux épaulettes semblables à celles de capitaine, mais d'une couleur différente; *Adjudant sous-officier*, comme le sous-lieutenant. Cet insigne a été adopté par la plupart des peuples européens, mais il en est plusieurs qui distinguent autrement les grades.

ÉPAULIÈRE. s. f. Partie de l'armure qui protégeait l'épaule. || Sorte de bretelle qui soutient le pantalon ou la jupe, chez les enfants. || T. Entom. Pièce de l'aile des insectes Coléoptères.

ÉPAVE. adj. 2 g. (lat. *expavefactus*, effrayé, parce que les animaux effrayés prennent la fuite et s'égarent). T. Jurispr. Se dit des choses égarées, dont on ne connaît pas le maître, le propriétaire, mais surtout des chevaux, des vaches et autres bestiaux. *Un cheval é. Des bêtes épaves. Biens épaves.* == ÉPAVE. s. f. Chose égarée, dont on ne connaît pas le maître, le propriétaire. *Les épaves appartiennent à l'État.* — *Épaves maritimes,* Les objets naufragés que la mer rejette sur ses bords. || *É. de rivière,* Objets que les rivières, après les avoir entraînés à une certaine distance, déposent sur leurs bords. || *Épaves foncières et immobilières,* Héritage abandonné et dont le propriétaire est inconnu. || *Droit d'é.,* Droit de s'approprier les choses épaves. *Les seigneurs avaient autrefois droit d'é. sur leurs terres.* — Fig., Ce qui reste après perte ou ruine.

Légis. — On distingue, au point de vue du droit, quatre sortes d'épaves: 1° les *épaves de mer*; 2° les *épaves fluviales*; 3° les épaves des cours d'eau non navigables, ni flottables; 4° les *épaves de terre.*

I. *Épaves de mer.* — Les droits sur les effets jetés à la mer, sur les objets que la mer rejette, sur les plantes et herbages qui croissent sur les rivages, sont réglés par l'ordonnance d'août 1681 et par un certain nombre de décrets postérieurs au Code civil.

II. *Épaves fluviales.* — Les épaves trouvées dans les cours d'eau navigables et flottables, ou épaves fluviales, sont régies par l'ordonnance d'août 1669 (litre XXXI, art. 16 et 17): l'inventeur n'a pas le droit de se les approprier; ces épaves, à défaut de revendication de la part du véritable propriétaire, appartiennent de plein droit à l'État.

III. *Épaves des cours d'eau non navigables, ni flottables.* — A défaut de règles spéciales, on assimile, au point de vue de la législation, cette troisième catégorie à celle des épaves de terre.

IV. *Épaves terrestres.* — On entend par ces mots tous objets animés ou inanimés perdus sur terre, par ex., dans une rue. D'après les règlements en vigueur, celui qui trouve de l'argent ou un objet ayant de la valeur, sur la voie publique, est tenu de le remettre aux mains d'un agent de l'autorité publique, à Paris au commissaire de police du quartier. Après un an et un jour, en l'absence de toute réclamation, l'argent ou l'objet est rendu à l'inventeur. Il ne s'ensuit pas d'ailleurs que ce dernier, par le fait de la remise de l'objet entre ses mains, soit désormais à l'abri de toute revendication de la part du véritable propriétaire. La loi n'ayant pas établi de règle spéciale pour la prescription des objets perdus, il y a lieu de s'en référer, en effet, sur ce point, à la règle générale de l'art. 2262 du Code civil, qui exige trente ans pour l'acquisition de la propriété d'une chose dont on a seulement la possession. Mais s'il s'agit d'un tiers possesseur, le propriétaire ne peut revendiquer sa chose entre ses mains que pendant trois ans, à moins que le tiers ne soit de mauvaise foi, c.-à-d., connaisse l'origine de la possession de celui de qui il tient l'objet. Toutefois, si le tiers possesseur a acheté dans une foire, dans un marché, dans une vente publique, l'objet perdu qui lui est réclamé par le propriétaire, ce dernier est tenu de lui restituer le prix que cet objet lui a coûté, sauf son recours contre l'inventeur. Dans cette hypothèse, en effet, la bonne foi de l'acheteur est évidente, et l'intérêt du commerce exige qu'il en soit ainsi.

Il existe, d'ailleurs, un certain nombre de dispositions législatives spéciales à diverses catégories d'épaves de terre (objets déposés dans les greffes des tribunaux, colis confiés aux entrepreneurs de roulage ou de messagerie, valeurs trouvées dans les boîtes des guichets de bureaux de poste). En l'absence de toute réclamation, la propriété de ces objets est attribuée à l'État.

ÉPAVITÉ. s. f. T. Dr. cout. Droit d'épave.

ÉPEAUTRE. s. m. [Pr. *é-pô-tre*] (lat. *spelta*, m. s.). Sorte de Blé (*Triticum Spelta*) dont le grain est plus petit et plus dur que celui du froment ordinaire. Voy. FROMENT.

ÉPÊCHER. v. a. T. Salines. Puiser ce qui reste au fond de la chaudière pour le reporter au réservoir.

ÉPÉE. s. f. (lat. *spatha*, m. s.). Arme offensive que l'on porte au côté, enfermée dans un fourreau. *Porter l'é. au côté. Mettre l'é. à la main. Croiser l'é. avec quelqu'un. Tirer l'é. Se battre à l'é. Ils avaient l'é. nue. Il lui fit vendre l'é., rengainer l'é. Il lui donna de l'é. dans le ventre. Il lui enfonça l'é. jusqu'à la garde. Il lui passa son é. au travers du corps. Il lui fit sauter son é. Il lui fit tomber l'é. des mains. Voilà un grand coup d'é. Il le poursuivit l'é. dans les reins. Charger l'ennemi, emporter un ouvrage l'é. à la main. Les habitants furent passés au fil de l'é.* — Fam., *Se laisser dire quelque chose d'injurieux l'é. au côté,* Souffrir des propos injurieux sans rien répondre, sans répliquer. *Traîneur d'é.* Voy. TRAÎNEUR. — Prov., *Mourir d'une belle é.,* Succomber sous un ennemi contre lequel il est glorieux d'avoir combattu, et Fig., Recevoir du dommage pour une cause honorable ou agréable. || Figur., *C'est un bonne é., une rude é.,* C'est un homme qui sait bien manier l'épée. *Il est brave comme son é., il est plein de courage, de bravoure.* — Fig. et prov., *Poursuivre, presser quelqu'un l'é. dans les reins,* Le presser vivement de conclure, d'achever une affaire; ou le presser, dans la discussion, par de si fortes raisons, qu'il ne sait que répondre. *Emporter une chose à la pointe de l'é.,* L'emporter avec de grands efforts et malgré une vive opposition. *Il a fait un beau coup d'é.,* se dit ironiquement d'un homme qui a fait une grande sottise. *L'é. de cet homme est vierge,* Il n'a jamais tiré l'é. pour se battre. *Son é. ne tient pas au fourreau,* Il est toujours prêt à mettre l'é. à la main. *L'é. use le fourreau,* se dit des personnes chez qui une grande activité d'âme ou d'esprit nuit à la santé. *C'est son é. de chevet,* C'est la personne dont il se sert dans toutes sortes d'affaires, soit pour le conseil, soit pour l'exécution; se dit égal. des choses. *L'Iliade d'Homère était l'é. de chevet d'Alexandre.* Voy. d'autres loc. fig. aux mots CAPE, CÔTÉ, COURT, COUTEAU, etc. || T. Escrime. *Fort de l'é.,* Partie de la lame la plus rapprochée de la poignée. — *Mifort de l'é.,* Milieu de la lame. — *Faible de l'é.,* Partie de la lame la plus voisine de la pointe. — *Aller à l'é.,* Suivre tous les mouvements de la lame de son adversaire. || Fig. et absol., *L'é. se dit pour l'état militaire,* surtout par oppos. à l'état des gens de justice ou d'Église. *Homme d'é. Les gens d'é. Prendre le parti de l'é. Quitter la robe pour l'é.* — Se prend encore dans le sens de courage, valeur, ou de force des armes. *Il ne doit son élévation qu'à son é. Le droit de l'é.* || T. Techn. Grande alène droite dont les bourreliers se servent pour percer. — Morceau de bois en forme de couteau qui sert à battre la sangle. — Chacun des deux montants de l'avant-train de charrue. — Lien de fer qui unit le bras de l'arbre de la grande roue avec le coude de cet arbre dans l'appareil qui sert à la taille des pierres précieuses. || *É. de la bascule du frein,* Pièce d'un moulin à vent. || *É. de trempure,* Barre de fer servant à soulever ou à baisser la meule courante d'un moulin. || T. Tiss. Montants qui servent à supporter toutes les pièces du battant d'un métier à tisser. || T. Pêc. Instrument qui sert à prendre les poissons sur les piquant, et qui a rapport avec la fouine. || T. Ichth. *É. de mer,* Nom vulgaire de l'Espadon et de la Scie. || T. Manège. *É. romaine,* Long épi de poils qu'on remarque sous la crinière de certains chevaux. || T. Blas. *É. garnie,* Celle dont la garde, la poignée et le pommeau sont d'un émail autre que celui de la lame. || *É. béante,* Épée dont la pointe est tournée vers le haut de l'écu.

Art milit. — On désigne sous le nom d'*Épée* une arme offensive et de main, qui se compose essentiellement d'une lame effilée à son extrémité et d'une poignée. Elle diffère surtout du *poignard* par la plus grande longueur de la lame. C'est également sa lame qui la distingue du *sabre*; en effet, celle de ce dernier est plus large, constamment munie d'un tranchant, et ordinairement plus ou moins recourbée. Aussi l'é. est-elle essentiellement une arme d'estoc, c.-à-d. destinée à percer, tandis que le sabre est principalement une arme de *taille*, c.-à-d. destinée à trancher.

La *Poignée* ou é. présente à considérer la *poignée proprement dite,* la *garde* et le *pommeau.* La poignée est la partie qu'empoigne la main quand on veut se servir de cette arme: elle est située dans l'axe de la lame, à la fois la plus souvent, ainsi que la garde et le pommeau, de cuivre, de fer, on d'acier. La *Garde*, ainsi nommée parce qu'elle sert à protéger la main, n'a d'abord consisté qu'en une simple traverse en forme de croix, tantôt droite, tantôt courbée, soit du côté de la lame, soit du côté opposé : au moyen âge, on donnait le nom de *Croisée* aux épées dont la traverse, ou *Quillon*, était droite. Plus tard, elle s'est composée de branches métalliques unies ou cannelées et contournées de mille manières. On l'a encore munie d'une pièce, ordinairement ronde ou ovale, appelée *Coquille* à cause de sa forme. Enfin, pour mieux couvrir les doigts, on l'a maintes fois réunie avec le pommeau au moyen d'une ou de plusieurs branches diversement disposées. La *Lame* est montée dans la garde et rivée au *Pommeau* par la *soie*, qui est sa partie la plus amincie. Elle est toujours de fer ou d'acier. Elle est longue, pointue, plate ou triangulaire, tranchante ou piquante, ou tous les deux à la fois. Pour la rendre plus légère, et lui donner en même temps beaucoup de rigidité, on y a pratiqué de bonne heure des évidements ou cannelures qui portent le nom de *pans creux*, quand il n'y en a qu'un sur chaque face, et celui de *gouttières*, quand il y en a deux. Ce sont les variations de forme et de dimension qu'on a fait subir à la poignée et à la lame, qui ont donné naissance aux différentes espèces d'épées dont il est question dans les traités.

Au siège de Troie, les héros grecs étaient armés d'une é. pointue et à double tranchant qu'ils appelaient ξιφος; ils la portaient attachée à une ceinturon ou à un baudrier, et elle tombait droite sur la cuisse. Chez les Athéniens et les Spartiates, l'é. était l'arme principale des hoplites ou fantassins pesamment armés, ainsi que des cavaliers; mais celle des Athéniens était beaucoup plus longue. Les combattants s'en servaient, après le premier choc de la pique, pour combattre corps à corps. — Les anciens Perses avaient une é. courte et forte. Cette arme, que les historiens grecs nomment é. persique, était également en usage chez plusieurs peuples de l'Asie. Au temps d'Alexandre, celle des Ciliciens et des Indiens était longue, très aiguë et munie d'un double tranchant. — Les Romains donnaient à l'é. les noms de *gladius*, *ensis*, *ferrum* et *mucro*. Elle faisait partie de l'armure de tous leurs soldats. Ils la firent d'abord courte, épaisse, à deux tranchants, assez large allant en diminuant vers la poignée, ou était très aiguë et formée en biseau. L'épée espagnole, que Végèce appelle *spatha*, terme d'origine gauloise, suivant Diodore de Sicile, et qui a donné naissance aux mots français *spade*, *espade*, *espic*, *espée* et *épée*, constituait l'arme la plus redoutable des Romains. Les soldats la saisissaient aussitôt après avoir lancé le *pilum*, et, suivant Polybe, ils se servaient de préférence de la pointe, dont ils dirigeaient les coups au visage ou à la poitrine de l'ennemi. Ils la suspendaient, comme les héros d'Homère, à un ceinturon ou à un baudrier, et la faisaient tomber presque verticalement sur le côté gauche.

Les Gaulois étaient armés d'une é. à lame longue et large, parfois en forme de spatule, mais de mauvaise trempe : souvent même cette arme était de cuivre; toutefois ils la maniaient avec habileté, et Tite-Live nous apprend que les légionnaires ne leur devinrent supérieurs que lorsqu'ils eurent adopté l'é. espagnole. L'é. des Germains était semblable à celle des Gaulois. A leur arrivée dans la Gaule, les Francs se servaient d'une épée courte et acérée. Ils la portaient en baudroulière et tombant sur la cuisse droite, afin de pouvoir la tirer du fourreau sans déranger la position du bouclier. Ces épées étaient de fer non trempé, de là le nom de *férétes*, sous lequel on les trouve désignées dans les vieux auteurs. Mais leurs dimensions et leurs formes ne tardèrent pas à se modifier à mesure que les armes défensives augmentèrent de solidité. On substitua d'abord l'acier au fer. Après cela, on augmenta la longueur de la lame, ce qui obligea de suspendre l'é. au côté gauche, de manière à laisser au bras le développement nécessaire pour pouvoir la tirer du fourreau. Ensuite, l'é. devint successivement plus massive, plus large, et assez pesante pour briser une armure. Les lourdes épées de ce genre reçurent le nom générique de *Flamberge*, mais on les désigne aussi par des dénominations particulières suivant l'usage spécial auquel on les destina. Ainsi, on les appelait *Ver-*

duns et *Brands*, quand elles avaient la lame courte et pouvaient faire l'office de hache; *Plombées*, quand leur poids se rapprochait de celui des masses; *Flambards* ou *Flammars*, quand leur lame était longue et ondulée en forme de flamme. Plusieurs flamberges sont célèbres dans les romans de chevalerie : telles sont la *Joyeuse* de Charlemagne, la *Durandal* de Roland, la *Haute-Claire* d'Olivier, etc. L'*Epée fourrée* était une sorte de flamberge, très forte, très pesante, et à poignée sans garniture; on ne pouvait la manier qu'à deux mains. Il en était de même du *Braquemart* ou *Jacquemart*, en appuyant le pommeau contre la cuirasse, et en tenant la lame horizontalement avec les mains. Cependant les armures des chevaliers ne pouvant en général être entamées même par ces lourdes épées, on en imagina d'autres à lames minces, légères et très pointues, tantôt courtes, tantôt longues, dont on se servait pour percer dans les défauts de la cuirasse, surtout au-dessous de l'aisselle, pendant les mouvements de bras qu'exigeait le maniement des armes pesantes. A la bataille de Bouvines, en 1214, les Allemands en avaient dont la longueur fut un objet d'étonnement pour les Français. Les Français préféraient plus courtes, afin de pouvoir attaquer l'ennemi de plus près. Ces nouvelles épées furent appelées, selon leur forme, *Allumettes*, *Verges*, *Guindvelles*, etc. Elles restèrent en usage pendant plusieurs siècles, non sans subir de nombreuses modifications. L'une des variétés les plus usitées était l'*Estocade* dont la lame, tantôt ronde, tantôt carrée, d'autres fois plate, mais, dans ce cas, peu ou point tranchante, était excessivement longue et très pointue; quelquefois elle se terminait en fer de lance. Elle ne servait qu'à percer, et on la manœuvrait ordinairement à deux mains. Les hommes d'armes la portaient suspendue à l'arçon de la selle. La *Coustille*, dite aussi *Costille*, *Coutille* ou *Coutiau*, appartenait aussi à la famille des allumettes. Sa lame, plate ou triangulaire, étant moins longue que celle de l'estocade, cette sorte d'é. était plus facile à manier; aussi était-elle beaucoup plus employée. La lame de la *Colismarde* était longue et déliée; mais elle s'élargissait brusquement à 30 centim. environ de la garde pour mieux écarter le fer dans la parade. Les épées dont nous venons de parler étaient en général de véritables *croisées*; parfois cependant leur garde consistait en une plaque ronde, ovale, carrée, etc. En outre, leur pommeau était ordinairement très

Fig. 1.

pesant, afin de contrebalancer le poids de la lame. Très souvent, le propriétaire de l'é. faisait graver, sur le pommeau, ses armoiries, et s'en servait en guise de cachet ou de sceau.

L'artillerie ayant fait abandonner les armures défensives désormais inutiles, l'é. devint plus légère et plus facile à manier. Néanmoins la forme de cette arme continua de varier au gré du caprice de chacun, surtout pour la garde et ses accessoires. Les épées les plus usitées au commencement du XVIIe siècle étaient la *Breite* et la *Rapière*, qui étaient moins longues que les coustilles et les colismardes, mais beaucoup plus que les épées modernes, ce qui forçait à les porter en leur donnant une grande inclinaison qui embarrassait la marche. Enfin, l'usage s'introduisit de réduire à 80 ou 86 centimètres la longueur de la lame, dimension la plus convenable pour suspendre l'é. au côté. C'est également au XVIIe siècle, que la

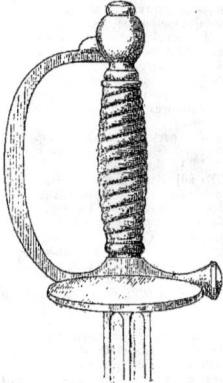

Fig. 2.

manie de porter l'é. en tout temps commença à s'emparer des diverses classes de la société civile. Le droit de paraître armé en public fut constamment reconnu aux gentilshommes ; mais les défenses de l'autorité ne purent empêcher la bourgeoisie de se l'attribuer. Quand la Révolution arriva, l'é. avait presque entièrement disparu de l'armée, où les officiers, la Maison du roi, les Suisses et les Gardes françaises l'avaient seuls conservée, mais elle était considérée comme une partie indispensable du costume civil habillé. Cette é. civile, dite *É. à la financière*, consistait en une lame effilée, légère, triangulaire, à faces évidées, et elle était munie d'une poignée d'acier ; on la renfermait dans un fourreau plus ou moins élégant. Elle a reçu plus tard le nom de *Carrelet*. Aujourd'hui l'é. n'est plus portée en France que par certaines catégories de fonctionnaires civils en costume de cérémonie, par les membres de l'Institut ; et, à l'armée, par les officiers généraux, les officiers sans troupes, les élèves de l'École polytechnique et les sous-officiers de quelques corps spéciaux, tels que le génie, la gendarmerie et la garde républicaine ; enfin par les sous-officiers rengagés non adjudants des corps de troupes ; mais, pour les uns comme pour les autres, elle n'est qu'une arme de parade. L'é. des fonctionnaires civils consiste en un simple carrelet dont la poignée est différemment ornée suivant les administrations. L'é. des officiers généraux et supérieurs ou assimilés (contrôle, intendance, administration, service de santé, adjoints du génie, gardes d'artillerie) (Fig. 1), se compose d'une lame droite, longue de 870^{mm}, avec une poignée en écaille ou en corne de buffle, ornée d'un filigrane doré, garde et pommeau en laiton doré avec ciselures, demi-coquille intérieure mobile et demi-coquille extérieure fixe, cette dernière portant les ornements distinctifs du corps, sur un fond sablé et doré au mat pour les officiers généraux, uni pour les officiers supérieurs. La garde de l'épée est entourée d'une dragonne, excepté pour les employés militaires, officiers d'administration, adjoints du génie, gardes d'artillerie. L'é. des officiers et des sous-officiers (Fig. 2) se compose d'une lame droite, longue de 80 centimètres, et évidée à deux gouttières jusqu'au milieu, avec garde sans ciselure, la demi-coquille extérieure ornée des attributs du corps sur fond uni. La poignée est de bois recouverte de filigrane. Les garnitures de cette épée sont dorées pour les officiers, et non dorées pour tous les autres. Le fourreau est de cuir noir pour les officiers généraux en grande tenue, pour les sous-officiers des corps spéciaux nommés ci-dessus et les élèves de l'École polytechnique. Il est en acier nickelé pour les généraux en petite tenue, pour tous les au-

tres officiers et assimilés et pour les sous-officiers rengagés des corps de troupes.

Les officiers des corps de troupes, ainsi que les adjudants et les sergents-majors ont été armés d'un *sabre-épée* qui n'est autre chose qu'un sabre à lame droite.

ÉPÉE (Abbé de L'), fondateur de l'institution des sourds-muets à Paris (1712-1789).

ÉPEICHE. s. m. [Pr. *é-pèche*] (all. *specht*, pic). T. Ornith. Nom que l'on donne à plusieurs espèces d'oiseaux grimpeurs. Voy. PIC.

ÉPEIRE. s. f. (gr. ἐπί, sur ; εἴρω, je noue). T. Zool. Genre d'*Araignées* (voy. ce mot), dont la toile est formée de rayons et de cercles concentriques.

ÉPELER. v. a. (lat. *appellare*, appeler, ou allemand *spellen*, épeler, à rattacher à *speller*, récit). Nommer les lettres qui composent un mot, et en former des syllabes en les assemblant l'une avec l'autre. *Épelez ce mot.* ¶ Par exager., Lire lentement et avec difficulté. *Lisez plus vite, vous semblez é.* ¶ Fig., Commencer à peine à comprendre ; acquérir les premières notions de... *La civilisation en est encore à é. la première syllabe de son nom.* — ÉPELÉ, ÉE. part. — Conj. Voy. APPELER.

ÉPELLATION. s. f. [Pr. *épel-la-sion*]. Action d'épeler ; l'art d'épeler. *Essayez l'é. de ce mot.* Voy. LECTURE.

ÉPENCHYME. s. m. (gr. ἐπί, à ; ἐν, dans, et χυμός, suc). T. Bot. Tissu dans lequel prédominent les cellules dont le contenu est de nature amylacée. Inus.

ÉPENDYME. s. m. (gr. ἐπί, sur ; ἔνδυμα, vêtement). T. Anat. L'un des noms de la membrane des ventricules du cerveau et du canal rudimentaire de la moelle épinière.

ÉPENDYTE. s. m. (gr. ἐπί, sur ; ἐνδύτης, qui couvre). T. Ant. chrét. Vêtement usité surtout chez les moines.

ÉPENTHÈSE. s. f. (gr. ἐπένθεσις, m. s., de ἐπί, sur ; ἐν, en ; et θέσις, action de mettre). T. Gram. Addition, insertion d'une lettre, ou même d'une syllabe, au milieu d'un mot. Exemples : πτόλις, pour πόλις (ville) ; *relligio*, pour *religio* (religion) ; *indugredi*, pour *ingredi*, entrer).

ÉPENTHÉTIQUE. adj. 2 g. Qui est ajouté par épenthèse. *Lettre é.*

ÉPÉPINER. v. a. Ôter les pépins d'un fruit.

ÉPERDU, UE. adj. (part. pass. de l'anc. verbe *esperdre*, de *es*, et *perdre*). Se dit de quelqu'un qui est tellement troublé par la crainte, le désespoir, ou quelque passion, qu'il en a comme perdu l'esprit. *En apprenant le danger où se trouvait son fils, elle accourut tout éperdue. É. d'amour, il se jeta à ses pieds.*

ÉPERDUMENT. adv. À en perdre l'esprit ; ne se dit guère qu'en parlant de l'amour. *Il l'aime é. Être é. amoureux.* — *Crier é.*, Crier de toutes ses forces.

ÉPEBLAN. s. m. (Dimin. de *perle*). T. Icht. On donne vulgairement le nom d'*Éperlan* à tout un groupe de poissons osseux appartenant à la famille des *Salmonidés*. Voy. ce mot. L'espèce la plus commune est un petit poisson d'un gris argenté, dont les reflets, plus ou moins comparables à ceux d'une perle, lui auraient fait donner son nom, d'après Rondelet et Nicot. Il vit habituellement dans la mer, mais à l'époque du frai il remonte assez loin dans les fleuves et se trouve en grande abondance dans l'embouchure de la Seine jusqu'à Caudebec.

L'é. de Seine que l'on trouve à Paris est une espèce d'*able* qui appartient à la famille des *Cyprinidés* et dont la chair est beaucoup moins estimée. Voy. ABLE.

ÉPERNAY, ch.-l. d'arr. de la Marne, à 31 kil. de Châlons, sur la Marne ; 18,490 hab. Fabrication et grand commerce de vin de Champagne.

ÉPERNON, v. de France (Eure-et-Loir), arr. de Chartres, 2,400 hab.

ÉPERNON (Duc d'), favori de Henri III, serviteur peu fidèle sous Henri IV, fut disgracié sous Louis XIII (1554-1642).

ÉPERON. s. m. (all. *sporn*, m. s.). Petite branche de fer ou d'autre métal qui s'adapte aux talons du cavalier, et avec laquelle il pique les flancs du cheval quand il veut accélérer sa course. *Ce cheval est tendre, est sensible à l'é. Il est dur à l'é. Il a plus besoin de bride que d'é. Donner de l'é. Chausser, déchausser les éperons. Les éperons dorés étaient un des insignes de la chevalerie.* — *Gagner ses éperons,* Faire ses premières armes avec distinction; se dit au prop., des individus qui aspiraient à la chevalerie; et au fig., d'un homme qui débute d'une manière brillante, qui justifie les récompenses qu'il obtient. || Fig. et fam., *Donner un coup d'é. jusqu'à un certain endroit,* Y courir, y aller en diligence. On dit plus ordinairement, *Donner un coup de pied, etc.* — *Cet homme a besoin d'é., il lui faut donner un coup d'é.,* Il faut le presser, l'exciter. || T. Man. *Souffrir l'é.* signifie n'être pas sensible à l'é. || *Avoir l'é. délicat,* se dit d'un cheval qui obéit à l'é. — *N'avoir ni bouche ni é.,* se dit d'un cheval qui n'est sensible ni à la bride ni aux coups d'éperon, et d'une personne inerte qu'on ne saurait animer par aucun moyen. || Fig. et fam., Se dit de certaines rides qui se forment au coin de l'œil des personnes qui vieillissent. || T. Anat. Petite saillie formée dans l'intérieur des artères par leur membrane interne, au niveau de chacune de leurs divisions. — Saillie qui se forme à l'intérieur de l'intestin dans les cas de hernie ou d'étranglement interne. || T. Zool. Par anat., se dit de l'ergot ou apophyse cornée qui se trouve à la partie postérieure du tarse dans les mâles des Gallinacés, ainsi qu'au fouet de l'aile de quelques Échassiers et Palmipèdes. — Ergot que les chiens ont aux jambes de devant. || T. Bot. Espèce d'appendice en forme de cornet qui se remarque dans les pétales, la corolle et le calice de certaines fleurs, etc. || T. Mar. La charpente saillante, en avant de l'étrave, qui termine la proue d'un grand bâtiment. L'é. supporte la figure sculptée qui orne la proue. Voy. GALÈRE. — Pointe de rocher qui rompt les lames à l'entrée d'un havre. || T. Arch. Ouvrage de maçonnerie terminé en pointe, et fait en dehors d'un bâtiment ou d'une muraille pour le soutenir. || T. Arch. hydraulique. Tout ouvrage en pointe qui sert à rompre le cours de l'eau. Voy. PONT. || T. Fortif. Sorte de redan. || T. Hortic. Branche courte, droite, regardant l'horizon, et qui est placée en forme d'éperon. *Les ambrettes sont sujettes à porter des éperons.* || T. Géogr. Saillie brusque que présente le contrefort d'une chaîne de montagnes.

Hist. — Les éperons les plus usités sont ceux qu'on appelle *Éperons brisés.* On y distingue quatre parties principales : le *Collier* ou *Corps de l'é.* est l'espèce de fer à cheval qui embrasse le talon; les *Branches* ou *Bras* sont les prolongements qui s'étendent latéralement jusque vers la cheville; le *Collet* est la tige qui part du milieu du collier et porte la *Molette,* sorte de petite roue à bords découpés qui s'engage comme une poulie dans une fente pratiquée à l'extrémité du collet. L'é. se fixe au talon au moyen de courroies ou à l'aide de vis placées à chacune des extrémités des branches. — L'usage de l'é. remonte à une époque très reculée. Chez les anciens, il consistait en une pointe ou ergot de fer (*calcar*) qui s'attachait au talon du cavalier. Il avait également cette forme chez nos ancêtres, les Gaulois, et il la conserva pendant presque tout le moyen âge. Seulement on donna alors à son collet une longueur extraordinaire, afin de pouvoir atteindre plus aisément les flancs du cheval : car la roideur des *flançois* (pièces d'armure destinées à protéger les flancs de l'animal), le frottement des genouillères et le poids de l'étrier gênaient singulièrement les mouvements de la jambe du cavalier. L'introduction de la molette, soit fixe, soit mobile, ne date que du XIVe siècle; mais les dimensions du collet ne furent réduites que lorsque les chevaliers cessèrent de se harder de fer. — Au moyen âge, le port des éperons était regardé comme une marque d'autorité et d'indépendance, et de telle sorte que lorsqu'un seigneur subalterne prêtait foi et hommage à son suzerain, il était obligé de les quitter en signe de vasselage. Dans la chevalerie, les éperons dorés étaient réservés aux chevaliers, tandis que ceux des écuyers étaient argentés. De là l'expression *Gagner ses éperons* (sous-entendu *dorés*), pour signifier mériter, par quelque action d'éclat, d'être admis dans l'ordre de la chevalerie.

Aujourd'hui deux sortes d'éperons sont en usage dans l'armée : *L'É. d'ordonnance* se compose : 1° d'une *branche* qui enveloppe le talon de la chaussure, plate en dedans et formant à chaque extrémité une crosse recourbée en contre-bas et percée d'un trou pour recevoir une vis d'attache; 2° *d'une tige* prolongée intérieurement par une broche en fer, pointue, qui pénètre dans le talon, et terminée extérieurement par une tête fendue verticalement pour recevoir une *molette* présentant douze pointes en dents de scie; 3° d'une *queue* placée dans l'embranchement de la branche et de la tige et s'appliquant contre le derrière du talon dont elle suit la pente.

L'É. à la chevalière se compose d'une branche dont chaque extrémité est munie d'un pivot à bouton servant à fixer les sous-pieds et les brides d'éperons. Le pivot externe porte une boucle roulante à ardillons, à laquelle vient s'attacher l'extrémité libre de la bride d'éperon qui contourne le cou-de-pied. La tige est horizontale comme les branches et n'est point garnie intérieurement, comme dans l'é. d'ordonnance, d'une broche qui pénètre dans le talon; son extrémité est munie d'une molette à roue dentée qui n'est apparente qu'à la partie supérieure.

L'ép. est en cuivre doré pour les généraux, en acier argenté pour les intendants militaires, en acier limé et poli pour les autres grades.

Le corps des spahis porte l'é. arabe, longue tige d'acier pointue, sans molette.

ÉPERONNÉ, ÉE. adj. [Pr. *épero-né*]. Qui a des éperons au talon. *Il est botté et é., tout prêt à monter à cheval.* — Se dit aussi des coqs et des chiens. *Un coq é.* On prétend *que les éperonnés ne sont pas sujets à la rage.* || T. Bot. *Fleur, corolle éperonnée; Calice, pétale é.,* Qui se termine en éperon. || Fig. et fam., *Avoir les yeux éperonnés,* ou *Être é.,* Avoir des rides au coin de l'œil.

ÉPERONNEMENT. v. a [Pr. *épero-neman*]. Action d'éperonner.

ÉPERONNER. v. a. [Pr. *épero-ner*]. Chausser des éperons; ne se dit guère que dans cette phrase, *É. un coq,* Armer ses ergots de pointes d'acier pour le faire battre. || Donner de l'éperon à un cheval. *É. un cheval.* — Fig. et fam., Stimuler, exciter. *Ce jeune homme a besoin d'être éperonné de temps en temps.* || v. n. T. Escrime. Faire du pied un mouvement comme si l'on voulait donner un coup d'éperon. == ÉPERONNÉ, ÉE. part.

ÉPERONNERIE. s. f. [Pr. *é-pe-ro-ne-rie*]. Commerce et fabrication de toutes les pièces qui ont rapport au harnachement des chevaux. || T. Ornith. Magnifiques oiseaux des pays chauds qui ont des caractères communs aux Paons et aux Faisans. Voy. PAON. — Section du genre *Bruant.* Voy. ce mot.

ÉPERONNIER. s. m. [Pr. *é-pe-ro-ni-é*]. Artisan qui fait ou qui vend des éperons, des mors, des étriers, etc.

ÉPERONNIÈRE. s. f. [Pr. *é-pe-ro-ni-ère*]. T. Bot. Pied d'alouette.

ÉPÉRUA. s. m. Genre d'arbres de la famille des LÉGUMINEUSES. Voy. ce mot.

ÉPERVERIE. s. f. Art de dresser les éperviers à la chasse, comme on dresse les faucons.

ÉPERVIER. s. m. (anc. all. *sperwari*, m. s.). T. Ornith. Oiseau de proie dont on se sert dans la fauconnerie. Voy. AUTOUR. || Fig. et prov., *C'est un mariage d'é.,* la femelle *vaut mieux que le mâle,* se dit d'un mariage où la femme est plus habile, plus active que le mari, parce que la femelle de l'épervier est d'un tiers plus grosse que le mâle. || T. Pêc. Sorte de filet de forme conique. *Jeter l'é* || T. Chir. Bandage destiné à maintenir un appareil appliqué sur le nez. || T. Archéol. *É. nitré,* É. coiffé d'une espèce de bonnet, qu'on voit sur des pierres gravées et des médailles.

ÉPERVIÈRE. s. f. T. Bot. Genre de plantes Dicotylédones (*Hieracium*) de la famille des COMPOSÉES. Voy. ce mot.

ÉPERVIN. s. m. Voy. ÉPARVIN.

ÉPEULIN. v. a. Retirer avec une pince les fils qui traversent le parchemin, dans la confection de la dentelle.

ÉPEULEUSE. s. f. Celle qui épeule.

ÉPÉUS, fils de Panopée. Constructeur du fameux cheval de bois au moyen duquel les Grecs pénétrèrent dans Troie.

ÉPEUTISSAGE. s. m. T. Techn. Épincetage qui se fait à la machine. Voy. Drap.

ÉPEUTISSEUSE. s. f. T. Techn. Machine qui sert à pratiquer l'épeutissage.

ÉPEXÉGÈSE. s. f. (gr. ἐπεξήγησις). T. Gram. Figure appelée plus ordinairement opposition.

ÉPHÈBE. s. m. (gr. ἐφηβος, de ἐπὶ, sur, et ἥβη, puberté). T. Antiq. Jeune homme parvenu à l'âge de puberté, c.-à-d. à quatorze ans.

ÉPHÉBIE. s. f. T. Ant. grecq. École où les jeunes gens recevaient l'éducation. On les y habituait surtout aux exercices militaires et athlétiques, l'éducation physique étant en grand honneur chez les anciens Grecs.

ÉPHÉBIQUE. adj. Qui a rapport à l'éphébie.

ÉPHÈDRE. s. m. (gr. ἐφέδρα, m. s.). T. Bot. Genre de plantes Gymnospermes (Ephedra) de la famille des Gnétacées. — C'est le seul genre de cette famille qui, d'une manière certaine, ait été rencontré à l'état fossile. Son apparition date de l'époque jurassique; on en trouve aussi dans le succin de Samland et dans le terrain miocène au Locle, en Suisse. Voy. Gnétacées.

ÉPHÉDRINE. s. f. (R. Éphèdre.) T. Chim. Alcaloïde extrait de l'Ephedra vulgaris.

ÉPHÉLIDE. s. f. (g. ἐφηλὶς; de ἐπὶ, sur, et ἥλιος, soleil). T. Méd. Taches à la peau. Voy Tache.

ÉPHÉMÈRE. adj. 2 g. (gr. ἐφήμερος, m. s.; de ἐπὶ, sur, et ἡμέρα, jour). Qui ne dure qu'un jour. Insecte é. Fleur é. Fièvre é. ‖ Par ext., se dit de tout ce qui n'a qu'une très courte durée. Succès, bonheur, puissance, gloire é. Ouvrages, productions éphémères. = Éphémère. s. f. (l'Acad. fait ce mot masc.) ‖ T. Ent. Genre d'insectes appartenant à la famille des Éphémérinés. Voy. ce mot. ‖ T. Bot. É. de Virginie, Nom commun du Tradescantia virginica, de la famille des Commélinacées. Voy. ce mot. ‖ T. Méd. Espèce de courbature généralement occasionnée par un excès de fatigue. — Fièvre de vingt-quatre heures.

ÉPHÉMÉRIDES. s. f. pl. (gr. ἐφημερὶς, de ἐπὶ, sur, et ἡμέρα, jour, journal). — Les Grecs donnaient le nom d'Éphémérides à des espèces de journaux dans lesquels ils enregistraient successivement et à mesure qu'ils se produisaient les faits principaux de leur histoire. Aujourd'hui le mot É. s'emploie encore dans un sens analogue : car on l'applique à certaines collections historiques qui contiennent les événements remarquables arrivés, le même jour de l'année, à différentes époques. Néanmoins on se sert de ce terme dans une acception toute spéciale, et l'on appelle É. des recueils astronomiques annuels qui donnent l'état du ciel pour chaque jour de l'année. Les plus célèbres de ces recueils sont la Connaissance des temps, que publie le Bureau des longitudes, et le Nautical Almanac, de Londres; mais le premier est aujourd'hui le plus complet de ces sortes de recueils.

ÉPHÉMÉRIDÉS. s. m. pl. (R. éphémère). T. Entom. — Famille d'insectes, du groupe des Pseudo-Névroptères, ainsi nommés de la courte durée de leur vie dans l'état parfait; ils diffèrent des Libellules, avec lesquelles ils ont beaucoup de rapports, par l'atrophie de leurs pièces buccales chez l'insecte parfait. Leur corps est très mou, long, effilé, et se termine généralement par de longues soies articulées; les antennes sont très petites, les pieds fort grêles et les ailes élevées perpendiculairement ou un peu inclinées en arrière. Les Éphémères (Ephemera) paraissent ordinairement au coucher du soleil, dans les beaux jours d'été ou d'automne, le long des rivières, des lacs, etc. Ils s'attroupent dans les airs, se forment par couples, se posent sur des arbres ou sur des herbes, et bientôt les femelles, fécondées, répandent dans l'eau tous leurs œufs rassemblés en un seul paquet. Ces insectes meurent ordinairement le jour même de leur transformation en insecte parfait, ou même ne vivent que quelques heures après cette transformation sans prendre de nourriture. Ils sont parfois en si grande abondance, que le sol est tout couvert de leurs cadavres et que, dans certains pays, on les ramasse par charretées pour fumer les terres. Ceux qui tombent dans l'eau font un régal pour les poissons, et les pêcheurs leur ont donné le nom de manne.

Mais si l'on remonte à l'époque où les Éphémères sont sortis de l'œuf, sous forme de larves, leur vie est beaucoup plus longue; elle est de deux à trois ans. La larve ressemble assez à un Éphémère adulte dépourvu d'ailes; cependant les antennes sont plus longues, les yeux lisses manquent, la bouche offre deux saillies en forme de cornes et l'abdomen a, de chaque côté, une rangée de lames qui servent à la fois à la respiration et à la

natation; ces larves vivent en effet dans les eaux douces et se nourrissent de proies vivantes. La nymphe ne diffère de la forme précédente que par la présence de fourreaux renfermant les rudiments d'ailes. Au moment de la métamorphose elle sort de l'eau; mais, par une exception unique chez les Insectes, elle doit encore muer une dernière fois avant d'arriver à l'état parfait. Nous figurons l'Éphémère vulgaire (E. vulgata) et sa nymphe; sa couleur générale est brune, mais l'abdomen est jaune foncé avec des taches triangulaires noires et porte trois filets à son extrémité; les ailes sont transparentes et également tachetées de brun. L'É. albipennis, ainsi appelé de la blancheur de ses ailes, renouvelle parfois, par sa chute, le spectacle de ces jours d'hiver où l'on voit tomber la neige à gros flocons.

ÉPHÈSE, anc. v. de l'Asie Mineure, dans l'Ionie, célèbre par son temple de Diane, qui fut brûlé par Érostrate (356 av. J.-C.).

ÉPHESTION. Voy. Héphestion.

ÉPHIDROSE. s. f. (gr. ἐπὶ, sur; ἱδρώς, sueur). T. Méd. Sueur à la partie supérieure du corps.

ÉPHIPPIGER. s. m. (Pr. éfip-pi-jère) (lat. ephippium, selle; gero, je porte). T. Entom. Genre d'Orthoptères dont les espèces font parfois de grands dégâts dans les vignes du Languedoc. Il appartient à la famille des Locustides ou Sauterelles vraies. Voy. Sauterelle.

ÉPHIPPION. s. m. (Pr. éfip-pion) (gr. ἐφίππιον, selle). T. Anat. La selle turcique, portion de l'os sphénoïde.

ÉPHOD. s. m. (Pr. éfode) (hébr. aphad, habiller). Espèce de ceinture en usage chez les prêtres hébreux. L'é. se passait derrière le cou comme une étole, et faisait plusieurs tours en se croisant autour du corps.

ÉPHORAT. s. m. Charge d'éphore; temps pendant lequel on l'exerce.

ÉPHORE. s. m. (gr. ἔφορος; de ἐπὶ, sur; ὁράω, voir). T. Hist. Des magistrats de ce nom figurent, dès la plus haute antiquité, dans la constitution de plusieurs cités d'origine dorienne, telles que Sparte, Théra et Cyrène; mais nous n'avons de détails que sur les éphores de la première de ces cités.

A Sparte, les éphores étaient au nombre de cinq. Ils étaient élus par le peuple et parmi le peuple; on n'exigeait des candidats aucune condition d'âge ni de capacité, comme aussi on ne soumettait leur conduite ultérieure à aucune espèce d'enquête. Le premier d'entre eux donnait son nom à l'année : en conséquence, on l'appelait é. éponyme. Ces magistrats tenaient leurs réunions dans un édifice public, appelé ἀρχεῖον, qui ressemblait au Prytanée d'Athènes, en ce sens que, comme ce dernier, il servait à loger les étrangers et les ambassadeurs.

Les éphores étaient investis du pouvoir judiciaire : ils connaissaient des affaires civiles et, en général, de toutes les causes importantes, tandis que la décision des affaires criminelles était réservée au Sénat. A cette autorité judiciaire, les éphores joignaient une sorte d'autorité censoriale. Ainsi, par ex., ils punissaient ceux qui avaient introduit de l'argent monnayé dans la cité, ou qui avaient des habitudes de paresse. Ils avaient encore un droit d'inspection sur l'éducation de la jeunesse, afin de s'assurer qu'elle n'était pas élevée avec mollesse. La garde du trésor public leur était confiée. Enfin, il semble résulter des termes de l'édit qu'ils publièrent à leur entrée en office, qu'ils étaient chargés de veiller à l'exécution des lois. Entre des mains habiles, cette autorité vague et mal déterminée devait aboutir à un pouvoir à peu près absolu. — Les attributions et l'autorité des éphores furent d'abord agrandies par le privilège exorbitant qu'on leur accorda d'ouvrir des enquêtes sur la conduite de tous les autres magistrats, et cela sans même être obligés d'attendre que ceux-ci fussent hors de fonctions, car ils avaient le droit de les déposer. Les rois eux-mêmes pouvaient être cités devant leur tribunal.

Ce qui donna surtout lieu à cet accroissement prodigieux du pouvoir des éphores, c'est probablement le fait que ces magistrats se mirent en rapport direct avec l'assemblée du peuple, dont ils réglaient les réunions, et dont ils se constituèrent les agents et les représentants. Aussi les voyons-nous négocier avec les ambassadeurs étrangers, donner à ces derniers leur congé, régler les affaires des villes soumises à Sparte, signer les traités de paix, et, en temps de guerre, mettre les troupes en mouvement quand ils le jugeaient nécessaire. Dans toutes ces circonstances, les éphores agissaient comme représentants de la nation, comme agents de l'assemblée du peuple, et remplissaient en réalité les attributions du pouvoir exécutif. Aussitôt après une déclaration de guerre, ils remettaient le commandement de l'armée, soit au roi, soit à un général, lui donnaient leurs instructions, le faisaient surveiller par des commissaires extraordinaires; enfin, lorsqu'un chef militaire était de retour, son premier devoir était de se présenter devant les éphores. Un autre exemple frappant du caractère représentatif de l'éphorat nous est donné par Xénophon. Cet écrivain rapporte, en effet, que chaque mois, les éphores recevaient, au nom de l'État, le serment des rois de gouverner conformément aux lois, et que, de leur côté, ils s'engageaient, au nom de l'État, à leur conserver intacte l'autorité royale, si les rois restaient fidèles à leur serment.

L'éphorat fut aboli par Cléomène III en 225 av. J.-C.

ÉPHORIE. s. f. Charge d'éphore.

ÉPHORIQUE. adj. Qui appartient aux éphores.

ÉPHRAÏM, 2ᵉ fils de Joseph, donna son nom à une tribu israélite.

ÉPHREM (Saint), Père de l'Église, né à Nisibe en Mésopotamie (320-379).

ÉPI. s. m. (lat. *spica*, m. s.). Partie du blé et des autres plantes graminées qui est placée au sommet de la tige, et contient les graines. *E. de blé, d'orge, de seigle. E. long, court, serré, maigre, bien garni. Quand les blés sont en é., montent en é.* — T. Bot. Sorte d'inflorescence dans laquelle les fleurs sont insérées sur un axe allongé et sont sessiles. Voy. INFLORESCENCE. — *E. celtique,* Valeriana celtica (Valérianées); *E. d'eau,* Potamogeton natans (Juncacinées), *E. de lait* ou *de la Vierge,* Ornithogale pyramidal (Liliacées); *É. de nard,* Nardostachys Jatamansi (Valérianées). || Par anal., *E. de diamants,* Assemblage de diamants qui a la forme d'un épi de blé. *E. de cheveux,* Mèche de cheveux qui s'écarte de la direction des autres. || T. Archit. L'assemblage des chevrons autour du poinçon d'un comble pyramidal; le bout du poinçon se nomme *E. de faîte.* — *Briques en é.,* Briques de carrelages posées diagonalement sur le côté. — On donne encore le nom d'*Épis* aux extrémités d'une digue construite en maçonnerie, ou avec des coffres de charpente remplis de pierre, pour empêcher qu'on ne l'escalade. || T. Géol. *E. de blé,* Fossile rapporté soit à une tête d'encrine, soit à un é. de graminées. || *E. de la Vierge,* L'étoile α de cette constellation, de 1ʳᵉ grandeur. || T. Blas. Meuble de l'écu représentant un é. de blé, d'orge ou de maïs.

ÉPIAGÉTINE. s. f. (gr. ἐπὶ, sur; fr. *acétique*). T. Chim. Éther acétique du glycide. On l'obtient en faisant bouillir l'épichlorhydrine avec de l'acétate de potassium. Saponifiée par la soude caustique, elle donne naissance au glycide.

ÉPIAGE. s. m. T. Rur. La formation de l'épi dans le chanvre et sa sortie du tuyau.

ÉPIAIRE. s. m. (R. *épi*). T. Bot. Genre de plantes Dicotylédones (*Stachys*) de la famille des Labiées. Voy. ce mot.

ÉPIALE. adj. (gr. ἠπίαλος; m. s.). T. Méd. anc. *Fièvre é.,* Fièvre continue et maligne, dans laquelle le malade sentait à la fois de la chaleur et du froid.

ÉPIATION. s. f. [Pr. *épi-a-sion*] (R. *épier*). T. Bot. Formation ou développement de l'épi d'une plante graminée.

ÉPIBATE. s. m. (gr. ἐπὶ, sur; βαίνω, je marche). T. Antiq. À Athènes on nommait ainsi les soldats qui combattaient à bord des galères. *Les épibates ne doivent pas être confondus avec les rameurs. Chaque galère athénienne portait dix épibates.*

ÉPIBLASTE. s. m. (gr. ἐπὶ, sur; βλαστὸς, germe). T. Bot. Appendice unguiforme qui garnit le blaste ou radicule de quelques Graminées.

ÉPIBOULANGÉRITE. s. f. (gr. ἐπὶ, sur; fr. *boulangérite*). T. Minér. Sulfure d'antimoine et de plomb, plus riche en soufre que la boulangérite.

ÉPICANTHIS. s. f. (gr. ἐπικανθὶς, m. s.)). T. Chir. Maladie de l'angle interne de l'œil, produite par une trop grande laxité de la peau.

ÉPICARPE. s. m. (gr. ἐπὶ, sur; καρπὸς, fruit). T. Bot. La partie la plus externe du péricarpe. Voy. FRUIT.

ÉPICARPIÉ ÉE. adj. T. Bot. Se dit des parties qui sont portées par le fruit.

ÉPICARPIQUE. adj. Qui appartient à l'épicarpe.

ÉPICAULE. adj. (gr. ἐπὶ, sur; καυλὸς, tige). T. Bot. Qui croît, en parasite, sur la tige des plantes.

ÉPICAUME. s. m. (gr. ἐπίκαυμα, m. s.). T. Chir. Phlyctène sur la cornée.

ÉPICE. s. f. (lat. *species*, espèce). Toute drogue aromatique, chaude et piquante, comme le poivre, le piment, la cannelle, la muscade, le girofle, etc., dont on se sert pour assaisonner des viandes et une foule de préparations culinaires; s'emploie surtout au pl. *Il y a trop d'épices à ce pâté. C'est de l'Orient que nous viennent toutes les épices.* — *Les quatre épices,* Mélange de poivre noir, de muscade, de cannelle et de girofle qu'on vend réduit en poudre. — *Pain d'é.,* Sorte de pain qui se fait avec de la farine de seigle, du miel, des épices, etc. — Fig. et prov., *Dans les petits sacs sont les fines, les bonnes épices,* se dit des personnes petites, mais spirituelles. *C'est chère é.,* se dit d'une marchandise qui est plus chère qu'elle ne devrait être. || *Épices,* au pl., se disait autrefois des dragées et des confitures. *A la fin du repas on apporta le vin et les épices.* — Fig., Les honoraires dus aux juges pour le jugement d'un procès par écrit. *Dans l'origine, les épices étaient volontaires et se payaient en nature. Il fallait payer les épices pour lever l'arrêt. Les juges taxaient eux-mêmes leurs épices au bas des jugements.*

ÉPICÉA. s. m. (lat. *picea*). T. Bot. Genre d'arbres Gymnospermes (*Picea*) vulgairement appelé Sapin de Norvège, de la famille des Conifères. Voy. ce mot.

ÉPICÈNE. adj. 2 g. (gr. ἐπίκοινος, m. s., de ἐπὶ, sur; κοινὸς, commun). T. Gram. Se dit des noms qui désignent indifféremment l'un ou l'autre sexe, le mâle ou la femelle. *Les mots* Caille, Éléphant, Rat, Souris, *sont épicènes en français.*

ÉPICER. v. a. Assaisonner avec des épices. *E. un ragoût. Il a l'habitude de trop é.* || Fig. et fam., *Ce juge épice rudement,* se disait autrefois d'un juge qui taxait trop haut ses honoraires. = ÉPICÉ, ÉE. part. *Il n'aime ni salé ni épicé.*

ÉPICÉRASTIQUE. adj. (gr. ἐπικεραστικὸς, m. s., de ἐπὶ, sur;

κεράννυμι, je mélange). T. Méd. une. Propre à tempérer l'acrimonie des humeurs.

ÉPICERIE. s. f. Collectif, qui comprend non seulement toutes sortes d'épices, mais aussi le sucre, le miel, le café, etc., ainsi que toutes les substances médicinales qui viennent des pays éloignés. *Les Hollandais font un grand commerce d'é. Les épiceries de l'Inde.* || Le commerce de l'épicerie. *É. en gros, en détail. Magasin d'é.* — Le sens de ce mot s'est considérablement étendu, et aujourd'hui les *épiciers* vendent toutes sortes de produits alimentaires, de boissons, etc.

ÉPICHARIS. s. m. [Pr. é-pi-ka-ris]. T. Bot. Genre de plantes Dicotylédones de la famille des *Méliacées.* Voy. ce mot.

ÉPICHARIS, affranchie romaine, prit part à un complot contre Néron, et s'étrangla pour ne pas dénoncer ses complices.

ÉPICHARME, poète et philosophe grec (540-450 av. J.-C.

ÉPICHÉRÉMATIQUE. adj. [Pr. épi-kéré...]. Qui est relatif à l'épichérème.

ÉPICHÉRÈME. s. m. [Pr. é-pi-ké-rême] (gr. ἐπιχείρημα, attaque : de ἐπί, sur; χείρ, main). T. Logiq. Syllogisme dans lequel les prémisses ou l'une des prémisses est accompagnée de sa preuve. Voy. Raisonnement.

ÉPICHLORHYDRINE. s. f. (gr. ἐπί, sur; fr. *chlorhydrique*). T. Chim. Éther chlorhydrique du glycide. Il prend naissance par l'action de la potasse sur la dichlorhydrine, qui est l'éther dichlorhydrique de la glycérine. C'est un liquide incolore, mobile, bouillant à 118°, insoluble dans l'eau, soluble dans l'alcool et l'éther. Sa formule est C³H⁵ClO. L'é. fixe facilement une molécule d'eau en donnant de la monochlorhydrine. Elle se combine directement avec les acides pour former des éthers de la glycérine. Elle s'unit aussi aux alcools en donnant des glycérides à radicaux alcooliques.

ÉPICHLORITE. s. f. (gr. ἐπί, sur; χλωρός, vert). T. Minér. Silicate hydraté d'alumine et de magnésie avec du fer et du calcium; masses translucides vert foncé.

ÉPICHORIAL, ALE. adj. [Pr. épi-korial]. T. Anat. Qui a rapport à l'épichorion.

ÉPICHORIEN, IENNE. adj. [Pr. épi-korien] (gr. ἐπιχώριος, local). T. Antiq. gr. Se dit des dieux particuliers à une contrée.

ÉPICHORION. s. m. [Pr. épi-korion] (gr. ἐπί, sur, et fr. *chorion*). T. Anat. Nom donné à la membrane caduque du fœtus.

ÉPICHTONIEN, IENNE. adj. [Pr. épi-ktoni-in] (gr. ἐπιχθόνιος, de ἐπί, sur, et χθών, terre). T. Antiq. gr. Se dit des dieux terrestres, par opposition aux dieux infernaux.

ÉPICIER, ÈRE. s. Celui, celle qui vend des épiceries. *Un bon é. Une riche épicière.* On disait aussi, *Marchand é. É. droguiste.* — Fam., *Ce livre est chez l'é., est bon pour l'é.,* se dit d'un mauvais ouvrage dont les feuilles ne sont bonnes qu'à être vendues au poids pour faire les sacs, les cornets qui servent aux épiciers.

ÉPICLINE. adj. 2 g. (gr. ἐπί, sur; κλίνη, lit). T. Bot. Qui est placé sur le disque ou le réceptacle d'une fleur.

ÉPICOLIQUE. adj. (gr. ἐπί, sur, et fr. *côlon*). T. Anat. Qui répond aux différentes parties du côlon, en parlant de la surface du rénon.

ÉPICOME. s. m. (gr. ἐπί, sur; κόμη, chevelure). T. Térat. Monstre qui a une tête accessoire, insérée par son sommet sur le sommet de la tête principale.

ÉPICONDYLE. s. m. (gr. ἐπί, sur, et fr. *condyle*). T. Anat. Tubérosité externe de l'extrémité cubitale de l'humérus.

ÉPICOROLLÉ, ÉE adj. [Pr. épikorol-lé]. T. Bot. Dont la corolle s'implante sur l'ovaire.

ÉPICOROLLIE. s. f. [Pr. épi-korol-li] (gr. ἐπί, sur; fr *corolle*). T. Bot. État d'une fleur à plantes épicorollées.

ÉPICRÂNE. s. m. (gr. ἐπί, sur; κρανίον, crâne). T. Anat. L'ensemble des parties qui environnent le crâne. || Adj. 2 g. *Le muscle é. L'aponévrose é.* — On dit aussi *Épicrânien, ienne.*

ÉPICRISE. s. f. (gr. ἐπί sur; κρίσις, jugement et crise). T. Méd. Jugement porté sur un malade. || Phénomène important qui survient après la crise et qui la complète.

ÉPICTÈTE, philosophe stoïcien, né en Syrie, fut amené comme esclave à Rome sous Néron, et chassé d'Italie sous Domitien. Sa doctrine nous est connue par les écrits de son disciple Arrien, à qui nous devons le *Manuel d'Épictète,* en grec.

ÉPICURE, philosophe grec (337-270 av. J.-C.), chef de la secte des Épicuriens.

ÉPICURÉISME. s. m. Philosophie d'Épicure. — Par ext., La doctrine, la manière de vivre, d'agir, de ceux qui ne recherchent que le plaisir. *Il vivait dans une sorte d'é. intellectuel.*

Philos. — Épicure procède de Démocrite. Comme lui, il admet que le monde est composé d'atomes et que tout ce qui existe provient de la combinaison des atomes. Mais c'est en morale que son système présente de l'originalité. Il croit que la fin de l'homme est la *recherche du bonheur*, qu'il fait consister dans le calme et la sérénité de l'âme. Il ne repousse pas le plaisir, mais il n'en fait pas le but de la vie. Les vertus qu'il recommande sont la tolérance, la prudence, la force et la justice. Cette morale, toute personnelle et toute utilitaire, manque de grandeur et d'élévation; elle ne pourrait suffire à diriger noblement la vie, et malgré les vertus dont Épicure a fait preuve personnellement, sa doctrine mérite la réprobation dont elle a été plus tard entourée. Voy. Matérialisme, Philosophie.

ÉPICURIEN, IENNE. adj. Qui a rapport à la philosophie d'Épicure, à l'épicuréisme. *Morale épicurienne.* || Celui qui adopte la morale épicurienne. *Il était franchement é.* = Épicurien, ienne. s. Au propre, Un sectateur d'Épicure; et par ext., Un voluptueux, un homme qui ne voit, ne recherche que son plaisir. *C'est un franc é., une véritable épicurienne.*

ÉPICURISME. s. m. Voy. Épicuréisme.

ÉPICYCLE. s. m. (gr. ἐπί, sur; κύκλος, cercle). Petit cercle dont le centre parcourt la circonférence d'un cercle plus grand. *Les anciens astronomes expliquaient les variations de distance des planètes par des épicycles.* Voy. Planète.

ÉPICYCLOÏDAL, ALE. adj. Qui a rapport, qui appartient à l'épicycloïde.

ÉPICYCLOÏDE. s. f. (R. *épicycle*). T. Géom. Ligne courbe décrite par un point d'une circonférence de cercle roulant sur la circonférence d'un autre cercle, soit à l'intérieur, soit à l'extérieur. *L'é. a été découverte, en 1674, par l'astronome danois Rœmer.* Quand le cercle mobile roule à l'intérieur du cercle fixe, la courbe prend aussi le nom d'*Hypocycloïde.*

ÉPIDAMNE, nom primitif de Dyrrachium.

ÉPIDAURE, v. d'Argolide (Péloponèse), célèbre par son temple d'Esculape et par son oracle.

ÉPIDÈME. s. m. (gr. ἐπίδεμα, lien). T. Zool. Une des pièces du thorax des Insectes.

ÉPIDÉMIE. s. f. (gr. ἐπιδήμιος, de ἐπί, sur; δῆμος, peuple). T. Méd. Maladie qui attaque, dans le même temps et dans le même lieu, un grand nombre de personnes, mais dont la cause n'est pas intérieure au lieu. || Fig., dans le langage ordinaire, se dit quelquefois de choses morales. *Il y a des épidémies morales. L'engouement était général, c'était une véritable é.*

Méd. — Quand une maladie, à marche rapide en général, habituelle ou non dans une région, éclate en atteignant un grand nombre d'individus simultanément ou successivement, ou dit qu'il y a é. C'est une *pandémie* si un grand nombre de contrées sont atteintes. Si la maladie est habituelle dans un lieu et que la mortalité y soit faible et à peu près constante, on dit qu'il y a *endémie*. Si une maladie, habituelle ou non dans une région, n'atteint qu'un très petit nombre d'individus plus ou moins isolés les uns des autres, on dit qu'elle est *sporadique*. Ce ne sont là que des termes de classification. Ils ne présument en rien de la nature ou de la gravité de la maladie. Cela est si vrai que le choléra endémique aux Indes devient épidémique dans l'Asie occidentale, l'Europe, l'Afrique et l'Amérique. La fièvre jaune, endémique au golfe du Mexique, devient épidémique sur les côtes orientales de l'Amérique du Sud et sur la côte occidentale d'Afrique. La variole, sporadique aujourd'hui dans la plupart des pays civilisés, est devenue épidémique en Océanie avec une mortalité très grande. Enfin, bien des épidémies tendent à devenir des endémies manifestées par des cas sporadiques plus ou moins nombreux : tel est le choléra asiatique. Règle générale : les maladies devenues épidémiques sont bien plus graves. Cela ne veut pas dire qu'à l'état endémique ou sporadique, les individus atteints ne meurent pas proportionnellement autant.

Toute maladie humaine ou animale ne peut pas devenir épidémique ou endémique au sens étroit de ces mots. Ainsi, la cirrhose hépatique, due à l'alcoolisme, n'est pas une maladie épidémique ou endémique. Ce qui fait qu'une maladie est épidémique, c'est sa propagation à un grand nombre d'individus dans un espace de temps assez court. Cette maladie est d'ordinaire d'une invasion brusque et d'une marche rapide, et sa terminaison est très souvent fatale. — Ceci dit, on comprend la terreur des populations anciennes et même actuelles à l'approche d'une é. La grandeur de la maladie fit admettre son origine divine, et pour beaucoup encore l'é. est un fléau envoyé par la divinité à l'humanité pour la châtier d'un méfait quelconque. A l'article *Étiologie*, on verra par quelles phases ont passé les causes présumées des maladies. Pour les épidémies en particulier, après avoir accusé la divinité, on a accusé les phénomènes de la nature : vents, pluies, orages, aurores boréales, éclipses, etc., puis la composition de l'air trop chargé d'odeurs fétides par le voisinage d'usines insalubres, de cimetières, etc., trop ozoné, poussiéreux ; la composition de l'eau, croupie, infectée par des matières organiques en putréfaction, dont la nappe souterraine est trop haute, etc. ; la température trop chaude, sèche ou bien trop variable. Toutes ces dernières causes des épidémies sont sans valeur déterminante, car il est facile de voir que bien des fois une contrée entière peut être soumise à leur influence sans qu'il surgisse le moindre é. ; mais elles ont un rôle adjuvant incontestable. — La nature des épidémies n'a été mise en lumière que du jour où on a démontré l'infection de l'organisme par un parasite microscopique végétal ou animal. C'est aux travaux de Davaine, de Pasteur, de Koch et de leurs élèves que nous sommes redevables de la connaissance de la nature intime des épidémies. — Puisque c'est un être organisé vivant infiniment petit (microbe, plasmodie, coccidie, etc.), qui détermine l'é., rien n'est plus facile aujourd'hui que d'expliquer comment débutent, se transmettent, se terminent les épidémies ; enfin, la plupart de leurs détails, surtout pour quelques épidémies, sont parfaitement connus. Les microbes, en particulier, si légers, si nombreux et si répandus partout, pénètrent dans l'organisme d'un homme soit par la peau, par les poumons, le tube digestif, par toute autre cavité ouverte, et là pullulent, si les conditions leur sont favorables (affaiblissement de l'individu par une cause quelconque) ; puis son entourage se contamine, en le soignant, en lavant son linge, etc., et le microbe déjà renforcé par un premier passage chez l'homme, mis en goût pour ainsi dire, attaque plus vivement les individus du second passage, et encore plus vivement les suivants qui sont en plus grand nombre. C'est ce qui explique l'aggravation graduelle de l'é. et sa propagation en boule de neige ou en avalanche. Soit que la plupart des individus d'une contrée aient été atteints et qu'alors ils aient acquis l'immunité contre le retour à la maladie, soit pour des motifs biologiques encore obscurs, le microbe atténué sa virulence et la maladie disparaît. Ainsi donc, pour que l'é. se développe, il faut d'abord une cause première : être organisé, parasite, puis des prédispositions à la contagion. Les parasites seront décrits à chaque maladie en particulier. Nous dirons que les prédispositions sont un affaiblissement de l'organisme par un trouble quelconque passager ou durable, et encore toutes les maladies antérieures, les privations, les excès, les fatigues, la malpropreté, les agglomérations trop nombreuses d'individus en un même point, etc. La contagion est la façon dont les épidémies se propagent. Le mécanisme de la contagion est très variable.

Il peut se faire par l'air, les microbes étant transportés par le vent et pénétrant par les poumons directement ou indirectement ou par le tube digestif à l'aide des aliments non cuits sur lesquels le vent les a déposés. Mais ce mode de contagion est exceptionnel, parce que les microbes périssent pour la plupart par la dessication. D'ordinaire, il se fait par les aliments non ou insuffisamment cuits, souillés par le microbe pathogène, qui y est déposé par le vent ou plutôt par les arrosages des fumures. L'eau non bouillie ou non filtrée au filtre Chamberland est le meilleur et le plus sûr moyen de transport des épidémies : car les microbes qui proviennent des matières fécales ou des linges souillés, y trouvant de quoi se nourrir, y pullulent en grand nombre et résistent plus facilement aux causes de destruction. Enfin, et le plus souvent, c'est par la contagion directe, et les moyens en sont indéfinis. Ainsi, le contact d'un malade, de ses vêtements, de ses déjections ou de ses vomissements, de tout ce qui lui a servi enfin et touché de près ou de loin, peut occasionner la propagation de la maladie. C'est ce qui explique les épidémies d'appartement, de maison, de quartier. On comprend que la porte d'entrée de la maladie épidémique varie surtout avec les conditions d'existence du parasite, qui vit plus facilement dans certains de nos appareils ou dont l'action toxique se fait plutôt sentir sur tel ou tel système. Ainsi les microbes du choléra et de la fièvre jaune tuent-ils les individus parce qu'ils se développent dans l'intestin où ils produisent des matières toxiques ; le microbe de l'influenza paraît surtout siéger dans l'appareil respiratoire. Le parasite de la méningite cérébro-spinale épidémique atteint surtout le système nerveux central ; la bactéridie charbonneuse asphyxie l'individu en vivant dans son sang, etc. — Quant à la violence variable des épidémies, suivant l'é. et l'individu, elle dépend de deux éléments : la *virulence* du parasite et la *résistance* de l'individu. Quand le microbe est très virulent, par exemple, et que l'individu est affaibli, l'atteinte est violente et la mort s'ensuit souvent. C'est le contraire quand le microbe peu virulent rencontre un terrain résistant. Voy. IMMUNITÉ, MICROBES. Aussi a-t-on tendance à penser que bien des maladies qui sont encore séparées à cause de leur différence de virulence, ne sont que la même maladie causée par le même microbe à deux états de virulence, l'une faible, l'autre exagérée. Exemple : le *Choléra* dit *Nostras* et le *Choléra asiatique*.

Outre les épidémies dues à des parasites, il existe des épidémies dues à l'imitation. Ainsi, celle de chorée, de convulsion, d'hystérie, chez l'homme ; de lécher, chez le bœuf ; de manger de la laine, chez le mouton, etc.

Contre les épidémies variées, on a imaginé toutes sortes de traitements, depuis le traitement hiératique : prières dans les temples, dans les églises, sacrifices d'animaux et même d'hommes, jusqu'aux exorcismes. On peut dire que ce n'est qu'à notre époque que l'on commence à savoir combattre les épidémies, et l'hygiène joue le principal rôle. On a reconnu qu'avant tout il s'agissait d'empêcher l'é. de pénétrer dans un pays et c'est là l'origine des quarantaines, des cordons sanitaires, des patentes de santé, des lazarets, etc., mesures rendues généralement inefficaces dans nos pays civilisés par la multiplicité des voies de communication, leur rapidité, l'obstacle formidable élevé par elles contre le commerce. Aujourd'hui, on procède surtout par la *désinfection* (Voy. ce mot) des individus de provenance suspecte à leur passage à la frontière, en y joignant leur signalement et leur surveillance dans la localité où ils se rendent. On cherche surtout à reconnaître et à combattre les premiers cas qui se produisent à cause de la connaissance que l'on a de la grande dissémination de la maladie à sa suite, et pour cela ont été institués en France : le comité consultatif d'hygiène publique, les conseils d'hygiène publique et de salubrité d'arrondissement et de département, les commissions d'hygiène publique des chefs-lieux de canton, les bureaux d'hygiène des grandes villes, etc. Voy. au mot HYGIÈNE. Mais au fond, pour les épidémies comme pour toutes les maladies, c'est dans l'hygiène privée que l'on trouve les meilleurs remèdes. Les locaux sains, aérés, éclairés, la propreté et le bien-être moral et physique des individus, la bonne qualité de leur nourriture toujours cuite, de leur eau en particulier, la désinfection soigneuse de l'individu malade, de ses déjections, *de tout ce qui l'a touché et soigné*, le traitement précoce des premiers symptômes de la maladie, l'isolement des cas suspects ou avérés sont les plus sûrs moyens d'enrayer les épidémies dès leur début. Les maladies épidémiques qui sont décrites dans ce Dictionnaire sont : acrodynie, ankylostomasie, béribéri, charbon, choléra, coqueluche, dengue, diphtérie, dysenterie, goitre, héméralopie,

fièvre jaune, typhoïde, malaria, méningite cérébro-spinale, oreillons, pellagre, peste, rougeole, rubéole, scarlatine, scorbut, scepticémie puerpérale, suette, tétanos, trichinose, typhus à rechute, variole, etc.
Législ. — Voy. Hygiène.

ÉPIDÉMIOLOGIE. s. f. (R. fr. *épidémie*; gr. λόγος, traité). Recherche sur les causes et la nature des épidémies.

ÉPIDÉMIOLOGIQUE. adj. Qui a rapport à l'épidémiologie, aux épidémies.

ÉPIDÉMIQUE. adj. 2 g. T. Méd. Qui tient de l'épidémie. *Maladie é.* || Fig., *Un engouement é. Des passions épidémiques.*

ÉPIDÉMIQUEMENT. adv. D'une manière épidémique.

ÉPIDENCE. s. f. T. Mar. Cordage auquel on suspend un hamac.

ÉPIDENDRE. s. m. (gr. ἐπί, sur; δένδρον, arbre). T. Bot. Genre de plantes Monocotylédones (*Epidendrum*) de la famille des *Orchidées*. Voy. ce mot.

ÉPIDENDRÉES. s. f. pl. (R. *épidendre*). T. Bot. Tribu de plantes Monocotylédones de la famille des *Orchidées*. Voy. ce mot.

ÉPIDERME. s. m. (gr. ἐπί, sur; δέρμα, peau). — Pris dans sa signification la plus générale, le mot *Épiderme* désigne une couche membraniforme, plus ou moins épaisse, qui couvre toutes les surfaces libres du corps. Mais, dans son acception la plus ordinaire, il s'applique seulement à la couche qui couvre la peau : partout ailleurs cette couche prend le nom d'*Épithélium*. Nous parlerons de l'é. cutané en exposant la structure de la peau, et de l'épithélium lorsque nous étudierons les muqueuses.

Bot. — La surface externe des divers organes constituant la plante, à l'exception de la racine, est recouverte d'une pellicule mince, à laquelle on applique aussi le nom d'é., et qui se compose d'une assise de cellules présentant des caractères particuliers.

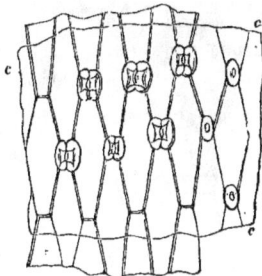

Fig. 1.

Les cellules épidermiques sont fortement aplaties, tabulaires par conséquent, s'appliquant étroitement par leurs faces latérales, sans laisser d'intervalles entre elles. Ces faces latérales peuvent être rectilignes (Fig. 1. É. de la feuille d'*Iris germanica*), ou bien fortement ondulées (Fig. 2. E. de la feuille de Garance, *Rubia tinctorum*). Ces ondulations permettent aux cellules épidermiques de s'engréner d'une façon plus étroite. Dans la majorité des cas, leur longueur égale leur largeur (Fig. 2); cependant dans les organes allongés (feuilles d'Iris, Fig. 1), elles sont beaucoup plus longues que larges. La membrane extérieure est toujours transformée en cutine, soit entièrement, soit seulement dans la portion la plus externe de la membrane; la couche de membrane cutinisée porte le nom de *cuticule*. La cuticule, par sa nature même, est essentiellement imperméable aux liquides, et empêche par suite l'évaporation des liquides qui se trouvent à l'intérieur de la plante, et la préserve donc contre la dessication.

Dans les Figures qui précèdent, ainsi que dans les Figures

3, 4 et 5, on remarque de petites ouvertures ovales percées dans l'épaisseur de l'assise épidermique, qu'on désigne sous le nom de *Stomates*, du grec στόμα, qui veut dire bouche. Ces ouvertures aboutissent constamment dans les cavités intercellulaires correspondantes du parenchyme sous-jacent (Fig. 7,

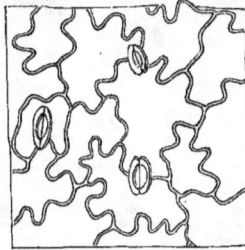

Fig. 2.

8, 9). Les stomates sont constitués par deux cellules symétriques, en forme de rein, se touchant par leurs deux extrémités saillantes, et portant le nom de cellules *stomatiques* (Fig. 1, 2, 3, 4). Il résulte de la forme de ces deux cellules

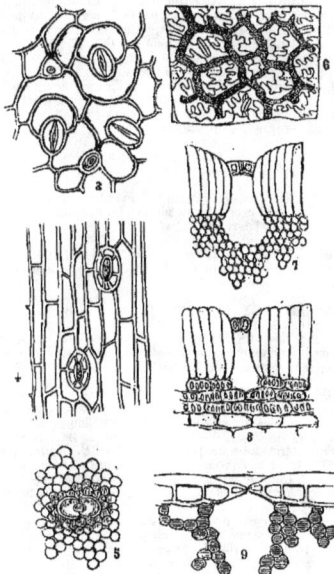

et de leur disposition, qu'elles laissent entre elles une ouverture, qui a reçu le nom d'*ostiole;* les lèvres de cette ouverture en se contractant ou en se dilatant, ouvrent ou ferment l'orifice. Si maintenant on examine le stomate en coupe, on voit (Fig. 7, 8 et 9) que l'ostiole communique avec une lacune sous-jacente qui est la *chambre sous-stomatique.*

Les stomates sont extrêmement nombreux sur les feuilles, particulièrement à la face inférieure de ces organes. Le tableau suivant, qui indique le nombre de stomates trouvé, par centimètre carré, sur les feuilles ou la tige de certaines plantes, donnera une idée de l'importance de ces organes dans l'économie végétale.

	Face supér.	Face infér.	TOTAL.
Viburnum Tinus.		13.950	13.950
Prunus lauro-cerasus		13.950	13.950
Crinum amabile.	3.100	3.100	6.200
Mesembryanthemum.	4.650	6.200	10.850
Aloes.	3.875	3.100	6.975
Yucca.	6.200	6.200	12.400
Cereus speciosissimus (tige). .			2.235
Stapelia (tige)			2.325

On ne rencontre de stomates, ni sur les racines, ni sur les plantes parasites incolores, ni sur les parties végétales submergées, ni sur les Thallophytes; en outre, ils sont rares ou même manquent tout à fait dans les parties succulentes. Les stomates sont destinés à l'échange des gaz entre le milieu interne de la plante et le milieu extérieur.

En outre des stomates, l'épiderme porte encore des formations particulières provenant du développement tout spécial que prennent certaines cellules épidermiques; ce sont des *Poils épidermiques*. Voy. POIL.

ÉPIDERMIQUE. adj. 2 g. Qui appartient à l'épiderme. *Membrane é. Productions épidermiques.* || Qui est de la nature de l'épiderme. *Écailles épidermiques.*

ÉPIDERMOÏDE. adj. T. Anat. Qui ressemble à l'épiderme.

ÉPIDERMOSE. s. f. (R. *épiderme*.) T. Chim. Substance organique, azotée et sulfurée, constituant la majeure partie de l'épiderme, des ongles, des plumes, de la corne, de la soie et de la laine. Chauffée à l'air, elle fond et brûle. Elle se dissout dans la potasse en dégageant de l'ammoniaque. Par fusion avec la potasse, elle donne de la tyrosine et de la leucine. Traitée par l'acide azotique, elle jaunit et finit par se dissoudre à chaud. L'acide acétique la gonfle, mais ne la dissout pas. Les sels métalliques lui donnent diverses colorations; on a utilisé cette propriété pour colorer la corne.

ÉPIDÈSE. s. f. (gr. ἐπίδεσις, déligation). T. Chir. Application d'une bande, d'un bandage.

ÉPIDIDYME. s. m. (gr. ἐπὶ, sur; δίδυμος, testicule). T. Anat. Partie de l'appareil excréteur du sperme, formée par les canaux séminifères. Voy. TESTICULE.

ÉPIDIDYMITE. s. f. (R. *épididyme*.) T. Méd. Inflammation de l'épididyme. Voy. ORCHITE. || T. Minér. Silicate hydraté de glucinium et de sodium.

ÉPIDISCAL, ALE. adj. T. Bot. Qui s'insère sur le disque.

ÉPIDOSITE ou **ÉPIDOTITE.** s. f. (R. *épidote*). T. Minér. Roche ordinairement d'un vert pistache, essentiellement formée d'épidote avec un peu de quartz.

ÉPIDOTE. s. m. (gr. ἐπὶ, sur; δοτὸ; donné). T. Minér. — Les minéralogistes désignent sous ce nom générique plusieurs espèces minérales qui se composent essentiellement de silice, d'alumine et de chaux, dans des proportions très variables. Les plus intéressantes de ces espèces sont l'*É. blanc*, appelé aussi *Zoïsite*, et la *Thallite*, nommée encore *Schorl vert* ou simplement *Épidote*. La première est un minéral grisâtre ou blanchâtre, à base de chaux, qui cristallise ordinairement en prismes cylindroïdes ou en petites baguettes, ce qui l'a fait appeler *Zoïsite cylindroïde* ou *bacillaire*. Elle se rencontre dans les terrains primordiaux et en petite quantité. La seconde contient 10 à 14 p. 100 de protoxyde de fer : elle est d'un vert foncé, quelquefois brunâtre ou grisâtre. Elle appartient aux terrains de cristallisation, et souvent elle remplit les fentes du granit, du gneiss, du micaschiste, etc.; quelquefois elle constitue avec le quartz des dépôts assez épais au milieu de ces roches; dans quelques cas, elle y est simplement disséminée. Elle cristallise en prismes obliques, le plus souvent groupés les uns sur les autres de manière à former des masses bacillaires qui remplissent les fissures des roches. D'autres fois elle se présente sous forme de rognons, ou bien en filaments très ténus, qui constituent une sorte d'amiante et auxquels, pour ce motif, on donne souvent le nom d'*Amiantoïde*. La thallite se rencontre presque partout; mais c'est des envi-rons du Bourg d'Oisans (Isère) et de la vallée de Chamouny (Savoie) que viennent les plus beaux échantillons.

ÉPIDOTITE. s. f. Voy. ÉPIDOSITE.

ÉPIEMENT. s. m. [Pr. *épi-man*]. Action d'épier.

ÉPIER. v. n. Monter en épi. *Les blés commencent à é.* — ÉPIÉ, ÉE. part. *Les seigles sont déjà épiés.* || Adject. et Fig., *Une queue de chien épiée*, Dont les poils s'écartent comme les barbes d'un épi de blé. *Un chien épié*, Qui a au milieu du front des poils plus longs que les autres, et qui vont en divergeant.

ÉPIER. v. a. (lat. *inspicere*, inspecter). Observer secrètement et adroitement les actions, les discours de quelqu'un, ou ce qui se passe en quelque lieu. *É. quelqu'un. É. les démarches, les discours de quelqu'un. É. les mouvements de l'ennemi. Faites attention à vous, on vous épie, vous êtes épié.* || Fig., *É. l'occasion, le temps d'agir, le moment*, etc., Attendre l'occasion favorable, etc., se tenir prêt à la saisir. = ÉPIÉ, ÉE. part.

ÉPIERREMENT. s. m. [Pr. *épiè-reman*]. Enlèvement des pierres qui couvrent un terrain.

ÉPIERRER. v. a. [Pr. *épié-rer*]. Ôter les pierres d'un jardin, d'un champ, etc. *Il faut é. cette terre.* || T. Tann. Opération qui consiste à enlever à l'aide d'une pierre à aiguiser la laine ou le poil restés sur une peau après le pelage. = ÉPIERRÉ, ÉE. part.

ÉPIERREUR ou **ÉPIERRIER.** s. m. [Pr. *épiè-reur* ou *épiè-rié* (R. *e*, priv.; et *pierre*). Organe de certains appareils, servant à retenir les pierres ou les corps lourds.

ÉPIEU. s. m. (lat. *spiculum*, m. s.). Sorte d'arme à fer plat et pointu, dont on ne se sert guère qu'à la chasse du sanglier. || Au moyen âge, arme à hampe, dont le fer large et épais avait la forme d'une feuille de sauge.

ÉPIEUR, EUSE. s. Celui, celle qui épie, qui observe.

ÉPIGASTRALGIE. s. f. (R. fr. *épigastre*; gr. ἄλγος, douleur). T. Méd. Douleur à l'épigastre.

ÉPIGASTRALGIQUE. adj. 2 g. Qui a rapport à l'épigastralgie.

ÉPIGASTRE. s. m. (gr. ἐπὶ, sur; γαστὴρ, estomac) T. Anat.

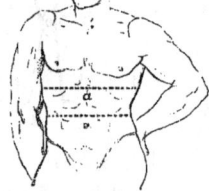

Partie supérieure de l'abdomen, dans la région appelée vulgairement le *creux de l'estomac* (Voy. sur la Fig. *a*). Voy. ABDOMEN.

ÉPIGASTRIQUE. adj. 2 g. T. Anat. Qui appartient à l'épigastre. *Région é. Artère, veine é.*

ÉPIGASTROCÈLE. s. f. (R. fr. *épigastre*; gr. κήλη, tumeur). T. Chir. Hernie dans la région épigastrique.

ÉPIGÉ, ÉE. adj. (gr. ἐπίγαιος, de ἐπὶ, sur; γῆ, terre). T. Bot. Qui est sur la terre ou hors de terre.

ÉPIGÉIQUE. adj. [Pr. *épigé-ike*] (R. *épigé*). T. Géol. Se dit d'un dépôt d'une récente formation.

ÉPIGÈNE. adj. (gr. ἐπὶ, sur; γεννάω, j'engendre). T. Minér. Qui offre le caractère de l'épigénie.

ÉPIGÉNÈSE. s. f. (gr. ἐπὶ, sur; γένεσις, génération). T. Physiol. Système dans lequel on explique la formation des corps organisés par une addition successive de leurs diverses parties qui ne préexisteraient pas dans le germe. Voy. GÉNÉRATION.

ÉPIGÉNÉSIQUE. adj. Qui a rapport à l'épigénèse.

ÉPIGÉNÉSISTE. s. m. Physiologiste qui est partisan de l'épigénèse.

ÉPIGÉNIE. s. f. (gr. ἐπὶ, sur; γένος, naissance). T. Minér. Substitution d'une substance à une autre dans un cristal. Voy. CRISTALLOGRAPHIE, XII.

ÉPIGÉNITE. s. f. (R. épigénie). T. Minér. Arséniosulfure de cuivre et de fer, avec un peu de bismuth, de zinc et d'argent.

ÉPIGLOSSE. s. f. (gr. ἐπὶ, sur; γλῶσσα, langue). T. Zool. Partie de la bouche des insectes hyménoptères.

ÉPIGLOTTE. s. f. (gr. ἐπιγλωσσὶς, m. s.). T. Anat. Opercule fibro-cartilagineux placé à la partie supérieure du larynx. Voy. LARYNX.

ÉPIGLOTTIQUE. adj. [Pr. épiglot-like]. Qui a rapport à l'épiglotte.

ÉPIGLOTTITE. s. f. [Pr. épiglot-tite]. T. Méd. Inflammation de l'épiglotte.

ÉPIGNATHE. s. m. (gr. ἐπὶ, sur; γνάθος, mâchoire). T. Térat. Monstre qui a une tête très incomplète attachée au palais de la tête principale.

ÉPIGNATHIE. s. f. État des monstres épignathes.

ÉPIGONE. s. m. [Pr. é-pi-gone] (gr. ἐπίγονος, né après). T. Bot. Nom donné par plusieurs auteurs à la membrane cellulaire qui enveloppe le sporogone des Mousses au début de son développement et qui constitue plus tard la Coiffe.

ÉPIGONES, fils des sept chefs qui périrent en assiégeant Thèbes avec Polynice.

ÉPIGRAMMATIQUE. adj. 2 g. [Pr. épigram-matik]. Qui appartient à l'épigramme, qui tient de l'épigramme. Trait é. Style, tournure é.

ÉPIGRAMMATIQUEMENT. adj. [Pr. épigram-mati-keman]. D'une manière épigrammatique.

ÉPIGRAMMATISER. v. n. [Pr. épigram-ma-ti-zer]. Faire des épigrammes. Néol.

ÉPIGRAMMATISTE. s. m. [Pr. épigram-matiste]. Celui qui fait, qui compose des épigrammes.

ÉPIGRAMME. s. f. (gr. ἐπίγραμμα, de ἐπί, sur; γράφειν, écrire). T. Littér. Voy. plus bas. ‖ T. Cuis. É. d'agneau, Ragoût au blanc, dans lequel on fait entrer quelques parties intérieures de l'animal.

Littér. — Conformément à son étymologie, l'Épigramme n'a d'abord été, chez les anciens, qu'une simple inscription, c-à-d. une petite pièce de vers destinée à être gravée sur les tombeaux, sur les monuments publics ou au bas des statues. L'un de ses plus grands mérites était la concision et la brièveté, afin qu'elle pût se graver plus facilement dans la mémoire. Mais la forme de ce petit poème convenant à une foule de sujets de nature très diverse, on étendit peu à peu son domaine, et on l'employa pour exprimer un court éloge, un trait satirique, une description succincte, une maxime importante, un récit très abrégé terminé par un trait délicat ou saillant. Telles sont la plupart des épigrammes de l'Anthologie grecque. On en trouve encore un grand nombre de ce genre dans Martial. Aujourd'hui, nous entendons généralement par é. une petite pièce de poésie qui se termine par un trait satirique ou un mot piquant. Nous avons distingué et nommé Madrigaux ceux de ces petits poèmes dont l'éloge est le but, et ceux qui ne sont que l'expression de passions douces et de sentiments délicats. Nous laissons le nom d'Inscriptions à ceux qui ont simplement pour objet de faire connaître la destination d'un monument, de conserver le souvenir d'une personne ou d'un

événement; celui d'Épitaphes à ceux qu'on inscrit sur les tombeaux; et enfin, ceux de Maximes ou de Sentences à ces petites pièces qui ont un but purement moral. Toutefois, par extension, nous donnons encore le nom d'é. à un simple mot ou à un trait lancé dans la conversation ou dans un écrit lorsqu'il exprime une critique vive, une raillerie mordante. Les épigrammatistes les plus célèbres de l'antiquité sont Catulle et Martial; chez nous, ce sont Cl. Marot, Racine, Boileau, J.-B. Rousseau, et Éc. Lebrun.

En voici quelques exemples :

> Paul, ce grand médecin, l'effroi de son quartier,
> Qui causa plus de maux que la peste et la guerre,
> Est curé maintenant, et met les gens en terre :
> Il n'a point changé de métier.
> BOILEAU.

Pour mettre au bas d'une méchante gravure :

> Du célèbre Boileau, tu vois ici l'image;
> Quoi, c'est là, diras-tu, ce critique achevé !
> D'où vient le noir chagrin qu'on lit sur son visage ?
> C'est de se voir si mal gravé.
> BOILEAU.

> Chloé, belle et poète, a deux petits travers :
> Elle fait son visage et ne fait pas ses vers.
> LEBRUN.

ÉPIGRAPHE. s. f. (gr. ἐπιγραφή, m. s.). Syn. d'Inscription. Vx. ‖ Plus ordinair., Courte sentence, courte citation qu'on met en tête d'un livre, d'un chapitre, etc., pour en indiquer l'objet ou l'esprit.

ÉPIGRAPHIE. s. f. Science qui a pour objet l'étude des inscriptions. Voy. INSCRIPTION.

ÉPIGRAPHIQUE. adj. Qui est propre à l'épigraphie.

ÉPIGYNE. adj. 2 g. (gr. ἐπὶ, sur; γυνή, femme). T. Bot. Se dit des parties de la fleur insérées au-dessus de l'ovaire.

ÉPIGYNIE. s. f. T. Bot. État d'une plante dont la corolle ou les étamines sont épigynes.

ÉPILAGE. s. m. T. Techn. Action d'épiler le poil des animaux.

ÉPILANCE. s. f. T. Faucon. Espèce d'épilepsie à laquelle sont sujets les oiseaux.

ÉPILARYNGIEN, IENNE. adj. (gr. ἐπὶ, sur; fr. laryngien). T. Anat. Qui est, qui se passe au-dessus du larynx.

ÉPILATION. s. f. [Pr. ... sion]. Action d'épiler.

ÉPILATOIRE. adj. 2 g. Qui sert à épiler ou à faire tomber les poils. Pâte é. ‖ Subst. et au masc., Les épilatoires sont souvent dangereux. — On dit aussi Dépilatoire. Voy. Cosmétique.

ÉPILEPSIE. s. f. (gr. ἐπιληψία, saisissement). T. Méd. Le mot Épilepsie désigne, pour les classiques, une affection chronique souvent héréditaire, caractérisée par des paroxysmes convulsifs plus ou moins fréquents, encadrés par un ensemble de troubles nerveux et psychiques qui n'a rien de fixe. Quelques auteurs ne veulent voir, dans le terme épilepsie, autre chose que la désignation d'un syndrome toujours identique à lui-même, quelle qu'en soit la raison pathogénique. Cette manière de voir paraît bien fondée, et les modernes s'y conforment, en décrivant, sous la même appellation, deux maladies distinctes.

I. — L'épilepsie essentielle, l'épilepsie banale proprement dite, est la manifestation extérieure d'une malformation congénitale ou acquise des centres nerveux, dont la nature nous échappe, mais dont les secrets se dévoilent peu à peu. — L'é. est connue de toute antiquité, et les anciens lui attribuaient une origine surnaturelle : de là les noms de Maladie sacrée, de Mal divin, Mal d'Hercule, Mal démoniaque, etc., sous lesquels ils la désignaient. Les Romains l'appelaient aussi Morbus comitialis, parce que les comices étaient rompus et renvoyés à un autre jour, quand un individu était pris d'une attaque d'é. pendant leur tenue. Les noms vulgaires de *Haut mal* et de *Mal caduc* que nous lui donnons, expriment simplement la rapidité de l'attaque qui terrasse le patient.

A. Dans beaucoup de cas, les attaques d'é. ne sont point précédées de symptômes précurseurs. En général, au moment, où le malade s'y attend le moins, il perd connaissance et tombe en poussant un cri aigu, bref; les yeux s'ouvrent largement, les pupilles restent immobiles et vont se cacher sous les paupières supérieures, la face tirée d'un côté, la bouche portée vers l'oreille, et les dents sont resserrées; puis, après quelques minutes, les muscles du cou deviennent roides, la tête se contourne, les jugulaires se gonflent, la face est dans un état de *turgescence violacée*; les muscles du visage sont pris alors de contractions spasmodiques fréquemment répétées, avec claquement de dents, une *écume* souvent sanguinolente couvre la bouche; les membres supérieurs et inférieurs, et surtout les premiers, sont agités de secousses convulsives; les pouces s'enfoncent dans la paume des mains. Cependant le thorax reste fixe et immobile; la respiration est haute et entrecoupée, et la suffocation paraît imminente. A cet état, qui dure de deux à huit minutes ordinairement, mais qui peut aussi se prolonger beaucoup plus longtemps et se répéter à des intervalles très rapprochés, ce qui constitue alors l'*état de mal*, succèdent un relâchement général du système musculaire et un sommeil d'abattement accompagné d'une respiration bruyante stertoreuse. Au réveil le faciès conserve quelque temps encore un *air d'hébétude*; les facultés intellectuelles et sensitives, plongées dans la stupeur, reprennent peu à peu leur activité, et le patient est un brisement de tout le corps. Mais les attaques d'é. ne sont pas toujours aussi violentes; quelquefois elles ne consistent qu'en une perte de connaissance momentanée, avec des convulsions légères et partielles des yeux, de la bouche, d'un bras ou d'un doigt, pouvant s'accompagner ou non de chute. Quelquefois aussi l'accès se borne à une simple sensation de vertige, et le malade ne perd pas connaissance. — Enfin, l'attaque épileptique est souvent nocturne; ni les parents ni le malade ne s'en aperçoivent; mais la miction faite dans le lit, les vomissements, la chute hors du lit, les morsures de la langue, sont les signes qui feront ainsi reconnaître l'é. Dans bien des cas, l'attaque est précédée d'une sensation variable de fraîcheur, de frissonnement, d'engourdissement, de chatouillement ou même de douleur, dans une partie plus ou moins éloignée du cerveau, comme au cou, au sein, au bras, au pied, etc., et de ce point part une sensation singulière, comme d'une vapeur (*aura epileptica*) qui se dirige vers le cerveau et provoque alors les phénomènes que nous avons décrits.

B. Le retour des attaques est plus ou moins éloigné. Quelques épileptiques en ont plusieurs par jours; d'autres n'en ont qu'une seule. Chez un grand nombre, elles n'ont lieu qu'à des intervalles plus longs et tout à fait irréguliers. Lorsque la maladie dure depuis un certain temps, on observe, dans l'intervalle des accès, certains désordres qui indiquent une lésion plus ou moins profonde du centre encéphalique. Les épileptiques ont généralement le caractère difficile, inégal; ils ont des absences pendant lesquelles ils commettent des actes bizarres ou coupables, même des incendies, des assassinats, dont ils ne se rappellent absolument rien quand ils reprennent possession d'eux-mêmes. Ils ont aussi un affaiblissement plus ou moins considérable de la mémoire et même des facultés affectives, de l'inaptitude à un travail soutenu, etc.: voilà pour les types favorisés. D'autres deviennent idiots; presque tous finissent, s'ils vivent assez longtemps, par tomber dans un état de manie ou même de démence incurable. La mémoire est la faculté qui s'altère le plus promptement. Les mouvements volontaires présentent aussi des désordres permanents: strabisme, tics convulsifs, contracture, atrophie musculaire, contorsion de la tête, déformation du visage. D'ailleurs, et cela fait un contraste frappant avec l'état du cerveau, les fonctions des organes de la vie végétative s'accomplissent ordinairement avec régularité. Un phénomène assez commun est la suspension des attaques d'é. pendant tout le cours d'une maladie accidentelle grave, de la tête, de la poitrine, de l'abdomen, etc. Quelquefois, pourtant, l'é. n'en suit pas moins son cours.

C. L'é. survient beaucoup plus souvent avant qu'après la puberté. On l'a observée dans les premiers jours de la vie; elle est très rare chez les vieillards, et deux fois plus fréquente chez les femmes que chez les hommes. Elle est aussi plus commune dans les pays froids que dans les pays chauds. Enfin, elle est surtout héréditaire, soit directement, soit par l'intermédiaire de toutes les tares nerveuses des parents, telles que la folie, l'hystérie, l'alcoolisme, et surtout l'absinthisme.

— Parmi les causes déterminantes de l'é., la frayeur est de beaucoup la plus fréquente. Elle est surtout puissante chez les femmes, lorsqu'elles se trouvent dans la période menstruelle. Après la frayeur, ce sont les passions vives, comme la colère, la jalousie, les chagrins, etc., qui produisent le plus souvent cette névrose. Enfin, elle accompagne assez fréquemment l'idiotie, car on compte un épileptique sur huit idiots.

D. Il est peu de maladies aussi graves que l'é. Presque toujours rebelle aux ressources de l'art, non seulement elle persiste à l'état d'infirmité incurable et ses attaques répétées rendent la vie insupportable, mais encore l'influence fatale qu'elle exerce sur l'intelligence ajoute à son caractère funeste. Cependant plusieurs degrés peuvent être admis dans la gravité du pronostic. La maladie est d'autant plus fâcheuse qu'elle a débuté dans un âge moins avancé et sous l'influence de l'hérédité; qu'elle est accompagnée de vertiges et d'absences; que les attaques sont plus fréquentes, et laissent un trouble plus profond dans les facultés intellectuelles. La mort subite n'est pas rare dans les attaques dont la violence est très grande: elle résulte alors de la congestion cérébrale. On a au contraire quelque- chances de guérison, lorsque les attaques sont rares et que la maladie marche avec lenteur. Esquirol a remarqué que la démence était plus fréquemment la suite du vertige épileptique que de l'é. proprement dite.

E. L'anatomie pathologique est encore peu avancée. Néanmoins on a signalé des plaques d'induration disséminées, prédominantes au niveau des olives bulbaires, des cornes d'Ammon, du cervelet, des zones motrices, des circonvolutions tempo-sphénoïdales et de l'insula. Ces altérations consistent en plaques chagrinées, élastiques, et Chaslin a démontré qu'il s'agissait d'une sclérose névroglique avec intégrité des vaisseaux de la pie-mère.

F. Il y a peu de chose à faire pendant les attaques; en général, on doit se borner à desserrer les vêtements du malade, à le mettre au grand air, et à le contenir pour empêcher qu'il ne se heurte et ne se blesse. Cependant, lorsque la congestion cérébrale est très intense et menace de devenir funeste, il est opportun de pratiquer une saignée générale. Ce moyen diminue quelquefois la longueur de l'attaque, et même éloigne les suivantes. Lorsque l'accès est précédé de l'*aura epileptica*, on peut parfois l'empêcher d'éclater, en appliquant une ligature au-dessus du point d'où s'élève cette sensation.

Le traitement le plus efficace de la maladie elle-même consiste dans l'administration quotidienne, avec des temps de repos, à hautes doses (4 à 6 grammes par jour) des bromures alcalins. Dans le cas où l'on soupçonne la syphilis, on ajoutera à ce traitement 2 grammes d'iodure de potassium.

La question de la responsabilité des épileptiques est une question médico-judiciaire des plus ardues, dont la solution s'appuie surtout sur l'étude de l'état mental du sujet antérieurement à l'acte délictueux.

II. — L'épilepsie symptomatique est plus connue sous le nom d'é. partielle ou jacksonienne. Elle est caractérisée par des convulsions paroxystiques qui, après avoir débuté, en pleine connaissance, dans un groupe musculaire très circonscrit, restent habituellement conscientes et limitées à une moitié du corps. Il ne s'agit pas là du tout d'une entité morbide, mais bien d'un syndrome commun à des maladies très différentes (traumatismes crâniens avec ou sans fracture et pénétration de corps étrangers; syphilis, tuberculose cérébrale; tumeurs cérébrales; intoxications ou auto-intoxications cérébrales, etc.). Les études modernes sur la topographie crânio-cérébrale permettent, sinon de diagnostiquer la nature de la lésion, au moins de préciser le siège de la lésion causale, et les progrès récents de la chirurgie autorisent des interventions souvent favorables, le trépan à la main. Ce qu'il faut retenir à ce propos, c'est que le symptôme-signal, autrement dit le point de départ des convulsions, désigne le centre moteur intéressé.

III. *Épilepsie chez les animaux*. — Toutes nos espèces animales, même les oiseaux, peuvent en être atteints; cependant elle est assez rare. Comme chez l'homme, on en décrit deux variétés: l'une *essentielle primitive*, résidant dans une irritabilité spéciale du cerveau et uniquement *héréditaire*, et l'autre *symptomatique*: 1° d'altérations anatomiques de la substance corticale du cerveau ou de ses enveloppes (tumeurs, parasites, etc.); 2° de traumatisme de la paroi crânienne ayant atteint la substance corticale du cerveau (fracture du crâne; elle a été produite expérimentalement); 3° d'irritations des nerfs périphériques, constituant ainsi l'é. *réflexe*; c'est la plus fréquente chez les animaux: elle est due à des parasites irritant les muqueuses et principalement la muqueuse intestinale. Les causes occasionnelles de l'é. essentielle sont les mêmes que pour l'homme, sauf celles qui ressortissent spécialement à ce dernier. La marche de la maladie, la physionomie des accès, est la même chez les animaux et chez l'homme, et le mal caduc se reconnaît aussi facilement chez les uns que chez l'autre. On combat l'é. essentielle par le bromure de potassium, la valériane, les douches. Elle résiste d'ordinaire et empêche les animaux atteints d'être utilisables, à cause des dangers qu'ils font courir. L'é. symptomatique est traitée suivant sa cause.; celle qui dépend de vers intestinaux disparaît à la suite d'un vermifuge énergique.

ÉPILEPTIFORME. adj. T. Méd. Qui se rapproche des accidents de l'épilepsie, sans en avoir la même cause.

ÉPILEPTIQUE. adj. 2 g. Qui appartient à l'épilepsie. *Convulsions épileptiques.*—Sujet à l'épilepsie, attaqué d'épilepsie. *Un enfant é.* — Dans ce sens, on dit subst., *Un é. Une épileptique.*

ÉPILER v. a. (lat. *ex*, hors de; *pilus*, poil). Arracher le poil, ou le faire tomber au moyen de quelque topique. *Onguent à é. Se faire é.* || T. Techn. Enlever les jets des pièces d'étain fondues. = s'ÉPILER. v. pron. = ÉPILÉ, ÉE. part.

ÉPILEUR, EUSE. s. Celui, celle qui épile, qui fait sa profession d'épiler.

ÉPILIMNIQUE. adj. (gr. ἐπὶ, sur; λίμνη, marais). T. Géol. Se dit des terrains lacustres supérieurs.

ÉPILLET. s. m. [Pr. *épi-lè*, *ll* mouillées] (R. *épi*). T. Bot. Nom donné aux ramifications de l'épi composé. Voy. INFLORESCENCE.

ÉPILOBE. s. f. (gr. ἐπὶ, sur; λοβὸς, lobe). T. Bot. Genre de plantes Dicotylédones (*Epilobium*) de la famille des *Onagrariées.* Voy. ce mot.

ÉPILOGAGE. s. m. Néol. Action d'épiloguer, de chercher à redire.

ÉPILOGATION. s. f. [Pr. ...sion]. Action d'épiloguer.

ÉPILOGISME. s. m. (gr. ἐπὶ, sur; λογισμὸς, raisonnement). Raisonnement qui induit d'un fait sensible à un fait caché.

ÉPILOGUE. s. m. (gr. ἐπὶ, sur; λόγος, discours). La dernière partie ou la conclusion d'un poème, d'un discours, etc. *L'é. doit résumer les principaux points d'un discours.* || Chez les anciens, sorte d'allocution en vers qu'un des principaux acteurs adressait au public lorsque la pièce était finie, et qui contenait ordinairement quelques réflexions relatives à cette même pièce et au rôle qu'y avait joué cet acteur. || Esprit d'épilogue, disposition à épiloguer, à chercher à redire.

ÉPILOGUER. v. a. Censurer. *Elle épilogue nos moindres actions.* = v. n. Fig. Censurer, critiquer, trouver à redire. || Récapituler, remémorer. *C'est un homme qui épilogue sur tout.* = s'ÉPILOGUER. v. pron. Se critiquer mutuellement. = ÉPILOGUÉ, ÉE. part.

ÉPILOGUEUR, EUSE. s. Celui, celle qui aime à épiloguer, qui ne fait qu'épiloguer. Fam.

ÉPILOIR. s. m. Petit instrument servant à épiler.

ÉPILURE. s. f. Ce qu'on enlève en épilant les pièces d'étain fondu.

ÉPIMAQUE. s. m. (gr. ἐπίμαχος, auxiliaire). T. Ornith. Genre d'oiseaux appartenant à l'ordre des *Passereaux* et à la famille des *Paradisiers.* Voy. CORBEAU.

ÉPIMÈDE. s. m. (gr. ἐπιμήδιον, m. s.). T. Bot. Genre de plantes Dicotylédones (*Epimedium*) de la famille des *Berbéridées.* Voy. ce mot.

ÉPIMÉNIDE. poète et philosophe grec, vers l'an 600 avant J.-C. On raconte qu'il était resté endormi cinquante-sept ans dans une caverne.

ÉPIMÈRE. s. m. (gr. ἐπιμέρης: de ἐπὶ, sur; μέρος, partie). T. Zool. Une des pièces du thorax des Insectes.

ÉPIMÉRIDE. adj. (gr. ἐπὶ, sur; μέρος, partie). T. Min. *Cristaux é.*, Cristaux dont les bords subissent un décroissement de plus que les angles.

ÉPIMÉRISME. s. m. (gr. ἐπιμερισμὸς, m. s.). Artifice par lequel, au milieu d'un discours, on rappelle à la mémoire les parties déjà traitées.

ÉPIMÉTHÉE. frère de Prométhée. Il épousa Pandore et ouvrit la boîte fatale, d'où tous les maux s'envolèrent sur la terre.

ÉPINAC. ch.-l. de c. (Saône-et-Loire), arr. d'Autun; 4,000 hab.

ÉPINAGE. s. m. Opération qui consiste à faire écouler l'eau contenue dans la pâte à savon, avant de la faire cuire. || Épines qu'on lie autour d'un jeune arbre pour le protéger pendant sa première croissance.

ÉPINAIE. s. f. T. Rur. Lieu où croissent des arbustes épineux.

ÉPINAL. ch.-l. du dép. des Vosges, sur la Moselle, à 404 kil. de Paris; 23,000 hab. Fabriques d'imagerie.

ÉPINARD. s. m. (R. ar. *aspanakh*, m. s.) [cette plante est originaire de Perse] et non pas *spina*, épine). Plante potagère (*Spinacia oleracea*) de la famille des *Chénopodiacées. Un plat d'épinards. Ces épinards ne sont pas assez cuits.* — Fig. *Frange, épaulette, gland à graine d'épinards,* Frange, etc., dont les filets ressemblent à un assemblage de graines d'épinards. || T. Bot. Genre de plantes Dicotylédones (*Spinacia*) de la famille des *Chénopodiacées.* Voy. ce mot. — *É. du Malabar,* la Baselle rouge (*Basella rubra*) et la Baselle blanche (*B. alba*) de la tribu des *Basellées.* Voy. CHÉNOPODIACÉES.

Hort. — L'É. est une plante annuelle, originaire de l'Asie septentrionale. Il en existe deux variétés principales : 1° L'é. à graines épineuses, autrement dit é. commun et d'Angleterre; 2° L'é. à graines lisses ayant pour sous-variété l'é. de Hollande, l'é. de Flandre à très larges feuilles, la plus belle et la plus productive, et l'é. blanc, à feuille d'oseille, recommandable par sa lenteur à monter. — Pour avoir des é. en tout temps, il faut semer tous les mois, depuis mars jusqu'en octobre, en rayons espacés de 0^m,16, dans une terre bien fumée, ameublie, fraîche ou arrosée. On choisit une situation ombragée pour le semis d'été, dont on ne peut jouir longtemps, parce que la chaleur fait monter très vite l'é. et alors ses feuilles deviennent amères. On garde pour graine un planche des semis d'automne; on arrache les individus mâles dès que la floraison est passée. Les graines se conservent deux ou trois ans.

ÉPINAY (Mme d'), femme d'esprit, célèbre par ses liaisons avec les principaux écrivains du XVIIIe siècle : Grimm, Diderot, J.-J. Rousseau, etc. (1725-1783).

ÉPINAY (Adrien d'), avocat et homme politique, né à l'île de France, mort à Paris (1794-1839).

ÉPINCER. v. a. T. Rur. Supprimer, entre deux sèves, les bourgeons qui ont poussé au printemps sur le tronc. || Tailler du crépi avec l'épinçoir.

ÉPINCETAGE. s. m. Action d'épinceter le drap.

ÉPINCETER. v. a. T. Fauc. Aiguiser les serres et le bec de l'oiseau. || T. Tech. Syn. d'*Énouer.* Voy. ce mot.

ÉPINCETTES. s. f. pl. Petites pincettes dont on se sert pour épinceter le drap.

ÉPINCEUR, EUSE. s. Celui, celle qui épincette.

ÉPINÇOIR. s. m. T. Techn. Gros marteau fendu en angle par les deux bouts, qui sert aux tailleurs de pavés.

ÉPINE. s. f. (lat. *spina*, m. s.). Dans le langage ordinaire, se dit de toute partie d'un végétal qui est acérée et piquante. *Être piqué par des épines. Il lui est entré, il s'est entré une é. dans le pied. Couronne d'épines.* || Fig. et prov., *Avoir une é. au pied,* Avoir un grand sujet d'inquiétude, de perplexité, d'embarras. On dit dans le même sens, *Tirer à quel-*

qu'un une forte é. du pied, Le délivrer d'un grand embarras, etc., d'une situation pénible et fâcheuse. *Il n'est point de roses sans épines*, Il n'y a point de plaisir sans peine, point de joie sans quelque mélange de chagrin. || Fig., se dit aussi des difficultés, des désagréments, etc., que présentent certaines choses. *Les épines de la logique, de la chicane* *Toute science a ses épines. La vie est hérissée d'épines.* || Par ext., se dit, dans un sens indéterminé, d'arbustes ou d'arbrisseaux dont les branches ont des piquants. *Une haie d'épines. Sa terre est en friche, il n'y croit que des épines.* — Fig. et fam., *C'est un fagot d'épines, on ne sait par où le prendre*, se dit d'un individu revêche et fâcheux. *Être sur des épines, sur les épines*, Être au comble de l'impatience ou de l'inquiétude. *Marcher sur des épines*, Se trouver dans une conjoncture difficile ou fâcheuse. || T. Anat. On donne aussi le nom d'*É.* à certaines éminences osseuses allongées, telles que l'*É. nasale*, l'*É. palatine*, l'*É. de l'omoplate*, les *Épines iliaque*, etc. — Dans la colonne vertébrale est appelée *É. dorsale*, ou simplement, *E.*, à cause de la série d'apophyses qu'elle présente à sa face postérieure. Voy. VERTÈBRE. || T. Métall. Pointes qui hérissent le cuivre après l'opération du ressuage et de la liquation. || T. Savona. Robinet situé à la partie inférieure de la cuve. || T. Blas. Meuble d'écu assez rare représentant un arbuste épineux. || T. Zool. Quelques animaux sont également désignés vulgairement sous le nom d'*Épine*; tels sont l'*E. de Judas*, la Vive commune (Percoïdes); l'*E. double*, le Syngnathe typhle (Lophobranches). || T. Bot. Certains végétaux armés d'épines sont vulgairement désignés par le nom d'*Épine* accompagné d'un qualificatif spécifique. *E. d'Afrique*, le Lycium barbaricum (Solanacées); *E. amère*, le Paliurus aculeatus (Rhamnées); *E. ardente* et *E blanche*, le Cratægus oxyacantha (Rosacées); *E. de bœuf*, l'Ononis spinosa (Légumineuses); *E. aux cerises*, le Zizyphus lotus (Rhamnées); *E. du Christ*, *E. fleurie*, *E. noire*, le Prunus spinosa (Rosacées); *E. croisée*, diverses espèces du genre Gleditschia (Légumineuses); *E. étoilée*, le Centaurea calcitrapa (Composées); *E. du Levant*, le Mespilus tanacetifolia (Rosacées); *E. toujours verte*, l'Ilex aquifolium (Ilicacées) et le Ruscus aculeatus (Liliacées).

Bot. — Le langage ordinaire confond sous le nom générique d'*Épines* toutes les parties acérées des végétaux; mais les botanistes distinguent ces parties et les divisent en 2 catégories sous les noms d'*Épines* et d'*Aiguillons*. Les aiguillons diffèrent des épines en ce que celles-ci sont constituées aux dépens de certains

   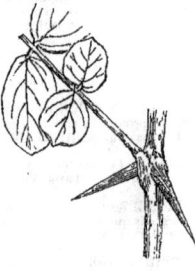

Fig. 1.   Fig. 2.

organes aériens transformés, et sont disposées régulièrement comme les organes dont elles tiennent la place, tandis que ceux-là sont, comme les poils, des productions épidermiques, et sont en général dispersées sans régularité. Les *Aiguillons* sont composés de simples cellules agglomérées : ainsi observo-t-on, chez les Rosiers et les Ronces par ex , toutes les transitions entre eux et les poils. Fig. 1. Rameau de Rosier avec ses aiguillons. Ils ne sont entièrement vivants que pendant la première période de leur existence; plus tard ils se dessèchent à la manière des productions subéreuses (Liège). Les aiguillons s'observent sur les tiges, les rameaux, les pédoncules, les pétioles, et même sur les nervures des feuilles et des bractées : ils persistent en général jusqu'à ce que des causes mécaniques en déterminent la destruction. Leur forme est ordinairement celle d'un cône comprimé latéralement; ils sont tantôt droits

et tantôt recourbés en crochet comme une griffe de chat. Les aiguillons, dit-on, se distinguent aisément des épines en ce qu'on peut les détacher sans effort de la partie sur laquelle ils se sont développés. Cela n'est vrai, comme le fait observer E. Germain, que pour certains aiguillons à base exactement circonscrite. En effet, dans les Ronces, par ex., les aiguillons qui sont à base longuement étendue ne peuvent être détachés sans l'aide d'un instrument tranchant. — Les *Épines* résultent de la transformation d'organes axiles ou appendiculaires. Ce sont les rameaux qui offrent le plus souvent cette sorte de métamorphose. Le bourgeon terminal avorte, et l'axe s'allonge en une pointe acérée : tels sont le Prunellier ou Prunier épineux et le Néflier des bois. Voy. ROSACÉES. Au reste, ces deux arbres qui ont des épines à l'état sauvage, n'en ont plus lorsqu'ils sont cultivés dans les jardins. D'autres fois, mais plus rarement, comme dans l'*Alyssum spinosum*, ce sont les pédoncules qui se terminent en épines. Cette transformation s'observe également dans les feuilles : tantôt comme dans les Chardons, ce sont les nervures médianes qui finissent par une é. acérée ; tantôt les nervures latérales se transforment de la même manière. Parfois le pétiole des feuilles composées subit seul cette métamorphose, ainsi qu'on le voit dans l'Astragale à gomme (*Astragalus gummifer*). Les stipules affectent fréquemment cette forme : c'est ce qu'on observe dans le Câprier épineux, dans diverses espèces d'Acacias vrais, dans l'Épine-Vinette (Voy. BERBÉRIDÉES, fig. 1), et dans le faux Acacia (fig. 2), où les deux stipules forment deux piquants fort pointus. Enfin, on voit également les bractées se changer en épines : nous citerons comme exemples le *Barberia* et l'*Exouacantha*.

ÉPINETTE. s. f. (diminutif d'*épine*). Instrument de musique à clavier et à cordes de fil d'archal, plus petit qu'un clavecin. *L'é. était en vogue au XVIᵉ siècle; mais elle fut supplantée par le clavecin.* || s. f. T. Pêc. Sorte d'hameçon que l'on fait avec des épines d'arbre. || s. f. Cage en bois ou en osier, dans laquelle on place une volaille pour l'engraisser. || T. Bot. Nom vulg. de plusieurs sapins qui croissent dans l'Amérique du Nord et qu'on nomme parfois aussi *Sapinettes*.

ÉPINEUX, EUSE. adj. Qui a des épines, des piquants. *Arbres é. Tige épineuse.* || T. Hist. nat. S'emploie fréquemment comme terme spécifique, pour distinguer certains végétaux et diverses espèces d'animaux. *Prunier. Rat é. Canard é.*, etc. — En Anat., s'applique à certains organes qui ont une apparence d'épine. *Apophyse épineuse* des vertèbres. *Muscle transversaire é.*, situé dans les gouttières vertébrales, etc. || Fig., se dit des choses qui sont pleines de difficultés, d'embarras, etc., qui donnent beaucoup de peine. *Une affaire, une situation, une carrière épineuse. Voilà une question fort épineuse. Les premiers éléments des sciences sont é.* — En parlant des personnes, sign., Qui fait des difficultés sur tout. *C'est un homme é., fort é. Esprit é.*

ÉPINE-VINETTE. s. f. T. Bot. Nom commun du *Berberis vulgaris*, de la famille des *Berbéridées*. Voy. ce mot.
Hortic. — C'est un arbuste indigène, formant un buisson de la hauteur de 2ᵐ à 2ᵐ50. Fruit rouge, aigrelet, recherché pour les confitures : on préfère la variété sans pépins qui se multiplie de marcottes; les fruits verts se confisent au vinaigre. L'é. pourrait former des haies impénétrables qui rendraient de grands services; mais on accuse cet arbrisseau, et avec raison, d'envoyer des dragéons de tous côtés, d'empiéter sur les terres cultivées et surtout d'aider à la propagation de la maladie de la rouille.

ÉPINGARE. s. m. T. Artill. anc. Pièce de canon dont le calibre était au-dessous d'une livre de balles, et qui n'est plus en usage. On disait aussi *Épingard* et *Espingard*.

ÉPINGLE. s. f. (lat. *spinula*, petite épine). Brin de fil de laiton, de cuivre ou de fer, pointu par un bout, ayant une tête à l'autre, et dont on se sert pour attacher quelque chose. — Fam., *Être tiré à quatre épingles*, se dit d'une personne ajustée avec un soin minutieux; et figur., d'un discours dont le style est d'une recherche affectée. — Fig. et prov., *Tirer son é. du jeu*, Se dégager adroitement d'une mauvaise affaire, d'une position périlleuse; retirer à temps les fonds qu'on avait placés dans une affaire qui périclite. || *Coup d'é.*, Petite méchanceté, raillerie fine et piquante. || *É. à cheveux*, Morceau de fil de fer plié en double, avec lequel les femmes fixent leurs cheveux. || Bijou en forme d'é., qui porte souvent, en guise de tête, quelque pierre précieuse ou quelque autre ornement. || T. Techn. Goutte de soudure qui perce dans l'intérieur du tuyau de plomb que l'on soude. || T. Cuis. Filet de glace qui se forme dans une crème ou une autre composition glacée. || Petit morceau de bois fendu dont on se sert pour fixer à une corde des dessins ou du linge. Fig., se dit, au plur., de la gratification que l'on accorde à des femmes dont on a reçu quelque service, ou que, après avoir acheté quelque chose, l'on donne, en sus du prix convenu, pour les ouvrières qui ont fait le travail. *C'est pour les épingles des filles.* — Plus ordinair., La somme qu'on donne à une femme quand on a fait quelque marché avec son mari. *En me vendant sa propriété, il exigea cent louis pour les épingles de sa femme. Ce sont les épingles de Madame.*

Techn. — Il y a une quinzaine d'années, les épingles se fabriquaient toutes à la main, mais depuis cette époque on a complètement renoncé à ce mode de fabrication. Aujourd'hui, la machine remplace la main de l'ouvrier épinglier. Il en est résulté une production beaucoup plus considérable en même temps qu'un prix de revient moindre et, par suite, une diminution sensible dans celui de vente.

Les Anglais ont les premiers innové la fabrication mécanique; promptement elle s'est répandue en France et dans les divers pays où s'exerce l'industrie de l'é. Nous ne parlerons donc pas de la fabrication à la main; elle n'existe plus. Nous nous bornerons à énumérer succinctement diverses opérations mécaniques par lesquelles passe, depuis sa sortie de la tréfilerie jusqu'à son complet achèvement, ce petit ustensile aussi universellement répandu que sa congénère l'aiguille.

Lorsque le fil de laiton est expédié par la tréfilerie, il ne possède pas la grosseur absolument uniforme et régulière que nécessite une é. de bonne qualité. La première opération qui consiste à *faire le plié*, c.-à-d. à le faire passer à travers une filière spéciale, de manière à l'amener au calibre voulu. Le fil de laiton arrive enroulé sur de grosses bobines, traverse la filière, et après l'opération du *retréfilage* s'enroule de nouveau sur d'autres bobines placées en batterie et que l'on nomme *tournettes*; c'est sur elles que se fait le *dressage*, c.-à-d. l'enlèvement des plis provenant de l'opération précédente et de l'allongement subi par le fil.

A sa sortie des tournettes, le fil est saisi par l'*amenage*, sorte de long conduit à l'extrémité duquel il se trouve pris entre deux plaques qui le maintiennent et s'opposent à sa torsion, lorsque cet appareil l'a conduit jusqu'à la *matrice* où s'opèrent en même temps l'estampage de la tête et la coupe de l'é. à la longueur voulue. S'échappant alors de la matrice, l'épingle tombe entre deux tringles rectangulaires d'acier dont l'une est fixe et l'autre douée d'un mouvement de va-et-vient. Retenue par la tête, l'é. entraînée glisse le long de ces tringles et dans son cheminement, elle subit le contact d'une meule d'acier portant des cannelures et tournant très rapidement sur elle-même. Le frottement produit sur l'extrémité de l'é. suffit pour en faire la pointe.

Continuant son mouvement de translation, l'é. gagne l'extrémité des tringles et tombe alors dans une caisse destinée à la recevoir. Elle se trouve alors lors achevée et n'a plus qu'à être *blanchie*, c.-à-d. *étamée*.

Des récipients en étain, affectant la forme de plateaux munis de faibles rebords, reçoivent les épingles; on les empile les uns sur les autres, de manière à en avoir douze superposés; on les plonge alors avec leur contenu dans des chaudières remplies d'une solution bouillante de *crème de tartre*. L'immersion dure environ 4 heures, après quoi on retire les plateaux d'étain. L'opération de l'étamage est terminée; les épingles sont très régulièrement blanchies. Un tonneau rempli de son ou de sciure fine les reçoit. Il tourne sur lui-même et, en très peu de temps, sèche complètement les épingles que l'on retire de la masse de son qui les entoure en versant le tout dans une sorte de blutoir. Quelquefois aussi, cette opération se fait à l'aide d'un *van* analogue à celui qu'on emploie pour vanner le grain. Toutes les phases de la fabrication de l'é. se trouvent ainsi accomplies.

On fabrique également, à l'aide de machines analogues aux précédentes, des épingles en fer ou en acier et qui ont des destinations spéciales bien connues; telles sont les épingles à cheveux, épingles à têtes en émail, verre ou porcelaine, etc., etc.

Les épingles se vendent quelquefois au poids; il suffit alors d'en faire des paquets d'un poids déterminé. Mais le plus souvent on les *boute*, c.-à-d. on les range par 25, 50 ou 100 dans un papier fort percé de trous; on procède dans ce cas à l'*encartage*. Le papier est disposé de manière à présenter

autant de fois deux plis qu'il doit contenir de rangées d'é.-pingles. Les trous se pratiquent mécaniquement au moyen d'un peigne à manche appelé *Quarteron*, dont les dents, au nombre de 25, sont très effilées. On donne encore le même nom aux 25 épingles qui remplissent la série d'ouvertures que produit chaque coup de peigne. Les trous achevés, une ouvrière appelée *Bouteuse* y place les épingles. Enfin, une autre ouvrière assemble les papiers en paquets de 1000, que l'on réunit deux à deux avec une bande de papier, dite *Liaige*. Bien peu d'usines continuent à faire l'*encartage* à la main; aujourd'hui, cette dernière opération est faite mécaniquement, comme toutes les précédentes.

Les épingles de laiton étamé sont connues sous le nom d'*Épingles blanches*. Le centre de leur fabrication, pour la France, se trouve à l'Aigle, dans le département de l'Orne, et à Rugles, dans celui de l'Eure.

ÉPINGLÉ. adj. *Velours é.,* Tissu à petites côtes légères en travers de l'étoffe. Voy. VELOURS.

ÉPINGLER. v. a. Attacher avec une épingle. || Percer la gargousse d'un canon; déboucher la lumière d'un fusil avec l'épinglette. || *É. un bec de gaz,* Nettoyer les petits trous par où en sort le gaz, à l'aide d'une épingle très fine. ⇒ s'ÉPINGLER. v. pron. Attacher ses épingles. ⇒ ÉPINGLÉ, ÉE. part.

ÉPINGLERIE. s. f. Manufacture d'épingles.

ÉPINGLETTE. s. f. T. Artill. Sorte d'aiguille de fer dont on se servait naguère pour percer la gargousse avant de l'a-morcer, lorsqu'on l'avait introduite dans la bouche à feu. || Épingle de fil d'archal dont on se sert dans l'infanterie pour déboucher la lumière d'un fusil. || Aiguille pour nettoyer les étoffes à mesure qu'on les fabrique. || T. Mar. Dégorgeoir très petit qui sert à introduire la poudre dans la lumière d'une pièce qui a raté. || T. Techn. Sorte de petit épissoir. — Outil de mineur employé dans le forage des trous de mine.

ÉPINGLIER, IÈRE. s. Celui, celle qui fait ou vend des épingles. || Épinglier-grillageur. Celui qui fait toute espèce de grillage de fil de fer ou de laiton. ⇒ ÉPINGLIÈRE. s. m. Pièce de la bobine du rouet à filer.

ÉPINICION. s. m. (gr. ἐπινίκιον, chant de victoire : de ἐπὶ, sur; νίκη, victoire). T. Liturg. Se dit de l'hymne *Sanctus, Sanctus,* par lequel se termine la préface de la messe.

ÉPINIÈRE. adj. f. T. Anat. — *Moelle épinière,* substance médullaire qui remplit la colonne vertébrale. Grêle, flexueuse, et semblable à une tige au sommet de laquelle s'épanouissent les renflements qui forment le cerveau, elle mériterait, dit Sappey, le nom de pédoncule de l'encéphale.

1. Anatomie. — Cette tige occupe du bas au haut l'espace compris entre la deuxième vertèbre lombaire à peu près et la première vertèbre cervicale, au niveau de laquelle elle porte, ainsi que nous l'avons déjà dit (voy. ENCÉPHALE), le nom de *Bulbe rachidien.* Dans cette tige, offre deux renflements bien sensibles, l'un à l'origine des nerfs qui se distribuent aux membres thoraciques, l'autre vers la partie d'où naissent les nerfs des membres abdominaux. Au-dessous de ce dernier renflement elle diminue rapidement de grosseur, de telle sorte que son extrémité inférieure est très grêle et se perd au milieu des nerfs lombaires et sacrés. La disposition que présente la terminaison de la moelle au milieu des filaments longitudinaux qui en émanent a fait donner à cette partie le nom de *Queue de cheval.* — Quand on examine la moelle é., après qu'on a enlevé ses enveloppes, ainsi que les racines des nerfs rachidiens par lesquelles elle est en partie recouverte, on y remarque divers sillons longitudinaux qui la divisent en plusieurs cordons. Ces sillons sont au nombre de 4, deux médians et deux latéraux. Le *sillon médian antérieur* pénètre jusqu'au tiers seulement de l'épaisseur de la moelle. Lorsqu'on écarte ses bords, on aperçoit, dans sa partie profonde, une lame blanche transversale, appelée *commissure blanche* ou *antérieure.* Le *sillon médian postérieur* pénètre jusqu'au centre de la moelle, mais il est moins large que l'antérieur : au fond, on trouve une couche de substance grise appelée *commissure grise* ou *commissure postérieure,* laquelle, en s'adossant à la commissure blanche, forme une lame mixte transversale qui unit l'une à l'autre les deux moitiés latérales et symétriques de la moelle. Mais chacune de ces moitiés est en outre subdivisée en deux cordons par un sillon appelé *sillon collatéral postérieur*, qui répond à l'origine des racines postérieures des nerfs rachidiens. Le premier de ces cordons, nommé *cordon antéro-latéral*, comprend toute la partie de la moelle située entre le sillon médian antérieur et le sillon collatéral postérieur, et c'est de lui qu'émanent les racines antérieures ou motrices des nerfs rachidiens; le second, appelé *cordon postérieur*, s'étend transversalement du sillon collatéral postérieur au sillon médian postérieur, et donne naissance aux racines postérieures ou sensitives des mêmes nerfs. — A l'inverse de ce qu'on observe dans le cerveau et le cervelet, la substance blanche de la moelle forme la partie périphérique de cet organe, tandis que la substance grise en constitue la partie centrale. Toutefois, de même que dans l'encéphale, la substance blanche se compose de tubes nerveux longitudinaux, qui se continuent sans interruption, du moins c'est l'opinion généralement admise, avec les fibres des nerfs rachidiens. La substance grise, de son côté, est constituée par des cellules nerveuses avec lesquelles les tubes nerveux se mettent en communication. La figure ci-jointe, que

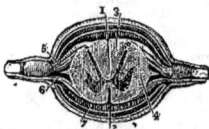

nous empruntons à l'ouvrage de notre savant anatomiste, C. Sappey, représente une coupe transversale de la moelle é. et de ses enveloppes, prise vers le milieu de la région dorsale : 1. Sillon médian postérieur; 2. Sillon médian antérieur; 3. Cordon postérieur; 4. Cordon antéro-latéral; 5. Racines postérieures formant le ganglion des nerfs rachidiens ou se moulant à une certaine quantité de substance grise; 6. Racines antérieures qui passent au-devant du ganglion des racines postérieures, et se réunissent à celles-ci à leur sortie du ganglion; 7. Espace sous-arachnoïdien destiné au liquide céphalo-rachidien.

La moelle é. se trouve comme suspendue au centre du canal vertébral. Deux membranes fibreuses, l'une externe, dépendante de la dure-mère, et l'autre interne, continue à la pie-mère, l'immobilisent dans la position qu'elle occupe. A cet effet, la dure-mère se prolonge de chaque côté sur la série des nerfs spinaux et vient se confondre au niveau des trous de conjugaison avec le périoste correspondant, de telle sorte qu'elle ne peut se porter ni à droite, ni à gauche, ni en avant, ni en arrière. En outre, la pie-mère spinale, immédiatement appliquée sur la moelle é. qu'elle entoure de toutes parts, envoie de nombreux prolongements qui l'unissent à la dure-mère rachidienne : ce sont deux séries latérales de ces prolongements qui constituent le *ligament denté*. Entre la dure-mère et la pie-mère se trouve l'arachnoïde spinale, laquelle est, de même que ces deux membranes, un simple prolongement de l'arachnoïde intra-crânienne. Enfin, le liquide céphalo-rachidien contribue puissamment aussi à la protection de cet organe essentiel de l'économie.

II. *Physiologie.* — La moelle é. est essentiellement un organe de transmission : d'une part, elle conduit à l'encéphale les impressions qui lui arrivent par les racines postérieures ou sensitives des nerfs rachidiens; de l'autre, elle conduit de l'encéphale aux organes, par les racines antérieures, les incitations du mouvement. Lorsque la moelle est coupée en travers sur un animal, ou lorsqu'elle est altérée ou détruite chez l'homme dans toute son épaisseur, les parties qui reçoivent leurs nerfs de la portion de moelle située au-dessous de la lésion sont paralysées du sentiment et du mouvement : les impressions ne sont plus senties, et la volonté ne peut plus se faire obéir par les organes moteurs. Toutefois les mouvements dus à l'action réflexe de la moelle ne sont pas abolis. Lorsque la moelle est coupée entre la dernière vertèbre cervicale et la première dorsale, tous les muscles costaux sont paralysés; cependant le diaphragme et les muscles supérieurs de la cage thoracique continuent encore à se contracter; mais lorsque la moelle est coupée plus haut, ils sont également paralysés, et l'asphyxie ne tarde pas à faire périr l'animal. — Les nerfs se détachant de la moelle par deux ordres de racines à fonctions distinctes, il était naturel d'en conclure que les cordons auxquels aboutissent les racines sensitives et ceux

desquels émergent les racines motrices possèdent des propriétés également distinctes. L'expérience a confirmé cette induction. En agissant avec les précautions convenables sur une moelle mise à découvert et intacte, on constate que les cordons postérieurs sont sensibles, tandis que les cordons antérieurs sont tout à fait insensibles; que l'irritation des premiers détermine de la douleur, tandis que celle des seconds détermine des mouvements, sans douleur, dans les parties où vont se distribuer les nerfs émergents. Dans les deux cas, c'est la substance blanche qui est l'organe de cette transmission, soit des nerfs à l'encéphale, soit de l'encéphale aux nerfs. La substance grise qui existe au centre de la moelle a néanmoins une action propre, et constitue un centre d'innervation qui est le siège de l'action réflexe. Mais cet ordre de phénomènes sera étudié ailleurs.

Suivant Sappey, la moelle é. de l'homme, préalablement dépouillée des racines des nerfs spinaux, pèse de 25 à 30 gr., soit en moyenne 27 gr. Par conséquent, son poids est à celui de l'encéphale comme 1 est à 50 ou environ. Quant à son volume, de même que celui de ce dernier, il s'accroît en remontant la série des vertébrés, de telle sorte que cet accroissement correspond au développement des forces musculaires et au perfectionnement de la sensibilité. Toutefois, comme l'augmentation du volume de la moelle a lieu dans une proportion bien plus faible que celle du volume de l'encéphale, la prédominance de celle-ci a pour résultat la décroissance apparente de celle-là. Comparée au poids total des vertèbres, la moelle é. représente la 1000e partie de ce poids chez les Mammifères, la 1700e chez les Oiseaux, et la 2000e à la 3000e chez les Reptiles et les Poissons.

ÉPINIERS. s. m. plur. T. Chasse. Bois ou fourrés d'épines où les bêtes noires se retirent.

ÉPINOCHE. s. f. (R. *épine*; à cause de la présence d'épines dorsales). T. Icht. Petit poisson commun dans les ruisseaux de France; genre des *Acanthoptérygiens*, appartenant à la famille des *Gastérostéidés*. Voy. JOUES CUIRASSÉES. ‖ Nom donné par les droguistes à la meilleure qualité de café.

ÉPIOOLITHIQUE. adj. (gr. ἐπὶ, sur, et fr. *oolithique*). T. Géol. Se dit des terrains situés au-dessus du calcaire oolithique.

ÉPIORNIS. Voy. ÆPIORNIS.

ÉPIPACTE. s. m. (gr. ἐπιπακτίς, m. s.)‖. T. Bot. Genre de plantes Monocotylédonées (*Epipactis*) de la famille des *Orchidées*. Voy. ce mot.

ÉPIPAROXYSME. s. m. (gr. ἐπὶ, sur, et fr. *paroxysme*). T. Méd. Paroxysme qui reparaît plus tôt ou plus fréquemment qu'il ne doit revenir.

ÉPIPASTIQUE. adj. 2 g. Voy. ÉPISPASTIQUE.

ÉPIPÉTALE. adj. (gr. ἐπὶ, sur, et fr.*pétale*). T. Bot. Qui naît sur la corolle.

ÉPIPÉTALIE. s. f. (R. *épipétale*). T. Bot. État d'une plante dont les étamines s'insèrent sur la corolle. ‖ Douzième classe de la méthode naturelle de Jussieu, renfermant les plantes Dicotylédones polypétales à fleurs hermaphrodites et à étamines épigynes.

ÉPIPHANE (SAINT), Père et docteur de l'Église grecque, né en Palestine (310-403). Fête le 12 mai.

ÉPIPHANE (SAINT), évêque de Pavie (338-397). Fête le 21 janvier.

ÉPIPHANIE. s. f. (gr. ἐπιφάνεια, apparition). T. Litur. La fête de l'*Épiphanie* a pour objet de rappeler le souvenir du jour où Jésus-Christ s'est manifesté pour la première fois aux gentils, c.-à-d. le jour où les mages partis de l'Orient vinrent à Bethléem adorer le Fils de Dieu au berceau. Cette fête se célèbre le 6 janvier dans l'Église catholique, ainsi que dans l'Église grecque; mais les Grecs lui donnent le nom de *Théophanie*. Chez nous, on l'appelle encore *Fête des rois*, parce que l'opinion attribue cette qualité aux mages dont parle saint Mathieu (II, 11). L'Église célèbre le même jour, outre la visite des mages, le baptême de Jésus par saint Jean, et son premier miracle aux noces de Cana.

ÉPIPHARYNX. s. m (gr. ἐπὶ, sur; φάρυγξ, pharynx). T. Zool. Pièce de la bouche des insectes hyménoptères.

ÉPIPHÉNOMÈNE. s. m. (gr. ἐπὶ, sur; φαινόμενον, phénomène). T. Méd. Phénomène qui s'ajoute à d'autres. Voy. DIAGNOSTIC.

ÉPIPHLÉOSE. s. f. (gr. ἐπὶ, sur; φλοιὸς, écorce). T. Hist. nat. Épiderme qui recouvre certaines coquilles.

ÉPIPHLŒUM. s. m. [Pr. épi-flé-ome] (gr. ἐπὶ, sur; φλοιὸς, écorce). T. Bot. Nom sous lequel Link a désigné la couche subéreuse.

ÉPIPHONÈME. s. m. (gr. ἐπιφώνημα, de ἐπὶ, sur; φωνεῖν, parler). T. Rhét. Exclamation sentencieuse par laquelle on termine quelque récit intéressant; tel est ce vers de Virgile :

Tantæ molis erat Romanam condere gentem (Én. I, 37).

ÉPIPHORA. s. m. (gr. ἐπιφορά, flux, de ἐπὶ, sur, et φέρω, qui porte). T. Méd. Écoulement continuel et involontaire des larmes, lesquelles tombent sur les joues, et qui est ordinairement causé par quelque maladie des voies lacrymales.

ÉPIPHORE. s. f. (gr. ἐπιφορά, apport, de ἐπὶ, sur, et φορὸς, qui porte). T. Gramm. Répétition par laquelle un ou plusieurs mots reviennent à la fin de chaque période.

ÉPIPHRAGMATIQUE. adj. Qui a le caractère d'un épiphragme.

ÉPIPHRAGME. s. m. (gr. ἐπίφραγμα, couvercle, de ἐπὶ, sur; φράγμα, ce qui bouche, de φράσσω, je bouche). T. Malac. Espèce de membrane chez certains Mollusques univalves, comme les colimaçons, qui bouche leur coquille, pendant que l'animal reste engourdi durant l'hiver. Voy. CONCHYLIOLOGIE.

ÉPIPHRASE. s. f. (gr. ἐπὶ, sur, et fr. phrase). T. Littér. Figure de style par laquelle on ajoute à une phrase qui semblait finie, un ou plusieurs membres pour développer des idées accessoires.

ÉPIPHYLLANTHE. adj. [Pr. épifil-lante] (gr. ἐπὶ, sur; φύλλον, feuille; ἄνθος, fleur). T. Bot. Dont les fleurs naissent sur les feuilles.

ÉPIPHYLLE. adj. 2 g. (gr. ἐπὶ, sur; φύλλον, feuille). T. Bot. Se dit des organes qui semblent insérés sur une feuille ou sur une bractée. = ÉPIPHYLLE. s. m. Genre de plantes bicotylédones (*Epiphyllum*) de la famille des Cactées. Voy. ce mot.

ÉPIPHYSE. s. f. (gr. ἐπίφυσις, m. s.). T. Anat. Nom donné aux extrémités des os longs. Voy. Os.

ÉPIPHYTE. adj. 2 g. et s. m. (gr. ἐπὶ, sur; φυτὸν, plante). Se dit des végétaux qui croissent sur d'autres végétaux ou sur des organes animaux, mais sans puiser leur nourriture dans ces derniers. *Beaucoup d'Orchidées, de Broméliacées, etc., sont épiphytes. Les épiphytes ne doivent pas être confondus avec les plantes parasites.*

ÉPIPHYTIE. s. f. (gr. ἐπὶ, sur; φυτὸν, plante). T. Bot. Nom donné aux altérations morbides qui atteignent une grande quantité de plantes de la même espèce à la fois; tel l'*oïdium* pour la vigne. Inus.

ÉPIPHYTIQUE. adj. Qui appartient aux épiphytes.

ÉPIPLÉROSE. s. f. (gr. ἐπὶ, sur; πλήρωσις, réplétion). T. Méd. Réplétion excessive.

ÉPIPLOCÈLE. s. f. (fr. épiploon; gr. κήλη, hernie). T. Méd. Hernie de l'épiploon. Voy. HERNIE.

ÉPIPLO-ENTÉROCÈLE. s. f. T. Chir. Hernie de l'intestin et de l'épiploon à la fois.

ÉPIPLOÏQUE. adj. T. Anat. Qui appartient à l'épiploon. *Artère é.*

ÉPIPLO-ISCHIOCÈLE. s. f. [Pr. ...ls-kio-sèle]. T. Chir. Hernie de l'épiploon par l'échancrure ischiatique.

ÉPIPLOÏTE. s. f. T. Méd. Inflammation de l'épiploon.

ÉPIPLO-MÉROCÈLE. s. f. (gr. ἐπίπλοον, épiploon; μηρὸς, cuisse; κήλη, tumeur). T. Chir. Hernie crurale formée par l'épiploon.

ÉPIPLOMPHALE. s. f. (fr. épiploon; gr. ὀμφαλὸς, nombril). T. Chir. Hernie de l'ombilic causée par la sortie de l'épiploon.

ÉPIPLOON. s. m. (gr. ἐπίπλοον, m. s., de ἐπὶ, sur, et πλεῖν, flotter). T. Anat. Repli du péritoine qui flotte librement dans l'abdomen au-devant de l'intestin grêle. Voy. PÉRITOINE.

ÉPIPLOSARCOMPHALE. s. f. (gr. ἐπίπλοον, épiploon; σάρξ, chair; ὀμφαλὸς, nombril). T. Chir. Hernie ombilicale de l'épiploon, devenu dur et comme squirrheux.

ÉPIPLOSCHÉOCÈLE. s. f. [Pr. épiplo-ské-osèle] (gr. ἐπίπλοον, épiploon; ὀσχέον, scrotum; κήλη, hernie). T. Méd. Hernie de l'épiploon, qui descend jusque dans le scrotum.

ÉPIPOLASE. s. f. (gr. ἐπιπόλασις, de ἐπιπολάζειν, surnager). T. anc. Chim. Action par laquelle, sous l'influence de la chaleur, une substance se sépare d'un liquide et monte à sa surface pour y rester sans se volatiliser.

ÉPIPOLIQUE. adj. 2 g. Qui a rapport à l'épipolase. *Force é.*

ÉPIPOLISME. s. m. Manifestation, dans un corps, de la force épipolique.

ÉPIQUE. adj. 2 g. (lat. epicus, m. s.). Se dit d'une grande composition en vers, où le poète décrit, chante, expose, raconte quelque action héroïque. *Le poème é. raconte, le poème dramatique représente.* Voy. ÉPOPÉE. || Qui est propre, qui s'applique à l'épopée. *Le genre é. La poésie é. Des vers épiques. Donner la forme é. à un sujet. Le ton é.* || Qui est digne de l'épopée. *Voilà un sujet é. Un personnage é.* || *Poète é.*, Qui cultive la poésie é.

ÉPIRE, contrée de l'anc. Grèce, sur la mer Ionienne, au sud de la Macédoine.

ÉPIRRHÉE. s. f. [Pr. épir-rée] (gr. ἐπίρροια, m. s., de ἐπὶ, sur; ῥέω, je coule). T. Méd. Afflux des humeurs.

ÉPIRRHIZE. adj. 2 g. [Pr. épir-rize] (gr. ἐπὶ, sur; ῥίζα, racine). T. Bot. Se dit des plantes qui croissent sur les racines des arbres et y vivent en parasites. *Les Orobanches sont épirrhizes.*

ÉPISCHÈSE. s. f. [Pr. épis-kèze] (gr. ἐπίσχεσις, m. s., de ἐπὶ, sur; σχεῖν, arrêter). T. Méd. Suppression d'une évacuation naturelle.

ÉPISCOPAL, ALE. adj. (lat. episcopus, évêque, propr. surveillant: du gr. ἐπὶ, sur; σκοπέω, j'examine). Qui appartient à l'évêque. *Dignité épiscopale. Palais é. Ornements épiscopaux.* || Se dit de l'Église anglicane et des membres de cette Église. *Culte é.*

ÉPISCOPALEMENT. adv. D'une manière épiscopale.

ÉPISCOPAT. s. m. (lat. episcopatus, m. s., de episcopus, évêque). Dignité d'évêque. *Il est entré dans l'é.* || Le temps pendant lequel un évêque a occupé son siège. *Pendant son é.* || Le corps des évêques. *Il fait honneur à l'é. français.*

ÉPISCOPAUX. s. m. pl. Nom que l'on donne en Angleterre, par opposition à *Presbytériens*, aux partisans de l'Église établie, et, par conséquent, de l'épiscopat.

ÉPISÉMASIE. s. f. (gr. ἐπὶ, sur; σημασία, manifestation). T. Méd. Le premier moment où une maladie se fait remarquer.

ÉPISÉMON. s. m. [Pr. épi-sémon] (gr. ἐπίσημον, signe)..

T. Archéol. Nom des trois caractères que les Grecs avaient ajoutés à leur alphabet pour compléter leur système de numération. Voy. Numération.

ÉPISIOCÈLE. s. f. [Pr. *épi-sio-sèle*] (gr. ἐπίσιον, pubis; κήλη, hernie). T. Chir. Prolapsus du vagin.

ÉPISIORRAPHIE. s. f. [Pr. *épi-sior-rafie*] (gr. ἐπίσιον, pubis; ῥάφη, suture). T. Chir. Suture des parois vaginales à l'effet de remédier au prolapsus de l'utérus ou du vagin.

ÉPISODE. s. m. (gr. ἐπεισόδιον, m. s.). Action incidente liée à l'action principale dans un poème, dans un roman, etc. L'*é. de Nisus et d'Euryale*. Tout *é. doit être lié à l'action principale.* || T. Art dram. anc. Partie de la tragédie qui est entre deux chants du chœur. || Par ext., Événement particulier qui se produit dans le cours d'un événement plus général et auquel il se rattache plus ou moins. *Ce fut un des plus tristes épisodes de la Révolution.* || T. Peint. Par anal., se dit d'une action ou scène secondaire ajoutée à celle qui fait le sujet principal du tableau. || T. Mus. Voy. Fugue.

ÉPISODIER. v. a. Étendre un récit en y entremêlant des épisodes.

ÉPISODIQUE. adj. 2 g. Qui appartient à l'épisode et qui n'est pas essentiel au sujet. *Action é. Scène é. Personnage é.*

ÉPISODIQUEMENT. adj. D'une façon épisodique.

ÉPISPADIAS. s. m. (gr. ἐπί, sur; σπάω, je tire). T. Méd. Vice de conformation de la verge, lorsque l'ouverture de l'urèthre est placée sur la partie supérieure ou dorsale.

ÉPISPASE. s. f. (gr. ἐπισπάω, j'attire). T. Méd. Éruption locale, telle que la poussée des eaux de Louesche.

ÉPISPASTIQUE. adj. 2 g. (gr. ἐπισπάω, j'attire. T. Méd. et Pharm. Se dit de tout médicament qui, appliqué à la surface de la peau, ne tarde pas à y déterminer une vésication. *Poudre é. La cantharide est é.* || *Pommade é., Papier é., Pommade, papier servant à panser les vésicatoires.* || Subst. *C'est un excellent é.* Voy. Vésicatoire.

ÉPISPERMATIQUE. adj. T. Bot. Qui a rapport à l'épisperme.

ÉPISPERME. s. m (gr. ἐπί, sur; σπέρμα, graine). T. Bot. Nom donné au tégument de la graine enveloppant l'*Amande.* Voy. Graine.

ÉPISPORE. s. f. (gr. ἐπί, sur, et fr. *spore*). T. Bot. Nom donné à la membrane extérieure de la spore.

ÉPISSER. v. a. (all. *splitzen*, m. s.). T. Mar. Réunir un bout de corde à un autre, en entrelaçant leurs fils ou torons. Voy. Cordage. — Érissé, ée, part.

ÉPISSOIR. s. m. Instrument en forme de poinçon, avec lequel on ouvre le bout des cordages qu'on veut épisser. || T. Pêc. Sorte de grosse aiguille en fer dont les cubaliseuses de poisson se servent pour écarter les osiers des paniers et y passer la ficelle.

ÉPISSURE s. f. (R. *épisser*). Jonction de deux bouts de corde par l'entrelacement de leurs torons. Ce mot et les deux précédents ne sont guère usités qu'en termes de Mar.

ÉPISTAMINAL, ALE. adj. (gr. ἐπί, sur, et lat. *stamen*, fil). T. Bot. Qui se développe sur les étamines.

ÉPISTAMINÉ, ÉE. adj. T. Bot. Dont les étamines naissent sur le pistil.

ÉPISTAMINIE. s. f. T. Bot. État des plantes dont les étamines sont implantées sur le pistil. || Cinquième classe de la méthode de de Jussieu, renfermant les plantes Dicotylédones apétales à étamines épigynes.

ÉPISTASE. s. f. (gr. ἐπίστασις, m. s., de ἐπί, sur, et στάσις, action de se tenir). T. Méd. Matière tenue en suspension dans l'urine.

ÉPISTATION. s. m. [Pr. ...*sion*]. T. Pharm. Action d'épister.

ÉPISTAXIS. s. f. (gr. ἐπί, sur; στάξω, action de couler goutte à goutte). T. Méd. Les médecins désignent ainsi l'écoulement de sang qui se produit à la surface de la muqueuse pituitaire, ce que le vulgaire appelle *saignement de nez* Cet accident se produit à la suite de lésions vasculaires, le plus souvent causées par une chute ou un coup sur le nez; par l'introduction de corps étrangers dans les fosses nasales, ou une érosion, une ulcération de la muqueuse. Souvent aussi il s'agit de modifications de la pression sanguine, congestion active ou passive : é. des pléthoriques, é. supplémentaire du flux hémorroïdal ou menstruel, etc.; congestions passives dans les maladies du cœur, à la phase d'asystolie, dans les maladies du poumon, telle que l'emphysème, etc. — Enfin, il faut peut-être faire intervenir, à côté des lésions des petits vaisseaux, les altérations du sang au cours de certaines maladies générales infectieuses (fièvre typhoïde au début, fièvres éruptives, diphtérie, fièvres intermittentes, ictère grave, etc.), dans les cachexies tuberculeuses ou cancéreuses, que certaines maladies du foie, du rein ou de la rate. — L'é. est quelquefois précédée de prodromes, céphalée, lourdeur de tête, malaise général, etc. Le plus souvent, l'écoulement de sang se fait par une seule narine, goutte à goutte ou d'une manière continue. Le sang est habituellement rouge, non spumeux, en quantité variable : 50 à 300 grammes et même davantage. L'hémorragie s'arrête spontanément d'ordinaire par formation d'un caillot; mais quelquefois celui-ci se détache ou est détaché par le malade, et l'hémorragie reparaît. Si elle se répète à de brefs intervalles, les symptômes de l'anémie aiguë peuvent se produire : pâleur des téguments, tendance aux syncopes, etc. Le diagnostic n'est généralement pas difficile, à moins que, s'écoulant pendant le sommeil, le sang ait gagné l'œsophage et les bronches, et soit rejeté ultérieurement sous forme d'expectoration ou de vomissements. L'examen des fosses nasales permet de résoudre le problème de l'origine. Si l'é. est le plus souvent un événement insignifiant, elle peut néanmoins acquérir une importance réelle, et la quantité de sang épanché peut, soit par son abondance immédiate, soit par la fréquence avec laquelle se répètent les hémorragies, amener une anémie dangereuse. — Chez les individus pléthoriques, prédisposés à la congestion cérébrale, l'hémorragie de la pituitaire est quelquefois un accident favorable et demande à être respectée. L'abondance seule de l'é. est donc, en thèse générale, l'indication à étudier, en tenant compte de l'état des forces du malade. Dans les cas les plus simples il suffit de placer le malade dans un lieu frais, et la tête élevée; d'appliquer sur le nez, le front et les tempes, des compresses imbibées d'eau froide, d'eau vinaigrée ou d'éther, ou encore de lui faire aspirer par le nez quelques gouttes du liquide réfrigérant. C'est en déterminant un spasme par réfrigération qu'agit l'antique remède de la clef froide glissée dans le dos du malade. On peut aider les premiers moyens par des manilures chauds, des bains de pied sinapisés, etc. Si tout cela ne suffit pas, on a recours aux solutions astringentes (solution d'alun, ou de perchlorure de fer, ou d'eau de Rabel) dans les cavités nasales. Enfin, quand l'hémorragie devient réellement menaçante, il faut tamponner les fosses nasales. Le tamponnement s'opère en obturant les ouvertures antérieure et postérieure des fosses nasales au moyen de bourdonnets d'ouate. L'obturation de l'ouverture postérieure se fait à l'aide d'une sonde à ressort dite *sonde de Belloc.* Nous ne décrirons pas ce procédé opératoire, attendu qu'il ne peut guère être exécuté que par un homme de l'art.

Épistaxis chez les animaux. — Elle est assez rare : d'ordinaire elle est causée par des coups sur le chanfrein, mais elle peut provenir de tumeurs nasales, de parasites des fosses nasales. Les maladies générales graves : charbon, fièvre typhoïde, peuvent lui donner lieu; et quand elle apparaît chez les chevaux et les ânes sans cause déterminée, il faut penser à des ulcérations *morveuses* de la muqueuse nasale.

ÉPISTER. v. a. (lat. *pistare*, piler). T. Pharm. Réduire en pâte une substance en la pilant dans un mortier. || Détruire la cohésion des sirops mous en les écrasant dans un mortier.

ÉPISTERNAL, ALE. adj. (R. gr. ἐπί, sur, et lat. *sternum*). T. Entom. Se dit des apophyses qui se portent dans l'intérieur du corselet de l'insecte et se dirigent obliquement en dessus et en dehors.

ÉPISTERNUM. s. m. [Pr. *épister-nome*] (R. gr. ἐπί, sur, et *sternum*). T. Zool. Pièce du thorax des Insectes.

ÉPISTILBITE. s. f. (gr. ἐπί, sur; στίλβη, éclat). T. Minér. Silicate double de chaux et d'alumine cristallisée.

ÉPISTOLAIRE. adj. 2 g. (lat. *epistola*, lettre). Qui appartient à l'épître, qui regarde la manière d'écrire les lettres; n'est guère usité que dans ces locut. *Style é. Genre é.* ‖ Subst., se dit dans le sens d'*Épistolographe.*

ÉPISTOLIER, ÈRE. s. Celui, celle qui est célèbre par les lettres qu'il a écrites. = s. m. T. Liturg. Livre qui contient les épîtres qui se lisent à la messe.

ÉPISTOLOGRAPHE. s. m. (gr. ἐπιστολογράφος, m. s.). Écrivain qui a cultivé le genre épistolaire, dont on a des recueils de lettres. *Les épistolographes grecs, latins.*

ÉPISTOLOGRAPHIE. s. f. (gr. ἐπιστολή, lettre, γράφειν, écrire). L'écriture des lettres. ‖ T. Antiq. Système d'écriture vulgaire chez les anciens.

ÉPISTOLOGRAPHIQUE. adj. 2 g. Qui a rapport à l'épistolographie.

ÉPISTOME. s. m. (gr. ἐπί, sur; στόμα, bouche). T. Ent. Partie de la tête des Insectes appelée encore *Chaperon*, qui donne attache, en avant, à la lèvre supérieure ou labre.

ÉPISTROPHE. s. f. (gr. ἐπιστροφή, retour). Figure de diction qui consiste en la répétition d'un mot à la fin des membres d'une phrase.

ÉPISTROPHÉE. s. f. (gr. ἐπιστρέφειν, tourner). T. Anat. Nom donné à la seconde vertèbre cervicale ou axis.

ÉPISTYLE. s. f. (gr. ἐπιστύλιον, m. s., de ἐπί, sur, et στῦλος, colonne). T. Archit. Syn. d'*architrave.* Voy. ENTABLEMENT.

ÉPISYNALÈPHE. s. f. (gr. ἐπί, sur, et fr. *synalèphe*). T. Gramm. Contraction consistant en l'élision d'une voyelle dans l'intérieur d'un mot.

ÉPIT. s. m. [Pr. *é-pi*]. Perche de bois qui forme le manche d'une pelle à feu, dans les salines.

ÉPITAPHE. s. f. (gr. ἐπιτάφιος, de ἐπί, sur, et τάφη, sépulture). Inscription sur une sépulture. ‖ T. Archit. Tablette qu'on fixe sur un mur et qui porte une inscription funéraire. ‖ Loc. fam. *Faire l'é. de quelqu'un*, Le juger après sa mort, en dire du mal ou du bien.

Littér. — On donne aussi le même nom à de petites compositions littéraires en forme d'épitaphe qui ne sont pas destinées à être inscrites sur un tombeau, et qui renferment souvent un trait spirituel ou satirique. En voici quelques exemples.

Le malheureux Scarron, poète, mais cul-de-jatte, avait composé lui-même la sienne, bien mélancolique :

> Passants, ne faites pas de bruit,
> De peur que je ne me réveille,
> Car voici la première nuit
> Que le pauvre Scarron sommeille.

Épitaphe pour Louis XV :

> Ci-gît Louis, quinzième du nom,
> Dit le *Bien-Aimé* par surnom,
> Et de ce titre le deuxième :
> Dieu nous préserve du troisième !

Épitaphe de Robespierre :

> Passant, ne pleure pas ma mort,
> Si je vivais, tu serais mort.

Épitaphe de Piron, par lui-même :

> Ci-gît Piron qui ne fut rien,
> Pas même Académicien.

On a gravé sur la tombe d'A. de Musset ces beaux vers composés par lui-même :

> Mes chers amis, quand je mourrai,
> Plantez un saule au cimetière,
> J'aime son feuillage éploré,
> La pâleur m'en est douce et chère,
> Et son ombre sera légère
> A la terre où je dormirai.

Épitaphe d'un haut fonctionnaire qui accaparait toutes les places :

> Ci-gît B... qui prit tout.
> C'est la seule place qu'il n'ait pas demandée.

On assure avoir lu dans un cimetière de province l'é. suivante :

> Ci-gît Marie-Aimée XXX,
> C'était un ange sur la terre.
> Qu'est-ce que ce sera donc dans le ciel !

ÉPITAPHIER. s. m. Collection d'épitaphes.

ÉPITASE. s. f. [Pr. *épi-laze*] (gr. ἐπί, sur, τάσις, extension). T. Poétiq. ancienne. Dans la poétique ancienne, les diverses parties du poème dramatique reçoivent les noms de *Protase*, d'*Épitase* et de *Catastase*. La protase est ce que nous nommons l'exposition; l'épitase ce que nous appelons le nœud de l'intrigue, c.-à-d. la partie où l'action se développe, et la catastase ce que nous appelons le dénouement. Les deux premiers de ces termes sont encore quelquefois usités; mais on ne fait aucun usage du dernier.

ÉPITE. s. f. T. Mar. Petit coin de bois qu'on insère dans une cheville pour la grossir.

ÉPITHALAME. s. f. (gr. ἐπί, sur; θάλαμος, lit). Chez les Grecs, l'*Épithalame* était un chant nuptial qui était chanté par un chœur de jeunes garçons et de jeunes filles au moment où les jeunes époux entraient dans la chambre nuptiale. Les Romains imitèrent cet usage. Mais les épithalames qui sont arrivés jusqu'à nous sont des poèmes qui n'ont jamais été chantés réellement : tels sont l'é. d'Hélène et de Ménélas par Théocrite et l'é. de Thétis et de Pélée par Catulle. D'autres, comme les épithalames de Julie et de Manlius par Catulle, de Stella et de Violentilla par Stace, d'Honorius et de Marie par Claudien sont des poésies de circonstance, destinées à célébrer le mariage des personnages auxquels ces poèmes étaient adressés. Voy. MARIAGE.

ÉPITHÉLIAL, ALE. adj. T. Anat. Qui a rapport à l'épithélium. ‖ T. Chir. *Tumeur épithéliale*, Tumeur formée des éléments de l'épithélium, et qui, extirpée, est sujette à se reformer.

ÉPITHÉLIOMA. s. m. T. Méd. *Cancer épithélial.* Voy. CANCER.

ÉPITHÉLIUM. s. m. [Pr. *épité-liome*] (gr. ἐπί, sur; θηλή, mamelon). T. Anat. Voy. MUQUEUX et HISTOLOGIE.

ÉPITHÈME. s. m. (gr. ἐπί, sur; τίθημι, mettre). T. Zool. Appendice corné qui surmonte le bec de certains oiseaux. Pharm. — *Épithème* est un terme générique qui sert à désigner tous les topiques qui ne tiennent ni de la nature de l'onguent, ni de celle de l'emplâtre. On les distingue en liquides, mous et secs. Les premiers sont, à proprement parler, des fomentations, et les seconds des cataplasmes. Quant aux troisièmes, ce sont des poudres simples ou composées que l'on applique sur la partie malade, enfermées dans des sachets.

ÉPITHÈTE. s. f. (gr. ἐπίθετος, ajouté). Mot qui sert à qualifier et qu'on joint à un substantif pour en préciser ou en modifier le sens. ‖ Nom donné, dans le dictionnaire de poésie latine, à des adjectifs dont on accompagne les substantifs et qui aident les élèves à remplir leurs vers. ‖ Par ext., Qualification élogieuse ou injurieuse. *Cet homme a mérité l'é. de cruel.* Voy. ADJECTIF.

ÉPITHÉTIQUE. adj. Chargé, rempli d'épithètes. T. Néol.

ÉPITHÉTISME. s. m. T. Rhétor. Figure d'élocution qui consiste à modifier l'expression d'une idée principale par celle d'une idée accessoire.

ÉPITICHISME. s. m. [Pr. *épiti-kisme*] (gr. ἐπιτειχισμός, construction sur, de ἐπί, sur, et τεῖχος, mur). T. Antiq. Construction plus récente faite sur d'anciennes substructions.

ÉPITOGE. s. f. (lat. *epitogium*, m. s., du gr. ἐπί, sur, et lat. *toga*, toge). Espèce de manteau que les Romains mettaient par-dessus la toge. || Sorte de palatine de fourrure que portaient jadis les présidents à mortier et le greffier en chef du parlement. *Les premiers présidents et le grand maître de l'université portent encore l'é.* || Ornement que les professeurs de lycée portent sur la robe, attaché sur l'épaule et qui varie de couleur suivant les facultés.

ÉPITOIR. s. m. T. Mar. Instrument de fer qui sert à faire entrer l'épite.

ÉPITOMATEUR. s. m. (lat. *epitomator*, m. s.). Celui qui compose un épitome.

ÉPITOMÉ. s. m. (lat. *epitome*, du gr. ἐπί, sur; τομή, section). Abrégé d'un livre et particulièrement d'une histoire. *É. de l'Histoire romaine. É. de Trogue-Pompée, par Justin. L'é. d'Eutrope.* = Syn. Voy. Abrégé.

ÉPÎTRE. s. f. (lat. *epistola*, m. s.). Lettre missive; se dit des lettres des anciens. *Les Épîtres de Cicéron. Les Épîtres de saint Paul, de saint Jérôme. Les Épîtres catholiques.* — Famil., et en plaisantant, se dit quelquefois en parlant d'une lettre ordinaire. *J'ai reçu de lui une longue é. à ce sujet.* || Pièce de vers adressée à quelqu'un. *É. en vers. É. morale, satirique. Les Épîtres d'Horace, de Boileau.* || T. Liturg. Leçon tirée de l'Écriture sainte, et plus ordin. des Épîtres de saint Paul, que l'on dit après la collecte et un peu avant l'Évangile, et que le sous-diacre chante dans les messes hautes. *Chanter l'é. La messe en est à l'é. — Le côté de l'é.,* Le côté droit de l'autel en entrant dans le chœur. *Dans les cathédrales, le trône épiscopal est placé du côté de l'é.*
Syn. — *Lettre.* — Lettre est du langage ordinaire; épître ne se dit que pour désigner certaines espèces de lettres. Ainsi, épître s'emploie exclusivement en parlant des lettres écrites en vers, de celles qui ont pour objet de dédier un livre à quelqu'un (*épître dédicatoire*), et des écrits apostoliques qui ont la forme épistolaire. En parlant des recueils de lettres que nous ont laissés quelques écrivains de l'antiquité, on dit également *lettre* et *épître* : Les *lettres* ou les *épîtres* de Cicéron, de Sénèque, de Pline le Jeune.

ÉPITRITE. s. m. (gr. ἐπί, sur; τρίτος, troisième). T. Prosod. Pied grec ou latin composé de quatre syllabes, dont trois longues et une brève.

ÉPITROCHLÉE. s. f. [Pr. *épitro-klée*] (gr. ἐπί, sur; fr. *trochlée*). T. Anat. Éminence située à la partie interne de l'extrémité cubitale de l'humérus, au-dessus de la trochlée.

ÉPITROPE. s. f. (gr. ἐπιτροπή, compromis, de ἐπί; sur; τρέπειν, tourner). T. Rhét. Syn. de *Concession*.

ÉPIXYLE. adj. (gr. ἐπί, sur; ξύλον, bois). T. Bot. Qui croît sur le bois.

ÉPIZOAIRE. s. m. (gr. ἐπί, sur; ζωάριον, petit animal). T. Zool. Se dit des animaux qui vivent en parasites sur le corps de l'homme et des autres animaux. *Le pou et l'acarus de la gale sont des épizoaires. Les épizoaires vivent à la surface externe du corps, tandis que les entozoaires habitent à l'intérieur et dans les profondeurs des tissus.*

ÉPIZOÏQUE. adj. 2 g. (gr. ἐπί, sur; ζῶον, animal). T. Géol. Se dit de terrains supérieurs à ceux qui renferment des débris de corps organisés.

ÉPIZOOTIE. s. f. (gr. ἐπί, sur; ζῶον, animal). T. Méd. vét. On appelle ainsi les maladies qui sévissent sur les animaux domestiques, à la façon des épidémies sur l'homme. Les vétérinaires distinguent les épizooties en contagieuses et en non contagieuses. Parmi les premières, on range le typhus et la péripneumonie des bêtes à cornes, la clavelée, la morve, le farcin, la gale, les fièvres aphteuses des bêtes bovines, ovines et du porc. La seconde catégorie, dont le nom est proprement enzootie, comprend l'hydrohémie ou cachexie aqueuse, les inflammations des muqueuses intestinales, la pneumonie du

cheval et des bestiaux, le charbon, les maladies vermineuses, etc. Les causes des épizooties sont des êtres vivants, animaux ou végétaux (germes, microbes) en général de petites dimensions, ou l'altération qu'ils occasionnent dans les organes ou systèmes envahis amènent la mort des animaux. Mais tous les animaux ne prennent pas la maladie ; il faut une certaine prédisposition, la réceptivité, qui est favorisée par le mauvais état des étables, l'encombrement, la mauvaise qualité des eaux et des pâturages, l'excès de travail, etc. Le traitement primitif des épizooties varie suivant la nature de chacune d'elles; mais, dans tous les cas, il faut veiller avec soin à l'hygiène des animaux, les nourrir d'aliments choisis, entretenir autour d'eux une extrême propreté, les changer d'habitation ou même de lieu. Lorsque l'affection est contagieuse, l'isolement des individus malades est de toute nécessité. Quelquefois même, pour arrêter les progrès de la contagion, on se voit forcé d'abattre les animaux atteints. Dans ce cas, il faut les détruire par le feu ou les agents chimiques. Les gens chargés de soigner les animaux malades feront bien aussi de veiller attentivement sur leur propre santé ; ils ne doivent négliger aucun des préceptes de l'hygiène.

Législ. — Les anciens règlements sur la police sanitaire des animaux, recueillis et résumés dans un arrêté du Directoire du 27 messidor an V, ont été maintenus par le Code pénal (art. 459 à 461) et ont formé pendant longtemps la base de notre législation sur ce point. C'est la loi du 21 juillet 1881 qui régit actuellement la matière; nous allons en faire connaître les dispositions essentielles.
La loi, dans son article premier, énumère les maladies réputées contagieuses : la *peste bovine*, la *morve*, la *rage*, etc. Tout propriétaire, toute personne ayant, à quelque titre que ce soit, la charge des soins ou la garde d'un animal atteint ou soupçonné d'être atteint d'une de ces maladies, est tenu d'en faire sur-le-champ la déclaration au maire de la commune où se trouve cet animal, et cela sous peine d'amende et d'emprisonnement (six jours à deux mois). Aussitôt que le maire est averti, il doit faire procéder sans retard à la visite de l'animal malade ou suspect par le vétérinaire chargé de ce service.
Dans le plus bref délai, celui-ci adresse un rapport au préfet. Après la constatation de la maladie, le préfet statue sur les mesures à mettre à exécution pour prévenir la contagion (isolement des troupeaux infectés, suspension des foires et marchés, désinfection des écuries, voitures, etc.) ; il peut ordonner, s'il y a lieu, l'abatage immédiat des animaux malades ; dans ce cas, une indemnité est due au propriétaire, s'il s'agit de peste bovine ou de péripneumonie contagieuse seulement ; encore faut-il, dans ce dernier cas, qu'il ne s'agisse pas d'animaux importés des pays étrangers depuis moins de trois mois. La vente des animaux atteints ou soupçonnés d'être atteints de maladies contagieuses est interdite, sous peine d'un emprisonnement de deux mois à six mois et d'une amende de 100 à 1,000 francs. La peine est plus forte (six mois à trois ans d'emprisonnement, 100 à 2,000 francs d'amende) pour ceux qui vendent de la viande provenant d'animaux qu'ils savaient morts de maladies contagieuses. Il est interdit également, sous des peines sévères, de laisser les animaux infectés communiquer avec d'autres.
La loi de 1881 a aussi pris des mesures au sujet de l'importation ou de l'exportation des animaux atteints de maladies contagieuses. — En tout temps, les animaux des espèces « chevaline, asine, bovine, ovine, caprine et porcine » sont soumis, aux frais des importateurs, à une *visite sanitaire* au moment de leur entrée en France; soit par terre, soit par mer. La même mesure peut être appliquée aux animaux des autres espèces, lorsqu'il y a lieu de craindre, par suite de leur introduction, l'invasion d'une maladie contagieuse. — Le Gouvernement peut prohiber l'entrée en France ou ordonner la mise en quarantaine des animaux susceptibles de communiquer une maladie de ce genre, ou de tous les objets pouvant présenter les mêmes dangers. — Le Gouvernement est également autorisé à prescrire, à la sortie, les mesures nécessaires pour empêcher l'exportation des animaux atteints de maladies contagieuses.

ÉPIZOOTIQUE. adj. 2 g. Qui tient de l'épizootie.

ÉPLAIGNER. v. a. (anc. fr. *éplaner*, aplanir). T. Techn. Tirer les poils du drap avec des chardons.

ÉPLAIGNEUR. s. m. Celui qui éplaigne.

ÉPLORATION. s. f. [Pr. ...*sion*]. Néol. Plainte de celui qui est éploré.

ÉPLORÉ, ÉE. adj. (lat. *plorare*, pleurer). Qui est tout en pleurs. *Une mère éplorée. Je trouvai ses parents tout éplorés.*

ÉPLOREMENT. s. m. Action de se mettre en pleurs, état de celui qui est éploré.

ÉPLOYÉ, ÉE. adj. [Pr. *éplo-ié*] Déployé; n'est guère usité que dans cette locut., *Aigle éployée*, Aigle que l'on représente, dans des armoiries, avec les ailes étendues.

ÉPLUCHAGE. s. m. Action d'éplucher des étoffes, des laines, des légumes, des graines, etc. || Fig. Examen minutieux.

ÉPLUCHEMENT. s. m. Action d'éplucher || Action d'ôter une partie des fruits d'un arbre sur lequel il s'en est trop formé.

ÉPLUCHER. v. a. (all. *pflücken*, ôter en écaillant). Nettoyer; enlever les ordures, les corps étrangers qui se trouvent dans les herbes, les graines, de la laine, des étoffes, *É. de la salade, du riz, du drap, des laines.* || Enlever l'enveloppe de certains fruits ou légumes. *É. des pommes de terre.* || Fig. et fam., Rechercher minutieusement ce qu'il peut y avoir de mauvais, de reprochable en quelque chose. *É. un ouvrage, É. la généalogie, la conduite, les paroles de quelqu'un.* = s'ÉPLUCHER. v. pron. *Un singe qui s'épluche. Les oiseaux s'épluchent avec leur bec.* = ÉPLUCHÉ, ÉE part.

ÉPLUCHEUR, EUSE. s. Celui, celle qui épluche. || Se dit surtout fig. *Un grand é. de mots.*

ÉPLUCHOIR. s. m. Sorte de petit couteau dont se servent certains industriels pour nettoyer leurs ouvrages. || Atelier dans lequel on enlève les corps étrangers mêlés à la pâte du carton.

ÉPLUCHURE. s. f. Ordure que l'on ôte de quelque chose qu'on épluche; ne se dit guère qu'au pl. *Cherchez dans les épluchures.* || T. Techn. Nom donné par les épinceteuses aux corps étrangers qu'elles extraient de l'étoffe.

ÉPODE. s. f. (gr. ἐπῳδή, m. s., de ἐπί, sur; ᾠδή, chant). Dans la poésie grecque, la troisième strophe de l'ode antique. Voy. ODE. || Dans la poésie latine, poème lyrique composé de vers iambiques alternativement trimètres et dimètres.

ÉPOINTAGE. s. m. Action d'épointer un outil, un instrument.

ÉPOINTÉ, ÉE. adj. T. Man. *Cheval é.*, Qui s'est démis des hanches par quelque effort. || T. Chasse, *Chien é.*, Qui s'est cassé les os des cuisses.

ÉPOINTEMENT. s. m. État d'un outil, d'un instrument épointé.

ÉPOINTER. v. a. Enlever ou émousser la pointe de quelque instrument. *É. un couteau, une aiguille.* || T. Relieur. Rendre pointus et effilés les nerfs, quand la colle forte est sèche. = s'ÉPOINTER. v. pron. *Ces aiguilles s'épointent tout de suite.* = ÉPOINTÉ, ÉE. part.

ÉPOINTILLAGE. s. m. [Pr. *épointi-llage*, *ll* mouillées]. Action d'épointiller les draps.

ÉPOINTILLER. v. a. [Pr. *épointi-ller*, *ll* mouillées]. T. Techn. Enlever avec des pinces les ordures qui se sont introduites dans le drap pendant sa fabrication.

ÉPOINTURE. s. f. T. Vétér. Maladie des chiens qui leur rend une hanche plus basse que l'autre. || T. Relieur. Action d'épointer les nerfs. — Parcelles de ficelle qui proviennent de l'épointure des nerfs.

ÉPOIS. s. m. pl. (R. *épieu*). T. Vén. Cors qui sont au sommet de la tête du cerf.

ÉPOMIDE. s. f. (gr. ἐπωμίς, m. s., de ἐπί, sur, et ὦμος, épaule). Épitoge ou chausse fourrée d'hermine que les avocats portent sur l'épaule gauche, et qu'on appelle aussi *Chaperon*.

ÉPONGE. s. f. (lat. *spongia* m. s.). Production marine dont la substance légère et très poreuse absorbe les liquides dans lesquels on la plonge. — *Passer l'é. sur quelque chose de peint ou d'écrit*, L'effacer. || Fig. et fam., *Passer l'é. sur* quelque action, sur quelque faute, etc., En effacer le souvenir, n'en plus parler. — *Presser l'é.*, Faire rendre gorge à quelqu'un; pressurer quelqu'un, pressurer un pays pour en tirer tout ce qu'il est possible d'en obtenir. || T. Vénerie. Ce qui forme le talon des animaux. || T. Chim. *É. de platine*. Platine spongieux que l'on obtient en décomposant par l'action du feu le chlorure de platine ammoniacal. || T. Art vét. Tumeur molle et indolente que produit quelquefois l'éponge du fer par sa pression sur la corne.

Zool. — Le nom d'é. est appliqué vulgairement au squelette de certains animaux inférieurs appartenant à l'embranchement des *Spongiaires*. Voy. ce mot. Ce squelette est formé de fibres cornées très élastiques, entre-croisées; chez l'animal vivant, elles sont entourées par une substance visqueuse qui n'est autre chose que les corps protoplasmiques des cellules constituant le corps; après la mort, cette sorte de gelée se putréfie, en dégageant de l'ammoniaque, et il ne reste plus qu'une masse fibreuse, criblée d'une infinité de trous et de canaux, éminemment apte à pomper les liquides.

Les éponges qui servent au commerce sont des animaux marins; on en rencontre dans toutes les mers, mais surtout dans celles des pays chauds. La Méditerranée en est fort riche et c'est elle qui fournit les é. les plus recherchées.

On les pêche dans la belle saison, soit au moyen du trident, soit en allant les chercher directement au fond de la mer. Pour les débarrasser du sable, de l'argile desséchée et de la matière organique qui enduit leurs fibres, on les bat et on les lave à grande eau sans trop les froisser; mais, pour enlever les autres parties, on est obligé de le faire à la main, ce qui exige une assez grande dépense. Les matières siliceuses ne peuvent être extraites que de cette manière; mais les parties calcaires s'enlèvent fort bien en traitant les éponges avec de l'acide chlorhydrique très affaibli, puis en les lavant à grande eau. On emploie en outre le chlore pour blanchir les espèces fines qui sont destinées à la toilette. — Les principales sortes d'éponges qu'on trouve dans le commerce, sont l'*é. fine douce de Syrie* et l'*é. fine douce de l'Archipel*, toutes deux usitées pour la toilette; celle-ci s'emploie également dans la lithographie, la corroierie et les manufactures de porcelaine. Viennent ensuite l'*é. fine dure*, dite *grecque*, l'*é. blonde de Syrie* et l'*é. blonde de l'Archipel*, appelées aussi toutes deux *éponges de Venise*, qui sont employées aux usages domestiques. Nous nommerons encore l'*é. de Salonique*, l'*é. de Bahama*, l'*é. brune de Barbarie* et l'*é. de Marseille*. Cette dernière est estimée pour les lavages à l'eau seconde, le nettoyage des appartements et l'écurie.

On se sert des éponges en chirurgie, pour dilater les plaies, d'*éponges préparées*. Il suffit pour cette préparation de choisir une é. fine, de la mouiller, de la serrer fortement avec une corde dont les tours ne laissent point d'intervalles entre eux, de la faire sécher, et de la conserver à l'abri de l'humidité. — L'*é. calcinée* a été préconisée autrefois contre le goitre et les scrofules; c'est à l'iode qu'elle contient à l'état d'iodure de sodium qu'on doit attribuer les succès réels qu'on en a obtenus. Mais, depuis la découverte de l'iode, cette préparation est tombée en désuétude.

Toutes ces éponges du commerce appartiennent aux genres *Euspongia* et *Hippospongia*. Voy. SPONGIAIRES.

ÉPONGE. s. f. (lat. *sponda*, bord du lit). T. Techn. L'extrémité de chaque branche du fer à cheval. || Châssis bordant la table sur laquelle on coule le plomb en nappes.

Méd. vét. — L'*éponge* est une tumeur molle de la pointe du coude sur les chevaux qui se couchent à la façon des vaches, due à la compression prolongée de la région du coude par les talons du sabot. L'é. récente peut disparaître par la suppression de la branche interne du fer, ou par évacuation du liquide si elle est kystique. L'é. ancienne, dure, calleuse, est enlevée au bistouri.

ÉPONGER. v. a. Nettoyer avec une éponge. *É. une voiture.* || Enlever avec une éponge, avec du linge, etc. *Épongez vite cette encre. Épongez-la avec ce chiffon.* || T. Techn. Dorer avec une éponge imbibée de jaune d'œuf dans certaines pâtisseries. = s'ÉPONGER. v. pron. S'essuyer. = ÉPONGÉ, ÉE. part.

ÉPONINE, femme célèbre par son dévouement à son époux, le Gaulois Sabinus, qui souleva les Gaules contre Vespasien. Ils vécurent cachés dans un souterrain pendant neuf ans; à la fin, ils furent découverts et mis à mort (78 av. J.-C.).

ÉPONTAGE. s. m. Action de débarrasser un végétal des pontes d'insectes nuisibles.

ÉPONTE. s. f. (R. *pont*). La paroi supérieure ou inférieure d'un filon.

ÉPONTER. v. a. Pratiquer l'épontage.

ÉPONTEUR. s. m. Celui qui pratique l'épontage.

ÉPONTILLAGE. s. m. [Pr. *éponti-llaje*, *ll* mouillées]. T. Mar. État de fer ou de bois placé verticalement sous les baux et barrots, entre les ponts des grands bâtiments.

ÉPONTILLE. s. f. [Pr. *é-pon-ti-lle*, *ll* mouillées] (R. *pont*). T. Mar. Colonne de fer ou de bois qu'on place verticalement sous les ponts pour augmenter leur solidité. — Chacun des gros étais de bois qui maintiennent la quille d'un navire en construction. — *É. à coches, à courbes, à marches, à taquets*, Épontilles placées aux quatre coins des panneaux de la cale et du faux pont pour aider les hommes à monter ou à descendre. — *É. de cabestan à gorge*, Épontille placée dans le rayon d'action des barres du cabestan et qu'on peut relever au moyen de charnières, afin de permettre le jeu des barres quand on vire. — *Épontilles volantes*, Épontilles qu'on peut déplacer à volonté, pour soutenir un objet.

ÉPONTILLER. v. a. [Pr. *éponti-ller*, *ll* mouillées]. T. Mar. Soutenir avec des épontilles.

ÉPONYME. adj. 2 g. (gr. ἐπὶ, sur; ὄνομα, nom). T. Antiq. Magistrat qui donnait son nom à l'année grecque. Le premier archonte d'Athènes. *Archonte é. Éphore é.* || *Les héros éponymes de la Grèce*, Les héros qui avaient donné leur nom aux diverses races et tribus de la Grèce. — On a dit dans le même sens, *Romulus é. de Rome*.

ÉPONYMIE. s. f. Fonction de l'éponyme, durée de cette fonction.

ÉPONYMIQUE. adj. Qui appartient à l'éponymie.

ÉPOPÉE. s. f. (gr. ἔπος, récit; ποιέω, je fais). T. Littér. — Conformément à son étymologie, le terme de poésie *épique* doit s'appliquer à tout poème où le discours, ἔπος, et le sujet ne font qu'un. La forme épique ou narrative est l'une des trois grandes formes de la poésie : elle diffère essentiellement de la poésie *lyrique*, en ce que son caractère est impersonnel et objectif, tandis que celle-ci est complètement personnelle ou subjective. Dans la première, le poète s'efface, les personnages seuls du poème agissent et parlent, et l'action se déroule sous l'œil de la divinité. Dans la seconde, au contraire, le poète est toujours en scène; il exprime uniquement ce qu'il sent et se contemple lui-même dans la manifestation de ses sentiments. Le poème lyrique est un monologue perpétuel. Quant à la poésie *dramatique*, cette troisième forme de l'art, elle se distingue aisément des deux précédentes par ses caractères tant extérieurs qu'intérieurs, le dialogue, le conflit des passions personnelles, et le but individuel qui est le mobile de l'action. Toutefois, de même que dans la poésie épique, le poète doit disparaître entièrement pour ne laisser voir que les personnages.

La poésie épique comprend donc toutes les sortes de poèmes qui n'appartiennent ni au genre lyrique, ni au genre dramatique, c.-à-d. les poèmes cosmogoniques, philosophiques, etc., l'idylle, l'épigramme et l'élégie anciennes. Dans ce sens, la *Théogonie* d'Hésiode, les *Phénomènes* d'Aratus, le poème *De la nature des choses* par Lucrèce, les *Géorgiques* de Virgile, la *Divine comédie* du Dante, le *Roland furieux* de l'Arioste, le *Lutrin* de Boileau, le *Child Harold* de lord Byron, l'*Hermann et Dorothée* de Gœthe, sont des poèmes épiques. — Mais toutes ces productions présentent, quant à leur objet, à leur marche et au ton qu'elles affectent, de telles différences, qu'il est impossible de formuler aucune règle générale qui puisse s'appliquer à toutes, et qu'on a dû établir dans ce genre de poésie des catégories particulières. En outre, comme les poèmes qui s'attachent à reproduire les grands événements de la vie d'une nation ont, par-dessus tous les autres, le don de nous plaire et de nous intéresser, on est venu à réserver à ces poèmes exclusivement la qualification d'*épiques*, ainsi que le titre d'*Épopée*, qui a précisément la même signification littérale : l'é. est donc proprement le poème narratif par excellence.

En parlant de la poésie épique, les critiques ont toujours eu sous les yeux les poèmes homériques, et particulièrement l'*Iliade*, et c'est de l'analyse de ce divin modèle qu'ils ont dé-

duit les règles qu'on a prétendu imposer à ce genre de poésie, soit pour le choix du sujet et de l'époque, soit pour l'emploi du merveilleux, soit pour la marche et la durée de l'action, etc. Parmi les règles formulées à ce propos, plusieurs sont absolument impraticables. Les autres, celles, par ex., qui concernent l'unité d'action, la limitation de sa durée, l'ordre naturel du développement du poème depuis l'exposition jusqu'au dénouement, la liaison des épisodes au sujet principal, sont des règles générales applicables à toute composition poétique qui a la forme narrative. Il en est à peu près de même de celles qui prescrivent au poète de peindre des personnages vivants et animés, de concentrer l'action autour de son héros principal, d'être fidèle à la vérité historique, entendue non au point de vue chronologique, mais à celui du temps, des lieux et des mœurs.

Indépendamment du génie qu'il a déployé dans son œuvre, le chantre de l'Ionie a été merveilleusement servi par les circonstances. L'époque qu'il avait à peindre était intermédiaire entre la barbarie et l'état civilisé. L'individualité humaine, non encore étouffée par la contrainte d'une civilisation perfectionnée, subsistait tout entière : de là l'activité incessante et la distincte variété de ses nombreux personnages. La nature extérieure brillait de son éclat, et l'homme, au lieu de l'interpréter, se contentait alors d'en reproduire les vives couleurs. Les dieux étaient des êtres vivants qui entretenaient des rapports fréquents et familiers avec l'humanité : ce n'étaient ni des abstractions ni des machines. La lutte qu'il avait à raconter était la lutte de deux mondes, lutte grandiose dont le souvenir était vivant dans le cœur des peuples de la Grèce et dont les héros étaient les aïeules mêmes de ses auditeurs. Enfin, entre le siècle de la guerre de Troie et celui où vivait le chantre d'Achille, il n'était survenu aucun changement essentiel dans les idées, les sentiments et les mœurs des nations helléniques : aussi n'existe-t-il aucune contradiction entre les paroles du poète peignant le passé et les croyances de ses contemporains. L'é. primitive est donc une œuvre à part, qui ne peut ni ne doit s'imiter. Depuis Homère, l'histoire du monde n'a présenté qu'une seule époque où une œuvre analogue ait été possible; nous voulons parler de l'époque des premières croisades. Malheureusement alors, toutes les langues de l'Europe étaient en voie de formation. L'artiste capable de chanter cette admirable lutte religieuse et nationale eût-il existé, l'instrument lui aurait fait défaut. Les seules œuvres relativement modernes qui possèdent quelques-uns des caractères de l'é. homérique sont les vieux poèmes nationaux de l'Allemagne et de l'Espagne, les *Nibelungen* et la *Romance du Cid*. Les grandes épopées mythologiques de l'Inde appartiennent encore à la même classe; mais elles offrent cette particularité d'être encore en pleine harmonie avec les idées religieuses des peuples hindous.

À l'exception des épopées primitives dont il vient d'être question, les poèmes que nous qualifions habituellement d'*épiques* sont des compositions artificielles. Plusieurs sont remarquables par le génie poétique des auteurs et méritent de prendre rang parmi les chefs-d'œuvre littéraires des nations dans la langue desquelles ils ont été écrits. Néanmoins tous offrent un défaut commun, celui d'un *merveilleux* en complet désaccord non seulement avec les idées actuelles, mais encore avec celles du siècle où ils ont été composés. Dans l'*Énéide* de Virgile elle-même, bien que de son temps le paganisme régnât encore de nom, on voit que les dieux du poète sont pour lui de simples fictions. On a quelquefois discuté, avec plus de sérieux que n'en paraît la question, si l'é. devait toujours être écrite en vers. Le *Télémaque*, les *Martyrs*, etc., sont sans doute des œuvres remarquables à plus d'un titre; mais évidemment ce ne sont autre chose que des romans. — Enfin, on donne parfois le nom d'*Épopée badine* ou *héroï-comique* à des poèmes de longue haleine, mais traitant de sujets frivoles ou grotesques; le plus souvent ces poèmes ne sont que la parodie de l'é. véritable.

ÉPOPTE. s. m. (gr. ἐπόπτης, celui qui voit). T. Antiq. Inspecteur, magistrat. Voy. Cérès.

ÉPOPTIE. s. f. (gr. ἐποπτεία, m. s.). Dignité d'épopte.

ÉPOPTIQUE. adj. (gr. ἐπὶ, sur; ὄπτομαι, voir). T. Phys. Se dit des couleurs qui se produisent à la surface des lames transparentes, quand ces lames sont très minces.

ÉPOQUE. s. f. (gr. ἐποχή, arrêt, point fixe). Point déterminé dans l'histoire, qui est ordinairement marqué par quelque grand événement. *L'é. de César, l'é. de Charlemagne, l'é.*

de la Révolution française. — *Faire é.,* Faire date; se dit d'un fait, d'un événement remarquable qui ne peut s'oublier. *Ces choses-là font é. dans la vie.* || Le moment où une chose arrive, se passe, s'est passée, etc. *A cette é. j'étais en Italie. Je ne l'ai pas vu depuis cette é. C'était à l'é. de son mariage. A toutes les époques de la vie. Ce fut la plus heureuse é. de sa vie.* || Le siècle, le temps où l'on vit. *C'était méconnaître l'esprit de son é. Le plus grand homme de notre é.* || T. Astr. Le lieu moyen d'un astre à un instant déterminé. *On se sert de l'é. pour trouver le lieu moyen de l'astre à un autre instant quelconque.* || T. Numismi. Inscription indiquant l'année où une médaille a été frappée. || T. Géol. Chacune des périodes qui se sont écoulées entre deux grandes révolutions du globe.

ÉPOQUÉ, ÉE. adj. T. Droit. Dont l'époque, dont la date est donnée.

ÉPORÉDORIX, guerrier éduen qui joua un rôle dans l'insurrection des Gaulois l'an 51 avant J.-C.

ÉPOUCÉ, ÉE. adj. T. Zool. Qui n'a pas de pouces.

ÉPOUFFÉ, ÉE. adj. [Pr. *épou-fé*]. Se dit d'une personne qui s'empresse pour un sujet peu important, de manière à être toute haletante. *Il est venu tout é. nous apporter cette belle nouvelle.*

ÉPOUFFER (S'). v. pron. [Pr. *épou-fer*]. S'esquiver. *On le poursuivait, il s'est épouffé dans la foule.* Inus. ═ ÉPOUFFÉ, ÉE. part.

ÉPOUILLER. v. a. [Pr. *épou-ller, ll* mouillées]. Ôter les poux. *Elle épouillait son enfant.* Bas. ═ s'ÉPOUILLER. v. pron. *Un gueux qui s'épouillait au soleil.* Bas. ═ ÉPOUILLÉ, ÉE. part.

ÉPOULARDAGE. s. m. Action d'époularder.

ÉPOULARDER. v. a. Nettoyer les feuilles de tabac avariées qui pourraient gâter les autres.

ÉPOUMONER. v. a. Fatiguer les poumons. *Cette lecture m'a époumoné.* Famil. ═ s'ÉPOUMONER. v. pron. *Je me suis époumoné à force de crier.* ═ ÉPOUMONÉ, ÉE. part.

ÉPOUSAILLES. s. f. pl. [Pr. *épou-za-lle, ll* mouillées] (lat. *sponsus*, époux). La célébration du mariage. *Le jour de leurs épousailles.*

ÉPOUSE. s. f. [Pr. *épou-ze*]. Femme mariée actuellement et considérée par rapport à l'état du mariage. || T. Ascét. Église, diocèse par rapport au pasteur qui l'administre. *É. de J.-C.,* Église de J.-C. Voy. ÉPOUX.

ÉPOUSÉE. s. f. Celle qu'un homme vient d'épouser, ou qu'il va épouser. *Mener l'é. à l'église.* — Prov., *Elle est parée comme une é. de village,* se dit d'une femme qui est parée d'une manière ridicule.

ÉPOUSER. v. a. (R. *époux*). Prendre en mariage. *Elle ne consentira jamais à l'é. Il l'a épousée en face de l'Église.* || Par ext., Se marier à cause de. *É. la dot d'une femme.* — Fig. et prov., *Tel fiancé qui n'épouse pas,* se dit aussi des personnes qui, ayant commencé et avancé une affaire, ne l'achèvent pas. || Fig., S'attacher par choix à une chose, à une personne. *Je n'épouse point de parti. Je n'épouse aucune opinion. Je n'ai point de marchand attitré, je n'épouse personne.* — *É. les intérêts, les passions, la querelle de quelqu'un,* Prendre parti pour quelqu'un, pour ce qui le touche. ═ s'ÉPOUSER. v. pron. S'unir par mariage. ═ ÉPOUSÉ, ÉE. part.

ÉPOUSEUR. s. m. (R. *époux*). Celui qui est disposé à se marier et qui est connu comme tel. *Elle ne veut point de galants, mais un é. Cet homme-là n'a pas l'air d'un é.* Fam.

ÉPOUSSETAGE. s. m. [Pr. *épou-setaje*]. Action d'épousseter. || Dernière façon que l'on donne à la poudre de guerre ou de chasse.

ÉPOUSSÈTEMENT. s. m. [Pr. *épou-sèteman*]. Syn. d'ÉPOUSSETAGE.

ÉPOUSSETER. v. a. [Pr. *épou-seter*]. Nettoyer, secouer,

chasser la poussière. *É. un manteau, un tapis,* etc — *É. un cheval,* Le nettoyer avec l'époussette, après l'avoir étrillé || Fig. et fam., *É. quelqu'un,* Le battre. *On l'a bien époussé. Je l'époussèterai d'importance.* || T. Techn. Dépouiller du poussier, en parlant de la dernière opération que subit la poudre de chasse ou de guerre. ═ s'ÉPOUSSETER. v. pron. *Vous êtes couvert de poussière, allez vous é.* ═ ÉPOUSSETÉ, ÉE. part.

ÉPOUSSETOIR. s. m. Petit pinceau à l'usage du diamantaire.

ÉPOUSSETTE. s. f. [Pr. *épou-sète*] (R. *poussière*). Espèce de brosse à longs brins; n'est guère usité qu'au pluriel. *Voilà des époussettes trop rudes.* Vx et peu us.; on dit ordinair. *Vergettes.* || Morceau d'étoffe avec lequel on nettoie un cheval, après l'avoir étrillé.

ÉPOUTI. s. m. Petite ordure qui se trouve dans les draps et autres ouvrages de laine.

ÉPOUTIAGE ou **ÉPOUTILLAGE.** s. f. [Pr. *épouti-llaje. ll* mouillées]. T. Filat. Voy. ÉPINCETAGE.

ÉPOUTIEUR, EUSE. s. T. Filat. Celui, celle qui fait l'époutiage des lainages.

ÉPOUTIR. v. a. T. Techn. Syn. d'*Énouer.*

ÉPOUTISSAGE. s. m. T. Techn. Action d'époutir, d'énouer ou d'épincer le drap, ces trois mots étant synonymes. Voy. ÉNOUER et DRAP.

ÉPOUVANTABLE. adj. 2 g. Qui cause de l'épouvante. *Une vision é. Des menaces épouvantables.* || Par exagér., se dit de tout ce qui est étonnant, incroyable, étrange, excessif, et se prend ordin. en mauvaise part. *Un bruit é. Une laideur é. Des douleurs* ═ Syn. Voy. AFFREUX.

ÉPOUVANTABLEMENT. adv. D'une manière épouvantable. *Un homme é. laid, é. joueur.*

ÉPOUVANTAIL. s. m. [Pr. *épouvan-tall, ll* mouillées]. Haillon placé au bout d'une perche, ou tout autre objet analogue que l'on met dans un champ pour effrayer et éloigner les oiseaux. *On a mis dans cette chènevière plusieurs épouvantails.* — Fig. et prov., *C'est un é. de chènevière,* ou simplement, *C'est un é.,* se dit d'une personne très laide, ou accoutrée ridiculement, ou encore d'un individu dont les fanfaronnades et les menaces ne peuvent faire peur qu'à un poltron.

ÉPOUVANTE. s. f. (lat. *expavere,* être saisi d'effroi). Grande et soudaine peur causée par quelque chose d'imprévu. *Causer, donner de l'é. Jeter, porter l'é. dans le pays ennemi. L'é. se mit dans l'armée. L'é. l'a pris, l'a saisi. Ils prirent l'é.* ═ Syn. Voy. EFFROI.

ÉPOUVANTEMENT. s. m. Action d'épouvanter.

ÉPOUVANTER. v. a. Causer de l'épouvante. *L'approche de l'ennemi avait épouvanté toute la population. Vos menaces l'ont épouvanté. Il épouvantait l'Europe de ses triomphes rapides. La moindre chose, un rien, tout l'épouvante. Le rugissement du lion épouvante les animaux.* || Inspirer de l'horreur. ═ s'ÉPOUVANTER. v. pron. Prendre l'épouvante. *C'est un homme qui ne s'épouvante pas aisément. Il s'épouvante pour peu de chose, de peu de chose.* ═ ÉPOUVANTÉ, ÉE. part.

ÉPOUX, OUSE. s. [Pr. *é-pou*] (lat. *sponsus,* m. s.). La personne unie par mariage à une personne de l'autre sexe. *Voilà votre é. Une tendre, une chaste épouse. Faire choix d'un é. Prendre pour é. La future épouse.* Dans le langage fam., on dit, *Ma femme* et non *Mon épouse.* — Au plur., se dit pour le mari et la femme. *Les futurs é. Deux jeunes é.* Voy. MARIAGE.

Syn. — *Mari, Femme.* — *Époux* est du style noble; *mari* est du style familier. Le mot *mari* annonce le mariage; le mot *époux* n'annonce que l'union. Qui prend un *mari* prend un *maître,* qui prend une *épouse* prend une compagne. Une femme est en puissance de *mari;* les deux époux sont l'un à l'autre. Le *mari* a des droits, et l'*époux* des devoirs.

ÉPREINDRE. v. a. [Pr. *é-prin-dre*] (lat. *exprimere,* m.

s.). Presser quelque chose pour en exprimer le suc. *E. des herbes, du verjus. Épreignez le suc de ces herbes.* — ÉPREINT, EINTE. part. == Conj. Voy. PEINDRE.

ÉPREINTE. s. f. [Pr. *é-prin-te*] (part. d'*épreindre*). T. Méd. Syn. de TÉNESME. Voy. ce mot. || T. Vén. Fiente des loutres et de quelques autres bêtes.

ÉPRÉMÉNIL (D') conseiller au parlement de Paris, né à Pondichéry, député de la noblesse à la Constituante, hostile à la Révolution (1746-1794).

ÉPRENDRE (S'). v. pron. Se laisser surprendre par quelque passion. *Il s'est épris d'une belle passion pour l'étude. S'é. d'amour.* — Employé seul, signifie s'éprendre d'amour. *C'est un homme qui s'éprend facilement.* = ÉPRIS, ISE. part. *Il était fort épris de cette aventurière. Elle en est éprise.*

ÉPREUVE. s. f. (R. *preuve*). Action d'éprouver, d'essayer une chose quelconque afin de voir si elle a telle qualité. *Faire l'é. d'un canon, d'une machine. L'é. en est aisée. Donner, prendre une montre à l'é. Je connais les propriétés de ce remède, j'en ai fait l'é. moi-même.* || Se dit aussi des personnes. *Tenter une é. sur quelqu'un. Mettre quelqu'un à l'é. Mettre sa constance, sa fidélité à l'é. Pour être admis dans cette société, il fallait se soumettre à certaines épreuves, subir certaines épreuves.* — Se dit particulièrement des événements qui font apparaître les qualités morales de l'homme. *Elle a passé par de rudes épreuves. Il a supporté avec courage l'épreuve de la misère. Dieu m'a soutenu dans ces épreuves.* || *Ce vase est à l'épreuve du feu,* Il peut aller au feu sans se briser. *Une cuirasse à l'épreuve de la balle,* Que les balles ne peuvent entamer. *Un manteau à l'é. de la pluie,* Que la pluie ne saurait pénétrer, etc. || *Être à l'é. de la tentation ou de la séduction. Être à l'é. de l'argent. Être à l'é. de tout,* ou *Être à toute é.,* Être incapable de se laisser tenter ou séduire, de se laisser corrompre par de l'argent ou par quelque chose que ce soit. — *Un ami, un domestique à toute é.,* Sur lequel on peut compter dans toutes les circonstances, et quoi qu'il arrive. — *Courage, dévouement, etc., à toute é.,* Que rien ne peut ébranler ou affaiblir. — *Être à l'é. de la médisance, de la calomnie,* Être au-dessus de la médisance, etc., n'avoir point à redouter les atteintes, les attaques. — *N'être point à l'é. de la raillerie, des injures,* etc., se dit de quelqu'un qui ne peut souffrir la moindre raillerie, etc. *Sa personne n'est pas à l'é. des injures.* || T. Droit anc. *É. judiciaire.* Voy. ORDALIE. || T. Photog. *É. négative,* Cliché obtenu directement, où les parties claires sont venues en noir et inversement, et servant à tirer un nombre indéfini d'images. *É. positive,* Chacun des exemplaires que l'on tire avec un cliché et où les blancs sont venus en clair et les parties sombres en noir. || T. Turf. Une des manches de la course en parties liées. || T. Polit. *E. par assis et levé,* Moyen de recueillir les votes dans une assemblée politique. || T. Fr.-Maçon. Dangers apparents auxquels on expose le candidat pour éprouver son courage.

Syn. — *Essai, Expérience.* — L'*expérience* regarde proprement la vérité des choses; l'*essai* concerne particulièrement leur nature et leurs propriétés; l'*épreuve* a plus de rapport à leurs qualités. Nous nous assurons par l'*expérience* si la chose est; par l'*essai,* nous constatons sa nature et l'emploi qu'on en peut faire; par l'*épreuve,* nous vérifions si elle a la qualité requise. Toutefois, comme il existe une étroite liaison entre la nature, les propriétés et les qualités des choses, les mots *Essai* et *Épreuve* sont fréquemment employés l'un pour l'autre.

Techn. — 1. *Typographie.* — Quelle que soit l'attention que les compositeurs apportent à leur travail, il s'y glisse toujours des fautes et des irrégularités plus ou moins nombreuses. Tantôt c'est une *Coquille,* c.-à-d. une lettre mise pour une autre; tantôt c'est une lettre, une expression, une ligne ou une phrase répétée (ce qu'on appelle *Doublon*) ou omise (ce qu'on nomme *Bourdon.*) Ce sont encore des lettres ou des mots retournés, transposés ou mal divisés; des lignes trop serrées ou trop espacées; des lettres cassées, tombées, hors ligne, ou d'un autre œil que le caractère; des mots mal orthographiés; des italiques pour des lettres ordinaires, des minuscules pour des majuscules, et *vice versâ;* une ponctuation vicieuse, etc. Le soin de rechercher ces irrégularités est confié à un employé particulier, appelé *Correcteur,* et l'on donne le nom de *Correction* à l'examen auquel il se livre à ce sujet, ainsi qu'à l'opération au moyen de laquelle on fait disparaître les fautes qu'il

a découvertes. Les divers tirages faits sur la forme, soit avant, soit après la mise en pages, pour être soumis à correction avant de tirer la feuille, sont désignés sous la dénomination commune d'*Épreuves.* On en fait un plus ou moins grand nombre suivant les circonstances. La première, appelée *première typographique,* est remise au correcteur de l'imprimerie qui la collationne avec la *Copie,* c.-à-d. avec le manuscrit ou avec la feuille imprimée (s'il s'agit d'une réimpression) donnée aux compositeurs. Il est assisté, dans ce travail, par un auxiliaire appelé *teneur de copie,* qui lit celle-ci à haute voix pendant que le correcteur suit sur l'é. et relève les fautes au fur et à mesure. Aussitôt que les corrections indiquées sont exécutées, on procède au tirage d'une deuxième é. qu'on nomme *Seconde.* Si l'ouvrage n'est qu'une réimpression pure et simple, on se contente ordinairement de relire à l'imprimerie cette nouvelle é. et l'on procède à l'impression. S'il s'agit, au contraire, d'un ouvrage que l'on compose sur manuscrit, on envoie cette deuxième é. à l'auteur qui l'examine lui-même, si souvent remanie plus ou moins sa propre rédaction. On tire ensuite autant d'épreuves successives que le juge convenable l'auteur ou l'éditeur, jusqu'à ce qu'il donne l'autorisation d'imprimer, ce qu'il fait en écrivant sur la dernière é. la formule *Bon à tirer,* suivie de sa signature; de là le nom de *Bon à tirer* sous lequel on désigne aussi cette é. Enfin, on appelle *Tierce,* quel qu'ait été le nombre des épreuves précédentes, une dernière é. qui se tire après le bon à tirer. Cette nouvelle é. n'est autre chose que le premier exemplaire produit au moment de l'impression quand la feuille est sous presse. Elle sert à vérifier si les corrections indiquées sur le bon à tirer ont été exécutées, et à s'assurer qu'il ne s'est pas glissé de nouvelles fautes. Quand la tierce est chargée de corrections, soit nouvelles soit reportées du bon à tirer, on en fait ordinairement une seconde qui se nomme *Revision* ou *Vérification,* et ce n'est qu'après l'examen de celle-ci qu'a lieu l'impression de l'ouvrage. Le tableau ci-contre indique les signes de convention usités pour la correction des épreuves; nous l'empruntons à l'excellent *Manuel typographique* de Brun.

La correction des épreuves est une des opérations les plus importantes de l'art typographique: c'est de ce travail que dépendent en partie la bonté des éditions et la réputation des établissements. Malheureusement, il est bien rare que les conditions qui font le parfait correcteur se trouvent réunies dans la même personne. « Si le correcteur n'est que typographe, dit Paul Dupont, ou, en termes du métier, s'il a l'*œil typographique,* il rectifiera les fautes matérielles commises par le compositeur, mais il ne relèvera pas les erreurs plus moins manifestes qui se sont glissées dans la copie: par ex., un nom historique mal écrit, une date évidemment fausse. Quoique, rigoureusement parlant, ces irrégularités ne puissent être imputées qu'à la négligence de l'auteur, un correcteur instruit doit les faire disparaître. Si le correcteur n'est qu'érudit et que la pratique de la typographie lui manque, il ne laissera point passer un solécisme, un anachronisme; mais les bourdons, les doublons, les coquilles, lui échapperont. » Ajoutons que l'exécution précipitée des travaux typographiques est une cause inévitable d'incorrections; or cette précipitation elle-même est souvent une nécessité des publications.

II. *Gravure.* — Dans le commerce des estampes, le mot *Épreuve* a deux significations différentes. Dans le premier sens, il désigne les essais que le graveur fait tirer à mesure qu'il avance dans son travail, afin de juger de l'effet produit par les parties déjà exécutées. Dans la gravure à l'eau-forte, par exemple, quand l'acide nitrique a suffisamment mordu sur le cuivre, on en fait ordinairement exécuter quelques essais que l'on nomme *épreuves de l'eau-forte.* De même, dans la gravure en taille-douce, lorsque l'artiste a ébauché la planche avec le burin, c.-à-d. y a légèrement indiqué presque tous les détails de son œuvre, il fait tirer d'autres essais qu'on appelle *premières épreuves,* et, pour désigner le point où il en est de son travail, il dit qu'*il est aux premières épreuves.* — Dans un autre sens, on donne le nom d'*épreuves* à tous les exemplaires produits par l'impression d'une planche gravée entièrement terminée. Dans cette nouvelle acception, le terme de *premières épreuves* désigne les estampes obtenues au commencement du tirage. On dit qu'une é. est *bonne* ou *mauvaise,* suivant qu'elle a été bien ou mal imprimée; qu'elle est *grise,* quand elle provient d'une planche qui commence à s'user; qu'elle est *neigeuse,* quand la planche étant un peu ratée usée, les tailles ne retiennent plus le noir d'une manière continue; qu'elle est *boucuse,* lorsque la planche a été mal essuyée par l'imprimeur ou trop chargée, etc. Les premières épreuves étant en général les plus belles et les

TABLEAU

DES

SIGNES TYPOGRAPHIQUES

EMPLOYÉS

POUR LA CORRECTION DES ÉPREUVES

Valeur des Signes.	Texte à corriger.	Signes.
Lettres et Mots à changer......	L'invention de l'imprimerie n'est pas aussi moderne qu'on le dit communément. A la Chine, l'impression tabellaire est en usage depuis plus de 1600 ans; les Grecs et les Romains connaissaient les sigles, ou types mobiles; et les livres d'images, qui parurent au commencement du xv siècle, servirent de modeles aux essais tentés par Gutenberg, à Mayence, en 1450, sur des planches de bois fixes. Ces planches étant sujettes à se déjeter, cet homme industrieux, aidé de Fust, qu'il s'associa à cet effet, imagina de les clicher en métal; il fallait autant de planches qu'il y avait de pages à imprimer; ce moyen lent et pénible, dont à l'impossibilité leur suggéra l'idée de sculpter les lettres de l'alphabet sur des tiges mobiles. Il leur restait à ces tiges une parfaite égalité de corps et de hauteur, capable de les maintenir sous les efforts de la presse; ils ne purent y parvenir que par des moyens irréguliers, lorsque Schœffer trouva celui de les fondre dans des moules, ou matrices; et, par cette ingénieuse découverte, donna enfin la vie à l'art typographique. Abandonné aux ébauches tabellaires de Gutenberg, l'art n'eût probablement pas été au delà; et, sous le rapport de la mobilité des types, bien connue avant lui, nous ne lui devons presque rien, car elle ne lui permit de rien exécuter; l'existence de la typographie ne date donc véritablement que de la connaissance de la matrice-poinçon, puisque c'est par elle seule qu'on multiplie à l'infini des types mobiles et parfaitement proportionnés; or le mérite de cette invention est entièrement dû à p. schœffer	

plus recherchées, on a imaginé, pour les distinguer des autres, de les tirer avant de graver l'inscription qui explique le sujet : c'est ce qu'on appelle *épreuves avant la lettre*. Quelquefois même on procède à leur tirage avant la gravure du nom du peintre et de celui du graveur, qui sont habituellement placés au bas de l'estampe, l'un à droite, l'autre à gauche. Les épreuves tirées dans ces conditions sont dites *avant toute lettre*. Enfin, l'imagination fertile des marchands a encore inventé d'autres distinctions, dont ils savent tirer un parti fort avantageux : telles sont les *épreuves avec la lettre blanche*, les *épreuves avec la lettre grise*, et les *épreuves avec la remarque*. Dans les premières, appelées aussi *épreuves avec la lettre tracée*, les lettres de l'inscription sont simplement gravées au trait ; dans les secondes, l'intérieur des lettres est rempli par des tailles simples (lorsque ces tailles ont été croisées, on a *la lettre noire* des épreuves ordinaires). Enfin, les épreuves avec la remarque sont celles où il existe quelque faute qui a été corrigée plus tard. Cette faute semble donc attester que l'estampe où elle se trouve est l'une des premières que l'on ait tirées. Il y a aussi les *épreuves avec remarque d'artiste*, c.-à-d. avec un petit motif quelconque gravé dans la marge.

ÉPROUVER. v. a. (R. *prouver*). Essayer une chose pour s'assurer qu'elle a telle ou telle qualité. *E. un canon, une arme à feu, une machine, une cuirasse. C'est un remède que j'ai éprouvé.* || Se dit aussi des personnes, de leurs sentiments, etc. *Il faut é. cet homme avant de lui donner votre confiance. E. la probité, la fidélité, la sagesse,* etc., *de quelqu'un. E. son esprit, son savoir.* || Ressentir, connaître par expérience ; se dit tant au sens phys. qu'au sens moral. *On éprouve sur cette montagne un froid rigoureux. E. une sensation de bien-être. E. de la douleur, des peines, du chagrin, de l'ennui, de la contrariété, de la joie, etc. E. de l'amour, de l'amitié pour quelqu'un. E. la bonne et la mauvaise fortune. E. des malheurs.* || Par anal., se dit des changements, des variations, des altérations, etc., qu'arrivent aux choses. *Cette substance éprouve une décomposition complète quand on la soumet à l'action du feu. Les variations qu'éprouve le prix des blés. Sa conduite, son caractère, en éprouva un changement notable. Ce pays a éprouvé de fréquentes révolutions.* = **s'Éprouver.** v. pron. Être éprouvé. || Se mettre soi-même à l'épreuve. = **Éprouvé, ÉE.** part. *Un homme d'une fidélité, d'une vertu, d'une valeur éprouvée.*

ÉPROUVETTE. s. f. T. Chir. Espèce de sonde. || T. Techn. Appareil dans lequel on fait des essais sur de petites quantités de matière. — Sorte de pivot qu'on réserve au bout d'un rasoir, pour le casser après la trempe et connaître la qualité de l'acier. — T. Métall. Barres de fer que l'on place dans le fourneau de cémentation pour connaître le degré de carburation du fer dans les caisses. — *E. à ressort*, Appareil employé pour éprouver les poudres de chasse. — Sorte de louge servant à déterminer la quantité de vin qui reste dans un tonneau. — Cuiller de fer dans laquelle on fond l'étain pour juger de sa qualité.

Les chimistes nomment ainsi un tube de verre large, mais en général de longueur médiocre, qui est fermé à l'une de ses extrémités, et dont ils se servent pour recueillir les gaz. A cet effet, on remplit l'é. d'eau ou de mercure, et on la maintient renversée dans une cuvette pleine du même liquide. Introduisant alors dans sa partie supérieure, c.-à-d. vers son fond, l'extrémité du tube recourbé par lequel le gaz doit arriver, on voit ce dernier, à mesure qu'il se dégage, s'élever dans l'intérieur de l'é. et en chasser l'eau ou le mercure, dont il prend la place. Ce procédé, si simple et si commode pour recueillir les gaz, a été imaginé, en 1719, par Moitrel d'Élément. — En physique, l'é. est une sorte de baromètre raccourci qui se place dans le récipient d'une machine pneumatique pour mesurer la pression de l'air qui reste quand on fait le vide. — Dans le commerce, on désigne quelquefois sous ce même nom diverses espèces d'aréomètres, parce que ces instruments servent à *éprouver*, c.-à-d. à constater la qualité, et particulièrement la densité des liquides. — Dans l'artillerie, on appelle encore ainsi une sorte de mortier qui sert à déterminer la force de la poudre. — Dans l'industrie, on appelle é. un prélèvement, un échantillon de matière que l'on prend sur une masse plus considérable pour en éprouver la résistance, la composition, les qualités, etc.

ÉPROUVEUR. s. m. Celui qui est chargé de faire l'épreuve des armes à feu.

EPSILON. s. m. (gr. ἔψιλον, m. s., de ἔ, et ψιλόν, menu). T. Gramm. grecque. Nom de l'*E* bref chez les Grecs ; cinquième lettre et deuxième voyelle de leur alphabet.

EPSOM, v. à 22 k. de Londres, célèbre par ses courses de chevaux (voy. Derby) et ses eaux minérales (sulfate de magnésie).

EPSOMITE. s. f. Sel d'Epsom, sulfate de magnésie hydraté (46 parties de magnésie, 51 d'eau et 33 d'acide sulfurique anhydre) qui se rencontre dans certaines eaux minérales, notamment à Epsom, à Sedlitz, à Pullna.

EPTACORDE, EPTAGONE. Voy. Heptacorde, etc.

EPTE, petite riv. de France, passe à Gisors et se jette dans la Seine. Elle servait de limite à la Normandie et à l'Ile-de-France ; 100 k.

ÉPUCER. v. a. Oter, chasser les puces. *E. un chien.* Fam. = **s'Épucer.** v. pron. *Un chat qui s'épuce.* Fam. == **Épucé, ÉE.** part. == Conj. Voy. Avancer.

ÉPUCHE. s. f. (R. *puch*, anc. forme de *puits*). Pelle pour enlever la tourbe.

ÉPUISABLE. adj. 2 g. Qui peut être épuisé. Peu us.

ÉPUISANT, ANTE. adj. Qui est propre à épuiser.

ÉPUISEMENT. s. m. Action d'épuiser en tout ou en partie les eaux amassées en quelque endroit ; le résultat de cette action. *On travaille depuis plusieurs jours à l'é. des eaux de la mine. Les machines à é. seront décrites au mot Noria.* || Fig., La perte des forces qui résulte d'une déperdition considérable des fluides organiques, d'excès de travail ou de débauche, de privations, etc. ; l'état d'une personne épuisée. *Les études, les excès lui ont causé un grand é. On l'a tant saigné, qu'il est tombé dans un é. dont il a peine à revenir. Les jeûnes et les veilles l'ont jeté dans l'é.* || Fig., se dit encore des finances lorsqu'elles ont été épuisées par des dépenses excessives. *L'é. des finances ne permettrait pas d'avoir de grandes armées.* = Syn. Voy. Abattement. **Chim.** — Opération qui consiste à séparer, par l'action prolongée d'un dissolvant, les parties solubles contenues dans un mélange. Pour arriver rapidement à épuiser une substance avec le moins de dissolvant possible, on emploie avec avantage le digesteur de Payen. Voy. Digesteur.

ÉPUISER. v. a. (R. *puiser*). Tarir, mettre à sec. *É. une fontaine à force d'en tirer de l'eau. É. un étang pour le mettre en culture.* || Par anal., se dit du sang et de tout ce qui contribue à l'entretien des forces naturelles. *On l'a tant saigné qu'on l'a épuisé de sang. Les débauches ont épuisé ses forces. L'habitude de fumer lui a épuisé la poitrine.* — Figur., *É. la patience de quelqu'un,* La lasser. || *É. un sol,* une terre, En absorber tous les principes nécessaires à la végétation. *Le lin épuise le sol. Il faut alterner les cultures pour ne pas é. la terre.* — *É. une mine,* Extraire tout le minerai qu'elle contient. || Fig., Dégarnir entièrement, vider. *É. une province d'hommes et d'argent. É. un sac d'argent. É. la bourse de quelqu'un. É. le trésor public.* — Consommer, détruire complètement. *Ils eurent bientôt épuisé leurs provisions. Lorsque les soldats eurent épuisé leurs munitions. É. les richesses d'un pays.* — Par anal., *J'ai épuisé toutes les voies de douceur. Il a épuisé tous les plaisirs, toutes les jouissances de la vie. Il épuisa en vain toutes les ressources de son art.* — *É. une matière,* Ne rien oublier de tout ce qui peut être dit sur la matière qu'on traite. || Fig., *C'est un homme qu'on ne saurait é.,* c'est un homme qui a des connaissances approfondies sur toutes sortes de matières. == **s'Épuiser.** v. pron. S'emploie dans la plupart des cas ci-dessus indiqués. *Cette source s'est épuisée. S'é. à force de travail, par ses débauches. S'é. en efforts inutiles. Cette terre s'épuise, il faut la fumer copieusement. Nos finances s'épuisaient rapidement. Nos provisions, nos ressources commençaient à s'é.* == **Épuisé, ÉE.** part. *Une source épuisée. Un homme é. Un sol épuisé. Une mine épuisée.* || Fig., *Un esprit épuisé, une imagination épuisée,* Qui ne peut plus rien produire de nouveau.

ÉPUISETTE. s. f. [Pr. *épui-zè-te*]. Sorte d'écope, pour ôter l'eau d'un bateau. || Filet pour prendre les petits oiseaux dans une volière. || T. Pêche. Petit filet monté sur un cerceau et attaché à un long manche de bois.

ÉPUISEUR. s. m. Celui qui épuise.

ÉPUISE-VOLANTE. s. f. Moulin à vent pour épuiser les eaux d'un endroit que l'on veut mettre à sec.

ÉPULIDE ou **ÉPULIS.** s. f. (gr. ἐπουλίς, m. s., de ἐπὶ, sur, οὖλον, gencive). T. Méd. Tumeur charnue développée sur les gencives. Voy. GENCIVE.

ÉPULON. s. m. (lat. *epulæ*, festins). T. Antiq. rom. — Dans l'ancienne Rome, on appelait *Épulons* (*epulones*) des prêtres spécialement chargés du soin des banquets que l'on offrait aux dieux dans certaines fêtes religieuses. Ils furent créés l'an 556 de Rome (198 av. J.-C.) pour remplacer les Pontifes, à qui ce soin avait été jusqu'alors dévolu. Il n'y eut d'abord que 3 Épulons, et c'est pour cela qu'on leur donna le nom de *Triumvirs épulons;* mais, sous Sylla, leur nombre ayant été porté à 7, on leur appliqua la dénomination de *Septemvirs épulons.* Les Épulons formaient un des quatre grands collèges sacerdotaux de Rome (les trois autres étaient ceux des Pontifes, des Augures et des *Quindecemvirs*). Ils étaient élus à vie, tantôt par les comices, tantôt par le collège lui-même.

ÉPULOTIQUE. adj. 2 g. et s. m. (gr. ἐπὶ, sur; οὐλή, cicatrice). T. Pharm. Qui favorise la cicatrisation. Inus.

ÉPURATEUR. s. m. Appareil au moyen duquel on opère l'épuration des liquides ou des gaz. || Partie des machines à papier continu, destinée à l'épuration de la pâte.

ÉPURATION. s. f. [Pr. ...*sion*]. Action d'épurer. *L'é. des métaux. L'é. de l'huile.* || Au sens moral, *L'é. des mœurs. É. de la langue. É. du théâtre.* || Fig., *É. d'une compagnie, d'un corps,* Exclusion donnée à quelques-uns de ses membres, par le motif ou sous le prétexte qu'ils sont indignes d'en faire partie.

ÉPURATOIRE. adj. Qui sert à épurer.

ÉPURE. s. f. (R. *pur*). T. Géom. Dess., Archit., Constr. Une *É.* est un dessin au trait, tantôt de grandeur naturelle, tantôt réduit suivant une échelle de convention, que les architectes, les ingénieurs et les constructeurs de machines dressent avec soin pour servir de modèle aux ouvriers chargés d'exécuter leurs plans. Les épures de bâtiment se tracent ordinairement sur une aire bien nivelée ou sur un pan de muraille, et l'on y indique quelquefois les profils par des parties en relief moulées en plâtre ou faites de bois. Le tracé des épures exige la connaissance de la théorie des projections, puisqu'il faut établir sur le papier ou sur toute autre surface l'ensemble des lignes destinées à représenter la forme des objets qu'il s'agit d'exécuter. — Dans les écoles on appelle *é. un dessin* que l'on fait exécuter aux élèves d'après les règles de la géométrie descriptive et qui constitue un exercice pratique dans l'enseignement de cette science. Voy. GÉOMÉTRIE *descriptive.*

ÉPUREMENT. s. m. Action d'épurer, état de ce qui est épuré. — Fig., Se dit de la pureté morale.

ÉPURER. v. a. (R. *pur*). Rendre pur, rendre plus pur. *É. un sirop. É. de l'huile. É. le sang.* || Fig., *É. la langue,* La rendre plus correcte ou plus polie. On dit de même, *É. son style.* — *É. un auteur,* Retrancher des ouvrages d'un auteur ce qu'il peut y avoir de trop libre. — *É. le théâtre,* En bannir tout ce qui peut blesser les bonnes mœurs et les bienséances. — *É. les mœurs,* Faire qu'elles soient plus pures, plus régulières. — *É. le goût,* Le rendre plus sûr et plus délicat. — *É. le cœur, l'âme, les sentiments,* etc., Chasser de l'esprit et du cœur les pensées, les sentiments contraires à la droiture. — s'Épurer, v. pron. Devenir plus pur, *Cette liqueur commence à s'é. L'or s'épure dans le creuset. La langue commençait à s'é. La vertu s'épure dans le malheur. Le goût s'épure par de bonnes lectures.* — *É. l'eau,* Rendre à une eau corrompue les qualités nécessaires pour qu'elle soit potable. = ÉPURÉ, ÉE. part. || *Des sentiments épurés, des intentions épurées,* Des sentiments nobles et détachés de tout intérêt. = Syn. Voy. PURIFIER.

ÉPURGE. s. f. (R. *purger*). T. Bot. Nom vulgaire de l'*Euphorbia lathyris,* appelée aussi *Catapuce.* Voy. EUPHORBIACÉES.

ÉPYORNIS. s. m. T. Ornith. Mauvaise orthographe d'*Æpyornis.* Voy. ce mot.

ÉQUANIME. adj. [Pr. é-koua-ni-me} (lat. *æquanimus,* m. s.). Dont l'humeur reste égale. Peu us.

ÉQUANT. s. m. [Pr. é-kouan] (lat. *æquans,* qui égale). T. anc. Astron. Cercle excentrique à la terre qu'on supposait parcouru par une planète.

ÉQUARRÉ. s. m. [Pr. éka-ré] (R. carré). T. Charpent. Carré tracé dans le cercle qu'offre la section d'un tronc d'arbre afin d'équarrir celui-ci.

ÉQUARRIER. v. a. [Pr. éka-rier] (R. carré). T. Techn. Couper les barbes du parchemin. || Dresser la cire des flambeaux.

ÉQUARRIR. v. a. [Pr. éka-rir] (lat. *quadrare,* m. s.). Tailler, couper à angles droits. *É. une poutre, une pierre. É. une glace.* || Rendre carré. *É. un arbre.* || T. Menuis. Rafraîchir les rives, redresser l'épaisseur des battants, refaire les rainures, etc. || T. Techol. *É. un trou,* L'agrandir avec l'équarrissoir. || Dépecer un animal mort ou qu'on abat. = ÉQUARRI, IE. part.

ÉQUARRISSAGE. s. m. [Pr. éka-ri-sa-je]. T. Charpent. État de ce qui est équarri. *Cette poutre a quinze pouces d'é.,* Elle a quinze pouces de largeur et autant de hauteur ou d'épaisseur. — *Bois d'é.,* Bois qui doit avoir au moins six pouces de largeur et d'épaisseur. || L'action d'abattre, d'écorcher les bêtes de somme ou de trait hors de service, comme les chevaux, les ânes, ainsi que les animaux qui ne sont pas destinés à la nourriture de l'homme.

ÉQUARRISSEMENT. s. m. [Pr. éka-ri-seman]. Action d'équarrir une pierre, etc., ou, L'état de ce qui est équarri. *L'é. d'une poutre. Tailler une pierre en é.* || T. Maçonn. Manière de tracer les faces des pierres sans le secours des panneaux.

ÉQUARRISSEUR. s. m. [Pr. éka-ri-seur]. Celui qui fait métier de tuer et d'écorcher les bêtes de somme ou de trait. || Celui qui équarrit le bois. || Ouvrier carrier chargé d'équarrir et de parer la pierre à mesure qu'elle est détachée de la masse.

ÉQUARRISSOIR. s. m. [Pr. éka-ri-soir]. T. Techn. Outil dont se servent les horlogers et les mécaniciens pour agrandir les trous déjà pratiqués dans le cuivre ou dans le fer. *L'é. est une aiguille d'acier trempé dont l'extrémité, légèrement conique, présente plusieurs faces tranchantes.* || Lieu où l'on abat les bêtes de somme et de trait.

ÉQUASILLEMENT. s. m. [Pr. éka-zi-lle-man, ll mouillées]. T. Bouch. État du bœuf qui s'équasille.

ÉQUASILLER (S'). v. réfl. [Pr. éka-zi-ller, ll mouillées]. T. Bouch. Se dit du bœuf dont les muscles et tendons se déchirent quand il tombe sous le coup du marteau.

ÉQUATEUR. s. m. [Pr. é-koua-teur] (lat. *æquare,* rendre égal). T. Astr., Géogr. et Géom.
Géogr. astr. — On appelle *É. terrestre* ou simplement *Équateur,* le grand cercle de la sphère terrestre qui est perpendiculaire à l'axe de la terre. Il passe à égale distance des deux pôles, c.-à-d. des deux extrémités de cet axe. On désigne souvent l'é. terrestre sous le nom de *Ligne équinoxiale,* ou simplement de *Ligne.* Le plan de l'é. terrestre prolongé coupe la sphère céleste suivant un grand cercle qu'on appelle *É. céleste,* et l'axe de la Terre, perpendiculaire au plan de l'é. coupe la sphère céleste en des points qui sont les *Pôles célestes.* La terre et le ciel se trouvent ainsi tous les deux partagés en deux *hémisphères* nommés suivant leur position, l'un hémisphère *septentrional* ou *boréal,* l'autre hémisphère *méridional* ou *austral.* Ce cercle a été appelé *é.,* du latin *æquare,* égaler, parce que, lorsque le soleil se trouve dans son plan, les jours et les nuits sont d'égale longueur sur toute la surface de la terre. Pour la même raison, l'é. est appelé

quelquefois *Ligne équinoxiale* (lat. *æquus*, égal; *nox*, nuit). Les cercles de latitudes sont parallèles à l'é. et vont en diminuant de là jusqu'aux pôles. Les cercles de longitudes

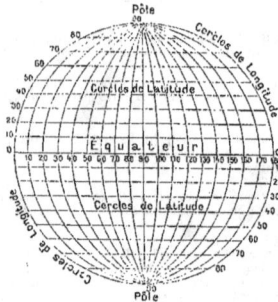

sont des grands cercles perpendiculaires à l'é. et passant par les pôles. — *E. magnétique*, Lieu des points du globe terrestre où l'inclinaison magnétique est nulle. Voy. MAGNÉTISME.

Géom. — En géométrie, on donne le nom d'é. au parallèle d'une surface de révolution le long duquel les plans tangents sont parallèles à l'axe, lorsque le plan de ce parallèle est un plan de symétrie. — *E. d'un aérostat*, Le cercle qui en marque le milieu.

ÉQUATEUR. On donne le nom d'*Équateur* à un État qui s'est formé en 1830, à la hauteur de l'é. terrestre, sur la côte occidentale de l'Amérique du Sud, d'une partie des colonies espagnoles insurgées contre la métropole et devenues indépendantes. Il est borné au N. par la Colombie (Voy. la CARTE D'AMÉRIQUE) et le Vénézuela, à l'E. par le Brésil, au S. par le Pérou, à l'O. par l'Océan Pacifique. Ses côtes s'étendent au pied de la Cordillère des Andes, entre le 2e degré nord et le 3e degré sud; mais sa frontière méridionale atteint, dans l'intérieur des terres, du 4e au 5e degré austral, et son extrémité orientale forme une pointe sur l'autre versant des montagnes, dans le bassin de l'Amazone, environ jusqu'au 72e degré ouest du méridien de Paris. L'étendue de son territoire est évaluée à environ 700,000 kilomètres carrés.

Le littoral baigné par l'Océan Pacifique est hérissé de caps importants (la Galera, le Pasado, le S. Lorenzo, le S. Elena); à son extrémité méridionale s'ouvre le large et profond golfe de Guayaquil, qu'obstrue en partie l'importante île Puna. A plus de 1,000 kilomètres en mer, sous l'é. même, et par 90e de

longitude occidentale, se groupe l'archipel des Galapagos, qui appartient à l'É. et dont la principale est l'île Albemarle.

La Cordillère, qui commence à se dresser au bord même de l'Océan, ne laisse de place, de ce côté, pour aucun cours d'eau important. Les pics les plus importants de la Cordillère, dans sa traversée de l'É., sont le Pichincha et le Chimborazo; ce dernier, haut de 6,830 mètres au-dessus du niveau de la mer. Les volcans y sont nombreux.

Sur le versant oriental s'étendent à l'infini les plaines de la rive gauche du haut Amazone ou Marañon, que sillonnent de nombreux affluents du grand fleuve : le Marona, la Pastazza, le Napo, l'Ica ou Putumayo, le Caqueta. Les limites de ces régions sont très imprécises. Beaucoup de ces territoires sont contestés avec les républiques limitrophes; mais, d'après les données qui semblent les mieux fondées, la frontière sud longe l'Amazone et la frontière nord est marquée par le Putumayo.

La vie politique et commerciale du pays est du reste tout entière concentrée sur le littoral du Pacifique et dans la région montagneuse, où règne, à une altitude minimum de 1,000 mètres, un printemps éternel, alors que les plaines basses de l'ouest subissent un des climats les plus torrides du globe. Les villes principales sont : Quito (80,000 hab.), capitale, près du Pichincha; Guayaquil (45,000 hab.), le seul véritable port de la côte, et Cuenca (25,000 hab.) dans la Cordillère.

La région de l'É. fut découverte en 1524 par l'aventurier espagnol Francesco Pizarre. Elle faisait alors partie, avec le Pérou, d'un vaste empire indien peau-rouge, fondé par l'Inca Manco-Capak, et qui était arrivé au plus haut degré de civilisation de toutes les races indigènes du Nouveau-Monde. L'or et l'argent y abondaient et servaient à peu près à toutes les fabrications. Le fer, par contre, y était inconnu. Détail scientifique, les Incas avaient des obélisques et des gnomons qui marquaient les équinoxes et les solstices, et leur année était de 365 jours. Ces peuples adoraient le soleil.

Pizarre se présenta devant Quito avec 250 fantassins, 60 cavaliers et 12 canons. Le roi d'alors, Atahualpa ou Atabaliba, qu'il voulait convertir, l'attaqua avec 40,000 hommes armés de piques d'or et d'argent, fut vaincu, fait prisonnier sur son trône d'or et chargé de chaînes. Les Incas faisaient connaissance avec le fer. Ils firent aussi celle du christianisme. Les Espagnols, gorgés de richesses, imposèrent le baptême aux chefs peaux-rouges, puis les étranglèrent et les brûlèrent. On les fit, il est vrai, marcher au supplice accompagnés de moines, et ceux-ci élevèrent quelquefois la voix en faveur des vaincus auprès des rois d'Espagne, mais ce fut toujours en vain. Plus tard, Gonzalez Pizarre, frère de Francesco, explora le premier le versant oriental de la Cordillère avec 350 soldats et 4,000 Indiens, descendit dans les plaines, se creusa à la hache une voie à travers les forêts vierges, traversa des marais putrides et atteignit les rives du Napo. De là, son lieutenant Orellana gagna l'Amazone et le descendit sur toute la longueur de son cours, rapportant en Europe la légende de l'El-Dorado.

A partir de ce moment, l'histoire de la région de l'É. se confond avec celle des autres colonies espagnoles de l'Amérique du Sud. Elle fit partie de la vice-royauté de la Nouvelle-Espagne, aujourd'hui Nouvelle-Grenade ou Colombie. Charles-Quint avait eu beau proclamer les indigènes libres et sujets de la couronne, les colons les réduisirent en esclavage, leur firent creuser des mines, les traitant avec la dernière cruauté, les exterminant par milliers et dépeuplant le pays, à tel point qu'il fallut bientôt faire venir des nègres achetés sur la côte d'Afrique pour continuer l'exploitation des richesses minières du sol.

Il se créa dès lors six types différents : les *Créoles;* les *Cholos*, métis de blancs et d'Indiens; les *Muldtres*, métis de blancs et de nègres; les *Nègres;* les *Zambos*, métis de nègres et d'Indiens; enfin, les *Indiens*, dont les villages furent gouvernés par des *Caciques*, descendants des anciens chefs.

Les blancs et les métis s'adonnant exclusivement à l'exploitation des mines, la terre ne fut cultivée que par

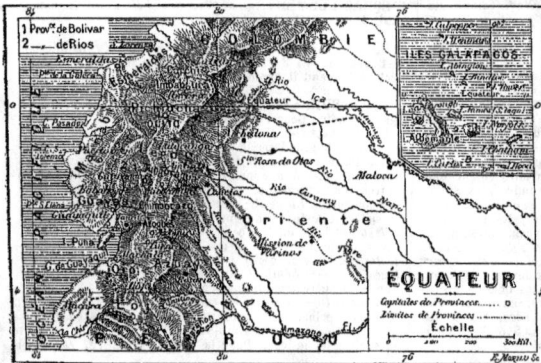

ÉQUATEUR
Capitales de Province...... ○
Limites de Province ----
Échelle

les Indiens; et la métropole s'étant réservé le monopole de l'industrie et du commerce, les colonies ne purent trafiquer ni avec les autres puissances, ni même entre elles, de sorte que, pendant près de quatre siècles, elles allèrent s'appauvrissant de jour en jour.

Des insurrections en résultèrent, d'abord sans effet; mais en 1810, les Cortès espagnoles ayant élaboré une constitution et n'ayant attribué aux colonies qu'un représentant par million d'habitants, alors qu'en Espagne il y en avait un par 50,000 âmes, la révolte éclata à Quito, comme à Caracas et Santa-Fé, et ce fut le commencement de dix années de lutte dont l'intrépide Bolivar fut le héros et à la fin le triomphateur. A sa mort, survenue en 1830, les provinces qu'il avait réunies en 1820 sous le nom de Colombie, se séparèrent en trois républiques : Vénézuela, Nouvelle-Grenade et Équateur (en espagnol Ecuador).

La république de l'É. est gouvernée par un président élu pour quatre ans et deux Chambres. Depuis sa création, la lutte entre les deux partis, le démocrate et le clérical, ensanglanta souvent le pays, et nombre de présidents, des généraux surtout, conquirent le pouvoir à la faveur de la guerre civile.

Le pays produit surtout des métaux : l'or, l'argent, le cuivre, le soufre, le cinabre; comme cultures, avant toute chose, le cacao, puis le café, le tabac, le coton, le riz, le sucre, la vanille, le quinquina, le caoutchouc; enfin, les bois, les teintures, l'asphalte, la gomme et les cuirs. Mais le commerce y est très peu développé. L'importation est évaluée à 9,000,000 de piastres; l'exportation à 8,000,000 de piastres; la piastre valant 2 fr. 50.

La république est divisée en 17 provinces : Bolivar, Rios, Guayas, Manabi, Esmeraldas, Carchi, Imbabura, Pichincha, Leon, Tinguragua, Chimborazo, Azagues, Oro, Azuay, Loja, Oriente, et enfin Galapagos.

La population est évaluée à 1,200,000 ou 1,500,000 hab., dont 600,000 blancs, 100,000 métis de toutes sortes et nègres, le reste indien.

ÉQUATION. s. f. [Pr. é-koua-sion] (lat. æquare, égaler). T. Algéb. Voy. plus bas. || T. Astron. Correction qu'il faut faire subir à certaines quantités. *E. du centre.* Voy. PLANÈTE. — *E. personnelle,* Correction particulière à chaque observateur. Voy. MÉRIDIEN. — *E. du temps,* Différence entre le temps vrai et le temps moyen. Voy. TEMPS.

Alg. — 1. *Des équations en général.* — On désigne d'une manière générale, sous le nom d'*Égalité,* l'ensemble de deux quantités séparées par le signe = qu'on énonce *égale.* Les égalités peuvent être vraies ou fausses. Celles qui ne sont vraies que pour certaines valeurs particulières des lettres qu'elles renferment sont appelées *Équations;* tandis que celles qui sont vraies quelles que soient les valeurs des lettres qu'elles contiennent, sont nommées *Identités.* Ainsi

$$(x + 2) (x - 2) = x^2 - 4$$

est une identité, parce qu'elle est vraie quelle que soit la valeur qu'on attribue à x, tandis que

$$(x + 2) (x - 2) = x^2 + x - 5$$

est une é. parce qu'elle n'a lieu que pour la valeur particulière $x = 1$.

Les quantités séparées par le signe de l'égalité se nomment les *Membres* de l'é. ou de l'identité. On appelle *Inconnues* d'une é. les lettres qui doivent recevoir des valeurs particulières pour que l'égalité soit vraie. On dit qu'une é. est *numérique,* lorsque les inconnues n'y sont combinées qu'avec des nombres donnés; on l'appelle *littérale,* lorsque des quantités connues y sont représentées par des lettres. Ainsi l'é.

$$2x - \frac{4}{5} = y + 2$$

est numérique, et

$$2ax - 5 = 4y + 47b$$

est une é. littérale. En général, les quantités inconnues d'une é. sont représentées par les dernières lettres de l'alphabet, x, y, z, et, pour les distinguer des quantités connues que l'on représente par les premières lettres de l'alphabet ou par des nombres.

Résoudre une é., c'est trouver les valeurs qu'il faut donner aux inconnues pour que l'é. soit vérifiée ou, ce qui revient au même, pour que l'é. devienne une identité. Lorsque l'é. proposée ne renferme qu'une seule inconnue x, on donne le nom de *Racines* aux quantités qui, *substituées à* x, *vérifient l'é.,* c.-à-d. aux quantités qui rendent les deux membres identiques. Ainsi, l'é.

$$x^2 + 6 = 5x$$

a pour racines les nombres 2 et 3. Si des équations renferment à la fois plusieurs inconnues x, y, z..., on donne le nom de *Solutions* aux systèmes de valeurs qui *satisfont* à ces équations. Par ex., le système des deux équations

$$x^2 + 3xy = 4$$
$$2xy + y^2 - x = 2,$$

admet les deux solutions :

$$x = 1, y = 1$$

et

$$x = -2, y = 0.$$

On classe les équations d'après le degré de la plus haute puissance de l'inconnue ou des inconnues. Ainsi, une é. est dite du *premier,* du *second,* du *troisième,* du *quatrième degré,* etc., selon que les inconnues s'y trouvent à la première puissance, à la seconde, à la troisième, etc. Par ex., l'é. $2x - 3y = 1$ est du premier degré; $3x^2 + 7xy = 4y^2 - 5$ est du second degré, etc. Autrefois les équations du second, du troisième et du quatrième degré étaient appelées équations *quarrées* ou *quadratiques,* équations *cubiques* et équations *biquadratiques.* Bien que ces dénominations aient vieilli, nous les avons conservées dans ce Dictionnaire, afin de pouvoir renvoyer à chacun de ces termes ce qu'il y avait à dire sur chacune de ces équations particulières. Les équations du 1er degré sont dites *linéaires.* — On appelle encore é. *binôme* toute é. qui n'a que deux termes. Voy. BINÔME. Enfin, on distingue les équations *algébriques* des équations *transcendantes.* Sous le nom d'équations algébriques on comprend toutes celles dans lesquelles les inconnues auxquelles sont soumises les inconnues sont seulement l'addition, la soustraction, la multiplication, l'élévation à une puissance entière et l'extraction d'une racine. Toutes les autres, où les inconnues se trouvent engagées dans des opérations plus compliquées sont appelées *transcendantes.* Nous ne traiterons ici que des équations algébriques à une seule inconnue de degré quelconque. Pour les équations des 1er, 2e, 3e ou 4e degré, voy. LINÉAIRE, QUADRATIQUE, CUBIQUE et BIQUADRATIQUE. — Pour les équations de degré supérieur à plusieurs inconnues, voy. ÉLIMINATION. — Quant aux équations transcendantes, on ne peut formuler à leur égard aucune théorie générale.

II. *Équations algébriques à une seule inconnue.* — La théorie des équations algébriques a donné lieu, depuis plus de deux siècles, à un nombre considérable de travaux : les plus grands géomètres y ont apporté leur contribution, et il nous est impossible même de résumer l'histoire de leurs découvertes successives, pas plus que de présenter un simple aperçu de l'ensemble d'une théorie qui demanderait plusieurs volumes pour être développée complètement. L'importance de cette théorie sera du reste facilement comprise, si l'on réfléchit que tout problème traité par l'algèbre se ramène en définitive à la résolution d'une é., de sorte que la résolution des équations numériques est le but final de toute l'algèbre pratique. Nous nous bornerons ici à indiquer les propositions les plus élémentaires, et encore, nous ne pourrons les démontrer toutes. Le lecteur qui voudrait plus de détails devra consulter un bon traité d'algèbre.

1° — *Ramener l'équation à la forme entière.* — Il peut arriver que l'é. donnée contienne des dénominateurs ou des radicaux. On fait disparaître les dénominateurs en multipliant toute l'é. par un polynôme, qui est divisible par chacun des dénominateurs. Par ex., soit l'é. :

$$(1) \qquad \frac{x-1}{x+1} + 2\frac{x+1}{x-1} = 1 + 2\frac{x^2+1}{x^2-1}.$$

On multipliera tous les termes par $x^2 - 1$, ce qui donne :

$$(2) \quad (x-1)^2 + 2(x+1)^2 = (x^2-1) + 2(x^2+1),$$

qui n'a plus de dénominateurs. Il convient de remarquer qu'en faisant cette opération, on risque d'introduire des solutions étrangères, c.-à-d. que l'é. (2) peut admettre des solutions qui ne vérifient pas l'é. (1). La discussion de cette question est assez délicate, nous ne pouvons nous y arrêter.

Il est presque évident qu'on ne change pas les solutions d'une équation si l'on ajoute une même quantité aux deux membres d'une é. Il en résulte qu'on peut faire passer un terme d'un membre dans un autre en ajoutant aux deux membres un terme égal au terme qu'on veut déplacer, changé de signe. Par ex., l'équation

$$A = B$$

deviendra

$$A - B = 0,$$

si l'on ajoute $-B$ aux deux membres. Ainsi, un terme peut être transporté d'un membre dans un autre, à condition qu'on en change le signe. En particulier, on peut faire passer tous

338

les termes dans un même membre, et l'autre membre deviendra nul. Ainsi, l'é. (2) devient, si l'on développe les calculs et qu'on fasse les réductions :

$$3x^2 + 2x + 3 = 3x^2 + 1,$$

et, si l'on fait passer $3x^2 + 1$ dans le premier membre et qu'on réduise :

$$2x + 2 = 0.$$

Si l'équation contient un radical, on fait passer ce radical dans un membre, et tous les termes dans l'autre; puis on élève les deux nombres à une puissance marquée par l'indice du radical. Ainsi, l'é.

$$x + \sqrt[3]{x - 1} = 2,$$

traitée de cette manière devient :

$$\sqrt[3]{x - 1} = 2 - x,$$

et

$$x - 1 = (2 - x)^3,$$

qui ne contient plus de radical.

Cette opération peut introduire des solutions étrangères dont la discussion exige certaines précautions sur lesquelles nous ne pouvons insister.

Par des méthodes analogues on peut faire disparaître jusqu'à trois radicaux *carrés* ; par ex., l'é. :

$$\sqrt{x - 1} + \sqrt{x - 2} = \sqrt{x + 1}$$

devient successivement :

$$(x - 1) + (x - 2) + 2\sqrt{(x - 1)(x - 2)} = x + 1,$$
$$2\sqrt{(x - 1)(x - 2)} = -x + 4,$$

et

$$4(x - 1)(x - 2) = (4 - x)^2,$$

qui ne contient plus de radicaux.

Pour les cas plus compliqués cette méthode simple ne réussirait plus ; mais il existe d'autres procédés qui permettent de faire disparaître les radicaux dans tous les cas, et de ramener toujours l'é. à la forme entière. Une fois cette réduction opérée, on pourra faire passer tous les termes dans le premier membre, réunir ensemble les termes contenant l'inconnue à la même puissance, et l'é. prendra la forme :

$$A_0 x^m + A_1 x^{m-1} + A_2 x^{m-2} + \ldots + A_{m-1} x + A_m = 0,$$

qui peut être considérée comme la forme la plus générale d'une é. algébrique. Il est, du reste, évident qu'on peut ramener à l'unité le coefficient de x^m en divisant toute l'é. par A_0.

2° — *Nombre des racines, racines égales.* — Nous avons montré au mot *divisibilité* que si un polynôme $f(x)$ s'annule quand on y remplace x par a, il est divisible par $x - a$. La réciproque est évidente, car on a, dans ce cas :

$$f(x) = (x - a) Q(x),$$

et, quand on fait $x = a$, le premier facteur du second membre, $x - a$, devient nul, tandis que le second $Q(x)$ prend une valeur bien déterminée. Nous avons aussi montré que si un polynôme $f(x)$ est divisible par plusieurs binômes du 1er degré différents, $x - a$, $x - b$, etc., il est divisible par leur produit. Il résulte immédiatement de là qu'une équation de degré m ne peut pas avoir plus de m racines, car autrement le premier membre, qui est de degré m, serait divisible par un produit de plus de m facteurs du premier degré, lequel serait d'un degré supérieur à m. Il est impossible d'aller plus loin si l'on ne considère que des racines réelles : mais l'introduction des quantités *imaginaires* (Voy. ce mot) permet de préciser bien davantage. D'Alembert a démontré le premier que toute équation algébrique admet au moins une racine réelle ou imaginaire de la forme $a + b\sqrt{-1}$. Si l'on désigne cette racine simplement par a, le premier membre $f(x)$ sera divisible par $x - a$, et l'on aura

$$f(x) = (x - a) f_1(x).$$

Le polynôme $f_1(x)$, qui est de degré $m - 1$, admettra lui-même une racine b, et l'on aura :

$$f(x) = (x - a)(x - b) f_2(x),$$

et ainsi de suite, jusqu'à ce qu'on arrive à un quotient du premier degré qui sera de la forme $A(x - l)$. Dès lors, le polynôme $f(x)$ sera décomposé en un produit de m facteurs du 1er degré :

$$f(x) = A(x - a)(x - b)(x - c) \ldots (x - l).$$

Ainsi, *tout polynôme entier est décomposable en un produit de m facteurs réels ou imaginaires du premier degré.*

Il en résulte immédiatement que l'é. $f(x) = 0$ admet les racines $x = a$, $x = b \ldots x = l$, et n'en admet pas d'autres.

Il peut arriver que plusieurs des quantités a, b, $c \ldots l$ soient égales entre elles. S'il y a p nombres égaux à a, ce qui revient

à dire que le polynôme $f(x)$ est divisible par $(x - a)^p$, et ne l'est pas par $(x - a)^{p+1}$, on dit qu'il y a p racines égales à a, ou encore que a est une *racine multiple d'ordre p.* On aura ainsi des racines doubles, triples, etc., quand le polynôme sera divisible par $(x - a)^2$, $(x - a)^3$, etc. Si alors on tient compte de l'ordre de multiplicité des racines, on peut dire que *toute é. algébrique de degré m admet m racines réelles ou imaginaires, distinctes ou confondues.*

On voit aussi que résoudre l'é. $f(x) = 0$, ou décomposer les polynôme $f(x)$ en facteurs du premier degré, ne constitue qu'un seul et même problème.

Si l'on met en évidence, au moyen d'exposants, le degré de multiplicité de chaque racine, on pourra mettre le premier nombre de l'é. sous la forme :

$$f(x) = A(x - a)^\alpha (x - b)^\beta (x - c)^\gamma \ldots$$

ou, en réunissant en une seule notation tous les facteurs, excepté le premier :

$$f(x) = (x - a)^\alpha \varphi(x).$$

Si alors on prend la dérivée, on aura :

$$f'(x) = (x - a)^{\alpha - 1} [\alpha \varphi(x) + (x - a)\varphi'(x)].$$

Comme $\varphi(x)$ ne s'annule plus pour $x = a$, le second membre est divisible par $(x - a)^{\alpha - 1}$ et non par $(x - a)^\alpha$. Si $\alpha = 1$, le premier facteur $(x - a)^{\alpha - 1}$ se réduit à l'unité et $f'(x)$ n'annule plus la dérivée. Donc :

Une racine simple de l'é. n'est pas racine de la dérivée, et une racine multiple d'ordre α est racine multiple d'ordre $\alpha - 1$ de l'é. dérivée.

On en conclut que les racines multiples sont les racines du plus grand commun diviseur de $f(x)$ et de sa dérivée, et l'on a déduit de ce théorème une règle qui permet de décomposer l'é. donnée en plusieurs autres dont chacune admet, en qualité de racines simples, toutes les racines d'un même ordre de multiplicité de l'é. proposée. Cette règle n'exige pas d'autres opérations que des divisions de polynôme.

On voit aussi que si une é. n'admet que des racines simples, elle n'a aucune racine commune avec sa dérivée ; les deux polynômes n'ont aucun facteur commun, on dit qu'ils sont *premiers entre eux.*

3° — *Relations entre les racines et les coefficients.* — On a vu que tout polynôme de degré m pouvait être décomposé en m facteurs réels ou imaginaires du premier degré. On a donc l'identité :

$$A_0 x^m + A_1 x^{m-1} + A_2 x^{m-2} + \ldots + A_{m-1} x + A_m =$$
$$A(x - a)(x - b)(x - c) \ldots (x - l).$$

Si l'on effectue la multiplication indiquée dans le second membre, les coefficients des mêmes puissances de x devront être égaux dans les deux membres. En considérant d'abord les termes en x^m, on voit que $A = A_0$. Si de plus on désigne, pour abréger, par S_1 la somme des racines, par S_2 la somme des produits des racines deux à deux, par S_3 la somme des produits des racines trois à trois, etc. :

$$S_1 = a + b + c + \ldots + l$$
$$S_2 = ab + ac + \ldots + bc + \ldots$$
$$S_3 = abc + acd + \ldots$$
$$\cdots\cdots\cdots\cdots$$
$$S_m = abc \ldots l,$$

on aura les identités :

$$A_1 = -A_0 S_1$$
$$A_2 = +A_0 S_2$$
$$A_3 = -A_0 S_3$$
$$\cdots\cdots \text{etc.}$$

ou :

$$S_1 = -\frac{A_1}{A_0}, \quad S_2 = +\frac{A_2}{A_0}, \quad S_3 = -\frac{A_3}{A_0} \ldots$$

et

$$S_m = \pm \frac{A_m}{A_0},$$

suivant que m est pair ou impair.

Ces relations sont très importantes et permettent de calculer, en fonction des coefficients de l'é. toutes les fonctions symétriques des racines, c.-à-d. toutes les fonctions des racines qui ne changent pas si on échange entre elles deux ou plusieurs racines. Il est, en effet, facile de montrer que toutes ces fonctions symétriques peuvent s'exprimer au moyen des quantités S_1, S_2, $S_3 \ldots S_m$. C'est ainsi que Newton a donné des règles pour calculer la somme des carrés des racines, la somme de leurs cubes, etc., et, en général, la somme de leurs puissances m^{mes}.

L'application de ces relations, ou de méthodes plus compliquées, permet de simplifier la résolution de l'é. lorsqu'on connaît d'avance une relation entre les racines. Par ex., si l'on sait que deux ou plusieurs racines vérifient une relation linéaire, on pourra ramener la résolution de l'é. de degré m à celle d'une é. de degré $m — 1$. Les simplifications de cette nature qui permettent de diminuer le degré de l'é. ont reçu le nom général d'*abaissement des équations*.

4°. — *Théorème de substitution.* — Si l'on réfléchit qu'un polynôme entier en x est une fonction continue de x, c.-à-d. qu'il ne peut passer d'une valeur à une autre sans passer par toutes les valeurs intermédiaires, par ex. qu'il ne peut passer d'une valeur négative à une valeur positive, ou inversement, sans passer par la valeur intermédiaire 0, on en conclura que si deux nombres a et b, substitués dans le premier membre, donnent des résultats $f(a)$ et $f(b)$ de signes contraires, il y a au moins une racine de l'é. comprise entre a et b, parce qu'il y a au moins une valeur de x comprise entre a et b pour laquelle le polynôme est nul. On peut aller plus loin et démontrer que : 1° si les deux résultats de substitution $f(a)$ et $f(b)$ sont de signes contraires, il y a entre a et b un nombre *impair* de racines de l'é., en comptant chaque racine multiple pour autant de racines qu'il y a d'unités dans son degré de multiplicité ; 2° si les deux résultats de substitution $f(a)$ et $f(b)$ sont de mêmes signes, il n'y a pas de racine entre a et b ou il y en a un nombre pair.

Ces théorèmes sont précieux : ils résultent presque immédiatement de la décomposition du polynôme en facteurs, les signes de $f(x)$ changeant ou ne changeant pas définitivement, suivant que le nombre des facteurs du premier degré qui changent de signe quand x varie de a à b est pair ou impair.

5°. — *Théorème de Descartes.* — Étant donnée une é. algébrique à coefficients numériques, on dit que deux termes consécutifs du premier membre forment une *permanence* s'ils sont de même signe, et une *variation* s'ils sont de signes contraires. Descartes a démontré que *le nombre des racines positives d'une équation algébrique ne peut pas dépasser le nombre des variations du premier membre.* Ce théorème résulte immédiatement de ce fait, facile à vérifier par un simple multiplication, à savoir que si l'on multiplie un polynôme par $x — a$, à désignant un nombre positif, le produit contient au moins une variation de plus que le multiplicande, d'où il suit que le premier membre d'une é. contient nécessairement au moins autant de variations que de facteurs de la forme $x — a$, a étant positif, c.-à-d. au moins autant de variations que de racines positives. Le théorème de Descartes permet de trouver aussi une limite supérieure du nombre des racines négatives. Si, dans l'é. donnée, on change x en $— x$, on forme une nouvelle é. qui admet évidemment les mêmes racines que la première, mais changées de signe. Cette é. s'appelle *la transformée en $— x$.* Le nombre des racines positives de l'é. transformée, et, par suite, le nombre des racines négatives de l'é. proposée ne peut pas dépasser le nombre des variations de l'é. transformée. Si l'é. est *complète*, c.-à-d. si elle contient des termes en x de tous les degrés depuis 0 jusqu'à m, il arrivera qu'en faisant la transformée en $— x$, tous les termes de degré impair changeront de signes, tandis que tous les termes de degré pair resteront inaltérés. De deux termes consécutifs, un et un seul, changera de signe, et, par suite, toute variation deviendra une permanence et réciproquement. Les variations de la transformée seront donc les permanences de la proposée et la somme des deux nombres de variations sera précisément égale au nombre des groupes de deux termes consécutifs, c.-à-d. à m, d'où l'on conclut que le nombre des racines, tant positives que négatives, c.-à-d. le nombre des racines réelles, ne peut pas dépasser le degré m de l'é. Ce résultat n'apprend rien qu'on ne savait déjà ; mais si l'é. n'est pas complète, la somme des deux nombres de variations n'est plus nécessairement égal à m, et le théorème de Descartes peut déceler la présence d'un certain nombre de racines imaginaires. Soit par ex. l'équation :

$$x^8 — 3x^5 + x^2 — 1 = 0$$

qui a trois variations ; elle peut admettre trois racines positives. La transformée en $— x$:

$$x^8 + 3x^5 + x^2 — 1 = 0$$

n'a qu'une variation et n'admet qu'une racine positive. Donc l'é. proposée n'a qu'une racine négative ; elle ne peut donc avoir plus de quatre racines réelles, et, par suite, elle admet au moins quatre racines imaginaires.

On démontre de plus que lorsque le nombre des racines positives est inférieur au nombre des variations, la différence est nécessairement un nombre pair.

6°. — *Limite supérieure des racines.* — Quand x varie de 0 à l'infini, il y a une valeur $x = x_1$ à partir de laquelle x peut croître sans que le polynôme change de signe ; il n'y a donc pas de racines plus grandes que x_1, et ce nombre x_1 est appelé une limite supérieure des racines de l'é. Il y a un grand intérêt à trouver une pareille limite. Nous nous bornerons à indiquer la suivante due à Descartes. On partage le premier membre en groupes commençant par un terme positif et ne contenant chacun qu'*une variation*. Si on trouve un nombre x_1 qui rende tous les groupes positifs, ce nombre est une limite supérieure des racines positives. En effet, chaque groupe n'ayant qu'une variation commence par un terme positif et finit par un terme négatif, il n'a qu'une racine positive d'après le théorème de Descartes ; comme il est négatif pour des valeurs très petites de x, il devient et reste positif pour toutes les valeurs de x plus grandes que sa racine. Donc si un nombre x_1 rend tous les groupes positifs, tout nombre $x_2 > x_1$ les rendra aussi positifs, de sorte qu'il ne saurait y avoir de racine plus grande que x_1. Soit, par ex., l'é.

$$x^8 + 3x^7 — 2x^6 — 3x^3 + 4x^5 — 2x^3 + x^2 + x — 1 = 0.$$

Je la partage en groupes, de la manière suivante :

$$(x^8 + 3x^7 — 2x^6 — 3x^3) + (4x^5 — 2x^3) + (x^2 + x — 1) = 0,$$

Si on remplace x par 2, tous les groupes sont positifs. Donc il n'y a pas de racine plus grande que 2.

Si on applique la même règle à la transformée en $— x$, on trouvera une *limite inférieure des racines négatives*, et l'on aura ainsi trouvé deux nombres, l'un positif, l'autre négatif, qui comprennent entre eux toutes les racines de l'é. proposée.

Dans l'ex. précédent, la transformée en $— x$ est :

$$x^8 — 3x^7 — 2x^6 + 3x^5 + 4x^5 + 2x^3 + x^2 — x — 1 = 0$$

que je partage en groupes, comme il suit :

$$(x^8 — 3x^7 — 2x^6) + (3x^5 + 4x^5 + x^2 — x — 1) = 0.$$

Le nombre 4 rend les deux groupes positifs. Donc la transformée n'admet pas de racine supérieure à 4, et la proposée pas de racine inférieure à $— 4$. Ainsi, toutes les racines réelles de l'é. considérée sont comprises entre $— 4$ et $+ 2$.

7°. — *Racines commensurables.* — On reconnaît aisément, par de simples opérations arithmétiques, si une é. algébrique admet des racines entières ou fractionnaires. D'abord, il est évident que si une é. :

$$A_0 x^m + A_1 x^{m-1} + A_2 x^{m-2} \ldots + A_{m-1} + A_m = 0,$$

est vérifiée par un nombre entier $x = a$, le terme constant A_m qui est égal à :

$$A_m = — [A_0 a^m + A_1 a^{m-1} + \ldots + A_{m-1} a]$$

est divisible par a. Il suffit donc de chercher les racines entières parmi les diviseurs de ce terme constant A_m affectés du signe $+$ ou $—$, en y comprenant les nombres ± 1. Si a est un de ces diviseurs, on reconnaîtra que a est racine en divisant $f(x)$ par $x — a$. Il est préférable d'ordonner $f(x)$ par rapport aux puissances *croissantes* de x et de le diviser par $a — x$. Si a est racine, tous les coefficients du quotient seront entiers et le reste sera nul. La présence d'un seul coefficient fractionnaire au quotient avertit que a n'est pas racine et qu'il est inutile de continuer la division. Si la division réussit, non seulement on a trouvé la racine a, mais encore on a calculé le quotient de $f(x)$ par $x — a$, c.-à-d qu'on a formé un polynôme du degré $m — 1$ admettant toutes les autres racines de l'é. Le problème est ainsi simplifié. Gauss a donné plusieurs règles dites d'*exclusion* qui permettent de limiter le nombre des essais, en faisant reconnaître aisément que certains diviseurs de A_m ne peuvent être racines de l'é. proposée. Pour les racines fractionnaires, il existe des règles analogues. D'abord une fraction irréductible $\dfrac{p}{q}$ ne peut être racine que si p divise A_m et si q divise A_0. Ensuite, on fait la division de $f(x)$ par $x — \dfrac{p}{q}$ ou par $\dfrac{p}{q} — x$. Tous les coefficients du quotient doivent être entiers, et le reste nul. — L'application de ces règles permettra de trouver toutes les racines commensurables de l'é. et de l'en débarrasser, de sorte qu'on aura une é. n'admettant plus que des racines incommensurables et imaginaires.

8°. — *Théorème de Rolle.* — Nous avons déjà dit au mot *Dérivée* que la dérivée d'une fonction est positive quand la fonction est croissante, et négative quand la fonction est décroissante. On sait que par le mot *croissante*, il faut entendre que la fonction varie dans le même sens de la variable. Si l'on considère deux racines consécutives a et b de l'é. $f(x)=0$, la fonction ne s'annulant jamais quand x varie de a à b, reste toujours positive ou toujours négative dans cet intervalle de variation. Dans le premier cas, elle croît d'abord pour décroître ensuite, et sa dérivée est d'abord positive, puis négative. Dans le second cas, c'est le contraire : la dérivée est d'abord négative, puis positive. Dans les deux cas, la dérivée change de signe, et comme elle est continue, elle s'annule nécessairement dans l'intervalle. C'est en cela que consiste le théorème de Rolle qu'on énonce en disant que : *Entre deux racines consécutives de l'é. proposée il y a au moins une racine de l'é. dérivée.* Il en résulte immédiatement qu'*entre deux racines consécutives de l'é. dérivée, il ne peut pas y avoir plus d'une racine de l'é. proposée.*

Si donc on sait résoudre l'é. dérivée, on pourra ranger les racines $\alpha, \beta,...$ de cette é. par ordre de grandeur, et en y adjoignant $+\infty$ et $-\infty$, on formera la *suite de Rolle* :
$$-\infty, \alpha, \beta, \ldots \lambda, +\infty$$
définissant des intervalles dans chacun desquels il ne peut y avoir plus d'une racine de l'é. proposée. Si alors on substitue dans le premier membre de l'é. proposée $f(x)$ deux termes successifs de la suite de Rolle α et β, par ex., suivant que $f(\alpha)$ et $f(\beta)$ seront de signes contraires ou de mêmes signes, on saura qu'il y a une racine ou qu'il n'y a pas de racine entre ces deux termes α et β, de sorte qu'on pourra déterminer exactement le nombre des racines réelles de la proposée. Si la fonction $f(x)$ est du $m^{\text{ième}}$ degré, sa dérivée est du degré $m-1$ et admet au plus $m-1$ racines réelles, et la suite de Rolle, au plus m intervalles. Pour que l'é. proposée ait toutes ses racines réelles, il faut d'abord que la dérivée ait elle-même toutes ses racines réelles, et que dans chacun des intervalles de la suite de Rolle il y ait une racine de la proposée, ce qui se reconnaît à ce que les termes successifs de la suite, substitués dans la proposée, y donnent alternativement des signes contraires. On démontre de plus que, dans cette discussion, il est inutile de substituer les termes extrêmes $\pm\infty$; si α et β sont les deux premières racines de la dérivée et s'il y a une racine a de la proposée entre α et β, il y en aura sûrement une autre plus petite que α; de même, si λ et μ sont les deux racines les plus grandes de la dérivée et qu'il y ait une racine de l'é. proposée entre λ et μ, il y en a une autre plus grande que μ. Cette proposition, assez importante, résulte facilement d'une remarque souvent employée, qui consiste en ce que le quotient $\dfrac{f'}{f}$ est toujours négatif pour une valeur très peu inférieure à une racine a de la proposée, et toujours positif pour une valeur très peu supérieure à une racine a de la proposée. Le moyen le plus rapide d'établir cette remarque consiste à observer que $\dfrac{f'}{f}$ a le même signe que $f'f$ qui est la demi-dérivée de f^2. Or, f^2 est toujours positif; il est donc décroissant avant de s'annuler et positif après. Donc sa dérivée est d'abord négative et devient ensuite positive. Donc si on considère les quantités $-\infty, \alpha, a, \beta$, rangées par ordre de grandeur, et si h est un très petit nombre, on observe que pour $-\infty$, $\dfrac{f'}{f}$ est négatif parce que l'un des termes, qui est de degré pair, est positif, et que l'autre, de degré impair, est négatif. Pour $a-h$, $\dfrac{f'}{f}$ est encore négatif; mais si l'on fait décroître x de $a-h$ à $a+h$, f' change de signe, puisqu'on est descendu au-dessous de la racine a do f', tandis que f n'en change pas, puisqu'il n'y a aucune racine de f entre $a-h$ et $a+h$. Donc, pour $a-h$, $\dfrac{f'}{f}$ est positif. $\dfrac{f'}{f}$ change donc de signe quand x varie de $-\infty$ à $a-h$, et comme f' ne change pas de signe puisqu'il n'admet aucune racine dans cet intervalle, il faut que ce soit f qui en change. Donc, il y a une racine de f inférieure à a. On démontre de même qu'il y a une racine de f supérieure à μ, s'il y en a une entre λ et μ.

Au mot CUBIQUE nous avons montré le parti qu'on peut tirer du théorème de Rolle, pour discuter l'é. du 3e degré. On peut aussi l'appliquer à l'é. du 4e degré moyennant certains artifices.

9°.— *Séparation des racines.* — *Théorème de Sturm.* — Une opération essentielle pour le calcul des racines incommensurables, c'est de partager toute l'étendue de la variation de x depuis $-\infty$ jusqu'à $+\infty$, en intervalles, dans chacun desquels il n'y ait qu'une racine de la proposée. C'est à cette opération qu'on a donné le nom de *séparation des racines*. On vient de voir que le théorème de Rolle donnait la solution du problème toutes les fois qu'on savait résoudre la dérivée; mais il s'en faut de beaucoup qu'il en soit toujours ainsi. Les plus grands géomètres se sont occupés de cette question capitale, et Lagrange, le premier, en a donné une solution complète, au moins en théorie. La méthode de Lagrange consiste à former, d'après des règles qu'il a indiquées, une é. qui admet pour racines les carrés des différences de deux quelconques des racines de la proposée. Soit $\varphi(z)=0$ cette équation. On y remplace z par $\dfrac{1}{t}$ et on forme l'é. $\varphi\left(\dfrac{1}{t}\right)=0$, qui admet pour racines les inverses des racines de l'é. précédente, soit des quantités de la forme $t=\dfrac{1}{(a-b)^2}$, a et b étant deux racines quelconques de l'é. proposée. On cherche alors une limite supérieure des racines de l'é. $\varphi\left(\dfrac{1}{t}\right)=0$, et on a un nombre t_1 supérieur à toutes les quantités $\dfrac{1}{(a-b)^2}$. Donc $\dfrac{1}{t_1}=z_1$, sera inférieur à toutes les quantités $(a-b)^2$ et $\sqrt{z_1}$, sera plus petit que toutes les différences des racines de l'é. proposée. Si, alors, on désigne par $-H$ et $+K$ une limite inférieure et une limite supérieure des racines de cette é., et qu'on considère la suite :
$$-H, -H+\sqrt{z_1}, -H+2\sqrt{z_1},\ldots K,$$
il est clair que, deux termes consécutifs de cette suite différant entre eux moins que deux racines consécutives de la proposée, ne peuvent jamais comprendre entre eux plus d'une racine de la proposée. Si donc on substitue les termes de cette suite dans $f(x)$, on saura, par les changements de signe, dans quels intervalles de la suite se trouveront les racines de la proposée, et ces racines seront ainsi séparées. La méthode de Lagrange ou, comme on l'appelle aussi, de l'é. *au carré des différences*, est à peu près impraticable à cause de la longueur des calculs. Si l'é. proposée est de degré m, il y a $\dfrac{m(m-1)}{2}$ combinaison de deux racines et autant de différences, ce qui fait que l'é. au carré des différences est de degré $\dfrac{m(m-1)}{2}$. Si de plus, le nombre t_1 est un peu grand, $\sqrt{z_1}$, sera très petit, et le nombre des substitutions à opérer sera considérable.

En définitive, le problème qu'il s'agissait de résoudre peut être énoncé de la manière suivante : Étant donnés une é. $f(x)=0$ et deux nombres A et B, reconnaître combien il y a de racines réelles de l'é. entre les deux nombres A et B. Sturm a donné de ce problème une solution complète, au moyen d'un théorème célèbre qui a constitué l'un des progrès les plus importants de la science algébrique dans le cours du XIXe siècle. La place nous manque pour expliquer ce beau théorème; nous nous bornerons à en donner l'énoncé :

Considérons le polynôme X qui n'admet que des racines simples, et qui, par conséquent, est premier avec sa dérivée que nous désignerons par X₁. Divisons X par X₁ et soit X₂ le reste *changé de signe*; divisons X₁ par X₂ et soit X₃ le reste *changé de signe*, et continuons ainsi jusqu'à ce que nous trouvions un reste Xₙ qui ne contienne plus x. Considérons alors la suite des polynômes :
$$X, X_1, X_2, X_3,\ldots X_n,$$
et substituons dans cette suite le nombre A; nous dirons que deux termes consécutifs forment une variation si les deux résultats de substitution ont des signes contraires. Cela posé, le nombre des racines réelles de l'é. X = 0 comprises entre A et B, A étant plus petit que B, est égal au nombre des variations perdues par la suite de Sturm, quand on y substitue successivement A et B.

Moyennant certaines modifications, le théorème de Sturm est encore applicable au cas où l'é. admet des racines multiples. Malheureusement, si le degré de l'é. est un peu élevé, les calculs deviennent interminables et l'application numérique du théorème de Sturm est toujours une opération très laborieuse.

10° — *Calcul des racines incommensurables.* — L'é. ayant été, par les méthodes que nous avons indiquées, débarrassée de ses racines multiples et de ses racines entières et fractionnaires, il reste à calculer les racines incommensurables avec l'approximation qu'exige le problème que l'on veut résoudre. On commencera par *séparer* ces racines. Soient alors a et b, deux nombres entre lesquels il y a une racine x_1 et une seule de l'é. Si l'on a $a < b$, a sera une valeur approchée par défaut, et b une valeur approchée par excès. Pour trouver des valeurs plus approchées, on pourrait se borner à partager l'intervalle de a à b en un certain nombre d'intervalles plus petits; soit par ex. : $\dfrac{a - b}{n} = r$. On considérerait la suite :

$$a \quad a + r \quad a + 2r \quad a + 3r \ldots \quad a + nr = b,$$

et l'on substituerait successivement dans l'é. les nombres de cette suite jusqu'à ce qu'on en trouve deux consécutifs qui donnent des résultats de signes contraires; la racine cherchée serait entre ces deux-là, et l'erreur serait réduite à r. On pourrait ensuite recommencer avec une valeur plus petite r' et s'approcher ainsi de plus en plus de la racine cherchée; mais ce procédé serait trop long. On peut abréger par des méthodes plus régulières.

La méthode d'approximation par parties proportionnelles consiste à faire le calcul comme si la variation du polynôme était proportionnelle à celle de la fonction. S'il en était ainsi, on aurait en effet la proportion :

$$\frac{x - a}{b - a} = \frac{f(x) - f(a)}{f(b) + f(a)},$$

et puisque $f(x) = 0$:

$$\frac{x - a}{b - a} = \frac{-f(a)}{f(b) - f(a)},$$

d'où l'on tirerait x. On prendra la valeur ainsi calculée pour nouvelle valeur approchée :

$$x_1 = a - \frac{b - a}{f(b) - f(a)} f(a).$$

En substituant ensuite x_1, on verra par le signe de $f(x_1)$ si la racine est comprise entre a et x_1 ou entre x_1 et b.

La méthode de Newton consiste à développer la fonction $f(x)$ d'après la formule de Taylor en négligeant les termes de degré supérieur. Soit $a + h$ la valeur de la racine; il s'agit de calculer h. On doit avoir $f(a + h) = 0$. Mais d'après la formule de Taylor :

$$0 = f(a + h) = f(a) + hf'(a) + \frac{h^2}{a} f''(a) + \ldots.$$

Si on néglige tous les termes à partir du troisième, on aura :

$$f(a) + hf'(a) = 0;$$

d'où la valeur approchée de h :

$$h_1 = -\frac{f(a)}{f'(a)}.$$

Cette méthode exige une discussion minutieuse pour reconnaître si on doit l'appliquer à la limite inférieure a ou à la limite supérieure b. Nous dirons seulement qu'il convient de l'appliquer à celle des deux limites par laquelle la fonction et la dérivée seconde sont de même signe, et nous ajouterons que si l'on applique simultanément les deux méthodes, les deux résultats sont approchés, l'un par excès, l'autre par défaut, ce qui enferme la racine dans un intervalle plus petit que le précédent et permet d'arriver assez vite, par la répétition de l'opération, à une approximation assez grande.

Ces deux méthodes sont susceptibles d'une interprétation géométrique remarquable : Si on considère la courbe qui a pour équation :

$$y = f(x),$$

il s'agit de trouver le point où elle coupe l'axe des x. On connaît deux points de cette courbe : l'un $x = a$, $y = f(a)$, et l'autre $x = b$, $y = f(b)$ qui sont de part et d'autre de l'axe de x. La méthode par parties proportionnelles consiste à remplacer l'arc de courbe compris entre les deux points par sa corde, et la méthode de Newton à remplacer cet arc par la tangente en l'un des deux points donnés. On voit alors que le point d'intersection de la corde avec l'axe des x est dans la

concavité de la courbe, tandis que celui de la tangente est du côté de la convexité, de sorte que ces deux points comprennent bien entre eux celui qu'on cherche.

ÉQUATORIAL, ALE. adj. [Pr. *é-koua-torial*]. Qui appartient à l'équateur. *Les pays équatoriaux. Plantes équatoriales.* — *Ligne équatoriale,* L'équateur. — ÉQUATORIAL. s. m. T. Astron.

Astr. — L'*Équatorial* est un instrument astronomique dont on se sert pour suivre les astres dans leur mouvement diurne, ainsi que pour déterminer leur ascension droite et leur déclinaison. Il peut être dirigé vers tous

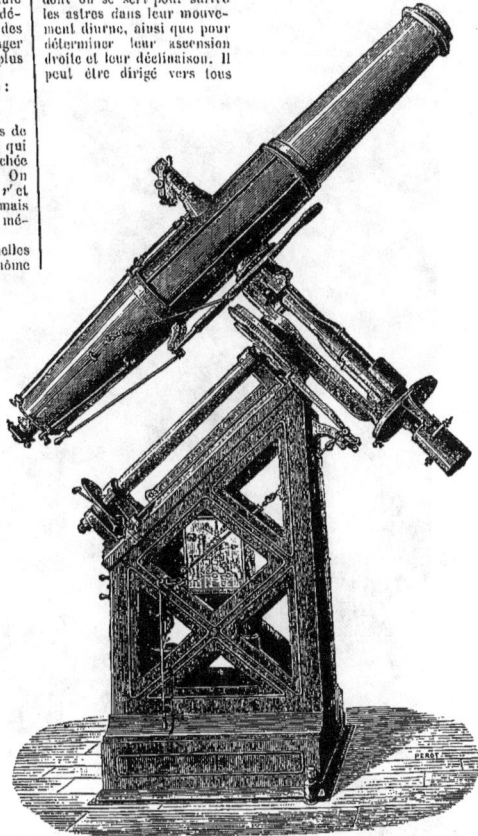

Fig. 1.

les points du ciel, et c'est l'instrument le plus commode de tout observatoire, le plus employé dans toutes les études. Dans sa forme la plus simple, cet instrument consiste en un axe principal qui est fixé sur un support solide et qui est dirigé parallèlement à l'axe de rotation de la terre, et, par conséquent vers les pôles célestes. Sur cet axe polaire est fixé un cercle gradué, dont le plan est perpendiculaire à l'axe polaire, et, par suite, parallèle à l'équateur céleste. Ce cercle se nomme *Cercle é.* ou *Cercle d'Ascension droite :* les arcs qu'on y compte mesurent des angles horaires ou des différences d'ascension droite. De plus, sur l'axe polaire est fixé perpendiculairement l'axe d'un second cercle appelé *Cercle de déclinaison,* lequel est ainsi perpendiculaire au cercle é. C'est ce cercle de déclinaison qui porte la lunette.

Quelle que soit la position que l'on donne au cercle de déclinaison, son plan est toujours à angle droit avec celui du cercle é. Or, il est aisé de comprendre que, lorsque la lunette est pointée sur une étoile, l'angle que fait l'axe optique de la lunette avec l'axe polaire est égal à la distance polaire de l'étoile. Par conséquent, si, en faisant tourner le cercle é., on imprime un mouvement à l'axe polaire sans rien changer à la position de la lunette sur le cercle de déclinaison, l'axe optique de la lunette fera toujours le même angle avec la ligne des pôles, et restera constamment dirigé vers un point du parallèle céleste qui coïncide avec le trajet diurne de l'étoile. Ainsi donc, si le mouvement que l'on imprime à l'axe polaire est précisément égal à la rotation

vons expliqué, il faut encore que cette ouverture suive elle-même ce mouvement. On obtient ce résultat en faisant porter la base du toit sur des galets, de façon qu'il puisse tourner sur la maçonnerie qui le supporte. Il suffit alors de faire tourner le toit de temps en temps pour que la lunette se trouve toujours en face de l'ouverture qu'on y a pratiquée. Cette sorte d'abri mobile est une *coupole tournante*.

Notre Fig. 1 représente le type principal des équatoriaux en usage dans les observatoires. On aperçoit, dans la monture du pied, le mouvement d'horlogerie.

Cet instrument est le complément nécessaire des instruments méridiens. Voy. MÉRIDIEN.

Équatorial coudé. — A cause même de sa mobilité autour

Fig. 2.

diurne de la Terre, il en résultera que l'étoile restera dans le champ de la lunette aussi longtemps qu'on le voudra, du moins tant que celle-ci se trouvera au-dessus de l'horizon.

Pour faciliter la manœuvre de cet appareil, on adapte au cercle é. un mécanisme d'horlogerie qui le met en mouvement, et qui est réglé sur le temps sidéral, de telle sorte que ce cercle décrit un tour tout entier en un jour sidéral, et, que, tant que les rouages sont en mouvement, la lunette reste dirigée vers le même point du ciel. En outre, comme la lunette de l'é. doit pouvoir se diriger sur les divers points du ciel situés au-dessus de l'horizon, il faut que l'instrument soit installé de manière à n'être gêné en rien par les objets voisins. On le place habituellement à la partie la plus élevée de l'observatoire. On le met à l'abri du mauvais temps au moyen d'une toiture de forme hémisphérique, qui est percée d'une ouverture longue et étroite à travers laquelle on dirige la lunette. Mais, pour que celle-ci puisse suivre les astres dans leur mouvement diurne, ainsi que nous l'a-

de deux axes, l'é. est un instrument d'un maniement souvent incommode et pénible. On est parvenu à augmenter dans de grandes proportions la facilité et la précision des observations par une disposition ingénieuse et originale qui est due à M. Lœwy. La lunette est brisée à angle droit (Fig. 2). Dans le coude est un miroir incliné à 45°, qui reçoit les rayons venus de l'objectif et les renvoie sur l'oculaire installé à demeure dans le cabinet de l'observateur qui, tranquillement et confortablement assis, observe les images dans un tube incliné. La partie extérieure de la lunette qui porte l'objectif à son extrémité peut tourner, en entraînant le miroir, autour du tube fixe portant l'oculaire, lequel est dirigé suivant l'axe du monde. De là, résulte que, dans ce mouvement de rotation, l'extrémité de l'axe optique parcourt l'équateur céleste, de sorte que, si l'appareil se bornait à ce que nous venons de décrire, l'observateur ne pourrait apercevoir que les points situés dans l'équateur. Pour compléter l'instrument, on a disposé en avant de l'objectif un deuxième miroir incliné à 45°, qui fait arriver dans la lunette des rayons perpendiculaires au tube qui porte l'objectif. Ce miroir, monté sur une douille, peut tourner autour de l'axe de ce tube, et amener ainsi dans la lunette les rayons émanés d'un point quelconque du cercle horaire perpendiculaire à l'axe du tube qui porte l'objectif. Le déplacement du miroir antérieur correspond ainsi à la rotation d'un é. ordinaire autour de l'axe de déclinaison, tandis que la rotation de tout l'appareil antérieur permet d'observer dans tous les cercles horaires et correspond à la rotation d'un é. ordinaire autour de l'axe d'ascension droite. Il résulte de là que le mouvement d'horlogerie ne doit déplacer que le tube antérieur. La coupole tournante est devenue inutile, l'instrument est remisé sous une cabane montée sur des rails; on l'éloigne quand on veut observer, de manière à laisser en plein air presque tout l'instrument, excepté la partie portant l'oculaire, qui pénètre dans le cabinet de l'observateur. Celui-ci a, à portée de sa main, toutes les manettes qui permettent la manœuvre de l'instrument. La stabilité est beaucoup plus grande que dans les équatoriaux ordinaires; les observations sont plus rapides et plus sûres. La Fig. 2 représente l'é. coudé récemment installé à l'observatoire de Paris.

ÉQUATORIALEMENT. adv. [Pr. é-koua-to...]. D'une manière équatoriale, c.-à-d. perpendiculairement à la ligne qui joint les pôles. On nomme diamagnétiques les corps qui se placent équatorialement.

ÉQUATORIEN, IENNE. adj. [Pr. é-koua-to-ri-in]. Qui appartient à la république de l'Équateur. = s. Un É., une Équatorienne.

ÉQUERRAGE. s. m. [Pr. é-kè-raje] (R. équerre). Angle dièdre que forment deux faces planes d'une pièce de bois. || T. Mar. Porter les équerrages, Présenter la fausse équerre sur une pièce désignée.

ÉQUERRE. s. f. [Pr. é-kè-re] (lat. quadra, carré). T. Techn. || T. Serrur. Petite pièce qui retient le pêne du demi-tour || Coude fait à un tuyau de conduite pour l'eau. || T. Astron. Petite constellation australe. || Fausse é. L'angle formé par les faces contiguës d'un bâtiment, d'une pièce de bois, lorsque cet angle n'est pas un angle droit. || T. Mar. Empature et assemblage à mi-bois.

Techn. — L'Équerre est un instrument de bois ou de métal qui sert à tracer des angles droits sur le papier, le bois, la pierre, les métaux, etc., ou à tirer des perpendiculaires

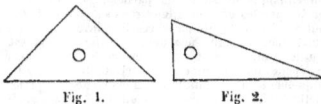

Fig. 1.   Fig. 2.

sur une ligne donnée. Ce terme s'emploie aussi pour désigner ce qui est à angle droit; c'est ainsi que l'on dit : Mettre d'é. Disposer en é. Ce bâtiment n'est pas construit d'é., etc. — L'é. la plus simple est la Pièce carrée (Fig. 1) qui consiste en une planchette triangulaire ayant un angle droit et deux angles d'onglet, c.-à-d. de 45 degrés. On en fait surtout usage pour vérifier les angles rentrants. Ce sont des équerres de cette forme qui servent aux dessinateurs. La Petite é. (Fig. 2)

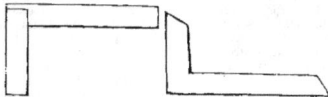

Fig 3.   Fig. 4.

sert à tracer trois angles de valeurs différentes, dont l'un est toujours un angle droit. L'É. à chapeau ou à onglet (Fig. 3) se compose de 2 règles qui sont ajustées à angle droit et dont l'une déborde l'autre en épaisseur des deux côtés. Quelquefois on incline l'extrémité libre des deux règles (Fig. 4), de manière à donner la valeur des angles les plus usuels. Cette sorte d'é. sert à vérifier les angles saillants comme les angles rentrants. L'É. à biseau (Fig. 5) diffère surtout de la précédente en ce que chacun de ses bras est muni d'un biseau simple ou dou-

ble. On l'emploie de préférence toutes les fois qu'on veut obtenir une très grande exactitude. Pour faciliter son usage, on adapte ordinairement un chapeau à chaque bras; mais ce chapeau ne fait saillie que d'un côté seulement, un à chaque bras. Parfois encore, on pratique dans l'angle rentrant un

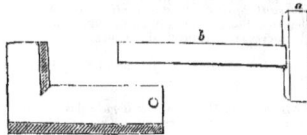

Fig. 5.   Fig. 6.

petit dégagement destiné à recevoir le sommet de l'angle à vérifier. L'É. en T (Fig. 6) sert à tracer des parallèles d'é. avec les côtés dressés d'une pièce quelconque. A cet effet, le talon a est plus épais que la lame b. L'É. des tourneurs (Fig. 7) consiste en une règle métallique graduée, qui en traverse une autre par son champ : une vis de pression règle la position de la première. On emploie cet instrument

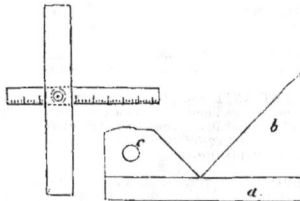

Fig. 7.   Fig. 8.

pour reconnaître si les parois d'un cylindre ou de toute autre pièce creuse sont d'é. et si le fond lui-même est d'é. avec les parois. L'É. des menuisiers (Fig. 8) se compose de deux parties triangulaires assemblées sur une règle appelée Dossière, qui est en saillie des deux côtés. Grâce à cette disposition, elle donne, à elle seule, les mêmes résultats que plusieurs autres équerres ensemble. Ainsi, elle mesure les angles droits, saillants et rentrants; elle sert, en outre, à vérifier les angles d'onglet avec le côté b, et l'on donne au côté c l'inclinaison nécessaire pour obtenir la valeur de plusieurs autres angles. En outre, grâce à sa dossière, elle fait l'office de l'é. à chapeau. Enfin, on appelle Fausse é. ou Sauterelle, une espèce de compas formé par deux règles de bois ou de métal, assemblés par un de leurs bouts à l'aide d'un clou rivé, de manière à pouvoir s'écarter sous toutes les mesures angulaires possibles. L'une des branches rentre dans l'autre comme la lame d'un couteau dans son manche. — L'É. des arpenteurs a été décrite au mot ARPENTAGE. En termes de Technologie, on donne encore le nom d'é. à des pièces de fer plat en forme d'L ou de T, qui servent à consolider les angles des ouvrages de menuiserie, de charpenterie, etc.

Pour vérifier une é., on la place sur une règle, le tout sur une feuille de papier, et l'on trace avec un crayon une ligne droite en suivant le côté perpendiculaire à la règle; puis on retourne l'é. face pour face, sans bouger la règle, on la fait glisser sur la règle jusqu'à ce que son bord vienne se placer sur le trait déjà tracé, puis l'on trace un nouveau trait qui doit coïncider avec l'ancien.

ÉQUERRER. v. a. [Pr. é-kè-rer]. Donner à une pièce de bois la forme, l'équerrage voulu.

ÉQUES (Les), ancien peuple du Latium.

ÉQUESTRE. a. 2 g. [Pr. é-kuè-stre] (lat. equestris, de equus, cheval). N'est usité que dans ces locutions : Statue é. Figure é. Statue représentant une personne à cheval; L'ordre é.. L'ordre des chevaliers romains, et encore, la noblesse du second rang en Pologne et en Prusse. || Propre a la cavalerie, la création et l'amélioration des races équestres.

ÉQUIANGLE. adj. 2g. [Pr. *é-kui-angle*] (lat. *æquus*, égal, et fr. *angle*). T. Géom. Qui a tous ses angles égaux. *Tous les polygones réguliers sont équiangles.* On dit aussi de deux figures, qu'*Elles sont équiangles entre elles*, Lorsque les angles de ces figures, quoique inégaux entre eux, sont égaux chacun à l'angle correspondant de l'autre figure.

ÉQUIAXE. adj. [Pr. *é-kui-akse*]. (lat. *æquus*, égal, et fr. *axe*). T. Minér. Qui a des axes égaux.

ÉQUICRURAL. adj. m. [Pr. *é-kui-kru-ral*] (lat. *æquus*, égal; *crus*, *cruris*, jambe). Qui a les jambes égales.

ÉQUIDÉS. s. m. pl. [Pr. *é-ki-dé*] (lat. *equus*, cheval). Les *Équidés*, appelés autrefois *Solipèdes*, forment une famille de Mammifères dont nous avons donné les caractères et les divisions au mot CHEVAL. Voir également DESCENDANCE pour l'origine ancestrale des Équidés.

ÉQUIDIFFÉRENCE. s. f. [Pr. *é-hui-di-fé-rance*] (lat. *æquus*, égal, et fr. *différence*). T. Math. Égalité de deux différences : c'est l'égalité *a—b=c—d* qu'on notait autrefois *a.b:c.d.*

ÉQUIDIFFÉRENT, ENTE. adj. [Pr. *é-kui-di-fé-ran*]. T. Didact. Qui offre des différences égales entre elles.

ÉQUIDISTANCE. s. f. [Pr. *é-kui-distan-se*] (lat. *æquus*, égal, et fr. *distance*). Qualité de ce qui est équidistant.

ÉQUIDISTANT, ANTE. adj. [Pr. *é-kui-distan*]. T. Géom. Se dit des points et des lignes qui sont à égale distance d'un autre point, d'une autre ligne. *Tous les points de la circonférence du cercle sont équidistants au centre. Les lignes parallèles sont équidistantes.*

ÉQUIDOMOÏDE. s. m. [Pr. *é-kui...*] (lat. *æquus*, égal; fr. *dôme*; gr. είδος, aspect). Solide de forme régulière rappelant la forme d'une pyramide, mais dont les faces sont des portions de cylindres au lieu d'être des plans. Certains dômes sont construits de cette manière.

ÉQUIER. s. m. [Pr. *é-kié*]. Anneau de fer dans lequel passent les sommiers, à chaque bout de la scie du scieur de long.

ÉQUIFFLE. s. f. [Pr. *é-ki-fle*]. Jouet d'enfant analogue à la seringue.

ÉQUIGNON. s. m. [Pr. *é-ki-gnon*]. Bande de fer dont on garnit le dessous de la fusée d'un essieu de bois.

ÉQUILARGE. adj. [Pr. *é-kui-larje*] (lat. *æquus*, égal, et fr. *large*). T. Didact. Qui offre la même largeur dans toute son étendue.

ÉQUILATÉRAL, ALE. adj. [Pr. *é-kui-latéral*] (lat. *æquus*, égal ; *latus*, *lateris*, côté). T. Géom. Qui a tous les côtés égaux. *Triangle é. Tous les polygones réguliers sont équilatéraux.* || T. Malac. Se dit des coquilles bivalves dont les deux valves sont égales entre elles. Voy. CONCHYLIOLOGIE.

ÉQUILATÈRE. adj. 2 g. [Pr. *é-kui-latère*] (lat. *æquus*, égal ; *latus*, côté). T. Géom. Se dit d'une figure dont les côtés sont égaux à ceux d'une autre. — On appelle hyperbole é. une hyperbole dont les asymptotes sont rectangulaires.

ÉQUILBOQUET. s. m. [Pr. *é-kilbo-ké*]. Instrument du menuisier, à l'aide duquel il vérifie le calibre des mortaises.

ÉQUILIBRANT, ANTE. adj. [Pr. *é-kilibran*]. Qui établit, qui rétablit l'équilibre.

ÉQUILIBRATION. s. f. [Pr. *é-kilibra-sion*] Mise, maintien en équilibre.

ÉQUILIBRE. s. m. [Pr. *é-kilibre*] (lat. *æquilibrium*, m. s., de *æquus*, égal, et *libra*, balance). État d'un corps qui est en repos, lorsque les forces qui le sollicitent se contre-balançant exactement l'une l'autre. *Être, se tenir en é. Faire l'é. Déranger, rétablir l'é. d'une balance. Il perdit l'é. et tomba.* — Mettre

une *chose en é.*, Faire qu'elle ne penche ni d'un côté ni d'un autre. — *Faire é.*, se dit d'une chose qui, en pesant du côté opposé à celui où penche une autre chose, la ramène à l'état de repos. *Se faire é.*, se dit de deux choses qui se contre-balancent exactement. || Fig., *Faire l'é.*, Rendre les choses égales. || Fig., se dit des États, des pouvoirs politiques, etc., lorsqu'aucun d'eux n'a une telle prépondérance qu'il puisse mettre les autres en péril. *L'é. européen a été fondé par le traité de Westphalie. L'é. des pouvoirs dans un gouvernement constitutionnel.* — Se dit encore en parlant des fonctions de l'économie animale ; et de l'âme, quand aucune passion ne trouble son repos. *Il faut rétablir l'é. de ces deux fonctions. Maintenir l'é. de son âme. L'é. moral.* || T. Beaux-Arts. *L'é. d'une composition*, La répartition, la distribution bien entendue des masses qui la composent, de telle sorte qu'une partie ne paraisse pas vide et froide, tandis que l'autre offre un champ trop rempli. || T. Chorégr. Station du corps sur un seul pied. || T. Manége. Action du cavalier qui suit avec souplesse les mouvements de son cheval.

Méc. — On dit que plusieurs forces appliquées à un système matériel se font équilibre quand le système se meut comme si ces forces n'existaient pas. Tel est, par exemple, le cas de deux forces égales et de sens contraire, appliquées suivant la même droite à un corps solide. Si toutes les forces qui agissent sur le système se font é., on dit aussi que le système est en é. C'est ainsi qu'un corps sollicité par plusieurs forces et qui, néanmoins, reste au repos, est en é. L'é. résulte de ce que les mouvements que produiraient les diverses forces se détruisent les uns les autres, de telle sorte que la résultante de tous ces mouvements est le repos. Alors, ou le corps reste en repos, ou il se meut seulement en vertu de sa vitesse acquise, ou sous l'action de forces qui ne font pas partie de celles qui s'équilibrent. La recherche des conditions moyennant lesquelles un système de forces se fait é. sur un système matériel constitue la partie de la mécanique appelée STATIQUE. — Le terme d'É. est encore fort usité dans le langage des sciences physiques et naturelles, mais alors il s'emploie dans le sens d'égale distribution : c'est ainsi que l'on parle de l'é. de la chaleur, de l'électricité en é. Voy. FORCE, GRAVITÉ, STATIQUE, HYDROSTATIQUE.

Chim. — *Équilibre chimique.* — On arrive souvent à déterminer la production directe d'une réaction chimique dans des conditions telles que la réaction inverse peut elle-même s'effectuer directement. En pareil cas, si l'on maintient les produits de la réaction en présence des substances réagissantes, la transformation chimique ne sera que partielle et s'arrêtera au bout d'un temps plus ou moins long sans s'achever. Il en serait de même si l'on partait de la réaction inverse. La limite vers laquelle tend chacune des deux transformations est la même, et le système des corps en présence arrive à un état final qui dépend, non du point de départ ou du chemin suivi, mais uniquement des conditions actuelles de l'expérience. Quand cette limite est atteinte, on dit qu'il y a *équilibre* entre les substances réagissantes et les produits de la réaction. En effet, lorsqu'on mélange en proportion équimoléculaire un alcool et un acide organique, on obtient l'éther correspondant et de l'eau ; mais la transformation n'est que partielle et s'arrête quand les deux tiers environ du mélange sont éthérifiés. Inversement, si l'on fait agir de l'eau sur cet éther, dans les mêmes conditions, on reproduira l'acide et l'alcool ; cette nouvelle réaction sera aussi incomplète et la limite sera la même que précédemment. Cette limite varie fort peu avec la température et la pression ; elle dépend surtout de la proportion des corps en présence. Un excès d'alcool ou d'acide augmente l'éthérification ; une addition d'eau ou d'éther la diminue ; si l'on enlève l'eau au fur et à mesure de sa production, on peut rendre l'éthérification complète.

La vitesse avec laquelle s'effectue une transformation chimique est très variable. Dans certains cas, la réaction se fait presque instantanément ; souvent il se passe des mois et même des années avant que la limite soit atteinte. On définit la *vitesse de réaction* par la quantité de substance transformée pendant l'unité de temps.

Un système de corps en é. chimique présente les caractères suivants : 1° l'état de ce système de corps ne peut se modifier de lui-même ; 2° un changement infiniment petit de certaines conditions de l'expérience suffira pour modifier l'état chimique du système ; suivant le sens du changement de ces conditions, l'une ou l'autre des deux réactions inverses se produira. — On peut donc dire que ces deux réactions sont *réversibles* dans les conditions où l'équilibre est établi. Quand on veut exprimer cette réversibilité dans l'équation chimique de la réaction, on remplace le signe = par le

signe ⇄. Dans le cas de l'éthérification, par ex., on écrira :
Acide + Alcool ⇄ Éther + Eau.

Le second caractère que nous venons d'indiquer établit une distinction bien nette entre l'é. et le *repos chimique*. Par ex., un mélange de deux volumes d'hydrogène et d'un volume d'oxygène à la température ordinaire est au repos ; car on peut faire varier la température et la pression dans des limites assez étendues sans provoquer de réaction ; néanmoins il est hors d'é., car une étincelle ou l'introduction d'une petite quantité de mousse de platine suffit pour déterminer la combinaison complète des deux gaz, et cette réaction n'est pas réversible. Mais si l'on effectuait un pareil mélange à la température de 1000°, les gaz se combineraient en partie et il s'établirait un é. entre la vapeur d'eau formée et les gaz restants ; les moindres changements de température ou de pression provoqueraient alors une réaction dans un sens ou dans l'autre, en augmentant ou en diminuant la proportion de vapeur d'eau.

Les conditions dont la variation peut modifier l'état d'un système en é. chimique sont appelées quelquefois les *facteurs de l'équilibre*. Elles sont de deux sortes ; les unes, extérieures, sont la *pression*, la *température*, la *force électromotrice* ; les autres, en quelque sorte inhérentes au système, sont l'*état d'agrégation*, c.-à-d. l'état physique ou allotropique de chacun des corps en présence, et sa *concentration ou condensation*, dans le cas où il fait partie d'un mélange gazeux ou d'une dissolution. La condensation ou concentration d'un corps est définie par le poids de ce corps contenu dans l'unité de volume du mélange ou de la dissolution ; souvent on la représente par le nombre de molécules de ce corps contenues dans l'unité de volume ou encore par le rapport de ce nombre au nombre total des molécules du mélange. — Les *actions de présence*, c.-à-d. celles des corps qui reviennent finalement à leur état initial, peuvent accélérer beaucoup la vitesse de réaction ; elles peuvent aussi faciliter ou amorcer une réaction, en surmontant les résistances passives qui maintiennent en repos un système hors d'é. ; mais elles n'ont aucune influence sur l'état final d'é. et ne peuvent pas modifier la limite. Tel est le cas de la mousse de platine, des ferments, des microbes, etc.

Les lois qui régissent l'é. d'un système sont différentes suivant que le système est à *composition constante* ou à *composition variable*. Le premier cas est celui où les corps en présence, quelles que soient leurs proportions, conservent chacun une composition invariable. C'est ce qui arrive quand le système est *hétérogène*, c.-à-d. quand l'état physique des corps les maintient complètement séparés, l'un étant, par ex., solide et l'autre liquide ou gazeux. Alors la condensation de ces corps n'a pas d'influence sur l'état d'é. et celui-ci, en supposant qu'il n'y ait pas d'action électrique, ne dépend que de la température et de la pression. À chaque température correspond une valeur déterminée de la pression ; cette valeur est la *tension de transformation* ou de *dissociation* pour la température considérée. Dans les systèmes à *composition variable* deux ou plusieurs corps sont mélangés intimement à l'état gazeux ou à l'état de dissolution ; c'est le cas des systèmes dits *homogènes*. Chaque degré de concentration de la solution ou du mélange gazeux détermine en quelque sorte un corps nouveau. À la température et à la pression vient alors s'ajouter un nouveau facteur de l'é. : c'est la condensation de chacun des corps mélangés ; l'état final dépendra donc du degré de dissociation ou de transformation du système. Il n'y aura plus de tension de transformation ; car chaque température correspondra à une infinité d'états d'équilibre, caractérisés chacun par une pression différente.

Les lois de l'é. chimique s'appliquent non seulement aux réactions chimiques proprement dites, mais encore aux changements d'état physique, aux transformations allotropiques, aux dissolutions. Une vapeur saturée au contact du liquide générateur constitue un système hétérogène ; il y a é. entre la vapeur et le liquide ; c'est tension maximum de la vapeur qui représente ici la tension de transformation. Une solution saline saturée est un système à composition variable ; pour une même pression extérieure, la limite dépend à la fois de la température et de la concentration.

Le cas où l'é. s'établit entre un composé et les produits de sa décomposition a déjà été étudié au mot DISSOCIATION. Nous nous bornerons donc ici à présenter des exemples d'é. entre deux substances inverses.

Systèmes homogènes. — La formation d'un éther par l'action d'un acide sur un alcool est limitée par l'action inverse de l'eau sur l'éther formé ; les lois de cet é. ont été étudiées par Berthelot et Péan de Saint-Gilles. La vitesse de réaction

croît rapidement avec la température, diminue par la dissolution dans un liquide sans action chimique, augmente avec un excès d'alcool ou d'acide, et varie beaucoup avec la nature de l'acide ou de l'alcool employé ; toutefois, les alcools homologues s'unissent à un même acide avec des vitesses peu différentes. La limite est presque indépendante de la température et ne varie notablement avec la pression que si le mélange est en majeure partie à l'état gazeux ; elle n'est pas influencée par la présence d'un dissolvant inerte, mais elle change par l'addition d'un des corps réagissants. Quand l'acide et l'alcool ont été mélangés à équivalents égaux, la portion éthérifiée est d'environ 66 p. 100 pour tous les alcools primaires. Cette limite augmente si le mélange primitif contenait un excès d'alcool ou d'acide ; elle diminue si l'on ajoute de l'éther ou de l'eau. À une température et à une pression déterminées, on peut obtenir une infinité d'états d'é., que nous représenterons par l'expression

$$p \text{ Acide} + q \text{ Alcool} + p' \text{ Éther} + q' \text{ Eau},$$

en appelant p, q, p', q' la concentration de chaque corps, c.-à-d. le nombre de molécules contenues dans l'unité de volume du mélange final. D'après Guldberg et Waage, tous ces états d'é. sont compris dans la formule très simple

$$k^2 p q = p' q',$$

où k désigne une constante. Si l'on appelle P, Q, P', Q' les valeurs initiales correspondantes, et x la quantité de substance qui aura été transformée quand l'é. sera atteint, on aura

$$k^2 (\text{P} - x)(\text{Q} - x) = (\text{P}' + x)(\text{Q}' + x).$$

La constante k est sensiblement égale à $\frac{2}{3}$ pour la combinaison de l'acide acétique avec les alcools primaires saturés, elle est environ 1,5 avec les alcools secondaires, et devient très faible avec les alcools tertiaires et les phénols.

Lorsqu'on traite un mélange de deux acides par une base en quantité insuffisante pour les saturer tous deux, la base se partage entre eux ; si les deux sels formés sont solubles, on a un système homogène où il s'établit un é. entre ces sels et les deux acides en excès. Le dosage de la solution n'étant plus possible par les méthodes ordinaires de l'analyse chimique, on détermine la composition du mélange d'après les quantités de chaleur dégagées par la réaction, ou d'après les variations des propriétés physiques : couleur, indice de réfraction, densité, etc. Soit par ex. l'action de la soude sur un mélange d'acide sulfurique et d'acide azotique. Employons les mêmes notations que plus haut, en dédoublant les formules de l'acide sulfurique et du sulfate pour avoir affaire à des quantités équivalentes. Les expériences de Thomsen et d'Ostwald ont montré que la formule donnée plus haut est encore applicable et que les états d'é. représentés par l'expression

$$p \times \tfrac{1}{2} \, SO^4 H^2 + q \, Az \, O^3 Na + p' \times \tfrac{1}{2} \, SO^4 Na^2 + q' \, Az \, O^3 H$$

sont assujettis à la relation $k^2 p q = p' q'$. Ici k a été trouvé égal à $\frac{1}{2}$. — Si le mélange primitif contenait 1 équivalent de soude et 1 équivalent de chaque acide, et qu'on appelle x le nombre d'équivalents d'acide sulfurique combiné, on aura $p' = x$ et $p = 1 - x$; d'autre part, l'acide azotique s'est combiné avec le reste de la soude puisque $q = 1 - x$ et $q' = x$.

Donc $k^2 (1 - x)^2 = x^2$ et $k = \dfrac{x}{1 - x}$. L'acide sulfurique et l'acide azotique se sont partagé la soude dans le rapport de x à $1 - x$ ou de k à 1. On peut donc dire que la tendance de l'acide sulfurique à se combiner avec la soude est k fois plus grande que celle de l'acide azotique. Thomsen appelle cette tendance l'*avidité* de l'é. et mesure l'avidité relative par la constante k. Ostwald lui a donné le nom d'*affinité relative* et a montré que, pour la plupart des acides, cette affinité ou avidité est à peu près indépendante de la nature de la base. Ce sont les acides azotique et chlorhydrique qui présentent la plus grande avidité. Viennent ensuite les acides bromhydrique et iodhydrique ; puis l'acide sulfurique dont l'avidité varie beaucoup avec la nature de la base et avec la température ; puis l'acide oxalique et l'acide phosphorique. L'avidité de l'acide fluorhydrique est bien plus faible ; elle est du même ordre que celle des acides citrique, tartrique et acétique. Ces déterminations sont assez délicates ; à la réaction principale s'ajoutent souvent la formation d'un sel acide et l'action de l'eau sur les acides libres contenus dans la solution.

On obtient des résultats analogues en faisant agir un acide

339

sur un sel, les substances étant toutes en solution. Soit par ex. la réaction réversible : $\frac{1}{2}$ SO⁴ Na² + HCl $\rightleftharpoons \frac{1}{2}$ SO⁴ H² + NaCl.

L'état d'équilibre étant représenté par :

$$p \times \frac{1}{2} \text{ SO}^4 \text{ Na}^2 + q \text{ HCl} + p' \times \frac{1}{2} \text{ SO}^4 \text{ H}^2 + q' \text{ Na Cl},$$

on aura encore $k^2 pq = p'q'$. La constante k, qui est ici égale à 2, est susceptible de la même interprétation que plus haut. — Lorsqu'on mélange des sels solubles qui, par double décomposition, ne peuvent engendrer que des produits solubles, il s'établit entre les quatre sels formés un équilibre du même genre que dans le cas de l'éthérification.

Systèmes hétérogènes. — La double décomposition peut s'opérer entre un sel soluble et un sel insoluble. Par ex. une solution de carbonate de potasse, mise en contact avec du sulfate de baryte, donne une certaine quantité de carbonate de baryte insoluble et du sulfate de potasse soluble. Les réactions de ce genre ont été étudiées par Guldberg et Waage. L'expérience a montré que les corps insolubles n'ont pas d'influence sur l'état final de la solution. A l'état d'é., celle-ci contiendra p molécules de sulfate de potasse et q' de carbonate de potasse. La formule donnée plus haut se réduit à $Cp = q'$. La constante C est indépendante de la proportion des sels insolubles, mais elle varie avec la quantité de l'eau de dissolution et diminue quand la température augmente. L'é. n'est atteint qu'au bout d'un temps très long ; la vitesse de réaction croît avec la température.

On sait que l'eau décompose certains sels neutres, tels que le sulfate de mercure et l'azotate de bismuth, en donnant un sel basique insoluble et mettant en liberté une quantité correspondante d'acide. D'après les expériences de Ditte, la réaction est limitée par la proportion de cet acide libre dans la solution. Dans le cas de l'azotate de bismuth cette proportion est de 87 grammes par litre à la température ordinaire. La décomposition du sel sera complète si on le traite par une quantité d'eau suffisante pour que tout l'acide de l'azotate ne puisse atteindre la proportion de 87 gr. par litre. La limite varie avec la température.

Dans d'autres cas, la loi de l'é. n'est plus aussi simple. Si l'on traite l'oxalate de calcium, qui est insoluble, par de l'acide chlorhydrique, il se forme une certaine quantité de chlorure de calcium soluble et d'acide oxalique libre. L'oxalate n'ayant pas d'influence sur l'état d'é., celui-ci devrait être représenté par p molécules d'acide chlorhydrique, q' d'acide oxalique et p' de chlorure de calcium, avec la relation $p'q' = Cp$. Mais les expériences d'Ostwald montrent que la quantité C n'est pas constante et qu'elle croît très vite avec le degré de concentration de l'acide chlorhydrique ; elle augmente aussi très rapidement avec la température. L'action se complique de la formation d'un oxalate acide, qui est particulièrement décomposé par l'eau.

Déplacement de l'équilibre. — Quand on modifie l'un des facteurs de l'é., le système éprouve une transformation qui amène un nouvel état d'équilibre ; cette transformation est telle que, si elle s'effectuait seule, elle produirait une variation de sens contraire du facteur qui a changé. Ainsi toute élévation de température provoque une réaction qui se fait avec absorption de chaleur et qui tend, par conséquent, à abaisser la température ; toute augmentation de pression produit une réaction correspondant à une diminution de volume. Ce principe du *déplacement de l'équilibre*, énoncé par Van 't Hoff et Le Chatelier, s'applique à tous les cas d'é. physique ou chimique. Une élévation de température, à pression constante, détermine un accroissement de fusion et de volatilisation pour tous les corps, car ces changements d'état se font avec absorption de chaleur. De même toute élévation de température augmente la dissociation de tous les composés exothermiques (c.-à-d. formés avec dégagement de chaleur) ; elle diminue la dissociation des composés endothermiques, quand ceux-ci donnent lieu à des phénomènes d'é., par ex., dans le cas du sulfure de carbone et de l'oxyde de carbone. Enfin, quand il s'agit de transformations qui n'absorbent ni ne dégagent de la chaleur, comme la dissociation de l'acide iodhydrique, l'état d'é. est indépendant de la température. — Une augmentation de pression, à température constante, provoque la fusion de la glace, qui correspond à une diminution de volume, et la solidification du blanc de baleine, qui se dilate par la fusion. Elle diminue la dissociation des composés formés avec contraction : anhydride carbonique, bioxyde de baryum, carbonate de chaux, etc. Elle n'a

pas d'influence sur la dissociation de l'acide iodhydrique, qui s'effectue sans changement de volume. — Le principe se vérifie aussi pour l'électricité : par ex., dans les accumulateurs tout accroissement de force électromotrice produit une réaction qui tend à absorber de l'électricité.

Équivalence des systèmes chimiques. — Si deux systèmes sont séparément é. à un troisième, ils seront en é. entre eux ; réciproquement, s'ils sont en é. entre eux, ils pourront être substitués l'un à l'autre dans un système quelconque en é. Par ex., la glace et l'eau, étant en é. à 0° et sous la pression d'une atmosphère, pourront se substituer l'une à l'autre vis-à-vis de la vapeur, c'est-à-dire qu'elles posséderont même tension de vapeur au point de congélation. Deux états allotropiques d'un corps auront, à leur point de transformation réversible, même tension de vapeur, même coefficient de solubilité, même tension de dissociation. Ce principe d'équivalence, énoncé par Le Chatelier, permet, dans un système de corps liquides ou solides en é., de remplacer chaque corps par sa vapeur, celle-ci étant prise sous la tension pour laquelle elle serait en é. avec ce corps dans les circonstances actuelles. Si donc on connaît les lois de l'é. des systèmes gazeux et les lois des tensions de vapeur, on pourra établir les lois de l'é. des systèmes liquides.

Théories de l'équilibre chimique. — Guldberg et Waage ont été les premiers à donner une théorie, qui les a conduits à la formule $k^2 pq = p'q'$. Considérons par ex. le phénomène de l'éthérification en conservant les notations adoptées plus haut. La combinaison de l'acide et de l'alcool se fait avec une vitesse qui dépend du nombre de molécules p et q contenues dans l'unité de volume. L'hypothèse la plus simple consiste à admettre que la vitesse de réaction est proportionnelle à p et à q. Si nous désignons par c une constante et par y la quantité

transformée pendant le temps t, cette vitesse sera $\frac{dy}{dt} = cpq$.

D'autre part la réaction inverse de l'éther et de l'eau s'effectue avec une vitesse $c'p'q'$. Si nous admettons que les deux réactions se produisent simultanément, le système sera en é. mobile lorsque ces deux vitesses seront égales ; cet é. sera donc représenté par la formule $cpq = c'p'q'$ qu'on peut écrire $k^2 pq = p'q'$. Pour les systèmes hétérogènes cette expression se simplifie. Si par ex. l'une des substances est solide et insoluble, sa masse n'a pas d'influence sur l'é. de la dissolution ou du mélange et la quantité p correspondante doit être considérée comme constante. La formule, telle que nous l'avons présentée, n'est pas toujours vérifiée par l'expérience ; il faut, dans certains cas, y introduire des exposants constants ; l'expression la plus générale serait $k^2 p^{\mu} q^{\nu} = p'^{\mu} q'^{\nu}$. — Cette théorie est très simple, mais elle repose sur des hypothèses qui ont besoin d'être justifiées et corrigées par l'expérience. Pour fonder la théorie de l'é. chimique sur une base rationnelle, il faut partir des principes de l'énergétique. Horstmann s'est engagé le premier dans cette voie et a donné les lois de la dissociation en s'appuyant sur le principe de l'entropie. Un peu plus tard Gibbs a établi la théorie générale des transformations physiques ou chimiques réversibles, et, plus récemment, Helmholtz, Planck, Duhem, Le Chatelier, etc., ont continué à développer la mécanique chimique dans cette direction. L'équilibre et le mouvement chimique dans un système matériel doivent dépendre de la *tension* de l'énergie chimique (voy. ÉNERGIE) ; mais cette tension n'est pas directement mesurable et l'on est obligé de la calculer en fonction de l'énergie propre au système et de celle qu'il prend ou qu'il cède au milieu ambiant. Considérons, pour plus de simplicité, les transformations du système où la température, la pression et le volume total restent constants, et supposons qu'il n'y ait d'autre énergie en jeu que la chaleur et l'énergie du volume. En appliquant les équations de l'énergétique (voy. ÉNERGÉTIQUE) on trouve que toute transformation réalisable doit satisfaire à la condition

$$d(\text{U} - \text{TS}) < 0.$$

U désigne ici l'énergie du système, T sa température absolue, S son entropie. La fonction U — TS est le *potentiel thermodynamique à volume constant* ; on lui donne aussi le nom d'*énergie libre*, parce qu'elle représente la portion d'énergie interne qui peut être transformée intégralement en énergie mécanique, en travail extérieur. Cette fonction joue en chimie le rôle de potentiel chimique. Les seules transformations chimiques possibles sont celles qui font diminuer ce potentiel ; cela permet de prévoir dans quel sens une réaction pourra s'effectuer. Pour que le système soit en équilibre stable, il faut que le potentiel ne puisse plus diminuer : on obtiendra donc les conditions d'équilibre chimique en exprimant que ce potentiel est minimum.

ÉQUILIBRER. v. a. Mettre en équilibre ; se dit au propre et au fig. *É. une balance. É. les pouvoirs. É. des groupes, des figures.* = s'ÉQUILIBRER. v. pron. Se mettre en équilibre. Se faire équilibre l'un à l'autre. == ÉQUILIBRÉ, ÉE. part.

ÉQUILIBRISME. s. m. Tour d'équilibriste.

ÉQUILIBRISTE. s. 2 g. Celui, celle qui, pour amuser le public, fait des tours d'adresse consistant à mettre et à maintenir en équilibre différentes choses. || Diplomate s'occupant de maintenir l'équilibre des puissances ; homme politique qui cherche l'équilibre des pouvoirs et des forces sociales.

ÉQUILLE. s. f. [Pr. *é-kill, ll* mouillées]. Croûte qui couvre le fond de la chaudière à cuire le sel. — Outil pour rompre cette croûte. || T. Icht. Sorte de poisson.

Icht. — Les *Équilles* sont de petits poissons osseux qui appartiennent à la famille des *Anguilliformes.* Leur corps allongé est pourvu d'une nageoire à rayons articulés, mais simples, sur une grande partie du dos ; d'une deuxième nageoire derrière l'anus, et d'une troisième, fourchue, au bout de la queue. Leur tête est comprimée, plus étroite que le corps et pointue par devant ; leur mâchoire supérieure est susceptible

d'extension et, à l'état de repos, l'inférieure est plus longue que l'autre ; il n'existe pas de cæcum ni de vessie natatoire. Les zoologistes ont donné aux individus de ce genre le nom d'*Ammodytes* (ἄμμος, sable ; δύτης, plongeur) parce qu'ils se tiennent dans la vase ou dans le sable des rivages, qu'ils creusent à l'aide de leur tête jusqu'à une profondeur de 18 à 25 centim. Ces poissons se nourrissent de vers qu'ils trouvent dans le sable et en même temps cette manière de vivre les met à l'abri de la dent des poissons voraces et surtout des scombres qui préfèrent l'ammodyte à toute autre proie. Aussi les pêcheurs s'en servent-ils comme appât. Leur chair est fade et cependant leur pêche amène, à certaines époques, un grand concours de monde sur les plages sableuses de la Manche. On distingue plusieurs espèces d'*Équilles* : le *Lançon (Ammodyte lanceolatus)* [Fig. ci-dessus], l'*Équille commune (A. tobianus)*, et la *Cicerelle (A. Cicerellus)*, cette dernière ne se trouvant que dans la Méditerranée.

ÉQUILLEUR. s. m. [Pr. *é-killeur, ll* mouillées]. Ouvrier qui rompt la croûte du fond des poêles aux salines.

ÉQUILUNE. s. m. [Pr. *é-kui-lune*] (lat. *æquus*, égal, et fr. *lune*). T. Astron. Moment où la lune traverse l'équateur.

ÉQUIMOLÉCULAIRE. adj. 2 g. T. Chim. Qui correspond à un même nombre de molécules.

ÉQUIMULTIPLE. adj. 2 g. (lat. *æquus*, égal ; fr. *multiple*). T. Arith. Se dit des nombres, des quantités qui résultent du produit d'autres quantités par un même facteur. *Les nombres* 15 *et* 6 *sont équimultiples de* 5 *et de* 2, *parce que les deux premiers sont les produits des seconds multipliés par le même facteur* 3.

ÉQUIN, INE. adj. [Pr. *é-kin*] (lat. *equinus*, de cheval). T. Orthop. *Pied é.*, Difformité dans laquelle le pied présente une disposition semblable au sabot du cheval et n'appuie que sur la pointe. || T. Vét. *Variole équine*, Affection pustuleuse du cheval qui se communique à la vache et à l'homme et y produit une vaccine.

ÉQUINETTE. s. f. [Pr. *éki-nè-te*]. T. Mar. Partie horizontale du support des girouettes.

ÉQUINOXE. s. m. [Pr. *é-ki-no-ks*] (lat. *æquus*, égal ; *nox*, nuit). Chacune des deux époques de l'année où le jour est égal à la nuit pour toute la terre et qui a lieu quand le soleil passe à l'équateur. — On appelle aussi *équinoxes* ou *points équinoxiaux*, les deux points de la sphère céleste où le soleil coupe l'équateur dans sa marche annuelle apparente : ce

sont les deux points d'intersection de l'*équateur* et de l'*écliptique.* Voy. ces deux mots. == *Précession des Équinoxes.* Voy. PRÉCESSION.

ÉQUINOXIAL, ALE. adj. [Pr. *é-ki-no-ksi-al*]. Qui appartient à l'équinoxe. *Cercle é. Les points équinoxiaux.* Voy. ÉCLIPTIQUE. *Ligne équinoxiale.* Voy. ÉQUATEUR. || *Cadran é.* Voy. GNOMONIQUE. || T. Bot. *Fleurs équinoxiales*, Fleurs qui s'ouvrent et se ferment chaque jour à des heures déterminées.

ÉQUINTER. v. a. T. Milit. [Pr. *é-kin-ter*]. Tailler en pointe l'extrémité d'une lanière.

ÉQUIPAGE. s. m. [Pr. *é-ki-pa-je*] (R. *équiper*). T. Mar. L'ensemble de ce qu'il faut pour mettre un navire en état de naviguer. — Par restriction, Le personnel du navire. *Le bâtiment a péri ; mais on a sauvé l'é.* || Par anal., L'ensemble des choses qui sont nécessaires pour certaines opérations, pour certains exercices. *É. de guerre. É. de siège. É. de pont. Les équipages de l'armée. É. de chasse. É. d'atelier.* ¶Cet entrepreneur a tout l'é. nécessaire pour les plus grandes constructions. || Le train, la suite, chevaux, mulets, carrosses, valets, bagages, etc., qu'une personne puissante emmène avec elle. *Grand, superbe é. Les équipages d'un prince. Son é. est parti, est arrivé.* Prov., *L'é. de Jean de Paris*, Un é. magnifique. *Un é. de Bohême*, Un é. délabré. — Dans un sens plus restreint, se dit d'une voiture de maître avec ce qui en dépend. *La plupart des gens riches ont é. Il a acheté un é. Il est venu avec son é.* || Fig. et fam., on dit quelquefois en parlant d'une personne mal vêtue, du mauvais état de ses affaires et même du mauvais état de sa santé, qu'*Elle est en triste é., dans un mauvais é.* ; et ironiquement, *Vous voilà dans un bel é.* || T. Techn. *É. de pompe*, La garniture d'une pompe. — Ensemble de toutes les lames des lisses qui servent à tisser une étoffe. — Appareil composé de cinq chaudières de cuivre ou de fonte placées à la suite des unes des autres, pour opérer l'évaporation et la cuite du jus de betterave. — Réunion d'au moins deux cylindres de laminoir avec tous les appareils nécessaires pour le mettre en mouvement. || T. Théâtre. Ensemble des ouvriers machinistes chargés de monter les décors et d'opérer les changements à vue. || T. Astron. Sorte de compteur composé.

Armée. — Dans l'armée de terre, on applique la dénomination d'*Équipages* à la réunion des objets qu'une armée est obligée de traîner à sa suite. On distingue les *équipages d'artillerie* et de *génie*, qui comprennent les différentes sortes de bouches à feu, le matériel pour construire les ponts, les forges, et tous les outils indispensables ; les *équipages militaires*, qui comprennent les convois de vivres et d'effets, ainsi que les ambulances ; les *équipages de régiment*, qui se composent des bagages que chaque régiment mène à sa suite et de tous les ustensiles que les soldats portent avec eux. Voy. TRAIN.

Mar. — Dans la marine, le mot *Équipage* désigne l'ensemble de tous les hommes, maîtres, contre-maîtres, quartiers-maîtres, gabiers, timoniers, matelots et mousses, embarqués pour le service d'un bâtiment, et inscrits à cet effet sur un état spécial appelé *Rôle d'é.* L'état-major du bâtiment, c.-à-d. les capitaines, lieutenants, enseignes, commis d'administration, chirurgiens et élèves, n'est point compris sous cette dénomination. Dans la marine de l'État, la force des équipages se règle ordinairement d'après le nombre de bouches à feu que portent les navires. On compte en général 9 hommes par canon pour les vaisseaux et les frégates de premier rang, 7 ou 8 pour les frégates d'un rang inférieur, les corvettes et les bricks, et 6 seulement pour les bâtiments inférieurs. Quant aux navires marchands, leur port se calcule ordinairement selon le nombre de tonneaux. (10 hommes pour 100 tonneaux, 15 pour 200, etc.), à l'exception toutefois de ceux qui sont armés pour la pêche de la baleine ou d'autres destinations spéciales ; car alors on s'écarte des règles ordinaires, et l'on compose les équipages d'un nombre d'hommes plus considérable. — Les matelots embarqués sur les vaisseaux de l'État forment un corps régulier appelé *Équipages de ligne*, dont le service est toujours connu celui de l'armée de terre, et qui se recrute : 1° par l'inscription maritime (loi du 3 brumaire an IV, modifiée à diverses reprises, et, en dernier lieu, par les lois du 31 déc. 1872 et du 1er juin 1885). Voy. MARITIME (inscription) ; 2° par le tirage au sort ou recrutement (loi sur le recrutement de l'armée de 1889) ; 3° par les engagements volontaires. Voy. MARINE.

ÉQUIPE. s. f. [Pr. *é-ki-pe*] (vx fr. *esquif*, bateau). T. Navigation fluviale. Suite de bateaux attachés les uns aux autres, allant à la voile quand le vent est favorable, et traînés par des hommes ou des animaux dans le cas contraire, ou, plus souvent, remorqués par un bateau à vapeur. || Dans certains ateliers, on appelle *Chef d'é.*, Un ouvrier qui dirige un certain nombre d'autres ouvriers chargés d'un travail spécial. || Ensemble des ouvriers qui travaillent à la formation d'un train de chemin de fer.

ÉQUIPÈDE. adj. [Pr. *é-kui-pède*] (lat. *æquus*, égal ; *pes, pedis*, pied). T. Zool. Qui a les pattes d'égale longueur.

ÉQUIPÉE. s. f. [Pr. *é-ki-pée*] Action de partir avec équipage. || Action, entreprise indiscrète, inconsidérée, téméraire, dont les suites ne peuvent être que fâcheuses, désagréables. *Vous avez fait là une belle é. Le jeune homme n'en est pas à sa première é. Cette é. lui coûte cher.*

ÉQUIPEMENT. s. m. [Pr. *é-ki-pe-man*] Action d'équiper. *Il faudra tant de temps pour l'é. de nouveaux bataillons. On ordonna l'é. de la flotte.* || L'ensemble des choses qui servent à équiper. *L'é. des soldats était dans le plus triste état. L'é. de ce vaisseau est encore incomplet.* On appelle *Petit é.*, en langage militaire, le linge et les chaussures.

ÉQUIPER. v. a. [Pr. *é-ki-per*] (R. *équipe*). Pourvoir quelqu'un des choses qui lui sont nécessaires et particulièrement de vêtements. *É. un soldat, un cavalier. Il a bien équipé son fils en l'envoyant au collège.* || En parlant d'un vaisseau, d'une flotte, etc., Le pourvoir de tout ce qui est nécessaire à la manœuvre, à la subsistance, à la défense, etc. *É. une frégate. La flotte est tout équipée. É. une machine*, La garnir de tous les agrès nécessaires et la mettre en état de fonctionner. || Fig. et fam., *Il a été bien équipé*, Il a été maltraité, raillé comme il faut. == s'Équiper, v. pron. *Il lui faut tant pour s'é. Beaucoup de volontaires s'équipaient à leurs frais.* || Fam., S'accoutrer. *Peut-on s'é. de la sorte?* == Équipé, ée. part. || T. Blason. Se dit d'un vaisseau qui a ses voiles et ses cordages. *De gueules à la nef équipée d'argent.*

ÉQUIPET. s. m. [Pr. *é-ki-pè*] T. Mar. Planche fixée à la muraille dans la chambre des officiers et servant à ranger certains objets.

ÉQUIPÉTALÉ, ÉE. adj. [Pr. *é-kui-pé-talé*] (lat. *æquus*, égal, et fr. *pétale*). T. Bot. Dont les pétales sont égaux ou à peu près.

ÉQUIPEUR. s. m. T. Arquebusier. L'ouvrier qui monte et ajuste ensemble les diverses pièces d'un fusil. On dit aussi *Équipeur-monteur.*

ÉQUIPIER. s. m. Homme d'équipe.

ÉQUIPOLLENCE. s. f. [Pr. *é-ki-po-lan-se*] (R. *équipoller*). T. Log. Ne s'emploie que dans cette locution, d'ailleurs peu usitée, *L'é. des propositions*, en parlant de propositions qui reviennent, quant à l'idée, l'une à l'autre.
Math. — On appelle équipollence une équation de la forme :

$$(1) \qquad z = f(t),$$

où z représente une quantité *imaginaire* $x + iy$, et $f(t)$ une fonction connue d'une variable *réelle* t. On sait que toute quantité imaginaire $z = x + iy$ peut être représentée par le point du plan qui a pour abscisse x et pour ordonnée y. Si l'on fait varier t de $-\infty$ à $+\infty$, le point représentatif décrira une certaine courbe qui dépendra de la fonction f. Ainsi l'équation (1) définit une courbe plane comme pourrait le faire une équation entre x et y. On obtiendra l'équation cartésienne de la courbe en séparant dans le second membre la partie réelle et le terme en i, de manière à écrire l'é. sous la forme :

$$x + iy = P(t) + i Q(t),$$

et en éliminant ensuite t entre les deux équations

$$x = P(t) \qquad y = Q(t)$$

dont l'ensemble est équivalent à l'équation (2).
Par ex., l'équation :

$$(3) \qquad z = a + bt$$

se mettra sous la forme :

$$x + iy = \alpha + \beta t + i(\alpha' + \beta' t)$$

en remplaçant les 3 imaginaires z, a, b, par les binômes correspondants. On devra donc avoir :

$$x = \alpha + \beta t$$

et, en éliminant t :

$$(x - \alpha)\,\beta' - (y - \alpha')\,\beta = 0.$$

L'équation (3) représente donc une droite passant par le point $\alpha\alpha'$, c'est-à-dire par le point a.
On reconnaîtrait d'une manière analogue que les équations

$$z = a\,e^{it} + b$$
$$z = a\cos t + b\sin t$$

représentant, la première un cercle à son centre au point b, et la seconde une ellipse qui a son centre à l'origine.
Le calcul des équipollences a été imaginé par le géomètre italien Bellavitis, et donne, dans certains cas, une solution très simple de problèmes assez difficiles.

ÉQUIPOLLENT, ENTE. adj. [Pr. *é-ki-po-lan*]. Égal en valeur à une autre chose. *Le profit est é. à la perte. Cette raison est équipollente à l'autre. Quantités équipollentes.* Vx. || T. Minér. Se dit d'une variété produite par des décroissements en nombre égal sur deux angles ou sur deux bords. || Subst., au masc., *Il m'a rendu l'é. de ce que je lui avais prêté.* Vx. == A L'ÉQUIPOLLENT. loc. adv. A proportion. *Il a perdu mille écus dans cette affaire, et les autres à l'é., à l'é. de ce qu'ils y ont mis.* Vx.

ÉQUIPOLLER. v. a. [Pr. *é-ki-po-ler*] (lat. *æquus*, égal ; *pollere*, être fort). Valoir autant que... *Le gain équipolle la perte.* Vx. == ÉQUIPOLLER. v. n. Équivaloir. *Une clause qui équipolle à une autre.* == ÉQUIPOLLÉ, ÉE. part. Balancé avec. *La perte équipollée au gain.* || T. Blas. *Points équipollés.* Se dit de neuf carreaux en forme d'échiquier. Voy. HÉRALDIQUE.

ÉQUIPONDÉRANCE. s. f. [Pr. *é-kui-pon...*] (lat. *æquus*, égal ; *ponderare*, peser). T. Didact. Égalité de poids.

ÉQUIPONDÉRANT, ANTE. adj. [Pr. *é-kui-pon...*]. Qui est de même poids.

ÉQUIPOTENTIEL, ELLE. adj. [Pr. *é-kui-potan-siel*] (lat. *æquus*, égal, et fr. *potentiel*). T. Phys. *Les lignes ou surfaces équipotentielles* sont plus souvent appelées lignes ou surfaces *de niveau*. Voy. POTENTIEL.

ÉQUISÉTACÉES. s. f. pl. [Pr *é-kui-séta-sée*]. T. Bot. Famille de végétaux Cryptogames vasculaires de l'ordre des Équisétinées isosporées.

Carat. bot. : Plantes rameuses, à tige fistuleuse, articulée et striée, dont l'épiderme est incrusté d'une matière siliceuse, à entre-nœuds facilement séparables. Stomates disposés longitudinalement sur l'épiderme. La tige aérienne aussi bien que le rhizome portent de très petites feuilles disposées en verticilles alternes (Fig. 1, 1). Dans chaque verticille, les feuilles sont concrescentes latéralement en une gaine appliquée contre la base de l'entre-nœud suivant et ne sont libres que par leurs pointes qui forment autant de dents au bord de la gaine. Sporanges attachés au nombre de 5 à 10 à la face inférieure d'écailles peltées (Fig. 1, 2) ; ces écailles peltées, qui ne sont que des feuilles modifiées, sont étroitement serrées et constituent des cônes terminaux. A la maturité, les sporanges s'ouvrent par une fente longitudinale du côté qui regarde le pédicelle de l'écusson et les spores sont mises en liberté. Celles-ci sont pourvues d'une membrane supplémentaire, qui se découpe de manière à former deux rubans spiralés (élatères) qui se déroulent dans un milieu sec (Fig. 1, 3) et

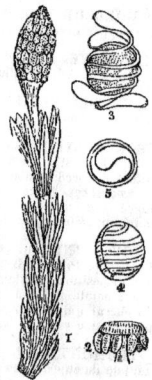

Fig. 1.

s'enroulent dans un milieu humide (Fig. 1, 4 et 5). [Fig. 1. *Equisetum arvense.* — Fig. 2. Section du lobe principal d'un prothalle femelle d'*Equisetum arvense.*—Fig. 3. Prèle fossile].

Ces spores germent au bout de peu de jours et donnent des prothalles de deux sortes : les uns (*prothalles mâles*) sont très petits, plus ou moins lobés et portent des anthéridies qui sont placées au sommet ou au bord des lobes les plus grands; les autres (*prothalles femelles*) sont plus grands, plus abondamment ramifiés et portent des archégones au fond des

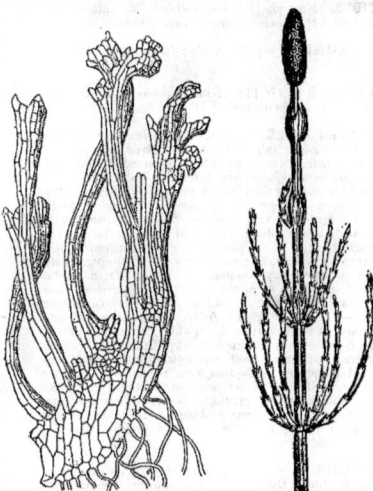

Fig. 2.   Fig. 3.

anfractuosités qui séparent les lobes les uns des autres (Fig. 2). Le développement de l'œuf a lieu comme chez les Fougères.

Cette famille se compose du seul genre *Equisetum*, vulgairement *Prèle*, dont on connaît une dizaine d'espèces. Les Prèles se rencontrent dans la plupart des pays du monde; elles habitent les endroits humides ou inondés, les ruisseaux et les rivières. Aucune de ces espèces n'offre d'importance au point de vue médical, quoiqu'on les ait jadis employées comme diurétiques et emménagogues. Dans l'économie domestique, on s'en sert pour polir les meubles et les ustensiles de ménage, propriété qu'elles doivent à la grande proportion de silice qui se trouve contenue dans leur cuticule épidermique. D'après John de Berlin, les Prèles renferment au moins 13 p. 100 de matière siliceuse. Pendant l'hiver, leurs rhizomes contiennent une grande quantité de fécule.

On connaît de nombreuses Prèles fossiles, que l'on trouve depuis le grès bigarré jusque dans le miocène. Plusieurs étaient de grande taille; ainsi l'*Equisetum arenaceum* avait des tiges aériennes mesurant de 8 à 10 mètres de hauteur. Ces arbres primitifs rudimentaires devaient offrir l'aspect représenté ci-dessus (Fig. 3) et formaient des forêts bizarres auxquelles nos forêts modernes ne ressemblent en aucun genre. Les équisétacées et les calamites de la période dévonienne composaient, en effet, des forêts de roseaux. On les a retrouvées dans toutes les régions septentrionales, où la température était alors très élevée.

ÉQUISÉTINÉES. s. f. pl. (R. *Equisetum*). T. Bot. Nom donné à la deuxième classe de l'embranchement des Cryptogames vasculaires caractérisée par la présence de feuilles rudimentaires et une ramification verticillée. On la divise en deux ordres, celui des *Equisétinées isosporées* et celui des *Equisétinées hétérosporées.*

ÉQUISÉTIQUE. adj. [Pr. *é-kui-sétik*] (R. *Equisetum*,

prèle). T. Chim. *Acide é.*, Acide trouvé dans la Prèle commune, dans l'*Aconitum Napellus* et le *Delphinium Consolida.* On l'appelle aussi acide *aconitique*, parce qu'il existe à l'état de sel de chaux, dans l'Aconit napel. On peut le préparer en faisant bouillir l'acide citrique avec de l'acide chlorhydrique. L'acide é. a pour formule $C^6 H^5 O^6$. Il cristallise en lamelles incolores, fusibles à 140°, solubles dans l'eau, l'alcool et l'éther. Chauffé au-dessus de son point de fusion il perd de l'anhydride carbonique et se transforme en acide itaconique.

ÉQUISETUM. s. m. [Pr. *é-kui-sétòm*] (lat. *equus*, cheval; *seta*, soie). T. Bot. Genre de plantes (*Prèle*) de la famille des *Equisétacées.* Voy. ce mot.

ÉQUISONANCE. s. f. [Pr. *é-kui-so-nan-se*] (lat. *æquus*, égal; *sonare*, sonner). T. Mus. anc. Consonance d'unisson d'octave ou de double octave.

ÉQUISYLLABISME. s. m. [Pr. *é-kui-sil-la-bisme*] (lat. *æquus*, égal, et fr. *syllabe*). T. Gramm. Prononciation de toute syllabe dans un temps égal.

ÉQUITABLE. adj. 2 g. [Pr. *é-kitable*]. Qui a de l'équité. *Un juge é. Des gens peu équitables.* || Qui est conforme aux règles de l'équité. *Sentiment é. Jugement é. Partage é. Cela n'est pas é.*

ÉQUITABLEMENT. adv. [Pr. *é-kitableman*]. D'une manière équitable, avec équité.

ÉQUITANT, ANTE. adj. [Pr. *é-kui-tan*] (lat *equitare*, aller à cheval). T. Bot. Se dit des feuilles pliées longitudinalement, à cheval l'une sur l'autre. Voy. FEUILLE.

ÉQUITATION. s. f. [Pr. *é-kui-ta-sion*] (lat. *equitatio*, de *equus*, cheval). L'art et l'action de monter à cheval. *Les règles de l'é. Son médecin lui a ordonné l'é.*

L'*Équitation*, dont l'origine est naturellement aussi ancienne que la conquête du cheval, comprend l'art de bien monter à cheval et celui de bien diriger sa monture. Cet art demande une certaine aptitude physique, et, de plus, une somme de force et de patience assez grande. En ce qui concerne le cheval, il ne suffit pas de le dompter et de le maîtriser, il faut encore le dresser, l'habituer à comprendre ce qu'on exige de lui, et à obéir à tous les ordres qu'il reçoit. Pour cela toutefois il est indispensable que le cavalier lui parle toujours, si l'on peut s'exprimer ainsi, un langage clair, simple et précis. Les moyens d'expression que le cavalier a à sa disposition sont, en termes de manège, désignés sous le nom d'*Aides* : nous les avons énumérés ailleurs (voy. AIDE). Quant à l'homme, la qualité la plus essentielle qu'il ait à acquérir est, à notre avis, la solidité. Assurément, nous faisons grand cas de la bonne tenue et de l'élégance, mais nous croyons la première plus importante, car l'é. est avant tout un art *utile*. C'est à ce point de vue que l'on doit se placer pour juger sainement des trois grandes méthodes d'é. qu'on désigne sous les noms de méthode *franco-italienne*, de méthode *germanique* et de méthode *slave* ou *orientale*. La première veut que le cavalier ait toujours la tête et le buste droits, les épaules effacées, les coudes près du corps, les cuisses et les genoux en dedans, les jambes tombantes, les pieds touchant à peine l'étrier et ayant leur pointe tournée en dedans. Dans la seconde méthode, le cavalier se sert d'étriers plus courts, s'y appuie davantage et tourne la pointe du pied en dehors, ce qui lui permet de saisir plus fortement le cheval avec ses cuisses et le gras des jambes, et d'avoir plus de liberté pour les mouvements du tronc. Aussi le cavalier germain penche-t-il le plus ordinairement le corps en avant, afin de suivre les mouvements de son cheval et d'en moins ressentir les contre-coups. Il est évident que ce dernier possède, au point de vue de la solidité, une supériorité incontestable sur le cavalier qui monte d'après la première méthode ; mais il n'a pas sa désinvolture et son élégance. En outre, leur manière de se tenir permet aux cavaliers allemands avec plus d'énergie sur le cheval et de vaincre plus facilement sa résistance. La méthode slave ou orientale est la méthode allemande exagérée, surtout quant à l'emploi des aides; car les cavaliers slaves et orientaux font un usage souvent abusif du mors et de l'éperon. En revanche, leur solidité est à toute épreuve, et il faut que leur monture s'abatte pour qu'ils soient désarçonnés. Mais cette méthode use rapidement les chevaux. C'est à tort qu'on a fait le même reproche à la méthode germanique : car l'expérience démontre que les chevaux traités d'après ce système durent autant et même plus que les chevaux menés avec toute la délicatesse prescrite par les écuyers franco-italiens. — On divise l'é. en é. civile, é. militaire, é. féminine et é. aérienne ou Voltige. Tous ces termes s'expliquent assez d'eux-mêmes pour nous dispenser de les commenter.

L'art de l'é. remonte à la plus haute antiquité, et il a nécessairement dû prendre naissance dans les pays dont le cheval est originaire, c.-à-d. dans les plaines de l'Asie centrale. Quand l'espèce chevaline fut introduite dans les contrées situées plus à l'occident, l'é. s'y introduisit avec elle. Dans l'antiquité, les peuples de l'Afrique septentrionale, tels que les Numides, étaient déjà célèbres par leur habileté dans l'art de monter à cheval : aussi les armées de ces nations se composaient-elles presque exclusivement de cavaliers. La cavalerie persane était également nombreuse et célèbre. Les Grecs et les Romains n'eurent jamais ni une nombreuse,

ni une bonne cavalerie, bien que plusieurs auteurs grecs, Timon d'Athènes et Xénophon entre autres, aient écrit sur l'art de l'é. Les anciens montaient à cheval comme montent aujourd'hui les individus qui montent d'instinct et n'ont jamais fréquenté aucun manège. En outre, ils ne connaissaient ni l'usage des étriers, ni celui de la selle. Tantôt ils montaient à cru, comme les Numides ; tantôt ils se contentaient, comme les Grecs et les Romains, de jeter une espèce de couverture faite soit de peau, soit d'un tissu plus ou moins riche (ephippium). [La Fig. ci-dessus représente une lampe romaine sur laquelle figure un desultor, c.-à-d. un cavalier qui conduisait de front deux chevaux, et qui, pendant qu'ils étaient au galop, sautait alternativement de l'un sur l'autre.] Au moyen âge, comme dans l'antiquité, l'é. n'était guère qu'une pratique purement empirique ; elle le fut jusqu'au xve siècle, où il se forma à Padoue une Académie d'é. qui devint promptement célèbre, et qui posa les principes de cette é. si noble et si élégante qu'on appelle méthode franco-italienne. Cet art a donné lieu à un grand nombre d'ouvrages : nous citerons, parmi les plus intéressants, les traités de Pluvinel, de la Guérinière, du vicomte d'Aure, de Baucher, et le Cours d'é. militaire de l'école de Saumur.

L'importance de l'é. dans l'art de la guerre a fait créer chez tous les peuples de l'Europe des écoles spéciales destinées à former de bons instructeurs de cavalerie. Les premières écoles de ce genre qui aient existé en France furent établies par le duc de Choiseul, en 1764. Elles étaient au nombre de 4, et placées à Angers, à Besançon, à Douai et à Metz ; mais elles ne tardèrent pas à être supprimées (1767). Néanmoins, quatre ans après, on revint sur cette décision et l'on remplaça les 4 écoles par un nouvel établissement qui fut placé à Saumur, mais qui disparut en 1790. En 1796, une nouvelle école d'é. fut fondée à Versailles ; mais elle fut transférée à Saint-Germain en 1809, à Saumur en 1814, à Versailles de nouveau en 1823 ; enfin, en 1824, elle fut réinstallée à Saumur, où elle se trouve encore aujourd'hui.

ÉQUITÉ. s. f. [Pr. é-ki-té] (lat. æquitas, m. s.). Justice

naturelle, vertu de celui qui, dans ses actions, dans ses jugements, se dirige d'après cette justice naturelle. Selon l'é. Contre toute é. Les règles de l'é. C'est un homme plein d'é. || S'emploie souvent par opposition à Droit positif. Les arbitres auxquels le compromis donne le pouvoir de prononcer comme amiables compositeurs, ne sont pas astreints à juger d'après la rigueur du droit et peuvent décider d'après les règles de l'é. Voy. JUSTICE.

ÉQUITIDES. s. m. pl. [Pr. é-kui-tides]. T. Entom. Famille d'Insectes Lépidoptères diurnes. Voy. DIURNES.

ÉQUIVALEMMENT. adj. [Pr. é-kiva-la-man]. D'une manière équivalente.

ÉQUIVALENCE. s. f. [Pr. é-kiva-lan-se]. T. Didact. Qualité de ce qui est équivalent. || Identité de nature.

ÉQUIVALENT, ENTE. adj. [Pr. é-kiva-lan]. Qui équivaut, qui est de même valeur. Je lui donnerai un objet é. Des termes équivalents. Une chose équivalente à une autre. || T. Géom. Surfaces équivalentes, Celles qui ont la même grandeur sans avoir la même forme. Un rectangle et un parallélogramme qui ont même base et même hauteur sont équivalents. Voy. AIRE. — Solides équivalents, Ceux qui ont le même volume sans avoir la même forme. Un prisme oblique est é. à un prisme droit qui aurait pour base la section droite, et pour hauteur la longueur de l'arête du premier. Voy. VOLUME. = ÉQUIVALENT. s. m, Ce qui équivaut, ce qui est de même valeur. On lui a donné un é. Offrir des équivalents. Ce mot ne peut se traduire que par un é. — C'est un é., un faible é., se dit quand une chose, donnée en compensation d'une autre, ne la vaut pas. || T. Chim. Équivalents chimiques. Voy. CHIMIE. || T. Méc. Deux systèmes de forces sont dits équivalents quand ces forces étant supposées appliquées à un solide invariable, on peut trouver un troisième système qui, appliqué au même solide, équilibrera soit le premier, soit le second système. Dans ces conditions, les deux systèmes équivalents peuvent être remplacés l'un par l'autre sans que le mouvement du corps soit modifié.

ÉQUIVALOIR. v. n. [Pr. é-ki-va-loir] (lat. æquivalere, m. s.). Valoir autant. Un gramme d'or équivaut à quatorze grammes d'argent environ. || T. Litt. Par ext., Avoir le même sens, la même portée, être à peu près le même que.. Cette expression équivaut à telle autre. Cette réponse équivaut à un refus. = Conj. Voy. VALOIR.

ÉQUIVALVE. adj. 2 g. [Pr. é-kui-valve] (lat. æquus, égal, et fr. valve). T. Conchyl. Se dit des coquilles dont les deux valves sont symétriques. Voy. CONCHYLIOLOGIE.

ÉQUIVOCATION. s. f. [Pr. é-kivo-ka-sion]. Action d'équivoquer.

ÉQUIVOQUE. adj. 2 g. [Pr. é-kivo-ke] (lat. æquus, égal ; vox, voix). Qui a un double sens, qui peut recevoir plusieurs interprétations, ou qui convient à différentes choses. Parole, terme, mot é. Expression é. Phrase, tournure é. Ce discours est é. Cela est é. || Qui peut donner lieu à des jugements opposés ; se prend le plus souvent en mauvaise part. Signe é. Signe non é. Action é. Réputation, vertu, mérite é. — Par ext., Un homme é., Un homme à qui l'on ne peut se fier. — Fam., se dit encore des choses qui paraissent suspectes, qu'n'annoncent rien de bon. Il a une mine é., Des allures équivoques. Une tournure é. Une maison, une société é. Cela me paroît fort é. || T. Littér. Rime é., Petite pièce de vers rimée très richement en mettant à la fin des vers des mots des assemblages de mots pris dans des sons différents comme Université rimant avec univers cité ; romantique avec Rome antique ; la Tour Magne à Nîmes avec magnanimes ; cris vains avec écrivains, des bas de filoselle et des bouts de fil aux ailes, etc. = ÉQUIVOQUE. s. f. Se dit au double sens d'une phrase, d'un mot, ou d'une expression, d'un mot à double sens. Il y a une é. dans cette phrase. Ce terme présente une é. Il faut éviter les équivoques. Basses équivoques. E. grossière. Plaisante é. || T. B.-Arts. Effet indécis, manqué de parti pris, d'intention nette et déterminée. Autrefois on faisait ce mot indifféremment masc. ou fém. = Syn. Voy. AMBIGUÏTÉ.

ÉQUIVOQUER. v. n. [Pr. é-ki-vo-ker]. User d'équivoque.

Il équivoque continuellement. = s'ÉQUIVOQUER. v. pron. Dire involontairement un mot pour un autre. *Il s'est équivoqué plaisamment.* Fam.

ÉQUORÉE. s. f. (lat. *æquor*, surface de la mer). T. Zool. Nom d'une espèce de Méduse. Voy. ACALÈPHE.

ÉRABLE. s. m. (lat. *acer*, érable; *arbor*, arbre). T. Bot. Genre de plantes Dicotylédones (*Acer*) de la famille des *Sapinda-*

cées, type de la tribu des *Acérées.* Ce sont de beaux arbres dont la Fig. ci-dessus montre le port général. Voy. SAPINDA-CÉES.

ÉRADICATIF, IVE. adj. (lat. *eradicare*, déraciner, de *e* préf. sépar., et *radix*, racine). T. Didact. Qui détruit une chose par la racine.

ÉRADICATION. s. f. (lat. *eradicatio*, m. s., de *e* préf. sépar., et *radix*, racine). Action de déraciner, d'arracher par la racine.

ÉRAFLEMENT. s. m. État d'une pièce de canon dont l'âme est éraillée.

ÉRAFLER. v. a. (R. *e*, préf., et *rafler*). Écorcher légèrement. *Cette épingle m'a éraflé, m'a éraflé la peau, m'a éraflé le visage.* Fam. || T. Milit. Enlever une portion de la paroi intérieure de l'âme du canon, en parlant d'un boulet qui s'y brise. = ÉRAFLÉ, ÉE. part.

ÉRAFLURE. s. f. (R. *érafler*). Écorchure légère. *Une é. d'épingle. Il a une é. à la main.* Fam. || T. Arts. Hachure faite dans les bois ouvrés par une main inhabile. || T. Artill. Raie produite dans l'âme d'une bouche à feu par un projectile qui s'y est brisé.

ÉRAILLEMENT. s. m. [Pr. *éra-lleman*, *ll* mouillées]. Action d'érailler. || T. Chir. État d'un œil éraillé; renversement de la paupière. Syn. vulgaire d'*Ectropion.*

ÉRAILLER. v. a. [Pr. *éra-llé*, *ll* mouillées] (R. *e*; lat. *e* ou *ex*, et *adere*, racler). Se dit des étoffes dont le tissu est relâché ou comme écorché. *É. du satin.* = s'ÉRAILLER. v. pron. *Cette étoffe est sujette à s'é.* = ÉRAILLÉ, ÉE. part. || *Avoir les yeux éraillés.* Avoir les paupières plus ou moins renversées en dehors.

ÉRAILLURE. s. f. [Pr. *éra-llure*, *ll* mouillées]. L'endroit où une étoffe est éraillée.

ÉRANE. s. m. (gr. ἔρανος, écot). T. Antiq. Nom d'associations religieuses chez les Grecs.

ÉRANISTE. s. m. Membre d'un érane.

ÉRANTHE. s. m. T. Bot. Genre de plantes Dicotylédones (*Eranthis*) de la famille des *Renonculacées.* Voy. ce mot.

ÉRARD (SÉBASTIEN), célèbre facteur d'instruments de musique, à Paris (1752-1831).

ÉRASISTRATE, célèbre médecin grec (IIIᵉ siècle av. J.-C.)

ÉRASME (SAINT), vulgairement appelé saint Elme, prélat et martyr, mort vers 304. Invoqué par les marins italiens pendant les tempêtes. Ils croyaient en voir la manifestation dans les « feux Saint-Elme ».

ÉRASME, écrivain et savant, né à Rotterdam en 1467, mort à Bâle en 1536, auteur de *Colloques* célèbres et de l'*Éloge de la Folie.*

ÉRASMIEN, IENNE. adj. Qui a rapport à Érasme. — *Prononciation érasmienne du grec*, Prononciation du grec usitée dans l'enseignement en France, ainsi nommée parce que les règles en ont été posées par Érasme. Elle diffère considérablement de la prononciation du grec moderne, et ne ressemble certainement pas à la prononciation antique, qui est du reste inconnue et sur laquelle on ne peut faire que des conjectures. Mais cette prononciation est certainement plus commode, pour l'enseignement, que toutes celles qui ont été proposées.

ÉRASTIANISME. s. m. (R. *Éraste*, nom propre). Doctrine des érastiens.

ÉRASTIEN. s. m. (R. *Éraste*, n. prop.). Sectaire anglais qui niait que l'Église anglicane eût le pouvoir d'excommunier.

ÉRATER. v. a. Ôter la rate. *Un chien qu'on a ératé vit très bien sans rate.* = ÉRATÉ, ÉE. part.

ÉRATO. s. f. (gr. ἐρατώ, de ἐράω, être amoureux). Muse de l'Élégie (Mythol.). Voy. MUSE.

ÉRATO. s. m. (n. mythol.). T. Zool. Nom que l'on donne à un genre d'*Insectes Lépidoptères* et à un genre de *Mollusques Gastéropodes.*

ÉRATOSTHÈNE, mathématicien, géographe et astronome grec de l'école d'Alexandrie, fit le premier une mesure un peu précise du globe terrestre (275-196 av. J.-C.).

ÉRAYER. v. a. [Pr. *é-rè-ier*] (R. *e*, préf., et fr. *raie*). T. Rur. Labourer en faisant verser la tranche en dehors, de façon à former une rigole au centre de la planche ou billon.

ERBINE. s. f. (R. *Ytterby*, localité où l'on a trouvé la gadolinite). T. Chim. Oxyde métallique découvert dans la gadolinite par Mosander en 1843. On le rencontre aussi dans la Samarskite. Le composé isolé par Mosander n'est pas homogène; les recherches de Marignac, Clève, Nilson et autres vers 1880 ont montré que c'est un mélange des oxydes de plusieurs métaux rares : erbium, ytterbium, thulium, holmium et scandium.

L'e. pure de Clève, ou *oxyde d'erbium*, est une substance terreuse de couleur rose; sa densité est 8,9. Elle est fortement basique. On la considère comme un sesquioxyde répondant à la formule Er²O³. L'hydrate correspondant Er²(OH)⁶ est un précipité rose qui absorbe l'acide carbonique pour former un carbonate basique.

Le métal *erbium* n'a pas encore été isolé. Son poids atomique calculé est 163; son symbole est Er. Ses sels sont roses ou rouges et offrent un spectre d'absorption, ce qui les distingue des sels d'yttrium avec lesquels ils présentent d'ailleurs la plus grande analogie. — La nature élémentaire de l'erbium est encore douteuse; car des expériences récentes tendent à prouver que l'c. pure de Clève est elle-même un mélange de plusieurs oxydes.

ERBIUM. s. m. [Pr. *er-bi-ôm*]. T. Chim. Corps simple encore très peu connu. Voy. ERBINE.

ERBUE. s. f. Fondant argileux qu'on ajoute au minerai de fer dans les hauts fourneaux.

ERCILLA, poète et guerrier espagnol, auteur de l'*Araucana* (1533-1596).

ERDRE, riv. de France, se jette dans la Loire à Nantes; 95 kilom.

ÈRE. s. f. (lat. *æra*, nombre). T. Chronol. L'époque fixe à partir de laquelle on commence à compter les années; la suite des années que l'on compte depuis une époque fixe. *L'ère de Nabonassar. La naissance de Jésus-Christ est l'ère des chrétiens.* ‖ Dans le style élevé, se dit quelquefois d'une époque où s'établit, commence un nouvel ordre de choses. *Une ère nouvelle commence. L'ère de la liberté, de l'affranchissement d'un peuple.*

Syn. — *Période.* — La *période* a des éléments astronomiques; on l'entend d'une succession d'années comprises dans l'intervalle d'une révolution sidérale donnée, dont la durée varie suivant la révolution choisie, et après laquelle cette révolution se reproduit dans le même ordre. L'*ère* est un point fixe et déterminé dans le temps; c'est une manière de supputer l'ordre des événements en prenant pour point de départ un événement quelconque, un fait vrai ou supposé.

Chron. — Le nombre des ères connues est considérable, parce que, pendant très longtemps, chaque peuple a voulu avoir la sienne, et a compté les événements en partant d'un point fixe de ses propres annales, sans chercher à raccorder sa série chronologique avec celle des nations voisines. En outre, il est souvent arrivé dans le même pays que l'ère nationale a été plusieurs fois changée, et qu'on y a même fait simultanément usage de plusieurs ères différentes. Nous ne parlerons que des ères les plus importantes et le plus fréquemment employées.

I. *Ère de la création* ou *Ère mondaine des Juifs.* — Les Juifs placent le commencement de cette ère, qu'on appelle aussi pour ce motif *E. des Juifs,* l'an 3761 avant J.-C. Les rabbins disent même que la création du monde a eu lieu le 7 oct. Cette ère est réglée par le cycle de 19 ans, composé de 12 années lunaires ordinaires, et de 7 années embolismiques. D'après l'opinion vulgaire qui règne chez les Juifs modernes, cette ère aurait été connue de leur nation dès la plus haute antiquité; mais de très savants critiques pensent que l'on ne peut pas faire remonter au delà du XIᵉ siècle après J.-C. L'institution de l'ère dont nous parlons. Voy. *Ère de Constantinople,* XVII. — Outre l'ère mondaine, les Juifs en avaient compté plusieurs autres. Ainsi, ils comptaient quelquefois depuis leur sortie d'Égypte qu'ils fixaient, d'après leurs computistes, à l'an 1483 av. J.-C., ou depuis la construction du temple, qu'ils rapportaient à l'an 1002 av. J.-C. Après leur retour de Babylone, ils comptèrent, soit du commencement de cette captivité (587 av. J.-C.), soit de l'édification du second temple (535 av. J.-C.), soit encore de leur délivrance par les Macchabées (143 av. J.-C.); mais ils se servaient surtout de l'Ère des Séleucides. Voy. plus loin, IV.

II. *Ère des Olympiades.* — Chaque cité de la Grèce avait son système national de chronologie; les Athéniens désignaient les années par leurs Archontes, les Spartiates par leurs Éphores, les Argiens par les grandes prêtresses d'Argos, etc. Quelquefois, cependant, on désignait l'année par le nom du vainqueur dans la course à pied aux jeux olympiques (on en voit des exemples dans Thucydide et Xénophon), et cette manière de compter les années avait l'avantage de pouvoir être comprise par tous les peuples helléniques. Néanmoins ce ne fut seulement qu'au IIIᵉ siècle avant notre ère (vers 264) que l'historien Timée de Sicile imagina de prendre la célébration des jeux Olympiques pour en faire la base d'un système régulier de chronologie. Mais, comme on ne connaissait pas l'époque précise de l'institution de ces jeux, il était impossible d'y reporter le commencement de l'ère. On se contenta donc de chercher, dans les temps qui s'étaient écoulés depuis, un point fixe qui fût à l'abri de toute contestation, et l'on choisit

l'année où l'usage s'était introduit d'ériger des statues au vainqueur. Or cette année, qui était celle où l'athlète Corœbus avait été vainqueur dans la course à pied, correspond à l'an 776 av. J.-C. Chaque olympiade se composant de 4 années, parce que les jeux se célébraient tous les 4 ans, la première olympiade comprend donc les années 776, 775, 774 et 773 av. J.-C. Les dates, selon cette ère, s'expriment à la fois par le chiffre numérique de l'olympiade et par celui de l'année. Ainsi, par ex., la notation CXCV, 1, indique la première année de la 195ᵉ olympiade. De plus, si l'on additionne le nombre des années qu'indiquent ces chiffres, on trouve que 194 olympiades font 776 ans, ce qui est juste l'intervalle entre le point initial de l'ère des olympiades et celui de l'ère chrétienne. La première année de l'olympiade suivante, la 195ᵉ, répondra à la première année de l'ère chrétienne. C'est, en effet, l'opinion commune des chronologistes. Toutefois la concordance des années olympiques avec les années chrétiennes n'est pas entière, parce que les premières commençaient vers le premier juillet et les secondes au mois de janvier. Il résulte donc de là qu'une année olympique répond à la seconde moitié d'une année julienne et à la première moitié de l'année suivante. Quand on veut indiquer cette circonstance, on écrit la deuxième année au-dessous de la première, sous forme de fraction : ainsi, par ex., la notation VII, $4 = \dfrac{749}{748}$ signifie que la quatrième année de la VIIᵉ olympiade correspond à la seconde moitié de l'an 749 et à la première moitié de l'an 748 av. J.-C. — L'ère des olympiades a été suivie par les historiens grecs et adoptée plus tard par les écrivains romains. Elle fut, dit-on, remplacée par l'indiction dans le cours du IVᵉ siècle; cependant, suivant Cédrénus, elle n'aurait cessé d'être employée que la dernière année du règne de Théodose le Grand, c.-à-d. en 394. Quoi qu'il en soit, par une exception singulière, on la trouve dans quelques actes postérieurs, par exemple dans une donation faite en 1102 par Philippe Iᵉʳ, roi de France, à l'église Saint-Ambroise de Bourges.

III. *Ère d'Alexandre le Grand.* — Le respect que les peuples compris dans le vaste empire d'Alexandre professaient pour la mémoire du héros macédonien, fit créer une ère nouvelle à laquelle on donna généralement son nom, mais que d'autres appelèrent tantôt *Ère de Philippe,* à cause de Philippe Aridée, son fils, tantôt *Ère des Ptolémées* ou *des Lagides,* à cause de Ptolémée Lagus, son successeur en Égypte, où elle fut promptement connue. La première année de cette ère correspondant le 1ᵉʳ novembre 324 av. J.-C., et par conséquent ne coïncide pas exactement avec la date de la mort du héros macédonien, qui eut lieu le 21 avril 323 av. J.-C. Cette ère a été fréquemment employée par les astronomes et même par plusieurs historiens des premiers siècles de l'ère chrétienne.

IV. *Ère des Séleucides.* — Elle a été créée à l'occasion des premières conquêtes de Séleucus Nicator dans cette partie de l'Orient qui forma depuis l'empire de Syrie. On l'a également appelée *E. des Grecs* ou des *Syro-Macédoniens,* à cause de son origine, et *Ère d'Alexandre,* par confusion avec l'ère véritable du conquérant macédonien. On la fait dater de l'an de Rome 442, 311 ans 4 mois pleins av. J.-C., ou, suivant d'autres auteurs, 310 ans et 4 mois. La première année de l'ère chrétienne concorde donc, pendant ses huit premiers mois, avec la 312ᵉ ou la 311ᵉ année de l'ère des Séleucides. Les années qu'emploie l'ère des Séleucides, au moins depuis J.-C., sont des années juliennes composées de mois romains, auxquels on a donné des noms syriens. C'est une des ères les plus connues et les plus usitées chez les nations de l'Asie occidentale; on la trouve employée dans le livre des Macchabées, les médailles et les inscriptions grecques, les Pères de l'Église, les actes des conciles, etc. Les Juifs l'adoptèrent après leur soumission aux rois de Syrie, et l'appelèrent *Tarik Dilkarnaïm* ou *Ère des contrats,* parce qu'on leur imposa l'obligation de s'en servir dans la rédaction des actes. Enfin, cette ère encore employée par les chrétiens du Levant, ainsi que par plusieurs écrivains musulmans, qui la préfèrent à celle de l'hégire. Mais tous les peuples qui se sont servis de l'ère des Séleucides ne l'ont pas datée du même mois ni du même jour. Ainsi, les Grecs de Syrie la faisaient commencer au mois de septembre, et les autres Syriens au mois d'octobre, usages encore suivis, le premier par les catholiques du Liban, le second par les Nestoriens et les Jacobites. Les Juifs la faisaient partir de l'équinoxe d'automne. En outre, plusieurs villes avaient même leur manière particulière de la commencer. C'était, par exemple, le 1ᵉʳ juillet à Séleucie, le 24 septembre à Éphèse, le 27 octobre à Gaza, le 18 novembre à Tyr, etc. Enfin, chez les Arabes, les uns la dataient du 1er septembre et les autres du 1er octobre.

V. *Ère de Tyr*. — L'an 125 av. J.-C., Bala, roi de Syrie, ayant accordé l'autonomie aux Tyriens, ceux-ci conservèrent cet événement par l'institution d'une ère nouvelle, qu'ils substituèrent à celle des Séleucides. La nouvelle ère commença le 19 octobre. Elle figure sur plusieurs médailles : on s'en est également servi pour dater plusieurs conciles.

VI. *Ère julienne*. — Elle date de la réformation du calendrier par Jules César. Son jour initial est le 1er janvier 708 de Rome ou 46 avant J.-C. Il ne faut pas confondre cette ère avec la *période* julienne. Celle-ci a été établie au XVIe siècle par Joseph Scaliger, et est destinée à fixer et à comparer entre elles les dates historiques. C'est une période de 7980 ans formée par le produit des trois nombres 28, 19 et 15, qui représentait en années juliennes le cycle solaire, le cycle lunaire et l'indiction romaine. L'an 1 de l'ère chrétienne correspond à l'an 4714 de la période julienne.

VII. *Ère d'Espagne*. — Elle fut instituée à l'occasion de l'achèvement de la conquête de l'Espagne par Auguste, l'an 715 de Rome (39 av. J.-C.), et on la faisait commencer le 1er janvier 38 avant notre ère. Elle a été pendant plusieurs siècles d'un usage général en Espagne, en Portugal, dans le nord de l'Afrique et dans le midi de la France, où on la réglait par l'année julienne ordinaire. On ne l'abandonna qu'à la fin du XIVe siècle ou au commencement du XVe.

VIII. *Ère actiaque*. — Elle tire son nom et son origine de la bataille d'Actium, qui fut livrée le 2 ou le 3 septembre de l'an 723 de Rome (31 av. J.-C.). Les Romains la faisaient commencer le 1er janvier de l'an 723 ; les Égyptiens le 29 août et les habitants d'Antioche le 1er septembre de la même année. De plus, ces derniers lui donnaient également le nom de leur ville, et ils s'en servaient encore au IXe siècle.

IX. *Ère de la fondation de Rome*. — Comme la plupart des autres ères de l'antiquité, elle n'est pas rigoureusement déterminée. Le premier auteur qui s'en soit occupé, Caton l'Ancien, qui vivait 150 ans av. J.-C., fixait la fondation de Rome à l'an 2e de la VIIe olympiade, c.-à-d. à l'an 751 av. J.-C. ; Varron et Verrius Flaccus, qui tous deux vivaient sous Auguste, la fixaient, le premier à la 4e année de la VIe olympiade (ou 753 av. J.-C.), et le second à la 1re année de la VIIe olympiade (ou 752 av. notre ère). La date la plus généralement adoptée est l'an 753, c.-à-d. celle de Varron, qui, en outre, assigne le 21 avril à la fondation de la ville. Mais, parmi les auteurs qui ont adopté la date de 753, on constate un désaccord habituel qui est précisément d'une année. Cela tient à ce que, pour faciliter la supputation des temps, au lieu de prendre la date du 21 avril 753, les uns ramènent la fondation de Rome au 1er janvier 752, et les autres au 1er janvier 753. Dans le premier système, le 1er janvier de l'an 1er de l'ère chrétienne tombe le 1er jour de l'an de Rome 754, tandis que, dans le second, il tombe le 1er jour de l'an de Rome 752. — L'ère de la fondation de Rome, que l'on représente dans les monuments par le sigle A. U (*Anno urbis, sous-entendu condita*), a été suivie par les historiens latins depuis le siècle d'Auguste. Mais, dans les usages de la vie ordinaire, les Romains se servaient de l'*Ère des consuls*. Cette ère commença avec l'an de Rome 245 ou 509 av. J.-C., et fut employée non seulement pendant la République, mais encore pendant toute la durée du régime impérial.

X. *Ère chrétienne*. — Cette ère, qu'on appelle aussi *Ère vulgaire*, et *Ère de Jésus-Christ*, a pour origine, ainsi que son nom l'indique, la naissance de J.-C. — Les recherches des chronologistes ont démontré que la date vraie de la naissance de J.-C. doit être reculée de 5 ans, et que, par conséquent, l'année 1896 devrait être appelée année 2001 ; mais l'usage a prévalu sur les démonstrations de la chronologie, d'autant plus qu'il y aurait de nombreux inconvénients à changer la manière de supputer les années. L'ère chrétienne a été imaginée, au VIe siècle, par le moine Denys le Petit, qui la fit adopter aussitôt en Italie. Elle fut introduite en France et en Angleterre dès le siècle suivant ; toutefois, son adoption dans notre pays ne devint définitive qu'au VIIIe siècle, par la volonté de Pépin et de Charlemagne. Dès le règne de ce dernier, la coutume de dater par l'année de l'incarnation fut à peu près générale ; mais nos historiens ont varié, jusque vers la seconde moitié du XVIe siècle, sur l'institution de l'ère de l'année. On voit, par ce qui précède, que l'institution de l'ère chrétienne n'ayant eu lieu que plusieurs siècles après la naissance de Jésus-Christ, on a pu varier, se mouver même sur l'année précise de cette naissance ; mais les calculs historiques n'en éprouvent aucun dommage, et la première année de cette ère étant mise en concordance avec l'année bien certaine

d'une autre ère, il ne peut en résulter ni omission ni confusion.

XI. *Ère de Nabonassar*. — C'est une ère purement astronomique qui a été inaugurée par Ptolémée (vers 125 après J.-C.) pour y rapporter, comme à un étalon fixe, les dates des observations anciennes qu'il avait recueillies. Son nom est celui d'un prince que l'on considère comme le fondateur du royaume de Babylone, et Ptolémée la fait commencer à midi d'un mercredi qui était le 26 février de l'an 747 av. J.-C. Son élément astronomique est l'année vague des Égyptiens de 365 jours. Par conséquent, cette ère rétrograde d'un jour tous les 4 ans sur l'année julienne ; ce qui forme une année dans une période de 1460 années juliennes. Il est encore à observer qu'il peut arriver que deux années de Nabonassar prennent leur commencement dans la même année julienne ; mais pour cela, il faut que celle-ci soit bissextile.

XII. *Ère d'Abraham*. — Cette ère commence à la vocation de ce patriarche, et Eusèbe, son auteur (vers 330 après J.-C.), fixe cet événement au 1er octobre de l'an 2015 avant J.-C., de manière que le 1er octobre qui devance immédiatement notre ère vulgaire, est le commencement de l'an 2016 d'Abraham. Cette ère a été généralement adoptée par les anciens auteurs chrétiens, qui suivaient la chronologie d'Eusèbe.

XIII. *Ère de Dioclétien*. — Elle fut imaginée par les Égyptiens en l'honneur de l'empereur Dioclétien, et ils la firent commencer le 29 août de l'an 284 ap. J.-C. Cette ère reçut plus tard le nom d'*Ère des martyrs*, à cause des persécutions que les chrétiens eurent à subir sous ce prince.

XIV. *Ère des Arméniens*. — Cette ère, que quelques titres français du XIIIe siècle appellent *Lettreure des Ermines*, a été employée en Orient, particulièrement en Arménie. Elle commençait le mardi 9 juillet de l'an 552 ap. J.-C.

XV. *Ère de l'hégire*. — C'est l'ère des peuples musulmans, qui l'emploient à l'exclusion de toute autre. Elle a pour époque le moment où, persécuté par les Koreischites, Mahomet se retira de la Mecque à Médine. Cet événement se nomme en arabe *hedjra*, qui peut signifier *fuite*, dont nous avons fait *hégire*. Il eut lieu dans la nuit du 15 au 16 juillet de l'an 622 ap. J.-C. Le 16 du mois est le plus communément adopté pour le commencement de l'ère ; néanmoins les astronomes et quelques historiens la datent du jour précédent, 15 juillet. — Nous avons dit au mot CALENDRIER que les peuples musulmans faisaient usage de l'année lunaire, et indique leur mode d'intercalation pour ajuster l'année civile à l'année astronomique. Il résulte de là que la réduction des dates de l'hégire en dates de l'ère chrétienne exige un calcul assez compliqué. Le procédé le plus simple pour opérer cette conversion est le suivant : 1° Divisez le nombre d'années (de l'hégire) écoulées par 30 ; le quotient sera le nombre de cycles, et le reste le nombre d'années écoulées depuis le commencement du cycle courant. Appelez le quotient A, le reste B, et soit x le nombre d'années intercalaires dans le reste B. Alors le nombre de jours écoulés depuis le commencement de l'hégire jusqu'au commencement de l'année dans laquelle se trouve la date est donné par cette formule, $10631 \times A + 354 \times B + x$; en effet, 10631 est le nombre de jours que contient le cycle de 30 années lunaires. A la somme obtenue par cette formule ajoutez le nombre de jours écoulés depuis le commencement de l'année jusqu'à la date donnée. 2° Au nombre de jours que vous venez d'obtenir ajoutez 227016 jours, c.-à-d. le nombre de jours écoulés entre le commencement de notre ère et le 16 juillet 622, commencement de l'hégire. La somme trouvée sera le nombre total de jours écoulés depuis le commencement de notre ère jusqu'à la date donnée de l'hégire. 3° Cela fait, il ne reste plus qu'à transformer ce nombre total de jours en années juliennes. Pour cela, divisez ce nombre par 1464 (nombre de jours de la période intercalaire) et appelez le quotient C. Divisez le reste par 365, puis appelez D le quotient, et y le reste de cette dernière division. Or, $4 C + D$ est le nombre d'années juliennes écoulées depuis le commencement de l'ère chrétienne, et y le nombre de jours déjà écoulés de l'année julienne courante. De cette manière la date se trouve réduite, mais en vieux style. Pour l'avoir dans le style grégorien, il n'y a qu'à ajouter 12 jours jusqu'en 1900 et 13 après le 28 février 1900.

XVI. *Ère d'Yezdedjerd III*. — C'est celle dont se servent les Persans. Elle a commencé le 16 juin de l'an 632 de J.-C., à l'époque de l'avènement du prince dont elle porte le nom. Elle se régla longtemps sur l'année vague de 365 jours ; mais Melik-Shah-Djaleddin (1075 ap. J.-C.) voulut que l'année de l'ère fût fixe à l'avenir. Ses astronomes déterminèrent le nombre et l'ordre des jours épagomènes que devait recevoir l'année, et fixèrent l'équinoxe du printemps au 14 mars julien. Cette réforme s'exécuta l'an 1079 de J.-C., et dès lors l'ère fut appelée *mélikéenne* ou *djélaléenne*, du nom de son réformateur. Voy. CALENDRIER.

XVII. *Ère de Constantinople.* — Cette ère prend pour point de départ la création du monde. Elle doit le nom sous lequel on la désigne à cette circonstance, que la date assignée dans cette supputation à la création a été donnée par les Pères du concile œcuménique tenu à Constantinople en 680. Cette ère reporte la création à l'an 5508 ans av. J.-C. La concordance précise de cette ère avec l'ère chrétienne présente parfois des difficultés, parce qu'elle parait avoir fait usage de deux années différentes par leur jour initial, une année civile commençant le 1ᵉʳ septembre, et une année religieuse commençant tantôt le 21 mars, tantôt le 1ᵉʳ avril. Il est, en outre, certain que, dans les premiers siècles, il y avait à Constantinople deux années civiles, l'année romaine ou consulaire qui s'ouvrait le 1ᵉʳ janvier, comme à Rome, et l'année grecque qui commençait le 1ᵉʳ septembre. L'ère de Constantinople a été communément employée dans l'empire grec; on la trouve encore usitée dans les conciles dès le VIIᵉ siècle. Les Russes s'en comptant pas d'autre jusqu'au règne de Pierre le Grand, époque où ils lui substituèrent l'ère de J.-C. Enfin, l'Église grecque actuelle en fait encore usage.

XVIII. *Ère de la République française.* — Cette ère a été établie en même temps que le calendrier dit *Calendrier républicain.* Voy. CALENDRIER. — Elle commence le 21 septembre 1792. On n'a compté que 12 années dans cette ère. Après avoir dit l'an I, l'an II, l'an III..., etc., jusqu'à l'an XII de la République, on est revenu aux anciens usages, en 1804.

XIX. Pour terminer, nous mentionnerons encore quelques autres ères, mais en nous contentant d'indiquer leur point de départ. — 1° *Ère mondaine d'Alexandrie*, établie en 221 par Jules l'Africain : elle porte la création du monde à l'an 5500 av. J.-C. — 2° *L'Ère mondaine d'Antioche*, imaginée au IVᵉ siècle par le moine égyptien Panodore : elle fixe la création à l'an 5990 av. J.-C. chrétienne. — 3° *Ère Césaréenne d'Antioche*, établie par les habitants de cette ville en mémoire de la bataille de Pharsale et de la victoire de Jules César : 20 juin 48 av. J.-C., jour de cette bataille. — 4° *Ère des Augustes*, commence l'an 27 av. J.-C., c.-à-d. l'année où César Octave se fit confirmer par le sénat dans la possession du souverain pouvoir. — 5° *Ère de Denys*, imaginée en Égypte par l'astronome de ce nom : 24 juin 283 av. J.-C. — 6° *Ère de Ptolémée Philadelphe*, quelquefois confondue avec la précédente : 283 av. J.-C. — 7° *Ère grégorienne*, 1582, date de la réforme du calendrier julien par le pape Grégoire XIII. — 8° *Ère américaine*, 4 juillet 1776, jour où les États-Unis de l'Amérique du Nord proclamèrent leur indépendance. — 9° *Ère de Sulwanah*, usitée dans une grande partie de l'Inde : 78 ap. J.-C. — 10° *Ère du Kaly-Yougam*, également en usage chez les Hindous, qui la font remonter à l'an 3101 av. J.-C. — 11° *Ère des Chinois*; elle date, suivant de Guignes, de l'année 2697 avant notre ère.

ÉRÈBE. s. m. (gr. ἔρεβος, obscurité). T. Myth. La partie la plus ténébreuse de l'enfer des païens; cet enfer lui-même. *Les monstres de l'Érèbe.* ‖ T. Entom. Genre de Lépidoptères nocturnes. Voy. NOCTUÉLINES.

ÉRÉBIA. s. m. (gr. ἔρεβος, ténèbres). T. Entom. Genre de Lépidoptères de couleur noire, appartenant au groupe des *Satyrides.* Voy. DIURNES.

ÉRECHTHÉE, roi d'Athènes, fils de Pandion et père de Cécrops (Myth.).

ÉRECHTHÉION ou temple d'Érechthée, temple célèbre situé dans l'Acropole d'Athènes.

ÉRECTEUR. adj. et s. m. (lat. *erector*, qui érige). T. Anat. Se dit des muscles qui servent à redresser certaines parties.

ÉRECTILE. adj. 2 g. (lat. *erigere*, élever). T. Anat. Les anatomistes appellent *Tissu é.* un tissu remarquable en ce qu'il éprouve, lorsqu'il est pénétré par une plus grande quantité de sang que dans l'état ordinaire, une érection, une dilatation active, qui le raidit et le durcit. Ce tissu consiste en des terminaisons de vaisseaux sanguins, et surtout en des radicules de veines qui, au lieu d'avoir la ténuité capillaire, ont plus d'ampleur, sont plus extensibles, et réunies à beaucoup de filets nerveux. On trouve ce tissu dans la verge, le ma-

melon, les lèvres, etc. J. Müller a en outre découvert que, dans les corps caverneux, les branches artérielles partent de petits diverticules creux et terminés en cul-de-sac, les uns isolés, les autres réunis en houppes et quelquefois en groupes, dans lesquels le sang s'accumule. L'illustre physiologiste a donné à ces branches le nom d'*Artères hélicines*, à cause de leur forme généralement recourbée. — Le tissu é. se développe quelquefois accidentellement dans l'organisme. Les auteurs ont décrit cette production anormale sous les noms de *Tumeur variqueuse*, d'*Anévrysme par anastomose*, de *Télangiectasie*, etc. Cette altération se rencontre le plus souvent dans l'épaisseur de la peau, surtout dans celle de la face et des lèvres. Elle ressemble quelquefois à la crête et aux autres parties analogues des Gallinacés.

ÉRECTILITÉ. s. f. T. Anat. Qualité du tissu érectile.

ÉRECTION. s. f. (Pr. *érek-si-on*) (lat. *erectio*, m. s., de *rectus*, droit). Action d'élever verticalement. *L'é. d'un obélisque, d'une statue.* — Action de construire. *L'é. d'un monument* qu'on élève en l'honneur de quelqu'un ou en mémoire de quelque événement. ‖ Fig., Institution, établissement ; n'est guère usité que dans ces locutions ou autres analogues : *L'é. d'une terre en duché. L'é. d'un tribunal. L'é. d'une charge en titre d'office.* ‖ T. Physiol. Action organique par laquelle certains tissus ou organes se gonflent, se tendent, se raidissent et se durcissent. Voy. ÉRECTILE.

ÉREINTEMENT. s. m. Action d'éreinter un auteur, un acteur, etc. Fam.

ÉREINTER. v. a. (it. *e*, préf. et *rein*). Fouler ou rompre les reins. *Ce fardeau va l'é. J'éreintai le chien d'un coup de bâton.* ‖ Par exag. et popul., *L'accabler de coups* ; et fig., *L'accabler dans une discussion*, ou en parler d'une manière outrageuse. *E. un auteur, un livre, une pièce de théâtre*, etc., Les critiquer d'une manière violente et sans aucun ménagement. — Fam., Excéder de fatigue. ‖ Mettre hors de service, gâter. *E. son chapeau.* ‖ s'ÉREINTER, v. pron. *Il fit un si grand effort, qu'il s'éreinta.* — Se fatiguer extrêmement. *S'é. à force de travailler.* Popul. — ÉREINTÉ, ÉE. part.

ÉREINTEUR. s. m. Celui qui éreinte, maltraite, dans un discours ou dans un récit. Néol.

ÉRÉMACAUSIE. s. f. (gr. ἠρέμα, peu à peu ; καῦσις, combustion). T. Chim. Oxydation par degrés due à l'action de l'air humide sur certaines parties contenues dans les matières organiques.

ÉRÉMITE. s. m. (it. *ermite*). T. Minér. Variété très rare de phosphate de cérium, de lanthane et de thorium.

ÉRÉMITIQUE. adj. 2 g. (gr. ἐρημίτης, solitaire). *La vie é.*, La vie que mènent les solitaires dans le désert ; se dit par opposition à *Vie cénobitique*, celle des religieux qui vivent en commun.

ÉRÉMONT. s. m. (Pr. *é-ré-mon*). T. Carross. Voy. AUMON.

ÉRÈSE. s. m. (gr. ἐρέσσω, je rame). T. Zool. Espèce d'Araignée appartenant au groupe des *Saltigrades.* Voy. ARAIGNÉE.

ÉRÉSICHTON, fils d'un roi de Thessalie qui, affligé d'une faim insatiable par Cérès qu'il avait offensée, dévora ses propres membres (Myth.).

ÉRÉSIPÉLATEUX, EUSE. adj. Voy. ÉRYSIPÉLATEUX.

ÉRÉSIPÈLE. s. m. Voy. ÉRYSIPÈLE.

ÉRÉTHISME. s. m. (gr. ἐρεθισμός, irritation). T. Méd. État d'excitation générale qui se manifeste surtout par une grande susceptibilité nerveuse. — Fig., Violence d'une passion portée à son plus haut degré.

ÉRÉTRIE, v. d'Eubée, aujourd'hui *Palæo Castro.*

ERFURT, v. de Prusse (prov. de Saxe), où eut lieu en 1808 une entrevue de Napoléon 1ᵉʳ et du tsar Alexandre ; 54,000 hab.

ERGASTULE. s. m. (lat. *ergastulum*, m. s., du gr. ἐργαστήριον, atelier). T. Antiq. rom. Prison d'esclaves où on les faisant travailler les fers aux pieds.

ERGO, mot lat. signifiant *donc*.

ERGO-GLU ou **ERGO-GLUE.** (Premiers mots de la conclusion *Ergo glu capiuntur aves*, Donc les oiseaux sont pris par la glu.) Expression familière dont on se sert pour se moquer des grands raisonnements qui ne concluent rien.

ERGOSTÉRINE. s. f. (R. *ergot*). Principe immédiat cristallisable, analogue à la cholestérine et contenu dans le seigle ergoté. L'e. a pour formule $C^{26}H^{40}O$. De même que la cholestérine, elle joue le rôle d'un alcool monoatomique. Elle s'altère et se colore lentement à l'air en s'oxydant. Elle fond à 154°. Tout à fait insoluble dans l'eau, elle se dissout dans l'alcool, l'éther et le chloroforme ; ses solutions sont lévogyres. Elle se distingue de la cholestérine en ce qu'elle se dissout complètement dans l'acide sulfurique concentré et que cette solution agitée avec le chloroforme ne le colore pas.

ERGOT. s. m. [Pr. *èr-go*] (lat. *erigo*, je dresse ?). Espèce de petit ongle pointu, qu'on observe à la partie postérieure de la patte chez certains animaux, et qui représente un doigt abortif. *Les ergots d'un coq, d'un chien.* Voy. ÉPERON. ‖ Portion de corne située chez le cheval, au milieu du fanon, derrière le boulet. Voy. CHEVAL. ‖ Fig. et prov., *Se lever, monter, se tenir sur ses ergots*, Parler avec colère, d'un ton fier et élevé. ‖ T. Jardin. Portion de branche morte qui reste sur les arbres fruitiers et qu'on doit retrancher. ‖ T. Anat. *E. de Morand*, Petite éminence recourbée qui est dans la cavité digitale des ventricules latéraux du cerveau. ‖ T. Pathol. Maladie produite par l'usage du seigle ergoté. Voy. ERGOTISME. ‖ T. Techn. Saillie qu'on laisse sur les pentes des volants et des roues d'engrenage pour les assembler lorsqu'on les fond. ‖ T. Bot. On appelle ainsi le sclérote d'un Champignon Ascomycète, le *Claviceps purpurea*, qui se développe sur les épis de certaines graminées (seigle, blé, etc.). Le plus connu est l'e. du seigle, appelé autrefois seigle ergoté (*Secale cornutum*) qui est employé pour solliciter les contractions de l'utérus pendant l'enfantement ou pour arrêter les hémorrhagies internes après l'accouchement ; on l'a aussi préconisé contre les pertes séminales, l'incontinence d'urine, les hémoptysies, etc. Mélangé à la farine, il peut produire des phénomènes graves que l'on a groupés sous le nom d'*Ergotisme*. Voy. ce mot et CÉRÉALES.

ERGOTAGE. s. m. Action d'ergoter, raisonnement d'ergoteur.

ERGOTÉ, ÉE. adj. Qui a des ergots. *Un coq bien e. Un chien e.*, Qui a un ongle surnuméraire au dedans et au-dessus du pied. ‖ T. Agric. *Seigle e.*, Seigle attaqué par l'ergot. Voy. CÉRÉALES. ‖ T. Méd. Nom souvent donné au sclérote du *Claviceps purpurea*. Voy. ERGOT.

ERGOTER. v. n. (lat. *ergo*, donc). Dans une discussion, Faire des difficultés sur les choses les plus simples, chicaner, contester mal à propos. *Ce n'est pas discuter, c'est e.* Fam. ‖ Fig., Trouver à redire. *Il ergote sur tout.* Fam.

ERGOTER. v. a. (R. *ergot*). T. Jardin. Couper l'extrémité d'une branche morte.

ERGOTERIE. s. f. Action d'ergoter ; observation vétilleuse.

ERGOTEUR, EUSE. s. Celui, celle qui ergote. *Ce n'est qu'un e.* Fam.

ERGOTINE. s. f. T. Chim. Nom donné à l'extrait aqueux de l'ergot de seigle. On emploie cet extrait comme hémostatique, pour arrêter toute espèce d'hémorrhagies, et surtout dans la pratique des accouchements, pour provoquer les contractions de l'utérus. L'e. contient un alcaloïde appelé *ergotinine* ou *ecboline*, et de l'acide ergotique.

On connaît dans le commerce plusieurs préparations de ce genre. Nous n'en citerons que deux : 1° L'e. de Bonjean, désignation tout à fait impropre, car ce produit n'est pas un principe immédiat, mais simplement l'extrait aqueux du seigle ergoté qui se présente sous la forme presque solide, de couleur brun foncé, d'une odeur particulière rappelant celle de la

viande rôtie, insoluble dans l'alcool absolu et l'éther, soluble dans l'eau et formant avec elle une dissolution d'un beau rouge. 2° L'ergotine de Wiggers qui se présente sous la forme d'une poudre d'un rouge brun, soluble dans l'alcool, dans la potasse caustique, dans l'acide acétique concentré, insoluble dans l'eau, dans l'éther, dans les carbonates alcalins. Sa saveur est âcre et amère ; elle est infusible et répand, quand on le brûle, une odeur nauséabonde. — Les auteurs sont absolument en désaccord sur les propriétés physiologiques de ces deux préparations, de sorte que les praticiens ont continué généralement l'emploi de l'ergot de seigle broyé en thérapeutique.

ERGOTININE. s. f. (R. *ergotine*). T. Chim. Alcaloïde de l'ergot de seigle. L'e. est neutre aux réactifs colorés, mais s'unit aux acides pour former des sels. Elle est soluble dans l'éther et y cristallise en aiguilles soyeuses. En présence de l'éther et de l'acide sulfurique mélangé d'acide nitrique, elle donne une coloration jaune rouge qui passe rapidement au bleu. L'e. est le véritable principe actif du seigle ergoté, dont elle possède à un haut degré les propriétés hémostatiques. Elle s'administre surtout en injections hypodermiques.

ERGOTIQUE. adj. T. Chim. *L'acide ergotique*, contenu dans les extraits aqueux de seigle ergoté, est un glucoside acide azoté ; les acides étendus le dédoublent à chaud en un sucre dextrogyre et en une base soluble sans action physiologique. L'acide e., paralyse le cerveau et la moelle épinière, mais ne provoque pas, comme l'ergotine, les contractions de l'utérus.

ERGOTISME. s. m. T. Méd. Affection déterminée par l'usage du seigle ergoté. Il est borné à des vertiges, des convulsions (*E. convulsif*), ou détermine l'engourdissement des pieds et des mains, puis la gangrène sèche (*E. gangreneux*). Les prodromes de la maladie peuvent se traduire ainsi : abaissement du pouls, battements du cœur graduellement faibles, irréguliers, spasmodiques ; respiration lente, profonde ; si l'usage est continué, apparaissent l'inappétence, la maigreur, la démarche vacillante, la tristesse, les vertiges, les mouvements convulsifs ; les extrémités deviennent froides, engorgées, couvertes de taches ecchymotiques, puis gangreneuses ; la mort, précédée d'un grand état de prostration, arrive tranquillement, sans douleur. Le symptôme le plus commun, chez ceux qui se nourrissent de pain ergoté, se manifeste par un enivrement qu'on a, peut-être à tort, comparé à celui que produisent les boissons alcooliques.

ERGOTISME. s. m. Manie d'ergoter.

ERGOTISTE. s. m. Celui qui a l'habitude, la manie d'ergoter.

ÉRIANTHE. adj. (R. ἔριον, toison ; ἄνθος, fleur). T. Bot. Qui a des fleurs velues, laineuses.

ÉRIBLE. s. f. Nom vulgaire de l'arroche.

ÉRIC, nom de neuf rois de Danemark, de quatorze rois de Suède et de deux rois de Norvège. Cf. l'on Éric XIII de Suède et VII de Danemark qui fit proclamer l'union des 3 royaumes à Calmar en 1397.

ÉRIC *le Rouge*, chef norvégien qui découvrit le Groënland au X° siècle, et envoya des expéditions sur les côtes de l'Amérique du Nord.

ÉRICA. s. f. (lat. *erice*, bruyère). T. Bot. Nom botanique du genre *Bruyère*. Voy. ÉRICACÉES.

ÉRICACÉES. s. f. pl. (R. *Erica*). T. Bot. Famille de végétaux Dicotylédones de l'ordre des Gamopétales supérovariées. *Caract. bot.*: Plantes frutescentes ou sous-frutescentes, rarement des herbes, parfois dépourvues de chlorophylle et humicoles. Feuilles fréquemment persistantes, raides, entières, verticillées ou opposées, sans stipules, parfois réduites à des écailles incolores. Inflorescence variable ; pédicelles en général accompagnés de bractées. Calice à 4 ou 5 divisions à peu près égales, persistant ou à sépales libres, parfois avortés (*Monotropa*). Corolle hypogyne, gamopétale, à 4-5 divisions, quelquefois séparable en 4-5 pièces, régulière ou irrégulière, souvent marcescente. Étamines définies, en nombre tantôt égal à celui des segments de la corolle, et tantôt double ou triple, hypogynes, très rarement insérées à la base de la corolle. Anthères biloculaires séparées soit au sommet, soit à la base, qui sont l'une ou l'autre munies d'une espèce d'appendice ; elles s'ouvrent par des pores terminaux, quelquefois situés à la base (*Pyrole*) ou par des fentes longitudinales (*Monotrope*). Pollen en tétrades, rarement simple. Pistil formé de 4 ou 5 carpelles. Ovaire entouré à sa base par un disque ou des écailles nectarifères, à plusieurs loges polyspermes ; style unique, droit ; stigmate unique, ou denté, ou trifide. Fruit capsulaire, pluriloculaire, à placentas centraux, à déhiscence variable ; c'est rarement une baie (*Arbousier, Airelle*, etc.) ou une drupe (*Arctostaphylos*). Graines indéfi-

Fig. 1.

nies, petites ; test en général fortement adhérent à l'amande, quelquefois se réduisant à un petit amas de 9 cellules (*Monotrope*) ; embryon cylindrique, situé dans l'axe d'un albumen charnu ; radicule beaucoup plus longue que les cotylédons et dirigée vers le hile.

La famille des *Éricacées* renferme près de 87 genres comprenant environ 1330 espèces croissant, en grande majorité, dans les climats tempérés et chauds. Elles sont communes en Europe, ainsi que dans l'Amérique du Nord et du Sud, et fort rares dans l'Australie où elles sont remplacées par les *Épacridées*. On en connaît environ 80 espèces fossiles, trouvées dans le crétacé et le tertiaire, appartenant à la plupart des genres encore vivants (*Bruyère, Andromède, Arbousier, Airelle*, etc.).

On divise cette famille en 5 tribus :

Tribu I. — *Éricées*. — Plantes ligneuses ; sépale médian postérieur ; ovaire supère ; capsule loculicide (*Erica, Calluna, Arbutus, Arctostaphylos, Gaultheria*, etc.) [Fig. 1. — 1. *Erica ardens* ; 2. Fleur dont on a enlevé la corolle et le sépale antérieur ; 3. Étamine ; 4. Pistil entier ; 5. Coupe transversale de l'ovaire. — 6. *Azalea indica*. Fruit accompagné du calice persistant. — 7. *Rhododendron albiflorum*, Coupe verticale d'une graine.]

Les *Éricées* sont pour la plupart inertes. En effet, le vaste genre *Erica*, appelé communément *Bruyère*, qui se compose de près de 400 espèces, n'en renferme pas une seule qui possède des propriétés médicales, car la *Br. en arbre* (*Er. arborea*) regardée autrefois comme alexipharmaque, ne jouit réellement d'aucune vertu. Néanmoins la tribu des Éricées contient plusieurs espèces utiles. Quelques-unes sont astringentes, entre autres la *Br. commune* (*Calluna vulgaris*) qui est employée dans la tannerie et la teinture. Elle sert aussi communément à faire des balais, et ses fleurs sont très recherchées par les abeilles. L'*Arctostaphylos uva ursi*, appelé vulgairement *Busserole* et *Raisin d'ours*, est aromatique, amer et astringent ; ses feuilles sont usitées en infusion comme diurétique, dans le traitement de la gravelle et de plusieurs affections de la vessie. Ses rameaux et ses feuilles sont employés en divers lieux au tannage des cuirs, ainsi que dans la teinturerie. Le fruit du *Gaultheria procumbens*, vulgairement *Palommier*, petite plante naine toujours verte de l'Amérique septentrionale, contient une huile aromatique d'une odeur suave, d'une saveur très piquante, qui est antispasmodique et diurétique. Sa teinture a été employée avec succès dans la diarrhée. Au Canada, on la prend en infusion en guise de thé ; de là les noms de *Thé du Canada* et *Thé de montagne* qu'on donne à cette plante. Cette même infusion est, suivant Coxe, utile dans l'asthme. Son infusion alcoolique est encore usitée en guise d'absinthe. Enfin, son essence formée presque en totalité de salicylate de méthyle est employée, sous le nom d'*essence de Wintergreen*, pour parfumer les sirops et comme antiseptique ; on s'en sert également dans la parfumerie. Les baies des espèces à fruits succulents, telles que le *Gaultheria procumbens*, le *Gault. Shallon*, l'*Arctostaphylos alpina* et le *Brossea Coccinea*, qui croît à Haïti, sont en général agréables au goût, et quelquefois employées comme aliment. Le *Gaultheria hispida*, de la terre de Van-Diemen, produit des baies blanches comme la neige, dont l'odeur est assez agréable, et dont le goût ressemble à celui de la groseille à maquereau, bien qu'il soit accompagné d'un peu d'amertume. L'*Arbutus Unedo*, ou *Arbousier des Pyrénées*, produit un fruit rouge appelé *Arbouse*, qui ressemble un peu à la fraise, d'où lui est venu le nom vulgaire d'*Arbre aux fraises*. Son écorce et ses feuilles sont astringentes et sont souvent utilisées pour le tannage des peaux. En Corse, son fruit sert à préparer une espèce de vin qui, dit-on, est narcotique quand on en boit une certaine quantité. L'*Andrachné* (*Ar. Endrachne*) passe pour jouir des mêmes propriétés. Au Népaul, les jeunes pousses de l'*Andromède à feuilles ovales* (*Andromeda ovalifolia*) empoisonnent les chèvres. Le Dr Horsfield assure que, dans les affections rhumatismales, les Javanais emploient une huile excitante, très volatile et d'une odeur particulière fournie par une autre espèce du même genre. L'*Andr. polifolia*, petit arbrisseau qui croît spontanément dans les marais du nord de l'Europe, est un narcotique âcre, fatal aux brebis qui en mangent. Aux États-Unis, l'*Andr. Mariana* et d'autres espèces passent également pour vénéneuses. Beaucoup de plantes de cette tribu sont ornementales.

Tribu II. — *Rhododendrées*. — Plantes ligneuses ; sépale médian antérieur ; ovaire supère ; capsule septicide (*Rhododendron, Azalea, Kalmia*, etc.).

Les feuilles du *Ledum latifolium* ont été employées contre les fièvres, la dysenterie et la diarrhée ; la bière dans laquelle on a mis des feuilles de cette plante à infuser porte beaucoup à la tête et peut même causer du délire. Les feuilles du *Kalmia latifolia* sont vénéneuses pour beaucoup d'animaux, et sont réputées narcotiques ; mais leur action est faible. Les feuilles de cet arbuste laissent exsuder un suc miellcux qui produit une sorte de frénésie, dont les symptômes n'ont rien de formidable, mais dont la durée est très longue. La *Rhododendron chrysanthum*, vulg. *Rose de Sibérie*, arbrisseau du nord de l'Asie, est un narcotique fort actif. Pallas et Kœlpin assurent qu'une forte décoction de ses feuilles est ou ne peut plus utile dans le rhumatisme chronique, mais dangereuse dans le rhumatisme aigu. On a également beaucoup vanté son efficacité dans les douleurs articulaires et dans la sciatique invétérée. On dit que les abeilles qui ont butiné sur les fleurs du *Rhod. ponticum*, arbrisseau toujours vert qui croît dans quelques parties de l'Asie Mineure, produisent un miel doué de propriétés toxiques, et l'on suppose que c'est cette sorte de miel qui donna lieu aux singuliers phénomènes d'empoisonnement qu'éprouvèrent les Grecs dans la retraite des Dix mille. Xénophon raconte qu'après en avoir mangé, les soldats tombaient stupéfiés, de telle sorte que le camp ressemblait à un champ de bataille couvert de morts. Mais Pallas croit que c'est à l'*Azalea pontica* que ces effets doivent être attribués. D'après lui, les effets du miel de l'Euxin ressemblent à ceux que produit l'ivraie (*Lolium temulentum*), et s'observent précisément dans une contrée où ne croît aucun Rhododendron. Les habitants du pays connaissent bien les propriétés délétères de cette plante. Ils disent qu'elle fait périr les bœufs et les brebis qui broutent ses feuilles, tandis que les chèvres en sont simplement incommodées. Quelques auteurs prétendent que le *Rhod. maximum* est simplement astringent; d'autres le regardent comme un véritable poison. Le *Rhod. ferrugineum*, appelé vulg. *Rosage* et *Laurier-rose* des Alpes, est narcotique. On extrait de ses bourgeons une huile qui, sous le nom d'*Huile de marmotte*, est employée dans les douleurs des articulations et contre certaines affections cutanées. Les peuples de l'Inde mangent les fleurs du *Rhod. arboreum*, et les résidents européens en font une gelée. Les Hindous prisent les feuilles du *Rhod. campanulatum* en guise de tabac, de même qu'aux États-Unis, suivant de Candolle, on attribue à la poussière brune qui adhère aux pétioles des *Kalmia* et des *Rhododendron*. Le *Loiseleuria procumbens* jouit d'une certaine réputation comme astringent. Cette tribu renferme de fort belles plantes ornementales, les *Rhododendron*, les *Azalées*, etc.

Tribu III. — Vaccinées. — Plantes ligneuses; ovaire infère

Fig. 2.

(*Vaccinium, Oxycoccos*, etc.) [Fig. 2. — 1.*Vaccinium amœnum*; 2. Fleur ; 3. Coupe verticale de la même dont on a enlevé la corolle; 4. Coupe transversale de l'ovaire; 5. Anthère ; 6. Coupe d'une graine.]

Chez nous, les Vaccinées ne sont guère que des arbrisseaux d'ornement, et se cultivent comme telles dans nos jardins. Leur écorce et leurs feuilles sont astringentes, légèrement toniques et stimulantes. Leurs baies ont une saveur aigrelette et agréable au goût. L'*Airelle Myrtille* (*Vaccinium Myrtillus*), vulg. appelé *Airelle* et *Vaciet*, produit des baies d'un noir bleu, bien connues sous les noms vulgaires de *Bleuets, Maurels, Raisin des bois* ou *de bruyère*. On en fait des confitures, une boisson rafraîchissante et un sirop qui a été recommandé contre la dysenterie. Le suc de ces baies additionné d'alun sert à colorer artificiellement les vins. L'*Airelle des marais* (*V. uliginosum*), vulg. *Laurier nain*, et l'*Airelle ponctué* (*V. Vitis idæa*), portent aussi des baies acidules. Celles du *V. palustre* passent pour être légèrement narcotiques. On les fait quelquefois infuser dans la bière ou d'autres liqueurs pour les rendre capiteuses. Par la fermentation, elles donnent une liqueur enivrante. La *Canneberge des marais* (*Oxycoccos palustris*) et la *Cann. à gros fruit* (*Ox. macrocarpa*) portent des fruits qui jouissent de propriétés semblables à celles des *Airelles*. Les baies de plusieurs espèces américaines sont-utilisées d'une manière analogue par les habitants du pays Ainsi, par ex., les indigènes de Pasto préparent une boisson fermentée avec les fruits du *Thibaudia macrophylla*. Au Pérou, les fleurs du *Thibaudia querema* servent à faire une teinture aromatique usitée contre l'odontalgie. Les sauvages du Canada conservent, pour les manger, les fruits desséchés et tapés ou pains du *Vacc. Album*, qu'on appelle aussi *Airelle blanche* et *bleue du Canada*.

Tribu IV. — Pyrolées. — Herbes vivaces (*Pyrola, Chimophila*, etc. [Fig. 3. — 1. *Pyrola chlorantha;* 2. Pistil ; 3. Anthère ; 4. Graines; 5. Graine très grossie. 6. Coupe de l'albumen pour montrer l'embryon.] — Le *Chimophile en ombelle* (*Chimophila umbellata*) est un diurétique très énergique ; il possède, en outre, des propriétés toniques prononcées. Ses feuilles sont amères et douceâtres; appliquées sur la peau, elles produisent une légère vésication. Le *Ch. maculé* (*Ch. maculata*), très voisin de l'espèce précédente, est regardé par quelques praticiens d'Amérique comme émollient : Pursh, toutefois, lui attribue des propriétés actives. La *Pyrole à feuilles rondes*(*Pyrola rotundifolia*), appelée vulgairement *Verdure d'hiver*, avait jadis une grande réputation comme vulnéraire ; mais aujourd'hui elle n'est plus usitée.

Fig. 3.

Tribu V. — Monotropées. — Plantes sans chlorophylle. (*Monotropa, Hypopitis*, etc.) [Fig. 4. — 1. *Monotropa Hypopitys*; 2. Fleur ; 3. Pistil ; 4. Coupe perpendiculaire du même ;

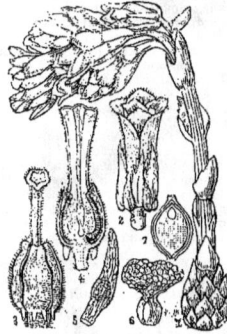

Fig. 4.

5. Graine ; 6. Graine du *Pterospora andromedea*; 7. Coupe de la même]. Plusieurs espèces ont une odeur de violette ou d'œillet. En Allemagne, le *Monotropa hypopitys* pulvérisé s'administre aux brebis atteintes de toux, et, dans l'Amérique septentrionale, les Indiens emploient, dit-on, le *Pterospora andromedea* comme anthelminthique et diaphorétique.

ÉRICÉES. s. f. pl. (R. *Erica*). T. Bot. Tribu de plantes de la famille des *Éricacées*. Voy. ce mot.

ÉRICHTHON. s. m (Pr. *éri-kton*]. Nom donné par quelques auteurs à la constellation du Cocher

ERICHTONIUS, fils de Vulcain et de Minerve, demihomme et demi-serpent, aurait inventé les chars, pour cacher la partie inférieure de son corps, et aurait été transporté au ciel pour former la constellation du Cocher (Myth.).

ÉRICINE. s. f. (R. *Erica*). T. Chim. Matière colorante contenue dans le *Calluna vulgaris*.

ÉRICINOL. s. m. (R. *Erica*). T. Chim. Voy. ÉRICOLINE.

ÉRICITE. s. f. (R. *Erica*). Empreintes fossiles de feuilles de bruyère.

ÉRICOÏDE. adj. (lat. *erica*, bruyère; gr. εἶδος, forme). T. Bot. Qui ressemble à une bruyère.

ÉRICOLINE. s. f. (R. *Erica*). T. Chim. Glucoside amer contenu dans plusieurs plantes de la famille des Éricacées. Chauffé avec l'acide sulfurique étendu, il se dédouble en glucose et en *éricinol*. Ce dernier corps est un camphre bouillant vers 240°. — On donne aussi le nom d'*éricinol* à une huile essentielle, amère, bleu verdâtre, qu'on obtient en distillant avec de l'eau diverses Éricacées. Cette huile contient de l'éricinol mélangé d'un terpène qui bout vers 160°.

ÉRICSSON, célèbre ingénieur suédois (1803-1889).

ÉRICULE. s. m. (dim. et contr. du lat. *erinaceus*, hérisson). T. Mam. Mammifères Insectivores voisins des Hérissons. Voy. HÉRISSON.

ÉRIDAN, anc. nom du Pô. || s. m. T. Astron. Constellation australe placée au-dessous de la Baleine. Voy. CONSTELLATION.

ÉRIDELLE. s. f. [Pr. *é-ri-dè-le*]. Sorte d'ardoise étroite et longue, qui a deux côtés taillés et les deux autres bruts.

ÉRIÉ, grand lac de l'Amérique du Nord.

ÉRIGÈNE (JEAN SCOT), philosophe irlandais, mort en 875.

ÉRIGER. v. a. (lat. *erigere*, m. s.). Dresser, élever. *É. un autel, un temple, une colonne. É. un trophée, des trophées. É. une statue à quelqu'un.* || Fig., *É. un tribunal, un évêché,* l'établir, le créer. — *É. une terre en comté, en duché,* etc., En faire un comté, un duché. Dans un sens anal., on dit, *É. un diocèse en archevêché, une église en cathédrale, une chapelle en paroisse,* etc. — *É. une commission, une fonction en titre d'office,* Faire d'une commission, d'une fonction amovible, une charge inamovible. || Fig, au sens moral, *É. en,* sign. Présenter comme, donner pour. *Il avait érigé en principe qu'il ne fallait jamais frapper les enfants. Ces prodigalités qu'il érigeait en système eurent bientôt épuisé le trésor public. L'impie prétend é. sa folie en sagesse.* — s'ÉRIGER. v. pron. S'attribuer un droit, une autorité, une qualité qu'on n'a pas ou qui ne convient pas. *S'é. en censeur, en réformateur, en critique. Ils s'érigent en Caton et en Brutus. Il n'y a si mince écolier qui ne s'érige en docteur.* ≈ ÉRIGE, ÉE. part.

ÉRIGERON. s. m. [Pr. *érigé-rone*] (gr. ἐριγήρων, séneçon). T. Bot. Genre de plantes Dicotylédones (*Vergerette*) de la famille des *Composées*, tribu des *Radiées*. Voy. COMPOSÉES.

ÉRIGNE ou **ÉRINE.** s. f. (altération de *araigne*, araignée). T. Chir. Petit instrument terminé en crochet, dont on se sert pour soutenir les parties qu'on veut disséquer.

ÉRIGONE. s. f. Amante de Bacchus qui, pour la séduire, avait pris la forme d'une grappe de raisin (Myth.). || T. Astron. La constellation de la Vierge.

ÉRIKA. s. m. T. Chim. Matière colorante rouge. Voy. COLORANTES, 12.

ÉRIN, ancien nom de l'Irlande.

ÉRINACÉ, ÉE. adj. (lat. *erinaceus*, hérisson). T. Zool. Qui ressemble à un hérisson.

ÉRINEUM [Pr. *ériné-ome*] ou **ÉRINNOSE.** s. f. (gr. ἔριον, laine, duvet). T. Bot. Nom donné à une affection des feuilles de la vigne, due à la présence, sur la face inférieure de ces feuilles, de galles d'un Acarien parasite : le *Phytocoptes vitis*.

ÉRINITE. s. f. (R. *Érin*, ancien nom de l'Irlande; mot sign. *vert*). T. Minér. Arséniate de cuivre hydraté d'un beau vert émeraude. Voy. ARSENIC.

ÉRINNYES. s. f. pl. [Pr. *é-rin-nie*] (gr. ἐριννὺς, celle qui hâte). T. Myth. Nom des furies dans le polythéisme grec.

ÉRIOBOTHRYA. s. m. (gr. ἔριον, laine; βόθρος, creux). T. Bot. Genre de plantes Dicotylédones de la famille des *Rosacées*, tribu des *Pirées*. Voy. ROSACÉES.

ÉRIOCALICÉ, ÉE. adj. (gr. ἔριον, laine, et fr. *calice*.) T. Bot. Qui a le calice velu.

ÉRIOCARPE. adj. 2 g. (gr. ἔριον, laine; χαρπὸς, fruit). T. Bot. Qui a les fruits velus.

ÉRIOCAULE. adj. 2 g. (gr. ἔριον, laine ; χαυλὸς, tige). T. Bot. Qui a la tige velue. || s. m. Genre de plantes Monocotylédones (*Eriocaulon*) de la famille des *Eriocaulées*. Voy. ce mot.

ÉRIOCAULÉES. s. f. pl. (gr. ἔριον, laine ; χαυλὸς, tige). T. Bot. Famille de végétaux Monocotylédones de l'ordre des Joncinées.
Caract. bot. : Plantes marécageuses vivaces à tige courte, portant à la base une rosette de feuilles plus ou moins engai-

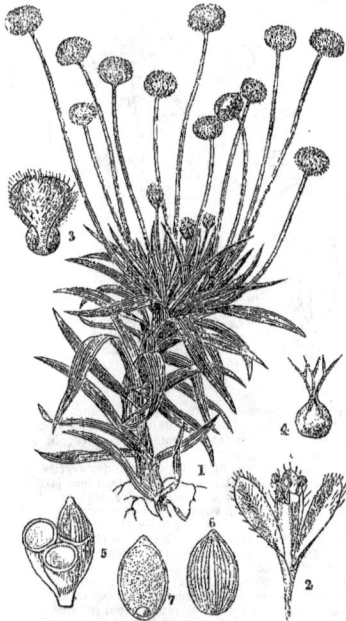

nantes. Fleurs en capitules solitaires ou réunis en ombelle ressemblant à ceux des Composées. Fleurs unisexuées monoïques, très rarement dioïques. Périanthe formé de 3 sépales libres et de 3 pétales concrescents ; la corolle ou le périanthe tout entier peuvent avorter. Étamines tantôt 3, tantôt 6 en 2 verticilles, à anthères introrses, biloculaires ou uniloculaires, à déhiscence longitudinale. Pistil formé de 3 carpelles. Ovaire triloculaire dont chaque loge renferme un ovule orthotrope; style terminé par 3 stigmates plumeux. Fruit capsulaire. Graine à tégument coriace pourvu d'ailes longitudinales ; albumen amylacé ou charnu ; embryon petit, lenticulaire.
[Fig. 1. *Eriocaulon dendroides* ; 2. Fleur mâle ; 3. Fleur

femelle ; 4. Pistil. — 5. *Tonina fluviatilis* ; Coupe d'un fruit mûr ; 6. Graine ; 7. Sa coupe verticale.]

Cette famille se compose de 6 genres et d'environ 25 espèces, qui toutes sont aquatiques ou amphibies. Suivant Endlicher, les deux tiers de ces plantes habitent les régions tropicales de l'Amérique, et la moitié de l'autre tiers le nord de l'Australie. On en trouve quelques-unes dans l'Amérique septentrionale. Une seule est européenne : elle a été rencontrée dans l'île de Skye, l'une des Hébrides. — L'*Eriaucaulon setaceum*, ou *Joncinelle sétacée*, bouilli dans l'huile, passe aux Indes orientales pour un remède efficace contre la gale.

ÉRIOCÉPHALE. adj. 2 g. (gr. ἔριον, laine ; κεφαλή, tête). T. Hist. nat. Qui a la tête velue.

ÉRIODE. s. m. (gr. ἐριώδης, laineux, à cause de leur fourrure). T. Mam. Singes qui habitent les forêts du Brésil. Voy. HÉLOPITHÈQUES.

ÉRIODENDRE. s. m. (gr. ἔριον, laine ; δένδρον, arbre). T. Bot. Genre de plantes Dicotylédones (*Eriodendron*) de la famille des *Malvacées*, tribu des *Sterculiées*. Voy. MALVACÉES.

ÉRIOGONE. s. m. (gr. ἔριον, laine ; γόνος, race). T. Bot. Genre de plantes Dicotylédones (*Eriogonum*) de la famille des *Polygonacées*. Voy. ce mot.

ÉRIOGONÉES. s. f. pl. (R. *Ériogone*). T. Bot. Tribu de plantes de la famille des *Polygonacées*. Voy. ce mot.

ÉRIOMÈTRE. s. m. (gr. ἔριον, laine ; μέτρον, mesure). T. Phys. Instrument imaginé par le docteur Young, pour mesurer les fibres et les corpuscules les plus déliés, au moyen des anneaux colorés qu'ils produisent.

ÉRIOPÉTALE. adj. 2 g. (gr. ἔριον, laine ; et fr. *pétale*). T. Bot. Qui a les pétales velus.

ÉRIOPHORE. adj. 2 g. (gr. ἔριον, laine ; φορὸς, qui porte). T. Bot. Qui est chargé de poils laineux. || s. m. Genre de plantes Monocotylédones (*Eriophorum*) de la famille des *Cypéracées*. Voy. ce mot.

ÉRIOPHYLLE. adj. 2 g. (gr. ἔριον, laine ; φύλλον, feuille). T. Bot. Qui a les feuilles velues.

ÉRIOPODE. adj. 2 g. (gr. ἔριον, laine ; ποὺς, pied). T. Hist. nat. Qui a les pattes ou les pédicules velus.

ÉRIOPTÈRE. adj. 2 g. (gr. ἔριον, laine ; πτερὸν, aile). T. Zool. Qui a les ailes velues.

ÉRIOSPERME. adj. 2 g. (gr. ἔριον, laine ; σπέρμα, graine). T. Bot. Qui a les graines velues.

ÉRIOSTÉMONE. adj. 2 g. (gr. ἔριον, laine ; στήμων, filament). T. Bot. Qui a les étamines velues.

ÉRIOSTOME. adj. 2 g. (gr. ἔριον, laine ; στόμα, bouche). T. Hist. nat. Qui a la bouche ou l'ouverture velue.

ÉRIOSTYLE. adj. 2 g. (gr. ἔριον, laine ; et fr. *style*). T. Bot. Qui a le style velu.

ÉRISTALE. s. m. (gr. ἐπὶ, préfixe ; σταλάζω, je distille). T. Ent. Insectes Diptères appartenant au groupe des *Syrphides*. Voy. ATHÉRICÈRES.

ÉRISTIQUE. adj. 2 g. (gr. ἐριστικὸς, m. s., de ἔρις, controverse). T. Didact. Qui appartient à la controverse. *Écrit é.* = ÉRISTIQUE. s. f. Art de la controverse.

ÉRIVAN, cap. de l'Arménie russe, appartient aux Russes depuis 1828 ; 17.000 hab.

ERKINOALD, maire du palais de Neustrie de 640 à 996, sous Clovis II.

ERLANGEN, v. de Bavière (Franconie), 15.000 hab. Université.

ERLAU, v. de Hongrie. Voy. EGRA.

ERLON (DROUET d'). Voy. DROUET.

ERMAILLÉ. s. m. [Pr. *erma-llé*, ll mouillées]. Celui qui fait le fromage à Gruyère. || Association, à Gruyère, de plusieurs propriétaires de troupeaux, qui mettent leur laitage en commun pour la fabrication du fromage.

ERMENGARDE, femme de Louis le Débonnaire, morte à Angers en 818.

ERMENONVILLE, vge de l'Oise, arr. de Senlis ; 490 hab., où séjourna et où mourut J.-J. Rousseau.

ERMIN. s. m. (corrupt. de *Arménien*). Dans les échelles du Levant, le droit de douane qui se paie pour l'entrée et la sortie des marchandises.

ERMINETTE ou **HERMINETTE.** s. f. [Pr. *er-mi-nè-te*] (R. *hermine*). T. Technol. Petite hache recourbée, c.-à-d. dont le plan n'est pas situé dans l'axe du manche. *Les charpentiers et les tonneliers se servent de l'e. pour doler le bois.*

ERMITAGE ou **HERMITAGE.** s. m. Habitation d'un ermite, ou couvent d'ermites. || Fig., Lieu écarté et solitaire, comme ceux que les ermites choisissent pour leur retraite. *C'est un véritable e., un joli e.* — Plus ordinair., Petite maison de campagne écartée et champêtre. *Venez me voir dans mon e.* || *Vin de l'E.,* Vin d'un cru fameux (vallée du Rhône, Drôme). || *Palais et Musée de l'E.,* à Saint-Pétersbourg.

ERMITE ou **HERMITE.** s. m. (gr. ἔρημος, désert). Personne qui vit seule, ne fréquentant personne.

Le mot *Ermite* a d'abord servi à désigner les chrétiens qui, du IIIe au Ve siècle, pour se soustraire aux persécutions, faire pénitence, ou se livrer à la vie contemplative et imiter autant qu'il était en eux la vie de J.-C. pendant les 40 jours qu'il passa dans le désert, se retirèrent dans les parties inhabitées de la Thébaïde. Paul, né dans la basse Égypte vers l'an 250, passe pour avoir été le premier. On cite surtout après lui S. Antoine, S. Jérôme, S. Macaire, S. Pacôme, etc. Quelques femmes, telles que Marie l'Égyptienne et Magdeleine, adoptèrent le même genre de vie. Ces solitaires donnaient au travail tout le temps qu'ils ne consacraient pas à la prière, et, comme leurs besoins étaient peu nombreux, ils pouvaient non seulement pourvoir à leur subsistance, mais encore venir en aide aux malheureux. — Plus tard, on désigna également sous le nom d'*ermites* tous ceux qui, dans un but religieux et sans s'astreindre à la vie monastique, se fixer dans des lieux inhabités. — Enfin, par une extension plus grande, on a même appliqué cette dénomination aux membres de plusieurs ordres monastiques, entre autres aux Augustins, aux Camaldules et aux Hiéronymites, que l'on appelait *Ermites de Saint-Augustin, de Camaldoli* et de *Saint-Jérôme.*

ERNE, fleuve d'Irlande, qui traverse le lac du même nom et se jette dans l'Atlantique ; 100 kil.

ERNÉE, ch.-l. de c. (Mayenne), arr. de Mayenne ; 5,000 hab.

ERNESTI, philologue allemand (1707-1781).

ERNST, célèbre compositeur et violoniste allemand (1814-1865).

ÉRODE. s. m. (gr. ἐρωδιὸς, héron). T. Bot. Genre de plantes Dicotylédones (*Erodium*) de la famille des *Géraniacées.* Voy. ce mot.

ÉRODER. v. a. (lat. *rodere*, ronger). T. Didact. Ronger. *L'arsenic érode l'estomac.*

ÉROPHILE. s. f. (gr. ἔρως, l'amour ; φίλος, qui aime). T. Bot. Genre de plantes Dicotylédones (*Erophila*) de la famille des *Crucifères.*

ÉROS. s. m. (gr. ἔρως, l'amour). Le dieu de l'amour (Myth.).

ÉROSIF, IVE. adj. Qui a la propriété d'éroder.

ÉROSION. s. f. [Pr. *éro-zion*] (lat. *erosio*, de *rodere*, ronger). Action d'une substance qui en corrode, qui en ronge une autre, et l'état d'une substance rongée. Ce mot se dit de la destruction superficielle des tissus, des roches, des métaux, etc., quelle que soit la nature de l'agent qui a produit cette destruction.

Géol. — L'é. par les eaux de la mer qui rongent les falaises modifie perpétuellement les contours des continents et accroît lentement le domaine de l'Océan. L'é. par les eaux de pluie sur les montagnes produit des éboulements qui modifient lentement aussi l'orographie des continents. Cet agent est un facteur important des transformations du globe.

ÉROSTRATE. Grec qui brûla le temple de Diane à Éphèse pour rendre son nom célèbre (356 av. J.-C.).

ÉROTÉMATIQUE. adj. (gr. ἐρώτημα, interrogation). T. Philos. Qui est énoncé sous la forme d'interrogation; qui procède par interrogation. *Méthode é.*

ÉROTIDIES. s. f. pl. (gr. ἔρως, l'amour). T. Antiq. gr. Fêtes en l'honneur de Cupidon.

ÉROTIQUE. adj. 2 g. (gr. ἔρως, amour). Qui a rapport à l'amour, qui en procède. *Poésie é. Vers érotiques. Délire é.* Substant., *Les érotiques grecs, latins,* etc., Les poètes érotiques grecs, etc.

ÉROTIQUEMENT. adv. D'une manière érotique.

ÉROTOMANIE. s. f. (gr. ἔρως, amour; μανία, folie). Aliénation mentale caractérisée par un délire érotique. Voy. ALIÉNATION.

ÉROTYLE. s. m. (gr. ἐρωτύλος, qui appartient à l'amour). T. Ent. Genre d'insectes Coléoptères type de la famille des *Érotylides.* Voy. ce mot.

ÉROTYLIDES. s. m. pl. (R. *érotyle*). Famille de Coléoptères Pentamères, caractérisée par des antennes de 11 articles terminées en masse comprimée et par des tarses formés de 5 articles, mais dont quatre seulement sont bien visibles. Cette famille renferme plus de 600 espèces qui vivent pour la plupart en Amérique dans les champignons pourris ou sous l'écorce des arbres; nous avons chez nous quelques représentants des genres *Engis* ou *Dacné* et *Érotyle.*

ERPEN (THOMAS VAN), orientaliste hollandais (1584-1624).

ERPÉTOLOGIE. s. f. (gr. ἑρπετὸν, reptile; λόγος, science). Partie de la zoologie qui traite des reptiles. Voy. REPTILE.

ERPÉTOLOGIQUE. adj. 2 g. Qui a rapport à l'erpétologie. *Méthode erpétologique.*

ERPÉTOLOGISTE. s. m. Celui qui se livre spécialement à l'étude de l'erpétologie.

ERRANT, ANTE. adj. [Pr. *er-ran*] (part. prés. d'un anc. verbe *Errer*, sign. *voyager*; du lat. pop. *iterare*, m. s.). Qui voyage; n'est usité que dans ces deux locutions : *Chevalier é.* Voy. CHEVALERIE. — *Le Juif é.*, Personnage légendaire que l'on suppose condamné à voyager à travers tous les pays jusqu'à la fin du monde. — Fig. et fam., On dit d'un homme qui change souvent de demeure, qui voyage sans cesse, *C'est un chevalier é., un Juif é.*

ERRANT, ANTE. adj. [Pr. *er-ran*] (part. prés. de *errer*). Qui erre, qui va de côté et d'autre. *Les tribus errantes de l'Arabie. Il est é. et vagabond.* || Fig., *Mener une vie errante,* Ne se fixer nulle part, aller de côté et d'autre, au hasard, sans but. — *Une imagination errante et vagabonde,* Une imagination sans frein, qui se porte rapidement d'un objet à un autre, sans s'arrêter à aucun. — *Regard é.*, Regard qui va de côté et d'autre sans se fixer. || T. Astron. *Étoiles errantes.* Voy. PLANÈTE. || T. Zoolog. *Annélides errants.* Voy. DORSIBRANCHES.

ERRATA. s. m. [Pr. *er-ra-ta*] (lat. *errata*, pl. d'*erratum*, faute). Liste des fautes d'impression que contient un ouvrage. *Il a marqué ces fautes-là dans l'é. Les errata sont nécessaires dans les livres.* — Lorsqu'il ne s'agit que d'une faute à relever, on dit *Erratum.*

ERRATIQUE. adj. 2 g. [Pr. *er-ra-tik*] (lat. *erraticus,* m. s., de *errare*, errer). T. Méd. Irrégulier, qui n'est pas périodique. *Fièvre e. Frisson e.* || T. Astron. *Planète e. Comète.* || T. Chim. *Acide e.*, Un des acides qui constituent la matière colorante des fleurs de coquelicot. || T. Ornith. Se dit des oiseaux qui, sans avoir des migrations régulières, changent fréquemment de pays.

Géol. — Les géologues désignent sous le nom de *Blocs erratiques* de gros fragments anguleux de roches étrangères au lieu où on les observe. On trouve des blocs erratiques de toutes les dimensions. Un grand nombre ne sont guère plus gros qu'un caillou roulé ordinaire, tandis que d'autres ont un volume d'environ 1,000 mètres cubes et pèsent plus de 300,000 kilogr. Ces fragments sont constitués par des roches qui appartiennent au granit, au gneiss, au porphyre, au calcaire, etc. Ils sont anguleux quand ils sont gros : on en voit même dont les arêtes sont très vives ; mais quand ils sont peu volumineux, les angles s'émoussent, et l'on en trouve qui sont presque arrondis. Rarement ils sont recouverts de terre : quelquefois pourtant on les rencontre enchâssés dans le sable ou le gravier. Le plus ordinairement ils gisent à la surface du sol où ils sont simplement posés ou très peu enfoncés. Tantôt ils sont dispersés çà et là et sans ordre apparent ; tantôt au contraire ils forment des bandes plus ou moins longues, des chaînes continues dont on peut suivre les différents anneaux, de façon à permettre aisément de remonter à leur source commune.

On rencontre une immense quantité de blocs erratiques dans la plaine du nord-est de l'Europe, depuis la Hollande jusqu'aux monts Ourals, en Danemark, en Westphalie, en Prusse, dans la Livonie, en Pologne, en Russie, et la plupart proviennent soit des montagnes de la péninsule scandinave, soit de la Finlande. Quelques-unes de ces masses ont dû faire plus de 1200 kilom. pour arriver au lieu où elles gisent actuellement. L'Angleterre a aussi ses blocs erratiques, dont on ne peut trouver les analogues qu'en Norvège. Dans la péninsule scandinave, où les blocs erratiques sont peu nombreux et peu volumineux, on observe un autre phénomène remarquable : ce sont des stries, des sillons plus ou moins profonds creusés sur les flancs des rochers, et de longues traînées de débris, désignées en Suède sous le nom d'*asar*, qui offrent des accumulations de fragments rocheux, de cailloux et de sables. Ces sillons et ces débris, vestiges manifestes de l'action ancienne qui a transporté les blocs erratiques, sont parallèles, et marchent généralement dans la direction du nord-est au sud-ouest. L'Amérique du Nord offre aussi des traces nombreuses d'un grand transport dont les matériaux sont également rangés dans une direction qui indique une violente impulsion du nord au sud. On y a de même observé des sillons tracés sur les roches, et qui ont été évidemment produits par le frottement de grosses masses anguleuses violemment transportées. L'Amérique méridionale elle-même est couverte sur certains points de ces masses problématiques, dont la direction paraît avoir été inverse, c.-à-d. du pôle austral à l'équateur.

Cependant tous les blocs erratiques ne proviennent pas des régions voisines des pôles et n'ont pas marché dans la direction que nous venons de signaler. Parmi ceux qu'on trouve dans les plaines de l'Allemagne, il en est qui tirent leur origine des montagnes du Hartz, de la Saxe et de la Silésie. On en rencontre surtout un grand nombre au pied des Alpes, sur les pentes du Jura qui font face aux grandes vallées transversales qui descendent de ces hautes montagnes. Ce phénomène n'est pourtant pas général dans les Alpes. Il est restreint, sur le versant méridional de cette chaîne, entre le Piémont et le Bergamasque, et, sur le versant nord, entre le Dauphiné et l'Autriche. L'intensité du charriage semble diminuer depuis un point central formé par les bassins du Léman, de l'Aar et du Reuss. Dans les Alpes orientales et les Carpathes occidentales, s'il y a quelques blocs, ils sont beaucoup plus petits et isolés ; et n'y remarque plus de grandes traînées. Tandis que les blocs erratiques du Nord ont été en général déposés au niveau des mers, on les trouve, dans les Alpes et sur les flancs du Jura, à des hauteurs très variables, et jusqu'à 600 et 800 mètres au-dessus du fond des vallées.

On a fait autrefois, pour expliquer le transport des blocs erratiques, un grand nombre d'hypothèses. Celle qui les attribue à quelque immense éruption volcanique est aujourd'hui complètement abandonnée. Léop. de Buch pensait que ces masses ont été charriées par de grands courants d'eau, et, pour expliquer comment ces roches, malgré leur densité et leur poids prodigieux, ont pu être non seulement transportées à de grandes distances, mais encore déposées à des hauteurs considérables, il supposait que les courants étaient à moitié visqueux et contenaient une énorme quantité de matières terreuses qui augmentaient leur propre densité et les rendaient capables de porter ces masses à leur surface. Mais la véritable théorie est celle de Venetz, qui a été admirablement développée par Charpentier et qui se fonde uniquement sur un phénomène encore existant, sur une force qui agit encore de nos jours avec la même puissance : nous voulons parler de la marche des glaciers. Charpentier établit que les blocs erratiques de la Suisse sont simplement des grandes moraines qui ont été poussées sur les pentes du Jura par d'immenses glaciers descendant des Alpes et ont été ensuite abandonnées par la fonte des glaciers. Agassiz a généralisé hardiment cette théorie, et, cessant de la limiter à la Suisse, en a démontré la parfaite application aux pays septentrionaux de l'Europe et de l'Amérique. Cette théorie réunit toutes les conditions de vraisemblance possibles ; néanmoins il reste encore à expliquer la formation et la disparition des glaciers immenses dont l'action a produit le phénomène qui nous occupe. L'existence de ces immenses glaciers n'est nullement douteuse et tous les géologues s'accordent à reconnaître au commencement des temps quaternaires une ou plusieurs périodes du refroidissement considérable de la surface terrestre pendant lesquelles la plus grande partie des continents était recouverte de glaces. Voy. GLACIAIRE.

ERRATUM. s. m. [Pr. er-ra-tom]. Voy. ERRATA.

ERRE. s. f. [Pr. è-re] (anc. verbe errer, marcher, du lat. popul. iterare, m. s.). T. Mar. La marche d'un bâtiment. Amortir, diminuer l'e. d'un vaisseau. || Par ext., Train, allure. Aller grand'erre, Aller bon train, aller vite ; el figur., Faire trop de dépense, vx. || T. Vénér. Erres, au plur., se dit des traces, des foulées du cerf. — Fig. et famil., Suivre les erres, ou Aller, marcher sur les erres de quelqu'un, Tenir la même conduite, suivre les mêmes voies, être dans les mêmes sentiments. Voy. ERREMENTS.

ERREMENTS. s. m. pl. [Pr. è-re-man] (R. errer). Manière d'agir, de se conduire, de procéder ; ne se dit qu'en parlant d'affaires. Reprendre, suivre les e. de quelqu'un. Retomber dans les anciens e. — On dit encore quelquefois Erres.

ERRÉPHORE. s. f. [Pr. èr-ré-fo-re] (gr. ἐρρηφόρος, de ἄρρητος, chose mystérieuse, et φέρω, je porte). T. Antiq. Femme portant des choses saintes dans une cérémonie religieuse.

ERRER. v. n. [Pr. er-rer] (lat. errare, m. s.). Marcher çà et là, à l'aventure, aller de côté et d'autre. E. çà et là, de côté et d'autre. E. dans une forêt, dans un désert. E. par la campagne, dans la campagne. E. sur mer au gré des vents. || Fig., se dit des regards, des pensées, etc., lorsqu'ils ne s'arrêtent nulle part. Mes regards erraient d'un objet à l'autre. Je laissais e. mes pensées. — Par anal., Laisser e. sa plume, Écrire tout ce qui vous vient à l'esprit et comme cela vous vient. || Fig., Se tromper, commettre une erreur, avoir une fausse opinion. Tout homme est sujet à e. Vous errez dans votre calcul. E. dans les principes, dans la foi, dans le droit, dans le fait. S'il erre, c'est de bonne foi.
    Syn. — Vaguer. — Celui qui erre va sans savoir son chemin, cependant il a un but ; celui qui vague n'a pas de but : aussi n'a-t-il importe le chemin qu'il suit : il va sans savoir où. On erre par ignorance, parce qu'on s'égare, ou parce qu'on obéit à une force majeure ; on vague par fantaisie. Les tribus errantes de l'Arabie ne se fixent dans aucun lieu du désert ; elles vont d'un endroit à un autre, afin de trouver des pâturages pour leurs bestiaux ; les Zingaris ou Bohémiens, au contraire, sont des hordes vagabondes qui sont toujours en course, sans fixer un terme à leurs mouvements.

ERREUR. s. f. [Pr. er-reur] (lat. error, m. s.). Action d'errer : n'est plus usité au propre que dans cette locut. : Les erreurs d'Ulysse, Les longs voyages remplis de traverses qu'il fit en revenant de Troie. || Fig., Action de se tromper ; fausse opinion, fausse doctrine. Agréable e. C'est une e. grossière. Tomber dans l'e. Être, vivre dans l'e. Persister dans l'e., dans son e. Sortir d'e. Revenir de son e. Combattre l'e. Triompher de l'e. Tirer quelqu'un d'e. Les causes de nos erreurs. Vous le croyez votre ami ; erreur. Une doctrine pleine d'erreurs. — E. des sens, Illusion produite par les sens, ou égarement produit par les sens. || Se dit aussi, surtout

au pl., pour dérèglement dans les mœurs. Les folles erreurs de la jeunesse. Il est bien revenu de ses erreurs. || Faute, méprise. Commettre une e. Il y a une e. dans cette citation. E. de nom, de date. E. de fait, de droit. — T. Jurispr. E. de personne ou dans la personne, E. qui consiste à prendre une personne pour une autre. — E. de calcul, Inexactitude dans un calcul. Sauf e. de calcul, ou simpl., Sauf e. Il y a e. dans ce calcul. Prov., E. n'est pas compte, L'erreur qui se trouve dans un compte, etc. || T. Phys. Erreurs d'un instrument, Erreurs systématiques. Voy. plus bas. || T. Législ. Voy. CONTRAT.

Math. — I. Dans les applications, les nombres ne sont presque jamais employés exactement. Presque toujours les valeurs qui figurent dans un calcul, soit comme données, soit comme intermédiaires, soit comme résultats, ne sont qu'approchées. De fait, il existe toute une catégorie de nombres, et ce sont ceux qu'on rencontre le plus fréquemment, les nombres incommensurables, qui ne sont pas susceptibles d'une représentation exacte au moyen de chiffres. Tel est le nombre π qui représente le rapport de la circonférence au diamètre, telle est la racine carrée de 2, etc. Il est impossible d'introduire ces nombres dans le calcul autrement que par leurs valeurs approchées. À la vérité, l'approximation peut être aussi grande qu'on veut ; mais on n'effectue jamais les opérations du calcul que sur les nombres approchés.

D'autre part, il faut bien remarquer que ce qui intéresse la pratique industrielle par ex., ce ne sont pas les valeurs exactes des grandeurs qu'on a besoin de connaître ; mais seulement des valeurs suffisamment approchées, et l'approximation nécessaire est indiquée tantôt par les procédés d'exécution qui ne permettent pas une précision supérieure à une certaine limite, tantôt par la nature même de la question qui laisse indifférente une variation comprise entre certaines limites. Par ex., quelle que soit la précision avec laquelle on veuille construire un appareil de physique ou d'astronomie, il serait illusoire et absurde de calculer à un millionième de millimètre la longueur qu'il conviendrait de donner à telle ou telle pièce de l'appareil, parce qu'aucun procédé de construction ne permettrait de fabriquer cette pièce avec un tel luxe de précision. Dans un autre ordre d'idées, il serait non moins absurde de calculer dans une construction l'équarrissage d'une poutre à un dixième de millimètre près, parce qu'il est parfaitement indifférent, tant au point de vue de la solidité qu'à celui de la dépense, que la poutre ait un millimètre d'épaisseur de plus ou de moins. Si l'on s'acharnait à poursuivre une pareille précision, on y pourrait sans doute parvenir ; mais l'excès de dépense de main-d'œuvre qui en résulterait ne serait compensé par aucun avantage pratique. Enfin, quelles que soient les précautions qu'on puisse prendre pour mesurer une grandeur, il est bien évident que la précision de nos mesures est limitée par l'imperfection de nos sens et de nos appareils de mesure. Sans doute le progrès de la science est fait au perfectionnement des appareils de mesure, et l'on a fait sous ce rapport de grands progrès depuis quelque temps ; mais quels que soient les progrès qu'on puisse imaginer dans l'avenir, il est impossible de concevoir une précision absolue des mesures. La limite de l'e. sera sans doute reculée beaucoup plus loin ; au lieu de se borner au dix-millième de millimètre et au dixième de seconde, on arrivera sans doute à mesurer des millionièmes de millimètre et des millièmes de seconde, et peut-être des grandeurs encore plus petites ; mais toujours il y aura à chaque époque une limite de précision qu'il sera impossible de dépasser.

Pour toutes ces raisons on comprendra qu'il est indispensable d'étudier l'influence des erreurs inévitables. Que l'on veuille d'obtenir des résultats aussi approchés que possible, s'il s'agit d'une science de précision, ou aussi approchés que l'exige la pratique industrielle, s'il s'agit d'une application. On désigne sous le nom de théorie des erreurs deux études très distinctes. L'une, entièrement théorique, peut être considérée comme un chapitre de l'arithmétique ; elle a pour objet de rechercher l'influence que peuvent avoir sur le résultat d'un calcul les erreurs des données et des nombres intermédiaires. L'autre, indispensable aux sciences physiques, a pour objet de chercher à réduire à un minimum l'influence des erreurs inévitables des mesures expérimentales.

II. — La théorie arithmétique des erreurs ou des approximations comprend deux problèmes fondamentaux : 1° Étant donné qu'on a à faire un calcul et que les nombres donnés sur lesquels on opère sont affectés d'erreurs qui ne dépassent pas certaines limites connues, quel est le maximum de l'e. dont sera affecté le résultat, ou, en d'autres termes, quelle est l'approximation sur laquelle on peut compter dans le résultat ?

2° Étant donné que le résultat d'un calcul doit être connu avec une approximation donnée, c.-à-d. avec une e. qui ne doit pas dépasser une limite imposée à l'avance, avec quelle approximation faut-il connaître les données du calcul ? À ces deux problèmes s'en ajoute dans la pratique un troisième d'une très grande importance : Comment faut-il diriger le calcul pour obtenir le résultat aussi approché qu'il est nécessaire avec le moins de travail possible, c.-à-d. sans calculer les nombres intermédiaires avec plus de chiffres décimaux qu'il n'est strictement nécessaire ? Il nous est impossible d'entrer en de longs détails sur les méthodes qui permettent de résoudre ces trois problèmes. Il y en a plusieurs qui exigent, pour être appliquées avec sûreté, une discussion minutieuse de chaque cas particulier et une assez longue expérience. Nous dirons seulement que les mathématiciens distinguent dans les nombres approchés deux sortes d'erreurs : 1° l'e. *absolue* est la différence entre le nombre approché et le nombre réel. Dans la pratique, cette e. est plus petite qu'une unité décimale de l'ordre du dernier chiffre conservé, et même qu'une demi-unité de cet ordre, si l'on a eu soin de forcer le dernier chiffre quand le premier chiffre négligé est au moins égal à 5. Par ex., si dans un calcul on prend pour le nombre π la valeur approchée 3,1416, l'e. absolue sera plus petite que 4 demi dix-millième, la valeur exacte étant π = 3,14159265...; 2° l'e. *relative* est le quotient de l'erreur absolue par la valeur exacte du nombre. Ainsi, si l'on prend pour π la valeur

approchée 3,1416, l'e. relative est plus petite que $\dfrac{0,0001}{3,14...}$,

et *à fortiori* plus petite que 1/3 de dix-millième. Ces deux espèces d'erreurs peuvent être positives ou négatives suivant que les nombres approchés sont plus grands ou plus petits que les nombres exacts.

On démontre les théorèmes suivants : 1° L'e. *absolue* d'une somme est la somme algébrique des erreurs absolues des termes de la somme; 2° l'e. *absolue* d'une différence est la différence des erreurs absolues des deux termes ; 3° si un nombre *approché* est multiplié ou divisé par un nombre *exact*, son e. absolue est multipliée ou divisée par ce nombre exact. Ces trois théorèmes très simples et presque évidents suffisent à traiter de nombreuses questions simples où les opérations se réduisent à des additions, des soustractions ou des multiplications ou divisions par des coefficients connus exactement. — 4° L'e. *relative* d'un produit est la somme algébrique des erreurs relatives des facteurs ; 5° l'e. *relative* d'un quotient est égale à l'e. relative du dividende moins l'e. relative du diviseur; 6° l'e. *relative* d'une puissance est égale à l'e. relative du nombre multiplié par l'exposant; 7° l'e. *relative* d'une racine est égale à l'e. relative du nombre divisée par l'indice du radical. Ces 4 derniers théorèmes ne sont pas rigoureusement exacts ; ils ne sont qu'*approchés*, mais leur inexactitude est sans influence dans la pratique, parce que ne connaissant jamais les erreurs, on les remplace toujours par des limites supérieures qu'elles n'atteignent jamais, de telle sorte que les calculs qu'on fait sur les erreurs sont des calculs d'*inégalités* et non d'*égalités*, où les erreurs sont toujours considérablement *forcées*; il en résulte que les inexactitudes résultant du défaut de rigueur des théorèmes sont plus que largement compensées par les valeurs exagérées qu'on a attribuées aux erreurs. Il faut aussi bien remarquer que, dans l'application de ces théorèmes, on doit toujours se placer dans *le cas le plus défavorable*. Lorsque le calcul est tellement compliqué que les théorèmes précédents ne suffisent plus, les erreurs sont traitées comme des *différentielles* ; on leur applique alors les règles du calcul différentiel, c.-à-d. qu'on néglige leurs puissances supérieures, ce qui rend toutes les équations linéaires. La suppression des puissances supérieures des erreurs se justifie par les considérations précédentes, qui ont déjà servi à formuler les énoncés simples des théorèmes 4, 5, 6 et 7. Un seul exemple simple suffira à montrer comment on doit appliquer ces théorèmes. Supposons qu'on veuille calculer l'expression

$$\frac{3,1415926... \times 2,7182818285...}{365,242216...}$$

à 0,01 près. Combien faudra-t-il conserver de décimales dans les trois nombres donnés? D'abord, on ne conservera que deux chiffres décimaux au résultat; si l'on a soin de forcer s'il y a lieu, on commettra de ce chef une e. au plus égale à 0,005 qui viendra s'ajouter à l'e. provenant de l'inexactitude des données. Il faudra donc que celle-ci ne dépasse pas non plus 0,005. Convertissons d'abord cette e. absolue 0,005 en e. relative, et, comme il s'agit d'une limite qu'il ne faut pas dépasser, nous

pouvons *diminuer* cette limite, ce qui se fera en divisant l'e. absolue par la valeur du résultat calculée grossièrement et *par excès*. Nous trouvons ainsi qu'on doit avoir :

$$\varepsilon < \frac{0,005 \times 365}{4 \times 3}$$

$$\text{ou } \varepsilon < \frac{0,005 \times 360}{12} = 0,005 \times 30 = 0,05 \times 3$$

L'e. relative du résultat est égale à la somme des erreurs relatives des deux facteurs du numérateur moins l'e. relative du dénominateur ; mais, comme on ignore en général le signe des erreurs, il peut arriver, si les signes s'y prêtent, que l'e. relative du résultat soit la *somme arithmétique* des valeurs absolues des erreurs relatives des trois nombres ; c'est pourquoi chacun d'eux devra être pris avec une e. relative moindre que le tiers de celle du résultat, soit moindre que 0,05. Il reste enfin à convertir cette e. relative en e. absolue, ce qui se fera en les multipliant par la valeur de chaque nombre calculée *par défaut*, afin de resserrer la limite. Alors l'e. absolue du premier nombre doit être inférieure à 0,05 × 3 = 0,15 ; il suffira qu'elle soit inférieure à 0,1 ; l'e. du second nombre devra être inférieure à 0,05 × 2 = 0,1, et celle du dénominateur inférieure à 0,05 × 360 = 18 ; il suffira qu'elle soit inférieure à 10 unités. On réduira donc l'expression à :

$$\frac{3,1 \times 2,7}{360} = \frac{3,1 \times 0,3}{40} = \frac{9,3}{40} = 0,23.$$

III. — Les erreurs dont sont affectées les mesures expérimentales ont été classées en deux espèces : 1° les *erreurs systématiques*, qui tiennent à quelque défaut des instruments ou à quelque imperfection de la théorie, et les *erreurs accidentelles*, qui dépendent seulement de ce que la mesure ne peut dépasser une certaine limite de précision. Les erreurs systématiques reconnaissent une cause assignable suivant une marche régulière, une loi que l'on peut généralement découvrir par une discussion approfondie des résultats des opérations. Une fois la cause de l'e. connue, il est facile de calculer l'e. à l'avance et de corriger les observations. C'est ainsi qu'en Astronomie on applique aux résultats des observations des corrections dues à la réfraction de la lumière dans son passage à travers l'atmosphère, à la flexion des instruments, à l'inégalité des tourillons, etc. — Les erreurs accidentelles au contraire ne reconnaissent aucune loi ; elles sont indifféremment positives ou négatives ; les plus petites sont les plus nombreuses, et les plus fortes, qui sont les plus rares, ne dépassent jamais une certaine limite. La véritable cause de ces erreurs est qu'on veut pousser la précision de la mesure un peu au delà de ce que l'instrument peut donner. Par ex. on a construit un instrument dont la disposition permet de mesurer les angles au dixième de seconde près ; mais, à cause du manque de netteté des images fournies par la lunette, soit à cause de l'agitation de l'air, soit pour toute autre raison, on ne peut guère mesurer que la seconde. Il en résulte que si l'on répète plusieurs fois la même mesure, on trouvera des nombres qui différeront entre eux de moins d'une seconde; mais les chiffres des dixièmes ne seront pas les mêmes. Les erreurs accidentelles étant dues au hasard, leur étude ressort du calcul des probabilités, et il est possible de déterminer à l'aide de plusieurs observations discordantes, quelle est la valeur la plus probable du résultat. Si toutes les observations sont faites de la même manière, il suffit de prendre la moyenne arithmétique des résultats. Lorsque certaines mesures paraissent devoir inspirer plus de confiance que d'autres, on attribue à chaque mesure un *poids* d'autant plus élevé qu'on la juge meilleure, c.-à-d. qu'on considère chaque mesure comme ayant été répétée plusieurs fois et d'autant plus de fois qu'elle est jugée préférable. On fera donc la moyenne en multipliant chaque mesure par son poids et en divisant la somme des produits par la somme des poids.

Dans la plupart des applications, les choses ne sont pas aussi simples, et les nombres qu'il s'agit de déterminer sont donnés par un système de plusieurs équations à plusieurs inconnues. Algébriquement, il suffirait d'avoir autant d'équations que d'inconnues. En réalité on a multiplié les mesures pour augmenter la précision. La règle à suivre pour tirer de ces équations les valeurs les plus probables des inconnues a été donnée d'abord par Legendre, puis perfectionnée par Gauss qui a développé la théorie sous le nom de *méthode des moindres carrés*. Nous ne pouvons insister sur cette délicate étude. Nous allons seulement en expliquer le principe. Si les équations pouvaient être résolues exactement, tous les premiers membres deviendraient nuls après qu'on aurait remplacé les inconnues par leurs valcurs. En réalité, cette résolution exacte est impossible, et, quels que soient les nombres qu'on mette à la place des inconnues, les premiers membres ne deviendront jamais tous nuls et prendront des valeurs qu'on appelle les *résidus* des équations. La méthode consiste à choisir pour les inconnues des nombres qui rendent *minimum la somme des carrés des résidus.* Cette règle des moindres carrés se justifie par des considérations théoriques et pratiques. La règle de la moyenne arithmétique universellement adoptée dans le cas le plus simple, n'en est qu'un cas particulier. Cependant, pour que son emploi soit légitime, il importe que les mesures soient purgées de toute e. systématique, ce qu'on reconnaît *à posteriori* par ce fait que les résidus, classés par ordre de grandeur, manifestent nettement une loi particulière dite loi des erreurs, qui a été établie par Gauss. Si cette loi ne se manifeste pas, on ne peut rien conclure des observations, et on est réduit à chercher quelles sont les erreurs systématiques qui les faussent. Appliquée avec ces précautions, la méthode des moindres carrés est un puissant instrument de discussion, et les sciences, particulièrement la science astronomique, lui doivent de nombreux progrès.

Bibliogr. — Les bons traités d'Arithmétique ; FAYE, *Cours d'Astronomie.*

ERRHIN, INE. adj. et s. m. [Pr. *er-rin*] (gr. ἐν, dans ; ῥίν, nez). T. Méd. Se dit des médicaments qu'on introduit dans les narines. Voy. STERNUTATOIRE.

ERRONÉ, ÉE. adj. [Pr. *er-ro-né*] (lat. *erroneus*, errant). Qui est contraire à la vérité, aux principes, aux règles ; qui contient de l'erreur. *Sentiment e. Opinion, proposition erronée.*

ERRONÉMENT. adv. [Pr. *er-ro-né-man*]. D'une manière erronée.

ERS. s. m. [Pr. *ér*] (lat. *ervum*, m. s.). T. Bot. Genre de plantes Dicotylédones (*Ervum*) de la famille des *Légumineuses.* Voy. ce mot.

Agric. — Fourrage annuel usité dans une grande partie de la France et en Algérie. L'ers sans, être élevé, est très fourrageux et produit surtout beaucoup de graines que l'on donne aux pigeons, mais on doit ménager, parce que cette graine les échauffe. Le fourrage participe de cette qualité, il ne doit être administré aux chevaux que par petites rations, lorsqu'on veut leur donner de l'ardeur ou les soutenir pour des travaux pénibles. La semence, comme aliment pour l'homme, est très suspecte, et l'on doit se garder d'employer sa farine en mélange dans le pain. Un de ses avantages est de réussir fort bien dans les terrains secs et calcaires ; c'est le moyen le plus avantageux de tirer parti de ces sols ingrats. L'ers peut être semé à l'automne ; c'est l'époque habituelle pour le midi de la France ; sous la zone parisienne, la réussite est plus certaine au printemps.

ERSCH, bibliographe allemand, auteur d'une Encyclopédie (1766-1828).

ERSE. s. f. (anc. orthogr. du mot *Herse*). T. Mar. Petite élingue. — *E. de gouvernail,* Anneau ou cordage qui relie le gouvernail à l'étambot, pour empêcher que la mèche du gouvernail ne sorte de sa place. — *E. de mât,* Anneau formé d'un filin fourré, capelé au tenon d'un mât pour servir de point d'appui au faux hauban. — *E. d'aviron,* Celle qui sert à tenir l'aviron qui agit sur un tolet. — *E. de vergue,* Fort cordage fourré qui ceinture la vergue et qui porte à sa partie supérieure une boucle dans laquelle on attache la poulie triple de drisses. — *E. de poulie,* Cordage qui ceinture la caisse de la poulie et qui se termine par un fouet servant à frapper cette poulie. — *E. de culasse,* Anneau en cordage capelé au bouton de culasse pour servir de point d'appui aux crocs des palans de manœuvre.

ERSE. adj. 2 g. T. Philol. Dialecte celtique parlé dans la haute Écosse. Voy. CELTIQUE.

ERSEAU. s. m. T. Mar. Petite orse.

ERSKINE (JEAN), théologien écossais ; fondateur de l'Église dissidente d'Écosse.

ERSKINE, homme d'État anglais, né à Édimbourg ; grand orateur (1750-1823).

ERSTEIN, anc. ch.-l. de c. (Bas-Rhin), arr. de Schlestadt ; 3,500 hab. (à l'Allemagne depuis 1871).

ÉRUBESCENCE. s. f. (lat. *erubescere*, devenir rouge). T. Didact. Action de rougir ; état de ce qui commence à rougir.

ÉRUBESCENT, ENTE. adj. (lat. *erubescens*, m. s.). T. Didact. Qui devient rouge.

ÉRUBESCITE. s. f. (R. *érubescent*). T. Minér. Synon. de *Bornite.* Voy. ce mot.

ÉRUCA. s. m. T. Bot. Genre de plantes Dicotylédones (*Roquette*) de la famille des *Crucifères.* Voy. ce mot.

ÉRUCATE. s. m. T. Chim. Voy. ÉRUCIQUE.

ÉRUCINE. s. f. (lat. *eruca*, roquette). T. Chim. Substance jaune, incristallisable, qui se sépare par un séjour prolongé de l'extrait âcre de moutarde blanche.

ÉRUCIQUE. adj. 2 g. (lat. *eruca*, roquette). T. Chim. L'acide é. $C^{22}H^{42}O^2$ existe à l'état de glycéride dans les huiles de colza et de moutarde. Il cristallise en aiguilles brillantes, insolubles dans l'eau, solubles dans l'alcool et l'éther, fusibles à 34°. Ce n'est pas un composé saturé ; il s'unit directement à deux atomes de brome ; il peut aussi fixer de l'hydrogène pour se transformer en acide bénique. Sous l'action de l'acide nitreux il se convertit en un isomère : l'acide brassidique. Il s'unit aux bases en formant des sels difficilement cristallisables, appelés *Érucates.* Traité par le permanganate de potassium en solution alcaline étendue, il se transforme en acide dioxybénique $C^{22}H^{44}O^4$ qui cristallise en paillettes fusibles à 132°. On attribue à l'acide é. la formule de constitution $CH^3.(CH^2)^7.CH:CH.(CH^2)^{11}CO^2H.$

ÉRUCTATION. s. f. (lat. *eructatio*, m. s.). T. Méd. Émission sonore, par la bouche, de gaz provenant de l'estomac.

ÉRUDIT, ITE. adj. (lat. *eruditus*, instruit). Qui a beaucoup d'érudition. *Un homme é.* — Par ext., *Un ouvrage fort é.* || Subst., au masc., *C'est un de nos érudits.* ⇒ Syn. Voy. DOCTE.

ÉRUDITION. s. f. [Pr. *érudi-sion*]. Grande étendue de savoir principalement acquise par la lecture ; se dit surtout du savoir en littérature, en histoire, en philologie. *Profonde, rare, vaste, singulière é. Il est l'homme d'é. Il a beaucoup d'é. Il n'a qu'une médiocre é.* || Par ext., Remarque, recherche qui dénote l'é. ou a pour objet l'é. *Voilà de l'é. bien mal placée. Ouvrages, recherches d'é.*

ÉRUGINEUX, EUSE. adj. (lat. *ærugo*, rouille). T. Méd. Qui a la couleur du vert-de-gris.

ÉRUPTIF, IVE. adj. (R. *éruption*). T. Géol. Qui a rapport aux éruptions volcaniques.

Méd. — On désigne vaguement, sous la dénomination de *maladies éruptives,* toutes les affections qui s'accompagnent d'une éruption de boutons, de vésicules, de pustules, etc., à la surface de la peau. Dans un sens plus restreint, on l'emploie quelquefois comme synonyme d'*Exanthèmes.* Enfin, on désigne encore fréquemment sous le nom de *fièvres éruptives,* les fièvres exanthématiques proprement dites, c.-à-d., la rougeole, la variole et la scarlatine.

ÉRUPTION. s. f. [Pr. *érup-si-on*] (lat. *eruptio*, m. s., de *erumpere,* sortir brusquement). T. Géol. Action d'un volcan, lorsqu'il lance au dehors de la lave, des scories, de l'eau, etc. ; la sortie violente de ces matières. *Le volcan fit é. tout à coup. Les éruptions sont souvent précédées de tremblements de terre. L'é. de la lave a cessé.* || Production, premier développement extérieur. *L'é. des bourgeons.* || Production soudaine et abondante. *Une é. non interrompue de chefs-d'œuvre.* || T. Méd. Sortie d'une multitude de taches, de pustules, de boutons, etc., qui paraissent à la surface de la peau ou des muqueuses. *L'é. de la petite vérole a fait cesser la fièvre.* — Par ext., L'ensemble des taches, pustules, etc., qui sont survenues à la surface de la peau ou des muqueuses. *Il a une é. qui lui couvre le corps.* || *L'é. des dents,* Chez les enfants, la sortie des dents hors de leurs alvéoles et leur apparition à l'extérieur. || T. Astr. *É. solaire,*

Flammes gigantesques composées principalement d'hydrogène et d'hélium incandescent, qui s'élèvent à des hauteurs prodigieuses au-dessus de la surface du soleil. Voy. SOLEIL.

ÉRUSSER. v. a. Dépouiller les tiges de lin de leurs feuilles avant de les mettre dans le ballon à rouir.

ERVY, ch.-l. de c. de l'Aube, arr. de Troyes, sur l'Armance ; 2,000 hab. Fromages.

ERWIN DE STEINBACH, architecte de la cathédrale de Strasbourg, mort en 1318.

ÉRYCIBÉ. s. m. [Pr. éri-si-bé] (gr. ἐρυσίβη, nielle?). T. Bot. Genre de plantes Dicotylédones de la famille des Convolvulacées. Voy. ce mot.

ÉRYCIDÉS. s. m. pl. (R. Éryx). T. Erpét. Les serpents non venimeux qui forment cette famille ont la queue très courte, obtuse et tout d'une venue avec le corps ; ils présentent une paire d'appendices en forme de crochets, près de l'anus, et qui ne sont autres que des membres postérieurs rudimentaires ; ce caractère et leur bouche, qui est très dilatable, les fait quelquefois ranger dans la même famille que les *Boas*.

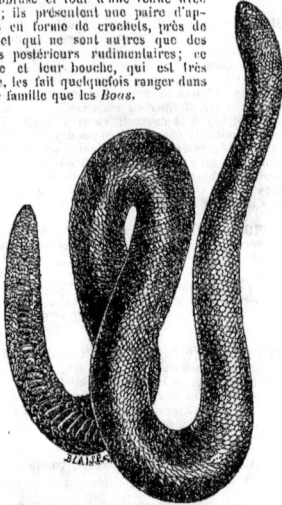

Le genre *Éryx* renferme de petites espèces remarquables par la forme du museau, qui est plus ou moins conique ou cunéiforme et à l'aide duquel ces serpents fouissent le sable avec une merveilleuse facilité. Nous citerons, comme exemple de ce genre, l'*Éryx de Duvaucel* (Fig. ci-dessus), qui est de couleur fauve et roussâtre et habite les Indes orientales. En Grèce en Turquie vit l'*Éryx turc* ou *E. javelot* (*Éryx jaculus*) et qui se blottit communément dans le sable et se nourrit de lézards ou de petits mammifères ; on le trouve également aux environs de la mer Caspienne, de la mer d'Aral et en Égypte. Sa couleur est roussâtre, plus blanche sur le ventre, avec quelques taches noires sur la tête et de chaque côté du corps.

ÉRYCINE. s. f. (nom mythol.). T. Zool. Surnom de Vénus appliqué à un genre de Mollusques lamellibranches, ou même temps qu'à certaines espèces de Papillons diurnes. Voy. ÉRYCINIDES et DIURNES.

ÉRYCINIDES. s. m. pl. (R. érycine). T. Zool. Famille de *Mollusques lamellibranches* à siphon, dont quelques représentants se trouvent sur les côtes de France.

ÉRYMANTHE, montagne d'Arcadie, repaire d'un sanglier fameux tué par Hercule (Myth.).

ÉRYNGIUM. s. m. [Pr. érin-ji-ome] (gr. ἤρυγγος, m. s.).

T. Bot. Genre de plantes Dycotylédones (*Panicaut*) de la famille des *Ombellifères*. Voy. ce mot.

ÉRYON. s. m. (gr. ἔριον, laine). T. Zool. Crustacés fossiles qui ressemblent à des Écrevisses dont le céphalothorax se serait fortement élargi en même temps qu'aplati. Le genre *É.* est le type d'une famille très intéressante, abondante à la période jurassique ; ses représentants se sont maintenus jusqu'à nos jours, mais relégués dans les grandes profondeurs des océans où ils sont devenus aveugles.

ÉRYSIMUM. s. m. [Pr. éri-si-mome] (gr. ἐρύσιμον, m. s.). T. Bot. Genre de plantes Dicotylédones (*Vélar*) de la famille des *Crucifères*. Voy. ce mot.

ÉRYSIPÉLATEUX, EUSE. adj. Qui tient de l'érysipèle. *Eczéma é. Tumeur érysipélateuse.*

ÉRYSIPÈLE. s. m. (gr. ἐρυσίπελας, de ἐρυθός, rouge, et πέλας, peau). T. Méd. — L'*Érysipèle* est une maladie générale, fébrile, cyclique, consécutive à l'introduction dans l'organisme d'un agent pathogène spécifique qui produit, au point d'inoculation, une inflammation spéciale du tégument externe ou interne, jusqu'à épuisement de sa virulence ou vaccination de l'individu. Cette définition met un terme aux distinctions longtemps admises entre l'é. médical et l'é. chirurgical. L'é. est une maladie générale à modalités différentes, et c'est à tort que les médecins avaient monopolisé l'é. de la face. — L'agent pathogène a été découvert en 1883 par Fehleisen et dénommé *streptococcus erysipelatis* : c'est un micrococcus généralement groupé en chaînettes, mal différencié du streptocoque pyogène (voy. Pus), si mal que certains auteurs identifient les deux formes. Ce microorganisme se développe plus volontiers chez les individus débilités, à la suite de traumatismes chez les hommes, au cours de la menstruation ou de la grossesse chez les femmes ; il atteint même les nouveaux nés. La vaccination qu'il confère doit être de courte durée, et la sauvegarde est ou ne peut plus passagère, puisqu'il n'est pas rare d'observer des récidives à brefs intervalles (é. à répétition). La transmission se fait par contagion, le plus souvent aérienne, et il paraît y avoir toujours une solution de continuité tégumentaire comme porte d'entrée, que ce soit une plaie chirurgicale, accidentelle ou opératoire, vaste ou infime, ou qu'il s'agisse d'ailleurs imperceptibles : il n'y a pas d'é. spontanée. — Cette maladie paraît correspondre, au moins pour un certain nombre de cas, à ce que les écrivains du moyen âge appelaient feu sacré, feu Saint-Antoine et mal des ardents.

La lésion anatomique est caractéristique : elle est constituée par la plaque érysipélateuse. Celle-ci se localise d'ordinaire dans les points où la peau est fine et vascularisée, la face, à l'angle externe de l'œil, au sillon naso-génien, etc., ou bien au voisinage d'une plaie ; mais les muqueuses sont souvent atteintes aussi, muqueuses digestive, respiratoire ou génito-urinaire. — La plaque érysipélateuse est d'une couleur rouge sombre : elle est saillante, œdémateuse au toucher, limitée par un bourrelet nettement perceptible et n'est pas mobile sur les couches sous-jacentes ; la pression y détermine une douleur plus ou moins vive. Tandis que l'épiderme se soulève en phlyctènes, le derme est le siège d'une infiltration leucocytique abondante avec prolifération des cellules fixes du tissu conjonctif et inflammation des voies lymphatiques, ainsi que de leurs ganglions. L'extension de la plaque se fait excentriquement et, à ce point de vue, le bourrelet périphérique a une signification anatomique importante, car le microscope a démontré que c'est à son niveau que se produit le travail de propagation de l'infection.

Mais ces phénomènes locaux n'occupent pas dans le tableau clinique la place la plus importante ; ils sont au second plan. Dès l'invasion de l'agent pathogène, débutent les symptômes de malaise et d'embarras gastrique, communs à toutes les maladies infectieuses. En outre, le frisson initial durant une demi-heure ou trois quarts d'heure, l'ascension graduelle de la température au delà de 40°, l'endolorissement et la tuméfaction des ganglions sont des signes caractéristiques précoces. Au cours de la maladie, la fièvre persiste avec des rémissions matinales ; l'état typhoïde adynamique est presque de règle. Enfin, vers le huitième jour, si la guérison doit se produire, la défervescence se fait brusquement, en même temps que les lésions locales s'amendent : la peau, de lisse et tendue qu'elle était, devient rude et légèrement ridée ; enfin, l'épiderme desquame.

Jadis, on multipliait les variétés d'é. à plaisir, compliquant sans raison la terminologie médicale. Il y avait l'é. *migrateur* ou *ambulant*, procédant par poussées, envahissant les tissus sans laisser en arrière le moindre segment intact, et l'é. *serpigineux*, s'avançant par soubresauts, une plaque nouvelle apparaissant à quelque distance de la première, indépendante ou à peine unie par l'extrémité d'une mince denteclure. D'autres variétés correspondaient à des particularités anatomiques de médiocre importance : l'é. est *œdémateux*, lorsque le tissu cellulaire lâche se laisse facilement infiltrer; il est *phlycténoïde*, *bulleux* ou *pemphigoïde*, lorsque dans l'épaisseur de l'épiderme se font des infiltrations séreuses ou sanguines. Des formes beaucoup plus graves méritent vraiment d'être distinguées, tels l'é. *phlegmoneux*, qui se complique vers son déclin de suppurations à foyer unique ou multiplos, et l'é. *gangréneux* au cours duquel apparaît sur la plaque rouge une eschare centrale noirâtre que soulèvent des phlyctènes sanguinolentes ou des bulles remplies d'un liquide noirâtre. C'est l'é. des cachectiques. L'é., tel que nous venons de le décrire, se distingue assez bien des éruptions d'autre sorte, par les signes locaux caractéristiques, tels que le bourrelet périphérique et les adénopathies, et d'autre part grâce aux symptômes généraux concomitants. Seule la lymphangite présente des points de ressemblance trompeurs; il ne faut donc pas oublier que la lymphangite réticulaire elle-même ne présente pas de bourrelet périphérique. Le pronostic est en rapport surtout avec l'état général du sujet et la virulence microbienne, mais il faut tenir compte aussi des complications possibles, provenant soit de la propagation de l'infection (otites, phlegmons des paupières, thrombose des sinus...), soit de la généralisation de l'infection avec déterminations cardiaques, vasculaires, viscérales, articulaires,... Le pronostic ne paraît pas en somme excessivement grave; en l'absence de toute tare viscérale, l'é. tend à guérir spontanément; cependant, malgré la vertu curatrice qu'on lui attribue à l'égard du lupus et de certaines tumeurs malignes, l'inoculation de l'é. ne peut devenir une méthode de traitement.

À l'heure actuelle, l'é., très fréquent autrefois dans les services hospitaliers, est devenu rare, et cela tient d'une part aux précautions aseptiques dans les chirurgiens ont mises en œuvre, d'autre part à l'isolement auquel on condamne les malades infectés ou supposés tels; de cette manière, la contagion est supprimée. — Lorsque l'é. est déclaré, le traitement général est identique à celui de toutes les maladies infectieuses : purgatifs ou vomitifs au début, plus tard toniques (alcool) et antithermiques (bains froids). Localement, les applications humides de toutes sortes sont de mise : on a généralement recours à des pulvérisations, répétées plusieurs fois par jour, avec une solution éthérée de sublimé à 1 p. 100, le jet du pulvérisateur étant dirigé sur le bourrelet, zone d'extension de la plaque. — Enfin nous ne pouvons passer sous silence les tentatives contemporaines faites avec le sérum antistreptococcique, et, malgré les échecs actuels, il est certain qu'on a l'avenir est à cette méthode.

Méd. vét. — L'érysipèle peut sévir sur tous les animaux domestiques, mais c'est surtout le mouton qui y est sujet. — Il en existe deux, l'é. sporadique et l'é. épizootique. L'é. sporadique peut être causé par des irritations cutanées, par insolation, par l'ingestion de sarrasin en grains ou vert, et de fourrages nouveaux; dans ces deux cas, il semble qu'il s'agisse d'une infection par la voie intestinale. Il peut être localisé en un point ou en plusieurs points : la peau devient rouge, tuméfiée, chaude, et vers le 5e ou 6e jour, l'épiderme s'exfolie et les poils tombent. Il y a de la fièvre, de l'inappétence. La guérison a lieu vers le milieu ou la fin de la 2e semaine. Quand l'é. s'étend profondément, il devient phlegmoneux, la peau se décolle, se gangrène en certains points et il pus fétide s'en écoule. Si cette inflammation suppurée s'il se trouve au voisinage du cerveau, le malade peut mourir par infection purulente ou par méningite ou encéphalite. On devra veiller aux ganglions qui souvent se prennent dans cette forme. Des applications de liquides émollients ou astringents, des frictions au liniment ammoniacal et quelques purgatifs mêlés à la boisson, puis une alimentation suffisante et l'abri des intempéries, amènent la guérison facilement. L'é. épizootique est des pays chauds. En France, on ne l'observe que dans les départements méridionaux. Les causes en sont incertaines, de même que la contagion. La maladie est brusque et rapide. Ce sont la tête et le cou qui deviennent rouges, douloureux ; la prostration, l'inappétence, les frissons, la fièvre, sont considérables, puis la gangrène survient et les animaux meurent en deux ou trois jours. Le traitement est peu efficace; il consiste en lotions phéniquées à 1-2 0/0 et en excitants à l'intérieur. L'é. du porc n'est autre que le *Rouget*. Voy. ce mot.

ÉRYSIPHÉ. s. m. (gr. ἐρυσίϐη, rouille des blés). T. Bot. Genre de Champignons de la famille des *Périsporiacées*. Voy. ce mot.

ÉRYTHÉMATIQUE. adj. Qui a rapport à l'érythème.

ÉRYTHÈME. s. m. (gr. ἐρύθημα, rougeur). T. Méd. Éruption de taches rosées d'étendue et de formes variables qui apparaissent très rapidement et se terminent en quelques jours, soit par résolution, soit par une desquamation légère. Voy. EXANTHÈME.

ÉRYTHRÉE. s. f. (gr. ἐρυθραῖος, rougeâtre). T. Bot. Genre de plantes Dicotylédones (*Erythræa*) de la famille des *Gentianées*. Voy. ce mot.

ÉRYTHRÉE. — Les anciens nommaient *Erythrée* (en grec Ἐρυθρὰ, rouge) la partie de l'Océan Indien, aujourd'hui appelée mer d'Oman, comprise entre l'Inde et l'Afrique septentrionale, avec l'embranchement du golfe Arabique qui seul a conservé de nos jours la dénomination de mer Rouge, à travers le *mare rubrum* des Latins.

Jamais jusqu'à présent on ne trouve, à travers l'histoire, de terre à laquelle ait été donné le nom d'Érythrée. La grande presqu'île à l'est de la mer Rouge est l'Arabie; la côte occidentale dépend géographiquement de l'Égypte, de la Nubie, de l'Abyssinie. Ce n'est qu'en 1880 que les Italiens, après s'être emparés de la partie de cette dernière côte comprise entre le 13e et le 18e degré de latitude N., et jaloux de continuer la tradition antique, s'ressouvinrent du mot d'Érythrée pour le donner à leur nouvelle conquête, de même que, par une semblable évocation de l'antiquité, ils ressuscitèrent pour leur voisine l'Abyssinie, placée sous leur protectorat, l'appellation d'Éthiopie.

Cette côte (Voy. la CARTE D'AFRIQUE), depuis le règne de Méhémet-Ali, avait été placée sous la domination de l'Égypte, sauf la baie d'Adulis (vers le 15e degré N.), qui, avec le port de Zoula et l'île de Dessi, avait été cédée à la France par un souverain du Tigré, vassal de l'Abyssinie. Plus tard, après l'ouverture du canal de Suez, la compagnie italienne Rubatino avait acheté la baie et le port d'Assab, comme point de relâche pour ses navires des Indes. Quand la fièvre d'expansion coloniale commença à sévir sur les puissances européennes, la jeune Italie, désireuse de compenser la prise de possession de la Tunisie par les Français, racheta pour son compte la baie d'Assab, le 10 mars 1882, puis, sous le prétexte de concourir avec les Anglais à la défense de l'Égypte contre le Mahdi, fit débarquer des troupes, le 5 févr. 1885, à Massouah occupée alors par une garnison égyptienne (un peu au nord du 15e degré), déclara se présenter en allié, et, finalement, le 22 novembre 1885, signifia au gouverneur égyptien — qui n'eut qu'à obtempérer — d'avoir à se retirer avec ses soldats. La même année, elle s'emparait de Zoula, de la baie d'Adulis (à France conciliante laissait faire), puis de toute la côte comprise entre le cap Ou Ras Kassar, près de Souakim et la limite de la colonie française d'Obock, soit sur une longueur de 1,100 kilom.

De là, les Italiens s'élevèrent sur les plateaux de l'intérieur, s'y heurtèrent aux Abyssins, et le 25 janvier 1887, à Dogali, furent massacrés jusqu'au dernier. Une nouvelle armée, de 30,000 hommes, reprit la campagne en 1888 avec des alternatives de succès et de revers ; mais, en 1889, le négus d'Abyssinie Johannès ayant été tué dans une bataille contre les Mahdistes, les Italiens passèrent, le 2 mai, le traité d'Uccialdi avec son vassal révolté, Ménélick, qui se fit proclamer négus à la place de l'héritier naturel ; puis ils prirent, sur ce dernier, successivement Kéren, Asmara et Adoua (26 janv. 1890).

L'Italie s'était promis de s'en tenir au triangle formé par Massouah, Kéren et Asmara ; mais son alliance avec les Anglais menacés dans la haute Égypte par les Derviches l'entraîna à s'emparer de Kassala le 17 juillet 1894, à plus de 300 kilom. à l'ouest de la côte. Puis, des dissentiments s'étant élevés entre elle et Ménélick sur certaines clauses du traité d'Uccialdi, le général Baraticri envahit le Tigré au mois de décembre suivant et le conquit tout entier. Les Abyssins mirent un an à se préparer, mais se présentèrent en masse. Le 7 déc. 1895, l'avant-garde italienne du major Toselli fut massacrée à Amba-Alaghi, la garnison de Makallé capitula avec les honneurs de la guerre, et le 1er mars 1896 l'armée entière du général Baraticri fut écrasée à Adona et rejetée sur la côte, laissant aux mains de Ménélick toute son artillerie et plusieurs centaines de prisonniers. Depuis lors, l'Italie parle de s'en tenir encore au triangle Massouah-Keren-Asmara et d'organiser sa nouvelle colonie : car, pour le moment, on ne peut rien dire ni du commerce ni de l'exploitation de l'Érythrée. Rien n'a été fait dans ce sens et cela n'existe pas.

ÉRYTHRÈNE. s. m. (gr. ἐρυθρὸς, rouge). T. Chim. Hydrocarbure ayant pour formule C^4H^6 et qu'on a longtemps confondu avec le crotonylène. On s'accorde aujourd'hui à réserver le nom de crotonylène à l'hydrocarbure qui a pour formule probable $CH^3.C=C.CH^3$ (diméthylacétylène) et qui fut découvert par Cuventou en traitant le butylène bromé par l'éthylate de sodium. — Quant à l'érythrène ou vinyléthylène, on lui assigne la formule $CH^2:CH.CH:CH^2$. On l'obtient parmi les produits de l'action de l'acide formique sur l'érythrite. On le rencontre aussi dans les huiles provenant de la fabrication du gaz comprimé ; lorsqu'on distille ces huiles, il est contenu dans les portions qui passent à 18°. Complètement purifié, il bout à + 1°. Avec le brome, il donne un tétrabromure fusible vers 115°. Il a servi à la synthèse de l'érythrite.

ÉRYTHRINE. s. m. (gr. ἐρύθρινος, rouge). T. Bot. Genre de plantes Dicotylédones (Erythrina) de la famille des Légumineuses. Voy. ce mot. || T. Chim. et Minér.

Chim. — L'érythrine, que l'on rencontre dans tous les lichens tinctoriaux, est l'éther di-orsellique de l'érythrite et répond par conséquent à la formule $C^{20}H^{22}O^{10}$. On l'obtient en traitant les lichens par un lait de chaux, puis par l'acide chlorhydrique qui précipite l'é. sous forme de gelée. Presque insoluble dans l'eau, l'é. se dissout facilement dans l'alcool et donne ensuite par évaporation de petits cristaux prismatiques, incolores et insipides, fusibles à 137°. La solution alcoolique se colore en rouge pourpre par le perchlorure de fer. L'eau bouillante, les alcalis ou l'eau de chaux à froid transforment l'é. en picroérythrine $C^{12}H^{16}O^7$, qui est l'éther mono-orsellique de l'érythrite et qui cristallise en prismes égaux, amers, fusibles à 158°, se colorant également en pourpre sous l'action du perchlorure de fer. Par une ébullition prolongée avec l'eau ou avec les solutions alcalines, l'é. ainsi que la picroérythrine se dédoublent en érythrite et en acide orsellique. C'est cet acide orsellique qui, au contact de l'air et de l'ammoniaque, se transforme en orcéine et donne naissance aux matières colorantes constituant l'orseille du commerce.

En minéralogie on donne le nom d'érythrine ou d'érythrite à un arséniate de cobalt.

Le nom d'é. sert aussi à désigner une matière colorante dérivée de la fluorescéine.

ÉRYTHRITE. s. f. (gr. ἐρυθρὸς, rouge). T. Chim. Alcool tétratomique contenu à l'état d'éther orsellique dans divers lichens et algues. Pour le préparer, on chauffe l'érythrine à l'abri de l'air avec un lait de chaux ; il se forme du carbonate de chaux et de l'orcine qu'on enlève par filtration et concentration ; l'é. reste dans les eaux mères. Elle cristallise en prismes quadratiques, à saveur légèrement sucrée, très solubles dans l'eau, fusibles à 112° et se volatilisant vers 300° avec un commencement de décomposition. Chauffée avec l'acide formique, elle fournit de l'érythrène, de l'hydrure de furfurane et des éthers formiques de l'érythrol. La constitution de l'é. est représentée par la formule

$$CH^2OH.CHOH.CHOH.CH^2OH.$$

C'est donc un alcool polyatomique analogue à la dulcite et à la mannite, et dont l'aldéhyde, encore inconnu, serait une matière sucrée comparable à la glucose. L'acide monobasique correspondant est l'acide érythroglucique

$$CH^2OH(CHOH)^2CO^2H$$

qu'on obtient par l'oxydation de l'é. et qui forme une masse déliquescente très soluble dans l'eau et dans l'alcool. En s'oxydant à son tour, ce corps donne naissance à l'acide bibasique correspondant, qui est l'acide tartrique.

L'é. ne subit pas la fermentation alcoolique et n'exerce aucune action sur la lumière polarisée. En sa qualité d'alcool tétratomique, il forme avec les acides des éthers analogues aux glycérides ; on leur a donné le nom d'érythrides ; l'érythrine, par ex., est l'éther di-orsellique. — Griner a réalisé la synthèse de l'é. en partant de l'érythrène ; il a obtenu en même temps un isomère de l'é. naturelle.

ÉRYTHROCARPE. adj. 2 g. (gr. ἐρυθρὸς, rouge ; καρπὸς, fruit). T. Bot. Qui a des fruits rouges.

ÉRYTHROCENTAURINE. s. f. T. Chim. Substance analogue à la santonine et contenue dans la petite centaurée (Erythræa centaurium). Elle est cristalline, insipide, neutre, et fond à 136°. Elle se colore en rouge à la lumière solaire, mais cette coloration disparaît par la dissolution ou par l'action de la chaleur.

ÉRYTHROCÉPHALE. adj. 2 g. (gr. ἐρυθρὸς, rouge : κεφαλή, tête). T. Hist. nat. Qui a la tête rouge.

ÉRYTHROCÈRE. adj. 2 g. (gr. ἐρυθρὸς, rouge ; κέρας, corne). T. Zool. Qui a les antennes rouges.

ÉRYTHRODACTYLE. adj. 2 g. (gr. ἐρυθρὸς, rouge; δακτύλος, doigt). T. Zool. Qui a les doigts rouges.

ÉRYTHRODERME. adj. 2 g. (gr. ἐρυθρὸς, rouge, et fr. derme). T. Zool. Qui a la peau rouge.

ÉRYTHRODEXTRINE. s. f. T. Chim. Voy. Dextrine.

ÉRYTHROGASTRE. adj. 2 g. (gr. ἐρυθρὸς, rouge ; γαστήρ, ventre). T. Zool. Qui a le ventre rouge.

ÉRYTHROGLUCINE. s. f. T. Chim. Ancien nom de l'Érythrite.

ÉRYTHROGLUCIQUE. adj. T. Chim. Acide e. Voy. Érythrite.

ÉRYTHROÏDE. adj. 2 g. (gr. ἐρυθρὸς, rouge; εἶδος, apparence). Qui est d'une couleur rougeâtre.

ÉRYTHROL. s. m. T. Chim. Glycol non saturé obtenu à l'état d'éther formique dans l'action de l'acide formique sur l'érythrite. Il bout à 196°,5 et a pour formule $C^4H^4(OH)^2$.

ÉRYTHROLOPHE. adj. 2 g. (gr. ἐρυθρὸς, rouge; λόφος, huppe). T. Zool. Qui porte une huppe rouge.

ÉRYTHROMANNITE. s. f. [Pr. éritro-mann-nite] (R. érythrine et mannite). Syn. d'Érythrite.

ÉRYTHRONE. s. m. (gr. ἐρυθρὸς, rouge). T. Bot. Genre de plantes Monocotylédones (Erythronium) de la famille des Liliacées. Voy. ce mot.

ÉRYTHROPE. adj. 2 g. (gr. ἐρυθρὸς, rouge ; πούς, pied). T. Hist. nat. Qui a les pieds ou pédicules rouges.

ÉRYTHROPHLÉINE. s. f. T. Chim. Alcaloïde extrait de l'Erythrophlæum guineense, arbre de la famille des Légumineuses, employé en Afrique pour empoisonner les flèches et préparer des poisons d'épreuve. L'é. est cristalline, soluble dans l'eau et dans l'alcool. C'est un poison du cœur; par ses propriétés physiologiques, elle rappelle à la fois la digitaline et la picrotoxine. Traitée à l'ébullition par les alcalis ou les acides minéraux, l'é. se dédouble en un acide non azoté et en une base vénéneuse, volatile, appelée manconine.

ÉRYTHROPHYLLE. adj. 2 g. [Pr. éritro-file] (gr. ἐρυθρὸς, rouge ; φύλλον, feuille). T. Bot. Qui a les feuilles rouges. — s. f. Nom de la matière colorante qui donne aux feuilles une teinte rouge, au moment de leur chute. — s. m. Genre d'Algues (Erythrophyllum) de l'ordre des Floridées.

ÉRYTHROPTÈRE. adj. 2 g. (gr. ἐρυθρὸς, rouge; πτερὸν, aile). T. Zool. Qui a les ailes ou les nageoires rouges.

ÉRYTHRORÉTINE. s. f. T. Chim. Résine jaune de la racine de rhubarbe ; peu soluble dans l'eau, soluble dans l'alcool, elle se dissout dans les alcalis avec une belle coloration pourpre.

ÉRYTHROSE. s. f. (gr. ἐρυθρὸς, rouge). T. Chim. Matière colorante extraite de différentes rhubarbes par l'acide nitrique.

ÉRYTHROSIDÉRITE. s. f. T. Minér. Chlorure hydraté de fer et de potassium, de l'éruption du Vésuve, en 1872. Rouge, très soluble dans l'eau.

ÉRYTHROSINE. s. f. T. Chim. Matière colorante dérivée

de la fluorescéine. Voy. Éosine. || Substance rouge qui se produit quand on traite la tyrosine par l'acide nitrique.

ÉRYTHROSPERME. adj. 2 g. (gr. ἐρυθρὸς, rouge; σπέρμα, graine). T. Bot. Qui a des graines rouges. || s. m. Genre de plantes Dicotylédones (*Erythrospermum*) de la famille des *Bixacées*.

ÉRYTHROSTOME. adj. 2 g. (gr. ἐρυθρὸς, rouge; στόμα, bouche). T. Zool. Qui a la bouche ou l'ouverture rouge.

ÉRYTHROTHORAX. adj. (gr. ἐρυθρὸς, rouge, et fr. *thorax*). T. Zool. Qui a la poitrine rouge.

ÉRYTHROXYLE. adj. 2 g. (gr. ἐρυθρὸς, rouge; ξύλον, bois). T. Bot. Qui a le bois rouge. || s. m. Genre de plantes Dicotylédones (*Erythroxylon*) de la famille des *Linacées*. Voy. ce mot.

ÉRYTHROXYLÉES. s. f. pl. (gr. ἐρυθρὸς, rouge; ξύλον, bois). T. Bot. Tribu de plantes de la famille des *Linacées*. Voy. ce mot.

ÉRYX. s. m. (nom mythol.). Nom d'une espèce de serpent non venimeux qui donne son nom à la famille des *Érycidés*. Voy. ce mot.

ERZEROUM, v. d'Arménie (Turquie d'Asie); près des sources de l'Euphrate, la Kalikalah des Arabes; 60,000 hab.

ERZ-GEBIRGE, dits monts Métalliques, chaîne de montagnes d'Allemagne, entre la Saxe et la Bohême, riches en métaux.

ES, préfixe répondant à la préposition latine *e* ou *ex*, gr. ἐx ou ἐξ dont les sens sont très variés. Ce préfixe indique le plus souvent l'extraction ou la séparation, et par suite il est fréquemment employé avec un sens privatif ou négatif. On supprime l's quand le mot principal commence par une voyelle.

ÈS. Mot formé par contraction de la prép. *En* et de l'art. pl. *Les*, pour signif. *Dans les*. Il ne s'emploie plus que dans les locutions suivantes: *Saint Pierre ès liens. Maître ès arts. Docteur, licencié, bachelier ès lettres. Ès mains d'un tel*, etc.

ÉSAÜ. fils aîné d'Isaac et de Rébecca, vendit son droit d'aînesse à son frère Jacob.

ESBROUFANT, ANTE. adj. Qui esbroufe, qui étonne fortement.

ESBROUFE. s. m. *Faire de l'e.*, Faire de l'embarras. Pop. || *Vol à l'e.*, Vol qui consiste en ce que des compères bousculent une personne pendant que le voleur s'empare de son argent.

ESBROUFER. v. a. En imposer à quelqu'un, l'interdire. — *Le bousculer pour le voler.* Pop. == Esbroufé, ée. part.

ESBROUFEUR. s. m. Celui qui fait de l'esbroufe. Pop. || Celui qui pratique le vol à l'esbroufe.

ESBROUSSER (S'). v. pron. (anc. fr. *brousser*, passer au travers). S'esquiver. Pop.

ESCABEAU. s. m. (lat. *scabellum*, m. s.). Siège de bois sans bras ni dossier. || Par ext. Petit meuble à gradin en bois sur lequel on monte pour s'élever. || Objet quelconque pour poser les pieds.

ESCABÉCHER. v. a. (prov. *escabessar*, décapiter). T. Pêc. Préparer les sardines en leur enlevant la tête, pour les conserver.

ESCABELLE. s. f. (Dimin. de *escabeau*) Escabeau. || Prov. Remuer ses escabelles, Déménager, changer de domicile; et fig., changer d'état, de fortune, de situation. *Je lui ferai bien remuer ses escabelles*. || Fig. et prov., *Déranger les escabelles à quelqu'un*, Rompre toutes ses mesures, mettre du désordre dans ses affaires. Vx.

ESCABELON. s. m. (ital. *scabellone*, grand escabeau).

T. Archit. Piédestal sur lequel on place un buste, un vase, etc., dans les galeries et les expositions.

ESCACHE. s. f. (anc. fr. *escacher*, tirer). Mors de cheval, différent du canon, en ce que le canon est rond et l'escache ovale. *Ordinairement les filets sont en escache*.

ESCADRE. s. f. (lat. *quadra*, carré). T. Mar. — Ce mot a deux significations: 1° Il désigne chacune des trois divisions d'une armée navale, qui sont le centre, l'avant-garde et l'arrière-garde. Ces trois escadres sont en général commandées par un amiral, un vice-amiral et un contre-amiral; elles se distinguent aussi par leurs pavillons qui sont, blanc pour l'amiral, blanc et bleu pour le vice-amiral, et bleu percé de blanc pour le contre-amiral. 2° Il s'applique à une réunion de 9 vaisseaux au moins et de 20 au plus, qui est placée sous les ordres d'un seul commandant. Un pareil commandement est toujours confié à un contre-amiral ou à un vice-amiral, qui prend alors le titre de *chef d'escadre*. Cette réunion de vaisseaux reçoit, selon les circonstances, différents noms; elle s'appelle *e. légère* ou *escadrille*, quand elle ne comprend que des bâtiments inférieurs aux vaisseaux de ligne et aux frégates; *e. d'observation*, quand elle est destinée, même en temps de paix, à surveiller les mouvements des vaisseaux étrangers; *e. d'évolution*, quand elle a pour but d'exercer les jeunes officiers à la tactique navale, et les équipages aux manœuvres et aux exercices.

ESCADRILLE. s. f. [Pr. *es-ka-drille*, ll mouillées]. Escadre de vaisseaux légers, comme frégates, corvettes, etc.

ESCADRON. s. m. (ital. *squadrone*, m. s.). T. Milit. — L'escadron représente l'unité tactique dans la cavalerie, comme le *bataillon* dans l'infanterie. Il est ordinairement de 100 à 120 chevaux divisés en 4 pelotons, et un régiment de cavalerie se compose de 5 escadrons en France et de 6 en Algérie. Au moment de la mobilisation, chaque régiment laisse derrière lui un *e.* qui sert à la formation d'un régiment de réserve. Le cadre d'un *e.* se compose d'un capitaine commandant, d'un capitaine en second, de quatre lieutenants ou sous-lieutenants, d'un adjudant, d'un maréchal des logis chef, d'un maréchal des logis fourrier, de 8 maréchaux des logis et de 16 brigadiers. — Chez les Grecs, la force de l'escadron, qu'ils appelaient *Épitarchie*, était à peu près la même que chez nous, car elle se composait de 128 hommes marchant sur 8 rangs. Chez les Perses, suivant Xénophon, il comprenait 100 hommes également sur 8 rangs. La *turma* des Romains, qui ne comptait que 40 hommes sur 4 rangs, correspondait plutôt à un de nos demi-escadrons. Chez les peuples modernes, l'organisation de la cavalerie par escadrons remonte seulement au commencement du XVIIe siècle. Les Suédois furent les premiers qui adoptèrent cette amélioration, imitée bientôt après par les troupes impériales et espagnoles, puis par la France (1635); mais l'organisation actuelle date des guerres de l'empire. Le titre de *chef d'escadron* a été créé en 1774; il correspond, pour la cavalerie et l'artillerie, à celui de chef de bataillon, et celui qui en est revêtu prend rang parmi les officiers supérieurs.

ESCADRONNER. v. n. [Pr. *eska-dro-ner*]. Faire les différentes évolutions qui appartiennent à la cavalerie. *Ces troupes escadronnent bien.* — *Ces deux troupes escadronnent ensemble*, se disait autrefois de deux troupes de cavalerie qui se joignaient pour former un même escadron.

ESCAFE. s. f. (R. anc. fr. *escafer*, frapper d'un coup de pied au derrière). T. Jeu. *Coup de pied donné à un ballon pour le renvoyer, après l'avoir reçu*.

ESCAFILOTTE. s. f. [Pr. *èskafilo-te*]. Côte de bœuf qui a été perforée par les fabricants de moules à boutons.

ESCALADE. s. f. (lat. *scala*, échelle). Action d'escalader. *La muraille est trop élevée, cette e. est hors d'e.* || T. Art milit. Attaque d'une place de guerre en franchissant les remparts à l'aide d'échelles, etc. *Monter à l'e. Donner, tenter l'e. Emporter une place par e.*
Législ. — L'*Escalade* est une circonstance aggravante du vol qui entraîne la peine des *travaux forcés à temps*. (art. 384 du Code pénal): Est qualifiée *escalade*, toute entrée dans les maisons, bâtiments, cours, basses-cours, édifices quelconques, parcs et enclos, exécutée par-dessus les murs,

portes, loitures ou autres clôtures. — L'entrée par une ouverture souterraine, autre que celle qui a été établie pour servir d'entrée, est une circonstance de même gravité que l'escalade (art. 397).

ESCALADER. v. a. *Escalader une maison, un mur*, etc., Monter dans une maison, franchir un mur, etc., soit à l'aide d'une échelle, soit en grimpant, soit de quelque autre manière semblable. *Les voleurs escaladèrent le mur.* || Attaquer, emporter par escalade. *E. un bastion. La place fut escaladée en plein jour. Les géants voulaient e. le ciel.* || Escaladé, ée. part.

ESCALADEUR. s. m. Celui qui escalade.

ESCALADON. s. m. Espèce de dévidoir pour la soie.

ESCALE. s. f. (lat. *scala*, échelle). T. Mar. Voy. Échelle. || *Faire e.*, Relâcher. || Nom des marchés établis le long du fleuve Sénégal, où se traite la gomme.

ESCALER. v. n. T. Mar. Relâcher.

ESCALETTE. s. f. [Pr. *èskalè-te*]. Cube de bois équarri qui sert pour la lecture du dessin des soieries.

ESCALIER. s. m. (lat. *scala*, échelle). T. Archit. Voy. plus bas. || T. Hydraul. Machine pour élever l'eau par écluses. || T. Zool. Coquille univalve.

Archit. — Un *Escalier* est un assemblage de *Marches* ou de *Degrés* superposés les uns aux autres, qui servent à mettre en communication les différents étages d'un édifice : il peut être construit en pierre, soit en bois, soit en fer. On donne le nom de *Cage* à la partie de bâtiment dépourvue de planchers qu'occupe un e., et celui d'*Echiffre* aux parois de cette cage. Enfin, on appelle *Jour* l'espace vide qu'on laisse ordinairement au centre d'un e.; lorsque cet espace est plein, on l'appelle *Noyau*. Les *Marches* sont formées tantôt d'un seul bloc, tantôt et le plus souvent de deux pièces, l'une horizontale et l'autre verticale. La première, celle sur laquelle on pose le pied en montant ou en descendant, est appelée *Giron* ou *Marche* proprement dite; la seconde s'appelle *Contre-marche*. La marche doit recouvrir la contre-marche et présenter une saillie dont on arrondit les angles. Le terme de *giron* s'emploie aussi pour désigner la largeur de la marche, c.-à-d. sa dimension dans le sens de la direction de l'e., tandis que sa longueur, c'est-à-dire sa dimension mesurée perpendiculairement à cette même direction, est appelée *Emmarchement*.

Les escaliers sont *suspendus* ou *non suspendus*. Les escaliers non suspendus sont ceux dont les marches sont scellées, par l'une de leurs extrémités, dans les murs de la cage, et, par l'autre, encastrées dans un massif, soit de bois, soit de maçonnerie, qu'on appelle *Noyau*. Les seconds ne sont fixés aux murs d'échiffre que par l'une de leurs extrémités, l'autre extrémité étant simplement supportée par la marche située immédiatement au-dessous : les marches se soutiennent alors par leur propre coupe. Lorsque l'e. est construit en bois, on fixe les extrémités des degrés opposées au mur d'échiffre dans une pièce de bois rampante qu'on désigne sous le nom de *Limon*. Quelquefois l'extrémité des marches qui regarde le mur de la cage, au lieu d'être scellée dans celui-ci, est encastrée dans une planche très épaisse, qui est elle-même solidement fixée au mur, et qu'on appelle *Faux-limon*. Les limons se font de diverses manières : les uns sont apparents, les autres taillés à *crémaillère*. Dans le premier cas, les girons y sont encastrés dans la face intérieure verticale, et le dessus reste apparent; dans le second, les contremarches seules s'y encastrent, tandis que chaque giron recouvre successivement l'une des parties horizontales de la crémaillère; enfin, dans l'un et l'autre cas, le limon est toujours formé de pièces assemblées à tenons et mortaises, et posées de champ sur un socle, on terminées par un patin en forme de volute, qui lui sort de base et que l'on scelle sur le premier giron. Enfin, non seulement le limon est destiné à soutenir les marches, mais encore il supporte la balustrade ou *rampe* qui enveloppe le jour de l'e., de manière à prévenir tout accident. Afin d'obtenir un emmarchement plus considérable, on fixe souvent la rampe au côté externe du limon. — Il existe un grand nombre d'escaliers qui sont formés d'une suite non interrompue de marches; mais en général, il convient d'interrompre ces dernières de distance en distance par des parties de plain-pied, que l'on établit au niveau de chaque étage. On donne le nom

de *Volée d'e.*, ou de *Révolution*, à chacune de ces séries non interrompues de degrés, et celui de *Paliers de repos*, ou simplement de *paliers* aux parties de plain-pied. La première marche de chaque révolution se nomme *Palière*.

Considérés sous le rapport de leur disposition générale, les escaliers présentent un très grand nombre de variétés, qui peuvent néanmoins se ramener à deux principales, les esca-

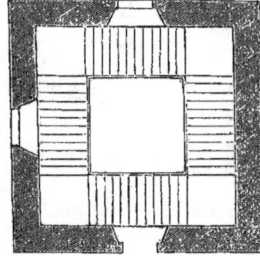

Fig. 1.

liers *droits* et les escaliers *tournants*: tous deux d'ailleurs peuvent être ou à noyau plein ou à noyau évidé. Les escaliers droits (Fig. 1) sont ceux dont la rampe s'élève entre deux lignes droites, soit sur toute la hauteur de la construction, soit seulement d'un palier à l'autre; leurs marches sont par conséquent toutes parallèles et offrent la même largeur sur toute leur longueur. Ces escaliers sont à la fois les plus beaux et les plus simples; mais ils ont l'inconvénient d'occuper beaucoup d'espace. Dans les escaliers tournants, la rampe se développe en tournant autour d'un noyau rond, ovale ou carré (Fig. 2. Plan et élévation d'un e. elliptique et à noyau évidé). Si le noyau est rond, les marches, partant toutes d'un centre commun, sont disposées entre elles comme les rayons d'une roue; s'il est carré, elles sont ou parallèles entre elles ou divergentes, selon qu'elles s'appuient sur les côtés du noyau ou qu'elles partent de ses angles. Ces escaliers ont le désavantage d'avoir la totalité ou du moins une partie de leurs marches beaucoup plus larges à l'une de leurs extrémités qu'à l'autre; ils sont pour cela moins commodes

Fig. 2.

que les précédents, mais ils occupent un espace bien moins considérable. Dans les escaliers de forme elliptique, les marches présentent une inégalité de largeur bien moindre que celle des escaliers circulaires, on leur donne généralement la préférence dans la plupart des édifices particuliers. Parmi les escaliers circulaires, on remarque les *escaliers à vis* ou *hélicoïdes*, appelés vulgairement escaliers *en limaçon*, et les escaliers à *gousset*, qui s'emploient fréquemment, à cause du peu d'em-

placement qu'ils exigent, pour mettre en communication les magasins avec l'étage supérieur. — De quelque façon que soit construit un e., il existe, quant à la hauteur et à la largeur des marches, des principes communs qu'il ne faut jamais oublier. Il est de règle que cette hauteur et cette largeur des marches (dans la direction de l'e.) soient en raison inverse l'une de l'autre. La raison en est simple : moins celui qui monte est obligé de hausser le pied, plus il peut, sans se fatiguer, allonger le pas. Ainsi, d'après les calculs de Blondel, lorsque la marche a 5 pouces (135 millimètres) de hauteur, elle doit en avoir 14 (378 millimètres) de largeur. Les dimensions moyennes dans les maisons construites avec quelque soin sont respectivement de 30 à 33 centim. pour la largeur et de 15 à 14 pour la hauteur. Dans les escaliers circulaires, elliptiques et autres, dont les marches ne sont pas exactement parallèles, c'est le milieu de chaque marche qu'on prend pour moyenne. L'emmarchement doit être tel que deux personnes puissent passer commodément l'une à côté de l'autre ; par conséquent, il ne doit jamais être inférieur à 1 mèt. 20 ; cependant on en fait trop souvent qui n'ont pas même 90 centimètres, ce qui n'est tolérable que pour les escaliers de dégagement. Quant à la hauteur verticale entre deux paliers successifs, 3 mètres sont le maximum qu'on lui puisse donner.
On construit aussi des escaliers en fer et en fonte qui peuvent être suspendus ou non. Les premiers sont construits comme les escaliers en pierre sans limon ; les autres sont formés de marches et de contre-marches fondues d'une seule pièce et comprises entre deux limons en fer laminé. Une disposition très usuelle et appliquée particulièrement aux espaces restreints consiste à construire un escalier circulaire avec noyau montant de fond. Chaque marche est fondue avec sa contremarche et la partie du noyau qui répond à sa hauteur.

ESCALIN. s. m. (all. *schilling*). Monnaie des Pays-Bas, valeur soixante-cinq centimes environ. Voy. MONNAIE.

ESCALIVER. v. a. T. Techn. Tordre fréquemment et légèrement la soie teinte.

ESCALLONIE. s. f. (R. *Escallon*, nom d'un voyageur espagnol). Genre de plantes Dicotylédones de la famille des *Saxifragacées*. Voy. ce mot.

ESCALLONIÉES. s. f. pl. (R. *Escallonie*). T. Bot. Tribu de plantes de la famille des *Saxifragacées*. Voy. ce mot.

ESCALOPE. s. f. (anc. fr. *escalope*, coquille). T. Cuis. Tranches de veau apprêtées d'une manière particulière. || Sorte d'assaisonnement.

ESCALPE. s. f. Action de scalper.

ESCAMETTE. s. f. [Pr. *eskamè-te*]. T. Comm. Toile de coton du Levant.

ESCAMOTAGE. s. m. Action d'escamoter. = Fig. Action de dérober subtilement.

ESCAMOTE. s. f. Petite balle de liège qui sert à escamoter avec les gobelets.

ESCAMOTER. v. a. (esp. *escamotar*, changer les choses de place). Ôter, changer, faire disparaître quelque chose par un tour de main, sans que les spectateurs s'en aperçoivent. E. des boules, des dés, des cartes. Absol., Cet homme escamote bien. || Par ext., Dérober subtilement sans qu'on s'en aperçoive. On lui a escamoté sa bourse. — Fig. et fam., E. le consentement de quelqu'un, L'obtenir par ruse, par adresse. || T. Broderie. Tirer les extrémités des fils d'or ou de soie du côté de l'envers de l'étoffe. || T. Théorie milit. E. l'arme, Supprimer, dans le maniement du fusil, certains mouvements voulus par l'ordonnance, afin d'obtenir plus de rapidité. — Fam., on dit qu'Un musicien escamote des notes, escamote la difficulté, quand il omet des notes, des passages difficiles. = Escamoté, ée. part.

ESCAMOTEUR. s. m. Celui qui escamote.

ESCAMPER. v. n. (lat. *ex campo*, hors du camp). Se retirer, s'enfuir en grande hâte. Popul.

ESCAMPETTE. s. f. [Pr. *é-skan-pè-te*]. N'est usité que dans cette phrase popul., Prendre la poudre d'e., S'enfuir.

ESCAP. s. m. (R. *escaper*). T. Fauconn. Faire l'e., donner l'e. à l'oiseau, Lui faire connaître son gibier.

ESCAPADE. s. f. (ital. *scappata*, m. s.). Action d'un cheval qui s'emporte et refuse d'obéir au cavalier. Au sortir de l'écurie, mon cheval a fait une e. || Fig. Action de s'échapper d'un lieu, en manquant à un devoir, pour un plaisir ou un caprice. Elle fit, l'an dernier, une e. en Angleterre avec le marquis.

ESCAPE. s. f (lat. *scapus*, fût). T. Archit. La partie inférieure du fût d'une colonne. — Par ext., se dit quelquefois pour le fût tout entier.

ESCAPER. v. a. (R. *échapper*). T. Fauconn. Mettre le gibier en liberté pour lâcher l'oiseau de proie à sa poursuite.

ESCAPOULER. v. a. T. Métall. Dégrossir dans la forge.

ESCARBILLES. s. f. plur. [Pr. *es-kar-bi-lle*, *ll* mouillées] (lat. *carbo*, charbon). Fragments de houille qui ont échappé à une combustion complète et sont mêlés avec les cendres.

ESCARBIT. s. m. [Pr. *es-kar-bi*] T. Mar. Petit vase de bois dont les calfats se servent pour mouiller leurs ferrements et l'étoupe.

ESCARBOT. s. m. (gr. *σκάραβος*, m. s.). T. Ent. Nom vulgaire d'insectes Coléoptères appartenant au genre *Hister*. Voy. HISTÉRIDES.

ESCARBOUCLE. s. f. (lat. *carbunculus*, charbon). Pierre précieuse de couleur rouge qui, suivant les anciens, jetait un vif éclat dans l'obscurité. Voy. GRENAT. || Espèce d'oiseaumouche. || T. Blas. Pièce qui, embrassant le champ de l'écu, est formée de huit rais terminés chacun par un bouton.

ESCARBOUILLER. v. a. [Pr. *ès-kar-bou-llé*, *ll* mouillées]. Écraser. Avoir le nez escarbouillé.

ESCARCELLE. s. f. (ital. *scarcella*, m. s.). Espèce de grande bourse que l'on portait suspendue à la ceinture. Remplir, vider son e. Mettre la main à l'e. Fouiller dans l'e. Ne se dit plus que familier. et par plaisanterie.

ESCARÈNE (L'), ch.-l. de c. des Alpes-Maritimes, arr. de Nice, 1500 hab.

ESCARGASSAGE. s. m. Dégraissage des déchets de laine destinés à être filés et tissés. || Établissement où se fait l'opération.

ESCARGASSE. s. f. Machine composée de deux cylindres à aiguilles recourbées et servant à ouvrir les toisons feutrées et les déchets de laine et de coton.

ESCARGASSER. v. a. Traiter par l'escargasse les toisons et les déchets de laine et de coton.

ESCARGOT. s. m. Nom vulgaire qui s'applique à toutes les espèces du genre Limaçon (*Helix*), et plus particul. au Limaçon de la vigne. Voy. PULMONÉS. || T. Const. hydraul. Machine ou spirale, dite aussi vis d'Archimède, servant à épuiser l'eau. || Escalier en e., Escalier en spirale. || Nom d'un organe de certaines machines-outils, entre autres de la machine à raboter.

ESCARGOTAGE. s. m. T. Néol. Destruction des escargots dans les vignes.

ESCARGOTIÈRE. s. f. Lieu où l'on élève des escargots pour l'alimentation.

ESCARMOUCHE. s. f. (all. *scharmützel*, combat). Combat entre de petits détachements ou entre des tirailleurs, lorsque deux armées sont proches l'une de l'autre. Une vive e. Aller à l'e. Engager l'e. Une guerre d'escarmouches. || Fig. Petite lutte, léger engagement. Les premières escarmouches de la Chambre s'engagèrent à propos des lois.

ESCARMOUCHER. v. n. Combattre par escarmouches. Les deux armées escarmouchèrent tout le jour. || Fig. et famil., se dit aussi des discussions et des disputes. Ils n'en-

gagèrent pas franchement la discussion, ils ne firent qu'escarmoucher.

ESCARMOUCHEUR. s. m. Celui qui va à l'escarmouche. Peu us.

ESCARNER. v. a. (lat. *e*, priv.; *caro, carnis*, chair). Parer, amincir le cuir.

ESCAROLE. s. f. (lat. *scariola*, m. s.). T. Bot. Plante potagère qui est une espèce de *chicorée* à feuilles larges. On dit aussi *Scarole*. Voy. CHICORÉE.

ESCAROTIQUE. adj. 2 g. et s. m. Voy. ESCHAROTIQUE.

ESCARPE. s. f. (ital. *scarpa*, talus). T. Art milit. Voy. FORTIFICATION. || T. Archit. Talus d'un mur jusqu'au cordon. || Instrument pour régler le talus d'un rempart ou d'un mur. || T. Fam. Voleur, bandit, assassin.

ESCARPEMENT. s. m. (R. *escarpe*). État de ce qui est escarpé. || Par ext., *La montagne se termine par un e.*, Par une surface abrupte. || T. Fortif. Perpendiculaire du terrain qui s'élève du fond du fossé au sommet du rempart, et à la crête des glacis.

ESCARPER. v. a. (R. *escarpe*). Couper droit, de haut en bas; ne se dit que d'un rocher, d'une montagne, d'un fossé et autres choses semblables. *On a escarpé ces rochers pour le passage du chemin de fer.* || T. Fam., Tuer, assassiner. = s'ESCARPER. v. pron. Devenir escarpé, incliné. = ESCARPÉ, ÉE. part. || Adject., Qui a une pente roide, qui est de très difficile accès. *Rocher escarpé. Pente, montagne escarpée. Chemin escarpé.*

ESCARPIN. s. m. (lat. *scarpino*, m. s.). Soulier à simple semelle et fort découvert. — s. m. pl. T. Techn. Souliers pour fouler les peaux. || Torture qui consistait dans le serrement des pieds. *Faire mettre les escarpins.*

ESCARPOLETTE. s. f. (R. *écharpe*). Espèce de siège suspendu par des cordes, sur lequel on se place pour être balancé en l'air. *Le jeu de l'e.* || Fig. et fam., *Avoir une tête à l'e.*, Être fort étourdi.
On peut, par des mouvements convenables du corps, en se plaçant sur une e., arriver à se donner soi-même un mouvement d'oscillation. La théorie de l'e. constitue un intéressant problème de mécanique.

ESCARRE. Voy. ESCHARE.

ESCARRE. s. f. [Pr. *es-kare*] (R. *équerre*). T. Blas. Pièce qui a la forme d'une équerre.

ESCART. s. m. [Pr. *è-ska-r*]. Au jeu de barres, avance sur l'adversaire, dans la course qu'on doit fournir. *Demander de l'escart.*

ESCARTABLE. adj. (R. *écarter*). T. Fauconn. Se dit d'un oiseau fort chargé de plumes qui s'élève très haut lorsque la chaleur le presse.

ESCAUT, fleuve qui prend sa source en France (dép. de l'Aisne), traverse la Belgique et se jette dans la mer du Nord, en Hollande. L'Escaut arrose Cambrai, Valenciennes, Tournai, Gand, Anvers ; son cours est de 430 kilomètres. Nommé *Scaldis* dans les Commentaires de Jules César et *Tabula* par Ptolémée.

ESCAVEÇADE. s. f. T. Man. Secousse du caveçon, pour presser le cheval d'obéir.

ESCAVILLE. s. f. [Pr. *eskavi-lle*, *ll* mouillées). Espèce de champignon.

ESCAYRAC DE LAUTURE, voyageur français en Égypte, en Chine (1830-1868).

ESCHARE. s. f. [Pr. *es-ka-re*] (gr. ἐσχάρα, m. s.). Croûte qui résulte de la mortification d'une partie, quelle qu'en soit d'ailleurs la cause. *Il faut attendre que l'e. tombe.* Voy. CAUTÉRISATION. || Fig., Grand vide fait avec fracas. *Le canon a fait une grande e. dans ce bataillon, dans la muraille. Si vous abattez cinq cents arbres dans votre bois,*

cela fera une grande e. Vx. || Éclat, fragment, esquille. == ESCHARE. s. f. ; ESCHARIENS. s. m. pl. T. Zool. Genre de Bryozoaires appartenant à un groupe qui s'est maintenu, en partie, des temps secondaires à nos jours. Voy. BRYOZOAIRES.

ESCHARIFICATION. s. f. [Pr. *eskarifi-ka-sion*]. T. Méd. Production d'une eschare.

ESCHARIFIER. v. a. [Pr. *es-ka...*]. Produire une eschare.

ESCHAROTIQUE. adj. 2 g. [Pr. *es-karotike*] (gr. ἐσχαρωτικός, de ἐσχάρα, eschare). T. Méd. Qui produit une eschare. || s. m. Substance qui, appliquée sur une partie vivante, la désorganise. Voy. CAUTÉRISATION.

ESCHATOLOGIE. s. f. [Pr. *es-katolojie*] (gr. ἔσχατος, dernier ; λόγος, doctrine). T. Théol. Doctrine des choses qui doivent advenir lors de la fin du monde.

ESCHATOLOGIQUE. adj. 2 g. [Pr. *es-katolojike*]. Qui a rapport à l'eschatologie.

ESCHILLON. s. m. [Pr. *es-ki-llon*, *ll* mouillées). Météore fort dangereux, dans les mers du Levant, trombe, siphon.

ESCHINE, orateur athénien, rival de Démosthène (389-314 av. J.-C.).

ESCHINOMÈNE. s. m. [Pr. *es-ki...*]. T. Bot. Genre de plantes Dicotylédones (*Æschynomene*) de la famille des Légumineuses. Voy. ce mot.

ESCHOLTZIE. s. f. (R. *Eschscholtz*, nom d'homme). T. Bot. Genre de plantes Dicotylédones (*Escholtzia*) de la famille des *Papavéracées*. Voy. ce mot.

ESCHSCHOLTZ, voyageur naturaliste russe (1791-1831).

ESCHYLE, le plus ancien des trois grands tragiques grecs, dont il nous reste sept pièces (525-456 av. J.-C.).

ESCIENT. s. m. [Pr. *è-si-an*] (lat. *sciens*, sachant). N'est guère usité que dans ces loc. adv. et famil., *A bon e., à mon e., à son e.*, Sciemment, avec pleine connaissance de ce que l'on fait. || *A bon e.*, se dit quelquefois pour tout de bon, sans feinte. *Dites-vous cela à bon e.?*

ESCIGÉNINE. s. f. T. Chim. Substance provenant du dédoublement de l'acide escinique. C'est une poudre blanche, cristalline, insoluble dans l'eau, soluble dans les alcalis. Elle se dissout dans l'acide sulfurique ; si l'on ajoute du sucre à cette solution, on obtient une coloration rouge. Elle a pour formule $C^{14} H^{20} O^4$.

ESCINIQUE. adj. T. Chim. L'acide *e.* existe en petite quantité dans les cotylédons du marron d'Inde. Il se forme quand on fait agir une solution de potasse sur l'*argivescine*, principe amer, soluble dans l'eau et dans l'alcool, contenu dans l'extrait alcoolique des cotylédons. On obtient ainsi l'acide e. sous forme d'une masse gélatineuse, qui devient pulvérulente en se desséchant. Sa solution alcoolique, traitée à l'ébullition par un courant d'acide chlorhydrique, donne de l'escigénine.

ESCIONNEMENT. s. m. [Pr. *es-si-o-ne-man*]. Action d'escionner.

ESCIONNER. v. a. [Pr. *es-si-o-ner*] (R. é priv. et *scion*). Débarrasser les arbres des scions.

ESCIORCINE. s. f. T. Chim. Substance qui est analogue à l'orcéine et se forme quand on traite l'esculétine par l'amalgame de sodium. Elle est amorphe, soluble dans l'eau et dans l'éther ; elle se dissout dans les alcalis en donnant une coloration verte qui passe rapidement au rouge. Exposée humide à l'action du gaz ammoniac, elle se convertit en *esciorcéine*, substance bleue analogue à l'orcéine.

ESCIOXALIQUE. adj. T. Chim. L'acide *e.*, qui a pour formule $C^7 H^6 O^4 + H^2 O$, se produit quand on fait bouillir l'esculétine avec une solution concentrée de potasse.

ESCLAIRE. s. m. Les fauconniers donnent le nom d'*E.* à un oiseau de vol dont la forme est agréable.

ESCLAME. s. m. T. Chasse. Se dit d'un animal dont le corps est grêle et menu.

ESCLANDRE. s. m. (lat. *scandalum*, m. s.). Accident fâcheux, éclat qui produit du scandale. *Il est arrivé un grand e. dans cette famille. Gardez-vous de renouveler un pareil e.* — *Faire, causer de l'e.*, Faire du tapage, occasionner du scandale. *Faire e.*, *Faire un e. à quelqu'un*, Lui faire une scène, le quereller en public.

ESCLAVAGE s. m. (R. *esclave*). État, condition d'un homme qui, par la force ou en vertu de conventions, a perdu la propriété de sa personne, et dont un maître peut disposer comme de sa chose. — Par ext., État d'un peuple qui a perdu son autonomie et subit la loi d'un gouvernement étranger. || Fig., État d'une personne dominée par quelque passion, tenue dans un grand assujettissement, etc. *L'e. des passions. Cet emploi est lucratif, mais c'est un véritable e.* — *L'e. de la rime*, La gêne, la contrainte qu'elle impose. || T. Joaill. Parure de diamants ou d'autres pierres précieuses, qui descend sur la poitrine. — Cercle d'or entourant le poignet et se reliant par une chaînette soit à un autre cercle d'or entourant le haut du bras, soit à une bague portée au petit doigt. || T. Graveur. Manière gênée, taille qui n'est point quittée à propos.

Hist. — L'e. a eu pour origine la guerre; les premiers esclaves ont été les prisonniers faits dans les combats : aussi le voyons-nous établi de temps immémorial chez toutes les nations de l'antiquité. Mais bien que cette institution ait été commune à tous les peuples anciens, nous n'avons de renseignements bien précis que sur l'e., tel qu'il existait chez les Juifs, chez les Grecs et chez les Romains.

I. *E. chez les Juifs.* — Chez les Hébreux, comme chez les autres peuples orientaux, l'e. s'offre à nous avec un caractère de douceur qu'on ne retrouve plus ni en Grèce, ni à Rome. Les anciens Hébreux, ainsi que le montre l'histoire des patriarches, traitaient leurs esclaves comme des membres de leur propre famille, et plus tard nous voyons Moïse, dans sa législation, prendre les précautions les plus minutieuses pour soustraire ces malheureux à la cruauté et au caprice de leurs maîtres. Il y avait d'ailleurs chez eux deux sortes d'esclaves : 1° les esclaves étrangers ; 2° les Hébreux réduits en e.; la loi indique deux causes qui pouvaient faire perdre à un Hébreu la liberté : la pauvreté, qui l'obligeait à se vendre ou à vendre ses enfants, et le délit du larron qui n'avait pas de quoi payer, ou du débiteur qui était incapable de se libérer ; la loi traitait cette catégorie d'esclaves avec une faveur particulière. Elle voulait qu'ils prissent part aux festins religieux aux différentes solennités et aux repas sacrificatoires, afin que, dans toutes ces fêtes, la joie fût commune à tous. De plus, il était interdit aux maîtres de les vendre à l'étranger. Enfin, chaque année jubilaire non seulement faisait rentrer l'esclave hébreu dans la classe des hommes libres, mais encore abolissait ses dettes et le remettait en possession de ses fonds aliénés.

II. *E. chez les Grecs.* — Il y avait chez les Grecs deux catégories d'esclaves bien distinctes. Les unes étaient les anciens habitants du pays qui, vaincus par un peuple envahisseur, avaient été réduits en servitude et dépouillés de leurs biens au profit de ce dernier. Ils étaient tenus de cultiver la terre, de payer un cens annuel à leurs oppresseurs, et de les accompagner à la guerre. Ils ne pouvaient ni être vendus hors du pays, ni être séparés de leurs familles ; ils étaient même capables de posséder. Tels étaient les Ilotes à Sparte, les Bithyniens à Byzance, les Pénestes en Thessalie, les Callycériens à Syracuse et les Aphamiotes dans l'île de Crète. L'autre catégorie comprenait les esclaves proprement dits, c.-à-d. les individus achetés. Ces derniers étaient la propriété absolue de leurs maîtres, qui pouvaient en disposer de la même manière que de toute autre partie de leur avoir.

Le droit de propriété du maître sur ses esclaves ne différait en rien de celui qu'il avait sur ses autres biens ; on pouvait même, comme tout autre bien meuble, le donner en nantissement d'une créance. Néanmoins le sort des esclaves n'était pas aussi dur chez les Grecs que chez les Romains, sauf cependant à Sparte où, suivant Plutarque, « l'homme libre était le plus libre des hommes, et l'esclave le plus esclave des esclaves ». A Athènes en particulier, les esclaves semblent avoir joui de plus de liberté et avoir été traités avec plus d'humanité que dans les autres cités de la Grèce. L'entrée d'un nouvel esclave dans une famille y devenait l'occasion d'une sorte de fête pendant laquelle on distribuait des gâteaux, comme on le faisait quand deux jeunes gens se mariaient. La vie des esclaves y était encore protégée par les lois. Celui qui les frappait ou les maltraitait encourait des poursuites. Un esclave ne pouvait être mis à mort qu'en vertu d'une sentence rendue régulièrement par le juge. Pour se soustraire aux mauvais traitements de son maître, il se réfugiait dans le temple de Thésée, et pouvait demander à être vendu à un autre maître. Cependant la personne des esclaves n'était pas regardée comme aussi inviolable que celle d'un homme libre. Ainsi, par ex., on leur infligeait constamment des punitions corporelles ; ils n'étaient pas crus sur leur simple serment, et pour que leur témoignage fût admis en justice, il fallait qu'il leur fût arraché par les douleurs de la torture. — Toutefois, la Grèce fut assez souvent le théâtre d'insurrections d'esclaves. Mais, dans l'Attique, on ne cite d'autres soulèvements que ceux des esclaves qui travaillaient aux mines, parce qu'ils étaient traités avec plus de sévérité que les autres. Une fois ils massacrèrent leurs surveillants, et s'emparèrent des fortifications de Sunium, d'où ils ravagèrent pendant longtemps le territoire environnant.

III. *Esclavage chez les Romains.* — A Rome, les esclaves furent peu nombreux sous le gouvernement des rois et dans les premières années de la république. A cette époque reculée, les différentes professions et les arts mécaniques étaient exercés par les clients des patriciens, et les terres, encore renfermées dans d'étroites limites, étaient exploitées par les propriétaires aidés de leur famille. Lorsque, par suite de ses conquêtes, Rome eut agrandi son territoire aux dépens de celui des peuples vaincus, les grandes familles obtinrent, dans les pays conquis, d'immenses domaines, qu'elles furent obligées de faire cultiver par des esclaves, parce que la population libre ne pouvait fournir assez de travailleurs, et qu'on outre celle-ci était constamment exposée à être détournée de ses occupations par l'obligation du service militaire. Cet usage prit un tel développement et il devint si facile de se procurer à bas prix des esclaves, soit par la guerre, soit par le commerce, qu'en peu de temps les ouvriers libres ne trouvèrent plus à s'occuper.

Si l'usage d'attacher de nombreux esclaves à la culture de la terre s'introduisit de bonne heure chez les Romains, ils continuèrent longtemps encore à n'en employer qu'un très petit nombre à leur service personnel. De grands personnages n'avaient habituellement auprès d'eux qu'un seul esclave. Mais, sur la fin de la république et pendant toute la durée de l'empire, le nombre des esclaves domestiques prit des proportions inouïes, et, dans toute famille de quelque importance, chaque fonction particulière fut confiée à un personnel spécial. Le nombre immense de prisonniers que produisirent les guerres sans fin de la république, l'accroissement des richesses et les progrès du luxe donnèrent une extension prodigieuse à la population servile.

Sous la république, cette population était surtout alimentée par les prisonniers de guerre. Tantôt ces derniers étaient vendus par le préteur pour le compte du trésor ; tantôt ils étaient distribués aux soldats comme part de butin. Les esclaves obtenus par la voie du commerce ordinaire étaient aussi très nombreux, et, après la chute de Corinthe et de Carthage, Délos devint le principal centre de ce trafic.

A Rome, de même que dans la Grèce, on distinguait différentes classes d'esclaves. On les divisait d'abord en esclaves *publics* et en esclaves *particuliers*. Les premiers appartenaient à l'État. Leur condition était bien supérieure à celle des autres. Ainsi, ils étaient moins exposés à être vendus, et n'étaient ni surveillés ni traités avec autant de rigueur. Les uns étaient employés à l'entretien des édifices publics, et les autres attachés au service des magistrats et des prêtres. Les édiles et les préteurs en avaient sous leurs ordres un assez grand nombre ; il en était de même des triumvirs nocturnes, qui s'en servaient pour éteindre les incendies. Les esclaves publics étaient encore employés pour remplir les fonctions de licteurs, de geôliers, de bourreaux, etc. Quant aux esclaves particuliers, dans les premiers siècles de Rome, ils étaient traités avec indulgence et à peu près comme les membres de la famille. Plus tard, quand la population servile eut augmenté et qu'en même temps le luxe des maîtres se fut accru, la simplicité des anciens temps dut disparaître. Ils furent dès lors exclus des cérémonies du culte domestique et nourris à part, au lieu de manger, comme autrefois, à la même table que leurs maîtres.

Les fautes des esclaves étaient punies avec sévérité, souvent même avec une cruauté inouïe. Très souvent, on les battait de verges ou on les criblait de coups avec des fouets dont les lanières étaient terminées par des griffes de métal ou garnies de petits disques dentelés de bronze ; ces deux supplices étaient si fréquemment employés, que les esclaves en faisaient l'objet de leurs plaisanteries. Une autre punition fort usitée consistait à suspendre le coupable par les mains, puis à lui attacher aux pieds un poids plus ou moins considérable. D'autres fois on le condamnait au supplice de la *fourche;* on lui mettait sur le cou un morceau de bois en forme de V renversé (Λ), et on lui liait les mains sur les branches : l'esclave ainsi puni était souvent promené dans les divers quartiers de la ville. Un autre moyen de châtier les esclaves indociles consistait à les envoyer au moulin pour y tourner la meule, ou bien à les confiner dans l'*ergastule* (*ergastulum*), c.-à-d. dans une prison souterraine d'où ils ne sortaient que le jour pour travailler aux champs, la chaîne au cou et les fers aux pieds. Les esclaves qui avaient commis quelque vol, et ceux qui, ayant pris la fuite, avaient été rattrapés, étaient marqués au front d'un fer rouge. Lorsque des esclaves devenaient infirmes ou tombaient gravement malades, il arrivait fréquemment que le maître, pour éviter les frais que cette circonstance pourrait lui occasionner, abandonnait ces malheureux dans une île du Tibre appelée, par dérision sans doute, île d'Esculape, sauf à les reprendre et à les soumettre de nouveau au travail, si par hasard ils venaient à recouvrer la santé. Parmi les actes monstrueux de cruauté dont fourmille l'histoire de l'e. romain, il est impossible de ne pas rappeler, quelque connu qu'il soit, celui de Vedius Pollion, qui, lorsqu'il avait à se plaindre d'un esclave, le faisait jeter dans un vivier où il était dévoré vivant par des murènes. Auguste, ayant eu connaissance de cette atrocité, se contenta de faire combler le vivier. Ce fut sous le règne de ce même prince que fut porté un sénatus-consulte qui ordonnait, en cas de meurtre d'un maître dans sa maison, de mettre à mort, si le meurtrier n'était pas découvert, tous les esclaves qui habitaient sous le même toit. C'est ainsi que, sous Néron, Pedianus Secundus ayant été assassiné dans sa demeure, ses 400 esclaves furent impitoyablement égorgés. Disons à ce propos que les esclaves condamnés à mort subissaient ordinairement le supplice de la croix.

Les femmes romaines se montraient peut-être encore plus cruelles que les hommes. Les malheureuses esclaves qui remplissaient auprès d'elles les fonctions d'*ornatrices*, c.-à-d. qui les assistaient dans leur toilette, étaient particulièrement exposées à leur courroux. Pour une boucle de cheveux mal ajustée, pour un pli qui n'était pas irréprochable, le moins qui pût arriver à l'esclave maladroite, c'était de se voir enfoncer dans les bras ou dans le sein la longue aiguille à dresser les cheveux dont la maîtresse était toujours armée.

Bien que la condition des esclaves fût en général infiniment plus dure chez les Romains que chez les Grecs, les premiers avaient sur l'e. des idées beaucoup plus justes que les seconds Aux yeux des Romains, la liberté était l'état naturel de l'homme, et l'e. un état contre nature. Néanmoins la légitimité de l'e. ne faisait pour eux aucun doute, attendu que cette institution existait chez tous les peuples, ou, en d'autres termes, était une institution du *droit des gens*, et que, dans les idées des anciens, le vainqueur ayant droit de mort sur ses prisonniers de guerre, en leur conservant la vie, n'abandonnait pas son droit, mais en différait seulement l'exercice. Telle était, en effet, suivant les jurisconsultes romains, l'origine du droit du maître sur ses esclaves. — En vertu de ce principe, le maître avait la pleine et absolue propriété de son esclave, lequel, relativement à celui-ci, cessait d'être une personne et n'était plus qu'une chose. Par conséquent, le maître avait le droit de traiter son esclave suivant son bon plaisir; il pouvait, à son gré, le vendre, le punir et même le mettre à mort. Toutefois, l'influence des idées morales innées dans le cœur de l'homme, et celle qu'exerçaient naturellement sur le maître les relations incessantes qui subsistaient entre lui et ses esclaves, devaient généralement améliorer la condition de ces derniers. Malgré cela, ainsi que nous l'avons vu, les maîtres traitaient fréquemment leurs esclaves avec une cruauté extrême, surtout à l'époque de la plus grande corruption des mœurs romaines, c.-à-d. vers la fin de la république et sous les premiers empereurs. Les censeurs vinrent au point qu'on fut obligé de porter diverses lois pour protéger ces malheureux. La première fut la loi *Petronia*, qui fut rendue vraisemblablement sous Auguste et qui interdisait au maître de livrer ses esclaves aux bêtes; mais elle reçut postérieurement diverses modifications. Une constitution de Claude ordonna que l'esclave infirme, exposé par son maître, serait libre, et que si un maître tuait son esclave infirme, au lieu de l'exposer, il serait poursuivi pour meurtre. Une autre constitution d'Antonin limita également le droit primitif de vie et de mort du maître sur l'esclave : elle portait que « le maître qui ferait mourir son esclave sans motif suffisant serait passible des mêmes peines que s'il avait tué l'esclave d'autrui ». Cette même constitution interdit en outre les traitements inhumains

à l'égard des esclaves, et leur attribua la faculté de se plaindre à l'autorité, qui, dans le cas de cruauté intolérable de la part du maître, fut elle-même investie du droit de forcer celui-ci à vendre le plaignant. Enfin, plus tard, il fut interdit, lors des ventes et partages, de séparer le mari de la femme, les parents des leurs enfants, le frère de la sœur.

Nous venons de parler d'esclaves unis par les liens du sang. Toutefois, il n'y avait ni mariage légal ni famille légitime pour les esclaves. L'union d'esclaves de sexes différents était considérée comme une simple cohabitation qu'on qualifiait du nom de *contubernium*. Cependant, la parenté naturelle résultant de cette union était considérée comme un empêchement au mariage après l'émancipation. Le droit de propriété était également interdit en principe à l'esclave, et tous les biens qu'il avait acquis, durant sa vie, retombaient de plein droit, à sa mort, dans le patrimoine de son maître.

L'esclavage cessait par l'affranchissement; l'affranchi était d'ailleurs, au point de vue des lois, dans une condition inférieure à celle des hommes nés libres, des *ingénus*. Les affranchissements devinrent de plus en plus nombreux sous l'empire et la condition des esclaves alla toujours en s'améliorant. Bien plus, à partir de Claude, les esclaves affranchis exercèrent sur le gouvernement de l'empire une influence considérable; d'autre part, depuis longtemps, l'institution de l'esclavage était fortement battue en brèche par le christianisme, qui proclamait l'égalité absolue de tous les hommes et faisait un devoir à tous ses adeptes de donner la liberté à leurs esclaves. Malheureusement, en dépit de l'influence des préceptes de la religion nouvelle, l'e. reçut une extension nouvelle, par suite des invasions des barbares du Nord qui amenèrent avec eux leurs propres esclaves (lesquels étaient en général de race *sclavonienne* ou *slave*, d'où le mot actuel *esclave*), ou qui même réduisirent en servitude une partie des habitants des provinces conquises. Au VIII° siècle, les expéditions de Charlemagne contre les Saxons multiplièrent aussi la population servile dans l'Occident. D'ailleurs, avant de disparaître complètement de l'Europe chrétienne, l'e. avait encore à passer par une nouvelle phase, c.-à-d. à se transformer en *servage*; mais il sera parlé plus tard de cette forme mitigée de la servitude, des causes qui l'amenèrent et de celles qui y mirent un terme. Voy. SERVAGE.

IV. De l'esclavage chez les Orientaux. — En Orient, l'e. présente encore, même de nos jours, ce caractère patriarcal qu'il avait dans les temps primitifs, et que nous avons déjà signalé chez les anciens Israélites. Chez tous les peuples musulmans, et surtout chez les Turcs, il n'est en fait qu'une sorte de domesticité. Les dispositions de la loi relatives à l'e. sont empreintes d'une humanité singulière. Elles protègent l'esclave avec efficacité, et les mœurs vont bien au delà des prescriptions légales. « En réalité, dit un auteur qui a vu les choses de près et les a étudiées avec soin, Ubicini, voici ce qui est dans la pratique. L'esclave est assimilé en tout point aux autres domestiques; sa condition même est préférable. Comme il est delaissé, qu'il n'a point de famille, son maître lui témoigne plus d'égards. Il lui dit « Mon fils » en lui parlant, et son commandement n'a rien de dur. Il ne cherche jamais à l'humilier : s'il est l'esclave et lui le maître, c'est que Dieu l'a voulu; mais le contraire eût pu tout aussi bien arriver. Jeune, il l'envoie aux écoles; après six à sept ans de service, il le rend à la liberté, suivant ce qui est écrit dans le Koran. L'esclave est soigné dans ses maladies, et, s'il devient vieux, s'il a refusé, ce qui arrive souvent, la liberté qui lui était offerte, pour continuer à vivre sous le toit de son maître, il est dispensé de tout travail; on le considère comme étant de la famille, et sa seule occupation est de promener et de faire jouer les enfants. On peut ajouter que la générosité habituelle des patrons et l'usage si fréquent des *bakchis* en Turquie compensent amplement, pour les esclaves, le manque d'un salaire fixe. Ils se trouvent ainsi bientôt à la tête d'un petit pécule avec lequel ils sont libres de se racheter, si la bienfaisance ou la piété du maître n'y a pas pourvu d'avance. » Une des causes qui ont le plus contribué, dans les pays mahométans, à adoucir la condition des esclaves, c'est que le préjugé de race n'existe pas ou n'existe qu'à un faible degré chez ces peuples. En conséquence, l'union du maître avec une esclave n'est point blâmée par l'opinion. Bien plus, la femme qui a donné un enfant à son maître est libre de droit à la mort de celui-ci. Quant à l'enfant, non seulement il naît libre, mais encore il prend sa part de l'héritage paternel.

V. De l'esclavage chez les modernes. — Pendant que le servage lui-même disparaissait chez les peuples chrétiens, ces mêmes peuples rétablissaient l'e. antique avec toutes ses horreurs dans le nouveau continent. Après avoir dépeuplé les vastes pays qu'ils avaient conquis dans les deux Amériques, les Espagnols, et, à leur exemple, toutes les autres nations européennes allèrent chercher en Afrique des cargaisons d'indigènes pour les transporter dans leurs colonies. De la l'organisation de cet odieux système de trafic connu sous le nom de *Traite des nègres*, qui s'est fait si longtemps avec l'autorisation et l'appui des gouvernements. Mais l'histoire de l'e. dans les colonies européennes du nouveau monde se liant étroitement à l'historique de la traite elle-même, nous ne séparerons pas les deux questions, et nous parlerons au mot TRAITE de la condition faite aux noirs arrachés à leur pays et réduits en servitude par la cupidité des colons américains. Nous verrons également à ce mot l'historique de l'abolition de l'e. chez la plus grande partie des peuples modernes.

ESCLAVAGISTE. s. m. Celui qui, dans les pays où les nègres sont esclaves, est partisan de l'esclavage.

ESCLAVE. s. et adj. 2 g. (bas-lat. *Slavus*, Slave). Celui, celle qui est en esclavage et sous la puissance absolue d'un maître. Voy. ESCLAVAGE. — Par ext., se dit, mais seulement adjectivement d'un pays, d'un peuple qui subit la loi d'un gouvernement étranger. || Fig., *Être e., l'e. de quelqu'un. Être e. des caprices, des volontés de quelqu'un*, se dit d'une personne qui obéit aveuglément aux volontés d'une autre. *Une mère qui est e., qui est l'e. de son fils, qui est e. des caprices de son enfant. Il est e. de tous ceux qui peuvent contribuer à sa fortune. — Être e. de la faveur, de la fortune, de ses intérêts*, Faire tout pour la faveur, la fortune, etc. — *Être e. de ses devoirs, être e. de sa parole*, Ne rien faire contre ses devoirs, tenir religieusement ce qu'on promet. || Fig. et absol., *Être e.*, Ne pas avoir un instant à soi, être très assujetti. *On est e. auprès de ce maître. On est tout à fait e. dans cet emploi, dans cette administration*.

ESCLAVE (Lac de l') ou *des Esclaves*, grand lac très poissonneux du Canada; il se déverse dans le fleuve Mackensie qui, sur une partie de son cours, porte le nom de *rivière des Esclaves*.

ESCLAVES (Côte des), partie de la Guinée septentrionale (Afrique).

ESCLAVONIE ou SLAVONIE, pays de la couronne hongroise (Autriche-Hongrie), le long de la Save; villes principales Pozsega et Eszek.

ESCLIPOT s. m. [Pr. *es-kli-pô*]. T. Pêc. Caisse dans laquelle on laisse tomber la morue tranchée et habillée.

ESCOBAR Y MENDOZA, célèbre jésuite et casuiste espagnol (1589-1669). Il proclama cette maxime que : « la pureté d'intention justifie les actions blâmables par la morale et les lois humaines », et fonda ainsi cette morale si élastique que Pascal a vertement flétri.

ESCOBARDER. v. n. (R. *Escobar*, nom propre). User de réticences, de restrictions mentales, de mots à double entente, dans le dessein de tromper. Fam.

ESCOBARDERIE. s. f. Subterfuge, faux-fuyant, mensonge adroit. Fam.

ESCOCHER. v. a. Battre la pâte du biscuit avec la paume de la main, pour la rassembler en une seule masse.

ESCOFFIER. v. a. [Pr. *es-ko-fier*] (lat. *ex*, et *conficere*, achever). Tuer. Pop.

ESCOFFION. s. m. [Pr. *es-ko-fion*] (R. coiffe). Coiffure de femme en forme de réseau qui était fort usitée au moyen âge. — Aujourd'hui, sorte de coiffe que portent les femmes du peuple dans le midi de la France. Ce mot ne s'emploie guère que dans le style burlesque. *Il la battit et lui arracha son e.*

ESCOGRIFFE. s. m. [Pr. *es-ko-gri-fe*] (R. *escroc, griffe*). Celui qui prend hardiment sans demander. *C'est un franc e. Un tour d'e.* Fam. || Fam. et par moquerie, on dit encore, *Un grand e.*, Pour désigner un homme de grande taille et mal bâti.

ESCOMPTABLE. adj. [Pr. *es-kon-ta-ble*]. Qui peut être escompté.

ESCOMPTE. s. m. [Pr. *es-kon-te*] (lat. *ex*, hors de; *computare*, compter). T. Bourse. Exercice de la faculté, laissée à l'acheteur par mar hé ferme, de se faire livrer plusieurs jours après avoir prévenu le vendeur. Voy. BOURSE.

Comm. — L'*Escompte* est l'opération de banque qui consiste à faire l'avance de la valeur d'un effet de commerce non encore arrivé à son échéance, moyennant une déduction convenue sur la somme portée au susdit effet. La somme ainsi déduite est aussi très souvent désignée sous le nom d'*Escompte*, bien que ce terme propre soit *Agio*. Celui qui fait l'avance des fonds se nomme *Escompteur;* un billet peut être escompté par le débiteur lui-même. — La retenue prélevée par l'escompteur représente trois éléments: 1° l'intérêt dû pour la somme payée d'avance; 2° la prime variable pour le r.sque couru par le banquier; 3° le prix du travail et de l'industrie de ce dernier. — Comme nous avons parlé ailleurs des divers effets de commerce qui font l'objet des opérations d'e. (voy. CHANGE), ainsi que du rôle des escompteurs dans le monde industriel (voy. CRÉDIT), nous n'avons ici que quelques mots à dire de l'opération arithmétique à l'aide de laquelle on calcule l'e. et des établissements de crédit qu'on désigne sous le nom de *Comptoirs d'escompte*.

I. — On distingue, d'après la manière de calculer l'intérêt, deux sortes d'e., l'*E. en dedans* et l'*E. en dehors*.

Dans l'*E. en dehors*, le seul usité en France, l'escompteur prélève immédiatement l'intérêt, tel qu'il serait dû au bout du terme, ce qui fait courir à son profit l'intérêt de l'intérêt. L'opération à exécuter est représentée par la formule

$$e = \frac{art}{100},$$ c.-à-d. que e, ou l'agio, égale le capital a, multi-

plié par le taux convenu r, multiplié par t ou le temps (l'année étant prise pour unité), et divisé par 100. Soit par ex., à calculer l'e. à retenir sur un billet de 6,800 fr. payable dans dix mois, le taux de l'e. convenu étant 6 p. 100. En appliquant la formule, nous trouvons :

$$e = \frac{6800 \times 6 \times \frac{10}{12}}{100} = \frac{6800 \times 5}{100} = \frac{34000}{100} = 340.$$

Par conséquent, la somme à payer au porteur de l'effet admis à l'e. sera 6,800 — 340 = 6,460 fr.

L'*E. en dedans* est usité dans plusieurs pays étrangers. Dans ce cas, la retenue faite par le banquier représente seulement l'intérêt de la somme qu'il paie réellement, et non celui du montant du billet. Sa formule est $e = \frac{art}{100 + rt}$. Ainsi, en appliquant cette formule aux mêmes nombres que ci-dessus, nous trouvons pour la valeur de e :

$$e = \frac{6800 \times 6 \times \frac{10}{12}}{100 + 6 \times \frac{10}{12}} = \frac{6800 \times 5}{105} = \frac{34000}{105} = 323 \text{ fr. } 81.$$

La somme à retenir sera donc 323 fr. 81 cent., et la somme à payer pour la valeur de l'effet sera 6800 — 323,81 = 6476 fr. 19 cent. Comparant les deux escomptes, on voit que la différence, dans le cas supposé, est de 16 fr. 19 cent. en faveur de l'escompteur pour l'e. en deh rs, et en faveur du porteur du billet pour l'e. en dedans. — Il importe de noter que, dans toutes les opérations d'e., on calcule comme si l'année se composait de 360 jours seulement. De plus, dans certains lieux, on compte tous les mois comme composés également de 30 jours.

Quelques auteurs blâment l'usage de l'e. en dehors et donnent la préférence à l'e. en dedans, qui est plus juste, suivant eux. Cette critique ne repose sur aucun fondement; car, dans une chose toute de convention, il n'y a pas d'injustice commise. En outre, qu'importe au commerçant que l'e. soit calculé en dehors ou en dedans, dès que le taux de l'e. est variable et régi par la concurrence. Qu'on s'avise, par ex., d'interdire à la Banque de calculer l'e. en dehors et qu'on l'oblige à opérer autrement. Elle en sera quitte pour élever le taux de son e. de façon à recouvrer la différence.

II. *Comptoir d'escompte.* — Lorsque éclata la révolution de fév. 1848, toutes les grandes maisons de banque qui avaient fait jusque-là le service de l'e. du commerce de Paris succombèrent à la fois; en même temps, les banquiers particuliers qui purent résister à la crise suspendirent leurs opérations. Il en fut de même dans tous .es départements. En conséquence, il ne restait plus debout que la Banque de France, laquelle, comme on sait, est inaccessible au petit commerce, dès que les escompteurs particuliers cessent de se faire les intermédiaires entre lui et notre grand établissement de crédit. — Dans cette crise effroyable, le gouvernement provisoire fit appel au commerce pour qu'il eût à se secourir lui-même, en lui offrant la seule assistance que l'État pût lui donner, la garantie de son propre crédit, quoique celui-ci fût singulièrement ébranlé. Par un décret du 7 mars, il autorisa dans toutes les villes industrielles et commerciales la création d'un *Comptoir d'e.*, destiné à constituer une sorte d'assurance mutuelle entre toutes les classes de producteurs. Le capital devait être formé de la manière suivante : 1° un tiers en argent par les associés souscripteurs ; 2° un tiers en obligations par les villes ; 3° un tiers en bons du Trésor par l'État. Le premier tiers seul était versé intégralement ; les deux autres ne devaient être réalisés qu'en liquidation ; en d'autres termes, ils ne constituaient qu'une garantie et non une ressource disponible pour les opérations. Néanmoins le gouvernement fit à plusieurs comptoirs des prêts effectifs portant intérêt à 4 p. 100, dont le montant dépassa 15 millions. Un second décret, en date du 24 mars, autorisa l'établissement de *sous-comptoirs d'e.*, dont le capital devait être entièrement fourni par les particuliers, et qui étaient destinés à garantir, près des comptoirs, les valeurs que ces derniers escompteraient aux sous-comptoirs. Les sous-comptoirs pouvaient prendre des effets à une seule signature, à la condition d'un dépôt de marchandises en nantissement. En conséquence de ces décrets, il fut fondé 65 comptoirs d'e. dans autant de villes ; il n'y eut de sous-comptoirs organisés qu'à Paris seulement : ces derniers furent au nombre de cinq, sous-comptoir *des métaux*, sous-comptoir *des entrepreneurs*, sous-comptoir *des chemins de fer*, sous-comptoir *de la librairie*, sous-comptoir *des tissus, de la mercerie et des denrées coloniales*.

Le comptoir de Paris fut le premier qui entra en fonction. Le capital avec lequel il commença ses opérations consistait simplement en 2,587,021 fr., dont 1 million prêté par l'État. Bientôt les retenues effectuées sur les bordereaux, « moyen ingénieux et étrange de créer des actionnaires », dit Courcelle-Seneuil, éleva le chiffre de ce capital, qui, au 31 août, montait à 4,051,804 fr. A cette date, le comptoir avait escompté pour 80,378,326 fr. d'effets, et pour 6,924,266 fr. de réescompte de marchandises : il avait été chargé de recouvrer 15,904,536 fr. dans ses départements, et plus de 88 millions avaient passé par sa caisse. Les services rendus par les comptoirs d'e., et en particulier par celui de Paris, ne peuvent bien être appréciés que par ceux qui ont vu ou étudié de près cette effroyable crise commerciale, qui ne dura pas moins de trois ans, avec de nombreuses péripéties. La crise passée, plusieurs de ces comptoirs qui, dans le principe, n'avaient été considérés que comme des expédients temporaires, se trouvèrent être des établissements de crédit utiles non seulement au commerce local, mais encore aux associés actionnaires : en conséquence, ils ont continué de vivre comme établissements de crédit, en rentrant néanmoins sous la loi commune, c'est-à-dire en perdant la garantie exceptionnelle des villes et de l'État.

ESCOMPTER. v. a. [Pr. *es-kon-ter*]. Prélever l'escompte. *Quand un banquier paie un effet avant l'échéance, il escompte l'intérêt du temps qui reste à courir.* || E. *un billet*, En avancer la valeur en prélevant l'escompte. || Fig., Dépenser une chose qu'on n'a pas encore, anticiper. E. *le succès d'une affaire. Il a déjà escompté toutes ses espérances. Il ne faut pas e. l'avenir.* = s'ESCOMPTER. v. pron. *Le papier de cette maison s'escompte aisément*, On trouve aisément des banquiers qui avancent sa valeur. = ESCOMPTÉ, ÉE. part.

ESCOMPTEUR. s. m. [Pr. *es-kon-teur*]. Celui qui fait l'escompte.

ESCOPE. s. f. (R. *écope*). T. Mar. Sorte de pelle de bois creuse et recourbée, avec laquelle on puise et l'on jette l'eau qui entre dans une embarcation. *L'e. à main est aussi appelée Sasse.*

ESCOPETTE. s. f. [Pr. *es-ko-pè-te*] (esp. *escopeta*, m. s.). Espèce d'arquebuse légère, avec un canon rayé à raies droites, dont on a fait usage en France depuis Charles VIII jusqu'à Louis XII. *L'e. a été remplacée par le mousquet.* || Diminutif de escope ou écope. Instrument dont on se sert pour évacuer l'eau ou les matières demi-liquides.

ESCOPETTERIE. s. f. [Pr. *escopè-te-rie*]. Décharge de plusieurs escopettes en même temps. Vx.

ESCOPETTIER. s. m. [Pr. *eskope-ti-é*]. Soldat qui était armé d'une escopette.

ESCORCINE s. f. Voy. ESCIORCINE.

ESCORTE. s. f. (ital. *scorta*, m. s.). Troupe armée qui accompagne une personne, un convoi, etc., dans un but de protection, de défense ou de surveillance. *On lui donna deux cents hommes d'e. Ne vous hasardez pas à traverser le pays sans bonne e. Marcher sous bonne e. Attaquer, battre une e.* — Se dit aussi des vaisseaux de guerre qui accompagnent, pour les protéger, des bâtiments de transport ou des navires marchands. *La tempête sépara le convoi de son e.* || Par ext., se dit aussi d'individus armés ou non armés qui accompagnent quelqu'un pour lui faire honneur, pour le protéger, etc. *Toute la jeunesse de la ville voulut lui servir d'e., lui faire e. Il partit sous l'e. de ses domestiques.* — Se dit même d'une seule personne. *Si vous le désirez, je vous ferai e. jusque chez vous.*

ESCORTER. v. a. (R. *escorte*). Accompagner pour protéger, défendre ou surveiller pendant la marche ou simplement pour faire honneur. *On détacha un corps de cavalerie pour e. les prisonniers. Deux frégates escortèrent le convoi. Je vous escorterai jusque chez vous.* = ESCORTÉ, ÉE. part. = Syn. Voy. ACCOMPAGNER.

ESCOT. s. m. [Pr. *es-kô*] (R. *écossais*). T. Techn. Sorte d'étoffe de laine dont le tissu est croisé. — Nom donné à des fragments qui restent adhérents aux blocs d'ardoise, lorsqu'on les a séparés du sol. || T. Mar. Angle le plus bas de la voile latine, qui est triangulaire.

ESCOTARD. s. m. T. Mar. Palier de l'écoutille.

ESCOUADE. s. f. (corrupt. d'*Escadre*). T. Milit. E. brisée, Escouade formée des soldats de plusieurs régiments. || *Contrôle d'e.*, Feuille dont les fourriers font usage en route pour délivrer par escouade les billets de logement des compagnies. || Par anal. Troupe de gens dirigés par un seul chef. *Une e. d'ouvriers.* || Groupe, petite réunion. *Une e. de joyeux compagnons.*

Art milit. — On donnait jadis, c.-à-d. depuis François 1er jusqu'à la fin du règne de Louis XIV, le nom d'*Escadre* à une troupe d'infanterie dont le nombre d'hommes était fixé, et qui forma d'abord le tiers d'une compagnie. Aujourd'hui, le mot Escouade, qui n'est qu'une corruption du terme précédent, n'a plus une valeur déterminée. Il sert simplement à désigner une fraction quelconque de compagnie, composée le plus souvent de 10 à 12 hommes. La division par e. n'a aucun rapport à la tactique ; elle n'a de signification qu'au point de vue administratif. Les soldats qui appartiennent à la même e. mangent ensemble, et forment une *chambrée* ou une portion de chambrée. — L'e. est commandée par un brigadier dans la cavalerie, par un caporal dans les troupes à pied.

ESCOUBLAC, bourg de France (Loire-Inf.), canton de Guérande, voisin de Pornichet, bâti en 1779 à 1 kil. de l'ancien bourg de ce nom, enseveli sous les sables ; 1,200 hab.

ESCOUPE. s. f. (R. *écope*). Pelle de fer dont on se sert dans les fours à chaux.

ESCOURGÉE. s. f. (bas-lat. *scoriata*, lanière de cuir). Fouet qui est fait de plusieurs courroies de cuir. *Fouetter avec des escourgées.* || Les coups donnés avec cette espèce de fouet. *Il reçut une bonne e.* Vx.

ESCOURGEON. s. m. (bas-lat. *scario*, m. s.). T. Agric. Orge d'automne ou d'hiver. Voy. ORGE.

ESCOURGEON. s. m. (bas-lat. *scoriata*, m. s.). Lanière de cuir servant de lien pour un fléau.

ESCOUSSE, jeune auteur dramatique, né en 1813, qui se suicida en 1832, en compagnie de son ami Lebras, de trois ans plus jeune que lui, par désespoir d'un insuccès théâtral. Son ami Béranger a chanté, en le jugeant, cet acte insensé :

Dieu créateur, pardonne à leur démence.
Ils s'étaient faits les échos de leurs sons,
Ne sachant pas qu'en une chaîne immense
Non pour nous seuls, mais pour tous nous naissons.
L'humanité manque de saints apôtres

Qui leur aient dit : « Enfants, suivez sa loi.
Aimer, aimer, c'est être utile à soi.
Se faire aimer c'est être utile aux autres. »
Et vers le ciel se frayant un chemin,
Ils sont partis en se donnant la main.

ESCRAMURE. s. f. T. Verr. Nom donné aux scories du verre fondu.

ESCRÉPER. v. a. Éventer la soie teinte en bleu pour la déverser.

ESCRIME. s. f. (all. *schirm*, ce qui protège). Art de se servir des armes. || Fig., Art de lutter en quelque chose que ce soit. *L'e. de la parole.*

Dans son acception la plus générale, l'*Escrime* est l'art de *faire des armes*, c.-à-d. de se servir des armes de main de la manière la plus avantageuse, soit pour attaquer un adversaire, soit pour se défendre. Ainsi définie, l'e. comprend le maniement de l'épée, du sabre, de la baïonnette, de la lance, et même de la canne et du bâton. Mais le plus souvent on prend ce mot dans un sens tout à fait spécial, en l'appliquant exclusivement au *jeu de pointe*, c.-à-d. à l'art de manier l'épée ou le fleuret.

Dans les salles d'armes, on a substitué à l'épée le *Fleuret* dont la lame, mélange de fer et d'acier, possède plus de flexibilité. La monture du fleuret se compose de trois pièces : la *garde*, la *poignée* et le *pommeau*. La lame se divise aussi, mais fictivement, en deux parties : le *fort* qui s'étend de la garde au milieu de sa longueur, et le *faible* qui va du milieu jusqu'à la pointe : celle-ci, quand on ne s'agisse d'un combat sérieux, est terminée par un *bouton* recouvert de peau. On emploie, pour la leçon et pour l'assaut, des lames demi-carrées, à l'exclusion des lames exactement carrées, dites *carrelets*, qui peuvent, si elles viennent à se casser, occasionner de graves accidents. La longueur de la lame varie de 81 à 89 centimètres.

Le *Tireur* commence par se *mettre en garde*, c.-à-d. dans la position la plus propre à l'attaque et à la défense. Il tient le corps droit sur les hanches, et il plie les jarrets, de manière à en obtenir le ressort nécessaire ; les pieds sont à la distance de deux semelles ; le bras gauche arrondi en arrière du corps, sert de contre-poids au bras droit, s'abaisse quand celui-ci se tend, se relève quand, au contraire, le droit revient à la position de garde, c.-à-d. demi-tendu. — Le *Développement* est l'extension donnée à la garde pour frapper l'adversaire. Le tireur étend le bras droit, puis il tend le jarret gauche en abaissant le bras gauche, et porte le pied droit, en rasant le sol, à quatre semelles du pied gauche ; ces deux mouvements doivent être, ou tout au moins paraître simultanés. Selon les les besoins de son attaque ou de sa sûreté personnelle, le tireur *marche* en avançant le pied droit d'une semelle et en faisant suivre immédiatement le pied gauche, ou bien il *rompt* en faisant en arrière un mouvement opposé. Il peut exécuter des deux pieds à la fois le *saut* en arrière, si le simple mouvement de rompre ne suffit pas pour le dégager de l'adversaire qui le presse. Il est également d'usage de frapper du pied le sol, afin d'attirer l'attention de l'adversaire : c'est ce qu'on nomme *faire un appel*.

En termes d'e., on appelle *Lignes* les espaces adhérents aux côtés de l'épée. Le tireur appliquant son épée contre le côté gauche de l'arme ennemie, ou, du moins, la tenant dans cette direction, on dit que les épées occupent la *ligne du dedans*: dans le sens opposé, c'est la *ligne du dehors*. Si la pointe est plus haute que la poignée, c'est la *ligne du haut*; si elle est plus basse, c'est la *ligne du bas*. Il y a donc à distinguer les lignes du *dedans-haut*, du *dehors-haut*, du *dedans-bas*, du *dehors-bas*. Ces différentes positions des épées se combinent avec les deux positions distinctes que peut prendre la main, c.-à-d. avec la *pronation* et avec la *supination*. De cette combinaison résultent huit aspects particuliers sous lesquels peuvent se présenter les mouvements de l'arme. En effet, les fers étant croisés, ce qu'on appelle *engagés*, dans la ligne du dedans-bas, avec le poignet en pronation, c'est l'*engagement de la prime*; au dedans-bas, en pronation, c'est la *Prime*; au dehors-bas, en pronation, c'est la *Seconde*; au dehors-haut, en pronation, c'est la *Tierce*; au dedans-haut, en supination, c'est la *Quarte*; au dedans-haut, en pronation, c'est la *Quinte*; au dehors-haut, en supination, c'est la *Sixte*; au dedans-bas, en supination, c'est la *Septime*; au dehors-bas, en supination, c'est l'*Octave*. Ces différentes dénominations de prime, de seconde, etc., servent à qualifier les engagements, les bottes, les feintes et les parades.

L'*Attaque* est l'action du tireur qui cherche à frapper son adversaire. L'attaque *franche* a lieu d'inspiration subite, sans cause déterminante; l'attaque *sur préparation* est motivée par les mouvements de l'adversaire. Le *Coup d'arrêt* est la réponse à une attaque faite par l'adversaire en marche. L'attaque exécutée sur une attaque de pied ferme se nomme *Coup de temps*; faite immédiatement après une ou plusieurs autres attaques, sans que le tireur se relève, elle s'appelle *Redoublement* ou *Remise;* après une parade, elle prend le nom de *Riposte*, et, après la parade d'une riposte, celui de *Contre-riposte*. L'attaque complète comprend le coup et la botte. Le *Coup* est l'ensemble des mouvements opérés pour arriver au corps; la *Botte* est le coup terminé. Le coup est *simple* ou *composé*. Le coup simple se fait : 1° par le *Coup droit* qui est porté en ligne directe et la main *motivé* ou *forcé*, selon que cette ligne est ouverte au tireur, ou qu'il écarte le fer ennemi par une pression du fort sur le faible, pour se frayer un chemin vers le corps de l'adversaire; 2° par le *Dégagement*, qui consiste, pour le tireur, à changer de ligne en faisant passer son épée sous le fort de la lame adverse, s'il s'agit de passer du dedans-haut au dehors-haut et réciproquement, ou au-dessus, s'il s'agit de passer du dedans-bas au dehors-bas, et réciproquement. On dégage aussi du dedans-haut au dedans-bas et du dehors-haut au dehors-bas, et réciproquement. Quand le dégagement se fait d'une ligne haute à l'autre ligne haute en passant la pointe de l'épée sur la pointe de l'épée adverse, au lieu de passer sous le fort, il prend le nom de *Coupé*.

Avant d'expliquer en quoi consistent les coups composés, il est nécessaire de dire quelques mots des parades, des feintes et des attaques à l'épée. — La *Parade* est l'action de détourner de la ligne du corps le fer de l'adversaire, quand il attaque; elle prend, d'après la position des fers et du poignet, les noms de *parades de prime, de seconde*, etc. Parer de *tac*, c'est chasser le fer par un coup sec; parer *d'opposition*, c'est le détourner sans secousse. On nomme *parade simple*, celle qui chasse le fer dans la ligne où il se présente, et la *parade en opposition*, appellation qui ne doit pas être confondue avec celle de parade d'opposition, celle qui va chercher le fer dans la ligne opposée, c.-à-d. qui pare en dedans le coup porté en dehors, et en dehors le coup porté en dedans. Les parades en opposition sont de deux sortes. On nomme *Demi-contre* celle qui s'effectue par une ligne demi-circulaire; le coup étant droit, on passe rapidement l'épée sous le fer ennemi et on le chasse par le côté opposé; s'il est engagé dans les lignes basses, on passe par-dessus. Si l'adversaire exécute un dégagement de bas en haut ou de haut en bas, on abaisse ou on relève la pointe de l'épée dans la ligne de hauteur opposée à celle de l'engagement. Le *Contre* s'exécute par une ligne circulaire sur un dégagement du dehors au dedans ou du dedans au dehors. Il y a aussi la *parade en pointe volante*, qui consiste à relever la lame en rapprochant l'arme du corps; cette parade ne s'emploie que sur les coups de quarte et de sixte. — La *Feinte* est le simulacre d'un coup; elle sert à attirer le fer ennemi, par une fausse démonstration, dans une ligne, pour frapper dans une autre. La feinte du coup droit se nomme *Menacé*. — L'*Attaque à l'épée* consiste à exercer une action quelconque sur le fer de l'adversaire, pour l'attirer du côté où l'on ne veut pas frapper, ou pour le déplacer d'une position menaçante. Par la pression, on cherche à se faire jour vers le corps; par le coup sec appelé *Battement*, on ébranle l'adversaire. Le *faux battement* est la feinte du battement, c'est un petit coup qui provoque l'attention de l'adversaire et prépare le dégagement. Le *Liement* est l'action de ramener les fers d'une ligne haute dans une ligne basse, et réciproquement, en changeant de côté, par exemple, de quarte en seconde, de septime en tierce, etc. Le liement exécuté avec une force de répulsion capable de désarmer l'adversaire, ou au moins de l'ébranler fortement, prend le nom de *Croisé*.

Les *Coups composés* sont ceux où le coup simple porté est précédé d'une ou plusieurs feintes ou d'une attaque à l'épée. Les combinaisons dont se forment ces coups sont tellement nombreuses, que Lafaugère en compte 12,500. Nous nous bornerons à quelques exemples, en supposant toujours les épées engagées en quarte. Les coups composés de *deux temps* sont les suivants : *une-deux*, qui consiste à feindre le dégagement de sixte ou celui de septime, et à revenir frapper en quarte ou la seconde dans le premier cas, en quarte ou en octave dans le second : ces coups ont pour objet d'éluder une parade simple; *une contre-dégagez*, qui consiste à feindre le dégagement de sixte ou de septime, puis, l'adversaire parant par le contre, ce qui remet les épées dans la position primitive à revenir encore en sixte ou en septime par ce qu'on appelle un *contre-dégagement*. Ces coups ont pour objet de tromper un contre ou demi-contre. — Les coups de *trois temps* trompent deux parades. Ainsi, *une-deux-trois* consiste en un dégagement précédé de deux feintes de dégagement. On feint, par ex., de dégager en sixte ; l'adversaire veut parer tierce ; on évite la parade en revenant en quarte, puis on trompe la parade de quarte en dégageant réellement, soit en sixte, soit en septime. Si, à la seconde parade, l'adversaire avait dessiné un contre de tierce, on aurait terminé par un contre-dégagement de quarte : ce coup s'appelle *une-deux-contre-dégagez*. Si, au contraire, le contre avait été employé à la première parade, on aurait fait *une-contre-dégagez-une*, ce qui s'exécute par une feinte de dégagement de sixte, une feinte du contre-dégagement de sixte, un dégagement de quarte ou de seconde. Si, au lieu de deux parades simples, ou d'une parade simple et d'une contre, l'adversaire veut parer chaque fois par le contre, on exécute le coup dit *une-contre-dégagez deux fois*, c.-à-d., feinte de dégagement de sixte, feinte du contre-dégagement de sixte, contre-dégagement de sixte. — Les coups composés de *quatre temps* trompent trois parades et varient dans leurs dénominations et dans leur exécution, selon que l'adversaire emploie des parades simples ou des contres. — On voit, par ces exemples, que les coups composés ne doivent comprendre au maximum que trois feintes, puisqu'on n'admet pas de coup de plus de quatre temps ; et même, si les feintes sont précédées d'une attaque à l'épée, il ne faut pas en faire plus de deux : la raison de ce précepte est qu'on ne peut se flatter de tromper indéfiniment l'adversaire, qui pourrait, si ce jeu se prolongeait, prendre l'offensive par un coup de temps.

Le *Mur* est un exercice qui consiste à tirer sur son adversaire une certaine quantité de dégagements qui doivent être parés au simple. C'est pour les tireurs, au moment de faire assaut, un moyen de se préparer la main et les jambes. Le mur est toujours précédé et suivi de saluts d'épée à la galerie et à l'adversaire. On dit également *tirer au mur* ou *tirer à la muraille*.

L'*e. du sabre* est habituellement désignée par le terme d'*Espadon*, du nom qu'on donnait jadis à une longue épée à deux tranchants en usage au XIVe siècle et au XVe siècle. L'espadon est proprement l'*e. de taille*, et, dans les salles d'armes, il exclut absolument les coups de pointe ou d'estoc. Bien plus, les coups de taille, du moins quand on combat suivant les règles, doivent être exclusivement dirigés sur la tête, les bras et le tronc. L'espadon est peu pratiqué, si ce n'est dans les régiments, et, par une bizarrerie inexplicable, dans les universités allemandes, où il est exclusivement employé dans les combats singuliers, mais de façon que ceux-ci soient complètement inoffensifs. Au reste, l'espadon est d'une médiocre utilité même dans l'armée. En effet, l'arme véritable du fantassin est la baïonnette, et le cavalier se sert plus avantageusement de son sabre, en l'employant comme arme d'estoc que comme arme de taille. — La *Contre-pointe* est un genre d'e. qui réunit les coups de pointe et de taille, et qui s'exécutait avec le sabre d'infanterie appelé *briquet* : elle est aujourd'hui peu usitée, mais dans les régiments, ce qui n'est point à regretter : car cette sorte d'e. est fort meurtrière, à cause du rapprochement des combattants et de la rapidité dans l'échange des attaques et des ripostes. — L'e. *de la baïonnette* et celui *de la lance*, il n'est pas besoin de le dire, sont exclusivement propres à l'armée, et peuvent être de la plus grande utilité dans les combats.

C'est par une extension, à notre sens, fort légitime, que plusieurs auteurs appliquent aussi la dénomination d'e. à l'art de manier la *canne* et le *bâton*. Ces deux instruments sont des armes véritables, qui sont surtout excellentes pour repousser une agression quelconque, et qui offrent des ressources très grandes. Au point de vue gymnastique et hygiénique, l'exercice de la canne marche assurément l'égal de l'e. de l'épée ; et au point de vue de l'utilité, il lui est peut-être supérieur.

L'art de l'e. est fort ancien, car les *lanistes* (*lanistæ*) qui instruisaient les gladiateurs romains n'étaient autre chose que des maîtres d'e. Ces mêmes lanistes furent chargés d'enseigner aux légionnaires cette partie de leur art qui pouvait être utile à ces derniers. Au moyen âge, il semblerait que l'e. ait dû être cultivée avec soin ; cependant il n'en est rien, ainsi que nous le voyons par les récits des tournois : l'art de l'équitation primait tant il fait celui de faire des armes. L'e. moderne a pris naissance en Espagne, et a dû vraisemblablement sa renaissance comme art à l'adoption de l'espèce d'épée légère et nouvelle, alors qu'on désignait sous le nom de *colismarde*.

De là elle passa en Italie, où elle reçut des perfectionnements considérables et où fut publié le premier traité d'e. (Marozzo, *Arte degli armi*, 1536). Les maîtres d'armes français se montrèrent bientôt les rivaux des professeurs italiens. Enfin, sous Louis XIII, l'e. devint un art presque exclusivement français ; en effet, depuis cette époque, c'est à des maîtres français que sont dus tous les progrès qu'elle a faits.

ESCRIMER. v. n S'exercer à faire des armes. *Ces deux hommes escriment tous les jours l'un contre l'autre.* || Fig. et fam., Disputer l'un contre l'autre sur quelque matière d'érudition ou de science. *Ils sont tous deux fort savants, il y a plaisir à les voir e. l'un contre l'autre.* || Mouvoir un objet que l'on tient en main. *E. avec un bâton* = s'ESCRIMER. v. pron. Fig., S'*e.* à faire quelque chose, S'exercer, s'appliquer à la faire. *Il s'escrime du matin au soir à faire des vers.* || S'*e.* de quelque chose, Savoir s'en servir. *Joue-t-il du violon ? Il s'en escrime un peu.* — Popul., S'*e.* de la *mâchoire*, Manger beaucoup et avec avidité. — Fam.. S'*e. des pieds et des mains pour faire quelque chose*, Faire les plus grands efforts pour y parvenir. || S'*e. d'un mot*, En user à tort et à travers.

ESCRIMEUR. s. m. Celui qui entend l'escrime. Vx.

ESCROC. s. m. [Pr. *es-kro*] (h. allem. *scurgo*, coquin). Fripon, fourbe, qui a coutume d'escroquer.

ESCROQUER. v. a. Voler en employant quelque artifice, quelque manœuvre frauduleuse. *Il m'a escroqué ma montre, mon cheval. Il vous escroquera vos cent francs. Il escroque tout le monde.* — Absol., *Il escroque partout où il peut.* — Proverb., *E. un dîner*, se dit d'un parasite qui prend part à un dîner auquel on ne l'a pas prié. = s'EscroQUER. v. pron. Se faire l'un à l'autre des escroqueries. = EsCROQUÉ, ÉE. part.

ESCROQUERIE. s. f. Action d'escroquer. — Le Code pénal définit l'*Escroquerie* « le délit commis par celui qui, soit en faisant usage de faux noms ou de fausses qualités, soit en employant des manœuvres frauduleuses pour persuader l'existence de fausses entreprises, d'un pouvoir ou d'un crédit imaginaire, ou pour faire naître l'espérance ou la crainte d'un succès, d'un accident ou de tout autre événement chimérique, s'est fait remettre ou aura tenté de se faire remettre ou délivrer des fonds, des meubles ou des obligations, billets, promesses, quittances ou décharges, et a, par un de ces moyens, escroqué ou tenté d'escroquer la totalité ou partie de la fortune d'autrui. » (Art. 405 ; loi du 13 mai 1863.) L'individu coupable d'e. est condamné à un emprisonnement de 1 an à 5 ans et à une amende de 50 fr. à 3,000 fr. Il peut, en outre, être privé, pendant un laps de 5 à 10 ans, de certains droits civiques, civils et de famille. — En matière d'e. comme pour toute espèce de délit ou de crime, le premier élément de culpabilité est l'intention frauduleuse. Il faut, de plus, qu'on ait fait usage d'un faux nom, soit du nom d'autrui, soit d'un nom imaginaire ; ou bien qu'on ait pris une fausse qualité, par ex., en indiquant une fausse profession, en affirmant une parenté inexacte, ou en se donnant comme fondé de pouvoir d'un tiers ; ou bien encore qu'on ait employé des manœuvres frauduleuses, ce qui ne s'entend pas d'un simple mensonge, mais d'une allégation inexacte se combinant avec certaines démarches propres à en faire supposer la sincérité, et que ces manœuvres aient eu pour objet de persuader faussement l'existence d'entreprises, de crédit, d'événements quelconques. La troisième condition, c'est qu'il y ait eu remise d'objets mobiliers déterminée par les supercheries dont nous venons de parler. Enfin, il faut qu'on se soit approprié, par ces moyens, le bien d'autrui, ou qu'on ait tenté de le faire. En général, la remise par la victime de certains objets, et l'appropriation, par le coupable, du bien d'autrui, ne font qu'une seule et même chose. Cependant le contraire peut avoir lieu. Ainsi, par ex., l'appropriation est un fait distinct de la remise dans le cas où le coupable, avant de s'approprier les objets remis, les a conservés pendant un temps plus ou moins long sous prétexte de dépôt, de mandat ou de gestion.

ESCROQUEUR, EUSE. s. Celui, celle qui escroque ; ne s'emploie guère qu'avec un complément. *C'est un e. de livres.*

ESCUARA. s. m. Langue des peuples basques.

ESCUDO. Écu espagnol d'argent valant dix réaux ou 2 fr. 60.

ESCULAPE, fils d'Apollon et dieu de la médecine chez les Grecs (Mythol.). — *L'art d'E.*, La médecine. = ESCULAPE. s. m. Fam., et par plaisant., se dit quelquefois pour Médecin. *Un e. de village.* || T. Astr. La constellation du Serpentaire. || T. Erpét. Espèce de couleuvre.

ESCULÉTINE. s. f. T. Chim. Substance provenant du dédoublement de l'esculine. C'est un dérivé deux fois oxydrylé de la coumarine ; sa formule est C⁹H⁶O⁴. L'e. cristallise en fines aiguilles, fusibles au-dessous de 270°, solubles dans l'eau bouillante et dans l'alcool. Ses solutions aqueuses sont dichroïques : jaunes par transmission, bleuâtres par réflexion.

ESCULINE. s. f. T. Chim. Glucoside contenu dans l'écorce du marronnier d'Inde (*Æsculus hippocastaneus*) et du châtaignier. L'e. forme de petits cristaux prismatiques, amers, solubles dans l'eau bouillante, fusibles à 160°, et répondant à la formule C¹⁵H¹⁶O⁹. Ses solutions aqueuses sont remarquables par leur dichroïsme : elles sont incolores par transmission, bleues par réflexion. Quand on fait bouillir ce glucoside avec les acides étendus, il fixe deux molécules d'eau et se dédouble en glucose et en esculétine.

ESCULIQUE. adj. 2 g. T. Chim. *L'acide e.* s'obtient lorsqu'on chauffe de la potasse avec l'*aphrodescine*, substance analogue à la saponine et contenue dans le marron d'Inde. L'acide e. est solide, presque insoluble dans l'eau, mais très soluble dans l'alcool, d'où l'on peut le faire cristalliser. C'est un acide faible qui est déplacé de ses sels par l'acide carbonique. Chauffé, il fond en se décomposant. L'acide azotique le transforme en une résine jaune.

ESCURIAL (L'), petite v. d'Espagne à 51 kil. de Madrid, célèbre par le monument que Philippe II fit construire en mémoire de la bataille de Saint-Quentin, et qui est à la fois palais, église et monastère.

ESCUROLLES, ch.-l. de c. de l'Allier, arr. de Gannat ; 1,000 hab.

ESDRAS, docteur de la loi chez les Juifs (vᵉ s. av. J.-C.), auteur des Paralipomènes.

ESENBECKIA. s. m. (R. *Esenbeck*). T. Bot. Genre de plantes Dicotylédones de la famille des *Rutacées.* Voy. ce mot.

ÉSÉRINE. s. f. (R. *éseré*, nom donné dans l'Afrique occidentale à la fève de Calabar). T. Chim. L'É. ou *physostigmine* constitue le principe actif de la fève de Calabar. C'est un alcaloïde cristallisable, bleuissant le tournesol, s'unissant aux acides avec lesquels il donne des sels solubles encore peu étudiés. Poison violent, l'é. introduite dans l'organisme amène des vertiges, des contractions spasmodiques, des vomissements et la mort. Elle possède la propriété caractéristique de resserrer la pupille. Aussi a-t-on employé, dans la thérapeutique oculaire, le sulfate d'é. pour obtenir le rétrécissement de la pupille et comme antagoniste de l'atropine. — La fève de Calabar, qui doit ses propriétés vénéneuses à l'é. qu'elle renferme, est la graine d'une légumineuse, le *Physostigma venenosum*, qui croît en Guinée, où on l'appelle *éseré.* Les nègres de Calabar employaient cette fève comme poison d'épreuve, pour décider sur l'innocence ou la culpabilité des individus accusés d'un crime.

ESHERBER. v. a. [Pr. *é-zer-bé*] (R. *é*, préf. sépar., et *herbe*). T. Jardin. Oter les herbes dans une planche de légumes ou de semis.

ESMÉNARD, poète français (1769-1811).

ESMÉRALDA (LA), charmant personnage du roman de Victor Hugo *Notre-Dame de Paris.*

ÉSOCES ou **ÉSOCIDÉS.** s. m. pl. (lat. *esox*, brochet). T. Icht. — Les Poissons désignés sous ce nom constituent une famille de Poissons *Téléostéens-Physostomes.* Leurs caractères distinctifs sont : Mâchoires garnies de fortes dents ; intermaxillaire formant le bord de la mâchoire supérieure, ou du moins, quand il ne forme pas tout à fait, le maxillaire est dépourvu de dents et caché dans l'épaisseur des lèvres; orifice des opercules très grand ; pas de nageoire adi-

peuse, et la dorsale en dessus de l'anale ; intestin court et sans cæcum ; vessie natatoire. — Cette famille se compose d'une douzaine de genres ; mais nous ne nommerons que les principaux.

Le genre *Brochet* (*Esox*), qui a donné son nom à la famille qui nous occupe, a pour type le *Brochet commun* (E lu ius) [Fig. 1], connu de tout le monde comme l'un des poissons les plus voraces et les plus destructeurs, mais dont la chair est fort agréable et d'une digestion facile. Ce poisson vit en abondance dans toutes nos eaux douces ; mais les meilleurs

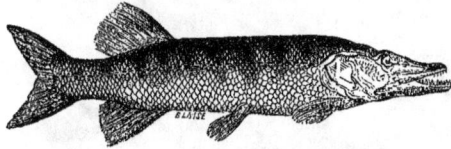

Fig. 1.

proviennent des fleuves et des lacs dont les eaux sont limpides. Son corps est allongé, arrondi, ou plutôt à quatre pans dont les angles sont mousses ou obtus. Sa gueule est fendue jusqu'au delà des yeux, sous un museau large et déprimé. Les maxillaires qui bordent la plus grande partie de la mâchoire supérieure ne portent pas de dents ; mais il y a en sur les intermaxillaires, les palatins, le vomer, les os pharyngiens, les arceaux des branchies, la langue et la mâchoire inférieure. Plusieurs de celles-ci sont longues, comprimées et très tranchantes. Avec une gueule aussi bien armée pour satisfaire sa voracité, le Brochet a une bonne comme l'un des Requin des eaux douces. Ce poisson, en effet, se nourrit de tous les animaux qu'il y trouve, sans épargner les individus de sa propre espèce. Il avale toutes les autres espèces de poissons, même la Perche et l'Épinoche, dont les épines le font quelquefois périr. Il poursuit aussi les Rats d'eau, les Oiseaux aquatiques, et se jette même sur les animaux morts qu'on a jetés à l'eau. Les Brochets croissent très vite et atteignent une taille considérable. On assure que, dans la Volga, on en pêche qui ont jusqu'à 2 mètres et demi de longueur et pèsent jusqu'à 24 kil. Ils vivent aussi fort longtemps : on en cite un, entre autres, dont l'âge authentique était de 90 ans. Mais, de tous les Brochets, le plus célèbre est celui qui fut pris en 1437, à Kaiserslautern, près de Mannheim, et dont le squelette a été longtemps conservé dans cette ville. Il avait près de 19 pieds de longueur, pesait 350 livres, et portait un anneau de cuivre doré avec cette inscription : « Je suis le poisson qui a été jeté le premier dans cet étang par les mains de l'empereur Frédéric II, le 5 octobre 1262. » Il avait donc alors un de 267 ans. Malheureusement, des naturalistes peu crédules affirment que la colonne vertébrale de ce géant des Brochets était composée de vertèbres appartenant à des individus différents, et qu'ainsi on aurait pu encore allonger sa taille. — Les œufs de Brochet possédent des propriétés purgatives fort énergiques. Cependant, en Allemagne, on fait avec ces œufs une espèce de caviar, et dans la Marche de Brandebourg on les mêle avec les Sardines pour en faire un mets qu'on appelle *Netzin* et qu'on regarde comme excellent. Il paraît donc que les préparations qu'on leur fait alors subir leur enlèvent leur vertu purgative.

Les genres qui suivent sont parfois séparés des Ésocidés pour en faire une famille distincte. Le genre *Alépocéphale* ne renferme qu'une espèce, l'*Al. à bec*, qui est propre à la Méditerranée. Elle a la tête dépourvue d'écailles, mais son corps en a de larges ; sa bouche est petite et n'a que de fines dents en velours. Ce poisson est d'un bleu violacé, à nageoires noires, et vit à des profondeurs de 6 à 700 mètres. — Les *Chauliodes* sont de petits poissons de la même mer, remarquables par deux dents à chaque mâchoire qui se croisent sur la mâchoire opposée quand la gueule se ferme. — Les *Orphies* (*Belone*) se distinguent aisément à l'allongement de leur corps et de leur museau ; ils présentent, en outre, cette particularité que leurs arêtes sont d'une belle couleur verte. Nous en avons près de nos côtes une espèce, vert dessus et blanc dessous, qui est longue de 65 centim., et qui est fort bonne à manger. — Les *Demi-Becs* (*Hemiramphus*) ressemblent beaucoup aux Orphies ; ils doivent leur nom à ce que la symphyse de leur mâchoire inférieure se prolonge en une longue pointe ou demi-bec dépourvue de dents. On en trouve plusieurs espèces dans les mers chaudes des deux hémisphères ; leur chair, quoique huileuse, est agréable au goût.

Les *Exocets* se reconnaissent sur-le-champ à l'excessive grandeur de leurs nageoires pectorales, à l'aide desquelles ils peuvent se soutenir quelques instants en l'air : aussi les désigne-t-on vulgairement sous le nom de *Poissons volants*. Leur vol d'ailleurs n'est jamais bien long : s'élevant pour fuir les poissons voraces, ils retombent bientôt, parce que leurs ailes ne leur servent que de parachute. Les oiseaux les poursuivent dans l'air comme les poissons dans l'eau. On connaît 8 à

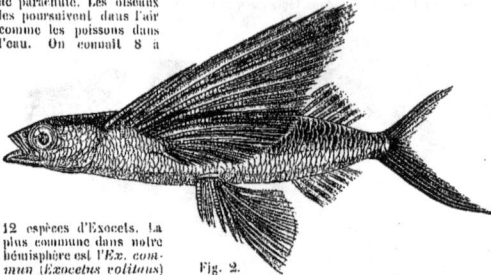

Fig. 2.

12 espèces d'Exocets. La plus commune dans notre hémisphère est l'*Ex. commun (Exocetus volitans)* (Fig. 2), qui est long de 15 à 20 centim. et remarquable par sa parure resplendissante d'azur et d'argent, que rehausse la teinte bleu foncé de la dorsale, de la queue et de la poitrine.

Le genre *Mormyre* diffère des autres Ésoces par ses intestins qui sont plus longs, et par la présence de deux cœcums. Ces poissons ont le corps comprimé, oblong, écailleux, et la tête couverte d'une peau nue et épaisse, qui enveloppe les opercules et les rayons des ouïes, en ne laissant pour leur ouverture qu'une fente verticale. On connaît une dizaine d'espèces de ce genre, toutes propres au Nil. La plus commune est le *Mor. Oxyrhynque*, qui est long de 30 à 35 centimètres, et qui alimente en grande abondance les marchés du Caire. Autrefois, ce poisson était de la part des Égyptiens un objet de vénération, et possédait même un temple dans la ville d'Oxyrhynque à laquelle il avait donné son nom.

ÉSOCIEN, IENNE. adj. T. Zool. Qui ressemble à un brochet.

ÉSODERME. s. m. (gr. Ἔσω, en dedans ; δέρμα, peau). Membrane intérieure chez les insectes.

ÉSON, père de Jason qui fut rajeuni par la magicienne Médée (Mythol.).

ÉSO-NARTHEX. s. m. Narthex intérieur, dans les anciennes basiliques chrétiennes.

ÉSOPE, fabuliste grec, né en Phrygie, mort vers 700 av. J.-C. D'abord esclave, puis affranchi, il fut en faveur auprès de Crésus ; mais fut tué par les Delphiens à cause de sa fable des *Bâtons flottants*.

ÉSOPIQUE. adj. Se dit du genre des fables attribuées à Ésope, c.-à-d. des apologues.

ÉSOTÉRIQUE. adj. 2 g. (gr. ἐσωτερικός, intérieur, de ἔσω, en dedans). T. Philos.

1. — Les philosophes anciens avaient des doctrines secrètes qu'ils ne communiquaient qu'aux plus avancés de leurs disciples, et des doctrines vulgaires qu'ils enseignaient à tout le monde. Les premières ont reçu le nom d'*Ésotériques*, et les secondes celui d'*Exotériques*, des mots grecs ἔσω, en dedans, et ἔξω, en dehors. Cette distinction a été principalement appliquée aux doctrines de Pythagore et à la philosophie d'Aristote. Les écrits exotériques de ce dernier paraissent avoir été rédigés sous forme de dialogue, mais il n'en est parvenu aucun jusqu'à nous Quant à ses ouvrages ésotériques, qu'on désigne aussi sous la dénomination d'*Acroamatiques*, ils étaient rédigés de manière à ne pouvoir être bien compris sans le secours d'explications verbales Cette interprétation s'accorde parfaitement avec la sèche concision, les répétitions fréquentes,

l'ordonnance embarrassée que l'on remarque dans les traités d'Aristote que nous possédons, et explique fort bien leurs défauts de style et de méthode.

II. — Certains philosophes de notre époque, plus ou moins versés dans l'étude de l'antiquité, affirment que toutes les religions antiques comprenaient deux enseignements distincts : l'un appelé *exotérique* et destiné à la masse était composé de symboles grossiers, le plus souvent de nature polythéiste, appropriés au goût et aux mœurs du peuple auquel il s'adressait, et plus ou moins embelli par les poètes : c'est de lui que dérivent les mythologies diverses assez bien connues aujourd'hui. L'autre, plus élevé, réservé à un petit nombre d'initiés, et donné dans le secret des temples, a reçu, pour cette raison, la qualification d'*ésotérique*. Il comprenait une doctrine métaphysique élevée reposant sur l'unité de Dieu, l'immortalité de l'âme, la fin de l'homme sur la terre, etc. Cet ensemble de doctrines aurait constitué un fonds commun à toute l'antiquité ; on le retrouverait presque identique dans l'Inde, en Égypte, en Chaldée, en Grèce, en Syrie, etc. Il formait de la sorte une tradition imposante de l'humanité qui se serait perpétuée ininterrompue à travers les siècles par l'intermédiaire d'un petit nombre de prêtres d'ordre supérieur. Car cet enseignement n'était pas donné indifféremment à tous les initiés ; il y avait parmi eux une hiérarchie minutieuse ; on ne passait d'un grade au suivant qu'à la suite d'épreuves difficiles et multipliées, et les révélations étaient dosées à chacun suivant son grade, les plus hautes conceptions morales ou métaphysiques étant réservées naturellement aux grades supérieurs, tandis que les inférieurs ne recevaient que la partie la plus sensible et la moins abstraite de l'enseignement et devaient se contenter, pour le reste, de symboles qu'ils comprenaient mal et dont l'entière signification n'était connue que des seuls grands prêtres.

Dans tous les cas, les initiés contractaient l'obligation du secret et ne pouvaient rien révéler de ce qu'on leur avait enseigné sans l'autorisation de leurs supérieurs. D'après cette manière de concevoir l'évolution religieuse de l'humanité, la tradition ésotérique n'aurait jamais été interrompue. A travers les sanctuaires de l'Inde, de l'Égypte et de la Grèce, elle se serait entretenue chez les *Esséniens* et les *Gnostiques* de Judée, puis chez les *Templiers*, en Occident, au moyen âge, et ensuite chez les premiers francs-maçons, de sorte qu'aujourd'hui encore il serait possible d'en retrouver la trace et les principales doctrines. Le christianisme lui-même aurait largement puisé à cette source d'ailleurs très pure et très profonde ; il paraît certain, en particulier, que le dogme de la *trinité* de Dieu était enseigné dans l'Inde et en Égypte bien des siècles avant l'apparition du christianisme. L'évangile de saint Jean et l'Apocalypse du même auteur, livre si obscur aujourd'hui, semblent en effet des traductions symboliques d'une doctrine métaphysique assez difficile à reconstituer à travers l'obscurité du texte. Jésus-Christ lui-même, toujours d'après les mêmes auteurs, aurait été initié dans sa première jeunesse par Jean-Baptiste, et n'aurait pas manqué à la tradition en réservant pour ses disciples préférés dont était saint Jean, l'explication claire et complète de sa doctrine.

Il est bien difficile de savoir ce qu'il peut y avoir de vrai dans toutes les allégations de ces philosophes ; néanmoins, il n'est pas douteux qu'un enseignement ésotérique existait dans toute l'antiquité, réservé à certains initiés ; il est très probable que cet enseignement, sur lequel on n'a du reste pas de documents, était d'une nature très élevée, et le fait d'une tradition philosophique et religieuse supérieure aux mythologies populaires n'a rien d'invraisemblable. Il est plus difficile d'admettre que cette tradition se soit conservée sans trop d'altération à travers les périodes si troublées du moyen âge et les siècles si enclins au scepticisme qui l'ont suivi. Quoi qu'il en soit, la question de l'*ésotérisme* est des plus intéressantes et mérite toute l'attention des historiens de l'idée philosophique à travers le monde. Aussi, plusieurs sociétés dites *ésotériques* se sont-elles fondées pour l'étude de cette question dans diverses parties du monde. Il semble que ce soit dans l'Inde anglaise que ce mouvement ait commencé. De hauts fonctionnaires et de grands personnages indiens en font partie et les études sur le *bouddhisme ésotérique* ont été poussées très loin; malheureusement, à cause de l'absence de documents, et de la nécessité d'interpréter des textes d'une obscurité rare, ces sortes d'études prêtent beaucoup à l'imagination, et il est à craindre que, parmi des résultats de grande valeur, on ne laisse échapper des divagations beaucoup moins intéressantes.

ÉSOTÉRISME. s. m. Ensemble des principes d'une doctrine ésotérique.

ÉSOUCHEMENT. s. m. Voy. Essouchement.

ESPACE. s. m. (lat. *spatium*, m. s.). L'étendue indéfinie. *Le temps et l'e. L'e. et l'étendue.* || Dans le langage ordinaire, se dit d'une étendue limitée et superficielle. *Un grand, un petit e. E. vide, rempli. L'e. d'une lieue. Ménager l'e. Il n'y a pas assez d'e. Ces espaces devraient être tous égaux.* || Absol., L'étendue dans laquelle se meut l'univers. *Les corps célestes roulent dans l'e. Parcourir les espaces.* — *Espaces imaginaires,* Espaces créés par l'imagination, hors du monde réel, pour y placer des chimères. Fig. et fam., *Voyager, se perdre dans les espaces imaginaires,* Se repaître d'idées chimériques. *Cet homme est toujours dans les espaces imaginaires.* || *Regard perdu dans l'e.,* Regard vague, qui ne se fixe pas. = Par anal., Un intervalle de temps. *Un grand e. de temps. Dans l'e. d'un an.* || T. Mécan. Ligne que l'on conçoit décrite par un point en mouvement. || T. Mus. Intervalle qui se trouve dans la portée entre les lignes. — Espace. s. f. T. Typogr. Petite pièce de même métal que les caractères servant à séparer les mots. Voy. Typographie. **Philos. et Géom.** — Voy. Étendue.

ESPACEMENT. s. m. Action d'espacer. || Distance qu'on laisse entre deux corps; s'emploie surtout en architecture et en typographie. *L'e. des solives, des colonnes. L'e. de ces lignes, de ces mots n'est pas régulier.*

ESPACER. v. a. Placer, ranger plusieurs choses de manière à laisser entre elles les espaces qui conviennent. *Le jardinier espacera régulièrement ces arbres. Ce compositeur n'espace pas bien les mots.* || T. Néol. Séparer par un intervalle de temps. *E. ses visites* || T. Maçonn. *E. tant plein que vide,* Laisser les intervalles égaux aux poteaux, aux solives, etc. = s'Espacer v. pron. Prendre de l'espace. || Ê.re espacé par un certain laps de temps *Vos visites s'espacent de plus en plus.* = Espacé, ée. part. *Colonnes bien espacées. Des lignes mal espacées.*

ESPADAGE. s. m. Action d'espader.

ESPADE. s. f. (prov. *espada*, épée). Sabre de bois pour battre le chanvre. || Façon que l'on donne au chanvre, après qu'il a été broyé.

ESPADER. v. a. Battre le chanvre sur le chevalet, avec l'espade.

ESPADEUR. s. m. (R. *espade*). Ouvrier qui nettoie et pare la filasse.

ESPADOLE. s. f. (R. *espade*). Instrument pour battre la filasse, avant de la passer au peigne.

ESPADON. s. m. (ital. *spadone*, dérive de *spatha*, m. s.). Voy. Épée et Escrime. || T. Ichth. Genre de poissons Téléostéens, remarquable par le museau qui est allongé en forme d'épée. Voy. Scombéroïdes.

ESPADONNER. v. n. (Pr. *espado-ner*). Se servir de l'espadon.

ESPADONNEUR. s. m. (Pr. *espado-neur*). Tireur d'espadon.

ESPADOT ou **ESPARDOT.** s. m. (Pr. *es-pa-dô*). T. Pêc. Sorte de crochet de fer fixé solidement à un bâton, et avec lequel on prend les poissons restés au fond des écluses.

ESPADRILLE. s. f. (Pr. les *ll* mouillées) (R. *sparte*). Espèce de chaussure dans laquelle l'empeigne est faite de grosse toile, et la semelle d'un tissu très serré de la stipe très tenace d'une graminée appelée vulgairement *sparte*.

ESPAGNE. Le mot E. vient du nom latin *Hispania*, donné par les Romains à la grande presqu'île qu'ils avaient d'abord dénommée *Hespérie* (pays du couchant), laquelle occupe l'extrémité sud-occidentale de l'Europe et n'est détachée de la terre d'Afrique que par l'étroit passage appelé successivement Colonnes d'Hercule, détroit de Calès (Cadix) et détroit de Gibraltar. Bornée au N. par les Pyrénées qui la séparent de la France et par le golfe Cantabrique ou de Gascogne ou de Biscaye; à l'O. et au S.-O. par l'Océan Atlantique; au S.-E. et à l'E. par la mer Méditerranée, la presqu'île Hispanique a à peu près la forme d'un quadrilatère d'environ 800 kil. de côté, entre le 36ᵉ et le 44ᵉ degré de latitude Nord et entre le 1ᵉʳ degré Est de Paris et le 12ᵉ degré Ouest. Mais, par suite de la création du royaume de Portugal sur les 4/5 de sa côte occidentale et sur une profondeur d'environ 200 kil., l'appellation d'E. n'appartient plus aujourd'hui qu'au grand État qui s'est formé du reste de la Péninsule.

Cette contrée est extrêmement montagneuse. Outre la chaîne qui forme la frontière franco-espagnole, et dont les pics principaux, de Corlitte, Maladetta, Cylindre et Pic du Midi, atteignent 2,500ᵐ d'altitude, les Pyrénées se prolongent de l'E. à l'O. parallèlement à la côte du golfe de Gascogne, sur tout le nord de l'E. sous les noms de monts Cantabres ou de Biscaye, des Asturies, de Galice, et viennent mourir aux caps Ortégal et Finisterre sur l'Atlantique. La chaîne des Asturies donne naissance vers le S. à la Sierra ou chaîne d'Elstredo qui se prolonge jusqu'à la frontière du Portugal entre les bassins du Minho et du Douro, tributaires de l'Atlantique. Plus à l'est, à la jonction des monts de Biscaye, se détache la chaîne des monts Ibériques, qui traverse en zigzag, du N. au S., la partie orientale de l'E., forme la ligne de partage des eaux entre l'Atlantique et la Méditerranée, et, après un coude vers l'O., sous le nom de Sierra Nevada (neigeuse), aboutit au détroit de Gibraltar. Les plus hauts sommets s'élèvent à 1,500ᵐ.

Au premier tiers de la chaîne Ibérique en venant du nord, se rattliènt vers l'O. les monts Carpétaniens, longue série de chaînes dont les plus célèbres sont la Somo-Sierra et la Guadarrama et qui, continués en Portugal sous le nom de Sierra d'Estrella, vont mourir au cap de Roca sur l'Atlantique, formant la séparation entre les bassins du Douro et du Tage. Une seconde série, parallèle à la précédente, monts de Tolède, d'Estramadure et Lusitaniens, qui aboutit à la pointe méridionale du Portugal (cap Saint-Vincent), sépare le Tage de la Guadiana. Enfin un 2ᵉ tiers de la chaîne Ibérique, la Sierra-

Morena, encore parallèle aux deux précédentes, sépare la Guadiana du Guadalquivir. Tous ces fleuves se jettent dans l'Atlantique.

Du côté de la Méditerranée, le fleuve le plus important est l'Èbre entre les Pyrénées et les monts Ibériques, dans la partie septentrionale, où ceux-ci sont le plus éloignés de la mer. Puis à mesure que la côte se resserre vers la montagne, se présentent des cours plus petits, le Jucar, la Segura, etc. A une centaine de kilomètres de cette côte s'alignent les îles Baléares : Iviça, Formentera, Cabrera, Majorque et Minorque.

L'Espagne proprement dite a une superficie de 465,000 kil.

Les premiers habitants de ce pays appartenaient à une race toute différente de la race Indo-Européenne ou Aryane, qui a peuplé le reste de l'Europe. Ces peuples, probablement des Atlantes, c.-à-d. hommes de l'Atlantique, semblent s'être appelés les Osques (ou Escaldunac), nom qui se retrouve dans Auch, Busques, Vascons, Gascous, et avoir formé, par des croisements : 1° les Ibères qui, demeurés dans la Péninsule, lui firent donner le nom d'Ibérie ; 2° les Ligures qui, contournant le golfe du Lion, établirent des colonies en Gaule et en Italie. Plus tard, des Celtes, venus de Gaule, ayant franchi les Pyrénées, se croisèrent avec les Ibères sous le nom de Celtibériens et donnèrent naissance à la Galice dans le N.-O. ; puis les Carthaginois, possesseurs de tout le nord occidental de l'Afrique, envahirent l'Espagne sous Asdrubal, s'on emparèrent, y bâtirent Carthagène et, s'étant servis de cette route pour attaquer Rome, y attirèrent finalement les légions romaines, qui réduisirent l'Espagne en province. Quand l'empire des Césars croula sous l'invasion des Barbares, l'Espagne fut souvent traversée par les hordes germaniques, dont les principales s'installèrent, les Suèves au N.-O. dans la Galice, les Vandales au sud dans la Bétique, à laquelle ils laissèrent le nom de Vandalitie, d'où Andalousie. Enfin, au V° siècle de notre ère, les Wisigoths ou Goths de l'Ouest, venus de l'Oural, déjà maîtres du midi de la Gaule et convertis au Christianisme, adjoignirent à leur empire la presque totalité de la presqu'île hispanique.

Au VII° siècle, une nouvelle invasion, venue cette fois d'Afrique, celle des Arabes, fonda le kalifat de Cordoue et rejeta les Goths sur les Suèves, dans le royaume d'Oviedo, au nord du Douro. Mais les princes francs, Charles Martel et Charlemagne, arrêtèrent le torrent arabe. Les fils des Goths (Hidalgos), dont le plus illustre est le Cid, continuèrent à le repousser sur le Tage, où ils formèrent les royaumes de Léon et de Castille, et au delà de l'Èbre, où s'étendit le royaume d'Aragon, lequel posséda même la Sardaigne et la Sicile. Vers le même temps, un prince français, Henri de Bourbon, gendre d'Alphonse VI de Castille, créait le royaume de Portugal, entre les embouchures du Minho et du Tage ; puis les quatre royaumes s'agrandirent parallèlement et simultanément vers le Sud, restreignant les Arabes au royaume de Grenade. En 1512, Léon, Castille et Aragon s'unirent en royaume d'Espagne par le mariage d'Isabelle de et de Ferdinand, et, par la prise de Grenade, chassèrent définitivement les Arabes de la péninsule (1492).

C'eût été l'honneur de l'E. d'avoir rejeté hors de l'Europe occidentale le fanatisme musulman, si cette lutte de sept siècles n'eût engendré un fanatisme contraire, celui du catholicisme intolérant. Nulle part la persécution religieuse connue sous le nom d'inquisition et les immolations de Juifs, de Maures et de mécréants, appelées en E. actes de foi (autodafés), n'atteignirent un développement comparable. Quoi qu'il en soit, c'est vers ce temps que l'E. acquit sa plus haute puissance. Un de ses rois, devenu à la fois empereur d'Allemagne sous le nom de Charles-Quint, fit prisonnier à Pavie son rival le roi de France, François Ier, mais la nation espagnole se montra vis-à-vis du vaincu — ce qui est sa note caractéristique entre les nations — chevaleresque au plus haut degré (1525).

Sa grande puissance d'alors (1492) lui permit d'accomplir la mission à laquelle la destinait sa position avancée vers l'Afrique et vers l'Océan, c'est-à-dire la découverte et la conquête du monde inconnu. Des marins et des guerriers à sa solde, Christophe Colomb, Amerigo Vespucci, Fernand Cortez, Magellan, Francesco Pizarro, découvrirent et conquirent successivement les Antilles, la Floride, le Mexique, toute l'Amérique du Sud, tandis que les Portugais, avec Vasco de Gama, contournaient le continent africain pour atteindre les Indes, puis la Malaisie, etc. Philippe II, fils de Charles-Quint, s'étant annexé le Portugal avec ses conquêtes, fit du monde entier un vaste empire espagnol « sur lequel le soleil ne se couchait jamais ».

L'œuvre accomplie, l'Espagne s'éteignit. La destruction de sa flotte l'Armada sur les côtes d'Angleterre lui porta le pre-

mier coup. La France de Henri IV et de Richelieu acheva de l'amoindrir dans la Franche-Comté et dans l'Artois. Enfin, le Portugal se détacha d'elle (1640). Un moment, son école de peinture brilla d'un vif éclat avec Velasquez et Murillo. Sa littérature fut considérable et inspira même notre Corneille, mais elle se répandit en une profusion d'œuvres plutôt qu'elle ne produisit des chefs-d'œuvre, sauf le Don Quichotte de Cervantès, satire des temps chevaleresques à leur déclin.

Un jour vint où l'E. eut épuisé ses rois. Elle eût pu sans doute trouver dans son sein des hommes dignes de la gouverner. Mais les lois de la monarchie voulaient, à la tête d'un peuple, plutôt un étranger, plutôt un enfant, pourvu qu'il fût de sang royal. On demanda l'un de ses petits-fils au roi de France, Louis XIV, qui déclara : « Il n'y a plus de Pyrénées » et l'ambassadeur d'E. se jeta aux pieds de son nouveau maître. Cette parenté de ses princes avec les Bourbons de France amena l'E. à lutter contre la Révolution française ; vaincue, elle fit la paix et renversa à son tour son roi absolu, mais devant la protection tyrannique de Napoléon elle retrouva ses plus beaux jours de gloire, et ses guerilleros exterminèrent lentement, mais sans faiblesse, pendant six années, les épiques légions qui avaient dompté l'Europe.

Aujourd'hui, après des révolutions sanglantes, après des réactions et des essais de république, l'E. est gouvernée par une monarchie constitutionnelle, ayant à sa tête un roi encore enfant sous la régence de sa mère, avec deux Chambres, les Cortès et le Sénat. La capitale est Madrid (300,000 hab.). Le pays est divisé administrativement en 49 provinces, dont les plus importantes villes sont Barcelone (260,000 hab.), Saragosse (60,000 hab.), Valence (90,000 hab.), Séville (80,000 hab.), Cadix (60,000 hab.), Grenade (62,000 hab.), Malaga (90,000 hab.). (Les noms portés en gros caractères sur notre carte sont ceux des anciennes grandes provinces, au nombre de 14, y compris les Baléares.) Par suite de l'insurrection de toutes ses colonies de l'Amérique du Sud, l'Espagne ne possède plus aujourd'hui que les îles Canaries, les présides de Ceuta, Mélilla et Ifni au Maroc, le Rio de Oro, sur la côte occidentale d'Afrique, les îles Fernando-Po et Annobon dans le golfe de Guinée, Cuba et Porto-Rico aux Antilles, enfin les Philippines, les Mariannes et les Carolines en Océanie. L'E. exporte surtout des vins et son sol est très riche en minerais. Sa population est de 17,000,000 d'habitants.

Liste chronologique des rois d'Espagne. — Ferdinand III, roi de Castille en 1217, y réunit le royaume de Léon, 1230. — Alphonse X, le Sage, 1252. — Sanche IV, 1284. — Ferdinand IV, 1295. — Alphonse XI, 1312. — Pierre le Cruel, 1350. — Henri II, 1369. — Jean Ier, 1379. — Henri III, 1390. — Jean II, 1406. — Henri IV, 1454. — Isabelle Ire, et son mari Ferdinand V, le Catholique, 1474 ; ce dernier ayant hérité de son père Jean II le royaume d'Aragon, et ayant conquis la Navarre, en 1512, la plus grande partie de l'Espagne se trouve réunie sous le même sceptre. — Charles Ier (Charles-Quint), 1516. — Philippe II, 1556. — Philippe III, 1598. — Philippe IV, 1621. — Charles II, 1665. — Philippe V, (de la maison de Bourbon), 1700. — Louis Ier, 1724. — Philippe V, de nouveau, 1724. — Ferdinand VI, 1746. — Charles III, 1759. — Charles IV, 1788. — Joseph-Napoléon, 1808. — Ferdinand VII, 1813. — Isabelle II, 1833. — Régence de Serrano, 1868. — Amédée Ier, 1870. — République, 1873. — Alphonse XII, 1874. — Alphonse XIII, 1886.

ESPAGNE (D'), général fr. né à Auch, tué à la bataille d'Essling (1766-1809).

ESPAGNEN. s. m. Plant d'une espèce d'olivier.

ESPAGNOL, OLE. adj. Qui est relatif à l'Espagne. = ESPAGNOL. s. m. Langue parlée en Espagne.

ESPAGNOLE. s. f. Jus très concentré que les cuisiniers préparent d'avance pour mettre dans les sauces.

ESPAGNOLETTE. s. f. [Pr. *es-pa-gno-lète*] (R. *espagnol*). T. Techn. Sorte de ratine fine fabriquée à l'origine en Espagne. || T. Serrur.

Techn. — On appelle *Espagnolette*, parce qu'il est, dit-on, originaire d'Espagne, un appareil qui sert à fermer les battants d'une fenêtre. Cet appareil consiste en une tige de fer, droite et ronde, qui est fixée sur le battant de droite et dont chacune des extrémités porte un crochet horizontal qui s'arrête dans une gâche creusée dans le châssis de la croisée. La tige est munie, à une hauteur convenable, d'un levier ou main en forme de poignée, qui tourne à volonté autour de son axe et qui s'engage dans un crochet ou crampon fixé dans le battant de gauche, pour tenir la fenêtre fermée. On a imaginé, depuis, une autre forme d'c. qu'on appelle *Crémone* et qui est fort employée. Dans ce système, la tige de fer ne porte plus de crochets à ses extrémités, et, au lieu de la faire tourner sur elle-même pour ouvrir ou fermer la fenêtre, elle est animée d'un mouvement vertical. Les deux extrémités sont taillées en biseau et s'engagent dans deux gâches de fer implantées dans le châssis. Un levier coudé ajusté à la tige verticale et placé à hauteur convenable, sert à élever ou à abaisser la tige, et par conséquent à ouvrir ou à fermer la fenêtre.

ESPALE. s. f. (ital. *spalla*, appui). T. anc. Mar. Distance de la poupe au banc de rameurs le plus en arrière.

ESPALET. s. m. [Pr. *espa-lè*] (ital. *spalla*, appui). La partie d'un chien de fusil qui lui sert d'appui quand il se débande.

ESPALIER. s. m. (lat. *palus*, pieu ou échalas). T. Jardin. || T. Mar. anc. Nom donné aux deux premiers forçats d'une galère qui réglaient le mouvement des autres. || T. Pêc. Morceaux de peau placés à l'entrée de la pantenne et la paradière.

Hortic. — On donne le nom d'*E.* à une rangée d'arbres fruitiers dont les branches sont étendues, couchées ou dressées, contre un mur, et assujetties à sa surface, soit avec des clous, soit au moyen d'un treillage. La culture en e. permet d'abriter aisément les arbres contre les intempéries des saisons, de les maintenir dans une atmosphère plus chaude, et par conséquent d'obtenir des fruits plus beaux, plus savoureux et plus hâtifs. Sous le climat de Paris, l'exposition la meilleure pour les espaliers est celle du sud un peu inclinée à l'ouest; viennent ensuite celles du sud, du sud-est et de l'est. Il est facile de comprendre que la première abrite complètement les arbres contre les vents froids du nord et du nord-est; c'est en même temps celle qui reçoit le plus longtemps des rayons solaires, lesquels sont réfléchis par le mur sur les espaliers dont il est tapissé. Les murs auxquels on adosse des espaliers peuvent être construits avec toute espèce de matériaux; il suffit seulement qu'ils ne présentent aucune crevasse où pourraient se loger des insectes nuisibles. De plus, on munit ordinairement de chaperons, fixes ou mobiles, afin de pouvoir, au besoin, garantir les sujets d'un excès de chaleur ou de froid. Les arbres auxquels ce mode de culture convient le mieux sont la vigne, le pêcher, l'abricotier, le poirier, le prunier et le cerisier. — On peut donner aux espaliers des formes extrêmement variées; néanmoins, la forme générale qui convient le mieux dans le plus grand nombre de cas, est celle du carré ou du rectangle, qui permet de couvrir toute la surface du mur sans aucune perte d'espace. En outre, les branches de chacun des arbres qui composent l'e. doivent être disposées avec la plus grande symétrie, afin que la circulation de la sève s'opère d'une façon aussi égale que possible. Enfin, il convient que les ramifications s'étendent également sur toutes les parties du mur; de cette manière, on réussit facilement à maintenir entre elles l'équilibre de la végétation et on leur fait produire des récoltes plus abondantes. La forme en V *ouvert* ou en *éventail* est une des plus employées, car elle est la plus facile à établir et la plus commode pour la taille; mais elle laisse perdre une grande partie du mur. C'est pour obvier à cet inconvénient grave que A. du Breuil a imaginé l'*éventail à branches convergentes*, où tous les rameaux secondaires internes, partis des deux branches du V, viennent joindre les rameaux opposés sur la ligne médiane du V, tandis que les externes vont correspondre à ceux de l'arbre voisin Cette forme, selon le savant horticulteur que nous venons de nommer, est applicable à tous les arbres en e.; mais elle exige des murs ayant au moins 3 mèt. 35 d'élévation. La forme en *palmette à double tige* présente deux branches verticales escortées de rameaux obliques qui ne laissent entre eux aucun vide: elle a, dit-on, été imaginée, en 1802, par l'Anglais Forsyth; mais plusieurs horticulteurs pensent qu'elle était anciennement pratiquée en France, et que Forsyth l'a simplement remise en honneur. La forme *parallélogrammique* ou *à la Dumoutier* permet à l'arbre de s'étendre et de couvrir un assez grand espace avec un fort petit nombre de sujets. La forme *carrée* présente également ce dernier avantage; néanmoins on lui reproche la direction verticale des branches inférieures, où la végétation est beaucoup plus active que dans les autres. La forme *en cordons* consiste en une tige verticale dont les branches se portent alternativement à droite et à gauche: elle est bonne sous tous les rapports, sauf pour les branches les plus inférieures. La forme *en cordon obli-*

que n'est applicable qu'aux pêchers; on plante ces arbres à 75 centim. de distance et on incline leur tige sous un angle de 45 degrés. Suivant A. du Breuil, qui l'a imaginée, on peut, au moyen de cette disposition, couvrir en trois ans un mur de 4 mètres de hauteur. Pour la vigne, la forme la plus avantageuse est celle qui est dite *en cordon horizontal* ou *à la Thomery.* Dans cette forme, les pieds sont plantés à 71 cent. de distance les uns des autres; on réserve un intervalle de 50 cent. entre chacun des cordons superposés, et l'on donne aux bras de chaque pied une longueur de 3 à 5 mètres, suivant la vigueur des variétés que l'on a choisies. — Quelquefois on place dans la plate-bande qui fait face à un espalier une rangée d'arbres fruitiers le plus souvent taillés en éventail; on a alors ce qu'on appelle un *Contre-espalier.* Tallemant des Réaux attribue l'invention de cette disposition au célèbre Arnaud d'Andilly.

Dans le principe, l'e. n'était qu'une sorte de haie soutenue par des pieux, et c'est de là qu'il a pris son nom. Ce mode de culture remonte au plus aux dernières années du XVIᵉ siècle, car Olivier de Serres en parle comme d'une chose nouvelle. C'est La Quintinie qui, au XVIIᵉ siècle, lui a donné la vogue.

ESPALION, ch.-l. d'arr. du dép. de l'Aveyron, à 32 kil. de Rodez, sur le Lot; 3,700 hab.

ESPALME. s. m. (R. *espalmer*). T. Mar. Suif mêlé au goudron employé à calfater la carène des vaisseaux.

ESPALMER. v. a. (lat. *expalmare*, frapper avec la main). T. Mar. Nettoyer, laver la carène d'un bâtiment, d'une embarcation, avant de l'enduire de suif ou autre matière. *E. une chaloupe.* On dit aussi, *E. une pompe, des roues d'affût,* etc., *avant de les peindre ou de les suiver.* = ESPALMÉ, ÉE. part.

ESPALMEUR. s. m. Celui qui étend l'espalme sur le bois ou sur la pierre.

ESPAR. s. m. (all. *sparren*, chevron). Levier qui sert pour la grosse artillerie. || T. Pêc. Forte perche plus menue qu'un mâtereau. || T. Vitic. Nom d'un cépage du dép. de l'Hérault. = ESPARS. s. m. pl. (all. *sparren*, chevron). T. Mar. Ce sont des mâtereaux de sapin, longs de 8 à 10 mèt., qu'on embarque comme pièces de rechange dans les bâtiments qui font des voyages de long cours. On les distingue en espars *simples* et en espars *doubles.* Les premiers ont de 10 à 12, et les seconds de 18 à 20 centim. de diamètre. Les mâts d'embarcation, les petits mâts de pavillon, etc., se font avec des espars.

ESPARCETTE. s. f. (esp. *esparcilla*, m. s.). Genre de plantes Dicotylédones (*Onobrychis*) de la famille des *Légumineuses.* Voy. ce mot. — Nom vulgaire du Sainfoin, dans plusieurs provinces.

ESPARCIER. s. m. Écluse mobile en bois ou en tôle qu'on fait manœuvrer à l'aide d'un manche, et dont on se sert pour fermer un rigolet d'irrigation.

ESPARER. v. a. Frotter les peaux avec du jonc.

ESPARGOUTTE. s. f. T. Bot. Nom vulg. de la Spergule.

ESPART. s. m. (all. *sparren*, chevron). Morceau de bois tourné, terminé par une boule, servant à tordre les écheveaux de soie, au sortir de la teinture. || T. Constr. Chacun des six morceaux de bois qui composent la civière à tirer le moellon.

ESPARTERO, duc de la Victoire, général et homme politique espagnol, régent pour la reine Isabelle de 1841 à 1844 (1792-1879).

ESPATAGE. s. m. La seconde opération par laquelle on réduit l'épaisseur du fer destiné à la tôle et déjà mis en plaque par le dégrossissage.

ESPATARD. s. m. (R. *épater*). Enclume et marteau de fonte qui arment un gros martinet dans une usine à fer. || Cylindre tranchant sous lequel on passe les barres de fer pour les couper dans le sens de leur longueur.

ESPÈCE. s. f. (lat. *species*, apparence). Division du genre; réunion d'individus de même nature, et offrant des caractères communs par lesquels ils se distinguent des autres groupes d'individus qui appartiennent au même genre. *Le genre et l'e. Les diverses espèces d'oiseaux, de poissons. Toutes les espèces d'arbres, de plantes. Il est unique en son e. Cette e. est propre à tel pays. Ces ossements appartiennent à une e. perdue. La nature veille à la conservation de l'e., des espèces.* — *L'e. humaine,* L'universalité des hommes, le genre humain ‖ Sorte, qualité. *Ces marchandises de toute e., de toutes les espèces. Quelle e. de drap est-ce-là? Voilà des poires d'une belle e. Je ne lui ai fait aucune e. de reproche. La magistrature est une espèce de sacerdoce. Quelle e. d'homme nous avez-vous amené? — Des gens de toute e., Des gens de tout état, de toute condition.* — Fam., *C'est une plaisante e. d'homme, une pauvre e. d'homme, une pauvre e.,* C'est un homme singulier, un homme peu intelligent, ou dont on fait peu de cas. On dit encore absol., dans ce dernier sens, *C'est une e.;* mais cette locution vieillit. — Ironiq. et fam., on dit d'un homme qui a ou qui affecte des opinions bizarres, extraordinaires : *C'est un sage d'une nouvelle e. C'est un philosophe d'e. nouvelle. C'est un fou de nouvelle e., d'e. singulière, etc.* — Famil., *Une e. de valet de chambre, une e. d'intendant, etc.,* Un homme qui, sans être proprement un valet, etc., en fait les fonctions. On dit aussi, mais toujours par dénigrement, d'un mauvais avocat, d'un mauvais auteur, etc. *C'est une e. d'avocat, une e. d'auteur.* ‖ T. Géom. *Triangle donné d'e.,* Celui dont les angles seulement sont donnés. — *Courbe donnée d'e.,* Courbe dont on donne la nature, ainsi que les rapports qu'ont entre eux les différents paramètres. ‖ T. Pharm. Substances végétales qui jouissent de propriétés analogues, et que l'on conserve mélangées pour l'usage. *Espèces amères, apéritives, carminatives, émollientes, pectorales, sudorifiques, vulnéraires,* etc. ‖ T. Jurisp. Le cas particulier sur lequel il s'agit de statuer. *Faites-nous connaître l'e. Voici l'e. Les circonstances changent l'e.* ⸗ *Espèces,* au plur., se dit des monnaies d'or et d'argent, par opposit. aux billets de banque et autres valeurs fiduciaires. *Les espèces d'or et d'argent. Les espèces qui ont cours. Faire un paiement en belles espèces, en espèces bonnes et valables,* et fam. *en espèces sonnantes.* ‖ T. Théol. Dans le sacrement de l'Eucharistie, *Les espèces sacramentelles. Les espèces du pain et du vin,* Les apparences du pain et du vin après la transsubstantiation. *Communier sous les deux espèces.* ⸗ Voy. GENRE et UNIVERSAUX.

Biol. — Les philosophes de l'antiquité et du moyen âge ne considéraient, dans la nature, que les individus. Dans son *Histoire des animaux,* Aristote employait déjà les mots de genre (γένος) et d'espèce (εἶδος) mais sans y attribuer aucune idée d'unité et en se servant indifféremment de l'une ou l'autre expression. On avait en effet les notions les plus vagues sur la génération des animaux et, jusqu'au XVIII° siècle, la confusion la plus grande régna dans la nomenclature des êtres vivants.

C'est principalement à Linné que revient le mérite d'avoir précisé la notion d'e. en se servant, comme caractère essentiel, du mode de reproduction des animaux. « Nous comptons, dit Linné, autant d'espèces qu'il est sorti de couples des mains du Créateur. » L'e. devenait, par là, l'unité organique par excellence ; on pouvait même dire qu'elle avait plus de réalité vraie que l'individu, puisqu'elle était immuable. Cette doctrine de l'immutabilité des espèces fut professée, en France du moins, jusqu'en ces derniers temps. Les variations que l'on constatait dans les animaux domestiques n'étaient que des divisions accidentelles, ne perdant jamais la faculté de se reproduire entre el.es. Pour expliquer la disparition d'un grand nombre de formes dans les temps géologiques, on croyait, d'après Cuvier, à des bouleversements de la surface de la terre, à la suite desquels de nouvelles espèces auraient été créées. Aujourd'hui, ces idées sont complètement abandonnées ; nous exposerons, au mot TRANSFORMISME, les considérations qui ont fait admettre la variabilité des êtres vivants. La conception de l'e. doit cependant être conservée comme base de toute classification.

ESPELETTE, ch.-l. de c. (Basses-Pyrénées), arr. de Bayonne ; 1,500 hab.

ESPEN (VAN), célèbre jurisconsulte belge, né à Louvain (1646-1728).

ESPÉRABLE. adj. Qui peut être espéré.

ESPÉRANCE. s. f. (R. *espérer*). Attente d'un bien qu'on désire, et qu'on croit qui arrivera. *Grande e. E. prochaine, éloignée. E. trompeuse. Vaine e. E. bien fondée, mal*

fondée. *E. fausse. Avoir e. Concevoir des espérances. Ce jeune homme donne de grandes espérances. Il a passé, il a surpassé, il a rempli, il a trompé mes espérances. Répondre aux espérances de quelqu'un. Être soutenu par l'e. Son cœur s'ouvrait à l'e. Il se flatte, on l'amuse de cette e. Se repaître, se nourrir d'e. Vivre d'e. Vivre en e. Renoncer à ses espérances. Perdre e. l'e., toute e. E. perdue. L'e. renaissait dans l'armée. Flotter entre la crainte et l'e. L'e. fait vivre.* ‖ Par extension, La personne ou la chose sur laquelle on fonde son e. *Ce fils est l'e. de toute sa famille. Vous êtes toute mon e. C'est là ma seule, mon unique e. Dieu est notre e.* — *Les espérances du laboureur,* Les récoltes. — *Avoir des espérances, de belles espérances,* Avoir, selon toute vraisemblance, un héritage, une belle succession à recueillir. ‖ T. Théol. *L'e., est l'une des trois vertus théologales.* Voy. VERTU. ‖ T. du calcul des probabilités. *E. mathématique.* Voy. PROBABILITÉ. ‖ T. Jeu. Nom d'un jeu de hasard qui se joue avec des dés.

Syn. — **Espoir.** — L'*Espérance* désire sans trop connaître l'objet de ses désirs et sans concevoir la possibilité de leur réalisation. L'*espoir,* au contraire, exprime un désir qui porte sur un objet précis et qui doit se réaliser prochainement. L'*espérance* désigne plutôt une disposition habituelle de l'esprit, tandis que l'*espoir* signifie un sentiment accidentel, une disposition passagère. Enfin, l'*espoir* portant sur quelque chose de bien déterminé, il en résulte qu'il est beaucoup plus ardent, et que sa non-réalisation cause un grand désappointement. L'*espoir* détruit peut mener au désespoir. L'*espérance* trompée ne nous laisse en général dans le cœur qu'un sentiment de peine.

ESPÉRANDIEU, architecte français, né à Nîmes (1820-1874).

ESPÉRANT, ANTE. adj. Qui espère.

ESPÉRER. v. a. (lat. *sperare,* m. s.). Attendre une chose qu'on désire, et que l'on croit qui arrivera. *E. une récompense, une succession. E. une meilleure fortune. Vous n'avez plus rien à e. On doit tout e. de la bonté de Dieu. Que pouvez-vous e. de lui? Je n'en espère rien de bon. J'espère obtenir cet emploi. J'espère le voir demain. J'espère vous avoir convaincu. J'espère que vous réussirez. J'espère pas qu'il revienne. Il n'espérait plus que vous viendriez.* — Absolum., *Il n'est pas défendu d'e. Vous ne me direz plus, j'espère, que je me suis trompé. Il y a plus à craindre qu'à e. E., c'est toute la vie.* — ESPÉRER. v. n. *E. en Dieu. J'espère en votre justice. Je n'espère qu'en vous. Peut-on e. de vous revoir bientôt? Que pensez-vous de notre malade? J'en espère bien.* ⸗ ESPÉRÉ, ÉE. part. ⸗ Conjug. Voy. CÉDER.

ESPÉRON (MONT DE L'), massif du Gévaudan où l'Hérault prend sa source ; 1,400 mètres.

ESPIÈGLE. adj. 2 g. et s. (all. *eulenspiegel,* mot à mot miroir à chouettes. Nom d'un héros de roman célèbre par ses facéties et tours d'adresse). Fin, malin, éveillé. *Un enfant e. Un tour d'e. C'est une petite e.* Fam.

ESPIÈGLERIE. s. f. (R. *espiègle*). Petite malice qu'on fait pour s'amuser. *C'est encore une e. de sa part. Cet enfant fait tous les jours de nouvelles espiègleries.* Fam.

ESPINASSE, général français tué à Magenta (1815-1859).

ESPINÇOIR. s. m. Marteau de paveur.

ESPINEL, romancier et poète espagnol (1551-1634).

ESPINGARD. s. m. Voy. ÉPINGARE.

ESPINGOLE. s. f. (all. *springen,* sauter). T. Marine. — Avant l'invention de la poudre, on appelait *Espringole* une espèce d'arbalète à tour que l'on plaçait en avant de l'infanterie et avec laquelle on lançait des pierres et des carreaux. Au XVI° siècle, on transforma ce mot en celui d'*Espingole,* et l'on se servit de ce dernier pour désigner d'abord une petite pièce d'artillerie, puis une arme à feu portative à canon court et évasé depuis le milieu jusqu'à la gueule. Prise dans ce dernier sens, l'esp. est la même arme que plus tard on a appelée *Tromblon.* On chargeait ordinairement cette arme d'une douzaine de balles. L'e. a été abandonnée de bonne heure dans l'armée française, parce que son tir manque de justesse, que sa portée est faible, et qu'en outre elle ne garde pas sa charge, pour peu qu'on l'incline la bouche en bas. L'e. se rencontre encore, sous le nom de *Trabuco*, entre les mains des contrebandiers et des bandits espagnols, et c'est à cette circonstance que ces derniers doivent le nom de *Trabucaires* qu'on leur donne quelquefois.

ESPINOUSE (MONT DE L'), massif des Cévennes méridionales; 1,100 mètres.

ESPION, IONNE. s. (R. *épier*, autref. *espier*). Celui, celle qui se mêle parmi les ennemis pour épier, et, en général, personne qui est chargée d'observer les actions, les discours d'autrui pour en faire son rapport. *Entretenir des espions. Un e. de police. Il lui sert d'e. auprès d'un tel. E. domestique. E. double*, Qui sert à la fois les deux partis. || Merle d'Afrique très rusé. = Syn. Voy. ÉMISSAIRE.

ESPIONNAGE. s. m. [Pr. espi-o-na-je]. Action d'espionner : métier d'espion. *L'e. est un métier infâme.*

Législ. — Les articles 206 du code de justice militaire pour l'armée de terre et 264 du code de justice militaire pour l'armée de mer, punissent de mort, avec dégradation militaire, s'il y a lieu, l'e. pratiqué en temps de guerre. Jusqu'en 1886, l'e. en temps de paix n'était passible d'aucune peine; la loi du 17 avril 1886 est venue combler cette lacune; elle punit d'amende, d'emprisonnement, d'interdiction des droits civiques, civils et de famille et d'interdiction de séjour tout individu, fonctionnaire public ou simple particulier, qui se rend coupable d'e.; elle exempte toutefois de la peine qu'il encourt personnellement le coupable qui, avant toute poursuite commencée, révèle l'existence du délit aux autorités administratives ou de police judiciaire, ou qui, même après les poursuites commencées, procure l'arrestation des coupables ou de quelques-uns d'entre eux (art. 10).

ESPIONNEMENT. s. m. [Pr. espi-o-neman]. Action d'espionner.

ESPIONNER. v. a. [Pr. espi-o-ner]. Épier les actions, les discours d'autrui, pour en faire son rapport. *E. les ennemis. Prenez garde à vous, on vous espionne. On espionne toutes vos démarches.* — Absol., *Ne lui fait qu'e.* = S'ESPIONNER. v. pron. S'observer l'un l'autre. == ESPIONNÉ, ÉE. part.

ESPIRITO-SANTO. prov. du Brésil, 101,000 hab.; ch.-l. Nossa-Senhora-da-Vittoria.

ESPLANADE. s. f. (ital. *spianata*, m. s.; du lat. *planus*, uni). Espace uni et découvert situé au-devant d'un édifice, et particulièrement au-devant d'une citadelle. *L'e. des Invalides. Une vaste e.* Voy. FORTIFICATION. || T. Artill. Madriers sur lesquels on place les batteries de canon. || T. Fauconn. Route de l'oiseau qui plane.

ESPLANDIAN. s. m. Coquille univalve appartenant au genre Cône.

ESPOIR. s. m. (lat. *spes*, m. s.). Espérance. *Mettre son e. en Dieu. E. trompeur. Vain e. Doux e. L'e. qui le flatte. L'e. d'une récompense, d'être récompensé. Je n'avais d'e. qu'en vous. C'est là mon dernier e. Vous êtes son dernier e.* L'Académie déclare que ce mot n'a pas de pluriel. == Syn. Voy. ESPÉRANCE.

ESPOLE ou **ESPOULE.** s. f. (h.-all. *spuolo*, navette). T. Techn. Fil de la trame d'une étoffe.

ESPOLETTE ou **ESPOULETTE.** s. f. (R. *espole*). Fusée de projectile creux. || Sorte de mèche qui sert à mettre le feu aux bombes et obus.

ESPOLEUR. s. m. Ouvrier qui charge et dispose les espolins.

ESPOLIN ou **ESPOULIN.** s. m. (h.-all. *spuolo*, navette). Petit tube de roseau sur lequel on dévide le coton, la laine ou la soie, pour la trame des étoffes. || Sorte de navette qui contient la dorure et la soie propres à broder.

ESPOLINAGE ou **ESPOULINAGE.** s. m. Action d'espoliner.

ESPOLINANDE ou **ESPOULINANDE.** s. m. Ouvrier qui charge ou dispose les espoulins.

ESPOLINER ou **ESPOULINER.** v. a. Travailler avec les navettes appelées espoulins.

ESPONTE. s. f. Partie de houille qu'il n'est pas permis d'exploiter à la limite de la concession, afin d'éviter le passage des eaux d'une houillère dans une autre.

ESPONTON. s. m. (ital. *spontone*, m. s., du lat. *punctum*, point). T. Art milit. || T. Serrur. Partie basse d'un barreau de grille, qui est arrondie en diminuant comme un fuseau.

Art milit. — L'*Esponton* ou *Sponton* est une sorte de demi-pique que portaient autrefois, c.-à-d. sous les règnes de Louis XIII, de Louis XIV et de Louis XV, nos officiers de dragons et d'infanterie, et qui était un des insignes de leur grade. Sa longueur réglementaire avait été fixée, pour les troupes à pied, à 2 m. 45 ou 2 m. 60, y compris la lame, qui comptait 0m,32 (ord. 10 mai 1690). En 1710, cette arme fut retirée aux officiers subalternes et réservée aux officiers supérieurs, qui la conservèrent jusqu'en 1758.

ESPOULE, ESPOULETTE, ESPOULINAGE, etc. Voy. ESPOLE, ESPOLETTE, ESPOLINAGE, etc.

ESPRESSIONE. [Pr. es-pres-si-o-né]. T. Mus. *Con e.*, mots italiens qui signifient : avec expression.

ESPRESSIVO. [Pr. es-pres-si-vo]. T. Mus. Mot italien qui signifie expressif : c.-à-d. qui doit se chanter ou se jouer avec expression.

ESPRINGALE. s. f. (all. *springen*, sauter). Espèce de fronde dont on se servait anciennement dans les armées. || Arbalète à tour qui lançait des pierres et des carreaux, et qui était en usage au XIVe siècle.

ESPRIT. s. m. (lat. *spiritus*, souffle). Substance incorporelle et consciente d'elle-même. — Se dit de Dieu, de l'âme humaine, pendant la vie et après la mort; des anges, etc. *Dieu est un e. E. incréé. L'âme est un e. incarné dans un corps. Le Saint-Esprit, l'E. consolateur, l'E. vivifiant*, Noms que l'on donne à la troisième personne de la Trinité. || Par ext., se dit d'êtres imaginaires qu'on supposait en général revêtus d'un corps aérien. *L'e. lui parla ainsi. Croire aux esprits. — E. familier.* Voy. FAMILIER. *E. follet*, Voy. LUTIN. || Vertu, Puissance surnaturelle qui agit sur l'âme, qui opère dans l'âme. *Moïse était éclairé de l'esprit de Dieu.* — Grâce, don de Dieu qui nous inspire le sentiment, nous doue de tel avantage. *L'e. de conseil, de force, de science, de piété. L'e. de prophétie. || L'âme. L'e. est plus noble que le corps. Saint Paul fut ravi en e.* — Rendre l'e., Mourir. — En T. Écrit. sainte, *Esprit* s'emploie absol., par opp. à la chair. *Les fruits de la chair sont l'adultère, l'impureté, etc., et les fruits de l'e. sont la charité, la tempérance, la joie, la paix, etc. L'e. est prompt et la chair est faible. || L'ensemble des facultés intellectuelles. Grand e. E. ferme, mâle, solide, éclairé, net, subtil. Petit e. E. faible, grossier, confus, embrouillé, superficiel. E. présent, distrait. E. crédule, superstitieux. E. juste, droit. E. de travers. E. étendu, méthodique. E. orné. Force, netteté, justesse, élévation d'e. Les dons de l'e. Appliquer, mettre, exercer, occuper, employer son e. à quelque chose. Cultiver son e. Ces pensées me fatiguent l'e. S'alambiquer l'e. Ne mettez pas cela dans votre e., ôtez cela de votre e.* — Perdre l'e., Devenir fou, ou, par exagér., Être tellement troublé qu'on ne sait ce que l'on fait. — S'emparer de l'e. de quelqu'un, Arriver à dominer entièrement quelqu'un, de sorte qu'on lui fait faire ce qu'on veut. — En e., Par la pensée, en imagination. *Je suis toujours en e. au milieu de mes enfants. || Se dit quelquefois simplement de l'attention, de la présence d'esprit. On avait l'e. donc, quand il a fait une question si déplacée?* — Fig. et prov., *Il a l'e. aux talons*, se dit d'un homme qui, par étourderie, par préoccupation, ne pense point à ce qu'il fait. || Signifie quelquefois le jugement seul. *Il n'a pas l'e. de diriger ses affaires.* || Se dit aussi de l'imagination seule. *E. brillant. Il a l'e. inventif, fécond, l'e. stérile. Il a un tour d'e. agréable.* || Signifie quelquefois, au contraire, la conception seule. *Avoir l'e. ouvert, bouché. Il n'a pas eu l'e. de m'entendre.* || Se dit également de la facilité de la conception et de la vivacité de l'imagination. *Il a l'e. vif, l'e. pesant, lourd, paresseux. Il a beaucoup d'e., mais point* *de jugement. Montrer de l'e. C'est un homme d'e.*, de *beaucoup d'e. Une femme d'e.* — Fig. et fam., *Avoir de l'e. au bout des doigts*, Être adroit aux ouvrages de la main. *Avoir de l'e. jusqu'au bout des doigts*, Avoir beaucoup d'e., faire paraître de l'e. jusque dans les plus petites choses. || Se dit encore des pensées fines, ingénieuses, piquantes. *Il n'y a point d'e. dans ce livre, dans ce discours, dans cette réponse. L'auteur de cette pièce a dépensé beaucoup d'e. en pure perte.* — *Faire de l'e., courir après l'e.*, Chercher à montrer de l'e. || *Trait d'e.*, Mot piquant, spirituel, brillant. || *Présence d'e.*, Facilité à prendre rapidement une résolution dans une circonstance difficile ou dangereuse, à ne pas laisser sa volonté s'anéantir par l'effet de l'émotion. || Le caractère, l'humeur. *E. modéré, facile, souple, insinuant, volage. E. fâcheux, inquiet, brouillon, remuant, turbulent, dangereux, factieux. On ne peut vivre avec cet homme-là, je ne sais quel esprit c'est.* || La disposition, l'aptitude qu'on a à quelque chose. *Cet homme a l'e. du jeu. Avoir l'e. des affaires, du commerce. Il a l'e. de chicane. E. de conduite. Il porte en toutes choses un e. de système, un e. d'analyse.* — *E. de vertige*, État d'égarement, d'erreur, de fascination. — *E. du monde*, Humeur égale, manières affables, habitudes de complaisance et de ménagement. || Le principe, le motif, l'intention, les vues par lesquelles on dirige sa conduite. *E. de concorde, de paix, de charité. E. d'ordre, d'économie. E. d'ordre, d'économie. E. de haine, de vengeance.* = *E. national*, Les opinions, les dispositions qui dominent dans une nation. On dit dans un sens anal., *L'e. du siècle.* — *E. public*, Opinion qui se forme dans une nation sur les objets qui intéressent sa gloire et sa prospérité. — *E. de corps*, Attachement des membres d'une corporation aux opinions, aux droits, aux intérêts de la compagnie. — *E. de retour*, L'intention qu'une personne éloignée de son pays conserve d'y retourner un jour. Par ext., cette loc. se dit quelquefois de certains animaux domestiques, tels que les pigeons, etc. — *Avoir l'e. de son état, l'e. de son âge*, Connaître ce qui convient à la condition, à l'âge où l'on est, et s'y conformer. || Le sens d'un auteur, d'un texte, d'un passage, d'un rôle. *Vous n'avez pas saisi l'e. de cet auteur. Ce n'est pas là l'e. de ce passage. Vous oubliez l'e. de votre rôle. Il faut consulter l'e. de la loi, et non s'attacher à la lettre.* Dans ce sens, on dit prov., *La lettre tue et l'e. vivifie.* — Le genre, la manière d'un auteur. *Il a voulu imiter cet auteur, mais il n'en a pas saisi l'e.* — *L'e. d'un auteur*, se dit encore d'un recueil de pensées choisies, extraites des ouvrages d'un auteur. *L'e. de Montaigne, de J.-J. Rousseau.* || Idée sommaire de l'intention dans laquelle une lettre a été écrite, un livre a été composé, etc. *Si ce n'est pas là le texte de sa lettre, c'en est du moins l'e.* Il se dit quelquefois d'une personne considérée par rapport à la nature de son esprit. *C'est un bon e., un bien pauvre e. C'est un des meilleurs esprits de l'assemblée.* — *Un bel e.*, se disait autrefois d'un homme qui se distinguait par l'élégance et la finesse de sa conversation ou de ses écrits. *C'est un bel e., un de nos beaux esprits*; mais aujourd'hui cette loc. ne se dit guère que par ironie. *Messieurs les beaux esprits.* On dit aussi, *Une femme bel e.*, Une femme qui a des prétentions à l'e. — *Un e. fort*, Une personne qui se pique de ne pas croire les dogmes de la religion; et, dans un sens plus général, quiconque veut se mettre au-dessus des opinions et des maximes reçues. *C'est un e. fort. Les prétendus esprits forts.* || *Esprits*, au plur., se dit d'une nombreuse réunion de personnes considérées par rapport aux passions, aux dispositions qui leur sont communes. *Une grande fermentation régnait dans les esprits. Échauffer, remuer, égarer, calmer, éclairer les esprits. Il se fit une grande révolution dans les esprits.* || Se dit encore, au plur., de petits corpuscules légers, subtils et invisibles, qu'on supposait doués de la faculté de porter la vie et le sentiment dans les diverses parties du corps. *Esprits vitaux. Esprits animaux. La perte, la dissipation des esprits animaux, des esprits.* Diverses loc. dérivées de cette doctrine se sont conservées dans le langage ordinaire. *La peur glace les esprits. Il fut longtemps après sa chute, avant que de reprendre ses esprits.* — Fig., *Reprendre ses esprits*, Se remettre du trouble, de l'émotion, etc., que l'on éprouvait. *Laissez-lui reprendre ses esprits.* || T. Gram. grec. *E. rude*, Signe qui marque aspiration (῾); *E. doux*, Signe qui marque absence d'aspiration (᾿).

Chim. — Les anciens chimistes donnaient le nom d'*Esprits* aux produits liquides que l'on obtient par la distillation, et plus particulièrement aux alcools chargés par ce procédé de principes aromatiques ou médicamenteux; dans ce dernier cas, ils se servaient aussi de l'expression *Eaux spiritueuses.* Quoique ce dernier terme soit aujourd'hui banni du langage scientifique, *Esprit* est resté en usage pour désigner certains composés chimiques et diverses préparations pharmaceutiques. Voici la liste des plus employés : *E. d'ammoniaque*, Voy. AMMONIAQUE. — *E. ardent*, Alcool très rectifié. — *E. de bois*, Voy. MÉTHYLIQUE. — *E. de corne de cerf, E. de Mindérérus*, Voy. AMMONIAQUE. — *E. de nitre, E. de nitre dulcifié*, Voy. AZOTE. — *E. pyro-acétique, E. pyroligneux*, Voy. PYROLIGNEUX. — *E. de sel*, Acide chlorhydrique. Voy. CHLORE. — *E. de soufre*, Acide sulfureux. Voy. SOUFRE. — *E. de Sylvius*, Voy. AMMONIAQUE. — *E. de vin*, Voy. ALCOOL. — *E. de vinaigre*, syn. de *Vinaigre radical.* Voy. ACÉTIQUE. — *E. de vitriol*, Acide sulfurique. Voy. SOUFRE. — *E. volatil. E. volatil de corne de cerf. E. volatil de soie crue*, Voy. AMMONIAQUE.

ESPRONCÉDA (José DE), littérateur espagnol (1808-1848).

ESPROT. s. m. (angl. *sprot*, nom de l'animal). T. Icht. Petite espèce de Hareng, appelée encore *Harenguet.* Voy. HARENG.

ESQUAQUE. s. f. [Pr. *è-koua-ke*]. T. Ichth. Un des noms vulgaires du squale ange.

ESQUENIS. s. m. T. Mar. La sellette des calfats.

ESQUICHADO. s. m. [Pr. *es-koui-tcha-do*] (mot esp.). Figure trempé dans un jus aromatique, puis pressé de manière à lui donner une forme carrée.

ESQUICHER (S'). [Pr. *eski-cher*] (provenç. *esquicha*, comprimer). v. pron. T. Jeu de reversi, qui sign. que, dans le cas où l'on a la carte supérieure et la carte inférieure de la couleur dont on joue, on préfère donner la dernière, afin de ne pas prendre la main. *Il ne fait que s'e.* — On dit aussi quelquefois neutral., *Il esquiche sans cesse.* || Fig. et famil., Éviter de dire son avis, de prendre part à un débat. *Il a senti la difficulté, et s'est esquiché.*

ESQUIF. s. m. (allem. *schiff*, bateau : même origine que le grec σκάφη, barque). Petite barque, petit canot. *Un frêle e.* || *Jouet des événements comme une barque est le jouet des vents.* || T. Poétiq. *Noir e.*, La barque de Caron, nocher des enfers.

ESQUILIN (Mont), une des 7 collines de l'anc. Rome.

ESQUILLE. s. f. [Pr. *es-ki-lle, ll* mouillées] (gr. σχίδιον, petit éclat de bois, de σχίζειν, fendre). Petit fragment qui se détache d'un os fracturé ou carié.

ESQUILLEUX, EUSE. adj. [Pr. *es-ki-lleu, ll* mouillées]. T. Méd. Qui se brise en esquilles; qui est garni d'esquilles.

ESQUILLOSITÉ. s. f. [Pr. *es-ki-llo-zité, ll* mouillées]. Caractère de ce qui est esquilleux.

ESQUIMAN. s. m. [Pr. *es-koui-mann*] (all. *schiff*, bateau; *mann*, homme). T. Mar. Quartier-maître.

ESQUIMAUX, peuples de l'Amérique septentrionale (Groenland, Labrador).

ESQUINANCIE. s. f. (gr. κυνάγχη, m. s., mot à mot, collier de chien). T. Méd. Inflammation de la gorge. Syn. d'*Amygdalite.* Voy. ANGINE. || T. Vét. Inflammation des glandes de la ganache chez les jeunes chevaux.

ESQUINE. s. f. (corrupt. d'*échine*). T. Manège. Les reins du cheval; ne s'emploie que dans ces locut., *Un cheval for. d'e. Un cheval faible d'e.*

ESQUINE. s. f. (R. *squine*). T. Bot. Plante d'Amérique dont la racine est employée comme médicament.

ESQUIPOT. s. m. (R. *pot*). Espèce de tirelire, de petit

ESQUINTER. v. a. [Pr. *es-kin-ter*] (bas-lat. *exquintare*, partager en cinq). T. Néol. Échiner, éreinter. = ESQUINTÉ, ÉE. part.

tronc où l'on dépose de l'argent. Fam. || Masse déposée par les joueurs.

ESQUIROL, médecin aliéniste français, né à Toulouse (1772-1840).

ESQUIROS, littérateur et homme politique français né à Paris (1814-1876).

ESQUISSE. s. f. (ital. *schizzo*, jet). Premier trait d'un dessin ; essai en petit d'un ouvrage de peinture. *Tracer une e. au crayon, au pinceau*, etc. *Faire l'e. d'un tableau. Les esquisses de ce peintre sont fort recherchées.* || T. Sculpt. Le premier modèle, de terre ou de cire, d'un bas-relief qu'on se propose d'exécuter. || Composition peinte à la grosse, devant servir de projet à un tableau. || Se dit aussi des ouvrages d'esprit. *L'e. d'un poème, d'un ouvrage dramatique.* || T. Techn. Nom donné dans l'industrie des tissus aux dessins régularisés. = Syn. Voy. ÉBAUCHE.

ESQUISSER. v. a. Faire une esquisse ; se dit au prop. et au fig. E. *une figure, un paysage. Je n'ai pas encore fait l'e. mon tableau. Cet ouvrage n'est qu'esquissé. E. à grands traits.* — En parlant d'un tableau, on dit plutôt *Faire l'e.*, qu'*Esquisser*. ≈ ESQUISSÉ, ÉE. part.

ESQUIVE. s. f. Sorte de galette que forme la terre en se séchant sur les formes de sucre.

ESQUIVEMENT. s. m. Action d'esquiver.

ESQUIVER. v. a. (R. *esquif*). Éviter adroitement ; ne se dit que d'un coup, d'un choc. *Il me porta un coup que j'esquivai.* — Absol., *Il poussa son cheval contre moi, j'esquivai adroitement.* || Fig., se dit des personnes, des rencontres, des difficultés, etc. *C'est un importun que j'esquive autant que je puis. Ce sont de fâcheuses occasions, il faut les e. Ce n'est pas résoudre la difficulté, ce n'est que l'e. E. un combat.* ≈ s'ESQUIVER, v. pron. Se retirer, sans rien dire et en évitant d'être aperçu, d'une compagnie, d'un lieu où l'on ne veut pas demeurer. *Le coup fait, il s'esquiva. On voulait le retenir, mais il parvint à s'e.* ≈ ESQUIVÉ, ÉE. part.

ESSAI. s. m. (lat. *exagium*, pesage). Épreuve qu'on fait de quelque chose. *Faire l'e. d'une machine, d'un remède, d'une arme à feu. Faire un e. Donner, prendre à l'e.* || Petite portion de quelque chose, qui sert à juger du reste. *Envoyer des essais de vin. Prendre des essais de chasse.* Peu us. ; on dit aujourd'hui *Échantillon.* || Petite bouteille qui contient une quantité de vin à peu près suffisante pour juger de sa qualité, et petite tasse où l'on met du vin pour le goûter. || Par anal., se dit des premières productions d'un auteur ou d'un artiste sur quelque sujet, pour voir si l'on y réussira. *Il a voulu montrer par cet e. qu'il était capable de réussir en quelque chose de plus important. Faire l'e. en petit d'un tableau, d'un bas-relief.* — *Coup d'e.*, le premier essai qu'on fait en quelque chose. *Son coup d'e. fut un coup de maître.* || *Essai*, employé dans le titre d'un ouvrage, signifie, tantôt que l'auteur effleure simplement différents sujets, tantôt que l'auteur, bien que traitant un sujet particulier, n'a pas la prétention de l'approfondir, de l'épuiser. *Essais de morale et de littérature. Essais de Montaigne. E. sur la peinture.* Quelquefois l'auteur donne à son livre ce titre d'*Essai*, soit par modestie, feinte ou réelle, soit pour indiquer que cet ouvrage est son début. *Essais poétiques.* || T. Chasse. Écorchures que font aux branches faibles et flexibles les cerfs qui sont près de toucher au bois. || T. Monn. Premières pièces frappées avec coins nouveaux. || T. Techn. Opération ayant pour objet de déterminer la grosseur des fils provenant des matières textiles. || Ensemble des écheveaux qui vont subir ou qui ont subi cette opération. || Ustensile quelconque destiné pour le travail de l'essayeur de fil. || Morceaux de verre que l'on fait près des fourneaux où l'on cuit la peinture sur verre pour suivre les progrès de la cuisson. = Syn. Voy. ÉPREUVE.

Chim. — I. On donne le nom d'*Essai* à l'opération chimique qui a pour objet de déterminer la nature des éléments qui entrent dans la composition d'un corps, en n'opérant que sur des parcelles de ce corps. Indépendamment de leur utilité au point de vue industriel, les essais ont une importance scientifique très considérable, puisque leurs résultats sont nécessairement la base de toute détermination et de toute classification minéralogiques. Les essais ont lieu de deux manières, par la *voie*

sèche ou par la *voie humide*. — Les essais par la *voie sèche* se font à l'aide du feu, soit presque toujours au moyen du chalumeau, soit seul, soit secondé par des réactifs. Avec le chalumeau, on exécute les différentes opérations qui, dans les laboratoires, nécessitent l'emploi des fourneaux, telles que les évaporations, les fusions, soit simples, soit avec des fondants, les calcinations ou les grillages, soit qu'on recueille les produits pour les examiner à part, soit qu'on puisse les distinguer immédiatement par quelques caractères, etc. Les différents réactifs dont on se sert dans les essais par la voie sèche, ont pour but de désoxyder les corps en tout ou en partie, et de les ramener ainsi à un état qui puisse fournir des caractères décisifs ; de dégager un principe en s'emparant de celui avec lequel il était combiné ; de décomposer des sels insolubles, en forçant leur acide à se combiner avec une base alcaline ; de former des verres qui, se trouvant alors transparents ou opaques, limpides ou colorés de diverses manières, fournissent autant de moyens de reconnaître la nature de la substance soumise à l'e. ; et enfin, de former, par la fusion, de nouveaux composés susceptibles d'être attaqués par les acides. — Pour opérer par la *voie humide*, il faut que les substances minérales soient préalablement mises en solution. Il en est un petit nombre qui se dissolvent dans l'eau, d'autres qui sont attaquables par les acides, d'autres qu'il est nécessaire de fondre d'abord avec le carbonate de soude, lequel forme d'une part un sel alcalin qui se dissout dans l'eau, et de l'autre un carbonate basique qui se dissout par les acides. Enfin, il est des substances qui ont besoin d'être préalablement fondues avec la soude, pour pouvoir être attaquées par l'eau, ou mieux par les acides. Il y a des solutions qui exigent un peu de chaleur ; mais ceci ne change rien à la nature de l'e.; car ce qui caractérise essentiellement les essais par la voie humide, c'est qu'on agit sur des substances en dissolution. Il ne peut entrer dans notre cadre de décrire ces opérations qui constituent l'un des principaux objets de la minéralogie ; on les trouvera dans tous les traités relatifs à cette science ; mais nous dirons quelques mots des essais qui servent à déterminer le titre des matières d'or et d'argent, c.-à-d. la proportion des éléments divers qui entrent dans les alliages de ces deux corps, car tout le monde sait qu'on n'emploie presque jamais ces deux métaux à l'état de pureté.

II. **Matières d'argent**. — Les essais des matières d'argent se font tantôt par la voie sèche, tantôt et le plus souvent par la voie humide.

1° L'analyse des alliages d'argent et de cuivre *par la voie sèche* est fondée sur la propriété que possède l'argent de ne pas s'oxyder, quand on le maintient fondu au contact de l'air, tandis que, dans les mêmes circonstances, le cuivre s'oxyde entièrement. Mais pour séparer complètement le cuivre oxydé d'avec l'argent, il faut ajouter à l'alliage une certaine proportion de plomb. Ce métal, en s'oxydant, se transforme en litharge liquide qui dissout l'oxydule de cuivre. L'opération se fait dans de petites capsules à parois épaisses appelées *Coupelles*, qui se fabriquent avec des cendres d'os calcinés à blanc. On réduit ces cendres en pâte en les humectant d'un peu d'eau, puis on comprime cette pâte dans des moules qui lui donnent la forme voulue (Fig. 1). Ces cupels sont très poreuses, de sorte que la litharge en fusion, avec l'oxyde de cuivre qu'elle contient, s'imbibe dans leurs parois, tandis que l'argent pur reste seul dans la coupelle sous forme de

Fig. 1.

bouton. Les coupelles en usage pèsent de 12 à 14 grammes, et peuvent en général absorber leur poids de plomb. La quantité de plomb qu'on ajoute est d'autant plus grande que la proportion de cuivre est elle-même plus considérable. En effet, il faut qu'après avoir dissous l'oxyde de cuivre, la litharge conserve assez de fluidité pour s'imbiber aisément dans la coupelle. Si l'absorption n'a pas lieu, la litharge recouvre le métal et l'oxydation s'arrête ; on dit alors que l'e. est *noyé*. La *prise d'essai*, c.-à-d. la quantité d'alliage que l'on prend pour expérimenter, est ordinairement de 1 gramme. L'or, l'expérience a démontré qu'il faut ajouter à ce poids, selon les titres, les quantités de plomb suivantes :

Argent à 1000	0,5 grammes.
950	3,0
900	7,0
800	11,0
700	12,0
600	14,0
500 à 100	16 à 17 gram.

L'usage de ce tableau suppose que l'on connaît approximativement d'avance le titre de l'alliage, et c'est en effet ce qui arrive le plus souvent. Quand il en est autrement, on fait un e. préliminaire en coupellant un décigramme de l'alliage avec un gramme de plomb.

La *Coupellation* s'exécute dans une espèce de fourneau portatif à réverbère, dit *Fourneau à coupelle*, dont la Fig. 2 représente une section verticale. Ce fourneau se fait ordinairement de terre réfractaire, et l'on en relie les différentes parties avec des armatures de fer. On y distingue le *Cendrier*, C, le *Laboratoire*, L, et le *Dôme*, D. Ce dernier est surmonté d'un tuyau de tôle, T, destiné à activer le tirage. Cette

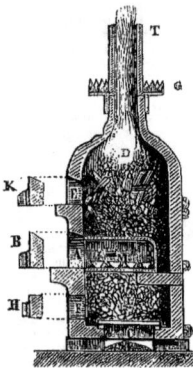

cheminée porte en outre une galerie, G, sur laquelle on fait sécher les coupelles à mesure qu'on les façonne. Le dôme et le laboratoire ont chacun une ouverture, E, F, par lesquelles on introduit le combustible, et qu'on ferme au moyen de tasseaux de terre cuite, H, K. Enfin, on voit en M la partie la plus importante du fourneau, c.-à-d. le *Moufle*. C'est une sorte de petit four de poterie, demi-cylindrique, fermé à l'une de ses extrémités et disposé, dans le laboratoire, de manière à pouvoir être complètement entouré de combustible. Son ouverture correspond à l'ouverture A du fourneau, et peut être exactement

Fig. 2.   Fig. 3.

fermée par le tasseau B. Enfin, ses parois sont munies de fentes longitudinales pour permettre à l'air de s'introduire librement dans son intérieur (Fig. 3, Moufle isolé). Après avoir chargé et allumé le fourneau, on dispose dans le moufle les coupelles destinées à l'e.; puis, quand elles sont chaudes et que l'intérieur du moufle paraît d'un rouge légèrement blanc, on y introduit, à l'aide d'une petite pince, appelée *Brucelles*, une portion du plomb qui doit être ajouté à chaque e., et, dès que ce plomb est fondu, on introduit la prise d'e. avec le reste du plomb. Bientôt toute la masse métallique entre en fusion, le plomb et le cuivre s'oxydent, et l'oxyde de plomb dissout celui de cuivre à mesure que ce dernier se produit, puis il s'infiltre dans les parois de la coupelle, tandis que l'argent reste seul sous la forme d'un bouton métallique. Pendant la durée de l'opération, il se dégage des vapeurs blanches, dues à la volatilisation d'une partie du plomb, qui s'oxydent dans l'air. La surface du bain se recouvre d'une pellicule et de petits globules d'oxyde fondu qui se meuvent avec rapidité. Enfin, au moment où les dernières traces des métaux oxydables vont disparaître, il se produit à la surface du bouton métallique un phénomène d'irisation remarquable, qui est bientôt suivi d'une illumination soudaine et instantanée que l'on appelle *Éclair* : l'opération est alors terminée. Toutefois, on ne retire pas immédiatement la coupelle du moufle, parce que, en se refroidissant trop brusquement, l'argent pourrait *rocher*, c.-à-d. que la couche extérieure du bouton venant à se solidifier, les parties intérieures se trouvant encore liquides, il pourrait y avoir projection, et, par suite, perte de métal, ce qui ferait inaugurer l'e. Ce phénomène est dû à ce que l'argent fondu dissout de l'oxygène et le rend en se solidifiant. Pour éviter cet inconvénient, on ne retire la coupelle que lorsque l'argent a eu le temps de se solidifier complètement. Il ne reste plus qu'à peser le bouton d'argent ainsi refroidi, appelé *bouton de fin*.

Le procédé de la coupellation est remarquable par sa simplicité et sa rapidité, mais il ne donne pas des résultats rigoureusement exacts. Le titre trouvé est toujours un peu trop bas, soit parce que la litharge entraîne des parcelles d'argent, soit parce qu'il y a volatilisation d'une petite quantité de ce métal.

2° Le procédé *par la voie humide* obvie à tous ces inconvénients. Il est dû à Gay-Lussac, qui le proposa en 1828, et dès 1829 il fut adopté par la Monnaie de Paris. Cette méthode est fondée sur la propriété que possède le chlorure de sodium

de précipiter entièrement, à l'état de chlorure, l'argent en dissolution dans l'acide azotique, sans agir sur le cuivre renfermé dans cette même dissolution. On se sert pour cela d'une dissolution de chlorure de sodium titrée de telle manière que 1 centim. cube de cette liqueur précipite exactement 1 gr. d'argent pur. On prend alors 1 gr. de l'alliage à essayer, on le dissout dans 5 ou 6 gr. d'acide azotique ; on verse, avec précaution, dans cette liqueur, la dissolution de chlorure contenue dans une burette graduée, et l'on s'arrête quand l'addition d'une nouvelle goutte ne produit plus de précipité. Le nombre de centimètres cubes qu'il a fallu verser pour précipiter tout l'argent indique le titre de l'alliage. Ce procédé peut encore être simplifié et amené à un très haut degré de précision, quand on l'applique à l'analyse d'alliages dont la composition est à peu près connue, tels, par ex., que ceux des monnaies et des pièces d'orfèvrerie. On emploie dans ce cas des liqueurs plus étendues, la *liqueur normale*, telle que 1 décilitre précipite 1 gr. d'argent, et la *liqueur salée décime* 10 fois plus étendue, de manière qu'il en faut 1 litre pour précipiter la même quantité de métal. Ces liqueurs servent pour les alliages qui dépassent le titre normal, et qu'on reconnaît à ce que, après avoir dissous une certaine quantité d'alliage dans la quantité d'acide azotique qui correspond à son poids et à son titre, la première goutte de liqueur normale donne un précipité. Au contraire, le premier centim. cube de liqueur salée décime ne détermine pas de précipité, il est clair que l'alliage est exactement au titre normal ou à un titre inférieur. On emploie alors, si l'on veut avoir exactement le titre de l'alliage, au lieu de la liqueur décime une autre liqueur appelée *liqueur décime d'argent*, qui se prépare en dissolvant 1 gr. d'argent dans l'acide azotique et en ajoutant de l'eau à la dissolution, de façon à avoir exactement le volume de 1 litre. Chaque centim. cube de cette liqueur contiendra 1 milligr. d'argent, et précipitera le chlore de chaque centim. cube de la dissolution décime salée. Ainsi donc, on verse d'abord, à l'aide d'une pipette, 1 centim. cube de liqueur décime d'argent pour neutraliser le chlore du centim. cube de liqueur décime salée qu'on a versé sans résultat, et l'on agite la liqueur pour l'éclaircir. Cela fait, on ajoute la liqueur décime d'argent, centimètre cube par centimètre cube, jusqu'à ce que l'addition d'un nouveau centim. cube de la solution décime d'argent ne trouble plus la liqueur.

III. *Matières d'or*. — Les objets d'or du commerce sont quelquefois de simples alliages d'or et de cuivre, mais on y trouve le plus souvent de l'or, de l'argent et du cuivre. La valeur vénale de ces objets étant très considérable, il importe que les essais se fassent avec la plus grande exactitude possible. En général, l'e. des matières d'or exige la détermination de trois métaux, et par conséquent se compose de deux opérations : par la première, on sépare le cuivre d'avec l'or et l'argent ; par la seconde, on isole l'or de l'argent.

1° La première opération se fait par la coupellation, et l'on procède comme pour les alliages d'argent, mais à une température plus élevée. Cependant cette séparation ne se fait pas sans difficulté. Si l'on élève trop la température, l'or acquiert un degré de fluidité qui permet à une petite quantité du métal de pénétrer dans la substance de la coupelle : alors le titre se trouve estimé trop bas. Si, au contraire, on ne chauffe pas assez, il reste du cuivre et même du plomb mêlés à l'or, et l'estimation du titre est trop élevée. De nombreuses expériences ont démontré que si l'on ajoute à l'alliage une proportion d'argent triple environ de celle de l'or, les limites de température dans lesquelles la séparation du cuivre au moyen du plomb peut s'effectuer complètement sont fort écartées, et alors l'opération se fait sans difficulté. Ainsi donc, après avoir déterminé, au moyen du *touchau* dont nous parlerons tout à l'heure, le titre approximatif du lingot à essayer, on en prend environ 1/2 gr., et l'on y ajoute une quantité d'argent triple de celle de l'or qu'il contient : cette opération est appelée *inquartation*, parce que le petit lingot qui en résulte renferme 1 quart d'or pour 3 quarts d'argent. Cela fait, on ajoute du plomb, comme dans les essais des matières d'argent. La proportion de plomb à ajouter est d'autant plus forte, que le titre du lingot est moins élevé :

Titre de l'or allié au cuivre.   Quantité de plomb nécessaire.

Titre de l'or allié au cuivre.	Quantité de plomb nécessaire.
1000 millièmes	4 partie.
900 —	10 —
800 —	16 —
700 —	22 —
600 —	24 —
500 —	26 —
400, 300, 200 et 100 mill.	34 —

On laisse la coupellation marcher comme à l'ordinaire : elle demande même moins de précautions que celle des matières d'argent, parce que l'argent allié à l'or est moins susceptible de *rocher*; néanmoins, il faut retirer la coupelle immédiatement après l'*éclair*, pour éviter les pertes par volatilisation. L'oxyde de cuivre a disparu avec le plomb, qui tous deux ont été entraînés dans les pores de la coupelle, tandis que l'argent et l'or restent, sous forme d'un épais culot appelé *bouton de retour*, au fond du creuset.

Pour exécuter la seconde opération, qu'on désigne sous le nom de *Départ*, on aplatit le bouton de retour sur une petite enclume d'acier, on le recuit pendant quelques instants, puis on le lamine entre deux cylindres. La lame obtenue est roulée en spirale, et l'on en forme une espèce de petit cornet. On introduit alors ce cornet dans un très petit matras contenant 30 grammes d'acide nitrique à 22° Baumé, que l'on fait bouillir 10 minutes. On décante cet acide, qu'on remplace par une proportion un peu moindre d'acide nitrique à 32°, et l'on fait bouillir à deux reprises différentes pendant 10 minutes chaque fois. Après quoi, on décante de nouveau l'acide, et on lave à plusieurs reprises dans l'eau distillée le petit cornet d'or, qui conserve sa forme. Enfin, on remplit une dernière fois le matras d'eau, on le renverse dans un petit creuset de terre, et, après avoir enlevé la presque totalité du liquide par décantation, on le porte dans le moufle afin de lui donner une cohésion suffisante pour qu'on puisse le manier sans crainte de le briser. L'or ainsi calciné est pesé exactement, et l'on obtient ainsi le titre de l'alliage à 1/2 millième près.

2° Le mode d'e. qui précède exigeant la destruction d'une partie au moins de l'objet à analyser, on ne peut y avoir recours pour les pièces de petite bijouterie. On se contente de soumettre ces dernières à des expériences qui, sans les altérer d'une manière sensible, permettent néanmoins à un essayeur habile de déterminer le titre à un centième près. On se sert pour cela de la *Pierre de touche*. On appelle ainsi une pierre bleu noirâtre de nature basaltique, que les minéralogistes désignent sous le nom de *Lydienne*. Cette pierre a un grain très fin et est assez dure pour rayer l'or et le cuivre. En conséquence, si l'on frotte sur cette pierre l'alliage que l'on veut essayer, celui-ci y laissera une trace jaune plus ou moins large. Alors on mouille la tache avec une eau régale composée de 78,4 parties d'acide azotique à 37° Baumé, de 1,6 d'acide chlorhydrique à 21° Baumé, et de 20 p. d'eau. Cette liqueur attaque le cuivre et forme un azotate dont la couleur verte plus ou moins foncée permet déjà à un œil exercé de connaître très approximativement la proportion de cuivre. On essuie ensuite la pierre avec légèreté, et l'épaisseur de la trace d'or pur qui y reste, sert encore à connaître, à quelques millièmes près, le titre de l'alliage. Enfin, quand on n'a pas une habitude suffisante de ce procédé, et qu'on veut être plus sûr de son appréciation, on compare la tache obtenue avec celle que donne un alliage d'or dont la composition est connue. Pour cela, l'essayeur emploie de petites baguettes appelées *touchaux*, qui sont des alliages d'or et de cuivre aux titres de 583/1000, 625/1000, 667/1000, 708/1000 et 750/1000. — Le procédé de la pierre de touche et du touchau ne peut, comme on le voit, donner qu'une approximation. Mais il présente un autre inconvénient beaucoup plus grave, c'est qu'il ne permet d'essayer que la surface des objets. Voy. AFFINAGE.

ESSAIM. s. m. (lat. *examen*, m. s.). Au propre, se dit d'un nombre considérable de jeunes abeilles qui quittent la ruche pour aller ailleurs. || Par ext., *Des essaims de sauterelles ravagèrent la contrée.* || Grande multitude d'hommes ou d'animaux.

ESSAIMAGE. s. m. Temps de l'année où les essaims d'abeilles sortent des ruches. || Cette sortie même.

Apic. — Au retour du printemps, la population des ruches augmente beaucoup et se trouve à l'étroit dans son habitation. Une partie émigre alors pour aller chercher un gîte ailleurs; c'est cette partie qu'on appelle *essaim* ou *jeton*, et l'action d'émigrer prend le nom d'*essaimage*. L'es. est naturel si les abeilles sortent de leur plein gré; il est artificiel quand on les extrait, soit par le transvasement, soit de toute autre manière, pour les établir dans une autre demeure. Il est difficile de bien indiquer les causes qui favorisent la sortie de l'es. Le plus souvent, l'essaimage n'a lieu que par un temps calme, chaud et peu nuageux. Parfois on peut déterminer la sortie des abeilles par des moyens en apparence insignifiants, par exemple en versant un peu de miel liquide dans le haut de la ruche. Voy. ABEILLE, CHASSE.

ESSAIMEMENT. s. m. [Pr. *è-sè-meman*]. Partage qui se fait, à certaines époques de l'année, des abeilles d'une ruche dont une partie se sépare pour aller en construire une autre.

ESSAIMER. v. n. [Pr. *es-sai-mer*]. Se dit des ruches d'où il sort un essaim. *Une ruche qui a essaimé. Ces abeilles n'ont pas encore essaimé.*

ESSALER. v. a. T. Salines. Enduire la poêle de muire gluante avant que de la mettre au feu.

ESSANGE. s. f. [Pr. *è-san-je*]. Action d'essanger le linge.

ESSANGEAGE. s. m. [Pr. *è-san-ja-je*]. T. Techn. Opération du *blanchissage*. Voy. ce mot.

ESSANGER. v. a. [Pr. *è-san-jer*]. E. *du linge*, Le passer à l'eau froide avant que de le mettre à la lessive. = ESSANGÉ, ÉE. part.

ESSARDER. v. a. [Pr. *è-sar-der*]. T. Mar. Éponger les ponts.

ESSARMENTER. v. a. [Pr. *è-sar-man-ter*]. T. Rur. Ôter les sarments, ébourgeonner.

ESSART. s. m. [Pr. *è-sar*] (bas-lat. *exsartum*, de *exsarrire*, sarcler). T. Agric. Terre dont on a arraché les arbres, les arbrisseaux, les broussailles, les racines pour la défricher. || Taillis dont on peut pendant un certain temps le sol en culture après chaque coupe, en arrachant et en brûlant sur place les broussailles, épines, racines, entre les souches.

ESSARTAGE. s. m. Action d'essarter.

ESSARTEMENT. s. m. [Pr. *è-sar-te-man*]. Action d'essarter.

ESSARTER. v. a. [Pr. *è-sar-ter*] (R. *essart*). Défricher en arrachant d'un terrain les arbres, les broussailles et les racines. *Faire e. un arpent de bois.* — E. *des bois*, Les éclaircir en arrachant les sous-bois et les épines. = ESSARTÉ, ÉE. part.

ESSARTS (PIERRE DES), prévôt de Paris, fut tué dans les luttes des Bourguignons et des Armagnacs (1360-1413).

ESSARTS (LES), ch.-l. de c. de la Vendée, arr. de la Roche-sur-Yon ; 3,500 hab.

ESSAVER. v. a. (R. *ève*, eau). T. Rur. Épuiser avec une pelle l'eau d'un fossé ou d'un ruisseau qu'on a barré.

ESSAVURE. s. f. (R. *essaver*). T. Relieur. Tache comme d'eau sur le cuir de veau.

ESSARTIS. s. m. Terrain où l'on a fait l'essartage.

ESSAUGUE. s. m. Voy. AISSAUGUE.

ESSAYAGE. s. m. Action d'essayer.

ESSAYER. v. a. [Pr. *è-sè-ier*]. Faire l'essai d'une chose, pour savoir si elle a les qualités qu'on désire, si elle convient à l'usage qu'on veut faire. E. *un cheval. E. un canif, une plume. E. un pantalon, un chapeau, des souliers. E. un habit à quelqu'un. E. une arme. E. ses forces.* — E. *de l'or, de l'argent*, Examiner à quel titre ils sont. — Fig. Employer, se servir de :

Au pied de l'échafaud, j'essaye encore ma lyre.
ANDRÉ CHÉNIER.

= ESSAYER. v. n. Se dit dans le même sens que le verbe actif. *J'ai déjà essayé de ce remède, je n'en veux plus. Prenez cet homme à votre service, essayez-en deux ou trois mois. Il veut e. de tout.* || Signifie aussi, Tâcher, faire ses efforts. *J'ai essayé de le persuader. Il a essayé de se lever. Je ne sais si j'en viendrai à bout, je n'y ai point essayé. Essayez-y.* — *Il essaie à jouer cet air.* Peu us. = s'ESSAYER. v. pron. S'éprouver, voir si l'on est capable d'une chose. S'e. à la course. S'e. à nager. Je me suis quelquefois essayé à faire des vers. == ESSAYÉ, ÉE. part. — Conj. Voy. PAYER.

ESSAYERIE. s. f. [Pr. è-sè-ri]. Endroit particulier d'un hôtel des monnaies où l'on fait les essais.

ESSAYEUR. s. m. [Pr. è-sè-ieur]. Celui qui est préposé pour faire l'essai des matières d'or et d'argent, et pour en vérifier le titre. Il est e. à la Monnaie de Paris. == ES-SAYEUR, EUSE. Se dit, chez les tailleurs et chez les couturières, de celui ou celle qui essaie un vêtement. || Spécial. Essayeuse, Personne chargée dans les magasins de confections pour dames, d'essayer sur elle-même, certains vêtements pour en faire juger l'effet aux clientes. || Personne qui fait des essais, des expériences.

ESSAYISTE. s. m. [Pr. è-sè-yi-ste] (angl. essayist, m. s.). Auteur d'essais littéraires.

ESSE. s. f. (R. la lettre S). T. Techn. Se dit de divers objets, en forme d'S, qu'on emploie dans les arts, tels sont : la cheville de fer tortue qu'on met au bout de l'essieu d'une voiture, pour empêcher que la roue n'en sorte. — Chacun des crochets qui sont au bout du fléau d'une balance, et auxquels s'attachent les chaînes qui tiennent les plateaux suspendus. — Le morceau de fer en forme d'S, dont on se sert pour accrocher les pierres qu'on veut élever dans un bâtiment, etc. — Lame de fer formant des espaces circulaires de différents diamètres et servant à jauger le fil de fer. || T. Mar. Bandes de fer cambrées, embrassant le bout des traversins ou des barres de perroquet, et percées pour laisser passer les hauhans. || T. Luthier. Ouverture faite en forme d'S sur la table des instruments tels que le violon.

ESSEAU. s. m. [Pr. è-sô]. Sorte de mesure pour le fumier, usitée dans les environs de Paris.

ESSEIGLAGE. s. m. Action d'esseigler.

ESSEIGLER. v. a [Pr. è-sè-gler]. Arracher ou couper à la faucille les brins de seigle qui ont poussé dans les champs de froment.

ESSEINER. v. a. [Pr. è-sè-ner]. T. Pêc. Tirer une seine à soi ; en ôter le poisson.

ESSELIER ou mieux **AISSELIER.** s. m. [Pr. é-sè-lié] (R. ais). T. Charpent. Pièce de bois assemblée obliquement sur deux autres. Voy. COMBLE. || Pièce de faux fond d'une cuve de brasseur.

ESSELLE. s. f. [Pr. è-sè-le]. Appareil qu'on met sur le dos des chevaux et des ânes pour le transport du fumier, du bois, etc.

ESSEMÉE. s. f. [Pr. es-se-mée]. T. Rur. Manière dont une terre est ensemencée.

ESSÉMINER. v. a. [Pr. es-séminer]. Éparpiller, disséminer.

ESSEN, v. de la Prusse rhénane, célèbre par la grande usine de Krupp ; 56,944 hab.

ESSENCE. s. f. [Pr. es-san-se] (lat. essentia, de esse, être). Ce qui fait qu'un être est ce qu'il est ; ce qui constitue sa nature. L'e. divine. L'e. des choses. L'e. de l'homme. L'e. de l'esprit, suivant Descartes, c'est la pensée. Il est de l'e. de Dieu que sa justice soit infinie aussi bien que sa miséricorde. Ce qui forme l'e. de ce contrat, c'est... || T. Sylvic. Espèce d'arbre. Les différentes essences qui composent les forêts. — Un bois d'e. de chêne, Un bois qui est principalement formé d'arbres de cette espèce. || T. Techn. E. d'Orient, Substance nacrée qui entoure la base des écailles de certains poissons. Voy. ABLE.

Chim. — 1. Les substances aromatiques et savoureuses appartiennent à des corps organiques, d'origines très diverses, qui ne peuvent être groupés par aucune propriété chimique : le langage vulgaire a réuni ces substances sous le nom d'essences.

Les essences sont, pour la plupart, des corps très oxygénés, remplissant les fonctions chimiques les plus variées ; on y rencontre des aldéhydes, des phénols, des acétones, des éthers sous les formes liquides ou solides. Parmi ces dernières, les unes sont amorphes, les autres cristallines.

Ces corps ont nécessairement des points d'ébullition très variés ; quelques-uns sont volatils à la température ordinaire : tels sont ceux qui constituent les odeurs de la violette, du réséda, de la partie éthérée du bouquet des vins ; d'autres n'entrent en ébullition qu'à des températures élevées : comme l'e. d'oranger (174°), l'e. de girofle (249°), quelques arômes spéciaux appartenant aux eaux-de-vie de Cognac (230°).

On désigne plus spécialement sous le nom d'huiles essentielles une série de corps que l'on peut extraire des plantes par distillation de celles-ci en présence de l'eau. Ce sont des substances odorantes, le plus souvent d'aspect huileux, peu solubles dans l'eau, plus ou moins solubles dans l'alcool et dans l'éther, incolores ou jaunâtres, inflammables, s'altérant facilement à l'air ou se résinifiant. Ces substances, pour la plus grande partie, se trouvent toutes formées dans les plantes ; mais il en existe qui prennent naissance au moment où les parties végétales sont mises en contact avec de l'eau. Telle est l'e. d'amandes amères, qui résulte de l'action de l'émulsine sur l'amygdaline en présence de l'eau, ces deux principes non volatils existant dans les amandes amères. Telle est encore l'e. de graine de moutarde, celle de la racine de cochléaria, celle du fruit de piment.

Les huiles essentielles ne sont pas des corps purs. Presque toutes sont constituées par des mélanges d'hydrocarbures, de substances oxygénées et quelquefois sulfurées. Souvent, le principe oxygéné est solide ; on lui donnait autrefois le nom de camphre ou de stéaroptène ; alors, ce principe reste en dissolution dans la partie liquide qu'on appelait éléoptène. Bien que l'on définisse généralement ces sortes d'essences par l'expression de liquides huileux, il en existe quelques-unes dans lesquelles le stéaroptène domine à ce point qu'elles sont complétement solides à la température ordinaire ; telles sont les essences de menthe et de cèdre concrètes. En général, les arômes sont produits par le stéaroptène ; l'éléoptène n'est qu'un véhicule.

Les hydrocarbures ou éléoptènes, qui font partie constituante des huiles essentielles, sont presque tous représentés par la formule $C^{10}H^{16}$, ou par une formule polymère de celle-ci. Ces hydrocarbures sont plus lourds ou plus légers que l'eau ; mais la seconde catégorie est de beaucoup la plus nombreuse ; c'est à elle qu'appartiennent ceux de l'essence, de l'anis, du thym, de l'absinthe, du genièvre, du citron, du romarin, de la lavande. Ce fonds commun explique certaines réactions chimiques qui leur appartiennent, comme leur facile résinification au contact de l'air et dans bien d'autres circonstances. L'iode agit énergiquement sur eux ; la réaction est même parfois si violente pour produire une explosion.

II. Falsifications. — Il n'est pas de substances commerciales qui soient plus falsifiées que les essences. Les fraudeurs utilisent principalement l'alcool, les huiles fixes et les essences de qualités inférieures.

L'addition d'alcool se reconnaît par l'un des procédés suivants. 1° On prend un petit tube gradué, on y verse volumes égaux d'essence et d'eau, on agite ; on laisse reposer. La diminution du volume de l'essence indique à peu près la proportion d'alcool qu'elle renfermait. 2° On agite l'e. avec son volume d'huile d'olive ; si l'e. renferme de l'alcool, celui-ci se sépare immédiatement. 3° On distille l'e. avec de l'eau ; les premières portions distillées renferment tout l'alcool ; on le reconnaîtra à son odeur, à son goût, à ses réactions propres. 4° Enfin, l'e. qui renferme une grande proportion d'alcool devient laiteuse par l'addition de l'eau.

La falsification des essences par les huiles fixes est facile à constater ; il suffit de jeter un peu de l'e. suspectée sur un papier sans colle. La présence de l'huile fixe sera accusée par une tache persistante que ni le temps ni la chaleur ne feront disparaître. On peut encore procéder par distillation avec de l'eau. L'huile grasse ajoutée frauduleusement restera au fond du récipient. Enfin, on peut, comme nous l'avons déjà dit, agiter avec de l'alcool qui ne dissoudra pas le corps gras.

La recherche des essences de qualités inférieures est plus difficile. Le flair est peut-être encore le meilleur moyen. Cependant on peut utiliser les réactions suivantes : l'e. pure de térébenthine est moins soluble dans l'alcool. Si l'on ajoute l'e. suspectée son volume d'alcool, la solution sera incomplète par la présence de celle de la térébenthine, de l'anis ou du fenouil. Enfin, il y a la distillation fractionnée : opération délicate qui n'est pas à la portée de tous.

III. Extraction des huiles essentielles. — La majeure partie des essences s'obtient par la distillation des organes végétaux.

en présence de l'eau. Quelques-unes de ces substances s'extraient par simple incision comme le camphre. On se procure par expression les essences des écorces de citron, de bergamote, de cédrat, d'orange.

La distillation s'opère le plus souvent dans des alambics d'une contenance de cinq à six cents litres, que l'on remplit de substances végétales à traiter, après qu'elles ont été bien divisées. On introduit un courant de vapeur d'eau par la partie latérale et inférieure de l'appareil. Un robinet permet de régler la marche de l'opération. Moins volatiles que l'eau, les essences sont cependant entraînées par les vapeurs aqueuses qui viennent se condenser dans un vase (Fig.), qui porte le nom de *récipient florentin*. Lorsque l'eau est plus lourde que l'e., elle s'écoule par le tube recourbé fixé à la partie inférieure du récipient. L'huile essentielle se rassemble à la surface; si l'eau est plus légère, le contraire se produit. Dans les deux cas la division est opérée.

On rectifie les essences en les redistillant avec de l'eau chargée de sel marin, qui élève la température d'ébullition. Les eaux de distillation qui entraînent les essences restent souvent chargées de ces principes au point de prendre un aspect laiteux; elles sont soigneusement recueillies et remises de nouveau dans l'alambic, lorsqu'on procède à une seconde distillation des mêmes essences. De cette manière, les opérations successives s'effectuent toujours avec une même quantité d'eau saturée, ce qui évite une cause notable de perte. Ces liquides trouvent d'ailleurs leur emploi, car ils constituent les eaux distillées employées en pharmacie: telle est l'origine de l'eau de fleur d'oranger.

Du reste, le rudimentaire vase florentin est bien délaissé aujourd'hui. On se sert d'appareils à distillation continue qui font vite et mieux. Le rendement est plus considérable et les produits sont de qualité supérieure.

Les essences Hespérides obtenues par expression sont d'une odeur plus agréable que lorsqu'elles ont été préparées par distillation. Leur mode d'obtention est très simple. On râpe l'écorce des fruits; on introduit la pulpe dans des sacs en crin que l'on soumet à une pression énergique. L'extraction d'essence par expression se pratique en automne. Il faut de trois à quatre mille fruits, selon les années, pour fournir un kilogramme d'essence. Les fruits verts rendent plus que les fruits mûrs. La fabrication totale s'élève, en Sicile et dans les Calabres, à une moyenne annuelle de 100,000 kilogrammes d'essence de bergamote, autant d'orange, à peu près le double de citron.

Procédé par enfleurage. — Beaucoup de plantes possédant des odeurs très fortes, très délicates, ne peuvent être traitées par distillation, soit parce que leurs principes aromatiques sont en trop petite quantité ou trop volatils; soit, le plus souvent, parce qu'ils éprouvent un changement de constitution en présence de la chaleur, de la vapeur d'eau et des corps qui les accompagnent dans la distillation. Alors, on a recours au procédé très primitif de l'enfleurage, que nous allons décrire rapidement. Faute de mieux, ce procédé est encore très utilisé. Mais les essences ou parfums recueillis par ce moyen coûtent fort cher, et les plantes ne sont pas très imparfaitement épuisées.

L'enfleurage consiste essentiellement à saturer des parfums des fleurs les matières grasses qui possèdent la propriété de s'emparer des corps aromatiques; puis à agiter ces matières grasses dans de l'alcool qui dissout tous les principes odorants. Ce sont ces alcools qui constituent les extraits de fleurs, ou bouquets, employés en parfumerie. L'opération se pratique soit à froid, soit à chaud.

L'enfleurage à froid est surtout usité dans les fabriques du Midi de la France. On laisse, pendant vingt-quatre heures, les fleurs en contact avec des toiles de coton imbibées d'huile grasse. Au bout de ce temps, les fleurs sont renouvelées et l'opération répétée jusqu'à ce que l'huile soit suffisamment chargée de principes odorants. Après quoi, les toiles sont soumises à une forte expression. L'enfleurage à froid est utilisé pour le jasmin, la tubéreuse, la violette.

L'extraction des parfums par l'huile chaude ou la graisse est employée pour les fleurs d'oranger, la cassie. Elle se fait par infusion des plantes dans l'huile ou la graisse chauffées au bain-marie.

On conçoit combien cette méthode rudimentaire offre d'in-

convénients pendant la durée des opérations : les plantes peuvent entrer en fermentation, les graisses peuvent rancir, bien qu'on ait essayé de remplacer les huiles par la vaseline ou la glycérine, qui laissent elles-mêmes beaucoup à désirer.

En France : Grasse, Cannes et Nice sont les grands centres de la production et de la fabrication des matières premières utiles aux parfumeurs. Les environs de ces trois villes sont presque exclusivement consacrés à la culture des fleurs, que les propriétaires vendent aux fabricants, généralement, par contrat passé d'avance. Cependant, Nice possède de grands avantages sur ses rivales, car toutes les fleurs, surtout les violettes, y viennent mieux et sont plus odorantes que partout ailleurs.

On traite, chaque année, dans cette partie de la Provence, environ 2,000,000 de kilogrammes de fleurs d'oranger; 500,000 kil. de roses; 80,000 kil. de jasmin, autant de violettes; 40,000 kil. de cassie; 20,000 de tubéreuses. — On fabrique, avec ces fleurs, 200,000 kil. de pommades et d'huiles parfumées; 1,000,000 de litres d'eau de fleurs d'oranger; 100,000 litres d'eau de roses et 1,200 kil. de néroli.

L'oranger, en effet, fournit trois essences distinctes, dont la plus estimée est le *Néroli*, qui vaut 350 francs le kilogr.; il est extrait des fleurs. Le *petit grain* est tiré des feuilles des jeunes pousses et des petits fruits; le *Portugal* vient des écorces d'orange.

En Algérie, on cultive le jasmin, la casse, la tubéreuse, la verveine, la menthe poivrée, mais surtout le géranium rosat qui couvre à lui seul plus de 500 hectares. La cause du développement rapide de cette dernière culture se conçoit facilement. L'e. de roses coûte, en moyenne, 1.500 fr. le kilogr.; tandis que celle du géranium ne vaut que 60 fr. Il paraît même que cet écart énorme ne suffit pas à nos fabricants de parfums, puisqu'ils falsifient à leur tour l'e. de géranium à l'aide de l'huile tirée de l'antropogon, graminée des Moluques, en attendant que cette huile soit elle-même falsifiée; et il n'est pas certain qu'elle ne le soit déjà.

En résumé, les deux méthodes d'extraction des essences, la distillation et l'enfleurage, n'ont pas été sensiblement améliorées depuis les temps anciens. Tandis que toutes les industries progressent et s'agitent, la parfumerie reste en arrière. Sans doute, ses alambics sont plus perfectionnés que ceux d'Avicenne, célèbre médecin arabe, qui le premier trouva le moyen d'isoler l'e. de roses par distillation; l'enfleurage est mieux compris que celle du jasmin et la Chine. Mais ces tours de main n'offrent que des produits défectueux, dénaturés et recueillis en quantités trop minimes. Ainsi l'e. de jasmin, malgré ses impuretés et son arome qui laisse trop à désirer, se vend cependant de 125 à 150 francs le gramme.

Procédé Millon. — En 1857, Millon, pharmacien en chef de l'armée d'Afrique, avait proposé d'extraire les essences par un dissolvant, éther, sulfure de carbone, chloroforme, benzine, etc. En traitant les plantes par déplacement, ces dissolvants se chargent des matières grasses, céreuses, et du parfum de la plante que l'on recueille en chassant le véhicule au bain-marie. Le procédé employé dans l'industrie ne s'est pas généralisé; le parfum ainsi obtenu garde toujours un peu de l'odeur de son dissolvant. On l'a conservé néanmoins pour l'épuisement de la racine d'iris, de l'héliotrope et de la tubéreuse.

Cependant, plusieurs chimistes ont essayé de perfectionner le procédé, et ils ont réussi. La méthode la plus ingénieuse appliquée dans cette voie appartient à E. Serullas. Les fleurs sont épuisées dans un appareil spécial par le chlorure d'éthyle amené à l'état gazeux et maintenu pendant quelques minutes, sous la pression de deux à trois atmosphères. Dans ces conditions, le gaz dissout le parfum seul, abandonnant les matières grasses, céreuses et les hydrocarbures qui l'accompagnent habituellement. Pour recueillir la substance odorante, on fait passer le gaz saturé dans un réfrigérant où il se liquéfie. Réduit à cet état, on le fait évaporer à l'air libre, et le parfum reste au fond d'un vase sur les parois du récipient. Industriellement on peut recueillir le dissolvant, et l'utiliser indéfiniment pour de nouvelles opérations. On sait que le chlorure d'éthyle bout à + 11° centigrades, de sorte qu'il est facile de le faire passer de l'état liquide à l'état gazeux, et inversement, sans altérer le parfum toujours traité à basse température.

Voici un autre procédé d'extraction, fort ingénieux. Il présente l'avantage de pouvoir être exécuté facilement, sans appareil; procédé d'amateur si l'on veut, mais excellent pour l'étude. Il consiste dans le traitement par diffusion, ou dialyse, des végétaux aromatiques. A cet effet, la partie de la plante que l'on veut épuiser est plongée dans l'alcool, retirée après un contact suffisant et remplacée par une autre de même e.

On continue ainsi jusqu'à saturation de l'alcool, qui est introduit alors dans une poche en papier recouverte préalablement d'une couche d'albumine ou blanc d'œuf, que l'on a fait coaguler sous l'influence d'une faible chaleur. Cette poche est plongée dans un vase de verre ou de porcelaine, contenant de l'alcool bien rectifié; on la laisse flotter pendant douze heures, à la température ordinaire. Le principe aromatique traverse seul la membrane et vient se dissoudre dans l'alcool du vase; on le précipite par une grande quantité d'eau froide. En réchauffant doucement la masse, puis en la laissant refroidir, on obtient de magnifiques aiguilles cristallines offrant le principe aromatique chimiquement pur. Cette méthode réussit très bien pour un grand nombre de fleurs, notamment la rose, le jasmin, le réséda, l'oranger, le lilas, etc.

Mais en isolant ainsi les principes aromatiques et savoureux et les obtenant à l'état de pureté, par l'une ou l'autre méthode, on s'est aperçu que ces principes diffèrent de la plupart des produits connus sous le nom d'essences, par la consistance, la forme, la ténue. En outre, ils ont acquis la singulière propriété de se conserver intacts pendant plusieurs années, sans déperdition appréciable, tout en impressionnant fortement, pendant tout le temps, les sens de l'odorat ou du goût. Mais la quantité présente dans ces organes végétaux est tellement faible, que si l'on cherchait à les purifier complètement, leur prix surpasserait celui de toutes les matières connues. Il est certain que 1 gramme de parfum de la violette ou du jasmin reviendrait à plusieurs milliers de francs. Le principe aromatique du musc chimiquement pur, isolé par les savants chimistes du laboratoire industriel de Monte-Carlo, à Monaco, reviendrait à 5 millions le kilogramme.

Ajoutons encore, qu'en recueillant la vapeur d'eau produite dans la transpiration des plantes, on peut obtenir des essences très pures et très parfumées, notamment pour la rose.

IV. — L'étude chimique des parfums naturels a fait éclore l'idée de les reproduire artificiellement; c.-à-d. de reconstituer par voie de synthèse, de toutes pièces et rigoureusement, les principes aromatiques et savoureux auxquels la nature donne naissance dans les végétaux.

C'est à cette synthèse que Barreswil faisait allusion, lorsqu'il écrivait il y a vingt-cinq ans : « La chimie, qui nous donne les couleurs, nous doit les parfums. »

Aujourd'hui, la voie est à peine explorée; mais elle est ouverte. Déjà, au moyen de la benzine on avait pu faire à volonté l'e. d'amandes amères ou le phénol. Avec le phénol, on obtenait les essences de reine des prés (Piria) et de géranium, l'acide salicylique ou l'acide paraoxybenzoïque. Le premier de ces acides est susceptible de se voir changer en huile de Wintergreen, ou de Gaulteria, et le second en givre de vanille. On avait pu transformer l'e. de reine des prés en coumarine, l'odeur de foin coupé, de la fève tonka (Perkin). Par le mélange de l'e. d'amandes amères, ou du piperonal et du givre de vanille on avait fabriqué le parfum de l'héliotrope.

Depuis quelques années, d'autres résultats importants ont été acquis. Le principe cristallin de la sève des sapins, la coniférine, a été transformé en substance à odeur de vanille, par Thieman. Le givre de vanille pur, identique à celui de la gousse du vanillier a été trouvé contenu, dans l'écorce de l'avoine (E. Sérullas), dans la racine du petit chiendent (Olivier de Rawlon), par oxydation du glucoside contenu dans les organes indiqués de ces végétaux. Les parfums de la violette, du réséda, de la girofle, etc., ont été obtenus par les mêmes moyens, et les quantités produites ont été relativement considérables.

Il suffira, pour donner une idée nette du traitement par oxydation de certains principes immédiats pour les convertir en parfums, de décrire celui de la coniférine. Pour extraire cette substance, on recueille au printemps le suc du cambium des diverses espèces de conifères. On coagule par la chaleur l'albumine qui s'y trouve contenue, on évapore au cinquième de son volume le liquide filtré. Il se dépose alors des cristaux de coniférine imprégnés d'un sirop de couleur brune. Ces cristaux exprimés sont purifiés par cristallisations répétées avec du noir de charbon. On peut aussi, avec avantage, précipiter les matières colorantes et résineuses par un peu d'ammoniaque et d'acétate de plomb. C'est alors que l'on procède à l'oxydation. A cet effet, 10 parties de coniférine dissoutes dans l'eau chaude sont versées en filet mince dans un mélange modérément chaud de 10 p. de bichromate de potassium, 15 p. d'acide sulfurique et 80 p. d'eau; on liquide est soumis pendant 3 heures à l'ébullition, et la vanilline formée est extraite par l'éther ou par la vapeur d'eau.

Plus récemment, les principes odorants et savoureux qui donnent tant de prix à nos grands vins et à nos eaux-de-vie de Cognac, ont été isolés et reproduits synthétiquement par Ol. de Rawlon. Le vigneron qui a trituré sa vendange de toutes les façons, pour en extraire le jus, serait bien surpris d'apprendre que son tourteau de marc, ayant pris la dureté de la planche, à force d'être pressé, recèle encore, en d'énormes proportions, la partie la plus délicate de son vin.

Il en est cependant ainsi. Les substances qui constitueront plus tard les bouquets des vins et des eaux-de-vie, sous des influences oxydantes, sont enfermées dans de petites utricules logées dans la peau des raisins. En l'état où elles s'y trouvent, ces substances sont insolubles dans l'eau. De sorte que ni le lavage par les jus, ni la pression énergique ne peuvent les faire sortir; elles restent dans les marcs et s'en vont au fumier. Le vin ne recueille que les particules mises en liberté dans les déchirures de la peau.

Ainsi la pratique traditionnelle de faire les vins abandonne dans les déchets de vendange plus de 95 p. 100 des principes que l'on doit considérer comme les facteurs principaux des agréments qui font rechercher nos vins et nos eaux-de-vie.

Les sensations agréables qui séduisent le goût et l'odorat ne sont pas les seules richesses apportées par les bouquets; il faut y joindre les qualités désignées par les gourmets sous les noms de velouté, mâche, plénitude et longueur. C'est encore dans ce bouquet que réside la force mystérieuse indiquée très exactement par Berthelot, lorsqu'il émettait l'opinion que la vinosité, ou plutôt la force du vin n'était pas due seulement au principe alcoolique.

Les bouquets des vins et des eaux-de-vie reconnaissent pour origine : 1° une série d'hydrocarbures distillant entre 204 et 230 degrés; 2° un corps blanc, soyeux, cristallisant en aiguilles, dont l'importance est considérable. Toutes ces substances, ainsi qu'il a été dit, sont renfermées dans les pellicules ou épicarpes des raisins.

Les huiles essentielles isolées par distillation fractionnée ne tardent pas à s'oxyder énergiquement au contact de l'air; leurs senteurs renforcent celles du bouquet. Ces huiles ont plus spécialement pour fonction d'enrober les éléments du vin et de faire disparaître la sécheresse de l'alcool et de communiquer à la masse le moelleux, la plénitude qui sont les caractères des grands vins et des bonnes eaux-de-vie.

Le corps cristallisé peut être considéré comme un hydrate de térébenthène oxygéné. Dans l'état d'isolement, cette substance ne développe ni saveur ni senteur. Mise en contact avec la série des alcools vineux et leurs composés, elle ne tarde pas à se dédoubler. Une partie devient insoluble dans les alcools; l'autre partie entre en combinaison avec eux pour former une série nombreuse d'éthers à saveurs et senteurs délicates, dont quelques-uns sont très volatils. L'ensemble constitue plus particulièrement les agréments évoqués par le nom de bouquet.

V. *Essences artificielles de fruits.* — Les parfums et les saveurs que l'on obtient par oxydation des principes immédiats renfermés dans les organes des plantes sont d'une incomparable suavité. Dans ces opérations, le chimiste utilise les éléments dont la nature se sert elle-même, et les résultats obtenus sont identiques. Enfin, les quantités recueillies industriellement sont relativement considérables.

On ne pourrait accorder la même approbation à ces essences que d'autres chimistes ont lancées dans l'industrie, et qui ne rappellent que de fort loin, quand elles ne sont ni toxiques ni nauséabondes, les saveurs des fruits qu'ils ont eu la prétention d'imiter. Mais le procédé est intéressant.

Si l'on traite l'amidon, le bois, la paille, les chiffons par l'acide sulfurique, on fait à volonté, soit de la gomme, soit du sucre comparable en tout à celui qui existe dans les fruits.

Avec ce sucre, on crée indifféremment, suivant le mode de traitement, l'acide du lait, celui du beurre, celui de la racine de valériane. On connaît les odeurs nauséabondes que dégagent le beurre rance et le fromage en décomposition, odeurs dues principalement aux acides butyrique et valérique. Eh bien, c'est en partant de ces deux corps, et de quelques autres aromes et de saveurs agréables. Les fondants dits bonbons anglais, par ex., sont parfumés à l'éther valérique. L'éther valéramylique, préparé au moyen de l'acide valérique et de l'huile de pomme de terre (alcool amylique) qu'on élimine avec tant de soin dans la fabrication de l'eau-de-vie de betterave et de grains, constitue l'e. de pommes de rainettes. Les éthers amylacétique, caprylique (à odeur de houc) et pélargonique donnent les essences de poires, de fraises, de coings. L'éther butyrique pur produit l'e. d'ananas; mélangé à l'éther caproïque, il fournit celle de framboises. Enfin, par le mélange de plusieurs éthers, notamment du formiate d'éthyle (Voy. Formique [Acide]) que l'on prépare en grand pour cet usage, et du butyrate d'éthyle, ou éther butyrique, une spéculation aussi répandue que peu avouable transforme en *Rhum vieux* de la Jamaïque nos esprits de betterave non rectifiés.

Les essences de fruits vendues dans le commerce ne sont que des mélanges plus ou moins réussis d'éthers en dissolution dans l'alcool, avec addition de chloroforme et de glycérine.

Voici, comme exemple, la composition d'*e. d'abricots* :

Chloroforme.	10	grammes.
Éther butyrique.	100	—
Éther valérique	50	—
Éther salicylique	20	—
Éther méthylbutyrique.	10	—
Glycérine.	40	—
Alcool.	1	litre.

L'e. de *coings* est obtenue au moyen de l'éther pélargonique, ou pélargonate d'éthyle, que l'on fabrique en oxydant l'e. de *rue* par 2 fois son poids d'acide azotique très étendu et chauffant le mélange jusqu'à ce qu'il commence à bouillir. Il se forme deux couches ; on décante l'inférieure au moyen d'un entonnoir à robinet ; on lave pour enlever l'excès d'acide azotique ; on filtre pour séparer les acides gras, solides, qui ont pu se former, et on éthérifie l'acide ainsi obtenu en le faisant digérer longtemps avec l'alcool ordinaire, ou éthylique, à une douce chaleur. L'éther obtenu possède au plus haut degré l'odeur du coing ; on le purifie par une distillation.

On prépare aussi une *e. de cognac* en éthérifiant, comme il vient d'être indiqué, les acides gras obtenus par la saponification du beurre de coco. On y ajoute un peu d'e. de coings. Le mélange des éthers obtenus est dissous dans 10 fois son volume d'alcool.

VI. *E. d'aspic*, Voy. Lavande. — *E. de bergamote*, voy. Bergamotte. — *E. de cannelle*, Voy. Cannelle. — *E. de cassia*, Voy. Cannelle. — *E. de cèdre*, Voy. Cèdre. — *E. de Gaultheria*, Voy. Salicylique (Acide). — *E. de géranium*, Voy. Rose. — *E. de girofle*, Voy. Girofle. — *E. de laurier*, Voy. Laurier. — *E. de lavande*, Voy. Lavande. — *E. de macis*, Voy. Muscadier. — *E. de marjolaine*, Voy. Origan. — *E. de menthe*, Voy. Menthe. — *E. Minérale*, Voy. Pétrole. — *E. de moutarde*, Voy. Moutarde. — *E. de pétrole*, Voy. Pétrole. — *E. de roses*, Voy. Rose. — *E. de thé*, Voy. Thé. — *E. de thym*, Voy. Thymol. — *E. de Tolu du Pérou*, Voy. Baume.

ESSENCIFIER. v. a. T. Alchim. Transformer en essence.

ESSÉNIEN. s. m. T. Hist. religieuse. — Les *Esséniens* formaient une des trois principales sectes qui divisaient les Juifs à l'époque de Jésus. Les deux autres étaient celles des Pharisiens et des Sadducéens. Philon distingue deux sortes d'Esséniens, les uns qui vivaient en commun et qu'on appelait *pratiques* (*practici*), et les autres qui vivaient dans la solitude et qu'on nommait *contemplateurs* (*theorici*). Ces derniers portaient encore le nom de *Thérapeutes*, et, comme ils étaient très nombreux en Égypte, on a conjecturé qu'ils avaient pu servir de modèle aux premiers anachorètes chrétiens. On ignore absolument l'époque à laquelle cette secte prit naissance. Tout ce qu'on peut présumer à ce sujet, c'est qu'elle naquit à l'époque où la Palestine se trouva sous la domination syrienne. Un certain nombre de Juifs, ne voulant pas obéir à un gouvernement étranger, se retirèrent dans des lieux isolés et s'y créèrent des habitudes et un régime de vie en rapport avec leur situation. Quoi qu'il en soit, les Esséniens passaient, même aux yeux des étrangers, pour les membres les plus vertueux de la population juive. Ils habitaient loin des grandes villes, dans de petites bourgades où ils formaient, sous la direction des *anciens*, une société particulière au milieu du reste de la population. Ils se livraient au travail de la terre ou à l'exercice de quelque métier innocent, mais ils ne s'occupaient jamais de commerce ni de navigation, ils n'avaient point d'esclaves, méprisaient les richesses et vivaient avec la plus grande sobriété. Ils habitaient et mangeaient ensemble, mettaient tout en commun, étaient tous uniformément vêtus de blanc, observaient la plus grande modestie dans leurs discours et leurs actions, évitaient la colère et le mensonge, et ne faisaient jamais de serments. A leurs yeux, la plupart des sciences humaines ne méritaient pas qu'on s'en occupât, parce qu'ils les regardaient comme inutiles à la vertu, et ils n'étudiaient que la morale, qu'ils

apprenaient dans la loi. Avant le lever du soleil, ils évitaient de parler de choses profanes et passaient ce temps en prières. Ils allaient ensuite au travail et ne l'interrompaient que pour prendre un frugal repas. Enfin, ils renonçaient pour la plupart au mariage, mais ils se chargeaient de l'éducation des enfants d'autrui, et ils les habituaient de bonne heure à leur genre de vie. Les Esséniens se distinguaient encore des autres Juifs par leurs croyances religieuses. On connaît très mal leur doctrine, parce que les initiés s'engageaient par serment à ne jamais la révéler, et qu'ils prirent la précaution de brûler tous leurs livres lorsqu'ils se sentirent menacés. Il y avait donc, dans leur société, une tradition secrète soigneusement conservée qui se rattachait peut-être aux doctrines ésotériques de l'Égypte, qui paraissent être la base de tous les *mystères* enseignés aux seuls initiés dans les temps antiques. Ce que l'on peut inférer des récits de Philon et de Josèphe, c'est que la doctrine des Esséniens était un mysticisme plus ou moins entaché de sabéisme. Ils adoraient un Dieu unique, mais rendaient un culte au Soleil ; ils croyaient à l'immortalité de l'âme, aux peines et récompenses futures ; mais avaient une tendance au fanatisme. En politique, ils professaient des opinions en opposition avec tout système de gouvernement.

Ils méprisaient les tourments et la mort, et ne voulaient obéir à aucun autre homme qu'à leurs anciens. Cette secte se recrutait, soit parmi les adultes, soit parmi les enfants qu'elle élevait. Dans tous les cas, les postulants subissaient trois ans d'épreuves. S'ils étaient admis, ils mettaient leurs biens en commun, et s'engageaient à obéir aux anciens, à ne pas divulguer les doctrines de la société, et à tout révéler à leurs coassociés. Les membres qui se rendaient coupables de quelque infraction grave aux lois de la secte en étaient ordinairement punis par l'expulsion. — Les Esséniens formaient une population d'environ 4000 personnes à l'époque de la prise de Jérusalem par Titus. Ils disparurent probablement alors, car ils ne sont mentionnés par aucun écrivain postérieur à cette époque.

Quoi qu'il en soit, les Esséniens ont peut-être constitué la société la plus pure de toute l'antiquité, et leurs mœurs, leurs vertus, si semblables à celles des premiers chrétiens, n'ont sans doute pas été sans influence sur le développement du Christianisme dans les premiers temps. Jésus lui-même paraît avoir appartenu à cette secte.

ESSÉNISME. s. m. Caractère des Esséniens et de leur institut.

ESSENTIALISME. s. m. [Pr. *es-san-si-a*...]. Doctrine médicale qui admet que les maladies sont des essences, existant par soi et indépendantes du fonctionnement de l'économie animale.

ESSENTIALISTE. adj. [Pr. *es-san-si-a*...]. *Médecin e.*, Celui qui admet l'essentialisme.

ESSENTIALITÉ. s. f. [Pr. *es-san-si-a*...]. État de ce qui est essentiel. || T. Méd. Doctrine qui attribue les fièvres non à un certain état pathologique des solides ou des liquides, mais à un effort de la nature pour surmonter le mal qui l'opprime.

ESSENTIEL, ELLE. adj. [Pr. *es-san-si-el*]. Qui est de l'essence, qui appartient à l'essence. *Qualité essentielle. La raison est essentielle à l'homme.* || Absolument nécessaire, indispensable. *C'est une chose essentielle au contrat, dans le contrat. Il ne faut pas oublier ce mot, il est e. C'est là une formalité, une condition essentielle. Les choses les plus essentielles à la vie. — Avoir à quelqu'un des obligations essentielles,* En avoir reçu des services très importants. || *Un homme, un ami e.,* Un homme, un ami solide, et sur qui l'on peut compter. || T. Méd. *Maladie essentielle.* Voy. Maladie. || *Organes essentiels,* Organes si nécessaires à la vie que la suppression de leurs fonctions entraîne vite la mort. || *Cordes essentielles ou modales,* Médiante et soussensible du ton. || T. Chim. et Pharm. *Huile essentielle,* Voy. Essence. == Essentiel. s. m. Le point essentiel, la chose principale. *Voilà l'e. de l'affaire. Venons à l'e. de l'affaire. L'e. est d'être bon. L'e. est de faire cela. L'e. est que vous le fassiez.* || *Point e.,* Point indispensable, très important.

ESSENTIELLEMENT. [Pr. *es-san-si-è-le-man*]. adv. Par essence. *Dieu est e. bon. L'homme est un animal e. sociable.* || Beaucoup, extrêmement, à un très haut degré. *Il aime e. ses amis. Manquer e. à quelqu'un. Il m'a obligé e.*

ESSEQUIBO, fl. de la Guyane anglaise, 700 kil.

ESSER. v. a. [Pr. *é-sé*] (R. *esse*). Présenter le fil de fer à un des espaces circulaires de l'esse, pour connaître s'il est d'un calibre convenable.

ESSÈRE. s. f. [Pr. *es-sè-re*] (lat. med. *essera*, d'origine arabe). T. Méd. Variété de l'urticaire.

ESSERET. s. m. [Pr. *é-se-ré*] (R. *esse*). Sorte de tarière fort longue.

ESSETTE. s. f. [Pr. *é-sè-te*]. T. Techn. Marteau qui d'un côté a une tête ronde, et de l'autre un large tranchant.

ESSEULÉ, ÉE. adj. [Pr. *es-seu-lé*]. Qui est seul, délaissé de tout le monde. *Cet homme est entièrement e.*

ESSEULER. v. a. [Pr. *es-seu-ler*]. Laisser seul.

ESSEX, roy. saxon fondé en 526; cap. Londres. || Comté d'Angleterre, au nord de l'embouchure de la Tamise; 576,000 hab.; cap. Chelmsford.

ESSEX (Comte d'), général anglais, favori de la reine Élisabeth; s'étant révolté contre elle, il fut décapité (1567-1601). = Son fils, chambellan de Charles Ier, embrassa la cause des parlementaires lors de la révolution (1592-1646).

ESSIEU. s. m. [Pr. *è-sieu*] (ancienn. *aissieu*, du lat. *axis*, axe). Pièce de bois, de fer, ou même d'acier, qui passe dans le moyeu des roues d'une voiture, et autour de laquelle tournent celles-ci. || T. Mar. Dans les poulies, l'e. est la cheville en bois ou en métal autour de laquelle le réa tourne comme sur un axe.

ESSIMER. v. a. [Pr. *es-simer*] (lat. *ex*, et fr. *sain*, graisse). T. Fauconn. Amaigrir un oiseau pour le rendre moins lourd au vol. || T. Agric. Épuiser.

ESSLING, v. d'Autriche à 10 kilom. de Vienne. Victoire de Napoléon sur les Autrichiens, le 22 mai 1809 1,400; hab.

ESSLINGEN, v. de Wurtemberg; 20,900 hab.

ESSONIER. s. m. [Pr. *es-so-nié*]. T. Blas. Double orle, qui couvre l'écu dans le sens de la bordure et représente l'endroit où les chevaux des chevaliers attendaient que le tournoi commençât.

ESSONNE, riv. de France, se jette dans la Seine à Corbeil. 90 kilom.

ESSONNES, ch.-l. de c. (Seine-et-Oise), près Corbeil. Papeteries importantes; 7,400 hab.

ESSOR. s. m. [Pr. *es-sor*] (R. *essorer*). L'action d'un oiseau qui part pour s'élever dans les airs. *Un aigle qui prend son e., qui prend l'e. Un e. rapide.* || Plumes d'e., Plumes allongées, raides et fortes de l'aile des oiseaux de proie. || *Monter d'e.*, Vol de l'oiseau lorsqu'il monte très haut. || Fig., se dit du développement, du progrès, de l'extension de certaines choses. *Un sublime e. Arrêter l'e. du génie, du talent. Donner l'e. à son esprit, à son génie, à son imagination, à sa plume. Les arts et l'industrie prirent bientôt leur e.* || *Libre e.*, Élan, liberté qu'on se donne. || Divagation, digression, action de s'écarter de son sujet. || Fig., se dit encore d'une personne qui, après avoir été dans la sujétion et la contrainte, prend tout d'un coup sa liberté, s'émancipe. *On tenait ce jeune homme dans une trop grande contrainte, il a pris l'e., son e.*

ESSORAGE. s. m. [Pr. *es-soraje*]. T. Fauconn. Action de s'essorer. || T. Techn. Action d'enlever à la poudre un excès d'humidité qui mettrait obstacle au lissage. || Opération par laquelle on enlève aux tissus mouillés une certaine quantité d'eau.

ESSORANT, ANTE. adj. [Pr. *es-soran*]. T. Blason. Se dit des oiseaux qui ont les ailes entr'ouvertes et qui semblent prendre leur volée.

ESSORER. v. a. [Pr. *es-sorer*] (lat. *exaurare*, prendre le vent). Exposer à l'air pour faire sécher. *On a mis ce linge sur des perches pour l'e.* || T. Fauconn. *E. un oiseau*, Le laisser sécher au soleil ou au feu. — s'Essorer. v. pron. Se dit de l'oiseau qui s'écarte et ne revient que difficilement sur le poing. = Essoré, ée. part. T. Blason. Se dit du toit d'une maison, quand il est d'un émail différent. || T. Rur. *Terrain essoré*, Celui dont on a fait disparaître l'excès d'humidité par de fréquents labours.

ESSOREUSE. s. f. [Pr. *es-soreuze*]. Femme qui essore le linge. || Machine à sécher le linge.

ESSORILLEMENT. s. m. [Pr. *è-so-ri-lle-man*, *ll* mouil.] (R. *essoriller*). Ancien supplice qui consistait à couper les oreilles.

ESSORILLER. v. a. [Pr. *è-so-ri-ller*, *ll* mouil.] (R. lat. *ex*, et fr. *oreille*). Couper les oreilles. *E. un chien. En Perse, on essorille les voleurs.* || Fig. et famil., Couper les cheveux trop courts. *Qui vous a ainsi essorillé ?* = Essoril-lé, ée. part.

ESSOUCHEMENT. s. m. [Pr. *è-sou-che-man*]. Action d'essoucher.

ESSOUCHER. v. a. [Pr. *è-sou-cher*]. T. Rur. Arracher les souches d'un terrain. = Essouché, ée. part.

ESSOUFFLEMENT. s. m. [Pr. *é-sou-fle-man*]. État de celui qui est essoufflé. Voy. ANHÉLATION.

ESSOUFFLER. v. a. [Pr. *é-sou-fler*]. Mettre presque hors d'haleine par un mouvement violent. *Vous montez trop vite, cela vous essoufflera. Si vous ne retenez votre cheval, vous l'essoufflerez.* = s'Essouffler. v. pron. *Je me suis tout essoufflé à monter cet escalier.* = Essoufflé, ée. part. Qui est hors d'haleine pour avoir couru ou fait quelque autre effort. *Il est revenu tout essoufflé.*

ESSOURISSER. v. a. [Pr. *é-souri-ser*] (R. *es*, préf., et *souris*). T. Vét. Fendre la souris, cartilage des naseaux, pour empêcher le cheval de hennir bruyamment.

ESSOYES, ch.-l. de c. de l'Aube, arr. de Bar-sur-Seine; 1,600 hab.

ESSUGAND. s. m. Lieu destiné au coupage du savon.

ESSUI. s. m. [Pr. *è-sui*] (R. *essuyer*). Lieu où l'on étend quelque chose pour le faire sécher. *Un bon e.* || T. Techn. Lieu où l'on fait sécher les cuirs tannés. || Émail terne.

ESSUIE-MAIN. s. m. Linge que l'on sert à essuyer les mains. || Planchette clouée sur la table du tourneur pour essuyer ses mains quand elles sont imprégnées de barbotine. = Pl. *Des essuie-mains.*

ESSUIE-PLUME. s. m. Rondelle de drap qui sert à essuyer le bec de la plume à écrire. = Pl. *Des essuie-plumes.*

ESSUYAGE. s. m. [Pr. *è-sui-ia-je*]. Action d'essuyer. || Opération qui a pour but d'essuyer les aiguilles.

ESSUYER. v. a. [Pr. *è-sui-ier*] (lat. *ex*, de; *sugere*, sucer). Ôter l'eau, la sueur, la poussière, en frottant. *Ce cheval est tout en sueur, il faut l'e. E. ses mains à une serviette ou avec un linge. S'e. les mains, les yeux, le visage. E. une table, de la vaisselle.* — Fig., *E. les larmes de quelqu'un*, Calmer son affliction, le consoler. *E. ses larmes*, Se consoler. || Sécher; ne se dit guère que du vent et du soleil. *Le vent, le soleil essuie les chemins, essuie la terre qui a été trempée par la pluie.* || Fig., Souffrir, supporter, subir. *E. le feu de l'ennemi. E. une tempête, un orage. E. de grandes fatigues, de grandes pertes. E. des revers, une banqueroute, un désastre. E. l'humeur, les caprices, les hauteurs de quelqu'un. E. un affront. E. la honte. E. des reproches, des injustices. E. des refus, des contradictions.* || T. Popul. *E. les plâtres*, Habiter une maison que l'on vient de construire. = Essuyé, ée. part. = Conjug. Voy. EMPLOYER.

ESSUYEUR, EUSE. s. [Pr. *è-sui-ieur*]. Celui ou celle qu'on emploie à essuyer. = s. m. Racloir du cylindre gravé qu'on appelle *docteur*, dans les fabriques de toiles imprimées.

EST. s. m. (mot saxon, angl. *east*, all. *ost*, m. s.). La partie de l'horizon où le soleil se lève. *Les pays qui sont à l'est. Le vent vient de l'est. Le vent est à l'est*, c.-à-d. vient de l'est. || Par ellipse, Le vent qui vient de l'est. *Les quatre vents principaux sont l'est, l'ouest, le nord et le sud.* || T. Mar. *Faire de l'est*, Avoir le cap du navire dans la direction de l'est.

ESTACADE. s. f. (R. xx fr. *estacke*, pieu, dérivé de l'all. *stecken*, m. s.). Sorte de digue faite avec de grands pieux plantés dans une rivière, dans un canal, pour en fermer l'entrée ou pour en détourner le cours. || *E. flottante*, E. composée de pièces de bois réunies bout à bout par des anneaux et des chaînes et placée obliquement au travers de la rivière. || T. Mar. Barrière établie momentanément à l'entrée d'un port, et construite avec des mâts, des cordages, des chaînes qu'on lie ensemble, afin d'empêcher les bâtiments ennemis d'y pénétrer. || Dispositif employé pour garantir les ponts contre les corps flottants et les brûlots. || *E. fixe*, E. composée de pilots réunis ensemble par des moises. || T. Ch. de fer. Plate-forme destinée à faciliter le chargement du combustible sur les locomotives.

ESTADOU. s. m. (mot provençal). Scie à deux lames très fines qui sert à former les dents des peignes.

ESTAFETTE. s. f. (ital. *staffetta*, petit étrier). Courrier qui ne porte son paquet que d'une poste à l'autre, pour le remettre à un autre courrier qui le porte à la poste suivante; ou simplem., Celui qui porte une dépêche. *Faire parvenir un avis par des estafettes, par e. Dépêcher une e. L'e. vient d'arriver.*

ESTAFIER. s. m. (ital. *staffiere*, valet d'écurie). En Italie, domestique qui porte la livrée, le manteau et l'épée. *Ce cardinal a tant d'estafiers.* || Fam. et par ext., se dit chez nous d'un laquais de grande taille. *Il était accompagné de quatre estafiers.* Se prend habituellement en mauvaise part. || Souteneur de mauvais lieux.

ESTAFILADE. s. f. (ital. *staffilata*, de l'ital. *staff*, bâton). Coupure faite avec un instrument tranchant, principalement sur le visage. *Il a une grande e. au visage.* Fam. || Coupure, déchirure faite à un manteau, à une robe, etc. *Il y a une e. à votre manteau.* Fam.

ESTAFILADER. v. a. Faire une estafilade. *On lui a estafiladé le visage.* Très fam. = ESTAFILADÉ, ÉE. part.

ESTAGEL, v. des Pyrénées-Orientales, arr. de Perpignan, 2,800 hab. — Patrie d'Arago.

ESTAGNON. s. m. (lat. *stannum*, étain). Vase de cuivre étamé dans lequel on expédie les huiles d'olive, les eaux distillées, et particulièrement l'eau de fleur d'oranger.

ESTAIM ou **ÉTAIM.** s. m. (lat. *stamen*, fil de la quenouille). Sorte de laine longue qui a été tirée au peigne.

ESTAIN. s. m. T. Mar. Nom de deux pièces de bois formées en portions de cercle, pour faire le rond de l'arrière d'un vaisseau, et sur lesquelles on cloue les extrémités des bordages tant des flancs que de l'arrière.

ESTAING, ch.-l. de c. de l'Aveyron, arr. d'Espalion; 1600 hab.

ESTAING (Comte d'), amiral français, fit la guerre d'Amérique contre les Anglais (1778-1780); républicain sage; condamné à la guillotine par le tribunal révolutionnaire (1729-1794).

ESTAME. s. f. (lat. *stamen*, fil de la quenouille). Fil fait avec la laine peignée appelée estaim. *Bas d'e. Une camisole d'estame.*

ESTAMET. s. m. Petite étoffe de laine.

ESTAMINET. s. m. (orig. germanique). Lieu public, café où l'on vend de la bière et où l'on fume. On dit aussi *l'abagie*, mais avec une nuance de dénigrement. || La salle particulière où l'on fume, dans un café. || Fam. *Pilier d'e.*, Se dit d'un homme qui passe sa vie au café. *Langage d'e.*, Se dit d'un langage de mauvais ton.

ESTAMPAGE. s. m. Action d'estamper.

Techn. — On donne le nom d'*Estampage* ou d'*Éstampage* à un procédé mécanique qui a pour objet d'imprimer des lettres, des figures ou des ornements, soit en creux, soit en relief, sur quelque corps dur, comme lames mécaniques, cuirs, etc., et l'on donne celui d'*Estampe* ou d'*Estampille* à l'outil dont on se sert pour l'estampage. On distingue deux sortes d'étampes — l'une consiste en une sorte de poinçon gravé en relief à une de ses deux extrémités, et que l'on fait entrer à coups de marteau dans la matière qui lui est soumise : l'opération terminée, cette matière présente en creux les caractères ou les dessins que porte le poinçon. C'est avec des étampes de cette nature que les ouvriers sur métaux impriment leur marque sur les objets qu'ils fabriquent : elle est surtout à l'usage des cordoliers, des orfèvres, des bijoutiers, des serruriers, etc. — L'autre sorte d'étampe s'emploie surtout dans la fabrication des livres et des cuirs dits estampés, dont on fait aujourd'hui un si grand usage pour la décoration intérieure des appartements et de certains édifices publics. Elle consiste en un moule ou matrice d'acier qui porte en creux les caractères, figures ou ornements que l'on veut obtenir en relief. Ce moule est accompagné d'un coin également d'acier qui porte les mêmes dessins en relief, et qui est disposé de manière à pouvoir entrer librement dans les creux de la matrice. On place sur la matrice la matière à estamper et l'on enfonce ensuite le coin au moyen d'un mouton, d'un balancier ou d'une presse, de telle sorte que la matière à estamper est forcée de se mouler sur la matrice et de prendre ainsi l'empreinte voulue. Cette opération se fait soit à froid, soit à chaud, selon la dureté de la matière, la nature de l'objet et l'usage auquel il est destiné. Lorsque les pièces à estamper sont de petite dimension, comme cela arrive, par ex., dans la bijouterie, on substitue ordinairement l'action du marteau à celle du mouton ou du balancier. C'est par le procédé que nous venons de décrire que l'on obtient non seulement les cuivres et les cuirs estampés déjà mentionnés, mais encore la plupart de boutons métalliques, les ustensiles de ménage de fer battu, les objets de carton-pâte, et même certains bas-reliefs d'ébénisterie.

ESTAMPE. s. f. (ital. *stampa*, impression). Image imprimée au moyen d'une planche gravée. *Belle e. E. bien nette, bien tirée. Un recueil d'estampes.* Voy. GRAVURE et ÉBAUCHE. || Se dit aussi de la reproduction d'une inscription sur un papier spécial mouillé. || T. Techn. Outils servant à estampe r. || T. Serrur. Outil pour river les boulons. || T. Raffinerie. Mastic dont on garnit le fond d'une forme. || T. Orfèvrerie. Plaque de fer gravée en creux, sur laquelle on frappe la feuille d'or ou d'argent dont on veut couvrir un ornement quelconque.

ESTAMPER. v. a. (all. *stampfen*, m. s., de *stamp*, presser). Faire une empreinte de quelque matière dure; et gravée sur une matière plus molle. *On estampe les inscriptions avec un papier mouillé spécial. On estampe la monnaie avec le balancier. Voilà une figure bien estampée. On estampe le cuir pour en faire d's ornements.* || T. Maréchalerie. Voy. ÉTAMPER. || T. Chapellerie. Passer à plat sur le bord d'un chapeau l'outil appelé la pièce. || T. Potier. Imprimer dans un creux une pièce de poterie. || T. Raffinerie. Mastiquer une poignée de sucre dans le fond d'une forme. || T. Orfèvrerie. Faire le cuilleron d'une cuiller; former les contours d'un ornement quelconque. || Autrefois, dans les pays où l'on avait des esclaves noirs. *E. un nègre*, Le marquer à l'aide d'un fer chaud.

ESTAMPEUR. s. m. Outil qui sert à estamper. || Poinçon de fer qu'on fait entrer dans le moule à pipes pour rendre les parois de la pipe de même épaisseur. || Pilon pour estamper les formes à sucre. || Orfèvre, ouvrier qui estampe. = Adject. *Balancier estampeur.*

ESTAMPILLAGE. s. m. (Pr. *estanpi-lla-je*, *ll* mouillées). Action d'estampiller.

ESTAMPILLE. s. f. (Pr. *estanpi-lle*, *ll* mouillées). R. *estamper*). Marque, empreinte qu'on applique, au lieu de signature, ou avec la signature même, sur des brevets, des commissions, des lettres, pour mieux en assurer l'authenticité. — Celle qu'on fait sur certaines marchandises, pour indiquer la fabrique dont elles proviennent, pour constater l'acquittement des droits de douane, etc. — Celle qui est apposée à un livre pour faire connaître la bibliothèque à laquelle il appartient, etc. || L'instrument qui sert à faire ces sortes de marques.

ESTAMPILLER. v. a. [Pr. *estan-pi-ller*, *ll* mouillées]. Marquer d'une estampille. = ESTAMPILLÉ, ÉE. part.

ESTAMPOIR. s. m. Outil à estamper le métal.

ESTANCE. s. f. T. Mar. Piliers posés le long des hiloires pour soutenir les barrotins. || *E. à taquets*, Échelle de fond de cale, avec une corde à côté, à laquelle on donne le nom de tire-vieille.

ESTANCELIN (Loris), publiciste franç. (1777-1858).

ESTANCIA, mot espagnol, sous lequel on désigne, dans l'Amérique du Sud, les grandes fermes, les grands domaines ruraux.

EST-ANGLIE, un des royaumes de l'ancienne *Heptarchie* anglo-saxonne ; cap. Norfolk.

ESTANQUETTE. s. f. T. Techn. Pièce de fer placée sous le moule de la presse à vermicelle pour faire résistance au piston.

ESTAQUET. s. m. (R. *estacade*). T. Pêch. Attache qui sert à lier des parties de filets.

ESTASE. s. f. T. Techn. Nom de deux pièces de bois qui fixent les quatre pieds d'un métier d'étoffes de soie. || Traverse d'en haut du métier de velours.

ESTAU. s. m. (R. *étau*). T. Minc. Massif qui sépare, dans les galeries ouvertes à différentes hauteurs, dans le sein du gîte, deux étages superposés.

ESTAZE. Voy. ESTASE.

ESTE (MAISON D'), maison d'Italie qui régna sur Este, Ferrare, Modène, Rovigo, etc.

ESTEAU. s. m. (R. *étau*). Outil des ébénistes.

ESTEILLES. s. f. pl. [Pr. *es-tè-lle*, *ll* mouillées]. T. Métall. Coins de bois qui assujettissent le marteau.

ESTELAIRE. adj. T. Chasse. *Cerf e.*, Cerf apprivoisé qui, lancé dans le bois, sert à en ramener d'autres.

ESTELIN. s. m. (angl. *sterling*). Ancien poids. Voy. ESTERLIN.

ESTÈQUE. s. f. (all. *steeken*, bâton). Outil de bois dont le potier de terre se sert pour terminer ses ébauches.

ESTER. v. n. [Pr. *es-té*] (latin *stare*, être debout). T. Palais. N'est usité que dans les loc. suiv. : *E. en jugement*, *en ju. tice*, Poursuivre une action en justice, soit comme demandeur, soit comme défendeur ; et *E. à droit*, Comparaître devant le juge sur l'assignation qu'on a reçue. *Autrefois un contumace ne pouvait se présenter après les cinq ans, sans avoir obtenu, en chancellerie, des lettres pour e. à droit.* Cette locution vieillit. Cependant elle est toujours employée dans la formule du mariage : « La femme ne peut ester en jugement sans l'autorisation de son mari. »

ESTÈRE. s. m. T. Mar. Crique servant de refuge aux caboteurs sur les côtes d'Amérique.

ESTÈRE. s. f. (lat. *storea*, natte). Natte de jonc ou de paille qu'on fabrique surtout dans le Levant.

ESTEREL (Monts de l'), Massif montagneux des Alpes de Provence (Var), 620 mètres.

ESTERHAZY, noble et ancienne famille autrichienne qui a produit beaucoup d'hommes distingués.

ESTERLIN. s. m. T. Orfèvr. Poids de vingt-huit grains et demi (1ᵍ,512). *Il y a cent soixante esterlins au marc.* Voy. STERLING.

ESTERNAY, ch.-l. de c. (Marne), arr. d'Épernay ; 1700 h.

ESTERNEAU. s. m. Un des noms vulgaires de l'étourneau.

ESTEROTE. s. m. T. Pêc. espèce de trameil qui sert à prendre des soles, des turbots, etc.

ESTEUBLE. s. f. Voy. ÉTEULE.

ESTHER, Juive de la tribu de Benjamin, née à Babylone pendant la captivité, épousa le roi de Perse Assuérus, et sauva les Juifs que le ministre Aman voulait perdre.

ESTHÉSIE. s. f. (gr. αἴσθησις, sensibilité). T. Physiol. L'ensemble des sensations. || Le sentiment esthétique.

ESTHÉSIOMÈTRE. s. m. (gr. αἴσθησις, sensibilité ; μέτρον, mesure). T. Médec. Instrument destiné à déterminer l'état de la sensibilité tactile.

ESTHÉSODIQUE. adj. 2 g. (gr. αἴσθησις, sensation ; ὁδός, voie). T. Anat. Qui transmet la sensation.

ESTHÈTE. s. 2 g. Qui est plongé dans l'esthétisme. Qualification que se donnent certains artistes ou littérateurs prétentieux.

ESTHÉTICIEN. s. m. Celui qui étudie l'esthétique, qui s'en occupe.

ESTHÉTIQUE. adj. 2 g. (gr. αἰσθητικός, m. s., de αἰσθάνεσθαι, sentir). Qui a rapport au sentiment, et particulièrement au sentiment du beau. = ESTHÉTIQUE. s. f. Science, théorie du beau.

Philos. — L'*Esthétique* est la science du beau [l'étude du beau, comme celle du vrai et du bien, constitue l'une des grandes divisions de la philosophie. Le terme d'esth. a été employé pour la première fois par Baumgarten (1750), pour désigner cette partie de la science ; mais, quoiqu'il soit aujourd'hui généralement adopté dans ce sens, il est défectueux, attendu qu'il donnerait à entendre que la sensibilité est seule mise en jeu dans la perception du beau, tandis qu'il y a dans ce phénomène un principe actif qui y joue un rôle supérieur à celui de la sensibilité elle-même. — Le beau peut être étudié de deux façons : ou hors de nous, en lui-même, dans les objets qui en portent l'empreinte ; ou bien dans l'esprit de l'homme, dans les facultés qui l'atteignent, dans les sentiments et dans les idées qu'il excite en nous.

1. *Du sentiment et de l'idée du beau.* — « Interrogeons l'âme en présence de la beauté, dit Cousin. N'est-ce pas un fait incontestable qu'en présence de certains objets, dans des circonstances fort diverses, nous portons ce jugement : Cet objet est beau. Cette affirmation n'est pas toujours explicite. Quelquefois elle ne se manifeste que par un cri d'admiration ; quelquefois elle s'élève silencieusement dans l'esprit qui à peine en a conscience. Les formes de ce phénomène varient, mais le phénomène est attesté par l'observation la plus vulgaire et la plus certaine, et toutes les langues en portent témoignage »

2. L'origine et l'analyse de ce sentiment du beau ont donné lieu à de nombreuses controverses. Sous l'influence de la philosophie sensualiste, s'est répandue l'opinion que le sentiment et l'idée du beau sont choses purement individuelles et arbitraires. Cette manière de voir entraîne nécessairement la négation de toute idée de science esthétique ; avec elle disparaît aussi la notion du bon et mauvais goût. Mais, en y réfléchissant, on voit que raisonner ainsi, c'est tout simplement nier l'idée du beau ou, ce qui revient au même, la confondre avec l'idée d'*agréable*. Cependant, ces deux idées apparaissent nettement à l'esprit comme distinctes, la preuve en est que personne ne discute sur les qualités des choses plus ou moins *agréables*, tandis que les discussions relatives aux questions d'art, de littérature, remplissent une bonne partie des conversations des hommes instruits et des controverses littéraires. Il est clair que ceux qui se passionnent pour démontrer la supériorité de tel ou tel auteur, de tel ou tel artiste, croient *avoir raison*. Pour eux, le *beau* ne s'adresse pas seulement à la sensibilité, mais aussi à la raison ; le sentiment du beau n'est pas uniquement personnel et subjectif, ce qui ne laisserait place à aucune discussion ; mais il a quelque chose d'extérieur, d'*objectif*, qui peut se raisonner, se discuter. En définitive, ou il faut déclarer que toutes les productions artistiques se valent, qu'il n'y a entre elles d'autres différences que celles qu'y veut bien mettre le goût particulier de celui qui les observe ; ou il faut reconnaître que l'idée du *beau* est une idée d'une nature spéciale, irréductible avec toutes les autres, et qui ne peut se confondre ni avec celle d'agréable, ni avec celle de bon, ni avec celle d'utile.

II. *Du beau dans la nature.* — Le beau dans la nature, ou le beau physique, se révèle d'une manière plus ou moins parfaite dans la série des êtres : aussi les degrés successifs de la beauté répondent-ils au développement de la vie et de l'organisation; mais toujours l'unité en est le caractère essentiel : *Omnis porro pulchritudinis forma unitas est*, dit saint Augustin. Toutefois la beauté physique est purement extérieure : elle n'est belle que pour une intelligence qui la voit et qui la contemple. « Considéré extérieurement, dit Hegel, le beau physique s'offre successivement sous les aspects de la *régularité* et de la *symétrie*, de la *conformité à une loi* et de l'*harmonie*, enfin de la *pureté* et de la *simplicité* de la matière. La régularité qui n'est que la répétition d'une forme égale à elle-même, est la forme la plus élémentaire et la plus simple. Déjà dans la symétrie apparaît une diversité qui rompt l'uniformité. Ces deux formes du beau appartiennent à la *quantité* et constituent la beauté géométrique; elles se trouvent dans les corps inorganiques, les minéraux, les cristaux. Dans les plantes s'offrent des formes moins régulières et plus libres. Dans l'organisation des animaux, cette disposition régulière et symétrique s'efface de plus en plus, à mesure que l'on s'élève aux degrés supérieurs de l'échelle animale. La conformité à une loi marque un degré plus élevé encore, et sert de transition à des formes plus dégagées et plus libres. Ici apparaît un accord plus réel et plus profond qui commence à échapper à la rigueur géométrique. Ce n'est plus un simple rapport numérique où la quantité joue le principal rôle; on entrevoit un rapport de *qualité* entre des termes différents. Une loi règle l'ensemble, mais elle ne peut se calculer et reste un lien caché qui se révèle au spectateur. Telle est la ligne ovale et surtout la ligne *ondoyante*, qui a été donnée par Hogarth comme la ligne de la beauté. Ce sont en effet ces lignes qui déterminent les belles formes de la nature organique dans les êtres vivants d'un ordre élevé, et surtout les belles formes du corps humain. L'harmonie est un degré supérieur encore aux précédents, et elle les contient : elle consiste dans un ensemble d'éléments essentiellement distincts, mais dont l'opposition est détruite et ramenée à l'unité par un accord secret, une convenance réciproque. Telle est l'harmonie des formes et des couleurs, celle des sons et des mouvements. Enfin, la beauté existe aussi dans la matière elle-même, abstraction faite de sa forme : elle consiste alors dans l'unité et la *simplicité* qui constitue la *pureté*. Telle est la pureté du ciel et de l'atmosphère, la pureté des couleurs et des sons; celle de certaines substances, des pierres précieuses, de l'or et du diamant. Les couleurs simples sont aussi celles qui flattent le plus le sens de la vue. »

Chez les êtres vivants et animés, la beauté, c'est la forme totale en tant qu'elle révèle la force qui l'anime; c'est cette force elle-même manifestée par un ensemble de formes, de mouvements indépendants et libres; c'est l'harmonie intérieure qui se révèle dans cet accord secret des membres et qui se trahit au dehors, sans que l'œil s'arrête à considérer le rapport des parties au tout, non plus que leurs fonctions et leur enchaînement réciproque, comme le fait la science. L'unité se montre seulement à l'extérieur, comme le principe qui lie les diverses parties du tout. Telle est la beauté dans les individuels; mais il en est autrement quand nous considérons la nature dans son ensemble, la beauté d'un paysage par ex. Il ne s'agit plus ici d'une disposition organique de parties et de la vie qui les anime; nous avons sous les yeux une riche multiplicité d'objets qui forment un ensemble, des montagnes, des arbres, une rivière, etc. Dans cette diversité apparaît une unité extérieure qui nous intéresse par son caractère doux et calme ou imposant. A cet aspect s'ajoute la propriété qu'ont les objets de la nature d'éveiller en nous, sympathiquement, des sentiments, par la secrète analogie qui existe entre eux et les situations de l'âme. Tel est l'effet que produit sur notre âme le silence de la nuit, d'une vallée silencieuse, l'aspect sublime d'une vaste mer en courroux, la grandeur imposante du ciel étoilé. Le sens de ces objets n'est pas en eux-mêmes : ils ne sont que les symboles des sentiments de l'âme qu'ils excitent. Le beau physique est un reflet du beau moral.

III. *Du beau dans l'art.* — Le beau dans l'art est la représentation de l'*idéal*, c.-à-d. du beau à un degré de perfection supérieur à la beauté réelle. « C'est, dit encore Hegel, la force, la vie, l'esprit, l'essence des êtres se développant harmonieusement dans une réalité sensible qui est son image resplendissante, son expression la plus élevée; c'est la beauté dégagée et purifiée des accidents qui la voilent et la défigurent, qui altèrent sa pureté dans le monde réel. L'idéal, dans l'art, n'est donc pas le contraire du réel, mais le réel purifié, rendu conforme au type divin que l'artiste porte en lui. En un

mot, il est l'accord parfait de l'idée et de la forme sensible. La représentation du principe spirituel dans la plénitude de sa vie et de sa liberté, avec ses hautes conceptions, ses sentiments profonds et nobles, ses joies et ses souffrances, voilà le vrai but de l'art, le véritable idéal. Enfin, l'idéal n'est pas une abstraction sans vie, une froide généralisation, c'est le principe spirituel sous la forme de l'individualité vivante. C'est l'infini manifesté dans le fini. On voit dès lors quels sont les caractères de l'idéal. Il est évident qu'à tous ses degrés c'est le calme, la sérénité, la félicité, avec l'affranchissement complet des besoins et des misères de la vie. Cette sérénité n'exclut pas le sérieux; car l'idéal apparaît au milieu des combats de la vie; mais jusque dans les plus rudes épreuves, au milieu des déchirements de la souffrance, l'âme conserve un calme apparent comme trait fondamental. C'est la félicité dans la souffrance, la glorification de la douleur, le sourire dans les larmes. »

L'idéal, avons-nous dit, n'est pas une vague généralité, une abstraction sans individualité et sans vie. C'est la réalité purifiée : aussi a-t-il, comme celle-ci, des degrés fort div. rs. Dans les plus inférieurs, dans ceux où l'idéal se rapproche le plus du réel, comme par ex. dans la peinture de genre et dans l'école flamande en particulier, l'idéal est bien supérieur à la réalité pure, prosaïque, triviale. Les éléments insignifiants, inutiles, confus, étrangers ou contraires à l'idée ont disparu. L'artiste ne reproduit pas servilement tous les traits de l'objet et ses accidents; il reproduit ce qu'il observe d'intéressant, de naïf et de gai; il ramène la multiplicité à l'unité; il établit une subordination entre les objets représentés; enfin, il dégage de l'ensemble l'élément essentiel, énergique et significatif. Ainsi donc, lorsque l'artiste prend la nature, même la plus triviale, pour modèle, il la surpasse encore, la métamorphose et l'idéalise. — Mais il existe encore des sujets plus nobles, une nature plus élevée et plus idéale. « L'art, à son point culminant, dit encore Hegel, représente le développement des puissances internes de l'âme, ses grandes passions et ses sentiments profonds, ses hautes destinées. Or, il est clair que l'artiste ne trouve pas, dans le monde réel, des formes assez pures, assez idéales, pour qu'il n'ait eu qu'à imiter ou à copier. D'ailleurs, quand bien même la forme serait donnée, il faudrait y ajouter l'expression. De plus, l'artiste doit opérer, dans une juste mesure, l'alliance de l'individuel et du général, de la forme et de l'idéal; créer un idéal vivant où l'idée pénètre et anime partout l'apparence et la forme sensible, de sorte qu'il n'y ait rien de vide, d'insignifiant, rien qui ne soit animé de la même expression. Où trouvera-t-il dans le monde réel cette harmonie, cette juste mesure, cette animation et cette exacte correspondance de toutes les parties et de tous les détails conspirant à un même but, à un même effet? Dire qu'il parviendra à concevoir et à réaliser l'idéal en faisant un heureux choix d'idées et de formes, c'est ignorer le secret de la composition artistique; c'est méconnaître le procédé tout spontané du génie, l'inspiration, qui crée d'un seul jet, et le remplacer par un travail réfléchi qui n'aboutit qu'à produire des œuvres froides et sans vie. »

IV. *De la nature de l'art.* — De ce qui précède, il ressort que l'art est un produit de l'activité humaine, une création de l'esprit. Ce qui le distingue de la science, c'est que celle-ci se borne à découvrir ce qui est, c'est qu'elle est le fruit de la réflexion, tandis qu'il est celui de l'inspiration. Sous ce rapport, l'art ne peut ni s'apprendre ni se transmettre, c'est un don du génie. « Gardons-nous cependant de croire, ajoute le philosophe déjà cité, que l'artiste travaille au hasard et sans réflexion : il n'a aucune part à ses œuvres. Il y a dans les arts une partie technique qui doit s'apprendre et une habileté qui s'acquiert par l'exercice. Ensuite, plus l'art s'élève, plus il exige une culture étendue et variée de l'esprit; l'étude des objets de la nature et la connaissance approfondie du cœur humain. Cela est vrai surtout des hautes sphères de l'art et de la poésie. Les œuvres de l'art, étant des créations de l'esprit humain, ne sont vivantes qu'en apparence; mais le but de l'art n'est pas de créer des êtres vivants, il veut offrir à l'esprit une image de la vie plus pure, plus claire que la réalité. Or, quelle est la cause qui pousse l'homme à produire de telles œuvres? Cette cause est la même qui lui fait chercher dans la science un aliment pour son esprit, dans la vie publique un aliment à son activité. Dans la science, il veut connaître la vérité pure et sans voiles; dans l'art, la vérité lui apparaît exprimée par des images qui frappent ses sens en même temps qu'elles parlent à son intelligence. Cependant, si l'art s'adresse à la sensibilité, il n'a pas pour but dire et d'exciter la sensation et de faire naître le plaisir. La sensation est mobile, diverse, contradictoire; elle ne représente que les divers états ou modifications de l'âme. Si donc on considère seulement les impressions que l'art produit sur nous, on fait abstraction de sa vérité qu'il nous révèle. Il devient même impossible de comprendre ses grands effets, car les sentiments qu'il excite en nous ne s'expliquent que par les idées qui y sont attachées. L'art tient le milieu entre la perception sensible et l'abstraction rationnelle. Il se distingue de la première en ce qu'il ne s'attache pas au réel, mais à l'apparence, à la forme de l'objet, et qu'il n'éprouve à son égard aucun besoin de le faire servir à un usage, aucun désir proprement dit. Ce qu'il aime à voir en lui, ce n'est ni sa réalité matérielle, ni l'idée abstraite dans sa généralité, mais une image sensible et pure de la vérité, quelque chose d'idéal qui apparaît en lui; il saisit le lien des deux termes, leur accord et leur intime harmonie. Aussi le besoin qu'il éprouve est-il tout contemplatif; en présence du beau, œuvre de l'art, l'âme se sent affranchie de tout désir intéressé. En un mot, l'art crée, à dessein des images, des formes destinées à représenter des idées, à nous montrer la vérité sous des apparences sensibles. Par là, il a la vertu de remuer l'âme dans ses profondeurs les plus intimes, de lui faire éprouver les pures jouissances attachées à la vue et à la contemplation du beau.

« Les deux principes se retrouvent également combinés dans l'artiste. Le côté sensible est renfermé dans la faculté qui crée, dans l'imagination. Ce n'est pas par un travail mécanique, dirigé d'après des règles apprises, qu'il exécute ses œuvres. Ce n'est pas non plus par un procédé de réflexion semblable à celui du savant qui cherche la vérité. L'artiste est incapable de saisir d'une manière abstraite l'idée qu'il conçoit; il ne peut se la représenter que sous des formes sensibles : l'image et l'idée coexistent dans sa pensée et sont comme inséparables l'une de l'autre. Aussi l'imagination est-elle un don divin. Le génie scientifique est plutôt une capacité générale qu'un talent spécial. Pour constituer l'artiste véritable, au contraire, il faut un talent inné et déterminé. La connaissance la plus complète de la partie historique, scientifique et technique d'un art quelconque n'a jamais à elle seule pu faire un grand artiste ».

V. *Du but de l'art.* — Les opinions les plus diverses ont été émises au sujet du but que l'art doit se proposer. La plus commune est celle qui lui donne pour objet l'*imitation* : elle fait le fond de toutes les théories vulgaires sur l'art. Or, à quoi bon reproduire ce que la nature offre déjà à nos regards? Bien plus, ce travail puéril n'aboutirait qu'à révéler à l'artiste son impuissance et la vanité de ses efforts; car la copie pure et simple restera toujours au-dessous de l'original. En outre, plus l'imitation est exacte, moins le plaisir est vif : ce qui nous plaît, ce n'est pas d'imiter, mais de créer. En vain dira-t-on que l'art doit imiter la belle nature. Choisir n'est plus imiter. La perfection dans l'imitation, c'est l'exactitude; le choix d'ailleurs suppose une règle : où prendre le critérium? Enfin, que signifie l'imitation dans l'architecture, dans la musique et même dans la poésie? Il faut en conclure que si, dans ses compositions, l'art emploie les formes de la nature et doit les étudier, son but n'est pas de les copier et de les reproduire. Sa mission est plus haute et son procédé plus libre. Rival de la nature, comme elle et mieux qu'elle, il reproduit des idées : il se sert de formes comme de symboles pour les exprimer, et celles-ci, il les façonne elles-mêmes, il les refait sur un type plus parfait et plus pur. Ce n'est pas en vain que ses œuvres s'appellent les créations du génie de l'homme. — Cette idée, que l'art ne saurait avoir pour but l'imitation du réel se trouve parfaitement exprimée par Cicéron dans son traité de l'*Orateur* : « Phidias, un grand artiste, dit-il, quand il faisait une statue de Jupiter ou de Minerve, n'avait pas sous les yeux un modèle particulier dont il s'appliquait à exprimer la ressemblance; mais au fond de son âme résidait un certain type accompli de la beauté, sur lequel il tenait ses regards attachés, et qui conduisait son art et sa main. » Ce procédé de Phidias qui, au lieu de copier de beaux modèles, reproduisait ce type intérieur de beauté qui illuminait son esprit, n'est-il pas exactement celui que décrit Raphaël dans sa lettre fameuse à Castiglione, et qu'il déclare avoir lui-même suivi pour la Galatée : « Comme je manque, dit-il, de beaux modèles, je me sers d'un certain idéal que je me forme (*io mi servo di certa idea che mi viene alla mente*).

Un second système substitue à l'imitation l'*expression*. Dès lors, l'art a pour but non de représenter les formes extérieures, mais leur principe interne et vivant, et particulièrement les idées, les sentiments, les passions et les situations de l'âme. Moins grossière que la précédente, cette théorie, selon Hegel, n'en est pas moins fausse et dangereuse. « Distinguons ici deux choses, dit-il, l'idée et l'expression, le fond et la forme. Si l'art est destiné à tout exprimer, si l'expression est l'objet essentiel, le fond est indifférent. Pourvu que le tableau soit fidèle, l'expression vive et animée, le bon et le mauvais, le laid comme le beau, ont droit d'y figurer au même titre. Immoral, licencieux, impie, l'artiste aura rempli sa tâche et atteint la perfection, dès qu'il aura su rendre fidèlement une situation, une passion, une idée vraie ou fausse. Il est clair que si, dans ce système, le côté de l'imitation est changé, le procédé est le même. L'art n'est qu'un écho, une langue harmonieuse ou un miroir vivant où viennent se réfléter tous les sentiments et toutes les passions. La partie basse et la partie noble de l'âme s'y disputent la même place. Le vrai, c'est ici le réel, ce sont les objets les plus divers et les plus contradictoires. Indifférent sur le fond, l'artiste ne s'attache qu'à le bien rendre. Tel est le système qui prend pour devise la maxime : *L'art pour l'art*, c.-à-d. l'expression pour elle-même. On connaît ses conséquences et la tendance fatale, soit pour l'art lui-même, soit pour la morale qu'il a de tout temps imprimée aux arts. »

Un troisième système est celui du *perfectionnement moral*. « On ne peut nier, dit le philosophe allemand, qu'un des effets de l'art ne soit d'adoucir et d'épurer les mœurs. En offrant à l'homme en spectacle à lui-même, il tempère la rudesse de ses penchants et de ses passions; il le dispose à la contemplation et à la réflexion; il élève sa pensée et ses sentiments en les rattachant à l'idéal qu'il éveille en lui, à des idées d'un ordre supérieur. Aussi l'art a-t-il été de tout temps regardé comme un puissant instrument de civilisation, comme un auxiliaire de la religion : il est avec elle le premier instituteur des peuples et, en effet, c'est surtout dans l'histoire des religions et des cultes qu'il faut chercher l'histoire de l'art. — Mais cette théorie, quoique bien supérieure aux précédentes, n'est pas non plus exacte. Son défaut est de confondre l'effet moral de l'art avec sa propre finalité. En assignant ainsi à l'art un but étranger, on court le risque de lui ravir la liberté, qui est son essence et sans laquelle il n'y a pas d'inspiration, et par là de l'empêcher précisément de produire les effets moraux qu'on est en droit d'attendre de lui. Entre le religion, la morale et l'art, il existe une éternelle, une intime harmonie; mais ce ne sont pas moins des formes diverses de la vérité. L'art a ses lois, ses procédés, sa juridiction particulière. Assurément il ne doit jamais blesser le sens moral, mais c'est au sens du beau qu'il s'adresse. Lorsque ses œuvres sont pures, et les œuvres de l'art véritable le sont nécessairement, son effet sur les âmes est salutaire; néanmoins il n'a pas pour but direct et immédiat de le produire. Le cherche-t-il directement, il court risque de le manquer et manque le sien propre. Le problème de l'art est donc distinct du problème moral : le véritable but du premier est de réaliser l'idéal. Tout autre but : la purification, l'amélioration morale, l'édification, sont des conséquences indirectes, quoique nécessaires. La contemplation du beau a pour effet de produire en nous une jouissance calme et pure, incompatible avec les plaisirs grossiers des sens; elle élève l'âme au-dessus de la sphère habituelle de ses pensées; elle la prédispose aux résolutions nobles et aux actions généreuses par l'étroite affinité qui existe entre les trois sentiments et les trois idées du bien, du beau et du divin. »

VI. *Division des arts.* — Les arts par excellence, c.-à-d. ceux qui ont pour objet la représentation du beau et auxquels, pour ce motif, on a donné le nom de *Beaux-Arts*, sont généralement classés d'après leurs moyens de représentation. Or, comme deux sens seulement sont affectés à la perception du beau, la *vue*, qui perçoit la forme et les couleurs, et l'*ouïe*, qui perçoit les sons, on divise les beaux-arts en *arts du dessin*, qui comprennent l'*architecture*, la *sculpture* et la *peinture*, et en *art musical*. La *poésie*, qui se sert de la *parole* et s'adresse à l'*imagination*, forme un domaine à part. Mais ceci n'est qu'une classification synoptique, qui ne nous apprend rien sur la relation logique des arts entre eux, et, pour ainsi dire, sur leur hiérarchie. Toutefois, cette hiérarchie est facile à établir, quand on considère le rapport de chacun des arts avec le fond même des idées qu'ils sont susceptibles de représenter. — 1° Au premier degré se place l'*Architecture*. En effet, cet art est incapable de représenter une idée autrement que d'une manière vague et indéterminée; il façonne les masses de la nature inorganique, suivant les lois de la matière et des proportions géométriques. A son point culminant de développement, il n'est jamais qu'un symbole muet de la pensée. En outre, l'architecture est affectée à des fins extérieures à elle-même : elle est destinée à fournir une demeure à l'homme et un temple à la divinité, ainsi qu'à abriter, sous son toit et dans son enceinte, les autres arts, et en particulier la sculpture et la peinture. — 2° La *Sculpture* se place à un rang plus élevé. En effet, elle a pour objet de représenter l'esprit tel que peut le révéler l'organisme humain au moyen des seules formes extérieures. Sous cette apparence visible, par les traits de la figure et les proportions du corps, elle exprime la beauté idéale, le calme divin, la sérénité, en un mot, l'idéal *classique*. Mais les œuvres de la sculpture présentent toujours quelque chose d'immuné, de froid, d'insensible, parce qu'elles ne peuvent pas se dégager suffisamment des étreintes de la matière. — 3° La *Peinture*, elle aussi, est encore retenue dans le monde des formes visibles : néanmoins elle est plus libre que la sculpture, car elle est moins soumise à la matière et possède des moyens d'expression plus variés. A la forme extérieure pure, elle ajoute les aspects divers de l'apparence visible, les illusions de la perspective, la couleur, la lumière et les ombres, et par là elle devient capable non seulement de reproduire les tableaux les plus variés de la nature, mais aussi d'exprimer sur la toile les sentiments les plus profonds de l'âme humaine et toutes les scènes de la vie morale. — 4° La *Musique* est à la fois inférieure et supérieure à la peinture : inférieure sous le rapport de la réalité des choses, ainsi que des idées pures; supérieure sous le rapport de l'expression du sentiment. Ce qu'elle exprime, c'est l'âme elle-même dans ce qu'elle a de plus intime, de plus profond, de plus fugitif, de plus indéterminé, et cela par un phénomène sensible, également invisible, insaisissable, instantané; les vibrations sonores qui pénètrent au foyer intérieur des mouvements de l'âme l'ébranlent tout entière. — 5° Enfin, tous ces arts sont couronnés par la *Poésie*, qui les résume et les dépasse tous, et qui doit sa supériorité à son mode d'expression, la *parole*. Elle seule est capable d'exprimer toutes les idées, tous les sentiments, toutes les passions, les plus hautes conceptions de l'intelligence et les impressions les plus fugitives de l'âme. Elle seule possède la faculté de représenter une action dans son développement complet et dans toutes ses phases. Aussi son domaine est illimité, et l'on peut dire d'elle qu'elle est l'art universel. — Ces cinq arts forment le cycle complet et organisé des arts; car la *gravure*, la *danse*, l'*art des jardins*, etc., ne sont que des accessoires qui se rattachent plus ou moins directement aux précédents : à la peinture, à la musique, à l'architecture, etc. — On peut consulter le *Cours d'esthétique* de Hegel, trad. par Ch. Bénard, l'ouvrage *Du Vrai, du Beau et du Bien*, de V. Cousin, l'œuvre de Ch. Blanc, etc. Voy. aussi nos articles Gout, Sublime, Architecture, Peinture, etc.

ESTHÉTISME. s. m. (à. *esthétique*). T. Néol. État de ceux qui se consacrent ou prétendent se consacrer exclusivement aux arts, à la culture du beau.

ESTHIOMÈNE. adj. 2 g. (gr. ἐσθιόμενος, m. s., de ἐσθίω, je mange). T. Méd. Feu Saint-Antoine. Gangrène totale et complète d'une partie.

ESTHIOMÉNÉ, ÉE. adj. T. Méd. Individu infecté du feu Saint-Antoine.

ESTHONIE, gouvernement de la Russie d'Europe, sur le golfe de Livonie; 382,000 hab.; cap. Revel. Les Esthoniens sont de race finnoise.

ESTICEUX. s. m. Sorte de machine à l'usage des tireurs d'or.

ESTIENNE, famille de savants imprimeurs français, dont les plus célèbres sont Robert Estienne (1503-1559), auteur du *Trésor de la langue latine*, et son fils Henri (1528-1598), auteur du *Trésor de la langue grecque*.

ESTIER. s. m. T. Pêc. Conduit de communication entre un lac et une rivière, entre un marais et la mer.

ESTIMABLE. adj. 2 g. Qui mérite d'être estimé. *Un homme e. Une femme très e. Rien n'est plus e. que la vertu. Des qualités estimables.*

ESTIMATEUR, TRICE. Celui, celle qui fait l'estimation d'une chose. *Si nous ne pouvons convenir du prix, nous prendrons des estimateurs.* || Figur., se dit quelquef. des choses morales. *Juste e. de la vertu, du mérite, des ouvrages d'esprit,* etc.

ESTIMATIF, IVE. adj. Qui contient une estimation. *Un état, un devis estimatif.*

ESTIMATION. s. f. [Pr. ...*sion*]. Action d'estimer, d'évaluer. *Juste e. Suivant l'e. qui en a été faite.* = Syn. Voy. Appréciation.

ESTIMATOIRE. adj. (lat. *æstimatorius*, m. s.). T. Didact. Qui concerne l'estimation.

ESTIME. s. f. (R. *estimer*). Opinion favorable que l'on a de quelqu'un, fondée sur la connaissance de son mérite, de ses bonnes qualités, de ses vertus. *Avoir, sentir, concevoir, prendre de l'e., beaucoup d'e. pour quelqu'un. Acquérir l'e. générale, l'e. publique. Il a l'e. de tous les gens de bien. Conserver l'e. de soi-même. J'ai pour lui une e. particulière, la plus haute e. On dit de même. J'ai beaucoup d'e. pour son mérite.*

Sur quelque préférence une estime se fonde,
Et c'est n'estimer rien qu'estimer tout le monde.

|| Le cas que l'on fait de certaines choses. *La géométrie fut en grande e. chez les Grecs.* || Fig. Succès d'e., Demi-succès dû surtout au bon renom de l'auteur et qui fait représenter une pièce médiocre. || T. Mar. Détermination approchée du point où se trouve le navire, qu'on obtient en suivant jour par jour sa route sur une carte. Voy. Navigation.

ESTIMER. v. a. (lat. *æstimare*, m. s.). Apprécier, déterminer la valeur d'une chose. *On a estimé ces meubles le double de ce qu'ils valent. Cette terre a été estimée tant, estimée à tant. Combien estimez-vous cela? Il a fait e. le dégât qu'on a fait dans son champ. E. une chose au plus juste.* || Avoir une opinion avantageuse de quelqu'un, de quelque chose ; en faire cas. *On estime fort cet homme-là. Il se fait e. partout. Il n'est estimé de personne. S'il a fait cette action, je l'en estime davantage. On estime beaucoup les vins de France. Les fers de ce pays sont plus estimés que ceux de tel autre. E. plus ou moins une chose.* || Croire, présumer, conjecturer. *Il estimait cette place imprenable. J'estime qu'il fera quelque difficulté d'accepter ces conditions. On n'estime pas qu'il puisse réussir. Être estimé sage, savant.* || T. Mar. Faire une estime. Calculer à peu près les éléments qui servent à déterminer la position d'un navire. || *E. la route,* Mesurer à peu près la distance parcourue. — s'Estimer. v. pron. Déterminer sa propre valeur. *Je m'estime peu quand je me considère, beaucoup quand je me compare.* || Avoir de l'estime pour soi-même. *Cet homme s'estime trop. Il arrive souvent que nous ne sommes pas autant estimés que nous nous estimons nous-mêmes. S'e. l'un l'autre.* || Se croire. *S'e. heureux, c'est l'être. Je m'estime heureux d'avoir pu lui plaire. Il s'estimait assez récompensé de...* = Estimé, ée. part.

ESTISSAC, ch.-l. de c. (Aube), arr. de Troyes; 2,000 hab.

ESTISSEUSES. s. f. pl. T. Techn. Petites tringles du métier à fabriquer les étoffes de soie.

ESTIVAGE. s. m. (R. *estiver*). Saison d'été que les troupeaux passent dans les montagnes. || T. Mar. Chargement d'un navire.

ESTIVAL, ALE. adj. (lat. *æstivalis*, d'été). Qui appartient à l'été. T. Bot. Qui naît ou qui fleurit en été *Fleurs, plantes estivales.* || T. Méd. *Maladies estivales.* Maladies qui règnent en été. || T. Entom. *Insectes estivaux,* Ceux qu'on trouve en été.

ESTIVATION. s. f. [Pr. *es-ti-va-si-on*]. T. Bot. Agencement qu'observent les diverses parties de la fleur avant leur épanouissement. Voy. Préfloraison. || T. Hist. nat. Sorte d'engourdissement où s'empare de certains animaux pendant les jours les plus chauds.

Biol. — Ou nomme *Estivation* par opposition à *hibernation* (Voy. ce mot), le sommeil léthargique que présentent certains animaux pendant les grandes chaleurs de l'été.

Le retour de l'été, qui est la saison sèche des pays de la zone torride, amène souvent une élévation considérable de la température et une sécheresse excessive, conditions climatériques essentiellement défavorables au fonctionnement normal de l'organisme. Contre la chaleur, les animaux possèdent des moyens nombreux et variés qui leur permettent en général de lutter avec avantage; c'est d'abord en diminuant leur propre production de calorique par une alimentation restreinte et par un exercice modéré; c'est en refroidissant continuellement les surfaces extérieures de leur corps par une sécrétion abondante de leurs glandes cutanées ou par une exhalation plus active de vapeur d'eau au niveau de l'appareil pulmonaire. D'un autre côté, le changement dans la nature du pelage, les mues de printemps, sont un puissant moyen d'adaptation aux conditions nouvelles dans lesquelles doit vivre l'animal. Les poules de nos pays, transportées au Pérou, s'y sont acclimatées à force de soins, mais elles ont perdu presque entièrement leurs plumes; de même, dans les îles Marquises, les moutons ont changé leur laine en poil et les bœufs-y sont devenus complétement glabres. D'autres espèces se soustraient aux chaleurs de l'été, au moyen de l'émigration et, de même que, chez nous, les canards sauvages remontent vers le nord à l'approche du printemps, ainsi, les hirondelles fuient les sables brûlants de l'Afrique pour venir faire leurs nids dans nos climats tempérés. On a même signalé certains poissons, comme les truites, qui abandonnent les eaux dont la température dépasse 15°. Le *sommeil estival*, dû exclusivement à un excès de chaleur, paraît se rencontrer très rarement chez les vertébrés : on ne peut guère citer qu'un petit mammifère de Madagascar, le tanrec, quelques serpents, des crapauds et des lézards du Brésil qui restent engourdis pendant toute la durée de la saison sèche. Si nous ajoutons que le *noctambulisme* est devenu, à des degrés différents, la règle de vie de toutes les espèces qui séjournent dans la zone torride nous voyons, qu'en somme les animaux peuvent presque toujours lutter avec avantage contre les chaleurs de l'été.

Il n'en est pas de même pour la sécheresse, qui désole pendant une grande partie de l'année certaines contrées, comme la Birmanie, l'Indo-Chine et l'Afrique équatoriale. Dans ces pays, la saison sèche présente, il est vrai, de violents orages qui inondent la terre en quelques instants, mais la nature du sol s'oppose au séjour des eaux et l'évaporation intense occasionnée par un soleil brûlant, achève bientôt de dessécher les étangs et les rivières ; la végétation elle-même devient misérable, disparaît peu à peu, et ainsi périssent un grand nombre d'animaux, brûlés par le soleil, affamés par la disette. Les mammifères, les oiseaux et tous les êtres qui peuvent émigrer abandonnent momentanément ces terres désolées ; mais c'est un moyen qui n'est pas donné, en général, aux poissons et aux animaux invertébrés, et c'est parmi eux que nous allons trouver les cas les plus curieux d'estivation. Quelques poissons cependant présentent la curieuse propriété de pouvoir vivre hors de l'eau pendant un certain temps et d'aller ainsi à la recherche d'une mare plus propice. On ne connaît guère que les clarias, les dorias, les anguilles, les ophicéphales, les anabas et les périophthalmes, mais combien d'autres exemples pourrait-on citer si les mœurs des poissons étaient mieux connues. « Dernièrement, écrivait-on d'Indo-Chine au naturaliste Tennant, j'inspectais un grand étang dont la digue devait être réparée. L'eau s'était évaporée, au point qu'il ne restait plus qu'une petite mare ; partout ailleurs, le lit de l'étang était à sec. Tandis que nous nous tenions sur un point élevé, nos compagnons indiens s'écrièrent en accourant vers nous : « Des poissons ! des poissons ! » Lorsque nous arrivâmes, nous vîmes dans l'endroit où de la pluie venait de tomber une masse de poissons glissant dans l'herbe ; il y avait en cet endroit à peine assez d'eau pour que les animaux fussent couverts, et cependant ceux-ci avançaient. Nos serviteurs purent recueillir environ deux boisseaux de ces poissons qui, pour la plupart, se trouvaient à environ 30 mètres de la mare ; tous ces poissons s'efforçaient de gravir la digue, pour atteindre un petit marais qui se trouvait de l'autre côté. »

Il y a donc des poissons qui peuvent combattre, jusqu'à un certain point, les effets d'une grande sécheresse, par suite d'une conformation particulière de leur appareil branchial qui leur permet de vivre sur terre, et que nous étudierons au mot LABYRINTHIFORME. D'autres poissons, les *Dipnoïques* (Voy. ce mot) présentent des particularités du même ordre, mais, la faiblesse de leurs membres ne leur permettant pas d'émigrer, ils s'enterrent au moment de la sécheresse et attendent ainsi, dans une sorte de sommeil comparable à celui des animaux hibernants, le retour de la saison des pluies. Ces phénomènes d'e. ont été surtout bien étudiés chez une espèce commune au Sénégal et dans la Gambie, le *Protoptère*. Ce poisson vit habituellement dans les eaux vaseuses, au milieu des plantes aquatiques, où il trouve les petits animaux dont il fait sa nourriture. Lorsque la saison sèche ramène un soleil brûlant capable de dessécher les étangs et les rivières, il se creuse des trous dans les berges ou bien s'enfonce dans la vase, sécrète

autour de lui une épaisse couche de mucus qui forme un véritable cocon et tombe dans une sorte de sommeil léthargique qui lui permet d'attendre le retour des pluies d'hiver. Les voyageurs ont rapporté maintes fois, en Europe, de semblables cocons renfermant des Protoptères vivants ; c'est ce qui a permis à A. Duméril de pouvoir étudier de près les mœurs si curieuses de ces poissons amphibies. « Je m'efforçai, raconte-t-il dans son *Histoire naturelle des Poissons*, de les placer dans des conditions analogues à celles où ils se trouvent lorsque le sol abandonné par les eaux se dessèche et finit par se durcir. L'eau de l'aquarium fut peu à peu enlevée, dès que les animaux eurent creusé la vase. Trois semaines environ s'étaient à peine écoulées et, déjà, la terre durcie formait une masse fendillée sur plusieurs points par la dessiccation. Ce sont ces ouvertures qui permettent l'arrivée d'une petite quantité d'air pour les besoins de la respiration.

Au bout de soixante jours, j'explorai le sol et je pus constater que les deux animaux (les Protoptères) avaient trouvé les conditions favorables pour traverser sans danger la saison de sécheresse artificiellement produite, car ils étaient enveloppés dans les cocons et pleins de vie, comme le prouvaient leurs mouvements provoqués par le plus léger attouchement. »

Un grand nombre d'animaux invertébrés qui habitent les eaux douces peuvent résister à une sécheresse prolongée en passant à l'état de vie latente ; les exemples sont ici très nombreux. Nous nous contenterons de citer les Unio et les Anodontes, lamellibranches fluviatiles qui ferment hermétiquement les valves de leur coquille et peuvent vivre ainsi pendant plusieurs mois dans un milieu sec ; certains Planorbes et Lymnées, d'autres mollusques d'eau douce qui ferment l'ouverture de leur coquille par une sécrétion particulière, quand la mare se dessèche ; les Testacelles, gastéropodes pulmonés qui s'enfoncent dans la terre et s'entourent d'un cocon quand l'été est trop chaud. Enfin, nous verrons à l'article RÉVIVISCENCE que les curieuses propriétés que présentent certains animaux dits réviviscents, ne sont qu'une des formes de l'e., qu'un des moyens que les êtres vivants opposent aux conditions climatériques qui leur sont défavorables.

ESTIVE. s. f. (esp. *estiva*, lest). Contrepoids qu'on donne à chaque côté du bâtiment pour en balancer la charge et le redresser. || Chargement en laine, coton, ou autres marchandises pouvant être comprimées. || *Donner une e. à des haubans*, Les brider avec des palans pour les roidir à mesure qu'ils s'allongent, et avant de les faire manœuvrer.

ESTIVE. s. f. (bas-lat. *stiva*, m. s.). Instrument de musique usité au moyen âge.

ESTIVER. v. a. (espagn. *estivar*, entasser). T. Mar. *E.*, c'est comprimer des marchandises élastiques de leur nature, comme des balles de coton et de crin, des peaux, des cuirs, etc., qui, sous cette opération, rempliraient un navire sans le charger. Charger un bâtiment *en estive*, c'est le charger de marchandises de ce genre, après les avoir fortement comprimées afin qu'elles occupent le moins d'espace possible.

ESTIVER. v. a. (lat. *æstivare*, de *æstas*, été). Mettre les bestiaux pendant l'été dans les pâturages. = ESTIVER. v. n. Demeurer dans un endroit pendant l'été.

EST-NORD-EST. s. m. T. Mar. Nom d'une aire de vent entre l'Est et le Nord-Est.

ESTOC. s. m. [Pr. *es-to-k*] (all. *stock*, bâton). Autrefois, Épée longue et étroite qui ne servait qu'à percer. — Fam., se dit encore dans le sens de pointe d'une épée. Dans cette locut., *Frapper d'e. et de taille*, Frapper de la pointe et du tranchant. — Fig. *Parler d'e. et de taille*, N'importe comment. || T. Forêts. Souche, tronc d'arbre. *Un bel e.* — Fam., *Brin d'e.*, Long bâton ferré par les deux bouts. Vx. — *Couper un arbre à blanc e.*, le couper à fleur de terre. *Couper une forêt, faire* N'importe comment *une coupe à blanc e*., En couper tout le bois, sans y laisser des baliveaux. — Fig. et fam., *Être réduit à blanc e.*, Être entièrement ruiné. || Fig. Ligne d'extraction, *Il est de bon e. Les biens qui viennent de son e.* Vx. || Fig. et fam., Chef. *Dites-vous cela de votre e. ? Cela ne vient pas de son e.* Vx. || T. Techn. Vase aplati sur lequel le faïencier empile la terre molle; instrument avec lequel il arrondit les vases sur le tour. || T. Jeux. *Faire l'e.*, Faire passer dessous la carte qui était dessus.

ESTOCADE. s. f. (it. *estoc*). Autrefois, sorte de longue épée. — Coup de pointe, botte. *On lui porta une si furieuse e. qu'il ne put la parer. Il lui allongea deux ou trois esto-cades.* ‖ Fig. et fam., Demande imprévue, et. dans une discussion, attaque à laquelle on ne s'attend pas. *Il m'a demandé cent francs à emprunter, j'ai eu bien de la peine à parer cette e. Cet argument fut pour son adversaire une rude e.* Vx.

ESTOCADER. v. n. Porter des estocades. *Il estocade rudement.* ‖ Fig. et fam., Argumenter d'une manière pressante. *Il y a plaisir de voir ces deux savants e. ensemble.* Vx.

ESTOGARD. s. m. (R *estoc*). T. Métall. Petit ringard pour nettoyer la sugère.

ESTOILE (Pierre de l'), chroniqueur français, auteur d'un *Journal des règnes de Henri III et de Henri IV.*

ESTOMAC. s. m. (Pr. *es-to-ma*; (lat. *stomachus*, m. s.). Viscère creux qui est situé à la partie supérieure de l'abdomen, et qui est le principal organe de la digestion. — Fig. et prov., *Il a un e. d'autruche, il digérerait le fer,* se dit d'un homme qui mange n'importe quel aliment sans en souffrir. ‖ *Avoir l'e. creux,* N'avoir pas mangé depuis longtemps. ‖ Dans le langage vulg., La partie extérieure du corps qui répond à la poitrine et à l'estomac. *Recevoir un coup dans l'e.* ‖ Dans les volailles et dans les autres oiseaux que l'on mange, la partie antérieure de l'animal, après que les cuisses et les ailes ont été levées; ne se dit que des viandes cuites. *Un e. de poularde.* ‖ T. Techn. Morceau de fer qui fortifie le devant de l'enclume.

Anat. — A. Chez l'homme, l'e. est un vaste renflement du tube digestif, étendu de l'œsophage à l'intestin grêle, où les aliments qui ont subi la mastication et l'insalivation s'accumulent, et d'où ils sortent convertis en chyme. Il est situé à

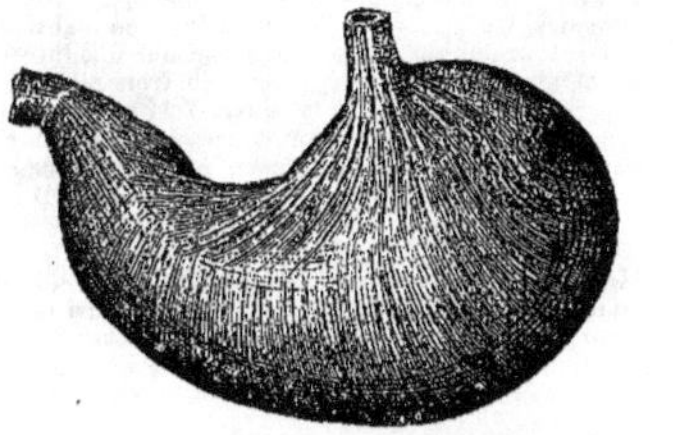

Fig. 1.

la partie supérieure de la cavité abdominale, remplissant l'hypochondre gauche et l'épigastre jusqu'aux limites de l'hypochondre droit, au-dessous du diaphragme et du foie, au-dessus de l'intestin grêle qui lui sert de coussin, en avant de la colonne vertébrale et du pancréas, entre la rate à gauche et la vésicule biliaire à droite. Ses dimensions varient suivant l'état de vacuité ou de plénitude; sa capacité varie de 2 à 12 litres. Il a la forme d'un cône à base arrondie, dont l'axe décrirait une courbure à concavité supérieure (Fig. 1). Sa structure est complexe et on lui décrit quatre tuniques : une tunique séreuse, formée par le péritoine qui enveloppe l'organe dans un dédoublement de son feuillet viscéral, et le relie aux autres organes de l'abdomen; une tunique musculaire, composée de trois plans de fibres lisses; une tunique celluleuse et une tunique muqueuse, particulièrement intéressante à cause des glandes qu'elle contient, glandes pepsinifères et glandes muqueuses. — L'e. est richement vascularisé : ses artères provenant du tronc cœliaque, ses veines se rendant au tronc porte, il est moins richement innervé par des rameaux des pneumogastriques et du plexus solaire. Voy. Pneumogastrique, Plexus solaire.

B. L'e. des *Mammifères* présente des différences assez considérables de forme et de structure. Chez le plus grand nombre, il est *simple,* c.-à-d. qu'il n'offre, comme chez l'homme, qu'une seule cavité; mais dans les uns il est allongé, et dans les autres il est ramassé en globe. Dans quelques autres espèces, il est *compliqué,* c.-à-d. partagé en plusieurs poches par autant de rétrécissements, sois, ou les membranes qui le constituent varient d'une manière sensible quant à leur composition dans ces différentes poches. On dit, au contraire,

qu'il est composé, lorsque ces cavités présentent dans leur structure des différences essentielles. Tel est l'e. des *Ruminants,* où l'on observe quatre compartiments bien distincts (Fig. 2, E. du mouton), savoir : la *Panse, c,* qui est très vaste

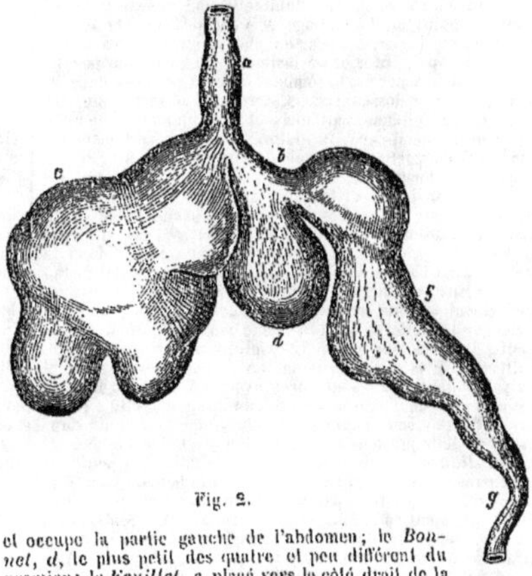

Fig. 2.

et occupe la partie gauche de l'abdomen; le *Bonnet, d,* le plus petit des quatre et peu différent du premier; le *Feuillet, e,* placé vers le côté droit de la panse; et la *Caillette, f,* située du même côté et en partie sous le feuillet (les autres lettres indiquent : *a,* la portion inférieure de l'œsophage; *b,* sa gouttière terminale; et *g,* le commencement du duodénum). La membrane interne de ces quatre poches présente des différences remarquables. Dans la panse (Fig. 3. E. de Mouton ouvert pour montrer la structure de la membrane des diverses cavités et le mode de terminaison de l'œsophage), elle est couverte de papilles larges et plates; dans le bonnet, elle est munie de replis cannelés sur leurs côtés et dentelés à leur bord, qui forment des mailles polygonales dont les aires sont hérissées de papilles analogues à celles de la panse, mais moins volumineuses; dans le feuillet, elle présente une multitude de replis ou feuillets couverts de petites papilles semblables à des grains de millet; enfin, dans la caillette, elle est de nature muqueuse, et offre des plis irréguliers; en outre, c'est la membrane de la caillette qui seule sécrète le suc gastrique. Quand l'animal a grossièrement divisé ses aliments par une première mastication, ils passent dans la panse, où ils s'accumulent; puis l'animal les fait revenir dans sa bouche, les mâche une seconde fois, ou en d'autres termes les *rumine;* après quoi ces aliments passent dans le feuillet, et de là dans la caillette, où ils doivent se digérer. Le mécanisme de la rumination

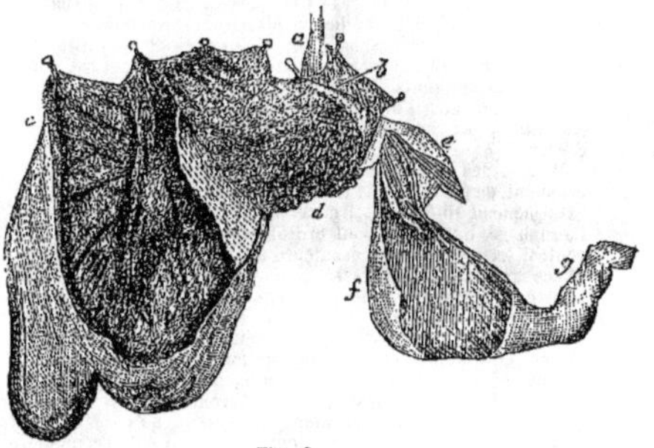

Fig. 3.

a été parfaitement expliqué par Flourens. Voici en quels termes Milne Edwards, dans ses *Éléments de zoologie*, résume les observations de l'éminent physiologiste : « Lorsque l'animal, dit-il, avale des aliments grossiers et d'un certain volume, comme ceux dont il se nourrit habituellement, ces substances, arrivées au point où l'œsophage se continue sous la forme d'une gouttière (Fig. 3, *b*), écartent mécaniquement les bords de ce demi-canal, transformé ordinairement en tube par la contraction de ses parois, et tombent dans la panse et dans le bonnet, placés au-dessous; mais, lorsque l'animal avale des boissons ou des aliments atténués et demi-fluides, leur présence dans ce demi-canal ne détermine pas l'écartement de ses bords. Cette portion terminale de l'œsophage conserve par conséquent la forme d'un tube, et conduit les aliments en totalité ou en majeure partie dans le feuillet, où elle se termine. C'est donc l'état d'ouverture ou d'occlusion de cette portion de l'œsophage qui détermine l'entrée des aliments dans les deux premiers estomacs ou leur passage dans le feuillet, et c'est l'aliment lui-même qui décide de cet état, selon qu'il est assez volumineux ou non pour dilater l'œsophage, naturellement affaissé, ou pour couler dans la rigole toujours ouverte par laquelle ce conduit mène vers le feuillet. Or les aliments, lors de leur première déglutition, ne sont qu'imparfaitement divisés et consistent en fragments grossiers et assez volumineux, tandis qu'après avoir été ruminés ils sont transformés en une pâte molle et demi-fluide, et cette circonstance suffit par conséquent pour déterminer leur chute dans la panse ou leur passage dans le feuillet. Quant à l'espèce de *régurgitation* régulière par laquelle les aliments contenus dans la panse et le bonnet remontent dans la bouche pour être ruminés, elle est produite par ces deux cavités qui, en se contractant, poussent la masse alimentaire qu'elles contiennent entre les bords du demi-canal œsophagien, lequel, en se contractant à son tour, en saisit une portion, la détache et en fait une pelote destinée à remonter le long de l'œsophage. »

C. Chez les *Oiseaux*, l'œsophage présente souvent une dilatation en forme de poche, le *Jabot*, dans lequel les aliments s'accumulent et séjournent pendant un certain temps; puis vient l'estomac proprement dit qui se compose de deux parties distinctes; le *Ventricule succenturié* qui renferme les glandes gastriques, et le *Gésier* dont les parois se renferment que des fibres musculaires. Chez les oiseaux excessivement carnassiers, le gésier a des parois minces; mais chez ceux qui se nourrissent de substances plus dures et plus difficiles à digérer, et particulièrement chez les granivores, il est muni de muscles puissants capables de broyer ces matières et de faire l'office d'un véritable appareil masticateur. En outre, sa surface interne est revêtue d'une couche cornée.

D. L'œsophage des *Reptiles* et des *Batraciens* est presque généralement de forme ovale et très allongée, mais il est parfois extrêmement difficile de trouver le point où il se distingue de l'œsophage. Ses parois sont ordinairement minces et transparentes. La membrane musculeuse est alors très peu sensible, et les autres membranes se confondent tellement l'une avec l'autre, que leur distinction est impossible. — Il est également très difficile de préciser le point où l'œsophage des *Poissons* se sépare de l'œsophage. En outre, il n'y a peut-être pas de classe où ce viscère offre autant de différence de forme et de structure. — Quant aux *Invertébrés*, l'œsophage présente, chez eux, de telles variétés, selon qu'on considère les différentes classes qui composent ce vaste embranchement zoologique, qu'on n'en peut rien dire qui soit applicable à tous ces animaux d'une manière générale. Aussi préférons-nous en parler aux articles particuliers consacrés à chacune de ces classes.

Physiol. — L'œsophage, ainsi que tout le monde le sait, est un des organes principaux de la digestion. Or, comme en décrivant ce dernier phénomène nous avons fait la physiologie de ce viscère presque tout entière, il ne nous reste plus qu'à dire ici quelques mots des mouvements de l'œsophage. Ces mouvements concourent à la digestion des aliments ingérés dans ce viscère, et ils sont d'autant plus énergiques que la portion musculaire des parois gastriques est plus développée. Ainsi, ils sont extrêmement puissants chez les Oiseaux granivores, tandis que chez les Mammifères carnivores ils sont très doux et peu sensibles. Chez l'Homme et chez les animaux supérieurs au moins, ils n'ont pas lieu d'ensemble, c.-à-d. sur tous les points ou même temps; comme ceux de l'intestin, ils sont péristaltiques, ou, en d'autres termes, ils s'effectuent de proche en proche d'une manière régulière, de telle sorte que la masse alimentaire se trouve promenée successivement dans toutes les parties de l'organe. Chez l'Homme et chez les Carnivores, les aliments sont soumis à un mouvement de va-et-vient, de gauche

à droite et de droite à gauche; mais chez les Herbivores on observe un mouvement de rotation. Les mouvements de l'œsophage sont sous la dépendance des nerfs pneumogastriques, et, quelle que soit leur forme, ils sont toujours lents et continus. Dans le vomissement lui-même, les contractions de cet organe ne jouent qu'un rôle très secondaire; nous dirons ailleurs quelles sont les puissances qui produisent ce phénomène. — C'est encore à l'œsophage qu'on rapporte vulgairement les sensations de la *faim* et de la *soif*; nous aurons à voir en lieu et place convenables si cette opinion est fondée.

Pathol. — Les maladies de l'œsophage sont nombreuses et variées, et pourtant les troubles gastriques que présentent les malades sont toujours de même nature. Quelle que soit l'affection dont ils sont atteints, ils se plaignent de douleurs, de ballonnement de l'œsophage, d'aigreurs, de vomissements, etc. En un mot, pas un de ces symptômes n'est pathognomonique. Ce n'est que par l'étude minutieuse des phénomènes, de leurs caractères, de leur groupement, de leur évolution, que le médecin peut faire un diagnostic utile pour le pronostic et le traitement. On devine avec quel soin il faut examiner les malades et étudier chez eux : les troubles de la sensibilité, de la motricité et de la sécrétion gastriques. De ces troubles, les uns sont révélés par un interrogatoire bien dirigé, les autres doivent être recherchés par le médecin à l'aide des procédés d'exploration aujourd'hui classiques. L'exploration se fait tout d'abord par l'inspection, la palpation et la percussion, procédés dont il est inutile de parler longuement, tant leur importance est évidente. Le clapotage, obtenu à jeun ou consécutivement à l'ingestion d'une plus ou moins grande quantité de liquide, rend compte de l'état de tonicité de l'organe. Le cathétérisme, pratiqué avec la sonde de Debove, permet d'apprécier les troubles de la motricité et de la sécrétion de l'œsophage. L'extraction du contenu stomacal est facile et on peut la favoriser par l'expression épigastrique; le liquide obtenu, filtré, doit être soumis à l'analyse chimique, et de cet examen découlent d'une façon précise des conclusions diagnostiques et thérapeutiques. On peut enfin étudier la fonction d'absorption, en faisant avaler au malade une capsule d'iodure de potassium, et en cherchant toutes les deux ou trois minutes à déceler la présence de l'iode dans la salive. Tels sont les procédés auxquels le médecin peut avoir recours, suivant les cas qu'il rencontre; nous ne pouvons insister ici sur les indications et les contre-indications de ces recherches. Voy. DILATATION, GASTRITE, ULCÈRE.

ESTOMAQUER (S'). v. pron. (lat. *stomachari*, se mettre en colère). Se tenir offensé de ce qu'une personne a dit ou a fait. *Il s'est estomaqué de ce que je ne lui ai pas rendu sa visite assez tôt. Il n'a pas sujet de s'e., de s'en e.* Fam. || S'époumonner. = ESTOMAQUÉ, ÉE. part. *Il est revenu tout estomaqué.*

ESTOMPE. s. f. (ital. *stampa*, empreinte). T. Beaux-Arts. Petit rouleau pointu, fait de peau, de coton ou de papier, avec lequel on étend le crayon ou le pastel sur le dessin. *Dessin à l'e. Il manie bien l'e.* || Par ext., Dessin fait à l'estompe. *Voilà une jolie e.*

ESTOMPER. v. a. Dessiner avec l'estompe; étendre le crayon ou le pastel avec l'estompe. *E. légèrement.* = ESTOMPÉ, ÉE. part.

ESTONIÈRE. s. f. T. Pêche. Sorte de tramail.

ESTOQUIAU. s. m. (R. *estoc*). T. Serrur. Ce mot désigne généralement toute pièce de fer façonnée pour en tenir ou arrêter d'autres. || L'anneau qui tient le ressort d'une serrure. On dit aussi *Étoyiau.*

ESTOU. s. m. (R. *étal*). T. Boucher. Table à claire-voie pour habiller les moutons.

ESTOUFFADE ou **ÉTOUFFADE.** s. f. [Pr. *estou-fade*]. T. Cuisine. Façon d'accommoder les viandes en les faisant cuire dans un vase bien fermé. *Veau, perdrix à l'e.*

ESTOUTEVILLE (GUILLAUME D'), cardinal négociateur français, mort en 1483.

ESTRADE. s. f. (ital. *strada*, chemin). Chemin; n'est usité que dans les locut., *Battre l'e.*, et *Batteur d'e.* Voy. BATTRE et BATTEUR. || Petite élévation sur le plancher d'une chambre, d'une salle, etc. *Un lit élevé sur une e. Le trône était placé sur une e.*

ESTRADES (Le Comte d'), diplomate et maréchal de France, un des négociateurs du traité de Nimègue (1607-1686).

ESTRAGOL. s. m. (R. *estragon*). T. Chim. Principe oxygéné formant la majeure partie de l'essence d'estragon. Il est liquide, incolore, très réfringent et bout à 215°. Chauffé avec une solution alcoolique de potasse, il se transforme en anéthol. Il est isomérique avec ce dernier corps et répond à la formule $C^6H^4(OCH^3)$. CH^2. $CH : CH^2$; tandis que celle de l'anéthol est $C^6H^4(OCH^3)$. CH^3. $CH : CH. CH^3$. L'e. est l'éther méthylique d'un phénol appelé *Chavicot* et répondant à la formule $C^6H^4(OH)$. CH^2. $CH : CH^2$.

ESTRAGON. s. m. (lat. *dracunculus*, gr. δραχύντιον, dragon). T. Bot. Nom donné à l'*Artemisia Dracunculus*, dont les feuilles sont employées comme aromates. Voy. COMPOSÉES.

ESTRAMAÇON. s. m. (ital. *stramazzone*, m. s., de *stramazzare*, renverser violemment). Large épée à deux tranchants dont on se servait autrefois; n'est plus usité que dans cette loc., *Un coup d'e.*, Un coup du tranchant de l'épée. || Partie d'un bâton à deux pointes, intermédiaire entre la pointe et le milieu.

ESTRAMAÇONNER. v. n. et a. [Pr. *estrama-so-ner*]. Donner des coups d'estramaçon. *Il ne cessa d'e. durant tout le combat.* Peu us., et ne s'emploie que par plaisanterie. = ESTRAMAÇONNÉ, ÉE. part.

ESTRANGHELO. s. m. Sorte d'écriture syriaque. Voy. ÉCRITURE.

ESTRAPADE. s. f. (vx franç., *estréper*, briser; d'où le verbe *estropier*). — On appelait autrefois E. un genre de supplice qui était surtout usité comme punition militaire. Les mains du patient étaient attachées derrière le dos au moyen d'une corde fixée à l'extrémité d'une sorte de balançoire; on le hissait au sommet de l'appareil, puis on le laissait tomber jusque près de terre, de sorte que le poids du corps disloquait les membres supérieurs. On désignait encore sous ce nom le lieu du supplice et l'instrument qui servait à l'infliger. Sous François Ier, on imagina une sorte de feu était une torture trop douce dont les Huguenots, et on attachait les condamnés au bout d'une longue poutre qui, basculant au sommet d'un poteau vertical, les plongeait dans le bûcher et les en retirait, de manière à retarder la mort. Plusieurs calvinistes furent ainsi suppliciés à Paris, sur la place qui porte encore le nom de l'Estrapade, non loin du Panthéon. || *Double, triple e.*, Exercice d'acrobate. || T. Techn. Outil d'horloger pour monter le grand ressort d'une pendule. || T. Man. Saut que fait un cheval pour désarçonner. || T. Jeu d'hombre. Coup qui consiste à faire la bête après avoir joué sans prendre.

ESTRAPADER. v. a. Faire souffrir l'estrapade. = ESTRAPADÉ, ÉE. part.

ESTRAPASSER. v. a. (ital. *strapazzare*, rendre fou). T. Man. Fatiguer, excéder un cheval, en lui faisant faire un trop long manége. Vx. = ESTRAPASSÉ, ÉE. part.

ESTRAPONTIN. Voy. STRAPONTIN.

ESTRAQUELLE. s. f. [Pr. *estrakè-le*]. Pelle pour porter la matière du verre dans les pots.

ESTRÉES (D'), famille originaire d'Artois, qui donna à la France des généraux, des maréchaux, des amiraux, et à laquelle appartenait Gabrielle d'Estrées, maîtresse de Henri IV (1571-1599).

ESTRÉES-SAINT-DENIS, ch.-l. de c. de l'Oise, arr. de Compiègne; 1,500 hab.

ESTRÉMADURE, anc. prov. d'Espagne, aujourd'hui prov. de Badajoz et de Cacérès. || Prov. de Portugal; 946,500 hab.; cap. Lisbonne.

ESTREMOZ, v. de Portugal (Alemtijo); 6.000 hab.

ESTRIGUE. s. m. (all. *estrich*, sol carrelé). Four où l'on reçoit les glaces.

ESTRIQUE. s. f. (flam. *strikke*, bâton). Couteau de bois mince et flexible qui sert à estriquer.

DICTIONNAIRE ENCYCLOPÉDIQUE. — T. IV.

ESTRIQUER. v. a. (all. *streichen*, rendre uni). Boucher avec l'estrique les crevasses qui se produisent sur les bords d'une forme à sucre en se séchant.

ESTRIQUEUR. s. m. Crochet de bois pour fouler la terre autour d'une forme à sucre.

ESTRIQUEUX. s. m. Instrument pour enlever les bavures attachées à une pipe qui sort du moule.

ESTRIVIÈRES. s. f. plur. (R. *étrivières*). Se dit chez les fabricants de soie des bouts de cordes attachées aux arbalètes des lisserons.

ESTROFFE. s. f. (angl. *strop*, m. s.). Corde qu'on attache à la queue d'un cheval, puis au cou du suivant pour les faire marcher à la file.

ESTROPE. s. f. (angl. *strop*, m. s.). T. Mar. — On appelle ainsi un morceau de cordage très court, dont les deux extrémités sont réunies par l'entrelacement de leurs torons, ce qui lui donne la forme d'un anneau. C'est par des *estropes* que les poulies sont suspendues dans les agrès. On garnit quelquefois d'une e. le bout d'une vergue ou la tête d'un mât, pour pour faire l'office d'un hourcelet plus doux au contact d'un cordage. Les estropes servent aussi dans les embarcations à maintenir les avirons dans leurs tolets, etc.

ESTROPER. v. a. T. Mar. Garnir d'une estrope.

ESTROPIEMENT. s. m. [Pr. *estro-piman*]. Action d'estropier; résultat de cette action.

ESTROPIER. v. a. (vx franç., *estréper*, du gr. στρέπτω, tordre?). Faire perdre à quelqu'un l'usage d'un membre, soit par une blessure, soit par quelque coup. *Il a reçu dans le bras un coup de sabre qui l'a estropié. Il fut estropié à tel siège.* — Par ext., se dit quelquefois de certaines maladies. *Cette paralysie l'a complétement estropié.* || T. Peint. et Sculpt. E. *une figure*, N'y pas observer les proportions voulues. || Fig., E. *un passage, une pensée*, etc., En retrancher une partie, dont la suppression altère le sens. — *E. un nom propre*, Le défigurer en le prononçant ou en l'écrivant. On dit de même, E. *les mots d'une langue.* — *E. un rôle*, Le mal interpréter. = s'ESTROPIER. v. pron. *Il s'est estropié en tombant de cheval.* = ESTROPIÉ, ÉE. part. *Un soldat estropié. Être estropié d'une jambe. Figure estropiée. Passage estropié. Pensée estropiée. Nom estropié.* = Conj. Voy. PRIER.

ESTUAIRE. s. m. (lat. *æstuarium*, m. s., de *æstus*, flux de la mer). T. Géogr. Se dit de la partie du canal de certaines rivières qui est contiguë à la mer, dans laquelle l'eau est salée ou saumâtre, où le flux et le reflux sont sensibles, et où il y a peu ou point de courant.

ESTURGEON. s. m. (vx all. *sturio*, nom de l'animal). T. Icht. Genre de Poissons. Voy. STURIONIDES.

ÉSULE. s. f. [Pr. *é-su-le*]. T. Bot. Nom donné à une espèce d'Euphorbe (E. *Esula*). Voy. EUPHORBIACÉES.

ÉSUS ou **UÉSUS** [Pr. *é-zus*]. Dieu de la guerre chez les Gaulois.

ESZEK, v. de Hongrie (Esclavonie); 17,000 hab.

ET. [Pr. *è*] (lat. *et*, m. s.). Conj. qui sert à lier entre elles les parties semblables du discours et les membres d'une phrase, d'une période. *Socrate et Platon. La mouche et le coche. Bon et beau. Lire et écrire. Vous et moi. Gaiement et patiemment. Soixante et dix. Il m'a frappé et il s'est enfui.* || S'emploie quelquefois emphatiquement au commencement des phrases. *Et véritablement on ne saurait nier que... Et voilà que tout d'un coup.* — On dit aussi à la fin d'un récit, d'un conte, *Et de boire et de rire*, etc., pour signifier que la chose dont on parle se termina par boire et par rire. = ET CÆTERA. [Pr. *et-sétéra*]. Locut. latine qui a passé dans notre langue, et qui signifie, Et autres choses semblables, *Il a acheté un mobilier complet : glaces, armoires, buffet, fauteuils, et cætera.* On écrit ordinairement par abréviation, Etc. || Subst., *Le reste n'est exprimé que par un et cætera.* — Prov., *Dieu nous garde d'un quiproquo d'apothicaire, et d'un et cætera de notaire.*

346

13

Obs. gram. — L'emploi de la conjonction *et* doit être l'objet de quelques observations particulières. — 1° Autant que possible, tous les mots qu'elle sert à lier doivent être de même ordre, c.-à-d. tous les deux doivent être des substantifs, des adjectifs, des verbes ou des adverbes. D'après cette règle, la construction, *David était roi* ET *prudent*, est vicieuse. Néanmoins on dira fort bien d'un auteur : *Il était poète* ET *modeste*, parce qu'ici *poète* est pris adjectivement. On peut même, dans certains cas, passer du substantif au verbe : Ainsi, par ex., Racine a dit :

Vous-même de vos soins craignez *la récompense*,
Et *que* dans votre sein ce serpent élevé
Ne vous *punisse* un jour de l'avoir conservé.

Mais, en général, il convient d'éviter cette construction qui, chez des écrivains d'un goût moins sûr, devient fort souvent très choquante. — 2° Quand deux mots de même espèce, mais sans relation l'un avec l'autre, se réunissent pour former un même terme, il est nécessaire de les lier par la conjonction : *L'avarice* ET *l'orgueil* ont perdu cet homme. Si le nombre de ces mots est supérieur à deux, l'emploi de la conjonction est subordonné au caractère que l'on veut donner à l'expression. Ne faut-il qu'indiquer une idée de liaison, on place *et* avant le dernier mot seulement : *L'esprit, la science* ET *la vertu* sont *les véritables biens de l'homme*. S'agit-il de donner plus d'énergie à une énumération, on répète *et* devant chaque mot :

Et le riche ET le pauvre, ET le faible ET le fort,
Vont tous également des douceurs à la mort.

VOLTAIRE.

Veut-on exprimer la gradation des idées, en presser la succession, il faut supprimer partout la copulative :

Femmes, moines, vieillards, tout était descendu :
L'attelage suait, soufflait, était rendu.

LA FONTAINE.

3° La conjonction *et* ne s'emploie pas dans les phrases où les adverbes *autant, aussi, plus, moins*, se trouvent répétés : *Plus on est élevé en dignité, plus on doit être modeste. Autant vous lui en donnerez, autant il en dépensera. Moins il en faudra, plus il en restera.*

ÉTABLAGE. s. m. Ce qu'on paie pour la place d'un cheval, d'un bœuf, etc., dans une écurie ou étable. ‖ T. Techn. Entredeux des limonières d'une voiture.

ÉTABLE. s. f. (lat. *stabulum*, m. s.). Lieu où l'on met les bœufs, les brebis et autres bestiaux. *E. à vaches, à cochons*, etc. ‖ Par ext., Endroit très malpropre. ‖ *E. d'Augias*, Désordre répugnant. ‖ T. Mar. Continuation de la quille d'un vaisseau depuis l'endroit où elle commence à se courber. — *Abordage de franc-étable*. Voy. ABORDAGE. ‖ T. Astr. Petite constellation située au cœur du *Cancer*.

ÉTABLER. v. a. Mettre dans une étable, dans une écurie. ═ ÉTABLÉ, ÉE. part.

ÉTABLES. ch.-l. de c. (Côtes-du-Nord), arr. de Saint-Brieuc ; 2,400 hab.

ÉTABLI. s. m. (R. *établir*). Table de travail à l'usage d'un artisan. *E. de menuisier, de serrurier, de bijoutier, de tailleur*, etc.

ÉTABLIR. v. a. (lat. *stabilire*, m. s., de *stabilis*, stable). Asseoir une chose en quelque endroit, l'y rendre stable. *E. les fondements d'un édifice*. ‖ Fonder, créer. On a établi un pont sur la rivière. *E. des routes, des voies de communication. E. une colonie, un collège, une manufacture*. — Bien *s. sa fortune, son crédit*, etc. Faire qu'ils ne puissent être ébranlés facilement. *Être bien établi à la cour, dans une maison*, Y avoir beaucoup de crédit. ‖ Fixer, mettre à demeure. *E. sa demeure, son domicile, sa résidence en un lieu*. ‖ Installer, mettre, placer. *E. un camp sous les murs d'une ville. E. un poste. E. une croisière devant un port*. — *E. une machine*, La construire et la mettre en état de servir à l'usage auquel elle est destinée. — *E. une voile*, La déployer. *E. une carène*, Ajuster les pièces de la membrure, vérifier leur position. ‖ *E. un navire sur ses amarres*, Égaliser les câbles des deux ancres de manière à partager l'effort entre les deux. ‖ T. Typogr. *E. des feuilles*, Composer, mettre en pages. ‖ T. Techn. *E. des*

bois, des pierres, Y faire une marque là où on doit les scier. ‖ T. Comm. et Fin. *E. une balance*, Égaliser les recettes et les dépenses. ‖ *E. un compte*, Le dresser, le détailler. ‖ Fig., Mettre dans un état, dans un emploi avantageux, dans une condition stable. *Ce père a bien établi tous ses enfants. E. quelqu'un dans une fonction, dans un emploi. Ce ministre a établi fort avantageusement ses parents, ses amis*. — Particulièrement, *E. une fille*, La marier. ‖ Instituer, se dit soit des personnes, soit des choses. *E. un gouvernement, une administration. E. un tribunal dans une ville. E. un péage, une imposition*. — *Être établi juge de certaines affaires*, En être constitué juge. ‖ Fig., Imposer, mettre en vigueur, donner cours ; se dit des lois, des principes, des opinions, etc. *E. de bonnes lois. E. une religion, une coutume, une doctrine. E. de nouvelles opinions, de nouvelles maximes. E. une façon de parler*. — On a établi que... *Il est établi que..., C'est une coutume reçue que...* ‖ Fig., Prouver, démontrer, *Il a établi sa proposition par des arguments péremptoires. Il a établi son droit sur des pièces authentiques*. — *E. un fait*, L'exposer avec ses preuves. *E. l'état de la question, la question*, L'exposer. *E. un principe*, Le poser. *E. sa situation*, La déterminer. *E. un compte*, Le faire et l'arrêter. ═ S'ÉTABLIR. v. pron. Se dit au propre et au fig., dans la plupart des acceptions qui précèdent. *La colonie s'établit à l'embouchure du fleuve. Il s'est établi de nombreuses manufactures aux environs de la ville*. — *Les ennemis s'établirent sur la rive droite du Rhin*. — S'é. *juge d'un différend. Je ne m'établis pas juge de vos actions. Un impôt nouveau ne s'établit pas sans provoquer des plaintes*. — *De nouvelles doctrines s'établirent. Il s'est établi depuis peu une mode souverainement ridicule. Cette locution aura bien de la peine à s'é*. — S'é. *une espèce de juridiction, d'empire*, etc., Se faire une espèce de juridiction, d'empire, etc. ‖ T. Mar. S'ancrer à poste fixe pour séjourner dans une rade. ‖ *La marée s'établit*, Le flux va cesser, la mer va atteindre son maximum. ═ ÉTABLI, IE. part. *Le gouvernement établi. Un homme établi. Il faut se soumettre aux lois établies. C'est une coutume établie, un principe établi*.

Sur d'éclatants succès ma puissance établie.

RACINE.

ÉTABLISSEMENT. s. m. [Pr. *établi-seman*]. Action de fonder, de créer, d'installer. *L'é. de ce canal a coûté des sommes énormes. L'é. d'une colonie, d'un collège, d'une manufacture, d'une usine. Depuis l'é. de la monarchie. Il a éprouvé bien des traverses dans l'é. de sa fortune. Il doit à cet ouvrage l'é. de sa réputation. L'é. d'un camp, d'un poste, d'une garnison. L'é. d'une machine*. ‖ T. Guerre. *L'é. des quartiers*, La distribution des troupes dans les lieux qu'elles doivent occuper durant un certain temps. ‖ *É. public. Ce prince a fondé de beaux établissements. Les hôpitaux sont des établissements très utiles. Les établissements insalubres. On remarque dans tout cet é. un ordre admirable*. ‖ État fixe d'une personne, position avantageuse. *Procurer un é. à quelqu'un. Il a un bel é., un bon é. Il faut lui faire un petit é*. — L'action de procurer un état, une position à quelqu'un. *Il a fait tous les sacrifices possibles pour l'é. de ses enfants. Il a réussi dans l'é. de ses filles*. ‖ L'action d'instituer. *L'é. d'une administration. L'é. du tribunal dans cette petite ville, à l'extrémité du département, a été une mesure fâcheuse*. — Se disait autrefois pour Ordonnance. *Les Établissements de saint Louis*, Le recueil des ordonnances de ce prince. ‖ L'action de mettre en vigueur, de donner cours. *L'é. d'une bonne législation, d'une doctrine nouvelle. L'é. d'un fait, d'un droit*, L'exposition d'un fait, d'un droit, etc., accompagnée de preuves. *L'é. d'une question*, L'exposé net et développé de ce qui est en question. ‖ T. Mar. *L'é. d'un port*, Tableau indiquant l'heure de la haute mer les jours de pleine lune et de nouvelle lune pour un port déterminé. Voy. MARÉE. ‖ T. Techn. Disposition donnée à une pompe à incendie et à ses tuyaux pour qu'elle remplisse le mieux possible son office. ═ *Choix des bois de charpente et tracé des coupes et assemblages*. — Marque que le menuisier fait sur une feuille.

Dr. admin. — *Établissements dangereux, insalubres et incommodes*. — On appelle ainsi les établissements industriels dont le fonctionnement est susceptible de nuire à la sécurité ou à la santé des gens qui habitent dans le voisinage, ou même simplement de les incommoder. Le décret du 15 octobre 1810 a divisé ces établissements en trois classes ; des décrets postérieurs, dont le plus récent est du 12 mai 1886, ont fixé dans le détail la nomenclature de chacune de ces catégories. — 1° *Établissements de 1re classe*. Ce sont ceux qui doivent être éloignés des habitations, exemples : les abattoirs, les fabriques d'amidon, de noir animal, etc. L'autorisation de fonder un établissement de cette classe est accordée par le préfet, après l'accomplissement d'un certain nombre de formalités administratives (affichage de la demande d'autorisation pendant un mois dans toutes les communes à 5 kilomètres de rayon ; enquête *de commodo et incommodo* ouverte devant le maire de chaque commune ; avis du conseil d'hygiène et de salubrité de l'arrondissement. Si des oppositions sont formées au cours de l'enquête, c'est le préfet qui les juge après avis du conseil de préfecture ; quand le préfet a rendu son arrêté, s'il s'agit d'une autorisation, les tiers qui ont à s'en plaindre peuvent adresser leurs réclamations au Conseil de préfecture, avec recours au Conseil d'État pendant trois mois ; s'il s'agit d'un refus, l'industriel dont la demande est rejetée peut recourir directement au Conseil d'État dans les trois mois également. — 2° *Établissements de 2e classe*. Ce sont ceux qui ne doivent pas être nécessairement éloignés des habitations, mais pour l'installation desquels il faut prendre néanmoins certaines précautions, ex. : les tanneries, les raffineries et fabriques de sucre. Comme les établissements de la 1re classe, ceux de la 2e sont autorisés par le préfet également après l'accomplissement d'un certain nombre de formalités ; notons seulement que l'affichage de la demande n'est plus exigé et que l'enquête se fait seulement dans la commune de la situation de l'é. — 3° *Établissements de 3e classe*. Ce sont ceux qui peuvent être installés sans inconvénient auprès des habitations, mais qui doivent être soumis à la surveillance de la police, ex. : les brasseries, les distilleries de liqueurs alcooliques. Pour cette catégorie, l'autorisation émane du sous-préfet, sauf dans l'arrondissement chef-lieu, où c'est le préfet qui autorise, et les formalités préalables se réduisent à consulter les maires et la police locale.

Ajoutons qu'en matière d'établissements dangereux, incommodes ou insalubres, l'autorisation administrative est toujours accordée sous réserve du droit des tiers, qui ont la faculté de s'adresser à l'autorité judiciaire pour obtenir des dommages et intérêts en raison du préjudice que peut leur avoir causé le voisinage de l'é. autorisé.

Enfin, le préfet a le droit d'ordonner la fermeture des établissements dont il s'agit, non seulement pour défaut d'autorisation, mais aussi pour contravention aux conditions de l'acte d'autorisation, ou pour interruption des travaux pendant six mois, etc., etc.

Établissements publics. — On donne ce nom à des établissements auxquels la loi confère la personnalité civile, c.-à-d. la faculté d'acquérir, d'aliéner, d'emprunter, de transiger, d'ester en justice, ex. : les départements, les communes (notons en passant que les arrondissements sont, au contraire, de simples circonscriptions administratives et ne constituent pas des personnes civiles), les lycées, les bureaux de bienfaisance, les hospices. Les établissements publics font partie du domaine public et sont placés sous la tutelle de l'administration ; ils ne peuvent recevoir des dons ou legs qu'avec l'autorisation du gouvernement.

Établissements d'utilité publique. — On nomme ainsi des institutions qui, à la différence des établissements dont nous venons de parler, appartiennent à des particuliers, mais auxquelles l'État a concédé le caractère de personnes civiles en raison de l'utilité générale qu'elles présentent ; nous citerons les sociétés de secours mutuels, les congrégations religieuses reconnues, les caisses d'épargne.

Pour obtenir le caractère d'utilité publique, il faut un décret rendu, après avis du Conseil d'État, à la suite d'une instruction complète faite sur le but et les moyens d'action de l'é., les statuts ayant dû, au préalable, être communiqués au Ministre de l'intérieur par l'intermédiaire du préfet. Mêmes règles que pour les établissements publics en ce qui concerne les acceptations de dons et legs (art. 910 du Code civil).

ÉTABLISSEUR. s. m. Celui qui établit.

ÉTACISME. s. m. (gr. ἦτα, nom de la lettre η). T. Gram. grecque. Prononciation de l'η comme un *é* long et ouvert par opposition à l'iotacisme ou prononciation de l'η comme un *i*, ce qui est la prononciation des Grecs modernes.

ÉTAGE. s. m. (bas-lat. *stagium*, de *stare*, être debout). Chacune des divisions formées par les planchers dans la hauteur d'un édifice, divisions qui se comptent dans l'ordre de leur superposition : un étage, deux étages, etc., au-dessus du rez-de-chaussée. *Cette maison a cinq étages, non compris un é. souterrain. Dans ce pays-là les maisons ne sont qu'à un é., n'ont qu'un é. E. en mansarde*. Voy. COMBLE. — É. *bas*, Étage peu exhaussé, Entresol, É. entre le rez-de-chaussée et le premier. || Par anal., se dit de certaines choses disposées par rang les unes au-dessus des autres. *Une coiffure à double, à triple é. ; disposer par étages*. — Fig. et fam., *C'est un sot à triple é.*, C'est un homme extrêmement sot. || Fig., Degré d'élévation ou d'infériorité. *Il y a des esprits de divers étages, de tout é.* — Dans un sens particulier, Condition, rang. *Un homme de bas é. Il veut imiter les gens de haut é. Il y avait là des gens de tout é.*

ÉTAGEMENT. s. m. Disposition de ce qui est étagé.

ÉTAGER. v. a. Disposer par étages. *Il a mis à profit la pente du terrain pour é. une série de terrasses les unes au-dessus des autres.* || En parlant des cheveux, les tailler d'une façon inégale. *On vous a étagé les cheveux.* — ÉTAGÉ, ÉE. part. — Conj. Voy. MANGER.

ÉTAGÈRE. s. f. Se dit de tablettes rangées par étages, quel que soit leur usage. *Il faut placer contre ce mur un rang d'étagères. Voyez sur la seconde é.* || Petit meuble sur lequel on expose de petits objets, tels que porcelaines, bronzes, etc. *Objets d'é., Menus objets de curiosité.* || T. Techn. Élévation disposée en gradins, où l'on range les briques et les tuiles.

ÉTAI. s. m. (all. *staff*, pieu). Pièce de bois dont on se sert soit pour appuyer ou soutenir quelque muraille, quelque construction qui menace ruine, ou que l'on reprend en sous-œuvre, soit pour soutenir des terres minées. Les étais droits de forte dimension sont appelés *étançons*, et ceux qui sont inclinés, c.-à-d. mis en pente contre un mur ou une autre pièce de bois, sont nommés *contre-fiches*. (Les charpentiers disent *Une étaie*.) || Fig. Soutien, moyen de consolidation. || T. Mar. Câbles qui soutiennent les mâts d'un navire. Voy. CORDAGE.

ÉTAIE. s. f. T. Blason. Chevron qui n'a que la moitié de la largeur ordinaire.

ÉTAIEMENT. s. m. Voy. ÉTAI.

ÉTAILLISSAGE. s. m. [Pr. *éta-lli-saje*, *ll* mouillées]. T. Rural. Action de couper les petites pousses d'un taillis pour faire profiter les autres.

ÉTAIM. s. m. [Pr. *é-tin*] (lat. *stamen*, fil de la quenouille). T. Techn. Partie la plus fine de la laine cardée. Voy. ESTAIM.

ÉTAIN. s. m. (lat. *stannum*, m. s.). T. Chimie. — 1. L'*Étain* est un métal blanc, presque aussi brillant que l'argent. Il possède une saveur sensible et développée, lorsqu'on le frotte entre les doigts, une odeur désagréable. Il fait entendre, quand on le ploie, un bruit qu'on appelle *cri de l'étain*, et qui est dû au frottement des cristaux dont sa masse est composée. Lorsqu'on courbe plusieurs fois à la même place une baguette d'é., elle finit par s'échauffer d'une manière très sensible à la main. Ce métal est très ductile, et se laisse battre en feuilles très minces. Il est aussi très ductile, mais il ne peut pas être étiré à la filière. Sa ténacité est faible ; il se rompt sous une charge de 8 kil. par millim. carré de section. L'é. n'a pas la moindre élasticité : c'est un des métaux les plus mous et les moins élastiques ; il s'écrouit aussi très difficilement. Soumis à un froid de — 40° il devient friable. Sa densité, lorsqu'il est fondu, est 7,29 ; par le laminage et le martelage, elle s'élève à 7,45. De 0° à 100°, il se dilate de 1/462. Le symbole de l'é. est Sn, et son poids atomique est 117,7. Ce métal est quadrivalent, comme le montre la densité de vapeur de son tétrachlorure SnCl₄.

L'é. fond à 228° et se solidifie à 225° ; quand il est réduit en feuille mince, on peut le fondre dans une feuille de papier sans brûler celle-ci, qui, après la fusion, se trouve étamée. Chauffé à la chaleur blanche, il répand de légères vapeurs. Il cristallise facilement par fusion : les cristaux qu'on obtient représentent, tantôt des cubes et tantôt des prismes à base carrée. Pour reconnaître la texture cristalline de l'é., il suffit de le décaper avec un mélange d'acide nitrique et de l'acide sulfurique étendu d'eau : les cristaux offrent l'aspect de l'eau congelée sur les vitres. L'é. est trop mou pour pouvoir être pulvérisé par les moyens ordinaires ; mais on le faisant fondre à la plus basse température possible, en le coulant dans une sébille de bois, puis en l'agitant vivement avec un gros pinceau jusqu'à ce qu'il soit refroidi, on obtient une poudre métallique dont on se sert aux Indes et en Chine dans la peinture pour imiter l'argent.

L'air, même humide, est presque sans action sur l'é. à la température ordinaire. Il se ternit seulement à la surface du métal une pellicule grise qui est un mélange de protoxyde et d'acide stannique, et qui préserve le métal de toute altération ultérieure. Dans une atmosphère *sulfurée*, il ne fait non plus que se ternir. Lorsqu'on élève la température, l'é. s'oxyde rapidement à l'air en se transformant d'abord en protoxyde, et finalement en acide stannique. Ce métal décompose l'eau à la chaleur rouge. Il s'unit directement au chlore, au brome, à l'iode, au soufre, au phosphore, à l'arsenic et s'allie à la plupart des métaux.

L'action des *acides* sur l'é. est importante à étudier, attendu que ce métal est très employé pour la confection des vases culinaires, et que les aliments ont presque toujours une réaction acide. Les acides étendus n'exercent qu'une action très faible. Ainsi, l'*acide sulfurique* étendu ne l'attaque pas sensiblement, mais l'acide sulfurique concentré et bouillant l'oxyde et le dissout rapidement en formant du sulfate stannique et en dégageant de l'acide sulfureux. — L'*acide chlorhydrique* faible l'attaque avec beaucoup de lenteur; quand, au contraire, il est concentré, il dissout rapidement le métal et le fait passer à l'état de chlorure stanneux en dégageant de l'hydrogène. — L'action de l'*acide azotique* ou *nitrique* sur l'é. est fort curieuse. Lorsque l'acide est très étendu, il dissout ce métal avec beaucoup de lenteur. S'il est quadrihydraté, comme l'acide ordinaire du commerce, il agit sur l'é. avec une extrême vivacité. L'acide se décompose et dégage des torrents de vapeurs rutilantes; le métal s'oxyde et se transforme en une poudre blanche d'acide métastannique insoluble dans l'acide nitrique. L'eau concourt à cette oxydation : son hydrogène s'unit à une partie de l'azote de l'acide nitrique pour former de l'ammoniaque, que l'on retrouve dans la liqueur à l'état de nitrate d'ammoniaque. Mais si l'acide nitrique est à son maximum de concentration (acide fumant ou monohydraté), l'é. peut y rester indéfiniment sans la moindre altération. Vient-on alors à y ajouter la plus petite quantité d'eau, aussitôt l'action se déclare avec la plus grande violence, avec production de chaleur et quelquefois même de lumière. — Quand on fait bouillir dans un vase d'é. ou bien de cuivre étamé un mélange de sel de cuisine et de vinaigre, ce vase est rapidement détérioré; mais ce n'est pas l'*acide acétique* qui dissout l'é. Comme l'acide acétique bout à une température plus élevée que l'acide chlorhydrique, il déplace ce dernier; il se forme de l'acétate de soude, et l'é. est dissous à l'état de chlorure stanneux. Il faut donc éviter l'emploi des vases d'étain ou de semblables mélanges; cependant l'inconvénient n'est pas très grave, car ce métal n'est pas vénéneux, et les sels d'é., nonobstant leur saveur styptique très prononcée avec goût de poisson, sont sans danger réel. — L'*eau régale* dissout rapidement l'é. et le transforme en chlorure stannique et en acide métastannique. — Les *alcalis hydratés* attaquent l'é., en dégageant de l'hydrogène et en produisant des métastannates solubles. — Sous l'influence de la chaleur, l'é. est également attaqué par le nitre et transformé en acide métastannique.

II. *Combinaisons de l'étain avec l'oxygène.* — Ce métal forme avec l'oxygène différentes combinaisons : les plus importantes sont l'*oxyde stanneux* ou *protoxyde* SnO, l'*oxyde stannique* (bioxyde ou *peroxyde*) SnO^2, l'*acide stannique* SnO^3H^2 et son polymère l'*acide métastannique* $Sn^5O^{18}H^{10}$ ou $Sn^5O^{11}H^2$, $4H^2O$.

1° L'*oxyde stanneux* ou *protoxyde d'é.* SnO offre un exemple remarquable d'isomérie. Suivant la manière dont il a été préparé, il se présente sous trois états différents : il peut être vert olive, noir ou rouge vif. Obtenu en faisant bouillir de l'hydrate stanneux avec un excès d'ammoniaque, le protoxyde anhydre se présente sous la forme de lamelles de couleur olive. Une dissolution de ce même hydrate dans la potasse donne, lorsqu'on l'évapore dans le vide, des cristaux noirs, durs et brillants d'oxyde anhydre. Mais si, l'on chauffe ces cristaux noirs à l'abri de l'air, ils décrépitent et se transforment en petites lamelles de couleur olive. Enfin, on peut obtenir le protoxyde d'é. sous forme d'une poudre rouge, en décomposant le chlorure stanneux par l'ammoniaque, et en faisant bouillir quelques secondes le précipité, mais toujours avec un excès d'ammoniaque. Sous l'influence du sel ammoniac qui s'est formé dans la réaction, le protoxyde d'é. se charge de petits grains d'un beau rouge de minium. Cet oxyde perd sa couleur lorsqu'on le frotte avec un corps dur, et se transforme en oxyde olive, qui est l'état le plus stable de l'oxyde d'é. Cet oxyde, à l'état

anhydre, est insoluble dans l'eau et les dissolutions alcalines étendues, mais il se dissout facilement dans les acides. Chauffé au contact de l'air, il s'enflamme comme de l'amadou et se transforme en acide stannique. — L'*hydrate stanneux* SnO^2H^2, dont la déshydratation fournit ces différentes variétés d'oxyde anhydre, s'obtient par l'action de l'ammoniaque ou d'un carbonate alcalin sur le chlorure stanneux. C'est un précipité blanc, avide d'oxygène, insoluble dans l'eau, soluble dans les alcalis.

2° L'*oxyde stannique* ou *bioxyde d'é.* SnO^2 se prépare industriellement en calcinant l'é. à l'air; il se présente alors en masse grisâtre qui constitue la *potée d'étain*, employée pour la confection des émaux. Il est difficilement fusible, inaltérable par les acides concentrés, sauf l'acide sulfurique. On l'obtient cristallisé en prismes orthorhombiques lorsqu'on décompose au rouge le tétrachlorure d'é. par la vapeur d'eau. L'oxyde stannique naturel, ou *cassitérite*, qui constitue le principal minerai d'é., cristallise dans le système quadratique.

3° *Acide stannique* SnO^3H^2. — Lorsqu'on décompose par l'ammoniaque le perchlorure d'é., ou lorsqu'on traite en stannate soluble par l'acide chlorhydrique, on obtient un précipité blanc, gélatineux, insoluble dans l'eau, mais soluble dans les acides azotique et sulfurique étendus : c'est de l'acide stannique hydraté. Desséché dans le vide, cet acide a pour formule SnO^3H^2 ou $SnO^{18}H^2O$. Chauffé légèrement, il se convertit en acide métastannique. — A la température rouge, il perd de l'eau et se convertit en bioxyde anhydre. Graham a obtenu une variété colloïdale d'acide stannique en soumettant à la dialyse une solution de chlorure stannique additionnée de potasse. L'acide stannique forme avec les bases des sels qui peuvent être anhydres. Fondu avec le borax ou avec le phosphate de soude, il donne un émail blanc, qui s'emploie dans la fabrication des cadrans de montre. Les stannates ont pour formule générale SnO^3M^2. Le stannate de soude, préparé en chauffant de l'é. avec de la soude et de l'azotate de soude, est employé en teinture comme mordant. La couleur rouge appelée *pink colour*, utilisée pour la décoration des faïences fines, est un stannate de chrome et de calcium obtenu en calcinant au rouge un mélange d'acide stannique ou métastannique, de craie, de chromate de potasse et d'oxyde de chrome. Lorsqu'on supprime la craie et qu'on calcine à la température d'un four à porcelaine, on obtient la *laque minérale* servant à décorer la porcelaine.

4° *Acide métastannique.* — On l'obtient en attaquant l'é. par l'acide nitrique concentré. Il est alors sous forme de poudre blanche, cristalline, insoluble dans l'eau, ainsi que dans les acides azotique et sulfurique étendus. L'acide sulfurique concentré le dissout en grande proportion, et forme avec lui une véritable combinaison. L'acide métastannique se combine également avec certains acides organiques. Desséché dans l'air sec, il a pour formule $Sn^5O^{20}H^{10}$; mais si on le maintient longtemps à une température de 100°, il perd de l'eau et devient $Sn^5O^{18}H^{10}$. L'acide métastannique préparé par l'acide nitrique est complètement insoluble dans l'ammoniaque. Quand, au contraire, on le prépare en versant un acide dans la dissolution d'un métastannate alcalin, l'acide métastannique se précipite sous la forme d'une matière gélatineuse qui se dissout dans l'ammoniaque. Il contient alors plus d'eau qu'à l'état cristallin; mais la plus légère élévation de température le déshydrate, et il redevient insoluble dans l'ammoniaque. La formule générale des métastannates est $Sn^5O^{18}H^8M^2$.

Les acides stannique et métastannique sont un des premiers exemples de polymérie qui aient été connus. Ces deux oxydes ont la même composition chimique; néanmoins leur capacité de saturation est différente, la quantité d'acide métastannique nécessaire pour saturer une quantité donnée de base étant quintuple de celle de l'acide stannique. En outre, l'acide stannique se distingue de l'acide métastannique, en ce qu'il est soluble dans les acides étendus, tandis que celui-ci est complètement insoluble.

III. *Combinaisons de l'étain avec les métalloïdes.* — L'é. forme diverses combinaisons avec l'arsenic, le phosphore, l'iode, le brome, le chlore et le soufre; mais celles qu'il donne avec ces deux derniers sont les seules qui offrent quelque intérêt.

1° Il existe deux *chlorures d'étain* : le *chlorure stanneux* $SnCl^2$ et le *chlorure stannique*, *tétrachlorure* ou *perchlorure* $SnCl^4$. (Dans la notation en équivalents, le premier avait pour formule SnCl et s'appelait *protochlorure*; le second, nommé *bichlorure*, se formulait $SnCl^2$). — Le *chlorure stanneux* anhydre s'obtient en chauffant de l'é. dans un courant de gaz chlorhydrique sec, ou en distillant un mélange de parties égales de bichlorure de mercure et d'é. Il est blanc grisâtre, brillant, et d'une cassure vitreuse. Projeté dans un flacon de chlore, il prend feu et se change en tétrachlorure. Il fond à 250° et distille à 607°. Le chlorure hydraté, ou *sel d'é.* du commerce, est sous forme d'aiguilles cristallines, transparentes. Il s'obtient en dissolvant de l'é. dans l'acide chlorhydrique concentré. Ce sel est très soluble dans l'eau et produit, en s'y dissolvant, un froid considérable. Lorsqu'on étend sa solution de beaucoup d'eau, elle se trouble et laisse déposer un oxychlorure. Le chlorure stanneux a une grande tendance à absorber, soit l'oxygène, soit le chlore, pour passer à l'état d'acide stannique ou de tétrachlorure ; aussi est-il très employé comme désoxydant ou comme *déchlorurant.* Il réduit les oxydes d'antimoine, de zinc, de mercure et d'argent, ainsi que les acides arsénieux et arséniique ; il ramène au minimum les sels de cuivre, de fer, de manganèse, etc. Dans l'industrie, on l'emploie pour préparer le pourpre de Cassius, ainsi que le vert et le bleu d'application. Les fabriques de toiles peintes en consomment de grandes quantités comme mordant et désoxydant. Il sert à faire des *enlevages* blancs sur les fonds colorés par le sesquioxyde de fer ou le peroxyde de manganèse. Il est également usité pour l'avivage du rouge turc. Enfin, traité par l'acide azotique, le sel d'é. forme la *composition d'é.* des teinturiers. — Le *chlorure stannique* s'obtient à l'état anhydre en faisant passer sur l'é. légèrement chauffé un courant de chlore sec, ou bien encore en distillant un mélange de 4 parties de bichlorure de mercure et de 1 partie d'é. en grenaille. C'est un liquide incolore, très fluide, plus lourd que l'eau ; il bout à 120° et distille sans décomposition ; au contact de l'air, il répand d'épaisses fumées blanches en se combinant avec la vapeur d'eau contenue dans l'atmosphère : aussi l'appelait-on autrefois *Liqueur fumante de Libavius,* du nom du chimiste qui l'avait découvert. Il se combine avec l'eau en toutes proportions avec dégagement de chaleur. L'hydrate de bichlorure d'é. s'obtient directement en faisant passer un courant de chlore en excès dans une dissolution de chlorure stanneux, ou en dissolvant l'é. dans une eau régale contenant un grand excès d'acide chlorhydrique. Cet hydrate est connu dans le commerce sous le nom d'*oxymuriate d'é.* Il entre dans la *composition d'é.,* qui est un mélange des deux chlorures, et les teinturiers s'en servent pour préparer les toiles qui doivent recevoir des couleurs-vapeurs, et pour faire des couleurs d'application. On l'emploie aussi, mélangé avec le chlorure stanneux, à la préparation du pourpre de Cassius.

2° Il existe trois *sulfures d'é.,* un *protosulfure* SnS, un *sesquisulfure* Sn²S³, et un *bisulfure* SnS². Nous ne parlerons que du dernier, qui seul a quelque utilité.

Le *Bisulfure* s'obtient sous forme de précipité floconneux et d'un jaune clair, quand on traite une dissolution de chlorure stannique par l'hydrogène sulfuré. Mais en faisant passer de l'hydrogène sulfuré ou des vapeurs de chlorure stannique anhydre à travers un tube de porcelaine chauffé au rouge, le bisulfure d'é. anhydre se dépose sous forme de lamelles cristallines très brillantes, douces au toucher, d'un beau jaune d'or et insolubles dans tous les acides, excepté l'eau régale. Dans les arts, on prépare ce sulfure par la voie sèche au moyen d'un ancien procédé imaginé par les alchimistes, et qui consiste à chauffer dans un matras de verre à long col un amalgame de 12 parties d'é. et de 6 de mercure avec un mélange de 7 parties de fleurs de soufre et 6 de sel ammoniac. Le bisulfure ainsi obtenu est vulgairement connu sous les anciens noms d'*Or mussif, Or de Judée* ou *Or mosaïque.* On l'emploie pour dorer grossièrement des bois et des objets d'ornement. Dans les cabinets de physique, il sert à frotter les coussins des machines électriques. — Le bisulfure d'é. se combine avec les sulfures alcalins, de manière à former des *sulfostannates.*

IV. *Sels d'étain.* — L'é. forme deux catégories de sels, les sels au minimum ou *stanneux,* et les sels au maximum ou *stanniques,* qui correspondent, les premiers au protoxyde, les seconds à l'oxyde stannique. Les sels au minimum rougissent la teinture de tournesol, sont incolores et possèdent une saveur styptique très forte. Mis en contact avec la peau, ils exhalent une odeur de poisson très désagréable. Ils se dissolvent dans une petite quantité d'eau ; mais un excès d'eau les décompose : il se forme alors un sel acide qui reste en dissolution et un sel basique insoluble. La présence d'un excès d'acide empêche cette action. — Les principales réactions de ces sels sont les suivantes : Par la potasse et la soude, ils donnent un précipité blanc d'hydrate, soluble dans un excès de réactif ; mais si l'on fait bouillir la liqueur, il se précipite une poudre noire avec les sels stanneux, tandis qu'il ne se

forme aucun précipité avec les sels stanniques. L'ammoniaque produit un précipité blanc, insoluble dans un excès, pour les sels stanneux, et soluble pour les sels stanniques. Avec le carbonate de potasse, on a un dégagement d'acide carbonique et un précipité blanc d'hydrate insoluble dans un excès de réactif. Les sulfhydrates alcalins produisent, en solution acide, un précipité brun chocolat avec les sels stanneux et jaune avec les sels stanniques : les deux précipités se dissolvent dans un excès de réactif. Les sels de mercure sont réduits à l'état métallique par les sels d'é. au minimum, tandis que les sels au maximum sont sans action sur eux. Le chlorure d'or, avec addition d'un peu d'acide azotique, produit une coloration pourpre dans les dissolutions étendues des sels stanneux, et un précipité brun (pourpre de Cassius) dans leurs dissolutions concentrées ; il n'a au contraire aucune action sur les sels stanniques. Ces deux derniers réactifs permettent de distinguer d'une manière fort nette les sels au minimum d'avec ceux au maximum.

V. *Alliages d'étain.* — L'é. s'allie fort bien avec plusieurs métaux, particulièrement avec le cuivre, le plomb, le zinc, le fer et le mercure. Comme il est parlé de ces alliages aux mots BRONZE, CLOCHE, CUIVRE, FER, ÉTAMAGE, MERCURE, SOUDURE, etc., il n'en sera pas question ici. On fabrique en Angleterre, sous le nom de *Pewter,* un alliage d'é. (12 parties) et d'antimoine (1 partie), avec une petite addition de cuivre, pour faire différents ustensiles, tels que théières, cuillers, etc. L'addition de ces substances donne beaucoup plus de dureté à l'é., en lui conservant sa couleur brillante. On emploie de même un alliage analogue (*métal anglais*) composé de 100 parties d'é., 8 d'antimoine, 1 de bismuth et 4 de cuivre. Les alliages d'é. et de plomb, contenant 10 à 20 p. 100 de ce dernier métal, servent à fabriquer des mesures de capacité pour les liquides, des flambeaux, des cuillers et de la vaisselle d'é. L'é. entre aussi dans la composition des alliages fusibles. Voy. ALLIAGE.

VI. *Usages de l'étain.* — L'é. étant un métal peu altérable et dont les dissolutions sont sans danger pour l'économie animale, on l'emploie à la fabrication d'un grand nombre de vases et d'ustensiles de ménage. Néanmoins, on ne fait rarement usage à l'état pur, parce qu'il est trop mou et trop fusible. On ne fait avec l'é. que les vases qui ne sont pas destinés à aller au feu (*poterie d'é.*), en lui alliant cependant environ 18 p. 100 de plomb, afin de le rendre moins cassant, plus dur et moins fusible. Mais un pareil alliage n'est déjà plus assez innocent pour pouvoir être employé à la fabrication des vases destinés aux usages culinaires : dans ce cas, le cuivre recouvert d'une couche mince d'é. (*cuivre étamé*) est la matière qui convient le mieux. L'é. pur est surtout employé, à l'état de feuilles très minces, pour envelopper du beurre, des substances, afin de les préserver de l'humidité et du contact de l'air. L'étamage du cuivre, du fer, la fabrication des divers alliages d'é., l'étamage des glaces, consomment encore de grandes quantités d'é. L'oxyde stannique et les stannates, les chlorures et le bisulfure d'é. ont reçu différentes applications industrielles que nous avons indiquées en décrivant ces composés.

L'é. a été jadis d'un assez grand usage en médecine. On ne l'emploie plus aujourd'hui que comme vermifuge, à l'état de poudre, et même on l'associe le plus souvent à d'autres substances douées de la même propriété. On a aussi quelquefois employé le protochlorure d'é. ; mais on doit s'en abstenir, car ce sel n'a pas d'utilité spéciale, et il est assez irritant pour causer des accidents.

VII. *Minéralogie.* — L'*Étain* (le *Cassiteros,* le *Stannum* et le *Plumbum album* des anciens) est un des métaux usuels le plus anciennement connus, puisqu'il en est question dans le *Pentateuque.* Celui dont les anciens faisaient usage provenait de la Galice, en Espagne, et du pays de Cornouailles, dans la Grande-Bretagne : de là le nom d'îles Cassitérides qu'avaient reçu les îles voisines du Cornouailles. Les alchimistes avaient consacré l'é. à Jupiter, et le représentaient par le symbole attribué à la planète de ce nom. — L'é. ne se trouve guère dans la nature qu'à l'état d'oxyde stannique ; on le rencontre quelquefois combiné avec le soufre, rarement à l'état natif. 1° L'é. *sulfuré* ou *Stannine* est une substance d'un gris jaunâtre ou d'un brun rougeâtre, et à cassure granulaire, qui se dissout dans l'acide azotique avec séparation d'oxyde d'é. et de soufre. Il est extrêmement rare, et n'a encore été trouvé qu'en petites masses, en Cornouailles, dans les mines de cuivre pyriteux de Huel-Rock, près de Sainte-Agnès. Il contient une certaine quantité de sulfures de cuivre et de fer. — 2° L'é. *oxydé,* ou *Cassitérite,* est une matière quelquefois blanche, mais le plus souvent brune, qui cristallise dans le système prismatique à base carrée. Il est infusible au chalumeau, et se réduit difficilement, à moins qu'on n'y ajoute de la soude. L'acide chlorhydrique l'attaque, quoique difficilement, et la solution précipite en pourpre par le chlorure d'or. La Cassitérite la plus pure se compose de poids de 78,67 d'é. et 21,33 d'oxygène et répond à la formule Sn O². On rencontre quelquefois ce minéral sous la forme de concrétions fibreuses, qui constituent ce qu'on appelle vulgairement l'é. *de bois*, parce que les petites masses mamelonnées qui le composent sont formées de couches de diverses teintes qu'on a comparées à des couches ligneuses. L'é. oxydé en cristaux et en gîtes réguliers appartient aux terrains de cristallisation, et notamment à ceux du granit, du micaschiste, du gneiss et de schiste primitif. Il s'y rencontre en amas puissants, ou en grains disséminés, mais rarement en filons. On le trouve aussi sous forme de grains arrondis ou de cailloux roulés dans certains dépôts d'alluvion, principalement au Mexique, dans le pays de Cornouailles, et en France, sur la côte de Piriac, en Bretagne. L'é. du commerce provient en majeure partie, soit du comté de Cornouailles, dont les mines sont les plus riches de l'Europe, soit des Indes, soit de la Saxe et de la Bohême. En France, les gisements de Piriac, en Bretagne, et de Vaulry, près de Limoges, sont trop pauvres pour être exploités utilement. Les mines d'é. sont fort abondantes dans l'Asie orientale, en Chine, dans la péninsule de Malacca, dans les îles de Banca, de Sumatra, ainsi qu'en Australie (Queensland et Nouvelle-Galles du Sud). L'é. le plus pur vient de Malacca et de Banca. — La production annuelle de l'é. est de 7,500,000 kilogrammes ; l'Angleterre, où l'on traite les minerais d'Amérique et d'Australie ainsi que ceux de Cornouailles, fournit 4 millions de kilogr. ; les Indes, 3 millions et demi ; la Saxe, 120,000 kilogr. seulement.

VIII. *Métallurgie de l'étain*. — Le traitement métallurgique de l'é. est des plus simples, le seul minerai qu'on exploite étant l'é. oxydé qui se réduit facilement par le charbon en donnant de l'é. métallique. Quand le minerai est une roche stannifère, on commence par bocarder les fragments de roches, puis on les soumet au lavage, pour en séparer les gangues. Les sables stannifères subissent de prime abord cette deuxième opération. Ce lavage se fait sur des *tables à secousses*. Le minerai lavé, on le soumet au grillage en tas ou dans des fours, afin d'isoler le fer, le soufre et l'arsenic qui s'y trouvent à l'état de pyrites ferrugineuses, sulfureuses et arsenicales. Le grillage décompose ces pyrites ; le soufre et l'arsenic sont volatilisés à l'état d'acide sulfureux et arsénieux. Quant au fer, il s'oxyde et passe à l'état de sesquioxyde. On bocarde et on lave de nouveau le minerai pour séparer l'oxyde d'é. lequel réduit dans son état primitif, le sesquioxyde de fer à l'état pulvérulent et les autres matières décomposées par le grillage. Il s'agit alors de réduire l'oxyde stannique. A cet effet, on emploie deux procédés suivant la nature des minerais. Les minerais des mines sont traités par la houille dans des fours à réverbère : c'est le procédé que l'on suit en Angleterre pour le minerai des mines du Cornouailles. Les minerais d'alluvion sont réduits par le charbon de bois dans des fourneaux à manche : c'est le procédé usité en Saxe et en Bohême, et aussi en Angleterre pour les minerais d'alluvion qui donnent un métal très pur. Nous ne décrirons que ce dernier. Le fourneau à manche (Fig. ci-contre) présente une cuve de maçonnerie M où débouche la tuyère d'une machine soufflante. On fait un mélange de minerai et de charbon qu'on charge couche par couche dans la cuve, et après avoir fermé, au moyen d'une brasque formée d'un mélange d'argile et de charbon, la communication entre celle-ci et le creuset C situé en avant, on y met le feu. La fusion faite, on ouvre la communication et le métal s'écoule avec ses scories fluides dans le creuset ; celles-ci se solidifiant avec rapidité, on les enlève au fur et à mesure. La liquation opérée et le creuset plein d'é. fondu, on fait écouler le métal dans le bassin de fonte B. Pour le raffiner, on l'agite à plusieurs reprises avec un bâton de bois vert qui se carbonise partiellement par la chaleur du liquide. Il résulte de là un bouillonnement dû à un dégagement de gaz, qui fait monter à la surface du bain les crasses disséminées dans le métal, en même temps qu'il provoque la précipitation au fond du bain des parties les plus lourdes et les plus impures. Lorsque le dégagement de gaz a duré assez longtemps, on laisse reposer le bain, et dès que le métal n'a plus qu'une température un peu supérieure à celle de sa fusion, on le puise avec des poches pour le couler dans des moules de fonte. L'é. le plus pur est celui qui provient de la partie supérieure du bain ; celui du fond doit être soumis à une nouvelle fonte. En Angleterre, on chauffe quelquefois les lingots d'é. au-dessus de 400°, et on les laisse tomber d'une certaine hauteur. Le métal, qui est devenu cassant à cette température, se divise en petits fragments cristallins, appelés en anglais *grain-tin*, et en français *étain en larmes*.

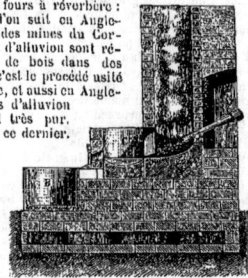

L'é. du commerce n'est pas chimiquement pur, et contient presque toujours de petites quantités de plomb, de fer, de cuivre et d'arsenic. Plus ce métal est pur, plus son cri est intense, plus son aspect est blanc et brillant, et moins il présente d'apparence de cristallisation à sa surface. Pour avoir l'é. à l'état de pureté parfaite, on le traite par l'acide nitrique qui dissout tous les métaux étrangers et transforme l'é. en acide métastannique insoluble qu'on réduit dans un creuset brasqué. L'arsenic que renferme l'é. du commerce s'y trouve en quantité trop faible (1/600 environ) pour communiquer à ce métal des propriétés vénéneuses. — Voy. CRIVRE, BRONZE, ÉTAMAGE, FER, etc.

ÉTAIN, ch.-l. de c. (Meuse), arr. de Verdun ; 2,900 hab.

ÉTAL, s. m. (bas-lat. *stallum*, table, établi). Sorte de table sur laquelle on expose en vente de la viande de boucherie. || La boutique même où l'on vend de la viande. *Ce boucher a plusieurs étaux*. || T. Pêch. Table sur laquelle on prépare la morue.

ÉTALAGE. s. m. Action d'étaler. Exposition des marchandises qu'on veut vendre : ces marchandises elles-mêmes *Faire un é. Voilà un bel é. Cela ne vaut pas l'é. Ce livre se trouve dans tous les étalages de libraire. Elle aurait volontiers acheté tout l'é.* — Fig. et fam., se dit par plaisanterie de la toilette des femmes. *Ces dames font aujourd'hui un é. ridicule.* || Nom donné à des parcs spéciaux où l'on met les huîtres qui n'ont pas atteint leur développement. || Fig., ce qu'on prélève pour permettre aux marchands d'étaler. || Fig., se dit de tout ce dont on fait parade par vanité, par ostentation. *Faire é., un grand é. de son esprit, de son éloquence, de sa qualité, de ses richesses, de ses alliances. Il y a dans ce livre un grand é. d'érudition*, etc. || T. Métallurg. Nom donné aux parois intérieures de la partie d'un haut fourneau qui se trouve au-dessous de la cuve.

ÉTALAGISTE. adj. et s. 2 g. Marchand, marchande, qui expose sa marchandise en vente dans les rues, dans les places, dans les marchés.

ÉTALE. adj. f. (R. *étaler*). T. Mar. On dit que *La mer est é.*, lorsqu'elle est stationnaire, c.-à-d. lorsqu'elle ne monte ni ne baisse. Voy. MARÉE. || *Navire é.*, Navire immobile qui n'avance ni recule. || *Vent é.*, Vent régulier, continu. || *Cordage é.*, Celui qui résiste à tout effort, qui s'arrête après avoir filé. || *Ancre é.*, Ancre arrêtée, fixée au fond, et qui ne chasse plus.

ÉTALEMENT. s. m. Action d'étaler.

ÉTALER. v. a. (R. *étal*). Exposer en vente des marchandises, des denrées, etc. *É. des soieries, des draps.* Absol., *Il est défendu d'é. sur la voie publique sans autorisation.* — Fig. et fam., *É. sa marchandise,* Faire parade de ce qu'on fait, de ce qu'on a de rare, de singulier. || Par ext. Étendre, déployer, montrer en détail. *É. une carte de géographie. É. des plantes sur une table pour les faire sécher. É. des bijoux afin qu'on en juge mieux.* — *É. son jeu,* Montrer toutes ses cartes, les étendre sur la table. || Fig., Montrer avec ostentation. *Cette femme étale tous ses charmes. É. un grand luxe, un faste révoltant. Il aime trop à é. son esprit, son savoir.* || s'ÉTALER. v. pron. S'étendre tout de son long, *S'é. sur l'herbe pour se reposer. Il est tombé, et s'est étalé tout de son long dans la boue. Fam.* — Fig. et fam., *Je ne veux point m'é. sur ce sujet.* == ÉTALÉ, ÉE. part. || T. Botan. Se dit adj. des rameaux qui forment un angle droit avec les parties dont ils tirent leur origine, ainsi que des feuilles, des pétales d'une corolle très ouverte, etc. || T. Techn. Se dit des métaux qu'on étend sur des corps durs, à l'aide de fondants, de mordants.

ÉTALER. v. a. (R. *étale*). T. Mar. *É. le vent, le courant, la marée*, c'est opposer une résistance égale à leur effort contre l'action du bâtiment. — On dit aussi neutral., qu'*Un bâtiment étale contre le courant*, etc. || *É. une voie d'eau*, L'empêcher de faire des progrès. = ÉTALÉ, ÉE, part.

ÉTALEUR, EUSE. s. Personne qui étale, qui sait étaler. || T. Techn. *Batteur-étaleur*, Machine servant à disposer la laine et le coton en forme de nappe.

ÉTALIER. adj. et s. m. Celui qui tient un étal. || Celui qui vend la viande pour le maître boucher. *Garçon é. Il n'est pas maître, il n'est qu'étalier.* || T. Pêch. Établissement de pieux et de perches au bord de la mer pour tendre les filets.

ÉTALINGUER. v. a. (esp. *entalingar*, m. s.) T. Mar. *É. un câble, un grelin*, L'attacher à l'organeau de l'ancre. — ÉTALINGUÉ, ÉE, part.

ÉTALINGURE. s. f. T. Mar. Le nœud formé par un câble, un grelin étalingué. || Nœud de l'orin sur la croisée de l'ancre.

ÉTALOIR. s. m. Planche sur laquelle on étend les papillons pour les conserver.

ÉTALON. s. m. (ital. *stallone*, de *stalla*, écurie). Cheval entier spécialement destiné à la reproduction. *É. rouleur, É.* que l'on conduit de ferme en ferme pour la saillie des juments. *É. d'essai*, Voy. BOUTE-EN-TRAIN. || Par extens., Se dit d'autres animaux : *Âne é., Bœuf é.*, loc. bizarre, puisque le bœuf est châtré, mais reçue, quoiqu'on dise aussi, et mieux *Taureau é.*

ÉTALON. s. m. (bas-lat. *stallo*, baliveau). Modèle de poids, de mesure, déterminé par la loi, et auquel les poids, les mesures des marchands doivent être conformes. Voy. MÉTRIQUE. || Par extens., Tout ce qui sert d'unité de mesure. *La durée du mouvement de rotation de la terre est l'unité, le véritable é. du temps.* || Eaux et Forêts. Baliveau de l'âge de la dernière coupe. || T. Archit. Aire sur laquelle on trace le plan d'un bâtiment, d'une charpente, etc. — Ce tracé lui-même. || T. Techn. Cheville reliant deux bois enchâssés dans des mortaises.

ÉTALONNAGE ou **ÉTALONNEMENT.** s. m. [Pr. *étalo-naje*]. Action d'étalonner des poids ou des mesures. || Industrie des propriétaires d'étalons.

ÉTALONNER. v. a. [Pr. *étalo-ner*] (R. *étalon*). Imprimer certaine marque sur un poids, sur une mesure, pour attester qu'ils sont conformes à l'étalon. *La loi oblige tous les marchands à faire é. leurs poids et mesures.* || Dans les haras, se dit du cheval qui couvre une jument. = ÉTALONNÉ, ÉE, participe.

ÉTALONNERIE. s. f. [Pr. *étalo-neri*]. Écurie pour les étalons.

ÉTALONNEUR. s. m. [Pr. *étalo-neur*]. Celui qui est chargé d'étalonner les poids et mesures.

ÉTALONNIER, IÈRE. adj. [Pr. *étalo-ni-é*]. Qui est relatif aux étalons.

ÉTAMAGE. s. m. (R. *étain*). Action d'étamer ; état de ce qui est étamé.

Techn. — Ainsi que l'indique son étymologie, le mot É. s'est d'abord appliqué exclusivement à l'art de recouvrir le cuivre et le fer d'une légère couche d'étain, afin d'empêcher l'altération et la décomposition du métal recouvert, soit par l'air et l'humidité, soit par les substances qui peuvent se trouver en contact avec lui. Mais aujourd'hui, par une extension toute naturelle, on applique la même dénomination à tout procédé ayant pour objet de revêtir un métal quelconque facilement oxydable d'une couche d'un autre métal non oxydable. On désigne également sous le nom d'é. des glaces l'action de faire adhérer à leur surface un amalgame d'étain. Cette opération s'appelle aussi la *mise au tain*. L'argenture de ces glaces est encore

une sorte d'é. Quelquefois cependant on distingue ces sortes d'é. par des dénominations particulières : ainsi, par ex., on dit *Zincage* ou *Zinguage*, quand on emploie le zinc ; *Plombage*, quand on se sert du plomb ; *Nickelage* lorsqu'il s'agit du nickel comme métal préservateur, etc., etc.

I. — L'é. proprement dit, ou é. à l'étain, remonte à une époque très reculée ; on en attribue même l'invention aux Gaulois ; dans tous les cas, il a été bien décrit par Pline l'ancien. Il s'applique au cuivre, au fer et à la fonte. — Quand on veut étamer un vase de cuivre, par ex., il faut commencer par le décaper, sans quoi il ne retiendrait pas l'étain. Le décapage se fait, soit avec une sorte de couteau à lame très courte, que l'on nomme *gratteau*, et que l'on promène avec soin sur toutes les parties de la pièce, soit en couvrant cette dernière d'une couche de sel ammoniac pulvérisé, qui se combine avec l'oxyde du métal pour former un sel double volatil que l'on volatilise par l'action du feu. La pièce décapée, on la fait chauffer, et on la couvre d'étain en fusion qu'on étend avec soin au moyen de tampons d'étoupe. Au moment où l'é. quelques taches subsistent démontrant que l'alliage des deux métaux n'est pas complet, ou suspendre ces points avec de la résine pulvérisée. Cette dernière fait disparaître l'oxyde qui subsistait encore et l'étain se dépose alors partout. Mais on ne parvient ainsi à fixer qu'une très mince pellicule d'étain, et comme cette pellicule est promptement usée par le frottement, on est obligé de la renouveler à des intervalles très rapprochés. On n'étame avec de l'étain pur que les objets d'un prix assez élevé. Pour tous les autres, on se sert d'un alliage composé d'environ trois quarts d'étain et un quart de plomb. Il est indispensable que la couche préservatrice recouvre parfaitement toute la surface du cuivre ; car s'il existe la moindre solution de continuité, le métal étamé s'oxyde plus rapidement qu'avant l'opération, attendu que le contact des deux métaux donne naissance à un courant électrique qui hâte l'altération du cuivre. — On emploie souvent aussi un alliage d'étain et de fer (6 parties d'étain et 1 p. de fer), imaginé par Biherel en 1770. Cet é. dure sept fois plus que l'é. ordinaire ; de là le nom d'é. *polychrome*. c.-à-d. à longue durée, que l'inventeur lui a donné. Malheureusement le nouveau produit est cassant à chaud, peu malléable à froid, et assez difficile à appliquer.

Un autre procédé dû à Molte et à Richardson consiste à faire usage d'un alliage triple d'étain, de fer et de nickel. Ce dernier é. présente de réels avantages sur le précédent. L'é. de fer, ou la fabrication du *fer-blanc*, constitue une des branches les plus importantes de l'industrie sidérurgique ; nous en exposerons ailleurs les procédés. Voy. FER. On peut également étamer la fonte, mais les résultats obtenus sont médiocrement satisfaisants. Au reste, l'é. de cette dernière substance n'a pas la même importance que celui du fer et du cuivre, les pièces de fonte qu'on expose à l'action de l'air étant en général trop massives et trop grossières pour que l'altération de leur surface soit un bien grand inconvénient. Il serait néanmoins utile que l'on pût étamer convenablement les vases culinaires de fonte, afin de soustraire les aliments qu'on y prépare au goût de métal et à la couleur foncée que ces vases leur communiquent ordinairement. Il est vrai que depuis quelques années l'émaillage des ustensiles de fonte supplée avantageusement à l'é. ordinaire.

II. — L'é. des glaces à l'aide d'un amalgame d'étain, bien que présentant un réel danger pour la santé des ouvriers qui le pratiquent, s'emploie encore journellement. Nous devons dire cependant que l'argenture des glaces (Voy. GLACE) tend à remplacer de plus en plus l'é. proprement dit, grâce à un procédé très simple, dit procédé Petit-Jean. On est parvenu également à faire usage du *platinage*, présentant un peu plus de difficultés que la mise en œuvre de la précédente méthode.

Nous dirons quelques mots sur les opérations à l'aide desquelles on procède à l'é. des glaces avec l'amalgame d'étain. Sur une table de pierre horizontale, mais pouvant basculer suivant son axe horizontal, on dispose une mince feuille d'étain sur laquelle on verse du mercure d'abord en petite quantité, en ayant soin de le répartir sur toute la surface de la feuille en se servant d'un rouleau de drap. Puis on ajoute autant de mercure que la feuille peut en absorber.

D'un autre côté, on a étamé et nettoyé soigneusement la glace à étamer, et lorsqu'elle est bien sèche on la fait glisser doucement sur l'amalgame d'étain que l'on vient de constituer. Cette opération est très délicate, car il importe qu'aucune bulle d'air ne reste intercalée entre la glace et la feuille d'étain imbibée de mercure.

Cela fait, avec des poids uniformément répartis sur la glace, on oblige le mercure en excès à sortir tout autour de cette glace. On donne alors à la table de pierre une inclinaison qui va progressivement jusqu'à la position verticale. Le mercure en excès entraîné par son poids s'écoule peu à peu et tombe dans un récipient disposé pour le recevoir.

La mise en contact de la glace avec l'amalgame dure 24 h. au bout desquelles on transporte la glace étamée sur un égouttoir spécial. Le tain qui adhère sèche lentement, très lentement même, puisqu'en général on compte, comme laps de temps nécessaire, trois semaines.

Il ne reste plus dès lors qu'à recouvrir le tain d'une couche de vernis ou de peinture afin d'empêcher que des frottements intempestifs ne viennent enlever la mince pellicule adhérente.

ÉTAMBOT. s. m. [Pr. étan-bo] (étam, debout, et holl. bord, pièce de bois). T. Mar. Forte pièce de bois qui s'élève presque verticalement à l'extrémité de la quille du bâtiment, et termine l'arrière de la carène. *L'é. sert de support au gouvernail.* = On écrivait autrefois ÉTAMBORD.

ÉTAMBRAI. s. m. [Pr. étan-brè]. T. Mar. Ouverture ronde, ovale ou carrée, qui est pratiquée dans chacun des ponts d'un bâtiment, pour y passer la tête du gouvernail, les mâts, les pompes et les cabestans. || *Bourrelets d'é.* Morceaux de bois cloués autour de l'é. pour empêcher les eaux de s'introduire dans les ponts inférieurs. || *Cercle d'é.* Pièce de fer circulaire qui garnit les parois de l'é. de cabestans.

ÉTAMER. v. a. Appliquer sur un métal une couche d'étain, de zinc, etc., fondu, pour empêcher qu'il ne soit attaqué par l'action de l'air ou des substances avec lesquelles il est en contact. — *É. une glace, un miroir,* Y mettre le tain. Voy. VERRE. = ÉTAMÉ, ÉE. part.

ÉTAMEUR. s. m. Ouvrier qui étame.

ÉTAMINE. s. f. (lat. *stamen*, fil de la quenouille). Petite étoffe, mince, qui n'est pas croisée. *É. de laine, de soie, de fil. Robe d'é. Voile d'é.* || Tissu peu serré, fait de crin, de soie ou de fil, qui sert à passer une substance pulvérulente, une liqueur. *É. grossière. Un butoir d'é. Passer une décoction par l'é.* — Fig. et fam. *Passer par l'é.,* Subir un examen sévère et détaillé. *Cet ouvrage a passé par l'é. Avant de l'admettre dans la corporation, on l'a fait passer par une rude é.*

ÉTAMINE. s. f. (lat. *stamina*, filaments). T. Botan. Les *Étamines* sont les organes sexuels mâles des végétaux, comme les *Carpelles* sont les organes femelles. Les

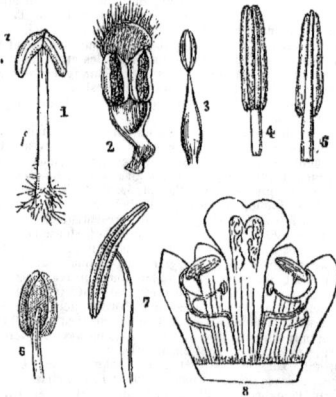

étamines forment le troisième verticille floral en procédant de l'extérieur vers le centre de la fleur, c.-à-d. qu'elles sont placées entre la corolle et le pistil. On appelle *Androcée* l'ensemble du verticille staminal. — Une é. se compose en général : 1° d'un renflement nommé *Anthère*, creusé de cavités destinées à contenir la matière fécondante ou *pollen* ; 2° d'un

support appelé *Filet*, qui soutient et élève l'anthère. (Fig. 1. Étamine ; *f*, filet ; *a*, anthère.)

1. *Du Filet.* — Le *Filet* consiste en un tissu parenchymateux revêtu extérieurement d'un épiderme pourvu de stomates et parcouru dans son axe par un faisceau libéro-ligneux. Au reste, ce n'est point un organe essentiel, car parfois il est très court, comme dans les Daphnés, par ex.; on dit alors que l'anthère est *sessile*. Dans quelques cas même, il manque absolument. Ainsi que l'indique son nom, le filet est ordinairement grêle, allongé et filiforme. Il peut d'ailleurs offrir des formes extrêmement variées. Il est *aplati* dans la Pervenche (Fig. 2); *subulé* dans la Tulipe sauvage (3); *dilaté* à sa base dans l'Ornithogale des Pyrénées; *renflé en tête* à son sommet dans le *Cephalotus*; *pétaloïde*, c.-à-d. large, mince et coloré à la manière des pétales, dans le Nénuphar blanc (33). Quelquefois il est *proéminent*, c.-à-d. qu'il se prolonge au-dessus du point d'insertion de l'anthère, comme dans le *Paris quadrifolia*.

ii. *De l'Anthère.* — L'*Anthère* est la partie essentielle de l'é. Sa forme est variée; mais, dans l'immense majorité des cas, elle comprend deux portions latérales proéminentes creusées de *sacs* ou *loges polliniques* réunies par une partie médiane que l'on nomme *connectif* et qui n'est que la continuation du filet dans l'anthère. Ordinairement chaque loge d'une anthère présente sur l'une de ses faces un sillon par lequel elle s'ouvre pour livrer passage au pollen. Tantôt le connectif est soudé avec l'anthère dans toute sa longueur (Fig. 4 et 5, É. de *Podophyllum*), tantôt l'anthère semble articulée avec le filet (Fig. 6, É. de l'Amandier). Le connectif affecte des formes très diverses. Réduit à une lame très mince dans la Tulipe (3), il est très épais dans la Pervenche (2). Le plus souvent, il n'est apparent qu'au dos de l'anthère (5 et 6), et en général le filet vient s'y insérer sous un angle très aigu, vers son milieu (6), ou plus près de l'une de ses deux extrémités. Dans ce dernier cas, l'anthère fait bascule sur le filet, et prend des positions diverses suivant les mouvements imprimés à la fleur : on dit alors que l'anthère est *oscillante* ou *versatile* (7, É. d'Amaryllis belladone). D'autres fois, il représente deux branches allongées et s'articule transversalement avec le filet au sommet duquel il oscille. C'est ce que l'on observe dans la Sauge (8.

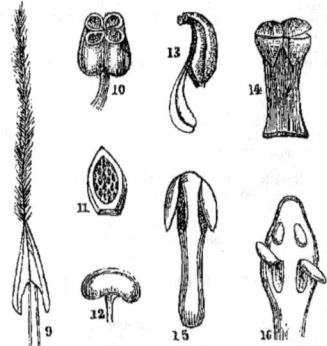

Corolle de Sauge, ouverte pour montrer les étamines). Dans le Laurier-rose, il se prolonge en arête (9), etc.

Les anthères, comme nous venons de le dire, offrent communément 2 loges, c.-à-d. sont *biloculaires*. Il est rare qu'elles soient *uniloculaires*, comme dans les Épacridées, certaines Conifères, les Malvacées (Fig. 12), etc., et plus encore qu'elles soient *quadriloculaires*, comme dans le *Poranthera* (10). Dans les Conifères, l'é. est constituée par une écaille portant à la face inférieure des sacs polliniques dont le nombre varie de 2 à 20. — Lorsque les loges tiennent au connectif par la plus grande partie de leur longueur, on dit qu'elles lui sont *adnées* (4, 5), et lorsqu'il ne les réunit que dans un très court espace (1, 6, 7, etc.) on dit qu'elles sont *libres* ou *distinctes*. Le point d'union peut alors être situé vers le milieu des loges ou à leur partie inférieure, et alors elles sont *adossées*, ou à leur partie supérieure, et alors elles sont *pendantes*.

Les anthères affectent des formes très variées. Le plus souvent elles sont *ovoïdes*; mais elles peuvent encore être *oblongues*, comme dans le Lis; *sphéroïdales* (la Mercuriale); *linéaires* (les Campanules); *cordiformes* (le Basilic); *réniformes* (la Digitale et beaucoup de Malvacées); *sagittées*, le Laurier-rose (Fig. 9); *didymes*, c.-à-d. offrant 2 lobes sphéroïdaux réunis par un point de leur circonférence, comme dans les Euphorbes; *tétragones*, c.-à-d. ayant la forme d'un prisme à 4 faces comme dans le Jonc fleuri. — Les anthères se prolongent quelquefois en des appendices bizarres. Dans l'Airelle, par ex., non seulement les loges se prolongent en tubes ouverts à leur extrémité seulement, mais chaque loge est munie d'un appendice dorsal en forme de corne ou d'ergot; dans la Violette odorante, l'anthère s'amincit au sommet en un appendice membraneux terminal. Chez beaucoup de Composées, chacune des deux loges linéaires se prolonge à sa base (au-dessus de l'insertion du filet) en un long appendice membraneux, etc.

L'anthère contient le pollen ; or, comme celui-ci est indispensable pour l'œuvre de la fécondation, il faut nécessairement qu'à une certaine époque les loges s'ouvrent afin que le pollen puisse s'échapper. En général, la *déhiscence* a lieu, c.-à-d. l'anthère s'ouvre au moment de l'épanouissement de la fleur. Lorsque la déhiscence s'opère par une fente sur chaque loge, cette fente peut se produire de haut en bas, ou horizontalement. Dans le premier cas, qui est de beaucoup le plus fréquent, la déhiscence est dite *longitudinale* (ex. : la Tulipe) ; dans le second, elle est dite *transversale* (ex. : les Malvacées (Fig. 12). D'autres fois, l'anthère ne s'ouvre que par une petite ouverture, ordinairement à la partie supérieure de la loge, et cette petite ouverture simule un trou ou un pore, comme dans la Pomme de terre, les Éricacées, les Pyrolacées (13. É. de Pyrole). Chez quelques plantes, chaque loge s'ouvre en deux valves superposées, dont la supérieure forme une sorte d'opercule, comme dans le *Pyxidanthera* (14); ou bien ce sont des opercules, c.-à-d. des espèces de petites valvules qui se soulèvent de bas en haut, comme dans l'Épine-vinette (15) et les Lauriers (16. É. du Laurier-camphrier).

Lorsque la loge s'ouvre, non par un pore au sommet, mais par une fente ou une valvule située sur l'une des faces de l'anthère, on dit que l'anthère est *introrse*, si la face par laquelle a lieu la déhiscence est tournée vers le centre de la fleur, ainsi qu'on l'observe dans la plupart des plantes. On l'appelle, au contraire, *extrorse*, quand cette face regarde la circonférence de la fleur, comme dans les Iridées, le Concombre, etc. Ces deux termes se disent également de la déhiscence. Enfin, on dit encore que la déhiscence est *latérale*, lorsque les fentes sont situées un peu en dehors de la face interne.

III. *Des Étamines considérées dans leur ensemble et dans leurs rapports avec les autres parties de la fleur.*

A. *Insertion des étamines.* — Les étamines, de même que la corolle, peuvent être : *hypogynes*, c.-à-d. s'insérer sur le

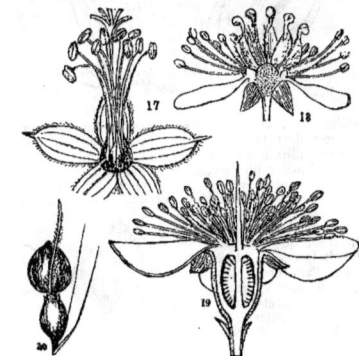

réceptacle à la base de l'ovaire (ex. : le Géranium des prés, Fig. 17. Fleur dont a enlevé la corolle); *périgynes*, c.-à-d. s'insérer sur la corolle de façon à se trouver sur celle-ci, à une certaine hauteur au-dessus de la base du pistil et à avoir, relativement à ce dernier, une position latérale (ex. : la Spirée ulmaire, 18. Coupe de sa fleur); *épigynes*, c.-à-d. s'insérer

sur l'ovaire même. Dans ce dernier cas, les quatre verticilles floraux sont ordinairement en partie soudés ensemble (ex. : le Myrte commun, 19. Coupe de sa fleur).

B. *Nombre des Étamines.* — Il est extrêmement variable dans la série des végétaux. C'est même d'après la considération du nombre de ces organes que Linné avait établi les premières classes de son système de botanique. Ainsi, les fleurs *monandres*, comme la Pesse commune (*Hippuris vulgaris*, Fig. 20. Fleur complète) et la Valériane rouge (*Centranthus ruber*), n'ont qu'une seule é. ; les fleurs *diandres*, par ex. le Troène et la Sauge (8), en ont deux; les fleurs *triandres*, comme la plupart des Graminées et des Iridées, en ont trois; les fleurs *tétrandres* en ont quatre : telles sont les Labiées et les Scrofularinées (22, Digitale); les fleurs *pentandres*, comme toutes les Ombellifères et la plupart des Solanées et des Borraginées, en ont cinq ; le plus grand nombre des Liliacées sont *hexandres* (23), c.-à-d. en ont six; la fleur du Marronnier d'Inde en a sept : elle est *heptandre*; les Éricacées, les Vacciniées, etc., ont en général huit étamines, ou sont *octandres*; les Lauracées en ont neuf, c.-à-d. sont *ennéandres*; la plupart des Caryophyllées, les Saxifragées, une partie des Géraniacées, etc. (17) sont *décandres*, ou ont dix étamines. Passé dix, le nombre de ces organes n'est plus rigoureusement fixé dans la fleur. Il n'est pas *défini*. Ainsi, on appelle *dodécandres*, les fleurs qui ont de 12 à 20 étamines, comme la Gaude et l'Aigremoine, et *Polyandres*, celles qui en ont plus de 20, comme les Renoncules, le Pavot, le Myrte commun (19), etc.

C. *Grandeur relative des Étamines.* — Les Étamines d'une même fleur ont ordinairement à peu près la même longueur. Quand elles sont en nombre défini et pair, elles sont

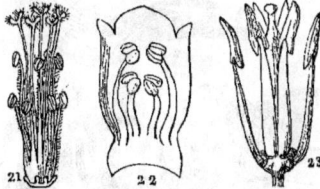

quelquefois alternativement plus longues et plus courtes, c.-à-d. qu'elles sont inégales avec symétrie : telles sont, par ex., les Malpighiacées, les Humiriacées, les Oxalidées et diverses espèces de Géraniums, etc., où le verticille staminal offre alternativement une é. longue et une courte (Fig. 21. Étamines de l'*Oxalis confertissima*). Mais la disproportion des étamines devient surtout très remarquable dans deux cas : 1° Quand il existe 4 étamines dont 2 sont constamment plus longues, comme dans la plupart des Labiées et des Scrofulariacées (22. Digitale pourpre; corolle ouverte pour montrer les étamines). 2° lorsqu'une fleur offre 6 étamines dont 4 plus grandes et 2 plus petites, ainsi qu'on l'observe chez les Crucifères (23). Les étamines sont appelés *Didynames* dans le premier cas, et *Tétradynames* dans le second.

La longueur des étamines relativement au périanthe est aussi à considérer. Lorsqu'elles sont plus courtes que ce dernier, de façon à ne pas faire saillie à l'extérieur, on les nomme *incluses;* dans le cas contraire, on les appelle *saillantes* et *exsertes* ou *exsertes*. Les Narcisses, la Primevère, les Daphnés, ont leurs étamines incluses; les étamines sont exsertes dans la Menthe, le Plantain, le Lyciet d'Europe, etc.

D. *Direction des Étamines.* — Les étamines sont dites *dressées* lorsqu'elles se portent directement en haut, comme dans le Lis, la Tulipe, le Tabac, etc.; *infléchies*, quand elles sont courbées en arc et que leur sommet se porte vers le centre de la fleur, comme dans les Sauges (Fig. 8), la Fraxinelle, etc.; *réfléchies*, lorsqu'elles sont recourbées en dehors, comme dans la Pariétaire et le Mûrier à papier; *étalées*, lorsqu'elles s'étendent horizontalement, comme dans le Lierre; *pendantes*, quand leur filet trop grêle ne peut soutenir l'anthère, comme dans les Graminées; *déclinées* ou *décombantes*, lorsqu'elles s'inclinent toutes en se courbant vers la partie inférieure de la fleur, comme dans le Marronnier d'Inde.

E. *Rapports des Étamines entre elles.* — Les étamines d'une même fleur peuvent être complètement indépendantes les unes des autres : on dit alors qu'elles sont *libres* ou *distinctes;* c'est le fait général. Cependant il arrive fréquemment qu'elles sont soudées, soit par leurs filets, soit par leurs anthères, soit par les anthères et les filets à la fois. — Lorsque toutes les étamines d'une même fleur sont soudées par leurs filets, on les appelle *monadelphes;* telles sont les étamines des Méliacées, des Malvacées, etc. Parmi les étamines monadelphes, les unes sont soudées dans toute leur longueur (Fig. 24. Étamines monadelphes de la Mauve commune; 25. Fleur du *Trichilia,* fam. des Méliacées), et les autres par leur partie inférieure seulement, de sorte que l'anthère a encore un filet distinct plus ou moins long (21). Lorsqu'elles sont soudées sur toute leur longueur, elles forment tantôt un tube au centre duquel s'élève le pistil, tantôt une colonne centrale, couronnée par les anthères; mais ce dernier cas ne peut avoir lieu que si la fleur n'a pas de pistil, et par conséquent que chez les végétaux unisexués. — D'autres fois, les étamines se soudent de manière à former 2, 3, 4 et même un plus grand nombre de faisceaux distincts : elles sont alors désignées sous les noms de *Diadelphes, Triadelphes* et *Polyadelphes.* Nous citerons comme exemples d'étamines diadelphes celles de la Fumeterre, des Polygalées et de la plupart des Légumineuses (26. Éta-

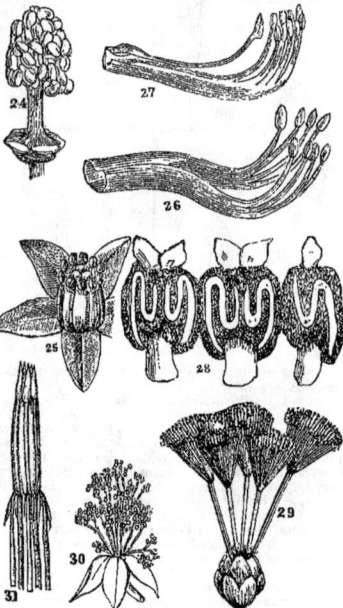

mines du Polygala; 27. Celles du Haricot). Les étamines de l'*Hypericum ægyptiacum* et du Melon (28) sont triadelphes; celles du *Melaleuca* (29) sont polyadelphes. Un autre genre de *polyadelphie* est celui que nous offre le Ricin (30), dont les faisceaux représentent de véritables ramifications. Quelques auteurs ont appelé *Androphore* chacun des faisceaux de filets soudés entre eux. Ainsi, les fleurs monadelphes n'ont qu'un androphore, les fleurs diadelphes en ont deux, etc. Il faut aussi observer que ces *adelphies,* c.-à-d. ces groupes d'étamines, sont souvent très inégales. Ainsi, par ex., lorsque les deux faisceaux du Polygala (26) sont composés chacun d'un nombre égal d'étamines, ceux de la plupart des Légumineuses diadelphes (27) ont, l'un 9 étamines, et l'autre 1 seulement. Dans le Melon (28) on trouve deux groupes formés de 2 étamines, et le troisième n'en a qu'une seule. — Les étamines n'ont qu'une seule manière de se souder par les anthères, et ce caractère ne se présente guère que dans la fam. des Composées, ce qui lui a valu aussi le nom de *Synanthérées.* Les filets, nonobstant la soudure des anthères, restent libres et distincts (31). Les Lobélies nous offrent un ex. d'étamines soudées à la

fois par les filets et par les anthères. — Enfin, il existe un assez grand nombre de plantes dans lesquelles les étamines se soudent complètement avec le pistil, de manière à ne plus représenter qu'un seul verticille : c'est ce qu'on voit, par ex., dans les Aristoloches (32), où les étamines forment, en se confondant avec le style et le stigmate, un seul et même corps qui surmonte l'ovaire infère. Les Orchidées offrent une disposition toute semblable. On appelle fleurs ou plantes *gynandres,* celles qui présentent cette particularité, et l'on donne le nom de *gynostème* au support commun du stigmate et des anthères.

F. *Position des Étamines relativement aux pétales.* — Toutes les pièces qui composent les différents verticilles de la fleur alternent entre elles d'un verticille à l'autre. Le verticille staminal obéit à cette loi générale : en conséquence, lorsque les fleurs sont *isostémones,* c.-à-d. lorsque leurs étamines sont en nombre égal aux pétales de la corolle polypétale ou aux incisions de la corolle gamopétale, elles correspondent ordinairement à ces divisions. Ainsi, dans les Ombellifères, les 5 étamines sont placées entre les 5 pétales, et par conséquent correspondent aux pièces qui représentent le calice. Il en est de même dans les Borraginées et dans les Rubiacées, où chaque é. est insérée de manière à correspondre à l'incision qui représente le point de soudure de deux pétales. Quand les étamines sont en nombre double des pétales, c.-à-d. quand les fleurs sont *diplostémones,* il y a à la fois alternance et opposition des étamines avec les pétales. Dans l'Œillet, par ex., on trouve 5 étamines qui alternent avec les pétales, et 5 qui leur sont opposées. Quand les étamines sont en 2 verticilles, mais ramifiés, on a alors le type *Méristémone :* telles sont les *Malvacées,* les *Crucifères,* etc. Enfin, lorsque les fleurs sont *polystémones,* c.-à-d. lorsque les étamines sont en nombre plus que double de celui des pétales, leur position, par rapport à la corolle, n'offre plus d'arrangement symétrique et régulier.

IV. *Nature morphologique de l'Étamine.* — L'é. n'est autre chose qu'un pétale transformé. Ces deux organes ont une même origine, une même nature. Dans les belles fleurs

doubles que nous cultivons dans nos jardins, les étamines ont disparu soit en totalité, soit en partie, parce que, grâce à leur nutrition plus abondante, elles se sont métamorphosées en pétales. Mais le phénomène contraire se remarque dans certains cas : ainsi, par ex., le Nénuphar blanc (Fig. 33) nous présente, quand on considère ses pétales de dedans en dehors, tous les degrés de transformation des pétales en étamines, de telle façon qu'on ne peut dire où finit la corolle et où commence l'androcée. Les botanistes donnent le nom de *staminodes* aux étamines avortées et stériles, qui sont réduites à un filet, lequel ordinairement prend un aspect plus ou moins pétaloïde. —

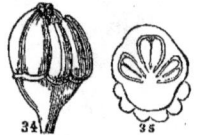

Le filet de l'é. représente à la fois, suivant le professeur Richard, et l'onglet, quand il existe, et la nervure moyenne ou le filet vasculaire du pétale, tandis que les deux loges de l'anthère représentent les côtés foliacés du pétale. Mais l'identité des deux organes, pétales et étamines, étant admise, il faut aller plus loin. En effet, comme il y a également identité entre les pétales et les sépales, entre les sépales et les bractées, entre les bractées et les feuilles, il résulte de là que les étamines ne sont que des feuilles modifiées. L'étude des monstruosités végétales vient encore à l'appui de cette observation, et démontre que tous les organes de la fleur peuvent se transformer les uns dans les autres, car dans le principe leur nature est la même. Les Fig. 34 et 35 représentent une fleur de *Glochidion*, espèce d'Euphorbiacée, dans laquelle trois des feuilles carpellaires de l'ovaire, qui à l'état normal se compose de six loges, se sont transformées en anthères sessiles. Voy. POLLEN.

ÉTAMINIER. s. m. Celui qui fait de l'étamine.

ÉTAMOIR. s. m. Palette sur laquelle on frotte le fer à souder pour l'essayer. || Plaque sur laquelle le vitrier soude.

ÉTAMPAGE. s. m. Voy. ESTAMPAGE.

ÉTAMPE. s. f. (R. *étamper*). T. Techn. Outil de forgeron pour battre les pièces cylindriques. — Modèle sur lequel on frappe les métaux pour y faire l'empreinte. — Outil de serrurier pour river les boutons. — Instrument pour percer le fer. — Pièce d'acier pour faire des moulures sur les plates-bandes de fer. — Poinçon pour former la tête du clou d'épingle. — Bloc cubique d'acier à l'usage du graveur de cachets. — Batte qui sert à pétrir la terre à pipe.

ÉTAMPER. v. a. (R. *estamper*). T. Maréchalerie ; ne s'emploie que dans cette phrase, *É. un fer à cheval*, Y faire les huit trous. || Se servir de l'étampe pour pratiquer diverses opérations. = ÉTAMPÉ, pour *Estamper*. = ÉTAMPÉ, ÉE. part.

ÉTAMPES, ch.-l. d'arr. (Seine-et-Oise) ; 8,600 hab.

ÉTAMPES (ANNE DE PISSELEU, duchesse d'), favorite de François Ier (1508-1576).

ÉTAMPEUR. s. m. Ouvrier qui étampe.

ÉTAMPEUX. s. m. Poinçon pour rendre les parois d'une pipe d'égale épaisseur.

ÉTAMPOIR. s. m. (R. *étamper*). T. Techn. Outil que le facteur d'orgues emploie pour faire prendre en relief au métal la forme que l'étampe présente en creux. — Outil servant à ployer les lames de cuivre pour faire les anches de certains tuyaux.

ÉTAMPURE. s. f. (R. *étamper*). Évasement que présente l'entrée d'un trou percé dans une plaque de métal.

ÉTAMURE. s. f. (R. *étamer*). Couche de métal avec laquelle on a étamé un vase. || La matière qu'on emploie pour l'étamage. *Cette é. est trop légère.*

ÉTANCE. s. m. (anc. *estance*, le *estant*, qui se tient debout ; du lat. *stans*, m. s.). T. Mar. Sorte de soutien. — Pièce de bois garnie de taquets formant échelle pour descendre à la cale.

ÉTANCHE. adj. 2 g. (R. *étancher*). T. Techn. Se dit de ce qui retient les liquides. || Se dit aussi d'un terrain trop mouillé pour absorber l'eau. || Subst., *A é. d'eau*, De manière à étancher l'eau. || *Mettre un batardeau à é.*, Mettre à sec la partie d'un fossé qui est close par le batardeau. Voy. ÉTANCHER.

ÉTANCHÉITÉ. s. f. Qualité de ce qui est étanche.

ÉTANCHEMENT. s. m. Action d'étancher.

ÉTANCHER. v. a. (lat. *stagnare*, stagner?). Arrêter l'écoulement d'un liquide qui s'enfuit par quelque ouverture. *Cette poudre étanche le sang. É. avec un linge le sang qui coule d'une blessure. Ce tonneau fuit, il faut l'é. En creusant les fondations, on trouva un courant d'eau qu'on ne put é.* || Fig., *É. les larmes de quelqu'un,* Faire cesser ses larmes. *É. ses larmes,* Cesser de pleurer. — *É. la soif,* Apaiser la soif ; et fig., au sens moral, *É. la soif des honneurs, des richesses,* etc., La satisfaire. = ÉTANCHÉ, ÉE. part. *Vaisseau étanché,* Qui est imperméable à l'eau. — On dit vulgair. *Étanche. Ces tonneaux sont étanches.*

ÉTANCHOIR. s. m. Couteau pour introduire de l'étoupe entre des douves mal jointes.

ÉTANÇON. s. m. (anc. fr. *estance*, appui). T. Charpent. Pièce de bois qu'on met pour soutenir un mur. || T. Paumier.

Tringle plate de bois de tilleul dont est garni le manche de la raquette. || T. Mar. Nom de pièces de bois posées debout, sous les baux, et qui servent à soutenir les vaisseaux amarrés dans les ports. || T. Imprim. Pièce de bois servant à maintenir la presse serrée dans sa manœuvre.

ÉTANÇONNEMENT. s. m. [Pr. *étan-sone-man*]. Action d'étançonner, résultat de cette action.

ÉTANÇONNER. v. a. [Pr. *étan-so-ner*]. Soutenir par des étançons. *É. un mur, une galerie de mine.* = ÉTANÇONNÉ, ÉE. part.

ÉTANFICHE. s. f. (R. *estant,* debout, et *fiche*). T. Carrier. Hauteur de plusieurs lits de pierre qui font masse ensemble.

ÉTANG. s. m. [Pr. *é-tan*] (lat. *stagnum,* m. s., de *stagnare,* rester immobile). — Les *Étangs* sont des amas d'eau peu profonds et sans écoulement, que l'on rencontre dans l'intérieur des terres. On les distingue en étangs *naturels* et en étangs *artificiels*. Les étangs naturels sont ou de petits lacs d'eau douce qui sont formés, soit par les pluies, soit par des sources, ou des lagunes qui ont cessé de communiquer avec la mer, soit par suite du retrait de celle-ci, soit par l'effet de l'amoncellement des sables. Les eaux de ces derniers sont nécessairement salées ou tout au moins fort saumâtres. Les étangs artificiels sont des réservoirs qu'on établit, tantôt pour servir à la production du poisson (*étangs de pêche*), tantôt pour emmagasiner les eaux nécessaires à l'irrigation des terres ou à l'alimentation des canaux de navigation. Nous dirons seulement quelques mots des premiers. Un e. de pêche ne peut guère s'établir d'une façon économique que dans un sol très argileux et qui conserve bien l'eau. Il faut en outre qu'il soit naturellement disposé pour recevoir les eaux provenant des lieux supérieurs, et qu'il puisse non seulement dégorger son trop-plein, mais encore se vider entièrement, afin de faciliter la récolte du poisson, et en outre afin de permettre de temps à autre de le mettre en culture. La pente du sol sur lequel on établit un é. varie suivant la longueur de celui-ci. Pour une longueur de 500 à 1000 mètres, une pente de 2 à 4 mill. par mètre est jugée suffisante, mais elle ne saurait être moindre. De plus, il faut que le sol soit ondulé et disposé en bassins ou en vallons, parce qu'alors il suffit de construire une seule chaussée transversale pour maintenir les eaux. On appelle *Queue* l'extrémité supérieure d'un é., c.-à-d. la partie opposée à la chaussée transversale. Le fossé part de ce point, suit la ligne des eaux et aboutit, à l'endroit le plus profond de l'é., devant la chaussée, qu'il traverse au moyen d'un canal souterrain fermé par une vanne : ce fossé est le *Bief* de l'é. Il s'élargit à quelques mètres de la chaussée de manière à former un réservoir, auquel on donne le nom de *Pêcherie*. On pratique, en outre, dans le sol de l'é. un certain nombre de petits fossés transversaux, nommés *Poêles,* qui vont aboutir au bief, et qui sont destinés à recevoir le poisson, à mesure que les eaux s'écoulent. Les poissons passent ensuite des poêles dans le bief, puis dans la pêcherie, où on les prend avec des filets appelés *Troubles.* Le bief sert donc à vider l'é. On pratique encore habituellement à la partie supérieure de la chaussée une échancrure pavée ou cimentée, dite *Déchargeoir,* qui est destinée à livrer journellement passage aux eaux surabondantes. Enfin, pour se débarrasser promptement des eaux extraordinaires amenées par les orages, on établit une ou plusieurs *Bondes* dans l'épaisseur de la chaussée. On nomme ainsi un petit canal voûté dont le sommet est au niveau avec le fond de l'é. Au point où la vanne rencontre celui-ci, elle est munie d'une dalle percée d'un trou conique qui se ferme avec un bouchon de bois appelé *Bonde.* Ce bouchon est lui-même traversé par une tige verticale de fer qui se baisse ou s'élève à volonté. Les différentes ouvertures dont nous venons de parler sont pourvues de grilles assez serrées pour ne pas laisser passer le poisson. Les étangs de pêche sont fort nombreux dans quelques parties de la France, notamment dans la Bresse et dans la Dombe. Ils sont une source de richesse pour le pays, mais ils sont aussi une cause permanente de maladies, car les fièvres paludéennes y sont endémiques. Voy. PISCICULTURE.

ÉTANGUE. s. f. (all. *stange,* perche). T. Monn. Nom d'une grande tenaille, qui sert à tenir les flans et les carreaux.

ÉTAPE. s. f. (all. *stapel,* entrepôt). Endroit où s'arrête une troupe de soldats en marche. || Par analog., Endroits où s'arrête un voyageur. || Fig. Temps d'arrêt ; point notable qui

marque un événement ou un fait important. || *Brûler l'é.,*
Passer sans s'arrêter au gîte où l'on était attendu.

Le mot *Étape,* que l'on écrivait autrefois *Estaple,* servait
primitivement à désigner tout lieu où l'on mettait des marchandises en entrepôt. Plus tard, on étendit ce nom aux places
publiques, où les marchands étaient tenus d'apporter et d'exposer en vente leurs marchandises, aux foires et aux marchés, et
enfin aux villes de commerce, mais surtout à celles qui étaient
spécialement le centre du commerce de certains produits. De
plus, comme les troupes en marche dans l'intérieur s'arrêtaient
de préférence dans les lieux de marché, parce qu'elles y trouvaient plus de facilité à s'approvisionner, l'usage s'introduisit
d'appeler *Étapes* non seulement les villes ou bourgs où elles
séjournaient ainsi momentanément, mais encore les distributions de vivres et de fourrages qu'elles y recevaient. Ces distributions furent d'abord faites en nature par les populations;
mais, par la suite, le gouvernement les prit à sa charge et
créa, pour en tenir lieu, un impôt spécial que l'on nomma *É.*
— Aujourd'hui, le mot *É.,* ne s'emploie plus que pour désigner les villes et bourgs où les troupes en marche s'arrêtent
pour passer la nuit. Avant le XVIᵉ siècle, ces points étaient
choisis arbitrairement par les gens de guerre; mais, en 1544,
une ordonnance de François Iᵉʳ en détermina le nombre et la
position. Sous Louis XIV, Louvois fit dresser une carte spéciale
appelée *carte d'é.,* qui indiquait les localités où les troupes
en mouvement devaient prendre gîte ou séjourner. Depuis
cette époque, la carte d'é. a été remaniée à plusieurs reprises,
notamment en 1800, 1814, 1842 et 1888. Les gîtes d'étapes
sont espacés de 30 à 40 kilomètres au plus, distance qu'un
fantassin chargé de tout son équipement peut parcourir en
un jour sans trop se presser et sans excéder ses forces.

ÉTAPIAU. s. m. Chevalet sur lequel l'ardoisier s'assied
dans la carrière.

ÉTAPIER. s. m. Celui qui est chargé de distribuer l'étape
aux soldats.

ÉTAPLE. s. f. T. Techn. Enclume à l'usage du cloutier.

ÉTAPLEAU. s. m. T. Techn. Sorte de chevalet à l'usage
de l'ardoisier.

ÉTAPLES. ch.-l. de c.(Pas-de-Calais), arr. de Montreuil, 3,800
hab. Petit port sur la Canche, important au temps des Romains.

ÉTARQUE. adj. T. Mar. Haut, tout à fait hissé en parlant
d'une voile.

ÉTARQUER. v. a. T. Mar. Hisser une voile ayant les
ralingues très tendues.

ÉTAT. s. m. (lat. *status,* m. s.). Disposition, situation dans
laquelle se trouve une personne ou une chose. *Bon, mauvais,
heureux, malheureux, pitoyable é.* *É. déplorable.* *Être
dans son é. normal.* *É. de maladie, de faiblesse, de souffrance.* *É. d'innocence.* *Il était dans un é. d'exaspération
difficile à décrire.* *Il est dans un triste é., dans un é. à
faire pitié.* *Vous voilà dans un bel é.* *Il n'est pas en é.
de faire ce voyage.* *Il est hors d'é. de rien entreprendre.
Je voudrais bien être en é. de vous servir.* *Il a envoyé
s'informer de l'é. de votre santé. Tel est l'é. des choses.
Dans cet é. de choses. En quel é. avez-vous trouvé cette
affaire? La tout retrouvé dans le même é.* *Ses affaires
ne sont pas dans un très bon é.* *Il a laissé l'armée en
bon é.* *Mettre une place en é. de défense.* *É. de siège.
Une maison en bon é., en mauvais é.* *Examiner l'é. des
lieux.* — *L'é. de la question,* l'exposition et le développement des rapports à considérer dans la question. — *L'é. du ciel,*
La position où se trouvent les astres les uns par rapport aux
autres à un moment donné. — *É. de nature,* voy. **Société.**
— T. Jurisp. *É. de prévention,* É. de l'inculpé contre lequel
la chambre du conseil a déclaré qu'il y a lieu à suivre. *É.
d'accusation,* État du prévenu dont le renvoi à la cour d'as-
sises a été prononcé par la chambre d'accusation. || *Mettre
quelqu'un en é. ou hors d'é. de faire quelque chose,* Lui
en donner ou lui en ôter les moyens. — *Mettre les choses,
les lieux en é.,* Mettre dans la disposition convenable à leur
destination. — T. Procéd., *Mettre un procès, une affaire
en é.,* Faire les procédures et les productions nécessaires
pour qu'elle puisse être jugée. *La mettre hors d'é.,* Faire
quelque nouvelle procédure qui en recule le jugement. —
T. Jurispr. crim. *Se mettre en é.,* se disait autrefois de l'ac-

cusé ou du condamné par contumace qui se constituait prisonnier, soit pour se justifier, soit pour faire entériner dans
les formes les lettres de grâce qu'il avait obtenues. || *Tenir
une chose en é.,* La tenir ferme de manière qu'elle ne se
dérange pas. *Il faut mettre des liens de fer pour tenir ces
poutres en é.* — *Tenir une chose en é.,* signifie aussi la
tenir prête. *Tenir en compte en é.,* Le tenir au courant. —
Tenir les choses en é., Les tenir en suspens, les laisser
comme elles sont. *Toutes choses demeurant en é.,* Sans qu'il
y soit fait aucun changement, les choses demeurant dans
leur situation et dans leur force et valeur actuelles. || Liste,
registre, tableau. *É. des pensions. Coucher, mettre quelqu'un sur l'é., le rayer de dessus l'é.* — *Mémoire, inventaire.* *É. de frais, de dépense. L'é. des meubles qui garnissent un appartement. J'en ai dressé l'é. exact. J'en ai
fait l'é. Arrêter, signer un é.* — *É. de lieux,* Écrit constatant en quel é. se trouve un logement, une maison, à l'entrée
d'un locataire. || *É. de la France, de l'Angleterre,* etc.,
Titre de certains livres qui sont relatifs à la statistique de la
France, etc. || *État* se dit aussi de la manière de vivre.
Tenir un grand é., Vivre splendidement et avec représentation. *Avoir un grand é. de maison,* Avoir une maison
considérable, un grand nombre de domestiques; et, *Tenir un
é.,* Représenter. || Situation de chaque individu dans la société
politique et civile; sa capacité comme citoyen ou comme
membre de la famille; sa condition. *L'é. d'un homme libre.
L'é. d'esclavage. L'é. d'enfant légitime, d'enfant naturel.
L'é. d'interdiction. On lui dispute son é., on dit qu'il
n'est pas légitime. Déchoir de son é. Assurer son é. Ne
point sortir de son é. Question d'é.,* Contestation dans
laquelle on met en doute la filiation de quelqu'un, ou bien
sa capacité personnelle. || Profession. *L'é. ecclésiastique.
L'é. militaire. Vivre selon son é. Remplir les devoirs de
son é. Les divers états. Apprendre un é.* || Société civile
constituée en corps de nation, régie par ses propres lois et
jouissant des droits de la souveraineté. *É. monarchique,
démocratique ou populaire, aristocratique, constitutionnel, républicain,* etc. *Les lois fondamentales de l'É. La
gloire, les intérêts de l'É. Un É. florissant, prospère.
Troubler l'É. Saper les fondements de l'É. Les défenseurs
de l'É. Ses enfants furent élevés aux frais de l'É. La
France est un des États les plus puissants de l'Europe.
Le trésor, la marine de l'É.* || Par ext., le gouvernement,
l'administration d'un pays, d'une société politique. *Ministre
d'É. Conseil d'É. Maximes d'É. C'est un grand homme
d'É. Criminel d'É. Secret d'É.* — *Affaire d'É.,* Affaire qui
intéresse le gouvernement; fig. et fam., on dit d'une affaire
importante, *C'est une affaire d'É. La moindre chose est
pour lui une affaire d'É.* — *Coup d'É., Raison d'É.* Voy.
Coup et **Raison.** — *Lettres d'É.,* Lettres que le roi accordait
pour suspendre le jugement et les poursuites contre une personne qui, étant au service de l'État, ne pouvait vaquer à ses
propres affaires. || *État,* se dit aussi, mais ordinair. au plur.,
des pays qui sont soumis à la même domination. *Les États
du Grand-Seigneur. Il leur fit défense d'entrer dans ses
États. Étendre les bornes d'un É., de l'É. Un grand É.*
— *Les États de l'Église ou l'É. ecclésiastique,* Les pays
soumis au gouvernement temporel du pape. On dit de même,
Les États ou l'É. de Venise, de Toscane, etc. — *Conseil
d'É.,* Voy. **Conseil.** — *Chef de l'É.,* Personne qui est à la
tête du gouvernement.

Syn. — *Condition.* — La *condition* a plus de rapport au
rang qu'on tient dans la hiérarchie sociale; l'*é.* en a davantage à l'occupation ou au genre de vie dont on fait profession.
Aujourd'hui la richesse tend à égaliser les *conditions*; néanmoins il y a des *états* que l'opinion, avec plus ou moins de
raison, regarde comme plus honorables les uns que les autres,
et c'est ce qui fait que les *conditions* ne sont pas réglées par
la considération seule de la fortune. Voy. **Situation.**

Législ. — **ÉTAT CIVIL.** — *L'É. civil* est la situation qu'occupe
un individu quelconque dans la famille, comme enfant légitime
ou naturel, marié, père, veuf ou célibataire. Ce terme sert encore
à désigner l'institution destinée à constater cette situation, au
moyen de l'inscription, sur des registres publics, des naissances, des mariages et des décès. C'est sous ce dernier point
de vue que nous avons à le considérer ici.

1. *Tenue des registres.* — Dans chaque commune, les
registres de l'é. civil sont tenus par le maire, et, en cas
d'absence ou sur sa délégation, par les adjoints dans l'ordre
des nominations, et, à défaut, par un membre du conseil municipal désigné par le conseil, sinon pris dans l'ordre du
tableau. La délégation est de droit, quand l'acte intéresse le
maire ou sa famille; à Paris, les adjoints n'ont pas besoin de

délégation. Les magistrats chargés de cette fonction reçoivent de la loi le titre d'*officiers de l'é. civil*. — En cas de naissance ou de décès pendant un voyage en mer, l'acte qui le constate est rédigé, sur les bâtiments de la marine de l'État, par l'officier d'administration de la marine et sur ceux de la marine marchande, par le capitaine ou patron, en présence de deux témoins. À l'arrivée dans le port de désarmement, une expédition est adressée au domicile du père de l'enfant, ou à celui de sa mère, si le père est inconnu, ou bien au dernier domicile du défunt, s'il s'agit d'un décès. — Les actes concernant les militaires hors de France sont inscrits sur un registre tenu, pour les hommes faisant partie d'un régiment, par le major, ou si le corps ne comprend pas un bataillon ou plusieurs escadrons, par le capitaine-commandant, et, pour les officiers sans troupes et les employés, par l'intendant militaire. Dans les dix jours qui suivent l'inscription d'une naissance ou d'un décès, et immédiatement après celle d'un mariage, une copie de l'acte doit être envoyée à l'officier de l'é. civil du dernier domicile. La même obligation est imposée, en cas de décès dans un hôpital, au directeur de l'établissement chargé de dresser l'acte constatant le décès. — À l'étranger, les registres de l'é. civil sont, en ce qui concerne les Français, tenus en double par les agents diplomatiques ou consulaires, qui adressent chaque année au ministre des affaires étrangères l'un des doubles avec des expéditions, qui sont transmises à l'officier de l'é. civil du domicile des individus. La transcription des copies et expéditions dont il vient d'être parlé doit être faite immédiatement sur les registres du lieu où elles sont envoyées.

Les registres sont sur papier timbré, tenus en double, cotés et paraphés par le président du tribunal de première instance. Les déclarations des parties y sont inscrites en toutes lettres, telles qu'elles sont faites; lecture en est donnée aux comparants et aux témoins, qui les signent avec l'officier de l'é. civil. Les communes peu importantes n'ont qu'un registre qui sert à l'inscription des actes de toute nature; dans les autres, il y a des registres spéciaux pour les naissances, pour les mariages et pour les décès. — Dans les deux premiers mois de chaque année, les deux doubles des registres de l'é. civil de l'année précédente sont transmis au procureur de la République qui, après les avoir examinés et avoir dressé un procès-verbal de cette vérification, lequel est transmis au garde des sceaux, renvoie l'un au maire pour être déposé dans les archives de la commune, et fait déposer l'autre au greffe du tribunal. — Les *rectifications* des actes ne peuvent avoir lieu qu'en vertu d'un jugement du tribunal de première instance; ce jugement est inscrit sur le registre, et mention en est faite en marge de l'acte.

Toute personne peut se faire délivrer des *extraits* des registres de l'é. civil, alors même que l'acte ne la concerne ni elle-même ni un de ses parents. Ces extraits sont légalisés par le président du tribunal, et font foi jusqu'à inscription de faux. Pour faciliter les recherches, une table alphabétique est disposée à la fin de chacun des doubles des registres, et certifiée par l'officier de l'é. civil; si le même registre contient les naissances, les mariages et les décès, on dresse une table spéciale pour chaque catégorie d'actes.

II. *Naissances.* — Toute naissance doit être déclarée, dans les trois jours, à l'officier de l'é. civil du lieu, par le père, et, à son défaut, par les médecins, sages-femmes et autres personnes qui ont assisté à l'accouchement, ou bien par la personne chez laquelle il a eu lieu, lorsque la mère est accouchée hors de son domicile, à peine d'un emprisonnement de 6 jours à 6 mois, et d'une amende de 16 à 300 francs. Après ce délai, l'inscription ne peut avoir lieu qu'en vertu d'un jugement. La loi exige, en principe, que l'enfant lui-même soit présenté à l'officier de l'é. civil. Cette règle n'est pas suivie en pratique; on a même organisé dans les grandes villes, depuis une trentaine d'années, des services où « constatations des naissances à domicile » confiés à des médecins dits « de l'é. civil. » (Voy. la circulaire du Ministre de l'intérieur du 9 avril 1870). L'acte de naissance est rédigé en présence de deux témoins majeurs et du sexe masculin; il énonce le jour, l'heure et le lieu de la naissance, le sexe de l'enfant, les prénoms qui lui sont donnés; les prénoms, noms, profession et domicile des père et mère, et ceux des témoins. Si les déclarants ne font pas connaître les père et mère, il est donné à l'enfant un prénom qui devient son nom patronymique, sauf l'action de la justice pour rechercher l'origine de l'enfant. En cas de naissance de deux jumeaux, celui qui est venu au monde le premier est l'aîné; l'acte qui le concerne doit être inscrit avant celui qui constate la naissance du plus jeune. Toute personne qui a trouvé un nouveau-né est tenue de le re-

mettre à l'officier de l'é. civil, ainsi que les vêtements et autres effets qu'il portait, et de déclarer les circonstances de temps et de lieu dans lesquelles l'enfant a été recueilli; il est dressé un procès-verbal détaillé qui est inscrit sur le registre, et qui tient lieu d'acte de naissance.

III. *Mariages.* — Le mariage doit être célébré publiquement dans la commune où l'un des époux a son domicile. Le domicile, quant au mariage, s'établit par six mois d'habitation continue. Le mariage est précédé de deux publications faites un dimanche, à huit jours d'intervalle l'une de l'autre, devant la porte de la mairie, au domicile de chacun des époux, à leur dernier domicile, si le domicile actuel n'est établi que par six mois de résidence, et au domicile de chacune des personnes dont le consentement est requis pour le mariage. Un acte constatant l'accomplissement de ces formalités est inscrit sur un registre spécial, qui est coté et paraphé par le président du tribunal, et déposé chaque année dans les archives du greffe. Un extrait de cet acte est affiché à la porte de la mairie des futurs époux pendant les huit jours qui séparent les deux publications, et le mariage ne peut être célébré avant le troisième jour, à compter du dernier. Les procureurs de la république peuvent, pour des causes graves, dispenser de la seconde publication. Si une année s'écoule à partir du jour où le mariage aurait pu être célébré, sans que cette célébration ait lieu, de nouvelles publications sont nécessaires. — Avant de procéder à la célébration du mariage, l'officier de l'é. civil doit exiger le dépôt : 1° de l'acte de naissance des époux, ou, à défaut, d'un acte de notoriété délivré par le juge de paix du lieu de la naissance ou du domicile; 2° de l'acte authentique de consentement des personnes dont le consentement est nécessaire pour la validité du mariage (si les personnes dont le consentement est requis assistent à la célébration, l'acte authentique n'est plus nécessaire); 3° des extraits des actes de décès des ascendants dont le consentement aurait été requis (cette production peut être suppléée par l'attestation sous serment des contractants, s'ils sont majeurs, et des quatre témoins, qu'ils ignorent le lieu du décès et celui du dernier domicile des décédés); 4° enfin, s'il y a eu non-consentement ou opposition au mariage, du procès-verbal constatant la célébration des actes respectueux, ou d'une expédition de l'acte ou du jugement de mainlevée. Si, dans les actes produits, les noms se sont pas orthographiés d'une manière exacte, ou si l'un des prénoms d'une des parties s'y trouve omis, il suffit que l'identité soit attestée sous serment par les contractants et par les témoins. — Au jour fixé pour le mariage, l'officier public donne lecture aux parties assistées de quatre témoins, parents ou non parents, des pièces relatives à leur é. et aux formalités du mariage. Il leur demande si elles ont fait un contrat de mariage, et, dans l'affirmative, l'indication de la date de cet acte et du notaire qui l'a rédigé; il reçoit des contractants la déclaration qu'ils veulent se prendre pour époux, et les déclare unis par le mariage. L'acte de mariage est dressé sur-le-champ; il doit contenir la désignation des époux et mentionner le détail de toutes les formalités qui ont été accomplies.

IV. *Décès.* — L'acte de décès est dressé sur la déclaration de deux témoins qui doivent être pris, autant que possible, parmi les parents ou les voisins du défunt. Il contient la désignation du décédé, celle de ses père et mère, la date et le lieu de sa naissance; les nom et prénoms du conjoint survivant (si le défunt était marié), et les noms, prénoms, âge, profession et domicile des déclarants. — En cas de décès dans les hôpitaux, dans les prisons ou autres établissements publics, le directeur prévient le décès dans les vingt-quatre heures l'officier de l'é. civil. Celui-ci constate le décès et rédige un acte qu'il transmet au maire du dernier domicile de la personne décédée. S'il y a des signes ou indices de mort violente, l'acte de décès est dressé, dans la forme ordinaire, au vu du procès-verbal rédigé par l'officier de police judiciaire; mais il ne doit jamais y être fait mention des circonstances exceptionnelles qui ont accompagné le décès : telles que mort violente, décès dans les prisons ou exécution à mort.

V. *Peines et responsabilité.* — Les infractions commises par les officiers publics aux dispositions qui viennent d'être énumérées sont punies d'une amende de 100 fr. au plus, sans préjudice de la responsabilité civile, lorsqu'un dommage en est résulté, et des peines plus fortes prononcées pour certains cas déterminés. Ces peines sont : les travaux forcés à perpétuité, s'il y a eu faux; un emprisonnement de un à trois mois et une amende de 16 à 200 fr. pour inscription des actes de l'é. civil sur des feuilles volantes; un emprisonnement de six mois à un an et une amende de 16 à 300 fr., si l'officier a procédé à un mariage sans se faire justifier du consentement des personnes dont la loi exige l'autorisation, ou de la signification des actes respectueux; une amende de 16 à 300 fr., si une veuve a été admise à se remarier avant l'expiration du délai de dix mois à partir du décès du premier mari; enfin, une amende de 300 fr. au plus, si un mariage a eu lieu sans dispense d'âge ou de parenté, ou sans publications, ou si les intervalles prescrits entre ces publications et la célébration n'ont pas été observés. Ces peines sont prononcées sur la poursuite du ministère public, et les dommages-intérêts sur celle des parties intéressées.

Hist. — I. États généraux. — Avant la Révolution, on appelait *Assemblées des États*, ou simplement *États*, des assemblées politiques qui se tenaient à des époques plus ou moins régulières pour délibérer sur des questions d'intérêt public. Ces assemblées se nommaient *États*, parce qu'elles se composaient de députés envoyés par les trois *ordres* ou *états* de la nation, le clergé, la noblesse et le *tiers état* ou la bourgeoisie. On les distinguait en *États généraux*, qui comprenaient, tantôt les délégués de tout le royaume, tantôt ceux d'un groupe considérable de provinces, et en *États particuliers* ou *provinciaux*, qui ne réunissaient que les délégués d'une seule province. Ces assemblées rédigeaient des *cahiers* contenant leurs réclamations ou *doléances*, et destinés à être présentés au roi.

Les *États généraux* proprement dits, c.-à-d. ceux qui embrassaient toute la France, n'ont pris naissance qu'au XIVe siècle. Leur première réunion eut lieu au mois d'avril 1302, à Paris, où ils furent convoqués par Philippe le Bel, à l'occasion de ses démêlés avec la cour de Rome. Les 3 ordres approuvèrent la conduite du roi et adhérèrent à l'appel interjeté par ce prince des décisions de Boniface VIII au concile et au pape futurs. — 1308 (avril, Tours): Ils sanctionnent l'arrestation des Templiers et opinent pour la suppression de l'ordre. — 1317 (fév., Paris): Ils approuvent les actes de Philippe le Long, lui jurent fidélité et « déclarent que les femmes sont incapables de succéder à la couronne de France ». — 1321 (juin, Poitiers): Ces États furent assemblés pour réformer « les abus dont les sujets du roy estoient grevez et oprimez en moult de manières »; mais on ne connaît pas le résultat de leurs délibérations. — 1351 (fév., Paris): Le roi Jean demande et obtient un vote de subsides pour subvenir aux dépenses de la guerre contre les Anglais. — 1355 (fév., Paris): Même demande et vote, mais les États s'attribuent la perception, l'administration et l'emploi des fonds qu'ils confient à une commission choisie par eux et parmi leurs membres. — 1356 (mars, Paris): Les impôts (gabelles) votés par l'assemblée précédente rencontrant des difficultés dans la population, les États les suppriment et les remplacent par une taxe sur le revenu. — 1356 (oct., Paris): Ces États ne comptèrent pas moins de 800 membres, non compris les députés de la *Langue d'oc*, qui furent leur session à Toulouse. Ils votèrent un subside de 15 p. 100 pour un an, sur tous les revenus des trois ordres, et rédigèrent un projet de réforme administrative; mais ils furent ajournés par ordre du dauphin Charles, régent du royaume en l'absence de son père, prisonnier à Londres, afin qu'ils ne pussent donner suite à ce projet. — 1357 (fév. Paris): Les États exigent le renvoi des conseillers de la couronne, qu'ils remplacent par une commission de 36 membres choisis dans leur sein. Ils demandent en outre le droit de se réunir deux fois par an, sans convocation, et l'envoi, dans les provinces, de commissaires extraordinaires investis de l'autorité nécessaire pour réformer les abus. — 1357 (nov., Paris); 1358 (janv., Paris): Ces deux sessions sont sans résultat, par suite des divisions de l'assemblée. — 1358 (mai, Paris et Compiègne): Les députés des trois ordres obtiennent du dauphin la promesse de ne plus altérer les monnaies. Ils abolissent diverses taxes vexatoires et les remplacent par un impôt unique sur le revenu qui doit être perçu sous leur surveillance et exclusivement employé à la défense du pays, sauf un dixième qui est destiné à la dépense des hôtels royaux. — 1359 (mai, Paris): Consultés sur le traité conclu par le roi Jean avec les Anglais, les États le repoussent comme *trop dur* et votent la levée d'une armée afin de continuer la guerre. — 1363 (déc., Amiens): Nouvelle demande de suppression d'abus, et nouveau vote pour la levée de troupes. — 1369 (mai, Paris): Consultés sur la question de savoir si Charles V peut recevoir l'appel interjeté auprès de lui, comme seigneur suzerain de la Guyenne, par divers seigneurs de ce pays, au sujet d'injustices commises à leur égard par le prince de Galles, les trois ordres votent pour l'affirmative et promettent leur appui. — 1382 (avril, Compiègne): Charles VI demande la création de nouveaux impôts et ne peut l'obtenir. — 1413 (janv., Paris): Une deuxième demande de ce prince est mieux accueillie; de

son côté, il accorde certaines réformes, mais ses courtisans le forcent presque aussitôt à les supprimer. — 1420 (déc., Paris): Vote du subsides; Henri V d'Angleterre était alors régent du royaume. —1423 (janv., Bourges ou Selles); 1428 (oct., Chinon); 1434 (avril, Vienne); 1435 (fév.): Tous ces États furent convoqués par Charles VII alors réduit à quelques provinces; ils ne firent que lui accorder des fonds pour continuer la guerre. — 1439 (oct., Orléans): Les États, à la demande de Charles VII, votent la création d'un impôt perpétuel pour servir à l'entretien d'une armée permanente. — 1440 (sept., Bourges): Consultés sur le schisme qui avait éclaté entre Eugène IV et Félix V, les trois ordres se déclarent pour le premier et accordent une taxe d'un dixième sur les biens ecclésiastiques. — 1468 (avril, Tours): Consultés par Louis XI au sujet des prétentions de son frère Charles, qui réclamait la Normandie, l'Assemblée déclare à l'unanimité que le roi ne peut, sous aucun prétexte, séparer cette province pour en faire un apanage. — 1484 (janv., Tours): Les États règlent la composition et les pouvoirs du conseil de régence pendant la minorité de Charles VIII; ils demandent la révocation de toutes les aliénations qui avaient été faites du domaine royal, la diminution du nombre et des gages des officiers et de la gendarmerie, la suppression des pensions payées aux courtisans, la convocation régulière des États tous les deux ans; ils proclament que le vote de l'impôt est un droit national. — 1501 (janv. ou fév., Blois): On ne sait rien de ces États. — 1506 (mai, Tours): Les États confèrent à Louis XII le surnom de *Père du peuple* et le prient de donner sa fille Claude, duc de Valois-Angoulême (plus tard François Ier), et non à l'archiduc Charles d'Autriche (plus tard Charles-Quint), quoiqu'il y fût engagé par le traité de Blois. — 1558 (janv., Paris): Henri II obtient des fonds pour faire la guerre à l'Angleterre et à l'Espagne. — 1560 (déc., Orléans): Les réclamations des trois ordres engagent le roi à publier la célèbre ordonnance d'Orléans, qui fut rédigée par le chancelier Michel de l'Hôpital. — 1561 (août, Fontainebleau): Vote de subsides. — 1576 (déc., Blois): Les États demandent et obtiennent la révocation de l'édit de pacification qu'Henri III avait accordé aux protestants, le mois de mai précédent. — 1588 (oct., Blois): Les députés des trois ordres paraissent résolus de faire passer la couronne de France dans la maison de Lorraine, sous l'influence de laquelle les élections avaient été faites. Henri III prévient leurs desseins par l'assassinat du duc de Guise et du cardinal de Guise, chefs de cette famille. — 1593 (janv.-août, Paris): Ces États furent convoqués par le duc de Mayenne pour aviser aux moyens de donner un souverain catholique à la France; mais la conversion d'Henri IV rendit ces intrigues inutiles. — 1614 (oct., Paris): Après avoir agité plusieurs questions politiques ou religieuses sur lesquelles ils ne peuvent s'entendre, les députés des trois ordres demandent le rétablissement du catholicisme dans le pays de Gex et le Béarn; la réunion du Béarn au pays ainsi que de la Navarre à la France; la conclusion du mariage de Louis XIII avec Marie-Thérèse, infante d'Espagne; la suppression des pensions, du droit annuel et de la vénalité des offices; l'envoi dans les provinces de commissaires réformateurs; des modifications dans le régime financier et la composition du conseil du roi; et enfin la création d'une chambre de justice spécialement destinée à rechercher les dilapidateurs de la fortune publique. — 1789 (5 mai, Versailles). Voy. **Constituante** (Assemblée).

II. Pays d'États. — Avant la Révolution de 1789, la France était divisée en *Pays d'États* et en *Pays d'élection*. Cette division était surtout financière. On donnait le nom de *Pays d'États* aux provinces qui avaient la faculté, sinon de fixer la somme des contributions qu'elles devaient payer, du moins celle de répartir cette somme entre les habitants. Ces pays étaient le Languedoc, la Bretagne, la Bourgogne, la Provence, le Dauphiné, l'Artois, le Hainaut et le Cambrésis (Flandre française), le comté de Pau, le Bigorre, le comté de Foix, et quelques petits cantons du midi. Au XIVe siècle et au XVe, plusieurs de ces provinces avaient joui de prérogatives plus ou moins étendues relativement à leur administration intérieure. Mais à mesure que la royauté s'émancipa, elle ne cessa de restreindre ces privilèges, à tel point qu'au moment de la Révolution, la centralisation administrative était déjà très vigoureusement constituée. Dans l'Artois et dans la Provence, la réunion des États n'était guère qu'une cérémonie d'apparat. Les États de Bretagne n'offraient pas de plus sérieuse garantie, car le tiers état n'y était représenté que par 42 députés, tandis que 1500 gentilshommes ou dignitaires ecclésiastiques y représentaient la noblesse et le clergé. Ceux de la Bourgogne et du Languedoc avaient seuls conservé quelque importance. Beaucoup d'autres provinces se trouvaient depuis plus ou moins longtemps privées de leurs États : telles étaient la Normandie, le Maine, l'Anjou, la Touraine, l'Orléanais, le Bourbonnais, l'Auvergne, la Marche, le Berry, l'Aunis et la Saintonge, l'Angoumois, le Quercy, le Rouergue et le Périgord. — Les *Pays d'élection* étaient ceux où l'impôt était réparti par des délégués royaux, qu'on désignait sous le nom d'*Élus*, et qui constituaient un tribunal appelé *Élection*. Le terme d'*Élection* s'appliquait encore à la circonscription financière soumise à leur juridiction. Ces magistrats dataient des États généraux de 1356. Dans le principe, ils avaient été en effet *élus* par la population elle-même, afin d'asseoir et répartir les taxes, et de juger les contestations qui s'élevaient à ce sujet ; mais, en 1372, Charles V avait déjà usurpé le droit de nommer ces fonctionnaires, qui n'en conservèrent pas moins leur titre primitif. En 1789, les élections étaient au nombre de 375, dépendant de 27 généralités. Elles furent supprimées par un décret de la Constituante en date du 7 sept. 1790.

Admin. milit. — ÉTAT-MAJOR. — Sous le nom d'*État-major*, dont l'usage, dans notre langue, ne paraît pas être antérieur au règne de Louis XIV, on comprend l'ensemble du personnel dirigeant une armée ou un corps d'armée, une division, une brigade, un régiment, une école militaire, une arme particulière, etc. — 1° L'*État-major général de l'armée de terre*, organisé par l'ordonnance du 4 août 1839, le décret du 7 mars 1855, et, tout récemment, par la loi du 25 juillet 1893, se compose des maréchaux et des généraux de toutes les armes. Ces derniers sont divisés en deux sections ; la première, dite d'*activité* et de *disponibilité* comprend 110 généraux de division âgés de moins de 65 ans et 220 généraux de brigade ayant moins de 62 ans ; la seconde, dite *de la réserve*, comprend tous les généraux non admis à la retraite et ne faisant point partie de la première section. Les généraux du cadre de la réserve peuvent être mis en activité en cas de guerre, et jouissent, en attendant, s'ils n'ont pas atteint la limite d'âge, des trois cinquièmes du traitement d'activité de leur grade, mais sans les accessoires, et, s'ils ont atteint la limite d'âge, de la moitié seulement du traitement de l'activité, c.-à-d. d'une solde égale à la pension de retraite. De plus, les généraux de division âgés de plus de 65 ans d'âge peuvent être maintenus dans la section d'activité, s'ils ont commandé en chef une armée, ou l'artillerie ou le génie d'une armée composée de plusieurs corps d'armée. — 2° L'*État-major de l'armée*, qui fait partie du ministère de la Guerre, se compose d'un chef d'état-major, de deux sous-chefs d'état-major, et d'un certain nombre d'officiers ou employés civils (sous-chefs, rédacteurs et expéditionnaires) divisés en quatre bureaux, quatre sections et un service géographique. — 3° L'*État-major d'une armée* se compose du général en chef, d'un chef d'état-major, et d'un nombre déterminé d'officiers du service d'état-major. — 4° L'*État-major d'un corps d'armée*, *d'une division* ou *d'une brigade*, est organisé de la même manière. Il est seulement moins nombreux, et les personnes qui le constituent sont d'un grade moins élevé. — Dans une armée ou fraction importante d'armée, les armes spéciales ont chacune un état-major particulier. Le chef de l'état-major de l'artillerie porte le titre de *commandant de l'artillerie de l'armée*, et celui du génie s'appelle *commandant du génie de l'armée* ; ils ont, l'un et l'autre sous leurs ordres un chef d'état-major, et de plus, le premier, un *chef des parcs*, et le second un *directeur du parc*. — 5° L'*État-major d'un régiment* comprend les officiers, sous-officiers et soldats dont le service s'applique plutôt à l'ensemble du corps qu'à une partie déterminée de ce même corps. Il se divise en deux parties : le *grand état-major* comprend le colonel, le lieutenant-colonel, les chefs de bataillon ou d'escadron, le major, le capitaine instructeur dans la cavalerie, les adjudants-majors, le trésorier, le capitaine d'habillement,

l'officier d'armement, le porte-drapeau ou porte-étendard, les médecins et le vétérinaire (pour la cavalerie et l'artillerie) ; le *petit état-major* renferme les adjudants sous-officiers, les caporaux-clairons ou brigadiers-trompettes, le caporal-sapeur, les sapeurs, le chef de musique, les soldats musiciens, et les maîtres tailleur, cordonnier, bottier, armurier, sellier et guêtrier. — L'ancien corps d'état-major, dans lequel se recrutaient exclusivement les officiers d'état-major, a été remplacé par un service d'état-major pris parmi les officiers de toutes armes admis à l'*École de guerre* et sortis *brevetés* de cette école.

ÉTATS-UNIS. Les États-Unis d'Amérique (United States of America) tiennent toute la largeur de l'Amérique du Nord entre le 32° et le 49° degré nord dans la partie occidentale, et entre le 25° et le 47° dans la partie orientale. Ils sont bornés au nord par la Nouvelle-Bretagne et le Canada, dont ils sont en partie séparés par les lacs Supérieur, Michigan, Huron, Érié et Ontario, à l'est par l'Atlantique, au sud par le golfe du Mexique et le Mexique, à l'ouest par le Grand Océan Pacifique. Leur superficie est de 7,859,000 kilomètres carrés.

La ligne de partage des eaux est formée par la chaîne des montagnes Rocheuses qui traverse du nord au sud les régions occidentales et dont le plus haut sommet, le mont Brown, atteint 4,830 mètres d'altitude. Les autres chaînes, de moindre importance, sont, parallèlement au littoral de l'Atlantique, les monts Alleghanys et Cumberland et les montagnes Bleues ; parallèlement aux côtes du Pacifique, les monts de la Cascade, d'autres montagnes Bleues et la Sierra Nevada de Californie.

Les fleuves atteignent des proportions gigantesques. A la limite septentrionale, le très court mais très large Niagara, qui réunit les lacs Érié et Ontario, est célèbre par sa chute formidable. Le Saint-Laurent, que la frontière suit sur une centaine de kilomètres à la sortie de l'Ontario, est un véritable bras de mer. Par exception, les fleuves qui se jettent dans l'Atlantique : le Connecticut, l'Hudson, la Delaware, la Chesapeake, le Potomac sont très petits ; mais, parmi ceux qui se déversent dans le golfe du Mexique, entre l'Alabama à l'est et les rios Brazos et Colorado (du Texas) à l'ouest, le Mississipi paraît être le plus grand fleuve du monde. Il traverse du nord au sud les grandes plaines centrales des États-Unis sur un parcours de 5,200 kilom. et reçoit à gauche l'Illinois et l'Ohio, ce dernier grossi du Kentucky et du Tennessee ; à droite le Missouri, l'Arkansas et la rivière Rouge, qui sont eux-mêmes

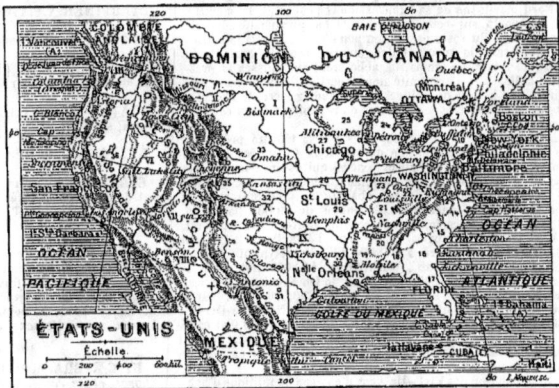

États : 1 Maine. — 2 New-Hampshire. — 3 Vermont. — 4 Massachussetts. — 5 Rhode-Island. — 6 Connecticut. — 7 New-York. — 8 New-Jersey. — 9 Delaware. — 10 Pensylvanie. — 11 Maryland. — 12 Virginie Orientale. — 13 Virginie Occidentale. — 14 Caroline du Nord. — 15 Caroline du Sud — 16. Géorgie — 17 Floride. — 18 Alabama. — 19 Mississipi. — 20 Tennessee — 21 Kentucky. — 22 Ohio. — 23 Indiana. — 24 Michigan. — 25 Wisconsin. — 26 Illinois. — 27 Iowa. — 28 Missouri. — 29 Arkansas. — 30 Louisiane. — 31 Texas. — 32 Kansas. — 33 Nebraska. — 34 Minnesota. — 35 Colorado. — 36 Nevada. — 37 Oregon. — 38 Californie.

Territoires : I Dakota. — II Montana. — III Washington. — IV Idaho. — V Wyoming. — VI Utah. — VII Arizona. — VIII Nouveau Mexique. — IX Territoire Indien. — Alaska. (Voy. au mot AMÉRIQUE.)

des fleuves considérables. Dans le même golfe se jette le Rio Grande del Norte, qui suit la frontière du Mexique ; les tributaires du Pacifique sont, du sud au nord, le Colorado de Californie, le Sacramento et l'Orégon.

Les côtes sont assez découpées : on y remarque, sur l'Atlantique, l'île Longue (Long Island), les rades de la Delaware, de la Chesapeake et d'Albemarle, la presqu'île de la Floride qui ferme le golfe du Mexique ; sur le Pacifique, le cap Arguilla, la baie de San-Francisco à l'embouchure du Sacramento, les caps Mendocino, Désappointement et Flattery, et la baie Puget.

Les régions immenses qui composent les États-Unis, habitées primitivement par les Indiens Peaux-rouges, Iroquois, Hurons, Cherokées, etc., ont été découvertes à des époques bien différentes : la Floride par l'Espagnol Ponce de Léon, en 1512 ; la côte de l'Atlantique par les Florentins Cabot, au service de l'Angleterre, en 1498, et Verazzano, au service du roi de France François I", en 1524 ; le Saint-Laurent en 1535, les lacs Ontario et Huron en 1608, le Mississipi et ses affluents de 1670 à 1682, par les Français Jacques Cartier, Samuel de Champlain et Cavelier de la Salle.

Entre temps, en 1584, l'Anglais Walter Raleigh avait fondé sur l'Atlantique la colonie de Virginie, à laquelle d'autres vinrent s'adjoindre au XVII° siècle, se développant sur toute la côte, tandis que les Français, sous l'impulsion de Colbert, fondaient la Louisiane entre les rives du Mississipi et du Missouri et les colonies anglaises. Au XVIII° siècle à la suite des guerres franco-anglaises, toutes ces possessions étaient passées aux mains de l'Angleterre, lorsqu'en 1765 elles se révoltèrent et, en 1776, se proclamèrent indépendantes. Aidée par les armes et les subsides de la France, par les troupes des généraux La Fayette, Rochambeau et de l'amiral de Grasse, la République des États-Unis fut définitivement constituée en 1787, par des hommes illustres comme le général Washington, vainqueur des Anglais, et le savant Franklin. — Le voyageur français, Lapérouse, venait de toucher la côte de Californie sur le Pacifique.

Depuis, les États-Unis vivent dans une prospérité incomparable et, ayant acquis une grande prédominance sur le continent américain, supportent difficilement, d'après la célèbre doctrine de Munroé, l'ingérence de l'Europe dans les affaires du Nouveau Monde. En 1843, Fremont découvrit les montagnes Rocheuses et le Grand Lac-Salé, et, en 1848, une guerre victorieuse contre le Mexique acquit aux États-Unis la Nouvelle-Californie, où furent découvertes d'abondantes mines d'or. La paix ne fut plus troublée qu'une fois, de 1861 à 1864, par la guerre de Sécession, entre les États du Sud, partisans du maintien de l'esclavage, source de leur fortune, et les États du Nord, partisans de sa suppression. La cause de la civilisation l'emporta sur celle de l'intérêt. La prospérité générale n'en diminua du reste pas, et, en peu d'années, les États-Unis remboursèrent le montant des emprunts qu'ils avaient dû contracter. Ces temps, ils achetèrent aux Russes la presqu'île d'Alaska à l'extrémité nord-ouest de l'Amérique et acquirent sur la côte de Guinée, en Afrique, la terre de Liberia, pour y transporter et y constituer en république leurs esclaves nègres libérés.

La confédération des États-Unis a à sa tête un président, élu pour 4 ans, responsable devant deux Chambres formant congrès. En outre du district fédéral qui entoure la capitale Washington, siège du gouvernement fédéral, elle comprend 38 États indépendants, ayant chacun un président et deux Chambres, et 10 territoires de moins de 60,000 habitants, administrés par les fonctionnaires du gouvernement fédéral. Les villes principales sont, sur l'Atlantique : Boston 300,000 hab., New-York, 1,000,000 d'h., Brooklyn, 500,000 h., Baltimore, 300,000 hab., Washington, 110,000 hab. ; sur le lac Érié, Buffalo, 150,000 hab. ; sur le lac Michigan, Chicago, 600,000 hab. ; sur l'Ohio, Cincinnati, 250,000 hab. ; sur le Mississipi, Saint-Louis 300,000 hab., et la Nouvelle-Orléans 200,000 hab. ; sur le Pacifique, San Francisco, 200,000 hab., à l'embouchure du Sacramento. Les chiffres donnés ne sont qu'approximatifs, toutes ces villes prenant de jour en jour un développement de plus en plus prodigieux.

La population des États-Unis est d'environ 50 millions d'hab., dont la moitié de nationalité anglo-saxonne, le reste de différentes nations européennes, parmi lesquelles dominent les Allemands et les Irlandais. Il reste encore entre le Mississipi et les montagnes Rocheuses des tribus indiennes qui vont s'éteignant.

Les habitants des États-Unis s'appellent Américains. On leur donne aussi familièrement le nom de Yankees. La langue officielle et la plus répandue est l'anglais. Elle a eu des écrivains remarquables comme Edgar Poë, Longfellow, Washington Irving ; mais c'est surtout vers l'application des sciences à l'industrie que se porte le génie américain. Voy. CONFÉDÉRATION.

ÉTAU. s. m. (R. étal). T. Techn. On appelle Étau une sorte de presse à vis et ordinairement de fer, dont on se sert dans plusieurs industries pour tenir les objets que l'on veut travailler. Cet appareil se compose de deux leviers qui sont articulés ensemble à leur partie inférieure et munis à l'extrémité opposée de mâchoires acièrées, taillées en limes et trempées, qu'on nomme les mors de l'étau, et qui sont destinées à saisir les objets. Une vis à pas carré, qui s'engage dans une boîte servant d'écrou, sert à rapprocher ces mâchoires l'une contre l'autre, et un ressort, placé entre les deux branches, les écarte dès que l'on desserre la vis. — On emploie des étaux de plusieurs formes et de plusieurs dimensions. L'É. à agrafes ou à griffes se fixe contre le bord d'un établi au moyen d'une vis de pression, mais il ne peut servir que pour de très petites pièces. Dans l'é. à pied, l'une des branches est assez longue pour poser sur le sol, tandis que l'autre s'articule vers la première vers le milieu de sa hauteur. L'é. tournant, comme son nom l'indique, tourne autour de son pied, qui repose sur une crapaudine. Ce mouvement de rotation s'obtient à l'aide d'une bride dont les extrémités se fixent à l'établi et qui enserre la branche qui correspond à la mâchoire fixe. Cet é. s'emploie principalement pour les travaux de précision. L'é. à chanfrein se compose toujours de deux branches articulées, mais dont les mors présentent entre eux un angle obtus et qui permet de chanfreiner les pièces en abattant leurs angles. Les horlogers font également usage d'un petit é. à main qu'ils désignent sous le nom d'É. à goupille et qui leur sert pour la fabrication des axes des roues d'horlogerie. Deux branches d'acier cintrées, et faisant ressort l'une contre l'autre, constituent cet é. spécial. L'é. parallèle est ainsi nommé parce qu'il se compose de deux branches parallèles, l'une immobile et l'autre mobile : cette dernière se rapproche ou s'éloigne de la première, au moyen de vis, de telle sorte qu'il y a toujours parallélisme entre les deux parties. L'é. à main, appelé aussi tenailles à vis, est une petite pince qui a la forme d'un é. et que l'on tient à la main pour limer de très petits objets. Enfin, dans les forges, on donne le nom d'étaux à chaud à de très gros étaux fixés isolément au milieu de l'atelier, et qu'on emploie pour façonner au marteau des pièces de fer ou d'acier. Il existe encore un appareil spécial appelé É. limeur, mais il rentre plutôt dans la catégorie des machines-outils. La plupart des étaux sont de fer ; mais ceux dont se servent les menuisiers sont de bois.

ÉTAUPINAGE. s. m. T. Rur. Action d'étaupiner.

ÉTAUPINER. v. a. T. Rur. Faire disparaître les taupinières.

ÉTAVE. s. f. Filet pour prendre des truites.

ÉTAVILLON. s. m. [Pr. étavi-llon, ll mouillés]. Morceau de cuir coupé pour faire un gant.

ÉTAWA. v. très commerçante de l'Inde anglaise, prov. d'Agra, sur le Djemma, 31,000 hab.

ÉTAYAGE. s. m. [Pr. é-tè-ia-je]. Action d'étayer.

ÉTAYEMENT. s. m. [Pr. été-man]. Action d'étayer : état de ce qui est étayé. || T. Constr. Planche qui soutient un ciel plafonné. || T. Mar. Action de munir de son étai. Voy. ÉTAI.

ÉTAYER. v. a. [Pr. été-ier] (R. étai). Appuyer, soutenir avec des étais. É. une maison, une muraille. || Fig., Aide : appuyer, soutenir. Sa fortune chancelle, elle a besoin d'être étayée. || T. Mar. É. un mât, Le munir de son étai. = S'É-TAYER. v. pron. Se soutenir. Ces deux constructions s'étayent mutuellement. = ÉTAYÉ, ÉE. part. == Conj. Voy. PAYER.

ET CÆTERA. Mots latins qui signifient : Et les autres choses, et le reste. Voy. ET.

ÉTÉ. s. m. (lat. æstas, m. s.). La saison qui commence au solstice de juin, et qui finit à l'équinoxe de septembre. — Par extens., dans le langage ordinaire, se dit de toute la belle moitié de l'année. C'est ainsi qu'on appelle Semestre d'été, les six mois qui s'écoulent d'avril à octobre. || L'E. de la Saint-Martin, Derniers beaux jours qui se montrent parfois à l'arrière-saison, vers le 11 novembre. || Fig., L'E. de la vie, L'âge de la force, de la maturité. || T. Danse. L'É., La deuxième figure du quadrille.

ÉTEIGNARIE. s. f. [Pr. *gn* mouillés]. T. Salin. Femme chargée d'éteindre la braise

ÉTEIGNEMENT. s. m. [Pr. *gn* mouillés]. Action d'éteindre.

ÉTEIGNEUR, EUSE. s. [Pr. *gn* mouillés]. Celui, celle qui éteint au propre et au figuré.

ÉTEIGNOIR. s. m. Petit ustensile creux en forme de cône, qui sert à éteindre la chandelle, la bougie. || Fam. Celui qui éteint, ou ce qui éteint le sentiment, la pensée, le progrès, etc. || Nom de plusieurs champignons.

ÉTEINDRE. v. a. (lat. *exstinguere*, m. s.). Se dit en parlant du feu qu'on étouffe, dont on fait cesser l'action. *É. le feu, E. la lumière. Vous éteindrez les bougies, les flambeaux. E. un incendie.* || Par extens., Amortir, tempérer, faire cesser la chaleur sensible ou cachée qui est en quelque chose. *E. de la chaux. E. l'ardeur de la fièvre. Cela éteint la chaleur naturelle.* — On dit aussi quelquefois, *E. la soif*, pour désaltérer. || Fig., Apaiser, amortir, calmer; se dit en parlant des guerres, des séditions, des passions, et de certaines facultés très actives. *E. les feux de la guerre, de la discorde. E. une guerre, une rébellion, une sédition. L'âge éteint le feu des passions. La jouissance éteint les désirs. Cette réponse éteignit son courroux. Rien ne peut é. son ressentiment.* || T. Peint. Adoucir, affaiblir. *E. les lumières trop fortes, les couleurs trop éclatantes dans un tableau.* — Fig., *La tristesse avait éteint l'éclat de ses yeux.* || Abolir. *C'est en vain que l'on voudrait é. la mémoire de ces forfaits.* — En T. Chancell., on disait autrefois, *E. et abolir un crime.* || *E. une race*, L'exterminer, la faire disparaître. *Ils auraient voulu é. une race qui leur était odieuse.* — Se dit aussi des animaux. *Voilà une espèce qu'on aura bientôt éteinte si l'on continue à lui faire une chasse aussi active.* || *E. une rente*, La faire cesser par le remboursement du principal. *E. une dette*, La payer entièrement. = **S'ÉTEINDRE.** v. pron. Se dit dans la plupart des acceptions ci-dessus. *Le feu s'éteint. Mon flambeau s'est éteint. Un volcan qui s'éteint. — La sédition a fini par s'é. d'elle-même. La foi s'éteint. Une ardeur qui s'éteint. Son ressentiment ne s'éteindra jamais. Son imagination s'éteint. — Son œil s'éteint. — La rente dont il vivait s'est éteinte à la mort de sa sœur.* || Fig., se dit d'une personne qui s'affaiblit tous les jours et touche à sa fin; ou d'une personne qui meurt doucement et presque sans s'en apercevoir. *Ce vieillard s'éteint. Il s'éteignit doucement entre les bras de son fils.* || Se dit encore des maisons, des dignités qui finissent faute d'héritiers. *La maison s'est près de s'é.* = **ÉTEINT, EINTE.** part. || *Des yeux éteints*, Des yeux qui sont sans feu, qui ont perdu leur éclat. *Une voix éteinte*, Une voix entièrement affaiblie qu'on peut à peine l'entendre. *Les races, les espèces éteintes*, Les espèces qui ne subsistent plus à l'état vivant. || T. Techn. *E. les épingles*, Les laver après les avoir élamées. — *E. le fer*, Le plonger dans l'eau froide après l'avoir chauffé. — *E. la chaux*, La mouiller pour en faire de l'hydrate de chaux.

ÉTELLE ou **ÉTEULE.** s. f. [Pr. *été-le*]. Nom donné sur les bords de la Seine aux vagues secondaires qui suivent la barre ou mascaret.

ÉTELON. s. m. (corrupt. d'*étalon*). T. Charp. Épure de charpente tracée en grand sur un plan vertical ou horizontal.

ÉTENDAGE. s. m. T. Techn. Assemblage de cordes tendues horizontalement, pour y étendre les objets à sécher, comme du linge mouillé, les feuilles qui sortent de la cuve du fabricant de papier, etc. — Le lieu où l'on étendage. || Dans les fabriques de drap, s'emploie comme synon. de *Ramage*. Voy. **DRAP.** || Dans la fabrication du verre à vitres, opération consistant à développer les manchons de verre.

ÉTENDARD. s. m. [Pr. *é-tan-dar*] (R. *étendre*). Toute enseigne de guerre. Déployer, arborer, *planter un é.* — Particulier., L'enseigne de la cavalerie. || Fig., *Suivre les étendards de quelqu'un*, se ranger, combattre sous les étendards de quelqu'un, Embrasser son parti. *Lever l'é., Se déclarer chef d'un parti, d'une faction. Lever, arborer l'é. de la révolte, Se révolter. Lever l'é. contre quelqu'un, Se déclarer ouvertement contre lui.* || T. Mar. Nom spécial du grand pavillon national qu'on hisse à la poupe les jours de

fête. || T. Comm. Sorte de papier. || T. Bot. Pétale supérieur des fleurs papilionacées. Voy. **FLEUR.**

Art milit. — L'étendard est le drapeau des troupes à cheval. Les ancêtres de l'é. sont la bannière, la cornette et le guidon. Les anciennes milices avaient pour enseignes des bannières portées par des chevaliers bannerets, c.-à-d. des chevaliers qui, par leur rang, avaient le droit de porter bannière et pennons : les pennons étaient des bannières allongées finissant en pointe, elles étaient portées par de simples bacheliers. Aussi lorsqu'un seigneur bachelier devenait banneret, il suffisait de couper la pointe du pennon pour en faire une bannière, d'où le proverbe « faire de pennon bannière ». Notre étendard, par sa forme carrée et petite, dérive surtout de la bannière. L'étendard de la gendarmerie s'appelait guidon, il était fendu en deux languettes arrondies ; c'était une é. a été longtemps l'insigne de la cavalerie légère, c'était un morceau carré de taffetas parsemé de fleurs de lys, garni de franges d'or et sur lequel étaient brodés les chiffres des mestres de camp. Au XVIIe siècle, chaque compagnie du régiment avait son étendard. Ils étaient de la couleur du régiment et portaient le soleil d'or et la devise du roi : « *Nec pluribus impar* ». En 1791, les étendards ont abandonné la couleur des régiments pour devenir tricolores, et ont depuis suivi les différentes dispositions de couleurs des drapeaux auxquels ils ressemblent, bien qu'étant plus petits. Chaque régiment de cavalerie a son étendard ; il est porté par un lieutenant en second, excepté dans l'artillerie, où il est confié à un adjudant.

ÉTENDELLE. s. f. [Pr. *étan-dè-le*] (R. *étendre*). Sac de crin dans lequel on met les graines pour les soumettre à la presse. || Sorte de hangar où l'on étend les verres dans les fours à vitres. || Endroit où l'on étend les peaux. || Division d'un bloc d'ardoise.

ÉTENDERIE. s. f. Voy. **ÉTENDOIR.**

ÉTENDEUR, EUSE. s. Celui, celle qui étend.

ÉTENDOIR. s. m. T. Techn. Espèce de petite pelle à long manche, qui sert à placer sur l'étendage les feuilles imprimées. — Appareil qui sert à déplisser les draps. — L'endroit où l'on étend les feuilles de papier ou autres choses semblables pour les faire sécher. — Dans ces deux derniers sens, on dit aussi *étenderie*. || Perches sur lesquelles les blanchisseuses étendent le linge. Voy. **DRAP.**

ÉTENDRE. v. a. (lat. *extendere*, m. s.). Allonger une chose, faire qu'elle occupe un plus grand espace. *Un étend l'or sous le marteau. E. du beurre sur du pain. E. de la cire. E. du drap, du parchemin.* — *E. ses troupes, son armée*, Leur faire occuper plus de terrain, leur donner plus de front. — Fig. :

> Là, le lac immobile étend ses eaux dormantes.
>
> LAMARTINE.

|| Fig. *E. la clause d'un contrat, les termes d'un arrêt, d'une loi*, Porter le sens d'une clause, etc., au delà de ce que leurs termes signifient rigoureusement. — *É. le sens, la signification d'un mot*, Appliquer un mot à une chose, à une idée qu'il n'était pas destiné à signifier. On dit de même, *Ce mot ne désignait d'abord que telle chose, on l'a étendu depuis à telle autre.* || Déployer en long et en large. *E. son linge pour le sécher. E. de la toile sur l'herbe pour la blanchir. E. son manteau par terre. E. quelqu'un sur un lit. Jésus-Christ fut étendu sur la croix.* — *E. le bras, E. la jambe*, Les déployer de leur long. On dit de même d'un oiseau qui déploie ses ailes pour voler, qu'il *étend les ailes.* || Fig., *E. un homme sur le carreau*, Le renverser mort par terre, le tuer. On dit de même, *Il l'étendit mort sur la place.* || Augmenter ; agrandir ; se dit au propre et au fig. *E. son empire, sa domination. E. les limites de son royaume. E. son étendu son domaine jusqu'à la rivière. E. son commerce, sa réputation, son pouvoir. E. le cercle de ses relations.* || T. Peint. *E. la lumière*, Grouper ensemble plusieurs parties qui naturellement reçoivent la lumière, qu'il étend les objets ne sont séparés que par des demi-teintes adoucies. = **S'ÉTENDRE.** v. pron. Occuper un plus grand espace. *Ce métal s'étend beaucoup sous le marteau. L'armée s'étendit dans la plaine. Une tache d'huile s'étend peu à peu.* || Occuper un certain espace, se prolonger jusqu'à un certain endroit. *Son empire s'étendait jusqu'à l'Euphrate. Ma propriété ne s'étend pas plus loin. Cette chaîne de montagnes s'étend jusqu'à la mer.* || Fig., en parlant des personnes, augmenter le terrain dont on est

propriétaire, donner de l'accroissement à ses possessions. *Ce propriétaire s'est fort étendu de ce côté. Il envahit successivement les pays qui l'environnaient, et il s'étendit de plus en plus dans la Grèce.* || Fig., en parlant de certaines choses, Aller jusqu'à. *Son crédit ne s'étend pas jusque-là. Son pouvoir ne s'étend pas si avant.* — Se dit particulièrement en ce sens en parlant de la vue, de la voix. *Du sommet de cette montagne la vue s'étend jusqu'à la mer. Aussi loin que la voix peut s'é.* || S'allonger, se déployer. *Il s'étendit tout de son long sur l'herbe.* — Fig., *Sa charité s'étendait sur tous les malheureux.* — Fig., *S'é. sur quelque sujet, sur quelque matière,* En parler fort au long. On dit de même, *S'é. sur les louanges, sur les bornes, sur les mauvaises qualités de quelqu'un.* — Fig. et fam., *Tant que la somme peut s'é., pourra s'é.,* se dit pour exprimer qu'on ne dépasse pas, qu'on ne dépassera pas une certaine somme déterminée. *Il me donne cent francs par mois, tant que la somme peut s'é.* || Durer. *La vie de l'homme ne s'étend guère au delà de cent ans.* = ÉTENDU, UE, part. || S'emploie adject. et se dit, soit au propr., soit au fig., de certaines choses qui, dans leur genre, sont grandes, larges, vastes. *Un empire fort étendu. La vue est ici fort étendue. Une voix très étendue. Des connaissances étendues. C'est un esprit fort étendu.*

ÉTENDUE, s. f. Dimension d'une chose en longueur, largeur et profondeur. *Suivant Descartes, l'é. est l'essence de la matière. L'é. appartient aux corps et la pensée à l'esprit.* — Se dit aussi de l'une quelconque des trois dimensions. *L'é. d'une ligne, d'une surface.* || Dans le discours ordinaire, se dit de la superficie d'une chose. *Dans toute l'é. du pays. Un parc de grande é. L'é. de ses terres. La vaste é. des mers, des cieux.* || En parl. du temps, se dit pour durée. *Dans l'é. de tous les âges. L'homme dont la vie est de si peu d'é.* || Fig., *L'é. du pouvoir, de l'autorité. L'é. de ses devoirs. Vous connaissez toute l'é. de l'affection qu'il a pour vous. On connaît toute l'é. de sa charité. Cette proposition prise dans toute son é. serait fausse. Un esprit d'une vaste é. Une voix d'une grande é. Il a une grande é. de connaissances.* || *L'é. d'un discours, d'une dissertation, etc.,* Sa longueur. *Vous devriez donner plus d'é. à ce chapitre.*

Philos. — I. — On définit généralement l'É., une portion déterminée de *l'espace*. — Mais comment acquérons-nous l'idée *d'étendue* qui signifie ce terme *d'espace*? Ces deux questions ont de tout temps divisé et divisent chez les philosophes. — Suivant l'opinion communément adoptée, et qui nous paraît la plus vraisemblable, l'idée *d'étendue* provient de la multiplicité de perceptions coexistantes qui naissent lorsque notre main est en contact avec un corps résistant ou lorsque notre œil reçoit l'image d'un objet, perceptions dont nous rapportons nécessairement la cause à quelque chose qui est hors de nous. L'idée d'é. se trouve ainsi accompagner invariablement la notion de corps, de telle sorte qu'il nous est impossible de concevoir un corps sans é. En conséquence, les philosophes anciens ont considéré l'é. comme une des qualités premières des corps, et cette affirmation est une de ces vérités de sens commun que l'on ne saurait révoquer en doute. Toutefois Descartes est allé plus loin, en prétendant que l'é. est non point seulement une propriété des corps, mais encore l'attribut fondamental ou l'essence de la matière. Mais Leibniz a montré ce qu'avait d'exagéré cette identification de la matière avec l'é., en faisant voir que l'é. est simplement une répétition, une multiplicité, une coexistence de phénomènes, et que ces phénomènes supposent nécessairement un sujet, une substance, dont la notion est, sinon antérieure, ainsi qu'il le pense, du moins simultanée à celle de l'é. Considérée abstractivement et en dehors des corps mêmes, l'idée d'é. contient en soi, tout comme l'idée de corps, une limitation nécessaire. En effet, nous concevons l'é., comme pouvant toujours être augmentée ou diminuée, comme étant divisible à l'infini. — Quant à *l'Espace*, on l'a quelquefois défini une grandeur *infinie*, qui renferme toutes les existences matérielles. On a même ajouté que l'espace est non seulement infini, mais encore *éternel* et *nécessaire*. Que l'idée d'espace soit une idée nécessaire de notre intelligence, c'est ce que nous admettrons sans difficulté, car nous ne pouvons pas concevoir les corps sans les supposer étendus et capables de changer de lieu. Mais il ne s'agit ici que d'une nécessité subjective qui résulte de la nature même de notre entendement, et cette nécessité subjective n'implique en aucune façon l'existence d'un être réel; il suffit d'analyser avec soin l'idée d'espace pour y reconnaître

non l'idée d'un être existant en dehors des corps, mais une idée abstraite, celle d'é. et de déplacement, *séparée de son sujet nécessaire qui est la matière des corps*. Ce n'est point un argument solide de dire que nous pouvons bien supposer le monde détruit et les corps anéantis, mais qu'il nous est impossible de concevoir l'anéantissement de l'espace. Si les corps n'existaient pas, répondrons-nous, nous n'aurions ni l'idée d'é. ni celle d'espace. Si, après que nous avons conçu, en conséquence même de l'existence réelle des corps, les notions d'é. et d'espace, tous les corps venaient à être anéantis, assurément les notions d'é. et d'espace subsisteraient encore dans notre esprit, mais elles y subsisteraient d'une façon purement subjective, seulement par le souvenir que nous aurions des corps disparus, et l'on ne saurait argumenter de cette persistance d'une notion subjective à la persistance de la réalité objective à l'occasion de laquelle notre entendement a conçu cette notion. C'est assez dire que nous considérons l'espace, avec Leibniz, comme une pure abstraction. Leibniz définit l'espace, *l'ordre de coexistence des phénomènes*. Ainsi, non seulement l'espace n'a pas une réalité absolue, mais encore il n'est pas même, comme l'é., une propriété pure et simple des corps. En effet, le même espace étant successivement occupé par plusieurs corps différents, il serait alors une propriété, une affection, qui passerait d'un corps à un autre corps. Car il est certain, s'il est impossible de concevoir les corps en dehors de l'espace, il est non moins impossible de le concevoir sans les corps. L'espace n'est pas un être, il n'est que la possibilité de l'existence des corps étendus, et, quand on dit que l'espace est infini, on entend seulement par là que si grand qu'on suppose un corps ou un ensemble de corps, on en peut encore concevoir un plus grand. Ce n'est pas l'espace qui est infini, c'est l'é. des corps qui peut être conçue comme indéfinie. — Kant attribue à l'espace une réalité purement subjective : il fait de l'espace et du temps les deux formes nécessaires de la sensibilité. Cette manière de voir ne soulève aucune des difficultés auxquelles donne lieu l'hypothèse de leur réalité objective, et elle a été considérée par la plupart des philosophes contemporains comme la plus belle découverte de Kant. Voy. CRÉATION.

II. — Malgré les philosophes dont on vient de résumer les idées, nous pouvons cependant définir l'espace et l'étendue, *le lieu dans lequel se meuvent les corps célestes*. Ce lieu existait avant eux, existera après eux, et est indépendant de leur propre existence. En supprimant par la pensée la Terre, la Lune ou le Soleil, on ne supprime pas pour cela l'endroit où ils sont. D'ailleurs, ils changent perpétuellement de place. L'espace est donc indépendant de la création même, incréé. Il semble, à notre entendement, que l'espace vide ne soit rien. Mais ce rien, c'est encore un endroit dans lequel on peut placer quelque chose. Sans doute, l'espace n'est pas un être, une substance, et l'on peut s'étonner que Leibniz se soit donné la peine de réfuter cette assimilation métaphysique de l'espace et du temps à une substance. Mais ce n'est ni un lieu, un endroit, ni un sujet, où peuvent être ces corps, et différent d'eux.— L'espace, comme le temps, est illimité, sans bornes.

III. — Les lecteurs de cet article pourront le trouver contradictoire. La première partie en a été rédigée par le secrétaire général de cette publication, et le dernier paragraphe par le directeur. Il se trouve que la même contradiction subsiste dans le même article de l'*Encyclopédie* de Diderot et d'Alembert. Voy. aussi le *Dictionnaire philosophique* de Voltaire.

Géom. — L'é. géométrique comporte *trois dimensions*, c.-à-d. qu'il faut *trois coordonnées* pour fixer la position d'un point dans l'espace. Voy. COORDONNÉES. — Les géomètres considèrent en outre des espaces à *une dimension* où une coordonnée suffit à fixer la position d'un point. Ce sont les *lignes*, et les espaces à *deux dimensions* qui sont les *surfaces*. Une application importante de l'espace à deux dimensions est fournie par la *géométrie plane*. Voy. GÉOMÉTRIE. — Enfin, poussé par le besoin de généraliser, qui est l'essence même des mathématiques, on en est arrivé à considérer des espaces à plus de trois dimensions. Cette généralisation soulève des problèmes métaphysiques du plus haut intérêt. Pourquoi l'espace ordinaire a-t-il *trois* dimensions plutôt que deux, quatre ou davantage? Sans entrer dans l'analyse de ces questions difficiles, nous nous contenterons de faire remarquer combien l'analyse géométrique est nécessaire aux philosophes qui veulent étudier les idées d'espace et d'é., et d'autre part, nous rappellerons que les spéculations métaphysiques sont en réalité indépendantes des conceptions métaphysiques sur lesquelles elles semblent reposer. Si l'on réfléchit que, dans l'espace ordinaire, une surface est définie en géométrie analytique par une équation à trois variables, on comprendra que les études mathématiques relatives à des espaces à plusieurs dimensions, ne sont en définitive que l'étude des équations à plus de trois variables. Les mots géométriques n'y figurent que pour abréger le langage, de sorte que les conclusions, pouvant être interprétées par l'algèbre seule, restent inattaquables quelles que soient les idées métaphysiques que l'on veuille se faire de l'espace et de ses trois dimensions.

ÉTENTE. s. f. (R. *étendre*). T. Pêch. Filet tendu à la basse mer sur des piquets enfoncés dans le sol. || T. Techn. Partie de la chaîne tendue qui va jusqu'à l'ensouple, dans le métier à tisser.

ÉTENTIER. adj. m. Qui pêche à l'étente.

ÉTÉOCLE, fils d'aîné d'Œdipe et de Jocaste, refusa de céder à son frère Polynice le trône de Thèbes, à l'époque convenue. Les deux frères se tuèrent mutuellement.

ÉTERNEL, ELLE. adj. (lat. *æternus*, m. s.). Qui n'a point eu de commencement et n'aura jamais de fin. *Il n'y a que Dieu qui soit é. Le Père é. Le Verbe é. La sagesse éternelle. Aristote croyait que le monde était é.* — Une proposition *d'éternelle vérité,* Une vérité immuable et nécessaire || Qui n'aura point de fin, quoiqu'il ait eu un commencement. *La vie, la gloire, la mort, la damnation éternelle. Les peines éternelles.* — Par exagér., Qui a une longue durée et dont on ne prévoit pas la fin. *Une guerre éternelle, un procès é. Une reconnaissance éternelle. Sommeil é.,* Trépas. *Des haines éternelles. D'éternelle mémoire.* || Se dit encore des choses qui sont répétées trop souvent. *Il fatigue avec ses redites éternelles. Ses plaintes éternelles m'émuient souverainement.*—Fam., *Un causeur, un harangueur é.,* Un homme qui parle trop, qui harangue trop longtemps. —ÉTERNEL. s. m. Dieu. *L'Éternel soit béni. La loi de l'Éternel.* = ÉTERNELLE. s. f. T. Bot. Se dit quelquefois des plantes et des fleurs qu'on nomme ordinairement *Immortelles.*

ÉTERNELLEMENT. adv. [Pr. *éternè-le-man*]. Sans commencement et sans fin. *Dieu existe é.* || Sans fin, quoiqu'il y ait eu un commencement. *Le bonheur des élus, les peines des damnés dureront é.* || Continuellement, sans cesse. *Il répète é. la même chose. Voulez-vous rester là é.?* Fam.

ÉTERNISATION. s. f. [Pr. *éterni-za-si-on*]. Action d'éterniser, de faire durer perpétuellement.

ÉTERNISER. v. a. Faire qu'une chose ne finisse point, qu'elle dure très longtemps. *É. son nom, sa mémoire. La chicane éternise les procès. É. la guerre.* — s'ÉTERNISER. v. pron. Se perpétuer. *C'est ainsi que les abus s'éternisent. S'é. quelque part,* Y rester très longtemps. Fam. — ÉTERNISÉ, ÉE. part.

ÉTERNITÉ. s. f. (lat. *æternitas*, m. s.). Durée qui n'a ni commencement ni fin. *Dieu est de toute é. L'é. de Dieu.* — *Le temps ne dure plus l'é.* (ROYER-COLLARD). — *Je vois ces effroyables espaces de l'univers qui m'enferment, et je me trouve attaché à un coin de cette vaste étendue, sans que je sache pourquoi je suis placé plutôt en ce lieu qu'en un autre, ni pourquoi ce peu de temps qui m'est donné à vivre m'est assigné à ce point, plutôt qu'à une autre, de toute l'é. qui m'a précédé et de toute celle qui me suit* (PASCAL). *Le temps,* cette image mobile de l'immobile é. (J.-B. ROUSSEAU). || Durée qui a un commencement, mais qui n'aura point de fin. *L'é. des peines de l'enfer. Une é. de bonheur. É. bienheureuse. Il faut songer à l'é.* || Par exagér., Un temps fort long. *Ces monuments dureront une é. En voilà pour une é. Cette année d'attente fut pour moi une é.* — *De toute é.,* De temps immémorial. Voy. DIEU et CRÉATION.

ÉTERNUEMENT. s. m. (R. *éternuer*). T. Physiol. L'Éternuement est un acte involontaire provoqué soit par une excitation portant sur la muqueuse nasale, soit par l'arrivée brusque des rayons lumineux sur les membranes de l'œil; cette irritation périphérique se transmet par le nerf trijumeau vers le ganglion de Gasser, d'où elle passe jusqu'aux amas globulaires de la moelle allongée et de la protubérance; de là, par une série de réflexes nombreux et compliqués, elle se transforme par l'intermédiaire de la moelle en une excitation centrifuge, qui s'irradie par les nerfs rachidiens jusque dans les muscles expirateurs. Il se produit une inspiration profonde, bientôt suivie d'une expiration brusque et

sonore qui se fait à la fois par la bouche et par le nez, et qui est l'é. proprement dit. Le courant d'air auquel l'expiration donne lieu, entraîne souvent au dehors les liquides buccaux et nasaux. L'é. s'accompagne parfois d'un effort plus ou moins violent des puissances respiratoires, qui, dans certains cas, détermine un ébranlement de l'encéphale, une douleur vive dans la poitrine, et même des ruptures vasculaires. La cause de l'é. réside dans le système nerveux, et l'action réflexe explique aisément toutes les circonstances du phénomène. L'é. répété, qui ne cesse que pendant le sommeil, est le fait de certaines hystériques appelées éternueuses. — Chez les animaux, l'é. fréquent est symptomatique de parasites des fosses nasales.

ÉTERNUER. v. n. (lat. *sternutare,* fréq. de *sternuere,* m. s.). Faire un éternuement.

ÉTERNUEUR, EUSE. s. 2 g. Celui, celle qui éternue fréquemment.

ÉTÉSIENS. adj. m. pl. (gr. ἐτησίαι, annuels). Vents du Nord qui soufflent dans la Méditerranée, chaque année, en juillet et août, et pendant 40 jours environ. Voy. VENT.

ÉTÊTAGE ou **ÉTÊTEMENT.** s. m. Action d'étêter un arbre.

ÉTÊTER. v. a. (R. *é,* préf. sépar., et *tête*). Couper, tailler la tête d'un arbre. *É. des saules.* || *É. un clou, une épingle,* En ôter la tête. = ÉTÊTÉ, ÉE. part.

ÉTÊTEUR. s. m. T. Pêch. Celui qui coupe la tête des morues qu'on vient de pêcher. || Le couteau dont il se sert.

ÉTEUF. s. m. [Pr. *é-teu,* sauf quand le mot qui suit est une voyelle ou *h* muette] (lat. *stupeus,* fait d'étoupe). Petite balle dont on se sert pour jouer à la longue paume. *Prendre l'é. à la volée. Renvoyer l'é.* || Fig. et prov., *Renvoyer l'é., Repousser avec vigueur, soit par des paroles, soit par des actes, une injure, etc.—Courir après son é.,* Se donner beaucoup de peine pour recouvrer un bien, un avantage qu'on a laissé échapper. Ces façons de parler sont aujourd'hui peu usitées.

ÉTEULE ou **ESTEUBLE.** s. f. (lat. *stipula,* paille). T. Agric. Chaume ; ce qui reste sur la terre de la tige des graminées quand on fait la moisson.

ÉTEULE. s. f. Voy. ÉTELLE.

ÉTHAL. s. m. (contr. de *éther* et *alcool*). T. Chim. Syn. d'*Alcool cétylique.* Voy. CÉTYLE.

ÉTHALIQUE. adj. T. Chim. *Acide é.* dit aussi *acide palmitique,* se rencontre à l'état libre dans l'huile de palme exposée à l'air.

ÉTHANAL. s. m. T. Chim. Syn. d'*Aldéhyde éthylique.*

ÉTHANE. s. m. T. Chim. Hydrocarbure saturé qui a pour formule C^2H^6 et qu'on peut considérer comme l'*hydrure d'éthyle* C^2H^5H ou comme du *diméthyle* $CH^3.CH^3.$ On le rencontre dans les gaz que dégagent certains puits à pétrole. Il se forme dans l'électrolyse de beaucoup de composés, tels que les acétates, dans l'action de l'iode sur le zinc-éthyle, dans l'action de l'iodure de méthyle sur le zinc-méthyle, etc. On le prépare aisément en traitant l'iodure d'éthyle en solution alcoolique par le couple zinc-cuivre (lames de zinc qu'on a recouvertes de cuivre en les laissant séjourner dans une solution étendue de sulfate de cuivre). L'é. est un gaz incolore, peu soluble dans l'eau, assez soluble dans l'alcool. Liquéfié il bout à — 93° sous la pression atmosphérique; son point critique est à + 35° sous la pression de 50 atmosphères. L'é. brûle avec une flamme pâle. Très stable, il n'est guère attaqué à froid par le chlore et le brome, qui forment avec lui des produits de substitution : chlorures et bromures d'éthyle et d'éthylène, etc. Voy. ÉTHYLE et ÉTHYLÈNE. La substitution complète du chlore à l'hydrogène de l'éthane donne le *sesquichlorure de carbone* ou é. *perchloré* $C^2Cl^6,$ corps solide, très soluble dans l'alcool et l'éther, fusible à 182° et se décomposant en chlore et en éthylène perchloré. L'é. se dédoublant sous l'action de la chaleur ou en brûlant incomplètement, peut donner naissance à deux hydrocarbures non saturés : l'éthylène et l'acétylène. L'é. est un des hydrocarbures dont on a étudié les dérivés avec le plus de soin ; au nombre de ces dérivés on compte des corps très importants : l'alcool!

ordinaire et le glycol, les acides acétique et oxalique, l'aldéhyde, le chloral, les éthylamines, le glycocolle, les combinaisons éthyliques et éthyléniques, etc.

ÉTHANE-SULFINIQUE. adj. T. Chim. L'acide *éthanesulfinique* $C^2H^5SO^4H$ est un liquide sirupeux fonctionnant comme acide monobasique et formant des sels cristallisés ; on le prépare en faisant agir le zinc éthyle, puis l'eau, sur l'anhydride sulfureux.

ÉTHANE-SULFONIQUE. adj. T. Chim. L'acide *éthanesulfonique* $C^2H^5SO^3H$ se forme en masse cristalline, déliquescente, lorsqu'on oxyde le mercaptan ou le sulfocyanate d'éthyle, ou lorsqu'on fait agir le sulfite de potassium sur l'iodure d'éthyle. Il fonctionne comme acide monobasique. — L'acide *éthane-carbonique* $C^2H^4(SO^3H)^2$, nommé aussi *éthylène-disulfureux*, est un acide bibasique qui se produit quand on chauffe le bromure d'éthylène avec le bisulfite de sodium ; il est cristallisable, déliquescent, et fond à 94°. — L'acide *éthane-trisulfonique* $C^2H^3(SO^3H)^3$ est tribasique ; il cristallise en tables hexagonales, fortement acides, très solubles dans l'eau et dans l'alcool.

ÉTHANE-TRICARBONIQUE. adj. T. Chim. L'acide é. ou *éthényl-tricarbonique* $C^4H^3(CO^2H)^3$ cristallise en prismes solubles qui fondent à 159° et se décomposent en même temps en anhydride éthane-carbonique et acide succinique. — L'acide *éthane-tétracarbonique* $C^2H^2(CO^2H)^4$ n'est connu que par quelques-uns de ses dérivés.

ÉTHANOATE. s. m. T. Chim. Syn. d'*Acétate*.

ÉTHANOÏQUE. adj. T. Chim. Syn. d'*Acétique*.

ÉTHANOL. s. m. T. Chim. Syn. d'*Alcool éthylique*.

ETHELBALD, roi d'Angleterre en 857.

ETHELBERT, roi d'Angleterre de 857 à 866.

ETHELRED Ier, roi d'Angleterre de 866 à 871. **ETHELRED II**, roi d'Angleterre de 978 à 1016.

ETHELWULF, roi d'Angleterre de 837 à 857.

ÉTHÈNE. s. m. T. Chim. Syn. d'*Éthylène*.

ÉTHÉNYLE. s. m. T. Chim. Nom donné au radical trivalent $CH^3-C\equiv$. On ne doit pas le confondre avec son isomère $CH^2:CH$, qui est univalent et qui porte le nom de *vinyle*.

ÉTHER. s. m. [Pr. *é-tère*] (gr. αἰθήρ, de αἴθειν, brûler). T. Poétiq. Air, atmosphère. T. Phys. et Chim. Voy. plus bas.

Phys. — Les physiciens et les astronomes désignent sous le nom d'*Éther* une matière très subtile et impondérable, qu'ils supposent répandue dans l'espace. Cet é. est le milieu où se propagent les ondulations qui constituent la lumière, la chaleur rayonnante et l'électricité. Cependant, certains physiciens croient qu'il y a identité entre l'é. et l'électricité ; mais, dans l'état actuel de la science, la nature intime de l'électricité reste totalement inconnue ; on ne connaît même pas les *dimensions* de cet agent physique (Voy. UNITÉ), et toutes les théories qui ont été proposées pour expliquer les phénomènes électriques présentent quelque chose d'incomplet et de prématuré. Quoi qu'il en soit, l'existence de l'é., malgré de nombreuses dénégations encore soutenues aujourd'hui, s'impose de plus en plus à la science moderne. La nature même de la matière pondérable paraît plus compliquée qu'on ne l'avait supposé autrefois, et les relations des corps pondérables avec l'é. paraissent être l'objet de tout un ordre de recherches qui semble devoir constituer un chapitre important de la science physique, lorsque nous aurons pénétré plus avant dans ces difficiles problèmes. La constitution même de l'é. cache plus d'un problème ardu. Tout ce qu'on peut dire aujourd'hui, en s'appuyant sur les propriétés bien connues de la lumière, c'est que l'é. ne ressemble nullement à un gaz très dilaté ; l'élasticité de compression paraît y faire absolument défaut, pour ne laisser place qu'à des déplacements de particules sans variation de densité ; l'é. ne ressemble pas non plus à un corps liquide, car dans un liquide les particules déplacées ne tendent pas à revenir à leur position primitive, et les vibrations transversales sont à peu près impossibles. Ce serait dans les solides qu'il faudrait chercher

les plus grandes analogies ; mais il faut concevoir un solide d'une nature particulière, sans compressibilité, et permettant des déplacements de particules déterminant des forces élastiques considérables, qui tendent à ramener les particules déplacées dans leur position première, condition essentielle des vibrations transversales si rapides qu'on observe dans les rayons lumineux. En résumé, l'é. est une substance d'une nature spéciale, dont les corps que nous sommes habitués à manier ne nous peuvent donner aucune idée nette. Il semble que l'é. soit la substance matérielle par excellence, celle d'où dérivent toutes les manifestations de l'énergie et qui, par des modifications et des transformations que nous ne pouvons encore pas comprendre, a donné naissance à la matière pondérable ; les plus récents progrès de la physique semblent indiquer comme le plus probable. Voy. ATOME, MATIÈRE.

Certains astronomes avaient attribué à la résistance de l'é. le retard dans la marche de quelques comètes. Cette opinion est fort combattue aujourd'hui ; elle semble de plus en plus invraisemblable.

Chim. — 1. L'*É. ordinaire* ou *Oxyde d'éthyle*, appelé aussi *É. sulfurique*, répond à la formule $(C^2H^5)^2O$. C'est un liquide incolore, très réfringent, très fluide et très volatil, d'une odeur vive et agréable, d'une saveur âcre et brûlante. Il bout à 35° sous la pression atmosphérique ordinaire. Sa densité à 0° est 0,736 et celle de sa vapeur 2,565. Son point critique est à 194°. Quand on abaisse la température à — 30°, il cristallise en lames blanches et brillantes. L'é. se mêle en toutes proportions à l'alcool et il se dissout dans 9 parties d'eau. Il dissout très bien les corps gras et résineux ; il dissout également de petites quantités d'iode, de brome, de soufre et de phosphore.

L'é. est très inflammable ; il brûle avec une flamme blanche et lumineuse ; ses vapeurs forment avec l'oxygène de l'air des mélanges qui détonent avec violence à l'approche d'un corps en ignition. Il est facilement altéré par l'oxygène de l'air, qui le transforme en acide acétique. Pour le conserver à l'état de pureté, il faut le renfermer dans des flacons qui doivent être exactement remplis et fermés hermétiquement. Le chlore attaque l'éther avec violence ; en opérant dans l'obscurité, on obtient différents produits de substitution : éthers mono-, bi- et tétrachlorés. Les acides agissent sur lui comme sur un oxyde métallique : l'acide iodhydrique le dédouble en iodure d'éthyle et en alcool ; l'acide sulfurique donne, suivant les circonstances, de l'acide éthylsulfurique ou du sulfate d'éthyle.

Pour préparer l'é., on place dans un grand ballon (Fig. ci-dessous) un mélange de 100 parties d'acide sulfurique et de 50 parties d'alcool, puis on le ferme au moyen d'un bouchon percé de 3 trous. Par l'un de ces trous passe un thermomètre, par l'autre un tube surmonté d'un entonnoir, et descendant, ainsi que

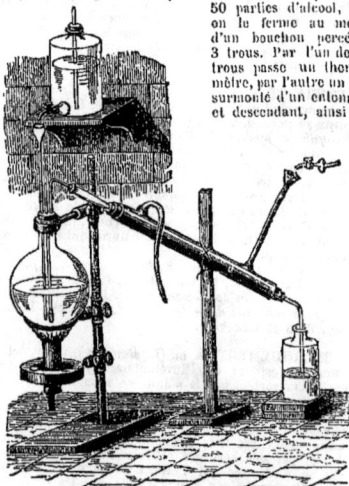

le thermomètre, jusqu'au fond du liquide. Le troisième trou reçoit l'extrémité d'un tube recourbé qui est entouré d'un manchon faisant l'office de réfrigérant, et qui, par son autre extrémité, aboutit dans un flacon servant de récipient. Au-dessus de l'entonnoir est disposé le robinet d'un flacon de Mariotte rempli d'alcool. On chauffe le grand ballon, soit avec une lampe à alcool, soit au moyen d'un bain de sable, jusqu'à ce que le thermomètre marque 140°; puis on ouvre le robinet du flacon de Mariotte, et l'on règle le courant de l'alcool de telle manière que le thermomètre marque toujours 140°. Il passe alors à la distillation un mélange d'éther et d'eau qui se rend dans le récipient. L'é. qu'on recueille est mêlé d'eau, d'alcool et d'acide sulfureux. On agite la liqueur avec de l'eau que l'on renouvelle plusieurs fois. L'é., ainsi débarrassé de l'alcool, est décanté et mis en contact pendant plusieurs jours avec du chlorure de calcium sec, puis distillé de nouveau. On obtient alors de l'é. parfaitement pur. Théoriquement, la même quantité d'acide sulfurique peut servir à préparer une quantité indéfinie d'é.; mais, dans la pratique, on s'arrête lorsque le poids de l'é. obtenu est 35 à 40 fois plus grand que celui de l'acide sulfurique contenu dans la cornue.

Théorie de l'éthérification. — Dans cette préparation, l'alcool se dédouble en é. et en eau, selon l'équation :

$$2 C^2 H^3 . OH = (C^2 H^5)^2 O + H^2 O.$$
$$\text{alcool} \qquad \text{éther} \qquad \text{eau}$$

On avait d'abord pensé que cette réaction était un simple déshydratation, due à l'affinité de l'acide sulfurique pour l'eau. Mais cette opinion cessa d'être admissible dès qu'on eut reconnu qu'une même quantité d'acide sulfurique peut servir, pour ainsi dire, indéfiniment à la transformation de l'alcool en é., et qu'en outre le dégagement de l'é. s'accompagne d'une quantité d'eau égale à celle qui serait nécessaire pour reformer l'alcool sur lequel on a opéré. On supposa alors que, dans ce dédoublement de l'alcool, l'acide sulfurique exerçait ce qu'on appelle une action *catalytique*, ce qui était substituer tout simplement un mot à un fait. Ce fut Williamson qui donna la solution de ce problème; il démontra que la production continue de l'é., sous l'influence d'une quantité limitée d'acide sulfurique, résulte de deux doubles décompositions successives. Le phénomène de l'*éthérification* présente, en effet, deux phases. Dans la première, il se fait, entre une molécule d'acide sulfurique et une molécule d'alcool, une double décomposition qui donne naissance à l'acide sulfovinique et à de l'eau. Dans la seconde, il y a double décomposition de l'acide sulfovinique produit et d'une nouvelle molécule d'alcool; cette décomposition, qui se produit à 140°, donne naissance à de l'é. et régénère l'acide sulfurique. Ces deux réactions peuvent se représenter par les deux équations suivantes :

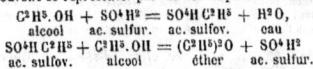

$$C^2 H^5 . OH + SO^4 H^2 = SO^4 H C^2 H^5 + H^2 O,$$
$$\text{alcool} \quad \text{ac. sulfur.} \quad \text{ac. sulfov.} \quad \text{eau}$$

$$SO^4 H C^2 H^5 + C^2 H^5 . OH = (C^2 H^5)^2 O + SO^4 H^2$$
$$\text{ac. sulfov.} \quad \text{alcool} \qquad \text{éther} \quad \text{ac. sulfur.}$$

L'acide sulfurique ainsi régénéré reproduit, par son contact sur une nouvelle molécule d'alcool, de l'acide sulfovinique, lequel, réagissant à son tour sur une nouvelle molécule d'alcool, détermine la formation d'une nouvelle molécule d'éther et d'eau, et ainsi de suite, jusqu'à ce que tout l'alcool soit transformé en éther. — L'acide sulfovinique ou éthylsulfurique, qui se forme passagèrement dans cette réaction, a pu être isolé et étudié à part. Voy. ÉTHYLSULFURIQUE.

L'é. que nous venons d'examiner, c.-à-d. l'oxyde d'éthyle, est souvent désigné, très improprement du reste, sous le nom d'É. *sulfurique*, à cause de son mode de préparation. Il paraît avoir été découvert par les alchimistes du XIII° siècle. car Basile Valentin, au commencement du XIV° siècle, en fait mention. Valerius Cordus, chimiste allemand du XVI° siècle, en indiqua aussi la formation, et le décrivit sous le nom d'*Huile de vitriol dulcifié*. Cependant la préparation de ce composé resta encore longtemps secrète : c'est seulement en 1734 que Grosse et Duhamel, après l'avoir étudiée de nouveau, la rendirent publique.

Usages. — L'é. est un des dissolvants les plus employés pour les substances qui sont insolubles ou peu solubles dans l'eau. On s'en sert constamment pour l'analyse immédiate, pour la séparation et l'extraction d'un grand nombre de composés organiques, principalement des alcaloïdes, des résines et des corps gras. Il est utilisé dans la fabrication du collodion, du celluloïd, de la mélinite. Associé à l'anhydride carbonique solide, il forme un mélange réfrigérant des plus puissants. Comme dissolvant, l'é. est aujourd'hui moins employé qu'autrefois, car on peut souvent le remplacer par économie par les essences de pétrole. — Quant à ses propriétés médicales, elles résultent de sa composition et de sa volatilité. Les thérapeutistes le rangent, ainsi que les autres éthers, parmi

les stimulants, où il est le type du petit groupe des médicaments désignés sous le nom de *stimulants diffusibles*. Appliqué sur la peau et sur les muqueuses en contact avec l'air, il produit d'abord une vive impression de froid due à la rapide évaporation du liquide. A ce premier effet local succède immédiatement une réaction superficielle avec développement d'une chaleur et d'une rubéfaction passagères. Les applications extérieures d'é. sont surtout utiles dans les brûlures profondes, dans les céphalalgies nerveuses intenses, dans certaines névralgies, dans les douleurs cutanées qui accompagnent l'urticaire. L'introduction d'un morceau de coton imbibé d'é. dans la cavité d'une dent cariée, pour calmer l'odontalgie, est un remède populaire. Enfin, on fait encore des frictions avec l'é. à haute dose pour faciliter la réduction des hernies étranglées. — Administré à l'intérieur, l'é. détermine d'abord dans la bouche, le pharynx et l'œsophage, une chaleur plus ou moins brûlante, qui se répand bientôt sur toute la surface de l'estomac, puis dans toute la région abdominale. Cette excitation manifeste s'irradie instantanément vers la tête et les extrémités, en répandant une douce chaleur dans tout l'organisme. Chez un grand nombre d'individus, elle a d'abord quelque analogie avec l'effet que produisent les liqueurs alcooliques; mais, en général, elle est bientôt suivie d'une sédation prononcée, d'un calme au moins momentané de toutes les douleurs, et même d'un sommeil profond. Néanmoins on rencontre certaines personnes nerveuses auxquelles l'odeur de l'é. cause de la céphalalgie, des nausées et quelquefois même des convulsions. Nous avons parlé ailleurs de l'action anesthésique de l'é. Voy. ANESTHÉSIE. — On fait tous les jours respirer une petite quantité d'é. aux personnes qui sont tombées en syncope ou en pâmoison. On l'ingère aussi fréquemment dans l'estomac, ordinairement à la dose de 10 à 12 gouttes sur un morceau de sucre, pour combattre les accidents variés qui naissent sous l'empire des affections hystériques. Il est souvent utile dans les névroses de l'estomac, les coliques hépatiques, l'asthme nerveux, etc. Il calme les spasmes, les mouvements convulsifs, les hoquets qui surviennent fréquemment dans les fièvres graves, comme la fièvre typhoïde, la scarlatine, etc. Un mélange d'é. et de laudanum de Sydenham (6 gouttes de chacun) apaise parfois rapidement les douleurs qu'éprouvent beaucoup de femmes dans la période menstruelle. Enfin, il suspend souvent, comme par enchantement, à la dose de 20 à 30 gouttes, le délire et les mouvements de l'ivresse convulsive produite par les alcooliques. Quoique l'É. *médicinal* contienne toujours une certaine proportion d'alcool, lorsqu'on veut obtenir une excitation moins prononcée, on le mélange avec une égale quantité d'alcool, que l'on constitue l'É. *sulfurique alcoolisé* ou la *Liqueur anodine d'Hoffmann*. Le *Sirop d'é.*, qui se prépare par simple mélange de 32 gr. d'é. avec 500 gr. du sirop de sucre blanc, s'emploie de préférence dans les cas où l'estomac est très irritable.

II. ÉTHERS. — On a donné le nom d'*Éthers* à un grand nombre de corps qui se répartissent en 2 classes bien distinctes : les *É.-sels* ou éthers proprement dits, analogues aux sels métalliques, et les *É.-oxydes* analogues aux oxydes métalliques et dont le type est l'é. ordinaire décrit ci-dessus.

A. Les *É.-sels* sont formés par l'union d'un acide et d'un alcool avec élimination d'eau. On peut les subdiviser en é. simples et é. composés, suivant que l'acide générateur est un hydracide ou un oxacide. Leur nomenclature est la même que celle des sels métalliques des acides; on remplace le nom du métal par celui du radical alcoolique. Ainsi, l'alcool éthylique traité par l'acide azotique donne de l'eau et de l'azotate d'éthyle :

$$C^2 H^5 . OH + AzO^3 H = H^2 O + AzO^3 . C^2 H^5.$$

Avec l'acide chlorhydrique, on obtiendrait le chlorure d'éthyle :

$$C^2 H^5 . OH + HCl = H^2 O + C^2 H^5 . Cl.$$

Autrefois ces composés s'appelaient éther éthylazotique, éther éthylchlorhydrique; mais ces dénominations sont tombées en désuétude.

L'analogie des éthers et des sels résulte de leur mode de formation : l'alcool se comporte comme une base métallique à l'égard de l'acide, le radical alcoolique joue le rôle d'un métal et les réactions ci-dessus sont tout à fait comparables à la formation d'un sel par l'union d'une base et d'un acide. Par ex. avec la potasse, on aurait :

$$KOH + AzO^3H = H^2O + AzO^3K \text{ (azotate de potassium)}$$
$$KOH + HCl = H^2O + KCl \text{ (chlorure de potassium)}$$

De même que les sels, les éthers peuvent faire la double décomposition, soit entre eux, soit avec les sels métalliques. La principale différence entre ces deux classes de corps, c'est que l'eau décompose les éthers, au moins en partie, et reproduit l'acide et l'alcool générateurs. Ce phénomène inverse de l'éthérification s'appelle la saponification ; il limite la formation des éthers, de sorte que l'action d'un acide sur un alcool est incomplète et amène un équilibre chimique. Voy. Équilibre. De plus, l'éthérification ne se produit qu'avec lenteur, surtout quand on opère à froid. On l'accélère en chauffant le mélange et en y ajoutant un acide minéral énergique. Pour rendre l'éthérification complète, il faut enlever l'eau au fur et à mesure de sa production, ou remplacer l'acide générateur par son anhydride ou son chlorure, ce qui exclut la formation de l'eau.

Les éthers à acides organiques sont de beaucoup les plus nombreux et sont à peu près les seuls qu'on rencontre dans la nature ; ils comprennent entre autres les matières grasses et un certain nombre d'huiles essentielles. — Les éthers sont généralement insolubles dans l'eau ; mais, comme on vient de le voir, l'eau tend à les dédoubler en acide et en alcool. Cette saponification se produit plus aisément quand on chauffe l'éther avec un alcali ou avec une terre alcaline comme la chaux, ou encore avec de l'acide chlorhydrique ou sulfurique étendu. L'ammoniaque dédouble les éthers à acides organiques en alcool et en amide. L'acide bromhydrique sec à 100° les transforme en bromure alcoolique et en acide libre.

Les méthodes ordinairement employées pour la préparation des éthers sont les suivantes : 1° Distiller un mélange de l'alcool et de l'acide (ou d'un de ses sels) en présence de l'acide sulfurique ; 2° pour les éthers non volatils, faire passer dans le mélange un courant d'acide chlorhydrique gazeux ; 3° traiter l'alcool par le chlorure ou l'anhydride de l'acide ; 4° traiter le sel d'argent de l'acide par un iodure alcoolique.

Les alcools secondaires donnent des éthers qui se dédoublent aisément en acide et en hydrocarbure non saturé. Cette décomposition est encore plus facile avec les éthers des alcools tertiaires. Les phénols peuvent aussi s'éthérifier ; mais la réaction est bien plus difficile qu'avec les alcools et l'on n'obtient qu'une proportion très faible d'éther par l'action directe des acides ; il faut employer le chlorure ou l'anhydride de l'acide ; par ex. l'éther acétique du naphtol se prépare en traitant le naphtol par le chlorure d'acétyle. Ces éthers des phénols sont très stables ; ils ne sont pas attaqués par l'eau bouillante ; les éthers chlorhydriques résistent même à l'action de la potasse en fusion.

Un alcool polyatomique peut former plusieurs éthers avec les acides monobasiques en remplaçant successivement ses oxhydryles par un radical d'acide. Par ex., le glycol
$$C^2H^4(OH)^2$$
fournit deux éthers chlorhydriques $C^2H^4(OH)Cl$ et $C^2H^4Cl^2$, ainsi que deux éthers acétiques $C^2H^4(OH)(C^2H^3O^2)$ et
$$C^2H^4(C^2H^3O^2)^2.$$
La glycérine, qui est un alcool triatomique $C^3H^5(OH)^3$, donne naissance à trois éthers chlorhydriques appelés mono-, di- et trichlorhydrine, et à trois éthers acétiques appelés acétines ; de même on nomme butyrines, margarines, stéarines, etc., les éthers que forme la glycérine avec les acides butyrique, margarique, stéarique, etc.

Un acide polybasique donnera plusieurs éthers avec un même alcool monoatomique. Lorsque tous les atomes de l'hydrogène basique (c.-à-d. de l'hydrogène remplaçable par un métal) sont remplacés par des radicaux alcooliques, on a un éther neutre. Quand cette substitution n'est que partielle, on obtient des composés intermédiaires fonctionnant à la fois comme éther et comme acide, et pouvant encore donner des sels métalliques. Ces éthers-acides sont ordinairement très solubles dans l'eau et facilement saponifiables par l'eau bouillante ; on les désigne par le nom de l'acide générateur précédé du nom du radical alcoolique. Par ex., l'acide sulfurique SO^4H^2, qui est bibasique, forme l'alcool méthylique au sulfate de méthyle $SO^4(CH^3)^2$ et l'acide méthylsulfurique $SO^4H(CH^3)$. De même, l'acide oxalique fournit un oxalate de méthyle et un acide méthyloxalique. L'acide phosphorique, qui est tribasique, donne naissance à trois éthers éthyliques : les acides éthylphosphorique et diéthylphosphorique et le phosphate neutre d'éthyle.

B. Les *Éthers-oxydes*, comparables aux oxydes des métaux univalents, sont constitués par deux radicaux alcooliques univalents qu'unit un atome d'oxygène. On peut les considérer comme des anhydrides formés par l'union de deux molécules d'alcool, avec élimination d'une molécule d'eau. Pour les nommer, on fait suivre le mot *oxyde* du nom du radical alcoolique. Ainsi l'éther ordinaire, que nous avons décrit plus haut, et qui répond à la formule $C^2H^5.O.C^2H^5$, doit s'appeler l'oxyde d'éthyle. Quand les deux radicaux alcooliques reliés par l'oxygène sont différents, on a des *éthers mixtes*, tels que l'oxyde d'éthyle et de méthyle $C^2H^5.O.CH^3$.

Les éthers-oxydes diffèrent à tous les égards des éthers-sels. Ils sont très stables et ne sont attaqués ni par l'eau bouillante, ni par les alcalis, ni par les agents de déshydratation. Les acides les dédoublent, assez difficilement, en alcool et en éthers-sels. L'acide iodhydrique réagit déjà à froid ; dans le cas des éthers mixtes, il se porte sur le radical alcoolique le moins riche en carbone. Pour préparer les éthers-oxydes, on traite les alcools par des corps déshydratants, tels que l'acide phosphorique, l'acide sulfurique, le chlorure de zinc ; on peut aussi obtenir ces éthers par l'action d'un iodure alcoolique sur le dérivé sodé d'un alcool.

Les alcools polyatomiques fournissent certains anhydrides qui, par leur mode de formation, sont comparables aux éthers-oxydes. Ainsi deux molécules de glycol $C^2H^4(OH)^2$ peuvent se souder en perdant de l'eau et en donnant un oxyde
$$C^2H^4OH.O.C^2H^4OH$$
appelé alcool diéthylénique. Mais la déshydratation d'une seule molécule d'alcool polyatomique donne des anhydrides très différents des précédents ; tel est l'oxyde d'éthylène $\left.{CH^2 \atop CH^2}\right\rangle O$, dérivé du glycol. Ces anhydrides sont de véritables bases qui déplacent les oxydes métalliques de leurs sels et qui s'unissent à l'eau ou aux acides en reproduisant l'alcool primitif ou ses éthers.

Les phénols peuvent donner naissance à des oxydes comparables aux éthers-oxydes, tel est l'oxyde de phényle
$$C^6H^5.O.C^6H^5.$$
Ils fournissent aussi des éthers mixtes comme l'anisol
$$C^6H^5.O.CH^3,$$
oxyde de phényle et de méthyle ; un pareil corps peut être regardé comme l'éther méthylique du phénol, ce dernier corps jouant le rôle d'un acide.

III. *Éther de pétrole.* — Un des produits de la distillation du pétrole. Voy. Pétrole.

ÉTHÉRATE. s. m. T. Chim. Sel produit par la combinaison de l'acide éthérique avec une base.

ÉTHÉRÉ, ÉE. adj. (gr. αἰθέριος, m. s.). Qui est fluide et subtil comme l'éther qu'on suppose remplir les espaces célestes. *Corps é. Substance éthérée.* || Qui est rempli par l'éther. *L'espace é.*, Celui dans lequel se meuvent les corps célestes. — Poétiq., *La voûte éthérée*, Le ciel. || Très noble, très élevé, très pur. *Une âme éthérée, un amour é.* || Fig., Milieu très pur, très noble. *Les régions éthérées de la poésie.* || T. Pharm. Où l'on a mêlé de l'éther. *Solution éthérée*, Solution dans l'éther. = Éthéré. s. m. Caractère de ce qui est é.

ÉTHÉRIFICATION. s. f. [Pr. *étérifika-si-on*]. T. Chim. Conversion en éther. Voy. Éther.

ÉTHÉRIFIER. v. a. T. Chim. Convertir, transformer en éther.

ÉTHÉRINE. s. f. T. Chim. Nom peu usité du gaz oléfiant ou hydrogène bicarboné. Voy. Éthylène.

ÉTHÉRISATION. s. f. [Pr. *étéri-za-si-on*]. Action d'éthériser.

ÉTHÉRISER. v. a. T. Chim. Combiner avec l'éther. || T. Méd. Soumettre à l'éthérisation. = Éthérisé, ée. part.

ÉTHÉRISME. s. m. (R. *éther*). État dans lequel on a perdu tout sentiment sous l'influence de l'éther ou du chloroforme.

ÉTHÉRO-CHLOROFORME. s. m. Mélange d'éther et de chloroforme pour prolonger l'anesthésie.

ÉTHÉROL. s. m. (R. *éther*, et lat. *oleum*, huile). T. Chim. Nom de l'huile de vin légère, produite par la décomposition de l'huile douce ou pesante du vin par l'eau.

ÉTHÉROLAT. s. m. (mot formé d'*éther* sur le modèle d'*alcoolat*). T. Pharm. Produit de la distillation de l'éther sur des substances aromatiques.

ÉTHÉROLÉ. s. m. (R. *éther*, et terminaison du mot *alcool*). T. Pharm. Médicament liquide formé d'éther et de principes médicamenteux.

ÉTHÉRONE. s. f. T. Chim. Liquide limpide et léger, très volatil, qui accompagne l'huile douce de vin dans la distillation sèche des sulfovinates.

ÉTHÉRYLE. s. m. T. Chim. Radical hypothétique de l'huile douce du vin.

ÉTHINE. s. m. T. Chim. Synonyme d'*Acétylène*.

ÉTHIONIQUE. adj. 2 g. (R. *éthyle*, et *thionique*, du gr. θεῖον, soufre). T. Chim. L'*anhydride é.* ou *sulfate de carbyle* a pour formule $\left.\begin{array}{l}CH^2O-SO^2\\CH^2O-SO^2\end{array}\right\rangle$. Il se produit par l'union directe de l'éthylène et de l'anhydride sulfurique. Il se présente en prismes fusibles à 80°, déliquescents, se combinant avec l'eau pour donner de l'acide é. — L'*acide e.* $SO^4H.(CH^2)^2SO^3H$ se forme par l'action de l'anhydride sulfurique sur l'alcool absolu ou sur l'oxyde d'éthyle anhydre; pour le purifier, on le transforme en éthionate de baryum, qui est soluble. C'est un acide bibasique donnant des sels cristallisables; il n'est connu qu'à l'état de solution; lorsqu'on cherche à le concentrer ou le chauffant, il fixe de l'eau et se dédouble en acide sulfurique et acide iséthionique.

ÉTHIOPIE. Nom donné dans l'antiquité à la région du Haut Nil et qui s'étendit par la suite le Soudan. Les rares navigateurs qui s'étaient alors aventurés jusqu'au golfe de Guinée lui avaient même donné le nom d'*Éthiopique*; et l'on appela *Éthiopienne* la race cuivrée répandue de la mer Rouge à l'Atlantique, sans qu'aucun pays ait conservé ce nom. Cependant, les Italiens s'étant récemment emparés de la côte de la mer Rouge, ont pu reprendre les traditions de l'empire romain dont ils se disent les continuateurs, ressuscitèrent le nom d'*Éthiopie* en faveur de l'Abyssinie qu'ils voulaient placer sous leur protectorat. Voy. ÉRYTHRÉE.

ÉTHIOPIEN. s. m. Langue parlée par les habitants de l'Éthiopie.

ÉTHIOPIEN, IENNE. adj. et s. m. et f. Qui est de l'Éthiopie; habitant de l'Éthiopie.

ÉTHIOPS. s. m. [Pr. *éti-opse*] (gr. αἰθίοψ, Éthiopien, nègre, de αἴθω, je brûle). T. Chim. Nom que l'on donnait autrefois à certains oxydes ou sulfures métalliques, à cause de leur couleur noire. *E. martial,* Voy. FER. *E. minéral,* Voy. MERCURE.

ÉTHIQUE. s. f. (gr. ἦθος, mœurs). T. Philos. La science de la morale. || *Les Éthiques d'Aristote,* Les ouvrages d'Aristote sur la morale. Voy. MORALE.

ETHMOCÉPHALE. s. m. (fr. *ethmoïde,* et gr. κεφαλή, tête). T. Tératol. Nom des monstres qui ont l'appareil nasal atrophié et ses rudiments apparents à l'extérieur sous forme d'une trompe au-dessus des orbites.

ETHMOCÉPHALIE. s. f. État des monstres ethmocéphales.

ETHMOÏDAL, ALE. adj. T. Anat. Qui appartient à l'ethmoïde. *Cellules ethmoïdales. Nerfs ethmoïdaux.*

ETHMOÏDE. adj. et s. m. (gr. ἠθμός, crible; εἶδος, forme). T. Anat. *Os e.,* Os du crâne dont la lame supérieure est criblée de petits trous. Voy. CRANE.

ETHNARCHIE. s. f. (gr. ἔθνος, peuple; ἀρχή, autorité). T. Hist. anc. Province qui était sous le commandement d'un ethnarque. || La dignité d'ethnarque.

ETHNARCHIQUE. adj. 2 g. Qui a rapport à l'ethnarchie.

ETHNARQUE. s. m. (gr. ἔθνος, peuple; ἀρχή, autorité). T. Hist. anc. Titre de dignité donné par les empereurs romains à quelques princes juifs. *Hérode le Grand et Archélaüs gouvernèrent la Judée, avec le titre d'e., sous la protection de l'empire.*

ETHNIQUE. adj. 2 g. Qui a rapport à l'ethnarchie. (gr. ἐθνικός, m. s., de ἔθνος, peuple). Dans le style des Pères de l'Église, Païen, gentil, idolâtre. || T. Gram. *Mot e.,* Mot qui désigne l'habitant d'un certain pays, d'une certaine ville. *Français, Parisien, sont des mots ethniques.*

ETHNO-GÉNÉALOGIE. s. f. (gr. ἔθνος, peuple, et fr. *généalogie*). T. Didact. Généalogie des peuples, la manière dont ils procèdent les uns des autres.

ETHNOGRAPHE. s. m. Celui qui s'adonne à l'ethnographie, qui en fait son étude.

ETHNOGRAPHIE. s. f. (gr. ἔθνος, peuple; γράφω, je décris). L'*E.* peut être définie la science de l'origine et de la filiation des peuples. L'e. s'appuie sur l'Anthropologie, qui étudie les caractères physiques des races humaines, sur la Linguistique, ou étude comparative des langues, sur la Mythologie comparée, sur l'Archéologie, et enfin sur l'Histoire. Toutefois l'ethnographe considère l'histoire d'un point de vue particulier. Il recherche exclusivement les documents relatifs à l'origine, à la succession, aux migrations et aux fusions des peuples, ainsi que les caractères intellectuels et moraux, les lois, les coutumes et les mœurs qui distinguent les unes des autres les différentes branches de la famille humaine. — On doit reconnaître que l'e. est aujourd'hui peu avancée, malgré de nombreux et beaux travaux, et qu'il reste encore beaucoup à faire avant d'arriver à des solutions satisfaisantes des nombreux problèmes que soulève cette étude systématique de l'humanité. Rien que pour la classification des races humaines, les auteurs s'entendent fort mal, et la grave question de l'unité ou de la diversité d'origine de ces races reste aujourd'hui tout entière.

ETHNOGRAPHIQUE. adj. 2 g. Qui appartient, qui est relatif à l'ethnographie. *Recherches ethnographiques.*

ETHNOLOGIE. s. f. (gr. ἔθνος, peuple; λόγος, traité). Étude des nations et des races humaines. Ce mot est synonyme d'*Ethnographie,* quoique certains auteurs aient cherché à les distinguer : l'Ethnographie étant, suivant eux, purement descriptive, et l'E. ayant seule le caractère d'une science théorique et raisonnée. Ces distinctions de mots sont sans aucune valeur, toute science digne de ce nom comprenant à la fois une partie d'observation, c.-à-d. descriptive, et une partie théorique, c.-à-d. l'ensemble des conclusions déduites de l'observation. Il est déraisonnable de vouloir séparer ces deux parties.

ETHNOLOGIQUEMENT. adv. Au point de vue ethnologique.

ÉTHOGRAPHIE. s. f. (gr. ἦθος, mœurs; γράφειν, décrire). Description des mœurs, du caractère des hommes.

ÉTHOGRAPHIQUE. adj. 2 g. Qui a rapport à l'éthographie.

ÉTHOLOGIE. s. f. (gr. ἦθος, mœurs; λόγος, traité). Discours ou traité sur les mœurs.

ÉTHOLOGIQUE. adj. 2 g. Qui appartient à l'éthologie.

ÉTHOLOGUE. s. m. Celui qui s'occupe d'éthologie.

ÉTHOPÉE. s. f. (gr. ἠθοποιία, m. s., de ἦθος, mœurs, et ποιέω, je fais). Peinture et description des mœurs et des passions humaines. || T. Rhétor. Voy. HYPOTYPOSE.

ÉTHRA, mère de Thésée. (Myth.).

ÉTHRIOSCOPE. s. m. (gr. αἰθρία, pureté de l'air; σκοπέω, j'examine). T. Phys. Appareil servant à faire connaître la force du rayonnement de la chaleur vers le ciel exempt de nuages.

ÉTHUSE. s. f. T. Bot. Voy. ÆTHUSE. || T. Zool. Genre de crustacés voisins des Crabes. Voy. BRACHYOURES.

ÉTHYL. T. Chim. Préfixe indiquant l'existence du radical éthyle dans la molécule d'un composé.

ÉTHYLACÉTYLÈNE. s. m. T. Chim. Syn. de *Crotonylène.* Voy. ce mot.

ÉTHYLAMINE. s. f. (R. *éthyle,* et *amine*). T. Chim. Amine résultant de la substitution du radical éthyle à un atome d'hydrogène de l'ammoniaque. Elle a pour formule $AzH^2(C^2H^5)$. Wurtz l'a préparée en décomposant le cyanate d'éthyle par la potasse; il se forme de l'é. et du carbonate de potasse. Hofmann, en traitant l'ammoniaque par le bromure d'éthyle, a obtenu le bromhydrate d'é., qui dégage l'é. quand on le distille avec de la potasse ou de la chaux. L'é. est un liquide incolore, mobile, d'odeur ammoniacale, soluble en toutes proportions dans l'eau, l'alcool et l'éther; elle bout à 18°,7; sa densité n'est que 0,696. Elle est combustible. Elle possède la plupart des propriétés de l'ammoniaque; elle émet des fumées blanches au contact des vapeurs d'acide chlorhydrique; elle bleuit fortement la teinture de tournesol, précipite les solutions métalliques comme l'ammoniaque, et s'unit aux acides en donnant des sels qui sont généralement très solubles et bien cristallisés. En se combinant à l'acide cyanique elle donne de l'éthylurée. L'acide azoteux la décompose en azote, alcool et eau.

La *diéthylamine* $(C^2H^5)^2$ AzH est une base qui ressemble beaucoup à la précédente. Elle bout à 57°. Elle se produit à l'état de bromhydrate, quand on chauffe l'é. avec le bromure d'éthyle. — Traitée à son tour par ce bromure, elle se transforme en *triéthylamine* $Az(C^2H^5)^3$, liquide peu soluble dans l'eau, bouillant à 89°, qui est encore une base énergique formant avec les acides des sels bien cristallisés.

Lorsqu'on mélange de la triéthylamine et de l'iodure d'éthyle, on obtient une masse cristalline *d'iodure de tétréthylammonium* $AzI(C^2H^5)^4$, que l'oxyde d'argent humide convertit en *hydrate de tétréthylammonium*. Cet hydrate, répond à la formule $Az(C^2H^5)^4$OH, est une base forte qui n'est plus analogue à l'ammoniaque, mais qui possède les propriétés de la potasse.

ÉTHYLARSINE. s. f. (R. *éthyle*, et *arsenic*. T. Chim. On ne connaît pas les composés arséniés correspondant à l'éthylamine et à la diéthylamine. Mais, lorsqu'on fait agir l'arséniure de sodium sur l'iodure d'éthyle en solution éthérée, on obtient la triéthylarsine et l'iodure de tétréthylarsonium.

La *triéthylarsine* $As(C^2H^5)^3$ représente de l'arséniure d'hydrogène dont tous les atomes d'hydrogène sont remplacés par de l'éthyle. C'est un liquide incolore, oléagineux, d'odeur désagréable. Elle est très vénéneuse. A l'air elle émet des fumées blanches et s'enflamme pour peu qu'on la chauffe. En s'oxydant à froid, elle se transforme en oxyde de triéthylarsine $As(C^2H^5)^3$O, liquide jaunâtre, d'odeur alliacée, provoquant le larmoiement.

L'iodure de tétréthylarsonium $As(C^2H^5)^4$I est une masse cristalline, incolore. L'oxyde d'argent humide le transforme en *hydrate de tétréthylarsonium* $(C^2H^5)^4$AsOH, base assez énergique, analogue à la potasse.

D'autres combinaisons éthyliques de l'arsenic ont été décrites au mot CACODYLE.

ÉTHYLATE. s. m. (R. *éthyle*). T. Chim. Nom donné aux dérivés métalliques de l'alcool éthylique, produits par la substitution d'un métal à l'hydrogène typique de l'alcool. Ces composés, appelés quelquefois *alcoolates*, sont analogues par leur constitution aux hydrates métalliques. — L'é. de sodium C^2H^5ONa, appelé aussi *alcool sodé*, se forme, avec dégagement d'hydrogène, par l'action du sodium sur l'alcool absolu; il cristallise en prismes incolores; l'eau le décompose en donnant de l'alcool et de la soude caustique. — L'é. de baryum $(C^2H^5O)^2$Ba se produit quand on dissout de la baryte dans l'alcool absolu; il se précipite à chaud sous forme d'une poudre amorphe, soluble à froid. L'eau le dédouble en baryte et alcool; cette réaction est très sensible et permet de déceler les moindres traces d'eau dans un alcool. — L'é. d'aluminium, qu'on obtient en traitant par l'aluminium une solution d'iode dans de l'alcool absolu, est une masse cristalline, jaune, fusible à 115°.

ÉTHYLATION. s. f. (Pr ...sion). T. Chim. Opération consistant à éthyler un composé.

ÉTHYLBENZÈNE. s. m. (R. *éthyle*, et *benzène*). T. Chim. Hydrocarbure cyclique dérivé du benzène par la substitution du radical *éthyle* à un atome d'hydrogène. Sa formule est $C^6H^5.C^2H^5$. On le rencontre dans l'huile de Dippel. On le prépare en faisant agir l'éthylène ou le chlorure d'éthylène sur le benzène en présence du chlorure d'aluminium. C'est un liquide ressemblant beaucoup au toluène; il bout à 136° dans le vide; sa densité est 0,866 à 22°. Oxydé par l'acide chromique en solution étendue dans l'eau, il se transforme en acétophénone, puis en acide benzoïque.

L'é. donne naissance à deux séries de dérivés substitués, suivant que la substitution se fait dans le noyau benzénique ou dans la chaîne latérale constituée par l'éthyle. L'acide azotique fumant donne trois dérivés mononitrés (ortho-, méta- et para-) en remplaçant un atome d'hydrogène du noyau par le groupe AzO². Ces *nitro-éthylbenzènes* fournissent, par réduction, des dérivés amidés, basiques, appelés *amido-éthylbenzènes*. L'acide sulfurique donne également des dérivés substitués dans le noyau : ce sont les *acides éthylbenzène-sulfoniques*; fondus avec la potasse, ces acides fournissent les *éthylphénols* correspondants. — L'oxydation de la chaîne latérale C^2H^5 ou $CH^2.CH^3$ donne naissance à

deux alcools : l'un, primaire, appelé *alcool phénytéthylique* $C^6H^5.CH^2.CH^2$OH; l'autre, secondaire, qui est le *phénylméthylcarbinol* $C^6H^5.CHOH.CH^3$. L'acétone correspondant à ce dernier est l'acétophénone. A l'alcool primaire correspondent l'aldéhyde phényléthylique $C^6H^5.CH^2.CHO$ et l'acide phénylacétique $C^6H^5.CH^2.CO^2H$. Enfin, l'acide phénylglycolique $C^6H^5.CHOH.CO^2H$ est un composé intermédiaire, à la fois alcool secondaire et acide monobasique.

ÉTHYLBENZOÏQUE. adj. 2 g. T. Chim. Les *acides éthylbenzoïques* correspondent aux éthyltoluènes et ont pour formule $C^6H^4(C^2H^5)$ CO^2H. L'acide *ortho-é.* cristallise en fines aiguilles, fusibles à 68°; on l'obtient quand on réduit, à l'aide de l'acide iodhydrique, l'acide acétylbenzoïque qui se forme dans l'action du chlorure d'acétyle sur le benzoate d'éthyle. L'acide *para-é.* cristallisé en prismes qui fondent à 113°, et l'acide *méta-é.* en aiguilles fusibles à 47°, se produisent par l'oxydation des diéthylbenzènes.

ÉTHYLCARBAMIDE. s. f. T. Chim. Syn. d'*Éthylurée*. Voy. ce mot.

ÉTHYLCARBIMIDE. s. f. T. Chim. L'é.-c. appelé aussi *isocyanate d'éthyle*, est le dérivé éthylique de la carbimide (acide isocyanique) et répond à la formule CO : AzC^2H^5. On la prépare en soumettant à la distillation sèche un mélange d'isocyanate de potassium et d'éthylsulfate de potassium. L'é.-c. est liquide, incolore, mobile, soluble dans l'éther; elle excite le larmoiement et la suffocation, elle bout à 60°. Chauffée avec l'eau elle se transforme en anhydride carbonique et diéthylurée. Avec la potasse elle donne de l'éthylamine; c'est cette réaction qui a conduit Wurtz à la découverte des amines. L'é.-c. s'unit directement à l'acide chlorhydrique en donnant un chlorhydrate décomposable par l'eau. Chauffée à 100° avec l'alcool ordinaire, elle se combine avec lui pour former l'éthyluréthane.

ÉTHYLCARBONIQUE. adj. 2 g. T. Chim. L'*acide é.* ou *carbovinique* qui aurait pour formule $CO^2H.OC^2H^5$ n'a pas été isolé. Son sel de potassium s'obtient en faisant passer du gaz carbonique dans une solution alcoolique de potasse; il cristallise en lamelles hexagonales, décomposables par l'eau. Les éthylcarbonates de sodium et de baryum se produisent par l'action de l'anhydride carbonique sur les éthylates correspondants.

ÉTHYLCARBYLAMINE. s. f. (R. *éthyle*, et *carbylamine*). T. Chim. Liquide d'odeur extrêmement désagréable, bouillant à 78°, ayant pour densité 0,759, pour formule $C : Az.C^2H^5$ et possédant les propriétés générales des *Carbylamines*. Voy. ce mot.

ÉTHYLDIMÉTHYLBENZÈNE. s. m. T. Chim. Synonyme d'*Éthylxylène*. Voy. ce mot.

ÉTHYLDIMÉTHYLCARBINOL. s. m. T. Chim. Alcool amylique tertiaire, appelé autrefois *hydrate d'amylène*, et répondant à la formule $C^2H^5.C$OH : $(CH^3)^2$. Il est liquide, bout à 96° et se solidifie en aiguilles fusibles à -- 21°. La chaleur le scinde en eau et amylène. L'oxydation le dédouble en anhydride carbonique et acide acétique. On l'obtient en combinant à froid l'amylène avec l'acide sulfurique et saponifiant par le carbonate de sodium.

ÉTHYLDIMÉTHYLÉTHYLÈNE. s. m. T. Chim. Voy. HEXYLÈNE.

ÉTHYLE. s. m. (R. *éther*, et gr. ὕλη, matière). T. Chim. Nom donné au radical univalent C^2H^5. ou $CH^3.CH^2$. qui est contenu dans l'alcool ordinaire et ses dérivés. Quand on cherche à isoler ce radical, on obtient le *di-éthyle* $C^2H^5.C^2H^5$ qui n'est autre chose que le butane normal. Voy. BUTANE. — Comme le groupe $CH^3.CH^2$ entre dans la composition d'un grand nombre de composés, on le représente souvent, pour abréger, par le symbole Et.

L'hydrure d'é. a reçu le nom d'*éthane*. Voy. ce mot. *L'oxyde d'é.* est l'éther ordinaire. *L'hydrate d'é.* est l'alcool éthylique.

Le *chlorure d'é.* EtCl ou C^2H^5Cl se prépare en faisant passer de l'acide chlorhydrique gazeux dans de l'alcool absolu, en présence du chlorure de zinc. C'est un liquide incolore, très mobile, d'une odeur aromatique pénétrante, peu soluble dans l'eau, très soluble dans l'alcool. Il est très volatil et bout à 12°; sa densité est 0,92. Il brûle avec une flamme verte.

Il se transforme en alcool par ébullition avec l'eau ou la potasse étendue. Il dissout le soufre, le phosphore, les huiles grasses, les essences et les résines. Il est utilisé en thérapeutique comme anesthésique local. Sous le nom d'*éther chlorhydrique alcoolisé*, sa dissolution dans l'alcool a été employée aux mêmes usages que l'éther ordinaire.

Le *bromure d'é.* Ét Cl s'obtient en faisant couler du brome dans de l'alcool contenant du phosphore. C'est un liquide à odeur éthérée qui bout à 38°,8 et dont la densité est 1,47. Sa vapeur est anesthésique.

L'*iodure d'é.* Ét I se prépare par l'action du phosphore sur l'alcool tenant de l'iode en dissolution. Il est liquide et incolore, mais il brunit peu à peu à l'air et à la lumière. Sa densité est 1,975; son point d'ébullition 72°. Soit seul, soit en solution alcoolique, il décompose la plupart des sels d'argent en donnant de l'iodure d'argent et un éther éthylique. Il est d'un usage fréquent dans les laboratoires pour introduire le radical éthyle dans la molécule d'un composé.

Le *sulfure d'é.* Ét² S est le composé sulfuré qui correspond à l'éther ordinaire. C'est un liquide incolore, d'odeur alliacée, qu'on prépare en traitant le monosulfure de potassium par le chlorure d'é. — Le bisulfure de potassium traité de même donne le *bisulfure d'é.* Ét² S² liquide d'une forte odeur alliacée, bouillant à 151°. — On obtient un *oxysulfure d'é.* Ét² SO en traitant le protosulfure d'é. par l'acide azotique étendu. — Le *sulfhydrate d'é.* est connu sous le nom de de *Mercaptan* (Voy. ce mot).

Les éthers composés contenant le radical éthyle sont très nombreux. Ceux qui dérivent des acides organiques seront étudiés avec l'acide correspondant, qui nous offriront quelque importance. Nous ne parlerons ici que des principaux éthers à acides minéraux.

L'*azotate d'é.* Az O³ Ét est un liquide incolore, d'odeur éthérée, insoluble dans l'eau, soluble dans l'alcool; il bout à 86° et détone à une température plus élevée. Chauffé avec l'ammoniaque il donne de l'azotate d'ammoniaque et de l'éthylamine. Il a été employé industriellement comme agent d'éthylation.

L'*azotite d'é.*, appelé autrefois *éther nitreux* ou *nitrique*, a été découvert dès 1681 par Kunkel. Il est liquide, jaunâtre, et bout à 18°. Il possède une odeur caractéristique de pomme reinette. Très volatil, il produit un grand froid par son évaporation. C'est un oxydant énergique. L'acide sulfurique et les sulfures alcalins le décomposent en donnant de l'alcool, de l'ammoniaque, de l'eau et du soufre. Il est utilisé en médecine comme excitant, nervin, carminatif et diurétique; il produit une rapide anesthésie. À cause de sa volatilité et de son altérabilité, quand il est pur, on l'emploie ordinairement en solution alcoolique; il constitue alors la *liqueur anodine nitreuse* des pharmaciens.

L'acide sulfurique fournit un éther acide (Voy. ÉTHYLSULFURIQUE) et un éther neutre. Ce dernier est le *sulfate d'é.* SO⁴ Ét³, qui se forme par union directe de l'anhydride sulfurique et de l'oxyde d'é. C'est un liquide peu stable à odeur de menthe poivrée; l'eau le transforme facilement en acide éthylsulfurique;

L'acide phosphorique, étant tribasique, donne naissance à trois éthers éthyliques, ce sont: l'acide éthylphosphorique PO³ H² Ét qui est encore bibasique; l'acide diéthylphosphorique PO⁴ HÉt² qui est monobasique, et le *phosphate d'é.* PO⁴ Ét³ qui correspond aux phosphates neutres ou trimétalliques. Ce dernier corps est un liquide épais, bouillant à 215°, soluble en toutes proportions dans l'eau, l'alcool et l'éther.

L'acide silicique forme un assez grand nombre d'éthers éthyliques qu'on obtient en faisant agir l'alcool sur le chlorure de silicium. Le *silicate d'é.* normal SiO⁴ Ét⁴ est un liquide incolore, d'une odeur agréable, d'une saveur poivrée. Il bout à 166°. L'alcool absolu le dissout. L'eau ne le dissout pas, mais le décompose lentement en donnant de la silice gélatineuse.

Le *carbonate d'é.* CO³ Ét² se forme, en même temps que de l'oxyde de carbone, quand on fait réagir le sodium sur l'oxalate d'é. Il est liquide, incolore, d'une odeur agréable, et bout à 126°. L'eau, sans le dissoudre, le décompose rapidement en alcool et en anhydride carbonique. L'ammoniaque le convertit en urée. — On connaît encore un *ortho-carbonate* CO⁴Ét⁴, huile incolore, insoluble dans l'eau, bouillant à 159°. Il se produit quand on chauffe l'éthylate de sodium avec le chloropicrine. — Il existe aussi des dérivés de l'acide *éthylcarbonique* (Voy. ce mot). — Le *sulfo* ou *thio-carbonate d'é.* CS² Ét² est une huile jaune, bouillant à 240°, insoluble dans l'eau. L'acide nitrique le transforme en acide éthylsulfurique. L'ammoniaque le convertit en mercaptan et isosulfocyanate d'é.

Le radical é. est contenu dans un assez grand nombre de combinaisons organo-métalloïdes. Tels sont le *bore-é.* BoÉt³,

liquide, à odeur insupportable, bouillant à 95°, et le *silicium-é.* Si Ét⁴, qui bout à 153°; tous deux s'obtiennent en traitant le chlorure du métalloïde par le zinc-é. Le silicium-é. donne avec le chlore un chlorure de siliconyle Ét³ Si Ét Cl qui permet de préparer un alcool, un acétate, etc. Voy. aussi CACODYLE, ÉTHYLARSINE, ÉTHYLPHOSPHINE. — Parmi les composés organométalliques renfermant de l'é., le plus important est le *zinc-é.* ZnÉt², qui peut servir à préparer la plupart des autres: *mercure-é.* Hg Ét², *aluminium-é.* Al² Ét⁶, *plomb-é.* Pb Ét⁴, etc. Voy. ZINC-ÉTHYLE et ORGANOMÉTALLIQUE.

ÉTHYLE-ALLYLE. s. m. T. Chim. Syn. de *propyléthylène*, hydrocarbure du groupe des *Pentènes*.

ÉTHYLE-AMYLE. s. m. T. Chim. Nom donné à l'*Heptane* normal.

ÉTHYLE-ISOBUTYLE. s. m. T. Chim. Hydrocarbure du groupe des *Hexanes*. (Voy. ce mot.)

ÉTHYLE-ISOPROPYLE. s. m. T. Chim. Syn. d'*Isopentane*. Voy. PENTANE.

ÉTHYLE-PROPYLE. s. m. T. Chim. Nom donné au *Pentane* normal. Voy. PENTANE.

ÉTHYLÈNE. s. m. (R. *éthyle*, et le suff. *ène* qui désigne les carbures d'hydrogène). T. Chim. Hydrocarbure non saturé, répondant à la formule CH². CH². C'est le terme le plus simple de la série des hydrocarbures éthyléniques. Ce corps, découvert en 1795 par quatre chimistes hollandais, a porté différents noms: *Gaz des Hollandais, Gaz oléfiant, Hydrogène bicarboné, Bicarbure d'hydrogène*. Il se forme dans la distillation sèche d'un grand nombre de substances organiques: formiates, acétates, butyrates, oxalates, résines, caoutchouc, bois, charbon. Il entre pour 6 à 8 p. 100 dans le gaz d'éclairage. On le prépare en chauffant vers 160° un mélange d'alcool et d'acide sulfurique: il se produit d'abord de l'acide éthylsulfurique que la chaleur dédouble ensuite en é. et acide sulfurique. Berthelot a réalisé la synthèse de l'é. en hydrogénant l'acétylène cuivreux, ou encore en faisant passer un mélange de vapeur d'acétylène et d'hydrogène sulfuré sur du cuivre chauffé au rouge sombre. L'é. est un gaz incolore, d'une légère odeur empyreumatique, peu soluble dans l'eau, un peu plus soluble dans l'alcool et l'éther. Sa densité est 0,978. Sa température et sa pression critiques sont + 9° et 58 atmosphères. Liquéfié, il bout à − 105° sous la pression atmosphérique et se solidifie à − 169°. Il est facilement absorbable par le chlorure cuivreux en solution ammoniacale. Chauffé, il se décompose en charbon de charbon, de l'hydrogène, du méthane et des hydrocarbures plus complexes. Il brûle à l'air avec une flamme très éclairante, qui détone mélangé avec trois fois son volume d'oxygène, il détone violemment sous l'action de la chaleur. Un mélange d'é. et de chlore prend feu au contact d'une flamme, en donnant de l'acide chlorhydrique et un dépôt de charbon. L'é., n'étant pas saturé, se prête facilement à des réactions d'addition. Ainsi, il s'unit à l'hydrogène pour former de l'éthane, à l'acétylène pour former du crotonylène; avec les acides bromhydrique et iodhydrique il fournit les éthers correspondants de l'alcool ordinaire. Agité longtemps avec l'acide sulfurique, il s'unit à ce corps en donnant de l'acide éthylsulfurique. Un mélange à volumes égaux de chlore et d'é., exposé à la lumière, se condense en un liquide oléagineux, qui est le chlorure d'é., connu sous le nom d'*Huile des Hollandais*. L'é. s'unit également au brome et à l'iode. Avec l'acide sulfurique de Nordhausen, il donne de l'acide éthionique. Avec l'acide hypochloreux, il fournit la chlorhydrine de glycol. Les oxydants (acide azotique, mélange chromique, permanganate de potasse) transforment l'é. en glycol et en acides oxalique, formique, acétique et carbonique.

Le chlorure, le bromure et l'iodure d'é. peuvent être considérés comme des dérivés disubstitués de l'éthane ou comme des éthers du glycol. Le *chlorure d'é.* ou *huile des Hollandais* CH² Cl. CH² Cl se forme par l'union directe du chlore et de l'é., ou par l'action du perchlorure de phosphore sur le glycol; il se produit en grande quantité dans la fabrication du chloral. C'est un liquide incolore, d'une odeur éthérée, insoluble dans l'eau; sa densité est 1,28; il bout à 84°. Il a été employé comme anesthésique. Avec le benzène, en présence du chlorure d'aluminium, il se convertit en dibenzyle. Traité par la potasse, il donne du chlorure de potassium et de l'é. *chloré* ou *chlorure de vinyle*. Ce dernier corps a pour formule $CH^2 : CH Cl$; il est gazeux, incolore, peu soluble dans l'eau, et se liquéfie à — 18° sous la pression atmosphérique ; quand on le fait passer sur du perchlorure d'antimoine on obtient le *chlorure d'é. chloré* $CH^2 Cl. CH Cl^2$, liquide bouillant à 115°, que l'éthylate de sodium transforme en *é. dichloré* $CH Cl : CH Cl$. — Quant à l'é. *perchloré* $C Cl^2 : C Cl^2$, on l'obtient en décomposant l'éthane perchloré par la chaleur ; il est liquide et bout à 122°.

Le *bromure d'é.*, très analogue au chlorure, s'obtient en absorbant l'é. par le brome. C'est un liquide incolore, à odeur agréable ; sa densité est 2,18 ; son point d'ébullition 131°. Il sert à préparer le glycol et les éthylène-diamines. La potasse le transforme en *é. bromé* ou *bromure de vinyle*, liquide qui bout à 23° et qui se polymérise facilement à la lumière.

L'*iodure d'é.* cristallise en aiguilles ou en prismes incolores, fusibles à 73°, qui se colorent ou se décomposant à l'air et à la lumière. Distillé avec la potasse, il se convertit en *é. iodé* ou *iodure de vinyle*, liquide à odeur alliacée, bouillant à 56°. — L'é. *tétraiodé* $CI^2 : CI^2$ se prépare en traitant le carbure de baryum par l'iode en présence du benzène et de l'eau. Il forme des cristaux jaune pâle, fusibles à 192°, insolubles dans l'eau, solubles dans l'éther et le sulfure de carbone. Sous le nom de *Diiodoforme*, il est employé aux mêmes usages thérapeutiques que l'iodoforme.

Le *cyanure d'é.* est identique au nitrile de l'acide succinique.

L'*oxyde d'é.*, isomérique avec l'aldéhyde, a pour formule $\overset{\displaystyle CH^2}{\underset{\displaystyle CH^2}{|}} > O$. On le prépare en traitant la chlorhydrine du glycol par la potasse. Il est liquide, incolore, miscible en toutes proportions avec l'eau, l'alcool et l'éther ; il bout à 13°,5 ; sa densité est 0,897. Traité par l'eau bouillante, il se convertit en glycol, dont il constitue un anhydride. Quoique neutre au tournesol, il se comporte comme une base énergique. Il précipite beaucoup d'oxydes métalliques de leurs sels. Il se combine directement aux acides minéraux pour donner les éthersacides du glycol, et aux anhydrides d'acides pour donner les éthers neutres correspondants. Avec l'acide cyanhydrique sec, à 50°, il forme le nitrile de l'acide éthylénolactique. En s'unissant à l'ammoniaque ou aux amines, l'oxyde d'é. donne naissance aux hydroxéthylène-amines, auxquelles se rattache la choline.

ÉTHYLÈNE-DIAMINE. s. f. T. Chim. Diamine répondant à la formule $Az H^2. CH^2. CH^2. Az H^2$. On la prépare en traitant le cyanogène par l'hydrogène naissant, ou bien en faisant agir le chlorure ou le bromure d'éthylène sur une solution alcoolique d'ammoniaque. L'é.-d. est liquide, incolore, soluble dans l'eau, insoluble dans le benzène et dans l'éther ; solidifiée par refroidissement, elle entre en fusion à 10° ; son point d'ébullition est à 116°. Elle retient énergiquement une molécule d'eau. C'est une base forte, diacide, donnant des sels bien cristallisés. Elle est toxique ; elle excite les sécrétions nasale et oculaire, dilate la pupille, produit de la dyspnée et peut entraîner la mort.

Par l'action de l'ammoniaque sur le bromure d'éthylène on obtient en outre, à l'état de bromhydrates, deux bases analogues à la précédente. Ce sont : la *diéthylène-diamine*, identique avec la pipérazine, et la *triéthylène-diamine* $(C^2 H^4)^3 Az^2$, liquide bouillant à 208°. Cette dernière peut encore se combiner au bromure d'éthylène en donnant le *bromure de tétréthylène-diammonium* $(C^2 H^4)^4 Az^2 Br^2$.

ÉTHYLÈNE DISULFUREUX. adj. T. Chim. Voy. ÉTHANE SULFONIQUE.

ÉTHYLÈNE-IMINE. s. f. T. Chim. Composé répondant à la formule $\overset{\displaystyle CH^2}{\underset{\displaystyle CH^2}{|}} > Az H$. C'est une masse déliquescente, fusible à 160°, qu'on obtient en chauffant le chlorhydrate d'éthylène-diamine. On a cru qu'elle était identique avec la spermine.

ÉTHYLÈNE-URÉE. s. f. T. Chim. Urée à chaîne fermée répondant à la formule $\overset{\displaystyle Az H}{\underset{\displaystyle Az H}{C^2 H^4 <}} > CO$. Elle cristallise en aiguilles fusibles à 131°. On l'obtient en chauffant l'éthylène-diamine avec le carbonate d'éthyle. — L'*éthylène-diurée* $C^2 H^4 (Az H. CO Az H^2)^2$, en prismes fusibles à 192°, résulte de l'action du cyanate d'argent sur le chlorhydrate d'éthylène-diamine.

ÉTHYLÉNIQUE. adj. 2 g. T. Chim. *Composés éthyléniques*, Composés dérivés de l'éthylène ou contenant de l'éthylène. *Hydrocarbures éthyléniques*, dérivant des hydrocarbures saturés par perte de deux atomes d'hydrogène.

ÉTHYLÉNO-LACTIQUE. adj. T. Chim. Synonyme d'*Hydracrylique*. Voy. ce mot.

ÉTHYLER. v. a. T. Chim. Introduire, par substitution, le radical éthyle dans la molécule d'un composé. = ÉTHYLÉ, ÉE. part.

ÉTHYLÉTHYLÈNE. s. m. T. Chim. Voy. BUTYLÈNE.

ÉTHYLGLYCOCOLLE. s. m. (R. *éthyle*, et *glycocolle*). T. Chim. L'é., appelé aussi acide *Éthylamido-acétique*, a pour formule $CO^2 H. CH^2. Az H C^2 H^5$. On le prépare en faisant bouillir longtemps l'acide chloracétique avec de l'éthylamine. Il forme des cristaux déliquescents, d'un goût doucéâtre, fusibles vers 160°. La cyanamide, en solution aqueuse, le transforme en un homologue de la créatine.

ÉTHYLHYDRAZINE. s. f. T. Chim. Hydrazine répondant à la formule $Az H^2. Az H C^2 H^5$. Elle est liquide, incolore, très hygroscopique et répand des fumées à l'air humide. Elle attaque le liège et le caoutchouc. C'est une base assez énergique, qui précipite les oxydes métalliques de leurs sels. Elle réduit à froid la liqueur de Fehling, les sels de cuivre, de mercure et d'argent.

ÉTHYLIDÈNE. s. m. T. Chim. Nom donné au radical bivalent $CH^3. CH =$ contenu dans l'aldéhyde et ses dérivés. Il est inconnu à l'état libre ; en se soudant à lui-même il formerait un butylène. L'aldéhyde éthylique est son oxyde.

Le *chlorure d'é.* $CH^3. CH Cl^2$ se forme par l'action du perchlorure de phosphore sur l'aldéhyde ou par l'action du chlore sec sur le chlorure d'éthyle. C'est un liquide incolore, à odeur de chloroforme, insoluble dans l'eau, soluble dans l'alcool et l'éther ; il bout vers 60°. Sa densité est 1,20. On l'obtient comme sous-produit dans la fabrication du chloral.

Le *bromure d'é.* $CH^3. CH Br^2$ se forme par l'union de l'acétylène et de l'acide bromhydrique. C'est un liquide incolore, lourd, de densité 2,13 ; il bout à 114°. Avec l'éthylate de sodium il donne de l'acétal.

L'*iodure d'é.* se prépare comme le bromure. Il est liquide, incolore, mais brunit rapidement en mettant de l'iode en liberté. Il bout à 178° et a pour densité 2,84.

L'*acétate d'é.* $CH^3. CH (O C^2 H^3 O)^2$, liquide incolore, insoluble dans l'eau, bouillant à 169°, résulte de l'union de l'aldéhyde et de l'anhydride acétique.

ÉTHYLIDÈNE-SULFUREUX. adj. m. T. Chim. Le sel de sodium de l'*acide-é.* se produit à l'état de masse cristalline quand on traite l'aldéhyde par le bisulfite de sodium, il a pour formule $CH^3. CH \overset{\displaystyle OH}{\underset{\displaystyle SO^2 Na}{<}}$ et peut être considéré comme un dérivé sulfonique de l'alcool. Il se dédouble facilement en aldéhyde et en sulfite neutre, quand on le traite par les acides étendus, les alcalis ou les carbonates alcalins ; on utilise cette propriété pour la purification de l'aldéhyde. Quant à l'acide é., on n'a pas réussi à l'obtenir ; lorsqu'on cherche à l'isoler, il se décompose en aldéhyde et en acide sulfureux.

ÉTHYLIDÈNE-URÉE. s. f. T. Chim. Urée à chaîne fermée, répondant à la formule $CO \overset{\displaystyle Az H}{\underset{\displaystyle Az H}{<}} > CH. CH^3$. Petites aiguilles fusibles à 154°, qu'on obtient en traitant à froid l'urée par une solution alcoolique d'aldéhyde.

ÉTHYLIDÉNO-LACTIQUE. adj. T. Chim. Nom donné à l'acide lactique ordinaire par opposition à l'acide éthylénolactique ou hydracrylique, son isomère. Voy. LACTIQUE.

ÉTHYLIQUE. adj. 2 g. T. Chim. Qui a rapport à l'éthyle. *Dérivé é. Alcool é.*

ÉTHYLLACTIQUE. adj. 2 g. [Pr. *étil-laktike*]. T. Chim. L'*acide é.*, qui a pour formule CH^3. $CH (O C^2 H^5) CO^2 H$, est un éther éthylique de l'acide lactique ; il en dérive par l'éthérification de la fonction alcool. Il est liquide, soluble en toutes proportions dans l'eau, l'alcool et l'éther ; il bout vers 195° en se décomposant. C'est un acide monobasique assez énergique qui donne des sels très solubles, difficilement cristallisables.

ÉTHYLMALONIQUE. adj. 2 g. (R. *éthyle*, et *malonique*). T. Chim. L'*acide é.* dont la formule est $C^2H^5.CH(CO^2H^2)^2$, est isomérique avec l'acide pyrotartrique; il lui ressemble beaucoup et fond comme lui à 112°. Il s'en distingue en ce que, sous l'action de la chaleur, il se dédouble en acide butyrique et anhydride carbonique.

ÉTHYLMÉTHYLBENZÈNE. s. m. T. Chim. Syn. d'ÉTHYLTOLUÈNE. Voy. ce mot.

ÉTHYLMÉTHYLCARBINOL. s. m. T. Chim. Alcool butylique secondaire. Voy. BUTYLIQUE.

ÉTHYLMÉTHYLÉTHYLÈNE. s. m. T. Chim. Hydrocarbure du groupe des PENTÈNES.

ÉTHYLNAPHTALÈNE. s. m. T. Chim. Hydrocarbure ayant pour formule $C^{10}H^7.C^2H^5$, dérivé du naphtalène par substitution du radical éthyle à un atome d'hydrogène. On en connaît deux qu'on prépare en faisant agir le sodium sur un mélange de bromure d'éthyle et de naphtalène bromé. L'un est un liquide incolore peu stable et se décompose à la distillation. L'autre bout à 251° et se solidifie à − 19°; il fournit un dérivé sulfonique qui, par fusion avec la potasse caustique, donne un *éthylnaphtol* $C^{10}H^6(C^2H^5)OH$ fusible à 98°.

ÉTHYLNITROLIQUE. adj. T. Chim. L'*acide é.* qui a pour formule $CH^3.C(AzO^2):AzOH$, se prépare en traitant le nitroéthane dibromé par l'hydroxylamine en solution alcoolique, ou en faisant agir à froid l'azotite de sodium sur le nitro-éthane dissous dans la soude. L'acide é. cristallise en prismes jaunes à fluorescence bleue, très solubles, fusibles à 82°. Il fonctionne comme un acide énergique et forme des sels rouges très instables. Il se décompose facilement en azote, peroxyde d'azote et acide acétique.

ÉTHYLOXAMIQUE. adj. T. Chim. L'*acide é.* se produit quand on chauffe l'oxalate acide d'éthylamine. Il a pour formule $CO^2H.CO.AzH^2.C^2H^5$. Il cristallise en tables hexagonales très solubles, fusibles à 120°. — Son éther éthylique, appelé *éthyloxaméthane*, liquide miscible à l'eau, bouillant à 245°, s'obtient par l'action de l'éthylamine sur l'oxalate d'éthyle. Traité par l'ammoniaque, il donne l'*éthyloxamide* $CO.AzH^2.CO.AzH.C^2H^5$, qui cristallise en aiguilles fusibles à 203°, sublimables. — En traitant l'oxalate d'éthyle par la diéthylamine on obtient un éther analogue au précédent; par saponification, cet éther fournit l'*acide diéthyloxamique* $CO^2H.CO.Az(C^2H^5)^2$ en prismes fusibles à 101°.

ÉTHYLPHÉNOL. s. m. T. Chim. Nom donné aux phénols qui correspondent à l'éthylbenzène et qui ont pour formule $C^6H^4(C^2H^5)OH$. On en connaît trois, qu'on peut obtenir en chauffant à 180° un mélange d'alcool et de phénol en présence du chlorure de zinc. L'*ortho-é.* appelé aussi *phtorol*, est un liquide à odeur de phénol, bouillant vers 210°, soluble dans les alcalis; fondu avec la potasse caustique il donne de l'acide salicylique. Le *para-é.* cristallise en longues aiguilles solubles dans l'alcool; il fond à 47° et bout à 215°. Le *méta-é.* est liquide et bout vers 210°. Tous trois se colorent en bleu ou en vert par le chlorure ferrique.

ÉTHYLPHOSPHINE. s. f. T. Chim. Nom donné à des bases dérivant du phosphure gazeux d'hydrogène et pouvant être considérées comme des éthylamines dont l'azote serait remplacé par du phosphore. Lorsqu'on chauffe l'iodure d'éthyle avec de l'iodure de phosphonium (iodhydrate d'hydrogène phosphoré) en présence de l'oxyde de zinc, on obtient un mélange d'éthylphosphines et de diéthylphosphine, que l'on distille avec de l'eau dans un courant d'hydrogène. L'é. distille seule; on ajoute ensuite de la potasse au liquide et on continue la distillation pour obtenir la diéthylphosphine.

L'*éthylphosphine* PH^2Et (avec $Et = C^2H^5$) est liquide, incolore, à odeur alliacée, et bout à 25°. Elle s'enflamme au contact du chlore, du brome ou de l'acide nitrique fumant. C'est une base analogue à l'ammoniaque; elle s'unit aux hydracides en donnant des sels cristallisés, décomposables par l'eau. Exposée à l'air, elle s'oxyde peu à peu en donnant de l'*acide éthylphosphinique* $EtPO(OH)^2$ en cristaux blancs, très solubles dans l'eau, fusibles à 44°.

La *diéthylphosphine* $PHEt^2$ est liquide, peu soluble dans l'eau; elle bout à 85°. C'est une base analogue à la précédente, mais ses sels ne sont pas décomposés par l'eau. Au contact de l'air elle s'enflamme en donnant de l'*acide diéthylphosphinique* $Et^2PO.OH$.

La *triéthylphosphine* PEt^3 s'obtient en traitant le trichlorure de phosphore par le zinc-éthyle ou en chauffant l'iodure de phosphonium avec de l'alcool absolu. C'est un liquide mobile, d'odeur pénétrante, fumant à l'air, insoluble dans l'eau, soluble dans l'alcool et l'éther. Elle bout à 127°,5. Elle se combine avec les acides en donnant des sels très solubles. Elle s'unit à l'oxygène, au chlore, au brome, avec dégagement de lumière. À l'air elle se transforme en *oxyde de triéthylphosphine* $PO.Et^3$, cristallisable, déliquescent, qui fond à 44° et bout à 240°. Avec le soufre elle donne un composé analogue, le *sulfure de triéthylphosphine* $PSEt^3$, cristallisable en aiguilles blanches qui fondent à 94°. Avec l'iodure d'éthyle, elle donne un composé cristallisé, soluble dans l'eau : l'*iodure de tétréthylphosphonium* PEt^4I, que l'oxyde d'argent humide transforme en un hydrate. — Cet *hydrate de tétréthylphosphonium* $PEt^4.OH$ est une base énergique analogue à la potasse, absorbant l'acide carbonique de l'air. Elle se distingue de la base azotée correspondante en ce qu'elle se décompose, sous l'action de la chaleur, en éthane et oxyde de triéthylphosphine.

ÉTHYLPHOSPHINIQUE. adj. 2 g. T. Chim. Voy. ÉTHYLPHOSPHINE.

ÉTHYLPHOSPHORIQUE. adj. 2 g. T. Chim. L'*acide é.* est un éther-acide bibasique, qui a pour formule $C^2H^5O.PO(OH)^2$ et qu'on obtient en traitant l'alcool ou l'éther ordinaire par l'acide phosphorique. Il est liquide, sirupeux, miscible à l'eau, et possède une saveur et une réaction acides. La chaleur le décompose en éther, alcool et éthylène.

ÉTHYLPIPÉRIDINE. s. f. T. Chim. Nom donné aux dérivés une fois éthylés de la pipéridine. On les obtient par l'hydrogénation des éthylpyridines. Elles ont pour formule $C^5H^9(C^2H^5)AzH$ et se distinguent par la position du groupe éthyle sur le noyau. — Le dérivé α est un liquide à odeur de pipéridine; il bout à 145°. Traité par le brome, il donne l'α-*éthylpipéridine* $C^7H^{13}Az$, base soluble dans l'eau, bouillant à 149°. — Le dérivé β est un liquide d'une odeur désagréable, bouillant à 158°. Son chlorhydrate a une action physiologique rappelant celle de la coniéine.

ÉTHYLPROPYLCARBINOL. s. m. T. Chim. Alcool hexylique secondaire. Voy. HEXYLIQUE.

ÉTHYLPYRIDINE. s. f. T. Chim. Nom donné aux dérivés une fois éthylés de la pyridine. Ce sont des bases répondant à la formule $C^5H^4(C^2H^5)Az$; on les nomme α-, β- ou γ-éthylpyridine suivant que le radical éthyle occupe sur le noyau la position 2, 3 ou 4 par rapport à l'azote. En chauffant à 320°, en tubes scellés, la pyridine avec l'iodure d'éthyle, on obtient les dérivés α et γ. Le premier est un liquide incolore, peu soluble dans l'eau, miscible à l'alcool; il bout à 149°; par oxydation il se transforme en acide picolique. Le dérivé γ bout à 166°; on le rencontre dans la lutidine du goudron et dans les produits de la distillation sèche de plusieurs alcaloïdes naturels.

ÉTHYLSÉNÉVOL. s. m. T. Chim. Voy. ÉTHYLTHIOCARBIMIDE.

ÉTHYLSULFATE. s. m. T. Chim. Voy. ÉTHYLSULFURIQUE.

ÉTHYLSULFO-. Voy. ÉTHYLTHIO-.

ÉTHYLSULFURIQUE. adj. 2 g. T. Ch. L'*acide é.*, nommé aussi *sulfovinique* est un éther-acide monobasique répondant à la formule $SO^2(OCH^3)OH$. Pour le préparer on verse de l'acide sulfurique concentré dans de l'alcool absolu; il se fait un dégagement considérable de chaleur; on fait bouillir quelques heures au bain-marie; après refroidissement on étend la liqueur d'eau et on la sature avec du carbonate de baryte en poudre très fine. Il se dépose du sulfate de baryte et il reste en dissolution de l'éthylsulfate de baryte. En évaporant cette dissolution à une douce chaleur, l'éthylsulfate se dépose sous forme de belles lames incolores. Pour un extraire l'acide é., il suffit de verser, goutte à goutte, de l'acide sulfurique dans la dissolution de cet é., jusqu'à ce qu'il ne se précipite plus de sulfate de baryte. On évapore la liqueur sous le récipient de la machine pneumatique, et l'on a un liquide sirupeux qui est de l'acide é. au maximum de concentration. On ne peut le distiller sans qu'il se décompose. C'est un acide presque aussi énergique que l'acide sulfurique lui-même. — Ses sels, les *éthylsulfates* ou *sulfovinates* sont solubles, cristallisables et onctueux au toucher. Distillés à l'état sec au contact de l'acide sulfurique, ils se dédoublent en alcool et en éther. Ils sont tous décomposables par la chaleur : il se dégage alors de l'eau, de l'acide carbonique, de l'acide sulfureux, et il se condense un liquide oléagineux appelé *Huile pesante de vin*, qui est un mélange de sulfate d'éthyle et d'hydrocarbures huileux. — En traitant l'éthylsulfate de baryte par le carbonate de soude, on obtient le sulfovinate de soude $SO^2(OCH^3)ONa$ qui a été employé comme purgatif salin.

ÉTHYLTHIOCARBAMIDE. s. f. T. Chim. Syn. d'*Éthylthio-urée*. Voy. ce mot.

ÉTHYLTHIOCARBIMIDE. s. f. (R. *éthyle*: *thio*, du gr. θείον, soufre, et *carbimide*). T. Chim. L'é. appelé aussi *isosulfocyanate d'éthyle*, *éthylsénévol* et *essence de moutarde éthylée*, a pour formule $CS : AzC^2H^6$. On l'obtient en traitant le sulfure de carbone par l'éthylamine en solution alcoolique, ou en chauffant l'éthylcarbimide (isocyanate d'éthyle) avec le sulfure de phosphore. L'é. est un liquide incolore, d'une odeur et d'une saveur piquantes rappelant celles de l'essence de moutarde; elle est insoluble dans l'eau; elle bout à 133°. Elle s'unit directement à l'ammoniaque en donnant l'éthylthio-urée, et aux amines primaires et secondaires en donnant des thio-urées substituées. L'hydrogène naissant la dédouble en éthylamine et aldéhyde méthylique sulfurée CSH^2. L'acide sulfurique concentré la transforme par hydratation en éthylamine et oxysulfure de carbone. L'acide azotique l'oxyde en donnant de l'éthylamine, de l'acide sulfurique et de l'anhydride carbonique.

ÉTHYLTHIOCARBONIQUE. adj. 2 g. (R. *éthyle*: gr. θείον, soufre, et *carbonique*). T. Chim. L'*acide é.* aurait pour formule $C^2H^5O.CO.SH$. On obtient l'*éthylthiocarbonate* de potassium $C^2H^5O.CO.SK$ en traitant la potasse en solution alcoolique par le xanthate d'éthyle ou par l'oxysulfure de carbone (COS). Quand on cherche à isoler l'acide é., en traitant ce sel par un acide, il se décompose en donnant de l'oxysulfure de carbone. En faisant agir l'iodure d'éthyle sur ce même sel on obtient l'*éthylthiocarbonate d'éthyle* $C^2H^5O.CO.SC^2H^5$ liquide incolore bouillant à 156°. — On connaît un isomère de l'acide é.; c'est l'*acide éthylsulfocarbonique* $C^2H^5O.CS.OH$ dont l'amide, fusible à 37°, s'appelle la *xanthogénamide*. L'acide *éthylsulfothiocarbonique* $C^2H^5O.CS.SH$ est ordinairement désigné sous le nom d'acide *xanthique*.

ÉTHYLTHIO-URÉE. s. f. (R. *éthyle*; gr. θείον, soufre et *urée*). T. Chim. L'é. appelée aussi *éthylsulfo-urée* et *éthylthiocarbamide*, répond à la formule $AzH^2.CS.AzHC^2H^5$. On la prépare en dissolvant l'éthylthiocarbimide (isosulfocyanate d'éthyle) dans l'ammoniaque en solution alcoolique. Elle cristallise en aiguilles fusibles à 113°, faiblement basiques. Chauffée avec les alcalis ou les acides en solution aqueuse, elle se scinde en éthylamine, anhydride carbonique, hydrogène sulfuré et ammoniaque. — Si dans la préparation de l'é. on remplace l'ammoniaque par l'éthylamine, on obtient la la *diéthylthio-urée* $CS(AzHC^2H^5)^2$, cristallisable, fusible à 77°, peu soluble dans l'eau, très soluble dans l'alcool, susceptible de s'unir aux acides.

ÉTHYLTOLUÈNE. s. m. T. Chim. Hydrocarbure cyclique, dérivé éthylé et méthylé du benzène, répondant à la formule $C^6H^4 \begin{cases} C^2H^5 \\ C^2H^5 \end{cases}$ On en connaît trois ; l'ortho-, le méta- et le para-é. On les obtient en faisant agir le sodium sur les trois toluènes bromés, mélangés à du bromure d'éthyle. — L'*ortho-éthyltoluène* est un liquide qui bout à 159°; par l'oxydation il se transforme d'abord en acide ortho-tolique. Le *méta-é.* bout à 159°; par l'oxydation, il donne de l'acide isophtalique. Le *para-é.* bout à 161°; il s'oxyde en acide para-toluique et en acide téréphtalique. Les acides monobasiques provenant du groupe CH^3 des é. sont les acides éthylbenzoïques. Les acides bibasiques correspondent aux acides phtaliques. — On a obtenu un *amido-éthyltoluène*, liquide, bouillant à 229°, en chauffant l'ortho-toluidine avec de l'alcool en présence du chlorure de zinc.

ÉTHYLURÉE. s. f. T. Chim. Dérivé éthylique de l'urée. On l'obtient en traitant l'isocyanate de potassium par le sulfate d'éthylamine. L'é. a pour formule $AzH^2.CO.AzHEt$ (avec $Et = C^2H^5$). Elle cristallise en prismes clinorhombiques, fusibles à 92°. La potasse aqueuse la scinde en ammoniaque,

éthylamine et carbonate de potassium. La potasse alcoolique la dédouble en éthylamine et isocyanate de potassium.

La *diéthylurée* symétrique $CO(AzHEt)^2$ a été obtenue par l'action de l'éthylamine sur l'isocyanate d'éthyle. Elle cristallise en prismes rhomboïdaux obliques ; elle fond à 112° et bout à 263°. — La *diéthylurée* non symétrique
$$Az H^2.CO.AzEt^2$$
est déliquescente ; son point de fusion est à 70°. On la prépare en faisant agir la diéthylamine sur l'acide isocyanique.

La *triéthylurée* $AzHEt.CO.AzEt^2$ résulte de l'action de la diéthylamine sur l'isocyanate d'éthyle. Elle fond à 63° et bout à 235°. Elle ne se combine pas, comme les autres, avec les acides. Avec la potasse, elle donne du carbonate de potassium, de l'éthylamine et de la diéthylamine.

La *tétréthylurée* $CO(AzEt^2)^2$ se produit par l'action de l'oxychlorure de carbone sur la diéthylamine. C'est un liquide incolore, à odeur de menthe, insoluble dans l'eau ; elle se dissout dans les acides, mais sans donner de sels que l'on puisse isoler.

ÉTHYLURÉTHANE. s. m. T. Chim. Carbamate d'éthyle. Voy. CARBAMIQUE.

ÉTHYLVINYLE. s. m. T. Chim. Syn. d'*éthyléthylène*. Voy. BUTYLÈNE.

ÉTHYLXYLÈNE. s. m. T. Chim. L'é., appelé aussi *Diméthyléthylbenzène*, est un hydrocarbure cyclique, dérivé éthylé et deux fois méthylé du benzène. On connaît plusieurs de ces hydrocarbures ; leur formule est
$$C^6H^2(CH^3)^2C^2H^5$$
ils se distinguent par la position des radicaux éthyle et méthyle sur le noyau de benzène. On les prépare en traitant les différents xylènes bromés par l'iodure ou le bromure d'éthyle et le sodium. L'é. symétrique 1.3.5. (où les deux radicaux méthyle occupent les positions 1 et 2, l'éthyle occupant la position 5) se produit aussi par l'action de l'acide sulfurique concentré sur un mélange d'acétone ordinaire et d'éthylméthylcétone. Cet hydrocarbure bout à 185°. Oxydé par l'acide azotique étendu, il se transforme en acides uvitique et mésitylénique. — L'é. 1.2.4 bout à 188° ; avec l'acide azotique, il donne de l'acide para-xylique, fusible à 163°. — L'é. 1.3.4 bout à 184°; par l'oxydation, il donne de l'acide xylique fusible à 125°. — L'é. 1.4.2 bout à 185°; l'oxydation le transforme en acide isoxylique, fusible à 132°.

On distillant du camphre sur du chlorure de zinc, on obtient les é. 1.3.4 et 1.4.2, probablement aussi l'é. 1.3.4.

ÉTIAGE. s. m. (bas-lat. *æstivaticum*, de *æstas*, été; prop., le niveau d'été). Hauteur d'une rivière aux plus basses eaux. *On marque ordinairement l'é. moyen sur une arche de pont.* — Le plus grand abaissement des eaux d'une rivière marque 0. L'échelle de mesure de hauteur des eaux est marquée en centimètres sur les arches des ponts au-dessus de ce zéro. Il peut se faire qu'après avoir marqué ce niveau zéro, les eaux deviennent encore plus basses après un été exceptionnellement sec et soient, par conséquent, au-dessous de l'é.

ÉTIBEAU ou **ÉTIBOIS.** s. m. Petit carré de bois sur lequel on fait la pointe du fil de l'épingle.

ÉTIENNE (SAINT). 1er martyr, fut lapidé à Jérusalem, l'année même de la mort de Jésus. Fête le 26 décembre.

ÉTIENNE, nom de neuf papes, dont le second, pape de 752 à 757, reçut de Pepin le Bref l'exarchat de Ravenne.

ÉTIENNE, nom de trois rois de Hongrie, dont le premier, dit saint Étienne, obtint le premier le titre de roi (1000).

ÉTIENNE, poète comique et publiciste français (1778-1845).

ÉTIENNE DE BLOIS, fils de Henri, comte de Blois, et d'une fille de Guillaume le Conquérant, s'empara du trône d'Angleterre, à la mort de son oncle Henri Ier, au préjudice de Mathilde, fille de ce prince (1135). Après une longue lutte, il fut reconnu comme roi, à la condition d'adopter Henri Plantagenet, fils de Mathilde, et mourut en 1154.

ÉTIER. s. m. (lat. *æstuarium*, estuaire). Canal qui sert à conduire l'eau de la mer dans les marais salants.

ÉTINCELANT, ANTE. adj. Qui étincelle. *Une étoile*

étincelante. Un rubis é. Un glaive é. Des armes étincelantes. Des yeux étincelants, étincelants de colère. Elle était tout étincelante de pierreries. || Fig., Très brillant, très vif en parlant de l'esprit. *Il est é. d'esprit. Sa conversation est étincelante d'esprit.*

ÉTINCELER. v. n. (lat. *scintillare*, m. s.). Jeter des éclats de lumière, briller. *Une étoile qui étincelle. Ses armes étincellent au soleil. Ses yeux étincelaient de fureur. La mer étincelait sous les feux du tropique.* || Fig., *Cet ouvrage étincelle d'esprit, Il est plein de choses spirituelles.* ═ ÉTINCELÉ, ÉE. adj. T. Blas. *Écu é., Écu semé d'étincelles.* ═ Conj. Voy. APPELER.

ÉTINCELLE. s. f. [Pr. *étinsè-le*] (lat. *scintilla*, m. s.). Petite parcelle de feu, bluette. *Une é. de feu. Faire jaillir des étincelles d'un caillou. Une petite é. peut causer un grand embrasement.* — **É. électrique,** voy. ÉLECTRICITÉ. || Fig., Manifestation brillante et soudaine. *Il n'a pas une é. d'esprit, de bon sens, de courage. Il n'a pas la moindre é. de génie.*

ÉTINCELLEMENT. s. m. [Pr. *étinsè-le-man*]. Éclat de ce qui étincelle. *L'é. d'un charbon ardent, d'une barre de fer rouge.* — *L'é. des étoiles;* on dit mieux *Scintillation.*

ÉTIOLEMENT. s. m. (R. *étioler*). T. Bot. Altération, décoloration qu'éprouvent les plantes lorsqu'elles poussent dans un endroit obscur, ou lorsque, parvenues à un certain degré de développement, elles cessent de recevoir l'action de la lumière. Sous l'influence de cette altération, toutes les parties vertes de la plante présentent une coloration jaune clair. On fait blanchir certaines plantes potagères, afin de leur donner une saveur plus douce (Céleri, Chicorée). || État chétif et pâleur maladive d'une personne privée de grand air, d'exercice. || Fig., *L'é. de l'intelligence,* L'appauvrissement des facultés intellectuelles.

ÉTIOLER. v. a. (normand *s'étieuler*, pousser en chaume, de *éteule*). Déterminer l'étiolement d'une plante. ═ s'ÉTIOLER. v. pron. Au prop., se dit des plantes qui éprouvent le phénomène de l'étiolement. *Les plantes cultivées dans un lieu obscur s'étiolent rapidement.* || Par ext., se dit des animaux et de l'homme lui-même. *Cet enfant s'étiole de jour en jour.* || Fig., *L'esprit s'étiole dans l'oisiveté.* ═ ÉTIOLÉ, ÉE. part.

ÉTIOLOGIE. s. f. (gr. αἰτία, cause; λόγος, science). Partie de la médecine qui recherche et étudie les *causes des maladies.*

On a de tout temps cherché à déterminer les causes des maladies qui frappent les êtres vivants, hommes, animaux, plantes. Au début de l'humanité, et chez les peuples peu civilisés ou très religieux, les maladies étaient attribuées aux divinités malfaisantes ou irritées, aux ennemis soit de la tribu, soit de l'individu, agissant soit par des sortilèges, des invocations, etc.; le mauvais œil n'est qu'un reste de ces antiques croyances. Aussi, pour conjurer la maladie, adressait-on aux dieux ou aux fétiches des prières accompagnées de sacrifices souvent humains, et mettait-on à mort le malheureux indiqué par l'opinion publique, le sorcier ou le médecin comme la cause de tout le mal. Plus tard, les sociétés se civilisant, on attribua les maladies aux phénomènes extérieurs, froid, chaleur, humidité, mauvais air, etc. Ce n'est que dans les temps modernes que l'é. est un peu sortie de son vague superstitieux et mystérieux, grâce à la méthode expérimentale et aux progrès réalisés par les études de bactériologie.

Les influences qui mettent en jeu, dans des conditions anormales, l'activité de l'organisme et provoquent la réaction pathogénétique, sont dites causes déterminantes, efficientes ou occasionnelles; celles qui favorisent cette réaction ou la rendent possible sont généralement confondues sous le nom de causes prédisposantes. Ces différentes qualifications ne doivent pas toujours être prises dans leur sens littéral. Par prédisposition, on devrait entendre une propension, une tendance à subir certaines perturbations et certaines modifications : telles les diathèses; or, la plupart des causes dites prédisposantes ne satisfont nullement à cette qualité; elles constituent plutôt une condition de réceptivité pour la maladie qu'une prédisposition. D'autre part, les dénominations de causes efficientes ou occasionnelles ne sont pas équivalentes : on appelle plutôt efficientes celles qui agissent sur un organisme peu ou pas prédisposé et jouent le rôle essentiel; tandis qu'on entend par occasionnelles les influences accidentelles qui provoquent l'apparition d'un état morbide qu'une modification préexistante de l'organisme en quelque sorte préparé depuis longtemps.

Ces distinctions ne peuvent fournir les bases d'une division pour l'étude de l'étiologie; les mêmes influences peuvent, suivant les circonstances, jouer le rôle des causes prédisposantes, déterminantes ou occasionnelles. Il est préférable de partager les causes en deux sections, comprenant : la première, celles qui sont inhérentes à l'organisme (causes intrinsèques); la seconde, celles qui lui sont étrangères (causes extrinsèques).

I. *Causes intrinsèques.* — Une des principales est l'hérédité, attribut essentiel de la vie, qui porte sur la constitution générale de l'être. Les prédispositions peuvent venir des aïeux ou des ascendants directs. Le trouble de l'évolution qui est la condition prochaine de l'hérédité morbide peut intéresser l'organisme dans son ensemble (diathèses, dégénérescences physiologiques, etc.), ou se limiter à un appareil, à un organe ou à un tissu.

À côté de l'hérédité, il y a la constitution, ensemble des conditions organiques propres à un individu et déterminant son degré de force physique; le tempérament, variation individuelle de l'activité nutritive et fonctionnelle; les aptitudes morbides, idiosyncrasie, vulnérabilité, réceptivité morbide. Puis vient une série d'autres conditions : l'âge, le sexe, et ce qu'on appelle les causes intrinsèques dynamiques, abus ou insuffisance des fonctions.

II. *Causes extrinsèques.* — L'homme, comme tous les êtres, subit incessamment l'influence du milieu dans lequel il vit; et son maintien en état de santé n'est possible que si ce milieu réunit certaines conditions; chaque fois que celles-ci ne sont qu'incomplètement réalisées, il survient des troubles morbides. Nous diviserons ces causes d'après leur nature physique, mécanique, chimique ou biologique en quatre classes.

A. Les causes physiques comprennent les effets de la chaleur (élévation de la température atmosphérique ou application directe du calorique sur les tissus, brûlure), du froid, de la lumière, de l'électricité, du son, de la pression atmosphérique; enfin ici se range l'étude du sol, réceptacle et terrain de culture des miasmes et des microbes.

B. Les causes mécaniques produisent des conflits désignés, suivant leur mode de production, sous les dénominations de commotion, contusion, compression et dièrèse.

C. On peut diviser les agents chimiques, suivant qu'ils sont ou non assimilables, en deux catégories; la première se compose de ceux dont l'intervention est utile à l'entretien de la vie; ce sont les aliments et l'air atmosphérique; ils peuvent devenir causes de maladies par leurs variations quantitatives ou qualitatives; la seconde se compose des substances étrangères à l'organisme et capables d'y provoquer des troubles en agissant chimiquement sur les éléments des tissus, et en amenant ainsi leur mortification, leur irritation ou un trouble dans leurs fonctions.

D. *Causes animées.* — Soupçonnée par quelques esprits à large vue, l'importance du rôle que joue le parasitisme en étiologie générale a été mise en pleine lumière dans le courant de ce siècle; les découvertes dans cet ordre ont produit une véritable révolution. Des maladies de natures diverses, et jusque-là complètement inconnues, ont pu être rattachées ou toute certitude à la présence, dans nos organes ou sur nos téguments, de parasites, et l'on a pu dès lors acquérir des notions précises non seulement sur leur origine et leur pathogénie, mais aussi sur la raison d'être de leurs manifestations, sur leur mode de propagation et sur les moyens qu'il convient de leur opposer. Les parasites peuvent vivre sur le tégument externe, dans les cavités viscérales, particulièrement dans les voies digestives, et enfin dans l'intimité des tissus; ils peuvent donner lieu à divers désordres locaux ou généraux, en irritant mécaniquement les parties, en apportant ou en sécrétant des produits toxiques ou pyrétogènes, etc., en absorbant, quand ils sont très multipliés, les matériaux destinés à la nutrition ou l'oxygène du sang. Ils se transmettent d'un sujet à un autre soit directement, soit indirectement par l'intermédiaire de tel ou tel animal chez lequel ils ont vécu sous une autre forme.

L'importance de la connaissance de l'étiologie, telle que nous venons de la résumer, ressort éclatante. On comprend l'effort de tous les savants vers la pathologie comparée; on approuve les expériences sur les animaux, on se passionne pour l'anatomie et l'histologie pathologiques, pour la microbiologie, quand on réfléchit que seule la connaissance des causes morbigènes permet de diminuer le nombre des malades par la prophylaxie et l'hygiène, ou tous cas d'atténuer l'intensité des maladies, et quelquefois de les guérir en combattant la cause originelle. Voy. MALADIES, MICROBES.

ÉTIOLOGIQUE. adj. 2 g. Qui a rapport à l'étiologie. *L'étude é. des différents âges.*

ÉTIQUE. adj. 2 g. (R. *hectique*). Qui est dans l'étisie. *De-*

venir é. Mourir é. || Par exagérat., Qui est très maigre. *Il a le visage é., tout le corps é.* || Fam., *Un poulet é. Un cheval é.* Voy. HECTIQUE.

ÉTIQUETAGE. s. m. Action d'étiqueter.

ÉTIQUETER. v. a. Mettre une étiquette, distinguer par une étiquette, *É. un sac d'argent. Les pharmaciens étiquètent leurs fioles. É. des marchandises.* = Fig. Indiquer, noter, dénommer. = ÉTIQUETÉ, ÉE. part. = Conj. Voy. ACHETER.

ÉTIQUETTE. s. f. [Pr. *étikè-te*] (or. germ. ou colt. : *stik, stikke,* chose pointue; guël. *stic,* bâton. Prop., Écriteau fixé par une pointe). Petit écriteau qu'on met à des sacs, à des liasses de papiers, à des flacons, à des paquets, à des marchandises, pour indiquer leur contenu, leur nature, leur prix, etc. — Fig. et prov., *Juger, condamner sur l'é. du sac,* ou absol., *sur l'é.,* Porter son jugement sur une affaire, sur une personne, sans avoir examiné les pièces, les raisons, et d'après les simples apparences. || Le cérémonial usité à la cour d'un roi, dans la maison d'un prince. *Manquer à l'é. L'é. veut que... C'est une affaire de pure é.* — Par extens., se dit des formes cérémonieuses usitées entre particuliers, pour se témoigner mutuellement des égards. *Tenir à l'é. Il est fort sur l'é. Bannir toute espèce d'é. Un diner d'é.* — Se dit encore des différentes formules dont on se sert soit dans les lettres, soit dans les placets, selon les personnes à qui on les adresse.

Hist. — D'après son origine, le mot *é.* a d'abord signifié un écriteau, attaché en quelque endroit ; puis, par extension, l'ordre, le cérémonial réglé et fixé à l'avance. — L'é. des cours a existé dans tous les temps et dans tous les lieux. Ainsi que nous l'apprennent les auteurs anciens, elle était très sévère et très minutieuse chez les Perses, comme elle l'est encore actuellement dans le même pays, ainsi que dans les cours de l'extrême Orient. Après la translation de l'empire à Byzance, les empereurs imitèrent l'é. des cours orientales, qui de là s'introduisit plus ou moins chez les princes de l'Occident. Néanmoins, en ce qui concerne l'Europe, c'est à la cour de Philippe le Bon, duc de Bourgogne, mort en 1467, que l'on trouve pour la première fois des règles précises à ce sujet. Ce prince, dont la puissance égalait celle des plus grands souverains de son temps, mais qui, en sa qualité de grand feudataire, ne pouvait se placer sur le même rang qu'eux, imagina, dit-on, pour cacher cette infériorité relative, d'entourer sa personne d'une multitude d'officiers et d'établir auprès de lui un cérémonial plein de formalités minutieuses. La fille de ce prince fut introduisit en Autriche, à la suite de son mariage avec l'empereur Maximilien, et elles passèrent de ce pays en Espagne, où l'é. régna avec une sévérité inouïe jusqu'à la fin du dernier siècle. En France, ce n'est que sous François Ier que l'é. a commencé à être bien déterminée. Elle devint encore plus rigoureuse et plus compliquée lorsque Anne d'Autriche, femme de Louis XIII, y apporta les pratiques minutieuses de la cour de Madrid. Néanmoins ce fut surtout sous le règne de Louis XIV que l'é. acquit un empire tyrannique, non seulement sur tous ceux qui entouraient le prince, mais encore sur le grand roi lui-même. On peut lire, dans les Mémoires de Dangeau et de Saint-Simon, les longs récits des singuliers débats auxquels donnaient incessamment lieu les questions relatives à l'é. Supprimée par la Révolution, l'é. reparut sous l'empire, mais ce fut surtout sous la Restauration qu'on en vit reparaître les pratiques les plus outrées.

ÉTIRABLE. adj. Qui peut être étiré.

ÉTIRAGE. s. m. T. Techn. Action d'étirer.

ÉTIRE. s. f. (R. *étirer*). T. Techn. Outil de corroyeur. V. CUIR.

ÉTIRER. v. a. (R. *é,* préf., et *tirer*). Étendre, allonger *É. du linge. É. du fer, du cuivre,* etc. || Allonger d'une manière quelconque. *É. ses bras, ses jambes.* || T. Techn. *É. les peaux,* Les ratisser avec l'étire. || v. pron. S'ÉTIRER. Fam. S'allonger en étendant ses bras. = ÉTIRÉ, ÉE. part.

ÉTIREUR. s.m. Celui qui pratique l'étirage de l'or, de l'argent. = ÉTIREUR, EUSE. adj. *Cylindre é.*

ÉTISIE. s. f. (R. *étique*). Amaigrissement extrême et lent qui survient dans les maladies chroniques des organes de la respiration et de la nutrition.

ETNA. (en italien *Gibello*), volcan d'Italie (Sicile), haut de 3,300 mètres. Les dernières éruptions importantes ont eu lieu en 1865, 1874 et 1883. On vient d'établir (1896) un observatoire dans le voisinage de son sommet.

ÉTNETTE. s. f. Pince qui sert pour le creuset dans le fourneau du fabricant de laiton.

ÉTOC. s. m. (all. *stock,* souche). T. Mar. Dans la Bretagne, se dit de rochers réunis en grand nombre sur le bord d'une côte ou qui y tiennent. *Ces écueils sont appelés étocs, parce qu'ils ressemblent à des pieux qu'on aurait plantés au fond des eaux.*

ÉTOCAGE. s. m. T. Mar. Sorte de cordage placé sur les étoqueresses.

ÉTOFFE. s. f. [Pr. *éto-fe*] (all. *stoff,* du lat. *stupa,* étoupe). La matière qui entre dans la composition de certains produits manufacturés. *Il n'y a pas assez d'é. dans ce chapeau. Ce drap n'a pas d'é.* || Par extens., Toute espèce de tissu. *É. de laine, de coton, de soie. É. d'or, d'argent. Une é. moelleuse. De riches étoffes. C'est une belle é. que le velours. Votre tailleur n'a pas épargné l'é.* — Fig. et famil. On *n'a pas plaint l'é.,* On a employé une grande quantité de matière, ou on a employé plus de matière qu'il ne fallait. — *Il y a de l'é.,* se dit de quelqu'un doué de dispositions heureuses, qui n'ont besoin que d'être cultivées. On *peut faire de ce jeune homme quelque chose de bon, il y a de l'é.* On dit de même, *Il y a dans cet homme l'é. d'un grand écrivain* ; et, dans le sens contraire, On *ne fera jamais rien de lui, il n'y a point d'é.* || Fig. et fam., se dit de la condition, de la naissance, du mérite, etc., de quelqu'un ; mais ne s'emploie guère que par dénigrement. *Un homme de petite é., de mince é. Il ne doit pas faire de comparaison avec vous, il n'est pas de même é. Ce sont des gens de même é.* || T. Navig. Ensemble des matériaux et des objets servant à la construction d'un train de bois ou d'un bateau. || T. Techn. La réunion de plusieurs plaques de fer et d'acier superposées, et forgées ensemble, qu'emploient les taillandiers pour fabriquer les gros instruments tranchants. — Se dit aussi des matières d'or et d'argent qui entrent dans la fabrication des rubans. || T. Typog. *Étoffes,* au pluriel, se dit de tous les objets de consommation nécessaires à une imprimerie, comme caractères, rouleaux, tympans, encres, etc. — Par exel., Ce que l'imprimeur fait payer, à raison de tant pour cent, au delà des frais d'impression, afin de se couvrir des dépenses que nécessitent le matériel, la correction, l'éclairage, etc. *Les étoffes sont en général de 50 p. 100.*

ÉTOFFEMENT. s. m [Pr. *éto-fe-man*]. Néol. T. Beaux-arts, Action d'étoffer, de donner de l'ampleur aux draperies.

ÉTOFFER. v. n. [Pr. *éto-fer*]. Mettre de l'étoffe, de la matière en quantité suffisante et de qualité convenable, à quelque ouvrage de manufacture. *Ce chapelier n'a pas bien étoffé ce chapeau.* || Par extens., Garnir de tout ce qui est nécessaire, pour la commodité, soit pour l'ornement ; ne se dit guère que d'un carrosse, d'un lit et de quelques autres meubles. = ÉTOFFÉ, ÉE. part. *Voilà un drap bien étoffé. Lit bien étoffé.* || Fig. et fam., *Un homme bien étoffé,* Un homme bien vêtu, bien meublé, qui a toutes ses commodités. On dit de même, *Une maison bien étoffée.* — En parlant d'un cheval, sign., Qui a du corps. *Les chevaux arabes sont plus grands et plus étoffés que les barbes.*

ÉTOILE. s. f. (lat. *stella,* m. s.). Astre qui brille de sa lumière propre et qui paraît conserver toujours la même position dans le ciel. *L'é. polaire. Le lever, le coucher des étoiles.* — Prov., *Coucher, loger à la belle é.,* Coucher dehors, en plein air. — Fig. et fam., *Faire voir à quelqu'un des étoiles en plein midi,* Lui donner sur la tête ou dans le visage un coup qui lui cause un grand éblouissement ; ou, au imposer, en faire accroire à quelqu'un. On dit aussi de quelqu'un qui s'abuse lui-même qu'*Il croit voir des étoiles en plein midi.* || *L'é. du berger, l'é. du matin, l'é. du soir,* La planète Vénus. — *É. filante, é. tombante.* Voy. AÉROLITHE. || Fig., et par allus. à la prétendue influence des astres sur le tempérament et le sort des hommes, on dit, *É. maligne, funeste, favorable, bienfaisante, heureuse. Il est né sous une bonne, sous une mauvaise é.* On *ne peut aller contre son é. Croire à son é. Avoir confiance en son é. Son é. pâlit.* || T. Pyrotech. Petit ornement qui imite, dans les airs, l'éclat d'une étoile. *Une bombe remplie d'étoiles.*

|| T. Typogr. Syn. d'*Astérique;* ne se dit guère que des astérisques qu'on emploie pour remplacer chacune des syllabes ou des lettres d'un mot qu'on ne veut pas écrire en entier, pour désigner quelqu'un qu'on ne veut pas nommer, ou quelque personnage imaginaire. *Monsieur**** (monsieur trois étoiles). *La duchesse de***.* || Se dit aussi de certains ornements qui ont ordinairement cinq rayons et auxquels on suppose quelque ressemblance avec une é. *Une couronne d'étoiles. Le drapeau des États-Unis est semé d'étoiles. Peindre, sculpter, broder une é.* — Croix à cinq branches brodée sur les épaulettes des officiers généraux. *Obtenir les étoiles,* le grade de général. — Pop., *L'é. des braves,* La décoration de la Légion d'honneur. Voy. LÉGION *d'Honneur.* || Rond-point où aboutissent des allées. *La Place de l'Étoile.* || Nom donné à une artiste qui attire la foule dans un théâtre. || T. Manège. Marque blanche sur le front d'un cheval dont le corps est d'une autre couleur. || *Fausse é.,* Marque artificielle que font les maquignons sur le front de chevaux qui n'ont pas d'é. || T. Mar. Petit anneau supportant la mèche qui sort à éclairer le compas de route. || T. Artill. *É. mobile,* Instrument au moyen duquel on vérifie les dimensions et la forme de l'âme des bouches à feu. || T. Fortif. Fortin à plusieurs angles saillants figurant les rayons d'une étoile. || T. Techn. Outil à l'usage des relieurs pour faire des étoiles sur le dos des livres. Nom d'une pièce d'un moulin à mouliner la soie. || Pièce de la quadrature d'une montre ou d'une pendule à répétition. || Cassure du verre qui a reçu un choc. || Nom donné à des animaux, des plantes. *É. de mer,* L'astérie; *É. des bois,* La stellaire; *É. de Bethléem,* espèce d'ornithogale; *É. du berger,* le plantain d'eau; *É. grise,* variété d'agaric, etc.

Astr. — Dans la multitude des astres dont la voûte du ciel est parsemée, nous remarquons que le plus grand nombre d'entre eux conservent, pendant toute la durée du mouvement diurne, leurs distances et leurs situations relatives : ce sont les *Étoiles,* ou, comme disaient les anciens, les *étoiles fixes,* par opposition aux planètes et aux comètes qu'ils appelaient *étoiles errantes,* parce que celles-ci ont un mouvement propre et se transportent d'une région du ciel vers une autre, soit d'occident en orient, soit d'orient en occident. Au reste, il ne faut pas donner à ce terme *étoiles fixes* un sens absolu, car toutes les étoiles ont aussi un mouvement propre, seulement, pour nous, il est excessivement lent, et ne peut devenir sensible qu'au moyen d'observations fort délicates, continuées pendant une longue suite d'années. Ajoutons au caractère de fixité relative des étoiles, que ces astres, vus au télescope,

ne présentent pas de diamètre apparent, et ne s'offrent à nos regards que comme des points brillants.

¶. *Classification des étoiles d'après leur éclat.* — Nous avons dit au mot CONSTELLATION que les astronomes sont dans l'usage de distinguer les étoiles, d'après leur éclat apparent, en classes qui ont reçu le nom de *grandeurs.* Les étoiles les plus brillantes sont dites de 1re grandeur ; les étoiles visibles à l'œil nu forment les six premières classes, puis viennent celles qu'on ne peut apercevoir qu'à l'aide des instruments. — Toutefois cette classification en grandeurs est extrêmement arbitraire. Sur une multitude d'objets lumineux qui diffèrent en dimensions comme en lumière absolue, et qui sont situés à des distances fort inégales de nous, il faut bien qu'il y en ait un qui nous paraisse plus brillant que tous les autres, qu'un autre vienne après, et ainsi de suite. Mais, dans cette progression infinie, depuis l'é. la plus brillante jusqu'à celle qui échappe complètement à notre vue, l'établissement d'un certain nombre de lignes de démarcation est une chose purement conventionnelle. Aussi est-il impossible de déterminer exactement où commence et où finit un ordre de grandeur, de sorte que tous les observateurs ne sont pas unanimes sur la classe où il faut ranger certaines étoiles.

Fig. 1.

Pour obtenir une classification rigoureuse, il faudrait mesurer par la *Photométrie* (Voy. ce mot) l'éclat de chaque é., de telle sorte que, en prenant pour unité l'éclat d'une é. spécialement choisie, ou d'une lumière artificielle bien définie, il suffirait d'un nombre pour indiquer nettement l'éclat d'une é. particulière. Malheureusement la mesure de la quantité de lumière est une chose fort difficile, et tous les procédés photométriques laissent plus ou moins à désirer. Cependant, de nombreux astronomes ont fait à cet égard des recherches intéressantes. Ainsi l'on a reconnu qu'en moyenne chaque é. de 6e grandeur envoie 109 fois moins de lumière qu'une é. de 1re grandeur. La Fig. 1 représente, par la surface des

Fig. 2.

disques blancs, l'éclat moyen des étoiles des six premières grandeurs. Si l'on arrive aux étoiles télescopiques, une é. de 16° grandeur est 1 280 000 fois moins lumineuse qu'une é. de 1re grandeur.

On avait espéré que la photographie donnerait, soit par la mesure du temps de pose nécessaire pour obtenir une même image de deux étoiles différentes, soit par la mesure des disques produits dans le même temps de pose, un procédé rigoureux de

il serait impossible de trouver des lignes de démarcation.

II. *Étoiles colorées.* — *Spectres des étoiles.* — *Classification des étoiles d'après leur spectre.* — En général, la lumière des étoiles paraît blanche comme celle du Soleil ; néanmoins il y en a quelques-unes qui présentent une coloration assez prononcée. Nous citerons notamment Antarès ou le Cœur du Scorpion, Aldébaran, Pollux, α d'Orion, α d'Hercule, qui sont rougeâtres ; la Chèvre et Altaïr, qui sont légèrement

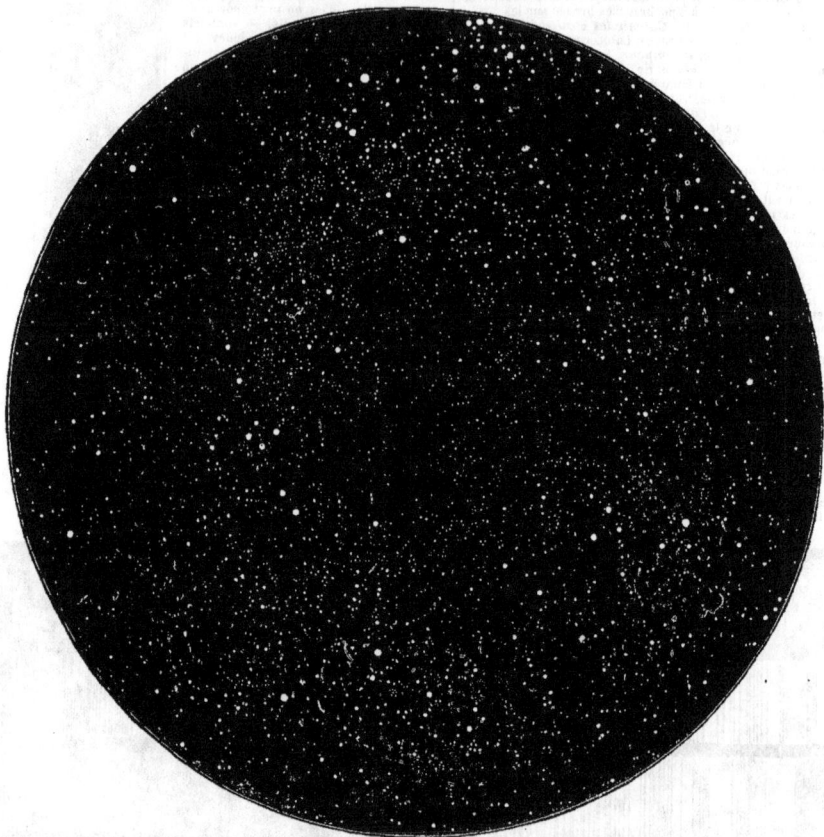

Fig. 3.

comparaison photométrique. Une telle étude peut, en effet, être entreprise avec fruit ; mais elle donne la mesure de l'éclat *photogénique* qui est souvent fort différent de l'éclat visuel, les étoiles bleues, par ex., impressionnant beaucoup plus la plaque photographique que les étoiles rouges. — Si l'on effectuait des mesures photométriques pour toutes les étoiles du ciel, on pourrait dresser une liste par ordre d'éclat décroissant depuis *Sirius*, la plus brillante de toutes, jusqu'à celles qui sont le plus difficilement aperçues avec les plus puissants instruments. Suivant qu'on emploierait la méthode photométrique directe ou la méthode photographique, on obtiendrait deux listes bien distinctes dans chacune desquelles

jaunes. Il résulte du témoignage de divers écrivains de l'antiquité, tels que Ptolémée, Sénèque, Cicéron, etc., que Sirius aurait été autrefois rougeâtre. Or, Sirius est aujourd'hui l'une des étoiles les plus blanches, et sa lumière est même plus blanche que celle du Soleil. Il aurait donc changé de couleur dans un espace de temps relativement assez court, si toutefois les anciens observateurs ont vu exactement la couleur de cet astre. Un pareil changement de couleur est une chose fort peu probable, et il est permis de supposer que les anciens ont vu Sirius rougeâtre parce que, cette é. restant en général assez basse au-dessus de l'horizon, ils l'ont observée non loin de son lever ou de son coucher, et que sa lumière était alors rougie par son passage à travers une couche épaisse de l'atmosphère terrestre, comme l'est la lumière du Soleil et de la Lune dans le voisinage du lever et du coucher de ces astres. Le qualificatif ὑπόκιρρος peut, d'ailleurs, signifier *ardent* aussi bien que *jaunâtre* ou *rougeâtre*.

Les étoiles doubles sont souvent colorées de deux couleurs complémentaires (Voy. plus loin).

L'analyse spectrale a permis de substituer à l'observation de la lumière rouge. D'après ces considérations, les astronomes ont partagé les spectres d'étoiles en quatre types :

Le *premier* type (Fig. 2-1) est celui des étoiles dites communément *blanches*, qui sont souvent même un peu azurées. Ce sont les étoiles dont la température est la plus élevée ; elles forment à peu près la moitié du nombre total des étoiles dont on a pu observer le spectre ; on y trouve en particulier *Véga*, α de l'*Aigle*, *Sirius*. La composition de la

Fig. 4.

vague et subjective de la couleur des étoiles, l'analyse approfondie de la lumière qu'elles nous envoient et d'obtenir ainsi des documents fort intéressants sur la température relative de ces astres et les substances chimiques incandescentes qui brillent à leur surface. On sait que la lumière blanche, analysée au moyen d'un prisme de verre, donne un spectre coloré, composé des sept couleurs de l'arc-en-ciel, et souvent parsemé de fines lignes noires dont la position dépend des gaz qu'a traversés la lumière. Voy. DISPERSION, SPECTROSCOPE. On sait aussi que quand un corps est incandescent, il émet d'autant plus de rayons bleus et violets qu'il est plus chaud : les corps qui commencent à devenir incandescents n'émettent que

lumière y est notablement uniforme. Elles ont généralement deux grosses raies, l'une dans le bleu qui coïncide avec la raie solaire F, l'autre dans le violet, qui est très voisine de la raie solaire H, mais plus près de l'extrémité rouge. Ces étoiles contiennent de l'hydrogène, en très grande quantité, à une très forte pression et une très haute température, du sodium, du magnésium, du fer, etc.

Le *deuxième* type (Fig. 2-II) est celui des étoiles à raies fines, analogues à notre Soleil : étoiles jaunes, telles que *Arcturus*, la *Chèvre*, *Pollux*, et la plupart des belles étoiles de seconde grandeur. Ces étoiles sont moins chaudes que les précédentes ; leur composition ressemble à celle des étoiles précédentes, mais l'hydrogène y est moins abondant et les gaz y sont à une pression plus faible. Ce type est très fréquent dans le ciel. Le Soleil en fait partie.

Le *troisième* type (Fig. 2-III) présente un spectre assez extraordinaire, à zones claires, larges et fortes, au nombre de six ou sept, séparées par des raies noires et des intervalles semi-obscurs ou nébuleux. Un des spectres les plus remarquables de ce type est celui de α d'Hercule qui se présente comme une série de colonnes éclairées obliquement. Les étoiles sont jaunes ou rouges ; on trouve parmi elles α d'Hercule, β de Pégase, β de Persée, etc. Beaucoup d'entre elles sont variables. Aldébaran forme la transition entre le second type et le troisième, qui est bien moins nombreux que les deux autres. L'aspect caractéristique de ce troisième type de spectres indique une forte absorption gazeuse et une température plus basse que celle du type précédent ; mais ce qui paraît encore plus remarquable, c'est que les raies de l'hydrogène y font généralement défaut ; s'il y a des planètes qui circulent autour de ces soleils, elles ont vraisemblablement la même composition chimique qu'eux, et ne contiennent pas d'eau.

Le *quatrième* type (Fig. 2-IV) est l'exagération du précédent : bandes plus larges et plus sombres ; il comprend des étoiles d'un rouge sang et d'un faible éclat. La plus lumineuse est 68 *i* Vierge, qui n'est que de cinquième grandeur et demie. On trouve dans leur spectre des bandes indiquant la présence d'hydrocarbures, indice d'une température relativement basse. Ce sont sans doute des astres où les réactions chimiques commencent à s'effectuer et sont près de s'éteindre.

III. *Distribution des Étoiles dans le ciel. — Voie lactée.* — Il n'est personne qui, dans les belles nuits, n'ait remarqué cette immense zone lumineuse, blanchâtre, irrégulière, qui s'étend d'un bord de l'horizon à l'autre et qui est connue sous le nom de *Voie lactée*. Ce nom singulier lui vient de son aspect blanchâtre, qui l'avait fait comparer par les anciens à une tache de lait. Suivant les mythologues grecs, elle aurait été produite par le lait que Junon répandit, lorsqu'elle voulut allaiter Hercule. C'était aussi par cette voie que l'on se rendait au palais de Jupiter et que les héros entraient dans le Ciel. Cette espèce de ceinture immense, qui fait le tour de la voûte céleste, suit à peu près la direction d'un grand cercle, et coupe l'équateur vers les 100° et 177° degrés. Sa largeur varie de 9 à 18 degrés ; son minimum a lieu entre les constellations de Persée et de Cassiopée, et son maximum entre celles de l'Aigle et du Sagittaire. En quelques endroits, elle est divisée par des intervalles vides ; en d'autres, ses bords se détachent en petites branches. Dans une partie de son immense contour, un tiers environ, elle se bifurque en deux branches qui marchent à côté l'une de l'autre, en laissant entre elles un espace de peu de largeur, et se rejoignent ensuite.

Lorsqu'on se borne à considérer les étoiles les plus brillantes, c.-à-d. celles des trois ou quatre premières grandeurs, on les trouve réparties assez également sur la voûte céleste ; mais si l'on tient compte de toutes celles qui sont visibles à l'œil nu, on remarque un grand et rapide accroissement dans leur nombre à mesure qu'on approche des bords de la *Voie lactée* (Fig. 3 et 4. — Carte des étoiles visibles à l'œil nu pour une vue moyenne dans les deux hémisphères. — 3. Hémisphère austral. — 4. Hémisphère boréal. Enfin, si l'on descend jusqu'aux étoiles qui sont seulement visibles à l'aide de puissants instruments, on trouve, le long de cette zone et des deux branches dans lesquelles elle se divise, une population d'étoiles qui dépasse toute imagination, tellement que l'on réalité toute la lumière de la voie lactée, ainsi que l'avait déjà soupçonné Démocrite, n'est que le résultat de cette accumulation d'étoiles, dont la grandeur moyenne peut être rapportée au 10e ou au 11e ordre.

Les phénomènes que nous venons de décrire s'accordent avec l'hypothèse que les étoiles qui peuplent notre firmament, au lieu d'être dispersées dans l'espace indifféremment en tous sens, forment une couche peu épaisse (comparativement à sa longueur et à sa largeur), dans l'intérieur de laquelle la Terre se trouve située vers le milieu de l'épaisseur et près du point où la couche se subdivise en deux lames principales inclinées d'un petit angle l'une sur l'autre. En effet, il est certain que, pour un œil placé de la sorte, la densité apparente des étoiles, en les supposant distribuées à peu près également dans l'espace qu'elles occupent, sera à son minimum dans la direction du rayon visuel SA (Fig. 5) perpendiculaire à la couche, tandis que ses valeurs les plus grandes correspondront aux rayons SB, SC, SD, menés dans le sens de la largeur ; et que la densité croîtra rapidement en

passant de la première direction aux autres, précisément comme nous voyons une brume, qui paraît légère dans les régions supérieures de l'atmosphère, se condenser près de l'horizon et y former un brouillard épais bien caractérisé, uniquement par suite de l'accroissement rapide de l'épaisseur traversée par le rayon visuel. Telle est l'hypothèse qu'a émise sur la constitution du ciel étoilé l'illustre W. Herschel, qui, à l'aide de ses puissants télescopes, a opéré l'analyse complète de cette zone merveilleuse et démontré qu'elle est entièrement composée d'étoiles. Ces astres, en effet, sont tellement

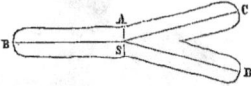

Fig. 5.

nombreux dans certaines parties de la Voie lactée, qu'en comptant les étoiles comprises dans le champ de son télescope, Herschel fut amené à conclure qu'il en était passé 5,000 sous ses yeux dans une zone de deux degrés de largeur, et pendant une heure seulement d'observation. Les distances immenses de la Terre où doivent être situées les régions les plus éloignées de la Voie lactée expliquent suffisamment la grande supériorité du nombre des étoiles appartenant aux grandeurs inférieures qu'on y observe.

Cependant, cette théorie a rencontré des contradicteurs. Il est certain qu'Herschel croyait qu'*en moyenne* toutes les étoiles ont les mêmes dimensions et que par suite, toujours en moyenne, celles qui nous paraissent les plus faibles sont les plus éloignées, la diminution de leur éclat tenant surtout à leur grande distance. Néanmoins, il est permis de concevoir tout autrement la structure de l'Univers. On sait d'une manière presque certaine que Sirius est plus de mille fois plus gros que notre Soleil, et nous pouvons admettre que l'Univers comprend des astres de toutes dimensions, et même que les plus petits sont les plus nombreux. Dès lors, les étoiles nous paraissent petites parce qu'elles le sont réellement, et non parce qu'elles sont extrêmement éloignées. Il y a témérité à juger de la distance par l'éclat. Mais alors les hypothèses d'Herschel sont fortement ébranlées et sa théorie de la *Voie lactée* devient fort douteuse. L'un des astronomes qui ont étudié cette question avec le plus de profondeur est l'Anglais Richard Proctor, qui se représente la Voie lactée comme une sorte d'amas de très petites étoiles, en forme de spirale, un *courant sinueux*, suivant sa propre expression. Les observations les plus récentes n'ont pu trancher la question ; cependant, elles ne semblent guère confirmer les vues d'Herschel, et tendraient plutôt à rendre plus vraisemblable l'opinion contraire. Voy. NÉBULEUSE.

IV. *Distance des Étoiles. — Parallaxe annuelle.* — L'expérience, sans aucune étude préalable en géométrie, nous

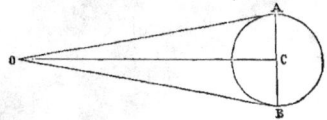

Fig. 6.

apprend à juger de la distance d'un objet AB par l'angle plus ou moins grand AOB sous lequel on le voit (Fig 6). Cet angle, qu'on nomme *angle visuel*, est formé par les deux rayons qui de l'œil vont aux extrémités de l'objet. Il augmente quand l'objet se rapproche de nous, diminue quand l'objet s'éloigne. Or, si nous pouvions nous transporter jusqu'à l'é. fixe la plus voisine, nous verrions de là, sous un angle égal à une fraction de seconde, c.-à-d. à peu près nul, la distance qui s'étend de la Terre au Soleil de 149 millions de kilomètres. Un cheveu, tendu avec les deux mains, les deux bras allongés, suffirait pour cacher à nos yeux la Terre, le Soleil et l'espace qui sépare ces deux astres. Un résultat aussi extraordinaire inspire au premier abord quelque doute ; cependant le fait est facile à comprendre. Tout le monde sait que la Terre tourne autour du Soleil dans une courbe à peu près circulaire qui a environ 149 millions de kilomètres de rayon, soit tout près de 300 millions de kilomètres de diamètre. Or, quand on observe une même é. successivement aux deux extrémités de ce diamètre, on trouve, par les observations les plus précises, que les deux rayons visuels sont presque absolument parallèles, c.-à-d. que, prolongés jusqu'à l'é., ils forment un angle inappréciable. Par ex., si AB (Fig. 6) est le diamètre de l'orbite terrestre, et le point O l'é. fixe, on trouve que les deux rayons AO et BO menés à l'astre dans les deux positions successives de la Terre, sont à peu près parallèles, ou bien que l'angle AOB est presque nul. La moitié de l'angle AOB, c.-à-d. l'angle sous lequel on verrait de l'é. O la distance du Soleil à la Terre CA, se nomme la *parallaxe annuelle* ou la *parallaxe de l'orbite terrestre*.

Supposons que la parallaxe annuelle de l'é. la plus rapprochée de la Terre soit de 1″ seulement. La géométrie apprend, et cela très simplement, que pour voir un objet sous un angle de 1″, il faut en être éloigné d'une distance égale à 206 265 fois sa longueur. Il en résulte que la distance de l'é. au Soleil serait 206 265 fois plus grande que la distance de la Terre au Soleil. Or, cette valeur de 1″ est encore trop grande : il n'existe pas d'é. dont la parallaxe atteigne cette grandeur. La petitesse des parallaxes des étoiles explique pourquoi les astronomes ont eu tant de mal à les découvrir. L'absence même de parallaxe fut l'une des premières objections et la plus importante que l'on ait adressée au système de Copernic. Comment, disait-on, peut-on admettre que la Terre décrive, en un an autour du Soleil, une orbite d'aussi grand diamètre sans que la perspective des cieux soit en rien modifiée par ce prodigieux déplacement ? La science astronomique est restée plusieurs siècles sans pouvoir répondre à cette objection, sinon que les étoiles sont trop éloignées de nous pour que les petits changements dans leurs positions apparentes qui résultent du déplacement de la Terre soient perceptibles à nos procédés de mesure. La découverte de la parallaxe de l'é. 61 du Cygne faite par Bessel, en 1838, a complètement confirmé la justesse de cette réponse. Auparavant, de nombreux astronomes avaient cherché, sans succès, à mettre en évidence cette parallaxe des étoiles qui devait apporter la preuve géométrique du mouvement de la Terre. L'astronome anglais Bradley a passé plus de vingt ans de sa vie à cette infructueuse recherche. Il est vrai qu'il fut récompensé de ses peines par la découverte importante du phénomène de l'*Aberration*. Voy. ce mot. — Si Bessel réussit là où ses devanciers n'avaient eu que des insuccès, il le dut à ce qu'il eut l'idée d'employer dans ses recherches un instrument imaginé autrefois par Bouguer, pour mesurer le diamètre apparent du Soleil et des planètes. Voy. HÉLIOMÈTRE. Bessel commença par perfectionner l'héliomètre de Bouguer, puis il se proposa de mesurer, avec cet instrument, pendant tout le cours d'une année, la distance apparente de deux étoiles voisines. Si l'une au moins des deux étoiles n'est pas tellement éloignée que sa parallaxe soit absolument insensible, il doit arriver que les deux étoiles sembleront s'écarter quand la Terre se rapprochera d'elles et se rapprocher, au contraire, quand la Terre s'éloignera d'elles. Si l'on suppose que l'une des deux étoiles soit beaucoup plus loin que l'autre, les apparences observées devront être rapportées en entier à la plus rapprochée des deux, et la mesure de la variation annuelle de leur écart permettra de déterminer la parallaxe de celle-ci. Bessel fit choix de l'é. 61 du Cygne, parce que cette é. étant animée d'un des plus grands mouvements propres qu'on ait encore observés, il y avait lieu de supposer qu'elle était l'une des plus rapprochées de nous, le mouvement propre apparent d'une é. dépendant à la fois de son mouvement réel et de sa proximité. Bessel trouva que la parallaxe de cette é. est égale à 0″,348, et toutes les recherches effectuées depuis cette époque n'ont fait découvrir que deux étoiles dont la parallaxe soit plus grande; la plus grande parallaxe est celle de α du Centaure, qui est ainsi, de toutes les étoiles dont la distance est connue, la plus rapprochée de nous. Seulement, les mesures les plus récentes ont donné à la 61e du Cygne une parallaxe un peu plus grande que celle que Bessel avait trouvée.

Nous avons dit qu'une parallaxe d'une seconde correspond à une distance de 206 265 fois le rayon de l'orbite terrestre. Comme celui-ci mesure environ 23 000 rayons terrestres, la distance de l'é. serait donc de 23 000 × 206 265 ou environ 4 744 000 000 rayons terrestres. Enfin, comme le rayon terrestre mesure environ 6 400 kilomètres, c'est donc une distance supérieure à 30 000 000 000 000 kilomètres, 30 *trillions de kilomètres*, et c'est là, rappelons-le, une limite inférieure jamais atteinte : *toutes* les étoiles sont encore plus éloignées. De pareils nombres ne disent plus rien à l'imagination. Pour

essayer de donner une idée de ces formidables distances, cherchons le temps qu'il faut à la lumière pour la parcourir. On sait que la lumière franchit environ 300 000 kilomètres par seconde ; or, si l'on divise 30 trillions par 300 000, on trouve 100 000 000 (cent millions) de secondes, qui font à peu près : 1 666 667 minutes ou 27 777 heures, ou 1 157 jours, ou 3 ans et 62 jours. Il n'est donc pas une étoile du ciel dont la lumière nous arrive en moins de 3 ans, et il en est sûrement dont la lumière ne nous arrive qu'après une période de temps dix fois, cent fois, mille fois plus longue. La plus proche, α du Centaure, a pour distance quatre ans et demi du trajet de la lumière. Si toutes les étoiles du ciel venaient à s'éteindre subitement aujourd'hui, nous les verrions encore briller, sans aucun changement, pendant plus de quatre ans, après quoi les quelques étoiles les plus voisines commenceraient à disparaître l'une après l'autre, suivant l'ordre de leurs distances; mais la plupart des astres du firmament continueraient à briller pendant des siècles.

On a calculé la distance d'une trentaine d'étoiles. Voici les plus rapprochées, parmi celles que l'on peut voir à l'œil nu (à l'exception de la dernière). La première colonne de chiffres représente la grandeur de l'é., la seconde la parallaxe trouvée, la troisième le nombre de rayons de l'orbite terrestre (distance de la Terre au Soleil) qu'il faudrait aligner à la suite les uns des autres pour atteindre l'é., la quatrième donne la distance en *trillions* de kilomètres; la cinquième indique le nombre des années que la lumière emploie à franchir la distance :

Noms des Étoiles	Grandeur.	Parallaxe.	Distance en rayons de l'orbite terrestre.	Distance en trillions de kilomètres.	Durée du trajet de la lumière en années.
α du Centaure . .	1,0	0″,75	275 000	40	4,4
61e du Cygne . .	5,1	0,44	469 000	68	7,4
Sirius	1,0	0,33	625 000	92	9,9
Procyon	1,3	0,27	761 000	112	12,0
σ Dragon	4,7	0,25	838 000	124	13,2
Aldébaran	1,5	0,24	874 000	128	13,8
ι Indien	5,2	0,22	937 000	140	14,4
ο² Éridan	4,4	0,19	1 086 000	160	17,1
Altaïr.	1,3	0,19	1 086 000	160	17,1
γ Cassiopée . . .	2,3	0,16	1 272 000	188	20,1
Véga.	1,0	0,15	1 375 000	204	21,7
Capella	1,2	0,11	1 875 000	270	29,6
Arcturus	1,0	0,49	2 104 000	324	34,7
Étoile polaire . .	2,1	0,08	2 318 000	344	36,6
γ Cassiopée . . .	5,2	0,06	3 438 000	508	54,4
β Cocher.	2,3	0,06	3 438 000	508	54,4
1830 Groombridge.	6,5	0,05	4 563 000	800	72,5

V. *Grandeurs réelles et éclat intrinsèque des Étoiles.* — La question de la distance des étoiles nous amène naturellement à considérer celle de leurs grandeurs réelles. Mais ici nous rencontrons une difficulté qui vraisemblablement sera toujours insurmontable. En effet, les télescopes ne nous donnent que des informations négatives quant au diamètre angulaire apparent des étoiles. Les disques bien définis que nous apercevons lorsque nous dirigeons un puissant télescope sur les étoiles de première grandeur, résultent de l'interférence mutuelle des rayons lumineux. Ce sont donc de purs illusions optiques; aussi leur a-t-on donné le nom de *faux disques*. Il est évident que le vrai disque de l'é. la plus grande et la plus brillante ne saurait nous offrir une mesure angulaire appréciable : car lorsqu'une étoile, même de 1re grandeur, est occultée par la Lune, sa lumière s'éteint d'une façon absolument instantanée, et l'on n'aperçoit pas la moindre trace d'un affaiblissement graduel de son éclat. En outre, son disque apparent ou faux disque lui-même conserve sa rondeur parfaite et ses dimensions invariables jusqu'à l'instant de sa disparition subite, ce qui n'aurait pas lieu si le disque stellaire avait une réalité quelconque. Si notre Soleil était reporté seulement à la distance minimum que nous avons assignée aux étoiles, c.-à-d. à plus de 30 trillions de kilomètres, son diamètre apparent de 32′3″ se trouverait réduit à 0″,0093, ou à moins d'un centième de seconde, quantité qui ne nous apparaîtra jamais, semble-t-il, que comme un point sans dimensions appréciables, quels que soient les perfectionnements que l'on puisse introduire dans la construction des télescopes.

L'évaluation de la quantité de lumière que nous envoient les étoiles est aussi un problème fort difficile à résoudre. « L'intensité de la lumière solaire, dit John Herschel, est tellement supérieure à celle de l'é. même la plus brillante, qu'il est impossible de les comparer directement l'une avec l'autre. Toutefois, en prenant la Lune comme terme intermédiaire de comparaison, on peut y parvenir jusqu'à un certain point, c.-à-d. non pas avec une précision rigoureuse, mais avec une exactitude suffisante pour satisfaire notre curiosité. Ainsi, par ex., α du Centaure a été directement comparée avec la Lune. Onze comparaisons faites dans divers états de la Lune (en faisant les réductions convenables et en tenant compte de la perte de lumière résultant de son passage à travers le prisme et la lentille) ont donné pour moyenne le résultat suivant : c'est que la quantité de lumière envoyée à la Terre par la pleine Lune est à celle qui est envoyée par α du Centaure comme 27 408 est à 1. D'autre part, Wollaston a établi, par des expériences photométriques qui me paraissent à l'abri de toute objection, que la lumière du Soleil est à celle de la pleine Lune comme 801 072 est à 1. En combinant ces deux résultats, on trouve que la lumière du Soleil est à celle de l'é. en question comme 21 955 000 000, ou, en nombre rond, comme vingtdeux mille millions est à 1. Maintenant, si l'on tient compte de la parallaxe attribuée ci-dessus à cette é., ou, en d'autres termes, si l'on suppose le Soleil situé à la même distance de la Terre, il est aisé de conclure que l'éclat intrinsèque de l'é. comparé à celui du Soleil, est 2,3247 celui de ce dernier étant 1, c.-à-d. que l'éclat de α du Centaure est 2 fois et 1/3 plus grand que celui du Soleil. La lumière de Sirius, la plus brillante é. du ciel, est supérieure à celle de α du Centaure, et en même temps Sirius n'a qu'une parallaxe de 0″,23. Il s'ensuit de là que l'éclat de cette dernière é. est égal à 63,02 fois celui de α du Centaure, et par conséquent est 146,54, ou 146 fois 1/2 plus grand que celui du Soleil. »

Il résulte de ce que nous venons de dire deux conséquences importantes : 1° C'est ce que les étoiles ne sauraient, comme nos planètes, emprunter leur lumière du Soleil, et qu'elles sont nécessairement lumineuses par elles-mêmes ; 2° c'est qu'elles sont elles-mêmes de véritables soleils dont la masse est au moins comparable et souvent même supérieure à celle du nôtre. Il est, en outre, extrêmement vraisemblable que ces innombrables soleils qui peuplent le firmament sont également des corps autour desquels circulent d'autres planètes, ou d'autres corps dont nous ne saurions avoir l'idée, car ils peuvent ne point avoir d'analogues dans notre système planétaire.

VI. *Étoiles changeantes ou périodiques.* — Il existe des étoiles qui subissent un accroissement et une diminution d'éclat périodiques et réguliers, qui, dans un ou deux cas, vont jusqu'à une extinction et une reproduction complètes. On les appelle *étoiles périodiques, changeantes* ou *variables*. La plus anciennement connue et l'une des plus remarquables parmi ces étoiles, est *omicron* de la constellation de la Baleine, signalée pour la première fois par Fabricius, en 1596. Elle paraît environ douze fois un an ou, ou plus exactement, elle a une période de 334 jours. Elle conserve son plus grand éclat pendant environ 15 jours, et elle paraît alors quelquefois comme une belle é. de 2° grandeur ; elle décroît ensuite pendant 3 mois environ, jusqu'à ce qu'elle devienne complètement invisible à l'œil nu, et elle demeure dans cet état à peu près cinq mois ; après quoi son éclat va en croissant pendant le reste de sa période : telle est en général la marche de ses phases. Cependant cette é. ne revient pas toujours au même degré d'éclat ; elle n'augmente et ne diminue pas toujours par les mêmes gradations ; enfin, les intervalles de ses maxima ne sont pas toujours égaux. Hévélius rapporte même que, pendant les quatre années écoulées d'oct. 1672 à oct. 1676, elle ne parut pas du tout. Récemment, en 1896, on a constaté un retard de deux mois dans son maximum. Les observations et les recherches historiques d'Argelander tendent à établir que la période moyenne assignée ci-dessus à cette é. est soumise à une fluctuation cyclique embrassant 88 de ses périodes. — Une autre é. périodique fort remarquable est *Algol* ou β de Persée. Elle paraît ordinairement comme une é. de 2° grandeur, et reste telle pendant 2 jours 13 heures et 1/2. Alors son éclat commence tout à coup à décroître rapidement, et au bout de 3 h. 1/2, ce n'est plus qu'une é. de 4° grandeur, qui reste dans cet état 15 minutes seulement. Puis elle recommence à croître, et au bout de 3 h. 1/2 elle a repris son éclat habituel. Tous ces changements se produisent dans l'espace de 2 j. 20 h. 48 m. 58 sec. et 1/2. Cette loi remarquable a suggéré l'idée qu'un corps opaque circule autour de cette é. de façon à nous masquer une partie de sa lumière, lorsqu'il se trouve interposé entre cet astre et la Terre. Telle était déjà l'hypothèse émise par Goodricke, à qui l'on doit la découverte de ce fait si curieux, en 1792. Cette hypothèse, corroborée par ce fait que le spectre d'Algol est du 1er type et reste inaltéré pendant toute la variation de l'é., tandis que les spectres des étoiles variables sont en général du 3e type, est devenue aujourd'hui une certitude. On sait aujourd'hui qu'Algol est é. double dont le compagnon obscur tourne à peu près dans le plan de notre rayon visuel. Des observations récentes, comparées avec les anciennes, indiquent une diminution dans le temps périodique de cette é. — L'é. δ de la constellation de Céphée est également soumise à des variations périodiques qui, depuis 1784 où sa variabilité fut découverte par Goodricke, ont toujours eu lieu avec une régularité parfaite. Elle varie de la 3e à la 5e grandeur, et sa période est de 5 j. 8 h. 47 m. 39 s. Son accroissement est plus rapide que sa diminution : l'intervalle entre son minimum et son maximum est seulement de 1 j. 14 h., tandis que celui de son maximum à son minimum est de 3 j. 19 h. — L'é. périodique β de la Lyre, également découverte par Goodricke, en 1784, a une période qu'on évaluait généralement à 6 j 9 h. ou 6 j. 11 h. Il est certain, en effet, que dans cet intervalle de temps, la lumière de cette é. éprouve une diminution, puis un accroissement remarquables. Mais Argelander, en se fondant sur des observations très précises, a établi que la vraie période de cette é. est 12 j. 21 h. 53 m. 10 s., et que, dans cette période, il y a un double maximum et un double minimum : les deux maxima sont presque égaux et de 3,4 grandeur, tandis que les deux minima sont fort inégaux, l'un étant 4,3 et l'autre 4,5. — Parmi les principales étoiles périodiques, étoiles dont le nombre s'accroît chaque année, nous citerons : η d'Antinoüs ou de l'Aigle qui varie de la 3,4 à la 4,5 grandeur, et dont la période est de 7 j. 4 h. 13 m. 53 s. ; α d'Hercule, qui varie de la 3e à la 4e grandeur, et dont la période est d'environ 63 jours ; ε du Cocher qui varie de la 3e à la 4e grandeur, et dont la période est de 250 jours ; χ du Cygne qui varie de la 6e à la 11e grandeur, et a une période d'environ 397 jours ; et la 34e du Cygne qui est tantôt de 6e grandeur et tantôt complètement invisible, et dont la période est de 18 années.

Si curieuse que puisse paraître cette variabilité d'éclat de certaines étoiles, il est certain que ce fait est dû, soit à une éclipse partielle produite par un compagnon comme dans le cas d'Algol, soit, le plus souvent, à une variation périodique de la quantité de lumière émise, à une série périodique de phénomènes physiques et chimiques qui s'accomplissent à la surface et à l'intérieur de l'astre. Ce dernier phénomène a son analogue jusque dans notre Soleil, qui nous montre la période indéterminée des taches. Si les taches étaient plus étendues qu'elles ne sont, de manière à couvrir une partie notable de la surface, la quantité de lumière émise en serait certainement modifiée, et le Soleil serait une é. variable d'une période de onze ans. Tel est sans doute le sort qui lui est réservé avant son extinction finale, car à en juger par leur spectre, qui est du 3e type, les étoiles variables paraissent des soleils à moitié refroidis, des astres près de s'éteindre. — Enfin, il faut ajouter qu'il existe un grand nombre d'étoiles variables dont la variabilité irrégulière n'a encore laissé deviner aucune période.

VII. *Étoiles temporaires.* — Ces irrégularités nous préparent à d'autres phénomènes de variation stellaire qui ont toujours vivement frappé les observateurs. Ces phénomènes dont nous parlons sont les étoiles *temporaires*, qui se sont montrées à diverses époques dans différentes régions du ciel, en flamboyant d'un éclat extraordinaire, et qui, après être restées pendant quelque temps immobiles, se sont éteintes sans laisser de trace. Telle fut l'é. qui, apparaissant tout à coup l'an 125 av. J.-C., attira, dit-on, l'attention d'Hipparque et le détermina à dresser son catalogue d'étoiles, le plus ancien dont l'histoire fasse mention. Telle fut aussi l'é. qui jeta soudainement un vif éclat l'an 389 de notre ère, près de α de l'Aigle, et qui, pendant 3 semaines, resta aussi brillante que Vénus, pour disparaître ensuite entièrement. En 945, 1264 et 1572, de brillantes étoiles se montrèrent dans la région du ciel entre Céphée et Cassiopée et l'on avait pu penser que ces trois apparitions se rapportaient à une même é., ayant une période d'environ 312 ans ; mais les deux premières dates ne sont insuffisamment prouvées, et l'é. n'a pas reparu vers l'année 1884. L'apparition de l'é. de 1572 fut si soudaine que le célèbre astronome danois Tycho-Brahé, revenant un soir (le 11 nov.) de son observatoire à sa demeure, fut surpris de voir un groupe de villageois occupés à regarder attentivement l'é. en question que certainement il aurait aperçue, si elle eût été visible une demi-heure auparavant. Elle était alors aussi brillante que Sirius, et elle continua de s'accroître jusqu'à surpasser Jupiter dans son plus grand éclat, et à être visible en plein midi. Elle commença à diminuer en déc. de la même année, et, en mars 1574, elle avait entièrement disparu. Le 10 oct. 1604, une é. du même genre, et non moins brillante, apparut tout à coup dans la constellation du Serpentaire, et resta visible jusqu'en oct. 1605. — Des phénomènes semblables, quoique moins éclatants, se sont produits plus récemment. Nous mentionnerons l'é. de 3e grandeur découverte par Anthelme, en 1670, dans la tête du Cygne, qui devint ensuite complètement invisible, se montra de nouveau, et, après avoir éprouvé, dans l'espace de 2 ans, une ou deux variations d'éclat singulières, finit par disparaître tout à fait, et n'a jamais été vue depuis. Le 28 avril 1848, l'astronome anglais Hind aperçut une é. de 5e grandeur (ou mieux 3,4) très apparente à l'œil nu, dans une partie de la constellation d'Ophiuchus, où, jusqu'au 5 de ce même mois, il n'existait pas une seule é. dépassant la 9-10e grandeur. Depuis le moment de sa découverte, cette é. ne fit que diminuer d'éclat, sans changer de place, et elle était déjà presque éteinte avant l'époque où la saison allait rendre son observation impossible. — Le 12 mai 1866 apparut dans la Couronne une é. de 2e grandeur ; le 14 elle était déjà de 3e, le 16 de 4e, et le 1er juillet de 10e. A la fin d'août, elle remonta à la 8e grandeur et toucha, vers le milieu de novembre, à la 9e 1/2. Depuis, elle est restée stationnaire en cet état. — Le 24 novembre 1876, M. J. Schmidt, directeur de l'observatoire d'Athènes, découvrit dans la constellation du Cygne une é. inconnue jusqu'alors qui brillait d'un éclat de 3e grandeur, avec une couleur jaune. Quelques jours après, cette é. descendit à la 4e grandeur. Bientôt, elle s'avança jusqu'à la 12e grandeur, et ne laissa plus voir qu'une faible nébuleuse. — Le 1er février 1892, M. Copeland, directeur de l'observatoire d'Édimbourg, reçut une carte postale non signée lui annonçant qu'une nouvelle é. de 5e grandeur était visible dans la Constellation du Cocher. On a su depuis que l'auteur de la découverte est M. T.-D. Anderson. En examinant des clichés photographiques pris à l'observatoire d'Harvard-Collège (États-Unis), on a reconnu que cette é. brillait de la 5e grandeur depuis le commencement de décembre 1891. A partir de son éclat maximum de février 1892, son éclat diminua rapidement ; il était de 6e grandeur le 10 mars 1892 et descendit au-dessous de la 14e grandeur à la fin du mois. Depuis lors, à la place de l'é. temporaire est une pâle nébuleuse d'un diamètre appréciable. — Les 3 dernières étoiles temporaires, observées depuis la découverte de l'analyse spectrale, ont montré les spectres de l'hydrogène, de l'hélium et du sodium gazeux. Il est aujourd'hui démontré que les étoiles temporaires n'apparaissent pas dans le ciel là où il n'y avait rien. Ce sont de très faibles étoiles qui, à la suite d'un phénomène inexpliqué, prennent, pendant une courte période de temps un éclat inaccoutumé, plusieurs millions de fois supérieur à leur éclat ordinaire. Cet éclat est dû, le spectre le démontre, à une prodigieuse expansion de gaz incandescents parmi lesquels dominent l'hydrogène et, en moindre quantité, l'hélium et la vapeur de sodium. Cette composition est tout à fait analogue à celle des protubérances solaires. Mais quelle est la cause de cet étonnant développement de gaz lumineux, de cette immense conflagration ? On ne sait, et on est réduit aux conjectures. On a supposé qu'un essaim de météorites pouvait, en rencontrant l'étoile, y déterminer par le choc un énorme accroissement de chaleur ; mais cette hypothèse est peu probable. Une pareille cause devrait donner naissance à un astre de plus longue durée. Un phénomène non moins remarquable et absolument expliqué est la transformation de l'é. en nébuleuse, phénomène observé dans les derniers exemples, et sans doute général. Voy. SOLEIL.

Quoique l'é. η de la constellation australe d'Argus ou du Navire ne puisse être classée parmi les étoiles temporaires, car on ne l'a jamais vue s'éteindre, ses variations extraordinaires d'éclat, où l'on n'a pu encore découvrir aucune trace de périodicité, doivent la faire ranger parmi les étoiles irrégulières. A l'époque de Halley (1677), elle paraissait comme une é. de 4e grandeur ; lorsque Lacaille l'observa, en 1751, elle était de 2e ; dans l'intervalle de 1811 à 1816, elle était retombée à la 4e. Le 1er février 1827, époque où Burchell l'étudia, elle s'était élevée à la 1re grandeur, et était aussi brillante que α de la Croix du Sud. Puis elle redescendit à la 2e grandeur, et resta dans cet état jusqu'à la fin de 1837. Tout à coup, au commencement de 1838, elle acquit un éclat tel qu'elle surpassait toutes les étoiles de 1re grandeur, à l'exception de Sirius, de Canopus et d'α du Centaure, et qu'elle égalait presque cette dernière. Alors elle diminua de nouveau, mais cette fois sans descendre au-dessous de la 1re grandeur, jusqu'en

avril 1843, où elle augmenta de nouveau au point de surpasser Canopus et d'être presque égale à Sirius. En 1856, elle commença à décroître et atteignit en 1886 un minimum de 7 1/2 grandeur. Depuis, elle semble se ranimer. Ce phénomène, unique dans l'histoire de l'astronomie, reste absolument inexpliqué.

VIII. *Des Étoiles doubles, triples*, etc. — En examinant les étoiles à l'aide de puissants télescopes, on reconnaît qu'un grand nombre d'entre elles sont *doubles*, c.-à-d. se composent de deux étoiles très rapprochées (quelquefois de trois ou même davantage). On pourrait attribuer ce phénomène à une proximité de perspective, l'une des étoiles étant beaucoup plus éloignée que l'autre ; mais la fréquence de cette association, l'extrême rapprochement, et, dans beaucoup de cas, la presque égalité des étoiles ainsi réunies suffiraient pour faire fortement soupçonner un rapport plus étroit qu'une simple juxtaposition accidentelle. On trouve, par ex., que l'é. brillante de Castor, vue avec un télescope puissant, consiste en 2 étoiles de 3e grandeur à peu près, distantes l'une de l'autre d'environ 5″. Or, les étoiles de cette grandeur ne sont point assez communes dans le ciel pour qu'il soit probable que deux d'entre elles se trouvent si près l'une de l'autre, si elles étaient dispersées au hasard. Mais ce rendit, des l'origine des études, très improbable une connexité purement fortuite, c'est qu'il existe une foule d'autres faits de ce genre. L'application du calcul des probabilités à la question des étoiles doubles, triples, etc., démontra en outre que la fréquence des associations d'étoiles dépasse énormément le chiffre que donne le simple calcul des chances. W. Herschel a énuméré plus de 500 étoiles doubles formées d'étoiles éloignées l'une de l'autre de moins de 32″. Plus tard, William Struve, de Dorpat, en poursuivant ce genre de recherches avec des instruments plus convenablement disposés pour cet objet, et construits avec une perfection singulière, a porté ce nombre à plus de 3000 ; récemment, Burnham et d'autres observateurs ont encore étendu ce catalogue déjà si riche, sans épuiser la fertilité du ciel. Nous en connaissons aujourd'hui plus de 6000. Parmi ces étoiles doubles, il en est un grand nombre pour lesquelles la distance des composantes ne dépasse pas une seconde.

Au nombre des étoiles triples, quadruples ou multiples les plus remarquables, nous citerons γ d'Andromède, ε de la Lyre, ζ du Cancer, θ d'Orion, μ du Bouvier, ξ du Scorpion, 11 de la Licorne et 12 du Lynx. Parmi ces étoiles, γ d'Andromède et μ du Bou-

Fig. 7.

vier et μ du Loup, observées à l'aide même de bons télescopes, ne paraissent que comme des étoiles doubles ordinaires ; il faut des instruments d'une très grande puissance pour isoler la troisième é., qui est beaucoup plus petite. Le phénomène singulier d'une double é. double nous est offert par ε de la Lyre. A l'aide d'un télescope de puissance médiocre, elle se résout aisément en deux étoiles ; mais, si l'on augmente le pouvoir amplifiant, on résout chacune de ces étoiles en deux autres, qui sont très rapprochées l'une de l'autre. Les étoiles ζ du Cancer, ξ du Scorpion, 11 de la Licorne et 12 du Lynx se composent chacune de deux étoiles principales fort voisines l'une de l'autre, et d'une troisième plus petite et plus éloignée. Quant à θ d'Orion, il nous présente le curieux phénomène de 4 étoiles brillantes, de 4e, 6e, 7e et 8e grandeurs, qui forment un trapèze (Fig. 7) dont la plus longue diagonale est 21″,4, et qui sont accompagnées de 2 autres étoiles excessivement petites et très rapprochées.

Il n'y a pas, dans l'astronomie sidérale, de question qui soit d'un plus grand intérêt que celle des étoiles doubles. Aussi, depuis W. Herschel, les astronomes se sont-ils attachés avec persévérance à recueillir toutes les données qui les concernent, à dresser le catalogue le plus complet possible de ces astres, et à soumettre à des mesures précises leurs angles de position et leurs distances mutuelles. La première fois que ces combinaisons d'étoiles furent remarquées, W. Herschel songea immédiatement au parti qu'on en pourrait tirer pour mesurer la parallaxe des étoiles, au moyen des variations périodiques qu'il espérait voir se produire dans la situation relative des deux astres composant une é. double. C'est dans ce but qu'il commença à dresser (de 1779 à 1784) le premier catalogue d'é-

ÉTO

toiles doubles qui ait été publié. Mais bientôt il fut détourné du travail projeté par d'autres phénomènes d'un caractère tout à fait inattendu, qui absorbèrent toute son attention. Au lieu de trouver, comme il s'y attendait, une oscillation annuelle de l'une des étoiles de l'é. double par rapport à l'autre; des accroissements et des décroissements alternatifs, tant dans leurs distances que dans leurs angles de position, tels que ceux qu'aurait dû produire la parallaxe annuelle du mouvement de la Terre, il observa, dans un grand nombre de cas, un changement régulier et progressif, affectant de préférence tantôt la distance et tantôt l'angle de position, mais constamment dirigé dans le même sens, de manière à indiquer clairement, soit un mouvement réel des étoiles elles-mêmes, soit un mouvement général et rectiligne du Soleil et de tout le système solaire, d'où résulterait une parallaxe d'un ordre plus élevé que celle qui dérive du mouvement de la Terre dans son orbite, et à laquelle ou pourrait donner le nom de *parallaxe systématique*.

En supposant que le Soleil et les deux étoiles aient des mouvements indépendants les uns des autres, il est bien évident que, pendant le laps de plusieurs années, ces mouvements pourront être regardés comme rectilignes et uniformes. D'après cela, il suffit de la moindre connaissance en géométrie pour comprendre que le *mouvement apparent* de l'une des composantes d'une é. double, rapporté à l'autre comme centre, et projeté sur un plan où le lieu de cette dernière serait pris pour origine ou pour point zéro, ne peut être que rectiligne. C'est au moins ce qui devrait être si les étoiles étaient indépendantes l'une de l'autre; mais il en serait autrement s'il existait entre les deux étoiles une connexion physique, telle, par ex., que celle qui résulterait de leur proximité réelle ou de leur gravitation réciproque. Dans ce cas, elles décriraient des orbites l'une autour de l'autre et autour de leur centre commun de gravité; par conséquent, l'orbite apparente de chacune d'elles, rapportée à l'autre comme à un point fixe, au lieu d'être une portion de ligne droite, se courberait ou tournerait sa concavité vers l'é. à laquelle on la rapporte. Toutefois les mouvements observés étaient si lents qu'il fallait plusieurs années d'observations pour résoudre le problème: ce ne fut qu'en 1803, c.-à-d. 25 ans après le commencement de cette série de recherches, que Herschel put arriver à quelques résultats positifs concernant le caractère rectiligne ou circulaire des déplacements observés. Cette année et l'année suivante, l'illustre astronome établit, dans deux mémoires qui font époque dans les annales de la science, qu'il existe des systèmes stellaires formés de deux étoiles qui tournent l'une autour de l'autre dans des orbites régulières, et qu'on peut nommer *étoiles binaires*, pour les distinguer des étoiles doubles en général, parmi lesquelles il peut s'en trouver dont le rapprochement soit purement fortuit, ou un simple effet *optique*, les deux étoiles étant à des distances fort inégales de la Terre, tandis que les composantes d'une é. binaire sont toutes deux à la même distance de nous, du moins quand on néglige le rayon de leurs orbites, qui est comme nul en comparaison de la distance prodigieuse où elles sont de notre globe. Les mémoires dont nous venons de citer renferment 50 à 60 exemples de changements plus ou moins considérables observés dans les angles de position d'étoiles doubles, parmi lesquels il y en a de trop marqués et dont la marche est trop régulièrement progressive pour laisser le moindre doute sur leur véritable nature. On y trouve citées notamment, au nombre des étoiles remarquables dont les mouvements sont les plus frappants, Castor, γ de la Vierge, ξ de l'Ourse, λ et 70 d'Ophiuchus, σ et η de la Couronne, ξ et μ du Bouvier, η de Cassiopée, γ du Lion, ζ d'Hercule, δ du Cygne, ε et ζ de la Lyre, μ du Dragon, et ζ du Verseau. Pour quelques-unes d'entre elles, les temps des révolutions périodiques sont même assignés, par approximation toutefois, car alors les données manquaient encore pour un calcul rigoureux. Par ex., la parallaxe de Castor est fixée à 334 ans, celle de γ de la Vierge à 708, et celle de γ du Lion à 1200. — Les recherches des observateurs contemporains ont pleinement confirmé ces résultats, et de toutes les étoiles ci-dessus mentionnées, il n'en est pas une seule qui ne soit très certainement binaire. Au reste, le nombre des étoiles doubles dont le caractère binaire est incontestable, augmente chaque année: déjà, en 1841, Mædler en énumérait plus de 100; en 1878, le catalogue de M. Flammarion a donné les positions de 875 groupes en mouvement relatif certain, dont 731 doubles, 73 triples, 12 quadruples, 2 quintuples et 1 sextuple, représentant 558 systèmes orbitaux et 317 groupes de perspectives.

Il est facile de comprendre que des phénomènes de cette nature ne pouvaient être signalés sans qu'on cherchât à les

rattacher à des théories dynamiques. Dès le premier moment de leur découverte, on les rapporta naturellement à l'action d'une force qui, comme la gravitation, obligerait les étoiles reconnues binaires à circuler l'une autour de l'autre. Néanmoins la première méthode distincte de calcul au moyen de laquelle les éléments elliptiques de l'orbite d'une é. binaire peuvent se déduire des valeurs de l'angle de position et de la distance observées à différentes époques, est due à l'astronome français Savary (1830), qui a démontré que les mouvements de l'une des étoiles binaires les plus remarquables, ξ de la grande Ourse, s'expliquent très bien, dans les limites des erreurs des observations, par l'hypothèse d'une orbite elliptique décrite dans la courte période de 58 ans et 1/4. Une autre méthode de calcul a conduit l'astronome allemand Encke à assigner à 70 d'Ophiuchus une orbite elliptique décrite dans une période de 74 ans. Mædler s'est particulièrement signalé dans ce genre de recherches. Plusieurs orbites ont été également calculées par J. Herschel, Yvon Villarceaux, Hind, W.-H. Smith, C. Flammarion, Doberck, Burnham, See, etc. Les orbites qui présentent les périodes les plus courtes sont × Pégase et δ du Petit Cheval : ces périodes ne sont que de 11 ans 1/2; le demi-grand axe de ces orbites est vu de la Terre sous un angle d'une demi-seconde seulement. La plus longue période déterminée est celle de ξ du Verseau qui atteint 1758 ans; le demi-grand axe est vu sous un angle de 7″,64. Il n'est pas douteux qu'en disposant de plus longues suites d'observations, les astronomes parviendront à déterminer des périodes de révolution comprenant plusieurs milliers d'années, calcul à peu près impossible aujourd'hui.

Parmi les étoiles doubles, l'une de celles qui ont été étudiées avec le plus de soin et offert les phénomènes les plus intéressants, est γ de la Vierge. C'est une é. de troisième grandeur dont les composantes sont presque égales. Dès le commencement du XVIIIe siècle, on savait que cette é. se résout en deux autres. Les deux composantes étaient assez distantes l'une de l'autre de 6″ à 7″, en sorte qu'il suffisait d'un télescope de médiocre puissance pour les isoler. Lorsque W. Herschel les observa en 1780, leur distance était de 4″,66, et depuis cette époque elles se sont constamment et régulièrement rapprochées, à tel point qu'en 1836 les deux étoiles ne représentaient plus qu'un disque unique parfaitement rond, même quand on les examinait avec les meilleurs instruments et les plus forts grossissements. Le grand réfracteur de Poulkowa seul, avec un pouvoir amplifiant de 1,000, continuait d'indiquer, par l'aspect cunéiforme du disque, la nature composée de l'é. En estimant le rapport de sa longueur à sa largeur, et en mesurant la première, Struve conclut qu'à cette époque la distance des deux étoiles, de centre à centre, pouvait être de 0″,22. Depuis lors, l'intervalle entre les deux étoiles n'a pas cessé de s'accroître. En 1849, les deux étoiles étaient déjà écartées de plus de 2″. Aujourd'hui (1896), cette distance est d'environ 6″. Ce phénomène remarquable de diminution et d'augmentation de la distance des deux étoiles a été accompagné d'un accroissement et d'une diminution correspondants du mouvement angulaire relatif. Ainsi, en 1783, le mouvement angulaire apparent était à peine d'un demi-degré par année, tandis qu'en 1830 il s'était élevé à 5°, en 1834 à 20°, et vers le milieu de 1836, à plus de 70° par année, c.-à-d. qu'il était alors de 1° en 5 jours. Or, ceci est entièrement conforme aux principes de la dynamique, qui établissent une connexion nécessaire entre la vitesse angulaire et la distance, aussi bien dans l'orbite apparente que dans l'orbite réelle d'un corps qui circule autour d'un autre en vertu d'une attraction réciproque; la première variant en raison inverse du *carré* de la dernière, quelle que soit la courbe décrite et quelle que soit la force attractive. La période de révolution de cette é. est de 180 ans.

La découverte des étoiles doubles en mouvement l'une autour de l'autre montre que la même loi de gravitation s'applique à ces soleils lointains, comme aux planètes du système solaire : c'est une loi générale de la nature.

On peut calculer le poids, la masse d'une é. double dont on connaît la parallaxe. Soit, par ex. α du Centaure. En adoptant la parallaxe 0″,75, on trouve que le grand axe de son orbite correspond à 23 fois la distance de la Terre au Soleil. Ce grand axe est intermédiaire comme longueur entre celui d'Uranus et celui de Neptune. D'autre part, la période de révolution est de 81 ans. Les principes établis par Newton, combinés avec la troisième loi de Képler, nous permettent de calculer la somme des masses des deux étoiles. Si l'on désigne par M la masse réunie du Soleil et de la Terre, par M' la masse réunie des deux composantes de l'é.; par α le demi-grand axe de l'orbite terrestre, par T la durée de l'année, par

a' le demi grand axe de l'orbite de l'é. et par T' la durée de la révolution, on a :

$$\frac{M'}{M} = \frac{a'^3}{T'^2} : \frac{a^3}{T^2}$$

ou en prenant pour unités la masse du Soleil M (celle de la Terre étant négligeable), la durée de l'année T et la distance moyenne de la Terre au Soleil :

$$M' = \frac{a^3}{T^2} = \frac{23^3}{81^2} = \frac{12167}{6561} = 1,85.$$

Ainsi, l'é. double α du Centaure pèse près de deux fois plus que le Soleil qui lui-même pèse 324,030 fois plus que la Terre. Des calculs analogues ont été faits pour d'autres étoiles.

Un grand nombre d'étoiles doubles nous offrent l'admirable et curieux phénomène du contraste des couleurs complémentaires. En pareil cas, l'é. la plus grande est ordinairement d'une couleur rougeâtre ou orangé, tandis que la plus petite paraît bleue ou verte, probablement en vertu de cette loi générale d'optique qui veut que, lorsque la rétine est sous l'influence de l'irritation causée par une lumière vive et colorée, une lumière plus faible, qui, vue isolément, produirait la sensation de blancheur, paraisse colorée de la teinte complémentaire de la lumière colorée la plus brillante. Ainsi, quand le jaune domine dans la lumière de l'é. la plus lumineuse, celle qui a le moins d'éclat paraîtra bleue, si elle se trouve en même temps dans le champ de la vision. Si la teinte de la première tourne au cramoisi, celle de la seconde aura de la tendance au vert, ou paraîtra d'un vert vif dans des circonstances favorables. Nous trouvons un bel exemple du premier contraste dans ι du Cancer; γ d'Andromède nous en offre un du second : l'une et l'autre sont de belles étoiles doubles. Si, néanmoins, l'é. colorée est beaucoup moins brillante que l'autre, elle n'affectera pas sensiblement celle-ci. Ainsi, par exemple, η de Cassiopée offre la belle combinaison d'une étoile blanche et d'une petite é. de couleur pourpre fort riche. Mais il ne faut pas croire pour cela qu'il n'y ait là que des effets de contraste : l'analyse spectrale a montré que pour certaines étoiles doubles, au moins, ces couleurs sont réelles, c.-à-d. que les deux spectres sont différents : l'un, contenant par exemple, plus de rayons rouges; et l'autre, plus de rayons bleus. Néanmoins, il est certain qu'un effet physiologique bien connu vient augmenter, pour l'œil, la différence de coloration des deux astres. Il est difficile d'imaginer quelle variété d'illumination *deux soleils*, l'un rouge et l'autre vu, ou l'un jaune et l'autre bleu, doivent répandre sur une planète, selon que l'un ou l'autre ou tous les deux sont sur l'horizon. A quels étranges contrastes, à quelles alternatives singulières ne doivent pas donner lieu des jours rouges et des jours verts alternant avec des jours bleues et avec des nuits obscures? On voit en divers points du ciel, ainsi que nous l'avons dit, des étoiles éparses de couleur rouge, presque aussi foncée que celle du sang (4ᵉ type de spectre), mais jamais que nous sachions, on n'a signalé d'é. d'un vert ou d'un bleu décidé, qui ne fût associée à une compagne plus brillante.

IX. *Mouvements propres des Étoiles.* — Nous avons déjà dit que la fixité des étoiles n'était pas absolue, et que beaucoup d'entre elles éprouvent des déplacements qui à la longue doivent altérer leurs positions respectives. Cette question du mouvement propre des étoiles a été, pendant tout le XIXᵉ siècle, l'objet de persévérantes recherches de la part des astronomes. Halley le premier, en 1717, signala ce fait que les trois belles étoiles de 1ʳᵉ grandeur, Sirius, Arcturus et Aldébaran, sont placées par Ptolémée, sur l'autorité des observations d'Hipparque faites 130 ans av. J.-C., à des latitudes respectives de 20', 22' et 33' plus au nord qu'elles n'étaient au commencement du XVIIIᵉ siècle. Or, en tenant compte de la diminution de l'obliquité de l'écliptique survenue dans l'intervalle de 1847 ans écoulés entre les observations d'Hipparque et les siennes propres, Halley trouva que, si ces étoiles eussent été réellement fixes, elles auraient dû être situées respectivement 17', 20' et 0' plus au midi. On est donc obligé d'admettre que ces étoiles s'avancent continuellement vers le sud, et que leur mouvement dans cette direction a été de 37', 42' et 33'. Ceci est d'ailleurs corroboré par une observation relative à Aldébaran faite à Athènes, l'an 509 av. J.-C., où l'on vit cette é., immédiatement après son émersion d'une occultation lunaire, dans une position telle que cette occultation devait avoir été presque centrale. Or, d'après la connaissance des mouvements des mouvements lunaires, c'est ce qui n'aurait pu avoir lieu si, à cette époque, la latitude d'Aldébaran eût été aussi méridionale qu'elle l'est à présent. — Au reste, parmi un si grand nombre de corps semés dans l'espace et qui ne sont retenus par aucun obstacle fixe, on devait, *à priori*, s'attendre à découvrir des mouvements apparents, d'un genre ou d'un autre. Leurs attractions mutuelles, bien que prodigieusement affaiblies par la distance et contre-balancées par des attractions s'exerçant en sens contraires, doivent nécessairement suffire pour produire, dans le cours de siècles innombrables, des mouvements quelconques et certaines modifications dans l'arrangement de ces corps. En effet, l'astronomie moderne, à l'aide d'observations rigoureuses, a constaté l'existence réelle de mouvements apparents, non seulement dans les étoiles simples, mais encore dans beaucoup d'étoiles binaires qui, indépendamment de leurs mouvements de révolution l'une autour de l'autre et autour de leur centre commun de gravité, se trouvent ainsi entraînées de compagnie, par un mouvement progressif de translation, vers certaines régions de l'espace. Par ex., ainsi que nous l'avons vu, les deux étoiles qui constituent le 61ᵉ du Cygne n'ont pas cessé de rester à une distance l'une de l'autre sensiblement la même (15",5) pendant plus d'un demi-siècle. Néanmoins, dans ce même laps de temps, elles se sont déplacées sur le ciel de 4'23", le mouvement propre annuel de chacune d'elles étant de 5"3, ou de plus du tiers de la distance qui les sépare. Ce nombre 5",3 exprime donc la vitesse annuelle avec laquelle le système des deux étoiles est entraîné le long d'une orbite inconnue, par un mouvement que l'on peut regarder, pendant plusieurs siècles, comme uniforme et rectiligne.

Le plus grand mouvement propre apparent est celui de l'é. 1830 du catalogue de Groombridge qui atteint 7",05 par an. La parallaxe de cette étoile a été mesurée et trouvée égale à 0",05, c.-à-d. que, à la distance de cette é., le rayon de l'orbite terrestre serait vu sous un angle de 0",05. Le chemin parcouru par cette é. en une année, en admettant même que le mouvement dans le sens du rayon vecteur soit nul, contient donc autant de fois le rayon de l'orbite terrestre que 7",05 contient 0",05, soit environ 140 fois. Ainsi cette é. parcourt en un an une longueur 140 fois plus grande que la distance de la Terre au Soleil. Celle-ci étant d'environ 149 000 000 de kilom., notre é. parcourt en un an plus de :

$$149\,000\,000 \times 140 = 20\,860\,000\,000 \text{ kilomètres,}$$

plus de 20 milliards de kilom. Une pareille vitesse, réduite successivement en jours, heures, minutes et secondes, donne à peu près : par jour, 57 millions de kilom.; par heure, 2 375 000 kilom.; par minute, 40 000 kilom. et par seconde, plus de 600 kilom. Et rien ne prouve que ce mouvement véritablement stupéfiant soit le plus rapide du ciel.

Les anciennes observations faites au moyen des positions apparentes des étoiles sur la sphère céleste ne pouvaient faire connaître que le mouvement propre des étoiles dans le sens latéral, un mot peut s'exprimer ainsi, c.-à-d. dans un plan perpendiculaire au rayon vecteur qui joint la Terre à l'é. Aucune observation ne permettait de reconnaître si une é. donnée s'éloigne ou se rapproche de nous. Pour aborder cette question, on eût été réduit à mesurer la parallaxe de l'é. à des intervalles de temps plus ou moins éloignés. Mais, les mesures de parallaxe sont si délicates, si difficiles, que ce moyen eût été tout à fait illusoire. Heureusement, les progrès de l'optique ont permis d'aborder le problème par une voie toute différente. C'est encore l'analyse spectrale, ce merveilleux instrument de recherches, qui est venu apporter la solution. Chaque raie du spectre représente une radiation bien déterminée et qui est caractérisée par sa *longueur d'onde*, ou, ce qui revient au même, par le nombre de vibrations qu'elle effectue dans chaque seconde. Les vibrations les plus lentes correspondent à l'extrémité rouge du spectre; les plus rapides ou les plus grandes par seconde correspondent à l'extrémité violette. Si alors on suppose qu'une source lumineuse se rapproche de nous, elle nous enverra dans le même temps plus de vibrations que si elle restait immobile. L'effet est le même que si la lumière devenait plus rouge. Au contraire, si la source s'éloigne de nous, la lumière sera rejetée vers le rouge. Si donc les raies caractéristiques d'un spectre stellaire, au lieu de coïncider avec les raies du spectre solaire, sont déviées vers le violet, c'est que l'é. se rapproche de nous; sont-elles déviées vers le rouge, l'é. s'éloigne de nous. On peut même, en mesurant la déviation des raies, en déduire la vitesse du mouvement de l'é. dans le sens du rayon vecteur. Cette méthode, connue sous le nom de méthode Fizeau-Doppler, du nom des deux physiciens qui l'ont imaginée, a donné, entre les mains d'astronomes habiles, des résultats inattendus. C'est ainsi qu'on a reconnu que les étoiles α Couronne, Castor, Procyon, Capella, Régulus, Sirius, Aldébaran, etc., s'éloignent de nous avec des vitesses variant de 77 à 30 kilomètres par seconde, tandis que α Grande Ourse, α Andromède, Véga, Arcturus, γ Lion, Pollux, α Hercule, etc., se rapprochent avec des vitesses du même ordre de grandeur.

La considération du mouvement propre des étoiles a naturellement porté les astronomes à rechercher si notre Soleil, qui en réalité n'est lui-même qu'une é., n'aurait pas un mouvement semblable, indépendamment de sa rotation autour de son axe. La discussion de toutes les observations les a conduits à admettre que le Soleil, avec tout son cortège de planètes, se dirige vers la constellation d'Hercule avec une vitesse d'environ 30 kilomètres par seconde ; mais c'est au mot SOLEIL que nous étudierons en détail cette question importante.

X. *Scintillation des Étoiles.* — Voy. SCINTILLATION.

ÉTOILES FILANTES. — L'apparition d'une é. filante est un phénomène si commun qu'il n'est pour ainsi dire personne qui ne l'ait observé. On sait aujourd'hui que ce phénomène se passe dans les hauteurs de notre atmosphère, et l'on a pu déterminer la hauteur moyenne des étoiles filantes en les observant de plusieurs stations éloignées. Cette hauteur est d'environ 120 kilomètres au commencement de l'apparition et 80 kil. à la fin ; mais il y a des étoiles filantes beaucoup plus hautes ; on en a observé jusqu'à 300 et même 400 kil., ce qui donne une limite inférieure de la hauteur de la couche atmosphérique. Il est, en effet, certain que les étoiles filantes ne sont pas autre chose que des corpuscules de petites dimensions voyageant dans l'espace et venant à rencontrer l'atmosphère terrestre. Comme leur vitesse est considérable, 20 à 30 kil. par seconde, l'air leur oppose une résistance considérable, et le frottement qui en résulte détermine une élévation de température assez grande pour les rendre incandescents, ce qui fait qu'on peut les apercevoir du sol. De plus, cette haute température où ils se trouvent subitement portés les fond, les volatilise, les désagrège complètement, de sorte qu'au bout de peu d'instants il n'en reste plus qu'une poussière impalpable qui se perd dans l'atmosphère, à moins qu'ils ne soient assez gros pour arriver jusqu'au sol, ce qui est fort rare. Toutes les nuits de l'année présentent une fort grande différence relativement à la fréquence des étoiles filantes. Les époques les plus fécondes sont la nuit du 10 août et celle du 14 novembre. Si l'on relève avec soin sur une carte céleste les trajectoires lumineuses des étoiles filantes observées pendant une même nuit, on reconnaît que toutes ces trajectoires prolongées au delà du point d'apparition semblent émaner d'un même point du ciel qu'on a nommé le *point radiant*, et les étoiles filantes d'une même nuit ont reçu des noms différents suivant la position de ce *radiant*. C'est ainsi que celles du 10 août s'appellent les *Perséides*, parce que leur radiant est voisin de la constellation de Persée, et celles du 14 novembre, les *Léonides*, parce que leur radiant est dans la constellation du Lion. L'existence du radiant prouve que les étoiles filantes d'une même apparition sont des corpuscules qui voyagent de concert, suivant des lignes presque parallèles entre elles et parallèles à la ligne qui joindrait le radiant au centre de la terre. On en a conclu qu'il existe dans l'espace interplanétaire un certain nombre d'*anneaux* d'astéroïdes se mouvant à peu près suivant la même orbite ; quelques-unes de ces orbites viennent couper l'orbite de la Terre, et quand la Terre vient à passer au point de rencontre, elle reçoit le bombardement de tous ces corpuscules, ce qui arrive nécessairement toujours à la même époque de l'année. De plus, comme les corpuscules ne sont pas uniformément répartis tout le long de l'anneau, mais qu'il y a pour ainsi dire une région plus riche, un *gros de l'armée*, le phénomène présente un maximum d'intensité toutes les fois que cette masse plus imposante se retrouve au point d'intersection de l'orbite de la Terre et de l'anneau. Cette périodicité des maximums permet de déterminer le temps que les astéroïdes mettent à parcourir l'anneau, c.-à-d. la période de leur révolution autour du Soleil. Mais il y a plus, M. Schiaparelli a découvert que les orbites des étoiles filantes coïncident, à très peu de chose près, avec les orbites de certaines comètes périodiques, les unes encore visibles, les autres disparues. Il n'est pas douteux qu'il existe une relation très étroite entre les comètes et les étoiles filantes, et l'on peut même affirmer que les comètes se désagrègent peu à peu et se convertissent finalement en astéroïdes très petits formant les étoiles filantes quand leur orbite coupe celle de la Terre. Voy. COMÈTES.

Pendant quelque temps, on a assimilé les aérolithes, ou pierres tombées du ciel, aux étoiles filantes. Cette assimilation paraissait fort naturelle. Cependant, il est fort remarquable que les chutes d'aérolithes se produisent toujours en dehors des époques de fréquence des étoiles filantes. Ce fait seul paraît indiquer que les deux phénomènes ont une origine différente, et les observations les plus récentes semblent accentuer davantage la différence. Il semble que les étoiles filantes sont toujours réduites en poussière avant d'atteindre le sol. Cependant, dans l'état actuel de la science, il serait téméraire de se montrer trop affirmatif. Voy. AÉROLITHE.

Bibliogr. — C. FLAMMARION, *Les Étoiles et les Curiosités du Ciel*, supplément de l'*Astronomie populaire* ; *Catalogue des étoiles doubles et multiples* ; *Annuaire Astronomique*. — SECCHI, *Les Étoiles*. — J. HERSCHEL, *Outlines of Astronomy*. — PROCTOR, *Nouvel Atlas Céleste*, suivi de plusieurs mémoires, traduit de l'anglais par PHILIPPE GÉRIGNY. — *Bulletin de la Société Astronomique de France*.

ÉTOILE (PIERRE DE). Voy. ESTOILE.

ÉTOILEMENT. s. m. Fêlure en étoile. État d'une chose fêlée en étoile. || T. Métall. Jets d'étincelles qui se produisent dans la fonte coulée, pendant qu'elle est en fusion.

ÉTOILER. v. a. Semer d'étoiles. Parsemer d'objets qui imitent les étoiles par leur éclat ou leur forme. *É. une étoffe de paillettes d'or*. || Fêler en forme d'étoile. = S'ÉTOILER. v. pron. Se fêler en forme d'étoile. Être parsemé, se couvrir d'objets brillants, comme des étoiles. *Ces femmes s'étoilent de diamants*. == ÉTOILÉ, ÉE. part. Qui a une fêlure en forme d'étoile. *Cette glace est étoilée*.

ÉTOLE. s. f. (lat. *stola*, robe longue). T. Liturg. — Les Romains appelaient *stola* une robe longue qui se serrait au corps par une ceinture et dont l'usage fut primitivement réservé aux matrones. Dans les premiers temps de l'Église, ce vêtement fut adopté par les ecclésiastiques des divers ordres, mais, au IVe siècle, le concile de Laodicée le réserva exclusivement aux évêques, aux prêtres et aux diacres. La *stola*, dont nous avons fait *étole*, était aussi appelée *orarium*, à cause de la bordure (*ora*) dont elle était ornée. L'é. actuelle ne représente plus que cette bordure, et, au lieu d'être une robe comme dans le principe, elle consiste simplement en une large bande de laine ou de soie, qui est plus ou moins richement brodée, et qui s'élargit à chaque extrémité en une plaque à peu près triangulaire appelée *Palle*. Elle est ornée de trois croix, une au milieu de sa longueur et une sur chacune des palles. Le pape seul porte l'é. en tout temps ; les évêques et les prêtres ne la prennent que pour remplir certaines fonctions de leur ministère, par ex. pour célébrer la messe, donner la bénédiction, administrer tous les sacrements, celui du baptême excepté. Il existe trois manières de porter l'é. : en laissant pendre les deux extrémités sur le devant ; en croisant les deux bandes sur la poitrine ; en la plaçant sur l'épaule gauche et en ramenant les bouts sous le bras droit. Le premier mode est celui qu'adoptent les évêques en tout temps. Il en est de même des prêtres, sauf toutefois quand ils disent la messe, car, dans ce cas, ils croisent l'é. sous la chasuble. Enfin, la troisième forme appartient aux diacres. L'é. est également usitée dans l'Église grecque, mais sa forme et la manière de la porter sont un peu différentes.

ÉTOLIE, prov. de l'ancienne Grèce, au nord du golfe de Corinthe. = Nom des hab. : ÉTOLIEN, IENNE.

ÉTON, v. d'Angleterre, comté de Buckingham, sur la Tamise ; 3,600 hab. Collège célèbre fondé en 1440.

ÉTONNAMMENT. adv. [Pr. *éto-na-man*]. D'une manière étonnante. *Cet enfant profite é.* Fam.

ÉTONNANT, ANTE. adj. [Pr. *éto-nan*]. Qui étonne, qui surprend. *Cela est fort é. Voilà une nouvelle étonnante. Mémoire, érudition, adresse étonnante. Il est é. qu'on se permette de pareilles libertés.* — Fam., *C'est un homme é.*, se dit d'un homme extraordinaire, soit en bien, soit en mal.

ÉTONNEMENT. s. m. [Pr. *éto-ne-man*] (R. *étonner*). Surprise causée par quelque chose d'extraordinaire, d'inattendu. *Causer, donner de l'é. Jeter dans l'é. Remplir, frapper d'é. J'ai été saisi d'é. Je suis dans un grand é. Je ne reviens point de mon é. Donner des marques d'é. D'où naît votre é.? L'é. était peint sur les visages.* Au grand é. de tout le monde. — Se dit quelquefois pour admiration. Cette action fera l'é. des siècles futurs. Être ravi d'é. || T. Métallurg. Calcination accompagnée d'un refroidissement brusque, à l'aide duquel on cherche à désagréger des matières fortement compactes. || T. Techn. Fêlure produite dans un diamant par un contre-coup. || T. Archit. Lézardes qui résultent d'une violente commotion. || T. Art vét. Ébranlement causé par un choc au sabot du cheval. == Syn. Voy. ÉTONNER.

ÉTONNER. v. a. [Pr. éto-ner] (lat. ex-tonare, ébranler comme par un coup de tonnerre) Causer de l'étonnement. Cela m'a fort étonné, m'a furieusement étonné. Cela est fait pour é. Les exploits de ce héros étonneront l'univers. Il a été fort étonné de vous voir ici. Cet enfant étonne tout le monde, ou absol., étonne par la vivacité de ses reparties. Rien ne l'étonne. == S'ÉTONNER. v. pron. Être étonné, troublé, effrayé. Il ne s'étonne pas du bruit. Il ne s'étonne de rien. Je ne m'étonne pas pour si peu. — Prov., Cet homme est bon cheval de trompette, il ne s'étonne pas du bruit. Voy. CHEVAL. || Trouver étrange, singulier, extraordinaire. Je m'étonne qu'il ne voie pas le danger où il est. Je m'étonne de vous voir si calme. Ne vous étonnez pas s'il en use de la sorte. Je m'étonne de votre procédé. || T. Archit. Ébranler, lézarder, par une commotion. Une trop grosse charge peut é. une voûte. || T. Techn. É. le sabl', Faire fendiller au feu le sable que l'on destine à la fabrication du cristal. — É. du drap, Lui faire subir une traction trop forte. — É. un diamant, Le fêler en le travaillant. — É. le marbre, Y produire des fissures. — É. la roche, La chauffer pour y produire des fissures et en faciliter l'abatage. — ÉTONNÉ, ÉE. part. Paraître étonné de quelque chose. Il avait l'air étonné.

Syn. — Surprendre. — Surprendre signifie littéralement prendre sur le fait, quand on ne s'y attend pas, et étonner, frapper du tonnerre, c.-à-d. ébranler, émouvoir par un grand bruit, par une grande chose. Ainsi, la surprise naît de la présence subite d'un objet inattendu, imprévu : l'étonnement vient du coup violent frappé par un objet extraordinaire. Les choses imprévues ne nous étonnent pas, quoiqu'elles nous surprennent, lorsqu'elles ne sont pas de nature à nous émouvoir fortement. La même chose surprend comme inattendue, tandis qu'elle étonne comme éclatante. Dans le cours ordinaire des choses, il arrive beaucoup de surprises; il n'y a de l'étonnement que dans un cours de choses extraordinaires. Il y a des surprises agréables et légères, mais l'étonnement n'a rien que de grand et de fort.

ÉTONNURE. s. f. [Pr. éto-nure] (R. étonner). Éclat produit sur le diamant par l'outil du lapidaire.

ÉTOQUEREAU. s. m. (R. estoc, bâton). Pièce de fer qui sert à arrêter certaines pièces de serrurerie.

ÉTOQUERESSE. s. f. (R. estoc, bâton). Toute pièce de fer qui sert à en contenir d'autres. || Longue corde dont on se sert pour le drap. || s. f. pl. T. Mar. Cordes longues de huit à neuf pouces.

ÉTOUFFADE. s. f. Voy. ESTOUFFADE.

ÉTOUFFAGE. s. m. [Pr. étou-fa-je]. Action d'asphyxier les abeilles, les cochenilles, les chrysalides des vers à soie.

ÉTOUFFANT, ANTE. adj. [Pr. étou-fan]. Qui fait qu'on étouffe, qu'on respire difficilement; ne s'emploie guère que dans ces loc. : Air é. Temps é. Chaleur étouffante.

ÉTOUFFÉE. s. f. [Pr. étou-fé]. T. Cuisine. Préparation de viandes ou légumes cuits dans un vase bien fermé.

ÉTOUFFEMENT. s. m. [Pr. étou-fe-man]. Difficulté de respirer. Elle fut prise d'un é. Elle a des vapeurs qui lui causent des étouffements. || T. Techn. Dans certaines fabrications qui se font au four, demi-extinction qui précède le défournement.

ÉTOUFFER. v. a. [Pr. étou-fer] (R. é préf., et un radical touf que l'on retrouve dans l'espagnol tufo, le provençal toufe, le gr. τῦφος, vapeur; sanscr. tofo, brûler). Faire mourir en privant d'air; faire perdre, ou simplement gêner la respiration. Cette nourrice en dormant a étouffé son enfant. É. quelqu'un sous des coussins. Cette chaleur m'étouffe. Il a été étouffé d'un catarrhe, par une angine. — Fam.

et par exagér., on dit de quelqu'un à qui l'on souhaite du mal, Que la peste l'étouffe! — Figur., É. quelqu'un de caresses, L'accabler de caresses. || En parlant des plantes, leur dérober l'air nécessaire à la végétation. Les mauvaises herbes étouffent le blé. Cet arbre étouffe les arbustes qui l'entourent. — Fig., É. les germes du vice. É. les talents. La haine avait étouffé dans son cœur tous les autres sentiments. || Éteindre, en interceptant l'air. É. du charbon, de la braise. — Fig., É. une sédition, une révolte, une guerre civile. É. une hérésie, une erreur. É. une affaire, une querelle, Empêcher qu'elle n'ait de l'éclat, des suites fâcheuses. || Fig., Arrêter, diminuer, comprimer. É. les cris de quelqu'un. É. la voix de la nature. Tâchez d'é. vos soupirs, vos plaintes. É. ses remords. — É. des sons, Les rendre moins éclatants, les amortir. || T. Mar. É. une voile, La presser avec les bras contre la vergue pour l'attacher et la soustraire aussi vite que possible à l'action du vent. || T. Techn. É. la colle, Chez les cartiers, rendre la colle trop liquide en la remuant trop longtemps. — É. les cocons, Faire périr les chrysalides qu'ils contiennent pour empêcher qu'elles ne les percent. == ÉTOUFFER. v. n. Avoir la respiration très gênée, mourir faute d'air. Il n'y a point d'air dans cette chambre, on y étouffe. Nous pensâmes é. de chaud. Il étouffa au milieu des plus horribles convulsions. || Fig. et fam. É. de rire, Rire avec excès, jusqu'à perdre haleine. == ÉTOUFFÉ, ÉE. part. — Cris étouffés, Cris sourds d'une personne dont la respiration est gênée, ou qui s'efforce de les retenir. Rire étouffé, Rire qui échappe à une personne malgré les efforts qu'elle fait pour ne point rire. Sanglots, soupirs étouffés, Sanglots, etc., qu'on cherche à refouler. || Dans l'Ancien Testament, Viandes étouffées, La chair des animaux qu'on avait tués sans verser leur sang.

ÉTOUFFOIR. s. m. [Pr. étou-foir]. Espèce de cloche ou de boîte faite de métal, dont on se sert pour étouffer des charbons. || T. Mus. Mécanisme au moyen duquel on arrête les vibrations des cordes dans les instruments à clavier, et qu'on fait agir à l'aide d'une pédale. || Fig., Pièce chaude et sans air. Cette salle de spectacle est un vrai é.

ÉTOUPAGE. s. m. T. Chapellerie. Action d'étouper. Ce qui sert à étouper.

ÉTOUPE. s. f. (lat. stupa, m. s.). La partie la plus grossière de la filasse, soit de chanvre, soit de lin. É. de chanvre, de lin. Paquet d'é. Fil d'é. Boucher un trou avec de l'é. || Fig. et fam., Mettre le feu aux étoupes, Exciter aux querelles, aux passions. Voy. FEU. || T. Mar. Produit de la décomposition de vieux cordages. || T. Bot. Substance filamenteuse et compacte que l'on trouve au collet ou dans le fruit de certaines plantes.

ÉTOUPEMENT. s. m. Action d'étouper; résultat de cette action.

ÉTOUPER. v. a. Boucher avec de l'étoupe ou avec quelque autre chose semblable. Les conduits sont étoupés. É. les fentes du tonneau. É. un bateau, S'é. les oreilles, Se les emplir de coton. || T. Doreur. Appliquer une pièce à une feuille d'or. || Presser les feuilles d'or avec un tampon pour les faire prendre sur la colle. || T. Chapellerie, Renforcer les parties faibles d'une capade avec les rognures d'une autre. — ÉTOUPÉ, ÉE. part.

ÉTOUPERIE. s. f. T. Comm. Toile d'étoupes. || T. Mar. Lieu où l'on met les étoupes.

ÉTOUPEUX, EUSE. adj. T. Hist. nat. Qui est garni d'é. toupe, de poils fins.

ÉTOUPIÈRE. s. f. T. Comm. Toile faite d'étoupes. || T. Mar. Ouvrière qui charpit les vieux cordages pour calfater les vaisseaux.

ÉTOUPILLE. s. f. [Pr. étou-pille, ll mouillées]. Petite mèche inflammable servant d'amorce à une pièce d'artifice. || T. Artill. Voy. CANON.

ÉTOUPILLER. v. a. [Pr. étoupi-ller, ll mouillées]. T. Artif. Garnir d'étoupilles les pièces, pour que le feu s'y communique.

ÉTOUPILLON. s. m. [Pr. étoupi-llon, ll mouillées].

Bouchon d'étoupe. || T. Artill. anc. Petite mèche d'étoupe suiffée qu'on introduit dans la lumière d'une pièce, pour préserver la charge de l'humidité.

ÉTOUPIN. s. m. (ital. *stoppino*, m. s.). T. Mar. Peloton d'étoupe qui sert à bourrer le canon. || Cordes de coton filé qu'on prépare avec des matières inflammables, telles que du salpêtre, etc.

ÉTOURDERIE. s. f. Habitude de faire des actions d'étourdi. On ne peut le corriger de son é. Il est d'une é. inconcevable. || Action, propos d'étourdi. C'est une é. Il a fait là une grande é. Ce sont là de ses étourderies.

ÉTOURDI, IE. adj. (R. *étourdir*). Qui agit sans réflexion, sans considérer ce qu'il fait. C'est un jeune homme bien é. Cette femme est trop étourdie. || Subst., C'est un é., un petit é., un jeune é., un franc é. Il fait tout en é. Voyez cette étourdie. — A L'ÉTOURDIE. loc. adv. A la manière d'un étourdi, inconsidérément, Agir à l'étourdie. Cette affaire est importante, il ne faut pas y aller à l'étourdie.

ÉTOURDIMENT. adv. A l'étourdie, sans réfléchir, sans prendre conseil. Agir é. Il a entrepris cette affaire fort étourdiment.

ÉTOURDIR. v. a. (ital. *stordire*, m. s.; bas-lat. *stordatus*, étourdi. Orig. inconnue). Produire dans le cerveau un ébranlement qui suspend ou trouble momentanément ses fonctions, abasourdir. Il m'est impossible de valser, cela m'étourdit. Le bruit du canon étourdit. Par exagér., Vous nous étourdissez avec votre caquet. — Famil., Troubler un peu le cerveau par un commencement d'ivresse. Ce petit verre m'a étourdi. É. les oreilles, Importuner, fatiguer par trop de paroles. || Figur., Causer de l'étonnement, jeter dans le trouble, dans la stupéfaction. Cette nouvelle, cette défaite, ce coup imprévu les a étourdis. || Fig., É. une douleur, Empêcher qu'elle ne soit aussi sensible; se dit d'une douleur, soit physique, soit morale. Il faut lui procurer des distractions, afin d'é. sa douleur. — Fam., É. la grosse faim. La calmer en mangeant un peu. É. l'eau, Lui donner un degré de chaleur à peine sensible. — É. la viande, Lui donner un degré de cuisson à peine sensible. = s'ÉTOURDIR. v. pron. Fig., S'é. sur quelque chose, S'en distraire, s'empêcher d'y penser. Il s'étourdit sur sa position. Il s'étourdit sur le temps à venir. — On dit de même, Chercher à s'é., Chercher à se distraire de son chagrin, de sa douleur, de ses inquiétudes, etc. = ÉTOURDI, IE. part. Il tomba tout étourdi du coup.

ÉTOURDISSANT, ANTE. adj. Qui étourdit. Un bruit é. Ces cloches sont étourdissantes. || Fig. et fam., Surprenant, extraordinaire. Il a un bonheur é.

ÉTOURDISSEMENT. s. m. Trouble du cerveau dans lequel les objets semblent tourner autour de nous. Grand é. Causer de l'é. Il lui a pris un é. Il est sujet aux étourdissements. || Fig., Trouble moral que cause un malheur subit, une mauvaise nouvelle. Ils ne sont pas encore revenus de leur é.

ÉTOURDISSEUR, EUSE. s. Celui, celle qui étourdit. Peu usité.

ÉTOURNEAU. s. m. (lat. *sturnus*, m. s.). Petit oiseau à plumage varié qui passe pour être fort étourdi. — Fig. et fam., C'est un é., se dit d'un jeune homme léger et inconsidéré. || Cheval qui a le poil gris jaunâtre. On dit aussi adject., Un cheval é.

Ornith. — Le genre Étourneau (*Sturnus*) appartient à l'ordre des Passereaux et à la section des Conirostres. Les espèces, au nombre d'une dizaine, qui composent ce genre, ont le bec droit, déprimé, surtout vers la pointe, et s'avançant sur le front. Les Étourneaux sont des oiseaux gracieux, pétulants, qui vivent en troupes et sont répandus dans toutes les parties du monde. Ils se nourrissent d'insectes, de vers, de petits mollusques, de baies, et même de graines. Ils suivent habituellement le bétail, dans la fiente duquel ils cherchent les semences qui n'ont pas été digérées. Ils sont sédentaires dans quelques pays, tandis que, dans d'autres, chez nous par ex., ils ne restent que pendant la belle saison. L'É. commun (*St. vulgaris*), le seul qui se trouve en France, où on l'appelle vulgairement Sansonnet, arrive aux premiers jours du

printemps, et disparaît vers la fin de l'automne. Cet oiseau (Fig. ci-dessous) a le plumage noir avec des reflets violets et verts, et tacheté de blanc ou de fauve. Il se tient de préférence dans les marais, au-dessus desquels il vole à la tombée de la nuit, en bandes qui effectuent des évolutions curieuses en formant une figure ovale assez régulière. Au commencement du printemps, les bandes d'Étourneaux se séparent

BLAISE

pour s'apparier. La femelle pond ordinairement de 4 à 7 œufs gris nuancés de vert cendré, dans un nid fait de paille, de mousse, d'herbes fines, et construit dans le creux d'un arbre ou d'un mur, sous un toit, etc. Le mâle partage avec elle les soins de l'incubation. Ces oiseaux se chassent au piège, au filet ou au fusil. Toutefois leur chair est trop dure et trop sèche pour être recherchée. L'É. s'apprivoise très facilement, vit une dizaine d'années en cage, et semble même s'attacher à son maître. On l'habitue sans trop de peine à répéter des airs, même assez difficiles. Il apprend aussi très bien à parler et articule plus distinctement que le Perroquet.

ÉTOUTEAU. s. m. Cheville attachée sur le plat d'une roue d'horlogerie et qui sert à régler la sonnerie des heures. || Partie fixée sur la douille d'une baïonnette pour limiter le mouvement de la virole.

ÉTRAMPAGE. s. m. ou **ÉTRAMPURE.** s. f. T. Rural. Action d'enfoncer tantôt plus, tantôt moins, le soc d'une charrue dans la terre. || Série de trous dont l'âge de la charrue est percé à cet effet.

ÉTRANGE. adj. 2 g. (lat. *extraneus*, de *extra*, dehors). Qui n'est pas ou ne paraît pas être dans l'ordre, dans l'usage commun; qui est ou paraît être singulier, extraordinaire, inconcevable. Il y a dans ce pays des coutumes bien étranges. Cela est assez é. C'est une chose fort é. Voilà une é. façon d'agir, des manières étranges, d'étranges manières. Événement é. Quelle é. idée vous avez eue là! Une é. humeur. Un é. esprit. Voilà certes un homme bien é. Un é. aveuglement.

ÉTRANGEMENT. adv. D'une manière étrange, extraordinaire. J'en ai été é. surpris. Il est é. bizarre. Il l'a é. maltraité.

ÉTRANGER, ÈRE. adj. (lat. *extraneus*; de *extra*, dehors). Qui est d'une autre nation; qui appartient, qui a rapport à un autre pays. Un prince é. Lois, coutumes étrangères. Ministère des affaires étrangères. Langue étrangère. Accent é. Les pays, les climats étrangers. Plante étrangère. Il a l'air é. — On dit aussi, Un peuple é. Les nations étrangères. Les gouvernements étrangers. Les troupes étrangères. Les puissances étrangères. Les ministres étrangers résidant à Paris. — Figur., Être é. dans son pays, Ne point en connaître les usages; ou ignorer ce qui s'y passe, n'y prendre aucun intérêt; ou bien encore, N'y connaître plus personne. N'être é. nulle part, Avoir ce qu'il faut pour ne se trouver déplacé nulle part, pour être bien accueilli partout. ||

Par ext., *Être é. à une compagnie, à une famille*, etc., N'en pas faire partie. *Les personnes étrangères à l'administration ne sont point admises avant telle heure. Il a légué sa fortune à des gens complètement étrangers à sa famille.* || Fig., *Être é. à une science, à un art*, etc., N'en avoir aucune connaissance. *Les personnes les plus étrangères à l'astronomie peuvent comprendre ces phénomènes. Quoique absolument é. à la musique, il est passionné pour elle.* — *Être é. à une affaire, à une intrigue*, etc., N'y prendre aucune part, ne point s'en mêler. *Je suis tout à fait é. à son intrigue. Il voulut rester é. à ces mesures de rigueur.* — *Être é. à une chose*, signifie quelquefois y être indifférent. *Comme citoyen, je ne suis é. à rien de ce qui se passe dans mon pays* || Qui n'est pas naturel ou propre à une personne, à une chose. *Une femme qui emprunte des charmes étrangers. Il se targue d'un mérite qui lui est é. Il se montre toujours à nous sous des dehors étrangers. Une force étrangère met ces corps en mouvement. — Une impression étrangère,* Une impression qui vient du dehors. || Qui ne concerne point une personne, ou qui lui est inconnu. *Ces considérations me sont tout à fait étrangères. Aucune science ne lui est étrangère.* || Qui n'a aucun rapport ou aucune conformité avec la chose dont il s'agit. *Ces faits sont étrangers à la cause. Il a des habitudes étrangères à toute espèce d'intrigue* || Se dit encore des choses qui ne sont pas de même nature que le corps auquel elles sont unies, alliées. *Cet argent est combiné avec des matières étrangères.* || T. Méd. *Corps étrangers,* Corps qui s'introduisent ou se développent contre nature dans les organes. || T. Beaux-Arts. *Lumière étrangère,* Lumière qui a sa source distincte de la source principale comme est celle d'un flambeau dans un sujet éclairé par la lune.

Méd. — En termes de pathologie, on donne le nom de *corps étrangers* à tous les corps qui se sont introduits accidentellement dans le corps humain, ou qui, s'étant développés à son intérieur, n'en font plus ou n'en ont jamais fait partie. Ainsi une balle lancée par une arme à feu et qui se loge dans le tissu de nos organes, est un corps é. Les esquilles des fractures et les séquestres des nécrosés sont aussi des corps étrangers ; car, s'ils ont fait partie de l'organisme, ils ont cessé de lui appartenir. Enfin, les calculs et les entozoaires sont des corps étrangers développés accidentellement.

Législ. — Aux termes de l'art. 13 de la loi du 26 juin 1889, l'é. qui a été autorisé par décret à fixer son domicile en France, y jouit de tous les droits civils. Pour obtenir cette autorisation, l'intéressé doit adresser au ministre de la justice une demande rédigée sur papier timbré, accompagnée de son acte de naissance et de celui de son père, de la traduction de ces actes, s'ils sont en langue étrangère, ainsi que d'un extrait du casier judiciaire français. L'effet de l'autorisation cesse à l'expiration de cinq années si l'é. ne demande pas la naturalisation ou si la demande est rejetée. Pour les étrangers non admis à domicile, l'art. 11 du code civil pose en principe la règle suivante : ils jouissent en France des mêmes droits civils que ceux qui sont accordés aux Français par les traités de la nation à laquelle ils appartiennent. Lorsqu'il n'existe aucun traité de ce genre, d'après le système suivi par la jurisprudence, en l'absence d'un texte qui accorde ou refuse expressément un droit à un étranger, on distingue : 1° les facultés et avantages dont l'établissement est plus spécialement l'œuvre du droit national ; 2° les facultés et avantages considérés comme découlant du droit naturel. Ces derniers seuls sont accordés aux étrangers. Ainsi on admet généralement qu'un é. peut être propriétaire d'immeubles, qu'il peut se marier, qu'il peut recourir aux tribunaux, sauf pour ce dernier cas la réserve que nous indiquerons plus loin. Au contraire, on refuse à l'é. le droit d'adopter ou d'être adopté ; les femmes, les mineurs et les interdits étrangers ne jouissent d'aucune hypothèque légale sur les biens de leur mari ou tuteur. L'é. est admis à faire le commerce, à l'exception de certaines professions exclusivement réservées aux Français, telles que celles de capitaine de navire, agent de change, courtier maritime, etc. Pour la justice, il existe une double dérogation aux règles ordinaires, lorsqu'il s'agit des étrangers. 1° Si ceux-ci sont défendeurs, contrairement à la règle : *Actor sequitur forum rei,* ils peuvent être traduits devant le tribunal de leur résidence et, à défaut, devant celui du domicile du Français demandeur. 2° Lorsqu'un é. actionne un Français, il peut être tenu, si celui-ci le demande, à fournir une garantie dite *caution judicatum solvi,* pour le paiement des frais et accessoires du procès ; l'é. est dispensé de cette caution dans deux cas : 1° en matière commerciale ; 2° s'il possède en France des immeubles suffisants pour assurer le paiement des frais dont il s'agit. En ce qui concerne les droits civiques et politiques, l'é., qu'il ait été admis ou non à fixer son domicile en France, en est complètement exclu ; ainsi l'é. n'est ni électeur ni éligible ; de plus il ne peut remplir aucune fonction publique, telle que celles de professeur de l'Université, magistrat, etc. Il est bien entendu qu'aucun é. ne peut faire partie de la marine, ni de l'armée, à l'exception toutefois du corps de la *Légion étrangère,* où les étrangers peuvent être admis à servir, sous des conditions déterminées. Voy. LÉGION ÉTRANGÈRE.

Les lois de police et de sûreté obligent tous ceux qui habitent le territoire français, y compris les étrangers. Ceux-ci sont en outre soumis à des obligations résultant de leur condition spéciale. Aux termes de l'article 1er du décret du 2 octobre 1888, tout é. non admis à domicile qui se propose d'établir sa résidence en France doit, dans le délai de 15 jours à partir de son arrivée, faire à la mairie de la commune où il veut fixer cette résidence une déclaration énonçant ses nom, prénoms, ceux de ses père et mère, sa nationalité, le lieu et la date de sa naissance, le lieu de son dernier domicile, sa profession ou ses moyens d'existence ; le nom, l'âge et la nationalité de sa femme ou de ses enfants mineurs, lorsqu'il est accompagné par eux. Tout changement de domicile nécessite une nouvelle déclaration. Le défaut d'accomplissement de cette formalité peut faire encourir les peines de simple police, sans préjudice du droit d'expulsion qui appartient au ministre de l'intérieur. Il demeure entendu que les dispositions qui précèdent s'appliquent seulement aux étrangers établis en France, et non à ceux qui y sont simplement de passage. D'autre part, en exécution de la loi du 8 août 1893, tout é. arrivant dans une commune pour y exercer une profession, un commerce ou une industrie, doit faire à la mairie une déclaration de résidence, en justifiant de son identité dans les 8 jours de son arrivée. En cas de changement de commune, l'é. doit faire viser son certificat d'immatriculation, dans les 2 jours de son arrivée, à la mairie de sa nouvelle résidence. Toute personne qui emploie sciemment un étranger non muni du certificat d'immatriculation est passible des peines de simple police. L'é. qui n'a pas fait la déclaration dans le délai fixé est passible d'une amende de 50 à 200 francs. Celui qui fait une déclaration mensongère est passible d'une amende de 100 à 300 francs et, s'il y a lieu, de l'interdiction temporaire ou indéfinie du territoire français. L'é. expulsé du territoire qui y rentre sans l'autorisation du gouvernement peut être condamné à un emprisonnement de un à six mois. Il est utile de remarquer qu'à la différence de ce qui est admis pour les lois de police et de sûreté, les étrangers sont régis par leur propre loi ou statut personnel, en ce qui concerne l'état et la capacité des personnes. Pour savoir, par ex., à quel âge doit cesser la minorité d'un é., on se réfère, non à la loi française, mais à celle de la nation à laquelle il appartient. Ainsi que nous le verrons au mot NATURALISATION, l'é. peut à certaines conditions acquérir la qualité de Français. Le recensement fait en 1892 a constaté la présence en France de 1,112,000 étrangers. 684 admissions à domicile ont été accordées en 1891 par le Ministère de la Justice.

ÉTRANGER, ÈRE. s. Se dit d'une personne qui d'un autre pays que celui où elle se trouve. *C'est un é. Il a épousé une étrangère. Un é. de distinction.* — Par ext., Celui, celle qui n'est pas d'une famille, d'une compagnie, etc. *Il a donné son bien à un é. pour l'ôter à ses parents. Il ne faut pas communiquer les secrets de la compagnie à des étrangers. Nous voulons rester entre nous, ne laissez entrer aucun é.* || Absol., *L'étranger,* se dit pour les pays étrangers. *Expédier des marchandises à l'é. Faire imprimer un ouvrage à l'é. Il fut obligé de passer à l'é.,* De s'expatrier. — Se dit encore quelquefois pour les étrangers, les armées étrangères. *Un pouvoir établi par l'é.*

ÉTRANGER. v. a. Chasser d'un lieu, désaccoutumer d'y venir. *Les rats ont étrangé les pigeons du colombier.* || Fam., se dit quelquefois des personnes. *Il a su é. les importuns qui venaient chez lui.* = s'ÉTRANGER. v. pron. *Le gibier s'est bien étrangé de cette plaine.* = ÉTRANGÉ, ÉE. part. Ce verbe a vieilli.

ÉTRANGETÉ. s. f. Caractère de ce qui est étrange. *L'é. de sa conduite, de son humeur, de ses manières, de son style, de son costume.*

ÉTRANGLABLE. adj. Qui peut être étranglé ; qui mériterait d'être étranglé.

ÉTRANGLEMENT. s. m. (lat. *strangulatio*, m. s.). Action d'étrangler, état de celui qui est étranglé. || T. Méc. Rétrécissement dans un conduit de liquide ou de vapeur, soit que ce rétrécissement tienne à la forme du conduit, soit qu'il soit produit artificiellement et à volonté par une vanne ou un registre. || Fig., L'é. *d'une discussion.*

Méd. — Ce mot a proprement le même sens que *strangulation*, et signifie la constriction de la gorge opérée dans l'intention de donner la mort en empêchant l'introduction de l'air dans les voies respiratoires. Mais, par analogie, on a appelé *étranglement* toute constriction exercée sur une partie quelconque, de manière à y suspendre la circulation. Ainsi, une hernie, quelle qu'elle soit, est étranglée, quand l'ouverture naturelle ou accidentelle qui a donné passage au viscère ou à la portion du viscère herniée, vient à se resserrer de manière à étreindre cette partie. Il y a aussi é. lorsqu'une partie celluleuse, enfermée d'une enveloppe aponévrotique ou d'une gaine fibreuse, vient à s'enflammer, et que celle-ci ne se dilate pas assez pour laisser au tissu enflammé la faculté de se développer. Dans les deux cas, le *débridement*, c.-à-d. l'agrandissement de l'ouverture, est l'unique moyen de faire cesser les accidents.

ÉTRANGLER. v. a. (lat. *strangulare*, m. s.). Faire perdre la respiration, et quelquefois la vie, en comprimant le gosier ou en le bouchant. *Les voleurs l'ont étranglé. Il la tenait à la gorge et voulait l'é. Il a avalé un os qui l'a étranglé. Une esquinancie l'a étranglé.* — Par exagér., se dit de ce qui serre plus ou moins fortement le cou. *Votre cravate vous étrangle.* || Fig., en parl. des choses, Les faire trop étroites, ne pas leur donner la largeur, l'étendue, les développements convenables. *Vous avez étranglé les manches de cette robe. Vous étranglez trop ce couloir. Vous avez bien étranglé ce chapitre. É. un ouvrage. Vous avez choisi un beau sujet, mais vous l'avez étranglé.* — É. *une affaire,* La juger à la hâte, sans l'avoir examinée. || T. Mar. É. *une voile,* La soustraire subitement à l'action du vent, la carguer rapidement. É. *un amarrage,* Brider les tours du cordage, les rapprocher en augmentant leur tension, afin de répartir l'effort plus également. || T. Pyrotechn. É. *une cartouche,* En rétrécir l'orifice au moyen d'une ficelle. == s'ÉTRANGLER. v. pron. *Il s'est étranglé en avalant une arête. Il s'est étranglé avec sa cravate. Cet enfant s'étrangle à force de crier.* == ÉTRANGLER. v. n. *Vous voyez bien qu'il étrangle.* || Pop. et par exag., É. *de soif,* Avoir une grande soif. == ÉTRANGLÉ, ÉE. part. et adject., Qui est accidentellement ou naturellement resserré, rétréci dans quelque partie de sa longueur. *Hernie étranglée. Intestin étranglé. Le corps de la guêpe est étranglé vers le milieu. La tige de cette plante est étranglée de distance en distance.* || Qui n'a pas la largeur nécessaire, convenable. *Habit étranglé. Ce corridor est bien étranglé.*

ÉTRANGLEUR. s. m. Celui qui étrangle. — **T. Hist.** Nom donné à la secte des *Thugs.* Voy. BRAHMANISME.

ÉTRANGLION. s. m. T. Métall. Partie étroite du canal ou de l'arbre des trompes. Voy. TROMPE.

ÉTRANGLOIR. s. m. T. Mar. Cordage fixé à une corne et formant la principale cargue d'une voile. — Instrument qui sert à arrêter le câble-chaîne presque instantanément, quand il file à l'appel de l'ancre. — Nom donné aux cargues supplémentaires qu'on installe sur les voiles carrées, quand le besoin l'exige. — Aiguillette servant à étrangler un amarrage.

ÉTRANGLURE. s. f. T. Techn. Faux pli contracté par le drap dans le foulage.

ÉTRANGUILLON. s. m. [Pr. *étran-ghi-llon, ll* mouillées]. Nom que les vétérinaires donnent à l'angine. || T. Métall. Voy. ÉTRANGLION. || *Poire d'é.,* Espèce de poire qui est fort âpre.

ÉTRAPE. s. f. T. Agric. Petite faucille qui sert à couper le chaume.

ÉTRAPER. v. a. (lat. *extirpare,* déraciner). T. Agric. Couper avec l'étrape. É. *du chaume.* == ÉTRAPÉ, ÉE. part.

ÉTRAQUE. s. m. T. Mar. Largeur d'un bordage. || Bordage lui-même.

ÉTRAQUER. v. n. (R. *traquer*). T. Véner. Suivre la trace d'un animal sur la neige jusqu'à son gîte.

ÉTRAVE. s. f. (lat. *trabs,* poutre). T. Mar. L'assemblage des pièces de bois courbes qui forment l'avant, la proue d'un bâtiment. *Le mât de beaupré s'appuie sur l'é. La longueur d'un navire se mesure de l'é. à l'étambot.* || *Contre-é.* ou *Fausse é.,* Assemblage de pièces de bois d'un équarrissage moindre que pour celles de l'é. continuant la contre-quille et doublant l'é.

ÊTRE. v. subst. (lat. *esse* et *stare,* m. s.). Signifie absolument Exister. *Dieu, dans l'Écriture sainte, s'appelle Celui qui est. Tous les hommes qui ont été, qui sont, ou qui seront. Il n'était pas au monde, ou simplement, Il n'était pas encore, lorsque son père mourut. Il n'est plus, Il est mort. — Cela est, cela n'est pas, Cela est vrai, cela n'est pas vrai. Cela sera, cela ne sera pas, Cela arrivera, cela n'arrivera pas.* Fam., *On ne peut pas être et avoir été,* On ne peut pas être toujours jeune. — *Soit,* troisième personne du sing. du subj., s'emploie souvent pour signifier que l'on consent, que l'on adhère à ce qui est proposé. *Eh bien, soit.* On dit aussi par manière de souhait, *Ainsi soit-il :* cette locution est encore une espèce de vœu par lequel on termine un grand nombre de prières. || *Être,* ne s'emploie pas seulement pour signifier l'existence absolue, mais encore pour affirmer la relation de l'attribut au sujet. *Dieu seul est éternel. Les hommes sont mortels. Il est le père de cet enfant. Être père. Être prêtre, médecin, soldat, laboureur, commerçant,* etc. *Je suis l'homme dont vous parlez. Je veux qu'il soit mon héritier. Jamais il n'a été mon ami. Vous êtes son protecteur. Cette proposition est vraie. Le cœur humain a été, est et sera toujours le même. Tout est beau, tout est grand dans la nature. Cet homme est sage, est grand, est vertueux, est fou,* etc. *Être couché, assis, debout,* etc. *Être bien, Être mal. Cela est bien. S'il est bien, qu'il s'y tienne.* Prov., *Il faut être tout un ou tout autre,* Il faut avoir une conduite, une manière de penser décidée. || Dans l'acception qui précède, *Être* est souvent précédé de l'adjectif démonstratif *Ce,* se rapportant à une personne, à une chose, à une action déterminée, ou qui est déterminée par la suite de la phrase. *Connaissez-vous un tel? c'est un très honnête homme, c'est un homme d'esprit. C'est moi qui l'ai fait. Ce sont nos amis. C'est eux ou ce sont eux qui ont commis le crime. Qui est là? est-ce moi? Sera-ce vous qui viendrez? Quelle est cette maison? c'est la mienne. C'est là ma maison. Qu'est-ce? Qu'est-ce-ci? qu'est-ce-là? ce n'est rien. C'est tout ce que je demandais. Entreprendre cela, c'est folie, c'est être fou, c'est vouloir se perdre. Voilà ce que c'est que d'avoir des amis. C'est bien. C'est bon. C'est mal. C'est vrai, ce n'est pas vrai. C'est à vous, c'est de vous que je parle. C'est demain qu'il se met en route. — Voilà ce que c'est,* Voilà en quoi consiste la chose, ou voilà ce dont il s'agit, ou voilà ce qu'on se propose, ou encore, voilà comment la chose devait se faire. || *Être* s'emploie de la même manière avec la forme impersonnelle. *S'il en est ainsi. Je suis jeune, il est vrai. Quelle heure est-il? Il est l'heure de partir. Il est jour. Il est nuit. Il est tard. Il est encore de bonne heure. Il m'est impossible d'aller plus vite. Il est bon de prendre ses précautions. Il n'est pas que vous n'ayez entendu parler de cette affaire.* — Fam., on fait quelquefois ellipse du pronom. *N'était notre ancienne amitié. N'eût été qu'il est allié à ma famille.* — Dans le style soutenu, *Il est* se dit souvent pour Il existe, il y a. *Il est des hommes assez méchants pour...; il en est d'autres qui... Il est non loin d'ici une retraite paisible.* == Le verbe *Être,* suivi d'une préposition, indique en général une idée dont le sujet est modifié d'une certaine manière exprimée par la préposition et son complément : le plus souvent la modification exprimée par ce complément est relative au lieu, au temps, à la situation, à l'état, à la condition, à la disposition, etc., du sujet. — *Il est à Paris, à la campagne, à la maison, à l'armée. Je ne serai pas à l'assemblée. Je n'y veux pas être. Cet évêque était au concile. Elle était au lit, à table, à souper, à la promenade. Je suis encore à jeun. Vous n'étiez pas au monde. Nous sommes au mois de janvier. Il est à la fin de sa carrière. Être à l'agonie. Ils sont à l'abri. Il était aux aguets. Ma maison est après la sienne. — Elle était auprès de son mari. Ce village était auprès de tel autre. — Sa famille était autour de lui. — L'hôtel où il loge est avant l'église. Il était ici avant vous. — Il était avec sa mère. — Il sera chez lui* à midi. C'est chez lui une habitude. — Son jardin est contre la promenade. Cela est contre l'usage. Dans cette affaire il a été contre moi. — Il était dans le jardin. Nous étions dans la belle saison. Il sera dans une belle position. Si vous êtes dans la misère. Est-il toujours dans l'intention de s'expatrier ? Ce passage est dans tel auteur. Cela n'est pas dans les convenances. — Il est de Paris. Ce vers est de Boileau. Cette statue est de Michel-Ange. Il est d'Église, d'épée, de robe. Elle est d'un caractère revêche. Il est d'une humeur toujours égale. Ce bas-relief est de marbre. J'étais de service, de garde. Voy. DE. — L'armée était au delà des monts. — Nous sommes ici depuis hier. — Il était derrière vous. Le jardin est derrière la maison. — J'y serai dès demain. — Le thermomètre est au-dessous de zéro. — Il est au-dessus du commun des hommes. — Il est devant vous. — Quand j'étais en Russie. Je suis en chambre garnie. L'armée était en campagne. Nous étions en hiver. Être en vie, en paix. Il est en bonne santé. Il est en tête-à-tête avec quelqu'un. — Il était entre nous deux. Lyon est entre deux fleuves. Elle était entre la vie et la mort. — Il est hors de France. Nous sommes hors de l'hiver. Vous êtes hors de danger. — Ils étaient loin de moi. La ville est loin de la rivière. Cela est loin de la perfection. Cela est loin de ma pensée. — Est-il parmi vous un homme qui... — Cette lettre est pour vous. Ces marchandises sont pour l'Espagne. Sa dernière pensée a été pour vous. C'est une aventure qui n'est pas pour être longtemps secrète. — Il est près de nous. Son château est près de la Loire. Il était près de tomber. — Les maisons qui sont proche des faubourgs. — Elle était sans fortune. Être sans esprit, sans raison. Être sans connaissance, sans vie. — Cela n'est pas selon la raison, selon la charité. Partirez-vous bientôt ? C'est selon. — Ces papiers sont sous clef. Les soldats étaient sous les armes. Il est sous la tutelle de son oncle. Ce peuple est sous le joug. — Ce livre est sur mon bureau. Ce savant est toujours sur ses livres. Je suis sur le point de partir. — Ce village est vers le nord. — Sa maison est vis-à-vis de l'église et vis-à-vis l'église. ‖ Toutefois, quelques-unes des prépositions qui précèdent, lorsqu'elles sont jointes au verbe Être, donnent lieu à des idiotismes qui ont souvent besoin d'interprétation. Ainsi, Être à s'emploie fréquemment dans le sens d'appartenir. Ce livre est à lui. Cette maison est à son frère. Cet enfant est-il à vous ? La victoire est à nous. — C'est à vous de parler, c'est au juge à prononcer, etc., C'est à vous qu'il appartient de parler, au juge qu'il appartient de prononcer. C'est à vous à parler, à jouer, etc., Voici votre tour de parler, etc. — Être à quelqu'un, Être à son service, lui appartenir. Tu es à moi, et tes gages courent dès aujourd'hui. — Je suis tout à vous, entièrement à vous, je suis à votre disposition. On dit aussi, Je suis à vous, je serai à vous dans un moment, Je serai à votre disposition, je vais vous écouter, me rendre auprès de vous, etc. — Il n'est point à lui, il n'est plus à lui, se dit d'un homme agité d'une passion violente qui lui ôte sa liberté. — Être à quelque chose, S'en occuper ou y travailler. Il est tout à son travail. Il n'est jamais à ce qu'il fait. Vous n'êtes pas à ce qu'on vous dit. Être longtemps à un ouvrage, Mettre beaucoup de temps à le faire. — Fam., Il est toujours à se plaindre, ils sont toujours à se quereller, etc., Il ne cesse de se plaindre, ils ne cessent de se quereller, etc. — Fam., Être à plaindre, à blâmer, Être digne de compassion, etc. Il est plus à plaindre qu'à blâmer — Cela est à faire, à corriger, à recommencer, C'est une chose qu'il faut faire, qu'il est nécessaire de corriger, etc. Cela est au mieux, on dit, C'est à prendre ou à laisser. On dit encore, Cela est à vendre, à louer, Cela est destiné à être vendu, etc. — Impersonnellement, on dit, Il est à croire, à présumer, à souhaiter que..., On doit croire, etc. que... — C'est à qui... se dit pour marquer l'émulation, l'empressement de plusieurs personnes. C'est à qui travaillera le mieux. C'était à qui le frapperait. ‖ Être après quelque chose, Être actuellement occupé à cette chose. — Être après quelqu'un, S'en occuper, ou le gronder, le maltraiter, etc. ‖ Être avec quelqu'un, signifie quelquefois, vivre habituellement avec lui. Y a-t-il longtemps que vous n'êtes plus avec votre frère ? — Être bien, être mal avec quelqu'un, Être bien vu, être mal vu de quelqu'un ; être dans ses bonnes grâces, etc. — ÊTRE DE. Être compris dans, faire partie de, appartenir à. Cet effet est de la succession. Cela est de mon lot. Il sera de vos juges. Il n'est pas de notre parti. Je suis de noce. Étiez-vous de la fête ? Cet

animal est de telle classe, de tel genre. Il est du nombre de ces hommes qui n'ont en vue que leur intérêt. — Fam., Cela n'est pas du jeu, Cela n'est pas selon les règles du jeu, ne se fait point à tel jeu. Fig. et fam., on dit aussi, Cela n'en est pas, Quand une personne fait ou dit quelque chose qui ne doit pas se faire ou se dire. Il ne s'agit que de cela. — Être de, signifie encore, Entrer en participation, en société, s'intéresser dans une affaire. Voulez-vous être de moitié dans cette affaire. Serez-vous du pique-nique ? Il n'est jamais de rien. Cet homme est de tout. — Être de, signifie aussi Consister à. Le tort de la vertu est d'être souvent dupe du vice. L'important serait de connaître le secret. — Je suis d'avis que..., Mon opinion est que..., Je suis de l'avis, etc., de quelqu'un, Je partage son opinion. — Fam., Si j'étais de vous, ou si j'étais que de vous, Si j'étais à votre place. — Il est de son caractère, cela est bien de lui, Cela est conforme à son caractère, à sa manière d'agir, de penser. On dit de même, Cela est de toute justice ; Cela est de droit ; Cela est d'usage ; Cela est de bon goût. — Il est du devoir d'un homme, il est d'un honnête homme de faire cela, Un honnête homme doit faire cela. Il est de la justice de faire telle chose, La justice oblige de faire telle chose. On dit encore, Il est de la prudence d'agir ainsi. — Il n'est pas en mon pouvoir, il n'est pas en moi de faire telle chose, Je n'ai pas le pouvoir, ou mon caractère ne me permet pas de faire telle chose. — Il n'est que de parler, Il suffit de parler. ‖ Être pour, marque souvent, Préférence, prédilection. Je suis pour un tel, pour l'opinion d'Aristote. Dieu est pour nous. — Être pour un quart, pour la moitié dans une affaire, Y avoir un intérêt d'un quart, de moitié. N'être pour rien dans une affaire, N'y avoir aucun intérêt. Fig., Ne me parlez pas de ces mariages où le cœur n'est pour rien. ‖ N'être pas sans savoir, sans avoir vu, etc., Devoir savoir, devoir avoir vu, etc. Vous n'êtes pas sans savoir ce qui est arrivé. Il n'est pas sans l'avoir entendu dire. — Être, suivi d'un adverbe de lieu, indique toujours un rapport de lieu, de situation relative. Je suis tantôt ici, tantôt là. Il était ailleurs. Nous sommes en haut, en bas. C'est lui qui était dessous. Ils étaient dehors, etc. — Être, précédé de la particule En, se dit en parlant de l'état où se trouve une affaire, un travail, une étude, de son degré d'avancement. Comment ! vous êtes en deça que de votre ouvrage ? J'en suis à la moitié. Où en est-il de ses classes ? On en est à l'affaire ? Voilà où nous en sommes. Où en êtes-vous de votre procès ? J'en suis à faire nommer un arbitre. Il en est aux expédients. — Il ne sait où il en est, se dit d'un homme troublé qui ne sait ce qu'il fait, ou d'un homme dans l'embarras qui ne sait comment se tirer d'affaire. — En êtes-vous là ? Croyez-vous cela ? ou Êtes-vous dans cette erreur ? ou Êtes-vous dans cette résolution ? — Où en sommes-nous ! se dit quelquefois pour exprimer son indignation, quand on voit quelque grand désordre. ‖ Impersonnellement, En être, se dit des conséquences des suites qu'elle peut entraîner. On l'a traité outrageusement, et il n'en a rien été. Quand il l'aurait maltraité, qu'en serait-il ? C'est ce qu'il plaira à Dieu. Il en sera de cette affaire ce qu'il plaira au ministre. On dit aussi sans la particule, Il sera de cette affaire, etc. — Ne croyez pas cette nouvelle, il n'en est rien. Est-elle fausse. ‖ Il en est, Il en est ainsi, de, exprime la similitude, la conformité. Il en est des peintres comme des poètes, ils peuvent recourir à la fiction. Il en est de même de toutes ces prétentions. ‖ En être pour son argent, pour sa peine, etc., se dit de quelqu'un qui pour telle personne, n'y être pour personne, se dit quand on a donné l'ordre de recevoir ou de ne pas recevoir telle personne, de recevoir personne. Je n'y serai que pour vous. ‖ Fam., Vous n'y êtes pas, Vous ne comprenez pas ce que je veux dire, ce que cela signifie, ou vous ne saisissez pas le vrai point de l'affaire, ou encore, vous ne vous y prenez pas bien pour faire cela. Dans le sens contraire, on dit, Vous y êtes ; j'y suis, etc.

Conjug. — INDICATIF. Présent : Je suis, tu es, il ou elle est ; nous sommes, vous êtes, ils ou elles sont. — Imparfait : J'étais, tu étais, il était ; nous étions, vous étiez, ils étaient. — Prétérit défini : Je fus, tu fus, il fut ; nous fûmes, vous fûtes, ils furent. — Prétérit indéfini : J'ai été, tu as été, il a été, nous avons été, vous avez été, ils ont été. — *Prétérit antérieur :* J'eus été, tu eus été, il eut été; nous eûmes été, vous eûtes été, ils eurent été. — *Plus-que-parfait :* J'avais été, tu avais été, il avait été; nous avions été, vous aviez été, ils avaient été. — *Futur absolu :* Je serai, tu seras, il sera ; nous serons, vous serez, ils seront. — *Futur antérieur :* J'aurai été, tu auras été, il aura été; nous aurons été, vous aurez été, ils auront été. = CONDITIONNEL. *Présent :* Je serais, tu serais, il serait; nous serions, vous seriez, ils seraient. — *Passé :* J'aurais été ou j'eusse été, tu aurais été ou tu eusses été, il aurait été *ou* il eût été; nous aurions été *ou* nous cussions été, vous auriez été *ou* vous eussiez été, ils auraient été *ou* ils eussent été. = IMPÉRATIF. *Présent* ou *Futur :* Sois, soyons, soyez. = SUBJONCTIF. *Présent* ou *Futur :* Que je sois, que tu sois, qu'il soit; que nous soyons, que vous soyez, qu'ils soient. — *Imparfait :* Que je fusse, que tu fusses, qu'il fût; que nous fussions, que vous fussiez, qu'ils fussent. — *Prétérit :* Que j'aie été, que tu aies été, qu'il ait été; que nous ayons été, que vous ayez été, qu'ils aient été. — *Plus-que-parfait :* Que j'eusse été, que tu eusses été, qu'il eût été; que nous eussions été, que vous eussiez été, qu'ils eussent été. = INFINITIF. *Présent :* Être. — *Prétérit :* Avoir été. — *Participe présent :* Étant. — *Participe passé :* Été; ayant été. — *Participe futur :* Devant être.

Obs. gram. — Le verbe *Être* est appelé verbe auxiliaire lorsqu'il se trouve joint à quelque participe passé d'un autre verbe pour en former les temps composés. Comme auxiliaire, il sert à conjuguer : 1° les verbes passifs dans tous leurs temps : *Être aimé, Il est détesté, Nous fûmes repoussés,* etc.; 2° les temps composés des verbes pronominaux : *Je me suis blessé, Il s'est repenti,* etc.; 3° les temps composés des verbes neutres dont le participe est variable : *Elle est tombée en démence, Nous sommes venus en toute hâte,* etc.; 4° les temps composés de certains verbes impersonnels : *Il est arrivé que, Il en est résulté cette conséquence,* etc. — Si l'on conjugue les verbes pronominaux avec l'auxiliaire *être* plutôt qu'avec l'auxiliaire *avoir,* c'est parce que l'action et la passion s'y trouvant dans le même sujet, on a dû logiquement employer le premier qui signifie par lui-même la passion, tandis que le second marque l'action. Et, en effet, quand on dit : *Il s'est tué,* c'est comme si l'on disait : *Il a été tué par soi-même,* où l'on trouve la signification passive qui n'existerait pas dans : *Il s'a tué.* — Quant aux verbes neutres, il est en général facile de déterminer *à priori* quels sont ceux qui doivent se conjuguer avec l'auxiliaire *Être,* et ceux qui doivent se conjuguer avec *Avoir.* Il suffit de considérer s'ils expriment l'*action* ou l'*état :* dans le premier cas, il faut employer l'auxiliaire *Avoir,* et dans le second, l'auxiliaire *Être.* La même règle s'applique aux quelques verbes neutres susceptibles de se conjuguer avec les deux auxiliaires, parce qu'ils expriment tantôt une action et tantôt un état : tels sont *dégénérer, disparaître, échouer, empirer,* etc. — Plusieurs grammairiens pensent que le verbe *Être,* joint à *ce,* régit indifféremment *à* ou *de,* devant un infinitif, mais on cependant il faut consulter l'oreille et le goût pour le choix de l'une de ces deux prépositions. Suivant ces auteurs, il faut mettre *de,* quand le verbe à l'infinitif commence par une voyelle, et *à,* quand il commence par une consonne. D'après cela, on doit dire : *C'est à nous d'obéir, C'est à vous à réclamer.* Mais il nous semble que *C'est à vous* à éveille une idée de tour, et *C'est à vous* de, une idée de droit ou de devoir. Ainsi donc, on dira : *C'est à vous à faire, C'est à vous à parler après moi ;* et *C'est à vous de vous soumettre, C'est au maître de parler et au disciple d'écouter.* Voy. les article CE et ALLER.

Syn. — *Exister, Subsister.* — *Être* convient à toutes sortes d'objets, substances ou modes; et à toutes les manières d'être, soit réelles, soit idéales, soit qualificatives. *Exister* ne se dit que des substances, et seulement pour en marquer l'être réel. *Subsister* s'applique également aux substances et aux modes, mais avec un rapport à la durée de leur être, que n'expriment pas les deux premiers mots. — On dit des qualités, des formes, des actions, de l'arrangement, du mouvement, et de tous les divers rapports, qu'ils *sont.* On dit de la matière, de l'esprit, des corps, et de tous les *êtres* réels, qu'ils *existent.* On dit des États, des ouvrages, des affaires, des lois, et de tous les établissements qui ne sont ni changés, ni détruits, qu'ils *subsistent.*

ÊTRE. s. m. Ce qui est. *Dieu est un être infini, incréé. L'Être suprême. Être réel. Être physique. Être moral. Être intelligent. Les êtres animés, inanimés. Un être sensible,* insensible. *Un être faible et timide. Un être purement spirituel, L'échelle des êtres.* — *Être de raison,* par opposition à *Être réel,* se dit de ce qui n'existe que dans l'esprit, dans l'imagination. *Une montagne d'or, un centaure sont des êtres de raison.* — *Mon être,* Moi-même, ma personne dont j'ai conscience. *La joie remplissait tout mon être. On sent dans tout son être une sorte d'affaissement.* — Par dénigr., on dit quelquefois d'une personne : *C'est un être insupportable, un être vil. Quel être méprisable!* etc. || Existence. *Prendre, recevoir un nouvel être.* — Réalité ; se dit par opposition à *Paraître. J'aime mieux l'être que le paraître.* || T. Admin. forest. N'est usité que dans cette locution, *A blanc être, A blanc estoc.*

ÉTRÉCIR. v. a. (R. *étroit*). Rendre étroit, diminuer la largeur. *É. un chemin, une rue. É. un habit.* || T. Man. *É. un cheval,* Le ramener graduellement sur un terrain moins étendu que celui qu'il parcourait. = s'ÉTRÉCIR. v. pron. Devenir plus étroit. *Cette toile s'étrécira au blanchissage. Le chemin va en s'étrécissant.* || Fig., Perdre de sa capacité intellectuelle ou morale, de la largeur de ses vues. *L'esprit s'étrécit à mesure que l'âme se corrompt.* = ÉTRÉCI, IE. part.

ÉTRÉCISSEMENT. s. m. [Pr. *étré-si-seman*]. Action par laquelle on étrécit; État de ce qui est étréci. *L'é. du lit de la rivière a rendu son cours plus rapide.*

ÉTRÉCISSURE. s. f. T. Mét. État de ce qui est étréci.

ÉTREIGNANT, ANTE. adj. Qui étreint, qui entoure ou serrant.

ÉTREIGNOIR. s. m. [Pr. *gn* mouillés] (R. *étreindre*). T. Constr. Instrument garni de clefs avec lequel on serre les pièces assemblées les unes dans les autres.

ÉTREINDELLE. s. f. T. Techn. Étoffe de crin doublée en cuir dont on se sert pour faire des sacs.

ÉTREINDRE. v. a. (lat. *stringere,* serrer). Serrer fortement, ordin. en liant. *Étreignez cette gerbe, ce lien. Hercule étreignit Antée entre ses bras, le souleva de terre et l'étouffa.* || Fig., *É. les nœuds, les liens d'une amitié, d'une alliance,* Les resserrer. || Fig. et prov., *Qui trop embrasse, mal étreint.* Voy. EMBRASSER. = ÉTREINT, EINTE. part. = Conj. Voy. PEINDRE.

ÉTREINTE. s. f. Serrement, action par laquelle on étreint. *Ce nœud se défait parce que l'é. n'était pas assez forte.* — Particulièr., L'action de presser quelqu'un entre ses bras. *De douces étreintes. Une é. amoureuse.* || Fig., *Les étreintes de la douleur.* || T. Techn. Sac de crin contenant les graines oléagineuses que l'on doit soumettre à la presse.

ÉTREMPAGE ou **ÉTREMPURE.** Voy. ÉTRAMPAGE.

ÉTRENNE. s. f. (lat. *strena,* m. s.). Présent qu'on fait le premier jour de l'an. *Je lui ai donné une montre pour é. Donner, recevoir des étrennes. É. de nouvel an.* Dans ce sens, *É.* s'emploie ordinair. au plur. || Par anal., Le premier argent que les marchands reçoivent dans la journée. *Je n'ai rien vendu aujourd'hui, voilà mon é.* || Le premier usage qu'on fait d'une chose. *Ces draps n'ont point encore servi, nous en aurez l'é.*

Hist. — On fait communément remonter l'origine des *Étrennes* aux premiers temps de l'histoire de Rome, c.-à-d. à l'époque où les Sabins se fondirent en un seul peuple avec les Romains, et où Romulus partagea l'autorité souveraine avec Tatius, roi des premiers. Il y avait, dit-on, alors près de Rome un bois sacré dédié à la déesse *Strenua,* la Force, et les Romains, afin de célébrer cette réunion qui doublait immédiatement leur puissance, imaginèrent de couper des rameaux verts dans ce bois et de les présenter à Tatius comme symbole de paix et de concorde. Or, selon les historiens, cet événement eut lieu le premier jour de l'année, et, comme il rappelait un fait d'heureux présage pour la puissance de la nouvelle cité, les Romains voulurent en perpétuer le souvenir en établissant l'usage de se faire entre eux, chaque année, à la même époque, de menus présents qui consistaient en figues, miel, etc., et qu'on appela *strenua,* du nom de la déesse *Strenua.* Cette étymologie, nous n'avons pas besoin de le dire, est tout à fait invraisemblable. D'autres auteurs prétendent que ces présents ont été ainsi nommés parce que, dans le principe, on n'en donnait qu'aux hommes courageux (*viris strenuis*). On ajoute que l'usage des étrennes fut introduit par les Romains dans les divers pays qui subirent leur domination. Cette assertion est encore plus que douteuse. En effet, l'usage des étrennes a subsisté de toute antiquité, même chez des peuples avec lesquels les soldats légionnaires n'eurent jamais aucun rapport. Nous rappellerons, en terminant, que les étrennes ont reçu, dans plusieurs de nos provinces, le nom d'*aguignettes* ou *aguilanneuf*, parce que le jour où on les distribue coïncidait avec celui pendant lequel les druides gaulois faisaient la récolte du gui sacré.

ÉTRENNER. v. a. [Pr. *étré-ner*]. Gratifier d'une étrenne. *Il l'a étrenné d'une montre.* ‖ Par ext., se dit de celui qui le premier achète à un marchand, ou donne à un pauvre. *Étrennez-moi, je vous ferai bon marché. Je veux é. ce pauvre homme.* ‖ Faire usage d'une chose pour la première fois. *Je vais aujourd'hui é. mon habit.* = ÉTRENNER. v. n. Se dit de la première vente que fait un marchand dans la journée. *Il est midi et je n'ai pas encore étrenné.* = ÉTRENNÉ, ÉE. part.

ÉTRÉPAGNY, ch.-l. de c. (Eure), arr. des Andelys, 2,100 hab.

ÉTRÈPE. s. f. Sorte de houe de défrichement pour couper entre les terres les racines. ‖ Espèce de pioche pour enlever les mauvaises herbes. = On dit aussi ÉTERPE.

ÉTRES. s. m. pl. (vx fr. *aitres*, du lat. *atrium*, *atria*, entrée, seuil). Se dit de la distribution intérieure d'une maison, c.-à-d. des entrées, des escaliers, des corridors, des chambres, etc., et ne s'emploie que dans ces phrases : *Il sait bien les é. de cette maison. Il en connaît tous les é.*

ÉTRÉSILLON. s. m. [Pr. *étré-zil-lon*, *ll* mouillées]. ‖ T. Constr. Pièce de bois qu'on place en travers dans la tranchée d'une fondation, dans une galerie de mine, etc., pour empêcher les terres de s'ébouler; mur entre les murs d'un bâtiment, pour les soutenir, lorsqu'ils déversent ou qu'on les reprend en sous-œuvre. — Morceau de bois qu'on fait entrer de force entre les solives d'un plancher, afin de les consolider. Voy. DRAINAGE (Fig. 6).

ÉTRÉSILLONNEMENT. s. m. [Pr. *étré-zi-llo-ne-man*, *ll* mouillées]. Action de placer des étrésillons. Voy. ÉTRÉSILLON, ÉTAYEMENT.

ÉTRÉSILLONNER. v. a. [Pr. *étré-zi-llo-ner*, *ll* mouil.]. Soutenir avec des étrésillons. = ÉTRÉSILLONNÉ, ÉE. part.

ÉTRESSE. s. f. T. Techn. Papier gris non collé dont on double les cartes à jouer pour les rendre opaques.

ÉTRETAT, petit port de mer sur la Manche entre le Havre et Dieppe (Seine-Inférieure), 2,000 hab. Bains de mer.

ÉTRICAGE. s. m. T. Mar. Action d'étriquer; résultat de cette action.

ÉTRICHAGE. s. m. Action d'étricher.

ÉTRICHER. v. a. Frotter les cordes à boyau avec du crin imbibé d'eau.

ÉTRIER. s. m. (bas-lat. *strivarium*, m. s.) Espèce d'anneau, ordinairement de fer, qui se suspend de chaque côté de la selle par une courroie, et qui sert d'appui au pied du cavalier. *Mettre, avoir le pied à l'é. pour monter à cheval. Il est ferme sur ses étriers. Porter les étriers courts, longs. Accourcir, allonger les étriers. Tenir l'é. à quelqu'un. Se lever sur ses étriers.* ‖ T. Manège. *Pied de l'é.*, Pied gauche, parce que c'est celui qu'on place dans l'é. pour monter à cheval. — Pied gauche de devant du cheval, parce que c'est de ce côté qu'on met le pied à l'é. pour monter à cheval. — *Perdre les étriers*, Retirer involontairement les pieds de l'étrier. Par ext., Être renversé de cheval; et fig., Être déconcerté dans une discussion, etc. On dit aussi, *Faire perdre les étriers à quelqu'un.* ‖ *Avoir le pied à l'é.*, sign. par ext., Être au moment de partir; et fig., Commencer une carrière, une profession, ou être en position de faire son chemin, de faire fortune. On dit aussi dans ce sens, *Mettre à quelqu'un le pied à l'é.* Fam. ‖ Fam., *Avoir toujours le pied à l'é.*, S'arrêter peu dans le même lieu, être sans cesse en voyage. ‖ Fig. et fam., *Être ferme sur ses étriers*, Défendre avec vigueur ses sentiments, Persister dans ses opinions, dans ses résolutions, avec fermeté, sans se laisser ébranler. ‖ Fig. et fam., *Tenir l'é. à quelqu'un*, L'aider dans quelque entreprise. ‖ *Le vin de l'é.*, *Le coup de l'é.*, Le vin que l'on boit au moment du départ. ‖ *Courir à franc é.*, Courir de toute la vitesse de son cheval. ‖ *Bas à é.*, Bas qui, au lieu de pied, ont seulement une espèce de bande qui passe sous la plante en forme d'étrier. ‖ T. Anat. Un des os de l'oreille interne. Voy. OREILLE. ‖ T. Chir. *Bandage de l'é.* Voy. BANDAGE. ‖ T. Charpent. Lien de fer coudé carrément dont on arme les poutres, et qui sert à attacher des pièces contre d'autres pièces. ‖ T. Techn. Nom donné aux bandes de cuir attachées aux jambes des couvreurs et au moyen desquelles ils grimpent le long de la corde à nœuds. — *É. américain*, Pièce avec laquelle on fixe le coutre de la charrue contre l'âge sans entailler celui-ci. ‖ T. Mar. Pièces de fer à deux branches qu'on emploie comme chaînons. ‖ T. Blas. Meuble de l'écu représentant l'é. du cavalier.

Hist. — Les anciens, et par là nous entendons les Juifs, les Égyptiens, les Assyriens, les Perses, les Grecs, les Romains et les Numides, ne connaissaient pas l'usage des *Étriers.* Il n'en est fait mention dans aucun écrivain de l'antiquité, et aucun des nombreux monuments de l'art qui nous restent de l'Assyrie, de l'Égypte, de la Grèce et de Rome ne nous représente un cavalier muni de ce simple appareil. Bien plus, on établissait alors de distance en distance, le long des grandes routes, des bornes ou montoirs pour aider aux cavaliers à monter à cheval. Le premier ouvrage où il soit question d'étriers est le *Traité de l'art militaire* composé, vers la fin du VIe siècle, par l'empereur grec Maurice : encore les étriers ne consistaient-ils alors qu'en une simple courroie. Le plus ancien monument où on les voit figurés est la célèbre tapisserie de Bayeux, que l'on attribue généralement à la reine Mathilde, femme de Guillaume le Conquérant (XIe siècle) ; mais ici les étriers sont de fer. Du reste, la forme des étriers a varié selon les temps et les lieux. Les Orientaux et les Arabes portent des étriers très courts, très larges et très massifs, qui leur emboîtent tout le pied. Les cavaliers européens, au contraire, se servent d'étriers longs et légers, où ils appuient simplement la partie antérieure du pied. On donne le nom d'*Étrivière* ou d'*Étrière* à la courroie de cuir qui suspend l'é.; celui d'*œil* à l'anneau qui reçoit cette courroie, et celui de *planche* à la partie sur laquelle pose le pied. Les étriers à l'usage des femmes sont fermés par devant, afin qu'elles ne puissent pas y engager complètement le pied, ce qui serait un danger grave, en cas de chute.

ÉTRIÈRE. s. f. (R. *étrier*). T. Man. Bande de cuir qui tient les étriers suspendus à la selle, quand on ne veut pas les laisser pendre. ‖ adj. f. Qui soutient à la manière d'un étrier. *Jambe é.*, Pilier qui est à la tête d'un mur mitoyen, et dont les pierres se relient avec la construction voisine pour la soutenir.

ÉTRIEU. s. m. (R. *étrier*). Étai transversal assujetti entre deux maisons pour en consolider une.

ÉTRILLAGE. s. m. [Pr. *étri-lla-je*, *ll* mouil.]. T. Techn. Débarrasser la ficelle de la chènevotte, la polir, coller les poils de chanvre.

ÉTRILLE. s. f. [Pr. *étri-lle*, *ll* mouil.] (lat. *strigilis*, m. s.) — L'É. est un instrument de fer avec lequel on enlève les ordures qui se sont attachées à la peau et aux poils des chevaux, des mulets, etc. Elle se compose d'une plaque de tôle rectangulaire appelée *coffre*, qui est munie d'un rebord denté, et de quatre lames de fer parallèles. Trois de ces lames, la 1re, la 2e et la 4e, sont dentées ; la 3e, qui ne l'est pas, porte le nom de *Couteau de chaleur*. Enfin, on nomme *marteaux* deux morceaux de fer fixés au coffre, et sur lesquels on frappe pour débarrasser l'é. des saletés qui se sont arrêtées entre les lames. — En termes de Zoologie, on donne vulgairement le nom d'*É.* aux Crustacés du genre Portune. Voy. BRACHYOURES. ‖ T. Comm. Tôle d'épaisseur moyenne.

ÉTRILLER. v. a. [Pr. *étri-ller*, *ll* mouil.]. Frotter, nettoyer avec une étrille. *É. un cheval.* ‖ Fig. et fam., *É. quelqu'un*, Le battre, le maltraiter. *On l'a étrillé comme il le méritait. Les ennemis ont été étrillés d'importance. C'est un critique impitoyable, il étrille les gens d'une rude manière.* — En parlant d'une auberge, d'un restaurant, etc., signifie encore, Faire payer trop cher. *Je ne retournerai pas dans cet hôtel, on vous y étrille rudement.* || Fig. et fam., *Il a été bien étrillé*, se dit aussi d'un homme qui a eu une maladie violente, ou qui a perdu beaucoup au jeu. || T. Techn. *É. la ficelle*, La polir, enlever les bouts de fil qui dépassent, etc. — ÉTRILLÉ, ÉE. part.

ÉTRIPAGE. s. m. Action d'étriper. Opération qui consiste à vider les sardines.

ÉTRIPER. v. a. Ôter les tripes d'un animal. *É. un cochon.* || Fig. et pop., *Aller à étripe-cheval*, Pousser un cheval excessivement. — ÉTRIPÉ, ÉE. part. *Corde étripée*, dont les filaments détordus s'échappent.

ÉTRIQUÉ, ÉE. adj. Qui n'a pas l'ampleur suffisante. *Un habit é. Sa robe est étriquée. Des rideaux étriqués.* Fam. || Fig. et fam., *Ce chapitre est trop é. Voilà un plan bien étriqué, une scène étriquée.*

ÉTRIQUEMENT. s. m. Action de rendre étriqué.

ÉTRIQUER. v. a. (all. *streichen*, racler). Rendre étriqué. || T. Mar. Ajuster. Retrancher d'une pièce de bois les parties qui gênent.

ÉTRIQUET. s. m. T. Pêche. Nom d'une espèce de filet.

ÉTRISTÉ, ÉE. adj. T. Vén. *Chien é.*, Chien qui a les jarrets bien formés.

ÉTRIVE. s. f. T. Mar. Angle que fait une manœuvre sur un objet qu'elle rencontre. — Amarrage que l'on fait sur deux cordages, à l'endroit où ils se croisent.

ÉTRIVER. v. a. T. Mar. (anc. fr. *estriver*, lutter). Faire croiser deux cordages; les lier par un troisième. — ÉTRIVÉN. v. n. Se dit d'un cordage qui agit en faisant un coude.

ÉTRIVIÈRE. s. f. (anc. fr. *estrif*, *étrier*). Courroie qui sert à porter les étriers. *Raccourcissez l'é. Donner des coups d'é.* || Au plur., se dit le plus souvent des coups d'étrivière; et alors on l'emploie presque toujours absolum. *Donner, recevoir les étrivières. Il a eu les étrivières.* — Fig et fam., se dit de tout mauvais traitement qui a quelque chose d'humiliant, de déshonorant. *Il s'est laissé donner les étrivières. Il est revenu avec les étrivières.*

ÉTROIT, OITE. adj. (lat. *strictus*, m. s.). Qui a peu, qui n'a pas assez de largeur. *Chemin é. Rue étroite. Cette étoffe est trop étroite. Ouverture étroite. Votre habit est trop é. Ces souliers sont trop étroits. Cet homme a le front é.* — Fig. et fam., *C'est une tête étroite, un cerveau é.*, se dit d'un homme qui manque de jugement, qui a peu d'intelligence, dont les idées manquent d'étendue. Dans ce dernier sens, on dit aussi, *C'est un génie é., un esprit é.* || Par méton., se dit de certaines choses qui sont peu éloignées, trop peu distantes l'une de l'autre. *Les limites de ce parc sont trop étroites. Le cadre de votre ouvrage est trop é.* || Fig., se dit de ce qui oblige rigoureusement, de ce qui ne peut être adouci, mitigé. *Cela est de droit é. Obligation étroite. Étroite défense.* — Prendre quelque chose dans le sens é., L'entendre, l'interpréter dans toute la rigueur de la lettre. || Fig., *Une étroite alliance. Étroite union. Étroite amitié. Étroite correspondance. Liaison fort étroite*, Alliance, union, etc., fort intime. || T. Écrit. sainte. *La voie étroite.* Voy. VOIE. = A L'ÉTROIT, loc. adv. Dans un espace resserré. *Vous êtes logé fort à l'é.* || Fig. et fam , *Être à l'é.*, vivre à l'é., N'avoir pas les commodités de la vie. || T. Manège. *Cheval é.*, Cheval dont les côtes resserrées. || *Cheval é. de boyau*, Cheval dont le ventre s'élève du côté du train de derrière. = ÉTROIT. s. m. Ce qui est é., Préférer le *large à l'é.* || *A l'étroit*, Dans un endroit resserré. || Fig., Dans un milieu trop peu vaste, dans un état mesquin. *Le poète se sent à l'é. dans le monde réel.*

Syn. — *Strict.* — On dit au physique *étroit*, et non pas *strict*. *Étroit* sert aussi à désigner, au figuré, des relations intimes ou de fortes liaisons; *strict* n'a point cette acception. Mais on dit le sens *étroit* ou *strict* d'une proposition, un droit *strict* ou *étroit*, un devoir *étroit* ou *strict*, une obligation *stricte* ou *étroite*, etc. *Étroit* signifie alors rigoureux, sévère, et c'est la signification propre de *strict*. *Étroit* est du discours ordinaire; *strict* est du style des théologiens, des

philosophes, des jurisconsultes. *Strict*, comme terme dogmatique, est d'une précision plus rigoureuse qu'*étroit*. *Étroit* se dit par opposition au sens *étendu*, et *strict* par opposition au sens *relâché*. Le sens *strict* est très étroit; c'est le sens le plus sévère.

ÉTROITEMENT. adv. A l'étroit. *Vous êtes logé bien é.* || Avec les verbes qui marquent liaison, Fortement, intimement. *Ils se tenaient é. embrassés.* || A la rigueur. *Observer é. le carême. S'attacher é. à une règle.* || Expressément. *On lui a é. défendu. Il lui a été enjoint é.* || T. Manège. *Conduire un cheval é.*, Lui donner peu de terrain pour marcher.

ÉTROITESSE. s. f. Qualité de ce qui est étroit. *L'é. de la poitrine est d'un fâcheux augure.* || Fig. *L'é. de son cerveau. Je n'ai jamais vu pareil é. d'idées.* || T. Anat. Dimension insuffisante d'une ouverture naturelle.

ÉTRON. s. m. (all. *strunzen*, morceau coupé). Matière fécale qui a quelque consistance; se dit des excréments de l'homme et de quelques animaux.

ÉTRONÇONNER. v. a. [Pr. *étron-so-ner*] (R. *tronçon*). T. Jardin. *É. un arbre*, Lui couper entièrement la tête. — ÉTRONÇONNÉ, ÉE. part.

ÉTROPE. s. f. (gr. στρόφος, corde, lien). T. Mar. Nom de la corde qui entoure la moufle d'une poulie. || T. Pêc. Ligne fixée à une corde.

ÉTROPER. v. a. T. Mar. Entourer d'une étrope.

ÉTRUFFÉ, ÉE. adj. [Pr. *étru-fé*] (R. *atrophié*). T. Vén. *Chien é.*, Qui a une cuisse atrophiée.

ÉTRUFFURE. s. f. [Pr. *étru-fu-re*]. T. Vén. Maladie qui survient aux chiens à la suite de quelque effort et qui les fait boiter, la cuisse ne prenant plus de nourriture.

ÉTRURIE. rég. de l'Italie anc. (aujourd'hui Toscane), entre le Tibre, les Apennins et la rivière Macra. Cette région était habitée par les *Étrusques* ou *Rasennes*, peuple qui paraît de race aryenne, très voisin des Pélasges, et originaire de l'Asie Mineure. Plus civilisés que les autres Italiotes, leurs contemporains, ils formèrent dès le XVe siècle av. J.-C. une confédération de douze républiques. La civilisation romaine est, à beaucoup d'égards, et malgré les différences tenant à la diversité d'origine des deux peuples, la suite et le développement de la civilisation étrusque. L'art étrusque nous est connu par les vases et les objets trouvés dans les sépultures enfouies sous des tertres. Voy. ARCHITECTURE et VASES *peints.*

ÉTRUSCOLOGUE. s. m. (R. fr. *Étrusque* et gr. λόγος, traité). Érudit qui étudie la langue et l'archéologie des Étrusques.

ÉTRUSQUES. adj. 2 g. Nom des anciens habitants de l'Étrurie. — Qui appartient aux anciens Étrusques. *Architecture é. La langue é. Les monuments étrusques. Vases étrusques.* Voy. ÉTRURIE, ARCHITECTURE et VASES *peints.*

ETTIDINE s. f. T. Chim. Alcaloïde homologue de la quinoléine et répondant à la formule C[18]H[19]Az. On l'a trouvé parmi les produits qu'on obtient en distillant la quinoléine avec de la potasse.

ÉTUDE. s. f. (lat. *studium*, m. s.). Travail application d'esprit pour apprendre ou approfondir les sciences, les lettres, etc. *É. continuelle, sérieuse, approfondie. É. rapide, superficielle. S'adonner, s'appliquer à l'é. Se livrer à l'é. des sciences. Il a fait une é. particulière de l'archéologie. L'é. de l'homme, du cœur humain. Avoir une grande passion pour l'é. Cette é. ne peut se faire que dans le calme de la retraite. Cela est digne d'é. Cours d'é.* — *Faire ses études*, Passer par les différents degrés d'instruction qui doivent former l'esprit de la jeunesse. On dit de même : *Faire de bonnes, de mauvaises études. Commencer, terminer ses études. La durée des études*, etc. — *Avoir de l'é.*, Avoir de l'instruction, des connaissances acquises. On dit, dans le sens contraire, *N'avoir point d'é., nulle é., être sans é.* Ces loc. s'emploient le plus souvent en parlant de ceux qui n'ont point fait les études qu'on a coutume de faire dans la jeunesse. — Dans les collèges, *Salle d'é.*, ou simpl., *Étude*, Lieu où l'on réunit les élèves pour leur faire étudier les leçons et composer les devoirs donnés par le professeur. *Maître d'é.*, Celui qui surveille les élèves pendant les heures de travail et de récréation. || Recherche, essai sur quelque point de science, d'histoire, de littérature, etc. *On lui doit une é. fort remarquable sur Corneille. Avez-vous lu les Études historiques de Chateaubriand?* || Le soin particulier, l'attention, le zèle qu'on apporte à quelque chose. *Il fait de l'éducation de son fils son unique é. Il y met toute son é. Elle se faisait une é. de lui plaire. Il ne songe qu'à se divertir, c'est là toute son é.* || Affectation, recherche exagérée, dissimulation. *Elle plaît sans é. Cela sent la gêne et l'é. Celui qui n'a rien à cacher se montre sans é.* || T. Mus. Se dit des morceaux de musique qui sont destinés aux exercices des élèves, et dont les difficultés sont graduées convenablement. *Les Études de Cramer. Les Études artistiques de Bertini. Études pour le violon, pour la voix*, etc. || T. Théâtre. *Mettre une pièce à l'é.*, En commencer les répétitions. *Cette pièce est à l'é.*, On la répète. || T. Peint. et Sculpt. Dessin, morceau de peinture ou de sculpture qu'un artiste exécute pour bien connaître tel ou tel objet, et pour s'exercer à le bien représenter. *Une é. de tête, de main, de draperie, d'arbre, de rochers*, etc. *E. de Raphaël, de Michel-Ange.* — Se dit des modèles qui sont destinés à l'enseignement du dessin, et qui sont ordinairement tirés des tableaux des grands maîtres. Dans ce sens, on appelle *Tête d'é.*, Le dessin d'une tête propre à servir de modèle. || T. Archit. et Ingénieur. Se dit des plans, du tracé et des devis d'un ouvrage d'art. *Les études de ce pont sont achevées. Mettre un chemin de fer à l'é.*, En commencer le tracé, les devis, etc. On dit aussi, *Ce projet est à l'é.* || Le lieu où travaille un notaire, un avoué, un huissier, et où il fait travailler ses clercs. *Il y a cinq clercs dans cette é. Il est fort assidu dans son é. Fait et passé en l'é. de maître un tel.* — Par ext., Le dépôt des minutes et des papiers que les notaires ou les avoués conservent chez eux, et la clientèle qu'ils ont. *Ce notaire a vendu son é. Cette étude vaut cent mille francs.*

ÉTUDIANT, ANTE. s. Celui, celle, qui suit les cours d'une école publique. *Un é. en droit. Une é. en médecine. Il y a beaucoup d'étudiants dans cette université.* En termes popul., on donne le nom d'étudiantes aux filles publiques du quartier latin, à Paris.

ÉTUDIER. v. n. Appliquer son esprit, travailler pour apprendre une science, un art, etc. *Il étudie nuit et jour. Il passe sa vie à é. Il étudie au collège, à l'université. E. en droit, en médecine. E. en théologie. Ce musicien m'ennuie, il étudie toute la journée.* — E. ensemble, dans les mêmes classes, les mêmes cours dans un collège, dans une faculté, etc. *Nous avons étudié ensemble, votre frère et moi.* == ÉTUDIER. v. a. S'appliquer à apprendre une science, un art, à comprendre un auteur, à se rendre compte d'une affaire, à expliquer un ordre de phénomènes, etc. *E. la théologie, la philosophie, la physique, la chimie, la médecine, l'histoire, l'architecture, la navigation*, etc. *C'est un auteur que j'ai peu étudié. C'est une affaire, une question qu'il a étudiée avec soin et dans tous ses détails. É. un procès. É. un phénomène. É. la nature. Un médecin doit é. le tempérament de ses malades. Il a bien étudié le pays.* — Par ext., Observer avec soin le caractère, le génie, les inclinations des hommes. *J'ai fort étudié cet homme-là, et je n'y comprends rien. J'ai bien étudié le caractère de ce peuple. É. le monde.* || Apprendre par cœur. *E. une leçon, un sermon, un compliment. É. son rôle.* — E. un discours, un compliment, etc., signifie quelquefois, le méditer, le préparer, le composer avec soin. *Vous n'avez pas assez étudié cette partie de votre discours.* || T. Peint. et Sculpt. *E. une draperie, une pose, l'agencement d'un groupe*, Chercher à se rendre compte, à s'assurer de l'effet qu'ils doivent produire. || T. Archit. *E. un projet, un plan*, En examiner les détails, en dresser les devis, etc. — En T. Ingén., on dit de même, *E. un chemin. E. un tracé*, etc. == s'ÉTUDIER. v. pron. S'é. soi-même, Apprendre à se connaître. || S'é. à, S'appliquer, s'exercer à faire quelque chose, méditer de quelle manière on peut s'y prendre. *Je me suis toujours étudié à vous plaire. Il ne s'étudie qu'à faire du mal. Je m'étudierai toujours à vous servir.* || ÉTUDIÉ, ÉE. part. || Adj. Qui est fait avec soin et application, qui est bien travaillé, bien fini. *Ce tableau est bien étudié.* || Plus ordin., Affecté, recherché, feint. *Il n'est point naturel, il est étudié. Langage étudié. Maintien, geste étudié. Une joie, une douleur*

étudiée. *Des larmes étudiées.* == Conj. Voy. PRIER. == Syn. Voy. APPRENDRE et AFFECTÉ.

ÉTUDIOLE. s. f. (R. *étude*). Petit meuble à plusieurs tiroirs, qui se place sur une table, pour y serrer des papiers d'étude ou autre chose. Inus.

ÉTUI. s. m. (haut. allem., *stüche*, gaine). Sorte de boîte qui sert à mettre, à porter, à conserver quelque chose, et dont la forme et la grandeur varient selon les objets qu'elle est destinée à contenir. *Étui de ciseaux, de couteaux. É. d'aiguilles, à épingles. É. de chapeau. É. de harpe. É. de bois, de carton, de cuir, d'ivoire, d'argent*, etc. *É. de mathématiques*, Boîte contenant un assortiment des instruments de mathématiques les plus usuels. || T. Entom. Synon. d'*Élytre.* == T. Botan. *É. médullaire.* Voy. TIGE. == T. Anat. Partie supérieure de la portion sphénoïdale du ventricule latéral du cerveau appelé aussi *Hippocampe.* Voy. ce mot.

ÉTUVAGE. s. m. Action de soumettre une substance à la chaleur d'une étuve.

ÉTUVE. s. f. (all. *stube*, m. s.). Au moyen âge, on appelait indistinctement *Étuve* toute espèce de bains chauds, mais aujourd'hui on ne donne plus ce nom qu'aux bains de vapeur ou d'air chaud. Voy. BAIN. — En chimie et dans les arts, on désigne encore sous ce nom les lieux clos dont on élève artificiellement la température, et dans lesquels on place certains objets afin de leur faire subir quelque modification particulière. C'est ordinairement la dessiccation pure et simple ou l'évaporation d'un produit plus ou moins volatil que l'on cherche à obtenir par le moyen des étuves, soit que l'on agisse par des substances végétales, sur des toiles ou autres tissus humides, soit que l'on veuille disperser les parties volatiles des vernis appliqués sur les cuirs, soit que l'on se propose de faire cristalliser des sucres par une douce évaporation. Quelquefois, cependant, on place des objets à l'é. pour les imprégner de vapeur, ou pour les maintenir à l'état liquide, comme lorsqu'il s'agit de filtrer des matières grasses qui se solidifient plus ou moins par l'action du froid. Des conditions aussi différentes exigent que l'on donne aux étuves des dispositions particulières selon le but qu'on se propose. Aujourd'hui ce nom s'applique également à des appareils spéciaux, sorte de fours portatifs, dans lesquels on plonge des matières à désinfecter, telles que literie, vêtements, etc. La température de ces étuves est suffisamment élevée pour supprimer d'une manière absolue les germes des microbes morbides et putrides que ces objets peuvent contenir, sans cependant détruire les tissus ni les détériorer.

ÉTUVÉE. s. f. T. Cuis. Certaine manière de cuire les aliments dans leur vapeur. *Mettre du veau, une carpe à l'é.* || Ce qui a été cuit de la sorte. *Une é. de pigeonneaux. Faire une é. de carpe*, ou simplement, *Faire une é.* || Quantité de pain de sucre que peut contenir une étuve.

ÉTUVEMENT. s. m. Action d'étuver. Peu us. || T. Méd. *L'é. d'une plaie.* Voy. ÉTUVER.

ÉTUVER. v. a. Mettre à l'étuve, sécher ou chauffer dans une étuve. || Laver en appuyant doucement; se dit en parlant d'une plaie, d'une partie malade. *Il faut bien é. cette plaie. É. avec de l'eau tiède, avec de l'eau-de-vie*, etc. || T. Mar. *É. des fils de caret*, Les passer dans une chaudière pleine d'eau bouillante. — E. un bordage, Le soumettre à un bain de vapeur pour le rendre flexible. || Art culin. Faire cuire à l'étuvée. == *Étuvé, ée.* part.

ÉTUVISTE. s. m. Autrefois, celui qui tenait des étuves, des bains.

ÉTYMOLOGIE. s. f. (gr. *étumos*, vrai; *logos*, discours, c.-à-d. véritable sens d'un mot). T. Philol. I. — On peut définir l'*Étymologie*, la science qui a pour objet l'origine des mots d'une langue et l'analyse de leurs éléments, afin de déterminer précisément la vraie signification de chaque terme. La science étymologique se distingue de la *linguistique*, c.-à-d. de l'étude comparative des langues, en ce qu'elle se restreint à une langue donnée, et, relativement aux idiomes étrangers, se borne à constater l'origine prochaine des mots propres à la langue qu'elle considère. Cependant, comme les langues se groupent par familles qui ont une origine commune, la philologie comparée rend les plus grands services à l'é. Par ex., si l'origine d'un mot français paraît difficile à trouver, on arrive quelquefois à la découvrir en étudiant les formes que présente le même mot dans les autres langues romanes (italien, espagnol, provençal, etc.), dérivées du latin comme le français. — Le terme *É.* se dit aussi de l'origine et de la dérivation d'un mot particulier.

II. — On reconnaît dans toutes les langues, même dans celles des peuplades les plus sauvages, que la formation et la dérivation des mots sont soumises à des lois très précises, témoignant d'une logique rigoureuse. Dans toute langue qui n'est pas monosyllabique, la plupart des mots se composent de deux éléments, d'un élément invariable et en général monosyllabique, qu'on appelle *Racine* ou *Radical*, et d'un élément variable, qui est en général également monosyllabique, et qu'on nomme *Affixe.* Ces affixes s'ajoutent, soit avant, soit après le radical, de manière à faire avec lui un seul et même corps. Dans le premier cas, on les nomme ordinairement *Augments initiaux,* et dans le second *Désinences :* pour plus de simplicité, nous les appellerons, avec plusieurs philologues, *Préfixes* et *Suffixes.*

Si, par ex., nous comparons les mots français, *battre, batteur, battoir, battement, batterie, bataille, batailler, batailleur, abattre, combattre, débattre, rebattre, rabattre,* il est facile de voir que tous contiennent un élément invariable *bat,* qui sera leur radical commun. Or, comme d'autre part on trouve également une idée commune dans tous ces mots, il est évident que cette idée appartient au radical lui-même. Maintenant, chacun des suffixes, *re, eur, oir,* etc., modifie le radical d'une façon particulière; ils ont donc aussi une signification propre. Il en est de même des préfixes *a, com, dé, re, ra.* Mais il faut encore remarquer que, parmi ces suffixes et ces préfixes, il y en a qui sont eux-mêmes composés. Dans *batailler,* par ex., nous avons *aille* et *er;* dans *batailleur,* nous trouvons *aille* et *eur;* *rabattre* nous présente deux préfixes fondus ensemble, *re* et *a.* On voit par là que les affixes peuvent s'ajouter les uns aux autres, de façon à obtenir avec un seul et même radical une multitude de termes différents, quoique appartenant tous à la même famille. L'adverbe *désagréablement* nous offre un ex. des plus frappants de la manière dont les mots de notre langue se sont formés à l'aide de ces simples éléments. Autour de son radical *gré,* qui est identique avec le *grat* ou *gratus* des Latins, nous trouvons deux suffixes, *able* et *ment,* et deux préfixes *a* et *dé,* l's qui est entre *de* et *a* étant purement euphonique.

Ici le radical *gré* est un mot français; le radical *pur,* qui donne naissance à *pureté, purement, impur, impureté,* appartient également à notre langue; mais les cas de ce genre sont relativement rares. Le plus souvent, dans la langue française, les radicaux absolus sont inusités. Cela tient surtout à ce que la plupart de nos mots n'ont point été construits directement à l'aide de ces radicaux et d'affixes, mais ont été pris déjà tout formés à la langue latine.

III. — Nos grammairiens distinguent habituellement les mots français en mots *simples* ou *primitifs,* et en mots *composés* ou *dérivés;* mais ils sont bien empêchés d'attacher à ces termes une signification précise. *Pur* est un mot simple; *pureté* un mot composé; d'accord. *Battre* est un mot simple, disent-ils encore, et *bataille, battoir,* sont des mots composés. Ceci est inexact; ces trois mots sont également composés, et l'on veut que *battre* soit un mot simple, il faut admettre que *bataille* et *battoir* le sont au même titre : car ils se composent d'un radical inusité isolément et des affixes *re, aille* et *oir.* Il n'y a, en français, de mots véritablement simples que ceux qui sont uniquement réduits à leur radical, sans addition d'aucune sorte. Toutefois, quand on compare entre eux divers mots d'une même souche, on peut employer ces expressions de *simple* et de *composé* ou *dérivé,* en y attachant seulement une signification relative : ainsi, par ex., *bataille* sera un mot simple relativement à *batailleur,* et celui-ci un mot composé relativement à *bataille.*

IV. — Dans chaque langue, les suffixes et les préfixes sont en nombre assez limité. Par conséquent, il est facile de reconnaître la signification qui leur est propre. Ce travail fait, il suffit de rechercher la valeur propre des radicaux ou même des dérivés les plus directs, pour posséder la clef de la langue tout entière. Ainsi, par ex., étant connue la valeur du verbe *battre,* on saura immédiatement que *batteur* signifie celui qui bat, que *battoir* est l'instrument avec lequel on bat, que *battement* est l'action de celui qui bat, que *batterie* veut dire l'action d'échanger des coups, que *bataille* est une mêlée où

un grand nombre de gens se battent, que *batailleur* désigne un individu qui a l'habitude de se battre, etc. Un travail semblable fait sur les préfixes nous montre de même en quel sens ces particules modifient la valeur primitive du radical. Soit, par ex., le verbe *poser,* dont le radical *po* n'est pas employé isolément dans notre langue. Nous trouverons que *opposer* veut dire poser sur ou auprès de; *composer,* poser ensemble, former de diverses parties un tout; *déposer,* poser bas, laisser là; *disposer,* poser en ordre d'une manière distincte; *exposer,* poser hors, mettre en vue; *imposer,* poser sur, mettre dessus; *interposer,* poser entre, mettre entre deux; *opposer,* mettre contre et de manière à faire obstacle; *préposer,* poser devant, mettre à la tête; *proposer,* poser en avant, donner comme pouvant ou devant être une chose qui n'est pas encore; *reposer,* poser une seconde fois; *supposer,* poser par dessous, faire une hypothèse au sujet d'une chose, etc. En procédant ainsi, il est possible, du moins pour certaines langues, et ce sont en général les plus riches, de réduire le vocabulaire à un petit nombre de racines desquelles tous les autres mots sont dérivés par une formule originairement assez simple, bien que parfois elle soit obscurcie par des circonstances accidentelles.

V. *Origine des mots de la langue française.* — Au mot *langue,* nous donnons quelques détails sur l'origine, l'histoire et la formation de notre langue. Ici, nous nous bornerons à quelques remarques sur la formation des mots. Il est bien démontré aujourd'hui que le français s'est formé progressivement et successivement du latin, comme du reste les autres langues dites *romanes,* c.-à-d. l'italien, l'espagnol et le provençal, pour ne citer que les principaux idiomes. Seulement ces langues romanes ne sont pas dérivées du latin classique, *académique,* comme on dirait aujourd'hui, mais bien du latin populaire, de la langue parlée par les gens sans instruction. À Rome même, cette langue différait notablement du latin des écrivains et des orateurs, sinon par le vocabulaire, du moins par les formes grammaticales. Dans les provinces, on devait parler une langue encore plus simple ou plus corrompue. Pour nous borner au français, il est certain que, au moment où le français a commencé à constituer une langue spéciale, qu'on a appelée le *roman,* c.-à-d. vers le septième ou huitième siècle, cette langue n'était, à tout prendre, qu'un *patois latin,* dérivé du latin populaire, et corrompu par les populations d'origine différente, surtout celtiques, qui avaient adopté cet idiome. La corruption avait commencé par la simplification des nombreuses désinences qui compliquent et enrichissent la langue latine; ensuite il s'est produit un fait capital qui donne la clef de la formation de tous les mots français dérivés du latin. On sait que chaque mot latin présente une syllabe qui était prononcée avec plus de force ou sur un ton plus élevé que les autres : c'est la syllabe *accentuée.* Voy. ACCENT. Jamais l'accent ne portait sur la dernière syllabe; il tombait sur l'avant-dernière si celle-ci était longue, et, si elle était brève, sur celle d'avant qu'on appelle en terme de grammaire l'antépénultième; souvent, d'après cette règle, l'accent tombait sur le radical. Or, le fait dont nous parlons, c'est qu'on a cessé de prononcer toutes les syllabes qui suivent la syllabe accentuée. Ces syllabes finales n'ont donc été représentées dans le mot français primitif que par quelques consonnes qu'on a bientôt cessé de prononcer elles-mêmes et qui se sont trouvées réduites à l'état de signes orthographiques, ou bien par une syllabe muette. Ainsi s'expliquent deux circonstances caractéristiques de la langue française, d'une part l'abondance des mots terminés par un *e* muet, et d'autre part le fait que dans tous les mots français c'est *la dernière syllabe qui est accentuée,* ou l'avant-dernière, quand la dernière est muette. La suppression des syllabes finales a considérablement modifié l'aspect du mot latin *écrit,* sans modifier autant la prononciation du mot. À cette transformation s'en sont ajoutées d'autres qui consistent dans des contractions des syllabes précédant la syllabe accentuée, des substitutions de consonnes ou de voyelles, quelquefois des additions de voyelles, surtout de *e* devant les mots commençant par *st, sp,* etc. Toutes ces transformations suivent en général des règles fixes qui ont été très bien étudiées par les philologues modernes. Voici quelques exemples où nous avons distingué par un accent la syllabe accentuée du mot latin : *magíster,* maître; *actiónem,* action (les substantifs dérivent tous de l'accusatif qu'on rencontrait plus souvent que le nominatif); *státus,* état; *spécies,* espèce; *schóla,* eschole, échole, école; *spíritus,* esprit, esprit; *frágilis,* frêle; *óculus,* œuil, œil; *ánima,* anme, âme; *aétas,* aage, âge; *áqua,* aigue, aigue, eaue, eau. Souvent le substantif français provient d'un adjectif et non du substantif correspondant : *montagne* de *montáneus* et non de *mons*, *montis*, qui a donné *mont*; jour de *diúrnus*, prononcé *djiournous*, et non de *dies*. Souvent, le mot français vient d'un diminutif latin. Par ex. l'animal que nous appelons aujourd'hui *renard*, était appelé en vieux français *goupil*. Renard est un nom propre germanique *Reinhardt* Or *goupil* vient non pas du latin *vulpes*, mais du diminutif *vulpecula*; nous y voyons un exemple du changement fréquent de *v* en *g* qu'on retrouve dans *gâter* de *vastáre*, et dans le nom propre *Guillaume*, qui n'est que la transformation du nom allemand *Wilhelm*, en anglais *William*. Il importe encore de noter que, jadis comme aujourd'hui, l'orthographe était loin de représenter la prononciation d'une manière exacte, et que, dans le même manuscrit, les mêmes mots se trouvent fort souvent orthographiés de plusieurs façons différentes. Tant que l'orthographe française n'a pas été fixée, elle a visé à se rapprocher de la prononciation; mais, quand l'uniformité orthographique a prévalu, c'est la prononciation qui a tendu à se modeler sur elle. Dans cette observation se trouve l'explication d'un grand nombre d'anomalies plus apparentes que réelles. Ainsi *directum* et *strictum* ont donné *droict* et *estroict*, puis *droit* et *étroit*; mais il faut remarquer que jadis ces mots se prononçaient *dret* et *étret*, et que cette prononciation est bien plus voisine de la prononciation, et de l'orthographe des originaux latins.

A l'époque de la Renaissance, les savants s'enthousiasmèrent pour l'étude de l'antiquité et introduisirent dans notre langue de nouveaux mots tirés du grec et surtout du latin; mais comme, à cette époque, on ignorait absolument les lois de la formation des mots français et particulièrement la loi si remarquable de la conservation de l'accent tonique, on se contenta de transcrire le mot latin en modifiant seulement sa désinence, sans égard ni à l'accent tonique, ni aux règles de transformation du latin en français. On obtient ainsi de véritables barbarismes qui ne sont ni français ni latins. Cette introduction était d'autant plus maladroite que les mots qu'on forgeait ainsi existaient déjà dans la langue, mais sous la forme contractée que le temps et le génie particulier de nos ancêtres leur avaient donnée; de là sont résultés de nombreux doubles emplois, des mots de même origine avec deux formes, l'une correcte et naturelle, l'autre tout artificielle; ces mots doubles ont reçu le nom de *doublets*: souvent l'usage leur a donné par la suite des sens un peu différents; tels sont *frêle* et *fragile* de *frágilis*; *pâtre* et *pasteur* de *pástor*; *magister* et *maître* de *magíster*; *dénuer* et *dénuder*, de *denudáre* qui lui-même vient de *núdus*, *nu*, etc. Voy. DOUBLET.

Les termes que notre langue a empruntés aux idiomes germaniques et celtiques sont relativement fort peu nombreux. Cependant, en ce qui concerne les idiomes celtiques, il convient de remarquer que beaucoup de radicaux celtiques existent aussi en latin, toutes ces langues étant de la même famille. Il se peut donc que certains mots qui paraissent dérivés du latin se soient en réalité introduits par l'un des idiomes celtiques; mais ils sont en tout cas peu nombreux, car presque toujours on peut trouver la filiation du latin au français. C'est même un fait remarquable que la langue des anciens habitants du pays gaulois ait laissé si peu de traces dans notre français. Pourtant cette influence s'est fait aussi mince qu'on serait porté à le croire: elle s'est fait sentir sur la prononciation, et par suite sur la manière dont s'est modifié le latin pour devenir le français. — Quelques mots, en très petit nombre, viennent du basque, d'autres de l'arabe, par l'intermédiaire de l'Espagne et de l'Italie; quelques mots turcs se sont introduits plus tard; enfin, il faut aussi signaler des emprunts faits à nos voisins, Espagnols, Italiens et Anglais. — Le grec est largement représenté en français; mais il convient d'observer que l'immense majorité des mots tirés du grec sont de simples transcriptions destinées au langage scientifique. Quelques-uns de ces mots ont passé dans le langage courant, quand les objets qu'ils désignaient sont devenus d'un usage très commun: tels sont les mots *mètre*, *télégraphe*, *téléphone*, qui sont entièrement grecs, sauf la désinence et l'accent tonique. Cependant, un petit nombre de mots grecs se sont introduits dès le commencement de la langue française par la voie de Marseille, toujours en relation avec les négociants de l'Orient, et se sont transformés suivant les règles particulières de la phonétique française.

Ainsi qu'on le voit, la recherche des étymologies des mots de notre idiome se résout généralement en une étude purement historique, et le véritable glossaire étymologique de la langue française ne peut être que le dictionnaire historique de cette langue. Il ne pouvait entrer dans notre plan d'entreprendre ce travail. Aussi les étymologies que nous avons données se bornent à de brèves indications.

VI. — Les recherches étymologiques sont fort anciennes. Platon, Chrysippe, Aristote, chez les Grecs; Varron, César, Cicéron, Verrius Flaccus, Festus, etc., chez les Romains, s'en sont occupés; mais on peut dire de ces essais que ce sont des jeux d'imagination bien plus que des travaux d'érudition et de critique. A l'époque de la Renaissance, plusieurs érudits se livrèrent à ce genre d'étude, mais ils suivirent en général les traces de leurs devanciers grecs et romains. Bien qu'il y ait des choses fort estimables dans les recherches laborieuses de ces savants, l'imagination fut très souvent leur unique guide. C'est au sujet de leurs travaux qu'on a dit plaisamment : « Les mots sont comme les cloches, on leur fait dire tout ce qu'on veut. » D'ailleurs, l'étude comparative des langues pouvait seule donner une méthode exacte et rigoureuse pour la recherche des étymologies. Or, cette science est toute moderne et née, pour ainsi dire, avec ce siècle. Voy. LANGUE, LINGUISTIQUE.

Bibliogr. — DIETZ, *Lexicon etymologicum linguorum romanarum;* — LITTRÉ, *Dictionnaire de la langue française*, particulièrement la Préface; — TOUMIN, *Dictionnaire étymologique*.

ÉTYMOLOGIQUE. adj. 2 g. Qui concerne les étymologies. *Explication é. Recherches étymologiques*. || Se dit des signes et caractères qui ne se prononcent pas dans les mots où ils se trouvent actuellement, mais qui leur viennent de la langue qui a fourni ces mots et servent ainsi à en retrouver l'étymologie.

ÉTYMOLOGIQUEMENT. adv D'après l'étymologie; selon les règles de l'étymologie.

ÉTYMOLOGISER. v. a. Donner l'étymologie. || S'occuper d'étymologie.

ÉTYMOLOGISTE. s. m. Celui qui s'occupe de recherches étymologiques.

EU, ch.-l. de c. (Seine-Inférieure), arr. de Dieppe; 4,700 hab. = Nom des hab. : EUDOIS, OISE.

EUBAGE. s. m. T. Hist. Voy. DRUIDISME.

EUBÉE, grande île de la Grèce ancienne, à l'est de l'Attique, appelée Négrepont par les navigateurs italiens du moyen âge; 95,000 hab. Cap. Chalcis.

EUBIOTIQUE. s. m. (gr. εὖ, bien; βίος, vie). T. Philos. Ensemble de préceptes relatifs à l'art de bien vivre.

EUBULIDE, philosophe grec de l'école de Mégare, adversaire d'Aristote (IVe siècle av J.-C.).

EUCALYNE. s. f. (R. *Eucalyptus*). T. Chim. Substance faiblement sucrée, sirupeuse, qu'on obtient en même temps que de la glucose, quand on fait bouillir la mélitose (le sucre de l'eucalyptus) avec de l'acide sulfurique étendu. Elle se forme aussi dans la fermentation de la mélitose. Elle est dextrogyre et réduit la liqueur de Fehling; elle n'est pas fermentescible. Chauffée à 200°, elle se transforme en une substance noire insoluble.

EUCALYPTÈNE. s. m. T. Chim. Hydrocarbure terpénique ayant pour formule $C^{10}H^{16}$, contenu dans l'essence de l'eucalyptus d'Australie. Il paraît identique avec le phellandrène.

EUCALYPTOL. s. m. T. Chim. Synonyme de *Cinéol*. Voy. ce mot.

EUCALYPTUS s. m. (gr. εὖ, bien; καλυπτός, couvert). T. Bot. Genre d'arbres Dicotylédones de la famille des *Myrtacées*. Voy. ce mot.

EUCAMPTITE. s. f. (gr. εὖ, bien; κάμπτω, je plie). T. Minér. Silicate d'alumine, de fer et de magnésie. Masses vert foncé, feuilletées, se séparant en lames minces transparentes et rougeâtres.

EUCHAÏRITE ou **EUKAÏRITE.** s. f. [Pr. *eu-ka-irite*] (gr. εὖ, bien; χαίρω, je me réjouis). T. Minér. Séléniure double de cuivre ou d'argent. La variété appelée *Crookésite* contient jusqu'à 18 p. 100 de thallium.

EUCHARIS. La plus belle des nymphes de la déesse Calypso (Myth.).

EUCHARISTIE. s. f. [Pr. *Eu-karisti*] (gr. εὐχαριστία, action de grâces). T. Théol.

I. *Définition.* — Le dogme catholique définit le sacrement de l'Eu. : « Un sacrement de la nouvelle loi, qui contient véritablement, réellement et substantiellement, sous les espèces du pain et du vin, le corps, le sang, l'âme et la divinité de N.-S. J.-C., qui l'a institué pour en faire la nourriture spirituelle des fidèles. » L'eu. est ainsi nommée *parce que* J.-C., en l'instituant, rendit grâces à son Père, et qu'elle est le principal moyen par lequel les chrétiens rendent grâces à Dieu du bienfait de la rédemption. La veille de sa Passion, pendant qu'il célébrait la pâque avec ses apôtres, « Jésus prit du pain, le bénit, le rompit et le donna à ses disciples, en disant : *Prenez et mangez : ceci est mon corps.* Ensuite, prenant la coupe, il rendit grâces, et la leur donna, en disant : *Buvez tous de ceci, car ceci est mon sang,* le sang de la nouvelle alliance, qui sera versé pour plusieurs, afin que leurs péchés soient remis. *Faites cela en mémoire de moi.* » (Matt. XXVI, 26, Luc, XXVI, 19.) C'est en s'appuyant sur ces paroles que l'Église catholique a établi le dogme de l'Eu. Il est de foi que l'eu. est un sacrement, que ce sacrement a été institué par J.-C. lui-même et que le sacrement de l'eu. contient véritablement, réellement et substantiellement le corps, le sang, l'âme et la divinité de son auteur, c.-à-d. J.-C. tout entier.

II. *Présence réelle et Transsubstantiation.* — L'interprétation de l'eu. est le point capital des dissidences qui divisent non seulement les catholiques et les protestants, mais encore les différentes sectes protestantes elles-mêmes. L'Église catholique enseigne que J.-C. est présent tout entier en corps et en âme dans le pain et le vin consacrés : c'est la *présence réelle,* et que de plus, la substance du pain et du vin a été changée en celle du corps et du sang de J.-C., sans que les *espèces* ou *apparences* du pain et du vin aient été modifiées. Luther professait la présence réelle de J. C. en corps et en esprit; mais il nie que la substance du pain et du vin ait disparu; pour lui il n'y a pas *transsubstantiation,* mais *consubstantiation.* Zwingle n'admet que la présence réelle en esprit. Pour lui, le pain et le vin ne sont pas changés, la communion n'est pas la répétition réelle, mais seulement la commémoration symbolique de la Cène. Il est difficile de comprendre, d'après les textes, en quoi l'opinion de Calvin différait de celle de Zwingle, malgré les querelles célèbres qui ont divisé ces deux réformateurs. A cette époque de luttes religieuses, chacun cherchait dans les textes des dissidents et des premiers Pères de l'Église, et dans l'histoire des premiers temps du Christianisme, des arguments pour appuyer son opinion, et les trouvait facilement: car les trois interprétations avaient été soutenues dès les premiers temps. Quant aux textes des évangiles, ils sont certainement fort explicites, mais il était évidemment permis de les prendre au figuré. Saint Ignace d'Antioche, saint Justin, saint Irénée, saint Cyprien, saint Hilaire, saint Ambroise, tenaient pour la présence réelle en corps et en esprit, sans s'expliquer du reste sur la transsubstantiation, à l'exception pourtant de saint Justin, qui semble l'admettre assez clairement. Les textes de Tertullien et d'Origène sont assez obscurs pour qu'on n'y puisse voir que la présence mystique de l'eu. a paru saint Augustin, tandis que saint Jean Chrysostome est le premier qui ait exposé nettement le dogme de la transsubstantiation. On voit que l'opinion des premiers temps de l'Église était assez flottante. Tous s'accordent seulement à reconnaître l'efficacité du sacrement et l'union intime de Jésus-Christ avec le fidèle qui reçoit l'eu. Aucun concile œcuménique ne vint trancher la question, qui resta comme réservée jusqu'au VIIIe siècle. A cette époque le concile de Jérusalem (754) se prononça pour le sens figuré, tandis que le concile de Nicée tenu quelques années plus tard se décida pour la transsubstantiation. L'Occident laissa longtemps la question indécise. Cependant l'opinion générale se développait en faveur de la présence réelle en corps et en esprit, et quand, au XIe siècle, Béranger, archidiacre d'Angers, voulut relever l'opinion prétendue de saint Augustin, il fut déféré à un concile tenu à Rome, et condamné, mais à une faible majorité, ce qui montre bien quelle était sur ce point l'hésitation générale.

La question de l'eu. ne fut reprise que quatre siècles plus tard, par les protestants. On sait quelle multiplicité de causes avaient produit ce grand mouvement de *réformation* de l'Église. Celle-ci ne pouvait rester indifférente. La convocation d'un concile œcuménique était indispensable. Ce fut le fameux concile de Trente qui s'ouvrit en 1545, dura 18 ans et fixa définitivement le dogme et la discipline de l'Église catholique. Voici comment s'exprime ce célèbre concile au sujet de l'Eucharistie :

« Si quelqu'un dit que, dans le très saint sacrement de l'eu., la substance du pain et du vin reste conjointement avec le corps et le sang de N.-S. J.-C., et nie cette adorable et singulière conversion de toute la substance du pain au corps, et de toute la substance du vin au sang de J.-C., ne restant seulement que les espèces du pain et du vin, laquelle conversion l'Église catholique appelle du nom très propre de *Transsubstantiation,* qu'il soit anathème. » Ce texte est parfaitement explicite ; il implique à la fois la présence réelle et la transsubstantiation. Il convient cependant de remarquer qu'à cette époque même cette opinion n'était pas unanime dans l'Église : car l'article précédent ne fut voté qu'à une assez faible majorité, ce qui n'a pas empêché les docteurs catholiques d'enseigner plus tard, et ce point comme sur beaucoup d'autres, que la doctrine de l'Église n'avait jamais varié depuis les Apôtres.

Il est bien entendu que la présence réelle et la transsubstantiation sont des mystères qui dépassent la raison humaine. Cependant, il est bon de rappeler que, sous l'influence de la philosophie du moyen âge, ces mystères paraissaient moins incompréhensibles, si l'on peut s'exprimer ainsi, à l'époque du concile de Trente qu'aujourd'hui. On enseignait alors, en philosophie, qu'il y avait lieu de distinguer dans les corps la *substance* qui était leur nature, leur essence intime, et les *apparences, accidents* ou *espèces,* — ou dirait aujourd'hui les qualités — qui pouvaient être tout autres qu'ils ne sont, sans que la substance fût changée. Imbus de cette idée que les *espèces* peuvent varier sans modifier la substance, les prélats du Concile de Trente ne pouvaient éprouver de bien grandes difficultés à admettre qu'on pourrait changer la *substance* sans modifier les *espèces,* et en cela pour eux consistait le mystère. Aujourd'hui, nous ne comprenons plus ces distinctions de substance et d'espèce. Tout corps ne nous est connu que par les impressions qu'il fait sur nos sens, et si nous supprimons les qualités qui déterminent ces impressions, nous ne savons plus ce qui reste. Aussi le mystère de l'eu. nous apparaît-il beaucoup plus profond et beaucoup plus inaccessible à la raison qu'il ne pouvait le sembler aux théologiens du moyen âge.

Nous résumons dans ce qui suit les enseignements de la religion catholique.

III. *De la communion sous une seule et sous les deux espèces.* — « Si quelqu'un, dit le concile de Trente, nie que, le sacrement de l'eu., J.-C. soit contenu sous chaque espèce, et sous chaque partie de l'une et de l'autre espèce, la séparation faite, qu'il soit anathème. » En conséquence, il n'est pas nécessaire, du moins pour les simples fidèles, de recevoir la communion sous les deux espèces. Le prêtre qui célèbre la messe est le seul qui doive communier ainsi, parce que la communion sous les deux espèces est nécessaire à l'intégrité du sacrifice de l'autel. Dans les premiers temps de l'Église, les fidèles communiaient généralement sous les deux espèces ; néanmoins un grand nombre communiaient seulement sous l'espèce du pain. Ce qui a principalement porté l'Église, à l'époque du concile de Constance, à retrancher la coupe aux fidèles, c'est l'hérésie de ceux qui prétendaient que J.-C. n'est pas tout entier sous chaque espèce. Afin de manifester plus sensiblement aux yeux de tous la vérité de la foi catholique, elle a ordonné la communion sous une seule espèce, quoi qu'il en soit du pain. Autrefois un motif semblable avait, à la fin du Ve siècle, déterminé le pape Gélase à ordonner aux fidèles la communion sous les deux espèces, car il s'agissait alors de combattre les manichéens qui repoussaient la communion sous l'espèce du vin.

IV. *Matière et forme du sacrement de l'Eu.* — Tout sacrement, étant un signe, doit avoir sa matière et sa forme propres. — La matière de l'eu. ce sont le pain et le vin. A l'exemple de J.-C., l'Église a toujours employé le pain de froment (*panis triticeus*), et il ne pourrait être ni licitement ni valablement consacré, s'il renfermait une farine étrangère, à moins toutefois que cette dernière ne s'y trouvât qu'en petite quantité. Il faut, en outre, que le pain soit cuit, dans un état parfait de conservation, et qu'il ait été pétri avec de l'eau naturelle ; mais il est indifférent, pour la validité de la consécration, de se servir de pain ordinaire ou pain levé, ou de pain *azyme* ou pain sans levain. En effet, l'Église latine employant celui-ci et l'Église grecque celui-là, le concile de Florence, de l'an 1439, ordonna que chaque communion conserverait son usage. — Le vin doit être du vin naturel (*vinum de vite*), tel qu'il résulte des manipulations auxquelles on soumet ordinairement le jus du raisin. La consécration faite avec le moût ou vin doux pourrait être valide, mais serait gravement illicite. Il est également défendu de se servir du vin qui commence à s'aigrir ou à se corrompre, quoique la consécration en soit valide. Mais elle serait nulle, si le liquide était entièrement gâté ou converti en vinaigre. Les canons prescrivent en outre de mettre un peu d'eau naturelle avec le vin dans le calice, mais il faut que le premier liquide forme moins du tiers du mélange. Toutefois l'omission de l'eau dans le calice n'entraînerait point la nullité du sacrement. — Quant à la quantité de pain et de vin nécessaire pour le sacrement, elle n'est pas déterminée, mais il est indispensable que l'on puisse, naturellement, à l'aide des sens, distinguer le pain et le vin de tout ce qui n'est ni pain ni vin, car la matière sacramentelle doit être sensible.

La forme du sacrement de l'eu. consiste dans les paroles de la consécration, qui sont celles mêmes qu'a prononcées J.-C. : *Ceci est mon corps, ceci est mon sang.* On admet communément que ces seules paroles opèrent par elles-mêmes ce qu'elles signifient, c.-à-d. le changement du pain et du vin au corps et au sang de J.-C., sans qu'il soit nécessaire de les faire précéder ou suivre d'aucune prière. Néanmoins, toutes les fois que le prêtre doit consacrer, il est strictement obligé de prononcer, pour la consécration, soit du pain, soit du vin, la formule donnée par le missel. Tout changement, toute omission qui ôterait aux paroles sacrées leur véritable signification, rendrait nulle la consécration.

V. *Du ministre de l'Eu.* — On distingue le ministre de la *consécration* et celui de la *dispensation.* — Il est de foi que les évêques et les prêtres sont les ministres de la consécration eucharistique. — Les évêques et les prêtres sont également les seuls ministres ordinaires de la dispensation ; les simples diacres en sont les ministres extraordinaires. Dans la primitive Église, ils administrent assez généralement l'eu. en vertu de la délégation du prêtre ou de l'évêque. Mais, dans la discipline actuelle, il n'est plus permis à un diacre d'administrer la communion que dans le cas où, à défaut d'un prêtre, un malade courrait le risque de mourir sans avoir reçu ce sacrement.

VI. *Du sujet de l'Eucharistie.* — L'eu. n'était pas nécessaire au salut d'une nécessité de moyen, comme le baptême, ceux qui n'ont pas l'âge de raison peuvent être sauvés sans avoir reçu la communion ; mais il n'en est pas de même des adultes, auxquels elle est nécessaire de nécessité de précepte divin, ainsi que J.-C. l'a déclaré quand il a dit : « Si vous ne mangez la chair du Fils de l'homme, et ne buvez son sang, vous n'aurez point la vie éternelle. » (Jean, VI, 54). Ce précepte oblige aussitôt qu'on a l'âge de raison, quand on est en danger de mort ou dans un danger probable ou certain ; enfin, lorsqu'on n'a pas communié depuis longtemps, car on est tenu de s'approcher de temps en temps de la sainte table pendant la vie. En ce qui concerne cette dernière obligation, l'Église, dans le quatrième concile de Latran (1215), a décidé : 1° que tout fidèle doit communier au moins une fois chaque année ; 2° que cette communion doit se faire à Pâques ou dans le temps pascal, c.-à-d. dans la quinzaine qui commence au dimanche de la Passion et finit au dimanche du *Bon Pasteur* ; 3° qu'elle doit avoir lieu dans la paroisse à laquelle on appartient. Il y a péché mortel, soit qu'on ne communie pas au moins une fois l'an, soit qu'on ne communie pas dans le temps prescrit, soit qu'on ne communie pas dans sa paroisse. Toutefois l'Église admet quelques exceptions, surtout pour le dernier de ces préceptes.

On croit assez généralement que les enfants ne sont pas tenus de communier avant l'âge de 9 à 10 ans, mais qu'ils doivent l'avoir fait avant d'avoir atteint leur quinzième année. Dans tous les cas, on doit tenir compte du degré d'instruction, du caractère et des dispositions de chacun, qui varient naturellement suivant les individus. La *première communion* ne doit se faire, même hors du temps pascal, que dans l'église paroissiale, et par les mains du propre curé, ou de celui qui en tient la place, à moins que le curé ou l'évêque ne permettent qu'elle se fasse dans une autre paroisse, ou dans un établissement particulier, comme un collège, un couvent, etc. Il faut que celui qui veut s'approcher de la sainte table se sente coupable de tout péché mortel, et, dans le cas contraire, il ne doit se présenter à la communion qu'après s'être purifié dans le sacrement de pénitence et avoir reçu l'absolution : autrement, il commettrait un sacrilège. Il faut en outre que celui qui doit s'approcher de la sainte table ait une foi vive, un désir sincère d'être uni à J.-C., une charité ardente et une

humilité profonde. — Les dispositions relatives au corps sont le jeûne, la pureté et la modestie. Le jeûne consiste à n'avoir absolument rien pris, depuis minuit, ni solide, ni liquide, ni comme remède, ni comme aliment. Tout ce qui se mange ou se boit véritablement, volontairement ou par inadvertance, est une infraction au jeûne et empêche de communier. Le précepte du jeûne eucharistique est de rigueur ; son infraction est un péché mortel. L'Église n'admet d'exception que pour les malades qui communient en viatique et pour quelques cas particuliers fort rares.

VII. — L'eu. n'est pas seulement un sacrement où J.-C. se donne à nous pour nous servir de nourriture spirituelle ; elle est encore un *sacrifice* où il s'offre à Dieu le Père comme victime pour nous : nous la considérerons ailleurs sous ce point de vue particulier. Voy. MESSE.

EUCHARISTIQUE. adj. 2 g. Qui appartient à l'Eucharistie. *Les espèces eucharistiques.*

EUCHLORINE. s. f. T. Chim. Nom donné par Davy au gaz qu'on obtient en faisant agir une solution d'acide chlorhydrique sur le chlorate de potassium. Ce gaz est un mélange, en proportions variables, de chlore et de peroxyde de chlore.

EUCHRESTA. s. m. (gr. εὔχρηστος, utile). T. Bot. Genre de plantes de la famille des *Légumineuses.* Voy. ce mot.

EUCHROATE. s. m. T. Chim. Nom donné aux sels de l'acide euchroïque.

EUCHROÏQUE. adj. T. Chim. (gr. εὔχροος, de belle couleur). L'acide euchroïque est un diimide de l'acide mellique et répond à la formule $(CO^2H)^2C^6\left(\genfrac{}{}{0pt}{}{CO}{CO}\right)^2 Az H$. Pour le préparer, on chauffe le mellate d'ammoniaque vers 160° ; on obtient de la paramide insoluble et de l'euchroate d'ammoniaque ; on dissout cet euchroate dans de l'eau et on le décompose par l'acide chlorhydrique. L'acide e. cristallise en petits prismes fusibles à 280°, très solubles, à réaction fortement acide. Il contient encore deux groupes CO^2H et fonctionne comme acide bibasique. — Au contact du zinc ou en présence d'un réducteur, la solution d'acide e. donne un dépôt bien foncé, lorsqu'il est desséché, ce dépôt forme une masse noire qui se décolore à l'air sitôt qu'on le chauffe. Cette substance bleue, appelée *Euchrone*, se dissout en pourpre foncé dans l'ammoniaque et les alcalis ; mais la solution se décolore rapidement à l'air.

EUCHROÏTE. s. f. (Pr. *eu-kro-îte*) (gr. εὔχροος, de belle couleur, de εὖ, bien, et χρόα, couleur). T. Minér. Arséniate de cuivre cristallisé, d'un beau vert émeraude foncé.

EUCHROME. adj. (Pr. *eu-kro-me*) (gr. εὖ, bien ; χρῶμα, couleur). T. Didact. Qui a une belle couleur.

EUCHRONE. s. f. T. Chim. Voy. EUCHROÏQUE.

EUCHYLIE. s. f. (Pr. *eu-chi-lie*) (gr. εὖ, bien ; χυλός, suc). T. Phys. Bonne qualité des sucs ou fluides du corps.

EUCINÉSIE. s. f. (gr. εὖ, bien ; κίνησις, mouvement). T. Physiol. État des organes dont le mouvement est régulier.

EUCLASE. s. f. (gr. εὖ, bien ; κλάσις, action de briser). T. Minér. Silicate hydraté de glucinium et d'aluminium, en cristaux clinorhombiques, incolores ou verdâtres, fragiles, présentant un clivage très facile.

EUCLIDE, philosophe grec, disciple de Socrate, fut le fondateur de l'école de Mégare (450-320 av. J.-C.).

EUCLIDE, grand géomètre de l'antiquité, auteur des *Éléments de géométrie,* vivait à Alexandrie (323-283 av. J.-C.).

EUCOLITHE. s. f. T. Minér. Voy. EUDIALYTE.

EUCOLOGE. s. m. (gr. εὐχή, prière; λέγω, je recueille). Livre où se trouvent les offices des dimanches et des principales fêtes de l'année.

EUCOPÉPODES. s. m. pl. (gr. εὖ, bien ; κώπη, rame ;

πούς, ποὸς, pied). T. Zool. Sous-ordre de Crustacés. Voy. EN-TOMOSTRACÉS.

EUCRASIE. s. f. (gr. εὖ, bien; κρᾶσις, mélange). T. Méd. Une bonne santé résultant du juste tempérament des humeurs dans le corps humain. Inus.

EUCRASITE. s. f. (gr. εὖ, bien; κρᾶσις, mixture). T. Minér. Silicate hydraté de thorium, cérium, lanthane, didyme, erbium.

EUDAMIDAS, général spartiate du IVe siècle avant J.-C.

EUDÉMONISME. s. m. (gr. εὖ, bien; δαιμόνιος, divin). T. Philos. Nom donné aux doctrines qui considèrent le bonheur comme la fin de l'homme, mais le bonheur compris rationnellement, et identifié plus ou moins complètement avec la vertu. L'eud. se retrouve dans presque toutes les doctrines philosophiques de l'antiquité et des temps modernes, jusqu'à Kant qui a renouvelé l'analyse des idées de bonheur et de devoir.

EUDES, duc d'Aquitaine, se signala dans les luttes contre les Arabes d'Espagne (665-735).

EUDES, comte de Paris, fils de Robert le Fort, défendit Paris contre les Normands, et fut reconnu roi de France (887-898).

EUDES DE MONTREUIL, habile architecte et sculpteur français (1220-1289).

EUDIALYTE. s. f. (gr. εὐδιάλυτος, facile à diviser, de εὖ, bien, et διαλύω, je divise). T. Minér. Silico-zirconate de chaux, de fer et de manganèse, renfermant du tantale, du lanthane, du chlore et de l'eau. Une variété appelée *Eucolithe* contient du cérium.

EUDIAPNEUSTIE. s. f. (gr. εὖ, bien; διαπνεῖν, transpirer). T. Méd. Transpiration facile.

EUDIOMÈTRE. s. m. (gr. εὐδία, pureté; μέτρον, mesure). T. Phys. et Chim. Ainsi que l'indique son étymologie, le mot *Eudiométrie* signifie proprement méthode propre à reconnaître le degré de pureté de l'air, tandis que celui d'*Eudiomètre* désigne l'instrument usité dans ce genre de recherches. Cependant les *eudiomètres* et les procédés eudiométriques indiquent simplement sa composition gazeuse. En outre, la même méthode et les mêmes instruments pouvant s'appliquer à l'analyse des différents mélanges gazeux qui contiennent de l'oxygène, les mots *Eudiométrie* et *Eudiomètre* ont en conséquence reçu une extension de signification. Ce qui caractérise essentiellement la méthode eudiométrique, c'est qu'elle procède toujours par la combustion de l'oxygène contenu dans le mélange. Or, cette combustion peut être lente ou instantanée : de là deux sortes d'eudiomètres.

Parmi les eudiomètres à combustion lente, le plus simple est l'e. à phosphore, imaginé par Fontana, mais perfectionné depuis. Cet instrument se compose simplement d'un vase qui contient du mercure, d'un tube de verre gradué, et d'une petite balle de phosphore fixée à l'extrémité d'un fil de platine. Après avoir renversé le tube sur le mercure, on y introduit (Fig. 1) un certain volume du mélange des gaz, parmi lesquels se trouve l'oxygène ou gaz comburant. On mesure avec soin le volume des deux gaz, et, cela fait, on introduit dans le mélange la balle de phosphore, ce qui est facile, grâce à la flexibilité du fil de platine auquel elle est attachée. On laisse séjour-

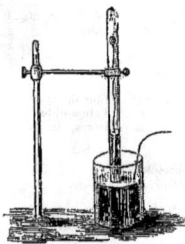

Fig. 1.

ner cette balle dans le mélange gazeux jusqu'à ce que celui-ci ne diminue plus de volume, ce qui indique que le phosphore a absorbé tout l'oxygène. Il faut ordinairement 24 heures environ pour arriver à ce résultat. Alors on mesure de nouveau le volume de gaz qui reste dans l'e., et

l'on calcule, par différence, le volume de l'oxygène disparu. Cet e. est commode et peu dispendieux ; mais malheureusement il ne donne pas des résultats assez rigoureux.

Dans les eudiomètres à combustion instantanée, on détermine généralement la combustion de l'oxygène au moyen de l'étincelle électrique qu'on fait passer à travers le mélange. Nous nous contenterons d'en décrire deux formes. — L'e. à eau ou de *Volta* (Fig. 2) se compose d'un cylindre de verre AB, à parois très épaisses et capables de supporter des pressions considérables : ce cylindre est destiné à renfermer le mélange gazeux. A son extrémité inférieure est adaptée une monture de laiton terminée par un entonnoir renversé E et muni d'un robinet : cet entonnoir sert à introduire les gaz dans le cylindre. Ce dernier présente encore supérieurement une monture de laiton qui est surmontée d'un second entonnoir F où l'on peut mettre de l'eau, et qui est muni d'un second robinet. Ce robinet sert à établir la communication entre le cylindre et le tube de verre gradué CD, qui se visse au fond de l'entonnoir F. En outre, la monture supérieure est percée d'un trou dans lequel on a mastiqué un tube de verre traversé par une tige métallique H, laquelle se trouve ainsi isolée de la monture de métal, et s'en approche à une petite distance dans l'intérieur. Pour manœuvrer l'appareil, on ouvre les deux robinets et l'on plonge entièrement l'e. dans une cuve pleine d'eau jusqu'au-dessus de l'entonnoir F. L'eau remplit l'appareil, et par conséquent chasse l'air qu'il contient. Alors on ferme le robinet supérieur et l'on soulève l'e. On mesure dans le tube gradué CD les volumes de gaz hydrogène et oxygène, par ex., sur lesquels on veut expérimenter, puis on les introduit dans l'e. par l'entonnoir E. Cela fait, on ferme le robinet inférieur, et l'on enflamme le mélange en approchant du bouton H le plateau chargé d'électricité, la communication de

Fig. 2.

la monture métallique A avec le sol ayant lieu au moyen d'une bande de métal qui unit les deux montures. Aussitôt la combinaison des deux gaz a lieu avec détonation. Il ne reste plus qu'à mesurer le résidu, ce qui se fait au moyen du tube gradué CD. Pour cela, on remplit ce tube d'eau, on en bouche l'ouverture avec le doigt, puis on le retourne dans l'entonnoir F, qui préalablement a été aussi rempli d'eau, et on en le visse. On ouvre le robinet supérieur de l'e., et le gaz qui y reste passe à l'instant dans le tube gradué. On dévisse ce dernier, en ayant soin de tenir encore son orifice bien fermé avec le doigt, et on le transporte ainsi sur la cuve à eau dans laquelle on l'enfonce jusqu'à ce qu'il y ait coïncidence exacte des niveaux de l'eau à l'intérieur et à l'extérieur du tube, cette coïncidence exprimant l'égalité de pression du gaz contenu dans l'e. et de l'air atmosphérique. — Mais plusieurs causes d'erreur s'attachent à l'emploi de cet e. Ainsi, l'eau peut dissoudre une plus ou moins grande quantité des gaz qui entrent dans le mélange à analyser. De plus, une partie des gaz dissous dans l'eau s'en dégage sous l'influence du vide opéré par suite de la disparition des gaz qui se combinent sous un moindre volume. — C'est pour obvier à ces inconvénients que Gay-Lussac a imaginé son e. à mercure. — Cet appareil (Fig. 3) consiste simplement en un tube de verre à parois très épaisses, qui est muni d'une garniture de fer à sa partie supérieure, et dans lequel on introduit un fil métallique contourné en spirale et terminé par une boule. Ce fil est destiné à servir de conducteur à l'étincelle électrique. Quand on veut faire usage de cet instrument, on retire la spirale, on remplit le tube de mercure et on le renverse sur la cuve à mercure; puis on y fait entrer le mélange gazeux préalablement mesuré avec soin, on réintroduit la spirale, on ferme l'ouverture inférieure de l'e. au moyen d'un bouchon de verre à vis, pour éviter que le gaz, en se dilatant au moment de l'explosion, ne s'échappe de l'appareil, et l'on fait passer l'étincelle électrique à travers le mélange. Alors on dévisse le bouchon, on laisse rentrer le mercure, et l'on mesure de nouveau avec soin le résidu gazeux en le faisant passer dans un tube gradué. De cette manière, on évite les erreurs dues à l'emploi de l'e. de Volta ;

Fig. 3.

et si, dans les différentes mesures des volumes gazeux, on tient compte de la température du milieu ambiant, de la pression atmosphérique, et de la force élastique de la vapeur d'eau au moment de l'opération, on arrive à une analyse exacte.

L'e. à mercure de Bunsen est encore plus simple et plus commode. Le même tube sert à la fois aux combustions, à la mesure des gaz et aux absorptions par le phosphore ou par d'autres réactifs. Ce tube, tout entier en verre, est gradué et à la forme du tube CD de la Fig. 2; mais ses parois sont épaisses et sont traversées à la partie supérieure par deux fils de platine qui y sont soudés et entre lesquels doit jaillir l'étincelle. On opère sur une cuve à mercure dont le fond est incliné pour faciliter le transvasement des gaz, et dont une paroi latérale est en verre afin de pouvoir viser le niveau du mercure. — Enfin, Regnault a imaginé un e. à mercure très perfectionné et qui permet d'atteindre une précision comparable à celle des analyses en poids. Le gaz, après chaque manipulation, est amené à occuper exactement le même espace, de sorte que les mesures de volume sont remplacées par des mesures de pression. Mais cet appareil est beaucoup plus compliqué que les précédents, et sa description nous entraînerait trop loin.

EUDIOMÉTRIE. s. f. Art d'analyser les gaz à l'aide de l'*eudiomètre*. Voy. ce mot.

EUDIOMÉTRIQUE. adj. 2 g. Qui a rapport à l'eudiométrie. *Expérience eudiométrique.*

EUDISTE. s. m. Membre d'une congrégation de prêtres séculiers, instituée par Eudes, frère de l'historien Mézerai.

EUDNOPHITE. s. f. (gr. εὖ, bien; ὄνϕος, obscurité). T. Minér. Silicate hydraté d'alumine et de soude, en petites masses cristallines, blanches ou grises, translucides.

EUDORE, fils de Mercure et de Polymélé. (Mythol.). — Nom donné à un genre d'insectes coléoptères et à un genre d'océlèphes méduscaires.

EUDOXE de Cnide, astronome grec, inventeur du cadran solaire horizontal (356-409 av. J.-C.).

EUDOXE de Cyzique, navigateur au service des souverains d'Alexandrie; il atteignit l'Inde par la mer Rouge et entreprit le périple de l'Afrique (II° siècle av. J.-C.).

EUDOXIE, femme de l'empereur Arcadius, persécuta saint Jean Chrysostome; m. en 404.

EUDOXIE, femme de Théodose II, empereur d'Orient; m. en 460. — EUDOXIE, fille de la précédente, épouse de Valentinien III, empereur d'Occident, fut forcée d'épouser le sénateur Maxime, assassin de son mari, et pour se venger, appela en Italie Genséric, roi des Vandales (455).

EUEXIE. s. f. (gr. εὐεξία, m. s., de εὖ, bien, et ἕξις, manière d'être). T. Physiol. Bonne conformation du corps.

EUFRAISE. s. f. Voy. EUPHRAISE.

EUGÉNATE. s. m. T. Chim. Voy. EUGÉNOL.

EUGÈNE, rhéteur gaulois, fut proclamé empereur après le meurtre de Valentinien II (392), puis mis à mort par Théodose (394).

EUGÈNE, nom de quatre papes: le 1er, SAINT EUGÈNE, de 654 à 658. Fête le 27 août. — Sous le pontificat du 3e, saint Bernard prêcha la 2e croisade (1146).

EUGÈNE (FRANÇOIS-EUGÈNE DE SAVOIE-CARIGNAN, dit le prince), fils du comte de Soissons et d'Olympe de Mancini, nièce de Mazarin, se signala dans les guerres contre la France en Italie, aux Pays-Bas et en Allemagne, ainsi que dans les guerres contre les Turcs (1663-1736).

EUGÈNE DE BEAUHARNAIS. Voy. BEAUHARNAIS.

EUGÉNÉSITE. s. f. (gr. εὖ, bien; γένεσις, production). T. Minér. Palladium aurifère et argentifère en petites tables hexagonales d'un blanc d'argent.

EUGÉNIA. s. m. (R. *Eugène*, prince de Savoie). T. Bot. Genre de plantes Dicotylédones de la famille des *Myrtacées*. Voy. ce mot.

EUGÉNIE (SAINTE), abbesse, m. en 735. Fête le 15 novembre.

EUGÉNINE. s. f. (R. *Eugène*, n. d'homme) T. Chim. Matière cristalline qui se dépose spontanément dans l'eau distillée de girofle.

EUGÉNIQUE. adj. T. Chim. *Acide é.*, Ancienne dénomination de l'*Eugénol*.

EUGÉNOL. s. m. (R. *Eugénine*). T. Chim. Phénol-éther formant la majeure partie (environ 92 0/0) de l'essence de girofle. On le rencontre aussi dans l'essence de cannelle blanche et dans l'essence de piment de la Jamaïque. Pour l'obtenir à l'état de pureté, on dissout l'essence de girofle dans une solution de potasse caustique; on recueille la partie soluble et on la décompose par l'acide chlorhydrique; le précipité qui se forme alors est l'e.; on le lave et on le rectifie. L'e. est liquide, huileux, incolore, d'une saveur épicée et brûlante; il bout à 247°. Peu soluble dans l'eau, il se dissout facilement dans l'alcool et dans l'éther. A l'air il se résinifie rapidement. — L'e. fonctionne comme phénol et comme éther méthylique;

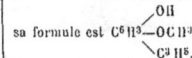

sa formule est $C^6H^3\Big\langle\begin{array}{l}OH\\ OC H^3\\ C^3 H^5.\end{array}$

En tant que phénol, il possède des propriétés acides qui lui ont valu le nom d'*Acide eugénique*: il rougit la teinture de tournesol et s'unit aux alcalis pour former des sels. Ces sels, les *eugénates*, traités par les chlorures alcooliques ou les chlorures d'acides, fournissent les éthers de l'eugénol: le *méthyleugénol* $C^6H^3(OC H^3)^2 C^3H^5$, liquide incolore, bouillant à 244°; l'*éthyleugénol* $C^6H^3 (OC H^3)(OC^2H^5) C^3H^5$, liquide bouillant à 254°; l'*acétyleugénol*, masse cristalline, fusible à 30°, etc. — Oxydé en solution potassique par le permanganate de potassium, l'e. se convertit en vanilline.

EUGÉTIQUE. adj. 2 g. (R. *Eugénol*). T. Chim. L'*acide e.* $C^{11}H^{12}O^4$ se forme quand on fait passer un courant d'anhydride carbonique dans de l'eugénol tenant en dissolution du sodium. Il cristallise en longs prismes incolores, fusibles à 124°, que la chaleur dédouble en anhydride carbonique et eugénol.

EUGLÈNE. s. f. (gr. εὖ, bien; γλήνη, œil). T. Bot. Genre d'Algues (*Euglena*) de la famille des *Palmellacées*. Voy. ce mot.

EUGLÉNÉES. s. f. pl. (R. *Euglène*). T. Bot. Tribu d'Algues de la famille des *Palmellacées*. Voy. ce mot.

EUGRAPHE. s. m. (gr. εὖ, bien; γράφειν, écrire). T. Phys. Sorte de chambre obscure.

EUH! interj. servant à marquer l'étonnement, l'appréhension, l'ennui, l'impatience. — On s'en sert aussi pour se dispenser de répondre d'une manière précise. *Comment va le malade? — Euh! Euh!*

EUHÉMIE. s. f. (gr. εὖ, bien; αἷμα, sang). T. Méd. État normal du sang. — Mot inus. et du reste mal formé; il faudrait *Evhémie*.

EUKAÏRITE. s. f. T. Minér. Voy. EUCHAÏRITE.

EULALIE (SAINTE), vierge martyrisée à l'âge de douze ans, vers 292. Fête le 20 déc. — Le *Cantique d'Eulalie* est le plus ancien poème en langue d'oïl que nous possédions.

EULER, célèbre mathématicien, né à Bâle (1707-1783).

EULOGIE. s. f. (gr. εὐλογία, bénédiction). T. Liturg. — Le nom d'*Eulogie* a d'abord été donné au sacrement de l'eucharistie. Ensuite on s'en est servi pour désigner le *pain bénit*, c.-à-d. le pain non consacré, mais simplement bénit par le prêtre, que l'on distribuait aux fidèles pour remplacer la communion eucharistique. On rapporte communément au II° siècle l'époque de l'institution du pain bénit. Dans les pre-

πούς, ποδός, pied). T. Zool. Sous-ordre de Crustacés. Voy. Entomostracés.

EUCRASIE. s. f. (gr. εὖ, bien; κρᾶσις, mélange). T. Méd. Une bonne santé résultant du juste tempérament des humeurs dans le corps humain. Inus.

EUCRASITE. s. f. (gr. εὖ, bien; κρᾶτις, mixture). T. Minér. Silicate hydraté de thorium, cérium, lanthane, didyme, erbium.

EUDAMIDAS, général spartiate du IVe siècle avant J.-C.

EUDÉMONISME. s. m. (gr. εὖ, bien; δαιμόνιος, divin). T. Philos. Nom donné aux doctrines qui considèrent le bonheur comme la fin de l'homme, mais le bonheur compris rationnellement, et identifié plus ou moins complètement avec la vertu. L'eu. se retrouve dans presque toutes les doctrines philosophiques de l'antiquité et des temps modernes, jusqu'à Kant qui a renouvelé l'analyse des idées de bonheur et de devoir.

EUDES, duc d'Aquitaine, se signala dans les luttes contre les Arabes d'Espagne (665-735).

EUDES, comte de Paris, fils de Robert le Fort, défendit Paris contre les Normands, et fut reconnu roi de France (887-898).

EUDES DE MONTREUIL, habile architecte et sculpteur français (1220-1289).

EUDIALYTE. s. f. (gr. εὐδιάλυτος, facile à diviser, de εὖ, bien, et διαλύω, je divise). T. Minér. Silico-zirconate de chaux, de fer et de manganèse, renfermant du tantale, du lanthane, du chlore et de l'eau. Une variété appelée *Eucolithe* contient du cérium.

EUDIAPNEUSTIE. s. f. (gr. εὖ, bien; διαπνεῖν, transpirer). T. Méd. Transpiration facile.

EUDIOMÈTRE. s. m. (gr. εὐδία, pureté; μέτρον, mesure). T. Phys. et Chim. Ainsi que l'indique son étymologie, le mot *Eudiométrie* signifie proprement méthode propre à reconnaître le degré de pureté de l'air, tandis que celui d'*Eudiomètre* désigne l'instrument usité dans ce genre de recherches. Cependant les *eudiomètres* et les procédés eudiométriques indiquent simplement sa composition gazeuse. En outre, la même méthode et les mêmes instruments pouvant s'appliquer à l'analyse des différents mélanges gazeux qui contiennent de l'oxygène, les mots *Eudiométrie* et *Eudiomètre* ont en conséquence reçu une extension de signification. Ce qui caractérise essentiellement la méthode eudiométrique, c'est qu'elle procède toujours par la combustion de l'oxygène contenu dans le mélange. Or, cette combustion peut être lente ou instantanée : de là deux sortes d'eudiomètres.

Parmi les eudiomètres à combustion lente, le plus simple est l'e. *à phosphore*, imaginé par Fontana, mais perfectionné depuis. Cet instrument se compose simplement d'un vase qui contient du mercure, d'un tube de verre gradué, et d'une petite balle de phosphore fixée à l'extrémité d'un fil de platine. Après avoir renversé le tube sur le mercure, on y introduit (Fig. 1) un certain volume du mélange des gaz, parmi lesquels se trouve l'oxygène ou gaz comburant. On mesure avec soin le volume des deux gaz, et, cela fait, on introduit dans le mélange la balle de phosphore, ce qui est facile, grâce à la flexibilité du fil de platine auquel elle est attachée. On laisse séjourner cette balle dans le mélange gazeux jusqu'à ce que celui-ci ne diminue plus de volume, ce qui indique que le phosphore a absorbé tout l'oxygène. Il faut ordinairement 24 heures environ pour arriver à ce résultat. Alors on mesure de nouveau le volume de gaz qui reste dans l'e., et

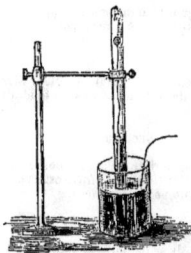

Fig. 1.

l'on calcule, par différence, le volume de l'oxygène disparu. Cet e. est commode et peu dispendieux; mais malheureusement il ne donne pas des résultats assez rigoureux.

Dans les eudiomètres à combustion instantanée, on détermine généralement la combustion de l'oxygène au moyen de l'étincelle électrique qu'on fait passer à travers le mélange. Nous nous contenterons d'en décrire deux formes. — L'e. *à eau* ou *de Volta* (Fig. 2) se compose d'un cylindre de verre AB, à parois très épaisses et capables de supporter des pressions considérables : ce cylindre est destiné à renfermer le mélange gazeux. A son extrémité inférieure est adaptée une monture de laiton terminée par un entonnoir renversé E et munie d'un robinet : cet entonnoir sert à introduire les gaz dans le cylindre. Ce dernier présente encore supérieurement une monture de laiton qui est surmontée d'un second entonnoir F où l'on peut mettre de l'eau, et qui est munie d'un second robinet. Ce robinet sert à établir la communication entre le cylindre et le tube de verre gradué CD, qui se visse au fond de l'entonnoir F. En outre, la monture supérieure est percée d'un trou dans lequel on mastique un tube de verre traversé par une tige métallique H, laquelle se trouve ainsi isolée de la monture de métal, et s'en approche à une petite distance dans l'intérieur. Pour manœuvrer l'appareil, on ouvre les deux robinets et l'on plonge entièrement l'e. dans une cuve pleine d'eau jusqu'au-dessus de l'entonnoir F. L'eau remplit l'appareil, et par conséquent chasse l'air qu'il contient. Alors on ferme le robinet supérieur et l'on soulève l'e. On mesure dans le tube gradué CD les volumes de gaz hydrogène et oxygène, par ex., sur lesquels on veut expérimenter, puis on les introduit dans l'e. par l'entonnoir E. Cela fait, on ferme le robinet inférieur, et l'on enflamme le mélange en approchant du bouton H le plateau chargé d'un électrophore, la communication de la monture métallique A avec le sol ayant lieu au moyen d'une bande de métal qui unit les deux montures. Aussitôt la combinaison des deux gaz a lieu avec détonation. Il ne reste plus alors qu'à mesurer le résidu, ce qui se fait au moyen du tube gradué CD. Pour cela, on remplit ce tube d'eau, on bouche l'ouverture avec le doigt, puis on le retourne dans l'entonnoir F, qui préalablement a été aussi rempli d'eau, et on le visse. On ouvre le robinet supérieur de l'e., et le gaz qui y reste passe à l'instant dans le tube gradué. On dévisse ce dernier, en ayant soin de tenir encore son orifice bien fermé avec le doigt, et on le transporte ainsi sur la cuve à eau dans laquelle on l'enfonce jusqu'à ce qu'il y ait coïncidence exacte des niveaux de l'eau à l'intérieur et à l'extérieur du tube, cette coïncidence exprimant l'égalité de pression du gaz contenu dans l'e. et de l'air atmosphérique. — Mais plusieurs causes d'erreur s'attachent à l'emploi de cet e. Ainsi, l'eau peut dissoudre une plus ou moins grande quantité des gaz qui entrent dans le mélange à analyser. De plus, une partie des gaz dissous dans l'eau qui sert à l'expérience s'en dégage sous l'influence du vide opéré par suite de la disparition des gaz qui se combinent sous un moindre volume. — C'est pour obvier à ces inconvénients que Gay-Lussac a imaginé son e. *à mercure*. Cet appareil (Fig. 3) consiste simplement en un tube de verre à parois très épaisses, qui est muni d'une garniture de laiton à sa partie supérieure, et dans lequel on introduit un fil métallique contourné en spirale et terminé par une boule. Ce fil est destiné à servir de conducteur à l'étincelle électrique. Quand on veut faire usage de cet instrument, on retire la spirale, on remplit le tube de mercure et on le renverse sur la cuve à mercure; puis on y fait entrer le mélange gazeux préalablement mesuré avec soin, on réintroduit la spirale, on ferme l'ouverture inférieure de l'e. au moyen d'un bouchon de verre à vis, pour éviter que le gaz, en se dilatant au moment de l'explosion, ne s'échappe de l'appareil, et l'on fait passer l'étincelle électrique à travers le mélange. Alors on dévisse le bouchon, on laisse rentrer le mercure, et l'on mesure de nouveau avec soin le résidu gazeux en le faisant passer dans un tube gradué. De cette manière, on évite les erreurs dues à l'emploi de l'e. de Volta;

Fig. 2.

Fig. 3.

miers temps de l'Église, ceux qui assistaient au saint sacrifice y prenaient une part directe en communiant réellement avec le prêtre. Mais le zèle des fidèles s'étant attiédi, il fut réglé qu'afin de conserver l'uniformité du cérémonial, on distribuerait aux assistants qui n'auraient pu communier un morceau de pain offert par l'un d'eux et bénit par le célébrant. L'usage de ces distributions s'est maintenu dans tous les pays catholiques ; néanmoins il a disparu de plusieurs de nos diocèses.

EULOPE. s. f. Genre d'Insectes Hémiptères. Voy. CICADAIRES.

EULOPHE. s. m. (gr. εὖ, bien ; λόφος, aigrette). T. Ent. Genre d'Insectes Hyménoptères de la famille des *Chalcidides*. Voy. PERVOIES. ‖ T. Ornith. Espèce d'oiseaux voisins des *Faisans*. Voy. ce mot.

EULOPHIE. s. f. (gr. εὖ, bien ; λοφιά, crinière). T. Bot. Genre de plantes Monocotylédones (*Eulophia*) de la famille des *Orchidées*. Voy. ce mot.

EULYSINE. s. f. (gr. εὖ, bien ; λύσις, dissolution). T. Chim. Substance très soluble dans l'alcool, fusible à 150°, contenue dans l'extrait alcoolique du liège.

EULYTE. s. f. T. Chim. (gr. εὖ, bien ; λυτός, soluble). Substance soluble formant de grands cristaux fusibles à 99°5, obtenue en même temps que la dyslyte par l'action de l'acide nitrique concentré sur l'acide citraconique.

EULYTINE. s. f. (gr. εὔλυτος, facile à fondre, de εὖ, bien, et λύω, je dissous). T. Minér. Silicate de bismuth en petits cristaux d'apparence tétraédrique, jaunes ou brun rougeâtre, faisant gelée avec l'acide chlorhydrique.

EUMÉE, serviteur fidèle et gardien des troupeaux d'Ulysse ; aida son maître à se défaire des poursuivants de Pénélope. (*Odyssée*).

EUMÈNE. s. m. (gr. εὐμενής, doux). T. Ent. Genre d'Insectes Hyménoptères. Voy. PORTE-AIGUILLON.

EUMÈNE, rhéteur latin, né à Autun (250-311).

EUMÈNE, lieutenant d'Alexandre le Grand, resta fidèle à la famille de son maître, fut livré à Antigone et mis à mort (315 av. J.-C.).

EUMÈNE, nom de trois rois de Pergame, alliés des Romains en Asie.

EUMÉNIDES. s. f. pl. (gr. εὐμενής, doux de caractère). T. Mythol. Voy. FURIE. ‖ T. Zool. Famille d'insectes Lépidoptères. Voy. DIURNES.

EUMÉNIE. s. f. (gr. εὐμένεια, douceur). Nom que l'on a donné à un genre d'*Annélides* et à un genre de *Papillons* diurnes.

EUMOLPE. s. m. (gr. εὔμολπος, harmonieux). T. Ent. Genre de Coléoptères qui a donné son nom à la famille des *Eumolpides*. Voy. ce mot.

EUMOLPHUS, rhapsode de Thrace, fils de Neptune, fondateur des mystères d'Éleusis ; ses descendants, les Eumolphides, furent toujours prêtres de Cérès à Éleusis (Myt.).

EUMOLPIDES. s. m. p'. (R. *Eumolpe*). Famille de Coléoptères Cryptopentamères caractérisée par les antennes filiformes, écartées à la base, non pectinées, et par le 3° article des tarses nettement bilobé, ce qui les distingue des Chrysomélides avec lesquelles elles ont beaucoup de rapports communs. Tous ces insectes sont en général parés de couleurs métalliques brillantes ; leur nombre est si considérable qu'on a été obligé de les répartir dans près de deux cents genres distincts. L'*Eumolpe de la vigne* (*Adoxus* ou *Bromius vitis*, Fig. ci-après très grossie) est la seule espèce qui peut nous intéresser à cause des dégâts qu'elle occasionne ; c'est un petit insecte long de 5 millim., de couleur noire, pubescent, avec les élytres, la base des antennes et les jambes d'un brun rougeâtre ; il est souvent très commun dans nos vignobles, où il cause de grands ravages. On le voit apparaître au

printemps et ronger les feuilles de la vigne en découpant de petites lanières plus ou moins irrégulières que les paysans comparent à des caractères d'écriture, d'où le nom d'*Écrivain* qu'ils lui donnent ; on l'appelle encore quelquefois : *Coupe-bourgeon*, *Gribouri*, *Lisette*, etc. Le genre *Eumolpus* renferme encore de grandes espèces à couleurs vives qui sont utilisées dans les régions équatoriales de l'Amérique pour la parure des femmes. Dans le genre *Colaspidema*, qui fait la transition entre les *E.* et les Chrysomélides, nous citerons le *Colaspidème noir* (*C. Atrum* ou *Colaspis barbara*) qui, à l'état de larve, comme à celui d'insecte parfait, dévaste les champs de luzerne en Espagne et dans le midi de la France ; on le désigne vulgairement sous les noms de *Négril*, *Canille*, *Eumolpe* et sa larve sous ceux de *Bubote*, *Cucs*.

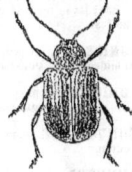

EUNECTE. s. m. (gr. εὖ, bien ; νηκτός, nageur). T. Erpét.

Genre de serpents Péropodes, de la famille des Boas, caractérisé par ce que les narines peuvent se fermer hermétiquement. La seule espèce connue est l'*Eunecte murin* ou *Anaconda*, qui vit habituellement dans les eaux douces du nord du Brésil et des Guyanes (Fig. ci-dessus). Anaconda étouffant un Puca).C'est un des plus longs serpents, puisque sa taille peut aller, paraît-il, jusqu'à 10 mèt. de long ; sa couleur est d'un vert noirâtre sur le dos avec des taches ovalaires et des raies noires disposées régulièrement. Il se nourrit de petits mammifères, Agoutis, Pacus, etc.; on cite même des cas où il s'est attaqué à des enfants. Les indigènes le chassent pour sa chair dont ils se nourrissent ou pour sa peau qui sert à faire des bottes.

EUNICE. s. f. (gr. εὖ, bien; νίκη, victoire). T. Zool. Genre d'annélides. Voy. Dorsibranches.

EUNICIDES. s. m. pl. (R. *Eunice*). T. Zool. Famille d'Annélides. Voy. Dorsibranches.

EUNUCHISME. s. m. [Pr. *eu-nu-kisme*]. État de celui qui est eunuque.

EUNUQUE. s. m. (lat. *eunuchus*; du gr. εὐνή, lit, et ἔχω, je garde). Se dit d'un homme à qui l'on a retranché, par l'ablation des testicules, et même parfois de la verge, les organes nécessaires à la génération; préposé, en Orient, à la garde des femmes. ‖ Par anal., Homme-rendu impuissant.

EUNUS. esclave syrien, fut le chef de la première guerre servile (133 av. J.-C.).

EUOSMITE. s. f. (gr. εὖ, bien; ὀσμή, odeur). T. Chim. Résine d'un jaune brun, fusible à 77°, soluble dans l'alcool et dans l'éther, et possédant une agréable odeur camphrée.

EUPATHIE. s. f. (gr. εὖ, bien; πάθος, souffrance). T. Didact. Douceur, soumission dans les souffrances, facilité à souffrir.

EUPATOIRE. s. f. (gr. Εὐπατόριον, du roi *Eupator*). T. Bot. Genre de plantes Dicotylédones (*Eupatorium*) de la famille des *Composées*, tribu des *Tubuliflores*. Voy. Composées.

EUPATORIA. v. et port de Crimée; 9,000 h. Les Français y débarquèrent en 1854.

EUPEPSIE. s. f. (gr. εὖ, bien; πέψις, digestion). T. Méd. Bonne digestion.

EUPEPTIQUE. s. m. On donne ce nom aux médicaments qui ont pour effet principal de faciliter la digestion.

EUPÉTALE. s. f. (gr. εὖ, bien; πέταλον, feuille). T. Minér. Pierre précieuse, l'opale. ‖ T. Bot. Laurier nain à grandes feuilles.

EUPHÉMIQUE. adj. 2 g. Qui appartient à l'euphémisme. *Tour, expression e.*

EUPHÉMIQUEMENT. adv. Par euphémisme; d'une manière euphémique.

EUPHÉMISME. s. m. (gr. εὖ, bien; φημί, je parle). T. Gram. Figure de rhétorique qui consiste, comme l'antiphrase, à exprimer une idée fâcheuse, désagréable, sous un mot moins brutal, sous une expression adoucie. Un ouvrier qui a fait la besogne pour laquelle on l'a fait venir, et qui n'attend plus que son payement pour se retirer, au lieu de dire: Payez-moi, dit par euphémisme: N'avez-vous plus rien à m'ordonner? On vieux proverbe normand dit: « Nous étions tout je ne sais quoi, tout Évêque d'Avranches. » On a prétendu qu'un évêque d'Avranches s'était appelé M. de *Malfootu*, or, suivant la chronique, le Normand, peu respectueux, avait modifié, à la façon anglaise, la prononciation de ce nom et en usait à tout propos. Mais les ouailles de M. de Malfootu étaient tenues à plus d'égards; et, quand elles se sentaient mal en train, indisposées, peu contentes de leur sort, elles croyaient faire preuve d'euphémisme en disant: « Je suis tout Évêque d'Avranches. » Cette origine, comme presque toutes les origines anecdotiques, est fausse. Vérification faite dans le *Dictionnaire historique* de Lalanne, nul évêque d'Avranches n'a parlé ce nom ridicule. Il ne doit donc plus être question d'une telle explication. Il paraît qu'on aurait inventé cette expression pour le docte Huet, évêque d'Avranches, à qui la préoccupation de ses études donnait un air étrange et ahuri, explication que Sainte-Beuve a mise hors de doute.

EUPHENO. s. m. T. Entom. Genre d'Insectes Lépidoptères. Voy. Diurnes.

EUPHOBÉRIDES. s. m. pl. (gr. εὖ, bien; φοβερός, effrayant). T. Paléont. Famille de *Myriapodes* fossiles appartenant au groupe des *Archipolypodes*. (Voy. ce mot.) Les E. étaient de gigantesques Myriapodes qui avaient jusqu'à 30 centimètres et plus de long. Leur corps était protégé par de larges plaques chitineuses plus ou moins soudées entre elles; sur ces plaques s'élevaient des épines ou des tubercules qui donnaient un aspect tout particulier à ces animaux. Leurs pattes étaient

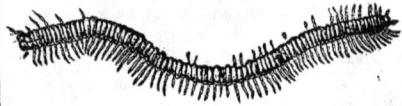

très développées et la présence de trachées associées à des branchies foliacées semble indiquer que les E. devaient passer la plus grande partie de leur existence sous l'eau. On trouve leurs restes en effet au milieu des racines de Lépidodendron et de Calamites, dans des terrains d'origine marécageuse appartenant à l'époque carbonifère.

Les espèces du genre *Acantherpes* ont le corps couvert de longues épines, portées par des pièces basales également épineuses; le genre *Euphoberia* avait les épines moins nombreuses et plus courtes; le genre *Eileticus* ne possédait que des tubercules. La Fig. ci-dessus représente l'*Euphoberia Brownii*, que l'on rencontre dans le terrain houiller de Glasgow; elle est aux trois quarts de sa grandeur naturelle.

EUPHONE. s. m. (gr. εὖ, bien; φωνή, voix). T. Ornith. Oiseaux de l'Amérique tropicale renommés pour la beauté de leur chant. Voy. Tangara. ‖ Instrument de musique, inventé en 1790 par Chladni, consistant en une caisse carrée contenant 42 petits cylindres de verre qu'on frotte avec les doigts mouillés, et dont la vibration se communique à des tiges métalliques situées à l'intérieur.

EUPHONIE. s. f. (gr. εὖ, bien; φωνή, son). T. Gram. Ainsi que l'indique son étymologie, le mot E. se dit de l'heureux choix des sons, de la succession harmonieuse des voyelles et des consonnes. Ainsi, dans notre langue, c'est par e., c.-à-d. pour éviter les hiatus, qu'on intercale certaines lettres entre les mots. Ces lettres *euphoniques* sont au nombre de trois, S, T et L. La lettre S s'emploie avec la seconde personne du singulier de l'impératif des verbes, lorsque cette seconde personne se termine par e muel, et se trouve suivie de l'un des pronoms en ou y. En conséquence, on écrit et l'on prononce : *Apportes-y tous tes soins*; *Donnes-en à ton camarade*. On ajoute T à la troisième personne du singulier d'un verbe quelconque, lorsqu'elle se termine par une voyelle et qu'elle est suivie de l'un des pronoms il, elle ou on. Dans ce cas, la consonne euphonique se place entre deux traits d'union : *M'aime-t-il*; *Dira-t-elle*: *Nous rendra-t-on justice*. Quant à la consonne L, elle se met devant le pronom on, lorsque ce pronom se trouve précédé des mots et, si, on, qui, et quelquefois que. En outre, cette lettre est toujours séparée de on par une apostrophe : *Et l'on dit*; *Si l'on veut*; *Où l'on va*; *Ceux à qui l'on doit*; *Ce que l'on demande*. C'est encore par e. que l'on dit *Aimé-je* au lieu de *Aime-je?* Nous avons donc ici un véritable accent euphonique. — Ce n'est point par e. qu'on dit et qu'on écrit. *Mon âme, Mon épée, Mon héroïne*, au lieu de *Ma âme, Ma épée, Ma héroïne*. Cette manière de parler est un véritable solécisme qui s'est introduit vers le XVe ou XVIe siècle. Auparavant, on disait *M'âme, M'épée*, e., comme on dit *L'âme, L'épée*.

EUPHONIQUE. adj. 2 g. Qui produit l'euphonie.

EUPHONIQUEMENT. adv. D'une manière euphonique.

EUPHORBE, héros troyen tué par Ménélas (*Iliade*). On raconte que Pythagore qui, comme on sait, professait la métempsycose, prétendait se souvenir d'avoir été Euphorbe au siège de Troie.

EUPHORBE. s. f. (gr. εὔφορβος, bien nourri; de εὖ, bien, et φορβή, pâturage). T. Bot. Genre de plantes Dicotylédones (*Euphorbia*) de la famille des *Euphorbiacées*. Voy. ce mot.

EUPHORBIACÉES. s. f. pl. (R. *Euphorbe*). T. Bot. Famille de végétaux Dicotylédones de l'ordre des Dialypétales supérovariées méristémones à carpelles clos.

Caract. bot. : Herbes annuelles ou vivaces, arbustes ou arbres, rarement aquatiques (*Callitriche*), souvent renfermant un latex blanc. Feuilles alternes, rarement opposées (*Épurge*), simples et souvent stipulées, parfois rudimentaires sur une tige charnue et verte d'aspect cactiforme (*Euphorbia splendens*, *resinifera*, etc.), ou concrescentes entre elles et avec le rameau qui les porte, d'où résultent des cladodes aplatis (certains *Phyllanthus*). Fleurs unisexuées, monoïques ou dioïques, axillaires ou terminales diversement arrangées. Dans certains genres, on trouve une cyme terminée par une fleur femelle, autour de laquelle se développent un certain nombre de fleurs mâles constituées chacune par une seule étamine, le

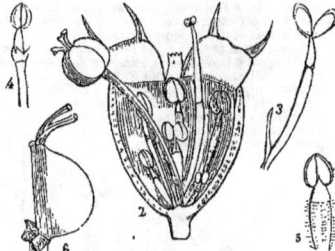

Fig. 1.

tout enveloppé par un involucre de manière à simuler une fleur hermaphrodite (*Euphorbia*). Calice formé le plus souvent de 5 (*Ricinus*), 3 (*Mercurialis*), 4 (*Acalypha*) ou 2 (*Omphalia*) sépales, libres ou soudés ; il peut être nul (*Euphorbia, Callitriche*). Corolle formée de 5, 3 ou 2 pétales, libres ou concrescents, parfois nulle (*Ricinus, Siphonia, Euphorbia*, etc.). Androcée formé quelquefois de 2 verticilles alternes d'étamines, isomères avec le calice, libres ou concrescents, parfois formé d'un seul verticille d'étamines ; souvent il se réduit à 1 seule étamine (*Callitriche, Euphorbia*, etc.) Dans bien des genres, les étamines subissent une ramification qui substitue à chacune d'elles un plus ou moins grand nombre d'étamines particlles (*Ricinus, Mercurialis*, etc.). Pistil formé le plus souvent de 3 carpelles, rarement 5,2 (*Mercurialis, Callitriche*) ou 1 seul, parfois 6-9 (*Hippomane*) ou 10-20 (*Hura*) ; ovaire à autant de loges que de carpelles, uniovulées, rarement biovulées (*Phyllanthus*) ; ovules anatropes, pendants, à raphé interne. Fruit capsulaire, à déhiscence à la fois loculicide, septicide et septifrage, s'ouvrant avec élasticité, parfois avec fracas, en laissant subsister une colonne centrale où s'attachent les graines ; rarement une drupe, une baie ou un tétrakène (*Callitriche*).

Graine souvent munie d'une caroncule ; embryon à cotylédons foliacés avec un albumen charnu abondant.

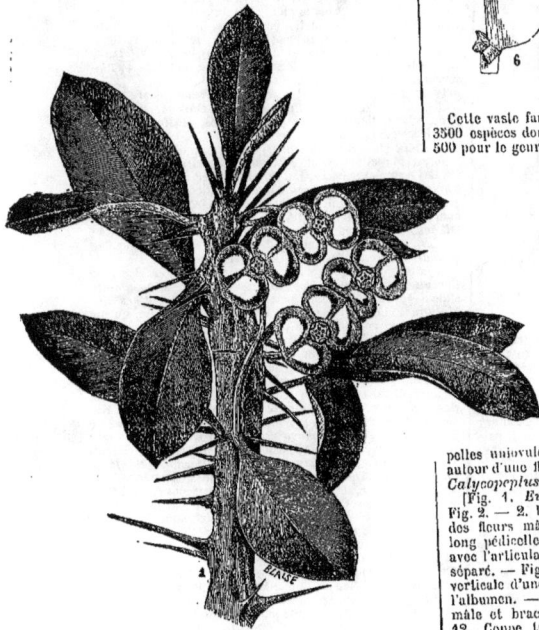

Fig. 2.

Cette vaste famille renferme près de 200 genres et environ 3500 espèces dont 700 seulement pour le genre *Euphorbia*, 500 pour le genre *Croton*. Elles abondent principalement dans l'Amérique équinoxiale, où l'on a rencontré environ les trois huitièmes de leur nombre total. Dans l'ancien monde, les espèces tropicales sont dans une proportion beaucoup plus faible. On n'en a pas trouvé plus d'un huitième en Afrique, y compris les îles qui en dépendent, et les Indes en possèdent environ un sixième. La plupart des espèces connues habitent le Cap, où elles revêtent souvent, ainsi que dans le nord de l'Afrique, une structure charnue. L'Europe en possède environ 120 espèces, y compris celles du bassin de la Méditerranée. On en compte 16 espèces seulement en Angleterre, et 7 en Suède. On en connaît 12 espèces fossiles provenant du terrain tertiaire.

Les genres peuvent être groupés en 4 tribus.

TRIBU I. — *Euphorbiées.* — Carpelles uniovulés ; fleurs mâles monandres groupées en cymes autour d'une fleur femelle centrale (*Euphorbia, Pedilanthus, Calycopeplus*, etc.).

[Fig. 1. *Euphorbia splendens*, Rameau avec fleurs. — Fig. 2. — 2. Involucre de l'*Euphorbia palustris*, contenant des fleurs mâles monandres, entourant une fleur femelle à long pédicelle ; 3, 4, 5, Fleurs mâles de différentes espèces, avec l'articulation qui sépare le filet du pédicelle ; 6. Carpelle séparé. — Fig. 3. — 7. Coupe verticale d'un ovaire ; 8. Coupe verticale d'une graine mûre, montrant l'embryon au milieu de l'albumen. — 9. Involucre d'*Euphorbia Lathyris* ; 10. Fleur mâle et bractée ; 11. Coupe perpendiculaire de sa graine ; 12. Coupe transversale de l'ovaire de l'*Andrachne telephioides*].

Le genre Euphorbe est le plus important de cette tribu ; le latex, parfois très actif, que renferment les nombreuses espèces du genre, leur donne des propriétés dont on a parfois tiré parti en médecine. L'*Euphorbe résinifère* (*Euphorbia resinifera*), appelée aussi *Cierge amer* et *Cierge laiteux*, est une espèce à tige charnue, quadrangulaire, et armée sur ses arêtes d'épines doubles portées de distance en distance sur des sortes de bourrelets. Par incision, on obtient une gomme-résine qui était déjà connue des anciens. Dioscoride dit qu'on la récolte sur le mont Atlas et signale son âcreté. La gomme-résine d'Euphorbe, aussi appelée *Euphorbium*, se présente sous forme de larmes ou de masses arrondies ou rameuses de la grosseur d'un pois ayant l'aspect de la cire jaune, friables, fragiles, d'ordinaire traversées par un ou deux canaux divergents, indiquant la place occupée par les épines, autour desquelles s'est concrété le suc. Son odeur est à peu près nulle, mais sa saveur est âcre et corrosive ; et, lorsque les personnes chargées de la pulvériser ne se garantissent pas de sa poussière, elle produit chez elles une vive inflammation de la muqueuse nasale. L'*Euphorbium* est un poison très énergique : chez nous, il est fort rarement employé à l'intérieur, mais il entre dans plusieurs préparations épispastiques vétérinaires. Dans l'Inde, on le mélange avec l'huile de sésame, et on l'emploie, à l'extérieur, dans les cas d'affections rhumatismales, et à l'intérieur, dans ceux de constipation opiniâtre. Les Arabes font des pilules violemment diurétiques en triturant de la farine avec le suc de l'E. resinifera; leurs chameaux mangent néanmoins les rameaux de cette plante quand on les a fait cuire. Le suc des Eup. heptagona, virosa et cereiformis, espèces africaines, fournit à certaines tribus africaines, et celui de l'E. cotinifolia aux sauvages du Brésil, un poison mortel pour leurs flèches. Les médecins hindous prescrivent le suc des feuilles de l'E. nereifolia, à l'intérieur, comme purgatif et désobstruant, et à l'extérieur,

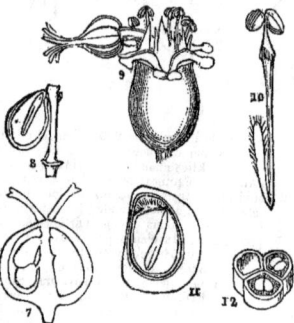

Fig. 3.

mélangé avec l'huile de Margosa, dans les cas de contracture des membres consécutive à des affections rhumatismales négligées. Ces feuilles ont certainement une propriété diurétique. Aux Canaries, l'Eup. tribuloides, l'une des plus petites Euphorbes cactiformes, passe aussi pour diurétique. Parmi les Euphorbes feuillées, un grand nombre ont un suc lactescent doué de propriétés émétiques ou purgatives. On peut citer : l'Eup. Esula, vulgairement Ésule; l'Eup. Cyparissias, vulgair. Tithymale; l'Eup. amygdaloides, dont les racines forment la base de nombreux remèdes empiriques contre la fièvre; l'Eup. helioscopia, vulgair. Réveille-matin; l'Eup. peplus ou Ésule ronde; les Euphorbia peplis, peploides, Apios, Chamæsyce, palustris, pilosa, spinosa, dendroides et aleppica, comme jouissant toutes plus ou moins de propriétés purgatives. En Amérique, on emploie aux mêmes usages l'Eup. buxifolia, dans les Antilles; l'Eup. laurifolia, au Pérou; l'Eup. portulacoides, au Chili; et l'Eup. papillosa, au Brésil; cette dernière est capable de produire de dangereuses superpurgations. Dans l'Inde, on emploie dans le même but l'Eup. Tirucalli; son suc frais est en outre fort usité comme vésicant.

Les Eup. parviflora et hirta de l'Inde, l'Eup. linearis d'Amérique et l'Eup. canescens d'Espagne sont employés contre la cachexie syphilitique.

La racine de l'Eup. Gerardiana pulvérisée provoque le vomissement, à la dose de 75 centigr. à 1 gramme; celle de l'Eup. Ipécacuanha, est employée en Amérique comme succédané de l'Ipéca. Dans la région méditerranéenne, l'Eup. Pithyusa est aussi très estimée comme émétique. L'Eup. thymifolia est un peu aromatique et astringente; dans l'Inde, on la prescrit contre la diarrhée des enfants et comme vermifuge. L'Eup. hypericifolia, plante de l'Amérique tropicale, est prescrite contre la dysenterie. Aux États-Unis, la racine de l'Eup. corollata est aussi employée comme émétique. L'Eup. balsamifera ne possède pas les mêmes propriétés, et se mange après qu'elle a été cuite. L'Eup. mauritanica est employée comme condiment, quoique ville soit assez âcre : on dit qu'elle sert à falsifier la Scammonée. Le bois de l'Eup. phosphorea, qu'on trouve dans les antiques forêts du Brésil, répand, dit-on, des lueurs phosphorescentes, pendant les chaudes nuits des tropiques. L'Eup. pilulifera, plante annuelle des régions tropicales du globe, surtout l'Amérique, l'Afrique occidentale et l'Inde, a été vantée depuis quelques années dans le traitement de l'asthme, soit spasmodique, soit compliqué de bronchite chronique.

L'Eup. Lathyris, vulgair. Épurge, est au nombre des plantes que Charlemagne, dans ses Capitulaires, ordonne de cultiver dans les jardins des monastères, à cause de ses graines purgatives, qui étaient appelées semences de petite Catapuce (semina Cataputiæ minoris). L'huile d'Épurge purge à la dose de 10 à 20 gouttes, mais elle provoque surtout le vomissement. A l'extérieur, elle est révulsive. L'Eup. hibernica est généralement employée par les paysans du comté de Kerry, en Irlande, pour empoisonner ou plutôt pour stupéfier le poisson, de la même manière que l'Eup. piscatoria de l'Amérique du Sud. A cet effet, on broie la plante, et sa puissance toxique est telle, qu'il suffit d'en remplir un petit panier d'osier, pour empoisonner tout le poisson à plusieurs kilomètres en aval de la rivière où on le place.

Le genre Pedilanthus, le plus voisin du genre Euphorbe, ne jouit pas de propriétés moins énergiques. Le Ped. tithymaloides a un suc laiteux amer et âcre. La décoction des tiges sèches de cet arbrisseau et de celles du Ped. padifolius, est employée dans les cas de syphilis, ainsi que dans l'aménorrhée. En outre, sa racine est émétique.

TRIBU II. — Crotonées. — Carpelles uniovulés; fleurs mâles et femelles séparées (Ricinus, Jatropha, Curcas, Manihot, Crozophora, Hevea, Croton, Mercurialis, Mallotus, Cluytea, Excæcaria, etc.).

Le Ricin (Ricinus communis), plante annuelle en Europe, arborescente et vivace en Afrique, et remarquable par ses feuilles larges et palmées, qui lui ont valu le nom de Palma-Christi, ainsi que par ses capsules épineuses, fournit des graines dont on extrait une huile purgative, connue sous le nom d'huile de Ricin et d'huile de Palma-Christi (Castor Oil des Anglais). Leur usage remonte à la plus haute antiquité; on les désignait anciennement sous le nom graines de grande Catapuce (semina Cataputiæ majoris).

A la tête des Euphorbiacées purgatives, on doit placer le Croton Tiglium, arbre des Indes orientales, dont les graines étaient appelées autrefois graines de Tilly et graines des Moluques. Leur huile est tellement âcre et irritante, qu'elle détermine la production de phlyctènes sur la peau lorsqu'on l'emploie en frictions à l'extérieur, et amène même des évacuations alvines, quand on l'applique sur la peau de l'abdomen. Une seule goutte d'huile de Cr. Tiglium prise à l'intérieur provoque une purgation énergique. Son bois âcre et purgatif est connu sous le nom de Bois purgatif, Bois des Moluques. La décoction du Croton perdicipes, que l'on connaît dans les diverses provinces du Brésil sous les noms de Pe de Perdis, Alcamphora et Cocallera, est très estimée comme anti-syphilitique et passe pour un diurétique excellent. La racine du Cr. campestris, appelé vulgairement l'elame do campo, est purgative, et s'emploie dans les mêmes cas. Cependant on rencontre plus fréquemment des sucs balsamiques dans les Crotons américains. C'est, par ex., avec le Cr. balsamifer qu'on prépare à la Martinique la liqueur appelée Eau de menthe. Le Cr. thurifer et le Cr. adipatus qui croissent sur les bords de l'Amazone, fournissent une espèce d'encens. Aux Antilles, les qualités aromatiques du Cr. humilis font qu'on s'en sert pour préparer des bains médicinaux. Au Cap de Bonne-Espérance, les Koras emploient le Cr. gratissimus en guise de parfum; le baume du Cr. origanifolius est mentionné parmi les succédanés du copahu; ses feuilles et son écorce sont en outre regardées comme diaphorétiques. Enfin, le Cr. niveus est réputé vulnéraire. Cette espèce fournit l'Écorce de Copalchi, appelée aussi Cascarille de la Trinité ou de Cuba. Le Cr. Eleutheria, arbre des îles Bahama, donne l'écorce de Cascarille, ou écorce éleuthérienne, qui est usitée comme amère, tonique, stimulante et fébrifuge. Les Cr. Cascarilla, linearis, micans, suberosus, etc., donnent les fausses Cascarilles. Le Cr. Malambo, arbuste du Vénézuéla et de la Nouvelle-Grenade, donne l'écorce de Malambo usitée en Colombie comme amère et aromatique; et dans l'Amérique équatoriale, le suc de certains Crotons, tels que le Cr. Draco et le Cr. sanguifer, donnent une laque rouge.

Les graines du Médicinier cathartique (Jatropha Curcas, Curcas purgans) connues sous le nom de grand pignon d'Inde se font remarquer par leur extrême âcreté. On en obtient une huile fortement drastique à la dose de 10 à 15 gouttes; elle a été recommandée dans la gale et dans les affections dartreuses; on l'emploie aussi, un peu étendue, dans les rhumatismes chroniques. Les Chinois préparent un vernis excellent avec cette huile, en la faisant bouillir avec de l'oxyde de fer. En outre, ses feuilles sont regardées comme rubéfiantes et résolutives, et son suc laiteux passe pour jouir de qualités détersives : il teint le linge en noir.

Le *Jatropha multifida* de l'Amérique méridionale, appelé aussi *Médicinier d'Espagne* ou *Arbre au corail*, a fourni aussi une huile purgative peu usitée en Europe. Les graines portent le nom de *Noisettes purgatives*. Des graines du *Jatropha glauca* les Hindous retirent par expression une huile qu'à raison de ses propriétés stimulantes, ils recommandent en application externe dans les cas de rhumatisme chronique et de paralysie. Les graines du *Médicinier sauvage* (*Jatropha gossypifolia*) sont usitées en Amérique.

Le *Manioc ordinaire* (*Manihot utilissima, Jatropha Manihot* de Linné), arbrisseau de près de 3 mètres de haut, se cultive comme plante alimentaire dans toutes les régions tropicales du globe. La racine de cette plante, qui pèse près de 15 kil., contient un suc vénéneux qui donne la mort quand on l'ingère dans l'estomac. Pour préparer le manioc, on râpe cette racine, on écrase la pulpe ainsi obtenue, on la lave avec le plus grand soin dans plusieurs eaux; après quoi le résidu solide est placé sur des plaques de fer et chauffé. De cette façon, le poison est emporté par l'eau, et il reste une farine excellente et très salubre qu'on nomme *farine de Manioc* ou *Cassave*. La matière pulvérulente qui surnage l'eau dans laquelle on a lavé la pulpe de la racine, est une fécule très fine et très pure qu'on recueille quand elle s'est déposée, et qui constitue le vrai *Tapioca*. On tire aussi de cette racine une boisson enivrante appelée *Cachiri*. Le *Manioc doux* (*Manihot Aipi*) ne renferme pas le principe vénéneux de l'espèce précédente; la racine peut être donnée aux animaux sans inconvénient et les indigènes la mangent comme des pommes de terre cuite dans l'eau ou sous la cendre.

Le suc de l'*Excœcaria Agallocha*, et même la simple fumée produite par la combustion du son bois, cause une inflammation violente des yeux qui s'accompagne de douleurs intolérables, et qui est parfois suivie de la perte de la vue. L'action corrosive du suc a fait donner à ce végétal le nom d'*arbre aveuglant*. Ce suc purge, paraît-il, violemment. Son bois est connu sous le nom de *Faux bois d'Aigle*, *faux bois de Calambac*, parce qu'on le substitue souvent au *Bois d'Aloès*.

Le *Mancenillier* (*Hippomane Mancinella*) est, dit-on, tellement vénéneux, que des personnes auraient péri rien que pour s'être endormies sous son ombre. Jacquin, tout en reconnaissant les propriétés extrêmement vénéneuses du Mancenillier, révoque le fait en doute. Cependant il ne serait pas impossible qu'il eût quelque fondement, si l'on considère, comme le fait judicieusement observer Adrien de Jussieu, que le principe vénéneux de cet arbre est très volatil, et que son

Fig. 4.

action peut être plus ou moins prononcée suivant la constitution des individus. Le suc du Mancenillier est blanc; son contact produit sur la peau l'effet d'une brûlure, et détermine souvent des ulcères difficiles à guérir. Son fruit, qui a un aspect séduisant et ressemble à une Pomme, est imprégné du même suc, mais moins concentré. La sensation de brûlure qu'il produit sur les lèvres empêche qu'on ne le mange. Cet arbre fournit un excellent bois de construction. Le *Crozophora tinctoria*, plante herbacée du midi de l'Europe, cultivée surtout dans le Gard, fournit la matière colorante rouge connue sous le nom de *Tournesol en drapeaux* qui sert à colorer les fromages de Hollande. Quelques autres espèces appartenant aux genres *Crozophora, Crolon, Argythamnia, Ditassa* et *Claoxylon*, donnent aussi des substances tinctoriales; mais elles sont peu d'importance. Le suc du *Crozophora tinctoria* est âcre, et ses graines sont purgatives. Le suc de l'*Hura crepitans*, appelé communément *Sablier*, passe pour avoir les mêmes qualités malfaisantes que celui de l'*Excœcaria*. On dit avoir administré ses graines, comme purgatif, à des esclaves nègres, qui y succombent, quoiqu'on n'eût pas été au delà de 1 ou 2 au plus. Cet arbre doit sa dénomination spécifique de *crepitans*, et son nom vulg. de *sablier*, à ses fruits, dont les coques sont rangées en rond autour de

l'axe, et éclatent avec fracas lors de la maturité. Les colons de l'Amérique les cueillent un peu avant cette époque, les vident, les font bouillir dans l'huile, puis s'en servent pour y mettre du sable à saupoudrer l'écriture (Fig. 4 : 1. Fruit de l'*Hura crepitans*; 2. Le même dont on a enlevé la première enveloppe.)

Le suc du *Siphonia elastica* (*Hevea guyanensis*, Lin.), arbre qui croît à la Guyane et au Brésil, fournit une partie du caoutchouc que nous employons en Europe. L'*Aleurites triloba* laisse exsuder une matière gommeuse que mâchent les naturels de Tahiti. A Ceylan, l'*Al. laccifera* fournit une gomme laque estimée. Les noix du *Bancoulier* (*Aleurites Ambinux*), espèce arborescente des Moluques, sont renommées comme aphrodisiaques. Ces graines renferment une grande quantité d'une huile connue sous le nom d'*huile de Camiri*, qui n'a pas d'âcreté et est simplement laxative. La *Mercuriale annuelle* (*Mercurialis annua*), plante indigène, a une saveur nauséabonde et purge légèrement. La *Merc. vivace* (*Merc. perennis*), plante également indigène, qu'on appelle vulgairement *Chou de chien*, est beaucoup plus active, et peut occasionner des vomissements et des évacuations alvines violentes. La *Merc. cotonneuse* (*Merc. tomentosa*), espèce sous-frutescente de la région méditerranéenne, est employée contre l'hydrophobie. La racine du *Stillingia sylvatica* est regardée, dans la Caroline et dans la Floride, comme un spécifique pour les maladies syphilitiques. L'*arbre à suif* de la Chine (*Stillingia sebifera*) produit des semences couvertes d'une matière sébacée que l'on en sépare par ébullition dans l'eau et qui sert à faire des chandelles. Cette matière est appelée *suif de Chine*. L'amande fournit aussi une huile douce. Les graines de l'*Elæococca verrucosa* du Japon, et de l'*El. vernicia* de la Chine, donnent par expression une huile qui sert, la première à l'éclairage, la seconde à la peinture; les graines de ces deux espèces sont trop âcres pour être comestibles. Les graines de l'*Omphalea triandra* sont comestibles quand l'embryon en a été séparé; dans le cas contraire, elles sont fortement purgatives pour ceux qui les mangent. Suivant Macleay, ces graines sont un aliment délicieux et très salubre. Cette plante contient un suc blanc qui noircit en séchant, et dont on se sert en guise d'encre. La racine de l'*Cicca disticha*, arbrisseau de l'Inde, est violemment purgative, et la décoction de ses feuilles s'emploie comme diaphorétique. Le suc du *Sapium aucuparium*, nommé vulgairement *Bois de glu*, est également très vénéneux. Tussac rapporte que, pour s'être simplement exposé à la fumée de cette plante, un jardinier éprouva un gonflement considérable de la face, accompagné d'inflammation érysipélateuse. Le suc épaissi du *Commia cochinchinensis* est blanc et toxique ; il est émétique et purgatif. On dit que, prudemment administré, c'est un bon remède contre l'hydropisie et les obstructions. La racine de l'*Acalypha Cupameni*, plante herbacée de l'Inde, qu'on appelle vulgairement *hicinella*, s'emploie comme cathartique, après avoir été écrasée dans l'eau chaude; la décoction de ses feuilles passe également pour laxative. Les fleurs du *Caturus spiciflorus* sont douées de propriétés stomachiques. On les regarde encore comme un spécifique contre la diarrhée, et dans ce cas on les administre sous forme de décoction ou de conserve. L'*Anda Gomesii* du Brésil est fameux pour la vertu purgative de ses graines, qu'on appelle dans le pays *Purgala Paulistas*, qui sont aussi d'énergie que celles du Ricin. Son écorce, grillée au feu, passe pour un remède certain contre les diarrhées causées par un refroidissement. D'après Marcgraaf, cette même écorce à l'état frais, infusée dans l'eau, lui communique une propriété narcotique assez prononcée pour stupéfier le poisson. Ses graines se mangent crues, ou bien l'on en fait une conserve : elles fournissent une huile qu'Auguste de Saint-Hilaire dit être un excellent siccatif pour la peinture, et bien supérieur à l'huile de lin. Les colons du Cap ramassent les fruits du *Hiæmanche globosa*, les pulvérisent, puis en saupoudrent des morceaux de viande dont ils se servent pour empoisonner les Hyènes.

Les fruits du *Mallotus philippinensis* (*Rottlera tinctoria*), petit arbre de l'Inde, sont couverts de poils glanduleux, d'un beau rouge. Ces glandes recueillies constituent une poudre de couleur écarlate, qui porte le nom de *Kamala*. On emploie cette substance, dans l'Inde, pour teindre la soie en rouge; elle est aussi employée comme ténifuge. Le *Maprounea brasiliensis* fournit une teinture noire, mais qui n'est pas solide : sa racine s'emploie en décoction dans certains dérangements de l'estomac. Le *Cnidoscolus quinquelobus* (*Jatropha urens* de Linné) est couvert de poils très piquants et qui déterminent une sensation de brûlure. Le suc extrait de ses branches et de ses graines passe pour diurétique. Les fruits charnus du *Cicca disticha* et du *C. racemosa* sont aigrelets, rafraîchissants et salubres ; mais leurs graines sont purgatives. Ajoutons que leurs feuilles passent pour sudorifiques. Le fruit de l'*Emblica officinalis* a de l'âcreté ; néanmoins dans l'Inde on le confit au vinaigre. Lorsqu'il est mûr et sec, il est astringent, et s'employait jadis sous le nom de *Myrobalan emblic*, dans la diarrhée, la dysenterie et le choléra. Les capsules du *Chytea colliva*, vulgairement *Bois de crocodile*, sont vénéneuses, suivant Roxburgh. La racine et l'écorce du *Codiæum variegatum* sont très âcres, et déterminent, quand on les mâche, une sensation de brûlure dans la bouche ; mais les feuilles sont émollientes et rafraîchissantes. En Amérique, le *Tragia volubilis*, et, en Asie, les *Tragia involucrata, cannabina* et *mercurialis* sont renom-

Fig. 5.   Fig. 6.

més pour leurs propriétés diaphorétiques, diurétiques et désobstruantes. Les feuilles cuites du *Plukenetia corniculata* passent pour une excellente herbe potagère : aussi cultive-t-on cette plante, à Amboine, pour cet usage.

Tribu III. — *Phyllanthées*. — Carpelles biovulés, sans fausse cloison (*Bridelia, Phyllanthus, Breynia, Baccaurea*, etc.). [Fig. 5. — 1. *Stilago lanceolata* : Fleur mâle ; 2. Fruit à moitié mûr ; 3. Coupe transversale du fruit et de la graine ; 4. Coupe verticale d'une graine. — Fig. 6. — 1. *Scepa rillosa* : groupe de chatons mâles ; 2. Branche femelle ; 3. Fleur mâle ; 4. Son calice ; 5. Ovaire ; 6. Coupe transversale de l'ovaire ; 7. Ovules en position ; 8. L'un de ces ovules rendu apparent.]

La racine, les feuilles et les jeunes pousses du *Phyllanthus Niruri* sont regardées, dans l'Inde, comme apéritives et diurétiques ; les feuilles sont très amères et constituent un

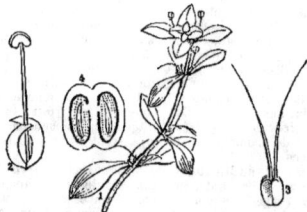

Fig. 7.

bon tonique. Quelques autres espèces, particulièrement le *Ph. urinaria*, sont de puissants diurétiques. Les feuilles écrasées du *Ph. Conami* servent à enivrer le poisson. Le *Ph. Cicca* est appelé aussi *Chéramélier*.

L'écorce des espèces asiatiques du genre *Bridelia* est astringente ; il en est de même de celle du *Stylodiscus trifoliolus*, qui est rouge, ainsi que le bois de l'arbre lui-même. A Java, on fait avec ce bois des mâts et des espars pour les petits bâtiments.

Les Cochinchinois, suivant Loureiro, mangent les fruits de diverses espèces appartenant au genre *Baccaurea*, bien qu'ils soient un peu âcres. Les indigènes des contrées où il croît mangent les drupes charnues, et semblables à des Groseilles, que porte l'*Antidesma pubescens*. Roxburgh dit que le fruit rouge et luisant du *Stilago bunius* est un peu acide et assez agréable au goût. Les feuilles de cette plante sont également acides et passent pour être diaphorétiques. Les feuilles de l'*Antidesma alexiteria* sont au nombre de ces remèdes imaginaires vantés contre la morsure des serpents. Le bois du *Lepidostachys Roxburghii*, vulg. appelé *Kokra*, est remarquable par sa dureté : aussi l'emploie-t-on à divers usages économiques.

Tribu IV. — *Callitrichées*. — Carpelles biovulés avec fausse cloison (*Callitriche*). [Fig. 7. — 1. *Callitriche verna*. 2. Fleur mâle. 3. Fleur femelle. 4. Coupe verticale du fruit mûr].

EUPHORBIÉES. s. f. pl. T. Bot. Tribu de plantes de la famille des *Euphorbiacées*. Voy. ce mot.

EUPHORBIUM. s. m. [Pr. *eufor-bi-ome*]. T. Bot. Nom donné à une gomme-résine extraite de l'*Euphorbia resinifera*. Voy. EUPHORBIACÉES.

EUPHORBONE. s. f. T. Chim. Nom donné à différents principes immédiats oxygénés, encore peu connus, contenus dans les diverses variétés d'Euphorbe.

EUPHORIMÉTRIE. s. f. (gr. εὐφορία, fertilité ; μέτρον, mesure). Détermination de la fertilité d'un sol.

EUPHOTIDE. s. f. (gr. εὖ, bien ; φῶς, φωτός, éclat). T. Minér. Roche constituée par du feldspath albite compact, avec diallage vert, ou diallage métalloïde.

EUPHRAISE. s. f. (gr. εὐφρασία, joie). T. Bot. Genre de plantes Dicotylédones (*Euphrasia*) de la famille des Scrofulariacées. Voy. ce mot.

EUPHRANOR, statuaire et peintre corinthien (IVᵉ siècle av. J.-C.).

EUPHRASIE (SAINTE), religieuse de la Thébaïde, morte en 410. Fête le 13 mars. — Une autre sainte Euphrasie est honorée le 11 février.

EUPHRATE, fleuve de la Turquie d'Asie, prend sa source en Arménie, se joint au Tigre et se jette dans le golfe Persique sous le nom de Chatt-el-Arab, 2,860 kil.

EUPHRONE (SAINT), évêque de Tours, mort en 573.

EUPHROSINE. s. f. (nom mythol.). T. Astron. Voy. PLANÈTE. || T. Zool. Genre d'Annélides Polychètes. Voy. DORSIBRANCHES.

EUPHROSYNE. s. f. (gr. εὐφροσύνη, joie). Nom d'une des trois Grâces.

EUPHUISME. s. m. (angl. *euphuism*, m. s. du gr. εὐφυής, de belle nature). T. Hist. littér. Langage affecté qui fut à la mode en Angleterre, sous le règne d'Élisabeth.

EUPIONE. s. f. (gr. εὖ, bien ; πίων, gras). T. Chim. Substance découverte dans certains goudrons.

EUPITTONIQUE. adj. (gr. εὖ, bien ; πίττα, poix). T. Chim. L'acide *eup.* est une substance colorante contenue dans les produits d'oxydation de l'huile de goudron de bois. Hofmann l'a préparé en faisant agir le sesquichlorure de carbone sur les éthers diméthyliques du pyrogallol et du méthyl-pyrogallol en suldtion dans la potasse caustique. L'acide *eup.* cristallise en longues et fines aiguilles de couleur orange. Ses solutions alcalines sont d'un beau bleu.

EUPLASTIQUE. adj. 2 g. (gr. εὖ, bien, et fr. *plastique*). T. Méd. Favorable aux forces plastiques.

EUPLÈRE. s. m. (gr. εὖ, bien ; πλήρης, complet). T. Mamm. Petit Mammifère voisin de la civette, qui habite Madagascar.

EUPODES. s. m. pl. (gr. εὖ, bien ; πούς, ποδὸς, pied). T. Entom. Dans la classification de Latreille, Eup. désigne un groupe d'Insectes Coléoptères Cryptopentamères que les naturalistes actuels ont démembré en plusieurs familles ; le type de ce groupe étaient les *Criocères*. Voy. ce mot. Aujourd'hui on emploie encore cette expression d'Eup. en Zoologie, mais pour nommer un genre d'Acariens dont nous parlerons au mot HOLÉTRE.

EUPOLIS, poète athénien, rival d'Aristophane (446-411 av. J.-C.).

EURE, riv. de France, prend sa source dans le dép. de l'Orne et se jette dans la Seine au-dessus de Pont-de-l'Arche ; 226 kil.

EURE (Dép. de l'), formé d'une partie de l'anc. Normandie ; ch.-l. *Evreux* ; 4 autres arr. : *les Andelys, Bernay, Louviers, Pont-Audemer* ; 350,000 hab.

EURE-ET-LOIR (Dép. d'), formé d'une partie des pays de Beauce, de Perche, etc. ; ch.-l. *Chartres* ; 3 autres arr. : *Châteaudun, Dreux, Nogent-le-Rotrou* ; 285,000 hab.

EURÊKA. Mot grec qui signifie *J'ai trouvé*, exclamation qu'Archimède aurait poussée au bain en remarquant la légèreté spécifique de son corps plongé dans l'eau.

EURIPE, auj. Négrepont, canal étroit entre l'île d'Eubée et la Grèce. Une tradition prétend qu'Aristote s'y est noyé.

EURIPIDE, poète tragique grec, dont il nous reste dix-neuf pièces (480-406 av. J.-C.).

EURITE. s. f. (gr. εὑρεῖν, trouver). T. Minér. Variété de porphyre feldspathique amorphe. Les Eurites se rencontrent en abondance dans les terrains porphyriques, où leur décomposition donne *l'argilophyre*.

EUROPE. L'une des cinq parties du monde, séparée de l'Asie par les monts Ourals, le fleuve Oural et la mer Caspienne, à l'Est ; par les monts Caucase, la mer Noire, les mers de Marmara et de l'Archipel, au Sud. La mer Méditerranée, qui continue sa limite méridionale, la sépare de l'Afrique. A l'Ouest s'étend l'océan Atlantique, au Nord l'océan Glacial arctique ou boréal. La superficie de l'E. est de 9 millions et demi de kilomètres carrés.

Ses côtes sont très accidentées. Entre la Nouvelle-Zemble, qui s'étend jusqu'au 78e degré nord, et le cap Nord, vers le 71e degré, l'Océan glacial pénètre sous le nom de mer Blanche jusqu'au 64e. Puis, entourant vers le Nord le Spitzberg, vers l'Ouest l'Islande et les îles Feroë, il baigne les côtes occidentales de la presqu'île scandinave et les îles Lofoden, et communique avec la mer du Nord, laquelle est séparée de l'Atlantique par les îles Britanniques, et qui s'engouffrant par cinq détroits entre la presqu'île scandinave et celle du Jutland, forme à son tour la mer Baltique, semée de l'archipel danois, des îles Œland, Gotland, Œsel, etc., et décomposée en golfes de Bothnie, de Finlande, de Riga.

L'océan Atlantique baigne la partie occidentale des îles Britanniques, communique par les canaux du Nord et Saint-Georges avec la mer d'Irlande, avec la mer du Nord par la Manche entre les caps Lands'end et Saint-Mathieu, creuse le golfe de Gascogne et contoure deux côtés de la presqu'île Hispanique arrêtés par les caps Finisterre et Saint-Vincent.

L'étroit et court canal de Gibraltar réunit l'Océan à la Méditerranée. Celle-ci s'élargit autour des îles Baléares jusqu'aux golfes du Lion et de Gênes, forme la mer Tyrrhénienne ou de Toscane derrière la Corse et la Sardaigne, puis, rétrécie par l'Italie et la Sicile, s'élargit de nouveau pour former les mers Ionienne et Adriatique, entre l'Italie et la péninsule hellénique ou balkanique, que termine la presqu'île de Morée ou Péloponèse. Enfin, entre cette dernière presqu'île et l'île de Crète ou de Candie, devenue mer Egée ou de l'Archipel, la Méditerranée contoure, par le détroit des Dardanelles, la mer de Marmara et le Bosphore, avec la mer Noire, qui forme elle-même la mer d'Azow entre la presqu'île de Crimée et le Caucase.

L'E. est donc entourée d'eau sauf par son côté oriental.

La ligne de partage des eaux se détache des monts Ourals et se dirige du Nord-Est au Sud-Ouest, sous les noms de monts Uvaldi, plateau de Waldaï, collines de Pologne, Carpathes, monts de Moravie, de Bohême, de Franconie, de Souabe, Forêt-Noire, Alpes, Jura, monts Faucilles, Côte d'Or, Cévennes, Corbières, Pyrénées et monts Ibériques. De plus, les Carpathes se ramifient vers le Sud ; les Alpes se prolongent vers le S.-E. en Alpes Helléniques, Balkans, et au Sud, à travers l'Italie, en Apennins. Le plus haut sommet de l'Europe est le mont Blanc, dans les Alpes. Il atteint 4,800 mètres.

Les principaux fleuves qui descendent vers le N.-O., c.-à-d. vers les océans Glacial et Atlantique et dans les mers qui en dépendent, sont, de l'Est à l'Ouest, la Petchora, le Mezen, l'Onéga, les deux Dwinas, le Niemen, l'Oder, la Vistule, l'Elbe, le Rhin, la Seine, la Loire, la Garonne, le Douro, le Tage, la Guadiana et le Guadalquivir ; vers le S.-E. (c.-à-d. vers la mer Caspienne, la mer Noire et la Méditerranée), l'Oural, le Volga, le Don, le Dnieper, le Dniester, le Danube, le Pô, le Rhône et l'Ebre.

L'Europe étant très large dans sa partie orientale et s'amincissant graduellement vers l'Ouest pour se terminer en pointe étroite au détroit de Gibraltar, les fleuves suivent, comme longueurs, la même décroissance : le Volga, 3,800 kilomètres ; le Danube, 2,800 kilomètres ; le Rhin, 1,400 kilomètres ; le Rhône, 800 kilomètres ; l'Ebre, 800 kilomètres ; le Guadalquivir, 480 kilomètres.

La presqu'île Scandinave et les îles Britanniques ont leur orographie et leur hydrographie spéciales, la première est dominée par les monts Dopines avec une série de fleuves, la Tornéa, l'Uméa, l'Angermann, l'Indal, la Luisna et le Dal qui se jettent dans le golfe de Bothnie ; la Grande-Bretagne est traversée dans sa longueur par une chaîne qui devient très élevée vers le Nord, en Ecosse, sous le nom de monts Grampians. Les fleuves, la Tamise, la Severn, sont très courts.

On compte en Europe trois volcans en activité : l'Hécla, en Islande, le Vésuve en Italie, l'Etna en Sicile, plus nombre de volcans éteints en Auvergne. Il y a aussi des lacs importants : Saïma, Peypus, Onéga, Ladoga et Ilmen, qui se déversent dans le golfe de Finlande, le Wener et le Wetern dans le sud de la Scandinavie, le Neusield et le Balaton dans le bassin du Danube, les lacs de Constance, de Zurich, des Quatre cantons, de Neuchâtel, de Genève, d'Annecy, du Bourget, Majeur, de Lugano, de Côme, de Garde, dans la région des Alpes, le lac d'Okrida dans les Balkans.

A l'aurore de l'histoire on trouve, en E., les Ibéro-Ligures dans la région sud-occidentale (presqu'île Hispanique, Gaule méridionale et Italie) ; plus au Nord les Celtes, Gaëls et Kymris, de la presqu'île Hispanique au Rhin (Gaule), dans la presqu'île Cimbrique (Jutland), dans les îles Britanniques, dans le nord de l'Italie et jusque dans la presqu'île Cimmérienne (Crimée) ; les Pélasges, puis les Grecs ou Hellènes, dans la partie sud-orientale (presqu'île Hellénique, que domina la Macédoine sous Alexandre) ; enfin les Sarmates, puis les Scythes, au nord de la mer Noire. Des comptoirs phéniciens s'étaient également établis dans le bassin de la Méditerranée et une de leurs colonies africaines, Carthage, conquit même l'Hispanie, une partie de la Gaule. Puis le peuple romain, parti du centre de l'Italie, fit du même bassin un vaste empire qui, au bout de six siècles (395 de l'ère chrétienne), se divisa en empire d'Occident (Rome) et empire d'Orient (Constantinople), tous deux chrétiens. Cette date marque la fin de l'Antiquité.

Cependant des peuples nouveaux s'étaient installés, les Slaves de la Vistule au Volga, les Teutons ou Germains du Rhin à la Vistule. Ceux-ci, avec d'autres peuples venus comme eux d'Asie, se déversèrent sur le vieux monde, et s'y taillèrent des royaumes, vite christianisés : les Visigoths (ou Goths de l'Ouest), en Hispanie (Espagne) ; les Ostrogoths (ou Goths de l'Est), puis les Lombards, en Italie ; les Anglo-Saxons en Grande-Bretagne (Angleterre), chassant les Gaëls dans le Nord (Ecosse) et dans l'Ouest (Galles et Irlande) ; les Francs en Gaule (France) et sur la rive droite du Rhin. Un roi de ces derniers, Charlemagne, reconstitua même un moment l'empire d'Occident (800) ; mais il le partagea en trois parties principales : l'empire germanique (Allemagne) du Rhin à l'Oder et au Danube ; la France, de l'Escaut aux Pyrénées, et l'Italie, qui, longtemps dominée par l'empire germanique, fut pendant des siècles divisée en un grand nombre de petits Etats. Les Arabes mahométans, venus d'Afrique, avaient conquis l'Espagne et le midi de l'Italie. Les Scandinaves avaient formé la

Suède et la Norvège, et, dans la presqu'île de Jutland, le Danemark, envahi l'Angleterre et les côtes de France (Normandie).
Les Slaves s'étaient groupés en plusieurs nations, Pologne,
Russie, Bulgarie, etc., et entre eux s'étaient glissés les anciens
Huns, qui, une première fois repoussés de l'Europe, étaient
revenus après six siècles sous les noms de Hongrois ou
Magyars, et ne tardèrent pas à s'étendre des Carpathes à
l'Adriatique. A mesure que l'Espagne et son voisin le Portugal repoussaient les Arabes, la France, l'Angleterre et l'Allemagne allaient les combattre, ainsi que leurs coreligionnaires
les Turcs, en Afrique et en Palestine (1095-1270); mais, plus
tard, tandis que la France se débattait sous une invasion
anglaise, les Turcs conquirent petit à petit l'empire d'Orient
et s'emparèrent de Constantinople (1453). Ce fut la fin de
l'époque appelée depuis Moyen Age.

Les Turcs s'avancèrent au delà du Danube et jusqu'au Dniester,

négrins, les Bulgares s'affranchirent successivement de la
Turquie.

Aujourd'hui, l'E. comprend les États suivants : Iles Britanniques, France, Hollande, Belgique (détachée de la Hollande
en 1831), Luxembourg, Suisse, Espagne, Portugal, Andorre,
Suède et Norvège (réunies en 1813), Danemark, Allemagne
(Bade, Bavière, Saxe, Wurtemberg, etc., sous l'hégémonie
de la Prusse depuis 1870), Autriche-Hongrie, Italie (unifiée
de 1859 à 1870), Russie, Roumanie, Serbie, Monténégro,
Bulgarie, Turquie et Grèce.

Le nombre de ses habitants dépasse le chiffre de 300,000,000.
— On leur donne le nom d'Européens. On les divise en
7 races : 1° Celtes (parties occidentales de la France, de
l'Angleterre, Écosse et Irlande); 2° Latins (France, Belgique,
Espagne, Portugal, Italie, Roumanie, parties méridionales de
la Suisse et de l'Autriche); 3° Germaniques (Angleterre, Hol-

malgré la puissance de la Pologne, qui s'étendait alors de la Baltique à la mer Noire, et malgré celle de l'Allemagne, unie sous
Charles-Quint à l'Espagne et à une partie de l'Italie (1525). Puis les
nations occidentales se déchirèrent par des guerres de religion.
L'Angleterre en sortit maîtresse des États britanniques; mais
l'Allemagne, dont s'était déjà détachée la Suisse, se divisa en
Autriche (qui absorba la Hongrie) et en un grand nombre de
petites principautés, tandis que sur la mer du Nord se formaient la Hollande et les Pays-Bas, et sur la Baltique la Prusse
(1648). Celle-ci, se développant très vite le siècle suivant,
partagea avec l'Autriche et la Russie la Pologne, déjà vaincue
et amoindrie par la Suède. La France qui, de son côté, s'était
accrue petit à petit, prit, sous la Révolution, une extension
considérable et, sous Napoléon, domina l'Espagne, l'Italie, la
Confédération germanique, des bouches de l'Elbe à l'Adriatique,
abattit la Prusse et l'Autriche et délivra la Pologne (1810). Ce
vaste empire se brisa contre la Russie, qui venait, peu auparavant, de porter les premiers coups à la puissance turque.
Depuis lors les Grecs, les Roumains, les Serbes, les Monté-

lande, Suède, Norvège, Danemark, Allemagne, Autriche, nord
de la Suisse); 4° Slaves (Russie, Pologne, partie orientale de
la Prusse, nord et sud de l'Autriche-Hongrie, nord de la
presqu'île Balkanique); 5° Finnois (nord de la Scandinavie et
de la Russie); 6° Tartares (Hongrie, bords de la mer Noire et
de la mer Caspienne); 7° Hellènes (sud de la presqu'île Balkanique et îles environnantes).

EUROPE, fille d'Agénor, roi de Phénicie, fut enlevée par
Jupiter, qui avait pris la forme d'un taureau, et devint mère
de Minos (Mythol.).

EUROPÉANISER. v. a. Donner le caractère européen.

EUROPÉEN, ENNE. adj. Qui appartient à l'Europe ou à
ses habitants. *Les nations européennes.*

EUROTAS, auj. Vasili-Potamo, fl. de la Laconie, qui passait à Sparte.

EURRHODINE. s. f. (gr. εὖ, bien ; ῥόζον, rose). T. Chim. Nom donné à une classe de matières colorantes rouges. Voy. COLORANTES, IV, 8.

EURUS, le vent de l'Est, chez les Grecs.

EURYALE. s. f. (n. propre). T. Bot. Genre de plantes Dicotylédones de la famille des *Nymphéacées*. Voy. ce mot. || T. Zool. Espèce d'*Echinodermes* appartenant à la classe des *Astérides*. Voy. ce mot.

EURYALE, jeune guerrier célèbre par son amitié avec Nisus, dans l'*Enéide*.

EURYBIADE, Spartiate qui commandait la flotte grecque à Salamine et qui avait Thémistocle sous ses ordres (480 av. J.-C.).

EURYCÉPHALE. adj. (gr. εὐρὺς, large ; κεφαλὴ, tête). T. Anat. Qui a le crâne ample.

EURYCÉPHALIE. s. f. Caractère de l'eurycéphale.

EURYCÈRE. s. m. (gr. εὐρὺς, large ; κέρας, corne). T. Ornith. Petit oiseau de Madagascar dont l'organisation se rapproche de celle des Pies-Grièches, mais dont le bec renflé rappelle celui du Coucou ou du Calao.

EURYCLÉE, nourrice d'Ulysse (*Odyssée*).

EURYCOME. s. f. (gr. εὐρὺς, large ; κόμη, chevelure). T. Bot. Genre de plantes Dicotylédones (*Eurycoma*) de la famille des *Connarées*. Voy. ce mot.

EURYDICE, femme d'Orphée. Voy. ORPHÉE (Mythol.).

EURYLAIME. s. m. (gr. εὐρὺς, large ; λαιμὸς, gosier). T. Ornith. Genre d'oiseaux de l'ordre des *Passereaux* ainsi nommés parce que leur bouche peut se dilater comme celle des Engoulevents. Voy. MANAKIN.

EURYMÉDON, fl. d'Asie Mineure, dans la Pamphilie, près duquel Cimon remporta une victoire sur les Perses (470 av. J.-C.).

EURYNOME. s. m. T. Zool. Genre de *Crustacés*. Voy. BRACHYOURES.

EURYPTERUS. s. m. (gr. εὐρὺς, large ; πτερὸν, ailes). T. Paléont. Genre de Crustacés fossiles appartenant à l'ordre des *Gigantostracés*. Voy. ce mot.

EURYSTHÉE, roi d'Argos, qui imposa à Hercule ses douze travaux.

EURYSTHÈNE et **PROCLÈS**, frères jumeaux, fondateurs des deux races royales de Sparte (Eurysthénides et Proclides).

EURYSTHÉNIDES. Voy. AGIDES.

EURYSTOMES. s. m. pl. (gr. εὐρὺς, large ; στόμα, bouche). T. Zool. Ordre de *Cœlentérés*. Voy. CTÉNOPHORES.

EURYTHMIE. s. f. (gr. εὖ, bien ; ῥυθμὸς, proportion). La beauté qui résulte de toutes les parties d'un ouvrage d'architecture. Inus.

EUSCAPHE. s. m. (gr. εὖ, bien ; σκάφη, vase). Genre de plantes Dicotylédones (*Euscapha*) de la famille des *Sapindacées*. Voy. ce mot.

EUSÈBE, évêque de Césarée, en Palestine, auteur d'une *Chronique* des peuples anciens et d'une *Histoire ecclésiastique* en langue grecque (268-338).

EUSÈBE (SAINT), pape en 310.

EUSÉMIE. s. f. (gr. εὖ, bien ; σῆμα, signe). T. Méd. Ensemble de bons signes dans une maladie.

EUSTACHE. s. m. (R. *Eustache Dubois*, coutelier à Saint-Étienne). Sorte de couteau grossier, dont le manche est ordi-

nairement de bois, et dont la lame n'est pas assujettie par un ressort.

EUSTACHE (SAINT), martyr en 130.

EUSTACHE DE CONSTANTINOPLE, archevêque de Thessalonique et le plus grand grammairien de son temps, m. en 1198.

EUSTACHE DE SAINT-PIERRE, héros français, se dévoua pour le salut de la ville de Calais, prise par Édouard III, en 1347.

EUSTYLE. adj. et s. m. (gr. εὖ, bien ; στῦλος, colonne). T. Archit. Une des dispositions de l'*entre-colonnement*. Voy. ce mot.

EUTASSA. s. m. (gr. εὖ, bien ; τάσσω, je range). T. Bot. Genre de plantes Gymnospermes, voisin du genre *Araucaria* famille des *Conifères*. Voy. ce mot.

EUTAXIE. s. f. (gr. εὖ, bien ; τάξις, ordre). T. Phys. Disposition régulière des différentes parties du corps.

EUTECTIQUE. adj. (gr. εὔτηκτος, qui fond aisément). T. Chim. Guthrie a donné le nom de *mélange eut.* au mélange le plus fusible qu'on puisse former avec deux ou plusieurs corps donnés. Pour en déterminer la composition, il a employé la méthode suivante : on prend un mélange en proportions quelconques, on le fait fondre, puis on le refroidit lentement de manière à déterminer une solidification partielle ; on sépare la portion restée liquide pour la soumettre au même traitement ; on répète ces opérations jusqu'à ce qu'on arrive à un mélange dont la solidification se fasse à une température constante. Voici par ex. la composition en poids et le point de fusion des alliages eutectiques binaires que forme le bismuth avec différents métaux :

Bismuth	46,1	Étain. . .	53,9	Point de fusion	133°
—	55,58	Plomb . .	44,42	—	122°,7
—	59,19	Cadmium	40,81	—	144°

On procédera de même pour trouver les alliages eutectiques composés de 3 et 4 métaux ; on ne les obtiendrait pas en mélangeant simplement ceux qu'on obtient avec ces corps pris deux à deux. L'alliage eut. formé par les 4 métaux cités tout à l'heure contient : 47,4 de bismuth, 19,3 de plomb, 20 d'étain et 13,3 de cadmium. Il fond à 71°. C'est le plus fusible de tous les alliages connus, si l'on excepte ceux où il entre du mercure.

Les alliages eutectiques étaient autrefois considérés comme des combinaisons chimiques. En réalité ce sont des mélanges analogues aux *cryohydrates* (voy. ce mot). Ils n'ont de commun avec les combinaisons que la propriété de posséder un point fixe de fusion et une composition constante. Leurs autres propriétés sont la moyenne de celles des constituants du mélange, et leur composition ne peut pas s'exprimer exactement en proportions atomiques.

On peut obtenir des mélanges eutectiques avec d'autres corps que les métaux, pourvu que ces corps n'aient pas d'action chimique les uns sur les autres, et qu'ils ne soient pas décomposables par la chaleur au-dessous de leur température de fusion. Ainsi le salpêtre, qui fond à 320°, forme avec l'azotate de soude un mélange eut. fusible à 245° (salpêtre, 67,1 ; azotate de soude 32,9). Un mélange de 53,24 de salpêtre et de 46,86 d'azotate de plomb est eut. et fond à 207°.

La formation d'un mélange eut., ainsi que les autres phénomènes qui accompagnent le refroidissement d'un alliage fondu, peuvent s'expliquer en partant de ce fait expérimental dont on a déjà parlé au mot DISSOLUTION : la température de solidification d'un liquide s'abaisse quand on y dissout un autre corps, et d'autant plus fort que la solution est plus concentrée. On doit considérer comme dissolvant celui des deux corps qui est en excès et qui, lorsque la solidification commence, se sépare seul à l'état solide. Soit un alliage de deux métaux, à l'état liquide, qui se refroidit lentement. Sa température finira par atteindre le point où le métal dissolvant peut commencer à se solidifier. Très souvent ce point est dépassé, par suite de surfusion, et la solidification tarde à se produire ; mais, sitôt que celle-ci se produit, la température remonte brusquement à ce point. A partir de ce moment commence une période où la température ne baisse que très lentement et semble même rester stationnaire, à cause de la chaleur dégagée par la solidification graduelle du dissolvant. La solution devenant de plus en plus concentrée, son point de fusion s'abaisse en même temps, jusqu'à ce que la solution soit saturée pour la température naturelle du mélange. Dès lors, il n'y a plus de distinction à faire entre le métal dissolvant et le métal dissous; tous deux se solidifient ensemble, dans la proportion où ils existent dans le mélange liquide; ce dernier, devenu eu, conserve une composition constante et se comporte comme un composé défini à point de fusion fixe ; la température gardera maintenant une valeur rigoureusement constante tant que le mélange ne sera pas entièrement solidifié. Il arrive souvent que la température, avant de devenir stationnaire, s'abaisse plus ou moins au-dessous de ce point fixe et y remonte ensuite brusquement; cela provient d'une sursaturation passagère. — Les choses se passent d'une façon analogue, mais plus compliquée, lorsque les deux corps à l'état liquide ne sont pas miscibles en toutes proportions.

EUTERPE, Muse de la musique et de la poésie lyrique. Voy. MUSE.

EUTEXIE. s. f. (gr. εὖ, bien ; τήχω, je fonds). T. Chim. Propriété en vertu de laquelle les mélanges dits eutectiques sont plus fusibles que tous les autres. Voy. EUTECTIQUE.

EUTHÉMIDÉES. s. f. pl. (R. *Euthemis*, genre de la tribu). T. Bot. Tribu de plantes Dicotylédones de la famille des *Ochnacées*. Voy. ce mot.

EUTROPE, historien latin du IVe siècle ap. J.-C., auteur d'un *Abrégé de l'histoire romaine*.

EUTROPE, ministre de l'empereur d'Orient Arcadius (IVe-Ve siècle).

EUTYCHÉENS. s. m. pl. Voy. EUTYCHÈS.

EUTYCHÈS, hérésiarque grec (378-453), fondateur de la secte des *Eutychéens* ou *Eutychiens*, qui niaient la coexistence en Jésus-Christ des deux natures, divine et humaine. Voy. HÉRÉSIE.

EUTYCHIENS. s. m. pl. Voy. EUTYCHÈS.

EUX, pl. m. du pron. pers. LUI. Voy. ce mot.

EUXANTHIQUE. adj. (gr. εὖ, bien ; ξανθός, jaune). T. Chim. L'acide e. ou purréique $C^{19}H^{16}O^{10}$ existe à l'état de sel de magnésie dans le jaune indien ou purrée, belle matière colorante jaune, originaire de l'Inde, employée dans la peinture à l'aquarelle et la peinture à l'huile. Cette couleur se prépare au Bengale avec l'urine de vaches nourries exclusivement de feuilles de manguier. On extrait l'acide e. en épuisant le jaune indien à l'eau bouillante; le résidu insoluble est constitué par l'euxanthate de magnésie que l'on dissout dans l'acide chlorhydrique bouillant. Par refroidissement de cette solution chlorhydrique, l'acide e. se dépose en aiguilles jaune pâle, peu solubles dans l'eau, se décomposant par la chaleur vers 170° en donnant de l'euxanthone. Chauffé à 140°, avec de l'acide sulfurique étendu, l'acide e. se dédouble en euxanthone et en acide glycéronique. Les alcalis dissolvent l'acide e. en se colorant en jaune intense. Les euxanthates alcalins sont très solubles dans l'eau, tandis que l'euxanthate basique de magnésie, que contient le jaune indien, est insoluble.

EUXANTHONE. s. f. T. Chim. Substance jaune, cristallisable en aiguilles ou en lamelles, fusible à 232°, sublimable, très soluble dans l'alcool bouillant, se dissolvant en jaune dans l'ammoniaque et dans les alcalis. On l'obtient par la décomposition de l'acide euxanthique, qui est une combinaison d'euxanthone et d'acide glycéronique. On considère l'eux. comme le dérivé deux fois oxhydrylé de la xanthone ou oxyde de biphénylène-cétone; elle aurait donc pour formule :

$$C^6H^3OH \underset{O}{\overset{CO}{<}} C^6H^3OH.$$

Traitée par l'acide nitrique elle se convertit en acide styphnique ou trinitro-résorcine. Fondue avec la potasse caustique, elle donne de l'*acide euxanthonique* $C^{13}H^{10}O^6$, acide faible, soluble dans l'eau, cristallisant en aiguilles jaunes qui fondent à 200° en perdant de l'eau et reproduisant l'eux.

DICTIONNAIRE ENCYCLOPÉDIQUE. — T. IV.

EUXÉNITE. s. f. (gr. εὔξενος, hospitalier, de εὖ, bien, et ξένος, étranger). T. Minér. Niobo-titanate renfermant de l'yttria, de l'urane, du cérium, du thorium, de la chaux, etc. Masses compactes noires, à éclat vitreux.

EUXIN ou **PONT-EUXIN,** ancien nom de la mer Noire.

EUZÉOLITHE. s. f. (gr. εὖ, bien, et fr. *zéolithe*). T. Minér. Syn. de *Heulandite*.

ÉVACUANT, ANTE. adj. [Pr. *éva-ku-an*]. T. Méd. Qui détermine ou qui a pour objet de déterminer des évacuations. Nom sous lequel on désigne toute substance qui sollicite au dehors. *Remède é. Médication évacuante.* || Subst., au m. *Les évacuants l'ont soulagé.*

ÉVACUATEUR. s. m. Système de vannes procurant l'évacuation des eaux.

ÉVACUATIF, IVE. adj. [Pr. *éva-ku-atif*]. Syn. d'*Évacuant, ante.* Inus.

ÉVACUATION. s. f. [Pr. *évaku-sion*]. T. Méd. Sortie spontanée ou artificielle des matières excrémentitielles sécrétées ou exhalées. *Cette é. de bile l'a soulagé. Les évacuations trop abondantes affaiblissent. É. par haut et par bas.* — Par ext., Les matières évacuées. || T. Guerre. L'action d'évacuer un pays, une place de guerre. || Sortie, action de quitter un lieu. *L'é. d'une salle de spectacle.* || T. Jurisp. *E. des procès,* Action de mener à fin tous les procès pendants devant une cour.

ÉVACUER. v. a. [Pr. *éva-ku-er*] (lat. *evacuare*, vider). T. Méd. Faire sortir du corps. *Cela évacuera votre bile. E. les mauvaises humeurs.* || T. Guerre. Se retirer d'une place, d'un pays, etc. *Un article de la capitulation portait que les troupes évacueraient la place sous trois jours. Le corps qui occupait la Catalogne reçut l'ordre de l'é.* — E. des troupes, de l'artillerie, etc., d'une place sur une autre, Leur faire quitter la place où elles étaient, et les diriger sur une autre. — Par ext., Sortir d'un lieu. *On fit é. la salle, l'auditoire. Aussitôt que le public eut évacué le théâtre.* = ÉVACUER. v. n. *Le malade a évacué abondamment.* = s'ÉVACUER. v. pron. *Cette humeur ne veut pas s'é.* Peu us. = ÉVACUÉ, ÉE. part. — Conj. Voy. JOUER.

ÉVADER (S'). v. pron. (lat. *evadere*, m. s.). S'échapper furtivement. *Les prisonniers se sont évadés. Il s'évada de prison.* — Avec ellipse du pron. *Elle réussit à faire é. son mari.* = ÉVADÉ, ÉE. part. Voy. ÉVASION. = Syn. ÉCHAPPER.

ÉVAGATION. s. f. [Pr. ...*sion*] (lat. *evagatio*, de *vagari*, errer çà et là). T. Dévot., Disposition de l'esprit qui l'empêche de se fixer à un objet.

ÉVAGINATION. s. f. [Pr. ...*sion*] (R. *vagin*). Sortie d'une gaine.

ÉVAGORAS, nom de deux rois de Salamine, en Chypre (IVe siècle avant J.-C.).

ÉVALUABLE. adj. 2 g. Qu'on peut évaluer.

ÉVALUATEUR. s. m. Ce qui sert à évaluer.

ÉVALUATION. s. f. [Pr. ...*sion*]. Estimation, détermination de la valeur. *On le chargea de faire l'é. de ces marchandises. Cette é. est exagérée. Suivant l'é. des experts. L'é. du dédommagement. Ce n'est qu'une é. approximative.* || Calcul par lequel on cherche en unités d'une autre espèce les valeurs exprimées par une espèce d'unité. — Se dit particulièrement de la fixation de la valeur des monnaies. = Syn. APPRÉCIATION.

ÉVALUER. v. a. (lat. *valere*, valoir). Apprécier, estimer une chose ; en déterminer le prix, la valeur. *On évalue cette terre cent mille francs, à cent mille francs. On évalue la perte à tant. É. un dommage, une indemnité. Combien ou à combien évalue-t-on son mobilier?* || En parlant de nombre, de distance, etc., Fixer d'une manière approximative. *On évalue la population de cette ville à tant d'habitants.* || En parl. d'ouvrages d'archit., En évaluer le prix par comparaison. *Cette corniche est évaluée à 6 mè-*

354

tres d'ouvrage. = ÉVALUÉ, ÉE. part. = Conj. Voy. JOUER.

ÉVANDRE, premier civilisateur du Latium, d'après la légende.

ÉVANESCENCE. s. f. [Pr. évanes-sanse]. Qualité de ce qui s'évanouit, s'efface.

ÉVANESCENT, ENTE. adj. [Pr. évanes-san] (lat. evanescere, s'évanouir). T. Bot. Qui se détruit rapidement et sans presque laisser de traces; se dit quelquefois de certaines corolles.

ÉVANGÉLIAIRE. s. m. (lat. evangeliarium, m. s.). T. Liturg. Livre contenant les évangiles de la messe de chaque jour.

ÉVANGÉLIQUE. adj. 2 g. (lat. evangelicus, m. s.). Qui appartient à l'Évangile. Histoire é. Récits évangéliques. — Qui est selon l'Évangile. Doctrine é. Prédicateur é. Mener une vie é. || Dans un sens partic. Qui est de la religion protestante. Le culte é. Ministre é. La Suisse a des cantons évangéliques et des cantons catholiques.

ÉVANGÉLIQUEMENT. adv. D'une manière évangélique. Prêcher, vivre évangéliquement.

ÉVANGÉLISATEUR. s. m. Celui qui prêche l'Évangile dans les contrées non chrétiennes.

ÉVANGÉLISATION. s. f. [Pr. ... sion]. La prédication de l'Évangile.

ÉVANGÉLISER. v. a. (lat. evangelizare, m. s.). Annoncer, prêcher l'Évangile. Saint Paul évangélisa les gentils. E. les nations. || Neutral., Saint François Xavier a évangélisé dans le Japon. = ÉVANGÉLISÉ, ÉE. part.

ÉVANGÉLISME. s. m. Néol. Caractère des enseignements évangéliques.

ÉVANGÉLISTE. s. m. (lat. evangelista, m. s.). Nom qu'on donne à chacun des quatre écrivains qui ont rédigé par écrit la vie et la doctrine de Jésus-Christ, et que l'Église a reconnus pour sacrés. Les quatre évangélistes sont saint Mathieu, saint Marc, saint Luc et saint Jean. || T. Palais. Ancienn., Le conseiller qui tenait l'inventaire d'un procès pendant que le rapporteur lisait les pièces. — Celui qui, dans une compagnie, était nommé pour surveiller un scrutin.

ÉVANGILE. s. m. (gr. εὐαγγέλιον, m. s., de εὔ, bien, et ἀγγέλλω, j'annonce). La doctrine de Jésus-Christ, la « bonne nouvelle ». Les apôtres portèrent, annoncèrent l'E. par toute la terre. || Les livres qui contiennent la vie et la doctrine de Jésus-Christ. Il parut dans les premiers siècles de l'Église un grand nombre d'Évangiles. L'Église n'a reconnu que quatre Évangiles; les autres sont appelés Évangiles apocryphes. Jurer sur les Évangiles, en touchant les Évangiles. Voy. BIBLE et APOCRYPHE. — Évangile, au singulier, se dit souvent pour le recueil des quatre Évangiles canoniques. Lire l'E. Jurer sur l'E. Présenter l'E. à baiser. — Prov., Croire une chose comme l'E., La croire fermement. — Fig. et prov. Tout ce qu'il dit n'est pas parole d'E., Il ne faut pas croire tout ce qu'il dit. || Cette partie des Évangiles que le prêtre lit à la messe. La messe est bien avancée, le premier é. est dit. — Plus particul., Le commencement du premier chapitre de saint Jean, qu'un prêtre récite en mettant un pan de son étole sur la tête de la personne à l'intention de qui il le récite. — Le côté de l'E. Le côté gauche de l'autel en entrant dans le chœur. — Fig. et prov., C'est l'é. du jour, Se dit de quelque chose de nouveau dont tout le monde s'entretient.

ÉVANIE. s. f. (gr. εὐάνιος, qui plaît). T. Ent. Genre d'insectes hyménoptères, type de la famille des Évaniides. Voy. PUPIVORES.

ÉVANIIDES. s. m. pl. (R. Évanie). T. Entom. Famille d'insectes hyménoptères. Voy. PUPIVORES.

ÉVANOUIR (S'). v. pron. (lat. evanescere, disparaître). Perdre connaissance, avec suppression du sentiment et du mouvement. Il s'évanouit à chaque instant. A cette nouvelle, elle s'est évanouie. — Avec ellipse du pronom, La douleur le fit s'é. || Disparaître de façon à ne laisser aucun

vestige, aucune trace. Ce météore n'a fait que paraître un instant et s'est évanoui. Le fantôme s'évanouit. La gloire du monde s'évanouit en un moment. Toutes ces grandeurs, toutes ces prospérités s'évanouirent comme un songe. — Avec ellipse du pronom, Sa mort fit é. toutes mes espérances. || T. Alg. Faire é. une inconnue, La faire disparaître d'une équation. = ÉVANOUI, IE. part. Une femme évanouie.

ÉVANOUISSANT, ANTE. adj. Qui devient nul, en parlant de quantités mathématiques. Ellipse évanouissante, Ellipse réduite à un seul point.

ÉVANOUISSEMENT. s. m. Défaillance, perte de connaissance avec cessation du mouvement et du sentiment Un long é. Il est revenu de son é. Avoir de fréquents évanouissements. Voy. SYNCOPE. || Par ext., Disparition, effacement. L'é. d'un espoir. || T. Alg. Disparition d'une quantité amenée par certains artifices du calcul. L'é. d'une inconnue.

ÉVANS (OLIVIER), mécanicien américain, inventeur de machines à vapeur à haute pression (1755-1814).

ÉVANS (MARIE-ANNE), femme de lettres anglaise, connue sous le pseudonyme de George Eliot (1820-1880).

ÉVANSITE. s. f. (R. Evans, n. d'homme). T. Minér. Phosphate hydraté d'alumine, d'un blanc jaunâtre ou bleuâtre à éclat vitreux.

ÉVAPORABLE. adj. Qui est susceptible de s'évaporer.

ÉVAPORATIF, IVE. adj. Qui tient à l'évaporation, qui en dépend, qui la produit.

ÉVAPORATION. s. f. [Pr. ... sion]. Passage spontané d'un liquide à l'état de vapeur sous ébullition du liquide. Vaporisation superficielle. || Fig. et fam., Légèreté d'esprit. Il y a un peu d'é. dans son fait.

Phys. — I. — On entend par Évaporation la production lente de vapeur à la surface libre soit d'un liquide, soit d'un corps quelconque pénétré d'humidité. Voy. ÉBULLITION. C'est par suite d'une é. spontanée qu'un vase ouvert rempli d'eau se vide complètement au bout d'un certain temps, qu'une étoffe mouillée se sèche au seul contact de l'air, qu'une plante fraîche se dessèche plus ou moins promptement, etc. Ce simple phénomène joue un rôle capital dans la nature; en effet, c'est à l'é. qui se produit à la surface des mers, des lacs et des fleuves, qu'on doit tous les vapeurs qui se condensent en nuages dans l'atmosphère pour se résoudre ensuite en pluie, en neige, etc. Le phénomène de l'é. s'opérant, comme le démontrent les observations de chaque jour, à toutes les températures, même aux plus basses, il est évident que la vapeur ainsi formée ne saurait avoir une tension suffisante pour vaincre la pesanteur de l'air atmosphérique : elle se mélange avec lui de la même manière que deux gaz d'inégale densité se mélangent entre eux.

L'é. d'un liquide se fait avec plus ou moins de rapidité, suivant les circonstances où il se trouve. La quantité d'eau qui s'évapore augmente avec la température, par l'excès de tension que celle-ci communique à la vapeur formée. Elle est aussi d'autant plus grande, toutes choses égales d'ailleurs, que la surface qui donne lieu à l'é. est elle-même plus étendue. Le phénomène se produit aussi avec d'autant plus de rapidité que les couches d'air en contact avec la surface de l'eau sont moins chargées de vapeur; l'é. serait nulle si l'air s'en trouvait complètement saturé. C'est par la même raison que l'agitation de l'air favorise si puissamment l'é. En effet, lorsque l'air est calme, les mêmes couches d'air, restant longtemps en contact avec la surface liquide, sont bientôt saturées. Quand, au contraire, elles se renouvellent rapidement, le liquide se trouve à chaque instant mis en contact avec de l'air non encore saturé d'eau. La rapidité de l'é. dépend aussi, d'après les expériences de Dalton, de la différence qui existe entre le maximum de tension que possède la vapeur qui se forme, et celle de la vapeur déjà contenue dans l'air : la quantité d'un même liquide évaporée dans un temps donné est proportionnelle à la différence de ces deux tensions.

Tous les liquides s'évaporent à l'air libre, même le mercure. Ainsi, en suspendant une lame de cuivre au-dessus d'une cuve à mercure dans un lieu froid et obscur, Faraday a pu constater, au bout de six semaines, que la lame était complètement blanchie par les vapeurs mercurielles. Mais l'é.

des différents liquides est d'autant plus rapide, que leur température d'ébullition est moins élevée; par conséquent, l'alcool s'évapore plus rapidement que l'eau, et l'éther plus encore que l'alcool.

Toute é. s'accompagne d'un abaissement de la température dans la masse du liquide : car la vapeur ne peut se former qu'en absorbant une grande quantité de chaleur aux dépens du liquide et des corps environnants. L'expérience de chaque jour démontre la réalité de ce phénomène de réfrigération. Ainsi, lorsqu'on met sur la main des corps très volatils, comme l'alcool et l'éther, leur vaporisation spontanée détermine une sensation de froid. Le procédé qui est employé en Espagne et dans les pays chauds pour rafraîchir l'eau au moyen de vases poreux appelés *Alcarazas* (voy. ce mot) est fondé sur le froid produit par l'é. spontanée. Lorsqu'on environne la boule d'un thermomètre d'un linge imbibé d'un liquide volatil, l'instrument descend d'un grand nombre de degrés. Le refroidissement est bien plus considérable encore, quand on place le thermomètre sous le récipient de la machine pneumatique, et qu'on a soin de retirer les vapeurs à mesure qu'elles se forment. Le physicien Leslie a imaginé de congeler l'eau à l'aide de la simple é. spontanée de ce liquide. Son appareil (Fig. 1) consiste en une large soucoupe de verre remplie d'acide sulfurique concentré, au-dessus de laquelle se trouve une capsule métallique très plate, qui est pleine d'eau, et qui est soutenue par trois pieds appuyés sur les bords de la soucoupe de verre. L'appareil étant placé sous le récipient de la machine pneumatique, on fait le vide aussi complètement que possible. Au bout de quelques minutes, des aiguilles de glace paraissent dans la capsule, et bientôt après toute l'eau ne forme qu'une masse solide. Dans cette expérience, l'acide sulfurique absorbe la vapeur d'eau à mesure qu'elle se forme, ce qui rend l'é. beaucoup plus rapide.

M. E. Carré a construit un appareil basé sur cette ex-

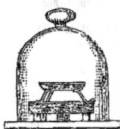

Fig. 1.

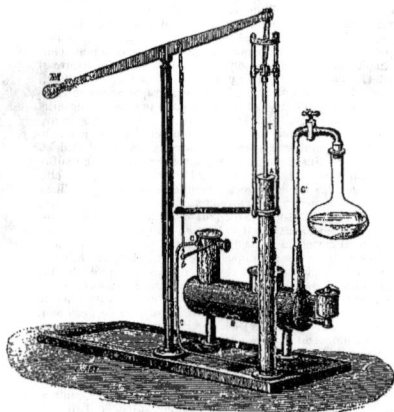

Fig. 2.

périence. La partie essentielle consiste en une machine pneumatique à un corps de pompe P (Fig. 2), qui fait le vide dans une carafe contenant de l'eau et que l'on voit à droite de la figure. Un gros réservoir en fonte E est à moitié rempli d'acide sulfurique concentré, corps très avide d'eau. Cet acide absorbe la vapeur d'eau au fur et à mesure qu'on fait le vide en manœuvrant la machine pneumatique. L'é. rapide ainsi déterminée produit un abaissement de température assez considérable pour congeler l'eau contenue dans la carafe.

M. F. Carré a construit un appareil dans lequel l'é. rapide du gaz ammoniac liquéfié est employée pour produire un froid considérable.

L'é. de l'acide sulfureux liquéfié, du chlorure de méthyle, activée par un courant d'air permet d'obtenir une température de 50° au-dessous de zéro.

D'une manière générale, l'é. des gaz liquéfiés donne des températures excessivement basses. C'est ainsi qu'on peut obtenir une température de — 140° en faisant évaporer l'éthylène liquide dans le vide. Voy. LIQUÉFACTION.

Dans le *Cryophore* de Wollaston (Fig. 3), on détermine également la congélation de l'eau au moyen de sa propre é. Cet instrument est un tube de verre terminé par deux boules

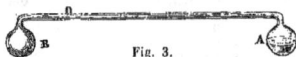

Fig. 3.

hermétiquement fermées, dont on a auparavant complètement expulsé l'air, et qui contiennent une certaine quantité d'eau. Si l'on fait passer toute l'eau dans la boule A, puis que l'on plonge la boule B dans un mélange frigorifique, la vapeur d'eau contenue dans l'appareil se condensera dans la boule B, et comme il se formera incessamment de nouvelles vapeurs au fur et à mesure de cette condensation, l'eau renfermée dans la boule A s'évaporera si rapidement qu'elle finira par se congeler. Voy. HYGROMÉTRIE.

II. — En pharmacie, on considère l'É. comme un mode particulier d'extraction ou de préparation de certains médicaments officinaux appelés *extraits, sirops*, etc., et on la définit « une opération par laquelle, à l'aide de la chaleur ou d'autres procédés analogues, on rend plus dense un corps quelconque en réduisant ou retirant l'humidité surabondante qu'il contient ». — La *Vaporisation* n'est pas absolument la même opération : voici la différence admise par les pharmaciens. Dans l'é., on ne veut obtenir que ce qui reste dans le vase dans lequel on opère; dans la seconde, au contraire, on veut pour produit ce qui se dégage du vase opératoire. Ainsi, dans l'é. on range la *concentration* des sirops, des acides, etc., et, dans la vaporisation on comprend la *distillation* et la *sublimation*.

ÉVAPORATOIRE. adj. 2 g. T. Phys. Appareil propre à favoriser l'évaporation.

ÉVAPORER. v. a. (lat. *evaporare*, m. s.). Au propre, Soumettre à l'évaporation. *Il faut é. la liqueur jusqu'à consistance de sirop*. || Fig., *É. sa bile, son chagrin*, Soulager sa colère, son chagrin, sa douleur, par des discours, par des plaintes, etc. = s'ÉVAPORER. v. pron. *L'esprit-de-vin s'évapore aisément*. — Avec ellipse du pronom, *Faire é. une liqueur à un feu lent*. || Fig., S'exhaler, ou se dissiper, se perdre. *Sa colère s'évapore en vaines menaces. Cette folle ardeur ne tardera pas à s'é.* || Fig. et fam., *Ce jeune homme s'évapore*, Il se dérange. = ÉVAPORÉ, ÉE. part. *Liqueur évaporée*. || Adject., Très léger, très inconsidéré. *Un jeune homme évaporé. Esprit évaporé. Tête évaporée*. On dit aussi, *Des airs évaporés*. || Subst., *C'est un évaporé, une évaporée*.

ÉVAPOROMÈTRE. s. m. T. Météor. Instrument pour mesurer l'eau évaporée chaque jour.

ÉVARISTE (SAINT), pape de 100 à 109.

ÉVASEMENT. s. m. [Pr. *éva-ze-man*]. État de ce qui est évasé.

ÉVASER. v. a. (R. *vase*). Rendre une chose plus large à son ouverture. *Il faut é. davantage ce tuyau, l'ouverture de ce tuyau. Cette manche n'est pas assez évasée.* || T. Artill. Élargir accidentellement l'orifice de la bouche, de la chambre ou de la lumière d'une pièce. || T. Jardin. *É. un arbre*, Lui faire prendre plus de circonférence. = s'ÉVASER. v. pron. *Cette manche ne s'évase pas assez. Cet arbre s'évase trop. Un chapeau qui s'évase par le haut.* = ÉVASÉ, ÉE. part. *Un verre trop évasé.* || Fam., *Nez évasé*, Nez dont les narines sont trop ouvertes.

ÉVASIF, IVE. adj. Qui sert à éluder. *Moyen é. Réponse évasive.*

ÉVASION. s. f. Action de s'évader. *Favoriser l'é. d'un prisonnier.* || Fig., Action d'éluder une difficulté, un obstacle.

Législ. — Le Code pénal ne considère pas comme un délit le fait pour un prisonnier de s'évader, à condition, toutefois, qu'il n'emploie dans ce but que la ruse et non la violence : dans ce dernier cas, en effet, notamment lorsqu'il y a « bris de prison », l'individu qui s'évade est puni de six mois à un an d'emprisonnement ; cette peine s'ajoute à celle qu'il avait précédemment encourue.

C'est la connivence ou la simple négligence du gardien qui constitue aux yeux de la loi le délit d'é., délit puni de l'emprisonnement, de la réclusion et même des travaux forcés à temps, suivant la gravité du délit dont le prisonnier évadé était coupable, et suivant qu'il y a eu simple négligence ou, au contraire, connivence de la part du gardien. La loi punit également de peines sévères tous ceux, autres que les gardiens, qui favorisent l'é. des prisonniers en leur fournissant des instruments propres à l'opérer (art. 241). Notons que les peines établies contre les gardiens, en cas de négligence seulement, cessent lorsque les évadés sont repris ou représentés, pourvu que ce soit dans les quatre mois de l'é., et qu'ils ne soient pas arrêtés pour d'autres crimes ou délits commis postérieurement.

A la différence du Code pénal, l'art. 7 de la loi du 30 mai 1854, en ce qui concerne spécialement l'exécution de la peine des travaux forcés, punit la simple é., même quand elle a lieu sans violence : « Tout condamné à temps, qui cet article, qui, à dater de son embarquement, se sera rendu coupable d'é., sera puni de deux ans à cinq ans de travaux forcés. — Cette peine ne se confond pas avec celle qui était antérieurement prononcée. »

ÉVASIVEMENT. adv. D'une manière évasive. *Il m'a répondu é.*

ÉVASURE. s. f. T. Techn. Orifice évasé : son plus ou moins d'ouverture.

ÉVAUX, ch.-l. de c. (Creuse), arr. d'Aubusson ; 3,000 hab. Sources thermales.

ÈVE, la femme d'Adam, la mère du genre humain d'après la Bible.

ÉVÊCHÉ. s. m. (lat. *episcopatus*, m. s.). Territoire soumis à l'autorité spirituelle d'un évêque. *Un é. fort étendu. Augmenter, réduire le nombre des évêchés.* || La dignité épiscopale. *Prétendre, aspirer à l'é.* || Le palais ou la demeure de l'évêque. *Je vais à l'é.* || La ville où il y a un siège épiscopal. *Quimper est un é., est é. On vient d'ériger la ville de Laval en é.* Voy. ECCLÉSIASTIQUE.

Hist. — *Les Trois Évêchés,* Dénomination par laquelle on désignait autrefois la partie de la Lorraine composée de Metz, Toul et Verdun, et de leurs territoires. Conquis sous Henri II, en 1556, ils furent reconnus comme possession française au congrès de Westphalie.

ÉVECTION. s. f. [Pr. *évek-sion*] (lat. *evehere,* élever), T. Astr. L'une des inégalités de la lune. Voy. LUNE.

ÉVEIL. s. m. [Pr. *évèl, l* mouillée]. Avis qu'on donne à quelqu'un d'une chose qui l'intéresse et à laquelle il ne songeait pas. *Donner l'é. à quelqu'un. Je n'en ai eu l'é. que tout à l'heure.* Fam. || *Être en é.,* Être sur ses gardes. — *Tenir en é.,* Forcer quelqu'un à être sur ses gardes.

ÉVEILLABLE. adj. 2 g. [Pr. *évè-llable, ll* mouillées]. Qu'on peut éveiller.

ÉVEILLER. v. a. [Pr. *évè-ller, ll* mouillées] (lat. *evigilare,* m. s.). Tirer du sommeil. *Le moindre bruit l'éveille. Il demande qu'on l'é. à quatre heures. Se faire é.* — Prov., *Il ne faut pas é. le chat qui dort.* Voy. CHAT. || Fig., Donner de la gaieté ou rendre plus actif. *Il est mélancolique, il faudrait quelque chose qui l'éveillât un peu.* || Fig., Stimuler, exciter, provoquer. *É. les talents. Cela fut assez pour é. ses remords. É. l'envie, la jalousie, les soupçons, la sympathie,* etc. — S'ÉVEILLER, v. pron. Cesser de dormir. *Il s'éveille tous les jours à la même heure. S'é. en sursaut. S'é. au bruit. Vous paraissez tout endormi, éveillez-vous.* || T. Techn. É. *le poil,* En terme de fourreur, redresser le poil des peaux pour le rétablir dans sa position première. — *Meule éveillée,* Meule offrant des aspérités natu-

relles, qui rendent la surface vive, coupante, et favorisent la mouture. || Fig., Naître. *Un soupçon s'é. en moi. Les souvenirs s'éveillèrent en foule dans son esprit.* = ÉVEILLÉ, ÉE, part. fig. et fam., *C'est un homme bien éveillé sur ses intérêts,* Qui ne les perd jamais de vue. || Adject., s'emploie fig. et fam. dans le sens de gai, vif. *Vous êtes bien éveillé aujourd'hui. C'est un petit garçon bien éveillé. Il a l'esprit éveillé, la mine éveillée, des yeux bien éveillés.* — *Cette femme est bien éveillée, a l'air bien éveillé,* Elle a un peu trop de vivacité, d'assurance dans le regard, de liberté dans les manières. || Fig., s'emploie aussi comme subst. : on dit encore, *C'est un éveillé, une petite éveillée.*

Syn. — *Réveiller.* — *Éveiller,* exprimer l'action simple de tirer de l'état de sommeil ; *réveiller* exprime la réitération de cette action. Or, comme pour *réveiller* celui qui, après avoir été *éveillé,* s'est rendormi, il faut en général faire des efforts plus considérables, *réveiller* se dit, par ext., de l'action même d'*éveiller* pour la première fois, dans tous les cas où il faut faire quelque effort à cet effet. En conséquence, on *réveille* celui qui est plongé dans un sommeil profond. On observe les mêmes différences entre *s'éveiller* et *se réveiller.* Enfin, par analogie, *réveiller* s'emploie encore toutes les fois que l'action de tirer du sommeil s'accompagne de quelque circonstance extraordinaire. On *éveille* chaque jour à la même heure les élèves d'un collège ; dans un cas urgent, on va *réveiller* un médecin à quelque heure de la nuit que ce soit. — Au fig., on *éveille* les facultés de l'esprit et de l'âme, lorsqu'on les provoque à se manifester ; on les *réveille* chez l'individu qui, étant connu pour les posséder à un haut degré, les laisse sommeiller et n'en fait aucun usage.

ÉVEILLEUR. s. m. [Pr. *évè-lleur, ll* mouillées]. Celui qui éveille.

ÉVEILLURE. s. f. [Pr. *évè-llure, ll* mouillées]. Creux naturels qui se trouvent dans les meules des moulins.

ÉVELYN (JOHN), écrivain anglais (1620-1706).

ÉVÉNEMENT. s. m. (lat. *evenire,* advenir, de *e,* et *venire,* venir). Se dit de tout ce qui arrive. *É. heureux, funeste, inattendu, étrange. Le récit d'un é. Une série d'événements. Cet événement aura des suites fâcheuses. Les grands événements de ce siècle. Le cours, la marche des événements. Jamais on ne vit un concours d'événements aussi extraordinaire.* — Particulièrement, *Tout incident remarquable dans un ouvrage dramatique, dans un roman,* etc. *Les événements de ce drame ne sont pas tous bien amenés. Les événements se pressent dans cet acte.* || *L'issue,* le succès bon ou mauvais d'une chose. *Cette affaire a eu un événement heureux. L'é. n'en a pas été favorable. L'é. de ce procès ne saurait être douteux. L'é. fit voir qu'il ne s'était pas trompé. L'é. n'a pas répondu aux espérances qu'on avait conçues. Se préparer à tout é.* — Fam., *Faire é., Être un é.,* se dit de ce qui frappe vivement les esprits. *Son apparition fit é. Son départ fut un é. C'est tout un é.,* se dit d'une chose considérable qui arrive. || *A tout é.,* A tout hasard, quoi qu'il arrive. || T. Jurispr. *É. d'une condition,* Sa réalisation. = Syn. Voy. ACCIDENT.

ÉVENT. s. m. (lat. *e,* hors de ; *ventus,* vent). Se dit proprement de l'accès de l'air. *Mettre des marchandises à l'é.,* Les exposer au contact du grand air. *Donner de l'é. à une pièce de vin,* Y laisser pénétrer l'air extérieur en pratiquant une petite ouverture à la partie supérieure du tonneau. — Par ext., *Évent* se dit de l'altération causée par l'action de l'air dans le vin, les liqueurs ou les aliments, et qui en détruit, en affaiblit ou en corrompt le goût. *Votre vin sent l'é., a de l'é. Ce lard sent l'é.* — Fig. et fam., *Avoir la tête à l'é.,* C'est une personne étourdie et d'un esprit léger. || T. Techn. Se dit des conduits que l'on ménage dans la fondation des fourneaux, des fonderies, des meules pour la fabrication du charbon de bois, etc., pour que l'air y puisse circuler. — Défaut du plâtre éventé. — Nom donné aux rouleaux de cire qui, disposés autour du modèle et entourés de terre ou de fiente de cheval, sont ensuite fondus et laissent des vides ou canaux. || T. Zool. L'ouverture par laquelle certains cétacés rejettent l'eau qu'ils ont aspirée. || T. Artill. Défaut de fabrication d'un canon de fusil. Les arquebusiers disent *Éventure.* — La différence en moins du diamètre d'un boulet à celui du calibre de la pièce. *Ce boulet a trop d'é.,* Il a trop peu de diamètre. Les artilleurs disent en général *Vent.* || Défecluosité d'une mine, qui consiste en une petite ouverture ou fente par laquelle l'air peut passer.

ÉVENTABLE. adj. 2 g. Qu'on peut éventer, qui peut s'éventer.

ÉVENTAGE. s. m. Action d'éventer, d'étendre sur le sol les mauvaises herbes coupées par le ratissage. ‖ T. Tann. Action de mettre à l'air les peaux destinées au chamoisage.

ÉVENTAIL. s. m. [Pr. évan-tall, ll mouillées] (R. éventer). Sorte d'écran portatif dont on se sert pour s'éventer. ‖ Espèce de cadre couvert de toile ou de papier qu'on suspend au plafond, et dont on se sert, dans quelques pays, pour donner du vent et de la fraîcheur, en l'agitant. ‖ T. Consir. Croisée dont la partie supérieure se termine par un demi-cercle. ‖ T. Pyrotechn. Pièce composée de fusées fixées sur une planche en forme de secteur de cercle. ‖ T. Art milit. Assemblage de chevrons et de madriers destinés à abriter des tireurs. ‖ T. Mar. *Voiles à é.*, Celles dont les laizes, taillées en pointe, viennent toutes aboutir au point d'écoute. — *Mettre ses voiles en é.*, Passer les écoutes du taille-vent et de la misaine, l'une à bâbord, l'autre à tribord, pour éviter qu'elles se masquent mutuellement quand on est grand largue ou vent arrière. ‖ T. Techn. Morceau de bois ou de fer-blanc que l'émailleur place devant sa lampe pour ne point être incommodé par la chaleur. — Tissu d'osier percé d'un trou au milieu, que les orfèvres se mettent devant le visage lorsqu'ils examinent l'état de la soudure.

1. — *L'Éventail* a dû naturellement prendre naissance dans les pays chauds, et en effet nous l'y trouvons en usage dès les temps les plus reculés. Quant à la forme qu'on lui donnait, elle variait surtout en raison des matières avec lesquelles on le fabriquait. Dans l'Orient, il consistait fort souvent, et il en est encore de même aujourd'hui, en un paquet de plumes fort semblable à un chasse-mouches. D'autres fois, il représentait ce que nous appelons aujourd'hui un écran. Chez plusieurs peuples, il a pris de bonne heure place dans les cérémonies religieuses : on s'en servait pour préserver les offrandes de la souillure des insectes. Il devint aussi, comme le parasol, un des principaux attributs du pouvoir suprême. En Égypte, l'é. consistait souvent en un paquet de plumes d'autruche fixé à l'extrémité d'un manche de bois ou d'ivoire. Dans le même pays, les princes de la famille royale et

Fig. 1.

les grands dignitaires faisaient porter devant eux un é. en forme d'écran et ajusté à un long manche, comme insigne de leur autorité (Fig. 1. É. égyptien, d'après un bas-relief de Thèbes). Le même usage existait chez les Assyriens et chez les Perses. Les premiers éventails indiens paraissent avoir été

Fig. 2.

faits de feuilles de palmier (Fig. 2. É. indien). Suivant Bœttiger, les dames grecques eurent d'abord des éventails (ῥιπίς, ῥιπίδιον) en forme de feuille de platane. Plus tard, elles empruntèrent aux femmes de l'Asie les éventails de plumes : ceux de plumes de paon étaient les plus recherchés (Fig. 3. É. grec, d'après un vase peint du Musée du Louvre). Les matrones romaines imitèrent le luxe des femmes grecques, et recherchèrent les éventails de plumes de paon, d'autruche, etc. Outre ces éventails qu'on appelait *flabella*, elles en avaient d'autres qui étaient faits d'une étoffe tendue sur un châssis léger ou d'une planchette de bois excessivement

mince. Ces derniers sont désignés par Properce et par Ovide sous le nom de *tabella*. Dans tous les cas, les femmes grecques et romaines ne se donnaient pas elles-mêmes la peine d'agiter leur é.; elles se faisaient éventer par des esclaves qui, pour cette raison, s'appelaient *flabellifera* (voy. Chaise, Fig. 5). — En Chine, il est fait mention des éventails dans le *Tchéou-li* ou *Rites de Tchéou*, qui a été écrit plus de 1100 ans av. notre ère. On les faisait de plumes, de feuilles de palmier, de bois, de bambou, de soie, etc.,

Fig. 3.

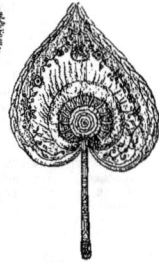

Fig. 4.

et on leur donnait des manches dont la longueur variait suivant leur destination (Fig. 4. É. chinois). Mais ces éventails, de même que ceux des autres peuples de l'antiquité, ne pouvaient se plier et n'étaient en réalité que de simples écrans. Les premiers éventails plissés, c.-à-d. formés de lames minces et mobiles, ou d'une feuille effectivement plissée et pouvant se former, ont paru en Chine vers le Xe siècle de notre ère; mais les écrivains chinois leur attribuent une origine étrangère.

Depuis la fin de l'empire romain jusqu'au XIe siècle, il est peu question de l'é. dans la toilette des femmes, mais on le voit figurer dans les cérémonies du culte. En effet, on s'en servait, pendant la messe, pour éloigner les mouches de l'autel et du prêtre. Cet usage, suivant le père Bonanni, remonterait aux apôtres. Il a disparu de l'Église latine depuis le XIIIe siècle, mais il subsiste encore dans l'Église grecque.

Fig. 5.

Fig. 6.

L'é. usité dans les cérémonies de cette dernière représente une figure de séraphin à six ailes déployées. On l'agite sur les offrandes, non seulement pour en écarter les insectes, mais encore pour représenter symboliquement la descente du Saint-Esprit. Ajoutons encore qu'à Rome, quand le pape doit célébrer, on porte à côté de lui deux grands éventails de plumes de paon comme emblèmes de sa puissance spirituelle. — C'est seulement à la suite des croisades que l'usage de l'é. se répandit en Europe. Néanmoins, il ne devint d'abord vulgaire que dans les contrées méridionales, particulièrement en Italie et en Espagne. Il faut arriver jusqu'au XVIIe siècle pour le trouver généralement adopté partout. En France, les plus anciens monuments où l'on voit l'é. représenté appartiennent au XIIe siècle, et les plus anciens inventaires où il se trouve mentionné datent du XIVe. On l'appelait *Esmouchoir*, *Esventour*, *Esventoir*. On faisait alors des éventails de plumes, d'ivoire, de soie, etc., et parfois on les ornait avec une grande richesse. Quant à leur forme, elle était assez variée. Néanmoins, trois types principaux paraissent avoir généralement dominé : l'é. de plumes, qui était le plus ancien ; l'é. en drapeau qui est encore à la mode en Espagne, en Turquie, en Égypte et ailleurs (Fig. 5. É. du XVIe siècle) ; et l'é. plissé, qui finit par faire abandonner les autres (Fig. 6. É. plissé de la même époque). Les éventails de cette dernière espèce avaient souvent la forme d'une cocarde, quand ils étaient ouverts. L'é. en quart de cercle, qui est presque exclusivement usité aujourd'hui, paraît avoir été imaginé au Japon : ce sont, dit-on, les Portugais qui l'ont introduit de Chine en Europe dans le courant du XVIe siècle.

II. — Dans les éventails en quart de cercle (Fig. 7), on distingue la *monture* et la *feuille*. La monture, qu'on appelle

Fig. 7.

aussi *pied* ou *bois*, quelle qu'en soit la matière, se compose de petites baguettes de bois, de nacre, d'ivoire ou d'os, assemblées à l'une de leurs extrémités, dite *tête*, au moyen d'une *rivure*, c.-à-d. d'une broche de métal garnie de deux petits yeux. Les baguettes intérieures se nomment *brins* ; leur réunion forme la *gorge* ou le *dedans* de l'instrument. Les deux branches extérieures s'appellent *maîtres brins* ou *panaches* ; on les fait plus grands que les brins, afin qu'ils puissent protéger la feuille lorsque l'instrument est fermé. La feuille se fait ordinairement de papier, de parchemin, de vélin, de canepin, de satin, de taffetas, etc. ; en outre, elle est en général ornée d'une peinture plus ou moins fine, faite soit à la main, soit par la chromolithographie. Pour les éventails de prix, cette partie du travail est exécutée à la gouache sur vélin par des artistes spéciaux appelés *Feuillistes*, souvent même par des peintres distingués. Quand la feuille est terminée, on la plisse dans un moule de papier fort, puis on la fixe sur la monture en introduisant dans les plis les lamelles minces et flexibles, appelées *flèches* ou *bouts* qui sont le prolongement des brins, et sur lesquelles on colle l'une des faces de la feuille. On colle également les bords latéraux de celle-ci sur les panaches. Ce travail achevé, on dessine la bordure avec un mordant, et on la dore à l'or fin ou à l'or faux. On complète la décoration de la feuille et de la monture en y fixant des enjolivements de métal, de couleur, de verre, etc. Enfin, on y attache les glands et les houppes, et on l'enferme dans un étui assorti. On fabrique encore quelquefois des éventails qui n'ont pas de feuille. Dans ce cas, les brins vont en s'élargissant à partir de la tête ; en outre, vers le haut, ils sont traversés par un ruban qui, d'un côté, leur permet de glisser les uns sur les autres, et, de l'autre, les maintient juxtaposés quand l'é. est ouvert. Ces éventails, qu'on appelle *brisés*, se font d'ivoire, d'écaille ou de bois de senteur sculpté à jour.

ÉVENTAILLER. s. m. [Pr. *évanta-llé*, *ll* mouillées]. Marchand d'éventails.

ÉVENTAILLERIE. s. f. [Pr. *évanta-llerie*, *ll* mouil-

lées]. Industrie des fabricants d'éventails ; commerce de marchands d'éventails.

ÉVENTAILLISTE. s. [Pr. *évanta-lli-ste*, *ll* mouillées]. Celui, celle, qui fait, qui monte ou qui vend des éventails.

ÉVENTAIRE. s. m. (R. *évent*). Plateau d'osier que les marchands ambulants de fleurs, de fruits, de poissons, d'herbages, etc., portent devant eux, et sur lequel ils placent leur marchandise.

ÉVENTE. s. f. T. Techn. Casier où l'on met des chandelles.

ÉVENTEMENT. s. m. Action d'éventer ; état de ce qui est éventé.

ÉVENTER. v. a. (R. *é*, préf. et *vent*). Donner du vent en agitant l'air avec un éventail, ou tout autre objet analogue. *Elle se faisait é. par un esclave.* || Mettre au vent, exposer à l'air. *Il faut é. un peu ces hardes.* — E. *le grain*, Le remuer avec la pelle, pour lui donner de l'air et empêcher qu'il ne s'échauffe. — E. *une liqueur*, *une substance*, En affaiblir la vertu en la laissant trop exposée à l'action de l'air. || E. *une mine*, Découvrir le lieu où elle est pratiquée, en empêcher l'effet. *Les assiégés éventèrent la mine.* — Fig. et fam., É. *la mine*, é. *la mèche*, Pénétrer un dessein secret et en prévenir l'exécution ou en empêcher l'effet. É. *un secret*, *un complot*, Le découvrir. É. *un secret*, signifie aussi quelquefois le divulguer. || T. Vén. É. *la voie*, se dit d'un chien qui rencontre une voie si fraîche, qu'il la sent sans mettre le nez à terre ; ou qui, après un long défaut, la vent du cerf qui est sur le ventre dans une enceinte. || T. Mar. É. *une voile*, Disposer une voile de manière qu'elle reçoive le vent. — É. *la quille*, Abattre le vaisseau en carène jusqu'à ce que la quille vienne au-dessus de l'eau. || T. Constr. É. *une pierre*, *une pièce de bois*, L'écarter du mur avec une corde, pendant qu'on la hisse pour qu'elle ne s'y heurte pas. || T. Techn. É. *les étoffes*, Leur faire prendre l'air en les soulevant pendant qu'elles sont plongées dans le bain d'alun. = s'ÉVENTER. v. pron. Se donner du vent, de l'air. *S'é. pour se rafraîchir. S'é. avec un mouchoir* || S'altérer, perdre de ses qualités par le contact de l'air. *Le vin s'évente dans une bouteille qui reste débouchée. Ce parfum s'est éventé. La laine, la soie, le fil s'éventent facilement. Les racines sont sujettes à s'é., quand elles ne sont pas couvertes de terre.* = ÉVENTÉ, ÉE. part. *Un secret éventé. Vin éventé. Laine éventée.* || Adj. et fam., se dit d'une personne qui a l'esprit léger, évaporé. *Cette jeune femme est bien éventée. C'est une tête éventée.* — On dit aussi substantiv., *C'est un éventé, une jeune éventée.*

ÉVENTEUR, EUSE. s. Celui, celle qui évente.

ÉVENTIF, IVE. adj. Qui peut advenir.

ÉVENTILLER. v. n. [Pr. *évan-ti-ller*, *ll* mouillées] (lat. *eventilare*, exposer au vent). T. Fauc. Secouer les ailes en restant à la même place dans l'air.

ÉVENTION. s. f. [Pr. *évan-sion*]. Engin qui sert au lapidaire à fixer le bâton à cimentage.

ÉVENTOIR. s. m. Sorte d'éventail grossier qui est fait d'osier ou de plumes étendues, et dont on se sert pour allumer les charbons. || T. Min. Ouverture de la voie que l'on pratique au-dessus de l'ouvrier dans une houillère. On dit aussi *Éventouse*.

ÉVENTOUSE. s. m. T. Techn. Trou pratiqué pour la ventilation. Voy. ÉVENTON. || T. Mar. Ouverture pratiquée dans les ponts supérieurs pour donner de l'air dans les fonds du navire.

ÉVENTRATION. s. f. [Pr. *évantra-sion*]. T. Méd. Hernie survenue dans un point quelconque des parois abdominales, par une ouverture accidentelle.

ÉVENTRER. v. a. (lat. *e*, hors de ; *venter*, ventre). Ouvrir le ventre pour tirer les intestins. É. *un bœuf*, *une carpe.* — Par extens., Blesser ou déchirer au cou en fendant le ventre. *Le sanglier éventra plusieurs de nos chiens.* — Figur. et fam., É. *un pâté*, L'ouvrir. É. *un portefeuille*, *un porte-*

manteau, L'ouvrir de force et sans se servir de clef. || T. Marine. *É. une voile*, La crever, la percer, lorsque, dans un gros temps, il est impossible de l'amener ou de la carguer, et qu'on a lieu de craindre la rupture du mât, etc. — s'Éventrer. v. pron. S'ouvrir le ventre. *Le Japonais s'évenire par point d'honneur.* — Éventré, ée. part.

ÉVENTUALITÉ. s. f. Caractère de ce qui est éventuel. *L'é. d'une clause, d'une condition, d'un traité.*

ÉVENTUEL, ELLE. adj. (lat. *eventus*, événement). Qui a rapport, qui est subordonné à quelque événement incertain. *Il a été fait un traité é. entre les puissances. Clause, condition éventuelle. Droits éventuels. Tout cela n'est qu'é.* || *Profits éventuels*, Profits accidentels, qui ne sont pas fixes et réguliers. — Subst., *L'é. d'un emploi.*

ÉVENTUELLEMENT. adv. [Pr. *évantuè-le-man*.] D'une manière éventuelle. *Il a eu cette succession éventuellement.*

ÉVENTURE. s. f. (R. *éventer*). Crevasse dans un canon de fusil.

ÉVÈQUE. s. m. (gr. ἐπίσκοπος, surveillant). — L'É. est le chef d'un diocèse. Cette supériorité des évêques ne consiste pas seulement dans le pouvoir exclusif qu'ils ont de conférer les sacrements de la confirmation et de l'ordre; elle s'étend encore à tout ce qui concerne la juridiction intérieure et extérieure, c.-à-d. au gouvernement de l'Église dont ils sont chargés. C'est à eux qu'il appartient de commander, de surveiller, de réprimander, de juger, de punir, de censurer, d'interpréter, de déclarer la véritable doctrine de l'Église. Dans tous les temps, l'Église a considéré les évêques comme les héritiers et les successeurs des apôtres, et les prêtres comme les successeurs des soixante et douze disciples. Le titre d'*é.* (*episcopus* ou surveillant) était usité, dès les premiers siècles, pour désigner ceux qui sont chargés du gouvernement de l'Église ; mais nous voyons qu'ils étaient aussi appelés *apôtres, anciens* (πρεσβύτεροι), parce qu'on les choisissait habituellement parmi les prêtres avancés en âge, *anges de l'Église, princes des prêtres, papes ou pères, pontifes*, etc. Néanmoins ces différentes dénominations tombèrent peu à peu en désuétude, et celle d'é. subsista seule. Dans le langage du droit canon, on donne encore à l'é. d'un diocèse le nom d'*Ordinaire*, parce que les droits de juridiction et de collation dont il jouit lui appartiennent suivant le droit commun (*jure ordinario*).

La plupart des sectes protestantes ont prétendu qu'aux premiers temps de l'Église il n'existait aucune différence entre l'épiscopat et la prêtrise. Ce n'est pas l'opinion de l'Église catholique, qui croit trouver la preuve de la supériorité des évêques dans des textes remontant jusqu'à saint Paul.

Les évêques ont deux sortes de pouvoir : l'un, appelé *pouvoir d'ordre*, qui est attaché à leur caractère; l'autre, appelé *pouvoir de juridiction*, qui est attaché à leur siège. Les fonctions épiscopales sont nombreuses, et entraînent une grande responsabilité. L'é. ordonne les prêtres, diacres et sous diacres, bénit le saint chrême, administre la confirmation, consacre les églises, etc. Pasteur et chef du troupeau, il choisit les coopérateurs qui doivent travailler sous sa direction, et leur assigne le poste qu'ils doivent occuper. Juge naturel, en matière de religion, il interprète l'Écriture, déclare la tradition, et décide les questions de foi; il examine, approuve ou condamne, dans son diocèse, les ouvrages qui sont relatifs ou qui touchent à la religion. Comme gardien de la discipline de l'Église, il fait les ordonnances, statuts et mandements qu'il croit propres à son maintien; il juge les fautes des ecclésiastiques, et punit les coupables par les peines spirituelles ; il dispense des canons selon les canons mêmes ; en un mot, il remplit tous les devoirs du pasteur envers son troupeau spirituel.

Dans les premiers siècles de l'Église, les évêques étaient élus par le suffrage du clergé et des fidèles, et leur élection était confirmée par les autres évêques de la province, qui donnaient à l'élu la consécration et lui conféraient ainsi le pouvoir épiscopal. Mais lorsque la ferveur primitive eut diminué, les inconvénients de ce mode d'élection devinrent de plus en plus sensibles. En conséquence, différents conciles, depuis celui de Laodicée, restreignirent et supprimèrent les droits électoraux des laïques; le clergé même se vit peu à peu dépossédé. Enfin, les princes prétendirent se substituer aux droits du peuple et voulurent même s'attribuer la nomination directe des évêques. De là cette fameuse querelle des *investitures* entre l'Empire et le Saint-Siège, laquelle, née l'an 1075,

ne se termina que l'an 1122 par le compromis de Worms. Par ce compromis, qui fut conclu entre le pape Calixte II et l'empereur Henri V, ce dernier s'engagea à respecter la liberté des élections épiscopales par les chapitres, et abandonna au pape le droit d'investiture par l'anneau et la crosse. En France, lors de la Pragmatique sanction de Bourges (1438), les évêques étaient uniquement élus par les chapitres des métropoles et des cathédrales. Mais moins d'un siècle après, le concordat de Bologne (1516), intervenu entre le pape Léon X et François Ier, attribua au roi le droit de nommer aux évêchés, sauf l'institution canonique, qui ne peut émaner que du pouvoir spirituel. Il en est encore de même aujourd'hui, aux termes du Concordat de 1801, qui règle en outre tout ce qui concerne l'organisation du culte catholique en France. Voy CONSTITUTION, CONCORDAT et CULTE. — Lorsqu'un é. a été nommé par le chef de l'État et a reçu de Rome les bulles qui lui confèrent l'investiture, il doit se faire sacrer dans le temps prescrit par les canons. C'est par ce sacre, qui n'est autre chose que l'ordination épiscopale, que l'élu reçoit véritablement l'épiscopat, c.-à-d. la plénitude du sacerdoce. Le sacre est fait par 3 évêques : l'un est le *Consécrateur*, et les deux autres sont les *Assistants*. La consécration faite par un seul é. serait illicite, bien que valide ; mais elle devient licite, lorsque le souverain pontife permet que des évêques assistants soient remplacés par de simples prêtres. Après avoir reçu le serment de l'élu, le consécrateur préside à son examen. Ensuite, aidé par les deux assistants, il met le livre des Évangiles sur le cou et sur les épaules de l'élu ; puis ils touchent tous trois sa tête des deux mains, en disant : *Accipe Spiritum Sanctum*. Enfin, le consécrateur oint avec le saint chrême la tête et les mains du nouvel é., et lui présente la crosse ou bâton pastoral, l'anneau et le livre des Évangiles, la mitre et les gants de soie blanche brodés d'or.

Les insignes extérieurs de la dignité épiscopale sont la *Crosse*, l'*Anneau*, la *Mitre* (Voy. ces mots) et la *Croix pectorale*. Cette dernière est ainsi nommée parce que les évêques la portent suspendue au-devant de la poitrine (en latin *pectus*). Il y a toujours quelque relique enchâssée dans cette croix, qui paraît être une imitation de l'ornement appelé pectoral que portait le grand prêtre des Juifs. On peut y ajouter les sandales, chaussure de soie blanche brodée d'or, que prend l'é. quand il officie pontificalement, la soutane et les bas violets

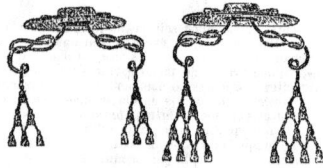

Fig. 1.   Fig. 2.

qui font partie de son costume ordinaire et le distinguent des simples évêques. — Les évêques ont aussi leurs insignes héraldiques particuliers : ils timbrent l'écu de leurs armes d'un chapeau de sinople à larges bords, d'où pend, de chaque côté, un cordon de soie de même couleur orné de six houppes placées 1, 2 et 3 (Fig. 1). De plus, ils surmontent leur écu d'une mitre posée de front à dextre, et d'une crosse tournée en dehors à sénestre.

Parmi les évêques, il en existe plusieurs qui n'ont pas de diocèse à gouverner. On les appelle *titulaires*, parce qu'ils n'ont que le titre (*titulus*) de leur dignité, et *in partibus infidelium*, parce que le diocèse qui accompagne ce titre se trouve dans le pays des infidèles. L'origine de cette classe d'évêques peut remonter au VIIe siècle. Les musulmans s'étant alors emparés de plusieurs villes d'Orient et d'Afrique, les sièges épiscopaux de ces villes ne furent point supprimés pour cela, et l'on continua à y nommer des évêques comme par le passé ; mais ceux-ci, ne pouvant y aller exercer leurs fonctions, furent obligés de résider dans les pays catholiques. Aujourd'hui les évêques *in partibus* sont employés assez souvent comme *Coadjuteurs* des évêques qui, pour une cause quelconque, sont hors d'état d'administrer leurs diocèses.

Les évêques, étant tous les successeurs des apôtres, sont tous égaux entre eux au point de vue de la puissance spirituelle : si donc on distingue des patriarches, des primats et des archevêques, ces dénominations indiquent simplement une hiérarchie de juridiction. — Ainsi, on appelle *Archevêque* ou *E. métropolitain* tout é. qui a sous lui plusieurs autres évêques, lesquels sont dits ses *Suffragants*. Le titre d'archevêque ne paraît pas remonter au delà du IVe siècle. Saint Athanase, é d'Alexandrie en Égypte, est le premier qui le mentionne, en l'appliquant à Alexandre, son prédécesseur. En Occident, on le trouve pour la première fois dans les ouvrages de saint Isidore de Séville, mort en 636. Quant au titre de *Métropolitain*, il n'était pas, dans le principe, comme aujourd'hui, synonyme de celui d'archevêque. On le donnait anciennement à l'é. de toutes les villes importantes, lors même qu'il n'avait pas de suffragants. — L'autorité d'un archevêque sur son propre diocèse est celle de tout autre é. Celle qu'il a sur les diocèses compris dans sa *province* est de pure juridiction. L'archevêque a le droit de consacrer et d'installer ses suffragants ou de commettre leur consécration à un autre prélat. Il a le droit de convoquer le concile provincial, dont il est le président et le principal juge. Il peut corriger et réformer, par la voie de l'appel, les jugements rendus par ses suffragants. Il jouit en outre de certains privilèges honorifiques. Ainsi, il a le droit de visiter les églises de sa province, d'y célébrer pontificalement, d'y revêtir le *pallium*, et de faire porter devant lui la croix archiépiscopale, c.-à-d. la croix à double traverse, tandis que celle des évêques n'en a qu'une seule. Mais il a besoin de l'agrément de son suffragant pour y exercer les fonctions propres au caractère épiscopal. Le *pallium* (Voy. ce mot) est l'insigne propre de la dignité archiépiscopale. — Comme marque héraldique de sa dignité, l'archevêque met une croix double derrière son écu, et surmonte celui-ci d'un chapeau de sinople (Fig. 2) d'où pend, de chaque côté, un cordon garni de dix houppes de même, rangées 1, 2, 3 et 4.

Il existe actuellement en France 86 diocèses, dont 17 archevêchés et 69 évêchés.

On appelle *Primat* un archevêque qui a une certaine prééminence sur plusieurs archevêchés ou évêchés. Mais nous ferons remarquer que ce mot n'a pas toujours été employé dans le même sens. Les noms de *Primat*, de *siège primatial* et de *Primatie*, qui sont donnés dans les plus anciens monuments, soit à quelques évêques, soit à certaines Églises des Gaules, ne désignaient que l'ancienneté de l'ordination des évêques et l'antiquité des Églises. Plus tard, à ce titre paraît s'être attaché une juridiction supérieure. Mais il est difficile de déterminer l'origine précise de ces primaties, et de dire en quoi consistait leur prééminence. On sait toutefois que le pape Grégoire VII, en 1079, accorda à l'archevêque de Lyon le titre de primat des Gaules lyonnaises, qui se composaient des quatre provinces de Lyon, de Sens, de Rouen et de Tours. Aujourd'hui la *Primatie* est un titre purement honorifique, du moins parmi nous. L'archevêque de Lyon s'intitule encore *Primat des Gaules*, et son église cathédrale porte, exclusivement à toute autre, le nom de *primatiale*. L'archevêque de Sens se qualifie de *Primat des Gaules et de Germanie*. Celui de Reims s'appelle *Primat de la Gaule belgique*. Les archevêques de Bourges et de Rouen se disent, celui-ci *Primat de Normandie*, celui-là *Primat d'Aquitaine*. Enfin, autrefois, l'archevêque de Vienne se qualifiait de *Primat des primats*, parce que le pape Caliste II lui ayant soumis les métropoles de Bourges, de Bordeaux, d'Auch, de Narbonne, d'Aix et d'Embrun, il se trouvait au-dessus de l'archevêque de Bourges qui était primat d'Aquitaine, et de celui de Narbonne auquel Urbain II avait donné la primatie sur l'archevêché d'Aix. Voy. PATRIARCHE.

Pour terminer, nous dirons quelques mots des *Chorévêques*. On appelait ainsi, dans les premiers siècles de l'Église, des ecclésiastiques qui venaient, dans la hiérarchie, au-dessous des évêques et au-dessus des prêtres. Ils étaient, à proprement parler, les curés de ces temps reculés, et remplissaient les fonctions sacrées, soit à la ville, soit à la campagne, tandis que les évêques ne sortaient pas ordinairement des villes. Ils avaient le droit de conférer le sous-diaconat et les autres ordres mineurs ; mais ils ne pouvaient, ni confirmer, ni consacrer les églises ou les autels, ni réconcilier publiquement les pénitents. Ils ont été supprimés vers le IXe siècle.

ÉVERDINGEN (ALBERT VAN), peintre hollandais (1621-1675).

ÉVERER ou **ÉVERRER**. v. a. (R. *e*, priv. et *ver*). Débarrasser du ver. || T. Chas. É. *un chien*. Lui enlever un nerf placé sous la langue (qu'on prenait autrefois pour un ver occasionnant la rage).

EVERETT (EDWARD), homme d'État américain (1794-1865).

ÉVERGÈTE. adj. (gr. εὐεργής, bienfaisant). Titre que les Grecs donnèrent à quelques rois égyptiens et syriens.

ÉVERNIE. s. f. T. Bot. Genre de plantes Cryptogames (*Evernia*) de la famille des *Lichens*. Voy. ce mot.

ÉVERNIINE. s. f. (R. *Évernie*). T. Chim. Substance analogue aux matières sucrées, extraite du lichen *Evernia prunastri* par macération avec la soude et précipitation par l'alcool. C'est une poudre amorphe, jaunâtre, insipide, qui se gonfle dans l'eau froide et se dissout facilement dans l'eau chaude et dans les alcalis. Les acides étendus la transforment aisément en glucose. Sa formule paraît être $C^9 H^{14} O^7$.

ÉVERNINIQUE. adj. 2 g. (R. *Évernie*). T. Chim. *L'acide é.* $C^9 H^{10} O^4$ résulte du dédoublement de l'acide évernique. Il cristallise en lamelles nacrées, assez solubles dans l'eau bouillante, très solubles dans l'alcool et l'éther. Ses solutions ont une réaction acide ; elles se colorent en violet par le chlorure de fer. L'acide azotique le dissout à chaud et le transforme en *acide évernitique*, qui cristallise en aiguilles jaunes, solubles dans l'alcool et dans l'éther, et qui paraît être un dérivé nitré de l'acide é.

ÉVERNIQUE. adj. 2 g. (R. *Évernie*). T. Chim. *L'acide é.* s'extrait du lichen *Evernia prunastri* en le faisant macérer dans un lait de chaux, en précipitant par l'acide chlorhydrique et reprenant le précipité par l'alcool. Il est cristallisable et fond à 164° ; il est insoluble dans l'eau froide, très soluble dans l'alcool et dans l'éther. C'est un acide faible, répondant à la formule $C^{17} H^{16} O^7$. Par ébullition avec l'eau de baryte, il se dédouble en anhydride carbonique, orcine et acide éverninique.

ÉVERSIF, IVE. adj. (lat. *evertere*, renverser). Qui détruit, qui renverse. *Une doctrine éversive de toute morale.* Peu us.

ÉVERSION. s. f. (lat. *eversio*, m. s., de *evertere*, renverser). Ruine, renversement d'une ville, d'un État. *Une longue guerre a causé l'é. de cette république.* Peu us.

ÉVERTUER (S'). v. pron. (R. *vertu*). Faire ses efforts, se donner de la peine. *Il s'est évertué pour se tirer de la misère où il était. Il a beau s'é. pour se tirer d'affaire, il ne peut y parvenir. Évertuez-vous donc à élever des enfants, pour en faire des ingrats. Allons, évertuez-vous.* — Conj. Voy. JOUER.

ÉVHÉMÈRE, philosophe grec, auteur d'une méthode d'interprétation des mythes (IVe siècle av. J.-C.). Il croyait que les personnages mythologiques sont des êtres humains divinisés par l'admiration des hommes. Voy. MYTHOLOGIE.

ÉVHÉMÉRISME. s. m. Système d'Évhémère. Voy. MYTHOLOGIE.

ÉVIAN-LES-BAINS, ch.-l. de c. (Hte-Savoie), arr. de Thonon ; 3,000 hab. Eaux minérales.

ÉVICTION. s. f. [Pr. *évik-sion*] (lat. *evictio*, m. s.). T. Droit. Action d'évincer. — On appelle *éviction* le délaissement forcé de tout ou partie de la chose sur laquelle on a acquis un droit. Le cessionnaire évincé a un recours contre le cédant qui est tenu envers lui à la garantie. On distingue deux cas d'é. : 1° celui où le cessionnaire est tenu d'abandonner la chose qui fait l'objet du litige ; 2° celui où il la conserve, mais à un autre titre que celui de cessionnaire, par ex., à titre d'héritier du véritable propriétaire. Voy. GARANTIE.

ÉVIDAGE. s. m. Action d'évider.

ÉVIDEMENT. s. m. État de ce qui est évidé. || Taille faite sur le marbre, la pierre. || T. Maçonn. Refouillement fait dans une pierre. || T. Chir. Opération qui consiste à enlever la partie intérieure d'un os en respectant le périoste. || T. Mar. Rétrécissement des formes d'un navire dans la partie immergée, afin d'obtenir des lignes d'eau d'une grande finesse.

ÉVIDEMMENT. adv. [Pr. évi-da-man]. D'une manière évidente. *Faire voir, prouver é. É. vous vous êtes trompé.*

ÉVIDENCE. s. f. Caractère de ce qui est évident. *Cela est de toute é. L'é. d'une proposition. Se rendre, se refuser à l'é.* Voy. CERTITUDE. — *Mettre en é.,* Faire connaître clairement, manifestement ; ou placer un objet de manière qu'il frappe les yeux. Dans un sens analog., on dit, *Être en é.; Se mettre en é.*

ÉVIDENT, ENTE. adj. (lat. *evidens,* m. s.). Qui est clair et se connaît d'abord et sans peine ; qui ne peut être mis en doute. *Vérité, proposition évidente. Preuve évidente. Fausseté évidente. Danger, péril é. Il n'y a rien là qui ne soit é. Il est é. que.* Qui est en évidence, en position d'être vu ou connu. || s. m. Ce qui est évident. = Syn. Voy. MANIFESTE.

ÉVIDER. v. a. (R. *vide*). T. Techn. Faire une espèce de cannelure ou de découpure à un ouvrage pour le rendre ou plus léger ou plus agréable. *É. une lame d'épée, un morceau d'ivoire, une aiguille. É. une flûte, une clarinette.* || T. Chaudronn. *É. un ouvrage,* Y mettre la dernière main. || T. Mar. *É. la carène,* Lui donner des formes très fines dans les œuvres vives. || T. Arbor. *É. un arbre,* Élaguer les branches du milieu, qui ne reçoivent pas l'air et la lumière. || T. Taill. et Couturière. Échancrer. *Le collet de cette robe n'est pas assez évidé.* || T. Blanchisseur. Faire sortir l'empois en excès qu'on a mis dans le linge. *Ce col est trop ferme, il faut l'évider.* = ÉVIDÉ, ÉE. part. *Drap évidé,* qui est devenu lâche en s'échauffant dans la pile.

ÉVIDEUR. s. m. Ouvrier chargé d'évider les aiguilles à coudre.

ÉVIDOIR. s. m. Outil dont les facteurs d'instruments à vent se servent pour les travailler en dedans. || Sorte d'établi dans lequel est ménagée une échancrure où le charron assujettit les pièces de bois qu'il veut évider.

ÉVIDURE. s. f. T. Techn. État de ce qui est évidé. || Échancrure d'une manche.

ÉVIER. s. m. Pierre en forme de table et légèrement creusée, sur laquelle on lave la vaisselle, et qui a un trou pour l'écoulement des eaux. On dit aussi, *Pierre d'é.* || T. Contr. Canal de pierre servant d'égout dans une cour ou dans une allée.

ÉVILMÉRODACH ou **AMIL-MARDOUK,** roi de Babylone ou de Chaldée, fils et successeur de Nabuchodonosor II (562-560 av. J.-C.).

ÉVINCEMENT. s. m. Néol. Action d'évincer ; état de celui qui est évincé.

ÉVINCER. v. a. (lat. *evincere,* m. s.). T. Droit. Déposséder juridiquement quelqu'un d'une chose dont il est en possession. *Il a été évincé de cette maison par jugement.* Voy. ÉVICTION. || Par ext., Enlever à quelqu'un, le plus souvent par intrigue, une place, une position avantageuse, etc., soit pour s'en emparer, soit pour la faire passer à un autre. *On l'a évincé de cette place. Il est parvenu à é. tous ses rivaux. Il a été évincé.* = ÉVINCÉ, ÉE. part.

ÉVIRATION. s. f. [Pr. ...*sion*] (lat. *eviratio,* m. s., de *e,* préf. priv., et *vir,* homme). T. Néol. Castration.

ÉVIRER. v. a. (lat. *evirare,* m. s.). Priver de la virilité.= ÉVIRÉ, ÉE. part. T. Blas. *Animal éviré,* Animal figuré sur l'écu sans la marque de son sexe.

ÉVISCÉRATION. s. f. [Pr. ...*sion*] (lat. *eviscerare,* éventrer). T. Méd. Sortie d'une partie des viscères, par lésion de parois abdominales.

ÉVITABLE. adj. 2 g. Qui peut être évité. *Ce malheur était facilement é.* Peu us.

ÉVITAGE. s. m. et **ÉVITÉE.** s. f. T. Mar. Espace suffisant, dans un port, un canal ou une rivière, pour qu'un bâtiment puisse tourner librement, lorsque le vent ou la marée change. *Cette rivière n'a pas assez d'évitée.* || L'action d'un navire qui se meut pour éviter. *Faire son évitée,* ou mieux, *son évitage.* || Cercle que décrit un na-

vire en tournant autour de son ancre. || Aire, surface comprise dans cette circonférence. || Nom donné aux principales directions des vents ou des courants régnants dans une rade.

ÉVITEMENT. s. m. Action d'éviter. || T. Ch. de fer. *Gare d'é.,* Portion de voie ferrée supplémentaire, où un train peut se garer.

ÉVITER. v. a. (lat. *evitare,* m. s., de *e,* préf., et *vitare,* éviter). Fuir, esquiver quelque chose de nuisible, de désagréable, de dangereux. *Éviter un coup, un piège, un péril, un écueil, un combat, une querelle. É. les occasions, les mauvaises compagnies. É. un malheur. Tu n'éviteras pas la mort. É. la rencontre de quelqu'un,* ou simplement, *Éviter quelqu'un. É. l'ennemi. Ce n'est pas résoudre la difficulté, ce n'est que l'é.* En écrivant, il évite les équivoques. *C'est une faute qu'il vous serait bien facile d'é. En toutes choses il faut é. l'excès. É. les yeux, les regards de quelqu'un. É. de voir quelqu'un, de lui parler. É. de se commettre. Évitez qu'il ne vous parle.* = ÉVITER. v. n. T. Mar. Se dit d'un navire à l'ancre qui tourne sur lui-même, au changement de vent ou de marée. *Ce vaisseau évite. É. au vent, à la marée.* — *É. sous voiles,* Forcer le navire à l'aide des voiles à opérer son évolution. = S'ÉVITER. v. pron. *Ils s'évitent l'un l'autre. Elles se sont évitées.* — *Cette faute peut s'é. facilement.* = ÉVITÉ, ÉE. part. = Syn. Voy. ÉLUDER.

ÉVOCABLE. adj. 2 g. T. Jurisp. Qui peut être évoqué. *C'est une affaire très é.* Peu usité.

ÉVOCATEUR, TRICE. adj. Qui a la propriété d'évoquer.

ÉVOCATION. s. f. [Pr. ...*sion*] (lat. *evocatio,* m. s., de *e,* préf., et *vocare,* appeler). Action d'appeler, de faire venir, de faire apparaître ; ne se dit qu'en parlant des âmes, des esprits, etc. *L'é. des âmes, des esprits, des démons. L'é. des démons.* || T. Jurisp. Action d'évoquer une cause, une affaire. *Lettres d'é. La cour de cassation est chargée de statuer sur les demandes en é.*

Hist. — Les évocations des dieux, des démons et des âmes des morts se retrouvent au nombre des superstitions de tous les peuples anciens. Mais, outre ces évocations qui appartenaient aux pratiques théurgiques, les Romains donnaient encore le nom d'é. à une formule de prière qu'ils adressaient aux divinités tutélaires des villes qu'ils assiégeaient, pour les engager à abandonner leurs anciens protégés et à passer du côté de Rome. Cette prière devait être prononcée par le général qui commandait l'armée assiégeante, pendant un sacrifice, et lorsque les auspices étaient favorables. Macrobe, dans ses *Saturnales* (l. III. ch. 9), nous a conservé cette formule. « Les Romains, ajoute cet auteur, croyaient que, sans cela, la ville ne pouvait être prise ; ou, la prenant, ils regardaient comme un sacrilège de faire les dieux captifs. Voilà pourquoi ils eurent eux-mêmes grand soin de tenir caché le nom du dieu sous la protection duquel Rome est placée et jusqu'au nom latin de leur ville. Cependant le nom de ce dieu se trouve dans quelques ouvrages des anciens qui ont le tort de n'être pas d'accord entre eux... Quelques-uns, dont l'autorité me paraît mieux fondée, veulent que ce soit Ops Consivia. Quant au nom secret de la ville, il est resté un mystère, même pour les plus savants. Car le nom, d'un tribunal correctionnel ou de police à un tribunal de même qualité, d'un juge d'instruction à un autre juge d'instruction, pour cause de sûreté publique ou de suspicion légitime. Cette faculté de renvoi accordée à la Cour de cassation par le code d'instruction criminelle est quelquefois désignée sous le terme impropre de *droit d'é.*

ÉVOCATOIRE. adj. T. Jurisp. anc. Qui donne lieu à une évocation. *Cause é. Cédule é.* Voy. CÉDULE.

ÉVOLUER. v. n. (lat. *evolvere*, développer). T. Tactique. Se dit de troupes, d'une escadre, d'une flotte, qui exécutent des évolutions. || T. Mar. Se dit aussi d'un navire qui obéit plus ou moins à l'action de ses voiles, de son gouvernail. *Ce bâtiment évolue avec facilité.* || Dans le langage ordinaire, faire une suite de mouvements calculés. || T. Techn. Tourner. *Faire é. des meules.* = Conj. Voy. JOUER.

ÉVOLUTIF, IVE. adj. Néol. Qui a la propriété de développer, de procurer l'évolution.

ÉVOLUTION. s. f. [Pr. *évolu-sion*] (lat. *evolutio*, m. s.). Mouvement que font des troupes, ou les bâtiments d'une flotte, pour prendre une nouvelle disposition. *Évolutions militaires. Évolutions navales. É. de cavalerie, d'infanterie. Une escadre d'é.* || T. Mar. Se dit encore des mouvements que l'on fait faire à un seul bâtiment. *Cela facilite l'é. du bâtiment.* || Par anal., Les circuits, tours et détours que font certains animaux. *Les évolutions d'un oiseau dans les airs.* || T. Physiol. Se dit du développement, de l'accroissement d'un organe depuis sa première apparition sous la forme cellulaire, jusqu'à ce qu'il soit parvenu à son état parfait. Voy. GÉNÉRATION. *É. des êtres.* Voy. TRANSFORMISME. || T. Philos. Le développement logique d'une idée dans le temps, la succession de systèmes qui s'engendrent les uns les autres. *L'é. philosophique qui commence à Kant et aboutit à Hegel.* || T. Techn. Mouvement que les fils d'une chaîne exécutent pendant le tissage. || T. Astron. Mouvement complet de révolution d'un astre autour d'un autre astre. || T. Musiq. Renversement par le dessus à la basse et réciproquement, sans qu'il y ait dissonance.

Biol. — Pendant longtemps, on a donné le nom d'É. à une théorie qui admettait la préformation des germes dans l'œuf de chaque espèce; l'acte de la fécondation n'aurait donné que le stimulant nécessaire à ces germes pour les faire évoluer en un nouvel individu. Voy. GÉNÉRATION. Aujourd'hui on applique plus spécialement cette expression à l'évolution des espèces, c.-à-d. aux transformations que celles-ci ont dû subir pendant le cours des âges géologiques. Voy. TRANSFORMISME.

ÉVOLUTIONNAIRE. adj. [Pr. *évolu-sio-nère*]. T. Art milit. Qui concerne les évolutions. || Qui a rapport à la doctrine de l'évolution ou transformisme. || s. m. Partisan de la doctrine de l'évolution.

ÉVOLUTIONNISME. s. m. [Pr. *évolu-sio-nisme*]. Système de l'évolution.

ÉVOLUTIONNISTE. adj. [Pr. *évolu-sio-niste*]. Qui appartient à l'évolution ou transformisme.

ÉVONYMINE. s. f. T. Chim. Résine amère, cristalline, insoluble dans l'eau, soluble dans l'alcool et dans l'éther, extraite des baies du fusain (*Evonymus europæus*).

ÉVONYMITE. s. f. T. Chim. Nom donné à la dulcite extraite du cambium des branches du fusain (*Evonymus europæus*). Voy. DULCITE.

ÉVONYMUS. s. m. (gr. εὐώνυμος, fusain).T. Bot. Voy. FUSAIN.

ÉVOQUER. v. a. (lat. *evocare*, appeler à soi, de *e*, préf., et *vocare*, appeler). Appeler, faire venir, faire apparaître; ne se dit guère, dans ce sens, qu'en parlant des âmes, des esprits, etc. *É. les âmes des morts, les ombres, les démons.* — Fig., se dit d'une simple apostrophe oratoire. *L'orateur évoqua les mânes du héros dont on osait outrager la mémoire.* — Fig., dit encore, *É. un souvenir. J'évoque en vain mes souvenirs.* || T. Jurispr. Enlever à des juges la connaissance d'une affaire, pour l'attribuer à un autre tribunal. *La Cour de cassation a évoqué cette affaire dans l'intérêt de la sûreté publique.* — Attirer à soi la connaissance d'une affaire. *Dans l'ancien régime, le roi évoquait ordinairement à sa personne et à son conseil les affaires de finances.* = ÉVOQUÉ, ÉE. part..

EVORA, v. de Portugal, ch.-l. de l'Alemtejo; 23,500 hab.

ÉVOSMIA. s. m. T. Bot. Genre de plantes Dicotylédones de la famille des *Rubiacées.* Voy. ce mot.

ÉVRAN, ch.-l. de c. (Côtes-du-Nord), arr. de Dinan ; 3,900 h.

ÉVREUX, ch.-l. du dép. de l'Eure, 16,900 hab. ; à 108 kil.

de Paris. Ancienne ville gauloise (*Ebroicum* ou *Castellum Auterci*). Belle cathédrale, construite du XIe au XVIIe siècle. = Nom des hab. : *Ébroïcien, ienne.*

ÉVRON, ch.-l. de c. (Mayenne), arr. de Laval, 4,300 hab.

ÉVULSIF, IVE. adj. T. Didact. Qui est propre à arracher, qui est fait pour arracher.

ÉVULSION. s. f. T. Chir. (lat. *evulsio*, m. s.). Extraction. Syn. d'*Avulsion*.

EWALD, théologien et orientaliste allemand, né à Gœttingue (1803-1875).

EX. Préposition empruntée du latin, qui se joint au moyen d'un trait d'union à certains mots, pour exprimer ce qu'une personne a été, le poste qu'elle a cessé d'occuper. *Ex-noble. Ex-religieux. Ex-oratorien. Ex-député. Ex-ministre.*

EX ABRUPTO. loc. adv. Mots latins sign. brusquement, sans préambule. *Un exorde ex abrupto. Il commença ex abrupto.*

EXACERBATION. s. f. [Pr. *é-gza-ser-ba-sion*] (lat. *exacerbatio*, m. s.). T. Méd. Augmentation qui survient dans l'intensité des symptômes d'une maladie, et qui est déterminée par quelque cause étrangère. À peu près synonyme de *paroxysme.* Se dit aussi au figuré.

EXACERBÉ, ÉE. adj. Devenu acerbe, poussé à un haut degré d'excitation.

EXACT, ACTE. adj. [Pr. *è-gza*] (lat. *exactus*, achevé). Qui est ponctuel, ou qui ne s'écarte pas de ce qui lui est prescrit. *Il est toujours ex. à l'heure, aux rendez-vous qu'on lui assigne. Il est ex. à remplir ses devoirs, à payer ses dettes. C'est un homme ex., très ex. Vous n'êtes pas assez exacte.* — Par anal., Véridique, fidèle. *Un historien ex. Un traducteur ex.* || Se dit aussi des choses qui ont une entière conformité avec les choses auxquelles elles se rapportent. *Compte ex. Analyse exacte. Un récit peu ex. Notion exacte. Une expression fort exacte. Il faut avoir une connaissance exacte des faits, pour en porter un jugement ex. C'est l'exacte vérité. Cela n'est pas ex. Rien n'est plus ex.* — *Les sciences exactes*, Les sciences mathématiques et physiques. || Qui est fait avec tout le soin, toute la ponctualité possible. *Des recherches fort exactes. Exacte perquisition.*

EXACTEMENT. adv. [Pr. *è-gza-kte-man*]. D'une manière exacte. *Il a suivi ex. les ordres qu'on lui avait donnés. Il a observé ex. la règle, le régime qu'on lui avait prescrit. Il copie très ex.*

EXACTEUR. s. m. [Pr. *è-gzak-teur*] (lat. *exactor*, m. s., de *exigere*, exiger). Ancienn., Collecteur d'impôts. || Fig., Celui qui commet une exaction, des exactions.

EXACTION. s. f. [Pr. *è-gzak-sion*] (lat. *exactio*, m. s.). Action par laquelle un individu, chargé de percevoir certains impôts, exige ce qui n'est pas dû ou plus qu'il n'est dû.

EXACTIONNER. v. n. [Pr. *è-gzak-si-o-ner*]. Commettre des exactions.

EXACTITUDE. s. f. [Pr. *è-gzak-titude*] (R. *exact*). Ponctualité, attention à ne pas s'écarter de ce qui est prescrit. *Il faut avoir de l'ex. dans les affaires. On se loue beaucoup de son ex. Il y apporta toute l'ex. possible. Remplir ses devoirs avec ex.* || Précision, conformité rigoureuse. *Cette traduction est remarquable par son ex.* = Syn. Voy. CORRECTION.

EXAÈDRE. adj. et s. [Pr. *è-gza-èdre*]. Voy. HEXAÈDRE.

EX ÆQUO. [Pr. *ègz-é-ko*]. Mots lat. qui sign. à égalité, et qui s'emploient pour dire : à mérite égal. *Ces deux concurrents ont remporté le premier prix ex æquo.*

EXAGÉRANT, ANTE. adj. [Pr. *è-gza-jé-ran*]. Qui exagère.

EXAGÉRATEUR, TRICE. s. [Pr. *è-gza-jé-rateur*]. Celui, celle qui exagère. *C'est un grand ex.*

EXAGÉRATIF, IVE. adj. [Pr. *è-gza-jé-ratif*]. Qui amplifie beaucoup. Terme ex. *Expression exagérative.* Peu us.

EXAGÉRATION. s. f. [Pr. *è-gza-jé-ra-sion*]. Action d'exagérer, d'outrer ; qualité de ce qui est exagéré, outré, de ce qui dépasse les justes limites. *Il y a évidemment de l'ex. dans ce que vous me dites là. Il n'y a point d'ex. C'est sans ex. Tomber dans l'ex. L'ex. de certaines qualités devient un défaut.* || T. Peint. et Sculpt. L'action d'outrer les proportions, l'expression, les mouvements. *L'ex. des formes, des proportions est quelquefois un artifice nécessaire.*

EXAGÉRÉMENT. adv. [Pr. *è-gza...*]. D'une manière exagérée.

EXAGÉRER. v. a. [Pr. *è-gza-jé-rer*] (lat. *exaggerare*, accumuler, amplifier, de *ex*, et *agger*, morceau de terre). Présenter une chose comme étant plus grande, meilleure ou plus mauvaise qu'elle n'est en réalité. *Ex. une victoire, l'importance d'une action, les conséquences d'une défaite, l'énormité d'un crime. C'est un homme qui exagère toujours les choses, soit en bien, soit en mal. Vous vous exagérez les difficultés de cette entreprise. Il exagère les vertus, le mérite de son ami.* — Par anal., *Un imitateur exagère presque toujours les défauts de celui qu'il a pris pour modèle.* — Absol., *Il est fort sujet à ex. Quand vous dites que son parc a plus d'une lieue de tour, vous exagérez de moitié. Celui qui a des opinions outrées en politique. C'est un exagéré.* = Conj. Voy. CÉDER. || T. Peint. Sculpt. Faire plus grand, plus prononcé que nature. *Ex. les formes, les proportions, les contrastes, les attitudes.* = EXAGÉRÉ, ÉE. part. || Adjectivement, se dit des choses où il y a de l'exagération. *Récit exagéré. Louanges, plaintes exagérées. Sentiments exagérés. Idées exagérées. Proportions exagérées.* || Subst., *Celui qui a des opinions outrées en politique. C'est un exagéré.* = Conj. Voy. CÉDER.

EXAGONE. adj. et s. [Pr. *è-gza-gone*]. Voy. HEXAGONE.

EXALTABLE. adj. [Pr. *è-gzaltable*]. Qui peut s'exalter. *Une âme ex.*

EXALTANT, ANTE. [Pr. *è-gzaltant*]. Qui exalte. *Des passions exaltantes.*

EXALTATION. s. f. [Pr. *è-gzal-ta-sion*]. Action d'élever. En ce sens, il se dit seulement en parlant de l'élévation du pape au pontificat. *Le jour de son ex., Depuis son ex.* || Fig. pour désigner une fête de l'année, qu'on nomme l'*Ex. de la sainte Croix*, et qui se célèbre le 14 septembre en mémoire d'une cérémonie qui eut lieu à Jérusalem, en l'honneur de la découverte de la vraie croix sous l'empereur Héraclius. || Fig., État de l'âme, de l'esprit, dans lequel les idées et les sentiments sont outrés, exagérés. *Au commencement de la Révolution, l'ex. des esprits était très grande. Il s'était fait remarquer par son ex. républicaine. Un homme connu par son ex. Ex. de tête, d'imagination. Il a toute l'ex. des fanatiques. Parler avec ex.* — Par oxt., *Il a beaucoup d'ex. dans les idées, dans les sentiments.* || T. Chim. anc. Syn. de *Sublimation.*

EXALTER. v. a. [Pr. *è-gzalter*] (lat. *exaltare*, m. s. de *ex*, et *altus*, élevé). Louer, vanter beaucoup. *Ex. quelqu'un. Ex. le mérite, les vertus de quelqu'un. Pourquoi ex. les morts aux dépens des vivants? Ex. les bienfaits reçus.* || Figur., Porter à un haut degré d'énergie les facultés de l'âme. *La lecture des grands poètes exalte l'imagination. Ex. les âmes, les esprits, les cœurs, les courages.* — Jeter dans une sorte de transport, de délire. *Il travaillait à ex. les esprits. Les jeunes têtes sont faciles à ex.* = s'EXALTER. v. pron. Fig., *L'esprit s'exalte au récit des grandes choses. Quand je l'entendais raconter ses combats, mon âme, mon cœur, mon courage s'exaltait. Toutes les facultés de l'âme s'exaltent dans la contemplation du beau.* — On dit encore, mais ordin. en mauvaise part, *C'est un esprit, c'est un homme qui s'exalte facilement.* = EXALTÉ, ÉE. part. || Adject., Qui a ou qui marque de l'exaltation. *Cette personne a l'imagination exaltée, la tête exaltée. C'est un homme exalté, une tête très exaltée. Des sentiments exaltés. Des idées exaltées.* || Subst., *C'est un exalté, c'est une exaltée.*

EXAMEN. s. m. [Pr. *è-gza-min*] (lat. *examen*, m. s.).

Considération attentive d'une chose dans tous ses détails ; investigation pour vérifier une chose ou pour s'en rendre compte. *Il résulte de l'ex. qui a été fait des lieux, que... Après avoir procédé à l'ex. des papiers qui étaient dans son secrétaire. Faire l'ex. d'une affaire, d'un compte, d'un livre. Je me suis occupé de l'ex. de cette question. Embrasser une opinion sans ex. Soumettre un préjugé à l'ex. de la raison. Ex. de conscience. Après mûr ex.* || L'action d'interroger quelqu'un pour s'assurer de son degré d'instruction, pour savoir s'il est capable de la place, du grade qu'il veut obtenir. *Un ex. rigoureux. Subir un ex. J'ai passé tous mes examens. Il a été refusé à son ex. Ex. du baccalauréat, de licence, de doctorat. Se préparer à un ex. Cet ex. roule sur telle matière.* || T. Jurispr. Partie de la procédure criminelle qui comprend le réquisitoire, l'interrogatoire de l'accusé et l'audition des témoins.

EXAMINABLE. adj. 2 g. [Pr. *è-gzaminable*]. Qui peut qui doit être examiné.

EXAMINATEUR, TRICE. s. [Pr. *è-gza...*]. Celui, celle qui examine. *Un ex. très sévère.*

EXAMINER. v. a. [Pr. *è-gza-miner*] (lat. *examinare*, m. s.). Regarder, considérer attentivement, faire l'examen. *Il examinait de loin le combat. Plus j'examine cette personne, plus je crois la reconnaître. Ex. un objet à la loupe. Ex. un tableau. Ex. le jeu d'une machine. Ex. à fond une affaire. L'ex. en détail. Ex. un compte, une question, un système, un livre. Ces propositions furent examinées en Sorbonne. Ex. sa conscience. Ex. un écolier, un candidat. Ex. quelqu'un sur le droit, sur la médecine.* — Absol., *Avant de croire, il faut ex.* — *Ex. si,* Considérer, rechercher si... *Examinez d'abord si cette proposition ne comporte point d'exception.* = s'EXAMINER. v. pron. Se regarder attentivement l'un l'autre. *Voyez comme ces deux femmes s'examinent avec jalousie.* || Faire son examen de conscience, examiner sa vie. *Plus je m'examine, moins je me sens coupable.* = EXAMINÉ, ÉE. part.

EXANIE. s. f. [Pr. *è-gza-ni*] (lat. *ex*, hors, et *anus*). T. Chir. Procidence de l'intestin rectum.

EXANTHALOSE. s. f. [Pr. *è-gzan-taloze*] (gr. ἐξανθέω, je m'effleuris; gr. ἅλς, sel). T. Minér. Sulfure de sodium cristallisé.

EXANTHÉMATIQUE. adj. 2 g. [Pr. *è-gzan...*]. Qui est de la nature des exanthèmes. *Fièvre ex. Affection ex.*

EXANTHÈME. s. m. [Pr. *è-gzan-tême*] (gr. ἐξάνθημα, efflorescence). T. Méd. Le mot *Exanthème*, si l'on s'en tient uniquement à son sens étymologique, ne peut signifier en dermatologie autre chose qu'éruption ou efflorescence, dans l'acception la plus large. Celso dit que les anciens donnaient le nom générique d'e. à toute espèce d'éruption faisant saillie sur la peau, avec ou sans modification de couleur.

Plus tard, au XVIIIe siècle, Sauvages rompit avec la tradition : partant de ce principe qu'une classification vraiment méthodique doit s'inspirer de la nature des affections, il entreprit de réunir sous le même chef les différentes pyrexies dans lesquelles l'élimination cutanée des principes morbifiques détermine sur la peau des phénomènes éruptifs ; il assigna à ce groupe la dénomination spéciale d'e. — Cette déviation arbitraire du sens primitif du mot fut le point de départ d'une fâcheuse confusion. Les uns font de l'e. une phlegmasie cutanée ; d'autres le décrivent comme une lésion élémentaire, sans tenir aucun compte de l'idée de nature, et le placent au même rang que les papules, les vésicules et les squames.

Pour Hardy encore, le mot e. s'applique à une tache rouge plus ou moins saillante, disparaissant à la pression et constituée par une congestion des vaisseaux capillaires de la peau ; il se rencontre dans des maladies de nature très opposée, et la signification séméiologique de cette lésion anatomique est tellement variable qu'il est impossible d'en faire une histoire générale.

Cependant l'idée de Sauvages a repris le dessus, et on tend à faire du terme e. le synonyme de *fièvre éruptive*. Les dermatoses exanthémateuses ont des stades bien marqués, leur temps d'incubation, leur moment d'invasion, leur moment de dessiccation. Bazin s'est fait le défenseur de cette opinion et l'a complétée. Pour lui, il y a des exanthèmes et des pseudo-exanthèmes. Les exanthèmes ont une place à part dans le cadre nosologique, et présentent comme caractères essentiels la contagion, l'évolution régulière, la durée fixe et la fièvre d'invasion. Les pseudo-exanthèmes, au contraire, ne sont pas contagieux ; ils peuvent évoluer sans fièvre et leurs périodes ne sont pas absolument réglées, bien que leur marche soit typique. — Besnier et Doyon ajoutent comme caractère clinique important que les exanthèmes se récidivent jamais au sens médical du mot, et que les pseudo-exanthèmes au contraire récidivent ordinairement, souvent un grand nombre de fois.

D'après cette distinction très acceptée aujourd'hui, il faut comprendre comme exanthèmes la rougeole, la scarlatine, la variole, la varicelle, ainsi que leurs dérivés et leurs analogues. Quant aux pseudo-exanthèmes, ils constituent la série si confuse des érythèmes aigus simples, vésiculeux, bulleux, hémorragiques, desquamatifs, etc. ; ils simulent souvent, de près, les exanthèmes véritables, notamment la rougeole et la scarlatine.

EXARCHAT. s. m. [Pr. *è-gzar-ka*] (gr. ἔξαρχος, chef, prince). Dignité d'*exarque*.

Hist. — Dans l'empire d'Orient, le titre d'*Exarque* était attribué à certains grands dignitaires ecclésiastiques ou civils investis d'une autorité extraordinaire, et l'on employait le mot *Exarchat* pour signifier tout à la fois la charge et la dignité de ces fonctionnaires, ainsi que la durée de leur administration et l'étendue du territoire soumis à leur autorité. — On distinguait deux sortes d'exarques ecclésiastiques : les uns étaient les évêques des principales villes de certaines provinces, et leurs fonctions avaient une très grande analogie avec celles des archevêques de nos jours ; les autres étaient les supérieurs généraux de plusieurs monastères. Le titre d'e. existe encore dans l'Église grecque, mais il ne désigne plus qu'une espèce de légat chargé par le patriarche de visiter les diocèses pour s'assurer de l'exécution des lois ecclésiastiques. — Dans l'ordre civil, les exarques étaient de véritables vice-rois, auxquels l'empereur confiait l'administration d'une ou de plusieurs provinces ; mais on appliqua surtout cette dénomination aux préfets qui, du VIe au VIIIe siècle, gouvernèrent cette partie de l'Italie qui dépendait encore de l'empire d'Orient. Dans les derniers temps, ces vice-rois résidaient à Ravenne. L'exarchat de Ravenne fut créé en 568 et finit en 752. Il fut détruit par Astolfe, roi des Lombards, qui le réunit à ses États ; mais il lui fut enlevé, l'année suivante, par les Francs, qui le donnèrent au Saint-Siège. — Par analogie avec sa signification étymologique, Pepin d'Héristal et Charles Martel ont été qualifiés d'*exarques* par certains écrivains de leur temps. Enfin, on trouve le même titre employé au XIIe siècle par l'empereur Frédéric Barberousse, qui donna successivement l'*exarchat* du royaume de Bourgogne à deux archevêques de Lyon, Héraclius de Montboisier et Jean de Belles-Mains.

EXARQUE. s. m. [Pr. *è-gzarke*]. Titre de certains fonctionnaires civils ou ecclésiastiques d'ordre supérieur. Voy. EXARCHAT.

EXARTHRÈME. s. m. et **EXARTHROSE.** s. f. [Pr. *è-gzar...*] (gr. ἐξάρθρημα, ἐξάρθρωσις, m. s., de ἐξ, hors de, ἄρθρον, articulation). T. Chir. Luxation.

EXARTICULÉ, ÉE. adj. [Pr. *è-gzar...*]. T. Hist. nat. Qui n'offre pas d'articulations visibles.

EXASPÉRANT, ANTE. adj. [Pr. *è-gzas-péran*]. Qui exaspère, irrite.

EXASPÉRATION s. f. [Pr. *è-gzaspéra-sion*]. Action d'exaspérer, ou état de ce qui est exaspéré. L'e. des esprits. Son e. était au comble. Il était dans une grande e.

EXASPÉRER. v. a. [Pr. *è-gzas-péré*] (lat. *exasperare*, m. s., de *ex*, et *asper*, âpre). Irriter à l'excès, mettre hors de soi. Cet outrage l'a exaspéré. On avait exaspéré le peuple jusqu'à la fureur. E. les esprits. ═ EXASPÉRÉ, ÉE. part. Je l'ai trouvé fort exaspéré. ═ Conj. Voy. CÉDER.

EXAUCEMENT. s. m. [Pr. *è-gzô-seman*]. Action d'exaucer ; état de celui qui est exaucé.

EXAUCER. v. a. [Pr. *è-gzô-ser*] (même mot que *exhausser*). Écouter favorablement une prière ou un suppliant, et accorder ce qu'on demande. Mon Dieu, daignez e. ma prière. Le ciel a exaucé nos vœux. Dieu a exaucé son peuple. ═ EXAUCÉ, ÉE. part. ═ Conj. Voy. SUCER.

EXCÆCARIA. s. m. (lat. *excæcare*, aveugler, de *ex*, et *cæcus*, aveugle). T. Bot. Genre de plantes Dicotylédones de la famille des *Euphorbiacées*. Voy. ce mot.

EXCARNATION. s. f. [Pr. ...*sion*] (lat. *ex*, hors, *caro*, chair). Action de dépouiller un organe des parties charnues qui l'entourent.

EXCARNER. v. a. T. Chir. Dépouiller des parties charnues. || T. Techn. Oter le bois des dents de peigne, en faire l'écartement.

EX CATHEDRA. loc. adv. Mots latins sign. Du haut de la chaire. Un professeur parlant ex cath. Le pape parlant ex cath., en qualité de chef de l'Église.

EXCAVATEUR. s. m. (R. *excaver*). T. Const. Appareil destiné à creuser les déblais, à enlever des terres, etc. Voy. DRAGUE.

EXCAVATION. s. f. [Pr. ...*sion*] (lat. *excavatio*, m. s., de *ex*, et *cavus*, creux). Action de creuser un terrain. Il faut commencer par l'e. du sol pour y établir les fondements de l'édifice. || Creux fait dans un terrain, soit de main d'homme, soit par quelque accident naturel. Cette e. n'est pas assez profonde. Faire des excavations dans une mine. La rivière en débordant a fait là une e. Le sol est entrecoupé d'excavations profondes.

EXCAVER. v. a. (lat. *excavare*, m. s., de *ex*, et *cavus*, creux). Creuser, faire une excavation. Il a fallu e. le sol à plus de trois mètres de profondeur. ═ EXCAVÉ, ÉE. part.

EXCÉDANT, ANTE. adj. Qui excède. Les sommes excédantes. || Fig., Qui fatigue ou importune à l'excès. Le bavardage de cet homme est e.

EXCÉDENT. s. m. Le nombre, la quantité qui excède. S'il se trouve plus de mille francs, l'e. sera pour vous. Un e. de recettes. Il y a un e. de poids, de bagage.

EXCÉDER. v. a. (lat. *excedere*, m. s., de *ex*, et *cedere*, aller). Outrepasser, aller au delà. Excéder son pouvoir, ses pouvoirs, les ordres qu'on avait reçus. Vous pouvez aller jusqu'à cent francs, mais n'excédez pas cette somme. || Surpasser en valeur, en nombre, en dimensions ; dépasser. La recette a excédé la dépense. Ses dettes excèdent vingt mille francs. Cela excède le nombre fixé. || Maltraiter quelqu'un avec excès. Ils se sont mis trois après lui et l'ont excédé de coups. Il a battu et excédé cet enfant. || Lasser extrêmement. Cette course m'a excédé. Je suis excédé de fatigue. — Par anal. et fam., Ex. quelqu'un de bonne chère, le faire manger plus qu'il ne faut, en lui offrant une trop grande abondance, une trop grande variété de mets. || Fig., Fatiguer, importuner, tourmenter excessivement. Il vous excède de questions. Vous m'excédez par vos railleries. Vos reproches m'excèdent. ═ S'EXCÉDER. v. pron. Se fatiguer à l'envi, s'exténuer. Il s'est excédé à courir la poste. S'e. de débauches, de travail, etc. S'e. à la chasse. Elle s'est excédée de jeûnes, d'austérités. ═ EXCÉDÉ, ÉE. part. Cet homme ainsi battu et excédé, alla se présenter au juge. Vous devez être excédée d'éloges. Un homme excédé de débauches, de fatigues, de jeûnes, d'austérités. ═ Conj. Voy. CÉDER.

EXCELLEMMENT. adv. [Pr. *ek-sè-laman*]. D'une manière excellente. Cela est e. bien. Cet auteur a écrit e. sur cette matière. Il peint, il écrit e. Il joue e. du piano. Peu usité.

EXCELLENCE. s. f. [Pr. *ek-sè-lance*] (lat. *excellens*, excellent). Degré éminent de perfection. C'est en quoi consiste l'e. de cette musique, de cette comédie, de ce livre. C'est ce qui en fait l'e. L'e. d'un remède, d'un fruit, d'un vin, d'un mets. L'e. de son goût. — Fam., Avoir une grande idée de sa propre e., ou de l'e. de son esprit, Être toujours content de soi, de son mérite. || Dans les collèges, Prix d'e., Prix décerné à l'élève qui, pendant l'année scolaire, a eu les meilleures notes dans toutes les facultés. — PAR EXCELLENCE, locut. adv. Excellemment. Cela est beau, est bon par e. Ce peintre réussit par e. dans le paysage. Fam. || Se dit aussi pour marquer qu'une certaine qualité commune à plusieurs est comme le propre caractère d'un seul. C'est ainsi qu'Aristote est appelé le philosophe par e.

C'est l'homme aimable par e. On dit de même, *Dieu est l'Être par e.*, C'est le souverain Être, et toutes les créatures n'ont l'être que par lui. — On dit encore, *C'est par e. que Salomon est appelé le Sage*, il est appelé le Sage parce qu'il possédà la sagesse au plus haut degré. — L'expression *Par e.* s'emploie aussi quelquefois en parlant des choses. *Ainsi c'est par e. que l'on dit : Tel évêque a obtenu le chapeau*, pour dire qu'il a obtenu le chapeau de cardinal.

Hist. — Le mot *Excellence* constitue une qualification honorifique que l'on donne aux titulaires de certaines dignités. Ce titre paraît avoir été emprunté à la cour de Byzance, et c'est aux rois lombards qu'on attribue son introduction en Occident. Les rois francs et les empereurs d'Allemagne le portèrent, dit-on, jusqu'au XIVe siècle. Un siècle plus tard, les princes italiens le prirent également. Mais le duc de Nevers, ambassadeur de France près la cour de Rome, le l'étant arrogé en 1593, et les envoyés des autres souverains l'ayant imité presque aussitôt, ces mêmes princes l'abandonnèrent et se firent appeler *Altesses*. Deux ans après, Philippe II, roi d'Espagne, réserva formellement ce titre à ses capitaines généraux de Bourgogne et des Pays-Bas; néanmoins les grands d'Espagne et les chevaliers de la Toison d'or continuèrent à se l'attribuer. En ce qui concerne la France, l'usage de donner la qualification d'e. à certains hauts dignitaires ne s'introduisit qu'en 1654. Il pénétra presque aussitôt en Allemagne, où l'on porta l'abus jusqu'à l'appliquer à des professeurs d'université. Aujourd'hui le titre d'e. est très répandu dans la plupart des États de l'Europe, surtout en Italie. En France, il n'est plus guère employé depuis 1870 que dans les rapports des ministres avec les représentants des puissances étrangères. — Les sénateurs de Venise, assemblés en collège en présence du doge, étaient qualifiés *d'excellentissimes seigneurs.*

EXCELLENT, ENTE. adj. [Pr. *ek-sè-lan*] (lat. *excellens*, m. s.). Qui excelle ; qui a un très haut degré de bonté, de perfection. *E. vin. Chère excellente. Goût e. Fruits excellents. Remède e. Ces chevaux sont excellents. Une voiture excellente. Voilà une lunette excellente. De l'excellente musique. Une excellente pièce de théâtre. E. musicien. Un e. poète. Un e. historien. E. ouvrier. E. livre. C'est un e. homme. Il a d'excellentes qualités.* — Iron., *Ce qu'il y a d'e. en cela, c'est que... Vous êtes e. avec vos prétentions.* || Subst., *Les hommes en général plus frappés du nouveau que de l'e.* = Syn. Voy. EXCELLER.

EXCELLENTISSIME. adj. 2 g. [Pr. *ek-sè-lan-ti-sime*] (lat. *excellentissimus*, superl. de *excellens*, excellent). Très excellent; n'est guère usité que dans le style fam. *J'ai lu son livre, il est e. Son vin est e.* — Voy. EXCELLENCE.

EXCELLER. v. n. [Pr. *ek-sè-ler*] (lat. *excellere*, m. s., de *ex*, et *cellere*, v. inus. sign. aller). Être ou premier rang; l'emporter par ses qualités, par sa perfection, sur les personnes de la même profession, ou sur les choses du même genre. *Il s'efforce d'e. dans sa profession, dans son art. Un ouvrier qui excelle en son métier. Homère excelle sur tous les autres poètes. Cet orateur excelle par-dessus tous les autres. C'est surtout dans les tableaux de genre que ce peintre excelle. E. en poésie, en peinture, en musique. Cet homme d'État excelle surtout par sa prévoyance. E. à.* S'entendre parfaitement à. *Cet homme excelle à nager, à conduire un cheval*, etc.

Syn. — *Être excellent.* — *Exceller* suppose une comparaison, met au-dessus de ce qui est de la même espèce et ne souffre pas de pareils. *Être excellent* place simplement au plus haut degré, sans faire de comparaison et souffre des égaux. *Exceller* s'applique à toutes sortes d'objets; *être excellent* ne convient bien qu'aux choses de goût.

EXCENTRATION. s. f. [Pr. ...*sion*] (R. excentrer). T. Méc. Disposition qui déplace un centre.

EXCENTRER. v. a. (lat. *ex*, hors de ; *centrum*, centre). T. Techn. Placer en dehors du centre. — Faire varier le centre dans un ouvrage tourné.

EXCENTRICITÉ. s. f. (lat. *ex*, hors de; *centrum*, centre). Qualité de ce qui est excentrique. || T. Géom. Rapport entre la distance d'un des foyers d'une ellipse ou d'une hyperbole et la longueur de l'axe focal de la même courbe. C'est aussi le rapport constant des distances d'un point quelconque de la courbe au foyer et à la direction correspondante. *Dans la parabole l'e. est égale à 1.* Voy. ELLIPSE, HYPERBOLE, PARA-

BOLE, FOYER. || T. Art. Déviation de l'axe de l'âme d'une bouche à feu. ||, Fig., se dit d'un caractère original, bizarre, et des actes qui dénotent ce caractère. *Cet homme se fait remarquer par son e., par l'e. de ses manières. Il n'est bruit que de ses excentricités.*

Astr. — Dans l'Astronomie ancienne, ce terme désignait la distance de la terre au centre d'une planète; mais, depuis la découverte des lois de Képler, il n'est plus employé que pour exprimer la distance entre chacun des foyers et le centre de l'orbite elliptique d'une planète ou d'un satellite, le demi-grand axe de l'ellipse étant pris pour l'unité. On peut encore définir l'e. par le rapport de la distance entre le foyer et le centre de l'ellipse à son demi-grand axe. En conséquence, si nous représentons par *a* le demi-grand axe, par *b* le demi-petit axe, et par *e*

l'excentricité, nous aurons $e = \dfrac{\sqrt{a^2 - b^2}}{a}$. On voit par là qu'il

importe de bien distinguer l'excentricité de l'ellipticité, celle-ci exprimant simplement le rapport de la différence des deux

axes au plus grand : $\dfrac{a - b}{a}$.

L'e. d'une orbite s'exprime en fonction du demi-grand axe ou de la distance moyenne. Ainsi, par ex., parmi les petites planètes qui gravitent entre Mars et Jupiter, la plus excentrique est la 322e (Siri) : son e. est de 0,3767; c'est plus du tiers de la distance moyenne. Celle-ci étant de 3,2505 (la distance de la Terre au Soleil prise pour unité), cette e. réelle est donc de 3,2505 × 0,3767 ou de 1,2245 supérieure à l'étendue qui existe entre le Soleil et la Terre, et égale à 182 millions de kilomètres. Il en résulte qu'à son périhélie cette planète se rapproche du Soleil jusqu'à la distance 3,2505 — 0,3767 soit jusqu'à 2,8738, et qu'à son aphélie elle s'éloigne jusqu'à la distance 3,2505 + 0,3767, soit jusqu'à 3,6272. Voy. SOLEIL, LUNE, PLANÈTE, etc.

EXCENTRIQUE. adj. 2 g. [Pr. *ek-santrik*]. (lat. *ex*, hors de; *centrum*, centre). Qui est situé hors du centre. || T. Géom. Se dit, par oppos. à *Concentrique*, de deux ou de plusieurs cercles ou sphères, qui sont engagés l'un dans l'autre, et qui ont des centres différents. *Ce cercle est e. à l'autre. Ces deux sphères sont excentriques.* — *Anomalie e.* Voy. ANOMALIE. || T. Méc. *Choc e.*, Celui qui se produit entre deux corps en un point situé en dehors de la droite qui joint leurs centres de gravité. || T. Artill. *Canon e.*, Celui dans lequel l'âme de la pièce n'est pas rectiligne. || Fig., Se dit de quelqu'un qui pense, qui agit en opposition avec les habitudes reçues. *C'est un personnage fort e.* = EXCENTRIQUE. s. m. T. Astron. anc. Cercle sur lequel on supposait que se mouvait une planète, le centre de ce cercle ne coïncidant pas avec le centre de la Terre. Voy. PLANÈTE. || T. Méc. Voy. ci-après.

Méc. — L'excentrique constitue un important organe de machine. Suivant des données fixées d'avance, il sert à modifier le mouvement circulaire qui possède l'arbre moteur en un mouvement alternatif, mais rectiligne. Malgré les énormes frottements que son mécanisme et son dispositif occasionnent, l'e. est un organe avantageux, parce qu'il remplace une manivelle dont la longueur du bras varierait constamment, et il supprime d'importantes modifications que l'on devrait faire subir à l'arbre moteur en ne faisant pas usage de son intermédiaire. En général il ne s'emploie que pour la transmission d'efforts de peu d'importance, la conduite du tiroir d'une machine à vapeur, ou la manœuvre d'une petite pompe d'alimentation, par exemple.

À l'encontre de l'action produite par cet autre organe de la machine, désigné sous le nom de *came*, dont la came n'a d'action que par intermittence et se transformer en mouvement rectiligne alternatif un mouve-

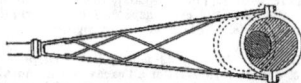

Fig. 1.

ment circulaire, l'excentrique agit d'une manière continue, tandis que la came n'a d'action que par intermittence. On distingue quatre variétés d'excentriques qui diffèrent essentiellement les uns des autres : l'e. *circulaire*, destiné à la transformation des mouvements à l'aide d'une tige rigide; l'e. à *cadre*; l'e. à *galet*, et enfin l'e. à *cœur*.

L'e. *circulaire* (Fig. 1) se compose essentiellement d'un disque métallique que l'on évide en partie dans le seul but de diminuer son poids. Ce disque est calé sur l'arbre moteur et perpendiculairement à sa direction, de telle manière que son centre se trouve par rapport à celui de l'arbre, à une distance représentant très rigoureusement la longueur du bras de manivelle que l'excentrique doit remplacer. Un anneau métallique en deux parties appelé collier ou bague de l'excentrique entoure ce disque et se termine par un bras de levier rigide relié à l'aide d'une articulation à la pièce de la machine qui doit recevoir le mouvement alternatif au lieu et place du mouvement circulaire que possède l'arbre principal, ou arbre moteur.

L'e. à cadre (Fig. 2) et l'e. (Fig. 4) à galet ne diffèrent entre eux que par le mode de frottement employé. Dans le premier de

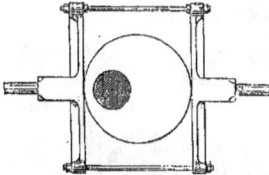

Fig. 2.

ces cas, la tringle rigide transmettant la transformation du mouvement se termine par un cadre métallique remplaçant le collier et enserrant le disque dont nous avons déjà parlé. Ce cadre a une forme rectangulaire lui permettant d'avoir constamment deux côtés parallèles tangents avec le disque. Cette condition est absolument nécessaire pour obtenir un bon fonctionnement de l'organe sans qu'il se produise de chocs violents ni de frottements trop prononcés.

Dans le second cas le disque de l'e. mobile autour d'un axe agit sur la pièce dont le mouvement doit être transformé en opérant son frottement contre un ou plusieurs galets qu'il tend à repousser d'une manière constante.

L'e. à cœur ou triangulaire (Fig. 3) se meut dans un cadre métallique. Au lieu d'avoir une forme circulaire le disque possède celle d'un triangle équilatéral curviligne dont un des sommets se trouve calé sur l'arbre moteur et perpendiculairement à son axe. On le rencontre fréquemment dans certains systèmes de machines à vapeur; son rôle se borne à faire manœuvrer la tige du tiroir.

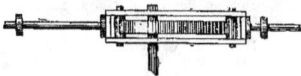

Fig. 3.

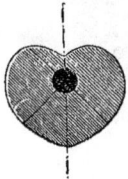

Fig. 4.

Les tourneurs sur bois ou sur métaux désignent sous le nom d'e. une sorte de mandrin. A l'aide de cet outil ils peuvent faire varier, par rapport à l'axe des poupées, le centre de la pièce à tourner sans être dans l'obligation de l'enlever du tour.

EXCENTRIQUEMENT. adv. D'une manière excentrique.

EXCEPTÉ. Prép. [Pr. *ek-septé*] (lat. *exceptum*, distrait de, sup. de *excipere*). Hors, à la réserve de. *E. elle et moi. Toutes ses filles sont mariées, e. la plus jeune. Il travaille toute la semaine, e. le dimanche. Titus fit abattre ce qui restait du temple et de la ville, e. trois tours.* — *E. que,* Si ce n'est que, à cela près que. *Il n'a jamais manqué de faire son service, e. quand il a été malade. Ils se ressemblent parfaitement, e. que l'un est plus grand que l'autre.*

Syn. — *Hormis, hors.* — *Hors* annonce la séparation qui existe entre tel objet et les objets collectivement énoncés, c.-à-d. il détermine les objets que n'embrasse pas la proposition collective : *Nul n'aura de l'esprit hors nous et nos amis. Hormis* restreint la proposition et la corrige par des sous-

tractions expresses : *Le mahométisme permet toutes sortes d'aliments, hormis la chair de porc et le vin. Excepté* suppose toujours une règle ou une proposition générale et un manque de conformité à ce qu'énonce la règle ou la proposition : *Aucun homme n'est exempt de passion, excepté le parfait chrétien.*

EXCEPTER. v. a. [Pr. *ek-septer*] (lat. *exceptare,* fréq. de *excipere,* tirer hors de, de *ex,* hors de, et *capere,* prendre). Désigner une personne ou une chose comme n'étant pas comprise dans un nombre, dans une règle où il semble qu'elle devrait l'être. *Sans e. personne. Ils en sont exceptés de droit. Je n'en excepte qui que ce soit. On a accordé une amnistie aux rebelles, mais en exceptant les chefs. Quoique le règlement soit général, il y a un article qui excepte telles personnes. E. quelqu'un de la loi commune. Ces verbes sont exceptés de la règle générale.* == EXCEPTÉ, ÉE. part. *Ils ont tous péri, cinq ou six personnes exceptées,* pour dire : étant exceptés.

EXCEPTION. s. f. [Pr. *ek-se-psion*] (lat. *exceptio.* m. s.). Action par laquelle on excepte. *Faire e. de. Sans e. Par e. C'est une e. à la règle. Être dans l'e. de la loi. Cela ne souffre point d'e.* || *Ce qui n'est pas soumis à la règle. Il n'y a règle si générale qui n'ait son é. L'e. confirme la règle. N'y a-t-il point d'e ? Ce mot est une e., fait e. Ce principe admet quelques exceptions.* == A L'EXCEPTION DE. loc. prép. Excepté, normis. *Tous périrent, à l'e. d'un seul.*

Droit. — En T. de Droit, le mot *Exception* se prend dans deux sens différents. — Appliqué aux lois et aux tribunaux, il se dit de toute dérogation légale au droit commun. Ainsi, on appelle *Lois d'exception* les lois qui, en vue d'un danger plus ou moins réel, privent temporairement les citoyens des droits qui leur sont garantis par la constitution. Telles sont les lois qui déclarent la mise en état de siège, qui attribuent au pouvoir la faculté d'arrêter ou de bannir les individus suspects de mauvais vouloir à l'égard du gouvernement, qui, dans un état constitutionnel, suspendent ou restreignent la liberté de la presse ou la liberté individuelle. On appelle dans un sens analogue, *Tribunaux d'exception,* les juridictions particulières instituées pour l'expédition d'affaires spéciales, comme les tribunaux de commerce, dont la compétence est bornée aux affaires commerciales, les conseils de guerre et de revision qui jugent les délits et les crimes commis par les militaires. Mais, le plus souvent, on applique cette dénomination aux tribunaux extraordinaires qui, dans les temps de troubles civils, jugent sommairement, et sans s'assujettir aux formalités de la justice ordinaire, les prévenus qui leur sont déférés. Nous citerons pour ex. les *Tribunaux révolutionnaires* de la première République, les *Cours prévôtales* de la Restauration, et les *Commissions militaires* de 1848. — Dans le langage de la Procédure, le mot *Exception* se prend dans un tout autre sens. En effet, il sert à désigner tous les moyens de défense qui, sans toucher au fond de l'affaire, établissent que la demande ne doit pas être accueillie. On les divise en trois classes : les exceptions *déclinatoires,* qui ont pour objet de décliner la compétence du juge devant lequel l'affaire a été portée et de faire renvoyer la cause à une autre juridiction; les exceptions *dilatoires,* qui font éloigner pour un temps la demande et retarder le jugement sur le fond; et les exceptions *péremptoires,* qui font définitivement écarter la demande, sans qu'il soit nécessaire de passer au jugement du fond. On distingue encore, dans ces divisions, les exceptions *temporaires,* qui ne peuvent être invoquées que dans un délai déterminé; les exceptions *perpétuelles,* qui peuvent toujours être présentées; les exceptions *personnelles,* qui se rapportent à la personne même de l'une ou de l'autre des parties; et enfin les exceptions *réelles,* qui reposent sur des moyens inhérents à la chose en litige.

EXCEPTIONNEL, ELLE. adj. [Pr. *é-ksè-psio-nè-le*]. Qui est relatif à une exception, qui renferme une exception, qui fait exception. *La loi contient une disposition exceptionnelle en faveur de telles personnes. Loi, clause exceptionnelle. C'est un cas e.* || Qui est extraordinaire, qui est tout à fait différent des autres. *Un fait e. Une chose exceptionnelle. Un homme, un caractère, un génie e.* Familier.

EXCEPTIONNELLEMENT. adv. [Pr. *é-ksè-psio-nè-le-man*]. D'une manière exceptionnelle.

EXCÈS. s. m. (lat. *excessus,* m. s., de *excessum,* sup. de *excedere,* aller hors de). Se dit de ce qui dépasse la juste mesure, la mesure ordinaire. *Louer, blâmer quelqu'un avec c. Il ne faut rien faire avec e.* E. *de zèle, de travail.* E. *de vin, de bonne chère. Il y a e., il y a de l'e. à boire et à manger aussi.* E. *de froid, de chaleur.* E. *de joie, de jalousie, d'amour, de bonté, d'indulgence.* E. *de richesse, de misère.* E. *de population. L'un pêche par défaut et l'autre par e. Tomber d'un e. dans un autre. Fuir l'un et l'autre e. L'e. en tout est un défaut.* — *Excès de pouvoir.* Voy. Pouvoir. || Absolum., se dit souvent pour débauche, dérèglement. *Il a fait des e., beaucoup d'e. Il s'est ruiné la santé par ses e. Faire un petit e.* || Absolument, se dit encore pour outrage, violence. *Les soldats se portèrent aux e. les plus odieux.* — T. Palais. *Les e. commis en sa personne.* || T. Arithm. Excédent, reste, différence. ═ A L'Excès, jusqu'à l'Excès. loc. adverb. Outre mesure, à l'extrême, *Être économe à l'e. Être prudent, libéral jusqu'à l'e. Ils l'ont maltraité à l'e. Pousser la vengeance, l'insolence à l'e., jusqu'à l'e. Le climat y est humide et chaud à l'e.*

EXCESSIF, IVE. adj. [Pr. *ek-sè-sif*] (R. *excès*). Qui excède la juste mesure, la mesure ordinaire; se dit des choses physiques et morales. *Un froid e. Une chaleur excessive. Un embonpoint e. Une chambre d'une grandeur excessive. Misère excessive. Joie, jalousie, prudence excessive. Prodigalité, avarice excessive. Travail e. Austérité, abstinence excessive. Débauches excessives. Louanges excessives. Le prix e. des denrées. Tout ce qui est e. est vicieux.* || Qui porte les choses à l'excès. *Cet homme est e. en tout ce qu'il fait.*

Syn. — *Immodéré, Outré.* — Ce qui passe la juste milieu et tend à l'extrême est *immodéré;* ce qui passe par-dessus les bornes et se répand au dehors est *excessif;* ce qui passe de beaucoup le but et va trop loin par delà, est *outré.* La chose *immodérée* pêche par trop de force et d'action; la chose *excessive* pêche par surabondance et abus; la chose *outrée* pêche par violence et exagération. Il faut retenir et contenir ce qui deviendrait *immodéré,* arrêter et réduire ce qui devient *excessif,* adoucir et affaiblir ce qui est *outré.*

EXCESSIVEMENT. adv. [Pr. *ek-sè-siveman*]. A l'excès, avec excès. *Il est e. gros. Boire e. Louer e. Maltraiter quelqu'un e. Il est e. colère. Il fait e. chaud.*

EXCIDEUIL. ch.-l. de c. (Dordogne), arr. de Périgueux; 2,000 hab.

EXCIPER. v. n. [Pr. *ek-siper*] (lat. *excipere,* excepter). T. Palais. Alléguer une exception en justice; n'est usité qu'avec la préposit. *De,* suivie d'un complément qui indique sur quoi est fondée l'exception. E. *de l'autorité de la chose jugée.* E. *d'une longue prescription.* || Se dit aussi d'une pièce qu'on emploie pour sa défense. E. *d'une renonciation, d'une quittance.*

EXCIPIENT. s. m. [Pr. *ek-si-pian*] (lat. *excipiens,* part. prés. de *excipere,* prendre). T. Pharm. — On donne le nom d'*Excipient* à la substance dans laquelle, lorsqu'on prépare un médicament, on incorpore ou l'on fait dissoudre les substances actives, soit pour leur donner la forme ou la consistance convenable, soit pour masquer leur saveur, soit pour diminuer leur activité. Quand l'e. est liquide, on l'appelle aussi *Menstrue* ou *Véhicule.*

EXCISE. s. f. [Pr. *ek-size*]. Impôt sur les boissons en Angleterre. Voy. Accise. || Bureau où l'on perçoit cet impôt.

EXCISER. v. a. [Pr. *ek-si-zer*] (lat. *excidere,* retrancher, de *ex,* hors de, et *cædere,* couper). T. Chir. Couper, enlever au moyen de l'instrument tranchant. E. *un polype.* ═ Excisé, ée. part.

EXCISION. s. f. [Pr. *ek-si-zion*] (lat. *excisio,* m. s. T. Chir. Opération par laquelle on enlève, avec l'instrument tranchant, des parties d'un petit volume. *Faire l'e. d'une verrue, d'un polype.*

EXCITABILITÉ. s. f. [Pr. *ek-sitabilité*]. T. Physiol. Propriété des êtres vivants en vertu de laquelle leur activité organique augmente sous l'influence des stimulants.

EXCITABLE. adj. [Pr. *ek-sitable*]. Qui est susceptible d'être excité.

EXCITANT, ANTE. adj. [Pr. *ek-sitan*]. T. Méd. Qui est propre à exciter. *Remède e. Potion excitante.* || Fig. Qui anime, qui exalte la passion. *Paroles excitantes.* || Substant. et au masc., *Administrer des excitants.* — Voy. Stimulant.

EXCITATEUR, TRICE. s. Celui, celle qui excite. *L'excitatrice d'un couvent de femmes.* Celle qui réveille les religieuses. || s. m. T. Phys. Appareil destiné à provoquer la décharge d'un condensateur. Voy. Électricité, XIV. — Ce mot est employé par les médecins dans le sens d'électrode.

EXCITATIF, IVE. adj. [Pr. *ek-sitatif*]. Synonyme d'*Excitant.* Inus.

EXCITATION. s. f. [Pr. *ek-si-ta-sion*]. Action d'exciter, ou état de ce qui est excité. E. *d'un organe.* E. *générale, locale.* — *L'e. des esprits était très grande.* || Fig., Action de pousser, de provoquer. E. *à la guerre civile, à la haine et au mépris du gouvernement.* E. *à la débauche.*

Législ. — *Excitation à la débauche.* — Quiconque attente aux mœurs en excitant, favorisant ou facilitant habituellement la débauche ou la corruption de la jeunesse de l'un ou de l'autre sexe au-dessous de l'âge de 21 ans, est puni d'un emprisonnement de six mois à deux ans, et d'une amende de 50 francs à 500 francs.

Si la prostitution ou la corruption a été excitée, favorisée ou facilitée par les père, mère, tuteur ou autres personnes chargées de la surveillance des jeunes gens, la peine est de 2 ans à 5 ans d'emprisonnement et de 300 fr. à 1000 fr. d'amende (art. 334 et 335 du code pénal).

Les coupables du délit dont il s'agit subissent en outre un certain nombre de déchéances ou incapacités prévues par l'article 335 du Code pénal.

EXCITEMENT. s. m. [Pr. *ek-siteman*]. T. Méd. État d'un organe qui est excité; ne se dit guère que par oppos. à *Collapsus.*

EXCITER. v. a. [Pr. *ek-siter*] (lat. *excitare,* m. s., de *ex,* et *citare,* presser). Engager, porter à. E. *quelqu'un à boire, à manger. On ne cesse de l'e. à l'étude, au travail, à la piété.* E. *les peuples à la révolte.* Autrefois on disait aussi, E. *à pitié, à compassion.* || Animer, encourager. E. *les combattants.* E. *un taureau. Il excitait les soldats par ses discours et par son exemple.* || Provoquer, causer, faire naître. E. *la soif, l'appétit.* E. *les désirs.* E. *une sédition. Son discours excita un grand murmure dans l'assemblée.* — Se dit aussi des choses morales. E. *l'admiration, l'envie, la jalousie, la curiosité. Cela excitait plutôt le dégoût que la pitié.* || T. Méd. E. *un organe.* Faire qu'il exécute ses fonctions avec plus d'énergie. ═ s'Exciter. v. pron. S'encourager, s'animer. *Le lion s'excite au combat, il s'excite en se battant les flancs avec sa queue. Ils s'excitaient l'un l'autre.* ═ Excité, ée. part. ═ Syn. Voy. Aiguillonner.

EXCLAMATIF, IVE. adj. Qui marque l'exclamation. *Point e. Phrase exclamative.*

EXCLAMATION. s. f. [Pr. *eks-klama-sion*] (lat. *exclamatio,* m. s., de *ex,* et *clamare,* crier). Cri de joie, d'admiration, de surprise, d'indignation, etc. *Faire une e., de grandes exclamations.* — *Point d'e.* Signe de ponctuation (!) qui se met après une exclamation, comme *Hélas! Ô Dieu!*

Rhét. — En termes de Rhétorique, on donne le nom d'*Exclamation* à l'expression de tout sentiment vif et subit qui s'empare de l'âme, parce qu'elle éclate d'ordinaire par les interjections. C'est une des figures les plus employées par la poésie, surtout par la poésie lyrique; mais l'art oratoire et l'art dramatique en retirent également de magnifiques effets. L'e. peut revêtir les formes les plus variées: approbation, plaisanterie, sensibilité, trouble, surprise, fureur, etc. Les œuvres de nos grands tragiques et de nos grands orateurs en renferment de très beaux exemples. Telle est l'e. de Corneille, lorsque, entendant vanter la douleur de César à la vue de l'urne qui renfermait les cendres de Pompée, elle s'écrie :

O soupirs! ô respect! Oh qu'il est doux de plaindre
Le sort d'un ennemi, quand il n'est plus à craindre !

Telle est encore celle de Bossuet dans l'oraison funèbre de la duchesse d'Orléans : « O nuit désastreuse ! ô nuit effroyable, où retentit tout à coup comme un éclat de tonnerre cette étonnante nouvelle : Madame se meurt, Madame est morte ! »

EXCLAMATIVEMENT. adv. D'une manière exclamative.

EXCLAMER (S'). v. pron. (lat. *exclamare*, m. s., de *ex*, et *clamare*, crier). Pousser des exclamations.

EXCLURE. v. a. (lat. *excludere*, m. s., de *ex*, et *claudere*, fermer). Renvoyer, retrancher quelqu'un d'une société, d'un corps, etc., où il avait été admis. *On voulait l'exclure de l'assemblée.* || Dans une acception plus générale, Repousser, écarter, ne point admettre ; se dit alors des choses comme des personnes. *Les Européens étaient exclus de tous les ports du Japon. Ses ennemis l'ont fait exclure de cette place. La loi exclut de l'armée tout individu qui a été condamné à une peine infamante. La loi l'exclut du droit de succéder. Les protestants ont exclu de leur temple toute espèce d'ornements. Les époux peuvent e. de la communauté tous leurs biens à venir.* Absol., *La bigamie exclut du sacerdoce.* || Se dit des choses qui sont incompatibles avec d'autres. *Le genre naïf exclut toute recherche dans le style. La charité exclut l'avarice. La simplicité n'exclut pas la noblesse.* — s'EXCLURE. v. pron. Être incompatible. *Ces deux p. incipes s'excluent réciproquement.* = EXCLU,UE. part. *Les femmes sont exclues de ces emplois.* Autrefois, on disait aussi, *Exclus, use.* = Conj. Voy. CONCLURE.

EXCLUSIF, IVE. adj. (bas-lat. *exclusivus*, m. s.). Qui exclut, qui a force d'exclure. *Privilège e. Un droit e., e. de tout autre. Une idée exclusive d'une autre. Régime e. de communauté.* Voy. COMMUNAUTÉ, III. — *Avoir voix exclusive dans une élection,* Avoir le droit d'exclure le candidat présenté. || Dans un sens partic., se dit d'une personne qui exclut, qui repousse tout ce qui blesse ses goûts, ses opinions, ses intérêts. *L'esprit de parti rend e. C'est un esprit très e., un caractère e.* On dit de même, *Un goût e. Patriotisme e. Des idées exclusives. L'amour est exclusif.*

EXCLUSION. s. f. [Pr. *eks-klu-zion*] (lat. *exclusio*, m. s.). Action d'exclure ; effet de cette action. *Donner l'e. à quelqu'un. Il opina pour l'e. Son e. a été prononcée en vertu du règlement. Quand on proposa un tel, toutes les voix allèrent à l'e. Son e. a été le résultat de l'intrigue.* || T. Jurisp. Interdiction de l'exercice d'un droit. *E. de la tutelle.* Voy. TUTELLE. = A L'EXCLUSION DE. loc. prépos. Telle personne ou telle chose étant exclue. *A l'e. d'un tel. Il cultiva tous les beaux-arts à l'e. de la musique.*

Math. — Les mathématiciens donnent le nom de *Méthode d'e.* à une méthode particulière imaginée, au XVIIe siècle, par Fréuicle, pour résoudre certains problèmes numériques. Pour cela, il excluait successivement tous les nombres qui ne pouvaient résoudre la question, jusqu'à ce qu'il eût trouvé celui qui satisfaisait aux conditions demandées. Cette méthode a jadis excité l'admiration de Fermat et de Descartes ; mais la découverte de procédés plus expéditifs l'a fait entièrement abandonner depuis longtemps.

EXCLUSIVEMENT. adv. D'une manière exclusive, à l'exclusion de toute autre chose. *Il s'adonne e. à l'étude de la chimie.* || *E.* et *Inclusivement* s'emploient par oppos. l'un à l'autre, quand on fixe une certaine étendue de temps ou de lieu ; *Inclusivement* se dit lorsqu'on y comprend le dernier terme, et *E.* lorsqu'on ne veut pas l'y comprendre. *Depuis le six janvier jusqu'au trente inclusivement. Depuis le mois de mai jusqu'au mois de juillet. De telle page à telle autre inclusivement.* || T. Prat. anc. On disait autrefois, *Jusqu'à sentence définitive e.,* Lorsqu'un juge supérieur renvoyait à un juge inférieur un procès criminel, pour faire l'instruction, sans prononcer la sentence.

EXCLUSIVISME. s. m. Se dit quelquefois pour esprit, caractère exclusif. *L'e. des partis.* — On dit aussi, *L'e. de l'esprit anglais. L'e. de ses opinions.*

EXCOMMUNICATION. s. f. [Pr. *eks-ko-muni-ka-sion*] (lat. *excommunicare*, empêcher de communiquer). T. Droit canon. — L'*Excommunication* est une censure par laquelle l'autorité ecclésiastique sépare un chrétien de la communion des fidèles et le prive, en tout ou en partie, des biens spiri-

tuels dont dispose l'Église. L'excommunié est dit *dénoncé,* quand il est nommément désigné dans la sentence, et *non dénoncé* ou *toléré,* quand il ne l'est pas.

On distingue deux sortes d'e., l'*e. majeure* et l'*e. mineure* ; mais, dans le droit canon, le mot E. employé seul désigne toujours l'*e. majeure.* — L'*e. mineure* prive le fidèle de la réception des sacrements et du droit de pouvoir être élu à quelque dignité ou bénéfice ecclésiastique ; toutefois elle ne l'empêche ni d'administrer les sacrements, ni d'élire ou de présenter quelqu'un aux dignités ecclésiastiques. Enfin, elle ne peut être produite que par une seule cause, savoir : la communication avec un excommunié dénoncé. — L'*e. majeure* prive du droit de participation aux prières publiques que l'Église fait pour tous les fidèles, ainsi qu'aux offices divins à l'exception des sermons et des instructions. Elle dépouille du droit d'administrer ou de recevoir les sacrements, de nommer ou d'être nommé aux bénéfices et dignités, d'exercer toute juridiction ecclésiastique, de recevoir les rescrits du Saint-Siège, soit de grâce, soit de justice. Enfin, la sépulture ecclésiastique ne peut être donnée au condamné, et il est interdit aux fidèles de communiquer avec lui, sauf certaines exceptions particulières qui sont déterminées par les canons. Ainsi, par ex., la femme peut continuer ses rapports avec son mari, les serviteurs avec leur maître, l'enfant avec ses parents, le sujet avec le prince, le soldat avec l'officier, etc. La communication est également permise quand il doit en résulter un bien spirituel pour l'excommunié, ou qu'il est absolument impossible de faire autrement. Quant aux causes qui peuvent faire encourir l'e. majeure, elles sont fort nombreuses. « Mais, dit l'abbé André, l'Église ne frappe point de l'e. les pécheurs, si leur péché n'est mortel, s'il ne s'est manifesté au dehors, et s'il ne cause du scandale. Elle examine, en outre, si ce châtiment leur sera profitable et nullement nuisible aux autres fidèles. »

L'e. est prononcée, suivant les cas, par le souverain pontife ou par les évêques. C'est au pape, par ex., qu'est réservé le droit de prononcer l'e. contre ceux qui professent publiquement l'hérésie, qui se battent en duel, qui mutilent grièvement un ecclésiastique ou un religieux, qui violent la clôture des couvents ou monastères, qui envahissent les terres de l'Église, etc. — Pour prononcer l'ex., il suffit de s'exprimer de manière qu'on ne puisse pas douter du caractère et des effets de cette censure. On peut se contenter de dire : *Nous excommunions ;* mais comme il s'agit de réduire le coupable par la crainte des conséquences auxquelles il s'est exposé, on accompagne ordinairement ces paroles de formules destinées à produire sur lui une impression plus profonde. En outre, quand on prononce l'e. de la manière la plus solennelle (ce qu'on appelle *fulminer* l'e.), douze prêtres assistent l'évêque avec un flambeau allumé à la main, qu'ils jettent par terre et éteignent sous leurs pieds après la fulmination ; enfin, on sonne les cloches tant que dure la cérémonie. Cette manière de prononcer l'e. porte le nom d'*Anathème* dans le Pontifical ; ce n'est en réalité que le *Réaggrave* des écrivains canonistes. — De même que les autres censures, l'e. peut être *valide* ou *invalide :* dans le premier cas, elle n'est ordinairement par l'absolution du pécheur ; dans le second, par la cassation de la sentence.

Pendant tout le moyen âge, l'e. a été entre les mains des papes un instrument puissant de gouvernement, dont ils ont fait largement usage dans leurs démêlés avec les rois et les empereurs.

EXCOMMUNIER. v. a. [Pr. *eks-ko-mu-nier*]. Retrancher de la communion de l'Église. *On l'a menacé de l'e. Le pape l'excommunia.* = EXCOMMUNIÉ, ÉE. part. || Subst., *C'est un excommunié. Les excommuniés ne peuvent être inhumés en terre sainte.* — Famil., *Cet homme a un visage d'excommunié, il est fait comme un excommunié.* Il a une mauvaise mine, il est mal habillé, mal en ordre. = Conj. Voy. PRIER.

EXCORIATION. s. f. [Pr. *eks-ko-ria-sion*] (R. *excorier*). T. Chirurg. Écorchure ; plaie légère de la peau ou d'une muqueuse.

EXCORIER. v. a. (lat. *excoriare*, m. s., de *ex*, hors, et *corium*, cuir). Écorcher, faire une plaie superficielle à la peau ou à quelque membrane. = EXCORIÉ, ÉE. part.

EXCORPORATION. s. f. [Pr. *eks-korpora-sion*] (lat. *ex*, hors ; *corpus*, corps). T. Dr. canon. Acte par lequel un évêque déclare qu'un de ses prêtres ne fait plus partie de son diocèse.

EXCRÉMENT. s. m. (lat. *excrementum*, m. s., de *ex*, hors, et *cernere*, séparer). Toute matière solide ou fluide qui est évacuée du corps de l'homme ou des animaux, par les émonctoires naturels. Dans ce sens, on dit mieux *Excrétions*. — Plus particul., Les matières fécales et l'urine. *Des excréments d'animaux*. Les matières fécales sont quelquefois distinguées sous le nom de *Gros excréments*. || Fig. et par mépris, on dit d'une personne vile et méprisable, *Ex. de la terre, de la nature, du genre humain*.

Agric. — Dans les contrées où l'agriculture est très avancée, notamment dans le département du Nord et en Belgique, on a bien soin de ne rien perdre des matières fécales. On considère, avec raison, les excréments humains comme les engrais les plus puissants. Leur efficacité a pour cause la concentration, dans un état de division extrême, de toutes les substances organiques et salines dont les plantes ont besoin. Voici la plus frappante démonstration de leur valeur. On estime généralement qu'un sol qui produit, sans engrais, trois fois la semence qui lui a été confiée, donne à superficie égale, lorsqu'il a été fumé avec des engrais végétaux, 5 fois la semence ; avec du fumier d'étable 7 fois ; avec la colombine, 9 fois ; avec le fumier de cheval, 10 fois ; avec l'urine humaine 12 fois ; enfin, avec les excréments humains, 14 fois. Malgré la répugnance qu'on éprouve à manipuler cette dernière matière, qu'il est facile d'ailleurs de désinfecter, on est porté à se demander si nous avons bien le droit de faire les difficiles, alors que notre agriculture ne peut produire ni assez de viande, ni assez de pain pour nous nourrir. Il semble qu'avant de demander à l'État de frapper d'une taxe les blés étrangers à leur entrée chez nous, c.-à-d. d'augmenter fictivement le prix du pain, nous eussions dû, abandonnant l'ornière de la routine, qui va droit à la misère, nous appliquer à doubler nos récoltes et à prendre l'habitude de ne chercher de protection que dans nos bras et notre savoir-faire. — Il y a donc nécessité de propager les bonnes pratiques circonscrites dans un petit nombre de localités. On peut désinfecter les matières fécales et les transporter aux champs sans qu'elles répandent aucune odeur, en associant à chaque hectolitre les substances suivantes : Poussier de charbon, 4 kilogr., plâtre 0 kilog., 350 ; sulfure de zinc ou de magnésie, 0 k., 250.

MM. Boussingault et Liebig ont constaté que chaque individu produit, en moyenne et par jour, 750 grammes d'ex., à savoir : 625 gr. d'urine et 125 gr. de matières fécales, dosant ensemble 3 p. 100 d'azote. Cela fait au bout de l'année 274 kilogram. d'engrais excessivement riche, suffisant pour fournir d'azote 400 kil. de blé. En d'autres termes, les excréments humains, s'ils étaient recueillis avec soin, selon les pratiques usitées dans certaines contrées, suffiraient seuls, et au delà, avec addition cependant d'acide phosphorique et de potasse en petite quantité, pour fumer intensivement la superficie du sol français, et doubler la récolte du froment. Voy. POUDRETTE et ENGRAIS.

EXCRÉMENTIEUX. EUSE. ou **EXCRÉMENTIEL, ELLE**, et mieux **EXCRÉMENTITIEL, ELLE**. adj. [Pr. ...*sieu*, ...*siel*] (R. *Excrément*). T. Méd. Qui est destiné à être rejeté au dehors. Voy. EXCRÉTION.

EXCRÉTÉ, ÉE. part. passé du v. inusité EXCRÉTER. (lat. *excernere*, séparer). T. Physiol. Évacué par un organe excréteur. *Les divers liquides excrétés à la surface des muqueuses*.

EXCRÉTEUR. adj. m. et **EXCRÉTOIRE**. adj. 2 g. Qui est relatif aux excrétions, qui sert aux excrétions. *Fonction excrétoire. Organe excréteur. Conduit, canal excréteur ou excrétoire*.

EXCRÉTINE. s. f. (R. *excrétion*). T. Chim. Substance qui paraît analogue à la cholestérine et qui a été extraite, en très petite quantité, des excréments humains. Quand on a épuisé ces excréments par l'alcool absolu à chaud, la solution laisse déposer un acide gras, fusible à 75°, l'*acide excrétoléique*. Le liquide filtré et traité par un lait de chaux donne un précipité brun qui, repris par l'éther, fournit l'excrétine cristallisable en longues aiguilles à réaction alcaline, fusibles vers 95°.

EXCRÉTION. s. f. [Pr. *eks-krd-sion*] (lat. *excernere*, séparer). T. Physiol. — On confond quelquefois les termes *Sécrétion* et *Excrétion* ; mais c'est à tort. Le premier de ces mots désigne l'acte par lequel certains organes élaborent certains produits destinés à être résorbés ou éliminés de l'économie, tandis que le second s'applique exclusivement à l'acte

par lequel les matières liquides ou solides ingérées dans l'économie animale ou sécrétées par les organes sécréteurs sont rejetées au dehors. C'est ainsi que l'on dit l'ex. des matières fécales, l'ex. de l'urine, l'ex. de la salive, du mucus nasal, etc. Tous les produits de sécrétion qui sont destinés à être évacués, comme l'urine, sont appelés *Excrémentitiels*, ceux qui ne doivent point être éliminés, comme la synovie, le liquide encéphalo-rachidien, etc., sont dits *Récrémentitiels* ; enfin, on nomme *Excrémento-récrémentitiels*, ceux qui sont en partie éliminés et en partie résorbés ; tels sont : la salive, le suc gastrique, la bile, le suc pancréatique, etc. — Par extens., on applique souvent la dénomination d'*excrétions* aux matières excrémentitielles elles-mêmes, quelle que soit leur origine.

EXCRÉTOIRE. adj. T. Physiol. Voy. EXCRÉTEUR.

EXCROISSANCE. s. f. (lat. *excrescere* ; de *ex*, hors de, et *crescere*, croître).

Path. — On désigne vulgairement par ce mot les tumeurs, de quelque nature qu'elles soient, qui font saillie à la surface d'un organe, mais particulièrement à la surface de la peau ou d'une membrane muqueuse, et qui ordinairement n'y tiennent que par une base mince ou par des racines sans profondeur. Elles présentent, quant à leur nature et à leur forme, de nombreuses variétés. Les verrues, les productions cornées, les exostoses, les crêtes, les condylomes, certains polypes, etc., sont des excroissances. Toutefois, on donne spécialement le nom de *Végétations* à celles qui sont pourvues de vaisseaux abondants et jouissent d'une vitalité supérieure, en vertu de laquelle elles semblent végéter à la surface qui leur sert de base.

Bot. — Par analogie, les botanistes donnent le nom d'*Excroissances* aux bourrelets plus ou moins épais qui se développent à la surface des tiges ou des branches des végétaux ligneux. Ces bourrelets sont le résultat d'une sève surabondante qui, détournée de sa route naturelle et ne produisant pas de boutons, s'arrête et forme un dépôt de couches ligneuses. Les ébénistes les appellent *Loupes*, et les recherchent à cause de la dureté de leur bois et de la beauté des veines qu'elles présentent.

EXCRU, UE. adj. Qui a poussé en forme d'excroissance.

EXCURSION. s. f. (lat. *excursio*, m. s., de *ex*, hors, et *currere*, courir). Course au dehors ; se dit de ceux qui parcourent un pays, un canton dans le but de le visiter, de l'étudier. *Ce botaniste fait souvent des excursions dans les environs de Paris*. — Particul., Irruption sur un pays ennemi. *Faire une ex. en pays ennemi. Ils revinrent de leur ex. chargés de butin*. || Fig., Digression. *Faire une ex., de fréquentes excursions hors de son sujet*. || T. Physiq. La course que décrit une corps écarté de son point de repos pour revenir à ce même point. || T. Astron. Marche d'une planète qui s'éloigne de l'équateur. *Cercles d'ex.*, Cercles parallèles à l'écliptique qui limitent l'écart des planètes de part et d'autre de l'écliptique.

EXCURSIONNISTE. s. m. [Pr. *eks-kur-sio-niste*]. Celui qui fait une excursion scientifique ou de plaisir.

EXCUSABILITÉ. s. f. T. Droit. Qualité de ce qui est excusable.

EXCUSABLE. adj. 2 g. Qui peut être excusé, qui est digne d'excuse. *Vous n'êtes pas ex. Il est fort ex. de s'être conduit ainsi. Délit ex. Cette faute n'est pas ex.*

EXCUSABLEMENT. adv. D'une manière excusable.

EXCUSATION. s. f. [Pr. *eks-ku-sa-sion*]. T. Jurisp. Motif que quelqu'un invoque pour être déchargé d'une tutelle, ou de quelque autre charge publique. On dit aujourd'hui, *Excuse*.

EXCUSE. s. f. (R. *excuser*). Raison que l'on apporte pour se disculper, ou pour disculper quelqu'un de ce qu'il a fait ou dit. *Ex. légitime, valable, recevable. Bonne, mauvaise ex. Voilà une belle ex. ! Sotte ex. Ex. impertinente. Donner, apporter, alléguer une ex. Chercher, forger une ex., des excuses. Cela lui servira d'ex. Il a toujours une ex. toute prête. Il ne manque jamais d'ex. Recevoir une ex. Recevoir pour ex.* || *Faire des excuses à quelqu'un*, Lui témoigner le regret de l'avoir offensé, d'avoir mal agi à son égard, ou lui déclarer que, dans la chose dont il se plaint, on n'a eu

nulle intention de l'offenser. *Il exigea que son adversaire lui fit des excuses.* — *Faire des excuses,* s'emploie aussi, comme terme de civilité, quand on veut engager quelqu'un à avoir de l'indulgence pour quelque léger tort. *Monsieur, je vous fais mes excuses. Je vous en fais mille excuses, madame. Je vous en fais ex. pour lui. Il n'a pas pu venir comme il vous l'avait promis, et il m'a chargé de vous présenter, de vous faire agréer ses excuses.* — Fam., on dit aussi, par politesse, *Je vous fais e., je vous fais bien ex., Lorsqu'on veut contredire quelqu'un. Je vous fais ex., mais je ne puis être de votre avis.*

Obs. gram. — La locution *Demander excuse,* employée comme syn. de *demander pardon,* est une expression condamnée par tous les grammairiens. *Demander excuse* signifie proprement *demander que quelqu'un vous fasse des excuses*; or, celui qui a offensé ou qui craint d'avoir offensé, prie de lui pardonner, ou, en d'autres termes, *fait des excuses,* et ne saurait en demander. — Remarquons toutefois qu'on peut dire, dans certains cas, *excuser* dans le sens de *pardonner,* quoique le mot *excuse* ne soit jamais synonyme de *pardon.*

Syn. — *Faire excuse, Demander pardon.* — Ces deux expressions ne sont pas tout à fait synonymes. On *fait excuse* pour une erreur, une faute apparente ou très légère; on *demande pardon* d'une faute réelle. L'un est pour se justifier, et part d'un fond de politesse; l'autre est pour arrêter la vengeance ou pour éviter la punition, et désigne un mouvement de repentir.

Droit. — En droit pénal, *l'excuse* résulte de circonstances qui, sans enlever au fait incriminé son caractère délictueux, entraînent une diminution et quelquefois même une exemption de pénalité. C'est au législateur (C. P. 66) qu'il appartient de déclarer les cas et les circonstances qui peuvent rendre excusable un crime ou un délit. — C'est ainsi que la loi déclare excusables le meurtre, les blessures et les coups, s'ils ont été provoqués par des coups et violences graves envers les personnes (C. P. 321); toutefois le meurtre commis par l'époux sur son épouse, ou par la femme sur son mari, n'est excusable qu'autant qu'il a été provoqué par des violences assez graves pour mettre la vie en péril dans le moment même où le meurtre a eu lieu (314). Le meurtre, les coups et blessures sont également excusables, s'ils ont été commis en repoussant pendant le jour l'escalade ou l'effraction des clôtures, murs ou entrée d'une maison ou d'un appartement habité, ou de leurs dépendances (322). Si le fait s'était passé pendant la nuit, il serait considéré comme compris dans les cas de légitime défense, et ne constituerait ni crime ni délit (329). Est encore excusable le meurtre commis par le mari sur l'épouse adultère, ainsi que sur son complice, à l'instant où il les surprend en flagrant délit dans la maison conjugale. Il en est de même du crime de castration, s'il a été immédiatement provoqué par un outrage violent à la pudeur (324 et 325). Quant au parricide, il n'est jamais excusable (323). — Lorsque le fait d'ex. est prouvé, la peine de mort, celle des travaux forcés à perpétuité et celle de la déportation sont réduites à un emprisonnement d'un an à cinq ans; toute autre peine criminelle est réduite à un emprisonnement de six mois à deux ans; dans ces deux cas, l'interdiction de certains séjours peut être ou autre prononcée contre les coupables pour une durée de cinq à dix ans. La peine d'un délit excusable est un emprisonnement de six jours à six mois. — Voy. CULPABILITÉ. — Ajoutons que, dans certains cas, l'e. prévue par la loi entraine l'absolution de toute peine; tel est celui du coupable qui, avant toute poursuite, révèle à l'autorité l'attentat contre la sûreté de l'État dont il est l'auteur ou le complice. (Voir également les cas des articles 138, 144, 100 et 213, 247, 248 et 380 du code pénal.)

E. se dit aussi, dans le langage du droit, des motifs d'une absence ou d'un refus d'accepter une mission. C'est ainsi qu'aux termes de la loi du 21 novembre 1872, les septuagénaires peuvent se faire dispenser des fonctions de juré, en invoquant une e. tirée de leur âge.

EXCUSER. v. a. (lat. *excusare,* m. s.). Donner des raisons pour se disculper ou pour disculper quelqu'un d'une faute. *Je vous prie de m'ex. auprès de votre mère. Il s'efforça vainement de vous ex. Vous cherchez à ex. ce que vous n'oseriez approuver. La charité couvre ce qu'elle ne peut ex.* — En parlant des choses, Servir d'excuse. *L'ivresse n'excuse point le crime.* || Recevoir, admettre les raisons que quelqu'un allègue pour se disculper. *Après l'avoir entendu, on ne put s'empêcher de l'ex.* || T. Droit. *Ex. un juré,* Trouver valable le motif qu'il allègue pour être dispensé de siéger.* || Pardonner, supporter, tolérer par quelque considé-

ration. *On doit ex. les fautes de la jeunesse. Il faut ex. ce léger oubli. Rien ne peut faire ex. une telle conduite. Excusez l'état où je suis. Vous m'excuserez si je vous quitte. — Ex. quelqu'un de faire une chose,* Le dispenser de la faire. *Il m'a invité à souper, je l'ai prié de m'en ex.* — *Excusez-moi,* se dit par civilité, quand on contredit quelqu'un, ou quand on veut se dispenser de céder à quelque demande. *Vous dites que j'ai fait telle chose; excusez-moi, je ne l'ai point faite,* ou absolum., *excusez-moi. Vous resterez avec nous? Excusez-moi, cela m'est impossible.* On dit aussi, dans le même sens, *Vous m'excuserez.* == s'Ex-cuser. v. pron. Être excusé, être toléré.

Une telle action ne saurait s'excuser.

MOLIÈRE.

|| Donner des raisons pour se disculper ou pour se dispenser de faire quelque chose. *Comment se pourrait-il ex. d'une telle faute? Ils s'en sont excusés sur ce qu'ils n'avaient pas d'ordre. Il s'en excusa sur sa maladie.* — *S'ex. sur un autre,* Rejeter la faute sur un autre. — *S'ex. de faire une chose,* Donner des raisons pour s'en dispenser. *On m'a prié de solliciter pour lui, je m'en suis excusé.* == EXCUSÉ, ÉE. part. *Je vous prie de me tenir pour excusé. Vos erreurs sont excusées.*

EXCUSEUR. s. m. Celui qui excuse.

EX-DONO. s. m. (mots lat. sign. *par don*). Inscription mise sur un objet, un livre, pour indiquer qu'il a été donné à celui qui en est possesseur.

EXEAT. s. m. [Pr. *è-gzé-ate*] (lat. *ex,* hors; *ire,* aller). Mot lat. qui sign. *Qu'il sorte,* et qui se dit de la permission par écrit qu'un évêque donne à un ecclésiastique, son diocésain, pour aller exercer dans un autre diocèse les fonctions de son ministère. *Avoir un ex. en bonne forme. Cet évêque a expédié plusieurs exeat.* — Fam., *Donner à quelqu'un son ex.,* Le congédier. || Dans les collèges, on appelle Ex., La permission de sortie qu'on accorde à un écolier. — Dans les hôpitaux, le congé de sortie qu'on donne à un convalescent. — Dans les bibliothèques publiques, billet délivré à celui qui sort avec des livres. == Plur. *Des exeat.*

EXÉCRABILITÉ. s. f. [Pr. *è-gzé...*]. Qualité de ce qui est exécrable.

EXÉCRABLE. adj. 2 g. [Pr. *è-gzé...*]. Qu'on doit exécrer, dont on doit avoir horreur. *Crime, forfait ex. C'est un homme ex. Des mœurs, des opinions exécrables.* || Par exagérat., Extrêmement mauvais. *Que dites-vous de ce livre? Il est ex. Du vin ex. Cela est d'un goût et d'un style exécrables.* — Syn. Voy. ABOMINABLE.

EXÉCRABLEMENT. adv. [Pr. *è-gzé...*]. D'une manière exécrable. *Il s'est conduit ex. Il versifie ex.*

EXÉCRATION. s. f. [Pr. *è-gzé-kra-sion*] (R. *exécrer*). Sentiment d'horreur extrême pour quelqu'un ou pour quelque chose. *Avoir en ex. Cet homme m'est en ex. Je l'ai en ex. Il est digne de l'ex. publique.* || Se dit quelquefois de la personne ou de la chose qui est en exécration, qui est digne d'exécration. *Cet homme est l'ex. du genre humain. Cette action est infâme; c'est une ex.* || Imprécation où les choses saintes sont profanées. *Il fit mille serments, mille exécra-tions.* || T. Liturg. Voy. PROFANATION.

Syn. — *Imprécation, Malédiction.* — Pris à la lettre, ces mots signifient : *imprécation,* action de prier contre; *malédiction,* action de dire mal ; *exécration,* action de exécrer, si l'on nous permet ce barbarisme. « *Exécration,* dit Roubaud, exprime deux actions différentes, celle de perdre la qualité de sacré (c'est le sens théologique), et celle d'attirer ou de provoquer contre quelqu'un la vengeance céleste. Dans un sens moins étroit, il désigne encore une sainte horreur, l'horreur la plus profonde, ou même l'action digne de cette horreur. » *L'imprécation* part de la colère ou de la faiblesse; la *malédiction* vient aussi de la justice et de la puissance; l'*exécration* naît d'une horreur religieuse ; et c'est pourquoi ce sentiment lui-même s'appelle *exécration,* comme quand on dit avoir en *exécration.*

EXÉCRATOIRE. adj. 2 g. [Pr. *è-gzékra-toire*]. T. Ecclés. Qui a rapport à l'exécration, qui emporte l'exécration.

EXÉCRER. v. a. [Pr. *è-gzé-krer*] (lat. *exsecrari,* m. s.), de *ex,* hors, *sacer,* sacré). Avoir en exécration. *Tout le monde l'exècre. Répandre de telles calomnies, c'est le moyen de vous faire ex.* || Par exng., Détester. *La musique l'ennuie et il exècre les vers.* = Exècré, ée. part. = Conj. Voy. Céder. = Syn. Voy. Abhorrer.

EXÉCUTABLE. adj. 2 g. [Pr. *è-gzé-kutable*]. Qui peut être exécuté. *Ce projet n'est pas ex.*

EXÉCUTANT, ANTE. s. [Pr. *è-gzé-kutan*]. T. Mus. Personne qui fait sa partie dans un concert, dans un orchestre. *Il y avait plus de deux cents exécutants.*

EXÉCUTER. v. a. [Pr. *è-gzé-kuter*] (lat. *exsecutum,* sup. de *exsequi,* suivre jusqu'à la fin). Effectuer, mettre à effet. *J'exécuterai ce que j'ai promis. Ex. un dessein, un projet, une entreprise. Ex. un crime. Ces grands travaux ont été exécutés en très peu de temps. Il a exécuté de très grandes choses. Cela est difficile à ex. Vous êtes chargé de faire ex. la loi. Ex. un arrêt, un traité, un testament. J'ai exécuté vos ordres.* || Dans les arts du dessin, Faire un ouvrage quelconque, d'après une esquisse, un projet, un plan, etc. *Ex. un tableau, une statue, un monument. Ex. un ouvrage en grand, en petit.* Absolum., *Il imagine bien, mais il exécute mal.* — En part. de musique et de danse, Jouer, rendre, représenter. *Ex. une sonate de Mozart, un concerto. L'orchestre a parfaitement exécuté cette ouverture. Ex. un opéra, un ballet.* — *Ex. des mouvements, des manœuvres.* || T. Procéd. Saisir les meubles de quelqu'un par autorité de justice, pour les faire vendre. *Faire ex. les meubles d'un débiteur. Ex. un débiteur en ses meubles,* ou simpl., *Ex. un débiteur.* — T. Bourse. *Ex. quelqu'un.* Voy. Bourse. || T. Palais. Faire mourir par autorité de justice. *Ex. un criminel. Il fut exécuté à mort.* || T. Guerre. *Ex. militairement un soldat,* Le fusiller. *Ex. militairement une ville, un village,* etc., Exercer des rigueurs contre les habitants, pour les contraindre à ce qu'on exige d'eux. — s'Exécuter. v. pron. Être exécuté. *Cela ne peut s'ex. Il faut que la loi s'exécute.* || Fig., Vendre ses propriétés ou ses meubles pour payer ses dettes, sans attendre les poursuites de ses créanciers. *Il s'est exécuté lui-même, afin de prévenir les poursuites.* || Se déterminer spontanément à faire quelque chose de pénible ou d'onéreux pour satisfaire à ce qu'exige l'équité, l'honneur, la raison. *D'abord il a refusé, il a jeté les hauts cris, mais enfin il a fini par s'ex. Vous voyez que je m'exécute de bonne grâce.* = Exécuté, ée. part. Voy. Effectuer.

EXÉCUTEUR, TRICE. s. [Pr. *è-gzé-...*]. Celui, celle qui exécute. *Il n'est que l'ex. de mes ordres. L'ex. de l'entreprise. Ex., exécutrice testamentaire.* Voy. Testament. || *L'ex. de la haute justice,* ou simplement, *l'exécuteur.* Voy. Bourreau.

EXÉCUTIF, IVE. adj. [Pr. *è-gzé-...*]. Se dit du pouvoir chargé de faire exécuter les lois. *Pouvoir ex. La puissance exécutive.* Voy. Pouvoir. || s. m. *L'Exécutif,* Le pouvoir du roi dans une monarchie, du président dans une République constitutionnelle.

EXÉCUTION. s. f. [Pr. *è-gzé-ku-sion*] (lat. *exsecutio,* m. s.). Action d'exécuter, de mettre à effet. *L'ex. d'une entreprise, d'un plan, d'un dessein. L'ex. d'un traité, d'un contrat, d'un arrêt,* etc. *Il n'est pas bon pour le conseil, mais il est excellent pour l'ex. Cela demande un prompte ex. Surseoir à l'ex. d'un jugement. En venir à l'ex. Au moment de l'ex. Veiller à l'ex. de la loi.* — *Il est homme d'ex., C'est un homme résolu, capable d'exécuter hardiment les choses dont il se charge.* — *Mettre à ex.,* Exécuter. *Le projet, l'arrêt, le jugement fut mis à ex.* || L'action de réaliser une conception, d'exécuter un ouvrage d'art, d'après un plan, un modèle, et particul. d'exécuter de la musique, de représenter un opéra, un ballet. *Il y a loin de la conception à l'ex. Ce drame est bien conçu, mais l'ex. en est très médiocre, il pèche par l'ex. L'ex. d'un tableau, d'un bas-relief, d'un monument. L'ex. de cet opéra laisse beaucoup à désirer. L'ex. de ce peintre est facile, hardie, brillante,* etc. || T. Dr. *Saisie-ex.* Voy. Saisie. || *L'ex. d'un condamné.* || T. Bourse. Vente ou achat de valeurs de Bourse, achetées ou vendues par un spéculateur qui n'a pu satisfaire à ses engagements, et qui est condamné à payer la différence et les frais. || T. Guerre.

Ex. militaire, Action de fusiller un soldat, ou l'action d'employer les rigueurs militaires pour contraindre les habitants à ce qu'on exige d'eux. *Menacer un pays d'ex. militaire. Procéder par ex. militaire.*

Législ. — En France, avant 1789, la peine de mort pouvait être exécutée de cinq façons différentes : par le feu, la potence, la roue, l'écartèlement à quatre chevaux et la décapitation, sans compter les peines extraordinaires accessoires qui pouvaient s'ajouter aux précédentes, en cas de crimes regardés comme particulièrement atroces, l'attentat contre la personne du roi, par ex. (Voir l'arrêt rendu le 26 mars 1757, par le parlement de Paris, contre Damiens).

Le code pénal des 5-6 octobre 1791 a mis fin à ce système barbare en décidant que « la peine de mort consisterait dans la simple privation de la vie, sans qu'il puisse jamais être exercé aucune torture envers les condamnés ». (1re partie, titre I, art. 2). Aujourd'hui, aux termes de l'art. 12 du code pénal, « tout condamné à mort a la tête tranchée. » Les condamnés militaires font exception à cette règle : « Tout individu condamné à mort par un Conseil de guerre est fusillé. » (art. 187 du code de justice militaire). Nous verrons néanmoins au mot Parricide qu'il subsiste encore dans nos codes un reste de la barbarie de l'ancien régime, en ce qui concerne l'ex. de la peine de mort prononcée à l'occasion de ce crime.

L'ex. a lieu sur une place publique : à Paris, au rond-point de la Roquette. Malgré l'heure matinale à laquelle on y procède, en dépit de toutes les précautions que l'on prend, à l'aide de cordons de troupes, pour cacher la guillotine aux yeux du public, on voit chaque fois se reproduire les mêmes scènes scandaleuses aux abords du lieu d'ex. : une foule de gens sans aveu, criant, hurlant, heureux de voir le spectacle répugnant d'une tête coupée. Aussi s'est-on demandé s'il était bien nécessaire, pour maintenir le caractère exemplaire de la peine de mort, d'étaler aux yeux même du public le spectacle de la guillotine. En Prusse, en Angleterre, aux États-Unis, l'ex. a lieu actuellement dans l'intérieur des prisons, en présence d'un certain nombre de personnes, désignées par la loi. Un projet conçu dans le même sens a été présenté en France au Parlement en 1870 et en 1878. Le projet de loi actuel présenté par le Gouvernement sur les « exécutions secrètes » admet trois catégories de personnes qui *peuvent* ou *doivent* y assister : 1re catégorie. Doivent y assister : les juges, chefs de parquet, greffiers, directeurs et médecins de prisons. 2e catégorie. Doivent également y assister : les maires, officiers de gendarmerie, commissaires de police. 3e catégorie. Ont le droit d'y assister : les ministres du culte, le défenseur, les jurés, les magistrats, conseillers généraux, conseillers municipaux, membres de la commission de surveillance, en outre, les personnes munies d'une autorisation spéciale du ministère public, de la préfecture ou de la mairie, enfin, un rédacteur de chacun des journaux du département, sans que leur nombre puisse dépasser 20.

Exécution d'un jugement, exécution provisoire. — La partie qui veut faire exécuter un jugement doit le *lever,* c.-à-d. en faire établir une copie certifiée, et le *signifier,* c.-à-d. en faire remettre copie par huissier à la partie adverse. En principe, un délai de huit jours doit s'écouler entre la date du jugement et celle de son ex. D'autre part, certains recours contre la sentence suspendent ordinairement l'ex. ; tels sont l'*opposition* et l'*appel.* Voy. ces mots. La signification ne suffit pas pour avoir le droit de faire procéder à l'ex. forcée d'un jugement : il faut encore adresser, par ministère d'huissier, un *commandement de payer* au débiteur : le commandement doit précéder de 24 heures la saisie mobilière et de 30 jours la saisie immobilière. — Il existe des cas où, pour des motifs particuliers, la loi ordonne un prompt ex. provisoire des jugements, nonobstant opposition ou appel. Ainsi les ordonnances de référé sont de plein droit exécutoires par provision. De même, les jugements des tribunaux de commerce s'exécutent par provision, nonobstant l'appel interjeté.

EXÉCUTOIRE. adj. 2 g. [Pr. *è-gzé-kutoire*]. T. Jurispr. Qui peut être mis à exécution, ou qui donne pouvoir de procéder à une exécution judiciaire. *Les lois sont exécutoires à partir de leur promulgation. Un jugement ex. par provision nonobstant appel. Titre ex. Délivrer un acte en forme ex.* || Subst., au masc. Ex. de dépens, ou simpl. *Ex.,* Acte qui donne pouvoir de contraindre au payement des frais et dépens. *Obtenir, délivrer un ex. Payer l'ex.*

EXÉCUTOIREMENT. adv. [Pr. *è-gzé-...*]. T. Jur. D'une manière exécutoire.

EXÈDRE s. f. [Pr. *è-gzèdre*] (gr. ἐξέδρα, m. s.). T. Antiq. Emplacement couvert pour s'asseoir.

EXÉGÈSE. s. f. [Pr. *è-gzé-jèze*] (gr. ἐξήγησις, explication). Critique des livres sacrés. Voy. EXÉGÈTE.

EXÉGÈTE. s. m. [Pr. *è-gzé-jète*] gr. ἐξηγητής, guide ou interprète]. Celui qui se consacre à l'étude critique des livres sacrés.

Chez les Athéniens, on appelait *Exégètes* les individus qui servaient de guides aux étrangers, leur faisaient visiter les monuments de la ville, principalement les temples, et leur expliquaient les traditions qui s'y rapportaient. On désignait également sous ce nom les membres de la famille des Eumolpides, parce qu'ils avaient pour fonction d'expliquer et d'interpréter les lois religieuses, les rites du culte, les signes célestes et les oracles. — Ce terme d'*Ex.* a passé dans les langues modernes avec une signification analogue : car il s'applique exclusivement aux individus qui se consacrent à l'interprétation et à la critique des livres sacrés, laquelle est alors nommée *Exégèse*. L'exégèse est le point de départ de l'étude de l'histoire des religions. C'est surtout en Allemagne que ce genre de travaux a été le plus en honneur dans le cours du XIXᵉ siècle.

EXÉGÉTIQUE. adj. 2 g. [Pr. *è-gzé-jétike*]. Qui sert à expliquer, à interpréter. *Notes exégétiques*.

EXEGI MONUMENTUM, mots latins signifiant : J'ai achevé un monument (Horace, liv. III, ode 21).

EXELMANS, maréchal de France (1775-1852).

EXEMPLAIRE. adj. 2 g. [Pr. *è-gzan-plère*]. Qui donne exemple, qui peut être proposé comme exemple, qui peut servir d'exemple. *Vertu, piété e. Une vie e. Punition e.*

EXEMPLAIRE. s. m. [Pr. *è-gzan-plère*] (lat. *exemplar*, m. s.). Modèle, patron. *E. de vertu, de charité*. Vieux. || Habituellement, se dit de livres, de gravures, de médailles, etc., multipliés d'après un type commun. *Il n'y a que deux exemplaires de ce livre dans tout Paris. On a tiré cet ouvrage à deux mille exemplaires. Tous les exemplaires ont été saisis. E. broché, relié. J'ai un bel e. de cette gravure, de cette coquille*, etc.

EXEMPLAIREMENT. adv. [Pr. *è-gzan*...]. D'une manière exemplaire. *Vivre e. Il a été puni e.*

EXEMPLARITÉ. s. f. [Pr. *è-gzan*...]. Qualité de ce qui est exemplaire.

EXEMPLE. s. m. [Pr. *è-gzauple*] (lat. *exemplum*. m. s.). Au sens moral, se dit de toutes les actions bonnes ou mauvaises, en tant qu'on les considère comme étant ou pouvant être imitées. *Bon e. Grand e. Mauvais, dangereux e. E. singulier, inimitable. E. de vertu, de courage, de fermeté, de faiblesse, de reconnaissance, de vice, d'ingratitude. Donner, montrer l'e. Prêcher d'e. Donner bon e., de bons exemples. Vous lui donnez là un triste e. Leur e. fut imité partout. Prendre e. sur quelqu'un. Suivez son e. Entraîné par e. Vous avez un bel e. devant les yeux. Il a laissé l'e. de sa vie à ses enfants. — Se dit aussi des personnes. Il est l'e. de tous les jeunes gens de son âge. Cet homme fut l'e. de son siècle. Il servira d'e. à la postérité.* || Se dit encore d'un fait qui peut servir d'instruction, de leçon. *Il faut punir cet homme pour faire un e. Les malheurs de cet homme devraient vous servir d'e. — Faire un e. de quelqu'un, le faire servir d'e.*, le punir pour montrer aux autres les conséquences que peut entraîner une faute. || Se dit en outre d'une chose qui est pareille à celle dont il s'agit, et qui sert pour l'autoriser, pour la confirmer, ou seulement pour la faire bien connaître, pour en donner une idée plus exacte. *L'histoire est pleine de pareils exemples. Dans cette grammaire, chaque règle est accompagnée de nombreux exemples. Ce que vous dites là est sans e. Il n'y en a point d'e. Donnez-m'en un e. Alléguer, citer un e. Cet e. ne tire point à conséquence.* || Pièce d'écriture, modèle sur lequel l'écolier qui apprend à écrire forme ses caractères. *Un bel e. d'écriture anglaise, de coulée*, etc. *Un cahier d'exemples.* — Les lignes, les caractères que l'écolier forme sur ce modèle. *Avez-vous fini votre e.? Cet e. est bien mal écrit.* (Dans ces deux acceptions, quelques-uns font *Exemple* féminin.) — PAR EXEMPLE. loc. adv. dont on se sert pour annoncer qu'on va éclaircir, expliquer ou confirmer, par un exemple, ce qu'on a dit. On supprime quelquefois la préposition. *par*, et l'on dit simpl., *Exemple*. || Fam., se dit quelquefois pour marquer la surprise, l'incrédulité. *Par e., voilà qui est trop fort!* = A L'EXEMPLE DE. loc. prépos. En se conformant, pour se conformer à l'exemple donné par... *A l'e. de ses ancêtres. Il voulut, à leur e., se montrer généreux.*

Obs. gram. — Les expressions *imiter l'e. de quelqu'un* et *suivre l'e. de quelqu'un* ne doivent pas s'employer indifféremment l'une pour l'autre. On peut dire *suives l'e.* de quelqu'un, lorsqu'il s'agit de la conduite que l'on tient, des efforts que l'on fait, d'une carrière que l'on parcourt. *Voyez comme votre frère étudie, et* SUIVEZ *son e. Un seul grenadier monta à l'assaut, les autres* SUIVIRENT *son e.* Mais lorsque le modèle qu'on se propose d'imiter est complet, lorsqu'il n'y a plus rien à y ajouter, on emploie *imiter. Votre ami s'est enrichi par son travail et son économie,* IMITEZ *son e.* On ne suit pas l'e. des personnes qui n'existent plus, on *l'imite*, parce que le modèle est alors complet; aussi doit-on dire : IMITEZ *les exemples*, et non SUIVEZ *les exemples de vos ancêtres.*

Rhét. — En Rhétorique, on donne le nom d'*Exemple* à un syllogisme dont la majeure s'appuie sur un e. Or, comme un e. n'est jamais que l'énoncé d'un fait particulier, il est bien évident qu'on ne peut en déduire une preuve nécessaire et incontestable. Néanmoins, lorsque les circonstances sont on paraissent les mêmes, lorsqu'il y a une étroite analogie entre le fait que l'on cite et celui qu'on veut établir, l'e. est un *argument oratoire* qui produit souvent plus d'effet sur le public qu'un raisonnement plus sévère. Les auteurs distinguent dans cet argument trois espèces. En effet, d'un e. on peut conclure : 1° à *pari*, c.-à-d. par la même raison; 2° à *contrario*, par la raison contraire; 3° à *fortiori*, à plus forte raison.

EXEMPT, EMPTE. adj. [Pr. *è-gzan*] (lat. *exemptus*, exempté, part. pass. de *eximere*, racheter) Qui n'est point sujet, qui n'est point assujetti à quelque chose. *Les nobles étaient exempts de la taille. Être e. de tutelle et de curatelle. Nul n'est exempt de la mort. Être e. de passion.* — Se dit aussi des choses. *Les maisons construites dans tel délai seront exemptes d'impôts pendant dix ans. Les noms des grands hommes sont exempts de la mort.* || Garanti, préservé. *Cette seule ville a été exempte du choléra. Une vie exempte de peines, de soucis. Un ouvrage e. de défauts. Sa conduite ne fut point exempte de blâme.* || Prov. et popul., *Il est e. de bien faire*, se dit, par ironie, d'un homme qui ne fait rien pendant que les autres travaillent.

EXEMPT. s. m. [Pr. *è-gzan*] (lat. *exemptus*, exempté). Officier dans certaines compagnies de gardes, commandait en l'absence du capitaine et des lieutenants. *E. des gardes du corps, des Cent-Suisses. Les exempts portaient un petit bâton d'ébène garni d'ivoire.* || *Exempt* était encore le titre de certains officiers subalternes dans le guet, la maréchaussée, etc., qui étaient chargés de diverses fonctions de police et de faire les arrestations. || Se disait encore des ecclésiastiques qui n'étaient pas soumis à la juridiction de l'Ordinaire.

EXEMPTER. v. a. [Pr. *è-gzan-ter*] (lat. *exemptus*, sup. d'*eximere*, retirer, de *ex*, hors de, et *emere*, prendre). Rendre exempt, affranchir, dispenser d'une charge, d'une obligation *E. quelqu'un de tutelle, de curatelle. E. une ville de tout impôt. E. du service militaire. On l'a exempté de cette corvée.* s'EXEMPTER. v. pron. S'affranchir, se dispenser, *Il a refusé à s'e. de cette corvée. Je ne puis m'e. de lui rendre sa visite.* = EXEMPTÉ, ÉE. part.

EXEMPTION. s. f. [Pr. *è-gzan-psion*] (lat. *exemptio*. m. s.). Dispense, affranchissement d'une charge, d'une obligation. *E. d'impôts. E. du service militaire. Motifs d'e. Obtenir, accorder une e.* || Bulletin accordé à un élève comme récompense, et qui peut lui servir à se racheter d'une punition ou à obtenir une sortie.

EXENTÉRATION. s. f. [Pr. *è-gzantèra-sion*] (gr. ἐξ, hors; ἔντερον, intestin). Enlèvement des intestins dans les autopsies.

EXEQUATUR. s. m. [Pr. *è-gzé-koua-tur*] (lat. *exsequatur*, que l'on exécute). T. Pratiq. anc. L'ordonnance qu'un juge mettait au bas d'une sentence émanée d'un autre tribunal, pour autoriser sa mise à exécution dans son ressort. — Aujourd'hui on nomme également ainsi l'ordonnance par laquelle les présidents des tribunaux civils ou de commerce donnent la force d'exécution aux sentences arbitrales, et l'ordonnance par laquelle les tribunaux rendent exécutoires en France les arrêts ou jugements rendus en pays étrangers. || T. Diplom. Voy. CONSUL.

EXERÇANT, ANTE. adj. [Pr. è-gzer-san]. Qui exerce, qui pratique.

EXERCER. v. a. [Pr. è-gzer-ser] (lat. *exercere*, m. s., de *ex*, et *arcere*, contenir). Dresser, former, instruire à quelque chose par des actes fréquents. *Exercer des soldats. Les e. au maniement des armes, à manœuvrer. E. des écoliers à la composition, à composer. E. des acteurs. S'e. les doigts en faisant des gammes. E. à la patience, à la tempérance.* Se dit aussi en parlant des animaux. *E. un cheval. E. des chiens à la chasse, à chasser.* || Mettre fréquemment en mouvement, en activité, afin de rendre plus fort, plus apte à remplir ses fonctions; se dit au sens phys. et au sens moral. *E. ses jambes. Cela exerce les bras. Il est allé dans la plaine e. ses chevaux. E. son corps, ses organes, ses sens, ses forces. Cela exerce l'esprit, l'intelligence, la mémoire, le jugement. E. sa mémoire.* — *E. la patience de quelqu'un.* Mettre sa patience à l'épreuve, en faisant ou en disant des choses capables de l'impatienter. On dit d'une manière analogue, *E. la vertu, la sagesse de quelqu'un. Voici une occasion d'e. votre philosophie.* On dit encore, *Dieu exerce les bons, Il leur envoie des afflictions, des épreuves, pour leur donner occasion de mériter.* = Pratiquer. *E. un métier, une industrie, un art, une profession. E. le commerce, la médecine, la chirurgie,* etc. On dit de même, *E. la piraterie, le brigandage,* etc. — *E. une charge, un emploi, des fonctions, Les remplir. Il y a dix ans qu'il exerce les fonctions de maire, la charge de notaire.* — Absol. *Il est nommé à telle charge, mais il n'exerce pas encore. Ce médecin n'exerce que depuis peu de temps. Cet avocat n'exerce plus, a cessé d'e.* || *E. son éloquence, sa plume, ses talents,* Faire usage de son éloquence et son talent d'écrire, etc. *Il ne lui a manqué que les occasions d'e. son éloquence, son talent. Voilà un sujet sur lequel vous pouvez e. votre plume. Il exerçait sa verve à nos dépens.* — *E. sa clémence, sa libéralité, sa charité, sa cruauté, sa fureur, sa vengeance,* etc., Faire des actes de clémence, etc. On dit, dans un sens anal., *E. des actes de libéralité, de cruauté, de vengeance,* etc. On dit aussi : *E. l'hospitalité. E. des rigueurs, des violences, des injustices,* etc. || *E. son droit, ses droits, un privilège, un monopole,* etc. En user, les faire valoir. Dans un sens anal., on dit, *E. l'autorité, le pouvoir,* etc. — *E. un grand empire, e. de l'influence,* Posséder un grand empire, beaucoup d'influence et en faire usage. *Il exerçait un grand ascendant sur les esprits, sur les opinions de la multitude.* On dit de même en parlant des choses, *La pression que la vapeur exerce sur les parois de la chaudière.* — *Une grande surveillance, Son talent ne trouvera pas là de quoi s'e. Leur critique s'est exercée sur ce livre. Sa charité s'exerçait sur tous ceux qui l'entouraient.* = EXERCÉ, ÉE. part. = Conj. Voy. SUCER.

EXERCICE. s. m. [Pr. è-gzer-cice] (lat. *exercitium*. m. s., de *exercere*, exercer). Action par laquelle on exerce, ou l'on s'exerce. *E. pénible fréquent, continuel. Cela ne s'apprend que par un long e. Les combats serviront d'e. à son enfance. Se tenir en e. Il faut que je me remette en e.* || T. Guerre. L'action d'exercer, de s'exercer au maniement des armes et aux évolutions militaires. *Apprendre l'e. Faire faire l'e. Commander l'e. Aller à l'e. du fusil, du canon. L'e. à feu.* || T. Mar. Apprentissage pratique du métier ou de l'une des spécialités du métier. || Se dit surtout pour désigner le manœuvre en blanc dans des pièces d'artillerie. == Se dit aussi des mouvements par lesquels on exerce le corps. *Il joue à la paume pour faire de l'e. Prendre de l'e. Faire un e. modéré. Le défaut d'e. est nuisible à la santé. L'e. du cheval, de la promenade.* — Se dit aussi des exercices du corps qui sont soumis à certaines règles. *Les exercices gymnastiques. L'e. des armes, de l'équitation, de la natation,* etc. *Il réussit mieux dans cet e. que dans tous les autres. Il est adroit dans tous les exercices du corps.* || Se dit encore de tout travail, de toute étude qui est propre à exercer un organe, à exercer l'esprit, les facultés intellectuelles. *Ce morceau est un excellent e. pour la voix. Il aime mieux les exercices du corps que ceux de l'esprit.* — Se dit de même de certaines compositions que l'on fait faire, que l'on fait étudier aux élèves pour les exercer. *Exercices grammaticaux. Exercices pour le piano.* || S'emploie quelquefois pour désigner certaines conférences dans lesquelles les élèves répondent sur quelque partie des humanités, etc. *Soutenir un e. Il se reçoit dans les écoles de droit l'usage des exercices publics et solennels.* — *Exercices,* au plur., se dit aussi quelquefois des travaux, des occupations d'une compagnie, d'une académie. *Les exercices académiques.* || Fig. et fam., Peine, fatigue, embarras. *S'il m'attaque, je lui donnerai de l'e. S'il veut faire tout cela en deux jours, il aura de l'e. Il donne bien de l'e. à ses gens.* — Pratique. *L'e. d'une profession. Les édifices consacrés à l'e. du culte. Ils réclament le libre e. de leur religion. L'e. de toutes les vertus. E. de piété.* — *Exercices spirituels,* Certaines pratiques de dévotion qui se font ordinairement dans les communautés religieuses. || *L'e. d'une charge, d'un emploi,* L'action de remplir les fonctions d'une charge, d'un emploi. On dit dans un sens anal., *Être dans l'e. de ses fonctions.* — Se dit surtout en parlant d'une charge dont les fonctions sont remplies par deux ou plusieurs personnes qui se succèdent l'une à l'autre. *C'est son année d'e. Entrer en e. Sortir d'e.* || L'action d'user de quelque chose, de la faire valoir. *L'e. d'un droit, d'un privilège. Les obstacles qui s'opposaient à l'e. de son pouvoir, de son autorité.* || T. Ens. Collège, école de plein e. Où se donne, comme dans un lycée, l'enseignement secondaire, supérieur, complet. || T. Fin. La perception et l'emploi des revenus publics relatifs à chaque année. Voy. BUDGET. — Visite des commis des contributions indirectes chez certains marchands dont les marchandises sont soumises à des droits.

EXÉRÈSE. s. f. [Pr. è-gzé-rèze] (gr. ἐξαίρεσις, extraction). T. Chir. Opération qui consiste à extraire ou à retrancher du corps ce qui est étranger, nuisible ou superflu. Peu us.

EXERGUE. s. m. [Pr. è-gzer-ghe, *g* dur] (gr. ἐξ, dehors; ἔργον, ouvrage). Petit espace réservé au bas du type d'une médaille pour y mettre une date, une inscription, une devise. *On met d'ordinaire dans l'ex. la date de l'année où la médaille a été frappée.* || L'inscription même mise dans l'ex. *Cette médaille a pour ex. tels mots. Les mots de l'ex.* Voy. NUMISMATIQUE.

EXERT, TE. adj. Voy. ESSERT.

EXETER, v. d'Angleterre, ch.-l. du comté du Devon, 41,700 hab.

EXFODIATION. s. f. [Pr. eks-fodia-sion] (lat. *ex.* hors; *fodere,* creuser). Néol. Action de creuser le sol, de faire une fouille.

EXFOLIATION. s. f. [Pr. eks-fo-lia-sion] (lat. *ex,* hors: *folium,* feuille). T. Chir. Séparation des parties mortes qui se détachent d'un os, d'un tendon, d'un cartilage, etc., sous la forme de petites lamelles ou de feuilles. || T. Bot. Chute ou suppression de l'écorce d'un arbre par couches minces. || Fig. Perte progressive, dépérissement.

EXFOLIER (S'). v. pron. (lat. *ex,* hors de; *folium,* feuille). T. Chir. Se dit des os, des tendons, des cartilag. s nécrosés, qui se détachent sous la forme de lamelles. *L'os commence à s'ex.* || Par ext., se dit de certains corps organiques et inorganiques. *Ce bois s'exfolie quand on le travaille. Ce minéral s'exfolie très aisément.* == EXFOLIÉ, ÉE. part.

EXHALAISON. s. f. [Pr. ègz...]. Gaz, vapeur, odeur qui s'exhale. *Ex. douce, agréable. Ex. fétide, méphitique.* Voy. EFFLUVE.

EXHALANT, ANTE. adj. et s. m. [Pr. è-gzalan]. T. Anat. Qui opère l'exhalation. Voy. ce mot.

EXHALATION. s. f. [Pr. *è-gzala-sion*] (R. *exhaler*). T. Physiol. L'e. est l'action par laquelle des fluides quelconques sont déversés à la surface de la peau, principalement au travers d'une membrane en général. Le rôle des fluides ainsi exsudés est très différent. Les uns sont à l'abri de toute communication avec l'air extérieur : ils ne sont destinés qu'à faciliter le glissement réciproque de deux feuillets membraneux qu'ils maintiennent séparés (séreuses, plèvre, péritoine, péricarde, etc.), ou, comme les humeurs de l'œil, remplissent le rôle de milieux à fonctions inhérentes à leur constitution (réfringence de l'humeur aqueuse, etc.). D'autres fluides sont exhalés à la surface de membranes en rapport direct avec l'atmosphère ; ils ont toujours un rôle utile à l'économie : ainsi le fluide qu'exhale la surface externe de la conjonctive la protège de l'action irritante des poussières de l'air ; ainsi les sucs qui sont exsudés sur toute la surface de l'appareil digestif et concourent efficacement à la transformation des aliments en matériaux assimilables ; ainsi la sueur qui, tout en étant un produit d'élimination, un déchet de l'organisme, a un rôle important au point de vue de la calorification. L'e. avait paru aux physiologistes anciens un phénomène très bizarre, et ils avaient admis, pour en rendre compte, l'existence de vaisseaux plus fins que les extrèmes capillaires visibles, tellement ténus que les globules rouges du sang n'y pouvaient pénétrer. Ils supposaient, en outre, que ces vaisseaux exhalants se continuaient avec les capillaires les plus déliés et livraient passage aux fluides blancs seulement. Aujourd'hui la non-existence de ces vaisseaux est démontrée et le phénomène de l'e. est tantôt purement un simple phénomène d'exosmose, tantôt le résultat d'une sécrétion, d'une fonte glandulaire, sous la dépendance de la circulation et des nerfs vaso-moteurs. — La suppression et l'exagération de la plupart de ces exhalations sont susceptibles de provoquer des accidents ou des maladies plus ou moins graves, en raison même de l'utilité des fluides. Voy. ABSORPTION.

EXHALATOIRE. adj. 2 g. [Pr. *egz...*]. T. Did. Qui a rapport à l'exhalation. || T. Salines. Appareil pour faciliter l'évaporation de l'eau.

EXHALER. v. a. [lat. *è-gzaler*] (lat. *exhalare*, m. s., de *ex*, hors de, et *halare*, respirer). Émettre des exhalaisons, des effluves, etc. *Ces fleurs exhalent une odeur agréable. Les parfums que la terre exhale au printemps. Ces marais exhalent des miasmes délétères. Le cratère exhalait des vapeurs sulfureuses.* — Fig., *Sa vie. Ex. sa rage contre quelqu'un. Ex. sa colère en menaces. Ex. sa douleur.* Dans un sens anal., on dit, *Ex. sa bile, sa mauvaise humeur.* = s'EXHALER. v. pron. Être exhalé. *L'odeur qui s'exhale d'une rose. Les miasmes qui s'exhalent des corps en putréfaction.* || Se dissiper par l'évaporation. *Cette liqueur s'est toute exhalée.* Peu us. || Fig., *Sa colère put alors s'ex. librement. Sa douleur s'est exhalée en plaintes.* EXHALÉ, ÉE. part.

EXHAURE. s. f. [Pr. *è-gzôre*] (lat. *exhaurire*, retirer en puisant). Action d'épuiser les eaux d'une mine.

EXHAUSSEMENT. s. m. [Pr. *è-gzô-seman*] (R. *exhausser*). Élévation ; ne se dit qu'en parlant de constructions, de terrains. *Donner de l'ex. à un mur. Les planchers de cette maison n'ont pas assez d'ex. L'ex. d'un terrain, d'une rue.*

EXHAUSSER. v. a. [Pr. *è-gzô-ser*] (lat. *exaltare*, m. s., de *ex*, et *altus*, haut). Élever plus haut ; se dit en parlant de constructions et de terrains. *Ex. un mur, une maison, un plancher. Ex. le sol d'une rue.* || Fig. Faire monter à une haute fortune, placer dans un rang élevé. = s'EXHAUSSER. v. pron. Être exhaussé. *Ce mur ne peut plus s'ex.* || Fig., S'élever à un plus haut rang, monter en dignité. = EXHAUSSÉ, ÉE. part. *Ce plafond n'est pas assez exhaussé, Il n'est pas assez haut. Il est trop exhaussé, Il est trop haut.* = Syn. Voy. ÉLEVER.

EXHAUSTEUR. s. m. [Pr. *è-gzôs-teur*] (lat. *exhaustus*, épuisé). Appareil destiné à épuiser un liquide ou un gaz.

EXHAUSTIF, IVE. adj. [Pr. *è-gzôs-lif*]. Néol. Qui épuise, qui enlève à un terrain les éléments productifs.

EXHAUSTION. s. f. [Pr. *è-gzôs-tion*] (lat. *exhaustio*, épuisement, de *ex*, hors, et *haurire*, puiser). T. Did. Action d'épuiser un liquide. *Pompe d'ex.*, Pompe employée sur les navires à vapeur pour retirer de la chaudière l'eau chargée de sel marin ou de sels calcaires. || T. Log. Énumération de tous les cas, de toutes les hypothèses possibles dans une question. || T. Math. On a donné le nom de *Méthode d'ex.* à une méthode employée par les géomètres de l'antiquité pour démontrer l'égalité de deux grandeurs, en faisant voir que leur différence est moindre que toute grandeur assignable. C'est au fond notre méthode actuelle des limites. On l'avait ainsi nommée parce qu'elle épuisait pour ainsi dire la différence entre les deux grandeurs. Cette méthode a été avantageusement remplacée par celles du calcul différentiel et intégral.

EXHÉRÉDATION. s. f. [Pr. *è-gzéréda-sion*] T. Jurispr. anc. Action d'exhéréder. *L'ex. n'est point admise par le code civil.* || L'état de celui qui est exhérédé. *L'ex. où il était le réduisait à la misère.* — Voy. TESTAMENT.

EXHÉRÉDER. v. a. [Pr. *è-gzé-réder*] (lat. *exheredare*, m. s., de *ex*, hors ; *hæreditas*, héritage). T. Jurispr. anc. Priver, exclure quelqu'un d'une succession à laquelle il a droit selon la loi ou la coutume. *Son père l'exhéréda.* — EXHÉRÉDÉ, ÉE. part. = Conj. Voy. CÉDER. = Syn. Voy. DÉSHÉRITER.

EXHIBER. v. a. [Pr. *è-gziber*] (lat. *exhibere*, m. s., de *ex*, hors, et *habere*, avoir). T. Prat. Représenter, montrer ; se dit surtout des actes, des pièces, etc., qu'on produit en justice. *Ex. un acte, une pièce, un écrit. Ex. ses titres. Le failli doit ex. ses livres. Ex. ses papiers, son passe-port.* — Fam. et par plaisant., *Il nous exhiba une pancarte chargée d'attestations de gens qu'il prétendait avoir guéris.* = EXHIBÉ, ÉE. part.

EXHIBITEUR. s. m. [Pr. *è-gzibiteur*]. Néol. Celui qui fait une exhibition.

EXHIBITION. s. f. [Pr. *è-gzibi-sion*]. T. Pratiq. Action d'exhiber, de produire un acte, une pièce. *Après l'ex. de son contrat.* || Fig. et fam., Montre, exposition. *Il y avait une foule de mendiants qui faisaient l'ex. de leurs plaies réelles ou factices.*

EXHILARANT, ANTE. adj. [Pr. *è-gzilaran*] (lat. *exhilarans*, m. s.). Qui donne de l'hilarité.

EXHORTATIF, IVE. adj. [Pr. *è-gzortatif*]. T. Did. Qui contient une exhortation. *Discours ex. Éloquence exhortative.*

EXHORTATION. s. f. [Pr. *è-gzorta-sion*]. Discours par lequel on exhorte. *Sage, forte, puissante ex. Faire une ex. Mes exhortations n'ont servi de rien. Il n'a pas besoin d'ex. pour bien faire.* — Fig., *La mort est une ex. à bien vivre.* || Discours familier que fait un pasteur à ses ouailles pour les exciter à la dévotion. *Faire une ex. à ses paroissiens.*

EXHORTATOIRE. adj. 2 g. [Pr. *è-gzortatoire*]. T. Did. Qui contient une exhortation.

EXHORTER. v. a. [Pr. *è-gzorter*] (lat. *exhortari*, m. s., de *ex*, hors, et *hortari*, pousser). Exciter par son discours, encourager, engager. *Ex. les troupes avant le combat. Ex. à la paix, à l'union, à la piété. Il nous exhortait à cultiver les lettres et les sciences. Ex. à bien faire. Vous perdrez votre temps à l'ex. — Ex. quelqu'un à la mort,* L'ex. à mourir en bon chrétien. = EXHORTÉ, ÉE. part.

EXHUMATION. s. f. [Pr. *è-gzu-ma-sion*] (lat. *ex*, hors de ; *humus*, terre). On appelle *Ex.* l'action d'extraire un cadavre du sein de la terre où il a été déposé. Cette opération peut se faire dans trois circonstances : 1° sur la demande de la famille, pour donner au défunt une sépulture plus convenable ; 2° par décision de l'autorité administrative, quand un corps a été inhumé dans un lieu non réservé aux sépultures, quand il s'agit de déplacer un cimetière pour cause de salubrité publique, ou quand on n'a pas observé les règlements qui constituent la police des cimetières ; 3° par autorité de justice, pour vérifier les causes de la mort d'une personne que l'on soupçonne avoir péri de mort violente. Dans le premier cas, l'ex. ne peut avoir lieu sans une permission formelle du préfet de police, à Paris, et du maire de la commune, dans les départements. Dans le second cas, elle est prescrite par l'autorité administrative ; et, dans le dernier, par le juge d'instruction. En dehors des circonstances qui précèdent, l'ex. constitue le délit de *violation de sépulture*, qui est puni par un emprisonnement de trois mois à un an, et une amende de 16 à 200 francs (Cod. pén. 360). || Fig., Production de choses soustraites cachées ou oubliées. *Ex. de titres, de parchemins.*

EXHUMER. v. a. [Pr. *è-gzumer*] (lat. *exhumare*, m. s.). Déterrer un corps mort. *On ordonna que le corps serait exhumé. On le fit ex.* || Fig., Découvrir, tirer de l'oubli, rappeler. *Ex. de vieux titres. Cet historien a exhumé une longue suite de rois qui étaient totalement oubliés. Pourquoi ex. ces fâcheux souvenirs ?* == Exhumé, ée, part.

EXIGEANT, EANTE. adj. [Pr. *è-gzijan*]. Qui est dans l'habitude d'exiger trop de soins, d'attentions, etc. *Cet homme est très ex. Il a une femme fort exigeante.*

EXIGENCE. s. f. [Pr. *è-gzijanse*]. Caractère ou prétention de celui qui est exigeant. *Il est d'une ex. insupportable. Vous poussez trop loin l'ex. Il faut céder à toutes les exigences.* || Ce qu'exigent, ce que requièrent les circonstances ; s'emploie surtout dans ces locut., *Selon l'ex. du cas, du temps, des affaires.*

EXIGER. v. a. [Pr. *è-gzijer*] (lat. *exigere*, m. s., de *ex*, hors, et *agere*, pousser). Demander une chose comme y ayant droit. *Ex. le paiement d'une dette. Je n'exige rien au delà de ce qui m'est dû, au delà de ce qui est nécessaire. Ce que vous exigez de lui est tout à fait injuste. N'ex. que des choses raisonnables. Il exige des honneurs qui ne lui sont pas dus.* — *Le vainqueur exigea des contributions de guerre énormes.* || Obliger au vouloir obliger à quelque chose, en profitant ou en abusant de certaines circonstances. *C'est usurier exige de gros intérêts. Les ouvriers exigeaient une augmentation de salaire.* || Fig., au sens moral, Imposer comme devoir, comme obligation. *La religion, le devoir l'exige. Votre naissance, votre honneur, votre gloire exigent cela de vous. Sa place exige une grande assiduité. Les devoirs de la société exigent qu'on ménage l'amour-propre d'autrui.* || En parlant des choses, Nécessiter, rendre indispensable. *Cette culture exige beaucoup de bras. Une pareille entreprise exige d'immenses capitaux. Ce travail exige de nombreuses recherches. Ce rôle exige un acteur d'une figure imposante.* == Exigé, ée. part. = Conj. Voy. Manger.

EXIGEUR, EUSE. s. [Pr. *è-gzijeur*]. Celui, celle qui exige.

EXIGIBILITÉ. s. f. [Pr. *è-gzi...*]. Qualité de ce qui est exigible. *L'ex. d'une dette.* || T. Fin. *Les exigibilités*, sommes des dépôts, comptes courants, etc., qu'une maison de banque, une société de crédit, l'État, peut être appelé à rembourser sur-le-champ.

EXIGIBLE. adj. 2 g. [Pr. *è-gzi-jible*]. Qui peut être exigé. *Ces droits ne sont plus exigibles. Cette dette est ex. en tout temps.*

EXIGU, UË. adj. [Pr. *è-gzi-gu*] (lat. *exiguus*, pr. restreint, de *exigere*, pousser hors). Fort petit, modique. *Un repas ex. Votre logement est trop ex. Son revenu est fort ex. La somme est bien exiguë pour un aussi long voyage.*

Syn. — *Petit.* — Ces deux mots présentent l'idée de la petitesse, du peu. Mais, tandis que *petit* n'emporte pas nécessairement une idée de critique, *exigu*, au contraire, veut toujours dire moins grand, plus petit qu'il ne faudrait. La *petitesse* est relative à la grandeur, et *l'exiguïté* à la suffisance. *Exigu* signifie donc trop petit, insuffisant.

EXIGUÏTÉ. s. f. [Pr. *è-gzi-gu-ité*] (R. *exigu*). Petitesse, modicité. *L'ex. de mon logement ne me permet pas de vous offrir l'hospitalité. L'ex. de sa fortune le force à beaucoup d'économie.*

EXIL. s. m. [Pr. *è-gzil*] (lat. *exilium*, m. s.). État de celui que l'autorité force de vivre hors du lieu, hors du pays où il habitait ordinairement. *Être en ex. Vivre dans l'ex. Envoyer en ex. Aller en ex. Son ambassade est un honorable ex. Il est*

revenu, il a été rappelé d'ex., de l'ex., de son ex. *Lieu d'ex. Terre d'ex.* — *E. volontaire*, se dit de l'action de quitter volontairement le pays où l'on est accoutumé de vivre. *Il évita les poursuites par un ex. volontaire. Ce grand homme s'imposa un ex. volontaire, pour ne pas être un sujet de troubles dans sa patrie.* || Fig., se dit de tout séjour obligé dans un lieu qui déplaît, et où l'on est privé des agréments dont on jouissait ailleurs. *C'est un véritable ex. que le séjour de cette petite ville. Vivre loin de lui est un véritable ex. pour moi.* || Fig., dans le langage mystique, *La terre est pour l'homme un lieu d'ex. La vie est un temps d'ex.*

EXILER. v. a. [Pr. *è-gziler*]. Envoyer en exil. *On l'exila du royaume. Ils furent tous exilés.* || Reléguer. *Il fut exilé en Afrique. Le roi l'exila à Fréjus, l'exila dans ses terres.* || *Ex. quelqu'un de sa présence*, L'éloigner de sa présence, lui interdire de se représenter. || Fig., Effacer, détruire par l'indifférence ou l'oubli. *Ex. quelqu'un de son cœur.* == s'Exiler. v. pron. S'éloigner, se retirer. *Il s'est exilé de la ville. Il s'exila du monde.* == Exilé, ée. part. Subst., *On a rappelé les exilés.*

Syn. — *Bannir.* — Ces deux mots n'ont point du tout la même signification, du moins dans l'état actuel de notre législation et de nos mœurs. — L'*exil* est prononcé par un ordre de l'autorité, et le *bannissement* par une décision de la justice. Le *bannissement* est la peine infamante d'un délit jugé par les tribunaux ; l'*exil* est une disgrâce encourue sans déshonneur, pour avoir déplu. L'*exil* vous éloigne de votre patrie, de votre domicile ; le *bannissement* vous en chasse ignominieusement. — A parler dans la rigueur de notre langue, Coriolan fut *banni*, puisqu'il fut condamné par un jugement solennel par le *bannissement* ; mais les mœurs et la langue des Romains, il fut *exilé*; car les Latins exprimaient l'idée propre du *bannissement* par le terme d'*exil* (*exilium*), et ce mot ne peut marquer qu'un *bannissement* dans l'histoire de la république romaine. Ainsi, non seulement les poètes ont le choix d'*exiler* ou de *bannir* un ancien Romain, mais les historiens eux-mêmes le *bannissent* ou l'*exilent* à leur gré ; et c'est ainsi qu'en ont usé Rollin, Montesquieu et tous nos bons écrivains. — Par les mêmes raisons, on ne se *bannit* pas, on s'*exile* soi-même. Enfin, *bannir* n'exprime que l'idée de chasser d'un lieu, tandis qu'*exiler* sert aussi quelquefois à marquer le lieu où l'on est relégué. On n'est pas *banni* d'un lieu dans un autre, mais on est *exilé* d'un lieu, et on l'est dans tel autre.

EXILLES, v. du royaume d'Italie (Piémont), dans le Pas de Suse ; théâtre de divers combats livrés par l'armée française en 1593 et en 1747.

EXIMER. v. a. [Pr. *è-gzimer*] (lat. *eximere*, retirer, de *ex*, hors, et *emere*, acheter). T. Droit. Décharger, racheter.

EXINANITION. s. f. [Pr. *è-gzi-nani-sion*] (lat. *exinanitio*, m. s.). T. Didact. Extrême épuisement.

EXINSCRIT, ITE. adj. [Pr. *è-gzins-kri*] (lat. *ex*, en dehors ; *in*, dans ; *scriptus*, dessiné). T. Géom. Se dit d'un cercle ou d'une courbe tangente aux côtés d'un polygone, mais certains points de contact étant sur les prolongements des côtés au lieu d'être sur les côtés eux-mêmes. On peut, dans tout triangle, tracer un cercle *inscrit* et trois cercles *exinscrits*. On considère aussi la sphère *inscrite* et les sphères *exinscrites* à un tétraèdre, toutes tangentes aux 4 faces du tétraèdre, mais les points de contact des sphères exinscrites sont sur les prolongements des faces.

EXISTANT, ANTE. adj. [Pr. *è-gzistan*], ut *gexiste. Toutes les créatures existantes. On a saisi tous les biens et effets existants.*

EXISTENCE. s. f. [Pr. *è-gzistance*]. Le fait d'exister, la réalité de l'être. *L'ex. de Dieu. L'ex. d'un peuple. L'ex. d'un fait, d'un acte, d'un traité, d'une loi. On a douté de l'ex. de ce complot.* || Vie. *Cet homme n'a pas six mois d'ex., pour six mois d'ex. Ceux à qui vous devez l'ex. Il est fatigué de son ex. Une ex. heureuse, agréable, triste, pénible. Prolonger son ex. Mettre un terme à son ex.* || La position d'un homme dans la société. *C'est un homme qui a une belle ex., qui a une ex. équivoque.* || Réalité, état de ce qui est ou peut être constaté. *Nier l'ex. d'un complot.* || Durée, état de ce qui est d'une façon permanente. *L'ex. de cette institution* *est menacée.* || T. Comm. *E. en magasin,* Quantité de marchandises qui existent dans un magasin.

EXISTER. v. n. [Pr. *è-gzister*] (lat. *existere,* m. s., de *ex,* et *sistere,* forme dérivée de *stare,* être debout). Avoir l'être. *Les choses qui existent. Le plus simple raisonnement prouve qu'il y a un être éternel, quoique nous ne puissions concevoir ni un être qui a toujours été, ni un être qui commence à ex.* || Être actuellement, subsister. *Ce monument n'existe plus depuis longtemps. Il en existe encore quelques vestiges. Il s'empara de tous les effets de la succession qui existaient à cette époque.* || Vivre. *Vous n'existiez pas encore à cette époque. Quand j'aurai cessé d'e.* || *E. par quelqu'un,* Lui emprunter les agréments de la vie ; lui consacrer son existence. *Il n'existe que pour ses enfants.* = Syn. Voy. ÊTRE.

EXITÈLE. s. m. [Pr. *è-gzitèle*] (gr. ἐξίτηλος, faible, de ἐξ, hors, et εἶμι, je suis). T. Minér. Anhydride antimonieux cristallisé en prismes orthorhombiques, accompagnant les autres minerais d'antimoine.

EX LIBRIS. s. m. Mots lat. sign. « pris parmi les livres » et qu'on inscrit en tête de chacun des livres d'une bibliothèque ou les faisant suivre du nom du propriétaire. Souvent ces mots sont gravés sur une vignette plus ou moins artistique qu'on colle sur les livres. La vignette elle-même s'appelle alors un *ex libris.*

EXMOUTH (Lord), amiral anglais (1757-1833).

EXOASCÉES. s. f. pl. [Pr. *è-gzo-as-sées*] (R. *Exoascus*). T. Bot. Tribu de champignons de la famille des *Discomycètes.* Voy. ce mot.

EXOASQUE. s. m. [*è-gzo-aske*] (gr. ἔξω, en dehors, et fr. *asque*). T. Bot. Genre de Champignons (*Exoascus*) de la famille des *Discomycètes.* Voy. ce mot.

EXOBASIDE. s. m. [Pr. *è-gzo-ba-zide*] (gr. ἔξω, en dehors, et fr. *baside*). T. Bot. Genre de Champignons de la famille des *Hyménomycètes.* Voy. ce mot.

EXOBASIDIÉES. s. f. pl. [Pr. *è-gzoba-zidié*] (R. *Exobasidium*). T. Bot. Tribu de Champignons de la famille des *Hyménomycètes.* Voy. ce mot.

EXOCET. s. m. [Pr. *è-gzosè*] (gr. ἔξω, hors de ; κοίτη, lit). T. Ichtl. Genre de Poissons *Physostomes* dont les nageoires pectorales sont très développées et peuvent leur servir d'ailes pour se soutenir au-dessus des vagues. Voy. ESOCES.

EXOCYSTE. s. f. [Pr. *è-gzo-siste*] (gr. ἔξω, hors ; κύστις, vessie). T. Chir. Renversement de la vessie urinaire.

EXODE. s. m. [Pr. *è-gzode*] (gr. ἔξοδος, sortie). Nom du second livre du Pentateuque. Voy. BIBLE. || T. Littérat. anc. Voy. TRAGÉDIE et ATELLANES.

EXODIQUE. adj. 2 g. [Pr. *è-gzodike*] (gr. ἔξω, en dehors ; ὁδὸς, route). T. Phys. *Nerfs exodiques,* Nerfs dans lesquels l'action passe du dedans au dehors.

EXOGÈNE. adj. et s. 2 g. [Pr. *è-gzo...*] (gr. ἔξω, à l'extérieur ; γενεὰ, génération). T. Bot. Qui se forme, qui se développe à l'extérieur. *La feuille est un organe exogène.* || Substantivement au fém. pl., ce mot a été employé par de Candolle pour désigner la classe des *Dicotylédones.* Ce mot n'est plus us. dans ce sens.

EXOGNATHE. adj. 2 g. [Pr. *è-gzog-nate*] (gr. ἔξω, hors ; γναθος, mâchoire). T. Zool. Qui a des mâchoires extérieures.

EXOGONIUM. s. m. [Pr. *è-gzo-goni-ome*] (gr. ἔξω, hors ; γόνος, engendrement). T. Bot. Genre de plantes dicotylédones de la famille des *Convolvulacées.* Voy. ce mot.

EXOGYRE. s. m. [Pr. *è-gzojire*] (gr. ἔξω, hors ; γυρὸς, arrondi). T. Paléont. Genre d'huîtres fossiles dont les valves de la coquille présentaient des crochets recourbés en limaçon. Les formes typiques se trouvent dans les terrains des époques jurassique et crétacée : à la fin de cette dernière, leur aspect rappelle de plus en plus celui des Gryphées.

EXOINE. s. f. [Pr. *è-gzoine*] (bas-lat. *sunnis, sonnia,* empêchement, d'un rad. qui se retrouve dans *soin*). T. Méd. légale. Certificat délivré par un médecin afin de constater qu'une personne appelée à remplir certaines fonctions en est incapable, par suite de son état de maladie.

EXOMÈTRE. s. f. [Pr. *è-gzomètre*] (gr. ἔξω, hors ; μήτρα, matrice). T. Chir. Renversement de la matrice.

EXOMPHALE. s. f. [Pr. *è-gzonfale*] (gr. ἔξω, dehors ; ὀμφαλὸς, nombril). T. Chir. Hernie ombilicale. Voy. HERNIE.

EXONDANCE. s. f. [Pr. *è-gzondanse*] (lat. *exundare,* déborder). Se dit de ce qui déborde.

EXONDATION. s. f. [Pr. *è-gzon-da-sion*] (lat. *exundatio,* débordement, de *ex,* hors ; *unda,* eau). T. Géol. Sortie hors de l'eau.

EXONDÉ, ÉE. adj. [Pr. *è-gzondé*] (lat. *exundatus,* m. s.). T. Géol. Sortie hors des eaux. *Terre exondée.*

EXONÉRATION. s. f. [Pr. *è-gzoné-rasion*]. Action d'exonérer. Décharge, exemption.

EXONÉRER. v. a. [Pr. *è-gzo-nérer*] (lat. *exonerare,* m. s. ; de *ex,* hors de, et *onus, oneris,* fardeau). Décharger, libérer. *E. du service militaire. On ne saurait e. le mandataire de toute responsabilité.* = S'EXONÉRER. v. pron. Se décharger, se libérer. *S'e. d'une dette.* = EXONÉRÉ, ÉE. part. = Conj. Voy. CÉDER.

EXONIROSE. s. f. [Pr. *è-gzoniroze*] (gr. ἐξ, hors ; ὄνειρος, songe). T. Méd. Pollution nocturne.

EXOPHTHALMIE ou **EXOPHTALMIE.** s. f. [Pr. *è-gzoftalmi*] (gr. ἐξ, hors de ; ὀφθαλμὸς, œil). T. Chir. Sortie de l'œil hors de la cavité orbitaire. L'e. résulte tantôt d'une blessure, tantôt de la formation d'un abcès ou d'une exostose dans la cavité orbitaire, et tantôt du développement d'un polype dans les fosses nasales ou dans le sinus maxillaire.

EXOPHTHALMIQUE ou **EXOPHTALMIQUE.** adj. 2 g. [Pr. *egz...*]. T. Chir. Qui caractérise l'exophtalmie. *Goitre e.* Voy. GOITRE.

EXORABLE. adj. 2 g. [Pr. *egz...*] (lat. *exorabilis,* m. s., de *exorare,* prier). Qui se laisse fléchir par les prières. *Montrez-vous e. à nos vœux.* Peu us.

EXORATION. s. f. [Pr. *è-gzo-ra-sion*] (lat. *exoratio,* m. s.). Prière ayant pour but de rendre quelqu'un exorable.

EXORBITAMMENT. adv. [Pr. *è-gzorbita-man*]. Excessivement.

EXORBITANCE. s. f. [Pr. *è-gzorbitanse*]. Néol. Qualité de ce qui est exorbitant.

EXORBITANT, ANTE. adj. [Pr. *egz...*] (lat. *ex,* hors de ; *orbis,* cercle). Excessif, qui passe de beaucoup la juste mesure. *Il est d'une grosseur exorbitante. Il exige des droits exorbitants. Autorité exorbitante. Cela est e.*

EXORCISER. v. a. [Pr. *è-gzorsi-zer*] (gr. ἐξορκίζειν, chasser par des serments). *E. les démons,* Les chasser, en se servant pour cela des paroles et des cérémonies de l'Église. *E. un possédé,* Chasser le démon de son corps. || *E. le sel, l'eau,* etc., Prononcer les prières de l'Église sur le sel, l'eau, etc. || Fig. et fam., *E. quelqu'un,* L'exhorter, le presser vivement. *On l'a tant prêché, tant exorcisé qu'à la fin il s'est rendu.* Peu us. = EXORCISÉ, ÉE. part.

EXORCISEUR. s. m. [Pr. *è-gzorsi-zeur*]. Celui qui pratique l'exorcisme.

EXORCISME. s. m. [Pr. *è-gzor-sisme*] (gr. ἐξορκισμὸς, conjuration ; de ἐξ, et ὅρκος, serment). T. Théol. — L'Ex. est la cérémonie religieuse par laquelle le prêtre, au nom de Dieu, chasse ou bien seulement écarte les démons. On confond quelquefois les deux mots *exorcisme* et *conjuration,* mais c'est à tort. En effet, l'exorcisme se dit de la cérémonie tout entière, tandis que la conjuration n'est que la formule par laquelle on ordonne au malin esprit de s'éloigner. Cette formule reçoit aussi le nom d'*Adjuration*, parce qu'elle commence par ces mots : *Adjuro te*. — On distingue deux sortes d'exorcismes : l'*e. ordinaire*, qui a lieu dans les cérémonies du baptême et dans la bénédiction de l'eau, et l'*e. extraordinaire*, qui s'emploie pour chasser le démon du corps des possédés, et dans quelques autres cas extraordinaires.

On donne le nom d'*Exorciste* au prêtre qui fait les exorcismes. Dans les premiers siècles de l'Église, cette fonction était confiée à un clerc d'un ordre inférieur, appelé *Exorciste*; mais aujourd'hui ce pouvoir ne s'exerce plus, même par les prêtres, que sur une autorisation expresse de l'évêque.

EXORCISTE. s. m. [Pr. *è-gzorsiste*] (gr. ἐξορκιστής, m. s.). T. Liturg. Celui qui exorcise. Voy. EXORCISME et ORDRE.

EXORDE. s. m. [Pr. *è-gzorde*] (lat. *exordium*, m. s.; de *exordiri*, commencer). Première partie d'un discours oratoire. || Fam. et par extens., Le commencement d'un discours quelconque, et même le début d'une entreprise. *Voyons si la fin répondra à un si bel exorde*.

Rhét. — L'*Exorde* n'est autre chose que le début du discours. Il a pour objet de préparer l'auditoire, c.-à-d. de captiver son attention, de gagner sa bienveillance, et de lui donner une idée générale de la cause qu'on va défendre ou de la question qu'on va traiter. Le précepte le plus général qu'on puisse établir à propos de l'*e.*, précepte qui contient toutes les règles formulées par les auteurs, c'est qu'il doit être approprié à son sujet.

Le plus souvent, l'*e.* annonce simplement le sujet à traiter, et l'orateur aborde directement la question sans préambule et sans détours : telle est la pratique générale dans le barreau moderne et dans les assemblées délibérantes. C'est l'*e. simple* des anciens rhéteurs. Néanmoins, selon les cas, l'*e.* simple peut recevoir un certain développement. Parfois l'auditoire est fortement prévenu, soit contre l'accusé que l'avocat doit défendre, soit contre l'opinion en faveur de laquelle l'orateur prend la parole. Dans les cas de ce genre, non seulement il faut soigneusement éviter tout ce qui pourrait choquer l'auditoire, mais encore il est indispensable de recourir aux *Précautions oratoires*, c.-à-d. à ces tours adroits qu'un orateur habile sait trouver pour triompher des préventions et faire passer les idées qui pourraient déplaire si elles étaient présentées sans préparation. L'*e.* où figurent les tours de cette nature est dit *e. insinuant* ou *e. par insinuation*. Cicéron nous offre deux remarquables modèles de ce genre d'*e.* dans sa défense de Milon, et dans son discours contre Rullus et la loi agraire proposée par ce tribun. — Quelquefois, principalement dans les répliques, la situation est tellement pressante, qu'il est permis à l'orateur d'entrer brusquement en matière : c'est un cri d'indignation qui lui échappe. Ainsi, lorsque Catilina, pour braver la colère du sénat, osa venir s'asseoir au milieu de cette assemblée dont il avait conjuré la ruine, Cicéron, témoin de l'horreur qu'inspirait l'audacieux conspirateur, put donner cours à son indignation et s'écrier : « Jusques à quand, Catilina, abuseras-tu de notre patience ? Combien de temps encore serons-nous le jouet de ta fureur ? » etc. Car cette véhémente apostrophe grondait déjà dans toutes les consciences avant de sortir de la bouche de l'orateur. Cette sorte d'*e.* se nomme *e. ex abrupto*. — Dans les discours qui appartiennent au genre démonstratif, l'orateur peut commencer avec une certaine pompe, la lice de l'assemblée et le choix du sujet comportent la solennité et la magnificence des paroles : c'est l'*e.* appelé par les rhéteurs *e. pompeux* ou *solennel*. Il a été fréquemment employé par Bossuet.

EXORHIZES. s. f. pl. [Pr. *è-gzorize*] (gr. ἔξω, dehors ; ῥίζα, racine). T. Bot. Dénomination proposée par Claude Richard pour remplacer celle de Dicotylédones.

EXOSMOSE. s. f. [Pr. *è-gzosmoze*] (gr. ἔξω, hors ; ὠσμός, poussée). T. Phys. Passage d'un liquide au travers d'une membrane du dedans en dehors. Voy. OSMOSE.

EXOSPORE. s. f. [Pr. *è-gzo-spore*] (gr. ἔξω, en dehors, et fr. *spore*). T. Bot. Enveloppe extérieure de la spore. Voy. CRYPTOGAME.

EXOSTEMME. s. m. [Pr. *è-gzostème*] (gr. ἔξω, hors ; στήμα, guirlande). T. Bot. Genre de plantes Dicotylédones (*Exostemma*) de la famille des *Rubiacées*. Voy. ce mot.

EXOSTOSE. s. f. [Pr. *è-gzostose*] (gr. ἐξ, dehors ; ὀστέον, os). T. Pathol. Voy. Os. || T. Bot. Se dit pour *Excroissance*.

EXOTÉRIQUE. adj. 2 g [Pr. *è-gzotérike*] (gr. ἐξωτερικός, du dehors). T. Philos. Se dit des doctrines qu'on enseignait ouvertement à tout le monde. Voy. ÉSOTÉRIQUE.

EXOTHERMIQUE. adj. 2 g. [Pr. *è-gzotermike*] (gr. ἔξω, en dehors ; θέρμη, chaleur). T. Chim. Se dit des composés ou des réactions qui se produisent avec dégagement de chaleur.

EXOTIQUE. adj. 2 g. [Pr. *è-gzotike*] (gr. ἐξωτικός, m. s.). Étranger, qui n'est pas naturel au pays. *Animaux, plantes, drogues exotiques.* || Fig., *Termes, usages, mœurs exotiques.* || s. f. Sorcière chez les Grecs modernes.

EXOTIQUEMENT. adv. [Pr. *è-gzotikeman*]. D'une façon exotique.

EXOTISME. s. m. [Pr. *è-gzotisme*]. Caractère de ce qui est exotique.

EXPANSIBILITÉ. s. f. (R. *expansion*). T. Phys. Aptitude à se dilater ; ne se dit que des fluides, et particulièrement des gaz. Voy. DILATATION.

EXPANSIBLE. adj. 2 g. T. Phys. Qui est capable d'expansion, qui peut se dilater.

EXPANSIF, IVE. adj. (R. *expansion*). Qui a le pouvoir de distendre. *La chaleur est le principe ex. de tous les corps. La force expansive de la vapeur.* || Fig., au sens moral, Qui aime à communiquer ce qu'il éprouve, à s'épancher. *Un homme très ex. Il est très sensible, mais il est peu ex. Une âme expansive.* On dit aussi, *Une bonté expansive*, Une bonté qui étend autant qu'elle peut la sphère de ses bienfaits.

EXPANSION. s. f. (lat. *expansio*, m. s., de *expandere*, déployer). Action ou état d'un fluide qui se dilate. — Figur., *Avoir de l'ex.*, Communiquer facilement ses impressions, ses sentiments. || T. Anat. et Botan. Se dit d'une partie étalée en surface. *Une ex. membraneuse. Une ex. foliacée.*

EXPANSIVITÉ. s. f. Caractère expansif.

EXPATRIATION. s. f. [Pr. *cks-patria-sion*]. Action d'expatrier, de s'expatrier ; ou état de celui est expatrié. *Ex. volontaire, forcée.*

EXPATRIER. v. a. (lat. *ex*, hors de ; *patria*, patrie). Obliger quelqu'un à quitter sa patrie. Inus. == S'EXPATRIER. v. pron. Abandonner sa patrie pour s'établir ailleurs. *Il résolut de s'ex. Elles se sont expatriées.* == EXPATRIÉ, ÉE. p. == Conj. Voy. PRIER.

EXPECTANCE. s. f. Néol. État de ce qui attend.

EXPECTANT, ANTE. adj. (lat. *expectare*, attendre). Qui a l'expectative d'une place, d'un emploi. *Médecin ex. à l'Hôtel-Dieu.* || *Médecine expectante.* Voy. EXPECTATION et AGISSANT. || T. Hortic. *Œil ex.*, Œil, bourgeon rudimentaire qui se trouve sur le vieux bois et peut rester plusieurs années inactif.

EXPECTATEUR. s. m. Celui qui est en expectation.

EXPECTATIF, IVE. adj. Qui donne droit d'espérer ; n'est guère usité que dans la loc., *Grâce expectative. Les grâces expectatives que la cour de Rome donnait anciennement sont supprimées.*

EXPECTATION. s. f. [Pr. *cks-pek-ta-sion*] (lat. *expectare*, attendre). T. Méd. Méthode thérapeutique qui consiste à surveiller la marche de la maladie, et à n'intervenir activement que lorsqu'il survient quelque symptôme fâcheux.

EXPECTATIVE. s. f. Espérance, attente fondée sur quelque promesse, sur des probabilités. *Il est toujours dans l'ex. Vivre dans l'ex. Avoir l'ex. d'une place. C'est une agréable ex.* On dit quelquefois, *Une triste ex.* ; et ironiq., *Voilà une belle ex.* || Sorte de droit éventuel que le pape, pour un bref, donnait à quelqu'un d'avoir tel ou tel bénéfice, lorsqu'il viendrait à vaquer. *Le pape lui avait donné une ex. sur tel bénéfice. Les expectatives sont abolies depuis longtemps.* — Se disait aussi, dans un sens anal., à la cour d'Espagne, etc. *Le roi d'Espagne lui a donné l'ex. de la première com-*

manderie vacante, pour le premier gouvernement. || Exercice de théologie que soutenait un étudiant en Sorbonne pour se préparer aux examens de licence et de doctorat.

EXPECTORANT, ANTE. adj. T. Méd. Qui facilite l'expectoration. *Tisane expectorante.* || Substant., au masc., *On lui a donné des expectorants.* Voy. STIMULANT.

EXPECTORATION. s. f. [Pr. *eks-pek-to-rasion*]. Action d'expectorer. *Ce remède facilite l'ex.* --- Voy. CRACHEMENT. || Fig. Publicité donnée à une nomination de cardinal faite *in petto*.

EXPECTORER. v. a. (lat. *expectorare*, m. s., de *ex*, hors, et *pectus*, poitrine). Expulser par la bouche les mucosités ou autres matières qui obstruent les bronches. *Il expectore des mucosités sanguinolentes.* — Absolum., *Cela fait ex.* *Il expectore beaucoup.* || Fig. Proclamer cardinal par expectoration.— EXPECTORÉ, ÉE, part.

EXPÉDIENCE. s. f. Qualité de ce qui est expédient.

EXPÉDIENT. s. m. (lat. *expedire*, être utile, de *ex*, hors de, et *pes*, *pedis*, pied, propr déguger). Moyen de résoudre quelque difficulté, de tirer d'embarras *Trouver, prendre un ex.* *Être fertile, fécond en expédients.* *Proposer, chercher des expédients.* *Cette mesure est un mauvais ex.* *Il est homme d'ex.* || *Avoir recours aux expédients.* *Il en est réduit*, ou simpl., *Il en est aux expédients*, Être réduit à chercher constamment de nouveaux moyens pour parer à des nécessités sans cesse renouvelées. || T. Prat. anc. Se disait autrefois d'une sorte de compromis préparé par les parties, leurs procureurs, leurs avocats, ou les gens du roi, et qui était communiqué au tribunal pour rendre un jugement conforme. *Vider une cause par ex.* *Arrêt rendu par ex.* = Adjectiv., *Il est ex.* Il est utile ou avantageux ; il est à propos. *Il est ex. de faire cela. Il est ex. que vous partiez.*

Syn. — *Ressource.* — L'*expédient* est ce qui convient relativement aux conjonctures, ce qui tire d'embarras : la *ressource* est ce qui répare un obstacle à vaincre ; la *ressource* un mal à réparer. L'*expédient* facilite le succès ; la *ressource* remédie au mal Dans les affaires de la vie, nous avons sans cesse besoin d'*expédients* ; dans les calamités, il faut des *ressources.* Les dissipateurs en sont de bonne heure aux *expédients*, et dès qu'ils en sont là, ils sont bientôt sans *ressources.* Dans les embarras financiers, le moyen qui ne fait face qu'aux besoins du moment, n'est qu'un *expédient* ; celui qui étend son influence sur l'avenir, est une *ressource.* Par suite de ces différences, *expédient* se prend souvent en mauvaise part, tandis que *ressource* a presque toujours un sens avantageux.

EXPÉDIER. v. a. (lat. *expédiare*, fréquent. de *expedire*, être utile). Faire avec diligence, mener à fin, terminer promptement. *Ex. une affaire. Ex. la besogne. Expédiez-moi cela au plus tôt.* || Fam., *Ex. quelque chose*, La consommer, la dépenser promptement. *Il eut bientôt expédié son dîner. Il vient de faire un bel héritage, mais il l'aura bientôt expédié.* || Fam., *Ex. quelqu'un*, Régler, terminer promptement l'affaire qui le regarde *Le notaire nous a expédiés en moins d'une demi-heure. Ce juge expédie promptement les parties. Je vais l'ex.* — En parlant de jeu, *Ex. quelqu'un*, sign. Lui gagner promptement son argent. *Comme il voulut jouer gros jeu, nos grecs l'expédièrent en un instant.* — En parlant de maladie, *Ex. quelqu'un*, sign. encore le faire mourir vite. *Avec ce médecin, un malade n'a pas à languir, il est expédié promptement. Cette maladie l'aura bientôt expédié.* = Envoyer, faire partir quelque chose pour une certaine destination. *Ex. des marchandises. Ex. des ordres. Ex. un navire.* On dit aussi, *Ex. des troupes. Ex. un convoi, une estafette, etc.* || Faire la copie littérale d'un acte notarié, judiciaire ou administratif, diplôme, d'un brevet, etc., et la revêtir des formes nécessaires pour qu'elle puisse faire foi au besoin. *Ex., faire ex. un contrat de mariage, un arrêt, un jugement, des lettres de grâce, etc.* On n'a pas encore expédié ma commission, mon brevet. = s'EXPÉDIER, v. pron. Être expédié. *Toutes ces affaires peuvent s'ex. dans la journée.* = EXPÉDIÉ, ÉE, part. *Écriture expédiée*, Sorte d'écriture courante. = Conj. Voy. PRIER. = Syn. Voy. ACCÉLÉRER.

EXPÉDITEUR, TRICE. adj. Qui expédie, qui fait l'envoi.

La maison expéditrice, le négociant ex. = s. T. Comm. Personne qui fait un envoi de marchandises.

EXPÉDITIF, IVE. adj. Qui fait vite, qui expédie promptement les affaires, la besogne dont il est chargé. *Il est ex. en affaires. Vous êtes un homme ex. On lui a donné un rapporteur fort ex. Je suis désolé qu'elle ne soit pas plus expéditive.* — On dit aussi, *Un procédé ex. Des moyens expéditifs.* = Syn. Voy. DILIGENT.

EXPÉDITION. s. f. [Pr. *eks-pédi-sion*] (lat. *expeditio*, m. s., de *expedire*, expédier). Action de hâter, de terminer promptement. *La prompte ex. des affaires.* — Fam., se dit quelquefois pour diligence. *Allons, un peu d'ex.* — *Un homme d'ex.*, Un homme actif et entreprenant qui vient promptement et habilement à bout de ce dont il s'est chargé. || L'action d'envoyer. *L'ex. de ces marchandises ne pourra avoir lieu que dans quelques jours Marchandises d'ex.* || *Ex. militaire*, ou simpl., Expédition, Entreprise de guerre. *Grande, belle, glorieuse ex. Une ex. lointaine. Faire de grands préparatifs pour une ex. La durée, le succès, le résultat, la gloire, la honte d'une ex. L'ex. de Xerxès contre la Grèce. Saint Louis fit une ex. en Égypte. L'ex. d'Égypte. L'ex. du Mexique. Entreprendre des expéditions.* — *Ex. maritime*, ou simpl., Expédition, Voyage que font ensemble des bâtiments de guerre ou marchands, soit pour quelque entreprise, soit pour le commerce, soit pour les découvertes. *L'ex. de Christophe Colomb. Une ex. de découverte Une ex. au pôle Nord. L'ex. de Madagascar.* Quand il s'agit d'une ex. dirigée contre un ennemi, on dit plus ordin., *Ex. militaire.* — Fam. et ironiq., on dit de quelqu'un qui a fait quelque démarche maladroite ou inconsidérée, qu'*Il a fait là une belle ex. Voilà une belle ex. !* || La copie littérale d'un acte, délivrée en bonne forme par l'officier public dépositaire de l'original. *L'ex. d'un acte de vente, d'un arrêt, d'un brevet, d'une commission.* || Se dit aussi, au plur., des dépêches, des lettres particulières, soit ordres, instructions, actes, etc. *Ce courrier attend ses expéditions. Il a eu ses expéditions au sceau, en cour de Rome.*

EXPÉDITIONNAIRE. s. m. et adj. 2 g. [Pr. *eks-pédi-sionère*]. (R. *expédition*). T. Comm. Celui qui est chargé par un autre de faire un envoi de marchandises ; celui qui fait habituellement des envois de marchandises pour le compte d'autrui. || Commis aux écritures chargé de faire les expéditions. *Il est commis ex. Une modeste place d'ex.* || *Banquier ex.*, ou *Banquier en cour de Rome.* Banquier qui se charge de faire expédier les rescrits, dispenses, etc., par la chancellerie romaine. || T. Guerre. *Corps ex.*, troupes expéditionnaires, Corps d'armée chargé d'une expédition militaire.

EXPÉDITIVEMENT. adv. D'une manière expéditive.

EXPÉRIENCE. s. f. (lat. *experientia*, m. s., de *experiri*, éprouver). Épreuve que l'on fait d'une chose. *Connaître une chose par ex. J'en ai fait l'ex. C'est une vérité confirmée par l'ex. de tous les jours. Tenter une ex. sur quelqu'un, sur quelque chose*, Vérifier ce qu'on veut savoir de la personne, de la chose, en lui faisant faire ou subir quelque chose. *Ex. in anima vili*, Ex. qu'on tente d'abord sur un être dont l'existence a peu de valeur, parce qu'elle offre quelque danger. || Particulièrement, l'observation des phénomènes naturels dans un but scientifique. *Des expériences de physique, de chimie. De nouvelles expériences sont encore nécessaires pour résoudre la question. Faire des expériences sur l'électricité, sur la circulation du sang, etc.* || ext., Essai pratique. *Une ex. de mobilisation.* || La connaissance des choses acquise par un long usage. *Avoir une longue ex., beaucoup d'ex. Avoir l'ex. du monde. Un jeune homme sans ex. Les affaires demandent une grande ex. Acquérir de l'ex. à ses dépens. Un homme d'une ex. consommée. Croyez-en l'ex. d'un vieillard, ma vieille ex.* — Syn. Voy. ÉPREUVE.

Philos. — 1. — L'*Expérience* peut être définie, d'une manière générale, l'étude et la constatation des phénomènes. Elle est donc la source de la connaissance que nous avons de la nature et de ses lois ; en d'autres termes, elle est le point de départ de toute science. Mais la connaissance dont nous parlons peut s'acquérir de deux manières : 1° En notant les faits tels qu'ils se présentent, sans chercher à les reproduire, sans modifier les circonstances qui les accompagnent : c'est l'*Observation*. 2° En mettant en action les causes et les agents qui sont à notre disposition, en variant à dessein leurs combinaisons, et en notant les effets variés qui résultent de ces modifications dans les circonstances des faits : c'est l'*Ex.* proprement dite, ou, pour éviter toute ambiguïté, l'*Expérimentation*. Telles sont les deux bases qui servent de fondement aux sciences naturelles. Néanmoins, en distinguant l'ex. de l'observation, nous n'avons pas dessein de les opposer entre elles, car elles sont essentiellement semblables et diffèrent plutôt dans le degré que dans l'espèce. Les termes d'*observation passive* et d'*observation active* marqueraient peut-être mieux leur caractère différentiel. Il est d'ailleurs d'une haute importance de distinguer avec soin les deux états de l'esprit qui se rapportent à ces deux modes d'observation, pour se rendre compte de l'influence que chacun de ces derniers exerce sur les progrès des sciences.

Dans l'*observation* proprement dite, nous sommes comme des auditeurs immobiles qui écoutent, avec plus ou moins d'attention, un récit parfois obscur, mais toujours coupé par fragments, qui souvent ne se succèdent qu'à de très longs intervalles. Ce n'est que par la réflexion que nous saisissons les rapports de ces fragments et comprenons toute la signification du récit. Encore nous arrive-t-il fréquemment de regretter, après coup, d'avoir négligé tel ou tel point qui nous paraissait alors insignifiant, mais dont nous reconnaissons trop tard l'importance. Dans l'*ex.* ou dans la *méthode expérimentale*, au contraire, nous examinons le phénomène sous toutes ses faces, nous comparons l'une avec l'autre les circonstances qui l'accompagnent, nous le discutons pendant qu'il est sous nos yeux, enfin nous pouvons multiplier et varier nos questions jusqu'à ce que nous obtenions une réponse satisfaisante. En un mot, l'*observateur* écoute la nature, lorsqu'elle lui parle ; l'*expérimentateur* l'interroge et la force à parler, quand elle se tait. D'après cela, il est facile de comprendre la supériorité de la seconde de ces méthodes sur la première.

II. — Dans l'étude des sciences naturelles, soit que nous nous bornions à observer les phénomènes, soit que nous ayons recours à l'expérimentation, nous devons nous contenter de constater les faits, et nous en tenir rigoureusement à eux. Toute recherche scientifique exige absolument une condition préliminaire, qui dépend de nous ; c'est que nous nous débarrassions de tout préjugé, ou tout au moins que nous suspendions, comme prématurée, toute notion préalable sur ce que devrait ou pourrait être l'ordre de la nature dans un cas donné. Les préjugés dont nous devons nous défaire sont de deux ordres, les *préjugés d'opinion* et les *préjugés des sens*. — Par *préjugés d'opinion* nous entendons les opinions qui ont été admises à la hâte, soit sur l'assertion des autres, soit sur des aperçus superficiels. Nous comprenons aussi dans cette catégorie certaines idées qui sont le résultat d'une observation commune, mais incomplète, et qui, toujours reçues sans contestation, ont fini par s'enraciner dans notre esprit. Telle était, par ex., l'opinion, autrefois admise sans conteste, que la terre était le plus grand corps de l'univers ; que, placée au centre de celui-ci, elle s'y tenait immobile. Telles étaient encore les croyances vulgaires que la nature du feu et des sons est de s'élever, que la lumière de la lune est froide, que la rosée tombe de l'atmosphère, etc. Nous pouvons combattre ces préjugés de deux manières, en prouvant la fausseté des faits desquels on les accrédite, ou en démontrant que les apparences qui semblent les consacrer, s'expliquent d'une manière plus satisfaisante quand on les repousse. — La ténacité avec laquelle on défend les *préjugés des sens* est plus vive au premier abord, mais elle est moins persistante, moins opiniâtre. Ne pas croire ce qu'attestent nos sens paraît en effet une chose qu'on ne saurait admettre. Toutefois ce n'est pas le témoignage direct de nos sens qu'il s'agit de mettre en cause, mais uniquement les jugements erronés que nous en déduisons ; encore ne devons-nous les mettre en doute que lorsque nous pouvons leur opposer un contre-témoignage de même espèce, comme, par ex., lorsqu'un sens dépose contre un autre, ou le même sens contre lui-même. Les conclusions qui se déduisent alors naturellement de ces deux témoignages opposés étant contradictoires, il faut bien que l'une des deux soit fausse. Quand nous tenons pendant quelques instants dans nos mains plongées, l'une dans l'eau glacée et l'autre dans l'eau chaude, et que nous les trempons ensuite toutes les deux dans un troisième vase rempli d'eau à la température du corps humain, c.-à-d. à environ 28° centig., nous éprouvons à l'une une sensation de chaleur, et à l'autre une sensation de froid. Croisons l'index et le médius d'une main, plaçons ensuite une boulette de pain entre les deux extrémités de ces deux doigts, et faisons-la rouler sur une table, nous croirons, surtout si nous fermons les yeux, qu'au lieu d'une seule boule il y en a deux. Enfin,

bouchons-nous le nez en mangeant un morceau de cannelle, nous n'apercevrons aucune différence entre sa saveur et celle d'un copeau de sapin. — Ces exemples, que nous pourrions multiplier à l'infini, doivent nous convaincre que, quoique nous ne soyons jamais déçus dans l'*impression sensible* que font sur nous les objets extérieurs, nous sommes néanmoins, dans les jugements que nous en déduisons, influencés par des circonstances dont il faut nécessairement tenir compte pour estimer exactement le degré de confiance que méritent nos conclusions.

Quand nous disons que l'expérimentateur doit se défier des préjugés et des idées préconçues, cela ne veut point dire qu'il doive s'abstenir de toute idée théorique et se contenter d'enregistrer les résultats d'expériences fortuites ou dirigées pour ainsi dire au hasard, sans lien entre elles ni avec les parties déjà acquises de la Science. Bien au contraire, on peut affirmer qu'en exceptant les cas assez rares où un hasard heureux a fait découvrir un phénomène inattendu, la plupart des découvertes scientifiques sont le résultat d'un travail systématique de l'esprit. C'est en réfléchissant sur les phénomènes déjà connus que le physicien ou le naturaliste conçoit l'idée d'une cause générale qui produit tout un ensemble de phénomènes. Si ses vues sont exactes, la cause qu'il a entrevue, l'*hypothèse* qu'il a imaginée lui permettent de prévoir ce qui doit se passer dans tel ou tel cas particulier, et les expériences sont précisément instituées pour vérifier si la loi qu'il a cru découvrir. Tel est la marche historique de la science ; on ne pourrait citer de nombreux exemples, et c'est précisément en fait d'instituer des expériences pour vérifier ou infirmer certaines théories qui distingue la science rationnelle et féconde du pur *empirisme*, lequel se contente d'enregistrer brutalement les résultats d'expériences fortuites et est voué à l'inertie et à la stérilité. Voy. HYPOTHÈSE, THÉORIE.

III. — Le rôle de l'ex. n'est point le même dans toutes les sciences. On peut dire qu'il est nul dans les mathématiques pures, quoiqu'on puisse discuter sur l'origine des idées de nombre et d'étendue, et des quelques axiomes qui servent de base à l'arithmétique et à la géométrie ; mais, une fois ces idées acquises et ces axiomes acceptés, tout le reste de la science mathématique n'est que le développement logique d'une suite de conséquences qui s'enchaînent les unes avec les autres et où l'ex. n'a plus absolument rien à voir. Si l'ex. intervient en quelque endroit des mathématiques, c'est seulement dans l'acquisition des principes fondamentaux ; mais ceux-là sont extrêmement simples, et le mathématicien ne s'occupe pas de savoir comment il les a acquis : il lui suffit d'en développer les conséquences.

La physique et la chimie, au contraire, n'existent que par l'ex. Ainsi, tandis qu'un homme intelligent livré à lui-même peut comprendre toutes les vérités mathématiques en partant d'un petit nombre d'idées très simples, jamais, quelque effort qu'il fasse, le raisonnement ne lui apprendra ce que deviendra un morceau de sucre, si on le plonge dans l'eau ; jamais il ne lui apprendra quelle impression un mélange de bleu et de jaune produira sur ses yeux. Dans les sciences qui ont pour objet la nature vivante, la complexité des fonctions, qui toutes agissent et réagissent les unes sur les autres, rend à la fois l'observation plus difficile et l'expérimentation plus délicate. De là des opinions contradictoires qui invoquent également à leur aide l'observation et l'expérimentation. Ces discordances cependant ne sauraient faire condamner ni l'observation ni l'expérimentation : elles ne sont imputables qu'à l'insuffisance des investigations, qui ont été incomplètes ou n'ont pas été conduites avec la précision et la rigueur nécessaires. Ici encore l'expérimentation montre sa supériorité accoutumée sur l'observation pure et simple. En effet, c'est à l'emploi de la méthode expérimentale que la physiologie générale des êtres animés doit d'avoir pris rang parmi les sciences positives. Il y avait six mille ans que le sang circulait dans l'admirable cercle vasculaire que présentent tous les animaux, sans que l'observation eût constaté le phénomène ; il fallut les expérimentations d'Harvey pour démontrer la réalité du fait. La médecine proprement dite, qui vient le dernier dans l'ordre des sciences naturelles, ne mérite le nom de science qu'en tant qu'elle se base sur la physiologie et sur l'observation directe ; mais lorsqu'elle est appliquée au lit du malade, comme son objet est de donner une solution pour des cas individuels, c.-à-d. de déterminer la maladie et ses circonstances, ainsi que le traitement approprié, et que cette solution résulte du travail intellectuel du médecin, elle ne constitue plus qu'un art conjectural, dont l'observation clinique fournit les éléments principaux. L'ex. est donc le fondement de la médecine ; mais toute intervention de l'homme de l'art exige l'*interprétation* de cette ex. Par conséquent, lorsqu'on flétrit certaines théories et certaines pratiques médicales du nom d'*Empirisme*, cela ne veut pas dire que l'on condamne l'emploi de l'ex. dans la médecine, ou même que l'ex. ne doit pas être la seule base de cette science ; on veut simplement critiquer les doctrines médicales et thérapeutiques de ces hommes trop nombreux qui, au lieu de comparer, de juger et d'interpréter les phénomènes qu'ils ont sous les yeux, se bornent à une aveugle routine, concluent sans motif d'un cas à un autre, et prennent pour guide unique la formule inintelligente et brutale : *post hoc, ergo propter hoc.*

Il n'est personne qui ne reconnaisse que l'ex. joue un certain rôle dans les sciences qui sont habituellement désignées sous le nom de sciences morales et politiques. Mais les uns amoindrissent et les autres exagèrent outre mesure l'importance de ce rôle. Ici, comme dans les sciences physiques et naturelles, le raisonnement doit avoir sa large part ; il est aussi puéril de vouloir se passer de théorie pour les réduire à une pure ex. que de mépriser l'observation des faits pour s'en tenir aux conséquences de quelques principes plus ou moins contestables. Au reste, l'expérimentation en ces matières, quand elle est possible, est toujours dangereuse, et ces sortes de sciences doivent reposer sur une saine et complète observation des phénomènes, convenablement interprétés par la discussion des causes qui les ont produits. La politique proprement dite, si tant est qu'elle mérite le titre de science (car, dans la pratique, elle ne nous offre guère qu'une série d'expédients), repose exclusivement sur l'observation, soit des phénomènes sociaux contemporains, soit de ceux qui se sont produits dans les siècles passés. L'économie politique qui seule, parmi les sciences dites politiques, possède véritablement un caractère scientifique, a également sa source dans l'ex. : l'observation du présent et du passé lui fournit les éléments sur lesquels elle appuie ses démonstrations. Cependant elle se rapproche, par les autres sciences mathématiques, parce que les principes sur lesquels elle s'appuie étant fort peu nombreux et fort simples, la plus grande partie de la doctrine consiste à développer les conséquences lointaines de ces principes, et d'autre part, elle se rapproche des sciences naturelles, et particulièrement de la science physiologique, parce qu'il serait possible, du moins dans de certaines limites, de lui appliquer la méthode expérimentale. Voy. LOI, MÉTHODE et SCIENCE.

IV. — La philosophie exclut absolument l'expérimentation ; mais elle ne peut se passer de l'observation. Qu'est-ce, par ex., que la psychologie, sinon le résultat de l'observation de l'être pensant par l'être pensant lui-même. Les philosophes de l'École sensualiste, fondée par Locke, enseignent que toutes nos idées viennent des sens, en d'autres termes, que l'ex. est l'unique source de nos connaissances. Leibniz s'est élevé avec énergie contre cette opinion, que Kant plus tard a également combattue. Il paraît certain que quelques notions ou vérités premières ne sont point données par l'ex. Ces vérités nécessaires, dont les unes appartiennent à l'ordre métaphysique, et les autres à l'ordre moral, se révèlent sans doute à notre esprit à l'occasion de l'ex., mais elles sont entièrement indépendantes de cette dernière. Bien plus, non seulement elles sont indépendantes de l'ex., mais encore c'est uniquement à leur aide que notre esprit contrôle les notions dérivées de l'ex. et déclare leur légitimité ou leur illégitimité. Tel est, en particulier, le *principe de causalité*, qui, comme l'a très bien remarqué Kant, domine toute ex. et permet seul de formuler des jugements à la suite des résultats des expériences. Voy. CAUSE. L'ex. et l'observation sont le point de départ de la science, mais c'est la raison seule qui constitue, on pourrait presque dire, qui crée celle-ci.

En philosophie, on donne le nom d'*Empirisme* au système, ou plutôt à l'opinion de ceux qui nient la certitude de tout ce qui dépasse la pure ex. Les empiriques se proposent d'éviter tous les écarts de la spéculation, et ils ont en général la prétention d'être les hommes positifs par excellence, de ne rien admettre que ce qui leur est démontré. Mais, s'ils étaient logiques et acceptaient les conséquences rigoureuses de leur propre doctrine, ils devraient aboutir au scepticisme le plus absolu : car l'ex. ne nous révèle que des phénomènes individuels et successifs, et l'idée du lien qui les unit, de la loi qui les régit, ne nous vient point d'elle. Tout empirique, pour être conséquent, devrait dire, avec Hume, que le moi humain lui-même n'est qu'une succession de sentiments et d'idées ; avec Condillac, qu'il n'est qu'une succession de sensations.

EXPÉRIMENTABLE. adj. 2 g. Néol. Qui peut être expérimenté.

EXPÉRIMENTAL, ALE. adj. Qui se fonde sur l'expérience. *Méthode expérimentale. Physique expérimentale. Physiologie expérimentale.*

EXPÉRIMENTALEMENT. adv. D'une manière expérimentale.

EXPÉRIMENTALISTE. adj. 2 g. T. Philos. Qui appartient à la doctrine expérimentaliste.

EXPÉRIMENTATEUR, TRICE. s. Celui, celle qui fait des expériences scientifiques. *C'est un ex. très sagace. L'habileté expérimentatrice.*

EXPÉRIMENTATION. s. f. [Pr. *cks-périmenta-sion*]. Art, manière d'expérimenter, de faire des expériences scientifiques. Voy. EXPÉRIENCE.

EXPÉRIMENTER. v. a. (lat. *experimentum*, épreuve, de *experiri*, essayer). Vérifier par des expériences, éprouver par expérience. *J'ai expérimenté la vertu de ce remède.* = EXPÉRIMENTER. v. n. Faire des expériences. *On ne peut ex. au hasard, il faut pour cela avoir un but et une méthode. J'ai cent fois expérimenté que la colère est mauvaise conseillère.* = EXPÉRIMENTÉ, ÉE. part. *Les remèdes les plus expérimentés sont les plus sûrs.* || Adject. Qui est instruit par l'expérience. *C'est un homme fort expérimenté dans cet art, en ces choses-là. Rapportez-vous-en aux gens expérimentés.*

EXPERT, ERTE. adj. (lat. *expertus*, m. s.). Fort versé, fort habile dans quelque art qui s'apprend par expérience. *Il est ex. en chirurgie. Être ex. dans un art. C'est un homme fort ex. Cette sage-femme est très experte.* = EXPERT. s. m. T. Pratiq. Celui qui est chargé de fixer la mise à prix dans la vente aux enchères. *E. en diamants, en livres.* Jurisp. — Lorsque, dans une cause quelconque, un tribunal a besoin de s'éclairer en prenant l'avis d'individus ayant des connaissances spéciales, il rend un jugement par lequel il ordonne qu'il sera procédé à la nomination d'*Experts*, et par lequel il détermine les objets de l'*Expertise*. Les experts sont choisis par les parties ou par les tribunaux, avec facilité aux parties de les nommer d'autres, dans les trois jours, par déclaration faite au greffe. L'expertise ne peut être faite que par trois experts, à moins que les parties ne consentent à ce qu'il y soit procédé par un seul. Les experts prêtent serment ; ils ne peuvent être récusés que lorsqu'ils ont été nommés d'office, à moins que les causes de récusation ne soient survenues depuis la nomination et avant le serment. L'ex. qui, après avoir accepté et prêté serment, ne remplit pas sa mission, peut être condamné à tous les frais frustratoires et même aux dommages-intérêts, s'il y a lieu. Après s'être livrés à l'examen qui leur a été confié, les experts dressent un rapport unique : ils ne doivent former qu'un seul avis à la pluralité des voix. En cas d'avis différents, le rapport doit indiquer les motifs des divers avis, mais faire connaître quel a été l'avis personnel de chacun d'eux. Si les juges ne trouvent pas dans le rapport les éclaircissements suffisants, ils peuvent ordonner d'office une nouvelle expertise par un ou plusieurs experts qu'ils nommeront d'office, et qui pourront demander aux précédents experts les renseignements qu'ils jugeront convenables. Les juges ne sont point astreints à suivre l'avis des experts, si leur conviction s'y oppose (Cod. Proc. 302-323).

Les mêmes règles s'appliquent aux expertises qui sont ordonnées en matière criminelle. Nous ferons cependant remarquer qu'à la différence du code civil, le code d'instruction criminelle permet de nommer deux experts, alors que les experts, en matière civile, doivent toujours être en nombre impair. (Code d'instruction criminelle, articles 43 et 44).

EXPERTEMENT. adv. D'une manière experte.

EXPERTISE. s. f. T. Prat. Visite et opération d'experts. *Faire une e. Procéder par e. Procéder à l'e. de Frais d'e.* || Le procès-verbal, le rapport des experts. *Après quatre vacations, ils ont remis leur e.*

EXPERTISER. v. a. T. Prat. Faire l'expertise. *On a fait e. les travaux.* = EXPERTISÉ, ÉE. part.

EXPIABLE. adj. 2 g. Qui peut être expié.

EXPIATEUR, TRICE. adj. Propre à expier.

EXPIATION. s. f. [Pr. *eks-pia-sion*] (lat. *expiatio*, m. s.).
Le mot *Expiation* signifie purification, réparation, satisfaction pour une faute. L'homme étant libre et responsable, tout acte mauvais dont il se rend coupable lui est imputable. Cependant l'homme qui se sent coupable cherche à échapper aux conséquences de ses fautes, à retrouver la pureté de son âme, à apaiser la divinité qu'il a offensée et dont il craint la vengeance. Un sentiment naturel de justice a montré de bonne heure que l'ex. exigeait une douleur, un sacrifice librement consenti ; puis on en est arrivé, par lâcheté sans doute, et par une singulière perversion de l'idée de divinité, à cette conception singulière que l'on pouvait faire subir l'expiation à une victime innocente, afin de rachoter le coupable. On s'imaginait ainsi que la divinité exigeait une réparation pour chaque faute, mais qu'il lui était indifférent que la victime ne fût pas le coupable, pourvu que l'expiation fût faite. De là les cérémonies bizarres et souvent cruelles, les sacrifices sanglants, et même les sacrifices humains pratiqués chez les divers peuples de l'antiquité sous le nom de cérémonies expiatoires. Le dogme fondamental de la religion chrétienne, la *rédemption*, ou rachat des fautes des hommes par le sacrifice volontaire d'un Dieu, paraît lui-même dérivé de l'idée païenne de l'expiation par autrui.
La tradition universelle des peuples nous démontre que tous ont admis la possibilité de la réhabilitation de l'homme au moyen de l'e., c.-à-d. au moyen du repentir, du sacrifice et de la souffrance. Conformément à cette croyance, nous voyons établie par toute la terre la pratique des cérémonies et des sacrifices expiatoires, des austérités, des mortifications, etc., tous actes qui avaient pour objet d'apaiser la colère divine, ou, en d'autres termes, de satisfaire à sa justice. Chez les Grecs et chez les Romains, on ordonnait quelquefois des expiations pour purifier les villes tout entières. Parmi les expiations en usage chez les Juifs, il y en avait une qui était générale pour toute la nation : une fête solennelle, appelée *Fête des expiations* ou *Fête du pardon*, qui se célébrait le dix du mois de *tisri* (Lévit., XXIII, 27). C'est à cette fête qu'avait lieu la cérémonie du bouc émissaire que le grand prêtre chassait dans le désert après l'avoir chargé des iniquités du peuple d'Israël. Ce jour-là était aussi le seul de l'année où il était permis au grand prêtre d'entrer dans le saint des saints, c.-à-d. dans le sanctuaire qui contenait l'arche d'alliance. Dans la religion chrétienne, les expiations sont les sacrements, le sacrifice de la messe et les œuvres de pénitence. — La doctrine de l'e. a été, sauf quelques exagérations dans la forme, admirablement développée par De Maistre : nous ne pouvons que renvoyer aux *Soirées de Saint-Pétersbourg*. Quant à l'e. due par le criminel à la société, voy. PEINE.

EXPIATOIRE. adj. 2 g. Qui expie, qui est consacré à perpétuer le souvenir d'un crime que l'on veut expier. *Victime e. La messe est un sacrifice e. Œuvres expiatoires. Monument e.*

EXPIER. v. a. (lat. *expiare*, m. s.). Réparer par la peine qu'on subit, un crime, une faute. *E. un crime. E. ses péchés par ses prières, par ses larmes, par une longue pénitence. On lui a fait e. ses fautes par un long exil.* == EXPIÉ, ÉE. part. = Conj. Voy. PRIER.

EXPILLY (L'abbé), écrivain, voyageur et géographe français, né à Saint-Rémi (Provence) (1719-1793).

EXPIRANT, ANTE. adj. Qui expire, qui est près d'expirer. *Nous la trouvâmes expirante.* || Fig., *Flamme expirante. La patrie expirante. La liberté semblait expirante.* — On dit aussi, *Une voix expirante.*

EXPIRATEUR. adj. m. T. Anat. *Muscles expirateurs,* Ceux qui contribuent à l'expiration en resserrant les parois de la poitrine.

EXPIRATION. s. f. T. Physiol. [Pr. *eks-pi-rasion*]. Action par laquelle les poumons expulsent l'air qu'ils ont inspiré. Voy. RESPIRATION. || T. Bot. Mouvement par lequel les végétaux, après avoir emprunté à l'air certains éléments gazeux, lui en restituent d'autres qui doivent être éliminés de l'organisme. || Echéance d'un terme convenu ; fin d'un certain temps fixé. *Vous n'avez plus que six mois jusqu'à l'e. de votre bail. Après l'e. des délais. Le dictateur, à l'e. de ses pouvoirs, rentrait dans la vie privée. A l'e. de l'année, de la saison.* || T. Techn. Mouvement par lequel un soufflet, en se contractant, évacue l'air qui s'y était introduit lorsqu'il se dilatait.

EXPIRER. v. a. (lat. *ex*, hors de ; *spirare*, souffler). T. Physiol. Rendre l'air qu'on a inspiré, c.-à-d. introduit dans les poumons. *E. l'air.* On dit aussi absol., *Le malade expire difficilement.* — En parlant des végétaux, restituer à l'air, après lui avoir emprunté certains éléments gazeux, ceux de ces éléments qui doivent être éliminés de l'organisme. || EXPIRER. v. n. Mourir, rendre l'âme, le dernier soupir. *Il vient d'e. Il expira dans ses bras, entre les bras de son fils. Dès qu'il eut expiré.* — Par exager., *E. d'amour, de jalousie.* || Fig., S'évanouir, disparaître ; se dit de certaines choses physiques. *Cette lueur expira par degrés. Les sons expirèrent lentement. La parole expira sur ses lèvres.* — Se dit aussi de certaines choses morales. *Je sentis e. ma colère, mon ressentiment. Ce fut alors qu'expira la liberté de la Grèce. La puissance de cet empire était près d'e.* || Fig., Prendre fin, arriver à son terme. *Son bail expire à la Saint-Jean ; le mien a expiré hier. Son congé est sur le point d'e. Les délais sont expirés. Ce temps expiré, aucune réclamation ne sera plus admise. La trêve étant expirée, les hostilités recommencèrent.* == EXPIRÉ, ÉE. part. Expulsé du poumon. *L'air expiré.* || Mort. Employé dans ce sens par Bossuet et Racine, quoique *expirer,* dit pour mourir, soit un verbe neutre. *Ce héros expiré.* (RACINE.)

EXPLÉTIF, IVE. adj. (lat. *expletivus*, de *explere*, remplir). T. Gram. Se dit de certains mots qui entrent dans une phrase sous être nécessaires au sens, mais qui servent très souvent à exprimer avec plus de force le sentiment dont on est affecté. Dans ces phrases : *Prenez-moi ce flambeau. Je vous le traiterai comme il le mérite,* moi et vous sont des mots explétifs.

EXPLÉTIVEMENT. adv. Comme explétif, d'une manière explétive. *Ce mot est employé exp.*

EXPLICABLE. adj. 2 g. Qui peut être expliqué. *Ce passage n'est pas e.*

EXPLICATEUR, TRICE. adj. Qui explique, qui contient une explication. || *Guide e.,* Livre qui donne aux voyageurs des explications sur les choses qu'ils doivent rencontrer dans leur voyage. || subst. Personne qui fait aux spectateurs l'explication d'une chose exposée à la curiosité publique. *L'e. d'une ménagerie, d'un panorama,* etc.

EXPLICATIF, IVE. adj. Qui explique le sens de quelque chose. *Commentaire e. Notes explicatives.* T. Gram. *Complément e.,* Celui qui sert à expliquer une idée principale.

EXPLICATION. s. f. [Pr. *eks-pli-ka-sion*] (lat. *explicatio*, m. s.). Éclaircissement, interprétation. *Je viens vous demander l'e. de cet article du code. Je vais vous donner l'e. de ce passage. Votre e. n'est pas claire, n'est pas suffisante. Cela demande e. L'e. d'un songe, d'une énigme, d'un oracle. L'e. des phénomènes de la nature. Me donnerez-vous l'e. de votre conduite?* Il n'est pas satisfait de votre e. — *Demander à quelqu'un l'e. d'un propos,* Lui demander d'expliquer un propos qu'il a tenu et qui peut être considéré comme offensant, injurieux. On dit également, *Demander une e. à quelqu'un,* Lui demander de s'expliquer sur quelque chose d'équivoque. — *Avoir une e. avec quelqu'un,* Le faire expliquer sur quelque chose d'équivoque. *Il se refuse à toute e.,* Il refuse de s'expliquer lui-même sur ce qu'il a dit ou sur ce qu'il a fait. || Intelligence. *Cela me donne l'e. d'un fait dont je n'avais pu me rendre compte.* || Dans les collèges, l'e. La traduction orale d'un auteur. *Le professeur nous fait faire des explications sur Virgile, sur Tacite. Il s'est très bien tiré de son e.* || Démonstration, énumération de détails. *L'e. de la sphère. E. anatomique. Faire l'e. d'un tableau.*

EXPLICIT. s. m. [Pr. *eks-pli-site*] (lat. *explicitus*, terminé). T. Paléog. Mot qui indique qu'un ouvrage est terminé et que l'on trouve à la fin des manuscrits latins du moyen âge.

EXPLICITE. adj. 2 g. (lat. *explicitus*, expliqué). Qui est clair, formel, distinct, développé. *Volonté e. Foi e. Clause e.* Voy. IMPLICITE.

EXPLICITÉ. s. f. Qualité de ce qui est explicite. *L'ex. d'une cause, d'une volonté.*

EXPLICITEMENT. adv. En termes clairs et formels. *Cela n'est pas e. énoncé dans l'acte.*

EXPLIQUER. v. a.. (lat. *explicare*, m. s.). Éclaircir ce qui est obscur, faire comprendre une chose, en rendre compte. *Expliquez-moi ce passage d'Aristote. Cela est difficile à e. E. un oracle, une énigme, un phénomène. Expl quez-moi ce que cela signifie. Je ne saurais m'e. sa conduite.* — Par anal., se dit aussi des choses. *Cela m'explique pourquoi il n'est pas venu. Cela m'explique leur admiration pour lui.* || Déclarer, développer, faire connaître clairement. *Il m'a expliqué toute sa pensée. Expliquez-moi vos intentions, vos desseins, vos motifs.* || *Ex. un auteur,* l'interpréter, le traduire, à haute voix. *Il commence à c. Horace et Tacite. Expliquez-moi en français ce vers de Juvénal.* || Enseigner, démontrer. *E. la géographie, l'anatomie, les éléments de la chimie. E. un mécanisme, un procédé. E. les cas de conscience.* = s'EXPLIQUER. v. pron. Être expliqué. *Cela peut s'e. de deux façons. Ces deux passages s'expliquent l'un par l'autre. Sa conduite s'explique d'elle-même.* || Faire connaître clairement sa pensée. *Je ne sais si je m'explique bien. Expliquez-vous. Je vais m'e.* || Donner une explication, un éclaircissement. *Il s'en est expliqué. Je le ferai s'e.* — Avec ellipse du pron. pers. *Il faut faire e. cet homme. Je me charge de le faire e.* — *S'e. avec quelqu'un,* Avoir une explication, un éclaircissement avec lui. *Je m'en expliquerai avec lui.* = EXPLIQUÉ, ÉE. part. = Syn. Voy. DÉVELOPPER.

EXPLIQUEUR, EUSE. s. Celui, celle qui explique.

EXPLOIT. s. m. (R. *exploiter*). Action d'éclat à la guerre. *E. militaire. Un bel, un grand, un glorieux e. Il s'est signalé par ses exploits, par de brillants exploits.*

> Ses rides sous son front ont gravé ses exploits.
>
> CORNEILLE.

— Fig. et ironiq., on dit à quelqu'un qui a fait quelque chose mal à propos, *Vous avez fait là un bel exploit!* || T. Prat. Acte que fait un huissier pour assigner, ajourner, saisir, etc. *E. d'assignation, d'ajournement, de saisie. Dresser, libeller un e. Donner, envoyer, signifier un e. Enregistrer un e.* — Fig. et fam. *Souffler un e.,* se dit d'un huissier qui ne remet pas la copie d'un exploit, quoique l'original porte qu'elle a été remise.

EXPLOITABILITÉ. s. f. Qualité de ce qui peut être exploité. || État de ce qui peut être saisi et vendu par voie de justice.

EXPLOITABLE. adj. 2 g. Qui peut être saisi et vendu par justice. *Garnir un appartement de meubles exploitables.* || Qui est en état de pouvoir être façonné et débité. *Ces bois-là ne sont pas encore exploitables.* || Qui peut être cultivé, exploité avec avantage. *Cette terre n'est pas e. Cette mine est encore e.* || Fig. Qu'on peut faire servir à ses fins.

EXPLOITANT, ANTE. adj. T. Prat. Qui fait des exploits. *Huissier e. par tout le ressort de la cour.* || Qui se livre à une exploitation industrielle ou commerciale. *Un industriel e. Une compagnie e.* || s. Celui qui exploite une terre, une mine. *Personne qui se sert des autres pour les faire servir à ses fins. On dit mieux Exploiteur.*

EXPLOITATION. s. f. [Pr. *cks-ploi-ta-sion*]. Action de mettre en valeur, de cultiver, de tirer parti d'une chose. *L'e. de ce domaine demande un grand nombre de bras. L'e. d'une terre, d'un bois, d'une mine, etc. Il faut des capitaux considérables pour l'e. d'une mine, etc. E. agricole, manufacturière, etc. Chemin de fer en état d'e.* — *Bâtiments d'e. Matériel d'e., Chemin d'e., Bâtiments, etc., destinés à l'exploitation d'une terre, d'une mine, etc.* || La chose même qu'on exploite. *Une grande e. Les bâtiments qui dépendent de l'e. Les instruments qui sont sur l'e.* || *E. foncière,* Exploitation directe d'un fonds, d'un immeuble. || L'action de spéculer sur l'ignorance, la position de quelqu'un pour en tirer quelque profit, quelque avantage à son préjudice. *L'e. de l'ignorance, de la crédulité publique.*

EXPLOITER. v. n. (bas-lat. *explicitare*, de *explicitus*, proprement accompli jusqu'au bout). Faire une action d'éclat; Vx et ne se dit que par plaisant. *Vraiment, vous avez bien exploité.* || Faire et donner des exploits. *Les sergents du Châtelet pouvaient e. par tout le royaume.* — Fig. et fam., *À mal e. bien écrire.* Voy. ÉCRIRE. == EXPLOITER. v. a. Faire valoir, tirer parti. *E. une terre, une ferme. L'e. par ses mains.* — On dit dans le même sens, *E. une industrie, une usine, un canal, un chemin de fer.* — *E. une mine,* En tirer le minerai. — *E. des bois,* Abattre, façonner et débiter des bois dans la forêt. || En mauvaise part, *E. une place, un emploi,* En tirer des profits illicites. — *E. la curiosité publique, la crédulité de quelqu'un,* etc., Spéculer sur la curiosité publique, profiter de la crédulité de quelqu'un, etc., pour en tirer de l'argent, etc. — *E. quelqu'un,* Spéculer sur sa position, en abuser pour lui imposer des conditions onéreuses ou extraordinaires. *Cet usurier exploite les paysans du canton.* = EXPLOITÉ, ÉE. part.

EXPLOITEUR. s. m. Celui qui exploite. *L'e. de cette mine n'a pas fait de brillantes affaires.* || En mauvaise part, Celui qui abuse de l'ignorance, de la position, etc., de quelqu'un pour en tirer de l'argent, pour lui imposer des conditions particulièrement onéreuses. *Les exploiteurs de la crédulité populaire.*

EXPLORATEUR, TRICE. adj. Qui explore, qui fait un voyage de découverte. || Par ext., Qui sert à un examen, à une étude. || T. Chir. Qui sert à reconnaître l'état de certaines parties. — *Stylet e.,* Stylet destiné à révéler la présence d'une balle dans un corps. || Subst., Personne qui va, qu'on envoie à la découverte dans un pays, pour en connaître l'étendue, la configuration, les productions, etc. — Fig., Celui, celle qui se livre à des recherches scientifiques, à des travaux d'érudition, etc. || Par anal., Personne qui est envoyée secrètement dans les cours étrangères, pour en découvrir les sentiments, les intentions, etc. Peu us.

EXPLORATIF, IVE. adj. Qui a pour but d'explorer.

EXPLORATION. s. f. [Pr. *cks-plora-sion*]. Action d'explorer. *Leurs explorations n'ont pas été poussées assez loin.* || T. Méd. L'action d'observer, de rechercher les symptômes d'une maladie, et plus particulièrement l'action d'examiner l'état d'une partie malade. || T. Hist. nat. *Explorations sous-marines.* Voy. ABYSSE.

EXPLORATIVEMENT. adv. En explorant.

EXPLORER. v. a. (lat. *explorare*, m. s.). Examiner, visiter; ne se dit guère qu'en parlant d'un pays. *Il voulut e. ces contrées. Les mers que ce navigateur a explorées.* || T. Chir. Examiner, vérifier. *J'ai exploré la plaie à l'aide d'un stylet.* = EXPLORÉ, ÉE. part.

EXPLOSEUR. s. m. Substance ou appareil propre à procurer l'explosion.

EXPLOSIBLE. adj. 2 g. Susceptible de faire explosion. *Mélange e. Balle e.* || subst *Un e.,* une substance explosible. *La mélinite est un nouvel e.*

EXPLOSIF, IVE. adj. T. Phys. Qui est capable de faire explosion. *Mélange e.* — Subst., *Un explosif,* Un corps e. || T. Gram. *Consonne explosive,* Qu'on prononce en arrêtant complètement l'air chassé du larynx, puis en lui donnant brusquement passage. — Subst., *Une explosive. Les consonnes p, b, k, t, d, sont des explosives.*

EXPLOSION. s. f. (lat. *explosio.* m. s.). Éclat, bruit d'une chose qui éclate. *L'e. d'un volcan, d'une mine, d'un gaz, etc. La chaudière fit e.* || Fig. *L'e. de la haine, de la colère. L'e. d'un complot. Il y eut contre lui une e. de murmures.*

EXPONCTION. s. f. [Pr. *cks-pon-ksion*] (lat. *expungere,* biffer). Indication dans les manuscrits de supprimer une lettre, un mot.

EXPONCTUER. v. a. Faire une exponction.

EX ONENTIEL, ELLE. adj. (lat. *exponens,* exposant). T. Mathém. Qui a rapport aux exposants. *Fonction exponentielle,* La fonction a^x où la variable x est l'exposant d'une quantité invariable. a est dit la base de la fonction exponentielle Si cette base est le nombre $e = 2,7182818285...$ qui est la base des logarithmes supérieurs, on démontre que la fonction exponentielle e^x est représentée par la série :

$$e^x = 1 + \frac{x}{1} + \frac{x^2}{1.2} + \frac{x^3}{1.2.3} + \dots + \frac{x^i}{1.2.3 \dots n} + \dots$$

qui est convergente pour toute valeur de x.

Cette série peut servir à définir la fonction e^x quand x est imaginaire. Enfin, nous ajouterons que la dérivée de la fonction e^x est la même fonction e^x. Voy. EXPOSANT, LOGARITHME.

On appelle aussi équation exponentielle une équation où l'inconnue figure comme exposant. Telles sont les équations :

$$e^x = a$$
$$a\, e^x + b e^{-x} = c.$$

Voy. LOGARITHME.

EXPORTATEUR, TRICE. T. Com. Personne qui exporte, qui fait le commerce d'exportation.

EXPORTATION. s. f. [Pr. eks-porta-sion]. Action d'exporter, de vendre des marchandises à l'étranger. Voy. COMMERCE.

EXPORTER. v. a. (lat. *exportare*. m. s.) T. Com. Transporter à l'étranger les produits du sol ou de l'industrie nationale. *E. des grains, des vins, tissus,* etc. *E. des marchandises.* = s'EXPORTER. v. pron. Être exporté. *Notre numéraire s'exportait avec une rapidité alarmante.* == EXPORTÉ, ÉE. part.

EXPOSANT, ANTE. s. T. Jurisp. Celui, celle qui expose un fait, qui expose ses prétentions dans une requête ou dans quelque autre acte semblable. *Les raisons de l'e., de l'exposante, sont...* || Dans le langage ordinaire, l'artiste ou l'industriel qui expose les produits de son talent ou de son industrie, pour les soumettre au jugement du public. || T. Mar. Volume de la partie du navire léger qui s'immerge lorsqu'on le charge.

Alg. — I. — La notation des *exposants* a été imaginée pour éviter d'écrire plusieurs fois un facteur qui figure plusieurs fois dans un produit. On n'écrit ce facteur qu'une seule fois, et on écrit en haut et à droite un petit chiffre qui indique combien de facteurs égaux à celui-ci sont contenus dans le produit. Ainsi a^4 veut dire le produit de quatre facteurs égaux à a :

$$a^4 = a.\, a.\, a.\, a.$$

C'est ce chiffre 4 qui s'appelle l'*E.*, et le produit des facteurs égaux s'appelle une *puissance,* dont le *degré* est égal au nombre des facteurs ou à l'e. La première puissance est le nombre lui-même, a ; la seconde puissance s'appelle le *carré,* a^2 ; et la troisième le *cube,* a^3.

De cette notation, combinée avec les principes les plus simples relatifs aux produits de plusieurs facteurs et au calcul des fractions, découlent immédiatement les théorèmes suivants :

1° *Pour élever un produit à une certaine puissance il suffit d'élever chaque facteur du produit à cette puissance.* On a par ex. :

$$(abc)^3 = abc.\, abc.\, abc.\, abc = a^3 b^3 c^3.$$

2° *Pour élever une fraction à une certaine puissance, il suffit d'élever chacun des deux termes à cette puissance* :

$$\left(\frac{a}{b}\right)^4 = \frac{a}{b}.\frac{a}{b}.\frac{a}{b}.\frac{a}{b} = \frac{a^4}{b^4}.$$

3° *Pour multiplier plusieurs puissances d'un même nombre, il suffit d'ajouter les exposants* :

$$a^4.\, a^5.\, a^8 = a^{4+5+8} = a^{17},$$

car les exposants indiquent le nombre des facteurs.

4° *Pour diviser deux puissances d'un même nombre, on retranche l'e. du diviseur de celui du dividende, si la soustraction est possible* :

$$\frac{a^5}{a^3} = a^{5-3} = a^2,$$

car le produit du quotient a^2 par le diviseur a^3 reproduit le dividende a^5 d'après le théorème précédent.

Si l'e. du diviseur est le plus grand des deux, le quotient est une fraction dont le numérateur est 1, et le dénominateur le nombre donné, affecté d'un e. égal à la différence des deux exposants donnés :

$$\frac{a^4}{a^7} = \frac{1}{a^{7-4}} = \frac{1}{a^3},$$

car on peut diviser les deux termes de la fraction par a^4, d'après la règle précédente.

Enfin, *si les deux exposants sont égaux, le quotient est l'unité* :

$$\frac{a^4}{a^4} = 1,$$

puisque les deux nombres sont égaux.

5° *Pour élever une puissance à une autre puissance, il suffit de multiplier les deux exposants* :

$$(a^4)^3 = a^4.\, a^4.\, a^4 = a^{4+4+4} = a^{4\times 3} = a^{12}.$$

Il est facile de vérifier que les règles précédentes s'appliquent aussi aux exposants 1 et 0 si l'on convient que :

$$a^1 = a \quad \text{et} \quad a^0 = 1.$$

II. — Imaginée pour simplifier l'écriture, la notation des exposants s'est trouvée l'origine de plusieurs généralisations importantes, qui ont constitué de puissants éléments de progrès et ont largement enrichi la science mathématique. Remarquons que, restreints à la définition primitive, les exposants seraient nécessairement des nombres *entiers* et *positifs.*

Exposants négatifs. — La première généralisation qui s'est imposée a eu pour objet de réunir en un seul énoncé les trois cas de la 4° règle de calcul. On y est arrivé par la considération des exposants négatifs. Si on applique le premier énoncé du théorème (4) au cas où l'e. du diviseur est le plus grand, on aura par ex. :

$$\frac{a^4}{a^7} = a^{4-7} = a^{-3}.$$

Mais comme $\frac{a^4}{a^7} = \frac{1}{a^3}$, on a été conduit à écrire :

$$a^{-3} = \frac{1}{a^3},$$

convention qui définit l'e. négatif. Or, il se trouve que les cinq règles de calcul s'appliquent sans changement aux exposants négatifs et positifs, avec cette simplification que la règle n° 4 est réduite au premier énoncé dans tous les cas. Ce fait est facile à vérifier ; nous n'y insisterons pas ; on en trouvera la démonstration détaillée dans tous les livres d'algèbre.

Exposants fractionnaires — L'e. peut être maintenant négatif ; mais il est encore forcément *entier.* Pour pousser plus loin la généralisation, on a eu à considérer le calcul des *radicaux.* Rappelons qu'on appelle *racine* m^e de a et qu'on désigne par la notation $\sqrt[m]{a}$, un nombre qui, élevé à la puissance m, reproduit a, de sorte qu'on a pour définition :

$$\left(\sqrt[m]{a}\right)^m = a.$$

Si a est positif, l'arithmétique apprend qu'il y a un nombre positif et un seul qui répond à la définition de $\sqrt[m]{a}$. Ce nombre s'appelle la *racine* m^e *arithmétique* de a, pour le distinguer des valeurs algébriques de $\sqrt[m]{a}$, car le calcul de $\sqrt[m]{a} = x$ équivaut à la résolution de l'équation :

$$x^m = a$$

qui, étant du m^e degré a m racines réelles ou imaginaires (Voy. BINÔME) ; mais nous conviendrons que $\sqrt[m]{a}$ désigne la seule valeur arithmétique du radical. Or, il se trouve que les règles de calcul des expressions de la forme $\sqrt[m]{a^p}$ présentent la plus grande analogie avec le calcul des fractions, p jouant le rôle de numérateur, et m celui de dénominateur. Voy. RADICAL. C'est cette remarque qui a conduit à la définition de l'exposition fractionnaire laquelle est donnée par l'identité de convention :

$$a^{\frac{p}{m}} = \sqrt[m]{a^p}.$$

Moyennant cette convention, les cinq règles de calcul des exposants s'appliquent sans changement aux exposants fractionnaires. Si l'e. fractionnaire est négatif, il suffit de supposer m positif et p négatif. Comme pour les exposants négatifs, nous omettrons la démonstration de cette permanence des règles de calcul.

Exposant incommensurable. — Un nombre incommensurable x peut toujours être considéré comme la limite d'une suite de fractions $u_1, u_2, u_3, \dots u_p$ qui se succèdent suivant une loi déterminée. Or, on peut démontrer que si l'on considère la suite des puissances

$$a^{u_1}, a^{u_2} \dots a^{u_p} \dots,$$

ces puissances tendent aussi vers une limite A. C'est cette limite A qui est, par définition, la valeur de a^x, et ainsi se trouve défini l'e. incommensurable. La démonstration de l'existence de la limite des puissances et le fait qu'un même nombre incommensurable x peut être défini par une infinité de suites de fractions différentes donne lieu à des difficultés et à des longueurs sur lesquelles il ne nous est pas permis de nous étendre; mais ces difficultés sont élucidées depuis longtemps et se trouvent expliquées dans tous les bons traités d'algèbre.

L'expression a^x où a désigne un nombre positif a maintenant un sens bien défini, quelle que soit la valeur entière, fractionnaire, incommensurable, positive ou négative qu'on veuille donner à l'e. x. Ainsi, cette expression constitue une *fonction* de la variable réelle x qu'on a appelée la *fonction exponentielle*. Voy. EXPONENTIEL.

III. *Exposant imaginaire.* — Cependant, les généralisations précédentes ne pouvaient suffire au but que se propose l'algèbre. Il fallait encore considérer le cas des *exposants imaginaires*. Euler est arrivé à préciser cette notion par une voie aussi sûre qu'ingénieuse. Si on désigne par e la base des logarithmes népériens, on démontre que la fonction exponentielle e^x peut se développer en série de la manière suivante :

$$e^x = 1 + \frac{x}{1} + \frac{x^2}{1.2} + \frac{x^3}{1.2.3} + \dots + \frac{x^n}{1.2.3\dots n} + \dots$$

Cette série, convergente quel que soit x, définit une valeur et une seule de e^x. De plus, on peut démontrer directement, par la simple multiplication des deux séries que l'on a toujours, quels que soient x et y :

$$a^x . a^y = a^{x+y},$$

propriété capitale de la fonction exponentielle qui équivaut à notre théorème 3, d'où l'on peut déduire tous les autres, mais qui est maintenant démontrée indépendamment des généralisations précédentes. Dès lors, Euler a pris pour définition de l'exponentielle imaginaire la série précédente où l'on remplace x par une variable imaginaire :

$$e^{x+iy} = 1 + \frac{x+iy}{1} + \frac{(x+iy)^2}{1.2} + \frac{(x+iy)^3}{1.2.3} + \dots \frac{(x+iy)^u}{1.2.3\dots u} + \dots$$

qui est encore convergente quels que soient x et y. Mais d'après le théorème fondamental on a aussi :

$$e^{x+iy} = e^x . e^{iy},$$

et

$$e^{iy} = 1 + \frac{iy}{1} - \frac{y^2}{1.2} - \frac{iy^3}{1.2.3} + \frac{y^4}{1.2.3.4} + \frac{iy^5}{1.2.3.4.5}$$

Si l'on sépare les termes réels et les termes imaginaires, on trouve, pour les premiers, la série qui définit $\cos y$ et pour le coefficient de i la série qui définit $\sin y$. On a donc :

$$e^{iy} = \cos y + i \sin y,$$

et

$$e^{x+iy} = e^x (\cos y + i \sin y).$$

Telle est la célèbre formule d'Euler qui donne, sous forme trigonométrique, l'expression d'une puissance d'e. imaginaire.

Soit maintenant a^z, a étant réel et z imaginaire. On a, d'après la définition même des logarithmes népériens :

$$a = e^{\mathrm{L} a},$$

et

$$a^z = (e^{\mathrm{L} a})^z = e^{z \mathrm{L} a},$$

d'après la cinquième règle du calcul des exposants.

Par conséquent, si l'on pose $z = x + iy$:

$$a^z = a^{x+iy} = e^{x \mathrm{L} a + iy \mathrm{L} a} = e^{x \mathrm{L} a} (\cos y \mathrm{L} a + i \sin y \mathrm{L} a).$$

Supposons enfin que a soit imaginaire; il aura un module ρ et un argument θ, et l'on pourra écrire :

$$a = \rho (\cos \theta + i \sin \theta) = \rho \, e^{i\theta} = e^{\mathrm{L}\rho + i\theta},$$

et

$$a^z = a^{x+iy} = (e^{\mathrm{L}\rho + i\theta})^{x+iy} = e^{(\mathrm{L}\rho + i\theta)(x+iy)}$$
$$= e^{x\mathrm{L}\rho - \theta y + i(x\theta + y\mathrm{L}\rho)},$$

et finalement :

$$a^{x+iy} = e^{x\mathrm{L}\rho - \theta y} (\cos(x\theta + y\mathrm{L}\rho) + i \sin(x\theta + y\mathrm{L}\rho)),$$

ce qui donne la définition complète de l'expression a^z, quelles que soient les valeurs réelles ou imaginaires de a et z. On remarque que θ pouvant être augmenté d'un multiple quelconque de 2π, l'expression précédente admet, en général, une infinité de valeurs.

Comme exemple curieux de l'application de ces formules, nous donnerons la valeur de i^i.

On a :

$$i = \cos\left(\frac{\pi}{2} + 2k\pi\right) + i \sin\left(\frac{\pi}{2} + 2k\pi\right);$$

ou

$$i = e^{i\left(\frac{\pi}{2} + 2k\pi\right)},$$

$$i^i = e^{-\left(\frac{\pi}{2} + 2k\pi\right)},$$

expression qui admet une infinité de valeurs à cause du nombre entier indéterminé k.

La théorie des exposants est l'un des exemples les plus remarquables de la généralisation successive des notions algébriques.

EXPOSÉ. s. m. Récit plus ou moins circonstancié d'un ou de plusieurs faits. *Faire un e. L'e. des faits ne me paraît pas exact. E. rapide, sommaire. Un simple e.* || *Particul.,* Ce qui se déduit dans une requête présentée au juge. *Un e. exact. Un faux e.* || Compte rendu, explication, développement. *E. de la situation financière des communes. Ce livre contient l'e. de sa doctrine. L'e. des motifs d'une loi.*

EXPOSER. v. a. (lat. *exponere*. m. s.) Mettre en vue. *E. en spectacle à tout le monde. E. un corps mort, l'e. sur un lit de parade. E. un criminel sur l'échafaud.* — *E. un tableau, une statue, une machine,* etc., Les mettre à une exposition publique. Absol. *Depuis plusieurs années cet artiste refuse d'e.* — *E. le saint-sacrement,* L'exposer dans une église à l'adoration du peuple. *E. des reliques,* Les exposer à la vénération des fidèles. — *E. en vente,* Exposer à la vue du public ce que l'on veut vendre. — *E. un enfant,* Abandonner un enfant nouveau-né, dans un lieu écarté ou dans un lieu public, pour se décharger du soin de l'élever. || Fig., Montrer, présenter. *N'attendez pas que j'expose à vos yeux les tristes images de la religion et de la patrie éplorées.* — *E. au grand jour,* Rendre public. *Ses vexations et ses injustices seront alors exposées au grand jour.* || Fig., *Être exposé à la vue du public, aux yeux, aux regards de tous,* etc., Être dans une situation qui attire l'attention publique. On dit dans un sens anal., *Cette dignité expose à la vue, aux yeux de tout le monde,* etc. || Placer, tourner d'un certain côté. *Il faut avoir soin de bien exposer ce bâtiment, cet escalier. E. au nord, au midi, au soleil levant.* — Placer une chose de manière qu'elle soit soumise à l'action d'une autre chose. *E. du linge au soleil pour le faire sécher. E. des meubles à l'air. E. une substance au contact de l'air, à l'action de la lumière, de la chaleur.* — On dit aussi : *Être exposé à l'ardeur du soleil, à la pluie. Etre aux coups, au feu de l'ennemi.* Les païens exposaient les martyrs aux bêtes féroces. *E. quelqu'un à une mort certaine.* || *Par ext.,* Mettre en péril, mettre en danger de. *E. sa vie, sa fortune, son honneur, sa réputation. E. sa vie pour le salut de sa patrie. Cela vous expose à bien des calomnies. Etre exposé à périr, à perdre sa fortune. Etre exposé à la raillerie, à la médisance, à la calomnie. Etre exposé à la mauvaise humeur, à la colère, à la bizarrerie de quelqu'un.* — Absol., *Seul au milieu de pareils scélérats, il était très exposé.* || Déduire, expliquer, faire connaître. *E. ses sentiments, ses pensées, ses intentions, ses griefs. E. un fait, une difficulté, un système, une doctrine. E. les motifs d'une loi. E. l'objet de sa mission. E. son mandat. E. l'état d'une affaire. E. vrai. E. faux.* — s'EXPOSER. v. pron. Se placer dans un lieu où l'on est exposé à. *S'e. à l'ardeur du soleil, aux intem-*

péries de l'air. S'e. au feu de l'ennemi. || Se mettre en danger, courir le risque de. S'e. au hasard, au danger, à la mort. S'e. à être tué, à être battu, à recevoir un affront. S'e. à la risée, à la calomnie. S'e. à un refus. Il vaut mieux s'e. à l'ingratitude que de manquer à la charité. — Absol., En agissant ainsi, vous vous exposez beaucoup. Il y a de la folie à s'e. ainsi.=Exposé, ée. part.

EXPOSEUR. s. m. Celui expose, qui explique.

EXPOSITIF, IVE. : lj. Qui expose, explique.

EXPOSITION. s. f. [Pr. eks-po-zi-sion]. Action d'exposer, de mettre en vue; état de la chose ainsi exposée. L'e. des reliques d'un saint. L'e. d'un corps mort sur un lit de parade. — Se dit particul. en parlant des produits de l'art, de l'industrie, mis à la vue du public. L'E. des Beaux-Arts. L'E. Universelle de 1867, de 1878, de 1889, de 1900. — Le lieu de l'e. || Se dit encore en parlant des condamnés qu'on expose sur un échafaud dressé en place publique. Il fut condamné à l'e. La peine de l'e. a été supprimée en 1848. || La situation d'un édifice, d'une plantation, etc., par rapport aux vues et aux divers aspects du soleil. E. au nord, au midi, E. du nord, du midi, etc. || Récit, déduction d'un fait. Sur la simple e. du fait, on le condamna. Faire l'e. d'une affaire, de sa situation, de ses peines, de ses chagrins. || T. Litt. La première partie d'un poème, d'un drame, celle où l'auteur fait connaître le sujet du poème, le lieu de la scène, le temps auquel elle se passe, et les faits principaux qui ont précédé et préparé l'action. L'e. doit être claire, naturelle et simple. || Explication, développement. L'e. de la foi par Bossuet. Faire l'e. d'une doctrine. Une e. de principes. || Interprétation. L'e. du texte de l'Écriture. E. littérale. Peu us. || L'action

d'abandonner un enfant nouveau-né dans un lieu écarté ou public. Voy. ENFANTS ASSISTÉS.

Hist. — 1. Les artistes de l'ancienne Grèce, et particulièrement ceux d'Athènes, étaient dans l'habitude d'exposer publiquement leurs ouvrages pour connaître le jugement qu'on en portait : la fameuse anecdote d'Apelle et du cordonnier en est un témoignage bien connu. Mais ces expositions n'avaient point le caractère des expositions modernes, où les œuvres de tous les artistes d'un même pays sont mises ensemble sous les yeux du public, de manière à représenter une sorte de concours. C'est à Rome, au commencement du XVII° siècle, qu'ont eu lieu les premières expositions de ce genre. En France, lors de la fondation de l'Académie royale de peinture et de sculpture, en 1648, Louis XIV décréta l'établissement d'expositions périodiques où les œuvres des membres de cette Académie seraient mises sous les yeux du public ; cependant, par suite de quelques difficultés, la première exposition publique des beaux-arts n'eut lieu qu'en 1673. Ces expositions se firent d'abord au Palais-Royal. Mais, en 1699, Mansart obtint de Louis XIV qu'elles se feraient dans la grande galerie du Louvre. Depuis cette époque jusqu'en 1737, les expositions furent en petit nombre et n'eurent lieu qu'à des intervalles irréguliers ; de 1737 à 1751, elles furent annuelles ; de 1751 à 1791, elles n'eurent lieu que tous les deux ans. Cette même année, l'Assemblée constituante abolit le privilège des membres de l'Académie des beaux-arts, qui jusqu'alors avaient eu seuls le droit d'exposer leurs ouvrages, et autorisa

tous les artistes indistinctement à y participer. Les expositions furent annuelles de 1793 à 1802 ; elles se tinrent tous les ans, de 1804 à 1833 ; enfin, une ordonnance royale les rendit de nouveau annuelles à partir de 1834. Le nombre des expo-

sants et celui des articles exposés n'a pas cessé depuis le commencement du siècle de suivre une progression croissante. Avant 1791, ce dernier n'avait pas dépassé 300 ; en 1791, il était déjà de 800 ; en 1848, il atteignit 5180 ; aujourd'hui, il varie de 4 à 6000. Après l'Ex. universelle de 1855, le *Palais de l'Industrie*, qui avait été spécialement construit aux Champs-Élysées, à Paris, pour cette ex. fut consacré aux expositions annuelles de peinture et sculpture, connues sous le nom de *Salons*. En 1881, l'État laissa aux artistes le soin d'organiser eux-mêmes leurs expositions annuelles en leur abandonnant la jouissance des locaux nécessaires au Palais de l'Industrie, et le produit des entrées. Alors se fonda la *Société des Artistes français*, qui organise en effet tous les ans le Salon des Champs-Élysées. En 1891, les dissentiments ayant éclaté entre certains membres influents de cette société, les dissidents fondèrent la *Société Nationale des Beaux-Arts*, et obtinrent de l'État la jouissance du palais des Beaux-Arts construit au Champ de Mars pour l'Ex. universelle de 1889. Depuis cette époque, il s'ouvre à Paris, tous les ans, deux salons de peinture et de sculpture, dans les locaux indiqués précédemment. Les ouvrages des artistes ne sont reçus dans ces expositions qu'après leur admission par un jury nommé par les membres de chacune de ces sociétés. Le règlement de chacun des deux salons est un peu différent. Ainsi, aux Champs-Élysées les peintres ne peuvent envoyer que *deux* toiles, tandis qu'au Champ de Mars ils en envoient autant qu'ils le désirent. D'autres différences existent encore relativement aux conditions qui permettent à certains artistes récompensés auparavant d'exposer leurs œuvres sans les soumettre au jury d'admission. Enfin, chacune des sociétés décerne des récompenses, médailles, mentions, etc., aux œuvres jugées les meilleures. Les artistes qui ont obtenu un certain nombre de récompenses fixé par le règlement, ne peuvent plus concourir pour d'autres récompenses, et ils ont le droit de mettre sur leurs ouvrages la mention *hors concours*. — L'État fait tous les ans des achats importants dans chacun des deux salons pour enrichir le musée du Luxembourg, à Paris, ou les musées des villes des départements.

Outre ces deux expositions, il s'ouvre tous les ans à Paris, par les soins d'amateurs, de marchands de tableaux, ou de sociétés d'artistes, un assez grand nombre d'expositions plus restreintes désignées dans le journalisme contemporain sous le nom de *petits salons*.

II. — Les expositions des produits de l'industrie sont d'origine toute française et datent de la fin du dernier siècle : elles n'étaient possibles, en effet, que sous le régime de la liberté industrielle. L'idée d'organiser pour nos fabriques un concours périodique semblable à celui qui existait déjà depuis plus d'un siècle pour les œuvres de l'art, appartient à François de Neufchâteau, ministre de l'intérieur en 1798. La première ex. eut lieu au Champ de Mars pendant les jours complémentaires de l'an VI (1798) ; on y compta 110 exposants, et il y fut distribué 25 récompenses. Malgré la modestie de son début, l'institution des expositions industrielles eut un plein succès, et excita, dans les diverses branches de l'industrie nationale, une émulation qui ne s'est pas ralentie depuis. Aussi fut-elle adoptée par les gouvernements qui succédèrent au Directoire, et reçut-elle de leur part les plus grands développements.

A l'exemple de la France, la plupart des autres États de l'Europe ont voulu avoir leurs expositions, en sorte qu'aujourd'hui l'usage de ces concours est établi dans tous les pays où le mouvement industriel offre quelque importance.

Souvent aussi, il s'ouvre à Paris ou ailleurs des expositions relatives à une industrie particulière. L'une des plus intéressantes a été l'ex. internationale d'électricité à Paris, en 1881.

III. — Les expositions n'avaient encore été ouvertes qu'aux produits du travail national, lorsqu'en 1849, Thouret, alors ministre de l'agriculture et du commerce, conçut l'idée d'ouvrir un immense concours auquel prendrait part l'industrie de tous les pays ; mais l'opposition aussi égoïste qu'inintelligente de quelques industriels souleva des obstacles qui empêchèrent le gouvernement de donner suite à ce projet. La France fut donc ainsi privée de l'initiative d'une ex. universelle, et c'est à l'Angleterre qu'appartient cet honneur. Une ordonnance de la reine Victoria, en date du 3 janvier 1850, décida que l'année suivante, il y aurait à Londres une ex. industrielle à laquelle seraient admis les producteurs du monde entier. Cette grande ex. fut en effet ouverte le 1er mai 1851, et dura six mois. Les produits furent exposés dans un édifice provisoire construit, en moins de six mois, dans la promenade de Hyde-Park, par les architectes Fox et Henderson, sur les plans de Sir Jos. Paxton. A l'exception des planchers et du mur d'enceinte, pour la construction desquels on employa le bois, l'édifice fut

fait tout entier de fer et de fonte, avec des panneaux de verre : c'est à cette dernière circonstance qu'il dut la dénomination de *Palais de cristal* qu'on lui donna dès le principe. L'édifice formait un vaste parallélogramme long de 564 mètres et large de 139, sans compter une salle latérale destinée aux machines, qui avait 285 mètres de longueur sur 15 de largeur. Enfin, il couvrait, avec toutes ses dépendances, une surface totale de 95,000 mèt. Le Palais de cristal était dépourvu de toute ornementation ; mais il présentait un caractère de grandeur véritablement remarquable. A ce concours solennel prirent part 18,000 exposants, dont 9,734 pour l'Angleterre seulement.

Le succès obtenu par l'ex. de Londres excita l'émulation du gouvernement français. En conséquence, un décret du 8 mars 1853 ordonna qu'une solennité du même genre aurait lieu à Paris, le 1er mai 1855, et un autre décret du 22 juin de la même année décida, ce qui n'avait pas existé chez nos voisins, que les produits des beaux-arts seraient exposés à côté des produits industriels. L'ex. universelle de Paris fut inaugurée le 15 mai 1855, et la séance de clôture eut lieu 6 mois après, c.-à-d. le 15 nov. Elle compta 21,779 exposants pour l'industrie, et 2,175 pour les beaux-arts, en tout 23,954, dont 11,986 appartenaient au territoire de la France ou à ses colonies, et 11,968 venaient de l'étranger. Les récompenses s'élevèrent à 11,033 (non compris 144 décorations de la Légion d'honneur et six pensions ou gratifications), dont 10,564 pour l'industrie et 469 pour les beaux-arts. Les objets furent exposés dans un édifice construit à côté des Champs-Élysées, sur les plans de l'architecte Viel. Ce monument, qui a reçu le nom de *Palais de l'industrie* (Fig. ci-dessus), étant destiné à servir aux expositions futures, ainsi qu'aux fêtes publiques, il fut édifié avec une solidité que ne réclamait pas celui de Londres. Toutefois l'enceinte extérieure seule est de maçonnerie. L'intérieur, sauf quelques planchers principaux, est de fonte ou de fer, et la couverture est formée par trois voûtes en châssis de fer et garnis de verre dépoli. Le Palais de l'industrie se recommande par une grande correction de dessin, mais son aspect est lourd et massif. Sa forme est celle d'un parallélogramme long de 250 mètres et large de 108 ; chacun de ses angles présente en outre un pavillon saillant. Les deux façades principales sont percées d'une double rangée de fenêtres à plein cintre, et celle du nord est décorée au milieu d'un portique richement orné, dans lequel se trouve l'entrée principale. L'intérieur présente une grande nef centrale longue de 192 m., large de 48 et haute de 35, de chaque côté de laquelle sont placées deux galeries longitudinales, coupées, à la hauteur du premier étage, par une galerie supérieure, qui fait le tour de l'édifice. Le monument couvre une surface totale de 50.737 m. Cette surface, comme on le voit, est bien inférieure à celle du Palais de cristal ; mais, à l'époque de l'ex., le Palais de l'industrie était accompagné de diverses constructions provisoires qui portaient la superficie totale à 123,390 mètres. Le bâtiment spécialement consacré à recevoir les machines et les matières premières consistait en une galerie longue de 1200 m., et offrait une surface de 41,540 m. Enfin, dans les nombres qui précèdent, ne figure pas le bâtiment de l'ex. des beaux-arts, qui formait un tout entièrement indépendant.

Depuis cette époque, le goût des expositions universelles n'a fait que se développer en France et à l'étranger. Aujourd'hui, il n'est pour ainsi dire pas d'année où l'on n'en ouvre quelqu'une dans une ville importante. Aussi, nous est-il impossible de faire l'histoire de toutes celles qu'on a vu éclore pendant ces cinquante dernières années : il y en eut plusieurs à Anvers, une à Amsterdam, une à Lyon, une à Londres en 1862, une à Philadelphie, une à Barcelone, une à Chicago, une à Melbourne et à Sydney, en Australie, sans compter celles de Paris. Toutes n'eurent pas le même succès, et les mieux réussies ont été celles de Paris.

L'E. universelle de Paris, en 1867, marqua un progrès important par son étendue et la quantité de produits exposés. Le Palais de l'Industrie s'étant trouvé insuffisant, on l'établit au Champ de Mars, dans une construction en fer spécialement édifiée pour cet usage. Le plan en était original. Autour d'un jardin central des galeries concentriques étaient affectées à chacun des dix groupes dans lesquels étaient répartis les produits exposés, suivant leur nature, tandis que les produits de chaque contrée étaient disposés dans un même secteur. De la sorte, en suivant une des galeries circulaires, on voyait successivement les produits d'industries analogues dans les divers pays du globe, tandis qu'en s'éloignant du centre à la circonférence, on pouvait étudier l'industrie complète d'un même pays. La galerie extérieure, donnant sur les jardins qui entouraient le palais, était réservée aux restaurants et cafés. L'E. de 1867 couvrait une superficie de 140,000 mètres carrés.

L'E. universelle de **1878**, à Paris, dépassa de beaucoup en splendeur toutes les précédentes. Le palais construit au Champ de Mars en moins de deux ans couvrait 420,000 mètres carrés. La façade principale avait 350 mètres de longueur. Ce palais avait la forme d'un rectangle; une moitié était réservée aux produits français, l'autre aux produits étrangers. Dans cette deuxième moitié, en suivant une ligne perpendiculaire à la Seine, on voyait tous les produits d'une même industrie, tandis qu'en suivant une ligne parallèle à la Seine, on visitait l'industrie d'un même pays. De la sorte les expositions de chaque nation aboutissaient sur une des façades latérales du palais, en face de laquelle on avait élevé des constructions rappelant l'architecture caractéristique de chaque nation. L'espace intermédiaire avait reçu le nom de *rue des Nations*, et constituait l'un des attraits les plus grands de l'E. Pour remédier à l'insuffisance du terrain, on avait établi de nombreuses expositions partielles dans des pavillons construits dans le parc, le long des quais et dans les jardins du Trocadéro, de l'autre côté de la Seine. Enfin, on avait élevé au Trocadéro un palais imposant destiné à survivre à l'E. et à recevoir une c. rétrospective de l'art, pour devenir ensuite un musée.

L'Exposition universelle de 1889, à Paris, fut décidée pour fêter le centenaire de la Révolution de 1789. Cette circonstance est l'une des causes, peut-être la plus importante, qui aient amené l'abstention si regrettable de la plupart des nations étrangères. Néanmoins le succès en fut prodigieux, comme nombre d'exposants, comme nombre de visiteurs, et comme résultat financier. Jamais aussi on n'avait vu un pareil luxe d'attractions de toutes sortes. Au Champ de Mars et au Trocadéro, on avait joint le quai d'Orsay et l'esplanade des Invalides, réservée aux expositions coloniales et aux expositions particulières des ministères. Un petit chemin de fer, système Decauville, transportait les visiteurs aux différents points de cette immense enceinte. L'E. de 1889 fut le triomphe de la construction en fer. Outre la fameuse tour de 300 mètres de hauteur, la galerie des Machines excitait, à meilleur droit encore, l'admiration des ingénieurs. Cette immense galerie, qui mesure 420 mètres de longueur, 145 mètres de large et 45 mètres de hauteur, est construite sans aucune travée intermédiaire, avec 40 points d'appui seulement sur le sol. Une galerie de 30 mètres la reliait au dôme central, entrée monumentale du plus bel effet architectural. Devant ce dôme s'étendait un bassin avec sculptures, jets d'eau, etc. Un grand nombre de constructions détachées s'élevaient en avant de la galerie des Machines et de chaque côté. Les plus importantes étaient le *pavillon des Arts libéraux*, à droite, et celui des *Beaux-Arts*, à gauche.

La partie financière de l'entreprise fut dirigée avec la plus grande sagesse, à tel point que les dépenses restèrent au-dessous de la prévision des devis. On avait prévu 32,665,000 francs, et l'on ne dépensa que 29,433.000 francs. Ces dépenses furent plus que couvertes par le produit des entrées. Une ingénieuse combinaison de valeurs à lots remboursables au pair, auxquelles étaient attachés des coupons d'entrée, rencontra dans le public une très grande faveur, ce qui eut le double avantage de fournir immédiatement de grosses sommes d'argent et d'abaisser considérablement le prix d'entrée, car les tickets d'entrée, ainsi jetés en masse dans le commerce, se vendirent à très bas prix. Aussi l'affluence des visiteurs dépassa tout ce qu'on aurait pu imaginer, et l'opération se solda par un bénéfice d'environ 9,000,000 de francs.

Il faut bien reconnaître que l'un des principaux éléments du succès de cette exposition résida dans les fêtes continuelles qui s'y donnaient. Tous les soirs on faisait sur le bassin des jets d'eau éclairés à l'électricité de couleurs variées, et qu'on appelait les *fontaines lumineuses*. Voy. FONTAINE. Les restaurants, les panoramas, les concerts, les spectacles exotiques pullulaient dans le parc, au Trocadéro et sur l'esplanade des Invalides. Une imitation d'une rue du Caire eut un grand succès, ainsi qu'une exposition rétrospective de l'habitation établie le long du quai. — Le jury des récompenses a décerné environ 900 grands prix, 5,600 médailles d'or, 9,600 médailles d'argent, 11,000 de bronze et 9,000 mentions honorables.

On prépare actuellement, pour l'an 1900, une E. universelle qui doit éclipser toutes les précédentes; mais il est impossible de dire aujourd'hui (1896) ce qu'elle pourra bien être. D'après les projets actuels (1896) elle doit occuper les emplacements du Champ de Mars, du quai d'Orsay, de l'Esplanade des Invalides et de la partie des Champs-Élysées où se trouve actuellement le Palais de l'Industrie qui doit disparaître pour faire place à des constructions plus en harmonie avec l'ensemble de toute l'Exposition.

EXPRÈS, ESSE. adj. (lat. *expressus*, exprimé, précis). Qui

est énoncé d'une manière tellement formelle, qu'aucun doute n'est possible. *Cela est en termes e. dans le contrat. C'est une condition expresse du marché. La loi est expresse sur ce point. Il avait mission expresse d'agir ainsi. Défense expresse. Un ordre e., très e.* = EXPRÈS. s. m. Celui qu'on envoie à dessein pour porter une lettre, un ordre, un avis. *Si j'ai quelque chose à vous faire dire, je vous enverrai un e.* = EXPRÈS. adv. À certaine fin particulière, avec intention. *J'ai fait faire ce meuble e. pour cette pièce. Il est venu tout e. pour vous voir. Je l'ai dit e. pour le contrarier. On dirait qu'il le fait e. C'est un fait e. C'est comme un fait e.* — Fam., *Il semble fait e. pour cela*, se dit d'un homme qui a beaucoup de dispositions naturelles pour certaines choses, ou dont le caractère est parfaitement en rapport avec la position.

EXPRESS. adj. m. (mot angl., du fr. *exprès*). T. Chem. de fer. *Train e.* ou subst. *Express*, Train marchant très vite et ne s'arrêtant que fort peu.

EXPRESSÉMENT. adv. En termes exprès. *Cela est énoncé e. dans le contrat. Je lui avais e. défendu de faire une telle chose.*

EXPRESSIF, IVE. adj. Qui exprime bien ce qu'on veut dire, ce qu'on veut faire entendre, ou les sentiments qu'on veut faire éprouver. *Ce terme me semble bien e. Cette façon de parler est expressive. Un langage, un ton, un signe, un geste e. Une image expressive. Silence e. Physionomie expressive. Son regard est e. Musique expressive.* || T. Mus. *Orgue e.*, Orgue de petite dimension, pourvu d'un mécanisme spécial qui permet de rendre les nuances.

EXPRESSION. s. f. [Pr. cks-prè-sion] (lat. *expressio*, m. s.). Opération qui consiste à comprimer des fruits, des herbes, pour obtenir les sucs qui s'y trouvent contenus. *Le suc des herbes s'obtient par e., par infusion ou par décoction, Huiles tirées par e.* || T. Méd. *Sueur par e.*, Sueur qu'arrache l'angoisse, l'agonie. || *Ce qui manifeste le sentiment, les passions, la pensée. L'e. de la joie, de la douleur, du désespoir. L'e. des sentiments est dans les regards. L'e. de la voix, du geste. Une physionomie, une tête pleine d'e. Son regard est dépourvu d'e. Ses traits avaient une e. de dureté farouche.* || Se dit des termes et des tours qu'on emploie pour faire entendre ce qu'on veut dire, pour communiquer ses idées et ses sentiments. *Belle, noble, élégante, forte e. E. vive, hardie, énergique. E. propre, figurée, métaphorique, basse, triviale, etc. Je trouve cette e. mauvaise, trop faible. Je ne condamnerai pas cette e. Cette pensée est belle, mais il y a quelque chose à dire à l'e. Il est heureux dans le choix de ses expressions. Les expressions me manquent pour vous témoigner ma reconnaissance. Cela est beau au delà de toute e.* || Manifestation, déclaration, énoncé. *La littérature est l'e. la plus vivante de la société. Les lois sont l'e. des rapports nécessaires qui dérivent de la nature des choses.* — Fig., se dit, d'une manière analogue, des individus ou qui se personnifie l'esprit d'une époque, d'une société, etc. *On peut considérer le soldat français comme l'e. la plus vraie du caractère national. Cet écrivain est la plus haute e. de la littérature de son époque.* || T. Peint. et Sculpt. Se dit de la représentation vivante et animée des mouvements et des affections de l'âme. *Ce peintre excelle particulièrement dans l'e. Il y a dans cette tête beaucoup d'e. Le graveur a bien rendu l'e. de ce tableau. Les expressions de ce tableau sont énergiques et nobles.* || T. Musiq. L'accent, les nuances que le musicien, compositeur ou exécutant applique à la phrase musicale pour faire naître dans l'âme de l'auditeur tel ou tel sentiment. *C'est de la musique brillante, mais qui est dépourvue d'e. Il y a beaucoup d'e. dans cet adagio. Son chant est plein d'e.* — On dit encore. *Le violon et le violoncelle sont, de tous les instruments, ceux qui ont le plus d'e.*, pour sign. qu'ils sont plus capables que les autres à manifester l'expression musicale.* || T. Math. On appelle *E. d'une quantité*, Sa valeur représentée sous forme algébrique. *Une équation n'est autre chose que l'énoncé de l'égalité de deux expressions différentes d'une même quantité. Une e. algébrique composée de deux termes s'appelle binôme. Réduire une quantité à sa plus simple e.*, A sa formule la plus simple. = Syn. Voy. MOT.

EXPRESSIVEMENT. adv. D'une manière expressive.

EXPRESS-RIFLE. s. m. (mot angl. *express*, du fr. *exprès*, et de *rifle*, carabine). Carabine de chasse à tir rapide à trajectoire très tendue.

EXPRIMABLE. adj. 2 g. Qui peut être exprimé. *Il y a de certaines délicatesses de sentiment qui ne sont pas exprimables.*

EXPRIMER. v. a. (lat. *exprimere*, m. s.). Obtenir, à l'aide de la compression, les sucs que contiennent des fruits, des herbes. *Ex. le suc d'une herbe, le jus d'une orange.* || Manifester, représenter la pensée, le sentiment, les passions. *Les gestes concourent avec les mouvements du visage à ex. les émotions de l'âme. Ses yeux expriment son amour et sa reconnaissance. Ex. sa douleur par des larmes, par des cris. Quelquefois le silence exprime plus que tous les discours. Ce poète, ce peintre, ce musicien exprime bien les passions. Toutes les figures de ce tableau expriment bien les caractères des personnages qu'elles représentent. Ce chant exprime admirablement la joie, la tristesse, le désespoir, la colère, la fureur.* On dit de même qu'*Une passion est bien exprimée dans un tableau, dans un discours, dans un poème*, pour dire qu'elle y est bien représentée. || Énoncer, rendre sa pensée avec de certains mots, de certains tours de phrase. *Il exprime bien sa pensée. Je ne saurais vous ex. combien cela m'afflige. Comment vous ex. ce que je ressentis alors? Je lui en exprimai tout mon dépit. Je ne saurais trouver de termes assez forts pour vous ex. ma reconnaissance. Ce mot, cette phrase exprime bien la chose. Il faut ex. cela dans le contrat. Cela n'est pas exprimé assez clairement.* ⸗ S'EXPRIMER. v. pron. Exprimer ses sentiments, sa pensée. *S'ex. clairement, correctement, avec force, avec énergie. S'ex. en bons termes. S'ex. par gestes, par signes. Il s'exprimait avec lenteur. Il a des façons de s'ex. qui ne sont qu'à lui.* || Être exprimé. *Cette idée ne saurait s'ex. en poésie.* ⸗ EXPRIMÉ, ÉE. part. ⸗ SYN. VOY. ÉNONCER.

EX PROFESSO. Mots latins sign. « en exposant doctoralement ». || Par ext., En exposant avec compétence.

EXPROPRIATEUR, TRICE. adj. Qui exproprie.

EXPROPRIATION. s. f. [Pr. *eks-propri-a-sion*]. T. Jurispr. — L'*Ex.* est la dépossession, par voie légale, d'un propriétaire : elle n'a lieu que pour les propriétés immobilières, et se distingue en *Ex. forcée* et *Ex. pour cause d'utilité publique*.

I. *Ex. forcée.* — On appelle ainsi la poursuite dirigée par un créancier contre son débiteur, à l'effet de mettre sous la main de la justice les immeubles qui appartiennent en propriété ou en usufruit à ce dernier.

La part indivise qu'un cohéritier peut avoir dans une succession ne peut être mise en vente par ses créanciers personnels, avant le partage ou la licitation ; mais ceux-ci ont le droit de provoquer le partage ou d'y intervenir. Les immeubles d'un mineur, même émancipé, ou d'un interdit, ne peuvent être mis en vente avant la discussion du mobilier, à moins qu'il ne s'agisse d'un immeuble possédé par *indivis* entre un mineur et un majeur maître de ses droits, et d'une dette également commune, et à moins que les poursuites n'aient été commencées contre un majeur avant son interdiction. L'ex. des biens de la communauté se poursuit contre le mari, et celle des biens de la femme contre celle-ci, assistée de son mari, ou autorisée par justice. Le créancier hypothécaire ne peut poursuivre l'ex. des biens non hypothéqués qu'en cas d'insuffisance des biens soumis à l'hypothèque. Les procédures sont portées devant les tribunaux respectifs de la situation des biens. Les biens situés dans plusieurs arrondissements ne peuvent être saisis simultanément que lorsque leur valeur totale est inférieure au montant réuni des sommes dues et au saisissant qu'aux autres créanciers inscrits. Dans ce cas, la loi autorise pour les divers biens une seule saisie devant le même tribunal. Toute poursuite en ex. peut être suspendue par les juges, si le débiteur justifie, par baux authentiques, que le revenu net et libre de ses immeubles pendant une année suffit pour le paiement de la dette, et s'il en offre la délégation.

Le créancier saisissant doit être nanti d'un titre authentique et exécutoire pour une dette certaine et liquide. Si la dette n'est pas liquide, l'adjudication ne peut avoir lieu qu'après la liquidation. Toute poursuite en ex. doit être précédée d'un commandement de payer fait à la personne ou au domicile du débiteur. — Pour les formes de la poursuite, voy. SAISIE.

II. *Expropriation pour cause d'utilité publique.* — Cette matière est réglée aujourd'hui par la loi du 3 mai 1841. L'ex. pour cause d'utilité publique ne peut être prononcée qu'après l'accomplissement des formalités prévues par la loi, savoir : 1° une loi ou un décret autorisant l'exécution des travaux en vue desquels est requise l'ex. ; 2° un acte du préfet, désignant les localités qui seront atteintes par cette mesure, si toutefois cette désignation n'a pas déjà été faite par la loi ou le décret ; 3° un arrêté ultérieur du préfet désignant les propriétés particulières visées par l'ex. Quand toutes ces formalités ont été remplies, les tribunaux prononcent l'ex. La juridiction administrative est seule compétente, au contraire, quand il n'y a pas dépossession, mais simplement dommage causé à la propriété, dommage qui donne lieu à une action ou indemnité. Le jugement d'ex. transfère la propriété à l'expropriant ; il est mis en demeure de l'exproprié qui peut le déférer à la Cour de cassation ; enfin, il est transcrit au bureau des hypothèques pour la purge de tous les droits réels qui peuvent grever l'immeuble. — L'utilité publique n'est pas limitée aux travaux qui intéressent l'État en général. Les travaux des départements et des communes peuvent aussi être déclarés d'utilité publique et donner lieu à l'ex. ; mais ce droit ne s'étend pas aux autres établissements publics. Ajoutons que la loi du 21 juin 1865 (art. 18) autorise l'usage de l'ex. pour cause d'utilité publique lorsque l'exécution des travaux entrepris par une association syndicale autorisée en exige l'intervention.

Avant qu'il ne soit donné suite à l'ex., les intéressés doivent être mis en demeure de fournir leurs réclamations, non sur l'utilité, mais sur la direction des travaux. A cet effet, le plan parcellaire des terrains et des édifices dont l'acquisition est jugée nécessaire demeure déposé pendant huit jours à la mairie de la commune de la situation des biens. En outre, les propriétaires sont avertis, par la voie des affiches et des annonces dans les journaux de la localité, d'avoir à en prendre connaissance. Les dires et réclamations des parties sont consignés par le maire sur un procès-verbal, et examinés par une commission spéciale. Si cette commission, qui n'a qu'un délai de dix jours pour accomplir sa mission, propose quelque changement au tracé indiqué par les ingénieurs, les propriétaires que ces modifications peuvent intéresser sont admis, pendant un délai de huit jours, à fournir leurs observations. Si aucun changement n'est proposé, le préfet détermine, par un arrêté, les immeubles à exproprier et l'époque de la prise de possession. — En matière d'ex. pour cause d'utilité publique communale, le Conseil municipal est chargé de l'examen des réclamations, à moins que l'ex. poursuivie par une commune n'ait pour objet des biens situés sur le territoire d'une autre commune ; dans ce cas, cette mission reviendrait à la commission spéciale dont il a été parlé ci-dessus.

La cession amiable, par le propriétaire, des terrains à exproprier, dispense de l'accomplissement des formalités prescrites, alors même que le prix n'est pas actuellement réglé. Si plus tard il s'élève des difficultés à ce sujet, elles sont résolues par un jury. Les cessions amiables peuvent être consenties par les représentants des incapables, avec l'autorisation des tribunaux ; par les préfets, pour les biens des départements, avec l'autorisation du Conseil général ; par les maires en administrateurs, pour ceux des communes et des établissements publics, avec autorisation du Conseil municipal ou du Conseil d'administration, approuvée par le préfet en Conseil de Préfecture. Enfin, le ministre des finances peut céder les biens de l'État. L'acte de cession est passé dans la forme des actes administratifs, à moins que les parties ne préfèrent un acte notarié. Cet acte est visé pour timbre et enregistré gratis. Quant à la connaissance des difficultés d'exécution, elle appartient aux tribunaux.

Lorsque le jugement d'ex. a été rendu, ou lorsqu'une cession amiable a été consentie suivant règlement de prix, l'administration fait connaître aux propriétaires et aux autres intéressés, tels que locataires, fermiers, usufruitiers, etc., les sommes qu'elle leur offre pour indemnité. Si ces derniers refusent de les accepter, elle les fait citer à comparutir devant le jury d'ex. Ce jury est composé (y compris quatre jurés supplémentaires) de vingt personnes, choisies par la Cour d'appel, ou, à défaut de Cour, par le tribunal du chef-lieu judiciaire, sur une liste contenant de 36 à 72 noms désignés annuellement par le Conseil général pour chaque arrondissement (Voir également la loi du 3 juillet 1880). Dans le dép. de la Seine, la liste du jury d'ex. contient 600 noms ; à Lyon, elle en contient 200. Le jury est convoqué par le magistrat chargé de le diriger ; tout juré qui, sans motifs légitimes, manque à l'une des séances, encourt une amende de 100 à 300 fr., qui est prononcée par le magistrat directeur du jury.

— Douze jurés seulement siègent dans chaque affaire. Les jurés prêtent serment, examinent les plans, entendent les parties ou leurs conseils, visitent les immeubles, s'ils le jugent à propos, en un mot s'entourent de tous les renseignements nécessaires ; puis ils fixent le montant de l'indemnité à la majorité des voix. Les dépens sont mis à la charge de l'administration ou des parties ou compensés entre elles, selon que l'indemnité est supérieure à celle qui avait été offerte par l'administration, ou inférieure aux prétentions des intéressés, ou qu'elle réunit à la fois ces deux conditions. Les bâtiments dont il est nécessaire d'acquérir une portion pour cause d'utilité publique doivent être achetés en entier, si les propriétaires en adressent la demande à l'administration par acte extrajudiciaire. Il en est de même de toute parcelle de terrain qui, par suite du morcellement, se trouverait réduite au quart de la contenance totale, si ce quart est inférieur à 10 ares et si le propriétaire ne possède aucun terrain immédiatement contigu. Mais l'administration n'a pas le droit d'acheter, contre le gré du propriétaire, au delà de ce qui lui est nécessaire pour les travaux à effectuer. Les décisions du jury peuvent être attaquées devant la Cour de cassation pour vices de forme, et l'affaire est alors renvoyée devant un nouveau jury du même arrondissement. L'autorité judiciaire est chargée de connaître de l'exécution de ces décisions.

Les indemnités doivent être payées avant la prise de possession ; dans le cas où les ayants droit refusent de les recevoir et dans celui où les immeubles expropriés sont grevés d'hypothèques, elles sont déposées à la Caisse des dépôts et consignations. A défaut de paiement ou de consignation, les intérêts commencent à courir de plein droit, mais après la décision du jury. — Les terrains acquis pour des travaux d'utilité publique, et demeurés sans emploi, doivent être cédés par préférence aux anciens propriétaires ; mais ceux-ci doivent en faire la demande dans les trois mois de la publication du fait connaître les terrains que l'administration se propose de revendre. Cette faculté de rachat accordée aux anciens propriétaires est désignée sous le nom de *droit de préemption*, (du lat. *præ*, avant, *emptio*, achat). Le prix de la rétrocession est fixé à l'amiable ou par le jury ; cependant il ne peut excéder le prix d'acquisition. Le droit de préférence n'appartient pas aux propriétaires qui, usant de la faculté dont nous avons parlé ci-dessus, ont forcé l'administration d'acquérir la totalité des immeubles, dont une partie seulement lui était nécessaire.

Quand il s'agit de travaux urgents, l'administration peut entrer en possession des terrains expropriés avant le règlement et le paiement de l'indemnité, sous trois conditions suivantes : 1° si l'urgence a été déclarée par un décret ; 2° s'il s'agit seulement de propriétés non bâties ; 3° si l'administration a pris soin de consigner une somme représentant provisoirement l'indemnité.

Les formalités que nous venons d'indiquer ne concernent pas les travaux de la guerre ou de la marine. Pour ces travaux, un décret détermine les terrains à exproprier ; l'administration offre directement aux propriétaires les indemnités qu'elle juge à propos, et, en cas de refus, elle en réfère au jury d'ex., conformément aux règles ordinaires.

Signalons, en terminant, la disposition intéressante de l'art. 4 de la loi du 30 mars 1887, en vertu de laquelle l'ex. d'un immeuble classé au rang des immeubles ayant un caractère historique et artistique, ne pourra être poursuivie qu'après que le ministre de l'Instruction publique et des Beaux-Arts aura été appelé à présenter ses observations.

EXPROPRIER. v. a. (lat. *ex*, hors de ; *proprium*, ce qui appartient en propre). Dépouiller quelqu'un, par voie légale, de la propriété d'un immeuble. = EXPROPRIÉ, ÉE. part.

EXPUGNABLE. adj. 2 g. [Pr. *eks-pug-nable*] (lat. *expugnabilis*, m. s., de *ex* et *pugnare*, combattre, de *pugnum*, poing). Que l'on peut prendre de vive force.

EXPUITION. s. f. [Pr. *eks-pu-ision*] (lat. *expuere*, cracher). T. Méd. Voy. CRACHEMENT.

EXPULSER. v. a. (lat. *expulsus*, chassé). Chasser, renvoyer quelqu'un d'un pays où il était établi, d'une chose dont il était en possession. *On l'a expulsé de sa maison, de sa terre, de son bénéfice. Les réfugiés furent expulsés du territoire anglais. Les Espagnols ont expulsé les Maures.* || Exclure d'un lieu, d'une compagnie, etc. *Il fut honteusement expulsé de l'assemblée.* || Congédier. *J'ai deux ou*

trois locataires fort turbulents que je vais ex. || Pousser au dehors, faire évacuer. *Le fœtus est expulsé par les contractions utérines. Ex. les mauvaises humeurs du corps.* = EXPULSÉ, ÉE. part.

EXPULSEUR, ULTRICE. adj. T. Did. Qui expulse. || T. Phys. *Force expultrice,* Celle que possède la substance organisée de rejeter les principes qui lui sont devenus nuisibles.

EXPULSIF, IVE. adj. (lat. *expulsivus*, m. s.). T. Méd. Qui chasse au dehors. Autrefois on appelait *Remèdes expulsifs,* Ceux qu'on croyait propres à pousser les humeurs vers la peau, comme les sudorifiques. || Aujourd'hui, *Ex.* ne s'emploie que dans ces deux loc. : *Douleurs expulsives,* Celles qui, dans l'accouchement, accompagnent les contractions utérines. *Bandage ex.,* Celui qui est disposé de manière à favoriser la sortie des liquides.

EXPULSION. s. f. Action d'expulser d'un lieu, d'un pays, d'une compagnie. *L'ex. des Maures coûta beaucoup de sang à l'Espagne. Depuis leur ex. La majorité de l'assemblée vota son ex.* || T. Jurispr. Action juridique par laquelle on contraint un locataire à vider les lieux qu'il occupait. || T. Méd. L'action de pousser au dehors, de faire évacuer. *L'ex. d'un calcul hors de la vessie. L'ex. de l'arrière-faix. L'ex. des mauvaises humeurs.*

EXPURGATION. s. f. [Pr. *eks-pur-ga-sion*]. Action d'expurger un livre. || T. Forêts. Action d'éclaircir les futaies trop fourrées.

EXPURGATOIRE. adj. m. Qui expurge. *Index ex.* Voy. INDEX.

EXPURGER. v. a. (lat. *expurgare*, m. s., de *ex*, et *purgare*, nettoyer). Purger un livre de ce qu'il y a de répréhensible. *On est obligé d'ex. certains auteurs classiques pour les mettre entre les mains des jeunes gens.* = EXPURGÉ, ÉE. part. *Édition expurgée.* = Conj. Voy. MANGER.

EXQUIS, ISE. adj. [Pr. *eks-ki*] (lat. *exquisitus*, recherché). Excellent en son genre, très bon, parfait ; se dit des choses physiques et des choses morales. *Mets ex. Vin ex. Cela est d'un goût ex.* — *Un travail ex. Un ouvrage ex. Cela est fait d'une manière exquise.* — *Avoir un goût, un jugement ex.*

EXQUISÉMENT. adv. D'une manière exquise.

EXSANGUE. adj. 2 g. [Pr. *ek-san-ghe, g dur*] (lat. *ex*, priv. ; *sanguis*, sang). T. Méd. Qui est privé de sang, qui a perdu son sang. *Les tissus étaient exsangues et décolorés.*

EXSERT, TE. adj. f. [Pr. *ek-serte*] (lat. *exsertus*, tiré hors). T. Bot. Qui fait saillie au dehors, qui dépasse les parties voisines en longueur ou en hauteur.

EXSTROPHIE. s. f. (gr. ἐξ, hors de ; στροφή, renversement). T. Anat. Déplacement ou vice de conformation d'un organe membraneux renversé de manière que la surface interne s'en trouve à nu. *L'ex. de la vessie.* Voy. VESSIE.

EXSUDATION ou **EXUDATION.** s. f. [Pr. *ek-sudn-sion*] (lat. *exsudatio*, m. s.). Action de suer. || Suintement d'un fluide à travers les parois qui le contiennent. *Il se produit par exs.,* à la surface de certains arbres, des concrétions de nature gommeuse ou résineuse. || La substance exhalée elle-même. *Exs. séreuse, sanguine,* etc. En Pathol., on dit aussi, au musc., *Exsudat.*

EXSUDER ou **EXUDER.** v. n. [Pr. *ek-suder*] (lat. *ex*, hors de ; *sudare*, suer). T. Physiol. et Pathol. Suinter. *Le liquide qui exsude à travers l'écorce se concrète au contact de l'air. Le sang exsude quelquefois à la surface de la peau.*

EXTASE. s. f. [Pr. *ek-sta-ze*] (gr. ἔκστασις, de ἐξ, hors de, et στάσις, station). T. Théol. Ravissement de l'esprit ; Élévation de l'âme dans la contemplation des choses divines, qui détache une personne des objets sensibles, jusqu'à rompre la communication de ses sens avec tout ce qui l'environne. *Saint Paul fut ravi en ex. Être en ex. Tomber en ex. Avoir* des *extases. Les extases de sainte Thérèse.* || Fig., se dit d'une vive admiration, d'un plaisir extrême qui absorbe tout autre sentiment. *Il tomba en ex. devant tant de merveilles. Il était en ex devant elle. J'étais plongé dans une ex. délirieuse. Cette musique le ravit en ex.* || T. Méd. État particulier de l'esprit dans lequel une certaine idée ou un certain ordre d'idées absorbe tellement toutes les facultés intellectuelles et physiques, que les perceptions et les sensations sont suspendues, que les mouvements volontaires sont arrêtés, et que l'action vitale elle-même est souvent ralentie. *L'ex. diffère de la catalepsie, en ce que dans celle-ci il y a suspension complète des facultés intellectuelles.* — État particulier qui ressemble plus ou moins à l'extase mystique et qui est produit par la pratique de l'hypnotisme sur certains sujets. Voy. HYPNOSE.

EXTASIER (S'). v. pron. (R. *extase*). Être ravi d'admiration. *Il est impossible d'entendre cette musique, sans s'ex. Elle s'extasiait devant lui. Il s'extasiait à chaque nouvel objet qu'il voyait. Il n'y a pas là de quoi s'ex.* = EXTASIÉ, ÉE. part. *Être extasié.*

EXTATIQUE. adj. 2 g. Qui a rapport à l'extase, qui tient de l'extase. *Ravissement, contemplation ex. Transport, rêverie ex. Accès ex.* = EXTATIQUE. s. 2 g. Celui, celle qui est en extase, qui éprouve des extases. *Chez l'ex. la mémoire reste intacte. Une ex. célèbre.*

EXTEMPORANÉ, ÉE. adj. 2 g. (lat. *extemporaneus*, de *ex tempore*, sur-le-champ). T. Jurisp. Sans préméditation. || T. Pharm. Se dit des médicaments magistraux. Voy. PHARMACIE.

EXTEMPORANÉITÉ. s. f. Qualité de ce qui est extemporané.

EXTENSEUR. adj. m. Qui sert à étendre. *Un appareil ex. Les muscles extenseurs de la jambe.* || S'emploie substant., en parlant des muscles. *L'ex. comparé des doigts. Les extenseurs ont pour antagonistes les fléchisseurs.* || T. Techn. Instrument dont on se sert pour élargir les manches des scaphandres.

EXTENSIBILITÉ. s. f. Qualité de ce qui est extensible.

EXTENSIBLE. adj. 2 g. (R. *extension*). Qui est susceptible de s'étendre, de s'allonger.

EXTENSIF, IVE. adj. (R. *extension*). Qui étend, qui fait effort pour étendre. *Force extensive.* || T. Log. *Signification extensive d'un mot*, Propriété qu'il a de s'appliquer à un plus ou moins grand nombre d'objets. || T. Agric. *Culture extensive*, Qui nécessite peu de frais pour un terrain étendu.

EXTENSION. s. f. (lat. *extensio*, m. s., de *ex*, hors de, *tendere*, tendre). Augmentation de dimension. *Ex. en largeur, longueur et profondeur.* — Augmentation de l'étendue superficielle. *L'or est susceptible d'une ex. prodigieuse.* || T. Physiol. Action d'allonger ; se dit par opposition à flexion. *Les muscles qui servent à l'ex. de la main. L'ex. n'a pas l'ex. du bras libre.* || T. Chir. L'opération par laquelle on étend, on la tiraut, la partie inférieure ou mobile d'un os luxé ou fracturé, pour remettre les parties ou les fragments dans leur situation naturelle. || T. Médec. Relâchement d'une partie qui a été allongée au delà de certaines limites. *Il y a eu ex. des ligaments, des tendons* || Fig., Développement, accroissement. *Le commerce prit de l'ex. L'ex. de notre marine alarma l'Angleterre.* || Fig., Ex. d'un droit, d'autorité, Augmentation de privilège, etc. || Fig., *L'ex. d'une loi, d'une clause*, etc., L'application d'une loi, d'une clause, etc., à des cas autres que ceux auxquels elle se rapporte.

Gram. — Le mot *Extension* s'emploie en termes de logique et de grammaire. En logique, il se dit par opposition à *Compréhension* (Voy. ce mot). En grammaire, il est usité figurément pour désigner l'action d'étendre la signification d'un mot. Le sens *par extension*, lient le milieu entre le sens propre et le sens figuré. Ainsi dans cette phrase, *L'éclat de la lumière*, le mot *éclat* est employé au propre ; dans cette autre, *L'éclat de la vertu*, le mot *éclat* a un sens figuré ; enfin, dans celle-ci, *L'éclat du son*, c'est par extension que le mot *éclat* est transporté, du sens de la vue, auquel il est propre, au sens de l'ouïe, auquel il n'appartient qu'improprement. On dit quel-

quefois, dans une acception analogue, *Ce sens est une extension, n'est qu'une extension de tel autre.*

EXTÉNUATION. s. f. [Pr. *eks-té-nua-sion*] (lat. *extenuatio*, m. s.). Affaiblissement extrême, avec diminution du volume du corps. *Il est dans une grande ex.* || T. Droit anc. Syn. d'*Atténuation*. Voy. ce mot. || T. Rhétor. Affaiblissement de l'expression. Voy. LITOTE.

EXTÉNUER. v. a (lat. *extenuare*, m. s., de *tenuis*, ténu). Causer un grand affaiblissement accompagné d'amaigrissement. *Ses débauches l'ont exténué. La maladie l'a exténué.* || T. Rhét. Adoucir la pensée en un affaiblissant l'expression. = s'EXTÉNUER. v. pron. S'affaiblir, épuiser ses forces. *Il s'exténue à force de veilles.* = EXTÉNUÉ, ÉE. part. *Un homme exténué de fatigue.* || *Avoir le visage exténué*, Avoir le visage décharné.

EXTÉRIEUR, EURE. adj. (lat. *exterior*, compar. de *exterus*, extérieur). Qui est au dehors, qui paraît au dehors. *Les parties extérieures du corps. La face extérieure d'un bâtiment. Les ornements extérieurs d'un palais. Avantages extérieurs de la société.* — Particul., Qui est au dehors de nous. *Le monde ex. Les objets extérieurs.* || Qui se manifeste, qui se produit au dehors. *Le culte ex. Les pratiques extérieures. Une vie tout extérieure. L'homme exprime par des signes extérieurs ce qui se passe en lui.* || Qui a rapport aux pays étrangers. *La politique extérieure. Le commerce ex. Le ministre des relations extérieures.* || T. Géom. *Angle ex. d'un polygone*, Angle formé par un côté du polygone et le prolongement du côté voisin. — *Angles extérieurs*, Angles formés par une sécante avec deux parallèles, en dehors de ces parallèles. Voy. ANGLE. = EXTÉRIEUR. s. m. Ce qui paraît au dehors. *L'ex. d'un bâtiment. Cet édifice n'a de beau que l'ex.* || Se dit des personnes, en parlant soit de la physionomie et de l'habitude du corps, soit de la tenue et des manières, soit de la conduite apparente. *Un bel ex. Un ex. modeste, honnête, prévenant, grave, imposant, composé. Il prévient par son ex. Elle a un ex. repoussant. Il donne tout à l'ex. Il ne faut pas le juger sur l'ex. A en juger par l'ex. A ne regarder que l'ex.* || Le lieu, les lieux qui sont au dehors de celui où l'on est. *Nous entendîmes du bruit à l'ex.* || Se dit aussi des pays étrangers. *Les nouvelles de l'ex. L'état de nos relations avec l'ex. La paix règne à l'ex.* = Syn. Voy. APPARENCE.

Obs. gram. — *Extérieur* étant déjà un comparatif, il faut éviter de dire qu'une chose est *plus extérieure* qu'une autre, quoique cette locution se trouve dans certains auteurs. Le superlatif de *extérieur* est *extrême*.

EXTÉRIEUREMENT. adv. A l'extérieur, au dehors. *Cette maison est assez belle ex. Il n'est dévot qu'ex.*

EXTÉRIORISATION. s. f. Néol. Transport de la sensibilité à l'extérieur. Voy. HYPNOSE.

EXTÉRIORISER. v. a. T. Néol. Rendu extérieur. || Reporter ou imaginer en dehors de soi ce qui se passe à l'intérieur. || *Ex. la sensibilité.* Voy. HYPNOSE.

EXTÉRIORISTE. s. m. T. Philos. catholique. Se dit de ceux qui croient que toute idée, toute vérité vient à l'homme du dehors. Syn. de *traditionaliste*, parce que la tradition vient du dehors.

EXTÉRIORITÉ. s. f. État, qualité de ce qui est extérieur.

EXTERMINANT, ANTE. adj. Qui extermine.

EXTERMINATEUR, TRICE. adj. Qui extermine. *L'ange ex. tua tous les premiers-nés d'Egypte. Glaive ex* || Substant., Celui qui extermine. *Hercule fut l'ex. des monstres et des brigands. Ce prince fut l'ex. de l'impiété, des vices, des factions.* Peu us. dans ce sens.

EXTERMINATION. s. f. [Pr. *eks-termina-sion*]. Action d'exterminer, d'anéantir. *L'ex. d'un peuple. Leur ex. fut dès lors résolue* — *Guerre d'ex.*, Celle qui ne doit finir que par la destruction de l'un des deux partis, de l'une des deux nations. *La guerre de Rome et de Carthage fut une guerre d'ex.* || Fig., Destruction, suppression complète. *Travailler à l'ex. du paganisme, de l'hérésie, des vices, des abus*, etc.

EXTERMINEMENT. s. m. Action d'exterminer.

EXTERMINER. v. a. (lat. *exterminare*, m. s., de *ex*, hors de, et *terminus*, limite). Détruire complètement, anéantir. *Il menace de l'ex. lui et toute sa race. Ex. les loups d'une forêt. On a surpris cette bande de brigands et on les a exterminés.* || Fig., *Ex. l'hérésie, les vices, les abus.* = s'EXTERMINER. v. pron. S'entre-déduire. *Ces sauvages ne songent qu'à s'ex. les uns les autres.* = EXTERMINÉ, ÉE. part.

EXTERNAT. s. m. (R. *externe*), École, institution où l'on ne reçoit que des élèves externes. *Diriger un ex. Il y a plusieurs externats dans votre quartier.* || Dans les hôpitaux, la fonction, de titre d'élève externe. *Concours pour l'ex.*

EXTERNE. adj. 2 g. (lat. *externus*, m. s.). Qui est, qui paraît au dehors, ou qui vient du dehors; s'emploie dans le langage médical. *Maladie ex. Le mal n'est pas ex., on n'en voit rien au dehors. Les causes externes des maladies.* — Par ellip., *Pathologie ex. Clinique ex.* || T. Anat. et Botan. Se dit des organes situés à la périphérie du corps, par oppos. à ceux qui sont situés à l'intérieur, et des parties d'un organe qui sont tournées vers la périphérie, par oppos. à celles qui sont tournées vers l'intérieur ou vers la ligne médiane du corps, ou vers l'axe du végétal. *Le tégument ex. La surface ex. du poumon. La face ex. de l'omoplate. L'extrémité ex. de la clavicule. La face ex. des feuilles. Le bord ex. de la corolle* || T. Géom. *Angle ex.* ou *extérieur*, Angle formé par une sécante et l'une des deux parallèles, en dehors de ces parallèles. Voy. ANGLE. || Dans les établissements d'instruction publique, se dit des écoliers, des élèves qui n'y sont pas en pension, et qui viennent de dehors assister aux cours, aux leçons. *Son fils est ex. dans tel collège.* — Substant., *Les internes et les externes. On ne reçoit dans ce lycée que des externes.* — *Ex. libre,* Celui qui demeure chez ses parents, par oppos. à celui qui est dans une pension, une institution. || Dans les hôpitaux, *Élève ex.,* ou simpl., *Externe,* Élève qui ne demeure point dans l'hôpital, mais qui est néanmoins attaché au service médical, pour faire les pansements et certaines opérations de petite chirurgie.

EXTERRITORIALITÉ. s. f. [Pr. *eks-tè-ri-torialité*] (R. *ex* et *territorial*). Droit de vivre selon les lois de son pays dans un pays étranger où l'on réside. Voy. DIPLOMATIE.

EXTINCTEUR, TRICE. adj. (lat. *extinctor*, m. s.). Ce qui éteint, détruit. || s. m. Appareil destiné à éteindre les incendies.

EXTINCTIF, IVE. adj. Qui éteint, qui annule.

EXTINCTION. s. f. [Pr. *eks-tink-sion*] (lat. *extinctio*, m. s., de *extinguere*, éteindre). Action d'éteindre; ou état de ce qui s'éteint, de ce qui est éteint. *L'ex. du feu. Ex. complète.* || Moment où toutes les lumières doivent être éteintes dans une caserne, un établissement d'éducation, etc. *Sonner l'ex. des feux.* — T. Pratiq. *Cette propriété fut adjugée à l'ex. des bougies, des feux.* Voy. EXCHÈRE. || Fig., *L'ex. de la chaleur naturelle,* La perte de la chaleur naturelle. — Fig., *Jusqu'à ex. de chaleur naturelle,* au simplem., *Jusqu'à ex.,* Jusqu'à s'épuiser, jusqu'à n'en pouvoir plus de lassitude. *Disputer, crier jusqu'à ex. Poursuivre jusqu'à ex.* — *Ex. de voix,* syn. d'*Aphonie.* || Fig., Abolition, cessation, fin. *L'ex. d'une loi, d'une famille, d'une maison, d'une ligne. L'ex. d'une dette, d'une rente.* — *L'ex. d'un crime,* Sa rémission ou sa proscription. || T. Chim. *Ex. de la chaux,* Action de l'éteindre. Voy. CHAUX. || T. Pharm. *Ex. du mercure.* Voy. MERCURE.

EXTINGUIBLE. adj. 2 g. Qui peut être éteint. || *Une soif ex.*

EXTIRPATEUR. s. m. T. Agric. Instrument dont la forme est analogue à celle de la herse, et qui est muni de plusieurs lames plus ou moins semblables à des socs. *L'ex. sert à arracher les herbes et les racines qui infestent un champ qu'on veut défricher.* || Fig., Celui qui détruit, qui supprime. *Ce prince ambitionnait le titre d'ex. des hérésies. Ex. des vices.* Peu us.

EXTIRPATION. s. f. [Pr. *eks-tirpa-sion*]. T. Agric. Action d'extirper. || Par anal., *L'ex. d'un polype. Les topiques*

n'ayant produit aucun effet, il fallut recourir à l'ex. de la tumeur. || Fig., Destruction totale. *L'ex. des vices, des hérésies.*

EXTIRPER. v. a. (lat. *extirpare*, m. s., de *ex*, hors de, et *stirps*, souche). T. Agricol. Arracher jusqu'à la racine, de façon que les plantes enlevées ne puissent se repousser. *Il y a des herbes qu'on a bien de la peine à ex.* || Par anal., *Ex. un cancer, une loupe, un polype,* L'enlever entièrement, de façon à empêcher, s'il est possible, que la maladie ne reparaisse. || Fig., Détruire entièrement, anéantir. *Ex. les privilèges, les monopoles, les abus, les vices. C'est un mal qu'on ne saurait ex. entièrement.* — *Ex. une race,* L'exterminer, l'anéantir complètement. = EXTIRPÉ, ÉE. part.

EXTORQUER. v. a. (lat. *extorquere*, m. s., de *ex*, et *torquere*, tordre). Tirer, obtenir par force, par violence, par menaces. *Ex. de l'argent à quelqu'un. Lui ex. sa signature.* || Par exng., Action d'arracher *Ex. un consentement.* || A force d'importunités, on lui a extorqué son consentement pour ce mariage. = EXTORQUÉ, ÉE. part.

EXTORQUEUR, EUSE. s. Celui, celle qui extorque.

EXTORSION. s. f. (lat. *extorsio*, m. s., de *extorsum*, sup. de *extorquere*, extorquer). Exaction, concussion commise avec violence ou menaces. *Commettre des extorsions. Il a été puni pour ses extorsions.* || *Ex. de signature,* Action d'arracher à quelqu'un sa signature par force, violence, ou menace. || Obtenir une chose par ex., L'obtenir à l'aide de la violence, etc.

Législ. — Aux termes de l'art. 400 du code pénal (loi du 13 mai 1863), l'ex. de la signature ou de la remise d'un acte, d'un titre, d'une pièce contenant obligation ou décharge, constitue un délit puni des travaux forcés à temps quand elle a lieu par force, violence ou contrainte, d'emprisonnement (d'un an à 5 ans) et d'amende (50 à 3,000 francs) quand elle a lieu à l'aide de menace écrite ou verbale, ou de révélations ou imputations diffamatoires. Voy. CHANTAGE.

EXTORSIONNAIRE. adj. 2 g. [Pr. *ekstor-sio-nère*]. Qui commet l'extorsion, qui en a le caractère.

EXTRA. s. m. (lat. *extra*, dehors). Ce que l'on fait en dehors de ses habitudes; se dit surtout en parlant de repas. *Nous avons fait un petit ex. Je ne veux point d'ex. Un plat d'ex. Vin d'ex.* Très fam.

EXTRA-AXILLAIRE. [Pr. *ekstra-aksil-lère*] ou **EXTRAXILLAIRE.** adj. 2 g. T. Bot. Se dit d'un bourgeon qui paraît situé en dehors ou au-dessus de l'aisselle de la feuille.

EXTRA-BUDGÉTAIRE. adj. 2 g. Qui est en dehors du budget. *Dépenses extra-budgétaires.*

EXTRA-COURANT. s. m. T. Phys. Courant d'induction d'un courant électrique sur lui-même, qui se produit quand on ouvre ou qu'on ferme le circuit. Voy. INDUCTION.

EXTRACTEUR. s. m. Celui qui extrait. || T. Chir. Instrument dont on se sert pour extraire de la vessie les corps étrangers autres que les calculs. || T. Chim. Appareil au moyen duquel on épuise certaines substances dans les liquides très volatils.

EXTRACTIBLE. adj. 2 g. Qui peut être extrait.

EXTRACTIF, IVE. adj. Susceptible d'être extrait. || T. Gramm. *Particule extractive,* Qui marque extraction. De est quelquefois particule extractive. || T. Chim. Qui est extrait de végétaux. *Matière extractive. Principe ex.,* ou, substant. et au masc., *Ex.* Principe qu'on supposait exister dans les plantes et les animaux, et posséder la propriété de s'épaissir pendant l'évaporation et sa dissolution. *Beaucoup de matières, appelées autrefois extractives, sont des mélanges de substances de nature et de propriétés différentes.* || T. Techn. Qui sert à l'extraction.

EXTRACTIFORME. adj. 2 g. T. Chim. Qui a l'apparence d'un extrait.

EXTRACTION. s. f. [Pr. *ekstra-ksion*] (lat. *extractio*, m. s.). Action d'extraire. *On obtient cette substance par ex. L'ex. des métaux, des minéraux.* — *L'ex. de la pierre.*

L'*ex. du fœtus. On procéda à l'ex. de la balle et des esquilles qui étaient logées dans les chairs.* || Fig., Origine, naissance. *Il est de grande, d'illustre, de noble, de bonne ex. Cacher son ex.* || T. Math. *Ex. des racines.* Voy. RACINE. *Ex. des entiers*, Voy. EXTRAIRE. || T. Chir. Opération qui consiste à retirer du corps humain un corps étranger ou développé contre nature. *Ex. d'une dent. Ex. d'une arête.*

EXTRADÉ. s. m. Néol. Celui qui est soumis à la mesure de l'extradition.

EXTRADER. v. a. (lat. *extradere*, remettre). Néol. Faire l'extradition.

EXTRADITION. s. f. [Pr. *eks-tra-di-sion*] (lat. *ex* et *traditio*, action de livrer). T. Droit international.

L'*Extradition* est l'acte par lequel un gouvernement livre, dans certains cas et sous la condition expresse de réciprocité, l'individu prévenu d'un crime, au gouvernement sur le territoire duquel ce crime a été commis. Cette mesure a pour fondement l'intérêt qu'a la société en général à la répression des crimes, quel que soit le pays particulier où le crime a été commis. En France, le gouvernement a toujours le droit d'accorder l'e. d'un étranger au pays qui le réclame, quand bien même ce pays n'aurait pas avec la France de traité d'e. La remise des Français à un gouvernement étranger n'a plus lieu aujourd'hui; le décret du 23 octobre 1841, qui l'autorisait, est tombé en désuétude depuis 1830. — Nous avons des traités d'e. avec toutes les nations de l'Europe, excepté avec la Russie et la Turquie. Nous en avons avec les États-Unis, le Pérou, la république de Vénézuéla, le Chili. Nous empruntons à une circulaire du garde des sceaux du 5 avril 1841 l'énoncé des principes d'après lesquels ont été négociés tous nos traités d'e. : 1° La France ne livre pas les Français; 2° la remise à un État des sujets d'un pays tiers doit être autorisée par le gouvernement de ce pays; 3° L'e. ne peut être accordée que pour les crimes prévus par la loi française, et l'individu dont l'e. a été demandée ne peut être poursuivi que pour le crime indiqué dans la demande dont il a été l'objet; 4° Les crimes et délits politiques ne donnent pas lieu à l'e.; 5° La demande d'e. doit être faite par la voie diplomatique et être appuyée d'un titre constatant la prévention; 6° L'étranger poursuivi en France doit, avant d'être livré, avoir satisfait à la justice française; 7° Depuis 1830, la désertion d'un militaire de terre n'est plus au nombre des crimes pour lesquels l'e. peut être demandée. Il n'en est pas ainsi à l'égard des déserteurs de la marine; les autorités locales doivent les faire appréhender sur la simple réclamation des consuls.

EXTRADOS. s. m. (lat. *extra*, hors de, et fr. *dos*). T. Archit. Surface convexe qu'une voûte présente à l'extérieur. Voy. ARCADE et VOUTE.

EXTRADOSSÉ, ÉE. adj. T. Archit. *Voûte extradossée*, Voûte dont le dehors n'est pas brut, c.-à-d., dont le parement extérieur est aussi uni que celui de l'intrados lui-même.

EXTRADOSSER. v. a. T. Archit. Faire l'extrados. *E. une voûte.*

EXTRA-EUROPÉEN, ENNE. adj. T. Did. Qui est situé hors de l'Europe.

EXTRAFIN, INE. adj. T. Comm. Se dit de certaines marchandises données comme étant d'une qualité supérieure à l'ordinaire. = EXTRAFIN. s. m. Ce qui est extrafin.

EXTRA-FOLIACÉ, ÉE. adj. et **EXTRA-FOLIAIRE.** adj. 2 g. T. Bot. Syn. d'*extra-folié*.

EXTRA-FOLIÉ, ÉE. adj. (lat. *extra*, en dehors; *folium*, feuille). T. Bot. Qui croît en dehors ou à côté des feuilles.

EXTRAIRE. v. a. (lat. *extrahere*; de *ex*. hors de, et *trahere*, tirer). Séparer, par un procédé quelconque, une substance particulière d'un corps dont elle fait partie. *E. le suc d'un fruit, l'huile d'une graine. On extrait du sucre de la betterave. Verser de l'eau sur des matières terreuses pour en e. les parties solubles.* || Retirer une chose d'un lieu, d'un corps dans lequel elle s'est formée ou introduite. *L'or, l'argent, la houille qu'on extrait d'une mine. E. des pierres d'une carrière. E. une balle de la cuisse, un calcul de la vessie.* — *E. un prisonnier de sa prison.* Le tirer de sa prison pour le conduire dans une autre, ou pour l'amener devant le juge. || Tirer d'un livre, d'un registre, d'un acte, etc., les passages, les renseignements dont on a besoin. *J'ai extrait ce passage de la Politique d'Aristote. Cela est extrait des registres du parlement.* — *E. un livre, un procès*, En faire un sommaire, une analyse. || T. Math. *E. la racine carrée, la racine cubique*, etc., Chercher la racine carrée, etc., de ce nombre. — *E. les entiers contenus dans un nombre fractionnaire*, Chercher combien de fois ce nombre contient l'unité. = EXTRAIT, AITE. part. = Conj. Voy. TRAIRE.

EXTRAIRE. adj. m. (lat. *extrarius*, extérieur, de *extra*, en dehors). T. Bot. Se dit d'un embryon qui est extérieur par rapport à l'albumen. *Embryon ex.* Voy. GRAINE.

EXTRAIT. s. m. (lat. *extractum*, part. pass. d'*extrahere*, extraire). Substance qu'on a extraite d'une autre par quelque opération. *E. de gentiane.* || Ce qu'on tire d'un livre, d'un écrit, d'un registre, etc. *Je ne connais pas l'ouvrage entier, mais j'en ai lu des extraits. E. des registres de l'état civil; E. de naissance; E. baptistaire; E. mortuaire*, Extrait du registre des naissances, des baptêmes, des décès. Voy. ÉTAT civil. || Sommaire, analyse, morceau choisi. *Faire l'e. d'un livre. Vous ne m'avez pas remis les pièces du procès; vous ne m'en avez donné que l'e. Voici un e. de leur correspondance. Ce journal donne de fort bons extraits des ouvrages nouveaux.* || T. Loterie. Un simple numéro gagnant. Voy. LOTERIE.

Pharm. — Les pharmaciens désignent sous le nom d'*Extrait* le produit qu'on obtient en traitant une substance animale ou végétale par un dissolvant convenable, et en évaporant ensuite le véhicule jusqu'à ce qu'on ait un résidu mou ou solide. On prépare les extraits, soit avec le suc propre des végétaux, quand ceux-ci sont frais, soit avec des infusions aqueuses ou alcooliques, quand la substance est sèche. Ils portent, dans les deux premiers cas, le nom d'*extraits aqueux*, et, dans le troisième, celui d'*extraits alcooliques*. Plus rarement le véhicule employé est l'éther ou un mélange d'éther et d'alcool; ce sont les *extraits éthérés*. Lorsqu'on se sert d'un suc de plante, tantôt on commence par le chauffer jusqu'à ce que l'albumine, en se coagulant, ait entraîné la chlorophylle; après quoi on passe la liqueur et on l'évapore; tantôt on ne sépare pas le coagulum, ou bien, après l'avoir séparé, on l'ajoute au produit sur la fin de l'opération, ce qui constitue les *extraits préparés à la manière de Storck*. Les extraits sont, ou des mélanges très compliqués, ou formés presque entièrement d'un seul principe, selon la nature de la substance et du menstrue qu'on emploie. On les dit *mous* quand ils ont la consistance d'une pâte ductile; *solides*, s'ils sont cassants à froid; *secs*, s'ils sont sous forme d'écailles et entièrement privés d'eau. Ils ont aussi reçu différents noms suivant les principes qui y prédominent; ainsi, on les appelle *gommeux, muqueux* et *mucilagineux*, s'ils sont spécialement composés de gomme ou de mucilage; *gélatineux*, si la gélatine en fait la base; *résineux*, s'ils sont de nature résineuse; *savonneux*, s'ils contiennent une matière résineuse tellement combinée avec les autres qu'on ne puisse pas la séparer. Voy. ROB. — *Extrait de Saturne.* Voy. PLOMB.

EXTRAJUDICIAIRE. adj. 2 g. T. Prat. Se dit des actes et significations qui ne sont point relatifs à un procès actuellement pendant en justice. *Acte, sommation extrajudiciaire.*

EXTRAJUDICIAIREMENT. adv. Par acte ou en forme extrajudiciaire.

EXTRA-LÉGAL, ALE. adj. Qui est en dehors de la légalité.

EXTRA-LÉGALEMENT. adv. D'une manière extra-légale.

EXTRA-MUROS. loc. adv. Mots latins qui signi. Hors des murs d'une ville. *Il demeure extra-muros.*

EXTRANÉITÉ. s. f. (lat. *extraneus*, étranger). T. Droit. Qualité d'étranger.

EXTRA-OCULAIRE. adj. 2 g. (lat. *extra*, hors; *oculus*, œil). T. Zool. Qui s'insère en dehors des yeux.

EXTRAORDINAIRE. adj. 2 g. (lat. *extra*, hors; *ordo*,

ordre). Qui n'est pas selon l'usage ordinaire, selon l'ordre commun; qui est au-dessus de l'ordinaire. *La session c. du Sénat ou de la Chambre des députés. Un évènement, une action c. Employer des moyens extraordinaires. Par voie c. Cela est c. Il n'y a rien d'e. à cela, Il n'y a rien là l'e.* — *Dépense c.,* Dépense qui excède celle que l'on fait ordinairement, ou dépense imprévue qu'on est obligé de faire en sus de celle qu'on avait projetée. || T. Admin. *Fonds, budget c.* Fonds, budget destiné à des dépenses imprévues. — *Procédure c.,* se disait autrefois de la procédure criminelle, par oppos. à la procédure civile. Subst., *Juger à l'e., Juger au criminel.* — *Question c.,* Voy. TORTURE. — *Envoyé c.,* Voy. DIPLOMATIE. — *Courrier c.,* Courrier dépêché pour quelque occasion particulière. On dit aussi subst., *Un e. On lui a dépêché un e.* || Qui est singulier, rare, peu commun. *Un mérite, un génie c. Une mémoire c.* || En mauvaise part, se dit pour étrange, choquant, ridicule, bizarre. *Langage c. Voilà un homme bien c. Un visage c. Manières extraordinaires.* — *Propositions extraordinaires. Costume, coiffure c.* = EXTRAORDINAIRE. s. m. Ce qui ne se fait pas ordinairement. *C'est un c. C'est pour lui un c. que de boire du vin. Il donne tant par repas, et, quand il y a quelque c., il le paye.* || Dans les comptes, Ce qui est outre la dépense ordinaire. *L'c. monte à tant.* — *L'c. des guerres. L'c. de la guerre,* ou simpl., *L'c.,* Fonds que l'on faisait autrefois pour payer la dépense c. de la guerre.

Syn. — *Singulier.* — Le *singulier* n'est pas de l'ordre commun des choses; il ne ressemble pas à ce qui est; il fait, pour ainsi dire, classe à part. L'*extraordinaire* n'est pas dans l'ordre courant des choses; il fait exception à la règle. Il y a quelque chose d'original dans le *singulier,* et quelque chose d'extrême dans l'*extraordinaire.* *Singulier* exclut la comparaison; *extraordinaire* la suppose. La boussole a une propriété *singulière;* la vapeur de l'eau a une force *extraordinaire.* Tout homme qui a un caractère propre à nécessairement quelque chose de *singulier;* celui qui a un caractère énergique et fortement prononcé a quelque chose d'*extraordinaire.*

EXTRAORDINAIREMENT. adv. D'une façon contraire à l'usage, à l'ordre accoutumé. *Il n'était pas sur l'état, mais il a été payé c.* — *Procéder c. contre quelqu'un,* Procéder criminellement contre lui. || *Extrêmement. Il est riche, c. puissant.* || D'une façon bizarre, ridicule. *Elle est coiffée bien c.*

EXTRA-ORGANIQUE. adj. 2 g. Qui est en dehors des organes.

EXTRAPASSER. v. a. T. Peint. Voy. STRAPASSER.

EXTRA-PERSONNEL, ELLE. adj. T. Phil. Qui est en dehors de notre personne.

EXTRAPOLATION. s. f. [Pr. ekstra-pola-sion] T. Math. Action d'extrapoler, c.-à-d. de calculer les valeurs d'une fonction qui n'est connue qu'empiriquement, pour des valeurs de la variable qui sont en dehors de la série des valeurs observées. Ce procédé consiste en définitive à prolonger, suivant certaines règles, la suite des valeurs observées, au delà de la limite où les observations ont cessé. Il ne peut inspirer qu'une très médiocre confiance. Voy. INTERPOLATION.

EXTRAPOLER. v. a. (lat. *extra,* en dehors; *polare,* retourner). Voy. EXTRAPOLATION.

EXTRA-RÉFRACTAIRE. adj. 2 g. Qui est plus réfractaire en parlant d'un minerai.

EXTRA-RÉGLEMENTAIRE. adj. 2 g. Qui est en dehors des règlements.

EXTRA-STATUTAIRE. adj. 2 g. Qui est en dehors des statuts.

EXTRA-TERRESTRE. adj. 2 g. Qui est en dehors de la terre.

EXTRA-UTÉRIN, INE adj. T. Physiol. Qui existe ou qui se passe hors de l'utérus. *Grossesse extra-utérine.*

EXTRAVAGAMMENT. adv. [Pr. ekstra-vaga-man]. D'une manière extravagante.

EXTRAVAGANCE. s. f. Action d'extravaguer. || Bizarrerie,

folie. *Il n'y a pas moyen de le guérir de son c.* || Action, discours qui dénote de l'c. *Il a fait là une grande c. Il a dit mille extravagances. On rougit, en vérité, d'avoir à réfuter de pareilles extravagances.*

EXTRAVAGANT, ANTE. adj. Qui extravague. Fou, bizarre, fantasque; qui est contre le bon sens, contre la raison; se dit des personnes et des choses. *C'est un homme c. Quelle femme extravagante. Discours c. Pensées, paroles extravagantes.* || Subst., en parlant des personnes. *C'est un c., une extravagante. Ce sont des extravagants.* = EXTRAVAGANTES. s. f. pl. T. Droit can. Voy. DÉCRÉTALES.

EXTRAVAGUER. v. n. (lat. *extra,* hors de; *vagari,* errer). Penser et dire des choses où il n'y a ni sens ni raison. *Il est fou, voyez comme il extravague. Il a une fièvre qui le fait c.*

EXTRAVASATION ou **EXTRAVASION.** s. f. [Pr. ekstra-vasa-sion] (R. extravaser). Épanchement d'un liquide hors des vaisseaux destinés à le contenir; se dit des organismes animaux et végétaux.

EXTRAVASER. v. a. ou tr. (lat. *extra,* hors de; *vas,* vaisseau). Épancher hors de ses vaisseaux. = s'EXTRAVASER. v. pron. En parlant des organismes animaux ou végétaux, se dit de tout liquide qui s'épanche hors des vaisseaux destinés à le contenir. *Dans les ecchymoses, le sang s'extravase sous l'épiderme.* — Avec ellip. du pron. *Un effort violent est capable de faire c. le sang.* = EXTRAVASÉ, ÉE. part. *Sang extravasé. Bile extravasée.*

EXTRAVASION. s. f. Voy. EXTRAVASATION.

EXTRÊME. adj. 2 g. (lat. *extremus,* m. s., qui est un superlatif de *exterus,* extérieur). Qui est tout à fait au bout, tout à fait le dernier; le plus reculé. *L'c. limite. L'c. frontière. Il était parvenu à l'c. vieillesse.* — Dans nos assemblées politiques, *L'c. droite* se dit de la partie de la salle des séances qui est située le plus à la droite du président, et des membres qui siègent dans cette partie; dans un sens opposé, on dit de même, *L'c. gauche. Il siégeait à l'c. droite. Il n'était pas de l'c. gauche.* || Qui est au dernier point, au plus haut degré. *E. joie. E. plaisir. Amour, désir, passion c. Douleur c. E. peine. E. misère. Besoin c. E. malheur. Froid, chaleur c. Rigueur c. E. sévérité. Exactitude c.* — *Remèdes extrêmes,* Remèdes énergiques et d'un effet incertain auxquels on n'a recours que lorsque les moyens ordinaires ont échoué. Prov.. *Aux maux extrêmes les extrêmes remèdes.* — Dans un sens analogue, on dit, *Parti c. Résolution c. Moyen c.* || En parl. d'une personne, signifie : Qui ne garde aucune mesure, qui donne toujours dans l'excès. *Votre père est c. en tout.* = EXTRÊME. s. m. Opposé, contraire. *Le froid et le chaud sont les deux extrêmes. La prodigalité et l'avarice sont les deux extrêmes. Vous passez d'un c. à l'autre. Il se jette dans les extrêmes. Les extrêmes se touchent.* — *Porter, pousser tout à l'c.,* N'avoir de modération en rien. || T. Math. *Les extrêmes d'une proportion,* Le premier et le dernier terme.

Obs. gram. — *Extrême* étant déjà un superlatif, ne doit pas s'employer avec l'adverbe *plus.* On ne doit pas dire qu'une chose est *plus c.* qu'une autre, et des locutions telles que *les maux les plus extrêmes,* ne sont pas correctes.

EXTRÊMEMENT. adv. Au dernier point, excessivement. *E. bon. E. sage. E. laid. E. méchant. Il vous aime, il vous craint c. Il court, il compose, il écrit c. vite. Il dépense c. pour sa toilette.*

EXTRÊME-ONCTION. s. f. [Pr. ekstrême-onk-sion] (R. fr. *extrême;* lat. *ungere,* oindre). T. Relig. Sacrement institué pour le soulagement spirituel et corporel des malades. Ce sacrement est ainsi nommé parce qu'il se fait au moyen d'onctions et ne s'administre qu'aux mourants. « Quelqu'un d'entre vous est-il malade? dit saint Jacques, qu'il fasse venir les prêtres de l'Église, et qu'ils prient sur lui, en l'oignant d'huile au nom du Seigneur; et la prière de la foi sauvera le malade, et le Seigneur le soulagera, et, s'il a des péchés, ils lui seront remis. » (*Ép. cathol.,* v. 14.) Conformément aux paroles de l'apôtre, le concile de Trente a décidé que l'E.-onction est un sacrement, puisqu'il en produit les effets; qu'il a été institué par J.-C. et promulgué par l'apôtre Jacques.

La matière du sacrement est l'huile d'olive. Cette huile, qu'on appelle *huile des infirmes,* doit être bénite par l'évêque.

359

Lorsque le prêtre administre ce sacrement, il en prend une petite partie avec le pouce, et en oint légèrement les yeux, les oreilles, les narines, la bouche, les mains, les pieds, quelquefois la poitrine, et même, mais seulement chez les hommes, les reins. Les cinq onctions qui ont lieu sur les organes des sens sont les seules qui soient réellement nécessaires; cependant, quand on craint que le malade n'expire avant de les avoir toutes reçues, on peut se contenter d'en faire une générale à la tête. — La forme de l'E.-onction consiste dans les paroles que le prêtre prononce en faisant chaque onction : « Par cette sainte onction et sa très pieuse miséricorde, que Dieu te pardonne les péchés que tu as commis par la vue, l'ouïe, etc » — Conformément aux paroles de saint Jacques, c'est aux prêtres seuls (les évêques sont nécessairement compris sous cette dénomination) qu'il appartient d'administrer l'E.-onction. Il résulte de là que tout prêtre, par cela seul qu'il est prêtre, peut conférer ce sacrement validement. — La pratique générale de l'Église, fondée sur les paroles de l'apôtre, est de n'administrer l'E.-onction qu'aux fidèles qui sont en danger de mort, ou par suite d'une maladie proprement dite, ou à cause d'une vieillesse très avancée, la vieillesse caduque étant considérée comme une véritable maladie.

EXTREMIS (In) .[Pr. *ineks-tré-mis*]. Loc. latine qui sign. *aux derniers* [moments de la vie]. S'emploie pour dire : à l'article de la mort; n'est guère usité qu'en style de Jurispr. *Disposition faite* in extremis, ou *Disposition* in extremis. *Mariage célébré* in extremis, ou *Mariage* in extremis.

EXTRÉMITÉ. s. f. (lat. *extrem'tas*, m. s.) Le bout d'une chose, la partie qui la termine. *Les deux extrémités d'une ligne. L'e. des doigts Couper l'e. des cheveux. Il est logé à l'e. de la ville. Cette ville est à l'e. du royaume.* || T. Anat. Se dit des membres du corps humain. *Les extrémités supérieures. Les extrémités inférieures.* — Dans le langage ordinaire, se dit surtout des pieds et des mains *Il se meurt, car il a déjà les extrémités froides.* Se dit aussi, dans un sens anal., de la partie inférieure des jambes de certains animaux. *Ce cheval a la crinière, la queue et les extrémités noires.* || Le dernier moment, et particul., les derniers instants de la vie. *N'attendez pas à l'e. pour arranger cette affaire. Il ne faut pas attendre à l'e. pour songer à sa conscience. Il est à l'e., à toute e., il se meurt.* — Fig., on dit d'une ville assiégée, qui est sur le point d'être prise ou d'être forcée de se rendre, qu'*Elle est à l'e.* || La plus triste état où l'on puisse être réduit. *Il n'a pas de quoi vivre, il est réduit à l'e., à la dernière e.* || En parl. de choses morales, se dit des deux extrêmes opposés, de ce qui est excessif dans son genre. *Passer d'une e. à l'autre. Vous allez toujours à l'e. Vous verrez dans une seule vie toutes les extrémités des choses humaines. La ville souffrit toutes les extrémités de la faim Vous portez les choses aux dernières extrémités.* — Particulier., Un excès de violence. *Il s'est porté à la dernière e. contre son fils. Se porter aux extrémités les plus odieuses.* — Fam., Pousser quelqu'un à l'e. Le pousser à bout. = Syn. Voy. BOUT.

EXTRINSÈQUE. adj. 2 g. (lat. *extrinsecus*, m. s., de *extra*, hors, et *secus*, auprès). Qui vient, qui est tiré du dehors; se dit par opposition à *Intrinsèque. Cause e. Arguments extrinsèques. Lieux communs extrinsèques.* Voy. TOPIQUES. — *Valeur e.*, Valeur que la loi attribue aux monnaies indépendamment du poids.

EXTRINSÈQUEMENT. adv. D'une manière extrinsèque.

EXTRORSE. adj. 2 g. (lat. *extrorsum*, contr. de *extraversum*, tourné en dehors). T. Bot. Qui se dirige de dedans en dehors. *Étamine* ex. Voy. ÉTAMINE.

EXTROVERSE. s. f. (lat. *extra*, hors; *versus*, tourné). T. Bot. Étamine tournée vers la face extérieure de la fleur.

EXUBÉRAMMENT. adv. [Pr. *egzu-bé-ra-man*]. D'une manière exubérante.

EXUBÉRANCE. s. f. [Pr. *egzu...*] (lat. *exuberantia*, m. s.) Surabondance, abondance inutile. *E. de végétation.* || Fig., *E. de mots, d'idées, d'images.*

EXUBÉRANT, ANTE. adj. [Pr. *egzu...*] (lat. *exuberans*, m. s. de *ex*, hors de, et *uber*, mamelle) Surabondant, superflu. *Végétation exubérante.* || Fig. *Un style exubérant.*

EXUBÉRER. v. n. [Pr. *egzu...*]. Être exubérant.

EXUDATION, EXUDER. Voy. EXSUDATION, etc.

EXULCÉRATIF, IVE. adj. [Pr. *egzul...*]. T. Méd. Qui est capable d'exulcérer.

EXULCÉRATION. s. f [Pr. *egzsul-sé-ra-sion*]. T. Méd. Ulcération légère et superficielle.

EXULCÉRER. v. a. [Pr. *egzul-sérer*] (lat. *exulcerare*, m. s., de *ex*, et *ulcerare*, ulcérer). T. Méd. Causer une ulcération légère et superficielle. — EXULCÉRÉ, ÉE. part. == Conj. Voy. CÉDER.

EXULTATION. s. f. [Pr. *égzsul-ta-sion*]. Transport de joie; ne s'emploie que rarement et encore dans le sens mystique.

EXULTER. v. n. [Pr. *egzul-ter*] (lat. *exsultare*, bondir de joie, de *ex*, et *saltare*, sauter). Fig., Être transporté de joie. *Nos voisins exultaient de nous voir ainsi nous affaiblir et nous détruire nous-mêmes.* Peu us. == EXULTÉ, ÉE. part.

EXUPÈRE (SAINT), archevêque de Toulouse, mort en 410; fête le 14 juin.

EXUTOIRE. s. m. (lat. *exutum*, part. d'*exuere*, dépouiller). T. Méd. Ulcère produit et entretenu artificiellement pour déterminer une suppuration permanente et dérivative. *Les cautères, les vésicatoires, les sétons, etc. sont des exutoires.* Voy. SÉTON, TROCHISQUE. || Fig. Moyen d'écouler un objet quelconque, de s'en débarrasser. || T. Archit. Ouverture pratiquée dans une voûte à ciel ouvert, ou tube qu'on y dispose pour l'écoulement des eaux.

EXUVIABILITÉ. s. f. (R. *exuviable*). T. Zool. Faculté qu'ont certains animaux de changer de peau ou plutôt d'épiderme.

EXUVIABLE. adj. 2 g. (lat. *exuviæ*, dépouilles). T. Zool. Qui est susceptible de changer de peau.

EX-VOTO. Premiers mots de la formule latine de dédicace *ex-voto suscepto* (d'après le vœu fait), et qui s'emploient, comme subst. masc., pour désigner les tableaux, les figures et les offrandes qu'on place dans une église, en mémoire d'un vœu fait pendant une maladie, dans un péril. *Cette chapelle est remplie d'ex-voto. L'usage des ex-voto était très répandu dans l'antiquité.*

EYCK (JEAN VAN), dit Jean de Bruges, célèbre peintre flamand, passe pour l'inventeur de la peinture à l'huile (1390-1441).

EYDER. s. m. Voy. EIDER.

EYGUIÈRES, ch.-l. de c. (Bouches-du-Rhône), arr. d'Arles; 2,400 hab. .

EYGURANDE, ch.-l. de c. (Corrèze), arr. d'Ussel; 1,000 hab.

EYLAU, petite v. de la Prusse orientale, célèbre par la sanglante victoire des Français sur les Russes et les Prussiens (1807).

EYMA (XAVIER), littérateur français, né à Saint-Pierre (Martinique) (1816-1876).

EYMET, ch.-l. de c. (Dordogne), arr. de Bergerac; 1,500 hab.

EYMOUTIERS, ch.-l. de c. (Haute-Vienne), arr. de Limoges; 4,200 hab.

EYRE, général anglais (1811-1881).

EYRIÈS, géographe français (1767-1846).

ÉZÉCHIAS ou HIZKIAH, roi de Juda, fils et successeur d'Achaz, régna de 629 à 694 av. J.-C.; il vainquit Sennachérib, roi d'Assyrie.

ÉZÉCHIEL, l'un des quatre grands prophètes des Juifs, de 595 à 574 av. J.-C.

F

F. s. f. et m. La sixième lettre et la quatrième consonne de notre alphabet.

Obs. gram. — La consonne F est du féminin, lorsqu'on l'appelle *Effe*, selon l'ancien système d'épellation, et du masculin lorsqu'on la nomme *Fe*, d'après un système qu'on a cherché, sans grand succès, à faire prévaloir sur l'ancien. Elle conserve toujours le son qui lui est propre au commencement et dans le corps des mots; ex. : *final, parfumer, fabrique, profondeur.* Placée à la fin des mots, cette même lettre se fait sentir au singulier, comme au pluriel, quelle que soit l'initiale du mot suivant : ainsi, par ex., on prononce, *soif brûlante, vif désir,* absolument comme *soif ardente, vif amour.* Cependant, nous avons quelques mots comme *clef, cerf, nerf, œuf, bœuf, veuf,* qui présentent des exceptions à cette règle. Ces exceptions et les circonstances où elles ont lieu sont indiquées à chacun de ces mots. Enfin, dans les mots où il y a deux FF, comme *affranchissement, affliction, diffusion,* il est d'usage de n'en prononcer qu'une.

La lettre F occupe la sixième place dans notre alphabet. Sa prononciation est à peu près la même que celle du φ grec, que nous traduisons par *ph*, et sa forme actuelle dérive du *digamma* des Éoliens. En arabe et dans les langues sémitiques, la lettre qui lui correspond occupe le vingtième rang. — Cette consonne figure souvent dans les inscriptions latines, où elle signifie *filius, familia, flamen, fieri, fecit,* etc., tandis que, d'autres fois, elle représente les noms propres, *Flavius, Flavia,* dont elle est l'initiale. Sur les monnaies consulaires, le sigle F. F. veut dire *feriendo, flando.* Enfin, chez les Romains, on marquait d'une F au front les esclaves échappés (*fugitivi*) et repris. — En français, F s'emploie, par abréviation, pour *Félix, Fr.* pour *François, fr.* pour *franc, fl.* pour *florin, fo.* pour *folio.* Autrefois on marquait les faussaires d'une F, et les condamnés aux travaux forcés des lettres T. F. Dans les mandements de nos évêques, F. veut dire *frères,* et le sigle N. T. C. F. signifie *nos très chers frères.*

FA. s. m. T. Mus. Nom de la 4e note de la gamme. Voy. GAMME et NOTATION.

FABAGELLE. s. f. (lat. *fabago,* m. s., de *faba,* fève). T. Bot. Nom spécifique du *Zygophyllum Fabago* de la famille des *Zygophyllées.* Voy. ce mot.

FABAS (JEAN DE), gentilhomme français qui prit une part active aux luttes religieuses sous Louis XIII; mort en 1654.

FABERT, maréchal de France (1599-1662), contribua à la conquête du Roussillon en 1642.

FABIANA. s. f. (R. *Fabiano,* botaniste espagnol). T. Bot. Genre de plantes Dicotylédones de la famille des *Solanacées.* Voy. ce mot.

FABIEN (SAINT), pape de 236 à 250, fut martyrisé sous Décius. Fête le 16 mars.

FABIUS, illustre famille patricienne de Rome, dont 306 membres périrent dans un combat contre les Véiens, sur les bords de la Crémère (477 av. J.-C.). Les plus célèbres des Fabius sont Quintus Maximus Rullianus, l'un des héros de la guerre du Samnium; Quintus Maximus, son petit-fils, surnommé *Cunctator* (le Temporiseur), qui arrêta le succès d'Annibal par sa sage lenteur, et Quintus Fabius Pictor, le plus ancien des annalistes latins.

FABLE. s. f. (lat. *fabula,* m. s., de *fari,* parler). Récit traditionnel dans lequel il est souvent impossible de discerner d'une manière certaine le faux et le vrai; mythe, légende. *Les fables de l'antiquité païenne. Les annales de ce peuple sont mêlées de beaucoup de fables. La f. de la Toison d'or. La f. de Psyché.* — Dans un sens collectif, on dit *la Fable,* en parlant de toutes les fables de l'antiquité païenne, et particulièrement de la mythologie proprement dite. *Les dieux, les divinités de la F. Il est savant dans la F.* Voy. MYTHOLOGIE. ‖ Apologue, récit d'une action feinte, destinée à amuser et à instruire, sous le voile de l'allégorie. *Les fables d'Ésope, de Phèdre, de La Fontaine. La f. le Loup et l'Agneau. Le Chêne et le Roseau, f. F. en vers, en prose. La moralité d'une f.* Voy. ALLÉGORIE. ‖ Fausseté, chose controuvée. *Cette aventure est vraie, ce n'est point une f. Vous nous contez des fables. Fables que tout cela.* — *Être la f. du peuple, de la ville, de tout le monde,* etc., Être le sujet de récits malicieux, être la risée du peuple, etc. ‖ Le sujet d'un poème épique, d'un ouvrage dramatique ou d'un roman, considéré sous le rapport des incidents qui forment l'intrigue, et servant à nouer et à dénouer l'action.

Litter. — Il semble que de tout temps la vérité ait eu peur des hommes, et que les hommes aient eu peur de la vérité : aussi trouvons-nous la f. ou l'apologue parmi les plus anciens monuments de la littérature de tous les peuples. Quelques auteurs pensent que la f. a été inventée par un esclave désireux de faire entendre à son maître, par ce moyen détourné, le langage de la raison. Mais le plus superbe de tous les maîtres est l'amour-propre et nous sommes tous ses esclaves ; voilà le maître que le sage a voulu, en imaginant l'apologue, concilier avec la vérité. C'est, en effet, en piquant notre curiosité, en amusant notre imagination, que la sagesse peut nous donner des leçons sans nous offenser. Les deux plus anciens recueils de fables qui soient parvenus jusqu'à nous sont attribués à l'Indien Bidpaï ou Pilpaï, et au Phrygien Ésope; mais il paraît fort douteux que ces personnages soient les auteurs véritables des apologues mis sous leur nom. Les fables de Lokman ne paraissent être qu'une imitation arabe des fables ésopiques, et, par conséquent, sont d'une époque beaucoup plus moderne. Il est superflu d'énumérer ici les nombreux auteurs qui se sont exercés dans ce genre ingénieux : cependont, il nous est impossible de ne pas rendre hommage en passant, à la pureté et à l'élégance du fabuliste latin Phèdre, et à notre inimitable La Fontaine, le charme et les délices de tous les âges.

FABLIAU. s. m. (R. *fable*). T. Litt. On donne ce nom à de petits poèmes consistant dans le récit simple et naïf d'une action le plus souvent plaisante, et destinés presque toujours à distraire ou à instruire. Les fabliaux constituent presque toute la littérature française du XII° siècle et du siècle suivant. Les poètes de la langue d'oc ont fait peu de fabliaux ; mais, en revanche, ceux de la langue d'oïl en ont composé un nombre très considérable. Parmi ces poèmes, les uns étaient simplement destinés à être lus ou récités, tandis que les autres étaient chantés. Ces derniers se divisaient quelquefois en stances ou couplets de neuf vers, dont le dernier ou les derniers rappelaient fréquemment le refrain d'une chanson populaire. Les fabliaux ont fourni, dans les temps modernes, le sujet d'un très grand nombre d'opéras-comiques, de contes et d'autres poésies légères. Nous citerons, parmi ceux qui leur ont fait les plus larges emprunts : Boccace, l'Arioste, Marguerite de Navarre et La Fontaine. Les principaux recueils de fabliaux ont été publiés par Barbazan, Méon, Legrand d'Aussy, Jubinal, Anatole de Montaiglon.

FABLIER. s. m. Poète, auteur de fables. || Recueil de fables.

FABRE (JEAN), dit l'*Honnête criminel*, protestant célèbre par son amour filial, prit volontairement la place de son père, condamné aux galères pour cause de religion (1727-1797).

FABRE, peintre français né à Montpellier (1766-1837).

FABRE D'ÉGLANTINE, poète comique, conventionnel, secrétaire de Danton, périt avec lui sur l'échafaud (1755-1794).

FABRE D'OLIVET, littérateur et érudit français de la famille du calviniste Jean Fabre, auteur de pièces de théâtre et de *la Langue Hébraïque reconstituée*. Voy. BIBLE. (1768-1825.)

FABRICANT, ANTE. s. Personne qui fabrique ou qui fait fabriquer. *Un f. de soieries. Un f. de draps, d'étoffes de coton. Un f. de poteries. Un f. d'éventails*, etc. — Particulièrement, *Un f. d'étoffes*, Celui qui a une filature de coton, de laine, etc. *Un riche f. C'est le plus gros f. de la ville.*

FABRICATEUR, TRICE. s. Celui, celle qui fabrique quelque chose ; ne se prend qu'en mauvaise part, soit au propre, soit au fig., *F. de fausse monnaie, de faux billets de banque. F. de faux actes. F. de nouvelles, de fausses nouvelles. Des fabricateurs de religions nouvelles.*

FABRICATION. s. f. [Pr. *fabrika-sion*]. L'art, l'action de fabriquer ; le résultat de cette action. *La f. des tapis, des soieries, des chapeaux. La f. de la porcelaine. La f. de la monnaie. Frais de f. Cette étoffe est de bonne f.* || Fig., *La f. d'un faux acte, d'un faux testament, d'un faux passeport.*

FABRICE (JÉRÔME), savant anatomiste padouan, maître de Harvey (1537-1619).

FABRICIEN ou **FABRICIER.** s. m. Membre du conseil de fabrique d'une paroisse. Voy. FABRIQUE.

FABRICIUS, consul romain des anciens jours, célèbre par la simplicité de ses mœurs, sa probité et son désintéressement. Il refusa les propositions du médecin de Pyrrhus, qui offrait d'empoisonner son maître (281 av. J.-C.), et mourut si pauvre qu'il fut enterré aux frais de l'État.

FABRICIUS (THÉODORE), un des premiers partisans de la Réforme, pasteur et savant hébraïsant (1501-1570).

FABRICIUS (J. ALBERT), bibliographe allemand, auteur d'une Bibliothèque latine et d'une Bibliothèque grecque, qui sont deux des plus vastes monuments d'érudition du XVII° siècle (1668-1736).

FABRICIUS (J. CHRÉTIEN), entomologiste danois (1748-1807).

FABRIQUE. s. f. (lat. *fabrica*; de *faber*, forgeron, de *facere*, faire). Établissement où l'on manufacture les objets destinés au commerce. — Fabrication. *La f. des étoffes de soie, des draps, des chapeaux*, etc. *Ce drap est de bonne f. La f. en est excellente.* — *Louis de f.*, Pièce d'or qui est altérée pour le titre et le poids. On dit aussi, *Couteaux, bas, montres*, etc., *de f.*, en parl. de couteaux, etc., de mauvaise ou de médiocre qualité. — Fig. et fam., *Cela est de sa f.*, C'est un mensonge de son invention. || Établissement où l'on fabrique. *Une f. d'étoffes, de lacets, de chapeaux. Établir, monter, diriger une f. On ne dirait pas que ces ouvrages sortent de la même f.* — *Prix de f.*, Le prix que coûte une marchandise lorsqu'on l'achète au fabricant lui-même. *Je vous cède cette étoffe au prix de f.* — *Dessin de f.*, Dessin destiné à servir de modèle pour l'ouvrier qui fait les tissus façonnés, tapis, etc. — Fig. et fam., *Ces deux hommes sont de même f.*, Ils ne valent pas mieux l'un que l'autre. || Popul., Tout le personnel d'une fabrique. *Toute la f. est en émoi.* || La localité, la ville même où l'on fabrique. *Des draps de la f. de Sedan. Ce velours est de la f. de Lyon.* || T. Peint. Se dit de toutes les constructions grandes ou petites, comme châteaux, fermes, chaumières, ponts, et même ruines, qui entrent dans la composition d'un tableau, et surtout d'un paysage. *On voit à droite une f. en pierre grisâtre.* — Se dit aussi des constructions réelles qui ornent un parc, un jardin, etc. *Il a semé son parc de plusieurs fabriques pittoresques.* || Construction d'une église. || Revenus affectés à l'entretien d'une église. Voy. ci-après.

Syn. *Manufacture.* — *Fabrique* présente spécialement l'idée de l'industrie, du travail même de la production ; *manufacture* a particulièrement trait à l'entreprise, à l'établissement industriel. La *fabrique* roule plutôt sur les objets dont la production n'exige pas un grand outillage, un vaste établissement ; et la *manufacture* sur ceux dont la fabrication ne peut se faire que sur une grande échelle, à l'aide de capitaux considérables. On dit une *fabrique* de bas, de chapeaux, de poteries, de rubans, etc.; et une *manufacture* de draps, de glaces, etc. La *fabrique* est une *manufacture* en petit ; la *manufacture* est une *fabrique* en grand.

Législ. — I. *Marque de fabrique.* Voy. MARQUE.

II. — Le mot *Fabrique* désigne, tantôt l'ensemble des biens affectés à l'entretien du culte, tantôt le corps spécial qui est chargé de l'administration de ces biens. Les membres de ce corps s'appellent *Gagiers* dans quelques communes rurales ; mais, en général, on leur donne les noms de *Fabriciers* ou *Fabriciens* et de *Marguilliers*. Ils occupent dans l'église une place spéciale dite *Banc d'œuvre* ou *Banc de l'œuvre*, ou même simplement *Œuvre*. Quant à l'origine du mot *fabrique* lui-même, il est tiré de l'objet principal de cette sorte d'établissement, qui est de veiller à la construction et aux réparations des édifices sacrés. Tout ce qui concerne les fabriques est actuellement régi par le décret du 30 décembre 1809, modifié et complété par l'ordonnance du 12 janvier 1825, et par le décret du 27 mars 1893, en ce qui touche spécialement les règles de comptabilité.

Il ne peut être établi de f. que pour les églises érigées en cures ou succursales et pour les chapelles vicariales. Ces institutions sont des établissements publics reconnus par la loi, et, à ce titre, les règles générales qui régissent ces derniers leur sont entièrement applicables. Toute f. constitue une personne civile ; en conséquence elle peut posséder, acquérir, vendre, hériter, etc., avec l'autorisation du gouvernement. Néanmoins elle ne peut invoquer sa qualité d'établissement public que lorsqu'il s'agit de libéralités faites dans l'intérêt de la célébration du culte et dans les limites des services qui rentrent dans ses attributions. Ainsi, par ex., une f. ne saurait être autorisée à accepter des donations entre-vifs destinées à la fondation d'écoles, de cimetières, d'hospices, de congrégations religieuses, etc. — Les biens et revenus des fabriques ont une origine très multiple. Ils comprennent les propriétés et rentes non aliénées pendant la Révolution et restituées au culte depuis 1802 ; les dons et legs, acquisitions, etc., dûment approuvés, les fondations pieuses dont l'acceptation est obligatoire, le prix de location des bancs et chaises, et celui de concession de bancs, tribunes et chapelles, les sommes résultant des quêtes faites pour les frais du culte ou trouvées dans les troncs établis pour le même objet ; les oblations et les recettes en nature, telles que les cierges offerts sur les jours fériés, etc.; les droits dont la perception est prescrite par les règlements épiscopaux et autorisée par le gouvernement, notamment ceux qui concernent les inhumations et les pompes funèbres; enfin, les subventions communales votées par les conseils municipaux pour suppléer à l'insuffisance des ressources particulières des fabriques.

Le soin de régir les biens des églises appartient, avons-nous dit, à une administration spéciale. Les fonctions des membres de cette administration sont absolument gratuites. D'un autre côté, leurs attributions étant exclusivement temporelles, ils ne doivent, sous aucun prétexte, s'immiscer dans la direction spirituelle des paroisses, qui appartient aux curés sous l'autorité rituelle de l'évêque diocésain. — La f., considérée comme corps administratif, se compose de deux parties bien distinctes : d'un comité délibérant, appelé *Conseil de f.*, et d'un comité exécutif, appelé *Bureau de f.* Indépendamment du maire et du curé ou desservant qui en font partie de droit, le conseil se compose de 9 membres dans les paroisses de 5,000 âmes et au-dessus, et de 5 seulement dans toutes les autres. Ces membres sont nommés, pour la première fois, les uns par le préfet, les autres par l'évêque; ils se renouvellent ensuite partiellement tous les trois ans; ceux qui remplacent les membres sortants sont élus par les membres restants. Le dimanche de Quasimodo, et le premier dimanche de juillet, octobre et janvier; mais il peut s'assembler extraordinairement s'il le juge indispensable, moyennant l'autorisation du préfet ou de l'évêque. — Le *Conseil de f.* examine et fixe le budget; il contrôle et arrête le compte annuel; il délibère, s'il y a lieu, sur l'emploi des fonds non employés, des dons en argent et des capitaux remboursés. Il doit être consulté par le bureau et doit donner son avis toutes les fois qu'il s'agit de faire une dépense extraordinaire supérieure à 50 francs, dans les paroisses au-dessous de 1,000 âmes, et à 100 francs dans celles qui ont une population supérieure. La loi soumet encore à son examen les baux emphytéotiques, les procès à entreprendre ou à soutenir, les aliénations ou échanges, et généralement tous les objets excédant les bornes de l'administration ordinaire des biens des mineurs. — Le *Bureau de f.*, appelé aussi *Bureau des Marguilliers*, se compose du curé ou desservant, qui en fait partie perpétuellement et de droit, et de trois membres élus par le conseil et se renouvelant chaque année par tiers. Il se réunit régulièrement une fois par mois. Il est chargé de dresser le budget, de préparer les affaires qui doivent être soumises au conseil, d'exécuter les décisions prises par ce dernier, de veiller à l'acquit des fondations, d'arrêter les marchés des fournisseurs, de pourvoir à l'achat et à l'entretien du mobilier et des ornements de l'église, de procurer tous les objets nécessaires à la célébration du culte, etc. C'est encore lui qui nomme le *Trésorier* de la f., lequel doit toujours être pris parmi les marguilliers. Ce trésorier est le représentant légal de la f. En conséquence de cette dernière qualité, c'est lui qui intervient, au nom de la f. et en vertu de la loi ou de décrets spéciaux d'autorisation, dans tous les actes judiciaires, administratifs ou autres, qui ont pour objet les intérêts de la f. Nous verrons plus loin que le trésorier de la f. peut refuser les fonctions de comptable, instituées par le décret du 27 mars 1893.

La loi de finances du 26 janvier 1892 a soumis, à partir du 1er janvier 1893, les comptes et les budgets des fabriques et consistoires à toutes les règles de la comptabilité des autres établissements publics. Le décret du 27 mars 1893, rendu en exécution de ladite loi, renferme à ce sujet les principales dispositions suivantes : Les comptables des deniers des fabriques sont soumis aux mêmes obligations que ceux des deniers des hospices et bureaux de bienfaisance. Le comptable de la f. est chargé, seul et sous sa responsabilité, de faire toutes diligences pour assurer la rentrée des sommes dues à cet établissement, ainsi que d'acquitter les dépenses mandatées par le président du bureau des marguilliers jusqu'à concurrence des crédits régulièrement ouverts. Toutefois, les oblations et les droits perçus à l'occasion des cérémonies du culte, conformément aux tarifs légalement approuvés, peuvent être reçus par le curé ou desservant sur leur délégué, moyennant la délivrance aux parties d'une quittance détachée d'un registre à souche. Le produit des quêtes faites au profit de la f. est, quand il n'est pas versé dans un tronc spécial, encaissé au moins une fois par mois par le comptable de la f. Il est produit au comptable, à l'appui de ces encaissements, des états constatant, immédiatement après chaque quête, la reconnaissance des fonds et revêtus de la signature des quêteurs. Le comptable de la f. assiste à toutes les levées de troncs, sans exception, et il en est dressé procès-verbal par les marguilliers. Les fonctions de comptable de la fabrique sont remplies par le trésorier ou, à son refus, par un receveur spécial

désigné par le conseil de f., ou, à défaut, par le percepteur de la région. Tous les comptables des fabriques sont soumis aux vérifications de l'inspection générale des finances.

Le budget de la f., divisé en budget ordinaire et budget extraordinaire (dons, legs, emprunts, aliénations, etc.), est voté à la session de Quasimodo; chaque année, au cours de la même session, les ordonnateurs et les comptables des fabriques doivent présenter un compte établi dans la même forme que ceux des établissements de bienfaisance. Le conseil de f. l'examine avant le vote du budget. Les comptes des comptables des fabriques sont jugés et apurés par les conseils de préfecture ou par la Cour des comptes, selon les distinctions applicables aux établissements de bienfaisance.

Deux décrets rendus le même jour, également en exécution de la loi de finances du 27 janvier 1892, instituent des règles de comptabilité analogues pour les conseils presbytéraux, les consistoires et les communautés israélites.

FABRIQUER. v. a. (lat. *fabricare*, m. s.). Exécuter ou faire exécuter certains produits industriels qui se font soit par le travail manuel seul, soit avec l'aide d'outils et de machines. *F. de la monnaie. F. de la coutellerie. F. du drap, des chapeaux, des bas,* etc. — Absol., *Dès qu'il a eu fait sa fortune, il a cessé de f. On fabrique beaucoup dans ce pays.* — Par méton., *Cette ville fabrique beaucoup de drap, fabrique beaucoup. La France fabrique plus que l'Espagne.* ǁ *Une pièce, un testament, une donation,* etc., *Faire une fausse pièce,* etc. — *F. un mensonge, une calomnie, une histoire,* etc., Inventer un mensonge, etc. Fam. — FABRIQUÉ, ÉE. part. *Une histoire fabriquée. Un texte fabriqué.*

FABRONI, biographe italien, le Plutarque de son pays (1732-1803).

FABRONI (J. Valentin), savant chimiste italien (1752-1822).

FABULEUSEMENT. adv. D'une manière fabuleuse.

FABULEUX, EUSE. adj. (lat. *fabulosus*, m. s., de *fabula*). Feint, controuvé, inventé. *Cela est f. Les divi-leuse. Histoire fabuleuse.* ǁ Particulièrement, Qui appartient à la fable. *Les divinités fabuleuses. Hercule, Thésée ou quelque héros aussi f. Les temps f.* ǁ Par exag. et fam., si dit de ce qui passe la croyance, quoique réel. *Il y a dans la vie de cet homme des événements véritablement f.* = FABULEUX. s. m. Ce qui est f. *Genre f.*

FABULISTE. s. m. Auteur qui a écrit des fables. *Le devoir d'un f. est d'instruire en amusant.*

FABULOSITÉ. s. f. Qualité de ce qui est fabuleux.

FABVIER, général français (1782-1855), offrit son épée à l'insurrection grecque (1823).

FAÇADE. s. f. (R. *face*). Chacun des côtés d'un bâtiment, d'un édifice, qui offre un point de vue distinct. *La f. du côté de la cour. La façade qui regarde la rivière.* — Particulièrement, Le côté où se trouve la principale entrée. *La f. d'une église, d'un palais,* etc. *La f. de Notre-Dame, du Louvre,* etc.

FACCIOLATI, érudit italien, auteur avec Forcellini d'un grand *Lexique de la langue latine* (1684-1769).

FACE. s. f. (lat. *facies*, m. s.). Partie antérieure de la tête de l'homme. *Les muscles de la f.* CRANE. — Fam., *Une bonne f. Une grosse f. Une f. réjouie. Une f. réprouvé.* Voy. *Avoir une f. de carême, de prédestiné, de quelqu'un,* Lui donner ces mots. — Pop., *Couvrir la f. de quelqu'un,* Dans certaines circonstances, il est utile de se présenter en personne. ǁ *Fig.,* se dit aussi en parlant de Dieu. *Devant la f. du Seigneur. Dieu détourne sa f. du pécheur.* ǁ T. Peint. et Sculpt. Mesure égale à la longueur du visage de l'homme. On divise la hauteur du corps en dix parties égales appelées faces. *On compte deux faces dans la longueur de la cuisse jusqu'au genou.* = En parlant des choses, Surface, superficie.

Le moindre vent qui s'aventure
Fait rider la face de l'eau.

            LA FONTAINE.

La f. de la terre. Pendant que l'idolâtrie couvrait la f. de l'univers. || T. Écriture sainte. *La f. des eaux. La f. des abîmes.* || T. Géom. Chacun des plans qui forment la surface d'un polyèdre. *Les faces d'une pyramide, d'un prisme. Toutes les faces d'un cube sont carrées.* — Se dit également des surfaces plus ou moins régulièrement planes que présentent certains corps. *Les faces d'un pignon. La f. externe du tibia. La f. supérieure d'une feuille.* — En Anat., s'emploie même en parlant de corps qui n'offrent aucune surface plane. *La f. antérieure de la vessie, de l'estomac. La f. supérieure du cerveau.* || T. Archit. Le devant d'un édifice ou d'une de ses parties considérables. *Ce bâtiment a tant de mètres de f. Les faces latérales du château. La f. du côté du jardin — Les faces de l'architrave, Les bandes dont elle est composée.* || T. Guerre. *Les faces d'un bastion.* Voy. FORTIFICATION. = *Faire f.,* Être tourné vers un certain côté. *Sa maison fait f. à la mienne.* — Particulièrement, en T. Guerre, Présenter le front. *Nous faisions f. à l'ennemi.* On dit d'un bataillon, etc., qu'*il fait f. de tous côtés,* Lorsqu'il est disposé de manière à recevoir l'ennemi de quelque côté que celui-ci l'attaque. On dit aussi, *Faire volte-face,* Lorsqu'on se retourne pour repousser l'ennemi. — Fig., *Faire f.,* Pourvoir, parer, satisfaire à quelque chose. *Il ne pourra jamais faire f. à cette dépense. Faire f. aux évènements. Serez-vous en état de faire f. à vos engagements?* — L'aspect des choses. *La f. des lieux ne change point comme le visage des hommes. Le lendemain la ville avait une toute autre f.* || Se dit des divers aspects, des divers points de vue sous lesquels une chose, une affaire peut être examinée, considérée. *Cette affaire a plusieurs faces. Après avoir considéré la question sous toutes ses faces.* — L'état, la situation des affaires. *Telle était alors la f. des affaires. Cette mort changea toute la face des affaires. La Révolution a changé la f. de l'Europe.* — T. Jeu de la Bassette. La première carte que découvre celui qui tient la banque. *La f. est un valet.* || T. Numism. Côté d'une médaille ou d'une monnaie qui porte la figure ou l'inscription principale. Voy. CROIX. — *Jouer à pile ou f.,* Jeter une pièce en l'air en pariant de la faire retomber de l'un ou de l'autre côté. || T. Mus. Chacune des combinaisons que peut fournir un même accord. Ainsi, l'accord *do, mi, sol* a trois faces. || T. Art milit. Morceau de cuir ou anneau de métal auquel sont suspendus des pendants vers le milieu du ceinturon. || T. Techn. Chacun des côtés d'une étoffe. *Étoffe à double f.,* Qui n'a pas d'envers. — Biseau d'échoppe. — Surface travaillante d'une meule de moulin. — Chacun des plans qui terminent l'épaisseur d'un pignon dans un ouvrage d'horlogerie. || T. Man. Tache blanche qui couvre la partie antérieure de la tête du cheval. || T. Eaux et forêts. Côté d'un baliveau sur lequel on applique l'empreinte du marteau. || T. Opt. *F. à main,* Binocle à manche, dont on se sert en le tenant à la main. || T. Mus. *Faces plates d'un buffet d'orgue,* Parties plates entre les saillies des tourelles de la montre. = EN FACE. loc. adv. Par devant. *Voir, regarder quelqu'un ou quelque chose en f.* — Le regarder au visage, le regarder fixement. — Fig., *Regarder la mort en f., le péril en f.,* Ne point s'effrayer à la pensée d'une mort prochaine, d'un péril imminent. || En présence, la personne étant présente. *Il osa le lui dire, le lui reprocher en f. Résister en f.* — Fig., *Se marier en f. de l'Église,* Se marier devant les ministres de l'Église, et avec les cérémonies religieuses ordinaires. || Vis-à-vis. *Ce château a en f. un fort beau canal. Sa maison est située en f. de l'église.* — DE FACE. loc. adv. Du côté où l'on voit toute la f., tout le devant. *Une figure dessinée de f., prise de f. Cet édifice est imposant quand on le voit de f.* || A LA FACE DE. loc. adv. En présence de, à la vue de. *A la f. de la justice. A la f. des autels. A la f. du ciel.* — Fig., *A la f. de l'univers.* = DE PRIME FACE. loc. adv. D'abord. Vx; on dit maintenant, *De prime abord.* = FACE A FACE. loc. adv. Se dit en parlant de deux personnes qui sont en présence l'une de l'autre. *Il s'est trouvé f. à f. avec moi. Nous nous sommes rencontrés f. à f.* — Fig., *Voir Dieu f. à f.*

Syn. — *Vis-à-vis. Vis-à-vis* désigne le rapport de deux objets qui sont en vue l'un de l'autre et en opposition directe. *Face à face* a le même sens, mais il ne se dit que des personnes. En *face* indique également une opposition de situation; mais il s'y joint une idée d'étendue. Ainsi, deux personnes se rencontreront *face à face,* ou se trouveront placées quelque part *vis-à-vis* l'une de l'autre; deux arbres seront *vis-à-vis* l'un de l'autre, et non *face à face;* enfin, on dira qu'un arbre est *en face* d'une maison, et non qu'une maison est *en face* d'un arbre.

FACER. v. a. (R. *face*). T. Jeu de la Bassette. Amener pour face la carte sur laquelle un joueur a mis son argent. *Il m'a facé d'abord.* = FACÉ, ÉE. part. = Conj. Voy. SUCER.

FACÉTIE. s. f. [Pr. *fa-sé-sie*] (lat. *facetia,* m. s.). Plaisanterie de paroles ou de gestes, pour divertir, pour faire rire. *Débiter des facéties. La f. n'est pas la bouffonnerie. Recueil de facéties.*

Une f. fit tomber la tragédie de Voltaire, *Adélaïde du Guesclin.* Au dernier acte, le duc de Vendôme termine ainsi une longue tirade :

　　　　... Es-tu content Coucy ?

A peine cette phrase était-elle prononcée, qu'un plaisant du parterre riposta : *couci couci.* Un immense éclat de rire accueillit cette réponse et détermina la chute de la pièce.

FACÉTIEUSEMENT. adv. [Pr. *fa-sé-si-eu-zeman*]. D'une manière facétieuse. *Il nous a conté cela f.*

FACÉTIEUX, EUSE. adj. [Pr. *fa-sé-si-eu*]. Plaisant, amusant, qui fait rire. *Un homme très f. Un esprit f. Un conte f. Histoires facétieuses.* || s. Personne facétieuse. *Le f. fait rire.*

FACETTE. s. f. [Pr. *fa-sè-te*]. Petite face. *Diamant taillé à facettes. Yeux à facettes* || Fig., *Style à facettes,* Qui n'a que des traits brillants. *C'est un homme à facettes, d'aspects divers.*

FACETTER. v. a. [Pr. *fa-sè-ter*]. T. Lapidaire. Tailler à facettes. *F. un diamant.*

FÂCHER. v. a. (bas-lat. *fasticare,* causer du dégoût, de *fatus,* dégoût). Mettre en colère, mettre de mauvaise humeur, irriter. *Vous avez fâché votre mère, votre sœur. Il faut peu de chose pour le f. Prenez garde de le f.* || Causer du déplaisir, de la peine, contrarier. *Cet évènement me fâche beaucoup. Votre refus l'a un peu fâché. Je vous ai fait mal, j'en suis bien fâché. Je suis fâché de ne vous avoir pas rencontré. Je suis fâché que vous ne m'ayez pas prévenu, de ce que vous ne m'avez pas prévenu.* — Fam. et ironiq., *Cela ne vous contente pas, je suis fâché, j'en suis bien fâché.* — Fam., *Soit dit sans vous fâcher,* s'emploie lorsqu'on dit à quelqu'un quelque chose de sévère, de peu flatteur, mais cependant sans l'intention de le f. || Impers., *Il me fâche, il lui fâche,* etc., Je suis chagrin, je suis affligé de, etc. *Il me fâche de vous quitter. Il lui fâcherait fort de perdre son emploi.* = SE FÂCHER. v. pron. Se mettre en colère. *Je me suis fâché contre lui. C'est un homme qui se fâche de tout. N'allez pas vous f. de ce que je vais vous dire.* || Pop., Se brouiller. *Se f. avec quelqu'un. Ils se sont fâchés sans motif.* = FÂCHÉ, ÉE. part. *C'est un homme qui a toujours l'air fâché.* = Syn. Voy. AFFLIGÉ.

FÂCHERIE. s. f. Mécontentement, brouillerie. *Cette f. ne durera pas. Il y a un peu de f. entre eux.* Fam.

FÂCHEUSEMENT. adv. D'une manière fâcheuse.

FÂCHEUX, EUSE. adj. Qui contrarie, qui cause du déplaisir, du chagrin, de la peine. *Un contre-temps f. Un f. accident. Mal f. Une nouvelle, une rencontre fâcheuse. Il est dans un f. état. Cela est f. Cela peut avoir des suites fâcheuses.* — Impers., *Il est f.,* C'est une chose triste, désagréable. *Il est f. d'être trompé. Il est f. que vous ne vous soyez pas trouvé avec nous.* — Subst. au masc., *Le f. de l'affaire, de l'aventure est que.* || Pénible, difficile, malaisé. *Chemin f. Montée fâcheuse. || Malaisé à contenter, bizarre, peu traitable. C'est un f. personnage. On ne sait comment vivre avec lui, c'est un esprit f., un caractère f. Humeur fâcheuse. Il est f. dans son intérieur.* || Subst., au masc., Incommode, importun, on dit la présence dérange. *enharrasse. Je hais les f. Je voudrais bien me débarrasser de ces f.*

FACIAL, ALE. adj. (lat. *facies,* face). T. Anat. Qui appartient, qui a rapport à la face. *Nerf f. Névralgie faciale. Angle f.* Voy. PHRÉNOLOGIE. || Subst. *Le f.,* Le nerf f. Voy. ENCÉPHALE.

FACIÈS. s. m. [Pr. *fa-si-èsse*]. Mot latin sign. *face,* passé dans le langage scientifique. || T. Méd. L'aspect du visage dans les maladies. Le f. est grippé. || T. Hist. nat. L'ensemble des formes et des caractères extérieurs dont on est frappé au premier coup d'œil jeté sur un corps quelconque; se dit principalement des animaux et des végétaux. En Bot., *Facies* est à peu près syn. de Port.

FACILE. adj. (lat. *facilis*, aisé à faire, de *facere*, faire). Aisé, qui ne donne point de peine, qu'on peut faire sans peine. *Calcul, travail, besogne f. Un thème, une version f. Ce morceau de piano est très f. Il n'y a rien de si f. Cela est plus f. à dire qu'à faire. La navigation est sûre et f. dans ces parages. Il est f. de vous contenter. Il lui est f. de se venger. Cet auteur n'est pas f. à entendre, à traduire, n'est pas f. Tout lui devint f. Une méthode sûre et f. — Cet homme est de f. accès; Il a le travail f.*, Voy. Accès et Travail. || Qui paraît avoir été fait sans peine, sans effort; se dit surtout en parlant de la Littérature et de Beaux-Arts. *Un style naturel et f. Une élocution f. Des vers faciles. Un dessin pur et f. Des mouvements faciles et gracieux. Les chants de ce compositeur sont faciles. — Il a la parole f., Il s'énonce aisément, sans effort.* || Qui crée, qui exécute aisément, sans effort. *Un esprit, Un génie f. — Par mélon , Une plume f. Un crayon, un pinceau, un ciseau, un burin f.* || Condescendant, doux, commode pour le commerce ordinaire de la vie. *C'est un homme f. à vivre, d'une humeur traitable et f., ou simplement, C'est un homme f. Un caractère, un naturel doux et f. Des mœurs faciles et indulgentes. Il est f. en affaires.* — Se dit, avec une nuance de blâme, de celui qui pousse à l'excès la condescendance, la complaisance. *C'est un homme trop f., on lui fait faire ce qu'on veut. Le f. Claude se laissait gouverner par Agrippine. Un mari f. et débonnaire. Une femme f., Dont on obtient sans peine les faveurs.* == Syn. Voy. Aisé.

FACILEMENT. adv. Aisément, avec facilité, sans peine. *Faire f. toutes choses. Vous en viendrez f. à bout. Il parle, il écrit, il peint f. Il cède trop f.*

FACILITATION. s. f. [Pr. *fa-sili-ta-sion*]. Néol. Action de faciliter.

FACILITÉ. s. f. (lat. *facilitas*, m. s.). Qualité de ce qui est aisé à faire, à exécuter, etc. *Cela est la plus grande f. La f. d'un expédient, d'un moyen. La f. d'une méthode.* || Commodité, moyen de faire, de se procurer une chose sans peine, sans effort; absence de difficulté. *Nous aurons la f. de nous voir tous les jours. Les besoins croissent avec la f. de les satisfaire. Vous l'obtiendrez, je crois, avec f. Cela peut se faire avec f.* — T. Fin. et Com. *Facilités*, au pl., se dit des délais accordés à un acheteur, à un débiteur. *On donnera des facilités aux acquéreurs pour le paiement du prix. Vous aurez toutes les facilités désirables.* || Disposition, aptitude naturelle ou acquise, qui permet de faire une chose sans peine, sans effort. *Se mouvoir, marcher, courir avec f. Parler, écrire avec f. Il s'exprime avec autant de grâce que de f. Il a une grande f. à s'exprimer. On n'a toujours que trop de f. à mal faire. F. d'esprit. F. de conception, d'élocution, F. de composition.* — Par mélon., *La f. de sa plume. F. de pinceau, de burin*, etc. || Absol., en parlant des œuvres d'art et de litt., sign. Aptitude à concevoir, à produire, à travailler sans peine et sans effort. *Cet écrivain, ce peintre a une très grande f., une f. prodigieuse. Acquérir de la f. Défiez-vous de votre f. Il a une f. malheureuse. Cet enfant n'a aucune f.* || La qualité de ce qui paraît avoir été fait sans peine, sans effort. *Cela est écrit avec f. Il y a de la f. dans cette peinture. Son style a de la grâce et de la f.* || Condescendance, indulgence dans les relations de la société. *Sa f. à consentir me surprit. Il apporte une grande f. dans le commerce de la vie. Il est d'une grande f. en affaires. On dit, dans dans le sens amal., F. d'humeur, de caractère. F. de mœurs.* — Se dit aussi, avec une nuance de blâme, de l'excès de complaisance, d'indulgence, etc. *C'est un homme qui se laisse aller à tout ce qu'on veut, un abuse de sa f. C'est votre f. qui est cause de ce désordre. On la soupçonne d'un peu trop de f.*

FACILITER. v. a. Rendre facile, aisé. *F. l'exécution d'une entreprise. Ce canal facilitera beaucoup la navigation. Il lui facilitera les moyens de réussir.* == Facilité, ée. part.

FACINI, peintre italien, né à Bologne (1560-1602).

FAÇON. s. f. (lat. *factio*, action de faire). L'action de façonner; le travail qui rend une chose propre à quelque service. *Payer la f. d'un habit. La f. de cette robe n'est pas chère. Il n'y a pas grande f. à cet ouvrage. Ceci coûte tant de f. — Donner la première f. à un ouvrage, L'ébaucher. Lui donner la dernière f., L'achever. -- Donner à f., Donner un ouvrage à faire en fournissant la matière.* || T. Agric. Le labour que l'on donne à la terre, à la vigne. *Donner une première, une seconde f. à un champ. Cette vigne a reçu toutes ses façons.* || T. Pratiq. anc. *La f. d'un arrêt, Le travail fait par le greffier pour dresser un arrêt.* || T. Fin. *La f. d'un compte, La somme qui autrefois était allouée à un comptable pour les frais de la reddition d'un compte.* || L'action d'inventer, de composer quelque chose. *Cet ouvrage est de ma f., de la f. d'un tel. Il nous lut des vers de sa f. Il nous conta une histoire de sa f. Ce trait-là est de votre f.* — Famil. La manière dont une chose est faite; la forme qu'on lui a donnée. *La f. de cette étoffe est belle. La f. en est nouvelle. C'est une f. d'habit toute particulière. La f. de cet ouvrage est petite et mesquine.* En T. Peint., on dit *Le faire*, au lieu de *La f.* — En f. de, En forme de. *Je veux une armoire en f. de bibliothèque.* || T. Mar. *Les façons d'un bâtiment, La forme rétrécie d'une partie de la carène, à l'avant et à l'arrière; forme générale de la carène.* || Ligne ou lisse des façons, Ligne idéale passant par l'extrémité de toutes les varangues. — Manière, sorte. *Sa f. d'écrire est assez bonne. Cette f. de s'exprimer n'est ni juste, ni raisonnable. J'entends travailler à ma f. Il a fait encore un tour de sa f. C'est sa f. de vivre, d'agir. Chacun a sa f. Une épître à la f. de Boileau. À la f. des Turcs Il était accoutré de la f. la plus plaisante. Les façons de faire de quelqu'un.*

> Tel donne à pleines mains qui n'oblige personne
> La façon de donner vaut mieux que ce qu'on donne.
> CORNEILLE.

On en parle d'une étrange f. Il l'a traité d'une étrange f. Je lui parlerai de la bonne f. Il s'est cependant expliqué de f. à être compris. Tourner une affaire de toutes les façons, de toutes façons. Prenez-vous-y d'une autre f. Je ne veux entendre parler de lui en aucune f., en nulle f., en f. quelconque. Il faudra bien, de toute f. que j'en vienne à bout. Il ne l'obtiendra de f. ni d'autre. De quelque f. que les choses tournent. — Fam., S'en donner de la bonne f., Se livrer à quelque chose avec excès. En donner de la f. à quelqu'un, Le maltraiter, le châtier comme il faut. *F. de parler, Phrase, locution, expression. Une mauvaise, une mauvaise f. de parler. Cette f. de parler n'est pas ordinaire. Une f. de parler élégante et noble. — C'est une f. de parler, Cela ne doit pas être pris à la lettre, à la rigueur. — Fam., C'est une f. de bel esprit, de philosophe, de brave, etc., se dit d'un homme qui se donne comme bel esprit, etc., et qui n'en a guère que l'apparence.* — Famil., *Des gens d'une certaine f., Des gens d'un certain rang, d'un certain état. On n'en use pas ainsi avec des gens d'une certaine f.* — Famil., Faire, à la mine, le maintien, le port d'une personne. *Un homme, une femme de bonne f. Avoir bonne f., mauvaise f.* — L'apparence bonne ou mauvaise qu'ont certaines choses. *Voilà un rôti qui a bonne f. Ceci a bien mauvaise f.* — Prov., N'avoir ni mine ni f., N'avoir ni grâce, ni apparence. *Cet homme n'a ni mine ni f. Cet ouvrage n'a ni mine ni f.* || Façons, au plur., se dit des manières propres à une personne, de ses actions, de ses procédés, etc. *Les enfants ont de petites façons qui plaisent. Cette femme a des façons fort engageantes. Cet homme a des façons fort étranges. Vos façons ne me conviennent point.* — Absol., *C'est une femme pleine de façons, Qui a des manières affectées.* || Fam., se dit aussi des manières cérémonieuses, des politesses affectées. *C'est un homme plein de façons, un homme sans f. J'en use sans f. avec vous. Je n'y sais, je n'y fais point tant de façons. Allons, point de façons. Il a fait beaucoup de façons pour accepter ce présent.* || Fam., se dit encore des difficultés qu'une personne fait pour se déterminer à quelque chose. *Après avoir fait bien des façons, ou après bien des façons, il consentit à ce qu'on lui demandait. Que signifient toutes ces façons?* || Fam., se prend quelquefois pour soin excessif, circonspection trop grande en certaines choses. *Cela ne mérite pas qu'on y apporte tant de façons. Vous y faites trop de façons. Voilà bien des façons pour rien.* == DE FAÇON QUE, loc. conj. En sorte que. *La nuit vint, de f. que je fus obligé de me retirer.* || *De telle manière que. Vivre de f. qu'on ne fasse tort à personne.*

Syn. —*Manière.* —La façon est ce qui rend l'ouvrage propre à sa destination ; la *manière*, ce qui lui donne un cachet particulier. La *façon* caractérise l'ouvrage en général, et la *manière*, le talent ou l'esprit de l'ouvrier. Chacun a sa *façon* de vivre, c.-à-d. ses habitudes, raisonnées ou non, ordinaires ou non ; chacun a aussi sa *manière* de vivre, c.-à-d. quelque coutume particulière qui le distingue. En terme de grammaire, une *façon de parler* est une locution, régulière ou irrégulière, qui est consacrée par l'usage ; une *manière de parler* est une locution singulière, propre à une personne, ou bien hasardée en passant. — Dans les relations de la société, les *façons* expriment en général quelque chose d'affecté, qui tient de l'étude ou de la minauderie ; *manière*, au contraire, exprime quelque chose de plus naturel, qui vient du caractère et de l'éducation. Beaucoup d'hommes avaient autrefois, comme les femmes, de petites *façons*, pour se donner des grâces ; aujourd'hui, beaucoup de femmes prennent les *manières* libres des hommes pour se distinguer de leur sexe.

FACONDE. s. f. (lat. *facundia*, éloquence, de *fari*, parler). Ne se dit qu'en mauvaise part, dans le sens de trop grande abondance de paroles, *Quelle ennuyeuse f.! Il est d'une f. insupportable.* Fam.

FAÇONNAGE. s. m. [Pr. *fa-so-na-je*]. Art de façonner un ouvrage quelconque.

FAÇONNEMENT. s. m. [Pr. *fa-so-ne-man*]. Action de façonner ; résultat de cette action.

FAÇONNER. v. a. [Pr. *fa-so-ner*] (R. façon). Travailler une chose de manière à la rendre propre à quelque service, à lui donner telle forme. *F. grossièrement quelque chose. F. un tronc d'arbre en canot.* — Partic., Donner la dernière façon à un ouvrage, en embellir la forme. *F. un vase, une tabatière*, etc. *F. une bordure de tableau. F. une étoffe.* — T. Agric. Donner à une terre un labour, etc. *F. une vigne, un champ.* || Fig. et fam., Former l'esprit, les mœurs, les manières, par l'instruction, par l'usage. *Il prétend f. sa femme à sa mode. Le commerce du monde l'a façonné. Il façonne les hommes par l'éducation.* — Par ext. *F. un cheval*, Lui donner une allure régulière et gracieuse. || Accoutumer. *Je l'ai façonné à mes manières. F. un jeune homme à l'obéissance.* = FAÇONNER. v. n. Faire quelque difficulté. *Pourquoi tant f.? acceptez ce qu'on vous offre.* Fam. = SE FAÇONNER. v. pron. Se former par l'usage, par l'éducation. *Il s'est un peu façonné depuis quelque temps.* || S'accoutumer. *Ils se sont façonnés au joug.* = FAÇONNÉ, ÉE. part. On dit *Étoffe façonnée*, par opposition à *Étoffe unie.*

FAÇONNERIE. s. f. [Pr. *fa-so-ne-ric*]. Manière de façonner les étoffes, son action, ses effets.

FAÇONNIER, IÈRE. adj. [Pr. *fa-so-nié*]. Qui a des manières affectées, qui fait trop de façons. *Que vous êtes f.! Cette femme est trop façonnière.* Fam. || T. Techn. Qui donne la façon à des ouvrages quelconques.

FAC-SIMILAIRE. adj. 2 g. Néol. Qui tient du fac-similé.

FAC-SIMILÉ. s. m. [Pr. *fak-si-mi-lé*]. Mots latins qui sign. *fais semblable*, et s'emploient pour désigner la reproduction, l'imitation exacte, imprimée ou gravée, d'une pièce d'écriture, etc. *On a joint aux œuvres de cet auteur un f.-s. de son écriture.* — Pl. *Des fac-similé.*

FAC-SIMILER. v. a. Néol. Reproduire au moyen d'un fac-similé.

FACTAGE. s. m. T. Comm. Entremise d'un facteur. — Transport opéré par un facteur. — Appointement qui lui est dû.

FACTEUR. s. m. (lat. *factor*, faiseur, de *factum*, sup. de *facere*, faire). Ne se dit, au prop., que de ceux qui font des instruments de musique. *F. d'instruments à vent, d'orgues, de pianos.* || T. Comm. Commissionnaire, agent chargé de quelque négoce, de quelque trafic, etc., pour un négociant qui réside ailleurs. *Le f. d'un négociant*, etc. *F. pour l'achat, pour la vente. Il a un f. à Amsterdam. Les Hollandais ont été pendant longtemps les fac-*

teurs *des autres nations.* — Dans les halles et marchés publics des grandes villes, Espèce de commissaire-priseur qui est chargé, par la municipalité, de vendre certaines marchandises aux enchères et en gros, pour le compte des expéditeurs. *Il a une place de f. à la halle au beurre.* || T. Postes et Télégr. Celui qui est chargé de distribuer, de remettre à leurs adresses les lettres envoyées par la poste et les dépêches télégraphiques. *Un f. de la poste et du télégraphe.* — Par ext., Celui qui, dans une entreprise de transports, est chargé de remettre les paquets, les ballots à leur adresse. *Il est f. au chemin de fer du Nord.* || T. Math. Chacune des quantités qui servent à former un produit. Voy. DIVISION et MULTIPLICATION.

FACTICE. adj. 2 g. (lat. *facticius*, m. s., de *facere*, faire). Qui est fait ou imité par art. *Pierre f. Eaux minérales factices. Vin f. Lumière f.* || Fig., Qui n'est point naturel, qui résulte de l'habitude, ou qui est feint. *Besoins factices. Sensibilité f. Enthousiasme f. Gaieté f.* — *Mot f., terme f.*, Mot qui n'est pas reçu dans une langue, mais que l'on fait selon les règles de l'analogie. || T. Philos. *Idées factices.* Voy. IDÉE. || T. Bibl. *Recueil f. Atlas f.*, Réunion d'opuscules, de cartes diverses, sous une même reliure.

FACTICEMENT. adv. Néol. D'une manière factice.

FACTIEUSEMENT. adv. [Pr. *fak-si-euzeman*]. D'une manière factieuse.

FACTIEUX, EUSE. adj. [Pr. *fak-si-eu*] (lat. *factiosus*, entreprenant, de *facere*, faire). Qui excite ou qui cherche à exciter des troubles dans un État, dans une ville, dans une société ; ou qui est de quelque cabale, de quelque faction. *On redoutait cette secte turbulente et factieuse. Ils devinrent mutins et f.* — On dit aussi, *Un esprit f.* || Subst., *C'est un f. Le chef des f. Réprimer, punir les factieux.*

FACTION. s. f. [Pr. *fak-sion*] (lat. *factio*, pouvoir de faire). T. Antiq. Chez les Romains, se disait des troupes de concurrents qui couraient sur des chars dans les jeux du cirque. V. CIRQUE. || Par ext., Parti, cabale dans un État, dans une ville, dans une assemblée, etc. *Il y avait deux factions dans cette ville. La faction des Guelfes, la f. des Gibelins. Se mettre à la tête d'une f. Calmer les factions. Un État déchiré par les factions. Il n'était que l'instrument d'une f. Il y avait différentes factions dans le sénat. Dans le conclave, la f. d'Autriche prévalut.* = T. Guerre. Le guet que font successivement les soldats d'un poste. *Un soldat en f. Entrer, mettre en f. Faire f. Sortir, être relevé de f. C'est mon tour de f. Ma f. a été longue.* || Par ext. et fam., se dit de toute personne qui se tient dans un endroit pour guetter ou attendre quelqu'un ou quelque chose. *Je me suis mis en f. à sa porte.*

Syn. — *Parti.* — Ces deux termes supposent également l'union de plusieurs personnes ou du moins leur opposition à quelques vues différentes des leurs : c'est en cela qu'ils sont synonymes. Mais *faction* annonce de l'activité, une machination secrète contraire aux vues de ceux qui n'en sont point : *parti* n'indique proprement qu'une division dans les opinions. Un philosophe, un littérateur, peuvent avoir des *partis* : c'est ainsi qu'on dit le *parti* romantique et le *parti* classique ; mais ces *partis* ne sont point des *factions*. En conséquence, par lui-même, le terme de *parti* n'a rien d'odieux, tandis que celui de *faction* se prend toujours en mauvaise part.

Art milit. — L'usage de placer un soldat en faction ne remonte qu'au XVIIe siècle. Dans un poste, le plus jeune caporal, appelé caporal de pose, est chargé de conduire les hommes en faction : il leur donne la consigne qu'ils ont à observer. La durée de la faction est généralement de deux heures, sauf en hiver, où cette durée peut être réduite à une heure. Le soldat en faction ne peut ni lire, ni s'asseoir, ni fumer ; il lui est interdit de causer ; de plus il ne peut s'éloigner de sa guérite de plus de 30 pas. Voy. FACTIONNAIRE et SENTINELLE.

FACTIONNAIRE. s. m. [Pr. *fak-si-o-nère*]. T. Guerre. Soldat qui est en faction, sentinelle. *Le f. ne voulut pas me laisser passer. On plaça des factionnaires à toutes les portes. Poser, relever un f.* || Autrefois, s'employait adjectiv. *Un soldat f.* — *Le premier capitaine f.*, au sing., *Le premier f. d'un régiment*, Le capitaine d'infanterie qui devait passer à la place de capitaine des grenadiers, dès qu'elle viendrait à vaquer.

Art milit. — Le mot factionnaire s'emploie, dans l'armée, en langage courant ; dans les théories et règlements, aujourd'hui on emploie plus volontiers le mot *sentinelle*. Les devoirs des factionnaires, variables suivant les consignes, sont définis dans les décrets du 26 octobre 1883, du 4 octobre 1891 (service des places de guerre) et du 20 octobre 1892 (service intérieur).

FACTITIF, IVE. adj. (lat. *factitare*, fréq. de *facere*, faire). T. Gram. Qui indique que le sujet du verbe fait faire l'action.

FACTORAGE. s. m. Syn. de *Factage*. Peu us.

FACTORAT. s. m. Charge, fonctions de facteur.

FACTORERIE. s. f. (R. *facteur*). Le lieu, le bureau où sont les facteurs ou agents d'une compagnie de commerce en pays étranger. *La compagnie avait des factoreries dans plusieurs villes maritimes.* On dit aussi *Loge*. On a dit autrefois *factorie*.

FACTORIE. s. f. Voy. FACTORERIE.

FACTORIELLE. s. f. [Pr. *fak-to-ri-èle*]. T. Algèb. Produit dont les facteurs sont en progression arithmétique. La *f.* 1.2.3.4... *n*. se désigne par la notation *n!*

FACTOTUM. s. m. [Pr. *fak-to-tome*]. Mot latin qui sign. *fait tout*, et qui se dit de celui qui se mêle, qui s'ingère de tout dans la maison. *C'est le f. de monsieur. Les valets haïssent les factotums.* Fam.

FACTUM. s. f. [Pr. *fak-tome*]. Mot lat. qui sign. *Fait*, et qui se disait, en T. Procéd., d'un mémoire où l'on exposait sommairement les faits d'un procès et les moyens d'une des parties. *F. pour un tel, contre un tel.* || Par ext. et par dénigrement, se dit encore d'un écrit quelconque qu'une personne publie pour attaquer ou se défendre, etc. *Les factums de Furetière contre l'Académie.*

FACTURE. s. f. (lat. *factura*, manière de faire). T. Mus. La manière dont une composition musicale est écrite. *Sa symphonie est d'une f. large et savante. Ce morceau est remarquable par l'élégance de sa f.* || T. Littér. Se dit encore de la manière d'écrire en vers. *Il entend bien la f. du vers, mais ses ouvrages sont vides d'idées.* — Couplet de *f.*, Couplet d'une composition difficile par la rareté, la richesse et le redoublement des rimes. || T. Comm. État détaillé qui indique la quantité, la qualité et le prix des marchandises qu'un négociant envoie à un acheteur, à un associé, à un commissionnaire, etc. *Dresser une f. Les articles portés sur la f. Envoyez-moi la f. de ce qui vous m'avez fourni.* || Prix de *f.*, Prix auquel le marchand a acheté en fabrique. || T. Techn. Fabrication des instruments de musique. — Dimensions des tuyaux d'orgue.

FACTURER. v. a. ou tr. T. Comm. Dresser la facture de. *F. des marchandises.*

FACTURIER. s. m. Livre des factures.

FACULE. s. f. (lat. *facula*, torche). T. Astron. Région plus brillante que le reste sur la surface du soleil. Voy. SOLEIL.

FACULTATIF, IVE. adj. (lat. *facultas*, faculté). T. Droit canon. Bref *f.*, Bref par lequel le pape donne un droit, un pouvoir qu'on n'aurait pas sans cette dispense. || Dans le langage ordinaire, qui laisse la faculté de faire ou de ne pas faire une chose ; dont on peut, à son gré, faire ou ne pas faire usage. *Droit f. Cette disposition de la loi n'est que facultative.*

FACULTATIVEMENT. adv. D'une manière facultative.

FACULTÉ. s. f. (lat. *facultas*, m. s., forme contractée de *facilitas*, facilité). Puissance physique ou morale qui rend l'être qui la possède capable d'agir et de produire certains effets. *Les facultés physiques. Les facultés de l'âme. La faculté de voir, de sentir, de se mouvoir, d'agir. Les facultés intellectuelles et morales de l'homme. La f. de penser, de juger, de raisonner. Cela est au-dessus de ses facultés. Toutes ses facultés semblaient anéan-*

ties. Perdre l'usage de ses facultés. — Se dit aussi de certaines choses physiques. *L'aimant a la f. d'attirer le fer. Chaque tissu a la f. de s'assimiler les matériaux nécessaires à sa nutrition. Cette plante a la f. de purger. F. astringente, apéritive.* On dit plus ordin., *Propriété.* — En T. Écon. polit., on dit aussi, *Les facultés productives de la terre, des capitaux.* || Par ext., Talent, facilité, aptitude. *La f. de bien dire, de parler en public. Les facultés brillantes qui le distinguent. Cet emploi exige de hautes facultés.* || Pouvoir, autorisation, droit de faire une chose. *Donner, accorder à une personne la f. de. Il est mineur, il n'a pas la f. de disposer de ses biens. Vendre avec f. de rachat.* — La *f.* d'un légat, Ses pouvoirs. || Au plur., Les biens, les ressources, les moyens d'une personne. *Chacun a été taxé selon ses facultés. Il faut proportionner ses dépenses à ses facultés.* || Dans l'Université, le corps des docteurs qui sont chargés d'une partie spéciale du haut enseignement littéraire et scientifique, et qui ont mission de conférer les grades. *La f. de théologie. La f. des lettres. La f. de droit*, etc. *Les médecins de la f. de Paris.* — Pris absol., se dit ordin. de la *f.* de médecine. *Les membres de la F. On consulta la Faculté.* Voy. UNIVERSITÉ. — Dans les collèges, chacun des genres d'exercice ou de composition. *Il a eu des prix dans plusieurs facultés.*

Syn. — *Propriété, Puissance, Vertu.* — Ces quatre mots ne sont pas synonymes ; le choix à faire entre eux dépend des caractères que l'on reconnaît à la cause qu'il faut désigner. Cette cause n'est-elle dans l'être où le phénomène est apparu, que la pure capacité d'en devenir, pour ainsi dire, le théâtre, on la nomme *propriété* ; c'est ainsi que les corps ont la *propriété* de se mouvoir, de changer d'état, etc. Au contraire, pense-t-on que la cause supposée, au lieu d'être une aptitude passive, possède une énergie propre, par laquelle elle commence ou du moins continue l'opération commencée, c'est déjà une *puissance*, une *vertu*, une *faculté*. Par ex., l'aimant a une *puissance* attractive, certaines plantes ont des *vertus* médicinales, l'estomac a la *faculté* de digérer et le foie celle de sécréter la bile. A cette activité encore aveugle et fatale, ajoutez, dans l'être qui en est doué, la conscience de son action ; faites, de plus, qu'il en ait, avec la conscience, l'initiative et le gouvernement, et le titre de *faculté* sera le seul qui conviendra pour exprimer cette *puissance*. Le mot *faculté* aura alors toute sa valeur possible, il signifiera tout ce qu'il peut signifier. Or, en ce sens, l'âme seule a de véritables *facultés*.

Philos. — En Philosophie, on nomme *facultés de l'âme*, les divers modes par lesquels se manifeste l'activité de l'âme. Or, comme cette activité ne nous est révélée que par les phénomènes de la conscience, c'est uniquement par l'étude de ces phénomènes que nous arrivons à distinguer plusieurs modes différents dans sa manifestation. Par conséquent, chaque *f.* se trouvera déterminée par ses effets ou, en d'autres termes, par sa fonction. Malgré la simplicité apparente de cette méthode, les philosophes sont loin d'être d'accord sur la détermination du nombre des facultés de l'âme, et, par suite sur la sphère propre de chacune d'elles. Toutefois le plus grand nombre en reconnaît trois principales : la *f. de sentir* ou la *Sensibilité*, la *f. de penser* ou l'*Intelligence*, et la *f. de vouloir* ou la *Volonté*. Mais ces facultés, et particulièrement la *f.* de penser, étant susceptibles d'applications diverses, par une extension naturelle du mot *f.*, on désigne également sous ce nom, soit dans le langage philosophique, soit dans le langage ordinaire, chacune des opérations par lesquelles se manifeste chacune de ces facultés primitives. C'est ainsi que l'on dit la *f.* d'abstraire, de se souvenir, de comparer, de raisonner, etc. ou l'abstraction, la mémoire, la comparaison, etc. — Voy. INTELLIGENCE, SENSIBILITÉ, etc.

FADAISE. s. f. (Provenc. *fadeza*, sottise, de *fat*, sot). Niaiserie, ineptie, bagatelle, chose inutile et frivole. *Ce n'est qu'une f. Débiter des fadaises. Il a la tête pleine de fadaises.*

FADASSE. adj. 2 g. Augmentatif de *Fade* ; s'emploie au prop. et au fig. *Un fruit bien f. Elle est d'un blond f.* Très fam.

FADE. adj. 2 g. (lat. *fatuus*, insipide). Qui a trop peu de saveur, qui n'a pas un goût assez relevé. *Un mets f. Viande, sauce f. Une douceur f. Une odeur f.* — Fig., Se sentir le cœur f., Éprouver du dégoût. || Fig., Qui n'a rien de piquant, de vif, d'animé. *Une couleur, un teint f. Une beauté f. Un blond f. Un discours, une conversation f. Des louanges* *fades. C'est un fade complimenteur. Il est f. dans tout ce qu'il dit.*

Syn. — *Insipide.* — Ce qui est *insipide* n'a point d'action sur le sens du goût ; par conséquent, il ne plaît ni ne déplaît. Ce qui est *fade*, en exerce une désagréable, parce qu'il n'a pas le piquant, le relevé qu'on lui voudrait. Dans les ouvrages d'esprit, le *fade* et l'*insipide* sont tous deux détestables : celui-ci ennuie et rebute, parce que l'auteur semble ignorer même l'idée du beau ; celui-là déplaît et choque, parce que l'auteur, ayant une fausse idée du beau, fait des efforts pour produire un certain effet, et cherche en vain la grâce qui lui échappe.

FADEMENT. adv. D'une manière fade.

FADEUR. s. f. Qualité de ce qui est fade. *La f. d'un mets, d'une sauce. Il faut une sauce de haut goût pour corriger la f. de cette viande.* — Fig., se dit de la physionomie, des manières et de la conversation, pour signifier un certain manque de grâce, d'agrément et de vivacité ; ainsi que des louanges et de la complaisance, pour marquer un excès de flatterie. *La f. de son visage, de ses manières, de sa conversation, est insupportable. La f. de ses discours, de ses plaisanteries. Des louanges pleines de f. Complaisant jusqu'à la f.* — Par ext., Louange, compliment fade. *Voilà une grande f. Dire des fadeurs à une femme.*

FAENZA, v. d'Italie, prov. de Ravenne ; 36,000 hab. || Voy. FAIENCE.

FÆROË. Voy. FÉROË.

FAGINE. s. f. (lat. *fagus*, hêtre). T. Chim. Huile volatile extraite, par distillation, des fruits du hêtre.

FAGNANO, mathématicien italien (1690-1766).

FAGNE (autre forme de *fange*). T. Géol. Marais tourbeux dans une petite cavité au sommet d'une montagne.

FAGON, médecin de Louis XIV (1638-1718).

FAGONIE. s. f. (R. *Fagon*, nom propre). T. Bot. Genre de plantes Dicotylédones (*Fagonia*) de la famille des *Zygophyllées*. Voy. ce mot.

FAGOPYRUM. s. m. [Pr. *fago-pi-rome* (gr. φάγω, je mange ; πυρός, blé). T. Bot. Genre de plantes Dicotylédones de la famille des *Polygonacées*. Voy. ce mot.

FAGOT. s. m. (lat. *fax*, torche ? ou celt. *fagod*, fagot ?). Faisceau de menu bois, de branchages. *Un f. de sarments. Un cent de fagots.* — Fam., *L'âme d'un f.,* Le dedans d'un f., composé du plus petit bois. *Prendre un air de f.,* Se chauffer, en passant, à la flamme d'un fagot. — Fig. et prov., *Il y a fagots et fagots,* Il y a de la différence entre des personnes de même état, entre des choses de même sorte. *Cet homme sent le f.,* On le soupçonne fort d'hérésie, d'impiété ; on dit aussi, *Cet écrit, ces vers sentent le f.,* parce qu'autrefois on brûlait les individus convaincus d'hérésie, et les livres impies. *Être habillé, être fait comme un f.,* Être habillé sans soin et sans goût. *Conter des fagots,* Conter des bagatelles, des choses frivoles, ou fausses, ou, sans vraisemblance. *C'est un f. d'épines,* C'est une personne qu'on ne sait par quel bout prendre. || Se dit aussi d'un ouvrage de charpenterie, de menuiserie, ou de tonnellerie, qu'on a démonté, et dont les pièces sont liées en paquet, pour qu'elles occupent moins d'espace, et qu'elles puissent être remontées au besoin. *Les grands vaisseaux portaient des chaloupes en f. Futailles en f.* || T. Fortif. *F. de sape,* Fascine dont on se sert, à défaut de sac à terre, pour combler les vides entre les gabions, dans les travaux de sape.

FAGOTAGE. s. m. Le travail d'un faiseur de fagots. *On a payé tant pour le f.* || Bois qui n'est propre qu'à faire des fagots. *Il n'y a presque que du f. dans ce bois.* || Fig. Action de disposer les choses grossièrement, sans art.

FAGOTER. v. a. Mettre en fagots. *On a coupé ce taillis, maintenant il faut le f.* || Fig. et fam., Mettre en mauvais ordre, mal arranger. *Qui a fagoté cela ainsi ? Voilà qui est bien mal fagoté.* — Particul., Habiller mal et avec mauvais goût. *Qui vous a ainsi fagotée ?* = FAGOTER. v. n. T. Pêc. Rouler des fagots le long d'un étang pour faire descendre le poisson. = SE FAGOTER. v. pron. S'habiller mal et avec mauvais goût. *Cette femme se fagote d'une singulière façon.* = FAGOTÉ, ÉE. part. || Fig. et famil., *Voilà une personne bien fagotée,* se dit d'une personne mal faite ou mal habillée. *Comme vous voilà fagotée !*

FAGOTEUR, EUSE. s. Celui, celle qui met le bois en fagots. || Fig. et fam., Celui qui fait mal quelque chose. *Un f. de chansons, de romans,* etc.

FAGOTIN. s. m. Petit fagot qui sert à allumer le feu. || Singe habillé que certains charlatans ou saltimbanques ont avec eux sur leur théâtre. Ce nom a passé aux valets de charlatan qui amusent le peuple par des bouffonneries et des lazzi. — Fig. et fam., *C'est un f.,* C'est un mauvais plaisant.

FAGOUE. s. f. Nom vulgaire du *Pancréas*, chez le bœuf, le cochon, etc.

FAGUETTE. s. f. [Pr. *fa-ghè-te, g* dur). T. Art milit. Petit fagot.

FAGUS. s. m. (lat. *fagus*, m. s.). T. Bot. Nom scientifique du genre *Hêtre*. Voy. CUPULIFÈRES.

FAHAM. s. m. T. Bot. On désigne sous ce nom les feuilles d'une Orchidée, l'*Angræcum fragrans*, des îles Mascareignes. Voy. ORCHIDÉES.

FAHLUN. Voy. FALUN.

FAHLUNITE. s. f. T. Minér. On désigne sous ce nom, qui est dérivé de la ville de Fahlun, située dans le nord de la Suède, deux silicates alumineux fort différents. L'un, appelé *F. tendre* ou *Triclasite,* est un silicate hydraté d'alumine et de fer ; l'autre, appelé *F. dure* ou *Cordiérite,* du nom du savant qui l'a décrit le premier, est un silicate d'alumine et de magnésie, qui contient en outre un peu de fer et de manganèse. La *F. dure* est encore nommée *Dichroïte,* parce que c'est dans cette pierre qu'a d'abord été observé le phénomène du dichroïsme (Voy. ce mot), et *Saphir d'eau,* à cause de sa couleur. Les variétés d'une belle teinte bleue ou violâtre sont employées dans la bijouterie ; celles qui sont irisées produisent un assez joli effet.

FAHRENHEIT, physicien, né à Dantzig, inventa le thermomètre à mercure, divisé en 212 degrés, qui porte son nom (1690-1740).

FAIBLAGE. s. m. T. Techn. Partie faible dans une marchandise manufacturée ; diminution de valeur ou de quantité.

FAIBLARD, ARDE. adj. T. Néol. Très faible. Fam.

FAIBLE. adj. 2 g. (lat. *flebilis,* plaintif). Qui manque de force, de vigueur, débile. *Il est encore f. de sa maladie. Il a les jambes faibles. Avoir la vue f., la voix f. Son estomac est très f. Elle a la poitrine f. Son pouls est très f. Une f. constitution. Une f. santé. Un f. enfant. La femme est plus f. que l'homme. Un sexe f. et timide. Ce cheval est trop f. pour porter un si lourd fardeau. Il a les reins faibles,* ou *Il est f. des reins.* — Se dit également des facultés intellectuelles. *Avoir une tête f., le jugement f., l'intelligence f., la mémoire f. Notre f. raison est incapable de pénétrer ces mystères.* — Par ext., *Dans un âge f.,* Dans l'enfance, dans les premiers temps de l'adolescence. || Fig. Qui n'a pas la puissance, les moyens nécessaires pour faire une chose. *Nous étions bien plus faibles que l'ennemi. Le gouvernement était trop f. pour réprimer les factions. Ce prince était trop f. pour résister à ses voisins.* || Fig., Qui n'a pas le talent, l'instruction, les qualités nécessaires pour faire une chose. *Vous êtes trop f. pour vous présenter à ce concours. Cet orateur s'est montré très f. dans la discussion de la loi. Un écrivain f. et froid.* — Par ext., se dit aussi des productions de l'art ou de l'esprit. *Cet ouvrage est f. Ce passage est f. Le style est la partie f. de cet ouvrage. Sa dernière tragédie est bien f. Cette comédie est f. de conception. Tout ce que cet artiste a exposé au Salon est très f.* || Fig. et au sens moral, Qui cède trop indulgent, trop facile, qui manque de fermeté, de résolution, etc. *Ce prince f. et irrésolu ne sut jamais prendre* une décision en temps opportun. C'est une âme f. Vous êtes trop f. pour vos enfants. Un cœur f. Ces jongleries ne peuvent faire impression que sur les esprits faibles. F. de caractère. F. d'esprit. — On dit particul. d'une femme, qu'Elle est f., qu'elle a été f., Lorsqu'elle s'est laissée aller à la séduction. Dans le style de l'Écriture, on dit encore, L'esprit est prompt et la chair est f. || En parlant de certaines choses, se dit de celles qui n'ont pas assez de grosseur, d'épaisseur, de solidité, etc. ; qui n'ont pas une force de résistance suffisante. Cette poutre est trop f. Un lien trop f. La lame de cette épée est beaucoup trop f. Cette corde est f., elle cassera. Ce f. retranchement n'arrêtera pas l'ennemi. Cette f. digue n'a pu résister à la violence des eaux. - Par anal., Ce poste est trop f. pour pouvoir résister à une attaque. — Fig., Le côté f. d'une chose, d'une personne. Voy. CÔTÉ. || Fig., se dit enc re, tant au sens physique qu'au sens moral, de ce qui est insuffisant sous le rapport de la quantité, de l'étendue, de la valeur, de l'intensité, de l'énergie, etc. Une f. quantité. Ce nombre est trop f. Cette armée est trop f. en nombre. Un f. revenu. Un f. salaire. Une f. ressource. Un f. secours. Une f. résistance. Il n'a qu'un f. intérêt dans cette entreprise. Un son f. Ce café, ce thé est f. Le commerce de cette ville est bien f. Cela ne sera pour lui qu'une f. consolation. Voilà une f. raison, un f. raisonnement, un f. argument, une f. défense. Il ne me reste plus qu'une bien f. espérance. Je n'en ai qu'un f. souvenir. Une résolution f. et chancelante. Vos reproches n'ont fait sur lui qu'une f. impression. Il n'existe entre ces deux acceptions qu'une bien f. nuance. C'est une passion qui est encore f. — Monnaie f., Qui n'a pas le poids ou le titre requis. Poids f., Qui est au-dessous de celui que prescrit la loi. || T. Gram. Déclinaison, conjugaison f., Celle où la voyelle du radical est faiblement modifiée. = FAIBLE. s. m. En parlant des personnes, se dit par oppos. à Fort, et sign. celui qui n'a pas la puissance, les moyens de lutter avec lui, de lui résister. Protéger le f. contre le fort. Être l'appui, le soutien des faibles et des opprimés. || En parlant des choses, Ce qu'il y a de moins fort, de moins solide, etc., dans une chose Le f. d'une machine, d'une poutre, d'une solive. Le f. d'une place. || Fig., Ce qu'il y a de défectueux en quelque chose. Voilà le f. de la cause. Connaître le fort et le f. d'une affaire. — Le principal défaut auquel une personne est sujette, sa passion dominante. C'est son f. que le jeu, etc. Vous l'avez pris par son f. — Avoir du f. pour quelqu'un, Voy. FAIBLESSE. || Du fort au f., le fort portant le f., Toutes choses étant compensées, ce qui manque à l'une étant suppléé par l'autre. Il faut quatre chevaux pour traîner tout cela, du fort au f. Ces terres valent tant l'hectare, le fort portant le f. Vx.

Syn. — Débile. — Le sujet faible n'a pas assez de force relative ; le sujet débile est d'une grande faiblesse. Une vue faible ne soutient pas une lumière éclatante ; le jour ordinaire fatigue une vue débile. Un estomac faible digère bien certains aliments ou une certaine quantité d'aliments ; un estomac débile digère toujours mal. Le faible enfant porte et agit avec vivacité ; le vieillard débile est paresseux et lent à se mouvoir. = Faible, Faiblesse. — Il y a la même différence entre la faiblesse et le faible pris substantivement qu'entre la cause et l'effet. Les faibles sont la cause, les faiblesses sont l'effet. Un faible est un penchant qui peut être indifférent, au lieu qu'une faiblesse est une faute toujours répréhensible.

FAIBLEMENT. adv. Avec faiblesse, d'une manière faible. Il commence à marcher, mais bien f. Agir, attaquer, résister, se défendre f. Désirer f. Cela ne l'intéresse, ne le touche que f.

FAIBLESSE. s. f. (R. faible). Manque de force, de vigueur. Il n'est plus malade, mais il lui reste encore une grande f. F. de jambes. F. de vue, de voix. F. d'estomac. F. de complexion. La f. du pouls. J'eus pitié de sa f. Elle montra un courage au-dessus de la f. de son sexe. — Se dit aussi de l'intelligence. F. de conception, de jugement, de mémoire. La f. de notre intelligence, de notre raison, de nos facultés. Absol., Ces mystères sont au-dessus de la f. humaine. || Manquer de puissance, de force, de moyens suffisants pour faire une chose. La f. de la garnison ne lui permettait pas de faire une sortie. La f. de cet État ne lui permet de rien entreprendre. Ce parti dissimulait sa f. par sa turbulence. || Fig., Insuffisance de talent, d'instruction, etc. Cet orateur a été d'une grande f.

dans la dernière discussion. Il a été dans le concours d'une f. déplorable. — Par ext., se dit aussi des productions de l'art ou de l'esprit. La f. de son discours ne m'a point surpris. Outre la f. de la conception, cet ouvrage pèche par la f. du style. Ces tableaux sont d'une grande f. || Fig., Absence d'énergie dans le caractère, qui rend trop indulgent, trop facile, etc. Elle est pour son fils d'une f. inexcusable. Ceci n'est point de la bonté, c'est de la f. Il a la f. de prendre à la lettre toutes les flatteries qu'on lui fait. Surmontez votre f. Allons, pas de f. ! F. de caractère, de cœur, de courage. F. d'esprit. — Avoir de la f., pour une personne, Avoir un grand penchant pour elle, une grande disposition à trouver bien ou à excuser tout ce qui vient d'elle. Cette mère a une trop grande f. pour ses enfants. || Fig., se dit encore de la fragilité humaine, et des fautes qui en sont la conséquence. La f. de la nature humaine. Il y a des faiblesses qui sont bien pardonnables. L'histoire raconte les faiblesses comme les vertus. Les faiblesses du cœur.

> Je me flattais sans cesse
> Qu'un silence éternel cacherait ma faiblesse.
> RACINE.

— Partic., La faute d'une femme qui a cédé à la séduction. || En parlant de certaines choses, Insuffisance de grosseur, d'épaisseur, de solidité, etc. La f. d'une poutre, d'un pilier, d'un support. La f. d'un lien, d'un ressort. La f. d'un retranchement, d'une digue, etc. — Par anal., La f. de la place ne permettait pas à la garnison de tenir longtemps. || Fig., se dit encore, soit au sens phys., soit au sens moral, de choses qui sont insuffisantes en quantité, puissance, intensité, énergie, etc. Malgré la f. de leur nombre, nos soldats ne voulurent pas battre en retraite. La f. de ses ressources, de son revenu. La f. d'une lumière. La f. des sons. La f. de nos connaissances. La f. d'un raisonnement, d'une preuve, etc. La f. de son zèle, de son amitié. || Défaillance, évanouissement, syncope. Tomber en f. Il lui prit tout à coup une f. Elle a des faiblesses très fréquentes. || T. Techn. En f., En terme de chamoiseur, se dit des peaux, quand, hors de l'eau, elles commencent à gonfler par l'huile introduite dans leurs pores. == Syn. Voy. ABATTEMENT et FAIBLE.

FAIBLIR. v. n. (R. faible). Perdre de sa force, de son ardeur, de son courage, etc. Il se fait vieux et commence à f. L'aile droite de l'ennemi, après avoir longtemps résisté, commençait à f. Le vent faiblit. Je sentis mon courage f. Sa vue faiblit. Ce vin faiblit. || T. Techn. Se dit de la pâte qui baisse et perd la forme qu'on lui avait donnée pour la mettre en pains.

FAIBLISSANT, ANTE. adj. Qui faiblit.

FAIDHERBE, général français, né en 1818, mort à Paris en 1889. Il organisa habilement notre colonie du Sénégal et commanda l'armée du Nord en 1870-71.

FAÏENCE. s. f. [Pr. fa-ian-se] (R. Faenza, ville d'Italie). T. Technol.

Au mot CÉRAMIQUE, il est question d'une manière générale de la composition des pâtes servant à la fabrication de la f., de la préparation de ces pâtes et des diverses opérations de façonnage, de tournage ou de moulage. Toutes ces manipulations s'appliquent aussi bien aux faïences fines qu'à celles que l'on désigne dans le commerce sous le nom de faïences ou poteries communes. Nous n'aurons donc pas à revenir sur ce sujet.

Nous dirons cependant qu'en ce qui concerne les poteries grossières, l'ébauchage qui s'opère sur le tour du potier, suffit la plupart du temps pour leur fabrication. La dextérité de l'ouvrier est telle qu'à de très rares exceptions près, il est inutile de retoucher ou de parachever l'objet qu'il vient de confectionner à la main. Le tour à tournasser ne s'emploie que dans la fabrication des pièces fines, celles de porcelaine en particulier Voy PORCELAINE.

Le potier a du reste à sa disposition, installé au-dessus de la girelle du tour, un instrument qui le guide pour donner à la pièce une symétrie absolue. C'est le Porte-mesure désigné aussi sous le nom de Chandelier de jauge. Cet appareil très simple consiste en un support vertical sur lequel deux règles horizontales peuvent, suivant les besoins, monter ou descendre, avancer ou reculer. Grâce à cet instrument, l'ouvrier s'assure à chaque instant que l'objet en fabrication ne tourne pas gauche et s'élève bien droit sur la girelle.

Le moulage à la botte, à la housse ou à la croûte s'emploie également pour la fabrication des faïences ou poteries communes, lorsque leurs dimensions ont des proportions telles que le potier se verrait dans l'impossibilité d'achever ces pièces à la main sur le tour ordinaire. Ainsi les immenses jarres qui, dans certaines parties de la France et dans d'autres contrées, servent à emmagasiner les huiles d'olive, et dont la hauteur atteint et souvent dépasse un mètre, sont moulées ; la longueur du bras du potier ne suffirait pas pour lui permettre de les façonner comme il convient qu'elles le soient.

D'après le *Dictionnaire de l'Industrie* de Lami, la com-

elles sont bientôt hors de service. Il est encore à remarquer qu'elles ne vont pas toujours au feu ; mais les potiers savent fort bien distinguer celles qui possèdent cette propriété de celles qui ne l'ont pas. — Paris, Rouen, Nevers, Sceaux, Moustiers et Lunéville sont, en France les centres principaux de l'industrie des poteries émaillées. Les illustrations qui accompagnent cette notice représentent de magnifiques spécimens de faïences fabriquées à Nevers, Sceaux et Moustiers. Les fabriques parisiennes font deux espèces de faïences : l'une, qui est brune, va au feu ; l'autre, qui est blanche, n'y va pas. Cette différence semble provenir de la prédominance, dans la première, de la marne sur l'argile. La pâte de ces deux qualités de faïences se compose ainsi : *Faïence blanche :* alumine ferrugineuse 35, silice 58, carbonate de chaux 7 ; *Faïence brune ;* alumine ferrugineuse 38, silice 57, carbonate de chaux 5. L'émail des faïences brunes est formé de minium, de manganèse et de poudre de brique fusible ;

Coupe en faïence française de Nevers, dite de Henri II.

Soupière en faïence de Sceaux.

position des pâtes le plus communément employées par les fabricants de poteries des environs de Paris est la suivante. Elle comporte deux types dont on fait indifféremment usage :

Argile plastique d'Arcueil	8 parties.
Marne argileuse.	36 —
Marne calcaire.	28 —
Sable marneux.	28 —
	Pour 100 parties.

ou encore :

Argile de Fresne.	33,34
Marne de Montreuil.	33,34
Terre de Châtenay ou de Picpus. . . .	16,66
Sable de Fontenay	16,66
	Pour 100 parties.

Nous allons maintenant examiner les diverses espèces de poteries ou faïences communes.

Poteries émaillées ou *Faïences communes.* — Leur pâte est un mélange d'argile figuline, de marne argileuse et de sable. Leur glaçure est toujours stannifère. On les façonne assez grossièrement et on les soumet à une double cuisson. Les faïences communes, quand la fabrication a été soignée, durent assez longtemps, et leur prix peu élevé les rend accessibles à toutes les bourses. Mais lorsque leur préparation n'a pas été faite avec tout le soin nécessaire, leur glaçure se gerce, et

celui des blanches est composé d'oxyde d'étain, d'oxyde de plomb, de sable quartzeux, de sel marin et de soude. On le colore en jaune par l'oxyde d'antimoine ; en violet par le bioxyde de manganèse ; en bleu, par l'oxyde de cobalt ; en vert pur, par les battitures de cuivre, etc. — La f. émaillée est susceptible d'une très belle ornementation. La consommation des faïences communes décorées a singulièrement progressé depuis quelques années, le goût du public se trouvant attiré par ce genre. Les usines qui à l'origine se bornaient à la fabrication de la f. ordinaire blanche, ont compris que leur intérêt était de répondre le plus possible aux demandes sans cesse renouvelées. Elles sont arrivées aujourd'hui à un prix de revient minime, aussi elles livrent au commerce à très bon compte des services de table, de toilette, etc., artistiquement décorés. Bien que fabriqués depuis longtemps en France, ces produits portent encore le nom de faïences anglaises, comme nous le verrons plus loin. — Outre les faïences communes destinées aux usages culinaires, il existe des poteries émaillées dont la fabrication réclame des soins particuliers. De ce nombre sont les plaques pour cheminées et pour poêles qui doivent résister, sans se fendre, à des températures assez élevées. Quand elles sont bien faites, elles remplissent assez convenablement leur objet ; mais leur émail a l'inconvénient de se fendiller de mille manières. Ce fendillement provenant de la composition de la pâte, divers essais ont été faits afin de le prévenir. Un des plus habiles faïenciers parisiens, Pichenot, y est parvenu en composant la matière pâteuse de 25 parties d'argile plastique de Vaugirard, 25 de marne argileuse de Ménilmontant, 13 de sable et 37 de ciment.

Poteries à pâte dure et opaque. — 1° *Faïence anglaise.* Cette poterie est encore appelée *Terre de pipe* et *Cailloutage.* Sa pâte est blanche, opaque, éminemment plastique, très fine, dense et sonore. Elle se compose d'argile plastique bien lavée et de silex ou quartz réduit en poudre excessivement fine. On y ajoute quelquefois un peu de chaux. Sa glaçure est un vernis cristallin, c.-à-d. fondu préalablement en verre, qui se compose, en général, de silice, de soude, d'acide borique et de plomb à l'état de minium. Le façonnage est habituellement très soigné, quoique rapide. La plupart des pièces se recommandent par leur légèreté et leur peu d'épaisseur. Elles peuvent recevoir par estampillage, impression ou peinture une ornementation des plus brillantes. On leur fait subir deux cuissons dans des fours à alandiers, et on les encaisse dans des cazettes fermées. — La f. dite anglaise réunit de précieuses qualités : prix peu élevé, beauté de la couleur, richesse de la décoration, pureté des formes, éclat de la glaçure ; mais elle a l'inconvénient de ne pas aller au feu, car

Plat de faïence de Moustiers.

son vernis, qui est très tendre, *tressaille,* quand il est mal préparé, et laisse pénétrer les matières grasses dans le *biscuit,* lequel s'altère et finit même par se briser. — Pour obtenir les décorations que l'on exécute de diverses manières sur la pâte, par impression, etc., etc., les faïenciers ne font usage que d'un nombre restreint de couleurs minérales, telles que le vert, le jaune, le rouge, le bleu et le violet ; elles se font à l'aide d'oxydes de chrome, d'antimoine, de fer, de cobalt et de manganèse. Ces couleurs s'appliquent généralement sur émail cru et se fixent au moment de la cuisson de cet émail. Il est nécessaire d'ajouter aux oxydes métalliques employés après broiement, un fondant quelconque, dans la composition duquel entrent le minium et le sable en proportions déterminées. L'émail et les couleurs, sous l'influence de la chaleur du four, fondent et font corps d'une manière absolue avec la f. qu'elles recouvrent. — Cette poterie a été importée d'Angleterre en France un peu avant 1780. Les principaux centres de cette fabrication en France, sont : Choisy, Creil, Montereau, Sarreguemines, Chantilly, Bordeaux et Valentine (Haute-Garonne). À mesure qu'elle s'est répandue, la f. anglaise a reçu, selon les temps et selon les lieux, des modifications presque infinies dans la composition des pâtes et de ses glaçures. Chacune de ces modifications a été, en outre, l'occasion de l'invention de quelque dénomination nouvelle, et très souvent mensongère, les fabricants espérant ainsi favoriser le débit de leurs produits. Malgré la variété des recettes adoptées dans chaque usine, on peut, d'après Brongniart, faire entrer toutes les faïences fines dans une des trois catégories : *Terres de pipe, Terres anglaises* ou *Cailloutages,* et *Faïences fines dures* ou *Lithocérames,* appelées aussi, mais improprement, *Demi-porcelaines* et *Porcelaines opaques ;* car malgré leurs noms,

ces dernières poteries ne sont que des faïences. Voy. CÉRAMIQUE.

FAÏENCERIE. s. f. Établissement où l'on fabrique de la faïence. *Établir une f.* || Assortiment de poteries de faïence. *Un fonds de f.*

FAÏENCIER, IÈRE. s. Celui, celle qui fait ou qui vend de la faïence. || Adj. *L'industrie faïencière.*

FAILLANCE. s. f. [Pr. *fa-llan-se,* ll mouillées). Archaïsme. État de celui de qui le courage fait défaut.

FAILLE. s. f. [Pr. *fa-lle,* ll mouillées} (R. *faillir*). T. Géol. Fissure, solution de continuité dans une couche de roches. Voy. FILON. || T. Techn. Étoffe de soie à gros grain.

FAILLI. s. m. [Pr. *fa-lli,* ll mouillées]. T. Comm. Celui qui a fait faillite.

FAILLIBILITÉ. s. f. [Pr. *fa-lli-bilité,* ll mouillées]. Possibilité de faillir, de se tromper.

FAILLIBLE. adj. 2 g. [Pr. *fa-llible,* ll mouillées]. Qui est exposé à l'erreur, qui peut se tromper. *Tout homme est f.*

FAILLIR. v. n. [Pr. *fa-llir,* ll mouillés] (lat. *fallere,* tomber, se tromper). Faire quelque chose contre son devoir, faire une faute. *Vous avez failli en cette occasion. Elle n'aurait point failli sans les mauvais exemples.* || Commettre une erreur, une méprise. *F. lourdement. Cet auteur a failli en beaucoup d'endroits. Cet architecte a failli dans les proportions.* Ce sens commence à vieillir. || Céder, manquer, finir. *Cet édifice a failli par le pied. Ce cheval commence à f. par les jambes. La mémoire lui faillit tout à coup.* — Fam. *Je ferai cela, j'irai là sans f.,* Sans manquer. — Fam. *Le cœur me faut,* se dit lorsqu'on éprouve quelque faiblesse, et qu'on a besoin de manger. Peu us. — Fam. *Arriver à jour faillant,* Lorsque le jour est près de manquer. *Arriver à jour failli,* Après la chute du jour. *Jouer à coup faillant, à coup failli,* Jouer à la place du premier des joueurs qui manque. — Fig. et prov., *Au bout de l'aune faut le drap,* Toute chose a sa fin. || *Faillir,* s'emploie aussi pour dire qu'une chose a été sur le point d'arriver, qu'il a tenu à peu qu'elle n'arrivât. *J'ai failli de tomber,* à tomber. *Il a failli de se ruiner. Il faillit à me blesser. Nous faillîmes de périr. Le malheur qui faillit de nous arriver. Cet événement faillit à retarder notre départ.* On retranche souvent la prép. *J'ai failli mourir. J'ai failli l'oublier. Il faillit être assassiné. Il faillit être ministre. Nous faillîmes périr.* Ce sens est ordin. fam. || T. Comm. Faire faillite. *Ce banquier a failli.* ═ FAILLI, IE. part. *Il faut que dans quelques jours vous voyiez cette affaire faite ou faillie,* Finie ou manquée. Vx et inus. || T. Mar. *Failli gars,* Matelot manqué, mauvais novice. || T. Blas. *Chevrons faillis,* Chevrons rompus dans leurs montants. || T. Vétér. *Tendons faillis,* Tendons distendus.

Obs. gram. — *Faillir* est un verbe défectif, qui, suivant l'Académie, n'a que les temps simples suivants : *Je faux, tu faux, il faut ; nous faillons, vous faillez, ils faillent. Je faillais ; nous faillions. Je faillis ; nous faillîmes. Je faudrai ; nous faudrons. Faillant. Failli, ie.* Outre ces temps simples, ce verbe admet encore les temps composés : *J'ai failli, J'avais failli, J'aurais failli,* etc. Toutefois plusieurs des temps simples ci-dessus sont très peu usités : on n'emploie guère, en effet, que le prétérit défini, *Je faillis,* et les temps composés tant de l'indicatif que du subjonctif. Quelques grammairiens disent au futur de l'indicatif, *Je faillirai,* au lieu de *Je faudrai ;* mais l'Académie, en adoptant *Je faudrai,* s'en est tenue avec raison à la forme qui seule se trouve employée chez nos anciens écrivains, comme Rabelais, Monluigne, etc. — Lorsque *faillir* est suivi d'un verbe à l'infinitif, comme *J'ai failli de tomber*, *Il a failli à me tuer*, *Nous avons failli périr*, plusieurs lexicographes, entre autres Lavaux, se sont efforcés de distinguer minutieusement les cas où l'on doit employer ces diverses formes, *faillir à*, *faillir de*, et *faillir* suivi de l'infinitif sans préposition intermédiaire. L'Académie ne tient aucun compte de ces distinctions; il vaudrait mieux supprimer constamment la préposition : *J'ai failli tomber*; *J'ai failli me contredire*; *Il a failli me tuer*; *Nous avons failli être noyés*, etc.

FAILLITE. s. f. [Pr. *fa-llite*, *ll* mouillées] (R. *faillir*). T. Comm.

I. Définition. — Pris dans son acception la plus large, le mot *Faillite* sert à désigner l'état du commerçant qui, ne pouvant plus faire face à ses engagements, *a cessé ses paiements*; telle est la définition que donne de ce mot l'art. 437 du Code de commerce. Mais depuis la loi du 4 mars 1889, ainsi que nous le verrons dans un instant, le commerçant qui cesse ses paiements peut, en remplissant certaines conditions, éviter les rigueurs qu'entraîne la déclaration de f., grâce au bénéfice de la *liquidation judiciaire* : dès lors, lorsqu'on l'oppose à cette dernière situation, l'expression de f. a un sens technique : elle désigne l'*état du commerçant qui, ayant cessé ses paiements, n'a pas obtenu ou a perdu le bénéfice de la liquidation judiciaire*. Voy. plus loin pour ce qu'il faut entendre par la cessation des paiements. — Lorsque la f. est accompagnée de négligence ou de fraude, elle dégénère en *Banqueroute simple* ou *frauduleuse* : la banqueroute simple est un délit; la banqueroute frauduleuse un crime.

D'après la législation française, les commerçants seuls sont susceptibles d'être déclarés en f. ou en état de liquidation judiciaire. Quant aux individus non commerçants qui ne peuvent faire face à leurs engagements, on dit qu'ils sont en *déconfiture*. La *Déconfiture* est donc l'état d'un non-commerçant dont le passif excède l'actif, et qui se trouve ainsi dans l'impossibilité de satisfaire tous ses créanciers. — Les législations étrangères se divisent, à ce point de vue, en trois groupes : 1er groupe, celles qui, comme la législation française, repoussent l'application de la f. aux non-commerçants (Belgique, Italie, Roumanie, Portugal, Turquie, Égypte, Russie, Amérique du Sud); — 2e groupe, celles qui admettent la f. aussi bien pour les non-commerçants que pour les commerçants, mais qui ne formulent pas des règles identiques pour les uns et les autres, et qui sont plus sévères en général pour les non-commerçants (Autriche, Espagne, États Scandinaves, Hongrie); — 3e groupe, celles qui, admettant la f., même pour les non-commerçants, appliquent à ces derniers les mêmes règles de procédure qu'aux commerçants (Allemagne, Angleterre). — La législation suisse ne rentre dans aucun de ces trois groupes : elle admet un système qui repose sur l'institution du *registre du commerce* (Handelsregister) applicable même aux non-commerçants : c'est le fait de l'inscription sur ce registre qui rend une personne susceptible d'être déclarée en f.

II. Historique. — La législation sur les faillites est d'origine moderne. De même que les autres parties du droit commercial, elle a son berceau en Italie, et l'on trouve les premières dispositions sur cette institution dans les anciennes lois commerciales de Gênes, de Florence, de Milan, etc. La plus ancienne ordonnance qui, chez nous, ait rapport aux faillites, est l'édit d'Orléans de 1560; mais les véritables principes en cette matière n'ont été introduits dans notre législation que par l'ord. de 1673, dite *Code Marchand*. Les principes de cette ord. furent reproduits dans notre Code de commerce, où la loi sur les faillites fait l'objet du troisième livre. Toutefois, comme cette partie de notre droit commercial présentait de nombreuses lacunes et beaucoup d'imperfections, elle a été remplacée par la loi du 28 mai 1838, incorporée au Code de commerce; mais, comme nous le verrons en étudiant les règles de la f., la loi de 1848 est extrêmement rigoureuse, lorsqu'il s'agit d'un commerçant honnête et de bonne foi : aussi, depuis longtemps, cette loi avait-elle donné lieu à de nombreuses critiques. De 1883 à 1888, plusieurs propositions de réforme de la législation sur les faillites ont été présentées au Parlement; ces propositions ont abouti à la loi du 4 mars 1889, qui permet au commerçant malheureux et de bonne foi d'échapper aux conséquences de la f., telle qu'elle est organisée par la loi de 1848, en obtenant le bénéfice de la liquidation judiciaire.

Grâce aux dispositions bienveillantes de cette législation nouvelle, la liquidation judiciaire remplace en fait, dans la plupart des cas, la f. Il suffit, en effet, pour bénéficier de la nouvelle situation prévue par la loi, de se conformer aux prescriptions qu'elle édicte et que nous allons maintenant faire connaître.

III. Liquidation judiciaire. — 1° *Conditions pour obtenir la liquidation judiciaire*. — Pour obtenir le bénéfice de la liquidation judiciaire, le commerçant qui cesse ses paiements doit, *dans les quinze jours de la cessation des paiements*, présenter au Tribunal de commerce de son domicile une requête accompagnée du bilan et d'une liste indiquant le nom et le domicile de tous ses créanciers.

On appelle *Bilan* un exposé sommaire de la situation du débiteur; cet exposé doit contenir : 1° l'état de l'actif, c.-à-d. l'énumération et l'évaluation de tous les biens mobiliers ou immobiliers du commerçant; 2° l'état du passif; 3° le tableau des profits et pertes; 4° le tableau des dépenses faites par le débiteur pendant la durée de sa gestion commerciale. Le bilan doit être daté, signé et certifié véritable. — Lorsqu'un commerçant meurt dans la quinzaine de la cessation des paiements, ses héritiers, s'ils en font la demande, peuvent être admis au bénéfice de la liquidation judiciaire. Lorsqu'il s'agit d'une société en *nom collectif* ou *en commandite*, en état de cessation de paiements, la requête contient le nom et l'indication du domicile de chacun des associés solidaires, et elle est signée par celui ou ceux des associés ayant la signature sociale; pour une société *anonyme*, la requête est signée par le directeur ou l'administrateur qui en remplit les fonctions. — La liquidation judiciaire étant une faveur réservée par la loi au commerçant malheureux et de bonne foi, le tribunal a le droit de rejeter la demande et de déclarer la f.; sa décision n'est d'ailleurs susceptible d'aucun recours. Nous verrons en outre que le tribunal a le droit, dans certains cas, de retirer après coup le bénéfice de la liquidation judiciaire. — Le jugement qui statue sur la demande d'admission à la liquidation judiciaire est délibéré en chambre du conseil et rendu en audience publique. Le débiteur doit être entendu en personne, à moins d'excuses reconnues valables par le tribunal. Si la liquidation judiciaire est admise, le jugement qui en porte ouverture est publié par voie d'affiches et d'insertion dans les journaux.

2° *Nomination et fonctions du juge-commissaire et des liquidateurs provisoires* — Si la requête est admise, le jugement nomme un des membres du tribunal juge-commissaire et un ou plusieurs liquidateurs provisoires. Ces derniers, qui sont prévenus immédiatement par le greffier, arrêtent et signent les livres du débiteur dans les vingt-quatre heures de leur nomination et procèdent avec celui-ci à l'inventaire. Ils sont tenus, dans le même délai, de requérir les inscriptions d'hypothèques sur tous les immeubles appartenant au commerçant.

3° *Nomination et fonctions des liquidateurs définitifs et des contrôleurs*. — Dans les trois jours du jugement, le greffier informe les créanciers, par lettres et par la voie des journaux, de l'ouverture de la liquidation judiciaire et les convoque à se réunir dans un délai qui ne peut excéder quinze jours, pour examiner la situation du débiteur. Au jour indiqué par le juge-commissaire, le débiteur, assisté des liquidateurs provisoires, présente un état précis et détaillé de sa situation. Les créanciers sont appelés à donner leur avis sur la nomination des liquidateurs définitifs. Ils sont également consultés par le juge-commissaire sur l'utilité d'élire immédiatement parmi eux un ou deux contrôleurs. Ces contrôleurs peuvent être élus à toute période de la liquidation, s'ils ne l'ont été dans la première assemblée. Un procès-verbal est dressé portant fixation, dans un délai de quinzaine, de la date de la première assemblée de vérification des créances. Sur le vu de cette pièce, le tribunal nomme les liquidateurs définitifs.

À la différence des syndics, qui représentent le commerçant en état de f. (Voy. plus loin), les liquidateurs ont simplement pour mission d'assister et de surveiller la gestion du commerçant déclaré en état de liquidation judiciaire; leur rôle sera certainement en détail, dans le paragraphe où il sera traité de cette gestion. Les liquidateurs peuvent recevoir une indemnité qui est taxée par le juge-commissaire.

Quant aux contrôleurs, ils sont spécialement chargés de vérifier les livres et l'état de situation présenté par le débiteur et de surveiller les opérations des liquidateurs; ils ont toujours le droit de demander compte de la liquidation judiciaire, des recettes effectuées et des versements faits; ils sont appelés à donner leur avis dans certains cas, par exemple, lorsqu'il s'agit d'une action à intenter ou à suivre. Les fonctions des contrôleurs sont gratuites; ils ne peuvent être révoqués que par le tribunal de commerce, sur l'avis conforme de la majorité des créanciers et la proposition du juge-commissaire; ils ne peuvent être déclarés responsables qu'en cas de faute lourde et personnelle.

L'institution des contrôleurs, également applicable à la liquidation judiciaire et à la f., a été introduite dans notre législation par la loi du 4 mars 1889; elle existait déjà dans certains pays étrangers : en Allemagne, sous le nom de *Comité des créanciers*; en Autriche, en Angleterre, sous le nom de *Comité d'inspection*; en Italie, sous le nom de *Délégation de créanciers*; en Portugal, sous le nom de *Curateurs fiscaux*; enfin en Suisse, sous le nom de *Commission de surveillance*.

4° *Effets du jugement portant ouverture de la liquidation judiciaire.* — Ce jugement rend exigibles, à l'égard du débiteur, les dettes passives non échues; il arrête, à l'égard de la masse des créanciers, le cours des intérêts de toute créance non garantie par un privilège, par un nantissement ou par une hypothèque. A partir du même jugement, les actions mobilières ou immobilières ou toutes voies d'exécution, tant sur les meubles que sur les immeubles, sont suspendues, comme en matière de f. Voy. plus loin. — Celles qui subsistent doivent être intentées et suivies à la fois contre les liquidateurs et le débiteur. De son côté, le débiteur ne peut désormais contracter aucune nouvelle dette, ni aliéner tout ou partie de son actif, sauf dans les cas que nous indiquerons ci-après. Enfin, à dater dudit jugement, aucune inscription d'hypothèque, sauf celle qui est requise par les liquidateurs au nom de la masse des créanciers, ne peut être prise sur les immeubles du débiteur.

5° *Gestion des biens du commerçant en état de liquidation judiciaire; actes permis, actes défendus par la loi.* — Contrairement aux règles admises par la loi de 1838 en matière de faillite (Voy. plus loin), la loi du 4 mars 1889 laisse au commerçant en état de liquidation judiciaire, comme nous l'avons déjà indiqué plus haut, en traitant des fonctions des liquidateurs définitifs, l'administration de ses biens, qu'il continue à gérer, sous la direction du juge-commissaire, avec l'assistance des liquidateurs et sous la surveillance des contrôleurs. C'est dans ces conditions que le commerçant est autorisé par la loi à procéder au recouvrement des effets et créances exigibles, à faire tous actes conservatoires, à vendre les objets sujets à dépérissement ou à dépréciation imminente ou dispendieux à conserver, et à intenter ou à suivre toute action mobilière ou immobilière. Avec l'assistance des liquidateurs et l'autorisation du juge-commissaire, il peut même continuer l'exploitation de son commerce ou de son industrie. Les fonds provenant des recouvrements et ventes sont remis aux liquidateurs, qui les versent à la Caisse des dépôts et consignations. Au refus du débiteur, il peut être procédé à l'administration de ses biens par les liquidateurs seuls, avec l'autorisation du juge-commissaire.

Pour tous actes de désistement, renonciation, acquiescement, transaction, en raison du danger qu'ils offrent, la loi exige que le commerçant, non seulement prenne l'avis des contrôleurs et se fasse assister par les liquidateurs, mais encore obtienne l'autorisation du juge-commissaire.

6° *Assemblées de vérification des créances.* — A partir du jugement d'ouverture de la liquidation judiciaire, les créanciers peuvent remettre leurs titres, soit au greffe du tribunal de commerce, soit entre les mains des liquidateurs. En faisant cette remise, chaque créancier est tenu d'y joindre un bordereau énonçant ses nom, prénoms, profession et domicile, le montant et les causes de sa créance, les privilèges, hypothèques ou gages qui y sont affectés. Le greffier tient état des titres et bordereaux qui lui sont remis et en donne récépissé. Il n'est responsable des titres que pendant cinq années à partir du jour de l'ouverture du procès-verbal de vérification. Les liquidateurs sont responsables des titres, livres et papiers qui leur ont été remis, pendant dix ans, à partir du jour de la reddition de leurs comptes.

Le jour même de la première réunion dont nous avons parlé au paragraphe 3, réunion dans laquelle les créanciers examinent la situation du débiteur, ou le lendemain au plus tard, ceux-ci sont de nouveau convoqués pour assister à la première assemblée de vérification des créances. Ceux d'entre eux qui n'ont pas encore remis à ce moment leurs titres et bordereaux sont autorisés à les déposer dans le délai fixé pour la réunion de ladite assemblée. Le délai de production peut être augmenté par ordonnance du juge-commissaire, mais seulement à l'égard des créanciers domiciliés hors du territoire de la France. Contrairement à la règle admise en matière de f. (Voy. plus loin), en matière de liquidation judiciaire tous les créanciers domiciliés sur le territoire continental de la France sont

astreints au même délai. La vérification des créances se fait contradictoirement en présence du juge-commissaire, le débiteur étant assisté des liquidateurs.

Le lendemain des opérations de la première assemblée de vérification, il est adressé, en la forme prescrite à l'art. 9, une convocation à tous les créanciers invitant ceux qui n'ont pas produit à faire valoir leurs titres.

Quinze jours après la première, une seconde assemblée de vérification des créances doit avoir lieu. Les créanciers sont prévenus que cette assemblée est la dernière.

Toutefois, la loi a prévu un cas où une troisième assemblée de vérification des créances peut encore être tenue, c'est celui où des lettres de change ou des billets à ordre souscrits ou endossés par le débiteur et non échus au moment de la seconde assemblée, sont en circulation. Dans ce cas, les liquidateurs peuvent obtenir du juge-commissaire la convocation d'une nouvelle et dernière assemblée de vérification.

7° *Assemblée de vote du concordat.* — Le lendemain de la dernière assemblée, la clôture de la vérification des créances est prononcée par le juge-commissaire, et tous les créanciers sont invités à se réunir quinze jours après cette assemblée, pour entendre les propositions du débiteur et en délibérer. Ce délai peut être augmenté par décision du tribunal de commerce, en cas de contestation sur l'admission d'une ou de plusieurs créances. Pour éclairer l'assemblée, comme nous le verrons plus loin, le Code de commerce (art. 506), en matière de f., impose au syndic l'obligation de faire un rapport; malgré le silence de la loi du 4 mars 1889 sur ce point, il convient de décider que les liquidateurs doivent également faire un rapport; ce rapport lu, le débiteur fait ses propositions et les discute avec les créanciers en vue d'obtenir un arrangement, que la loi désigne sous le nom de *Concordat*.

Le concordat est un traité par lequel, au moyen de remise de dettes et de délai de paiement, les créanciers permettent à leur débiteur de reprendre la direction de ses affaires. Pour être valablement consenti, le concordat doit réunir une double majorité : 1° la moitié plus un de tous les créanciers; 2° les deux tiers de la totalité des créances. La loi de 1889 est moins rigoureuse sur ce point que celle de 1838, puisque cette dernière exige pour la majorité du concordat la représentation non seulement des deux tiers, mais des trois quarts des créances. Le concordat doit en outre, pour être valable, être homologué par le tribunal.

Lorsque le concordat contient abandon d'un actif à réaliser, la loi exige que le tribunal statue, après avis des créanciers, sur le maintien ou le remplacement des liquidateurs; les créanciers doivent être également consultés sur le maintien ou le remplacement des contrôleurs. Les opérations de réalisation et de répartition de l'actif abandonné se suivent conformément aux règles indiquées par le Code de commerce en matière de f. Voy. plus loin.

Si le concordat est homologué, le tribunal déclare la liquidation judiciaire terminée.

Il y a lieu de considérer comme nuls et sans effet, tant à l'égard des parties intéressées qu'à l'égard des tiers, tous traités ou concordats qui, après l'ouverture de la liquidation judiciaire, n'auraient pas été souscrits dans les formes prescrites.

Lorsque le concordat n'obtient pas la majorité requise ou que le tribunal en refuse l'homologation, si la f. n'est pas déclarée, la liquidation judiciaire continue jusqu'à la réalisation et la répartition de l'actif qui se poursuivent conformément aux règles prescrites par le Code de commerce pour le concordat par abandon d'actif.

8° *Notification à faire au propriétaire.* — Le commerçant déclaré en état de liquidation judiciaire peut, avec l'assistance des liquidateurs et après avoir obtenu l'autorisation du juge-commissaire, donnée après avis des contrôleurs, notifier au propriétaire son intention de continuer le bail, à la charge de satisfaire à toutes les obligations du locataire.

Le débiteur a, pour cette notification, un délai de huit jours à partir de la première assemblée de vérification. Jusqu'à l'expiration de ces huit jours, toutes voies d'exécution sur les effets mobiliers servant à l'exploitation du commerce ou de l'industrie du débiteur en état de liquidation judiciaire sont suspendues. La demande en résiliation doit être formée, s'il y a lieu, par le bailleur dans les quinze jours qui suivent la notification faite par le débiteur et les liquidateurs de l'intention de continuer le bail. Passé ce délai, le bailleur qui n'a pas formé sa demande est réputé par la loi avoir renoncé à se prévaloir des causes de résiliation déjà existantes à son profit.

9° *Perte du bénéfice de la liquidation judiciaire.* — La loi prévoit deux catégories de circonstances dans lesquelles le commerçant en état de liquidation judiciaire peut être déclaré en f. par le tribunal de commerce :

1ʳᵉ *catégorie.* — Cas où le tribunal de commerce *peut* déclarer la f. — Le tribunal peut mettre en f. le commerçant qui a obtenu au début le bénéfice de la liquidation judiciaire soit d'office, soit sur la poursuite des créanciers dans deux cas : 1° s'il est reconnu que la requête à fin de liquidation judiciaire n'a pas été présentée dans les quinze jours de la cessation des paiements; 2° si le débiteur n'obtient pas de concordat.

2ᵉ *catégorie.* — Cas où le tribunal de commerce *est tenu* de déclarer la f. — Ces cas sont les suivants : 1° si, depuis la cessation de paiements ou dans les dix jours précédents, le débiteur a consenti l'un des actes interdits par la loi au commerçant déclaré en f. (Voy. plus loin); mais dans le cas seulement où la nullité aura été prononcée par les tribunaux compétents ou reconnue par les parties; 2° si le débiteur a dissimulé l'actif ou exagéré le passif, omis sciemment le nom d'un ou plusieurs créanciers, ou commis une fraude quelconque; 3° dans le cas d'annulation ou de résolution du concordat; 4° si le débiteur en état de liquidation judiciaire a été condamné pour banqueroute simple ou frauduleuse.

Dans tous les cas de transformation de la liquidation judiciaire en f., les opérations de la f. sont suivies sur les derniers errements de la procédure de la liquidation.

10° *Déchéances encourues par l'état de liquidation judiciaire.* — À la différence de l'état de f. qui entraîne pour le commerçant toute une série de déchéances ou incapacités, l'état de liquidation judiciaire lui fait simplement perdre le droit d'être nommé à une fonction élective (sénateur, député, conseiller général ou d'arrondissement, conseiller municipal, maire ou adjoint, juge au tribunal de commerce, prud'homme). S'il exerçait avant le jugement déclaratif de la liquidation judiciaire une fonction de cette nature, il est réputé démissionnaire. Il est bien entendu que la liquidation judiciaire laisse intacte la capacité d'être électeur, fût-ce même aux tribunaux de commerce.

La loi du 4 mars 1889, dont nous venons d'exposer les principales dispositions, a été détachée d'un projet de refonte générale de la matière des faillites, projet dont les autres parties ont été ajournées par le Parlement. Aussi la loi de 1889 laisse-t-elle subsister en principe les règles de la loi de 1838 sur la f., tout en y apportant certaines additions ou modifications que nous aurons soin d'indiquer dans l'étude que nous allons faire de cette dernière loi.

IV. FAILLITE. — Ainsi que nous l'avons vu, les commerçants peuvent seuls être en f., et la f. elle-même est constituée par la cessation des paiements. En conséquence, d'une part, un commerçant n'est pas en f. par cela seul que son passif excède son actif, il faut encore qu'il ne paie pas aux créanciers réclamants ce qu'il leur est dû. D'autre part, un commerçant dont l'actif surpasse le passif peut être déclaré en f., s'il cesse ses paiements.

A. *De la déclaration de faillite.* — Il est de la plus haute importance que l'état de f. d'un commerçant soit promptement constaté et publié. En conséquence, la loi de 1838 exigeait que tout commerçant qui se voyait forcé de cesser ses paiements en fît la déclaration, le troisième jour au plus tard, au greffe du tribunal de commerce de son domicile. La loi de 1889 a porté ce délai à 15 jours, y compris le jour de la cessation de paiements. Quand c'est une société qui cesse ses paiements, la déclaration doit contenir le nom de chacun des associés solidaires, et l'indication de leur domicile (438). Cette déclaration doit être accompagnée du dépôt du Bilan. Lorsque le failli manque à ces prescriptions de la loi, ce seul fait établit contre lui une présomption de banqueroute simple (586). Sur la déclaration du failli, le tribunal rend un jugement qui déclare la f., et qui est porté à la connaissance du public par voie d'affiches et d'insertion dans les journaux. À défaut de déclaration de la failli de la cessation de ses paiements, la f. peut être déclarée par le tribunal, soit à la demande de tout créancier, soit, en cas de notoriété publique, sur avis du procureur de la République ou d'office (440). Le *jugement déclaratif de f.* est exécutoire provisoirement. En général, le même jugement détermine l'époque à laquelle a commencé la cessation de paiements. À défaut de détermination spéciale, cette cessation est réputée avoir eu lieu à partir du jugement déclaratif de la f. (441). Au reste, la fixation de l'époque de la cessation de paiements par le jugement déclaratif de la f., peut n'être pas définitive, et le tribunal a la faculté de la changer. Par le même jugement qui

déclare la f., le tribunal désigne l'un de ses membres pour *juge-commissaire*, et nomme un ou plusieurs *Syndics* provisoires. — Les faillites intéressant l'ordre public, il était nécessaire que les opérations auxquelles elles donnent lieu fussent faites sous la surveillance d'un magistrat. Telle est la fonction du juge-commissaire, qui est également chargé d'accélérer les opérations dont il s'agit. En outre, ce magistrat fait au tribunal de commerce le rapport de toutes les contestations que la f. peut faire naître, et qui sont de la compétence de ce tribunal (452). Quant aux syndics, nous dirons bientôt quelle est leur mission.

B. *Mesures relatives à la personne du failli.* — Par le jugement qui déclare la f., le tribunal ordonne que le failli sera arrêté et déposé dans une maison d'arrêt ou bien qu'il sera confié à la garde, soit d'un officier de police ou de justice, soit d'un gendarme (455). Avant la loi de 1838, cette disposition était de rigueur ; mais aujourd'hui le failli peut, par le jugement déclaratif de f., être affranchi de cette mainmise sur sa personne, lorsqu'il a déclaré sa f. et déposé son bilan. Cependant, s'il était déjà incarcéré avant le jugement déclaratif de f., il ne pourrait profiter de cette faveur (456). Le dépôt dans les maisons d'arrêt, ou la garde de la personne du failli, a lieu à la requête, soit des syndics, soit du ministère public (460).

C. *Mesures relatives à la conservation des biens du failli.* — Afin de prévenir les détournements qui pourraient être commis sur les biens du failli, la loi veut que, pour la jugement qui déclare la f., le tribunal ordonne l'apposition des scellés sur les magasins, comptoirs, caisses, portefeuilles, livres, papiers, meubles et effets du failli. En cas de f. d'une société en nom collectif, les scellés doivent être apposés non seulement au siège principal de la société, mais encore au domicile séparé de chacun des associés. Si la société est en commandite, les scellés doivent être apposés au domicile social, sur les magasins et établissements sociaux, et au domicile du gérant ou des gérants responsables, s'ils ont un domicile particulier. — Dans le cas où l'actif du failli paraît au juge-commissaire pouvoir être inventorié en un seul jour, il n'est point apposé de scellés ; mais alors il est procédé immédiatement à l'inventaire (455). — Lorsque les deniers appartenant à la f. ne peuvent suffire immédiatement aux frais du jugement de déclaration de la f., d'affiche et d'insertion de ce jugement dans les journaux, d'apposition des scellés, d'arrestation et d'incarcération du failli, l'avance de ces frais est faite, sur ordonnance du juge-commissaire, par le Trésor public, qui en est remboursé par privilège sur les premiers recouvrements, sans préjudice du privilège du propriétaire (461). Cette disposition de la loi, qui date seulement de 1838, a pour but de faciliter les premières opérations de la f. et d'empêcher que les jugements déclaratifs de f. ne restent plus, comme autrefois, sans exécution, faute de fonds pour les premières avances.

D. *Mesures relatives à l'administration des biens du failli.* — À partir du jugement déclaratif de f., le débiteur est dessaisi de plein droit de l'administration de tous ses biens, sans en perdre toutefois la propriété (443). Cette disposition est une conséquence de l'état de suspicion dans lequel la loi tient le failli. Elle a d'ailleurs été établie dans l'intérêt des créanciers, afin que le failli ne puisse rien détourner de son actif, ni rien ajouter à son passif.

1° *Annulation des actes faits par le failli.* — En conséquence de cette incapacité du failli, la loi annule tous les actes faits par lui après la déclaration de f. Bien plus, elle annule encore, dans certains cas, ceux qui, bien qu'antérieurs à la déclaration de f., sont postérieurs à la cessation de paiements, et même ceux qui l'ont précédée de dix jours. Son motif pour décider ainsi a été qu'elle redoute que, dans la prévision de la f., le débiteur n'ait fait des actes ayant pour but, soit d'avantager certains créanciers au détriment des autres, soit de soustraire une partie des valeurs ou des biens qui doivent leur appartenir. En conséquence, sont nuls, par cela seuls qu'ils sont postérieurs à la cessation de paiements ou qu'ils l'ont précédée de dix jours seulement, les actes translatifs de propriété à titre gratuit, les paiements pour dettes non échues, les paiements, même pour dettes échues, lorsqu'ils ont été faits autrement qu'en espèces ou en effets de commerce, les hypothèques conventionnelles ou judiciaires, et les droits d'antichrèse ou de gage constitués sur les biens du débiteur pour dettes antérieurement contractées (446). Quant aux paiements faits, pour dettes échues, en espèces ou en effets de commerce, et tous autres actes à titre onéreux passés depuis la cessation de paiements, ils peuvent être annulés si, de la part de ceux qui ont reçu les paiements ou traité avec le débiteur, il y a eu connaissance de cette cessation (447). Des droits de privilège ou d'hypothèques valablement acquis peuvent être inscrits jusqu'au jour du jugement déclaratif. Mais, pour les inscriptions prises après l'époque de la cessation de paiements ou dans les dix jours précédents, le tribunal peut en prononcer la nullité, lorsqu'il s'est écoulé plus de 15 jours entre la date de l'acte constitutif du privilège ou de l'hypothèque et celle de l'inscription (448). Enfin, quoique le juge ait la faculté d'annuler le paiement même des dettes *échues*, soit en *argent* ou *effets de commerce*, depuis la cessation de paiements, cependant le tiers porteur d'une lettre de change ou d'un billet à ordre qui en a reçu le montant après cette époque, mais avant le jugement déclaratif, est dispensé de rapporter les sommes qu'il a reçues, quand même il aurait eu connaissance de la cessation. Il n'y a que le tireur, ou donneur d'ordre, ou le premier endosseur, dans le cas du billet à ordre, qui soient soumis à l'action en rapport, lorsqu'il est prouvé qu'ils avaient connaissance de la cessation à l'époque de l'émission du titre (449).

2° *Fonctions des syndics*. — La loi enlevant au failli l'administration de ses biens, cette administration passe aux mains des *syndics provisoires* nommés par le jugement qui déclare la f. : ces syndics ne deviennent *définitifs* qu'après que les créanciers ont été consultés. A cet effet, le juge-commissaire convoque le plus promptement possible les créanciers présumés à se réunir dans un délai qui ne doit pas excéder 15 jours. Les créanciers convoqués ou qui se présentent spontanément étant réunis, le juge les consulte tant sur la composition de l'état des créanciers que sur la nomination des nouveaux syndics. Procès-verbal est dressé de leurs dires et observations, et le tribunal de commerce, sur le vu de ce procès-verbal, de l'état des créanciers présumés, et du rapport du juge-commissaire, nomme de nouveaux syndics ou maintient les premiers dans leurs fonctions. Le nombre des syndics peut être, à toute époque, porté à trois. Ils peuvent être choisis ou parmi les créanciers présumés ou parmi d'autres personnes non créancières ; mais aucun parent ou allié du failli, jusqu'au quatrième degré inclusivement, ne peut être nommé à ces fonctions. Les syndics peuvent, après avoir rendu compte de leur gestion, recevoir une indemnité pécuniaire qui est arbitrée par le tribunal, sur le rapport du juge-commissaire (462, 463).

Les syndics représentent à la fois la masse des créanciers et le failli : en cette qualité, ils peuvent faire tous les actes qui sont utiles à l'intérêt commun. En principe, lorsqu'il y a plusieurs syndics, ils ne peuvent agir que collectivement. Le fait du *dessaisissement* du failli a pour conséquence la suspension des poursuites individuelles des créanciers contre sa personne et contre ses biens, sauf certaines exceptions énumérées par les art. 450, 548 et 571. Toutes les actions intentées ou à intenter contre lui doivent être suivies ou introduites contre les syndics. Il résulte également du même principe que les syndics ont seuls qualité pour exercer les actions du failli, à l'exception de celles qui sont exclusivement attachées à sa personne. Nous ne décrirons pas en détail les mesures que les syndics sont tenus ou ont la faculté de prendre dans l'intérêt de la masse des créanciers. Nous dirons seulement que, si le failli n'a pas déposé son bilan, ainsi que la loi l'y oblige, les syndics doivent le dresser immédiatement (476), et qu'en outre ils sont tenus, dans la quinzaine de leur entrée ou de leur maintien en fonctions, de remettre au juge-commissaire un mémoire ou compte sommaire de l'état apparent de la f., de ses principales causes et circonstances, et du caractère qu'elle leur paraît avoir (482, 483). Les deniers provenant des ventes et recouvrements opérés par les soins des syndics sont versés par eux à la Caisse des consignations (489). Les syndics peuvent, dans le délai imparti par la loi, notifier au propriétaire l'intention de continuer le bail pour les locaux servant au commerce ou à l'industrie ou même à l'habitation du failli : faute d'avoir formé une demande en résiliation dans les délais voulus, le propriétaire est tenu de plein droit de subir la continuation du bail. (Voir plus haut les dispositions analogues applicables à la liquidation judiciaire.)

3° *Fonctions des contrôleurs*. — La loi du 4 mars 1889 (art. 20) a rendu applicables à l'état de f. les dispositions qu'elle renferme au sujet des contrôleurs. Nous rappellerons simplement que ces derniers sont élus par l'assemblée des créanciers, à l'origine ou au cours de la liquidation, et qu'ils ont pour fonctions : 1° de vérifier les livres et l'état de situation présenté par le débiteur et de surveiller les opérations des administrateurs nommés par le tribunal, c.-à-d. des syndics dans l'état de f. ; 2° de donner leur avis sur les actes de

désistement, transaction, etc., et sur les actions à intenter ou à suivre au nom du débiteur.

4° *Vérification des créances*. — Le jugement déclaratif de la f. a pour effet de rendre exigibles toutes les dettes du failli, tant civiles que commerciales. Toutefois, cette exigibilité signifie seulement que le créancier prendra part aux opérations de la f. et aux répartitions des dividendes, comme si la créance était échue. Elle ne lui donne donc pas le droit de demander ni de recevoir à l'instant le montant de sa créance. De même, cette exigibilité ne peut donner au créancier le droit de se prévaloir de la *compensation*, dans le cas où il serait lui-même débiteur du failli d'une somme exigible : la compensation n'aurait lieu que si les deux dettes étaient, avant le jugement déclaratif de la f., exigibles et liquides. Enfin, l'exigibilité a lieu à l'égard du failli seulement : en conséquence, le créancier ne peut agir contre les coobligés du failli qui ne sont pas eux-mêmes en état de faillite.

Le jugement déclaratif fait aussi cesser, à l'égard de la masse, le cours des intérêts de toute créance non garantie par un privilège, par un nantissement ou par une hypothèque (445). En effet, si les intérêts avaient continué de courir, ceux des fortes créances auraient absorbé une partie de l'actif, déjà insuffisant pour acquitter les dettes du failli, et cela au préjudice des petits créanciers, tandis que la f. doit rendre égales les positions de tous ceux qui n'ont pas de causes de préférence. Mais c'est à l'égard de la masse des créanciers seulement que les intérêts cessent de courir ; ils courent toujours, soit à l'égard du failli, qui devra les acquitter, s'il veut plus tard obtenir sa réhabilitation, soit à l'égard de ses coobligés.

La f. déclarée, tous ceux qui se prétendent créanciers du failli, même pour des causes étrangères au commerce, sont obligés de produire leurs créances pour être vérifiées. Toute créance, quelle qu'en soit la nature, hypothécaire ou privilégiée, éventuelle ou indéterminée, est soumise à cette formalité. Afin d'activer et de faciliter l'opération de la vérification, les créanciers peuvent, à partir du jugement déclaratif de la f., remettre au greffier leurs titres, et de plus, depuis la loi de 1889, ils doivent, dans ce cas, remettre un bordereau énonçant leurs nom, prénoms, profession et domicile, le montant et les causes de leurs créances, les privilèges, hypothèques ou gages qui y sont affectés. Quant aux créanciers qui, à l'époque du maintien ou du remplacement des syndics, n'ont pas remis leurs titres, ils sont avertis par des insertions dans les journaux et par lettres du greffier, d'avoir à se présenter en personne ou par un fondé de pouvoir, dans un délai de 20 jours à partir des insertions, pour remettre leurs titres. Les créanciers domiciliés en France, hors du lieu où siège le tribunal saisi de l'instruction de la f., ont, de plus, pour produire leurs titres, un jour par 5 myriamètres de distance entre ce lieu et leur domicile. Les créanciers domiciliés hors du territoire continental de la France, jouissent des délais fixés par l'art. 73 du code de procédure civile. La vérification commence trois jours après l'expiration des délais accordés aux créanciers demeurant en France : elle se fait contradictoirement entre les syndics et chaque créancier ou son mandataire, et en présence du juge-commissaire, qui en dresse procès-verbal. Tout créancier vérifié ou porté au bilan peut assister à la vérification des créances et les contester. Le failli a le même droit. Chaque créancier, immédiatement après la vérification ou dans la huitaine, est tenu d'affirmer, en présence du juge-commissaire, que sa créance est sincère et véritable. Si la créance est contestée, le procès-verbal le constate, et le juge-commissaire peut renvoyer les parties à comparaître à bref délai et sans qu'il soit besoin de citation devant le tribunal compétent. A l'expiration des délais fixés pour la vérification et l'affirmation des créances des individus domiciliés en France, il est passé outre aux autres opérations de la f. Quant aux créanciers domiciliés à l'étranger, on leur en réserve leur part dans les dividendes (567, 568). Il n'en est pas de même des créanciers qui ne se sont pas soumis à la vérification et à l'affirmation dans les délais voulus : ces derniers ne sont point compris dans les répartitions. Ils peuvent former, à leurs frais, une opposition ; mais elle ne peut suspendre l'exécution des répartitions ordonnancées par le juge-commissaire, lesquelles sont définitives. Cependant, le législateur, voulant que leur condition soit égale, autant que possible, à celle des autres créanciers qui ont eu part aux premières distributions, les autorise à prélever, sur l'actif non encore réparti, les dividendes afférents à leurs créances dans les premières répartitions (503).

E. *Délibération des créanciers*. — Aussitôt que les délais pour la vérification et l'affirmation des créanciers domiciliés ou fixés en France sont expirés, ces derniers sont convoqués

361

à l'effet de délibérer sur la position qui sera faite au failli. Ce dernier est appelé à cette assemblée, et en général il doit s'y présenter en personne. Deux voies sont ouvertes aux créanciers. Ils peuvent faire rentrer le failli dans l'administration et la libre disposition de sa fortune, sous certaines conditions, le plus souvent à la charge par lui de payer tout ou partie de ce qu'il doit, à des termes convenus : c'est ce qu'on appelle *Concordat* (507) S'il n'intervient pas de concordat, les créanciers sont alors en *état d'union* (529 et suiv.); ils s'unissent pour réaliser l'actif de leur débiteur et-tirer de cet actif le meilleur parti possible.

1° *Du concordat.* — Le concordat ne peut être consenti qu'après l'accomplissement des formalités voulues par la loi, et ne s'établit que par le concours d'un nombre de créanciers formant la majorité des personnes présentes à la délibération, et représentant, en outre, les deux tiers de la totalité des créances vérifiées et affirmées, ou admises par provision. (Loi du 4 mars 1889, art. 15.) Les créanciers hypothécaires inscrits ou dispensés d'inscription, et les créanciers privilégiés ou nantis d'un gage, ne peuvent voter au concordat en vertu de leurs créances ainsi garanties, lesquelles sont également retranchées de l'état, pour composer la majorité des deux tiers en s mmes. Leur vote emporte de plein droit renonciation à leurs hypothèques, privilèges ou gages (507, 508). Le concordat doit être signé séance tenante, à peine de nullité Il ne peut être consenti au profit de celui qui a été condamné comme banqueroutier frauduleux; mais il peut l'être au profit du banqueroutier simple (509, 510 et 511). Tous les créanciers qui ont eu le droit de concourir au concordat, ou dont les droits ont été reconnus depuis, peuvent y former opposition (512). Le concordat ne devient obligatoire que par l'homologation du tribunal de commerce, qui le refuse en cas d'inobservation des règles prescrites, ou lorsque des motifs tirés, soit de l'intérêt public, soit de l'intérêt des créanciers, lui paraissent de nature à empêcher ce traité. Il ne faut pas confondre l'*Atermoiement* avec le *Concordat*. Celui-ci est un traité intervenu entre un débiteur déclaré en f. et ses créanciers; celui-là est un traité entre un débiteur embarrassé et ses créanciers qui lui accordent certains délais pour s'acquitter de ses engagements. — Le concordat, une fois homologué, est obligatoire pour tous les créanciers (516), sauf les droits des créanciers hypothécaires ou privilégiés. Il fait cesser le dessaisissement produit par le jugement déclaratif ; mais l'homologation conserve à chacun des créanciers, sur les immeubles du failli, le bénéfice de l'hypothèque accordée à la masse (517). Lorsque le jugement d'homologation est passé en force de chose jugée, les fonctions des syndics cessent, et ils rendent au failli leur compte définitif (519). — Le concordat, même homologué, peut être annulé, soit pour cause de dol découvert depuis l'homologation, soit par suite de condamnation pour banqueroute frauduleuse. Il peut aussi être résolu en cas d'inexécution des engagements pris par le failli. L'annulation du concordat libère de plein droit les cautions du failli; mais elles ne sont point libérées par sa résolution (520). Quand .e concordat est annulé ou résolu, la f. recommence (522). Néanmoins les actes faits par le failli postérieurement au jugement d'homologation, et antérieurement à l'annulation ou à la résolution, ne sont annulés qu'en cas de fraude aux droits des créanciers (525). — Lorsque, à quelque époque que ce soit avant l'homologation du concordat ou la formation de l'union, le cours des opérations de la f. se trouve arrêté par insuffisance de l'actif, le tribunal peut prononcer la clôture des opérations; mais l'exécution de ce jugement est suspendue pendant un mois à partir de sa date, et il peut toujours être rapporté (527, 528).

2° *De l'union des créanciers.* — Lorsque les créanciers refusent un concordat au failli, ou lorsque celui qui a été consenti est annulé, ils sont de plein droit en *état d'union.* Le juge-commissaire les consulte immédiatement sur l'utilité du maintien ou du remplacement des syndics qui administre jusqu'à cette phase de la f. Les syndics maintenus ou nouvellement nommés poursuivent la vente des biens, la liquidation des dettes actives et passives, et peuvent transiger sur toute espèce de droits. L'opposition du failli ne fait plus obstacle à la transaction sur les droits immobiliers qu'il possède. Les créanciers sont convoqués au moins une fois la première année, et, s'il y a lieu, dans les années suivantes, pour entendre e compte rendu de la gestion des syndics. Enfin, lorsque la liquidation de la f. est terminée, le juge-commissaire les convoque pour la reddition du compte des syndics, le failli présent ou dûment appelé. C'est dans cette dernière assemblée qu'ils donnent leur avis sur l'*excusabilité* du failli. Le tribunal de commerce décide ensuite si le failli est ou non excu-

sable. Quand le failli n'est pas déclaré excusable, les créanciers rentrent dans l'exercice de leurs actions individuelles, tant contre sa personne que sur ses biens; mais s'il est déclaré excusable, il demeure affranchi de la contrainte par corps, et ne peut plus être poursuivi par eux que sur ses biens, sauf les exceptions prononcées par les lois spéciales. Ne peuvent être déclarés excusables : les banqueroutiers frauduleux, les stellionataires, les personnes condamnées pour vol, escroquerie ou abus de confiance, et les comptables de deniers publics (537 à 540).

Lorsque, au lieu d'un particulier, c'est une société qui est en f., et qu'il n'intervient point de concordat, tout l'actif social est soumis au régime de l'union, ainsi que les biens personnels des associés solidaires. Du reste, la loi permet de consentir un concordat seulement en faveur d'un ou de plusieurs des associés (531).

F. *Du concordat par abandon.* — On appelle ainsi le traité qui intervient entre le failli de bonne foi et ses créanciers; il a pour résultat de le libérer par l'abandon de ses biens et de l'affranchir de la contrainte par corps, sans jugement d'excusabilité. Ce contrat, qui était assez fréquent dans la pratique, n'a été sanctionné que par la loi du 17 juillet 1856, qui, en l'autorisant, a déterminé en même temps les règles qui lui sont propres. Il ne peut être consenti que par la majorité des créanciers en nombre et représentant les deux tiers des créances (Code de commerce, art. 541 ; loi du 4 mars 1889, art. 15). Il doit être homologué par le tribunal de commerce, et devient, après cette homologation, obligatoire pour tous les créanciers; mais il peut être annulé ou résolu par les mêmes causes que le concordat ordinaire. La liquidation de l'actif abandonné aux créanciers se fait par des syndics qui rendent leurs comptes en présence du juge-commissaire, le failli dûment appelé. L'abandon de l'actif du failli peut être total ou partiel. Le concordat par abandon diffère du concordat ordinaire, en ce qu'il ne replace pas le failli à la tête de l'administration de ses biens ; et de l'union, en ce qu'il le dispense de tout jugement d'excusabilité et le libère pour l'avenir. Ce concordat diffère aussi de la *cession de biens*, soit volontaire, soit judiciaire ; et la cession volontaire, en ce que cette dernière ne peut avoir lieu que si tous les créanciers y consentent; et de la cession judiciaire, en ce que, dans celle-ci, l'abandon des biens du débiteur ne le libère que jusqu'à concurrence des dettes qui sont éteintes par ce moyen.

G. *Des différentes catégories de créanciers.* — Les droits des créanciers diffèrent suivant l'espèce de créance qu'ils possèdent.

1° *Créanciers porteurs d'engagements solidaires ou garantis par des cautions.* — Le créancier porteur d'un engagement souscrit par plusieurs codébiteurs solidaires qui sont en f., peut requérir son admission dans chacune des masses pour la totalité de sa créance jusqu'à parfait paiement (542). Aucun recours, pour raison des dividendes payés, n'est ouvert aux faillites des coobligés les unes contre les autres; néanmoins, lorsque la réunion des dividendes excède le montant total de la créance, cet excédent est dévolu, suivant l'ordre des engagements, à ceux des obligés qui avaient les autres pour garants (543). Si le créancier porteur d'engagements solidaires entre le failli et d'autres coobligés a reçu de l'un des codébiteurs, avant la faillite, acompte sur sa créance, il n'est plus admis dans la masse du failli que sous la déduction de cet acompte. Quant au coobligé ou à la caution qui a fait le paiement partiel, il est compris dans la masse du failli pour tout ce qu'il a payé à la décharge de celui-ci (544); mais il en serait autrement si cet acompte avait été payé depuis la f. Enfin, quoiqu'il y ait eu des remises consenties par un concordat, les créanciers, ceux-là même qui ont adhéré à ce traité, conservent leur action pour la totalité de leur créance contre les coobligés du failli (543).

2° *Créanciers nantis de gages ou privilégiés sur les meubles.* — Les créanciers nantis de gages, lesquels sont inscrits dans la masse pour mémoire, ont le droit de faire ordonner la vente des objets dont ils sont nantis, sauf aux syndics à retenir ces gages en remboursant la dette (5.6). Les ouvriers et commis employés directement par le failli sont privilégiés, comme les gens de service habituel, les premiers pour le salaire acquis pendant les trois mois qui ont précédé la déclaration de f., les seconds pour les six mois qui l'ont précédée .Code de commerce, art. 549 modifié par la loi du 4 mars 1889, art. 22) Enfin, le juge-commissaire peut autoriser le paiement des créanciers privilégiés sur les meubles, même avant que la contribution sur le prix du mobilier soit ouverte (5.4).

3° *Créanciers hypothécaires et privilégiés sur les im-*

meubles. — Ceux d'entre eux qui ne viennent point en ordre utile sur le prix des immeubles, sont considérés comme chirographaires (556). Si la distribution du prix des immeubles se fait antérieurement à celle du prix des meubles ou en même temps, les créanciers privilégiés ou hypothécaires, qui ne sont pas colloqués en ordre utile ou qui n'y sont colloqués que pour partie, viennent à contribution avec les créanciers chirographaires sur l'actif mobilier, pour ce qui leur reste encore dû (552). Si la distribution du prix des immeubles est précédée d'une ou de plusieurs distributions de deniers provenant de l'actif mobilier, les créanciers hypothécaires ou privilégiés sur les immeubles sont admis dans les distributions pour la totalité de leur créance, et y viennent au marc le franc comme les créanciers chirographaires. Malgré cela, lorsque ensuite l'ordre pour la distribution du prix des immeubles vient à s'ouvrir, on y colloque les créanciers hypothécaires et privilégiés pour la totalité de leurs créances, comme s'ils n'avaient rien touché dans la distribution de l'actif mobilier. Mais on retient à ceux qui viennent en ordre utile sur le prix des immeubles pour la totalité de leur créance, une somme égale à celle qu'ils ont perçue dans la masse chirographaire, et cette somme est reversée dans cette masse, qui est censée en avoir fait l'avance. Lorsque, au contraire, ils ne sont colloqués que partiellement dans la distribution du prix des immeubles, on calcule ce qu'ils auraient dû prendre dans la masse chirographaire, si la distribution du prix des immeubles eût été faite avant celle du prix des meubles, et s'ils ont reçu davantage dans cette dernière, on leur retient l'excédent pour le reverser dans la masse chirographaire (553 et suiv.).

4° Droits des femmes. — Les droits que le Code civil accorde aux femmes mariées sont restreints en cas de f. du mari. La femme du failli reprend en nature les immeubles qu'elle a apportés ou qui lui sont advenus par succession ou donation; mais si elle est mariée sous le régime de la communauté, elle ne peut les reprendre qu'autant qu'elle ne les a pas amеublis (557). Elle ne peut reprendre les immeubles acquis en remploi, que si l'acquisition a été faite par elle ou en son nom, si l'origine des deniers est constatée par inventaire ou tout autre acte authentique, et si l'acte d'acquisition renferme la déclaration d'emploi (558). Quant aux meubles, la femme reprend en nature ceux qu'elle s'est constitués ou qui lui sont advenus par succession ou donation, et qui ne sont pas entrés en communauté : elle est tenue de prouver par inventaire ou tout autre acte authentique l'identité des objets (560). Enfin, en cas de f., l'hypothèque légale de la femme ne frappe que les immeubles qui appartenaient au mari à l'époque de la célébration du mariage, ou qui lui sont advenus depuis par succession ou donation (563, 564).

5° Créanciers chirographaires. — Distraction faite des frais et dépenses de l'administration de la f., des secours qui ont pu être accordés au failli ou à sa famille et des sommes payées aux créanciers privilégiés, hypothécaires et nantis de gages, qui priment les simples créanciers chirographaires, les sommes provenant de la réalisation des biens du failli sont réparties, au fur et à mesure de cette réalisation, entre ces derniers, au marc le franc de leurs créances vérifiées et affirmées. Toutefois, il n'est procédé à aucune répartition entre les créanciers domiciliés en France qu'après la mise en réserve de la part correspondante aux créances pour lesquelles les créanciers domiciliés hors de la France continentale sont portés sur le bilan. Mais à l'expiration des délais accordés à ceux-ci pour faire vérifier leurs titres, les sommes mises en réserve sont distribuées aux créanciers reconnus (565, 567).

II. De la revendication. — Le vendeur d'objets mobiliers acquis par le failli ne peut les revendiquer en vertu de l'art. 1657 du Code civil, alors même que, le prix de vente n'ayant pas été payé, ils se trouveraient encore entre les mains de l'acheteur. Cette disposition rigoureuse est une conséquence de ce principe qu'en fait de meubles possession vaut titre, et que le failli pouvait en disposer. Mais il n'en est pas de même pour les objets mobiliers de toute nature qui sont entre les mains du failli à titre de dépôt, de mandat ou de commission. Ces objets peuvent être revendiqués par leur propriétaire, attendu que le failli ne pouvait en disposer à son profit. En conséquence, la loi accorde aux tiers le droit de réclamer et de revendre : 1° les effets de commerce ou autres titres de créance remis ou envoyés au failli avec une certaine destination qui n'a pas rendu ce dernier propriétaire de ces effets ou titres (574); 2° les marchandises déposées ou consignées pour être vendues (575); 3° les marchandises expédiées au failli, tant que la tradition n'en a point été effectuée dans ses magasins ou dans ceux du commissionnaire chargé de les vendre pour le compte du failli (576). Le vendeur peut aussi retenir les marchandises

par lui vendues au failli, lorsqu'elles ne lui ont pas encore été délivrées ou n'ont pas encore été expédiées, soit à lui, soit à un tiers pour son compte (577). Toutefois les syndics ont le droit d'exiger la remise des marchandises en payant au vendeur le prix convenu, soit dans le cas où ce dernier peut les revendiquer, soit dans le cas où il peut les retenir (578).

III Des banqueroutes. — La Banqueroute est la position du commerçant en état de cessation de paiements lorsqu'il s'est rendu coupable de certaines fautes graves spécifiées par la loi ou de fraude. Dans le premier cas, la banqueroute est simple; dans le second, elle est frauduleuse.

A. Banqueroute simple. — Doit être déclaré banqueroutier simple tout commerçant failli qui se trouve dans un des cas suivants : 1° si ses dépenses personnelles ou les dépenses de sa maison sont jugées excessives; 2° s'il a employé de fortes sommes, soit à des opérations de pur hasard, soit à des opérations fictives de bourse ou sur marchandises; 3° si, dans l'intention de retarder sa f., il a fait des achats pour revendre au-dessous du cours; s'il s'est livré à des emprunts, circulation d'effets ou autres moyens ruineux de se procurer des fonds; 4° si, après cessation de ses paiements, il a payé un créancier au préjudice de la masse (585). La banqueroute simple peut être déclarée : 1° si le failli a contracté pour le compte d'autrui, sans recevoir de valeurs en échange, des engagements jugés excessifs; 2° s'il est de nouveau déclaré en f., sans avoir satisfait aux obligations d'un précédent concordat; 3° si, étant marié sous le régime dotal ou séparé de biens, il ne s'est pas conformé aux articles 69 et 70 du Code de comm.; 4° si, dans les quinze jours de la cessation de ses paiements, il n'a pas fait au greffe la déclaration exigée par la loi, ou si cette déclaration ne contenait pas les noms de tous ses associés solidaires; 5° si, sans empêchement légitime, il ne s'est pas présenté en personne aux syndics dans les cas ou dans les délais fixés, ou si, après avoir obtenu un sauf-conduit, il ne s'est pas représenté à la justice; 6° s'il n'a pas tenu de livres et fait exactement inventaire; si ses livres ou inventaires sont incomplets ou irrégulièrement tenus, ou s'il n'offre pas sa véritable situation active ou passive, sans néanmoins qu'il y ait fraude (Code de comm., art. 586, 1°, 2, 3°, 4° modifié par la loi du 4 mars 1889, art. 23, 5°). La banqueroute simple est punie d'un emprisonnement d'un mois au moins et de deux ans au plus (Code pén. 402). Elle peut être poursuivie non seulement par le ministère public, mais aussi par les syndics et par tout créancier (584). Les peines de la banqueroute simple s'appliquent toujours au coupable dans les cas de l'article 585; mais, dans ceux de l'article 586, l'application de la peine est facultative.

B. Banqueroute frauduleuse. — Il y a banqueroute frauduleuse lorsque le failli a : 1° soustrait ses livres; 2° détourné ou dissimulé une partie de l'actif; 3° exagéré frauduleusement son passif (591). Le banqueroutier frauduleux est puni de la peine des travaux forcés à temps (Code pén. 402, 403). Les agents de change et les courtiers qui font f. sont punis de la même peine, et, s'ils sont convaincus de banqueroute frauduleuse, la peine est celle des travaux forcés à perpétuité (Code pén. 404). La poursuite, dans le cas de banqueroute frauduleuse, appartient au ministère public : la masse des créanciers du failli ou les créanciers individuellement ne peuvent l'ex ercer. Cependant les syndics, ou bien un ou plusieurs créanciers, peuvent se porter parties civiles (592). — Les complices d'une banqueroute frauduleuse sont punis comme le banqueroutier lui-même. Quant au conjoint, aux descendants ou ascendants du failli, et à ses alliés au même degré, qui, sans avoir agi de complicité avec le failli, ont détourné, diverti ou recélé des effets appartenant à la f., ils sont punis des peines du vol (Code comm. 594). Le syndic qui se rend coupable de malversation dans sa gestion est puni d'un emprisonnement de deux mois à deux ans, sans préjudice de l'amende (596). Enfin le créancier qui a stipulé, soit avec le failli, soit avec d'autres personnes, des avantages particuliers, comme condition de son vote dans la délibération de la f., est puni correctionnellement d'un emprisonnement qui ne peut excéder une année, et d'une amende qui ne peut être au-dessus de 2,000 francs. La même peine d'emprisonnement et d'amende est aussi prononcée contre le créancier qui a fait un traité particulier avec le failli au détriment de la masse, sans néanmoins que ce traité fût la condition de son vote (597).

La juridiction criminelle, en cas de poursuite et même de condamnation pour banqueroute, ne peut s'immiscer en aucune façon dans les opérations de la f. La procédure commerciale et l'action de la justice répressive sont dans une complète indépendance. En conséquence, les biens du banqueroutier sont régis et administrés suivant les règles prescrites pour la f. pure et simple (601).

IV. *De la réhabilitation.* — Par suite du jugement déclaratif de la f., le failli est frappé de certaines incapacités légales, savoir : 1° l'état de f. suspend l'exercice des droits de citoyen; 2° les faillis ne peuvent être agents de change ni courtiers (83); 3° bien qu'ils puissent faire le commerce, ils ne peuvent se présenter à la Bourse, ni donner leur signature pour l'escompte à la Banque de France; 4° il leur est interdit de porter la croix de la Légion d'honneur ou la médaille militaire (613). Toutes ces incapacités cessent par la réhabilitation. La réhabilitation est donc une espèce de restitution en entier, par suite de laquelle le failli est réintégré dans tous les droits dont il jouissait avant la f. Le failli qui veut être réhabilité, doit justifier qu'il a payé tous ses créanciers, même les remises votées par le concordat, en capital, intérêts et frais. Il présente requête à la Cour d'appel dans le ressort de laquelle il a son domicile, et celle-ci, le procureur général entendu, rend un arrêt portant admission ou rejet de la demande (604 et suiv.).

Par mesure transitoire, la loi du 4 mars 1889 (art. 25) a décidé que tout ancien failli qui aurait obtenu son concordat ou qui aurait été déclaré excusable, pourrait s'adresser au tribunal de commerce pour faire décider qu'il ne serait désormais soumis qu'aux incapacités entraînées par l'état de liquidation judiciaire. Voy. plus haut.

V. *De la déconfiture.* — Comme nous l'avons vu, la déconfiture est l'état d'un non-commerçant qui est hors d'état d'acquitter ses dettes. La situation du *déconfit* n'offrant aucun intérêt au point de vue de la société, la loi ne s'en occupe que dans un cas particulier, celui où un débiteur malheureux et de bonne foi peut se libérer envers ses créanciers en leur faisant la cession de ses biens. Les poursuites contre les biens du déconfit se font suivant les règles de la procédure ordinaire. Bien plus, les paiements faits par lui avant que la déconfiture existe sont valables, à la seule condition qu'ils aient eu lieu sans fraude. Voy. CESSION.

FAILLOISE. s. f. [Pr. *fa-lloi-ze,* *ll* mouillées] (R. *faillir).* T. Mar. Le lieu où le soleil se couche. Vx.

FAILLY (DE), général français, né à Rozoy-sur-Serre (Aisne), (1810-1892).

FAIM. s. f. (lat. *fames,* m. s. Besoin et désir de manger. *Avoir grand f. Souffrir, endurer la f. Apaiser sa f.* — *Étourdir la grosse f.,* Calmer la f. trop vive en mangeant un peu. — Fig. et fam., *Crier à la f.,* Être pressé du besoin de manger. *Mourir de f.,* Avoir extrêmement faim, ou manquer des choses nécessaires à la vie. *La f. chasse le loup du bois,* La nécessité force à chercher sa vie. *Prendre les assiégés par la f.,* En leur coupant les vivres. *Marier la f. et la soif,* Marier deux personnes aussi pauvres l'une que l'autre. *Mourir de f. auprès de son argent,* Se refuser le nécessaire par avarice. — Subst. et par dénigr., on dit d'un homme qui n'a pas de quoi vivre, *C'est un meurt-de-f.* || Fig. *La f. insatiable des richesses, des honneurs.* L'avidité, le désir ardent de les posséder. On dit plus ordin. *La soif des richesses,* etc.

Physiol. — La F. est une sensation interne, qui se fait sentir en général à des intervalles réguliers, et qui coïncide avec la vacuité de l'estomac. Le renouvellement de ce besoin est en rapport avec l'activité ou la rapidité du mouvement nutritif, laquelle varie selon les espèces animales, selon l'âge, selon la température, selon les saisons, selon la nature des aliments, etc. On place vulgairement dans l'estomac le siège de la sensation de la f., mais la localisation de cette sensation tient simplement à la connaissance que nous possédons, qu'elle cesse lors de l'introduction des aliments dans l'estomac. Les anciens physiologistes, pour l'expliquer, disaient, tantôt qu'elle est produite par le frottement des muqueuses pendant la vacuité de l'estomac, tantôt qu'elle résulte de la constriction douloureuse de la tunique musculeuse de ce viscère; d'autres pensaient que, dans l'état de vacuité, les parois stomacales sont attaquées par le suc gastrique, etc.; mais ces explications mécaniques ou chimiques ne sont pas admissibles. En effet, lorsque la privation des aliments se prolonge, la douleur locale de la région épigastrique disparaît; et pourtant le sentiment de la f. ou du besoin d'aliments persiste tellement, que bientôt la fièvre s'allume et se transforme à la longue en un véritable délire furieux, peut-on dire, alors que la f. a disparu. Au reste, les expériences démontrent que, chez les animaux, le besoin de prendre des aliments persiste non seulement après la section des nerfs pneumogastriques qui mettent l'estomac en rapport avec les centres nerveux (Sédillot), mais encore après celle des nerfs du goût (Longet). — La sensation de la f. est donc vraisemblablement une sensation de besoin qui dépend du sentiment instinctif de la conservation; elle tient à un malaise général, c'est un appel fait par le sang devenu trop pauvre; elle doit avoir son siège dans le système nerveux central. Diverses considérations viennent à l'appui de cette opinion. Si l'opium, le tabac et les autres narcotiques calment la f., c'est uniquement en agissant sur les centres nerveux. Les maladies de ce système causent souvent des sensations trompeuses de f., quoique l'estomac ne se trouve point à l'état de vacuité. Enfin, il n'est pas rare de voir des aliénés, affectés d'une lésion profonde du système nerveux, ne plus sentir le stimulus de la f., au point de refuser absolument toute espèce d'aliments. Voy. APPÉTIT et ABSTINENCE.

FAIM-VALLE. s. f. [Pr. *fin-va-le*] (lat. *fames,* faim; *va-lida,* forte). T. Vétér.

La *Faim-valle* est une maladie rare qui n'attaque guère que le cheval, et qui paraît être une véritable névrose. A peine l'animal est-il échauffé par la marche, qu'on le voit s'arrêter tout à coup. Il suffit alors de lui donner à manger : aussitôt le spasme se dissipe, et l'animal reprend son chemin. — Cette sorte de névrose s'observe aussi quelquefois chez l'homme; elle se manifeste par un besoin irrésistible de manger, qu'il faut satisfaire à l'instant. On lui donne vulgairement le nom de *Fringale,* qui paraît n'être qu'une corruption de *faim-valle.*

FAIN (Baron), secrétaire de Napoléon Ier, auteur de mémoires sur l'Empire (1778-1837).

FAÎNE. s. f. (lat. *fagina,* m. s.). Le fruit du Hêtre. Voy. CUPULIFÈRES.

FAINÉANT, ANTE. adj. et s. (R. *faire néant,* ne rien faire). Paresseux, qui ne veut point travailler, qui ne veut rien faire. *Il est f. C'est un grand f. Elle est fainéante. C'est une fainéante.* — *Rois fainéants,* se dit, dans l'histoire de France, des derniers rois de la première race, qui ont abandonné l'exercice du pouvoir aux maires du palais.

Syn. — *Indolent, Nonchalant, Négligent, Paresseux.* — L'*indolent* craint la peine, il n'aime que la tranquillité; le *nonchalant* craint la fatigue, il n'aime qu'un doux loisir; le *négligent* craint l'application, il n'aime que la dissipation; le *paresseux* craint l'action, il n'aime rien tant que le repos; le *fainéant* craint le travail, il n'aime que l'oisiveté. Faute de passions, de désirs, de goûts vifs, l'*indolent* ne prend point de part ou d'intérêt aux choses : s'il agit, il ne se donne pas assez de mouvement pour en souffrir, et c'est ce qui constitue la tranquillité. Faute d'activité, de chaleur, d'énergie, le *nonchalant* n'a pas de cœur à l'ouvrage; s'il agit, c'est à son aise qu'il le fait. Faute de zèle, de vigilance, de tenue, d'esprit de suite, le *négligent* ne fait rien qu'à demi ou trop tard; ce n'est point à faire qu'il se refuse, mais à faire une chose qui demande de l'application, de la suite. Faute de ressort, de courage, de résolution, le *paresseux* reste comme il est, plutôt que de se mouvoir pour être mieux : l'inaction est son élément. Faute de bonne volonté, d'émulation, d'âme, le *fainéant* reste là, désœuvré, non comme le *paresseux* qui n'a pas le courage d'entreprendre, mais parce qu'il a une volonté arrêtée de ne rien faire. Il végète, ou plutôt il croupit.

FAINÉANTER. v. n. (R. *fainéant).* Ne rien faire, par paresse lâche. *Il demeure toute la journée à f.* Fam.

FAINÉANTISE. s. f. Vice du fainéant, paresseux, lâche. *Il est d'une f. dont rien n'approche. Vivre, demeurer, croupir dans la f.*

FAÎNÉE. s. f. Récolte des faînes.

FAIRE. v. a. (lat. *facere,* m. s.). Ce verbe, qui est d'un usage très étendu, indique une cause qui agit et un effet qui résulte de cette action; il s'applique à toutes sortes d'actes et d'opérations : de là un grand nombre d'acceptions qui souvent ne se distinguent que par des nuances légères. = Créer, produire de rien. *La théologie enseigne que Dieu a fait de rien le ciel et la terre.* = Produire par voie de développement; se dit de la génération et des choses qui se développent en vertu de forces internes. *La nature est admirable dans tout ce qu'elle a fait. Elle fait de bien beaux*

enfants. *Une jument qui a fait un poulain. Cette poule
fait un œuf presque tous les jours. Cet enfant fait ses
dents.* — Prov. *Qui a fait l'une, a fait l'autre,* se dit de
deux personnes, de deux choses qui se ressemblent entièrement. = Fabriquer, composer, produire; se dit de toute œuvre
matérielle de l'art, de l'industrie humaine, ou de l'instinct des
animaux. *F. un bâtiment, une machine, des outils, une
bague. F. du pain. F. du vin Ce brasseur fait de l'excellente bière. F. du sucre. F. du feu pour se chauffer.
F. de la glace par des procédés chimiques. F. du drap,
de la toile, des bas, des chapeaux. F. de la tapisserie. F.
un habit. C'est le peintre qui a fait mon portrait. Ce
sculpteur a fait une statue de Charlemagne. Une araignée
qui fait sa toile. Un oiseau qui a fait son nid.* || Dans le
même sens, se dit des œuvres de l'intelligence et de l'imagination *F. un traité sur une matière. F. un livre, une
histoire, un discours, un poëme, une tragédie, un roman,
un article de journal, une traduction. F. l'histoire d'un
pays, d'un événement. F. un récit, une description. F. un
manifeste, un mémoire, une apologie. F. des vers, de la
prose. F. une loi, une ordonnance, un acte, un exploit,
un procès-verbal. F. des observations, des systèmes. F.
un morceau de musique, une symphonie, une valse, des
variations, etc. Un écolier qui a fait son thème, sa ver-
sion.* — Fam., *C'est une nouvelle, une histoire, un conte
fait à plaisir,* C'est une nouvelle, etc., controuvée, où il n'y
a rien de vrai. = Dans un sens beaucoup moins général, *Faire*
se dit de tout ce qu'un agent opère, effectue, exécute, accomplit, etc., soit dans l'ordre physique, soit dans l'ordre moral.
— *Il fait bien toutes ses fonctions. F. un bon repas. F. un
mouvement, un saut. Il s'est fait une blessure à la tête. F.
du mal à quelqu'un. F. l'amour. F. des efforts, des cris.
F. attention. F. réflexion. Se f. des idées justes. F. du
bruit. F. silence.* — *F. une opération de chirurgie, une
cure, un traitement, une expérience.* — *F. usage d'une
chose. F. de la musique. F. une fête. F. des réjouis-
sances. F. une lecture, la lecture à quelqu'un.* — *F.
une entreprise, une affaire. F. bien ses affaires. F. failli-
lite. F. une perte. Faire des dettes. F. une quête, la
quête. F. une alliance. F. un traité. F. un mariage, un
contrat. F. un marché, une vente, un achat. F. achat.
F. un serment, une promesse, une obligation. F. son testament. F. une donation. F. une offre. F. une commission, un envoi. — F. la guerre. F. une expédition. F.
des prisonniers, une prise, des conquêtes. F. sentinelle.
F. faction. F. le guet. F. la garde, la ronde. F. la revue
d'une armée. F. feu. F. quartier. F. une trève. F. la
paix.* — *F. naufrage. F. escale. F. le quart.* — *F. une
prière. F. un sacrifice, une offrande. F. un vœu, des
vœux. F. l'examen de sa conscience. F. un acte de con-
trition.* — *F. une bonne œuvre, une œuvre de charité, de
bonnes œuvres. F. un don. F. l'aumône, la charité. F. des
largesses. F. un acte de courage.* — *F. justice. Se f. justice. F. des injustices. F. des méchancetés, des cruautés,
des bassesses. F. tort à quelqu'un. F. une mauvaise action, un mauvais coup, un crime, un mensonge. F. une
folie, une incartade, un coup de tête, une bévue, une
sottise. F. une malice, une niche. F. une faute de langue,
un barbarisme, un solécisme.* — *F. mention d'une personne, d'une chose. F. cas de quelqu'un. Faites-lui ce plaisir. F. des caresses, des amitiés, des politesses, des compliments, des remercîments, des excuses. F. honneur. F.
accueil. F. bonne grâce. F. les honneurs de sa maison.
F. des façons.* — *F. résistance. F. des difficultés. F. des
plaintes, des remontrances, des reproches. F. commandement. F. défense.* — *F. bonne contenance. Il nous fait
mauvaise mine,* etc. || Se dit également des choses. *La chau-
dière fit explosion. Le bruit que fait le tonnerre. Un volcan
qui fait éruption. Un corps qui fait impression sur un
autre. La grêle a fait beaucoup de dégât. Cet ouvrage
fait autorité. Cet événement fera époque dans notre histoire. Cette muraille fait le coude,* Elle forme un coude,
un angle. *Sa maison fait face à la mienne,* Elle est en face de
la mienne. *Ce tableau fait pendant à tel autre,* Il sert ou peut
servir de pendant à tel autre, etc. = *F. quelque chose pour
quelqu'un,* Lui accorder ou lui faire obtenir quelque chose.
*Maintenant qu'il est en place, il fera sans doute quelque
chose pour sa famille. Il n'a rien voulu f. pour moi.* On dit de
même, d'un individu qui est doué d'excellentes dispositions
naturelles, de tous les avantages extérieurs, etc., *La nature
a tout fait pour lui.* — *F. en mauvaise part, C'est un
homme à tout f.,* C'est un homme capable de faire toutes les
mauvaises actions possibles. — Fam., *N'en rien f.,* Se garder

de faire la chose dont il s'agit, ne pas la faire. — Fam. *Je ne
puis, je ne sais que f. à cela,* C'est une chose où je ne peux
rien. *Je n'y saurais que f.; Que voulez-vous que j'y fasse?*
Jo n'y puis apporter de remède, ou cela ne dépend pas de moi.
— Fam., *F. des siennes,* Faire de ses actions accoutumées,
de ses fredaines, de ses tours ordinaires. *Il continue à f.
des siennes. Vous aussi vous avez fait des vôtres. Bah!
nos pères, dans leur temps, ont bien fait des leurs.* —
Ellipt. et fam., *Se laisser f.,* Voy. LAISSER. = Arranger, disposer, accommoder. *C'est cet homme qui fait mon jardin.
F. une chambre, un lit. F. la couverture. F. la barbe, les
cheveux. F. ses ongles. F. la moisson, la vendange, les
foins. F. les vignes.* = Observer, mettre en pratique; en
ce sens, il se dit des choses qui sont d'obligation et de précepte. *F. la volonté de Dieu. Il n'a fait que son devoir. F.
ce qui est de règle. F. ses Pâques. F. maigre. F. l'ordonnance du médecin.* — *F. une fête,* La célébrer. = Employer ses forces, son esprit, son talents, son temps à quelque
chose; s'en occuper; le terminer. *F. un travail rebutant. F.
sa besogne. Il est toute la journée à ne rien f. Je fais tous
mes efforts. C'est un homme qui ne trouve rien de difficile à f. Tout ce qu'il fait, il le fait bien. Il est tout entier à ce qu'il fait. Que ferez-vous tantôt? Je n'ai rien à f.
— Absol., Aurez-vous bientôt fait? J'aurai fait dans cinq
minutes. Aussitôt que j'aurai fait, je serai à vous.* — Proverb. *On ne peut f. qu'en faisant,* Il y a des choses qui de-
mandent un certain temps pour être bien faites. || *Ce f. que,*
Être toujours ou habituellement occupé à une certaine chose;
n'en pouvoir ou n'en vouloir pas faire d'autre. *Il ne fait
qu'étudier. Il ne fait que jouer, boire et fumer. Je ne
fais que ce qu'on m'a dit de f. Je ne fais ici qu'obéir,
qu'exécuter les ordres que j'ai reçus. Cet animal ne fait
que dormir, que manger, qu'aller et venir. Fam., Ne f.
que croître et embellir,* Voy. CROÎTRE. — *Ne f. que,* se dit
encore d'une action qui est immédiatement suivie de son résultat ou d'une autre action, d'un fait quelconque. *Je n'ai
fait que l'entrevoir; il se retira aussitôt. Il n'a fait que
paraître et disparaître. Attendez-moi, je ne fais qu'en-
trer et sortir.* || *Ne f. que de sortir, que d'arriver, que
de s'éveiller,* etc., N'être sorti, arrivé, éveillé, etc., que depuis très peu de temps. = Dans un sens partie., *Faire,* se dit
en parlant des choses qui s'exécutent et s'accomplissent par
le mouvement d'un lieu à un autre. *F. un tour d'allée. F.
des allées et venues. F. une lieue à pied. F. une course,
un voyage, un long trajet, un grand circuit. Cet homme
fait deux lieues par heure, fait plus de chemin en une
heure qu'un autre en deux. Notre bâtiment faisait dix
nœuds à l'heure. Cette planète fait sa révolution autour du soleil en tant de jours.* — Fam., on dit, *J'ai
fait tout Paris, J'ai couru tout Paris; et, J'ai fait tous
les marchands, J'ai été chez tous les marchands.* — Fig.
et fam., *F. son chemin,* Voy. CHEMIN. *F. des progrès,
Avancer, s'étendre, se développer, etc. Son fils fait beaucoup de progrès dans ses études. Le mal fit de rapides progrès. L'industrie ne fait aucun progrès chez ces
peuples.* On dit également, *Faire un pas vers quelque
chose. Cette découverte fait f. un grand pas à la chimie.*
— T. Mar. *F. voile pour un endroit, vers un endroit,* S'y
diriger. *F. le nord, f. le sud,* Naviguer vers le nord, vers le
sud. *F. vent arrière,* Naviguer avec le vent en poupe *F. côte.*
Voy. CÔTE. || T. Gram. Se dit des inflexions des mots, et
sign. Prendre telle ou telle forme, telle ou telle terminaison.
*Cheval fait au pluriel chevaux. Bon fait bonne au fémi-
nin. Aimer fait au futur j'aimerai.* || *Faire,* se dit aussi de
l'exécution et de la pratique de certaines choses qu'on est
obligé ou comme obligé d'accomplir, d'achever, de parfaire
en un certain temps. *F. la quarantaine. F. quarantaine.
Un écolier qui fait sa rhétorique, son cours de philosophie. F. son droit, sa médecine. F. son apprentissage. Un
soldat, un apprenti qui a fait son temps. F. un novi-
ciat. F. une neuvaine.* = Former, façonner, perfectionner.
*Ce professeur a fait d'excellents élèves. Les affaires font
les hommes. C'est la guerre qui fait les bons généraux.*
— Prov., *Maison faite et femme à f.,* Il faut acheter une
maison toute bâtie, et épouser une femme jeune qu'on
puisse façonner à sa guise.* || Accoutumer, habituer. *Les
voyages m'ont fait à la fatigue. Il est fait au chaud et
au froid. Mon estomac n'est pas fait à ce régime. Elle
est faite aux boutades de son mari.* || Donner à une per-
sonne ou à une chose une certaine qualité; la mettre dans
un certain état. *Ce voyage l'a fait beaucoup plus malade
qu'il n'était. Sa dot la fait belle aux yeux de bien des
gens. Cette spéculation l'a fait riche en peu de temps.*

Ce peintre fait toutes ses femmes roses et blondes. Il a fait cela trop long, trop court, etc. On dit à peu près de même, F. des heureux, des jaloux, des mécontents, etc. — F. quelqu'un dupe, le tromper. Il vous a fait sa dupe. — T. Jeu. F. bon, Répondre qu'on paiera ce qu'on perdra au delà de ce qu'on a mis au jeu. F. bon de bon fait. F. bon partout. — F. bon pour quelqu'un, Être sa caution. || Faire, se dit aussi en parlant des différentes professions qu'on embrasse, des différents emplois, des différents métiers, des différentes fonctions qu'on exerce. F. profession des armes. F. la profession d'avocat. F. profession de la médecine. F. la médecine. F. sa charge avec dignité. F. un métier. F. le commerce, la banque, la commission. F. la cuisine, l'office. F. les fonctions d'intendant. — F. le diacre, le sous-diacre, En ĕ re les fonctions. Voy. PROFESSION et MÉTIER. || Donner une profession, un emploi, un titre, une dignité, etc. Il a fait son fils avocat, médecin. Sa mère l'avait faite modiste. Il a été fait chevalier de la Légion d'honneur, conseiller d'État, duc, comte, baron, etc. — Fig., L'occasion fait le larron, Voy. LARRON. || T. Peint. F. l'histoire, le paysage, le portrait, les animaux, etc., Se livrer exclusivement à la peinture d'histoire, de paysage, etc. || Faire, construit avec la prép. De, ou avec un équivalent, se prend tantôt dans le sens ci-dessus, tantôt dans celui de changer, transformer en. Que ferez-vous de votre fils? J'en veux f. un architecte. De simple sergent qu'il était, on l'a fait officier. Les mauvaises compagnies ont fait de ce jeune homme un très mauvais sujet. Sitôt qu'un empereur était mort, les Romains en faisaient un dieu. On a fait de cet ancien couvent une très belle caserne. — Fig. et prov., F. d'une mouche un éléphant, Voy. ÉLÉPHANT. On ne saurait f. d'une buse un épervier, Voy. BUSE. F. de cent sous quatre livres, et de quatre livres rien, Dissiper son bien en spéculations stupides. — F. de quelque chose une obligation, un devoir, etc., L'imposer comme une obligation, etc. Pourquoi f. à l'homme une obligation de ce qui doit être volontaire? C'est une loi que je me suis faite. Elle s'est fait des règles dont elle ne se départ point. Je me fais un devoir de vous en prévenir. On dit de même, Se f. scrupule de... Se f. conscience de... Se f. un jeu de ses promesses, de ses serments, de violer ses promesses. — F. ses délices de l'étude, etc., Se plaire extrêmement à l'étude, etc. — F. gloire, f. vanité, etc. f. honneur de quelque chose, En tirer vanité, s'en tenir honoré. On dit de même, F. un mérite de quelque chose à quelqu'un. Ne me faites pas un mérite d'une action si naturelle. — Se f. une habitude de, Contracter l'habitude de. On dit aussi, Se f. des habitudes. || Faire de, se dit aussi en parl. de l'emploi, de l'usage qu'on peut faire, du parti qu'on peut tirer d'une personne ou d'une chose. Que voulez-vous donc que je fasse de cet homme-là? Vous ne faites rien de ce meuble-là? vous n'en faites rien. Faites-en ce que vous voudrez. Il ne sait que f. de son temps. Il ne sait que f. de sa contenance. Fam. — Fig. et fam. F. ce qu'on veut d'une personne, se dit d'une personne sans volonté, qui se prête aisément aux désirs, aux vues d'une autre. Dans le sens contraire, on dit d'un homme d'un caractère difficile, C'est un homme dont on ne fait pas ce qu'on veut. || N'avoir que faire de quelqu'un, de quelque chose, N'en avoir pas besoin, ou n'en faire aucun cas. Je n'ai plus que f. de vous et de votre aide, allez où vous voudrez. Si vous n'avez que f. de ce livre, prêtez-le-moi. Il n'a plus f. de maître, que f. d'étudier, il en sait assez. Je n'ai que f. de lui ni de ses visites. Je n'ai que f. de vos compliments. — Se dit encore pour marquer qu'on désapprouve quelque chose, qu'on la trouve mauvais. Je n'ai que f. de vos réflexions. Je n'ai que faire qu'elle m'aille mêler dans ses caquets. = Représenter; se dit des différents personnages que les acteurs représentent sur le théâtre. F. un personnage dans une comédie. C'est un excellent acteur, il fait bien son personnage. F. les rois, les amoureux. Dans Athalie, il fait Joad. — Par ext. F. tel ou tel personnage, Se donner pour avoir telle ou telle qualité. L'un devait f. le maître et l'autre le valet. Il fit très bien son personnage. Fig., on dit aussi, F. un sot personnage, un plat personnage, Se conduire sottement, ou se comporter d'une manière peu honorable, ou bien se montrer tout à fait nul. — Par une ext. encore plus grande, Faire, signifie chercher à paraître, ou feindre d'être ce qu'on n'est pas en réalité : dans ce cas, il se construit avec un subst. ou avec un adject. pris substantiv. F. le grand seigneur, l'homme d'importance, homme de bien. F. le dévot, l'affligé. F. l'habile, le fin, le capable,

l'entendu. F. le sourd. F. le malade. F. le mort. || Mettre de l'affectation à se montrer avec telle ou telle qualité. F. le généreux, le magnifique, F. l'aimable. l'empressé, le gentil, le beau. — Se donner de certains airs, prendre certaines manières. Il veut f. le maître ici. F. l'impertinent, le fanfaron. F. le mystérieux. Ce petit garçon veut f. le malin F. la sotte. F. l'enfant. F. le difficile, l'exigeant, le dégoûté. || Dans un sens anal., F. les yeux doux. F. bonne mine, bon visage, mauvaise mine, grise mine à quelqu'un. F. bonne mine à mauvais jeu. F. contre fortune bon cœur. F. patte de velours. On dit aussi, F. semblant de.... F. mine de..., pour Feindre de... F. semblant de dormir. Il faisait semblant de ne rien savoir. Il ne fait semblant de rien. L'ennemi faisait semblant de nous attaquer. Fam. = Former, composer; en ce sens, Faire se dit de deux ou de plusieurs choses qui, par leur union, leur assemblage, constituent un tout, Deux et deux font quatre. Toutes ces sommes ensemble font mille francs. Deux lignes qui se coupent font un angle Les troupes qui faisaient l'aile droite de l'armée. || Constituer l'essence d'une chose. Ce qui fait la qualité du vin. C'est la réunion de ces qualités qui fait le grand homme. Un peu de mémoire fait toute sa science. L'harmonie, voilà ce qui fait le mérite de ses vers. Voilà ce qui fait l'objet de mes recherches. — Fig. et prov., L'habit ne fait pas le moine; La belle plume fait le bel oiseau. Voy. HABIT et PLUME. = Causer, attirer, exciter; être l'occasion de quelque chose. Ces pilules m'ont fait grand bien. Cela lui a fait de grandes douleurs. F. plaisir. F. déplaisir. F. de la peine, du chagrin. Cela lui a fait une querelle, lui a fait beaucoup d'ennemis. Sa langue lui a fait de méchantes affaires. Ces propos lui ont fait tort. Il s'est fait tort à lui-même. Cette femme a fait de grandes passions dans son temps. Se f. des amis, des partisans, des ennemis. F. secte. Se f. un nom. Il s'est fait une réputation détestable. Cela fait mal à voir. F. peur, honte, pitié, envie. Cette affaire-là a fait scandale, a fait grand bruit, a fait sensation dans le public. L'introduction des machines à vapeur a fait une révolution dans l'industrie. — Fig. et fam. F. la pluie et le beau temps. Voy. PLUIE. Cela ne fait, ne lui fait ni froid ni chaud. Voy. CHAUD. || Faire se construit, dans un sens à peu près pareil, avec un infin. ou avec un subj., et se dit de tout ce qui est la cause prochaine ou éloignée de quelque chose, de tout ce qui donne lieu, de tout ce qui donne occasion à une chose, à une action. L'opium fait dormir. Cela l'a fait durer un peu plus longtemps. C'est ce qui le fait vivre. On lui a fait souffrir mille maux. Cela fait éternuer. Il faisait servir tous ses succès à l'avantage de son pays. Elle était plus capable qu'aucun ministre de f. réussir une négociation. F. agir des personnes puissantes. On fit agir des deux côtés tous les ressorts de la politique. F. faire la calomnie. F. dire, f. savoir quelque chose à quelqu'un. C'est moi qui l'ai fait prévenir. F. construire une maison, un pont. Il ne peut parvenir à se f. entendre au milieu du bruit. Il a fait recevoir sa tragédie au Théâtre français. F. imprimer un livre F. faire un meuble. Se f. faire un habit Ma femme s'est fait peindre. F. entrer, f. sortir quelqu'un. Son insolence l'a fait disgracier. Sa partie l'a fait condamner aux dépens. Cette tragédie a fait courir tout Paris. F. marcher des troupes. Se f. aimer, haïr, désirer, admirer. Il ne se fait pas dire une chose deux fois. C'est ce qui fait que je suis en retard. Cela ne fera que l'irriter davantage. Faites, je vous en prie, que cela soit bientôt terminé. C'est à vous à f. que tout soit prêt à l'heure. Je ferai en sorte que vous soyez content. Fasse le ciel que... F. à savoir, Voy. SAVOIR. || Se dit quelquefois pour contribuer à, concourir à, intéresser. Ceci ne fait rien à l'affaire. Cela n'y fait rien, absolument rien. Qu'est-ce que cela leur fait? Que peut vous f. l'opinion de pareilles gens? Cela fait beaucoup plus qu'on ne pense. — Fam., Qu'est-ce que cela fait là? A quoi cela sert-il dans ce lieu-là? Dire, publier qu'une chose est, en donner une certaine opinion. On le faisait mort, mais il se porte bien. On le fait riche, mais il ne l'est pas. On a fait monter la perte des ennemis à dix mille hommes. Il y a des relations qui font la perte moindre. On le fait plus malade qu'il ne l'est. || En parl. de marchandises ou d'autres choses que l'on veut vendre, Faire s'empl. pour marquer le prix qu'on en demande. Combien faites-vous cette étoffe-là? Vous la faites trop cher. C'est une maison que l'on fait cent mille francs. — En parl. de choses dont a besoin de se pourvoir, Faire se dit pour amasser, réunir, mettre ensemble. Il tâche de vous *faire quelque argent. Voilà tout l'argent qu'il a pu f. ou tout ce qu'il a pu f. d'argent. F. des provisions, ses provisions. Les pauvres femmes vont dans la forêt f. du bois.* — T. Mar. On dit de même, *F. des vivres, F. du bois. F. de l'eau. F. aiguade.* La loc. *F. eau* a un sens tout différent. Voy. EAU. || Amasser, gagner, acquérir. *F. une grande fortune. F. sa fortune. F. fortune. Il a fait aujourd'hui une très bonne recette. Ce théâtre ne fait pas ses frais. Se f. des rentes, des revenus. Se faire un petit bien être.* Dans un sens anal., *F. une bonne maison.* || En parl. de troupes, lever, mettre sur pied. *F. des recrues. F. des hommes. F. un régiment, une compagnie. F. des cavaliers,* etc. Ces phrases, à l'exception de la première, sont aujourd'hui inus. — On dit encore, *F. la maison d'un prince, d'un grand seigneur. Ce prince n'a pas encore fait sa maison.* = Faire, dans certaines phrases, a le sens d'évacuer. *F. du sang, de la bile, des mucosités,* Rendre du sang, etc., par les selles. *F. de l'eau,* Uriner. *F. du sable, des graviers,* Évacuer du sable, etc., avec les urines. *Ce malade fait tout sous lui,* Il laisse aller ses excréments. — Absol., *Cet enfant a fait dans sa chemise.* = Faire s'emploie souvent pour rappeler l'idée d'un verbe qui précède, et sert à en éviter la répétition. *Cet homme n'aime plus tant le jeu qu'il faisait,* Plus tant qu'il l'aimait. *Il danse mieux qu'il n'a jamais fait,* Mieux qu'il n'a jamais dansé. *Il se soucie moins d'honneurs, de richesses, etc., qu'il n'aurait fait dans un autre temps. On regarde une femme savante comme on fait une belle arme.*—T. Jeu. Aux Cartes, *F. les cartes, f. la main,* Mêler et donner les cartes. *F. une levée, une main, sa main,* Prendre une carte de son adversaire avec une carte supérieure. — Au Billard. *F. une bille au même,* La loger dans la blouse. *F. un carambolage,* Toucher deux billes avec la sienne. — T. Trictrac. *F. une case, un jan,* Les remplir. — A divers jeux, *F. le jeu,* Mettre les enjeux *F. tant de points,* Gagner tant de points. || S'empl. encore absol., en parlant des jeux de cartes où chacun donne les cartes à son tour, et de certains jeux où chacun tour à tour est obligé de faire quelque chose. *A qui est-ce à f.? Je viens de f.* = FAIRE. v. n. Travailler, agir. *F. bien. F. mal. Il a fait en cela comme vous auriez fait. Il a fait de son mieux. Il ferait mieux, je crois, de rester.*

Fit-il pas mieux que de se plaindre?

LA FONTAINE.

Comment f.? Comment ferons-nous? Il n'en veut f. qu'à sa tête. F. à qui mieux mieux. Il fait de cela comme de tout le reste. C'est ainsi qu'il fait de tout. Laissez-le donc f. à sa guise. Que ne le laisse-t-on f.? Il a tant fait, il a si bien fait, qu'il en est venu à bout. — Prov., *Comme il l'a fait, fais-lui,* Rends-lui la pareille. — *Avoir fort à f.,* Avoir beaucoup à travailler, avoir beaucoup d'obstacles à surmonter pour venir à bout de quelque chose. — Fam., *C'est à f. à lui,* se dit d'un homme que l'on reconnaît très capable de quelque chose. — Fam., *F. d'une chose comme des choux de son jardin,* En disposer comme si l'on en était le maître, le propriétaire. — *F. pour quelqu'un,* Le suppléer, le remplacer ; ou, dans un autre sens, être son commissionnaire, son agent, sa caution. || Avoir une influence, un effet quelconque. *L'argent fait plus auprès de lui qu'aucune recommmandation.* || Faire des preuves, des raisons qui fortifient, qui confirment ou qui affaiblissent, qui détruisent ce qu'on a avancé, on dit : *Ce que vous dites là fait pour moi, fait contre vous-même. Ce qui fait encore pour lui, c'est que... Cela fait à ma cause.* Vx et peu us. || Être convenable, produire un bon effet. *Ces deux choses font fort bien ensemble. L'or fait bien avec le vert. Ce tableau-là ne fait pas bien où il est ; il ferait mieux ailleurs.* Dans le sens contraire, on dit *F. mal. Ces vases font mal ensemble.* = Faire, s'emploie impersonnell., pour marquer l'existence actuelle, l'état, la disposition, les qualités de certaines choses. *Il fait nuit Il fait chaud. Il fait froid. Il fait beau. Il fait trop humide, trop sec. Il fait du vent, de la pluie, de l'orage. Il n'est pas prudent de sortir par le temps qu'il fait. Il fait cher vivre dans ce pays. Il y fait bon vivre. Il n'y fait pas sûr. Il ne fait pas bon avoir rien à démêler avec cet homme-là.* = SE FAIRE. v. pr. Être praticable, être produit, formé, exécuté ; arriver, venir à être *Si cela se peut f., j'en serai ravi. Ces choses-là ne se font pas aisément. Cela ne peut se f. qu'avec de grandes dépenses. Ce traité s'est fait secrètement. La paix ne fera bientôt. Ce mariage ne tardera pas à se f. Le débarquement se fit sans résistance.* — Prov. *Paris ne s'est pas fait en un jour,* Il y a des choses qu'on ne peut faire qu'avec

beaucoup de temps. || Devenir. *Ces arbres commencent à se f. beaux. Votre fils se fait grand. Nous nous faisons vieux tous les jours. Se f riche aux dépens d'autrui.* Fam. — En parl. d'une profession qu'on embrasse, etc. *Se f. prêtre, avocat, médecin. Se f. mahométan. Se f. chef de parti.* || Se perfectionner, se bonifier. *C'est un jeune homme qui se fera peu à peu. Ce vin, ce fromage se fera.—* en six mois de campagne. *Ce vin, ce fromage se fera.—* Fig. et prov., *Le bon oiseau se fait de lui-même,* Un naturel heureux n'attend pas l'éducation pour se porter au bien. || S'accoutumer. *Il s'est fait à la fatigue dans ses voyages. Se f. au bruit. Je ne puis me f. à ses manières. Je ne saurais me f.à votre absence. Se f.à tout.* || Se prétendre, se dire. *Il se fait beaucoup plus malade qu'il ne l'est. Se f. plus riche, plus pauvre, plus jeune qu'on ne l'est. Se f. fort de réussir,* Voy. FORT. == Impers., Faire se dit pour être, arriver *Il se fait bien des choses dont on ne peut pas se rendre raison. Il s'est fait une lézarde dans la muraille. Il se fit un moment de silence. Se peut-il f. que vous n'en sachiez rien? Il se pourrait faire que votre frère ne vint point.* On dit de même, *Il se fait tard,* Le jour commence à baisser. La nuit commence à venir. = FAIT. AITE. part. *On vend maintenant des chemises toutes faites. En rentrant, elle a trouvé sa besogne toute faite. Un ouvrage fait à la main. Un dessin fait à l'estompe. Cela est fait de main d'homme.* — Fig., *C'est un grand pas de fait.* — Prov., *Aussitôt dit, aussitôt fait.* Voy. AUSSITÔT. *Ce qui est fait n'est pas à f.,* Quand on peut faire une chose, il ne faut pas la renvoyer à un autre temps. *Ce qui est fait est fait,* Il est inutile de parler d'une faute, d'un malheur qu'il est impossible de réparer. *Cela vaut fait,* On peut compter sur la chose comme si elle était déjà faite. On dit de même, *Tenez cela pour fait.* — Fam., on dit, *Est-ce fait?* pour demander si une chose est achevée; *C'est une fait,* pour avertir qu'elle est faite. On dit encore, *C'est une affaire faite,* surtout pour faire entendre qu'il n'y a plus à revenir sur la chose en question. || *C'est fait de moi, de nous,* etc., Je suis perdu, nous sommes perdus. On dit aussi, *C'est fait,* de même. || *C'est fa.t,* ou *c'est fait de même,* C'est seul que de pareilles choses arrivent On dit de même, *C'est un fait exprès.* comme *un fait exprès.* || *Être bien fait, fait à ravir, fait à peindre,* Être beau, de belle taille et de bonne mine. On dit de même, *Être bien fa.t de sa personne;* et fig., *Être fait au tour* Dans le sens contraire, on dit, *Être mal fait. Être mal fait et mal bâti.* On dit encore. dans un sens anal. *Avoir la taille bien faite ; la jambe mal faite,* etc. — Fig. *Avoir la tête mal faite, l'esprit mal fait,* Être bizarre, déraisonnable, sans jugement. || Fam., *Comme le voilà fait!* se dit d'un homme dont les vêtements sont en désordre ou en mauvais état, ou bien qui a le visage défait. — Prov., on dit encore d'un individu mal vêtu ou de mauvaise mine, *qu'il est fait comme il plaît à Dieu.* || *Un homme fait,* Un homme qui est dans un âge mûr. On dit, *C'est déjà fait,* Un homme qui est dans un jeune garçon qui commence à devenir grand, à devenir raisonnable et sérieux. — *Ce fromage est fait, n'est pas fait,* Il est tendu, il n'est pas temps de le manger. Dans un sens anal., on dit, *Ce vin est fait. Ce gibier n'est pas assez fait.* || *Phrase faite,* Façon de parler particulière qui est consacrée par l'usage, et à laquelle il n'est pas permis de rien changer. *Avoir à cœur,* est une phrase faite. — *Ce mot est fait, n'est pas fait,* Il est ou n'est pas autorisé par l'usage. || T. Marine. *Vent fait,* Vent qui ne varie plus, et qui paraît devoir durer. On dit de même, *Temps fait.*

Conjug. — Je fais, tu fais, il fait; nous faisons, vous faites, ils font. Je faisais; nous faisions. Je fis ; nous fîmes. J'ai fait J'eus fait. J'ai eu fait J'avais fait. — Je ferai; nous ferons J'aurai fait. — Je ferais; nous ferions. J'aurais ou j'eusse fait. — Fais; faisons, faites. — Que je fasse; que nous fassions. Que je fisse; que nous fissions. Que j'aie fait Que j'eusse fait. — Faire, Avoir fait. Faisant, Fait, faite.

Obs. gram. — Lorsque le participe *fait* est immédiatement suivi d'un infinitif, il est constamment invariable, parce qu'il forme avec le verbe qui le suit un sens indivisible, et, pour ainsi dire, un seul et même verbe dont le sens est toujours actif. On dira : *Ces animaux semblent destinés à vivre sur la place où le hasard les a fait naître. Cette jeune fille s'est livrée à de tels désordres que sa famille l'a fait enfermer. Elle s'est fait peindre.* « Quelques personnes, dit Girault-Duvivier, objecteront peut-être que les verbes neutres n'ayant point de régime direct, le verbe *naître*, dans le premier exemple, ne peut gouverner le pronom direct *les* ; qu'en conséquence il faut que ce soit le participe *fait* qui le gouverne, et que dès lors on doit écrire, *les a faits naître* ; mais Th. Corneille leur répondra que le verbe *faire* imprime son action à l'infinitif qui le suit, soit qu'il s'agisse d'un verbe actif, soit qu'il s'agisse d'un verbe neutre ; qu'ainsi l'on dit : *Faire mourir quelqu'un, Faire tomber quelqu'un.* Cependant ce ne sont pas les verbes *mourir* et *tomber* qui gouvernent *quelqu'un*, puisque ce sont des verbes neutres ; ce n'est pas non plus le verbe *faire* qui les gouverne, puisqu'on ne peut pas dire : *Faire quelqu'un mourir.* Le verbe *faire* imprime son action aux verbes neutres qui prennent alors une signification active, de telle sorte que *Faire mourir quelqu'un* se tourne par *Faire que quelqu'un meure.* Enfin Th. Corneille leur dira encore que si l'infinitif qui suit *faire* est l'infinitif d'un verbe actif, il se résoudra par le passif : *Faire peindre quelqu'un*, c'est *Faire que quelqu'un soit peint.* »

FAIRE. s. m. Action, exécution. *Il y a loin du vouloir au f.* || T. Beaux-Arts. La manière de peindre, de sculpter, de graver, etc. *Ce tableau est d'un beau f. Cette gravure est d'un f. large et hardi.* || T. Banq. *Faire-valoir.* Action de faire produire un revenu à des capitaux, à une entreprise.

FAIRE. v. n. (lat. *fari*, parler). Dire, répliquer. Ne s'emploie que dans le style badin, et sous forme de phrases interjectives. *Je le croyais, fit-elle. J'irai avec vous, lui fis-je.*

FAIRFAX, général anglais, écrasa les troupes de Charles Iᵉʳ Stuart ; puis, après la mort de Cromwell, s'unit à Monk pour replacer sur le trône Charles II (1611-1671).

FAISABLE. adj. 2 g. Qui se peut faire, qui n'est pas impossible. *Cela est f., n'est pas f.* — On dit aussi, *Cela est f.*, Il est permis de le faire, on peut le faire sans injustice, cela ne répugne point à l'équité.

FAISAN. s. m. [Pr. *fè-zan*] (lat. *phasianus*, m. s., proprement, Oiseau du Phase, fleuve de Colchide). T. Ornith. — Dans la méthode de Cuvier, que nous conservons ici, les *Faisans* ou *Phasianidés* constituent la cinquième famille de l'ordre des *Gallinacés.* Les oiseaux qui la composent ont pour caractère commun les joues en partie dénuées de plumes et garnies d'un beau rouge, et les plumes de la queue diversement disposées en toit. Cette famille peut se diviser en sept groupes : *Coqs, Faisans* proprement dits, *Argus, Euplocames, Tragopans, Eulophes* et *Cryptonyx.* L'importance du premier de ces groupes nous ayant déterminés à lui consacrer un article spécial (voy. Coq), nous n'avons plus à parler ici que des autres.

1. — Les *Faisans* proprement dits sont essentiellement caractérisés par leur queue longue, étagée, avec les pennes ployées chacune en deux plans et se recouvrant comme des toits. On compte aujourd'hui une quarantaine d'espèces qui toutes sont originaires de l'Asie. La plus répandue est le *F. commun (Phasianus colchicus)*, ainsi nommé parce que, suivant la tradition, les héros grecs qui faisaient partie de l'expédition des Argonautes le trouvèrent sur les bords du Phase (aujourd'hui le Rion), dans la Colchide : actuellement cet oiseau habite toute l'Europe tempérée. Il est à peu près de la grosseur d'un Coq ordinaire ; mais il a environ 95 centimètres de longueur et 80 centimètres d'envergure. En outre, il se fait remarquer par sa forme élégante, son port gracieux, sa démarche aisée et facile, et son plumage nuancé de couleurs variées. Le mâle a la tête et le cou d'un vert doré à reflets bleus, les flancs et la poitrine d'un marron pourpré très luisant, le manteau brun bordé de marron foncé, et la queue d'un gris olivâtre à bandes transversales noires. La femelle est un peu plus petite que le mâle ; elle a, en outre, une livrée beaucoup moins éclatante et dont le fond est d'un gris terreux. Le plumage des jeunes est d'un gris uniforme, et ce n'est qu'à l'époque de la première mue qu'il prend des couleurs qui permettent de distinguer les mâles des femelles. Le F. commun habite de préférence les plaines boisées et les lieux frais. Il passe la nuit sur les arbres,

mais en perchant plus ou moins haut suivant le temps : quand il fait beau, il se tient sur les branches les plus élevées. Pendant le jour, il est le plus souvent à terre, où il s'avance quelquefois dans les champs cultivés. Les graines de toutes sortes constituent la base de sa nourriture ; mais il mange

Fig. 1.

aussi des baies de genévrier, de sureau, de groseillier, de mûrier sauvage, de néflier, etc. ; il donne encore la chasse aux insectes, aux vers et aux limaçons. Cet oiseau est d'un naturel sauvage et solitaire, qui le porte à éviter non seulement les autres oiseaux, mais encore ceux de sa propre espèce. Il fuit à la moindre apparence de danger. Quand on l'approche, il commence par se blottir à terre, puis il prend son vol, qui est très bruyant ; souvent même, au s'en allant, le mâle fait entendre un cri fort désagréable qui tient le milieu entre celui du Paon et celui de la Pintade. La voix de la femelle est plus faible et moins déplaisante que celle du mâle. A l'époque de la parade, qui a lieu en mars ou avril, les mâles se livrent des combats furieux, se tuent même quelquefois en se frappant sur la tête à coups de bec, et se mettent en quête de quatre ou cinq femelles ; mais celles-ci les quittent aussitôt que le moment de l'incubation approche. La *Faisane* ou *Faisande* s'occupe seule de la confection de son nid. Elle le fait au pied d'un arbre et au milieu d'un fourré, et le construit au moyen de menues branches et de fragments de plantes sèches. Sa ponte est de 12 à 14 œufs, moins gros que ceux de Poule, d'une couleur olivâtre claire, avec de petites taches brunes. L'incubation dure de 24 à 27 jours. A peine éclos, les *Faisandeaux* suivent leur mère, et se mettent à chercher des larves de Fourmis et des vermisseaux. Quand ils sont un peu plus gros, ils se nourrissent de graines et de baies. Ils muent à l'automne, et c'est alors seulement qu'ils commencent à prendre leur livrée d'adulte. Le F. vit de 8 à 10 ans. Vers 5 ans, époque où elle cesse d'être féconde, la Poule faisane éprouve dans son plumage et sa voix des changements qui lui donnent une ressemblance presque complète avec le mâle : toutefois ses ergots n'acquièrent jamais la même longueur que ceux de ce dernier. Les femelles, ainsi transformées, sont désignées par les chasseurs sous le nom de *Faisans coquards*. On applique souvent aussi cette dernière dénomination aux produits métis que l'on obtient, par le croisement, dans l'état de domesticité, du F. avec la Poule ordinaire.

Le F. commun est très recherché pour sa chair, qui est bien supérieure à celle d'une Poule fine. On le chasse au fusil et au filet, comme la Perdrix. En outre, son intelligence est si peu développée qu'il est facile de le faire tomber dans tous les pièges. Cependant on réussit sans trop de peine à l'élever en quasi-domesticité dans un local convenablement approprié, et que l'on nomme *Faisanderie*. Une faisanderie, quand elle

Fig. 2.

est établie en grand, consiste en un vaste enclos fermé de murs assez élevés pour que les Renards et autres animaux destructeurs ne puissent s'y introduire. On lui donne toujours plusieurs arpents de superficie, parce qu'il est nécessaire de séparer les bandes de différents âges, le voisinage des oiseaux forts étant toujours dangereux pour les petits. On divise cet enclos en compartiments ou *parquets* de 10 mètres en carré, et l'on dispose le terrain de manière que le gazon puisse croître dans la plus grande partie de son étendue, et qu'il y ait un grand nombre de buissons fourrés pour servir d'abri aux oiseaux pendant les grandes chaleurs. Pour peupler la faisanderie, on prend de jeunes Faisans de l'année, parce qu'ils s'apprivoisent mieux que les vieux, et on les choisit bien emplumés et bien éveillés. Dans les endroits exposés aux attaques des petits mammifères destructeurs, on les garantit en couvrant les parquets avec des filets. Partout ailleurs, on se contente de les *éjointer* (opération qui consiste à enlever le fouet d'une aile en serrant fortement la jointure avec un fil), pour les empêcher de s'envoler au loin. On laisse tous les Faisans ensemble jusqu'au mois de mars ; mais, à cette époque, on les isole dans les parquets en mettant ordinairement un mâle pour sept femelles. On recueille les œufs à mesure qu'ils sont pondus, et on les place dans un vase rempli de son qu'on tient dans un endroit qui ne soit ni trop sec, ni trop humide. Lorsqu'on en a réuni de 15 à 18, on les fait couver par une Poule de basse-cour dont la douceur et les bonnes qualités sont connues. Au sortir de l'œuf, les petits Faisandeaux sont tenus enfermés une quinzaine de jours avec la couveuse dans une caisse étroite et longue de 1 mètre environ. Pendant ce temps, on les nourrit de larves de Fourmis ou d'œufs durs hachés avec un peu de mie de pain et de laitue. Au bout de ce terme, on les laisse promener plusieurs heures par jour sur le gazon, mais ce n'est qu'à deux mois et demi qu'on leur donne définitivement la liberté dans le parc. C'est aussi à cette époque seulement qu'ils sont à l'abri des maladies, telles que le bouton, la constipation et la diarrhée, auxquelles ils sont très exposés dans leur jeune âge. Enfin, on diminue graduellement leur nourriture, pour les habituer à la chercher eux-mêmes. Les Faisandeaux peuvent également s'habi-

tuer à la vie de basse-cour, et habiter avec les autres volailles. On a même remarqué que ceux qui passent à l'état sauvage ne perdent jamais complètement le souvenir du lieu où ils ont été élevés.

Les autres espèces du genre F. ont les mêmes habitudes que le F. commun ; nous nous contenterons de nommer celles qui sont élevées chez nous par quelques amateurs : Le *F. blanc* n'est qu'un albinos du F. ordinaire. — Le *F. à collier* (*Ph. torquatus*) ne diffère guère de l'espèce commune que par une tache d'un blanc éclatant de chaque côté du cou. — Le *F. vénéré* (*Ph. veneratus* ou *Revesii*) [Fig. 1] a été encore appelé *F. royal* à cause du port majestueux que lui donne sa queue, longue d'environ deux mètres. — Le *F. argenté*, *F. noir et blanc*, ou *F. bicolor* (*Ph. nycthemerus*) a le ventre noir, et les parties supérieures d'un blanc éclatant, mais avec des lignes noirâtres très fines sur chaque plume. Sa tête est ornée d'un noir pourpré dont les barbes décomposées retombent en arrière. La taille du mâle est d'environ 87 centim. Ce F. est, dit-on, l'espèce la plus ro-

Fig. 3.

buste, la plus facile à apprivoiser et celle dont les petits s'élèvent avec le plus de facilité dans nos climats. — Le *F. doré* ou *F. tricolore* (*Ph. pictus*) [Fig. 2] est la plus belle espèce de tout le genre. Son ventre est rouge de feu ; une belle huppe couleur d'or pend de la tête ; le cou est revêtu d'un camail orangé maillé de noir ; le haut du dos est vert, le bas et le croupion jaunes ; les ailes sont rousses avec une belle tache bleue, la queue très longue, brune et tachetée de gris. Cet oiseau est long de 92 centimètres, dont 62 pour la queue seulement. Les femelles de tous ces Faisans ont la queue plus courte que les mâles, et le plumage diversement varié de gris et de brun. Ces 3 espèces sont originaires de la Chine.

II. — Les *Argus*, dont les taches arrondies du plumage ont été comparées aux cent yeux du personnage de la Fable, se distinguent des Faisans par l'absence d'éperon, mais surtout par les pennes secondaires des ailes qui dépassent énormément les primaires, et par la queue cunéiforme dont les deux rectrices médianes sont aussi excessivement longues. L'*Argus giganteus* (Fig. 3) est de la taille d'un Dindon, c. a, de l'extrémité du bec à celle de la queue, 1 m. 70 c.; les

Fig. 4.

deux plumes intermédiaires de la queue ont seules 1 m. 20, et les pennes secondaires des ailes 92 centimètres. La peau nue de ses joues et de son cou est d'un rouge cramoisi. Quoique le fond de tout le plumage de cet oiseau ne soit composé que de teintes cendrées, rousses ou brunes, elles sont réparties avec tant d'harmonie et couvertes d'une si grande profusion de petites taches, qu'elles produisent l'effet le plus agréable. Ses longues et larges rémiges secondaires sont couvertes d'une

Fig. 5.

rangée de grandes taches oculaires, dont la teinte a quelque chose du bronze antique. La femelle n'offre ni le développement extraordinaire de la queue et des ailes, ni les taches oculaires du mâle. Son plumage est plus obscur et sa longueur totale n'est que de 70 centimètres Lorsque le mâle piaffe autour d'elle, il épanouit ses ailes presque jusqu'à terre et relève sa queue en forme d'éventail. Ce magnifique oiseau habite surtout les forêts obscures et sauvages de la péninsule de Malacca et des îles de Java et de Sumatra.

III. — Les *Euplocames*, ou *Houppifères* de Cuvier, ont la queue verticale et les couvertures arquées propres aux Coqs; mais, au lieu de crête, ils ont des plumes qui peuvent se redresser et former une aigrette analogue à celle du Paon. Le bord inférieur de la peau nue des joues est assez saillant pour représenter des barbillons. Enfin, leurs tarses sont armés de forts éperons. L'espèce la mieux connue est le *Houpp. de Macartney* (*Euplocamus ignitus*) [Fig. 4], qui habite l'île de Java. Cet oiseau a tout le dessus du corps, les plumes de la

huppe, la poitrine et l'abdomen d'un beau noir à reflets violets; les pennes des flancs et les couvertures supérieures de la queue d'un beau rouge orange à reflets couleur de feu, les quatre rectrices intermédiaires d'un blanc roussâtre, et toutes les autres noires. Sa femelle est brune, finement rayée de noirâtre en dessus, flambée de blanc en dessous. Elle porte aussi une huppe.

IV. — Le genre *Tragopan* est caractérisé par la présence d'un fanon charnu et pendant sous la gorge, et de deux cornes minces et cylindriques situées derrière les yeux. Il existe des ergots dans les deux sexes. L'espèce type du genre est le *Tr. cornu* (*Tr. satyrus*) [Fig. 5], appelé aussi *Népaul*, du nom du pays où on l'a découvert. Le mâle est de la taille d'un Coq; son plumage est d'un rouge éclatant semé de petites larmes blanches. La femelle est brune.

V. — Le genre *Eulophe* ne se compose encore que d'une seule espèce, appelée par Lesson *Eulophus macrolophus*, à cause de la huppe très touffue qui orne sa tête. Cet oiseau a la forme du Tragopan; mais il est dépourvu d'ergots, et sa tête est presque sans aucune nudité.

VI. — Les *Cryptonyx* n'ont de nu qu'autour de l'œil; leur queue est médiocre et plane, et leurs tarses n'ont pas d'éperon; mais ce qui les caractérise particulièrement, c'est que

Fig. 6.

leur pouce a l'ongle peu développé. On ne connaît bien qu'une seule espèce de ce genre; c'est le *Cr. couronné*, nommé aussi *Rouloul* (Fig. 6), qui habite Malacca ainsi que les îles de Java et de Sumatra. Le Rouloul est un fort bel oiseau à plumage vert sombre au dos, au croupion et à la queue, noir au cou et aux joues, violet foncé sur la poitrine et le ventre. Le mâle porte une longue huppe de plumes effilées rousses, et de longs brins sans barbe redressés à chaque sourcil. La femelle n'a qu'un vestige de huppe. Cet oiseau est de la taille d'un Pigeon. Plusieurs ornithologistes le rangent dans la famille des *Perdicidées*.

FAISANCES. s. f. [Pr. *fe-zanse*] (R. *faire*). Se dit de tout ce qu'un fermier s'oblige de faire ou de fournir en sus du prix du bail.

FAISANDAGE. s. m. [Pr. *fè-zandaje*]. Action de faisander.

FAISANDE. s. f. [Pr. *fè-zande*] Femelle du faisan.

FAISANDEAU. s. m. [Pr. *fè-zandô*]. Jeune faisan. Voy. FAISAN.

FAISANDER (SE). v. pron. [Pr. *fè-zander*] (R. *faisan*). S'attendrir, se mortifier en prenant un certain fumet. *Ces* *perdrix se faisandent trop.* — Avec ellipse du pron. *Vous avez trop laissé f. ce chevreuil.* — FAISANDÉ, ÉE. part.

FAISANDERIE. s. f. [Pr. *fè-zanderi*]. Lieu où l'on élève des faisans. Voy. FAISAN.

FAISANDIER. s. m. [Pr. *fè-zandié*]. Celui qui élève des faisans.

FAISANE. adj. et s. f. [Pr. *fè-zane*]. *Faisane ou poule f.* Femelle du *faisan.* Voy. ce mot.

FAISANS (ILES DES) ou de **LA CONFÉRENCE**, petite île de la Bidassoa où fut conclu le traité des Pyrénées, en 1659.

FAISANT, ANTE. adj. [Pr. *fe-zan*]. Qui fait, qui agit.

FAISCEAU. s. m. [Pr. *fè-sô*] (lat. *fascis*, m. s.). Assemblage de certaines choses liées ensemble. *F. d'armes, de piques, de flèches. F. de verges. F. d'herbes. Faites-en un f. Liez-les en f.* || T. Guerre. Assemblage de fusils qu'on forme en engageant les baïonnettes les unes dans les autres, de manière que les fusils se soutiennent mutuellement et forment une espèce de pyramide. *Mettre les armes, les fusils en f. Former, rompre les faisceaux.* — Espèce de piquet autour duquel on range les fusils. — *Allez mettre vos armes au f.* || T. Anat. *F. musculaire, f. nerveux,* Assemblage de fibres musculaires ou de filets nerveux formant les muscles, les nerfs. || T. Archit. *Colonne en f.,* Assemblage de colonnettes formant une colonne, un pilier. || T. Phys. *F. lumineux,* Ensemble de rayons lumineux émanant d'une même source. — *F. aimanté,* Groupe d'aimants naturels ou artificiels qu'on a réunis pour produire une action magnétique puissante. || T. Techn. Réunion d'ardoises de forme et d'épaisseur inégales dont on ne peut former des piles régulières. || T. Mach. *F. tubulaire,* Chacune des rangées de tubes d'une chaudière tubulaire qui correspondent à un même fourneau.

Hist. — Chez les Romains, les *Faisceaux* étaient des paquets de verges liées au moyen d'une lanière de cuir autour d'une hache dont le fer ressortait, non pas par le haut, comme on le représente communément, mais sur un point quelconque de leur longueur. Ils étaient portés sur l'épaule par les *licteurs* attachés à la personne de certains magistrats. Les verges servaient à fouetter les coupables et la hache à leur

trancher la tête. C'est, dit-on, de Vétulonie, l'une des principales cités étrusques, que l'usage des faisceaux s'introduisit à Rome. Les rois se faisaient précéder par 12 licteurs armés de faisceaux, et leur exemple fut suivi par les *consuls*, dès l'origine même du gouvernement républicain : de là les expressions *fasces capere* (prendre les faisceaux), *fasces deponere* (déposer les faisceaux), qui signifiaient : être élu consul, et se démettre du consulat. Enfin, quand un consul avait remporté une victoire, on entourait ses faisceaux de branches de laurier (*fasces laureati*) [les Fig. ci-dessus représentent deux médailles consulaires dans l'une desquelles les faisceaux sont couronnés]. Parmi les autres magistrats qui avaient le droit de faire porter les faisceaux devant eux, nous citerons d'abord les *décemvirs* Cependant, à l'époque du premier décemvirat, ce droit n'appartint qu'au décemvir qui présidait le collège. Le *dictateur* et le *maître de la cavalerie* jouissaient de la même prérogative. Celui-ci avait droit à 6 faisceaux et celui-là à 24. On en portait 2 devant les *préteurs*, quand ils étaient à Rome, et 6 lorsqu'ils étaient hors de la ville ou aux armées : aussi les Grecs les appelaient-ils *généraux aux six haches* Les *proconsuls* avaient également 6 faisceaux Enfin, les *questeurs* pouvaient prendre les faisceaux, lorsqu'ils étaient dans les provinces.

Géom. — On appelle *faisceau de droites,* un ensemble de droites qui partent d'un même point. Par ext., on appelle *faisceau de lignes courbes* toutes les courbes représentées par une équation qui contient un paramètre variable au premier degré, de telle sorte qu'il suffit de donner un point pour que la ligne du f. soit complètement déterminée. Par ex., un *faisceau de cercles* se compose de tous les cercles qui passent par deux points fixes réels ou imaginaires, parce que celui de ces cercles qui passe par un troisième point donné est complètement déterminé. De même, un *f. de coniques* se compose de toutes les coniques qui passent par 4 points fixes réels ou imaginaires, chaque conique du f. étant complètement déterminée par un cinquième point. Les *faisceaux de surfaces* se définissent de même. Un *f. de quadriques* se compose de toutes les quadriques qui passent par l'intersection de deux d'entre elles. D'une manière générale, si F = 0, G = 0 sont les équations de deux lignes ou surfaces de f., l'équation du f. est :

$$F + \lambda\,G = 0$$

λ étant le paramètre variable à chaque valeur duquel correspond une ligne ou surface du f. et une seule. — *Faisceau harmonique.* Voy. HARMONIQUE.

FAISEUR, EUSE. s [Pr. *fe-zeur*]. Celui, celle qui fait quelque chose ; ne se dit guère que des artisans dont la profession, l'art, le métier n'a pas de nom particulier. *F. de malles. F. de bas au métier. F. de corsets. F. d'almanachs. Cela est de bon f., de la bonne faiseuse.* Fam. — Cette dernière phrase se dit de toute personne habile dans l'art qu'elle cultive. *Ce pâté vient de chez le bon f.* || *Faiseur,* s'emploie dans une foule de locutions familières, mais toujours par dénigrement. Ainsi, l'on dit d'un auteur, d'un poète, etc., qu'on estime peu : *C'est un f. de livres, un f. de vers, un f. de vaudevilles. un f. de systèmes,* etc.; d'un orateur ou d'un auteur dont le langage ou le style est pompeux, élégant, etc., mais dépourvu d'idées : *C'est un f. ou ce n'est qu'un f. de phrases;* de quelqu'un qui est trop complimenteur, qui fait beaucoup de promesses : *C'est un f. de compliments, un grand f. de promesses,* etc.; d'un homme qui fait un trafic peu honorable : *C'est un f. d'affaires.* — On dit encore, *Un f. d'embarras,* Un homme qui fait l'important; *Un f. de dupes,* Un individu qui cherche à tromper; *Un f. de tours,* Un escamoteur, etc. — Prov., *Les grands diseurs ne sont pas les grands faiseurs,* Ceux qui se vantent, qui promettent le plus, sont ordinairement ceux qui font le moins. || Absol., Celui qui travaille habituellement pour un autre ou qui fait le travail d'un autre. *Ce théâtre, ce libraire a ses faiseurs attitrés.* || T. Typogr. *F. d'épreuves,* Nom donné à l'ouvrier chargé spécialement de tirer les épreuves.

FAISSE. s. f. [Pr. *fè-se*] (lat. *fascia,* bande). T. Techn. Cordon d'osier tressé, avec lequel on donne de la solidité aux ouvrages de vannerie.

FAISSELLE. s. f. [Pr. *fè-sèle*] (lat. *fiscella,* petit panier). Sorte de petit vase de terre dont on se sert pour faire certains fromages. || Panier d'osier, corbeille ou paillasson pour le fromage. || Table sur laquelle on presse le marc de pommes pour le faire égoutter.

FAISSER. v. a. ou tr. [Pr. *fè-ser*] (lat. *fasciare,* lier). Garnir de faisses.

FAISSERIE. s. f. [Pr. *fè-se-rie*]. Ouvrage de vannerie à jour.

FAISSIER. s. m. [Pr. *fè-sié*]. Vannier qui fait des ouvrages de faisserie.

FAIT. s. m. [Pr. *fè*] (lat. *factum,* m. s.). Action ou événement; ce qu'on fait, ce qu'on a fait; ce qui arrive, ce qui est arrivé; phénomène naturel. *Par le f. d'un tel. On lui impute des faits graves. Les faits ne répondent pas à ses promesses. Joindre le f. à la menace. Si l'on considère le f. en lui-même. Il nie le f. Sa conduite est le f. d'un lâche. Les faits seuls réfutent cette calomnie. F. certain, authentique, avéré. Ce f. est bien peu vraisemblable. Un f. miraculeux. Éclaircir un f. S'assurer d'un f. Recueillir des faits. C'est un f. unique dans l'histoire. Cet historien rapporte exactement les faits. Une théorie fondée sur des faits Faits physiques, physiologiques, etc. Il faut observer les faits. De nouveaux faits sont venus confirmer cette doctrine. Vous tirez de ces faits des conséquences prématurées.* Prov., *La bonne volonté est réputée pour le f.* — *Les hauts faits, les beaux faits d'armes,*

Les exploits militaires. — *C'est un f.*, Cela est de *f.*, Il est de *f. que...*, se dit pour marquer qu'une chose est constante et avérée. — *Cela est du f. d'un tel*, C'est un tel qui en est l'auteur. Cela est de mon *f.*, de votre *f.* Elle est grosse du *f. d'un tel*. — *En venir au f.*, En venir à l'exécution. — *Prendre quelqu'un sur le f.*, Le surprendre au moment même où il fait une action qu'il aurait voulu cacher. — Fam., *Les faits et gestes d'une personne*, Voy. GESTES. — T. Palais. *Voies de f.*, Voy. VOIE. *Prendre le f. de quelqu'un*, ou *Prendre f. et cause pour quelqu'un*, Intervenir en cause pour lui; et, dans le langage ordinaire, se déclarer pour lui, prendre son parti, sa défense. || Le récit d'une action, d'un événement, d'une chose qui a été faite, qui a eu lieu *Alléguer un f. Articuler des faits. Il a dénaturé le f. Présenter habilement les faits. Rétablir les faits.* || Dans les discussions, les contestations, les plaidoiries, etc., se dit particulièrement pour désigner le cas, l'espèce dont il s'agit. *Conter, narrer, exposer le f. Déduire le f. Voilà le f. Demeurons dans le f. Ne nous écartons pas du f. Aller au f., droit au f. Venez-en au f. Venez au f.*, ou ellipt., *Au f.*, Le sens, en dit, *Question de f., point de f.*, par opposition à *Question de droit, point de droit. Moyens de f. et de droit.* — Fam., *Aller au f., venir au f.*, En venir à l'essentiel, au principal, à l'intéressant. *Pourquoi tant de détours? venez donc au f. Il va toujours droit au f.* Elliptiq., *Au f., que voulez-vous de moi?* — *Au f.*, se dit aussi quelquefois pour À tout prendre, en définitive. *Au f., cela ne peut avoir aucun inconvénient.* — *Mettre en f., poser en f.*, Avancer une proposition qu'on assure être véritable. *Je mets en fait que ces deux personnes...* — *C'est un f. à part, c'est un autre f.*, C'est une autre chose, une autre affaire. — Fam., *Le f. est que...*, La vérité est que... — *Être sûr de son f.*, Être sûr de ce qu'on dit, de ce qu'on avance, ou du succès de ce qu'on a entrepris. || Fam., *Être au f.*, Être bien instruit; *Mettre au f.*, Instruire; *Se mettre au f.*, S'instruire; *Entendre bien son f.*, Être habile dans ce que l'on entreprend, dans son métier, etc. || T. Procéd. *Faits et articles*, Les faits sur lesquels, en matière civile, l'une des parties fait interroger la partie adverse. *Faits admissibles et pertinents*, Ceux dont la preuve peut être admise, parce qu'ils appartiennent au fond de la cause. *Faits nouveaux*, Ceux dont on n'a pas encore été allégués au procès, et dont une partie demande à faire la preuve. En matière criminelle, *Faits justificatifs*, Ceux qu'un accusé allègue pour prouver son innocence. || Ce qui est convenable à quelqu'un. *Cette maison-là, cet emploi-là serait le f. d'un tel. Ce n'est pas mon f. J'ai trouvé son f. Ce mariage ou cette fille n'est point votre f.* || La part qui revient à quelqu'un dans un total. On a partagé cette succession, chacun a eu son f. Tenez, voilà votre f. — Fig. et fam., *Donner à quelqu'un son f.*, Se venger de lui, soit par quelque vive critique, soit par quelque violence. *Dire à quelqu'un son f.*, Lui marquer vertement, avec force, lui dire ses vérités = DANS LE FAIT, PAR LE FAIT. locut. adv. Réellement, effectivement, nonobstant les apparences. *Telles sont les apparences, mais dans le f. les choses ne se sont point passées ainsi. Il se trouva, par le f., maître absolu du gouvernement.* = DE FAIT. loc. adv. En réalité, véritablement; se dit par opposit. à Fictif, apparent, etc. *Il n'était roi que de nom, un autre l'était de f.* || Effectivement. *Je vous avais prédit que cette entreprise échouerait, et, de f., elle a manqué.* = EN FAIT DE. loc. prépos. En matière de. *En fait de métaphysique, de religion. En f. de chicane. Maître en f. d'armes.* = SI FAIT. loc. adv. Oui, assurément; se dit quand on veut affirmer ce qu'un autre nie ou met en doute. *Est-ce que vous ne me connaissez pas? Si f., je vous connais bien. Je ne crois pas qu'il soit venu; si f., il est venu.* Popul. = TOUT À FAIT. loc. adv. Entièrement. *L'ouvrage est tout à f. terminé. Il est tout à f. ruiné.*

FAÎTAGE. s. m. (R. faîte). T. Arch. Pièce de bois qui fait le sommet de la charpente d'un bâtiment. Voy. COMBLE. = Par ext., Table de plomb que les couvreurs mettent au haut d'un toit. || T. Jurisp. féodale. Cens payé au seigneur pour avoir le droit de construire ou d'élever le faîte d'une maison. — Le droit qu'avaient en certains lieux les habitants de prendre dans les bois du seigneur une pièce de bois pour faire le faîtage de leur maison.

FAÎTE. s. m. (lat. *fastigium*, m. s.). Le comble, la partie la plus élevée d'un bâtiment, d'un édifice. *Le f. d'une maison, d'un temple.* || Par ext., Le sommet de certaines choses qui ont de l'élévation. *Le f. d'un arbre. Le f. d'une che-*

minée. *Monter au f.* || T. Comm. Côté d'une étoffe opposé à la lisière. || T. Géogr. *Ligne de f.*, Ligne qui constitue la crête d'une chaîne et qui détermine le partage des eaux des deux versants. Voy. TOPOGRAPHIE. || Fig., *Le f. des grandeurs, des honneurs, de la gloire.*

FAÎTEAU. s. m. (It. *faito*). Ornement en fer-blanc peint ou en poterie vernissée qui se place aux extrémités du faîtage d'un bâtiment pour recouvrir les parties supérieures des poinçons de la charpente.

FAÎTIÈRE. adj. f. Qui est placée au faîte du comble. *Tuiles faîtières. Lucarne f.* || Subst., L'ensemble des tuiles creuses qui recouvrent le faîte d'un toit. — *La f. d'une tente*, La perche qui est au haut de la tente, et qui s'étend d'un bout à l'autre pour soutenir la toile. || T. Mar. Toiture en planches qu'on établit sur un navire en construction.

FAIT-TOUT. s. m. Récipient de terre ou de fer battu servant à différents usages de cuisine.

FAIX. s. m. (Pr. *fè*) (lat. *fascis*, faisceau). Charge, fardeau; se dit surtout d'une charge très pesante, d'un fardeau trop lourd. *Plier, succomber sous le f. Ce f. est trop pesant pour lui. Ces colonnes portent un f. prodigieux.* — *Ce bâtiment a pris son f.*, Il s'est affaissé, depuis sa construction, autant qu'il le devait. || Fig., *Le f. des affaires. Il a trop d'occupations; il succombe sous le f. C'est un ministre capable de supporter le f. du gouvernement. Le peuple gémissait sous le f. des impôts.* Poét. *Le f. des ans, des années.* || T. Techn. Bloc d'ardoise de forme cubique destiné à être fendu. || T. Eaux et forêts. *F. à col*, Délit de celui qu'on saisit chargé du bois qu'il a dérobé dans les forêts de l'État. || T. Mar. Cordage qui borde la partie supérieure d'une voile et qui sert à l'enverguer. — *Accores* qui soutiennent la carcasse d'un bâtiment sur la cale de construction. — *F. de pont*, Hiloires renversées, recevant la tête des épontilles qui soutiennent le milieu des baux; surcharge inégale momentanée d'une partie quelconque du pont. — *Épontilles, étançons* en *f.*, Celles qui sont à leur poste et servent à soutenir un poids quelconque. — *Rabans de f.*, Menus cordages plats qui servent à amarrer la tétière à la filière. — *F. d'une voile*, Effort que le vent lui fait supporter. — *Voile en f.*, Voile plus chargée que les autres par la brise. — *Relingue de f.*, Cordage qui renforce la tente au milieu.

FAKHR-EDDIN, historien arabe du XIIIᵉ et du XIVᵉ siècle.

FAKIR ou **FAQUIR**. s. m. Mot arabe qui signifie *Pauvre*. On appelle ainsi dans l'Inde les moines mendiants qui professent l'islamisme : suivant d'Herbelot, leur nombre s'élèverait à 800,000. Ils font tous vœu de pauvreté, mais leur genre de vie est fort différent. Les uns vivent isolés, les autres vivent et voyagent par bandes; les uns se soumettent aux pénitences les plus austères, aux supplices les plus effroyables; les autres vendent des amulettes et exploitent de toutes façons la crédulité publique. Un petit nombre vivent paisibles dans les mosquées, où ils se préparent par l'étude à devenir mollahs, c.-à-d. docteurs de la loi.

Certains voyageurs ont rapporté des récits absolument extraordinaires de choses merveilleuses que les fakirs seraient capables d'accomplir; sans doute, il y a dans ces récits beaucoup d'exagération; mais il paraît cependant certain que quelques fakirs, sinon tous, sont très avancés dans la pratique des phénomènes étranges et peu connus qu'on groupe en Occident sous les noms de Magnétisme, Hypnotisme, Spiritisme, Occultisme, etc.

FALAISE. s. f. (all. *fels*, rocher). Terres ou rochers escarpés qui bordent la mer. Voy. CÔTE.

FALAISE. ch.-l. d'arr. (Calvados), sur l'Ante, affluent gauche de la Dive; 8,300 hab. Patrie de Guillaume le Conquérant, de Vauquelin de la Fresnaye. = Nom des hab. : FALAISIEN, ENNE.

FALAISER v. n. T. Mar. Se dit de la mer quand elle vient se briser contre une falaise. *La mer falaise.*

FALARIQUE. s. f. (lat. *falarica*, m. s.). T. Antiq. La *Falarique* est une arme de jet qui a été d'un très fréquent usage avant l'invention de l'artillerie à feu. Elle se lançait à la main ou avec des machines. Dans le premier cas, elle consistait en une hampe terminée d'un côté par un fer pointu et long d'une coudée, et de l'autre par une boule de plomb. Dans le second, la hampe était remplacée par une poutre courte et épaisse, et l'on donnait au fer, qui était ordinairement barbelé, une longueur de plus de 1 mètre. Enfin, aux attaques des villes et des retranchements, on garnissait souvent la hampe d'une pelote d'étoupes poissées auxquelles on mettait le feu au moment de s'en servir. La f était ainsi nommée du tyran Phalaris, qui, dit-on, l'avait inventée.

FALBALA. s. m. (orig. inconnue). Bande d'étoffe plissée qu'on met, pour ornement, au bas d'une robe, d'un rideau, etc. *Rideaux garnis de falbalas.* Vx. On dit maintenant *volant*. Ne se dit plus que par dénigrement pour désigner des ornements prétentieux et de mauvais goût.

FALCADE. s. f. (R. *falquer*). T. Man. Courbette d'un cheval qui falque.

FALCIDIE ou **FALCIDIENNE.** adj. f. T. Droit romain. — En droit romain, on appelle *loi falcidie* (lex *falcidia*), du nom du tri un qui l'avait proposée (A. R. 713, ou 41 av. J.-C.) une loi qui décidait que le testateur ne pourrait pas léguer plus des trois quarts de l'hérédité, de manière que le quart au moins des biens laissés par lui restât à l'héritier ou aux héritiers, s'ils étaient plusieurs. Cette réserve reçut dans l'ancien droit français le nom de *quarte falcidie* ou *falcidienne;* quelquefois même on l'appelait simplement la *falcidie.* Les dispositions de cette loi ont été en vigueur en France, dans les pays de droit écrit, jusqu'à la révolution de 1789. Dans ces pays, les testaments étaient frappés de nullité quand il n'y avait pas d'héritier institué, ou quand celui-ci ne voulait pas accepter l'héritage. Pour que l'héritier institué ne répudiât point la succession, on lui donnait la faculté de retenir la quarte falcidie, c.-à-d. de faire réduire proportionnellement les legs de façon qu'il lui restât un quart de la succession.

FALCIFORME. adj. 2 g. (lat. *falx*, faux ; *forma*, forme). T. Hist. nat. Qui a la forme d'une faux.

FALCINELLE. s. f. T. Ornith. Voy. **ibis** et **MAUBÈCHE**.

FALCON (Cap), cap d'Algérie qui forme l'O. le golfe d'Oran.

FALCON (MARIE-CORNÉLIE), une des plus célèbres cantatrices de l'Opéra fr., née en 1812. A la suite d'une maladie, elle perdit sa voix à l'âge de 25 ans et disparut en 1840. On ne sait ce qu'elle est devenue.

FALCONET, statuaire français, né à Paris (1716-1791).

FALCONET, savant anglais (1736-1792).

FALCONIDÉS. s. m. pl. T. Ornith. Voy. **FAUCON**.

FALÉMÉ, riv. d'Afrique, affluent du Sénégal ; 500 kilom.

FALÈRE. s. f. T. Vét. Sorte de tympanite particulière aux bêtes à laine, qui s'observe dans nos départements du Midi.

FALÉRIES, anc. v. d'Italie (Étrurie).

FALERNE, anc. v. d'Italie (Campanie), célèbre par ses vins, chantés par Horace, et qui ne paraissent pas avoir trop démérité.

FALIERI, famille qui a donné trois doges à Venise ; le dernier, Marino Faliero, doge à 80 ans, fut décapité pour avoir voulu renverser l'aristocratie, en 1355.

FALISQUE. adj. m. Voy. **PHALISQUE**.

FALKENBERG. Voy. **FAULQUEMONT**.

FALKIE. s. f. T. Bot. Genre de plantes Dicotylédones (*Falkia*) de la famille des *Convolvulacées.* Voy. ce mot.

FALKIRK, v. d'Écosse, comté de Stirling ; 12,000 hab.

FALKLAND (Iles) ou **MALOUINES**, archipel de l'Atlantique, à l'E. du détroit de Magellan, aux Anglais ; 1,553 hab.

FALLACIEUSEMENT. adv. [Pr. *fa-la-si-eu-ze-man*]. D'une manière fallacieuse. *Agir fallacieusement.*

FALLACIEUX, EUSE. adj. [Pr. *fa-la-si-eu*] (lat. *fallacia*, tromperie). Trompeur, frauduleux. *Esprit f. Serments f. Politique fallacieuse. Argument f.,* Argument sophistique. Syn. Voy. **TROMPEUR**.

FALLOIR. v. n. impers. [Pr. *fa-loir*] (lat. *fallere*, manquer). Être de nécessité, de devoir, d'obligation, de bienséance. *Il faut faire telle chose. Il faut que je sorte ce matin. Il fallait dès ce moment y donner ordre. Il a fallu le payer. Il fallut en passer par là. Il faudra le satisfaire. Il faudrait s'en informer.* Pensez-vous *qu'il faille croire tout ce qu'il dit ? Je ne croyais pas qu'il fallût faire ce voyage.* — Fam., *Un homme, une personne comme il faut,* Un homme d'un rang distingué ou parfaitement convenable. *C'était une femme comme il faut. Les gens comme il faut.* — Fam., *Il faut voir,* Il est curieux ou intéressant de voir. *Il faut voir ce que cela deviendra.* S'emploie quelquefois en manière d'exclamation, et se place alors à la fin de la phrase. *On les a battus, il faut voir. On dit dans un sens anal., Aussi faut-il voir. Il a fait le mutin; aussi faut-il voir comme son père l'a châtié.* On dit encore, *C'est ce qu'il faudra voir,* pour faire entendre qu'on saura bien empêcher ce qu'une personne veut faire. *Il a dit qu'il me ruinerait, c'est ce qu'il faudra voir.* || *Il me faut, il lui faut, il nous faut,* J'ai besoin, il a besoin, etc. *Il me faut dix francs pour compléter cette somme. Il lui fallait un habit, des souliers. Il vous faudrait un bon cheval. Que vous faut-il encore? Combien vous faut-il de soldats? J'ai l'homme qu'il vous faut, ce qu'il vous faut.* En parlant du prix que l'on doit à un marchand, à un ouvrier, etc., pour sa marchandise, pour sa peine, etc., on dit : *Combien vous faut-il? Que vous faut-il? Dites-moi ce qu'il vous faut. Il m'a dit qu'il lui fallait tant.* || *Falloir,* se dit encore dans le sens de *manquer;* mais il ne s'emploie alors qu'avec la partic. *En,* et le pron. de la troisième personne ; en outre, aux temps composés, il prend l'auxil. *Être. Il s'en faut de beaucoup que la somme y soit. Il a fini son travail, ou peu s'en faut. Il s'en fallait peu qu'il n'eût achevé. Il s'en est peu fallu ou peu s'en est fallu qu'il n'ait été tué. Il ne s'en est presque rien fallu. Vous dites qu'il s'en faut tant que la somme entière n'y soit. Il ne peut pas s'en falloir tant.* — TANT S'EN FAUT QUE. loc. adv. Bien loin que. *Tant s'en faut qu'il y consente, qu'au contraire il fera tout pour l'empêcher.* — Famil. et par plaisant., *Tant s'en faut qu'au contraire,* se dit pour Au contraire. *Vous demandez s'il est charitable, tant s'en faut qu'au contraire.*

Conj. — *Il faut. Il fallait. Il fallut. Il a fallu. Il avait fallu. Il faudra. Il aura fallu.* — *Il faudrait. Il aurait ou il eût fallu.* — *Qu'il faille. Qu'il fallût. Qu'il ait fallu. Qu'il eût fallu.* — *Falloir. Ayant fallu.*

FALLOPE, célèbre anatomiste et chirurgien italien (1523-1562). On lui doit des découvertes importantes, entre autres les trompes utérines nommées de son nom *trompes de Fallope.* Voy. **TROMPES**. — *Hiatus de Fallope.* Voy. **HIATUS**.

FALLOUX (Comte de), écrivain, homme politique français, ministre de l'instruction publique en 1849, membre de l'Académie française. On a dit de lui que c'était un chartreux déguisé en laïque (1811-1885).

FALLRIVER, v. des États-Unis (Massachusets) ; 49,000 hab.

FALMOUTH, v. d'Angleterre (Cornwall) ; 5,000 hab.

FALOT. s. m. (gr. φανός, clair ?). Espèce de grande lanterne ordinairement faite de toile blanche. || Grand vase que l'on emplit de suif, de poix-résine et d'autres matières combustibles, pour éclairer les abords d'un lieu de fête, etc. On dit plus ordin. || T. Mar. Fanal de poupe. || T. Blas. Sorte de vase à manche figuré sur l'écu.

FALOT, OTE. adj. (angl. *fellow*, compagnon?). Ridicule, plaisant, drôle. *Conte f. Aventure falote. Il est d'humeur falote.* Fam. || Subst., *Faire le f.* Fam.

FALOTEMENT. adv. D'une manière falote.

FALOURDE. s. f. Gros fagot de 4 ou 5 bûches de bois à brûler liées ensemble.

FALQUE. s. f. Syn. de *Falcade.* Voy. ce mot.

FALQUE, FARDE ou **FARGUE**. s. f. (esp. *falca*, m. s.) T. Mar. — On appelle ainsi des bordages supplémentaires qui servent, en cas de besoin, à augmenter la hauteur des bords d'un petit bâtiment au-dessus du niveau de la mer, soit quand les lames sont trop fortes, soit dans un combat, pour dérober à l'ennemi la vue du pont. Souvent les *falques* sont volantes, c.-à-d. susceptibles de se placer et de s'enlever à volonté. Pour cela, elles sont formées de pièces de peu d'étendue, et munies de coulisses sur leurs bords, de manière à s'enchâsser dans de petits montants de fer et à former une ceinture continue sur le pourtour entier du bâtiment. Les falques de sabord sont aussi des planches courtes enchâssées à coulisse dans l'ouverture des sabords de la batterie basse d'un navire de guerre : elles servent à arrêter l'eau qui pourrait s'introduire sur le pont.

FALQUÉ, ÉE adj. (lat. *falx*, faux). T. Hist. nat. Qui est plat et courbé en forme de faux.

FALQUER. v. n. (lat. *falcare*, faucher). T. Man. *Faire f. un cheval*. Le faire couler sur les hanches en deux ou trois temps, et en formant un arrêt ou un demi-arrêt.

FALSIFIABLE. adj. 2 g. Qui peut être falsifié.

FALSIFICATEUR, TRICE. s. Celui, celle qui falsifie.

FALSIFICATION. s. f. [Pr. *falsifi-ka-sion*]. Action par laquelle on falsifie : État de la chose falsifiée. *La f. des vins, des monnaies*. || Par anal. *La f. d'un texte, d'un acte*. || Fig. Se dit en parlant d'une inexactitude historique volontaire.

Droit. — La **F.** en fait de substances alimentaires, médicinales et commerciales, consiste à altérer plus ou moins en y ajoutant ou en y mélangeant une substance étrangère quelconque. La f. des substances médicinales reçoit encore le nom particulier de *Sophistication*. — La loi du 27 mars 1851 punit les peines portées par l'art. 423 du C. pénal (emprisonnement de 3 mois à un an et amende qui ne peut ni être au-dessous de 50 fr., ni excéder le quart des restitutions et dommages-intérêts), ceux qui falsifient des substances ou denrées alimentaires ou médicamenteuses destinées à être vendues; ceux qui vendent ou mettent en vente ces mêmes substances, quand ils les savent falsifiées ou corrompues; enfin, ceux qui trompent ou essaient de tromper, sur la quantité des choses livrées, les personnes auxquelles ils vendent ou achètent. De plus, s'il s'agit d'une marchandise contenant des mixtions nuisibles à la santé, l'amende est de 50 à 500 francs, la mende ne quart des restitutions et dommages-intérêts n'excède cette dernière somme; dans ce même cas, l'emprisonnement est de 3 mois à 2 ans. Cette pénalité est applicable même au cas où la f. nuisible est connue de l'acheteur ou du consommateur. Sont en outre punis d'une amende de 16 à 25 fr., et d'un emprisonnement de 6 à 10 jours ou de l'une seulement de ces deux peines, suivant les circonstances, ceux qui, sans motifs légitimes, ont dans leurs magasins ou dans les halles, foires ou marchés, toute substance alimentaire ou médicamenteuse qu'ils savent falsifiées ou corrompues; et si ces substances sont nuisibles à la santé, l'amende peut être portée à 50 fr., et l'emprisonnement à 15 jours. Si le prévenu a, dans les cinq années qui ont précédé le délit, déjà été condamné pour un fait analogue, l'amende peut être élevée au double du maximum : elle peut même être portée jusqu'à 1000 francs, si la moitié des restitutions et dommages-intérêts ne dépasse pas cette somme, le tout sans préjudice de l'application, s'il y a lieu, des art. 57 et 58 du C. pénal concernant la récidive. Dans tous les cas, les objets saisis sont confisqués. Enfin, le tribunal peut ordonner l'affiche du jugement dans les lieux qu'il désigne, et son insertion partielle ou totale dans un ou plusieurs journaux, le tout aux frais du condamné.

La loi du 14 mars 1887 concernant spécialement la répression des fraudes commises dans la vente du beurre, interdit, sous des peines analogues, d'exposer, de vendre, d'importer ou d'exporter, sous le nom de beurre, de la margarine, de l'oléo-margarine, et, d'une manière générale, toute substance destinée à remplacer le beurre. De même, la loi du 14 août 1889, en ce qui touche spécialement le vin, défend d'expédier ou de vendre sous ce nom tout produit autre que celui de la fermentation des raisins frais. Dans le but d'éviter les confusions sur la nature du produit, les fûts ou récipients contenant des vins de sucre ou des vins de raisins secs doivent porter en gros caractères : « Vin de sucre, vin de raisins secs. » De plus, les titres de mouvement accompagnant les expéditions de ces sortes de vins doivent porter l'indication exacte du produit, et elles sont faites sur papier de couleur spéciale, le tout sous des peines analogues à celles que nous avons énumérées plus haut en matière de f. de denrées alimentaires quelconques.

Chimie ind. — Il existe plusieurs ouvrages sur les falsifications des substances alimentaires, médicinales et commerciales : l'un des plus complets est celui de Chevallier et Baudrimont; mais il a vieilli. Il est préférable de consulter les travaux du laboratoire municipal de Paris, ceux du d. cteur Carles, de Bordeaux, du docteur A. Gautier en ce qui concerne la sophistication des vins, etc. On comprend qu'il nous est impossible d'énumérer même la moindre partie des fraudes dont les acheteurs ont à se défendre : cependant nous indiquerons pour quelques-unes des denrées alimentaires les plus usitées, à l. ur ordre alphabétique, les moyens les plus simples de reconnaître les f. Ici, nous dirons seulement quelques mots des falsifications du café, question qui n'a pas été traitée.

Falsifications du Café. — On mêle quelquefois au café en grains crus des fragments d'argile plastique auxquels on a donné, avec des moules appropriés, la forme de grains de café véritable; mais la fraude la plus commune consiste à le mélanger, quand il est en poudre, avec de la chicorée pulvérisée. La première de ces fraudes se découvre par la trituration; les grains terreux s'écrasent sous l'action du pilon, tandis que les autres résistent ou se brisent en deux ou trois fragments seulement. La seconde n'est pas moins facile à reconnaître. On prend un verre à pied, qu'on remplit aux trois quarts d'eau pure, puis on verse la poudre suspecte à la surface du liquide. Si cette poudre est du café pur, elle surnage et absorbe l'eau très lentement. Si, au contraire, elle contient de la chicorée, cette dernière absorbe l'eau immédiatement et tombe au fond du verre en communiquant au liquide une coloration jaune brunâtre.

Voy BEURRE, CHOCOLAT, FARINE, HUILE, LAIT, PAIN, SEL, SUCRE, VIN, etc.

FALSIFIER. v. a. (lat. *falsus*, faux ; *fieri*, devenir). Altérer, dénaturer, changer quelque chose, avec dessein de tromper. Dans ce sens, se dit surtout en parlant de l'écriture. d'un sceau, d'un acte, d'un texte, etc. *F. une écriture. F. un sceau, un cachet. F. un titre, un contrat. F. un texte, un passage, une date.* || Altérer une substance quelconque par un mélange frauduleux. *F. une denrée. F. du vin.* — *F. de la monnaie*. L'altérer quant à sa valeur intrinsèque. == FAL- SIFIÉ, ÉE. part.

FALSTAFF, compagnon de débauche du roi d'Angleterre Henri V (1377-1459). Shakespeare en a fait un type de cynisme et d'effronterie.

FALSTER, île du Danemark, dans la Baltique ; ch.-l. Nijiœping.

FALTRANK. s. m. (allemand, *fall*, chute ; *trank*, boisson). T. Pharm. — On appelle ainsi une infusion de plantes aromatiques et stimulantes, et par ext., le mélange de plantes avec lesquelles on prépare cette infusion. On applique encore à ce f. les dénominations de *Thé suisse* et de *Vulnéraire suisse*, à cause du lieu de son origine et de l'emploi qu'on en fait habituellement. Le f. n'a pas de composition fixe, chaque montagnard le préparant à sa guise En général, on le fait avec diverses espèces qui appartiennent aux genres Arnica, Achillea, Hypericum, Pyrola, Primula, Valeriana, etc., et qu'on mêle en proportions diverses. Au reste, comme les substances stimulantes y dominent habituellement, le f. est précisément contre-indiqué dans les cas où on l'emploie ordinairement, c.-à-d. après les chutes, les contusions, les blessures et autres accidents traumatiques. On ne peut donc qu'en condamner l'usage.

FALUN ou **FAHLUN**, v. de Suède (Dalécarlie), 6,700 hab.

FALUN. s. m. T. Minér. et Géol. — On donne le nom de *Faluns* à tous les amas mœubles de coquilles plus ou moins brisées, qui ont été déposées comme les coquilles vivantes se sont encore aujourd'hui, par les vagues, sur les bords de la mer et à l'embouchure des cours d'eau. L'épaisseur de ces dépôts varie de 1 à 2 mètres jusqu'à 15 ou 20. Nous en avons d'immenses dans la Touraine et dans les Landes. La date de leur formation n'est pas la même, ce que l'on reconnaît aux espèces de coquilles qui les composent. Dans certaines localités, les habitants exploitent le f. pour amender les terres. Ces sortes de carrières sont appelées *Falunières*.

FALUNAGE. s. m. Action de faluner.

FALUNER. v. a. T. Agric. *F. une terre,* Y répandre du falun. =- FALUNÉ, ÉE. part.

FALUNIÈRE. s. f. Amas de falun. Voy. FALUN.

FAMAGOUSTE, v. de la côte orientale de l'île de Chypre.

FAME s. f. (lat. *fama,* m. s.). Renommée ; ne s'emploie que dans cette phrase de Prat. anc. *Rétabli en sa bonne f. et renommée.*

FAMÉ. ÉE. adj. (R. *fame*). Qui a telle ou telle réputation ; ne se dit qu'avec les adverbes *B* en ou *Mal,* et par rapport aux mœurs. *Un homme bien f. Une femme, une maison mal famée.*

FAMÉLIQUE. adj. 2 g. (lat. *famelicus,* m. s. de *fames,* faim). Qui est souvent tourmenté par la faim, faute de moyens pour la satisfaire. *Estomac f. Un auteur, un poète f.* Fam. et ne s'emploie guère que par dénigrement — *Visage, mine f.,* Le visage d'une personne qui paraît habituellement tourmentée par la faim. || Substant., *Il a bien l'air, le visage d'un f.*

FAMEUSEMENT. adv. D'une manière fameuse. || Dans le langage pop. *Extrêmement.*

FAMEUX, EUSE. adj. (lat. *famosus,* m. s., de *fama,* renommée). Renommé, célèbre, insigne dans son genre. *Un f. conquérant. Un écrivain f. Un oracle f. Une ville fameuse. Une des plus fameuses universités de l'Allemagne. Il assista à ce f. siège, à cette fameuse bataille. Porter un nom f. Érostrate brûla le temple de Diane pour se rendre f.* || Pop., se dit pour très grand, et alors il se met toujours avant son subst. *C'est un f. voleur, une fameuse coquine. Un f. imbécile. Voilà une fameuse bêtise.* = Syn. Voy. CÉLÈBRE.

FAMILIAL. ALE. adj. Néol. Qui est de la famille, qui a rapport à la famille.

FAMILIARISER. v. a. (lat. *familiaris,* familier). Rendre familier avec quelqu'un. *Elle aura bientôt familiarisé cet enfant avec elle.* || Par ext., Accoutumer, habituer. *F. quelqu'un avec le travail. Il est difficile de f. une notion avec de nouveaux usages. F. un cheval avec le bruit des armes à feu. — Se f. une langue étrangère.* Se la rendre familière, de façon à la parler et à l'entendre comme sa langue maternelle. *Se f. un auteur,* Le posséder bien, l'entendre sans peine. *Se f. le style d'un auteur, la manière d'un artiste,* etc., Se rendre familier et comme propre le style d'un écrivain, etc. = SE FAMILIARISER. v. pron. Se rendre familier. *Il parvint à se f. avec les plus grands seigneurs. Il se familiarise avec tout le monde. — Absol.,* Prendre des manières trop familières. *C'est un homme qui se familiarise aisément. || S'accoutumer à une chose,* se la rendre familière. *Se f. avec le travail, le danger, la douleur. Se f. avec une langue étrangère, avec un auteur.* = FAMILIARISÉ, ÉE. part.

FAMILIARITÉ. s. f. (lat. *familiaritas,* m. s.). Privauté, manière de vivre familièrement avec quelqu'un. *Ils vivent dans la plus grande f. Il n'y a pas grande f. entre eux. J'ai beaucoup de f. avec lui. Il ne souffre pas qu'on prenne trop de f., des airs de f. avec lui. En user avec f.* Prov. *La f. engendre le mépris.* || Manière de parler, d'écrire qui a le ton simple, facile, de la conversation ordinaire. *La f. du style.* — Expression simple, aisée. || Au plur., se dit des manières familières. *Prendre, se permettre des familiarités avec quelqu'un. — Avoir des familiarités avec une femme,* Obtenir ses faveurs.

FAMILIER, IÈRE. adj. (lat. *familiaris,* m. s., de *familia,* famille). Qui vit librement, sans façon avec quelqu'un, comme le font entre eux les membres d'une même famille. *Être f. avec quelqu'un. Se rendre f. avec tout le monde. C'est un de ses amis les plus familiers. Ils sont très familiers ensemble.* || Se dit aussi des choses où il y a de la familiarité, marquant de la familiarité. *Entretien f. La conversation prit un tour f. Propos familiers. Prendre un ton, un air f., l'air, le ton f. Vous prenez des airs trop familiers, vous avez des manières trop familières avec vos supérieurs. — Discours, langage f.,* Discours,

langage simple et sans recherche, tel que celui dont on se sert ordinairement dans la conversation et dans les lettres qu'on écrit à ses amis. *— Terme, mot f. ; expression, locution familière, tour f.,* Mot, etc., dont on ne fait usage que dans le langage f. *Terme f., expression familière,* signifie encore, qui n'est pas assez respectueux, eu égard aux personnes à qui on devant qui l'on parle. *Les termes d'affection et d'amitié sont des termes trop familiers à l'égard des personnes qui sont beaucoup au-dessus de nous. — Épîtres familières de Cicéron,* Le recueil des lettres de Cicéron à sa famille et à ses amis. Par allus. à ces lettres, on dit d'une personne qui se rend trop familière, qu'*Elle est familière comme les Épîtres de Cicéron.* || Ordinaire, habituel, accoutumé. *Ce défaut est f. aux auteurs. Ce terme lui est f.* — Se dit encore de ce que l'on connaît, de ce que l'on sait bien, de ce que l'on fait bien et avec facilité, pour l'avoir beaucoup vu, éprouvé, étudié, pratiqué. *Son visage m'est f. Ses traits me sont familiers. Ces notions doivent maintenant vous être familières. Il n'a point de peine à faire telle chose, elle lui est devenue familière. Il s'est rendu cette langue familière comme sa langue maternelle.* || *Esprit, démon, génie f.,* Sorte de génie que l'on croyait attaché à une personne pour la garder, l'inspirer, la servir. *Le démon f. de Socrate. Froissart dit que Gaston Phœbus, comte de Foix, avait un esprit f.* == FAMILIER. s. m. Celui qui vit habituellement et familièrement avec une personne d'un rang au-dessus du sien ; ne s'emploie guère qu'au plur. *C'est un des familiers du prince, du ministre. — Les familiers d'une maison,* Ceux qui y sont reçus habituellement et familièrement. || *Faire le f.,* Affecter la familiarité avec les personnes d'un état au-dessus du sien. *Il fait le f. avec le prince.* || *Les familiers de l'inquisition.* Voy. INQUISITION.

FAMILIÈREMENT. adv. D'une manière familière. *Vivre f. avec quelqu'un. Ils s'entretenaient f. ensemble.*

FAMILISTÈRE. s. m. Sorte de phalanstère établi pour plusieurs personnes. = Ne se dit guère que pour désigner le *Familistère de Guise,* établissement commencé en 1859 par M. Godin, terminé en 1879, pour loger les ouvriers d'une grande usine en leur assurant, avec une participation aux bénéfices, tous les avantages d'une association bien entendue : écoles, bibliothèques, denrées à prix réduits, soins médicaux, etc.

FAMILLE. s. f. coll. [Pr. *fa-mi-lle,* ll mouill.] (lat. *familia,* m. s.). Toutes les personnes d'un même sang, comme enfants, frères, neveux, etc. *C'est un homme qui a beaucoup sa f. Il est très bien avec sa f. Sa f. est très nombreuse.* On le considérait comme le chef de la f. *Il ne veut pas la f. de sa femme. On fouille dans les secrets des familles. Réunir en f. Être en f. Dîner en f. Un repas, une fête de f.* Ce sont les devoirs de *La f. royale. — Par ext., La grande f. humaine. Avoir un air de f.,* Voy. AIR. || Dans un sens plus étroit, se dit du père, de la mère et des enfants, ou même des enfants seulement. *Il ne se plaît que dans sa f. Vivre au sein de sa f. Il est traité comme un membre de la f. Père, mère de f. Il est chargé d'une nombreuse f. Voilà toute ma petite f. —* Se dit aussi des animaux. *Voyez avec quelle sollicitude cet animal pourvoit aux besoins de sa f.* || T. Droit. *Fils, fille de f.,* Celui, celle qui vit sous l'autorité de son père ou de sa mère, ou sous celle d'un tuteur. *Il n'est pas sage de prêter à un fils de f. — User, prendre soin d'une chose en bon père de f.,* Administrer, ménager une chose avec autant d'économie et d'ordre que pourrait le faire un propriétaire soigneux || T. Peint. *Sainte Famille,* Tableau qui représente Jésus-Christ, la Vierge, saint Joseph, et quelquefois saint Jean. *Une sainte F. de Raphaël.* || Race, lignée, descendance ; se dit surtout en parlant de la descendance par les mâles. *Il est d'une bonne, d'une honnête, d'une f. riche, considérable, noble, ancienne. Il est de f. de robe, d'une f. bourgeoise. Il y a eu plusieurs grands hommes dans cette f. Ces deux familles sont depuis longtemps ennemies. Ce jeune homme a déshonoré sa f. Entrer dans une f. par alliance. Il s'est allié dans telle f. — Enfant de f.,* Jeune homme d'une naissance honnête. — Lorsqu'on parle des grandes et anciennes races de France et des pays étrangers, on se sert plutôt du mot de *Maison* que de celui de *Famille* : c'est le contraire, lorsqu'on parle des anciens Grecs ou des anciens Romains. *La f. des Héraclides. La f. des Scipions, des Césars. La f. Claudienne.* || L'ensemble des personnes, parentes ou non, maîtres ou serviteurs, qui vivent dans une même maison, *C'est lui qui est le chef de la f. Le gouvernement de la f.* — En Italie, l'ensemble des personnes attachées au service d'une grande maison. *La f. d'un cardinal.* || T. Philol. Se dit des langues qui ont entre elles une telle affinité, qu'elles paraissent dériver d'une même source. || T. Gram. Se dit des mots qui ont une même racine. *Dans un dictionnaire historique de la langue française, on devrait ranger les mots par familles.* || T. Hist. nat. Groupe d'êtres, animaux, végétaux ou minéraux, qui présentent entre eux certaines analogies ou affinités. Voy. BOTANIQUE, MINÉRALOGIE, etc.

Écon. soc. et Droit. — De la famille dérivent deux ordres de rapports, ceux qui subsistent entre l'homme et la femme, ceux qui subsistent entre les enfants d'un côté, et le père et la mère de l'autre. Il sera traité des premiers au mot MARIAGE ; ici nous ne parlerons que des seconds.

I. — Les rapports entre les parents et les enfants sont des rapports d'autorité d'une part, d'obéissance de l'autre, mais, dans ces deux cas, tempérés par l'amour paternel et filial. L'histoire nous montre que, dans les sociétés primitives, le principe de l'autorité a dominé presque exclusivement, au point que les enfants étaient considérés comme la propriété du père. Cependant nous voyons cette autorité absolue et sans contrôle décroître peu à peu en raison même des progrès de la civilisation. Enfin, sous l'influence du christianisme, le principe de l'autorité se trouve resserré dans les limites les plus justes.

1° Chez les Hébreux (et il en était de même chez les autres peuples orientaux), le pouvoir du père sur ses enfants fut d'abord illimité. Mais la législation mosaïque restreignit sagement la puissance paternelle dans des bornes beaucoup plus étroites. D'abord elle interdit l'exposition des nouveau-nés et imposa aux parents l'obligation de nourrir et d'élever tous leurs enfants. De plus, elle leur enleva le droit absolu de vie et de mort qu'ils avaient eu jusque-là sur eux. Lorsqu'un père, après avoir essayé toutes les corrections domestiques, n'avait pu venir à bout de réprimer les vices et la mauvaise conduite de son fils, il pouvait seulement s'adresser aux juges pour lui faire infliger une peine. « Quand, disait la loi, un homme aura un fils pervers et rebelle, qui n'obéira point à la voix de son père, ni à la voix de sa mère, et qui, après avoir été châtié, ne les écoutera point, le père et la mère le prendront et le mèneront aux anciens de la ville, et ils leur exposeront sa mauvaise conduite. Alors tous les habitants de la ville le lapideront et il mourra ; et tu ôteras le méchant du milieu de toi, afin que tout Israël l'entende et qu'il craigne. » (Deut. xxi, 18 et s.). Ainsi, le législateur réprimait le vice et maintenait l'autorité paternelle, sans pour cela abandonner la vie des enfants aux emportements de leur père. Toutefois Moïse laissa aux pères le droit de vouer leurs enfants au service du tabernacle ; mais ceux-ci étaient loin d'être maltraités, et de plus, la f. avait la faculté d'obtenir l'annulation de ce vœu par la voie du rachat. Ce mode de recouvrer la liberté était d'autant plus facile que la loi avait fixé à une somme modique le prix que l'on devait payer. Du reste, les enfants ainsi consacrés conservaient tous leurs droits à l'héritage paternel, en sorte qu'ils pouvaient se racheter eux-mêmes, si leurs parents négligeaient de le faire. La législation mosaïque permettait également aux pères de vendre leurs enfants, mais des restrictions particulières enlevaient à ce droit ce qu'il avait de plus odieux. En effet, les enfants ne pouvaient être vendus qu'à des Hébreux, et cette vente elle-même n'était que temporaire, car l'esclavage avait un terme pour eux comme pour les autres citoyens. Voy. ESCLAVAGE. Enfin, le père de l'hébreu n'avait pas le pouvoir d'exhérédation. Le père ne pouvait disposer à son gré que des biens qu'il avait acquis lui-même pendant le mariage. Quant aux biens patrimoniaux, les fils en étaient les héritiers nécessaires, et ils les partageaient entre eux par portions égales. L'aîné seulement avait une double portion ; c'était le droit de primogéniture établi avant Moïse, et accordé au premier-né, à raison des frais, des sacrifices et autres dépenses qu'il était obligé de faire en qualité de chef de la f. après la mort du père. Quand le père mourait sans postérité mâle, les filles héritaient des biens patrimoniaux, mais alors elles étaient tenues de se marier dans leur tribu, et le plus ordinairement elles épousaient un de leurs parents. On inservait alors le nom du mari, dans les tables généalogiques, comme fils du défunt, et, au moyen de cette substitution, la perpétuité de la race se trouvait assurée.

2° Nous avons peu de détails sur la puissance paternelle telle qu'elle existait chez les différents peuples de la Grèce : il paraît néanmoins qu'elle était déterminée avec soin par les

lois. Ainsi, par ex., un Athénien pouvait déshériter ses enfants, mais, depuis Solon, il lui était interdit de les vendre, et, à plus forte raison, de les tuer : il n'y avait d'exception que pour le cas où le père de f. prouvait que sa fille s'était déshonorée ; alors il avait le droit de la vendre. Dans le même cas, il pouvait également vendre sa sœur, s'il était particulièrement investi de la tutelle de cette dernière. Un citoyen athénien qui n'avait point d'enfants, avait la faculté d'adopter un autre citoyen et de lui laisser toute sa fortune ; mais il n'était permis à l'adopté de revenir dans sa f. naturelle que lorsqu'il avait un enfant légitime dans la maison où l'adoption l'avait fait entrer, ou lorsqu'il y avait un autre enfant adoptif en état de le remplacer : car, comme chez les Hébreux, la loi voulait avant tout empêcher les familles de s'éteindre. C'est pour cela aussi que, lorsqu'un citoyen mourait sans postérité, un de ses héritiers légitimes lui était judiciairement substitué afin de prendre et de perpétuer son nom. Une loi de Solon déclarait que l'enfant à qui ses parents n'auraient donné aucun emploi ne serait pas obligé de leur fournir des aliments. À Sparte, l'autorité du père sur ses enfants était absolue jusqu'à ce que ceux-ci eussent atteint l'âge de sept ans ; mais, à cette époque, l'État se substituait à la f. et en remplissait les fonctions avec une sauvage rigueur. Tout le monde sait que les Spartiates faisaient périr ceux de leurs enfants qui étaient mal conformés.

3° À Rome, la puissance paternelle (*patria potestas*) était à la fois une propriété du père de f. et une sorte de magistrature domestique, qui n'était bornée ni par l'âge, ni par le mariage des enfants, et qui s'étendait également sur leur postérité la plus reculée. Les jurisconsultes romains définissaient la puissance paternelle « le pouvoir attribué au père de f. sur les personnes qui sont entrées dans sa f. par suite d'un *mariage légitime (justis nuptiis)*, par la *légitimation* ou par l'*adoption*. » Il y avait une grande analogie entre le pouvoir du père sur sa f. et celui du maître sur ses esclaves (*dominica potestas*). Cependant la puissance paternelle était de droit civil ; il fallait être citoyen pour pouvoir l'acquérir, tandis que la puissance du maître sur ses esclaves étant une chose des gens, appartenait à tout propriétaire, étranger ou citoyen. — À l'origine, le père de f. avait le droit absolu de vie et de mort sur son fils. Il avait en outre le droit de l'exposer, de le vendre jusqu'à trois fois (car si le fils était affranchi par l'acheteur, il retombait sous la puissance paternelle), de le marier, de le séparer de sa femme par le divorce, de le faire entrer dans une f. étrangère par adoption, de l'émanciper, etc. Enfin, il pouvait le déshériter, lui substituer une autre personne comme héritier, et lui nommer un tuteur par testament. L'incapacité du fils de famille au point de vue du droit privé n'était d'ailleurs pas absolue, car le fils pouvait par exemple, acquérir par contrat ; mais tout ce qu'il acquérait devenait la propriété de son père. Quant aux choses de droit public, le fils jouissait de tous les droits du citoyen ; il pouvait voter dans les assemblées du peuple, remplir des magistratures, etc. Il pouvait même être tuteur, car la tutelle était considérée comme une partie du droit public. Lorsque le fils, étant sous la puissance de son père, contractait un mariage légitime, la femme tombait sous la puissance du père et non sous celle de son mari. Dans tous les cas, les enfants du fils étaient sous la puissance non de leur père, mais de leur grand-père. Quant aux enfants de la fille, ils n'entraient point dans la f. de celle-ci ; ils passaient sous la puissance de leur père ou de l'aïeul paternel, si le père se trouvait sous la puissance de ce dernier. En conséquence, la mère n'avait jamais sous sa puissance les enfants auxquels elle avait donné le jour, même en mariage légitime. — Ces effets de la puissance paternelle furent restreints, d'abord par les mœurs, ensuite par les lois. Dans le dernier état de la législation, le père de f. n'eut plus sur ses enfants, ni le droit de vie et de mort, ni celui de les exposer. Il ne put même les vendre qu'au sortir du sein maternel, et lorsqu'il y était forcé par une extrême misère. Il n'eut plus que la faculté de les corriger ou de les faire corriger par le magistrat. Enfin, la rigueur de la puissance paternelle, par rapport aux biens acquis par les enfants, fut aussi restreinte par l'établissement de divers pécules sur lesquels ceux-ci avaient des droits plus ou moins étendus. Nous citerons entre autres le pécule *castrense* et le pécule *quasi-castrense*, qui comprenaient, le premier tout ce que le fils de f. acquérait à l'occasion du service militaire, et le second, tout ce qu'il recevait de la munificence impériale et tout ce qu'il acquérait dans l'exercice des fonctions civiles ou ecclésiastiques. — La puissance paternelle se dissolvait par la mort du fils de f., mais ses enfants restaient soumis à la puissance de l'aïeul ; par la mort du père de f., et alors chacun de ses enfants devenait maître de lui-même (*sui juris*) et chef d'une f. particulière ; par la perte de la liberté éprouvée, soit par le père, soit par le fils de f. ; par l'élévation du fils à la dignité de flamine de Jupiter, et, sous Justinien, à celle de consul, de patrice, d'évêque, etc. ; par l'adoption qui faisait passer le fils dans une autre f. ; enfin, par l'émancipation. — L'émancipation était un acte par lequel le père de f. se démettait de sa puissance sur un enfant pour le rendre *sui juris*. Elle avait lieu au début par la vente fictive appelée *mancipatio*, suivie d'affranchissement. Plus tard, elle consista en un rescrit du prince ; en dernier lieu, pour émanciper un enfant, il suffisait que le père en fit la déclaration devant le magistrat.

4° Chez les Gaulois, le mari avait droit de vie et de mort sur sa femme et sur ses enfants. Ces derniers restaient sous la tutelle des femmes jusqu'à l'âge de puberté : un père eût rougi de laisser son fils paraître publiquement en sa présence, avant que ce fils pût manier un sabre et figurer sur la liste des guerriers. Mais la Gaule conquise adopta aussitôt les mœurs et les lois romaines, qui y jetèrent les plus profondes racines, surtout dans les pays qui furent plus tard appelés pays de droit écrit. Dans cette région, la puissance paternelle produisait presque les mêmes effets que chez les Romains au temps de la dernière jurisprudence. Ainsi, par ex., ce qu'acquéraient les enfants en puissance de père appartenait à celui-ci ; en conséquence, ils ne pouvaient disposer par testament que des biens *castrenses* ou *quasi-castrenses*. Quant aux pays de droit coutumier, on remarquait entre les coutumes de grandes diversités. Dans quelques-uns seulement, le père acquérait par ses enfants, jusqu'à ce qu'ils fussent parvenus à un certain âge, tous leurs meubles et les fruits de leurs immeubles. Mais, selon les règles du droit commun coutumier, le père n'acquérait rien par ses enfants, de sorte que, selon Ferrière, « on pouvait dire que, dans la France coutumière, la puissance paternelle n'avait lieu ».

II. — La législation qui nous régit a restreint la puissance paternelle dans ses limites rationnelles : elle tend à considérer surtout cette institution comme un moyen de protection de l'enfant : dès que la puissance paternelle ne remplit plus ce but, elle n'a plus de raison d'être ; au pouvoir social qu'il appartient dans ce cas d'y mettre fin. Du reste, le droit du père sur les enfants est commun à la mère, qui a la prééminence du premier comme chef. Il appartient à tous deux de préférence aux ascendants du degré supérieur, qui pourtant y participent jusqu'à un certain point, particulièrement à défaut de père et mère.

« L'enfant à tout âge, dit le Code civil (art. 371), doit à ses père et mère honneur et respect. » En inscrivant dans la loi ce principe de morale, le législateur ordonne aux enfants, sinon d'avoir ces sentiments qu'il ne peut commander, au moins d'y conformer leurs actes extérieurs ; par là aussi, il donne aux magistrats, un titre pour leur pouvoir d'empêcher ou de réprimer les actes qui violeraient cette prescription. Le législateur a cru devoir également formuler en article de loi cet autre précepte imposé par la nature, à savoir : « que les époux contractent ensemble, par le seul fait du mariage, l'obligation de nourrir, entretenir et élever leurs enfants (203). » L'obligation d'entretenir les enfants est aussi nécessairement avec celle de les élever, car ceux-ci, après leur éducation achevée, peuvent encore n'être pas en état de pourvoir à leurs besoins. En outre, si l'éducation donnée à l'enfant n'est pas conforme à la condition de la famille, le magistrat a la faculté d'intervenir. Toutefois, l'enfant n'a pas d'action contre ses père et mère pour un établissement par mariage ou autrement (204). De leur côté, les enfants ne pourraient sans manquer à leur devoir refuser les moyens d'existence à ceux de qui ils tiennent la leur : à ce titre, ils doivent des aliments, non seulement à leurs père et mère, mais encore à tous leurs ascendants, lorsqu'ils sont dans le besoin. Voy. ALIMENT. L'autorité des père et mère sur leurs enfants consiste en un pouvoir de direction et de répression qu'il était impossible à la loi de définir pleinement. Elle ne mentionne donc qu'un petit nombre de points. Ainsi, elle statue que l'enfant est tenu de résider dans la maison paternelle jusqu'à sa majorité, à moins que le père ne juge à propos de le placer ailleurs. Ce principe que l'enfant ne peut quitter la maison paternelle sans la permission du père ne souffre qu'une seule exception, c'est pour le cas d'enrôlement volontaire : la loi du 15 juillet 1889 (art. 59) permet, en effet, à l'enfant de s'engager sans le consentement de ses parents, mais seulement à partir de l'âge de vingt ans. Le droit de diriger les actions de l'enfant entraîne celui de corriger ses écarts ; les écarts sont tels que les moyens ordinaires de la discipline domestique soient insuffisants, le

père peut, avec l'intervention du magistrat, recourir à une mesure plus grave, à savoir la détention temporaire de l'enfant coupable. Voy. CORRECTION. Lorsque l'enfant a des biens propres, le législateur, soit pour indemniser les père et mère des soins et des sacrifices de tout genre que leur impose son éducation, soit pour prévenir les discussions fâcheuses auxquelles donnerait lieu un compte rigoureux des revenus, accorde la jouissance de ces biens au père et à la mère, et à chacun d'eux à défaut de l'autre. Toutefois, dans la crainte que l'intérêt personnel ne porte les parents à retarder le mariage de leurs enfants mineurs, la loi fait cesser cet usufruit avant la majorité, et dès que les enfants ont atteint l'âge de dix-huit ans (384). De plus, cette jouissance ne s'étend ni aux biens que l'enfant peut avoir acquis par un travail et une industrie séparés, ni à ceux qui lui auraient été légués ou donnés sous la condition que les père et mère n'en jouiraient pas (385). Enfin cette jouissance n'a pas lieu au profit de la mère veuve, si elle contracte un second mariage (386). — La majorité de l'enfant ne fait pas cesser complètement la puissance paternelle. S'il veut se marier, il doit demander le consentement de ses père et mère. Dans le cas où leur consentement est nécessaire au mariage, ils peuvent y former opposition, et, s'il est accompli, en demander la nullité. Pour passer par adoption dans une famille étrangère, le consentement du père ou de la mère naturels est également nécessaire. Enfin, le père et la mère jouissent d'une certaine latitude dans la disposition de leur fortune, soit comme moyen de récompense, soit comme moyen de punition.

Sauf les restrictions relatives au mariage, etc., que nous venons de mentionner, la puissance paternelle proprement dite c.-à-d. la puissance de diriger et de corriger, prend fin par la majorité de l'enfant, laquelle est fixée à vingt et un ans. Elle prend également fin, mais par la volonté même des parents, dans le cas d'Émancipation. Le mineur parvenu à un certain âge peut avoir acquis une maturité suffisante pour être en état de gouverner sa personne et d'administrer ses biens : en conséquence, le père, s'il le juge à propos, l'affranchit de son autorité, c.-à-d. l'émancipe. À l'égard de père, la mère a le même droit. La seule condition imposée par la loi à cette émancipation, c'est que le mineur ait atteint l'âge de quinze ans révolus. L'émancipation s'opère par la simple déclaration du père ou de la mère devant le juge de paix assisté de son greffier (477). Le mineur est émancipé de plein droit par le mariage (476). S'il n'a ni père ni mère, son émancipation ne peut avoir lieu avant l'âge de dix-huit ans, et c'est au conseil de f. qu'appartient alors le droit de la conférer (478). Tout parent ou allié du degré de cousin germain peut provoquer l'émancipation du mineur, lorsque le tuteur ne fait aucune diligence dans ce but (479). Le mineur émancipé prend la direction de ses affaires : en conséquence, on lui fait rendre le compte de tutelle ; mais, pour cela, il est assisté d'un curateur qui est nommé par le conseil de f. Il doit être également assisté d'un curateur pour plaider en matière immobilière, pour recevoir un capital mobilier et en donner décharge, pour partager une succession, pour accepter une donation, pour transférer une inscription sur le grand-livre (482). Il ne peut faire d'emprunts, sous aucun prétexte, sans une délibération du conseil de f., homologuée par le tribunal de première instance (483). Il ne peut non plus ni vendre, ni aliéner ses immeubles, ni faire, sans observer les formes prescrites au mineur non émancipé, aucun acte autre que ceux de pure administration (484). Quant à ces derniers, tels que la confection des baux de meubles et au-dessous, et la perception des revenus, le mineur émancipé peut les faire seul, sans assistance ni autorisation (481). À l'égard des obligations que le mineur émancipé contracte par voie d'achat ou autrement, elles sont réductibles en cas d'excès ; les tribunaux sont ici juges des circonstances du fait (484). Le mineur émancipé qui est autorisé à faire le commerce, est réputé majeur pour tous les actes relatifs à ce commerce, mais pour ces actes seulement (487). La révocation de l'émancipation peut être prononcée par ceux qui ont conféré celle-ci, et en suivant les mêmes formes. Cette révocation fait rentrer le mineur émancipé en tutelle ou sous la puissance paternelle, et il y reste jusqu'à sa majorité (485 et 486).

En organisant la puissance paternelle, le Code civil avait omis de s'expliquer sur les causes qui pourraient y mettre fin dans le cas surtout où un père indigne abuserait des pouvoirs que la loi mettait à sa disposition, soit pour infliger de mauvais traitements à ses enfants, soit pour les corrompre. La loi du 24 juillet 1889 *sur la protection des enfants maltraités ou moralement abandonnés* est venue combler cette lacune.

363

Elle renferme deux titres : Titre 1er. De la déchéance de la puissance paternelle ; Titre 2. De la protection des mineurs placés avec ou sans l'intervention des parents.

Aux termes de ladite loi, les père et mère et ascendants sont déchus de plein droit, à l'égard de tous leurs enfants et descendants, de la puissance paternelle : 1° s'ils ont été condamnés pour excitation habituelle à la débauche de leurs enfants mineurs, de leurs pupilles ou de mineurs quelconques placés sous leur surveillance ; 2° s'ils ont été condamnés pour crime commis sur la personne d'un de leurs enfants ou pour complicité d'un crime commis par un de leurs enfants ; 3° s'ils ont été condamnés deux fois pour délit commis sur la personne d'un de leurs enfants ; 4° s'ils ont été condamnés deux fois pour excitation habituelle de mineurs à la débauche. La loi concède aux tribunaux la faculté de prononcer la déchéance à l'égard des parents dans les circonstances suivantes : 1° s'ils ont été condamnés aux travaux forcés ou à la réclusion pour crime de droit commun ; 2° s'ils ont encouru deux condamnations pour séquestration, suppression, exposition ou abandon d'enfant, vagabondage ; 3° s'ils ont été condamnés trois fois devant le tribunal correctionnel pour ivresse, ou une seule fois pour contravention à la loi du 7 décembre 1874 sur la protection des enfants employés dans les professions ambulantes ou pour excitation habituelle de mineurs à la débauche. La déchéance de la puissance paternelle est encore facultative à l'égard des parents dont les enfants ont été placés d'office par le tribunal dans une maison de correction, ou encore à l'égard de ceux qui, par leur inconduite ou par de mauvais traitements, compromettent soit la santé, soit la sécurité, soit la moralité de leurs enfants.

L'action en déchéance est intentée devant la chambre du conseil du tribunal du domicile des père et mère par un ou plusieurs parents du mineur jusqu'au degré de cousin germain ou par le ministère public. Pendant l'instance en déchéance, le tribunal peut ordonner telles mesures provisoires qu'il juge utiles relativement à la garde et à l'éducation de l'enfant. Lorsque la déchéance est encourue par le père, le tribunal décide si les droits de puissance paternelle seront délégués à la mère. Si la mère est prédécédée, ou si elle est déclarée indigne d'exercer ces droits, le tribunal statue sur le point de savoir si la tutelle sera constituée conformément aux règles ordinaires admises à l'égard des mineurs orphelins ou si cette tutelle sera attribuée à l'Assistance publique, laquelle peut remettre les mineurs à d'autres établissements ou à des particuliers. En prononçant sur la tutelle, le tribunal fixe, s'il y a lieu, le montant de la pension qui devra être payée par les père et mère ou ascendants tenus à l'obligation alimentaire envers l'enfant. Pendant l'instance en déchéance, toute personne peut demander à la justice que l'enfant lui soit confié, à condition de se soumettre aux règles prescrites par le Code civil pour la tutelle officieuse. Dans les mêmes conditions, lorsque l'Assistance publique a placé un enfant chez un particulier, ce dernier peut, après trois ans, demander que l'enfant lui demeure confié. Tout individu déchu de la puissance paternelle est incapable d'être tuteur, subrogé tuteur, curateur, ou membre du conseil de famille. Les père et mère frappés de cette déchéance ne peuvent être admis à se faire restituer la puissance paternelle qu'après avoir obtenu leur réhabilitation, s'ils ont été l'objet d'une déchéance de plein droit, et trois ans seulement après le jugement, s'ils ont été l'objet d'une action en déchéance.

Lorsque des administrations d'assistance publique, des associations de bienfaisance régulièrement autorisées, des particuliers jouissant de leurs droits civils ont accepté la charge de mineurs de seize ans que les parents leur ont confiés, ils peuvent faire décider par le tribunal du domicile des parents qu'il y a lieu de déléguer à l'Assistance publique les droits de puissance paternelle abandonnés par les parents, ou de remettre l'exercice de ces droits à l'établissement ou au particulier gardien de l'enfant. La loi du 24 juillet 1889 établit des règles de protection en faveur des enfants moralement abandonnés et qui sont placés sans l'intervention des parents. Lorsqu'un établissement ou un particulier recueille un de ces enfants, à peine d'amende et de prison en cas de récidive il doit être fait dans les trois jours une déclaration au maire de la commune sur le territoire de laquelle l'enfant a été recueilli, à Paris au commissaire de police. Si, dans les trois mois, la famille ne réclame pas l'enfant, l'établissement ou le particulier qui l'a recueilli peut se faire confier par la justice tout ou partie de l'exercice des droits de puissance paternelle. Les enfants ainsi recueillis sont sous la surveillance de l'État représenté par le préfet du département. Ce fonctionnaire peut toujours se pourvoir devant le tribunal civil de la résidence de l'enfant pour faire dessaisir de tout droit sur l'enfant l'établissement ou le particulier qui l'a recueilli et pour le faire confier à l'Assistance publique.

III. — La *Parenté* est la relation qui existe entre les personnes unies par les liens du sang. Primitivement et conformément à l'étymologie, on ne donnait le nom de *Parents* qu'au père, à la mère et aux autres ascendants ; mais aujourd'hui on l'applique à toutes les personnes qui proviennent d'une origine commune. On emploie fréquemment le terme de *Souche* pour désigner l'origine commune, c.-à-d. le père et la mère de plusieurs séries de parents, ou seulement l'un ou l'autre, quand il y a des descendants issus de différents mariages. On appelle *Ligne* toute série dans laquelle les parents sont contenus. La *ligne directe* est la série des parents qui sont issus directement les uns des autres, comme le père, le grand-père, le bisaïeul, le trisaïeul, etc., d'un côté ; et, de l'autre, le fils, le petit-fils, l'arrière-petit-fils, etc. : de là la subdivision de la ligne directe en *ligne ascendante* et en *ligne descendante*. La série ascendante ci-dessus est aussi appelée *ligne paternelle*, quand on veut l'opposer à la *ligne maternelle* qui est composée par la mère, l'aïeule, la bisaïeule, etc. La *ligne collatérale*, qu'on nomme aussi quelquefois *ligne transversale*, est la série des parents qui, sans descendre les uns des autres, ont pourtant un auteur commun. Ainsi, par ex., les frères et sœurs entre eux, les cousins et cousines également entre eux, les oncles et tantes à l'égard des neveux et des nièces, et ceux-ci à l'égard des oncles et des tantes, sont des *collatéraux*. On a comparé les parents à des personnes qui, à l'aide d'escaliers, descendent d'une hauteur ; chaque marche est un *degré* occupé par une génération. Dans la ligne directe, on compte autant de degrés qu'il y a de générations : ainsi, le fils est à l'égard du père au premier degré ; le petit-fils au second ; l'arrière-petit-fils au troisième, etc. En ligne collatérale, les degrés se comptent par les générations, depuis l'un des parents jusqu'à l'auteur commun, et depuis celui-ci jusqu'à l'autre parent. Ainsi, deux frères sont au second degré ; l'oncle et le neveu se trouvent au troisième, les cousins germains au quatrième, et ainsi de suite ; d'où l'on voit qu'en ligne collatérale, il n'y a point de premier degré. Telle est la manière dont on comptait les degrés de parenté en droit romain et dont le compte aujourd'hui le Code civil ; mais, dans le droit canon, on procède autrement, quand il s'agit de parenté collatérale. Suivant les canonistes, en ligne collatérale, il faut deux personnes engendrées pour faire un degré. En conséquence, lorsque des collatéraux sont également éloignés de la souche commune, et, comme dit le droit canon, sont en ligne *collatérale égale*, on compte autant de degrés qu'il y en a de l'une des parties à la souche commune. Ainsi, par ex., deux cousins germains sont également au deuxième degré, parce qu'il y a deux générations entre chacun d'eux et l'aïeul qui est la souche commune. De même, deux frères sont parents au premier degré, puisque de l'un d'eux au père, qui est la souche commune, il n'y a qu'une génération. Lorsque les parents sont des collatéraux en ligne inégale, c'est-à-dire sont à des distances inégales de leur auteur commun, on compte entre eux autant de degrés de parenté qu'il y en a du plus éloigné à la souche commune. L'oncle et le neveu, par exemple, sont inégalement éloignés de l'auteur commun, lequel est à la fois l'aïeul du neveu et le père de l'oncle ; le neveu en est éloigné de deux degrés, et l'oncle d'un degré seulement : d'après cela, l'oncle et le neveu se trouvent parents au deuxième degré. En calculant de cette manière, on trouve que le douzième degré du Code civil répond, en ligne collatérale, au sixième degré des canonistes. — Voy. Affinité, Agnation, Filiation, Succession et Tutelle.

FAMILLEUX, EUSE. adj. [Pr. *fami-lieu, ll* mouillées] (de l'anc. verbe *fameillier*, avoir faim, du bas-lat. *famecularc*, m. s). Affamé. Vx. ‖ T. Véner. Se dit d'un faucon qui veut toujours manger.

FAMINE. s. f. (lat. *fames*, faim). Disette de vivres dans un pays, dans une ville, etc. *Il y eut une grande f. cette année-là. Ce fut un temps de f. La f. se mit dans le pays. Prendre une ville par f.* — Fam., *Prendre quelqu'un par f.,* Lui retrancher le nécessaire pour l'obliger à faire ce qu'on exige de lui. *Crier f.,* Se plaindre de manquer du nécessaire. Voy. Crier.

Elle alla crier famine
Chez la fourmi sa voisine.
　　　　　　　　　La Fontaine.

|| *Pacte de f.*, Nom donné, sous Louis XV, à une association de spéculateurs destinée à produire une disette factice, afin de faire hausser les prix des grains.

FANAGE. s. m. (R. *fane*). Action de faner l'herbe d'un pré fauché. || Tout le feuillage d'une plante.

FANAISON. s. f. (R. *faner*). Temps de faner le foin.

FANAL. s. m. (bas-lat. *fanale*, m. s., du gr. φανός, brillant). Espèce de grosse lanterne dont on se sert dans les vaisseaux. — Se dit aussi quelquefois pour *Phare*. || T. Archéol. *F. de cimetière*, Colonne élevée dans un cimetière pour y placer un fanal pendant la nuit. Voy. LANTERNE *des Morts.* || Fig., Ce qui sert de guide, ce qui éclaire la marche dans les arts, la science, etc. *Ces grandes vérités sont les fanaux qui doivent vous diriger. Les systèmes philosophiques sont des fanaux qui indiquent les erreurs où l'esprit humain peut tomber.*

Mar. — En termes de marine. *F.* veut dire tout simplement lanterne; les *fanaux* dont on se sert pour les signaux de nuit sont de grandes lanternes vitrées qu'on éclaire soit avec de l'huile, soit avec du pétrole, et qu'on suspend à la tête des mâts ou aux extrémités des vergues. Ils sont en outre munis d'anneaux dessus et dessous, pour recevoir la cordelette qui les élève et celle qui les abaisse. Les *fanaux de combat* sont moins grands. Ceux-ci se suspendent aux poutres transversales qui supportent les planchers des ponts. Les *fanaux de la soute* aux poudres sont vitrés et grillés. Le *f. de l'habitacle* est armé de réflecteurs pour éclairer les boussoles. Les *fanaux sourds* dont on se sert pour éclairer dans l'intérieur, sont de petites lanternes de corne.

FANATIQUE. adj. 2 g. (lat. *fanaticus*, m. s., de *fanum*, temple). Aliéné d'esprit, qui se croit inspiré par la Divinité, qui croit voir des apparitions surnaturelles. Peu us. *Les trembleurs sont fanatiques.* || Plus ordin., Celui qui est emporté par un zèle outré, et souvent cruel, pour une religion. *Les prêtres fanatiques de Cybèle. Un prédicateur f.* — Par extens., Celui qui se passionne aveuglément pour une opinion, pour un parti, pour un individu, etc. *Il est fanatique du socialisme. Être f. d'un auteur. Un soldat f. de son général.* || Se dit aussi des passions, des doctrines, etc. *Un zèle f. Des opinions, des doctrines fanatiques. Une rage f.* || Subst., *Il y a des fanatiques dans toutes les religions. Chaque secte a ses fanatiques. Un f. des anciens. C'est un f. de la musique italienne.* || T. Jeux. A l'hombre, réunion des quatre valets dans la main du même joueur.

FANATISER. v. a. [Pr. *fanati-zer*]. Rendre fanatique pour une religion, une secte, etc. *Il les fanatisa par ses prédications furibondes. Ses discours violents avaient fanatisé toute la populace.* = FANATISÉ, ÉE. part.

FANATISME. s. m. Illusion du fanatique, de celui qui se croit inspiré. *C'est un vrai f.* Peu us. || Plus ordin., Zèle outré et souvent cruel pour une religion; ou bien attachement opiniâtre et violent à un parti, à une opinion, etc. *Le f. qui l'animait. Les excès du f. religieux, du f. politique. Le f. de la liberté.* || Se dit aussi d'une secte de fanatiques. On eut beaucoup de peine à détruire ce f. naissant. Peu us.

FANCHON. s. f. (R. *Fanchon*, dimin. de *Françoise*). Sorte de coiffe de femme qui est formée d'un petit fichu dont les deux bouts principaux se nouent sous le menton. — *Mettez un foulard en f.*, Se coiffer d'un foulard en le nouant sous le menton, de manière à couvrir les oreilles.

FANCHONNETTE. s. f. (Pr. *fancho-nè-te*). Sorte de pâtisserie légère. *Fanchonnettes au café, à la vanille.*

FANDANGO s. m. Sorte de danse espagnole; l'air de cette danse. *Le f. est à trois temps et d'un mouvement très animé.*

FANE. s. f. (lat. *fœnum*, foin). Se dit des feuilles tombées de l'arbre qui les a produites. *Enlever les fanes, la f. des allées d'un jardin.* — Se dit quelquefois des feuilles qui tiennent encore aux plantes. *La f. commence à jaunir.* || T. Jard. fleuriste. L'enveloppe foliacée de la fleur des anémones et des renoncules.

FANÉGA ou **FANÈGUE.** s. f. (esp. *fanega*, m. s.) T. Métrol. Ancienne mesure espagnole de capacité qui valait 54l,8. Voy. CAPACITÉ.

FANER. v. a. (R. *fane*). Tourner et retourner l'herbe d'un pré fauché, pour la faire sécher. *F. de la luzerne. Voilà un beau temps pour f.* || *Flétrir. Le grand hâle fane les fleurs.* — Par ext., Altérer l'éclat d'une couleur, du teint. *Le soleil a fané cette couleur. Cette maladie lui a fané le teint.* = se FANER. v. pron. Se flétrir, perdre de son éclat. *L'herbe sa fane déjà. Les fleurs commencent à se f. Cette couleur se fanera bientôt. Son teint s'est fané.* || Fig., *Cette femme commence à se f.*, se fane, Sa beauté commence à diminuer, diminue. On dit aussi, *Sa beauté se fane.* = FANÉ, ÉE. part. *Couleur fanée. Teint fané. Une beauté déjà fanée.*

Syn. — *Fané, Flétri.* — Ces deux mots diffèrent entre eux du plus au moins. Une fleur qui n'est que *fanée* peut quelquefois reprendre son éclat; mais une fleur *flétrie* n'y revient plus. La beauté, comme la fleur, se *fane* par la longueur du temps, et peut se *flétrir* promptement par accident.

FANEUR. EUSE. s. Celui, celle qui fane des foins. || *Faneuse,* Machine destinée à faire le travail du retournement des foins coupés.

FANFAN. s. m. (R. *enfant*). Terme familier dont les mères et les nourrices se servent quelquefois en caressant leurs enfants.

FANFARE. s. f. (anc. esp. *fanfa*, vanterie). Sorte d'air, court et brillant, exécuté par des cors, des trompettes, ou des instruments analogues. *Une joyeuse f. Sonner des fanfares. Musiciens qui exécutent des fanfares. La f. de Montmartre.* || T. Vén. L'air qu'on sonne au lancer du cerf ou en revenant de la curée. || Fig. Démonstration bruyante.

FANFARISTE. s. m. Musicien appartenant à une fanfare.

FANFARON. ONNE. adj. (R. *fanfare*). Qui fait le brave, qui affecte une bravoure qu'il n'a point. *Il est poltron et f. tout à la fois.* — Subst. *Ce n'est qu'un f. C'est un des plus grands fanfarons du monde.* || Qui exagère ou qui montre avec trop d'affectation de la confiance en la bravoure qu'il a. *Il est brave assurément, mais il est aussi par trop f.* || Dans un sens plus général. Qui se vante trop en quelque chose que ce soit, qui veut passer pour valoir plus qu'il ne vaut en effet. *Tout ce qu'il dit de lui-même montre bien qu'il est un peu f.* — Subst., *Il parle en f., comme un f. Faire le f. C'est un f. de vertu.* — *Un f. de vice,* Un homme qui se vante d'être plus vicieux qu'il ne l'est en effet. || Par ext., se dit aussi de l'air, des manières, des discours *Air f. Propos, discours f.* — Dans le langage fam., on dit quelquefois *Fanfaronne,* au fém. *Vous êtes une petite fanfaronne.*

FANFARONNADE. s. f. [Pr. *fanfaro-na-de*]. Discours, propos de fanfaron. *Quelle ridicule f. Faire des fanfaronnades. Toutes ses menaces ne sont que des fanfaronnades.*

FANFARONNERIE. s. f. [Pr. *fanfaro-ne-rie*]. Caractère du fanfaron; habitude de faire, de dire des fanfaronnades. *Il est d'une f. insupportable. C'est pure f.*

FANFRELUCHE. s. f. (Ital. *fanfaluca*, flammèche, allér. du gr. πομφόλυξ, λυγος, bulle d'air). Terme familier qui se dit, par mépris, d'un ornement vain, frivole et de peu de valeur.

FANFRELUCHER. v. a. Orner de fanfreluches.

FANGE. s. f. (lat. *famicosus*, bourbeux, de *famix*, bourbe). Boue, bourbe. *Il est tombé dans la f. Être couvert de f.* || Fig., se dit, par mépris, d'une condition basse, abjecte. *Il est né dans la f. Vous l'avez tiré de la f.* — L'état d'avilissement d'une personne qui vit dans la débauche. *Vivre dans la f. Être plongé dans la f. du vice.* = Syn. Voy. BOUE.

FANGEUX, EUSE. adj. (lat. *famicosus*, m. s.). Plein de fange. *Chemin f.* || Fig. Abject.

FANION s. m. (même origine que *fanon*). Anc. T. de Guerre. Sorte d'étendard de serge qu'un valet de chaque brigade portait à la tête des menus bagages de la brigade.

FANJEAUX, ch.-l. de c. (Aude), arr. de Castelnaudary; 1,450 hab.

FANNIEN [Pr. *fani-in*]. *Papyrus* f. Espèce de papier d'Égypte, de dix pouces de large.

FANO, v. d'Italie, prov. de Pesaro et Urbino, sur l'Adriatique; 21,000 hab.

FANOIR. s. m. (R. *faner*). T. Rur. Cône en bois, à claire-voie, sur lequel on jette le foin pour le faire sécher.

FANON s. m. (bas-lat. *fano;* lat. *pannus*, bande d'étoffe). Pièce d'étoffe suspendue et déployée au bout d'une lance, d'une pique, pour servir de signe de ralliement. — Les pendants d'une bannière. || T. Liturg. Voy. MANIPULE et MITRE. || T. Mar. Les portions de toile qui pendent sous la voile entre les cargues. — Chacune des moustaches de la martingale. — Pennon hissé à la tête du mât. || Par anal., La touffe de crins qui tombe sur la partie postérieure des boulets du pied des chevaux. || Touffe de poils que quelques animaux portent au pli situé à la partie inférieure du cou. || Peau pendante que l'on remarque sous la gorge de certains quadrupèdes et de certains oiseaux. || Lames cornées qui garnissent transversalement la mâchoire supérieure de la baleine et de certains cétacés. Voy. BALEINE.

FANON. s. m. (lat. *fœnum*, foin). T. Chir. anc. Cylindre de paille entouré d'une bande étroite et fortement serrée qu'on employait autrefois dans le pansement des fractures de la cuisse et de la jambe. *Faux f.*, Pièce de linge pliée en plusieurs doubles qui se plaçait entre le membre fracturé et le f. *Aujourd'hui les fanons sont remplacés par des attelles et les faux fanons par des coussinets.* Voy. FRACTURE.

FANS ou **PAHOUINS**, peuplade du Gabon, encore à demi sauvage.

FANTAISIE. s. f. (gr. φαντασία, apparition). L'imagination; ne s'emploie plus, dans ce sens, qu'en parl. d'œuvres d'art. *Peindre de f.*, Peindre sans avoir de modèle qu'on se propose d'imiter. On dit aussi, *Tête de f.*, *Portrait de f.*, *Paysage de f.* || Esprit, pensée, idée. *Ceci m'est venu en f. Otez cela de votre f. Il a eu f. qu'il se porterait mieux s'il changeait d'air.* || Humeur, sentiment, opinion, goût; se dit, en ce sens, de ce qui tient à l'individualité de chaque homme. *Laissez-le vivre à sa f. Je veux travailler à ma f., selon ma f. Chacun en parle et en juge à sa f., selon sa f.* || Goût passager, envie, caprice, boutade. *Suivre sa f. Il n'en veut faire qu'à sa f. Quelle f. vous a pris? Cette f. lui a passé comme elle lui était venue. Se laisser aller à ses fantaisies. Satisfaire ses fantaisies.* — *Fantaisies musquées*, Envies, pensées bizarres et capricieuses. — *Pain de f.*, Pain de luxe qui ne se vend pas au poids. — *Robe, habit, chapeau*, etc., de f., Robe, etc., d'un goût nouveau et singulier. Dans ce sens, on dit aussi, *Etoffes de f.* Enfin, on appelle *Objets de f.*, ou simpl. *Fantaisies*, ces objets en général dépourvus d'utilité, qui n'ont pour mérite que d'être curieux ou bizarres. || T. Beaux-Arts. Ouvrage où l'artiste s'abandonne aux caprices de son imagination. *F. de peintre. Des arabesques entremêlées de figures de f. Une f. de Bach. F. pour le piano.* || T. Typogr. Nom générique de tous les caractères autres que le romain et l'italique, dont on se sert pour orner les titres des ouvrages — Nom générique de tous les objets destinés à l'enjolivement d'un volume. || T. Techn. Fil de soie de qualité inférieure, qu'on tire des frisons et des déchets.

FANTAISISTE. s. Néol. Celui, celle qui s'abandonne à sa fantaisie dans un art ou une profession. *Écrivain f. Peintre f. Médecin f.*

FANTASCOPE, et **FANTASMASCOPE**. s. m. (gr. φάντασμα, fantôme; σκοπέω, j'examine). Sorte de lanterne magique mobile destinée à produire l'illusion de la fantasmagorie. Voy. LANTERNE MAGIQUE.

FANTASIA. s. f. (ital. *fantasia*, fantaisie). Sorte de jeu équestre et militaire usité chez les Arabes, et qui consiste à s'élancer de toute la vitesse de son cheval, à s'arrêter court, à tourbillonner, en tirant des coups de fusil, etc. || Fig. Brillante démonstration.

FANTASMAGORIE. s. f. (gr. φάντασμα, fantôme; ἀγορά, assemblée). Sorte de spectacle qui consiste à faire apparaître, dans un lieu obscur, des images qui semblent être des spectres, des revenants, etc. Voy. LANTERNE MAGIQUE. || Fig., se dit de l'abus des effets obscurs, dans la littérature et les arts, par des moyens surnaturels ou extraordinaires. *Ce drame est rempli d'apparitions et de scènes nocturnes; je n'aime point cette f.*

FANTASMAGORIQUE. adj. 2 g. Qui appartient à la fantasmagorie.

FANTASMAGORIQUEMENT. adv. A la manière d'une fantasmagorie.

FANTASMATIQUE. adj. 2 g. (gr. φάντασμα, fantôme). Qui tient de la vision, du fantôme.

FANTASQUE. adj. 2 g. (lat. *fantasticus*, étrange). Capricieux, sujet à des fantaisies, à des caprices. *Homme, esprit, humeur, caractère f. La mule est un animal f.* || Bizarre, extraordinaire dans son genre. *Ouvrage, opinion, idée f. Habit f.* — Syn. Voy. BIZARRE.

FANTASQUEMENT. adv. D'une manière fantasque et bizarre. *Il s'habille f.* Peu us.

FANTASSIN. m. s. (ital. *fantaccino*, m. s., de *fante*, valet). Soldat d'infanterie. *Nos fantassins sont les meilleurs de l'Europe.*

L'étymologie italienne de ce mot prouve assez qu'à l'origine, c.-à-d. au XIVᵉ siècle, le mot *fantassin* était pris en mauvaise part : on appelait ainsi l'homme qui combat à pied, qui, à cette époque lointaine, était, dans l'esprit de tous, inférieur à celui qui combattait à cheval. Aujourd'hui, ce mot n'est plus employé que pour désigner, dans le langage familier et d'une façon plus brève le soldat d'infanterie de ligne. La f. a depuis longtemps gagné ses lettres de noblesse consacrées par ce mot de Napoléon : « L'infanterie est la reine des batailles. » Voy. INFANTERIE.

FANTASTIQUE. adj. 2 g. (lat. *fantasticus*, m. s.). Chimérique. *Une être f. Vision f. Ce sont des projets fantastiques.* || Qui n'a que l'apparence d'un être corporel, qui est sans réalité. *Un corps f.* || Extraordinaire, bizarre, surnaturel. *Scène f. Conte f.* || T. Mus. Se dit d'un genre de musique où le compositeur s'est à dessein affranchi des règles ordinaires. || s. Ce qui est f. Genre f.

FANTASTIQUEMENT. adv. D'une manière fantastique.

FANTASTIQUER. v. n. Imaginer selon sa fantaisie.

FANTIN DES ODOARDS, écrivain français (1738-1820).

FANTOCCINI. s. m. pl. [Pr. *fanto-tchi-ni*] (Mot ital.). Syn. de MARIONNETTE. Voy. ce mot.

FANTOCHE s. m. (ital. *fantoccini*, poupées). Marionnette. || Fig. Personnage de théâtre fantasque et sans réalité. — Fig. Homme ridicule et grotesque. *C'est un f.*

FANTÔME. s. m. (lat. *phantasma;* gr. φάντασμα, m. s.). Spectre, vaine image qui n'a point de réalité extérieure, et qui n'a d'existence que dans l'imagination. *F. hideux. Vain f. Oreste voyait souvent devant lui le f. de sa mère qu'il avait tuée.* — Prov., *C'est un vrai f., on le prendrait pour un f.*, se dit d'un homme maigre, défait et défiguré. || Fig., se dit de ce qui n'a point de réalité. *Ce prince n'a aucun pouvoir, ce n'est qu'un f. de roi. Les grandeurs humaines ne sont que de vains fantômes. Quel est ce f. de liberté qui nous fait dépendre de tant de maîtres?* || Fig., se dit aussi des idées chimériques que l'on se fait, des craintes vaines et sans fondement. *Cet homme se forme des fantômes pour les combattre.* — *Se faire des f. de rien*, S'exagérer excessivement les dangers, les obstacles. || Dans l'ancienne scolastique, se disait des images ou un supposait produites dans le cerveau par l'impression des objets extérieurs. *L'entendement opère sur les fantômes qui résident dans l'imagination.* || T. Chir. Sorte de mannequin sur lequel les élèves s'exercent à l'application des bandages ou aux manœuvres tocologiques. || T. Phys. *F. magnétique*, Figure que l'on obtient à l'aide d'un courant magnétique en laissant tomber de la limaille de fer sur un papier tendu, imprégné avec une préparation d'empois, d'amidon et de gélatine.

FANTON. s. m. T. Techn. Voy. Fenton.

FANUM. s. m. [Pr. *fa-nome*]. T. Archéol. Mot lat. qui sign. *Temple*, et dont on se sert pour désigner les espèces de temples ou de monuments que les anciens élevaient aux héros déifiés, aux empereurs, après leur apothéose. *Le f. de Tullie.*

FAON. s. m. [Pr. *Fan*] (bas-lat. *fœto*, de *fœtus*, m. s.). Le petit d'une biche ou d'un chevreuil. *Un f. de biche. Un faon de chevreuil.* Absol., il se dit d'un faon de biche.

FAONNER. v. n. [Pr. *fa-ner*]. Mettre bas un faon; se dit de la biche et de la femelle du chevreuil.

FAOU (Le), ch.-l. de c. (Finistère), arr. de Châteaulin; 1,400 hab.

FAOUET (Le), ch.-l. de c. (Morbihan), arr. de Pontivy; 3,300 hab.

FAQUIN. s. m. (ital. *facchino*, crocheteur, portefaix. L'étymologie et ce nom peut être la même que celle de fakir, sign. en arabe *pauvre*). || T. Mépris et d'injure qu'on applique à un homme de néant ou à un homme à la fois vil et impertinent. *Ce n'est qu'un f. On l'a traité comme un f. C'est un métier de f.* || T. Man. Mannequin qui servait à l'exercice de la lance. Voy. Quintaine.

FAQUINERIE. s. f. Action de faquin. Fam.

FAQUIR. s. m. Voy. Fakir.

FARAD. s. m. (R. *Faraday*, célèbre physicien anglais). Unité de capacité électrique. Un conducteur a une capacité de un *farad* quand il faut lui fournir un coulomb pour augmenter son potentiel de 1 volt. Cette unité est très grande. On se sert habituellement du *micro-farad* qui en est la millionième partie.

FARADAY, célèbre physicien anglais, connu par ses travaux sur l'électricité (1794-1867). Il découvrit les courants d'induction, la loi des décompositions chimiques qui porte son nom, le diamagnétisme et l'action des courants sur la lumière polarisée.

FARADIQUE. adj. 2 g. T. Phys. Qui a rapport à la faradisation, à l'électricité d'induction.

FARADISATION. s. f. [Pr. *faradi-za-sion*]. Nom donné à l'application médicale des courants électriques d'induction.

FARAKABAD, v. de l'Inde, prov. d'Agra, sur la rive droite du Gange; 80,000 hab.

FARANDOLE. s. f. (prov. *farandolo*, m. s.). Sorte de danse ou de course cadencée, populaire dans la Provence, et qu'exécutent un grand nombre de personnes en se tenant par la main de manière à former une chaîne. *Danser une f., la f.* On prétend que la f. est l'antique danse de la Grue, inventée par Thésée, qui aurait été importée par les Phocéens.

FARAUD, AUDE. adj. et s. Celui, celle qui fait le beau, la belle, qui se pavane dans ses habits de fête. *Il fait le f. Que vous êtes f. aujourd'hui!* Popul.

FARCE. s. f. (lat. *farsus*, farci). T. Cuis. Mélange de différentes viandes hachées menu et assaisonnées d'épices et de de fines herbes, qu'on met dans le corps de quelque animal ou dans quelque autre viande, dans des œufs, etc. *Faire une f. à une dinde. Des œufs à la f.* — Mets de la même sorte, fait d'herbes hachées. *Mettre des quartiers d'œufs sur une f. d'oseille.* || T. Littér. Pièce de théâtre bouffonne. *Il y a infiniment d'esprit dans certaines farces du théâtre de la foire. On ne joue que des farces, que la f. à ce théâtre.* || Le comique bas et grossier qui est propre aux farces. *Cet auteur comique donne, tombe souvent dans la f.* || Fig., Aventure, action qui a quelque chose de bouffon ou de ridi-

cule. *Faire des farces. Faire une f. à quelqu'un Il nous a donné la f. C'est une f. que cela.* — Pop., *Faire ses farces,* Se divertir d'une façon plus ou moins grossière. *Ces jeunes gens font leurs farces.*

FARCER. v. n. T. Pop. Plaisanter, faire des farces.

FARCEUR, EUSE. s. Comédien, comédienne qui ne joue que dans les farces; ou, par mépris, Acteur qui charge un rôle comique. *C'est un mauvais f.* || Fig., se dit de tout individu qui fait des bouffonneries, qui est dans l'habitude d'en faire. *Un f. insipide. Un f. de village.* || T. Popul. Personne qui a une conduite légère ou suspecte.

FARCIN. s. m. (lat. *farcininum*, m. s., de *farcire*, farcir). — T. Vétér. Le f. est une inflammation de même nature que la morve. Comme cette dernière, elle est causée par un bacille découvert par Löffler. Les localisations morbides sont seulement différentes : les vaisseaux lymphatiques indurés forment sous la peau des cordons ou boudins farcineux et de petits abcès se produisent sur leur parcours. — Le f. s'observe surtout dans la forme aiguë ; il est plus rare dans la forme chronique. Il se développe alors dans la peau et le tissu cellulaire sous-cutané formant des boutons et des tumeurs de la dimension d'un pois à celle d'une noix. Elles s'ulcèrent et se transforment en chancres qui sécrètent un liquide jaunâtre et visqueux. Les lymphatiques efférents sont enflammés. Quelquefois les tumeurs disparaissent sans s'ulcérer. On peut aussi observer une induration de la peau, surtout de la tête, qui prend un aspect éléphantiasique.

Le f. s'observe surtout chez le cheval, rarement chez l'âne et le mulet. Le f. du bœuf, très rare en France, est assez commun à la Guadeloupe. Il n'est pas provoqué par le même bacille, mais bien par un bacille long, fin, enchevêtré, étudié par Nocard.

Le f. peut exister chez l'homme à l'état aigu ou chronique. La prédominance des lésions cutanées et l'absence de symptômes nasaux le caractérisent. On n'observe pas chez l'homme l'induration des vaisseaux lymphatiques qui est un des principaux caractères du f. chronique chez le cheval.

FARCINEUX, EUSE. adj. Qui a le farcin. *Cheval f.* || Qui est de la nature du farcin. *Tumeur farcineuse.*

FARCIR. v. a. (lat. *farcire*, remplir). T. Cuis. Remplir de farce. *F. un dindon, une poitrine de veau, une carpe. F. des œufs.* — Par ext. et fam., *Se f. l'estomac, f. son estomac de viande,* Se remplir trop l'estomac. || Fig., Remplir avec excès et sans discernement. *F. la tête d'un enfant de règles inintelligibles. F. un discours de citations. F. un livre de grec et de latin.* = Farci, ie. part. *Des œufs farcis. Un homme farci de grec et de latin.* || *Gabion farci,* Rempli de fascines. || *Pièce farcie,* où sont mêlées plusieurs langues. *Épîtres, hymnes farcies,* en latin et en français.

FARD. s. m. [Pr. *far*] (all. *farbe*, couleur). Préparation pâteuse, de couleur rouge ou blanche, que les femmes mettent sur leur visage pour donner plus d'éclat à leur teint, etc., Voy. Cosmétique. — Fig., Déguisement, moyen de dissimulation. *Il y a plus de f. que de vraies beautés dans son discours.* || *Sans f.,* se dit pour sans feinte, sans dissimulation. *C'est un homme sans f. Parlez-moi sans f.* || T. Mar. *F. de l'avant,* Ensemble du mât de misaine et du mât de beaupré. — *F. de l'arrière,* Ensemble du grand mât et du mât d'artimon.

FARDAGE. s. m. (même orig. que *farde*) T. Mar. Objets inutiles, embarrassants, poulies superflues. — Lit de fagots qu'on pose à fond de cale, pour garantir certaines marchandises de l'humidité.

FARDE. s. f. (arabe *farda*, chacun des deux ballots formant la charge du chameau). T. Comm. Nom donné aux balles de café moka. *Une f. pèse environ 185 kilogr.* || T. Mar. Voy. Falque.

FARDEAU. s. m. (Dimin. de *farde*, charge, ballot). Faix, charge. *Porter un f. sur ses épaules. Se charger d'un f. Mettre bas, déposer un f. Le précieux f. qu'elle porte dans son sein.* || Fig., Une couronne est un pesant f. Le f. du commandement est trop lourd pour lui. Le f. de la misère. Être accablé du f. de l'existence. Le souvenir de cette faute est un f. qui pèse sur mon cœur.* Poétiq., Le

f. *des ans, de la vieillesse.* || T. Mineur. Se dit des terres et des rochers qui menacent d'ébou.er. || T. Techn. Eau et orge que contient une cuve à brasser de la bière. = Syn. Voy. CHARGE.

FARDEMENT. s. m. L'action de farder.

FARDER. v. a. (R. *fard*). Mettre du fard. *F. le visage.* || Fig., Donner à une chose un apprêt, un lustre qui en cache les défauts. *F. une étoffe. F. sa marchand.se.* — Au sens moral, *F. le vice pour le rendre moins odieux.* || Fig., Déguiser, dissimuler. *F. la vérité.* || Fig., Parer d'ornements faux ou de mauvais goût. *F. son langage. F. un discours. F. une pensée* || T. Mar. Élever des fardes sur le plat-bord d'un navire. = SE FARDER. v. pron. Se mettre du fard. *Une femme qui se farde.* = FARDÉ, ÉE. part. *Femme fardée. Visage fardé. Marchandise fardée. Discours fardé.* Prov., *Temps pommelé et femme fardée ne sont pas de longue durée.*

FARDER. v. n. (R. *farde*, primitif de *fardeau*). S'affaisser sous son propre poids. *Ce mur commence à f.* || T. Mar. Se dit d'une voile lorsqu'elle prend bien le vent. || T. Navig. fluv. *F. sous un bateau*, S'en approcher de trop près en naviguant.

FARDEUR. s. m. (R. *fard*). Celui qui déguise, qui farde quelque marchandise.

FARDIER. s. m. (R. *farde*, primitif de *fardeau*). Espèce de voiture à roues très basses, qui sert au transport des blocs de pierre travaillés ou sculptés, et en général des objets d'un poids et d'un volume considérables.

FARE. s. m. Dans les marais salants, compartiment de la série des chauffoirs.

FAREL, célèbre réformateur, ami, puis adversaire de Calvin (1489-1565).

FAREMOUTIERS, bourg du dép. de Seine-et-Marne, célèbre par son abbaye de bénédictines fondé en 670 par sainte Fare; 800 hab.

FARET, poète médiocre mentionné par Boileau (1600-1646).

FAREWELL, cap qui forme l'extrémité sud du Groenland.

FARFADET. s. m. Esprit follet. Voy. LUTIN.

FARFOUILLER. v. n. [Pr. *farfou-ller*, *ll* mouillées] (R. *fouiller*?). Fouiller dans quelque chose en brouillant tout ce qui s'y trouve. *Vous avez mis tous mes papiers en désordre en farfouillant dans mon bureau.* || Activ., *Je ne veux pas qu'on farfouille mes papiers.* = FARFOUILLÉ, ÉE. part.

FARGUE. s. f. T. Mar. Voy. FALQUE.

FARIBOLE. s. f. Chose frivole et vaine. *Ce n'est qu'une f. Vous nous contez des fariboles.* Fam.

FARINACÉ, ÉE. adj. T. Hist. nat. Qui a l'apparence ou qui est de la nature de la farine.

FARINE. s. f. (lat. *farina*, m. s., de *far*, blé; sanscr. *bhar*, nourrir.). Grain moulu réduit en poudre. *F. de froment, de seigle, de maïs, de fèves, de moutarde, de graine de lin.* — Absol., la farine de froment. *Acheter de la f.* || Fig. et prov., *Ce sont gens de même f.*, Ce sont gens sujets aux mêmes vices, ou d'une même caba.e.

Chim. agric. — On applique d'une façon générale la dénomination de *Farine* au produit des différents s espèces de graines pulvérisées par la mouture, et débarrassées par le tamisage de leur enveloppe corticale, que l'on désigne sous le nom de Son ; néanm. ns le terme de *farine* employé seul s'entend toujours de la f. de blé. Cette dernière est, en effet, d'un usage beaucoup plus général, et en outre elle est infiniment plus riche en matières nutritives. La bonne f. doit être d'un blanc mat, virant au jaune, douce au toucher, et d'une odeur agréab e. De plus, on exige généralement, dans le commerce, qu'elle soit dépouillée, aussi soigneusement que possible, de la moindre parcelle de son, quoique ce dernier retienne, outre la pellicule épidermique du blé, laquelle est de composition minérale et non digestible, une certaine quantité de matières grasses, de

substances azotées et d'acide phosphorique. C'est encore dans le son que se trouve la *céréaline*, substance appartenant à cette classe de matières spéciales qui déterminent la transformation des corps destinés au développement de la plante. Elle fait subir au gluten une altération particulière à laquelle est due l'acidité et la coloration en noir du pain fait avec de la f. contenant du son. Au contact de l'air, la f. absorbe facilement l'humidité. Cette absorption est la cause la plus fréquente de l'altération de la f. : car alors elle s'agglomère, et l'un de ses éléments les plus importants, le gluten, se décompose, perd ses qualités et devient même plus ou moins insalubre.

La f. contient quelques minimes proportions d'huile essentielle, de cellulose et de substances minér les, parmi lesquelles il faut noter le phosphate de chaux ; mais elle se compose essentiellement d'un mélange de substance amylacée et de *gluten*, et constitue à elle seule un aliment complet : la première est un aliment respiratoire, tandis que le gluten est un aliment plastique, et représente la partie essentiellement nutritive de la f. Voy. ALIMENT. Aussi est ce par la proportion de gluten que contiennent les diverses farines que l'on juge de leur richesse ou, d'autres termes, de leur puissance nutritive. Le tableau qui suit indique la composition moyenne des principales farines de froment consommées en France :

	F. brute de froment indigène.	F. de blé dur d'Odessa.	F. de blé tendre d'Odessa.
Eau.	10,0	12,0	10,0
Gluten sec.	11,0	14,6	12,0
Amidon.	71,0	57,6	63,3
Glucose.	4,7	8,5	7,4
Dextrine.	3,3	5,0	5,8
Son resté sur le tamis.	0,0	2,3	1,5
	100,0	100,0	100,0

L'extraction du gluten est une opération des plus simples. On fait avec de la f. de blé une pâte assez consistante, puis on la pétrit sous un filet d'eau jusqu'à ce que le liquide s'en écoule limpide. L'amidon est entraîné par le courant d'eau, et le gluten reste entre les mains sous la forme d'une matière blanche grisâtre, très tenace, élastique, extrêmement extensible, et d'une odeur fade et caractéristique. Le gluten ainsi obtenu n'est soluble que dans l'acide acétique, et il répand en brûlant la même odeur que les matières animales proprement dites. Pendant longtemps, on l'a considéré comme un principe immédiat ; mais en le traitant par l'alcool, on obtient facilement sa division, d'abord en deux parties : l'une soluble dans ce véhicule et formée elle-même de *mucine* ou mucilage végétale et de *glutine* ou gélatine végétale ; l'autre insoluble dans l'alcool et semblable à la *fibrine* animale. Enfin, on peut isoler par l'éther une matière grasse qui se rapproche du beurre par son point de fusion.

Le procédé par la fermentation, naguère usité dans les fabriques pour extraire l'amidon de la farine, avait le grave inconvénient de détruire le gluten. Aujourd'hui, le procédé de la simple malaxation, qui est seul employé, permet de conserver cette dernière substance. Voy. AMIDON. On recueille donc le gluten soit le tamis, on le fait égoutter, puis on le livre au commerce à l'état frais ou à l'état sec et façonné en grains. A l'état sec et granulé, on s'en sert pour préparer les potages de gluten que tout le monde connaît. A l'état frais, on l'emploie pour améliorer les farines médiocres et pas assez riches en éléments nutritifs. On améliore surtout de cette façon les farines ordinaires destinées à la fabrication des pâtes dites d'Italie, comme le macaroni, le vermicelle, etc. Enfin, le gluten sert encore à préparer les petits pains exclusivement composés de cette substance, à l'usage des diabétiques. Voy. PAIN.

Altérations. — Malaxée avec de l'eau dont elle retient plus du tiers de son poids, la f. de bonne qualité fait *pâte longue* ; elle est homogène, élastique, non collante, extensible en nappes minces. Sa qualité est d'autant plus inférieure qu'elle fait *pâte plus courte* dans les mêmes circonstances. Ce défaut vient du gluten avarié par fermentation, ou de la présence d'une quantité plus ou moins forte du son. On s'assure de la présence de ce dernier corps au moyen d'un tamis fin qui retient les débris du péricarpe ; ou encore en faisant macérer pendant 48 heures, dans l'éther, la f. suspecte. Après évaporation de la liqueur décantée, le résidu, si la f. contient du son, apparaît sous une couleur jaunâtre, huileuse ; traité par quelques gouttes d'acide hyponazotique, il se solidifie et devient rougeâtre. Les farines altérées ont une odeur prononcée de moisi, la saveur en est désagréable; elles sont alors agglomérées, comme nous l'avons dit, en blocs plus ou moins durs. — La f. de froment mal nettoyée peut contenir quelques grains broyés des plantes qui se rencontrent dans les moissons. Les plus nuisibles sont celles de *Mélampyre* ou *blé de vache* (*Melampyrum arvense*), de *Nielle* (*Agrostemma Githago*) et d'*Ivraie* (*Lolium temulentum*). — La f. mélampyrée se reconnaît par le procédé suivant: 15 grammes de la f. à essayer sont pétris avec une quantité suffisante d'acide acétique, étendu de deux fois son volume d'eau, pour obtenir une pâte très molle que l'on met dans une cuillère d'argent. On chauffe lentement jusqu'à évaporation de l'acide et de l'eau. Le petit morceau de pâte se détache alors, ou le coupe; la coloration interne en rouge violacé, plus ou moins foncé, indique l'addition plus ou moins considérable de la f. de mélampyre. — La *nielle* est, de toutes les substances qui se rencontrent dans le blé, la plus dangereuse avec l'ivraie. Elle contient assez de saponine, principe irritant, pour qu'une très faible quantité communique une âcreté sensible au pain. La poudre de graine de nielle est un violent sternutatoire. L'examen, avec une forte loupe, d'une f. niellée permet de reconnaître les fragments épispermiques de la nielle. La teinture éthérée de la f. niellée est toujours de couleur jaune, son intensité est proportionnée à la quantité de nielle. Par évaporation, cette teinture abandonne une huile d'un jaune foncé, âcre, d'une saveur désagréable de cuir gras, tandis que la f. de blé pur, soumise au même traitement, laisse une huile douce et peu colorée. — L'introduction de l'ivraie dans la f. peut compromettre gravement la santé publique. Outre l'empoisonnement aigu, accompagné de coliques violentes qui caractérisent l'absorption d'une forte dose d'ivraie, la présence d'une certaine quantité de cette substance dans le pain cause des accidents dont les suites peuvent devenir redoutables. L'usage prolongé aurait pour résultat d'amener le tremblement nerveux et la paralysie. Le pain qui contient de l'ivraie est bis et sans amertume. La fermentation panaire est empêchée lorsque la f. est viciée par un neuvième d'ivraie; elle s'effectue avec un dix-huitième, mais alors le pain est vénéneux. Le principe toxique de l'ivraie, mal défini d'ailleurs, paraît assez volatil pour diminuer les effets de sa présence si l'on fait cuire fortement le pain fait avec la f. contaminée et si l'on attend qu'il soit complètement refroidi pour le manger. Pour reconnaître la f. d'ivraie mélangée à celle du froment, on traite la f. suspecte par l'alcool absolu. En présence de l'ivraie, la liqueur prend une couleur verte plus ou moins foncée; elle offre un goût astringent, répugnant; évaporée à siccité, elle laisse pour résidu une matière résineuse jaune et verdâtre; la f. de froment ne modifie pas la couleur de l'alcool.

Falsifications. — Le plus ordinairement et selon les cours commerciaux, les farines de froment sont falsifiées avec la fécule de pomme de terre, les farines de riz, de maïs, d'orge, d'avoine, de seigle, de sarrasin; celles des légumineuses, féveroles, vesces, pois, haricots. On introduit aussi des matières minérales qui peuvent porter atteinte à la santé, tels que les os moulus, du sable, du plâtre, de la craie, de la chaux, de l'alun, etc. La f. de pomme de terre n'altère ni la blancheur, ni la saveur, ni l'odeur de la f. de blé. Mais cette f. fraudée absorbe moins d'eau, et à poids égal fournit moins de pain. En outre, une addition de 25 p. 100 la rend impropre à toute panification, parce que la proportion de gluten qui fait pâte levée n'est plus suffisante, inconvénient qui réduit à 10 p. 100 au plus la quantité de fécule qu'on peut ajouter. Les moyens proposés pour reconnaître cette fraude sont nombreux; nous nous arrêterons à ceux qui donnent des résultats précis et qui ne sont pas d'une exécution difficile. — Si l'on triture convenablement dans un mortier un mélange de f. de blé et de fécule de pomme de terre, celle-ci en raison du volume plus considérable de ses particules, s'écrase la première, avant que l'amidon du blé, d'ailleurs protégé par le gluten, ait été atteint. La masse traitée par l'eau donne un liquide qui se colore en bleu par l'iode. La f. pure fournirait une liqueur qui deviendrait seulement jaune ou prendrait une teinte d'un jaune violacé léger. Cette propriété des deux farines, signalée par Gay-Lussac, fournit des résultats très satisfaisants. Un autre procédé fort simple consiste à mélanger avec dix grammes de la f. à essayer quatre grammes de bicarbonate de soude; on ajoute successivement et par petites fractions six centilitres d'eau. Le mélange est versé dans un verre à pied où l'on ajoute goutte à goutte deux ou trois cuillerées de vinaigre; il y a effervescence et production d'une écume formée de gluten et d'une partie de la f. L'addition de l'acide acétique mélangé d'eau est continuée jusqu'à cessation d'effervescence. Alors on enlève l'écume, puis on introduit dans le liquide 12 à 14 cen-

tilitres d'eau iodée et une petite quantité d'alcool. Si l'on a opéré sur de la f. pure, une coloration rosée est apparue et elle disparaît peu à peu, tandis que si l'on a traité de la f. féculée, le précipité s'est divisé en deux parties: la fécule teinte en bleu occupe le fond du vase et conserve cette couleur; l'amidon du froment, plus léger, se retrouve à la partie supérieure du vase et se décolore. — Enfin, un autre moyen de découvrir la fraude est tiré de l'examen microscopique, portant sur la forme et la finesse des parcelles de f. Le diamètre des grains de fécule de pomme de terre est de 140 millièmes de millimètre, tandis que celui des grains d'amidon du blé n'atteint que 50 millièmes de millimètre.

L'examen comparatif des caractères et surtout de la couleur que présentent le gluten de froment et celui des autres céréales, offre un moyen qui donne d'excellents résultats, même lorsque la fraude ne va pas à 5 p. 100. On sait que le gluten de froment est homogène, s'étale en plaques sur une soucoupe; sa couleur, d'un blond jaunâtre, rappelle celle de la colle forte. Le gluten d'un mélange de blé et de seigle est très visqueux, noirâtre, sans homogénéité. Il se désagrège, adhère en partie aux doigts et s'étale sur la soucoupe beaucoup plus que le gluten de blé. La f. d'ailleurs, est plus ou moins bise, selon la quantité de seigle ajoutée; l'odeur et la saveur décèlent, en outre, la présence de cette graminée. — Le gluten d'un mélange de blé et d'orge est désagrégé, sec, non visqueux, il paraît formé de filaments vermiculés, enchevêtrés et tordus sur eux-mêmes. Sa couleur est le brun rougeâtre sale. La f. est rude au toucher, grossière, l'échantillon se lisse mal sous la lame du couteau. Le gluten d'un mélange de blé et de maïs est jaunâtre, non visqueux, mais ferme et ne s'étale pas sur la soucoupe. Le gluten d'un mélange de blé et d'avoine est jaune noirâtre, on le distingue à la surface un grand nombre de petits points blancs caractéristiques. — D'autre part, on peut conclure qu'il y a certitude presque absolue de fraude lorsque 50 grammes de f. blutée, préalablement desséchée à 100°, donnent au delà de 0 gr. 45 de cendres. En effet, traités dans ces conditions, 50 grammes des farines suivantes donneront les poids indiqués ci-après: froment, 0 gr. 40; féverole et pois, 1 gr. 50; orge, 1 gr. 10; avoine, 1 gr.; seigle, 0 gr. 55; maïs, 0 gr. 68; fécule de pomme de terre, 0 gr. 70.

On peut découvrir la présence des légumineuses par un procédé spécial qui consiste à exposer la f. suspecte à l'action des vapeurs de l'acide nitrique, puis à celle de l'ammoniaque. La f. des légumineuses prend une couleur pourpro, tandis que les autres farines restent à la teinte jaunâtre. Les farines de pois et de haricots se distinguent facilement de celles des féveroles, vesces et lentilles, qui contiennent du tanin. La f. à essayer, passée sur un tamis de soie, laisse des parties de son son, traitées par une solution de sulfate de fer (sulfate 1, eau 25), prennent une couleur noirâtre en présence du tanin, ou ne manifestent aucune réaction. Enfin, lorsque le gluten est avarié, on ajoute souvent à la f. divers carbonates, de l'alun, surtout du sulfate de cuivre ou de zinc, dans le but de favoriser la levure de la pâte et la cuisson. La présence des matières minérales se constate par l'examen des cendres. Voy. PAIN.

Minér. — *Farine fossile* ou *Farine de montagne*, poussière impalpable de silice dont chaque grain est une carapace d'infusoire. Le tripoli est constitué par l'agglomération de pareils grains.

FARINÉ, ÉE. adj. T. d'Atelier. *Tableau f.*, Tableau blafard dont les chairs semblent saupoudrées de farine.

FARINELLI, célèbre chanteur italien (1705-1782).

FARINER. v. a. Saupoudrer de farine. = FARINER. v. n. Produire une poussière semblable à celle de la farine. *Une dartre qui farine.* = SE FARINER. v. réfl. Se blanchir avec de la farine. = FARINÉ, ÉE. part.

FARINET. s. m. (R. *farine*). Dé à jouer qui n'est marqué que sur une de ses faces. *Jouer aux farinets.*

FARINEUX, EUSE. adj. Qui est blanc de farine. *Votre habit est tout f.* || Qui tient de la nature de la farine, qui contient de la fécule. *Les pois, les fèves, le riz, le maïs, etc., sont des substances farineuses. Ces pommes de terre sont très farineuses.* = Subst., on dit, *Donner des farineux à un convalescent. F. usage de f.* || Par anal., Qui est recouvert d'une poussière blanche semblable à la farine. *Les feuilles de cette plante sont farineuses. Avoir la peau farineuse. Dartre farineuse.* || T. Peint. *Coloris f.*, Le coloris d'un tableau dont les teintes sont fades, dont les carnations sont trop blanches et les ombres trop grises. || T. Sculpt. *Figure farineuse*, Figure qui ne sort pas nette du moule.

FARINIER. s. m. Marchand de farine. — On dit quelquefois au fém., *Farinière*.

FARLOUSE. s. f. [Pr. *farlou-ze*]. T. Ornith. — Les *Farlouses* (*Anthus*) ont été longtemps rangées parmi les Alouettes, à cause de l'ongle long de leur pouce; mais Bechstein les en a séparées, à cause de leur bec grêle et échancré, et les a rangées parmi les Becs-fins : c'est également ce qu'a fait Georges Cuvier, qui place les Farlouses à la suite des Bergeronnettes, dont elles se distinguent surtout par leurs pennes et couvertures secondaires plus courtes qu'à l'ordinaire. Ce genre se compose d'un assez grand nombre d'espèces répandues dans toutes les parties du monde : nous en avons sept en France. On les partage

en deux groupes, selon que l'ongle de leur pouce est un peu arqué, ou bien droit comme celui des Alouettes ; celles-ci se tiennent plus souvent à terre, celles-là, au contraire, se perchent volontiers. Le type du premier groupe est le *Pipit des buissons* (*A. arboreus*) [Fig. ci-dessus]. Cet oiseau a le plumage brun olivâtre dessus, gris roussâtre dessous, tacheté de noirâtre à la poitrine, avec deux bandes transversales pâles sur l'aile. La *F.* ou *Alouette des prés* (*A. pratensis*), type du second groupe, est brun olivâtre dessus, blanchâtre dessous, avec des taches brunes à la poitrine et aux flancs, un sourcil blanchâtre, et les bords des pennes externes de la queue blancs. Elle se tient dans les prairies humides et niche dans les joncs ou les touffes de gazon. En automne, le Pipit engraisse beaucoup en mangeant du raisin, et il est alors fort recherché dans nos départements du Midi, où le désigne sous les noms de *Becfigue* et de *Vinette*. Les Provençaux l'appellent *Pivote ortolane*.

FARNABY, philologue anglais (1575-1647).

FARNÈSE, maison d'Italie, qui régna sur Parme et Plaisance (1545-1731) ; elle compte un pape, PAUL III (1468-1549) ; un grand général, ALEXANDRE FARNÈSE (1546-1592), qui servit Philippe II dans les Pays-Bas et en France contre Henri IV ; un administrateur, RANUCE FARNÈSE, gouverneur des Pays-Bas, qu'il dompta par les supplices (1569-1622), et une reine, ÉLISABETH FARNÈSE, seconde femme de Philippe V d'Espagne, morte en 1766.

FARNIENTE. s. m. [Pr. *far-ni-in-té*] (ital. *fare*, faire ; *niente*, rien). État de celui qui ne fait rien ; douce oisiveté.

FARO. s. m. Espèce de bière qu'on fabrique surtout en Belgique.

FARO, v. de Portugal, cap. de l'Algarve ; 8,600 hab.

FAROUCHE. adj. 2 g. (lat. *ferox*, *ocis*, m. s.). Sauvage, qui n'est point apprivoisé, qui s'épouvante et s'enfuit quand on l'approche. *Animal f. Apprivoiser une bête f.* Par ext., se dit des personnes, et sign. alors rude, insociable, inhospitalier, misanthrope, intraitable. *Un peuple f. Un homme f. Un maître f.* — On dit également, *Naturel, humeur, caractère,*

esprit f. Cœur f. Des mœurs farouches. Vertu f. Un f. orgueil. — On dit encore, *Air, œil, regard, mine f.* || Dans un sens partie., on dit fam., d'une fille, d'une femme, qui ne souffre aucune espèce de galanterie, *Cette femme est très f.*

Syn. — *Sauvage.* — Une plante s'appelle *sauvage* quand elle vient sans culture ; un pays inculte et inhabité est *sauvage*, un animal est *sauvage*, lorsqu'il vit solitaire et cherche les bois ; on qualifie de *sauvages* les peuples qui, n'étant point civilisés et attachés à la terre, errent et vivent à la manière des bêtes ; un homme qui fuit la société et n'en a pas les manières, est *sauvage. Farouche* emporte l'idée de brutalité, de dureté, de cruauté même, ainsi que celle de fierté. Hippolyte est fier et même un peu *farouche. Farouche* ne se dit donc que de l'homme et des animaux, qui, s'ils attaquaient, s'ils déchiraient, seraient féroces. Ainsi, un objet est *sauvage* par défaut de culture ; un animal est *farouche* par son caractère. Le *sauvage* est *farouche*, lorsqu'il est dur et inhumain. Apprivoisez l'animal *sauvage*, il devient domestique ; domptez l'animal *farouche*, il paraît soumis. L'homme *sauvage* évite la société parce qu'il la craint, ne la connaissant pas ; l'homme *farouche* la repousse parce qu'il ne l'aime point. Celui-ci n'est pas sociable ; celui-là n'est pas social.

FARQUHAR, auteur dramatique anglais (1678-1707).

FARRAGO. s. m. [Pr. *far-ra-go*] (lat. *farrago*, m. s.). T. Agric. Mélange de diverses espèces de graines qu'on laisse croître en herbe pour le fourrage. || Fig., se dit d'un amas d'un mélange confus de choses disparates. *Cet ouvrage est un vrai f.*

FARRAGUT, commandant de l'escadre du Nord pendant la guerre de Sécession (1801-1870).

FARSISTAN, prov. du S.-O. de la Perse, cap. *Chiraz.*

FARTHING. s. m. [Pr. *fàr-thinn, th* anglais] (angl. *far*, éloigné ; *thing*, chose). T. Métrol. Monnaie anglaise. Voy. MONNAIE.

FAR-WEST. s. m. [Pr. *fàr-ouest*]. Mots anglais signifiant *au loin à l'ouest.* Nom des contrées occidentales des États-Unis.

FASCE. s. f. (lat. *fascia*, bande). T. Blas. Pièce honorable qui coupe l'écu par le milieu, et en occupe le tiers. Voy. HÉRALDIQUE. || T. Archit. Les frises ou les trois bandes de l'architrave.

FASCÉ, ÉE. adj. [Pr. *fa-sé*]. T. Blas. Divisé en fasces égales. Voy. Écu et HÉRALDIQUE.

FASCIA. s. m. [Pr. *fas-si-a*] (lat. *fascia*, bande). T. Anat. Sorte d'*Aponévrose.* Voy. ce mot.

FASCIAL, ALE. adj. [Pr. *fas-sial*]. T. Anat. Qui se rapporte à un fascia.

FASCIATION. s. f. [Pr. *fas-sia-sion*] (lat. *fascia*, bande). T. Bot. On désigne sous ce nom un phénomène de tératologie végétale qui consiste essentiellement dans la forme aplatie ou rubanée substituée à la forme normale (cylindrique ou prismatique) des tiges et des rameaux : on dit alors que les tiges sont *fasciées.*

FASCICULAIRE. adj. 2 g. [Pr. *fas-si-kulère*]. Voy. FASCICULÉ.

FASCICULATION. s. f. [Pr. *fas-si-ku-la-sion*]. T. Anat. Disposition en fascicules ou faisceaux.

FASCICULE. s. m. [Pr. *fas-sikule*] (lat. *fasciculus*, dimin. de *fascis*, faisceau). T. Pharm. La quantité d'herbes ou de plantes que l'on peut porter sous le bras. *On évalue le fascicule à douze poignées.* Inus. || Par ext., Chacune des livraisons de certains grands ouvrages. *Cet ouvrage est resté incomplet, il n'en a paru que les cinq premiers fascicules.*

FASCICULÉ, ÉE. adj. [Pr. *fas-sikulé*] (lat. *fasciculus*, petit faisceau). T. Bot. Se dit des parties qui sont naturellement réunies en faisceau. *Les feuilles des Cèdres sont fasciculées. Racines fasciculées.* — On dit aussi *Fasciculaire.*

FASCIE. s. f. (lat. *fascia*, bande). T. Hist. nat. Bande marquée sur certains coquillages. || T. Techn. Éclisse qui soutient la table des violons, basses, guitares, etc. || T. Bot. Tige, rameau, pédoncules déformés par aplatissement. Voy. FASCIATION.

FASCIÉ, ÉE. adj. [Pr. *fas-sié*] (lat. *fascia*, bande). T. Hist. nat. Qui est marqué de bandes ou bandelettes. *Un coquillage f.* || Qui a la forme d'une bandelette. *Tige fasciée.* Voy. FASCIATION.

FASCINAGE. s. m. [Pr. *fa-sinaje*]. Action de faire des fascines; ouvrage fait avec des fascines.

FASCINATEUR, TRICE. adj. [Pr. *fas-sinateur*]. Qui fascine, charme. *Un regard f.*

FASCINATION. s. f. [Pr. *fas-sina-sion*]. Action de fasciner. || Faculté de fasciner leur proie qu'on attribue à certains animaux. || Fig. Charme, attrait irrésistible, égarement, éblouissement, etc., qui paralyse la volonté.

Zool. — On a de tout temps attribué à certains animaux, notamment aux serpents, aux lézards, aux crapauds, etc., la faculté de charmer leur proie et de l'attirer à eux par la seule puissance du regard; cette faculté à laquelle on a donné le nom de fascination est généralement niée par les naturalistes les plus autorisés, et si l'on a quelquefois observé qu'un oiseau ou un petit animal se laisse saisir par un serpent sans chercher à s'enfuir, il ne faut, disent-ils, attribuer cette inertie de la victime qu'à la terreur que lui fait éprouver la vue de son ennemi, terreur qui la paralyse et l'empêche de fuir. Cependant l'auteur de ces lignes a été témoin d'un fait qui semble confirmer l'opinion vulgaire. Un lézard vert, comme il y en a tant dans les environs de Paris, était immobile sur un pan de mur et regardait fixement un petit papillon fixé sur une fleur; le papillon se mit à voler et vint de lui-même se précipiter dans la gueule du reptile. Si cette faculté de fascination est réelle, ne pourrait-on la rapprocher de ces étonnants phénomènes décrits sous les noms de *Magnétisme animal, Hypnotisme, Suggestion*, etc., qui subordonnent si complètement la volonté du sujet à celle de l'opérateur? Voy. HYPNOSE.

FASCINE. s. f. [Pr. *fa-sine*] (lat. *fascis*, faisceau). T. Ingénieur.

Les *Fascines* sont des fagots de menus branchages que l'on emploie surtout pour l'attaque et la défense des places. Leurs dimensions varient suivant l'usage auquel elles sont destinées. Les *fascines à tracer* servent à indiquer sur le terrain position bout à bout sur le sol la direction de la tranchée à ouvrir, ainsi que la portion d'ouvrage que chaque homme doit exécuter; elles ont 1 m. 30 de longueur sur 15 cent. de diamètre, et sont reliées par 2 harts. Les *f. provisoires* servent à recouvrir momentanément les gabions à mesure que les sapeurs du génie posent ceux-ci; leur longueur, qui est de 65 centimètres, est juste égale au diamètre d'un gabion. Les *f. de sape*, qu'on appelle aussi simplement *Fascines*, s'emploient pour couronner définitivement les gabions, afin de donner au parapet de la tranchée toute la hauteur nécessaire; elles sont liées par trois harts, et ont 2 mètres de longueur sur 22 centimètres de diamètre. Les *f. à revêtir* ont les mêmes dimensions, mais elles sont munies de 4 ou 5 harts, et leurs extrémités sont sciées carrément, afin de s'ajuster exactement les unes à la suite des autres; elles servent à faire le parement des talus trop roides pour que les terres puissent se soutenir d'elles-mêmes. Les *f. de ciel* sont destinées à former le plafond ou ciel des passages exposés aux coups plongeants de l'ennemi : on leur donne 3 m. 50 de longueur sur 20 centimètres de diamètre. Enfin, on désigne sous le nom spécial de *Saucissons*, de grandes fascines qui ont en moyenne 5 mètres de longueur sur 30 centimètres de diamètre, et sont faites avec des brins de 4 à 5 centimètres de grosseur, liés avec des harts éloignées de 50 centimètres les unes des autres. On en fait usage pour les revêtements qui demandent une très grande solidité. Les saucissons qu'emploie l'artillerie pour revêtir les joues des embrasures ont, en général, 6 m. 30 c. de longueur et 32 centimètres de diamètre. Les fascines dont on se sert pour combler les fossés et faciliter le passage ne sont point soumises à des règles précises : on les fait avec les premiers matériaux que l'on a sous la main. — L'architecture civile fait aussi quelquefois usage des fascines : ainsi, par exemple, elle s'en sert pour réparer les routes défoncées, pour consolider celles qui sont construites sur un sol marécageux et mobile, pour border les canaux, pour maintenir les terrains menacés par le débordement des eaux, etc.

FASCINER. v. a. [Pr. *fas-siner*, m. s.] (lat. *fascinare*, m. s. de *fascinum*, charme). Ensorceler par une espèce de charme qui fait qu'on ne voit point les choses telles qu'elles sont. *Il croyait qu'on l'avait fasciné.* || Fig., Charmer, éblouir, abuser par quelque apparence séduisante. *L'amour fascine les yeux. On ne saurait croire jusqu'à quel point il avait fasciné les esprits. On se laisse aisément f. par les grandeurs du monde.* || T. Zool. Voy. FASCINATION. = Fasciné, ée. part.

FASCINER. v. a. [Pr. *fas-siner*]. T. Milit. Garnir de fascines.

FASCIOLAIRE. s. f. [Pr. *fas-si-o-lère*] (lat. *fasciola*, dimin. de *fascia*, bande). T. Zool. Les Fasciolaires (*Fasciolaria*) sont des mollusques Gastéropodes Prosobranches qui ne diffèrent guère des Fuseaux que par la présence de plis très obliques à la columelle.

FASCIOLARIA. s. m. pl. Voy. FASCIOLAIRE.

FASCIOLE. s. f. [Pr. *fas-siole*] (lat. *fasciola*, petite bande). T. Zool. Nom que l'on a donné à plusieurs espèces de *Vers* appartenant au groupe des *Plathyelminthes*.

FASCIPENNE. adj. 2 g. [Pr. *fas-sipè-ne*] (lat. *fascia*, bande ; *penna*, aile). T. Zool. Qui a les ailes fasciées.

FASÉIEMENT. s. m. [Pr. *fa-zé-ie-man*]. T. Mar. Action de fasier ou de faséier. — Battement d'une voile, lorsqu'elle est en ralingue.

FASÉIER. v. n. [Pr. *fa-zé-ier*]. T. Mar. Voy. FASIER.

FASÉOLE. s. f. [Pr. *fa-zé-ole*] (lat. *fascolus*, m. s.). Nom vulg. de plusieurs espèces de graines appartenant aux genres Fève, Dolic et Haricot, de la famille des Légumineuses.

FASHION. s. f. [Pr. *fa-zion*, ou mieux à l'anglaise *fécheunn*]. Mot angl. qui sign. Mode. La mode, le bon ton. || Collectiv., Le monde élégant. *Toute la f. parisienne assistait à ces courses.*

FASHIONABLE. adj. 2 g. [Pr. *fa-zio-nable*, ou mieux à l'anglaise *fé-cheunable*]. Qui est conforme à la mode, distingué, de bon goût. || Subst., Celui qui suit la mode, qui vise à l'élégance. *Je ne sache point d'êtres aussi ridicules que nos jeunes fashionables.*

FASIER. v. n. [Pr. *fa-zier*]. T. Mar. Se dit d'une voile qui bat parce que le vent n'y porte pas de manière à l'enfler. *Les voiles fasient.*

FASIN. s. m. [Pr. *fa-zin*]. Cendre mêlée de terre avec laquelle on couvre le fourneau de forge.

FASTE. s. m. sans plur. (lat. *fastus*, m. s.). Pompe, magnificence. *Le f. royal qui l'entoure. Le f. qui annonce la grandeur.* — Ostentation de richesse, étalage de luxe, affectation de paraître avec éclat. *Le f. de la cour, des gens de cour. Aimer, haïr le f. Faire les choses avec f. Étaler un grand f., un f. insolent. Il donne tout au f. C'est un homme ennemi du f.* || Par anal., toute espèce d'ostentation. *Il entrait bien du faste dans la vertu de quelques stoïciens. Ce f. de vertu ne m'en impose point. Une éloquence simple et sans f.*

FASTE. adj. m. (lat. *fastus*, m. s. de *fari*, parler). *Jour f.* Voy. FASTES.

FASTES. s. m. pl. (lat. *fasti*, m. s.). Les tables ou livres du calendrier des anciens Romains. — Par anal., Les registres publics contenant le récit d'actions grandes et mémorables. Dans ce sens, on appelle le martyrologe, *Les f. sacrés de l'Église.* || Fig., se dit pour Histoire. *Les fastes de la monarchie. Les f. de l'empire.* On dit encore, *Les f. de l'histoire. Les f. de la gloire.*

Hist. — I. — Le mot *fas* en latin signifie *parole* ou *loi divine*; il dérive du verbe *fari*, parler. Quant à l'adjectif *fastus*, on le fait venir, ou de *fas*, ou des autres directement de *fari*. Quoi qu'il en soit, les Romains donnaient le nom de *jours fastes* (*dies fasti*) aux jours de la semaine pendant lesquels il était permis sans impiété (*sine piaculo*) de rendre la justice, c.-à-d., comme s'exprime Ovide, de *prononcer les trois mots ; je donne, je prononce, j'adjuge* (*fari tria verba : do, dico, addico*). On distinguait trois sortes de jours fastes : 1° les *jours complètement fastes* (*dies fasti proprii et toti*, ou simplement *dies fasti*) étaient ceux où le préteur pouvait siéger la journée toute la journée : il n'y en avait que 38 dans l'année, et ils étaient marqués dans le calendrier par la lettre F ; 2° les *jours fastes entrecoupés* (*dies proprie sed non toti fasti*, ou *dies intercisi*) étaient ceux où le préteur ne pouvait siéger que pendant quelque partie de la journée ; il y en avait 65 dans l'année, et on les marquait dans le calendrier par les signes Fp. = *fastus primo*, Np. = *nefastus primo*, En. = *endotercisus* = *intercisus*, etc. ; 3° les *jours accidentellement fastes* (*dies non proprie sed casu fasti*) : ainsi, un jour de comices pouvait devenir faste, si la tenue des comices n'avait pas lieu ce jour-là, ou du moins ne le prenait pas tout entier. Les *jours néfastes*, au contraire, étaient ceux où le préteur ne pouvait siéger et où il était interdit de s'occuper d'affaires judiciaires : les comices ne pouvaient pas non plus s'assembler ces jours-là. Suivant les anciennes légendes, c'est au roi Numa qu'était due l'institution des jours néfastes. Il résulte d'ailleurs de ce que nous venons de dire, qu'un même jour pouvait être en partie faste et en partie néfaste. Les jours de marché, *nundinæ*, qui dans le principe étaient des jours fastes, furent rangés parmi les jours néfastes à l'époque où l'année de 12 mois fut substituée à celle de 10 mois ; mais, l'an 281 av. J.-C., ils furent de nouveau déclarés fastes par une loi que proposa Q. Hortensius. Le terme « néfaste » qui, à l'origine, désignait simplement les jours où on ne siégeaient pas les tribunaux, fut plus tard appliqué aux jours consacrés à la religion, attendu que les fêtes et le culte des différents dieux se célébraient exclusivement les jours où les tribunaux étaient vacants. Enfin, comme les Romains supposaient que la violation des jours néfastes ou consacrés au culte était punie par les dieux, et que les entreprises faites indûment durant ces jours échouaient par l'effet de la vengeance divine, on en vint à appliquer l'épithète de néfaste, dans le sens de funeste, aux jours qui étaient marqués par quelque calamité publique ou privée.

II. — Les livres sacrés où se trouvaient marqués les *jours néfastes* de l'année étaient eux-mêmes appelés *Fastes* (*Fasti*). Puis, par ext., on appliqua cette dénomination de f. à des recueils de diverse nature : de la deux sortes de f., les *F. sacrés* ou *calendaires* (*Fasti sacri*, f. *kalendares*) sortes de calendriers, et les *F. historiques* ou *Annales* (*F. historici*, f. *annales*), sortes d'éphémérides politiques et historiques.

Les poètes se sont aussi servis du mot *fasti* dans le sens général de *Mémoires*. Les prosateurs l'employaient, au contraire, dans un sens plus restreint, pour désigner spécialement les listes des consuls ou *F. consulaires* (*fasti consulares*), celles de dictateurs (f. *dictatorii*), des censeurs (f. *censorii*), etc., que l'on conservait dans les archives de la République. Plusieurs fragments d'une série de f. de ce genre sont parvenus jusqu'à nous. Ces f. consistaient en une inscription gravée sur plusieurs plaques de marbre et contenaient une liste de consuls, de dictateurs, de censeurs et de maîtres de la cavalerie, classés chronologiquement et accompagnés de la date de leurs fonctions, de leurs ovations et de leurs triomphes. Le premier de ces fragments fut signalé, au commencement du XVIᵉ siècle, par l'antiquaire Pomponius Lætus, qui le reconnut sur le seuil d'une petite église de Rome. Toutefois la véritable découverte de ce monument ne date que de 1547. A cette époque, des fouilles entreprises à l'angle méridional du Forum firent trouver la plupart des autres fragments. Le cardinal Alexandre Farnèse les fit transporter au Capitole, et c'est à cette circonstance qu'ils doivent le nom de *Fastes capitolins* sous lequel ils sont universellement connus. Deux nouveaux fragments ont été découverts en 1817 et 1818 et réunis aux précédents. On ne connaît pas l'époque précise de ce monument ; on s'accorde néanmoins à le faire dater du règne de Tibère.

FASTIDIEUSEMENT. adv. D'une manière fastidieuse. *Je n'ai jamais entendu parler plus f.*

FASTIDIEUX, EUSE. adj. (lat. *fastidiosus*, m. s., de *fastidium*, dégoût). Qui cause du dégoût, de l'ennui. *C'est un homme bien f. Un écrivain f. Un ouvrage f. Des entretiens f.* = Syn. Voy. DÉGOÛTANT.

FASTIGIÉ, ÉE. adj. (lat. *fastigiatus*, dressé, de *fastigium*, faîte). T. Bot. Se dit des pédoncules ou des rameaux

qui s'élèvent à une même hauteur, de manière que leurs sommités réunies forment un plan horizontal. *Fleurs fastigiées. Rameaux fastigiés.*

FASTRADE. reine de France, femme de Charlemagne (764-794).

FASTUEUSEMENT. adv. Avec faste. *Vivre fastueusement.*

FASTUEUX, EUSE. adj. (lat. *fastuosus*, m. s.). Qui aime le faste, qui étale un grand luxe. *Un homme f. Cour fastueuse.* ‖ Se dit aussi des choses où il y a du faste, de l'ostentation. *Un équipage f. Des titres f. Une éloquence, une charité, une douleur fastueuse.*

FAT. adj. [Pr. *fa-te*] (lat. *fatuus*, extravagant). Se dit d'un homme vain et infatué de lui-même. *Ce jeune homme est trop f.* — Dans un sens particul., se dit d'un homme trop recherché dans sa toilette, ou qui affecte de grandes prétentions auprès des femmes. *Ce jeune homme est très f.* ‖ S'emploie subst. dans l'un et l'autre sens. *C'est un grand f., un f. insupportable.*

FATAL, ALE. adj. (lat. *fatalis*, m. s., de *fatum*, destin). Qui porte avec soi une destinée inévitable. *Le cheveu f. de Nisus. Le tison f. de Méléagre.* ‖ Qu'on ne peut éviter, ou qui est arrêté, fixé par le destin. *Loi fatale. Décret f. L'arrêt f. du destin. Sentence fatale. Rien ne peut reculer le terme f. de notre vie. Quand l'heure fatale est arrivée. Poétiq., Les fatales déesses,* Les Parques. *La barque fatale,* La barque de Caron. Voy. ACHÉRON. — T. Jurisp. *Terme f.,* Terme auquel un délai accordé expire. *Il laissa passer le terme f.* ‖ Décisif, qui entraîne des conséquences importantes, soit en bien, soit en mal. *Voici le moment f. qui doit décider de mon sort. Dans une conjoncture aussi fatale, il fallait prendre immédiatement un parti.* ‖ Funeste, désastreux, qui a des suites malheureuses. *Ambition fatale. F. aveuglement. Depuis cette fatale époque. Le lieu f. où son père avait péri. Pourquoi ai-je suivi ses fatals conseils? Les mœurs de la république en reçurent une atteinte fatale. Cette beauté dont elle était si fière lui devint fatale. Cette nouvelle causa au malade une révolution qui lui fut fatale.* — Absol., *Le coup f.,* Le coup qui donne la mort à quelqu'un.

Syn. — *Funeste.* — Étymologiquement, *fatal* exprime ce qui est réglé par le destin irrévocable, *funeste* veut dire funèbre, funéraire. Aussi *Fatal* a plus de rapport à la cause, et *funeste* à l'événement. Ce qui est *fatal* n'est pas nécessairement mauvais et pénible ; c'est ce qui ne pouvait pas ne pas arriver. Ce qui est *funeste* est toujours profondément triste, mais peut être accidentel et fortuit.

FATALEMENT. adv. Par fatalité, par une destinée inévitable. *Cela devait arriver f.* ‖ Par un malheur extraordinaire. *Il arriva f. que...*

FATALISER. v. a. T. Néol. Marquer par le destin.

FATALISME. s. m. (R. *fatal*). T. Philos. On donne le nom de *fatalisme* aux doctrines qui admettent que tout ce qui arrive dans le monde est réglé à l'avance par une puissance supérieure, de manière à ne laisser nulle place à la liberté humaine. Le f. affecte différentes formes suivant la manière dont on comprend la puissance supérieure qui régie les destinées de toutes choses. — 1° L'antiquité païenne se représentait le *destin* comme une puissance aveugle dont les arrêts étaient fixés d'une manière irrévocable et exécutés successivement dans l'ordre des temps, les dieux mêmes lui étaient soumis. Voy. DESTIN. Cette forme de f. se retrouve, à peine modifiée, dans toutes les doctrines panthéistes. Voy. PANTHÉISME. — 2° On peut encore se représenter la fatalité comme résultant de la volonté d'un Dieu libre et créateur : c'est l'opinion des Mahométans, qui sont franchement fatalistes et se résignent à tout en disant : *Ce qui est écrit est écrit.* Ce fut aussi l'opinion de certaines sectes chrétiennes. — 3° On arrive encore au f., si l'on admet que tous les phénomènes de l'univers, y compris les actes des hommes, s'engendrent nécessairement les uns les autres suivant des lois immuables et inéluctables. Cette sorte de f. a été soutenue de nos jours sous le nom de *déterminisme* par des philosophes qui le donnaient comme l'expression définitive de la science ; cependant, malgré les affirmations contraires de ses partisans, le *déterminisme* ne diffère guère de la première forme de f. C'est encore une puissance aveugle, appelée les *lois de l'univers*, qui aurait réglé toutes choses, et une intelligence assez vaste pour analyser les conséquences lointaines de ces lois y découvrirait tous les événements futurs. Le *livre du destin* serait ainsi formellement écrit dans le monde ; seulement, il faudrait savoir le lire. Voy DÉTERMINISME.

Le f. s'est aussi glissé dans le christianisme ; certains théologiens ont compris la *grâce* et la *prédestination* de telle manière qu'ils aboutissent formellement au f. La doctrine de Calvin est dans ce cas ; nous discuterons la question aux mots *Grâce, Prédestination*. La notion de la *providence* divine, si elle est mal comprise, peut aussi conduire au f., et les théologiens les plus habiles, Bossuet, entre autres, ont fait les plus grands efforts pour concilier la liberté humaine avec la *prescience* et la *providence divines ;* mais c'est au mot *liberté* que cette discussion trouvera le mieux sa place ; c'est là aussi que nous étudierons les questions philosophiques qui se rattachent au f. et au libre arbitre, et les conséquences morales de ces doctrines opposées. Voy. CAUSE, LIBERTÉ, VOLONTÉ, PROVIDENCE, etc.

FATALISTE. s. m. Celui qui est partisan de la doctrine du fatalisme.

FATALITÉ. s. f. (lat. *fatalitas*, m. s.). Enchaînement nécessaire des choses, destinée inévitable. *Croire à la f. Être soumis à la f. Une f. aveugle.* — Par exag., se dit en parlant d'événements fâcheux résultant d'une cause qu'on ne pourrait ni prévoir ni empêcher. *Par une certaine f., par une espèce de f., par une étrange f. Il y a de la f. à cela, dans cet événement. Je ne sais, disait-il, quelle f. me poursuit.*

FATHMEH. Voy. FATIME.

FATIDIQUE. adj. 2 g. (lat. *fatidicus*, m. s., de *fatum*, destin, et *dicere*, dire). Qui déclare ce que les destins ont ordonné. *Le vol f. des oiseaux. Le trépied f. Les chênes fatidiques de la forêt de Dodone.* N'est guère usité qu'en poésie.

FATIDIQUEMENT. adv. D'une manière fatidique.

FATIGABLE. adj. Qui peut être fatigué, qui peut se fatiguer.

FATIGANT, ANTE. adj. Qui cause de la fatigue. *Ce travail est très f. Cet exercice est trop f. pour lui, Une journée fatigante. Une position très fatigante.* || Qui demande une attention pénible. *Lecture, étude fatigante.* || Importun, ennuyeux. *Un homme f. Conversation fatigante. Des discours fatigants.*

FATIGUE. s. f. (R. *fatiguer*). Se dit de tout ce qui est pénible et capable de lasser. *Endurer, souffrir, supporter la f. Se faire, s'endurcir à la f. La f. d'une longue route. Les fatigues de la guerre. Une longue contention d'esprit est d'une grande f.* — *La f. de la voiture, du cheval, etc.,* La f. causée par le mouvement de la voiture, etc. — *Être homme de f.,* Être capable de résister à la f. On dit encore dans ce sens, *Un cheval de f.,* et même, *Un habit, un manteau de f.* || *Lassitude. Il n'en peut plus, il tombe de f. Être harassé, malade de f.* || T. Mar. Travail imposé aux forçats dans les ports. — Travail des matelots qui exécutent les corvées que faisaient autrefois les forçats. = Syn. Voy. FATIGUER.

FATIGUER. v. a. (lat. *fatigare*, m. s.). Causer de la fatigue ; être pénible. *Cette longue course vous a fatigué. F. un cheval. F. l'ennemi. Cette étude fatigue l'esprit, le cerveau. Ce travail fatigue la poitrine. Une vive lumière fatigue les yeux, la vue. C'est un travail qui fatigue. Son oisiveté le fatigue et lui pèse.* — *F. un champ,* L'épuiser par la culture trop fréquente d'une même plante. *F. un arbre,* Lui laisser produire trop de fruit ou de bois. — *F. une salade,* La retourner plusieurs fois après qu'elle a été assaisonnée. — T. Beaux-Arts. *F. un ouvrage,* Exécuter un ouvrage en le remaniant à plusieurs reprises, de telle sorte que les tâtonnements de l'artiste s'y reconnaissent quand il est terminé. *F. la couleur,* La retoucher trop souvent, de manière que les tons manquent de franchise. || Fig., importuner. *Il fatigue tout le monde du récit de ses aventures. Il fatigue les juges par ses sollicitations continuelles. Il me fatigue avec ses visites. Les honneurs le fatiguent.* Poétiq., *F. le ciel de ses vœux, de ses priè-*

res, etc. = FATIGUER. v. n. Se donner de la fatigue. *Il fatigue trop.* || T. Mar. On dit qu'*Un bâtiment fatigue,* lorsque violemment agité par la mer, il fait des mouvements qui ébranlent sa mâture et altèrent la liaison de ses parois. = SE FATIGUER. v. pron. Se donner de la fatigue. *Se f. à la chasse. Je me fatigue inutilement à lui expliquer cela.* — Éprouver de la fatigue, être fatigué. *Si vous allez de ce train, vous vous fatiguerez bientôt. Sa vue commence à se f.* = FATIGUÉ, ÉE. part. *Voix fatiguée,* Usée. || T. Beaux-Arts. *Manière fatiguée,* La manière d'un artiste dont les ouvrages laissent apercevoir la peine avec laquelle ils ont été faits. On dit dans ce sens, *Ouvrage fatigué. Tableau fatigué.* — *Tableau fatigué,* se dit encore d'un tableau qui, à force d'être nettoyé, a perdu quelque chose de ses demi-teintes. Dans un sens anal., on appelle *Épreuve fatiguée,* L'épreuve d'une gravure qui a été tirée avec une *Planche fatiguée,* c.-à-d. déjà détériorée par un fréquent tirage.

Syn. — *Lasser.* — La simple continuation d'une même chose *lasse ;* la peine et le travail *fatiguent.* Être *las,* c'est ne pouvoir plus agir ; être *fatigué,* c'est avoir trop agi. La *lassitude* et la *fatigue* indiquent toutes deux une indisposition qui rend incapable d'agir ; mais la *fatigue* est toujours la suite de l'action : elle suppose un travail rude, ou par la difficulté, ou par la longueur ; la *lassitude,* au contraire, se fait quelquefois sentir sans qu'on ait rien fait. Dans le sens figuré, un solliciteur *lasse* par sa persévérance, et il *fatigue* par ses importunités. On se *lasse* d'attendre ; on se *fatigue* à poursuivre.

FATIME, ou FATMEH, ou mieux FATMAH, fille de Mahomet, épousa son cousin Ali (623). Ses descendants, les *Fatimites,* fondèrent en Afrique une dynastie (909) qui fut renversée par Saladin (1171).

FATIMITES. Voy. FATIME.

FATRAS. s. m. (lat. *fartum*, de *farcire*, remplir). Se dit, par mépris, d'un amas confus de plusieurs choses. *Un f. de papiers, de livres,* etc. || Fig., *Un f. de paroles. Ce livre est plein de f. Ce n'est que du f.*

FATSIE. s. f. T. Bot. Genre de plantes Dicotylédones (*Fatsia*) de la famille des *Araliées.* Voy. ce mot.

FATUAIRE. s. m. (lat. *fatuarius,* m. s.). T. Antiq. Enthousiaste qui, se croyant ou se disant inspiré, annonçait les choses futures.

FATUISME. s. m. Habitudes de fatuité. || Genre de démence.

FATUITÉ. s. f. (lat. *fatuitas,* m. s.). Impertinence, sottise, qui tient à un excès de bonne opinion de soi-même. *N'admirez-vous pas la f. de cet homme ?* || Discours, propos important que quelqu'un tient à son avantage. *Il nous a dit des fatuités.*

FAUBERT. s. m. (holl. *zwabber,* m. s.). T. Mar. Espèce de balai fait de vieux cordages, dont on se sert surtout pour éponger l'eau, enlever l'humidité.

FAUBERTER. v. n. T. Mar. Nettoyer avec le faubert.

FAUBERTEUR. s. m. T. Mar. Celui qui fauberte.

FAUBOURG. s. m. [Pr. *fô-bour*] (anc. fr *forsbourg,* du lat. *foras,* dehors, et *burgus,* bourg). La partie d'une ville qui est au delà de ses portes et de son enceinte. On a enfermé *les faubourgs dans la ville.* — Se dit encore des quartiers d'une ville qui n'étaient anciennement que des faubourgs. Le f. Montmartre, le f. Saint-Honoré, le f. Saint-Antoine à Paris. || Fig. et prov., *La ville et les faubourgs,* se dit d'un grand concours de monde de toutes classes. *On y voit la ville et les faubourgs. Il avait assemblé la ville et les faubourgs.* || Par extens., *Les faubourgs,* La population ouvrière des faubourgs.

FAUBOURIEN, IENNE. s. Celui, celle qui habite un faubourg. Popul. et ne se dit que par dénigrement. || Adject., *L'accent faubourien. Les manières faubouriennes.*

FAUCARD. s. m. (R. *fauchard*). Instrument pour couper les herbes dans les canaux.

FAUCARDEMENT. m. s. Opération qui consiste à couper les herbes aquatiques qui poussent dans le lit des canaux.

FAUCARDER. v. a. Couper les herbes dans les canaux avec le faucard.

FAUCET. s. m. Voy. FAUSSET.

FAUCHAGE. s. m. L'action de faucher; le travail du faucheur.

FAUCHAISON. s. f. [Pr. *fô-chè-zon*]. Temps où l'on fauche les prés.

FAUCHARD. s. m. (R. *faux*). T. Archéol. Sorte de hallebarde que portaient les gens de pied au XIVe et au XVe siècles. *Le fer du f. était long et tranchant des deux côtés.* || T. Jardin. Serpe à deux tranchants et munie d'un long manche.

FAUCHE. s. f. Le temps de faucher; le produit du fauchage. *La f. approche. La f. a été excellente.*

FAUCHE-BOREL, agent royaliste au service des Bourbons, né en Suisse (1762-1829).

FAUCHÉE. s. f. Ce qu'un faucheur peut couper de foin dans un jour. — Ce qu'un faucheur peut couper d'herbe sans affiler sa faux.

FAUCHER. v. a. (bas-lat. *falcare*, de *falx*, faux). Couper avec la faux. *F. les foins. F. les prés.* || Fig., et prov., *La mort fauche tout,* Elle n'épargne personne. *Le temps fauche tout,* Il détruit tout. — *F. le grand pré,* Ramer sur les galères. Vx et pop. = FAUCHER. v. n. T. Man. Se dit d'un cheval qui traîne en demi-cercle une des jambes de devant. Cette manière de boiter paraît plus au trot qu'au pas. *Ce cheval fauche.* || Se dit aussi quelquefois d'un homme dont la marche s'exécute en décrivant le même mouvement. *Il marche en fauchant, c'est la suite de son hémiplégie.* || T. Techn. Tisser rapidement, en laissant la toile lâche et inégale. = FAUCHÉ, ÉE. part.

FAUCHER (LES FRÈRES), connus sous le nom de *Jumeaux de la Réole.* Nommés généraux dans les guerres de la Vendée et fusillés au début de la Restauration, après un procès inique (1759-1815).

FAUCHÈRE. s. f. (Prov. *fauquiero,* m. s.). Tringle de bois qui tient lieu de croupière pour les mulets de charge.

FAUCHET. s. m. (R. *faux*). T. Agric. Râteau à dents de bois, qui sert aux faneurs pour ramasser l'herbe fauchée et fanée, et aux batteurs en grange pour séparer la paille battue d'avec le blé. || T. Techn. Sorte de râteau pour remuer dans la cuve la pâte dont on fait le carton.

FAUCHET (CLAUDE), prêtre et conventionnel, périt sur l'échafaud (1744-1793).

FAUCHETTE. s. f. [Pr. *fô-chè-te*] (R. *faux*). T. Hort. Outil pour couper les côtés des arbustes qui bordent les plates-bandes. || Petite serpe pour faire des fagots.

FAUCHEUR, EUSE. Celui, celle qui fauche, qui coupe les foins, les avoines. *Mettre les faucheurs dans un pré.* || Par ext., Personne qui fait périr un grand nombre d'hommes.

FAUCHEUR ou **FAUCHEUX.** s. m. T. Zool. Nom vulgaire des espèces d'Arachnides appartenant au genre *Phalangium.* Voy. HOLÈTRES.

FAUCHEUSE. s. f. Machine destinée à effectuer le coupage des foins.

FAUCHON. s. m. (R. *faux*). T. Agric. Instrument pour couper les céréales. Voy. MOISSON.

FAUCHURE. s. f. Le produit du fauchage.

FAUCIGNY, anc. province des États sardes réunis à la France en 1860 (Haute-Savoie).

FAUCILLE. s. f. [Pr. *fô-si-lle, ll* mouillées] (R. *faux*). Instrument dont on se sert pour couper les blés, et qui consiste en une lame d'acier courbée en demi-cercle. Voy. MOISSON. || T. Astr. Constellation voisine du Bouvier. || T. Pêc. Instrument qui sert à tirer le poisson du sable. || T. Zool. Nom vulgaire de certains poissons (*Cyprin, Spare,* etc.), et de certains *bombyx.*

FAUCILLER. v. a. [Pr. *fô-si-ller, ll* mouillées]. Couper avec la faucille. *Les prés sont faucillés.*

FAUCILLES, collines qui réunissent les Vosges au plateau de Langres (600 mètres).

FAUCILLON. s. m. [Pr. *fô-si-llon, ll* mouillées] (R. *faucille*). T. Agric. Instrument fait en forme de faucille, qui sert à couper du menu bois, des broussailles, etc. || Petite lime à l'usage des serruriers. || Crochet que forme parfois l'extrémité d'un rouet.

FAUCOGNEY, ch.-l. de c. (Haute-Saône), arr. de Lure, 1,100 hab.

FAUCON. s. m. (lat. *falco,* m. s.). T. Ornith.
1. — Le genre *Faucon (Falco)* de Linné embrassait le plus grand nombre des Rapaces diurnes; mais aujourd'hui il est réduit à des limites beaucoup plus étroites. En effet, les *Faucons* ou *Falconidés* des ornithologistes modernes sont essentiellement caractérisés par la forme de leur bec qui est

Fig. 1.

courbé dès la base, et dont la mandibule supérieure, crochue à son extrémité, est armée, de chaque côté et vers le bout, d'une et quelquefois de deux dents saillantes, ainsi que par la seconde penne de leurs ailes qui est la plus longue, la première étant d'ailleurs presque aussi longue qu'elle. Chez tous ces oiseaux, la femelle est toujours plus grande que le mâle, qui s'appelle *Tiercelet,* nom appliqué à toutes les espèces et n'en désignant aucune particulièrement. — Les Faucons sont de tous les oiseaux de proie les plus beaux de forme, les plus courageux, les plus agiles et les plus essentiellement carnivores, car ils ne se nourrissent que de chair vivante. Ils sont organisés pour un vol long et soutenu; leur bec leur permet de déchirer leur proie avec plus de facilité que les autres Rapaces; enfin, leurs ongles longs, acérés et courbés en demi-cercle, constituent des armes redoutables. Tous ces motifs les ont fait placer par les auteurs modernes à la tête des Oiseaux de proie diurnes, malgré la petitesse de leur taille relativement aux Rapaces de plusieurs autres sections. La famille des Faucons est assez nombreuse en espèces; mais nous nous contenterons de mentionner celles qui sont exclusivement européennes. On peut le partager en trois groupes :

1° Le premier comprend les espèces dont le bec est armé d'une seule dent, et dont les ailes sont aussi longues que la queue, ou plus longues. — Le *F. ordinaire (Falco communis* ou *peregrinus)* [Fig. 4] est de la taille d'une Poule. Il se reconnaît toujours à une moustache triangulaire noire qu'il a sur la joue, et qui est plus large que dans aucune autre espèce du genre. Sa livrée varie d'ailleurs selon son âge. « Le jeune, dit Cuvier, a le dessus brun et les plumes bordées de roussâtre, et le dessous blanchâtre avec des taches longitudinales brunes. A mesure qu'il vieillit, les taches du ventre et des cuisses tendent à devenir des lignes transverses noirâtres, et le blanc augmente à la gorge et au bas du cou; le plumage du dos devient en même temps plus uniforme et d'un brun rayé en travers de cendré noirâtre; la queue est brune en dessus avec des paires de taches roussâtres, et en dessous avec des bandes pâles qui diminuent de largeur avec l'âge; la gorge est toujours blanche; les pieds et la cire du bec sont tantôt bleus et tantôt jaunâtres. » L'oiseau qu'on appelle *F. pèlerin (F. peregrinus)* n'est qu'un jeune un peu plus noir que les autres. — Le *Hobereau (F. subbuteo)* est brun dessus, blanchâtre et tacheté en long de brun en dessous; les cuisses et le bas du ventre sont roux; enfin, il a un trait brun sur la joue. Cet oiseau est de la grosseur d'une Perdrix. — L'*Émerillon (F. œsalon),* le plus petit de nos oiseaux de proie, n'a que la taille d'un Gros-bec. Il est brun dessus,

Fig. 2.

blanchâtre dessous, et tacheté en long de brun, même aux cuisses. Le *Rochier* de Buffon n'en est que le vieux mâle. — La *Crécerelle (F. tinnunculus),* appelée vulgairement *Émouchet,* est à peu près de la taille du Hobereau. Elle est rousse et tachetée de noir en dessus, blanche et tachetée en long de brun pâle dessous. La tête et la queue du mâle sont cendrées. Cette espèce tire son nom de son cri aigre. — La *Crécerellette* ou *Petite Crécerelle (F. cerchneis)* est un peu plus petite que la précédente, à laquelle elle ressemble beaucoup. Cependant, elle a des ailes un peu plus longues et les ongles blancs. Le mâle n'a pas de taches en dessus. — Le *Kobez,* ou *F. à pieds rouges (F. rufipes)* [Fig. 2], a la tête, le cou, la poitrine, le haut du ventre et toutes les parties supérieures d'un gris de plomb, les cuisses d'un roux foncé, la cire, le tour des yeux et les pieds rouges. Cette espèce, très rare en France, est fort commune en Russie, en Pologne, en Autriche et en Suisse.

2° Le second groupe se compose des espèces dont la queue est plus longue et dépasse notablement les ailes. Tels sont le *Gerfaut (Hierofalco)* et le *Lanier (F. lanarius).* — Le Gerfaut est plus grand d'un quart que le *F.* commun. On le tire principalement du Nord, d'où les noms de *F. d'Islande* et de *F. de Norvège* qu'on lui donne fréquemment. Son plumage ordinaire est brun dessus, avec une bordure de points plus pâles à chaque plume et des lignes transverses sur les

couvertures et les pennes; le dessous est blanchâtre avec des taches brunes longues; enfin, la queue est rayée de brun et de grisâtre. Mais cet oiseau varie tellement par le plus ou moins de brun ou de blanc, qu'il y en a de complètement blancs, sauf une tache brune sur le milieu de chaque penne du manteau. Ses tarses, courts et réticulés, sont garnis de plumes au tiers supérieur; ses pieds et la membrane du bec sont tantôt jaunes et tantôt bleus. — Le *Lanier* est un peu plus grand que le *F.* ordinaire. Cette espèce paraît plus particulière à l'Europe orientale. Son plumage est à peu près celui du jeune *F.,* si ce n'est que sa moustache est plus étroite, moins marquée, et que sa gorge est mouchetée.

3° Les espèces qui forment le troisième groupe sont caractérisées par les deux dents qui arment leur bec. Toutes sont exotiques. Nous citerons comme exemples : le *Diodon* du Brésil et le *Hobereau huppart (Lophotes indicus)* des Indes orientales.

II. — Les Faucons sont des oiseaux d'une légèreté sans égale. La conformation de leurs ailes, dont les pennes sont fort longues, rend leur vol oblique dans un air tranquille, et les oblige de voler contre le vent quand ils veulent s'élever directement. Leur vol est rapide et soutenu. Quand ils chassent, ils rasent le sol, et lorsqu'ils planent ils peuvent s'élever à perte de vue. Leur rapidité est telle qu'un *F.* échappé de la fauconnerie de Henri IV franchit en seule journée la distance qui sépare Paris de Malte, c.-à-d. plus de 300 lieues. En revanche, la marche de ces oiseaux est sautillante et peu gracieuse : c'est qu'en effet il est difficile de concilier l'aisance de ce mode de progression avec des ongles très longs et très arqués dont le tranchant a besoin d'être ménagé, et avec une queue et des ailes le plus souvent remarquables par leur longueur. Ce sont des oiseaux essentiellement diurnes, qui chassent à toute heure du jour, à l'exception du Kobez, qui chasse le matin et le soir. Ils habitent ordinairement les forêts, soit dans les montagnes, soit dans les plaines; quelquefois même ils se tiennent dans les montagnes rocailleuses et nues. Le Gerfaut ne descend dans les plaines et sur le bord des côtes que quand la nourriture lui manque. Les petites espèces habitent les bois voisins des champs, et souvent, comme la Crécerelle, les clochers et les vieux édifices. Le Kobez se tient dans les bois ou dans les broussailles, et la Crécerellette recherche les prairies marécageuses. La nourriture des différentes espèces varie suivant la taille de l'oiseau et la contrée qu'il habite. Le Gerfaut, le Lanier et notre *F.* ordinaire vivent de Pigeons, de Perdrix, d'oiseaux aquatiques, etc. Les Cailles, les Alouettes forment la base de la nourriture du Hobereau et de l'Émerillon. La Crécerelle chasse aux Souris, aux Mulots, aux petits oiseaux, et ne dédaigne pas les insectes et les Lézards. La nourriture du Kobez consiste principalement en insectes qu'il enlève de terre en volant. La Crécerellette vit de Sauterelles, dont elle arrache, avant de les manger, les pattes et les ailes; elle chasse aussi aux Taupes et aux Lézards. Une espèce américaine, le *F. tanas (F. piscator)* se nourrit de petits poissons qu'il enlève avec prestesse en rasant la surface de l'eau.

Les Faucons, à cause de leur genre de vie, sont nécessairement solitaires, c.-à-d. que leur association ne va pas au delà du mâle et de la femelle. Dans nos climats l'époque de la pariade est vers le mois de mars. Le nid dans lequel la femelle dépose ses œufs est, pour les grandes espèces, une aire composée de bûchettes, et, pour les petites, un nid de brindilles grossièrement construit. Souvent, comme le Kobez et la Crécerelle, ils s'emparent de nids de Pies et de Corneilles. C'est sur les rochers élevés que les grandes espèces établissent leur nid. Sur les côtes de la Manche, le *F.* ordinaire dépose ses œufs dans un trou ou dans une anfractuosité des falaises, et il y revient chaque année. Les petites espèces placent leur nid sur des arbres élevés, mais quelquefois aussi sur les rochers, comme l'Émerillon, ou dans le creux des arbres, comme le Hobereau et le Kobez. La Crécerelle niche indifféremment dans les anciens édifices, dans les arbres creux, ou sur l'enfourchure de gros arbres. Les œufs varient pour le nombre et la couleur. Le *F.* commun pond de 3 à 4 œufs obtus d'un jaune rougeâtre tacheté de brun; la Crécerelle, de 4 à 5 œufs semblables à ceux du précédent, mais quelquefois aussi blancs, tachetés de rouge; l'Émerillon, de 5 à 6 œufs nuancés d'un brun roux; les œufs du Hobereau sont au nombre de 3 ou 4, blanchâtres, piquetés de brun, avec quelques taches noires plus grandes, etc. La durée de l'incubation varie également suivant les espèces : elle est de trois semaines pour le *F.* ordinaire et le Hobereau. Le mâle n'y prend aucune part; mais il veille sur les petits pour les défendre, et chasse pour les nourrir. Puis, quand ces derniers ont pris quelque force, le père et la mère les dressent à la chasse, et ne les abandonnent que lorsque les jeunes n'ont plus besoin de leur secours. Ces oiseaux, ainsi que nous l'avons vu, ont un plumage fort différent, suivant les sexes et surtout suivant leur âge ; De là de grandes difficultés pour déterminer les espèces, et le grand nombre de doubles emplois faits par les anciens ornithologistes. La plupart des Faucons sont des oiseaux de passage, coutume qui s'explique assez, pour quelques-uns, par le départ des oiseaux dont ils font leur nourriture. La Crécerelle est la seule espèce qui soit sédentaire chez nous. La vie des Faucons est très longue. On prétend qu'il fut pris au cap de Bonne-Espérance, en 1793, un F. pèlerin qui portait un collier d'or annonçant qu'il avait appartenu, en 1610, au roi Jacques : cet oiseau, qui était âgé de plus de 180 ans, conservait encore, dit-on, beaucoup de vigueur. Voy. **Fauconnerie**.

FAUCONNEAU. s. m. [Pr. *fô-ko-no*] (R. *faucon*). Jeune faucon || T. Guerre. Sorte de canon. Voy. **Artillerie**. || T. Techn. Pièce de bois portant une poulie à chaque bout et tournant horizontalement au sommet d'une machine à élever des fardeaux.

FAUCONNERIE. s. f. [Pr. *fô-ko-ne-rie*]. Art de dresser et de gouverner les faucons et autres oiseaux de proie. *Il entendait bien la f.* — La chasse avec l'oiseau de proie. *Il était passionné pour la f. La f. et la vénerie exigent de grandes dépenses.* || Le lieu où sont nourris les oiseaux de proie.

Chasse. — L'usage de dresser et d'employer les oiseaux de proie à la chasse paraît avoir pris naissance en Orient, d'où les Croisés l'ont vraisemblablement, sinon introduit (puisqu'il était déjà connu des Francs au Ve siècle), du moins popularisé en Europe dans le courant du XIIe siècle. Cette sorte de chasse a constitué, pendant près de cinq cents ans, l'un des amusements favoris de la noblesse; mais l'invention de la poudre, le déboisement des terrains et les changements survenus dans les mœurs l'ont peu à peu fait entièrement abandonner. Aujourd'hui elle n'est guère usitée qu'en Perse et dans quelques parties de l'Afrique musulmane. L'art de dresser les oiseaux de proie à la chasse a reçu le nom de *Fauconnerie*, parce que c'est le Faucon qu'on élevait de préférence. A la cour des rois de France, la f. était placée sous la direction d'un officier appelé, suivant les temps, *Fauconnier du roi*, *Mestre fauconnier du roi*, *Premier fauconnier du roi*, *Grand fauconnier de France*, et enfin, à partir du XVe siècle, *Grand fauconnier*. Pour insignes héraldiques de sa charge, cet officier plaçait de chaque côté de l'écu de ses armes une longe d'or pendant un faucon semé de fleurs de lis d'or.

Plus le Faucon est jeune (et il en est de même des autres oiseaux de proie), plus il est facile à apprivoiser et à dresser : en conséquence, les fauconniers recherchaient surtout les jeunes Faucons pris au nid. On donnait le nom de *Niais* à ces derniers, tandis qu'on appelait *Sors* ceux qui n'avaient pas subi la première mue, et *Hagards* ceux qui avaient mué une ou plusieurs fois. La méthode usitée pour dresser l'oiseau se nommait *Affaitage*. Elle consistait à le faire passer par une série d'épreuves dont plusieurs étaient communes à toutes les espèces, tandis que les autres ne s'employaient que pour certains individus d'un naturel plus sauvage ou plus fier. Le fauconnier enchaînait l'oiseau par les pieds avec une courroie ou *Longe*, puis, le posant sur son poing, qui était ganté, il le portait continuellement pendant trois jours et trois nuits, sans lui permettre un seul instant de repos, de sommeil et de nourriture. Il lui couvrait en même temps la tête d'un petit chaperon qui l'empêchait de voir, et s'il se débattait trop violemment, il tempérait son ardeur en l'arrosant d'eau froide. Au bout de soixante et douze heures de ce traitement, l'animal était ordinairement dompté, et l'on jugeait de sa soumission par la docilité avec laquelle il se laissait ôter et remettre le chaperon. On le portait ensuite dans un jardin, sur le gazon, et on l'habituait, toujours enchaîné, à sauter sur le poing, à un cri particulier, pour prendre sa nourriture ou *Pât*, qui consistait en viande de bœuf ou de mouton coupée en lanières longues et minces. Quand l'oiseau était suffisamment exercé, on lui apprenait à connaître le *Leurre*. On nommait ainsi un morceau de cuir rouge garni de plumes qui représentait grossièrement un oiseau et sur lequel on plaçait le pât. Aussi le Faucon avait-il bientôt pris l'habitude de fondre dessus aussitôt qu'il l'apercevait. Enfin, on terminait le dressage par l'*Escap*, exercice qui avait pour objet de faire connaître au Faucon l'espèce particulière de gibier au *vol*, c.-à-d. à la chasse duquel on le destinait. S'il s'agissait, par ex., du Lièvre, on l'habituait à s'élancer sur une peau de Lièvre dans

laquelle on avait renfermé un poulet, et, pour l'*affriander*, on lui laissait prendre quelques *beccades ensanglantées*. On continuait ainsi pendant plusieurs jours, mais en ayant soin de faire traîner cette peau, d'abord par un homme à pied, puis par un piqueur monté sur un cheval lancé au galop, de telle sorte que l'oiseau finissait par s'habituer à fondre sur un Lièvre courant dans la plaine. Enfin, quand l'éducation de l'oiseau était terminée, on le débarrassait de la longe à laquelle il avait été constamment attaché depuis le commencement des épreuves : c'est ce qu'on appelle *Voler pour bon*. Il fallait environ un mois pour dresser un Faucon adulte, quinze jours seulement pour un *Niais*, et un peu plus longtemps pour un *Sor* et un *Hagard*. On n'entreprenait jamais le dressage d'un jeune Faucon que lorsqu'il avait toutes ses plumes et qu'il volait avec aisance.

Ce qui précède s'applique spécialement à l'éducation du Faucon commun; mais on dressait aussi, en variant plus ou moins les moyens, le Gerfaut, le Lanier, et les petites espèces du genre, telles que le Hobereau et même l'Émerillon. Le choix dépendait de l'espèce de gibier que l'on avait particulièrement en vue. Les fauconniers qualifiaient d'oiseaux *nobles* les diverses espèces du genre Faucon, parce qu'elles se dressaient aisément, et, par la raison contraire, ils donnaient le nom d'*ignobles* aux autres oiseaux de proie diurnes, tels que l'Aigle, le Milan, l'Épervier, la Buse, etc. Cependant ils élevaient quelquefois l'Autour, qui appartient à cette dernière catégorie, et désignaient sous le nom d'*Autourserie* l'art auquel ils avaient recours à cet effet.

FAUCONNIER. s. m. [Pr. *fô-ko-nié*]. Celui qui dresse et gouverne les oiseaux de proie. — *Monter à cheval en f.*, Monter du côté droit, du pied droit, comme font les fauconniers, parce qu'ils tiennent l'oiseau sur le poing gauche.

FAUCONNIÈRE. s. f. [Pr. *fo-ko-nière*]. Espèce de sac ou de gibecière dont les fauconniers se servent pour porter les menues hardes dont ils ont besoin. || Par ext., Espèce de gibecière séparée en deux que l'on met à l'arçon de la selle pour porter de menues hardes.

FAUCRE ou **FAULCRE**. s. m. (lat. *fulcrum*, appui). T. Archéol. Pièce de fer qui, au moyen âge, se plaçait au côté droit de la cuirasse, pour soutenir la lance en arrêt.

FAUDAGE. s. m. T. Techn. Action de fauder. || Marque en fil de soie indiquant qu'une pièce de drap a été faudée.

FAUDE ou **FAULDE**. s. f. (R. *fauder*). Enclos, parc de brebis. || Aire, fosse où l'on fait le charbon de bois. Voy. **Charbon**. || Aire où l'on établit les moules de calcination du minerai.

FAUDER. v. a. (all. *falten*, plier). T. Techn. Plier une pièce de drap en double, dans le sens de sa longueur, de façon que les lisières se touchent. *On faude les draps pour les emballer.* — Marquer une pièce de drap en y passant un fil de soie. = **Faudé, ée**. part.

FAUDET. s. m. (R. *fauder*). Grille de bois pour recevoir l'étoffe à mesure qu'elle se laine.

FAUDEUR. s. m. Ouvrier qui faude les étoffes.

FAUFIL. s. m. (R. *faux* et *fil*). Fil que l'on passe sur une étoffe pour l'apprêter et que l'on ôte ensuite.

FAUFILER. v. a. (R. *faufil*). Faire une couture provisoire à longs points, en attendant qu'on en fasse une autre à demeure. || Fig., Introduire subrepticement. *La police avait faufilé un de ses agents dans l'assemblée.* = **Se Faufiler**. v. pron. Fig., Se glisser à travers la foule, s'insinuer avec adresse auprès de quelqu'un, dans une maison, dans une société. *Je parvins à me f. à travers la foule. Il s'est faufilé dans les meilleures compagnies. C'est un homme qui se faufile partout.* = **Faufilé, ée**. part.

FAUFILURE. s. f. Couture à points espacés.

FAUGÈRE (Prosper), érudit français, né à Bergerac (1810-1887).

FAUJAS DE SAINT-FOND, voyageur et géologue français (1741-1819). Fut un des promoteurs les plus zélés de l'aérostation à ses débuts, en 1783.

FAUJASITE. s. f. (R. *Faujas*, n. d'un géologue fr.). T. Minér. Silicate hydraté d'alumine, de chaux et de soude.

FAULDE, s. m. Voy. FAUDE.

FAULQUEMONT ou **FALKENBERG**, anc. ch.-l. de c. (Moselle), arr. de Metz; 1,100 hab. (à l'Allemagne depuis 1871).

FAULX. s. f. Voy. FAUX, s. f. || T. Techn. Couteau du tanneur. || T. Pêc. Filet monté sur deux quenouilles.

FAUNE. s. m. (lat. *Faunus*, m. s.). T. Myth. Dieu champêtre des Latins. On le représentait avec des oreilles allongées et une petite queue.

FAUNE. s. f. Ensemble des animaux que produit une région déterminée. || Ouvrage qui contient la description des animaux d'un pays. *La f. de la France.*

FAUPERDRIEU. s. m. (anc. fr. *fauc*, faucon, et *perdrieu* pour *perdriel*, perdrix). T. Vén. Oiseau de proie qui prend les perdrix. On l'appelle encore busard des marais.

FAURIEL, critique, professeur et historien français (1772-1844).

FAUSÉRITE. s. f. T. Minér. Sulfate hydraté de magnésie et de manganèse.

FAUSSAIRE. s. (lat. *falsarius*, m. s.). Celui, celle qui est coupable de faux; se dit principalement de celui ou de celle qui altère un acte, qui fait un faux acte ou une fausse signature. Voy. FAUX.

FAUSSANT, ANTE. adj. T. Techn. Qui se fausse facilement en parlant d'une lame d'acier.

FAUSSE-CLOCHE. s. f. T. Techn. Espace vide destiné à recevoir le bronze fondu dans le moule d'une cloche. Voy. CLOCHE. == Pl. *Des fausses-cloches.*

FAUSSE-COUPE. s. f. T. Maç. *Claveau en f.-c.*, Celui dont l'un des joints de tête est oblique. || T. Charp. Assemblage à tenon et mortaise dans lequel la pièce portant la mortaise est oblique. == Pl. *Des fausses-coupes.*

FAUSSE-ÉQUERRE. s. f. T. Techn. Voy. ÉQUERRE. == Pl. *Des fausses-équerres.*

FAUSSEMENT. adv. D'une manière fausse.

FAUSSE-QUILLE. s. f. Bordage épais fixé à la quille pour lui servir de défense contre les chocs de bas-fonds.

FAUSSER. v. a. (lat. *falsare*, m. s., de *falsus*, faux). Faire plier, faire courber un corps solide, en sorte qu'il ne se redresse point. *F. une lame. F. un canon de fusil.* — *F. une cuirasse*, L'enfoncer sans la percer tout à fait. *F. une serrure*, En gâter les ressorts par quelque effort. *F. une clef*, La forcer en sorte qu'elle ne puisse plus ouvrir. || Rendre faux, détruire la justesse de quelque chose. *Cela lui a faussé la voix. La lecture des romans lui a faussé l'esprit.* — *F. le sens de la loi, d'un texte*, Lui donner une fausse interprétation. — *Fausser une note, un passage*, Les chanter, les jouer faux. || Enfreindre, violer; ne se dit guère en ce sens, que dans les phrases suivantes : *F. sa foi. F. sa parole, son serment, sa promesse.* — Fam., *F. compagnie*, Se dérober d'une compagnie ou manquer à s'y trouver quand on l'a promis. *Vous nous avez faussé compagnie.* || T. Jeu. *F. la coupe*, Faire passer le paquet inférieur sur le supérieur et rétablir ainsi les cartes dans leur position première, ce qui détruit l'effet de la coupe. || T. Prat. anc. *F. la cour ou le jugement*, Soutenir que le jugement est faux et déloyalement rendu. == SE FAUSSER. v. pron. Se courber, se plier. *Cette règle s'est faussée.* — T. Guerre. Se dit des rangs qui ne forment plus une ligne droite. *Les rangs se faussent, il faut les redresser.* || Devenir faux. *La voix de ce chanteur commence à se f. Son esprit s'est faussé par la lecture des mauvais romans.* == FAUSSÉ, ÉE. part.

FAUSSET ou **FAUCET**. s. m. (lat. *fauces*, le gosier). Le registre le plus élevé de la voix humaine, appelé plus ordinairement *Voix de tête. Prendre le f. Chanter en f. Elle a*

un méchant petit *f.* — Fam., *Avoir une voix de f.*, parler d'un ton de *f.*, se dit de quelqu'un qui parle d'une voix grêle. Voy. VOIX. || Par extens. *Un f.*, Celui qui a une voix de fausset.

FAUSSET. s. m. (lat. *fossa*, canal ?). Petite brochette de bois qui sert à boucher le trou fait à un tonneau avec le foret. *Tirer du vin au f.* || Bec effilé d'une plume à écrire.

FAUSSETÉ. s. f. Qualité d'une chose fausse ; ce qui fait qu'une chose est fausse. *La f. de ses allégations est évidente. Cette nouvelle est d'une f. manifeste. La f. d'une date. Il est difficile de corriger la f. de l'esprit. La f. d'un raisonnement, d'une pensée. La f. de votre calcul consiste en ce que...* || Chose fausse. *C'est une f. une f. reconnue, une insigne f. Accusé de f. Une histoire pleine de faussetés. Débiter des faussetés sur le compte de quelqu'un.* || Duplicité, hypocrisie, malignité cachée. *Il y a de la f. dans son caractère, dans son procédé. Je démasquerai sa f.*

FAUSSETIER. s. m. T. Néol. Lapidaire qui travaille les pierres fausses.

FAUSSEUR. s. m. Celui qui fausse une promesse, un serment.

FAUSSURE. s. f. Courbure d'une cloche à l'endroit où elle s'élargit. || Endroit où un objet est faussé, déformé.

FAUST (JEAN), personnage fameux dans les légendes allemandes, rendu populaire par l'œuvre de Gœthe et par l'opéra de Gounod. Son existence, longtemps révoquée en doute, paraît certaine. C'était un savant né dans le Wurtemberg à la fin du XVe siècle, adonné à la magie, comme Albert le Grand et Nicolas Flamel.

FAUSTA, impératrice romaine, femme de Constantin le Grand.

FAUSTIN Ier. Voy. SOULOUQUE.

FAUSTINE, nom de deux impératrices romaines : l'une, femme d'Antonin le Pieux ; l'autre, femme de Marc-Aurèle et mère de Commode.

FAUTE. s. f. (lat. *fallere*, manquer, tomber). Se dit de tout ce que l'on fait contre le devoir, contre la loi, et quelquefois même d'une simple négligence, d'un simple défaut de prudence, de soin. *F. grave, légère, pardonnable. C'est une grande f. Faire une f. Tomber en f. Aggraver sa f. Réparer ses fautes. Expier une f. Imputer une f. à quelqu'un. L'accuser d'une f. Retomber dans les mêmes fautes. Commettre f. sur f. Il portera la peine de ses fautes. Prendre quelqu'un en f. Avouer sa f. Rejeter sa f. sur quelqu'un. Les fautes sont personnelles. C'est à lui qu'en est la f. A qui la f.? A qui en est la f.? Est-ce ma f. à moi? Si l'entreprise a échoué, ce n'est pas ma f., il n'y a pas de ma f. Ce n'est pas par sa faute que cela est arrivé. Les passions nous font faire des fautes. Les fautes sont des leçons.* — Par anal., *Quand il était vaincu, on ne pouvait en imputer la f. qu'à la fortune.* || Manquement contre les règles d'une science, d'un art, etc.; défectuosité, imperfection dans quelque ouvrage. *F. lourde, grossière. Lourde f. de langue, de grammaire, d'orthographe, de style. Une f. contre le goût. Une f. de jugement, contre le jugement. Les plus expérimentés dans les affaires font des fautes. F. d'impression. F. à corriger. Cette édition fourmille de fautes. Faire des fautes contre la vraisemblance dans une pièce de théâtre. Faire des fautes au jeu. A la guerre il n'y a point de petites fautes. Il y a bien des fautes dans ce tableau. On découvre bien quelques fautes dans cet ouvrage.* — Prov., *Les fautes sont pour les joueurs, contre les joueurs*, C'est aux joueurs à porter la peine des fautes qu'ils font. || Fig. et prov., *Qui fait la f. la boit*, En porte la peine. || Manque, disette. *On craignoit d'avoir f. d'argent, de provisions, de soldats, etc. Vous n'aurez pas f. de gens qui vous le demanderont.* — Fam., *Ne pas se faire f. de quelque chose*, User de quelque chose sans ménagement, ne pas l'épargner. *Ne vous faites pas f. de mes services.* || T. Techn. Crevasse survenue dans un tuyau de plomb.
— Fam., *S'il arrivait f. de lui, s'il venait f. de lui*, S'il

venait à mourir. — *Faire f.*, Manquer, être absent, être regretté. *Vous n'êtes pas venu, vous nous avez fait f. Cet argent qu'on devrait me rendre me fait bien f. Ses conseils nous font f.* Dans les lettres de cachet, la formule, *Si n'y faites f.*, signifiait : n'y manquez pas. — FAUTE DE, À FAUTE DE. loc. prép. Par manque de..., à défaut de... *L'entreprise a échoué f. d'argent. Il est mort f. de secours, f. de manger. Le combat cessa f. de combattants. Tous les prisonniers demeurèrent esclaves, f. de pouvoir payer la rançon exigée. F. par lui de fournir les titres voulus, il perdra ses droits. A f. de quoi, il sera contraint de...* = SANS FAUTE. loc. adv. Sans faillir. *J'y serai demain sans f.* = Syn. Voy. DÉFAUT.

FAUTEAU. s. m. T. Archéol. Sorte de bélier usité dans les sièges, au moyen âge.

FAUTEUIL. s. m. (anc. all. *falstuol*, de *faldan*, plier et, *stuol*, siège ; proprement siège pliant). Grand siège à dos et à bras. *F. de velours, de damas, de jonc. Apportez un f. Se mettre sur un f., dans un f. — F. à la Voltaire,* Grand f. à dos renversé. || Absol., se dit pour le f. du président, dans quelque assemblée. *Qui est-ce qui occupe le f.?* Qui est-ce qui préside ? — Fig., La présidence elle-même. *Quitter le f. Céder le f. à un autre. Porter quelqu'un au f.,* Le nommer président. — Fig., sign. encore une place à l'Académie française. *Il sollicite le f vacant.* || T. Méd. *F. de poste,* Appareil destiné à faire faire de l'exercice à une personne obligée de garder la chambre et qui consiste en un f. posé sur des morceaux de bois courbés, de sorte que le moindre mouvement le fait osciller. Voy. CHAISE.

FAUTEUR, TRICE. s. (lat. *fautor*, m. s.). Celui, celle qui favorise, qui appuie un parti, une opinion ; ne se dit guère qu'en mauvaise part. *Il se montra toujours le f. de la rébellion. Les fauteurs d'un crime. On l'a condamné, lui et ses fauteurs. Fautrice d'hérésie.*

FAUTIF. IVE. adj. (R. *faute*). Sujet à faillir, à manquer. *Cet auteur est très f. dans ses citations. La mémoire des vieillards est ordinairement fautive.* || T. Numism. Se dit des pièces dont les inscriptions contiennent quelques fautes. *Monnaie fautive.* || T. Techn. Se dit d'une pièce de bois qui a quelque défaut. || Plein de fautes ; ne se dit que des choses. *Impression fautive. La table du livre est fautive.*

FAUTIVEMENT. adv. D'une manière fautive.

FAUTRE. s. m. (R. *feutre*). Se dit des pièces de grosse étoffe de laine qui servent à éponger les feuilles.

FAUVE. adj. 2 g. (lat. *fulvus*, m. s.). Qui tire sur le roux. *Cet animal a le pelage f., le poil f. Relié en veau f.* — *Bêtes fauves.* Voy. BÊTE. = FAUVE. s. m. La couleur fauve. *La couleur noire de son plumage est mêlée de f.* || T. Vén. *Il y a du f. dans cette forêt,* Il s'y trouve des bêtes fauves. — *Les grands fauves, les fauves,* Les animaux féroces de couleur fauve : lion, tigre, etc.

FAUVETTE. s. f. [Pr. *fô-vè-te*] (R. *fauve*). T. Ornith. Les Fauvettes, qui tirent leur nom de la couleur de leur plumage, forment, dans l'ordre des *Passereaux dentirostres,* une famille naturelle caractérisée par le bec droit, grêle partout, un peu comprimé en avant, et dont l'arête supérieure se courbe un peu vers la pointe. Presque tous ces oiseaux volent continuellement et avec légèreté à la poursuite des insectes dont ils font leur nourriture, et les mâles font entendre un ramage agréable. — Cette famille peut se diviser en trois groupes.

1° Le premier est le genre *Rossignol* (*Luscinia*). Les Rossignols diffèrent surtout des Fauvettes proprement dites par leurs mœurs. Les premiers cherchent le plus ordinairement leur nourriture à terre, et les seconds sur les arbres et dans les buissons ; celles-ci sont d'un naturel très doux ; ceux-là sont querelleurs ; quand ils sont à terre, les Rossignols marchent comme les Merles ; les Fauvettes sautent et ne marchent pas. Le *R. ordinaire* (*Lusc. aedon*) [Fig. 1] est brun roussâtre dessus, gris blanchâtre dessous, avec la queue un peu plus rousse. Parmi les oiseaux chanteurs, aucun ne peut lui être comparé. La puissance de sa voix est extraordinaire, car elle remplit une sphère qui n'a pas moins de 1,600 mètres

de rayon. « Mais, dit Bechstein, c'est moins encore la force que l'étendue, la flexibilité, la prodigieuse variété, l'harmonie enfin de cette voix, qui la rend précieuse à toute oreille sensible au beau : tantôt traînant des minutes entières une strophe composée seulement de deux ou trois tons mélancoliques, il la commence à demi-voix, et s'élevant par le plus superbe *crescendo* au plus haut degré d'intensité, la fuit en mourant ; tantôt c'est une suite rapide de sons plus éclatants, terminés comme beaucoup d'autres couplets de sa chanson par quelques sons détachés d'un accord ascendant. On peut compter jusqu'à 24 strophes ou couplets différents dans le chant d'un R., sans y comprendre les petites variations fines et délicates. » La R. est répandu dans presque toute l'Europe. Il choisit pour demeure les lieux ombragés et frais, mais dont la température n'est jamais trop basse. Les broussailles, les buissons touffus, voisins des prés et des champs, sont l'habitation qu'il préfère. Il aime aussi les jardins plantés de charmilles un peu négligées. S'il recherche les lieux aquatiques, c'est qu'il y rencontre une nourriture plus abondante. Quoique essentiellement insectivores et vermivores, les Rossignols mangent aussi des mûres, des baies de sureau, les fruits du groseillier, etc. Ces oiseaux ne sont nulle part sédentaires. En général, ils arrivent en France au mois d'avril, et nous quit-

Fig. 1.

tent au mois de septembre pour des climats plus chauds. Ils s'apparient bientôt après leur arrivée : c'est à cette époque et pendant l'incubation que le mâle déploie tout le charme de sa voix. Mais, une fois les petits éclos, il devient silencieux, car il lui faut aller à la chasse pour les nourrir La femelle construit ordinairement son nid dans un verger, dans une touffe d'arbustes, sur le tronc coupé d'un arbre entouré de ronces, enfin très près de terre ou sur la terre même, lorsqu'il peut y être caché par des herbes assez hautes ou des broussailles épaisses. Elle le fait en dehors avec des feuilles sèches, et en dedans avec du foin ou des racines déliées mêlées de quelques poils d'animaux ; enfin elle y dépose de 4 à 6 œufs d'un brun verdâtre plus ou moins foncé. Les jeunes émigrent avec leurs parents ; mais au printemps suivant ils reviennent dans le canton qui les a vus naître. — Dans quelques pays, on recherche les Rossignols comme gibier ; en effet, à la fin de l'été, lorsqu'ils sont gros, ils ne sont pas inférieurs aux Ortolans. Mais chasser le R. pour le manger nous paraît une barbarie condamnable ; si l'on ne respecte pas en lui l'oiseau qui détruit une foule d'insectes nuisibles, on devrait au moins respecter le chantre admirable de nos bois. Le R. s'habitue sans trop de peine à la captivité, et, quand il est pris jeune, il s'apprivoise parfaitement. « Nous avons vu à Paris, dit le savant ornithologiste Z. Gerbe, deux Rossignols qui, pris jeunes et élevés dans un jardin, sortaient librement de leur cage, y rentraient pour prendre leur repas, et ne manquaient jamais, après avoir erré çà et là pendant toute la journée, de venir y passer la nuit. L'hiver on les conservait dans une volière, pour les rendre à la liberté au printemps. Ces oiseaux accouraient au moindre appel de la personne qui les avait élevés, et se montraient peu farouches avec les étrangers. » — On trouve dans l'Asie Mineure et dans la partie orientale de l'Europe une seconde espèce de R. (*Lusc. philomela*), qui est un peu plus grande que la nôtre, et qui a la poitrine légèrement variée de reflets grisâtres. Le R. Philomèle a la voix bien moins variée que le R. commun, mais elle est beaucoup plus éclatante.

Fig. 2.

2° Le genre *Fauvette* est extrêmement nombreux, et les espèces qui le composent diffèrent beaucoup les unes des autres sous le rapport des habitudes. Aussi les distingue-t-on en *Fauvettes riveraines* ou *Rousserolles*, et en *Fauvettes sylvaines* ou *Fauvettes* proprement dites. Nous ne citerons dans chacun de ces deux groupes que quelques espèces comme exemples. La *Grande Rousserolle* (*Sylvia turdoïdes*) est presque de la taille du Merle mauvis et a le bec presque aussi arqué. Elle est brun roussâtre dessus, jaunâtre dessous, avec la gorge

Fig. 3.

blanche, et un trait pâle sur l'œil. Elle niche parmi les joncs et se nourrit presque exclusivement d'insectes aquatiques : de là le nom vulgaire de *Rossignol de rivière*, sous lequel on la connaît dans le midi de la France. La *Petite Rousserolle* ou *Effarvatte* (*Syl. arundinacea*) est semblable à la précédente pour les couleurs et pour les mœurs; mais sa taille est d'un tiers moindre. La F. *des roseaux* (*Syl. salicaria*) est encore plus petite que l'Effarvatte. Son plumage est gris olivâtre dessus, jaune très pâle dessous, avec un trait jaunâtre entre l'œil et le bec. Le *Cysticole* (*Syl. cysticola*), qui est propre au midi de l'Europe, mérite une mention spéciale à cause de la façon ingénieuse dont il construit son nid. Il lui donne la forme d'une bourse ou d'une quenouille, en rapprochant les feuilles

d'une touffe de Carex et en les cousant ensemble au moyen de matières cotonneuses ou soyeuses. — Le type des *Fauvettes vraies* est la F. *ordinaire* ou F. *des jardins* (*Curruca Orphea*), qui est presque de la grosseur du Rossignol. Elle est brun cendré dessus, blanchâtre dessous; elle a le blanc au fouet de l'aile, la penne externe de la queue aux deux tiers blanche, la suivante marquée d'une tache au haut et les autres d'un liséré. Ces oiseaux paraissent en grand nombre au printemps dans nos champs et dans nos jardins. On les y voit s'égayer, agacer leurs semblables, les poursuivre à travers les arbustes et les tiges des plantes : leurs attaques sont aussi légères que leurs combats sont innocents, et toujours ils se terminent par une petite chanson. C'est dans ces endroits et particulièrement sur les ramées qui soutiennent les pois que cette F. place son nid, qui est fait d'herbes sèches au dehors et de crins en dedans. La femelle y pond ordinairement 5 œufs qu'elle couve avec le plus grand soin, mais qu'elle abandonne quand on la a touchés, ou bien lorsqu'elle a vu rôder autour quelque animal qu'elle croit pouvoir devenir funeste à sa progéniture. Le mâle partage avec la mère le soin de l'incubation, et tout le temps qu'il n'emploie pas à couver ou à chasser, il le passe auprès d'elle et cherche à l'égayer par son chant. Le chant de cette espèce est éclatant, très varié, et véritablement enchanteur, quoique inférieur à celui du Rossignol. La F. *à tête noire* (*Curr. atricapilla*) [Fig. 2 et 3] a le plumage brun dessus, blanchâtre dessous, avec une calotte noire chez le mâle, et marron chez la femelle. Elle construit son nid à peu de distance de terre, dans les buissons de houx, de genièvre, d'églantier ou d'aubépine. De toutes les espèces de Fauvettes, c'est celle-ci qui a le ramage le plus doux et le plus mélodieux : il ressemble beaucoup à celui du Rossignol, sans en avoir les notes puissantes et sonores. Si son chant le cède à celui de ce dernier, en revanche il dure beaucoup plus longtemps, et parfois jusque vers la mi-août. On recherche beaucoup cette espèce pour l'élever en cage; elle demande les

Fig. 4.

mêmes soins que le Rossignol, mais elle s'apprivoise plus aisément et s'attache d'une manière toute particulière aux personnes qui en prennent soin. Nous nommerons encore la F. *babillarde* (*Curr. garrula*) qui est très répandue chez nous. Son ramage consiste en une sorte de babil continuel, mais monotone, qui lui a valu son nom. Cette F., plus petite que les précédentes, a le dos brunâtre, la tête cendrée, et la première penne de la queue blanche en grande partie. — Toutes les Fauvettes émigrent à l'automne, comme fait le Rossignol. A cette époque, elles mangent aussi différentes espèces de fruits et de baies, et sont alors un gibier fort délicat. Au moins faudrait-il épargner la F. Orphée et la F. à tête noire. 3° Les *Accenteurs* ou *Accenteurs* se distinguent des espèces précédentes par leur bec plus exactement conique et dont le bords sont un peu rentrés. L'espèce type est la F. *des Alpes* (*Acc. alpinus*) vulgairement appelée *Pégot* (Fig. 4). C'est un oiseau cendré, à gorge blanche pointillée de noir, avec deux rangées de taches blanches sur l'aile, et du roux vif aux flancs. Nous nommerons encore la *F. d'hiver* ou *Mouchet* (Acc. *modularis*) dont le plumage est fauve tacheté de noir en dessus, et cendré et ardoisé en dessous. Ces deux espèces n'émigrent point et semblent ne pas craindre le froid. Seulement, pendant l'hiver, le Pégot descend dans les vallées, et le Mouchet quitte le sommet des arbres pour se réfugier dans l'épaisseur des taillis, ce qui lui a valu le nom vulgaire de *Traîne-buisson.* Ces oiseaux se nourrissent de larves et de graines pendant l'hiver et d'insectes pendant l'été. Ils construisent leur nid avec de la mousse dans les fentes des rochers, sous les toits des maisons et sur les plus hautes branches des arbres, principalement des arbres verts. Ils pondent 4 ou 5 œufs d'un bleu verdâtre.

FAUVILLE, ch.-l. de c. (Seine-Inférieure), arr. d'Yvetot, 1,300 hab.

FAUX. s. f. [Pr. *fô*] (lat. *falx*, m. s.)Instrument dont on se sert pour couper l'herbe des prés, les avoines, etc. Voy. PRAIRIE. ‖ T. Anat. Se dit de certains replis membraneux qui ont la forme d'une faux. *La f. du cerveau, la f. du cervelet,* replis de la dure-mère. Voy. ENCÉPHALE. *La grande f. du péritoine.* Voy. PÉRITOINE. ‖ T. Pêche. Poisson en plomb coulé sur la tige de l'hameçon, dont la partie recourbée reste libre. ‖ T. Blas. Meuble de l'écu figurant une faux de moissonneur. ‖ T. Techn. Instrument tranchant fixé à une table, pour découper en menus morceaux les chiffons destinés à faire du papier.

Hist. — La *Faux* paraît avoir été fréquemment employée comme arme offensive, dès l'antiquité la plus reculée. Suivant les mythographes, c'est avec une f. que le géant Typhon blessa Jupiter, qu'Hercule tua l'hydre de Lerne, que Mercure décapita Argus, que Persée trancha la tête de la gorgone Méduse et fit périr le monstre marin qui devait dévorer Andromède. La f., employée comme arme, se portait suspendue au côté, à la manière d'une épée, et se manœuvrait au moyen d'une poi-

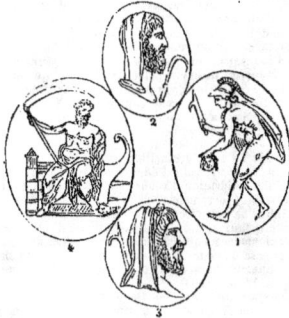

gnée très courte. Sa forme a, du reste, varié considérablement, ainsi que le montrent les quatre Figures ci-jointes, qui sont tirées de camées antiques. La première représente Persée tenant sa f. de la main droite, et la tête de Méduse de la main gauche. Les Figures 2 et 3 représentent la tête de Saturne accompagné de son symbole, la f. qui détruit tout, pour personnifier le Temps. La Figure 4 offre une image entière du même dieu; mais ce dernier camée a été probablement exécuté en Italie à une époque beaucoup moins reculée que les précédents. Les anciens se sont encore servis de la f. comme arme d'hast. Pour cela, ils fixaient à l'extrémité d'une longue hampe un fer plus ou moins long, et plus ou moins recourbé. Ils en faisaient surtout usage dans les batailles navales pour couper les cordages des navires ennemis. Enfin, nous rappellerons que les populations asiatiques, de même que celles de la Gaule et de la Bretagne, armaient leurs chars de guerre de lames de f. ordinaires. Voy. CHAR. — La f. est depuis bien des siècles tombée en désuétude comme arme de guerre. Cependant, dans la dernière tentative de la Pologne pour recouvrer sa nationalité, il fut créé des corps de *Faucheurs,* c.-à-d. de soldats armés de f., qui, dit-on, rendirent d'éminents services, et firent essuyer à la cavalerie russe des pertes considérables.

FAUX, AUSSE. adj. [Pr. *fô*] (lat. *falsus,* m. s.). Qui n'est pas véritable, qui n'est pas conforme à la vérité, à la réalité. *Cela est f. Il n'y a rien de si f., de plus f. Il est f. que je vous aie dit cela. Fausse nouvelle. F. avis. De f. rapports. Fausse allégation. F. bruit. F. témoignage. F. serment. Religion fausse. Fausse maxime. Les faux biens d'ici-bas.* — *F. emploi,* L'ensemble d'une somme portée à la dépense, quoique la dépense n'ait pas été faite. — *F. témoin,* Témoin qui affirme comme vrai un fait qui est contraire à la vérité. ‖ *Vain et mal fondé. Fausse espérance. Fausses craintes. Fausse délicatesse. Fausse honte. Fausse gloire. F. point d'honneur.* ‖ *Qui manque d'exactitude, de justesse, de rectitude. Règle fausse. Calcul f. Des balances fausses. Pensée fausse. Argument, raisonnement f. Les esprits f. sont fort dangereux. Avoir le goût f., l'esprit, le jugement f. Une expression fausse.* — *Vers f., Vers qui contient une ou plusieurs fautes de prosodie.* — *F. pli, Pli qui se trouve à un habit, à une étoffe, et qui n'y devrait pas être.* ‖ En Littérature et dans les Beaux-Arts, qui s'écarte du naturel, du vrai. *Genre f. Le f. goût qui règne dans cet ouvrage. Fausse éloquence. Dessin f. Coloris f. Ton f. Tableau f. de couleur.* ‖ Dans la Musique, Discordant, qui n'est pas dans le ton, qui n'est pas juste. *Voix fausse. Intonation fausse. F. accord. Note fausse. Fausse note,* Note qui n'est pas celle que l'on doit faire entendre. *Fausse corde,* Celle qui n'est pas montée au ton juste; *Corde fausse,* Celle qui ne peut jamais s'accorder avec une autre. ‖ Qui est supposé, altéré; qui est contre la bonne foi. *Cette obligation est fausse. Pièce d'écriture fausse. F. nom. Fausse date. Fausse assignation. F. acte. F. titre. Fausse quittance. F. testament. Fausse signature. F. seing. Vendre à f. poids, à fausse mesure. Fausse monnaie. Pièce de monnaie fausse.* — *F. monnayeur.* Voy. MONNAYEUR. ‖ Fig. et fam., *C'est une fausse pièce, une fausse lame,* C'est une personne à qui il ne faut pas se fier. ‖ Qui est feint, simulé, postiche. *F. cheveux. F. toupet. Fausse barbe. Fausses dents. F. mollet. Porte fausse. Fausse fenêtre. Pierre fausse. Diamant f. F. rubis. Or f. Fausse vertu. Fausse humilité. F. zèle. F. semblant d'amitié.* — *F. brillants,* Voy. BRILLANT. *Fausse clef,* Voy. CLEF. ‖ En parl. des personnes, *Faux* sign. qu'elles ne sont pas ce qu'elles semblent ou ce qu'elles disent être. *Un f. prophète. F. brave. F. dévot. Il s'est glissé parmi eux un f. frère qui les a vendus. Au premier revers, les f. amis nous abandonnent.* — Se dit également d'une personne qui, dans le dessein de tromper, affecte des sentiments qu'elle n'a pas. *C'est un homme f., une femme fausse. Un cœur f. Un caractère f.* Prov., *Être f. comme un jeton.* — Par ext., se dit encore de l'air, du regard, etc. *Cet homme a l'air f., le regard f., la mine fausse.* ‖ Dans un sens plus général, *Faux* sign. qu'on n'est pas tel qu'il doit être, ou qu'il a accoutumé d'être, ou que l'on voudrait qu'il fût, qu'il eût été. *Faire un f. bond, un f. pas, un f. mouvement. Prendre une fausse position, une fausse direction, une fausse route. Faire une fausse démarche, une fausse manœuvre. Prendre de fausses mesures.* — *F. jour,* Voy. JOUR. *F. feu,* Voy. FEU. — *Faire f. bond. Faire un f. pas,* Voy. BOND et PAS. *Faire fausse route,* Voy. ROUTE. ‖ *Faux* sert encore à former certaines expressions dont le sens s'éloigne plus ou moins de la signification qui leur est propre. *Fausses manches,* Manches qu'on met par-dessus d'autres manches. *F. col,* Voy. COL. *F. fourreau,* Voy. FOURREAU. *F. frais,* Voy. FRAIS. ‖ T. Anat. *Fausses côtes,* Voy. SQUELETTE. ‖ T. Archit. *F. comble, F. entrait. F. limon,* etc., Voy. COMBLE, ENTRAIT, LIMON, etc. *F. plancher, f. plafond,* Plancher, plafond qu'on fait au-dessus du plafond principal pour diminuer la hauteur de l'appartement. — *F. chevêtu,* Pièce de bois qui, dans un plancher, forme remplissage entre le chevêtu et le mur. ‖ T. Arithm. *Règle de fausse position,* Voy. POSITION. ‖ T. Blason. *Armes fausses.* Voy. ARMOIRIES. ‖ T. Guerre. *Fausse attaque,* Voy. ATTAQUE. *Fausse braie* et *Fausse porte,* Voy. FORTIFICATION. ‖ T. Hippiat. *F. marqué,* synonyme de *Contre-marqué,* Voy. CHEVAL. ‖ T. Hist. naturelle. L'adj. *Faux* ou *fausse,* se joint à un grand nombre de minéraux, de végétaux et d'animaux, pour désigner des espèces qui ont une ressemblance plus ou moins grande avec celles auxquelles ces noms s'appliquent proprement. ‖ T. Zool. *F. Bombyx* Voy. BOMBYCIDES. *F. Bourdon,* Mâle des abeilles, Voy. ABEILLE. *F. Chenilles,* Les larves d'insectes à 8, 18 ou 22 pattes, comme celles des Tenthrèdes. *Fausse coquille,* L'enveloppe testacée de certains Échinodermes. *Fausse nageoire,* Nageoire adipeuse, Voy. POISSON. *Fausse nymphe,* Nymphe qui est renfermée dans un fourreau où elle reste inactive. *Fausses* *pattes*, Les organes ambulatoires des Annélides, les pattes antérieures des Lépidoptères et les appendices mobiles situés sous la queue des Crustacés. *F. Scorpion*, Voy. PSEUDO-SCORPION. *Fausses Teignes*, Voy. TINÉITES. ‖ T. Bot *F. Acacia*, le Robinia pseudo-acacia, Voy. LÉGUMINEUSES. *F. Acore*, l'Iris pseudo-acorus, Voy. IRIDÉES. *Fausse Baie*, Voy. FRUIT. *F. Baume du Pérou*, le Mélilot bleu, Voy. LÉGUMINEUSES. *F. Benjoin*, le Terminalia Benzoin, Voy. COMBRÉTACÉES. *Fausse Blanc-ursine*, la Berce, Voy. OMBELLIFÈRES. *F. Buis*, le Fragon épineux, Voy. LILIACÉES. *F. Cannellier*, le Cinnamomum cassia, Voy. LAURACÉES. *Fausse cloison*, Voy. PISTIL. *Fausse Coloquinte*, l'Orangine, famille des *Cucurbitacées*. *F. Dictame*, le Marrube, Voy. LABIÉES. *F. Ébénier*, le Cytise des Alpes, Voy. LÉGUMINEUSES. *Fausses étamines*, les Staminodes. *Fausse Guimauve*, le Sida abutilon, Voy. MALVACÉES. *F. Indigo*, le Galéga vulgaire, Voy. LÉGUMINEUSES. *F. ipécacuanha*, l'Ionidium ipecacuanha, Voy. VIOLARIÉES, ainsi que diverses espèces d'*Asclépiadées* et de *Rubiacées*. *F. Jalap*, la Belle-de-nuit, Voy. NYCTAGINÉES. *Fausse ombelle*, le Corymbe, Voy. INFLORESCENCE. *Fausse Orange*, l'Orangine, famille des *Cucurbitacées*. *F. Pistachier*, le Staphylea pinnata, Voy. SAPINDACÉES. *F. Platane*, l'Érable Sycomore, Voy. SAPINDACÉES. *Fausse Poire*, la Courge ovifère, Voy. COURGE. *F. Poivre*, le Capsicum annuum, Voy. SOLANACÉES. *F. Quinquina*, le Solanum pseudo-china, Voy. SOLANACÉES, et le Croton Cascarilla, Voy. EUPHORBIACÉES. *Fausse réglisse*, l'Abrus precatorius et l'Astragalus glycïphyllos, Voy. LÉGUMINEUSES. *F. Raifort*, le Cochlearia officinal, Voy. CRUCIFÈRES. *Fausse Rhubarbe*, le Pigamon jaune, Voy. RENONCULACÉES. *F. Safran*, le Carthame des teinturiers, Voy. COMPOSÉES. *F. Séné*, le Baguenaudier, Voy. LÉGUMINEUSES. *F. Sycomore*, l'Azédarach, Voy. MÉLIACÉES. *F. Thé*, le Symplocos Alstonia, Voy. STYRACACÉES. ‖ T. Minér. *F. Albâtre*, l'Albâtre gypseux, Voy. ALBATRE. *Fausse Améthyste*, Spath fluor cubique de couleur violette. *Fausse malachite*, cuivre vert clair de Sibérie. *F. Saphir*, Saphir d'eau des lapidaires, chaux fluatée bleue. ‖ T. Jard. *F. bois*, se dit des branches d'un arbre qui ne doivent pas donner de fruit, ou qui sont trop mal placées pour faire un bon effet. ‖ T. Jeu de cartes *F. jeu*, Jeu où il y a des cartes de moins ou de trop. Au Quadrille, à l'hombre et aux jeux où il y a une triomphe, on appelle *Fausses cartes*, celles qui ne sont pas triomphe ‖ T. Mar. *Faire une fausse manœuvre*, Faire une manœuvre mal à propos. *Faire fausse route*, Voy. ROUTE. *F. baux*, *f. pont*, Voy. BAU et PONT. ‖ T. Méd. *Fausse articulation*, Voy. LUXATION. *Fausse couche*, Accouchement prématuré, Voy. COUCHE et ACCOUCHEMENT. *Fausse grossesse*, se dit de toute maladie qui simule la grossesse. *Fausse membrane*, Voy. PSEUDO-MEMBRANE et DIPHTÉRIE. *Fausse fluxion de poitrine* et *Fausse pneumonie*, Bronchite intense simulant la pneumonie. *Fausse pleurésie*, La pleurodynie avec fièvre : ces trois dernières locutions sont du langage vulgaire. *Faire fausse route*. Voy. SONDE. ‖ T. Mus. *F.—Bourdon*, Voy. PLAIN-CHANT. ‖ T. Théât. *Faire une fausse sortie*, Voy. SORTIE ‖ T. Typogr. *F. Titre*, Voy. TITRE. ≡ FAUX. s. m. Ce qui n'est pas vrai, ce qui est opposé à la réalité, au naturel. *Discerner le f. d'avec le vrai. Le f. paraît parfois la couleur de la vérité. — Être dans le f., Être dans l'erreur.* — Prov., *Plaider le f. pour savoir le vrai*, Voy. PLAIDER. ‖ T. Techn. Ouvrage qui imite un ouvrage d'or, d'argent, une pierre précieuse, etc., mais qui se vend pour une simple imitation. *Un fabricant en f. Travailler en f. L'industrie du f. a pris une grande extension.* ‖ T. Jurisp. Altération, contrefaçon, supposition frauduleuse d'actes, de pièces, d'écritures authentiques ou privées. *C'est un f. Crime de f. — Arguer une pièce de f., S'inscrire en f.*, Soutenir qu'une pièce produite en justice est fausse et s'engager à le prouver. Fig. et fam., *S'inscrire en f. contre une proposition, contre une allégation*, etc., La nier. *Je m'inscris en f. contre ce que vous venez de dire.* ≡ FAUX, s'emploie aussi adverb. *Raisonner f. Exposer f. Chanter f. Jouer f.*, etc. ≡ A FAUX. loc. adv. A tort, injustement. *Accuser à f.* — Fam., *Aller à f.* en quelque endroit, Manquer d'y trouver ce qu'on cherche *Si vous allez chez lui à telle heure, vous le trouverez; ne craignez pas d'y aller à f.* — *Porter à f.* Voy. PORTER.

Légist. — Les jurisconsultes classent les *Faux* en trois catégories : *f. en écriture*, *f. par faits*, *f. par paroles*.

A. *F. en écriture*. — Il se commet par apposition de fausses signatures, par altération ou contrefaçon d'actes, d'écritures ou de signatures, par des écritures faites ou intercalées sur des registres ou d'autres actes, depuis leur confection ou leur clôture, etc. La pénalité varie suivant l'espèce d'écriture dont il s'agit. — 1° Le *F. en écriture authentique*

ou *publique*; il est puni de la peine des travaux forcés à perpétuité, s'il a été commis par un fonctionnaire ou un officier public dans l'exercice de ses fonctions, et des travaux forcés à temps, si c'est par un simple particulier (C. pén. 145 à 147). — 2° Le *F. en écritures de commerce ou de banque* est puni des travaux forcés à temps (147). Par écritures de commerce ou de banque, on entend non seulement les effets de commerce proprement dits, mais encore les livres, registres et autres écrits pouvant comporter obligation ou décharge. — 3° Le *F. en écriture privée*, c.-à-d. qui n'est commis, ni dans un acte public et authentique, ni dans un acte de commerce ou de banque, est puni de la réclusion (150). Ce crime peut se commettre d'un grand nombre de manières : par ex., quand on vend, au nom d'un tiers, et sans son consentement, une propriété appartenant à ce tiers, qu'on dicte un sous-seing f., qu'on abuse d'un blanc-seing qui n'a pas été confié à celui qui l'emploie, etc. — 4° Les faux commis dans les passeports, les permis de chasse, les feuilles de route et les certificats d'indigence, de bonne conduite, etc., étant moins préjudiciables, soit à l'ordre public, soit aux fortunes particulières, la loi les a rangés parmi les délits punis de simples peines correctionnelles. Ainsi, la fabrication, la falsification et l'usage d'un f. passeport ou d'une feuille de route fausse, dans le but de tromper la surveillance publique, sont frappés d'un emprisonnement de 6 mois à 3 ans. En outre, celui qui prend ou fait délivrer un passeport sous un nom supposé, est puni d'un emprisonnement de 3 mois à 1 an, et l'officier public qui, connaissant la supposition de nom, a délivré ce passeport, est condamné à un emprisonnement d'une année au moins et de 4 ans au plus ; ce dernier peut en outre être privé des droits mentionnés en l'art. 42 du Code pénal pendant 5 ans au moins et 10 ans au plus, après l'expiration de sa peine. L'officier public est encore passible d'un emprisonnement de 1 à même peine frappe celui qui dénature délivre un passeport à une personne qu'il ne connaît pas personnellement, sans avoir fait attester ses nom et qualités par deux citoyens bien connus de lui. — La loi prononce la peine de 1 à 3 ans de prison contre le médecin, chirurgien, etc., qui délivre un f. certificat ayant pour but de procurer l'exemption d'un service public, et contre quiconque fabrique indûment une pièce du même genre. Enfin, celui qui délivre, sous le nom d'un fonctionnaire ou officier public, un certificat d'indigence, etc., encourt un emprisonnement de six mois à 2 ans, et la même peine frappe celui qui dénature un certificat de cette espèce, originairement véritable, afin de l'attribuer à tout autre que son titulaire primitif. Si ce certificat est fabriqué sous le nom d'un simple particulier, la fabrication et l'usage sont punis de 15 jours à 6 mois d'emprisonnement. — Dans tous les cas ci-dessus, l'usage seul de la pièce fabriquée ou altérée constitue le crime, et fait encourir la même peine que celle qui est édictée contre l'auteur de la fabrication ou de l'altération. La fabrication de l'acte f. est également punissable, lors même qu'on n'a pas fait usage de ce dernier. Enfin, en ce qui concerne les signatures, la loi considère comme faussaire, non seulement celui qui signe du nom d'autrui, mais encore la personne qui, pour déguiser son écriture, appose dans un acte un autre nom que le sien, ce nom fût-il imaginaire (art. 145 et suiv., Code pénal, modifiés par la loi du 13 mai 1863).

B. *Faux par des faits*. — Ce genre de f. est considéré, tantôt comme un crime, et tantôt comme un délit ou même comme une simple contravention. — 1° Le *f. monnayage*, c.-à-d. la fabrication ou l'altération de monnaies françaises ou étrangères ayant cours légal, ou l'introduction de monnaies falsifiées sur le territoire français, est puni des travaux forcés à perpétuité, s'il s'agit des monnaies d'or et d'argent, à temps, s'il s'agit des monnaies de billon ou de cuivre. Tout individu qui, en France, contrefait, altère ou simplement met dans la circulation des monnaies étrangères contrefaites ou altérées est puni des travaux forcés à temps. Est puni d'un emprisonnement de 6 mois à 3 ans quiconque a coloré des monnaies ayant cours en France, ou des monnaies étrangères, dans le but de tromper sur la nature du métal. Sont punis de la même peine ceux qui introduisent sur le territoire français des monnaies ainsi colorées. La loi ne considère pas comme complices du crime ou délit de f. monnayage ceux qui, ayant reçu pour bonnes des pièces de monnaie contrefaites, altérées ou colorées, les ont remises en circulation. Toutefois, celui qui a fait usage desdites pièces, après en avoir reconnu ou fait vérifier les vices, encourt une amende triple au moins et sextuple au plus de la somme représentée par les pièces qu'il aura rendues à la circulation, sans que cette amende puisse, en aucun cas, être inférieure à 16 francs. En matière de f. monnayage, comme pour le crime de complot contre la sûreté de l'État, la loi donne une prime à la dénonciation : tout individu coupable de f. monnayage qui procure l'arrestation des autres coupables est exempté de toute peine : il peut être mis cependant sous la surveillance de la haute police; c'est un des cas dans lesquels cette dernière peine subsiste et n'a pas été remplacée depuis 1885 par l'interdiction de certains séjours (Code pénal, art. 132 et suiv., modifiés par la loi du 13 mai 1863). — 2° La contrefaçon du sceau de l'État et l'usage du sceau ainsi contrefait sont punis de la peine des travaux forcés à perpétuité. Celui qui contrefait ou falsifie soit des effets émis par le trésor public avec son timbre, soit des billets créés par les banques autorisées en vertu d'une loi ou qui fait usage de ces billets contrefaits ou falsifiés ou qui les introduit sur le territoire français, encourt la même peine (139). Le f. qui consiste à contrefaire ou falsifier, soit les timbres nationaux, soit les marteaux de l'État servant aux marques forestières, soit les poinçons pour les matières d'or et d'argent, ou à faire usage des papiers, effets, timbres, marteaux ou poinçons falsifiés ou contrefaits, est puni de 20 ans de travaux forcés. Celui qui, s'étant procuré les vrais timbres marteaux ou poinçons, en fait une application ou un usage préjudiciable aux droits ou intérêts de l'État, est puni de la réclusion. Celui qui contrefait les marques destinées à être apposées, au nom du gouvernement, sur les diverses espèces de denrées ou de marchandises, ou fait usage de ces fausses marques, celui qui contrefait le sceau, timbre ou marque d'une autorité quelconque, ou qui fait usage des sceaux, timbres ou marques contrefaits, celui qui contrefait les timbres-poste ou fait usage sciemment de timbres-poste contrefaits, est puni d'un emprisonnement de 2 à 5 ans. Il encourt en outre certaines déchéances ou incapacités. Quiconque s'étant indûment procuré les vrais sceaux, timbres ou marques dont il s'agit, en fait un usage préjudiciable soit à l'État, soit à une autorité quelconque, est puni d'un emprisonnement de 6 mois à 3 ans; il peut en outre être privé de certains droits civiques, civils et de famille; l'interdiction de certains séjours peut également être prononcée contre lui (Code pénal, art. 139 et suiv.; L. 13 mai 1863). — Quant au fait de laver le papier timbré qui a déjà servi, pour l'employer de nouveau, il ne constitue pas le f. proprement dit, mais seulement le délit de filouterie prévu par l'art. 401 et punissable d'un emprisonnement de 1 à 5 ans, et, de plus, suivant les circonstances, d'une amende de 16 francs à 500 francs — 3° Il sera parlé ailleurs de la contrefaçon des marques de fabrique, de la vente à faux poids ou à fausse mesure, et de la falsification des denrées et marchandises. Nous terminerons en disant que l'espèce de f. qui consiste à contrefaire ou à altérer une clef, est puni d'un emprisonnement de 3 mois à 2 ans, et d'une amende de 25 à 150 fr. La peine est l'emprisonnement de 2 à 5 ans et une amende de 50 à 500 francs, si le coupable est un serrurier (399).

C. Le F. par paroles a lieu par f. serment ou par f. témoignage : il en sera question aux mots SERMENT et TÉMOIN.

FAUX-DU-CORPS. s. m. La partie de la taille qui est au-dessous des côtes.

FAUX-FUYANT. s. m. [Pr. fo-fui-ian]. Endroit détourné, écarté, par où l'on peut s'en aller sans être vu. — T. Chasse. Sentier dans le bois pour les gens de pied. || Fig., Défaite, échappatoire, User de f.-fuyant. Avoir recours à un f.-fuyant. = Pl. Des faux-fuyants.

FAUX-MARCHER. s. m. T. Véner. Se dit de la biche qui biaise en marchant et du cerf après qu'il a mis bas son bois.

FAUX-MARQUÉ. s. m. T. Véner. Se dit des cors du cerf lorsqu'ils sont en nombre inégal à chaque bois. Lorsque, par exemple, il y a six cors d'un côté et sept de l'autre, on dit que Le cerf porte quatorze faux-marqués.

FAUX-MÉLÈZE. s. m. T. Bot. Genre de plantes Gymnospermes (Pseudolarix) de la famille des Conifères. Voy. ce mot.

FAUX-SAUNAGE. s. m. Voy. SAUNAGE.

FAUX-SAUNIER. s. m. Voy. SAUNIER.

FAVART, auteur dramatique français, fut l'un des créateurs de l'opéra-comique (1710-1792). = Sa femme fut une actrice célèbre (1727-1772).

FAVÉOLÉ, ÉE. adj. (lat. favus, rayon de miel). T. Hist. nat. Qui est en forme de gâteau de miel, qui est percé d'une multitude de petites loges.

FAVERGES, ch.-l. de c. de la Haute-Savoie, arr. d'Annecy; 2,800 hab.

FAVEUR. s. f. (lat. favor, m. s). Grâce, bienfait, marque d'amitié, de bienveillance. Grande f. F. signalée, extraordinaire, singulière. Faites-moi la faveur de... Recevoir une f. Combler quelqu'un de faveurs. Il tient à f. que vous veniez loger chez lui. Il tient cela à f. C'est une f. que je n'oublierai jamais. Ce sont des faveurs du ciel. Fig., Les faveurs de la fortune, Les richesses, les honneurs, etc. — T. Théât. Entrée de f., tour de f. Voy. ENTRÉE et TOUR. || Dans un sens particul., se dit des marques d'amour qu'une femme donne à un homme. Il n'a jamais obtenu d'elle la moindre f. — Les dernières faveurs, Les plus grandes marques d'amour qu'une femme puisse donner. Absolum., Faveur se dit dans le même sens. Il a obtenu, elle lui a accordé ses faveurs. || La bienveillance, les bonnes grâces d'un prince, d'un personnage puissant, du public, etc. Gagner la f. du prince, du ministre. La f. populaire est aussi inconstante que celle des grands. Briguer la f. du peuple. Il avait pour lui la f. publique. — Trouver f. auprès de quelqu'un, En être bien accueilli et traité avec faveur. — Absol., Il doit tout à la f. et rien au mérite. — Homme de f., Gens de f., Qui ne doivent leur élévation qu'à la faveur. Place, emploi de f., Place qui n'est accordée qu'aux personnes qu'on veut favoriser. || Le crédit, le pouvoir qu'on a auprès d'un prince, d'un grand personnage. Être en f. Sa f. est grande auprès du ministre. Sa f. augmente, diminue tous les jours. Abuser de sa f. Du temps de sa f. — S'attacher, se dévouer à la f., Rechercher les personnes puissantes, leur faire la cour. — Fig., en parl. des choses. Prendre f., se dit pour s'accréditer. Cette mode, ce livre, cette opinion prend f. — Lettres de f., Lettres de recommandation. Vx. || Indulgence; se dit par oppos. à rigueur, sévérité. Les juges le traitèrent avec beaucoup de f. Il ne demande point f., mais justice. On disait autrefois, dans le même sens, Un cas de f. Un arrêt de f. — Jours de f. Voy. JOUR. || Autrefois, se disait des rubans dont les dames gratifiaient les chevaliers dans les tournois. — Se dit encore d'une sorte de ruban très étroit. Border quelque chose avec de la f. Achetez-moi deux mètres de f. rose. = EN FAVEUR DE. loc. prépos. En considération d'une chose passée ou à venir. On lui a pardonné en f. des belles actions qu'il avait faites. || À l'avantage, au profit de. Il a fait son testament en f. de sa nièce. Sa décision est en votre f. Ce prince a fait beaucoup en f. des sciences et des arts. Il lui a parlé en votre f. Il est bien disposé en votre f. — Prévenir en faveur de quelqu'un, de quelque chose, En donner d'avance une opinion favorable. Ce que vous m'avez dit de lui me prévient en sa f. Cela m'avait d'abord prévenu en f. de cette doctrine. = A LA FAVEUR DE. loc. prépos. Par le moyen, par l'aide de, etc. Il s'est sauvé à la f. d'un déguisement, à la f. de l'obscurité. || Beaucoup de mauvaises choses dans cette pièce a passé à la f. des belles choses qui y sont. = Syn. Voy. CRÉDIT et GRÂCE.

FAVEUX, EUSE. adj. (lat. favus, rayon de miel). T. Méd. Se dit d'une espèce de teigne à croûtes jaunâtres. Voy. TEIGNE.

FAVIFORME. adj. (lat. favus, rayon de miel, et forme). T. Hist. nat. Qui est en forme d'alvéoles.

FAVORABLE. adj. 2 g. (lat. favorabilis, m. s.). Propice, avantageux, tel qu'on le désire pour la fin qu'on se propose; se dit des personnes et des choses. Toutes les personnes qui le connaissent lui sont favorables. Se rendre quelqu'un f. Soyez-moi f. Ses dispositions, ses sentiments vous sont très favorables. Il obtint une réponse f. Des circonstances favorables à l'exécution d'un projet. Auspices favorables. La fortune commençait à lui devenir f. D'abord le vent fut f. Un endroit f. pour aborder. L'occasion était f., je ne la manquai pas. || Qui est à l'avantage de quelqu'un ou de quelque chose. Les premiers actes de son administration donnèrent de lui une opinion très f. J'ai de ce jeune homme une idée peu f. On lui a présenté la chose du côté f.

Syn. — Propice. — Ce qui est bien disposé pour nous, ce qui nous seconde ou nous sert, nous est favorable. Ce qui est sur nous ou près de nous pour nous protéger ou nous assister, ce qui vient avec empressement à notre secours, ce qui détermine l'événement ou nous fait réussir, ce qui a la puissance et la réduit en acte, nous est *propice*. Une influence plus importante, plus grande, plus puissante, plus immédiate, plus efficace, plus salutaire, distingue ce qui est *propice* de ce qui n'est que *favorable*.

FAVORABLEMENT. adv. D'une manière favorable. *On l'a accueilli, on l'a traité f. On l'a écouté f. Juger f. Juger f. de quelqu'un. Interpréter f. quelque chose.*

FAVORI, ITE. adj. (R. anc. verbe *favorir*, donner faveur). Qui plaît plus que toute autre chose du même genre; qu'on affectionne particulièrement. *Il aime le rouge, c'est sa couleur favorite. Homère est son auteur favori. C'est ma lecture favorite. C'était le sujet f. de nos entretiens. Il se sert toujours de ce mot, c'est son mot f. L'ironie était la figure favorite de Socrate. C'est son goût favori, sa passion favorite. La sultane favorite. C'est son cheval f.* — FAVORI, ITE. s. Celui ou celle qui tient le premier rang dans les bonnes grâces, dans la faveur d'un roi, d'une reine, d'un grand prince, d'une grande princesse. *Le f. d'un roi, d'un souverain. Un f. insolent. On la regardait comme la favorite de la reine. Henri III eut des favoris qui gouvernèrent l'État.* — Fig. et poétiq, *Les favoris des Muses, d'Apollon. C'est un f. de la fortune.* || Qui est l'objet d'une prédilection particulière. *Il aime bien tous ses enfants; cependant le plus jeune est le f. Cette actrice est la favorite du public. C'est le cheval qu'il monte habituellement, c'est son f. Ce sous est ordinairement fam.* || Cette partie de la barbe qu'on laisse croître de chaque côté du visage. *Porter des favoris. Laisser croître ses favoris.* = FAVORITE. s. f. Sorte d'ajustement dans la toilette des femmes.

FAVORINUS, philologue italien du XVIᵉ siècle, précepteur de J. de Médicis (Léon X).

FAVORISER. v. a. (R. *faveur*). Traiter favorablement, accorder quelque préférence, protéger, seconder. *Être favorisé du prince, des dames. Il ne méritait point cette place, on l'a évidemment favorisé. Un juge ne doit jamais f. une partie au préjudice de l'autre. F. une entreprise, un parti, un ouvrage. Il m'a favorisé dans tout ce qu'il a pu.* — F. quelqu'un de quelque chose, lui accorder une chose qui lui est avantageuse, qui l'honore, etc. *La confiance dont vous m'avez favorisé jusqu'à présent. Elle n'a pas même daigné le f. d'un regard.* — Figur., *La nature l'a favorisé, ne l'a pas favorisé de ses dons*, se dit, soit au sens physique, soit au sens moral, en parlant des avantages naturels dont une personne est douée ou dépourvue. || Par ext., *Favoriser* se dit encore de tout ce qui est conforme à nos souhaits, qui seconde nos desseins, qui nous aide à quelque chose. *Le temps nous a favorisés. Le vent nous a bien favorisés. Si le ciel, si la fortune nous favorise. Tout semblait alors f. ses vœux, ses desseins. Un exercice modéré favorise la digestion. L'obscurité favorisa notre fuite. F. le développement d'une industrie. F. la licence.* = FAVORISÉ, ÉE. part. *C'est un homme peu favorisé des dons de la nature.*

FAVORITISME. s. m. Préférence accordée aux favoris. Abus de la faveur dans un gouvernement.

FAVRAS (Marquis de), agent politique du comte de Provence, né à Blois; pendu en place de Grève (1745-1790).

FAVRE (ANTOINE), jurisconsulte célèbre né à Bourg (1557-1624).

FAVRE (JULES), célèbre avocat et homme politique français né à Lyon; il proposa, en 1870, la déchéance de l'Empire et fut membre du gouvernement de la Défense nationale (1809-1880).

FAVUS. s. m. (lat. *favus*, rayon de miel). T. Méd. Voy. TEIGNE.

FAWCETT, économiste anglais (1833-1884).

FAYALITE. s. f. T. Minér. Silicate de fer anhydre, en masses cristallines, noires, du type orthorhombique.

FAYARD. s. m. (lat. *fagus*, hêtre). Nom vulgaire du Hêtre.

FAYENCE, etc. Voy. FAÏENCE.

FAYENCE, ch.-l. de c. (Var), arr. de Draguignan; 1,800 hab.

FAYETTE ou **FAYETTEVILLE**, nom donné en l'honneur de La Fayette à plusieurs comtés ou villes des États-Unis.

FAY-LE-FROID, ch.-l. de c. (Haute-Loire), arr. du Puy; 1,200 hab.

FAYOL. s. m. [Pr. *fa-io*] (altér. de *faséole*). T. Mar. Nom des haricots secs distribués à bord.

FAYOUM, contrée de la moyenne Égypte; 155,000 hab. Cap. *Medinet-el-Fayoum*.

FAYS-BILLOT, ch.-l. de c. (Haute-Marne), arr. de Langres; 2,200 hab.

FAZY (JAMES), homme politique genevois (1796-1878).

FÉAGE. s. m. (bas-lat. *feodum*, fief). T. Jurispr. féod. Contrat d'inféodation. Tenure en fief.

FÉAL, ALE adj. (lat. *fidelis*, m. s.). Vieux mot qui sign. Fidèle, loyal, et qui était en usage dans les lettres royales. *A nos amés et féaux.* || Subst. et fam., on dit *C'est mon f. C'est son f., C'est mon fidèle ami, son fidèle ami, mon intime*, etc.

FÉAUTÉ. s. m. (R. *féal*). T. Féodal. Fidélité. *Serment de f. et hommage.*

FÉBRICITANT, ANTE. adj. et s. (lat. *febricitans*, part. de *febricitare*, avoir la fièvre). T. Méd. Qui a la fièvre, et particulièrement la fièvre intermittente. *Un pauvre f. Une pauvre févricitante.* Peu us.

FÉBRIFUGE. adj. 2 g. et s. m. (lat. *febris*, fièvre; *fugare*, mettre en fuite). T. Méd. Ce terme s'applique généralement à tous les antithermiques, à toutes les substances médicamenteuses qui luttent contre l'hyperthermie. C'est ainsi que les quinquinas et la quinine ont été d'abord prônés. A l'heure actuelle, l'antipyrine, la *théancétine*, les salicylates sont en concurrence avec la quinine; quoique moins fidèles, ils ont leurs indications particulières. L'arsenic a été également vanté contre certaines formes de cachexie consécutives à des fièvres prolongées. Les fébrifuges s'administrent généralement à l'intérieur, et ce n'est qu'exceptionnellement dans les fièvres intermittentes paludéennes dites *pernicieuses*, qu'on utilise la voie hypodermique. Or, la plupart des fébrifuges ont l'inconvénient de fatiguer les voies digestives, d'être mal supportés, de plus, leur action se réduit à couper la fièvre et n'a pas d'influence sur les symptômes concomitants. Ces considérations expliquent la vogue qu'a accueilli l'introduction en thérapeutique des bains froids et des enveloppements humides. C'est là que l'on rencontre le f. le plus fidèle, et son emploi ne doit pas être redouté même dans les formes où une localisation pulmonaire ferait hésiter. Il y a cependant des contre-indications que le cadre de ce dictionnaire ne nous permet pas d'énumérer. C'est chez les typhiques que ce mode de traitement a d'abord été expérimenté, et les merveilleux résultats obtenus ont encouragé les médecins dans cette voie : la pneumonie, les infections en général sont influencées favorablement par cette méthode. En un mot, la tendance moderne est à simplifier la pharmacologie et, des listes innombrables de fébrifuges, le praticien ne doit retenir que l'antipyrine et le sulfate de quinine à côté de l'eau froide. D'ailleurs, médicaments et bains froids sont souvent associés avec succès, par exemple, dans certaines formes de grippe.

FÉBRIGÈNE. adj. 2 g. (lat. *febris*, fièvre; *generare*, engendrer). T. Méd. Qui engendre la fièvre.

FÉBRILE. adj. 2 g. (lat. *febrilis*, m. s.). T. Méd. Qui a rapport à la fièvre. *Chaleur f. Pouls f.* || *Gâteau f.*, Engorgement d'un viscère abdominal, qui se manifeste souvent à la suite des fièvres intermittentes. || Fig. Qui produit une excitation comparable à la fièvre. *Une impatience f. Des mouvements fébriles.*

FEBRUUS, dieu des morts chez les Étrusques, dont le nom fut donné au dernier mois de l'année romaine, qui commençait le 1er mars.

FÉCAL, ALE. adj. (lat. *fæcalis*, de *fæx*, lie). Qui appartient aux gros excréments de l'homme et des animaux. *Matière f.* Les gros excréments de l'homme.

FÉCALOÏDE. adj. [R. *fécal*, et gr. εἶδος, forme). T. Méd. Se dit de certains vomissements qui ont l'odeur des matières fécales.

FÉCAMP, ch.-l. de c. (Seine-Inférieure), arr. du Havre; 13,600 hab. Petit port sur la Manche.

FÈCES. s. f. pl. (lat. *fæx*, lie). T. Chim. Sédiment qui se dépose au fond d'une liqueur qui a fermenté ou d'une liqueur troublé qu'on laisse reposer. || T. Méd. Se dit quelquefois pour *Matières fécales.*

FÉCHELLE. s. f. [Pr. *fé-chè-le*] (lat. *fiscella*, petit panier). Petite claie pour faire égoutter quelque chose.

FÉCIAL. s. m. (lat. *fecialis*, m. s.). T. Antiq. rom. — Les Romains donnaient le nom de *Feciales* ou *Fetiales* (d'où nous avons fait *Fécial* et *Féciaux*) à un collège de prêtres dont la fonction principale était d'intervenir dans les déclarations de guerre et dans les traités de paix ou d'alliance, et de consacrer ces actes publics par des cérémonies religieuses. — Rome croyait-elle avoir à se plaindre d'une nation voisine, le sénat lui envoyait une députation de quatre Féciaux, pour la mettre en demeure de réparer le tort dont elle s'était rendue coupable. Le Fécial qui était chargé de porter la parole était appelé *pater patratus populi romani.* Quand la députation arrivait aux frontières du peuple vers lequel elle était envoyée, le *pater patratus* annonçait à haute voix l'objet de sa mission, exposait les griefs dont le peuple romain prétendait avoir à se plaindre, en demandait réparation, et adjurait Jupiter et les dieux de venir à son aide. Il répétait les mêmes paroles au premier individu qu'il rencontrait, ainsi qu'aux portes de la ville principale du pays, et enfin sur la place publique de cette ville, en présence des magistrats et du peuple assemblé. Cette déclaration itérative et solennelle se nommait *clarigatio*, parce qu'elle se faisait d'une voix éclatante et claire (*clara voce*). Si dans un délai de trente jours, ce que les Romains appelaient *justi dies*, les Féciaux n'avaient pas reçu une réponse satisfaisante, le *pater patratus* prenait solennellement à témoin les dieux de l'injustice qu'on lui faisait, et revenait à Rome, avec ses collègues, faire connaître le résultat de sa mission. Si alors le sénat et le peuple décidaient qu'il fallait recourir aux armes, les Féciaux se transportaient de nouveau sur la frontière: le *pater patratus* lançait sur le territoire ennemi, en présence de trois jeunes hommes au moins, un pieu, tantôt ferré (*hasta ferrata*), tantôt durci au feu (*hasta præusta*), et dont la pointe était teinte de sang; en même temps, il prononçait la formule sacramentelle: *Bellum indico facioque* (je prononce et déclare la guerre). On trouve dans Tite-Live et Aulu-Gelle d'autres formules que l'on employait dans les mêmes circonstances, et qui constituaient une partie du *droit fécial (jus fetiale)*: ces formules portaient le nom générique de *carmina* (poèmes), quoiqu'elles ne fussent pas écrites en vers. — L'intervention des Féciaux n'était pas moins nécessaire pour la conclusion des traités de paix. Deux de ces prêtres assistaient les parties contractantes. — Les formalités qui précèdent cessèrent d'être praticables, lorsque Rome, au lieu de guerroyer contre les petites nations voisines, se trouva en lutte avec des peuples éloignés. Les Romains imaginèrent alors de considérer comme le pays ennemi (*ager hostilis*) où leurs armées devaient opérer un espace de terrain situé à Rome même, autour du temple de Bellone, et c'est près d'une colonne, appelée *columna bellica*, qui était élevée sur ce terrain, que le *pater patratus* allait jeter sa pique. — L'institution des Féciaux paraît avoir été commune aux principales cités italiotes. On ignore l'époque à laquelle les Féciaux ont cessé d'exister; il en est encore question sous le règne de Trajan. Quant à leur nom, Varron le fait dériver de *fidus* ou *fædus*, tandis que Festus le tire de *ferio* ou *facio;* mais il est plus probable qu'il vient de *fari*, parler.

FÉCOND, ONDE. adj. (lat. *fecundus*, m. s.). Qui produit beaucoup, qui a en soi le germe ou le principe de beaucoup de productions. Au propre, se dit de ce qui produit par la voie de la génération. *Une femme féconde. Les femelles des poissons sont très fécondes. Les grands animaux sont moins féconds que les petits. Cette race est très féconde.* — *Œuf f.*, Œuf dont le germe a été fécondé. || Par ext., *Un sol f. Une terre féconde.* || Figur., *Une famille féconde en grands hommes. Un siècle f. en événements, en découvertes. Une découverte féconde en résultats. L'histoire contemporaine est féconde en leçons dont personne ne profite. Un écrivain f. Un homme f. en ressources. Un esprit f. en idées originales. Une imagination, une veine féconde.* — *Sujet f. Matière féconde. Qui peut donner lieu à de grands et beaux développements.* — *Principe f.,* Principe d'où naissent beaucoup de conséquences. || Qui développe la fécondité, qui favorise la production. *Chaleur féconde. La lumière féconde du soleil. Une pluie douce et féconde.* || Abondant, riche. *Une source, une mine féconde.* — Fig., *Ce sujet est une mine féconde où beaucoup d'écrivains ont puisé. Transporter dans les siècles passés les idées du siècle où l'on vit, c'est des sources de l'erreur celle qui est la plus féconde.*

Syn. — *Fertile.* — *Fécond* donne l'idée de la cause ou de la faculté de produire, d'engendrer, de créer; et *fertile*, celle du l'effet ou des produits, des fruits, des résultats. La *fertilité* déploie, étale les richesses de la *fécondité.* — Une femelle d'animal est *féconde.* On *féconde* des œufs. La nature est *féconde.* Un champ, un arbre, une année, sont *fertiles*, lorsqu'ils rapportent abondamment. Le soleil *féconde* la nature, car il la rend, par sa chaleur vivifiante, capable de produire. Les engrais fertilisent la terre. — Au figuré, un esprit est *fécond*, lorsqu'il crée: un écrivain n'est que *fertile* quoi qu'il fasse, s'il ne dit rien de neuf. Un auteur est *fécond* par l'abondance et la richesse de ses productions; par la multitude de ses œuvres ou de ses livres, il n'est que *fertile.* On dit encore d'une méthode, d'un sujet, d'un principe, qu'il est d'une grande *fécondité*, et non d'une grande *fertilité.*

FÉCONDANCE. s. f. T. Didact. Puissance de féconder.

FÉCONDANT, ANTE. adj. Qui féconde. *La liqueur fécondante. La poussière fécondante des végétaux. Principe f. Chaleur, pluie fécondante.*

FÉCONDATEUR, TRICE. adj. Qui a la force de féconder.

FÉCONDATION. s. f. [Pr. ...sion]. Action de féconder; le résultat de cette action; ne se dit que des êtres organisés. *F. naturelle. F. artificielle. Recherches sur la f. Les étamines d'une fleur se flétrissent ordinairement après la f.* Voy. POLLEN.

Biol. — La F. consiste dans la fusion de deux éléments anatomiques provenant d'individus de sexe différent : l'*ovule* et le *spermatozoïde*, fusion d'où résulte un nouvel élément, l'*œuf*, destiné à propager, dans le temps, la forme des individus qui lui ont donné naissance. Voy. ces mots.

Les anciens ne connaissaient rien du phénomène intime de la F. Ils pensaient tout simplement que la femelle sécrétait un liquide analogue au sperme et que le mélange de ces deux liquides déterminait la formation d'un précipité d'où sortait le nouvel être. Galien donna une sorte de confirmation scientifique à ces idées en découvrant l'*ovaire*, c'est-à-dire la glande (*testes muliebres*) qui devait, d'après lui, former ce liquide. Ce ne fut qu'au commencement du XVIIe siècle qu'on s'aperçut que l'ovaire n'était pas une glande sécrétrice, mais un organe tout particulier où se forment de petits corps ronds plus ou moins semblables aux œufs des oiseaux et qu'on appela *ovules.* On pensa alors que l'ovule représentait la première formation de l'embryon, et que le sperme servait seulement à protéger son premier développement ou à lui donner une vigueur toute particulière en l'enveloppant d'une vapeur de nature inconnue, l'*aura seminalis.*

La découverte des éléments particuliers qui existent dans le sperme, les *spermatozoïdes*, allait, un siècle plus tard, changer complètement la question de face. On retira toute importance à l'ovule, on ne voulut voir en lui qu'une sorte de nid destiné à recevoir le spermatozoïde et à protéger ses premières transformations. Le rôle du mâle devenait donc prédominant, puisqu'il renfermait déjà dans ses glandes sexuelles les embryons, les *homunculus*, comme on disait alors, des générations futures. A la fin du XVIIIe siècle, cependant, il se fit un revirement en faveur de la théorie de l'*aura seminalis;* on dit que les spermatozoïdes, par le mouvement de leur queue, ne servaient qu'à conserver le sperme et à favoriser le développement de l'aura. Et pendant de longues années, ce fut une lutte aussi curieuse que stérile entre les partisans de cette dernière théorie, les *ovistes,* et ceux qui considéraient les spermatozoïdes comme de petits hommes en miniature, les *spermistes.* Quelques expériences très simples montrèrent bientôt que l'*aura seminalis* n'existait pas et que ni l'ovule ni le spermatozoïde n'avaient aucune prédominance exclusive, mais il fallut attendre jusqu'à ces dernières années pour qu'on pût comprendre les phénomènes intimes de la F.

Pour la description de ces phénomènes, nous prendrons le cas le plus simple, celui où la F. se fait en dehors de l'organisme;

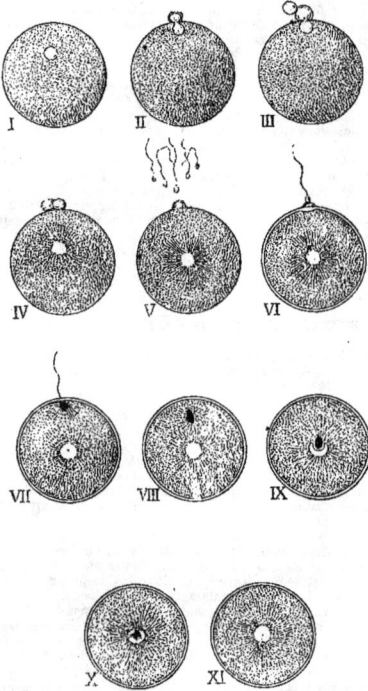

I. II. III. IV. V. VI. VII. VIII. IX. X. XI.

nisme; l'accouplement qui, chez les animaux supérieurs, précède toujours la F. n'ayant but que de mettre en présence le spermatozoïde et l'ovule. Une autre raison nous guide, c'est qu'il est très facile à toute personne possédant un microscope et se trouvant au bord de la mer au commencement du mois de mai, de suivre pas à pas pour ainsi dire ces phénomènes qui sont restés inconnus pendant si longtemps. Pour cela, il faut recueillir des oursins mâles et femelles, ce que l'on reconnaîtra à la couleur différente des liqueurs sexuelles que ces animaux rejettent, à cette époque, par la partie supérieure de leur test. On prend un peu d' sperme, qui est blanc, et on le délaie dans une petite quantité d'eau de mer; on fait de même pour les ovules qui sont d'un rouge vermillon et, sur un morceau de verre quelconque, on mélange une goutte de chaque solution. Au microscope, avec un faible grossissement, on aperçoit alors les ovules sous forme de petits corps arrondis présentant un très gros noyau à leur centre et les spermatozoïdes comme des sortes d'épingles brillantes nageant au milieu des œufs par les mouvements rapides de leur queue.

Les ovules paraissent immobiles, mais cependant il se fait dans leur intérieur un travail très important. Leur noyau se rapproche de la surface et se divise en deux moitiés : une moitié sort de l'œuf en entraînant la portion de protoplasma qui l'entoure et l'autre se renfonce un peu dans l'intérieur de l'ovule. Bientôt celle-ci rentre en activité; elle se divise de nouveau et rejette à l'extérieur une moitié d'elle-même. Ces sortes de déchets, dont la signification n'est pas encore bien élucidée, sont connus sous le nom de *globules polaires;* le noyau restant, qui n'est plus que le quart du noyau primitif, s'enfonce alors au centre de l'ovule et prend le nom de *pronucleus femelle* (I, II, III, IV). Ce n'est qu'à ce moment que l'ovule est mûr, c'est-à-dire qu'il est apte à être fécondé. Donc, si un spermatozoïde passe dans son voisinage, on voit aussitôt une petite portion de la surface de l'ovule se gonfler, s'élever peu à peu et former un véritable *cône d'attraction* dans lequel le spermatozoïde vient enfoncer sa tête. Il se passe alors un phénomène curieux; l'ovule qui était complètement nu sécrète, autour de lui, une membrane épaisse, une sorte de coque contre laquelle les autres spermatozoïdes viennent se cogner la tête sans pouvoir entrer (V, VI). C'est qu'un effet un seul élément mâle est nécessaire pour que la fécondation ait lieu ; deux seraient nuisibles et donneraient lieu à la formation d'un être monstrueux, comme l'ont montré les expériences que l'on a faites à ce sujet.

Donc un seul spermatozoïde est attiré en quelque sorte par un ovule ; il enfonce peu à peu sa tête par les mouvements continus de sa queue qui reste prise lorsque la membrane ovulaire se forme. Cette tête devient alors le *pronucleus mâle;* le protoplasma de l'ovule qui l'entoure se dispose autour de lui en rayons formant ce qu'on appelle un *aster* (VII); une disposition semblable était apparue auparavant autour du pronucleus femelle, et les deux *aster* en se rencontrant attirent l'un vers l'autre les deux noyaux qui s'accolent et se fondent en une seule masse. L'œuf est alors formé (VIII, IX, X, XI).

Nous voyons donc que la F. se réduit à un acte très simple, la fusion de deux noyaux. Ce phénomène élémentaire est le même pour tous les animaux, y compris l'homme, et pour les végétaux. Voy. Ovule. Seulement, chez les vertébrés supérieurs, la rencontre de l'ovule et du spermatozoïde se fait à l'intérieur de l'organisme ; il reste donc à dire comment peut se faire cette rencontre. Chez les oiseaux à l'époque du printemps, chez les mammifères au moment du rut, chez la femme une fois tous les mois, un ovule se détache de l'ovaire et tombe dans un canal, l'*oviducte,* qui le rejette à l'extérieur s'il n'a pas dans son trajet l'imprégnation d'un spermatozoïde. Pour cela, il faut qu'un accouplement préalable entre les deux sexes ait eu lieu; les spermatozoïdes, déposés alors à la partie inférieure de l'oviducte, remontent ce canal par les mouvements de leur queue et viennent se fixer près de son orifice supérieur qu'on appelle le pavillon. Ces mouvements sont très puissants, car on peut voir les spermatozoïdes déplacer des cellules épithéliales dix fois plus grosses qu'eux; ils sont assez rapides : car on a calculé que, chez l'homme, les éléments sexuels parcouraient de 1 à 3 millimètres par minute; chez la lapine, ils mettraient environ cinquante minutes à remonter l'oviducte, et chez la poule, où le trajet est beaucoup plus considérable, ils ne seraient pas moins de douze heures en mouvement.

Du reste, les spermatozoïdes peuvent vivre encore pendant très longtemps, lorsqu'ils sont arrivés à la fin de leur course, c.-à-d. nichés près du pavillon, prêts à tomber sur l'ovule au moment de son passage. Chez la vache, ils restent vivants pendant six à dix jours; chez la poule, pendant douze jours; chez la femme, six à huit jours au moins. Enfin, chez la chauve-souris, la copulation a lieu à l'automne et, comme la chute de l'œuf ne se produit qu'au printemps suivant, les spermatozoïdes doivent donc conserver leur propriété pendant tout l'hiver.

Pour la f. des végétaux, Voy. Ovule.

FÉCONDÉMENT. adv. D'une manière féconde.

FÉCONDER. v. a. (lat. *fecundare,* m. s.). Communiquer à un germe le principe, la cause immédiate de son développement. F. un germe, un œuf. D*ns les végétaux,* c'est le pollen qui féconde les ovules. | Par ext., Rendre fertile, productif. *La pluie a fécondé nos campagnes. Les bras qui fécondent la terre.* || Fig., *La méditation féconde l'esprit.*

FÉCONDITÉ. s. f. (lat. *fecunditas,* m. s.). Qualité de ce qui est fécond. *La f. des animaux. Dans ce pays, les femmes sont d'une f. remarquable. La f. de la terre. Un pays d'une grande f.* | Aptitude à produire certains effets. *La f. de l'esprit, de l'imagination. Un écrivain d'une rare f. La f. d'un sujet, d'une matière.*

FÉCULE. s. f. (lat. *fæcula*, dimin. de *fæx*, lie). T. Chim. — Autrefois on appelait *Fécules* les matières, souvent très différentes, que laissent précipiter les sucs végétaux obtenus par extraction ; aujourd'hui on désigne exclusivement sous ce nom le dépôt pulvérulent qui se forme dans l'eau, quand on y lave certains végétaux préalablement broyés, tels que les farines de céréales, les pommes de terre, les racines du manihot, etc. Néanmoins, dans le langage ordinaire, on appelle *amidon* la f. qui s'extrait des céréales, et le terme de *fécule* employé tout seul veut dire f. de pommes de terre. Au mot AMIDON, nous avons déjà considéré les principales espèces de fécules au point de vue de la chimie et de l'économie usuelle ; en parlant des cellules végétales nous les considérerons au point de vue de l'anatomie et de la physiologie botaniques. Voy. ORGANOGRAPHIE.

FÉCULENCE. s. f. (lat. *fæculentia*, m. s.). État des substances qui contiennent de la fécule. || État des liqueurs qui sont chargées de lie, de sédiment. || Anc. Méd. État des humeurs, et particulièrement des urines.

FÉCULENT, ENTE. adj. (lat. *fæculentus*, m. s.). Se dit des liqueurs qui sont troubles et contiennent un sédiment quelconque. || T. Chim. Qui contient beaucoup de fécule. *Aliments féculents.* || Subst. *Se nourrir de féculents.*

FÉCULER. v. a. Réduire en fécule.

FÉCULERIE. s. f. Usine où se fabrique la fécule. Voy. AMIDON.

FÉCULEUX, EUSE. adj. T. Chim. Qui contient de la fécule.

FÉCULIER. s. m. Celui qui fabrique de la fécule. On dit aussi *Féculiste.*

FÉCULOÏDE. adj. 2 g. (R. *fécule*, et gr. εἶδος, forme). T. Chim. Qui ressemble à de la fécule.

FÉCULOMÈTRE. s. m. (R. *fécule*, et gr. μέτρον, mesure). Instrument qui sert à mesurer la quantité de fécule sèche contenue dans les fécules du commerce.

FÉDÉGHYAZA, v. de Hongrie, 23,900 hab.

FÉDÉRAL, ALE. adj. (lat. *fœdus*, alliance). Qui a rapport à une confédération. *Gouvernement f. Pacte f. Constitution fédérale.*

FÉDÉRALISER. v. a. Faire adopter le système ou le gouvernement fédéral. = SE FÉDÉRALISER. v. pron. Former une fédération. *Après avoir secoué le joug étranger, ces provinces se fédéralisèrent.*

FÉDÉRALISME. s. m. (R. *fédéral*). T. Polit. et Hist. — Ce terme ne s'emploie que pour désigner l'opinion, le système politique de ceux qui considèrent l'organisation fédérative comme la plus excellente de gouvernement. Toutes nos traditions historiques, nos mœurs, nos habitudes, ont fait de nous une nation essentiellement antipathique à cette forme de gouvernement ; aussi les opinions fédéralistes n'ont-elles jamais eu en France assez d'adeptes même pour constituer une école. Malgré cela, pendant notre première révolution, l'accusation de f. fut, entre les mains du parti jacobin, une arme terrible et fatale dont il se servit pour écraser ses adversaires. Les prétendus fédéralistes de cette époque voulaient simplement soustraire la Convention au joug de la Commune de Paris, et pour cela ils avaient dû faire appel aux départements ; ils pensaient en outre qu'on pouvait laisser aux autorités locales un peu plus d'indépendance et que le système de centralisation à outrance qui commençait à s'imposer n'était pas la meilleure forme de gouvernement ; mais jamais il ne leur vint dans l'esprit de partager la France en petits États souverains, qui seraient simplement unis entre eux par un pacte fédéral. Voy. GIRONDINS.

FÉDÉRALISTE. adj. 2 g. Relatif au fédéralisme. || Subst. *Un f.*, Un partisan du fédéralisme.

FÉDÉRATIF, IVE. adj. (lat. *fœderatus*, allié). Se dit en parlant de provinces, États qui forment une confédération. *La Suisse, les États-Unis, sont des États fédératifs, des républiques fédératives.* Voy. CONFÉDÉRATION. || Abusiv., se dit quelquefois pour Fédéral. *Gouvernement f. Alliance fédérative.*

FÉDÉRATION. s. f. [Pr. *fédéra-sion*] (lat. *fœderatio*, m. s., de *fœderare*, unir par alliance). T. Polit. et Hist. — Le mot *Fédération* s'emploie quelquefois comme syn. de *Confédération*, mais on en fait le plus souvent usage pour désigner ces grandes réunions de citoyens qui eurent lieu dans les premiers temps de la révolution de 1789, pour fêter le triomphe du régime nouveau et cimenter l'union des différentes parties du territoire. A cette époque, la prestation du serment civique ayant donné lieu, dans différentes provinces, à des pactes d'alliance entre les gardes nationales de plusieurs départements, l'Assemblée constituante décida, sur la proposition du maire de Paris, qu'une f. générale de toutes les gardes nationales du royaume, ainsi que de l'armée de terre et de mer, représentées par des délégués spéciaux, aurait lieu à Paris, le 14 juillet 1790, jour anniversaire de la prise de la Bastille. Cette fête nationale, qui fut présidé par le roi, fut en effet célébrée au jour dit, dans l'immense esplanade du Champ de Mars. Trois années plus tard, en vertu d'un décret de la Convention, une seconde f. fut célébrée le 10 août, pour l'acceptation de cette fameuse Constitution de 1793 qui ne fut jamais appliquée. Enfin, une troisième f. eut encore lieu, le 1er juin 1815, c.-à-d. pendant les Cent-Jours, pour prêter serment à l'Acte additionnel aux constitutions de l'Empire. Mais les circonstances étaient alors bien différentes, et l'enthousiasme de 1790 ne se retrouva pas dans ces deux dernières fédérations.

FÉDÉRÉ, ÉE. adj. (lat. *fœderatus*, m. s.). Qui fait partie d'une confédération. *Les États fédérés.* On dit mieux *États confédérés.* || Subst., s'est dit des députés à la fête de la fédération de 1790, etc., et des volontaires qui s'armaient pour défendre le territoire français menacé. || Nom donné aux gardes nationaux qui combattirent pour la Commune de Paris en 1871.

FÉDÉRER. v. a. (lat. *fœderare*, de *fœdus*, alliance). Établir une fédération entre les citoyens d'un même pays, pour défendre mutuellement leurs droits, leurs intérêts, etc. = SE FÉDÉRER. v. pron. S'unir en fédération. = FÉDÉRÉ, ÉE. part.

FÉDÉRERZ. s. m. T. Minér. Sulfure double d'antimoine et de plomb.

FÉDÉRICI, poète dramatique italien (1749-1802).

FÉDIE. s. f. (lat. *fœdia*, m. s.). T. Bot. Genre de plantes dicotylédones (*Fedia*) de la famille des *Valérianées.* Voy. ce mot.

FÉDOR, nom de trois tzars de Russie (1584-1598 ; 1605 ; 1676-1682).

FÉE. s. f. (lat. *fata*, m. s., de *fatum*, destin). Être fantastique, du sexe féminin, qu'on supposait doué d'un pouvoir surnaturel. *La baguette d'une fée. Palais de fées. Contes de fées.* || Fig. et fam. d'une femme qui charme par ses grâces, par son esprit, par ses talents, *C'est une fée* ; et d'un ouvrage délicat, fait avec beaucoup de perfection, *C'est un ouvrage des fées.* Dans le même sens, on dit d'une femme qui travaille avec une adresse admirable, qu'*Elle travaille comme une fée.*

Légende. — La fiction des fées constitue la plus originale et la plus gracieuse des créations mythologiques du moyen âge, et c'est à elle que les romans de chevalerie doivent une grande partie de leur charme. Les uns font remonter l'origine de cette croyance populaire aux Parques et aux Nymphes de l'antiquité gréco-romaine ; les autres aux génies et aux prêtresses druidiques ; d'autres encore aux Valkyries scandinaves ou aux Péris de l'Asie occidentale. Mais ces opinions nous paraissent trop exclusives ; il y a lieu de croire que les traditions relatives aux fées résultent d'emprunts faits aux idées mythologiques des divers peuples avec lesquels nos pères ont eu des relations. — On distinguait plusieurs sortes de fées. Les unes étaient des divinités analogues aux Nymphes de l'antiquité : elles habitaient au bord des fontaines, au fond des forêts, ou dans des cavernes. On les représentait tantôt jeunes, belles et richement vêtues ; tantôt vieilles, ridées et couvertes de haillons : elles prenaient surtout cette dernière forme lorsqu'elles voulaient éprouver les hommes. On les désignait sous des noms qui variaient suivant les provinces, mais le plus souvent sous ceux de *dames, bonnes dames, dames blanches,* etc. On les appelait aussi *filandières,* parce qu'on les croyait surtout occupées à filer. Les fées assistaient à la naissance des enfants et leur faisaient des dons qui devaient influer sur toute leur vie. C'est dans leur baguette que résidait surtout le pouvoir de ces êtres surnaturels; mais ce pouvoir était presque toujours suspendu le samedi, jour où ils erraient sous toutes les formes, en cherchant à se dérober aux yeux. De ces transformations vint la croyance aux animaux et aux objets fées, d'après laquelle un cheval, un arbre, etc., pouvait devenir fée, c.-à-d. éprouver des métamorphoses successives. Les fées étaient presque toujours des êtres doux, sensibles et bienfaisants; elles aimaient à soumettre les hommes à des épreuves au bout desquelles ils obtenaient presque toujours ce qui faisait l'objet de leurs désirs. Les traditions populaires ont conservé le nom de plusieurs de ces *femmes célestes,* comme on les appelait en Béarn. Nous citerons seulement la fée *Esterelle,* en Provence, qui guérissait la stérilité des femmes; la fée *Abonde,* qui, pendant la nuit, répandait les richesses dans les maisons; la *dame verte* et la fée *Aril,* qui veillaient, celle-ci sur les chaumières, celle-là sur les prairies de la Franche-Comté, etc. Mais la plus célèbre était la fée *Mélusine,* patronne de la maison de Lusignan en Poitou, que l'on représentait moitié femme et moitié serpent. Il y avait une autre femme-serpent dans les croyances féeriques du Jura: c'était la *Vouivre,* qui portait au front une escarboucle lumineuse. Voy. MYTHOLOGIE.

FÉER. v. a. [Pr. *fé-er*] (It. *fée*). Enchanter, charmer. Vieux mot qui se disait autrefois de certains enchantements qu'on attribuait aux fées, et qui n'est d'usage que dans cette formule des vieux contes de fées: *Je vous fée et refée.* == FÉE, ÉE. part. *Les vieux romans disent que Ferragus était fée, que les armes de Mambrin étaient fées.*

FÉERIE. s. f. [Pr. *fé-rie*]. L'art des fées. *Il fut transporté à Babylone par art de f.* || Le genre merveilleux où figurent les fées, les génies, etc. *Le merveilleux de la f. Introduire la f. dans un poème.* || Fig., on dit d'un très beau spectacle, *C'est une f., une vraie f.*

Art dram. — On donne le nom de *Féerie* à un opéra ou à un drame dans lequel l'intervention d'une fée ou de quelque autre être doué d'une puissance surnaturelle donne lieu à des faits plus ou moins merveilleux. Les pièces de ce genre s'attachent à plaire surtout par la variété des décorations, la richesse des costumes, la succession et la rapidité des changements à vue, la vive opposition des tableaux, etc.; mais elles nécessitent des dépenses énormes, et le concours de tout ce que la mécanique scénique et la peinture théâtrale ont de plus ingénieux. Elles ne peuvent, par conséquent, réussir que sur un théâtre bien *machiné.* C'est Quinault qui, le premier, dans son *Armide,* a introduit la f. sur la scène française.

FÉERIQUE. adj. 2 g. [Pr. *fé-ri-ke*]. Qui appartient aux fées; et fig., Merveilleux. *Le monde f. Danse f. Spectacle f.* || Se dit des spectacles où l'on représente des féeries. *Pièce f en vingt tableaux.*

FEHLING, chimiste allemand qui a donné son nom à un réactif très usité pour doser le glucose dans les liquides sucrés. La *liqueur de Fehling* est une solution de tartrate cupro-potassique qu'on prépare de la façon suivante: on dissout 192 grammes de sel de Seignette cristallisé (tartrate double de sodium et de potassium) dans peu d'eau; on ajoute 600 à 700 centim. cubes d'une lessive de soude de densité 1,12, puis 40 grammes de sulfate de cuivre dissous dans 160 centim. cubes d'eau; enfin on étend d'eau de façon à obtenir un volume total de 1154 centim. cubes. 5 centigr. de glucose précipitent, à l'état de sous-oxyde rouge, tout le cuivre de 10 centim. cubes de cette solution. Pour doser la glucose d'un liquide sucré, on introduit un volume déterminé de ce liquide dans une burette graduée, on le verse peu à peu dans 10 centim. cubes du réactif de Fehling, jusqu'à décoloration complète; on sait alors que le volume employé contenait 5 centig. de glucose. — La liqueur de Fehling réduit les sucres qui possèdent une fonction aldéhyde ou cétone, comme la dextrose, la lévulose, la galactose, l'arabinose, etc. Le sucre de canne ou de betteraves n'est pas réduit; pour le doser, il faut l'intervertir, c.-à-d. le transformer en un mélange de dextrose et de lévulose, à l'aide d'un acide étendu.

On peut également doser l'amidon et la dextrine après les avoir convertis préalablement en glucose.

FEIL (CHARLES), chimiste et verrier français célèbre par les grands objectifs qu'il parvint à construire pour les plus grandes lunettes astronomiques du monde. On lui doit, entre autres, l'objectif de la grande lunette de l'observatoire Lick, en Californie, qui mesure 0m,97 de diamètre (1824-1887).

FEINDRE. v. a. (lat. *fingere,* m. s.). Simuler, faire semblant. *F. une maladie. F. de la joie. F. d'être malade, d'être en colère. F. des sentiments que l'on n'a pas. En feignant d'aller en voyage, il les surprit.* — Absol., Se servir d'une fausse apparence pour tromper. *Savoir f.*

C'est qu'ils ont l'art de feindre, et moi, je ne l'ai pas.

MOLIÈRE.

|| Inventer, imaginer. *Il feint des choses qui ne sont pas vraisemblables. F. des caractères sans vraisemblance. Ce poète a feint des héros qui n'ont jamais existé.* || Boiter d'une façon presque insensible; ne se dit que d'une personne ou d'un cheval, qui, à la suite d'une maladie, conserve une légère claudication. *Il est guéri de sa goutte, mais il feint encore un peu du pied gauche.* == SE FEINDRE, v. pron. Être imité, simulé. *La véritable amitié ne peut se f.* == FEINT, EINTE. part. *Un mal feint. Une amitié feinte. Une feinte douceur. Une histoire feinte.* || T. Archit. *Fenêtre, porte, colonne feinte,* Représentation d'une fenêtre, etc., que l'on fait pour la symétrie ou comme décoration. == Conj. Voy. PEINDRE.

Syn. — *Dissimuler* — *Feindre,* c'est se servir d'une fausse apparence pour tromper; *dissimuler,* c'est simplement ne pas laisser apercevoir ce qu'on pense, ce qu'on désire, ce qu'on projette. La *dissimulation* cache ce qui est; la *feinte* montre ce qui n'est pas.

FEINTE. s. f. [Pr. *finte*] (part. pass. de *feindre*). Déguisement, artifice par lequel on cache une chose sous une apparence contraire. *Toute sa dévotion n'est que f. Parler sans f. Il m'a surpris par ses feintes.* || T. Armes. Voy. ESCRIME. || T. Impr. Voy. TYPOGRAPHIE. || T. Art vétér. Claudication d'un cheval, si légère qu'elle est à peine sensible. || T. Mus. anc. Altération d'une note d'un intervalle par un bémol ou un dièse. — Touche noire du clavier correspondant aux notes dièsées ou bémolisées. || T. Jeux. Au whist, sorte de ruse consistant à jouer une carte inférieure, tandis qu'on en a une supérieure pour faire prendre le change. || T. Techn. Nom que l'on donne aux places où la trame manque.

FEINTIER. s. m. Espèce de filet à mailles serrées pour prendre les feintes, les aloses.

FEINTISE. s. f. Feinte, déguisement. Vx.

FÉLATIER ou **FÉRATIER.** s. m. Ouvrier qui tire le verre avec la fèle.

FELBOL. s. m. T. Minér. Silicate ferrique hydraté.

FELD-MARÉCHAL. s. m. (all. *Feld,* champ; *Marschall,* maréchal). Voy. MARÉCHAL.

FELDSPATH. s. m. (all. *feld-spath,* spath des champs). T. Minér. — Nom qu'on désigne sous le nom collectif de *Feldspaths* sont des silicates alumino-alcalins ou alumino-terreux. Tous sont assez durs pour rayer au moins le verre et faire feu au briquet; ils sont fusibles en émail blanc ou en verre bulleux; ils présentent deux ou plusieurs clivages plus ou moins faciles. D'après leur forme cristalline on peut les subdiviser en deux classes: les uns cristallisent dans le système clinorhombique et leurs plans principaux de clivage sont à angle droit, les autres cristallisent dans le système orthorhombique avec deux plans de clivage qui font entre eux un angle d'environ 86°; néanmoins tous ces cristaux présentent au premier abord beaucoup de ressemblance. La première classe est représentée par l'*Orthose,* silicate d'alumine et de potasse dont la formule est K2Al2Si6O16. La seconde classe comprend, comme types extrêmes, l'*Albite* qui est à base de soude et qui répond à la formule Na2Al2Si6O16, et l'*Anorthite,* à base de chaux, avec la formule Ca2Al4Si4O16; les espèces intermédiaires, contenant à la fois de la soude et de la chaux, sont l'*Oligoclase,* la *Labradorite* et l'*Andésine,* et passent aux yeux de certains minéralogistes pour n'être que des mélanges isomorphes d'albite et d'anorthite.

Les feldspaths sont aussi abondants dans les terrains de cristallisation que le calcaire dans les terrains de sédiment. Ils y constituent quelquefois à eux seuls des dépôts ; mais le plus souvent ils forment l'un des éléments constitutifs des roches composées qu'on y trouve. — L'*Orthose* raie le verre, est inattaquable par les acides, ne donne pas d'eau par la calcination, et fond au chalumeau en émail blanc. On la trouve à l'état cristallin, schisteux, lamellaire, granulaire, compact, ou décomposé. Naturellement blanche, elle se colore de diverses manières selon les substances dont elle est mélangée. Elle est ordinairement opaque ; mais assez souvent elle est limpide, et alors elle présente quelquefois des reflets nacrés très agréables Les variétés remarquables par leur éclat ou leur coloration sont désignées sous des noms particuliers et sont recherchées pour la bijouterie, ou pour la fabrication de petits objets, comme boîtes, vases, pendules, etc. L'orthose chatoyante, appelée vulgairement *Pierre de lune*, est blanche et demi-transparente, avec des reflets intérieurs nacrés : les plus beaux fragments se tirent de Ceylan et du mont Saint-Gothard (*Mons Adulas* des anciens), d'où le nom de *Pierres adulaires* qu'on leur donne également. L'orthose verte, vulgairement *Pierre des Amazones*, vient des monts Ourals. L'orthose aventurinée, ou *Pierre de soleil*, est translucide et parsemée de paillettes de mica, de couleur d'or ou de cuivre rouge : c'est la variété la plus estimée et la plus chère ; elle vient de l'île du Ceylan. — L'*Albite* possède les mêmes propriétés que l'Orthose, et elle se rencontre sous les mêmes états ; on la trouve fréquemment en beaux cristaux maclés et présentant une gouttière caractéristique. Sa couleur habituelle est le blanc laiteux ; néanmoins on en rencontre quelquefois qui est jaunâtre, verdâtre ou rougeâtre. — La *Labradorite* se présente en masses cristallines, rarement en cristaux ; elle brille souvent de reflets vifs et changeants, bleus, rouges, verts, jaunes d'or, etc. Cette belle substance tire son nom de la côte du Labrador, où elle a été d'abord observée. Les beaux échantillons bien chatoyants sont employés dans les arts comme les variétés analogues d'orthose. — L'*Oligoclase* est ordinairement en masses finement striées, blanches avec des nuances de vert, de rouge ou de gris. Un seul de ses plans de clivage est bien net. Outre la soude et la chaux, elle contient encore un peu de potasse, de magnésie, etc. — L'*Andésine* est très riche en chaux ; elle présente les formes cristallines et les macles de l'albite, avec des clivages moins nets. — Pour l'*Anorthite*, voy. ce mot.

Ainsi que nous l'avons déjà dit, les matières *feldspathiques* entrent dans la composition de certaines roches dont elles font une partie constituante essentielle : c'est sous ce rapport surtout que les feldspaths sont intéressants à étudier, soit au point de vue géologique, soit au point de vue de l'emploi que nous faisons de ces roches. Ainsi, l'orthose fait partie, comme élément constitutif, du granit, des gneiss, de la syénite, du porphyre rouge antique, etc ; l'albite entre dans la composition des diorites, des porphyres verts, des trachytes ; la labradorite dans celle de l'euphotide, de la dolérite, de la plupart des basaltes, etc. Enfin, l'orthose et l'albite, à l'état de décomposition et réduites en matières terreuses, constituent l'espèce d'argile employée, sous le nom de *Kaolin*, pour la fabrication de la porcelaine.

FÊLE ou **FELLE** ou **FESLE**. s. f. (lat. *fistula*, tube). Tube de fer qui sert à prendre la matière dans les creusets pour souffler le verre.

FÊLER. v. a. (R. *faille*, fente ?) Fendre un vase, un cristal, un verre, etc., de telle sorte que les pièces en demeurent encore jointes l'une avec l'autre. = SE FÊLER. v. pron. *Ce vase se fêlera, si on l'approche trop près du feu.* = FÊLÉ, ÉE, p. *Un pot fêlé. Une cloche fêlée.* || Fig. et prov., *Les pots fêlés sont ceux qui durent le plus,* se dit des personnes d'une santé délicate, parce qu'elles se ménagent mieux que les autres. || Fig. et fam., *Avoir la tête fêlée, le timbre fêlé,* Être un peu fou. *Avoir la poitrine fêlée,* Avoir la poitrine délicate et déjà menacée de phtisie.

FELETZ (Abbé de), critique, membre de l'Académie française (1767-1850).

FÉLIBIEN (ANDRÉ), historiographe, l'un des fondateurs de l'Académie des inscriptions (1619-1695). = Son fils MICHEL, bénédictin de Saint-Maur, est auteur d'une *Histoire de la ville de Paris* (1666-1719).

FÉLIBRE. s. m. (Prov. *félibres*, faiseur de livres). Nom que se sont donné les poëtes de la nouvelle école provençale, qui écrivent en provençal, tels que Mistral, Roumanille, etc.

FÉLIBRIGE. s. m. Association des félibres, fondée en 1854.

FÉLICE, savant écrivain italien (1728-1789).

FÉLICIEN. s. m. Partisan d'une hérésie dans laquelle on soutenait que Jésus était le fils de Dieu seulement par adoption et non par nature, hérésie soutenue par Félix, évêque d'Urgel, vers la fin du VIII° siècle.

FÉLICITATION. s. f. [Pr. *féli-sita-sion*]. Action de féliciter. *Faire un compliment de f. Écrire une lettre de f. Recevez mes félicitations. J'irai lui en faire mes félicitations.*

FÉLICITÉ. s. f. (lat. *felicitas*, m. s.). Béatitude ; grand bonheur. *La souveraine, la suprême f. La f. éternelle. Être au comble de la f. Il met en cela toute sa f.* || Au plur., se dit des choses qui contribuent au bonheur. *Les félicités de ce monde ne sont pas durables.* = Syn. Voy. BONHEUR.

FÉLICITER. v. a. (lat. *felicitare*, rendre heureux, de *felix*, heureux). Faire compliment à quelqu'un sur un succès, sur un événement agréable, lui marquer que l'on prend part à sa joie. *Je l'ai félicité du gain de son procès, sur son mariage. Je suis allé le f. Je vous félicite d'avoir réussi.* = SE FÉLICITER. v. pron. S'applaudir, se savoir bon gré. *Je me félicite d'avoir pris ce parti.* = FÉLICITÉ, ÉE. part.

FÉLIDÉS ou **FÉLIENS**. s. m. pl. (lat. *felis*, chat). Famille de mammifères dont le chat est le type. Voy. CHAT.

FÉLIN, INE. adj. (lat. *felis*, chat). Qui appartient au genre chat. *Les espèces félines. La race féline.* || Fig., Qui rappelle la nature, les manières du chat. *Un caractère f. Une ruse féline. Des caresses félines.*

FÉLINITÉ. s. f. Néol. Caractère félin, qui a la souplesse et la ruse du chat.

FÉLIS. Nom scientifique du genre CHAT. Voy. ce mot.

FÉLIX, nom de plusieurs papes ou antipapes du III° au VI° siècle. Le premier SAINT FÉLIX, pape de 269 à 274. Fête le 24 septembre.

FELLAH. s. m. [Pr. *fel-là*] (mot arabe, sign. *laboureur*). Laboureur égyptien.

FELLATAHS, FOULLAHS ou **PEULS**, peuples répandus dans l'Afrique centrale du Sénégal aux sources du Nil, qui fondèrent au XVIII° siècle un puissant empire aujourd'hui déchu.

FELLE. s. f. Voy. FÊLE.

FELLENBERG, agronome suisse, né à Berne (1771-1844).

FELLER (FRANÇOIS-XAVIER DE), jésuite, auteur d'un *Dictionnaire historique* (1735-1802).

FELLETIN, ch.-l. de c. (Creuse), arr. d'Aubusson. Tapis, papeterie, etc. ; 3,400 hab.

FELLIQUE. adj. 2 g. [Pr. *fel-like*]. T. Chim. L'acide f. auquel on attribue la formule $C^{23}H^{40}O^4$, se rencontre dans les produits résultant de la décomposition des acides biliaires par les acides. C'est une poudre amère, fusible à 120°, que la chaleur décompose en donnant des vapeurs à odeur térébenthinée.

FÉLON, ONNE. adj. et subst. (bas-lat. *felo*. m. s.). Traître, rebelle ; se disait proprement du vassal lorsqu'il faisait quelque chose contre la foi qu'il devait à son seigneur. || Par ext., Faux, méchant, cruel. *Un chevalier f. Un cœur, un regard f.*

FÉLONIE. s. f. (R. *félon*). Trahison, parjure. || T. Jurisp. féod. Voy. FIEF.

FELOUPS ou **FOULOUPS**, peuplade nègre de Sénégambie.

FELOUQUE. s. f. (esp. *faluca*, m. s., de l'arabe *foulk*, navire). T. Mar. — La *Felouque* est une galère de petites dimensions, c.-à-d. un bâtiment qui va à la voile et à l'aviron. Comme la galère, elle n'a que deux mâts, tous deux un peu inclinés sur l'avant, et portant chacun une énorme voile à antennes : celui de l'arrière, ou grand mât, est appelé *arbre de mestre*, et celui de l'avant, *arbre de trinquet*. À la proue existe encore un mâtereau saillant qu'on nomme *flèche*. La f. a ordinairement 12 avirons de chaque côté. Cette sorte de navire était fort usitée chez les pirates barbaresques, qui l'armaient d'une manière formidable, vu sa petitesse. L'avant était muni de deux canons, et tout autour on disposait des montants de bois, appelés *chandeliers*, autant de *pierriers*, c.-à-d. de petits canons de cuivre, que le bâtiment en pouvait porter : il y en avait généralement 32. Aujourd'hui la f. n'est plus en usage que dans la marine marchande de la Méditerranée.

FELTON, Irlandais qui assassina le duc de Buckingham en 1628.

FELTRE, v. d'Italie (Vénétie) prise par les Français en 1797; 12,600 hab. — Napoléon donna au général Clarke le titre de duc de Feltre.

FELTRE (VICTOR DE), célèbre instituteur, né à Feltre vers 1375, mort en 1447.

FÊLURE. s. f. Fente d'une chose fêlée.

FEMELLE. s. f. [Pr. *fe-mè-le*] (lat. *femella*, dimin. de *femina*, femme). Nom générique donné à tous les animaux du sexe qui porte et fait les petits ou les œufs; ne se dit proprement que des animaux. *Le mâle et la f. La biche est la f. du cerf. La f. du corbeau est d'un noir moins décidé que le mâle.* || Se dit quelquefois des femmes, soit par opposit. à *Mâle*, quand il s'agit de généalogie ou de succession, soit par plaisanterie, dans le langage fam. *Dans plusieurs coutumes, les mâles excluaient les femelles de l'hérédité.* — *Ne vous fiez pas à elle, c'est une dangereuse f. Voilà une adroite f.* || T. Techn. Morceau de fer scellé dans le mur, et creusé pour recevoir le pivot d'un vantail de porte. || T. Comm. *Femelle claire*, Plume d'autruche noire et blanche, mais où le blanc domine. — *Femelle obscure*, Plume du même genre, mais dans laquelle c'est le noir qui domine. == FEMELLE. adj. 2 g. Qui appartient au sexe féminin. *Un serin mâle, un serin f. Une perdrix mâle, une perdrix f.* — *Un palmier mâle, un palmier f. L'organe sexuel f. des plantes a reçu le nom de pistil. Fleur mâle, fleur f.* || T. Hist. *Duché f.,* Voy. Duc. || T. Techn. *Vis femelle.* Vis pratiquée dans une partie creuse, pour recevoir une vis pleine ou un boulon. — *Branche femelle des forces*, Branche des ciseaux du tondeur, qui est fixée à la table. — *Tuyau femelle*, Tuyau dans lequel pénètre et s'enchâsse le tuyau mâle. || T. Chir. Dans les instruments à deux branches, on appelle *Branche f.*, celle qui reçoit l'autre à coulisse ou de toute autre manière.

FEMELOT. s. m. ou **FEMELLES.** s. f. pl. T. Mar. Pentures à deux branches et en fonte qui reçoivent les aiguillons du gouvernail et qui le portent. — Petit cylindre de bois fixé sur la ligne de loch et destiné à recevoir à frottement un aiguillot que deux bouts de ligne retiennent aux angles inférieurs du bateau de loch.

FÉMINÉITÉ. s. f. Caractère féminin, nature qui tient de la femme.

FÉMINIFLORE. adj. 2 g. (lat. *femina*, femme; *flos*, fleur). T. Bot. Qui porte des fleurs femelles. Inus.

FÉMINIFORME. adj. 2 g. (lat. *femina*, femme, et *forme*). T. Didact. Qui a la forme d'une femme. || T. Gramm. Qui a la désinence du féminin.

FÉMININ, INE. adj. (lat. *femininus*, m. s., de *femina*, femme). Qui appartient aux femmes, qui est propre et particulier à la femme. *De sexe f. L'organisation féminine. Le tempérament, le caractère f.* — Qui ressemble à la femme, ou qui tient de la femme. *Cet homme a le visage f., une voix féminine. Des manières féminines. Des ruses féminines.* || T. Gramm. *Genre f., nom f. adjectif f.,* Voy. GENRE. *Terminaison féminine,* Celle dont la dernière lettre est un e muet, ou dans laquelle les consonnes qui suivent l'e muet ne se prononcent point ordinairement. *Les mots Belle, Capitaine, Disent, Prennent, etc., ont une terminaison féminine.* On dit, dans le même sens. *Rime féminine* et *Vers f.* = Subst et au masc., on dit *Le féminin* pour *Le genre féminin. Le f. de beau est belle. Bon fait au f. bonne.*

FÉMINISATION. s. f. [Pr. *fémini-za-sion*]. T. Gram. Action de rendre féminin un mot.

FÉMINISER. v. a. (lat. *femina*, femme). Donner le type, le caractère de la femme. || Rendre efféminé. || T. Gram. Attribuer le genre féminin à un mot qui auparavant était masculin. *L'usage a féminisé les mots* Épitaphe, Idylle, Insulte, *etc.* == FÉMINISÉ, ÉE. part.

FEMME. s. f. [Pr. *fa-me*] (lat. *femina*, m. s.). La compagne de l'homme. *F. grosse. F. féconde. F. stérile. La pudeur des femmes. Un homme adonné aux femmes.* — *Envie, fantaisie de f. grosse.* Voy. ENVIE. — Fam., on dit quelquefois d'une jeune fille qui est nubile, *C'est une f. maintenant. La voilà bientôt f.* || Personne du sexe féminin qui est ou qui a été mariée; en ce sens, *Femme* s'emploie par opposit. à *Fille. Les femmes et les filles. Le mari et la f. F. mariée. F. légitime. Il rend sa f. très malheureuse. F. veuve. F. sage. F. vertueuse. F. infidèle. C'est une honnête f. F. divorcée. F. séparée de son mari. Prendre f., Se marier. Chercher f.,* Chercher à se marier. — Fig. et prov. *Le diable bat sa f.,* Voy. DIABLE. || Se dit en général des personnes du sexe féminin, abstraction faite du mariage. *Dans ce pays, le nombre des femmes surpasse celui des hommes. Les femmes sont naturellement timides. Les maladies des femmes. Un caprice de f. Une jolie, une belle, une grande f. Une petite f. Une f. coquette. Une f. auteur. Une f. peintre. Un vêtement de f. C'est une f. habillée en f. C'est une excellente f., une f. bonne et charitable. Voilà une méchante f. Elle n'est pas femme à souffrir une insulte. Les femmes sont extrêmes en tout; elles sont meilleures ou pires que les hommes.* — Fam., *Elle est f., elle est bien f.,* se dit d'une femme qui a les penchants, les défauts, les faiblesses caractéristiques de son sexe. *Bonne f.,* outre sa signification ordinaire, se dit encore en parl. d'une femme âgée, d'une femme simple, crédule, superstitieuse, ou en adressant la parole à une paysanne, à une femme du peuple, quel que soit son âge. *La bonne f. se mit en colère. C'est un conte de bonne f. Eh bien! ma bonne f., comment allez-vous aujourd'hui? || F. de chambre,* Domestique du sexe féminin, qui est attachée au service particulier d'une personne de son sexe. *S'empl. abs., au plur., dans le même sens. La princesse appela ses femmes.* — *F. de charge,* Voy. CHARGE. *F. de ménage,* Voy. MÉNAGE. *F. de journée,* Femme qu'on emploie dans la maison à un travail quelconque et qu'on paie à tant la journée.* || Fig., *C'est une f., une vraie f.,* se dit d'un homme dépourvu de courage, d'énergie, de caractère. || T. Zool. *F. marine,* Nom vulg. du Lamantin. == S'emploie adj. Qui possède à un haut degré le caractère, les habitudes, les mœurs de la femme : *Quand la femme vraiment femme avance dans la vie, toutes ses grâces émigrent du corps à l'esprit.* (G. SAND.) || Fig., *qui a les qualités ou les défauts du sexe féminin.* Voy HOMME et MARIAGE.

Quelques aphorismes. — Une belle femme est le paradis des yeux, l'enfer de l'âme et le purgatoire de la bourse (FONTENELLE). — Les femmes n'ont qu'à se souvenir de leur origine et songer, après tout, qu'elles viennent d'un os surnuméraire (BOSSUET). — Les femmes ont dans la tête une case de moins et dans le cœur une fibre de plus (CHAMPFORT). — Rien ne remplace l'attachement, la délicatesse et le dévouement d'une femme (CHATEAUBRIAND). — La femme est une fleur qui n'exhale de parfum qu'à l'ombre (LAMENNAIS). — La femme a les cheveux longs et les idées courtes (SCHOPENHAUER).

Législ. — La condition légale de la femme, mariée ou fille, diffère en plusieurs points de celle de l'homme. Ainsi, la f. ne jouit pas des droits politiques, elle ne peut servir de témoin ni dans les actes de l'état civil ni dans les actes notariés. Elle peut se marier à 15 ans, alors que l'homme ne se marie qu'à 18 ans; elle n'est plus soumise, pour le mariage, comme l'homme jusqu'à 25 ans, au consentement de son père et mère ou ascendants, à partir de 21 ans. Elle ne peut être marchande publique sans le consentement de son mari; elle ne peut ester en justice sans ce même consentement ou, à défaut, sans celui de la justice. La femme veuve ou divorcée ne peut se remarier que dix mois révolus depuis la dissolution du mariage antérieur. Ne peuvent être tutrices ou membres d'un conseil de famille d'autres femmes que la mère et les ascendantes. La femme étrangère qui épouse un Français devient elle-même Française. La femme française qui épouse un étranger perd la nationalité française. Des dispositions spéciales sont prévues par la loi dans le cas où la mère survivante tutrice se remarie : elle perd dans ce cas l'usufruit légal sur les biens de ses enfants. La loi accorde aux femmes mariées une hypothèque légale sur les biens de leur mari pour le recouvrement de leur dot.

FEMMELETTE. s. f. [Pr. *fa-me-lè-te*]. Diminutif dont on se sert famil. et par dédain pour désigner une femme d'un esprit très borné ou d'un caractère léger. *Vous gouvernez-vous par les avis d'une f.?* || Fig. et fam., Se dit d'un homme faible et sans énergie. *Cet homme n'est qu'une femmelette.*

FÉMORAL, ALE. adj. (R. *fémur*). Qui appartient, qui a rapport à la cuisse. *Muscle f. Artère fémorale. Hernie fémorale*, Hernie qui se produit sous le ligament de Soupart.

FÉMORO-TIBIAL, ALE. adj. T. Anat. Qui a rapport au fémur et au tibia. *Articulation fémoro-tibiale.*

FÉMUR. s. m. (lat. *femur*, cuisse). T. Anat. L'os de la cuisse. *Dans sa chute, il se fractura les deux fémurs.* Voy. SQUELETTE. || T. Entom. Partie de la patte des insectes correspondant à la cuisse. || T. Archit. Partie d'un triglyphe qui se trouve entre les cannelures.

FENAISON. s. f. (lat. *fenum*, foin). Action de couper les foins ; le temps où on les coupe.

Agric. — La f. est une des opérations les plus importantes de l'économie rurale ; car c'est de la manière dont elle est pratiquée que dépend la bonne conservation des fourrages et, par conséquent, la bonne nourriture et la santé du bétail. Le choix de l'époque de la coupe des foins doit être déterminé par le besoin d'obtenir à la fois le fourrage le plus abondant et le meilleur possible, c.-à-d. le plus nutritif. C'est au moment de la floraison que la plupart des espèces végétales qui garnissent les prairies offrent ce double résultat. Mais les prairies renferment un grand nombre de plantes dont les époques de floraison ne sont pas concordantes. De là la difficulté de préciser le moment où la récolte doit être effectuée. Pour s'en rapprocher autant que possible, on attend que le plus grand nombre des espèces soit en fleur. Avant cette époque, il y aurait perte de quantité, car les plantes n'auraient pas acquis leur entier développement ; plus tard, le produit ne serait pas augmenté, et l'on perdrait sur la qualité, car une grande partie du fourrage serait composée de tiges sèches, épuisées, réduites à l'état de paille. D'un autre côté, les plantes épuisées par une végétation trop complète repousseraient à peine ; de sorte que la seconde et la troisième coupe de la même année en souffriraient beaucoup. On comprend que l'époque de cette floraison varie suivant le climat, le degré de précocité du terrain et la nature des espèces qui dominent dans le mélange. Sous le climat de Paris, ce moment arrive vers le 15 juin. En outre, si le foin est destiné aux bêtes bovines, il convient de le couper un peu plus tôt que s'il doit être mangé par les chevaux et les moutons. — Le fauchage des prairies artificielles et naturelles s'opère de la même manière ; il importe, surtout pour ces dernières, de couper l'herbe le plus près possible du sol, car leur base offre le produit le plus abondant et le plus nutritif ; tels sont les trèfles rampants, les feuilles radicales des graminées. — Tout ce qui est coupé avant neuf heures du matin est répandu avec des râteaux ou la faucheuse. A midi, le foin est retourné ; à six heures du soir, on le réunit en petits tas nommés, suivant les pays, des « chevrottes ». Ce qui est fauché après neuf heures du matin reste en andains toute la journée. Le lendemain, après la rosée, on étend ces andains, ainsi que l'herbe fauchée depuis le matin ; après quoi, on étend les bocottes, on les rapproche par trois ou quatre les unes auprès des autres, afin d'en former promptement des moyens las vers le soir, ou si la pluie survient. L'herbe ainsi étendue est remuée et retournée à plusieurs reprises avec les instruments dont on dispose. Le troisième jour, on étend les moyens tas, on les retourne, comme les jours précédents, une, deux ou trois fois, et, le soir, on peut les rentrer, ou les réunir au nombre de quatre à sept, pour en faire de gros tas, ou « meulons ». Le foin s'y échauffe un peu, sue, et acquiert ainsi plus de qualité ; on l'enlève de la prairie un ou deux jours après. On évite avec raison de rentrer le foin trop humide, parce qu'il pourrait fermenter jusqu'à la putréfaction ou l'incandescence ; mais il faut aussi éviter de le ramasser trop sec, parce qu'alors il aurait perdu de sa qualité. — Mais

si, dans le cours de ces opérations, il survient du temps pluvieux, on laisse les andains et les tas sans les étendre, et l'on se contente, à chaque éclaircie, de les ouvrir et de les remuer. Tant que le fourrage est vert et disposé en andains, il souffre peu de la pluie, et lorsque les tas sont bien faits, l'humidité les pénètre rarement ; mais si la continuité du mauvais temps ne laissait pas d'espoir de sécher le foin par la méthode ordinaire, on aurait recours à celle de Klappemeyer, qui est encore peu usitée en France, ou à la méthode russe, encore moins connue. Voici la description de ces procédés de dessiccation : Le premier consiste à mettre l'herbe en très grosses meules dès le lendemain du jour où elle a été fauchée, en la pressant et foulant fortement avec régularité et dans toutes ses parties. Ordinairement la fermentation commence à s'y établir peu d'heures après que les tas ont été formés, et on augmente rapidement. On suit ses progrès avec soin, et lorsqu'elle est parvenue à ce degré que la chaleur ne permet plus de tenir la main dans la meule, on démonte promptement cette dernière, et l'on étend le fourrage. Quelques heures de soleil, ou même de vent, suffisent pour dessécher complètement l'herbe qui a subi cette fermentation. Les feuilles et les fleurs, qui sont les parties les plus savoureuses, ne se détachent pas comme dans les foins qui ont été tourmentés par la méthode ordinaire de fanage. A la vérité, le foin obtenu par ce moyen a pris une couleur brune peu satisfaisante à l'œil ; mais il est sucré, savoureux, son odeur miellée plaît beaucoup aux animaux. — En Russie, on conserve aux foins leur verdeur naturelle en modifiant comme il suit la méthode de Klappemeyer. Aussitôt que l'herbe est coupée, et sans la laisser aucunement faner, on la met en meule, mais au milieu de celle-ci on a placé d'avance une cheminée faite avec quatre planches brutes. La chaleur développée par la fermentation se dissipe par cette cheminée centrale, entraînant avec elle la presque totalité de l'eau de végétation. Le foin conserve ainsi toutes ses feuilles, sa couleur et son goût primitifs. — Cette méthode rendrait de grands services dans les années humides, et diminuerait la main-d'œuvre dans tous les temps. Pour rendre plus facile le travail de la f. on a imaginé divers instruments pour faucher, faner, râteler et botteler.

FENCHÈNE. s. m. (all. *fenchel*, fenouil). T. Chim. Terpène obtenu à l'aide du *Fenchol* (Voy. ce mot). Le f., appelé aussi *fénolène*, est un hydrocarbure de formule $C^{10}H^{16}$; il bout à 160° et n'a pas d'action sur la lumière polarisée. Il diffère des autres terpènes en ce qu'il résiste à froid à l'action de l'acide azotique.

FENCHOL. s. m (all. *fenchel*, fenouil, et *ol*, terminaison du *alcool*). T. Chim. Le f., qui porte aussi les noms de *fenchéol*, de *fénol* et d'*alcool fenchylique* ou *fénotique*, est un alcool analogue au bornéol, dont il possède la formule $C^{10}H^{17}OH$. Il fond à 40° et bout à 201°. Il existe sous deux modifications, l'une dextrogyre, l'autre lévogyre ; on les obtient en réduisant les deux fenchones par le sodium et l'alcool. Le perchlorure de phosphore transforme le f. en *chlorure de fenchyle*, liquide qui, chauffé avec de l'aniline, fournit le *fenchène*.

FENCHONE. s. f. (all. *fenchel*, fenouil). T. Chim. Nom donné par Wallach à un camphre liquide contenu dans l'essence de fenouil, et répondant à la formule $C^{10}H^{16}O$. On l'appelle aussi *fénolone*. On l'extrait de l'essence de fenouil en recueillant la portion qui passe à la distillation entre 190° et 195° ; on traite cette portion par l'acide azotique à froid ; la f. reste inaltérée ; il n'y a plus qu'à chasser l'excès d'acide et à distiller le résidu dans la vapeur d'eau. La f. est cristallisable ; elle fond à + 6° et bout à 192°. Elle est isomérique avec le camphre ordinaire, dont elle possède presque toutes les réactions caractéristiques. Traitée par le sodium et l'alcool, elle se transforme en fenchol, alcool analogue au bornéol. Chauffée avec le formiate d'ammoniaque, elle donne naissance à la *fenchylamine* $C^{10}H^{17}AzH^2$, base qui est analogue à la bornylamine que fournit le camphre dans les mêmes circonstances. La f. n'est pas attaquée par l'acide azotique à froid. Avec le brome elle donne des produits d'addition ou de substitution, suivant qu'on l'attaque à froid ou à chaud. L'anhydride phosphorique et le perchlorure de phosphore agissent sur la f. comme sur le camphre.

La f. de l'essence de fenouil est dextrogyre. L'essence de thuya fournit la f. lévogyre ; celle-ci possède d'ailleurs les mêmes propriétés que la précédente et donne naissance à une série de dérivés qui ne diffèrent de ceux de la f. dextrogyre que par le sens du pouvoir rotatoire.

FENCHYLIQUE. adj. 2 g. T. Chim. Voy. FENCHOL.

FENDAGE. Action de fendre. Le *f. des peaux*, etc. ‖ Opération de la taille du diamant.

FENDANT. s. m. (R. *fendre*). Coup donné du tranchant d'une épée de haut en bas. Vx et inus. ‖ Fig. et pop., *Faire le f.*, Faire de grandes menaces, parler comme un fanfaron qui veut se faire craindre. — Adject., *De plus fendants que vous ne m'ont pas fait peur.*

FENDERIE. s. f. Action de fendre le fer, le bois, l'ardoise, etc. ‖ T. Métall. On nomme *f.* une machine destinée à faire les tiges de fer carrées appelées *Fentons*, *Côtes de vache*, *Verges*, etc., dont on fabrique les clous, les crochets et une infinité d'autres menus objets de serrurerie. Elle se compose de deux cylindres de fer montés l'un au-dessus de l'autre et armés de *Taillants* ou couteaux circulaires d'acier, séparés par des disques ou *Rondelles* de même épaisseur, mais d'un plus petit diamètre. L'ensemble des taillants et des rondelles se nomme *Trousse*, et les deux trousses sont disposées de manière que les taillants de l'une remplissent exactement les entre-deux de l'autre. Quand on veut tailler le fer ou la fonte en verges, on prend une lame ayant précisément l'épaisseur que doivent avoir les verges, on la fait chauffer, puis on l'engage entre les deux cylindres qui, agissant comme un laminoir, l'attirent à eux, tandis qu'en même temps leurs couteaux la divisent en barres ou en baguettes carrées, parfaitement uniformes. — Par extension, le lieu où est établie la machine reçoit, dans les usines, le nom de *Fenderie*.

FENDEUR, EUSE. s. T. Techn. Celui, celle qui fend du bois, du fer, des ardoises, etc. ‖ Fig. et prov., *Un f. de naseaux*, Un bravache, un fanfaron. Vx.

FENDILLE. s. f. [Pr. *fandi-lle*, *ll* mouillées]. Petite fente qui se produit dans le bois qui se gerce, dans certaines parties du fer qu'on forge, etc.

FENDILLEMENT. s. m. [Pr. *fan-di-lle-man*, *ll* mouillées]. Action du bois qui se fendille.

FENDILLER (SE). v. pron. [Pr. *fan-di-ller*, *ll* mouillées]. Se dit du bois ou de toute autre matière où il se forme de petites fentes des gerçures. *Ce bois se fendille quand on veut le travailler.* = FENDILLÉ, ÉE. part.

FENDILLES. s. f. pl. [Pr. *fan-di-lle*, *ll* mouillées]. Petites fentes produites dans le fer en le forgeant.

FENDIS. s. m. [Pr. *fan-di*]. État de ce qui a été fendu. ‖ *Ardoise en f.*, Nom de l'ardoise brute avant qu'elle ait été façonnée et taillée.

FENDOIR. s. m. Outil qui sert à fendre, à diviser. *F. de vannier, de tonnelier*, etc.

FENDRE. v. a. (lat. *findere*, m. s.). Rompre la continuité d'un corps solide, le plus souvent dans le sens longitudinal, soit avec la séparation totale de ses parties, soit sans cette séparation. *F. du bois. F. un arbre. F. en deux. F. avec une cognée, avec des coins. F. la tête d'un coup de sabre. F. la terre avec une charrue. La grande sécheresse fend la terre. La gelée fend les pierres. Il gèle à pierre f.* ‖ Par anal., *Un vaisseau qui fend les eaux, les vagues. F. l'eau en nageant. Un oiseau qui fend l'air. F. la presse, la foule.* ‖ Fig., *F. la tête à quelqu'un*, L'incommoder en faisant un grand bruit. *Ces enfants me fendent la tête. C'est un bruit à f. la tête.* — F. le cœur, Exciter une très vive compassion. *C'était un spectacle à f. le cœur.* — Prov., *F. un cheveu en quatre*, Voy. CHEVEU. — *F. l'oreille à un fonctionnaire*, le mettre à la retraite. = FENDRE ne s'emploie qu'au sens figuré et dans ces phrases : *La tête me fend*, *Le cœur me fend*, Pour marquer un violent mal de tête, un grand sentiment de compassion. *La tête me fend du bruit que l'on fait. Le cœur me fend de pitié. Le cœur me fendait de voir tant de misères.* = SE FENDRE. v. pron. Se diviser, se séparer, s'entr'ouvrir, se gercer. *Cet arbre s'est fendu. Ce bois se fend aisément. La terre se fend de chaleur. Les pierres se fendent par la gelée. Cette muraille commence à se f. La glace se fendit sous ses pieds. Les lèvres se fendent par*

le grand froid. — Avec ellipse du pron., *La gelée fait f. les pierres. C'est à faire f. le cœur* ‖ T. Escr. Porter le pied droit plus en avant, le pied gauche restant immobile *Fendez-vous bien.* = FENDU, UE. part. *Être bien fendu*, Avoir les cuisses et les jambes longues, de manière à pouvoir bien embrasser un cheval *Cet homme fera un bon cavalier, il est bien fendu.* ‖ Adjectiv., *Des yeux bien fendus*, Des yeux grands et un peu longs. — Fam. et par exng., *Avoir la bouche fendue jusqu'aux oreilles*, Avoir la bouche fort grande. — *Ce cheval a les naseaux bien fendus*, Il a les narines fort ouvertes. ‖ T. Hist. nat. Se dit d'un organe qui est divisé profondément ou totalement séparé

FÊNE. s. f. Voy. FAINE.

FÉNELON (FRANÇOIS DE SALIGNAC DE LA MOTHE-), archevêque de Cambrai, précepteur du duc de Bourgogne, petit-fils de Louis XIV, écrivain d'un grand style, auteur de *Télémaque*, des *Maximes des saints*, de l'*Éducation des filles*, etc. (1651-1715).

FÉNÉRIFFE, port de la côte orientale de Madagascar.

FENESTRÉ, ÉE ou **FENÊTRÉ, ÉE.** adj. (lat. *fenestratus*, m. s.). Percé à jour. *Feuille fenestrée. Compresse fenestrée.*

FENESTRELLE. s. f. [Pr. *fenes-trel-le*]. T. Arch. Petite ouverture.

FENESTRELLES, village d'Italie (province de Turin), près de Pignerol ; 1,200 hab. Position stratégique.

FENÊTRAGE. s. m. coll. Toutes les fenêtres d'une maison. *Le f. de ce palais est tout de glace.* ‖ L'ordre, la disposition pour les fenêtres d'une maison. *Le f. de ce bâtiment est mal entendu.*

FÉNÉTRANGE. anc. ch.-l. de c. (Meurthe), arr. de Sarrebourg (à l'Allemagne depuis 1871) ; 1,500 hab.

FENÊTRE. s. f. (lat. *fenestra* ; de ϕαἰνω, j'éclaire). T. Archit. Voy. ci-dessous. ‖ T. Techn. Ouverture pratiquée dans la platine d'une montre, d'une horloge. — Espace blanc laissé dans un acte, dans un manuscrit, pour être rempli plus tard. ‖ T. Mar. *Fausse f.*, Mantelet volant destiné à fermer plus complètement les sabords par les gros temps. ‖ T. Anat. *F. ovale* et *F. ronde.*, Ouvertures séparant l'oreille interne de l'oreille moyenne. Voy. OREILLE. ‖ T. Chir. Ouverture pratiquée par un chirurgien dans le but de panser et surveiller une plaie. — On donne aussi ce nom à des linges percés de trous, et on s'en sert pour le pansement des plaies.

Archit. — I. — La *Fenêtre* est, à proprement parler, l'ouverture ou baie que l'on pratique dans le mur de face d'un édifice pour donner de la lumière et de l'air à l'intérieur ; néanmoins, dans le langage ordinaire, on applique habituellement la même dénomination à la *Croisée*, c.-à-d. au châssis, ordinairement de bois, ouvrant et vitré, que l'on fixe dans cette baie pour la fermer. — On remarque trois parties bien distinctes dans une f. : 1° la partie inférieure, qui est presque toujours horizontale et qu'on appelle *Mur d'appui* ou simplement *Appui*; 2° les deux parties latérales, qui sont le plus souvent verticales et auxquelles on donne les noms de *Jambages*, de *Pieds-droits*, de *Montants*, et quelquefois de *Dosserets*; 3° la partie supérieure, dite *Linteau* ou *Traverse*, qui consiste le plus souvent en une pièce de bois posée horizontalement sur les pieds-droits, et destinée à supporter la maçonnerie placée au-dessus. — En outre, on appelle *Tableau* le parement de l'épaisseur du mur dans laquelle la f. est pratiquée, et l'on désigne sous la dénomination d'*Embrasement*, d'*Embrasure*, et mieux sous celle d'*Ébrasement*, la portion biaise du mur intérieur (cette obliquité, donnée au mur au dedans de la croisée, a pour objet de faire pénétrer une plus grande quantité de lumière dans l'appartement). Enfin, on nomme *Trumeau* la portion de mur comprise entre deux fenêtres, et *Chambranle* la bande en saillie sur le nu du mur qui entoure la baie comme un encadrement.

II. — Sous le rapport de la forme, les fenêtres sont le plus souvent rectangulaires. Il est rare qu'elles soient circulaires : dans ce dernier cas, on les appelle *Œils-de-bœuf*, et leur cadre se compose, tantôt d'un cercle entier, tantôt d'un demi-cercle et d'un appui horizontal. Les fenêtres rectangulaires sont dites *cintrées*, en plein cintre, etc., quand leur linteau est une portion de cercle, et *droites* ou à plate-bande, quand il est horizontal. Elles reçoivent, en outre, différents noms, suivant la disposition ou les dimensions qu'elles présentent dans certains cas particuliers. Ainsi, la f. *atticurgue* ou f. *fuyante* est celle dont l'appui est plus large que le linteau ; par conséquent, ses pieds-droits ne sont pas parallèles l'un à l'autre. La f. *à balcon* est ouverte jusqu'au parquet, et son appui est remplacé par une balustrade. La f. *en tribune* est ornée d'un balcon en saillie. La f. *biaise* est celle dont les tableaux, parallèles entre eux, ne sont pas d'équerre avec le mur de face. La f. *d'encoignure* ou f. *sur l'angle* est pratiquée dans un pan coupé. La f. *en abat-jour* est celle dont le linteau et l'appui sont inclinés en biseau, de

Fig. 1.

dehors en dedans, pour diriger la lumière sur quelques points particuliers, ou pour donner plus de jour dans les lieux qui ne peuvent être éclairés que par le haut. La f. *mezzanine* a plus de largeur que de hauteur; on place quelquefois des ouvertures de cette espèce dans la frise d'un grand ordre d'archi-

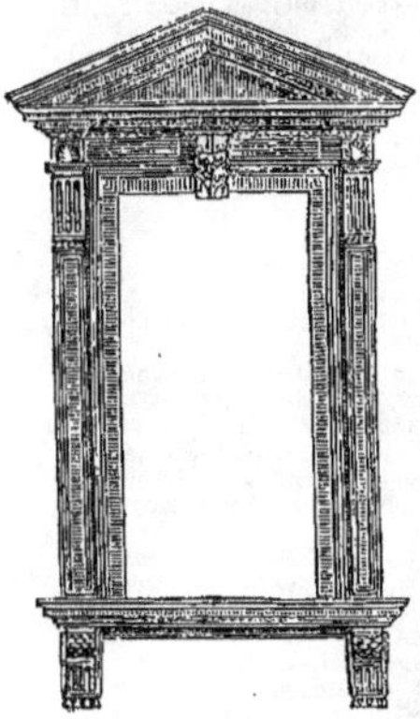

Fig. 2.    Fig. 3.

tecture. La f. *rampante* est également plus large que haute; mais son appui et son linteau, quoique parallèles entre eux, forment avec les pieds-droits des angles inégaux : elle suit ordinairement le mouvement d'une rampe d'escalier. La f. *à meneaux*, très commune dans les édifices des XVIᵉ et XVIIᵉ siècles, est divisée dans sa hauteur et sa largeur par une ou plusieurs traverses ou meneaux de pierre. La f. *rustique* est celle dont le chambranle est décoré de bossages. Enfin, on donne le nom de f. *vénitienne* à une large f. divisée en trois parties, ou plutôt à un accouplement de trois fenêtres disposées de manière que l'unité de l'ensemble soit parfaitement manifeste (Fig. 1). On n'en fait guère usage que dans des cas exceptionnels.

III. — Chez les anciens, les fenêtres paraissent avoir été rectangulaires ou cintrées, et presque toujours de très petites dimensions, du moins dans les premiers temps. Il semble, en outre, démontré par les ruines de Pompéi et d'Herculanum qu'à l'époque de la destruction de ces deux villes on n'en

pratiquait pas habituellement sur la rue. Lorsqu'on le faisait, on les plaçait à une telle hauteur au-dessus du plancher, qu'on ne pouvait de l'intérieur voir dans la rue : elles étaient donc uniquement destinées à donner accès à la lumière dans l'intérieur des appartements. Quant aux pièces situées sur les cours, elles étaient seulement éclairées par la porte. Pendant le moyen âge, les architectes semblent avoir presque toujours subordonné la disposition des édifices à des considérations

Fig. 4. 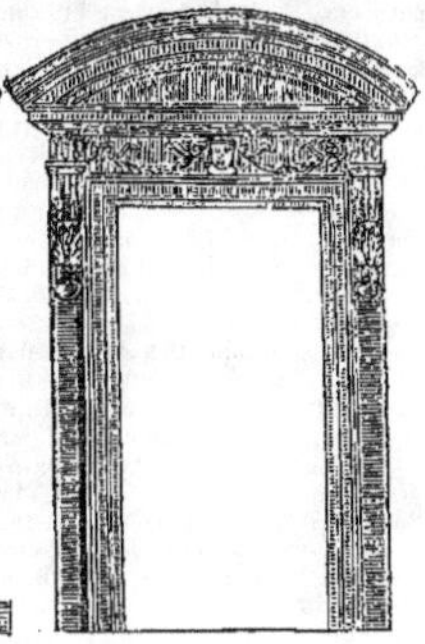   Fig. 5.

militaires. En conséquence, afin de rendre plus difficile l'accès des habitations, soit particulières, soit publiques, ils ne pratiquaient que des ouvertures étroites et en petit nombre à l'extérieur des étages inférieurs. Ils ne s'écartaient de cette règle que pour les appartements les plus élevés et pour ceux qui prenaient jour sur les cours intérieures. Ils s'en écartaient encore quand il s'agissait d'édifices religieux; mais nous avons assez longuement parlé ailleurs de ces derniers (Voy. ARCHITECTURE) pour qu'il soit inutile de revenir ici sur ce sujet.

IV. — Les fenêtres sont considérées aujourd'hui comme une des parties essentielles des édifices. De plus, elles déco-

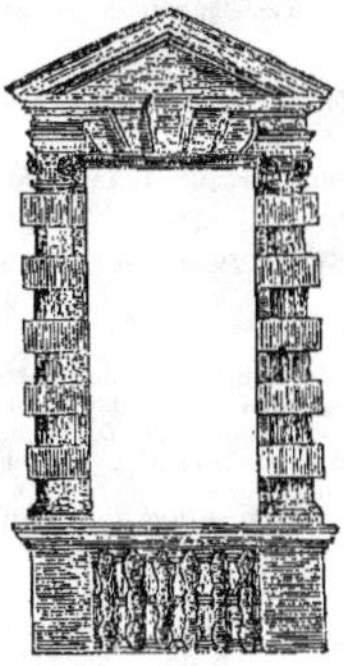

Fig. 6. 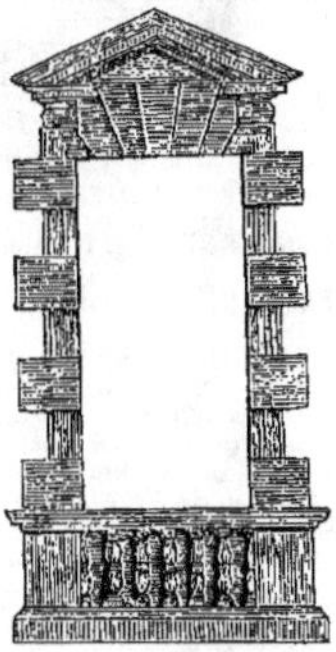   Fig. 7.

rent merveilleusement une façade, soit qu'on les emploie isolément, soit qu'on les accompagne de colonnes, de pilastres ou d'autres ornements. — Au reste, le nombre et les dimensions des fenêtres varient tellement suivant les climats, les habitudes sociales, la destination des constructions, etc., qu'il est impossible d'établir des règles rigoureuses sur ce point. Cependant il existe certaines données tirées des conditions de solidité et d'harmonie, dont on ne peut pas s'écarter. Ainsi, par ex., au point de vue de la solidité, il convient en général de donner aux trumeaux au moins autant de largeur qu'aux fenêtres entre lesquelles ils sont placés. Lorsqu'ils sont trop larges, ils impriment aux bâtiments un caractère de lourdeur et de tristesse. Quant aux dimensions des fenêtres, on les fait en moyenne deux fois plus hautes que larges, mais ces limites sont quelquefois dépassées. On en voit un exemple dans la cour du vieux Louvre, où les fenêtres ont pour hauteur deux fois et demie leur largeur. Il est, en outre, d'usage de tenir les fenêtres du rez-de-chaussée plus basses d'un huitième, et de donner un huitième de plus, et quelquefois deux, à celles des étages supérieurs. — Sous le rapport de leur disposition, les fenêtres sont exclusivement soumises aux lois de la symétrie. Elles doivent toujours être placées exactement au-dessus l'une de l'autre. Les architectes veulent encore que le nombre des fenêtres soit impair dans la façade des bâtiments, et particulièrement dans les avant-corps, car cette disposition rend la symétrie plus apparente. — Quant à leur décoration, il est absolument impossible de rien dire à ce sujet, sinon qu'elle doit être en harmonie avec le caractère de l'édifice lui-même. Dans l'application même qu'on peut faire des différents ordres d'architecture, les architectes jouissent d'une liberté plus grande que partout ailleurs : c'est ici que le goût est la règle unique. Nous nous contentons de donner ici quelques types de fenêtres qui ne sont pas moins remarquables par leur élégance que par la beauté des proportions. — La Fig. 2 est d'après Michel-Ange, et représente l'une des fenêtres de l'étage inférieur de Saint-Pierre à Rome. La Fig. 3 est prise du palais Pandolfini, à Florence; elle a été dessinée par Raphaël. Les numéros 4 et 5 sont de l'architecte Bernardo Buontalenti. Le 6°, qui est dû à Palladio, représente une f. du palais Thiene, à Vicence. Enfin, la Fig. 7 est une imitation de la précédente, par Inigo Jones.

FENÊTRER. v. a. Percer des fenêtres. Les garnir de vitres, de châssis. = **FENÊTRÉ, ÉE.** part. *Compresse fenêtrée.* Voy. **FENESTRE.**

FÉNIAN. s. m. Membre d'une secte politique et religieuse qui s'agite en Irlande, en Angleterre et en Amérique, dans le but d'arracher l'Irlande à la domination anglaise.

FÉNIAN (Feu). Sulfure de carbone tenant en dissolution du phosphore; c'est une composition très inflammable.

FENIL. s. m. [Pr. *fe-nill, ll,* mouillées] (lat. *fenilia,* de *fœnum,* foin). Bâtiment où l'on renferme les foins à la campagne.

FENIN (Pierre de), auteur d'une *Chronique* qui complète celle de Monstrelet.

FENNEC. s. m. (mot arabe). T. Mam. Petite espèce de Renard. Voy. ce mot.

FÉNOL. s. m. (lat. *fœniculum,* fenouil). T. Chim. Synonyme de *Fenchol.* Voy. ce mot.

FÉNOLÈNE. s. m. T. Chim. Syn. de *Fenchène.* Voy. ce mot.

FÉNOLONE. s. f. T. Chim. Synon. de *Fenchone.* Voy. ce mot.

FENOUIL. s. m. (lat. *fœniculum,* petit foin). T. Bot. Genre de plantes Dicotylédones (*Fœniculum*) de la famille des *Ombellifères.* — La graine de cette plante. *Du f. confit.* || *F. aquatique,* La Phellandrie. *F. marin,* Le Crithmum maritimum. Voy. **OMBELLIFÈRES.**

Hort. — Le Fenouil commun (*Fœniculum dulce*) est indigène dans les terres chaudes et sèches du centre et du midi de la France; ses graines, employées dans les ratafias, tombent et se sèment d'elles-mêmes, si on ne les cueille pas avant maturité. Dans les jardins, on cultive en mars, en terre légère. En Italie, on cultive une autre espèce de f. qui s'emploie comme légume. Les arrosements fréquents font grossir sa tige que l'on butte pour la faire blanchir et que l'on mange comme les artichauts, à la poivrade, généralement sans autre assaisonnement.

FENOUILLET. s. m., ou **FENOUILLETTE.** s. f. [Pr. *fe-nou-llè, fenou-llè-te, ll* mouillées]. Espèce de pomme qui a un peu le goût du fenouil.

FENOUILLETTE. s. f. [Pr. *fe-nou-llè-te, ll* mouillées]. Eau-de-vie rectifiée et distillée avec de la graine de fenouil. *La f. de l'île de Ré.*

FENTE. s. f. (R. *fendre*). Petite ouverture beaucoup plus longue que large qui s'opère dans un corps, le plus souvent sans que les parties soient entièrement séparées. *Ce mur a bien des fentes. On a bouché les fentes de ce meuble pour les cacher. Faire une f. Il regarda par la f. de la porte.* — *Bois de f.,* Celui qui est propre à être débité en échalas, lattes, etc. — T. Jardin. *Greffe en f.,* Voy. **GREFFE.** || T. Anat. Échancrure longue et étroite qui traverse toute l'épaisseur d'un os. *La f. ethmoïdale. La f. sphéno-maxillaire.* || T. Art vét. Gerçure située dans les plis des paturons du cheval. || T. Chir. Fracture légère et incomplète du crâne. || T. Minér. Toute séparation dans la continuité d'une couche ou d'un filon. || T. Jurisp. Division d'une succession entre la ligne paternelle et la ligne maternelle (*fendilité*). Voy. **SUCCESSION.**

FENTON ou **FANTON.** s. m. (R. *fente*). T. Techn. Tige de fer à section carrée. Voy. **FENDERIE.** || Sorte de ferrure qui sert à divers usages, et principalement à lier le chambranle d'une cheminée avec le reste de la maçonnerie. || Bois préparé pour faire des chevilles. || T. Comm. Tringle de fer qui se vend en bottes.

FENUGREC. s. m. (lat. *fœnum græcum,* foin grec). T. Bot. Plante aromatique (*Trigonella fœnum græcum* de la famille des *Légumineuses.* Voy. ce mot.

FÉODAL, ALE. adj. (bas-lat. *feodalis,* m. s., de *feodum,* fief). Qui appartient, qui a rapport à un fief; qui concerne les fiefs en général. *Seigneur f. Bien f. Droits féodaux. Retrait f. En matière féodale, Les guerres féodales.* — *Droit f.,* Le droit qui traite des fiefs, des matières féodales. On dit de même, *Jurisprudence féodale.* — *Gouvernement f.,* Celui d'un pays qui est partagé en fiefs, c.-à-d. en domaines ne créant les uns des autres. On dit, dans le même sens, *Monarchie féodale. Régime, système f.,* etc. — *Temps féodaux, Époque féodale,* Le temps, l'époque où le régime f. était en vigueur.

FÉODALEMENT. adv. En vertu du droit de fief. *Saisir une terre f.*

FÉODALISER. v. a. Pourvoir d'institutions féodales.

FÉODALISME. s. m. Néol. Système politique de la féodalité.

FÉODALITÉ. s. f. (R. *féodal*). Qualité de fief; ou la foi et hommage qu'un vassal doit à son seigneur. *La f. ne se prescrit pas.* || Le régime féodal. || Fig. Néol. *La f. financière,* La prépondérance des grands financiers.

Hist. — On entend par *Féodalité* le régime sous lequel se trouva placée l'Europe occidentale, et particulièrement la France, depuis la chute de la dynastie de Charlemagne, au X° siècle, jusqu'au moment où, dans les différents États, les souverainetés particulières disparurent, laissant seule debout l'autorité royale victorieuse, et se trouvèrent ainsi remplacées par l'unité politique.

Après la conquête de la Gaule, les Francs s'approprièrent une partie des terres des vaincus. Ce partage se fit en général par la voie du sort; aussi les portions de territoire échues à chaque guerrier sont-elles désignées par les écrivains du temps sous le nom de *sortes barbaricæ.* Les rois gardèrent pour eux l'ancien domaine impérial, dont l'étendue considérable de ces possessions leur permit d'en distraire certaines portions pour les donner à ceux de leurs compagnons d'armes dont ils voulaient s'attacher la fidélité. Les terres ainsi concédées furent appelées *Bénéfices* ou terres *bénéficiaires.* Elles différaient essentiellement des *Alleux* ou terres *allodiales,* qui étaient les portions de pays conquis obtenues par les chefs des bandes particulières. En effet, comme nous le savons déjà (voy. ALLEU), le propriétaire allodial vivait dans une indépendance absolue. Il ne payait au roi aucun impôt; il lui faisait seulement quelques présents à la tenue des assemblées de la nation, et fournissait à ses envoyés les vivres et les chevaux dont ils avaient besoin. Quant au service militaire, c'était comme homme libre, et non comme sujet, qu'il y était tenu. Le bénéficiaire, au contraire, était assujetti à des redevances envers le prince. Il devait, en outre, comparaître à sa cour à certaines époques, le servir à table, le soutenir dans les guerres, l'accompagner en public, etc. Quant aux terres que les conquérants laissèrent aux vaincus, ils se contentèrent de les frapper d'un tribut annuel qui se payait ordinairement en nature : de là une nouvelle classe de propriétés, celle des terres *tributaires.*

Il y eut donc, dans la Gaule, après la conquête franque, trois sortes de propriétés territoriales : les bénéfices, les alleux et les terres tributaires; mais différentes causes transformèrent peu à peu en bénéfices celles des deux dernières catégories. En ce qui concerne les alleux, ils étaient déjà difficiles à conserver vers la fin de la première race, c.-à-d. à une époque où, en l'absence de tout pouvoir régulier, la force remplaçait à chaque instant le droit : ils ne furent plus tenables au milieu des violences de la seconde. S'il n'avait point de maître, le propriétaire allodial avait une multitude d'ennemis; et s'il ne servait personne, personne aussi ne le protégeait. Pour échapper à la spoliation, il se vit obligé de se *recommander* à un voisin plus puissant, et, en échange de la protection qui lui fut promise, il fut tenu à son tour à certaines obligations. D'allodiale sa terre devint ainsi bénéficiaire. Parmi les possesseurs des terres tributaires, les uns furent violemment dépouillés par leurs voisins les plus puissants; les autres profitèrent des bouleversements politiques pour se soustraire au paiement des redevances convenues, et devinrent ainsi propriétaires allodiaux; mais, comme ces derniers, ils se virent contraints de transformer leurs alleux en bénéfices au moyen de la *recommandation*. Par suite de ces changements successifs, qui commencèrent après la mort de Clotaire Ier (561), et se continuèrent sans interruption sous les successeurs de ce prince, il se trouva qu'au Xe siècle chaque homme devait quelque chose à un autre.

On a dit que, dans l'origine, les bénéfices furent amovibles, temporaires, concédés pour un temps déterminé, un an, cinq ans, dix ans, etc.; mais, en examinant les choses de plus près, on acquiert la conviction que l'amovibilité n'a jamais pu être la condition des concessions territoriales faites aux Francs. Sans doute les rois ont souvent révoqué les possessions qu'ils avaient accordées, soit à leurs compagnons, soit à l'Église; mais c'étaient des actes de violence contre lesquels ne cessaient de réclamer ceux qui étaient dépouillés. Les écrivains qui ont soutenu ce système ont confondu les bénéfices avec les *Précaires*, c.-à-d. avec ces concessions gratuites de l'usufruit d'une propriété pour un temps plus ou moins long, que l'on voit figurer en très grand nombre dans les textes du VIe au IXe siècle. L'Église particulièrement fit souvent des concessions de cette nature à des guerriers, en leur imposant pour condition de défendre ses propriétés sans cesse menacées du pillage (voy. Avoué). Lorsque Charles Martel eut dépouillé l'Église de ses terres pour les donner à ses leudes, le concile de Leptine (743), par une sorte de compromis qui avait pour objet de rétablir l'union entre le clergé et les nouveaux possesseurs, décida que les biens ecclésiastiques ne pourraient être possédés par les guerriers qu'à titre de précaires, et qu'ils paieraient à l'ancien propriétaire un droit de douze deniers par métairie. Les bénéfices, au contraire, étaient en général concédés pour toute la vie, et sous la condition expresse que le donataire observerait une foi inviolable envers le donateur. Tout acte contre les intérêts de ce dernier entraînait le retrait de la concession. Mais, comme le désir le plus naturel d'un chef de famille est de transmettre ses biens à ses enfants, les propriétaires des terres bénéficiaires ne tardèrent pas à vouloir les rendre héréditaires. Alors s'introduisit l'usage de la *confirmation*, en vertu duquel, à la mort du donateur ou du donataire, le possesseur du bénéfice obtenait du prince un acte qui le maintenait et le confirmait dans sa propriété. Ce fut là le premier pas dans la transformation du titre viager en titre héréditaire. Cette transformation fut achevée par une institution qui date du règne de Charlemagne. Ce prince, dans le but de prévenir les plaintes qui s'élevaient contre l'administration de ses officiers dans les provinces, avait partagé l'empire en un certain nombre de gouvernements appelés *légations*, et les avait confiés aux personnages les plus importants de sa cour et de ses armées. Après sa mort, ces gouverneurs, ne sentant plus la main puissante du grand homme qui les avait institués, aspirèrent ouvertement à l'indépendance. Louis le Débonnaire entrevit le danger et voulut y remédier en supprimant les légations; mais il fut obligé de rétablir ce qu'il avait aboli; dès ce moment, les éléments de la force publique se trouvèrent tellement dispersés, que les Normands et les Sarrasins, ceux-ci au sud, ceux-là au nord et à l'ouest, purent ravager impunément les parties les plus fertiles de la Gaule. Les désastres qui furent la conséquence de ces invasions, et l'anarchie qui régnait dans le pays tout entier, eurent pour effet de multiplier les *recommandations*, de telle sorte que les personnages chargés de l'administration du pays acquirent dans leurs provinces une influence prépondérante contre laquelle le pouvoir central ne pouvait lutter. En conséquence, ils prétendirent disposer à leur gré, et sans qu'il fût

désormais besoin d'aucune confirmation royale, et de leurs gouvernements et de leurs titres de dignité. En effet, dans la fameuse assemblée de Quierzy-sur-Oise (877), ils obtinrent de Charles le Chauve la reconnaissance de leurs usurpations, c.-à-d. la consécration légale de l'hérédité des bénéfices et des offices. Ainsi la royauté, de même que le territoire, fut complètement démembrée. La révolution féodale était donc accomplie bien avant la fin du Xe siècle.

Malgré ces usurpations successives qui eurent pour conséquence la dissolution de l'ancien ordre social, il subsistait encore dans le régime nouveau un principe de subordination et de hiérarchie. D'abord, la royauté continua, nominalement du moins, à former le couronnement de la société féodale : car, bien que le fief différât du bénéfice, en ce que le bénéfice impliquait uniquement l'idée de propriété, tandis que le fief réunissait les idées de propriété et de souveraineté, l'idée primitive d'une concession, le souvenir d'un état de choses où les terres devenues des fiefs, ou les offices devenus héréditaires, étaient dans la main et dans la puissance de l'empereur, demeuraient invinciblement attachés aux fiefs et aux offices. Ensuite tout le reste de la société se coordonna d'après le principe du contrat. En effet, d'une part, le système des recommandations avait eu pour conséquence d'établir entre les personnages les plus puissants et les propriétaires qui s'étaient placés sous leur protection le lien qui résulte d'obligations réciproques. De l'autre, les grands possesseurs de fiefs avaient, à l'exemple du prince et par les mêmes motifs que celui-ci, concédé en fief une partie de leurs domaines, sous certaines conditions convenues entre eux et qui leur imposaient des droits et des devoirs mutuels. Non contents même d'inféoder une portion de leurs terres, ils avaient inféodé toute espèce d'avantages ou de produits, tels, par ex., que les droits de chasse ou de pêche, la garde et la juridiction des forêts, la perception des péages sur les chemins et les rivières, etc. Plus tard, lorsqu'ils s'aperçurent que, par ces différentes inféodations, ils avaient aliéné une trop grande partie de leur ancien fonds de terre, ils imaginèrent de créer également des offices auprès de leurs personnes, et d'assigner des rentes ou pensions sur leur trésor aux individus qu'ils voulaient s'attacher. Ce sont ces différentes sortes de concessions qui ont donné naissance à cette multitude d'espèces de fiefs dont il est question dans les feudistes. De là, une hiérarchie nouvelle qui embrassa toute la population. Au sommet de la société se trouvaient les seigneurs qui se distinguaient entre eux en *suzerains*, *vassaux* et *arrière-vassaux*, selon leur degré de subordination relative. Le suzerain était le feudataire principal, c.-à-d. le propriétaire d'un fief duquel relevaient d'autres fiefs, dont les possesseurs étaient à son égard qualifiés de vassaux. Mais comme, à leur tour, ces derniers étaient souvent suzerains par rapport à d'autres seigneurs, ceux-ci se trouvaient les arrière-vassaux du seigneur principal. On pouvait donc être en même temps suzerain de Pierre, vassal de Jacques, et arrière-vassal d'Antoine. Quant à la base de la société féodale, elle était constituée par les serfs. Avec le servage avaient disparu toutes les distinctions primitives entre les individus des classes inférieures, comme avec la hiérarchie féodale avaient disparu les anciennes distinctions de nationalité. Dès le Xe siècle, il n'y eut pas plus de leudes, de colons, d'esclaves, etc., que de Saliens, de Ripuaires, de Romains, de Visigoths, etc. On peut donc concevoir le régime féodal comme une hiérarchie régulière, dans laquelle toute terre (car l'alleu ou la terre libre constituait une exception rare) relevait d'une autre terre, et où tout homme dépendait d'un autre homme. Sous ce régime, depuis le plus grand feudataire jusqu'au serf, on naissait toujours l'homme de quelqu'un. « On était placé, dit Guérard, non à côté, mais au-dessus ou au-dessous de son voisin, le lien social, en se ramifiant à l'infini, attachait les hommes les uns à la suite des autres, au lieu de les unir chacun immédiatement à un centre commun. »

Mais cette hiérarchie que nous venons de décrire est quelque chose d'absolument idéal qui n'a jamais existé en réalité : c'est un édifice imaginaire qui a été construit après coup par les feudistes des derniers siècles. « Sans doute, en principe, dit Guizot, les possesseurs de fiefs étaient liés les uns aux autres, et leur association hiérarchique semble sauvement organisé : en fait, jamais cette organisation ne fut réelle ni efficace; jamais la f. ne put tirer de son sein un principe d'ordre et d'unité suffisant pour en faire une société générale et tant soit peu régulière. Ces éléments, c.-à-d. les possesseurs de fiefs, furent toujours entre eux dans un état d'incohérence et de guerre, obligés de recourir sans cesse à la force, parce qu'aucun pouvoir public n'était là pour maintenir entre eux la justice et la paix, c.-à-d. la société. » D'ailleurs, l'idée même de fief ne permettait pas qu'il en fût autrement. En effet, le possesseur d'un fief était souverain dans ses domaines; il était à la fois le maître absolu de la terre qu'il possédait, et le roi des hommes qui l'habitaient. Le plus petit seigneur, l'arrière-vassal d'un grand feudataire, pourvu qu'il remplît les conditions de sa tenure (conditions qu'il ne remplissait guère que quand il n'était pas assez fort pour faire autrement), jouissait des droits de la souveraineté : législation, finances, justice, armée, tout était dans sa main : il administrait, gouvernait et défendait son fief comme il l'entendait, et sans avoir besoin de recourir à une direction supérieure. Mais, précisément à cause de cette indépendance, chaque seigneur veillait d'un œil jaloux sur son voisin; tout vassal visait à s'émanciper et à s'agrandir; tout suzerain aspirait à démanteler la souveraineté de ses vassaux. De là un état perpétuel d'hostilité ou de guerre entre les seigneurs, et l'isolement forcé de chacun d'eux, dans son manoir transformé en forteresse. « Afin de pourvoir à sa sûreté et à son indépendance, dit encore Guérard, chacun se cantonna et se fortifia chez lui du mieux qu'il put. Les lieux escarpés et inaccessibles furent occupés et habités; les hauteurs se couronnèrent de tours et de forts. Les passages des rivières et des défilés furent gardés et défendus; les chemins furent barrés et les communications interrompues. A la fin du Xe siècle, la France était couverte de fortifications et de repaires féodaux : partout la société faisait le guet, et se tenait, pour ainsi dire, en embuscade. »

Cette situation violente de la société féodale eut pour conséquence nécessaire d'établir rapidement une grande inégalité de puissance entre les différents feudataires. Les petits fiefs furent attaqués et absorbés par les grands, et, parmi ces derniers, les plus faibles ne purent même se conserver qu'en abandonnant aux plus forts la plus grande partie de leurs droits régaliens, qui se trouvèrent à la fin concentrés entre un petit nombre de mains. Dès lors, certains grands feudataires eurent seuls le droit de battre monnaie; on distingua les seigneurs en *hauts* et *bas justiciers*, etc. Or, ce furent précisément ces usurpations heureuses de quelques seigneurs plus riches, plus puissants, ou plus habiles, et ensuite l'élévation graduelle du pouvoir royal, qui seules parvinrent à donner une certaine stabilité à la hiérarchie féodale, et à établir une certaine régularité dans les relations de ses différents membres entre eux. Toutefois ce ne fut point par un amour platonique de la justice et de l'ordre, comme on se le figure souvent, que les rois s'en portèrent les défenseurs, à mesure qu'ils dégagèrent leur souveraineté, et de nominale la rendirent effective : ce fut uniquement en vue de leur propre intérêt. La royauté n'intervint jamais dans les querelles des feudataires grands ou petits, ou des villes avec ces derniers, que pour s'agrandir et en même temps pour amoindrir toutes ces souverainetés individuelles qu'elle regardait comme ses ennemies.

Nous avons dit qu'il existait entre les divers feudataires de nombreuses relations particulières : elles étaient en général la conséquence du contrat d'assistance et de fidélité qui intervenait entre le suzerain et le vassal. Le suzerain devait au vassal protection et justice. Le vassal, de son côté, contractait envers le seigneur des obligations morales et des obligations réelles qui différaient suivant la nature et l'importance du fief. Nous parlerons ailleurs (Voy. FIEF) des unes et des autres; il nous suffira de dire ici que le vassal manquait à ses devoirs, s'il divulguait les secrets de son suzerain, s'il lui cachait les projets de ses ennemis, le laissait dans sa fortune ou dans son honneur, etc. Il lui devait également des *aides* ou subsides en argent dans ces cas déterminés; mais le service dont le vassal était tenu par-dessus tout, du moins en principe, était le service militaire. Ce service était même en quelque sorte la base du lien féodal. Il était tellement inhérent à la possession du fief, que les ecclésiastiques et les femmes elles-mêmes étaient obligés de le rendre; seulement, au lieu de paraître en personne à l'armée, ils y envoyaient des remplaçants. La durée de cette obligation était excessivement variable; il paraît cependant qu'elle fut originairement fixée à 40 jours, après lesquels chacun était libre de se retirer. Dans tous les cas, le vassal était tenu de faire campagne à ses frais. — Quant aux relations qui subsistaient entre les vassaux du même suzerain, elles étaient peu nombreuses et de la nature la plus simple. Les vassaux qui possédaient des fiefs du même rang étaient égaux (*pares*) entre eux, et en conséquence on les désignait sous le nom de *pairs*, et les plus puissants formaient ce qu'on appelait la haute cour de justice du seigneur principal. Mais leurs rapports mutuels étaient peu fréquents et n'avaient guère lieu sans l'intermédiaire de ce dernier. En général, ceux

qui, dans la société féodale, avaient des droits égaux, vivaient habituellement isolés. Cependant, comme ils se trouvaient ensemble à la cour de leur suzerain, qu'ils se réunissaient sous sa bannière pour faire la guerre, et qu'ils étaient exposés à commettre des actes de violence sur les terres les uns des autres, des lois ou des coutumes, généralement reconnues, réglaient leurs relations obligées et punissaient les délits dont ils pouvaient se rendre coupables. Avant l'institution des officiers de justice appelés *baillis*, c'était aux pairs qu'appartenait le droit de connaître de leurs différends. Le suzerain traduisait devant ces derniers le vassal accusé; mais comme il fallait presque toujours recourir à la force pour faire exécuter le jugement, et que la force seule faisait la justice, on trouva plus simple de recourir immédiatement à la première, et de laisser à l'épée le soin de décider de quel côté était le droit. En conséquence, on réglementa avec un soin minutieux, non pas la procédure judiciaire, mais la procédure du duel, qui tenait lieu de jugement.

D'après ce qui précède, on voit que la féodalité n'a point été, comme on l'a longtemps supposé, un système de gouvernement régulier. Loin d'être le produit d'une organisation savante, elle n'a été que le résultat accidentel des circonstances : c'est ainsi qu'elle s'est également constituée chez d'autres peuples, chez les Japonais par ex., lorsqu'ils se sont trouvés dans des conditions analogues. Malgré cela, la période féodale, par cela seul que les individualités puissantes pouvaient s'y développer avec liberté, n'a point été stérile et inféconde. « De grandes choses et de grands hommes, la chevalerie, les croisades, la naissance des langues et des littératures populaires, dit Guizot, l'ont illustrée. De là datent presque toutes les familles dont le nom se lie aux événements nationaux, une foule de monuments religieux où les hommes se rassemblent encore; et pourtant le nom de la féodalité ne réveille dans l'esprit des peuples que des sentiments de crainte, d'aversion et de dégoût. Peut-on s'en étonner ? Le despotisme était là, comme dans les monarchies pures, le privilège, comme dans les aristocraties les plus concentrées, et l'un et l'autre s'y produisaient sous la forme la plus offensante, la plus crue; le despotisme ne s'atténuait point par l'éloignement et l'élévation d'un trône; le privilège ne se voilait point sous la majesté d'un grand corps; l'un et l'autre appartenaient à un homme toujours présent et toujours seul, toujours voisin de ses sujets, jamais appelé, en traitant de leur sort, à s'entourer de ses égaux. Or, de toutes les tyrannies, la pire est celle qui peut ainsi compter ses sujets, et voir de son siège les limites de son empire. Les caprices de la volonté humaine se déploient alors dans leur intolérable bizarrerie et avec une irrésistible promptitude. C'est alors que l'inégalité des conditions se fait le plus rapidement sentir : la richesse, la force, l'indépendance et tous les droits s'offrent à chaque instant en spectacle à la misère, à la faiblesse, à la servitude. Les habitants des fiefs ne pouvaient se consoler au sein du repos : sans cesse compromis dans les querelles de leur seigneur, en proie aux dévastations de ses voisins, ils subissaient à la fois la continuelle présence de la guerre, du privilège et du pouvoir absolu. »

Heureusement, le régime féodal portait en lui-même le germe de sa propre destruction. A mesure qu'il s'organisait, c.-à-d. que sa hiérarchie prenait une forme régulière et semblait se consolider, le principe générateur de la féodalité, l'indépendance et la souveraineté individuelles, perdait de sa force et de son énergie : chacun des progrès du système féodal vers cet idéal qu'ont rêvé les féodistes des derniers temps était un pas nouveau vers sa ruine. En effet, toutes les fois que la royauté intervenait dans les querelles des feudataires, sous prétexte de les vider, elle travaillait à affaiblir ces derniers; tout traité intervenu entre un seigneur et les villes ou bourgs de ses domaines avait pour résultat l'émancipation de celle-ci; tout contrat conclu entre un feudataire, grand ou petit, avec ses serfs avait pour résultat l'affranchissement de l'homme ou de la terre. A mesure que les rapports se régularisaient et prenaient la forme légale, à mesure que la justice se dégageait des étreintes de la féodalité et devenait elle-même une puissance capable de faire exécuter ses arrêts, le régime féodal s'en allait par lambeaux. Les faibles réclamaient sans cesse l'appui de la royauté, qui se gardait d'autant moins de le refuser, qu'elle le voudrait toujours à beaux deniers comptants. De la sorte la f. se trouva prise, pour ainsi dire, en tête et en queue, et finit par disparaître sous cette double pression. Cette lutte sans relâche, sous laquelle la f. succomba enfin, commença dès le XIIe siècle, mais ne fut consommée qu'au milieu du XVIIe : elle dura donc environ 550 ans, depuis Louis VI jusqu'à Louis XIV. On peut diviser son histoire en trois périodes principales. Dans la première, Louis le Gros, Philippe-Auguste, saint Louis et Philippe le Bel, s'appuyant d'un côté sur l'Église et les légistes, de l'autre sur la population des villes, démantelèrent la souveraineté des grands feudataires. Dans la seconde, Louis XI, Louis XII et François Ier détruisirent la puissance des grandes maisons apanagées d'Anjou, de Bourbon, d'Orléans, de Berry, de Bourgogne, qui tendaient à constituer une nouvelle féodalité non moins redoutable que la précédente. Enfin, dans le troisième, Richelieu, Mazarin et Louis XIV brisèrent les familles qui, à la faveur des guerres civiles du XVIe siècle, avaient essayé de former dans les provinces de petits États presque indépendants de l'autorité royale. Dès lors il n'y eut plus en France qu'une seule puissance souveraine, et l'unité politique du pays fut pleinement réalisée. Toutefois, s'ils se trouvèrent dépouillés de toute puissance effective, ceux qui descendaient ou prétendaient descendre des anciennes familles féodales conservèrent une multitude de privilèges et de droits, sans danger pour le pouvoir central, mais singulièrement vexatoires pour le reste de la population. Enfin, ces privilèges eux-mêmes furent emportés par la Révolution de 1789. Voy. COMMUNE, JUSTICE, etc.

FER. s. m. (lat. *ferrum*, m. s.). Métal dur et malléable. — S'emploie souvent au plur., surtout en termes de Commerce et d'Administration. *Les différentes sortes de fers. Marchand de fers. Droits sur les fers. — Prendre du fer, Des substances ferrugineuses.* — Fam., *Cela ne tient ni à fer ni à clou.* Voy. CLOU. — Fig. et fam., *il faut battre le fer pendant qu'il est chaud,* Quand une affaire est en bon train, il faut la poursuivre avec activité. — Prov., *On n'est pas de fer,* Il est des fatigues auxquelles le corps humain ne peut résister. Dans le même sens, on dit, *Il faudrait être de fer pour tenir à ce métier,* etc. — Fig. et famil., *C'est une barre de fer,* C'est un homme inflexible, intraitable, inébranlable. *C'est un corps de fer,* Il a une corps de fer. *une santé de fer,* un tempérament de fer, C'est un homme robuste et qui résiste aux plus grandes fatigues. *C'est une tête de fer,* C'est un homme capable des travaux qui exigent la plus grande et la plus continuelle contention d'esprit, ou C'est un homme d'une opiniâtreté extrême. *Avoir une main de fer, un bras de fer,* Avoir la main très forte, le bras très vigoureux, et, au sens moral, exercer avec dureté, avec rigueur, le pouvoir dont on est revêtu. *Un joug de fer, Une autorité dure et despotique. Age, siècle de fer.* Voy. ÂGE. || La pointe de fer, ou d'autre métal, qui est au bout d'une pique, d'une lance, d'une flèche, etc. *Le fer d'une lance. Un fer de flèche,* etc. On dit de même, *Le fer d'une canne, d'une gaffe,* etc. — *Se battre au fer émoulu,* Se battre avec des armes affilées; et, fig., Disputer, contester sans aucun ménagement. *Ces deux auteurs, ces deux plaideurs se battent à fer émoulu.* Fam. Voy. TOURNOI. || T. Escrime. Le fleuret, l'épée. *Croiser le fer. Engager le fer.* — Famil., *Battre le fer,* Faire des armes, s'exercer à l'escrime avec des fleurets; et fig., S'adonner depuis longtemps à quelque exercice, à quelque profession. *C'est à force de battre le fer qu'il est parvenu à ce degré d'habileté.* Fam. || Dans le style oratoire ou poétique, se dit pour poignard, épée, etc. *Il tomba sous le fer d'un meurtrier. Il se plongea le fer dans le sein. Ceux qui le fer avait épargnés, Il périt sous le fer du vainqueur.* || T. Chir. Instrument dont on se sert dans les accouchements laborieux. — *Employer le fer et le feu,* Recourir à la fois à l'instrument tranchant et à la cautérisation; et fig., Employer les remèdes, les moyens les plus extrêmes, les plus violents. || Dans les Arts et Métiers, se dit de plusieurs instruments et outils de fer qui servent à divers usages. *Un fer à friser. Un fer à faire des gaufres. Un fer à repasser. Il faut donner un coup de fer à ce chapeau. Fers pour découper. Fers à dorer.* Ce relieur a de beaux fers. *Marquer un tonneau avec un fer rouge, avec un fer chaud. — Chemin de fer.* Voy. ce mot. — Fig. et prov., *Mettre les fers au feu,* Commencer à s'occuper activement d'une affaire. On dit aussi, *Les fers sont au feu,* en parlant d'une affaire à laquelle on travaille actuellement. || *Fer d'aiguillette, de lacet,* l'elite pièce de fer-blanc, de laiton, etc., dont on garnit le bout d'une aiguillette, etc. || *Fer de botte,* Morceau de fer, en forme de demi-cercle, dont on garnit le dessous des talons de botte. || Le demi-cercle ou la sole de fer dont on garnit le dessous des pieds des chevaux, des mulets, des ânes. *Fer de cheval. Mettre un fer à un mulet. Mettre à un cheval des fers cramponnés, pour empêcher qu'il ne glisse sur la glace.* Par catachrèse, on dit, *Fer d'argent, fer d'or,* Lorsque cette espèce de sole est d'argent ou d'or. *Les chevaux de cet ambassadeur avaient des fers d'argent.* — *Tomber les quatre fers en l'air,* se dit d'un

cheval, d'un mulet, qui se renverse et tombe sur le dos; et, fig., d'un homme qui tombe à la renverse, et, dans une acception plus figurée encore, qui est frappé d'étonnement. Très famil. — Fig. et prov., *Quand on quitte un maréchal, il faut payer les vieux fers,* Quand on quitte un ouvrier, il faut payer ce qu'on lui doit. *Avoir toujours quelque fer qui loche, Il y a quelque fer qui loche.* Voy. LOCHER. *Cela ne vaut pas les quatre fers d'un chien,* Cela ne vaut absolument rien. — *En fer à cheval,* En forme de demi-cercle. *Table en fer à cheval.* On dit de même, *Cela fait le fer à cheval, forme le fer à cheval,* etc. || T. Fortif. anc. *Fer à cheval,* Ouvrage fait en demi-cercle, au dehors d'une place. — T. Archit. Escalier qui a deux rampes, et qui est fait en demi-cercle. Par ext., se dit de deux pentes douces qui sont en demi-cercle dans un jardin. — T. Maм. Espèce de Chauve-Souris du genre *Rhinolophe.* Voy. CHEIROPTÈRES. || T. Jurispr. *Cheptel de fer.* Voy. CHEPTEL. || T. Mar. Nom de différents outils terminés par une pointe ou un morceau de fer et servant pour divers usages, tels : *Fer à calfat. Fer de gaffe. Fer d'arc-boutant. F. d'andriveau,* etc. || *Fers,* au plur., se dit des chaînes, des ceps, des menottes, etc. *Être aux fers, dans les fers. On lui met les fers aux pieds. On le chargea de fers.* — Fig., *Jeter, retenir quelqu'un dans les fers,* etc. *Mettre, retenir quelqu'un en prison,* le priver de sa liberté. On dit aussi, *Gémir, languir dans les fers,* etc. — Fig. et dans le style oratoire et poét., État d'esclavage, d'oppression. *Donner des fers à une nation. Ce peuple a enfin brisé ses fers.* — Poétiq., *La tyrannie qu'exerce l'amour. Les amants bénissent leurs fers. L'amour le tient dans ses fers.*

Chim. — I. *Généralités.* — Le Fer chimiquement pur est un métal gris bleuâtre; mais lorsqu'il a été poli, il a l'éclat de l'argent. Il est flexible et très peu élastique; sa cassure est écailleuse; il cristallise dans le système cubique; enfin, il a une odeur et une saveur faibles, mais très appréciables. Le fer se prépare en chauffant, au feu le plus fort, un mélange de limaille de fer avec un quart de son poids d'oxyde de fer, dans un creuset de Hesse fermé par un couvercle de verre exempt d'oxydes métalliques. Dans cette opération, les petites quantités de matières étrangères que contient la limaille sont brûlées par l'oxygène de l'oxyde, l'excès d'oxyde de fer se combine avec la matière vitreuse en formant une scorie, et le fer purifié fond en un seul culot. — On peut aussi obtenir du fer pur en réduisant un de ses oxydes par l'hydrogène à une haute température. Mais si l'on opère seulement à la température du rouge sombre, on l'obtient sous forme de poudre noire. Le fer préparé de cette dernière façon est dit pyrophorique, parce que, à l'état d'extrême division, ce métal est tellement avide d'oxygène qu'il prend feu au contact de l'air. — Par l'électrolyse d'une solution de chlorure ferreux, additionnée de sel ammoniac, on obtient du fer en lamelles grisâtres, contenant souvent de grandes quantités d'hydrogène occlus, qu'il perd facilement à la chaleur. Le fer électrolytique possède une grande dureté; on utilise cette propriété dans l'aciérage des planches de cuivre gravées. — Le fer fondu a une densité égale à 7,2; quand il est forgé, sa densité varie entre 7,7 et 7,9. C'est au reste le plus malléable, le plus ductile et le plus tenace de tous les métaux : ainsi, un fil de fer cylindrique de 2 millimètres de diamètre ne rompt que sous une charge de 250 kilogr. Il perd une partie de sa ténacité et devient cassant par l'écrouissage ou sous l'influence de chocs répétés; pour lui conserver sa ténacité il faut le marteler à chaud. Le fer ne fond qu'entre 1500° et 1600°, c.-à-d. aux températures les plus élevées que nous puissions produire dans nos meilleurs fourneaux à vent. Mais il jouit de la précieuse propriété de se ramollir assez, vers la température de 950°, pour se souder facilement à lui-même et pour prendre sous le marteau toutes les formes voulues. Il est très magnétique à la température ordinaire; mais il perd cette propriété quand on le chauffe à la chaleur blanche. Sa dilatation linéaire de 0° à 100° est de 1/816. Sa conductibilité pour la chaleur est 119, pour l'électricité 168, les conductibilités de l'argent étant 1000. Le symbole du fer est Fe et son poids atomique 56.

Le fer se conserve indéfiniment sans altération dans l'air sec et même dans l'oxygène sec, à la température ordinaire; mais à l'air humide il s'altère rapidement et se couvre d'une couche jaunâtre d'hydrate de peroxyde de fer qu'on appelle *Rouille.* Cette altération s'opère surtout très facilement au contact de l'acide carbonique de l'air : il se forme d'abord un carbonate ferreux, très oxydable, qui, en absorbant une nouvelle portion d'oxygène, se transforme définitivement en hydrate ferrique. Dès qu'un point de la surface du métal est oxydé, il devient comme un véritable foyer qui propage l'oxydation partout autour de lui. Ce phénomène tient à ce que la petite couche d'oxyde forme, avec le reste du fer, un véritable couple voltaïque, dans lequel le fer, élément positif, possède la propriété de décomposer la vapeur d'eau de l'air ambiant, de dégager son hydrogène, et de se combiner avec son oxygène. La rouille contient presque toujours une petite quantité d'ammoniaque, ce qui s'explique par la combinaison de l'hydrogène naissant avec l'azote dissous dans l'eau qui se décompose. Le fer se rouille encore avec rapidité dans l'eau pure, quand elle n'a pas été purgée d'air et d'acide carbonique; cependant lorsque l'eau renferme seulement quelques millièmes de carbonate de potasse ou de soude, il ne s'altère que très peu. Pour le préserver de la rouille on enduit sa surface de corps gras, de vernis, de plombagine, etc., ou bien on le recouvre d'étain ou de zinc. Voy. plus loin FER-BLANC et FER ZINGUÉ. Un des meilleurs moyens de protection consiste à chauffer le fer à 650° dans un courant de vapeur d'eau, de manière à le recouvrir d'une couche d'oxyde magnétique. Quand le fer est chauffé à l'air, il s'altère promptement et présente alors diverses colorations remarquables. A 234°, sa surface devient jaune d'or, à 250° elle devient violet pourpre; à 300°, elle est bleue; à 400°, elle se décolore entièrement pour redevenir bleue à la chaleur rouge où son oxydation commence. A ce moment, le fer se recouvre d'une pellicule noire d'oxyde qui se détache sous le choc du marteau. Au rouge il s'oxyde rapidement en donnant de l'oxyde magnétique; dans l'oxygène pur, cette combustion se fait avec une vive incandescence. Le fer décompose l'eau au rouge, met son hydrogène en liberté et s'oxyde aux dépens de son oxygène; avec le fer pyrophorique, la décomposition de l'eau se fait lentement dès 15°, et rapidement à 100°. L'acide chlorhydrique et la plupart des acides étendus dissolvent le fer à froid avec dégagement d'hydrogène. L'acide sulfurique étendu agit de même à froid; mais à chaud il concentré, il l'attaque en dégageant du gaz acide sulfureux. L'acide nitrique étendu le dissout sans qu'il y ait dégagement apparent de gaz: il se forme alors de l'azotate ferreux et de l'azotate d'ammoniaque. Plus concentré, l'acide nitrique attaque vivement le fer en dégageant des vapeurs rutilantes et en abondance; mais l'acide fumant ne le dissout pas et le rend passif. Voy. AZOTE.

II. *Combinaisons du fer avec l'oxygène.* — 1° L'*oxyde ferreux* FeO, appelé aussi *protoxyde de fer*, a été obtenu en chauffant au rouge le fer dans un courant d'anhydride carbonique. Il est noir, faiblement magnétique, très oxydable. Chauffé au rouge, dans l'air ou dans la vapeur d'eau, il se convertit en oxyde magnétique Fe^3O^4. — L'*hydrate ferreux* Fe(OH)², ou *hydrate de protoxyde de fer*, s'obtient sous forme de précipité blanc quand on ajoute un alcali à une solution d'un sel ferreux, à l'abri de l'air. Il est excessivement oxydable. A l'air il devient rapidement gris, puis vert, bleuâtre et brun, et se transforme en hydrate ferrique. L'oxyde ferreux ainsi que son hydrate se dissolvent dans les acides en donnant des sels ferreux répondant à la formule

générale FeX^2, où X représente Cl ou AzO^3 ou $\frac{1}{2} SO^4$, etc.

2° L'*Oxyde ferrique* Fe^2O^3, appelé aussi *Sesquioxyde* ou *Peroxyde de fer*, est un corps très répandu dans la nature, où il se trouve soit à l'état anhydre, soit à l'état d'hydrate. Dans le premier état, il se présente sous forme de cristaux rhomboédriques aplatis, très brillants, presque noirs (*fer oligiste*); d'autres fois, il existe en lames minces ayant la forme hexagones régulière (*fer spéculaire*): d'autres fois, enfin, on le rencontre à l'état de masses compactes d'un rouge intense (*hématite rouge*). — On obtient artificiellement de petits cristaux de fer oligiste quand on chauffe au rouge le chlorure ferrique dans un courant de vapeur d'eau. On prépare industriellement ce peroxyde à l'état amorphe en calcinant du sulfate ferreux. Sous sa décompose, d'une part, en acide sulfureux et en acide sulfurique qui se dégagent, et, de l'autre, en peroxyde de fer qui reste dans le creuset sous forme d'une poudre rouge appelée *Colcothar*. Chauffé au rouge sombre, le peroxyde de fer devient incandescent et éprouve une modification moléculaire; il devient plus dur, d'un rouge plus vif, et se dissout plus difficilement dans les acides. Au rouge blanc, il perd une partie de son oxygène et se transforme en oxyde magnétique. Chauffé au contact du charbon, ou dans un courant soit d'oxyde de carbone, soit d'hydrogène, il se réduit en fer métallique. Enfin, en chauffant au rouge avec une matière vitreuse, il donne des verres d'une couleur jaune rougeâtre. — Le peroxyde de fer est une base faible; quand il n'a pas été calciné, il se dissout facilement dans les acides en donnant des *sels ferriques* dont la formule géné-

rale est Fe^2X^3. Mais il peut aussi se comporter comme un acide faible et se combiner à la potasse, la chaux, la magnésie, l'oxyde de zinc, en donnant des sels appelés *ferrites*. L'oxyde magnétique dont nous parlerons plus loin, peut être considéré comme une combinaison de ce genre, résultant de l'union du peroxyde et du protoxyde de fer.

Les *hydrates ferriques* ou *hydrates de peroxyde de fer* sont nombreux et leur composition n'est pas toujours établie avec certitude, car leur teneur en eau varie très facilement avec les conditions de préparation. Ceux qu'on obtient en précipitant les sels ferriques par un alcali sont rouges ou bruns et perdent facilement leur eau en donnant un oxyde anhydre facilement soluble dans les acides. Les hydrates résultant de l'oxydation des hydrates ferreux et ferroso-ferrique et du carbonate ferreux sont jaunes et fournissent un oxyde anhydre jaune rouge difficilement soluble dans les acides. — Le précipité que produit à froid l'ammoniaque dans une solution de chlorure ferrique est une masse gélatineuse brune qui, desséchée dans le vide, renferme $2Fe^2O^3, 3H^2O$; c'est la composition habituelle de la Limonite et de la Rouille. Calciné au rouge sombre, il se déshydrate avec incandescence. Chauffé pendant quelques heures dans l'eau bouillante, il se transforme en un hydrate fort différent qui, après dessiccation forme une poudre rouge brique, présentant la même composition que la Goethite Fe^2O^3, H^2O. Cet hydrate *modifié*, qu'on peut aussi obtenir en précipitant un sel ferreux par le carbonate de sodium et un hypochlorite, ne présente plus le phénomène de l'incandescence quand on le déshydrate et ne donne plus de bleu de Prusse avec l'acide acétique et le ferrocyanure de potassium; il se dissout dans certains acides étendus en donnant une liqueur rouge, trouble par réflexion, qui, par l'addition d'un acide concentré ou de certains sels fournit un précipité rouge, soluble dans l'eau. — On a aussi décrit des

hydrates ferriques à $\frac{1}{2}$; $\frac{3}{2}$ et 2 molécules d'eau. Enfin, par la dialyse de l'acétate ferrique, on obtient un hydrate *colloïdal* qui se coagule à froid par des traces d'acide sulfurique, d'alcalis ou de certains sels, et qui est employé en médecine. — L'oxyde et l'hydrate ferriques provoquent beaucoup de combustions lentes et possèdent un pouvoir oxydant pour ainsi dire illimité; car, après avoir cédé de l'oxygène aux substances oxydables, ils s'oxydent de nouveau aux dépens de l'air et redeviennent aptes à fournir une nouvelle quantité d'oxygène. C'est ainsi que les tissus tachés par la rouille finissent par être percés, et que, dans les navires, les parties en bois qui se trouvent en contact avec des chevilles de fer sont rapidement détériorées et comme brûlées. Ce pouvoir oxydant est utilisé pour l'épuration du gaz d'éclairage dans le procédé Laming. Voy. GAZ.

3° L'*oxyde magnétique* ou *oxyde salin de fer* Fe^3O^4 peut être considéré comme un *oxyde ferroso-ferrique* $Fe^2O^3.FeO$, combinaison de protoxyde et de sesquioxyde. Il se rencontre dans la nature, tantôt en cristaux d'un éclat métallique et sous forme d'octaèdres réguliers; tantôt à l'état de masses compactes. Dans les deux cas, il possède à un très haut degré la propriété magnétique polaire. En effet, cet oxyde n'est autre chose que l'aimant naturel. On l'obtient artificiellement en faisant passer un courant de vapeur d'eau sur du fer métallique chauffé au rouge; la combustion du fer dans l'oxygène ou du fer pyrophorique dans l'air donne aussi naissance à cet oxyde. — L'*hydrate ferroso-ferrique* Fe^3O^4, H^2O s'obtient en versant dans de l'ammoniaque un mélange à molécules égales de sulfate ferreux et de sulfate ferrique. Il se précipite alors sous forme d'une poudre brune noirâtre qui est également très magnétique. — L'*Ethiops martial* des pharmacies, qu'on prépare en exposant au contact de l'air de la limaille de fer humectée d'eau, est un oxyde magnétique.

L'*oxyde des battitures* résulte de l'action de l'air sur le fer chauffé au rouge; c'est cet oxyde qui se détache en lamelles sous le marteau quand on forge le fer. Il n'est pas homogène; la couche extérieure contient surtout du sesquioxyde; la couche intérieure, noirâtre et magnétique, présente à peu près la composition $Fe^2O^3, 6FeO$.

4° L'*acide ferrique*, dont la formule serait FeO^4H^2 n'est connu que par ses sels appelés *ferrates*; lorsqu'on cherche à l'isoler, il se décompose en peroxyde de fer, oxygène et eau. Le ferrate de potassium FeO^4K^2 se produit quand on calcine de la limaille de fer avec 4 fois son poids de salpêtre; sa solution aqueuse est de couleur améthyste et se décompose par la dilution. En décomposant cette solution par le chlorure de baryum, on obtient le ferrate de baryum FeO^4Ba sous forme de précipité rouge soluble dans l'acide acétique.

III. *Combinaisons du fer avec les métalloïdes.*

1° Les *sulfures de fer* sont fort nombreux. Le *Protosulfure* FeS se prépare en projetant de la limaille de fer dans du soufre fondu. La combinaison se fait avec vivacité, et il reste au fond du creuset un culot d'un éclat métallique, et d'un jaune bronzé sombre, qui est le protosulfure. La combinaison du fer avec le soufre peut s'opérer même à la température ordinaire. Pour cela, il suffit de mélanger intimement ensemble de la limaille de fer et de la fleur de soufre, puis de les humecter d'un peu d'eau. Dans ce procédé, la réaction qui a lieu est tellement vive, que, si l'on opère sur des masses un peu considérables, le mélange s'enflamme et se projette hors du vase. Les anciens voyaient dans ce phénomène une explication de l'éruption des volcans; de là le nom de *Volcan de Lémery* donné à cette préparation. L'action des sulfures alcalins sur les solutions de sels ferreux fournit un précipité de protosulfure noir, insoluble dans l'eau, soluble dans les acides, s'oxydant rapidement à l'air. Le précipité que produisent les sulfures alcalins dans les solutions ferriques est un mélange de protosulfure et de soufre. — Le *sesquisulfure* Fe²S³ se forme quand on chauffe le bisulfure au rouge sombre ou lorsqu'on traite à 100° l'hydrate ferrique par l'hydrogène sulfuré. C'est une masse d'un gris jaunâtre que les acides décomposent en donnant un sel ferreux, du bisulfure de fer, et de l'hydrogène sulfuré. On rencontre le sesquisulfure dans la nature, associé au cuivre dans les pyrites cuivreuses. — Les *pyrites magnétiques* peuvent être considérées comme des combinaisons de sesquisulfure et de protosulfure. — Le *Bisulfure* FeS², qui n'a pas d'analogue parmi les oxydes du fer, est très abondant dans la nature, où il constitue la *Pyrite jaune* et la *Pyrite blanche*. Ces pyrites sont inattaquables par les acides; chauffées à l'abri de l'air, elles dégagent du soufre et laissent un résidu de sesquisulfure ou de pyrite magnétique; grillées à l'air, elles fournissent de l'acide sulfureux. Voy. plus loin VII, D.

2° *Chlorures de fer.* — Il y en a deux, qui correspondent par leur composition au protoxyde et au sesquioxyde. — Le *Chlorure ferreux* FeCl² ou *Protochlorure de fer* s'obtient à l'état anhydre en chauffant au rouge du fer dans l'acide chlorhydrique sec. Il cristallise en lamelles hexagonales, fusibles au rouge. Ce chlorure à l'état hydraté (FeCl² + 4H²O) se prépare en chauffant de la limaille de fer avec de l'acide chlorhydrique. On évapore la liqueur et l'on a des cristaux clinorhombiques d'un vert pâle, très déliquescents, et décomposables par la chaleur. — Le *Chlorure ferrique* Fe²Cl⁶, appelé aussi *Perchlorure* ou *Sesquichlorure de fer*, se produit à l'état anhydre, sous forme de belles paillettes hexagonales, violettes à reflets verdâtres, quand on chauffe du fer dans un courant de chlore. Chauffé dans l'oxygène, il s'oxyde et dégage du chlore. Chauffé dans la vapeur d'eau, il donne de l'acide chlorhydrique et du peroxyde de fer. Pour obtenir le chlorure ferrique en dissolution, on traite le fer par l'eau régale ou plutôt on fait agir le chlore sur une solution de chlorure ferreux. La solution de chlorure ferrique est d'un brun foncé et devient jaune par la dilution. Quand elle est étendue d'une grande quantité d'eau, elle se modifie profondément par l'action de la chaleur et devient rouge; elle est alors dissociée en acide chlorhydrique et en hydrate ferrique *soluble*, qu'on ne peut isoler par dialyse, ou qu'on peut précipiter, à l'état d'hydrate *modifié* insoluble, par l'addition de sel marin. La plupart des agents réducteurs ramènent le chlorure ferrique à l'état de chlorure ferreux. La solution de chlorure ferrique est fort employée en médecine comme hémostatique. — On obtient différents *oxychlorures de fer* solubles, lorsqu'à une solution concentrée de chlorure ferrique, on ajoute de l'hydrate ferrique récemment précipité ou encore de la potasse, de la chaux, de la magnésie, de l'hydrate de zinc. Par l'ébullition prolongée de la solution de chlorure ferrique ou par l'action de l'air sur une solution de chlorure ferreux, on obtient des oxychlorures insolubles. — On rencontre les chlorures de fer, et particulièrement le perchlorure, dans les laves de l'Auvergne, aux environs du Vésuve, etc. Comme il est très volatil, le chlorure de fer se dépose sur les parois du cratère du volcan sous forme de petites paillettes micacées qui, étant soumises à l'action de forts courants d'air, se décomposent en grande partie, et laissent pour résidu du peroxyde de fer non volatil. C'est ainsi qu'on explique la formation du fer spéculaire que l'on trouve dans presque tous les volcans.

3° Le *Bromure ferreux* FeBr², en masses lamelleuses jaune clair, très fusible, et le *Bromure ferrique* Fe²Br⁶, sublimable en cristaux rouge foncé, se produisent dans les mêmes circonstances que les chlorures correspondants. Le bromure ferreux hydraté s'obtient par l'action du brome sur le fer en

présence de l'eau; il sert à préparer le bromure de potassium.

4° L'*Iodure ferreux* FeI² se forme à l'état anhydre, quand on chauffe au rouge de l'iode avec du fer. On le prépare à l'état d'hydrate en traitant à froid la limaille de fer par trois fois son poids d'iode en présence de l'eau; sous cette forme, il est usité en thérapeutique et sert à préparer l'iodure de potassium. Si l'on employait un excès d'iode, on obtiendrait une solution d'iodure ferrique.

5° Les *Cyanures de fer* simples, c.-à-d. le *Cyanure ferreux* FeCy² et le *Cyanure ferrique* Fe²Cy⁶, sont fort peu connus à cause de l'extrême facilité avec laquelle ils se transforment en composés plus compliqués. Mais on connaît un grand nombre de cyanures complexes, dont plusieurs sont très importants. L'un d'eux est le *Bleu de Prusse*. Voy. FERRI-CYANURE et FERROCYANURE.

6° *Phosphures et Arséniures de fer.* — Le phosphore et l'arsenic se combinent aisément en diverses proportions avec le fer, mais les composés qu'ils donnent sont inusités. Les fers dans lesquels il entre même une très faible quantité de l'un ou de l'autre de ces métalloïdes sont fort mauvais, car ils sont très cassants; toutefois, la présence de 0,1 à 0,5 pour 100 de phosphore est favorable à la résistance de l'acier quand celui-ci est pauvre en carbone. — On rencontre dans la nature les arséniures FeAs², Fe²As³, FeAs⁴, et un sulfo-arséniure, le *Mispickel*. Voy. plus loin, VII, E.

7° *Siliciures de fer.* — Le silicium se dissout dans le fer fondu et reste combiné par le refroidissement. C'est ce qui arrive quand le fer est chauffé avec un mélange de silice et de charbon; aussi les fontes sont-elles quelquefois très siliceuses. La présence d'un peu de silicium ne nuit pas aux qualités du fer; elle le rend plus dur et plus fusible. — En faisant passer des vapeurs de chlorure de silicium sur du fer chauffé au rouge, on obtient un siliciure FeSi cristallisé en octaèdres jaunâtres et durs, insoluble dans les acides, décomposable par la potasse.

8° *Carbures de fer.* — Lorsque le carbone et le fer sont mis en présence à une très haute température, ils se combinent directement, mais en proportions très variables. Les différentes espèces de fontes et d'aciers ne sont autre chose que des carbures de fer. Les aciers contiennent moins de carbone que les fontes, et les qualités des uns et des autres varient avec la proportion de carbone et de quelques autres substances : manganèse, silicium, phosphore, etc., qu'ils contiennent. Voy. ACIER, FONTE.

IV. *Sels de fer.* — A l'état solide et cristallisé, les sels ferreux ont une couleur vert bleuâtre, et les sels ferriques une couleur jaune brunâtre : tous ont une saveur styptique et astringente. A l'état anhydre, les uns et les autres sont blancs. Les dissolutions des sels ferreux sont d'un vert clair; celles des sels ferriques sont d'un jaune rougeâtre. La potasse et la soude donnent avec les sels ferreux un précipité blanc qui verdit au contact de l'air; avec les sels ferriques, le précipité est brun ocreux. L'ammoniaque donne, avec les premiers, un précipité blanc sale qui se redissout dans un excès de réactif; avec les seconds, le précipité est brun et insoluble dans un excès d'ammoniaque. L'acide sulfhydrique est sans action sur les sels ferreux, tandis qu'avec les sels ferriques il produit un précipité blanc de soufre. Le ferrocyanure jaune de potassium détermine dans les dissolutions de sels ferreux un précipité blanc qui bleuit rapidement à l'air; avec les sels ferriques, on obtient immédiatement un précipité de bleu de Prusse. Le ferricyanure rouge produit un précipité bleu avec les sels ferreux, mais il ne fait que colorer en vert brun les sels ferriques. L'infusion de noix de galle est sans action sur les premiers, tandis qu'elle donne avec les seconds un précipité noir bleuâtre. Enfin, le sulfocyanure de potassium fait naître dans la dissolution des sels ferriques une coloration d'un rouge de sang très intense.

Les sels halogènes, chlorures, bromures, etc., ayant été examinés ci-dessus, il ne nous reste à parler que des sels oxygénés.

1° *Carbonates de fer.* — Le *Carbonate ferreux* CO³Fe est le seul qui nous intéresse. On le trouve dans la nature à l'état anhydre et en masses considérables (*fer spathique*). Il se présente alors sous forme de cristaux rhomboédriques, isomorphes avec les carbonates de chaux, de magnésie et de manganèse. On le produit artificiellement en faisant réagir, à la température de 160°, dans un tube hermétiquement fermé, une dissolution de bicarbonate de soude sur une dissolution de sulfate ferreux. On l'obtient à l'état d'hydrate par voie de double décomposition à la température ordinaire. Récemment précipité, il est d'un blanc un peu blond et nacré; mais, au contact de l'air, il ne tarde pas à se colorer en vert pâle, en perdant de l'acide carbonique et en se suroxydant. Lorsqu'il est devenu d'un jaune brunâtre, on lui donne le nom de *Safran de Mars apéritif*; cette préparation, suivant Soubeiran, est un mélange d'hydrate ferrique et de carbonate basique de fer. Le carbonate ferreux se dissout dans un excès d'acide carbonique, et il se rencontre, sous cette forme, dans beaucoup d'eaux de sources et de rivières (*eaux ferrugineuses*). Ces eaux, exposées au contact de l'air, laissent dégager de l'acide carbonique, et il se dépose de l'hydrate ferrique sur les herbes, les sables, etc., qui se trouvent ainsi recouverts d'un enduit jaune d'ocre. L'eau de ces rivières est, dit-on, excellente pour la trempe de l'acier. — On ne connaît pas le *Carbonate ferrique* normal. Quand on cherche à le préparer, on obtient de l'hydrate ferrique ou un carbonate plus ou moins basique, et il se dégage de l'acide carbonique.

2° L'*Azotate ferrique* ($Az O^3)^3 Fe^2$ est d'un brun rouge, déliquescent, soluble dans l'eau et dans l'alcool. On l'obtient en traitant du fer très divisé par l'acide azotique faible. En présence d'un excès d'acide azotique, il peut fournir des cristaux clinorhombiques contenant $18 H^2 O$ et des cristaux cubiques contenant $12 H^2 O$. Sa solution est employée en teinture comme mordant.

3° *Sulfates de fer.* — Le *Sulfate ferreux* $SO^4 Fe$ est plus connu du commerce sous les noms de *Couperose verte*, de *Vitriol vert* et de *Fer vitriolé*. Il cristallise en gros prismes obliques rhomboïdaux d'un vert pâle et d'une saveur très styptique contenant $7 H^2 O$, et isomorphes avec le sulfate de magnésie. On peut aussi le faire cristalliser en prismes orthorhombiques, isomorphes avec le sulfate de zinc, si l'on ajoute à la solution sursaturée un cristal de ce dernier sulfate. En procédant de même avec un cristal de sulfate de cuivre, on obtiendrait le sulfate ferreux en cristaux contenant $5 H^2 O$, isomorphes avec le sulfate de cuivre. Enfin, les eaux-mères donnent des cristaux renfermant $4 H^2 O$ et isomorphes avec le sulfate de manganèse. Lorsqu'on le calcine, la couperose perd 6 de ses molécules d'eau à 100°, et la dernière à 300° seulement; on a alors une poudre blanche, qui, chauffée davantage, se décompose en peroxyde de fer (*colcothar*), en acide sulfureux et en acide sulfurique. Dans les laboratoires, on prépare le sulfate de fer en dissolvant du fer métallique dans de l'acide sulfurique étendu. Dans les arts, on utilise ainsi les déchets de fer et l'acide sulfurique impur qui a servi à l'épuration des huiles ou du pétrole. Mais le procédé industriel le plus usité repose sur l'emploi des pyrites ou sulfures de fer naturels. On grille ces pyrites à l'air; le soufre et le métal s'oxydent; la plus grande partie du soufre se transforme en acide sulfureux; mais une autre passe à l'état d'acide sulfurique et se combine avec l'oxyde métallique, formant ainsi du sulfate de fer, que l'on retire par des lavages répétés. On emploie aussi les pyrites efflorescentes et les schistes pyriteux; on les expose à l'air et à la pluie, de manière qu'ils se transforment peu à peu en sulfate ferreux, qu'on extrait ensuite par lavages et cristallisation. Comme les pyrites contiennent ordinairement du sulfure de cuivre, le sulfate de fer ainsi obtenu renferme toujours une certaine proportion de sulfate de cuivre. Pour opérer la séparation des deux sulfates, on les fait dissoudre; puis on chauffe la dissolution en contact avec des lames de fer. Celles-ci déterminent la précipitation de tout le cuivre à l'état métallique. Quelquefois, dans l'industrie, on préfère le sulfate de fer mêlé avec un peu de sulfate de cuivre : c'est ainsi que les teintureries se servent, dans quelques cas, du *sel de Saltzbourg*, qui se compose d'une molécule de sulfate de cuivre pour trois de sulfate de fer. Le vitriol du commerce est assez fréquemment recouvert d'une couche ocreuse de sous-sulfate ferrique. Il suffit, pour le purifier, de redissoudre le sel dans l'eau et de faire bouillir la dissolution avec de la limaille de fer. Le sous-sulfate ferrique se trouve ramené à l'état de sulfate ferreux. — Le *Sulfate ferrique* $(SO^4)^3 Fe^2$ s'obtient sous forme de poudre jaunâtre ou de lamelles orthorhombiques incolores, en chauffant du sulfate ferreux anhydre avec de l'acide sulfurique concentré, puis en chassant l'excès de ce dernier par la chaleur. On l'obtient en solution brune quand on oxyde, par l'acide azotique, une solution de sulfate ferreux en présence d'un excès d'acide sulfurique. Le sulfate ferrique, avec $9 H^2 O$, existe en couches puissantes au Chili. Par la calcination, il se décompose en anhydride sulfurique et en colcothar. Le sulfate ferrique forme avec les sulfates de potasse et d'ammoniaque des aluns dont la formule est semblable à celle de l'alun ordinaire. — On obtient des *sulfates ferroso-ferriques* (combinaisons du sulfate ferrique et de sulfate ferreux), en dissolvant de l'oxyde magnétique dans de l'acide sulfurique, ou en ajoutant de l'a-

cide sulfurique concentré à un mélange de sulfates ferrique et ferreux dissous. La nature nous offre de pareilles combinaisons dans la *Roemerite* et la *Vollaïte*.

4° *Phosphates de fer.* — L'*orthophosphate ferreux* normal $(PO^4)^2 Fe^3$ est le précipité blanc, gélatineux, que produit le phosphate de sodium dans la solution d'un sel ferreux; il est cristallisable, incolore, mais bleuit rapidement à l'air. On le rencontre dans la nature cristallisé avec $8 H^2 O$ en prismes clinorhombiques bleus; c'est la *Vivianite*. — On connaît plusieurs phosphates ferriques peu importants; la *Dufrénite* est un phosphate ferrique, basique et hydraté.

5° L'*Arséniate ferrique* normal $(As O^4)^2 Fe^2 + 4 H^2 O$ existe dans la nature; c'est la *Scorodite*, cristallisée en octaèdres orthorhombiques vert pâle, quelquefois d'un brun de foie, par suite d'altération. On rencontre aussi dans la nature des arséniates basiques. Voy. plus loin VII, E. — Pour l'arséniate ferreux, ou arséniate de protoxyde de fer, Voy. ARSENIC. — Par l'action de l'hydrate ferrique sur l'anhydride arsénieux, il se forme un *Arséniate ferrique* basique; ce sel est insoluble; c'est ce qui explique l'emploi de l'hydrate ferrique, récemment précipité, comme contre-poison de l'anhydride arsénieux.

6° *Silicates de fer.* — Le *Silicate ferreux* normal $Si O^4 Fe^2$ se produit dans l'affinage de la fonte; il est très fusible, attaquable par les acides, et n'est réduit ni par le carbone ni par l'oxyde de carbone. On rencontre quelquefois dans les laves le silicate neutre $Si O^3 Fe + 6 H^2 O$, en cristaux gris qui noircissent à l'air en s'oxydant. — Un grand nombre de silicates naturels contiennent du fer associé à d'autres métaux.

7° L'*Acétate ferreux* $(C^2 H^3 O^2)^2 Fe$ s'obtient en dissolvant du fer dans l'acide acétique concentré à chaud. Il est très oxydable et se transforme rapidement en acétate ferrique quand on l'expose à l'air; on s'en sert comme agent réducteur et comme mordant dans la teinture. Le *pyrolignite de fer* est un liquide brun, mélange d'acétates ferrique et ferreux, qu'on obtient en mettant en digestion du vinaigre de vin ou de l'acide pyroligneux avec des rognures de tôle ou de vieille ferraille. — Comme il est parlé ailleurs des *Tartrates de fer et de potassium*, etc., nous ne nous en occuperons pas ici. Voy. TARTRIQUE.

V. *Usages industriels.* — Quelques-uns des composés ferrugineux dont il vient d'être question sont d'une grande importance dans les arts. Le *protoxyde de fer*, employé en petite quantité, colore les fondants vitreux en vert foncé. C'est même à la présence de cet oxyde que notre verre à bouteilles ordinaire doit sa couleur. Le *peroxyde de fer anhydre* naturel est employé, sous les noms de *Sanguine*, de *Féret* et de *Pierre à brunir*, pour le polissage des métaux : on en fait aussi des crayons. Réduit à l'état de *Colcothar*, c.-à-d. en poudre très fine, qu'on appelle également *Rouge d'Angleterre* et *Rouge de Prusse*, il est usité dans la peinture à l'huile : c'est avec cette couleur que l'on peint en rouge les carreaux de nos appartements. On l'utilise encore pour polir l'argenterie et donner le dernier poli aux glaces. Porphyrisé avec l'émeri et incorporé dans du suif, il constitue la pâte dont on sert ordinairement pour affiler les rasoirs. Enfin, il est usité pour colorer en jaune rougeâtre les fondants vitreux; mais pour cela il faut qu'il entre dans le verre en proportion notable. Les *sulfures de fer* naturels servent à obtenir du soufre et le *sulfate* ou *couperose verte* s'emploie en grandes quantités pour le chaulage des blés et la désinfection des fosses d'aisances; il sert à la fabrication de l'encre; il est utilisé en teinture comme mordant, comme réducteur de l'indigo et pour la préparation du bleu de Prusse; il sert aussi à fabriquer l'acide sulfurique fumant et le colcothar. Le *pyrolignite de fer* ou *mordant de rouille* s'emploie en teinture et en impressions comme mordant pour y teindre en noir.

VI. *Usages médicaux.* — Les préparations *ferrugineuses* ou *martiales* sont fréquemment employées en médecine. Toutes agissent à peu près de la même manière, c.-à-d. comme toniques et astringentes, sauf une légère différence dans l'énergie de leur action, qui dépend beaucoup de leur degré de solubilité À l'intérieur, elles sont surtout employées comme reconstituants du sang, auquel elles restituent rapidement le fer perdu. Ainsi, elles constituent un remède héroïque contre l'anémie, la chlorose, et contre tout le cortège des accidents nerveux et autres qui accompagnent ces affections. Quand les ferrugineux sont indiqués, leur usage rend au sang sa plasticité, augmente le nombre des globules, et ranime rapidement le teint des malades : il n'est même pas rare de voir, chez des personnes qui peu de temps auparavant avaient été d'une pâleur mortelle, la pléthore succéder à l'anémie. C'est par une conséquence de leur action sur le sang, que les ferrugineux sont souvent utiles dans certains flux muqueux ou séreux à l'état passif. Les martiaux, administrés à l'intérieur, colorent en noir les matières fécales et déterminent habituellement la constipation. On peut alors associer l'aloès à la préparation ferrugineuse, et, au contraire, joindre à celle-ci une très petite proportion d'opium, dans les cas rares où elle occasionne de la diarrhée. — A l'extérieur, les composés ferrugineux exercent sur les tissus une action astringente énergique, modifient puissamment la surface des ulcères, et s'emploient fréquemment pour arrêter les hémorragies. — Les préparations ferrugineuses les plus usitées sont : la Limaille de fer, qui s'administre en poudre, en tablettes, en pilules, en électuaires, etc. ; le Fer réduit par l'hydrogène ; le Fer dialysé, c'est-à-dire l'Hydrate ferrique colloïdal ; l'Oxyde noir, Éthiops martial ou Safran de Mars astringent ; le Peroxyde ou Oxyde rouge (improprement Trioxyde de fer), qui, à l'état d'hydrate récemment précipité, a été préconisé comme un excellent contre-poison de l'acide arsénieux ; le Sous-carbonate de fer ou Safran de Mars apéritif ; l'Eau ferrée, qui n'est qu'une dissolution de ce dernier ; le Protochlorure, qui a été vanté dans les diarrhées colliquatives ; le Perchlorure, qui s'emploie dans la cachexie scrofuleuse, et qui jadis, mêlé avec la liqueur d'Hoffmann, formait la fameuse Teinture de Bestucheff, et l'Eau de Mars, aujourd'hui abandonnées ; l'Iodure de fer, qui est sans contredit la préparation la plus efficace dans les scrofules et les maladies syphilitiques des os, et qui a été également recommandé dans la cachexie tuberculeuse ; le Sulfure de fer employé aussi contre les affections scrofuleuses ; le Sulfate de fer, qui forme la base des Pilules de Vallet, des Pilules de Blaud, et du Sirop chalybé de Willis ; l'Azotate de fer, vanté contre les diarrhées chroniques, mais qui ne jouit nullement d'une efficacité particulière ; l'Acétate de fer, qui servait à préparer le Vinaigre chalybé et la Teinture éthérée de Klaproth, préparations inusitées aujourd'hui ; le Tartrate de potasse et de fer, qui constitue le principe actif des préparations connues sous les noms d'Eau de Boule, de Boules de Mars, de Boules de Nancy, de Vin chalybé et de Teinture de Mars tartarisée, et qui est aujourd'hui fort employée pour préparer l'Eau gazeuse martiale de Trousseau ; le Lactate de fer, qui est l'une des préparations martiales les plus utiles et les plus recommandables à cause de sa grande solubilité ; le Tannate de fer, qui est surtout utile dans la chlorose accompagnée de diarrhée ; et enfin le Citrate de fer, qui se prescrit sous forme de sirop. — A l'extérieur, on n'emploie guère que les sels solubles, comme l'iodure, le tartrate, le sous-carbonate, le citrate, le sulfate. Cependant le Peroxyde de fer entre dans la composition du fameux emplâtre Canet, si usité dans le traitement des ulcères atoniques et des plaies suppurantes de mauvaise nature. Le Sulfate de fer est un hémostatique très puissant ; il est également usité comme résolutif. Le Perchlorure de fer s'emploie avec succès sous forme d'injections contre certains écoulements rebelles.

Le fer, sous aucune de ses formes, ne possède de propriétés vénéneuses. Si certains de ses composés, tels que le sulfate de fer, les ferrocyanures de potassium, et l'arséniate de fer, sont capables de donner lieu à des accidents graves et même mortels, cela tient uniquement aux propriétés des corps avec lesquels ce métal se trouve alors combiné.

VII. Minéralogie. — Le fer est, de tous les métaux, le plus universellement répandu dans la nature ; il existe dans les trois règnes. Tous les animaux à sang rouge contiennent du fer, et c'est ce métal qui donne sa couleur à ce liquide. La masse totale du sang chez un adulte de taille ordinaire peut contenir environ 2 grammes de ce métal. Les cendres de presque tous les végétaux contiennent du fer, dont la quantité varie suivant la nature du terrain où ils croissent. Mais c'est surtout dans le règne minéral que le fer est répandu avec profusion, d'où il passe successivement dans le règne végétal d'abord, puis dans le règne animal, par suite des fonctions vitales de l'absorption et de la nutrition. C'est, par ex., la présence d'une quantité plus ou moins considérable de peroxyde de fer hydraté qui communique à la terre végétale de nos champs sa couleur d'ocre jaune ou rougeâtre. Ce métal se trouve dans tous les terrains et constitue un grand nombre d'espèces minérales ; mais nous nous contenterons de mentionner les plus importantes.

A. Fers natifs. — On en distingue trois, le F. natif pur, le F. aciéreux et le F. météorique. Les deux premiers sont excessivement rares. Nous citerons, en France, le filon de fer pur observé par Mossier aux environs de Grenoble, et celui

d'acier natif, découvert par le même minéralogiste au village de la Bouiche, près de Néris, dans un lieu où il a existé une houillère embrasée. Quant au fer météorique, ainsi que son nom l'indique, il n'est pas d'origine terrestre : c'est celui que l'on trouve dans les nombreux aérolithes que l'on rencontre à la surface du globe. Voy. Aérolithes.

B. Fers oxydés ou Sidéroxydes. — L'espèce la plus intéressante est l'Aimant naturel, appelé aussi Magnétite, F. magnétique et F. oxydulé. Ainsi que nous l'avons déjà vu, c'est un composé de protoxyde et de peroxyde de fer. Il est d'un noir brillant en masse, et d'un noir pur en poussière. Il doit son nom à cette circonstance qu'il est habituellement doué du magnétisme polaire. Le fer magnétique constitue des dépôts plus ou moins considérables dans les terrains de cristallisation, mais il ne se rencontre pas dans ceux de sédiment. Il est disséminé en cristaux dans les schistes cristallins ; dans les roches granitoïdes, dans les diorites et les serpentines, soit en veines, et forme des masses grenues, compactes ou terreuses, mêlées souvent de fer oligiste. Il est très riche en métal (72 p. 100), se traite avec la plus grande facilité, et donne un fer de la meilleure qualité. C'est avec le fer magnétique provenant de la Suède et de la Norvège que se fabrique le meilleur acier. Les exploitations les plus importantes sont, dans la Norvège, celle d'Arendal, et dans la Suède, celles de Taberg, en Smoland, et de Dannemora, en Upland. Au Brésil, dans la province de Minas Geraes, on trouve des amas importants de fer magnétique, mélangé de fer oligiste. On exploite à Cogne et à Traversello, en Piémont, un minerai semblable à ceux de Suède. — Le F. oligiste a été ainsi appelé par Haüy, parce qu'il y a très peu à faire pour retirer le métal. Ce minerai est un peroxyde qui contient 60 p. 100 de fer. Il est d'un gris d'acier, lorsqu'il est en masse, et n'offre pas la texture terreuse ; et toujours d'un rouge foncé, quand on le réduit en poussière : de là le nom de F. oxydé rouge qu'on lui donne communément. L'oligiste se présente sous des formes très variées. Nous citerons simplement l'Oligiste laminiforme ou Fer spéculaire, qu'on rencontre en cristaux aplatis ou en lamelles brillantes dans les laves des volcans ; l'Olig. écailleux, ou F. micacé, qui est en petites masses composées d'écailles brillantes, lesquelles sont tantôt solidement agrégées, et tantôt se détachent très facilement les unes des autres en adhérant aux doigts ; et l'Olig. concrétionné fibreux, ou Hématite rouge, qui est en masses mamelonnées à texture fibreuse et rayonnée comme celle du bois. Le fer oligiste forme des dépôts considérables dans les terrains de cristallisation, où il est à l'état métalloïde ; c'est ainsi qu'on le trouve en amas ou filons puissants à Gellivara, en Laponie ; à l'île d'Elbe, et à Framont, dans les Vosges. On le rencontre aussi dans les terrains de sédiment, surtout dans les parties de ces terrains qui avoisinent les roches cristallines, et le plus souvent, il s'y rencontre à l'état lithoïde ou terreux, comme à la Voulte, dans l'Ardèche. Mélangée d'argile l'hématite constitue l'ocre rouge. Le fer oligiste est un des minerais de fer les plus précieux : il est très commun en Suède, et très rare en France. — Une autre espèce importante du même genre est la Limonite ou F. limoneux, ainsi nommée parce qu'on la rencontre dans le limon des terrains d'alluvion, et appelée encore F. hydroxydé et F. hydraté, parce que c'est un peroxyde de fer hydraté. La limonite se présente en masses concrétionnées ou amorphes, brunes ou jaunâtres ; mais elle est toujours d'un jaune de rouille, lorsqu'elle est en poussière. C'est à cette espèce que se rapportent presque tous les minerais de fer des terrains de sédiment, et la plupart de ceux de notre pays. Parmi ses variétés, on distingue la Lim. fibreuse, dite Hématite brune ; la Lim. compacte, qui se présente en couches assez puissantes ; la Lim. géodique, appelée aussi Aétite ou Pierre d'aigle ; la Lim. oolithique, nommée encore Mine de f. en grains, parce qu'elle est sous forme de globules, tantôt de la grosseur d'un pois, tantôt en grains à peine distincts, qui sont libres ou réunis par un ciment argileux ; et la Lim. terreuse ou ocreuse, nommée aussi F. d'alluvion et F. de marais ou F. des prairies, qui est de formation moderne et s'exploite principalement dans la basse Silésie. En France, on exploite l'hématite brune à Rancié, dans le dép. de l'Ariège, ainsi que dans les Pyrénées et le Dauphiné. Mais c'est la variété oolithique qui alimente la plupart de nos usines, par ex. en Normandie, dans le Berry, le Bourbonnais, la Bourgogne, la Lorraine et la Franche-Comté.

C. Fers carbonatés. — La Sidérose est la principale espèce de ce groupe. Ce minerai forme tantôt des masses cristallines, et alors il appartient aux terrains de cristallisation, et tantôt des masses compactes et terreuses, et alors il se rencontre dans ceux de sédiment. La première variété constitue le *F. spathique*, et la seconde le *F. carbonaté lithoïde* ou *F. des houillères*. Le fer spathique est riche en métal, et très facile à fondre : il donne directement de l'acier, ce qui lui a valu le nom de *Mine d'acier*. Quand il est magnésifère, il est très recherché pour la fabrication du métal Bessemer. Il existe en filons à Baigorry (Basses-Pyrénées), et alimente de nombreuses forges dans les départements voisins. Il se trouve aussi en grandes masses à Allevard (Isère), et sert à la fabrication de l'acier de Rives. Le fer carbonaté terreux ou lithoïde se trouve en rognons et quelquefois en dépôts puissants dans le terrain houiller. Quoique d'une valeur intrinsèque assez faible, ce minerai est précieux à cause de son abondance, et parce qu'il est dans le voisinage d'un combustible qui peut servir à son traitement métallurgique. C'est presque le seul minerai de fer des Anglais ; mais, en France, il ne se trouve en quantité assez considérable qu'à Saint-Étienne (Loire) et à Aubin (Aveyron).

D. *Fers sulfurés.* — Sous ce titre, nous comprenons les sulfures et les sulfates de fer. — 1° Les principaux *sulfures de fer* sont la *Pyrite* proprement dite, appelée aussi *Pyr. cubique* et *Pyr. jaune*, et la *Sperkise* ou *Marcassite*. Toutes deux ont la même composition exprimée par la formule FeS^2, mais diffèrent par leur forme cristalline. La première est une substance d'un jaune d'or ou de laiton, qui est fort commune, quoique nulle part elle ne soit en grandes masses. Elle cristallise dans le système cubique ; ses cristaux, quelquefois très beaux, sont ordinairement affectés d'hémiédrie à faces parallèles ; on la rencontre en cubes et en octaèdres striés, et le plus souvent en dodécaèdres pentagonaux. Dans les lieux où elle est assez abondante, elle sert comme minerai de soufre, ou bien on l'exploite pour la fabrication du sulfate de fer, en aidant à sa décomposition à l'air libre. Certaines variétés aurifères sont exploitées pour en tirer l'or, soit par lavage, soit par amalgamation. Autrefois, on employait cette pyrite, sous le nom de *Marcassite*, pour faire des boutons et d'autres ouvrages de peu de valeur. Dans les premiers temps de l'invention des armes à feu, on s'en servait en guise de pierre à fusil ; de là les noms de *Pierre d'arquebuse* et de *Pierre de carabine*, sous lesquels elle est quelquefois désignée. Enfin, on a trouvé des plaques taillées et polies de cette substance dans les tombeaux des anciens Péruviens, et l'on suppose qu'elles leur servaient de miroirs : de là encore le nom de *Miroir des Incas*, sous lequel on l'appelle cette pyrite. — On réserve aujourd'hui le nom de *Marcassite* à la *Sperkise*, qui cristallise dans le système orthorhombique ; on l'appelle encore *Pyrite rhombique* et *Pyr. blanche*, bien qu'elle soit jaune livide ou jaune verdâtre. Elle a la même composition que la précédente. Elle appartient spécialement aux terrains de sédiment, et se rencontre le plus souvent en petits cristaux disséminés ou en grains imperceptibles dans certains schistes et lignites. On exploite ces matières et on les laisse exposées au contact de l'air, où le sulfure se change spontanément en sulfate que l'on recueille ; ce sulfate peut servir à la fabrication de l'acide sulfurique fumant ; quand les pyrites sont argileuses, il se forme du sulfate d'alumine qu'on utilise pour la préparation de l'alun. En calcinant les pyrites à l'air, on obtient l'acide sulfureux qui sert à la préparation de l'acide sulfurique ordinaire. — 2° Parmi les *Sulfates de fer* naturels, nous ne citerons que la *Mélantérite* ou *Couperose verte* ou *Vitriol martial*, substance verdâtre et d'une saveur d'encre, qui provient de la décomposition des sulfures de fer et principalement de la Sperkise, et se trouve partout où il y a des pyrites en décomposition. Elle est employée pour préparer l'encre, ainsi que pour la teinture en noir.

E. *Fers phosphorés, arséniés, chromés, etc.* — Parmi les phosphates ferrugineux, nous nommerons uniquement la *Vivianite* ou *Phosphate bleu*, appelée encore *Fer azuré, Schorl bleu* et *Bleu de Prusse natif*. C'est un minéral d'un bleu plus ou moins intense, et qui se présente, tantôt sous forme cristalline, tantôt sous forme terreuse. Il se rencontre, en France, à la Bouiche (Allier) et à Alleyras (Haute-Loire). Les variétés terreuses s'emploient pour la peinture, soit à l'huile, soit à la détrempe. — On connaît plusieurs *arséniates de fer* naturels. La *Scorodite* a été citée plus haut. La *Pharmacosidérite*, appelée aussi *Néoctèse*, est un arséniate ferrique, basique et hydraté, qu'on rencontre en cristaux cubiques verts ou en masses granulaires translucides. La *Pittizite* ou *Sidérétine* est un mélange d'arséniate et de sulfate ferriques hydratés, en masses réniformes jaunes ou brunâtres. Le fer entre aussi dans la composition d'un certain nombre d'arséniures et d'arsénio-sulfures ; le *Mispickel* est un sulfo-arséniure de fer $FeAsS$ qui sert comme minerai d'arsenic. — Il

a été parlé du *fer chromé* à l'article CHROME. — Il existe plusieurs *Titanates de fer*. Le plus intéressant est l'*Isérine* (*Nigrine* de Beudant), appelé aussi *Fer titané*. C'est une substance noire, magnétique et à cassure brillante, qui se rencontre en cristaux octaédriques ou en grains disséminés dans les roches volcaniques, et, sous la forme de sables, dans le voisinage de ces roches. Ces sables sont quelquefois assez abondants et assez riches en fer pour qu'on puisse les exploiter comme minerais de ce métal. — Enfin, nous mentionnerons, parmi les *alumino-silicates de fer*, la *Chamoisite* et la *Berthiérine*, qui sont quelquefois susceptibles d'être exploitées. La *Chamoisite* est une substance compacte ou oolithique d'un gris verdâtre, qui se trouve en couches peu étendues, mais fort nombreuses dans les dépôts calcaires de la montagne de Chamoison, près de Saint-Maurice, dans le haut Valais. On en tire du fer d'excellente qualité. La *Berthiérine* est bleuâtre, grisâtre ou gris olivâtre : elle est magnétique, ainsi que l'espèce précédente. Cette substance se rencontre souvent en assez grande quantité dans les minerais de fer en grains de la Champagne et de la Lorraine.

VIII. *Métallurgie.* — Tout le monde connaît les usages multipliés du fer, grâce à la faculté qu'il possède de se mouler, de se filer, de s'amincir en feuilles, de se plier en tous sens, de s'aiguiser, de se durcir, de se ramollir à volonté. Le fer se prête à tous nos besoins, à tous nos désirs, à tous nos caprices : il sert à la fois les arts, les sciences, l'agriculture et la guerre ; le même minerai fournit tour à tour l'épée, le soc, l'aiguille, le burin, le ressort, le ciseau, la chaîne, l'ancre de la marine, la machine à vapeur, la cuirasse des vaisseaux de guerre, le canon, le fusil, la bombe, le boulet et la mitraille. En un mot, ses usages sont tellement nombreux qu'on peut presque dire que la marche progressive des arts et de la société semble liée aux progrès de la sidérurgie. Toutefois la difficulté de l'extraction et de la fabrication de ce métal est telle que son emploi est certainement bien postérieur à celui de quelques autres métaux, tels que le cuivre et l'or. Plusieurs auteurs attribuent la découverte des moyens d'exploiter et de fabriquer le fer aux Chalybes, peuple de l'Asie Mineure, fort renommé dans l'antiquité pour son habileté à travailler ce métal. D'autres l'attribuent aux Dactyles, peuple de Phrygie, qui serait venu s'établir dans l'île de Crète, vers le quinzième siècle avant notre ère. La Bible constate l'existence de cette industrie dans l'Égypte, et on fait honneur à Tubalcaïn, qui vivait vers l'an 2000 av. J.-C. On a trouvé dans la Grande Pyramide des objets en fer que l'on suppose remonter à 5000 ans. Quoi qu'il en soit, les premiers inventeurs de la métallurgie du fer ont dû nécessairement exploiter les minerais dont le traitement est le plus simple et le plus aisé.

A. *Opérations préliminaires.* — Les minerais de fer ne sont jamais soumis à des opérations préliminaires compliquées. On casse à la main ou l'on bocarde à sec les minerais en roche, qui renferment dans leur intérieur des cavités remplies d'argile, dont on veut les débarrasser par le lavage. Souvent, et pour abréger, on fait passer un courant d'eau sous les pilons du bocard, afin d'enlever en un seul temps l'argile qui nuirait à leur fusion. Quant aux mines en grains, qui sont agglutinées par des argiles plus ou moins grasses, qu'un simple courant n'enlèverait qu'à la longue, on les soumet à l'opération du *Débourbage*. Cette opération se fait au moyen de l'*Égrappoir* ou du *Patouillet*. Le premier consiste en une grille de bois ou de fer, en une espèce d'échelle inclinée dont les déclives seraient carrés et très rapprochés, et sur laquelle on fait passer le minerai avec un courant d'eau : les chocs multipliés des barreaux et la rapidité de l'eau détachent l'argile, et la mine se trouve ainsi parfaitement nettoyée. Le patouillet est un appareil composé d'une cuve montée sur un arbre tournant qui est armé de barres de fer coudées, et d'une grande auge de bois appelée *Huche*. Les barres de la cuve brassent et remuent la mine que l'on a jetée dans l'auge, et un courant d'eau qui y passe en même temps emporte l'argile à mesure qu'elle se détache. — Les minerais en roche ont souvent besoin d'être soumis à un grillage préliminaire qui les rend plus faciles à fondre. Ce grillage chasse l'eau, ainsi que l'acide carbonique, si le minerai est carbonaté, et le soufre ou l'arsenic, si le minerai en contient : mais il agit surtout en désagrégeant la matière et en rendant poreuse.

B. *Traitement métallurgique.* — Pour faire du fer avec les oxydes de ce métal il faut réduire ces derniers, c.-à-d. les débarrasser de leur oxygène. Cette réduction se fait aisément en les chauffant au rouge dans un courant d'hydrogène ou d'oxyde de carbone, ou au contact du charbon seulement. Il n'y aurait donc rien de plus simple que la fabrication du fer au moyen de ses oxydes, si ceux-ci étaient purs ; mais malheureusement ils sont toujours mêlés dans la nature avec des matières étrangères, que l'on désigne sous le nom général de *Gangue*. Le plus ordinair. cette gangue contient de l'alumine (argile), de la silice, de la chaux, du quartz, etc. Si encore ces matières étaient fusibles à la température où a lieu la réduction de l'oxyde métallique, la difficulté ne serait pas grande, car il suffirait alors de marteler vivement leur mélange à cette haute température; les molécules de fer à l'état pâteux se réuniraient entre elles, et la gangue serait exprimée sous forme de scorie. Mais il n'en est point ainsi : la gangue, soit argileuse, soit siliceuse, soit calcaire, est presque infusible : il a donc fallu rechercher un moyen de la rendre plus fusible, afin d'obtenir sa séparation d'avec le fer. On a imaginé à cet effet deux procédés.

Dans le premier, qui est de beaucoup le plus simple, on se contente de chauffer le minerai de fer au contact du charbon. Une portion de l'oxyde métallique, au lieu de se réduire, s'unit à la gangue et forme avec elle un silicate double d'alumine et de fer qui est très fusible, car il fond à une température inférieure à celle où le fer se combine avec le carbone. En conséquence, ce silicate double, dès qu'il est à la température de sa fusion, se sépare d'avec l'autre portion de fer, laquelle reste à l'état spongieux. De cette façon, il n'y a plus qu'à battre ce dernier au marteau pour l'agréger et chasser la scorie qu'il peut encore renfermer. Ce procédé, qu'on désigne sous le nom de *méthode catalane*, est, comme on le voit, remarquable par sa simplicité; mais il fait perdre une quantité de fer proportionnelle à celle de la gangue que contient le minerai. Il ne peut donc être employé que pour traiter des minerais fort riches, où l'on s'inquiète peu de perdre une certaine proportion de métal.

Par le second procédé, on évite cette perte; mais il est beaucoup plus compliqué. Au lieu de rendre la gangue fusible en la faisant combiner avec une partie de l'oxyde de fer du minerai, on ajoute à ce dernier une autre base qui soit également susceptible de se combiner avec la gangue en la rendant plus fusible. Lorsque la gangue est surtout argileuse, on pourrait atteindre le but proposé en ajoutant au minerai une base telle que la potasse, la soude ou la chaux; mais cette dernière étant la seule qu'on puisse obtenir économiquement, c'est à elle, ou mieux au carbonate de chaux, c.-à-d. au calcaire, qu'on a recours. Le calcaire ainsi employé dans les usines sidérurgiques est désigné sous le nom de *Castine*; dans les cas particuliers où c'est le calcaire qui domine avec excès dans la gangue, on ajoute de l'*Erbue*, c.-à-d. de l'argile. Dans les deux cas, il se forme un silicate double d'alumine et de chaux qui est fusible. Malheureusement, la température à laquelle il fond est extrêmement élevée et supérieure à celle où le carbone se combine avec le fer, de telle sorte que, dans ce procédé, on n'obtient pas du fer ductile, mais simplement un composé plus ou moins carburé, c.-à-d. de la *Fonte*, lequel a besoin de toute une autre série de manipulations pour acquérir les propriétés que l'on réclame dans le fer proprement dit. Cette seconde méthode est appelée *Méthode du haut fourneau*.

1° *Méthode catalane.* — Cette méthode n'est plus guère pratiquée aujourd'hui que dans quelques localités de la Corse et des Pyrénées, car elle exige des minerais très riches et une grande quantité de combustible. La forge dont on fait usage dans ce procédé consiste tout simplement en un trou quadrangulaire creusé dans le sol et muré avec de grosses pierres sèches et réfractaires : c'est une sorte de grand creuset formé de pierres (Fig. 1). L'une des parois de ce creuset est perforée d'un trou par lequel pénètre, sous une inclinaison de 35 à 40 degrés la tuyère d'une forte machine soufflante. On allume en activité, on commence par remplir le fond du creuset de charbon de bois qu'on recouvre ensuite de minerai. On allume le feu et, au moyen de la tuyère, on lance fortement l'air au milieu du brasier. Le charbon situé tout près de la tuyère, brûlant au contact de l'air, se transforme en acide carbonique; mais ce gaz, en traversant les couches supérieures de charbon incandescent, passe à l'état d'oxyde de carbone, lequel, rencontrant le minerai chauffé d'ailleurs à une haute température, réduit une partie de son oxyde en fer métallique, tandis que l'autre portion du minerai, réduite seulement à l'état de protoxyde, s'unit avec la gangue et forme avec elle un silicate multiple très fusible. Ce dernier, qui constitue ce qu'on appelle la *scorie*, se rassemble au fond du creuset, d'où on le fait écouler de temps en temps par une ouverture pratiquée à cet effet. Le fer qui reste dans le creuset forme une masse spongieuse, appelée *Massé*, qui emprisonne dans ses mailles une certaine quantité de scorie fondue. En conséquence, on transporte le massé sous un lourd marteau appelé *Mail*, qui pèse

environ 600 kilogr. et qui est mû par une machine. Le choc de ce marteau exprime la scorie liquide et rend la masse plus compact. On coupe alors le massé en deux parties égales, au moyen d'un long coin de fer sur la tête duquel on fait jouer le mail. On bat de nouveau sous le marteau ces deux moitiés (*Massoques*), de manière à leur donner la forme de parallélipipèdes allongés, qu'on coupe de nouveau en deux parties égales. On obtient ainsi quatre morceaux de fer (*Massouquettes*) qu'on étire en barres. Une opération au foyer catalan dure ordinairement six heures, et produit de 140 à 150 kilogr. de fer marchand, pour une consommation de 470 kilogr. de minerai et de 500 kilogr. environ de charbon. Le fer ainsi obtenu est de très bonne qualité ; il n'a qu'un défaut, c'est de

Fig. 1.

coûter trop cher. — En employant des minerais très riches, et en dirigeant convenablement l'opération, on n'obtenait qu'une décarburation incomplète, et le métal ainsi produit était un mélange de fer et d'acier connu sous le nom d'*acier naturel*. Cette fabrication est aujourd'hui abandonnée, l'acier se préparant par des procédés plus économiques et plus sûrs. Voy. ACIER.

2° *Méthode du haut fourneau.* — Cette méthode, qui paraît remonter au XVe siècle, est la plus répandue. Elle permet d'extraire aussi complètement que possible le fer de ses minerais; mais on ne peut le faire qu'en chauffant ces derniers à une très haute température, comme nous l'avons vu tout à l'heure. Il faut donc construire des fourneaux très élevés et disposés d'une façon particulière. Un *Haut fourneau* (Fig. 2) se compose de deux troncs de cône réunis par leur base. Le tronc de cône supérieur, C, s'appelle *Cuve*; le tronc de cône inférieur, E, *Étalages*. Au-dessous des étalages se trouve un espace à section circulaire, qu'on nomme l'*Ouvrage* et qui descend jusqu'au bas du fourneau où est le creuset. L'ouverture supérieure de la cuve, G, s'appelle *Gueulard*; elle est surmontée d'une cheminée, GO, qu'on nomme *Gueule*. Tout à fait en bas du fourneau, en A, se trouve le *Creuset*, qui est formé d'une seule pierre quelquefois très grosse. Une des parois de l'ouvrage, T, ne descend pas tout à fait jusqu'au niveau du creuset : on l'appelle *Tympe*. La paroi correspondante du creuset est formée par une grosse pierre prismatique, D, qui s'avance un peu au-devant d'elle et porte le nom de *Dame*. La paroi où se trouvent la tympe et la dame s'appelle *paroi antérieure* du fourneau ; la paroi opposée, *paroi postérieure*, et les deux autres, *parois latérales*. Les parois latérales et postérieure sont perforées, S, pour livrer passage aux tuyères d'une forte machine soufflante. Tout ce gigantesque appareil, qui a de 10 à 48 mètres de hauteur, est construit en pierres parfaitement réfractaires. — Le fourneau se charge par le *gueulard*, et on le remplit de couches alternatives de combustible, charbon de bois, ou, plus souvent, de coke ou de minerai préalablement mélangé avec la quantité de *castine* ou d'*erbue* nécessaire pour rendre la gangue fusible; puis on y met le feu. Voyons maintenant les réactions chimiques qui se passent dans l'appareil. L'air apporté par la tuyère brûle le charbon de l'*ouvrage*, et se transforme en acide carbonique avec un dégagement de chaleur considérable. Cet acide carbonique monte, arrive dans les *étalages*, où il rencontre du charbon chauffé au rouge blanc, et où il abandonne à ce dernier une portion de son oxygène en passant à l'état d'oxyde de carbone. Ce nouveau gaz rencontre, dans les étalages même et dans la partie inférieure de la cuve, des minerais chauffés au rouge sombre : il réduit leurs oxydes de fer, et repasse à l'état d'acide carbonique, de sorte qu'il sort par le gueulard un mélange gazeux composé d'azote, provenant de l'air insufflé, d'un peu d'hydrogène et d'hydrogène carboné abandonnés par le combustible, d'acide carbonique et d'oxyde de carbone non brûlé. Ce dernier, quand on en approche un corps enflammé, brûle avec une longue et belle flamme bleue. Suivons maintenant la colonne descendante du minerai et du combustible. Dans la partie supérieure de la cuve où la température est peu élevée, le minerai ne fait que se dessécher. En descendant plus bas, la température augmente et le minerai se déshydrate. Plus bas, l'oxyde de fer est en partie réduit, et la castine en partie décomposée en acide carbonique et en chaux. Plus bas encore, c.-à-d. dans la partie inférieure de la cuve, l'oxyde est complètement réduit et la castine entièrement calcinée. Au bas des étalages, où la température est très élevée, la chaux se combine avec la gangue et les cendres du combustible, et les

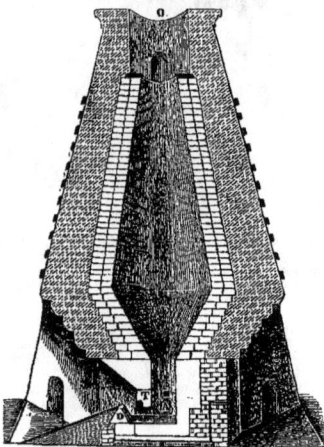

Fig. 2.

transforme en silicates fusibles. D'un autre côté, le fer, se trouvant en contact avec du charbon et du silicium chauffés à une haute température, se carbure et se transforme en *fonte de fer*. Enfin, la fonte et les silicates doubles qui se sont produits arrivent ensemble dans l'*ouvrage*. Là, ils rencontrent la température la plus élevée que puisse donner la combustion du charbon, se liquéfient simultanément, et tombent pêle-mêle et goutte à goutte dans le creuset. Mais le silicate d'alumine et de chaux, étant moins dense que la fonte, surnage celle-ci, et, quand le creuset est plein, déborde par-dessus la *dame* et s'écoule au dehors, où il se prend en une masse vitreuse ou pierreuse qu'on appelle *Laitier*. — Lorsque le creuset est entièrement rempli de fonte, les ouvriers procèdent à la *Coulée*. Ils ouvrent un trou situé au bas du creuset, appelé *trou de perce* ou *trou de coulée*, et dirigent la fonte dans de petits canaux préalablement creusés dans le sable sec. Celle-ci, en se refroidissant, prend la forme de ces canaux et représente ainsi des demi-cylindres que l'on appelle *Gueuses* ou *Gueusets*, suivant leur longueur. — Ainsi que nous l'avons vu, il sort du gueulard du haut fourneau une certaine quantité de gaz combustibles qui brûlent à l'air sans aucune utilité. La chaleur ainsi perdue est double de celle qui est utilisée dans le haut fourneau. On fait servir aujourd'hui cette chaleur à échauffer l'air qui doit passer dans les tuyères. A cet effet, les gaz sortant du haut fourneau sont dirigés, avec de l'air,

dans un *récupérateur* de chaleur, constitué par une chambre cloisonnée en briques. La combustion des gaz porte peu à peu cette chambre au rouge. On dirige alors les gaz dans une seconde chambre qui s'échauffera à son tour, et l'on fait passer dans le premier récupérateur l'air destiné à la tuyère du haut fourneau. Les deux récupérateurs fonctionnent alternativement au gaz et au vent. Par l'emploi de cet air chauffé on réalise une économie de 10 à 30 p. 100 de combustible, et l'on obtient une fonte de meilleure qualité avec un rendement supérieur, pourvu que la température de l'air chaud soit convenablement réglée. Pour les fontes de forge cette température ne doit pas dépasser 200°; pour les fontes de moulage on la porte à 400° ou 500°.

3° *Des diverses sortes de fontes.* — On peut se servir immédiatement de cette fonte, appelée de *première fusion*, pour la fabrication de certains objets de moulage grossiers, comme tuyaux pour la conduite des eaux, colonnes et bâtis de machines : mais pour faire des objets plus petits et plus fins, comme marmites, plaques, grilles, etc., il est nécessaire de soumettre cette fonte à une seconde fusion dans des fourneaux à cuve appelés *Cubilots*. — Dans le commerce, on distingue trois espèces de fontes, qui diffèrent entre elles par la quantité de carbone qu'elles contiennent, et qu'on désigne sous les noms de *fonte blanche*, *fonte grise*, et *fonte truitée*. — La *fonte blanche* s'obtient quand on refroidit brusquement la fonte au sortir du haut fourneau : elle est alors dure et cassante. Si, au contraire, on la laisse se refroidir lentement, une partie du carbone qu'elle contient s'en sépare sous forme de petites paillettes noires cristallines de *graphite*, et il reste ce qu'on appelle la *fonte grise* ou *fonte douce*. Celle-ci est passablement malléable ; elle se laisse limer, forer et couper au ciseau. La *fonte truitée* est intermédiaire aux deux précédentes. Dans cette espèce, la séparation du graphite, au lieu de s'opérer régulièrement dans toute la masse, n'a lieu que sur certains points, de manière que sa surface blanche est bigarrée de taches grises. — Il existe cependant des espèces de fontes qui, bien que refroidies lentement, n'abandonnent pas leur carbone, et restent toujours à l'état de fontes blanches dures et cassantes : ce sont celles dont les minerais contiennent du phosphore, du soufre ou du manganèse : on les appelle *fontes lamelleuses*, parce qu'elles ont une texture cristalline à très larges lames brillantes. Elles ne sauraient être employées pour le moulage. Celles qui contiennent du manganèse sont souvent appelées *fontes spéculaires* ou *Spiegel*; quand ce métal y est contenu en très forte proportion, elles reçoivent le nom de *ferro-manganèses* ; elles servent dans la fabrication de l'acier Bessemer. — Indépendamment de l'influence qu'exerce sur la qualité des fontes la nature des minerais eux-mêmes, la nature du combustible en a aussi une fort sensible. C'est ainsi que le coke, substitué au charbon de bois, avait d'abord l'inconvénient de rendre la fonte lamelleuse, attendu que ce combustible contient toujours une certaine proportion de pyrites. Mais on est parvenu à remédier au mal en augmentant notablement la proportion de castine. De cette manière il reste dans le fourneau un excès de chaux, sous l'influence de laquelle le soufre se transforme en sulfure de calcium, qui se dissout entièrement dans le laitier.

4° *Affinage de la fonte.* — L'affinage a pour objet de convertir la fonte en fer ductile, en lui enlevant le carbone et le silicium qu'elle contient. Pour cela, on la soumet à une action oxydante sous l'influence d'une haute température. Alors le carbone se transforme en acide carbonique qui se dégage, et le silicium passe à l'état d'acide silicique, qui va s'unir à de l'oxyde de fer pour former un silicate fusible. S'il existe dans la fonte quelques parcelles de soufre ou de phosphore, ces corps s'acidifient également et se séparent à l'état de sels. — On emploie dans l'industrie deux procédés pour l'affinage de la fonte : l'un est l'*affinage au petit foyer*, et l'autre l'*affinage à la houille*.

A. *Affinage au petit foyer.* — Dans ce procédé, l'affinage se fait tout simplement dans un foyer analogue à la forge catalane. — On en remplit le creuset avec du charbon de bois ; on l'allume et l'on donne le vent par la tuyère. Quand les charbons sont incandescents, on place immédiatement au-dessus d'eux une pièce de fonte. Celle-ci ne tarde pas à entrer en fusion, et tombe en gouttelettes à travers le vent de la tuyère au fond du creuset. Dans leur passage à travers l'air de la tuyère, les gouttelettes s'oxydent à leur surface ; en même temps leur carbone et leur silicium s'acidifient en partie, de façon que la masse métallique rassemblée au fond du creuset est déjà en grande partie décarburée. Quand elle a pris de la consistance, l'ouvrier la soulève avec un ringard, et la place de nouveau sur le charbon incandescent. Là elle est soumise à une nouvelle fusion et oxydation : c'est ce qu'on appelle *avaler la loupe*. Après cette seconde fusion, le fer a *pris nature*. Il représente alors une masse spongieuse qu'on transporte sous un lourd marteau mû par une machine, et dont la tête pèse de 300 à 600 kilogr. Sous le choc de ce marteau, qu'on appelle *marteau de soulèvement*, les scories liquides sont exprimées des mailles de la loupe et les particules de fer se soudent les unes avec les autres. Les ouvriers tournent cette masse sous ses différentes faces, pour que le marteau la frappe dans tous les sens, et ils lui donnent ainsi la forme d'un prisme allongé. Cela fait, à l'aide d'un couteau de fer et du même marteau, ils coupent la loupe en quatre ou cinq morceaux de même forme, qu'ils nomment *Lopins*. Ceux-ci sont de nouveau replacés dans le foyer, et, quand ils ont atteint la température voulue, on les porte sous un autre marteau, appelé *marteau à bascule* ou *martinet*, qui les réduit en barres de leur bonne qualité. Ce procédé donne, pour 100 p. de fonte, de 72 à 76 parties de fer ductile et de très bonne qualité. Avec des fontes fort médiocres, on peut aussi obtenir de bons fers, parce que le métal est forgé et corroyé dans tous les sens ; mais alors le déchet est beaucoup plus considérable.

B. *Affinage à la houille.* — Ce procédé est appelé *Méthode anglaise*, parce qu'il a pris naissance en Angleterre où le charbon de bois est fort cher et la houille à très bas prix ; mais il est aujourd'hui employé dans toutes les contrées qui se trouvent dans les mêmes conditions économiques. Il comprend deux opérations successives, le *Finage* ou *Mazéage*, et le *Puddlage*. — La première consiste tout simplement à placer la fonte dans un creuset d'affinage ordinaire sur du coke incandescent. Elle fond, puis les gouttelettes, en traversant l'air de la tuyère pour tomber au fond du creuset, s'oxydent et perdent tout leur silicium et une grande partie de leur carbone. Quand le creuset est plein, on débouche le trou de coulée, et l'on dirige le métal en fusion dans des rigoles de sable, où il prend la forme de plaques. On lui donne alors le nom de *fine-metal* : il est blanc, cassant, et plus ou moins boursouflé. — Pour achever la décarburation du fine-metal, on le soumet au *puddlage*. A cet effet, on le transporte dans un vaste fourneau à réverbère, où il est chauffé à une haute température et soumis en même temps à un courant d'air oxydant. Le carbone de la fonte s'acidifie alors complètement, ainsi que le silicium, s'il en reste encore. Une fois acidifié, ce dernier s'unit à de l'oxyde de fer fourni, soit par le métal lui-même, soit par des scories très ferrugineuses, qu'on a eu soin de répandre préalablement dans le four, et se convertit ainsi en une scorie fusible qui surnage au-dessus de la masse.

Le *four à puddler* est une espèce de fourneau à réverbère, dont la Fig. 3 représente une coupe verticale. En G est la grille sur laquelle on met la houille. S est la sole du fourneau où l'on

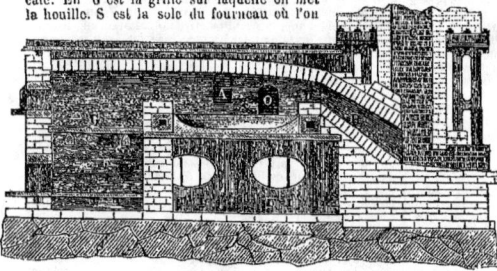

Fig. 3.

dispose les plaques de fine-metal ; elle est séparée de la grille par une élévation B. En P est un plan incliné par lequel on fait écouler les scories qui recouvrent le métal en fusion et débordent la hauteur D. En C est une cheminée qui active le tirage et emporte les résidus gazeux. Latéralement le fourneau est percé de plusieurs portes, A, O, qui communiquent avec la sole et sont fermées pendant l'opération : celle qui est en O sert spécialement au nettoyage de la sole. La sole est formée par une plaque de tôle sous laquelle l'air peut circuler librement, ce qui empêche que la sole ne fonde sous

l'action de la chaleur. D'autres fois elle est en briques réfractaires, comme tout le reste du fourneau. — Le fourneau étant chauffé au rouge blanc, on répand sur la sole, par les ouvertures A, O, de 200 à 250 kilogr. de fine-metal, auquel on ajoute environ 50 kilogr. de scories très riches en fer. La masse fond rapidement ; une scorie liquide la recouvre. L'ouvrier fait alors couler une partie de cette dernière par le canal P, brasse le métal fondu, en rassemble les différentes parcelles et les agglutine. Enfin, quand il reconnaît que l'affinage est suffisamment avancé, il en forme des boules qu'il transporte sous une presse *ad hoc*, ou sous le *Marteau-piton* (Voy. ce mot) pour en exprimer les scories, et les transformer en fer ductile et malléable. — Le puddlage à la main étant extrêmement pénible, on le remplace généralement par un puddlage mécanique opéré à l'aide d'un four rotatif de Danks. La partie essentielle de ce four est un cylindre de fonte reposant sur des galets et pouvant tourner autour de son axe qui est horizontal. Ce cylindre est revêtu à l'intérieur d'une garniture réfractaire, recouverte elle-même d'une garniture oxydante obtenue à l'aide de minerais plus ou moins réfractaires. Pour procéder à l'affinage, on introduit dans le cylindre la fonte mélangée de scories riches, on y fait circuler la flamme venant d'un foyer latéral, et l'on met le cylindre en rotation. La garniture oxydante et la scorie décarburent la fonte ; le fer produit se réunit, sous l'influence de la rotation, en une masse que l'on fait sortir par une ouverture latérale. — Dans l'opération du mazéage, la fonte éprouve un déchet d'environ 40 p. 100, et la consommation du coke est d'environ deux tiers de mètre cube pour 100 kilogr. de fine-metal obtenu. Dans le puddlage, le déchet sur ce dernier est de 7 à 8 p. 100, et l'on consomme environ 100 parties de houille pour 100 parties de fer puddlé. Dans l'affinage au four Danks, 100 kilogr. de fonte donnent 105 à 107 kilogr. de fer, l'excédent étant fourni par la scorie et la garniture oxydante.

Lorsque les fontes sont très pures, comme celles, par ex., qui proviennent d'un haut fourneau chauffé au charbon de bois, on se dispense généralement de les affiner et on les soumet immédiatement au puddlage. Le fer puddlé ne vaut jamais le fer obtenu par l'affinage au petit foyer. Il est mal soudé, fissuré ; mais il présente une plus grande dureté, ce qui le rend propre à certains usages spéciaux, tels que la fabrication des rails de chemin de fer. Pour le rendre plus malléable et améliorer sa qualité, il faut de nouveau le chauffer au blanc, le ressouder et le soumettre à de nouveaux *corroyages*. On fait ensuite subir au fer diverses opérations, selon qu'on veut le réduire en barres, en verges, en tôle, en fil de fer ou en acier. Voy. FENDERIE, LAMINAGE, TRÉFILERIE et ACIER.

5° *Différentes espèces de fer.* — La texture du fer est un des caractères qui servent le plus généralement à apprécier ses qualités pour l'industrie. Il faut l'observer sur une cassure récente provenant d'un échantillon de fer carré qui n'ait pas plus de 25 millim. de côté, ou d'une barre mi-plate de 12 à 15 millim. d'épaisseur. Sa nature, très variable, dépend à la fois des qualités inhérentes au métal et du mode mécanique de la préparation. Le fer pur qui a été battu et étiré également dans tous les sens, possède une texture à très petits grains brillants ; mais lorsqu'il a été étiré en barres, il présente souvent une texture fibreuse très prononcée, suivant la longueur de la barre. Cette texture fibreuse est très recherchée, parce que le fer qui la présente possède une ténacité plus grande que celle du fer à texture grenue ; cependant les ouvriers habiles savent la communiquer à des fers de qualité médiocre. La texture fibreuse du fer ne persiste pas indéfiniment ; elle se change au bout de quelque temps en texture grenue, ou même en texture lamelleuse. Ce changement a surtout lieu lorsque les barres de fer sont soumises à des vibrations, comme par ex., lorsqu'elles supportent le tablier d'un pont suspendu. La ténacité du métal diminue en même temps d'une manière très marquée, et la rupture a souvent lieu sous des charges que la barre aurait facilement supportées quand elle avait la texture fibreuse. Une transformation de cette nature se remarque souvent dans les essieux des locomotives et des wagons de chemin de fer. Dans le commerce, les fers qui présentent la texture grenue ou la texture fibreuse dont il vient d'être parlé, sont désignés sous les noms de *fers à grains* et de *fers nerveux*.

Les fers du commerce se distinguent encore en *fers forts*, qui se laissent forger et courber à froid et à chaud, et en fers rouverains, qui cassent à une température plus ou moins élevée. — Les fers forts se divisent eux-mêmes en trois catégories. Le fer fort dur, ou fer aciéreux, est le plus résistant au feu, par suite de la forte proportion de carbone qu'il renferme. Il est très dur, et particulièrement employé pour la fabrication de l'acier de cémentation, des câbles de fer, des canons de fusil, des tôles fortes de machines à vapeur, en général pour tous les objets qui réclament une grande résistance. Le fer fort, mou, plus ductile et moins résistant que le précédent, se travaille aisément à froid et à chaud, et convient surtout à la fabrication des objets qui exigent une certaine ductilité jointe à beaucoup de résistance, comme les fers et les clous de cheval, le fil de fer, les essieux, les jantes des roues, etc. Le fer demi-fort ne casse ni à froid ni à chaud, et possède les qualités des deux variétés précédentes, mais à un degré moins élevé : on l'emploie surtout à faire les pointes de Paris et le gros fil de fer. — Les fers rouverains se divisent également en plusieurs catégories. Les fers métis, ou fers cassant à chaud, doivent ce vice à une certaine proportion de soufre ou d'arsenic (il suffit de 3 dix-millièmes de soufre pour rendre le fer insoudable). La cassure des fers métis est plus foncée et plus terne que celle des autres fers; et lorsqu'ils sont nerveux, leur nerf est plus gros. Les fers tendres sont cassants à froid et ordinairement très lamelleux. Leur cassure est à grains plats, blancs et brillants, unie et sans arrachement. Le défaut de ces fers résulte de la présence d'une faible quantité de phosphore. D'ailleurs, ils se travaillent bien à chaud et sont ordinairement débités en verges de fenderie pour la fabrication des clous. Les fers brûlés cassent également à froid. Ils ne contiennent plus de carbone, mais beaucoup de silicium. Leur cassure est lamelleuse, d'un blanc légèrement bleuâtre, brillante et éminemment cristalline. Les lames sont plus grandes et plus anguleuses que celles du fer tendre. Enfin, il existe des fers rouverains, appelés fers aigres, qui sont à la fois cassants à froid et à chaud : ce sont les plus mauvais de tous les fers, et ils ne peuvent être presque d'aucun usage.

Dans le commerce, avant d'acheter ou de recevoir les fers, on leur fait subir certains essais qui ont pour but de reconnaître la qualité du métal. Ces essais s'opèrent à chaud et à froid. — Dans les premiers, on chauffe au rouge clair, dans une forge de maréchal, la barre à essayer : on la replie sur elle-même à cette température, et, dès qu'elle est arrivée au rouge brun, on la plie de nouveau. On laisse alors refroidir la barre, et, après l'avoir entaillée à froid au moyen d'une tranche, si les dimensions ou la nature du fer l'exigent, on la plie jusqu'à la rupture ou jusqu'à réunion des deux parties du coude, ce qui, dans tous les cas, met à découvert la texture du métal. Ces essais à chaud précités montrent si le fer est cassant au rouge clair, au rouge brun ou à ces deux températures, ou s'il résiste à l'une et à l'autre. — Les essais à froid indiquent si le fer est fort, tendre ou métis. Le fer tendre casse net; la cisaille le brise, mais ne le coupe pas; il craque sous cet outil. La cassure à froid peut indiquer, jusqu'à un certain point, si le fer est cassant à chaud; le nerf de ce dernier présente des solutions de continuité perpendiculairement à sa direction. Les faisceaux de ce nerf forment pour ainsi dire des lames, ce qui ne s'observe pas dans les fers bons à chaud. Les fers forts résistent à la rupture à froid. Leur cassure est généralement fibreuse, et leur nerf est d'autant meilleure que leur nerf est plus blanc, plus long, plus fin et plus uniforme; la cisaille les coupe comme une substance molle, sans les rompre; le fer dit brûlé se comporte de la même manière sous la cisaille, à l'opposé du fer tendre, auquel du reste il ressemble beaucoup.

IX. Alliages de fer. — Le nickel et le cobalt s'allient aisément et en toutes proportions avec le fer : ces alliages sont blancs et ont les mêmes propriétés que le fer. Le cuivre ne peut s'allier avec ce dernier qu'en petite proportion et à une très haute température. Un vingtième de cuivre donne plus de ténacité à la fonte, et la rend propre à être employée pour les objets de moulage. Les alliages de manganèse et de fer sont presque infusibles, lorsque le premier de ces métaux se trouve combiné en proportion considérable; mais ils sont plus oxydables que le fer. Au contraire, les alliages d'antimoine et de fer sont fusibles et très cassants. Le platine donne avec l'acier des alliages fusibles, malléables et très ductiles, qui sont susceptibles de prendre un beau poli. L'argent ne forme pas de véritables alliages avec le fer. Quant aux alliages du fer avec l'étain et le zinc, ils méritent une mention particulière.

Fer-blanc. — Le fer-blanc n'est autre chose que de la tôle de fer ou du fer laminé dont les deux surfaces sont recouvertes d'une couche très mince d'étain pur. La découverte de l'étamage du fer remonte à une haute antiquité, car Pline l'ancien en attribue l'invention aux Gaulois; mais assurément nos ancêtres ne procédaient pas comme nous le faisons aujourd'hui. — Pour obtenir le fer-blanc, on fait choix d'une tôle parfaitement homogène et unie, puis on la décape pour que l'étain y adhère plus aisément. Le décapage se fait en plongeant les feuilles de tôle, pendant quelques minutes, dans de l'acide sulfurique très étendu, puis on les porte dans un fourneau à réverbère fumant, où on les chauffe au rouge. Cela fait, on les passe entre des cylindres très polis, et ensuite on les met séjourner vingt-quatre heures dans une eau rendue acidule au moyen de son qu'on y a laissé aigrir. Après cela, on les plonge quelques instants dans une dissolution étendue d'acide sulfurique et d'acide chlorhydrique. Enfin, on les lave à grande eau, on les sèche en les frottant avec du son. — Une fois les feuilles bien desséchées, et ainsi débarrassées de toute trace d'oxyde, on les plonge dans une caisse rectangulaire pleine de suif fondu, et, aussitôt après, dans une autre caisse contenant de l'étain en fusion : la durée de l'immersion dans chacune des caisses est d'une heure et demie. Alors on retire les feuilles, qui retiennent à leur surface une portion d'étain, laquelle se solidifie bientôt. Immédiatement un ouvrier les nettoie rapidement avec un chiffon, et l'opération est terminée. Chaque mètre carré de surface de la tôle retient de 130 à 140 grammes d'étain. Le fer-blanc présente l'aspect de l'étain. Il en a l'éclat et la couleur, et conserve son brillant à l'air mieux que l'étain lui-même, en raison de l'action galvanique qui se produit entre les deux métaux, l'étain étant négatif à l'égard du fer. Mais la moindre fissure qui met le fer à découvert ne tarde pas à occasionner une tache de rouille; car, en raison même de cette action galvanique, le fer devient plus oxydable qu'il ne l'est naturellement par lui-même. — Quoique l'étain qui recouvre les feuilles de tôle nous offre une surface parfaitement lisse et miroitante, il a intérieurement une texture cristalline, qu'on peut mettre aisément en évidence. Il suffit pour cela de dissoudre la couche superficielle par un acide. La surface des feuilles devient alors moirée, et présente souvent des apparences très belles à la lumière réfléchie. La liqueur qu'on emploie ordinairement pour produire ce moiré métallique, est une espèce d'eau régale formée de 2 parties d'acide chlorhydrique, 1 p. d'acide azotique, et 3 p. d'eau. Les feuilles de fer-blanc moirées doivent être recouvertes immédiatement d'un vernis transparent, auquel on peut donner diverses couleurs. Sans cette précaution, le contact de l'air ne tarde pas à ternir le moiré. En 1815, un nommé Allard tira parti de cette propriété, anciennement connue des chimistes, et il en sut faire naître une industrie nouvelle qui eut pendant quelque temps une vogue prodigieuse.

Fer zingué. — Le fer zingué n'est autre chose que du fer recouvert d'une couche de zinc. Le zincage ou zinguage s'opère absolument de la même manière que l'étamage du fer-blanc. On décape d'abord la tôle comme tout à l'heure; on la lave, on la sèche, puis on la plonge successivement dans un bain de graisse et dans un bain de zinc fondu. Toutefois cette opération exige une précaution particulière. Comme le zinc chauffé à une certaine température s'oxyde et brûle facilement au contact de l'air, il faut avoir soin de recouvrir le bain de zinc d'une couche de sel ammoniac, ou bien d'un flux formé de résine ou de carbonate de soude. Dans l'alliage ainsi formé par le zinc et le fer, le premier constitue l'élément électropositif du couple voltaïque, et le second l'élément électronégatif. En recouvrant le zinc, en même temps qu'il préserve le fer de l'oxydation, s'oxyde lui-même rapidement. Mais cette oxydation n'est que superficielle, et la petite pellicule d'oxyde qui se produit à sa surface forme un vernis imperméable qui préserve les couches inférieures. Tel est le motif pour lequel Sorel, l'inventeur de ce procédé (1836), lui a donné le nom de Galvanisation du fer, et a appliqué celui de Fer galvanisé au fer recouvert d'une couche de zinc. — Aujourd'hui, on fabrique aussi la tôle galvanisée et le fil de fer galvanisé par l'électrolyse d'un sel de zinc, absolument comme on fait la dorure et l'argenture galvanique. — La tôle galvanisée n'est pas plus chère à poids égal que la tôle nue; son prix est à peu près le même que celui du zinc laminé. Mais, outre qu'elle est plus tenace et plus flexible que ce dernier, elle offre l'avantage de ne pas se fondre et de ne pas s'enflammer comme lui dans les incendies. Le fer galvanisé ne peut pas être employé pour la batterie de cuisine, parce que le zinc communique des propriétés vénéneuses aux aliments avec lesquels il est en contact. D'autre part, la tôle zinguée par immersion devient cassante et se déforme lorsqu'elle est mince; cet inconvénient serait évité, si l'on opère le zincage par voie galvanique au lieu de procéder par immersion.

X. *Statistique.* — La production des *minerais de fer*, dans le monde entier, a été d'environ 57 millions de tonnes en 1892 :

États-Unis	16,300,000 tonnes.
Allemagne et Luxembourg	11,400,000 —
Grande-Bretagne	11,350,000 —
Espagne	5,350,000 —
France	3,650,000 —
Autriche-Hongrie	2,000,000 —
Russie	1,500,000 —
Chine	1,500,000 —
Suède	1,200,000 —
Autres contrées	2,800,000 —

FER (Cap de), promontoire d'Algérie (Dép. de Constantine).

FER (Ile de), une des îles Canaries (Afrique), la plus occidentale; ch.-l. *Valverde*. — Pendant longtemps, les géographes ont pris pour premier méridien le méridien qui passe à l'île de Fer. Sa longitude est 20° 30' à l'ouest de Paris.

FER (NICOLAS DE), graveur français (1646-1720).

FÉRATIER. s. m. Voy. FÉLATIER.

FÉRAUD. Voy. FERRAUD.

FÉRAULT. adj. m. *Liais férault.* Pierre poreuse et rougeâtre qui se trouve sous le liais.

FERBÉRITE. s. f. T. Minér. Tungstate de fer et de manganèse, en poussière noirâtre, à éclat métallique.

FER-BLANC. s. m. Voy. FER. IX.

FERBLANTERIE. s. f. Industrie, commerce du ferblantier. || Marchandises du ferblantier.

FERBLANTIER. s. m. Celui qui travaille en fer-blanc, qui fait, qui vend des ouvrages de fer-blanc.

FER-CARBONYLE. s. m. T. Chim. Composé résultant de l'union du fer et de l'oxyde de carbone, et répondant à la formule Fe(CO)⁵. On l'obtient en faisant passer de l'oxyde de carbone sur du fer réduit par l'hydrogène à une température aussi basse que possible. Il est liquide, se solidifie à — 21° et bout à 102°. Il brûle avec une flamme jaune pâle. La chaleur le détruit au-dessus de 200° en donnant du fer métallique. Il se décompose lentement à la lumière, en dégageant de l'oxyde de carbone et déposant des cristaux jaunes, à éclat métallique, qui ont pour formule Fe(CO)⁷.

FER-CHAUD. s. m. T. Méd. Syn. de *Pyrosis.* Voy. GASTRALGIE

FERDINAND, nom d'un grand nombre de princes dont voici les principaux :

1° *Empereurs d'Allemagne.* — FERDINAND 1ᵉʳ, empereur d'Allemagne, de 1556 à 1564, frère et successeur de Charles-Quint. || FERDINAND II, empereur de 1619 à 1637, régna pendant la guerre de Trente ans. || Son fils, FERDINAND III, empereur de 1637 à 1657, vit finir la guerre de Trente ans par la paix de Westphalie.

2° *Rois d'Espagne.* — FERDINAND 1ᵉʳ *le Grand*, 1ᵉʳ roi de Castille (1033-1065), qui réunit la Castille, Léon et la Galice. || FERDINAND II, roi de Léon (1157-1188). || FERDINAND III, roi de Castille en 1217, de Léon en 1230; m. en 1252. || FERDINAND IV, roi de Castille et de Léon (1295-1312). || FERDINAND V *le Catholique*, roi d'Aragon et de Castille (1452-1516), qui, par son mariage avec Isabelle de Castille, réunit ce royaume à l'Aragon qu'il tenait de son père, enleva aux Maures Grenade, s'appropria le royaume de Naples, et compléta la monarchie espagnole en s'emparant de la Navarre sur Jean d'Albret. || FERDINAND VI, fils de Philippe V, roi d'Espagne (1746-1759). || FERDINAND VII, fils et successeur de Charles IV, prisonnier de Napoléon 1ᵉʳ pendant la guerre d'Espagne (1808-1814), père d'Isabelle II, m. en 1833.

3° *Princes des familles d'Aragon et de Castille, qui régnèrent sur Naples et la Sicile.* — FERDINAND 1ᵉʳ, fils de Charles III d'Espagne, devint roi de Naples en 1759; dépouillé de ses États par Napoléon 1ᵉʳ, il fut rétabli en 1815, prit en 1817 le titre de roi des Deux-Siciles et mourut en 1825. || FERDINAND II, fils de François 1ᵉʳ, succéda à son père en 1830, et laissa, en 1859, le trône à son fils François II.

4° *Roi de Portugal.* — FERDINAND, roi de 1367 à 1383.

5° *Princes de Toscane.* — Nom de trois grands-ducs dont le dernier fut renversé par le Directoire en 1799, et rétabli en 1814; m. en 1824.

FERDINANDEA, nom donné à une île volcanique qui surgit dans la Méditerranée, à 56 kilom. de Sciacca, au S.-O. de la Sicile, au mois de juin 1831. Les Anglais y plantèrent aussitôt leur drapeau. Mais elle ne tarda pas à redescendre sous les flots.

FERDOUCY, le plus célèbre des poètes persans, auteur du *Châh-Namch* (940-1020).

FÈRE (LA), ch.-l. de c. (Aisne), arr. de Laon, 5,400 hab.

FÈRE-CHAMPENOISE (LA), ch.-l. de c. (Marne), arr. d'Épernay; 2,100 hab.

FÈRE-EN-TARDENOIS, ch.-l. de c. (Aisne), arr. de Château-Thierry; 2,700 hab.

FEREKHABAD. Voy. FARAKABAD.

FÉRET. s. m. (R. *fer*). Nom vulg. donné, à Paris, à l'hématite rouge. || Nom donné à la sanguine ou peroxyde de fer naturel. Voy. FER. V et VII, B.

FÉRÈTE. s. f. (R. *fer*). Épée des anciens Francs, courte et acérée, au fer non trempé.

FERG, peintre allemand (1689-1740).

FERGUS Iᵉʳ, roi d'Écosse, m. en 356. || FERGUS II, roi d'Écosse de 411 à 427. || FERGUS III, roi d'Écosse de 764 à 767.

FERGUSON (ADAM), historien et moraliste écossais (1724-1816).

FERGUSON (ROBERT), poète écossais, né à Édimbourg (1751-1774).

FERGUSONITE. s. f. (R. *Ferguson*, n. pr.). T. Minér. Niobate d'yttrium et de cérium, avec zircone, étain, fer, tungstène, etc. En grains cristallins, bruns, fragiles.

FERGUSSON (JAMES), archéologue anglais, né à Ayr (1808-1886).

FERHABAD, v. de Perse (Mazendéran), autrefois florissante; 16,000 hab.

FÉRIABLE. adj. 2 g. Qui doit être fêté.

FÉRIAL, ALE. adj. Qui regarde la férie, qui est de férie. *Office férial.*

FÉRIE. s. f. (lat. *feria*, jour de fête). T. Antiq. et Liturg.

I. — A Rome, les *Féries* (*Feriæ*) étaient des jours ou des séries de jours pendant lesquels les citoyens suspendaient les affaires politiques et les procès, et les esclaves leurs travaux : les féries étaient donc des jours néfastes. — Elles comprenaient les jours consacrés à chaque divinité, et, par conséquent, les jours où l'on célébrait les jeux publics étaient des *féries* ou des *jours fériés*. Quelques-unes de ces féries cependant, comme celles des vendanges (*f. vindemialis*) et des moissons (*f. messis* ou *f. æstiva*), paraissent n'avoir eu aucun rapport direct avec le culte des dieux. On distinguait les féries en féries *publiques* et en féries *privées*.

Les féries *privées* étaient des fêtes particulières célébrées par les familles ou bien par de simples citoyens, en mémoire de quelque événement qui les intéressait particulièrement. Comme exemples de fêtes de famille, nous citerons les *feriæ Claudiæ*, *Æmiliæ*, *Juliæ*, *Corneliæ*, etc. Il est probable que toutes les grandes familles avaient leurs féries privées, comme elles avaient leurs sacrifices privés. Parmi ces féries de famille, nous mentionnerons encore les *feriæ denicales*, qui avaient lieu le jour où les membres d'une famille qui avaient perdu l'un des leurs se purifiaient en commun. Les individus fêtaient aussi par un jour de repos l'anniversaire de leur naissance et les événements mémorables de leur vie. Sous l'empire, le jour de la naissance de l'empereur prit même souvent le caractère d'une fête publique, qu'on célébrait par des sacrifices et par des jeux publics.

Les féries publiques étaient observées par la nation entière. Elles se divisaient en quatre classes. On appelait *feriæ stativæ* ou *stativæ*, celles qui se célébraient régulièrement à des jours fixes. Telles étaient celles pendant lesquelles se célébraient les *Agonales*, les *Carmentales*, les *Lupercales*. Les *feriæ conceptivæ* ou *conceptæ* avaient également lieu chaque année, mais à des époques variables, le jour en étant fixé par les prêtres ou les magistrats. Nous citerons, parmi les plus importantes, les *feriæ latinæ*, appelées aussi simplement *latinæ*, qui avaient été instituées, suivant la tradition, par Tarquin le Superbe, en commémoration de l'alliance conclue entre les Romains et les Latins, mais qui, ainsi que l'a démontré Niebuhr, remontaient à une époque bien antérieure et étaient une *panégyrie* des villes latines. A cette catégorie appartenaient encore les *Compitales (compitalia)*, qui se célébraient en l'honneur de Pan; les *Sementines (feriæ sementivæ* ou *sementina dies)*, qui avaient lieu à l'époque des semailles, afin de demander aux dieux une abondante récolte, et les *Paganales (paganalia)*, ou fête des villageois (*pagani*), qui venaient au temps de la germination des plantes et pendant lesquelles on faisait le dénombrement de la population des campagnes. On appelait *feriæ imperativæ*, c.-à-d. féries par ordre, les fêtes que les magistrats établissaient dans certaines circonstances importantes. Tite-Live en mentionne plusieurs qui étaient destinées à solenniser un triomphe ou à détourner un danger public. Elles duraient quelquefois plusieurs jours. Enfin, les *Nundines* étaient consacrées aux habitants des villages et des campagnes, qui se réunissaient durant des jours pour traiter de leurs affaires privées ou de leur négoce. Outre les quatre espèces qui précèdent, les textes parlent encore de féries appelées *feriæ precidaneæ*, c.-à-d. féries préparatoires. On qualifiait ainsi les jours qui précédaient les féries ordinaires. Quoiqu'ils ne fissent pas partie de ces dernières, en *f.* ils fussent même souvent des jours noirs (*dies atri*), ils étaient, dans certains cas, inaugurés par le grand pontife et devenaient eux-mêmes des féries.

II. — Le mot *Feria* désignant chez les Romains les jours de repos, les premiers chrétiens l'adoptèrent naturellement pour indiquer les jours consacrés au culte de leur religion. En conséquence, ils appelèrent le dimanche *feria dominica*, c.-à-d. la *f.* du Seigneur, ou simplement *Dominica*, en sous-entendant le mot *feria*. Un peu plus tard, ils étendirent la même dénomination aux fêtes des saints, d'où les expressions *feria sancti Joannis*, *f. sancti Josephi*, etc., et même à tous les jours de la semaine indistinctement. Voy. DATE. Aujourd'hui, dans le langage liturgique, la *f.* est le contraire de la fête, et l'on appelle *jour de f.* celui qui n'est point occupé par l'office d'un saint. Dans ce système, le dimanche (*dominica*) et le samedi (*sabbatum*) conservent leurs noms; mais le lundi, le mardi, le mercredi, le jeudi et le vendredi sont appelés les deuxième, troisième, quatrième, cinquième et sixième féries.

FÉRIÉ, ÉE. adj. (lat. *feriatus*, m. s., de *feria*, fête). *Jours fériés*, Ceux où il y a cessation de travail prescrite par la religion. — Ceux où certains services publics sont suspendus, et qui sont fixés par la loi. *Le 14 Juillet a été déclaré jour f. par une loi.*

FÉRIER. v. a. Célébrer comme fête.

FÉRIN, INE. adj. (lat. *ferinus*, sauvage, de *fera*, bête sauvage). Qui a quelque chose de sauvage, de farouche. || T. Méd. Se dit de quelques maladies qui ont un caractère dangereux. *Toux férine.* Voy. Toux.

FÉRIR. v. a. (lat. *ferire*, m. s.). Frapper; n'est usité aujourd'hui que dans cette phrase, *Sans coup f.*, Sans se battre, sans en venir aux mains; et fig. et fam., Sans éprouver de résistance. *La ville fut prise sans coup f.* = FÉRU, UE. partic. Blessé. *Ce cheval a le tendon féru.* || Fig. et par plais., on dit, *Il est féru de cette femme*, Il en est éperdument amoureux.

Peut-être en avez-vous déjà féru quelqu'une.

MOLIÈRE.

Il est féru contre un tel, Il est indisposé contre lui.

FERLAGE. s. m. T. Mar. Action de ferler; le résultat de cette action.

FERLER. v. a. (angl. *furl*, m. s.). T. Mar. *F. une voile, les voiles*, Les plier entièrement, les serrer et les attacher en paquet tout le long de leurs vergues. = FERLÉ, ÉE, part.

FERLET. s. m. T. Techn. Outil en forme de T dont se sert l'ouvrier papetier pour étendre les feuilles humides sur le séchoir.

FERMAGE. s. m. Le prix convenu pour une ferme. *Payer son f. Mes fermages ne rentrent pas.*

Écon. polit. — Parmi les questions économiques qui sont relatives à l'exploitation de la terre, celle qui concerne le système d'amodiation n'est pas l'une des moins importantes. En effet, le problème à résoudre est celui-ci : Quel est le mode d'exploitation le plus favorable tout à la fois à la production, et à l'amélioration physique et morale des cultivateurs? Le propriétaire peut exploiter lui-même son domaine; il peut s'associer un cultivateur qui fournit son travail et avec lequel il partage le produit dans une proportion convenue; ou bien enfin, il peut louer purement et simplement sa terre moyennant un prix déterminé payable chaque année.

1° *Du faire-valoir.* — La manière la plus simple d'exploiter la terre est celle du propriétaire foncier qui cultive lui-même son domaine, réunissant ainsi en lui seul les trois fonctions de propriétaire, de capitaliste et d'entrepreneur d'industrie. Dans ce système, le propriétaire est éminemment intéressé à augmenter la production et en même temps à améliorer son instrument de travail, car il profite seul de l'augmentation de ses produits, des améliorations qu'il a faites à sa terre, et des perfectionnements qu'il a jugé à propos d'introduire dans les procédés de culture. Il y a même des espèces de cultures, comme, par ex., celles de la vigne, du mûrier et de l'olivier, qui réclament particulièrement l'œil et la main du maître, parce qu'il est toujours à craindre qu'un fermier avide ne cherche à forcer outre mesure son revenu annuel aux dépens du capital foncier, et qu'un métayer négligent ou malintentionné ne ruine un fonds de terre ou même capital. En outre, il est prouvé que l'exploitation par le propriétaire est la plus favorable aux progrès des arts agricoles : c'est ce que démontrent surabondamment les États de l'Union américaine, où les cultivateurs sont généralement propriétaires, et les parties de l'Europe où la propriété de la terre se trouve dans les mêmes mains qui font valoir directement celle-ci. Enfin, J.-B. Say, et avec lui les économistes les plus éminents, regardent le faire-valoir comme le système le plus propre non seulement à augmenter la productivité du sol et le bien-être du cultivateur, mais encore à développer chez lui les habitudes d'ordre, de prévoyance et de moralité. Néanmoins, pour que ce mode de culture puisse produire tous les résultats avantageux qu'on lui reconnaît unanimement, il ne suffit pas que le propriétaire fasse valoir lui-même ses terres; il faut aussi qu'il possède l'aptitude naturelle et l'instruction spéciale qui seules font le bon cultivateur : car l'agriculture est une profession qui, surtout lorsqu'on l'exerce sur une grande échelle, exige des connaissances beaucoup plus étendues qu'on ne le suppose vulgairement. Nous voyons fort souvent des propriétaires cultivateurs se ruiner, parce qu'ils ne possèdent pas ces connaissances à un degré suffisant.

2° *Métayage.* — Ce qui caractérise ce système, c'est que le cultivateur, en louant la terre du propriétaire, s'engage à payer à celui-ci, non un prix fixe mais une quote-part des produits, déduction faite de ce qui est jugé nécessaire pour l'entretien du sol. Cette part est ordinairement la moitié des récoltes (d'où le nom du système); mais dans quelques cantons de l'Italie, par ex., elle s'élève jusqu'aux deux tiers. A l'égard du capital réclamé par les besoins de l'exploitation, c.-à-d. aux semences, au bétail, aux instruments du travail, il est fourni, tantôt par le propriétaire exclusivement, tantôt moitié par chacun des cointéressés, etc. Sous ce rapport, la coutume varie d'un pays à l'autre, bien qu'elle soit à peu près invariable dans chaque pays. — *Le Métayer*, ou *Colon partiaire*, à moins de motifs pour faire des efforts que le cultivateur propriétaire, puisqu'il ne doit avoir qu'une portion des fruits, au lieu de la totalité. Mais il a un motif plus puissant que le journalier, qui n'a d'autre intérêt au résultat du travail que de n'être pas congédié. Le métayer est au moins l'associé de son propriétaire et participe avec lui aux gains communs. Bien plus, dans les pays où la continuation permanente de la location est garantie par l'usage, et où la terre passe de père en fils aux mêmes conditions, comme cela a lieu en Toscane, le métayer s'attache profondément à la terre qu'il cultive, où il est son, où il laissera ses enfants, et il prend beaucoup des idées d'un propriétaire. Malgré cela, le métayage offre un vice radical. En effet, bien que le métayer ait un intérêt évident, et ce que le produit total soit aussi élevé que possible, il n'est jamais de son intérêt de débourser, en vue d'une nouvelle amélioration de la terre, une part quelconque du petit capital qu'il a pu épargner sur sa portion personnelle des produits, par la raison que le propriétaire qui n'aurait rien avancé devrait recueillir la moitié de la nouvelle production. C'est ce qu'un savant économiste, H. Passy, a démontré de la façon la plus rigoureuse. « Le métayer paye en nature. Ce qu'il doit, c'est une certaine proportion du produit brut obtenu, et dès lors il a un intérêt constant à consulter dans le choix des récoltes, non pas ce qu'elles peuvent laisser par hectare, les dépenses de culture recouvrées, mais le rapport établi entre le montant des frais de production et la valeur totale des récoltes. Pour lui, les meilleures cultures sont celles qui demandent peu d'avances, les plus mauvaises sont celles qui en demandent beaucoup, quel que puisse être le chiffre de l'excédent réalisé. Supposez, par ex., un lien où l'hectare cultivé en seigle exige 45 fr. de frais de production pour rendre 125 fr., et où le même hectare cultivé en froment exige 120 fr. de frais pour rapporter 250 fr.; un fermier n'hésitera pas à préférer la culture du blé. C'est en numéraire qu'il solde son fermage, et une culture qui lui rendra net 130 fr. vaudra mieux pour lui qu'une culture qui, à superficie semblable, ne lui en rendrait que 80. Un métayer sera contraint de calculer tout autrement. L'hectare en seigle, pour 45 fr., en donne 125, et la moitié de la récolte lui demeurant, c'est 15 fr. qu'il aura de bénéfice; l'hectare en blé, au contraire, coûtant 120 fr. pour en produire 250, ne lui laissera, vu ses avances, pour sa moitié, qui montera à 125 fr., que 5 fr. de rétribution; c'est pour la culture du seigle qu'il optera. A plus forte raison, le métayer s'abstiendra-t-il de porter son travail sur les plantes qui, comme le lin, le chanvre, le colza, coûtent en frais de culture au delà de la moitié de la valeur du produit obtenu. Vainement ces plantes, à superficie pareille, donnent-elles les plus beaux résultats, il ne lui resterait rien aux mains, le partage achevé avec le propriétaire; et s'il les faisait entrer dans ses cultures, des pertes irrémédiables viendraient châtier son imprévoyance. Ainsi pèsent sur le métayer des conditions de louage sous lesquelles il ne saurait, sans courir à sa ruine, s'attacher aux sortes de productions qui, par cela même qu'elles permettent de retirer net des terres plus que les autres, sont le plus fécondes en richesse et en prospérité rurales. C'est là un obstacle sérieux au développement progressif de l'agriculture, et un de ces obstacles qu'il n'est possible à aucune combinaison de jamais faire complètement disparaître. »

Ce genre d'anodiation est surtout usité dans les pays où le sol est ingrat et où les capitaux sont peu abondants. Il est particulièrement en vigueur dans les parties méridionales de l'Europe, et, chez nous, dans nos départements du sud et du sud-ouest. D'ailleurs, dans beaucoup de contrées, le métayage est comme imposé par diverses circonstances locales que Baudrillart a très bien signalées. « D'une part, dit-il, une portion notable des récoltes consiste en huiles, en vins, en fruits, parfois même en cocons de soie; or, les métayers, naturellement plus préoccupés du présent que de l'avenir, seraient toujours plus disposés à se décharger des frais de plantation de vignes et d'arbres dont ils auraient trop longtemps à attendre le produit. D'un autre côté, beaucoup de terrains ne rapportent que grâce à des travaux d'irrigation qui chargent le sol de constructions fort coûteuses, et que le propriétaire seul peut exécuter. Il faut, pour obtenir et conduire l'eau, sans laquelle le sol demeurerait improductif, des puits, des réservoirs, des machines, des canaux, des rigoles, sujets à de trop nombreuses détériorations pour qu'il soit possible de s'en remettre à des locataires exposés à quitter le domaine à fin de bail du soin de le maintenir en bon état. » Quoi qu'il en soit, au fur et à mesure que les capitaux deviennent plus abondants, que les voies de communication se multiplient et s'améliorent, la tendance générale est à la substitution du fermage au métayage, en attendant que le paysan puisse devenir lui-même propriétaire du sol qu'il cultive. Enfin, de même où le métayage a le plus de chances pour se maintenir, il est vraisemblable qu'il s'améliorera à mesure que le propriétaire et le cultivateur acquerront une instruction plus élevée, par suite de laquelle celui-ci saura diriger son travail avec plus d'intelligence, et celui-là avancer ses capitaux avec moins de parcimonie.

4° *Fermage*. — Dans ce système, le cultivateur qui prend une terre à bail s'engage uniquement à payer une rente fixe au propriétaire. Après le faire-valoir, les économistes et les agronomes s'accordent à regarder l'exploitation du sol par des fermiers comme le système d'anodiation le plus favorable au progrès agricole. En effet, il intéresse directement ces derniers au perfectionnement des procédés de culture, puisque, sans avoir à payer davantage au propriétaire, ils peuvent, par leurs efforts bien entendus, obtenir des profits plus élevés. Mais pour

que ce système produise les résultats qu'on est en droit d'en attendre, il faut, et c'est aussi l'avis unanime de tous les hommes compétents, il faut, disons-nous, que les baux soient à long terme. En assurant aux fermiers une longue durée de jouissance, les baux de cette espèce peuvent seuls les encourager à faire les sacrifices et à exécuter les espèces d'améliorations dont les résultats doivent se faire longtemps attendre. En Angleterre, où la classe des fermiers se distingue par son activité, son intelligence et son industrie, les baux sont ordinairement de 27 ans, tandis que, chez nous, ils n'excèdent jamais 9 années. Or, les baux à court terme engendrent généralement l'incurie et souvent l'indélicatesse des fermiers, qui, n'étant pas certains de jouir le lendemain de leur travail de la veille, ne songent qu'au présent, et ne cherchent qu'à épuiser le sol pour en obtenir momentanément un surcroît de récoltes. Malheureusement, ces baux sont encore ceux que préfèrent la plupart des propriétaires, parce qu'ils sont impatients de profiter de toute augmentation survenue dans la valeur de leur domaine. Cependant il serait peut-être possible de triompher de cet obstacle en donnant au cultivateur le droit, à l'expiration de son bail, d'en obtenir le renouvellement, moyennant une augmentation de loyer déterminée dans le contrat primitif, et de reconnaître au propriétaire la faculté de rentrer, à la même époque, dans l'exploitation de son bien, moyennant le paiement d'une indemnité également convenue d'avance. Quant au système proposé d'attribuer au fermier la plus-value que la terre aurait acquise durant son bail, par le fait de son travail, il est absolument impraticable. En effet, comment distinguer la plus-value résultant du fait du fermier de celle qui résulte de la hausse générale du local de la valeur foncière, de la création d'une nouvelle route, de l'ouverture d'un nouveau débouché, ou de toute autre circonstance indépendante du fait du fermier? Supposons cependant que cette distinction soit toujours possible et même toujours facile à établir. Dans ce cas, il n'est pas un propriétaire qui n'exigeât par son contrat de bail la renonciation du fermier à réclamer, lors de sa sortie, cette plus-value. Dira-t-on que la loi interdira au propriétaire cette clause? Mais pourra-t-elle également lui interdire d'imposer au fermier l'obligation de faire des plantations, des réparations, des défrichements, etc., c.-à-d. d'imposer comme conditions mêmes du bail toutes les améliorations d'où pourrait résulter une plus-value?

Nous avons dit que le fermage consiste en une somme fixe. C'est en effet le cas le plus général; néanmoins le prix en est quelquefois variable : tel est le cas où il est payé par une quantité fixe de blé, dont le prix subit de grandes oscillations. Ce mode n'est pas fort rare en France. En Écosse, le fermage est généralement évalué en grains et payable au prix du marché, d'où il résulte que les propriétaires et les fermiers y courent les mêmes chances. Selon Garnier, on attribue à ce système les progrès de l'agriculture à faits dans ce pays, malgré l'infériorité du sol et la dureté du climat.

Un apologiste enthousiaste du métayage, Sismondi, a adressé au système du fermage qu'à côté des fermiers il se forme une nouvelle classe, celle des journaliers, auxquels il est impossible d'économiser assez pour obtenir le bail d'une ferme. Mais on peut répondre fort justement que l'objection peut être faite aussi au système du faire-valoir et à celui du métayage, qui emploient également des journaliers. Nous ajouterons que cette objection s'adresse plutôt à la grande culture qu'au mode d'amodiation. En effet, la famille suffit en général à la petite culture, tandis que des bras étrangers sont nécessaires à la grande, peu importe que la terre soit exploitée par le propriétaire lui-même, par un fermier, ou par un métayer. Toutefois il est vrai de dire que le métayage ne s'applique guère qu'à la petite culture.

FERMAIL. s. m. [Pr. *fer-mall*, *ll* mouillées] (lat. *firmare*, fixer). Agrafe de manteau, boucle de ceinture, fermoir de livre, etc. Vx. || T. Blas. La boucle garnie de ses ardillons qui se met aux baudriers et aux ceinturons militaires. GRAVILLE *porte de gueules à trois fermaux d'argent*.

FERMAILLÉ, ÉE. adj. [Pr. *fer-mall-é*, *ll* mouillées]. T. Blas. Qui porte des fermaux.

FERMANAGH, comté d'Irlande (Ulster), 84,900 hab.; ch.-l. *Enniskillen*.

FERMANT, ANTE. adj. N'est guère usité que dans ces locut. : *Meuble f.*, Meuble qui se ferme à clef; *A jour f.*, Quand le jour finit; *A portes fermantes*, Quand on ferme les portes d'une place de guerre. == FERMANT. s. m. Volet disposé pour couvrir une peinture ou un miroir. *Tableau a f.*

FERMAT, célèbre géomètre français, l'un des inventeurs du calcul des probabilités et du calcul infinitésimal. Il a découvert un grand nombre de théorèmes d'arithmétique, mais sans publier les démonstrations. Beaucoup de ces théorèmes n'ont pas été démontrés, malgré les efforts des plus grands mathématiciens. Fermat était conseiller au Parlement de Toulouse, et ne faisait des mathématiques que par distraction. C'était cependant l'un des génies les plus pénétrants que l'humanité ait produits (1595-1665).

FERME. adj. 2 g. (lat. *firmus*, m. s.). Qui tient fixement. *Cette cloison n'est guère f. Le plancher est f.* || Qui se tient fixement, sans chanceler, sans reculer, sans s'ébranler. *Être f. à cheval. Être f. sur ses étriers, sur ses pieds. Marcher d'un pas f. Tenir le corps f.* — *De pied f.,* Sans bouger d'un lieu. *Il y a deux heures que je vous attends ici de pied f.* On dit aussi, *Attendre l'ennemi de pied f.,* L'attendre dans la résolution de le bien recevoir s'il se présente. *Combattre de pied f.,* Soutenir les attaques de l'ennemi sans reculer, sans s'ébranler. — Fig. et fam., *Attendre quelqu'un de pied f.,* Attendre quelqu'un dans la résolution de lui résister, témoigner qu'on ne le craint pas. — T. Tactiq. *Conversion de pied f.,* Celle dont le pivot est fixe. || Compact, solide; se dit par oppos. à Mou. *Le terrain est f. De la pâte f. Ce poisson n'a pas la chair f.* — *Terre f.,* Voy. TERRE. || Vigoureux, fort. *Avoir la main, le poignet f., les reins fermes.* — Fig., *Avoir le jugement, l'esprit, la tête f.,* Avoir l'esprit droit et solide. || Fig., *Ferme,* en parlant de la contenance; de la voix, du regard, etc., se dit encore dans le sens d'Assuré. *Avoir la contenance f., la voix f., la parole f., le regard f. Ce ton f. et résolu le déconcerta.* || Fig., au sens moral, sign. Constant, inébranlable. *C'est un homme f. dans ses résolutions,* ou absol., *C'est un homme f. Caractère f. Esprit f. Avoir l'âme f. Demeurer f. dans le péril. Il a une volonté f. Demeurer f. dans sa foi. Faire une f. résolution, un f. propos. Avoir une f. croyance, une f. espérance. Une foi f. Une amitié f.* || En parl. d'œuvres d'art, de dessin, d'exécution musicale, etc., on dit *Avoir la main f.,* pour Avoir la main sûre. *Ceci n'est pas dessiné, n'est pas écrit d'une main f.* — Par ext., *Ferme* se dit aussi de la manière de faire, d'exécuter, quand elle est hardie et vigoureuse. *La manière de ce peintre est f. Avoir un pinceau, un burin f. Pour être d'un vieillard, cette écriture est encore très f. Sa touche est très f. Il a un coup d'archet très f. Ce pianiste a le jeu très f.* — Fig., *Style f.,* Qui a de la concision et de la force. || T. Bourse. *Achat, vente et marché f.,* Voy. BOURSE. = FERME, s'emploie aussi adverbial., et sign. Fortement, d'une manière f. *Cela tient f. dans la muraille. Tenez-moi ceci bien f. Parier f. Il tient f. pour telle opinion.* — Famil., *Soutenir, nier une chose fort et f.,* La soutenir, la nier avec beaucoup d'assurance. *Tenir f.,* Résister vigoureusement; se dit au prop. et au fig. *Il tint f. contre les assauts de la critique. Tenez f.* Autrefois, on disait aussi dans ce sens, *Faire f.* — *Ferme* s'emploie aussi absol., pour Exciter, encourager. *Allons, f., mes amis !*

FERME. s. f. (lat. *firmus*, chose convenue). Convention par laquelle le propriétaire d'un fonds de terre, d'une rente, d'un droit, en abandonne la jouissance à quelqu'un pour un certain temps, et moyennant un certain prix. *Donner ses terres à f. Faire un bail à f. Prendre à f. Prix de f. Il a pris la f. de ce pont.* || Dans un sens partic., se dit de toute convention de ce genre, par laquelle un gouvernement délègue à des particuliers le droit de percevoir certains revenus publics. *Les fermes du roi. La f. générale des gabelles. Les cinq grosses fermes.* — Par extens., L'administration chargée de percevoir les revenus publics donnés à ferme. *Obtenir un emploi dans les fermes.* Locutions vieillies, les fermes ayant disparu à la Révolution de 1789. Voy. IMPÔT. || Métairie ou autre propriété rurale donnée à f. *Acheter une f. Ce domaine comprend cinq ou six fermes.* En matière féodale, il ne se disait jamais des terres nobles. — Par extens., L'habitation du fermier, les bâtiments d'exploitation d'une terre donnée à ferme. *Voilà une belle f. La cour d'une f. Rentrer à la f.* — *F. école, f. expérimentale.* Voy. AGRICULTURE, FERMAGE. || *F. des jeux,* Droit concédé à quelqu'un par l'autorité, moyennant rétribution, de tenir des maisons de jeu. Sorte de jeu ! T. Charpent. Charpente en bois ou en fer qui supporte le faîte d'un comble. Voy. COMBLE. || T. Théât.

Toute décoration située à la partie la plus reculée de la scène, et qui se détache en avant de la toile de fond. — Nom donné aux tréteaux au moyen desquels on figure des montagnes.

FERME-CIRCUIT. s. m. T. Phys. Mécanisme propre à fermer à volonté un circuit électrique. = Pl. *Des ferme-circuits.*

FERMEMENT. adv. D'une manière ferme, avec force, avec vigueur. *Attacher' f. S'appuyer f.* || Avec assurance, constamment, invariablement. *Persister f. dans son opinion, dans ses résolutions. Croire f. une chose. Soutenir f. un mensonge.*

FERMENT. s. m. (lat. *fermentum*, de *fervere*, bouillonner). Substance qui a la propriété d'exciter la fermentation dans une autre. Voy. FERMENTATION. || Fig., *Un f. de haine, de discorde, de sédition.*

FERMENTABLE. adj. Susceptible de fermenter.

FERMENTANT, ANTE. adj. Qui fermente.

FERMENTATIF, IVE. adj. Qui a la vertu de produire la fermentation. Vx.

FERMENTATION. s. f. [Pr. *ferman-ta-sion*] (lat. *fermentatio*, m. s., de *fervere*, bouillir). Mouvement interne, accompagné de décomposition, qui se manifeste dans une substance d'origine organique, par la seule présence d'une autre substance. || Fig., Effervescence, agitation des esprits. *Les esprits étaient dans la plus grande f. Une sourde f. Apaiser la f. des esprits.*

Chim. biol. — A l'origine, on désignait par fermentation tous les phénomènes dans lesquels on voyait une masse liquide ou pâteuse se soulever en dégageant des gaz. Cagniard de la Tour découvrit en 1835 que la levure de bière était un organisme vivant, et Pasteur regarda l'acte chimique de la f. comme corrélatif de l'acte vital. Mais on s'aperçut qu'il existait des ferments solubles, par ex., la diastase, qui transforme l'empois d'amidon en sucre.

D'autre part, les décompositions chimiques qu'opèrent les ferments ne leur sont pas propres. Toute cellule peut agir comme eux; mais elle n'agira que sur une quantité minime de substance, tandis qu'il existe une disproportion énorme entre le poids de l'organisme ferment et celui de la substance sur laquelle il agit. Cette disproportion constitue le caractère distinctif des fermentations.

Les ferments peuvent être solubles ou organisés.

I. — Les ferments solubles (appelés *zymases* par Béchamp, *diastases* par Payen et Persoz, *enzymes* par Kühns), sont :

A. La *diastase* qui saccharifie l'amidon. Isolée du malt en 1833 par Payen et Persoz, elle a été retrouvée dans les plantes, la salive où on la désigne parfois sous le nom de ptyaline, le suc pancréatique, le foie, l'urine, etc.

B. L'*invertine*, isolée pour la première fois par Berthelot en 1860, transforme le sucre de canne en glucose et en lévulose.

C. L'*émulsine*, retirée des amandes, dédouble les glycosides. La myrosine dans la farine de moutarde possède la même propriété, et amène la formation de l'essence de moutarde.

D. La *pepsine* dans le suc gastrique et la *trypsine* dans le suc pancréatique, peptonisent les matières albuminoïdes.

E. La *présure* coagule la caséine du lait.

F. L'*uréase* décompose l'urée.

L'étude de la *pectase* des fruits verts, de l'*érythrozine* de la garance fraîche, de l'*inulase* des fonds d'artichauts est encore incomplète.

II. — Les ferments organisés se divisent en trois groupes :

1° Les *moisissures* renferment un grand nombre de champignons : tels l'*Aspergillus niger*, le *Penicillium glaucum*, les *Mucus*, le *Rhizopus nigricum*, etc. A la surface des moûts sucrés, ces champignons se bornent à en consommer les matériaux nutritifs. Mais vient-on à les submerger de manière à les soustraire au contact de l'oxygène de l'air, ils consomment le sucre, non en le brûlant, mais en le scindant en alcool et acide carbonique. Le *Penicillium glaucum* transforme également le tanin en acide gallique, etc.

2° Les *levures* produisent la f. des boissons alcooliques, vin, bière, cidre. On les perçoit sous forme de cellules qui produisent en bourgeonnant des cellules semblables. Elles peuvent aussi se reproduire par spores. On les a rangées dans le groupe des *Champignons Ascomycètes*.

Hansen a cultivé et isolé les espèces de levures ; il en a classé un grand nombre ; on est allé jusqu'à trouver 58 espèces de levures de vin. Peut-être ces espèces ne sont-elles que des variétés.

La levure a pour caractère de former des voiles à la surface des liquides fermentés. Une levure, pendant la f., est anaérobie et vit sans air dans le liquide. Après la f. elle monte à la surface au contact de l'air et végète à la façon des moisissures.

3° Les *Bactéries*. Voy. MICROBE et BACILLE.

Les principaux types de f. ont été divisés par Henninger en f. par dédoublement, par hydratation, par réduction et par oxydation.

A. *Fermentation par dédoublement* :

Nous étudierons comme type la f. alcoolique et la f. lactique.

Fermentation alcoolique. — Elle est produite par le dédoublement du glucose en alcool et anhydride carbonique suivant la formule :

$$C^6H^{12}O^2 = 2C^2H^6OH + 2CO^2. \quad \text{(Gay-Lussac.)}$$

Cette équation toutefois n'est vraie que pour 95 p. 100 environ de la glucose employée. On trouve encore dans les produits de la f. de la glycérine et de l'acide succinique, etc.

Cette f. est produite par les levures et par certains champignons. Pour que la f. se produise, il faut que l'on ajoute à la solution de sucre des cendres de levure et du tartrate d'ammoniaque. Les cendres lui fournissent des substances minérales et surtout du phosphate de potasse. Le tartrate d'ammoniaque lui fournit une alimentation azotée, et le glucose on se dédoublant le carbone nécessaire.

La théorie de la f. alcoolique a été faite par Pasteur : « Elle est, a-t-il dit, la conséquence de la vie sans air. » En effet, si on cultive la levure en grande surface, dans des cuvettes plates, par ex., la f. du sucre y est très faible ; le rapport des poids de levure formée et de sucre disparu est de 1/4. Si on cultive au contraire la levure dans un ballon, ce rapport s'élève à 1/76. Si, enfin, on arrive à la suppression totale de l'air, on aura la quantité maximum d'alcool que la levure peut fournir, à savoir 1/89. La levure est donc à la fois aérobie et anaérobie ; elle n'agit comme ferment que dans ce dernier cas, où elle prend l'oxygène à la matière fermentescible.

Cette théorie n'est, du reste, applicable qu'aux ferments anaérobies et non aux ferments aérobies (tels que ceux des fermentations acétique et nitrique), dont nous nous occuperons tout à l'heure.

Pour étudier le phénomène de la f. alcoolique, il suffit de délayer une très petite quantité de levure de bière dans une infusion d'orge germée, et de placer une goutte de cette liqueur entre deux plaques de verre mince dont on mastique les contours pour empêcher l'évaporation de l'eau, et qu'on place sur le porte-objet du microscope. Au bout d'un certain temps, on voit le liquide se troubler et s'y former de petits glo-

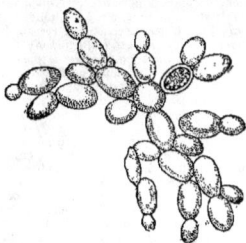

bules ovoïdes, qui augmentent peu à peu de volume jusqu'à ce qu'ils aient atteint un diamètre de $\frac{1}{100}$ de millimètre. Alors ils se boursouflent en un ou plusieurs points de leur circonférence. Sur ces points apparaissent de petits bourgeons qui grossissent peu à peu comme la cellule mère, et donnent ensuite naissance à des bourgeons nouveaux, et ainsi de suite, jusqu'à ce que toute la matière albuminoïde soit transformée en ferment. (Fig. ci-dessus d'après Regnault.) Ce mode de développement nous explique comment les brasseurs peuvent obtenir une quantité de ferment aussi considérable qu'ils le désirent. — Les divers globules de ce végétal microscopique paraissent être simplement accolés les uns aux autres et n'avoir pas de communication entre eux. En outre, chacun d'eux se compose

d'une enveloppe solide renfermant un liquide, et constitue une espèce de cellule sur les parois intérieures de laquelle existe une couche de matière mucilagineuse. « Si l'on observe pendant plusieurs jours, ajoute Regnault, le système de globules qui ont acquis leur développement complet, on reconnaît qu'il se forme, à l'intérieur de chaque globule, des granules beaucoup plus petits, dont le mouvement rapide prouve qu'ils nagent dans un liquide. Après un temps suffisant, ce liquide intérieur s'est entièrement transformé en granules. »

On distingue, dans le commerce, deux espèces de ferments : la *levure supérieure* et la *levure inférieure*. La première est celle qui se forme à une température comprise entre 10° et 25° ; la seconde ne prend naissance qu'à une température entre 0° et + 8°. Ces deux espèces de ferment ont un mode de développement et d'action différent. Tandis que la levure supérieure constitue une végétation bourgeonnante (c'est celle que nous venons de décrire), la levure inférieure se compose simplement de globules isolés, disséminés dans le liquide. La levure supérieure agit vivement sur les matières sucrées ; la levure inférieure, au contraire, ne décompose complètement le sucre qu'après deux ou trois mois de contact, et cela sans secousse, sans nulle agitation dans le liquide. Le ferment, au lieu de remonter activement à la surface du liquide comme avec la levure supérieure, se dépose paisiblement au fond du vase. La levure supérieure constitue la levure ordinaire ; la levure inférieure sert à fabriquer certaines espèces de bière, comme la bière de Bavière, etc.

Desséché dans le vide ou à une basse température, le ferment se présente sous la forme d'une matière dure, cornée, transparente, d'un rouge hyacinthe. Sa saveur, d'abord piquante, devient successivement douce, fade et amère. Il est soluble dans l'eau, et sa dissolution rougit le papier de tournesol. A l'état sec, la propriété qu'il possède de provoquer la f. est complètement suspendue ; mais il la recouvre dès qu'on l'humecte. Il la perd, au contraire, définitivement quand on le fait bouillir longtemps à la température de 100°. Les acides minéraux énergiques, les alcalis, la créosote, l'essence de térébenthine, l'alcool, le sel marin, un grand excès de sucre, le sublimé corrosif, etc., le lui enlèvent aussi, ou du moins la paralysent énergiquement. Mais, chose curieuse, l'acide arsénieux et l'émétique ne la troublent aucunement. Ces deux corps, il est vrai, quoique étant des poisons violents pour les animaux, n'empêchent nullement le développement de certaines plantes microscopiques.

La levure peut supporter des froids excessifs allant jusqu'à 100° au-dessous de zéro sans perdre sa vitalité, mais son action ne commence guère que vers 2° ou 3°. La température la plus favorable à l'activité de la levure paraît être de 25° à 30°. Son action cesserait entre 40° et 53° suivant les auteurs. Elle est plus rapide à la lumière qu'à l'obscurité. Il faut un courant de 40 éléments Bunsen pour arriver à tuer la levure.

Les acides en petite quantité ne font que favoriser l'action de la levure ; il faut 10 fois l'équivalent de l'acide contenu dans la levure pour que la f. s'arrête avant d'être terminée.

Il faut de fortes quantités d'ammoniaque, 8 à 16 fois autant qu'il en aurait fallu pour saturer l'acide de la levure, pour retarder la f. Vingt-quatre fois cette quantité l'empêche. Pour P. Bert et Regnard, l'eau oxygénée tue subitement la levure de bière.

Fermentation lactique. — La f. lactique amène la transformation de certains sucres, sucre de lait, glucose, maltose, sucre de canne, en acide lactique. Cette f. se produit quand on abandonne le lait à lui-même. Non seulement le ferment lactique qui en est l'agent le plus ordinaire, mais les bactéries du pus, le *micrococcus prodigiosus*, le bacille d'Éberth, peuvent produire cette transformation. D'autre part, tous les sucres capables de subir la f. alcoolique peuvent être transformés en acide lactique, et même le ferment lactique fait fermenter des matières sucrées telles que le lait, l'inuline, qui résistent à l'action de la levure de bière. Le thymol à la dose de $\frac{1}{1000}$ empêche la f. lactique.

Le koumiss, en usage dans l'Asie centrale, et le kéfir des Caucasiens sont obtenus en faisant fermenter le lait au moyen de levures contenant deux sortes de ferment : alcoolique et lactique.

B. *Fermentation par hydratation.* — Elle est représentée par la f. ammoniacale de l'urine sous l'influence du *micrococcus ureæ*. La décomposition se fait suivant la formule :

$$CO(AzH^2)^2 + H^2O = 2AzH^3 + CO^2.$$
$$\text{urée}$$

C. *Fermentation par réduction.* — Elle existe quand l'un des produits principaux d'une f. est l'acide butyrique $C^4H^8O^2$.

différents ferments peuvent la produire, parmi lesquels le plus commun est le *Clostridium butyrium*, qu'on retrouve dans la choucroute, le vieux fromage. C'est le type des ferments anaérobies. Aussi se développe-t-il dans le lactate de chaux quand le ferment lactique a épuisé son action et donne alors naissance à de l'acide butyrique.

D. *Fermentation par oxydation.* — Le type est donné par la f. acétique. On sait que les boissons alcooliques exposées à l'air deviennent du vinaigre. La réaction se passe en deux temps. D'abord l'alcool se transforme en aldéhyde, suivant la formule :

$$C^2H^6O + O = C^2H^4O + H^2O.$$

L'aldéhyde est un corps très instable qui s'oxyde au contact de l'air et fournit de l'acide acétique :

$$C^2H^4O + O = C^2H^4O^2.$$

Pasteur a donné une théorie de cette f. Il admet que la bactérie qui la produit aurait la faculté de condenser l'oxygène de l'air à la manière du noir de platine et de porter cet oxygène sur les matières sous-jacentes.

E. La f. nitrique amène la formation du salpêtre par oxydation de l'ammoniaque. Elle est due à deux ferments : l'un, le ferment nitreux, transforme l'ammoniaque des terres en nitrites, le second oxyde les nitrites et les change en nitrates.

FERMENTER. v. n. Être en fermentation. *La pâte fermente. Ce vin a fermenté.* On disait autrefois, dans le langage des médecins humoristes : *Les humeurs fermentent.* || Fig., *La haine fermente sourdement dans les cœurs. L'ambition fermentait dans son âme. Les têtes, les esprits fermentent. Toutes les passsions qui fermentent au sein d'une société corrompue.* = FERMENTÉ, ÉE. part. *Liqueur fermentée.*

FERMENTESCIBILITÉ. s. f. Qualité de ce qui est fermentescible.

FERMENTESCIBLE. adj. 2 g. Qui est susceptible de fermenter.

FERMENTOMÈTRE. s. m. Instrument destiné à mesurer l'intensité des fermentations alcooliques.

FERMER. v. a. (lat. *firmare*, fortifier). Appliquer sur une entrée, sur une ouverture, un objet destiné à la clore. *F. la porte, la fenêtre, les contrevents, les persiennes. F. une trappe, une écluse. F. un robinet.* Absol., se dit pour f. la porte, les portes. *On vient de f., personne ne peut plus entrer.* — *F. la porte sur quelqu'un*, la fermer après que quelqu'un est entré ou sorti. *La f. en entrant ou en sortant. F. la porte à quelqu'un*, l'empêcher d'entrer. Fam., *F. la porte au nez de quelqu'un*, Repousser vivement la porte au moment où quelqu'un se présente pour entrer. — Fig., *F. sa porte à quelqu'un*, Ne plus vouloir l'admettre chez soi. *Toutes les portes lui sont fermées*, Il n'est reçu nulle part. — Fig., *F. la porte aux abus, aux désordres*, etc., Empêcher les abus de naître ou de se renouveler. || Clore ce qui est ouvert, boucher l'entrée ou l'ouverture. *F. une chambre, une armoire, une boîte, un tiroir. F. une cour, une boutique.* Elliptiq., *Les marchands ferment les jours de fête*, etc. — Fig., se dit de la cessation, de la suspension des travaux, des exercices, etc., qui se font habituellement dans un lieu. *F. les écoles, les tribunaux, les églises. F. un atelier. Faire f. un cabaret*, etc. *F. boutique.* Voy. BOUTIQUE. || Fermer un bureau, Y faire cesser le travail des employés à une certaine heure ; ou, cesser momentanément de le tenir ouvert aux personnes qui y ont affaire. *On ferme les bureaux à cinq heures.* || Empêcher l'entrée, rendre un passage très difficile ou impossible. *Faire f. des fenêtres avec des grilles. F. un port avec une chaîne. Des bancs de sable fermaient l'entrée du port. Des broussailles fermaient l'entrée de la grotte. Les neiges ferment encore le passage des montagnes. F. un chemin, un passage*, etc. *L'avenue est fermée à chaque extrémité par des barrières.* — Par ext., se dit de l'obstacle, de l'empêchement que l'on apporte, soit par une résistance, soit par une défense quelconque, à un passage, à l'accès, à l'entrée ou à la sortie d'un lieu. *Une armée de vingt mille hommes lui fermait le passage. F. les chemins, les ports, les mers.* — Fig., *F. à quelqu'un le chemin, la porte des emplois, des honneurs*, Empêcher qu'il ne parvienne jamais aux emplois, etc. *Cette carrière lui est*

à jamais *fermée.* — Fig., *F. son cœur à un sentiment*, Faire qu'il ne l'éprouve pas, ou qu'il ne l'éprouve plus. *F. son cœur à la haine, aux affections de la nature. Ces jeux cruels ferment le cœur à tout sentiment de pitié. Son cœur était fermé à la compassion.* On dit aussi quelquefois *F. son cœur à quelqu'un*, Cesser d'avoir de l'affection pour lui ; ou lui cacher les sentiments qu'on éprouve, les pensées que l'on a. || Rapprocher l'une contre l'autre des parties dont l'écartement formait une ouverture. *F. un sac, une bourse. F. les rideaux. F. un livre. F. la main. F. les yeux. F. une plaie.* — *F. une lettre, un paquet*, Plier et cacheter une lettre, un paquet. *F. l'œil, f. les yeux.* Voy. ŒIL. *F. la bouche.* Voy. BOUCHE. *F. l'oreille.* Voy. OREILLE. || Fig., Terminer, arrêter, mettre fin à. *F. une session législative. Il faut f. la discussion. F. le scrutin*, Ne plus laisser voter. *F. une liste, un registre. Son nom ferme la liste.* — *F. une parenthèse.* Voy. PARENTHÈSE. — *F. la marche, le cortège*, Être le dernier d'une troupe de gens qui sont en marche. || Enclore. *F. une ville, un parc, un jardin. F. de murailles, de fossés, de haies.* || T. Chem. de fer. *F. la voie*, Faire le signal qui indique que la voie n'est pas libre. || T. Mar. *F. une voile*, Peser sur le bras du vent quand on veut masquer la voile ou prendre une allure se rapprochant du vent arrière. — *F. deux objets*, Faire route de manière à annuler l'angle sous lequel on les voit, c.-à-d. amener la route dans la direction de la droite qui joint ces deux objets. || T. Techn. Continuer d'étendre l'or ou l'argent sous le marteau. || T. Jeux. Aux dominos, *F. le jeu*, se dit lorsqu'un des joueurs met de chaque bout du jeu un domino auquel l'adversaire ne peut répondre. = SE FERMER. v. pron. *La porte se ferma d'elle-même. Au passage de cette bande, toutes les boutiques se fermèrent. Les bureaux se ferment à quatre heures. Mes yeux commençaient à se f. Les fleurs de cette plante se ferment dès que le soleil disparaît. Cette plaie se fermera bientôt. Son cœur s'est toujours fermé à la pitié.* || Avec ellipse du pron. *Cette serrure ferme à double tour. Ces fenêtres ne ferment pas bien. Ce magasin ferme très tard.* = FERMÉ, ÉE. part. *Une couronne fermée*, Dont le cercle est surmonté d'ornements qui couvrent la tête. — *Aristocratie fermée*, Qui n'ouvre ses rangs à personne. — *E fermé*, Qu'on prononce en rapprochant les lèvres. — *Avoir la main fermée*, N'être pas généreux. — *Dormir à poings fermés*, De toute sa force. = Syn. Voy. CLORE.

FERMETÉ. s. f. (lat. *firmitas*, m. s.). L'état de ce qui est ferme, de ce qui offre de la résistance, de ce qui est difficile à ébranler. *La glace a pris de la f. Ces pilotis n'ont pas assez de f.* || La qualité d'un corps compact, qui offre une certaine résistance. *C'est un terrain marécageux qui n'a aucune f. Cette toile manque de f. La chair de ce poisson a de la f. La f. des chairs.* || Vigueur, force. *La f. des reins, du jarret. Il n'a point de f. dans le poignet.* — *F. de la main*, Assurance de la main pour exécuter quelque chose. — Fig., *F. d'esprit, de jugement*, etc. La solidité, la rectitude de l'esprit, etc. || Fig., L'assurance dans le regard, la voix, le maintien. *Parler avec f. Il mit beaucoup de f. dans ses réponses. La f. de sa contenance leur imposa.* || Fig., La force, l'énergie morale qui fait que l'on brave les obstacles, les périls, qu'on ne se laisse pas abattre par les revers, qu'on supporte les souffrances, etc. *F. d'âme, de caractère. Sa f. ne se démentit pas un instant. Le manque de f. dans le caractère, au simpl., de f. Il ne faut point de f. dans l'esprit, dans ses résolutions. Il montra une grande f. au milieu des tourments, dans l'adversité.* || Dans les Beaux-Arts, se dit de la vigueur et de la hardiesse d'exécution. *F. de pinceau, de burin*, etc. *La touche de ce peintre manque de f. Le jeu de ce pianiste a beaucoup de f. La f. de son coup d'archet.* || T. Bourse et Comm. Prix des marchandises ou des effets publics lorsqu'ils se soutiennent à un taux élevé sur le marché. *Il y a de la f. dans le prix des sucres.* — Fig., *F. de style*, Qualité d'un style qui a de la précision et de l'énergie. *La f. du style de Tacite. Son style manque de f.* = Syn. Voy. CONSTANCE.

FERMETTE. s. f. [Pr. *fer-mè-te*]. T. Archit. Ferme d'un faux-comble ou d'une lucarne. || T. Techn. Ferme qui soutient un barrage mobile sur un cours d'eau.

FERMETURE. s. f. Ce qui sert à fermer, ne se dit guère qu'en matière de serrurerie et de menuiserie. *La f. d'une boutique.* || Dans les places de guerre, l'action de fermer les portes, et le moment où on les ferme. *La garde prend la fermeture à la f. des portes.* || Action de faire fermer, de faire cesser ce qui se fait dans un lieu. *Le préfet a ordonné la f. de plusieurs cabarets mal famés.* || T. Mar. Bordages compris entre deux préceintes consécutives. — *Faire f.*, Boucher un grand trou laissé au flanc d'un navire pendant la construction.

FERMIER, IÈRE. s. Celui, celle qui prend un domaine ou des droits à ferme. *C'est le f. de telle terre, le f. de monsieur un tel. Un gros f. Une riche fermière. Le f. des jeux publics.* || *F. partiaire,* Celui qui loue des terres à condition d'abandonner au propriétaire une partie de la récolte. || *F. des monnaies,* Entrepreneur chargé de la fabrication des monnaies. — *F. judiciaire,* Celui à qui le bail d'un héritage saisi a été adjugé par autorité de justice. || *Les fermiers généraux.* Avant la Révolution, la perception des diverses branches des revenus publics, tels que la taille, l'impôt du sel, du tabac, l'octroi, etc., était l'objet d'une spéculation et l'on appelait fermiers généraux ceux qui prenaient à ferme ou à bail le recouvrement de ces droits. Une telle organisation ne pouvait que conduire à d'épouvantables abus, qui furent chèrement payés. La plupart des fermiers généraux furent guillotinés, quoique plusieurs d'entre eux fussent innocents du excès, par ex., Lavoisier, l'immortel fondateur de la chimie moderne. || A certains jeux de cartes, celui qui tient la banque.

FERMO, v. d'Italie, prov. d'Ascoli-Piceno ; 18,000 hab.

FERMOIR. s. m. Petite attache, agrafe d'argent ou d'autre métal, qui sert à tenir un livre fermé. *Des fermoirs d'argent.* || T. Technol. Outil tranchant dont les menuisiers, etc., se servent pour certains ouvrages. — Outil dont se sert le sculpteur pour ébaucher. — Outil dont se sert le bourrelier pour tracer des raies pointées sur le cuir.

FERMURE. s. f. T. Techn. Ce qui sert à fermer, à fixer quelque chose. || T. Mar. Voy. FERMETURE. || Perche munie de rouelles servant à attacher un train de bois à la rive.

FERNAMBOUC. s. m. On désigne sous le nom de *Bois de F.,* le bois du *Cæsalpinia echinata.* Voy. BOIS et LÉGUMINEUSES.

FERNAMBOUC, v. du Brésil, sur l'Atlantique. Voy. PERNAMBOUC.

FERNANDEZ (DENIS), marin portugais, reconnut le Sénégal et le cap Vert, en 1446.

FERNANDEZ (JUAN) navigateur espagnol, reconnut la côte du Chili, vers 1563.

FERNANDO-PO, île d'Afrique, dans le golfe de Guinée, aux Espagnols.

FERNEL, médecin de Henri II, né à Clermont (Oise) (1497-1558). Mesura un arc de méridien entre Paris et Amiens en comptant les tours de roue de sa voiture.

FERNEY-VOLTAIRE, ch.-l. de c. (Ain), arr. de Gex ; château de Voltaire ; 1,200 hab. (à quelques kilom. de Genève).

FERNIG (THÉOPHILE et FÉLICITÉ DE), héroïnes de la Révolution française, qui servirent comme officiers d'état-major de Dumouriez et de Beurnonville.

FÉROCE. adj. 2 g. (lat. *ferox,* m. s.). Qui est farouche et cruel; au prop., se dit de certains animaux. *Les lions, les tigres sont des animaux féroces. Les Romains exposaient les chrétiens aux bêtes féroces. Un animal d'un naturel f.* — Fig. *C'est une bête f.,* se dit d'un homme brutal et cruel. || Par ext., se dit des personnes, surtout pour marquer une cruauté froide et réfléchie dans laquelle on semble se complaire. *Un despote f. Un peuple f. Cœur, caractère f.* || Qui dénote de la férocité. *Un regard, un air f. Une joie f. Des mœurs féroces.*

FÉROCEMENT. adv. D'une manière féroce.

FÉROCITÉ. s. f. (lat. *ferocitas,* m. s.,). Qualité d'un animal ou d'une personne féroce. *La f. est naturelle au lion, au tigre. La f. de ce barbare ne put être adoucie. On voit par là jusqu'où va la f. de ce peuple. F. de caractère, d'humeur. La f. se peignait dans ses regards.*

FÉROÉ ou **FÆROÉ** (îles) (en danois *Fær-Œrne,* îles des Brebis), groupe d'îles au nord de l'Écosse (au Danemark).

FÉRONIE. s. f. T. Bot. Genre de plantes Dicotylédones (*Feronia*) de la famille des *Rutacées.* Voy. ce mot. || T. Entom. Genre de coléoptères, de la famille des *Carabiques.* Voy. ce mot.

FERRAGE. s. m. (R. *ferrer*). Action de ferrer. — Spéc. Le *f. d'un cheval.* — Le *f. d'une roue, d'un lacet.* — Le *f. d'un condamné aux fers,* etc. || T. Milit. *Masse de f.,* Allocation destinée au f. des chevaux.

FERRAILLE. s. f. [Pr. *fè-ra-lle, ll* mouillées]. Vieux morceaux de fer usés ou rouillés. *Marchand de f.*

FERRAILLER. v. n. [Pr. *fè-ra-ller, ll* mouillées]. Faire du bruit avec des lames d'épée ou de sabre, en les frappant les unes contre les autres. *Des filous tirèrent l'épée et se mirent à f.* || Par ext. et fam., se dit des gens qui aiment à se battre à l'épée. *C'est un spadassin qui n'aime qu'à f.* || Fig., Disputer fortement. *Ils s'engagèrent dans une dispute et ferraillèrent longtemps.* Ce mot est familier.

FERRAILLEUR, EUSE. s. [Pr. *fè-ra-lleur, ll* mouillées]. Marchand, marchande de ferraille. || s. m. Fam., se dit d'un homme qui aime à se battre à l'épée. *C'était le plus grand f. du régiment.* || Fig., Celui qui aime à s'escrimer en paroles.

FERRAND (Comte), homme d'État et écrivain fr., né à Paris (1751-1825).

FERRANDIER, IÈRE. s. [Pr. *fè-ran-dié*]. Celui, celle qui ferre le chanvre.

FERRANDINE. s. f. [Pr. *fè-randine*] (R. *Ferrand,* l'inventeur). Étoffe de soie tramée de laine ou de coton. Vx.

FERRANDINIER. s. m. [Pr. *fè-ran-di-nié*]. Se disait autrefois des ouvriers qui fabriquaient la *Ferrandine.* — Ce terme a été adopté ensuite par les ouvriers en soie de Lyon, pour remplacer celui de *Canuts,* sous lequel on les désignait et qui est encore usité.

FERRANT. adj. m. [Pr. *fè-ran*]. Qui ferre. N'est usité que dans cette loc., *Maréchal f.,* Artisan qui ferre les chevaux, les mulets, etc.

FERRARE, v. de l'Italie septentrionale (*Émilie*), sur le Pô; 75,600 hab.

FERRARI, peintre sculpteur et architecte italien, élève de Léonard de Vinci (1484-1550).

FERRASSE. s. m. [Pr. *fè-ra-se*]. Cadre de bois muni de lames de fer et qui sert au dégrossissage mécanique des glaces. || Coffre de tôle où l'on met les pièces de verre qu'on fait recuire.

FERRAT. s. m. Espèce de poisson du genre Saumon.

FERRAT, nom de deux caps, l'un en Algérie, prov. d'Oran, l'autre en Sardaigne.

FERRATE. s. m. [Pr. *fer-rate*]. T. Chim. Sel formé par la combinaison de l'acide ferrique avec une base. *F. de potasse.* Voy. FER, II, 4°.

FERRATIER. s. m. [Pr. *fè-ra-tier*]. Voy. FERRETIER.

FERRAUD, conventionnel, tué au milieu de l'Assemblée, à la journée du 1er prairial (1764-1795).

FERRE. s. f. [Pr. *fè-re*]. T. Techn. Pince dont on se sert pour fabriquer les bouteilles de verre. — Poussière qui se détache des objets de fer, d'acier, que l'on lime.

FERRÉ, dit le *Grand Ferré,* paysan fr. originaire de Lorraine, qui, en 1359, se distingua en combattant contre les Anglais.

FERREMENT. s. m. [Pr. *fè-re-man*] (lat. *ferramentum,*

m. s.). Action de ferrer. Voy. FERRAGE. || Outil de fer. *Il employa plusieurs espèces de ferrements pour ouvrir la serrure.* || Par ext. et pop., se dit, au plur., des instruments d'un chirurgien, et partic. des forceps. *On eut recours aux ferrements pour l'accoucher.* || Au plur., se dit encore des garnitures de fer qui entrent dans la construction d'un bâtiment, d'un navire, d'une machine, etc. *Ces ferrements ne sont pas assez solides.*

FERRER. v. a. [Pr. *fè-rer*]. Garnir de fer. *F. une porte, une fenêtre, un coffre. F. une pique. F. un bâton. F. des roues. F. des aiguillettes, un lacet,* etc., En garnir les extrémités de fer-blanc, de laiton, ou d'autre métal. || Se dit particul. des chevaux, des mulets, etc., auxquels on attache des fers aux pieds avec des clous. *F. un cheval des quatre pieds. Une mule difficile à f. F. un cheval à glace,* Lui mettre des fers crampounés, pour empêcher qu'il ne glisse sur la glace. — Fig. et prov., *Il n'est pas aisé à f.,* se dit de quelqu'un qui est difficile à gouverner. *F. la mule,* Acheter ;ne chose pour quelqu'un, et la lui compter plus cher qu'elle ;'a coûté. || Par catachrèse, on dit, *F. d'or, d'argent, de pierre,* Garnir d'or, etc., ce qu'on garnit ordinairement de fer. *Une cassette qui est ferrée d'or. Ce cheval est ferré d'argent.* || T. Comm. Appliquer une marque ou plomb sur des marchandises pour indiquer qu'elles ont été visitées à la douane. || T. Pêche. *F. le poisson,* Donner un coup sec avec la ligne pour que le fer de l'hameçon s'accroche dans la chair du poisson. || T. Techn. *F. le chanvre,* Le frotter par poignées sur un fer non coupant, pour qu'il soit plus aisé à filer. — *F. une pièce d'étoffe,* La marquer avec un coin d'acier. = FERRÉ, ÉE. part. *Un bâton ferré. Souliers ferrés,* A semelle garnie de clous. — Fig. et fam., *Cet homme est ferré, il est ferré à glace,* Il est extrêmement habile dans telle matière, et très capable de se bien défendre si on l'attaque. *Il est très ferré, ferré à glace sur le droit romain.* — *Avoir le palais ferré,* Pouvoir manger quelque chose de très chaud sans se brûler. || T. Méd. *Eau ferrée.* Voy. EAU. || T. Ingénieur. *Voie ferrée.* Voy. CHEMIN de fer. *Route ferrée, chemin ferré.* Voy. ROUTE.

FERRERIE. s. f. [Pr. *fè-re-rie*]. Se dit de tous les gros ouvrages de fer et du commerce du fer.

FERRET. s. m. [Pr. *fè-rè*]. Dimin. T. Techn. Fer d'aiguillette ou de lacet. — Outil de verrier. — Petit tube de fer-blanc qui reçoit les têtes des mèches de bougies pour les garnutir de la cire. — Outil de fer à l'aide duquel on place les tuiles destinées à boucher des ouvreaux de fourneaux. — Plaque triangulaire dont se sert l'ouvrier épinglier. || T. Minér. Noyau dur dans les pierres. — Variété d'hématite rouge qui se présente en lamelles pointues.

FERRETIER. s. m. [Pr. *fè-re-tier*]. Marteau du maréchal pour forger les fers.

FERREUR. s. m. [Pr. *fè-reur*]. Celui qui ferre ; n'est guère usité que dans cette loc., *F. d'aiguillettes.* || Employé qui applique les plombs sur les marchandises à la douane.

FERREUX, EUSE. adj. [Pr. *fer-reu*]. T. Minér. Qui contient du fer. || T. Chim. Se dit de l'oxyde de fer qui contient la moindre proportion d'oxygène (protoxyde), et des sels de fer qui correspondent à cet oxyde. Voy. FER, II, 4°.

FERRICUM. s. m. [Pr. *fer-ri-kome*]. T. Chim. Nom donné au groupe sexvalent = Fo — Fo = que l'on suppose exister dans les sels ferriques, les ferricyanures, le perchlorure de fer, etc.

FERRICYANHYDRIQUE. adj. 2 g. [Pr. *fer-ri-sia-nidrike*]. T. Chim. Voy. FERRICYANURE.

FERRICYANOGÈNE. s. m. [Pr. *fer-ri-sianojène*]. T. Chim. Voy. FERRICYANURE.

FERRICYANURE. s. m. [Pr. *fer-ri-sianure*] (R. *fer,* et *cyanogène*). T. Chim. Nom donné aux sels de l'acide ferricyanhydrique. Ces sels répondent à la formule générale Fe² Cy¹² M⁶, où M désigne un métal univalent et Cy le radical cyanogène CAz. Les ferricyanures prennent naissance par l'action du chlore ou des oxydants sur les ferrocyanures.

Le *F. de potassium,* Fe² Cy¹² K⁶, appelé aussi *Cyanure rouge* ou *Prussiate rouge* de potasse, se prépare en faisant passer un courant de chlore à travers une dissolution de ferrocyanure de potassium (prussiate jaune) jusqu'à ce qu'elle ne précipite plus en bleu par les sels de peroxyde de fer; on obtient une liqueur qui, par l'évaporation, laisse déposer le cyanure rouge en beaux prismes clinorhombiques d'un rouge grenat. La réaction est représentée par l'équation :

$$2 \text{Fe Cy}^6 \text{K}^4 + \text{Cl}^2 = \text{Fe}^2 \text{Cy}^{12} \text{K}^6 + 2 \text{KCl}.$$
ferrocy. jaune   ferricy. rouge

Le prussiate rouge est moins soluble que le prussiate jaune; il ne se dissout que dans 38 parties d'eau froide. Avec les sels ferreux, il donne un précipité d'un beau bleu, appelé *Bleu de Turnbull,* mais qui n'a pas la même composition que le bleu de Prusse. Il ne précipite pas les sels ferriques, mais les colore en brun. Avec les sels de cuivre il donne un précipité jaune verdâtre. — Les ferricyanures alcalins et alcalino-terreux sont solubles et présentent les mêmes réactions. Les autres ferricyanures sont la plupart insolubles et peuvent s'obtenir par double décomposition.

L'acide ferricyanhydrique Fe² Cy¹² H⁶ se produit par l'action de l'acide chlorhydrique étendu sur le f. de potassium. On le prépare plus aisément en précipitant le cyanure rouge par un sel de plomb et traitant le précipité par une quantité équivalente d'acide sulfurique étendu. On obtient ainsi l'acide ferricyanhydrique à l'état de dissolution rouge qui, par évaporation, cristallise en aiguilles brunâtres. — Dans cet acide, ainsi que dans les ferricyanures, les propriétés du fer et du cyanogène sont masquées; aussi admet-on dans ces composés l'existence d'un radical complexe, sexvalent, appelé *Ferricyanogène* et répondant à la formule Fe² Cy¹².

Le f. de potassium en solution alcaline est souvent employé comme oxydant; il convertit l'iode en acide iodique, le soufre en acide sulfurique; il décolore l'indigo et oxyde la plupart des matières organiques. Il a des applications importantes dans la teinture.

FERRIÈRE. s. f. [Pr. *fè-ri-ère*]. Sac de cuir dans lequel on porte tout ce qui est nécessaire pour ferrer un cheval et autres choses propres à remédier aux accidents qui surviennent en voyage. *Le cocher a oublié sa f.* — Sac de cuir où les serruriers mettent leurs outils. — Bouteille de métal dans laquelle on portait le vin chez le roi.

FERRIÈRE (CLAUDE DE), éminent jurisconsulte français, né à Paris (1639-1715).

FERRIÈRES, ch.-l. de c. (Loiret), arr. de Montargis, 1,900 hab.

FERRIÈRES, village du dép. de Seine-et-Marne, canton de Lagny. Ancien fief des Montmorency, château moderne construit par le baron de Rothschild. Entrevue de Jules Favre et de Bismarck le 18 septembre 1870.

FERRIÈRES (CHARLES-ÉLIE, marquis de), membre de la Constituante, né à Poitiers (1741-1804).

FERRIFÈRE. adj. 2 g. [Pr. *fer-rifère*] (lat. *ferrum,* fer ; *ferre,* porter). Qui porte, qui contient du fer.

FERRIQUE. adj. 2 g. [Pr. *fer-rike*]. T. Chim. Se dit de l'oxyde de fer le plus riche en oxygène, ainsi que des ferriques et des sels qui correspondent à cet oxyde. Voy. FER, II, 2°.

FERRITE. s. m. [Pr. *fer-rite*]. T. Chim. Sel résultant de la combinaison d'une base avec l'oxyde ferrique jouant le rôle d'acide. Voy. FER, II, 2°.

FERRO (Ile). Voy. FER (Ile de).

FERRO-ALUMINIUM. s. m. [Pr. *fer-ro-*...]. T. Métall. Alliage de fer et d'aluminium.

FERRO-CHROME. s. m. [Pr. *fer-ro-krôme*]. T. Métall. Alliage de fer et de chrome.

FERROCOBALTITE. s. f. [Pr. *fer-ro-*...]. T. Minér. Cobaltine ferrifère.

FERROCYANHYDRIQUE. adj. [Pr. *fer-ro-sianidrike*]. T. Chim. Voy. FERROCYANURE.

FERROCYANOGÈNE. s. m. [Pr. *fer-ro-sianojène*]. T. Chim. Voy. FERROCYANURE.

FERROCYANURE. s. m. T. Chim. Nom donné aux sels de l'acide ferrocyanhydrique. Ces sels ont pour formule générale Fe Cy⁶ M⁴, en désignant par Cy le radical cyanogène CAz, et par M un atome d'un métal univalent.

Le f. qui sert à préparer tous les autres est le *F. de potassium*, appelé *Cyanure jaune* et *Prussiate jaune* de potasse. Il se présente sous la forme de magnifiques cristaux jaunes prismatiques à quatre pans ; et il n'est presque personne qui ne les connaisse, au moins de vue, car les pharmaciens se plaisent communément à en orner la devanture de leurs officines. Pour préparer ce sel dans l'industrie, on commence par chauffer en vase clos des débris de substances animales (rognures de corne et de peau, sang desséché, vieux chiffons de laine, etc.). On obtient ainsi un charbon très azoté qu'on introduit, avec un mélange de carbonate de potassium et de tournure de fer, dans une chaudière de fer fortement chauffée ; on remue continuellement la matière avec un ringard de fer. Il se produit alors une vive réaction, pendant laquelle le carbone et l'azote des matières animales s'unissent pour former du cyanogène, lequel, à mesure qu'il se produit, va se combiner avec le fer et le potassium. Quand l'opération est terminée, on traite la matière par l'eau bouillante, puis on filtre. Enfin, on laisse évaporer la liqueur qui dépose les cristaux jaunes dont nous venons de parler et dont la composition se formule ainsi : Fe Cy⁶ K⁴ + 3H²O. Ces cristaux perdent facilement leur eau d'hydratation. Ils sont solubles dans 2 parties d'eau bouillante et dans 4 d'eau à la température ordinaire. Mais ils sont insolubles dans l'alcool, et l'air ne les altère pas. La chaleur les décompose en azote, en cyanure de potassium et en un carbure de fer particulier FeC². Traité par les oxydants, le f. de potassium se transforme à froid en ferricyanure, à chaud en cyanate de potassium. Fondu avec le soufre il se convertit en sulfocyanate. L'acide sulfurique étendu le décompose en dégageant de l'acide cyanhydrique ; avec l'acide sulfurique concentré on obtient de l'oxyde de carbone et des sulfates de fer, de potassium et d'ammoniaque. — Le f. de potassium en dissolution est un réactif chimique très employé ; il agit sur la plupart des solutions des sels métalliques en donnant des précipités dont la couleur est souvent caractéristique. Avec les sels de cuivre on obtient un précipité de couleur marron. Cette réaction est très sensible et permet de déceler des traces de cuivre dans une liqueur. Les sels ferreux donnent un précipité blanc qui bleuit rapidement à l'air, les sels ferriques un précipité de bleu de Prusse. Les sels de plomb et d'argent sont précipités en blanc. Dans toutes ces réactions le fer du f. n'est pas déplacé ; le potassium seul est remplacé par le métal étranger. On obtient ainsi la plupart des ferrocyanures par double décomposition. Avec les sels alcalino-terreux on obtient des ferrocyanures doubles, où la moitié seulement du potassium est substituée ; tel est le f. de potassium et de calcium Fe Cy⁶ K² Ca.

L'acide ferrocyanhydrique Fe Cy⁶ H⁴ se produit par l'action de la plupart des acides étendus sur les ferrocyanures. Il forme de petits cristaux blancs, solubles dans l'eau et dans l'alcool. Il absorbe facilement l'oxygène de l'air en formant de l'acide cyanhydrique et du bleu de Prusse. Il a une saveur acide, rougit le tournesol et décompose les carbonates, les acétates, les oxalates en donnant des ferrocyanures métalliques. C'est donc un véritable hydracide dans lequel les 4 atomes d'hydrogène peuvent être remplacés par 4 atomes d'un métal univalent ou 2 atomes d'un métal bivalent. D'après cela, les ferrocyanures seraient des composés analogues aux chlorures, bromures, cyanures, etc., dans lesquels le corps haloïde serait remplacé par un radical quadrivalent, qu'on a appelé *Cyanofer* ou *Ferrocyanogène* Fe Cy⁶. Ce qui semble donner gain de cause à cette opinion, c'est que, les ferrocyanures, le fer et le cyanogène sont complètement perdu, l'un et l'autre, leurs propriétés caractéristiques habituelles, de sorte que leurs réactifs ordinaires ne les décèlent plus dans leurs dissolutions.

Bleu de Prusse. — De tous les composés qu'on obtient en traitant les sels métalliques par le prussiate jaune de potasse, le plus important, sous le rapport industriel, est celui qui se prépare en mélangeant une solution d'un sel ferrique avec une solution de prussiate, et qui est si connu sous le nom de *Bleu de Prusse.* Ce corps, que l'on peut considérer comme un f. ferrique, a pour formule (Fe Cy⁶)³ Fe⁴ + 18 H²O. Dans l'industrie on mélange des solutions de prussiate jaune et de sulfate ferreux (couperose verte) ; le précipité qui se forme est ensuite oxydé soit par le contact de l'air, soit par le chlorure de chaux ou tout autre agent d'oxydation.

Le bleu de Prusse existe dans le commerce sous forme de masses compactes dont la cassure est terne, d'un bleu foncé à reflet rougeâtre. Il est complètement insoluble dans l'eau et l'alcool, et inaltérable par les acides étendus. Mais l'acide oxalique le dissout en donnant une encre bleue. L'acide sulfurique concentré et à froid le transforme en une pâte blanchâtre. En outre, quand on le chauffe avec l'acide sulfurique ou l'acide nitrique concentrés, il se décompose complètement. Les alcalis le décomposent aussi en donnant un précipité de sesquioxyde de fer et un f. alcalin. Le bleu de Prusse est employé comme couleur à l'aquarelle. En teinture on le produit directement sur les tissus, à l'aide des ferrocyanures et des sels de fer. — On obtient un *Bleu de Prusse soluble* en faisant agir un excès de prussiate jaune sur le chlorure ferrique et évaporant la solution ; ce bleu, soluble dans l'eau, peut aussi se préparer en chauffant une solution de ferricyanure de potassium avec une solution de sulfate ferreux.

Les *nitroferrocyanures* ou *nitroprussiates* s'obtiennent par l'action de l'acide nitrique sur les ferro- ou les ferricyanures. On considère généralement ces composés comme dérivant des ferricyanures par substitution de 2 AzO à 2 M Cy, et on leur assigne la formule générale Fe² Cy¹⁰ (AzO)² M⁴ ; on devrait les appeler nitrosoferricyanures. Ce sont les sels d'un acide appelé *nitroferrocyanhydrique* Fe² Cy¹⁰ (Az O)² H⁴ qui cristallise en prismes obliques rouges, déliquescents, et qui se forme par l'action du bioxyde d'azote sur l'acide ferricyanhydrique. — Le nitroprussiate de potassium et celui de sodium forment des cristaux rouges dont les solutions s'altèrent à la lumière en déposant du bleu de Prusse. Tous deux donnent une belle coloration pourpre avec les monosulfures alcalins et ne donnent rien avec l'acide sulfhydrique seul. On les emploie en analyse pour déceler les alcalis libres : il suffit de faire passer de l'acide sulfhydrique dans la solution alcaline, puis d'ajouter du nitroprussiate pour faire apparaître la coloration pourpre.

FERROL (LE), v. d'Espagne, prov. de la Corogne ; 24.000 h. Port sur l'Atlantique.

FERRO-MANGANÈSE. s. m. [Pr. *fer-ro*...]. T. Métall. Nom donné à des fontes contenant au moins 25 p. 100 de manganèse, employées dans la fabrication de l'acier.

FERRON. s. m. [Pr. *fè-ron*]. Marchand de fer. Vx. || Spéc. Marchand de fer neuf en barres.

FERRO-NICKEL. s. m. [Pr. *fer-ro-ni-kel*]. T. Métall. Alliage de fer et de nickel.

FERRONNAYS (AUGUSTE-PIERRE-MARIE FERRON, comte de LA), diplomate français, né à Saint-Malo (1777-1842).

FERRONNERIE. s. f. [Pr. *fè-ro-ne-rie*]. Lieu où l'on vend, où l'on fabrique les gros ouvrages de fer. | Collect., ce qui des ferrements et ferrures pour bâtiments, comme espagnolettes, gonds, fiches, targettes, etc., ainsi que de certains articles de ménage, tels que chenets, pelles, pincettes, etc.

FERRONNIER, IÈRE. s. [Pr. *fè-ro-nié*] (R. ferron). Celui, celle qui vend les ouvrages de fer. — LA BELLE FERRONNIÈRE, célèbre maîtresse de François Ier. — FERRONNIÈRE. s. f. Parure de femme qui consiste en un joyau fixé au milieu du front au moyen d'une chaîne d'or, d'une bandelette de velours, etc.

FERRO-SILICIUM. s. m. [Pr. *fer-ro-sili-siome*]. Alliage de fer et de silicium utilisé dans la fabrication de l'acier par les procédés Bessemer. Voy. ACIER.

FERROSO-FERRIQUE. adj. 2 g. [Pr. *fer-ro-zo-fer-rike*]. T. Chim. *Oxyde f.*, Oxyde magnétique de fer. Voy. FER, II, 3°.

FERROSUM. s. m. [Pr. *fer-ro-zome*]. T. Chim. Nom donné à l'atome de fer considéré comme bivalent dans les sels ferreux et les ferro-cyanures.

FERROTIER. s. m. [Pr. *fè-ro-tié*]. Compagnon ou garçon dans les verreries.

FERRUGINEUX, EUSE. adj. [Pr. *fer-ru-jineu*] (lat. *ferrugo*, rouille). Qui contient du fer à un état quelconque. *Terre ferrugineuse. Des eaux ferrugineuses.* || T. Méd. *Ferrugineux* se dit subst. des préparations dans lesquelles le fer entre comme élément principal. *Il faut lui faire prendre des ferrugineux.* Voy. FER.

FERRUGINOSITÉ. s. f. [Pr. *fer-ru...*]. T. Didact. Qualité de ce qui est ferrugineux.

FERRURE. s. f. [Pr. *fè-rure*]. Se dit de tous les articles de fer employés dans la construction d'un bâtiment, et dans certaines industries. *La f. d'une porte. La f. de ces roues n'est pas assez forte.* || T. Mar. Ensemble des aiguillots et des femelots d'un gouvernail. — *F. à branches.* Celle qui sert à installer les appareils de rechange et de fortune. || L'action de ferrer un cheval, le fer qu'on y emploie et la manière de le ferrer. *Il en coûte tant par an pour la f. de deux chevaux. F. à la française, à la hongroise.* Voy. MARÉCHALERIE.

FERRY (GABRIEL), pseudonyme de LOUIS DE BELLEMARE, voyageur et romancier, né à Grenoble (1809-1852).

FERRY (JULES), né en 1832, membre du Gouvernement de la Défense nationale et maire de Paris (15 nov. 1870), trois fois ministre de l'Instruction publique, deux fois avec le titre de président du Conseil (23 sept. 1880 et 21 fév. 1883) ; ministre des Affaires étrangères (20 nov. 1883-7 avril 1885), président du Sénat (1893), mort le 18 mars 1893.

FERRY-BOAT. s. m. [Pr. *fer-ri-bôt*] (mots angl. : *ferry*, bac ; *boat*, bateau). Bateau mû par la vapeur et destiné à transporter d'une rive à l'autre les voitures chargées sans en faire le transbordement.

FERSE. s. f. T. Mar. Lé de toile d'une largeur fixe, qui sert à déterminer la largeur d'une voile.

FERTÉ-BERNARD (LA), ch.-l. de c. (Sarthe), arr. de Mamers, 5,200 hab.

FERTÉ-GAUCHER (LA), ch.-l. de c. (Seine-et-Marne), arr. de Coulommiers, 2,100 hab.

FERTÉ-MACÉ (LA), ch.-l. de c. (Orne), arr. de Domfront, 8.100 hab.

FERTÉ-MILON (LA), bourg de France (Aisne), arr. de Château-Thierry, 1,600 hab. Patrie de Jean Racine.

FERTÉ-SAINT-AUBIN (LA), ch.-l. de c. (Loiret), arr. d'Orléans, 3,300 hab.

FERTÉ-SOUS-JOUARRE (LA), ch.-l. de c. (Seine-et-Marne), arr. de Meaux, 4,700 hab.

FERTIER. s. m. T. Techn. Marteau du maréchal ferrant.

FERTILE. adj. 2 g. (lat. *fertilis*, m. s.). Qui produit, qui rapporte beaucoup ; se dit principalement du sol. *Terre f. Pays f. en blé, en vin*, etc. Par anal., *Année f.* || Fig., *Un homme f. en inventions. L'intérêt est un expédients.* — *Esprit, imagination, veine f.*, Qui produit beaucoup et facilement. *Sujet f., Matière f.*, Sujet sur lequel il y a beaucoup de choses à dire. = Syn. Voy. FÉCOND.

FERTILEMENT. adv. Avec fertilité. Inus.

FERTILISABLE. adj. Qui peut être fertilisé.

FERTILISANT, ANTE. adj. Qui est propre à fertiliser.

FERTILISATION. s. f. [Pr. *fertili-za-sion*]. Action de fertiliser.

FERTILISER. v. a. Rendre fertile. *Les engrais fertilisent les terres. La vallée du Nil est fertilisée par les débordements du fleuve.* = FERTILISÉ, ÉE. part.

FERTILITÉ. s. f. Qualité de ce qui est fertile. *La f. de ce pays étonne les voyageurs. Cette année a été d'une grande f.* || Par ext., *Année de f.*, Année où la terre produit beaucoup. || Figur., *Un homme qui a une grande f. d'esprit, d'imagination.*

FERTIT (DAR-), région du Soudan égyptien, au nord du pays des Nyams-Nyams.

FÉRU, UE. part. Voy. FÉRIR.

FÉRULACÉ, ÉE. adj. T. Bot. Qui ressemble à la plante dite Férule.

FÉRULE. s. f. (lat. *ferula*, m. s., de *ferire*, battre). Dans le langage ordin., Petite palette de bois ou de cuir, avec laquelle on frappe sur la main des écoliers, lorsqu'ils ont fait quelque faute. *Le vieux pédagogue avait toujours la f. à la main.* — Par ext., Coup de férule. *Son régent lui a donné une f.* || Fig. et fam., *Être sous la f. de quelqu'un*, Être sous son autorité, sous sa correction. *Tenir la f.*, Régenter, avoir autorité, || T. Bot. Genre de plantes Dicotylédones (*Ferula*) de la famille des *Ombellifères.* Voy. ce mot.

FÉRULIQUE. adj. 2 g. (R. *Férule*). T. Chim. L'acide *f.* existe dans l'asa fœtida (*Ferula Asa fœtida*). Pour le préparer, on précipite par l'acétate de plomb l'extrait alcoolique d'asa fœtida et on décompose le précipité par l'acide sulfurique. Purifié par cristallisation dans l'alcool, l'acide *f.* se présente en longues aiguilles solubles dans l'eau bouillante, très solubles dans l'alcool, fusibles à 169°. Il réduit la liqueur de Fehling. Fondu avec la potasse caustique, il se décompose en acide acétique et acide pyrrotocatéchique. L'amalgame de sodium le transforme en acide *hydroférulique* $C^{10} H^{12} O^5$, fusible à 90°.

L'acide *isoférulique* ou *hespérétique*, isomère de l'acide *f.*, se produit en même temps que lui quand on traite l'acide caféique par l'iodure de méthyle et la potasse. On l'obtient en faisant bouillir l'hespérétine avec une solution étendue de soude. Il cristallise en aiguilles blanches, fusibles à 228°, solubles dans l'alcool et dans l'éther.

Ces deux acides isomères sont des éthers méthyliques de l'acide caféique et répondent à la formule :

$$C^6 H^3 (OCH^3) (OH) (CH : CH.CO^2H);$$

ils ne diffèrent que par la position des radicaux sur le noyau de benzène.

FÉRUSSAC (J. B. L. DE), naturaliste né à Clairac (1745-1815). — Son fils A. S. DE FÉRUSSAC, naturaliste (1786-1836).

FERVEMMENT. adv. [Pr. *fer-va-man*]. Avec ferveur. Inusité.

FERVENT, ENTE. adj. Qui a de la ferveur. *Un religieux très f.* || Qui annonce de la ferveur, ou que l'on fait avec ferveur. *Un zèle f. Une dévotion fervente. Une fervente prière.*

FERVEUR. s. f. (lat. *fervor*, chaleur, de *fervere*, bouillonner). Ardeur, sentiment vif et affectueux que l'on porte dans les choses de piété, de charité, etc. *Prier Dieu, servir Dieu avec f. La f. de sa dévotion, de son zèle. Un homme plein de f. Il est encore dans sa première f. Sa f. se refroidit, se ralentit. Une f. passagère.* Prov., *F. de novice ne dure pas.* || Par ext., Extrême ardeur, zèle enthousiaste.

FESCENNIN, INE. adj. [Pr. *fès-se-nin*] (R. *Fescennia*, v. de l'Italie ancienne). T. Antiq. romaines. On désigne sous le nom de *chants* ou de *vers fescennins* (*fescennina carmina*) un genre de poésie burlesque et satirique, le plus souvent fort licencieuse, qui était en usage chez les anciens habitants de l'Italie. Les chants fescennins étaient généralement improvisés et affectaient de préférence la forme dialoguée. A l'origine, ce genre d'amusement était, dit-on, propre aux habitants de la campagne qui s'y livraient particulièrement à l'époque de la moisson et des vendanges, ainsi qu'aux fêtes auxquelles ils célébraient leurs mariages ; mais il paraît qu'à Rome la poésie fescennine prit un caractère de satire purement personnelle et tellement offensante, que la loi des Douze Tables fut obligée d'en interdire l'usage (HOR., II Épît., 1, 145). Dès lors les vers fescennins ne furent plus tolérés qu'aux fêtes nuptiales et aux triomphes des généraux, ainsi que le rapporte Suétone, en parlant du triomphe de César.

FESCH (Cardinal), oncle maternel de Napoléon Ier, archevêque de Lyon (1763-1839).

FESLE. s. f. Voy. FÊLE.

FESOUR. s. m. T. Techn. Espèce de pelle ou de bêche à l'usage des sauniers.

FESSE. s. f. (lat. *fissus*, fendu). Chacune des deux parties charnues qui forment le derrière de l'homme et de quelques quadrupèdes. *Donner sur les fesses à un enfant. La f. d'un cheval. Les fesses d'un singe.* — Fig. prov. et pop., *N'y aller que d'une f.*, Agir mollement dans quelque affaire. || T. Mar. *Les fesses d'un bâtiment*, Les parties de l'arrière d'un bâtiment qui s'arrondissent plus ou moins en s'élevant au-dessus de la flottaison.

FESSE-CAHIER. s. m. (R. *fesser*, dans le sens de faire vite, et *cahier*). Celui qui gagne sa vie à faire des rôles d'écriture. Fam. et ne se dit que par mépris. = Pl. *Des fesse-cahier* ou *des fesse-cahiers*.

FESSÉE, s. f. Coups de main ou de verges donnés sur les fesses. Fam.

FESSE-MAILLE, s. f. (R. *fesser*, dans le sens d'avaler vite, et *maille*, petite monnaie). Avare, ladre. Pop. On dit plutôt *pince-maille*. = Pl. *Des fesse-mailles*.

FESSE-MATHIEU. s. m. (R. *fesser*, et *Mathieu*, battre Mathieu pour lui soutirer de l'argent; saint Mathieu, avant sa conversion, était changeur). Se dit fam. et par mépris, d'un usurier, d'un homme qui prête sur gage. *Un vrai f.-mathieu.* = Pl. *Des fesse-mathieu.* L'Académie écrit des *fesse-mathieux*; ce doit être une erreur, Mathieu étant un nom propre.

FESSE-PINTE. s. f. (R. *fesser*, dans le sens d'avaler vite, et *pinte*). Ivrogne. Fam. = Pl. *Des fesse-pintes.*

FESSER. v. a. (R. *fesse*, ou d'un rad. german. *fitse*, baguette, verge). Fouetter, frapper sur les fesses avec des verges ou avec la main. *F. un enfant. Il mériterait d'être fessé.* || T. Techn. Battre à tour de bras sur un billot des paquets de fils de laiton destinés à la fabrication des épingles. || Pop., Faire vite, avaler vite. *F. bien son vin*, Boire beaucoup, sans en être incommodé. — *F. le cahier*, Faire des rôles d'écriture. = FESSÉ, ÉE. part.

FESSEUR, EUSE. s. Celui, celle qui fouette, qui aime à fouetter. Fam. || T. Techn. Ouvrier qui tourne les têtes d'épingles.

FESSIER. s. m. T. Anat. Chacun des muscles de la fesse. *Le grand f. Le petit f.* || Très fam., se dit pour les fesses de l'homme. *Il lui donna sur son f.* = FESSIER, IÈRE. adj. T. Anat. Qui appartient ou qui a rapport aux fesses. *Les muscles fessiers. Artère fessière.*

FESSU, UE. adj. Qui a de grosses fesses. Fam.

FESTIN. s. m. (lat. *festum*, jour de fête). Banquet. *F. somptueux, splendide. Ordonner, dresser, préparer, faire un f. Le luxe des festins. F. de noces. Être toujours en f.* — Prov., *Il n'est f. que de gens chiches.* Voy. CUICHE.

FESTINA LENTE, proverbe latin attribué à l'empereur Auguste et signifiant *Hâte-toi lentement.*

FESTINER. v. a. Traiter, donner un festin. *F. ses amis.* Fam. et ne s'emploie qu'en plaisantant. = FESTINER, v. n. Faire festin. *A cette noce, l'on dansa et l'on festina pendant quatre jours.* = FESTINÉ, ÉE. part.

FESTIVAL. s. m. (lat. *festivus*, de fête). Grande fête musicale.

FESTOIEMENT. s. m. [Pr. *fes-toi-man*]. Action de festoyer.

FESTON. s. m. (ital. *festone*, m. s., du lat. *festum*, fête). Guirlande de feuilles, de fleurs et de fruits entremêlés, que l'on emploie en guise de décoration en la suspendant par les deux extrémités, de manière que le milieu retombe. Les anciens se servaient de festons pour décorer la tête des victimes et orner les portes des temples, etc.

De festons odieux ma fille est couronnée.
                         RACINE.

|| Rameau d'un arbre courbé en feston. || T. Archit. Ornement composé de festons, soit peints, soit sculptés, à l'intérieur ou à l'extérieur des édifices. || Draperie de tenture relevée en feston. || Découpures brodées en forme de f., que l'on fait aux bas des robes et aux bords des rideaux, des mouchoirs, des manchettes, etc. || *Point de f.*, Point noué qui, prenant l'étoffe avec le fil, sert à arrêter un contour découpé à une boutonnière, etc. || Fig., *Un ivrogne qui fait des festons*, Qui décrit des zigzags en marchant.

Archit. — Ce genre de décoration convient très bien pour les édifices très ornés ou pour les habitations champêtres très simples. Dans les intérieurs, les festons sont le plus souvent peints ou moulés : dans ce dernier cas, on les fait communément de plâtre ou de carton-pâte. Au lieu de les composer de fleurs, de feuilles et de fruits, on forme quelquefois les festons suivant la destination spéciale des édifices auxquels ils sont destinés, en combinant les instruments et les attributs propres à la musique, à la peinture, à la chasse, etc., et en les réunissant les uns aux autres au moyen de rubans ou de cordons.

FESTONNER. v. a. [Pr. *festo-ner*]. Dessiner, broder ou découper en festons. *F. une collerette. F. les bords d'un rideau.* || v. n. Fig. *Un ivrogne qui festonne*, Qui décrit des zigzags en marchant. = FESTONNÉ, ÉE. part.

FESTOYANT ou **FÊTOYANT**. s. m. [Pr. *festo-ian* ou *féto-ian*]. Celui qui festoie.

FESTOYER ou **FÊTOYER.** v. a. [Pr. *festo-ier* ou *féto-ier*] (R. *fête*). Bien recevoir quelqu'un, le faire traiter, lui faire faire bonne chère. *Il aime à f. ses amis.* = FÊTOYER. v. n. Vivre en fêtes, en festins. *On a festoyé toute la semaine.* = FESTOYÉ, ÉE. part. = Conj. Voy. EMPLOYER.

FESTUS, écrivain latin du IVe siècle, qui a laissé un abrégé du traité de Flaccus Verrius.

FÊTE. s. f. (lat. *festum*, m. s.). Jour consacré particulièrement au culte; cérémonies religieuses par lesquelles on célèbre ce jour. || *Fêtes fêtées*, ou mieux, *Fêtes chômées*, Les fêtes où il est défendu de travailler, et qui sont d'obligation, à la différence de celles qui se célèbrent seulement dans l'église et en quelques lieux particuliers, ou par quelques communautés. *Fêtes de palais*, Les fêtes où les tribunaux sont fermés, quoique ce ne soit point fête chômée. *Fêtes carillonnées*, Grandes fêtes de l'Église, annoncées la veille par le carillon des cloches. || *F. des fous, f. des ânes*, Fêtes burlesques du moyen âge, où l'on parodiait les cérémonies de l'Église. || *La f. d'une personne*, Le jour de la fête du saint dont cette personne porte le nom. *C'est demain votre f., le jour de votre f. Souhaiter la f. à quelqu'un.* — *Payer sa f.*, Faire un festin à ses amis le jour de sa fête. || *La f. d'une compagnie, d'un corps de métier*, Le jour de la fête du saint qui est regardé comme le patron de cette compagnie, de ce corps de métier. || *La f. patronale, la f. d'un lieu, d'un village*, Le jour de la fête du saint sous l'invocation duquel est l'église principale du lieu. — Prov., *Aux bonnes fêtes les bons coups*, Les voleurs, etc., prennent quelquefois l'occasion des grandes fêtes pour exécuter leurs mauvais desseins. == Se dit encore des réjouissances publiques qui se font en certaines occasions extraordinaires, abstraction faite de tout caractère religieux. *Le gouvernement ordonna des fêtes à l'occasion de la paix. La f. nationale du 14 juillet.* On fit, on donna à l'tsar de très belles fêtes à son passage à Paris. *Les fêtes durèrent plusieurs jours. Il vint beaucoup de monde à la f. Un feu d'artifice termina la f.* — Se dit également des réjouissances qui ont lieu dans les familles, chez les particuliers. *Une f. de famille. On nous donne demain une grande f. Nous serons tous de la f.* — Les *garçons de la f.* Voy. GARÇON. — Proverb. *Il n'est pas tous les jours f.*, On ne se réjouit pas tous les jours. On ne fait pas tous les jours bonne chère; on n'a pas tous les jours le même bonheur, le même avantage. On dit encore, *Il n'y a pas de bonne f. sans lendemain*, Lorsque, après s'être diverti un jour, on propose de se divertir encore le jour suivant. — Fig. et fam., *Il ne se vit jamais à pareille f.*, se dit d'un homme à qui il est arrivé quelque aventure extraordinaire, et le plus souvent fort désagréable. || Fam., *Faire f. à quelqu'un*, Lui faire un accueil empressé. *Faire f. d'une chose à quelqu'un*, La lui faire espérer. Se *faire une f. de quelque chose*, S'en promettre beaucoup d'amusement, de plaisir, de joie. *Il se faisait une f. de vous recevoir chez lui.* — Fig. et fam., *Se faire de f.*, S'entremettre de quelque affaire et vouloir s'y rendre nécessaire, sans y avoir été appelé. *Je n'aime pas à me faire de f.* || *Troubler la f.*, Troubler les plaisirs, la joie d'une réunion publique ou particulière. *Aucun accident n'a troublé la f. Ils se sont querellés dans le bal, cela a troublé la f.* — *Trouble-f.* Voy. ce mot. || *La nature est en f.,* Est riante. *Faire la f.,* S'amuser, se livrer au plaisir. A remplacé : *Faire la noce.*

Hist. — Les *Fêtes* sont des jours consacrés au repos et à l'accomplissement de certains devoirs religieux, ou même simplement au repos. Leur institution remonte aux premiers âges du monde. Il y a eu des fêtes chez tous les peuples et à toutes les époques; elles ont seulement varié, suivant la cause particulière de leur établissement, le caractère, les croyances et les mœurs de ceux qui les célébraient. — Les fêtes sont *religieuses, civiles* ou *mixtes,* suivant la nature de la cause qui les a fait instituer. Considérées sous le rapport de l'époque de leur célébration, elles sont *hebdomadaires, mensuelles* ou *annuelles;* quelquefois même, elles n'ont lieu qu'après le cours périodique d'un certain nombre d'années, comme les fêtes *séculaires* et *décennales,* chez les Romains : ou bien, instituées à l'occasion d'un événement particulier, elles ne se renouvellent pas. Enfin, relativement à ceux qui y prennent part, elles se distinguent en *publiques* et *privées, générales* et *locales.*

Nous n'énumérerons pas les fêtes qui ont existé ou qui existent chez les différents peuples, des articles spéciaux étant consacrés aux plus importantes; nous dirons seulement quelques mots de celles qui sont en usage dans l'Église catholique. — Ces fêtes sont *fixes* ou *mobiles.* Les premières se célèbrent chaque année le même jour. Les autres, au contraire, varient de quantième, et leur jour de célébration est réglé par celui de Pâques, qui est lui-même mobile. Voy. Comput. Les fêtes immobiles sont : la *Circoncision* (1er janvier), l'*Épiphanie* ou les *Rois* (6 janv.), la *Purification* ou la *Chandeleur* (2 févr.), l'*Annonciation* (25 mars), l'*Assomption* (15 août), la *Nativité de la Vierge* (8 sept.), la *Toussaint* (1er nov.), l'*Immaculée Conception* (8 déc.), et la *Noël* (25 déc.).

Les fêtes mobiles se présentent ainsi qu'il suit, en prenant la fête de Pâques pour point de départ. Le dimanche des *Rameaux* est celui qui précède Pâques. La *Passion* est le dimanche avant les *Rameaux;* elle arrive donc quatorze jours avant Pâques. Viennent ensuite en remontant vers le commencement de l'année les dimanches dits de la *Quinquagésime,* de la *Sexagésime* et de la *Septuagésime.* La Quinquagésime, appelée vulgairement *Dimanche gras,* se trouve le 49e jour avant Pâques, et la Septuagésime le 63e. Le *Mercredi des cendres* est celui qui suit la Quinquagésime. On nomme *Quasimodo* le premier dimanche après Pâques. L'*Ascension* est quarante jours après Pâques, et, en conséquence elle arrive toujours un jeudi. La *Pentecôte* est le 50e jour après Pâques et le 10e après l'Ascension : elle tombe donc nécessairement un dimanche. La *Trinité* est le dimanche après la Pentecôte, et la *Fête-Dieu* le jeudi après la Trinité. On voit d'après cela que, le jour de Pâques étant connu, il est facile de donner à chaque fête mobile la place qui lui convient.

Parmi les fêtes, il en est plusieurs, comme l'Épiphanie, Pâques et la Pentecôte, qui sont appelées *cardinales,* parce que c'est par elles que roule pour ainsi dire toute l'économie de l'office divin des dimanches qui les suivent. Mais le terme de *F. cardinale* ne doit pas être confondu avec celui de *F. solennelle,* qui ne s'applique qu'aux quatre plus grandes fêtes de l'année, savoir : Pâques, la Pentecôte, la Toussaint et Noël. En outre, on divise les fêtes en quatre catégories, suivant leur plus ou moins d'importance. La première comprend les fêtes des principaux mystères, et en général toutes celles qui portent le nom de fêtes de Notre-Seigneur, savoir : la Trinité, la Fête-Dieu, la Nativité de J.-C. Pâques, etc. Les fêtes de la sainte Vierge forment la deuxième. La troisième comprend les fêtes des apôtres et des évangélistes, et la quatrième celles de tous les autres saints. Enfin, certaines fêtes sont chômées ou d'obligation, quel que soit le jour où elles tombent; le plus grand nombre d'entre elles n'emporte aucune obligation d'entendre la messe et de cesser le travail servile. En France, depuis le Concordat de 1802, de toutes les fêtes qui ne tombent pas un dimanche, quatre seulement sont chômées : ce sont Noël, l'Ascension, l'Assomption et la Toussaint. Quatre autres, l'Épiphanie, la Fête-Dieu ou du Saint Sacrement, saint Pierre et la fête du Patron sont renvoyées au dimanche suivant. — Toutes les fêtes admises et reconnues par l'Église sont classées, dans le rit romain, en sept degrés, suivant le plus ou moins de solennité de leur célébration. Ces degrés sont : le *double* de première classe, le *double* de deuxième classe, le *double-majeur,* le *double-mineur,* le *double,* le *semi-double* et le *simple;* mais ils portent d'autres noms dans les rits particuliers. Ainsi, par ex., à Paris, l'*annuel,*

le solennel-majeur, le solennel-mineur, le double-majeur, le double-mineur, le semi-double et le simple correspondent aux sept degrés du rit romain.

Fête nationale. — Un décret du 6 juillet 1880 promulgua, après les votes de la Chambre des députés et du Sénat, que « la République adopte comme jour de fête nationale annuelle le 14 juillet ». C'est l'anniversaire de la prise de la Bastille en 1789, déjà choisi par la première République comme fête nationale annuelle.

FÊTER. v. a. Célébrer une fête. *On fête aujourd'hui tel saint.* — Fam., *F. quelqu'un,* Célébrer la fête de quelqu'un, ou lui donner une fête, des fêtes, ou encore fig., l'accueillir avec empressement. *Demain nous voulons le f.* — Fig. et prov., *C'est un saint qu'on ne fête point,* ou *qu'on ne f. plus,* C'est un homme qui n'a ni crédit, ni autorité, ou qui les a perdus. || *F. la bouteille,* Aimer à boire = FÊTÉ, ÉE. part. *Saint fêté. Fête fêtée.* || Fig., on dit d'une personne qui est bien reçue partout, à laquelle on fait beaucoup d'accueil : *Il est bien fêté. Elle est fêtée partout.*

FETFA ou mieux **FETVA.** s. m. (arabe *fetoua,* m. s.). Sentence prononcée par le mufti sur un point de doctrine ou de droit difficile à résoudre. Voy. Islamisme.

FÉTICHE. s. m. (portug. *festiço,* charme, du lat. *facticius,* factice, artificiel). Objet fée, enchanté. — Objet matériel auquel certains sauvages adressent un culte. || Fig., Personne qu'on idolâtre. || Objet que les joueurs superstitieux considèrent comme devant les faire gagner. Voy. Fétichisme.

FÉTICHISME. s. m. Culte des fétiches. || Fig. Admiration aveugle pour une personne.

Philos. — Le *Fétichisme* est l'adoration des *Fétiches,* nom donné par les Portugais aux objets du culte des peuplades grossières du Congo. Le terme de fétichisme, comme on le voit, a été d'abord appliqué au culte des tribus nègres de l'Afrique; mais il convient également à l'état religieux de tous les peuples qui adorent les objets vivants ou inanimés de la nature. Le fétichisme diffère de l'idolâtrie ou du polythéisme en ce que les idoles de celui-ci sont de simples représentations des divinités, tandis que c'est l'objet matériel lui-même qui est le véritable dieu du f. Pris dans cette extension, le culte des fétiches ne se rencontre pas uniquement en Afrique : il existe également chez un grand nombre de tribus sauvages de l'Amérique, chez les aborigènes de l'Océanie, et chez diverses peuplades de l'Asie centrale. Enfin, avant la prédication du christianisme, il subsistait en Europe même. Ainsi, le cheval chez les Slaves, les arbres et les montagnes chez les Gaulois, étaient des fétiches, tout comme le vautour et le fleuve Tendo sont aujourd'hui des fétiches pour les Asclantis de l'Afrique. Les divinités fétiches des peuplades africaines sont très nombreuses et varient en général dans chaque tribu. Les Ouidah, par ex., adorent une espèce de serpent, les Bissagos le coq, les Calabars le requin, les habitants du Dahomey la panthère, ceux d'Otentic le fleuve Adirray, etc. Les nègres du Benin ont pour idole principale, outre leur roi, un lézard, et, de plus, ils regardent leur propre ombre comme un fétiche. Des arbres, des pierres, la lune et quelques astres sont les objets du culte des féroces Gallos. Mais ce sont là des divinités, pour ainsi dire, nationales. Indépendamment de ces fétiches communs, chez les nations occidentales de la côte d'Afrique, chaque individu a son fétiche particulier : c'est le premier objet venu, une coquille roulée, une racine d'arbre, une dent humaine, etc. Le nègre lui adresse ses prières; mais quand elles ne sont pas exaucées, il se met en colère contre son fétiche, le jette ou le brise, et en prend un autre.

Le f. est non point, comme l'ont prétendu certaines écoles philosophiques, le premier degré du développement de l'esprit religieux dans l'humanité, mais bien au contraire la dégradation de l'idée même de la divinité. Tous les fétiches n'ont été à l'origine que la représentation d'un dieu auquel s'adressaient les prières; les objets naturels même, et les animaux, n'étaient pas admis pour eux-mêmes, mais pour la divinité qu'on supposait agir sur eux ou en eux; seulement, une tendance naturelle aux peuples les plus ignorants de l'humanité de confondre le signe avec l'objet représenté, et, peu à peu, on en vint à considérer l'objet comme le dieu lui-même. Toutes les religions, même les plus élevées, ont plus ou moins subi cette sorte de dégradation, au moins dans l'esprit des personnes les plus ignorantes. Qui oserait garantir que, dans la religion catholique elle-même, le culte des images et des médailles, des scapulaires, etc., est, chez tous les fidèles, absolument exempt de f.?

Chez les peuplades sauvages, les cérémonies religieuses du f. sont dignes de l'objet même de ce culte. En général, elles ne sont pas moins atroces et révoltantes que bizarres et ridicules : car, chez un grand nombre de peuplades fétichistes, elles s'accompagnent de sacrifices humains. Les desservants de ces religions barbares sont des espèces de devins et de sorciers, appelés *Griots* chez plusieurs peuples de l'Afrique, *Jongleurs* chez quelques tribus américaines, et *Schamanes* chez les habitants de la Sibérie.

FÉTICHISTE. s. Adorateur des fétiches. || adj. 2 g. Qui pratique le fétichisme, qui est voué au culte des fétiches, qui a rapport au fétichisme.

FÉTIDE. adj. 2 g. (lat. *fœtidus*, m. s.). Qui blesse l'odorat par une impression forte et désagréable. *Une odeur f. Des émanations fétides.*

FÉTIDITÉ. s. f. Qualité de ce qui est fétide. *Une f. insupportable. La f. d'une odeur.*

FÉTIS, compositeur et critique musical belge, né à Mons (1784-1871).

FÉTOYER. v. a. [Pr. *fé-to-ier*]. Voy. FESTOYER.

FÉTU. s. m. (lat. *festuca*, m. s.). Brin de paille. *Ramasser un f. — Tirer au court f.,* Tirer à la courte paille. Vieux. || Fig. et pop., *Un cogne-fétu.* Voy. ce mot. || Fam. Chose de nulle valeur. || T. Ornith. *Fétu-en-cul,* nom vulgaire du Phaéton.

FÉTUQUE. s. f. (lat. *festuca,* fétu). T. Bot. Genre de plantes (*Festuca*) de la famille des *Graminées.* Voy. ce mot.

Agric. — La F. des prés (*Festuca pratensis*) est une plante vivace des prairies naturelles ; l'une des meilleures à employer pour les ensemencements de bas prés, par l'abondance et la qualité de son produit. — La F. élevée (*F. elatior*) plus tardive, plus forte dans toutes ses parties, est bien plus robuste. Son foin, quoique gros, est d'assez bonne qualité et très abondant ; c'est une des espèces les plus utiles à employer dans les mélanges destinés à former des prairies durables.

FETZARA, lac d'Algérie (dép. de Constantine).

FEU. s. m. (lat. *focus,* foyer). Dégagement de chaleur avec accompagnement de lumière. *Le culte du feu. Les propriétés du feu. L'action du feu sur un corps. Faire jaillir du feu d'un caillou. Un globe de feu parut dans les airs. Le feu des volcans. Des feux souterrains. La montagne vomissait des feux. — Les feux de l'été,* Les chaleurs excessives de l'été. On dit de même, *Les feux du soleil, les feux de la canicule,* etc. || Fig., *Le feu lui sort par les yeux,* Ses yeux sont étincelants de colère. — Fig. et fam., *Faire feu des quatre pieds,* Employer tous ses efforts pour réussir dans quelque affaire. *N'y voir que du feu,* Être tellement ébloui qu'on ne distingue rien, ne rien comprendre à quelque chose. — *C'est le feu et l'eau,* Se dit de deux personnes ou de deux choses complètement opposées. — Considéré comme agent de destruction, *Feu* se dit pour embrasement, incendie. *Le feu a pris à la grange. Mettre le feu à une maison. Le feu gagne le toit. La ville était toute en feu. Crier au feu. Arrêter les progrès du feu. Se rendre maître du feu. Les ravages du feu. Le feu se mit à sa robe, dans sa coiffure.* — Prov., *On y court comme au feu,* se dit de tout ce qui attire un grand concours de monde. || Fig. et fam., *Il se jetterait dans le feu pour lui,* Il ferait pour lui tous les sacrifices possibles. || Fig. et fam., *Mettre le feu aux poudres,* Exciter la haine, la discorde, la sédition, par ses discours ou autrement. *Mettre le feu aux étoupes,* Déterminer tout à coup l'explosion d'une passion violente, etc. On dit, dans un sens analogue, *Le feu prend, ou a pris aux poudres, aux étoupes.* — Fig., *Mettre un pays à feu et à sang,* Y commettre toutes sortes de cruautés, le dévaster par le fer et par le feu. — Fig. et prov., *Le feu se met ou est dans ses affaires,* se dit d'un homme qui est très mal dans ses affaires, et qui est poursuivi par ses créanciers. || Fig. et fam., *Prendre feu,* S'émouvoir, s'enflammer, s'irriter. *Vous prenez feu bien aisément.* || Fig. et fam., *Jeter feu et flamme,* Se livrer à de

grands emportements de colère. *Jeter son feu, tout son feu,* Faire et dire tout ce qu'inspire la colère, de manière qu'on est plus tôt apaisé. Se dit aussi d'un homme qui a d'abord fait preuve de talent, mais ne réalise pas les espérances qu'il avait données, ou d'un auteur qui a bien commencé un ouvrage, et ne se soutient pas dans la suite. *Feu,* se dit particulièrement de la combustion du bois ou autres matières appliquées aux usages domestiques et industriels, ainsi que des matières qui brûlent. *Feu clair, vif, ardent. Bon feu. Beau feu. Feu de bois, de charbon, de tourbe, de paille. Les feux d'un bivouac. Allumer, faire du feu. Faire grand feu. Attiser, entretenir, souffler, couvrir, éteindre le feu. Le feu commence à prendre, à s'allumer. Le feu ne veut pas brûler. Faire cuire quelque chose à petit feu. Tomber dans le feu. Une étincelle, un réchaud de feu.* — *Mettre le feu au four,* Commencer à chauffer le four. *Mettre une chose au feu,* L'en approcher pour la chauffer, la faire cuire, la sécher. *Montrer une chose au feu,* L'en approcher pour un instant très court. *Passer une chose au feu,* La passer au travers de la flamme. *Aller au feu,* se dit d'un vase qu'on peut mettre sur le feu sans risquer de le faire casser. *Donner le feu trop chaud,* Voy. DONNER. — T. Cuis. *Coup de feu,* Voy. COUP. — *Coup de feu,* se dit aussi d'un défaut causé à la porcelaine par l'action d'un feu trop vif. — Fam., *Il n'est feu que de gros bois,* Le gros bois fait un bien plus grand feu que le menu bois. *Il n'est feu que de bois vert,* Il n'y a pas de meilleur feu que celui de bois vert, lorsqu'il est bien allumé ; et fig., On a parfois besoin de l'activité des jeunes gens dans certaines affaires. — Fig. et fam., *C'est un feu de paille, ce n'est qu'un feu de paille,* se dit d'une chose, et particulièrement d'une passion, qui commence avec véhémence, et qui est de peu de durée. *Faire feu violet, faire du feu violet,* Faire quelque chose qui éclate d'abord, où il paraît de la vivacité, mais qui se dément bientôt. — Fig. et prov., *Faire feu qui dure,* Voy. DURER. *Faire grande chère et beau feu,* Voy. CHÈRE. *Il n'y a point de fumée sans feu,* Voy. FUMÉE. *Jeter de l'huile sur le feu,* Voy. HUILE. *Mettre les fers au feu,* Voy. FER. *Mettre le feu sous le ventre à quelqu'un,* L'exciter vivement, soit pour lui faire faire quelque chose, soit pour le lui faire faire avec plus d'ardeur. || T. Antiq. *Feu sacré,* Le brasier que l'on conservait toujours allumé dans certains temples, comme celui de Vesta. — Fig., et par allus., on emploie l'expression de *Feu sacré,* en parlant de l'ardeur, de l'amour passionné pour certaines choses qui élèvent l'âme. *Le feu sacré de la liberté. Nourrir, rallumer le feu sacré des beaux-arts.* Se dit aussi de l'inspiration élevée qui crée les grandes œuvres. *Ce poète a le feu sacré, est animé du feu sacré. Cet artiste ne fera jamais rien, il manque du feu sacré.* || *Feux de joie,* Feux qu'on allume dans les rues, sur les places publiques, en signe de réjouissance. *Feux de la Saint-Jean,* Feux de joie que l'on allumait, dans l'antiquité, au solstice d'été, et que le christianisme a adoptés en les donnant à la fête de Saint-Jean (Nativité de saint Jean-Baptiste), le 24 juin. Les jeunes gens, à cette fête, ont continué, comme au temps des Romains, de sauter trois fois au-dessus du brasier en faisant des vœux. A Paris, au XVIe siècle, on ne savait quoi imaginer pour les rendre plus curieux, et l'on allait jusqu'à y jeter des chats qui, brûlés vifs, jetaient des cris effroyables. On les célèbre encore actuellement en un grand nombre de pays, et même aux environs de Paris. — *Feu d'artifice,* Voy. PYROTECHNIE. *Feu grégeois,* Voy. GRÉGEOIS. — *Le supplice, la peine du feu,* ou simpl., *Le feu,* Supplice qui consiste à brûler vif le condamné. *Il fut condamné au feu.* — Fam., *Faire mourir quelqu'un à petit feu,* Lui causer une multitude de chagrins, d'inquiétudes, de peines d'esprit, qui altèrent peu à peu sa santé. — Fam., et par allus. aux épreuves judiciaires par le feu, on dit, pour affirmer la réalité d'une chose, *J'en mettrais ma main au feu.* Dans le sens contraire, on dit, *Je n'en mettrais pas la main au feu.* || *Le feu de l'enfer,* Les tourments des damnés. *Le feu du purgatoire,* Les peines que souffrent les âmes qui sont dans le purgatoire. — Fig. et fam., *Un feu d'enfer,* Un feu très grand, très violent. *Il y a toujours un feu d'enfer dans cette verrerie.* Se dit aussi à l'armée, lorsqu'un grand nombre de bouches à feu ne cessent de lancer des projectiles. *Pendant toute la nuit, les assiégeants ont fait un feu d'enfer.* || T. Chir. et Art vétér. *Feu,* se dit absol. de la cautérisation au moyen du fer rougi au feu. *Il faut appliquer le feu à cette plaie. Donner le feu, mettre le feu à un cheval. Ce cheval a eu le feu.* — Fig. et fam., *Employer le fer et le feu,* Voy. FER. — *Feu* se dit aussi pour cheminée, appareil de chauffage. *Chambre à feu. Il n'y a qu'un feu dans cet appartement. Plaque de feu. — Garniture de feu, ou simpl., Feu, Grille de métal avec la pelle, les pincettes, les chenets, etc. — Le coin du feu, Voy. Coin. || Le feu que l'on entretient ordinairement dans une cheminée, dans un poêle, etc. Il y a presque toujours dix feux dans la maison. || Par ext., dans les dénombrements, Feu se dit pour Ménage, famille. Il y a deux cents feux dans le village. Cette ville est composée de quatre mille feux. — Prov., N'avoir ni feu ni lieu, Être vagabond, sans demeure assurée, ou être extrêmement pauvre. = Feu s'emploie aussi dans le sens de lumière, c.-à-d. abstraction faite de la chaleur, et se dit des flambeaux, des torches, des fanaux, etc. Il est défendu de pêcher au feu. On alluma des feux sur la côte. Mettre des feux sur des vaisseaux. Un phare à feu tournant. — Poétiq., Les feux du firmament, les feux de la nuit, Les astres. Les feux du jour, de l'aurore, etc. L'éclat du jour, de l'aurore, etc. || T. Palais. Se dit des bougies dont on fait usage aux audiences des criées. Voy. Enchère. || T. Théât. Feu se dit, au fig., de ce qu'un acteur reçoit en sus de ses appointements fixes, chaque fois qu'il joue. Cet acteur a tant pour ses feux. = T. Phys. Se dit des météores lumineux. On vit des feux briller dans l'air. L'air était tout en feu pendant cet orage. Le feu du ciel est tombé sur cette maison. — Feu Saint-Elme, Météore igné produit par un dégagement d'électricité au sommet des corps placés verticalement et terminés en pointe. Voy. Foudre. — Feu follet, Exhalaison enflammée qui se produit le soir, dans les endroits marécageux, et qui est due à un dégagement de gaz spontanément combustibles, particulièrement d'hydrogène phosphoré. Voy. Hydrogène. — Feu grisou, Inflammation subite de grisou dans les mines de charbon, presque toujours suivie d'explosion. Voy. Grisou. = Couleur de feu, Rouge vif et éclatant. Un ruban couleur de feu. — Fig., Tache de feu, ou absol., Feu, se dit de certaines taches roussâtres qui se trouvent sur la tête ou sur le corps des chevaux, des chiens et d'autres animaux. Cet animal est marqué de feu. = Feu, se prend encore pour inflammation, sensation de chaleur, d'ardeur. Avoir la bouche toute en feu, le palais tout en feu. Sentir un feu dans les entrailles. Le feu de la fièvre. Je sentais le feu me monter au visage. — Feu volage, Sorte d'éruption caractérisée par des rougeurs passagères, qui vient au visage, et particulièrement aux lèvres, surtout chez les enfants. Feu sacré et Feu Saint-Antoine, Nom qu'on a donné à l'Érysipèle, au Charbon infectieux, et à une peste qui a sévi plusieurs fois au moyen âge, et qu'on appelait aussi Mal des Ardents. Voy. Ardent. Feu persique, syn. de Zona. Voy. Herpès. Feux de dents, Voy. Dentition. = Ce vin a du feu, Il a beaucoup de chaleur. Cette eau-de-vie a trop de feu, il faut la laisser vieillir. = T. Guerre. Armes à feu, Les mousquets, les fusils, les pistolets, etc., qui lancent un projectile par l'effet de la déflagration de la poudre. Bouches à feu, Les canons, les obusiers, les mortiers, etc. Voy. Canon. Mettre le feu à un canon, Faire partir un canon chargé. Coup de feu, Coup d'une arme à feu. || Absol., Feu se dit des coups que l'on tire avec les armes et les bouches à feu. Faire feu sur quelqu'un. S'exposer au feu des ennemis. Il était sous le feu de la place. Demeurer calme au milieu du feu, Soutenir le feu, essuyer le feu du canon, de l'artillerie de la place. Ils étaient à couvert du feu des assiégés. Se trouver entre deux feux. Feu rasant. Feu croisé. Feu de file ou de deux rangs. Feu roulant, etc. Feu bien nourri. Feu très vif. Les ennemis faisaient un feu terrible. Faire taire le feu de l'ennemi, de la place, Démonter ses pièces. En termes de Marine : Faire feu des deux bords. Feu de bâbord, de tribord. Elliptiq., dans les commandements militaires, on dit Feu, pour ordonner aux soldats de tirer. — Aller au feu, Aller à un combat où l'on se sert d'armes à feu. — Voir le feu, Assister à un combat de ce genre. Une partie de nos soldats n'avait jamais vu le feu. — Accoutumer un cheval au feu, L'accoutumer à entendre les détonations des armes à feu sans s'effrayer. — Faire long feu, se dit d'une arme à feu lorsque le coup est lent à partir ; et Faire faux feu, lorsque le coup ne part point, l'amorce ayant seule brûlé. — Fig. et fam., on dit aussi d'une affaire qui traîne en longueur, qu'Elle fait long feu. || Fig. et fam., Un feu roulant de saillies, d'épigrammes, etc., Plusieurs saillies, plusieurs épigrammes dites, lancées coup sur coup. = Fig., en parlant des sentiments, des passions, des mouvements de l'âme, se dit pour ardeur, véhémence, violence. Le feu de la jeunesse. Le feu de l'amour. Le feu des passions, de la colère. Le feu de son zèle a diminué. Amortir le feu de la concupiscence. — Être de feu, tout de feu pour quelque chose, Être fort passionné, exalté pour elle. Il est tout de feu pour

cette opinion. On dit aussi, C'est un esprit de feu, une âme de feu, en parlant de quelqu'un qui s'exalte, qui s'enflamme très aisément || Fig. et poétiq., Feu se dit particulièrement de la passion de l'amour. Le feu dont il brûle. Des feux impurs.

> Je reconnus Vénus et ses feux redoutables.
> Racine.

> Et si Rome savait de quels feux vous brûlez.
> Corneille.

|| Fig., en termes de Littér. et de Beaux-Arts, Le feu de la composition, L'état de surexcitation, d'exaltation, d'entraînement où l'on est quelquefois, quand on se livre à la composition de certains ouvrages. Ce sont des fautes échappées au poète, à l'artiste dans le feu de la composition. — En parlant de combats, on dit de même, Le feu de l'action. || Fig., Feu se dit aussi quelquefois pour inspiration. Être plein d'un beau feu. Il ne sait pas régler son feu. — Mais il se dit, plus ordinair., de l'ardeur, de la vivacité, de la passion qui éclate dans l'œuvre de l'écrivain ou de l'artiste, ou dans la voix, le geste et le style de l'orateur. Ses écrits sont pleins de feu. Il y a du feu dans cette esquisse. Ce poète a beaucoup de feu dans l'imagination. Cet orateur a du feu. — Par extens., on dit qu'Un cheval a du feu, beaucoup de feu. || Fig., Feu s'emploie aussi en parlant de la guerre, des séditions, des troubles civils, des mouvements populaires, etc. Allumer le feu de la guerre. Cet événement faillit mettre en feu toute l'Europe. Éteindre le feu de la discorde, de la sédition. On répandit des bruits qui mirent toute la ville en feu. || Fig., Feu se dit encore du brillant, de l'éclat de certaines choses. Des yeux vifs et pleins de feu. Le feu de ses regards. Le feu d'un rubis. Ce diamant jette beaucoup de feu.

FEU, EUE. adj. (lat. functus [vitâ], mort). Défunt, Feu mon père. Le feu roi. Feu ma tante. La feue reine. — **Obs. gram.** — Lorsqu'on dit, le feu pape, le feu roi, la feue reine, etc., on entend toujours le pape dernier mort, le roi dernier mort, la reine dernière morte, etc. Cet adjectif n'a point de pluriel, et il ne prend pas la terminaison féminine lorsqu'il est placé avant l'article ou avant l'adjectif possessif. Ainsi on doit écrire : feu la reine, feu ma sœur, etc., et non, feue la reine, feue ma sœur, etc.

FEU (Terre de), archipel formant l'extrémité méridionale de l'Amérique du Sud, dont elle est séparée par le détroit de Magellan.

FEU-ARDENT (François), cordelier, fameux liguer, né à Coutances (1539-1610).

FEUCHÈRE (Jean-Jacques), statuaire français, né à Paris (1807-1852).

FEUCHÈRES (Sophie Dawes, baronne de), célèbre intrigante, maîtresse du dernier prince de Condé, née dans l'île de Wight (1795-1840).

FEUDATAIRE. s. 2 g. (bas-lat. feudatarius, m. s., de feudum, fief). Celui ou celle qui possède un fief. Voy. Fief et Féodalité.

FEUDISTE. s. m. (lat. feudista, m. s., de feudum, fief). Homme versé dans la matière des fiefs. Un savant f. || Adjectiv., Un docteur f.

FEUERBACH (Paul-Jean-Anselme), juriste allemand, né à Iéna (1775-1833). = Feuerbach (Louis-André), philosophe allemand, fils du précédent (1804-1872).

FEUERBLENDE. s. f. (all. feuer, flamme; blenden, briller). T. Minér. Antimonio-sulfure d'argent, en petites lamelles cristallines d'un beau rouge.

FEUILLADE (G. d'Aubusson de la), diplomate français (1612-1697). || Son frère, François, maréchal de France (1625-1691), fit élever sur la place des Victoires, à Paris, une statue de Louis XIV. || Louis, fils du précédent, maréchal de France (1673-1725).

FEUILLAGE. s. m. [Pr. feu-lla-je, ll mouillées] (R. feuille). L'ensemble des feuilles d'un ou de plusieurs arbres. Le châtaignier a un beau f. vert, épais, touffu, sombre. Se *retirer, se mettre à couvert sous un f., sous le f.* — En Botan., se dit souvent pour les feuilles d'une plante considérées en général. *Ces deux plantes se distinguent par leur f. Le muscadier a le port et le f. du poirier* || Se dit aussi des branches d'arbres couvertes de feuilles, et même quelquefois d'un amas de feuilles vertes détachées de l'arbre. *Un arc de triomphe fait de f. La porte était ornée de f. Un lit de f.*

    Encor si vous naissiez à l'abri du feuillage
    Dont je couvre le voisinage.
                  LA FONTAINE.

|| Se dit encore de certaines représentations capricieuses de feuillage, en sculpture, en ouvrages de braderie, de tapisserie, etc. *Une bordure ornée de f. Damas à grands feuillages.*

FEUILLAGISTE. s. m. [Pr. *feu-lla-jiste*, *ll* mouillées]. Ouvrier qui chez un fleuriste fait spécialement le feuillage.

FEUILLAISON. s. f. [Pr. *feu-llè-zon*, *ll* mouillées]. T. Bot. Renouvellement annuel des feuilles. Temps où les feuilles se renouvellent. *L'époque de la feuillaison.*

FEUILLANT, ANTINE. s. [Pr. *feu-llan*, *ll* mouillées]. Religieux, religieuse de l'étroite observance de saint Bernard. Voy. BÉNÉDICTIN.

FEUILLANTINE. s. f. [Pr. *feu-llan-tine*, *ll* mouillées]. Sorte de pâtisserie feuilletée garnie de blanc de volaille et de crème sucrée.

FEUILLARD. s. m. [Pr. *feu-llar*, *ll* mouillées] (R. *feuille*). Provision de branches d'arbrisseaux, garnies de leurs feuilles, qu'on garde pour l'alimentation du bétail pendant l'hiver. || T. Techn. Branches de châtaignier ou de saule fendues en deux pour faire des cercles. *Une botte de f.* — On appelle, *F. de fer,* Des bandes de fer, étroites et minces, qui servent au même usage. || Adj. *Fer f.,* Fer que l'on vend en lames larges et plates, et qui sert à la confection des lames de scies et autres ouvrages semblables. ||T. Blas. Ornement du casque pendant autour de l'écu.

FEUILLE. s. f. [Pr. *feu-lle*, *ll* mouillées] (lat. *folium*, m. s.). On nomme ainsi les parties du végétal qui naissent des tiges et des rameaux, qui sont communément vertes, minces et planes. — *Vin ou bois de deux feuilles, de trois feuilles,* etc., Vin, bois de deux ans, de trois ans, etc. || Par ext., dans le langage ordinaire, se dit quelquefois pour l'Pétale ou Sépale. *Une f. de rose. Rose à cent feuilles.* || Se dit encore de certains ornements qui imitent des feuilles d'arbres ou de plantes. *Une broderie en feuilles de chêne. Feuilles d'acanthe,* Voy. ACANTHE. *Feuilles d'angle,* Feuilles sculptées au coin des plafonds, des encadrements. — *F. de vigne,* ornement dont se servent les statuaires pour couvrir les parties naturelles d'un corps nu. — Par anal., Morceau de papier d'une certaine grandeur. *Une f. de papier. Un cahier de trente feuilles.* On dit de même, *F. de vélin, de parchemin,* etc. || Absol., se dit ordinairement d'une f. d'impression qui se plie en plus ou moins de feuillets, suivant le format du volume où elle doit entrer. *Imprimer une f. Plier une f. in-octavo, in-douze. Ce volume a vingt feuilles, se compose de vingt feuilles. Un ouvrage qui est encore en feuilles. Les feuilles sont chez le brocheur. Feuilles d'épreuve,* Feuilles qu'on imprime sur un papier commun, pour être revues et corrigées avant le tirage définitif. *Bonnes feuilles,* Feuilles tirées définitivement. — *F. volante,* Feuille imprimée ou écrite qui est seule et détachée. — *F. publique, f. périodique,* ou simplement *Feuille,* Journal, f. imprimée qui paraît tous les jours ou à des temps réglés. *La f. du département. Cette f. a cessé de paraître. Les feuilles ministérielles.* Par dénigrement, *F. de chou,* Petit journal sans intérêt ni importance. || Se dit aussi des cahiers volants sur lesquels on écrit tous les jours ce qui regarde le courant des affaires publiques ou de l'économie particulière. *La f. du payeur des rentes. La f. d'audience. Le président n'a pas encore signé, paraphé, visé la f.* — *F. de bénéfices,* Voy. BÉNÉFICE. *F. d'un voiturier, d'un conducteur des messageries, de diligence,* Double du registre sur lequel sont enregistrés les colis, les voyageurs. — *F. de présence. F. de route.* Voy. PRÉSENCE et ROUTE. *F. d'émargement,* Registre que signent les fonctionnaires pour recevoir leurs appointements. || *F. des pensions, F. où étaient inscrites les pensions à accorder.* — Se dit de certaines choses larges, plates et plus ou moins minces. *F. de carton, de tôle, de fer-blanc, de*

palissandre. *F. d'or, d'argent, d'étain,* etc. *Acajou en feuilles,* En lames minces, pour plaquer. *Les feuilles d'un parquet,* Les lames qui le forment. *Les feuilles d'un paravent,* Châssis d'un paravent se pliant l'un sur l'autre. — T. Joaillier. La petite lame d'or ou d'argent qu'on met sous les pierres précieuses afin de leur donner plus d'éclat. || Se dit aussi des parties qui se détachent de certains corps en lames très minces, comme l'ardoise, le talc, etc. *F. de verre,* Pour couvrir une estampe, vitrer une fenêtre. || T. Chir. Se dit de même des parties mortes qui se détachent, en petites lames ou en écailles, d'un os, d'un tendon, d'un cartilage, etc. *F. de myrte,* Instrument dont on se sert pour nettoyer le bord des plaies et des ulcères. || T. fam. *F. de chou,* Mauvais tabac. || T. Blas. *F. de scie,* Meuble d'armoiries qui représente une bande ou une fasce qui n'est dentelée que d'un côté. || T. Mar. *F. du panneau,* Chacun des deux battants du panneau qui ferme l'écoutille. — *F. bretonne,* Bordage intérieur dans un grand bâtiment. || T. Techn. Bande d'étoffe, de parchemin ou de papier, qui est posée sur les brins de l'éventail. — Extrémité d'une cuiller ou d'une fourchette où l'on grave les armes du propriétaire. — Extrémité plate qui sert à fendre la tête des vis et à travailler les parties creuses peu ouvertes. — *F. de sauge,* Nom de l'une des pièces d'une serrure. — *F. d'étain,* Couche métallique que l'on applique derrière une glace pour l'étamer. — *Feuilles à dos,* Feuilles représentées demi-pièces dans un ouvrage de broderie. || T. Entom. *F.-de-chêne,* Espèce de papillon de nuit. Voy. BOMBYCITES. — *F.-ambulante* ou *F.-sèche,* Genre d'insectes orthoptères. Voy. ORTHOPTÈRES.

Bot. — La f. est une formation appendiculaire, portée par la tige au nœud et ordinairement aplatie perpendiculairement à l'axe de la tige. Elle n'est divisible en deux moitiés similaires que par un seul plan passant par l'axe de la tige ; elle est *bilatérale.*

Parties constitutives de la feuille. — Une f. complète comprend trois parties : la *gaine,* base dilatée par où elle s'attache au pourtour du nœud en enveloppant plus ou moins la tige ; le *pétiole,* prolongement grêle plus ou moins long ; et le *limbe,* lame verte aplatie qui est la partie essentielle de la f. Une telle f. est dite *pétiolée engainante* (ex. : *Balisier, Ombellifères*). Souvent la f. est plus simple. Tantôt la gaine manque et c'est le pétiole qui s'attache directement à la tige par une insertion étroite ; la f. est simplement pétiolée (ex. : *Hêtre, Chêne, Courge,* etc.). Tantôt le pétiole manque et de la gaine on passe directement au limbe ; la f. est simplement engainante comme dans les *Graminées.* Tantôt, enfin, la gaine et le pétiole manquant à la fois, le limbe s'attache directement à la tige ; la f. est dite alors *sessile,* comme dans le *Lis,* etc.

Parmi les feuilles sessiles, plusieurs sont distinguées par des noms particuliers. Elles sont dites *Embrassantes* ou *Amplexicaules* (Fig. 1), quand leur base se prolonge autour de la tige : ex., la Jusquiame ; *Décurrentes* (Fig. 2), lorsque leur

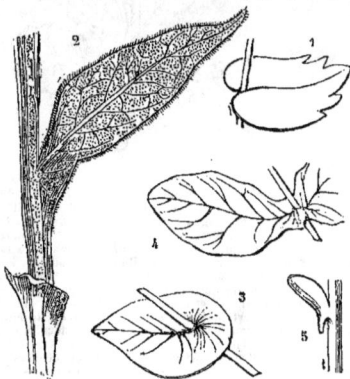

base se prolonge le long de la tige sur laquelle elle forme un appendice qui descend de haut en bas, comme dans le Bouillon-blanc et la Grande Consoude (on dit alors que la tige est *ailée*) ; *Perfoliées,* lorsque, étant embrassantes, leurs appendices font le tour de la tige et se soudent ensemble à l'autre extrémité, de sorte que la tige semble traverser le disque de chaque f. : par ex., le Buplèvre à f. ronde (Fig. 3); *Connées* ou *confluentes*, lorsque deux feuilles opposées se soudent ensemble par leur base, de manière à représenter un limbe unique traversé par la tige : ex., le Chèvrefeuille (Fig. 4); *Basisolutes*, lorsque, étant sessiles, leur base se prolonge par-dessous en un petit appendice non adhérent : ex., le Sedum réfléchi (Fig. 5).

Dans certains végétaux, le limbe avorte; mais alors, par compensation, le pétiole acquiert un développement particulier; il s'aplatit dans le plan médian de la f. et forme une lame fo-

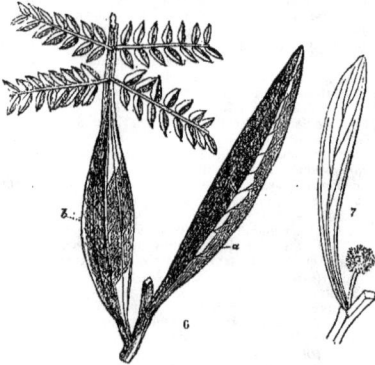

liacée : dans ce cas, on lui donne le nom de *Phyllode*. C'est ce qu'on observe dans plusieurs Ombellifères et Renonculacées à feuilles simples (Fig. 7), et surtout dans les Acacias de la Nouvelle-Hollande (Fig. 6. Acacia heterophylla : *a*, phyllode; *b*, f. dont le pétiole élargi porte une f. composée à son sommet).

État de la surface de la feuille. — Le plus souvent les feuilles sont *Planes* et *Unies*, c.-à-d. n'offrent ni dépressions, ni saillies, ni aspérités. On les appelle *Concaves*, lorsque leur

face supérieure présente une cavité. Elles sont dites *Striées*. *Ridées*, *Rugueuses*, quand elles offrent de petites bosselures sinueuses et irrégulières; *Onduleuses*. *Bullées*, *Boursouflées* et *Cloquées*, lorsque leur face supérieure est chargée de boursouflures qui répondent à autant d'enfoncements sur la face inférieure, comme dans la Rhubarbe ondulée, le Chou, etc. ; *Crépues*, lorsqu'elles sont fortement ondulées, surtout sur les bords, de manière à produire une sorte de frisure, comme dans la Mauve crispée, le Rumex crispus, etc. (Fig. 8). Ces formes particulières résultent de l'excès de nutrition et de développement du parenchyme, relativement à l'espace que les nervures laissent entre elles.

En outre, la surface des feuilles peut être lisse et *Luisante*, comme celles du Laurier-Cerise et du Camélia; *Cireuse*, lorsqu'elle est revêtue d'un dépôt cireux : ex., l'Eucalyptus; *Scabre*, c.-à-d. rude au toucher, comme celles de l'Orme ; *Glanduleuse*, c.-à-d. couverte de petites glandes; *Glutineuse*,

c.-à-d. offrant, quand on les touche, une viscosité plus ou moins grande, comme dans l'Aunée visqueuse; *Glabre*, ou dépourvue de toute espèce de poils : ex., la petite Centaurée; *Pubescente* ou *Poilue*, c.-à-d. couverte de poils, comme les Borraginées. La f. pubescente est qualifiée de *Velue*, de *Laineuse*, de *Cotonneuse*, de *Soyeuse*, de *Tomenteuse*, etc., selon les variétés qu'elle présente. Elle est quelquefois armée d'aiguillons crochus, qui sont des *émergences* comme dans les Rosiers, les Ronces, etc.

Quand la f. se développe à l'air, sa surface est perforée d'ouvertures qui sont des stomates; il y a des stomates sur les diverses parties de la f., mais ils s'accumulent surtout sur le limbe où ils se localisent de diverses manières.

De la gaine. — La gaine attache la f. à la tige; aussi son développement est-il en rapport avec celui du pétiole et du

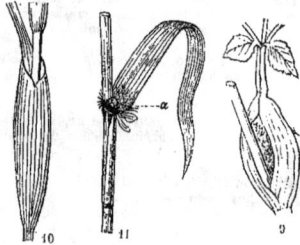

limbe. Elle est très développée et embrasse toute la tige dans les grandes feuilles pétiolées d'Angélique (Fig. 9), de Férule, de Rhubarbe, dans les longues feuilles sans pétiole des Cypéracées (Fig. 10), et des Graminées (Fig. 11); elle est peu développée dans le Lierre, etc.

Du pétiole. — Le pétiole porte le limbe et l'écarte d'autant plus qu'il est plus allongé : aussi sa grosseur et sa fermeté sont-elles en rapport avec la grandeur et le poids du limbe qu'il doit soutenir. Sa forme la plus ordinaire est semi-cylindrique avec une gouttière au milieu de sa face supérieure; on dit alors qu'il est *Canaliculé* : ex., les pétioles des Ombellifères. Parfois cependant il est complètement cylindrique, comme dans la Capucine (Fig. 44), dans le Lierre, etc.: et, dans quelques cas rares, il est *Claviforme* ou renflé en forme de massue: c'est ce qu'on observe, par ex., dans la Macre ou Châtaigne d'eau (Fig. 12), et dans la *Pontederia crassipes*. D'autres fois, au contraire, il est aplati dans toute son étendue et suivant le même plan que le limbe. Enfin, il peut être comprimé, c.-à-d. aplati en sens inverse, de façon à offrir une lame verticale qui donne prise au vent. Il résulte de cette dernière disposition, qui a lieu notamment dans les Peupliers, une extrême mobilité de la f. : aussi voyons-nous le feuillage de ces arbres dans un état d'agitation presque continuelle, d'où le nom vulgaire de Trembles qu'on leur a donné. Ailleurs il est *Ailé* ou *Auriculé*, lorsque le limbe de la f. se prolonge sur lui de façon à former de chaque côté un appendice membraneux, comme on le voit dans l'Oranger. Parfois les appendices du pétiole sont tellement développés, qu'ils offrent une surface plus grande que le limbe lui-même : ex., la Dionée attrape-mouche (Fig. 13).

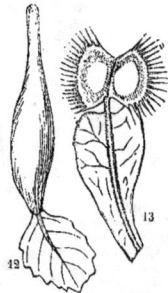

Du limbe. — Le limbe est ordinairement aplati ; on y distingue des côtes résistantes faisant saillie surtout à la face inférieure, diversement ramifiées, partant toutes du pétiole dont elles sont comme l'épanouissement ; ce sont les *Nervures*. Une couche molle et verte recouvre toutes les nervures et les réunit en un tout continu; c'est le *Parenchyme*. C'est de la forme du limbe que résulte, chez la plupart des végétaux, l'aspect que présentent les feuilles. Cette forme est en général la même dans chaque plante, quoique, comme tout le monde le sait, il soit impossible de rencontrer dans un arbre deux feuilles identiquement semblables. Les botanistes ont créé, pour désigner les variations infinies que nous offrent les feuilles, une multitude de termes dont la liste complète serait plus que fastidieuse ; nous citerons les termes les plus usités de cette glossologie spéciale.

D'après sa configuration ou la forme de son contour, une f. est dite *Orbiculée* ou *Orbiculaire*, lorsqu'elle a à peu près la figure d'un cercle, ce qui s'observe surtout dans les feuilles à nervation peltée (Fig. 44) ; *Arrondie* (*subrotunda*), lorsqu'elle approche de la figure ronde ou orbiculaire (Fig. 14) ; *Ovale* (*ovalis*), lorsqu'elle est plus longue que large et également arrondie aux deux extrémités, c.-à-d. lorsqu'elle a la

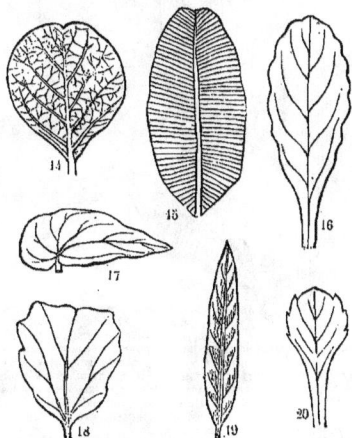

à la base (Fig. 22, Cabaret) ; *Sagittée*, ou en fer de flèche, lorsqu'elle a deux lobes aigus à la base, comme la Sagittaire ou Fléchière, qui doit son nom à sa forme (Fig. 23) ; *Hastée*, lorsque les lobes aigus inférieurs sont très divergents : ex., le Gouet maculé (Fig. 24). Les feuilles sont encore dites *Ai-*

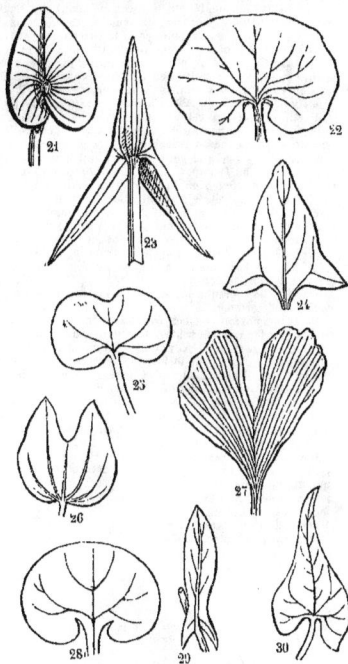

forme d'une ellipse : il est cependant d'usage de désigner sous le nom particulier d'*Elliptiques* les feuilles dont l'ellipse est très allongée (Fig. 15). Une f. est dite *Ovée* (*ovata*), quand elle a la forme d'un œuf, c.-à-d. lorsque, étant à peu près ovale, elle est arrondie à sa base et plus étroite à son sommet (Fig. 37). On nomme *Obovales*, et mieux *Obovées*, les feuilles en forme d'œuf dont le gros bout est au sommet (Fig. 16). Une f. est dite *Oblongue*, lorsqu'elle est elliptique et que sa longueur contient plusieurs fois sa largeur ; *Lancéolée* (*lanceolata*), lorsque, étant oblongue, elle se rétrécit insensiblement vers son sommet, de façon à affecter la forme d'un fer de lance (Fig. 19. Laurier-rose) ; *Linéaire*, lorsqu'elle est étroite et terminée en pointe, mais d'une largeur presque égale dans presque toute sa longueur, comme dans la Linaire ; *Rubanée* (*fasciaria*), lorsqu'elle ressemble à un ruban plus ou moins large, comme dans la Vallisneria spiralis ; *Aciculaire*, *Aciculée* ou *Acéreuse*, quand elle est allongée, roide et aiguë comme une aiguille : par ex., les feuilles du Pin ; *Subulée*, c.-à-d. en forme d'alène, lorsque sa base est étroite et son sommet aigu, comme dans le Genévrier ; *Capillaire*, *Filiforme*, *Sétacée*, lorsque la f. est tellement ténue, qu'elle présente la forme d'un cheveu, d'un fil ou d'une soie, comme le Myriophylle. On la dit *Spatulée*, quand elle a la forme d'une spatule (Fig. 20, la Pâquerette) ; *Cunéaire* ou *Cunéiforme*, lorsqu'elle a celle d'un coin (Fig 18) ; *Ensiforme*, quand elle a la forme d'un glaive ; et *Inéquilatérale*, lorsque la nervure médiane partage la f. en deux moitiés inégales (Fig. 17), comme dans les Bégonias.

Les échancrures qu'on observe à la base des feuilles et la manière dont se termine leur sommet donnent à ces organes des figures toutes particulières. Une f. est *Cordée* ou *Cordiforme*, quand elle a à peu près la forme d'un cœur de carte à jouer (Fig. 21. Nénuphar blanc) ; *Obcordée*, quand le cœur est renversé ; *Réniforme*, lorsque, étant beaucoup plus large que haute, elle est arrondie au sommet et échancrée en cœur

guës, quand elles se rétrécissent graduellement et se terminent en pointe (Fig. 17) ; *Obtuses*, lorsque leur sommet est arrondi, comme dans le Gui ; *Acuminées*, lorsque le sommet

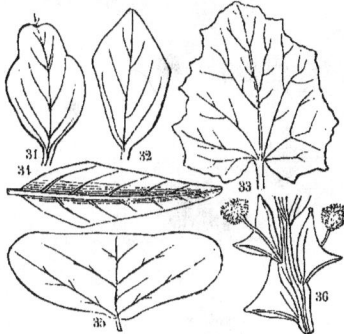

se termine brusquement en pointe effilée, comme dans le peuplier d'Italie ; *Piquantes* et *Mucronées*, quand elles sont terminées par une pointe roide : ex., le Houx ; *Uncinées*, lorsque cette pointe est recourbée en crochet. Au contraire, une f. est *Échancrée* ou *Émarginée*, lorsque son sommet présente une échancrure très superficielle (Fig. 25); *Rétuse*, lorsque le sinus est plus profond; *Bifide*, lorsqu'elle est fendue au sommet en deux segments aigus, comme dans le Bauhinia (Fig. 26); *Bilobée*, lorsque le sommet forme deux lobes séparés par un sinus profond: ex., le Gingko (Fig. 27); *Bipartite*, quand le sinus s'étend presque jusqu'à la base de la f. Ces figures peuvent en outre se combiner les unes avec les autres, de façon à produire des variations infinies: c'est ainsi que l'on rencontre des feuilles *Réniformi-cordées* (Fig. 28); *Lancéolo-Sagittées* (Fig. 29), *Cordato-sagittées* (Fig. 30), etc. L'adjectif *déchiqueté* est un mot vague qui s'applique aux feuilles dont le limbe est divisé en lanières ou dont le bord présente des découpures inégales. — Certaines feuilles affectent des formes presque géométriques, qui leur ont valu les dénominations de *Paraboliques*, *Rhomboïdales*, etc. Une f. est appelée *Parabolique*, lorsque, étant ovale et très obtuse, elle présente un rétrécissement au-dessous de son sommet (Fig. 31); *Rhomboïdale*, lorsqu'elle présente quatre angles dont deux opposés plus aigus (Fig. 34); *Trapézoïde*, quand sa circonscription est un carré à côtés inégaux (Fig. 32); *Triangulée* ou *Triangulaire*, lorsqu'elle a trois angles bien distincts (Fig. 36); la f. à limbe transversal du Muraenja (Fig. 35) est une f. *obtuso-triangulée*. Enfin, une f. est dite *Anguleuse* (Fig. 33), lorsque les angles de sa circonférence sont en nombre indéterminé.

De la nervation. — Les *Nervures* des feuilles sont constituées par les faisceaux fibro-vasculaires du pétiole, qui, au sortir de celui-ci, se séparent et s'épanouissent, en général, sur un même plan, pour former la charpente du limbe: parmi ces nervures, il en est une plus grosse et plus saillante qui semble être la continuation du pétiole, et partage le limbe en deux parties plus ou moins égales: cette nervure principale a reçu le nom de *Côte* ou de *Nervure médiane*. Les autres sont nommées *Nervures latérales, secondaires, tertiaires*, etc.

La disposition des nervures dans le limbe, c.-à-d. la nervation, est très variable, mais se rattache à quatre types principaux. Le cas le plus simple est celui d'une nervure unique, médiane, qui ne se ramifie pas: la feuille est *uninerve*. Il en est ainsi dans les Mousses, les Prêles,

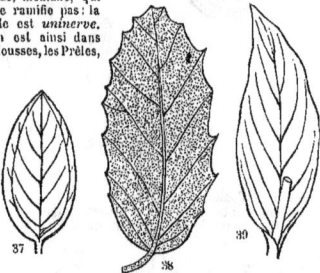

la plupart des Conifères, etc. Le limbe est alors étroit et souvent en forme d'aiguille. Ailleurs, le pétiole se prolonge en une nervure principale, médiane, d'où partent à droite et à gauche des nervures secondaires qui marchent plus ou moins parallèlement jusqu'au bord de la feuille (Fig. 41). Orme glabre); la nervation est appelée *pennée*, parce qu'elle rappelle jusqu'à un certain point la figure d'une plume avec ses barbes latérales. Alors la feuille est dite *Penninerve* (Fig. 37 et 39). Cette disposition s'observe dans le Hêtre, le Chêne-liège (Fig. 38), le Bananier (Fig. 42), etc.

Dans un grand nombre de végétaux, le pétiole, en pénétrant dans le limbe, se divise en un certain nombre de nervures principales, d'où partent ensuite les nervures secondaires; la nervation est *palmée* ou *digitée* et la feuille est *palminerve* ou *digitinervée*, comme dans la Vigne (Fig. 45), la Mauve, le Lierre, l'Aristo-loche (Fig. 43), etc. Le limbe a alors une forme plus ou moins circulaire. Cette nervation prend le nom de nervation *peltée*, lorsque du sommet du pétiole partent en tous sens des nervures qui divergent sur un seul plan comme les rayons d'une roue; par ex., la Capucine (Fig. 44).

Enfin, si au sortir de la tige ou de la gaine, un certain nombre de nervures cheminent parallèlement à la base du limbe au sommet, la nervation est *parallèle* et la feuille est

rectinerve, comme dans les Graminées (Fig. 40), la Jacinthe, le Narcisse, etc. La feuille est *curvinerve* quand les nervures sont arquées en dedans et se réunissent au sommet (Fig. 46 et 47).

Du parenchyme. — Le parenchyme du limbe a souvent le même aspect sur ses deux faces; il en est ainsi dans les feuilles molles de la plupart des plantes herbacées. Dans les feuilles coriaces des plantes ligneuses, au contraire, les deux faces du limbe diffèrent plus ou moins profondément. La face supérieure est plus dure, plus luisante, d'un vert plus foncé et entièrement dépourvue de stomates. La face inférieure est

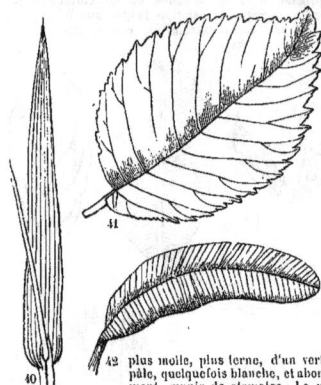

plus molle, plus terne, d'un vert plus pâle, quelquefois blanche, et abondamment munie de stomates. Le parenchyme est quelquefois assez mince pour se réduire, partout ailleurs que sur la nervure médiane, à une seule épaisseur de cellules. Ailleurs, au contraire, il est assez épais pour noyer complètement dans son épaisseur et masquer toutes les nervures. Le limbe est alors massif, rebondi et démuni de côtes saillantes: la feuille est dite *grasse*, comme dans la Crassule, la Ficoïde, le Sedum âcre.

En général, le parenchyme est continu; le limbe est plein.

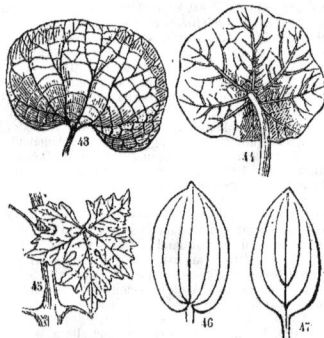

Dans certaines plantes, au contraire, il est discontinu. Ainsi, dans l'*Ouvirandra*, le parenchyme ne se développe pas dans les mailles du réseau des nervures. Dans certaines *Aroïdées*, comme le *Scindapsus pertusus*, etc., le limbe se troue par endroits et ces trous vont graudissant ensuite avec la feuille (Fig. 50).

L'inégal développement du tissu parenchymateux entre les nervures donne encore lieu à des formes particulières: c'est ce qu'on observe, par **ex.**, dans un grand nombre de Palmiers. Lorsque les fibres de la feuille sont disposées en forme d'éventail et viennent à s'allonger, comme cet allongement a lieu par la base, les extrémités des fibres tendent à s'écarter l'une de l'autre ; alors, si le parenchyme ne se prête pas à cet accroissement, il se rompt et la f. se trouve divisée en plusieurs lanières qui présentent la disposition des côtes d'un éventail qu'on aurait trop ouvert (Fig. 49. F. de Latanier). Parfois cependant la rupture du parenchyme ne se fait pas sur toute la longueur du limbe, et l'on a une f. Flabelliforme

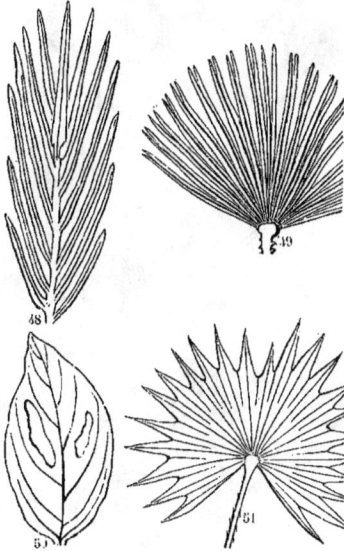

comme dans le Corypha (Fig. 51). Si, au contraire, les nervures sont réunies en un faisceau longitudinal qui émet de côté et d'autres des nervures parallèles, comme dans le Cocotier (Fig. 48), la f. commencera par être entière ; mais peu à peu l'allongement du faisceau longitudinal divisera cette f. entière en lambeaux disposés comme les barbes d'une plume. Cette tendance à la scission pennée s'observe déjà dans le Bananier (Fig. 42) ; mais elle ne se réalise que sur un certain nombre de nervures latérales.

Coloration des feuilles. — La couleur ordinaire des feuilles est le *vert* ; mais sa nuance varie depuis le vert tendre du Hêtre jusqu'au vert sombre de l'If. Cette coloration résulte de l'action des rayons solaires sur la chlorophylle : car celles qui croissent à l'ombre ou dans les lieux obscurs se panachent ou s'étiolent. Cependant certaines feuilles sont naturellement *Panachées* ou *Tachetées :* telles sont celles de la Persicaire et de l'Amarante tricolore. Les feuilles des plantes qui croissent sur les bords de la mer, et de quelques autres, du Pavot, par ex., ont une couleur vert de mer appelée *glauque*, qui paraît due surtout à la présence d'une couche extrêmement mince de cire : c'est à cette couche que les feuilles des plantes maritimes doivent de ne pas se mouiller quand on les plonge dans l'eau. — On trouve encore dans certaines plantes des couleurs belles et vives. Ainsi, les feuilles et les pétioles des Bettes sont jaunes ou rouges ; celles de la Baselle sont rouges ; le Caladium bicolor a les feuilles vertes et roses ; elles sont d'un noir de pourpre dans le fusain ; elles sont d'un blanc pur dans une espèce de Centaurée (*Centaurea incana*), etc. A l'automne, les feuilles prennent en général une couleur jaune et d'un brun sale, tandis que d'autres, comme celles de la Vigne et du Cornouiller sanguin, se colorent en rouge.

L'ornementation des jardins tire maintenant un grand parti des *plantes à feuillage coloré*, telles que les Coleus et d'autres belles plantes de la famille des Labiées. Ces colorations peuvent être modifiées, ainsi que l'étendue et la forme des feuilles, en diminuant l'intensité de la lumière ambiante ou en cultivant ces plantes sous des verres monochromatiques de diverses couleurs. Voy. Radiation.

Durée et chute des feuilles. — Dans la plupart des plantes, les feuilles tombent l'année même où elles sont nées : elles sont dites alors *Caduques*. Chez quelques espèces, elles ne se détachent que l'année suivante ou même persistent sur la plante durant plusieurs années ; en conséquence, on les appelle feuilles *Persistantes*. Dans ce cas, les arbres qui présentent ce caractère ne sont jamais dépourvus de feuilles ; de là le nom d'arbres *toujours verts* sous lequel on les désigne : tels sont le Buis, le Mélèze, l'Oranger, etc. Quand la feuille est morte, elle se dessèche parfois sur place et se détruit petit à petit comme on peut le voir sur les Chênes ; mais le plus souvent, elle tombe, tantôt tout entière, comme dans nos arbres et arbustes, tantôt en laissant adhérente à la tige la partie inférieure de son pétiole, comme dans les Palmiers et les Fougères arborescentes.

C'est l'arrivée du froid, en automne, qui amène la dessiccation, le jaunissement et la chute des feuilles. Aux premières époques géologiques, antérieures à l'existence des saisons, une température sensiblement uniforme régnait sur l'ensemble du globe et il n'y avait, de l'équateur aux pôles, que des arbres à feuilles persistantes. En affranchissant les plantes de l'influence des saisons, on peut leur conserver des feuilles toujours vertes, de nouvelles pousses remplaçant perpétuellement les anciennes. C'est ce que M. Flammarion a fait notamment sur un chêne conservé à une température qui ne descend jamais au-dessous de 5°, et qui a constamment des feuilles vertes.

Ramification latérale du limbe. — La ramification latérale du limbe se manifeste par des découpures plus ou moins

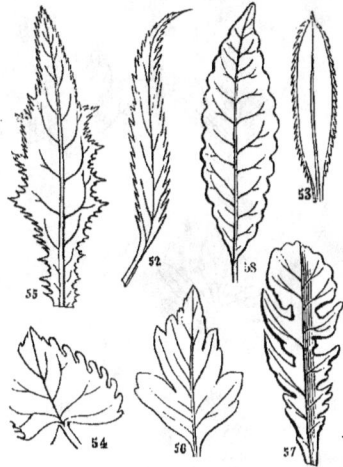

profondes du parenchyme entre les nervures. Il arrive souvent que le limbe ne se ramifie pas ; son bord est alors dépourvu d'angles rentrants et on dit que la feuille est *entière* (Fig. 37 et 47). Si le contour ne rentre que faiblement entre les nervures principales en découpant autour de leurs sommets autant de festons arrondis (Fig. 54, 58 et 64) ou de dents aiguës (Fig. 52, 53, 55 et 59) le limbe est *crénelé* dans le premier cas, *denté* dans le second ; lorsque les dents sont aiguës et dirigées vers le sommet de la feuille, la feuille est *serrée* ou *dentée en scie*. Lorsque le contour rentre jusque vers le milieu de la distance entre le bord et la nervure médiane, les dents profondes et plus ou moins larges ainsi séparées sont des *lobes* et le limbe est *lobé* (Fig. 56, 57, 60, 62 et 63). S'il rentre jusqu'au voisinage de la nervure médiane, le lobe devient une *partition* et le limbe est *parti* (Fig. 64). Enfin, s'il atteint la nervure médiane, chaque lobe devient un *segment* et le limbe est *séqué* (Fig. 65). On a cru utile de désigner d'un seul mot le mode de nervation du limbe et son mode de ramification. Ainsi pour une feuille à nervation pen-

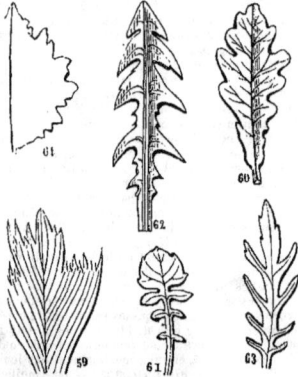

née, on exprimera les divers cas qui précèdent en disant que la feuille est *pennidentée, pennilobée* (Fig. 63), *pennipar-*

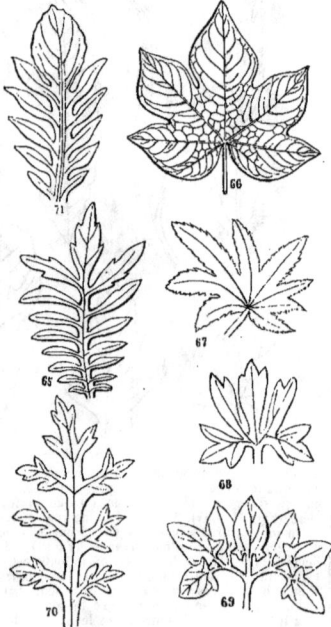

tite (Fig. 64) et *penniséquée* (Fig. 65). On emploie aussi souvent les mots *pinnatilobée, pinnatipartite* et *pinnatisé-*

quée. Avec la nervation palmée, les mêmes degrés de ramification donnent lieu respectivement à une feuille *palmidentée, palmilobée* (Fig. 66 et 67), *palmipartite* (Fig. 68) et *palmiséquée* (Fig. 69). Plusieurs de ces découpures peuvent se superposer sur le même limbe; ainsi les lobes peuvent être crénelés ou dentés (Fig. 67), les partitions peuvent être lobées (Fig. 70).

Des feuilles composées. — Les feuilles étudiées jusqu'à

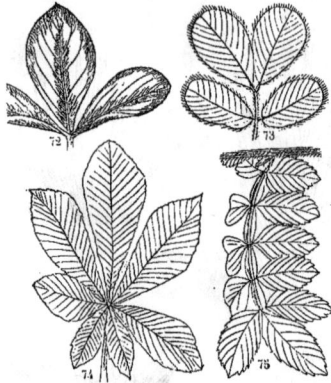

présent sont nommées feuilles *simples;* mais souvent le pétiole produit de chaque côté une série de pétioles secondaires terminés chacun par un limbe pareil au sien. Chacun de ces

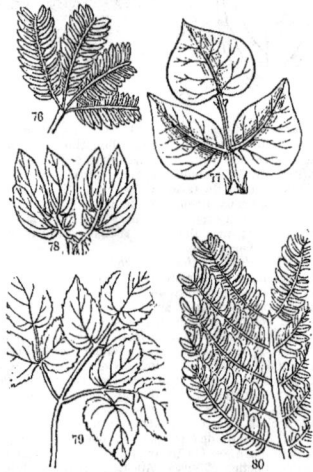

limbes secondaires avec son pétiole est une *foliole* et la feuille tout entière est dite *Composée.* A son tour, chaque pétiole secondaire peut se ramifier et produire des pétioles avec des limbes tertiaires (Fig. 80), ceux-ci des pétioles avec des limbes de quatrième ordre (Fig. 81). La feuille est alors composée à deux degrés, à trois degrés, etc., les limbes partiels étant d'autant plus petits que le nombre en est plus grand. Ils peuvent même se réduire à un léger aplatissement au bout des pétioles du dernier ordre, et la feuille n'est plus pour ainsi dire qu'un pétiole un grand nombre de fois ramifié : on dit alors que la feuille est *décomposée*. C'est ce qu'on voit dans certaines Ombellifères (Férule, Fenouil, etc.). Si les pétioles secondaires se disposent en deux rangées le long du pétiole primaire, la ramification est pennée et la feuille *composée pennée* (Fig. 73-75), bipennée (Fig. 80), tripennée

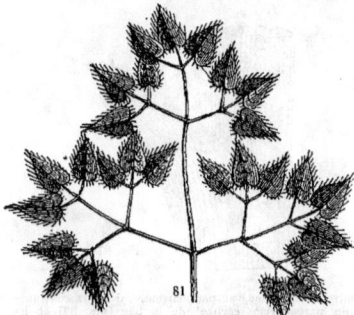

(Fig. 81). Lorsqu'il n'y a pas de foliole terminale, la feuille est *paripennée* (Fig. 73) ; s'il y a une foliole terminale, elle est *imparipennée* (Fig. 75). Les folioles sont le plus souvent opposées deux à deux par paires, c.-à-d. *oppositipennées* ou *conjuguées* (Robinier, Frêne, Ailante, etc.), quelquefois alternes (Cycas, certaines Fougères). Il peut n'y avoir qu'une seule paire de folioles latérales comme dans le Haricot (Fig. 77), le Mélilot, etc.

Si les pétioles secondaires, insérés tous au même point, divergent en décroissant de taille à droite et à gauche à partir du prolongement du pétiole primaire, la ramification est palmée et la feuille *composée palmée* comme dans le Lupin, le Marronnier (Fig. 74). Elle peut aussi n'avoir que 3 folioles, comme dans le Ményanthe (Fig. 72). Si les pétioles secondaires, au lieu de porter une foliole, portent des folioles pennées, la feuille est *palmati-pennée* ou *digitipennée* (Fig. 76), elle peut être aussi *palmati-trifoliée* (Fig. 79). Quand les folioles assez nombreuses se disposent tout autour du sommet du pétiole dans un plan perpendiculaire à sa direction, la feuille est *composée peltée*, comme dans la Sterculie, etc.

Disposition des feuilles les unes par rapport aux autres. — Quand on considère la disposition des feuilles sur la tige et sur les rameaux, et relativement les unes aux autres,

elles sont dites : *Alternes*, lorsqu'elles sont placées alternativement d'un côté et de l'autre de la tige, à des hauteurs différentes, comme dans le Tilleul ; *Opposées*, lorsqu'elles sont disposées une à une, à la même hauteur, sur deux points opposés de la tige, comme dans toutes les Labiées ; *Décussées* ou *Opposées en croix* (Fig. 82), lorsque chaque paire de feuilles opposées forme un angle droit avec les paires inférieure et supérieure, comme dans l'Épurge ; *Verticillées*, lorsqu'elles naissent plus de deux à la même hauteur (Fig. 83). On les appelle *Distiques*, lorsqu'elles naissent de nœuds alternes sur deux rangs opposés ; *Géminées*, lorsqu'elles naissent deux à deux, l'une à côté de l'autre, au même point de la tige, comme les feuilles supérieures de quelques Solanées ; *Éparses*, quand elles semblent disposées sans ordre, soit

parce qu'elles sont très rapprochées, soit par suite de l'avortement de quelques-unes d'entre elles ; *Unilatérales*, quand elles sont toutes tournées du même côté, comme dans le Muguet multiflore ; *Imbriquées*, lorsqu'elles se recouvrent en partie à la manière des tuiles d'un toit, comme dans certains Aloès.

Disposition des feuilles relativement à la tige : Phyllotaxie. — La disposition la plus commune des feuilles par rapport à l'axe qui les porte est la direction à peu près horizontale : elles font alors avec cet axe un angle aigu assez ouvert. Dans certaines plantes, cependant, elles affectent une direction particulière. On les appelle *Apprimées*, quand le limbe de la f. s'applique contre la tige ; *Dressées*, quand il forme avec elle un angle très aigu ; *Étalées*, lorsque cet angle est presque droit ; *Pendantes*, lorsqu'elles s'abaissent presque perpendiculairement vers la terre, ce qui tient à la faiblesse du pétiole ; et enfin *Humifuses*, lorsqu'elles sont radicales et étalées sur la terre. On appelle *articulaires* les feuilles qui naissent des nœuds ou articulations de la tige ou de ses ramifications.

L'arrangement des feuilles isolées sur la tige a occupé un certain nombre de botanistes, qui sont parvenus à trouver les lois suivant lesquelles ces organes se disposaient sur la tige ou sur les rameaux ; cette étude a reçu le nom de *Phyllotaxie*. On a remarqué que les feuilles isolées sont toujours situées de telle sorte que si l'on traçait une ligne qui passât par le point d'attache de toutes celles que porte une tige, cette ligne serait une spirale. Seulement, si, commençant à tracer la spirale au point d'attache d'une feuille, on la termine à celui d'une autre feuille attachée exactement au-dessus de la première, cette ligne tournera une ou plusieurs fois autour de la tige et rencontrera un nombre de feuilles qui variera d'une plante à l'autre ; ce trajet constitue ce qu'on appelle un *cycle*. L'arrangement le plus simple est celui que présentent

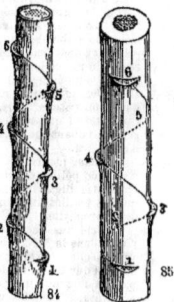

les feuilles alternes distiques, l'Orme, par ex. Dans cette disposition (Fig. 84), la troisième f. est placée à peu près au-dessus de la première, et, pour arriver à cette troisième f., il ne faut qu'un tour de spire. Un second tour de spire nous mène à la cinquième f., de telle sorte que, comme le représente la Fig. 84, il y a superposition, d'une part, de la f. 5 sur la f. 3, et de celle-ci sur la f. 1 ; et, de l'autre, de la f. 6 sur la f. 4, et de la f. 4 sur la f. 2. Mais la disposition la plus fréquente est la disposition dite *Quinconciale* ou *en quinconces* (Fig. 85), qui s'observe, entre autres, dans le Cerisier, en partant d'une f. quelconque, et en suivant la spirale, on voit que la sixième f. recouvre à peu près la première et commence un nouveau cycle : chaque cycle se compose, dans ce cas, de cinq feuilles, comme il se composait de deux dans les feuilles distiques. Pour désigner le cycle, ou considère à la fois le nombre des tours de spire et celui des feuilles, et l'on écrit la formule à la manière d'une fraction, le numérateur exprimant le nombre des tours, et le dénominateur le nombre des feuilles (sans y comprendre, bien entendu, la feuille superposée à celle qui a servi de point de départ, car, sans cela, on compterait deux feuilles sur le même point de la circonférence décrite par la spire. En conséquence, la formule de la disposition distique sera $\frac{1}{2}$, et celle de la disposition quincon-

ciale $\frac{2}{5}$. Ces chiffres, comme on le voit, donnent l'angle de divergence qui existe entre chaque f. et celle qui la suit. En général, la divergence des feuilles est un des termes de la série $\frac{1}{2}$, $\frac{1}{3}$, $\frac{2}{5}$, $\frac{3}{8}$, $\frac{5}{13}$, $\frac{8}{21}$, série dans laquelle chaque fraction, à l'exception des deux premières, a son numérateur et son dénominateur formés par l'addition, l'un, des deux numérateurs, et l'autre, des deux dénominateurs précédents. Parmi les plantes, les unes, comme le pêcher par ex., ne présentent qu'une seule spirale ; les autres, au contraire, comme le Sedum et un grand nombre d'Euphorbes, offrent plusieurs spirales s'étendant à droite et à gauche, les unes à côté des autres, dans un parallélisme parfait. On appelle *Spirale primitive* ou *génératrice* la spirale indéfinie de laquelle naissent les *Spirales secondaires*, lesquelles sont dirigées les unes dans le même sens que la primitive, et les autres dans le sens inverse. La spirale primitive peut être dirigée de gauche à droite ou de droite à gauche. Étant donné une branche A portant un rameau axillaire B, la f. de A, qui porte le rameau à son aisselle, commence la spirale du rameau B, bien qu'elle appartienne à l'axe précédent; mais tantôt la spirale du rameau B tourne dans le même sens que celle de la branche A, et tantôt elle tourne dans le sens contraire: dans le premier cas, elle est dite *Homodrome*, et dans le second *Hétérodrome*.

Différenciation secondaire des feuilles. — Cette différenciation est parfois en rapport avec un changement de milieu qui la provoque. Ainsi bien des plantes aquatiques ont ordinairement deux espèces de feuilles : les unes, nageant à la surface de l'eau, ou un peu élevées au-dessus de son niveau; les autres, au contraire, constamment submergées. La Renoncule aquatique a des feuilles lobées qui surnagent, et des feuilles divisées en lanières extrêmement étroites, qui sont plongées dans l'eau : celles-ci sont réduites à leurs nervures. Il en est de même du Cabomba aquatique, dont les feuilles émergées sont peltées et dont les feuilles submergées ressemblent à des faisceaux de radicelles fibreuses. Lorsque la Sagittaire croît sur le bord d'un étang où l'eau est tranquille, ses feuilles s'élèvent au-dessus de l'eau et affectent la forme de flèche (Fig. 23) que nous connaissons. Mais, quand elle croît au milieu des eaux courantes et que ses feuilles restent submergées, elles s'allongent en rubans qui acquièrent parfois une longueur de plus d'un mètre.

De même les feuilles souterraines sont incolores et se réduisent à de petites écailles; il en est ainsi dans le Chiendent, dont les feuilles aériennes sont vertes et bien conformées, tandis que les feuilles du rhizome sont de petite taille et dépourvues de chlorophylle.

Souvent aussi cette différenciation se produit entre feuilles vivant dans le même milieu, en rapport avec les besoins divers qu'elles doivent satisfaire. En premier lieu, il arrive très souvent que toutes les feuilles d'une même plante ne présentent pas toujours une figure parfaitement semblable : il y a même, à cet égard, dans les végétaux, des différences très marquées. Tout le monde a pu observer que le Lierre et le Mûrier à papier, par ex., offrent des feuilles entières, et d'autres qui sont profondément lobées. En général, les plantes qui ont des feuilles partant immédiatement de la souche, et d'autres naissant des différents points de la tige, les ont rarement semblables : c'est même ce qui a donné lieu à distinguer les feuilles en *Radicales*, c.-à-d. qui partent de la souche; en *Caulinaires*, qui s'insèrent sur la tige et les rameaux; et en *Florales*, qui accompagnent les fleurs. La Valériane phu, par ex., a les feuilles radicales découpées latéralement, tandis que celles de sa tige sont entières. Dans le Sison amni, on distingue des feuilles planes étroites et longues à la base de la tige, des feuilles grêles et cylindriques à son sommet, et sur les rameaux des feuilles subdivisées profondément.

On observe encore d'autres variations d'une nature toute particulière et qui constituent de véritables métamorphoses. Ainsi, dans certains bourgeons les feuilles sont transformées en écailles protectrices (Conifères, Peuplier, Marronnier, etc.); dans les bulbes et les bulbilles ces écailles se renflent et deviennent des réservoirs nutritifs; ce sont des *feuilles nourricières*. Dans d'autres cas, les feuilles se transforment en *épines* (certains Astragales) ou en *vrilles* comme dans le *Lathyrus Aphaca*. Voy. ÉPINE et VRILLE. — Enfin, la différenciation de la feuille consiste quelquefois dans un développement local tout particulier, d'où résulte la formation d'une cavité profonde ouverte au dehors par un orifice parfois muni d'un opercule. Ces sortes de vases portent le nom d'*Ascidies*. Ils ont la forme d'un cornet dans la Sarracénie (Fig. 86), d'une cruche munie d'un couvercle à charnière portée à l'extrémité du pétiole dans le *Cephalotus* et le *Népenthes*.

Fig. 86.

Il resterait, avant de parler de la structure de la f., à dire quelques mots des fonctions que remplit cet organe dans l'économie végétale, des phénomènes d'irritabilité qu'il présente dans certaines espèces, de la manière dont les feuilles sont disposées dans le bourgeon foliacé; mais tous ces points seront traités aux mots : IRRITABILITÉ, RESPIRATION, TRANSPIRATION, NUTRITION et PRÉFOLIATION.

Structure de la feuille. — Cette structure est à considérer dans le pétiole et dans le limbe. Dans le pétiole on

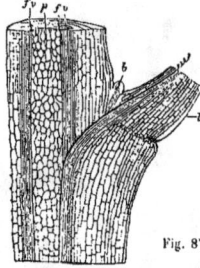

Fig. 87.

rencontre un épiderme, un parenchyme, qui est la continuation du parenchyme cortical de la tige (Fig. 87) et les faisceaux libéro-ligneux, qui vont se ramifier en arrivant dans le limbe pour en constituer les nervures. Dans le pétiole, ces faisceaux libéro-ligneux, presque toujours en nombre impair, sont le plus souvent disposés de manière à former, sur la section transversale, un arc plus ou moins largement ouvert en haut. Assez souvent aussi, l'arc rejoint ses bords en haut et se ferme en un anneau complet, enveloppant la région centrale du parenchyme, qui ressemble dès lors à la moelle de la tige.

Comme le pétiole, le limbe est formé d'un épiderme, d'un parenchyme vert et de faisceaux libéro-ligneux constituant les nervures. L'épiderme ne présente rien de particulier; on y rencontre des stomates tantôt sur les deux faces (feuilles

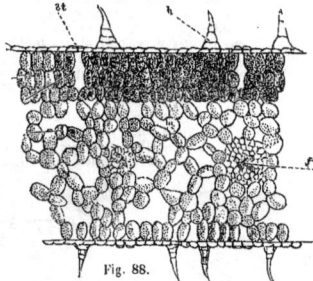

Fig. 88.

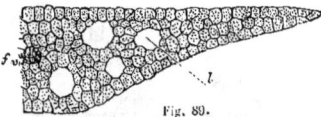

Fig. 89.

molles), tantôt seulement à la face inférieure (feuilles coriaces). Les feuilles submergées en sont totalement dépourvues. Le parenchyme peut être *homogène* ou *hétérogène*. Dans le premier cas, il est conformé de la même manière sur les deux faces du limbe (Fig. 89) qui, alors, offrent aussi le même aspect extérieur. Dans le second cas, le parenchyme est partagé en deux couches de structure différente, ce qui

donne aux deux surfaces correspondantes un aspect externe différent. D'une façon générale, le tissu de la face supérieure est constitué par une ou plusieurs assises de cellules allongées perpendiculairement à la surface, en forme de palissade (Fig. 88). Au contraire, à la face inférieure on trouve un tissu de cellules irrégulièrement rameuses, ajustées par leurs bras de manière à circonscrire des lacunes aérifères. Dans les feuilles aquatiques, le limbe est parcouru par de véritables canaux aérifères (*l*, Fig. 89).

FEUILLÉ, ÉE. adj. [Pr. *feu-llé*, *ll* mouillées]. T. Bot. Qui est garni de feuilles. *Tige feuillée.* || T. Blas. Se dit des feuilles des plantes, lorsqu'elles sont d'un émail différent de celui de la plante. *D'argent aux trois tulipes tigées de sinople, et feuillées de gueules.* = Dans les arts du dessin, se dit substantivement de la partie d'un paysage qui représente le feuillage des arbres, et de la manière dont un artiste rend le feuillage. *Le f. de ce paysage est varié, pesant, monotone. Le f. de ce peintre est léger. Il entend bien le f.*

FEUILLÉE. s. f. [Pr. *feu-llée*, *ll* mouillées]. Couvert formé de branches d'arbres garnies de feuilles. *Danser sous la f.* || Cabane de feuillage. || T. Agric. Récolte des feuilles des arbres ou des plantes. *Faire la f. pour les vers à soie.*

FEUILLÉE (Louis), naturaliste français (1660-1732).

FEUILLE-MORTE. adj. 2 g. Se dit d'une couleur qui tire sur celle des feuilles sèches, et des choses qui ont cette couleur. *Couleur f.-morte. Ruban f.-morte.* || Subst. et au masc., se dit quelquefois de cette couleur. *Un beau f.-morte.*

FEUILLER. v. n. [Pr. *feu-ller*, *ll* mouillées]. Dans les arts du dessin, Représenter le feuillage des arbres. *C'est un talent rare que celui de bien f.* || T. Hortic. Se couvrir de feuilles. *Les arbres commencent à f.* = FEUILLER. v. a. T. Tech. F. le fourneau, Couvrir d'une couche de feuilles vertes le fourneau où l'on fabrique le charbon dans les bois. — *F. une planche.* Y pratiquer une feuillure. = FEUILLÉ, ÉE. part. || Subst., le *feuillé*, L'imitation des feuilles par le dessin ou la peinture.

FEUILLÈRE. s. f. [Pr. *feu-llère*, *ll* mouillées]. T. Minér. Veine de terre dans une mine.

FEUILLERET. s. m. [Pr. *feu-lle-rè*, *ll* mouillées] (R. *feuiller*). Outil de menuisier pour faire les feuillures.

FEUILLET. s. m. [Pr. *feu-llè*, *ll* mouillées]. Chaque partie d'une feuille de papier qui a été pliée et coupée en deux, on quatre, en huit. *Un f. contient deux pages. Tourner, sauter le f. Il manque quelques feuillets à cet exemplaire.* || Réglette dont on fait usage dans les imprimeries pour égaliser les blancs. — *F. de réclame*, Feuillet de copie qui appartient à deux feuilles. || T. Techn. Sorte de scie tournante à l'usage des tonneliers. — Planchettes pour les panneaux de menuiserie. — Rouleau de laine préparée pour être filée. — Peau de veau dont on se sert dans les machines à carder, pour fixer les pointes des cardes. || T. Hist. nat. Se dit des petites lames minces dont une chose est composée, et particulièrement en botanique, les lames qui garnissent le dessous du chapeau des Agarics. || T. Anat. comparée. Voy. ESTOMAC. || T. Mar. Planche mince qu'on fixe en travers des courbes pour construire ou réparer un bateau. — *F. de sabord*, Planche endentée du sabord. || T. Géol. Chacune des subdivisions d'une couche de terrain, d'une assise.

FEUILLET (OCTAVE), romancier français, né à Saint-Lô en 1821 ; mort le 20 décembre 1890.

FEUILLETAGE. s. m. [Pr. *feu-lleta-je*, *ll* mouillées]. Manière de feuilleter la pâtisserie. || Se dit aussi de la pâtisserie feuilletée.

FEUILLET DE CONCHES, écrivain français, né à Paris (1798-1887).

FEUILLETÉ, ÉE. adj. [Pr. *feu-lle-té*, *ll* mouillées]. T. Hist. nat. Qui se divise en lames minces. *Structure feuilletée.* || Qui est garni de lamelles très minces. *Antennes feuilletées.*

FEUILLETEMENT. s. m. [Pr. *feu-lle-te-man*, *ll* mouillées]. Action de feuilleter un livre.

FEUILLETER. v. a. [Pr. *feu-lle-ter*, *ll* mouillées]. Tourner les feuillets d'un livre, d'un manuscrit qu'on parcourt. *Je n'ai pas encore lu ce livre, je n'ai fait que le f.* || Consulter, parcourir. *Pour éclaircir cette question, il a fallu f. bien des livres.* || T. Pâtissier. *F. de la pâte*, La préparer de manière qu'elle se lève comme par feuillets. = FEUILLETÉ, ÉE. part. *Livre souvent feuilleté. Pâte feuilletée.* = Conj. Voy. CAQUETER.

FEUILLETIS. s. m. [Pr. *feu-lle-ti*, *ll* mouillées]. T. Lapid. Angle du pourtour des diamants. || Angle qui sépare la partie supérieure d'une pierre de sa partie inférieure. || T. Min. Endroit le plus tendre de l'ardoise.

FEUILLETON. s. m. [Pr. *feu-lle-ton*, *ll* mouillées]. Partie de certains journaux ordinairement imprimée au bas des pages, et contenant des articles de littérature, de critique et autres. *F. dramatique. F. musical. F. d'annonces. — Roman-f.*, et simplem. *F.* Roman qui est publié par un journal en guise de f. || T. Typogr. Petit cahier format in-12, composé du tiers de la feuille imprimée. || *F. des pétitions.* Voy. PÉTITION.

Litt. — Les romans publiés sous forme de f. au bas des journaux sont quelquefois des œuvres de valeur ; mais trop souvent ils constituent une littérature très inférieure témoignant d'un travail fort négligé. Ces romans sont le plupart du temps rédigés au jour le jour, suivant les besoins de la publication, et l'auteur commence son récit sans savoir comment il le continuera ou le terminera. Souvent aussi, il arrive que le directeur du journal, se lassant de la longueur du f., invite l'auteur à le terminer rapidement. Alors le roman finit brusquement, et la rapidité du dénouement n'est nullement en rapport avec les longueurs interminables du début et du milieu. Il ne faut pas s'étonner si, avec un pareil système de rédaction, les auteurs laissent échapper des naïvetés, qui sont la risée des lecteurs attentifs. De là cité souvent la fameuse phrase : *Sa main était froide comme celle d'un serpent.* Voici quelques autres exemples dont nous garantissons l'absolue authenticité ; ils ont été recueillis dans les journaux les plus répandus ; mais nous nous abstiendrons de citer les auteurs, par un sentiment qu'ils seront les premiers à apprécier :

« Et cette nuit-là, ils ne dormirent point. Leur sommeil fut peuplé de cauchemars. »

« C'était dans une de ces forêts vierges où la main de l'homme n'a jamais mis le pied. »

« La comtesse allait répondre, quand une porte qui s'ouvrit lui ferma la bouche. »

« Ah ! ah ! s'écria-t-il en portugais. »

« Le colonel se promenait de long en large, les mains derrière le dos, lisait son journal. »

« A cette vue, le visage du nègre pâlit affreusement. »

« Cet homme était vêtu d'une veste de velours et d'un pantalon de la même couleur. »

FEUILLETONISTE. s. m. [Pr. *feu-lle-to-niste*, *ll* mouillées]. Celui qui écrit des feuilletons. *C'est le plus spirituel de nos feuilletonistes.*

FEUILLETTE. s. f. [Pr. *feu-llè-te*, *ll* mouillées] (lat. *folietta*, dim. de *phiala*, vase). Mesure de capacité pour les vins, qui contient, selon le pays, de 112 à 140 litres. || T. Techn. Nom que l'on donne aux parcelles des feuilles du cotonnier qui se trouvent mélangées à la laine telle qu'elle arrive, et que l'on sépare par le battage.

FEUILLIR. v. n. [Pr. *feu-llir*, *ll* mouillées]. Se couvrir de feuilles.

FEUILLISTE. s. m. [Pr. *feu-lli-ste*, *ll* mouillées]. Artiste ou artisan qui peint les feuilles des éventails. || Journaliste pamphlétaire, faus.

FEUILLU, UE. adj. [Pr. *feu-llu*, *ll* mouillées]. Qui a beaucoup de feuilles. *Arbre f. Tige bien feuillue.* || T. Forest. *Essences feuillues*, Qui ont des feuilles à limbe développé.

FEUILLURE. s. f. [Pr. *feu-llur*, *ll* mouillées]. Entaille pratiquée dans l'embrasure d'une porte ou d'une fenêtre affleurée, pour contenir, au nu du mur, la menuiserie de la porte ou du châssis de la croisée. || T. Mar. Partie creusée autour du sabord pour recevoir le mantelet quand le sabord est baissé.

FEUQUIÈRES (MANASSÈS DE PAS, marquis de), diplomate

français, né à Saumur (1590-1640). == Son fils, ISAAC, soldat et diplomate (1618-1688). == ANTOINE, fils du précédent, général français, auteur de *Mémoires sur la guerre* (1618-1711).

FEURRE. s. m. [Pr. *feure*] (anciennement *fuerre, foarre* ou *fourre*, du bas-lat. *foderum*, m. s.). Paille de toutes sortes de céréales. || Aujourd'hui, ne se dit plus que de la paille longue qui sert à empailler les chaises.

FEURS, ch.-l. de c. (Loire), arr. de Montbrison, 3,500 hab.; anc. cap. du Forez.

FEUTRABLE. adj. 2 g. Qui est susceptible de se feutrer.

FEUTRAGE. s. m. Action par laquelle on feutre le poil ou la laine. Voy. FEUTRE.

FEUTRE. s. m. (bas-lat. *feltrum*, m. s.). Espèce d'étoffe non tissue, qui se fait en foulant le poil ou la laine dont elle est composée. *Semelle de f. Tapis de f. Chapeau de f.* — Absol., se dit quelquefois pour désigner un chapeau de f. *Il était coiffé d'un méchant f.* || T. Mar. Étoffe grossière, étoupes enduites de goudron, qu'on place sur les surfaces de jonction de deux pièces réunies par un écart. || T. Techn. Nom des morceaux de drap sur lesquels l'ouvrier coucheur place les feuilles de papier au fur et à mesure que l'ouvrier les produit. — Par anal., La bourre dont se servent les selliers pour rembourrer une selle.

Techn. — Le f. est une agglomération compacte de poils de diverses espèces d'animaux; on l'obtient uniquement à l'aide d'une compression et d'un foulage énergiques. La fabrication a du reste été décrite avec tous les détails nécessaires à l'article CHAPELLERIE. Voy. ce mot. Nous n'y reviendrons pas.

Le f. constitue une sorte d'étoffe élastique, épaisse, spongieuse, mais peu résistante, par suite de sa fabrication, dans laquelle il n'existe ni chaîne ni trame, à l'encontre des autres tissus confectionnés à l'aide de métiers. Cette substance a reçu dans l'industrie de très nombreuses et variées applications qui en font une matière de consommation courante. Comme on l'a vu antérieurement, la chapellerie l'emploie couramment pour la fabrication des chapeaux. En draperie existent des tissus feutrés avec des déchets de laine que l'on nomme *Draps renaissances* (Voy. DRAP) et dont le prix est relativement peu élevé, mais dont la résistance, cela se conçoit, est extrêmement faible.

D'autres industries particulières font avec le f. des semelles de chaussures, des rouleaux spéciaux destinés à emmagasiner l'encre typographique pour la déposer ensuite sur les caractères d'imprimerie. Cette substance s'emploie également pour la fabrication de certains filtres; on l'utilise comme matière calorifuge pour recouvrir les tuyaux ou vapeur des machines et empêcher leur refroidissement. Il en est de même pour les conduites d'eau que l'on veut soustraire à l'influence des intempéries. Recouvert d'une couche épaisse de goudron, d'asphalte ou de tout autre produit imperméable à l'eau et à la neige, le f. constitue d'excellentes toitures, résistantes tout en demeurant très légères.

Le f. entre également pour une grande partie dans la composition de certaines tentures d'appartements et les rend par sa présence entièrement incombustibles; on rend l'incombustibilité plus complète encore en ajoutant à l'ensemble, au moment de la fabrication, une petite quantité d'alun ou de sulfate de soude. Enfin, par l'adjonction d'un mélange d'huile de lin, de céruse et de litharge on obtient un produit résistant, susceptible de recevoir un vernis très brillant et à l'aide duquel on fabrique des visières ou des chapeaux. On donne communément à cette préparation le nom de *Cuir bouilli*, bien que le cuir proprement dit n'entre nullement dans sa constitution. On n'emploie, au contraire, de préférence, que les feutres les plus grossiers pour cette fabrication.

FEUTREMENT. s. m. Action, manière de feutrer.

FEUTRER. v. a. Mettre en feutre du poil ou de la laine. *F. de la laine.* || T. Sellier. *F. une selle,* La remplir de bourre. = FEUTRÉ, ÉE. part.

FEUTRIER. s. m. Ouvrier qui prépare le feutre.

FEUTRIER (J. F. H. comte), prédicateur français, évêque de Beauvais, né à Paris en 1785, mort en 1830, fut ministre des affaires ecclésiastiques en 1828-1829.

FEUTRIÈRE. s. f. (R. *feutre*). T. Chap. Morceau de toile sur laquelle on étale les poils.

FÉVAL (PAUL), romancier français, né à Rennes (1817-1887).

FÈVE. s. f. (lat. *faba*, m. s.). Plante de la famille des Légumineuses, qui produit des semences alimentaires. *Un champ de fèves.* — Les semences de cette plante. *Semer des fèves. Écosser des fèves. Purée de fèves. Plat de fèves.* On dit quelquefois *F. de marais,* par opposition à *F. de haricot,* qui se dit quelquefois, mais abusivement, pour Haricot. — *Roi de la f.,* Celui à qui est échue la fève du gâteau qu'on partage en famille ou avec ses amis, le jour des Rois. Fig. et par allus. à cet usage, on dit fam. *Trouver la fève au gâteau,* pour sign. Faire une bonne découverte, une heureuse rencontre. — Fig. et prov., *Donner un pois pour avoir une f.,* Donner une chose pour en obtenir une autre. *S'il me donne des pois, je lui donnerai des fèves,* S'il me fait de la peine, s'il me donne du chagrin, je lui rendrai la pareille. On dit dans le même sens, *Rendre pois pour f.* || Vulgairement, on désigne sous le nom de *Fève,* différentes graines et différents végétaux qui appartiennent à la famille des Légumineuses, soit à d'autres familles. *F. d'Arabie,* la graine du Caféier (Rubiacées); *F. du Bengale,* le Myrobalan citrin, fruit du Terminalia citrina (Combrétacées); *F. de Calabar* ou *F. d'épreuve,* la graine du *Physostigma venenosum* (Légumineuses); *F. de Carthagène,* le fruit de l'Hippocratea scandens (Hippocratéacées); *F. à cochon,* le fruit de la Jusquiame ordinaire (Solanacées); *F. douce,* le fruit de la Casse ailée et du Tamarinier de l'Inde (Légumineuses); *F. du diable,* la graine du Capparis cynophallophora (Capparidées); *F. de loup,* l'Hellébore puant (Renonculacées); *F. de Malac,* l'Acajou à pommes (Anacardiacées); *F. marine,* le Cotylédon ombilic (Crassulacées); *F. pichurim,* les cotylédons du Nectandra pichury (Lauracées); *F. de Saint-Ignace,* le fruit du Strychnos Ignatii (Loganiacées); *F. de senteur,* le Lupin jaune; *F. de Tonka,* la graine du *Coumarouna odorata; F. de terre,* celle de l'*Anagyris fœtida* (Légumineuses). || Par ext., *Fève* se dit de la nymphe de certains Bombyx, et particul. de celle du Ver à soie, à cause de sa forme. || T. Méd. vétér. Syn. de *Lampas.*

Bot. — La *F.* appartient à la famille des *Légumineuses,* et à la tribu des *Papilionacées:* pour certains botanistes c'est une simple espèce du genre Vesce (*Vicia*). La f. est une plante herbacée, à tige simple, droite, quadrangulaire, haute d'un demi-mètre à un mètre. Ses feuilles sont ailées, composées de 2-4 paires de folioles ovales, et ses fleurs, blanches ou violacées et tachées de noir, sont portées deux à trois ensemble sur un court pédoncule. Cette plante, originaire de la Perse et des environs de la mer Caspienne, est aujourd'hui cultivée dans la plus grande partie de l'Europe, où elle a produit plusieurs variétés. Celle qui est la plus usitée comme aliment, est la grosse *F. de marais,* ainsi appelée parce qu'elle était très répandue dans les jardins potagers qui occupaient anciennement le quartier du Marais à Paris, d'où est venu aussi le mot *maraîcher.* Ses gousses, épaisses et renflées, renferment deux ou quatre graines grandes, oblongues et d'un goût très prononcé. La *F. gourgane,* appelée aussi *F. des champs, F. de cheval* et *Féverole,* est beaucoup plus petite et plus abondante; mais on ne la cultive qu'en plein champ pour la nourriture des bestiaux et pour servir d'engrais. Parmi les autres variétés dont l'homme fait sa nourriture, nous citerons encore la *F. naine hâtive,* qui est très productive; la *F. julienne* ou *Petite fève de Portugal;* la *F. verte,* ainsi nommée parce que ses graines restent toujours de cette couleur; la *F. à longues gousses;* la *F. de Windsor,* appelée aussi *F. ronde d'Angleterre,* parce que ses graines sont larges et presque rondes; c'est la meilleure variété, mais elle est peu productive et craint le froid; aussi réussitelle fort bien dans le midi de la France. — Les anciens, particulièrement les Égyptiens, les Grecs et les Romains, faisaient un grand usage de fèves, et Pline les place au premier rang parmi les légumes. Cependant quelques personnes s'en abstenaient par superstition. Dans quelques cantons, on mange les jeunes gousses, soit les jeunes feuilles des fèves en guise d'épinards; quelquefois même on mange leurs jeunes gousses entières. Mais généralement ce sont les graines exclusivement qu'on emploie comme aliment. Elles sont d'autant plus tendres et plus délicates qu'elles sont plus petites. Les tiges et les feuilles de fèves, coupées en vert avec les fleurs ou les jeunes gousses, font un très bon fourrage pour les bestiaux; mais c'est surtout des graines sèches qu'on tire le plus de parti pour leur nourriture et la variété qu'on cultive le plus fréquemment sous ce rapport est la *F. gourgane.* La pratique usitée dans quelques pays d'enterrer, avec la charrue, les fèves lorsqu'elles sont en fleur, est généralement regardée comme produisant un excellent engrais. Les anciens connaissaient déjà cette manière d'utiliser les fèves. « En Macédoine et en Thessalie, dit Pline, on sème la fève pour engraisser les champs, et on les laboure pour enfouir cette plante quand elle commence à fleurir. »

Agric — La f. est la plus importante des légumineuses en raison de ses propriétés nutritives et des services qu'elle rend pour les assolements de certains terrains. Ainsi aucune récolte sarclée, destinée à l'alimentation, ne peut fournir d'aussi bons produits dans les terres compactes et humides. Dans beaucoup de nos départements du Midi, les fèves sont après le blé et le maïs la principale culture. La graine à l'état frais est consommée en grande quantité et comme un régal par beaucoup de personnes. Sèche et concassée, elle forme avec l'orge et la paille la base de la nourriture des animaux de travail; elle est très propre à l'alimentation des chevaux, et Yvart a reconnu que ceux-ci sont aussi bien nourris avec 9 litres de fèves qu'avec 13 litres d'avoine. La farine de f., délayée dans l'eau, sous forme de bouillie claire, peut servir à l'engraissement des ruminants, notamment des veaux; elle communique un goût excellent à la chair de porc. Ses tiges constituent un très bon fourrage.

FÉVEROLE. s. f. Dimin. Variété de *Fève*. || Abus., se dit quelquefois des haricots secs, *Un plat de féveroles* || T. Zool. Petite coquille bivalve.

Agric. — La f. se distingue de la fève des marais par ses moindres dimensions et la plus grande abondance de ses produits. Variété assez tardive; graines presque cylindriques, à robe coriace, de couleur fauve; cultivée en grand. Elle redoute les froids de l'hiver et se développe bien dans toutes les parties tempérées de l'Europe. La f. préfère les terres compactes, un peu humides, réussit même dans les argiles les plus tenaces, là où le maïs dans le Midi et la pomme de terre dans le Nord ne donnent que de médiocres produits. La f. devant être semée en lignes assez espacées et recevoir plusieurs façons pendant sa végétation, est considérée comme plante sarclée. Elle peut donc commencer la rotation de culture et précéder les céréales pour lesquelles elle constitue une excellente préparation. On a aussi constaté qu'elle pouvait se succéder à elle-même, ou à des intervalles de temps très courts, sans que son produit parût en souffrir. Il ne faut pas oublier, cependant, que cette plante est très avide de phosphate et de potasse et qu'elle n'a pas besoin d'engrais azoté, parce qu'elle prend dans l'air, comme les autres légumineuses, tout l'azote dont elle a besoin. Ce qui explique son heureuse intervention quand on l'enterre, comme engrais vert, au moment de sa floraison.

Les féveroles doivent être semées en ligne, malgré l'usage contraire qui existe dans quelques localités du Midi; ce mode de culture rend les binages et sarclages faciles, économise la main-d'œuvre et la semence. On donne deux ou trois binages pendant la végétation. Les soins d'entretien sont terminés par l'écimage que l'on pratique dès que les cosses inférieures commencent à se former. L'opération consiste à retrancher le sommet des tiges; on supprime ainsi les nouvelles fleurs qui, n'ayant pas le temps de mûrir, ne font que nuire au développement des autres. Le rendement s'élève en moyenne à 26 hectolitres, ou 2.288 kilogr. de grain par hectare. Les fanes sèches atteignent le même poids. L'hectolitre de graines pèse, en moyenne, 88 kilogr.

FÉVIER. s. m. (R. *fève*). T. Bot. Genre de plantes Dicotylédones (*Gleditschia*) de la famille des *Légumineuses*. Voy. ce mot.

FÉVILLÉE. s. f. T. Bot. Genre de plantes Dicotylédones (*Fevillea*) de la famille des *Cucurbitacées*. Voy. ce mot.

FÈVRE. s. m. (lat. *faber*, m. s.) Ouvrier chargé d'entretenir la chaudière dans les salines.

FEVRET (Charles), jurisconsulte français (1583-1661). — Son arrière petit-fils, Ch. M. Fevret de Fontette (1710-1772), est connu par sa publication de la 2ª édition de la *Bibliothèque historique* du P. Lelong.

FÉVRIER. s. m. (lat. *februarium*, m. s.). Le second mois de l'année. — Avant Numa, *Février* était le dernier mois de l'année romaine. Les Romains l'appelaient *Februarius*, de *februare*, purifier, de *Februs*, dieu des morts, parce que c'était dans ce mois que se célébrait la fête expiatoire des Lupercales. En outre, comme, à Rome, ce mois est extrêmement pluvieux, ils l'avaient consacré à Neptune. Voy. Année et Calendrier.

FEYDEAU (Ernest), écrivain français (1821-1873).

FEZ. s. m. (R. *Fez*, cap. du Maroc). Bonnet de laine rouge avec une grosse mèche de soie, ou de laine bleue que portent les hommes et les femmes dans les pays musulmans.

FEZ, capitale du Maroc (Afrique), 100,000 hab.

FEZZAN, contrée d'Afrique (Tripolitaine), cap. *Mourzouk*.

FI. Interj. fam. dont on se sert pour exprimer le mépris, la répugnance, le dégoût qu'inspire quelqu'un ou quelque chose. *Ah fi ! que ceci est mal. Fi, fi donc ! Fi! le malpropre. — Avec la prépos. De : Fi des plaisirs qui doivent être suivis d'un repentir ! || Faire fi d'une chose*, La mépriser, la dédaigner.

FIACRE. s. m. (R. nom propre de saint). Carrosse, voiture de louage et de place. *Prendre un f. à l'heure, à la course. — Se dit quelquefois par mépris, d'un mauvais carrosse.* || Par ext. Le cocher même d'un f. *Donner pourboire à un f.* Inus.

Ce terme de *Fiacre* employé pour désigner les voitures de place qui stationnent sur la voie publique, vient de ce que les premiers carrosses qui, à Paris, furent ainsi mis à la disposition du public, en 1640, logeaient hôtel Saint-Fiacre, dans la rue Saint-Martin, où ils avaient été établis par un nommé Sauvage, facteur du maître des coches d'Amiens. Ils remplacèrent assez vite les chaises à porteurs. Pour le tarif des voitures de place, à Paris, Voy. Voiture.

FIACRE (Saint), anachorète né en Irlande, mort vers 670, patron des jardiniers. Fête le 30 août.

FIAMMETTE. s. f. [Pr. *fia-mè-te*] (ital. *fiammetta*, m. s.). T. Techn. Couleur rouge imitant la flamme.

FIANÇAILLES. s. f. plur. [Pr. *fi-an-sa-lle*, ll mouillées]. Promesse de mariage en présence d'un prêtre, ou en présence des parents, des amis. *Faire, célébrer les f. Le jour des f. Assister aux f. de quelqu'un.* Voy. Mariage.

FIANCÉ, ÉE. s. Personne promise en mariage.

FIANCER. v. a. (R. *fiance*, vieux mot qui sign. *foi*). Promettre mariage en présence du prêtre, ou en présence des parents, des amis. *Il avait fiancé cette fille. — Prov., Tel fiance qui n'épouse pas.* || Se dit du prêtre qui fait les cérémonies religieuses usitées en pareil cas. *Après que le curé les eut fiancés.* || Se dit également du père qui donne son fils ou sa fille. *Un tel fiance aujourd'hui son fils, sa fille.* = Fiancé, ée. part. || Subst., *Le fiancé, la fiancée. C'est sa fiancée.*

FIASCO. s. m. (ital. *fiasco*, flacon, bouteille vide). Échec, insuccès, chute; ne se dit guère que des choses d'art et de littérature. *Quel f. ! — Faire f.*, Échouer, tomber. *La pièce a fait f. complet. Son tableau a fait un f. complet. Cette cantatrice si prônée à Londres a fait f. à Paris.* = Fiasco. s. m. ou Fiasque. s. f. T. Métrol. Mesure de capacité en usage dans quelques villes de l'Italie, et qui vaut 2 litres environ.

FIASQUE. s. f. Voy. Fiasco.

FIAT LUX. [Pr. *fi-ate-luxe*]. Mots latins signifiant : *Que la lumière soit !* (Genèse, 1).

FIBRATION. s. f. [Pr. *fi-bra-sion*]. T. Didact. Disposition des fibres dans les organes foliacés.

FIBRE. s. f. (lat. *fibra*, m. s.). Filament délié et le plus souvent solide; se dit soit de certains tissus organiques animaux, soit de certaines substances minérales. *F. nerveuse, musculaire, aponévrotique. — L'asbeste se compose de fibres blanches et nacrées.* || T. Bot. En botanique, on donne le nom de *Fibres* à des cellules de sclérenchyme longues et généralement effilées aux 2 bouts. *Fibres ligneuses. Fibres corticales.* || T. Histologie. *Fibre-cellule*, Fibre considérée comme formée d'une cellule allongée, élément anatomique qui a un noyau central comme la cellule et la forme d'une f. || Fig. et par allus. aux fibres nerveuses, on dit d'un homme qui s'émeut, qui s'affecte aisément, qu'*Il a la f. délicate, sensible, chatouilleuse.*

FIBREUX, EUSE. adj. Qui a des fibres, qui est formé de fibres. *Tissu f. Les chairs sont fibreuses. L'écorce de cette plante est très fibreuse. Racine fibreuse. Ce minéral a une texture fibreuse. Tumeurs fibreuses.* Voy. TUMEUR.

Anat. — Le nom de tissu fibreux est donné, en histologie, à un tissu de coloration blanche ou blanc grisâtre, résistant, dépourvu de contractilité et même d'élasticité, qui sert tantôt de membrane d'enveloppe, tantôt de lien aux organes. C'est en somme une variété du tissu conjonctif fasciculé ; aussi les organes appartenant à cet ordre de tissus, sont presque exclusivement formés de faisceaux connectifs et de cellules conjonctives. Au point de vue de la forme, ils se divisent en deux groupes : le premier comprend ceux qui ont une forme arrondie et allongée (tendons, ligaments) ; le second ceux qui présentent la forme membraneuse (aponévroses).

A. *Tendons.* — Les tendons sont formés de faisceaux connectifs, de cellules conjonctives et de fibres élastiques. Les faisceaux connectifs sont les mêmes que ceux du tissu conjonctif lâche ; ils en diffèrent seulement parce qu'ils sont tous parallèles entre eux. — Les cellules conjonctives revêtent, dans les tendons, un aspect particulier, qu'elles tirent de leurs rapports avec les faisceaux connectifs, entre lesquels elles forment des travées longitudinales. Leur noyau ovulaire est assez volumineux ; le corps cellulaire est rectangulaire, à grand axe perpendiculaire aux faisceaux connectifs. Ces cellules présentent, à leur surface, des lignes qui se colorent plus fortement par le carmin, et qui sont parallèles aux faisceaux tendineux. Ranvier a démontré que ces lignes sont formées par le protoplasma cellulaire s'insinuant entre deux faisceaux connectifs (crêtes d'empreinte). — Quant aux fibres élastiques, elles sont très fines et peu nombreuses, et forment dans le tendon un réseau dont les travées se dirigent en tous sens. Si l'on veut considérer la texture d'un tendon, on reconnaît que les faisceaux connectifs compriment, dans les espaces stellaires qui les séparent, les cellules conjonctives. Ils forment ainsi des faisceaux primitifs, qui, unis par du tissu conjonctif lâche, constituent des faisceaux secondaires. Le tendon présente une membrane d'enveloppe formée de tissu conjonctif lâche et tapissée par des cellules endothéliales. Les vaisseaux sont contenus dans le tissu conjonctif interfasciculaire. Telle est la structure des extrémités d'insertion de la plupart des muscles, extrémités qu'on qualifie généralement de nacrées et brillantes, et dont la longueur est en proportion du travail que le muscle doit fournir, et de la longueur même des fibres musculaires charnues.

B *Ligaments.* — Les ligaments ont, à peu de chose près, la même structure que les tendons. Le réseau élastique y est cependant plus riche, et les faisceaux tendineux ne sont pas toujours exactement parallèles. — Ce type de tissu fibreux se rencontre surtout dans les ligaments articulaires ; combiné avec une variété spéciale de fibres jaunes, dans les ligaments jaunes de la colonne vertébrale ; de même, dans les ligaments interannulaires de la trachée et les tuniques élastiques des vaisseaux.

C. *Aponévroses.* — Les aponévroses sont formées de deux ou plusieurs plans de faisceaux connectifs, alternativement perpendiculaires entre eux. Ce type constitue la plupart des membranes d'enveloppe des divers organes, et son nom varie avec le contenu : aponévrose quand il s'agit de masses musculaires ; périoste ou périchondre, quand il sert de gaine aux os et aux cartilages (très vasculaire dans ce cas) ; gaine tendineuse, quand il devient le fourreau où glissent les tendons grêles ; capsule articulaire, variété de ligament interarticulaire, qu'on rencontre à l'épaule, à la hanche, etc. Dans d'autres points de l'économie, le tissu fibreux constitue l'enveloppe ou la charpente, le squelette de certains viscères, capsule splénique, capsule rénale, capsule de Glisson du foie, tunique albuginée du testicule, névrilème des cordons nerveux, dure-mère crânienne et rachidienne ; il entre pour une part dans la constitution des séreuses (péricarde, péritoine, synoviales articulaires, etc.), dont elle est la partie solide.

Chez le fœtus, le tissu fibreux se développe à la même époque que le tissu osseux. Il dérive du tissu muqueux qui est mou, presque gélatineux, très extensible et homogène. La structure fibreuse n'apparaît guère avant la naissance. Chez l'enfant, les fibres et les faisceaux sont unis très lâchement entre eux et aux parties environnantes ; mais la solidification se fait avec l'âge, le tissu durcissant dans la vieillesse, finissant même par s'ossifier dans les ligaments de la colonne vertébrale et les articulations.

Les propriétés du tissu fibreux, non-contractilité et inextensibilité, sont l'indice de son rôle physiologique, et de son rôle dans les événements pathologiques. Chez l'adulte, dans les cas de traumatismes violents, il résiste et arrache parfois la portion d'os sur laquelle il s'insère plutôt que de céder (fractures de la rotule, du péroné, du radius, etc.). Parfois, une distension brusque des masses fibreuses produit leur rupture (entorse), mais jamais elles ne s'allongent. Cette inextensibilité explique encore comment, lorsque de masses fibreuses sous-jacentes viennent à se tuméfier, par ex., au cours d'une inflammation, elles se trouvent comprimées douloureusement par cette paroi immobile, et comment elles s'étranglent et se gangrènent, à moins que la chirurgie n'intervienne pour débrider. Il est vrai toutefois, que, si la distension se fait lentement, graduellement, surtout dans les régions où le tissu fibreux est à l'état de membranes, il est susceptible d'une vague extensibilité, qui est due souvent à la présence de quelques fibres élastiques çà et là. C'est, du moins, ce qui se passe dans la grossesse, les hydropisies, l'hydrocéphalie, les tuméfactions du globe de l'œil, etc. Mais, lorsque la cause de la distension cesse, le tissu ne se rétracte que partiellement et avec lenteur. — Un autre caractère du tissu fibreux est sa résistance aux inflammations et aux altérations, en sorte qu'il oppose une barrière en quelque sorte infranchissable aux collections purulentes dont il guide ainsi le progrès, les faisant aboutir parfois sous la peau, fort loin du point de départ (abcès par congestion du mal de Pott).

Il est enfin une dernière propriété que nous devons signaler en raison de son importance chirurgicale : c'est une faculté de régénération remarquable. Le raccourcissement des tendons, sous des influences diverses, amène des déformations organiques et des infirmités graves ; il est alors facile de couper le tendon sur un point de sa longueur et de maintenir pendant quelques jours les bouts de la section écartés à la distance voulue. Les vaisseaux de la masse coupés transsudent une lymphe plastique qui vient combler la lacune laissée entre les deux bouts, laquelle se coagule et se transforme définitivement en un tissu fibreux nouveau entièrement semblable au tissu primitif : tel est le principe de la ténotomie (torticolis, pied bot, etc.).

Path. — Le terme de fibreux s'applique à certaines néoformations pathologiques, dites corps fibreux, et que nous décrirons au mot *fibrome ;* mais dans le cas particulier où ces productions siègent sur l'utérus, corps fibreux veut dire couramment tumeur fibreuse de l'utérus.

FIBRILLAIRE. adj. 2 g. [Pr. *fibril-lère*]. Qui est composé de fibrilles.

FIBRILLE. s. f. (dimin. de *fibre*) [Pr. *fi-bri-le*]. Petite fibre.

FIBRILLEUX, EUSE. adj. [Pr *fi-bril-leu*]. Qui résulte d'un assemblage de fibrilles.

FIBRINE. s. f. (R. *fibre*). T. Chim. et Anat. Substance albuminoïde qui est contenue dans le sang coagulé et qui forme les mailles du caillot. Pour l'extraire, on bat avec un petit balai le sang récemment tiré de la veine : la f. se coagule et s'attache bientôt aux verges sous forme de longs filaments, qu'on lave ensuite à plusieurs reprises avec l'eau distillée, afin d'enlever la matière colorante. Puis, au moyen de l'alcool et de l'éther, on la débarrasse de la matière grasse qui l'accompagne. Enfin, on la lave une dissolution très étendue d'acide chlorhydrique, et, encore une fois, dans l'eau distillée. Ainsi obtenue, la f. est une substance d'un blanc légèrement grisâtre, translucide si elle est tout à fait pure, sans odeur ni saveur, et très élastique, lorsqu'elle est humide ; mais si on la fait dessécher, elle devient cornée, dure, diaphane, et prend une teinte jaune grisâtre. Elle est insoluble dans l'eau, l'alcool et l'éther. La f. sèche, mise en contact avec l'eau froide, se gonfle et reprend son élasticité. Elle se dissout lentement et partiellement dans l'eau contenant 10 p. 100 de sel marin, de sel ammoniac, ou de sulfates alcalins ; ces solutions sont coagulables par la chaleur et par les acides. Abandonnée dans l'eau au contact de l'air, la f. entre bientôt en putréfaction ; mais elle se conserve indéfiniment dans l'alcool. Les acides étendus gonflent la f. et la transforment en une masse gélatineuse. Dans ces solutions alcalines étendues, la f. se gonfle considérablement, devient gélatineuse, transparente, et finit par se dissoudre ; mais elle est précipitée de ses dissolutions par les acides. Le tanin s'unit avec elle, en formant une masse imputrescible qui devient très dure par la dessiccation. Enfin, la f. décompose rapidement l'eau oxygénée : cette réaction la distingue sur-le-champ de l'albumine et de la caséine, car ces dernières ne produisent pas cette décomposition. Chauffée à 76° avec de l'eau, la f. fraîche se modifie, devient opaque, perd son élasticité, n'agit plus sur l'eau oxygénée et ne se dissout plus dans les solutions salines. Au point de vue de la composition chimique, la f. diffère très peu de l'albumine ; elle paraît un peu plus riche en azote. — Les fibrines de diverses origines ne sont pas tout à fait identiques. Celle du cheval ou des animaux très jeunes est moins élastique et se dissout lentement dans l'eau iléde en donnant une solution qui a tous les caractères de l'albumine d'œuf. La f. du sang artériel est insoluble dans les solutions de sel marin au 10°, et dans les autres sels de soude et de potasse. — La f. n'existe pas toute formée dans le sang ; elle résulte de la transformation d'une substance appelée *Fibrinogène*. Voy. ce mot.

On a donné le nom de *Fibrine végétale* ou de *gluten-fibrine* à la portion de gluten qui est soluble dans l'alcool. Celle qui provient du maïs est aussi appelée *zéine*. Ces substances diffèrent de la f. ordinaire en ce qu'elles sont solubles dans l'alcool et dans les acides faibles.

FIBRINEUX, EUSE. adj. Qui est composé de fibrine, qui en contient, ou qui en présente les caractères. *Caillot f. Tumeur fibrineuse.*

FIBRINOGÈNE. s. m. et adj. 2 g. T. Chim. On a donné le nom de *F.* ou de *matière f.* à une substance qui existe en dissolution dans le sang et qui se transforme en fibrine lors de la coagulation. On la rencontre aussi dans les liquides d'épanchement de la plèvre, de l'hydrocèle, du péricarde. On prépare la f. de ces liquides en le précipitant par un courant d'acide carbonique ou par un excès de sel marin. Ou bien on ajoute à du plasma sanguin un volume égal d'une solution saturée de sel. On purifie le précipité de f. en le dissolvant dans l'eau salée au 10ᵐᵉ et en le représentant par un excès de sel. Le f. se présente en masses grumeleuses, insolubles dans l'eau pure, solubles dans l'eau riche en oxygène ou dans une solution contenant 8 à 10 p. 100 de sel marin, peu solubles dans l'eau faiblement alcaline. Ces solutions sont lévogyres, se coagulent par la chaleur déjà à 56°, sont précipitables par un excès de sel marin. Le f. décompose l'eau oxygénée. Suivant A. Gautier, la coagulation du sang résulte de la transformation du f. qui devient insoluble et se change en fibrine, en s'unissant aux sels de chaux du plasma sanguin, sous l'influence d'un ferment spécial exsudé par les globules blancs.

FIBRINOPLASTIQUE. adj. 2 g. T. Chim. A. Schmidt a donné le nom de *matière f.* à la *paraglobuline* ou *sérum-globuline* qui se trouve en dissolution dans le sang et qui, après la coagulation, reste en excès dans le sérum sanguin. On la trouve aussi dans les liquides séreux du péricarde, de l'hydrocèle, etc. On l'obtient à l'état de précipité en traitant ces liquides par le sulfate de magnésie, ou encore en traitant le sérum sanguin par un courant d'acide carbonique ou par un volume égal d'une solution saturée de sulfate d'ammoniaque. La matière f. se présente en grumeaux fins, blanchâtres, possédant la plupart des propriétés du fibrinogène ; mais elle n'est coagulable par la chaleur qu'au-dessus de 60° ; elle se dissout facilement dans une eau très faiblement alcaline ; elle est aussi soluble dans l'eau contenant 2 à 10 p. 100 de sel marin. Ses solutions sont précipitées par les acides les plus faibles, même par l'acide carbonique. D'après A. Schmidt, la coagulation du sang serait due à l'union de la matière f. avec le fibrinogène sous l'influence d'un ferment contenu dans le sang ; la matière f. ne préexisterait pas dans le sang, mais serait exsudée des globules après qu'on a sorti le sang des vaisseaux.

FIBRO-CARTILAGE. s. m. T. Anat. Nom sous lequel on désigne des parties d'organe formées d'un tissu qui tient à la fois du tissu fibreux et du tissu cartilagineux. Voy. Histologie.

FIBRO-CARTILAGINEUX, EUSE. adj. T. Anat. Qui a rapport au fibro-cartilage.

FIBRO-CELLULAIRE. adj. 2 g. [Pr. ...sel-lulère] (R. *fibre* et *cellule*). T. Anat. Qui participe du tissu fibreux et du tissu cellulaire.

FIBRO-CHONDRITE. s. f. [Pr. ...kon-drite] (R. *fibre* et *chondrite*). T. Méd. Inflammation des fibro-cartilages.

FIBRO-CYSTIQUE ou **FIBRO-KYSTIQUE.** adj. (R. *fibre*,

et gr. κύστις, kyste). T. Chir. Tumeurs compliquées par la présence de kystes.

FIBRO-FERRITE. s. f. [Pr. ...*fer-rite*]. Sous-sulfate ferrique hydraté en masses fibreuses jaunes, à éclat soyeux.

FIBRO-GRANULAIRE. adj. 2 g. T. Minér. Qui présente un tissu granuleux entremêlé de fibres.

FIBROÏDE. adj. (R. *fibre*, et gr. εἶδος, forme). T. Hist. nat. Qui a l'apparence de fibres. ‖ T. Anat. Se dit des substances qui offrent des stries sans pouvoir cependant se partager en fibres.

FIBROÏNE. s. f. (R. *fibre*). T. Chim. La *F.* est la matière principale de la soie, ainsi que des cocons filés par divers insectes et des toiles d'araignées. On l'obtient en enlevant, à l'aide de dissolvants convenables, l'albumine, les graisses, les résines et les matières colorantes qui l'accompagnent dans la soie. Elle se présente en fibres blanches, soyeuses, plus souples et moins résistantes que la soie. Insoluble dans les dissolvants neutres et dans l'acide acétique étendu, la f. se dissout dans les alcalis et les acides concentrés. Elle est aussi soluble dans le réactif de Schweitzer, ce qui la distingue de la spongine, avec laquelle on l'avait confondue. Elle est très soluble dans le chlorure de zinc basique. Chauffée à l'air, elle se boursoufle, puis brûle avec une odeur de corne brûlée. Sa composition chimique est à peu près la même que celle de la gélatine.

FIBROLITHE. s. f. (R. *fibre*, et gr. λίθος, pierre). T. Minér. Silicate d'alumine à texture fibreuse.

FIBROME. s. m. (R. *fibre*). T. Chir. Nom générique donné aux tumeurs fibreuses.

Les fibromes (tumeurs fibroïdes, corps fibreux) représentent la néoplasie conjonctive à son état de développement le plus complet ; ils ont pour caractéristique d'être exclusivement composés de tissu fibreux, ce qui les distingue d'autres tumeurs où le tissu musculaire entre pour une grande part (fibro-myomes).

Les fibromes s'observent dans la peau, dans le tissu conjonctif sous-cutané, les aponévroses, les tendons, le périoste, etc., dans les glandes, dans les nerfs et dans les os. D'une façon générale, les fibromes sont des tumeurs parfaitement circonscrites ; leur forme est arrondie, lisse, souvent vallonnée par l'existence de lobes multiples ; leur volume, ordinairement petit, est comparé à celui d'une noisette, d'un œuf de poule, et peut atteindre celui d'une tête d'adulte. Lorsqu'on coupe un f., on le trouve formé d'un tissu blanc grisâtre, sec, criant sous le scalpel, à fibres concentriques ou entrecroisées ; leur vascularité est variable.

La plupart des tumeurs fibreuses s'observent chez des sujets adultes ; un certain nombre, néanmoins, se rencontrent chez l'enfant. Les caractères cliniques varient avec le siège : en général, ces productions se rencontrent sous forme de petites nodosités nettement séparables du tissu ambiant, mobiles, rondes, dures et indolentes. Lorsqu'ils augmentent de volume ou qu'un obstacle s'oppose à leur développement, les fibromes déterminent des accidents divers ; ils peuvent distendre la peau qui s'amincit, s'enflamme et s'ulcère même, amenant parfois des hémorrhagies graves. L'évolution des corps fibreux est très lente, leur pronostic bénin ; certains, il est vrai, peuvent constituer une affection grave à cause de leur siège (fibromes naso-pharyngiens, fibromes de l'ovaire), mais, en tant que tumeurs, ce sont des affections bénignes purement locales, non récidivantes. Toutefois, la transformation du f. en sarcome est possible, et il convient de dire seulement que, presque toujours, ce sont des tumeurs bénignes. Ces réserves ne justifient que mieux le seul traitement employé, l'extirpation.

FIBRO-MUQUEUX, EUSE. adj. 2. g. T. Anat. Qui est formé d'une membrane muqueuse superposée à une membrane fibreuse.

FIBRO-MYOME. s. f. (R. *fibre*, et gr. μῦς, muscle). T. Chir. Tumeur formée à la fois de tissu fibreux et de tissu musculaire.

FIBRO-PLASTIQUE. adj. 2. g. (R. *fibre*, et *plastique*). T. Anat. pathol. *Tissu fibro-plastique*, Tissu qui se présente sus forme de tumeurs composées surtout de corps fusiformes et de matière amorphe.

FIBRO-SÉREUX, EUSE. adj. 2 g. T. Anat. Qui est composé d'une membrane séreuse superposée à une membrane fibreuse.

FIBRO-SOYEUX, EUSE. adj. 2 g. T. Minér. Qui est composé de filaments ayant l'éclat de la soie.

FIBRO-VASCULAIRE. adj 2 g. (R. fibre, et vasculaire). T. Bot. Faisceaux fibro-vasculaires, Nom donné autrefois aux faisceaux conducteurs formés de bois et de liber, et que l'on désigne aujourd'hui sous le nom de Faisceaux libéro-ligneux. Voy. ORGANOGRAPHIE.

FIBULE. s. f. (lat. fibula, agrafe). T. Archéol. Agrafes de bronze ou d'autre matière, très employées par les Grecs et les Romains.

FIC. s. m. (lat. ficus, figue). T. Méd. et Art vétér. Ce nom est donné en médecine à certaines excroissances à cause de leur ressemblance avec une figue : excroissances charnues, molles ou dures, qui ont un pédoncule étroit et un sommet granuleux et renflé. Ces tumeurs siègent de préférence aux paupières, au menton, au pourtour des organes génitaux ; on les désigne généralement aujourd'hui sous le nom de Condylomes. — Les vétérinaires emploient également cette expression pour désigner différentes espèces de tumeurs qui se développent chez les chevaux : tels sont le f. bénin, le f. grave et le f. crapaud.

FICAIRE. s. f. (lat. ficaria, m. s. de ficus, figue). T. Bot. Genre de plantes Dicotylédones (Ficaria) de la famille des Renonculacées. Voy. ce mot.

FICARINE. s. f. T. Chim. Substance analogue à la saponaire et contenue dans la ficaire (Ficaria ranunculoides). Elle est accompagnée d'un acide volatil très âcre, l'acide ficarique, qui paraît exister dans toutes les renonculacées.

FICELER. v. a. Lier avec de la ficelle. || T. Pop. Habiller, vêtir. Vous êtes bien mal ficelé. = FICELÉ, ÉE. part. = Conj. Voy. APPELER.

FICELEUR. s. m. Celui qui lie avec de la ficelle.

FICELIER. s. m. (Pr. fi-sè-lié). Dévidoir sur lequel on met de la ficelle.

FICELLE. s. f. (Pr. fi-sè-le) (lat. fiscella, petit panier tressé). Très petite corde qui est faite de plusieurs fils de chanvre, et dont on se sert ordinairement pour lier de petits paquets. || T. Théat. Moyen usé et rebattu dont on se sert pour faire une scène. || T. Techn. Marque faite au bas de la forme d'un chapeau par la ficelle qui a servi à l'enficeler. || Fig., Celui qui tient les ficelles, Celui qu'on ne voit pas agir et qui fait agir les autres. On voit la f., On voit l'artifice caché. Les ficelles du métier, Procédés artificiels.

FICELLERIE. s. f. Fabrique, magasin de ficelles.

FICELLIER. s. m. Voy. FICELIER.

FICHANT, ANTE. adj. T. Art milit. Feu f., Qui vient tomber directement sur l'obstacle. Voy. TIR.

FICHE. s. f. (lat. figere, fixer). Petit morceau de fer ou d'autre métal servant à fixer la penture des portes, des fenêtres, des armoires, etc. F. à gond. || Feuillet isolé sur lequel on inscrit soit un nom, soit un document susceptible de classement. — T. Bourse. Petite feuille de carton sur laquelle le spéculateur écrit les ordres qu'il veut donner à son agent de change. || T. Artill. Baguette de fusil hors de service et dont on a taillé le bout en pointe pour servir au pointage des mortiers. || T. Physiq. Petite bande de métal ou autre sur laquelle on dispose les objets que l'on veut examiner au microscope. || T. Techn. Pièce de cuivre ou de bois dont se servent les menuisiers pour leur assemblage. — Cheville de fer sur laquelle est roulée chaque corde dans un piano. — F. d'arpenteur, Grosse aiguille à anneau qu'on fixe dans le sol, pour délimiter un terrain ou marquer une ligne droite. — F. de campement, Piquet pour marquer les lignes d'un camp. — F. de maçon, Outil en fer plat qui sert à introduire le mortier dans les

joints des pierres. — Morceau d'ivoire ou d'os, plat, et blanc ou coloré, qui s'emploie au jeu comme monnaie de compte, et qui vaut plus ou moins, selon les conventions faites entre les joueurs. J'ai perdu quatre fiches — F. de consolation, Fiche qu'on donne à certains jeux, en surcroît de bénéfice, à celui qui gagne ; et fig. et famil., Dédommagement de quelque perte, adoucissement à quelque disgrâce.

FICHER. v. a. (lat. ficcare, fréquent. de figere, fixer). Faire entrer par la pointe. F. un pieu, un clou. F. en terre. F. bien avant. || T. Maçonn. Mettre des cales entre les pierres, afin d'introduire du mortier ou du plâtre dans les joints. = se FICHER, v. pron. Pénétrer. Un éclat de bois vint se f. dans son bras. Fam. = FICHÉ, ÉE. part. || Fig. et fam., Avoir les yeux fichés en terre, fichés sur quelque chose, Les avoir baissés vers la terre, ou fixement arrêtés sur quelque chose. || T. Blas. Voy. CROIX.

FICHERON. s. m. T. Techn. Cheville de fer carrée et dentée dont la tête est percée d'un trou.

FICHET. s. m. Pointe crochue des cardes. || Petit morceau d'ivoire ou d'os qu'on met dans les trous du trictrac, pour marquer le nombre de points que chaque joueur a faits.

FICHET (GUILLAUME), recteur de l'Université de Paris (1467), établit à Paris, dans la Sorbonne, la première imprimerie.

FICHEUR. s. m. Maçon qui fait la besogne de ficher les pierres.

FICHOIR. s. m. (R. ficher). Petit bâton fendu formant pince, pour fixer sur une corde tendue du linge à sécher, des estampes à vendre, etc.

FICHTE, philosophe allemand, disciple de Kant dont il s'éloigne par la suite. Son système est connu sous le nom d'Idéalisme transcendantal. Voy. IDÉALISME (1762-1814).

FICHTELGEBIRGE, massif montagneux de la Bavière d'où coulent le Mein, la Saale, etc.

FICHTELITE. s. f. T. Chim. Résine fossile trouvée sur les lignites dans le Fichtelgebirge. C'est un hydrocarbure très stable, plus léger que l'eau, très soluble dans l'éther ; il cristallise en prismes monocliniques fusibles à 36°.

FICHTRE. Interj. Marque l'étonnement, l'admiration.

FICHU. s. m. (R. ficher). Sorte de mouchoir que les femmes mettent sur le cou. Porter un fichu.

FICHU, UE. adj. (R. ficher). Terme de mépris qui se dit de ce que l'on trouve mauvais, mal fait, impertinent, etc. Il vous a fait la un f. compliment. Je n'ai jamais rien vu d'aussi mal f. C'est une fichue doctrine. C'est un f. drôle. Il est bas.

FICIN (MARSILE), célèbre érudit italien de la Renaissance né à Florence (1433-1499).

FICINITE. s. f. (R. Ficin, n. pr.). T. Minér. Phosphate ferreux hydraté, en cristaux noirs à éclat cireux.

FICOÏDE. s. f. (lat. ficus, figue ; gr. εἶδος, forme). T. Bot. Genre de plantes Dicotylédones (Mesembryanthemum) de la famille des Aizoacées.

FICTIF, IVE. adj. (R. fiction). Qui est imaginaire ou feint, qui n'existe ou qui n'a telle ou telle qualité que par supposition. Des êtres fictifs. Titre f. Propriété fictive. Monnaie fictive. Immeuble f. Entrepôt f. || T. Docimasie. Poids fictifs, Poids qui sont mille fois plus petits que les poids ordinaires, et dont on se sert dans les essais pour peser de très petites quantités de métaux.

FICTION. s. f. (Pr. fik-sion) (lat. fictio, m. s., de fingere, feindre). Invention fabuleuse. F. poétique. F. instructive. Il y a des fictions qui touchent plus que la vérité. || Mensonge, dissimulation, déguisement de la vérité. Il m'a dit telle chose, mais c'est une pure f. Je vous parle sans f. || T. Jurispr. F. légale, Fiction introduite ou autorisée par la loi. L'anoblissement que l'on fait par contrat de mariage d'une partie des immeubles appartenant à l'un des *époux, pour les faire entrer en communauté, est une f. de la loi.* » T. Parlem. F. *constitutionnelle,* irresponsabilité du chef du pouvoir exécutif.

FICTIONNAIRE. adj. 2 g. [Pr. *fik-si-onère*]. T. Jurispr. Qui se fonde sur une fiction légale.

FICTIVEMENT. adv. Par fiction, par l'effet d'une fiction. *Cela n'x.ste que f.*

FICUS. s. m. (lat. *ficus,* figue). T. Zool. Genre de Mollusques Gastéropodes. Voy. DOLIDES. || T. Bot. Nom scientifique du genre Figuier, appliqué à divers végétaux.

FIDÉICOMMIS. s. m. [Pr. *fidéi-ko-mi*] (lat. *fideicommissum,* confie a m foi). T. Dr. On peut définir le *Fidéicommis,* une disposition testamentaire par laquelle le testateur donne une chose à quelqu'un n lui imposant l'obligation de la transmettre à une troisième personne. — A Rome, il arrivait souvent qu'un citoyen voulait avantager, par acte de dernière volonté, une personne qui ne pouvait être son héritier testamentaire, ou qui n'aurait pu recueillir qu'une partie de ce qui lui aurait été laissé. Pour arriver indirectement à ce but, on imagina de faire l'institution ou le legs en faveur d'un institué ou d'un légataire capable de recueillir, en le priant de remettre à celui que l'on voulait réellement avantager, soit l'hérédité en totalité ou en partie, soit le legs. Tels furent, suivant Gaïus, les premiers fidéicommis. L'héritier ou le légataire n'était pas obligé civilement à remplir le vœu commis à sa bonne foi ; mais, dans la suite, Auguste ordonna aux consuls d'interposer leur autorité pour faire exécuter les fidéicommis. L'intervention de ces magistrats, qui paraissait juste et qui était secondée par l'opinion publique, devint insensiblement une juridiction habituelle, et bientôt même on fut obligé de créer, pour statuer sur le droit en cette matière, un préteur spécial qu'on appela *préteur fidéicommissaire.* Le f. différait du legs en ce que celui-ci était fait par des formules sacramentelles (*civilibus verbis*), tandis que celui-là se faisait en termes déprécatifs (*precativis verbis*), comme « je demande (*peto*), je recommande à la bonne foi (*fideicommitto*), je veux que telle chose soit donnée (*volo dari*) », etc. C'est pour cela même que, dans le principe, les fidéicommis n'étaient pas obligatoires, car nul, dit Justinien, n'est tenu d'exécuter une prière. Lorsque le f. avait pour objet une hérédité, soit en totalité soit en partie, on l'appelait *hérédité fidéicommissaire;* s'il n'avait pour objet qu'une chose particulière ou une somme d'argent, on le nommait f. d'une chose singulière. L'obligation de transférer la première ne pouvait être imposée qu'à l'héritier, mais celle de transférer un legs pouvait être imposée à un simple légataire. L'héritier institué par le testateur conservait encore la qualité d'héritier, même après qu'il avait transmis l'hérédité à lui commise dans ce but. Quoique le f. ressemblât à une substitution ordinaire, il en différait en ce que, dans la substitution ordinaire, la personne substituée ne devenait héritière que lorsque l'héritier premier institué venait à manquer, tandis que, dans le f., le second héritier ne pouvait prétendre à l'héritage que lorsque l'héritier institué était en effet devenu tel. Il ne pouvait pas y avoir de f. sans institution d'héritier. L'individu qui créait le f. devait être capable de tester ; mais il pouvait créer un f. sans faire de testament. L'individu qui bénéficiait du f. était appelé *fidéicommissaire,* et celui qui était chargé de transmettre la chose donnée par f. recevait le nom d'*héritier fiduciaire.*

Dans notre droit moderne, on entend par f. une disposition simulée, faite en apparence au profit d'une personne, mais à la condition secrète de faire passer le bénéfice de cette disposition à une personne qui n'est point nommée dans l'acte, et l'on appelle *Fidéicommissaire* ou *Héritier fiduciaire* le donataire ou l'héritier supposé auquel on fait un legs ou une donation pour qu'il transmette à un tiers cette donation ou ce legs Comme le f. a toujours pour but d'éluder certaines prescriptions de la loi, le Code civil (art. 911) interdit expressément toute disposition de ce genre.

FIDÉICOMMISER. v. n. [Pr. *fidéi-ko-mi-ser*]. T. Droit. Faire un fidéicommis.

FIDÉICOMMISSAIRE. s. m. [Pr. *fidéi-ko-mi-saire*]. Dans le droit romain, celui qui bénéficiait d'un *fidéicommis.* Aujourd'hui, donataire, héritier ou légataire supposé auquel on fait une donation ou un legs pour qu'il le transmette à un tiers. == FIDÉICOMMISSAIRE. adj. 2 g. Qui a rapport au fidéicommis. Voy. FIDÉICOMMIS.

FIDÉJUSSEUR. s. m. **FIDÉJUSSION.** s. f. [Pr. *fidéju-seur, sion*] (lat. *fidejussor,* m. s., de *fides,* foi et *jussum,* commandement). La fidéjussion était à Rome une des formes du contrat de cautionnement. On ne trouve le mot de *fidéjusseur* employé comme synonyme de caution qu'une seule fois dans le Code civil (art. 2033). Dans cet article, le législateur, redoutant la cacophonie, a dit *Cofidéjusseurs* au lieu de *Cocautions.* Voy. CAUTION.

FIDÉJUSSOIRE. adj. 2 g. [Pr. *fidéju-soire*] (lat. *fidejussorius,* m. s.) T. Dr. Relatif à la fidéjussion. *Caution f.*

FIDÈLE. adj. 2 g. (lat. *fidelis,* m. s.). Qui garde sa foi, qui remplit ses engagements ; qui est constant dans ses affections. *Serviteur f. Dépositaire f. Guide f. Ministre f. Être f. à sa parole, à sa promesse, à ses serments, à l'amitié. F. en ses promesses. Rester f. Ami f. Amant f. Mari, femme, épouse f. Le chien est l'animal le plus f.* — *Être f. à des principes, à une habitude,* etc., Y persévérer avec constance. — Par ext., se dit quelquefois des choses qui proviennent de la fidélité. *De fidèles services.* || En parlant d'un employé, d'un domestique, etc., *Fidèle* se dit pour probe, incapable de rien dérober ou détourner. *Un commis très f. Une domestique intelligente et f.* || Figur., se dit des choses, pour marquer leur constance, leur continuité. *Amitié, amour f. La victoire lui fut constamment fidèle.* == Exact, qui ne s'écarte point de la vérité, qui y est conforme. *Copiste f. Historien f. Témoin f. Traducteur f. Copie f. Histoire f. Récit, rapport, relation f. Traduction f. Interprète f. Souvenir f. Portrait f. C'est un tableau très f. des mœurs de cette époque. Rendre un compte f.* On dit de même, *Miroir f.* — *Mémoire f.,* Mémoire qui retient bien et avec exactitude. == Dans le langage des chrétiens, se dit de celui ou celle qui professe la religion chrétienne. *Le peuple f. La femme f. sanctifie le mari infidèle.* == FIDÈLE. s. 2 g. Celui, celle qui montre un attachement constant pour une personne. *Il appela autour de lui ses fidèles.* — Famil., *C'est son f.* || Au masc., dans le langage des chrétiens, se dit de celui qui professe la religion chrétienne. *Tout f. doit obéir aux lois de l'Église. L'Église est l'assemblée des fidèles.*

FIDÈLEMENT. adv. D'une manière fidèle. *Servir f. S'acquitter f. de ses devoirs. Administrer f. Traduire f. Retenir f. Garder f. un secret.*

FIDÉLITÉ. s. f. (lat. *fidelitas,* m. s.). Qualité de celui qui est fidèle. *F. inviolable, éprouvée, à toute épreuve. Prêter serment de f. Garder f. à son prince. La f. d'un guide, d'un dépositaire. Il est d'une grande f. dans ses promesses. Douter de la f. de quelqu'un. La f. conjugale. Une femme doit f. à son mari. La f. d'un amant, d'une maitresse. Donner des preuves de f. Il se montra d'une rare f. à ses principes. Le chien est le seul animal dont la f. soit à l'épreuve.* || *Probité, honnêteté. Vous pouvez compter sur la f. de ce domestique.* == Exactitude, véracité, sincérité. *La f. d'un récit, d'un historien, d'un témoin, d'un interprète. La f. d'une traduction, d'une copie, d'un portrait. C'est la f. qu'on recherche avant tout dans les représentations de plantes et d'animaux. La f. des costumes contribue à l'illusion dramatique. La f. de la mémoire, quand elle retient avec exactitude. Il ne faut pas trop compter sur la f. de sa mémoire.* == Syn. Voy. CONSTANCE.

FIDÈNES, v. de l'Italie anc. (pays des Sabins).

FIDICULE. s. f. (lat. *fidicula,* petite lyre). T. Astron. Une des étoiles de la Lyre.

FIDJI ou **VITI** (ILES), groupe d'îles de l'Océanie (aux Anglais).

FIDUCIAIRE. adj. 2 g. (lat. *fiduciarius,* m. s., de *fiducia,* confiance). T. Jurisp. Qui est chargé d'un fidéicommis ou qui en a la nature. *Héritier f. Legs f.* Voy. FIDÉICOMMIS. || T. Écon. pol. *Monnaie f.,* Papier-monnaie, billet de banque, etc. — *Circulation f.,* Circulation du papier, des billets de banque.

FIDUCIAIREMENT. adv. T. Néol. A titre fiduciaire.

FIDUCIE. s. f. (lat. *fiducia,* confiance). T. Dr. rom. Vente fictive d'un objet en garantie d'une somme prêtée avec promesse, par l'acquéreur, de le restituer quand la dette sera payée. *Clause, contrat de f.*

FIDUCIEL, ELLE. adj. (lat. *fiducia*, confiance). T. Techn. Qui sert de point de repère sûr.

FIEF. s. m. (bas-lat. *feodum*, d'un rad. germ. sign. *biens, richesse*). T. Hist.

I. — Dans le droit du moyen âge, le mot *Fief*, que l'on écrivait aussi *fié, fieu, fiement, feu*, etc., en lat. *feudum, feodum, fevodum, feum*, etc., servait à désigner une terre, un office, même une simple rente concédée par une personne à une autre, sous la condition que le preneur reconnaîtrait le bailleur pour son seigneur, lui garderait fidélité, et lui rendrait certains services ou lui paierait certains droits. — Ce mot n'a commencé à être en usage qu'au X° siècle; quant à son étymologie, elle est tout à fait incertaine.

II. — En décrivant le système social et politique connu sous le nom de *Féodalité*, nous avons exposé la révolution que subit la propriété territoriale du IX° au XII° siècle; nous avons montré comment les bénéfices, les alleux et les terres tributaires disparurent graduellement et se transformèrent en fiefs; enfin, nous avons vu comment les possesseurs de fiefs multiplièrent le nombre de leurs vassaux en concédant, sous ce même titre, non plus seulement une partie plus ou moins importante de leurs domaines, mais encore certains offices, certaines charges, et même certains droits honorifiques ou pécuniaires. En conséquence, nous ne reviendrons pas sur ce sujet; nous nous contenterons, dans cet article, de parler des *fiefs* eux-mêmes.

III. — Les fiefs formaient plusieurs catégories, suivant le point de vue sous lequel on les considérait.

1° Sous le rapport de la nature des propriétés qui les constituaient, ils se divisaient en *corporels* et *incorporels*. Un *f. corporel* se composait d'un domaine utile et d'un domaine direct, c.-à-d. de terres, maisons ou héritages dont le seigneur jouissait par lui-même ou par ses fermiers et de rentes et autres droits qu'il s'était réservés en concédant à titre de f. différentes parties de son domaine. Le *f. incorporel*, qu'on appelait aussi *f. en l'air*, consistait soit en mouvances et censives, soit en mouvances ou censives seulement. Cette sorte de f. était encore appelée *f. continu*, quand ces mouvances ou censives portaient sur des propriétés contiguës, et *f. volant*, quand ces mêmes mouvances ou censives étaient situées en divers lieux.

2° Sous le rapport du rang qu'ils occupaient dans la hiérarchie féodale, les fiefs se distinguaient en *suzerains, dominants* et *servants*. Le *f. suzerain*, du moins dans les derniers temps, ne relevait que du roi; le *f. dominant* relevait directement du *f. suzerain*; et le *f. servant* ou *arrière-f.* relevait directement du f. dominant. Néanmoins, le même f. pouvait être dominant à l'égard d'un autre et servant à l'égard d'un troisième, de telle sorte que le seigneur suzerain était le *seigneur immédiat* du seigneur dominant, et le *seigneur médiat* du possesseur du f. servant, que se trouvait ainsi l'*arrière-vassal* ou le *vavasseur* du premier et le *vassal* du second. Observons en passant que, dans les premiers siècles du régime féodal, on donnait le nom de *grands fiefs* ou *fiefs capitaux* à ceux qui relevaient immédiatement de la couronne.

3° Une autre division générale des fiefs, mais d'une origine relativement moderne, consistait à les distinguer en *fiefs dignitaires* ou *de dignité*, et en *fiefs simples*. Les premiers étaient ainsi nommés parce qu'ils conféraient un titre nobiliaire à leurs possesseurs : tels étaient les duchés, les comtés, les baronnies, etc. Les fiefs simples différaient des précédents en ce qu'aucune qualification de dignité n'y était attachée. — Les fiefs de dignité étaient quelquefois nommés *Fiefs royaux*, parce que leur concession était exclusivement réservée au roi.

4° Indépendamment des dénominations qui précèdent, les fiefs en recevaient une foule d'autres qui provenaient de circonstances particulières très variées, le plus souvent de la nature ou de l'étendue des conditions sous lesquelles ils avaient été concédés. Nous citerons les suivantes : *F. en argent* appelé aussi *f. de bourse* ou *bursal, f. de revenu, f. de la chambre, f. de fisc, f. forain*, etc., pension qu'un seigneur assignait, à titre de f., sur son trésor, parfois en attendant qu'il pût l'assigner sur quelque terre. — *F. et aumône* ou *Aumône fieffée, f.* donné à une église à titre d'aumône pour quelque fondation pieuse. — *F. d'avouerie, f.* dont le possesseur était l'avoué du seigneur dominant, qui était ordinairement ecclésiastique. — *F. bursal* ou *boursier*, portion

du revenu d'un f. que l'aîné donnait à ses puînés, pour leur tenir lieu de leurs droits sur un f. commun, et afin que celui-ci ne fût pas démembré. — *F. de chevalier* ou *de haubert, f.* dont le possesseur était obligé de se faire armer chevalier à l'âge de 21 ans, et de servir le seigneur dominant à cheval, avec le haubert ou la cotte de mailles, armure spéciale aux chevaliers. — *F. chevel* ou *f. en chef, f.* noble relevé d'un titre, comme les comtés, les baronnies, etc. — *F. commis, f.* tombé en commise, c.-à-d. en confiscation, pour cause de félonie de la part du vassal. — *F. de corps, f.* dont le possesseur, outre certaines redevances ou prestations, était obligé envers son seigneur à des services personnels et militaires. — *F. de dévotion* ou *de piété, f.* dont un seigneur faisait hommage à Dieu, dans un but de dévotion, en s'engageant simplement à payer à une église ou à un monastère quelques redevances d'honneur, comme cire, ornements d'autel, etc. — *F. féminin*; on appelait ainsi : 1° le f. dont la première investiture avait été donnée à une femme ou à une fille, et à la succession duquel les femmes étaient admises à défaut de mâles; 2° celui à la succession duquel les femmes étaient admises, bien que la première investiture n'eût pas été accordée à une femme; 3° celui qui pouvait être possédé par des femmes, à quelque titre qu'il fût échu, donation, succession, legs ou acquisition. — *F. fureul, f.* auquel était attaché le droit de haute justice, et, par conséquent, celui d'avoir des fourches patibulaires, qui étaient le signe public extérieur de ce droit. — *Franc-fief, f.* possédé par un roturier, avec concession et dispense du roi, contre la règle commune qui ne permettait pas aux roturiers de tenir des fiefs. — *F. lige (f. ligium), f.* pour lequel le vassal, en faisant la foi et hommage au seigneur dominant, s'engageait à le servir envers et contre tous; quand le vassal n'était pas tenu à servir contre les supérieurs, le f. s'appelait *demi-lige*. — *F. masculin, f.* affecté aux mâles, à l'exclusion des femmes. — *F. militaire, f.* qui ne pouvait être possédé que par des nobles, et obligeait le vassal à rendre le service militaire au seigneur. — *Fiefs terriens* ou *terriaux*, fiefs consistant en fonds de terre, par opposition aux *Fiefs de revenu*, qui ne consistaient qu'en pensions ou rentes. — *F. riluin, f.* dont le possesseur, outre la foi et hommage, devait, chaque année, payer au seigneur quelque redevance en argent, en grains, en volaille, etc.

IV. — A l'origine, les nobles seuls pouvaient posséder des fiefs, mais, dès le temps des croisades, les roturiers obtinrent la même faveur, moyennant le paiement d'un droit spécial dit *Droit de franc-fief*. Au XVIII° siècle, ce droit équivalait à une année de revenu, et se payait une fois tous les vingt ans. C'était aussi une règle établie que les gens de mainmorte n'étaient aptes à acquérir et à posséder des fiefs qu'en versant dans les caisses du roi une taxe particulière, appelée *amortissement*, et dans celles du seigneur dominant une indemnité destinée à dédommager ce dernier de la perte des divers profits que lui procurait chaque mutation. On admettait encore qu'une terre devait toujours être présumée roturière, et c'était au possesseur à prouver le contraire. Enfin, quant aux féodalités, tous les fiefs relevaient du roi, soit immédiatement, soit médiatement.

Il y avait des fiefs qui ne comportaient la réserve d'aucun droit en faveur du seigneur; dans ce cas, le vassal ne devait que la fidélité. Mais la plupart des propriétés féodales conféraient au certain nombre de droits, que l'on divisait en droits *utiles* et droits *honorifiques*, suivant qu'ils procuraient des profits ou simplement des prérogatives.

1° Tout nouveau vassal, avant de prendre possession de son f., devait rendre *Foi et hommage* au seigneur dominant. Cette formalité comprenait deux actes distincts, liés par s'accomplissant simultanément. Par l'hommage, le vassal se reconnaissait l'homme du seigneur, et déclarait tenir son f. de lui; par la foi, il s'engageait à lui être fidèle. — On distinguait deux espèces principales d'hommages : l'hommage *simple* ou *ordinaire*, et l'hommage *lige*. L'hommage simple entraînait trois obligations principales; l'assistance aux plaids ou audiences du seigneur pour y remplir les fonctions d'assistant ou de conseil; la soumission à sa juridiction; le service militaire ou *Host*. L'hommage lige ne différait du précédent que sous le rapport du service militaire : celui qui s'était soumis s'engageait à servir en personne, et envers et contre tous; il ne pouvait se faire remplacer que lorsque le seigneur dominant faisait la guerre simplement comme auxiliaire d'un autre seigneur, soit à titre de vassal, soit autrement. — La manière de prêter l'hommage variait suivant les pays. En général, le vassal se mettait à genoux, tête nue, sans épée, sans éperons, les mains entre celles du seigneur, qui était assis et

372

la tête couverte, et, dans cette position, récitait, ou un tiers récitait pour lui la formule : « De ce jour en avant, je deviens votre homme, de vie, de membres, de terres et d'honneur, et à vous serai féal et loyal, et foi à vous porterai des tenements que je reconnais tenir de vous. » Quand cette formule était prononcée par un tiers, le vassal répondait *voire* ; après quoi le seigneur déclarait le recevoir « audit hommage à la foi et à la bouche, » c.-à-d. au baiser, parce que c'était en embrassant son *homme* que le seigneur scellait en quelque sorte son acceptation. On procédait alors à l'*Investiture* ou *Inféodation*, c.-à-d. à l'acte par lequel le seigneur mettait le vassal en possession de son f. Cet acte était presque toujours symbolique. S'agissait-il, par ex., d'un f. terrien, le seigneur mettait dans la main du vassal une motte de terre, une poignée de gazon, une pierre, une branche d'arbre, etc. On investissait par la lance ou l'épée, par la couronne, par le chapeau, etc.; mais ces derniers signes étaient plus spécialement des symboles d'investiture militaire. De leur côté, les ecclésiastiques employaient habituellement une clef, une mitre, un encrier, une plume, la corde de la cloche, etc. Dans tous les cas, quand la cérémonie était achevée, on en constatait l'accomplissement par un acte authentique. La foi et l'hommage était dûe à chaque mutation de seigneur et de vassal ; elle devait avoir lieu dans un délai fixé, et être rendue par le vassal en personne, à moins que le seigneur ne consentît, soit à accorder un délai, qu'on appelait *Souffrance*, soit à la recevoir par procureur. Dans les derniers temps, toutes ces formalités étaient tombées en désuétude ; on se contentait de les mentionner dans l'acte authentique.

2° Après avoir rendu l'hommage ci-dessus, le vassal, quand il y avait lieu, remettait au seigneur l'acte appelé *Aveu et dénombrement*, lequel devait être rédigé par un notaire. Cet acte était ainsi nommé parce que, d'un côté, il comportait reconnaissance de la part du vassal que son f. relevait du seigneur, et que, de l'autre, il énumérait article par article les différentes parties de ce même f. L'aveu devait être remis au seigneur dans un délai de 40 jours après la foi et hommage, et le seigneur avait son délai égal pour le *blâmer*, c.-à-d. pour le constater.

3° Lorsqu'un f. venait à changer de main, il était dit *ouvert*, tant que le nouveau vassal n'avait pas rempli les formalités requises pour en obtenir l'investiture ; on l'appelait, un encrier, *f. convert*, quand elles avaient été remplies. Or, l'ouverture du f. étant très préjudiciable aux intérêts du seigneur, puisqu'elle le privait des profits qui lui appartenaient, celui-ci, pour forcer son vassal à remplir ses obligations, avait le droit de se mettre pendant un certain temps en possession du f. ; c'est ce qu'on appelait la *Saisie féodale*. Deux causes surtout donnaient lieu à cette saisie : faute d'homme pour servir le f., c.-à-d. pour faire foi et hommage, et faute d'aveu et dénombrement dans les délais voulus. Dans le premier cas, la saisie donnait au seigneur la jouissance des différents produits et avantages résultant du f. Dans le second, cette saisie n'était qu'un simple séquestre : car le seigneur, à la mainlevée de la saisie, devait rendre compte au vassal des fruits qu'il avait perçus.

4° Un autre privilège qui appartenait au seigneur dominant était le droit de *Commise*, c.-à-d. de confiscation du f. servant. Il y avait lieu à commise dans le cas de *Félonie*, et dans celui de *Désaveu*. — Il y avait *félonie* toutes les fois que le vassal attentait à la vie, à l'honneur ou aux intérêts de son seigneur ou des membres de sa famille. Néanmoins la confiscation du f. n'avait pas lieu de plein droit : il fallait qu'elle fût prononcée par le juge compétent, sur la plainte de la partie lésée. Par ext., on appliquait aussi le nom de *félonie* à tout acte par lequel le seigneur outrageait gravement son vassal, et celui qui se rendait coupable de ce crime était puni par la perte de la mouvance et de l'hommage du f. servant, lequel retournait alors au seigneur suzerain. Le *Désaveu* était l'acte par lequel le nouveau vassal déniait au seigneur la mouvance du f. On distinguait plusieurs sortes de désaveux, mais une seule donnait lieu à la commise, c'était quand le vassal prétendait relever d'un autre seigneur. Il fallait alors avoir recours aux voies judiciaires : si le vassal perdait, son f. était confisqué. — Dans plusieurs coutumes, il existait encore des fiefs que le seigneur pouvait confisquer lorsque le vassal en prenait possession avant d'avoir prêté la foi et hommage : les fiefs de ce genre avaient reçu le nom significatif de *Fiefs de danger*.

5° Nous avons vu qu'à chaque changement de vassal, le nouveau venu était tenu de payer des droits de mutation au seigneur dominant. Ces droits portaient différents noms, suivant la cause de la mutation. Quand le f. changeait de pro-

priétaire autrement que par vente ou acte équivalent à vente, la somme à payer s'appelait *Rachat* ou *Relief* : elle consistait, à Paris, soit dans le revenu d'un an, soit dans une somme proposée par le vassal ou fixée au dire d'experts. Dans quelques coutumes, outre le relief, on devait encore le *Chambellage*, qui s'élevait au dixième du revenu du f. Lorsque la mutation avait lieu par vente, le droit se nommait *Quint*, parce qu'il était ordinairement du cinquième du prix de vente. En outre, dans plusieurs localités, l'acquéreur devait payer, en sus du quint, un supplément appelé *Requint*, qui était le cinquième du quint. Le quint et le requint étaient propres aux terres nobles, c.-à-d. aux fiefs. — Quand il s'agissait de rotures ou terres roturières, on donnait aux droits analogues les noms de *Lods, Lods et ventes, Mi-lods, Relevoisons*, etc., suivant les coutumes : leur quotité variait d'ailleurs dans chaque pays.

6° Ce qui précède nous amène à parler du *Retrait féodal*. C'était le droit qu'avait le seigneur de reprendre le f. vendu par son vassal, en remboursant à l'acquéreur le prix et les loyaux coûts. Ce droit avait pour but d'empêcher que le seigneur ne fût contraint de recevoir un vassal malgré lui, ou qu'il ne fût frustré d'une partie de ses droits, si le vendeur venait à traiter pour une somme inférieure à la valeur réelle du f. Mais le seigneur était tenu de l'exercer dans un an et un jour, en pays de droit écrit, et dans le délai de 40 jours, d'après la coutume de Paris, à partir de la notification du contrat. En outre, il ne pouvait plus l'exercer dès qu'il avait fait un acte quelconque capable de faire présumer son acquiescement.

7° Au contraire, le consentement formel du seigneur dominant était requis pour tout *démembrement* ou *jeu de f*. — Le *Démembrement de f.*, qu'on appelait aussi *Dépié* (abrégé de *dépiècement*), consistait à diviser un f. pour en former plusieurs, indépendants les uns des autres, et tenus chacun séparément du même seigneur dominant, tandis que le *Jeu de f.* était une sous-inféodation au moyen de laquelle le vassal aliénait une partie du domaine utile de son f., en se réservant la foi tout entière et un droit seigneurial dominant. Le premier acte divisait donc l'hommage, tandis que le second le maintenait dans son intégrité. Dans celui-ci, les domaines aliénés étaient autant de portions du même f. ; celui-là au contraire multipliait pour ainsi dire le f., et il en résultait autant de fiefs particuliers qu'il y avait de portions démembrées.

8° Outre les droits qui précèdent, les possesseurs de fiefs en avaient encore une multitude d'autres, tel que ceux de four banal, de chasse, de pêche, de champart, d'aides, de corvée, de colombier, de garenne, de péages, etc., qui variaient à l'infini de dénominations, de forme ou d'étendue, et qui portaient à peu près exclusivement sur les terres roturières. Ce sont ces droits que l'on désigne habituellement sous le nom de *Droits seigneuriaux*. Dans ce nombre on en comprenait un grand nombre qui étaient plutôt humiliants qu'onéreux, et qui consistaient, soit en une modique redevance, soit en une pratique bizarre, uniquement destinée à constater la dépendance de celui qui y était soumis. Ainsi, par ex., dans certains fiefs, les tenanciers ne devaient qu'une poule, une paire de gants, un gâteau, une coupe de chiens, ou bien un bouquet de roses, un mai orné de rubans, une bûche de Noël, etc. Ailleurs il fallait, à certains jours, venir baiser la serrure du manoir, se faire pincer le nez, recevoir un soufflet, chanter une chanson, battre l'eau croupie, danser une bourrée, etc. La plupart de ces droits bizarres avaient pris naissance à l'époque de l'affranchissement des serfs. A la Révolution, ou bien ils étaient déjà à peu près tombés en désuétude, ou bien ils avaient été convertis en une prestation pécuniaire.

9° A l'église même, les possesseurs de fiefs jouissaient de certaines prérogatives particulières, qu'on désignait spécialement sous le nom de *Droits honorifiques*. On les distinguait en *grands droits*, et en *petits* ou *moyens droits*. — Les *grands droits* ou *grands honneurs*, n'appartenaient qu'aux *patrons* et aux seigneurs hauts justiciers. On qualifiait ainsi les prières nominales, l'encens, l'eau bénite, la sépulture dans le chœur, le banc fermé dans le chœur, et les *litres* ou *ceintures funèbres*. Ceux qui avaient droit aux prières nominales devaient être personnellement désignés au prône et recommandés aux prières des fidèles. Le droit à l'encens consistait en ce que le curé, étant sur les marches de l'autel, devait le tourner du côté des personnes qui en jouissaient, et les encenser les unes après les autres. L'eau bénite devait leur être présentée avant tous les autres habitants de leur paroisse. Quant à la litre, c'était une bande peinte en noir au pourtour des murs de l'église, et sur laquelle on représentait les armoiries des ayants droit. Le haut justicier la faisait placer à l'intérieur et à l'extérieur de l'édifice ; mais le patron ne pouvait la mettre qu'en dedans et au-dessous de celle du haut justicier. — Les petits droits ou moindres honneurs, qu'on appelait aussi droits de préséance, étaient le pas à l'offrande, le pain bénit, le baiser de paix, et le pas à la procession. Ils n'appartenaient légitimement qu'aux patrons et aux hauts justiciers ; mais on les accordait, par courtoisie, à tous les seigneurs de fiefs, aux simples gentilshommes, aux officiers royaux, et en général à toutes les personnes qualifiées.

FIEFFAL, ALE. adj. [Pr. *fié-fal*]. Qui concerne un fief ; qui appartient à un fief.

FIEFFER. v. a. [Pr. *fié-fer*]. Donner en fief. F. un domaine. = FIEFFÉ, ÉE. part. || Adject., se disait de celui qui tenait quelque chose en fief. Homme fieffé ou vassal. En T. Pal., se disait d'un officier dépendant d'un fief. Il y avait au Châtelet de Paris quatre sergents fieffés. — Fig. et fam., se joint quelquefois à un substantif qui marque un vice, un défaut, pour signifier que ce vice, etc., est porté au suprême degré. Fripon, ivrogne fieffé. Coquette fieffée.

FIEL. s. m. (lat. *fel*, m. s.). Vulgair., La bile de l'homme ou des animaux. La vésicule du f. Amer comme f. || Fig., Haine, animosité. Un homme, un discours plein de f. Répandre son f. Il y a bien du f. dans cet écrit. — Être sans f., n'avoir point de f., N'avoir point d'esprit de vengeance. — Se nourrir de f., S'abreuver de f., Vivre dans le mécontentement, dans la jalousie, dans la haine, etc. || T. Techn. F. de verre, Écume non vitrifiable qui se sépare des matières en fusion dans la fabrication du verre et monte à la surface. || T. Bot. F. de terre, Nom donné à des plantes amères, comme la Fumeterre, la Petite Centaurée, etc.

FIELDING, célèbre écrivain anglais (1707-1754).

FIELLEUX, EUSE. adj. [Pr. *fiè-leu*]. Qui tient du fiel.

FIENNES (ROBERT DE), connétable de France (1308-1385).

FIENTE. s. f. (lat. *fimentum*, fumier). Se dit des excréments de certains animaux. F. de vache. F. de loup. F. de pigeon, etc.

FIENTER. v. n. Rendre la fiente par les voies naturelles. || v. a. Fumer la terre avec de la fiente. = FIENTÉ, ÉE. part.

FIER. v. a. [Pr. *fié*] (lat. *fidere*, m. s., de *fidus*, fidèle). Commettre à la fidélité de quelqu'un. F. son bien, sa vie, son honneur à son ami. Je lui ferais ce que j'ai de plus précieux. Vx. On dit ordin. Confier. = SE FIER. v. pron. Mettre sa confiance en quelqu'un ou en quelque chose ; compter sur quelqu'un ou sur quelque chose. F. à quelqu'un, Confier qqch. Il ne se fie à personne. On ne sait plus à qui se f. Se f. aux discours, à la discrétion de quelqu'un. Vous pouvez vous f. à lui du soin de cette affaire. Je ne m'y fie guère. Fiez-vous-en à moi. Je ne m'en fie qu'à mes propres yeux. Ne vous fiez point en de si faibles ressources. Se f. à sa fortune, à son crédit, en ses propres forces. Il se fie trop sur l'avenir. — Ironiq., Fiez-vous-y, fiez-vous à cela, On ne doit pas s'y fier. Oui, oui, fiez-vous à ces belles promesses. — Prov., Bien fou qui s'y fie. — Fig. et prov., Nage toujours et ne t'y fie pas, Il faut s'aider soi-même, sans trop compter sur autrui. = Conjug. Voy. PRIER. = Syn. Voy. CONFIER.

FIER, ÈRE. adj. [Pr. *fi-è-re*] (lat. *ferus*, sauvage). Hautain, altier. Un homme très f. La noblesse de ce pays est extrêmement fière. Une beauté fière. — Prov., F. comme un Écossais. F. comme Artaban. F. comme un gueux — Fam., Faire le f., Affecter, témoigner de la fierté. Dans cette locut., Fier est pris substantiv. || Être f., se tenir f., se montrer f. de quelqu'un, de quelque chose, En concevoir, en montrer de l'orgueil, en tirer vanité. Elle est fière de son fils. Il est tout f. d'avoir eu un prix. Il a le droit d'en être f. || Qui a des sentiments nobles, élevés, qui ne peut souffrir rien d'humiliant, de dégradant, etc. Ame fière. Humeur fière. Esprit, caractère f. — Dans le style élevé, audacieux, intrépide. Les plus fiers courages. Courage f. Les fiers coursiers de Rhésus. || Se dit encore, dans les divers sens qui précèdent, de la contenance, du ton, des actions, des discours, etc. Attitude fière. Démarche noble et fière. Mine

fière. Œil, regard f. Un ton f. Une réponse fière et hardie. Il marcha à l'ennemi d'un air f. et menaçant. || Popul., se dit pour grand, fort. Fière alerte. Un f. nuage. Un f. coup de tonnerre. Il a reçu un f. coup à la tête. Il faut avoir un f. courage pour cela. C'est une fière imprudence. || T. Peint. Vigoureux et hardi. La touche de ce peintre est large et fière. Un pinceau f. et hardi. || T. Blas. Se dit d'un lion dont le poil est hérissé. || T. Chasse. Farouche, difficile à attraper. || T. Manège. Se dit d'un cheval qui a l'allure dégagée. || T. Techn. Se dit du marbre et des pierres qui sont difficiles à travailler à cause de leur dureté. || Subst., Faire le f., Montrer de la fierté. = Syn. Voy. ORGUEILLEUX.

FIER, riv. torrentueuse, affluent du Rhône, dans le dép. de la Haute-Savoie, 75 kilom. Gorge remarquable.

FIER-A-BRAS. s. m. (R. Fierabras, géant sarrasin célèbre par les chansons de geste). Fam., se dit d'un fanfaron qui fait le brave, et qui veut se faire craindre par ses menaces. Ces fiers-à-bras sont peu redoutables.

FIERASFER. s. m. [Pr. *fié-rasfère*]. T. Icht. Poissons osseux appartenant à l'ordre des Acanthiniens et caractérisés surtout par leur genre de vie. Les Fierasfers et les Donzelles qui leur sont très voisines, ont le corps allongé et aplati comme une épée ; ils ont, comme les Anguilles, une nageoire dorsale et une anale qui se confondent en arrière avec la nageoire caudale ; l'opercule qui couvre les branchies

est très apparent et on trouve quelquefois, sous la gorge, deux paires de petits barbillons. Ces animaux vivent en commensaux dans le tube digestif des Holothuries et des Astéries, ou bien entre les valves de la coquille de certains Mollusques Lamellibranches. « Le Poisson, écrit Van-Beneden, est logé dans le tube digestif de ses compagnes et, sans égard pour l'hospitalité qu'il reçoit, il met la dent sur tout ce qui entre dans l'orifice. » Les Fierasfers et les Donzelles se rencontrent dans la Méditerranée, l'Atlantique et l'Océan Pacifique. Nous figurons ici la Donzelle commune, que l'on trouve en France.

FIÈREMENT. adv. D'une manière fière. Il marche f. Il le regarda f. Parler f. Traiter quelqu'un f. || Popul., Extrêmement, fortement. Je l'ai fièrement tancé. Il est f. bête. || T. Peint. Un tableau f. touché, Un tableau peint avec vigueur et hardiesse.

FIERLIAGE. s. m. Action de remplir exactement les tonneaux dans les salines.

FIERTE. s. f. (lat. *feretrum*, brancard sur lequel on porte la châsse). Vieux mot qui signifiait la châsse d'un saint ; se disait surtout de la châsse de saint Romain, archevêque de Rouen, en mémoire duquel le chapitre métropolitain avait le privilège, chaque année, le jour de l'Ascension, de faire grâce à un criminel convaincu de meurtre, qui devait lever la châsse du saint. Il a levé cette année la f. de saint Romain, ou absolument, Il a levé la f.

FIERTÉ. s. f. (lat. *feritas*, m. s.). Caractère de celui qui est fier, de ce qui est fier ; se dit dans la plupart des sens de l'adjectif Fier. C'est un homme plein de f.

> Ses malheurs n'avaient point abattu sa fierté.
>
> RACINE.

Rabattre la f. de quelqu'un. Parler avec f. La f. d'un discours, d'une réponse. Il en conçut une juste f. Il a une noble f. Un peu de f. ne messied pas aux femmes. La f. de son âme se révoltait à cette seule pensée. La f. des manières, du maintien, du regard. || T. Peint. F. de touche, f. de pinceau, Vigueur, hardiesse dans la manière de peindre. || T. Arch. Sorte d'ostentation de solidité dans la construction d'un édifice. — Fig., en parlant d'œuvres littéraires, se dit de la vigueur de pensée et de l'énergie du style. = Synon. Voy. DÉDAIN.

FIERTÉ, ÉE. adj. (R. vx fr. *ferté* ou *ferreté*, découpé à jour). T. Blas. *Baleine fiertée*, dont les dents, les ailerons et la queue ne sont pas de la même couleur que le corps.

FIESCHI, Corse qui tenta de tuer le roi Louis-Philippe Ier, au moyen d'une machine infernale (28 juillet 1835). Exécuté le 19 février suivant avec ses complices Pépin et Morey.

FIESOLE ou **FIESULE**, v. d'Italie (Toscane); 13,000 hab.

FIESQUE, noble Génois qui conspira contre André Doria (1547), et se noya en partant pour accomplir son dessein.

FIESTAUX. s. m. pl. Dégagement spontané de grisou.

FIÉVÉE, publiciste et littérateur français (1767-1839).

FIÈVRE s. f. (lat *febris*, m. s.). État maladif caractérisé par la fréquence du pouls et l'augmentation de la chaleur. Popul., *Avoir les fièvres*, Être atteint de quelque f. intermittente. — Fam., *Sentir la f.*, Répandre cette odeur aigre et légèrement nauséabonde qui est particulière à la plupart des fiévreux. — Pop., on dit, par forme d'imprécation, en parlant de quelqu'un à qui l'on souhaite du mal, *Que la f. le serre!* || Fam. et par exag., se dit d'une émotion forte, d'un trouble violent de l'âme, du frisson de la peur. *L'attente de cette nouvelle lui donne la f.* || Fig., dans le style élevé, se dit quelquefois de toute agitation désordonnée. *La f. de la rébellion. La f. de la jeunesse.*

Pathol. — I. *Définition.* — La température du corps humain, à l'état de santé, varie dans des limites restreintes; elle atteint, dans l'aisselle, de 37°,2 à 37°,4, et, dans le rectum, de 37°,6 à 37°,8. Elle est à peu près indépendante de celle du milieu ambiant chez l'homme qui vit dans de bonnes conditions hygiéniques, et se maintient environ au même degré, quel que soit l'excès de chaleur que produise l'exercice des fonctions. Il faut donc qu'il y ait, à l'état normal, une compensation exacte des pertes de chaleur par l'augmentation de sa production et inversement : on exprime ce fait en disant qu'il y a dans l'organisme une *régulation de la température.* — Les réactions qui sont les sources principales de la chaleur animale ont leur maximum d'intensité dans les muscles et dans les glandes. Les pertes de chaleur se font surtout par les téguments et par la muqueuse pulmonaire. Si un exercice musculaire violent produit l'hyperthermie, la circulation cutanée devient plus active et il se fait une abondante sécrétion sudorale; en même temps, l'accélération des mouvements respiratoires contribue à maintenir la température en équilibre en augmentant la déperdition de chaleur par la colonne d'air expiré et par l'évaporation pulmonaire. Le sang qui circule dans le derme et les capillaires des poumons tend, en effet, à se refroidir : il est donc évident que la dilatation des artérioles cutanées contribue à maintenir l'équilibre chaque fois que la température du corps tend à s'élever, et inversement, quand le corps est soumis à une cause de refroidissement, la contraction des artérioles cutanées et la suspension de la sécrétion sudorale, la diminution de la perspiration cutanée et le ralentissement des mouvements respiratoires diminuent les pertes de chaleur, en même temps que l'énergie plus grande des réactions en augmente la production dans les muscles, les glandes, etc.

La régulation thermique est donc sous la dépendance d'actions réflexes, qui ont pour point de départ les légères oscillations de la température et pour instruments les nerfs qui président à la sécrétion de la sueur, à la dilatation et à la contraction des petits vaisseaux de la peau, au ralentissement et à l'accélération des mouvements respiratoires et à l'activité des réactions dans l'organisme. Fait intéressant, cette régulation peut se trouver en défaut, lorsque les causes d'échauffement ou de refroidissement sont trop puissantes. La température centrale d'un mammifère maintenu dans de la glace peut tomber à 17°; elle s'élève au-dessus de 42° si l'on place l'animal dans une atmosphère chauffée à 38 ou 40 degrés.

De ce qui précède ressort une définition nette de la f. : elle est *caractérisée essentiellement par la rupture de l'équilibre entre la production et les pertes de chaleur*; dans ce processus, la quantité de chaleur produite l'emporte sur la quantité de chaleur perdue, et la température s'élève de 1 à plusieurs degrés. La f. est légère jusqu'à 38°,5, moyenne de 38°,5 à 39°,5, prononcée de 39,5 à 40°, intense de 40° à 41° et très intense au delà.

II. *Évolution.* — Les modifications que subit la température dans une maladie fébrile peuvent être partagées en plusieurs périodes La première est appelée par Wunderlich

stade pyrogénétique, elle pourrait également être dite *ascendante*; sa durée varie de quelques heures à quelques jours; lorsqu'elle est courte, il se produit presque toujours un frisson (fièvres palustres, pneumonie, variole, scarlatine, grippe, septicémie, etc.). Le frisson se produit également lorsque, dans le cours d'une maladie fébrile, la température, abaissée artificiellement et passagèrement par une intervention thérapeutique, s'élève de nouveau. — Pendant ce stade fébrile, les malades éprouvent une sensation de froid plus ou moins vive: leurs traits s'altèrent, la face et les extrémités pâlissent; les membres et souvent aussi le tronc et la tête, particulièrement la mâchoire, sont animés de secousses à brefs intervalles qui produisent un tremblement général et le claquement des dents. La durée de ces accidents varie de quelques minutes à une ou deux heures. On a donné le nom de f. *algide* à celle qui détermine un frisson très prononcé. Le frisson paraît dû à la contraction des artérioles cutanées et à l'écart qui en résulte entre la température de la peau et la température centrale. L'évolution lente et progressive telle qu'on l'observe dans la f. typhoïde, la rougeole, le rhumatisme articulaire aigu, ne donne pas lieu au frisson, ou bien il est très passager et peu prononcé. Le maximum n'est atteint qu'au bout de plusieurs jours.

Dans le deuxième stade, appelé *fastigium*, l'élévation thermique atteint son maximum. La durée de cette période varie de quelques heures (fièvres palustres) à plusieurs semaines (fièvre typhoïde); la température est loin d'être stationnaire. D'abord elle présente le plus souvent l'oscillation diurne causée par l'abaissement du matin, quelquefois assez accusée pour que la f. soit qualifiée de rémittente. En outre, le maximum vespéral est variable, graduellement ascendant ou descendant. Lorsque la maladie se prolonge, les irrégularités sont plus accentuées: après s'être abaissée, la température s'élève, oscillant sans cause appréciable; c'est le stade *amphibole*, surtout marqué dans la f. typhoïde.

Les caractères du dernier stade diffèrent suivant que le malade doit guérir ou succomber. Dans le premier cas, la température revient à la normale, tantôt brusquement, en quelques heures (rougeole, érysipèle, pneumonie, etc.), tantôt lentement, par *lysis*, comme c'est la règle dans la f. typhoïde. — Dans les cas où la maladie se termine par la mort, il y a lieu de distinguer un stade prolagonique et un stade agonique. Dans le stade prolagonique, tantôt la température s'élève graduellement, tantôt elle monte brusquement, tantôt son ascension est précédée d'une rémission plus ou moins considérable; il n'est pas rare qu'elle s'abaisse pour se relever au moment de la mort. Souvent, la température continue à s'élever pendant quelques heures après la mort, l'arrêt de la circulation cutanée diminuant les pertes par la peau, en même temps que la cessation des mouvements respiratoires annihile l'évaporation pulmonaire et la déperdition qui lui est liée.

Nous devons dire, avant de clore ce chapitre, qu'on distingue plusieurs types de f., suivant que l'ascension thermique est continue, subcontinue, rémittente ou intermittente, dans le type continu ou continent, la rémission du matin est faible et de courte durée; plus prononcée dans le type subcontinu, elle atteint plus d'un degré dans la forme rémittente et arrive à la normale dans le type intermittent.

III. *Caractères.* — L'élévation de la température est à juste titre considérée comme le phénomène essentiel de la f., c'est à elle que sont subordonnés les autres troubles que nous allons étudier. L'*accélération du pouls* a été regardée longtemps comme le meilleur signe de la f. et elle est un des plus constants. On peut l'attribuer à l'élévation de la température, car elle se produit presque toujours quand la chaleur de l'organisme est augmentée. Liebermeister a établi qu'une élévation de 1 degré entraîne huit pulsations de plus à la minute, mais cette relation n'est pas toujours exacte. Il peut arriver que le pouls reste lent malgré une élévation considérable de température : ainsi quand le pneumo-gastrique se trouve anormalement excité dans son trajet ou à son origine (méningite). D'autres fois, l'accélération du pouls est peu marquée, bien que la chaleur soit intense : ainsi dans la f. typhoïde. D'une manière générale, la fréquence du pouls varie en raison inverse de la pression intra-vasculaire qui semble pouvoir se modifier d'une façon très variable dans la f.

L'état de f. augmente la fréquence de la respiration, et cet accroissement, parallèle à celui de la température, présente même l'augmentation vespérale. Du côté de l'appareil digestif, la sécheresse de la langue, la soif vive, l'anorexie et même le dégoût pour les aliments, le défaut de sécrétion du suc gastrique et la constipation, lorsqu'il n'y a pas de lésion inlestinale, constituent le tableau ordinaire. — La sécrétion urinaire est constamment modifiée : susceptible de varier beaucoup, elle est généralement augmentée pendant toute la durée de la f., sans doute parce que les malades, tourmentés par la soif, ingèrent une quantité considérable de liquides. L'urine des fébricitants est généralement plus colorée qu'à l'état normal ; son poids spécifique est accru ; elle est plus riche en sels de potasse et très appauvrie en chlorure de sodium ; le chiffre des urates et celui de l'urée peuvent être augmentés ou diminués, mais ils ne doivent pas être considérés d'une manière absolue, les fébricitants sont en effet soumis parfois à une diète plus ou moins rigoureuse, condition qui amène une diminution considérable dans la quantité d'urée excrétée. — La f. s'accompagne constamment de troubles de l'innervation. Son apparition est annoncée par une sensation pénible de malaise général, souvent aussi par de la céphalée, des bourdonnements d'oreilles, de l'insomnie et de l'agitation, ou, au contraire, par de l'abattement et de la prostration. Le délire tranquille ou violent est un symptôme assez fréquent. D'ailleurs, ces désordres ne sont pas liés seulement à l'élévation de la température ; il faut tenir compte aussi, dans leur pathogénie, de la nature de la maladie qui provoque la f. et du mode de réaction du sujet.

Les troubles que la f. produit dans la nutrition et dans les fonctions digestives ont pour conséquence une perte de poids qui varie en raison, d'une part, de l'intensité et de la durée du processus ; d'autre part, du mode d'alimentation des malades : l'importance de ce dernier élément paraît être considérable. — Le sang est altéré chez les fébricitants : Cl. Bernard a constaté qu'il est plus fluide et se coagule plus lentement ; la quantité de gaz que l'on peut en extraire diminue. Parmi les éléments figurés du sang, les hématoblastes présentent des altérations qu'Hayem a mises en lumière : leur nombre va en s'abaissant pendant la période d'état ; à la défervescence, ils présentent, au contraire, une augmentation rapide et progressive ; puis ils reviennent à la normale, cette oscillation provenant sans doute de l'accumulation passagère de jeunes éléments destinés à devenir des globules rouges. Les hématies diminuent également pendant la période d'état ; c'est au moment de la défervescence qu'elles sont le moins nombreuses ; leur quantité s'accroît dès le lendemain de la poussée hématoblastique jusqu'à la fin de la convalescence ; par contre, leur richesse en hémoglobine diminue au moment même où leur nombre commence à s'élever : cet abaissement est dû à l'apparition d'éléments nouveaux incomplètement développés. Les globules blancs ne présentent pas de modifications manifestes.

La f. peut tuer par consomption lorsqu'elle se prolonge, par paralysie cardiaque et par hyperpyrexie ; il est d'observation que l'homme, non plus que tout animal supérieur, ne peut vivre si sa température s'élève de 5° à 6° au-dessus de la normale ; aussi, chaque fois que l'on voit, dans le cours d'une maladie, le thermomètre atteindre 42°, est-on dans le droit de porter un pronostic presque à coup sûr fatal dans un bref délai.

IV. *Physiologie pathologique.* — Nous savons que le fait essentiel dans la f. est l'élévation persistante de la chaleur de l'organisme. Comment se produit cette élévation et quelles en sont les causes ? Elle peut s'expliquer soit par un accroissement dans la production de chaleur ou soin de l'organisme, soit par une diminution dans les pertes de chaleur qui, à l'état physiologique, régularisent la température, soit enfin par l'action combinée de ces deux ordres de causes. Des expériences nombreuses faites à ce sujet, ressortent les conclusions suivantes : « La f. est liée surtout à une exagération des réactions organiques portant sur les substances albuminoïdes aussi bien que sur les substances hydrocarbonées ; cet excès de réactions dépend lui-même, dans beaucoup de cas et peut-être dans tous, d'un trouble de l'innervation ; ce trouble est dû souvent à la pénétration dans le sang de matières pyrétogènes. L'exagération des réactions ne suffit pas à expliquer les phénomènes ; il faut faire intervenir, en outre, un trouble dans la régulation thermique ; les pertes de chaleur ne sont pas chez le fébricitant proportionnelles à la production ; il y a donc, comme l'ont vu Marey et Frank, rétention dans l'organisme d'une partie de la chaleur qui s'y développe.

V. *Traitement.* — La thérapeutique des états fébriles a été longtemps empirique, et de nos jours encore on n'avait guère recours qu'à certains médicaments, fébrifuges ou antipyrétiques, pour lutter contre elle ; le sulfate de quinine et tous les sels de quinine, le quinquina, l'antipyrine, etc., étaient tour à tour employés avec un succès variable ; mais

leurs inconvénients étaient évidents, et d'ailleurs, ils ne remédiaient qu'à l'hyperthermie, nullement aux effets de celle-ci. La thérapeutique moderne s'est adressée avec un succès qu'on pouvait prévoir à la méthode hydrothérapique ; guidés par les résultats obtenus dans la f. typhoïde, les médecins ont généralisé le procédé : à l'heure actuelle, le bain froid, l'enveloppement dans le drap mouillé sont d'un emploi courant, et ces procédés agissent non seulement sur l'élévation de température, mais sur les phénomènes nerveux principalement. De plus, les doctrines microbiennes ont permis de se rendre compte de la cause véritable de certaines fièvres expliquées jusqu'ici par de pures hypothèses, et du même coup le remède a été trouvé, le meilleur des remèdes : la *prophylaxie.*

VI. *Divisions.* — Les qualificatifs étaient nombreux que l'ancienne médecine avait accolés au mot *Fièvre*, et cette complication est bien réduite de nos jours. Ainsi, l'on a longtemps disputé au sujet de fièvres *essentielles* et *symptomatiques* : aujourd'hui, il n'y a plus de fièvres essentielles ; chaque espèce a reçu son étiquette exacte. — Chemin faisant, nous avons signalé les expressions de *F. continue, subcontinue, rémittente, intermittente,* comme répondant à des types divers de la courbe de température. De même, les expressions de f. *ataxique, adynamique, maligne,* etc., sont des expressions qui caractérisent purement et simplement l'allure de la f., qui indiquent les symptômes concomitants, prédominants, excitation, abattement, etc. — Nous allons donner enfin une série de renvois aux articles où on trouvera la description des diverses fièvres : *F. synoque,* voy. EMBARRAS GASTRIQUE ; *F. nerveuse,* voy. HYSTÉRIE ; *F. muqueuse,* voy. TYPHOÏDE ; *F. bilieuse,* voy. DYSENTERIE ; *F. de lait,* voy. PUERPÉRALE ; *F. pernicieuse,* voy. PALUDISME ; *F. cérébrale,* voy. MÉNINGITE ; *F. charbonneuse,* voy. CHARBON ; *F. de Siam,* voy. JAUNE ; *F. sudatoire,* voy. SUETTE ; *F. traumatique,* voy. TRAUMATIQUE ; *F. pourprée,* voy. SCARLATINE ; *Fièvres intermittentes, palustres,* voy. PALUDISME.

Méd. vét. — *Fièvre aphteuse.* — Cette maladie épizootique et contagieuse encore appelée *Cocotte, Pourriture de la bouche,* est caractérisée par des vésicules qui se transforment en ulcérations et siègent sur la muqueuse buccale et la peau des onglons ; elle atteint principalement les animaux domestiques à pied fourchu : bœuf, mouton, chèvre, porc. Mais les animaux sauvages à pied fourchu n'en sont pas exempts, comme on a eu souvent l'occasion de le constater sur ceux qui sont parqués, ou dans les ménageries. Les autres animaux domestiques, mammifères et oiseaux, ainsi que l'homme, peuvent exceptionnellement en être atteints. La f. aphteuse apparaît par épidémies ; elle s'est répandue, à plusieurs reprises, sur toute l'Europe en faisant des dégâts considérables. En 1871, par exemple, il y eut 1,400,000 animaux frappés et 14,000 morts. La proportion des animaux malades peut être de 25 à 50 p. 100 de tous les animaux d'une région, et la perte annuelle pour chaque pays, variable avec sa richesse en bétail, s'est chiffrée en 1883, en Angleterre, à 25 millions de francs (500,000 bêtes malades), et en 1871, en France, à 37 millions de francs (700,000 bêtes malades). Les dégâts dépendent, bien entendu, de la virulence de la maladie et de son extension. La cause de cette maladie est un *microbe* en forme de cocci disposés par deux ou en chaînettes (Nosotti et Klein). Ses cultures se caractérisent par un fin pointillé sur des membranes minces. L'inoculation des cultures ou l'ingestion expérimentale des microbes mélangés aux aliments détermine les symptômes typiques de la f. aphteuse. Le microbe se trouve dans le liquide des vésicules et des ulcérations. Les sécrétions et excrétions des animaux ne le possèdent qu'après rupture des vésicules ou par souillure secondaire. La contagion se fait par tout ce qui touche les animaux : les lieux de séjour, les véhicules, les personnes chargées des étables et des bergeries, les vétérinaires. La propagation de la maladie est le plus souvent très rapide et suit les voies de communication. Le microbe est très résistant aux agents destructeurs, et dans les locaux infectés on a vu la maladie réapparaître au bout de six et douze mois après l'évacuation. Ce qui est vraiment spécial à la f. aphteuse, c'est sa faculté récidivante. Il n'y a point d'immunité pour les animaux atteints une première fois, et un animal peut très bien être aphteux plusieurs fois dans la même année. Les symptômes varient un peu suivant l'espèce : ainsi, tandis que chez le bœuf la maladie atteint la muqueuse buccale et la peau des onglons, chez le porc, le mouton et la chèvre, les onglons sont presque uniquement le siège de l'infection. Chez le bœuf, la maladie débute par de la f. et des troubles gastro-intestinaux ; si à ce moment on regarde la gueule de l'animal, on voit la muqueuse rouge. Deux ou trois jours après, des vésicules grisâtres de 2 à 3 millimètres de diamètre apparaissent sur toute la muqueuse buccale ; elles sont isolées ou confluentes; leurs dimensions augmentent jusqu'à atteindre et dépasser celles d'une pièce de deux sous. Quand leur contenu limpide devient trouble, elles ne tardent pas à éclater en laissant voir des érosions rouges très sensibles, qui tantôt se guérissent sans laisser de traces et tantôt persistent atones, sans tendance à la cicatrisation (Stomatite aphteuse). Dès l'invasion de la maladie, la salive ne cesse de s'écouler en longs filaments sur tous les objets voisins, servant ainsi à propager la maladie. L'éruption gagne rapidement le mufle. C'est alors, en général, qu'a lieu l'atteinte d'un ou de plusieurs onglons, atteinte pouvant survenir la première. La peau de la couronne, surtout à la région postérieure de l'espace interdigité, est le siège d'une tuméfaction rouge, chaude, douloureuse, sur laquelle apparaissent, au bout d'un ou deux jours, des vésicules grosses comme un pois ou une noisette, ayant tous les caractères de celles de la stomatite; elles éclatent bientôt et la cicatrisation se fait au bout d'une ou deux semaines. Les animaux atteints aux onglons ont des boiteries; ils sont presque tout le temps couchés. N'étaient les complications qui aggravent la stomatite ou la maladie des onglons, la f. aphteuse serait peu meurtrière. Pour la stomatite, les complications sont : la gangrène de l'épithélium buccal, provoquant une odeur fétide de l'haleine; l'angine, la pneumonie consécutive, l'inflammation de l'appareil respiratoire, la gastro-entérite, l'infection aphteuse des trayons, du pis et même du tissu de la mamelle (Mammite), la propagation des aphtes à la matrice, aux cornes qui peuvent se détacher, aux organes génitaux externes de la vache, à la peau; pour la maladie des onglons, ces complications sont encore plus graves; surtout chez les animaux qui vivent dans des locaux sales ou qui ont longtemps fatigué sur des routes cailloutouses; la virulence du microbe aphteux augmente; d'autres microbes, ceux de la suppuration, de la septicémie, s'associent pour amener des désordres graves et la mort, des panaris, des arthrites purulentes, la nécrose des os, la chute des onglons et l'infection purulente. Quoi qu'il en soit, les animaux atteints ont perdu tout appétit; ils ont de la f. jusqu'après l'éruption, ils maigrissent rapidement, leur lait devient inutilisable tant à cause de son mauvais goût que de la difficulté de le transformer en beurre ou fromage. Quand la maladie suit son cours régulier, la guérison a lieu en 2 ou 3 semaines, laissant assez souvent après elle une altération générale ou partielle de l'individu. Chez le mouton et la chèvre, les complications malignes de la maladie des onglons sont fréquentes, et constituent ce qu'on appelle le Piétin infectieux; elles sont les mêmes que chez le bœuf, mais entraînent la mort plus souvent chez les premiers. Chez le porc il existe aussi, quoique plus rarement, un piétin infectieux, et pour les mêmes causes que chez les animaux précédents. Chez le cheval la f. aphteuse existe seulement sous forme de stomatite, tandis que chez le chat, le chien et les gallinacés, où la mortalité est simultanément sous les deux formes. La maladie est plus ou moins meurtrière suivant les épizooties. Il est des épizooties où la mortalité a été nulle ou presque nulle, et d'autres où elle s'est élevée à 5 et 6 p. 100 des animaux atteints. D'une façon générale, la f. aphteuse est presque toujours mortelle pour les jeunes à la mamelle (mortalité 40 à 80 p. 100), et pour les animaux débilités par une cause quelconque. Jusqu'à présent, on ignore la raison de ces variations de virulence du microbe, et de la durée de l'épizootie qui, en moyenne, est de un mois à un mois et demi dans l'étable ou le troupeau envahi; de même pour le mode de pénétration et le mode d'action sur l'animal. Comme la f. aphteuse est très contagieuse, il faut isoler les malades; donner à ceux qui sont légèrement atteints une alimentation facile : barbotages de son, de farine; changer souvent la litière, maintenir la siccité du sol avec du plâtre, ou de la poudre de tan. Pour les ulcérations buccales, on fait des lotions avec de l'acide borique, du vinaigre et du sel marin; la maladie des onglons est traitée par le repos et les lotions antiseptiques. La f. aphteuse récidivant très facilement, on n'a pu tirer aucun bénéfice des inoculations préventives. Mais on a remarqué que l'inoculation faite en temps d'épizootie avait pour résultat d'abréger la durée de celle-ci; elle régularise la maladie, qui est en général bénigne, et la cantonne sur la bouche. La pratique en est simple. On frictionne une portion de la muqueuse buccale de l'animal à inoculer et on l'enduit de la salive d'un animal atteint d'ulcérations aphteuses, ou bien on passe sous la peau des oreilles ou de la queue des fils imprégnés de salive virulents; on inocule le porc au groin. Le lait des vaches aphteuses doit être longtemps bouilli avant d'être utilisé par

l'homme et surtout par le jeune enfant; car la mort par stomatite aphteuse est fréquente chez ce dernier. Le beurre et le fromage faits avec du lait contaminé donnent aussi la stomatite. La viande ne semble pas nuisible.

FIÉVREUSEMENT. adv. D'une manière fiévreuse.

FIÉVREUX, EUSE. adj. Qui cause la fièvre. L'automne est la saison de l'année la plus fiévreuse. Ce fruit passe pour être f. — Pays, climat f., Pays, etc., où les fièvres sont fréquentes. || Qui est sujet à la fièvre. Tempérament f. || Fig., Qui a l'effervescence de la passion. Une ardeur fiévreuse. || Subst., au masc., se dit des personnes malades de la fièvre. Il y a beaucoup de f. cette année dans le pays. Il y a dans l'hôpital une salle pour les f.

FIÉVROTTE. s. f. [Pr. fiévro-te]. Petite fièvre. Fam. et peu us.

FIFE, comté maritime d'Écosse, 172,000 hab. ; ch.-l. Cupar.

FIFRE. s. m. (all. pfeifer, sifflet). Sorte de petite flûte, à six trous, d'un son aigu. || Celui qui joue du f. Voy. FLUTE.

FIFRER. v. a. Accompagner du fifre.

FIGARO. s. m. (R. Nom propre, personnage du Barbier de Séville, de Beaumarchais). T. Fam. Barbier.

FIGEAC, ch.-l. d'arr. (Lot); 6,700 hab. ═ Nom des hab. : FIGEACOIS, OISE, ou FIGEAGEAIS, AISE.

FIGEMENT. s. m. Action par laquelle un liquide gras se fige; ou état de ce qui est figé.

FIGER. v. a. (lat. figere, fixer). Congeler, épaissir, condenser par le froid; ne se dit guère que des liquides. Le froid fige l'huile. — SE FIGER. v. pron. La graisse se fige. L'huile se fige. Ce bouillon s'est figé. || Fig., Se glacer. Vous me faites peur et tout mon sang se fige.
                    MOLIÈRE.
═ FIGÉ, ÉE. part. ═ Conj. Voy. MANGER.

FIGNOLAGE. s. m. [Pr. gn mouillés]. Action de fignoler; manière de peindre avec trop de recherche

FIGNOLER. v. n. [Pr. gn mouillés] (R. fin). T. Pop. Prendre trop de soin d'un ouvrage, d'une peinture, de sa toilette; rechercher avec exagération les plus petits détails.

FIGUE. s. f. (lat. ficus, m. s.). Fruit du figuier. || Par ext., F. de Barbarie, Fruit sucré, de la grosseur d'une f., du Cactus-raquette. || Fig. et fam., Moitié f., moitié raisin, Moitié de gré, moitié de force; ou En partie bien, en partie mal; ou encore, En partie sérieusement, en partie en plaisantant. Il y a consenti moitié f. et moitié raisin. Vous a-t-il bien reçu ? Moitié f., moitié raisin. Il m'a fait un compliment moitié f., moitié raisin. — Faire la f. à quelqu'un, Le braver, se moquer de lui. Il fait la f. à tous ses ennemis.

FIGUERAS ou **FIGUIÈRES**, v. et place forte d'Espagne (Catalogne), près de la frontière française; 10,000 hab.

FIGUERAS-MORAGAS, homme d'État espagnol, né à Barcelone, président de la République en 1873 (1819-1882).

FIGUERIE. s. f. Lieu destiné à la culture des figuiers.

FIGUEROA, nom de plusieurs diplomates et écrivains espagnols.

FIGUIER. s. m. (R. figue). T. Bot. Genre d'arbres Dicotylédonos (Ficus) de la famille des Urticacées. Voy. ce mot. — Communément on désigne sous ce nom l'espèce qui produit la figue ordinaire (Ficus Carica). || Abusivem., F. d'Adam ; le Bananier, voy. SCITAMINÉES ; F. d'Amérique, F. de Barbarie ou F. d'Inde, le Cactus opuntia, voy. CACTÉES ; F. des Hottentots, la Ficoïde comestible, voy. AIZOACÉES ; F. des Indes, le Papayer, voy. BIXACÉES ; F. Maudit, le Clusia, voy. CLUSIACÉES ; F. de Pharaon, le Sycomore, voy. SAPINDACÉES. || T. Ornith. Nom que G. Cuvier donnait aux oiseaux appartenant au genre Roitelet.

Hortic. — Le F. est cultivé en grand dans le Levant, autour du bassin de la Méditerranée et dans le Midi de la France, où il s'élève à la hauteur de plus de 8 mètres. Son fruit forme l'objet d'un commerce considérable. — Aux environs de Paris on cultive, avec plus ou moins de succès, cinq ou six variétés, dont la meilleure et la plus productive donne une figue blanche, ronde, de deux saisons. La première récolte se fait en juillet, la seconde en septembre et octobre; mais elle arrive rarement à maturité. On plante le f. dans un sol sablonneux, doux, à l'exposition du midi, protégé par un mur ou une colline. Sa culture se réduit à tenir la terre propre autour du tronc, à l'arroser dans les grandes chaleurs, car il demande du soleil et de l'humidité artificielle; à le nettoyer de son bois mort, à supprimer les branches faibles, à pincer les plus fortes pour les faire ramifier et hâter la maturité du fruit; mais cette dernière opération diminue la récolte d'automne. Les cultivateurs d'Argenteuil suppriment le bouton à bois qui se trouve placé près d'une figue naissante, et ils pincent en juin le bouton terminal. En outre, quand les figues ont atteint au delà des deux tiers de leur grosseur, on accélère la maturité en enfonçant de 7 à 10 millimètres dans leur œil l'extrémité d'une grosse épingle trempée dans l'huile d'olive. Cette opération a pour résultat d'introduire de l'air dans le fruit, et de hâter par ce moyen la conversion de la fécule en sucre. — A l'approche des grands froids, on lie ensemble en faisceaux les branches des figuiers et on les lie fortement avec de l'osier; ensuite, on recouvre ces faisceaux de paille, que l'on lie également et qu'on abrite au sommet par un capuchon de même nature, dans le but d'éloigner les eaux. Au potager de Versailles où les figuiers sont cultivés en touffes de 1 à 2 mètres de hauteur, on couche les tiges jusqu'à terre et on les réunit en faisceaux; on les maintient au moyen de forts crochets enfoncés en terre, et on enveloppe chaque faisceau avec une couverture suffisante de litière; c'est le plus sûr moyen de conservation. Mais il faut que les tiges ne dépassent pas la longueur de 2 mètres; condition qu'il est toujours facile d'obtenir. Malgré ces précautions, les figuiers gèlent cependant sous la zone parisienne, une fois en douze ou quinze années.

FIGUIÈRES. Voy. Figueras.

FIGUIG, oasis de la frontière algérienne marocaine.

FIGULINE. adj. f. (lat. *figulus*, potier de terre). *Terre, argile f.,* Qui est propre à la confection des poteries. = s. f. T. Archéol. Vase de terre cuite. *Les figulines rustiques de Bernard Palissy,* Poteries émaillées offrant des figures d'animaux en relief.

FIGURABILITÉ. s. f. T. Didact. Propriété qu'ont tous les corps d'avoir ou de recevoir une figure.

FIGURABLE. adj. 2 g. Susceptible de prendre des figures.

FIGURANT, ANTE. s. Danseur, danseuse qui figure dans les corps de ballet; et par ext., Celui, celle qui fait un personnage accessoire et muet dans quelque pièce de théâtre que ce soit.

FIGURATIF, IVE. adj. Qui est la représentation, la figure, le symbole de quelque chose. *Tout était f. dans l'ancienne loi.* — *Plan f., carte figurative,* Qui représente un lieu, un bois, une terre, une maison, etc. — *Écriture figurative,* Écriture qui imite la figure d'un objet, au lieu de représenter les sons formant le mot qui désigne cet objet. — *Poésie figurative,* Celle où le poète s'amuse à représenter par des vers, de longueur inégale, la forme d'un objet matériel. Rabelais a célébré ainsi la dive bouteille. ‖ T. Dr. *Confrontation figurative,* Celle où le témoin absent est représenté par sa déposition écrite, que l'on communique à l'accusé. ‖ En T. Gram. grecque, on appelle aussi *Lettres figuratives,* ou simplement, *Figuratives,* les lettres qui servent à caractériser certains temps des verbes, telles que le Σ qui caractérise le futur et l'aoriste, et le κ qui caractérise le parfait. ‖ subst. *Les figuratifs, les figuratives,* Choses, qui servent à représenter sous forme symbolique.

FIGURATION. s. f. (Pr. *figu-ra-sion*). Action de représenter quelque chose, sous une forme visible. ‖ Au théâtre, le personnel tout entier des figurants et figurantes.

FIGURATIVEMENT. adv. D'une manière figurative. *Tous*

les mystères de la nouvelle loi *sont compris f. dans l'ancienne.* N'est usité que dans la Dogmatique.

FIGURE. s. f. (lat. *figura*, m. s.). Forme extérieure d'un corps, d'un être. *Tout corps a une f. La f. de la terre. La f. d'une feuille. Les diverses figures qu'affectent les cristaux. Il n'a pas f. d'homme. Il n'a pas f. humaine. Minerve cachée sous la f. de Mentor.* — Particulièrement, Le visage de l'homme. *Avoir une belle f., une f. agréable, une laide f., une sotte f., une plaisante f. Elle est bien de f. Un enfant d'une jolie f. Sa f. n'a pas changé depuis deux ans. Je connais cette f.-là. Voilà une jolie f. d'enfant. Il a une f. d'enfant.* — Par ext., se dit de l'air, de la contenance, des manières, etc. *Il fallait voir la sotte f. qu'il faisait. Je ne savais trop quelle f. je devais faire.* — L'état dans lequel se trouve une personne relativement à ses affaires, à son crédit, etc. *Il fait bonne f. dans le monde. Il faisait alors quelque f. à la cour. Il y fait une mauvaise, une pauvre f. Il n'y a fait aucune f.* Absol., *Faire f.,* se dit pour être dans une situation avantageuse, paraître beaucoup, faire beaucoup de dépense. ‖ La représentation d'un objet quelconque à l'aide des arts graphiques. *Des figures de plantes, d'animaux. Figures gravées, lithographiées, coloriées. Figures noires. Faire imprimer un livre avec des figures, avec figures. Figures symboliques. Figures héraldiques.* — Dans les beaux-arts, se dit particul. de la représentation d'un personnage ou d'un animal. *Les figures sont trop entassées dans ce tableau. Une f. bien dessinée, mal dessinée. F. de bronze, de marbre, de plâtre, de cire. Il faudrait mettre quelques figures dans votre paysage. Ces figures manquent d'expression, de mouvement. Les figures de bas-relief se détachent admirablement. Draper une f. Peindre, dessiner la f. F. de grandeur naturelle. Demi-f.,* Celle qui ne présente que le haut du corps, dans la peinture. — T. Jeu de cartes. Les cartes qui représentent les rois, les dames et les valets. ‖ Dans le langage mystique, Représentation, image, symbolique ou allégorique. Voy. Allégorie. ‖ T. Géom. Tout ensemble de lignes ou de surfaces. *F. plane, carrée, triangulaire, circulaire. Tracer, faire, décrire une f., des figures sur un tableau.* — *F. d'astrologie,* Description de la position des astres par rapport à l'horoscope qu'on veut tirer. ‖ T. Log. *Figures du syllogisme,* Arrangements divers qui résultent de la place et du rôle donnés au moyen terme, dans les prémisses du *syllogisme.* Voy. ce mot. ‖ T. Chorégraphie. Se dit des différentes lignes qu'on décrit en dansant. *Il connaît les différents pas de cette danse, mais il n'en sait pas la f.* — *F. de ballet,* Les diverses situations où les danseurs se mettent les uns à l'égard des autres dans les différents mouvements qu'ils font. ‖ T. Mus. Groupe de notes qui forme un certain dessin. C'est de là qu'on a appelé *Chant figuré* et *Musique figurée,* tout ce qui n'est pas du plain-chant. ‖ T. Mar. Buste qui se trouve ordinairement au-dessous du beaupré, au bout de la guibre. ‖ T. Techn. Nom que l'on donne dans l'industrie des tissus à tout effet complet produit par la disposition totale d'un croisement. On dit aussi *répétition.* ‖ Chez les relieurs, planche gravée comme le texte du livre et qui est appelée *figure plate.* = Synon. Voy. Forme.

Rhétor. et Gram. — Le mot *Figure,* pris dans sa signification la plus générale, comprend toutes les formes de l'élocution; mais, dans son acception habituelle, on s'en sert spécialement pour désigner certains procédés de langage qui, par la manière dont ils rendent la pensée, y ajoutent de la force, de la vivacité ou de la grâce. Les figures ne sont donc pas, comme on l'a dit quelquefois, « des façons de parler qui s'éloignent de la manière naturelle et ordinaire »; au contraire, elles naissent naturellement des besoins de la pensée et de la vivacité de l'imagination; elles sont propres au style familier aussi bien qu'aux compositions les plus travaillées. A ce sujet, Dumarsais observe avec raison qu'il s'en fait plus « dans un jour de marché à la halle qu'en plusieurs jours d'assemblées académiques. » Toutefois, si les figures sont une beauté quand elles viennent naturellement, leur recherche affectée constitue un véritable défaut dont Molière a pu dire:

> Ce style figuré dont on fait vanité
> Sort du bon naturel et de la vérité;
> Ce n'est que jeux de mots, qu'affectation pure,
> Et ce n'est pas ainsi que parle la nature.

« Les principales figures, dit Geruzez, relèvent de la passion et de l'imagination. Par ex., lorsque l'idée prend la forme d'exclamation ou d'apostrophe, cette forme est déterminée par le mouvement de l'âme; et lorsqu'au lieu de désigner un objet par son propre nom, on substitue à ce nom celui d'une des parties de l'objet, c'est que cette partie a surtout frappé l'esprit. Ainsi, quand le poète dit *cent voiles* au lieu de cent *vaisseaux*, c'est que les voiles représentent plus vivement l'objet qu'il veut peindre, et que son imagination en a été plus vivement frappée. »

On distingue les figures en *figures de mots*, et en *figures de pensées*.

1° Les *Figures de mots* appelés aussi *Figures de grammaire* sont ainsi nommées parce qu'elles consistent entièrement dans les mots qui servent à les former en sorte que si l'on change ces derniers, elles disparaissent entièrement. Il y en a de quatre espèces. — Les figures de la première sont purement grammaticales : elles portent sur les changements qui surviennent dans la forme des mots, tels que le retranchement ou l'addition d'une lettre ou d'une syllabe, la séparation d'un mot en plusieurs parties ou celle d'une diphtongue en plusieurs voyelles. Nous citerons comme exemple, l'*Apocope*, l'*Aphérèse*, la *Crase*, la *Diérèse*, la *Syncope*, la *Tmèse*, etc. — La seconde catégorie comprend les figures qui se rapportent à des modifications des règles de la syntaxe. Elles résultent, tantôt de la suppression d'un ou de plusieurs mots, comme dans l'*Ellipse* ; tantôt de l'emploi d'accords en apparence irréguliers, comme dans la *Syllepse* ; d'autres fois, de la substitution d'un temps à un autre, comme dans l'*Énallage*. — Les figures de la troisième espèce sont relatives à l'harmonie des mots et des phrases ; elles sont produites par des mots répétés ou placés symétriquement de manière à amener des désinences ou des consonnances analogues : telles sont l'*Onomatopée*, l'*Homœoptote* et l'*Homœotéleute*. — Enfin, la quatrième classe se compose des figures qui changent ou modifient le sens des mots, et que, pour ce motif, on appelle *Tropes*. La *Métaphore*, la *Métonymie*, la *Synecdoque*, etc., appartiennent à cette dernière catégorie.

2° Les *Figures de pensées* tiennent surtout au sentiment de l'orateur ou de l'écrivain, et à l'effet qu'il veut produire. Par conséquent, elles existent toujours, quels que soient les mots qui les forment. Elles ont toutes pour objet de frapper plus vivement l'esprit de l'auditeur ou du lecteur ; aussi sont-elles souvent désignées sous le nom de *figures de rhétorique*. Parmi les figures de pensées, les unes, telles que l'*Apostrophe*, l'*Interrogation*, l'*Exclamation*, l'*Ironie*, l'*Hyperbole*, etc., expriment et excitent l'émotion ou la passion : les autres, comme la *Prosopopée*, l'*Hypotypose* et la *Comparaison*, s'adressent plus particulièrement à l'imagination. D'autres ne mettent en jeu ni la passion ni l'imagination, et se rapportent simplement à la manière d'exprimer les vues de l'esprit ; telles sont : l'*Antithèse*, l'*Allusion* et la *Périphrase*. Enfin, on range ordinairement parmi les figures de pensées certains procédés de langage qui facilitent singulièrement les effets du raisonnement. Nous nommerons surtout l'*Accumulation*, la *Communication*, la *Concession*, la *Correction* ou *Épanorthose*, la *Prolepse*, la *Réticence* et la *Suspension*. — Voy. les divers mots imprimés en italique dans cet article.

FIGURÉMENT. adv D'une manière figurée. *Parler f. Cela ne se dit que f. Ce mot signifie proprement telle chose, et f. il signifie telle autre.*

FIGURER. v. a. (R. *figure*). Représenter par la peinture, par la sculpture, etc. *Dans le fond du tableau, le peintre avait représenté un paysage, et sur le devant il avait figuré une danse de bergers et de bergères. Ces bas-reliefs sont si effacés, qu'on ne peut pas démêler ce que le sculpteur a voulu f.* — Se dit quelquefois des choses. *L'ensemble de ces becs de gaz figurait un palais, un arc de triomphe. La capucine est ainsi nommée parce que le prolongement de sa corolle figure un capuchon.* || Représenter symboliquement. *Les Égyptiens figuraient l'année par un serpent qui se mord la queue. On figure la fidélité par un chien.* — Dans un sens myst., *L'immolation de l'agneau pascal de l'Ancien Testament figurait l'immolation de Jésus-Christ sur la croix.* || Avec le pron. pers. comme régime indirect, *Figurer* sign. Se représenter par l'imagination, s'imaginer. *Figurez-vous une grande femme sèche et maigre. On se figure souvent les choses autrement qu'elles ne sont. Vous ne pouvez vous f. sa douleur. Je m'étais figuré qu'il me rendrait ce service.* = **FIGURER.** v. n. Se dit des choses qui ont de la convenance, qui font symétrie l'une avec l'autre. *Ces deux tableaux ne figurent pas bien ensemble. Ces deux pavillons figurent fort bien l'un avec l'autre.* — En parlant de plusieurs personnes qui dansent en formant des figures, on dit, à peu près dans le même sens,

Ces danseurs figurent bien ensemble. || T. Théât. Représenter dans une pièce un personnage accessoire et ordinairement muet. *Vous n'aurez pas un mot à dire, vous ne serez là que pour f.* || Se montrer, paraître, se trouver. *Il n'a pas figuré d'une manière très honorable dans cette circonstance. Son nom figure en tête de la liste.* — Plus partic., Paraître avec avantage, faire figure. *Cet homme-là, tel que vous le voyez, a figuré autrefois à la cour.* = **FIGURÉ, ÉE,** part. || *Plan figuré, d'une maison, d'un jardin*, etc., La représentation de cette maison, de ce jardin, etc. || *Copie figurée.* Voy. **COPIE.** || *Pierre figurée,* Pierre sur laquelle il y a quelque figure d'animal, de plante, etc., empreinte naturellement, ou qui représente par hasard la figure de quelque corps. || *Danse figurée,* Danse composée de différents pas et de différentes figures. || T. Mus. Voy. **FIGURE.** *Accompagnement figuré.* Voy. **ACCOMPAGNEMENT.** || T. Gramm. et Rhét. *Le sens figuré d'un mot, d'une expression, d'une phrase,* Le sens particulier qui est attribué à un mot, quand on le détourne de son sens propre et littér. *Terme figuré, expression, phrase figurée,* Qui renferme une figure. *Langage, style figuré,* Dans lequel il y a beaucoup de figures, soit de mots, soit de pensées. — S'emploie subst., au musc., pour signifier le sens métaphorique ou figuré. *Ce mot, pris au figuré, ne s'emploie qu'au figuré.* || T. Blas. Se dit des pièces sur lesquelles on représente la figure humaine. || T. Math. *Nombres figurés,* Les nombres de combinaisons qu'on peut disposer en triangle et les calculent les uns au moyen des autres. Voy. **COMBINAISON** et **TRIANGLE** *arithmétique.*

FIGURINE. s. f. (Dimin.). Se dit de petites figures antiques de terre cuite, de bronze, d'argent, etc., qui représentent en général des divinités. *Les figurines du Louvre.* || T. Peint. Se dit des figures de petite dimension, qui se placent ordinairement comme accessoires, dans un paysage, etc.

FIGURISME. s. m. (R. *figure*). T. Théol. Opinion de ceux qui regardent les événements de l'Ancien Testament comme des figures de ceux du Nouveau.

FIGURISTE. s. m. T. Théol. Celui qui embrasse le figurisme. || Ouvrier qui coule des figures en plâtre.

FIL. s. m. (lat. *filum*, m. s.). Petit brin long, délié, très flexible, et généralement tordu, qu'on fabrique avec les fibres corticales de certaines plantes, avec du duvet de leurs graines, etc., ainsi qu'avec les poils de certains animaux, ou la matière filamenteuse sécrétée par quelques autres. *F. de lin, de chanvre, de phormium. F. de coton. F. de laine, de soie. Dévider du f. Retordre du f. Un écheveau, une aiguillée de f.* — *Fils de la Vierge,* Fils tendus entre les arbres et les buissons par certaines araignées. Voy. **ARANÉIDES.** — *Couper de droit f.,* Couper une étoffe entre deux fils sans biaiser. *Fig. et fam., de droit f.,* ou aussi, *Aller de droit f.,* pour aller directement à son objet. || *Figur. et prov., Donner du f. à retordre à quelqu'un,* Lui causer de la peine, lui susciter des embarras. *Cela ne tient qu'à un f.,* Cela dépend, est à la merci du moindre événement, de la plus petite circonstance. *Sa faveur ne tient qu'à un f. Son succès n'a tenu qu'à un f.* On dit aussi, *Il ne tient qu'à un f.,* en parlant d'un homme qui est près de perdre sa place, son emploi. — *De f. en aiguille.* Voy. **AIGUILLE.** — *Des finesses cousues de f. blanc.* Voy **FINESSE.** || *Fig.,* par allusion au fil qu'Ariane donna à Thésée, pour qu'il retrouvât son chemin dans les détours du labyrinthe, on emploie l'expression de *Fil d'Ariane,* en parlant de ce qui sert à diriger dans les recherches difficiles. *Ce principe fut le f. d'Ariane, ou même simplement, fut le f. qui le guida dans ces pénibles recherches.* — *Poétiq.,* par allusion à la fable des Parques qui filaient les jours des hommes, on dit *Le f. de la vie. Le f. de nos destinées. La Parque a tranché le f. de ses jours,* ol. fam., *Notre vie ne tient qu'à un f.* || *F. de perles,* Collier de perles enfilées. || *F. à plomb,* Fil tendu par un poids pour figurer la verticale. || *Fil* se dit aussi des métaux ou du verre, lorsqu'ils sont tirés en long d'une manière si déliée, qu'il semble que ce soit du fil. *F. d'argent. F. d'archal, ou f. de laiton. F. de fer. Broderie en fils d'or.* — En parlant de certaines choses constituées par un tissu fibreux, *Fil* se dit aussi pour désigner la continuité, la direction de ces fibres. *Prendre le f. du bois. Couper une pièce de bois dans le f.* || *Par anal.,* se dit du courant de l'eau. *Suivre le f. de l'eau.* — *Figur. et fam., Aller contre le f. de l'eau,* Entreprendre une chose à laquelle tout est contraire. || *Figur.,* se dit pour suite, liaison, enchaînement. *Suivre le f. des idées. Perdre le f. d'une affaire. Interrompre le f. du discours, le f. de l'histoire. Reprenons le f. des événements. Il n'est pas facile de saisir le f. de cette intrigue.* — *La f. de l'analogie*, La suite et la liaison des rapports indiqués par l'analogie. = Défaut de continuité qui se trouve dans le marbre, la pierre, etc. || T. Théât. On appelle fil au théâtre les cordes qui servent à la manœuvre des machines. || T. Minér. Direction qu'ont suivie les molécules d'un cristal pendant sa formation. || T. Mar. *F. de caret*, Premier élément des cordages. — *F. de marque*, Fil introduit dans chaque toron d'un cordage. — *Voile sur les fils*, Voile dont on a largué les rabans de ferlage pour les remplacer par des fils de caret. || T. Pêche. *F. de pitte*, Fil que l'on fait avec des fibres d'aloès, d'yucca ou autres matières, et dont se servent les pêcheurs. || T. Techn. Nom donné à des filets qui se montrent quelquefois dans le verre et qui proviennent de la vitrification de parcelles d'argile détachées du fourneau et tombées dans le creuset. — *F. de plain*, Fil provenant du chanvre le plus fort, dans les fabriques de lacets. — *F. à pointe* ou *F. normand*, Fil de fer non recuit chez les treillageurs. — *F. à coudre*, Fil de fer recuit. — *F. droit* ou *F. fixe*, Fil qui, dans le tissage des gazes, n'exécute aucun mouvement et se trouve toujours en dessous de la trame. — *F. à lier*, Nom du fil d'archal avec lequel on tient réunies les pièces que l'on veut braser — *F. à moule*, F. de laiton avec lequel on fait le corps des épingles. — *F. perse* ou *à marquer*, Fil teint avec l'indigo. = Le tranchant d'un instrument qui coupe. *Le f. d'un rasoir. Le f. d'une épée.* — *Passer au f. de l'épée*, Tuer avec l'épée, la baïonnette, etc.; ne se dit guère qu'en parlant d'un grand nombre de personnes massacrées dans une ville, dans une place de guerre qui vient d'être prise. — *Donner le f. à un rasoir, à un couteau, à une épée*, Les rendre tranchants. On dit de même d'un instrument bien tranchant, qu'*il a le f.* || Fig. et pop., *Avoir le f.*, Être fin, rusé. *C'est un gaillard qui a le f.* = T. Bot. *F. d'araignée*, La Joubarbe des Alpes. — *F. de mer*, Le Varech filamenteux. || T. Zool. *F. de serpent*, Petit ver, parasite sous-cutané de l'homme. Voy. FILAIRE. — *F.*, Petits coulœuvre de l'Inde à corps très grêle.

Techn. — Pour la fabrication des fils, Voy. COTON, LIN, SOIE, etc.

Méc. — *Équilibre d'un f.* Voy. FUNICULAIRE.

FILABLE. adj Qui peut être filé.

FILADIÈRE. s. f. Sorte de bateau à fond plat en usage sur diverses rivières.

FILAGE. s. m. Action ou manière de filer le lin, la laine, la soie, etc. *On a payé tant pour le f. Le f. de la laine destinée à la chaîne d'une étoffe est différent de celui de la trame.* || T. Jeux. Substitution frauduleuse d'une carte à une autre. || T. Mar. *Le f. de l'huile*, Action de verser de l'huile en filet sur la surface de l'eau pour amortir la force des vagues. Voy. VAGUE.

FILAGO. s. m. (R. *fil*). T. Bot. Genre de plantes Dicotylédones de la famille des *Composées*.

FILAGOR. s. m. ou **FILAGORE.** s. f. Ficelle des artificiers avec laquelle ils ferment la gorge des cartouches.

FILAGRAMME. s. m. Corrupt. de *Filigrane*. Voy. ce mot.

FILAIRE. s. m. et f. [Les naturalistes emploient plus souvent le masculin. L'Académie indique le féminin] (R. *fil*). T. Zool. Genre de Vers parasites appartenant à l'ordre des *Némathelminthes*. Ce sont des animaux allongés, filiformes, à queue enroulée chez le mâle et qui vivent généralement dans le tissu conjonctif des séreuses ou de la peau; on les trouve chez un grand nombre d'animaux, principalement chez les Mammifères; chez l'homme, trois espèces surtout sont importantes à connaître; la F. Loa, la F. de Médine, la F. du sang.

I. — La *F. Loa (Filaria Loa)* est un petit ver long de 1 à 2 centimètres et que l'on ne peut mieux comparer qu'à une corde à violon effilée à une de ses extrémités. Il se loge dans diverses parties du corps sans rester toujours au même endroit, mais c'est dans les membranes de l'œil qu'on le rencontre le plus souvent; il manifeste sa présence par des douleurs vives, intermittentes, par une démangeaison insupportable qui force le malade à se frotter l'œil continuellement. Ce ver est assez

abondant sur la côte de Guinée, au Gabon et au Congo, où les indigènes le connaissent sous le nom de *Loa*. On pense qu'il est introduit dans l'organisme à l'état de larve avec les eaux de boisson.

II. — La *F. de Médine (F. medinensis)* appelée encore *Dragonneau, Ver de Médine, Ver de Guinée* est un ver blanc, gros au plus comme une plume de pigeon et dont la longueur varie de 50 centimètres à 4 mètres. On le trouve surtout dans le tissu cellulaire sous-cutané des jambes et des pieds, où sa présence détermine une affection connue, depuis Galien, sous le nom de *Dracontiase* ou de *Dracunculose*. Elle consiste dans la formation d'un ou plusieurs abcès qui ne tardent pas à s'ouvrir au dehors par un petit nombre d'orifices qui laissent écouler continuellement du pus; dans des cas assez rares des complications redoutables se produisent et la gangrène peut amener la mort si l'amputation du membre n'a pas été faite à temps. Au fond de chaque abcès se trouve une Filaire qui est toujours une femelle, elle est pelotonnée en-

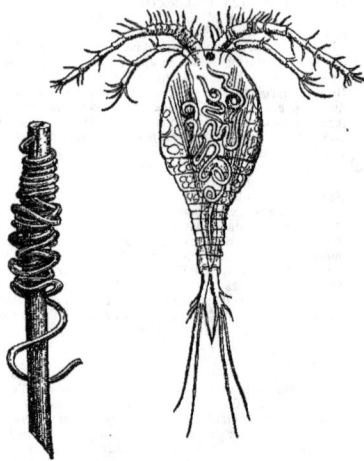

Fig. 1.   Fig. 2.

tièrement sur elle-même ou bien étendue au loin dans le tissu conjonctif situé sous la peau et entre les muscles. La seule manière de traiter la Dracontiase est d'extraire le ver; la méthode la plus efficace, celle qui est la plus souvent employée, est de tirer une anse de la Filaire au dehors et de la fixer dans un bout de bois fendu; on l'enroule ainsi peu à peu en ayant soin de s'arrêter quand on sent le moindre résistance (Fig. 1). Cette opération demande plusieurs jours et on ne saurait trop recommander d'aller doucement, car la moindre brusquerie peut casser le Ver et alors la partie qui reste dans la plaie se rétracte, devient impossible à reprendre et cause des douleurs intolérables au malade.

La F. de Médine est très commune en Arabie, en Perse, aux Indes, en Abyssinie, au Sénégal, etc. La manière dont elle s'introduit dans l'organisme n'est connue que depuis quelques années. Nous avons vu que le ver renfermé dans les abcès est toujours une femelle; au bout de quelque temps, des morceaux du ver sont rejetés avec le pus; ce sont les œufs qu'ils renferment sont entraînés par les pluies jusque dans les mares, où ils donnent naissance à des larves très actives. Celles-ci s'introduisent bientôt dans le corps des *Cyclops*, petits Crustacés qu'on trouve en si grand nombre dans les eaux stagnantes et restent ainsi pendant un temps plus ou moins long (Fig. 2. Cyclops présentant à l'intérieur de son corps des embryons de Filaire), jusqu'à ce qu'ils se trouvent portés dans le tube digestif de l'homme. Elles sont mises alors en liberté par la destruction du corps des Cyclops, sous l'action des sucs digestifs et comme, à ce moment, elles ont acquis leurs organes sexuels, les jeunes Filaires s'accouplent, le mâle meurt aussitôt après et la femelle bourrée d'œufs va se porter sous la peau, où elle occasionnera les abcès que nous avons signalés plus haut.

III. La *F. du sang* (*Filaria sanguinis hominis*) présente dans le cours de son existence des migrations encore plus curieuses que la Filaire de Médine et, comme celle-ci, occasionne chez l'homme une affection très redoutable. C'est un petit ver blanchâtre aussi fin qu'un cheveu et long seulement de 8 à

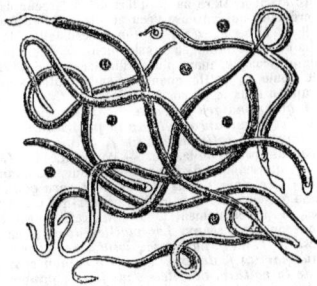

Fig. 3.

15 centimètres que l'on rencontre dans les vaisseaux sanguins et lymphatiques en même temps que ses embryons; ceux-ci (Fig. 3. Embryons de Filaire et globules du sang, grossis 400 fois) sont de petits animaux microscopiques qui présentent la curieuse habitude de s'enfoncer pendant le jour dans les gros troncs vasculaires; ce n'est qu'au moment du repos de la nuit qu'ils envahissent la circulation sous-cutanée; il suffit alors de recueillir une goutte de sang pour voir, au microscope, plusieurs centaines de petites filaires grouiller au milieu des globules sanguins. C'est ce qui explique comment peut se faire la propagation de ce parasite; les Moustiques qui pullulent partout où se trouvent ces Vers, absorbent une grande quantité de petites Filaires en suçant le sang des individus infestés qui dorment à la belle étoile; les femelles vont ensuite pondre leurs œufs au bord des eaux et ne tardent pas à mourir aussitôt la ponte effectuée; leur corps tombe à l'eau où il se décompose et met en liberté les Filaires qu'il renfermait. Celles-ci sont devenues des larves qui peuvent rester longtemps à cet état, jusqu'au jour où un voyageur se désaltérera imprudemment dans ces eaux ainsi contaminées.

La présence de ces Filaires dans le sang occasionne une maladie redoutable des pays chauds caractérisée principalement par l'aspect laiteux de l'urine ou par un pissement de sang venant d'une façon intermittente; c'est la *Filariose*, que l'on désigne encore sous les noms de *Chylurie* et d'*Hématurie intertropicale*. D'après certains auteurs, l'*Éléphantiasis des Arabes* aurait une même origine; on a trouvé, en effet, des embryons de Filaires dans les tumeurs lymphatiques qui sont un des caractères de cette maladie, mais il est probable que ce n'est pas là l'unique cause de l'*Éléphantiasis*. Voy. ce mot.

FILALI. s. m. Fil d'or ou d'argent dont se servent les Arabes pour exécuter les broderies sur cuir.

FILAMENT. s. m. (lat- *filamentum*, ouvrage formé de fils). Petit fil, petit brin long et délié, semblable à celui qui se tire de l'écorce du chanvre ou du lin. *Cette plante donne des filaments très solides. Cela est plein de filaments. De longs filaments.* || T. Anat. Se dit pour Fibre, fibrille. *Filament nerveux, musculaire, cellulaire.*

FILAMENTEUX, EUSE. adj. Qui a des filaments, qui est formé de filaments.

FILANDIER, IÈRE. adj. et s. Personne dont le métier est de filer. *Une habile filandière.* Ne s'emploie guère que dans la poésie burlesque. *Les sœurs filandières*, Les Parques. *Araignées filandières.* Voy. ARAIGNÉE.

FILANDRE. s. f. (R. *filer*). Se dit des fibres de la viande, lorsqu'elles sont longues et coriaces. *Cette viande est pleine de filandres.* || T. Fauconn. Les helminthes des oiseaux de proie. || T. Art vét. Se dit des chairs qui font saillie à la surface d'une plaie et s'opposent à sa cicatrisation. || T. Hist. natur. Synon. de *Fils de la Vierge.* Voy. ARANÉIDES. || T. Mar. Herbe marine de forme filamenteuse, qui s'attache en grandes masses à la carène des navires. || T. Techn. Partie mal vitrifiée dans une glace. — Veine de matière plus tendre qui divise quelquefois le marbre.

FILANDREUX, EUSE. adj. Qui est rempli de filandres. *Viande filandreuse.* || T. Archit. *Marbre f. Pierre filandreuse*, Marbre, pierre qui a des fils. || Fig. *Poésie f., Discours f.* Dépourvu de facilité et de concision.

FILANGIERI (GAETANO), publiciste et jurisconsulte italien (1752-1788).

FILANT, ANTE. adj. Qui file, qui coule doucement. Un *liquide onctueux et filant.* || T. Astr. *Étoile filante.* Voy. ÉTOILE.

FILARDEAU. s. m. (R. *Fil*). Jeune brochet menu. || Pousse d'arbre élancée, de haute tige.

FILARIDES. s. m. pl. (R. *Filaire*). T. Zool. Famille de *Vers Nématodes* dont le genre principal est le genre *Filaire.* Voy. ce mot.

FILARIOSE s. f. (R. *Filaire*). Maladie des pays chauds causée par la présence dans le sang de petits vers appartenant au genre *Filaire.* Voy. ce mot.

FILASSE. s. f. Amas de filaments tirés de l'écorce du chanvre, du lin, etc. *F. de lin, de chanvre. Charger une quenouille de f. Boucher une fente avec de la f.* Voy. LIN. Fig. et fam., *Ce n'est que de la f.*, se dit d'une viande filandreuse et insipide. *Des cheveux de f.*, Emmêlés comme de la f., ou de la couleur de la f. || T. Minér. *F. de montagne*, Asbeste ou amiante.

FILASSIER, IÈRE. s. Celui, celle qui façonne la filasse, ou qui en fait commerce.

FILASSIER (JACQUES-JOSEPH), moraliste et agronome fr. né à Wervicq-Sud (Nord) (1745-1799).

FILATEUR, TRICE. s. Celui, celle qui tient, qui dirige une filature. || Ouvrier, ouvrière qui tire la soie des cocons.

FILATURE. s. f. Lieu, établissement où l'on file en grand la soie, la laine, le coton, etc. *F. de soie, de laine, de coton. Les ouvriers des filatures se sont coalisés.* || L'action ou l'art de filer en grand. *Appliquer les machines à vapeur à la f* — Voy. COTON, LIN, etc.

FILE. s. f. (R. *fil*). Suite, rangée de choses ou de personnes disposées en suite l'une après l'autre. *Une longue f. de gens qui vont un à un. Il y avait une f. de voitures à n'en plus finir. Aller à la f., à f. Prendre, suivre la f. Se mettre à la f. Rompre, couper la f.* || T. Tact. Rangée de soldats disposés les uns derrière les autres sur une même ligne. *La f. se compose de trois hommes pour l'infanterie et de deux pour la cavalerie. Compter, ranger les files. Serrer les files. Par f. à gauche. Par f. à droite.* — *Chef de f.*, Celui qui est le premier d'une file de soldats, soit à pied, soit à cheval. *Serre-f.*, se dit des sous-officiers et des officiers placés derrière une troupe en bataille, sur une ligne parallèle au front de cette troupe. *Se placer en serre-f.* — *Feu de f.*, F. de deux rangs, Feu d'une troupe qui tire par file, et sans interruption. || T. Mar. *Ligne de f.*, Ordre de tactique suivant lequel naviguent les bâtiments d'une flotte. — *Chef de f.*, Le vaisseau qui est le premier de la ligne de bataille. *Serre-f.*, Celui qui marche le dernier de tous. — *F. de bordage*, Suite de bordages se continuant les uns les autres. — *Être à f.*, Suivre un navire en marche dans une embarcation qu'il traîne.

FILÉ. s. m. T. Techn. Se dit du lin, du coton, etc., filés. *Les filés de coton sont soumis à des droits très élevés.* || Se dit aussi de l'or ou de l'argent tiré à la filière et laminé, qu'on applique sur un fil de soie, etc. *Du filé d'or.*

FILEMENT. s. m. Action de filer.

FILER. v. a. (lat. *filare*, m. s.). Tordre ensemble plusieurs brins de chanvre, de lin, de coton, de soie, de laine, etc., pour former un fil. *F. du lin, de la soie, du coton, de la laine. F. gros. F. fin. F. un fuseau. F. au rouet. Elle filait sa quenouille. Machine à f.* On dit aussi, *F. des cordes à boyaux.* Prov., *Du temps que la reine Berthe filait,* Au bon vieux temps, quand les reines même ne dédaignaient pas d'humbles travaux. || Se dit aussi des insectes qui tirent un fil de leur corps. *Les vers à soie filent leurs cocons.* — Fig. et fam., on dit qu'*Un chat file,* Lorsqu'il fait un bruit continu, semblable à celui du rouet. || Figur. et fam. *F. sa corde.* Voy. **Corde.** — Fig. et poétiq., *Les Parques, les destinées lui filent une belle vie, lui filent de beaux jours,* etc., se dit d'une personne qui a une vie glorieuse, une vie heureuse. — Figur. et prov., *F. le parfait amour,* Nourrir longtemps un amour tendre et romanesque ; ne se dit guère qu'en plaisantant. — Fig., *F. une intrigue, une scène, une reconnaissance,* etc., Les conduire, les développer progressivement et avec art. — Fig. et par plaisant., *F. une période,* Faire une période bien arrondie. *F. la période à quatre membres.* || Tirer de l'or, de l'argent, etc., en les passant à la filière ; ou couvrir d'un fil d'or, d'argent, de cuivre, etc., ordinairement laminé, un fil de soie, de chanvre, etc. *F. de l'or, de l'argent. F. sur soie, sur fil.* On dit aussi subst., *Du filé d'or, d'argent.* || T. Mar. Lâcher peu à peu, larguer. *F. le câble, F. du câble. F. sur les ancres. F. la ligne de sonde. F. les écoutes.* — *F. un nœud, deux nœuds,* etc. Voy. **Loch.** || Néol. *F. quelqu'un,* Le suivre à son insu, sans le perdre de vue. || Au jeu. *F. ses cartes,* Les découvrir lentement et peu à peu. *F. la carte,* Escamoter une carte. *Il a filé la carte pour se donner un as.* || T. Mus. *F. un son,* Le poser doucement et le prolonger, ordinairement en l'enflant progressivement, puis en le diminuant de même. = **Filer.** v. n. Se dit de certains liquides et de certaines substances molles et tenaces qui coulent doucement et en filets. *La glu file aisément. Il faut que la pâte file. Ce vin tourne à la graisse, il file.* — En parlant de la lumière d'une lampe, s'allonger ou monter trop haut dans le verre, en produisant de la fumée. — Fig. et fam., *F. doux,* Agir ou parler avec douceur ou avec faiblesse quand on est menacé, maltraité. *Je me suis fâché, ils ont filé doux.* || Aller de suite, l'un après l'autre. *Faire f. les troupes sur un point. Faire f. le bagage.* — *Faire filer des troupes dans un pays,* Les y faire passer sans éclat. || Popul., se dit pour s'en aller, se retirer. *Il faut f. Allons, filez.* || T. Jeu. Au brelan, Ne mettre au jeu précisément que ce qu'on est obligé d'y mettre. *Il faut f. quand on est en malheur.* = **Filé, ée.** part. *Du lin, du coton bien filé.* *Les cotons filés. Des sons bien filés.* Bougie filée, Bougie dont la mèche, faite de longs fils de coton, n'est couverte que d'une mince couche de stéarine ; par ex., sa tête de ce ce. || Fig. et poét., *Des jours filés d'or et de soie,* Une vie douce et heureuse.

FILERIE. s. f. Lieu où l'on file le chanvre pour l'employer soit en fil, soit en corde. || T. Techn. Bande de fer servant à passer le fil de fer.

FILET. s. m. (Dimin.). Fil délié, petit fil ; n'est guère usité au propre que pour désigner la soie mise en quatre, cinq ou six brins, qu'on emploie dans la fabrication de la blonde. — Figur. et famil., *Sa vie ne tient qu'à un f.,* se dit d'un malade ou d'une personne valétudinaire qu'un rien peut emporter. On dit encore, dans le même sens, *Il n'a qu'un f. de vie.* || Par anal., dans le langage ordinaire, se dit quelquefois dans le sens de filament, de fibre, de fibrille. *Cette racine est pleine de filets. Tout s'en va par filets.* || T. Mar. Fil de couleur marquant le côté par lequel doivent être assemblées les laizes d'une voile de navire. || T. Bot. Partie de l'étamine qui supporte l'*anthère.* Voy. **Étamine.** || T. Anat. Repli membraneux qui constitue le frein de certains organes. *Le f. de la langue, du prépuce.* Lorsque chez l'enfant le f. de la langue est trop long, il empêche la succion ; alors on le coupe avec des ciseaux. — Prov., on dit de quelqu'un qui parle beaucoup, *Il a le f. bien coupé,* ou bien, *Il n'a pas le f.,* en sous-entendant *trop long.* = En Archit., Menuiserie, Orfèvrerie, etc., on donne le nom de *Filet* à une moulure plate ou lisse, ronde ou carrée, mais toujours étroite relativement à sa longueur. *On place ordinairement un f. entre deux grandes moulures pour les* rendre plus apparentes. *Couverts d'argent à filets.* || Trait délié. *Ma plume est enragée : elle criaille et ne fait que des filets* (Sévigné). || T. Imprim. Réglet mince de métal qui sert à séparer les chapitres, les colonnes, etc. ; le trait mince et délié que ce filet métallique produit sur le papier par l'impression. *Ce f. est trop maigre. Il faudrait là un double f.* || T. Relieur, Doreur, etc. Trait long et délié obtenu à l'aide de fers, etc. *Reliure de maroquin avec filets. Cette porcelaine n'est ornée que d'un simple f. d'or.* || T. Mécan. *Le f. d'une vis.* Voy. **Vis.** || T. Numism. Cordon qui court autour d'une médaille, d'une pièce de monnaie. || T. Blas. Bordure ayant le tiers ou le quart de la largeur de la bordure ordinaire qui entoure l'écu et qui est d'un émail différent. || T. Mus. *F. d'un violon,* Incrustation le long de la table de l'instrument. = Fig., se dit d'un liquide quelconque, mais plus ordinairement de l'eau, lorsqu'elle coule en petite quantité, sans toutefois qu'il y ait interruption dans le jet ou l'écoulement. *Cette fontaine ne donne qu'un maigre f. d'eau. Ce ruisseau se divise en petits filets pour arroser toute la prairie. Un f. de sang.* — *Il manque à cette salade un f. d'huile, un f. de vinaigre,* Un peu d'huile, etc. — Par anal., *Un f. de voix,* Une voix qui manque de force et d'étendue. *Ce chanteur n'a qu'un f. de voix, mais il s'en sert avec goût.* — Sorte de tissu à claire-voie et à mailles nouées qui sert à différents usages, et principalement à faire des rets pour prendre des poissons ou des oiseaux. *Les mailles de ce f. ne sont pas égales. Ce f. n'est pas assez solide. Ses cheveux étaient retenus par un f. de soie. J'avais mis mon chapeau dans le f. de la voiture. Les filets d'un jeu de paume. La balle est dans les filets. Tendre les filets. Jeter le f. Rompre les filets.* — *Coup de f.* Voy. **Coup.** — *F. d'un ballon,* F. qui entoure l'aérostat et soutient la nacelle. — Fig., se dit, surtout au plur., des moyens employés pour tromper, pour séduire. *Il s'est laissé prendre dans les filets qu'on lui a tendus. Elle est parvenue à l'attirer dans ses filets.* = Espèce de petite bride. *On peut mener ce cheval avec un simple f. Tenir un cheval au f., afin qu'il ne mange point.* Voy. **Bride.** || Figur. et fam., *Tenir quelqu'un au f.,* L'empêcher, le priver de manger, ou l'amuser, le faire attendre, lui faire longtemps espérer quelque chose, sans jamais lui rien donner. On dit aussi, dans l'un et l'autre sens, *Être au f.* = T. Boucherie. La partie charnue qui est le long de l'épine du dos de quelques animaux ; ne se dit qu'en parlant d'animaux qui ont été dépecés pour être mangés. *F. de bœuf, de chevreuil.* Dans un sens analogue, *Filets de sole, de merlan.*

Techn. — Les *Filets* destinés à la chasse ou à la pêche se font avec de la ficelle de chanvre, et se composent de mailles égales dont chacune est arrêtée aux voisines par un nœud très solide. On les fabrique généralement à la main, au moyen d'un bâton cylindrique, nommé *moule,* dont la grosseur détermine la largeur des mailles, et d'une navette de bois. Il existe plusieurs machines propres à fabriquer le f. mécaniquement. Ces machines sont de deux types. Le type le plus ancien est la machine à 2 fils qui a été inventée, en 1806, par un pauvre paysan de Bourg-Théroulde (Eure), nommé Buron. Perfectionnée successivement par Pecqueur, Jouannin, etc., cette machine est arrivée à fabriquer plus d'un million de nœuds par jour. L'autre type est celui du métier à un fil inventé par James Patterson en 1835 ; mais ces machines, malgré les perfectionnements actuels, n'ont pas fait disparaître la fabrication à la main, qui est l'occupation principale des pêcheurs à leurs moments perdus. — Les filets usités pour la chasse et la pêche sont en très grand nombre ; pour la pêche seule, on en compte plus de 200 de formes différentes : aussi, nous dispenserons-nous de les décrire. Les amateurs trouveront ces plus amples renseignements à ce sujet dans le *Dictionnaire des chasses et des pêches* de l'Encyclopédie méthodique.

Le f. de carnassière diffère complètement du f. de pêche, comme aspect et comme fabrication. Il est toujours plus ou moins orné et se fabrique avec un grand nombre de fils. C'est, à proprement parler, une véritable *dentelle de corde.* Le fil employé est le fil de lin en nature, le plus souvent teint en gris.

Dans la marine militaire, on nomme *filets d'abordage,* de larges filets que l'on dispose à l'extérieur des navires, de façon à envelopper complètement ceux-ci, afin d'empêcher l'ennemi de pénétrer à bord. Pendant les combats, on fait encore usage d'autres sortes de filets, que les matelots ont baptisés du nom de *Casse-têtes.* Ces derniers se fixent à une certaine hauteur, entre les haubans, pour empêcher que les hommes placés au-dessous ne soient tués ou blessés par la chute des poulies et des cordages supérieurs lorsque les mamœuvres sont coupées par les projectiles ennemis. Quant aux *filets de bastingage*, comme il en a été question ailleurs, nous renverrons à ce que nous en avons déjà dit. — Voy. BASTINGAGE.

Le *f. Sullivan* ou *crinoline* est une sorte de rideau métallique destiné à protéger les bâtiments contre l'explosion des torpilles. Ce f., d'invention anglaise, se compose d'anneaux de 46 centimètres de diamètre formés de fils d'acier de 4 millimètre 1/2 de diamètre. On le déploie à l'extrémité de bras ou *tangons* qui le maintiennent à 6 mètres de la coque, et il descend d'une quantité égale au-dessous du niveau de la flottaison. Le choc d'une torpille automobile contre la crinoline suffit à la faire détoner, et elle est alors assez éloignée du navire pour ne pas l'endommager. Ce système défensif diminue la vitesse des bâtiments qui en sont munis; mais, pour que la protection soit efficace, il faut que la vitesse ne dépasse pas quatre nœuds; autrement, la crinoline traîne à la surface de l'eau au lieu d'envelopper le navire.

FILETAGE. s. m. Action de fileter une vis. || Braconnage à l'aide de filets, de collets.

FILETER. v. a. (It. *fil*). T. Techn. Tirer à la filière. *F. le fil de fer.* — Creuser d'un filet. *F. une vis.* — Garnir d'un filet. *F. le manche d'un violon.*

FILETIER. s. m. Fabricant de filets.

FILEUR, EUSE. s. Celui, celle qui file une substance textile quelconque. *Une fileuse au rouet.* — Ouvrier, ouvrière qui dévide le cocon du ver à soie. — *Fileur, fileuse d'or et d'argent,* Ouvrier, ouvrière qui applique sur un fil de soie le fil d'or, d'argent dont on veut l'envelopper. — Celui, celle qui trace des filets. Spécial., Ouvrier qui trace des filets sur un mur pour figurer les joints formés par les pierres, les moulures, etc. || Machine du cordier. || T. Zool. *Arachnides fileuses.* Voy. ARANÉIDES.

FILEUX. s. m. T. Mar. Instrument qui sert à retenir un cordage et à le filer.

FILIAL, ALE. adj. Qui appartient au fils, à l'enfant : qui est du devoir du fils, de l'enfant. *Amour, respect filial. Tendresse, piété, obéissance, crainte filiale.* = FILIALES. s. f. pl. *Les filiales d'une maison de commerce,* Les maisons fondées par une maison mère. — *Une charte de coutumes et ses filiales,* Les chartes auxquelles elle a servi de modèle.

FILIALEMENT. adv. D'une manière filiale.

FILIALITÉ. s. f. Qualité de fils ou de fille en parlant des personnes; qualité de filial en parlant de sentiments.

FILIATION. s. f. [Pr. *filia-sion*] (lat. *filiatio*, de *filius*, fils). Descendance de l'enfant à l'égard du père et de la mère. *F. légitime, naturelle.* — Se dit aussi d'une descendance directe par une suite non interrompue de générations; ou d'une suite non interrompue de générations dans une même famille. *Il prétend être de cette maison, mais sa f. n'est pas prouvée. La f. de cette famille est bien établie depuis trois siècles.* || Fig., s'emploie aussi en parlant d'une église, d'une abbaye qui doit son origine à une autre, et de l'espèce d'adoption qu'un corps fait d'un autre. *Cette abbaye était de la f. de Clairvaux. Les Académies de Soissons et de Marseille étaient unies par f. à l'Académie française.* || Fig., L'enchaînement, la liaison de certaines choses qui naissent ou dérivent les unes des autres. *La f. des mots, des langues, des idées.*

Législ. — Des droits civils de la plus haute importance sont subordonnés à l'état de famille, et cet état dépend entièrement, pour chacun, de sa f. La plénitude des droits de famille ne doit appartenir qu'aux enfants provenus du mariage, et cependant on ne peut les refuser tous à ceux qui proviennent d'une union plus ou moins illicite. De là deux sortes de *filiation*, la f. *légitime* et la f. *naturelle.*

1. *F. légitime.* — Aux yeux de la loi, le mari est le père des enfants conçus ou même simplement nés dans le mariage. La naissance depuis le mariage est un fait positif sur lequel il ne peut exister aucune incertitude; mais la durée de la grossesse étant variable dans certaines limites, la loi a dû fixer les deux extrêmes de cette durée, afin de fermer la porte aux débats à la fois insolubles et scandaleux qu'aurait fait

naître l'absence d'une règle précise. Le Code considère en général 300 jours comme le terme le plus long, et 180 jours comme le plus court. C'est ensuite par l'intérêt de la légitimité de l'enfant qu'on se détermine à supposer, tantôt la gestation la plus longue, tantôt la gestation la plus courte. Ainsi, la loi répute conçu pendant le mariage tout enfant qui naît plus de 179 jours après la célébration, et moins de 300 jours après la dissolution; elle répute conçu avant le mariage tout enfant qui naît viable avant le 180e jour de la célébration; enfin, en principe du moins, elle ne considère pas comme conçu pendant le mariage l'enfant qui naît plus de 300 jours après la dissolution.

La présomption légale qui attribue la paternité au mari s'applique aux enfants conçus, et même à ceux qui sont seulement nés depuis le mariage. Toutefois la loi ne prétend pas couvrir les désordres de la femme : elle reconnaît donc au mari la faculté de désavouer l'enfant, mais en posant à ce sujet des règles très étroites. Pour les enfants conçus pendant le mariage, elle n'admet le *désaveu de paternité* que dans deux cas : 1° si le mari prouve qu'il y avait de sa part impossibilité physique de cohabitation avec sa femme, soit par cause d'éloignement, soit par l'effet de quelque accident; mais par des considérations graves, il ne peut alléguer son impuissance naturelle; 2° si le mari prouve l'adultère de sa femme et qu'en outre la naissance de l'enfant lui a été cachée. — Quant aux enfants conçus antérieurement au mariage, mais nés pendant celui-ci, le désaveu du mari suffit en général pour repousser la présomption légale de paternité, si la naissance a eu lieu avant le 180e jour à partir de la célébration. Néanmoins, le mari n'est pas admis à exercer l'action en désaveu : 1° s'il a eu connaissance de la grossesse avant le mariage; 2° s'il a assisté à l'acte de naissance et s'il a approuvé cet acte, soit en le signant, soit en y laissant insérer la mention qui tient lieu de la signature; 3° si l'enfant n'est pas déclaré viable. Enfin, à l'égard de l'enfant qui naît plus de 300 jours après la dissolution du mariage, il n'est pas besoin de le désavouer pour contester sa légitimité (C. civ. 312 à 315). — Dans les divers cas où le mari est autorisé à réclamer, il doit le faire dans le mois, s'il se trouve sur les lieux de la naissance de l'enfant; dans les deux mois après son retour, s'il était absent à cette époque; dans les deux mois après la découverte de la fraude, si on lui avait caché la naissance de l'enfant. Si le mari vient à mourir avant d'avoir fait sa réclamation, mais étant encore dans le délai utile pour la faire, les héritiers ont deux mois pour contester la légitimité de l'enfant; mais ce délai de deux mois ne court contre les héritiers qu'à dater de l'époque où leur droit héréditaire, seul fondement de leur action, leur est disputé par l'enfant, c'est-à-dire où l'enfant s'est mis en possession des biens du mari ou vient troubler les héritiers dans cette possession.

Lorsque le mariage entre deux personnes étant prouvé ou non dénié, une autre personne se prétend issue de ce mariage, c'est à elle à fournir les preuves de sa f. La preuve la plus ordinaire de la f. des enfants légitimes se trouve dans l'acte de naissance, qui doit en général contenir les déclarations relatives tant à la paternité qu'à la maternité. Mais il serait quelquefois impossible à un enfant de représenter son acte de naissance, lors même que cet acte existerait : dans ce cas, la possession constante de l'état d'enfant légitime suffit. La *Possession d'état* s'établit par une réunion suffisante de faits qui indiquent le rapport de f. et de parenté entre un individu et la famille à laquelle il prétend appartenir. La loi elle-même énumère les principaux de ces faits qui se résument tous dans ces trois mots, *nomen, tractatus, fama.* Ces faits, dit le Code, sont : que l'individu a toujours porté le nom du père auquel il prétend appartenir; que le père l'a traité comme son enfant, et a pourvu, en cette qualité, à son éducation, à son entretien et à son établissement; qu'il a été reconnu constamment pour tel dans la société; qu'il a été reconnu pour tel par la famille. Au reste, nul ne peut contester l'état de celui qui a une possession conforme à son titre de naissance; et réciproquement, nul ne peut réclamer un état contraire à celui qui lui donnent son titre de naissance et la possession conforme à ce titre. A défaut de titre et de possession constante, ou si l'enfant a été inscrit, soit sous de faux noms, soit comme né de père et mère inconnus, la preuve de la f. peut se faire par témoins; cependant cette preuve ne peut être admise que lorsqu'il y a un commencement de preuve par écrit ou lorsque les présomptions ou indices résultant de faits dès lors constants sont assez graves pour déterminer l'admission. Le commencement de preuve par écrit résulte des titres de famille, des registres et papiers domestiques du père ou de la mère, des actes publics ou même privés émanés d'une partie engagée dans la contestation, ou qui y aurait intérêt si elle était vivante. La preuve contraire peut se faire par tous les moyens propres à établir que le réclamant n'est pas l'enfant de la mère qu'il prétend avoir, ou même, la maternité prouvée, qu'il n'est pas l'enfant du mari de la mère. — Quoique ce soit souvent par le résultat d'un crime ou d'un délit commis à son préjudice que l'enfant se trouve placé dans la nécessité de réclamer son état, et quoique la preuve du crime ou du délit pût amener celle de l'état véritable, le législateur n'a pas voulu qu'à l'aide d'une procédure criminelle on parvînt à éluder la sévérité des règles établies pour la preuve de la F. En conséquence, il a établi en principe la compétence exclusive des tribunaux civils en matière de réclamation d'état, et statué que l'action criminelle serait suspendue jusqu'au jugement sur la question d'état. L'action en réclamation d'état est imprescriptible à l'égard de l'enfant. Le droit de l'intenter ou de la suivre passe en outre à ses héritiers, mais avec des limitations strictes Ainsi cette action ne peut être intentée par ces derniers, quand l'enfant n'a pas réclamé, lorsque celui-ci est décédé mineur ou dans les 5 années après sa majorité. Ils ne peuvent non plus suivre cette action, lorsque, ayant été commencée par l'enfant, il s'en est désisté formellement, ou a laissé passer 3 années sans poursuites, à compter du dernier acte de la procédure.

II. *F. naturelle.* — On appelle *enfants naturels* tous ceux qui ne sont point issus d'un mariage légitime ; ils sont *adultérins*, si l'un des deux parents était, à l'époque de la conception, engagé par mariage avec une autre personne ; ils sont *incestueux*, s'ils sont nés de deux personnes parentes ou alliées au degré prohibé. La haine de l'adultère et de l'inceste a fait refuser aux fruits de ces unions déplorables tous les droits de famille attachés à la naissance ; mais la loi, plus indulgente pour les enfants qui doivent le jour à une faiblesse moins condamnable, permet de les élever, par la *légitimation*, au rang des enfants du mariage, ou de leur conférer, par une *reconnaissance*, les droits attachés à la f. naturelle.

La *Légitimation* est une faveur de la loi qui élève au rang d'enfants légitimes ceux qui ne sont pas nés tels. Cette faveur, dans notre droit, est exclusivement attachée au mariage subséquent des père et mère. Lorsque les enfants naturels ont été légalement reconnus par les père et mère, et que ceux-ci viennent plus tard à se marier, leur légitimation est de droit. Lorsqu'au contraire, ils n'ont pas été reconnus légalement, il faut, pour les légitimer, que les parents les reconnaissent, au plus tard, dans l'acte même de la célébration du mariage. La légitimation, en rattachant à la famille l'enfant qui en est l'objet, y rattache également toute la descendance de ce dernier. En conséquence, la loi permet de légitimer même les enfants naturels morts, s'ils ont laissé des descendants. La légitimation, comme ce mot lui-même l'indique, confère la légitimité ; mais cet effet du mariage ne peut précéder sa cause. La légitimité de l'enfant ne remonte donc pas à sa naissance ; il n'a que les droits qu'il aurait eus, s'il était né du mariage qui le légitime (C. civ. 331 à 333).

La f. naturelle s'établit en général par la *reconnaissance*, c.-à-d. par l'aveu que le père ou la mère fait de sa qualité ; et, dans certains cas, par une recherche judiciaire. — La reconnaissance n'est pas permise indistinctement à l'égard de tous les enfants naturels ; elle ne peut, en aucun cas, avoir lieu au profit des enfants adultérins ou incestueux. En outre, sa validité est subordonnée à sa forme ; elle doit être faite dans la forme la plus propre à s'assurer qu'elle est sérieuse et libre. Sa place naturelle est dans l'acte de naissance ; mais il est permis de la faire par acte séparé. L'acte peut être reçu par l'officier de l'état civil ; néanmoins le ministère de cet officier n'est pas nécessaire : tout ce que la loi exige, c'est que la reconnaissance soit faite par acte authentique. La reconnaissance du père, sans l'indication et l'aveu de la mère, n'a d'effet qu'à l'égard du père. L'enfant qu'un des époux a eu, avant son mariage, d'une autre personne que son époux, n'est point adultérin ; mais sa reconnaissance pendant le mariage constitue une sorte de manque de foi envers le conjoint, qui, dans l'ignorance de l'existence de cet enfant étranger, n'avait pas dû compter sur le préjudice qui en résulterait pour lui et ses enfants. La loi a donné satisfaction à tous les intérêts en subordonnant, à l'égard du conjoint et des enfants du mariage, cette reconnaissance qui est d'ailleurs valable et susceptible de produire une sorte d'effet après la dissolution du mariage, s'il ne reste point d'enfants. Quant à l'enfant né du commerce antérieur des deux époux, la loi fait une exception en sa faveur. En effet, bien que sa légitimation ne soit plus possible après la

célébration du mariage, il peut acquérir par une double reconnaissance de la part du père ou de la mère, de même que toute réclamation de la part de l'enfant, peut être contestée par tous ceux qui y ont intérêt (C. civ. 334 à 339).

A défaut d'une reconnaissance, la f. naturelle peut, comme nous l'avons dit, s'établir par une déclaration judiciaire. La presque impossibilité de constater la paternité d'une manière certaine, en l'absence de l'aveu, a fait interdire absolument sa recherche, sauf une seule exception, le cas d'enlèvement. Encore faut-il alors qu'il y ait rapport entre l'époque de la conception et celle de l'enlèvement, pour que le ravisseur puisse, sur la demande des parties intéressées, être déclaré père de l'enfant. La recherche de la maternité, au contraire, est admise par la loi, attendu que la grossesse et l'accouchement sont des faits apparents et faciles à constater. L'enfant qui veut réclamer sa mère est tenu de prouver qu'il est identiquement le même que l'enfant dont elle est accouchée. En outre, il n'est admis à faire cette preuve que lorsqu'il existe déjà un commencement de preuve par écrit. Enfin, les motifs qui ont fait prohiber la reconnaissance des enfants incestueux ou adultérins ne permettent pas davantage d'admettre ces enfants à la preuve judiciaire de leur f. En conséquence, toute recherche de la maternité est interdite lorsqu'elle tendrait à prouver l'inceste ou l'adultère de la mère (C. civ. 340 à 342). Modifiant les dispositions du Code civil, la loi des 25-28 mars 1896 a augmenté les droits de succession accordés aux parents ou aux enfants naturels. Voy. SUCCESSION.

FILICAJA (VINCENZIO DA), poète patriotique italien (1642-1707).

FILICIFÈRE. adj. 2 g. (lat. *filix*, fougère ; *fero*, je porte). T. Minér. Qui renferme des empreintes de fougère.

FILICINÉES. s. f. pl. (lat. *filix*, fougère). T. Bot. Nom donné à l'une des classes de l'embranchement des Cryptogames vasculaires, caractérisée par la présence de feuilles très développées, avec une ramification latérale isolée. Cette classe comprend 3 ordres : les *Fougères*, les *Marattinées* et les *Hydroptérides*. Voy. ces mots.

FILICIQUE. adj. T. Chim. *L'acide f.* constitue le principe actif du ra racine de fougère mâle (*Aspidium filix mas*) dont l'extrait éthéré est employé en médecine comme ténicide. C'est une poudre cristalline jaune clair, insoluble dans l'eau, très soluble dans l'éther, l'essence de térébenthine et le sulfure de carbone.

FILICULE. s. f. (lat. *filicula*, m. s., dimin. de *filix*, fougère). Nom donné autrefois à diverses petites espèces de fougères employées comme pectorales.

FILIÈRE. s. f. (lat. *filum*, fil). T. Techn. Instrument destiné, soit à étirer les fils métalliques, soit à leur donner la forme d'une vis. Voy. TRÉFILERIE et VIS. || Fig. et fam., *Passer par la f.*, se dit en parlant des épreuves que quelqu'un doit subir, des grades intermédiaires par lesquels on doit passer pour arriver à quelque chose. *Il est arrivé en passant par la f.* Se dit aussi en parlant d'un grand nombre de personnes par les mains desquelles doit passer une même affaire. *Une f. de gens. Il faudra que votre demande passe par toute une f. de commis, d'employés.* On dit encore, dans un sens anal., *La f. des bureaux, la f. administrative. Cette affaire durera longtemps, car elle doit passer par toute la f. administrative.* — *Faire passer quelqu'un par toutes les filières,* Lui susciter toutes sortes de chicanes, de difficultés. || T. Bourse. Ordre de livraison écrit, que le vendeur délivre à l'acheteur pour que celui-ci puisse s'en servir avant l'échéance du marché à terme. || T. Charpent. Synon. de panne. Voy. COMBLE. || T. Zool. L'ensemble des pores par lesquels les araignées et les chenilles font sortir les fils dont elles forment leurs toiles et leurs cocons. || T. Minér. Crevasse ou veine dans une mine. || T. Mar. Filin horizontal servant de support. — *F. de beaupré,* Cordage amarré au beaupré pour servir de main-courante ou garde-fou pour les matelots. — *F. d'envergure,* Cordage fortement tendu qui va d'une extrémité de la vergue à l'autre et sur lequel on amarre les rabans d'envergure de la voile. — *F. de tente,* Chacune de celles tendues à tribord et à bâbord et sur lesquelles on amarre les garcettes d'une tente qu'on développe. — *F. de bastingage,* Solide filin courant de l'avant à l'arrière pour fixer les filets de bastingage. || T. Techn. Crible à faire le vermicelle. — Brin de bois de sapin qu'on fixe sur un train de bois flotté pour le soutenir. — Filon, veine de métal dans une mine. || T. Blas. Bordure étroite qui entoure l'écu. Voy. FILET.

FILIFORME. adj. 2 g. (lat. *filum*, fil; *forma*, forme). T. Hist. nat. Délié comme un fil. *Antennes filiformes. Feuilles filiformes.* || T. Pathol. *Pouls f.*, Pouls faible, qui produit l'impression d'un fil en vibration.

FILIGRANE. s. m. (lat. *filum*, fil; *granum*, grain). Ouvrage d'orfèvrerie fait à jour avec des fils d'or ou d'argent entrelacés et soudés les uns avec les autres. *Un vase de f.* || Se dit aussi des lettres ou figures de cuivre que l'on fixe sur la forme à fabriquer le papier, et de l'empreinte qui en résulte sur chaque feuille, quand on regarde celle-ci à la lumière transmise. *Les billets de banque ont des filigranes.*

FILIGRANÉ, ÉE. adj. *Papier f.*, Papier qui présente les marques appelées filigranes.

FILIGRANER. v. a. Travailler en filigrane.

FILIGRANEUR ou **FILIGRANISTE.** s. m. Ouvrier qui fait le filigrane.

FILIN. s. m. (R. *fil*). T. Mar. Nom donné à tout cordage qui n'est pas commis en grelin. Voy. CORDAGE.

FILIPENDULE. s. f. (lat. *filum*, fil; *pendere*, être suspendu). T. Bot. Nom vulgaire d'une Spirée (*Spiræa filipendula*) de la famille des *Rosacées.* Voy. ce mot. = Adj. *Graine f.*, Graine qui pend hors de sa loge, à un long cordon ombilical. — *Araignée f.*, Araignée qui guette sa proie, suspendue à un fil qui correspond à sa toile.

FILLE. s. f. [Pr. *fi-lle*, *ll* mouillées] (lat. *filia*, m. s.). Se dit d'une personne du sexe féminin par rapport à son père et à sa mère, ou par rapport à l'un d'eux seulement. — *Petite-f.*, Voy. PETIT. *Arrière petite-f.*, et *Belle-f.*, Voy. ces mots. Par extension, se dit d'une personne qu'on regarde ou qu'on aime comme sa fille, ou bien qui vous aime comme on aime un père ou une mère. *Vous retrouverez en elle la f. que vous avez perdue.* — *Ma f.*, Terme d'affection ou de bienveillance que les personnes d'un certain âge ou d'un caractère respectable emploient quelquefois en parlant à une jeune fille ou à une femme. *Ma f. lui dit le vieillard, écoutez mes conseils.* || En poésie, et dans le style élevé, *Fille* se dit aussi pour descendance, issue de telle ou telle race, native de tel ou tel pays. *La f. des Césars. La f. de tant de rois. Les filles de Sion.* — Poétiq., *Les filles de Mémoire,* Les Muses. *Les filles du jour,* Les Heures. *Les filles d'Enfer,* Les furies. — Figur., *La vérité est la f. du temps. La superstition est la f. de l'ignorance,* etc. || Figur., se dit des abbayes, etc., qui ont été fondées par une autre et qui en dépendent. *Cette abbaye est une des filles de Cîteaux.* — Par anal., se dit également d'un corps qui a été adopté par un autre. *L'Académie de Marseille se disait f. de l'Académie française. La France, f. aînée de l'Église.* || F. *d'Ève,* Nom donné à toute personne du sexe féminin et surtout quand on veut lui reprocher la curiosité qui perdit Ève. || Fig., Les religieuses de certaines communautés prennent le nom de *Filles du Calvaire, Filles-Dieu, Filles de Saint-Thomas,* etc. = Dans un sens partic., se dit d'une enfant du sexe féminin, et d'une personne du sexe qui n'est pas mariée, par oppos. à Femme. *Elle est accouchée d'une f. Il naît chaque année plus de filles que de garçons. Elle est encore f., elle n'est pas mariée. C'est une f. à marier. Une jolie f. Une jeune f. Une vieille f. Une honnête f. Rester f. Mourir f.* — *F. d'honneur,* Voy. HONNEUR. — Prov., *La plus belle f. du monde ne peut donner que ce qu'elle a,* On ne peut demander à personne que ce qu'il peut donner. — *F. de boutique,* Celle qui est employée dans une boutique, soit pour vendre, soit pour travailler. *F. de chambre,* ou plus habituellement *Femme de chambre,* Fille ou femme qui sert à la chambre auprès d'une dame. *F. de service,* Fille ou femme employée à différents services dans une maison. Fam., on dit quelquefois simplement, *la f.,* en parlant de la servante, surtout dans les hôtelleries. *Appeler la f.* — *F. de joie, f. publique,* ou simpl. *Fille,* Une prostituée. *C'est un homme qui fréquente les filles.* — *F. soumise,* Dans le sens administratif, fille publique inscrite sur

les registres de la police. || *F. repentie,* Fille qui a mené une mauvaise vie et qui est enfermée volontairement ou par voie d'autorité dans une maison de pénitence. || *F.-mère,* Femme qui a un enfant sans être mariée. || *F. d'opéra,* Danseuse ou chanteuse de théâtre (dans un sens défavorable). || *F. des rues,* Coureuse.

FILLETTE. s. f. [Pr. *fi-llè-te*, *ll* mouillées]. Dimin. Petite fille. *Ce n'est encore qu'une f. Gentille, jolie f.* || Jeune fille.

Jeune fillette a toujours soin de plaire.
LA FONTAINE.

FILLEUL, EULE. s. [Pr. *fi-lleul*, *ll* mouillées] (lat. *filiolus*, jeune fils). Personne qui a été tenue sur les fonts du baptême, par rapport à son parrain et à sa marraine. Voy. PARRAIN.

FILLON (BENJAMIN), archéologue français (1819-1881).

FILOCHE. s. f. (R. *fil*). Espèce de tissu à mailles plus ou moins larges. *F. de soie.* || T. Techn. Câble qui sert dans un moulin à lever la meule.

FILOCHER. v. n. Néol. Tisser de la filoche.

FILOIR. s. m. Machine à filer.

FILON. s. m. (R. *fil*). T. Géol. Suite d'une même matière contenue entre des couches de matières différentes. *Un f. d'or, d'argent, de gypse,* etc. || Fig., Veine, source.
   Géol. — L'écorce terrestre est traversée dans son épaisseur par un nombre infini de fentes qui souvent se croisent dans tous les sens, et dont l'origine paraît due, soit à des retraits, soit à des tassements, soit à toute autre cause dont l'effet a été la fracture et la séparation de masses solides, précédemment entières et continues. Lorsque les parois des parties séparées sont restées en contact, on observe une simple *Fissure;* lorsque les masses séparées ont glissé l'une sur l'autre, on a affaire à une *Faille;* enfin, quand les bords des fentes sont restés écartés, et que les cavités produites ont été, après coup, plus ou moins complètement remplies, on a des *Filons:* car, en géologie, on n'applique pas exclusivement, comme dans le langage ordinaire, le nom de filon aux matières qui remplissent certaines fentes; on donne aussi aux fentes elles-mêmes.
   Dans les *Failles,* les couches qui ont été disloquées conservent parfois leur horizontalité (Fig. 1); mais ordinairement elles sont plus ou moins inclinées. Souvent encore des deux

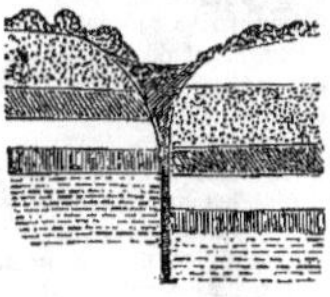

Fig. 1. 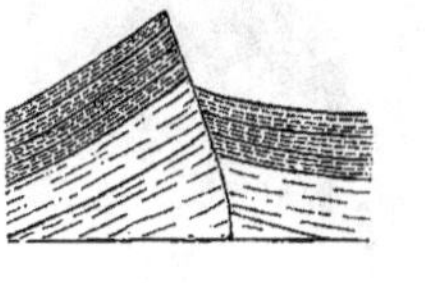   Fig. 2.

parties séparées par la faille, l'une se trouve tellement exhaussée relativement à l'autre qu'elle forme au-dessus de la surface du sol une crête remarquable par sa hauteur (Fig. 2), et qui a quelquefois une longueur considérable. C'est ce qu'on observe fréquemment, par ex., dans les chaînes des Alpes, du Jura et des Vosges. Ces interruptions et ces dislocations de couches primitivement continues sont une source de difficultés dans les travaux qui ont pour objet l'exploitation des houillères et la recherche des différentes richesses minérales que recèle la sein de la terre. Dans les houillères, par ex., le mineur voit tout à coup finir une puissante couche de combustible dont rien ne lui faisait présumer la cessation; il lui faut donc faire de nouvelles recherches, et souvent à grands frais, pour retrouver le dépôt houiller, soit au-dessus, soit au dessous du point où il s'est trouvé subitement arrêté. Néanmoins ces inconvénients sont compensés par quelques avantages. En effet, ces dislocations contre-balancent la tendance des couches houillères à descendre à des profondeurs où il serait impossible de les atteindre; lorsque les failles sont remplies de matières solides, elles constituent des espèces de digues qui empêchent l'envahissement de la mine par les eaux; enfin, lorsque le feu a pris dans une partie d'une houillère, elles opposent une barrière à l'incendie et empêchent que le feu ne gagne le dépôt tout entier. Mais il est une disposition particulière des failles qui a souvent donné lieu à des décep-

Fig. 3.

tions funestes. Lorsque, par ex., la dislocation des couches d'un terrain houiller s'est opérée de telle sorte que la même couche de houille forme à la surface du sol plusieurs affleurements successifs (Fig. 3), les gens inexpérimentés en concluent à l'existence d'autant de couches différentes : on ouvre les travaux sur chacun des points d'affleurement, et l'on s'aperçoit trop tard de son erreur.

Nous avons dit tout à l'heure que les matières qui remplissent les *filons* n'y ont pénétré qu'après coup, c.-à-d. postérieurement à l'action des causes qui ont disloqué le sol. Ces matières ont pu être introduites dans les fentes, soit immédiatement après la formation de celles-ci, soit à des époques plus ou moins postérieures : plusieurs substances différentes se sont quelquefois succédé dans le même f. et s'y trouvent superposées. Quant au mode d'introduction, il a également varié ; tantôt la matière d'un f. y est tombée d'en haut en fragments ou débris plus ou moins volumineux ; tantôt des matières tenues en suspension ou en solution dans un liquide se sont déposées sous forme de sédiment, de précipité ou de cristaux : les filons de cette catégorie sont appelés *filons de dépôt, gîtes minéraux* ou *gîtes métallifères*. Dans d'autres cas, qui constituent l'immense majorité, c'est par le bas que les fentes ont été plus ou moins complètement comblées, soit par des matières incandescentes et fluides poussées de l'intérieur de la terre, qui se sont ensuite solidifiées par le refroidissement, soit par des émanations gazeuses qui se sont condensées : ce sont les *filons d'injection*.

Souvent les fentes n'arrivent pas à la surface du sol. Alors, les filons se terminent supérieurement en coins, c.-à-d. en masses plus ou moins effilées. Quand, au contraire, les fentes pénètrent jusqu'au niveau du sol, les matières fluides auxquelles elles ont livré passage s'étendent fréquemment autour de leur orifice en y formant des nappes, ou bien s'y accumulent de manière à produire des bulles coniques (Fig. 4). Ces dispositions se montrent fréquemment dans les terrains volcaniques. C'est ainsi que se sont produites les nappes et les bulles de nature basaltique, trappéenne, etc., que l'on observe dans un grand nombre de localités. Il n'est même pas rare de rencontrer plusieurs nappes les unes au-dessus des autres, chacune correspondant à un f. particulier qui lui a donné naissance : dans ce cas, le f. le plus récent est évidemment celui qui a produit la nappe la plus rapprochée de la surface, puisqu'il a dû forcément traverser toutes les nappes inférieures. Parfois on voit une même roche d'origine ignée pénétrée par des filons de même nature, lesquels sont nécessairement moins anciens (Fig. 5). Masse de granit pénétrée par une autre veine de granit, près de Carlsbad). Enfin, comme la matière qui constitue les filons d'origine ignée offre, en général, une résistance considérable aux influences atmosphériques, il arrive fréquemment que les roches qui les contiennent sont dégradées et enlevées par les agents extérieurs, tandis que les filons eux-mêmes demeurent intacts, de telle sorte qu'ils font saillie à la surface du sol, et y produisent l'effet d'une muraille plus ou moins élevée. Les filons qui présentent cette disposition ont reçu des géologues anglais le nom de *Dike* ou *Dyke*, qui signifie digue, chaussée. Cette dénomination a été adoptée par les géologues du continent ; mais, par une extension abusive, on l'applique à tous les filons qui reconnaissent la même origine et ont une direction à peu près verticale.

Fig. 4.

Les filons sont rarement seuls. Le plus ordinairement, on en trouve un plus ou moins grand nombre dans la même localité, à peu de distance les uns des autres. En général, dans une même contrée, les filons de même nature sont à peu près parallèles entre eux ou inclinés dans un même sens. Cette circonstance prouve qu'ils ont été formés en même temps, et que la force qui les a produits a agi dans la même direction. Quant aux filons de nature différente, ils sont quel-

Fig. 5.

quefois parallèles ; mais le plus souvent ils sont inclinés en sens différents et se rencontrent. Alors, ou bien l'un d'eux cesse tout à fait, l'autre continuant de suivre sa direction primitive ; ou bien tous les deux s'unissent et marchent ensemble ; ou bien encore ils se croisent. Dans ce dernier cas, qui est le plus fréquent, tantôt l'un d'eux, qu'on appelle *f. croiseur*, poursuit sa marche à travers l'autre, sans éprouver aucune déviation, et celui-ci se retrouve au delà du premier ; tantôt, et c'est ce qu'on observe ordinairement, les deux parties du f. croisé ne sont pas en face l'une de l'autre ; quelquefois même, elles sont à une très grande distance. On dit alors que ce f. est *rejeté* par l'autre (Fig. 6), et l'on appelle *Rejet* ou *Saut* la distance qui sépare les deux parties du f. Cette disposition indique que le f. croiseur est d'une formation postérieure à celle du f. croisé. Au reste, il est à remarquer que, dans une contrée, les filons qui appartiennent à un même système, c'est-à-dire qui sont parallèles entre eux et de même nature, sont tous coupés par les filons qui appartiennent à un autre système, ou coupent tous ces derniers. Ainsi, par ex., les filons d'étain du comté de Cornouailles, en Angleterre, dont la direction est du nord-nord-est au sud-sud-ouest, sont coupés et rejetés par les filons de cuivre, qui courent de l'est à l'ouest. Dans ce pays, on connaît jusqu'à sept systèmes différents de filons, dont les plus modernes coupent et rejettent tous ceux qui leur sont antérieurs.

Fig. 6.

Les filons qui renferment des matières métallifères sont les plus importants à étudier au point de vue de l'industrie. Le plus ordinairement, la substance métallifère s'y trouve enveloppée par une matière terreuse appelée *Gangue*, au milieu de laquelle elle forme des filets plus ou moins irréguliers et dont l'épaisseur varie continuellement et s'évanouit même quelquefois entièrement. Les deux faces principales d'un f. ont reçu des mineurs le nom de *Salbandes ;* mais on ne les appelle ainsi qu'autant qu'elles sont de nature ou au moins de couleur différente de la masse. On nomme *Épontes* les parois sur lesquelles s'appuient les salbandes ; de plus, comme le f. est presque toujours incliné, l'éponte supérieure prend le nom de *Toit*, et l'inférieure celui de *Mur*. Enfin, quand une partie du f. vient se montrer à la surface du sol, on l'appelle *Affleurement* ou *Tête de f*. M Daubrée a montré, par l'expérimentation, que les filons avaient été produits par des mouvements de torsion et de torsion combinés. Voy. MINE.

FILONIEN, IENNE. adj. T. Géol. Qui tient du filon. *Terrain f.*, Terrain éruptif de petites dimensions contenant les roches qu'on rencontre dans les filons.

FILOSELLE. s. f. [Pr. *filo-zè-le*] (R. *fil*). Bourre de soie, rebut des cocons dévidés. Voy. SOIE.

FILOTIER, IÈRE. Celui, celle qui achète le fil en détail à la campagne pour le vendre en gros.

FILOTIÈRE. s. f. T. Archit. Bordure d'un panneau de vitrail.

FILOU. s. m. (R. *filer?*). Celui qui vole avec adresse. *Un habile f. Un tour de f.* Par extens., Celui qui trompe au jeu. *Il a joué avec des filous qui lui ont gagné son argent.* || T. Icht. Genre de poissons. Voy. SPAROIDES.

FILOUTAGE. s. m. Habitude de filou ; métier de filou.

FILOUTER v. n. (R. *filou*). Voler avec adresse. *On lui a filouté sa bourse.* — Absol., *Il passe sa vie à f.* || Par ext., Tromper au jeu. *Ne jouez pas avec lui, il vous filoutera.* — On dit encore, *Il m'a filouté de tant,* Il m'a gagné déloyalement telle somme. ≈ FILOUTÉ, ÉE, part.

FILOUTERIE. s. f. Action de filou. *C'est une pure f. Il ne vit que de f.*

Législ. — La f., vol commis avec ruse, ainsi que la tentative de ce même délit, est punie d'un emprisonnement d'un an au moins et de cinq ans au plus et peut en outre faire encourir une amende de 16 à 500 francs. Le coupable peut encore être interdit des droits mentionnés en l'article 42 du Code pénal, pendant 5 ans au moins et 10 ans au plus, à compter du jour où il a subi sa peine. L'interdiction de certains séjours peut enfin être prononcée contre lui, avant sa libération, pendant le même laps de temps (Code pénal, art. 401).

FILS. s. m. [On devrait prononcer *fi* : c'est la prononciation ancienne ; mais l'habitude semble se répandre de plus en plus de dire *fils* devant une consonne] (lat. *filius*, m. s.). Se dit d'un individu du sexe masculin par rapport à son père et à sa mère, ou par rapport à l'un d'eux seulement. *F. légitime, naturel, adoptif. F. aîné, puiné, cadet. Dupont père et f.* Pour désigner une maison de commerce tenue par un père et son fils conjointement, on dit, *Un tel et f., négociants.* — *Petit-f.,* Voy. PETIT. *Arrière-petit-f.,* et *Beau-f.,* Voy. ces mots. — *F. de famille,* Voy. FAMILLE. — Ellipt., *Le f. de la maison,* Le fils du maître de la maison. — Fig. et fam., *Il est bien le f. de son père,* se dit de quelqu'un qui ressemble beaucoup à son père, ainsi que de celui qui a les mêmes inclinations et les mêmes qualités ou les mêmes défauts que son père. — *F. de maître,* se disait autrefois de celui qui, étant fils d'un maître dans quelque art, dans quelque métier, jouissait de certains privilèges pour parvenir lui-même à la maîtrise. || Par ext., se dit d'un jeune homme ou d'un homme qu'on regarde ou qu'on aime comme son fils, ou qui vous regarde et vous aime comme on aime un père ou une mère. *L'orphelin qu'il avait recueilli devint son f. et son soutien.* — *Mon f.,* Terme d'affection ou de bienveillance que les personnes d'un certain âge ou d'un caractère respectable emploient en parlant à un jeune homme. *Mon f., lui dit le vieillard, croyez-en mon expérience.* || En poésie, et dans le style élevé, *Fils* se dit quelquefois pour descendant, issu de telle ou telle race, né en tel ou tel pays. *Les f. de saint Louis. Les f. de vingt rois. Les f. de l'Helvétie. Les f. du désert.* — Poétiq., *Les f. d'Apollon,* Les poètes. *Les f. de l'harmonie,* Les musiciens et quelquefois les poètes. *Les f. de Mars,* Les guerriers que la victoire favorise.* || *Les fils de Saint-Benoît, de Saint-Dominique, de Saint-Bruno,* etc., pour les Bénédictins, les Dominicains, les Chartreux, etc. || Figur., *Il est le f. de ses œuvres,* se dit d'un homme qui ne doit qu'à son mérite, qu'à ses travaux, la réputation, la fortune ou le rang dont il jouit. — Figur., *Le luxe est le f. de la vanité. Les vices sont les f. de l'oisiveté,* etc., La vanité produit le luxe ; l'oisiveté fait naître les vices, etc. || Dans un sens particul., s'emploie pour désigner simplement un enfant du sexe masculin. *Elle est accouchée d'un f.* ≈ *Beau-f.,* Voy. BEAU-FILS.

FILTRAGE. s. m. L'opération de passer un liquide à travers un filtre.

FILTRANT, ANTE. adj. Qui sert à filtrer.

FILTRATION. s. f. [Pr. *filtra-sion*] (R. *filtrer*). Opéra-

---

tion qui consiste à faire passer un liquide contenant des matières étrangères à travers un corps propre à les retenir. || Par anal., se dit du passage d'un liquide à travers une substance perméable quelconque. *La f. incessante des eaux au travers des terres a rendu inutiles tous les travaux*

FILTRE. s. m. (bas-lat. *feltrum*, feutre). Un *Filtre* est un appareil propre à clarifier et à purifier les liquides. Dans tous les appareils employés à cet effet, on fait usage de substances poreuses ou dans un état de division plus ou moins grand, à travers lesquelles on fait passer le liquide à clarifier, de telle sorte que celui-ci, dans son passage à travers les pores ou les interstices de la substance filtrante, y laisse les matières étrangères qu'il peut contenir. Les substances dont on se sert pour opérer la filtration, varient suivant la nature et suivant la quantité de liquide que l'on se propose de clarifier.

Dans les laboratoires de chimie et de pharmacie, on fait surtout usage du f. de papier, de l'étamine, du blanchet et de la chausse. Pour les opérations de précision, telles que les dosages, on se sert de papier spécial, dit *Papier Berzelius,* qui laisse un résidu de cendres excessivement faible quand on l'incinère pour peser la matière qu'il contient. Le *F.* de *papier* se fait avec une feuille de papier non collé, plusieurs fois repliée sur elle-même en forme de cornet et que l'on place dans un entonnoir. Il ne peut servir que pour traiter de petites quantités à la fois, et pour certains liquides seulement, tels que les huiles fixes et volatiles, les solutions alcooliques et éthérées, les sucs végétaux, les acides étendus et les dissolutions alcalines. Quand il s'agit de décoctions ou d'infusions aqueuses, on se sert de l'*Étamine.* C'est un simple carré d'étamine ou de toile tendu lâchement sur un cadre de bois, appelé *Carrelet,* auquel il est fixé par quatre pointes de fer. On verse le liquide sur le tissu, et l'on reçoit le produit clarifié dans un vase placé au-dessous ; cette sorte de filtration est aussi appelée *Colature.* Le *Blanchet* ne diffère de l'étamine qu'en ce qu'on emploie, au lieu de toile, un carré de molleton de laine ; il est surtout usité pour clarifier les sirops à chaud, et on sépare les parties albumineuses qu'ils peuvent tenir en suspension. Si le sirop est en trop grande quantité, ou s'il est très épais et chargé de matières extractives, on fait alors usage de la *Chausse,* qui est tout simplement une sorte de cône ou de capuchon de feutre. Certaines substances, plus visqueuses pour les sirops, exigent des procédés particuliers. Ainsi, par ex., l'huile se filtre au moyen d'un vase dont le fond est criblé de trous tamponnés avec du coton peu foulé. Enfin, pour les liquides corrosifs, comme les acides concentrés, qui ne peuvent être mis en contact avec des substances organiques, on leur fait traverser une couche de verre pilé ou de verre *filé,* qu'on nomme *coton de verre,* ou de sable siliceux, ou même de charbon pulvérisé. L'opération se fait avec un entonnoir de verre ou de porcelaine, dans lequel on met la matière filtrante, les fragments les plus grossiers à la partie inférieure.

On f. le mercure à travers une peau de chamois. On f. le phosphore à travers une pierre poreuse recouverte d'une couche de poussière de charbon ; l'opération se fait sous l'eau et sous pression.

On se sert beaucoup, dans l'industrie, du *F.-presse,* pour séparer les solides des liquides. Le solide est enfermé dans des sacs en grosse toile, puis le tout est soumis à l'action d'une presse hydraulique. Le liquide s'écoule, tandis que le solide seul reste dans les sacs.

Dans l'économie domestique, l'objet principal de la filtration consiste à débarrasser l'eau des particules étrangères qu'elle renferme presque toujours. Les *Fontaines filtrantes* sont de simples caisses en forme de parallélépipède, et faites de plaques de pierre de liais ou de marbre. Deux tablettes de grès filtrant sont fixées dans l'intérieur, de manière à former latéralement dans le fond un réservoir parfaitement clos de toutes parts, à l'exception d'une petite ouverture formant l'orifice inférieur d'un tube qui s'élève jusqu'au rebord de la fontaine, afin de donner issue à l'air de cette chambre particulière. Quand on remplit la fontaine, une partie du liquide filtre à travers le grès, de sorte que l'on a à la fois dans la fontaine de l'eau non filtrée, et de l'eau filtrée dans le réservoir. Deux robinets ajustés au bas de l'appareil, et communiquant l'un avec la fontaine et l'autre avec le réservoir, permettent d'obtenir à volonté de l'eau filtrée ou non filtrée, selon l'usage qu'on en veut faire. Ces appareils clarifient bien les eaux troubles ; mais ils ont le défaut de ne pas leur enlever l'odeur et la saveur désagréables que peuvent leur avoir données des matières organiques putréfiées. Les *Fontaines dépuratoires* obvient à cet inconvénient. L'appareil ainsi nommé est un grand vase de matière quelconque qui, à 10 centim. du fond, est muni d'un diaphragme de poterie criblé de trous. On place sur ce diaphragme, d'abord un fragment d'étoffe de laine, puis successivement une couche de grès pilé, une couche de charbon pulvérisé mêlé de grès et une couche de sable. Au-dessus de celle-ci, on met un plateau de bois ou de terre cuite, qui a exactement la forme du vase, et qui est percé de trois ou quatre gros trous. Ces trous sont eux-mêmes recouverts de champignons de grès criblés d'une multitude d'autres trous, mais très petits et enveloppés d'éponges. Les filtres ci-dessus ont besoin d'être nettoyés de temps en temps pour empêcher que leurs pores ne s'obstruent. Cet inconvénient est moindre dans les *Fontaines à f. ascendant*, parce que la filtration s'y opère de bas en haut en vertu de la pression même du liquide. L'une des plus simples, celle de Lelogé, se compose d'une caisse divisée par des cloisons horizontales en quatre chambres d'inégale capacité. La supérieure, qui est la plus grande, reçoit le liquide. Celui-ci descend, au moyen d'un tuyau, dans celle qui occupe le bas de l'appareil, d'où elle s'élève dans la troisième, dont le plancher est formé d'une pierre percée de trous et recouverte d'une couche de char-

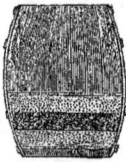

Fig. 1.

bon. Après avoir traversé cette couche, l'eau continue son mouvement ascensionnel, et arrive, en passant à travers les pores d'une tablette de grès filtrant, dans la seconde chambre, laquelle est munie d'un robinet qui permet de l'extraire à volonté. Dans les campagnes, où l'on n'a souvent qu'une eau malsaine à sa disposition, on peut obtenir économiquement une fontaine de cette dernière espèce. Il suffit pour cela d'établir dans un tonneau au double fond, et d'enfermer entre les deux fonds, préalablement percés de trous, une couche de charbon pilé entre deux couches de sable grossier. (La Fig. 1 représente la coupe d'un appareil de ce genre). On enfonce le tonneau dans un bassin rempli de l'eau qu'on veut purifier, et celle-ci s'y introduit de bas en haut en traversant les matières filtrantes. On la puise alors à la partie supérieure du tonneau.

Ce qui précède se rapporte à la filtration opérée sur une une petite échelle. Mais quand il s'agit d'exécuter cette opération sur de vastes proportions, comme, par ex., quand on veut fournir de l'eau filtrée à toute une ville, il faut avoir recours à d'autres moyens qui varient suivant les localités. A Toulouse et à Bordeaux, où l'état des lieux est des plus favorables, on fait passer l'eau à filtrer à travers une couche du terrain silicieux, où elle circule et se clarifie à la manière des eaux de source; puis elle se rend dans de vastes bassins souterrains, d'où elle est conduite par des pompes dans un réservoir suffisamment élevé pour qu'elle puisse être dirigée sur les différents quartiers. A Paris, où l'on n'a pas eu la même ressource, on a dû imaginer, avant l'adduction des eaux de source, d'autres procédés; mais tous ont l'inconvénient d'exiger un nettoyage très fréquent, à cause de l'abondance des matières terreuses que charrie la Seine. Le système Smith consiste à faire passer l'eau de haut en bas dans des caisses de bois prismatiques, revêtues de plomb à l'intérieur et contenant au fond une couche de charbon pilé renfermée entre deux couches de sable et une couche d'éponge placée par-dessus. Il ne donne que 125 litres par mètre carré de f. et par heure, et quand le liquide est très chargé de limon, comme aux époques de grandes crues, on a besoin de renouveler ou de remanier les couches filtrantes deux fois par jour. Le f. Fonvielle se compose, comme le précédent, de plusieurs couches filtrantes; mais ces couches sont contenues dans un vase hermétiquement fermé. De plus, l'appareil est disposé de manière que l'on peut y produire à volonté des courants en sens contraires, ce qui en facilite singulièrement le nettoyage. Ce procédé a en outre l'avantage de donner une plus grande quantité d'eau filtrée que celui de Smith.

Dans l'industrie, on emploie aussi un f. à papier composé de plusieurs grilles circulaires entre lesquelles on place le papier à f. Le tout est enfermé dans un cylindre, qui reçoit le liquide trouble par un ajutage et rend le liquide clair par une autre ouverture. Cet appareil constitue un f. *continu* à vase clos, ce qui évite l'évaporation ou l'oxydation du liquide. Ce f. peut fonctionner sous pression ou dans un bain porté à une température quelconque, ou un mélange réfrigérant, circonstance importante quand il s'agit de filtrer des liquides très volatils.

Tous les systèmes que nous venons d'indiquer ont l'inconvénient de ne pas arrêter les germes organiques de très petites dimensions qui peuvent exister dans le liquide et qui, en raison de leur petitesse, passent à travers les interstices du f. Parmi ces germes organiques figurent les microbes pathogènes et leurs spores, de sorte que la filtration de l'eau par les moyens ordinaires ne présente aucune sécurité relativement à la propagation des maladies infectieuses. Pour suppri-

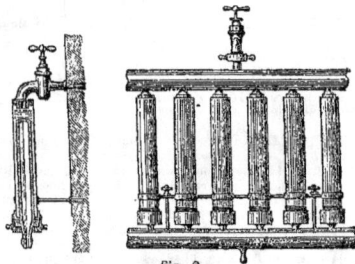

Fig. 2.

mer les germes pathogènes, il faut avoir recours à des filtres composés d'une matière à tissu plus serré. Le *biscuit de porcelaine* est la substance qui paraît donner les meilleurs résultats. Aussi en emploie beaucoup aujourd'hui le f. *Chamberland*, système *Pasteur*, dans lequel l'eau passe à travers un cylindre de porcelaine non vernie qui la débarrasse de tous les germes qu'elle peut contenir (Fig. 2). On voit en A le cylindre de porcelaine, dit *Bougie filtrante*. Quand on veut un débit considérable, il suffit de multiplier le nombre des bougies.

FILTRE. s. m. Breuvage. Voy. PHILTRE.

FILTRER. v. a. Passer un liquide par le filtre. = FILTRER. v. n. Se dit d'un liquide qui passe par un filtre, ou qui pénètre à travers les interstices d'un corps quelconque. *Cette liqueur est bien longue à f. L'eau filtre au travers de la muraille.* || Par ext., en parlant de la lumière, se tamiser. *Les rayons du soleil filtrent à travers le feuillage.* == SE FILTRER. v. pron. Être filtré. *L'eau se filtre très bien avec cet appareil.* = FILTRÉ, ÉE. part.

FILURE. s. f. Qualité de ce qui est filé. *La f. de cette laine est trop grosse.*

FILUSTRE. s. f. T. Zool. Genre de *Bryozoaires*. Voy. ce mot.

FIMBRILLE. s. f. [Pr. les *ll* mouillées] (lat. *fimbria* frange). T. Bot. Appendice filiforme du pédoncule des fleurs composées.

FIMICOLE. adj. 2 g. (lat. *fimus*, fumier ; *colere*, habiter). T. Hist. nat. Qui vit dans le fumier.

FIN. s. f. (lat. *finis*, m. s.). Ce qui termine, ce qui achève ; ou bien l'extrémité d'une chose, la partie où elle se termine, etc. : est opposé à Commencement. *La f. de l'année. La f. d'un voyage. La f. de la vie, du monde. La f. d'un ouvrage, d'un travail. La f. d'un discours. Un discours sans f. Il viendra à la f., vers la f., sur la f. du mois. Il voulut rester jusqu'à la f. de la séance, du spectacle. Veuillez m'écouter jusqu'à la f. Il disserte sans f. Tout prend f. dans ce monde. La f. de ce livre vaut mieux que le commencement. On a mis un errata à la f. du volume. Dans le commerce, F. courant, La f. du mois où l'on est ; F. prochain, Celle du mois prochain. — Mettre f. à une chose, La terminer, la faire cesser. Mettre f. à une affaire, à un procès. Mettez f. à vos propos. La nuit mit f. au combat.* On dit également, *Mettre une entreprise à f.*, La terminer avec succès. — Fam., *Faire une f.*, Se fixer à un état ; se dit surtout de l'état du mariage. — Prov., *La f. couronne l'œuvre.* Voy. ŒUVRE. — Popul., *A la f. des fins*, et En f. finale, Enfin. || Dans un sens particulier, se dit pour Mort. *Il a fait une belle f., une bonne f., une mauvaise f., une f.*

malheureuse. *Il avait le pressentiment de sa f. prochaine.*
Telle fut la f. de Priam. On dit encore d'une chose qui
s'épuise, qui est près d'être consommée, qu'*Elle tire à sa f.*
Nos provisions tiraient à leur f. Cette bougie tire à sa f.
|| T. Chasse. *Le cerf est sur ses fins,* Le cerf est bien las et
près de se rendre. || T. Théol. *Les quatre fins de l'homme,*
La mort, le jugement, le paradis et l'enfer. || Ce qu'on se propose
pour but, ce pourquoi on agit, le résultat qu'on a en vue.
F. prochaine. F. éloignée. La f. dernière. Il a ses fins.
Aller, tendre à ses fins. Il en est arrivé à ses fins. Il
agit pour une f. plus relevée. Il est immoral de dire que
la f. justifie les moyens. Prov., *Qui veut la f. veut les*
moyens. En toute chose il faut considérer la f. — *Faire*
une chose à bonne f., à mauvaise f., A bonne, à mauvaise
intention. — *A telle f. que de raison,* se dit, en style d'affaires, pour exprimer qu'on fait une chose à tout événement,
parce qu'il pourra arriver qu'elle devienne utile. || T. Procéd.
F. de non-recevoir, Exception par laquelle on veut établir
que la partie adverse n'est pas recevable dans sa demande.
Opposer une f. de non-recevoir, On dit aussi, *F. de non-*
procéder, en parlant de toute exception dilatoire, déclina-
toire, etc. — En matière crimin., *Fins civiles,* Les demandes
présentées par la partie civile, à l'effet d'obtenir une condam-
nation pécuniaire. || *A ces fins,* Afin de remplir l'objet qu'on
se propose. = A LA FIN. loc. adv. Enfin. *A la f. il est con-*
venu de tout. = Syn. Voy. BOUT et ENFIN.

FIN, INE. adj. (lat. *finitus,* achevé, part. pass. de *finire,* finir,
limiter) Qui est délié et menu en son genre; se dit par opposition à Gros ou à Grossier. *La pointe de cet instrument*
est très fine. Un trait f. Cette écriture est trop fine. Ce
fil n'est pas assez f. Un poil doux et f. Toile fine.
Papier f. Sable f. Pluie fine. — *Plume fine,* Plume à
écrire dont la pointe est fine. On dit, dans le même sens,
Pinceau f., Crayon f. — *Fines herbes,* Les herbes menues
qui se mettent sur la salade ou que s'emploient dans les
ragoûts. Voy. plus bas *Herbes fines.* || Qui a de l'élégance
et de la délicatesse. *Les traits de la femme sont plus*
fins que ceux de l'homme. Des contours fins et gra-
cieux. — *Avoir la taille fine,* Avoir la taille élégante et
déliée. On dit de même, *Avoir la jambe fine,* la main
fine, etc. — Fig., dans les Beaux-Arts, *Pinceau f., burin f.,*
touche fine, La manière d'un peintre, etc., quand elle est caractérisée par la délicatesse et la grâce. — *Passage f.,*
Dégradation insensible adroitement ménagée d'un ton, d'une
couleur à une autre. — Qui est d'une qualité au-dessus de
l'ordinaire, qui est excellent en son genre. *Couleur fine,*
Épice fine. Fine fleur de farine. Moutarde fine. Lame
fine. Aiguille fine. Plumes fines. Porcelaine fine. Martre
fine. Des chevaux fins. Des vins fins, Des mets fins. —
Fine Champagne, Eau-de-vie d'un cru très estimé. Voy.
CHAMPAGNE. — *Herbes fines,* se dit de certaines herbes aromatiques, comme le thym, la marjolaine, etc. — Or f., argent
f., Or, argent très épuré. — T. Mar. *Un navire f. voilier,*
ou simplement *Un f. voilier,* Bâtiment qui marche bien et qui
porte bien la voile. || Fig., *Fine fleur de chevalerie.* Voy.
CHEVALERIE. — Fig. et fam., *C'est une fine lame.* Voy. LAME;
Partie fine. Voy. PARTIE. || Fig. et fam., *Le f. fond.* Voy. FOND;
Le f. mot. Voy. MOT. = En parlant des organes des sens, *Fin*
signifie qu'ils sont susceptibles de percevoir et de distinguer
les impressions les plus légères. *Prenez garde, il a l'oreille,*
l'ouïe très fine. Avoir le nez, l'odorat, le goût très f. Les
aveugles ont en général le tact extrêmement f. — *Avoir*
l'oreille fine, se dit particulièrement de quelqu'un qui distingue jusqu'aux moindres fautes que commet un chanteur ou
un instrumentiste. — Fig. et fam., *Avoir le nez f.* Voy.
NEZ. — Fig., en parlant des choses d'esprit, *Fin* signifie
Délicat, subtil, sagace. *Avoir l'esprit f. Le jugement, le goût,*
le tact f. Avoir un tour d'esprit f. et agréable. — *Une*
pensée fine. Un mot f., l'odorat, le goût très f. Louange, raillerie fine.
Une observation fine. C'est une distinction très fine et
que tous les esprits ne peuvent saisir. Il n'a pas compris
ce qu'il y avait de f. dans cette réponse. || Fig., en par-
lant des personnes, signifie Habile, avisé, rusé. *C'est un*
homme très f. C'est un f. matois. Prov., *Bien f. qui l'at-*
trapera. Plus f. que lui n'est pas bête. Il est f. comme
l'ambre. — Se dit aussi de certains animaux. *Le renard est*
un animal très f. Métaphor., on dit encore d'un homme,
C'est un f. renard. C'est une fine mouche, une fine bête.
Pop., *C'est un f. merle.* — *Des yeux fins, un regard f.,*
une physionomie fine, etc., se dit, qui annoncent de
l'esprit, de la pénétration, etc. = En parlant soit d'ouvrages
où il entre de l'or ou de l'argent, soit de pierreries, de

perles, etc., *Fin* se dit dans le sens de Véritable, par opposition à Faux. *Une broderie d'or f. Épaulettes d'argent f.*
Un portrait orné de pierres fines. Collier de pierres fines.
= FIN s'emploie encore substant., au masc. || La proportion
de métal précieux qui se trouve dans un alliage. *Il faudra*
tirer tout le f. qui se trouve dans cet alliage. On dit
aussi, *Grain de f., bouton de f.,* en parlant de l'or ou de
l'argent obtenu par la coupelle. || Fig. et fam., *Le f. d'une*
affaire, Le point décisif et principal d'une affaire; ou, ce
qu'il y a dans une affaire de mystérieux, de caché. *Tirer le*
f. du f., Tirer d'une affaire tout ce qu'on en peut tirer.
Savoir le fort et le f. d'un art, le f. d'une science, le f.
d'un jeu, etc., Connaître parfaitement un art, une science, etc.
|| Fam., *Faire le f. d'une chose,* en faire le f., Ne vouloir
point découvrir ce qu'on en sait, ce qu'on en pense. *Je l'ai*
sondé sur cette affaire, mais il fait le f., il en fait le f.
Absol., *Faire le f.,* Se piquer d'adresse, de ruse, de finesse.
— Par plaisant., *Un gros f.,* Un lourdaud qui veut faire le
f. — *Jouer au f., au plus f.,* Employer l'adresse et la ruse pour
arriver à son but. = Au fém., *Les fines,* Les menus morceaux de houille. — FIN. adv. *Écrire fin,* en menus caractères.
|| T. Jeux. *Prendre une bille trop fin,* L'effleurer en la tou-
chant avec sa bille (au jeu de billard). = Syn. Voy. SUBTIL.

FINAGE. s. m. (R. *fin*). T. Prat. anc. Étendue d'une juri-
diction ou d'une paroisse. || T. Métall. Voy. FER (VIII, *Affinage*).

FINAL, ALE. adj. (lat. *finalis,* m. s.). Qui finit, qui termine. *Compte f. Quittance finale. Jugement f. La note*
finale, ou substant., *La finale,* La tonique, la note sur
laquelle finit un air, un morceau de musique, la dernière
figure du quadrille. — Pop., *En fin finale,* Enfin, finalement.
|| T. Gram. Se dit des dernières lettres d'un mot. *Syllabe,*
voyelle, consonne finale. Le T f. se prononce dans le mot
Fat. L'F *finale* ne se prononce point dans le mot Clef.
Point f., Point qui marque la fin d'une phrase. — Subst., *La*
dernière syllabe d'un mot. L'accent se met sur la finale
de ce mot. Finale longue, brève. || T. Philos. *Cause*
finale, But qu'on se propose. Destinée dernière des choses.
Voy. CAUSE. || T. Théol. *Impénitence, persévérance finale.*
Voy. IMPÉNITENCE, etc. || Fam. *En fin finale,* En dernier ré-
sultat. = *Final* fait au m. pl. *Finals, Des sons finals.*

FINALE. s. m. (ital. *finale,* m. s.). T. Mus. Morceau
d'ensemble qui termine une symphonie, un acte d'opéra, dans
lequel le compositeur cherche surtout à produire de l'effet. *Ce*
compositeur a fait de très beaux finales. — Par ext., *F.*
de sonate, de concerto.

FINALEMENT. adv. A la fin, en dernier lieu. *F. il en*
est venu à bout. = Syn. Voy. ENFIN.

FINALIER. s. m. Voy. CAUSEFINALIER.

FINALISTE. s. m. T. Philos. Partisan de la doctrine des
causes finales.

FINALITÉ s. f. (R. *final*). Existence d'un but final, ca-
ractère de ce but. || Doctrine philosophique d'après laquelle
on admet que rien n'est et ne se fait que pour une fin voulue
et déterminée. Voy. CAUSES *finales.*

FINANCE. s. f. (anc. fr. *finer,* conclure moyennant argent). Autrefois, la somme d'argent qui se payait au trésor
royal, soit pour la levée d'une charge, soit pour quelque
droit imposé. *Acheter une charge pour le prix de tel f.*
Une charge de cent mille livres de f. La première f. n'est
que de tant. Rembourser sur le pied de la f. La taxe de
f. a été réglée. — Par anal., se dit encore quelquefois du
prix d'une charge de notaire, d'avoué. *La f. d'une charge*
de notaire, d'un office ministériel. — Au plur., Les revenus
et les ressources pécuniaires de l'État. *L'administration, le*
ministère, le ministre des finances. Avoir le maniement
des finances de l'État. Dresser le compte général des
finances. Ménager les finances de l'État. En matière de
finances. Autrefois, *Surintendant des finances, Contrôleur*
général des finances, Les intendants des finances, Le
conseil royal des finances. — Fam. et par ext., se dit
de l'état de fortune, des ressources pécuniaires d'une personne. *Cet homme est mal dans ses finances. Ses finances*
sont fort dérangées. — Fam., se dit encore, tant au
sing. qu'au plur., pour Argent comptant. *Je suis un peu*
court de f. Il n'a pas grande f. Il le fera, mais moyen-

uant f. Il est au bout de ses finances. ‖ L'état, la profession de ceux qui manient les deniers publics, ou qui font de grandes spéculations, de grandes affaires de banque; et collect., Les personnes qui exercent cette profession. *Entrer dans la f. Un homme, une famille de f. La haute f. Le quartier de la f.* — *Affaires de f.*, Affaires relatives aux finances. *Style de f., Termes de f.*, etc. Le style, les termes usités dans les matières de f. *Écriture de f.*, Écriture en lettres rondes. ‖ T Typogr. *Lettres de f.*, Caractères imprimés imitant l'écriture ordinaire. — *Chiffres de f.*, Chiffres romains ou italique, où le I est représenté par i et par f, le V par u.

Écon. polit. — I. On a écrit sur les finances plusieurs traités qui portent le titre pompeux de *Science des finances*; néanmoins il nous est impossible de considérer la connaissance de ces matières comme capable de constituer une science. Il y a un *art des finances*, c.-à-d. un art d'appliquer les principes de la science économique à la gestion des revenus de l'État, mais il n'existe, du moins que nous sachions, aucun ordre particulier de vérités qui puisse servir de base à une science dite financière. On peut, il est vrai, faire une *théorie des finances*; mais, dans ce sens, le mot *théorie* signifie simplement un ensemble systématique de règles et de préceptes d'une application plus ou moins générale. — Bien que l'économie politique soit le fondement nécessaire de l'art des finances, il a longtemps régné, et il règne encore dans plusieurs pays, une hostilité déclarée entre les économistes et les soi-disant financiers; mais cette lutte est tout simplement celle du préjugé et de la routine contre la science. — Malgré ce que nous venons de dire de la subordination de l'art du financier à la science économique, il n'en est pas moins vrai que le financier doit tenir compte de certains éléments que l'économiste néglige habituellement et doit en effet négliger. Si, d'un côté, le financier ne doit jamais aller à l'encontre des principes de l'économie politique; d'autre part, il doit considérer l'opportunité de l'application des préceptes. Il a souvent des habitudes à respecter, des préjugés à ménager, des nécessités momentanées à subir, des faits accomplis auxquels il ne peut se soustraire brusquement; et toutes choses qui prouvent encore que l'art du financier ne peut prétendre au titre de science.

L'art des finances se compose de quatre parties distinctes : la Fixation des dépenses publiques, la Formation du revenu public, sa Perception, et sa Comptabilité. — La fixation des dépenses publiques varie suivant l'état social, moral et politique des peuples. Ici l'État se charge de salarier l'instruction publique et les cultes; ailleurs il abandonne ce soin aux particuliers. Ici l'État entreprend et exploite lui-même certains établissements industriels; ailleurs il abandonne toutes les espèces de travaux industriels à l'activité privée. Ici la justice est gratuite; ailleurs les juges sont salariés par les plaideurs, etc. On voit donc que la fixation des dépenses d'un État n'est point susceptible de règles absolues, et que les habitudes, les mœurs, les antécédents historiques, sont des choses qu'il est indispensable de considérer quand il s'agit de déterminer le chiffre de ces dépenses. De là encore l'inexactitude flagrante de la plupart des comparaisons que l'on a établies entre les budgets des différents peuples. La formation du revenu public n'est pas sujette à de moindres variations. En Russie, le domaine de l'État produit une portion considérable des ressources publiques; dans la plupart des pays, ces ressources proviennent presque exclusivement des impôts. La gestion des domaines publics n'est pas soumise à d'autres règles que celle de la propriété d'un simple particulier; mais la question des impôts est la plus difficile et la plus complexe de toutes celles que l'économie politique pratique est appelée à résoudre : car il s'agit à la fois de ménager les populations, de ne pas tarir la source de la richesse publique, et d'obtenir par cette voie des revenus suffisants. C'est surtout lorsqu'il est question d'impôts, qu'on ne doit pas perdre un instant de vue les principes de la science économique : les résultats prodigieux obtenus en Angleterre par les réformes de sir Rob. sont là pour démontrer quelles sont les conséquences d'une sage application des vrais principes. Toutefois, ici même encore, il faut tenir compte des habitudes des peuples : c'est ce que démontre très bien l'exemple de la France et de l'Angleterre; chez nous, par ex., les contributions indirectes sont les plus impopulaires; tandis que, chez nos voisins, ce sont les contributions directes. La question des emprunts, cette ressource extraordinaire des États pour parer à des difficultés également extraordinaires, peut donner lieu à des considérations analogues. Mais comme ces questions sont traitées dans ce Dictionnaire avec les détails convenables dans des articles spéciaux, nous nous contentons de les mentionner ici.

Dr. admin. — Les diverses branches du service des finances en France étant l'objet d'articles particuliers, il nous suffira, pour présenter le tableau complet de l'organisation financière de notre pays, de dire quelques mots de l'administration centrale des finances. En conséquence, nous allons parler du ministère des finances et de ses divisions principales, puis de ses agents généraux dans les départements, l'Algérie et les Colonies.

Le Ministère des finances est le grand service administratif auquel sont confiées presque intégralement la conservation et la gestion de la fortune publique. Le ministre placé à la tête de cet important département est également chargé de la conduite des opérations relatives au crédit public. Ses attributions se divisent par la nature même des choses en deux branches principales :

1° Administration des ressources et des revenus de l'État.
2° Administration des charges et des dépenses publiques.

Quant aux opérations auxquelles donne lieu cette double administration, elles sont constatées par un ensemble de mesures et de formes qui constituent la comptabilité publique.

Envisagé dans son ensemble, le Ministère des finances se divise en deux parties tout à fait distinctes :

1° Le Ministère des finances proprement dit ou administration centrale;
2° Les régies ou administrations financières désignées aussi sous le nom de Directions générales.

L'Administration centrale comprend :

Le Cabinet du ministre (Ouverture des dépêches, correspondance particulière, travaux législatifs, statistique et législation comparée, Bibliothèque et archives, instruction des demandes de bureaux de tabac);

Le service de l'inspection générale (Direction du mouvement de l'inspection générale des finances, suite à donner aux rapports d'inspection, contrôle financier des compagnies de chemins de fer, etc.);

La direction du personnel et du matériel (Personnel de l'administration centrale, de la Cour des comptes, des trésoriers généraux, percepteurs, personnel de la Trésorerie en Algérie et aux colonies, Fournitures, inventaires, marchés et adjudications);

La direction du contrôle des administrations financières et de l'ordonnancement (Examen des affaires déférées au ministre par les régies financières, projets de lois, décrets, arrêtés relatifs à ces affaires; ordonnancement et comptabilité du ministère);

La direction du mouvement général des fonds (Distribution des fonds entre les divers ministères, création et émission de bons du Trésor, etc.);

La direction générale de la comptabilité publique (Préparation du budget, demande de crédits, contrôle de tous les comptables dépendant du Ministère des finances, perception des contributions directes, comptabilité des contributions indirectes, des douanes, de l'enregistrement, des postes et télégraphes), etc.

La direction de la dette inscrite (Rentes, pensions, cautionnements en numéraire);

L'agence judiciaire du Trésor et contentieux (Recouvrement des créances du Trésor; étude des difficultés litigieuses);

La Caisse centrale du Trésor public (Centralisation des recettes et paiement des dépenses de toute nature effectuées à Paris pour le compte du Trésor);

Le contrôle central du Trésor (Contrôle de la Caisse centrale, du service de la dette publique, et de la direction de la dette inscrite).

Les *Administrations spéciales* qui dépendent du Ministère sont au nombre de six, qui toutes, sauf une seule, sont désignées sous le nom de *Directions générales*, et sont partagées en un certain nombre de *Divisions*, ayant chacune à leur tête un chef spécial d'*Administrateur*. — 1° *Dir. gén. des contributions directes*, deux divisions outre un bureau central et du personnel : Répartement et cadastre; assiette des contributions et contentieux. Surveillance générale du service et centralisation des travaux relatifs à son exécution. — 2° *Dir. gén. de l'enregistrement et des domaines*, trois divisions outre un bureau central : Surveillance du travail des employés dans les départements, et de l'atelier général du timbre. Droits d'enregistrement sur les actes; contraventions. Timbre; contraventions amendes. Domaine de l'État : régie, conservation et aliénation. — 3° *Dir. gén. des douanes*, deux divisions, outre un bureau pour le personnel : Tarif des douanes; régime des colonies; statistique commerciale et de la marine marchande. Surveillance générale du personnel et du service extérieur des douanes; liquidation et ordonnancement des dépenses de la direction générale dans leur ensemble. Contentieux des douanes; primes à l'exportation; sels et pêches. Procès-verbaux de saisie, transactions, affaires contentieuses. Navigation intérieure; octrois; cautionnements et retraites pour tous les agents des douanes. — 4° *Dir. gén. des contributions indirectes*, deux divisions, outre un bureau central et deux bureaux du personnel placés sous les ordres directs du directeur général : Dépenses et personnel de l'administration des cont. ind.; procès-verbaux et contraventions; application des lois et règlements. — 5° *Dir. gén. des manufactures de l'État*, deux divisions, outre un bureau central et du personnel et un service de l'inspection : Fabrication des tabacs et surveillance de la culture; fabrication des allumettes dont l'État a le monopole en vertu de la loi du 27 décembre 1889. — 6° *Administration des monnaies et médailles :* Administration et régie de la fabrication; établissement de poinçons et matrices; frappe des monnaies et médailles; Musée monétaire, etc.

Il existe au chef-lieu de chaque département, celui de la Seine excepté, un *Trésorier-payeur général*, et un *Receveur particulier* au chef-lieu de chaque arrondissement, sauf celui où est la préfecture.

1° Non seulement les *Trésoriers-payeurs généraux* dirigent la perception et le recouvrement des contributions directes dans tout leur département, et en reçoivent le produit, mais encore ils centralisent toutes les recettes et toutes les dépenses de l'État dans leur circonscription. En conséquence, ils reçoivent les versements de tous les comptables, ainsi que les produits des divers impôts, soit directement, soit par l'intermédiaire des receveurs particuliers, et alimentent les diverses caisses préposées au paiement des différents services publics. Ils exécutent dans le département les opérations du service de la trésorerie, selon les ordres qu'ils reçoivent de l'administration centrale, et sont en outre les agents de la Caisse des dépôts et consignations, de la chancellerie de la Légion d'honneur et de la caisse des invalides de la marine.

Ils font, sous leur responsabilité, pour les particuliers habitant leur département, certains services de banque dont le plus important est celui des achats et des ventes de rentes sur l'État.

Indépendamment de ces attributions, les trésoriers-payeurs généraux sont encore chargés du service départemental : les recettes et les dépenses du département sont effectuées par le trésorier-payeur général chargé de poursuivre la rentrée de tous les revenus du département, ainsi que d'acquitter les dépenses ordonnancées par le préfet jusqu'à concurrence des crédits régulièrement accordés.

De plus, ces fonctionnaires sont chargés de surveiller les percepteurs et les receveurs des communes et des établissements de bienfaisance, par eux-mêmes, dans l'arrondissement chef-lieu du département, et par l'intermédiaire des receveurs particuliers dans les arrondissements de sous-préfecture. Ils répondent non seulement des actes de leur gestion personnelle, mais encore de ceux des employés qui y sont attachés et des receveurs particuliers. Enfin, ils sont justiciables de la Cour des comptes et soumis à l'obligation d'un cautionnement.

Les trésoriers-payeurs généraux sont nommés par décret sur la présentation du ministre des finances. Ils sont astreints au versement au Trésor d'un cautionnement déterminé d'après le montant de leurs émoluments soumis à la retenue pour les pensions civiles à raison de 8 fois les émoluments n'excédant pas le chiffre de 25,000 fr., et de 12 fois la portion des émoluments qui dépasserait cette somme. — Les trésoriers-payeurs généraux sont, en outre, tenus de compter, pour toute la durée de leur gestion, une avance au Trésor égale au montant de leur cautionnement.

Les trésoriers-payeurs généraux sont autorisés à avoir des fonds de pouvoirs permanents.

Les trésoriers-payeurs généraux sont répartis en 5 classes :

1re classe,	5 trésoreries	à	25,000 fr.
2e —	22	—	à 20,000 fr.
3e —	20	—	à 16,000 fr.
4e —	20	—	à 14,000 fr.
5e —	20	—	à 12,000 fr.

Ils reçoivent, en outre, des allocations de la Caisse des dépôts et consignations, des remises sur le produit des coupes de bois des communes, des commissions du Crédit foncier et de la Ville de Paris, pour le service de leurs titres.

Leurs frais de bureau (personnel et matériel) sont à la charge de l'État et réglés par abonnement.

2° Les *Receveurs particuliers* concourent, dans l'étendue de leur arrondissement respectif, aux différents services dont les trésoriers-payeurs généraux sont chargés. Ils tiennent à la disposition de ces derniers les fonds provenant de leurs recettes, soit pour les verser à la recette générale, soit pour les employer sur les lieux, soit encore pour les tenir en réserve

ou leur donner les directions commandées par les besoins du service. Ils surveillent les percepteurs et les receveurs des communes et des bureaux de bienfaisance de leur circonscription, et sont responsables de la gestion de ces comptables. Outre un traitement fixe de 2,400 fr., ils ont droit à des remises et bonifications qui élèvent considérablement ce chiffre. Enfin, le montant de leur cautionnement varie selon les lieux et le quantum des sommes qu'ils ont à manier. Ils sont répartis en trois classes. Les trésoriers-payeurs généraux font les fonctions de receveurs particuliers dans l'arrondissement auquel appartient le chef-lieu du département. — Dans le département de la Seine, le service est autrement organisé que partout ailleurs. Les contributions directes ou autres perçues en vertu de rôles, y sont recouvrées par des fonctionnaires appelés *Receveurs-percepteurs*, qui ne sont chargés d'aucune autre sorte d'opérations, et qui versent les produits perçus entre les mains d'un fonctionnaire spécial que l'on titre de *Receveur central des finances*, mais qui en réalité n'est guère qu'un simple caissier chargé de centraliser les produits pour les verser ensuite au Trésor. Il n'est pas chargé du paiement des dépenses, qui est effectué à Paris par le caissier-payeur central du Trésor.

Au dessous des receveurs particuliers et sous leur contrôle immédiat, sont placés des agents du Trésor nommés *Percepteurs* (Voy. ce mot), et chargés du recouvrement des contributions directes et des taxes assimilées ainsi que du recouvrement de certaines taxes accessoires.

Le service du Trésor en Algérie est exécuté par trois trésoriers-payeurs, par des payeurs et, dans les places où il n'y a pas de payeurs, par les receveurs des contributions diverses.

Le service du Trésor aux armées pendant les grandes manœuvres ou en temps de guerre est assuré par les bureaux de la trésorerie et des postes aux armées. L'organisation permanente de ces bureaux fait partie des formations prévues par les lois et règlements qui ont déterminé les cadres de l'armée, mais leur fonctionnement ne commence qu'en cas de mobilisation du corps auquel ils sont affectés.

Dans les Colonies, le service du Trésor est dirigé par des trésoriers-payeurs qui sont chargés de la recette et de la dépense tant des services de l'État que des services locaux. Ils perçoivent ou font percevoir pour son compte et centralisent tous les produits réalisés au profit de l'État ou de la Colonie et pourvoient au paiement de toutes les dépenses publiques.

Ils sont responsables de la gestion des trésoriers particuliers.

Des percepteurs, nommés par le gouverneur, sont chargés, sous la surveillance et la responsabilité des trésoriers-payeurs et des trésoriers particuliers de la perception des contributions directes. Voy. BUDGET, CONTRIBUTIONS, DOMAINE, DOUANES, ENREGISTREMENT, etc.

FINANCER. v. a. (R. *finance*). Autrefois, verser de l'argent au trésor royal pour obtenir une charge, un privilège, etc. *Il finança vingt mille écus pour sa charge*. Absol., *Il fut obligé de f. pour conserver son privilège*. || Par anal., Fournir, débourser de l'argent comptant pour une chose quelconque. *Il m'a fallu f. cent francs pour le congédier*. Absol., *Vous ne terminerez point cette affaire sans f., si vous ne financez*. Fam. = FINANCE, ÉE. p. = Conj. Voy. AVANCE.

FINANCIER. s. m. Autrefois, se disait de ceux qui avaient la ferme ou la régie du roi. *Les financiers et les traitants étaient sujets à recherche*. — Au Théât., Se dit encore des rôles de financiers. *Cet acteur joue les financiers*. — Fam., *Il est riche comme un f.*, Se dit d'un homme opulent, qui a fait une grande fortune. Fig., on dit dans le même sens, *C'est un f., un gros f*. || Aujourd'hui, celui qui fait de grandes opérations de banque, qui se livre à la haute spéculation; et celui qui entend les matières de finance, qui connaît la science des finances. *Un habile f.* = FINANCIER, IÈRE. adj. Qui est relatif aux finances. *Le système f. de la France. Législation financière. Opérations financières. La question financière.* — *Écriture financière, Lettres financières, Chiffres financiers*, Écriture, lettres, chiffres de finance. Voy. = || Qui concerne les gens de finance. *L'aristocratie financière*. || T. Cuis. *Poulet à la financière*, Aux quenelles, crêtes, champignons, etc. || Adv. *A la financière*, À la manière des gens de finance.

FINANCIÈREMENT. adv. En matière de finance. || A la manière des financiers.

FINASSER. v. n. (R. *fin*). Agir avec petite ou mauvaise finesse. *Il ne fait que f*. Fam.

FINASSERIE. s. f. Petite ou mauvaise finesse. *Il ne fait que des finasseries.* Fam.

FINASSEUR, EUSE. s. Celui, celle qui use de petites ou de mauvaises finesses. *C'est un f., une finasseuse.*

FINASSIER, IÈRE. adj. Syn. de *finasseur.*

FINAUD, AUDE. adj. Qui est fin, rusé. *C'est un homme bien f., une femme très finaude; et subst., C'est un f., une finaude.* Fam., et ne se dit qu'en mauvaise part.

FINE (ORENCE), mathématicien français (1494-1555).

FINEMENT. adv. Avec finesse, avec adresse d'esprit. *Il s'y est pris très f. Il a conduit f. cette affaire. Il l'a attrapé bien f.* || Délicatement, ingénieusement. *Cela est f. pensé, f exprimé. Il raille f.*

FINE-MÉTAL. s. m. [Pr. *fay-ne-métal*] (angl. *fine*, beau, et *métal*). T. Métall. Fonte refroidie au moyen de l'eau après avoir subi une grande épuration dans la finerie. Voy. FER, (VIII, *Affinage*).

FINERIE. s. f. Fourneau qui sert à l'affinage de la fonte, quand on fait cette opération à la houille.

FINESSE. s. f. Qualité de ce qui est fin, délié, menu; ténuité. *La f. d'une toile, d'un tissu. Ses cheveux sont d'une très grande f. On file le coton à un degré de f. incroyable.* || Délicatesse. *Elle a des traits d'une grande f. La f. des contours dans un dessin, dans une figure.* — T. Peint. et Grav. *F. de pinceau, de burin, de touche,* Manière de dessiner, de peindre, de graver, délicate et gracieuse; ou l'effet qui en résulte. *Finesses de touche, de ton,* Effets de touche, de ton, remarquables par leur légèreté, leur grâce et leur délicatesse. — En parlant des organes des sens, aptitude à recevoir les moindres impressions. *Il a l'ouïe, l'oreille d'une grande f. Les aveugles ont ordinairement une grande f. de tact.* Fig., en parlant de l'esprit et des facultés intellectuelles, se dit pour pénétration, subtilité, délicatesse. *La f. de l'esprit, du jugement. Il a beaucoup de f. dans l'esprit. Un esprit doué de beaucoup de F. de goût, de tact.* — En parl. des choses de l'esprit, se dit de celles qui sont faites ou dites avec délicatesse, avec goût, ou qui témoignent de la subtilité, de la pénétration de l'esprit. *Cela est dit, est écrit, est exprimé, est tourné avec f. Cet écrivain joint la f. des idées à celle du style. Il n'a pas senti la f. de cette réponse. Il y a de ces finesses de langage qu'un étranger ne peut saisir. La f. de ses railleries. Il y a dans son discours une grande f. de vues, d'aperçus. Je ne comprends pas la f. de cette distinction. Il y a beaucoup de f. dans le jeu de cet acteur.* — Fam., *Entendre f. à quelque chose* Voy. ENTENDRE. || Absol., Se dit de la finesse d'esprit. *Sa physionomie exprime la f. Il a beaucoup de f. dans ses yeux, dans son regard.* || Fam., on dit d'une personne qui connaît parfaitement et dans le plus grand détail toutes les parties d'une science, d'un art, etc., qu'il *en sait toutes les finesses.* || Ruse, artifice; dans ce sens, se prend ordinairement en mauvaise part, *Je connais sa f. et tiendrai sur mes gardes. Il a une f. de renard. User de f.* — Fam., *Faire f. d'une chose,* Cacher, dissimuler ce qu'on ne devrait pas tenir caché, etc. *Vous avez tort d'en faire f. Il fait f. de tout.* || Acte de finesse, de ruse. *Découvrir une f. F. grossière. Ses finesses ne trompent plus personne. Faire des finesses à quelqu'un.* — Fam., *Être au bout de ses finesses,* Avoir employé sans succès tous ses moyens, toutes ses ressources, pour venir à bout d'une chose. — Fig. et prov., *Des finesses cousues de fil blanc,* Des finesses grossières et qu'il est aisé de reconnaître. = Syn. Voy. DÉLICATESSE et PÉNÉTRATION.

FINET, ETTE. adj. (Dim. de *fin*). Fam. et peu us. || Se dit quelquefois subst., surtout au féminin. *C'est une petite finette.*

FINETTE. s. f. [Pr. *finè-te*] (R. *finet*). Étoffe légère de laine ou de coton. *Doublure de f. Bonnet de finette.*

FINGAL (Grotte de). Voy. STAFFA.

FINGAL, père d'Ossian, roi de Morven (Écosse), IIIᵉ siècle. Voy. OSSIAN.

FINI. s. m. Voy. le part. du v. FINIR.

FINIGUERRA (MASO), orfèvre florentin, inventeur de la gravure sur métal (1426-1464).

FINIR. v. a. (lat. *finire*, m. s.). Achever, terminer, cesser. *F. un discours, une affaire, un ouvrage. F. ses jours dans la pénitence. Finissons ce débat, ce badinage. Il a fini d'écrire, de jouer.* — Absol. *Attendez-moi un instant, j'aurai bientôt fini. Voulez-vous bien f. Vous avez commencé par où il a fini. Les chicaneurs ne veulent jamais f.* || Fam., *En f.,* se dit dans le sens de Finir, cesser, surtout en parlant de choses ennuyeuses, désagréables, qui durent trop longtemps, qu'on met trop de temps à faire. *On n'en finirait pas si l'on voulait l'écouter. Ce débat a déjà trop duré, il faut en f. Avec lui on n'en finit jamais.* || Dans un sens particul., *F. un ouvrage,* Y mettre la dernière main, le porter au plus haut degré de perfection où l'on puisse atteindre. S'emploie souvent absol., surtout dans les arts du dessin, pour exprimer une exécution minutieusement soignée. *Ce peintre finit patiemment, finit trop. Il a de l'imagination, mais il ne finit pas assez.* || En parlant des choses, Mettre un terme à une autre chose, en former la fin. *Il faut espérer que la prise de cette ville finira la guerre. On a surtout remarqué la péroraison qui finit son discours. Il vit approcher sans trembler l'instant fatal qui devait f. sa vie, le cours de sa vie.* = FINIR. v. n. Se terminer, ou être terminé. *Ce mur finit en chemin. C'est là que finit sa propriété. Cela finit par des chansons. Ce mot finit par une voyelle. Cela finit en pointe. C'est là que finit son terme. Le jour finissait. Le sermon était près de f. Le spectacle ne finira que très tard. Il est temps que cela finisse. Vous finil finit dans deux ans. Tout finit en ce monde.* — Se dit particul. pour Mourir. *Ainsi finit ce prince.* || Avoir une certaine fin, un certaine issue, arriver à un certain résultat. *J'espère que tout cela finira bien. Cela ne peut que mal f. Cette fête finit très tristement. C'est un homme qui finira mal. Sa vie a fini par une catastrophe malheureuse. Cette guerre si bien commencée finit par des revers.* || Lorsque le v. *Finir* est suivi de la prép. *par* régissant un infinitif, ce dernier indique l'action que l'on termine ou le résultat de ce qui a précédé. *Après avoir longtemps résisté, il finit par céder. Vous finirez par vous faire une mauvaise affaire. Cela finit par impatienter.* = FINI, IE. part. *Voilà qui est fini. C'est une affaire finie. Tout est fini pour lui.* — Fig. et prov., *C'est un homme fini,* C'est un homme usé par l'âge, par les maladies, par les malheurs, et dont il n'y a plus rien à attendre. || Adjectiv., en parlant d'œuvres d'art et de littérat., Qui est terminé avec soin. *Un tableau très fini. Les ouvrages de cet écrivain ne sont pas assez finis.* || Limité, qui a des bornes; se dit surtout par oppos. à Infini. *Un être fini. L'esprit de l'homme est fini. Grandeur finie. Nombre fini. Progression finie.* — Substant., *Le fini et l'infini,* Ce qui a des bornes et ce qui n'en a pas. || T. Gram. *Mode fini,* Voy. MODE. *Sens fini,* Voy. SENS. = FINI. s. m. La qualité d'un ouvrage fort travaillé, terminé avec soin; se dit surtout des ouvrages d'art. *Cela manque de fini. Ces fleurs sont d'un fini admirable. Le beau fini de ce tableau.* = Syn. Voy. ACHEVER.

FINISSAGE. s. m. [Pr. *fini-saje*] Action de terminer une pièce d'ouvrage.

FINISSANT, ANTE. adj. [Pr. *fini-san*]. Qui finit, qui touche à sa fin.

FINISSEUR, EUSE. s. [Pr. *fini-seur*]. Personne chargée de la dernière opération d'un travail. Ouvrier qui finit les pendules et les montres. || Celui qui finit la pointe des épingles. || Nom qu'on donne, dans les machines à carder, à la dernière carde.

FINISTÈRE (Dép. du), formé d'une partie de la Bretagne, 727,000 hab. Ch.-l. *Quimper*, 4 autres arrond.: *Brest, Châteaulin, Morlaix, Quimperlé.*

FINISTÈRE (Cap), cap au N.-O. de l'Espagne, sur le littoral de l'Atlantique.

FINLANDE, golfe sur les côtes de Russie (mer Baltique). || GRAND-DUCHÉ DE FINLANDE, province de la Russie, au nord du golfe de Finlande, cap. *Helsingfors;* 2 millions d'habitants.

FINMARK, prov. de la Norvège, près de la Laponie russe, 24,000 hab. Ch.-l. *Tromsœ.*

FINNOIS, nom d'un grand nombre de tribus (*Lapons, Ostiaks, Samoyèdes*, etc.), du nord de l'Europe et de l'Asie.

FIOLE. s. f. (anc. *phiole;* du gr. φιάλη, vase à boire). Petite bouteille de verre à col étroit. ‖ Son contenu. — Fam., *Vider une f.*, Boire une bouteille de vin ‖ T. Chim. *F. des éléments*, Flacon où du mercure, de l'eau, de l'huile, etc., indiquent par leur superposition la densité différente de chaque liquide. ‖ T. Techn. *F. d'épreuve*, Bouteille soufflée en verre, qu'on laisse brusquement refroidir pour juger de la qualité de la matière.

FIONIE, île du Danemark, séparée du Slesvig par le Petit Belt, de Seeland par le Grand Belt; 190,000 h. Ch.-l. Odensée.

FIORAVANTI (Leonardo), médecin empirique italien, né à Bologne (1520-1588).

FIORAVANTI (Valentino), compositeur italien né à Rome (1770-1837).

FIORENTINO (Pier-Angelo), critique d'art, né à Naples (1806-1864).

FIORITE. s. f. (R. *Santa-Fiora*, nom de lieu en Toscane). T. Minér. Variété d'opale, en petites concrétions globuleuses translucides, blanches ou incolores.

FIORITURE. s. f. (ital. *fioritura*, floraison). T. Mus. Ornement ajouté à une mélodie. ‖ Par ext., Ornement inutile, et même nuisible, en quelque matière que ce soit. *Il faut supprimer de l'écriture toutes les fioritures qui en rendent la lecture moins aisée.*

Mus — On désigne par ce mot (auquel l'Académie, nous ignorons par quel motif, ne donne pas de singulier), toute espèce d'ornement que le chanteur, et quelquefois l'instrumentiste même, ajoutent à la mélodie telle que l'a écrite le compositeur. L'emploi des fioritures a pour objet de varier une phrase qui se répète, d'orner un passage trop simple, ou simplement de faire briller le talent de l'exécutant. Les anciens compositeurs d'opéras se contentaient d'écrire leurs mélodies sans presque y ajouter aucun ornement, et laissaient ce soin aux artistes chargés de l'exécution. Le mauvais goût et la sotte vanité d'un trop grand nombre de chanteurs qui visaient à faire admirer leur gosier plutôt qu'à interpréter convenablement l'œuvre et la pensée des compositeurs, ont depuis longtemps engagé ces derniers à introduire eux-mêmes dans leurs rôles les ornements qu'ils jugent à propos. En conséquence, aujourd'hui les chanteurs n'ont en général qu'à exécuter leurs parties telles qu'elles sont écrites.

FIRMAMENT. s. m. (lat. *firmamentum*, action d'affermir). La voûte surbaissée qui semble environner la terre, et à laquelle les étoiles paraissent comme attachées. *Les étoiles, les astres du f. Sous le f.* — En poésie, *Les feux du f.*, Les étoiles. Dans la *Bible*, Dieu dit : « Que le firmament soit fait au milieu des eaux, et qu'il sépare les eaux d'avec les eaux. » Dans l'ancienne astronomie, le f. était le huitième ciel, que l'on supposait solide, ferme, *firmus*. Les étoiles y étaient attachées.

FIRMAN. s. m. (turc *firman*, du persan *ferman*, commandant). En Turquie, on nomme ainsi tous les édits, ordonnances et décrets émanés du gouvernement impérial. Chaque ministre signe les firmans relatifs aux affaires de son département ; mais dans certains cas, pour leur donner plus de force et d'authenticité, on place à la tête de la pièce le *thograï*, c.-à-d. un chiffre entrelacé qui représente le nom du sultan. On donne particulièrement le nom de *Hatti-schérif* (écriture noble) à tout f. qui est revêtu de la signature autographe du sultan, ou sur lequel il a écrit de sa propre main, au-dessus du thograï : « Soit fait comme il est dit ci-dessous. »

FIRMIN (Saint), évêque d'Amiens, martyrisé en 287. Fête le 25 septembre.

FIRMINY, v. de la Loire, arr. de Saint-Étienne, 14,500 h.

FIROLE. s. f. T. Zool. Mollusque *Gastéropode Prosobranche*, appartenant au sous-ordre des Nucléobranches. Voy. ce mot.

FISC. s. m. [Pr. *fisk*] (lat. *fiscus*, m. s.). Trésor du souverain. ‖ Dotation accordée par le souverain. ‖ Trésor public.

Hist. fin. — « Sous la république romaine, dit Savigny, le trésor de l'État était désigné par le nom d'*ærarium* ; mais, après l'établissement du pouvoir impérial, lorsque les provinces eurent été partagées entre le sénat et le prince, il résulta de là une division du trésor public en deux parties : l'une administrée par le sénat, et qui conserva le nom d'*ærarium* ; l'autre administrée par l'empereur, et qui reçut le nom de *fisc* (*fiscus*) : quant aux biens privés de ce dernier, ils étaient tout à fait distincts du fisc. A l'origine, le mot *fiscus* signifiait une corbeille d'osier qui servait à mettre de l'argent ; mais, par extension, on l'appliqua au trésor d'un particulier, puis spécialement au trésor impérial. Enfin, lorsque les empereurs eurent concentré en eux-mêmes la puissance souveraine tout entière, la distinction établie entre l'*ærarium* et le *fiscus* disparut, et les deux mots s'employèrent indifféremment pour désigner le trésor du prince ou le trésor de l'État, qui dès lors furent une seule et même chose. » Ce fut après le règne d'Adrien que cette distinction disparut, mais nous ignorons à quelle époque précise ce fait a eu lieu.

Dans l'ancienne monarchie française, attendu que le trésor public était tout entier sous la main du prince qui en pouvait disposer sans contrôle, le mot *fisc* se conserva avec la signification qu'il avait dans la Rome impériale. On appliqua même ce nom à l'administration chargée de la perception et de la gestion des revenus qui composaient le fisc ; et aujourd'hui, bien que ce terme soit banni du langage administratif, on l'emploie encore, dans le langage ordinaire, en parlant du trésor public et de l'administration des finances. — Avant 1789, on donnait le nom de *Fiscaux* aux officiers chargés de veiller, comme on disait alors, à la conservation des droits du roi ; mais on appelait particulièrement *Procureurs* et *Avocats fiscaux* les officiers qui, dans les sièges subalternes, tenaient la place des procureurs et avocats publics. En effet, ces derniers étaient, dans les présidiaux, qualifiés de *Procureurs* et d'*Avocats du roi*, et, dans les cours souveraines, d'*Avocats* et de *Procureurs généraux*.

FISCAL, ALE. adj. Qui appartient au fisc, qui concerne le fisc. *Droits fiscaux. Lois fiscales. Édit f.* — *Procureur, avocat f.* Voy. Fisc. ‖ Se dit quelquefois de celui qui montre un zèle outré pour l'intérêt du fisc. *C'est un homme très f. Il a l'esprit f.*

FISCALEMENT. adv. Néol. D'une manière fiscale.

FISCALITÉ. s. f. Système des lois, mesures, etc., relatives au fisc. ‖ Disposition à étendre, à augmenter les droits du trésor, la perception des impôts. *Il se croyait un habile financier parce qu'il avait l'esprit de f. Cette prétention avait un caractère odieux de f.*

FISCHART (Jean), surnommé *Mentzer*, célèbre satirique allemand (1545-1591).

FISCHER, savant philologue allemand (1726-1790).

FISCHÉRITE. s. f. (R. *Fischer von Waldheim*, naturaliste russe). T. Minér. Phosphate hydraté d'alumine, en masses cristallines vertes, translucides, à éclat vitreux.

FISCIQUE. adj. 2 g. T. Chim. Voy. Physique.

FISÉTINE. s. f. T. Chim. Voy. Fustine.

FISMES, ch.-l. de c. (Marne), arr. de Reims, 3,300 hab.

FISSIDACTYLE. adj. 2 g. et s. m. [Pr. *fis-sidaktile*] (lat. *fissus*, fendu ; gr. δάκτυλος, doigt). Nom donné à tous les passereaux dont les doigts sont entièrement libres.

FISSIFLORE. adj. [Pr. *fis-siflore*] (lat. *fissus*, fendu ; *flos*, fleur). T. Bot. Dont les corolles sont fendues.

FISSIFOLIÉ, ÉE. adj. [Pr. *fis-sifolié*] (lat. *fissus*, fendu ; *folium*, feuille). T. Bot. Qui a des feuilles fendues au sommet.

FISSILABRES. s. m. pl. [Pr. *fis-silabre*] (lat. *fissus*, fendu, et fr. *labre*). T. Entom. Tribu d'insectes Coléoptères de la famille des *Brachélytres*. Voy. ce mot.

FISSILE. adj. 2 g. [Pr. *fis-sile*] (lat. *fissilis*, m. s.). T. Hist. nat. Qui a de la tendance à se fendre, à se diviser par feuillets.

FISSILITÉ. s. f. [Pr. *fis-silité*]. Qualité de ce qui se fend. *La f. des ardoises.*

FISSINERVE. adj. 2 g. [Pr. *fis-sinerve*] (lat. *fissus*, fendu, et *nervure*). T. Bot. Dont les feuilles ont des nervures bifides.

FISSIPARE. adj. 2 g. [Pr. *fis-sipare*] (lat. *fissus*, fendu; *parere*, engendrer). T. Hist. nat. Se dit des êtres organisés dont le mode de reproduction a lieu par la scission spontanée de leur propre corps, comme cela se voit dans un grand nombre de polypes et de végétaux inférieurs.

FISSIPARITÉ. s. f. [Pr. *fis-siparité*] (R. *fissipare*). Mode de reproduction qui s'opère par scission spontanée. On dit plus souvent aujourd'hui *Scissiparité*. Voy. REPRODUCTION.

FISSIPÈDE. adj. 2 g. et s. m. [Pr. *fis-sipède*] (lat. *fissus*, fendu; *pes, pedis*, pied). T. Zool. Se dit, par opposit. à Solipèdes, des animaux ongulogrades, dont le pied est divisé en deux ou quatre sabots.

FISSIPENNE. adj. 2 g. [Pr. *fis-sipè-ne*] (lat. *fissus*, fendu, *penna*, plume). T. Entom. Qui a les ailes fendues dans leur longueur.

FISSIROSTRES. s. m. pl. [Pr. *fis-sirostre*] (lat. *fissus*, fendu; *rostrum*, bec). T. Ornith. Groupe d'Oiseaux au bec largement fendu appartenant à l'ordre des PASSEREAUX. Voy. ce mot.

FISSURATION. s. f. [Pr. *fis-sura-sion*] T. Didact. État de ce qui est fendu, de ce qui offre des fissures.

FISSURE. s. f. [Pr. *fis-sure*] (lat. *fissura*, m. s., de *fissus*, fendu). Petite fente, crevasse. *Les fissures d'un mur.* — **Anat.** — On donne ce nom à certains sillons, à certaines fentes plus ou moins superficielles qui, sans diviser entièrement les organes, établissent entre leurs parties des lignes de séparation distinctes. Exemples : F. longitudinale du cerveau, f. de la rate, f. ombilicale. — **Path.** — On appelle f. de petites ulcérations allongées et peu profondes. Telles sont les fissures à l'anus, fréquentes chez les tuberculeux. — Ce nom est encore réservé à un groupe d'anomalies (anomalies par f.) que caractérise l'existence d'une solution de continuité congénitale, comparable à une fente, soit que cette dernière divise symétriquement, en deux moitiés latérales, un organe impair et médian, soit qu'elle se trouve situé elle-même à droite ou à gauche de l'axe médian (bec-de-lièvre, fissures congénitales des joues, de l'iris, de la paupière; fissures médianes des lèvres, de la voûte palatine et du voile du palais, de la langue, du nez, du pénis, du clitoris, de la matrice, d'un plus ou moins grand nombre de vertèbres ou *Spina bifida*) — Le même mot de f. s'emploie quelquefois pour fêlure dans les fractures des os.

FISSURELLE. s. f. [Pr. *fis-surèle*] (Dimin. de *fissure*). T. Zool. Genre de Mollusques Gastéropodes marins, appartenant au sous-ordre des *Aspidobranches*. Voy. ce mot. Les *Fissurelles* (*Fissurella*) ont une coquille conique placée sur le milieu du dos, mais qui ne le recouvre pas toujours en entier et qui est percée à son sommet d'une petite ouverture, qui sert à la fois de passage aux excréments et à l'eau nécessaire à la respiration. (Fig. ci-contre. C quille de F. en bateau. F. cymbosa, vue par sa partie supérieure). Elles ont un large disque charnu sous le ventre, et les côtés du pied sont garnis d'une rangée de filets. Ce sont des Mollusques littoraux répandus dans presque toutes les mers, particulièrement dans celles de l'Amérique méridionale où sont les plus grandes espèces.

Le genre *Emarginule* (*Emarginuta*) ne diffère du précé-

dent que parce que la coquille présente en avant une fente ou échancrure en communication avec la cavité branchiale. Les bords du manteau enveloppent et couvrent en grande partie ceux de la coquille. Les *Parois* (*Parmophorus*) ont, comme les Émarginules, la coquille recouverte en partie par les bords retroussés du manteau ; mais leur coquille oblongue et légèrement conique est sans trou ni échancrure.

FISSURER. v. a. [Pr. *fis-surer*]. T. Didact. Diviser par fissures.

FISTULAIRE. adj. 2 g. (R. *fistule*). Qui présente un canal, un tube. || s. m. *Le f.*, Poisson à museau tubuleux. || s. f. *La f.*, Mollusque à corps cylindrique. — Sorte d'Algue marine.

FISTULANE. s. f. (lat. *fistula*, flûte). T. Zool. Mollusque Lamellibranche. Voy. ENFERMÉS.

FISTULE. s. f. (lat. *fistula*, flûte). On appelle fistules des dépressions canaliculées et des conduits anormaux d'origine congénitale ou pathologique. — Les fistules congénitales n'ont guère été étudiées que depuis ce siècle : on les observe autour des fentes branchiales, à la tête, au cou, provenant de la non-coalescence de deux arcs voisins, ou consécutives à l'ouverture d'un kyste congénital; d'autres siègent au niveau de l'ombilic (persistance de l'ouraque); mais les plus nombreuses se groupent autour du rectum et reconnaissent pour cause un défaut dans le cloisonnement du cloaque embryonnaire ; restent à signaler les fistules uréthro-cutanées (épispadias, hypospadias) et anococcygiennes. Les fistules pathologiques ou accidentelles présentent des variétés multiples suivant le point de vue auquel on les considère : borgnes (non communicantes) ou complètes (communicantes), suivant le trajet : idiopathiques ou symptomatiques suivant leur origine, abcès chaud ou froid, ou bien lésion profonde osseuse, ganglionnaire ou viscérale; séreuses ou muqueuses, selon leur aboutissant, quelquefois même bimuqueuses. — Plus rationnelle, plus scientifique que toutes ces divisions, est la classification de Pozzi, basée sur le processus pathogénique, défaut de cicatrisation ou cicatrisation défectueuse; ces processus sont provoqués par une série de causes, variables suivant les cas : mobilité des parties appelées à se cicatriser gênant l'accolement; charroi de substances irritantes et septiques agissant sur les couches sous-jacentes qui s'infiltrent de leucocytes, s'épaississent et durcissent, deviennent calleuses, rigides, hostiles à la réunion ; déviations des processus du développement embryonnaire normal. On ne saurait tracer un tableau général de la symptomatologie des fistules : car chacune emprunte à la région où elle se développe une physionomie spéciale. Le diagnostic se précise facilement du moins au sujet de l'existence d'une f. : constatation d'un orifice, d'un trajet que le stylet peut parcourir, écoulement d'un liquide ; il n'est pas toujours aussi aisé de notifier l'origine et les causes. — Le traitement doit s'adresser à la cause, lésion locale ou état constitutionnel mauvais, qui entretient un trajet ulcéreux béant. Chaque espèce de f. présente donc ses indications particulières.

FISTULEUX, EUSE. adj. (lat. *fistulosus*, m. s.). Qui a rapport à une fistule. *Ulcère f.* || T. Bot. Qui présente un canal intérieur. *Tige fistuleuse.*

FISTULINE. s. f. (R. *fistule*). T. Bot. Genre de *Champignons* de la famille des *Hyménomycètes*. Voy. ce mot.

FISTULIVALVE. adj. (lat. *fistula*, tube, et fr. *valve*). T. Zool. Qui est en forme de fourreau.

FITZ-GÉRALD (ÉDOUARD), patriote irlandais (1763-1798).

FITZ-JAMES, famille anglaise devenue française depuis le maréchal de Berwick, fils naturel de Jacques II.

FIUME, v. de Hongrie; 29,000 hab.

FIVE O'CLOCK. s. m. [Pr. *fai-vo-klok*]. Locution anglaise qui signifie cinq heures et que l'on a appliquée au lunch ou goûter que l'on fait à cette heure.

FIX (THÉODORE), économiste suisse, né à Soleure (1800-1846). = THÉODEBALD, son frère, philologue, né à Soleure (1802-1874).

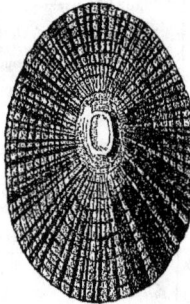

FIXAGE. s. m. Action de fixer, de rendre solide, permanent. || T. Photog. Opération par laquelle on rend l'image positive insensible à l'effet de la lumière qui la détruirait.

FIXATEUR. s. m. T. Techn. Mécanisme dont on se sert pour fixer les chevilles des instruments à cordes. || Outil dont on se sert pour fixer les œillets, dans les ouvrages où l'on veut en introduire. || Substance qui sert à fixer les couleurs sur un tissu, l'image photographique sur un cliché, etc. || Instrument qui sert à insuffler le fixatif sur les dessins au crayon, au fusain.

FIXATIF, IVE. adj. Qui sert à fixer, à déterminer. = FIXATIF. s. m. Nom donné à diverses préparations employées pour fixer les dessins faits sur papier avec du fusain ou un crayon très tendre. Ce sont des solutions de résines diverses dans un liquide alcoolique ou éthéré.

FIXATION. s. f. [Pr. *fi-ksa-sion*]. L'action de fixer, de déterminer, ou quelquefois, Le résultat de cette action. *La f. du prix du blé. La f. d'un terme pour le paiement d'une dette. La f. des droits d'octroi. Suivant la f. qui en a été faite.* — Autrefois, on disait dans le même sens, *La f. du prix des charges,* ou simplement, *La f. des charges.* || T. Chim. L'opération par laquelle on fixe un corps gazeux ou susceptible de se volatiliser. *En chauffant le plomb au contact de l'air, il y a f. d'une partie de l'oxygène de ce dernier.* || T. Technol. *La f. des couleurs.* Voy. TEINTURERIE.

FIXE. adj. 2 g. (lat. *fixus,* m. s.). Qui ne se meut point, qui demeure toujours arrêté au même lieu. *Étoiles fixes. Point f. Le siège de la douleur est f.* — *Douleur f.,* Dont le siège est fixe. — *Avoir la vue f., les yeux fixes, le regard f.,* Avoir la vue assurée et fermement arrêtée sur l'objet qu'on regarde. *Avoir le regard f.,* sign. encore Avoir les yeux ouverts et immobiles. || Qui est certain, déterminé, qui ne varie point. *Une somme f. Vendre à prix f. Donnez-moi une heure, un jour f. Il n'y a point de terme, d'époque, de durée f. pour cela. Il n'y a pas de demeure f. N'avoir point de route, de direction, de place f. Ce pays n'a point de lois fixes. Il n'y a rien de f. dans le monde.* — *Idée f.,* Idée dominante, qui obsède sans cesse l'esprit. — *Le baromètre est au beau f.,* il est au point qui indique un beau temps durable. || Assuré, régulier; se dit par oppos. à éventuel, casuel. *Revenu f. Dépense f. Appointements fixes.* — Subst., *Dans cette place, le f. est peu de chose, mais il y a un bon casuel.* || T. Techn. *Machine f.,* Machine à vapeur qui ne se déplace pas. || T. Bot. *Cloison f.,* Qui demeure et conserve son attache à la maturité du fruit. || T. Météor. *Beau f.,* Élévation de la colonne barométrique à une hauteur telle que le beau temps semble durable. || T. Chim. *Corps fixes,* Ceux qui ne se volatilisent pas par l'action du feu. — *Alcali f.,* se disait autrefois de la potasse et de la soude, par oppos. à *Alcali volatil,* nom sous lequel on désignait l'ammoniaque. — *Sel f.,* Produit cristallin qu'on obtient en lavant les cendres des végétaux. — *Air f.,* Se disait du gaz acide carbonique. = En T. Astron. et Chim., on dit, subst. et au plur., *Les fixes,* en parlant des étoiles fixes, et des corps fixes. = En T. Tactiq., *Fixe* s'emploie adverbial. et elliptiq. pour commander à une troupe de rester immobile, après qu'elle a exécuté certains mouvements.

FIXÉ. s. m. T. Peint. Petit tableau peint à l'huile sur taffetas et qu'on recouvre d'une glace qui lui tient lieu de vernis. — Se dit aussi de petites peintures sur porcelaine, dont on se sert pour décorer certains meubles et articles de marqueterie.

FIXE-LONGE. s. m. Appareil destiné à empêcher que la longe du cheval, du bœuf, de la vache, etc., ne se raccourcisse ou ne s'allonge au delà de la mesure nécessaire.

FIXEMENT. adv. D'une manière fixe; n'est guère usité que dans la locution, *Regarder f.*

FIXER. v. a. (R. *fixe*). Arrêter d'une manière invariable, assujettir. *Fixez ce cadre contre la muraille avec un clou. F. au moyen d'une vis. Il faut f. cette planche solidement. F. une barque au rivage.* — Par anal., Établir dans un lieu pour y faire demeurer. *Pour f. dans ses États les étrangers habiles dans les arts, ce prince leur accorda de grands privilèges.* On dit encore, *C'est la cupidité seule qui a pu f. quelques colons dans ces*

lieux sauvages. — Dans le même sens, on dit aussi, *F. sa demeure, sa résidence, son domicile en tel endroit.* || *F. ses yeux, sa vue, ses regards sur quelqu'un, sur quelque chose,* Les arrêter sur quelqu'un, etc. — Fig., *F. les regards de quelqu'un,* Devenir l'objet de son attention, de sa passion. *F. les regards sur soi,* Les attirer sur soi, se mettre en évidence. || Figur., *F. quelque chose sur le papier, sur la toile,* etc., L'écrire, le peindre, etc., afin de ne pas l'oublier, afin d'en conserver l'image. *F. ses idées sur le papier. L'écriture est l'art de représenter et de f. la parole.* On dit également, *F. par l'écriture.* — Figur., *F. une chose dans la mémoire, dans l'esprit,* Faire que la mémoire la retienne. *Cet exercice est excellent pour f. les règles dans la mémoire.* || Fig., Faire qu'une personne ou une chose ne varie plus, ne soit plus changeante, versatile, indécise. *C'est un esprit inquiet, c'est un inconstant, c'est une coquette que l'on ne saurait f. F. une imagination vagabonde. F. les goûts, les désirs de quelqu'un. F. l'opinion. F. la victoire encore incertaine. Ces études ne sont pas les seules qui doivent f. un être pensant. Les grands écrivains qui ont fixé notre langue.* Par ext., on dit, *F. les irrésolutions, les doutes,* etc., de quelqu'un, Les faire cesser. || Fig., *F. son attention sur quelque chose,* L'y appliquer avec une certaine énergie. — *F. l'attention de quelqu'un,* La captiver. *Voilà un objet digne de f. votre attention. Il ne suit pas f. l'attention de ses auditeurs.* — *F. ses soupçons sur quelqu'un,* Les arrêter sur quelqu'un. On dit dans un sens analogue, *F. ses vues sur quelqu'un, sur quelque chose.* || T. Médecine. *F. une fluxion, une douleur sur un point,* Faire qu'une douleur, etc., qui est mobile et se déplace aisément, reste sur un endroit où elle est moins dangereuse. *Il faut f. la goutte sur les organes superficiels.* || T. Chim. Faire qu'un corps gazeux ou volatil ne puisse se dissiper. *On fixe l'acide arsénieux en le combinant avec la potasse, car il en résulte un arsénite non volatil. F. le mercure,* Le solidifier. — T. Photogr. *F. l'image, F. le cliché,* Faire subir au cliché un traitement chimique, à la suite duquel il ne subit plus l'action de la lumière. Voy. PHOTOGRAPHIE. — T. Techn. *F. les couleurs.* Voy. TEINTURERIE. == Régler, arrêter, déterminer. *F. le prix d'une denrée. Ses appointements ont été fixés à tant. F. le jour, l'heure d'une assemblée. F. un délai, C'est lui, qui doit f. notre sort. F. l'état de la question. F. l'usage qui fixe le sens des mots.* — SE FIXER. v. pron. S'empl. dans les différents sens du verbe actif. *Ces coquillages se fixent sur les rochers au moyen de filaments d'une extrême solidité. Il descend d'une famille irlandaise qui se fixa en France à la chute des Stuarts. Ses regards se fixèrent enfin sur elle. Ses traits se fixèrent profondément dans mon esprit. C'est un esprit inquiet qui ne peut se f. à rien. Il a résolu de se f. et de prendre femme. Le vent s'est fixé au nord. Le baromètre s'est fixé au beau. C'est le parti auquel il s'est fixé. Lorsqu'une langue commence à se f. Mon attention se fixa immédiatement sur cet objet. Les soupçons ne peuvent se f. sur lui. La goutte s'est fixée aux articulations du pied. L'oxygène se fixe en se combinant avec le mercure. Le prix des produits se fixe d'après les frais de production. C'est par l'usage que se fixe le sens des mots. Fixez-vous enfin à quelque somme.* — Fixer, ên. part. Avoir les yeux fixés sur quelqu'un. *Au jour fixé pour la réunion.* || *Être fixé,* Savoir à quoi s'en tenir, n'avoir plus aucun doute, aucune incertitude sur quelque chose. *Je suis fixé sur son compte. Il est fixé sur ce qu'il doit faire. Il suffit, je suis fixé maintenant.*

FIXIBILITÉ. s. f. Propriété qu'ont certaines choses d'être fixées.

FIXITÉ. s. f. Qualité de ce qui est fixe. Au propre, ne se dit guère qu'en T. Chim., en parl. des corps qui ne sont point volatilisés par la chaleur; et en T. Astron., Des étoiles proprement dites. *La f. du carbone. La f. des étoiles n'est qu'apparente.* || Action du regard qui s'attache à un objet d'une façon persistante. || Fig., se dit de ce qui n'est point changeant, versatile. *La f. de ses idées, de ses principes. Ses idées n'ont aucune f. C'est un esprit sans f.*

FIXLMILLNER (PLACIDUS), astronome autrichien (1721-1791).

FIZEAU (H.-L.), physicien français, membre de l'Académie des sciences (1819-1896).

FLABELLATION. s. f. [Pr. *flabel-la-sion*] (lat. *flabellum*, éventail). T. Méd. Action d'éventer, de renouveler l'air autour d'une partie du corps.

FLABELLÉ, ÉE. adj. **FLABELLIFORME.** adj. 2 g. [Pr. *flabel-lé, flabel-liforme*] (lat. *flabellum*, éventail). T. Hist. nat. Qui est en forme d'éventail.

FLAC. interj. Onomatopée imitant le bruit de l'eau qui tombe.

FLACCIDITÉ. s. f. [Pr. *flak-sidi-té*] (lat. *flaccidus*, flasque). État d'une chose qui est molle, flasque et complètement dépourvue d'élasticité. La f. des chairs.

FLACCUS (VALERIUS), poète latin de la fin du Ier siècle ap. J.-C., auteur des *Argonautiques*.

FLACHE. s. f. (lat. *flaccus*, m. s.). Partie molle d'une chose. || Aubier du bois que le charpentier doit enlever par l'équarrissage. || T. Charpent. et Menuis. Dépression dans le bois que l'on travaille et qui empêche de le bien équarrir. || Par ext., Inégalité dans le pavage d'une rue par suite de l'enfoncement d'un pavé. || Creux où l'eau s'amasse. Voy. FLAQUE. || Creux dans l'intérieur d'une roche qu'on reconnaît au son qu'elle rend sous le marteau.

FLACHER. v. a. Faire une entaille à un arbre pour le marquer du sceau de l'administration des Eaux et Forêts.

FLACHEUX, EUSE. adj. T. Techn. Qui a des flaches, en parl. d'un tronc d'arbre, d'une poutre, d'un bois de charpente.

FLACON. s. m. (all. *flasche*, bouteille). Espèce de bouteille qui se ferme avec un bouchon de même matière, ou avec un bouchon de métal. F. d'argent, de cristal. Un f. d'eau de senteur. || Par ext., Bouteille. Vider un f. de vin vieux. — F. de pèlerin, Gourde.

FLACOURT (ÉT. DE), colonisateur fr., né à Orléans (1607-1660).

FLACOURTIE. s. f. [Pr. *flakour-si*] (R. Flacourt, nom d'homme). T. Bot. Genre de plantes Dicotylédones (*Flacourtia*) de la famille des *Bixacées*. Voy. ce mot.

FLACOURTIÉES. s. f. pl. [Pr. *flakour-sié*] (R. Flacourtie). T. Bot. Tribu de plantes de la famille des *Bixacées*. Voy. ce mot.

FLAGELLAIRE. adj. 2 g. [Pr. *fla-jel-lère*] (lat. *flagellum*, fouet). Qui ressemble à un fouet. = FLAGELLAIRE. s. f. T. Bot. Genre de plantes Monocotylédones (*Flagellaria*), de la famille des *Joncacées*. Voy. ce mot.

FLAGELLANT. s. m. [Pr. *fla-jel-lan*]. Nom de certains fanatiques qui se flagellaient en public. Voy. FOUET.

FLAGELLARIÉES. s. f. pl. [Pr. *fla-jel-larié*] (R. flagellaire). T. Bot. Tribu de plantes Monocotylédones de la famille des *Joncacées*. Voy. ce mot.

FLAGELLATES ou FLAGELLIFÈRES. s. m. pl. [Pr. *flajel-late, flajel-lifère*] (lat. *flagellum*, fouet; *ferre*, porter). T. Zool. — Les F. forment une classe de *Protozoaires corticés* (Voy. PROTOZOAIRES) dans laquelle on a fait rentrer un certain nombre de formes animales qui ont des caractères d'Amibes ou d'Infusoires. Leur corps peut présenter à sa surface des pseudopodes rétractiles ou bien des cils vibratiles, mais leur caractère essentiel, celui qui ne manque jamais est la présence d'un ou plusieurs prolongements filiformes auxquels on a donné le nom de *flagellum*. Leur protoplasma renferme presque toujours au moins une vésicule contractile en plus du noyau; on distingue souvent une bouche et même un conduit œsophagien. La reproduction se fait par scissiparité ou par sporulation. La plupart des F. sont des animaux aquatiques; quelques-uns cependant vivent en parasites; on les divise en 1° *Rhizoflagellés*; 2° *Euflagellés*; 3° *Choanoflagellés*; 4° *Cystoflagellés*.

1° Les *Rhizoflagellés* (gr. ρίζα, racine) n'ont qu'un seul flagellum, mais leur corps peut former ça et là à sa surface de larges pseudopodes qui les rapprochent des amibes (genre *Mastigamœba*).

2° Les *Euflagellés* (εὖ, bien) ne présentent pas de pseudo-

podes, ni de collerettes à la base de leurs flagellums; ceux-ci sont en nombre variable: tantôt il n'y en a qu'un, ou bien on en voit 4 ou 5 qui sont tous semblables, placés en avant et en arrière du corps; d'autres fois, les uns servent uniquement à la locomotion, tandis que les autres se chargent de capturer la proie. Les Euflagellés qui n'ont qu'un seul flagellum forment le groupe des *Monades* dont les unes sont solitaires et le plus souvent parasites, et les autres agrégées en forme de colonies arborescentes. Une de ces Monades appelée *Cercomonas* ou *Bodo hominis* se rencontre en très grand nombre dans l'intestin d'individus atteints de choléra, de fièvre typhoïde ou de diarrhée des pays chauds. Une autre espèce parasite, le *Trichomonas vaginalis* se trouve dans le vagin de toute femme atteinte d'un écoulement purulent; son corps, long de un à deux centièmes de millimètre, a la forme d'un ovoïde plus ou moins allongé, terminé en avant par un bouquet de trois à quatre flagellums, en arrière par une sorte de queue pointue qui peut s'allonger ou se raccourcir à la volonté de l'animal. Sur un des côtés du corps se voit un repli sinueux qui, par ses mouvements, conduit les aliments vers la bouche, tout en faisant progresser l'animal. Une mince cuticule revêt tout l'animal, ce qui ne l'empêche pas de se déformer pour pouvoir glisser entre les globules du pus avec lesquels il peut être confondu au premier abord. Ce parasite irrite probablement la muqueuse vaginale et entretient ainsi l'écoulement; il est facile de s'en débarrasser par des injections, même d'eau pure.

3° Les *Choanoflagellés* (χοάνη, entonnoir) sont remarquables par une sorte de membrane qui entoure comme une collerette la base d'un long flagellum; c'est un véritable entonnoir qui sert à conduire les aliments vers la bouche. Ces animaux se trouvent dans les eaux douces; ils vivent solitaires, nagent au moyen de leur flagellum, ou bien sont réunis en colonies très élégantes (genre *Codosiga*, fig. 1).

4° Les *Cystoflagellés* (κύστις, vessie) sont les géants du groupe et même de tous les *Protozoaires*; leur corps, qui est globuleux et transparent, est en général assez gros pour qu'on puisse le voir à l'œil nu; il présente en un point une dépres-

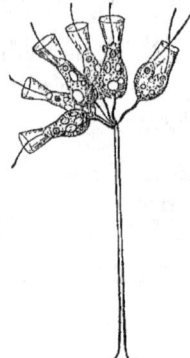

Fig. 1.

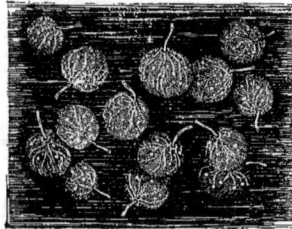

Fig. 2.

sion buccale du fond de laquelle part un long flagellum et quelquefois un tentacule. Les Noctiluques (*Noctiluca miliaris*, fig. 2), sont les animaux les plus intéressants de ce groupe: ce sont eux qui, par leur accumulation en certaines régions, produisent ce phénomène magnifique qu'on appelle inexactement la *phosphorescence* de la mer. Pendant les nuits chaudes de l'été, on voit quelquefois, dans nos pays, des lueurs pâles, des sortes d'effluves, qui apparaissent à la surface de la mer; près du rivage, la crête des vagues s'illumine d'un nombre infini de petits points lumineux dont le scintillement donne l'illusion d'une splendide parure de diamant. Dans les mers tropicales, ce spectacle prend parfois des proportions féériques ; je garderai toujours le souvenir des longues heures de nuit que j'ai passées en longeant les côtes du Brésil, étendu dans un hamac sur la passerelle arrière, hypnotisé véritablement par la longue traînée de feu que le navire laissait derrière lui ; des flocons d'écume que la phosphorescence faisait ressembler à du lait, s'élevaient continuellement sous les mouvements rapides de l'hélice, puis devenaient plus loin des vagues houleuses, et enfin se résolvaient peu à peu en un nombre infini de petites étoiles tremblotantes. J'ai eu l'occasion de remarquer plusieurs fois, dans ces parages, que les Noctiluques s'enfonçaient dans la profondeur des eaux, lorsque la mer était un peu agitée, semblables à nos hirondelles qui descendent vers la terre à l'approche des orages.

Fig. 3.

Lorsqu'on recueille dans sa main un peu d'eau phosphorescente, chaque Noctiluque apparaît à l'œil nu comme une petite masse gélatineuse, transparente ou faiblement jaunâtre (Fig. 3). Au microscope, on voit au centre du corps un noyau et, tout autour, une couche de protoplasma qui envoie des prolongements dans toutes les directions ; le reste du corps est rempli par un liquide transparent et par quelques vacuoles digestives. C'est dans le protoplasma que réside la source de lumière sous forme de petites granulations jaunâtres qui brillent chacune d'une lueur propre. Les Noctiluques se nourrissent de protozoaires marins, plus petits qu'eux ; l'orifice buccal situé au fond du sillon sert en même temps d'anus. Lorsque ces animaux ont atteint la grosseur d'un demi-millimètre qui est leur taille

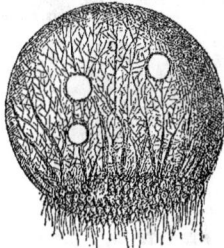

Fig. 4.

maximum, ils se reproduisent ou par scissiparité ou bien par sporulation. Dans ce dernier cas, qui est le plus fréquent, l'animal perd ses appendices et prend une forme sphérique, puis son noyau se divise un grand nombre de fois de façon à former une dizaine d'heures quatre à cinq cents petites masses nucléaires qui vont former une sorte de calotte bourgeonnante à un des pôles de la sphère (Fig. 4). Chacune de ces masses grandira pour son propre compte et se détachera de la colonie pour former une nouvelle Noctiluque.

FLAGELLATEUR. s. m. [Pr. *fla-jel-la-teur*]. Celui qui flagelle.

FLAGELLATION. s. f. [Pr. *fla-jel-la-sion*]. Action de flageller, de fouetter ; ne se dit guère que de l'action de fouetter considérée comme supplice ou comme pratique de pénitence. *Cette cruelle f. où le Sauveur des hommes se vit condamner* (Fournialoue). *Le pape Clément VI défendit les flagellations publiques.* || Par ext., Tableau représentant la flagellation de J.-C. *On voit dans ce musée la Flagellation de tel peintre.* || T. Méd. Pratique qui consiste à flageller assez vivement une partie du corps pour produire une révulsion.

FLAGELLER. v. a. [Pr. *fla-jel-ler*] (lat. *flagellare*, m. s.;

de *flagellum*, fouet). Fouetter, faire subir la peine du fouet, ne se dit guère qu'en parlant du fouet employé comme supplice ou comme pratique de pénitence. *Pilate fit f. J.-C.* || Fig., au sens moral, *Il a été vigoureusement flagellé*, Il a été cruellement maltraité en paroles ou par écrit. — SE FLAGELLER. v. pron. *Il se flagellait tous les jours. Ces fanatiques se flagellaient publiquement entre eux.* = FLAGELLÉ, ÉE. part.

FLAGELLIFÈRES. s. m. pl. Voy. FLAGELLATES.

FLAGELLIFORME. adj. 2 g. [Pr. *flajel-li-forme*] (lat. *flagellum*, fouet, et *forme*). Qui a la forme, la flexibilité d'un fouet.

FLAGELLUM. s. m. [Pr. *fla-jel-lome*] (mot lat. signifiant fouet), T. Zool. Prolongement filiforme du protoplasma de certains protozoaires. Voy. FLAGELLATES.

FLAGEOLER. v. n. [Vx français *flageol*, rad. de *flageolet*). Jouer du flageolet. Vx. || Se dit des jambes du cheval, et quelquefois aussi de l'homme, lorsqu'elles tremblent, par suite de la fatigue, ou d'une vive émotion, ou de l'ivresse. *Les jambes lui flageolaient.*

FLAGEOLET. s. m. (anc. fr. *flajol*, dim. de *flûte*). T. Mus. Voy. FLUTE. || T. Bot. Variété de Haricot. Voy. ce mot.

FLAGORNER. v. a. (lat. *flagitare*, solliciter avec importunité?). Flatter souvent et bassement. *F. ses supérieurs. Il est entouré de parasites qui le flagornent.* Absol., *Il va f. aux oreilles de son maître.* Fam. = FLAGORNÉ, ÉE. part.

FLAGORNERIE. s. f. Flatterie basse et répétée. *Il s'est insinué dans cette maison par ses flagorneries.* Fam.

FLAGORNEUR, EUSE. s. Celui, celle qui flagorne. *C'est un impudent f.* Fam. = Syn. Voy. ADULATEUR.

FLAGRANCE. s. f. État de ce qui est flagrant.

FLAGRANT, ANTE. adj. (lat. *flagrans*, brûlant). Qui a lieu, qui se fait actuellement. *Le fait est f. La chose est flagrante.* — *F. délit*, Délit où l'on est pris sur le fait. *On l'a pris en f. délit. En cas de f. délit.* **Législ.** — On appelle f. délit celui qui se commet actuellement ou qui vient de se commettre. Sont aussi réputés flagrants délits le cas où le prévenu est poursuivi par la clameur publique et celui où il est trouvé saisi d'effets, armes, instruments ou papiers faisant présumer qu'il est auteur ou complice, pourvu que ce soit dans un temps voisin du délit (Code d'instruction criminelle, art. 41). En vue de supprimer ou tout au moins d'abréger la détention préventive dans le cas de f. délit, où la preuve résulte le plus souvent du fait même de l'arrestation, la loi du 20 mai 1863 a institué une procédure rapide en cette matière, lorsque la poursuite a lieu devant les tribunaux correctionnels : 1° Tout individu arrêté en état de f. délit est immédiatement conduit devant le procureur de la République qui l'interroge et, s'il y a lieu, le traduit sur-le-champ à l'audience du jour, ou, à défaut, à celle du lendemain. Le tribunal est, au besoin, spécialement convoqué ; 2° les témoins peuvent être verbalement requis par tout officier de police judiciaire ou agent de la force publique ; ils sont tenus de comparaître sous les peines portées au Code d'instruction criminelle ; 3° le tribunal accorde à l'inculpé, s'il le demande, un délai de trois jours au moins, pour préparer sa défense ; 4° si l'affaire n'est pas en état de recevoir jugement, le tribunal peut la renvoyer à une prochaine audience et mettre l'inculpé provisoirement en liberté, avec ou sans caution ; 5° l'inculpé, s'il est acquitté, est immédiatement, et nonobstant appel, mis en liberté.

FLAHAUT (Comte de), aide de camp de Napoléon Ier, ambassadeur en Angleterre sous Napoléon III, né à Paris (1785-1870.)

FLAIR. s. m. (R. *flairer*). L'odorat ; ne se dit que des animaux et surtout des chiens. *Ce chien a le f. excellent.* || Fig. et fam., se dit, en parl. des personnes, dans le sens de sagacité. *Il a trop de f. pour donner dans le piège.*

FLAIRER. v. a. (lat. *fragrare*, m. s.). Sentir par l'odorat. *Quand les chiens flairent la bête. Flairez un peu cette* rose. || Fig. et fam., Pressentir, prévoir. *Il a flairé cela de loin.* == FLAIRÉ, ÉE part.

FLAIREUR, EUSE. s. Celui, celle qui flaire; ne se dit que dans ces locut. familières, *Un f. de table, un f. de cuisine. Un parasite. Un f. de dupes.* Celui qui est à l'affût de gens à duper.

FLAITEAU. s. m. Voy. FLET.

FLAMAND, ANDE. s. et adj. Nom du peuple d'origine germanique qui s'installa, au sixième siècle, sur le rivage méridional de la mer du Nord, d'où est dérivé le nom de Flandres donné à ces provinces. || s. f. *Le flamand,* Langue flamande, langue parlée par les habitants des Flandres, dans le département du Nord et la Belgique. — *École flamande.* Célèbre école de peinture, où brillèrent successivement les frères Van Eyck, Memling, Van der Meire, Quentin Messys, Frans Floris, Martin de Vos; les Francken; les Breughel, Pourbus, Rubens, A. Van Dyck, Van der Meulen; les deux Teniers. — L'architecture flamande n'est pas moins célèbre dans l'histoire de l'art, et il en a été de même de la gravure et de la sculpture.

FLAMANT. s. m. (Prov. *flamenc,* m. s., de *flamma,* flamme). T. Ornith. On désigne sous les noms de *Flamant* et de *Phénicoptère,* à cause de la couleur rouge de feu d'une partie de leur plumage, un genre d'oiseaux fort singulier, qui forme la transition entre l'ordre des Échassiers et celui des Palmipèdes. Ils ressemblent aux premiers par la lon-

gueur de leurs pattes et l'allure particulière qui en résulte, mais ils ont les trois doigts de devant palmés jusqu'au bout, et celui de derrière extrêmement court. Ces oiseaux sont en outre remarquables par la longueur de leur cou et par leur bec, dont la mandibule inférieure a la forme d'un ovale ployé longitudinalement en canal demi-cylindrique, tandis que la supérieure, oblongue et plate, est au contraire ployée en travers dans son milieu pour joindre exactement la première. Enfin, les bords des deux mandibules sont garnis de petites lames transversales très fines, ce qui, joint à l'épaisseur charnue de la langue, donne à ces oiseaux une certaine analogie avec les canards.

L'espèce de f. la plus répandue est le *F. commun,* appelé aussi *Bécharu (Phœnicopterus ruber)* [Fig. ci-contre], qui habite l'Europe méridionale et l'Afrique. En France, on le trouve sur le littoral de la Méditerranée, mais principalement dans la Camargue et aux environs d'Aigues-Mortes. Cet oiseau a de 1 mèt à 1 mèt. 35 de hauteur. Son plumage, qui est cendré à mèches brunes la première année, prend du rose aux ailes la seconde, et la troisième devient pour toujours d'un rouge pourpré sur le dos et d'un beau rose sur les ailes. Les pennes de celles-ci sont noires; les pieds sont bruns; enfin, le bec est jaune et noir au bout. — Les Flamants vivent par familles de 10 à 30 individus, sur les plages humides et dans les pays inondés et marécageux, où ils se nourrissent de vers, de petits mollusques et d'œufs de poissons. Pour chercher leur nourriture, ils tournent le cou de manière que la partie plate de la mandibule supérieure touche le sol, puis, par des mouvements qui portent la tête tantôt à droite, tantôt à gauche, ils fouillent la vase à peu près comme les canards. Suivant plusieurs auteurs, la femelle fait un nid de terre élevé, et s'y met à cheval pour couver ses œufs, la longueur de ses jambes l'empêchant de s'y prendre autrement; néanmoins d'autres assurent qu'elle pond tout simplement à terre, mais toujours sur un abri à l'abri des inondations, et qu'elle couve ses œufs en reployant les jambes sous le ventre. Ces oiseaux ont une démarche lourde et embarrassée. Ils aiment beaucoup à se mettre en ligne, et quand ils sont dans cette position, leurs bandes ressemblent assez bien à des troupes de soldats rangés en bataille. Lorsqu'ils dorment, ils se tiennent debout sur un seul pied, retirent l'autre sous le ventre, et cachent la tête sous une aile. Comme ils sont très défiants, quelques individus font sentinelle quand les autres pêchent ou se reposent. Toutefois, ils craignent beaucoup moins les animaux que les hommes, et cette circonstance fournit un moyen de les approcher. Il suffit pour cela de se cacher dans la peau d'un cheval ou d'un bœuf. On peut même en tuer un grand nombre, parce que le bruit du fusil et la vue de ceux qui sont morts ou blessés ne les font pas fuir. On les classe, du reste, moins pour leur chair, qui n'est pas un aliment de premier choix, que pour leur plumage, qui est recherché comme fourrure.

Les autres espèces du genre Phénicoptère sont le *F. pygmée (Phœn. minor)* du Sénégal et du Cap, qui ne se distingue guère du précédent que par sa taille, moins grande de moitié; le *F. rouge (Phœn. bahamensis),* propre à l'Amérique méridionale, qui est un peu plus gros que le précédent, avec une robe tout entière d'un rouge plus ou moins vif; et le *F. à manteau de feu (Phœn. ignicapillus),* qui vit sur quelques points de l'Amérique du Sud, en Patagonie, au Chili, etc., et qui n'est peut-être qu'une variété du précédent.

FLAMBAGE. s. m. [Pr. *flan-baje*]. Action de flamber. *Le f. d'un poulet.*

FLAMBANT, ANTE. adj. Qui flambe. *Un tison f.* || Pop. Riche, richement équipé, meublé, vêtu. *Mobilier f. neuf.* || T. Blas. *Pal f.,* Ondé en forme de flamme. Voy. HÉRALDIQUE.

FLAMBARD. s. m. (R. *flamber*). T. Art milit. Sorte d'épée en usage au moyen âge. Voy. ÉPÉE.

FLAMBART. s. m (R. *flamber*). T. Mar. Nom vulgaire du feu Saint-Elme. — Embarcation de pêche, à deux mâts et sans vergues, qui est fort employée sur les côtes de la Normandie. || T. Techn. Graisse que le charcutier recueille à la surface de l'eau où il fait cuire de la viande de porc. — Morceau de bois appelé aussi *allume* ou *allumi,* qui sert à allumer un four.

FLAMBE. s. f. (lat. *flammula,* dimin. de *flamma,* flamme). Épée à lame ondulée || T. Bot. Nom d'une espèce d'Iris (*Iris germanica*) de la famille des Iridées. Voy. ce mot.

FLAMBEAU. s. m. (R. *flambe*). Espèce de torche de cire qu'on porte à la main. *Porter un f. Allumer, éteindre un f. A la lueur des flambeaux. Une promenade aux flambeaux.* L'Amour, ainsi que d'autres divinités de la Fable, telles que l'Hymen, la Discorde, Bellone, sont ordinairement représentés avec un f. à la main. || Par anal., se dit des bougies d'une salle à manger ou d'un salon. *Apportez les flambeaux. Allumez les flambeaux. Dîner aux flambeaux.* — Par ext., Chandelier. *F. d'argent, de bronze. Une paire de flambeaux.* || Fig. et poét., *Le f. du jour,* Le soleil. *Le f. de la nuit,* La lune. *Les flambeaux de la nuit, les célestes flambeaux,* Les étoiles, les astres en général. || Fig. et poét., *Allumer le f., les flambeaux de l'hymen,* Se marier. *Allumer le f. de la guerre, de la discorde*, Causer, faire naître la guerre, la discorde. *Le f. de sa vie, de ses jours était près de s'éteindre*, Il était près de mourir. || Fig., dans le style élevé, se dit de la raison, de la science, etc. *Le f. de la raison, de la foi, de la vérité. Le f. de la science, de l'expérience, de l'histoire*, etc. || T. Techn. Chaudière soumise à un feu très vif, où l'on fait l'épreuve du sucre pour le raffiner.

FLAMBÉE. s. f. (R. *flamber*). Feu clair de bourrée ou petit bois.

FLAMBER. v. n. (R. *flambe*). Jeter de la flamme. *Ce bois ne flambe pas. Faites f. le feu.* == FLAMBER, v. a. Passer par le feu ou par-dessus le feu. *F. un chapon, un cochon de lait*, etc., *pour brûler les restes de plumes ou de poils* || T. Cuis. *F. un chapon*, etc., sign. encore, faire tomber sur lui quelques gouttes de lard fondu qu'on allume et qu'on fait flamber. || T. Techn. *F. une toile de coton*, pour brûler le duvet. || T. Artill. *F. un canon*, Faire brûler de la poudre dans un canon, pour en nettoyer l'intérieur. || T. Mar. *F. un vaisseau*, Réprimander, en parlant d'un bâtiment, par un signal suivi d'un coup de canon. — Réprimander, en parlant d'un capitaine, par un signal non suivi du coup de canon. == FLAMBÉ, ÉE. part. || Figur., famil. et par plaisanterie, Ruiné, perdu, dont il n'y a plus rien à attendre. *C'est un homme flambé. Mon argent est flambé. C'est une affaire flambée.* || T. Zool. Se dit aussi adjectiv., pour Marqué de taches onduleuses ou en forme de flamme. — *Le flambé*, nom vulgaire du podalire, papillon diurne. Voy. DIURNES.

FLAMBERGE. s. f. (R. Nom donné à l'épée de Renaud de Montauban, dans les chansons de geste). Sorte d'épée lourde et massive employée autrefois. Ne se dit plus qu'en plaisantant et dans cette phrase : *Mettre f. du vent*, Mettre l'épée à la main, tirer l'épée du fourreau. Voy. ÉPÉE. || Sorte de cylindre creux qui imite un gros cierge, et dans lequel brûle une petite bougie.

FLAMBEUR. adj. *Tuyaux flambeurs*, Tuyaux par lesquels s'échappe la flamme dans les appareils destinés au flambage des tissus de coton.

FLAMBOIEMENT. s. m. [Pr. *flan-boi-man*]. Néol. Action de flamboyer; état de ce qui flamboie.

FLAMBOYANT, ANTE. adj. [Pr. *flan-bo-ian*]. Qui flamboie; qui brille comme une flamme. *Astre f. Comète flamboyante. Éclat f. Épée flamboyante.* || Par anal. Ardent, en parlant du regard. || T. Peint. *Contours flamboyants*, Contours souples et onduleux que l'on peut comparer à l'effet de la flamme. || T. Archit. Se dit d'un style gothique caractérisé par des flammes ondées. Voy. ARCHITECTURE. || T. Blas. Pièce ondée et ajustée qui imite une flamme sur l'écu.

FLAMBOYER. v. n. [Pr. *flan-bo-ier*] (R. *flamber*). Jeter, par intervalles, une flamme brillante, ou briller avec un vif éclat ; se dit surtout des armes et des pierreries. *On voyait f. les épées. Ces diamants semblent f.* == Conj. Voy. EMPLOYER.

FLAMBURE. s. f. (R. *flamber*). Tache ou inégalité d'une étoffe qui n'est pas teinte également.

FLAMEL (NICOLAS), écrivain juré de l'Université de Paris que ses recherches en alchimie firent passer pour sorcier (1330-1418).

FLAMICHE. s. f. Pâtisserie faite de beurre, d'œufs et de fromage.

FLAMINAT. s. m. T. Antiq. rom. Dignité de flamine.

FLAMINE. s. m. (lat. *flamen, flaminis*, m. s.). T. Antiq. rom. A Rome, on donnait le titre de *Flamines* aux ministres de certaines divinités, tandis que ceux de la plupart des autres étaient qualifiés de *prêtres* (*sacerdotes*) ou de *pontifes* (*pontifices*). Les plus considérés étaient les flamines de Jupiter (*flamendialis*), de Mars (*fl. martialis*) et de Quirinus (*fl. quirinalis*). Les auteurs s'accordent en général à attribuer à Numa l'institution de ces trois flamines. Il paraît que, dans la suite, le nombre des prêtres ainsi qualifiés fut porté à 15 ; mais

néanmoins les trois flamines primitifs, c.-à-d. ceux de Jupiter, de Mars et de Quirinus étaient appelés *grands flamines* (*flamines majores*), et se prenaient toujours dans les familles patriciennes, tandis que les autres se recrutaient parmi les plébéiens et étaient distingués sous le nom de *petits flamines* (*fl. minores*). (Fig. ci-dessous : médaille de F. martial).

Les flamines étaient nommés à vie. Toutefois on pouvait les forcer à résigner leur office (*flaminio abire*), quand ils commettaient quelque infraction grave à leurs devoirs, ou qu'un présage défavorable avait lieu pendant qu'ils remplissaient leurs fonctions. Ils avaient pour insignes caractéristiques un manteau de forme particulière appelé *lœna*, une couronne de laurier, et la coiffure qu'on nommait *apex*, et qui consistait

en une sorte de casque surmonté d'un petit cône allongé, entouré d'une houppe de laine. Mais comme ce casque était trop lourd en été, et que, d'un autre côté, il était défendu aux flamines de sortir nu-tête, ils le remplaçaient, à l'époque des fortes chaleurs, par un léger voile de fil, *filum*, *filamen*, d'où l'on tit, par abréviation, *flamen*, mot qui servit à les désigner.

De tous les flamines, le premier, dans l'ordre hiérarchique, était le *f. dial* ou *f.* de Jupiter ; le dernier celui de Pomone. — On donnait le titre de *Flaminique* (*flaminica*) à la femme du f. dial, qui, de même que les deux autres grands flamines, ne pouvait épouser qu'une jeune fille encore vierge. La flaminique était, comme son mari, soumise à des pratiques excessivement gênantes. Elle portait un long voile de pourpre bordé de franges, et, dans son intérieur, elle devait non-seulement confectionner les vêtements de son mari, mais encore filer et tisser la laine dont ils étaient faits. — Le f. dial Mérula s'étant donné la mort, dans l'intérieur même du sanctuaire, à l'époque du triomphe de la faction de Marius, Jupiter fut laissé sans f. jusqu'à l'époque où Auguste, nommé grand pontife, conféra le *flaminicat* à Servius Maluginensis.

Les flamines n'existaient pas seulement à Rome ; il y en avait encore dans les villes municipales. De plus, quand l'usage de déifier les empereurs se fut introduit, chacune de ces nouvelles divinités eut, tant dans la capitale de l'empire que dans les provinces, des prêtres revêtus de ce titre : c'est ce que consistent les expressions de *Flamen augustalis*, *Fl. Tiberii Cæsaris*, *Fl. D. Julii*, et autres semblables que l'on rencontre dans une foule d'inscriptions.

FLAMINGANT. adj. Qui parle flamand. *Le pays f.*

FLAMINIEN, IENNE. adj. T. Antiq. rom. Qui a rapport à un flamine.

FLAMININUS (TITUS QUINCTIUS), général romain, battit à Cynoscéphales Philippe III, roi de Macédoine, et proclama la liberté de la Grèce aux jeux Isthmiques (196 av. J.-C.).

FLAMINIUS NEPOS (CAÏUS), consul romain, fut tué dans la bataille qu'il livra à Annibal près du lac Trasimène (217 av. J.-C.).

FLAMMAR. s. m. [Pr *fla-mar*] (R. *flamme*). T. Art milit. Sorte d'épée en usage au moyen âge. Voy. ÉPÉE.

FLAMME. s. f. [Pr. *fla-me*] (lat. *flamma*, m. s., de *flagrare*, brûler). Gaz en ignition qui s'élève au-dessus des matières en combustion. *Ce feu ne donne, ne fait point de f. Éteindre, amortir, étouffer la f. Il fut dévoré par les flammes. Livrer aux flammes. Le volcan jette des flammes.* — Fig., *L'amour est une f. dévorante. La f. du génie.* || *Les flammes éternelles, les flammes de l'enfer, les flammes du purgatoire. Les peines de l'enfer et du purgatoire.* || *Porter le fer et la f. dans un pays*, Le dévaster, le ravager entièrement. — Fig. et fam., *Jeter feu et f.*, Voy. FEU. || Fig. et poét., se dit de la passion de l'amour. *Une amoureuse f. Brûler d'une secrète f., d'une belle f. Nour-*

rir, entretenir, éteindre, cacher sa f. F. criminelle, adultère, incestueuse.

Ma flamme par Hector fut jadis allumée.
RACINE.

‖ T. Art vétér. Sorte de lancette dont on se sert pour saigner les chevaux. ‖ T. Archit. Ornement en forme de f., qui termine divers objets de sculpture. ‖ T. Pyrotechn. *F.* ou *Feu de Bengale*, Feu d'un très grand éclat, produit avec un mélange de 7 parties de nitre, 2 de soufre et 1 d'antimoine. — *F. à parachute*, Composition à éclat très brillant que l'on adapte aux aérostats et aux fusées volantes et qui, tombant à un moment donné, se balance dans l'air au moyen d'un petit parachute de soie. ‖ T. Techn. Nom générique des ciseaux dans les ardoisières pour débiter le schiste de l'épaisseur voulue. — Morceau d'or taillé en f. et émaillé de rouge que les bijoutiers adaptent à certaines bagues. — Défaut du drap trempé inégalement dans l'eau du dégraissage. ‖ T. Blas. Meuble de l'écu, terminé par des points ondoyants. ‖ T. Bot. Nom donné à certaines plantes à fleurs d'un rouge feu et à certaines plantes caustiques.

Phys. — Quand un gaz ou une vapeur inflammable, en contact avec l'air, est porté à une température très élevée, il devient incandescent et l'on dit alors qu'il *brûle avec f.;* mais si on l'a préalablement mélangé avec une proportion suffisante d'oxygène ou simplement d'air atmosphérique, il fait explosion. Dans le premier cas, la combustion n'a lieu qu'à la surface qui se trouve en contact immédiat avec l'air atmosphérique, et elle se produit graduellement et sans bruit. Dans le second cas, au contraire, toutes les parties du corps inflammable étant en contact avec l'oxygène, elles prennent feu toutes à la fois et avec un bruit plus ou moins considérable. Les premières études sur la f. ont été faites par Hooke en 1677, mais c'est à Humphry Davy (1815 à 1817) que l'on doit les travaux les plus intéressants sur ce sujet.

Au point de vue de la f., les rôles de comburant et de combustible n'ont rien d'absolu. De même que, d'habitude, nous brûlons le gaz au contact de l'air en appelant le premier combustible et le second comburant, nous pouvons réaliser l'expérience inverse et brûler de l'oxygène, avec f., dans une atmosphère d'hydrogène ou de gaz d'éclairage.

Une f. peut être extrêmement ardente sans pour cela avoir un grand éclat : c'est ce qui arrive quand les produits de la combustion sont tous gazeux. Ainsi, par ex., la f. de l'hydrogène est extrêmement pâle, qu'elle est à peine visible ; mais elle devient extrêmement brillante dès qu'on y introduit un fil de platine, car celui-ci passe aussitôt au rouge blanc et émet en même temps une très grande quantité de rayons lumineux. Si l'on introduit un bâton de chaux dans la f. non éclairante du chalumeau oxhydrique, on obtient aussitôt une lumière très vive due à l'incandescence de la chaux; c'est la lumière oxhydrique. Pour qu'une f. émette une vive lumière, il faut ou que les produits de la combustion soient solides, comme lorsqu'on fait brûler du zinc ou du phosphore, ou bien que la combustion soit incomplète et laisse au milieu du courant de gaz des particules solides en suspension.

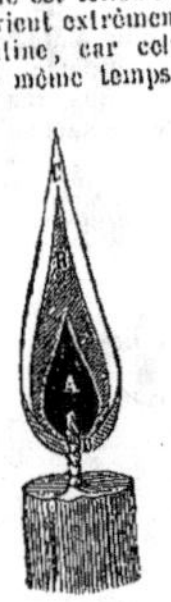

Fig 1.    Fig 2.

Dans ce dernier cas, l'incandescence de ces particules donne à la f. un très grand éclat, ainsi que nous l'avons vu en parlant de l'*éclairage*. Lorsque l'on rend la combustion du gaz d'éclairage complète en y introduisant un courant d'air comme dans le bec Bunsen ou dans les différentes formes du chalumeau à gaz, la f. cesse d'être éclairante, grâce à l'absence de particules solides de carbone en suspension. De ce que la combustion des gaz qui constituent une f. ne saurait être partout, il résulte nécessairement qu'une f. d'une lampe ou d'une bougie, par ex. (Fig. 1), on y distingue quatre zones qui diffèrent entre elles par leur température, leur éclat et leurs propriétés chimiques. La zone centrale A est tout à fait sombre, elle est remplie par les vapeurs qui se dégagent du

corps gras, et, comme l'air n'arrive pas jusqu'à elles, elles ne brûlent pas. La température y est même si peu élevée, que si l'on y introduit, au moyen d'une pince à cuvette, un peu de poudre à canon, celle-ci peut s'y maintenir quelques instants sans prendre feu. En outre, si l'on fait dégager les vapeurs contenues dans cette zone centrale à l'aide d'un tube (Fig. 2), il suffit d'approcher une allumette de l'extrémité de ce tube pour qu'elles prennent feu et brûlent avec la f. La zone moyenne B (Fig. 1) est la plus lumineuse, parce qu'elle reçoit une certaine quantité d'air, mais pas assez néanmoins pour que la combustion y soit complète. Des deux éléments qui la constituent, un seul, l'hydrogène, brûle, tandis que l'autre, le carbone, ne brûle pas, mais s'y trouve à l'état de particules solides très ténues et incandescentes. Il est facile de constater la présence du carbone dans cette zone, en y plongeant une lame de couteau, qui ne tarde pas à noircir. Dans la zone extérieure C, qui est en contact immédiat avec l'oxygène de l'air, la combustion est complète; en conséquence, elle jouit d'une très haute température, mais en même temps elle ne possède qu'un faible pouvoir éclairant. Enfin, la zone inférieure D offre une coloration bleue, qui est due à ce que le courant continu d'air froid abaissant un peu la température de cette partie de la f., la combustion extérieure s'y fait moins facilement, le carbone n'y brûle qu'à demi et en passant d'abord à l'état d'oxyde de carbone, puis à celui d'acide carbonique. D'après les recherches faites par Becquerel, au moyen de couples thermo-électriques, la température de la zone centrale est de 850° à 900°, et celle de la zone brillante d'environ 1,200°, tandis qu'elle s'élève à 1,500° dans la zone extérieure, à la jonction de celle-ci avec la zone inférieure bleue. La chimie a tiré un parti précieux des températures différentes des diverses parties d'une même f. Ainsi, dans les essais au chalumeau, on peut à volonté *oxyder* ou *désoxyder* une substance minérale. Pour l'oxyder, on place le corps sur lequel on expérimente, dans l'extrémité de la zone extérieure de la f., parce que là la combustion est complète, et que l'air s'y trouvant en excès, le corps en expérience lui enlève une partie de son oxygène : cette partie de la f. est donc appelée *oxydante*. Quand, au contraire, on se propose de *réduire*, ou, en d'autres termes, de *désoxygéner* un corps qui est lui-même combiné avec de l'oxygène, on le place dans la partie brillante de la f., attendu qu'elle contient un excès de carbone non brûlé, lequel s'empare de l'oxygène du corps étranger, pour passer lui-même à l'état d'oxyde de carbone : la f. est alors dite *désoxydante*, *désoxygénante*, ou *réduisante*. — Plusieurs corps ont en outre la propriété de communiquer à la f. une couleur caractéristique. Ainsi, les sels de strontium la colorent en pourpre; le sel de cuisine, et en général tous les sels de sodium, la colorent en jaune; les sels de baryum donnent une f. verte; l'acide borique et les sels de cuivre la colorent en vert, etc. La pyrotechnie a mis à profit ces propriétés pour produire des effets aussi variés que pittoresques.

La f. n'étant autre chose qu'un gaz porté à l'incandescence, il est facile de comprendre que si on la met en contact avec

Fig. 3.    Fig. 4.

un corps très bon conducteur, c.-à-d. capable de lui enlever une grande partie de sa chaleur, le gaz se refroidira et la f. elle-même disparaîtra. Si, par ex., on interpose une toile métallique à mailles serrées dans la longueur d'une f. (Fig. 3), celle-ci ne pourra la traverser, bien que les divers éléments dans lesquels se résout le corps en combustion, c.-à-d. les gaz, les vapeurs, le carbone et la fumée, continuent de passer à travers cette toile. En effet, il suffit, pour faire brûler de nouveau ces derniers avec f., d'approcher une allumette enflammée au-dessus de la toile (Fig. 4). Toutefois, si le métal restait longtemps en contact avec la f., il finirait par rougir et alors celle-ci le traverserait sans s'éteindre. C'est sur ce principe qu'est fondée la construction de la *Lampe de Davy*, appelée aussi *Lampe de sûreté*, parce qu'elle a pour objet de soustraire les mineurs au danger des explosions d'hydrogène carboné si fréquentes dans les mines. L'appareil imaginé par Davy consistait en une simple lampe dont le verre était remplacé par un cylindre de toile métallique à tissu très serré. Lorsqu'il se fait dans une galerie un dégagement de gaz hydrogène carboné, ou du *grisou*, comme disent les mineurs, ce gaz se mélange avec l'air et pénètre dans la lampe. Aussitôt il y a explosion; mais comme cette explosion s'opère dans l'intérieur de l'appareil, et que la f. est arrêtée par l'enveloppe métallique, la combustion ne peut se propager au dehors: l'ouvrier en est quitte pour se trouver dans l'obscurité. L'invention de la lampe de Davy fut un événement; néanmoins, on ne tarda pas à y trouver des défauts. On se plaignit surtout du peu de lumière qu'elle fournissait, inconvénient qui portait très souvent les ouvriers à déchirer la toile pour obtenir plus de clarté, et à provoquer ainsi le désastre que l'on voulait éviter. En conséquence,

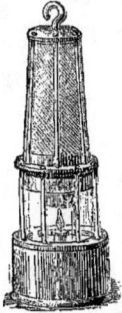
Fig. 5.

on y a introduit divers perfectionnements. Dans les lampes actuellement en usage (Fig. 5), la cheminée seule est formée par une toile métallique, tandis que la partie inférieure consiste en un cylindre de cristal très épais. On a ainsi une lumière plus abondante, que l'on augmente encore au moyen d'un réflecteur.

Marine. — En termes de Marine, on appelle *Flammes* de longues banderoles d'étamine qui s'emploient, soit comme signaux, soit comme marques distinctives des bâtiments. Ces banderoles sont toujours fort étroites comparativement à leur longueur, et se terminent, tantôt en une pointe, tantôt en deux pointes à queue d'aronde. La f. qui accompagne le pavillon national, qui a les mêmes couleurs, et qui pour ce motif est nommée *F. nationale*, s'arbore au grand mât et sert à distinguer les bâtiments de guerre. Par imitation, les bâtiments marchands ornent aussi leur mât principal d'une f., mais aux couleurs de fantaisie.

FLAMMÈCHE. s. f. [Pr. *fla-mèche*]. Petite parcelle d'une matière combustible qui s'élève en l'air tout enflammée.

FLAMMEROLE. s. f. [Pr. *fla-me-role*] (Rad. *flamme*, et dimin. *role*). Exhalaison qui sort des lieux marécageux et qui s'enflamme dans l'atmosphère.

FLAMMETTE. s. f. [Pr. *fla-mè-te*]. T. Mar. Petite flamme. || T. Zool. Mactre poivrée, coquillage à saveur caustique. || T. Bot. Renoncule (petite douve), Clématite (herbe aux gueux), plantes caustiques.

FLAMMIGÈRE. s. m. [Pr. *fla-mi-jère*] (lat. *flamma*, flamme; *gerere*, porter). Qui porte la flamme. Sorte d'engin incendiaire.

FLAMMIVOME. adj. 2 g. [Pr. *flam-mi-vome*] (lat. *flamma*, flamme; *vomere*, vomir). T. Didact. Qui vomit des flammes.

FLAMSTEED (John), astronome anglais, premier directeur de l'observatoire de Greenwich, fondé en 1676, auteur d'un système de projection pour la construction des cartes géographiques (1646-1719). Voy. Projection.

FLAN. s. m. (anc. all. *flado*; all. mod. *flade*, objet plat). T. Techn. Disque de métal prêt à être frappé. Voy. Monnayage. || T. Typogr. Sorte de carton qui, appliqué tout humide sur une page de caractères mobiles, sert à en prendre l'empreinte pour le clichage. Voy. Clichage. || T. Pâtissier. Sorte de tarte faite avec de la crème, etc.

FLANC. s. m. [Pr. *flan*] (german. *lancha*, m. s.). Région latérale du corps humain, au-dessus de la hanche, le long des premières côtes. Région latérale de l'abdomen et des côtes

chez les animaux. *Le f. droit. Le f. gauche. Il reçut un coup dans le f. Presser les flancs de son coursier. Le lion se bat les flancs avec la queue.* Par ext., se dit des organes contenus dans l'abdomen. *Interroger le f. des victimes. Le f. qui l'a conçu. Le fils que ses flancs ont porté.* — Par *Le f. droit, par le f. gauche*, Termes de commandement militaire dont on se sert pour ordonner à une troupe de soldats de se tourner à droite ou à gauche. On dit de même, *Marche de f.* || T. Archit. Côté par lequel un pavillon touche à un corps de bâtiment. || T. Méc. Chacune des faces intérieures des dents d'une roue. || T. Fortif. Partie du rempart qui s'étend de l'extrémité de la face d'un ouvrage à la gorge ou à l'intérieur de cet ouvrage. || T. Blas. Une des neuf positions de l'écu. Voy. Écu. || Fig. et fam., *Se battre les flancs pour quelque chose*, Faire beaucoup d'efforts; se dit principalement des efforts qui n'ont point de succès. || Par anal., Le côté de diverses choses. *Le f. d'un vaisseau. Le f., les flancs d'une montagne. Le f. d'un bataillon. Les flancs d'une armée. Couvrir le f. d'une colonne. Attaquer, prendre l'ennemi en f. Notre division fut attaquée à la fois de front et par les deux flancs. Découvrir le f.* — Fig. et fam., *Prêter le f.*, Donner prise sur soi. *Prêter le f. à la critique, au ridicule, etc.* || *Être sur le f.*, Être malade.

FLANCHET. s. m. (R. *flanc*). T. Bouch. Partie du bœuf en dessous de l'animal entre la tranche et la poitrine. || T. Pêc. Partie de la morue située au-dessous des ailes.

FLANCHIS. s. m. Art héral. Se dit d'un petit sautoir qui ressemble à la lettre X.

FLANÇOIS. s. m. (R. *flanc*). T. Art. milit. anc. Pièce d'armure destinée à protéger les flancs du cheval.

FLANCONADE. s. f. T. Escr. Botte de quarte forcée qu'on porte dans le flanc de son adversaire.

FLANDIN, peintre et archéologue français, né à Naples (1809-1876).

FLANDRE, nom ancien du pays qui se trouve au nord de la France, entre la mer du Nord et l'Escaut. La Flandre française, conquise par Louis XIV en 1668, a formé le département du Nord. Il y a en Belgique deux provinces de ce nom: la Flandre orientale, 924,000 hab., cap. *Gand*; la Flandre occidentale, 721,000 hab., cap. *Bruges*. = Nom des hab.: Flamand, Ande.

FLANDRIN. s. m. (de *Flandre*, *Flamand*). Sobriquet que l'on donne familièrement aux hommes élancés qui n'ont pas une contenance ferme. *C'est un grand f.*

FLANDRIN (Hippolyte), peintre français. Ses plus belles œuvres sont à Saint-Germain-des-Prés et à Saint-Vincent-de-Paul, à Paris (1809-1864).

FLANELLE. s. f. [Pr. *fla-nè-le*] (lat. *flamineum*, voile, de *flamen*, flamine). Étoffe légère de laine, à tissu simple ou croisé, et faite avec du fil fin de laine peignée ou cardée. || T. Techn. Étoffe lâche à travers laquelle on filtre le vif-argent, qui coule de dessus les glaces étamées pour le purifier.

FLÂNER. v. n. (orig. inconnue). Se promener sans but; perdre son temps à des bagatelles.

FLÂNERIE. s. f. Action de flâner; promenade sans but arrêté.

FLÂNEUR, EUSE. s. Celui, celle qui flâne, qui aime à flâner.

FLANIER, IÈRE. adj. (R. *flan*). T. Techn. Meule flanière, La meule courante, par opposition à la meule gisante, dite *boudinière*.

FLANOCHER. v. n. Néol. Flâner tout doucement. Fam.

FLANQUANT, ANTE. adj. T. Art milit. *Angle f., bastion f.* Voy. Fortification.

FLANQUEMENT. s. m. T. Fortif. Action de flanquer; ou le résultat de cette action.

FLANQUER. v. a. (R. *flanc*). T. Fortificat. Se dit de la partie d'une fortification qui en voit une autre, et qui lui sert de défense. *Les bastions qui flanquent la courtine.* || Construire la partie d'une fortification qui doit en flanquer une autre. *On a flanqué cette muraille de deux tours.* || T. Archit. Se dit des ouvrages ou des ornements qui sont aux côtés d'un autre ouvrage. *La façade du palais était flanquée de deux avant-corps. Chaque colonne est flanquée de deux demi-pilastres.* || Fam., se dit encore d'objets qu'on place à côté de quelque autre objet.

Un lièvre flanqué de six poulets étiques.

BOILEAU.

|| Popul., *F. un coup de poing, un soufflet,* Appliquer un coup de poing, un soufflet. *Ils se sont flanqué une volée de coups de poing.* = SE FLANQUER, v. pron. Popul., Se jeter dans ou contre une chose. *Se f. dans la boue. Il s'est flanqué par terre. Se f. contre la muraille,* etc. = FLANQUÉ, ÉE. part. || T. Blas. Se dit des pals, arbres, et autres figures qui en ont d'autres à leurs côtés.

FLANQUEUR. s. m. T. Guerre. Se dit des soldats et des corps de troupes employés comme éclaireurs, ou bien destinés à appuyer et à protéger le flanc d'une armée.

FLANQUIS. s. m. Voy. FLANCHIS.

FLAQUE. s. f. (flamand *vlacke*, m. s.). Petite mare d'eau qui croupit. *Ce chemin est plein de flaques d'eau.*

FLAQUÉE. s. f. (part. de *flaquer*). Une certaine quantité de liquide qu'on lance brusquement contre quelqu'un ou contre quelque chose. *On lui a jeté une f. d'eau par le visage.* Fam.

FLAQUER. v. a. (R. *flac*, onomatopée). Lancer brusquement un liquide contre quelqu'un, contre quelque chose. *Il lui a flaqué un verre d'eau au visage.* Fam. || T. Pêche. *F. la morue.* L'ouvrir et lui donner une forme plate. = FLAQUÉ, ÉE. part.

FLAQUIÈRE. s. f. (R. *flaquer*). Pièce du harnais d'un mulet, formée de trois plaques de métal, qui couvre le chanfrein et les deux côtés de la tête.

FLASQUE. adj. 2 g. (lat. *flaccidus*, m. s.). Mou, dépourvu de fermeté, d'élasticité. *Des chairs flasques.* Par ext., le dit de l'homme et des animaux, et sign. alors, qui est dépourvu de force, de vigueur. *Un grand homme f. Les grands chevaux sont ordinairement flasques.* || Fig., ou dit aussi, Un style f. Une poésie f. et sans couleur.

FLASQUE. s. f. (ital. *fiasca*, m. s.). T. Artill. Pièce de charpente faisant partie d'un affût de canon Voy. CANON. || Poire à poudre dont se servent les chasseurs. || T. Mar. Se dit de certaines pièces de bois qui servent à assurer les mâts. || T. Techn. Chacune des deux planchettes qui forment le dessus et le dessous d'un soufflet.

FLASQUEMENT. adv. D'une manière flasque.

FLATIR. v. a. (allem. *flaz*, plat). Battre le flanc des monnaies sur le tas, sur l'enclume.

FLATOIR. s. m. (R. *flatir*). T. Techn. Gros marteau pour battre les flans. — Instrument de graveur et d'ouvriers en métaux.

FLÂTRER. v. a. (R. *flatir*). *F. un chien,* Appliquer un fer chaud sur le front d'un chien que l'on soupçonne avoir été mordu par un animal enragé, afin, suppose-t-on, de le garantir de la rage. = FLÂTRÉ, ÉE. part.

FLÂTRURE, FLATURE ou **FLÂTRISSURE.** s. f. (R. *flâtrer*). T. Chass. Lieu où le lièvre et le loup s'arrêtent sur le ventre lorsqu'ils sont chassés par les chiens.

FLATTER. v. a. (Pr. *fla-ter*) (lat. *flare*, souffler). Caresser doucement de la main. *F. un enfant. F. un cheval de la main, avec la main. F. un chien. Le chien flatte son maître.* — *F. la corde d'un instrument de musique, la toucher doucement, avec délicatesse. F. le dé,* Voy. Dé. || *F. une plaie,* N'y appliquer que des remèdes insuffisants et doués de trop peu d'activité. Fig., *On ne guérit point les grands maux en les flattant.* || Fig., ou dit encore, *F. la douleur, la peine de quelqu'un,* L'adoucir au moyen de consolations. On dit de même, *F. sa peine, ses espérances, son chagrin.* = Louer mensongèrement, ou moins par exagération, dans le dessein de plaire, de séduire. *Ceux qui flattent les princes, les corrompent. Les hommes aiment à être flattés, à s'entendre f. Absol., Je ne sais point f.* || Approuver, excuser par une lâche complaisance. *Il est trop homme de bien pour f. le vice. Il ne saurait f. les défauts de ses amis. En habile courtisan, il flattait tous les caprices, tous les goûts du prince. Il est aisé de se rendre populaire, en flattant les passions et les préjugés de la multitude.* || *F. la vanité, l'amour-propre, l'orgueil, l'ambition,* etc., *de quelqu'un,* Y complaire par ses discours ou ses actes. On dit dans un sens anal., *F. les désirs, les espérances de quelqu'un.* = Fig., se dit également des choses qui ont retiennent, qui exaltent la vanité, les espérances, etc. *Cet événement vint encore son amour-propre, sa vanité. Cet événement vint encore f. ses espérances. Tout flatte vos désirs.* || Tromper en je guisant la vérité, soit par faiblesse, soit par crainte de déplaire. *Vous me flat... es dans cette affaire-là. Dites-moi sans me f. ce qui vous en semble.* || *F. quelqu'un de quelque chose,* Lui faire espérer quelque chose, l'amuser de l'espérance de quelque chose. *Il y a longtemps qu'on le flatte de cette espérance. On le flatte qu'il obtiendra ce qu'il désire.* || T. Peint. *F. une personne,* La peindre, la représenter plus belle ou moins laide qu'elle n'est. *Le peintre ne vous a pas flatté. Les peintres ont l'habitude de f. Par anal., Votre miroir du moins ne vous flattera pas.* = Délecter, charmer: se dit tant au sens phys. qu'au sens moral. *La musique flatte l'oreille. Un spectacle qui flatte les yeux. Cela flatte l'imagination. Il aurait réui dans cette fête tout ce qui peut f. les sens. Causer un vif plaisir, une grande satisfaction. Cette préférence me flatta beaucoup. Voilà qui est bien capable de f. le cœur d'une mère.* = SE FLATTER, v. pron. Avoir ou vouloir donner une trop haute opinion de soi-même, de son talent, etc. *Je crois que vous vous flattez. C'est un homme lent, etc. Je crois que vous vous flattez. C'est un écrivain qui se flatte toujours. Je ne me flatte point, je puis dire que j'ai mieux fait que lui* || S'entretenir dans l'espérance de quelque chose. *Il s'était flatté de l'espérance d'une guérison prochaine. Je n'ose me f. du bonheur de vous voir. Il se flattait de le perdre et de succéder à son crédit. Il se flatte qu'on aura besoin de lui.* — Dans un sens anal., on dit, *Il se flatte que vous approuverez sa conduite. On se flatte toujours qu'on sera du nombre des élus.* = FLATTÉ, ÉE. part. *Portrait flatté, Portrait où vous êtes plus beau qu'au naturel.* Fig., *En causant avec votre père, il m'a fait de vous un portrait peu flatté.*

Syn. — Cajoler, Caresser. — On caresse en témoignant de l'affection; on flatte en témoignant de l'estime. On caresse en s'adressant au cœur, au sentiment; on flatte on s'adressant à l'esprit, à l'amour-propre. On cajole en employant l'une ou l'autre de ces moyens selon le caractère de la personne à laquelle on s'adresse; néanmoins ce dernier s'emploie surtout en parlant des femmes auxquelles on débite des faveurs afin de les séduire. Caresser et flatter sont à la fois du style noble et du style familier; cajoler, au contraire, n'appartient qu'à ce dernier. — Les verbes *Flagorner* et *Aduler,* sont également synonymes de *flatter;* mais les différences qu'il y a entre eux sont les mêmes que celles qui subsistent entre les substantifs *Flatteur, Adulateur* et *Flagorneur.* Voy. ADULATEUR.

FLATTERIE. s. f. (Pr. *fla-te-rie*). Louange fausse ou exagérée, donnée dans le but de se rendre agréable. *Lâche, honteuse, basse f. F. grossière. Une f. délicate. Dire quelque chose par f. Parler sans f. Être ennemi de la f.*

FLATTERS. Lieutenant-colonel français, né à Laval; chef de la mission massacrée par les Touaregs (1832-1881).

FLATTEUR, EUSE. adj. (Pr. *fla-teur*). Qui flatte, qui loue avec exagération. *Je ne veux point d'amis flatteurs. Un esprit f. Un langage f. Ten.r des discours flatteurs. Se donner des éloges flatteurs.* — M roir f., Qui représente les objets plus beaux qu'ils ne sont. — Avoir des manières flatteuses, Avoir des manières douces et insinuantes. || Qui marque approbation, faveur, louange. *Un murmure f. accueillit son discours. Le prince lui adressa des paroles flatteuses. On ne pouvait lui accorder une récompense* *plus flatteuse. De la part d'un rival, un pareil éloge est bien f.* || Agréable. *Le son f. de sa voix. Une flatteuse illusion me soutenait dans mes peines. Une flatteuse espérance. Il a toujours quelque chose de f. à dire.* || Caressant. *Le chien est un animal f.* Peu usité. = **FLATTEUR, EUSE.** s. Celui, celle qui cherche à séduire, à se faire bien venir, par de fausses louanges, ou par de basses complaisances. *Ce prince n'est entouré que de flatteurs.*

Tout flatteur
Vit aux dépens de celui qui l'écoute.
LA FONTAINE.

— Fig., *L'amour-propre est le plus grand de tous les flatteurs.* — Fam., on dit, pour repousser doucement des éloges que la modestie ne permet pas d'accepter, *Vous êtes un f., une flatteuse.* = Syn. Voy. ADULATEUR.

FLATTEUSEMENT. adv. [Pr. *fla-teu-zeman*]. D'une manière flatteuse.

FLATUEUX, EUSE. adj. (lat. *flatus*, souffle). Qui cause des flatuosités; ne se dit guère que de certains aliments. *Ces légumes sont flatueux.*

FLATULENCE. s. f. (lat. *flatus*, souffle). T. Méd. Collection de gaz dans une partie quelconque du corps.

FLATULENT, ENTE. adj. T. Méd. Qui est rempli de flatuosités.

FLATUOSITÉ. s. f. (R. *flatueux*). T. Méd. Vent, gaz développé dans l'intérieur du corps. *Il est sujet aux flatuosités.* — Voy. PNEUMATOSE.

FLATURE. s. f. Voy. FILATURE.

FLAUBERT (GUSTAVE), romancier français, né à Rouen; auteur de *Madame Bovary*, de *Salammbô*, etc. (1821-1880). Par le caractère réaliste de son très grand talent, Flaubert marque une évolution dans la littérature du roman français; il a eu beaucoup d'influence sur les littérateurs qui l'ont suivi.

FLAUGERGUES (HONORÉ), astronome français (1755-1830).

FLAVANILINE. s. f. (lat. *flavus*, jaune, et fr. *aniline*). T. Chim. Base diacide obtenue en chauffant l'acétanilide avec le chlorure de zinc. Elle cristallise en longues aiguilles incolores, fusibles à 97°. Ses sels possèdent une magnifique coloration jaune à fluorescence bleue : le chlorhydrate a été employé pendant quelque temps comme matière colorante. La f. est le dérivé amidé d'une phényl-méthyl-quinoléine. Traitée par l'acide azoteux, elle se transforme en *flavénol*, composé phénologue, fusible à 238°, doué d'une grande puissance de coloration jaune. Le flavénol, distillé sur de la poudre de zinc, donne naissance à la *flavoline*, qui est une phényl-méthyl-quinoléine.

FLAVELLE. s. f. [Pr. *flavè-le*] (lat. *flavus*, jaune). T. Entom. Variété d'Adulcite, lépidoptère aux ailes tachetées de jaune.

FLAVÉNOL. s. m. T. Chim. Voy. FLAVANILINE.

FLAVÉOLE. s. f. (lat. *flavus*, jaune). T. Ornith. Bruant à face jaune.

FLAVERT. s. m. (lat. *flavus*, jaune, et fr. *vert*). T. Ornith. Gros-bec de Cayenne, vert en dessus, jaune en dessous.

FLAVESCENT, ENTE. adj. (lat. *flavescens*, m. s., de *flavus*, jaune). T. Didact. Qui tire sur le jaune.

FLAVIEN (SAINT), évêque de Constantinople, présida le concile qui condamna Eutychès; mort en 449. Fête le 17 février.

FLAVIENS, nom de deux familles d'empereurs romains : la 1re comprend Vespasien et ses deux fils, Titus et Domitien (69-96); la 2e, Constance Chlore, Constantin, ses trois fils et ses deux neveux (292-363).

FLAVIGNY, ch.-l. de c. de la Côte-d'Or, arr. de Semur;

fabrique de bonbons à l'anis; église remarquable du XIIIe siècle; 1,000 hab.

FLAVIN. s. m. ou **FLAVINE.** s. f. (lat. *flavus*, jaune). Produit commercial préparé à l'aide de l'écorce de quercitron et employé pour la teinture en jaune. Les procédés de préparation sont tenus secrets. Certains échantillons consistent essentiellement en quercitrin; d'autres ne contiennent que de la quercétine. Un f. de bonne qualité possède une valeur tinctoriale 16 fois plus grande que celle de l'écorce et fournit des nuances bien plus brillantes, surtout avec les mordants d'étain ou d'alumine.

FLAVINE. s. f. T. Chim. Syn. de *Diamidobenzophénone*. Voy. BENZOPHÉNONE.

FLAVOCOBALTIQUE. adj. 2 g. (lat. *flavus*, jaune, et fr. *cobalt*). T. Chim. Voy. COBALTAMINE.

FLAVOL. s. m. T. Chim. Le F., qui répond à la formule $C^{14}H^8(OH)^2$, est un diphénol dérivé de l'anthracène et obtenu en fondant l'acide anthracène-disulfonique avec la potasse caustique. Il se présente en poudre cristalline jaune clair, qui fond vers 260° en noircissant. Ses solutions dans les alcalis sont jaunes et douées d'une fluorescence verte intense. Ses solutions dans l'alcool et dans l'éther possèdent une fluorescence bleue.

FLAVOLINE. s. f. T. Chim. Voy. FLAVANILINE.

FLAVOPHÉNINE. s. f. (lat. *flavus*, jaune, et fr. *phénique*). T. Chim. Matière colorante jaune, appelée aussi *Chrysamine G*. Voy. BENZIDINE.

FLAVOPURPURINE. s. f. (lat. *flavus*, jaune; *purpureus*, pourpre). T. Chim. Matière colorante rouge, contenue dans les alizarines du commerce, et qu'on peut obtenir en fondant l'acide α anthraquinone disulfonique avec la soude caustique. Elle cristallise en aiguilles jaunes, solubles dans l'alcool, fusibles au-dessus de 330°, sublimables. Elle est employée dans la teinture en rouge turc. La f. est une trioxy-anthraquinone répondant à la formule $C^{14}H^8O^5$.

FLAXMAN (JOHN), un des sculpteurs classiques d'Angleterre (1755-1826).

FLÉAU. s. m. (lat. *flagellum*, fouet). Instrument dont on se sert pour battre le blé, composé de deux bâtons attachés à bout avec des courroies: l'un sert de battoir et l'autre de manche. L'usage du fléau tend à disparaître; cet instrument primitif et très ancien est avantageusement remplacé par les machines à battre. Voy. BATTAGE. || Fig., se dit de toute grande calamité qui afflige le genre humain. *Un de ces fléaux que Dieu envoie aux hommes pour les châtier. La guerre est le plus terrible des fléaux. Le f. de la famine, de la peste, etc. Ce f. a désolé nos provinces. Faire cesser un f.* — Par anal, se dit des personnes.

On me nomme en tout lieu
La terreur des mortels et le fléau de Dieu.
CORNEILLE, Attila.

|| Par ext., se dit de tout ce qui est nuisible, funeste, redoutable. *Les sauterelles sont un f. pour l'Algérie. La calomnie est le f. des gens de bien. Hélène devint le f. des Grecs et des Troyens.* — Par exag., *Cet éternel bavard est le f. de notre société.* || T. Métall. Tringle de soufflet, qui a un mouvement d'oscillation. || T. Hydraul. Bascule chargée d'un contre-poids, qui sert à fermer une écluse. || T. Phys. La verge fer aux extrémités de laquelle sont suspendus les deux bassins d'une balance. || T. Serrur. La barre de fer qu'on met derrière une porte cochère, et qu'on tourne à demi pour ouvrir les deux battants. || Espèce d'arme contondante qui consiste en un bâton court dont l'extrémité est munie d'une chaîne ou d'une courroie qui porte une balle de plomb. || Au pl., Crochets sur lesquels les vitriers portent leurs verres à vitre.

FLÉBILE. adj. [Pr. *flé-bile*] (lat. *flebilis*, plaintif, de *flere*, pleurer). T. Mus. Mot italien qui veut dire plaintif, et que l'on met sur les partitions pour indiquer le caractère d'un morceau.

FLÈCHE. s. f. (all. *flitz*, m. s.). Trait qu'on lance avec un arc ou une arbalète, et dont l'extrémité est ordinairement armée d'un fer triangulaire échancré à sa base. *Le fer, le bois d'une f. F. empoisonnée. Tirer une f. Tuer à coups de flèches. Il tomba percé de flèches. Une grêle de flèches. Les flèches de Cupidon. Cette feuille a la forme d'un fer de f.* Voy. ANC. ‖ Tige droite et ferme de certaines plantes, comme la Canne à sucre. ‖ Par anal., se dit de divers objets qui ressemblent plus ou moins à une flèche. *Elle avait une f. d'or dans les cheveux. La f. d'un lit. Dans ce dessin les flèches indiquent la direction des courants.* ‖ T. Méd. Languette de pâte de chlorure de zinc dont on traverse une tumeur pour la cautériser. ‖ T. Agric. Nom donné à l'âge de la charrue. Voy. CHARRUE. ‖ T. Archit. Partie pyramidale ou conique qui surmonte un clocher Voy. CLOCHER. ‖ T. Art mil. Voy. FORTIFICATION. ‖ T. Astron. Voy. CONSTELLATION. ‖ T. Carrossier. Timon unique, partant du milieu d'une voiture attelée à deux chevaux, et placé entre ces deux chevaux. — Longue pièce de bois cambrée qui dans un carrosse joint le train de derrière avec celui de devant. Voy. VOITURE. ‖ T. Géom. *La f. d'un arc,* La perpendiculaire élevée au milieu de la corde d'un arc, soit d'un cercle, soit de quelque courbe symétrique, et limitée à cet arc. — T. Constr. Hauteur verticale de la clef d'une voûte au-dessus des naissances. ‖ T. Mar. Voy. MATURE. ‖ T. Méc. Dans diverses machines, on désigne sous le nom de *Flèche,* L'arbre ou la pièce principale sur laquelle tourne la machine. ‖ T. Techn. *Les flèches d'un éventail,* Voy. ÉVENTAIL. ‖ T. Trictrac. Chacune des lames terminées en pointe sur lesquelles on place les dames. ‖ T. Charcuterie. *F. de lard,* Ce qu'on a levé de l'un des côtés d'un cochon, depuis l'épaule jusqu'à la cuisse. ‖ T. Techn. Partie du creuset d'une verrerie, depuis le fond jusqu'au bord. ‖ Piquet que l'arpenteur fiche en terre, quand il déplace la chaîne. ‖ *F. de polissoir,* Morceau de bois courbé en arc, pour presser le polissoir sur les glaces. ‖ T. Bot. *F. d'eau,* La Sagittaire. Voy. FLÉCHIÈRE. ‖ T. Paléont. *F. de pierre,* Bélemnite. ‖ T. Minér. *F. d'amour,* Variété de fer oxydé, mêlé au quartz hyalin. ‖ T. Zool. *F. de mer,* Le dauphin.

FLÈCHE (LA), ch.-l. d'arr. (Sarthe), sur le Loir; collège militaire; 10,200 hab. Nom des hab. : FLÉCHOIS, OISE.

FLÉCHER. v. a. Couvrir une femelle; se dit du bélier. = FLÉCHER. v. n. Commencer à se développer en parlant de la flèche de la canne à sucre.

FLÉCHIER (ESPRIT), célèbre orateur et prélat français (1632-1710), fut évêque de Lavaur, puis de Nîmes en 1687.

FLÉCHIÈRE. s. f. (R. *flèche*). T. Archit. Espèce de feuille d'eau en fer de flèche, qui entre dans l'ornementation de l'architecture romano-byzantine. ‖ T. Bot. Nom donné souvent à la Sagittaire (*Sagittaria sagittæfolia*). Voy. ALISMACÉES.

FLÉCHIR. v. a. (lat. *flectere*, m. s.). Ployer, courber. *Fléchissez un peu le corps en avant. Les muscles qui fléchissent la colonne vertébrale. F. le bras, la jambe, le genou,* etc. — *F. les genoux devant les idoles, devant quelqu'un.* Voy. GENOU. ‖ Fig., Faire changer la résolution ou les sentiments de dureté de quelqu'un, en lui inspirant de la pitié, de la compassion, etc. *Nos larmes n'ont pu le f. Il est inexorable, rien ne le fléchit. F. ses juges. Se laisser f. aux prières, par les prières. Ce spectacle aurait fléchi les cœurs les plus barbares.* On dit de même, *F. la dureté, la cruauté d'un tyran. F. le courroux d'un maître, la colère de Dieu.* = FLÉCHIR. v. n. Se courber, se ployer. *Cette poutre commence à f. Cette barre rompra plutôt que de f.* ‖ Par anal., Cesser de résister avec la même énergie. *L'aile gauche de l'ennemi commençait à f.* ‖ Fig., Se soumettre, s'abaisser. *L'Europe entière fut obligée de f. sous le joug. Tout fléchit sous les lois de la destinée. Tout le monde fléchissait devant lui.* ‖ Fig., Cesser de persister dans ses résolutions, dans ses sentiments de dureté. *C'est un homme doux et qui fléchit aisément. Il est inébranlable, il ne fléchit point. Il ne sait ce que c'est que de f.* = FLÉCHI, IE. part.

FLÉCHISSABLE. adj. 2 g. [Pr. *fléchi-sa-ble*]. Qui peut être courbé, ployé.

FLÉCHISSANT, ANTE. adj. T. Méc. *Moment f.* Voy. RÉSISTANCE *des matériaux.*

FLÉCHISSEMENT. s. m. [Pr. *fléchi-se-man*]. Action de

fléchir. *Le f. des genoux.* ‖ État d'un corps qui a fléchi. *Le f. d'une poutre.*

FLÉCHISSEUR. adj. et s. m. [Pr. *fléchi-seur*]. T. Anat. Se dit des muscles destinés à faire fléchir certaines parties. *Les muscles fléchisseurs des bras. Les fléchisseurs sont opposés aux extenseurs.*

FLEGMAGOGUE. T. Méd. Voy. PHLEGMAGOGUE.

FLEGMASIE. s. f. Voy. PHLEGMASIE.

FLEGMASIQUE. Voy. PHLEGMASIQUE.

FLEGMATIE. Voy. PHLEGMATIE.

FLEGMATIQUE. adj. 2 g. (R. *flegme*). T. Méd. Voy. PHLEGME. ‖ Fig. Qui a un caractère froid, qui s'émeut difficilement. *C'est un homme très f.* — Subst., *C'est un f.*

FLEGMATIQUEMENT. adv. Avec flegme, d'une façon flegmatique.

FLEGME. s. m. (gr. φλέγμα, pituite, de φλέγω, brûler). T. Méd. Voy. PHLEGME. ‖ Fig., La qualité d'un esprit patient, posé, qui se contient, se possède. *C'est un homme qui a un grand f., qui est d'un grand f. Il y a des circonstances où il est bon d'avoir du f. Il cachait la violence de son caractère sous un f. apparent.* ‖ T. Techn. Résidu de la distillation des alcools.

FLEGMON. T. Méd. Voy. PHLEGMON.

FLEGMONEUX, EUSE. Voy. PHLEGMONEUX.

FLEMALLE, peintre flamand (1614-1675).

FLEMMING, général suédois au service de Frédéric-Auguste, roi de Pologne (1667-1728).

FLENSBOURG, v. de Prusse (Slesvig-Holstein); 33,300 h.

FLÉOLE. s. f. T. Bot. Voy. PHLÉOLE.

FLERS, ch.-l. de c. (Orne), arr. de Domfront; 13,900 hab. Toiles de fil, coutils rayés.

FLESSELLES (JACQUES DE), dernier prévôt des marchands de Paris, né en 1721; accusé d'avoir trahi le peuple, il fut tué le 14 juil. 1789.

FLESSINGUE, v. et port de Zélande (Pays-Bas), dans l'île de Walcheren, à l'entrée de l'Escaut occidental; 15,000 hab. Patrie de Ruyter.

FLET. s. m. et **FLÉTAN.** s. m. (angl. *fleet*, nager). T. Icht. Espèce de poissons de mer ayant l'aspect des Plies. Voy. PLEURONECTES. — Le premier s'appelle aussi *flez, fléteau* et *flateau.*

FLETCHER (JOHN), auteur dramatique anglais (1579-1625).

FLÉTRIR. v. a. (orig. germanique, angl. *flat,* plat, prennent *jeter à plat*). Au propre, se dit des plantes et des fleurs, et sign., Leur ôter pour toujours la couleur, la vivacité, la fraîcheur qui leur est naturelle. *Le hâle flétrit les fleurs, les plantes. Ces plantes ont été flétries par l'ardeur du soleil.* — Fig., *F. les lauriers d'un héros, d'un poète,* etc., Ternir la gloire qu'il s'était acquise. ‖ Par anal., *Le grand air a flétri la couleur de ces étoffes. L'âge flétrit le teint, flétrit la beauté. Les chagrins ont flétri son visage. F. les grâces du jeune âge. La douleur jointe à la vieillesse avait flétri son cœur.*

> Ta jeunesse sera flétrie
> Avant l'herbe de la prairie.
>
> MILLEVOYE.

‖ Figur., Abattre, ôter l'énergie, le courage. *Le malheur flétrit l'âme.* ‖ Fig., Diffamer, déshonorer, dégrader ou traiter comme infâme. *F. quelqu'un. F. l'innocence. F. la réputation, la mémoire, la gloire de quelqu'un. L'histoire l'a flétri du nom de traître. Un homme qu'ont flétri plusieurs condamnations. Celui qui fuyait sans combattre était à jamais flétri. *Cette accusation avait pour objet de la f. aux yeux de ses concitoyens.* ‖ T. Jurisp. crim. Marquer un individu d'un fer chaud sur l'épaule, en punition d'un crime. *F. un criminel. Il fut condamné à être flétri par la main du bourreau, à être flétri.* = SE FLÉTRIR. v. pron se dit dans la plupart des sens qui viennent d'être indiqués. *Ces fleurs se flétrissent. Sa beauté commençait à se f. Son teint se flétrit. Son âme s'est flétrie bien vite.* = FLÉTRI, IE. part. *Fleur flétrie. Un rameau flétri. Pomme flétrie. Avoir la peau flétrie, le teint flétri. Des charmes flétris. Un cœur flétri par de longs chagrins. Une âme flétrie. C'est un homme flétri dans l'opinion publique.* = Syn. Voy. FANER.

FLÉTRISSANT, ANTE. adj. Qui fait perdre la couleur de la vie à une plante. ‖ Fig. Qui flétrit, qui déshonore. *Un arrêt f. Des imputations flétrissantes.*

FLÉTRISSURE. s. f. L'altération qu'éprouve une chose qui se flétrit. *La f. des fleurs, des fruits. Son teint n'a pas éprouvé la moindre f.* ‖ Fig. Tache à la réputation, à l'honneur. *C'est une f. à son honneur, à sa réputation. Il a reçu une f. qui ne s'effacera jamais.* ‖ T. Jurisp. crim. La marque d'un fer chaud, imprimée par ordre de justice sur l'épaule d'un criminel. *La peine de la f. est abolie.*

FLETTE. s. f. [Pr. flè-te] (angl. *fleet*, flotte). Petite embarcation de rivière au service d'un grand bateau qu'elle suit.

FLEUR. s. f. (lat. *flos, floris*, m. s.). Cette partie des végétaux qui porte les organes de la reproduction, qui est ordinairement colorée de teintes brillantes, et qui quelquefois même exhale une odeur agréable. *L'éclat, le parfum des fleurs. Une prairie émaillée de fleurs. Un arbre chargé de fleurs. Un bouquet, une guirlande, une couronne, un vase de fleurs. La vigne est en f. Les blés sont en f.* — Par ext., Les plantes que l'on cultive spécialement à cause de la beauté de leurs fleurs. *Planter, arroser des fleurs.* — Fig., *Semer, jeter, répandre des fleurs sur la tombe de quelqu'un,* Donner des louanges à sa mémoire. *Le serpent est caché sous les fleurs,* se dit de choses dangereuses, mais qui ont des apparences séduisantes. On dit aussi, *Couvrir un piège de fleurs; Cacher sous des fleurs le bord d'un précipice.* ‖ Fig. et poét., se dit d'une jeune personne aimable et belle, et même d'un enfant. *Cette f. si belle, et sitôt moissonnée. Il faut préserver ces jeunes fleurs de tout contact impur.*

> Cependant mon amour pour notre nation
> A rempli ce palais de filles de Sion,
> Jeunes et tendres fleurs, par le sort agitées,
> Sous un ciel étranger, comme moi, transplantées.
>
>   RACINE.

‖ Fig., *La f. de la virginité,* La virginité même. — Se dit quelquefois absol., dans le même sens, mais un peu librement. *Elle a perdu sa f.* ‖ Figur. et par anal., se dit du temps où les choses sujettes à dépérir, à se flétrir, sont dans leur plus grand éclat. *La f. de la jeunesse. La f. de sa beauté n'a qu'un temps. Être dans la f., à la f. de ses jours. Mourir à la f. de l'âge, à la f. de ses ans.* ‖ Fig., en parl. des ouvrages d'esprit, se dit des ornements du style. *Il a essayé de répandre quelques fleurs sur ce sujet même. Les fleurs de l'élocution. Les fleurs de l'imagination.* On dit aussi dans ce sens, *Fleurs de rhétorique;* mais le plus souvent, cette dernière loc. se prend en mauvaise part, quand il s'agit d'un ouvrage où les ornements sont prodigués sans mesure et employés sans goût. ‖ *Toute figure ou représentation de fleurs. Peintre de fleurs. Un cahier de fleurs coloriées. Broder une f. des fleurs sur une étoffe. Fleurs artificielles.* Voy. FLEURISTE. — *Étoffes à fleurs,* Étoffes où il y a des figures de fleurs, etc., tissues ou brochées avec l'étoffe. *Damas à fleurs, à fleurs d'or, à fleurs d'argent.* — T. Blas. *F. de lis,* Voy. LIS. — Fig., Le velouté délicat qui recouvre la peau de certains fruits, tels que les prunes, les raisins, etc., lorsqu'ils n'ont point encore été maniés. *Ces fruits ont encore toute leur f.* — La *f. du teint,* L'éclat, la fraîcheur du teint que donnent la jeunesse et la santé. ‖ Figur., Le lustre, l'éclat, etc., de certaines choses qui durent peu. *La beauté n'a qu'une f. Cette étoffe est d'une belle couleur, mais elle n'a que la f.* ‖ Figur., La première vue, le premier usage d'une chose nouvelle. *Voilà une étoffe qu'on n'a encore montrée à personne, vous en aurez la*

f. ‖ Figur., L'élite, ce qu'il y a de meilleur parmi des choses du même genre. *C'est la f. de mes amis. La f. de la chevalerie française périt à cette bataille. Ne prendre que la f. d'un sujet.* — Fam., *C'est fine f. de chevalerie,* se dit d'un homme qui a beaucoup de valeur et de probité. Dans un sens anal., on dit encore, *C'est la f. de la galanterie,* en parl. d'un homme galant auprès des femmes, ou des attentions délicates qu'on emploie pour leur plaire. ‖ Fig. et fam., *La f. des pois,* se dit en plaisantant d'un homme à la mode, élégant, agréable = *F. de farine,* La partie la plus fine, la plus belle de la farine. ‖ *Fleurs de vin,* Petits flocons de moisissure qui se développent dans le vin au contact de l'air. ‖ T. Chim. anc. Se disait et se dit encore quelquefois, de certaines substances solides ou volatiles produites par sublimation. *Fleurs de soufre, de zinc, d'arsenic, d'antimoine,* etc. *Fleurs de benjoin.* ‖ T. Tannerie. Les poils de la peau. Voy. CUIR ‖ T. Méd. *Fleurs blanches,* corruption de *Fleurs blanches.* Voy. LEUCORRHÉE. = Nous joignons ici la synonymie de quelques plantes qu'on désigne vulgair. sous le nom de *Fleur,* suivi d'une épithète ou d'un complément servant à caractériser l'espèce. *F. d'amour,* l'Amarante bleite (CHÉNOPODIACÉES); *F. cardinale,* l'Ipomœa Quamoclit (CONVOLVULACÉES); *F. en casque,* l'Aconit napel (RENONCULACÉES); *F. du ciel,* le Nostoc (NOSTOCCACÉES); *F. de coucou,* la Primevère ordinaire (PRIMULACÉES) et une espèce de Lychnide (CARYOPHYLLÉES); *F. de crapaud,* la Stapélie panachée (ASCLÉPIADÉES); *F. des dames,* l'Anémone pulsatile (RENONCULACÉES); *F. feuille,* la Sauge hormin (LABIÉES); *F. de onze heures,* l'Ornithogale en ombelle (LILIACÉES); *F. d'hiver,* l'Éranthis hiemalis (RENONCULACÉES); *F. de jalousie,* l'Amarante tricolore (CHÉNOPODIACÉES); *F. d'un jour,* l'Éphémère de Virginie (COMMÉLYNÉES); *F. de Jupiter,* le Lychnis barba Jovis (CARYOPHYLLÉES); *F. miellée,* le Mélianthe pyramidal (SAPINDACÉES); *F. de Noël,* l'Ellébore noir (RENONCULACÉES); *F. de paon* et *F. de paradis,* la Poincillade (LÉGUMINEUSES); *F. de Pâques,* l'Anémone pulsatile (RENONCULACÉES); *F. du Parnasse,* la Parnassie des marais (SAXIFRAGACÉES); *F. de la Passion,* la Passiflore ou Grenadille (PASSIFLORÉES); *F. de plume,* la Polémoine bleue (POLÉMONIÉES); *F. de printemps,* la Primevère ordinaire (PRIMULACÉES) et la Pâquerette (COMPOSÉES); *F. de la Saint-Jean,* le Cail c-lait jaune (RUBIACÉES); *F. de Saint-Joseph,* le Laurier-rose (APOCYNÉES); *F. de Sainte-Catherine,* la Nielle des champs (RENONCULACÉES); *F. de sang,* la Cupucine (GÉRANIACÉES); *F. de soleil,* l'Hélianthe annuel et multiflore (COMPOSÉES); *F. des teinturiers,* le Genêt des teinturiers (LÉGUMINEUSES); *F. de tous les mois,* le Souci des jardins (COMPOSÉES); *F. de veuve,* la Scabieuse noir pourpre (DIPSACÉES).* Voy. les noms de familles imprimés en majuscules. = A FLEUR DE. loc. prépost. Presque au niveau de *Les fondements de cet édifice sont déjà à f. de terre. La digue n'était pas encore à f. d'eau. Il a de gros yeux à f. de tête.* — *Cette médaille est à f. de coin.* Voy. COIN. — Fig., *Cette affaire a passé à f. de corde.* Voy. CORDE.

Bot. — *De la Fleur en général.* — On attache vulgairement l'idée de *Fleur* à cette partie des végétaux qui est colorée de teintes plus ou moins brillantes, qui est parfois odorante, qui se développe en général à la suite des feuilles, et qui, après une existence passagère, est remplacée un peu plus tard par le fruit. Mais pour le botaniste, la f. consiste essentiellement dans l'appareil reproducteur végétal, et en conséquence, il la définit l'ensemble des organes qui concourent à la reproduction de la plante. Dans la famille des composées, ce qu'on appelle vulgairement *Fleur* est l'ensemble d'un grand nombre de fleurs réunies sur un réceptacle commun. Voy. COMPOSÉES et INFLORESCENCE.

Parties constitutives de la Fleur. — Une f. verticillée complète, mais sans complications, possède quatre verticilles différenciés entre eux et adaptés à tout autant de fonctions spéciales. À chacun d'eux et aux feuilles qui le composent on a donné un nom différent. Lorsque, par ex., on examine de l'extérieur à l'intérieur la f. de la Renoncule âcre, communément appelée Bouton d'or, on trouve qu'elle se compose, en dehors, de cinq lames ovales et verdâtres qu'on nomme Sépales et dont l'ensemble constitue le *Calice;* plus en dedans, de cinq autres lames jaunes plus développées, qu'on désigne sous le nom de *Pétales* et dont l'ensemble forme la *Corolle;* plus en dedans encore, d'un assez grand nombre de filets terminés chacun par un renflement jaunâtre, qu'on nomme *Étamines;* et troisième verticille est l'*Androcée.* Enfin, on fait remarque au centre un amas de petits corps verts, ovales et comprimés, qu'on nomme *Carpelles,* et dont l'ensemble constitue le *Pistil.* Les sépales et les pétales ne sont siège d'aucune production destinée à jouer un rôle dans la fécondation. Aussi le calice et la corolle n'ont-ils qu'une importance secondaire; on les désigne souvent sous le nom collectif d'enveloppes florales ou de périanthe. Les deux verticilles intérieurs constituent les organes reproducteurs de la plante, les étamines représentant les organes mâles et le pistil les organes femelles. Quant à la partie qui supporte ces différents verticilles, on la désigne sous la dénomination de Réceptacle.

Toute f. semblable à celle que nous venons de considérer, c.-à-d. qui possède, de dedans en dehors, un verticille mâle, et une double enveloppe autour d'eux, est appelée Hermaphrodite complète ou dipérianthée (Fig. 1. F. d'Orpin). Mais il s'en faut que toutes les fleurs soient aussi

1
2
3
4
5
6
7

complètes. En effet, un très grand nombre d'entre elles ne se composent que de 3 verticilles, ce qui peut arriver de plusieurs façons. Si le périanthe ne comprend qu'un verticille enveloppant l'androcée et le pistil, ce verticille unique, quelle qu'en soit la couleur, est considéré comme étant le calice. La f. est dite hermaphrodite apétale ou monopérianthée (Orme, Aristoloche, Anémone, Clématite, etc.). Avec un calice et une corolle, tantôt c'est le verticille staminal qui manque: on a alors une f. femelle (Fig. 4. F. femelle de Bégonia); tantôt c'est le verticille carpellaire qui fait défaut et l'on a une f. mâle (Fig. 2. F. mâle de Melon). Toute f. qui n'a qu'un seul verticille reproducteur est appelée Unisexuée. Les plantes qui ont des fleurs unisexuées sont distinguées en Monoïques et en Dioïques, suivant que le même individu porte à la fois des fleurs mâles et des fleurs femelles, ou qu'il ne porte que des fleurs d'un seul sexe, soit mâles, soit femelles. Ainsi, la Courge, le Melon, etc., sont monoïques, et le Corniller, la Bryone, etc., dioïques. La f. peut ne comprendre que deux verticilles et cela de deux manières différentes. Le périanthe peut manquer complètement, et la f. qui se compose d'un androcée et d'un pistil est dite hermaphrodite nue ou apérianthée comme dans le Frêne (Fig. 5). Le périanthe peut être formé d'un verticille en dedans duquel on trouve un androcée ou bien un pistil, comme dans le Chêne,

le Châtaignier, etc., avec monœcie, ou le Chanvre, le Houblon, etc., avec diœcie. Enfin, la f. peut se réduire à un seul verticille, l'androcée pour certaines fleurs, le pistil pour d'autres fleurs. Il y a tantôt monœcie, comme dans le Arum, tantôt diœcie, comme dans le Saule (Fig. 6 et 7). La f. est réduite à sa plus simple expression, soit lorsqu'elle comprend une étamine d'un côté, un carpelle de l'autre, comme dans le Platane.

Il faut ajouter que, dans les fleurs complètes, les deux verticilles extérieurs peuvent être semblables l'un à l'autre, soit que le calice se colore comme la corolle (Liliacées [Fig. 3], Amaryllidacées, Iridées, etc.), soit qu'au contraire la corolle demeure verte comme le calice (Jones [Fig. 51], Rumex, etc.). Le périanthe est tout entier pétaloïde dans le premier cas, tout entier sépaloïde dans le second, de sorte que la f. n'a plus en réalité que trois formations distinctes: périanthe, androcée et pistil.

Souvent, au contraire, la f. déjà complète se complique par l'adjonction de nouveaux verticilles à l'une ou à l'autre des quatre formations qu'elle présente. Le calice et la corolle peuvent être formés de deux ou plusieurs verticilles de sépales ou de pétales (Ménispermées, Berbéridées, etc.); mais surtout, il est très fréquent de voir l'androcée comprendre deux ou un plus grand nombre de verticilles d'étamines semblables : deux dans les Liliacées, Géraniacées, etc., un plus grand nombre dans beaucoup de Rosacées, de Lauracées, etc. Le pistil multiple aussi quelquefois ses verticilles comme dans le Grenadier, où il offre deux rangs de carpelles.

Ces définitions posées, nous allons parler des verticilles extérieurs c.-à-d. des enveloppes florales exclusivement, renvoyant aux mots ÉTAMINE et PISTIL ce que nous avons à dire des verticilles intérieurs ou reproducteurs.

Du calice. — Les sépales sont des feuilles, ordinairement sessiles. Leur épiderme est pourvu de stomates, surtout à la face externe, et souvent couvert de poils. Leur parenchyme est parcouru par des faisceaux libéro-ligneux qui dessinent à l'extérieur des nervures plus ou moins apparentes. Leur couleur est presque constamment verte; quand ils sont dépourvus de chlorophylle, ou les dit colorés comme dans la Tulipe, la Clématite, le Fuchsia, etc. Lorsque les sépales restent séparés, le calice est dialysépale; lorsqu'ils sont unis dans une plus ou moins grande étendue de leur région inférieure, le calice est gamosépale.

Ces organes ont généralement la forme d'une lame qui va en se rétrécissant vers son sommet. Le plus ordinairement le sommet des sépales est aigu; quelquefois cependant il est obtus. En outre, il est très rare d'en rencontrer dont le bord soit découpé en lobes ou en segments profonds. Dans le plus grand nombre des cas, leur contour est entier ou tout au plus denté ou crénelé. Chez quelques plantes cependant, on trouve des sépales qui se creusent en capuchon (Aconit), qui se prolongent inférieurement en un tube creux, appelé éperon, etc. Dans les Composées et les familles voisines, le calice se présente fréquemment sous une forme qui le rend presque méconnaissable, car il consiste en un verticille de soies ou de poils, que l'on appelle Aigrette (Fig. 8). Le calice dialysépale présente en outre des formes différentes selon l'arrangement que prennent les sépales entre eux. Ainsi, par ex., il est Tubulaire, quand les sépales, comme dans beaucoup de Crucifères, sont longs, redressés et rapprochés de façon à former une espèce de tube; il est Étoilé, lorsque les sépales, au nombre de cinq, sont étalés, comme dans le Géranium et plusieurs Caryophyllées, etc. Enfin, on le distingue en régulier et irrégulier. Il est régulier, soit lorsque les sépales sont égaux entre eux et de même forme, soit lorsque les sépales étant de formes et de dimensions inégales, ils alternent régulièrement comme dans les Crucifères. Si, au contraire, l'un des sépales est plus développé que les autres qui vont décroissant de chaque côté, le calice est irrégulier : tels sont les calices de l'Aconit (Fig. 10) où le sépale supérieur présente une concavité profonde de façon à figurer un capuchon, tandis que les deux latéraux et les deux inférieurs sont aplatis; du Pied-d'Alouette, où l'un des sépales, le supérieur, se prolonge en éperon; et des Pélargoniums, où l'un des sépales s'insère beaucoup plus bas que les quatre autres.

Le calice gamosépale, avons-nous dit, résulte de la soudure des sépales entre eux; mais cette soudure peut se faire à des degrés différents. Quand elle est complète, on dit que le calice est Entier; dans le cas contraire, on dit qu'il est Denté, Lobé, Parti, selon que la soudure a lieu presque jusqu'au sommet des sépales, ou jusqu'à la moitié environ, ou seulement à la base. En outre, selon le nombre des divisions, on dit que le calice est Bidenté, Tridenté, Quadridenté, Quinqué-

denté, etc. ; ou *Bilobé, Trilobé, Quadrilobé, Quinquélobé, Multilobé*, etc. ; ou *Biparti, Triparti, Quadriparti*, etc. Au nombre de ces dents ou de ces lobes on reconnaît facilement combien il entre de sépales dans la constitution d'un pareil calice. D'après la forme qu'il présente, le calice reçoit diverses dénominations particulières. Ainsi, par ex., on dit

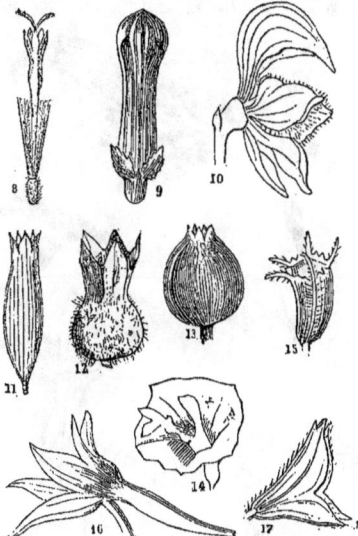

qu'il est : *Tubuleux*, quand il est étroit, allongé et n'a pas son limbe étalé (Fig. 11) ; *Urcéolé*, lorsqu'il est renflé à sa base, et resserré à la gorge, le limbe lui-même présentant une dilatation comme dans la Jusquiame (Fig. 12) ; *Vésiculeux* ou *Enflé*, lorsqu'il est dilaté comme une vessie, et très resserré à son orifice, comme dans le Silène enflé (Fig. 13) ; *Campanulé*, lorsqu'il va en se dilatant de sa base vers son orifice, comme dans quelques Labiées (Fig. 14) ; *Comprimé*, lorsqu'il est large et aplati latéralement, comme dans la Pédiculaire des marais ; *Prismatique*, quand il a des angles longitudinaux bien marqués et des faces aplaties, comme dans le Frankenia pulverulenta (Fig. 15), etc. De même que les calices dialysépales, les calices gamosépales peuvent être *réguliers* (Primevère, Silénées, etc.) ou *irréguliers*, comme dans la Sauge (Fig. 17), l'Aristoloche (Fig. 52), la Capucine (Fig. 16), etc.

Le calice est en général celle des deux enveloppes florales qui a la plus longue durée ; mais cependant elle est très variable. On dit que le calice est *Caduc* ou *Fugace*, quand ses feuilles se détachent d'elles-mêmes à l'époque de l'épanouissement de la f., comme dans les Pavots ; *Décidu*, quand elles se détachent à la fin de la floraison, comme dans les Renoncules. Parfois, le calice est *Persistant*, lorsqu'il reste en place même après que la floraison est achevée, comme dans les Scrofulariacées, les Labiées, etc. Mais alors, tantôt il cesse de vivre, se fane et se dessèche, et l'on dit qu'il est *Marcescent* (Fig. 18. Cal. marcescent de Muflier) ; tantôt il continue à végéter, et parfois même à prendre de l'accroissement comme dans l'Alkékenge, le Rosier, etc.

De la Corolle. — Ainsi que nous le savons déjà, la *Corolle* est la plus interne des enveloppes florales et entoure immédiatement les organes de la reproduction. Souvent peinte des plus riches couleurs, elle attire presque exclusivement l'attention du vulgaire qui ne voit de fleurs que là où il y a une corolle brillante et bien développée. Les *Pétales* sont tantôt distincts et libres, tantôt plus ou moins soudés entre eux : de là la distinction des corolles en *Gamopétales* et *Dialypétales* ; ces épithètes s'appliquent également aux plantes et aux fleurs dont la corolle est gamo- ou dialypétale.

Dans les corolles dialypétales, chaque pétale présente ordinairement deux parties, l'une élargie, qui a reçu le nom de *Limbe* et de *Lame*, et l'autre rétrécie, par laquelle il s'insère sur le réceptacle, et qu'on appelle. *Onglet*. Les corolles dont les pétales sont munies d'onglets sont dites *Onguiculées* : telles sont, par ex., celles de l'Œillet (Fig. 19). Dans quelques fleurs, celles de l'Oranger et de l'Aralie épineuse, par ex. (Fig. 20), l'onglet manque, et alors le pétale est *Sessile*. La consistance de la corolle est ordinairement très molle et très

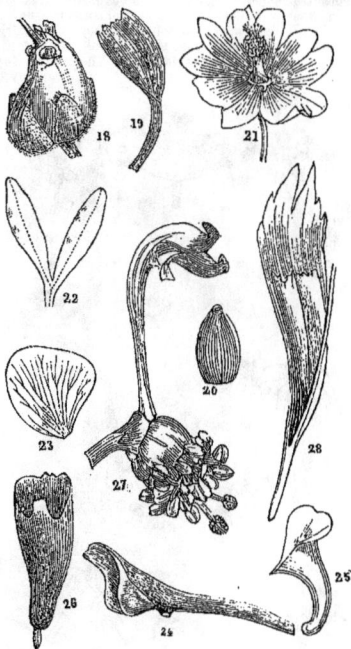

délicate ; ainsi, par ex., si légèrement que l'on touche à la corolle d'un Liseron, on y produit une tache indélébile. Néanmoins la corolle présente sous ce rapport des différences remarquables ; car, dans certaines plantes, elle est épaisse et charnue ; chez d'autres, dure et roide ; et dans un grand nombre, les Bruyères par ex., elle est membraneuse et sèche comme du papier.

La configuration des pétales, de même que celle des feuilles, paraît fréquemment dépendre de leur nervation. Tantôt le bord du limbe est entier, c'est même le cas le plus général ; tantôt il présente des découpures plus ou moins profondes. Au reste, pour désigner les particularités que peuvent présenter les pétales, on emploie la même terminologie que lorsqu'il s'agit de feuilles ou de sépales. Ainsi, par ex., un pétale peut être *échancré* (Fig. 21. Mauve sauvage), *denté* (Fig. 19), *crénelé, lobé, lacinié, linéaire, cordé, obcordé, biparti* (Fig. 22). Un pétale biparti de Mouron des oiseaux, etc. Les pétales peuvent encore être *irréguliers*, c.-à-d. se composer de deux moitiés non symétriques (Fig. 23). Pétale irrégulier de Trochétie à trois fleurs). Enfin, dans un grand nombre de plantes, ils affectent des formes plus ou moins singulières. Ainsi, par ex., ils sont *Concaves* dans la Rue ; *Éperonnés* dans le Pied-d'Alouette (Fig. 24) ; *Cuculliformes*, c.-à-d. en forme de capuchon, dans l'Ancolie (Fig. 25) ; en *forme de cornet* dans l'Ellébore noir (Fig. 26) ; *Galéiformes* ou en casque dans l'Aconit (Fig. 27) ; *Carénés* en forme de nacelle, comme le pétale inférieur de beaucoup de Légumineuses (Fig. 46 et 47), etc. En outre, les pétales présentent assez fréquemment des appendices qui doublent en partie le limbe, soit en dehors, comme dans quelques Résédas, soit en dedans, comme dans plusieurs Caryophyllées, le Cucubale par ex. (Fig. 28). D'autres fois, ces appendices représentent une écaille charnue, une étroite bande pétaloïde, etc.

Dans les corolles gamopétales, les pétales peuvent se souder sur une plus ou moins grande partie de leur longueur, et pour désigner l'étendue de la soudure, on emploie la même nomenclature que nous avons appliquée au calice gamopétale. On y distingue un *tube*, un *limbe* et une *gorge*. Les corolles gamopétales sont de deux sortes, *régulières* ou *irrégulières*.

La corolle gamopétale régulière offre des formes très variées qu'on ramène généralement à un certain nombre de types. Elle est *Tubulée*, quand son tube est long et cylindrique, comme dans la Grande Consoude (Fig. 29) et beaucoup de Composées (Fig. 30. Pyrèthre de l'Inde). Elle est dite *Infundibuliforme*, lorsque son tube est long et étroit, avec un

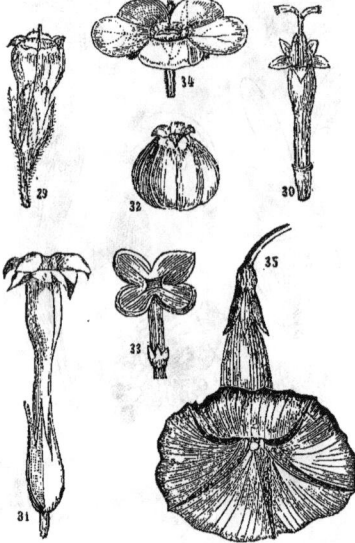

limbe qui s'évase sensiblement à sa partie supérieure comme dans le Tabac (Fig. 31). On l'appelle *Urcéolée* ou en *grelot*, quand son tube est renflé à son milieu et rétréci à son ouverture ; ex. : l'Andromède polyphylle (Fig. 32). On la nomme *Hypocratériforme*, lorsque, son tube étant cylindrique, son limbe présente la forme d'une soucoupe très évasée, comme dans le Lilas (Fig. 33). Lorsqu'au contraire le tube est très court avec un limbe étalé et presque plan, la corolle est dite *Rotacée* ou en *roue*, comme dans le Myosotis (Fig. 34). Enfin, on lui donne l'épithète de *Campanulée*, lorsqu'elle s'élargit insensiblement de la base au sommet, de manière à représenter une cloche ; ex., le Liseron (Fig. 35).

On a aussi essayé de réduire à un petit nombre de types les principales modifications de la corolle gamopétale irrégulière. On dit que la corolle est *Ligulée* lorsque son tube, à une certaine hauteur, se fend d'un côté et se rejette de l'autre sous la forme d'une languette plate, appelée *Ligule*, que terminent quelques petites dents (Fig. 36). Corolle ligulée du Pyrèthre de l'Inde). On la nomme *Labiée* ou *Bilabiée*, lorsque le tube est plus ou moins allongé, la gorge ouverte et dilatée, et le limbe partagé en deux divisions qu'on appelle *Lèvres*. Ces deux lèvres représentent ensemble cinq pétales. En effet, la lèvre supérieure (Fig. 37. Sauge à fleurs larges) est constituée par deux pétales réunis presque jusqu'au sommet et présente deux divisions plus ou moins prononcées, tandis que l'inférieure est composée de trois pétales également réunis plus ou moins haut, et présente trois divisions dont la médiane est ordinairement plus grande que les deux

latérales. Au reste, ces deux lèvres peuvent offrir une foule de modifications sur lesquelles reposent en partie les caractères propres à distinguer les nombreux genres de la famille des Labiées. Ainsi, la lèvre supérieure est tantôt *plane*, tantôt *redressée*, ou en *voûte*, ou en *fer de faux*; quelquefois même elle est si peu développée, qu'on la distingue difficilement, comme dans le Bugle (Fig. 38). Quant à la lèvre inférieure, elle est ordinairement *réfléchie* et quelquefois *concave* et *plissée* sur les bords. On appelle corolle *Person-*

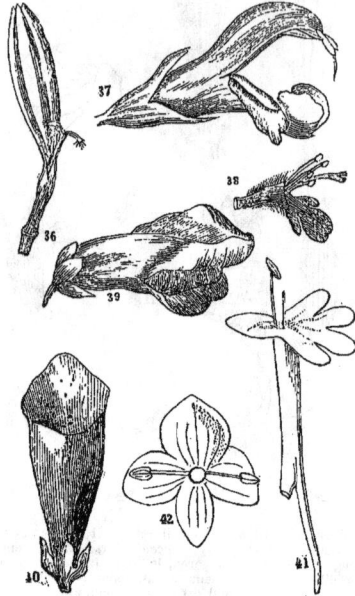

née ou *en masque*, et quelquefois *en gueule*, une corolle dont le limbe se divise également en deux lèvres, mais dans laquelle la gorge, au lieu d'être largement ouverte, est fermée par un renflement de la lèvre inférieure qui a reçu le nom de *Palais* : ex., le Muflier des jardins (Fig. 39). Enfin, on réunit sous la dénomination de corolles gamopétales *irrégulières* celles qui ne peuvent se rattacher aux types précédents. Nous citerons comme exemples de corolles irrégulières : celles de la Digitale pourprée (Fig. 40) qui est tubuleuse, mais irrégulière ; celle du Coutranthe rouge (Fig. 41) qui est tubuleuse avec un éperon ; et celle de la Véronique (Fig. 42) qui est à peu près rotacée, mais à lobes inégaux.

Les corolles dialypétales se distinguent aussi en *régulières* et *irrégulières*.

La corolle dialypétale régulière peut offrir trois modifications principales. Elle est appelée *Cruciforme* lorsqu'elle se compose de quatre pétales onguiculés disposés en croix grecque. Cette forme de corolle s'observe chez toutes les plantes de la famille des Crucifères qui lui doit son nom (Fig. 43. Cor. cruciforme de Giroflée). La corolle est *Caryophyllée* quand elle est formée de cinq pétales dont les onglets sont fort longs et cachés dans le calice, comme dans l'Œillet (Fig. 44). Elle est dite *Rosacée* quand elle est composée généralement de cinq pétales dépourvus d'onglets et disposés en rosace, comme dans les Roses, les Cistes (Fig. 45), les Renoncules, etc.

Parmi les corolles dialypétales irrégulières la plus remarquable et la plus répandue est la corolle *Papilionacée* comme celle du Haricot et de toutes les Légumineuses de notre pays (Fig. 46). Cette sorte de corolle se compose de cinq pétales irréguliers dont chacun a une forme particulière, ce qui leur a fait donner des noms particuliers. De ces pétales, l'un est supérieur, deux sont latéraux, et les deux autres sont inférieurs (Fig. 47). Le supérieur *e*, en général plus grand, est appelé *Étendard* ou *Pavillon*; les deux latéraux, *aa*, symétriques entre eux, sont nommés *Ailes*, et le recouvrent les deux inférieurs. Ces derniers, qui se trouvent soudés ensemble dans un grand nombre d'espèces, *e*, ont reçu le nom de *Carène*, à cause de la forme de nacelle qu'ils prennent par leur réunion. Les autres corolles dialypétales irrégulières sont désignées

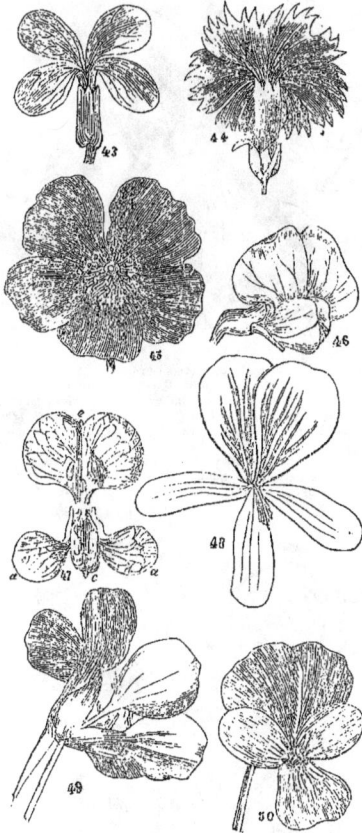

sous l'appellation vague d'*Anomales;* leur diversité est très grande. Nous nous contenterons de mentionner pour exemples : la corolle de l'Aconit (Fig. 27), qui n'a que deux pétales en forme de casque; celle du Pied-d'Alouette, dont le pétale supérieur (Fig. 24) est en forme d'éperon et s'enfonce dans un éperon semblable du calice; celle des Pélargoniums (Fig. 48), dont les pétales sont généralement inégaux; et enfin, celles de la Capucine (Fig. 49), de la Pensée (Fig. 50), de la Balsamine, etc.

Dans tous les cas, lorsqu'on décrit une corolle dialypétale, soit régulière, soit irrégulière, on doit noter la direction des pétales relativement à l'axe de la f. ,s'ils sont *dressés, étalés, divergents, infléchis, réfléchis*, etc.) : la direction du limbe par rapport à l'onglet ; la longueur de celui-ci par rapport au calice; leur forme et les particularités qu'ils présentent. Pour les corolles gamopétales, on indique de même les rapports du limbe avec le tube, les caractères particuliers

que la gorge offre assez fréquemment, et toutes les circonstances qui peuvent servir à caractériser les genres et les espèces.

Les pétales, ordinairement dépourvus de chlorophylle, sont blancs ou parés des couleurs les plus vives, des nuances les plus éclatantes; on n'a jamais observé de corolle noire. La couleur verte est même très rare ; cependant il y en a quelques exemples, comme dans certains Coléus, quelques Asclépiadées, les Joues, les Oseilles, etc. : la corolle est alors *sépaloïde*. La surface des pétales est ordinairement glabre; d'autres fois, elle est couverte de poils qui lui donnent l'aspect du velours ; dans quelques cas, elle est tout à fait lisse et comme vernissée. Quant à la durée de la corolle, elle varie comme celle du calice, mais elle est toujours bien plus passagère. Les pétales se détachent en général peu de temps après l'épanouissement. Lorsque la corolle persiste après la fécondation, elle se dessèche et devient *marcescente*, ainsi qu'on l'observe dans les Bruyères. La corolle gamopétale se détache toujours d'une seule pièce.

Rapports des verticilles floraux entre eux. — Dans la grande majorité des cas, la loi d'alternance que nous avons observée dans les feuilles se reproduit ici : en conséquence, les différentes parties d'un verticille donné *alternent* avec celles du verticille qui lui est immédiatement supérieur. Cependant on observe le contraire dans un certain nombre de fleurs, où les pièces du verticille supérieur sont sur la même verticale ou, comme disent ordinairement les botanistes, sont *opposées* à celles du verticille inférieur. L'alternance est la règle absolue, lorsque la f. étant complète, toutes les parties de chacun des quatre verticilles, calice, corolle, androcée et pistil, sont en nombre égal. Alors les pétales alternent avec les sépales, c.-à-d. que chacun d'eux est placé dans l'intervalle de deux sépales; les étamines alternent avec les pétales, et se trouvent ainsi opposées aux sépales; enfin, les carpelles alternent avec les étamines, et se trouvent ainsi opposés aux pétales et alternent avec les sépales. Mais ce cas est rare. Le plus souvent, la loi d'alternance est masquée ou détruite, au moins en partie, par quelque circonstance particulière. Pour se rendre compte des variations ou de ces anomalies, il faut se rappeler qu'il existe des nombres en quelque sorte *typiques* pour les pièces qui constituent les différents verticilles floraux, soit dans les Dicotylédones, soit dans les Monocotylédones. Ces nombres sont 5, ou un multiple de 5, pour les premières ; et 3, ou un multiple de 3, pour les secondes. La f. des diverses espèces du genre Crassula, où l'on trouve 5 sépales, 5 pétales, 5 étamines et 5 carpelles, alternant les uns avec les autres, comme nous venons de le dire, nous offre un exemple parfait du type quinaire. Celle de la Tulipe, qui se compose d'un verticille de 3 folioles externes, de 3 autres folioles internes et alternant avec les premières ; puis de 3 étamines alternant avec les folioles internes, et de 3 autres étamines plus intérieures alternant avec les folioles externes ; et enfin, de 3 carpelles soudés au centre de la f. et alternant avec les 3 étamines intérieures, nous présente un exemple du type ternaire. Ceci compris, nous allons passer successivement en revue les causes principales qui viennent troubler cette régularité normale.

Dans certaines plantes, on voit quelquefois tous les verticilles à la fois augmenter d'un nombre égal de pièces : c'est ce qu'on observe, par ex., dans la famille des Araliacées dont le nombre cinq est le type, et où l'on trouve assez souvent des fleurs à six, sept, huit et même dix et douze parties. Les exemples de multiplication des pièces d'un même verticille se rencontrent beaucoup plus fréquemment dans les plantes cultivées : en général, cependant, elle ne porte que sur deux verticilles. Ainsi, par ex., il est commun de trouver dans les Liliacées, comme le Lis, la Tulipe, la Jacinthe, des fleurs qui ont sept, huit, ou quelquefois un plus grand nombre de pièces florales et d'étamines, au lieu de six, qui est le nombre normal. Les parties d'un même verticille peuvent encore se multiplier par un autre mode, qu'on a appelé *Dédoublement*. Nous avons signalé tout à l'heure l'existence dans la corolle d'appendices divers qui doublent en partie le limbe des pétales. Les autres verticilles présentent aussi quelquefois de petits corps accessoires qui sont situés, tantôt sur un plan antérieur ou postérieur, et tantôt aux côtés des pièces qui composent le verticille. C'est ce qui a lieu en effet dans les fleurs des Érythroxylons, où chaque pétale se double de deux languettes qui intérieurement se confondent avec l'onglet.

La réduction du nombre des parties d'un même verticille par suite d'avortement est peu fréquente. Elle peut d'ailleurs se produire dans tous les verticilles, ou dans un seul ou quelques-uns d'entre eux. La Rue commune, dont les fleurs situées au bas de ses cymes unilatérales ont cinq parties, tandis que toutes les autres n'en ont que quatre, nous offre un exemple remarquable du premier cas. Nous citerons encore les fleurs de l'Holostée en ombelle, qui a cinq sépales et cinq pétales, mais dont les étamines sont le plus souvent au nombre de trois ou quatre seulement ; et celles du Staphyléa, qui ont cinq sépales, autant de pétales et d'étamines, et qui n'ont que deux ou trois carpelles. Mais le cas le plus fréquent d'avortement a lieu dans le verticille staminal, et la réduction du nombre des étamines dans certaines familles est tellement constante, qu'elle constitue un de leurs principaux caractères : telles sont les Labiées et les Scrofulariacées, qui n'ont habituellement que quatre étamines, quoique leurs fleurs soient construites sur le type quinaire. En outre, parmi les genres qui appartiennent à ces familles, il en est chez lesquels on ne trouve que deux étamines, comme dans le Romarin (Labiées) et la Gratiole (Scrofulariacées).

Lorsque le nombre des feuilles demeure le même dans tous les verticilles, la fleur est *isomère* (*Crassula*, l'ulipe, etc.) ; lorsque, au contraire, le nombre des feuilles change d'un verticille à l'autre, la f. est *hétéromère*.

Le nombre des verticilles varie également en plus ou en moins.

La multiplication porte, tantôt sur un seul, tantôt sur plusieurs verticilles à la fois, et, par suite de cet accroissement, non seulement le nombre des différents verticilles peut être doublé, mais encore il peut devenir triple et quadruple. Il importe aussi de remarquer que, lorsque leur nombre s'élève beaucoup, les parties qui composent chaque ordre d'organes ne constituent plus de véritables verticilles, mais sont toujours disposées en spirale. C'est ce qu'il est facile de voir, pour les pétales et les étamines, dans la f. du Nénuphar blanc, et, pour les carpelles, dans celle du Fraisier, etc. Le verticille staminal est celui qui offre les exemples les plus fréquents de doublement, et le plus souvent ce doublement a lieu sans que les deux verticilles extérieurs, c.-à-d. le verticille corollin et le verticille calicinal, y prennent part. Voy. ÉTAMINE. Dans un grand nombre de fleurs, et particulièrement dans les fleurs cultivées, la multiplication des pétales est le résultat, soit de la transformation des étamines, comme chez les Rosacées et les Malvacées, soit de la transformation des étamines et des carpelles, comme chez les Renoncules et les Anémones. On donne le nom de *Fleurs doubles* à ces fleurs où le verticille coro.lin se trouve augmenté de cette manière. Mais c'est abusivement qu'on applique cette même dénomination à certaines déformations obtenues par la culture, comme chez les plantes de la famille des Composées à capitules radiés, les Dahlias par ex. Il s'agit dans ce cas, non pas de l'addition de pétales nouveaux ou de la transformation d'autres organes en pétales, mais simplement de l'amplification des corolles tubuleuses du centre que l'on force à s'accroître et à revêtir la forme ligulée des fleurs de la circonférence.

Nous avons déjà vu, en définissant les fleurs *complètes*, *monopérianthées*, *unisexuées*, *nues*, etc., qu'un verticille tout entier, et même deux ou trois verticilles pouvaient ne pas se développer. Lorsqu'il n'existe qu'un seul verticille d'enveloppes florales, c'est toujours la corolle qui manque : cette absence de la corolle, ainsi que nous le savons, est d'ailleurs fréquente. Dans ce cas, on conçoit que les deux verticilles entre lesquels la corolle a manqué, c.-à-d. le verticille calicinal et le verticille staminal, aient leurs parties opposées. C'est en effet leur position naturelle, puisque les étamines, alternes avec les pétales, sont opposées aux sépales. Dans les fleurs unisexuées, c'est tantôt le verticille staminal, tantôt le verticille pistillaire qui fait défaut ; dans les fleurs stériles ou *neutres*, comme l'Hortensia et la Boule-de-neige, c'est l'un et l'autre. Enfin, dans certaines plantes, la f., ainsi que nous le savons, se réduit à une seule étamine ou à un simple carpelle, toutes les autres parties ayant avorté à la fois.

Les deux phénomènes opposés dont nous venons de parler, nous voulons dire, la multiplication et la diminution du nombre des verticilles ou des parties qui les constituent, peuvent en outre se produire simultanément, de manière à donner lieu à des combinaisons nouvelles. Ainsi, dans le Magnolia, le verticille calicinal est borné à trois folioles seulement, et se trouve par conséquent au-dessous du nombre typique de la plupart des Dicotylédones : les pétales sont également disposés par verticilles ternaires et ont subi la même réduction ; mais comme il y a plusieurs de ces verticilles, il résulte de là que le nombre des pétales se trouve en définitive augmenté. Dans certains genres de la famille des Anonacées, les étamines manquent tout à fait sur l'un des côtés de la f. ; mais, par compensation, elles se trouvent multipliées de l'autre.

Soudure des verticilles entre eux. — Non seulement les

parties qui constituent un même verticille peuvent se souder entre elles, mais celles qui appartiennent à des verticilles différents contractent souvent des adhérences qui les réunissent et changent notablement leurs rapports de position. C'est par leur portion inférieure, où ces parties ont moins de jeu dans leur développement, que les verticilles se soudent le plus ordinairement. La corolle peut ainsi se souder, soit avec le calice

on les étamines isolément, soit avec ces deux verticilles à la fois. Enfin, dans quelques plantes, il y a soudure des quatre verticilles. La soudure de la corolle avec le calice s'observe, tant dans les fleurs dialypétales que dans les fleurs gamopétales. Dans ce dernier cas, il semble au premier abord que la corolle tire son origine du calice à la partie moyenne ou supérieure duquel elle est attachée : il en est de même des étamines, quand elles sont insérées sur la corolle. Mais avec un peu d'attention on reconnaît aisément

que l'organe soudé se continue jusqu'à la base même de celui sur lequel il s'insère, et qu'il naît véritablement de l'axe floral ou du réceptacle. Il importe de remarquer que, lorsqu'un verticille floral en supporte un autre, toutes les pièces qui composent le verticille-support sont soudées entre elles. En conséquence, le calice est nécessairement gamosépale quand il porte la corolle, et la corolle est également gamopétale quand elle porte les étamines. Il y a soudure des quatre verticilles toutes les fois que le calice lui-même se soude avec le pistil, attendu que la base de la corolle et des étamines étant intermédiaire au verticille floral le plus extérieur et au plus intérieur, elle se trouve nécessairement comprise dans cette soudure : dans ce cas, l'ovaire est toujours *infère* ou *adhérent.*

Symétrie de la fleur. — Quand elle est verticillée, si tous les verticilles qui la composent sont réguliers, la f. tout entière est symétrique par rapport à son axe : elle est *régulière* ou *actinomorphe*, comme dans le Lychnis, la Tulipe, etc. Mais il suffit déjà qu'un seul verticille floral soit irrégulier pour que la f. ne soit plus symétrique que par rapport à un plan ; elle est alors *irrégulière* ou *zygomorphe* (Labiées, Orchidées [Fig. 53], Genêt, Haricot, Pois, etc.). Enfin, il est des fleurs qui sont dépourvues d'un plan de symétrie ; on les dit *asymétriques.*

Des diagrammes floraux. — Nous croyons devoir terminer cet article, en expliquant ce que les botanistes entendent par le *diagramme d'une fleur* : c'est le plan de la f. tracé au moyen de signes conventionnels. Ce plan devra être orienté toujours entre la bractée et l'axe. Un petit rond (A, Fig. 54) placé au-dessus du diagramme marque toujours la situation de l'axe ; un arc de cercle (Bm) représente la bractée-mère. Les fouilles du périanthe sont représentées par des signes conventionnels et différents pour les sépales (S) et les pétales (P). Le signe employé pour les étamines ressemble à une coupe transversale simplifiée de l'anthère (E) ; le pistil est figuré par une section transversale de l'ovaire (O) ; ainsi le diagramme 54 représente la f. de la Buglosse ; 55, la f. du Fraisier ; 56, celle du Plantain ; et 57, celle de la Vigne. Voy. ÉTAMINE, PISTIL, INFLORESCENCE, FLORAISON et PRÉFLORAISON.

FLEURAGE. s. m. (R. *fleur*). Issue de la mouture du gruau. || T. Grav. Cristallisations formées sur la planche de verre dans la gravure par l'acide fluorhydrique.

FLEURAISON. s. f. T. Bot. Voy. FLORAISON. (Le mot *fleuraison* a été créé par Malherbe au XVIᵉ siècle.)

FLEURANCE, chef-lieu de c. (Gers), arr. de Lectoure ; 4,300 hab.

FLEURDELISER. v. a. [Pr. *fleur-de-lizer*]. Orner de fleurs de lis. *Manteau royal fleurdelisé.* — Marquer d'une fleur de lis avec un fer chaud. *Ce voleur avait déjà été fleurdelisé.* = FLEURDELISÉ, ÉE. part. — T. Blas. Qui est orné, semé de fleurs de lis. *Un écu, un étendard fleurdelisé.*

FLEURÉ, ÉE. adj. T. Blas. Se dit des pièces terminées en fleurs, ou bordées de fleurs. On dit aussi, *Fleureté* et *Fleuronné.*

FLEURÉE. s. f. (R. *fleur*). T. Teint. Écume légère de la cuve du bleu.

FLEURER. v. n. (Autre forme de *flairer*). Répandre, exhaler une odeur. *Cela fleure bon.* || Fig. et fam., *Cela fleure comme baume*, se dit d'une affaire qui paraît sûre, avantageuse, lucrative. On dit aussi d'un homme qui a une bonne ou une mauvaise réputation, *Sa réputation fleure comme baume*, ou *ne fleure pas comme baume.*

FLEURET. s. m. (R. *fleur*). Épée à lame presque carrée, qui se termine par un bouton. Voy. ESCRIME. || T. Mincur, Outil de fer dont on se sert pour percer des trous dans le roc. || T. Techn. Espèce de fil fait avec la matière la plus grossière de la soie. — Ruban fait avec ce fil. || T. Comm. F. *de coton, de fil, de laine*, le coton, le fil, la laine de premier choix. || T. Chorégraphie. Sorte de pas de danse.

FLEURETÉ, ÉE. adj. T. Blas. Voy. FLEURÉ.

FLEURETER. v. n. Voy. FLIRTER.

FLEURETIS. s. m. (R. *fleur*). T. Mus. Sorte de contre-point figuré. — Se dit de certains accords inventés sur-le-champ, que les musiciens font particulièrement sur la basse. || Fig., Langage plus brillant que solide. Vx.

FLEURETTE. s. f. [Pr. *fleu-rè-te*]. Dimin. Petite fleur. *Cueillir les fleurettes des prés.* || Fig., Propos galant qu'on adresse à une femme. *Dire, conter des fleurettes. Conter f. Elle aime la f., les fleurettes.* De là est venu le mot anglais *flirter* (que l'on prononce *fleurter*) et qui tend à revenir comme néologisme dans la langue française.

FLEURIAU (LE PÈRE), écrivain fr., m. en 1717.

FLEURIEU (Comte CLARET DE), diplomate et sénateur sous l'Empire, né à Lyon (1738-1810).

FLEURIOT-LESCOT (J.-B.-E.), révolutionnaire fr., maire de Paris, né à Bruxelles (1761-1794).

FLEURIR. v. n. Pousser des fleurs, être en fleur. *Les roses commencent à f. Cette plante ne fleurit qu'en automne.* — Fig., *La barbe de ce jeune homme va bientôt f.*, Elle est prêt de pousser. || Fig., Être dans un état de prospérité, de splendeur ; être en crédit, en honneur, en réputation. *Henri IV s'attacha à faire f. l'agriculture. Les poètes et les peintres qui fleurirent à cette époque. Les sciences et les beaux-arts fleurissaient ou florissaient sous le règne de ce prince. Shakespeare florissait en Angleterre à la fin du XVIᵉ siècle. Ici florissait jadis une ville opulente.* = FLEURIR, v. a. Parer d'une fleur, d'un bouquet, etc. *Vous ne sortirez pas de mon jardin sans vous f.* = FLEURI, IE. part. *Arbre fleuri. Pré fleuri.* Poétiq., *La saison fleurie*, Le printemps. — *Pâques fleuries.* Voy. PÂQUES. || Fig., *Teint, visage fleuri*, Teint, etc., qui a de la fraîcheur et de l'éclat. — *Un nez fleuri*, Un nez qui bourgeonne. Fam. — *Esprit fleuri*, Qui a beaucoup d'agrément. *Discours, style fleuri*, Qui est rempli d'ornements. *Je n'aime point ces discours fleuris ; ils sont trop souvent vides d'idées. Il a un style trop fleuri.* || T. Point. *Couleur fleurie*, Couleur dont les tons brillants semblent tenir de l'éclat des fleurs. || T. Mus. *Contre-point fleuri.* Voy. CONTRE-POINT. || T. Blas. *Chardon de sinople fleuri de gueules*, Dont les fleurs sont des gueules. || T. Techn. *Jaspe fleuri*, Jaspe veiné.

Obs. gram. — Le verbe *fleurir* s'emploie au propre dans tous ses temps ; mais il n'en est pas de même au figuré. En effet, dans ce dernier cas, au lieu de l'imparfait *fleurissait*, on emploie le plus souvent la forme *florissait*, et, au lieu du participe présent *fleurissant*, on emploie toujours la forme *florissant.* Cependant, à l'imparfait, les deux formes peuvent être employées, quoique l'Académie recommande de n'employer la forme *fleurissaient* qu'au plur. On pourrait donc dire : *les sciences fleurissaient*, mais non *la science fleurissait.* Cette distinction, trop subtile et sans raison, ne mérite pas d'être conservée. S'il s'agit d'un homme ou d'une collection d'hommes, il faut toujours la forme *flo...* Homère *florissait*, Les philosophes *florissaient à Athènes.* — Ces règles, d'ailleurs arbitraires, sont relativement récentes. Bossuet a écrit *Hésiode fleurissait.*

FLEURISSANT, ANTE. adj. Qui pousse des fleurs, qui est fleuri, *Les prés fleurissants. Les plaines fleurissantes.* || Au fig., on dit, *Florissant.* Voy. FLEURIR.

FLEURISTE. s. m. Celui qui est curieux de fleurs, qui les connaît, qui prend plaisir à les cultiver. *C'est un f., un grand f. Ce jardinier est un excellent f. Il y a beaucoup de gens qui se piquent d'être fleuristes.* || Celui qui s'adonne particulièrement à la peinture des fleurs. *Ce peintre est un excellent f.* Vx. ; on dit aujourd'hui, *Peintre de fleurs.* || F. *artificiel*, Celui qui fait ou qui vend des fleurs artificielles. = FLEURISTE. s. f. Ouvrière qui fait des fleurs artificielles. = FLEURISTE. adj. 2 g. *Jardinier f.*, Celui qui cultive des plantes d'ornement. *Marchand, marchande f.*, Marchand, marchande de fleurs ou de plantes d'ornement. *Jardin f.*, Jardin consacré à la culture des fleurs.

Techn. — Les fleurs ont servi, dès les temps les plus reculés, à la toilette et à la décoration ; mais comme leur durée est en général fort courte, on a eu recours de bonne heure à l'imitation pour jouir en tout temps de ces ornements délicats. Les anciens Égyptiens faisaient déjà des fleurs artificielles, comme le prouvent celles qu'on a trouvées dans les tombeaux de Thèbes. Il en était de même des populations de l'Inde, ainsi que des Chinois, des Grecs et des Romains. Chez ces derniers, les dames portaient dans leurs cheveux des fleurs d'or, de lin ou de quelque autre tissu très-fin, dans l'intérieur desquelles on plaçait quelquefois un petit tampon d'éponge ou d'étoffe imbibé de quelque liquide parfumé. En France et dans le reste de l'Europe occidentale, surtout en Espagne, on voit les fleurs artificielles se joindre, dès le XIVᵉ siècle et peut-être même avant, aux fleurs naturelles, pour la décoration des autels et des tables ; mais les fleuristes ne savaient pas encore donner une légèreté suffisante à leurs produits pour qu'on pût les faire servir à la toilette. Ce dernier progrès paraît avoir été réalisé au commencement du XVᵉ siècle en Italie, d'où il fut introduit à Lyon à la fin du XVIIe, et à Paris quelques années après. Toutefois c'est seulement depuis le XIXe siècle que l'usage de faire entrer les fleurs artificielles dans la parure des femmes s'est généralement répandu.

On peut faire les fleurs artificielles avec une infinité de substances. Mais les matières habituellement employées sont la cire, la gomme, le papier et la soie, pour les pistils, les étamines, les ovaires et certains boutons; le taffetas, le satin, la gaze, le gros de Naples, le velours, la gélatine, la mousseline, le nansouk, la batiste, la colle de poisson, le papier coquille, les plumes, la moelle de l'*Aralia papyrifera*, pour les folioles des fleurs; la percale, le jaconas, le papier coquille, les plumes et la cire pour le feuillage; le fil de fer ou de laiton, la baleine, le papier serpente et la soie, pour la tige et les montures; enfin, la cire, la gélatine, et les bulles de verre pour les fruits en grappes. Chacune des parties qui composent une fleur, et dont l'ensemble est désigné sous le nom générique d'*apprêts*, s'exécute dans des ateliers spéciaux, et nous ferons remarquer, à ce propos, que la fabrication des fleurs artificielles est une des industries où la division du travail est portée au plus haut degré. Le fleuriste proprement dit ne fait en réalité que *monter*; il prend chez les uns et les autres tout ce dont il a besoin, pétales, pistils, graines, ovaires, boutons, tiges, épis, etc., et son talent consiste à les assembler de manière à en former une branche fleurie, qui soit une imitation à la fois vraie et élégante de la nature. La fabrication des fleurs artificielles est parvenue à un tel degré de perfection qu'il est parfois difficile de distinguer ses produits des fleurs naturelles.

FLEURON. s. m. (R. *fleur*). T. Bot. Nom donné par les anciens botanistes à la fleur régulière des *Composées*. Voy. ce mot. || T. Arch. Ornement sculpté représentant une feuille ou une fleur. — Ornement d'architecture qui termine un couronnement. || Ornement en forme de fleur. *Les fleurons d'une couronne. Une étoffe où il y a des fleurons, de grands fleurons.* || Fig., *C'est le plus beau f. de sa couronne.* Voy. **COURONNE.** || T. Typogr. Ornement qu'on place au frontispice d'un livre, au commencement ou à la fin d'un chapitre, etc., parce qu'autrefois il représentait ordinairement des fleurs.

FLEURONNÉ, ÉE. adj. [Pr. *fleuro-né*]. T. Blas. Voy. **FLEURÉ.** || T. Sculpt. *Génie f.*, Enfant dont la partie inférieure se transforme en fleurs ou en feuillage. || T. Bot. *Plante fleuronnée, demi-fleuronnée*, à fleur composée formée de fleurons, de demi-fleurons.

FLEURONNER. v. a. [Pr. *fleu-ro-ner*]. Orner de fleurons le cercle d'une couronne. = **FLEURONNÉ, ÉE.** part.

FLEURUS, v. du Hainaut (Belgique), célèbre par trois victoires que les Français y remportèrent: en 1690 sous Luxembourg, en 1794 sous Jourdan, et en 1815 sous Napoléon Ier (cette dernière journée s'appelle plus ordinairement bataille de Ligny); 4,700 hab.

FLEURY (Abbé **CLAUDE**), écrivain ecclésiastique (1640-1723), fut adjoint à Fénelon pour l'éducation des petits-fils de Louis XIV; auteur de l'*Histoire ecclésiastique*, etc.

FLEURY (Cardinal ANDRÉ-HERCULE DE), né en 1653, évêque de Fréjus, fut précepteur de Louis XV en 1715, ministre d'État en 1726, m. en 1743.

FLEURY (ABRAHAM-JOSEPH BÉNARD, dit), célèbre comédien français (1750-1822).

FLEURY (LÉON), paysagiste français, né à Paris (1804-1858).

FLEURY-SUR-ANDELLE, ch.-l. de c. (Eure), arr. des Andelys; 1,400 hab.

FLEUVE. s. m. (lat. *fluvius*, m. s., de *fluere*, couler). Cours d'eau considérable. — Fig. et poét., *Le f. de la vie,* Le cours de la vie. — *Un f. d'éloquence, de poésie, de délices. Un f. de sang.* || T. Myth. Chacune des divinités qui étaient censées présider à un f., et qu'on représentait ordinairement sous la figure d'un vieillard couché sur des roseaux, appuyé sur une urne, la tête ceinte d'une couronne de joncs, et quelquefois le front armé de cornes. *Les attributs d'un f.* || Fam., *Avoir une barbe de f.,* Une longue barbe. Géogr. — 1 Certains géographes ont essayé d'établir une distinction entre le *f.* et la *rivière*, en donnant le nom de f. à

tout cours d'eau qui conserve son nom jusqu'à son embouchure dans la mer. Cette distinction est arbitraire et contraire à l'usage, puisqu'elle attribuerait le nom de f. à des cours d'eau sans importance. L'usage attribue le nom de f. à tous les cours d'eau remarquables par leur longueur et leur largeur. Voy. **RIVIÈRE.**

La géographie physique nous offre peu d'objets dont l'étude ait un plus haut intérêt que les grands cours d'eau, à quelque point de vue qu'on les considère, historique, politique, économique ou scientifique. Chez la plupart des peuples anciens, ils avaient été presque divinisés, et aujourd'hui même, nous sommes encore témoins de la vénération que les Indiens portent au Gange et à d'autres fleuves de leur pays, dont les eaux passent pour sacrées. Néanmoins c'est chez les peuples les plus avancés en industrie, en science et en civilisation que l'on apprécie le mieux l'importance des fleuves et des grands cours d'eau, et qu'on sait en tirer le meilleur parti sous tous les rapports possibles. Leur influence sur le développement de la civilisation est déjà notée par les écrivains de la Grèce et de Rome; et Strabon, en particulier, signale avec une haute intelligence l'admirable disposition des cours d'eau qui arrosent la Gaule.

II. — Les fleuves prennent assez souvent naissance dans les lacs, qu'ils mettent ainsi en communication directe avec la mer; d'autres fois ils ont leur source dans de petites élévations situées au milieu des plaines; mais, en général, ils naissent dans les grandes chaînes de montagnes couvertes de neiges et de glaces éternelles dont la fonte et le renouvellement continu produisent incessamment des masses d'eau souvent prodigieuses. En outre, à mesure qu'ils s'éloignent de leur source, les fleuves sont constamment grossis par des cours d'eau secondaires avec lesquels ils se rendent à la mer, et celle-ci, malgré l'immense quantité de liquide qui se jette dans son sein, ne change jamais de volume, parce que l'évaporation lui enlève l'équivalent de ce qu'elle reçoit. L'océan Atlantique, avec la Méditerranée, l'océan Arctique et l'océan Pacifique sont les réservoirs où aboutissent tous les fleuves qui sillonnent la surface des continents, à l'exception, toutefois, de ceux qui se déversent dans des mers fermées: *Mer Caspienne*, *Mer d'Aral*, etc., et d'un petit nombre dont les eaux se perdent dans les sables des déserts d'Afrique et d'Asie. Mais il résulte de la structure particulière des hauts massifs et des chaînes de montagnes, que les fleuves dont le cours a lieu de l'ouest à l'est sont de beaucoup les plus nombreux, et les plus importants; que ceux qui se dirigent du sud au nord ou du nord au sud sont à peu près égaux sous ces deux rapports, et que ceux qui coulent de l'est à l'ouest sont, au contraire, en petit nombre et généralement beaucoup moins considérables. Il est encore à remarquer que la direction des fleuves éprouve souvent de brusques changements lorsqu'ils passent de terrains d'une formation géologique quelconque à des terrains d'une formation différente; parfois aussi ces changements sont déterminés par la dislocation des couches du sol que parcourent les eaux.

III. — Les fleuves qui descendent des montagnes perdent graduellement de leur rapidité à mesure qu'ils s'éloignent de leur source, par suite du frottement qu'éprouvent les molécules liquides, de telle sorte que lorsqu'ils arrivent dans les plaines, leur cours est beaucoup plus lent, en même temps que leur profondeur est plus grande. Une pente de 1 centimètre pour 2 mètres suffit pour empêcher qu'un cours d'eau soit navigable, et, si elle dépasse cette limite, elle donne lieu à des *rapides*. Toutefois, la vitesse d'un f. ne dépend pas entièrement de l'inclinaison du sol; elle résulte aussi de la hauteur à laquelle se trouve sa source et de la pression qu'exerce la masse d'eau à la partie supérieure de son cours. Il suit de là que toutes choses étant égales d'ailleurs, une grande rivière coule plus vite qu'une petite. Au reste, pour chaque cours d'eau en particulier, la rapidité varie sans cesse, et se trouve à chaque instant modifiée par la configuration de ses rives, les sinuosités de son cours, et les changements qui surviennent dans la largeur de son lit. Le Rhône, l'un des fleuves les plus rapides de l'Europe, a une pente moyenne de 1 cent. pour 26 mètres, et une vitesse de 4^m,40 par seconde; la Seine n'a pas la moitié de cette vitesse. Le Danube, le Tigre et l'Indus sont au nombre des grands fleuves remarquables par leur rapidité. Dans les pays de plaines, les fleuves décrivent en général beaucoup plus de sinuosités que dans les pays de montagnes. Il arrive souvent qu'un f. en reçoit un autre aussi important que lui sans élargir énormément son lit; seulement l'augmentation de la masse accroît la rapidité de la course. Quelquefois une rivière qui tombe dans une autre sous un angle très aigu, peut, lorsqu'elle est très rapide ou que sa rapidité s'accroît considérablement par une cause momentanée, obliger celle-ci à rebrousser chemin et à remonter pendant quelques instants vers sa source. Le Rhône présente parfois ce phénomène lorsque l'Arve, l'un de ses affluents, est tout à coup grossie par un orage ou par la fonte des neiges.

IV. — Lorsque deux cours d'eau naissent dans les montagnes, quelque rapprochées que soient leurs sources, il ne saurait y avoir aucune communication entre eux; mais lorsqu'ils sont descendus dans les plaines, ou bien lorsqu'ils prennent naissance dans des plateaux très bas, les lignes de faîte qui séparent leurs bassins s'abaissent quelquefois au point de disparaître et de permettre l'établissement naturel d'une communication entre les deux systèmes hydrauliques : c'est en effet ce qu'on observe dans quelques contrées. La plus célèbre communication de ce genre est celle qui est établie entre deux des plus grands fleuves de l'Amérique du Sud, le Maragnon ou f. des Amazones, et l'Orénoque. Le rio Negro, l'un des affluents les plus considérables du premier, s'unit à l'Orénoque, dans la partie supérieure du cours de celui-ci, au moyen de la branche appelée Cassiquiare, branche qui n'est pas inférieure au Rhin et qui coule avec une vitesse de plus de 2 mètres par seconde. Al. de Humboldt remarque que l'Orénoque, envoyant une branche au Maragnon, c'est comme si le Rhin en envoyait une à la Seine ou à la Loire. Dans quelques siècles sans doute, cette communication deviendra d'une haute importance pour l'Amérique méridionale. Ces sortes de bifurcations sont fréquentes dans les deltas des fleuves, mais très rares dans l'intérieur des continents. La Chiana, qui met en communication les branches supérieures du Tibre et de l'Arno, est l'exemple le plus remarquable de ce genre de jonction que l'on trouve en Europe. Le Mahanaddy et le Godavery, dans l'Inde, offrent un phénomène analogue; enfin, il existe entre les grands fleuves de la Péninsule indo-chinoise plusieurs communications semblables.

V. — Certains cours d'eau, en général peu considérables, n'ont point d'écoulement, parce que le terrain sur lequel ils coulent n'a pas assez de pente pour donner à leurs eaux l'impulsion nécessaire. Dans ce cas, tantôt leurs eaux disparaissent vaporisées par le soleil, comme on l'observe en Afrique et en Arabie; tantôt, et le plus souvent, elles se perdent dans des étangs, des marais ou des lacs salés. Il en est d'autres qui s'engouffrent et se perdent sous terre, tantôt pour toujours et tantôt momentanément, pour reparaître à une certaine distance. Ainsi, la Guadiana, l'un des plus grands fleuves de l'Espagne, disparaît tout à coup dans des marais près du village de Castillo de Cerrera, et reparaît après un cours souterrain de 22 à 24 kilom. C'est surtout dans les terrains calcaires que s'observe ce curieux phénomène. En France, nous avons un assez grand nombre d'exemples de pertes de rivières. La Meuse, par ex., se perd à Bazoilles pour reparaître à Noncourt, à 15 kilomètres de distance; ainsi fait le Rhône entre Seyssel et l'Écluse. Tel est encore le cas de plusieurs rivières des départements du Doubs, du Calvados, de la Charente, de la Drôme, etc. Dans la Grèce, il existe aussi plusieurs cours d'eau qui se perdent pour reparaître à un niveau plus bas ou pour aboutir à la mer par des routes inconnues. Les poètes anciens expliquaient la perte de l'Alphée en supposant qu'il passait du Péloponèse en Sicile, en coulant par-dessous le fond de la mer, afin d'aller confondre ses flots amoureux avec ceux d'Aréthuse.

On a vu encore des rivières suspendre subitement leur cours et laisser pendant quelques heures leur lit à sec. Ainsi, le 26 novembre 1838, l'eau diminua tellement dans la Clyde, la Nith et le Teviot, en Écosse, que les moulins situés sur la partie inférieure de leurs cours furent arrêtés pendant huit heures. Ce phénomène coïncida avec un vent violent et un grand froid qui fit geler ces rivières près de leurs sources. Les fleuves de la Sibérie, qui coulent pendant plusieurs centaines de lieues dans la direction du sud au nord, présentent le phénomène inverse. Comme le dégel a lieu bien plus tôt dans la partie supérieure de leur cours que dans l'inférieure, leur lit ne peut recevoir les eaux surabondantes provenant du dégel, et le pays se trouve inondé sur une étendue immense.

En s'écoulant dans la mer, les fleuves offrent encore des phénomènes d'un haut intérêt, qui résultent de l'action réciproque des deux masses d'eau : nous voulons parler des barres d'eau, des barres de sable et des deltas. Mais l'importance de ces phénomènes nous ayant déterminé à leur consacrer des articles particuliers, nous n'y reviendrons pas ici. Voy. BARRE et DELTA.

VI. — Un autre phénomène que nous ne pouvons passer sous silence, est celui des inondations périodiques. Celles du Nil sont les plus célèbres; il résulte du témoignage des historiens qu'elles n'ont pas varié pendant trois mille ans, sous le double rapport de l'époque et de la durée. Les eaux commencent à monter au mois de juin, et atteignent leur maximum de hauteur au mois d'août. Au Caire, ce maximum est de 8m,50, mais dans la vallée du Nil, qui est large en moyenne de trois ou quatre lieues, elle ne dépasse pas 1m,25. Le f. décroît ensuite graduellement jusqu'au mois de mai, et laisse sur le sol, que l'on s'empresse de livrer à la culture, une couche plus ou moins épaisse d'un limon fertilisant. Pline l'ancien dit, au sujet de la hauteur à laquelle les eaux parviennent : « La hauteur désirable est de 16 coudées. Trop faible, elles n'arrosent pas toutes les terres; trop forte, elles les occupent trop longtemps et retardent les produits. Dans ce cas, le temps qu'il faut pour sécher la terre humide absorbe l'époque des semailles; dans le premier, comment ensemencer un sol aride ? » Les crues périodiques du Nil étaient regardées autrefois comme un phénomène unique et un des plus grands mystères de la nature, pour l'explication duquel les anciens avaient imaginé une foule de systèmes; mais, depuis que les modernes ont pénétré dans la zone torride, qui était presque inconnue des anciens, on a découvert que ce phénomène se retrouve dans beaucoup d'autres fleuves.

Dans tous les pays situés entre les deux tropiques, il tombe régulièrement chaque année, pendant plusieurs mois, des pluies immenses et continuelles, qui font enfler et déborder tous les ruisseaux, tous les lacs et tous les fleuves : seulement, l'époque de ces pluies varie suivant les localités. Si un f. soumis à l'influence de ces pluies tropicales coule le long d'une plaine et dans une direction parallèle à l'équateur, ses eaux débordées se répandent avec une certaine régularité sur l'une et l'autre rive. C'est ce qu'on remarque, par ex., dans les inondations du Sénégal et de l'Orénoque. Si, au contraire, une rivière, se trouvant dans les mêmes conditions, descend d'un terrain élevé ou d'un massif de montagnes vers des terrains bas, ou si sa direction est perpendiculaire à l'équateur, c.-à-d. si elle coule au nord ou au sud, alors il est évident que l'action des pluies périodiques se fera sentir dans des proportions très inégales sur les différentes parties de cette rivière; il est, en outre, nécessaire que le trop-plein des eaux se rende presque tout entier sur les points les plus bas du territoire arrosé. C'est précisément ce qui arrive dans les crues du Nil, et ce que l'on remarque aussi dans celles des fleuves de Siam et de Cambodge, qui coulent presque sous les mêmes latitudes que le Nil, mais dans un sens opposé, c.-à-d. du nord au sud. L'Indus, le Gange, et, en général, tous les fleuves de la zone intertropicale débordent périodiquement chaque année, mais avec des variations qui dépendent de la disposition des localités. En dehors de cette partie du globe, on ne trouve que des inondations irrégulières qui proviennent de la quantité de pluie qui tombe sur les montagnes, et de la fonte des neiges qui a lieu au commencement de la saison chaude.

VII. — Le tableau ci-dessous indique en kilomètres la longueur de quelques-uns des principaux cours d'eau de l'ancien et du nouveau continent :

Amazone....	6,200	Garonne....	650	Rhin......	1,400
Amour....	3,400	Indus....	2,900	Rhône....	860
Danube..	2,800	Léna....	4,520	St-Laurent..	1,000
Dniéper..	1,950	Loire....	1,000	Seine....	800
Don......	2,100				
Èbre......	800	Mississipi..	4,620	Sénégal....	1,800
Elbe......	1,100	Nil......	6,470	Tamise....	400
Euphrate..	2,860	Obi......	3,800	Vistule....	1,100
Gange....	3,100	Pô......	670	Volga....	3,800

VIII. — La vitesse d'un courant d'eau qui coule dans un canal ouvert dépend du volume de l'eau, de la forme du canal et de l'inclinaison de ce dernier.

La pesanteur tend à faire couler l'eau avec une vitesse proportionnelle à la racine carrée de la différence de niveau entre le point considéré et le point le plus haut du canal; mais la résistance qu'opposent les parois au mouvement du liquide empêche la vitesse de s'accélérer ainsi, et s'il s'établit une sorte d'équilibre entre le poids et la résistance qui assure un *régime permanent*. La permanence du régime exige que, pour toute l'étendue du f. qui ne reçoit pas d'affluent, la quantité d'eau qui passe dans le même temps dans une section du f. perpendiculaire à la direction du courant soit la même pour toutes les sections. Il en résulte nécessairement que la vitesse est, en chaque lieu de l'étendue considérée, et tant que le régime reste permanent, inversement proportionnelle à la surface de la section. La rivière coule donc plus vite là où elle est étroite et peu profonde que dans les endroits où elle est large et profonde. Du reste, il est indispensable d'observer que la vitesse n'est pas la même dans toutes les parties de la section du cours d'eau. Les filets d'eau qui se trouvent en contact avec le fond et les rives se trouvent arrêtés par le frottement, et à leur tour ils retardent les filets en contact avec eux-mêmes; de sorte que les filets qui éprouvent le moins de retard sont ceux qui sont situés à la surface et au milieu du canal. Mais, d'autre part, la pression hydrostatique tend à imprimer une très grande vitesse aux filets qui sont le plus rapprochés du fond. Il résulte donc de la combinaison de ces deux causes que la plus grande vitesse de l'eau se trouve toujours vers le milieu, mais à une certaine profondeur, au lieu d'être exactement à la surface. A une certaine distance du milieu la vitesse est oblique, ce qui est prouvé expérimentalement par ce fait que les corps flottants finissent tôt ou tard par échouer sur les rives. Le long des bords, la vitesse est souvent très faible, et quelquefois même, quand la rive présente des saillies, il se produit, en arrière de ces saillies, des courants rétrogrades appelés *Remous*.

Il est facile de déterminer expérimentalement la vitesse de la surface au moyen d'un *Flotteur*, c.-à-d. d'un corps léger qui flotte à la surface de l'eau. On peut très bien faire usage pour cela de simples pains à cacheter. Il vaut mieux employer des flotteurs qui s'enfoncent beaucoup dans l'eau et ne se dépassent pour ainsi dire pas, afin d'éviter que leur mouvement soit modifié par l'action du vent. Si l'on veut mesurer la vitesse à une certaine profondeur au-dessous de la surface, on se sert d'un tube de verre ouvert à ses deux extrémités et coudé à angle droit, de façon à former deux branches inégales. On enfonce la plus courte branche dans le courant jusqu'à ce que son orifice, tourné vers l'amont, arrive au niveau de la veine dont on veut déterminer la vitesse; l'eau pénètre dans cette branche avec la vitesse dont le courant est animé et s'élève dans la longue branche, qui est verticale, à une hauteur proportionnelle. Cet instrument, qu'on appelle *Tube de Pitot*, donne cependant des résultats moins rigoureux que le *Moulinet de Woltmann*. Ce dernier, comme son nom l'indique, est un véritable moulinet muni de quatre petites ailes disposées comme celles d'un moulin à vent, et qui sont mises en mouvement par le courant. Du nombre des révolutions qu'elles font en un temps donné, on conclut directement la vitesse. On a construit empiriquement des tables qui permettent de déterminer la vitesse moyenne quand on connaît la vitesse à la surface et en certains points de la section.

Il est souvent nécessaire de connaître exactement la quantité totale d'eau que fournit une rivière dans un temps donné, ou, comme on dit, de déterminer son *débit*. Pour cela, il faut d'abord mesurer exactement la figure de son lit, ce que l'on fait au moyen de sondages: on a ainsi l'aire de la section. Cela fait, si nous prenons la vitesse moyenne que nous représenterons par v, et si nous la multiplions par l'aire de la section du canal, nous aurons la quantité totale d'eau qui passe par la section dans l'unité de temps. Le débit ou la quantité d'eau versée dans une seconde sera donc exprimée par la formule $Q = av$, où Q représente le volume d'eau, a l'aire de la section, et v la vitesse par seconde.

Tous les fleuves ensemble amènent aux mers environ 23,000 kilomètres cubes d'eau par an, autrement dit 23,000 fois un milliard de mètres cubes.

IX. — Les fleuves sont un des agents les plus importants de la modification de la surface terrestre. Nous avons déjà expliqué au mot *Delta* que les fleuves entraînent à la mer et déposent dans les plaines qui avoisinent leur embouchure des quantités considérables de matériaux solides enlevés aux régions plus élevées et aux montagnes où ils prennent leur source. Ils apportent à l'océan, chaque année, environ 10 kilomètres cubes de matières solides enlevées aux montagnes, dont une partie se dépose dans les alluvions des deltas. Mais le f. lui-même change d'aspect par la suite des siècles et par l'effet du travail d'érosion qu'il effectue sur ses propres rives. Il est clair que les fleuves ont eux-mêmes creusé leur lit, et il est facile de comprendre qu'ils ont une tendance à accélérer leur cours de plus en plus. A l'origine, l'eau descendue d'un glacier d'une montagne est venue se déverser dans une dépression de la plaine qu'elle a rapidement emplie de manière à former un lac plus ou moins étendu. Une fois le lac empli, l'eau s'en est écoulée par l'endroit le plus bas du bord pour se répandre dans une dépression un peu plus basse, en coulant rapidement le long de la pente, et ainsi de suite jusqu'à la mer. La forme initiale d'un f. est donc une suite de grands lacs séparés par des cascades ou des rapides de peu de longueur. Un majestueux exemple de ce régime fluvial est fourni par les grands lacs de l'Amérique du Nord, qui se déversent dans le f. Saint-Laurent. On sait que ces lacs communiquent entre eux par de courtes rivières plus ou moins torrentueuses, et que l'une de ces communications est la célèbre cataracte du Niagara. Voy. CATARACTE. On trouve des exemples analogues en Afrique, dans la région des grands lacs, et dans beaucoup d'autres régions du globe. Mais l'eau s'écoulant incessamment ainsi d'un lac dans un autre ronge peu à peu la barrière qui les relient. Le *seuil* qui forme le lac supérieur s'abaisse donc peu à peu, et par suite le niveau du lac s'abaisse aussi, ce qui en diminue nécessairement l'étendue. Quand le seuil est complètement rongé, le lac est réduit au minimum; au lieu d'une vaste étendue où l'eau s'étalait, avec une vitesse presque nulle, il reste un canal plus ou moins irrégulier dans lequel s'établit un courant; le frottement étant plus grand vers le fond que sur les bords, c'est vers le fond que l'érosion se produit le plus, et le canal s'approfondit peu à peu; on a alors un f. analogue à ceux que nous connaissons; mais le fond en est encore plus ou moins irrégulier. Or, tout ce qui s'oppose au cours de l'eau est le siège d'une résistance qui facilite l'érosion, et, par suite, les irrégularités du fond tendent à disparaître; comme ce sont elles qui ralentissent le courant, celui-ci s'accroît peu à peu, ce qui diminue nécessairement la surface de la section et le niveau de l'f.; au bout d'un certain temps, il ne reste plus qu'un petit canal torrentueux précipitant rapidement ses eaux à la mer. Tel est le stade final auquel tendent tous les fleuves du globe, stade déjà atteint par les fleuves de l'Espagne, de l'Algérie et de la Grèce qui sont des ruisseaux presque à sec pendant la saison sèche, et se transforment en torrents impétueux dès que la pluie vient à tomber avec abondance. Ce régime final des eaux serait désastreux pour l'agriculture, la navigation et la sécurité des riverains constamment exposés à des inondations. Il importe que les eaux soient retenues le plus longtemps possible avant d'arriver à la mer, afin de former de vastes réserves pour la saison sèche, et de donner au lit du f. une largeur et une profondeur suffisantes pour contenir sans inondation les eaux des crues. Il y aurait beaucoup à faire, en France particulièrement, pour arriver à un aménagement rationnel des eaux. Cependant, l'industrie a déjà paré à une partie du mal. Sans faire remonter nos fleuves jusqu'au régime des lacs successifs, on a du moins rétabli artificiellement presque partout les seuils ou barrages nécessaires au ralentissement du courant. Sur les grandes rivières, c'est pour les besoins de la navigation que, de distance en distance, on a établi des barrages mobiles qu'on ferme complètement dans les temps de sécheresse, qu'on ouvre plus ou moins en temps ordinaire, et qu'on efface tout à fait pendant les crues. La rivière est ainsi partagée en un certain nombre de *biefs* séparés par une chute, et les bateaux passent de l'un à l'autre par l'intermédiaire d'une écluse. Voy. BARRAGE, CANAL. — Les petites rivières qui ne sont pas navigables sont également barrées de distance en distance par des chaussées de pierre, mais l'établissement de ces barrages avait un tout autre but: ils ont été faits pour créer artificiellement des chutes d'eau qu'on utilise à faire marcher de petites usines, la plupart souvent des moulins à farine ou à tan, des scieries, etc. Pour ce qui nous occupe, le résultat est toujours de retenir l'eau. Grâce à ces travaux, nos rivières ont encore un peu d'eau pendant l'été. Si les moulins n'existaient pas, les petits affluents de la Seine et les sous-affluents ne seraient plus en été que des ruisseaux insignifiants; sans les barrages, la Seine elle-même ne serait plus, au-dessus de Paris, pendant les étés un peu secs, qu'une très petite rivière presque partout guéable.

Un autre phénomène très remarquable, c'est que quand un f. coule dans un terrain plat, il tend de plus en plus à augmenter ses sinuosités. Cela tient à ce que, dans un coude, le courant se jette avec force sur la partie concave qu'il ravine constamment, tandis qu'il est presque nul sur la partie convexe où se déposent les alluvions apportées par le f. De la sorte, le lit se déplace vers la rive concave, ce qui augmente nécessairement la courbure de la rivière. Ainsi se sont formées ces boucles curieuses qu'on observe si souvent et qui ramènent presque la rivière à son point de départ après un circuit de plusieurs kilomètres. Cet accroissement des sinuosités ne peut être limité naturellement que par la pente des terrains, de sorte qu'abandonnée à elle-même, la boucle du f. s'étendra progressivement jusqu'au pied de la colline qui limite la plaine. Comme ce phénomène est très préjudiciable aux riverains de la rive concave, on y remédie artificiellement, en construisant dans le lit du f., et près de la rive, des batteries de pieux ou des estacades disposées obliquement pour rejeter le courant vers le milieu de la rivière. Souvent même, on est obligé de maçonner les bords pour empêcher leur érosion.

FLEVO, ancien lac de Hollande qui, mis en communication avec la mer par l'irruption de l'an 1225, est devenu le Zuyderzée.

FLEXIBILITÉ. s. f. Qualité de ce qui est flexible. *La f. de l'osier.* Fig., *La f. de l'esprit, du caractère.*

FLEXIBLE. adj. 2 g. (lat. *flexibilis*, m. s., de *flexum*, supin de *flectere*, fléchir). Souple, qui plie aisément sans se rompre. *Il n'y a rien de plus f. que l'osier. Avoir un corps souple et f.* || Fig., *Voix f.*, Qui exécute avec facilité les passages d'un ton à un autre, et les divers exercices de l'art du chant. — *Caractère f.*, Qui cède aisément aux impressions qu'on veut lui donner. — *Esprit f.*, Qui passe avec facilité d'un travail à un autre, qui peut avec un égal succès s'appliquer à des études différentes. = Syn. Voy. Docile.

FLEXION. s. f. (lat. *flexio*, m. s.). État de ce qui est fléchi. *La f. d'un ressort, d'une poutre*, etc. — Voy. Résistance *des matériaux.* || T. Physiol. L'action des muscles fléchisseurs, le mouvement et l'état qui en résulte. *La f. est opposée à l'extension. Il faudra maintenir le bras dans la f., dans une demi-flexion.* || T. Gramm. Variation dans la forme d'un même mot, suivant l'emploi qui en est fait. *Les flexions finales s'appellent désinences ou terminaisons.*

FLEXIONNEL, ELLE. adj. [Pr. *fleksi-o-nel*]. T. Gramm. Qui a rapport aux flexions. — *Langues flexionnelles*, Langues qui possèdent des flexions, par opposition aux langues agglutinantes et monosyllabiques.

FLEXUEUX, EUSE. adj. (lat. *flexuosus*, m. s., de *flexum*, sup. de *flectere*, fléchir). Qui est courbé plusieurs fois en sens opposé dans sa longueur. *Tige flexueuse.*

FLEXUOSITÉ. s. f. État de ce qui est flexueux.

FLEZ. s. m. Voy. Flet.

FLIBOT. s. m. [Pr. *fli-bô*] (angl. *fly*, mouche; *boat*, barque, bateau-mouche). — En terme de Marine, on appelle ainsi un petit navire à deux mâts, à plates varangues, à carène renflée, avec l'arrière rond et haut, qui porte moins de cent tonneaux. Comme le flibot est excessivement léger, on s'en servait très souvent autrefois pour faire la course; mais on ne l'emploie plus aujourd'hui que pour la pêche du hareng et la contrebande.

FLIBUSTE. s. f. Piraterie de flibustiers.

FLIBUSTER. v. n. Se livrer au métier de flibustier. || v. a. Popul. Voler, filouter.

FLIBUSTERIE. s. f. Action de flibuster.

FLIBUSTIER. s. m. (angl. *freebooter*, m. s., de *free*, libre, et *boot*, butin). Nom donné à des aventuriers établis dans quelques îles de l'Amérique centrale. || Par ext., Brigand, voleur à main armée. — Par ext. encore, Escroc, chevalier d'industrie. Hist. — Au commencement du XVIIe siècle, des aventuriers français s'établirent sur plusieurs points de l'île de Saint-Domingue, appartenant alors à l'Espagne. Obligés de pourvoir eux-mêmes à tous leurs besoins, et dédaignant les travaux agricoles, les nouveaux colons demandèrent à la chasse des bœufs sauvages et des sangliers, qui peuplaient les forêts de l'île, leur nourriture et une partie de leurs vêtements. Cette chasse ayant réussi au delà de leurs espérances, ils eurent l'idée de faire de ses produits l'objet d'un commerce lucratif. En conséquence, à mesure qu'ils tuaient un animal, ils en enlevaient la peau et la chair, les fumaient pour les conserver, et c'est à cette circonstance qu'ils doivent le nom de *Boucaniers*, sous lequel ils sont universellement connus. Enfin, quand ils avaient rassemblé le nombre de cuirs ou la quantité de viande fumée qu'ils voulaient livrer aux navires qui fréquentaient les mers du voisinage, ils allaient les vendre dans quelques-unes des rades de la côte. Les boucaniers menaient la vie la plus rude et la plus grossière. Ils étaient nidés dans leurs travaux par des espèces de valets qu'ils engageaient pour trois ans, d'où la dénomination d'*Engagés* qu'ils leur donnaient. Ils se partageaient eux-mêmes en deux catégories, les *boucaniers* proprement dits, qui recherchaient exclusivement les bœufs, et les *chasseurs* qui s'attaquaient exclusivement aux sangliers. L'industrie de ces aventuriers put d'abord s'exercer sans entraves; mais à la fin, elle porta ombrage aux Espagnols, qui non seulement l'anéantirent en dépeuplant les forêts au moyen de grandes battues régulières, mais qui encore suscitèrent une foule de tracasseries à ceux qui s'y livraient. Quelques-uns de ces derniers consentirent alors à devenir *Habitants*, c.-à-d. à former des habitations et à les cultiver, mais le plus grand nombre aima mieux aller chercher fortune ailleurs, et alors se forma la société des *Flibustiers* qui s'établit dans l'îlot de la Tortue ou Tortola, lequel est séparé par un étroit canal de la côte nord-ouest d'Haïti. Cette société comprenait trois sortes de personnes : les *habitants*, qui cultivaient le sol ; les *boucaniers* qui se livraient à la chasse pour l'approvisionnement de la colonie ; et les *flibustiers*, qui constituaient la partie militaire de l'association. Ces derniers étaient divisés en compagnies de 25 à 30 hommes dites *Matelotages*. Ils s'appelaient eux-mêmes *Frères de la côte*, tandis que les Espagnols leur donnaient le nom de *Démons de la mer*, à cause de leur audace et de leur intrépidité. Les flibustiers, ennemis jurés de l'Espagne, ont été pendant un demi-siècle la désolation de l'Amérique espagnole, et lui ont fait plus de mal que les forces réunies de l'Angleterre, de la France et de la Hollande. Leur dernier exploit fut le pillage de Carthagène, dont ils s'emparèrent en 1697, avec l'aide d'une escadre de corsaires arrivés de France. Ils disparurent peu à peu dès cette époque, et quelques-uns de leurs principaux chefs finirent par entrer au service de la mère patrie.

FLICFLAC. (Onomatopée). S'emploie quelquefois, dans le langage familier, pour imiter le bruit d'un fouet, ou de plusieurs soufflets donnés coup sur coup, etc. = FLICFLAC. s. m. Sorte de pas. *Faire un f., des flicflacs.*

FLIN. s. m. (angl. *flint*, caillou). T. Minér. Sorte de marcassite qu'on emploie au polissage des lames d'épée.

FLINCK, peintre hollandais (1616-1660).

FLINDERSIE. s. f. (R. *Flinders*, nom propre). T. Bot. Genre de plantes Dicotylédones de la famille des *Rutacées.* Voy. ce mot.

FLINDERSIÉES. s. f. pl. (R. *Flindersie*). T. Bot. Tribu de plantes Dicotylédones (*Flindersia*) de la famille des *Rutacées.* Voy. ce mot.

FLINQUER. v. a. [Pr. *flin-ker*] (allem *flinken*, m. s., de *flink*, vif). T. Techn. Tailler de stries égales le champ d'une pièce d'orfèvrerie pour y déposer l'émail.

FLINT, comté du pays de Galles (Angleterre); 80,600 hab. Ch.-l. *Mold.*

FLINT-GLASS. s. m. (angl. *flint*, silex ; *glass*, verre). T. Technol. Cristal très pur pour les instruments d'optique qui, avec le crown-glass, sert à fabriquer les objectifs achromatiques. Il est composé de silicate de potasse et d'oxyde de plomb. Voy. Verre.

FLIPOT. s. m. T. Menuis. Petite pièce rapportée pour couvrir un défaut dans quelque ouvrage. || Bois entaillé dans les barres du sommier de l'orgue.

FLIRT. s. m. [Pr. *fleurt*] (mot anglais dérivé de l'ancien français *fleureter*, conter fleurette). Action de flirter. || Personne avec qui on flirte.

FLIRTAGE. s. m. [Pr. *fleurtaje*, ou, tout à fait à l'anglaise, *fleurt-édje*]. Mot anglais qui tend à se franciser. Syn. de FLIRT.

FLIRTATION. s. f. [Pr. *fleur-tè-cheune*]. Mot anglais qui tend à se franciser. Syn. de FLIRT.

FLIRTER. v. a. [Pr. *fleur-ter*, de *flirt*. Voy. ce mot]. Ce mot, d'importation américaine, désigne la cour toute spéciale que font en Amérique les jeunes gens aux jeunes filles et qui se signale par une très grande liberté de paroles et d'allures. En passant chez nous le sens de ce terme s'est un peu modifié. Il est à peu près l'équivalent de *Coqueter*. Voy. Fleurette.

FLIRTEUR, EUSE. s. [Pr. *fleur-teur*]. Celui, celle qui flirte.

FLOC. s. m. (lat. *floccus*, m. s.). Petite houppe de soie. *F. d'aiguillette. Le f. d'un bonnet grec.*

FLOCHE. adj. 2 g. (de l'anc. verbe *flocher*, dérivé de *floc*). Mou, inconsistant. || T. Techn. *Soie floche*, Soie qui n'est que légèrement torse. = Subst., *De la f.*

FLOCON. s. m. (lat. *floccus*, touffe). Petite touffe, petit amas de laine, de soie, etc. *F. de laine, de soie. Les brebis laissent des flocons de laine aux buissons. La queue du lion se termine par un f. de poils.* || Par anal., se dit du la neige, et de certains précipités chimiques qui ressemblent à des flocons de neige. *Un f. de neige. La neige tombait par gros flocons, à gros flocons. Ce corps se précipite en flocons.* || T. Pathol. Corps légers que certains malades croient voir voltiger devant leurs yeux.

FLOCON (Ferdinand), publiciste et homme politique français (1800-1866).

FLOCONNEMENT. s. m. [Pr. *flo-ko-ne-man*]. État de ce qui fait comme des flocons.

FLOCONNEUX, EUSE. adj. [Pr. *flo-ko-neu*]. Poils f., Qui sont disposés par flocons. || *Précipité f., substance floconneuse*, Qui ressemble à des flocons.

FLODOARD, chroniqueur français, auteur d'une chronique des Francs écrite en latin (894-966).

FLONFLON. s. m. Onomatopée, qui s'emploie comme refrain de chanson, et qui se dit aussi pour désigner les refrains de chansons et les couplets de vaudeville en général. *Les joyeux flonflons.* Fam.

FLOQUET (Charles), homme politique français, fut président de la Chambre des députés, ministre de l'Intérieur et président du Conseil (1828-1896).

FLORAC, ch.-l. d'arr. (Lozère), 2,000 hab.

FLORAISON ou **FLEURAISON.** s. f. [Pr. *flo-rè-zon*]. T. Bot. Action d'une plante qui produit sa fleur. || Fig. Développement, épanouissement.

Bot. — Dans presque toutes les plantes, il arrive un moment où le bouton s'entr'ouvre et où les différentes parties de la fleur, particulièrement les enveloppes florales, s'écartent, s'étalent, ou, en d'autres termes, s'épanouissent. On donne à ce phénomène le nom d'*Épanouissement* ou d'*Anthèse*, tandis qu'on applique la dénomination de *Floraison* au moment où la plante produit sa fleur.

L'époque à laquelle la f. commence varie suivant les espèces. Les plantes dont les boutons se sont formés l'année précédente fleurissent ordinairement au printemps. Celles dont les boutons se forment et s'épanouissent l'année même où ils sont nés fleurissent le plus souvent en été ou en automne. Suivant la saison dans laquelle leurs fleurs s'épanouissent, les plantes ont été divisées en quatre classes. On appelle *printanières* celles qui fleurissent en mars, avril et mai, comme la Violette, la Primevère, la Jacinthe, la Tulipe, etc.; *estivales*, celles qui fleurissent en juin, juillet et août, comme le Froment, le Seigle, le Houblon, le Chanvre, la Balsamine, etc.; *automnales*, celles qui fleurissent en septembre, octobre, novembre et décembre, comme le Lierre, le Colchique, le Topinambour, beaucoup d'Asters, etc.; et *hibernales*, celles qui fleurissent depuis le mois de décembre jusque vers le milieu de février : ex., l'Ellébore d'hiver, le Galanthus nivalis, le Leucoïum vernum, etc. C'est d'après l'observation de l'époque à laquelle les différentes plantes produisent leurs fleurs, observation très importante pour la formation des jardins, puisqu'elle permet de les composer de manière à leur procurer en tout temps des masses fleuries, que Linné a établi son *Calendrier de Flore*. Voy. Calendrier. Toutefois nous ferons remarquer qu'un tableau de ce genre ne peut servir pour tous les climats, parce que l'époque de la f. dans chaque plante avance ou retarde suivant que la latitude est plus ou moins méridionale. L'Amandier, par ex., fleurit à Smyrne du 1er au 15 février, en Allemagne dans la seconde moitié d'avril, et à Christiania, en Norvège, seulement dans les premiers jours de juin.

Nous avons dit qu'il y a des plantes dont les boutons, formés dès l'année précédente, sont obligés d'attendre le printemps pour s'épanouir. Ces boutons doivent uniquement ce retard aux froids de l'hiver qui viennent arrêter leur évolution.

Si donc les beaux jours se prolongent au delà du terme habituel, ces boutons s'épanouissent avant l'hiver. C'est ainsi que se produit cette seconde f. des Marronniers et de quelques autres arbres qu'on observe assez fréquemment à Paris. On peut aussi, par des moyens artificiels, forcer le développement des boutons, et par conséquent obtenir des fleurs bien avant l'époque ordinaire. Il suffit de placer les plantes dans un milieu dont on maintient la température au degré nécessaire, pour que leur évolution n'éprouve pas d'arrêt : ce degré, du reste, varie selon les espèces et l'intensité plus ou moins grande du froid extérieur. Voy. Serre. C'est de cette manière que l'on obtient en plein hiver des fleurs et des fruits que l'on n'aurait autrement que plusieurs mois après. Cet art de hâter la f. et, par suite, la fructification, est connu sous le nom de *Culture forcée*. D'un autre côté, puisqu'on peut avancer l'épanouissement des boutons, on doit pouvoir aussi le retarder, en recourant à une opération contraire, c.-à-d. en tenant les plantes plus longtemps exposées aux rigueurs de l'hiver. Pour cela, il suffit de les placer au nord et derrière un mur, de manière qu'elles ne puissent pas recevoir les premiers rayons du soleil au printemps : c'est par ce procédé que les fleuristes parisiens obtiennent des Orangers en fleur au mois d'avril, bien que ces arbres fleurissent ordinairement au commencement de juin.

Non seulement les fleurs se montrent à des époques différentes de l'année, dans les divers végétaux, mais il en est encore un grand nombre qui s'ouvrent et se ferment à des heures déterminées de la journée; quelques-unes même ne s'épanouissent que pendant la nuit : de là, la distinction des fleurs en *diurnes* et en *nocturnes*. Ces dernières sont de beaucoup les moins nombreuses : nous citerons, comme ex., la Belle-de-nuit et plusieurs espèces de Cactus qui ne s'épanouissent qu'après le coucher du soleil. Certaines fleurs, disons-nous, ont l'habitude de s'ouvrir et de se fermer à des heures assez fixes, pour que leur inspection puisse annoncer d'une manière approximative l'heure de la journée. En conséquence, Linné s'est servi des heures bien connues de l'épanouissement de quelques espèces, pour former un tableau auquel il a donné le nom d'*Horloge de Flore*. Ainsi, par ex., sous le climat de Paris, le Salsifis des prés s'épanouit à 3 heures du matin ; la Chicorée sauvage, à 4 ; le Laiteron commun et le Pavot à tige nue, à 5 ; la Belle-de-jour et l'Hypochéris tachetée, à 6 ; le Nénuphar blanc et la Laitue cultivée, à 7 : le Mouron rouge et la Ficoïde barbue, à 8 ; le Souci des champs, à 9 ; la Glaciale, à 10 ; la Dame d'onze heures, à 11 ; le Pourpier, à midi ; le Scilla pomeridiana, à 2 h. du soir ; la Belle-de-nuit, à 5 ; le Géranium triste et le Silène noctiflore, à 6 ; le Cactus à grandes fleurs, à 8 ; et le Pharbitis hispida, à 10. D'un autre côté, la Chicorée sauvage se ferme à 10 h. du matin ; la Crépide des Alpes, à 11 ; le Laiteron de Laponie, à midi ; l'Œillet prolifère et le Pourpier, à 1 h.. ; l'Épervière auricule et la Ficoïde barbue, à 2 ; le Souci des champs, à 3 ; l'Alysse vésiculeux, à 4 ; le Nénuphar blanc et le Pavot nudicaule, à 7 ; l'Hémérocalle fauve, à 8, etc.

La durée de l'épanouissement de chaque fleur prise individuellement est très variable suivant les espèces. Un certain nombre s'ouvrent le matin et se ferment peu d'heures après, celles-ci pour ne plus se rouvrir, celles-là pour s'épanouir de nouveau le lendemain. Les fleurs de la première espèce ont reçu le nom d'*Éphémères*. On observe même une grande diversité parmi les fleurs de cette classe. Ainsi, tandis que le Pourpier qui, s'ouvre à midi et se ferme à 1 heure, ne reste épanoui qu'une heure environ, le Nénuphar blanc, qui s'ouvre à 7 h. du matin pour se fermer à 7 h. du soir, a un épanouissement de douze heures. Il n'existe pas de moindres différences, sous le rapport de la durée, entre les fleurs qui vivent plus d'un jour. Car il y en a qui se rapprochent beaucoup des fleurs éphémères, et d'autres qui restent épanouies plusieurs jours et même plusieurs semaines. L'une des plus remarquables sous ce rapport est la fleur du *Cypripedium insigne*, belle orchidée originaire du Népaul, qui s'ouvre souvent dans toute sa fraîcheur pendant plus de deux mois.

Deux causes principales, la lumière et la chaleur, exercent une grande influence sur l'heure et la durée de l'épanouissement : par conséquent, les nombres qui précèdent ne peuvent avoir qu'une valeur approximative. Si, par ex., le ciel est sombre le matin, les fleurs qui doivent s'ouvrir à 8 heures ne s'ouvriront qu'à 9 ; et si le soleil se cache dans l'après-midi, les fleurs qui se ferment ordinairement à 4 heures se fermeront beaucoup plus tôt. Bory de Saint-Vincent est parvenu à faire épanouir, sous nos climats, des *Oxalis* du cap de Bonne-Espérance, en les éclairant vivement pendant la nuit en concentrant sur elles les rayons lumineux au moyen d'une lentille.

De Candolle, de son côté, a réussi à intervertir les heures d'ouverture et d'occlusion des fleurs d'une Belle-de-nuit, c.-à-d. à les faire épanouir le matin et fermer le soir, en les tenant dans l'obscurité pendant le jour et les éclairant pendant la nuit. L'action de la chaleur n'est pas moins évidente. Une fleur qui s'ouvre à 6 heures du matin au Sénégal, ne s'épanouit qu'à 8 ou France, et qu'à 9 en Suède. D'ailleurs, dans le même pays, la même fleur s'épanouit plus tard et se ferme plus tôt au printemps qu'en été. — Il existe, en outre, quelques fleurs qui paraissent influencées par les météores atmosphériques. La fleur du Souci des pluies, par ex., se ferme dans le jour quand il va pleuvoir, tandis que celle du Sonchus sibiricus, ne s'épanouit que lorsque le temps est brumeux et l'atmosphère chargée de nuages. Les fleurs qui présentent cette particularité ont reçu de Linné la qualification de *météoriques*, et Bierkander en a dressé le tableau qu'il a nommé *Hygromètre de Flore*.

La durée de la période pendant laquelle les plantes portent des fleurs épanouies n'est pas moins variable que la durée de l'épanouissement des fleurs. Dans certaines plantes, la f. ne dure que quelques jours, et, dans d'autres, elle est très longue. La première catégorie se compose en général des plantes comme l'Amandier, le Pêcher, l'Abricotier, la Tulipe, la Jacinthe, etc., dont les boutons, formés dès l'année précédente, n'attendent plus que les premières chaleurs du printemps pour s'entrouvrir. La seconde catégorie comprend le nombreuse multitude d'espèces dont les boutons naissent et s'épanouissent pendant la même année : nous citerons comme exemples les Dahlias, qui fleurissent depuis la fin de l'été jusqu'aux premières gelées, et la Bourse à pasteur, qui se couvre de fleurs depuis le mois d'avril jusqu'à celui de novembre. Enfin, il existe des plantes dont la f., une fois commencée, ne discontinue plus : tels sont les Orangers et les Citronniers qui, sous un climat convenable, comme celui des îles Canaries par ex., sont constamment et à la fois chargés de boutons, de fleurs et de fruits à tous les états de développement.

FLORAL, ALE. adj. (lat. *floralis*, de fleur). T. Bot. Qui appartient à la fleur, ou qui l'accompagne. *Les verticilles floraux. Les enveloppes florales. Feuille florale.*

Hist. — Sous le nom de *Jeux floraux*, on désigne : 1° une fête de l'ancienne Rome ; 2° une assemblée littéraire qui se tient chaque année à Toulouse.

I. — Les *Jeux floraux* (*ludiflorales*), qu'on appelle aussi quelquefois les *Florales* (*Floralia*), furent institués, pour obéir à un oracle sibyllin, l'an 516 de Rome (238 av. J.-C.), en l'honneur de la déesse des fleurs, Flore ou Chloris, afin d'obtenir sa protection pour les biens de la terre, *ut omnia bene deflorescerent*, dit Pline. Quelque temps après son institution, on cessa cependant de la célébrer ; mais l'an 581 de Rome (173 av. J.-C.), les bourgeons ayant beaucoup souffert de l'intempérie de la saison, l'édile C. Servilius, sur l'ordre du sénat, rétablit la fête qui dès lors ne cessa pas d'avoir lieu chaque année. Elle durait cinq jours, et commençait le IV des calendes de mai (28 avril). Lactance attribue une autre origine aux jeux floraux. Suivant lui, une riche courtisane, nommée Flora, légua tous ses biens au peuple romain sous la condition que l'on célébrerait chaque année son jour natal, le 28 avril, par des jeux solennels. Mais cette opinion, qui doit vraisemblablement son origine à la licence inouïe avec laquelle se célébraient ces jeux, est rejetée par la plupart des critiques. Quoi qu'il en soit de cette question, il est incontestable que, vers la fin de la république, les jeux floraux avaient déjà acquis une célébrité d'infamie qui les distinguait de tous les autres jeux, de sorte qu'on pouvait à bon droit les regarder comme la fête des courtisanes. Ils se célébraient la nuit à la clarté des flambeaux, et consistaient en chasses et en représentations mimiques et dramatiques. Les chasses avaient lieu dans un cirque particulier, le cirque de Flore, et l'on n'y tuait que des chèvres et des lièvres. Les représentations théâtrales avaient un caractère d'obscénité révoltant, et les courtisanes, dans un état complet de nudité, y représentaient des mimes d'une licence effrénée. Cependant tous ces jeux, chasses et mimes, s'exécutaient en présence des édiles, du sénat et de toutes les classes de la société, et même des matrones les plus rigides, dit-on, qui se contentaient de détourner de temps en temps les yeux !

II. — L'institution littéraire connue sous le nom de *Jeux Floraux*, fut fondée à Toulouse, en 1323, par sept poëtes languedociens, qui, dans le but de favoriser les progrès de la poésie, se constituèrent en *Collège de la gaie science*, et convoquèrent tous leurs confrères du pays à un concours dont le vainqueur devait obtenir « en signe d'honneur » une violette d'or fin. La première réunion eut lieu le 1er mai 1324. La ville prit immédiatement sous son patronage cette noble institution et de nouveaux concours se succédèrent sans interruption d'année en année. De plus, le nombre des concurrents croissant sans cesse, on institua deux autres prix, une églantine et un souci d'argent, auxquels on ajoutait quelquefois un œillet de même métal, qui était spécialement destiné à encourager les débutants. Cette modification aux premiers règlements existait déjà en 1355, à l'époque où les sept *Mainteneurs* (c'est le nom que se donnaient les membres de la compagnie) publièrent pour la première fois leurs statuts, *Las leys d'amor*. La violette conférait au lauréat le titre de *bachelier*. Celui qui avait obtenu les trois fleurs recevait la qualification de *docteur* ou *maître*, et acquérait le droit de suffrage dans le collège. Les femmes étaient également admises à concourir et pouvaient même devenir *maîtresses* ; néanmoins il leur était interdit de prendre séance dans les réunions « à cause, disent les statuts, de la pudeur de leur sexe ». En 1483 ou 1484, une peste et les troubles qui désolèrent le midi de la France, firent tomber les concours en désuétude ; mais, après le retour du calme, une riche Toulousaine, Clémence Isaure, les réorganisa et légua à l'institution une somme suffisante pour assurer son existence. C'est après la mort de cette bienfaitrice que le Collège de la gaie science prit le nom de *Société* ou *Collège des Jeux Floraux*, soit parce que c'était dans le mois des fleurs qu'il tenait chaque année la séance solennelle où il couronnait les lauréats, soit à cause de la nature des récompenses qu'il décernait. La société fonctionna régulièrement pendant deux siècles ; mais quelques désordres s'étant introduits dans son sein, Louis XIV lui donna de nouveaux statuts et l'érigea en *Académie des jeux Floraux* (sept. 1694). Enfin, supprimée en 1790, elle fut rétablie en 1806 par le gouvernement impérial. La *Fête des fleurs*, c'est ainsi qu'on nomme la séance annuelle, se tient le 3 mai, avec une grande solennité, dans la partie du Capitole appelée *galerie des illustres*. On y distribue un premier prix, réservé à l'ode, qui consiste en une amarante d'or ; et trois prix ordinaires, une violette, un souci et une églantine d'argent, qui peuvent être obtenus par les autres genres de poésie et même par des œuvres en prose. L'Académie se compose de quarante membres titulaires désignés sous le nom de *Mainteneurs*, et d'un nombre illimité de membres honoraires que l'on nomme *Maîtres*. Pour obtenir ce dernier titre, il faut avoir remporté trois prix, parmi lesquels doit se trouver celui de l'ode. Néanmoins les statuts permettent de l'accorder aux littérateurs d'une célébrité incontestable, bien qu'ils n'aient pris part à aucun concours. Le président de l'Académie porte le titre de *Modérateur*. Depuis 1696, l'Académie publie les pièces couronnées et une analyse de ses travaux. Un de ses membres, le professeur Galion-Arnoult, a publié, sous le titre de *Las flors del gai saber*, des traités de grammaire, de rhétorique et de poésie composés par divers mainteneurs du XIVe siècle.

FLORAN. s. m. (pour *florant*, dérivé de *fleur*). T. Pap. Pile pour le raffinement de la pâte.

FLORE. s. f. (nom mythol.) T. Bot. Livre contenant la description des plantes qui croissent naturellement dans un pays, dans une région ou localité déterminée. *La F. de France*, par Grenier et Godron. *La F. des environs de Paris*, par Cosson et Germain de Saint-Pierre. — Ensemble des plantes qui croissent naturellement dans un lieu. *La f. des Alpes est riche en espèces qui ne se rencontrent pas dans la plaine.* ǁ T. Archit. Système d'ornements empruntés au règne végétal, qui ont été employés dans chaque genre d'architecture. = FLORE. s. m. T. Mar. Donner le f. à un vaisseau, l'enduire de suif.

FLORE. (lat. *Flora*). Déesse des fleurs, aimée de Zéphyre et mère du Printemps. (Mythol.) *Calendrier de Flore.* Voy. CALENDRIER. *Horloge de Flore.* Voy. FLORAISON.

FLORÉAL. s. m. (lat. *flos, floris*, fleur). Le huitième mois du calendrier républicain. Voy. CALENDRIER.

FLORÉE. s. f. (R. *fleur*). T. Comm. Qualité moyenne d'indigo.

FLORENCE. s. m. Petit taffetas léger qu'on tirait anciennement de Florence. *On fabrique beaucoup de florence à Avignon.*

FLORENCE (ital. *Firenze*, ville des fleurs), v. d'Italie, sur l'Arno, anc. cap. du grand-duché de Toscane; cap. du royaume d'Italie de 1860 à 1870; 169,000 hab. Patrie de Léon X, du Dante, de Michel-Ange. Musée des offices, l'un des plus riches du monde; Loggia de Lanzi; Dôme de Brunelleschi; Portes du Baptistère; Campanile. En dehors des merveilles d'art qu'elle contient et de ses deux belles places du Grand-duc et du Dôme, la ville en elle-même n'a aucun caractère, et il ne faut pas la voir en sortant de Venise ou de Rome. == Nom des hab. : FLORENTIN, INE

FLORENCÉ, ÉE. adj. (R. *Florence*). T. Blason. Se dit d'une pièce terminée en fleur de lis.

FLORENSAC, ch.-l. de canton (Hérault), arr. de Béziers; 3,700 hab.

FLORER. v. a. T. Mar. Donner le *flore.* Voy. ce mot

FLORES, une des Açores; 9,000 hab.

FLORÈS. [Pr. l's] (lat. *flores*, pl. de *flos*, fleur). Mot latin qui signifie *Fleurs*, et qui n'est usité que dans cette loc. familière, *Faire f.*, et qu'on emploie en part. de quelqu'un qui obtient de brillants succès, ou d'une personne qui fait une dépense extraordinaire. *Cette cantatrice a fait f. à Londres, mais elle n'a pas réussi à Paris. Quand il a de l'argent, il fait f.* Dans ce dernier sens, *Faire f.* se dit surtout de ceux qui n'ont pas de quoi soutenir longtemps la dépense qu'ils font.

FLORIAN (J.-P. CLARIS DE), littérateur français, auteur de fables et de romans (1755-1794).

FLORIDA-BLANCA (J. MOÑINO, comte de), homme d'État espagnol (1728-1808).

FLORIDE, presqu'île du sud-est des États-Unis d'Amérique, formant un des États de l'Union. Cap. *Tallahassée.* La Floride fut découverte en 1512 par les Espagnols; 450,000 hab.

FLORIDÉES. s. f. pl. (lat. *floridus*, fleuri). T. Bot. Les F. constituent le quatrième ordre de la classe des Algues, caractérisé par la présence d'un pigment rouge surajouté à la chlorophylle.

Caract. bot. : Les F., appelées aussi *Rhodophycées*, sont presque toutes marines; quelques-unes seulement vivent dans les eaux douces à cours rapide (*Batrachospermum, Lemanea*, etc.). Le thalle représente tantôt un filament simple ou abondamment ramifié, tantôt une lame massive plus ou moins épaisse et de forme très variable. Il atteint rarement de grandes dimensions et ne dépasse guère quelques décimètres; le *Nitophyllum punctatum* peut atteindre, sur les côtes d'Écosse, un mètre et demi de longueur.

La membrane cellulaire, assez épaisse, se gélifie ordinairement à des degrés divers dans ses couches externes, tantôt assez peu, tantôt très fortement (*Chondrus, Gigartina*), et dans ce dernier cas, le thalle se convertit dans l'eau bouillante en une gelée épaisse et nutritive. Cette gelée est souvent désignée sous le nom de *gélose* ou *d'agar-agar*. Parfois, au contraire, la membrane s'incruste de carbonate de chaux et l'algue prend l'aspect et la dureté du Corail (*Corallina, Melobesia*, etc.). A l'intérieur des cellules, on trouve, en outre du protoplasme, des corps protéiques colorés par un pigment rouge qui a reçu le nom de phycoérythrine, des grains d'amylodextrine et souvent aussi des cristalloïdes protéiques.

Reproduction par spores. — C'est par des spores que les F. se multiplient abondamment; cependant les *Némaliées* en sont dépourvues. Ces spores naissent habituellement par quatre dans une cellule mère et sont nommées *tétraspores*; la cellule mère est un *tétrasporange.* Tantôt ces spores sont disposées en tétraèdre (Fig. 3), tantôt en en file verticale (Fig. 6) ; d'autres fois elles sont disposées comme les quartiers d'une pomme ou bien en croix. A la maturité, la membrane du tétrasporange se déchire au sommet et les spores s'en échappent; celles-ci ne tardent pas à entrer en germination pour produire un nouveau thalle. Dans les F. filamenteuses ce sont les cellules terminales de courts rameaux latéraux qui se développent en tétrasporanges qui sont quelquefois entourés d'un involucre (Fig. 2) ou qui sont situés au fond d'une conceptacle (Fig. 5). Lorsque le thalle est massif, les spores prennent naissance à l'intérieur de la couche corticale. Fig. 1. — 1. *Chondria obtusa*; 2. *Griffithsia sphærica*; 3. *Griff. corallina*; 4. Rameau grossi de *Corallina officinalis*; 5. Coupe de son

conceptacle avec les tétrasporanges en place; 6. Un tétrasporange; 7. *Cymopolia barbata*; 8. Coupe transversale de la tige du *Dasycladus clavæformis.*)

Reproduction par œufs. — L'œuf des F. se forme toujours par la conjugaison d'un anthérozoïde immobile avec un oogone prolongé en un poil plus ou moins long appelé *trichogyne*, séparé de la partie inférieure de l'oogone par un étranglement. Dans cette partie inférieure, le protoplasme se condense autour du noyau pour former l'oosphère. A l'extrémité supérieure du trichogyne, la membrane est gélatineuse de manière à maintenir adhérents les anthérozoïdes qui viennent à la toucher. Au point de contact l'un de ces anthérozoïdes résorbe sa membrane de cellulose, ainsi que celle du trichogyne et par l'ouverture déverse son protoplasme et son noyau d'abord dans le trichogyne, puis dans l'oosphère. Dès lors, celle-ci devient un œuf qui ne tarde pas à s'entourer d'une membrane de cel-

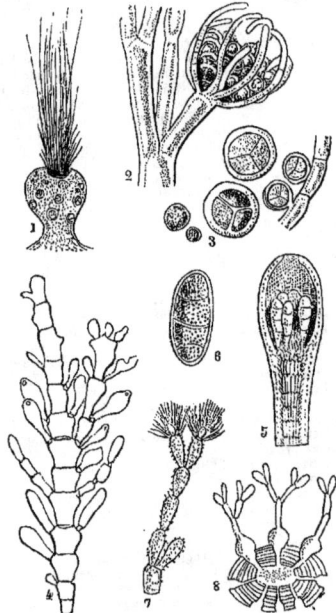

Fig. 1.

lulose qui, à la partie supérieure, le sépare du trichogyne; celui-ci s'atrophie graduellement et finit par disparaître.

L'anthéridie est une petite cellule incolore dont le contenu produit un seul anthérozoïde, corpuscule arrondi ou ovale, incolore, toujours immobile. Quand le thalle est filamenteux, les anthéridies sont toujours groupées en bouquets aux extrémités des rameaux; quand il est massif, ce sont les cellules corticales externes, serrées les unes contre les autres en plages irrégulières, qui deviennent autant d'anthéridies. Les oogones sont diversement distribués sur le thalle dont ils terminent certains ramuscules.

Aussitôt formé, l'œuf pousse, en divers points de sa surface, des proéminences en forme de papille, qui se séparent par des cloisons (Fig. 2, B). Ces papilles produisent latéralement des branches qui se cloisonnent, se ramifient à leur tour et ainsi de suite; le tout forme bientôt un buisson plus ou moins serré qui cesse de croître au bout d'un certain temps (Fig. 2, C). Les cellules terminales des rameaux se renflent alors, et leur contenu devient une spore; cette sorte de buisson est donc un *sporogone.* Mises en liberté, les spores germent aussitôt en produisant autant de nouveaux individus. Mais suivant les genres considérés, le développement de l'œuf et la manière dont les spores prennent naissance dans le sporogone, subissent de nombreuses modifications.

Dans le cas le plus simple, l'œuf ne grandit pas sensiblement ; il se cloisonne dans les trois directions et produit une spore dans chacune des cellules ainsi formées (Bangiées) ; le sporogone se réduit donc à un sporange. Partout ailleurs, l'œuf grandit beaucoup et pousse latéralement des branches divisées en cellules par des cloisons transversales ; ces branches poussent de même des rameaux, ces rameaux des ramuscules, etc. En un mot, l'œuf est le point de départ d'une sorte de thalle filamenteux, ramifié abondamment, qui est le sporogone. Ce développement a lieu suivant deux types : il est, en effet, direct ou indirect.

Dans le développement direct, l'œuf bourgeonne à sa surface, il est l'origine directe des filaments ramifiés qui constituent le sporogone ; dans le développement indirect, le sporogone ne procède pas directement de l'œuf. Au voisinage de l'oogone, on trouve, en effet, une cellule prédestinée pour servir de nourrice à l'œuf lors de son premier développement ; c'est la cellule *auxiliaire*. L'œuf se borne alors à pousser un tube de longueur suffisante pour atteindre la cellule auxiliaire et s'y anastomoser au sommet. Après quoi cette cellule auxiliaire, qui a reçu le corps de l'œuf, bourgeonne et devient le point de départ d'un sporogone. [Fig. 2. *Nemalion multifidum*. — A. Formation de l'œuf ; à gauche, un rameau du thalle portant un bouquet d'anthéridies ; à droite, un trichogyne au sommet duquel adhèrent deux anthérozoïdes. — B. Premiers cloisonnements de l'œuf. — C. Ramification condensée issue de l'œuf, c.-à-d. sporogone dont chaque cellule externe est une protospore ou carpospore].

Que l'on ait affaire au développement direct ou au développement indirect, deux cas peuvent se présenter. Dans le premier cas, l'œuf ou la cellule auxiliaire produisent un buisson de rameaux sporifères peu divergents, libres, ou enchevêtrés en un tubercule enveloppé d'une couche gélatineuse, cet amas de spores a reçu le nom de Algologues le nom de *Cystocarpe*. Dans le second cas, l'œuf ou la cellule auxiliaire produisent des filaments grêles qui s'insinuent en tous sens dans le tissu du thalle, s'unissent par des pores aux anastomoses avec les cellules végétatives, aux dépens desquelles ils se nourrissent et produisent autour de chacun de ces points de nutrition un rameau dressé et sporifère. De sorte que le même sporogone produit un grand nombre de massifs de spores ou de cystocarpes. Pour distinguer les spores formées par le sporogone des spores ordinaires ou tétraspores, on leur a donné le nom de *carpospores* ou de *protospores*.

Quand le sporogone est extérieur, il peut être nu ; mais il arrive très souvent qu'il est entouré d'un involucre (Fig 1-2) ou d'un tégument. Il peut aussi se trouver au fond d'un conceptacle Coralline), et c'est par son ostiole que s'échappent les spores.

Le groupement en familles des nombreux genres qui composent l'ordre des F., peut être établi d'après le mode de développement de l'œuf suivant qu'il est direct ou indirect, et d'après la structure du sporogone suivant qu'il ne produit qu'un cystocarpe ou qu'il donne naissance à plusieurs cystocarpes. On obtient ainsi cinq familles caractérisées comme il suit :

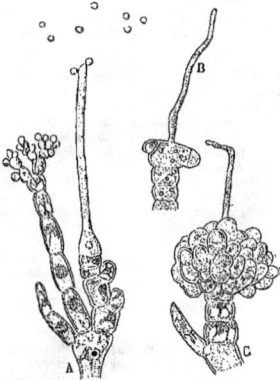

Fig. 2.

	En un sporange.		*Bangiacées.*
ŒUF SE DÉVELOPPANT	Directement. Sporogone formant	Un seul cystocarpe..	*Némaliacées.*
	Plusieurs cystocarpes		*Cryptoméniacées.*
	Indirectement. Sporogone formant	Un seul cystocarpe	*Rhodyméniacées.*
	Plusieurs cystocarpes.		*Gigartinacées.*

FLORIEN, empereur romain, régna 2 mois et périt assassiné (276).

FLORIFÈRE. adj. 2 g. (lat. *flos*, fleur ; *ferre*, porter). T. Bot. Qui porte des fleurs, qui se termine par une fleur ou par des fleurs. *Bourgeon f. Rameau f.*

FLORIFORME. adj. (lat. *flos*, fleur, et *forme*). T. Hist. nat. Qui a la forme d'une fleur.

FLORILÈGE. s. m. (lat. *flos*, fleur ; *legere*, choisir). Recueil de pièces de poésie. || Les botanistes donnaient autrefois ce nom à quelques ouvrages qui traitaient de plantes remarquables par la beauté de leurs fleurs.

FLORIN. s. m. (ital. *fiorino*, anc. monnaie de Florence, marquée de la *fleur* de lys). T. Métrol. Monnaie d'or dont la valeur a beaucoup varié. Les florins d'argent actuels, en cours en Autriche et en Hollande, valent un peu plus de 2 francs. Voy. MONNAIE.

FLORIPARE. adj. (lat. *flos*, fleur, *parere*, produire). T. Bot. Se dit des bourgeons qui ne produisent que des fleurs.

FLORIS (FRANS DE VRIENDT, dit), célèbre peintre anversois, un des maîtres de l'école flamande (1520-1570).

FLORISSANT, ANTE. adj. (part. prés. de *fleurir*). Qui est dans un état brillant, prospère ; qui est en honneur, en crédit, en vogue. *Un pays f. Une nation florissante. Un commerce f. Les lettres étaient alors très florissantes. Santé f.*, Santé brillante, vigoureuse. Voy. FLEURIR.

FLORULE. s. f. (lat. *flos*, fleur). T. Bot. Chacune des petites fleurs d'un épi, d'une fleur composée.

FLORUS (JULIUS ou GAIUS-ANNIUS) historien romain, contemporain des Antonins, auteur d'un *Abrégé d'histoire romaine*.

FLOSCULEUSES. adj. f. pl. (lat. *flosculus*, dim. de *flos*, fleur). T. Bot. On désignait ainsi les Composées dont les capitules sont formés de fleurs régulières ou *fleurons*.

FLOSS. s. m. (all. *fliessen*, couler). T. Métall. Fonte coulée en gâteaux d'environ six pieds de long sur un pied de large et trois à quatre pouces d'épaisseur.

FLOT. s. m. (lat. *fluctus*, de *fluere*, couler). Vague, élévation formée par l'eau agitée. *Les flots de la mer, d'un fleuve, d'un lac. Les flots blanchissants d'écume se brisaient contre les rochers. Le vent soulevait les flots. Le mugissement des flots.* — Poétiq. et dans le style élevé, se dit pour la mer, et même pour un fleuve. *Notre vaisseau fendait les flots. Voguer à la merci des flots. Errer sur les flots. Le rivage que ce fleuve baigne de son f., de ses flots.* — *Être à f.*, se dit d'un navire, d'un bateau, etc., qui ne touche point le fond, qui est porté par l'eau. Dans un sens analogue, on dit *Mettre, remettre à f. Le flux remettra le bâtiment à f.* — Fig., *Remettre quelqu'un à flot*, Le remettre en situation de réussir. || Par extens., on dit, *Verser des flots de sang. Le sang coulait à grands flots de sa blessure, coulait à longs flots, à flots pressés. Des flots de vin. Des flots de lumière. Des flots de poussière aveuglaient les combattants.* || Fig., *Cette discussion a fait couler des flots d'encre*, On a beaucoup écrit pour et contre. — *Des flots de bile*, De violentes invectives dictées par la colère, l'indignation, etc. || Fig., Ce qui est ondoyant. *Les flots d'une chevelure, d'une crinière*, etc., Les ondulations qu'elle forme. *Un f. de rubans, des flots de dentelle* || Fig., se dit de l'agitation, des mouvements d'une grande foule, et de cette foule elle-même. *Ses gardes étaient impuissants à contenir les flots d'un peuple ivre de joie. A travers les flots de la multitude. Fendre les flots d'un nombreux auditoire.* || Se dit encore de la marée montante, par oppos. à la marée descendante ou au jusant. *F. et jusant. Le f. monte jusque-là. Voilà le f. Le f. remonte très loin dans ce fleuve.* || T. Flottage. Voy. ce mot. = Syn. Voy. ONDE.

FLOTOMÈTRE. s. m. (R. *flot*, et *mètre*). T. Techn. Instrument consistant en un flotteur surmonté d'un repère, et qui sert à mesurer le lait et autres liquides.

FLOTOVIA. s m. (R. *Flotow*, n. pr.). T. Bot. Genre de plantes Dicotylédones de la famille des *Composées*.

FLOTOW (FRÉD.-FERD.-AD., comte de), compositeur allemand, auteur de *Martha* et de l'*Ombre* (1812-1883).

FLÔTRE. s. m. T. Techn. Nom donné à des morceaux d'étoffe de laine sur lesquels on couche la feuille de papier en pâte pour la détacher de la forme. Voy. PAPIER.

FLOTTABILITÉ. s. f. [Pr. *flo-ta*...]. Qualité de ce qui flotte.

FLOTTABLE. adj. 2 g. [Pr. *flo-ta*...]. Se dit des ruisseaux et des rivières sur lesquels le bois peut flotter, soit à bûches perdues, soit en train. *Les rivières navigables et flottables.* Voy. FLOTTAGE, NAVIGATION. || Se dit aussi de ce qui peut flotter. *Bois, bouée f.*

FLOTTAGE. s. m. [Pr. *flo-ta-je*]. Transport par eau du bois flotté.

Le *Flottage*, que l'on appelle aussi simplement *Flot*, constitue un moyen de transport extrêmement simple et très propre à faciliter l'exploitation des forêts dans les pays de montagnes. Il consiste à diriger les pièces de bois du lieu de production au lieu de consommation, en leur faisant suivre la pente et le cours des fleuves et rivières. A cet effet, on fait bien sécher au soleil les arbres abattus, afin que leur densité leur permette de flotter, c.-à-d. de se maintenir à la surface de l'eau ; on les marque d'un coup de marteau, pour faciliter à chaque propriétaire la reconnaissance de ceux qui lui appartiennent ; puis on les jette dans les ruisseaux et rivières, en les faisant glisser sur la pente du sol, quand la disposition du terrain le permet, ou sur des plans inclinés munis de rebords et construits en charpente, quand l'état des lieux le rend nécessaire. On donne le nom de *mise à flot* à l'opération même du lancement du bois, et celui de *Flot* à l'ensemble des pièces qu'on jette ainsi. En outre, comme ces pièces une fois arrivées dans le courant sont absolument livrées à ce dernier, sans être attachées les unes aux autres, on dit qu'elles sont transportées *à flot perdu*, parce qu'elles sont exposées à se perdre. Pour la même raison, leur transport s'appelle aussi flottage *à bois perdu* ou *à bûches perdues*. Les bûches qui tombent au fond, et qu'on nomme *Canards*, sont mises de côté pour faire partie d'un autre flot, après une dessiccation plus complète. Des ouvriers, dits *Poules d'eau*, accompagnent le flot pour repousser dans le courant les pièces qui pourraient être arrêtées sur les bords ou par un obstacle quelconque, et ils ne les abandonnent qu'au point où la rivière devient navigable. Arrivées à ce point, les pièces sont arrêtées par des chutes, appelées *Colliers*, qu'on tend en travers du lit, puis triées et disposées en *Trains*, c.-à-d. assemblées et liées au moyen de harts ou de cordes, de manière à former de grossiers radeaux aux extrémités desquels on fixe des avirons pour les diriger, et dont les côtés sont consolidés par de longues perches nommées *Croupières*. Les trains de bois à brûler ont ordinairement 70 mètres de long, et leur largeur est proportionnée à celle de la rivière qu'ils doivent descendre: on les dit à *trois branches*, quand cette largeur est de 3 mèt. 60, c.-à-d. est égale à la longueur de trois bûches. Quant à leur épaisseur, ordinairement elle ne dépasse pas 50 centimètres ; mais on la porte jusqu'à 65 lorsque les eaux sont hautes. Enfin, quand on craint que leur trop grande densité ne les empêche de flotter convenablement, on les soutient à l'aide de tonneaux vides. Au lieu d'être tout d'une seule pièce, les trains sont quelquefois formés de plusieurs parties isolées appelées *Brelles* ou *Coupons*, que l'on établit séparément et que l'on réunit ensuite avec des cordes ou des branches d'osier : chacun de ces coupons est long d'environ 4 mètres, et l'on en met 18 par train. Ceux du milieu et les

extrémités sont munis de *Bourraches* ou perches courbées en berceau auxquelles on attache les avirons grossiers qui servent à la manœuvre. Une fois parvenus à leur destination, les trains sont livrés aux *Débardeurs*, qui sont chargés de les dépecer. — Le flottage s'emploie aussi pour les bois de charpente, et c'est de cette manière que les forêts des bords du Rhin alimentent les chantiers de la Hollande. Les trains, dans ce cas, sont construits avec de plus grandes précautions. Toutefois, comme ce système de transport a l'inconvénient d'altérer la qualité du bois, on ne peut pas y avoir recours pour les essences d'une grande valeur. On voit aujourd'hui flotter sur la Seine des trains de bois de charpente qui ont la plus grande longueur et la plus grande largeur qui leur permette l'accès des écluses, soit 180 mèt. de long sur 10 m. de large. — On attribue l'invention du flottage, dans le Morvan, à Jean Rouvet, et on lui assigne la date de 1549.

FLOTTAISON. s. f. [Pr. *flo-tè-zon*]. T. Mar. *Ligne de f.*, La ligne qui sépare la partie submergée d'un bâtiment d'avec la partie qui ne l'est pas.

FLOTTANT, ANTE. adj. [Pr. *flo-tan*]. Qui flotte. *Des arbres flottants, Des îles flottantes.* — T. Blas. Se dit des navires et des poissons qui sont sur l'eau. || T. Bot. *Plantes flottantes*, dont les racines sont au fond de l'eau et dont le haut de la tige et les feuilles viennent flotter à la surface. || Qui est ondoyant. *Un panache f. Une robe flottante.* || Figur., Incertain, irrésolu. *C'est un esprit f.* || T. Fin. *Dette flottante.* Voy. DETTE. || T. Mar. *Batterie flottante*, Bâtiment à fond plat, sans mât, muni d'une très petite machine, blindé sur toute sa face portant une forte artillerie, et affecté spécialement à la défense des côtes — *Ancre flottante*, Ancre composée de deux barres de fer croisées soutenant une garniture en forte toile goudronnée qu'on jette à l'eau par un gros temps quand on ne peut mouiller une ancre à jet. || T. Pêche. *Ligne flottante*, Ligne qui reste au-dessus de l'eau, par oppos. à *Ligne de fond*, Qui va au fond de l'eau sans flotteur. || T. Phys. *Corps f.* Voy. HYDROSTATIQUE.

FLOTTE. s. f. [Pr. *flo-te*] (R. *flot*). Nombre considérable de navires qui vont ensemble, soit pour la guerre, soit pour le commerce. — L'ensemble de la marine militaire d'une nation. || T. Mar. Bouée ou barrique vide, qui soutient un câble à fleur d'eau et l'empêche de porter sur le fond. — T. Pêche. Se dit aussi des morceaux de liège ou de bois qui servent à soutenir à fleur d'eau les cordes ou la tête d'un filet, et du morceau de liège ou de plume qu'on attache à une ligne, de manière qu'en flottant sur l'eau, il indique, par son mouvement, quand un poisson mord à l'hameçon. || T. Com. Écheveau de fil ou de soie. || Rondelle de fer que l'on place entre l'épaulement de l'essieu et la roue et sur laquelle s'exerce le frottement. || Cuve d'où l'on tire la bière pour la mettre en tonneaux.

Mar. — Dans le principe, on n'employait le mot *Flotte* que pour désigner plusieurs bâtiments de commerce réunis pour naviguer ensemble ; mais depuis longtemps ce mot est plus employé que dans deux acceptions. D'une part, il désigne l'ensemble des puissances navales d'une nation. C'est ainsi qu'on dit la *flotte française*, la *flotte anglaise*, etc. D'autre part, il désigne un nombre plus ou moins considérable de navires de guerre placés sous les ordres d'un même chef et destinés à agir de concert. Le mot *flotte* est donc, dans ce dernier sens, synonyme d'*armée navale*. Une f. se divise en trois corps principaux appelés *escadres*. Voy. ce mot. La première escadre occupe le centre et forme le *corps de bataille ;* la deuxième se porte en avant et s'appelle *avant-garde ;* enfin la troisième, qui reste en arrière, constitue l'*arrière-garde*. — Le diminutif *Flottille* se dit quelquefois d'une petite flotte quant au nombre des bâtiments, lorsqu'il s'agit de navires de commerce. Mais lorsqu'il s'agit de marine militaire, on entend par ce terme une flotte composée de petits bâtiments, lesquels peuvent être et, en effet, sont généralement en très grand nombre. On n'organise une flottille que pour atteindre un but particulier, comme, par exemple, pour attaquer une place forte maritime dont les vaisseaux de haut bord ne peuvent approcher suffisamment, à cause de leur fort tirant d'eau. Tout le monde connaît la fameuse flottille que créa Napoléon, en 1804, dans le but de faire une descente sur les côtes d'Angleterre. — Voy. MARINE.

FLOTTE (PIERRE), chancelier de Philippe le Bel, qu'il soutint dans sa lutte contre Boniface VIII, mort à la bataille de Courtrai en 1302.

FLOTTE (Paul de), marin et homme politique français, né à Landernau; mort en Sicile, aux côtés de Garibaldi (1817-1860).

FLOTTÉ, ÉE. adj. [Pr. *flo-té*]. Bois *flotté*, Bois à brûler ou bois de charpente qui est venu par le flottage. || T. Techn. *Traverse flottée*, Traverse déguisée derrière les panneaux. — *Panneau f.*, Panneau posé à plat.

FLOTTEMENT. s. m. [Pr. *flo-teman*]. T. Guerre. Mouvement d'ondulation que fait en marchant le front d'une troupe, et qui dérange son alignement.

FLOTTER. v. n. [Pr. *flo-ter*] (R. *flot*). Être porté sur un liquide sans aller à fond. *On voyait f. les débris du navire. Les cadavres qui flottaient sur les eaux.* — Se dit partic. du bois qu'on fait descendre par le courant d'une rivière, soit à bûches perdues, soit en train. *Faire f. des bûches. Le bois ne peut f. en train sur cette rivière.* || Fig., S'agiter, voltiger en ondoyant. *Ses longs cheveux flottaient sur ses épaules. Son voile flottait au gré des vents. Le panache qui flottait sur son casque. Les bannières qui flottaient dans les airs.*

Sa main, sur ses chevaux laissait flotter les rênes.
Racine.

|| Fig., au sens moral, Être emporté çà et là; Être agité, irrésolu, incertain, *Un esprit qui flotte au hasard. Je ne fais que f. entre les passions contraires. F. entre l'espérance et la crainte. La majorité incertaine flottait tantôt vers le ministère, tantôt vers l'opposition.* || T. Guerre. Se dit d'une troupe qui ne conserve pas bien son alignement. = Flotter. v. a. T. Mar. *F. un câble*, Le soutenir à la surface de l'eau au moyen de barriques vides, de bouées qu'on y attache de distance en distance. || T. Techn. *F. du bois*, Le jeter dans la rivière pour que le courant le transporte. = Flotté, ée. part. *Bois flotté*, Qui a été transporté en flottant sur le courant d'une rivière. Voy. Flottage.

FLOTTERON. s. m. [Pr. *flote-ron*]. T. Pêch. Petite flotte pour soutenir la ligne.

FLOTTEUR. s. m. [Pr. *flo-teur*]. Ouvrier qui fait, qui construit des trains de bois. || T. Phys. et Technol. Se dit de divers instruments qu'on fait flotter à la surface d'un liquide soit pour soutenir des corps qui y sont plongés, soit pour marquer le niveau du liquide lui-même, soit pour déterminer la vitesse de son écoulement. Voy. Fleuve, Vapeur, etc.

FLOTTILLE. s. f. [Pr. *flo-ti-lle*, ll mouillées]. T. Mar. Réunion de petits bâtiments. Voy. Flotte.

FLOU, OUE. adj. (lat. *fluidus*, fluide). T. Peint. On dit adverbial., *Peindre f.*, Peindre d'une manière légère et fondue, par opposit. à la manière de peindre dure et sèche. On dit aussi adj., *Un pinceau f. Ce tableau est f. Une médaille floue. Des tons flous*, etc.; et subst., *Le f. du pinceau*. || T. Photog. Épreuve *floue*, Dont les détails, pas assez poussés, sont confondus et comme brouillés.

FLOUER. v. a. (corrupt. de *filouter*). Voler, escroquer. *Il m'a floué mes cent francs. Il vous a sans doute floué comme moi.* = Floué, ée. part.

FLOUERIE. s. f. Action de flouer, Vol, escroquerie.

FLOUEUR, EUSE. s. Celui, celle qui floue.

¹FLOURENS, physiologiste et écrivain français (1794-1867), fut membre de l'Académie française, secrétaire perpétuelle l'Académie des Sciences. = Flourens (Gustave), fils du précédent, révolutionnaire, né en 1838; tué à Rueil le 3 avril 1871.

FLOUVE. s. f. T. Bot. Genre de plantes Monocotylédones (*Anthoxanthum*) de la famille des *Graminées*. Voy. ce mot.
Agric. — La F. odorante est une graminée d'un faible produit, mais recommandable par sa précocité et son odeur aromatique; elle préfère les coteaux secs et élevés, mais se rencontre fréquemment dans les prairies même humides. On la sème avec avantage sur des terrains sablonneux et médiocres, pour y fournir un pâturage précoce. Il convient encore de la mélanger, en petite quantité, avec des graines destinées à l'ensemencement d'un pré; la bonne odeur (Coumarine) qu'elle communique au foin le rend plus appétissant pour les bestiaux.

FLUACIDE. s. m. (R. *fluor* et *acide*). T. Chim. Nom donné aux fluorures qui jouent le rôle d'acides dans les fluosels.

FLUATATION. s. f. [Pr. *flua-ta-sion*] (R. le verbe fictif et inusité *fluater*, dérivé de *fluor* et qui signifierait : introduire du fluor dans un corps composé). T. Chim. Procédé de durcissement superficiel des calcaires tendres par certains fluosilicates solubles.

FLUATE. s. m. (R. *fluor*). T. Chim. Nom qu'on donnait autrefois aux fluorures.

FLUATÉ, ÉE. adj. T. Chim. Se disait autrefois des fluorures. *Chaux fluatée*, Fluorure de calcium.

FLUAVILE. s. f. T. Chim. Voy. Gutta-percha.

FLUCÉRINE. s. f. (R. *fluor*, et *cérium*). T. Minér. Fluorure de cérium.

FLUCTUANT, ANTE. adj. (lat. *fluctuare*, être agité, de *fluctus*, flot.) || T. Chir. Qui offre de la fluctuation. || Fig. Indécis, indéterminé.

FLUCTUAT, NEC MERGITUR, devise de la ville de Paris, qui a pour emblème un navire, dont l'île de la Cité offre la forme : *Il flotte, mais il n'est pas submergé.*

FLUCTUATION. s. f. [Pr. *...sion*] (lat. *fluctuare*, être agité, de *fluctus*, flot). T. Méd. Mouvement d'oscillation d'une substance liquide ou demi-liquide amassée dans quelque foyer ou dans quelque cavité naturelle. *En touchant cette tumeur, on sent qu'il y a f.* || Fig., Variation, défaut de fixité. *La f. des opinions, des sentiments. La f. du prix des denrées. Les fluctuations des fonds publics.*

FLUCTUEUX, EUSE. adj. (lat. *fluctuosus*, m. s., de *fluctuare*, être agité) Qui est agité de mouvements violents et contraires. Peu us.

FLUDD (Robert), philosophe anglais (1574-1637).

FLUENCE. s. f. État mouvementé de ce qui coule.

FLUENT, ENTE. adj. (lat. *fluens*, part. de *fluere*, couler). T. Philos. Qui coule, qui passe. || En Beaux-Arts, Qui ondoie, qui flotte. || Se dit aussi du style. *Un style mou et f.* || T. Pathol. Se dit des hémorrhoïdes qui fluent, qui laissent couler du sang. = Fluente. s. f. T. Math. Nom donné par Newton à une quantité variable, parce qu'il en assimilait la variation à l'écoulement d'un liquide. Voy. Infinitésimal.

FLUER. v. n. (lat. *fluere*, m. s.). Couler; ne se dit que du mouvement par lequel la mer monte. *La mer flue et reflue*; et en Méd., des humeurs qui s'écoulent de quelque partie du corps, d'une plaie, d'un ulcère, etc. *Cette humeur qui flue de ses oreilles, de sa plaie.* — Par ext., se dit des parties mêmes qui donnent lieu à cet écoulement. *Sa plaie flue toujours. Mes hémorrhoïdes fluent constamment.* || T. Techn. Se dit d'un papier peu ou point collé et qui boit l'encre.

FLUET, ETTE. adj. (lat. *fluidus*, de *fluere*, couler). Mince, délicat, de faible complexion. *Corps f. Cet enfant est bien f. Il a les bras bien fluets. Visage f. Mine fluette. Constitution fluette.*

FLUEURS. s. f. pl. (lat. *fluor*, écoulement). T. Méd. *Fluears blanches*. Voy. Leucorrhée.

FLUIDE. adj. 2 g. (lat. *fluidus*, de *fluere*, couler). Qui coule. *Eau fluide.* || Fig. Qui est coulant, limpide. *Un style f.* || Subst., au masc., Un liquide, un gaz, ou un agent hypothétique produisant certains phénomènes physiques. *F. incompressible, F. élastique. Théorie du mouvement des fluides. — Le f. électrique, le f. nerveux.*
Phys. — On applique la dénomination de *Fluides* aux corps dont les molécules ne sont pas retenues par la force de cohésion, et, en conséquence, se meuvent librement et indépendamment les unes des autres. Ces corps affectent la forme des vases qui les renferment, et aussitôt qu'ils cessent d'être ainsi contenus, ils se répandent à la surface du sol en coulant vers les parties les plus déclives, ou se dispersent dans l'espace. De là deux sortes de fluides, les *liquides* et les *fluides élastiques*.

Les *liquides* sont des fluides moins parfaits que ces derniers : car leurs molécules conservent encore une certaine affinité entre elles et pour les corps solides, et c'est à cette affinité qu'elles doivent leur agglomération en gouttes et la faculté qu'elles possèdent de *mouiller* les corps. On donne quelquefois aux liquides le nom de *fluides incompressibles*, mais abusivement, car bien que leur compressibilité soit peu développée, elle n'est pas nulle, ainsi qu'on l'a cru longtemps. Les fluides *élastiques* sont aussi qualifiés de *fluides aériformes*, à cause de leur analogie avec l'air atmosphérique. On distingue deux catégories de fluides élastiques, les *Gaz* et les *Vapeurs*. Le mot *gaz* exprime une idée de stabilité et d'état normal, et celui de *vapeur* une idée de non-permanence et d'état éphémère. Ainsi, par ex., la vapeur d'eau n'est que de l'eau dont la fluidité a été augmentée par la chaleur, mais qui, abandonnée à elle-même et soustraite à cet excès de chaleur, repasse à l'état liquide qui lui est habituel, tandis que l'état de f. élastique est l'état normal des gaz. On sait aujourd'hui que cette distinction est tout artificielle et nullement dans la nature des choses : car d'une part, tous les liquides se transforment en vapeurs à toutes les températures, pourvu que la pression à laquelle ils sont soumis ne soit pas trop forte, et, d'autre part, tous les gaz peuvent être réduits à l'état liquide par l'action combinée d'une pression suffisante et d'un abaissement suffisant de température. Voy. GAZ, VAPEUR.

Enfin, on a encore appliqué la dénomination de *fluides* à la lumière, au calorique, à l'électricité et au magnétisme, en les qualifiant en outre d'*impondérables*, parce que leur poids ne peut être apprécié par nos instruments. Mais les fluides électrique, lumineux, etc., tout comme le prétendu *f. nerveux* des physiologistes, sont de pures hypothèses, imaginées afin de se rendre plus aisément compte de certains ordres de phénomènes, et actuellement la plupart des physiciens sont disposés à regarder simplement ces phénomènes comme des manifestations particulières de l'énergie vibratoire.

Toutefois les physiciens admettent encore l'hypothèse de l'*éther*, f. impondérable remplissant tout l'espace et même les corps pesants. C'est dans ce milieu hypothétique que se propagent les vibrations lumineuses, d'après la théorie des ondulations. Voy. ÉTHER.

Équation des fluides. — Depuis longtemps, les physiciens cherchent une formule reliant la pression, le volume et la température d'un même f., le représentant aussi bien à l'état liquide qu'à l'état gazeux.

M. Clausius et M. Van der Waals ont proposé des fonctions de la forme $(p + a) (v - b) = RT$ où p, v, T, sont respectivement : la pression, le volume et la température absolue, R et b, des constantes. b s'appelle le *co-volume* et a la *pression intérieure*. M. Clausius admet que a peut se mettre sous

la forme : $a = \dfrac{c}{T(v + \beta)^2}$, M. Van der Waals admet : $a = \dfrac{c}{v^2}$.

Dans ces formules, c et β sont des constantes qui dépendent de la nature du gaz. Ainsi, pour l'anhydride carbonique, CO^2, on aurait, en adoptant la formule de Clausius et les calculs de M. Sarrau, établis sur les expériences de M. Amagat : $R = 0,003663$; $b = 0,000866$; $c = 2,092$; $\beta = +0,000949$. Voy. GAZ et LIQUÉFACTION.

FLUIDEMENT. adv. D'une manière fluide.

FLUIDIFIANT, ANTE. adj. Qui fluidifie, qui rend fluide.

FLUIDIFICATION. s. [Pr. ...*sion*]. T. Phys. Réduction d'un corps à l'état de fluide.

FLUIDIFIER. v. a. T. Phys. Réduire à l'état de fluide.

FLUIDISTE. s. m. Partisan du magnétisme animal considéré comme provenant d'un fluide particulier.

FLUIDITÉ. s. f. Qualité de ce qui est fluide. *La f. de l'eau, de l'air, du sang, du mercure.* || Fig., *La f. du discours.*

FLUOBASE. s. f. (R. *fluor* et *base*). T. Chim. Nom donné aux fluorures qui fonctionnent comme bases dans les fluosels.

FLUOBORATE. s. m. (R. *fluor* et *bore*). T. Chim. Nom donné aux sels de l'*acide hydrofluoborique*. Ce corps, qui a pour formule $BoFl^3IFl$, se forme par l'action de l'acide fluorhydrique sur l'acide borique, ou par l'action d'un excès d'eau sur le fluorure de bore. C'est un acide énergique qui dissout le zinc avec dégagement d'hydrogène. Le fluoborate de potassium $BoFl^3 KFl$

s'obtient sous forme de précipité gélatineux, peu soluble dans l'eau. La plupart des autres fluoborates sont très solubles. La chaleur les décompose en fluorure de bore qui se dégage et en fluorure métallique. Les fluoborates alcalins peuvent s'obtenir en dissolvant l'acide borique dans les fluorhydrates alcalins ; la solution, qui était acide, devient basique par suite de la formation d'un alcali.

FLUOCÉRINE ou **FLUOCÉRITE.** s. f. T. Minér. Fluorure de cérium. Syn. de *Fluocérine.*

FLUOR. s. et adj. m. (lat. *fluo*, je coule). T. Minér. et Chim. — Autrefois, ce mot était employé pour désigner tantôt l'état liquide de certains corps, comme l'ammoniaque dissoute dans l'eau, qu'on appelait *alcali volatil fluor;* tantôt diverses substances minérales qui sont incombustibles, mais fusibles, comme le *spath fluor* ou fluorure de calcium. Aujourd'hui on désigne sous le nom de *Fluor* un corps simple, métalloïde contenu dans l'acide fluorhydrique et dans les fluorures. L'existence de ce corps avait été prévue dès 1810 par Ampère, à cause de l'analogie de l'acide fluorhydrique et de l'acide chlorhydrique. Depuis cette époque, de nombreuses tentatives furent faites en vue d'isoler ce corps; en particulier, Frémy obtint la production passagère de f. gazeux en soumettant à l'électrolyse le fluorure de potassium en fusion. Mais on ne savait comment recueillir ce gaz aux affinités énergiques, qui entre en combinaison sitôt qu'il est en contact avec l'eau ou avec une substance organique, et qui attaque toutes les matières dont on fabrique les vases de chimie ; le verre, la porcelaine, les métaux sont rapidement corrodés ; même l'or, le platine et le graphite sont attaqués lorsqu'on n'opère pas à une température très basse; le spath f. ou fluorure de calcium, étant déjà saturé de f., résiste seul à son action. Ce n'est qu'en 1886 que Moissan parvint à recueillir et à étudier le f. libre. Il l'obtint en électrolysant l'acide fluorhydrique anhydre tenant en dissolution du fluorure de potassium parfaitement sec. Le liquide était contenu dans un tube en U en platine, formé par deux bouchons de spath f. qui étaient traversés par des électrodes en platine iridié. Tout l'appareil étant fortement refroidi, on y faisait passer le courant d'une pile puissante. Des tubes de dégagement en platine donnaient issue, d'une part à l'hydrogène qui se produisait au pôle négatif, d'autre part au f. qui se dégageait au pôle positif.

Le f. est un gaz légèrement coloré en jaune, d'une odeur pénétrante et désagréable, attaquant vivement les muqueuses. Il s'unit à l'hydrogène avec explosion, même à froid et dans l'obscurité. Le silicium, le bore, le soufre, le phosphore, l'arsenic, l'iode prennent feu dans le f. Les variétés poreuses de charbon s'y combinent avec incandescence à la température ordinaire ou à une température peu élevée ; le graphite résiste jusqu'au rouge sombre. L'azote et l'oxygène sont sans action. Tous les métaux sont attaqués par le f., mais moins rapidement que les métalloïdes; avec l'or et le platine l'action est assez faible à la température ordinaire. Le f. décompose l'eau à froid en donnant de l'acide fluorhydrique et en dégageant de l'oxygène ozonisé. Il corrode rapidement le verre et tous les silicates. Enfin il attaque vivement les composés organiques, carbonise le liège, enflamme l'alcool, l'éther, le benzène, etc. — Le f. est un métalloïde univalent, appartenant à la famille du chlore ; son symbole est Fl ou F ; son poids atomique est 19.

Acide fluorhydrique HFl. — Cet acide, qu'on appelait autrefois *acide fluorique*, parce qu'on supposait que l'oxygène entrait dans sa composition, est tout à fait analogue à l'acide chlorhydrique. Pour le préparer à l'état anhydre on décompose par la chaleur, dans une cornue en platine, le fluorhydrate de fluorure de potassium fondu et parfaitement sec. On obtient ainsi un gaz incolore fumant fortement à l'air. On le condense facilement à l'aide d'un mélange réfrigérant. Liquide il bout vers 20°. Il se solidifie à −102° et fond à −92°. Il est extrêmement avide d'eau. Pour les usages ordinaires, on prépare l'acide fluorhydrique à l'état hydraté, en faisant réagir, dans un vase de plomb, l'acide sulfurique concentré sur le fluorure de calcium réduit en poudre très fine. La réaction est représentée par l'équation :

$$CaFl^2 + SO^4H^2 = SO^4Ca + 2HFl.$$

Cet acide hydraté est un liquide incolore très mobile ; lorsqu'il est très concentré, ses propriétés sont à peu près les mêmes que celles de l'acide anhydre. Il répand à l'air d'épaisses fumées blanches avec une odeur très piquante. Il se dissout dans l'eau en toutes proportions, et produit, en se combinant avec elle, un dégagement de chaleur très considérable. Lorsque, par ex., on laisse tomber dans l'eau quelques gouttes de cet acide concentré, on entend un sifflement pareil à celui que détermine l'immersion d'un fer rouge. Il dissout le bore et le silicium en dégageant de l'hydrogène. Avec la plupart des métaux, des oxydes métalliques et des carbonates il donne des fluorures. Mais il n'attaque ni l'or, ni le platine, et son action sur le plomb est presque nulle ; aussi peut-on se servir de vases de plomb pour le préparer. Il ne réagit pas sur beaucoup de substances organiques, telles que la paraffine et la gutta-percha ; c'est avec cette dernière substance qu'on fabrique les flacons destinés à le conserver. La propriété la plus importante de l'acide fluorhydrique, c'est qu'il est le seul corps qui, dans les circonstances ordinaires, attaque la silice et les silicates, en particulier le verre. Il se produit alors de l'eau et un corps gazeux appelé *Fluorure de silicium* SiFl⁴ ; un excès d'eau décompose ce fluorure en donnant de la silice gélatineuse et de l'acide hydrofluosilicique. Il est à remarquer que l'acide fluorhydrique anhydre est sans action sur le verre ; mais une trace d'eau suffit pour déterminer l'attaque.

L'acide fluorhydrique est un caustique des plus violents. Une seule goutte qui tombe accidentellement sur la peau, produit une vive démangeaison, et bientôt y fait naître une ampoule volumineuse accompagnée d'une violente cuisson et souvent de symptômes fébriles fort intenses. Même les vapeurs émises par cet acide exercent une action très irritante sur la peau ; à plus forte raison sont-elles dangereuses pour les yeux et les organes respiratoires. On ne doit manier ce corps qu'avec de grandes précautions et sous une cheminée pourvue d'un bon tirage.

Fluorures. — Les fluorures des métalloïdes sont généralement liquides ; plusieurs sont gazeux, comme le fluorure de silicium SiFl⁴, celui de bore BFl³, celui de phosphore PhFl³. Presque tous sont décomposés par l'eau. Ils sont ordinairement plus stables que les chlorures correspondants. Quelques-uns s'unissent à l'acide fluorhydrique pour former des acides analogues aux oxacides, et correspondant à des fluosels ; tels sont l'acide hydrofluosilicique et l'acide hydrofluoborique. Voy. FLUOBORATE et FLUOSILICATE.

Les fluorures métalliques sont en général solides, cristallisables, solubles, facilement fusibles, très analogues aux chlorures, avec lesquels ils sont isomorphes. Les fluorures des métaux alcalino-terreux sont insolubles dans l'eau, tandis que celui d'argent est très soluble ; ces caractères distinguent les fluorures des chlorures, bromures et iodures. Du reste, les fluorures se reconnaissent aisément en ce que, lorsqu'on les traite par l'acide sulfurique au maximum de concentration, ils laissent dégager un gaz acide qui attaque immédiatement le verre. En outre, si l'on ajoute à la matière une certaine quantité d'une substance siliceuse, il se dégage un gaz qui se décompose au contact de l'eau, en produisant un dépôt de silice gélatineuse.

La plupart des fluorures métalliques s'unissent à l'acide fluorhydrique en donnant des sels acides, cristallisables, tels que le fluorhydrate de fluorure de potassium KFlHFl. Ces sels, appelés *fluorhydrates de fluorures*, ont une réaction très acide ; ils corrodent le verre ; chauffés, ils se décomposent en dégageant de l'acide fluorhydrique.

Les fluorures des métalloïdes et ceux qui correspondent aux oxacides métalliques peuvent souvent jouer le rôle d'acides vis-à-vis de fluorures qui correspondent aux oxydes basiques et qui fonctionnent alors comme des bases. L'union d'un pareil *fluacide* avec une de ces *fluobases* donne naissance à un fluorure double appelé *fluosel*. Voy. ce mot.

État naturel et usages des composés du fluor. — Les principales substances naturelles qui contiennent du fluor sont la *fluorine* ou *spath fluor*, dont la formule est CaFl², et la *cryolithe*, qui est un fluorure double d'aluminium et de sodium. Le fluor existe en faible proportion dans un grand nombre d'autres minéraux, en particulier l'apatite. Il est très répandu dans la nature, mais en petite quantité. On le rencontre dans l'émail des dents, dans les os, dans le chaume des graminées, dans certaines eaux minérales. L'eau de mer et les eaux de rivière en contiennent elles-mêmes des traces.

Le spath fluor, outre son emploi pour la préparation des composés du f., est utilisé comme fondant, surtout dans la métallurgie du cuivre. Avec les beaux échantillons de fluorine on fabrique divers objets décoratifs. — L'acide fluorhydrique sert dans les laboratoires pour l'analyse des silicates. Dans l'industrie on l'emploie depuis longtemps à la gravure sur verre ; il sert en particulier à graduer, au moyen de traits divisions, les cloches, les éprouvettes et les tiges des thermomètres. On recouvre d'une couche de cire ou de vernis des graveurs l'objet que l'on veut graver ; on y trace, avec une pointe d'acier, les dessins qu'on désire ; puis on recouvre

le verre d'une solution étendue d'acide fluorhydrique qui corrode profondément les parties mises à nu par la pointe. D'autres fois on remplace la dissolution par la vapeur de l'acide. A cet effet, on place dans une caisse de plomb un mélange d'acide sulfurique et de spath fluor en poudre, et l'on expose la pièce de verre aux vapeurs qui se dégagent. Cette dernière méthode entame moins le verre et rend seulement sa surface rugueuse : en conséquence, les dessins sont opaques et beaucoup plus visibles. — L'acide fluorhydrique et les fluorures possèdent des propriétés antiseptiques. L'acide est utilisé en médecine pour combattre la tuberculose. Dans la distillerie et la brasserie, Effront a réalisé un progrès important par l'emploi des fluorures. Ceux-ci favorisent la saccharification par la diastase et le développement de la levure, régularisent la fermentation alcoolique des moûts et détruisent les bactéries qui provoqueraient les fermentations lactique et butyrique.

FLUORANTHÈNE. s. m. (R. *fluor*, pour *fluorescent*, et lat. *anthrax*, charbon). T. Chim. Hydrocarbure cyclique dont la formule brute est C¹⁵H¹⁰ et la formule de constitution :

$$C^6H^4 \diagdown CH \diagdown CH.$$
$$C^6H^3 - CH \diagup$$

On l'extrait, en même temps que le pyrène, des portions les moins volatiles des goudrons de houille : on épuise ces goudrons par le sulfure de carbone, on distille la solution et l'on reprend le résidu par l'alcool ; on ajoute de l'acide picrique qui précipite le f. et le pyrène à l'état de picrates. Par des cristallisations répétées dans l'alcool on sépare ces deux picrates, celui de f. étant beaucoup plus soluble, et on les décompose ensuite par l'ammoniaque.

Le f. est solide et cristallise en aiguilles ou en tables clinorhombiques solubles dans l'alcool bouillant, dans l'éther, le sulfure de carbone et l'acide acétique cristallisable. Il fond à 110° et bout à 250°. Avec le brome, il donne un dérivé dibromé C¹⁵H²Br² fusible à 205°. Avec l'acide nitrique fumant il fournit un dérivé trinitré C¹⁵H⁷(AzO²)³ qui cristallise en aiguilles jaunes, insolubles dans les dissolvants ordinaires. Oxydé par le mélange chromique le f. donne de la fluoranthènequinone et de l'acide biphénylène-cétone carbonique.

La *fluoranthène-quinone* C¹⁵H⁸O² cristallise en aiguilles rouges, fusibles à 189°, solubles dans l'alcool et dans l'acide acétique cristallisable.

L'acide biphénylène-cétone carbonique C¹³H⁷O.CO²H forme des aiguilles orangées, fusibles à 192°, solubles dans l'alcool et l'éther. Réduit par l'amalgame de sodium, il se convertit en *acide fluorénique* C¹⁴H¹⁰O², fusible à 246°. Fondu avec la potasse caustique, il donne de *l'acide isobiphénique* C¹⁴H¹⁰O⁵, qui fond à 216° et que l'oxydation transforme en acide isophtalique.

FLUORÈNE. s. m. (R. *fluor*, pour *fluorescent*). T. Chim. Hydrocarbure cyclique, appelé aussi *diphénylène-méthane*,

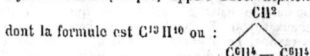

$$dont\ la\ formule\ est\ C^{13}H^{10}\ ou:\qquad C^6H^4 \underset{\textstyle C^6H^4}{\overset{\textstyle CH^2}{\diagdown\diagup}}$$

On le retire des huiles lourdes du goudron de houille après qu'elles ont laissé déposer le naphtalène et l'anthracène ; on les soumet à la distillation et on recueille les portions qui passent entre 300° et 320° ; on purifie le produit par cristallisation dans l'alcool et dans le benzène, puis par combinaison avec l'acide picrique. On obtient ainsi un picrate de f. en aiguilles rouges fusibles à 82°, que l'on décompose par l'ammoniaque.

Le f. cristallise en petites lamelles blanches, très solubles dans l'éther, le benzène et le sulfure de carbone, peu solubles dans l'alcool. Il fond à 113° et bout vers 300°. Avec le brome, il donne un dérivé dibromé, fusible à 167°, et un dérivé tribromé, fusible à 162°. Il se comporte de même avec le chlore. Oxydé par le mélange chromique, le f. se convertit en biphénylène-cétone. Traité par l'acide azotique, il fournit un dérivé nitré et un dérivé dinitré ; ce dernier donne, par réduction, une diamine à l'aide de laquelle on peut préparer des colorants azoïques qui teignent le coton sans mordant ; mais ces colorants ne sont pas employés dans l'industrie.

FLUORÉNIQUE. adj. 2 g. (R. *fluor*, pour *fluorescent*). T. Chim. *Acide f.* Voy. FLUORANTHÈNE. — *L'alcool f.* est l'alcool correspondant à la biphénylène-cétone ; se prépare en réduisant cette cétone par l'amalgame de sodium. Il cristallise en grandes aiguilles ou en lamelles hexagonales, incolores, brillantes, fusibles à 153°, solubles dans l'alcool, l'éther et le benzène. L'oxydation le convertit de nouveau en biphénylène-cétone. Quand on le chauffe à 200° ou quand on le traite par le perchlorure de phosphore, il se convertit en un anhydride appelé *éther f.* ($C^{14}H^9)^2O$, fusible vers 290°. La formule de l'alcool f. est $C^{13}H^{10}O$ ou ClIOH

$$C^6H^6 — C^6H^6.$$

FLUORESCÉINE. s. f. (R. *fluorescent*). T. Chim. Matière colorante appartenant à la classe des phtaléines. Elle constitue la phtaléine de la résorcine et répond à la formule $C^{20}H^{12}O^5$. On la prépare industriellement en chauffant à 200° un mélange de deux parties d'anhydride phtalique et de trois parties de résorcine. Le produit de la réaction est chauffé avec de l'alcool bouillant; le résidu insoluble constitue la f. Elle est cristallisable en aiguilles rouges, très peu solubles dans l'eau et dans l'alcool. Elle se dissout facilement dans les alcalis avec lesquels elle se comporte comme un acide faible. Ses solutions sont caractérisées par une magnifique fluorescence verte. Chauffée, elle commence à se décomposer à partir de 200° sans entrer en fusion. Traitée par l'acide azotique fumant, elle fournit deux dérivés nitrés : la *dinitro-f.*, masse jaune amorphe donnant avec les alcalis des solutions rouge brun, qui peu à peu deviennent bleues; et la *tétranitro-f.* en prismes jaune clair, qui se dissolvent en rouge dans l'eau bouillante et qui teignent la laine en rouge orangé. Le chlore détruit la f. Le brome donne plusieurs dérivés bromés dont le plus important est la *tétrabromo-f.* $C^{20}H^8Br^4O^5$, connue sous le nom d'*éosine*. L'iode donne également un dérivé tétrasubstitué.

La f. teint la soie et la laine en jaune. Elle a par elle-même peu de valeur tinctoriale; ce qui fait son importance, c'est qu'elle sert de matière première pour la fabrication des *éosines*. Voy. ce mot.

FLUORESCENCE. s. f. [Pr. *flu-ores-sense*] (R. *fluor*, parce que ce phénomène a d'abord été observé dans certains composés du fluor). T. Phys. Lorsque l'on fait tomber des rayons violets ou ultra-violets sur certaines substances, elles deviennent lumineuses, mais en émettant une radiation moins réfrangible que la radiation incidente. Tels sont : le verre d'urane, l'urane et ses sels, la dissolution de sulfate de quinine, le platinocyanure de baryum, le tungstate de calcium, etc. Les rayons X, découverts par Roentgen, ont la propriété d'exciter la fluorescence. C'est pour cela que l'on emploie des écrans en carton, recouverts de platinocyanure de baryum, pour mettre ces rayons en évidence. On appelle quelquefois ces écrans fluorescents des *fluoroscopes* ou *cryoscopes*. En interposant la main entre un tube de Crookes et un pareil écran, on y voit l'ombre portée de l'ossature, parce que les os sont presque opaques aux rayons X, tandis que les chairs se laissent facilement traverser par ces rayons. On verra de même l'ombre portée d'objets métalliques contenus dans un porte-monnaie ou une boîte en bois, parce que les métaux sont opaques aux rayons X, tandis que le bois est transparent pour ces rayons. Le phénomène de la fl. se rattache à la *phosphorescence*; il en diffère par son instantanéité. Voy. RADIATION, PHOSPHORESCENCE.

FLUORESCENT, ENTE. adj. [Pr. *flu-orès-san*]. T. Phys. Se dit des corps qui présentent le phénomène de la fluorescence.

FLUORESCINE. s. f. (R. *fluorescent*). T. Chim. Substance incolore qu'on obtient lorsqu'on traite la fluorescéine par les agents réducteurs. Elle s'oxyde facilement en reproduisant la fluorescéine.

FLUORHYDRATE. s. m. et **FLUORHYDRIQUE.** adj. 2 g. (R. *fluor*, et *hydrogène*). T. Chim. Voy. FLUOR.

FLUORINDINE. s. f. (R. *fluor*, pour *fluorescence*, et *indigo*, sign. *fleur*). T. Chim. Matière colorante bleue qui se forme lorsqu'on chauffe pendant plusieurs heures l'azophénine vers 360°. La f. cristallise en aiguilles brillantes, à reflets mordorés. Elle est très peu soluble dans les dissolvants ordinaires. Elle se sublime à une température élevée en émettant des vapeurs violettes. Sa solution alcoolique est violette et présente une belle fluorescence rouge.

FLUORINE. s. f. (R. *fluor*). T. Minér. Fluorure de calcium appelée aussi *spath fluor*. La f. se rencontre fréquemment et en assez grande quantité dans les filons métallifères; elle

forme aussi des veines dans les roches granitiques et les porphyres quartzifères. Elle se présente en cristaux cubiques, de densité 3,18, et en masses lamellaires ou fibreuses, quelquefois compactes. Elle est incolore et transparente, lorsqu'elle est tout à fait pure; mais, le plus souvent, elle possède des colorations très vives et très variées : violettes, jaunes, vertes, roses ou brunes. Chauffée, elle devient phosphorescente. — Pour les usages du spath fluor, voy. FLUOR.

FLUORIQUE. adj. 2 g. (R. *fluor*). T. Chim. Se disait autrefois de l'acide fluorhydrique. Voy. FLUOR.

FLUORURE. s. m. T. Chim. Voy. FLUOR.

FLUOSEL. s. m. (R. *fluor*, et *sel*). T. Chim. On a donné le nom de *fluosels* à des fluorures doubles formés par l'union de deux fluorures, dont l'un joue le rôle d'acide et l'autre celui de base. Tels sont les *fluostannates* $2MFl$, $SnFl^4$ et les *fluotitanates* $2MFl$, $TiFl^4$. Voy. aussi FLUONORATE et FLUOSILICATE. Ces fluosels peuvent être considérés comme produits par la substitution du fluor à l'oxygène dans les oxysels correspondants : stannates, titanates, silicates. On les prépare, ordinairement, en faisant agir l'acide fluorhydrique sur ces oxysels. En général, les fluosels corrodent le verre; traités par l'acide sulfurique, ils dégagent de l'acide fluorhydrique. Beaucoup d'entre eux se transforment en oxysels par le grillage à l'air. — Quelques fluosels contiennent à la fois du fluor et de l'oxygène; par ex., les *fluoxyniobates* et les *fluoxymolybdates*, combinaisons de $NbFl^3O$ ou de $MoFl^2O^3$ avec un fluorure alcalin.

FLUOSILICATE. s. m. (R. *fluor*, et *silicium*). T. Chim. Nom donné aux sels de l'*acide hydrofluosilicique*. Ce corps, qui est un acide énergique, répond à la formule $SiFl^6H^2$ qu'on écrit habituellement $SiFl^4$, $2HFl$. On le prépare en dissolvant la silice dans l'acide fluorhydrique aqueux, ou en faisant arriver du fluorure de silicium dans de l'eau et filtrant ensuite pour séparer la silice gélatineuse qui s'est formée en même temps. En solution concentrée, l'acide hydrofluosilicique répand des fumées à l'air. Chauffé, il se dédouble en fluorure de silicium et en acide fluorhydrique; aussi attaque-t-il à chaud la silice et le verre.

Les *fluosilicates* ont pour formule $SiFl^6M^2$ ou $SiFl^4$, $2MFl$, en désignant par M un métal univalent. On les obtient en faisant agir l'acide hydrofluosilicique sur les métaux ou sur leurs oxydes, leurs fluorures et leurs carbonates. La chaleur les décompose en fluorure de silicium et en fluorure métallique. Traités par l'acide sulfurique, ils dégagent aussi du fluorure de silicium facilement reconnaissable à son action sur l'eau. Ils sont pour la plupart cristallisables et très solubles dans l'eau. Le f. de baryum et celui de potassium sont insolubles. Ce dernier corps $SiFl^6K^2$ se produit chaque fois qu'on ajoute un f. soluble ou de l'acide hydrofluosilicique à la dissolution d'un sel potassique. C'est un précipité gélatineux, transparent, difficile à apercevoir, qui se transforme par dessiccation en une poudre blanche.

Les fluosilicates sont des antiseptiques assez énergiques; on les a employés avec succès dans les opérations chirurgicales; on les a aussi proposés pour la conservation des substances alimentaires. Dans la distillerie et la brasserie ils présentent les mêmes avantages que les fluorures. Voy. FLUOR. — Leur principale application consiste dans le durcissement des pierres calcaires (silicatisation). On imprègne les pierres d'une dissolution de f. de magnésium, d'aluminium ou de zinc; peu à peu il se dégage de l'acide carbonique et il se forme, dans les pores de la pierre, des composés insolubles : silice, alumine, sous-carbonates, fluorure de calcium, etc. Les calcaires les plus tendres acquièrent ainsi une grande dureté et deviennent inattaquables par les agents atmosphériques. En employant des fluosilicates colorés, de cuivre, de chrome ou de fer, on obtient à la fois le durcissement et des colorations analogues à celles des marbres.

FLUOSILICIQUE. adj. 2 g. (R. *fluor*, et *silicium*). T. Chim. Syn. d'*hydrofluosilicique*. Voy. FLUOSILICATES.

FLUSTRE. s. f. T. Zool. Petits animaux marins vivant en colonies. Voy. BRYOZOAIRES.

FLÛTE. s. f. (lat. *fistula*, tuyau, chalumeau). Sorte d'instrument à vent, en forme de tuyau allongé. || Par ext., Artiste qui joue de la flûte. *C'est la première f. de l'Opéra.* On dit plus ordin. FLUTISTE. || Fig. et fam., *Ajuster ses flûtes*, Préparer les moyens de faire réussir quelque chose. *Il a mal ajusté ses flûtes.* On dit aussi, *Ajustez vos flûtes, accordez vos flûtes,* en parlant ou d'un homme qui ne paraît pas d'accord avec lui-même dans ce qu'il dit, ou à plusieurs personnes qui ne conviennent pas des moyens de faire réussir quelque chose. On dit encore, *Ils ne sauraient accorder leurs flûtes,* Ils sont toujours en différend. — *Il est du bois dont on fait les flûtes.* Voy. Bois. || Fig. et prov., *Il souvient toujours à Robin de ses flûtes,* On se rappelle volontiers les goûts, les plaisirs de sa jeunesse, ou on revient facilement à d'anciennes habitudes. *Ce qui vient de la f. s'en retourne au tambour,* Le bien acquis trop facilement, ou par des voies peu honnêtes, se dissipe aussi aisément qu'il a été amassé. || Fig. et pop., *Être monté sur des flûtes,* Avoir les jambes longues et grêles. || T. Boulang. Petit pain long. || T. Icht. *Bouches en f.* Voy. Aulostome. || T. Techn. Navette de tapissier de haute lisse. — Joint de bois taillé en bec de f. — Verre à vin de Champagne, long et mince. — Sorte de bouteille à vin fin. — Cocon de forme allongée ouvert à un bout. — *F. d'alambic,* Tube courbé qui joint la chaudière ou le serpentin. || T. Admin. Instrument de fer ou de bois, creusé dans sa longueur, pour sonder les tines de beurre à l'octroi. || T. Hortic. *Greffe en f.,* Greffe où la branche de l'arbre et la greffe sont taillées à plat et en diminuant d'épaisseur.

Mus. — 1. La **Flûte** a existé, sous différentes formes, chez tous les peuples qui ont cultivé la musique. On la trouve repré-

sentée dans l'Inde, en Égypte et en Chine, sur un grand nombre de monuments qui remontent au temps les plus reculés. Les Grecs et les Romains avaient trois espèces principales de flûtes. La *F. de Pan (syrinx, fistula),* qui était composée de plusieurs tuyaux de longueur inégale, est sans doute l'espèce de f. la plus ancienne; les mythologues gréco-romains en attribuaient l'invention au dieu Pan, et les poètes en faisaient un des emblèmes de la vie pastorale. Mais la plus usitée était la f. droite (αὐλός, *tibia*), qui consistait en un tube percé d'un certain nombre de trous, et qui paraît avoir été, tantôt une sorte de flageolet, tantôt une sorte de clarinette. Dans le principe, il fallait trois instruments différents pour jouer dans les modes dorien, phrygien et lydien; mais, vers le IIIe siècle av. J.-C., Pronomus imagina divers ajustements (sans doute des corps de rechange) au moyen desquels on pouvait avec la même f. jouer dans tous les modes. Le *Diaule (tibia pares)* se composait de deux tuyaux distincts et munis chacun d'une embouchure particulière, selon les uns, n'ayant qu'une embouchure commune, selon les autres. Quoi qu'il en soit, le joueur de f. *(tibicen)* se servait de ce double instrument comme on

le voit dans la Fig. ci-jointe, d'après une peinture trouvée à Pompéi. Souvent, en outre, ainsi que le montre le même dessin, le joueur, pour se moins fatiguer, soutenait ses lèvres et ses joues au moyen d'un bandage de cuir ou de forte toile, appelé φορβειά par les Grecs, et *capistrum* par les Romains. Suivant Fétis, la f. double est le seul instrument qui puisse faire croire que les anciens aient connu l'harmonie: car, dit-il, il n'est pas présumable que les deux tuyaux fussent destinés à jouer à l'unisson. Néanmoins plusieurs savants ont cru que les deux tuyaux ne jouaient point ensemble, et se servaient tantôt d'un mode dans un mode différent, tandis que, selon d'autres, le tuyau de gauche était employé pour jouer le dessus, et celui de droite pour jouer le dessous et accompagner le précédent. Les trois espèces de flûtes que nous venons de nommer présentaient une multitude de variétés que les érudits portent à plus de deux cents, et sur la nature desquelles il n'existe aucun document précis. Il paraît cependant que l'une de ces variétés avait une très grande analogie avec notre f. traversière; les Grecs l'appelaient πλαγίαυλος, c.-à-d. *f. oblique.* Chez eux, ainsi que chez les Romains, la f. était en grand honneur. Dans les festins, les fêtes de mariage, les jeux publics, les danses, les sacrifices, la f. jouait un rôle important. Chez quelques nations, les Lydiens, par ex., elle guidait les guerriers au combat. À Rome, lorsqu'un général avait obtenu les honneurs du triomphe, une bande de joueurs de f. précédait son char.

II. — Dans la musique moderne, on distingue deux espèces de flûtes : la *F. traversière* et la *F. à bec.*

La *F. traversière* est connue sous ce nom depuis au moins le XIIIe siècle. On l'appelait autrefois *F. allemande,* parce que c'est de l'Allemagne que son usage s'est répandu dans le reste de l'Europe. L'ancienne f. allemande consiste en un cylindre ordinairement de bois, percé dans toute sa longueur par un canal nommé *Perce.* Ce canal communique avec l'extérieur par une de ses extrémités, qu'on appelle *Pied,* et par plusieurs trous latéraux, rangés en ligne droite, ordinairement au nombre de huit. L'extrémité opposée au pied, et qu'on nomme *Tête,* est exactement fermée par un bouchon de liège. La tête est percée latéralement d'un trou ovale et moitié plus grand que les autres, par lequel on introduit avec la bouche l'air destiné à produire le son : c'est ce trou qu'on désigne sous le nom d'*Embouchure.* La f. traversière est longue d'environ 60 centimètres. Afin de la rendre plus portative, on fait le tube de trois ou quatre parties ou *corps,* qui s'ajustent bout à bout. Le canal intérieur de l'instrument n'est pas parfaitement cylindrique : on lui donne 19 à 20 millim. de diamètre à la tête et seulement de 14 à 15 au pied. Le son le plus grave de la f. est le *ré* à l'unisson de celui que rend à vide la deuxième corde d'un violon, ou l'*ut* immédiatement inférieur : tous les trous sont alors bouchés. Cet instrument a trois octaves pleines, mais les sons d'en haut sont trop aigus et fatigants à soutenir. Au reste, on imputait à cet instrument de nombreux défauts qu'n'avaient pu corriger les modifications de détail imaginées par plusieurs facteurs. On lui reprochait de produire plusieurs notes ou trop hautes ou trop basses, quoi qu'on soit le doigté, de présenter des inégalités de timbre dans le médium et dans le haut, etc. Les travaux de Théobald Boehm, flûtiste de la chapelle du roi de Bavière, ont fait disparaître ces imperfections. La f. de Boehm est exactement l'ancienne f. renversée. De cylindrique sa tête est devenue conique, et la perce du corps du milieu est conique au lieu d'être cylindrique. En outre, elle a 14 trous, tous fermés par des clefs, et beaucoup plus grands que dans l'ancien système. Enfin, son tube se fait le plus souvent d'argent, parce que c'est avec ce métal qu'on obtient la meilleure qualité de son. Aujourd'hui, toutes les flûtes se construisent d'après ce nouveau système, encore perfectionné par les facteurs contemporains.

La *f. ordinaire,* avons-nous dit, a 60 centim. de longueur environ ; néanmoins, dans la musique dite d'harmonie, on se sert de flûtes plus petites que l'on accorde en *mi* bémol, en *fa,* etc. On emploie encore, dans les orchestres, quand on veut obtenir certains effets brillants et d'harmonie imitative, une espèce de petite f. appelée *Piccolo* ou *Octavin*, parce qu'elle sonne une octave plus haut; mais elle a eu général des sons criards et désagréables. Le même défaut se retrouve, mais à un plus haut degré, dans le *Fifre*. On nomme ainsi une sorte de f. originaire, dit-on, de la Suisse, et dont le tube, long d'environ 30 centim., est percé de six trous. Autrefois le fifre accompagnait le tambour dans l'infanterie française; mais, depuis la Révolution, il n'a guère été employé que dans quelques corps spéciaux, tels que la garde impériale et les Cent-Suisses. La *F. à bec*, appelée aussi *F. douce* et *F. d'Angleterre*, diffère notablement de la f. traversière. Sa perce est cylindrique, et sa tête, au lieu d'être bouchée, porte un appareil en biseau, nommé *Sifflet*, par lequel on fait entrer le vent au moyen de la bouche et en serrant ce bec avec les lèvres. Pour jouer de cet instrument, on le tient droit devant soi, comme la clarinette. La f. à bec donne deux octaves et un ton, depuis le *fa* grave de la f. traversière jusqu'au *sol* de la double octave. Certains sons s'obtiennent en bouchant seulement la moitié d'un trou. La f. à bec était autrefois d'un très grand usage, et formait un système complet d'harmonie composé du dessus, du contralto, du ténor, de la basse et même de la contre-basse : car il existait des flûtes dont le tube avait près de 4 mètres de longueur. Elle est aujourd'hui à peu près abandonnée, mais on se sert encore de plusieurs instruments qui en sont des diminutifs. Le plus usité d'entre eux, le *Flageolet*, est long de 15 à 20 centim., percé de six trous principaux, quatre au-dessus, deux au-dessous, et muni de plusieurs clefs. Son tube se termine par un petit évasement appelé *Patte*, que le doigt annulaire de la main droite peut boucher en partie pour obtenir quelques sons graves, particulièrement l'*ut* et l'*ut dièse*. Enfin, comme le tube est très court, on en double ordinairement la longueur en y ajoutant un tuyau fermé appelé *porte-vent*, auquel s'adapte le sifflet. Le flageolet donne un son aigu, mais très agréable; mais se fait-on figurer habituellement dans les orchestres de bal. — Le *Galoubet* est un autre petit instrument de la famille de la f. à bec; il n'est percé que de trois trous et se joue d'une seule main. On le munit d'un porte-vent, comme le flageolet, et on l'emploie dans les mêmes cas que ce dernier. Mais il ne peut donner que les quatre notes, *sol, la, si, ut*, de l'octave grave, et plusieurs des demi-tons de l'octave suivante lui sont impossibles; en conséquence, il faut de la musique écrite exprès pour cet instrument.

FLÛTE. s. f. (holl. *fluit*, m. s.). T. Mar. Sorte de gros bâtiment de charge dont on se sert ordinairement pour porter des vivres et des munitions. *Une f. hollandaise. Une f. armée en guerre*. — *Armer, équiper en f. un vaisseau, une frégate*, c.-à-d., se dit d'un bâtiment de guerre qu'on dispose de manière à en faire un bâtiment de transport.

FLÛTÉ, ÉE. adj. *Des sons flûtés*, Des sons qui par leur douceur imitent ceux de la flûte. *Une voix flûtée*, Une petite voix douce.

FLUTEAU. s. m. (R. *flûte*). Espèce de flûte grossière ou de sifflet qui sert principalement à amuser les enfants. || T. Bot. Genre de plantes Monocotylédones (*Alisma*) de la famille des *Alismacées*. Voy. ce mot. || T. Métall. Petite masse de fer qui s'attache au ringard, quand on avale la loupe.

FLÛTER. v. n. Jouer de la flûte; ne se dit que par dénigrement. *Il ne fait que f. toute la journée*. || Fig. et pop., se dit pour Boire. *Il nime beaucoup à f. F. du champagne.* = FLÛTER. v. a. Sonder les tines de beurre avec une tige.

FLÛTET. s. m. Syn. de *Galoubet*. Voy. FLUTE.

FLÛTEUR, EUSE. s. Celui, celle qui joue de la flûte; ne se dit que par dénigr. *C'est un mauvais f.*

FLÛTISTE. s. m. Artiste qui joue de la flûte. *C'est le premier f. de Paris.*

FLUVIAL, ALE. adj. (lat. *fluvialis*, m. s., de *fluvius*, fleuve). Qui appartient aux fleuves, aux rivières. *Navigation fluviale. Pêche fluviale*. = FLUVIALES. s. f. pl. T. Bot. Nom donné par certains botanistes, et notamment par Ad. Brongniart, à une classe de végétaux Monocotylédones; cette classe comprenait cinq familles : Hydrocharidées, Butomacées, Alismacées et Lemnacées.

FLUVIATILE. adj. 2 g. (lat. *fluviatilis*, m. s., de *fluvius*, fleuve). T. Hist. nat. Se dit des animaux qui vivent dans les eaux douces, et des plantes qui croissent dans les eaux courantes.

FLUVIOGRAPHE. s. m. (lat. *fluvius*, fleuve; gr. γράφω, j'écris). T. Techn. Appareil inscrivant les variations du niveau d'un fleuve canalisé.

FLUVIO-MARIN, INE. adj. T. Géol. *Terrain f.-marin*, Terrain qui porte la trace du séjour de l'eau douce et de l'eau marine.

FLUVIOMÈTRE s. m. (lat. *fluvius*, fleuve, et *mètre*). T. Phys. Instrument pour mesurer les crues des fleuves.

FLUVIOMÉTRIQUE. adj. 2 g. T. Didact. Qui a rapport à la mesure de la quantité d'eau qui est dans un fleuve.

FLUX. s. m. (Pr. *flu*) lat. *fluxus*, m. s., de *fluere*, couler). Mouvement réglé de la mer vers le rivage à certaines heures du jour. *Le f. va jusqu'à tel lieu. Le f. et le reflux.* Voy. MARÉE. = Fig., la loc. *F. et reflux*, se dit des vicissitudes, du changement alternatif de certaines choses. *Dans ce f. et ce reflux de succès et de revers. Les choses du monde sont sujettes à un f. et reflux perpétuel. Un f. et reflux de sentiments contraires*. || T. Méd. Écoulement d'un liquide quelconque hors de son réservoir naturel. *F. de ventre*, Dévoiement, diarrhée. *F. de sang, f. dysentérique*, Dysenterie, dévoiement accompagné de sang. *F. hépatique*, Diarrhée avec évacuation d'une grande quantité de bile. *F. de bile, f. bilieux*, Évacuation de bile par haut ou par bas. *F. hémorrhoïdal*, Le sang qui coule des hémorrhoïdes. *F. muqueux, f. purulent, f. séreux*, Écoulement de mucosités, etc. *F. menstruel*, Les règles des femmes. *F. de lait*, Sécrétion du lait chez les femmes qui ne sont pas nourrices, ou sécrétion trop abondante chez celles qui le sont. *F. d'urine, de sueur, de salive* ou *salivaire*, se dit de l'excrétion de ces différents liquides lorsqu'elle est beaucoup plus abondante qu'à l'état normal. On dit *F. de bouche*, dans le sens de *f. de salive*. || Fig. et fam., *Il a un f. de bouche, un grand f. de bouche*, C'est un grand parleur, un bavard. Vx. *F. de paroles*, Abondance superflue de paroles. — *Il a un f. de bourse*, Se dit d'un prodigue qui se ruine en folles dépenses. || A certains jeux de cartes, *Flux* se dit d'une suite de plusieurs cartes de même couleur. *Avoir f. Faire f. Être à f.*

Chim. ind. — En Chimie et en Métallurgie, on appelle *Flux*, ou *Fondants*, toutes les substances très fusibles que l'on emploie pour faciliter et hâter la fusion d'autres substances moins fusibles. Les fondants les plus usités sont le borax, la silice, le spath fluor, les carbonates alcalins, le nitre, etc.; mais, comme il est parlé ailleurs de ces diverses substances, il nous suffira de mentionner ici les deux fondants que l'on désigne sous les noms particuliers de *F. noir* et de *F. blanc*. Le premier est un mélange intime de carbonate de potasse et de charbon, que l'on obtient en chauffant, dans un vase de fer ou dans un creuset de terre, 1 partie de nitre et 2 ou 3 parties de tartre. Aussitôt que la combustion est terminée, on retire la matière, on la pulvérise, on la passe dans un tamis, et on la conserve dans des flacons bien bouchés, afin de la soustraire à l'action de l'air qui la ferait promptement tomber en déliquescence. Le f. blanc se prépare de la même manière, en faisant brûler un mélange de 1 partie de crème de tartre et de 2 parties de nitre. C'est un fondant très énergique, tandis que le précédent, à la fois comme fondant et comme réducteur, à cause de l'excès de charbon qu'il contient.

Phys. — *Flux de force*. — Considérons un élément de

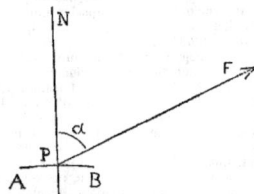

surface AB (Fig.) dans un champ électrique. Soit PF le champ au point P, c.-à-d. la force qui s'exercerait sur l'unité d'électricité positive supposée placée en P. Soit, de plus, PN la normale à la surface au point P et α l'angle que fait la force

PF avec cette normale. On appelle *F. de force* à travers l'élément de surface AB la quantité : F cos z × surf. AB. C'est, on voit, *le produit de la surface de l'élément par la projection de la force sur la normale à l'élément*.

On définirait de même la f. de force magnétique.

Quand on a à faire à une surface finie, il faut faire la sommation pour tous les éléments.

Gauss a démontré que la f. de force à travers une surface fermée a pour v cur 4 π M, en appelant M la somme des masses électriques contenues à l'intérieur de la surface. (La normale doit être menée vers l'extérieur de la surface.)

FLUXION. s. f. [Pr. *flu-ksi-on*] (lat. *fluxio*, m. s., de *fluere*, couler). T. Méd. Afflux d'un liquide et particulièr. du sang, vers le point où l'appelle une cause quelconque d'irritation. *Il faut détourner la f. qui a lieu vers la tête. F. de poitrine.* Nom vulgaire de la Pneumonie. || T. Mathém. *Méthode des fluxions*, Méthode imaginée par Newton pour résoudre certains problèmes qui est identique au fond avec le calcul différentiel. La *fluxion* de Newton ne diffère pas de la *différence* de Leibniz. Voy. INFINITÉSIMAL (*Calcul*).

Méd. — A. *Pathologie générale.* — Un article fluxion n'a de raison d'être que si on prend ce mot dans son sens traditionnel, clinique. Si on cédait aux tendances de la nomenclature contemporaine, il n'y aurait qu'à renvoyer purement et simplement à l'article Congestion. En réalité, la f. n'est pas un dogme conçu de toutes pièces, un *à priori* abstrait ; c'est la synthèse de l'observation clinique. Le terme a pu varier dans sa signification avec les fluctuations des doctrines : cliniquement il subsiste. La fl. est un élément morbide, et par suite un sujet d'indications qu'aucun praticien ne doit négliger. L'élément fl. est une modalité pathologique, élémentaire, de l'unité vivante, en vertu de laquelle l'équilibre habituel de distribution des liquides dans l'économie est rompu au profit d'un organe donné ou d'une série d'organes.

On distinguer différentes espèces de fluxions : des fluxions physiologiques, des fluxions pathologiques ou symptomatiques, des fluxions critiques et des fluxions thérapeutiques. — Les *fluxions physiologiques* sont de deux ordres : 1° celles qui se présentent chez tout individu bien portant par le fonctionnement régulier de son organisme : telles la fl. menstruelle chez la femme, la fl. stomachale pendant la digestion, et, en général, les fluxions que provoque le fonctionnement même de chaque organe, cerveau, glandes, etc. 2° Celles qui ne se présentent que chez un nombre restreint d'individus, par suite d'une complexion particulière de leur organisme et d'une espèce d'habitude prise par l'économie faisant, pour ainsi dire, partie intégrante de leur vie physiologique par droit de domicile : telles les fluxions hémorrhoïdales, les exutoires anciens, les flux rebelles, etc. On a beaucoup exagéré les dangers que présente la suppression brusque de ces fluxions, mais il ne faut pas se jeter dans l'excès opposé et traiter trop légèrement les habitudes contractées par l'organisme. — Les *fluxions pathologiques* peuvent être divisées en deux grandes catégories : celles qui succèdent à un état local et celles qui sont la manifestation directe d'un état primitivement général. Dans ce dernier type, rentre, p. ex., la fl. dans le rhumatisme, dans la goutte, les diathèses, etc. Dans le premier type, le point de départ étant local (poumon, cerveau, etc.), la fl. peut aboutir au point d'où elle est partie ou à un autre point vers lequel elle est sollicitée par une cause quelconque. — Les *fluxions critiques* sont l'élément principal des actes terminaux d'un état pathologique ; la crise ne réside pas dans la congestion, l'hémorrhagie, le flux qui paraissent juger la maladie, mais dans la fl. qui précède et détermine ces phénomènes locaux. — Les *fluxions thérapeutiques* sont provoquées artificiellement par le médecin à l'imitation de la nature. Les agents fluxionnants produisent en général une irritation locale, soit à leur entrée dans le corps, soit à leur sortie de l'économie, et cette irritation locale produit un mouvement fluxionnaire qui a précisément pour aboutissant le premier tissu atteint. Les moyens sont nombreux : *agents fluxionnants de la peau :* vésicatoires, sinapismes, huile de croton, etc ; *agents fluxionnants de l'intestin :* les purgatifs ; *agents fluxionnants de l'appareil utéro-ovarien :* les drastiques, les emménagogues, safran, armoise, rue ; *agents fluxionnants de l'appareil urinaire :* les diurétiques. — Mais nous devons faire remarquer que tous ces agents ne déterminent pas fatalement une f. aboutissant dans tous les cas au même organe ; ils provoquent l'organisme à réaliser une f. vers tel ou tel organe ; la production effective de l'action dépend essentiellement de l'unité vivante.

Nous avons étudié en somme jusqu'ici les conséquences générales des fluxions utiles, dangereuses, salutaires. Il nous reste à étudier leurs conséquences locales, expression visible de la fl. Les plus habituelles sont la douleur, la congestion, l'hémorrhagie, l'hydropisie, l'inflammation, enfin le flux, c.-à-d. les hypersécrétions externes ; tous phénomènes qui peuvent se montrer séparément ou successivement, ou bien se combiner.

En présence d'une fl., le médecin doit se poser deux questions. Faut-il ou non combattre cette fl. ? Par quels moyens ? Il est évident qu'on ne doit pas combattre les fluxions physiologiques et critiques ; les fluxions thérapeutiques anciennes doivent être respectées chez les individus atteints de fluxions pathologiques redoutables ; quand on se décide à intervenir, il faut s'opposer plutôt aux exagérations et aux écarts qu'à l'existence même de ces fluxions. Les fluxions pathologiques mêmes ne doivent pas être traitées dans tous les cas ; dans toutes les maladies où il peut y avoir des métastases ou des répercussions internes, il faut se garder de combattre trop énergiquement les fluxions qui aboutissent à la périphérie, au système cutané. De même certaines fluxions, qui sont en quelque sorte un élément normal de la maladie, ne demandent pas à être traitées, lorsqu'elles ne prennent pas une trop grande intensité. Voilà un aperçu des indications. — Comme méthode thérapeutique, on peut quelquefois, quoique dans une mesure restreinte, combattre directement une fl. pathologique et essayer de la réduire par des moyens thérapeutiques appropriés ; mais le plus souvent, on emploie une méthode plus efficace qui consiste à provoquer sur un autre point une fl. thérapeutique, une contre-fluxion qui détourne la f. vicieuse. Souvent même on essaie simplement de substituer sur place une fl. thérapeutique à la fl. pathologique ; ainsi dans une diarrhée négligée avec phénomènes dysentériques les astringents échouent souvent, si l'on n'a pas recours, dès l'abord, à un purgatif salin.

B. *Fluxion dentaire.* — On donne vulgairement le nom de fl. au gonflement des parties molles de la face et des régions voisines qui survient sous l'influence de certaines lésions de l'organe dentaire : la fl. dentaire rentre donc dans la classe des fluxions symptomatiques. — Elle se présente tantôt comme un accident de dentition précédant ou accompagnant l'éruption des dents du nouveau-né ou l'éruption de dents de sagesse ; mais sa cause la plus ordinaire est la périostite alvéolo-dentaire ; de même encore toutes les altérations organiques du périoste, fongosités, tumeurs, kystes, peuvent produire la fl. ; cependant elle varie d'intensité et de gravité suivant l'état même de la lésion primitive. Son siège anatomique le plus ordinaire est le tissu cellulaire de la face ou des régions voisines ; il s'agit alors d'un phlegmon simple, d'une phlegmasie temporaire du bord alvéolaire, d'une périostite subaiguë simple. Mais l'état inflammatoire est souvent plus profond, il consiste en un certain degré d'ostéite et de périostite simultanées, la f. est la manifestation d'une ostéo-périostite phlegmoneuse du bord alvéolaire ; c'est la forme grave. Enfin un élément nouveau peut s'ajouter, l'envahissement de gaines musculaires, masséter, ptérygoïdiens, amenant la raideur et quelquefois la rétraction absolue de la bouche. La périostite originelle n'est pas nécessairement liée à la carie dentaire ; elle peut être spontanée ou traumatique.

Le processus de la f. se réduit à trois termes : œdème simple dont l'issue est la résolution ; phlegmon circonscrit, d'une gravité moyenne ; phlegmon diffus, très grave. Ces trois états ou mieux ces trois phases d'évolution, bien que pouvant se produire en série successive et régulière, apparaissent aussi isolément et d'emblée. La symptomatologie est variable : dans la forme œdémateuse simple, indolence presque complète, gonflement, l'altération alvéolaire primitive pouvant même passer inaperçu ; dans la forme phlegmoneuse, la douleur se manifeste avec des battements, une sensation de chaleur et de tension, quelques phénomènes généraux, céphalée, frissons qui cessent dès que la collection est constituée ; enfin dans la forme grave, un frisson violent donne le signal, la douleur est aiguë et lancinante ; bref, le tableau est le même que celui des phlegmons diffus en général.

Le traitement est double : 1° Thérapeutique des accidents immédiats, applications émollientes, gargarismes antiseptiques au début, puis ouverture du foyer et drainage ultérieur. — 2° Guérison de la lésion initiale, suppression de débris de racines, de fragments alvéolaires nécrosés, etc.

FLUXIONNAIRE. adj. 2 g. [Pr. *fluk-sio-nère*]. Qui est sujet aux fluxions. || T. Math. Relatif au calcul des fluxions.

FÔ, nom du Bouddha, en Chine.

FOC. s. m. (all. *fock*, m. s.). T. Mar. Voy. VOILE.

FOCAL, ALE. adj. (lat. *focus*, foyer). T. Géom. et Phys. Qui a rapport au foyer. *Distance focale.* || T. Optiq. *Plans focaux*, Plans menés par les foyers principaux perpendiculairement à l'axe optique. — Subst., *La focale*, Courbe qui contient les foyers des rayons réfléchis par une surface concave sphérique — En Géométrie, la courbe lieu des foyers d'une surface de second ordre. Voy. Foyer.

FOCALISATION. s. f. [Pr. *foka-liza-sion*] (R. *focal*). Action de mettre au foyer d'un instrument optique les objets qu'on examine.

FOCOMÈTRE. s. m. (lat. *focus*, foyer, et *mètre*). Instrument destiné à mesurer la distance focale des lentilles.

FODÉRÉ, savant médecin, né à Saint-Jean-de-Maurienne (1764-1835).

FOË (Daniel), publiciste et romancier anglais (1663-1731), auteur des *Aventures de Robinson Crusoë*.

FOEHN. s. m. [Pr. *feu-ne*]. On appelle ainsi, en Suisse allemande et romande, un vent tempétueux, sec et brûlant qui, vers la fin du printemps descend des sommets dans la vallée, débarrassant les hautes vallées de leurs neiges.

FOENNE ou **FOÈNE.** s. f. [Pr. *fou-ène*]. T. Pêc. Voy. Fouine.

FŒTAL, ALE. adj. T. Anat. Qui a rapport au fœtus. *Les enveloppes fœtales.*

FŒTIPARE. adj. (lat. *fœtus*, et *parere*, engendrer) T. Zool. Qui met au monde des fœtus.

FŒTUS. s. m. [Pr. *fé-tus*] (mot lat., m. s., de *feo*, je produis, j'engendre). T. Physiol.

Anat. et Physiol. — Le terme f. est employé pour désigner, dans l'espèce humaine, le produit de la conception à une certaine période de la gestation. Pendant la vie intra-utérine, le germe fécondé en évolution s'appelle successivement embryon et f. Le moment de transition est arbitraire : aussi n'est-il pas le même pour tous les auteurs. Pendant les deux premiers mois, le mot embryon convient sans discussion; mais les uns font commencer la vie fœtale au 3e mois, tandis que d'autres la retardent au 4e. Considérant qu'à la fin du 3e mois seulement, la forme définitive et spécialement humaine est généralement acquise, et la période rudimentaire des principaux organes en partie franchie; considérant enfin que le dernier stade (amniotique) reste seul à parcourir, et que les seules modifications à venir reposent sur le volume, nous étudierons le f. à partir du 90e jour.

A. *Anatomie.* — Il est nécessaire de rappeler cependant

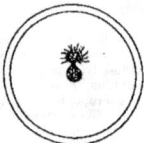
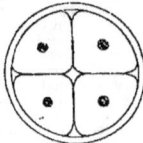

Fig. 1.   Fig. 2.

la formation de l'œuf humain. Après la fusion des deux noyaux mâle et femelle (Fig. 1), le noyau ovulaire se scinde et donne

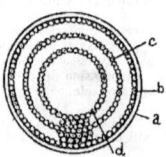
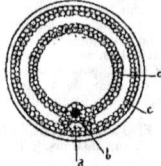

Fig. 3.   Fig. 4.

naissance à deux, puis à quatre (Fig. 2), puis, par une série de dédoublements, à un grand nombre de cellules accumulées

à l'intérieur de l'ovule à l'abri de la membrane vitelline recouverte de villosités. Puis une cavité se forme, contenant une petite collection liquide qui refoule les cellules excentriquement; celles-ci forment alors le *blastoderme*. Trois couches se discernent dans ce blastoderme: *ectoderme*, *mésoderme*, *endoderme*. [Fig. 3. — *a*, membrane vitelline; *b*, ectoderme; *c*, mésoderme; *d*, endoderme]. Bientôt le mésoderme se divise en deux feuillets qui s'accolent aux autres, et il ne reste plus qu'un feuillet externe ou *somatopleure* et un interne ou *splanchnopleure*. Ces deux feuillets ne gardent qu'un point de contact, en arrière, où les cellules entassées formeront le canal médullaire et la *notocorde* ou corde dorsale, future colonne vertébrale. [Fig. 4. — *a*, canal médullaire; *b*, notocorde; *c*, somatopleure; *d*, splanchnopleure.] Puis la somatopleure et la splanchnopleure

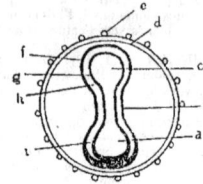

Fig. 5.

subissent un étranglement vers leur partie moyenne, et on reconnaît alors : une partie embryonnaire qui formera le f., une extra-embryonnaire qui formera les enveloppes de l'œuf et le *placenta*, enfin une intermédiaire qui sera le cordon. [Fig. 5. — *a*, partie embryonnaire de l'œuf; *b*, partie intermédiaire de l'œuf; *c*, partie extra-embryonnaire de l'œuf, *d*, membrane vitelline; *e*, villosité choriale; *f*, somatopleure; *g*, splanchnopleure; *h*, cœlome externe; *i*, cœlome interne]. Voy. Embryon.

1. *Partie extra-embryonnaire de l'œuf.* — Cette partie est composée par les somatopleure et splanchnopleure extra-embryonnaires séparées par un espace virtuel (*cœlome externe*) et formant une cavité, dite *vésicule ombilicale*, qui contient les éléments de nutrition de l'œuf jusqu'à formation du placenta, correspondant au jaune de l'œuf des oiseaux. La somatopleure forme des prolongements qui, alliant à la rencontre les uns des autres, constituent deux

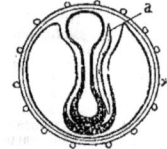

Fig. 6.

membranes: le *chorion* et l'*amnios*. De l'embryon, entre la somatopleure et la splanchnopleure, se développe un bourgeon, l'*allantoïde*, dont la partie embryonnaire va former la vessie et l'*ouraque*, et dont la partie extra-embryonnaire constitue le placenta et une addition au chorion. [Fig. 6. — *a*, progression du bourgeon allantoïdien.] L'allantoïde se développe à mesure que la vésicule ombilicale s'atrophie; elle porte des ramifications vasculaires sur toute la surface du chorion et celles-ci se prolongent jusque dans les villosités qui hérissent la surface de l'œuf. Durant le 3e mois, les villosités s'atrophient, sauf en un point où l'œuf adhère à l'utérus et où elles prennent un développement considérable. Cette région hypertrophiée, où semble se localiser la vie de l'allantoïde, deviendra le placenta. — La vésicule ombilicale continue à s'atrophier. Cette atrophie est complète à la fin du 3e mois, où la nutrition par le placenta devient définitive. L'œuf, pendant l'évolution que nous venons de suivre, est enveloppé et protégé par la muqueuse utérine, qui subit une évolution spéciale la transformant en une nouvelle membrane désignée sous le nom de *caduque*.

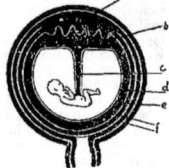

Fig. 7.

En somme, si l'on embrasse d'un coup d'œil la configuration générale de l'œuf, enveloppé par l'utérus. [Fig. 7. — *a*, placenta maternel; *b*, placenta fœtal; *c*, cordon; *d*, amnios; *e*, chorion; *f*, caduque utérine et ovulaire). On voit d'abord la paroi utérine, puis la muqueuse utérine transformée partiellement en caduque, considérablement épaissie au niveau du placenta et divisée dans le reste de l'étendue en deux feuillets, l'un appliqué directement sur l'œuf (caduque ovulaire), l'autre au contour de l'utérus (caduque utérine), feuillets formés aux dépens de la muqueuse qui a emprisonné complètement l'ovule primitivement logé simplement dans un de ses replis. — Au-dessous, se trouve le chorion, considérablement hypertrophié en une région pour constituer le placenta et atrophié au contraire dans le reste de son étendue, où il est enfermé entre la caduque ovulaire et l'amnios. Le placenta, pris à part, est un disque charnu et vasculaire du poids de 500 grammes environ, terminant par une de ses faces le cordon, par l'autre s'accolant à la paroi interne de l'utérus; tandis que sa face utérine est tomenteuse, divisée en lobes et cotylédons, la face fœtale est unie, lisse et présente l'insertion du cordon, au centre ou latéralement le plus souvent, quelquefois sur le bord (insertion marginale); exceptionnellement, le cordon s'insère sur les membranes adjacentes au placenta. Par rapport à l'utérus, le placenta a un siège variable, en général polaire supérieur, assez souvent polaire inférieur ou prævia, rarement équatorial. Sa structure permet d'y distinguer deux parties, le placenta maternel et le placenta fœtal, dont l'union se fait par l'intermédiaire de villosités; ces villosités tantôt sont au contact l'une de l'autre, tantôt sont séparées par des lacs sanguins, sorte d'atmosphère liquide qui les entoure et dont le sang est exclusivement maternel. Il n'y a aucune communication directe entre le sang de la mère et celui du f., mais simple contact médiat à travers un épithélium aplati, par l'intermédiaire duquel se font les échanges physiologiques, échanges qui sont de deux sortes, le placenta jouant un double rôle, respiratoire et nutritif. — Reste seulement la membrane la plus interne, l'amnios, qui renferme le liquide amniotique où nage le fœtus. Ce liquide, dont la source est discutée, apparaît peu après la formation de l'amnios. A terme, son abondance est d'un demi-litre en moyenne; clair et transparent d'abord, il devient ensuite légèrement jaunâtre. — Ses usages sont multiples; outre l'atmosphère mobile qu'il crée au f., il permet par la circulation funiculaire et, pendant le travail, favorise l'ouverture du canal génital.

II. *Partie intermédiaire de l'œuf.* — Le cordon est la tige flexible qui joint le placenta au f. Lisse et blanchâtre à sa superficie, il est généralement tordu sur son axe. Sa longueur est d'environ 50 centimètres, son volume est celui du petit doigt. Il est constitué par une enveloppe amniotique continue, distendue par de la gélatine de Wharton, dans l'épaisseur de laquelle cheminent trois vaisseaux, une veine plus volumineuse et deux artères; tantôt le trajet de ces vaisseaux est parallèle, tantôt ils s'enroulent les uns autour des autres, de façon variable. Le cordon sert de trait d'union entre la mère et le f.; le sang apporté au placenta par les artères ombilicales est remporté au f. par la veine ombilicale, après avoir subi les modifications respiratoires et nutritives au niveau du placenta.

III. — *Partie embryonnaire de l'œuf.* — Le f. lui-même nous reste à étudier. — On reconnaît qu'un f. est à terme

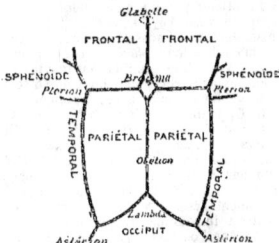

Fig. 8.

d'après un ensemble de signes qui ne peuvent donner qu'une pseudo-certitude. Ce sont les renseignements fournis par la mère au sujet de l'âge probable de la grossesse au moment de l'accouchement, le poids qui est en moyenne de 3 kilog., la longueur de la tête aux pieds qui est de 50 centimètres, le développement des ongles affleurant l'extrémité des doigts, la dimension des poils, la descente des testicules dans les bourses, l'ossification de la tête. Aucun de ces signes n'est positif, mais leur réunion permet une évaluation approximative et la plupart du temps suffisante.

La forme générale du f. pelotonné dans l'intérieur de la cavité utérine est celle d'un ovoïde dont la grosse extrémité

correspond au siège et la petite à la tête: *ovoïde somatique.* Cet ovoïde se décompose en deux secondaires: *céphalique* (tête) et *cormique* (tronc). Le tronc du f. est celui d'un adulte en miniature, mais la tête présente, à l'union des os qui la composent, des solutions de continuité (*sutures et fontanelles*), fort importantes en obstétrique, où elles permettent de diagnostiquer la situation et l'orientation de l'extrémité céphalique. — Les sutures sont la ligne de réunion de deux os voisins, et les fontanelles le confluent de deux ou plusieurs sutures. — Les fontanelles sont au nombre de deux principales ou médianes, le *lambda* ou *fontanelle postérieure* (petite fontanelle) et le *bregma* ou *fontanelle antérieure* (grande fontanelle); deux autres sont latérales et secondaires, l'*astérion* et le *ptérion;* enfin, comme accessoires, il faut signaler deux autres fontanelles médianes, l'*obélion* et la *glabelle.* — Les sutures sont dénommées d'après les os qui les bordent: *suture bipariétale* et *suture bifrontale,* dont l'ensemble est désigné sous le nom de *suture sagittale; suture occipito-pariétale* ou *lambdoïde; suture fronto-pariétale;* et *suture temporo-pariétale* (Fig. 8).

Les irrégularités des deux ovoïdes fœtaux nécessitent la détermination d'un certain nombre de diamètres que l'accoucheur a besoin de connaître. — Pour l'ovoïde céphalique, il faut distinguer les diamètres de la voûte intéressants dans la plupart des accouchements, et les diamètres de la base, qui n'entrent en compte que lorsque le broiement du crâne est effectué et la substance cérébrale évacuée. La voûte du crâne se résume en 3 diamètres: *mento-maximum,* allant du menton à la suture sagittale, un peu en avant du lambda (13 1/2); *bipariétal,* joignant transversalement les deux bosses pariétales (9 1/2); *bitemporal,* étendu d'un ptérion à l'autre (8 1/2). La base se résume également en trois diamètres: *inio-nasal,* allant de l'inion ou protubérance occipitale externe à la racine du nez (11 1/2); *bimalaire,* réunissant les parties les plus éloignées des deux tubérosités malaires (6 1/2); *biastérique,* étendu de l'astérion d'un côté à celui du côté opposé (7 1/2). — Le tronc du f., beaucoup plus irrégulier et aussi beaucoup plus réductible que la tête, présente également différents diamètres, mais qui, à cause de cette malléabilité même, n'offrent qu'une importance secondaire.

B. *Physiologie.* — Restent maintenant à étudier les particularités physiologiques du f.

L'enfant, dans la cavité utérine, présente deux circulations

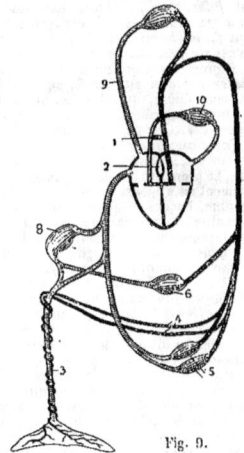

Fig. 9.

distinctes: la première dite embryonnaire, dépendant de la vésicule ombilicale; la seconde dite fœtale, se développant avec la vésicule allantoïde et remplaçant la précédente, c'est la circulation placentaire. Le mieux est de se reporter à la Fig. 9. (Fig. 9. — 1. Canal artériel. — 2. Trou de Botal. — 3. Cordon. — 4. Artères ombilicales. — 5. Membres inférieurs. — 6. Intestin. — 7. Aorte. — 8. Foie. — 9. Veine cave supérieure.)

— 10. Poumon]. La circulation fœtale diffère de la définitive par deux points essentiels : d'abord par l'existence du territoire funiculo-placentaire, qui vient mettre le sang de l'enfant au contact de celui de la mère ; en outre, par la communication de la grande circulation ou aortique avec la petite ou pulmonaire grâce à une double voie : *a*, le trou de Botal, qui relie les deux oreillettes ; *b*, le canal artériel, trait d'union entre l'artère pulmonaire et l'aorte.

La fonction respiratoire comprend trois actes successifs : l'oxygénation du sang qui, chez l'adulte, se fait au niveau du poumon et s'accompagne d'élimination d'acide carbonique ; le transport de l'oxygène dans les tissus par la circulation ; enfin la désoxygénation du sang dont le résultat est la combustion. Seul le premier acte est différent par l'endroit où il se fait, car la modification se passe au niveau du placenta : la respiration fœtale est sanguo-sanguine, non sanguo-aérienne comme chez l'adulte.

La nutrition se fait par l'intermédiaire du sang et du liquide amniotique ; le sang se charge au niveau du placenta des éléments nutritifs du sang maternel : car le placenta filtre les éléments solides, liquides et gazeux ; le rôle nutritif du liquide amniotique est moins bien établi, malgré qu'il renferme de l'albumine et des sels ; il est certainement secondaire.

Au point de vue des sécrétions, la peau fournit un enduit sébacé spécial fort épais : l'intestin sécrète le *méconium*, mélange de bile et de débris cellulaires qui n'est expulsé qu'après la naissance ; les reins fonctionnent et déversent l'urine par l'intermédiaire de la vessie dans le liquide amniotique. La sensibilité et la mobilité existent chez le f. Il est également probable que, pendant la vie intra-utérine, il y a des alternatives de veille et de sommeil.

FOGGIA, ville et province du royaume d'Italie, ancien pays de Naples. La province a 312,900 hab., la ville 40,300.

FOGUE. s. f. (lat. *fuga*, fuite). Passage pour la navette dans la chaîne.

FO-HI ou **FOU-HI**, souverain que les Chinois regardent comme leur premier empereur et législateur (vers 2950 av. J.-C.).

FÖHN. s. m. (Pr. *feun*]. Nom donné, dans la Suisse allemande et romande, à un vent chaud du sud-est.

FOI. s. f. (lat. *fides*). Fidélité, exactitude à tenir sa parole, à remplir ses promesses, ses engagements, etc. *C'est un homme sans f.*, un homme de peu de f., d'une f. douteuse. Sa f. m'est un peu suspecte. S'en remettre à la f. de quelqu'un. Donner un gage de sa f. Manquer de f.* — Par anal., *Laisser l'oiseau sur sa f.*, sign. en T. Faucon. : Lâcher l'oiseau sans filière, quand il est dressé à revenir. || Promesse, assurance de garder fidèlement ce qu'on a promis. *Donner, engager sa f. Garder, tenir sa f. Violer, trahir, fausser sa f. Faire quelque chose contre la f. des traités*, Contre les engagements, les obligations qui résultent des traités. —*F. conjugale*, La promesse de fidélité que le mari et la femme se font mutuellement en s'épousant. — *F. d'honnête homme*, f. de gentilhomme, Façons de parler dont on se sert pour mieux assurer ou attester quelque chose. || *Bonne f.*, se dit de la franchise, de la loyauté dans le caractère, de la droiture dans les intentions, dans la manière d'agir. *Un homme qui a de la bonne f. Il a mis beaucoup de bonne f. dans sa conduite. La bonne f. doit présider à tous nos actes. Je m'en remets à votre bonne f. Soyez donc de bonne f.*, Famil., on dit d'une manière anal., *Y aller à la bonne f.*, tout à la bonne f. et *Agir, traiter à la bonne f.*, De celui qui agit avec franchise sans arrière-pensée. — *F. être de mauvaise f. Il est d'une insigne mauvaise f. Être de mauvaise f. Il est d'une insigne mauvaise f. C'était mauvaise f. de sa part. Cette histoire a été altérée par l'ignorance ou la mauvaise f. — Bonne f.*, se dit particul. de la conviction où est une personne qu'elle agit avec droit, qu'elle a tel droit, qu'elle a raison, etc. Dans le sens contraire, on dit, *Mauvaise f. C'est de la meilleure f. du monde qu'il soutient cette erreur. Un mariage contracté de bonne f. Acquérir, posséder de bonne f. Possesseur de bonne, de mauvaise f. La bonne f. est toujours présumée. C'est à celui qui allègue la mauvaise f., à la prouver. Être dans la bonne f. — En bonne f., de bonne f.*, Façons de parler fam., dont on se sert pour engager une personne à parler franchement et selon sa conscience. *En bonne f., le feriez-vous ? De bonne f., je ne pourrais accepter une pareille proposition.* || *Foi*, se dit aussi de la confiance que l'on a en une personne, ordinairement à cause de l'obligation

qu'elle a contractée, ou en une chose, à cause de l'obligation qui en résulte. *Sur la f. de ses promesses, je m'en rapportai complètement à lui. Il se reposait sur la f. des serments, du contrat, des traités. Il l'a promis sous la f. du serment. — Anéantir la f. de tes oracles* (RACINE). — Par ext., *Sur la f. de*, En se confiant, en croyant à. *Sur la f. de cet oracle, il ne doula plus du succès de l'entreprise. Oseriez-vous le condamner sur la f. de pareils témoins.* — Fig. *Sur la f. des traités*, Selon la confiance établie entre les honnêtes gens. *Je suis venu sur la f. des traités. Il a agi sur la foi des traités.* || Croyance, confiance. *Ajouter f., avoir f. à quelqu'un, à quelque chose, aux paroles, dans les paroles de quelqu'un. Accorder une f. pleine et entière à quelque chose. Un auteur digne de f. Je ne saurais ajouter f. à de pareils propos. La f. due aux actes authentiques.* || *Faire f.*, Faire preuve, prouver. *Ce qui est arrivé depuis peu en fait f. Cette lettre fait f. qu'il est arrivé. Cet acte fait pleine f. de leurs conventions. Ces papiers font f. contre lui.* On dit d'une manière analogue, *En f. de quoi*, En preuve de quoi. *En f. de quoi les parties ont signé.* || T. Jurisp. féod. *F. et hommage*, Voy. FIEF. = Croyance aux enseignements de la religion. *La f. est la première des trois vertus théologales. F. pure, vive, ardente, inébranlable. F. chancelante, languissante. Avoir la f. Être ferme dans la f., dans sa f. Manquer de f. Pécher contre la f. La f. en Jésus-Christ. La f. de l'Eglise a toujours été que... L'objet de la f. Acte de f.*, Prière par laquelle on exprime sa f. — *F. divine*, Celle qui est fondée sur la révélation ; *F. humaine*, Celle qui est fondée sur l'autorité des hommes. — *Profession de f.*, Déclaration publique de sa croyance et des sentiments qu'on tient pour orthodoxes. Par ext., se dit encore de toute déclaration de principes. *Voilà sa profession de f. politique, philosophique, littéraire.* || Par ext., se dit des principes auxquels un catholique est tenu de croire, et de la religion elle-même. *Le dogme de la Trinité est un article de f. Cela est de f. Les lumières, le flambeau de la f. Le symbole de la f. La f. de Jésus-Christ. Mourir pour la f. Les confesseurs de la f. La propagation de la f. Errer dans la f. Renier la f. de ses pères, renier sa f.*, ou absol., *la f. Renoncer à sa f. Changer de f. — N'avoir ni f. ni loi, Être sans religion, sans morale.* — Fam., *Croire une chose comme un article f.*, La croire fermement. *Ce n'est pas article de f.*, se dit d'une chose qui ne mérite ou ne paraît pas mériter de créance. — Fig., *Planter la f. dans un pays*, Y introduire la religion chrétienne. || Par ext., se dit, en philosophie, de la croyance aux principes premiers qui ne sont susceptibles d'aucune démonstration. *La croyance à l'existence du monde extérieur est un véritable acte de f.* Voy. CERTITUDE. || T. Optiq. *Ligne de f.*, Axe optique d'une lunette, passant par le centre optique de l'objectif et le centre des fils du réticule sur le prolongement duquel doit se trouver le point qu'on vise. Voy. LUNETTE. || T. Mar. *Ligne de f.*, Ligne fixe, dans une boussole marine, tracée au fond de la boîte et qu'on doit tenir placée dans la direction de la quille du navire. Voy. BOUSSOLE et NAVIGATION. *Ma f., par ma f.*, Façons de parler fam., dont on se sert abusiv., Lorsqu'on affirme, lorsqu'on avance, lorsqu'on reconnaît quelque chose. *Ma f., je ne saurais vous le dire. Il a, ma f., raison. Par ma f., nous allons voir.* On dit dans le même sens, *Jurer sa f.* = Syn. Voy. CROYANCE.

Théol. — Les théologiens définissent la **Foi** une vertu surnaturelle par laquelle nous croyons fermement tout ce que Dieu a révélé à son Eglise, parce qu'il est la vérité même. Elle est absolument nécessaire au salut : car, ainsi que le dit saint Paul, « il est impossible de plaire à Dieu sans la f. ». La f. habituelle que l'on reçoit par le baptême suffit aux enfants et à ceux qui n'ont jamais eu l'usage de la raison ; mais, hors de ces deux cas, on doit croire tout ce que croit et enseigne l'Eglise. Toutefois il n'est pas nécessaire que la f. soit explicite ou particulière en tout ; à l'exception des principales vérités que nul ne peut ignorer sans danger pour le salut, il suffit, pour les simples fidèles, que la f. soit implicite ou générale. Ainsi, la religion catholique enseigne que, pour un adulte, il est nécessaire au salut de savoir, et par là même de croire explicitement qu'il n'y a qu'un seul Dieu en trois personnes ; que Dieu le Fils, la seconde personne, s'est fait homme et est mort sur la croix pour nous sauver ; que nous avons une âme immortelle; qu'il y a un paradis pour récompenser les bons et un enfer pour punir éternellement les méchants qui meurent dans l'impénitence finale. Mais il ne suffit pas pour le chrétien d'avoir la f. habituelle qu'il tient du baptême, il est, en outre, obligé de faire de temps en temps des actes de f., particulièrement quand il a l'usage parfait de la raison et qu'il est assez instruit des vérités de la religion, quand il est tenté contre la f. ou qu'il est obligé de la professer extérieurement ; et quand il est en danger de mort. Il importe de remarquer que, pour faire des actes de f., il n'est pas nécessaire de réciter les formules qui portent ce nom. Celui qui fait le signe de la croix, qui entend la messe, qui adore J.-C. dans l'Eucharistie, fait par là même autant d'actes de f. Enfin, pour satisfaire aux obligations qu'impose la foi, l'Église catholique exige des fidèles non seulement qu'ils fassent des actes intérieurs de f., mais encore qu'ils la professent extérieurement, fût-ce même au péril de leur vie. Cependant, ce n'est pas abjurer la f. que de se cacher ou de fuir en temps de persécution : c'est au pasteur seul qu'il est interdit de fuir et d'abandonner son troupeau, lorsque sa présence est nécessaire pour le mettre en garde contre l'erreur.

Les diverses sectes protestantes varient beaucoup sur l'importance qu'elles attribuent à la f., et sur l'importance relative de la *foi* et des *œuvres*. Voy. PROTESTANTISME.

FOIBE. s. f. Gouffre en forme d'entonnoir ou de puits que présentent certains plateaux istriotes.

FOIBLE et ses dérivés. Voy. FAIBLE, etc.

FOIE. s. m. (lat. *ficatum* [sous-entendu *jecur*], foie d'oie ou de porc engraissé avec des figues). T. Anat. Voy. ci-après, || T. Cuisine. Foie de certains animaux employé comme aliment. *F. de veau piqué.* — *F. gras*, Foie d'oie ou de canard hypertrophié et ayant subi une sorte de dégénérescence graisseuse par suite d'une méthode spéciale d'alimentation et de l'immobilité à laquelle on oblige le volatile. *Terrine, pâté de f. gras.* || T. Pharm. *Huile de f. de morue*, Huile extraite du foie de morue, employée comme tonique en médecine. || T. Méd. vét. *Pourriture du f.*, Nom donné à la cachexie aqueuse des bêtes à cornes. || *Fig.* Il a *le f. blanc*, Il ne fait rien comme les autres.

Anat. — 1. *Conformation extérieure.* — Le f., le plus volumineux des viscères, est un organe glanduleux auquel est dévolue la double fonction de sécréter la bile et de produire une espèce de sucre connu des chimistes sous le nom de *glucose*. Le sucre, à mesure de sa production, passe dans les radicules des veines hépatiques, qui le transportent au cœur, d'où il se répand dans tout l'organisme ; quant à la bile, elle se déverse dans le duodénum par un système propre de canaux.

Le f. est situé dans la partie supérieure de la cavité abdominale, au-dessous du diaphragme, au-dessus de l'estomac et de l'intestin ; il répond à l'hypochondre droit, une grande partie de l'épigastre et la partie la plus élevée de l'hypochondre gauche. Il est maintenu en position par la veine cave inférieure, à laquelle le relient les sus-hépatiques, par la veine ombilicale et le cordon fibreux qui la remplace chez l'adulte (*ligament rond*), et par un certain nombre de replis péritonéaux, désignés sous le nom collectif de ligaments du f. (*ligament suspenseur, ligament coronaire, ligaments triangulaires, épiploon gastro-hépatique, ligaments hépato-rénal et hépato-colique*). — Le f. est de beaucoup le plus pesant des viscères, 1,450 à 1,500 grammes, et son diamètre transversal atteint 24 à 28 centimètres, sur 18 à 20 d'avant en arrière et 6 à 8 de hauteur. — Sa coloration est d'un rouge brun légèrement granité ; sa consistance est assez grande, il ne se laisse pas déprimer par le doigt et cependant il est extrêmement friable.

La forme de cet organe est fort irrégulière. Néanmoins on peut le considérer comme un ovoïde à grand axe transversal et à grosse extrémité dirigée à droite, dont on aurait retranché la portion inférieure gauche. — *La face antéro-supérieure* est convexe et lisse ; limitée en arrière et latéralement par le ligament coronaire et les ligaments triangulaires droit et gauche ; divisée d'avant en arrière en deux parties inégales par le ligament suspenseur, se rapportant l'une au lobe droit, l'autre au lobe gauche du f. Cette face n'est séparée des poumons et du cœur que par le diaphragme ; par rapport à la paroi thoracique, le viscère remonte en haut et à droite jusqu'à la 5me côte et atteint en bas le rebord des fausses côtes, mais sans le dépasser. — *La face postéro-inférieure* est concave et accidentée. Elle présente à première vue deux sillons antéro-postérieurs : le gauche est le *sillon de la veine ombilicale et du canal veineux* ou sillon longitudinal du f. ; le droit est le *sillon de la vésicule biliaire et de la veine cave*. Ces deux sillons divisent la face inférieure du f. en trois zones, une moyenne, deux latérales. La zone moyenne présente un sillon transversal, unissant comme la barre d'un H les

deux sillons précédents : c'est le *sillon transverse* ou *hile du f.*, où se rencontrent presque tous les organes qui vont au f. ou en partent : veine porte, artère hépatique, vaisseaux lymphatiques, canaux biliaires, filets nerveux ; en avant du sillon transverse, la zone moyenne prend la figure d'une surface quadrilatère qu'on nomme *lobe carré du f.* (*éminence porte antérieure*), et en arrière un lobule irrégulier, lobule de Spiegel (*éminence porte postérieure*). — La zone latérale droite comprend la partie de la face inférieure du f. située à droite du sillon de la vésicule biliaire et de la veine cave ; on y remarque trois facettes, empreintes de différents organes : une facette antérieure, empreinte colique ; une facette moyenne, empreinte rénale ; une facette postérieure, empreinte surrénale. — La zone latérale gauche comprend toute la portion de la face inférieure située à gauche du sillon de la veine ombilicale et du canal veineux ; elle est légèrement concave

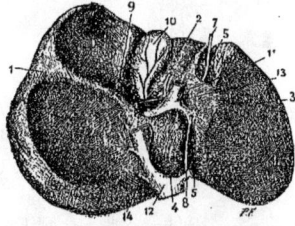

Fig. 1.

et répond à l'estomac (empreinte gastrique) [Fig. 1. *Face inférieure du foie.* — 1. Lobe droit. — 2. Lobe carré. — 3. Lobe gauche. — 4. Lobe de Spiegel. — 5. Sillon longitudinal. — 6. Canal cholédoque. — 7. Veine ombilicale oblitérée. — 8. Vestige du canal veineux d'Arantius. — 9. Hile du foie. — 10. Vésicule biliaire. — 11. Artère hépatique. — 12. Veine cave inférieure. — 13. Veine porte. — 14. Veine hépatique.

II. *Structure.* — Au point de vue de sa constitution anatomique, le f. présente à étudier : des enveloppes, un tissu propre, un système de conduits où chemine la bile, des vaisseaux et des nerfs.

Le f. possède deux enveloppes superposées. La superficielle est formée par le péritoine qui forme un certain nombre de replis, rattachant le f., soit à la paroi abdominale, soit aux viscères voisins, et contribuant ainsi à le maintenir en position. Nous avons déjà énuméré ces ligaments péritonéaux. — L'enveloppe profonde ou tunique propre du f. est de nature fibreuse : c'est une membrane fort mince, demi-transparente, jouissant malgré sa minceur d'une certaine résistance, adhérant extérieurement d'une façon intime au péritoine, envoyant au sein du tissu hépatique de fines cloisons conjonctives, se réfléchissant au niveau du hile pour remonter dans le f. en formant des gaines cylindriques communes aux différents canaux ; cette portion réfléchie, intra-hépatique, porte le nom de *capsule de Glisson*.

Le tissu propre du f. est constitué par une infinité de corpuscules arrondis de 1 à 2 millimètres de diamètre, qui donnent à l'organe un aspect granuleux : ce sont les *lobules hépatiques*, grains dont le centre et la périphérie sont souvent de couleur différente, l'un jaune et l'autre rouge, différence qui tient simplement aux variations de réplétion sanguine des vaisseaux centraux et périphériques. — Entre les lobules se trouvent certains intervalles dits espaces interlobulaires ou de Kiernan, où se trouve un stratum conjonctif issu de la capsule de Glisson. Le lobule hépatique se compose essentiellement de vaisseaux de diverse nature, d'éléments cellulaires et des origines des canaux vecteurs de la bile. — Les *vaisseaux* se distinguent en *efférents*, branches de la veine porte et de l'artère hépatique, émanées des espaces interlobulaires, et en *afférents*, aboutissant à une veine centrale ou veine intralobulaire, branche d'origine des veines sus-hépatiques. [Fig. 2. *Schéma d'un segment de lobule hépatique.* — 1. Veine porte interlobulaire. — 2. Veine intralobulaire. — 3. Capillaires intralobulaires. — 4. Artère interlobulaire. — 5. Canal biliaire interlobulaire. — 6. Ramifications du canal biliaire. — 7. Cellule hépatique.] — Entre les mailles du réseau capillaire que forment les vaisseaux dans le lobule se trouvent *les cellules hépatiques*, éléments polyédriques formés d'une masse protoplasmique contenant un noyau ; le protoplasma est constitué par de fines trabécules entrecroisées, et les vacuoles qui en résultent sont remplies d'une masse amorphe, se colorant en brun acajou sous l'action de l'iode ; c'est la matière glycogène. — Enfin les *canaux biliaires* tirent leur origine d'un système capillaire réticulé, contenu dans le lobule compris entre les cellules ; ils sont disposés de façon qu'ils ne viennent jamais au

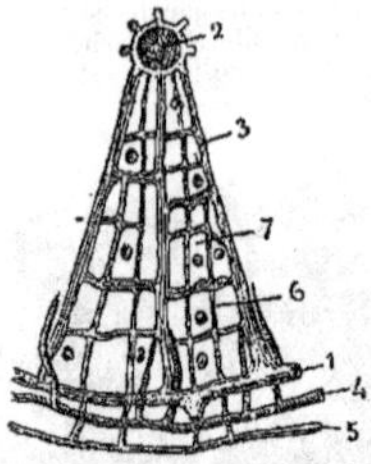

Fig. 2.

contact des vaisseaux capillaires sanguins et que leur direction soit toujours perpendiculaire à celle de ces derniers. Au sortir du lobule, les canalicules biliaires se jettent dans les espaces interlobulaires, formant des conduits interlobulaires, dont les anastomoses et la réunion constituent les canaux biliaires proprement dits : ceux-ci se dirigent vers le hile du f. et se réunissent entre eux de manière à former des collecteurs de moins en moins nombreux qui aboutissent à l'unique canal hépatique.

Cette description montre l'importance de la vascularisation du f. D'une part, il reçoit deux gros vaisseaux, la veine porte et l'artère hépatique, auxquels il faut ajouter, chez le fœtus, la veine ombilicale ; d'autre part, il émet des veines et des lymphatiques. — *La veine porte* amène au f. le sang veineux recueilli par elle dans la portion sous-diaphragmatique du tube digestif, dans le pancréas et dans la rate, secouru dans ce travail par plusieurs petits groupes de *veines portes accessoires*. — *L'artère hépatique* est une branche du tronc cœliaque. — Quant à *la veine ombilicale*, c'est un organe transitoire, fœtal ; elle a pour fonctions, tant qu'elle reste perméable, d'apporter au f. et à la veine cave inférieure le sang artériel qu'elle recueille dans les réseaux placentaires : le canal de communication avec la veine porte remplit le premier but, tandis que le canal veineux, dit *canal d'Arantius*, aboutit à la veine cave inférieure. — Les veines sus-hépatiques, aboutissant à des veinules intra-lobulaires, se dirigent toutes vers la gouttière plus ou moins profonde que présente le bord postérieur du f. pour loger la veine cave inférieure : elles s'échappent du f. au niveau de cette gouttière, et immédiatement après s'ouvrent dans la veine cave. — *Les lymphatiques*, tout en ayant la même origine, se divisent en superficiels et profonds : les uns et les autres ont les aboutissants les plus divers, canal thoracique, ganglions sus-diaphragmatiques, ganglions pancréatiques, ganglions du hile, etc. — Quant aux *nerfs du f.*, ils proviennent de deux sources : du *pneumogastrique gauche* et du *plexus solaire*.

III. *Appareil excréteur.* — Nous savons déjà qu'au niveau du hile, les conduits biliaires intra-hépatiques sont réduits à deux ou trois canaux seulement, et se jettent dans un conduit excréteur unique qui vient s'ouvrir d'autre part dans la deuxième portion du duodénum. Un peu au-dessous de son origine, il donne naissance sur sa face latérale droite à un conduit récurrent, le *canal cystique*, qui bientôt se renfle en un volumineux réservoir, la *vésicule biliaire*, destinée à recevoir et à emmagasiner la bile dans l'intervalle des digestions. Le canal cystique, en se branchant sur le conduit excréteur commun, divise ce dernier en deux portions : une portion supérieure, située au-dessus, appelée *canal hépatique* ; une portion inférieure, *canal cholédoque*. — Le canal hépatique naît dans la partie droite du sillon transverse, long de 3 à 4 centimètres suivant l'origine du cystique, oblique en bas et à gauche. — La vésicule biliaire est un réservoir membraneux, piriforme, à grosse extrémité inférieure et antérieure ; on lui distingue trois portions : le fond qui déborde légèrement le f. et se trouve en contact avec la paroi abdominale au niveau de l'extrémité antérieure du dixième cartilage costal droit, une partie moyenne ou corps, et une portion supérieure ou col, de forme flexueuse, et dont la cavité, dite *bassinet*, présente au moins une valvule qui sert de seuil à la poche vésiculaire. Cette vésicule a sa paroi formée de trois tuniques, séreuse, cellulose et muqueuse, la cellulose contenant des fibres musculaires lisses entrecroisées ; elle est pourvue d'un riche réseau vasculaire (artère cystique, groupe cystique des veines portes accessoires), d'un réseau lymphatique complet, et de filets nerveux qui émanent du plexus solaire. — Le canal cystique fait suite au bassinet de la vésicule, et, se dirigeant obliquement en bas et à gauche vient s'ouvrir dans le canal cholédoque ; il est muni sur la face interne de sa paroi de valvules semi-lunaires, *valvules de Heister*, qui opposent un obstacle au cathétérisme par la vésicule biliaire ; à signaler dans la texture des parois la présence de fibres musculaires longitudinales. — Le canal cholédoque (χολή, bile ; δοχὸς, qui contient) résulte de la réunion des deux canaux cystique et hépatique. Continuant la direction de ce dernier, il se porte obliquement de haut en bas, d'avant en arrière et de droite à gauche ; finalement, il s'ouvre à la partie postéro-interne de la deuxième portion du duodénum, dont il perfore obliquement les tuniques, débouchant dans un petit réservoir qui lui est commun avec le canal pancréatique, c'est l'*ampoule de Vater*. La paroi de ce canal est doublée d'un plan irrégulier de fibres musculaires lisses.

IV. *Anatomie comparée.* — Dans toutes les divisions du règne animal, le f. est un des organes sécréteurs qui font le plus rarement défaut, ce qui fait présumer de son importance. Chez les mammifères, il est toujours volumineux ; mais le nombre de ses lobes varie selon les espèces et quelquefois dans la même espèce ; le chat, par ex., en a de deux à sept. Chez les oiseaux, le f. a de plus fortes proportions encore : il occupe une grande partie du thorax, aussi bien que la partie supérieure de l'abdomen, ces deux cavités étant en communication directe. Chez les reptiles et les poissons, le volume est très considérable, mais la consistance en est molle. L'huile, retirée du f. de la morue, de la raie, etc., est d'un emploi journalier en thérapeutique ; elle rend de grands services pour les strumeux. — Dans la classe des insectes, le f. est remplacé par des tubes longs et déliés qui flottent dans l'intérieur de l'abdomen et débouchent dans le ventricule chylifique ou troisième estomac. Ces vaisseaux biliaires tiennent aussi lieu de glandes urinaires, car on y trouve de l'acide urique. Quelques arachnides, les scorpions, par ex., ont un véritable f. composé de quatre grappes glanduleuses ; mais, en général, on trouve, dans cette classe, de simples tubes qui sont analogues aux vaisseaux biliaires des insectes, et qui s'ouvrent dans l'intestin, près de l'anus. Cette dernière disposition s'observe aussi chez quelques crustacés ; néanmoins on trouve ordinairement chez ces animaux un f. très volumineux, divisé en plusieurs lobes, et composé d'une multitude de petits tubes terminés en cul-de-sac, et groupés autour d'un canal excréteur ramifié, dont l'extrémité s'ouvre de chaque côté dans l'intestin, près du pylore. Dans l'embranchement des mollusques, le f. est très volumineux et ressemble même beaucoup, pour l'aspect, à celui des animaux supérieurs. Enfin chez les êtres d'une organisation plus simple, il est représenté par des tubes déliés qui entourent une portion de l'intestin ; quelquefois même il fait totalement défaut. — Quant à la vésicule biliaire, on la rencontre dans les cinq classes de l'embranchement des vertébrés ; elle est à peu près constante dans les espèces qui se nourrissent de matières animales ; mais elle manque souvent dans celles qui vivent de végétaux.

Physiol. — Le rôle du foie dans l'économie est multiple ; mais deux fonctions sont prédominantes, la fonction biliaire et la glycogénique.

1° *Fonction biliaire.* — La bile doit être recueillie par une fistule pratiquée au fond de la vésicule, à travers la paroi abdominale, car elle s'altère rapidement dans le cadavre. C'est un liquide filant qui n'est point vert normalement, comme le feraient croire les autopsies (altération par le sue gastrique) ; c'est (vésicule) ou les vomissements (altération par le sue gastrique) ; la bile est jaune chez tous les mammifères (sclérotique des ictériques) ; elle n'est verte que chez les ovipares. Sa réaction est neutre ou très légèrement alcaline ; sa saveur est sucrée, puis amère, son odeur musquée, quand on la chauffe ; son poids spécifique est de 1,020 à 1,032. En vingt-quatre heures, on recueille de 1,200 à 1,300 grammes de bile : sa sécrétion est d'ailleurs rémittente, devenant plus abondante vers la fin de la digestion. — La composition de la bile se résume en une dissolution dans l'eau de trois éléments différents : les sels, la cholestérine et la matière colorante, 85 parties d'eau pour 15 parties solides. Les sels de la bile sont représentés par une combinaison de soude avec deux acides gras, l'acide cholique et l'acide choléique; ce sont donc le cholate et le choléate de soude; on désigne aussi ces acides sous les noms de taurocholique et de glycocholique, parce qu'ils sont constitués tous deux par un acide unique, l'acide cholalique, uni dans un cas au glycocolle, dans l'autre à la taurine. Chez les poissons, ces acides sont combinés, non à la soude, mais à la potasse. On fait dériver l'acide cholalique des corps gras à cause de ses analogies avec l'acide oléique; quant au glycocolle, c'est un corps azoté, à saveur sucrée, dérivant des substances collagènes, d'où le nom de sucre de gélatine; la taurine est également un principe azoté, mais de plus elle contient du soufre. Voy. Cholalique, Choléique, Cholestérine, Cholique. — La cholestérine est rangée par les chimistes dans la classe des alcools, parce qu'en se combinant aux acides elle donne des composés analogues aux éthers; insoluble dans l'eau, elle est soluble dans la bile, grâce à la présence du choléate de soude, et ce fait explique la formation des calculs de cholestérine, lorsque le sel nécessaire à sa solubilité est en quantité insuffisante. — La matière colorante est essentiellement représentée par la bilirubine (dite aussi bilifulvine), matière très analogue au pigment sanguin (hématoïdine) dont elle dérive; elle se décompose et se précipite très facilement et donne alors des matières colorantes diverses, désignées sous les noms de biliverdine, biliprasine, etc.; c'est surtout la couleur verte que l'on rencontre dans la bile altérée. Voy. Bilirubine et Biliverdine.

Les propriétés de la bile et son rôle dans la digestion sont encore à l'étude. Lorsqu'on détourne la bile de son cours par une fistule, l'animal maigrit; l'absorption se fait incomplètement, surtout celle des matières grasses que l'on retrouve presque en totalité dans les excréments. En outre, le système pileux est en souffrance; les poils se sèchent, s'atrophient et tombent, ce qui s'explique par la perte considérable de soufre que subit l'organisme dans ces conditions, le soufre étant d'une grande importance pour tous les éléments de l'épiderme.

Mais comment peut agir la bile qui n'est versée dans l'intestin que lorsque son contenu est déjà loin, vers l'iléon, en grande partie absorbé? Ce seul fait annule bien des hypothèses : la bile, malgré son alcalinité, ne peut neutraliser le chyme acide déjà passé; elle ne peut émulsionner les graisses, ni les dédoubler. Certains ont considéré cette sécrétion comme un excitant de la muqueuse et du muscle intestinal; or l'expérience est en contradiction avec cette hypothèse. Elle semble seulement s'opposer à la fermentation putride du contenu intestinal. En réalité, sa fonction ne se réduit pas à ce rôle secondaire; ce n'est pas non plus uniquement un liquide excrémentitiel. L'observation a montré que, lorsque l'épithélium, qui a servi au passage du chyme, commence à se flétrir et à se desquamer, la bile se modifie: sa matière colorante se précipite et va colorer les fèces, de même la cholestérine; le reste de la bile semble disparaître dans les parois intestinales et être résorbé, mais non en nature, car on ne retrouve pas ses acides dans le sang. Cet ensemble de faits, et le fait bien connu de la bile dissout très vite tous les éléments cellulaires, enfin cette circonstance que la plus grande activité de la desquamation épithéliale coïncide avec le contact de la bile, autorisent à conclure que l'arrivée et l'action de la bile sont en rapport avec cette chute des épithéliums; elle produit un véritable balayage de cet atelier où vient de se produire le travail si laborieux de l'absorption, et reconstitue de nouveaux organes épithéliaux prêts à un nouveau fonctionnement. La non-absorption des graisses, chez les animaux privés de bile, est une preuve de plus, car cette absorption est la plus laborieuse; c'est celle qui exige le plus d'activité de la part de l'épithélium.

2° *Fonction glycogénique.* — La glycogénèse a été révélée par les travaux de Cl. Bernard. Il établit le premier que les organismes animaux peuvent former du sucre comme les végétaux, et non seulement les herbivores, mais les carnivores : on en trouve à peine des traces dans la veine porte, tandis que, dans les veines sus-hépatiques, il y en a une quantité relativement considérable. Il montra en même temps que ce sucre ne provient pas par emmagasinement d'une alimentation antérieure, mais qu'il existe dans le f. en dehors de l'alimentation. Cette fonction ne commence chez le fœtus qu'à l'âge de trois ou quatre mois, le rôle étant rempli auparavant par le placenta. — Cl. Bernard reconnut bientôt qu'il ne se forme pas directement du sucre, mais une *matière glycogène*, ana-

logue à l'amidon et qui se transforme en glucose par les mêmes agents. Cette transformation se produit dans l'organisme sous l'influence d'un ferment qui se produit dans le f. ou qui y est amené par le sang. Cette matière glycogène est encore appelée inuline. Le sucre, produit sous l'influence du ferment découvert par Cl. Bernard, est versé dans le sang, et ne tarde pas à disparaître, soit brûlé dans le poumon, soit détruit par oxydation ou par tout autre mode. Aussi n'en reste-t-il que fort peu dans le sang; mais, toutes les fois que la quantité de sucre formée est trop considérable et n'est pas entièrement détruite, il y a glycémie; et si cette quantité est supérieure à 3 p. 100 du résidu solide du sang, ou s'il y en a plus de 2 à 3 grammes par kilogramme de l'animal, alors le sucre est excrété par les reins, la glycémie se révèle par la glycosurie, par le diabète.

Le f. n'est pas seulement producteur du sucre; il est encore l'organe régulateur de la distribution dans le sang du sucre absorbé par l'intestin : il l'emmagasine, le transforme, puis le restitue sous forme de glucose (sucre de f.). Ce fait peut être démontré expérimentalement à l'aide de la ligature de la veine porte qui supprime la régulation. — L'exagération de la production du sucre, et toutes les conséquences qui en dépendent, peuvent être réalisées artificiellement de bien des manières : l'injection de matières irritantes dans la veine porte, l'absorption de certaines substances toxiques, curare, chloroforme, matières putrides, etc. — De toutes les conditions expérimentales, la plus intéressante est celle qui résulte des modifications particulières portant sur le système nerveux. Cl. Bernard a découvert qu'une piqûre pratiquée sur le plancher du quatrième ventricule, chez un lapin, par ex., entre les racines des nerfs acoustiques et celles des nerfs pneumogastriques, provoque au bout de peu de temps (une heure environ) l'apparition du sucre dans les urines. Cette glycosurie est due à un travail hépatique : car l'ablation du f. ou sa suppression physiologique expérimentale font cesser ce phénomène. Quant à la voie nerveuse qui relie le quatrième ventricule au f., c'est, sans aucun doute, le grand sympathique. Le mode d'action de la piqûre a d'ailleurs été soigneusement déterminé : cette action est double, se traduisant d'abord par une irritation locale, d'où suractivité circulatoire des viscères abdominaux; à cette irritation succède une paralysie due à l'altération du centre par l'hémorrhagie consécutive.

Pathol. — Les fonctions du foie sont multiples, nous l'avons vu : toutes appartiennent à la cellule hépatique même, dont l'intégrité absolue est nécessaire pour assurer l'ensemble de ces fonctions. La perturbation de ces diverses fonctions constitue l'insuffisance hépatique, dont on conçoit la gravité. Le f. cesse de produire des pigments biliaires vrais, fabrique de l'urobiline, ne fournit plus de glycogène, et, partant, laisse passer les matières sucrées et amylacées sans les utiliser; il ne produit plus de l'urée, diurétique par excellence et peu toxique, mais des produits de désassimilation beaucoup plus toxiques; il ne transforme qu'insuffisamment les peptones et les graisses, etc. Dénutrition rapide par élaboration incomplète des substances nutritives, danger de l'intoxication par la production et l'absence de destruction de substances toxiques : tels sont les résultats; tant que fonctionne le rein, il élimine en grande partie les poisons que n'a pu détruire le f., mais cette élimination même altère les cellules rénales, et bientôt apparaissent les accidents de l'urémie hépatique, de l'ictère grave, terminaison fréquente, habituelle d'un grand nombre de maladies du f.

1° *Congestion du foie.* — Il est difficile de tracer les limites qui séparent la congestion de l'inflammation; l'hyperhémie active conduit presque sans transition à l'hépatite, surtout quand elle est provoquée par une action directe de l'agent toxique ou infectieux.

2° *Hépatites.* — Les hépatites sont généralement sous la dépendance de microbes pyogènes qui ont pénétré par les vaisseaux sanguins ou lymphatiques, ou par les voies biliaires. On rencontre ainsi des abcès, dits métastatiques, au cours des pyohémies; de grands abcès, parmi lesquels les abcès dysentériques ou tropicaux sont à coup sûr les plus fréquents et les plus intéressants, et qui sont surtout observés aux colonies ou parmi les émigrés de retour. L'évolution de ces abcès est quelquefois lente, mais toujours inquiétante: ils peuvent s'ouvrir à travers la paroi abdominale, dans le tube digestif, dans les bronches, dans la plèvre, dans le péritoine, donnant lieu à des accidents multiples. Actuellement les méthodes de traitement ont beaucoup diminué la mortalité; mais elles ne peuvent être judicieusement appliquées qu'après un diagnostic exact souvent difficile à établir.

3° Le mot *cirrhose,* créé par Laënnec, s'applique aujourd'hui aux états pathologiques du f. qui s'accompagnent d'une prolifération de tissu conjonctif fibroïde ou fibreux, généralisée à toute la glande. Toute sclérose est une lésion consécutive, subordonnée à une irritation préalable. Une cirrhose n'est définie avec précision que quand on en connaît trois termes : l'agent pathogène initial, sa voie d'apport et par suite la topographie des lésions conjonctives réactionnelles, enfin le mode d'évolution de ces lésions. Les cirrhoses peuvent être vasculaires (toxiques, infectieuses ou dystrophiques), biliaires (par rétention biliaire ou inflammation des radicules) ou enfin capsulaires (par suite d'une péritonite locale ou généralisée). Telle est la classification la plus scientifique qu'on puisse donner, et les anciennes divisions basées sur les lésions microscopiques (cirrhoses atrophique et hypertrophique) ou sur l'étiologie apparente (alcoolisme, etc.) ne subsistent plus dans la pathologie moderne. A cet ensemble on peut ajouter la cirrhose d'origine cardiaque, désignée communément sous le nom de *f. cardiaque.*

4° *Dégénérescences.* — Les dégénérescences du f. comprennent toutes les altérations de la cellule hépatique qui s'accompagnent d'une diminution de sa vitalité et peuvent aboutir à son atrophie et à sa mort. C'est ainsi qu'on a décrit : la tuméfaction trouble, l'état granuleux ou granulo-graisseux, l'atrophie simple, la tuméfaction transparente, la dégénérescence vitreuse, la nécrose de coagulation. Ces lésions cellulaires rentrent comme élément anatomo-pathologique important dans les différentes maladies du f., mais certaines méritent, par leur fréquence, leur développement prépondérant ou leur caractère spécial, une description particulière : ce sont les dégénérescences graisseuse, pigmentaire et amyloïde.

5° La tuberculose hépatique n'offre qu'un intérêt anatomique et nullement clinique. On y rencontre deux ordres de lésions, des lésions inflammatoires et des lésions dégénératives.

6° La syphilis hépatique est fréquente, héréditaire ou acquise. Chez le nouveau-né, elle est d'un pronostic grave et s'accorde surtout avec les signes de cachexie concomitants. Chez l'adulte, le début échappe à l'observateur et la terminaison est variable.

7° Les hydatides du f. occupent une place importante dans l'histoire pathologique de cet organe. Ils résultent du développement de l'embryon du Taenia echinococcus. Les kystes sont uniques ou multiples, et peuvent produire des complications redoutables, rupture, suppuration, etc.

8° Le cancer du f. est généralement secondaire (7 fois sur 8), le plus souvent consécutif à un cancer de l'estomac : aussi le pronostic est-il toujours fatal et sans rémission.

9° L'ictère est un symptôme et non une entité morbide : c'est le symptôme le plus apparent des maladies du f., la jaunisse. Ce n'est qu'un symptôme révélateur sous lequel il faut chercher un état morbide précis. Les dénominations employées d'ictère catarrhal, ictère primitif ou essentiel, ictère bénin, ictère grave, etc., ne sont que des modalités anatomo-cliniques de trois grands processus : gêne de la circulation biliaire, infection, intoxication. Encore ces processus se succèdent ou se combinent et peuvent se réduire à deux ; l'obstacle au cours de la bile et l'altération fonctionnelle ou anatomique de la cellule hépatique. — En résumé, l'ictère est un syndrome que caractérisent la coloration des téguments et des muqueuses par les pigments normaux ou modifiés de la bile et la présence de ces mêmes pigments dans les urines. C'est par abus des termes qu'on n'étudie côte à côte les types très différents qui répondent aux dénominations que nous avons énumérées plus haut.

10° *Lithiase biliaire.* — C'est une des lésions les plus communes dans l'espèce humaine : elle consiste dans la formation de calculs, dit cholélithes, que l'on rencontre surtout dans la vésicule biliaire et dans les canaux les plus fins du réseau intra-hépatique. Les uns sont formés de cholestérine, les autres de bilirubine, et leur présence est susceptible de produire des accidents les plus graves : si la lithiase est aseptique, accidents de migration (colique hépatique) ou accidents d'obstruction (ictère chronique, tumeur biliaire) ; si la lithiase est septique, accidents locaux (catarrhe, suppuration, fistules biliaires) ou accidents généraux, caractérisés par l'infection sanguine, éphémère et bénigne, ou durable ou mortelle.

De tout ceci ressort l'importance considérable du f. au point de vue anatomique, physiologique et pathologique.

Chimie. — Les anciens chimistes donnaient le nom de F. à diverses substances dans la composition desquelles il entre du soufre, à cause de la couleur brunâtre de ces composés qu'ils comparaient à celle du viscère ainsi nommé :

ainsi ils appelaient *f. d'antimoine,* l'oxysulfure d'antimoine ; *f. de soufre,* un mélange de plusieurs sulfures de potassium, etc.

FOIN. s. m. (lat. *fœnum,* m. s.). Herbe fauchée, et séchée ou destinée à l'être, qui sert principalement à la nourriture des chevaux et des bestiaux. *Botteler du f. Une meule de f. Grenier à f.* — Se dit aussi de l'herbe avant qu'elle soit fauchée. *Une pièce de f. Couper le f. Les foins sont beaux. Faire ses foins.* || Fig. et prov., *Mettre du f. dans ses bottes,* Amasser beaucoup d'argent, faire bien ses affaires ; ne se dit guère qu'en parlant d'un gain illicite. *Il a du foin aux cornes,* C'est un homme à éviter (On a l'habitude de mettre du foin aux cornes d'un taureau pour avertir qu'il est dangereux). — *Année de foin, année de rien,* la saison pluvieuse, favorable aux foins, étant nuisible aux autres récoltes. — *Chercher une aiguille dans une botte de f.,* Chercher une personne, une chose, parmi beaucoup d'autres avec lesquelles elle se confond. — *Bête à manger du f.,* Aussi peu intelligent que les bestiaux. — *Faire ses foins,* Faire des profits. || T. Art culin. Lames qui garnissent la face intérieure des champignons. — Poils qui tapissent les culs d'artichauts.

FOIN. Sorte d'interj. qui marque le dépit, la colère, le mépris. *F., voilà un habit tout gâté. F. de lui !* Pop.

FOIRE. s. f. (lat. *feria,* fête). Grand marché public qui se tient régulièrement en certain temps, une ou plusieurs fois l'année. *La f. de Beaucaire, de Leipzig. Ouvrir, fermer la f. Aller à la f. Voir les curiosités de la f.* — Fig. et prov., *Il ne sait pas toutes les foires de Champagne,* Il croit être bien informé de tout ce qui se passe dans une affaire, et il ne l'est pas. *Il a bien hanté, il a bien couru les foires,* C'est un vieux routier, qui a une grande expérience. *La f. n'est pas sur le pont,* Il n'est pas nécessaire de tant se presser. *Ils s'entendent comme larrons en f.,* Se dit de deux personnes qui semblent s'être mises d'accord pour duper les autres. || Le présent qu'on fait au temps de la f. *Que me donnez-vous pour ma f. ?* || Par ext., Sorte de fête où se rendent des bateleurs, des saltimbanques et autres industriels en plaisirs publics. *La f. au pain d'épice. La f. de Neuilly.* — *Théâtre de la f.* Voy. THÉÂTRE.

Comm. — Ce mot est à peu près synonyme de celui de *Marché,* car l'un et l'autre signifient un concours de marchands et d'acheteurs, dans des lieux et des temps marqués ; cependant le terme de *f.* s'applique à un concours plus nombreux, plus solennel, et par conséquent plus rare. On a fait dériver le mot *f.* du latin *forum* ; mais il vient de *feria,* fête, comme le montrent les formes du même mot dans les autres langues romanes, parce que c'est au concours de fidèles qu'attiraient les fêtes de l'Église que les premières foires modernes doivent leur origine. Ces institutions ont pris naissance à l'époque où les communications étaient rares et difficiles, les commerçants étaient obligés d'exécuter directement eux-mêmes les différentes opérations de leur industrie ; ils se rendaient donc en troupes plus ou moins nombreuses, de loin en loin, dans certaines localités désignées d'avance, puis ils retournaient chez eux après avoir fait leurs ventes et leurs achats réciproques. Ces voyages étaient souvent longs et pénibles. En outre, ils exposaient les marchands à des vexations continuelles de la part des seigneurs qui, ne voyant pas le commerce qu'un moyen d'accroître leurs revenus, soumettaient à des péages exorbitants ceux que la nécessité forçait de passer sur leurs terres. Toutefois, plusieurs de ces petits souverains finirent par reconnaître qu'en se relâchant de la rigueur de ce qu'ils appelaient leurs droits, ils seraient plus que dédommagés par l'augmentation de population, de commerce et de consommation que gagneraient les lieux de leur résidence. Bientôt les rois prirent sous leur patronage cette œuvre d'émancipation, et à mesure que leur autorité s'étendit et se fortifia, ils s'efforcèrent de soustraire aux taxes levées par leurs vassaux la circulation des marchandises, et procurèrent à ces dernières des débouchés faciles en dotant certaines villes d'exemptions et de privilèges qui y firent accourir les vendeurs et les acheteurs, de sorte que ces villes ne tardèrent pas à devenir le centre de tout le mouvement commercial de l'époque. Leur puissance s'accrut avec leur richesse ; et les échanges qui s'y firent, surtout à l'époque des foires, constituèrent presque exclusivement ce qu'on appellerait aujourd'hui le commerce et l'industrie du pays. On conçoit que les progrès de la sûreté publique, l'établissement de nombreuses voies de communication, la multiplicité des villes, et la suppression presque complète des entraves qui gênaient autrefois l'industrie et le commerce, ont dû singulièrement diminuer l'importance et la nécessité des foires. Dans les pays où les différentes conditions se trouvent réunies au plus haut degré, en France, par ex., on ne comprend même plus l'existence de ces marchés : il en existe cependant encore un très grand nombre, mais il est à remarquer que leur prospérité diminue de jour en jour, et que, pour la plupart, ils seraient très peu suivis, s'ils n'avaient été convertis en réunions de plaisir, ou s'ils ne se combinaient avec certaines époques qui nécessitent, plus que d'autres, les relations entre commerçants, ou bien avec certaines fêtes périodiques qui attirent un grand concours de personnes. Aujourd'hui, les foires ne peuvent être florissantes que dans les pays où le commerce des temps ordinaires est plus surchargé de droits, où les moyens de communication sont peu avancés, où les institutions de crédit sont peu développés. Il est donc tout à fait absurde de déplorer la décadence de nos anciennes foires, puisque cette décadence est la conséquence nécessaire du progrès commercial. Il importe en outre d'observer que lorsqu'il se fait dans un lieu et dans un jour donnés un commerce extraordinaire, il faudra qu'il s'en fasse moins, soit les jours qui précèdent et qui suivent, soit dans d'autres localités. — Aujourd'hui les seules foires, en France, qui conservent encore une partie de leur ancienne splendeur sont celles : de Beaucaire (du 22 juillet au 22 août), de Caen (elle commence le 2e dimanche après Pâques et dure 15 jours), de Châlons-sur-Marne (le 1er mardi après Pâques, 8 jours), et de Guibray, faubourg de Falaise (du 10 au 25 août). À l'étranger, nous nous contenterons de mentionner les foires de Leipzig et de Francfort-sur-le-Mein, en Allemagne; de Sinigaglia, dans les anciens États de l'Église; et celle de Nijni-Novgorod, en Russie, qui est peut-être aujourd'hui la plus importante de l'Europe, sinon du monde entier.

Législ. — C'est au conseil municipal, dans chaque commune, qu'il appartient de délibérer sur l'établissement, la suppression ou le changement d'une f. ou d'un marché. Le préfet, s'il y a lieu, provoque une décision des conseils municipaux de toutes les communes que cette question intéresse. Les conseils d'arrondissement sont appelés à donner leur avis. Les conseils généraux statuent définitivement sur les délibérations des conseils municipaux ayant pour objet le règlement des foires ou marchés. Lorsqu'il s'agit d'un simple marché d'approvisionnement local, la création peut en être décidée par délibération du conseil municipal de la commune intéressée, sans qu'il soit besoin de consulter le conseil d'arrondissement ou le conseil général. — Le prix des places dans les halles et marchés est perçu au profit de la commune, d'après le tarif établi par le conseil municipal; la police appartient au maire, qui a le droit de prescrire toutes les mesures qu'il juge à propos en vue d'assurer la sécurité et l'hygiène publiques.

FOIRE. s. f. (lat. *foria*, m. s.). Cours de ventre. *Ces fruits vous donnent la f.* Bas. || Fig. Défaillance causée par la peur.

FOIRER. v. n. Aller par bas, lorsqu'on a le cours de ventre. *Il a foiré partout.* Bas. || Fig. Défaillir de peur. || Par anal., Faire long feu. *Une fusée qui foire.* || T. Mar. Se lâcher. *Un cordage qui foire.*

FOIREUX, EUSE. adj. et subst. Qui a rapport à la foire. *Un pet f.* || Celui, celle qui a la foire. Bas. — Pop., *Avoir la mine foireuse,* Avoir le teint pâle, la mine défaite, comme une personne qui a le dévoiement.

FOIS. s. f. (lat. *vices*, succession, changement). Se dit en parlant d'actions, d'événements qui se réitèrent ou peuvent se réitérer, et s'accompagne toujours d'un mot qui marque l'ordre ou le nombre, soit d'une manière précise, soit d'une façon indéterminée. *La première fois que je le vis. Une f. par an, une f. l'an. Deux f. par semaine. N'y retournez plus une autre f. Je ne l'ai rencontré que cette fois-là. Cela est bon pour une f. Une f. n'est pas coutume. Cela lui est déjà arrivé plusieurs f., maintes f. Combien de f. vous l'ai-je dit ? Je vous ai déjà averti bien des f. À chaque f., chaque f., toutes les f. qu'on lui en parle. C'est un homme qui ne se fait pas dire les choses deux f. J'ai été dans cet endroit plus de fois que vous ne le dites. Je ne lui ai encore parlé que deux ou trois f. J'ai trois f. plus d'ouvrage que vous. Le Rhône est trois f. plus rapide que la Seine. Le volume du soleil est un million quatre cent*

mille f. plus grand que celui de la terre. Deux f. trois font six. Le nombre de f. qu'une quantité est comprise dans une autre. — Dans la poésie et dans le style oratoire, on dit quelquefois, O jour trois f. heureux! etc., en parlant d'un jour où il arrive quelque chose de très heureux. — Fam., on dit souvent, Une bonne f., une f. pour toutes, ou simplement, Une f., en parlant d'une chose qu'on ne veut pas réitérer, dont on veut venir absolument à bout, etc. Je vous en avertis une bonne f., une f. pour toutes. Avouez donc une bonne f. ce que vous avez fait. Il faut pourtant que nous sachions une f. à quoi nous en tenir. Si une f. je parviens à mettre la main sur mon voleur. Quand il a une f., une bonne f. pris une résolution, rien ne saurait le faire changer. — Elliptiq., Encore une f., pour la dernière f., etc. Je vous le demande, je vous le dis encore une f., une dernière f., etc. Encore une f., pour la dernière f., voulez-vous ou ne voulez-vous pas ? — Fam., N'en pas faire à deux f., Ne pas hésiter à faire une chose, à prendre une résolution, un parti. Dans le sens contraire, on dit, Y regarder à deux f., à plusieurs f. — Fam. et par exag., on dit, Vingt f., cent f., cent et cent f., mille f., mille et mille f.; plus de vingt, de cent, de mille f., etc., pour indiquer simplement Un très grand nombre de f. On dit aussi, Vingt f., cent f., mille f., pour une. Je vous ai déjà expliqué cela cent f. pour une. = De f. à autre, De temps en temps. Il n'y va que de f. à autre. — D'autres fois, En d'autres moments, en d'autres occasions. Il y a des moments où il est très gai, d'autres f. il est triste et taciturne. — A la f., tout à la f., En même temps, ensemble. On ne peut pas tout faire à la f. Ne parlez pas tous à la f. Il était tout à la f. peintre, sculpteur et architecte. || Une f., sign. aussi, A une certaine époque ou dans une certaine occasion. Il y avait une f. un roi et une reine. Une f. entre autres, il perdit au jeu dix mille francs. || Une fois que, dès qu'une f., lorsqu'une f., etc., Dès que, lorsque, quand Une f. qu'il s'est mis à la table de jeu, il ne la quitte plus. Ellipt., Une f. parti, il ne reviendra plus. Une f. en mouvement, il ne s'arrête plus.

FOISON. s. f. (lat. *fusio*, action de répandre). Abondance, grande quantité; ne prend jamais l'article et n'a point de pluriel. *Il y aura f. de fruits cette année.* Fam. = A FOISON. adv. Abondamment. *Il y a de tout à f.*

FOISONNANT, ANTE. adj. [Pr. *foi-zo-nan*]. Qui foisonne. *Substance foisonnante.*

FOISONNEMENT. s. m. [Pr. *foi-zo-neman*]. Action de foisonner. || T. Techn. Augmentation en volume d'un corps qui change d'état.

FOISONNER. v. n. [Pr. *foi-zo-ner*] (R. *foison*). Abonder. *Cette province foisonne en blés. Les sols foisonnent, on en trouve partout.* — Prov., *Cherté foisonne,* Quand une denrée est chère dans un lieu, tout le monde en apporte, et par conséquent elle abonde bientôt. || En parlant de certains animaux, Multiplier. *Les lapins foisonnent beaucoup.* || Se dit aussi de certains mets, lorsqu'ils sont apprêtés de manière à faire plus de volume. *Une carpe à l'étuvée foisonne plus qu'une carpe sur le gril.* Ce sens est peu usité, dit l'Académie; nous croyons qu'on peut le dire aussi des autres sens de ce verbe. || Augmenter de volume. *Les terres de déblai foisonnent.*

FOISSIER. s. m. ou **FOISSIÈRE.** s. f. (R. *foie*). T. Pêch. Baril où l'on dépose les foies de morue pour en retirer l'huile.

FOIX, ch.-l. du dép. de l'Ariège, sur l'Ariège, à 834 kil. de Paris; 7,600 hab. = Nom des hab. : FOXIENS ou FUXÉENS.

FOIX (Comté de), anc. prov. de France, comprise aujourd'hui dans le dép. de l'Ariège, fut réunie à la couronne par Henri IV (1589); v. pr. Foix, Pamiers. = Nom des hab. : FOXIENS ou FUXÉENS.

FOIX (GASTON DE), duc de Nemours, neveu de Louis XII par sa mère, Marie d'Orléans, se distingua dans les guerres d'Italie et fut tué à Ravenne (1489-1512).

FO-KIEN, prov. de Chine, 23,000,000 d'hab.; cap. Fou-Tchéou.

FOL, OLLE. adj. Voy. Fou.

FOLARD (Chevalier Jean-Charles de), célèbre tacticien français (1669-1752)

FOLÂTRE. adj. 2 g. (R. *fol*). Qui aime à badiner, à jouer. *Jeune et f. Il est extrêmement f.* ‖ Par ext., se dit de l'air, des manières, des actions, etc. *Air f. Manières folâtres. Gaieté f. Jeux folâtres.* = Syn. Voy. Badin.

FOLÂTREMENT. adv. D'une manière folâtre.

FOLÂTRER. v. n. Badiner, faire des actions folâtres. *Il ne fait que folâtrer.*

FOLÂTRERIE. s. f. Action ou parole folâtre. *Il fit, il dit mille folâtreries.* Peu usité.

FOLENGO (Hieronymo), poète burlesque italien, créateur du genre macaronique, plus connu sous le pseudonyme de *Merlin Coccaie* (1491-1544).

FOLETTE. s. f. [Pr. *folè-te*].Petit bateau couvert allant sur les rivières.

FOLIACÉ ÉE. adj. (lat. *folium*, feuille). T. Bot. Qui est de la nature des feuilles, qui a de l'analogie avec elles. *Bourgeon f. Stipules foliacées.*

FOLIAIRE. adj. 2 g. (lat. *folium*, feuille). T. Bot. Qui appartient aux feuilles. *Aiguillons, glandes, vrilles foliaires.*

FOLIATION. s. f. [Pr. ...*sion*]. T. Bot. Syn. de *Feuillaison*.

FOLICHON, ONNE. adj. (R. *fol*). Folâtre, badin. *Esprit f. Humeur folichonne.* ‖ Subst., *C'est un f., une petite folichonne.* Fam.

FOLICHONNER. v. n. [Pr. *foli-choner*]. Faire le folichon.

FOLIE. s. f. (R. *fol*). Démence, aliénation d'esprit. *Accès de f. Trait de f. Un grain de f. Cela tient de la f.* Voy. Aliénation mentale. — Par exagér., *Aimer à la f., Aimer éperdument, avec excès.* ‖ Extravagance, travers d'esprit, manque de jugement. *La sagesse des hommes n'est souvent que f. Sa conduite a été taxée de f. Quelle f. de ne point songer à l'avenir.* — Par ext., se dit des actes qui dénotent l'extravagance, le manque de jugement, une extrême imprudence, etc. *Il a fait la f. de vendre sa maison. C'est une grande f. que de se marier à son âge. Entreprendre cela c'est f. Écart de conduite. Des folies de jeunesse. Faire des folies pour une femme.* — Fam., *Faire f. de son corps,* se dit quelquef. d'une fille qui se livre au libertinage. *Faire la f. avec une femme,* la posséder. ‖ La gaieté vive et ordinair. bruyante dans laquelle on fait et l'on dit, pour se divertir, des choses peu raisonnables. *Une aimable f. Joyeux buveurs, enfants de la f. Être guidé par la f. On représente la Folie sous les traits d'une femme jeune et riante, qui tient une marotte à la main, et dont les vêtements sont ornés de grelots.* — Par ext. se dit des propos gais, sans objet et sans suite, des idées bizarres ou absurdes, et des choses peu raisonnables qu'on fait pour se divertir. *Il vient de nous dire mille folies Il débite toutes les folies qui lui passent par l'esprit. Ils se livrèrent, après le repas, à toutes sortes de folies.* ‖ Passion excessive et déréglée qu'on a pour quelque chose. *Chacun a sa f. Il se ruine à faire bâtir, c'est sa f. Satisfaire toutes ses folies. La f. de la croix,* Oblation de Jésus-Christ sur la croix, qui semble folie aux incrédules. ‖ Autrefois, se disait de maisons de plaisance construites d'une manière recherchée, bizarre, ou dans lesquelles on avait fait des dépenses excessives, et qui servaient généralement à des parties de plaisir. *La f.-Beaujon, La f.-Méricourt.* ‖ Par extens., Nom donné à certains théâtres. *Les Folies dramatiques.*

FOLIÉ, ÉE. adj. (lat. *folium*, feuille). T. Bot. Garni de feuilles. ‖ T. Chimie. Qui ressemble plus ou moins à de petits feuillets. *Tartre f.* ou *Terre foliée de tartre,* L'acétate de potasse cristallisé.

FOLIGNO, v. d'Italie, prov. de Pérouse, 21,700 hab.

FOLIICOLE. adj. 2 g. (lat. *folium*, feuille ; *colere*, cultiver).

Se dit des insectes qui habitent les feuilles des végétaux

FOLIIFÈRE. adj. (lat. *folium*, feuille ; *ferre*, porter). T. Bot. Qui porte des feuilles. *Bourgeon f.*

FOLIIFORME. adj. (lat. *folium*, feuille ; *forma*, forme). T. Bot. Qui a la forme d'une feuille.

FOLIIPARE. adj. (lat. *folium*, feuille ; *parere*, engendrer). T. Bot. Qui produit des feuilles.

FOLIO. s. m. (lat. *folium*, feuille). Feuillet ; ne se dit que des registres, des manuscrits, etc., lorsqu'ils sont numérotés par feuillets. *F. recto,* ou simplement, *Recto,* La première page du feuillet. *F. verso,* ou simplement *Verso,* Le revers. ‖ T. Typog. *In-f.* Format formé d'une feuille pliée en deux. Voy. Format. — Se dit aussi du chiffre numéral qui se met au haut de chaque page. *Vérifier les folios.*

FOLIOLAIRE. adj. 2 g. (R. *foliole*). T. Bot. Qui tient de la nature des feuilles.

FOLIOLE. s. f. (lat. *foliolum*, diminutif de *folium*, feuille). T. Bot. Chacune des petites feuilles qui forment une feuille composée. Voy. Feuille. ‖ Chacune des pièces qui forment un involucre, un calice.

FOLIOLÉ, ÉE. adj. T. Bot. Qui se compose de folioles ou en porte.

FOLIOT. s. m. (anc. verbe *Folier,* faire le fou). La partie du ressort qui pousse le demi-tour dans les serrures auxquelles on donne un tour et demi. On dit aussi *Fouillot.*

FOLIOTAGE. s. m. Action de folioter.

FOLIOTER. v. a. Mettre les folios aux pages d'un ouvrage qu'on imprime, d'un registre.

FOLKESTONE v. d'Angleterre, comté de Kent ; 18,700 hab. Port sur la Manche, près de Douvres.

FOLK-LORE. s. m. Mot anglais francisé. Branche de la littérature historique qui recueille les traditions populaires.

FOLLE. adj. et s. f. [Pr. *fo-le*]. Voy. Fou. ‖ T Min Rocher que l'on rencontre dans une mine de houille. ‖ T. Pêche. Filet à larges mailles pour prendre les grands poissons de mer. — *F. tramaillée,* Folle qui se tend sur des piquets. — *Demi-f.,* Filet à mailles plus serrées que celle des folles. ‖ T. Techn. Machine employée dans les ateliers de blanchiment et de teinture pour essorer les tissus.

FOLLEMENT. adv [Pr. *fo-le-man*]. D'une manière folle, imprudente, extravagante. *Entreprendre quelque chose f. Il s'est conduit f. Il a répondu f.*

FOLLES. s. f. Pièce d'artillerie dont l'âme n'est pas droite.

FOLLET, ETTE. adj. [Pr. *fo-lè*]. Diminutif. Qui s'amuse par gaieté à de petites badineries. *Il est bien f. C'est l'esprit du monde le plus f.* — *Esprit f.,* on subst. *Follet.* Voy. Lutin. ‖ Qui voltige de côté et d'autre. *Cheveux follets, Cheveux légers qui poussent sur la nuque.* — *Feu f.,* Lueur qui se produit au-dessus de certains terrains par suite d'un dégagement d'hydrogène phosphoré ; gaz qui prend feu spontanément au contact de l'air. Voy. Phosphore. — *Poil f.* Voy. Poil. = Follette. s. f. Nom donné à un fichu à la mode dans la première moitié du XVIII° siècle.

FOLLICULAIRE. s. m. [Pr. *fol-li-ku-lère*] (lat. *folliculus,* follicule). Journaliste ; ne se dit qu'en mauvaise part. *Un vil folliculaire.*

FOLLICULE. s. m. [Pr. *fol-li-ku-le*] (lat. *folliculus,* petit sac, de *follis,* poche). T. Bot. Fruit dérivé de la capsule et constitué par un seul carpelle, s'ouvrant par une seule fente le long de la suture ventrale. Voy. Fruit. ‖ T. Anat. Voy Glande.

FOLLICULEUX, EUSE. adj. [Pr. *fol-li-ku-leu*]. T. Anat. Qui tient de la nature du follicule. *Glandes folliculeuses.*

FOLLICULITE. s. f. T. Méd. Inflammation des follicules.

FOLLIER. s. m. [Pr. *fo-lier*]. T. Pêch. Bateau qui sert à la pêche aux folles.

FOMALHAUT. s. m. T. Astr. Nom de l'étoile α du Poisson austral, de l'arabe *Foum-al-haut*, La bouche du Poisson. Voy. CONSTELLATION.

FOMENTATEUR, TRICE. s. m. et f. Celui, celle qui fomente des troubles, qui excite à la révolte.

FOMENTATION. s. f. [Pr. ...*sion*] (lat. *fomentatio*, m. s. de *fomentare*, fomenter). Action de fomenter. || Fig. Action d'exciter, d'animer, de préparer en cachette. La *f. des troubles, des guerres civiles.*
Pharm. — On appelle ainsi l'application d'un épithème chaud et liquide sur une partie du corps, au moyen d'une éponge et d'un linge. Le liquide employé peut être aqueux, huileux, vineux, alcoolique, etc., et tenir en dissolution des substances émollientes, aromatiques, toniques, astringentes, narcotiques, suivant le but qu'on se propose. Souvent on applique le même nom au liquide lui-même : c'est ainsi que l'on dit *f. émolliente, f. narcotique, f. vineuse*, etc., selon que le liquide est préparé avec des espèces émollientes, narcotiques, etc., ou que le vin en forme la base.

FOMENTER. v. a. (lat. *fomentare*, m. s., de *fovere*, réchauffer). T. Méd. Appliquer un liquide chaud sur une partie malade. || Entretenir, faire durer; se prend en mauvaise part. *Ce remède fomente le mal au lieu de le guérir.* || Fig., se dit dans ce dernier sens, en parlant de choses qui regardent la société, et se prend ordin. en mauvaise part. *F. l'union, la concorde, F. la division entre les citoyens. F. une querelle, une sédition. F. des troubles. F. l'incrédulité.* ＝ FOMENTÉ, ÉE, part.

FONÇAGE. s. m. Action de creuser, d'enfoncer. *Le f. des pieux.*

FONÇAILLE. s. f. [Pr. *ll* mouillées]. Chacune des pièces dont on fait le fond des tonneaux. || Chacune des barres de bois qui forment le fond d'une couchette, le châssis sur lequel repose la paillasse.

FONCEAU. s. m. (R. *fond*). T. Man. Petite platine soudée à chaque extrémité du canon du mors pour en boucher l'orifice. Voy. BRIDE. || Rondelle de bois sur laquelle le verrier construit, en superposant des boudins de terre pétrie, le pot ou creuset à fondre les matières.

FONCÉE. s. f. T. Techn. Nom des gradins pratiqués dans une carrière d'ardoise.

FONCEMAGNE (Et. LAURÉAULT DE) érudit fr., né à Orléans (1694–1779).

FONCEMENT. s. m. Action de creuser dans la terre.

FONCER. v. a. Mettre un fond à un tonneau, à une cuve, etc. *J'ai fait f. dix tonneaux à neuf.* || En parl. de couleurs, Les charger, les rendre plus fortes. *Il faudra f. davantage ce gris.* || T. Min. Creuser verticalement. || *F. une culée*, En tirer des blocs d'ardoise. || T. Techn. *F. un pain de sucre*, Le laisser reposer, après l'égouttage, dans un endroit aéré, pour qu'il se tasse et se solidifie. || T. Art culin. Garnir d'un morceau de pâte dans le fond. *F. une tourte, un pâté.* — *F. une casserole*, Mettre des tranches de lard dans le fond. ＝ FONCER. v. n. Fournir les fonds, l'argent; ne s'emploie guère que dans cette phrase fam. *F. à l'appointement*, Fournir aux dépenses nécessaires. || Pop. se précipiter sur, attaquer impétueusement. || Faire une charge à fond sur quelqu'un, sur quelque chose. *Le taureau fonce sur l'obstacle. F. sur l'ennemi.* || T. Techn. *F. du pied*, Faire descendre tout l'assemblage des platines à plomb, dans les métiers à bas. ＝＝ FONCÉ, ÉE. part. || Adject., se dit pour riche, qui a un grand fonds d'argent. *Cet homme-là est foncé.* Famil. et peu usité. — Fig. et fam., *Être foncé dans une matière, dans une science*, Y être habile, la connaître à fond. || En parl. de couleurs, se dit d'une teinte chargée, forte, par opposit. à une teinte vive, claire. *Bleu foncé. Elle n'aime pas les couleurs foncées.*

FONCET. s. m. (R. *fonset*, dérivé de *fons*, forme anc. de *fond*). T. Serrur. Plaque de fer qui sert à couvrir les parties de la serrure dans lesquelles la clef tourne. || T. Navig. Grand bateau de transport sur les rivières. — Adj. *Bateau foncé.* Ce genre de bateau s'appelle aussi *besogue* et *besogne*.

FONCEUR. s. m. T. Techn. Ouvrier qui fait le fond du papier avant qu'il soit imprimé.

FONCIER, IÈRE. adj. (dérivé de *fons*, forme anc. de *fond*). À qui le fonds d'une terre appartient. *Propriétaire f.* || Qui est établi sur le fonds d'une terre. *Charges foncières. Rentes foncières.* — Par ext., Qui est relatif à un immeuble quelconque, aux biens-fonds en général. *Impôt foncier. Contribution foncière. Propriété foncière. Crédit f.* || Fig. Qui est au fond de la nature de quelqu'un. *Qualité f.* ＝ FONCIÈRE. s. f. T. Min. Lit d'ardoise.
Écon. polit. — CRÉDIT FONCIER. — Ce terme est synonyme de *crédit hypothécaire*; cependant on applique plus particulièrement ce nom au crédit fait sur fonds de terre, et l'on désigne sous le titre d'*institutions de crédit foncier* des institutions de crédit qui ont pour fonction de prêter aux propriétaires fonciers, moyennant hypothèque, les capitaux dont ceux-ci ont besoin, à des conditions plus favorables que celles qu'il est possible d'obtenir dans les prêts hypothécaires qui se font d'individu à individu. C'est à ces institutions que cet article sera exclusivement consacré.
I. *Vice du crédit hypothécaire individuel.* — L'objet des établissements de crédit f. est de faire disparaître les vices inhérents au système de crédit hypothécaire d'individu à individu ; il faut donc commencer par signaler ces vices. Ceux-ci sont au nombre de trois, savoir : l'élévation du taux de l'intérêt ; la nécessité du remboursement intégral à bref délai ; la surcharge des frais et des droits fiscaux, lesquels sont d'autant plus onéreux que la somme empruntée est moins considérable.
A. *Élévation du taux de l'intérêt.* — L'intérêt se compose essentiellement de deux éléments distincts, le prix du service rendu par le prêteur à l'emprunteur, et la prime du risque couru par le prêteur. Ces deux éléments sont variables, suivant les temps et les lieux ; mais c'est le second qui présente généralement les variations les plus considérables. Or, il est peu de prêts où la prime du risque soit aussi élevée que dans le prêt hypothécaire. Ce phénomène, qui paraît si bizarre au premier abord, s'explique aisément. Le prêteur ne peut en général compter sur une exactitude rigoureuse de la part de son débiteur, soit pour le paiement des intérêts, soit pour le remboursement du principal aux échéances déterminées par le contrat ; il sait que, pour l'emprunteur de tenir ses engagements, il ne pourra l'y contraindre ou arriver à la réalisation de son gage qu'au moyen de procédures longues et dispendieuses ; enfin, il appréhende, l'expropriation terminée, d'avoir à entrer en lutte avec les autres créanciers de son débiteur avant de pouvoir toucher les sommes qui lui sont dues.
B. *Nécessité du remboursement intégral.* — Le prêt hypothécaire, tel qu'il se pratique ordinairement, implique une autre condition plus ruineuse encore que ne l'est pour l'emprunteur la charge qui résulte du taux élevé de l'intérêt : c'est l'obligation de rembourser intégralement le capital emprunté dans un délai toujours très rapproché. La durée moyenne des prêts hypothécaires n'excède pas cinq années ; quelques conservateurs des hypothèques croient même que cette moyenne doit être fixée à trois ans. Or, il est évidemment de toute impossibilité que, dans l'espace de cinq années, le propriétaire foncier emprunteur obtienne du sol qu'il cultive ou fait cultiver un produit capable de suffire à la fois au paiement de l'intérêt annuel de sa dette et à la reconstitution du capital prêté. Aussi à cette question posée par le gouvernement dans l'enquête ouverte au sujet du crédit f. : « Quel est le mode de remboursement généralement adopté pour ces emprunts? À quelles difficultés donne-t-il lieu? » presque tous les conseils généraux ont-ils uniformément répondu : « Le remboursement doit toujours être intégral ; mais, très souvent, il est impossible à l'échéance, ou très difficile, et l'emprunteur est obligé de consentir des renouvellements plus ou moins onéreux, des subrogations de créances, etc., jusqu'au moment où commencent les procès, la vente nécessaire de ses biens, son expropriation et enfin sa ruine. »
C. *Surcharge des frais et des droits fiscaux.* — Personne n'ignore quels obstacles l'élévation des frais d'actes et des droits fiscaux oppose aux transactions qui intéressent la propriété immobilière. Ainsi, au début même de l'opération, c.-à-d. au moment même où il emprunte, le propriétaire est obligé de faire un sacrifice qui dépasse souvent 10 pour 100 de la somme

empruntée. Des témoignages des conseils généraux des départements et des renseignements recueillis par le ministère de l'agriculture et du commerce, il résulte que l'intérêt des prêts hypothécaires n'est presque jamais, à cause des frais, moindre de 6 p. 100; que, dans la très grande majorité des cas, il s'élève à 7, 8, 9, 10; et que parfois même il atteint le taux fabuleux de 15, de 20 et même de 22 p. 100. Il est très vrai que des chiffres exorbitants ne sont atteints que dans le cas de prêts très minimes.

II. *Des institutions de crédit foncier en général.* — Les institutions de crédit f. ont reçu des noms variés, suivant les lieux et les époques : *Crédit f., Crédit hypothécaire, Banque hypothécaire, Caisse hypothécaire*, etc. Elles ont pour objet, avons-nous dit, de faire disparaître les vices que nous venons de signaler. Voyons d'une façon générale comment elles procèdent à cet effet, en nous en tenant à ce qu'il y a de commun entre toutes.

Entre le capitaliste et le propriétaire intervient une agence, constituée et autorisée suivant la loi, pour remplir, jusqu'à un certain point, à l'égard de l'un et de l'autre, l'office de nos notaires. Mais, à la différence de ces derniers, l'agence, d'une part, est constituée, comme on le verra tout à l'heure, de manière à offrir aux prêteurs toutes les garanties de solidité que peut désirer le capitaliste le plus timoré; tandis que, d'autre part, elle est armée par la loi de tous les pouvoirs nécessaires pour l'accomplissement de sa mission à l'égard des propriétaires emprunteurs. — Un propriétaire qui a besoin de capitaux s'adresse à l'agence intermédiaire. Celle-ci vérifie d'abord les titres de propriété du demandeur : cette vérification faite, elle examine si l'immeuble offert en gage est libre, ou s'il est déjà frappé par un privilège ou une hypothèque quelconque. Dans le premier cas, elle se fait consentir une hypothèque par le propriétaire. Dans le second, elle n'admet la demande de celui-ci qu'à la condition que les fonds prêtés serviront d'abord à désintéresser les créanciers privilégiés ou hypothécaires antérieurs, afin de se subroger en leur lieu et place. Dans chacune de ses opérations, l'agence proportionne la quotité du prêt à la valeur bien et dûment constatée de l'immeuble hypothéqué, en laissant une marge telle que le prix, en cas de vente forcée, soit toujours suffisant pour répondre de la somme prêtée et de ses accessoires. Le propriétaire foncier emprunteur n'a affaire qu'avec l'agence : c'est entre les mains de celle-ci qu'il acquitte, chaque semestre, l'intérêt de la somme empruntée et fait tous les paiements convenus. Et, s'il vient à manquer à ses engagements, c'est l'agence seule qui prend à son égard toutes les mesures conservatoires auxquelles elle est spécialement autorisée et, qui, au besoin, l'exproprie par une procédure sommaire et presque sans frais.

Le prêteur également n'a affaire qu'avec l'agence intermédiaire dont nous parlons. Il n'a à s'inquiéter ni du propriétaire emprunteur, ni de l'immeuble donné en gage. En échange de ses fonds, il reçoit un titre hypothécaire, appelé *Lettre de gage* ou *Obligation foncière*, qui est garanti par l'agence. Ce titre n'indique ni le nom de l'emprunteur, ni celui du domaine hypothéqué. Il offre un caractère général, et ressemble tout à fait, sous ce rapport, à un titre de rente sur l'État. Il est, comme ce dernier, nominatif ou au porteur : on le divise aussi en coupures plus ou moins fortes dans le but de faciliter les négociations. La lettre de gage étant productive d'intérêt, celui au profit duquel elle est souscrite ou le simple porteur, selon que la lettre est au porteur ou nominative, n'a qu'à se présenter à la caisse de l'agence aux époques fixées pour y toucher les arrérages de sa créance, qui sont acquittés avec la même régularité et la même ponctualité que les intérêts de la dette publique. Peu lui importe que tel ou tel propriétaire emprunteur ait failli à ses engagements à l'égard de l'agence, celle-ci ne peut faillir à ceux qu'elle a contractés à l'égard du capitaliste. En un mot, l'agence est seule débitrice à l'égard du capitaliste prêteur, et seule créancière à l'égard du propriétaire foncier emprunteur.

A. *Baisse de l'intérêt.* — Comme on le voit, la manière d'opérer de l'agence quand elle effectue ses placements, les pouvoirs dont elle dispose contre les emprunteurs et qui lui permettent de sauvegarder tous ses intérêts, les fortes garanties que par elle-même, et en vertu de sa propre constitution, elle offre aux capitalistes, réduisent à néant les risques qui accompagnent le prêt hypothécaire dans sa forme actuelle. La prime du risque doit donc disparaître. Quant à cet autre élément de l'intérêt, le prix du service rendu, la science économique ne connaît qu'un seul moyen capable de le diminuer : il consiste à multiplier les capitaux ou à rappeler vers la propriété immobilière ceux qui se dirigent de préférence vers les placements industriels ou vers la rente publique. Or,

si une foule de capitaux se détournent aujourd'hui de la terre, c'est non seulement à cause des difficultés et des dangers qui accompagnent le prêt hypothécaire individuel, mais encore parce que le porteur d'un titre hypothécaire, lorsque par hasard il a besoin de rentrer dans son capital avant l'échéance du terme fixé par le contrat, se trouve généralement dans l'impossibilité de négocier son titre. La faculté qu'accorde la loi de transmettre par la voie de l'endossement les titres hypothécaires individuels ne remédie pas à cet inconvénient. En effet, ce qui manque au contrat hypothécaire individuel, c'est la notoriété de valeur et l'uniformité du titre : en outre, sa négociation entraîne des frais inévitables. Dans le titre émis par l'agence, au contraire, l'individualité de l'emprunteur et de l'immeuble hypothéqué ayant disparu, l'acheteur se trouve dispensé de toute appréciation relative à l'origine du titre et à la solidité de l'hypothèque. La lettre de gage peut donc circuler indéfiniment comme le titre de rente sur l'État, et, comme celui-ci, se négocier sans frais. Nous aurions maintenant à rechercher dans quelle proportion les différentes mesures dont il vient d'être question peuvent abaisser le taux de l'intérêt; mais une discussion de ce genre nous entraînerait trop loin. Nous nous contenterons de dire que le taux général de l'intérêt servi par les propriétaires emprunteurs aux agences de crédit f. en Allemagne et en Pologne ne dépasse pas 3 et demi pour 100.

B. *Mode de remboursement.* — Ainsi que nous l'avons dit, la condition du remboursement intégral et à bref délai des sommes empruntées par la propriété territoriale est encore plus ruineuse pour elle que l'exagération du taux de l'intérêt, car c'est surtout l'impossibilité de ce remboursement qui amène l'expropriation et la ruine des propriétaires. Le mécanisme de l'amortissement offre un moyen aussi simple qu'ingénieux de résoudre la difficulté : l'emprunteur s'engage à ajouter au taux de l'intérêt une certaine somme qui, grâce au jeu de l'intérêt composé, éteint la dette en quelques années. En calculant l'intérêt à 4 p. 100, on trouve que, si l'annuité est fixée à 2 p. 100, la créance se trouve amortie au bout de 28 années. Une annuité de 1 1/2 p. 100 l'éteint en 33 ans ; avec une annuité de 1 p. 100 seulement, il faut 42 ans pour reconstituer le capital emprunté. Ainsi, dans ce dernier cas, qui est le plus fréquent dans la pratique, le propriétaire emprunteur, pour se libérer d'un capital de 100 fr., n'a à payer qu'un capital de 42 fr., et encore a-t-il 42 années pour acquitter cette somme. Évidemment une pareille innovation suffit à elle seule pour transformer complètement la situation du propriétaire emprunteur. Avec la faculté de se libérer par annuités, il est bien rarement nécessaire de recourir aux mesures de rigueur, et la loi sur l'expropriation forcée ne doit plus figurer dans les codes que comme mesure comminatoire. — Les annuités payées régulièrement par chaque emprunteur sont exclusivement affectées à l'extinction de la dette. En conséquence, l'agence de crédit f. les emploie en rachat de lettres de gage. Tous les six mois, on tire au sort un certain nombre de lettres qui sont remboursées au pair, jusqu'à épuisement des fonds provenant des annuités payées durant le semestre. Ce remboursement au pair, combiné avec le tirage au sort, a pour effet d'empêcher la dépréciation des lettres de gage et de maintenir constamment leur cours aux environs du pair. Il met un frein à l'agiotage, et soustrait les lettres de gage aux fluctuations si fâcheuses qui affectent les rentes sur l'État.

C. *Réduction des frais et des droits fiscaux.* — La question des frais et des droits fiscaux se résout de la même manière que celle du remboursement, c.-à-d. en les répartissant sur toute la durée du prêt. Le Trésor n'y perd rien, et cependant l'emprunteur éprouve un soulagement considérable, car il n'a plus à payer qu'une annuité insignifiante de quelques centimes pour 100 fr. de capital, laquelle est ajoutée à l'intérêt et payée en même temps que les arrérages de la dette.

III. *Des divers systèmes d'organisation des agences de crédit foncier.* — Le plus ancien établissement de crédit f., celui de la Silésie, remonte à l'année 1770. Depuis cette époque, des établissements analogues ont été créés dans les divers États de l'Allemagne. Aujourd'hui, il y en a dans toutes les villes un peu importantes de l'empire. Elles ont produit, dans certains États de l'Allemagne, une véritable révolution économique. Dans ces pays, les *biens de paysans* étaient grevés envers les *biens nobles* d'une foule de charges féodales. Grâce aux facilités données par les caisses de crédit f., le rachat de ces charges a été rendu possible et l'œuvre de l'affranchissement de la moitié du sol de toute l'Allemagne s'est à peu près accompli. La Belgique, en 1851, et la France, en 1852, ont imité plus ou moins heureusement l'Allemagne. Ces divers établissements, quoique poursuivant tous le même but, présentent des différences essentielles relativement à leur organisation. En conséquence, nous les classerons en trois groupes.

1° *Association d'emprunteurs.* — Le plus grand nombre des institutions de crédit f. fondées jusqu'à ce jour reposent sur la base de l'association solidaire des propriétaires emprunteurs. — Dans ce système, les propriétaires qui veulent emprunter sur hypothèque, au lieu d'emprunter chacun de son côté la somme dont ils ont besoin, se réunissent, se constituent en société, et choisissent quelques-uns d'entre eux pour administrer l'association. Ce syndicat commence par vérifier les titres de propriété de toute personne qui sollicite son admission dans la société. L'admission prononcée, il se fait souscrire par l'emprunteur une obligation hypothécaire, par laquelle ce dernier s'oblige à verser tous les six mois, dans la caisse sociale, une annuité déterminée comprenant les divers éléments dont nous avons parlé, et s'engage, en outre, à contribuer en proportion de sa dette aux pertes que pourrait éprouver l'association. Cela fait, l'agence choisit entre les deux procédés suivants : ou bien elle remet au propriétaire emprunteur, en échange de son obligation hypothécaire individuelle, une ou plusieurs obligations générales (*lettres de gage*) souscrites au nom de l'association tout entière, et l'emprunteur, muni de ces nouveaux titres, cherche lui-même un emprunteur auquel il les négocie comme il l'entend, ou bien l'agence s'interpose elle-même entre le capitaliste et le propriétaire; elle se charge de la négociation desdites lettres de gage, délivre celles-ci au prêteur de capitaux et remet des espèces à l'emprunteur. Le premier de ces procédés est le plus généralement usité : néanmoins certains établissements ont adopté exclusivement le second. La négociation des lettres de gage une fois opérée, quel qu'en ait été le mode, l'emprunteur n'a plus affaire qu'à la société. Il n'est tenu envers elle qu'à une seule chose, à payer régulièrement son annuité pendant le temps convenu; mais s'il ne remplit pas ses engagements, c'est par la société seule qu'il peut être poursuivi. Il en est de même du capitaliste porteur de la lettre de gage : c'est au siège de l'association qu'il touche l'intérêt des fonds qu'il a prêtés; c'est à elle seule qu'il doit s'adresser pour le remboursement du capital, dans le cas où les lettres dont il est détenteur sont atteintes par l'amortissement; c'est aussi contre la société seule qu'il peut exercer des poursuites, dans le cas où il y aurait, de la part de celle-ci, retard ou défaut dans l'exécution des conventions. — Il est impossible d'imaginer une combinaison plus favorable aux propriétaires fonciers que celle de la mutualité pure et simple. En effet, les membres de l'association étant tous solidaires, et les directeurs chargés de la gestion de la société étant eux-mêmes propriétaires emprunteurs, l'administration est gérée au point de vue exclusif des débiteurs. Or, l'intérêt de ces derniers commande deux choses : 1° une extrême prudence dans toutes les opérations, notamment dans l'évaluation des biens et dans la fixation des crédits; 2° une recherche constante des moyens propres à alléger les charges des emprunteurs. Mais, tout en se préoccupant exclusivement des intérêts des débiteurs, l'association est dans l'impossibilité de rien faire qui puisse porter atteinte aux droits des prêteurs ou les mettre en péril, car elle se suiciderait par cela même. Le service rendu par l'agence est complétement gratuit. L'emprunteur n'a à payer que sa part proportionnelle pour les frais d'administration. Néanmoins on constitue, au moyen d'une retenue ou d'une cotisation insignifiante, un fonds de réserve fort modique, afin de parer à toute éventualité. Ce fonds d'ailleurs reste la propriété des emprunteurs. La prospérité de tous les établissements fondés sur la base de la solidarité démontre d'une façon péremptoire toute l'excellence de ce mode d'organisation. Ce serait à tort qu'on ferait un épouvantail de cette clause de mutualité inscrite dans les statuts de la société. Jamais aucune association solidaire de crédit f. n'a été dans la nécessité d'en faire usage : la proclamation du principe de la solidarité a eu pour unique effet d'en rendre l'application impossible.

Il existe aussi en Allemagne des établissements de crédit f. créés et administrés par les emprunteurs eux-mêmes, et dans lesquels la clause de responsabilité mutuelle des emprunteurs est remplacée par l'obligation imposée à chacun d'eux de contribuer à la formation d'un fonds de garantie. Le seul reproche que l'on puisse faire à cette combinaison, c'est qu'on exige du propriétaire un sacrifice assez considérable au moment même de l'emprunt.

2° *Établissements régis par l'État.* — A côté des établissements de crédit f. fondés sur la base de l'association et administrés par les associés, on en trouve d'autres qui ont été créés et qui sont régis par l'État. — On a fait plusieurs objections au système de gestion par l'État des établissements de crédit f. On a d'abord dit que la distribution du crédit est une fonction qui doit rester en dehors des attributions du gouvernement, et que d'ailleurs il est incapable de la remplir. Cette objection serait fondée, si une institution de crédit f. distribuait le crédit; mais elle ne le distribue pas plus qu'un notaire : elle est un simple intermédiaire entre les prêteurs et les emprunteurs. Les directeurs des établissements de crédit territorial ne sont pas, comme ceux d'une banque commerciale, à apprécier la solvabilité générale, la moralité et l'intelligence des individus : leur tâche est purement matérielle; ils n'ont qu'à vérifier des titres de propriété et à estimer la valeur du gage offert. On dit encore que l'État ne doit pas mettre son crédit à la disposition des particuliers. Cela est très juste; mais nous ne voyons pas que le crédit de l'État joue aucun rôle dans cette affaire. Si la caisse du Crédit f. délivre simplement à l'emprunteur des lettres de gage, en quoi cette opération intéresse-t-elle le trésor public? Si, au contraire, elle remet des espèces aux emprunteurs, peut-on dire pour cela qu'elle paie avec les deniers de l'État? Elle opère uniquement avec les fonds que les capitalistes lui confient à cet effet. Nulle part les établissements qui négocient eux-mêmes les lettres de gage ne sont tenus de prêter à tout venant. Ils prêtent au fur et à mesure qu'il leur apporte des capitaux. La seule objection sérieuse qu'on puisse faire aux établissements administrés par l'État ou gérés en son nom, c'est la possibilité que des considérations d'opinion politique ou autres ne viennent parfois jouer un rôle tout à fait arbitraire dans la concession ou le refus des prêts demandés, toutes choses étant égales d'ailleurs.

3° *Compagnies financières.* — En Allemagne, on a jugé qu'il y a impossibilité de constituer, au moyen d'associations de capitalistes, des établissements de crédit territorial. On cite, il est vrai, quelques banques hypothécaires qui ont été formées et qui sont dirigées par des compagnies financières. Mais ces compagnies ne sont pas de véritables banques dans l'acception propre du mot : ils se livrent à l'escompte, émettent du papier, font des avances à l'industrie, aux communes, etc.; bref, pour aucun d'eux les prêts hypothécaires ne sont l'opération principale. Il n'existe pas, à l'exception du Crédit foncier de France dont nous allons parler tout à l'heure, une seule institution se livrant exclusivement aux prêts sur hypothèque qui ait été fondée par une société d'actionnaires. Les compagnies financières recherchent les gros profits. Or, un établissement de crédit territorial ne saurait donner des bénéfices élevés; loin de là, il doit se proposer sans cesse de diminuer les charges des emprunteurs, sous peine de manquer à sa mission. On peut donc dire qu'entre ces deux termes, crédit territorial et compagnie financière, il y a incompatibilité radicale.

4° Dans l'analyse qui précède, nous nous sommes contentés de parler des différents systèmes de crédit f. qui sont actuellement pratiqués, en laissant de côté les projets qui n'ont pas reçu la sanction de l'expérience. Au reste, bien que ces projets soient excessivement nombreux, il en est à peine deux ou trois qui puissent mériter une mention. Tous les autres sont des conceptions purement fantastiques, qui attestent l'ignorance la plus complète de la science économique. Suivant la plupart de ces projets, c'est l'État qui doit être l'unique prêteur, et c'est à lui exclusivement que les propriétaires emprunteurs doivent payer l'intérêt des sommes prêtées. Cependant, comme jusqu'ici l'État a plus souvent joué le rôle d'emprunteur que celui de prêteur, que d'ailleurs il n'a d'autres capitaux à sa disposition que ceux qui lui viennent, soit de l'impôt, soit de l'emprunt, les auteurs de ces systèmes se trouvaient dès l'abord en présence d'une difficulté insurmontable. Alors ils ont imaginé d'attribuer au gouvernement la faculté de fabriquer des capitaux avec des chiffons de papier appelés *bons hypothécaires*. Puis, afin d'assurer l'acceptation de cette monnaie par le public, ils ont réclamé pour elle le *cours forcé* ou, par euphémisme, le *cours obligatoire*. Par ce simple procédé, la propriété obtenait à un taux modéré tous les capitaux dont elle a besoin, et l'État se trouvait posséder une source abondante de revenus qui ne coûtait rien aux contribuables et qui pouvait lui rendre quelque chose comme 150 à 200 millions par année. Malheureusement cette belle conception de la création de chiffons de papier à cours forcé une fois admise, c'était commettre, comme l'ont très bien fait voir les logiciens de l'école de Proudhon, une inconséquence palpable que d'attribuer à l'État le droit de toucher un intérêt quelconque pour ces émissions. Puisque, disaient ceux-ci, l'avalanche de papier-monnaie qu'il s'agit de lancer dans la circulation, ne coûte rien à l'État, l'intérêt à payer par les propriétaires emprunteurs doit nécessairement se réduire à zéro. Évidemment, dans le système des bons hypothécaires, il n'y a rien à répliquer à cette argumentation. Ainsi donc, nous arrivons à la constitution du crédit f. gratuit. On comprendra aisément que nous ayons laissé de côté de pareilles rêveries.

IV. *Le Crédit foncier en France*. — L'institution du Crédit f. a été introduite et organisée chez nous par les décrets du 28 février et 28 mars 1852, du 10 décembre 1853, et du 6 juillet 1854. Il n'existe qu'un seul établissement pour la France entière : il a son siège à Paris et porte le titre de *Crédit foncier de France*. Il est constitué par une société d'actionnaires. La direction des affaires est attribuée à un *Gouverneur* nommé par décret. Ce gouverneur choisit et révoque les agents, préside le conseil d'administration et l'assemblée générale des actionnaires, vise les lettres de gage, etc. Aucune délibération ne peut être exécutée sans avoir été approuvée par lui. Au-dessous du Gouverneur, il y a deux *Sous-Gouverneurs* également nommés par décret. Enfin, parmi les membres du conseil d'administration, qui est composé de vingt membres, trois au moins doivent être pris parmi les receveurs généraux des finances.

Le capital de la société était, à l'origine, de 60 millions de francs; il fut porté successivement à 90 millions en 1869, à 130 millions en 1877, à la suite de sa fusion avec la société de Crédit agricole, qu'elle avait été autorisée à fonder par la loi du 28 juillet 1860, et dont la situation était fort compromise à la suite d'opérations faites, en violation de ses statuts, avec le vice-roi d'Égypte; à 155 millions, par sa fusion, en 1882, avec la Banque hypothécaire.

Ce capital est destiné à acquitter les frais généraux et de premier établissement, et à servir de garantie aux opérations que la société effectue.

Le Crédit f. fait : 1° des prêts à court terme, avec amortissement; 2° des prêts remboursables par annuités, à long terme. Les prêts à court terme sont ceux qui sont remboursables dans un délai inférieur à 10 ans. Ils sont d'ailleurs peu nombreux. Le nombre et l'importance des prêts à long terme sont de beaucoup supérieurs.

Le montant de chacun de ces prêts ne peut jamais dépasser la moitié de la valeur de l'immeuble engagé; il n'est même que du tiers, au plus, pour les vignes, bois et autres propriétés dont le revenu provient de plantations. Les bâtiments et fabriques ne sont estimés qu'en raison de leur valeur propre, indépendamment de leur affectation industrielle. Le minimum des prêts est de 300 fr. et leur maximum de 1 million pour chaque particulier; cette limite n'est pas applicable aux sociétés anonymes, aux communes, aux départements et aux associations syndicales. Le Crédit f. ne prête que sur première hypothèque. Sont considérés, toutefois, comme faits sur première hypothèque, les prêts au moyen desquels doivent être remboursées des créances déjà inscrites, lorsque, par l'effet de ce remboursement, l'hypothèque de la société arrive en premier ordre. Si l'immeuble est grevé d'inscriptions prises pour garantie d'éviction ou pour sûreté de rentes viagères, le prêt peut avoir lieu, pourvu que, réuni aux créances inscrites, il n'excède pas la moitié ou le tiers de la valeur de l'immeuble. La durée du prêt ne peut dépasser 75 ans.

En échange des prêts qui leur sont faits, les emprunteurs consentent, au profit de la société, un certain nombre d'annuités comprenant le service de l'intérêt du prêt, son amortissement successif et la commission de la société. Ces annuités sont payables par moitié, de semestre en semestre, le 31 janvier et le 31 juillet. L'emprunteur a toujours le droit de se libérer par anticipation, soit intégralement, soit partiellement. De son côté, la société peut exiger le remboursement anticipé du capital prêté, en cas de défaut de paiement d'un semestre d'annuités, un mois après la mise en demeure; en cas de liquidation volontaire ou accidentelle des sûretés stipulées; pour défaut de dénonciation des aliénations faites par l'emprunteur et des détériorations de l'immeuble peut avoir subies; pour dissimulation des loyers touchés d'avance; pour cessation ou défaut de renouvellement de l'assurance; enfin, pour destruction de l'immeuble par l'incendie, non suivie de rétablissement dans le délai d'un an.

Le Crédit f., n'étant qu'un intermédiaire entre les propriétaires et les capitalistes, émet des obligations afin de se procurer les capitaux dont il a besoin, pour donner satisfaction aux demandes de prêts qui lui sont adressées. Outre les obligations foncières émises en représentation des prêts fonciers, la société émet aussi des obligations communales en représentation de prêts qu'elle fait aux départements, aux communes, etc.

La valeur nominale des obligations en circulation doit être toujours égale au montant des prêts effectués.

La création de ces titres est, comme nous l'avons exposé, le trait saillant du système. Les obligations du Crédit f. de France sont insaisissables par voie d'opposition tout comme les rentes sur l'État. Elles sont admises aux avances sur dépôts faites par la Banque de France et le Crédit f. Elles peuvent servir pour l'emploi des fonds des incapables, etc. Ces obligations sont des titres hypothécaires gagés par l'ensemble des immeubles affectés à la garantie des prêts dont ils sont la contre-valeur. Sans doute l'hypothèque qui garantit les lettres de gage n'est pas *spéciale*, c.-à-d. reposant sur tel ou tel immeuble; mais il est hors de doute qu'elles jouissent d'un droit de *préférence* sur les biens hypothéqués vis-à-vis des autres créanciers de la société.

Les obligations sont appelées au remboursement par voie de tirage au sort. Chaque remboursement comprend le nombre d'obligations nécessaires pour opérer au amortissement tel, que les obligations restant en circulation n'excèdent jamais les capitaux restant dus sur les prêts hypothécaires.

Le Crédit f. peut émettre des obligations à lots avec l'autorisation du ministre des finances.

Le 5 de chaque mois il y a un Crédit f. un tirage de lots pour une de ses nombreuses catégories d'obligations. A certains mois, il y a deux tirages, le 5 et le 22. Les 5 mars et 5 septembre, après le tirage des lots, a lieu le tirage d'amortissement.

Au 31 décembre 1887, les emprunts du Crédit f. s'élevaient à 1,127 millions en obligations communales, et à 2,688 millions en obligations foncières. A la même date, il avait été consenti 67,003 prêts hypothécaires pour 3,180 millions (dont 2,036 millions dans le département de la Seine), et 10,149 prêts communaux pour 1,706 millions.

Si l'on tient compte que la dette hypothécaire de la France s'élève à 14 ou 15 milliards, on voit que le Crédit f. de France n'a guère répondu jusqu'ici aux espérances que sa fondation avait fait concevoir, puisque, malgré les privilèges dont cet établissement de crédit est investi, il n'a pas réussi à se substituer aux capitalistes privés.

Une des conditions essentielles du bon fonctionnement du Crédit f. était de lui assurer la priorité de rang dans l'hypothèque qui lui était consentie. Le Code civil admettant des droits occultes a été modifié pour rendre cette condition possible.

De même pour le recouvrement du prêt, le décret organique du 28 février 1852 a supprimé pour le débiteur le délai de grâce, a établi l'insaisissabilité par voie d'opposition de l'annuité dont il peut être redevable, a stipulé que les intérêts des annuités non payées à l'échéance courraient de plein droit, et enfin, que l'expropriation aurait lieu au moyen d'une procédure rapide et spéciale.

Annuités. — La charge annuelle imposée à l'emprunteur

DURÉE du prêt.	ANNUITÉS	DURÉE du prêt.	ANNUITÉS	DURÉE du prêt.	ANNUITÉS
Ans.	fr. c.	Ans.	fr. c.	Ans.	fr. c.
10	12,74	32	6,18	54	5,24
11	11,84	33	6,11	55	5,22
12	11,09	34	6,03	56	5,20
13	11,46	35	5,96	57	5,19
14	9,92	36	5,90	58	5,17
15	9,46	37	5,84	59	5,15
16	9,06	38	5,78	60	5,14
17	8,70	39	5,73	61	5,12
18	8,39	40	5,68	62	5,11
19	8,11	41	5,64	63	5,10
20	7,87	42	5,60	64	5,09
21	7,64	43	5,56	65	5,07
22	7,44	44	5,52	66	5,06
23	7,26	45	5,48	67	5,05
24	7,10	46	5,45	68	5,04
25	6,95	47	5,42	69	5,03
26	6,81	48	5,39	70	5,02
27	6,68	49	5,36	71	5,017
28	6,57	50	5,33	72	5,008
29	6,46	51	5,31	73	5,001
30	6,36	52	5,29	74	4,924
31	6,27	53	5,26	75	4,987

par la libération à longue échéance varie suivant les époques, suivant l'élévation plus ou moins grande du loyer de l'argent. Fixée à l'origine à 6f,06 p. 100 pour éteindre la dette en 60 ans, elle a été abaissée plus tard à 4f,80; elle est actuellement de 5f,14 pour la même durée et de 4f,98 pour une durée de 75 ans.

Le tableau placé au bas de la page précédente indique le montant des annuités à payer pour l'amortissement d'une somme de 100 fr. dans une période variant de 10 à 75 ans.

Crédit foncier d'Algérie. — Un décret du 11 janvier 1860 a étendu au territoire de l'Algérie le privilège du Crédit f. de France. Les opérations dans notre grande colonie furent d'ailleurs toujours des plus restreintes. En 1880, elle se substitua le *Crédit f. et agricole d'Algérie,* qui se chargea de faire, avec son concours, de l'autre côté de la Méditerranée, les mêmes opérations de prêts que celles que fait en France le Crédit f.

FONCIÈREMENT. adv. A fond. *Examinez cette affaire f.* ‖ Dans le fond. *Il est f. honnête.*

FONÇOIR. s. m. (R. *foncer*). Outil de forge en forme de marteau, dont la panne est tranchante.

FONCTION. s. f. [Pr. *fonk-sion*] (lat. *functio,* de *fungi,* s'acquitter). Se dit de tout ce que l'on fait ou doit faire pour s'acquitter des obligations, des devoirs qu'impose un emploi, une charge, un mandat, etc. *Faire les fonctions, s'acquitter des fonctions de sa charge. Exercer les fonctions épiscopales. Vaquer à ses fonctions. Faire les fonctions de secrétaire, etc. La principale f. de cet emploi consiste...* ‖ Par ext., L'emploi, la charge qu'imposent certaines fonctions. *Fonctions civiles, militaires, Une f. importante, Il a déjà rempli plusieurs fonctions publiques. Entrer en f. Être dans l'exercice de ses fonctions. Cesser ses fonctions.* ‖ T. Physiol. Se dit des actes qui résultent de l'activité propre des organes, chez les êtres animés, soit animaux, soit végétaux. *Les fonctions des sens. La f. de la circulation. Les fonctions digestives. Mon estomac exécute bien, n'exécute pas bien ses fonctions.* Voy. PHYSIOLOGIE. — Dans un sens anal., on dit, *Les fonctions de l'entendement.* — *Faire bien toutes ses fonctions,* Boire, manger, dormir, etc., comme fait une personne qui se porte bien. — *Cela fait f. de...,* Cela remplit tel office. *Ce couvercle fait fonction de soupape.* ‖ T. Typogr. Ensemble des opérations autres que la composition et l'impression. — Pour les imprimeurs, diverses opérations, comme lavage des formes, etc. ‖ T. Mécan. Action d'une machine selon le mouvement qui lui est propre et dans les conditions qu'elle doit remplir.

Math. — Lorsque deux quantités dépendent l'une de l'autre de manière que la variation de l'une détermine la variation de l'autre, chacune d'elles est dite une *fonction* de l'autre qui reçoit par opposition le nom de *variable indépendante.* Si plusieurs quantités sont liées les unes aux autres, de manière que les variations de toutes ces quantités moins une déterminent la variation de cette dernière, celle-ci est dite une *fonction* de toutes les autres. En général, dans ce cas, c'est l'une quelconque des quantités données dont la variation est déterminée par les variations des autres; chacune des quantités considérées peut donc être considérée une *fonction* de toutes les autres. Le premier cas nous fournit une f. d'une seule variable, le second une f. de plusieurs variables. La relation qui existe entre les quantités considérées peut être établie par un phénomène physique. Par exemple, en un même lieu de la terre, le chemin *h* parcouru par un corps qui tombe librement dans le vide est déterminé par la durée de la chute, *t.* On dira donc que la hauteur de la chute est une f. de sa durée, mais il est plus qu'inversement la durée de la chute est une f. de sa hauteur. De même, si l'on considère une même masse de gaz, la pression de cette masse gazeuse est déterminée par son volume et sa température; la pression d'une masse gazeuse est donc une fonction de son volume et de sa température; mais, inversement, chacune des trois quantités, pression, volume et température, est déterminée par les deux autres; chacune d'elles est fonction des deux autres. Dans le premier cas, nous avions deux fonctions d'une seule variable qui, en raison de leur origine sont dites *inverses* l'une de l'autre; dans le second nous avons trois fonctions de deux variables. — Les fonctions qui sont ainsi définies par les phénomènes naturels sont dites *concrètes.* Mais l'étude et les progrès de la physique exigent que ces sortes de fonctions puissent être représentées par les symboles du calcul, afin qu'on puisse calculer la valeur de l'une des quantités, quand on connaît les valeurs de celles qui la déterminent. Dans les cas simples, par exemple, dans le cas de la chute des corps, on peut y arriver assez facilement par l'expérience. Ainsi, on a reconnu expérimentalement que la hauteur de la chute d'un corps dans le vide est proportionnelle au carré de la durée, ce qui permet de représenter la liaison physique qui existe entre la quantité *h* et *t* par l'équation :

$$h = \frac{1}{2} g t^2$$

g étant une longueur invariable pour un même lieu qui vaut à Paris 9m,8098, si toutefois on prend le mètre pour unité de longueur, et la seconde pour unité de temps. Cette équation définit *g* en *fonction de t* et si on la résout par rapport à *t,* on aura *t* en fonction de *g* :

$$t = \sqrt{2gh}.$$

Le plus souvent, la loi numérique des phénomènes est trop compliquée pour être représentée complètement avec les signes de l'algèbre. Ainsi, la loi de Mariotte et celle de Gay-Lussac permettent bien de représenter à peu près la relation entre la pression, le volume et la température d'une masse de gaz par l'équation :

$$pv = p_0 v_0 (1 + \alpha t)$$

où p_0 et v_0 désignent la pression et le volume à 0°, et α, un coefficient qui serait identique pour tous les gaz et qui est à peu près égal à $\frac{1}{273}$. Mais les gaz ne suivent exactement ni la loi de Mariotte, ni la loi de Gay-Lussac; aussi l'équation précédente ne représente qu'approximativement le phénomène, et les fonctions qu'elles définissent par p et t, savoir:

$$p = p_0 v_0 \frac{1 + \alpha t}{v} \qquad v = p_0 v_0 \frac{1 + \alpha t}{p}$$
$$t = \frac{pv - p_0 v_0}{p_0 v_0 \alpha}$$

ne sont pas identiques avec les fonctions concrètes correspondantes.

Il est clair qu'on ne peut raisonner que sur les fonctions représentées par les signes de l'algèbre : et pour faire ces raisonnements, il est inutile de se préoccuper de leur origine physique. On peut, même, en combinant les divers signes d'opération, forger autant qu'on voudra de *fonctions mathématiques.* Ainsi compris, le mot *fonction* devient synonyme d'expression algébrique, puisqu'une f. mathématique n'existe qu'à condition d'être définie par certains symboles d'opérations. On peut donc classer les fonctions en algébriques, transcendantes, entières, fractionnaires, rationnelles, etc., comme on classe les expressions algébriques. Voy. EXPRESSION.

Si l'on veut désigner une f. d'une manière générale, sans préciser les symboles d'opérations qui la définissent, on se sert les notations :

$$f(x) \qquad \text{et} \quad f(x, y, z...)$$

suivant qu'il s'agit d'une f. d'une ou de plusieurs variables.

Si l'on veut calculer la valeur que prend une f. d'une seule variable pour une valeur particulière de la variable, l'un des procédés les plus employés consiste à la développer en *série convergente,* c.-à-d. à la représenter par une somme d'un nombre indéfini de termes qui tendent vers 0, mais dont la somme tend vers une limite déterminée qui est la valeur de la f. C'est ainsi que les fonctions trigonométriques cos *x* et sin *x* sont représentées par les séries :

$$\cos x = 1 - \frac{x^2}{1.2} + \frac{x^4}{1.2.3.4} - \frac{x^6}{1.2.3...6} + ...$$

$$\sin x = x - \frac{x^3}{1.2.3} + \frac{x^5}{1.2.3.4.5} - \frac{x^7}{1.2.3...7} + ...$$

Ces développements en séries jouent un rôle capital dans toute l'analyse mathématique; à tel point qu'on pourrait prendre la série pour définir la f., et dire qu'on appelle *fonction* la somme d'une série dont les termes contiennent une variable.

Si *y* est une f. de *x,* réciproquement *x* est f. de *y,* et ces deux fonctions sont dites inverses l'une de l'autre. Ainsi :

$$y = \frac{a}{x} \qquad x = \frac{a}{y}$$
$$y = c^x \qquad x = \text{Log.} y$$
$$y = \sin x \qquad x = \text{arc sin } y, \text{ etc.}$$

Si deux quantités x et y sont liées par une équation qu'on ne sait pas résoudre :

$$f(xy) = 0,$$

chacune d'elles est une f. de l'autre ; on dit qu'elle en est une f. *implicite*, et, par opposition, on dit que la f. est *explicite* quand l'équation est résolue :

$$y = \varphi(x).$$

Il existe des fonctions qui ont plusieurs valeurs pour une même valeur de la variable ; mais une fois qu'on a choisi l'une des déterminations de la f., sa variation est complètement déterminée par la variation de la variable, sauf pour certaines valeurs de celle-ci qu'on appelle *valeurs critiques*. Ainsi, la fonction

$$y = \sqrt{x}$$

a deux valeurs, puisqu'on peut prendre arbitrairement le signe du radical ; mais quand on a choisi ce signe, la variation de y est déterminée par celle de x, sauf pour $x = 0$.

Certaines fonctions ont même une infinité de valeurs ; tel est le cas de $y = \arcsin x$, car on peut ajouter à l'arc y un multiple quelconque de 2π sans changer le sinus x. Sous ce rapport, les fonctions sont appelées *uniformes*, *multiformes*, et *infinitiformes*, mots qui se comprennent d'eux-mêmes.

L'étude de la variation d'une f. est très importante dans les applications. Cette étude se fait au moyen de la f. *dérivée*. Voy. Dérivée. Pour toutes les valeurs de x pour lesquelles la f. dérivée est positive, la f. varie dans le même sens que la variable ; c'est ce qu'on exprime en disant qu'elle est *croissante* ; si la dérivée est négative, la f. varie en sens inverse de la variable : elle est *décroissante*. La f. passe par un *maximum* quand elle cesse d'être croissante pour devenir décroissante ; elle passe par un *minimum* quand elle cesse d'être décroissante pour devenir croissante. Il résulte de ce qui précède que la f. est maximum quand la dérivée change de signe en passant du signe $+$ au signe $-$ et minimum quand la dérivée change de signe en passant du signe $-$ au signe $+$. Si la dérivée est continue, elle ne peut changer de signe sans s'annuler, et on démontre très facilement les propositions suivantes :

1° Si la dérivée première s'annule sans que la dérivée seconde s'annule, la f. est maximum quand la dérivée seconde est négative et minimum quand la dérivée seconde est positive.

2° Si la dérivée première et plusieurs dérivées successives s'annulent, il n'y a ni maximum ni minimum si la première dérivée qui ne s'annule pas est d'ordre impair : il y a maximum ou minimum si la première dérivée qui ne s'annule pas est d'ordre pair, et alors on distingue le maximum du minimum d'après le signe de cette dérivée qui ne s'annule pas, comme dans le cas précédent : maximum si la dérivée qui ne s'annule pas est négative ; minimum si cette dérivée est positive.

L'étude des fonctions de variables imaginaires présente des difficultés sur lesquelles nous n'insisterons pas ; nous dirons seulement qu'elles sont bien définies par des séries convergentes.

Quant à la *continuité* des fonctions, nous en avons parlé avec des détails suffisants au mot Continuité.

Chim. — On désigne sous le nom de *Fonction* le rôle chimique qui appartient à toute une classe de composés analogues. La f. est caractérisée par l'ensemble des propriétés communes à ces corps. Elle prend le nom de la classe à laquelle elle se rapporte : Hydrocarbure (saturé, éthylénique, acétylénique, etc.) Alcool (primaire, secondaire, tertiaire), Aldéhyde, Cétone, Acide, Éther-sel, Éther-oxyde, Amine, Phénol, Quinone, etc. Chaque f. correspond à un groupement spécial d'atomes appelé *groupement fonctionnel*, par ex. : CHO pour les aldéhydes, et les cétones, CO^2H pour les acides. — Lorsqu'un composé contient plusieurs de ces groupements dans sa molécule, on dit qu'il est à f. *multiple*. Tantôt le même groupement se répète plusieurs fois dans la molécule : ainsi les acides polybasiques contiennent plusieurs fois la f. acide, la glycérine est trois fois alcool, etc. Tantôt un même corps réunit plusieurs fonctions différentes : par ex., le glycocolle est à la fois acide et amine, l'acide lactique est un acide-alcool, les matières sucrées possèdent une f. aldéhyde ou cétone en même temps que plusieurs fonctions alcool.

FONCTIONNAIRE. s. m. [Pr. *fonk-sio-nère*]. Celui ou celle qui remplit une fonction. *Un f. public. Les hauts fonctionnaires.* Voy. Fonctionnarisme.

Législ. — Le décret du 5 septembre 1870 a supprimé le serment politique auquel étaient astreints les fonctionnaires publics de tout ordre depuis la Constitution de 1852. De même, le décret du 19 septembre 1870 a abrogé le fameux article 75 de la Constitution du 22 frimaire an VIII, qui exigeait l'autorisation du Conseil d'État avant toute poursuite contre un agent du Gouvernement. La législation comporte toutefois un certain nombre de dispositions spéciales aux fonctionnaires publics, en vue notamment de faciliter l'exercice de leur mission. C'est ainsi que le Code civil dispense de la tutelle tout citoyen exerçant une fonction publique dans un département autre que celui où la tutelle s'exerce. Le même code décide que l'acceptation de fonctions conférées à vie emporte translation immédiate du domicile du fonctionnaire dans le lieu où il est tenu de résider en raison de ses fonctions. La dégradation civique ou l'interdiction résultant d'un jugement entraîne l'exclusion des fonctions publiques.

FONCTIONNANT, ANTE. adj. [Pr. *fonk-sio-nan*]. Qui est en train de fonctionner, qui peut fonctionner. *Machine f.*

FONCTIONNARISME. s. m. [Pr. *fonk-sio-narisme*] (R. *fonctionnaire*). Système d'administration fondé sur l'existence d'un grand nombre de fonctionnaires. Ce mot se prend toujours en mauvaise part pour désigner soit l'abus du nombre des fonctionnaires, soit la manie d'une grande partie du public qui désire et recherche des places, des emplois. C'est malheureusement ce qui se manifeste de plus en plus en France. Le nombre des fonctionnaires publics a doublé depuis un quart de siècle et s'élève actuellement à 650,000.

FONCTIONNEL, ELLE. adj. [Pr. *fonk-sio-nel*]. T. Physiol. Qui a rapport aux fonctions d'un organe. *Troubles fonctionnels.* — *Maladie fonctionnelle,* Celle qui ne se manifeste que par un dérangement dans quelque fonction, sans lésion anatomique apercevable. || T. Chim. Qui a rapport à la fonction chimique. *Groupement f.* Voy. Fonction.

Math. — *Déterminant f.* — Considérons trois fonctions de trois variables indépendantes :

$$f(x,y,z) \quad g(x,y,z) \quad h(x,y,z).$$

On appelle déterminant f. de ces trois fonctions le déterminant formé avec leurs dérivées partielles :

$$\begin{vmatrix} f'_x & f'_y & f'_z \\ g'_x & g'_y & g'_z \\ h'_x & h'_y & h'_z \end{vmatrix}$$

On définirait de même le déterminant de n fonctions de n variables indépendantes.

Le déterminant f. joue un rôle important à cause du théorème suivant :

La condition nécessaire et suffisante pour que les n fonctions soient indépendantes, c'est que leur déterminant f. ne soit pas nul.

La démonstration de ce théorème étant indépendante du nombre des variables, nous l'établirons pour trois fonctions de trois variables.

D'abord si les trois fonctions sont liées par une équation :

$$F(f, g, h) = 0,$$

on pourra dériver cette équation par rapport aux trois variables, ce qui donnera, en appliquant la règle des fonctions composées (voy. Dérivée) :

$$F'_f f'_x + F'_g g'_x + F'_h h'_x = 0$$
$$F'_f f'_y + F'_g g'_y + F'_h h'_y = 0$$
$$F'_f f'_z + F'_g g'_z + F'_h h'_z = 0$$

Les trois quantités F'_f, F'_g, F'_h, vérifient donc trois équations linéaires et ne sont pas toutes nulles ; il faut donc que le déterminant des coefficients soit nul :

$$\begin{vmatrix} f'_x & g'_x & h'_x \\ f'_y & g'_y & h'_y \\ f'_z & g'_z & h'_z \end{vmatrix} = 0.$$

Ce qui démontre que la condition est nécessaire.

Inversement, si le déterminant est nul, on peut trouver trois quantités M, N, P, fonctions de x y et z, telles qu'on aura identiquement :

$$Mf'_x + Ng'_x + Ph'_x = 0$$
$$Mf'_y + Ng'_y + Ph'_y = 0$$
$$Mf'_z + Ng'_z + Ph'_z = 0$$

Si alors on considère les différentielles totales des trois fonctions :

$$df = f'_x\,dx + f'_y\,dy + f'_z\,dz$$
$$dg = g'_x\,dx + g'_y\,dy + g'_z\,dz$$
$$dh = h'_x\,dx + h'_y\,dy + h'_z\,dz$$

et qu'on les multiplie respectivement par M, N, P, on aura en vertu des trois équations précédentes :

$$Mdf + Ndg + Pdh = 0,$$

équation qui montre que les trois différentielles df, dg, dh sont liées entre elles de telle sorte qu'il n'est pas possible de leur donner des valeurs arbitraires, comme cela arriverait si les trois fonctions étaient indépendantes.

FONCTIONNEMENT s. m. [Pr. *fonk-sio-neman*] Néol. L'action d'une machine, la manière dont elle fonctionne. || Fig., *Le f. de la machine administrative.*

FONCTIONNER. v. n. [Pr. *fonk-sio-ner*] Faire ses fonctions ; se dit dans les arts, en part. du mouvement d'une machine ; et en Physiol., de l'accomplissement des fonctions d'un organe. *Cette machine fonctionne bien. L'estomac fonctionne mal.* || Fig., *Le nouveau système de recrutement fonctionne bien.*

FOND. s. m. (lat. *fundus*, m. s.). L'endroit le plus bas, le plus intérieur d'une chose creuse. *Le f. d'un puits, d'un tonneau, d'un pot, d'un sac. On mit les prisonniers à fond de cale. Le f. d'une vallée. Sa maison est bâtie dans un f. Il y a là un gouffre dont on ne saurait trouver le f. Au f. des abîmes. Le f. des enfers. Du f. de l'estomac. Une voix qui sort du f. de la poitrine.* — Par ext., *Le f. d'un tonneau, d'une bouteille, etc., La partie du liquide qui reste au fond.* — Fam., *Le fin f., L'endroit le plus profond. Au fin f. des enfers.* || Fig., *Ne pas montrer le f. du sac, Ne pas laisser voir toute sa pensée.* || Dans un sens particulier, la partie la plus basse de la mer, d'une rivière, etc., par rapport à la surface ; et le sol sur lequel reposent les eaux. *Le f. de l'eau, de la rivière. Au fin f. de la mer. Aller au f. Aller à f. Trouver le f. Toucher le f. Prendre f. Perdre f. Sonder le f. F. de vase, de sable, de rocher, etc. Bon, mauvais f.* — T. Mar. Se dit aussi de la hauteur d'un endroit donné. *Il y a vingt brasses de f. dans cet endroit. Il y a peu de f. Il y a f., il n'y a pas f. On trouve, on ne trouve pas le f. de l'eau, La sonde atteint ou ne peut pas l'atteindre.* — *Haut-f. Bas-f.* Voy. BAS-FOND. — *Couler à f. un bâtiment.* Voy. COULER. — Fig., *C'est une mer sans f. et sans rivage,* se dit d'une chose au-dessus de la portée de l'esprit humain. *C'est une affaire, une question qui n'a ni f. ni rive, C'est une affaire fort compliquée, fort embrouillée.* — *Le f. de l'eau, le sol sur lequel reposent les eaux. Le f. de l'eau, de la rivière. Au fin f. de la mer. Aller au f.* Le f. d'un cachet, d'un cloître, d'une église. *Le f. d'une allée, d'un jardin, d'un bois. Le f. d'une baie, d'un port. Il vivait retiré au f. de son palais, au fond d'une province, au f. d'un désert. Il revient du fin f. de l'Asie.* — Fig., *Le f. d'un cloître,* se dit pour désigner simplement un cloître, un couvent. *Il quitta le trône pour aller mourir au f. d'un cloître.* — *Le f. d'un carrosse,* La partie postérieure de l'intérieur. *Carrosse à deux fonds,* Celui où les deux sièges de devant et de derrière sont égaux. || La paroi d'un objet creux qui est opposée à l'entrée, à l'ouverture. *Le f. d'une futaille, d'une cuve. Le f. d'un coffre, d'une armoire. Le fond d'une tabatière. Le f. d'un chapeau. Il faut mettre un f. à ce tonneau. Boîte à deux fonds, à double f.,* Boîte qui s'ouvre des deux côtés, ou qui a un premier f. sous lequel s'adapte un autre f., de manière qu'on peut cacher quelque chose entre les deux. — *Mettre des fonds à un pantalon, à une culotte,* Remplacer avec quelque morceau d'étoffe la partie de derrière de ces vêtements quand elle est usée. || L'assemblage de petits ais, ou le châssis garni de sangles qui porte les matelas d'un lit. *Le bois du f. du lit ne vaut rien. Les sangles du f. ne sont pas bien tendues.* || En parl. d'étoffes, la première ou plus basse tissure sur laquelle on fait quelque dessin, ou quelque nouvel ouvrage. *Velours à f. d'or, à f. d'argent.* — L'étoffe même sur laquelle on ajoute quelque broderie. *Une broderie sur un f. de satin, sur un f. vert.* || T. Peint. Le champ sur lequel sont peintes les figures d'un tableau. *Le f. de ce tableau est trop clair, trop brun. Cette figure se détache en clair sur un f. brun. Peindre sur des fonds gris, sur des fonds bruns, sur des fonds rouges.* — Se dit aussi des plans les plus reculés d'un tableau quelconque, relativement aux objets qui occupent les plans antérieurs. *Le f. du tableau est un paysage. Un paysage occupe le f. du tableau, sert de f. au tableau, fait f. au tableau, fait f. aux figures du tableau.* || Au Théât. Toile de f., ou simplement, *Le f.,* la toile qui forme le f. de la scène. *Le f. représente une place publique, une forêt, etc. Le f. s'ouvre, se lève et laisse voir une procession qui sort de l'église.* == Se dit quelquefois du sol considéré comme le fondement sur lequel on élève quelque chose. *Vous bâtissez sur un f. solide. Un f. d'argile. Un f. marécageux.* — En Archit. *Tourelle montant de f., tribune montant de f.,* etc. Tourelle, etc., qui repose sur des fondations ; se dit par opposition aux ouvrages en encorbellement. On dit aussi qu'*Une pièce de bois, qu'une cloison monte de f.,* Lorsqu'elle s'élève du rez-de-chaussée jusqu'au sommet de l'édifice. — *De f. en comble.* Voy. COMBLE. || Fig. et fam., *Faire f. sur quelqu'un, sur quelque chose, Compter sur quelqu'un, sur quelque chose. Je fais f. sur vous, sur votre amitié.* || Fig. Ce qu'il y a d'essentiel dans une chose, ce qui la constitue principalement, par opposition à la forme, à l'apparence, à l'accessoire, etc. *Le f. de ce roman est historique. Le f. de sa doctrine n'a rien de bien neuf. Il connaît déjà le f. de l'affaire. Le f. de son affaire ne me paraît pas clair. Vous n'avez pas touché au f. de la question. Il faut aller au f. des choses. Ils sont d'accord sur le f., le reste n'offrira pas de difficultés.* — T Procéd., Se dit particul. de ce qui fait la matière d'un procès, par oppos. à ce qui est exception ou de pure forme. *Son affaire était bonne par le f., il l'a perdue par la forme. Il arrive souvent que la forme emporte le f. Défendre, plaider, conclure au f. Le tribunal a statué au f., sur le f. Le jugement du f.* || Fig., Ce qu'il y a de plus intérieur, de plus intime, ou de plus caché dans le cœur, dans l'esprit, etc. *Je vous ouvrirai le f. du cœur. Ce souvenir vivra toujours au f. de mon âme.* — Fig., on dit aussi, *Un f. de raison, de vérité, etc.,* en parl. de ce qu'il y a de raisonnable, de vrai, etc., dans une chose. *Il y a bien un f. de vérité dans ce qu'il nous a dit.* || T. Natat. *F. de bois,* Plancher mobile qu'on place dans les bains froids pour avoir une hauteur d'eau régulière. — *F. de bain,* Linge dont on revêt le fond et les parois d'une baignoire. || T. Artill. *F. d'affût,* Ensemble de pièces de bois placées à la partie inférieure d'un affût. || T. Pêche. Sorte d'abri pour les poissons, formé de planches posées sur des pierres. || T. Min. *Travaux du f.,* Ensemble des travaux intérieurs d'une mine. || T. Techn. *Donner le f. aux peaux,* Les fouler dans une composition qui leur donne le lustre. == A FOND. loc. adv. Jusqu'au fond, complètement. *Traiter une matière à f. Posséder une science à f. Refaire une chose à f.* Fam., *Dîner à f.* == AU FOND, DANS LE FOND. loc. adv. En réalité, à juger des choses en elles-mêmes, et indépendamment de quelque circonstance accessoire. *On le blâme de cela, mais au f. il n'a pas tort. Il a parlé avec trop de chaleur, mais dans le f. il a raison.*

FONDAGE. s. m. Action de fondre un métal.

FONDAMENTAL, ALE. adj. Qui sert de fondement à une construction. *Pierre fondamentale.* || Par ext., Principal, essentiel, qui sert de base. *Le pain est la nourriture fondamentale de l'homme.* || Fig., La loi fondamentale de l'État. *Principe f. Les points fondamentaux de la religion. La pièce fondamentale d'un procès.* || T. Mus. *Basse fondamentale.* Voy. BASSE. *Accord f., Son f.* Voy. HARMONIE. || T. Anat. *Os f.,* Sacrum ou sphénoïde. — *Membrane fondamentale,* Couche de substance amorphe qui forme la paroi des culs-de-sac glanduleux ou des vésicules closes des glandes sans conduits excréteurs. — *Substance fondamentale,* Portion de substance qui, dans un tissu, est interposée aux cavités pleines de liquide ou de cellules. || T. Point. *Ligne fondamentale,* La ligne de terre, la base du tableau. || T. Phys. *Forme fondamentale,* Chacun des principaux types de cristallisation dont dérivent les formes secondaires.

FONDAMENTALEMENT. adv. Sur de bons fondements, solidement. *C'est une maxime f. établie.*

FONDANT, ANTE. adj. Qui a beaucoup d'eau, et qui se fond dans la bouche. *Poire fondante. Des fruits fondants.* || *Tableau f.,* Tableau de diorama qui s'efface sous l'œil du spectateur. == FONDANT. s. m. T. Chim. et Technol. Substance qu'on ajoute à quelque mélange pour en favoriser la fusion. Voy. FLUX, ÉMAIL. || Méd. — On désigne sous le nom de *Fondants* les médicamonts, soit internes, soit externes, qui ont la propriété de résoudre les engorgements, surtout ceux qui se montrent avec lenteur et sans caractère inflammatoire. Les pommades mercurielles iodurées, les applications de compresses imbibées d'extrait de Saturne, d'alcool, de sel ammoniac : tels sont les principaux types de remèdes gras. La ciguë et le camphre, unis à des excipients gras, jouissent aussi de quelques vertus sous ce rapport.

FONDATEUR, TRICE. s. Celui, celle qui a fondé quelque grand établissement, quelque grande institution. *Cyrus est le f. de l'empire des Perses. Les fondateurs des empires. Les fondateurs des ordres religieux. Richelieu est le f. de l'Académie française. C'est la reine Anne d'Autriche qui fut la fondatrice de l'église et du monastère du Val-de-Grâce.* || Par ext., se dit de ceux qui ont fourni les fonds pour établir des lits dans un hôpital, des bourses dans un collège, des messes dans une église, des prix dans une académie, etc. *On doit respecter les intentions des fondateurs.* || Par anal., se dit aussi de celui qui, le premier, pose les principes d'une science, d'une doctrine, d'un système. *Lavoisier, le f. de la chimie moderne. Descartes est le véritable f. de la philosophie française.*

FONDATION. s. f. [Pr. ...*sion*] (lat. *fundatio*, m. s., de *fundare*, fonder). L'ensemble des travaux et ouvrages nécessaires pour asseoir les fondements d'une construction. *La f. ou les fondations comprennent l'excavation du terrain. Creuser la f., les fondations. On travaille encore aux fondations.* — Abusiv., se dit quelquefois des fondements mêmes. || Fig., La création d'un établissement. *La f. d'une colonie, d'un empire, d'une ville. La f. d'une église, d'un couvent, d'un hôpital, d'une société savante.* || Se dit encore de la somme laissée pour quelque œuvre religieuse, de bienfaisance, etc. *Ces revenus sont de l'ancienne f. du monastère. Les fondations de M. de Montyon. Il a laissé une somme pour la f. d'un prix à décerner chaque année par l'Académie française, pour la f. d'une messe à perpétuité.*

FONDEMENT. s. m. (lat. *fundamentum*, m. s., de *fundare*, fonder). T. Archit. Maçonnerie qui sert de base à une construction, et qui se fait dans la terre jusqu'au niveau du sol ; s'emploie surtout au plur. *Des fondements sur pilotis. Asseoir, poser, jeter, affermir, ébranler, saper les fondements d'un édifice.* — Abusivement, se dit aussi, au plur., de l'excavation que l'on fait pour commencer à bâtir. *Fouiller, creuser les fondements d'un édifice.* || Par ext., dans le style poét. et oratoire, on dit : *Les fondements d'une montagne ; Les fondements de la terre, de l'univers,* etc. *La montagne fut ébranlée jusque dans ses fondements.* || Fig., Jeter, poser, établir les fondements d'un empire, d'un royaume. *En faire le premier établissement, le constituer. C'est Romulus qui a jeté les fondements de l'empire romain.* — Dans un sens anal., on dit : *Jeter les fondements d'une religion, d'une doctrine,* etc. *Nous avons jeté les fondements d'un grand commerce. Jeter les fondements de sa fortune, de sa gloire.* || Fig., Ce qui sert de base, de principal soutien, de principal appui. *La justice et la liberté sont les plus sûrs fondements des sociétés. Toutes ces hypothèses faites au hasard, et qui ne portent que sur des fondements ruineux, ont porté la confusion dans les esprits. Il n'y a point de f. à faire sur une amitié, sur sa parole.* || Fig., Raison, motif, cause, sujet. *Ce n'est pas sans f. qu'il en use de la sorte. J'ose croire sur ce f., que... Ce qui a donné f. à cela, c'est... Sur quel f. se plaint-il ? Il se plaint avec f. Il faut que cette nouvelle ait quelque f. C'est un bruit sans f.* || Nom vulg. de l'anus.

FONDER. v. a. (lat. *fundare*, m. s., de *fundus*, fond). Établir les fondements, mettre les premières pierres, les premiers matériaux pour une construction quelconque. *F. un édifice. F. une maison sur le roc.* — *F. une ville,* En faire les premières constructions. — Dans le style oratoire et poét., *Celui qui a fondé l'univers.* || Par ext., donner les fonds nécessaires pour la création et l'entretien d'un établissement, d'une institution, etc. *F. une église, un collège. F. un hôpital, un lit dans un hôpital. F. un prix annuel. F. une bourse. F. une messe, un service.* || Fig., Établir, instituer ; ne se dit que d'un établissement durable et permanent. *F. un empire, un État, une colonie. F. une académie, un ordre religieux. Cécrops, dit-on, avait fondé l'Aréopage sur le modèle des tribunaux d'Égypte. F. une religion, une doctrine, une secte. Il fonda des jeux annuels.* — Se dit aussi

quelquefois des choses. *Cet ouvrage fonda sa réputation.* || Fig., Établir sur des principes, sur des faits, sur des données ; appuyer de raisons, de motifs, etc. *Voilà sur quoi il fonde son opinion, ses prétentions, sa demande. Une réclamation fondée en droit. Cela est fondé en raison. Toute cette théorie est fondée sur des faits irrécusables. Sur quoi fondez-vous cette supposition ? Je la fonde sur l'analogie. On ne sait sur quoi peut être fondée cette coutume singulière. Cette nouvelle n'est fondée sur rien de certain. Ce bruit n'est pas fondé. Il a trompé les espérances qu'on avait fondées sur lui.* || *F. quelqu'un de procuration,* lui donner sa procuration. = SE FONDER. v. pron. S'appuyer sur ; prendre ou avoir pour base ; s'établir. *Se f. sur une innocence, sur son bon droit. Se f. sur un article de loi. Il se fonde sur l'analogie. Je me fonde sur ce que... Il se fonde sur la possession. La liberté se fonde par la justice et se perd par la violence.* = FONDÉ, ÉE. part. *Carthage et Cadix furent fondées par les Phéniciens. Un attachement fondé sur l'estime. Une personne fondée de procuration.* — On dit aussi subst., *Un fondé de procuration ; Un fondé de pouvoir.* || *Être fondé à croire, à dire, à faire,* etc., quelque chose, Avoir de justes raisons, de justes motifs de croire, de dire, etc. *On est fondé à croire que les deux gouvernements s'entendaient. N'étais-je pas fondé à prendre mes précautions ?* || Adjectiv., Juste, légitime, raisonnable. *Sa réclamation me paraît fondée. Vos craintes ne sont pas fondées. L'espérance la mieux fondée.* || T. Fin. *Dette fondée,* Dette inscrite à perpétuité sur le Grand-Livre.

FONDERIE. s. f. (R. *fondre*). Usine où l'on fond le minerai pour en extraire le métal qu'il contient. || Usine où l'on fabrique certains objets avec du métal fondu. *Une f. de canons. Une f. de plomb. Une f. de caractères.* || Chez les nons. *Une f. de plomb. Une f. de caractères.* || Chez les ciriers, l'atelier où l'on fond la cire. || L'art de fondre les métaux. *Il entend bien la fonderie.*

Techn. — Une f. est un établissement industriel dans lequel, à l'aide de moyens spéciaux, on procède au traitement, par fusion, de minerais divers. Les produits de ces opérations des métaux divers employés universellement. Par extension, on donne le nom de f. aux usines dans lesquelles on fond les métaux pour les couler ensuite dans des moules ; c'est ainsi que s'obtiennent par ex., les statues en bronze ou en fonte, les mille objets divers répandus dans le commerce comme candélabres, pendules, etc., etc., et qui la plupart du temps, sont en fonte. L'industrie de ces méthodes à elle, leur donne l'apparence extérieure du bronze. Nous examinerons succinctement et successivement les différents procédés en usage pour obtenir le cuivre, le bronze, la fonte de fer et l'acier. Nous renverrons, pour le détail complet des opérations, aux ouvrages spéciaux sur ce sujet, le lecteur pourra s'initier pleinement aux manipulations considérables qu'exige une bonne fabrication.

Cuivre. — Il existe plusieurs méthodes pour la fonte des minerais de cuivre et l'obtention de ce métal. Elles varient suivant la nature même du minerai et sa composition chimique, et aussi suivant les contrées où la fonte se pratique. La que, et aussi suivant les contrées où la *méthode dite Galloise.* Elle constitue plusieurs opérations successives consistant tout d'abord dans le grillage du minerai dans un appareil spécial appelé four à réverbère, et où s'effectue une première élimination du soufre que renfermait le minerai. Lorsque le grillage se trouve terminé, on fait usage d'un second four dit *four de fusion,* à l'aide duquel on obtient la *matte bronze* composée en majeure partie de sulfure de fer et de cuivre. On jette cette matte encore chaude à l'intérieur d'un bassin plein d'eau où elle s'effrite et se divise. La matte est alors reprise pour être grillée de nouveau dans un four analogue au premier. L'épuration commence à s'opérer, la majeure partie du soufre disparaissant. On procède à une seconde fusion, de manière à transformer la matte bronze en *matte blanche.* Cette dernière est elle-même grillée, ou mieux *rôtie,* dans un four de fusion en présence de l'air. L'excédent de soufre s'échappe et la matte blanche fond peu à peu et tombe à l'état liquide sur la sole du four où on la débarrasse des écumes et impuretés qui se recouvrent la surface.

Cette opération dure plusieurs heures au bout desquelles, après un violent coup de feu donné, on obtient le *cuivre noir,* qu'il s'agit d'affiner et de transformer en cuivre rouge ; le cuivre noir renferme encore un peu d'arsenic, de soufre et d'antimoine ; la dernière manipulation de l'affinage l'en débarrasse d'une manière pour ainsi dire complète. La transformation en cuivre rouge se fait dans un dernier four à sole incliné, la pente se dirigeant vers le trou de coulée, afin de

381

recueillir le métal par en fusion dès que l'affinage sera achevé. L'air arrive en grande quantité à l'intérieur, de manière à oxyder fortement la masse. On augmente encore cette oxydation par un brassage énergique du cuivre fondu à l'aide d'un long bâton de bois encore vert. Dès lors, la fabrication se trouve terminée, et il ne reste plus qu'à couler le cuivre rouge dans les moules, ce qui se fait au moyen de cuillers dans lesquelles tombe et est recueilli le métal en fusion. Telle est la méthode Galloise.

On procède également à la production du cuivre rouge en se servant du *Convertisseur Bessemer*, qui, ainsi que nous le verrons plus loin, s'emploie principalement pour la fabrication directe de l'acier. Dans le cas qui nous occupe actuellement, on transforme en premier lieu le minerai en matte. Lorsque cette dernière est devenue suffisamment riche en cuivre, on la place dans le convertisseur qui, rapidement, grâce à l'énergique oxydation qui s'opère à l'intérieur de cet appareil, donne du cuivre rouge que l'on coule comme précédemment.

Nous citerons, pour mémoire, les procédés suédois et chilien, qui ne fournissent que des cuivres noirs et ne permettent pas l'affinage du cuivre rouge. Ces méthodes consistent dans des grillages successifs du minerai et des mattes obtenues par fusion jusqu'à épuration suffisante pour donner le cuivre noir. Par le procédé russe, ou méthode de Perm, on traite des minerais complexes de sulfure et de carbonate de cuivre que l'on transforme en cuivres noirs subissant ensuite l'affinage obtenu à l'aide d'une oxydation en fours. Enfin, dans le Mansfeld, existent des fonderies de minerais de cuivre que l'on traite à la manière suédoise, mais que l'on affine lorsqu'on les a amenés à l'état de cuivre noir; pour cette dernière opération, le procédé de fabrication est à peu près le même que celui de la méthode galloise. Voy. Cuivre.

Bronze. — Le bronze proprement dit est constitué par un alliage de cuivre et d'étain, ces métaux entrant dans des proportions bien déterminées. Voy. Canon, Cloche. Cet alliage était connu des peuples anciens qui, sous le nom d'airain, en forgeaient des armes, des ustensiles de toute nature et aussi des bijoux. Dans l'industrie, on désigne sous l'appellation de bronze des produits obtenus par des mélanges de cuivre et de métaux autres que l'étain. C'est ainsi qu'en alliant l'aluminium au cuivre, on a le *bronze d'aluminium* dont la couleur a beaucoup de ressemblance avec celle de l'or, et dont la dureté et la résistance à l'usure sont remarquables. Cet alliage s'emploie aujourd'hui dans un grand nombre de branches industrielles. L'alliage de cuivre et de zinc est connu sous le nom de *cuivre jaune* ou *laiton*. Lorsque le nickel s'ajoute à ces deux métaux, on obtient l'*argentan* ou *maillechort*, dont on fabrique des couverts et surtouts de table. Les *bronzes phosphoreux* produits par l'alliage du phosphore au cuivre ont reçu, depuis quelques années, de nombreuses applications dans l'industrie mécanique, à cause de leur grande ténacité. Les coussinets des arbres moteurs ou autres, des tiges de piston, des têtes de bielles, etc., etc., notamment, sont en bronze phosphoreux; ils remplacent presque partout les anciens bronzes au titre. On allie également le cuivre, selon l'usage auquel on destine l'alliage qui en résulte, au fer, au platine, à l'antimoine, au manganèse, etc., etc. Voy. Bronze.

Fonte de fer. — La fonte de fer, universellement connue et employée, s'obtient par la fusion, dans des appareils spéciaux connus sous la désignation de *hauts fourneaux*, de minerais de fer de diverses compositions chimiques, convenablement mélangés, auxquels on ajoute un sable siliceux appelé *fondant* et dont la présence est nécessaire pour activer la séparation de la fonte d'avec sa *gangue* ou *scorie* et faciliter sa fusion. Les fontes de fer ont des qualités et des destinations différentes, suivant les traitements mis en usage pour leur obtention. On les désigne sous les noms de *fonte grise*, *fonte blanche*, *fonte truitée*, *fonte de moulage*. La première se fait remarquer par la facilité avec laquelle on la travaille au burin ou aux machines-outils; elle offre de plus une grande résistance tout en possédant une certaine flexibilité. La seconde n'a pas les mêmes avantages à cause de son extrême fragilité, qui la rend peu propre à résister à de violents efforts d'écrasement ou de flexion. La troisième doit se classer entre les deux types précédents. Nous devons ajouter que ces trois catégories de fonte de fer se subdivisent en un certain nombre de *numéros*, généralement de 1 à 4, qui servent à les distinguer comme qualité. Enfin, la fonte de moulage, ou fonte n° 3, est celle qui, dans l'industrie, reçoit les emplois les plus variés. C'est de beaucoup la meilleure à cause de sa malléabilité et de la finesse de son grain permettant de la travailler et de la polir à l'égal du fer ou de l'acier.

À l'état de fusion, sa fluidité considérable la fait pénétrer jusque dans les moindres recoins des moules. On obtient cette fonte, soit directement au sortir du haut fourneau, c.-à-d par première fusion, soit en mélangeant dans certaines proportions des fontes grises et traitées et en soumettant le tout à l'action d'un four appelé *cubilot*. Cette opération constitue la *seconde fusion* et les produits ainsi obtenus portent le nom de *fontes de seconde fusion*.

Lorsque, dans le haut fourneau ou le cubilot, la fonte a atteint le degré de fluidité voulu, on procède à la *coulée*, puis au *moulage*, qui se fait généralement dans certains moules. Le moule qui représente l'objet que l'on veut obtenir après le coulage, se fait de bois la plupart du temps; cependant on les fabrique aussi, mais plus rarement, en fonte. L'ouvrier mouleur imprime son moule dans un sable siliceux qui renferme une petite quantité d'argile, afin de lui donner un plus grande plasticité. La préparation et la qualité de ce sable jouent un rôle important dans l'opération du moulage, puisque, tout en recevant et conservant fidèlement l'empreinte, il ne doit ni se tasser ni perdre de son homogénéité, lorsque le moule est enlevé par l'ouvrier.

Le moulage s'opère de diverses façons. La méthode la plus usitée est connue sous le nom de *moulage en châssis*. Ces châssis se composent de cadres métalliques carrés ou rectangulaires et sans fond. C'est dans ces châssis que l'ouvrier dépose et tasse le sable autour du moule à reproduire. Souvent, lorsque les pièces à mouler ont des dimensions assez considérables, ces cadres se superposent les uns aux autres, et pour empêcher tout mouvement et par conséquent toute déformation du moule en creux formé par le sable, on les réunit ensemble à l'aide de clavettes métalliques s'engageant dans des oreilles venues de fonte avec un châssis.

Le *moulage en sable vert* ou *à découvert*, constitue la méthode la plus simple et la plus économique. Elle s'emploie lorsque la pièce modelée à obtenir ne doit présenter que sur une des faces les empreintes du moule, l'autre face pouvant être plus ou moins plane et régulière. Par ce procédé on ne peut obtenir que des objets assez grossiers, comme les plaques qui garnissent la partie postérieure des cheminées ou d'autres pièces analogues. On ne fait usage du *moulage en coquille* que dans certains cas déterminés; par ex., lorsque l'on désire obtenir des fontes très dures désignées sous le nom de *fontes trempées*. Les moules sont alors en fonte, et le refroidissement superficiel du métal en fusion s'opère dans ces conditions très rapidement. On augmente ou on diminue la trempe en donnant à la coquille une épaisseur plus ou moins grande. Tels sont les principaux modes de moulage que l'on emploie le plus fréquemment. Souvent aussi, si l'on veut avoir des moules en sable très résistants, on place ces moules en creux dans une étuve afin d'amener un durcissement complet de la masse. Ces opérations successives demandent de grands soins de la part des ouvriers fondeurs ou mouleurs, qui doivent veiller à ce que la fonte ne pénètre dans le moule qu'à un état tout à fait liquide, afin de se répandre régulièrement dans le moule et d'en occuper toutes les parties. En se refroidissant, la fonte subit une sorte de contraction moléculaire appelée *retrait* et dont l'ouvrier doit rigoureusement tenir compte, lorsqu'il procède à la confection du moule. Ce retrait, estimé à un peu moins de *un centième*, oblige à donner aux diverses parties du moule des dimensions plus grandes dans des proportions analogues à celles du retrait. La fonte en fusion renferme une notable quantité de gaz qu'il s'agit d'expulser de la masse, sous peine d'avoir des fontes d'une texture très irrégulière. En général, cette expulsion s'obtient en ménageant un certain nombre d'ouvertures par lesquelles les gaz s'échappent; ou les enflamme au fur et à mesure de leur sortie, afin d'éviter les explosions qui pourraient se produire par leur mélange avec de l'air ambiant. Voy. Fer.

Acier. — La f. d'acier a justement acquis, à l'heure actuelle, une importance extrême, par suite des applications innombrables que reçoit ce métal dans toutes les branches de l'industrie. Il existe un très grand nombre de méthodes en usage pour l'obtenir. Nous examinerons rapidement les principales à l'aide desquelles on produit des aciers durs ou doux, toujours très résistants, se moulant admirablement et susceptibles de recevoir un très beau poli. On les désigne et on les distingue par les dénominations suivantes : aciers Bessemer, aciers Martin-Siemens, aciers Krupp, aciers anglais ou aciers de Sheffield, etc., etc.

L'acier Bessemer se fabrique dans l'appareil portant le nom de *convertisseur Bessemer*, sorte de grande cornue dans laquelle la fonte liquide se trouve en contact avec un mélange de vapeur d'eau et d'air barbotant dans la masse en fusion, ce qui amène un rapide affinage de la fonte et sa transformation en acier fondu ; on la coule directement dans des moules, sous forme de saumons, que l'on affine de nouveau ultérieurement, si l'on désire n'avoir d'une des aciers fins. L'acier Martin-Siemens se prépare dans un four particulier ou *four Martin-Siemens* et qui contient la fonte en fusion, de préférence de la fonte contenant une certaine quantité de manganèse. On opère en évitant soigneusement toutes les causes qui pourraient amener une oxydation quelconque de la fonte, ce qui détruirait en partie sa carburation, puis on ajoute du silicure de manganèse transforment en acier doux la masse fondue. Dans le procédé Krupp., tous les efforts tendent à s'opposer à la formation de soufflures ; on arrive à ce résultat en ajoutant une quantité déterminée de fonte siliceuse. Par la méthode anglaise, ou de Sheffield, qui consiste dans une fusion en creuset, on obtient un acier d'une dureté remarquable, mais trop friable pour qu'on puisse l'employer tel quel. Il faut de toute nécessité lui faire subir un recuit assez long et éviter un trop brusque refroidissement. L'industrie métallurgique fait encore usage, avons-nous dit, d'autres procédés permettant de transformer la fonte en acier, mais leur examen nous entraînerait trop loin. Il nous suffira de les énumérer : Procédé par le puddlage de la fonte, procédé par décarburation de la fonte, sans fusion, affinage direct avec fusion pâteuse, etc., etc. Voy. ACIER.

FONDEUR. s. m. Directeur d'une fonderie. || Ouvrier qui jette les métaux en moule. *F. de canons, de cloches. F. sur métaux.* On dit aussi, *F. en caractères d'imprimerie,* ou simpl., *F. en caractères.* Voy. CARACTÈRE. — Prov., *Être étonné, être penaud comme un f. de cloches,* Être fort surpris de voir manquer une chose que l'on croyait infaillible, ou de voir un malheur auquel on ne s'attendait pas. — Voy. FONDERIE, BRONZE, CLOCHE, etc.

FONDI, lac et v. de la prov. de Caserte (Italie) ; 6,200 hab.

FONDIS. s. m. [Pr. *fon-dî*] (R. *fondre*). Éboulement de terre, dit aussi *cloche,* qui se fait sous un édifice ou dans une carrière.

FONDOIR. s. m. Lieu où les bouchers fondent leurs graisses et leurs suifs.

FONDRE. v. a. (lat. *fundere,* répandre). Rendre fluide, liquéfier, par le moyen de la chaleur, une substance plus ou moins solide. *F. du fer, du plomb, de l'or. F. un lingot, des galons. F. de la cire, de la glace. Le soleil a fondu la neige.* || L'art de fondre les métaux, de les jeter en moule pour fabriquer certains objets. On dit dans ce sens, *F. un canon, une cloche, une statue, un vase, des chandeliers,* etc. *F. des caractères d'imprimerie F. des balles.* — Fig., prov. et fam., *F. la cloche,* Prendre une dernière résolution sur une affaire, en venir à l'exécution. || Dissoudre. *On prétend que ce remède est propre à f. les calculs biliaires.* — On dit, dans un sens anal., *F. une tumeur, une obstruction,* La faire disparaître. *F. les humeurs,* Les rendre plus fluides. || Fig., Combiner ensemble deux ou plusieurs choses, de manière qu'elles ne forment plus qu'un tout. *F. un ouvrage avec un autre, dans un autre. F. plusieurs lois en une seule.* || Il fondit ensemble ces deux systèmes. || T. Peint. *F. les couleurs, les teintes,* Les unir de manière que le passage de l'une à l'autre soit insensible. *F. une teinte avec une autre, dans une autre.* = FONDRE. v. n. Entrer en fusion, passer à l'état liquide. *L'étain fond à 228 degrés. Faire f. du beurre, de la cire. La neige fond au soleil.* || Fig., *F en pleurs. F. en larmes,* Répandre beaucoup de larmes, pleurer excessivement. Fam., on dit quelquefois dans le même sens, *F. en eau.* — Fam., *F. en sueur,* se *f. en sueur,* Suer excessivement. — Fam., *F. à vue d'œil,* se dit d'une personne ou d'un animal, lorsque son embonpoint et ses forces diminuent rapidement. || Fig., *Fondre* et *se fondre,* se disent encore dans le sens de se réduire à rien, disparaître. *Il arrive parfois qu'une armée fond* ou *se fond dans une seule campagne sans avoir combattu.* || Fig. et fam., *Tout ce qu'il tient fond entre ses mains,* C'est un homme qui ne saurait rien garder, qui perd ou qui égare tout ce qu'il a. = S'abîmer, s'écrouler. *La terre a fondu sous ses pieds* || Tomber impétueusement, se lancer avec violence de haut en bas. *L'orage vint près de f. L'orage est allé f. plus loin. Le faucon fondit sur sa proie.* — Par anal., Assaillir, attaquer impétueusement et tout à coup. *La cavalerie fondit sur notre aile droite.* — Fig., *Tous les maux sont venus*

à *la fois f. sur lui.* = SE FONDRE. v. pron. Se liquéfier par l'effet de la chaleur ou autrement ; se dissoudre. *La glace se fond au soleil.* — Fig. et fam., on dit lorsqu'il tombe une très grande pluie, *Le ciel se fond en eau.* || Fig., on dit d'une personne ou d'une chose qui a disparu tout à coup, sans qu'on sache ce qu'elle est devenue, qu'*Elle s'est fondue,* qu'*elle est fondue.* On dit de même d'un objet que l'on ne retrouve pas, bien qu'il ne puisse avoir été perdu, *Il n'est pas fondu, il ne s'est pas fondu.* || T. Peint. En parlant des couleurs, Se mêler, se lier. *Ces teintes se fondent bien ensemble.* = FONDU, UE. part. *Plomb fondu. Cire fondue.* || Fig., *Cette maison est fondue dans telle autre,* Se dit d'une maison dont les biens ont passé dans une autre par le mariage de quelque fille.

FONDRIER. adj. (R. *fond*). *Bois f.,* Celui qui, plus lourd que l'eau qu'il déplace, ne flotte plus, va au fond. || s. m. Train qui, ayant flotté longtemps, a amassé de la mousse ou de la terre, et, devenu trop lourd, ne peut plus flotter. || Mur qui termine le fourneau d'une saline.

FONDRIÈRE. s. f. (R. *fond*). Ouverture à la superficie de la terre, faite par des ravines d'eau, ou par quelque autre accident. || Se dit aussi d'un terrain marécageux ou sablonneux, qui est si peu consistant que les hommes ou les animaux risquent d'y être engloutis. || Minière exploitée à ciel ouvert, par opposition à *Mine.*

FONDRILLES. s. f. pl. [Pr. les *ll* mouillées] (R. *fond*). Lie qui se dépose dans toute sorte de liqueur.

FONDS. s. m. (lat. *fundus,* m. s.). Le sol d'une terre, d'un champ, d'un héritage. *Il est riche en f.* || *Il cultive lui-même ses fonds.* — Absol., *Biens-f.,* se dit des biens immeubles, comme les terres, les maisons. — *Le très-fonds* ou le *tréfonds,* L'intérieur de la terre, les éléments qui le constituent. Fig. et fam., *Savoir le f. et le tréfonds d'une affaire,* La posséder parfaitement. || Se dit aussi d'une somme plus ou moins considérable destinée à quelque usage. *Les f. du Trémoins considérable destinée à quelque usage. Les f. du Trésor, de la Banque. Les f. destinés pour la guerre, pour les bâtiments, pour la marine. Se procurer les f. nécessaires pour faire une entreprise. Appel de f. Mise de f. Il a placé avantageusement ses f.* — *Les f. publics,* ou simpl. *les fonds,* Toutes les valeurs appartenant à l'État, ou principalement les titres qui représentent le capital de la dette publique. *Les f. ont haussé. Les f. ont baissé. Les f. sont bas.* — *F. de concours,* Sommes versées par les particuliers, les communes ou les départements, pour concourir avec les versements de l'État, à des dépenses d'intérêt public. — *F. d'abonnement,* Sommes mises à la disposition des préfets et sous-préfets pour rémunérer le personnel des bureaux et payer un certain nombre de dépenses matérielles. || *F. secrets,* Fraction du budget attribuée au chef de l'État et à certains ministères pour les dépenses de police spéciale. En 1869, les f. secrets figuraient au budget pour 2,550,000 francs, dont 2,000,000 pour la sûreté et 550,000 pour les Affaires étrangères. Ils ont été conservés par le gouvernement républicain. Ils figuraient au budget de 1893 pour 3,885,000 fr. || Fam. et au plur., l'argent, les sommes qu'on peut avoir actuellement à sa disposition. *Je ne suis pas en f. Les f. commencent à baisser.* — Fig. et fam., *Être en f. pour faire quelque chose,* Être en état de la faire. *On lui a joué un mauvais tour, mais il est en f. pour prendre sa revanche.* || Se dit d'un capital quelconque, par opposition au revenu, aux intérêts qu'il produit. *Il a mangé non seulement le revenu, mais aussi le f.* — *F. de réserve, F. de roulement, F. d'amortissement.* — *Placer, mettre son argent à f. perdus* ou à *f. perdu,* Abandonner le capital à condition de recevoir, durant un certain temps, un intérêt déterminé. On dit de même *Donner, vendre une maison, un domaine à f. perdu.* || T. Jurispr. *F. dotal,* Immeubles qui constituent une dot. || T. Comm. Se dit aussi de tout ce qui compose un établissement commercial, les marchandises, la clientèle, le droit à bail, etc. *Un f. de commerce. Un f. bien assorti. Vendre son f. Acheter un f. Un f. de boulanger, d'épicier,* etc. *Un f. de boulangerie,* etc. || Fig., se dit d'une matière, d'un sujet, relativement au parti que l'auteur en peut tirer, aux ressources qu'il offre, etc. *C'est un f. très riche et qui n'a pas encore été exploité.* || Fig., se dit d'une qualité quelconque, de la capacité, du savoir, de la vertu, de la probité, etc., d'une personne. *Il a un grand f. de bon sens. Cela suppose un grand f. de savoir. Il a un f. inépuisable d'érudition. Cela part d'un* *f. de probité. Cela ne peut venir que d'un f. de malice. Il n'a point tiré cela de son propre f. J'ai pour lui un grand f. d'estime.*

Obs. gram. — Ce mot est le même que *fond*. L's qui le termine est l's du nominatif latin, *fundus*, qui s'est conservé comme dans *Fils*. Aussi la distinction qui s'est établie entre les deux mots *fond* et *fonds* est-elle tout à fait inconnue des anciens auteurs.

FONDUE. s. f. (part. pass. de *fondre*). T. Cuisine. Mets qui se fait avec du fromage fondu au feu et des œufs brouillés.

FONFRÈDE (J.-B. BOYER-), conventionnel, du parti de la Gironde, né à Bordeaux en 1760, fut décapité le 31 oct. 1793.

FONGER. v. n. (lat. *fongus*, champignon). Il se dit du papier non collé qui boit l'encre.

FONGIBLE. adj. 2 g. (lat. *fungibilis*, m. s., de *fungi*, s'acquitter). T. Jurispr. Se dit des choses qui peuvent être remplacées par d'autres de même nature, comme toutes celles qui se consomment par le simple usage, et qui se règlent par nombre, poids ou mesure. *Le blé, le vin et l'huile sont des choses fongibles. Toute chose peut être rendue f. par la convention des parties.*

FONGIFORME. adj. 2 g. (lat. *fungus*, champignon ; *forma*, forme). T. Hist. nat. Qui a la forme d'un champignon.

FONGINE. s. f. (lat. *fungus*, champignon). T. Bot. Nom donné à la cellulose qui constitue la membrane cellulaire des Champignons.

FONGITE. s. f. (lat. *fungus*, champignon). Pierre figurée de substance dure et de couleur jaune, dont les raies imitent celles du champignon.

FONGOSITÉ. s. f. T. Méd. Voy. FONGUS.

FONGUEUX, EUSE. adj. Voy. FONGUS.

FONGUS. s. m. [Pr. *fon-guss*] (lat. *fungus*, champignon). T. Chir. On désigne sous ce nom des tumeurs ou excroissances ayant l'aspect de champignons ou d'une éponge. Ce terme a servi pour les variétés les plus différentes de tumeurs, et par malheur sa signification est tellement peu précise qu'elle ne répond plus aux exigences des descriptions actuelles. Il faut donc en prendre son parti et retrancher cette dénomination de la classification des tumeurs. Aussi n'est-ce qu'au point de vue historique que nous rappellerons le siège habituel des *fungi* : sur la peau, à la surface des plaies, des ulcères rebelles, représentant en somme purement et simplement un développement exagéré des bourgeons charnus ; aux lèvres, à l'anus, à la vulve, au niveau du gland, répondant tantôt à des végétations syphilitiques, tantôt à des hypertrophies papillaires ou épithéliomateuses ; à l'oreille, simples polypes ou végétations ; dans la vessie, correspondant peut-être à certains cancers ; au testicule, où l'on dénomme *fongus bénins* certaines tumeurs à évolution moins défavorable que le cancer ; au niveau de la dure-mère, correspondant suivant les cas à des tumeurs des méninges ou des os du crâne, à une hernie cérébrale, etc.

FONSECA (PIERRE DE), savant jésuite surnommé l'*Aristote portugais* (1528-1599).

FONSECA (MANUEL DESDORO DA), premier président de la République des États-Unis du Brésil, en 1889 (1827-1891).

FONSSAGRIVES (J.-B.), médecin et écrivain français (1823-1884).

FONTAINE. s. f. (lat. *fontanus*, adj. dérivé de *fons*, *fontis*, source). Eau vive qui sort de terre.

> Dans le cristal d'une fontaine
> Un cerf se mirant.   (LA FONTAINE).

|| Fig., Source, cause, principe. Par exagér., Source de larmes abondantes. *F. de larmes.* || Prov., *Il ne faut jamais dire, f. je ne boirai pas de ton eau*, Il ne faut jamais affirmer que l'on ne fera pas telle ou telle chose. || Par ext., Le corps d'architecture qui sert d'entourage, d'ornement au jet des eaux d'une *f. Les fontaines publiques. Une f. monumentale. La f. des Innocents.* || Vaisseau plus ou moins grand dans lequel on garde

l'eau pour les usages domestiques, etc. *Une f. de grès. Les fontaines de cuivre sont dangereuses.* — *F. filtrante.* Voy. FILTRE. || Le robinet et le canal de cuivre, d'étain, etc., par où coule l'eau d'une f., le vin d'un tonneau, etc. || *F. de Jouvence*, F. fabuleuse qui aurait la propriété de rajeunir ceux qui s'y désaltèrent. || T. Comm. *F. de bière*, Mesure de capacité en usage dans les brasseries. || T. Anat. *F. de la tête*, Fontanelle, endroit du crâne où se réunissent les sutures. || T. Géol. *F. jaillissante*, Source qui jaillit sous forme de jet d'eau. || *F. ardente*, Éruption de flammes causée par des gaz qui jaillissent de terre. || *F. intermittente*, Source qui coule et s'arrête de couler alternativement. Voy. INTERMITTENT. || T. Techn. Nom des cavités qui se forment dans les pains de sucre pendant l'égouttage. — Creux ménagé dans un coin du pétrin pour y délayer la farine avec le levain. || T. Pâc. Partie supérieure de la tête du cachalot, qui contient en abondance le blanc de baleine.

Phys. — Nous ne parlerons pas ici des *fontaines* naturelles : leur théorie est identiquement la même que celle des puits artésiens (voy. ARTÉSIEN), et repose uniquement sur le principe bien simple de l'équilibre des liquides dans les vases communicants. — En conséquence, il ne sera ici question que des *fontaines lumineuses* et de deux appareils de physique qu'on désigne sous le nom de fontaines, la *f. de compression* et la *f. de Héron*, et qui sont usités dans tous les cours pour démontrer les effets de la pression de l'air à la surface des liquides.

La *F. de compression* (Fig. 1) consiste en un vase de cuivre à parois très épaisses, dans l'intérieur duquel un tube métallique *t* plonge jusqu'à quelques millim. du fond. Ce tube est soudé à un robinet *r*, qui est vissé sur le col du vase, et dont la partie supérieure peut recevoir un ajutage. Pour se servir de l'appareil, on enlève l'ajutage, on introduit de l'eau jusqu'au niveau *nn*, puis, au moyen d'une pompe foulante que l'on fixe sur le robinet à la place de l'ajutage, on comprime l'air dans l'espace *nan*. Quand on juge que l'appareil est suffisamment chargé, on ferme le robinet, on enlève la pompe, on remet l'ajutage à sa place. Alors, on n'a qu'à ouvrir le robinet pour voir le liquide jaillir à une hauteur d'autant plus grande que la compression a été plus considérable. Ainsi, par ex., le jet s'élève à 10 mètres si la pression est de 2 atmosphères, et à 50 mètres si elle égale 5 à 6 atmosphères.

La *F. de Héron* est ainsi nommée de son inventeur, le mécanicien Héron d'Alexandrie, en Égypte, qui vivait en-

Fig. 1.

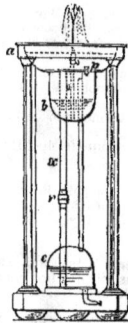

Fig. 2.

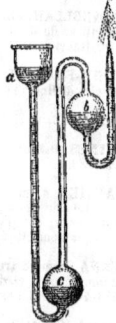

Fig. 3.

viron 150 ans avant notre ère. Son principe repose sur la transmission de la pression supportée par une masse d'eau dans un vase, à une seconde masse d'eau contenue dans un autre vase, au moyen de l'élasticité de l'air. Dans sa forme la plus simple, elle se compose de trois vases superposés, *a*, *b*, *c*, joints ensemble par trois tubes, *x*, *y*, *z* (Fig. 2). Le premier de ces tubes, *x*, va du fond du vase supérieur au fond du vase inférieur. Le second, *y*, part du sommet du vase inférieur, et aboutit à la partie supérieure du vase *b*. Enfin le troisième, z, s'élève du fond de ce dernier jusqu'à 2 ou 3 décimètres au-dessus du vase supérieur : c'est lui qui fournit le jet. Maintenant, supposons que le vase b soit rempli d'eau, et le vase c rempli d'air. L'appareil ainsi préparé, versons de l'eau dans le vase supérieur a; cette eau descendra par le tube x et remplira peu à peu le vase c. Mais à mesure que le niveau de l'eau s'élèvera dans ce vase c, l'air qu'il contient ne dernier s'échappera par le tube y, et se rendra dans le vase b, où il se trouvera fortement comprimé. Or, en vertu même de cette compression et par suite de son élasticité, l'air forcera l'eau contenue dans le vase b à s'échapper par le tube z, en formant un jet plus ou moins élevé, qui continuera jusqu'à ce que le vase b soit presque vide, ou le vase c presque rempli. La force qui produit le jet est la pression d'une colonne d'eau dont la hauteur est égale à la différence des niveaux du liquide dans les vases a et c. Par conséquent, d'après la théorie, l'eau devrait jaillir à une hauteur au-dessus de son niveau en b égale à cette distance; mais le frottement contre les parois du tube et la résistance de l'air extérieur empêchent que l'eau n'atteigne précisément cette élévation. La Fig. 3 représente la f. de Héron sous une autre forme. Un appareil construit sur ce principe sert à l'épuisement des eaux dans les mines de Chemnitz en Hongrie. C'est également sur ce principe qu'est fondée la construction de la lampe Girard.

Fontaine lumineuse (Fontaine de Colladon). — La f. de Colladon se compose d'un cylindre métallique rempli d'eau. L'eau s'écoule par un trou percé dans la paroi verticale. La paroi opposée est percée à la même hauteur d'un second trou fermé par une plaque de verre qui permet de lancer dans le jet d'eau un faisceau lumineux provenant d'une source aussi intense que possible. La lumière subit de nombreuses réflexions totales dans le jet, qu'elle rend lumineux.

Ce principe a été appliqué en grand pour les fontaines lumineuses de l'Exposition universelle de Paris en 1889. De nombreux jets d'eau à ajutages annulaires avaient été installés au Champ de Mars. Au-dessous du bassin était ménagée une chambre dans laquelle se trouvaient disposés de puissants foyers électriques, de manière à éclairer les jets par en dessous à travers des hublots garnis d'une forte glace. Le jet était ainsi rendu lumineux comme dans la f. de Colladon. Pour colorer ces jets on interposait entre la lumière et l'ajutage des verres diversement teintés. Un dispositif spécial permettait de changer à volonté les verres de couleur. Enfin, en manœuvrant les robinets, on faisait varier le débit des jets et l'on obtenait des effets d'eau.

FONTAINE (Pierre-François-Léonard), architecte français (1762-1853), éleva l'arc de triomphe du Carrousel, à Paris.

FONTAINEBLEAU, ch.-l. d'arr. (Seine-et-Marne), à 59 k. de Paris, et 16 k. de Melun; château construit sous Louis XII, François Ier, Henri II et Henri IV; belle forêt; 14,222 hab.

FONTAINE-FRANÇAISE, ch.-l. de c. (Côte-d'Or), arr. de Dijon; victoire de Henri IV sur les Espagnols (1595); 1,005 hab.

FONTAINERIE. s. f. Fabrique et commerce de fontaines.

FONTAINES (Pierre de), jurisconsulte fr. du XIIIe siècle, mort vers 1289.

FONTAINIER. s. m. Celui qui s'occupe de la construction et de l'entretien des pompes et machines hydrauliques, de la conduite des eaux, etc. || Celui qui fait et vend des fontaines pour les usages domestiques.

FONTANA, nom de trois architectes italiens qui embellirent Rome de monuments, et dont le plus célèbre, Dominique Fontana (1543-1607), fut l'architecte de Sixte-Quint.

FONTANA (Gaëtan), astronome italien (1645-1719).

FONTANA (Félix), physicien et anatomiste ital. (1730-1805).

FONTANELLE. s. f. [Pr. *fon-tanèle*] (Dimin. de *fontaine*). T. Anat. Endroit où aboutissent les sutures du crâne. Voy. Crâne. || Anc. T. Chir. Cautère, séton, vésicatoire qui coule.

FONTANES (Louis, marquis de), poète et homme politique fr. (1757-1821), fut le premier grand maître de l'Université (1808).

FONTANET. Voy. Fontenay-en-Puisaye.

FONTANGE. s. f. (R. Nom propre). Nœud de rubans que les femmes portaient autrefois sur leur coiffure.

FONTANGES (Marie-Angélique de Scoraille de Roussille, duchesse de), maîtresse de Louis XIV, succéda à Mme de Montespan (1661-1681).

FONTARABIE, v. maritime d'Espagne, au fond du golfe de Gascogne; édifices gothiques remarquables. Prise par Berwick, en 1719, et par Moncey, en 1794; 3,700 hab.

FONTE. s. f. Action de fondre, de liquéfier, et le passage d'un corps de l'état solide à l'état liquide. *La f. des métaux. La f. des neiges a fait déborder les rivières. Remettre des monnaies à la f.*, Les fondre pour les convertir en monnaies nouvelles. — Fig., *Remettre des vers à la f.*, Les refaire entièrement. — *F. de galons*, Incinération des galons pour retirer l'or et l'argent qu'ils contiennent. || L'action de l'art de produire certains objets avec un métal en fusion que l'on coule dans des moules. *La f. d'une statue, d'une cloche, d'un canon. Jeter une statue en f. F. en poële, en sable. F. d'un seul jet. L'opération de la f. a réussi.* || Dans un sens partic., Le premier produit de la fusion des minerais de fer. *La f. brute. F. de f. F. moulée. Tuyau de f. Chenets de f.*, etc. Voy. Fer. || T. Techn. Dans les verreries, temps nécessaire pour opérer la fusion d'une quantité quelconque de matières vitrifiables. || Mélange de laines de diverses couleurs qui doivent entrer dans un même tissu. || *F. de plusieurs peaux*, Chez les hongroyeurs, réunion de plusieurs peaux qu'on travaille ensemble. || T. Typ. L'ensemble de toutes les lettres et de tous les signes composant un caractère complet de telle ou telle grosseur. *Fontes hautes*, Qui dépassent la hauteur ordinaire des caractères d'imprimerie. *Fonte de six feuilles*, Qui contient assez de caractères pour composer six feuilles sans défaire la composition. *Une f. de petit-romain. Une f. toute neuve.* Voy. Caractère. || T. Méd. Résolution. *La f. de cette tumeur sera longue.* || T. Peint. *Ce tableau est d'une belle f.*, Les passages des teintes y sont bien liés.

FONTE. s. f. (bas-lat. *funda*, bourse). T. Sellerie. Chacun des deux fourreaux de gros cuir que l'on attache à l'arçon d'une selle, pour y mettre des pistolets.

FONTENAILLE, village du dép. de l'Yonne, à 22 kil. d'Auxerre, où les fils de Louis le Débonnaire se livrèrent, en 841, une sanglante bataille.

FONTENAY (J.-B. Belin de), peintre de fleurs et de fruits (1653-1715).

FONTENAY-AUX-ROSES, village du dép. de la Seine, arr. de Sceaux; 2,700 hab.

FONTENAY-EN-PUISAYE, village de France (Yonne), arr. d'Auxerre. Célèbre par la bataille que s'y livrèrent, en 841, les fils de Louis le Débonnaire; 800 hab.

FONTENAY-LE-COMTE, ch. d'arr. (Vendée); 9,900 hab.

FONTENAY-SOUS-BOIS, village du dép. de la Seine, arr. de Sceaux; 5,800 hab.

FONTENELLE (Bernard Le Bovier de), savant et écrivain français, neveu de Corneille (1657-1757), secrétaire perpétuel de l'Académie des sciences, connu surtout par ses *Entretiens sur la pluralité des mondes* et ses *Éloges des académiciens*.

FONTENIER. s. m. Voy. Fontainier.

FONTENOY, village de Belgique (Hainaut), victoire des Français sur les Anglais (1745).

FONTEVRAULT, v. de France (Maine-et-Loire), arr. de Saumur. Ancienne abbaye de femmes, aujourd'hui maison centrale; 2,600 hab.

FONTICULE. s. m. (lat. *fonticulus*, petite fontaine). T. Chir. Syn. de *Cautère*. Inus.

FONTINAL, ALE. adj. (lat. *fontinalis*, de *fons*, fontaine. T. Hist. nat. Qui vit, qui croît dans les fontaines. || T. Géol. *Formations fontinales*, Formations dues à des sources d'eaux

qui ont déposé les substances tenues en dissolution == Fonti-
nale. s. f. T. Bot. Genre de Mousses (*Fontinalis*) de la famille
des *Bryacées*. Voy. ce mot.

FONTIS. Voy. Fondis.

FONTRAILLES, beau-frère de Cinq-Mars, avec qui il conspira contre Richelieu.

FONTS. s. m. pl. (lat. *fons, fontis,* fontaine). *Les f. bap-
tismaux,* ou simplement, *Les fonts.* Voy. Baptismal.

FONTURE. s. f. (R. *fondre*). T. Bonnet. Partie du métier à
tricoter. || T. Mar. Diminution ou disparition d'un banc de sable.

FOOT-BALL. s. m. [Pr. *fout-bol*] (angl. *foot,* pied ; *ball,*
ballon). T. Jeu. Ballon qu'on lance ordinairement avec le
pied. — Jeu qui se fait avec ce ballon.

FOOTE, auteur et acteur anglais (1720-1777).

FOR. s. m. (lat. *forum,* le lieu où l'on rendait la justice).
Se dit dans le sens de Juridiction, et ne s'emploie que dans
les locut. suivantes : *Le for extérieur,* L'autorité de la justice
humaine qui s'exerce sur les personnes, et particulier., la juridiction temporelle de l'Église, appelée aussi *Le for ecclésiastique; et Le for intérieur,* L'autorité que l'Église exerce sur
les âmes et sur les choses purement spirituelles. — Fig., On
appelle *For intérieur* et *For de la conscience,* Le jugement
de la conscience sur les choses morales. *Tel homme est
absous dans le for extérieur, qui ne l'est pas dans le for
intérieur, dans le for de la conscience.* || Lois, coutumes
locales. *Les fors du Béarn.*

FORAGE. s. m. T. Technol. Action de forer, ou le résultat
de cette action. *Le f. d'un canon. Le f. d'un puits artésien.*
|| Action d'enlever une certaine quantité d'or aux bijoux sans
toucher aux marques du poinçon.

FORAGE. s. m. (lat. *forum,* marché). T. Jurispr. féod.
Droit seigneurial qui se levait sur le vin.

FORAIN AINE. adj. (lat. *foras,* dehors). Qui n'est pas du
lieu. *Autrefois les bourgeois de certaines villes pouvaient
exercer la contrainte par corps contre leurs débiteurs
forains.* — *Propriétaire f.,* ou simpl. *Forain,* Propriétaire
qui n'a pas son domicile dans le lieu où ses biens sont situés.
— *Marchand f.,* ou simpl., *Forain,* Marchand qui parcourt
avec ses marchandises les villes, les campagnes, les foires, les
marchés. *Tribunal f., Chambre foraine,* Jugeant, en matière commerciale, les débats entre bourgeois et étrangers.
— *Caution foraine,* Taxe et péage sur les marchandises
entrant en France ou en sortant. *Official f.,* Ne résidant pas au siège de l'évêché. *Docteur f.,* Ne rési-
dant pas au siège de l'Université. || *Traite foraine* ou *Do-
maine f.,* Droit établi par Henri II sur les marchandises.
Voy. Douane. — *Chemin f.,* Chemin qui se trouve à l'entrée
d'une ville, et dont la largeur doit être suffisante pour le passage de deux voitures. — T. Mar. *Rade foraine.* Voy. Rade.

FORAMEN. s. m. [Pr. *fora-mène*] (lat. *foramen,* trou). T.
Anat. Orifice ou dépression que présentent certains organes.

FORAMINÉ, ÉE. adj. (lat. *foramen,* trou). T. Didact. Qui
est percé de petits trous.

FORAMINIFÈRES. s. m. pl. (lat. *foramen, foraminis,*
trou; *fero,* je porte. T. Zool. Lorsque les naturalistes étu-
dièrent pour la première fois les êtres singuliers dont nous
allons parler, ils les regardèrent d'abord comme des curiosités
microscopiques : c'est ainsi que les envisagèrent Plancus
(1739), Gualtieri, Ledermuller, etc. Plus tard, on y vit les
analogues vivants des Ammonites et des Nautiles, et ils furent
rangés dans ce dernier genre par Linné. Ce classement fut
suivi jusqu'au commencement de ce siècle. En 1804, Lamarck
les divisa en genres distincts, tout en les laissant parmi les
Céphalopodes polythalames, exemple qui fut suivi par Cuvier,
Férussac, Blainville, etc. En 1825, Alc. d'Orbigny établit que
ces coquilles, à cause de leur manque de siphon, devaient
être entièrement séparées des polythalames pour former une
série distincte ; il leur donna le nom sous lequel ils sont
connus aujourd'hui, pour rappeler la présence des nombreux
orifices que l'on voit souvent sur la coquille de ces animaux.

En 1835, Dujardin démontra que ces animaux devaient être
même détachés de la classe des Mollusques et relégués dans
les classes inférieures du règne animal, entre les Échinodermes et les Polypiers. On a reconnu depuis que le corps de
ces animaux est formé d'une masse de protoplasma nuclée

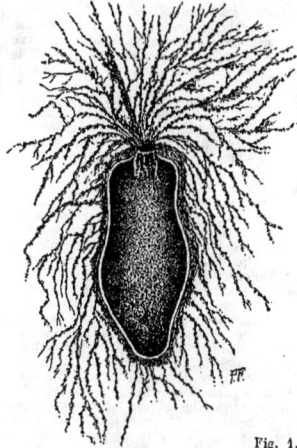

Fig. 1.

sans aucune trace d'organes ; ce sont donc des êtres unicellulaires que l'on a classés dans le sous-embranchement des
Rhizopodes. Voy. Protozoaires.

Les Foraminifères sont des animaux microscopiques, non
agrégés, à existence individuelle toujours distincte. Leur corps,
qui est de consistance gélatineuse et de couleur jaune, fauve,

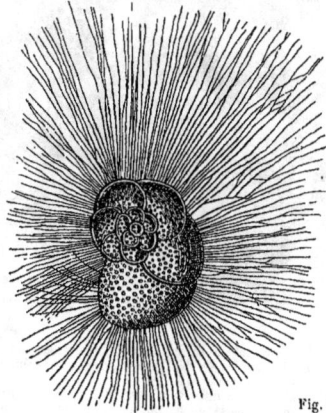

Fig. 2.

rousse, violette ou bleuâtre, selon les espèces, est tantôt entier
et arrondi, et tantôt divisé en segments disposés sur une
ligne simple ou alterne, ou enroulés en spirale, ou bien pelotonnés autour d'un axe (Fig. 1. *Gromia oviformis.* —
Fig. 2. *Discorbina globularis*). Ce corps est recouvert dans
toutes ses parties d'une enveloppe calcaire, rarement chitineuse ou arénacée, qui est modelée sur les segments de celui-
ci, de façon à en suivre toutes les modifications de forme et

d'enroulement. En outre, il part, soit du dernier segment, soit d'une ou de plusieurs ouvertures de la coquille, soit encore des pores nombreux de son pourtour, des filaments contractiles, incolores, très allongés, divisés et ramifiés, qui servent à la reptation de l'animal et peuvent encroûter extérieurement le test enveloppant.

Le mode de reproduction des foraminifères n'est encore connu que chez quelques espèces, et il n'est pas possible actuellement de donner une vue d'ensemble à ce sujet. En général, le jeune être est enfermé dans une loge initiale qui s'accroît sans se diviser (*Monothalames*) et prend alors la forme d'une bouteille (genre *Lagena*), ou d'un long tube qui peut s'enrouler autour de la loge initiale (genre *Miliole*). D'autres fois la croissance est discontinue (*Polythalames*); après avoir sécrété une loge initiale, le protoplasma intérieur semble se reposer, puis il déborde à l'extérieur et s'entoure d'une nouvelle carapace qui se soude à la première; ces phénomènes

Fig. 3.

se poursuivant pendant un certain temps, il en résulte une coquille multiloculaire qui, comme dans le premier cas, peut rester droite (genre *Nodosaria*), courbée (*Dentalina*) ou encore peut s'enrouler en spire (*Planorbulina*), en hélice (*Bulimina*) ou enfin acquérir des formes très compliquées (*Nummulites*) (Fig. 3. *N. Puchi*). Toutes ces loges communiquent largement entre elles, et la dernière présente seule un large orifice par lequel le protoplasma peut sortir pour aller chercher sa nourriture; d'autres fois toutes les loges présentent dans leurs parois un grand nombre de petits pertuis par où peut également sortir le corps de l'animal sous forme de longs prolongements ou *pseudopodes* ramifiés et anastomosés entre eux.

On s'est servi de ce caractère pour diviser les F. en *Perforés* et en *Imperforés*, chacun de ces groupes présentant des formes monothalames et polythalames; la nature du test est encore un bon caractère qui permet de considérer des F. *chitineux, calcaires ou agglutinants*, c.-à-d. dont la coquille est formée de grains de sable, ou autre matière,

crétacés en montrent une immense quantité dans la craie blanche, depuis la Champagne jusqu'en Angleterre. Le cal-

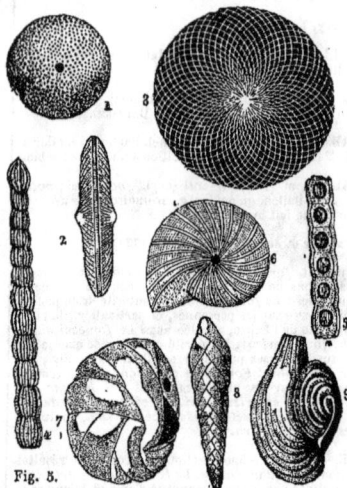

Fig. 5.

caire grossier du bassin de Paris est, en certains lieux, à Gentilly, par ex., tellement pétri de Foraminifères, que nous en avons trouvé plus de 58,000 dans 27 millim. cubes (1 pouce), soit près de 3 milliards dans un mètre cube. On peut donc conclure sans exagération que la capitale de la France est presque bâtie avec des Foraminifères (d'Orbigny). »

La Fig. 4 représente, d'après Ehrenberg, des foraminifères de la craie prise sur une carte de visite glacée.

Les Foraminifères sont surtout des animaux marins; on en trouve dans toutes les mers en examinant du sable au microscope ou mieux en raclant la surface des algues, les coquilles d'huîtres, les carapaces de crustacés, tous les débris, en somme, laissés par la marée. Ce sont des animaux carnassiers qui se nourrissent d'autres Protozoaires plus petits; ils les entourent au moyen de leurs longs pseudopodes qui forment autour de leur corps une véritable toile d'araignée et les amènent peu à peu au protoplasma intérieur qui les digère.

Nous représentons ici (Fig. 5) quelques-unes des formes les plus communes des Foraminifères : 1, *Orbuline universelle*; 2 et 3, *Orbitoïde*, vue de côté et en coupe horizontale; 4 et 5, *Nodosaire*, vue de face et en coupe verticale; 6, *Polystomelle*; 7, *Cassidulaire*; 8, *Textulaire*; 9, *Adélosine*.

Fig. 4.

agglutinés par une substance organique; mais il est bon de remarquer que la nature du test peut varier avec celui du milieu dans lequel vit l'animal.

« Maintenant voulons-nous voir quel rôle peuvent jouer dans la nature les petits corps qui nous occupent, et dont beaucoup n'atteignent qu'une moitié ou un sixième de millimètre? L'étude que nous avons faite du sable de toutes les parties du monde nous a démontré que leurs restes constituent en grande partie les bancs qui gênent la navigation, viennent obstruer les golfes et les détroits, combler les ports (nous en avons la preuve par celui d'Alexandrie), et qu'ils forment, avec les coraux, ces îles qui s'élèvent incessamment au sein des régions chaudes du Grand Océan. A l'époque des terrains carbonifères, une seule espèce du genre *Fusuline* a formé, en Russie, des bancs énormes de calcaire. Chez nous, les terrains

Classification des Foraminifères.

A. **Imperforés.** — Coquille calcaire ou chitineuse, ne présentant qu'une seule ouverture pour la sortie des pseudopodes.
   { 1. *Gromiides.*
   { 2. *Miliolides.*

B. **Agglutinants.** — Coquille imperforée formée par l'agglutinement de grains de sable, de spicules d'éponges, etc.
   { 1. *Ammodiscides.*
   { 2. *Lituolides.*
   { 3. *Valvulinides.*
   { 4. *Plécanides.*

C. **Perforés.** — Coquille calcaire présentant un large orifice, plus un grand nombre de petits pores qui couvrent toute sa surface.
   { 1. *Lagénides.*
   { 2. *Chilostomellides.*
   { 3. *Textularides.*
   { 4. *Globigérinides.*
   { 5. *Rotalides.*
   { 6. *Nummulitides.*

FORBACH, ancien ch.-l. de c. du dép. de la Moselle; cédé à l'Allemagne en 1871. Théâtre d'une des premières batailles de la guerre franco-allemande (4 août 1870).

FORBAN. s. m. (lat. *foras*, au dehors; *bannum*, ban). Corsaire sans lettre de marque qui exerce la piraterie, et qui attaque également amis et ennemis. *Les forbans sont traités comme voleurs.* — Fig., *Un f. littéraire*, Un plagiaire.

FORBÉSITE. s. f. (R. *Forbes*, nom d'homme). T. Minér. Arséniate hydraté de nickel et de cobalt.

FORBIN (le comte CLAUDE DE), intrépide marin français (1656-1733).

FORBIN (LOUIS-NICOLAS-PHILIPPE-AUGUSTE, comte de), peintre français (1777-1841).

FORBIN-JANSON (CH.-AUG.-MARIE-JOS., comte de), missionnaire et évêque de Nancy, fondateur de l'*Œuvre de la Sainte-Enfance* (1785-1844).

FORBONNAIS (FRANÇOIS VÉRON-DUVERGER DE), économiste français (1722-1800).

FORCADE DE LA ROQUETTE (JEAN-LOUIS DE), homme politique français; ministre de l'Agriculture, du Commerce et des Travaux publics (1867); ministre de l'Intérieur (1868-1869); né en 1820, mort en 1874.

FORCADEL (ÉTIENNE), poète français (1534-1573).

FORÇAGE. s. m. T. Monnayage. Excédent que peut avoir une pièce au-dessus du poids prescrit par la loi. || T. Hortic. Opération par laquelle on force les végétaux à donner des fruits avant le temps.

FORCALQUIER, ch.-l. d'arr. (Basses-Alpes); 3,000 hab.

FORÇAT. s. m. (Forme prov. du part. *forcé*). Homme condamné aux travaux forcés. — *F. libéré*, Forçat qui a été remis en liberté après avoir subi sa peine. — Prov., *Travailler comme un f.*, Travailler excessivement. — Voy. BAGNE et GALÈRE.

FORCE. s. f. (R. *fort*). Dans son sens le plus général, *Force* se dit de la faculté d'agir ou de produire un effet, et dans le langage des sciences physiques, ce terme s'applique à toute cause qui meut ou tend à mouvoir un corps. *Les forces de la nature. La f. d'attraction, de répulsion. La f. centripète. La f. centrifuge. La f. de cohésion. La f. de la poudre à canon. La f. d'un levier, d'un ressort. La f. d'une machine. La f. d'inertie. Les forces vitales. La f. digestive. F. aveugle. F. intelligente.* = En parlant de l'homme et des animaux, se dit ordinairement de la puissance d'agir qui réside en eux, ou bien dans un organe ou un système d'organes. *La f. d'un homme, d'un animal. Il est doué d'une force extraordinaire. F. physique. F. de corps. F. de bras. F. de reins. Ces lutteurs sont d'égale f. Frapper de toute sa f. Y aller de toute sa f. Lancer un trait avec f. Mettez-y moins de f. Il est dans toute sa f. Manquer de f. Il n'a pas la f. de soulever ce poids. Elle n'a pas seulement la f. de marcher. Il n'eut pas la f. d'en vivre davantage. Crier de toute sa f. Se perdre de ses poumons. Mon estomac n'a plus de f. Perdre de sa f. Être sans f. Il n'est point de f. humaine capable de...* On dit de même au plur., *Les forces du corps. Les forces commençaient à lui manquer. Ses forces diminuent, s'épuisent chaque jour. Perdre, recouvrer, réparer, reprendre ses forces. Prendre de nouvelles forces. Rassembler toutes ses forces. Déployer ses forces. Il veut toujours faire plus que ses forces ne permettent. Se fier à ses forces.* — *A forces égales, à f. égale, à égalité de f., de forces,* Les forces étant supposées égales de l'une à l'autre. — *La f. de l'âge,* L'âge où un être organisé est dans toute sa force. — *La f. surtout de l'homme, Vous êtes dans la f. de l'âge.* — *La f. de la constitution,* La vigueur de constitution qui rend capable de surmonter les grandes fatigues, de résister aux causes de maladies. — Fam., *N'avoir ni f. ni vertu,* Être d'une complexion délicate, ou n'être bon à rien, n'être capable de rien. — Fig., *Tour de f.,* Voy. TOUR. || Fig., on parlant de l'esprit et des facultés intellectuelles, se dit de sa puissance et de leur développement. — *La f., les forces de l'in-*

telligence. *Il faut beaucoup de f. d'esprit pour suivre cette démonstration. Il a une grande f. de tête. L'esprit humain n'a pas assez de f. pour pénétrer dans ces mystères. Par la f. de son génie. Ce peintre a une grande f. d'imagination. Il a une f. de mémoire prodigieuse.* || Fig., au sens moral, se dit de la fermeté d'âme, de caractère, etc. *F. morale. La f. de son corps ne secondait pas celle de son âme. Il a une grande f. de caractère. Il faut beaucoup de f. d'âme pour soutenir de telles adversités. Il faut encore plus de f. pour soutenir la bonne fortune. La f. est une des vertus cardinales.* — *N'avoir pas la f. de faire une chose,* Ne pouvoir pas se déterminer à la faire. = *Force* se dit également du talent, de l'habileté, de la fortune, du crédit, etc., en un mot de tout ce qui peut servir à produire une chose, à atteindre un but quelconque. *Ces deux joueurs, ces deux écoliers, ces deux musiciens, sont d'égale f., sont de la même f., sont de même f. Ses adversaires ne sont pas de f. Vous n'êtes pas de f. à résoudre ce problème. Il est de première f. sur le violon. Il s'opposa de toutes ses forces à cette résolution. Mon droit, c'est ma f. Ce sont les divisions de l'opposition qui font la f. du ministère. Dans cette discussion, les deux partis extrêmes unirent leurs forces.* Ironiq., *Ce sont des écrivains de même f.* = En parlant d'un peuple, d'un État, *Force* se dit de sa puissance et de tout ce qui contribue à le rendre puissant. *La f. de cet État consiste dans le nombre et la richesse de sa population. La principale f. de l'Angleterre réside dans sa marine. Il apprit aux Grecs le secret de leur f. Les forces comparées de ces deux nations. La f. militaire d'un empire.* — *La f. d'une armée,* Ce qui la rend considérable, redoutable. *Voilà ce qui fait la principale f. de nos armées.* Se dit surtout du nombre d'hommes qui composent une armée. *La f. numérique d'une armée.* On dit aussi, dans ce sens, *La f. d'un régiment, d'un bataillon, d'une flotte, d'une escadre.* — *Être en f.,* Être en état de se défendre et d'attaquer. On dit de même, *Venir en f.,* se présenter en f. — *La f. d'une place,* Ses moyens de défense, ses fortifications, sa garnison, etc. || *S'empl. absol.,* et au plur., pour désigner les troupes d'un État, d'un souverain. *Assembler, réunir toutes ses forces pour marcher au-devant de l'ennemi. Combattre à forces égales.* Les alliés ont joint leurs forces. *Nous avons toujours eu à combattre contre des forces supérieures. Les forces de terre et de mer. Les forces navales.* — Au singul., *f. armée,* se dit de tout corps de troupes, en tant qu'il peut être requis pour faire exécuter la loi. *On fut obligé de recourir à l'emploi de la f. armée, à la f. armée, pour disperser les rassemblements.* = Contrainte, violence, et pouvoir de contraindre. *User de f.* Employer la f. *Régner par la f. Céder à la f. Opposer la f. à la f. Repousser la f. par la f. Avoir la f. en main. La f. publique. L'empire de la f.* — *F. est demeurée à la loi,* se dit, lorsque des gens s'étant mis en révolte ouverte contre la loi, les personnes chargées de faire respecter celle-ci l'ont emporté. — *Force majeure,* Force à laquelle on ne peut résister; événement qu'on ne peut empêcher, et contre lequel il n'y a pas de ressource. *C'est un cas de f. majeure. Céder à la f. majeure. En cas de f. majeure.* — Fam., *Il est bien f., m'est f., lui est, etc.,* se dit pour marquer qu'on est dans la nécessité de faire quelque chose. *Je voudrais bien rester avec vous, mais il m'est de partir. F. lui fut de se taire.* — *Maison de f.,* Voy. MAISON. = L'impulsion qu'a été communiquée à un corps, l'énergie qu'il possède en raison de sa vitesse. *La f. d'un boulet de canon. La balle avait perdu presque toute sa f. La f. de l'eau. La f. d'un courant d'air. La f. du vent. Le sang jaillissait avec f. de l'artère béante.* On dit de même, *La f. d'un coup.* — *La f. du pouls,* Le plus ou moins de vitesse et d'élévation du pouls. On dit de même que *Le cœur bat avec f.,* lorsque ses pulsations sont rapides et violentes. || T. Mar. *Faire f. de rames,* Ramer de toute sa force, en faisant ramer les gens du barque, d'un bateau, etc., de toute leur force. *Faire f. de voiles,* Voy. VOILE. = Énergie, vivacité, intensité d'action; se dit au prop. et au fig. *La f. d'un médicament, d'un poison. Ce vinaigre n'a pas de f., a perdu sa f. S'il continue à geler de cette f... La f. du mal, de la douleur. La f. d'une passion, d'un sentiment. Son amour sembla renaître avec plus de f. S'élever avec f. contre les abus.* || Se dit aussi de l'énergie du style, des expressions, etc. *Son style a de la f., manque de f. Sentez-vous la f. de ce mot, de cette expression. Ses vers sont pleins de f.* || La valeur d'un raisonnement, d'une preuve, d'une raison. *La f. d'un argument, d'une preuve, d'une objection. Toute cette argumentation est sans f. Ce raisonne-*

ment n'est pas d'une grande *f. Toutes ces présomptions n'ont pas la f. d'une preuve. L'accusation tirait une nouvelle f. de ces circonstances.* || Fig., se dit de l'influence, de l'autorité que peuvent exercer certaines choses. *La f. de l'éloquence. La f. de l'évidence, de la vérité. La f. de l'exemple, de l'habitude, du préjugé. La f. des événements. La f. des choses. Une décision passée en f. de chose jugée. Les lois étaient sans f. Cette coutume avait f. de loi.* — La f. du sang, Voy. SANG. == En part. des choses, *Force* se dit souvent dans le sens de solidité, pouvoir de résister. *La f. d'une poutre, d'un mur, d'une digue. La f. d'une étoffe.* || T. Charpent. *Jambes de f.,* Poutres obliques qui constituent la partie inférieure d'un comble brisé. Voy. COMBLE. == T. Peint. et Sculpt. *Force* se dit de la puissance de l'artiste à représenter le relief des corps, à donner à ses figures du mouvement et de l'énergie. || T. Typogr. Largeur du prisme qui porte l'œil du caractère d'imprimerie. == FORCE s'emploie aussi comme une sorte d'adv., avec le sens de beaucoup, en grande quantité; dans ce cas, il précède immédiatement le subst. *Il a f. argent, f. amis, f. crédit,* etc., Il a beaucoup d'argent, etc. Fam. = A FORCE. loc. adv. et fam. Beaucoup, extrêmement. *Il travaille à f. pour avoir fini son tableau à temps.* = A FORCE DE. loc. prépos. *A f. de prières, de soins, de peines, de sollicitations, d'argent,* etc., Par beaucoup de prières, etc. *A f. de prier, de crier, de presser, d'agir, de pleurer,* etc., En priant, en pressant beaucoup. — *A f. de rames,* En faisant force de rames. *A f. de bras,* Voy. BRAS. = A TOUTE FORCE. loc. adv. Par toutes sortes de moyens. *Il veut à toute f. venir à bout de son entreprise.* || A tout prendre, absolument parlant. *On pourrait, à toute f. lui accorder ce qu'il demande.* = DE FORCE, DE VIVE FORCE, PAR FORCE, A FORCE OUVERTE. loc. adv., qui servent à marquer divers sortes d'efforts ou de violences, selon les différentes choses dont on parle. Ainsi on dit : *Faire entrer de f., par f., une chose dans une autre,* L'y faire entrer en pressant ou en frappant fortement; *Prendre une fille de f.,* La violer; *Attaquer quelqu'un de f. ouverte,* Avec une violence manifeste; *Prendre une ville de f., de vive f.,* L'emporter d'assaut. — *De gré ou de f.,* Volontairement ou par contrainte. — Syn. Voy. ÉNERGIE.

Philos. — I. En Philosophie, on donne le nom de Force à toute puissance capable d'agir ou de produire un effet. C'est en nous-mêmes que nous puisons l'idée de f., car nous sentons en nous une activité sans cesse et nécessairement agissante. Mais cette idée, nous la transportons hors de nous, et tout phénomène qui nous apparaît, tout changement qui survient dans les êtres, de quelque nature qu'ils soient, qui nous entourent, nous les attribuons à l'existence de forces particulières. Cependant cette induction doit-elle avoir une limite? De ce que nous nous sentons essentiellement actifs, sommes-nous en droit de conclure que toutes les substances créées sont actives, ou, en d'autres termes, douées de force? Les philosophes spiritualistes n'ont jamais refusé l'activité, la force, à la substance spirituelle; mais à l'exemple de l'École, la plupart des philosophes ont refusé toute activité à la matière, même à celle qui constitue notre corps. Pour eux, l'inertie est le caractère essentiel de la matière, comme l'activité est celui de l'esprit. Leibniz, au contraire, attribua la f. et l'activité à toutes les substances créées, tant aux substances matérielles qu'aux substances spirituelles. « La f. active ou agissante, dit-il, n'est pas la puissance nue de l'école; il ne faut pas l'entendre, en effet, ainsi que font les scolastiques, comme une simple faculté ou possibilité d'agir qui, pour être effective et conduite à l'acte, aurait besoin d'une excitation venue du dehors. La véritable f. active renferme l'action en elle-même; elle contient ou enveloppe l'effort, et se porte d'elle-même à agir sans aucune provocation extérieure. L'énergie, la f. vive, se manifeste par l'exemple du poids qui tend la corde; mais quoiqu'on puisse expliquer mécaniquement la gravité ou la f. du ressort, cependant la dernière raison du mouvement de la matière n'est autre que cette f. imprimée dès la création à tous les êtres, et limitée dans chacun par l'opposition ou la direction contraire de tous les autres. Je dis que cette f. agissante est inhérente à toute substance, qui ne peut être ainsi un seul instant sans agir; et cela est vrai des substances dites corporelles comme des substances spirituelles. Toute f. est donc substance, et toute substance est f. Les deux notions sont inséparables : car on ne peut pas concevoir l'action sans un être qui en être sans action. » Ailleurs, le même philosophe refuse le nom de substance à ce qui n'agit pas : *quod non agit substantia nomen non meretur.* » Toutes ces discussions sont aujourd'hui bien difficiles à suivre, à cause de l'obscurité inéluctable qui s'attache aux notions de *substance* et de *force.* Comme nous ne connaissons que des phénomènes, l'essence même des choses nous échappe absolument, et nous ne pouvons comprendre clairement ce qu'il faut entendre par *substance.* Quant au mot *force,* sa signification en philosophie est peut-être encore plus vague. Si on le prend dans son sens le plus étendu, il est difficile de comprendre en quoi l'idée qu'il représente diffère de celle de cause, et comme tout ce qui existe, esprit ou matière, a son rôle dans l'univers et contribue à la production des phénomènes du monde, tout ce qui existe peut être considéré comme une *cause,* et Leibniz a raison de refuser l'existence à ce qui n'est doué d'aucune activité, puisqu'une substance absolument inerte serait dans l'univers sans y marquer son être, c.-à-d. absolument comme si elle n'était pas. La question de la *force,* se confondant alors avec celle de la *causalité,* devient relativement claire. Si, au contraire, on veut prendre le mot *force* dans le sens restreint de cause de mouvement que lui donnent les physiciens, sa signification dépendra expressément de l'idée qu'on se fera de la constitution et des propriétés de la matière. Ainsi comprise, l'idée de force est inséparable des idées de matière et de mouvement, et son analyse dépend plus de la physique que de la métaphysique. En dehors des enseignements de l'expérience, on ne peut rien dire à cet égard de précis, et l'on est réduit à des hypothèses plus ou moins vagues et sans profit pour la science. Malheureusement, la physique est encore bien peu avancée sur ce sujet épineux de la constitution de la matière, et les enseignements qu'on en a pu tirer se réduisent à peu près à nous montrer l'insuffisance des anciennes hypothèses, sans nous permettre d'en former encore de complétement satisfaisantes. Il convient d'observer que les phénomènes de la lumière et de l'électricité, en révélant l'existence d'un milieu qu'on a appelé éther, et complétement distinct par ses propriétés de ce qu'on appelait jusque-là matière, et l'importance de plus en plus grande que prend dans la science la notion de l'énergie considérée comme quelque chose d'indestructible, sont bien de nature à modifier les anciennes idées relatives à l'atome matériel et à la force, sans qu'il soit possible de prévoir ce que deviendront ces notions importantes quand on sera en possession d'une hypothèse permettant d'expliquer convenablement les phénomènes connus. Voy. ATOME, DYNAMISME, ÉNERGIE, MATIÈRE, MÉCANIQUE.

Méc. — I. *Définition.* — En mécanique, on appelle *force* toute cause qui tend à mettre un corps en mouvement, ou à modifier le mouvement de celui-ci. Cette définition assez obscure, comme toutes celles qui servent de point de départ à de longs développements scientifiques, ne peut être bien comprise que quand on la rapproche des principes fondamentaux de la mécanique; mais pour éviter les redites inutiles, c'est au mot MÉCANIQUE que nous donnerons les explications nécessaires et que nous discuterons les critiques qui ont été faites à la manière actuelle d'exposer ces principes. Nous nous bornerons ici à faire remarquer que l'une de ces principes est celui de l'*inertie,* qui ne peut être séparé de la définition de la f. Disons d'abord que, par une abstraction nécessaire des dimensions des corps, on se représente un corps sans étendue qu'on appelle *point matériel,* et l'on suppose que tous les corps sont composés de points matériels plus ou moins rapprochés. Par le principe de l'inertie, on admet que tout point matériel abandonné à lui-même reste en repos ou décrit une ligne droite d'un mouvement uniforme, c.-à-d. en parcourant des espaces égaux pendant des temps égaux. Comme la nature nous montre que les corps ne se meuvent pas uniforme, il faut alors admettre qu'une cause extérieure agit sur eux pour modifier leur vitesse, et c'est cette cause qu'on appelle *force.*

On voit que cette définition ne préjuge rien de la nature intime de la matière et du mouvement : elle constitue une véritable abstraction, puisque, par la pensée, on décompose le mouvement réel en deux parties : 1° une partie uniforme qu'on suppose arbitrairement le mouvement naturel propre au corps, et une autre partie qui modifie le mouvement uniforme et qu'on attribue à une cause extérieure; étudier cette cause extérieure supposée, ou étudier le mouvement réel du corps, c'est absolument la même chose, de sorte que les conséquences qu'on déduira de cette manière de faire seront absolument indépendantes des idées métaphysiques qu'on voudra bien se faire sur la nature de la f. Du reste, les forces ne figurent dans les équations de la mécanique que par les nombres qui les mesurent, et les forces sont mesurées par leurs effets qui sont les mouvements des corps ou les déformations des solides, de sorte qu'en dernière analyse, les forces s'éliminent d'elles-mêmes, et les équations ne portent que sur les mouvements et sur les déformations, c.-à-d. sur les *phénomènes*.

L'exemple le plus simple d'une f. est le *poids* d'un corps. On peut citer aussi la *tension* d'un ressort, la *pression* d'une masse de gaz, etc. Le poids d'un corps ou la tension d'un ressort fait mouvoir toutes les pièces d'une horloge. La pression de la vapeur dans les cylindres d'une machine à vapeur détermine le mouvement du piston, et ces exemples concrets font comprendre comment on peut concevoir qu'une f. puisse agir sur des corps très différents.

Comparaison des forces. — Trois éléments sont à considérer pour définir une f. : 1° son *point d'application*; 2° sa *direction*; 3° son *intensité*. Le point d'application se définit de lui-même. On suppose toujours une force appliquée à un point matériel, que ce point soit libre ou qu'il fasse partie d'un corps solide. La direction d'une f. est celle du mouvement qu'elle imprimerait à son point d'application si celui-ci était en repos et complètement libre. Quant à l'*intensité* de la f., elle dépend de l'effet que la f. est capable de produire; mais il faut préciser cet effet. On ne peut songer à prendre la vitesse pour caractéristique de l'effet d'une f., puisque, d'après le principe de l'inertie, un corps qui n'est soumis à aucune f. est en mouvement uniforme, et possède, par conséquent, une vitesse quelconque. Ce ne peut être que la variation de la vitesse qui puisse servir à la mesure de l'intensité.

Le *principe de l'indépendance des effets d'une f. avec le mouvement antérieurement acquis par le point d'application* consiste en ce que la même f. appliquée au même point matériel déterminera toujours le même accroissement positif ou négatif de vitesse, quelle que soit la vitesse primitive du mobile. Il en résulte qu'un point matériel partant du repos et soumis à l'action d'une même f. de direction constante prendra un mouvement rectiligne tel que la vitesse y augmente de quantités égales pendant des temps égaux. Un pareil mouvement est appelé *mouvement uniformément varié*, et la quantité constante dont s'accroît la vitesse pendant l'unité de temps s'appelle l'*accélération* (Voy. ce mot). Il est alors tout indiqué de prendre pour caractéristique de l'effet d'une f. l'accélération que cette f. imprimerait à un point matériel partant du repos. La mesure de cette accélération sera donc prise pour mesure de la f., d'où l'on déduira que les forces sont entre elles comme les accélérations qu'elles impriment à un même point matériel. Mais, pour que cette convention ne soit pas contradictoire, il faut que la mesure des forces soit indépendante du point matériel sur lequel on les fait agir et dont on mesure les accélérations. Mathématiquement, cela revient à dire que si l'on fait agir deux forces F et F' sur des points matériels différents M M', M$_1$, etc., auxquels elles impriment respectivement les accélérations

$$\gamma, \gamma'; \gamma_1, \gamma_1'; \gamma_2, \gamma_2', \text{ etc.},$$

le rapport des deux accélérations restera le même : quel que soit le point considéré :

$$\frac{\gamma}{\gamma'} = \frac{\gamma_1}{\gamma_1'} = \frac{\gamma_2}{\gamma_2'} = \text{etc.}$$

S'il en est ainsi, la valeur commune de ce rapport sera prise pour le rapport des deux forces :

$$\frac{F}{F'} = \frac{\gamma}{\gamma'} = \frac{\gamma_1}{\gamma_1'} = \frac{\gamma_2}{\gamma_2'} = \text{etc.}$$

Or, on démontre en arithmétique que, pour que deux suites de quantités qui se correspondent deux à deux soient proportionnelles, il suffit qu'elles remplissent deux conditions dites conditions d'égalité et d'addition :

1° Si deux quantités γ et γ_1 de la première suite sont égales, il faut que les deux quantités correspondantes de la seconde suite, γ' et γ_1', soient aussi égales : si $\gamma = \gamma_1$, il faut $\gamma_1 = \gamma_1'$.

2° Si une quantité de la première suite γ est la somme de deux autres γ', γ'', il faut que la quantité de la seconde suite γ_1 correspondant à γ soit la somme des quantités de la seconde suite γ_1'' et γ_2'' qui correspondent respectivement à γ' et à γ'' : si $\gamma = \gamma' + \gamma''$, il faut avoir : $\gamma_1 = \gamma_1' + \gamma_1''$. Voy. PROPORTIONNEL.

En ce qui concerne les accélérations produites par les mêmes forces sur des points matériels différents, ces deux conditions sont des conséquences de trois principes fort simples qu'on doit admettre comme vérités expérimentales. Le premier est que l'*accélération qu'une force imprime à un point matériel est indépendante de la direction de*

la *force*, c'est-à-dire que si on fait agir la même f. sur le même point matériel dans des directions différentes, le point matériel prendra toujours la même accélération. Le deuxième est connu sous le nom de *principe de l'indépendance des effets des forces*. Il consiste en ce que *si plusieurs forces agissent sur un même point matériel, le mouvement de celui-ci sera la résultante géométrique de son mouvement initial et des mouvements que lui auraît imprimés chacune des forces considérées agissant seule sur ce point partant du repos*. Si l'on suppose le point primitivement en repos, et les forces agissant suivant la même droite, les mouvements qu'il faudra composer seront des mouvements rectilignes et uniformément variés, et le mouvement résultant sera aussi un mouvement rectiligne et uniformément varié; les accélérations des mouvements composants s'ajoutent ou se retranchent pour former l'accélération du mouvement résultant, suivant qu'elles sont de même sens ou de sens contraires. Voy. MOUVEMENT.

Il peut arriver que les mouvements qu'imprimeraient plusieurs forces à un même point matériel se détruisent les uns les autres, de sorte que leur résultante soit le repos. Alors le point matériel restera en repos ou continuera à se mouvoir suivant le mouvement rectiligne et uniforme qu'il possédait avant l'action des forces. Dans ce cas, les forces ne produisent aucun effet. On dit qu'elles se détruisent, ou encore qu'elles se font équilibre, ou que *le point est en équilibre*. Le troisième principe est alors que : *Si un point matériel est en équilibre sous l'action de certaines forces, tout autre point matériel soumis à l'action des mêmes forces sera aussi en équilibre*.

Des deux premiers principes, il résulte que si deux forces impriment à un même point matériel des accélérations égales, et les laisseront ce point en équilibre lorsqu'on les appliquera sur ce point *en sens inverse*, puisqu'alors l'accélération du point sera nulle. Si alors on applique ces deux forces, toujours *en sens inverse*, à un autre point matériel, d'après le 3° principe elles le laisseront aussi en équilibre, ce qui exige qu'elles lui impriment aussi des accélérations *égales*, et ainsi se trouve établie la première condition de proportionnalité.

Si maintenant, une f. F imprime à un point matériel une accélération γ égale à la somme $\gamma' + \gamma''$ des accélérations que lui imprimeraient deux autres forces F' et F'', il y aura équilibre quand on appliquera au même point, sur la même droite, les deux forces F' et F'' dans le même sens, et la force F en sens inverse. L'équilibre subsistera si l'on remplace le point matériel par un autre point, ce qui exige que l'accélération γ_1 imprimée à ce second point par la f. F soit encore égale à la somme des accélérations γ_1' et γ_1'' qu'imprimeraient à ce second point les forces F' et F''. Ainsi se trouve établie la condition de proportionnalité relative à la somme, et l'on peut dire que : *Les forces sont entre elles comme les accélérations qu'elles impriment à un point matériel quelconque*.

Alors la mesure des forces est ramenée à celle des accélérations, et si l'on prend pour unité de f. une f. choisie arbitrairement, par ex. le poids d'un centimètre cube d'eau distillée qu'on appelle un *gramme*, la mesure d'une f. F sera le rapport de cette f. avec l'unité, c.-à-d. le rapport des accélérations qu'imprimeraient à un même point matériel d'une part la f. F, et d'autre part le poids de 1 gramme qu'on ferait agir séparément sur ce point.

Les accélérations sont des longueurs qu'on peut mesurer avec le mètre pour unité. Nous venons de voir qu'on pourrait aussi mesurer les forces Si alors, on fait agir des forces sur des points matériels différents et qu'on désigne par

$$F, F'; \gamma, \gamma'; \gamma_1, \gamma_1'$$

non pas les forces ou les accélérations elles-mêmes, mais *les nombres qui les mesurent*, on aura :

$$\frac{F}{F'} = \frac{\gamma}{\gamma'} = \frac{\gamma_1}{\gamma_1'} = \text{etc.},$$

proportions qu'on peut écrire aussi :

$$\frac{F}{\gamma} = \frac{F'}{\gamma'}, \quad \frac{F'}{\gamma'} = \frac{F'}{\gamma_1'} \text{ etc.},$$

c'est-à-dire que le quotient du nombre qui mesure une f. par le nombre qui mesure l'accélération qu'elle imprime à un point matériel reste le même quand on change la force sans changer le point matériel; mais ce quotient change si on fait varier le point matériel. Dès lors, la valeur de ce quotient mesure une propriété de chaque point matériel. On lui a donné le nom de masse; si on désigne cette masse par m, on aura l'égalité

$$\frac{F}{\gamma} = m,$$

ou

$$F = \gamma m,$$

ce qui s'exprime en disant que :

Toute force est égale au produit de la masse d'un point matériel par l'accélération qu'elle imprime à ce point.

Si la force qui agit sur un point M est variable de direction et d'intensité, ou même si le point matériel est animé d'une vitesse initiale dont la direction n'est pas celle de la force, le mouvement ne sera ni rectiligne ni uniformément accéléré ; mais si l'on considère un intervalle de temps Δt aussi petit qu'on voudra, il résulte du principe de l'indépendance des effets d'une force avec le mouvement antérieur que la vitesse à la fin de l'intervalle est la résultante de la vitesse qu'avait déjà le mobile au début du temps Δt et de la vitesse que lui aurait imprimée la force F pendant le temps Δt en supposant qu'il fût parti du repos. Cette dernière vitesse s'appelle l'*accélération élémentaire* ou l'*accélération totale* pendant le temps Δt ; elle occupe une direction intermédiaire entre celles qu'occupe la force au commencement et à la fin de l'intervalle de temps Δt et sa grandeur est comprise entre celles qu'elle aurait eues si la force eût été constamment égale soit à la plus grande, soit à la plus petite de toutes les valeurs qu'elle a prises pendant ce même intervalle. Si donc on désigne par F_1 et F_2 ces valeurs maximum et minimum de la force, les accélérations correspondantes seraient $\frac{F_1}{m}$ et $\frac{F_2}{m}$, m étant la masse du point matériel, et d'après les lois du mouvement uniformément varié (Voy. MOUVEMENT) les vitesses produites par les deux forces F_1 et F_2 seraient $\frac{F_1 \Delta t}{m}$ et $\frac{F_2 \Delta t}{m}$. L'accélération élémentaire est donc comprise entre ces deux limites ; mais $\frac{F \Delta t}{m}$ est aussi comprise entre les mêmes limites, et d'après la définition qui a été donnée de l'*accélération* (Voy. ce mot) celle-ci est la limite du quotient de l'accélération élémentaire par le temps Δt, quand ce temps tend vers 0. Cette accélération est donc la limite d'une quantité comprise entre $\frac{F_1}{m}$ et $\frac{F_2}{m}$, laquelle ne peut être que $\frac{F}{m}$, puisque F est la limite commune de F_1 et F_2. D'autre part, la direction de cette accélération ne peut être que celle de F, d'après ce qui a été dit plus haut. En résumé, quel que soit le mouvement du mobile, son accélération est dirigée suivant la même droite que la force et dans le même sens, et sa valeur numérique est toujours égale au quotient de la force par la masse, de sorte que l'équation

$$\gamma = \frac{F}{m} \quad \text{ou} \quad F = m\gamma$$

reste l'équation fondamentale de toute la mécanique.

Composition des forces appliquées au même point matériel. — D'après le principe de l'*indépendance des effets des forces*, un point matériel soumis à l'action de plusieurs forces prendra pour mouvement définitif la résultante de son mouvement antérieur et des divers mouvements qu'il aurait pris s'il avait été soumis isolément à l'action de chacune des forces.

Le problème qui aurait pour objet la recherche du mouvement d'un point matériel sous l'action de plusieurs forces, se ramène ainsi à celui de la composition de plusieurs mouvements simultanés, de sorte que l'étude des mouvements en eux-mêmes et indépendamment de leurs causes, doit précéder l'étude des effets produits par les forces. C'est pourquoi cette étude, qui a reçu le nom de *Cinématique*, quoique étant purement géométrique, a souvent été considérée comme formant le premier chapitre, et non le moins important, de la mécanique. Voy. CINÉMATIQUE, MOUVEMENT.

On voit aussi que si plusieurs forces sont appliquées à un même point matériel, on pourra les remplacer par une force unique capable de produire un mouvement identique à la résultante des mouvements que produirait isolément chacune d'elles. Cette force unique est appelée la *résultante* des forces données, qui prennent, par opposition, le nom de *composantes*. Le problème de la composition des forces se ramène ainsi évidemment à celui de la composition des mouvements.

Il peut arriver, comme il a été dit plus haut, que tous les mouvements simultanés dont il est ici question se détruisent mutuellement, de sorte que leur résultante soit le repos. Dans ce cas, la résultante des forces est évidemment nulle, et l'on dit que ces forces se font *équilibre*.

La question de l'équilibre des forces est une des plus importantes qui se présentent en mécanique, et les problèmes auxquels elle donne lieu constituent la partie de la science appelée *Statique* (Voy. ce mot). Il est évident que deux forces égales et de sens contraires appliquées au même point matériel se font équilibre, puisqu'elles tendent à imprimer à ce point des mouvements égaux et inverses qui se détruisent nécessairement. De là résulte que la résultante de plusieurs forces est égale et directement opposée à une force unique qui ferait équilibre au système des forces données. On voit ainsi que le problème de l'équilibre se rattache intimement à celui de la composition des forces ; aussi ce dernier est-il le problème fondamental de la statique.

Les forces sont caractérisées par les accélérations qu'elles impriment à un même point matériel ; les accélérations sont, comme les vitesses, des lignes droites définies par leur direction et leur grandeur. Il s'ensuit que les forces peuvent être représentées par des lignes droites parallèles et proportionnelles aux accélérations qu'elles déterminent sur un même point. Comme de plus l'accélération de la résultante est la résultante des accélérations des composantes (Voy. MOUVEMENT), il s'ensuit que tous les théorèmes démontrés en cinématique sur la composition des accélérations s'appliquent sans aucun changement à la composition des forces appliquées à un même point matériel. On obtient ainsi les résultats suivants :

1° La résultante de deux forces de même direction appliquées au même point est égale à leur somme algébrique (les forces de sens contraires étant prises avec des signes contraires) ;

2° La résultante de deux forces appliquées au même point dans des directions différentes est représentée en grandeur et en direction par la diagonale du parallélogramme construit sur les droites qui représentent les composantes. C'est la règle dite du *parallélogramme des forces* (Fig. 1). OR est la résultante des forces OF et OF'.

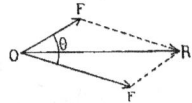

Fig. 1.

Si f et f' sont les deux composantes, et θ l'angle de leur direction, la résultante R aura pour valeur :

$$R = \sqrt{f^2 + f'^2 + 2ff' \cos \theta},$$

comme cela résulte immédiatement de la relation qui existe entre les trois côtés du triangle OFR :

$$\overline{OR}^2 = \overline{OF}^2 + \overline{FR}^2 - 2OF.FR \cos F,$$

si l'on remarque que l'angle F est le supplément de l'angle FOF' des deux forces.

Si l'angle θ est droit, le parallélogramme devient un rectangle, et l'on a :

$$R = \sqrt{f^2 + f'^2}.$$

3° La résultante de trois forces appliquées dans des directions quelconques à un même point matériel est représentée par la diagonale du parallélépipède construit sur les trois composantes (*parallélépipède des forces*) (Fig. 2). OR est la résultante des trois forces OF, OF', OF'').

Si les trois forces sont deux à deux perpendiculaires, le parallélépipède est rectangle et le carré de sa diagonale est égal à la somme des carrés des trois arêtes, c'est-à-dire :

$$R = \sqrt{f^2 + f'^2 + f''^2}.$$

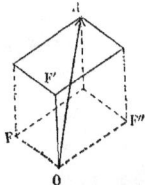

Fig. 2.

4° La résultante d'un nombre quelconque de forces appliquées à un même point matériel s'obtient en portant à la suite l'une de l'autre, avec leurs directions propres, les droites f_1, f_2, f_3, f_4, qui représentent les composantes. On forme ainsi une ligne polygonale, et si l'on joint le point de départ à l'extrémité R du

FOR

dernier côté, on obtient la représentation de la résultante (*polygone des forces*) (Fig. 3. OR est la résultante des 4 forces OF, OF', OF'', OF'''). De même qu'on peut composer plusieurs forces en une, inversement on peut remplacer une force unique par plusieurs autres dont l'ensemble produirait le même effet. Dans la plupart des cas où se présente le problème de la décomposition des forces, il s'agit de décomposer une force en trois autres dont les directions seront données.

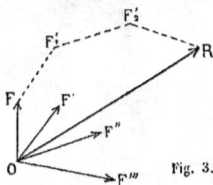

Fig. 3.

Le problème est entièrement déterminé ; il revient à chercher un parallélipipède dont on connaît la diagonale et la direction des arêtes. Pour mettre en équation les problèmes de mécanique, on choisit le plus souvent trois axes de coordonnées rectangulaires, et l'on décompose toutes les forces que l'on considère suivant les directions de ces trois axes. Les composantes ne sont alors autre chose que les projections de la résultante sur chacun des axes coordonnés. Si plusieurs forces f_1, f_2, f_3, etc., sont appliquées à un même point M, et qu'on veuille déterminer les projections de leurs résultantes R, on projettera d'abord chacune d'elles suivant les directions des axes Ox, Oy, Oz. Soient :

$$X_1, Y_1, Z_1 ; X_2, Y_2, Z_2 ; X_3, Y_3, Z_3, ... \text{ etc.}$$

ces projections.

Les forces X_1, X_2, X_3, qui ont la même direction admettent une résultante égale à leur somme, il en est de même des deux autres groupes, de sorte que le système proposé se ramène aux trois forces :

$$R_x = X_1 + X_2 + X_3, + \text{etc.},$$
$$R_y = Y_1 + Y_2 + Y_3, + \text{etc.},$$
$$R_z = Z_1 + Z_2 + Z_3, + \text{etc.},$$

qui sont les projections de la résultante R. On arriverait au même résultat par l'application du théorème des projections.

Composition des forces appliquées à un corps solide. — Cette question importante qui comprend comme cas particulier la *composition des forces parallèles* et la théorie des *couples* sera étudiée au mot STATIQUE.

II. *Mesure pratique des forces.* — Les forces qu'on peut avoir à mesurer dans la pratique, telles que les poids des corps, les pressions des gaz, la force du vent ou d'une chute d'eau, les actions électriques ou magnétiques, etc., s'exercent généralement sur des corps de forme et de dimensions très variées, de sorte qu'il serait très difficile de déterminer directement l'accélération qu'elles imprimeraient à un même point matériel. Aussi, pour mesurer une force, cherche-t-on à la comparer directement avec l'unité de force en la faisant agir sur un appareil spécialement imaginé dans ce but. La méthode employée repose sur ce que deux forces qui font équilibre à un même système de forces sont égales entre elles, puisqu'elles sont toutes deux égales à la résultante du système. Elle consiste à chercher une f. d'intensité connue qui puisse faire équilibre, comme la f. en expérience, à une même f. *antagoniste*. Ce n'est pas autre chose qu'une généralisation de la méthode de pesée imaginée par Borda et dite de la *double pesée*.

La balance est, en effet, un excellent appareil pour la mesure des forces : c'est à la fois le plus simple et le plus précis. La f. *antagoniste* est le poids de la tare que l'on met dans un des plateaux pour équilibrer le poids ou la f. à mesurer. La f. d'intensité connue est fournie par les poids marqués que l'on substitue ensuite au poids ou à la force qu'on veut mesurer.

Les autres instruments employés pour la mesure des forces portent le nom générique de *Dynamomètre*, d'un seul mot. La plupart du temps la f. antagoniste est fournie par la tension d'un ressort ; elle augmente avec la déformation de celui-ci, de sorte que l'égalité entre la f. en expérience et la f. connue se reconnaît à ce qu'elles produisent toutes deux une même déformation. Le plus souvent, l'instrument porte un appareil indicateur de la déformation, qui a été gradué à l'avance par l'application de poids connus, de sorte que la mesure se fait par une simple lecture ; mais la méthode est au fond la même.

Les pressions des gaz et de la vapeur se mesurent d'une manière spéciale, par comparaison, soit avec la pression d'une colonne de mercure, soit avec la pression atmosphérique.

Dans les expériences délicates de physique, on emploie souvent, comme f. antagoniste destinée à équilibrer celles qu'on veut comparer, la réaction produite par la torsion d'un fil de métal. Cette réaction possède, en effet, une propriété précieuse pour la commodité des mesures : elle est proportionnelle à l'angle de torsion, de sorte que, dès qu'on sait quel est l'angle de torsion produit par une seule force connue, il suffit d'une seule lecture donnant la valeur de l'angle de torsion pour chaque mesure ultérieure. Voy. BALANCE électrique, TORSION.

Souvent aussi, on mesure directement l'accélération produite par la f. en expérience, en faisant appel aux résultats de la théorie du PENDULE. On peut, en effet, calculer cette accélération quand on a déterminé la période des oscillations d'un pendule sous l'influence de la f. qu'on étudie. C'est ainsi que Borda a pu calculer, à la fin du siècle dernier, l'accélération de la pesanteur. C'est par la combinaison des deux méthodes que Cavendish est parvenu, à la même époque, à mettre en évidence et à mesurer l'attraction de deux sphères de métal, d'où il a pu déduire, par comparaison avec la pesanteur, la densité moyenne et la masse du globe terrestre.

III. *Force centripète.* — Lorsqu'un point matériel décrit une ligne courbe, il est souvent commode, pour étudier son mouvement, de décomposer la f. qui le sollicite en deux autres, dont l'une est tangente et l'autre normale à la trajectoire ; la première est appelée f. *tangentielle*, l'autre f. *normale* ou *centripète*. Voy. CENTRIPÈTE.

Force d'inertie, force centrifuge. — Si l'on veut obliger un point matériel à suivre un autre mouvement que le mouvement rectiligne et uniforme, il faut le soumettre à l'action d'une f. qui modifie à chaque instant sa vitesse et la direction de sa trajectoire ; cette force sera par ex. la tension d'un fil ou la réaction de la surface solide sur laquelle on l'oblige à se mouvoir. On dit alors que le corps en mouvement réagit à son tour sur le fil ou la surface fixe, et cette réaction d'un corps en mouvement s'appelle la *force d'inertie*. Elle est proportionnelle à la masse et à l'accélération du mobile, et se mesure par le produit de ces deux facteurs. Elle est donc égale et directement opposée à la f. qui agit sur le mobile. C'est la f. d'inertie d'un boulet de canon qui brise les obstacles sur son mouvement. On peut décomposer la f. d'inertie en une f. tangentielle et une f. normale à la trajectoire. La composante normale s'appelle f. *centrifuge*. Elle est égale et directement opposée à la f. centripète. Voy. CENTRIFUGE, INERTIE.

Force centrifuge composée. — F. fictive introduite dans l'étude des mouvements relatifs. Voy. CENTRIFUGE.

Force centrale. — Voy. CENTRAL.

IV. *Force vive.* — On appelle f. vive ou *puissance vive* d'un point matériel en mouvement le produit de sa masse par le carré de sa vitesse. La f. vive d'un système de corps en mouvement est la somme des forces vives de tous les points matériels qui le composent. Il faut avouer que la dénomination de f. vive est fort mal choisie : car l'idée qu'elle exprime n'a rien de commun avec celle de force. Il est préférable d'appeler cet élément *puissance vive*, ou, mieux encore, *énergie actuelle*. Voy. ÉNERGIE. La f. vive est un élément mécanique des plus importants, grâce au théorème suivant sur lequel nous reviendrons au mot TRAVAIL :

L'accroissement total de la force vive d'un système en mouvement est égal au double de la somme algébrique des travaux de toutes les forces qui agissent sur le système pendant le même temps.

Il en résulte qu'un travail positif augmente la vitesse du mobile, c'est pourquoi on l'appelle *moteur*. Un travail négatif qui la diminue se dit *résistant*. La f. vive mesure ainsi la quantité de travail que peut fournir un corps en mouvement : car, pour anéantir le mouvement, il faut soumettre ce corps à des forces dont le travail négatif, ou *résistant*, est juste égal à la moitié de la f. vive perdue.

Une machine industrielle partant toujours du repos pour rentrer dans le repos, l'accroissement total des forces vives y est nul. Donc aussi la somme des travaux de toutes les forces est nulle, c.-à-d. que le travail positif ou *moteur* est précisément égal au travail négatif ou *résistant*. On dit communément que c'est de là que résulte l'impossibilité du *mouvement perpétuel*. Cependant la question du mouvement perpétuel est un peu plus complexe. Ce qui résulte seulement de la remarque précédente, c'est l'inanité des efforts de tous ceux qui ont essayé de construire des machines capables de produire un travail utile, c.-à-d. résistant, sans f. motrice qui puisse fournir le travail positif. Voy. DYNAMIQUE, ÉNERGIE, MOUVEMENT, THERMODYNAMIQUE, TRAVAIL.

V. *Force motrice, force nominale des machines.* — On appelle f. motrice toute f. capable d'être utilisée pour les usages industriels. Les forces motrices naturelles sont les chutes d'eau, la f. du vent, la f. musculaire de l'homme ou des animaux. Les forces motrices artificielles sont empruntées soit à la pression de la vapeur d'eau (machines à vapeur), soit à la dilatation d'un gaz sous l'action de la chaleur (machines à air chaud, machines à gaz, à pétrole), soit à l'énorme tension des gaz produits subitement dans une action chimique (conflagration de la poudre et des matières explosives), soit, enfin, aux actions électriques (machines mues par les courants des piles).

Les machines employées dans l'industrie peuvent se répartir en deux grandes classes. Les unes n'ont pas d'autre objet que de produire du mouvement, ou mieux du travail, ce sont les *machines motrices*. Les autres, qui reçoivent le mouvement de la machine motrice servent à produire l'effet utile qu'on veut obtenir, ce sont les *machines-outils*.

Au point de vue mécanique, la valeur d'une machine motrice dépend de la quantité de travail qu'elle est capable de produire dans un temps donné, puisque c'est ce travail qu'utilisent les machines-outils. On sait que l'unité de travail est le *kilogrammètre*, travail nécessaire pour élever un poids de 1 kilogramme à 1 mètre de hauteur; mais ici, le temps est un élément essentiel pour la détermination de la puissance d'une machine motrice, car on conçoit qu'une longue une machine de très faible puissance finirait par produire un nombre indéfini de kilogrammètres. La puissance des machines, ou, suivant l'expression consacrée, leur *force nominale*, se mesure donc d'après le nombre de kilogrammètres qu'elles fournissent en une seconde. L'unité adoptée en France est le *cheval-vapeur*. C'est la puissance d'une machine capable de produire 75 kilogrammètres par seconde. Ainsi une machine pouvant élever chaque seconde 150 kilogrammes à 2 mètres de hauteur, fournira 300 ou 75×4 kilogrammètres par seconde et sera dite une force de 4 chevaux.

Il faut reconnaître que le mot force est ici très mal choisi. Il serait à désirer qu'on arrivât peu à peu à faire prévaloir celui de *puissance*, qui donne une idée beaucoup plus nette de la quantité qu'il s'agit de mesurer. Remarquons qu'une machine à feu peut fonctionner avec une puissance bien différente de sa f. nominale. On conçoit, en effet, qu'en activant la combustion dans le foyer, on élèvera la pression dans la chaudière et les cylindres et qu'on augmentera, par conséquent, la f. motrice et le travail produit. On peut encore modifier la puissance en changeant la distribution de manière à faire varier la détente. Mais toutes les machines sont construites en vue d'une allure et d'une pression déterminées, de façon que leur rendement économique soit le meilleur possible quand on les fait marcher dans les conditions prévues à l'avance. C'est la puissance de la machine quand elle fonctionne dans ces conditions normales qu'on appelle la *force nominale de la machine*.

Division, transport et distribution de la force motrice. — On a cherché à subdiviser et à transporter au loin le travail d'un moteur. La solution de ce double problème intéresse au plus haut point l'avenir de l'industrie mécanique. Elle permettrait d'utiliser dans des usines d'un accès facile un grand nombre de forces motrices naturelles qui ne sont pas exploitées à cause des difficultés de communication et de transport : telles sont les innombrables chutes d'eau des pays de montagne. D'un autre côté, les petites industries, qui ne consomment que peu de travail, pourraient se dispenser d'un moteur, et le remplacer par une location beaucoup plus avantageuse, l'usine centrale leur fournissant à domicile la force motrice qui leur serait nécessaire. Il existe actuellement plusieurs procédés qui résolvent plus ou moins bien le problème. En ce qui concerne le simple *transport*, les câbles télédynamiques permettent déjà de transmettre le travail à une assez grande distance. Voy. CABLE et TRANSMISSION. D'autre part, l'emploi de l'air comprimé ou de l'air raréfié donne un procédé de distribution. L'usine centrale comprime de l'air dans un vaste réservoir relié par une canalisation spéciale à des cylindres placés là où la f. doit être utilisée. Il suffit d'ouvrir un robinet pour que l'air comprimé fasse mouvoir le piston du cylindre ; un système de tiroirs pareil à celui des machines à vapeur permet à l'air comprimé d'agir successivement sur les deux faces du piston. L'air raréfié est appliqué d'une manière analogue. On a aussi essayé d'employer l'air comprimé au transport de la f. motrice à des lieux indéterminés : il suffit, en effet, de comprimer de l'air dans un réservoir mobile et de transporter celui-ci où l'on veut pour faire agir l'air comprimé qu'il contient sur le piston d'un cylindre. On a même vu des lignes de tramways exploitées par ce système. Malheureusement, les fuites inévitables quand la pression devient trop grande, et la difficulté de régler la sortie de l'air à mesure que la pression

diminue, enfin le mauvais rendement et le prix trop élevé de ce système l'ont fait abandonner. Il semble que la vraie solution du problème est donnée par l'emploi des machines dynamo-électriques. La canalisation se réduit alors à de simples fils. L'usine centrale emploie la f. dont elle dispose à faire tourner de puissantes machines dynamo-électriques, qui fournissent des courants électriques circulant dans tout le réseau des fils. A chaque poste récepteur, une autre machine dynamo-électrique est mise en mouvement par le courant et constitue un nouveau moteur, capable de faire travailler les machines-outils. Ce système commence à avoir un grand avenir. Le rendement peut atteindre qu'il est appelé à un grand avenir. Le rendement peut atteindre jusqu'à 60 p. 100, c.-à-d. qu'on recueille sur la machine *réceptrice* les 60 centièmes du travail employé à faire marcher la machine *génératrice*. Enfin les *accumulateurs* constituent un procédé de transport de f. motrice. Les accumulateurs, chargés à l'usine centrale, peuvent être transportés où l'on veut, et le courant qu'ils fournissent peut être employé à faire tourner une machine dynamo-électrique qui joue le rôle de machine motrice. On a vu des voitures et des bateaux mus par ce système. Malheureusement, le grand poids des accumulateurs, et le peu de temps pendant lequel ils peuvent fournir du courant sans être rechargés, constituent des obstacles sérieux qui limitent forcément leur emploi. Il faut espérer que ces inconvénients seront beaucoup atténués par les progrès futurs de l'industrie électrique.

VI. *Flux de force.* — Voy. FLUX.

FORCÉ, ÉE. adj. Qui manque de naturel, qui est contraint, affecté. *C'est un homme f. dans tout ce qu'il fait. Elle n'a rien de gauche ni de f. dans ses manières. Attitude, contenance forcée. Un sourire f. Des larmes forcées.* || S'emploie dans un sens anal., en part. des œuvres littéraires. *Style f. Vers f. Comparaison forcée. Rapprochement f. Ce drame est rempli de situations forcées. Donner à un passage, à une expression un sens f.* L'interpréter dans un autre sens que le vrai, le détourner du sens naturel et véritable. || Se dit également d'une statue ou des figures d'un tableau, quand une attitude est gênée sans nécessité ; du coloris d'un tableau, quand il est outré ; et de l'effet, quand l'artifice dont le peintre s'est servi pour l'augmenter, est grossièrement employé. || T. Mar. *Temps f.*, Très gros temps.

FORCEAU. s. m. (R. force). T. Chasse et Pêche. Piquet sur lequel un filet est appuyé, et qui le retient de force.

FORCELLINI (EGIDIO), lexicographe italien, disciple et collaborateur de Facciolati pour son *Lexique de la langue latine* (1688-1768).

FORCEMENT. s. m. Action de forcer. *Le f. d'une serrure. Le f. des projectiles.* || T. Admin. Exercice du droit qui appartient à l'administration de faire payer par ses employés les sommes qu'ils ont négligé de percevoir. *F. de recette.*

FORCÉMENT. adv. Par force, par contrainte. *Il a fait cette démarche f.* || Par une conséquence nécessaire. *Puisque cela est ainsi, il faudra f. que...*

FORCENÉ, ÉE. adj. et s. (lat. *foris*, hors, et all. *sinn*, sens). Furieux et hors de sens. *Il est f. F. de rage, de colère. C'est une forcenée. Il se débattait comme un forcené.*

Obs. gram. — L'orthographe de ce mot qui n'est pas conforme à l'étymologie et ne s'appuie même pas sur un ancien usage, est vicieuse et fautive ; elle vient d'une confusion malencontreuse avec le mot *force*. Il vaudrait mieux écrire *forsené*.

FORCEPS. s. m. [Pr. for-sè-pse] (lat. *forceps*, tenaille). T. Chir. Vulgairement on dit *les fers*. Le f. est une pince à branches séparables, avec laquelle on peut saisir le fœtus pour l'extraire des parties génitales. — La découverte en fut faite au XVIIe siècle par Peter Chamberlen, huguenot né à Paris, qui quitta la France pour se réfugier en Angleterre. — Tout f. se compose de deux branches, se divisant en trois parties : *manche, cuiller, partie intermédiaire* ou *articulation.* On appelle branche gauche, celle, à un pivot, celle qui supporte le pivot de l'articulation et qui est destinée à pénétrer du côté gauche des organes génitaux de la femme ; branche droite, femelle ou à mortaise, celle qui est percée de la mortaise et qui doit pénétrer du côté droit du canal génital. — Il y a trois espèces de forceps : le f. unicourbe de Chamberlen (XVIIe siècle) ; le f. bicourbe de Levret (XVIIIe siècle) ;

et le f. tricourbe de Tarnier (XIXᵉ siècle). Au XVIIᵉ siècle, on s'était seulement préoccupé de saisir la tête, et on n'avait donné au f. que la courbure céphalique; les accoucheurs du siècle suivant, désireux d'adapter la forme de l'instrument à celle du bassin, lui ajoutèrent la courbure pelvienne; au XIXᵉ siècle, différents accoucheurs ont essayé d'adapter la forme du f., non seulement au bassin osseux, mais aussi au bassin mou ou périnée, et ont ajouté à l'instrument une nouvelle courbure, la courbure périnéale. Le f. le plus pratique et le plus complet à cet égard, publié par le professeur Tarnier, est arrivé, après plusieurs modifications, au type le meilleur à l'heure actuelle. Ce f. permet de tirer dans l'axe du canal génital, laisse à la tête sa mobilité, et possède une aiguille indicatrice, constituée par les manches de préhension, qui, en révélant à l'accoucheur les mouvements de la tête encore invisible, est d'un précieux secours pour savoir la direction dans laquelle les tractions doivent être exercées.

Les indications du f. sont de deux sortes: tantôt le f. doit être appliqué d'urgence; lorsqu'il y a danger pressant pour la mère (éclampsie, hémorrhagie génitale grave, etc.) ou pour le fœtus (procidence du cordon, ralentissement des battements cardiaques, etc.); tantôt la nécessité de l'intervention est laissée à l'appréciation de l'accoucheur (f. à volonté); la donnée généralement admise dans ce cas est la suivante: le f. doit, en l'absence de contre-indication, être employé quand, après la dilatation complète, la température s'élève au-dessus de 38°, ou quand la partie fœtale qui se présente séjourne plus de deux heures dans la même région du canal génital. — Les contre-indications sont au nombre de trois: 1° il y a présentation du thorax ou de l'abdomen; 2° le col n'est pas suffisamment dilaté ou dilatable; 3° il y a un rétrécissement marqué du bassin (pas au-dessous de 7 centim.). — Bien entendu, il faut appliquer le f. directement sur la partie fœtale, c.-à-d. que la poche des eaux doit être préalablement rompue, si elle ne l'était pas spontanément.

FORCER. v. a. Surmonter une résistance au moyen d'une force supérieure; prendre par force. *L'armée força tous les obstacles. F. un passage bien défendu. F. une barricade, un retranchement, un camp.* — *F. des troupes dans leur camp, dans leurs retranchements,* Pénétrer dans leur camp, s'en emparer, malgré leur résistance. ‖ Fig. *F. la porte de quelqu'un,* Entrer chez quelqu'un quoiqu'il ne veuille pas recevoir. *F. la consigne,* L'enfreindre avec adresse ou violence. ‖ *F. une fille, une femme,* La violer. ‖ T. Chasse. *F. une bête,* La prendre avec des chiens, après l'avoir poursuivie plus ou moins longtemps. — Briser, ouvrir quelque chose avec violence. *F. une porte, une serrure, un coffre. F. les prisons.* — *F. une clef, une serrure,* Fausser quelque chose à une serrure, de manière qu'elles ne peuvent plus jouer. = Contraindre, obliger à quelque chose, violenter; se dit au prop. et au figuré. *F. quelqu'un à faire quelque chose, de faire quelque chose. On l'a forcé de donner sa démission. Il fut forcé de sortir. C'est vous qui m'avez forcé à vous dire des choses désagréables. F. les ennemis au combat. F. la terre à produire. F. la nature à dérouler ses secrets. F. les volontés, les consciences. F. son humeur, son inclination, son talent.* — En hortic., Exciter la végétation des plantes par la chaleur, l'électricité, une culture intensive. — *F. le consentement,* etc., *de quelqu'un,* Le contraindre à donner son consentement. *F. les respects, l'admiration,* etc., se dit de quelqu'un qui se fait respecter, admirer, etc., de ceux-là même qui sont peu disposés à la bienveillance à son égard. — *F. la nature,* Vouloir faire plus qu'on ne peut.

Ne forçons point notre talent
Nous ne ferions rien avec grâce.
                  LA FONTAINE.

— *F. sa voix,* Faire des efforts de voix; se dit surtout d'un chanteur. *F. la marche,* Se mettre à marcher le plus vite que l'on peut. — *F. un cheval,* Le pousser trop, le faire trop courir. — Fig. et fam., *F. la main à quelqu'un.* Voy. MAIN. ‖ T. Arithm. *F. un chiffre,* Lui ajouter une unité pour tenir compte des unités d'un ordre inférieur que l'on a supprimées. ‖ T. Jeux. *F. la coupe,* Amener l'adversaire à couper à l'endroit que l'on a choisi. — Jeter une carte de la couleur de-

mandée, mais plus forte que celle des autres joueurs. — Au whist, jouer une couleur que le partenaire ou l'adversaire n'a pas, afin de l'obliger à mettre un atout pour faire la levée. — Au jeu d'hombre, obliger quelqu'un à jouer sans prendre. — Au réversi, *F. le quinola,* Jouer un cœur qui oblige le porteur du quinola à le jeter. ‖ T. Escr. *F. le fer,* Engager avec force l'épée de son adversaire. — *F. la pointe de tierce ou de quarte,* Dégager et fournir pendant que l'épée forcée fuit un mouvement pour revenir à sa position. = FORCER. v. n. T. Mar. *F. de voiles, de rames,* Faire force de voiles, de rames. = SE FORCER. v. pron. Faire quelque chose avec trop de véhémence ou d'efforts. *Ne vous forcez point, vous vous ferez mal. Ne vous forcez pas tant.* = Se contraindre, faire effort sur soi-même. *J'avoue que, pour m'y résoudre, j'ai été obligé de me f. un peu.* = FORCÉ, ÉE. part. Consentement forcé. Emprunt forcé. Mariage forcé. Rire forcé. A marches forcées, Travaux forcés — Carte forcée, Carte qu'un prestidigitateur fait prendre adroitement à quelqu'un. — Fig., Obligation qu'il est impossible d'éluder. *C'est la carte forcée.* — *Fusil à balle forcée,* Fusil dont la balle, de calibre un peu plus fort que le canon, a été enfoncée à coups de baguette. ‖ T. Mar. *Mât forcé,* Ployé par l'effort du vent dans la voilure. Conj. Voy. AVANCER. = Syn. Voy. CONTRAINDRE.

Obs. gram. — Quelques grammairiens ont essayé d'indiquer une nuance de sens entre les locutions *forcer à* et *forcer de;* mais l'usage des auteurs ne permet aucune distinction réelle. Au passif, le verbe *forcer* doit toujours être suivi de la proposition *de. Je suis forcé, j'ai été forcé de faire cette chose.*

FORCERIE. s. f. (R. *forcer*). Serre chaude pour arbres fruitiers.

FORCES. s. f. pl. (lat. *forfices,* ciseaux). Espèce de grands ciseaux qui servent à tondre les draps, à tailler les étoffes, à couper des feuilles de laiton, de fer-blanc, etc. ‖ T. Blas. Meuble de l'écu qui représente l'instrument à deux branches en forme de ciseaux.

FORCET. s. m. (R. *force*). T. Techn. Cordelette serrée dont on se sert pour faire la mèche des fouets, pour ficeler le tabac, etc.

FORCETTES. s. f. pl. [Pr. *for-sète*]. Petites forces.

FORCIÈRE. s. f. (pour *fourcière,* de l'anc. fr. *fourser, frayer*). T. Pêche. Petit étang où l'on met du poisson pour l'y faire multiplier.

FORCINE. s. f. (R. *force*). Partie renflée du corps d'un arbre, à l'endroit où une grosse branche se sépare du tronc.

FORCLORE. v. a. (R. *for,* du lat. *foras,* dehors; et *fr. clore*). T. Prat. Exclure de faire quelque acte, quelque production en justice, parce que le temps préfix en est passé; ne s'empl. qu'à l'inf. et au part. *Il s'est laissé f. Il a été forclos.* = FORCLOS, OSE. part. *Forclos de produire. La partie adverse a été déclarée forclose.*

FORCLUSION. s. f. [Pr. *forklu-zion*] (R. *forclus,* anc. part. de *forclore*). T. Prat. Exclusion de faire une production en justice, faute de l'avoir faite dans le temps. *Les délais sont expirés, la f. est acquise.*

FORD (ÉDOUARD), ingénieur anglais (1605-1670).

FOREIGN OFFICE. (mot angl. littér.: *bureau étranger*). Nom donné au ministère des Affaires étrangères du Royaume-Uni de Grande-Bretagne et d'Islande.

FORER. v. a. (lat. *forare,* m. s.). T. Techn. Percer. *F. une clef, un canon. F. un puits artésien.* = FORÉ, ÉE. part.

FORERIE. s. f. Atelier où l'on fore. ‖ Machine à percer à l'usage des serruriers.

FORÉSITE. s. f. (R. *Forez,* nom de lieu). T. Minér. Silicate hydraté d'alumine et de chaux.

FORESTIER, IÈRE. adj. Qui concerne les forêts. *Code f. Délit f. Arrondissement f. Administration forestière.* — *École f.,* École qui a pour but de former les agents chargés de l'administration des forêts de l'État. — *Villes forestières,* se disait de quatre villes d'Allemagne qui sont sur le Rhin, au-dessus de Bâle, et dans le voisinage de la forêt Noire. *Les* quatre villes *forestières* sont : *Rheinfeld, Waldshut, Se-ckingen et Lauffenbourg.* = FORESTIER, adj. et s. m. Celui qui a quelque charge, quelque fonction dans les forêts. *Garde f. Agent f. Il fut surpris par un f. — Les forestiers de Flandre,* Les anciens gouverneurs de la Flandre, avant qu'il y eût des comtes, c.-à-d. depuis Clotaire jusqu'à Charles le Chauve.

FORET. s. m. (R. *forer*). T. Techn. Outil d'acier trempé dont on se sert pour faire des trous dans le métal, dans le bois, etc. *F. de tonnelier, de menuisier, de serrurier. Mettre le f. dans un tonneau. Tirer du vin au f. Pour faire usage du f.,* on lui imprime ordinairement un mou-vement de rotation alternatif, à l'aide d'un archet.

FORÊT. s. f. (bas-lat, *foresta,* territoire prohibé, de *foris, dehors).* Bois qui embrasse une grande étendue de terrain. *Une immense f. Une f. impraticable. Une f. de sapins. Un pays couvert de forêts. La f. des Ardennes. Percer, couper, abattre, dégrader une f. La coupe d'une f. F. vierge,* Forêt qui n'a jamais été exploitée. — Fig. et fam., *Vous étiez dans la f.,* Vous étiez entouré de malhonnêtes gens, de fripons. || Par anal., *Une f. de mâts, de lances, de cheveux,* etc., se dit en parl. d'une grande quantité de mâts, etc. || Charpente formée de beaucoup de pièces de bois. || *Eaux et Forêts.* Voy. EAU, et plus bas.

Sylv. — Les mots *Bois* et *Forêt* servent également à dé-signer une certaine étendue de terrain plantée d'arbres; mais, dans le langage ordinaire, comme dans le langage adminis-tratif, on n'applique le nom de *forêt* qu'à un bois d'une étendue considérable. Pour l'administration, un bois devient forêt, quand sa superficie excède 5,000 hectares.

Avant la domination romaine, toute la Gaule n'était, pour ainsi dire, qu'une immense forêt (Voy. MAURY, *Les forêts de la Gaule*) et il en était à peu près de même sur la plus grande partie de l'Europe. C'est par des défrichements progressifs que l'humanité a pris possession de la terre et la cultivée. Sous Louis XI et Louis XII, les forêts couvraient encore 30 millions d'hectares, soit les trois cinquièmes du territoire français de cette époque.

I. *Statistique.* — Les bois et les forêts constituent une des principales richesses naturelles du sol de la France; néanmoins leur étendue a fort diminué depuis un siècle, et elle tend à di-minuer chaque jour. Ainsi, vers le milieu du dernier siècle, on estimait à 15 millions d'hectares la superficie de notre sol forestier, et, en 1850, d'après un rapport présenté à l'Assem-blée législative, cette superficie se réduisait à 8,860,433 hec-tares, savoir ; 1,226,453 à l'État ; 1,874,909 aux communes et aux établissements publics, et 5,758,771 aux particuliers. D'après l'enquête agricole de 1882 la surface des bois et fo-rêts de la France serait de 9,455,200 hectares, soit 17 p. 100 du territoire total. Cependant il importe d'observer que, malgré cet appauvrissement, nos bois et forêts produisent plus qu'au-trefois, parce qu'ils sont exploités avec beaucoup plus d'intel-ligence. Mais le déboisement des montagnes est devenu très préjudiciable à l'agriculture en ce que les cours d'eau n'étant plus tempérés sont transformés en torrents.

Nos départements les plus riches en forêts sont ceux de l'est; ceux du centre, de l'ouest et du midi, à l'exception pourtant des Pyrénées et des environs de Paris, sont peu boisés. Les six départements qui renferment la superficie boisée la plus considérable, sont : la Côte-d'Or (242,525 hect.), les Vosges (221,727), la Haute-Marne (211,783), la Nièvre (184,470), la Meurthe (182,225), la Meuse (180,759). Les six qui contiennent le moins de bois, sont : la Manche (15,985), le Finistère (14,576), le Morbihan (13,848), la Corrèze (13,760), le Rhône (11,800), et la Seine (2,181). Enfin nous citerons, parmi les massifs les plus considérables : la forêt d'Orléans, dans le dép. du Loiret (43,550 hect.) ; l'Esterel, dans le dép. du Var (26,847) ; Chaux, dans le dép. du Jura (19,503) ; Fontaine-bleau, dans le dép. de Seine-et-Marne (17,000) ; Compiègne, dans le dép. de l'Oise (14,385) ; Rambouillet, dans le dép. de Seine-et-Oise (12,818) ; Laruns et Baigorry, dans le dép. des Basses-Pyrénées (12,000 et 11,870) ; Villers-Cotterets, dans le dép. de l'Aisne (11,137) ; Vescors, dans le dép. de la Drôme (9,613) ; Trençais, dans le dép. de l'Allier (9,508), et Barousse, dans le dép. des Hautes-Pyrénées (9,000).

Les essences qui dominent dans nos forêts, sont : parmi les *bois feuillus,* c.-à-d. qui repoussent de souche et qui, sauf un petit nombre, perdent leurs feuilles pendant l'hiver, le chêne, le hêtre et le charme; et parmi les *bois résineux,* c.-à-d. qui ne repoussent pas de souche dans nos climats, et qui, sauf le mélèze, conservent toujours des feuilles, le sapin,

l'épicéa, le mélèze et plusieurs espèces du genre pin, surtout le pin maritime et le pin sylvestre.

II. *Législation forestière.* — Les bois et forêts constituant l'une des principales richesses du sol, les gouvernements ont dû de bonne heure chercher à en assurer la conservation en soumettant leur exploitation à une législation particulière. En France, les premiers règlements forestiers paraissent dater du XIII° siècle, mais ils ne furent presque jamais exécutés, et il faut arriver au règne de Louis XIV pour les voir appliquer dans toute leur rigueur. C'est à l'ordonnance rendue par ce prince, en 1669, sur la proposition de Colbert, que la France est redevable de ce bienfait. Dès ce moment, le sol forestier fut mis en coupes réglées. Les bestiaux ne furent admis à y paître qu'après le temps nécessaire pour mettre les jeunes pousses à l'abri de leurs atteintes; l'aménagement fut fixé pour l'exploitation, et les défrichements ne purent avoir lieu qu'en vertu d'une autorisation expresse. Après son abrogation vigueur pendant plus de cent ordonnances, cette ordonnance a été remplacée par le *Code forestier* du 31 juillet 1827, qui, avec l'ordonnance royale du 1er août suivant, et quelques dis-positions ultérieures, constitue la législation forestière actuelle.

La loi divise les bois et forêts en deux catégories distinctes. La première comprend tous les bois sur lesquels l'État exerce un droit de propriété ou de tutelle : ce sont les bois et forêts de l'État, ceux des communes et des établissements publics, et ceux sur lesquels l'État, les communes et les établissements publics ont des droits de propriété indivis avec des particu-liers. La seconde catégorie se compose uniquement des bois qui appartiennent aux simples particuliers. — Les bois et forêts de la première classe sont seuls soumis au *régime fo-restier,* c.-à-d. que leur exploitation ne peut avoir lieu qu'en se conformant en tout ou en partie, suivant les cas, aux lois et règlements qui constituent ce régime.

A. Tout ce qui concerne l'*aménagement,* c.-à-d. le mode de culture et d'exploitation des *bois et forêts de l'État,* est réglé par des décrets, de façon à obtenir de cette partie du domaine public le plus grand revenu annuel soutenu. — Les *produits principaux* des forêts de l'État sont les coupes, soit ordinaires, soit extraordinaires. Ces coupes sont vendues sur pied ou après l'exploitation. Dans l'un et l'autre cas, la vente doit être faite, sous peine de nullité, par voie d'adjudication publique. Chaque année, les agents de l'administration fixent l'*assiette* des coupes, c.-à-d. l'état des portions qui doivent être exploitées, soit en totalité, soit en partie. Aussitôt que cet état a été approuvé et que les coupes ont été autori-sées, on procède au choix des arbres qui doivent être réser-vés ou abattus, et, afin de les reconnaître, on pratique une marque particulière sur le tronc de chacun d'eux. Cette marque est dite *en réserve,* quand elle ne s'applique qu'aux pieds à con-server; et *en délivrance,* quand elle ne comprend que ceux dont l'exploitation est prescrite ou permise. Toutes les fois, et c'est le cas le plus ordinaire, que les arbres peuvent le sup-porter, on les marque avec un marteau dont l'empreinte, uni-forme pour toute la France, est déterminée par l'administra-tion : c'est ce que l'on appelle le *Martelage.* Quand les arbres sont trop faibles pour recevoir l'empreinte du marteau, on les distingue par un simple *griffage* ou tout autre signe approuvé par l'administration. — Outre le revenu résultant des coupes, les bois et forêts de l'État donnent des produits qualifiés d'*ac-cessoires,* qui ne sont pas sans importance. On comprend sous cette dénomination : les bois provenant de recopages, d'essartements et d'élagages; ceux dont l'extraction est néces-saire pour les ouvertures de routes, pour l'établissement de fossés, de pépinières, etc., les arbres endommagés, morts ou abattus par le vent ; la glandée, le pâturage, les semences, plants, souches, bruyères et autres arbustes ou plantes; les produits des carrières, plâtrières, sablières; les droits de chasse, etc. La plupart de ces divers produits sont vendus en adjudication publique.

Toutes les dispositions relatives aux bois de l'État sont ap-plicables aux bois dans lesquels celui-ci a des *droits de pro-priété indivis,* soit avec les communes ou des établissements publics, soit avec de simples particuliers. — Quant aux bois des communes et des établissements publics, ils ne sont soumis au régime forestier que lorsqu'ils sont susceptibles d'exploi-tation régulière par l'autorité administrative, sur la proposition de l'administration forestière, et d'après l'avis des conseils municipaux ou des administrateurs des établissements publics.

En dehors des prescriptions relatives à l'aménagement des forêts, le code forestier (art. 144 et suiv.) renferme un grand nombre de dispositions relatives aux délits et contraventions qui peuvent être commis en matière forestière. La gravité de la peine édictée par la loi ne se mesure pas uniquement d'après l'importance morale de la faute, mais aussi d'après l'importance matérielle du dommage causé par le délit. Ainsi qu'on peut le voir à la simple lecture des dispositions ci-dessus visées, la loi réprime d'une façon très sévère tous les délits commis en matière forestière, fussent-ils de minime importance. Le droit de transaction accordé à l'administration par la loi du 18 juin 1859 permet heureusement de remédier à cette trop grande sévérité : en fait, les trois quarts des délits forestiers font l'objet de transactions.

B. Bien que les *bois des particuliers* ne soient point soumis au régime forestier, ils sont cependant assujettis à quelques restrictions ou servitudes. Ainsi leur défrichement, même partiel, exige une déclaration préalable. Cette déclaration doit être faite à la sous-préfecture, au moins quatre mois d'avance, durant lesquels l'administration peut faire signifier au propriétaire son opposition au défrichement. Si dans les six mois, au cas où le conservateur a formé opposition, ou dans les quatre mois au cas où il n'existe aucune opposition de la part du conservateur, le ministre de l'Agriculture n'a pas rendu et fait connaître sa décision au propriétaire des bois, le défrichement peut être effectué. Le code forestier (art. 220, Loi du 18 juin 1859) énumère les motifs sur lesquels peut être basée l'opposition, soit du ministre, soit du conservateur : 1° maintien des terres sur les montagnes ou sur les pentes ; 2° défense du sol contre les érosions et les envahissements des fleuves, rivières ou torrents ; 3° maintien des sources et cours d'eau ; 4° protection des dunes et des côtes contre les érosions de la mer et l'envahissement des sables ; 5° défense du territoire dans la partie de la zone frontière déterminée par un règlement d'administration publique ; 6° salubrité publique.

De plus les particuliers ne peuvent, à certaines époques de l'année fixées par le préfet, employer le feu, même dans leurs propres bois, sous peine d'une condamnation à une amende de 20 à 500 francs (Loi du 13 avril 1870). Enfin, ils sont tenus de reboiser, ou de laisser reboiser par l'administration leurs dunes ou leurs terrains en montagne, quand l'intérêt général le commande (Loi du 4 avril 1882). — Toute contravention aux règles sur le défrichement est punie d'une amende de 500 à 1,500 francs par hectare indûment défriché. Le ministre de l'Agriculture peut, en outre, s'il le juge à propos, obliger le contrevenant à rétablir les lieux en nature de bois dans un délai de trois ans au maximum ; si ce dernier ne s'exécute pas dans le délai imparti, l'administration forestière effectue le reboisement à ses frais. Nous ferons d'ailleurs observer que la prohibition de défricher ne s'étend pas à tous les bois indistinctement. Ainsi elle n'atteint pas les jeunes bois plantés ou semés depuis moins de vingt ans, les parcs ou jardins clos et attenant aux habitations, et les bois non clos d'une étendue au-dessous de 4 hectares, lorsqu'ils ne font point partie d'un autre bois qui compléterait une contenance de 4 hectares, ou lorsqu'ils ne sont pas situés sur la pente ou le sommet d'une montagne. — Les actions ayant pour objet des défrichements commis en contravention se trouvent prescrivent par deux ans, à dater de l'époque où le défrichement a été constaté.

Les délits et contraventions commis dans les bois non soumis au régime forestier sont recherchés et constatés tant par les gardes particuliers que par les gardes champêtres des communes, les gendarmes, et, en général, par tous officiers de police judiciaire chargés de rechercher et de constater les délits ruraux. Les procès-verbaux des gardes font foi jusqu'à inscription de faux, mais seulement lorsque le délit n'entraîne pas une condamnation supérieure à cent francs. Les jugements contenant des condamnations au profit des particuliers sont, à la diligence des intéressés, signifiés et exécutés dans les mêmes formes que les jugements rendus au profit de l'administration forestière. Lorsque la détention du délinquant a lieu à la requête d'un particulier, ce dernier est tenu de pourvoir aux frais de nourriture. Les gardes particuliers doivent être agréés par le sous-préfet : ils prêtent serment devant le tribunal de 1ʳᵉ instance.

III. *Administration forestière.* — La surveillance et la conservation du sol forestier sont confiées à une administration particulière, appelée anciennement *Administration des eaux et forêts*, et que l'on nomme simplement aujourd'hui *Administration des forêts.* Cette administration est placée sous l'autorité du ministre de l'Agriculture, dans le département duquel elle forme une section principale avec le titre de *Direction des forêts.* Mais, outre le personnel qui constitue ce qu'on appelle l'administration centrale, il existe un grand nombre d'agents locaux répandus dans les diverses parties du territoire en raison des besoins du service. — Au point de vue du service extérieur, la France est divisée en 32 *Conservations forestières* ou arrondissements forestiers qui com-

prennent chacun un certain nombre de départements. Outre les 32 conservateurs, on y compte 200 inspecteurs, 215 inspecteurs adjoints, 300 gardes généraux, 3,310 brigadiers, gardes domaniaux ou mixtes, 3,855 brigadiers ou gardes communaux. Le titre d'*Agent forestier* est commun aux conservateurs, aux inspecteurs et aux gardes généraux : tous les autres sont de simples *Préposés.* — Les agents et gardes forestiers sont chargés, chacun selon son grade, des opérations, vérifications et tournées prescrites par les règlements. Ils sont en outre officiers de police judiciaire, et comme tels, ils ont le droit, dans les poursuites exercées au nom de l'administration, de faire toutes citations et significations d'exploits. Enfin, en cas de guerre,ils peuvent être appelés au service militaire et organisés, à cet effet, en compagnies dites *Compagnies de chasseurs forestiers.* — Ces compagnies comprennent : 1° un cadre d'officiers nommés par décret du Président de la République (capitaine commandant, capitaine en second, lieutenant, sous-lieutenant ; 2° un cadre de sous-officiers pris parmi les brigadiers, et de caporaux recrutés parmi les brigadiers et les gardes de 1ʳᵉ classe ; 3° des soldats recrutés parmi les simples gardes. Lorsqu'elles sont appelées sous les drapeaux, ces compagnies font partie intégrante de l'armée active ; elles ont droit aux mêmes honneurs et aux mêmes récompenses. Les simples préposés sont choisis parmi les anciens sous-officiers de l'armée et les fils des gardes domaniaux en exercice. Quant aux agents forestiers, ils se recrutent parmi les élèves de l'*École nationale forestière.* Cette école, qui a été instituée en 1824, est établie à Nancy. Depuis le décret du 9 janv. 1888, les élèves se recrutent parmi les élèves diplômés de l'Institut national agronomique, suivant le mode adopté à l'École polytechnique pour le recrutement de ses écoles d'application. Pour être admis à ladite école, les élèves diplômés de l'Institut agronomique doivent avoir eu 22 ans au plus au 1ᵉʳ janvier de l'année courante: on ne concerne au 22 ans au plus au 1ᵉʳ janvier de l'année courante: on ce qui concerne les jeunes gens ayant satisfait à la loi militaire, la limite d'âge est reculée du temps qu'ils ont passé sous les drapeaux. Le nombre des élèves reçus chaque année à l'École forestière ne peut être supérieur à douze. Il est institué annuellement douze bourses, de 1,500 fr. chacune, en faveur des élèves de l'École forestière ; ces bourses peuvent être divisées en demi-bourses. Voy. INSTITUT *agronomique.* L'enseignement a une durée de deux ans : il porte sur les matières suivantes : *Sciences forestières, sciences naturelles appliquées aux forêts, législation forestière, mathématiques appliquées, art militaire, langue allemande;* il est donné au 22 ans par des *professeurs* et des *chargés de cours* qui sont choisis parmi les agents forestiers et nommés par le ministre de l'Agriculture. Les élèves qui ont réussi à l'examen de sortie sont envoyés auprès de chefs de services avec le titre de *gardes généraux stagiaires* et reçoivent un traitement annuel de 1,500 francs. Après le stage, au fur et à mesure des vacances, ils sont nommés gardes généraux en activité. Les élèves qui échouent soit aux examens de passage de la première à la deuxième année, soit aux examens de sortie, ne peuvent entrer dans l'administration que comme brigadiers.

En dehors de l'École nationale forestière, il existe au domaine des Barres (Loiret) : 1° une *École pratique de sylviculture* instituée en vue de former des gardes particuliers, des régisseurs agricoles et forestiers et subsidiairement des candidats à l'emploi de préposés forestiers ; 2° une *école secondaire d'enseignement professionnel, théorique et pratique* destinée à faciliter aux préposés l'accès au grade de garde général. Les préposés qui désirent être admis à l'école secondaire, doivent remplir les trois conditions suivantes : 1° compter trois ans de service actif ; 2° avoir moins de 35 ans ; 3° avoir subi avec succès un examen préalable. Le nombre des élèves admis chaque année à ladite école ne peut dépasser six. Voy. SYLVICULTURE.

FORÊT-NOIRE ou **SCHWARZ-WALD,** montagnes boisées dans le grand-duché de Bade et le Wurtemberg.

FORÊTS (Dép. des). Ce département fut formé lors de la réunion de la Belgique à la France, le 9 vendémiaire an IV (1ᵉʳ oct. 1795). Il avait pour ch.-l. *Luxembourg,* et était divisé en 4 arrond. : *Neufchâteau, Luxembourg, Bitbourg* et *Diekirch.*

FOREUR. s. m. Ouvrier qui fore.

FOR EVER, mots anglais signifiant *pour toujours.*

FOREZ, ancien pays de France (Lyonnais) (dép. de la

Loire, de la Haute-Loire et du Puy-de-Dôme), cap. *Feurs*, puis *Montbrison*. = Nom des hab.: FOREZIEN, ENNE. — MONTS DU FOREZ, chaîne de montagnes de la France centrale.

FORFAIRE. v. n. (R. *for*, du lat. *foras*, dehors; et fr. *faire*). Faire quelque chose contre le devoir; se dit surtout en parl. de la prévarication d'un magistrat. *Si un juge vient à f.* || Commettre un acte déshonorant. *F. à l'honneur.* || *F. à son honneur*, se dit d'une fille ou d'une femme qui se laisse corrompre. = FORFAIRE. v. a. *F. un fief*, Le rendre confiscable de droit au profit du seigneur féodal. Voy. FIEF, IV.

FORFAIT. s. m. (R. *forfaire*). Crime énorme, atroce. *Commettre un f., un horrible f. Il a été puni de ses forfaits.*

FORFAIT. s. m. (R. *fort*, et *fait*, qui a été fait fort de..., *se faire fort de...*, s'engager à...). Traité, marché par lequel une des parties s'oblige à faire ou à fournir quelque chose pour un certain prix, qu'il y ait perte ou gain *Faire un f. avec un entrepreneur pour un bâtiment. Prendre une fourniture à f. Traiter à f. pour des travaux.* — *Vendre, acheter à f.*, Sans garantie de la part du vendeur. || T. Jurisp. *F. de communauté.* Voy. COMMUNAUTÉ. || T. Turf. Somme que le propriétaire d'un cheval engagé pour une course est tenu de payer s'il ne fait pas courir.

FORFAITEUR. s. m. Celui qui commet une forfaiture.

FORFAITURE. s. f. (R. *forfaire*). T. Jurisp. féod. Injure grave faite par un vassal à son seigneur, et qui donnait lieu à la commise. || Manquement à l'honneur.

Législ. — Aux termes du C. pénal (art. 166), tout *crime* commis par un fonctionnaire public dans l'exercice de ses fonctions est une f. On peut citer pour exemple le fait pour un magistrat de faire poursuivre ou mettre en accusation un membre du Gouvernement ou des deux Chambres, sans les autorisations prescrites par la loi, ou encore le fait pour un juge ou un administrateur de se décider par faveur pour une partie ou par inimitié contre elle. Toute f. pour laquelle la loi ne prononce pas de peines plus graves est punie de la *Dégradation civique* (C. pénal, art. 167). Voy. CITOYEN.

FORFANTERIE. s. f. (Ital. *furfanteria*, action de coquin). Hâblerie. *On a enfin réformé toutes ses forfanteries. Fam.* et peu usité. || Fanfaronnade ou Fanfaronnerie. *Il est insupportable avec ses forfanteries. Quelle ridicule f.!*

FORFAR ou **ANGUS**, comté maritime d'Écosse; 284,000 hab.. — Ch.-l. *Forfar*.

FORFICULAIRES. s. m. pl. (R. *forficule*). T. Entom. Famille d'insectes orthoptères. Voy. ORTHOPTÈRE.

FORFICULE. s. f. (lat. *forficula*, petite pince). T. Entom. Insecte appelé vulgairement *Perce-Oreilles* et classé dans l'ordre des *Orthoptères*. Voy. ce mot.

FORGE. s. f. (lat. *fabrica*, fabrique). L'atelier où certains artisans, tels que les serruriers, les maréchaux, les armuriers, etc., façonnent le fer au marteau, à la lime, et à l'aide du feu, pour produire les différents articles qui font l'objet de leur industrie. *La f. d'un serrurier, d'un maréchal, d'un orfèvre. F. maréchale. Mener un cheval à la f.* — Plus particul., Le fourneau où ces artisans chauffent les pièces de fer qu'ils travaillent. *Souffler la f.* || L'usine où l'on sépare le fer métallique de son minerai, et où on le convertit en fer marchand. *F. à la catalane. Grosse f., Maître de forges. Les forges de la Champagne.* || Pierre de liais sur laquelle on bat le plomb à froid. || *F. de campagne*, La forge portative et les outils qui accompagnent un corps de troupes en marche. || *F. de montagne*, f. de très petite dimension que l'on fait porter à dos de mulet, et qui est destinée au service de la cavalerie et des équipages de ponts d'avant-garde. || T. Mar. *F. volante*, Petite forge de tôle avec tous ses accessoires qui se trouve à bord de tous les grands navires de guerre. || Fig. et fam., *Cet ouvrage est encore tout chaud de la f.*, Il sort des mains de l'auteur, il a été achevé tout récemment.

Étym. — Quelque invraisemblable que paraisse au premier abord l'étymologie *fabrica*, elle est cependant certaine. La transformation de *ica* en *ge* est régulière, le changement de *a* en *o* devant une *r* n'est pas sans ex., et la chute du *b* est nécessitée par la syllabe finale. Du reste, la forme *farge* se retrouve dans certains idiomes romans et dans le nom propre *La Farge*. Enfin, on a une preuve historique, c'est le nom de lieu *Forges*, hameau du dép. d'Indre-et-Loire (arr. de Loches) qui, dans un texte de 790, est appelée *Fabricia*.

FORGEABLE. adj. 2 g. Qui peut se travailler à la forge. *Ce fer est si mauvais qu'il n'est pas f.*

FORGEAGE. s. m. Action de forger.

FORGER. v. a. (lat. *fabricare*, fabriquer. Voy. FORGE). Donner une forme au fer, ou à quelque autre métal, par le moyen du feu et du marteau. *F. une barre de fer, un fer de cheval. F. des clous. F. une épée, une cuirasse.* Absol., *Apprendre à f. F. à froid*, Travailler un métal avec le marteau, sans le faire chauffer; se dit par opposition à *F. à chaud*, qui est la manière ordinaire de forger. — Prov., *C'est en forgeant, qu'on devient forgeron*, On n'apprend bien une chose qu'en la pratiquant. *Forger des fers pour soi, pour les autres*, Préparer pour soi, pour eux, la servitude. || Fig. et famil. Inventer, controuver. *Il a forgé cela dans sa tête. F. des nouvelles*, un mensonge, une calomnie. = FORGER. v. n. T. Man. *Ce cheval forge*, se dit d'un cheval qui, en marchant, touche les fers des pieds de devant avec ceux des pieds de derrière. = SE FORGER. v. pron. Être forgé. *Ce fer se forge aisément.* — *Se f. des chimères*, S'imaginer des choses sans fondement. *Se forger des monstres pour les combattre*, Se former des difficultés, soit de bonne foi et par crainte ou par faiblesse d'esprit, soit à dessein et pour faire paraître son esprit en les surmontant. = FORGÉ, ÉE. part. *Un mot forgé*, Un mot inventé, nouvellement fabriqué; se prend ordinairement en mauvaise part. = Conj. Voy. MANGER.

FORGERIE. s. f. Industrie des forges.

FORGERON. s. m. (R. *forger*). Ouvrier qui travaille le fer au marteau, après l'avoir fait chauffer à la forge. || Fig. et prov., *En forgeant, on devient forgeron*, A force de s'exercer à quelque chose, on y devient habile.

FORGES-LES-EAUX, ch.-l. de c. (Seine-Inférieure), arr. de Neufchâtel; 1,900 hab. Eaux minérales ferrugineuses.

FORGET (PIERRE), sieur du Fresne, homme d'État français (1544-1610).

FORGEUR. s. m. Celui qui forge, celui qui est employé aux travaux de la forge. *F. d'épées, de couteaux*, etc. || Fig. et fam., Celui qui invente quelque fausseté. *C'est un f. de nouvelles, de calomnies*, etc.

FORGIS. s. m. T. Métall. Verge crénelée qui est destinée à passer à la filière.

FORHU. s. m. (R. *forhuer*). T. Chasse. Le son du cor pour l'appel des chiens. || Le lieu où se fait ce cri. || La partie de la proie qu'on porte loin de la curée pour attirer les chiens et les rendre dociles aux différents sons du cor.

FORHUER. v. n. (R. *fors*, hors, et *huer*). T. Vén. *F. du cor, du cornet, du huchet*, Sonner du cor, etc., pour rappeler les chiens.

FORJET. s. m. (R. *forjeter*). T. Archit. Saillie hors d'alignement.

FORJETER. v. n. (R. *fors*, hors, du lat. *forus*, dehors; et *jeter*). T. Archit. Sortir de l'alignement ou de l'aplomb. *Un mur qui forjette.* = Conj. Voy. JETER.

FORLÂCHURE. s. f. (R. *fors*, hors, et *lâcher*). Défaut dans les ouvrages de haute lisse.

FORLANCER. v. a. (R. *fors*, hors, et *lancer*). T. Vén. Faire sortir une bête de son gîte. = FORLANCÉ, ÉE. part.

FORLANÇURE. s. f. (R. *forlancer*). Défaut d'un tissu provenant de la maladresse avec laquelle l'ouvrier a lancé la navette.

FOR-L'ÉVÊQUE, anc. prison de Paris, située rue Saint-Germain-l'Auxerrois, où l'on enfermait les détenus pour dettes et les comédiens délinquants; démolie en 1780.

FORLI, ville d'Italie, ch.-l. de la province de ce nom; 40,000 hab.

FORLIGNER. v. n. (R. *fors*, hors, et *ligne*). Dégénérer de la vertu de ses aïeux. *Il n'a pas suivi la trace de ses ancêtres, il a forligné.* — Famil. et par plaisant., on dit d'une fille qui s'est laissé corrompre, qu'*Elle a forligné.* == FOR-LIGNÉ, ÉE. part.

FORLONGE. s. m. T. Chass. *Il va de f.*, se dit d'un chien qui suit de loin, qui chasse de loin.

FORLONGER. v. n. (R. *fors*, hors, et *long*). T. Vén. Se dit des bêtes qui, étant chassées, s'éloignent du canton où elles se tiennent ordinairement; et du cerf, quand il a pris beaucoup d'avance sur les chiens. *Le cerf forlonge.* == SE FORLONGER. v. pron. S'éloigner, prendre de l'avance. *Le cerf s'était forlongé.* == FORLONGÉ, ÉE. part.

FORMABLE. adj. 2 g. Qui peut se former.

FORMAGE. s. m. Action de former, en parl. des plumes métalliques.

FORMALDÉHYDE. s. f. (R. *formique* et *aldéhyde*). T. Chim. Synonyme d'*Aldéhyde méthylique* ou *formique.* Voy. MÉTHYLIQUE.

FORMALISER (SE). v. pron. (lat. *formalis*, relatif à la forme). S'offenser, se piquer. *C'est un homme qui se formalise de tout, qui se formalise pour un rien. Elle s'est formalisée de la liberté qu'il a prise.* == FORMALISÉ, ÉE. part.

FORMALISME. T. Philos. Système métaphysique qui consiste à nier l'existence réelle de la matière en ne lui reconnaissant que la forme. || Excessif attachement aux formalités, aux règles convenues.

FORMALISTE. adj. 2 g. Qui s'attache scrupuleusement aux formes, aux formalités. *Les Romains étaient extrêmement formalistes. Ce juge est trop f. Il a l'esprit f.* || Façonnier, vétilleux dans les moindres choses qui regardent les devoirs de la vie civile. *On ne peut vivre avec lui, il est trop f.* || T. Philos. Qui appartient au formalisme. — S'emploie substant. dans les deux sens, mais surtout dans le premier. *Un f. sévère. C'est un grand f.*

FORMALITÉ. s. f. (lat. *formalis*, relatif à la forme). Formule prescrite ou consacrée; manière formelle, expresse, ordinaire de procéder, de faire certains actes civils, judiciaires, administratifs, religieux. *Les formalités nécessaires à la validité d'un contrat, d'un testament, d'un mariage. Il manque une f. à cet acte. Cette f. est de rigueur. J'ai rempli toutes les formalités requises. S'attacher aux formalités.* Dans le langage fam., se dit pour cérémonie, acte d'une civilité recherchée. *Il attachait une grande importance aux moindres formalités.* || T. Philos. Forme substantielle qui est l'attribut essentiel d'un être.

FORMARIAGE. s. m (R. *fors*, hors, et *mariage*). T. Féod. — Autrefois, on appelait ainsi un mariage contracté contrairement à la loi, à la coutume et au droit des seigneurs. Tel était le mariage contracté par un serf, sans le consentement de son seigneur, soit avec une femme de condition franche, soit avec une femme serve, mais d'une autre seigneurie. Par extens., on désignait sous le même nom le droit que le serf devait payer à son seigneur pour obtenir la permission de se formarier, et l'amende qu'il encourait lorsqu'il s'était formarié sans l'autorisation de celui-ci.

FORMAT. s. m. [Pr. *forma*] (lat. *formatus*, formé). T. Typogr. et Librairie. — En termes de Librairie on donne le nom de *Format* aux dimensions d'un livre considéré sous le rapport de sa hauteur et de sa largeur. On dénomme le f. d'après le nombre de feuillets que renferme chaque feuille imprimée, après qu'on l'a pliée : par conséquent la feuille donne un nombre de pages double du chiffre dont elle tire son nom. Ainsi, l'*in-plano* ou *atlantique* n'a que 2 pages; l'*in-folio* ou *in-f°* a 4, car la feuille est pliée en deux; l'*in-quarto*, ou *in-q°* ou *in-4°* en a 8; l'*in-octavo*, ou *in-8°* en a 16; l'*in-douze* ou *in-12°* en a 24; l'*in-seize* ou *in-16°* en a 32; l'*in-dix-huit* ou *in-18°* en a 36; l'*in-vingt-quatre* ou *in-24°* ou a 48; l'*in-trente-deux* ou *in-32°* en a 64, etc.

Autrefois ces désignations avaient une signification précise, car le papier dont on se servait pour l'impression avait constamment la même dimension ou à peu près. Mais aujourd'hui que l'on fabrique du papier de dimensions très variables et souvent énormes, ces termes nous renseignent fort mal sur les dimensions des livres. Ainsi, par ex., nous avons des in-18° qui sont de véritables in-12° ou même de véritables in-8°, si on les compare aux anciens formats. Bien plus, il arrive fréquemment que les libraires qualifient à dessein leurs formats d'une façon inexacte. C'est ainsi que le f. in-12° ayant cessé pendant longtemps d'être à la mode, on l'a remis en circulation sous le nom d'*in-18°*. Il conviendrait donc pour indiquer une manière plus exacte d'indiquer les formats, et, par ex., d'exprimer en centimètres et sous forme de fraction, la hauteur et la largeur de la page, sans s'inquiéter du pliage de la feuille.

FORMATEUR, TRICE. adj. (lat. *formator*, de *formare*, former). Qui donne à un corps la forme qui lui est propre. *Puissance formatrice.* || Substant. Celui qui forme.

FORMATION. s. f. [Pr. ...*sion*] (lat. *formatio*, de *formare*, former). Action par laquelle une chose se forme, est produite. *La f. de l'enfant dans le ventre de sa mère. La f. des minéraux dans le sein de la terre. La f. de ce terrain paraît due à des éruptions volcaniques. La f. d'un abcès.* || L'action de former, d'organiser, d'instituer. *La f. d'un régiment, d'un corps d'armée. La f. d'une administration. Depuis sa f., cet établissement n'a fait que s'accroître.* || T. Gramm. La manière dont un mot se forme d'un autre mot, ou dont un mot passe par ses diverses formes. *Le f. d'un adjectif verbal. La f. d'un temps, d'un mode. Règle de f. des pluriels.* || T. Tactiq. Le mouvement qu'exécute un corps de troupes pour prendre telle ou telle disposition. *La f. en colonne. La f. en bataille.* || T. Géom. *F. d'une surface, d'un solide,* Mode suivant lequel ils sont engendrés.

Géol. — Les géologues emploient le mot de *F.* dans deux sens bien différents : ainsi ils s'en servent, tantôt pour désigner la nature des terrains, tantôt pour indiquer leur origine : c'est dans le premier sens qu'ils disent *f. crayeuse, f. argileuse,* etc., et dans le second, qu'ils disent *f. ignée ou plutonienne, f. aqueuse* ou *neptunienne.* Cette dernière acception est plus conforme à l'étymologie du mot. Dans ce second sens, on distingue les terrains en trois catégories ou formations, savoir : les *formations neptuniennes ou aqueuses,* qui ont été produites par les eaux, les *formations plutoniennes ou ignées,* qui ont été produites par l'action du feu, et les *formations mixtes,* qui sont le résultat de l'action combinée de l'eau et du feu. Chacune de ces catégories se subdivise en un certain nombre de groupes. Ainsi, les formations neptuniennes comprennent les formations *marines* et les formations *d'eau douce*; les formations plutoniennes sont distinguées en formations *d'épanchement, d'éruption, de sublimation,* etc., enfin, les formations mixtes sont dites *pluto-neptuniennes,* lorsque, étant d'origine ignée, elles ont été remaniées par les eaux, et *neptuno-plutoniennes,* lorsque étant d'origine aqueuse, elles ont été modifiées par l'action du feu.

FORME. s. f. (lat. *forma*, m. s.; de *ferre*, porter). L'état phénoménal sous lequel nous percevons la matière. *La matière est à la matière est susceptible de toutes sortes de formes, de revêtir toutes sortes de formes.* — Dans la Philos. scolast., *Formes substantielles,* Les apparences particulières sous lesquelles chaque corps se manifeste à nous. — Le mot *F.* est aussi employé en métaphysique dans un sens assez vague et qui varie suivant les auteurs, par oppos. à *Substance, Essence, Matière.* — T. Chim. *F. solide, liquide, gazeuse,* État solide, etc. || T. Théolog. *La f. d'un sacrement, la f. du baptême,* Voy. SACREMENT, etc. == La figure extérieure d'un corps, la configuration d'une chose. *La f. d'un homme, d'un animal. La f. d'un oiseau, d'un poisson. La f. du visage, de la tête, du nez,* etc. *Cette montagne a la f. d'un cône. Tailler quelque chose en f. de croissant. F. ronde, circulaire, ovale, conique. La f. d'un vase, d'un dôme. Cela commence à prendre f., à prendre une bonne f., une meilleure f. Cela est d'une f. agréable. Changer de f. Revêtir une f. nouvelle.* — Au plur., se dit particul. des contours d'un objet. *Les formes du corps. Un homme qui a des formes athlétiques. Les formes de la gazelle sont sveltes et gracieuses. La beauté, l'élégance des formes. Des formes heurtées. Les formes élancées de l'architecture gothique. Les formes lourdes, sévères de l'architecture égyptienne.* || T. Sport. *Être en* *f.*, ou *en formes*, Se dit d'un cheval, d'un coureur, etc., qui a toutes les apparences qui semblent présager le succès dans une course, un concours athlétique, etc. || Par anal., se dit du style, des diverses manières d'exprimer sa pensée. *Il faut varier les formes de son style. Cette phrase a une f. trop poétique. Les formes oratoires ne conviennent pas à ce sujet.* || Fig., L'aspect, la manière dont une chose se présente aux yeux ou à l'esprit. *Tous les maux que j'avais soufferts reprenaient à mes yeux cent formes nouvelles. On y voit la misère sous toutes ses formes. C'est toujours le même sentiment, mais sous une f. différente. La mort s'offrit à nous sous ses formes les plus hideuses.* || La constitution d'une chose, la manière dont elle est disposée, organisée. *Changer la f. du gouvernement. Autrefois, la f. de l'administration variait dans nos diverses provinces.* || La manière dont on fait une chose, dont on la présente, dont on la traite; se dit par opposition à ce qui constitue essentiellement cette chose, à ce qui en fait le fond. *Donner à un roman la f. épistolaire. Pour faire entendre la vérité aux grands, il employait la f. de l'apologue. Sa critique aurait produit plus d'effet encore, si la f. en eût été plus polie. Il a su donner à ce sujet une f. neuve et originale. La f. a rajeuni le fond. Son livre pèche par la f. Le défaut de la f. ne détruit pas le mérite du f.* — T. Logiq. *La f. d'un argument,* La manière dont ses diverses parties doivent être disposées. *Mettre un argument en f. Voilà un argument en f.* — *Par f. de...,* En manière de... *Par f. d'avis, de menace, de compliment.* || T. Gramm. *La f. d'un mot,* se dit en parlant d'un mot considéré par rapport à sa composition, à ses modifications. *Ce mot a une f. grecque. Ce mot a eu d'abord telle f. La f. du singulier, du pluriel. Les formes actives et passives d'un verbe.* = *Forme* se dit fréquemment, surtout au plur., pour désigner les règles établies, les manières de procéder, la façon dont on doit se conduire dans une affaire particulière. *Rechercher dans les formes, en faire la demande en f. Un mariage fait dans les formes. Il n'y manque aucune f. Régler la f. d'un vœu, d'un serment. Formes légales, judiciaires, administratives. Il faut observer les formes requises. Se tenir dans les formes. Les formes ont été constamment suivies. Faire ses procès à quelqu'un dans les formes. Il traite ses malades dans les formes. On a violé toutes les formes de la justice. Manquer, pécher dans la f., par la f. Défaut de f. Sans aucune f., sans aucune f. de procès. Un testament en bonne f. Un acte délivré en f. exécutoire.* || T. Procéd. S'emploie absol., en parl. des formes judiciaires, par opposition à ce qui fait le fond ou la nature d'un procès. *Il est des cas où la f. emporte le fond.* — *Pour la f.,* Afin d'observer les cérémonies ordinaires, afin de se conformer aux usages reçus, de sauver les apparences. *C'est une chose qu'il faut faire pour la f. J'ai dit cela pour la f.* || Par anal., se dit aussi, au plur., des manières de s'exprimer ou d'agir habituelles à une personne. *Malgré ses formes un peu rudes, c'est un excellent homme. Des formes grossières. Des formes polies, honnêtes.* — Employé absol., dans cette acception *Formes* se prend toujours dans le sens de manières polies. *Avec des formes, en y mettant des formes, vous obtiendrez ce que vous voulez.* = Dans plusieurs industries, telles que celles du chapelier, du cordonnier, du cartonnier, du papelier, du raffineur de sucre, etc., on donne le nom de *Forme* à un moule plein ou creux qui sert à donner aux objets la forme qu'ils doivent avoir. *Mettre un chapeau en f., sur la f. Mettre une f. dans un soulier. Il faut retirer le sucre des formes,* etc. — Par ext., les chapeliers et les cordonniers appellent encore *Forme,* les premiers, la partie du chapeau qui est faite sur le moule nommé *Forme,* et les seconds, la partie du dessus d'un soulier. *La f. de ce chapeau est trop évasée. La f. de ce soulier est toute gâtée.* — Dans un chapeau de femme, la forme est la carcasse sur laquelle on tend l'étoffe du chapeau. || T. Minér. *F. cristalline,* Forme géométrique qu'affectent les corps cristallisés. || T. Imprim. Nom donné à chaque moitié d'une feuille imposée. Voy. TYPOGRAPHIE. || T. Mar. Bassin pratiqué dans un port pour y construire ou y radouber des navires. Voy. BASSIN. || T. Art vét. Tumeur osseuse qui se développe à la couronne du cheval, au-dessus du biseau du sabot. Voy. Os. || T. Chasse. *Un lièvre en f.,* Un lièvre au gîte. || F., se dit encore d'un espace garni d'étoffe et rembourré, et des stalles qui sont dans un chœur. || T. P. et Chauss. Couche de sable sur laquelle on établit le pavé des ponts, des routes, etc. || T. Constr. Lit de poussier que l'on étend sur un plancher pour poser les carreaux dessus. || Espèce de libage dur qui provient des ciels de carrière. || T. Techn. Éclisse, cercle de bois dans lequel on dresse les fromages. — Châssis de bois sur lequel on étend la pâte de papier pour en faire des feuilles.

Syn. — *Figure.* — La forme est un attribut essentiel de la matière, la figure n'en est qu'un accident. En conséquence, le mot *forme* a une signification plus concrète, et celui de *figure* une signification plus abstraite. La forme résulte de la construction et de l'arrangement des parties, la figure est plus particulièrement la forme superficielle des choses. *Forme* se dit mieux des choses palpables, et *figure* des choses visibles. Le statuaire crée des *formes,* le peintre représente des *figures.* On dit les *formes* du corps, parce que l'on considère ses dimensions, ses proportions; on dit la *figure* en parlant du visage, parce qu'on ne considère, pour ainsi dire, que sa surface et l'aspect qu'elle présente. La même *forme,* selon le point de vue où l'on se place, pourra présenter plusieurs *figures.* En partant de style, la *forme* est le moule dans lequel on jette sa pensée; elle doit donc varier suivant la nature de celle-ci et de son objet; les *figures* sont des façons de s'exprimer qui appartiennent à tous les écrivains, à tous les styles, à tous les sujets.

Alg. — On appelle *f.* en algèbre un polynôme homogène à plusieurs variables. Les formes peuvent se classer par le nombre des variables. Ainsi, une f. est dite *binaire, trinaire, quaternaire,* etc., suivant qu'elle contient deux, trois, quatre, etc., variables. Les formes se classent aussi par leurs degrés. On appelle formes *linéaires* les formes du premier degré, *quadratiques* celles du second degré, *cubiques* celles du troisième degré, *biquadratiques* celles du quatrième degré. Au delà de ce nombre, on indique le degré par un nombre: f. du 5e, du 6e degré, etc.

I. GÉNÉRALITÉS. — La théorie des formes algébriques a pris, dans la seconde moitié du XIXe siècle, une importance considérable: c'est en étudiant les propriétés des équations et en cherchant à les résoudre et à les discuter, qu'on a été conduit à édifier cette théorie. On a en effet reconnu que les propriétés des polynômes entiers étaient susceptibles d'énoncés beaucoup plus clairs et plus commodes, lorsque ces polynômes étaient homogènes. D'autre part, il est clair que toute équation non homogène peut être rendue homogène par l'introduction d'une variable supplémentaire à laquelle on donne, à la fin du calcul, la valeur 1. Soit, par exemple, un polynôme non homogène à 3 variables, $F(X, Y, Z)$. Introduisons une 4e variable t, et remplaçons les trois variables X, Y, Z, respectivement par les quotients $\frac{x}{t}, \frac{y}{t}, \frac{z}{t}$, nous aurons un second polynôme :

$$F\left(\frac{x}{t}, \frac{y}{t}, \frac{z}{t}\right)$$

qui est homogène, puisqu'il ne change pas de valeur si l'on multiplie les quatre variables par un même nombre. Voy. HOMOGÈNE. Si alors on chasse le dénominateur, qui est une certaine puissance de t, on aura un polynôme entier et homogène à 4 variables, c.-à-d. une *forme* :

$$f(x, y, z, t).$$

Dans tous les raisonnements et les calculs, cette f. peut remplacer le polynôme F. S'il faut ensuite revenir aux notations primitives, il suffira de donner à t la valeur 1, pour que les nouvelles variables x, y, z, deviennent égales respectivement aux anciennes X, Y, Z; en d'autres termes, on a l'identité :

$$F(X, Y, Z) = f(x, y, z, 1)$$

qui permet de passer à volonté d'une notation à l'autre. Ce procédé est employé depuis longtemps en géométrie analytique pour rendre les équations homogènes.

Un exemple fera bien comprendre l'avantage qu'il y a à considérer de préférence les équations homogènes. Supposons qu'on ait à résoudre un système de deux équations algébriques à deux variables, l'une du premier degré, l'autre du second ;

$$ax^2 + 2bxy + cy^2 + 2dy + 2cy + f = 0$$
$$\alpha x + \beta y - \gamma = 0.$$

On pourra employer la méthode de substitution, et, en supposant par exemple β différent de zéro, tirer y de la seconde équation :

$$y = \frac{\gamma - \alpha x}{\beta},$$

puis porter cette valeur de y dans la première équation. On aura ainsi une équation de second degré dite *résultante* :

$$A x^2 + 2 B x + C = 0,$$

admettant deux racines x_1 et x_2 réelles ou imaginaires. A chacune de ces racines ne correspondra qu'une seule valeur de y :

$$y_1 = \frac{\gamma - \alpha x_1}{\beta} \quad \text{et} \quad y_2 = \frac{\gamma - \alpha x_2}{\beta},$$

de sorte que le système des deux équations proposées admet deux solutions et deux seulement :

$$\begin{array}{ll} x = x_1 & \text{et} \quad x = x_2 \\ y = y_1 & \quad\quad y = y_2 \end{array}$$

Mais il peut arriver que, pour certaines valeurs des coefficients des équations données, le coefficient A de l'équation résultante s'annule. Alors celle-ci s'abaisse au 1er degré et n'a plus qu'une solution. Dans des circonstances plus particulières, A et B pourraient être nuls tous deux et l'équation résultante se réduirait à l'absurdité C = 0, le système serait *impossible*. Enfin, si A, B, C sont nuls tous trois, l'équation résultante est une identité; on peut se donner arbitrairement x pour en tirer y, et le système est indéterminé. En résumé, le système peut, suivant les cas, n'avoir aucune solution, en admettre une, deux ou une infinité. Supposons maintenant que les équations aient été rendues homogènes, par l'introduction d'une troisième variable z :

$$a x^2 + 2 b x y + c y^2 + 2 d x z + 2 e y z + f z^2 = 0$$
$$\alpha x + \beta y - \gamma z = 0.$$

Il est clair que si ces deux équations sont vérifiées pour un système de valeurs des inconnues : $x = x_1$, $y = y_1$, $z = z_1$, elles seront encore vérifiées, quand on multipliera $x_1\,y_1\,z_1$ par un même nombre. Les deux équations ne peuvent donc pas servir à déterminer complètement les trois inconnues; mais elles peuvent servir à déterminer des nombres *proportionnels* à ces inconnues. Dès lors, nous appellerons *solution* du système un système de trois valeurs qui, attribuées à x, y et z, vérifient les 2 équations, mais qui peuvent être multipliées par un même nombre, sans que la solution soit changée. Ainsi toute solution contient un nombre arbitraire λ et est de la forme :

$$\begin{array}{l} x = \lambda x_1 \\ y = \lambda y_1 \\ z = \lambda z_1 \end{array}$$

Pour repasser ensuite à l'ancien système, il suffit de choisir λ de manière que z soit égale à 1, c'est-à-dire de prendre $\lambda = \dfrac{1}{z_1}$. Alors on aura :

$$x = \frac{x_1}{z_1} \quad y = \frac{y_1}{z_1} \quad z = 1,$$

et les deux quotients $\dfrac{x_1}{z_1}$, $\dfrac{y_1}{z_1}$ constituent une solution des équations primitives. Cependant, cette transformation ne peut se faire que si la valeur de z_1 n'est pas nulle. Les solutions du système homogène dans lesquelles z_1 est nul ne fournissent donc pas de solutions du système non homogène. On dit cependant, dans ce cas, que les valeurs de x et y sont infinies, parce que le dénominateur z_1 de leur valeur est nul. Cela posé, considérons les équations rendues homogènes; résolvons la seconde par rapport à y et transportons sa valeur dans la première équation; nous trouverons les mêmes résultats que précédemment, sauf que les équations seront homogènes :

$$y = \frac{\gamma z - \alpha x}{\beta} \quad \text{et} \quad A x^2 + 2 B x z + C z^2 = 0.$$

Alors, si un ou deux des coefficients de la résultante s'annulent, cette résultante n'en restera pas moins du second degré et admettra toujours deux solutions distinctes ou confondues. Il n'y a plus d'autre cas singulier que celui où les trois coefficients seraient nuls, qui est le cas d'indétermination. On peut alors formuler le théorème suivant, beaucoup plus précis que le résultat précédent : *Un système de deux équations homogènes à trois variables, l'une du second degré, l'autre du premier, admet deux solutions distinctes ou confondues, réelles ou imaginaires, ou bien il est indéterminé.*

II. **Formes linéaires.** — Il n'y a pas grand'chose à dire d'une f. linéaire considérée seule. La théorie a pour objet l'étude du système de plusieurs formes linéaires; elle repose tout en-

tière sur la résolution d'un système d'équations linéaires en nombre égal au nombre des inconnues, dans le cas où la solution de ce système est unique, et, d'un autre côté, elle fournit le moyen de chercher complètement un système de plusieurs équations linéaires, le nombre des équations et celui des inconnues étant quelconques. Les deux théories, celle des formes et celle des équations linéaires, se rattachent intimement l'une à l'autre; elles sont relativement récentes. Elles n'ont été complètement élucidées qu'en 1880 par un théorème devenu célèbre dû à M. Rouché. Du reste, on peut faire d'abord la théorie des équations et en déduire celle des formes, ou, au contraire, édifier d'abord la théorie des formes et en déduire celle des équations. La première marche est celle qu'a suivie M. Rouché. Ici, nous suivrons la seconde, qui est peut-être un peu plus rapide. Nous ajouterons que la notation des *déterminants* (Voy. ce mot) a singulièrement facilité les recherches dont nous parlons. Le point de départ est le théorème de *Cramer*, qui fournit la résolution d'un système d'équations linéaires en nombre égal à celui des inconnues et dont voici l'énoncé :

Formules de Cramer. — *Un système de n équations linéaires à n inconnues admet une solution et une seule, quand le déterminant formé par les coefficients des inconnues dans les n équations n'est pas nul. La valeur de chaque inconnue est donnée par une fraction qui a pour dénominateur le déterminant précédent, et pour numérateur le même déterminant dans lequel on remplace les coefficients de l'inconnue considérée par les termes connus des équations correspondantes, ces termes connus étant supposés dans le second nombre.*

Considérons, par exemple, un système de 4 équations à 4 inconnues :

$$(1) \quad \begin{array}{l} a x + b y + c z + d t = h \\ a_1 x + b_1 y + c_1 z + d_1 t = h_1 \\ a_2 x + b_2 y + c_2 z + d_2 t = h_2 \\ a_3 x + b_3 y + c_3 z + d_3 t = h_3 \end{array}$$

Le déterminant dont il est question dans l'énoncé précédent est :

$$\begin{vmatrix} a & b & c & d \\ a_1 & b_1 & c_1 & d_1 \\ a_2 & b_2 & c_2 & d_2 \\ a_3 & b_3 & c_3 & d_3 \end{vmatrix} = \Delta$$

Si Δ n'est pas nul, le système précédent admet une solution et une seule, et les valeurs des inconnues sont les suivantes :

$$x = \frac{\begin{vmatrix} h & b & c & d \\ h_1 & b_1 & c_1 & d_1 \\ h_2 & b_2 & c_2 & d_2 \\ h_3 & b_3 & c_3 & d_3 \end{vmatrix}}{\Delta}, \quad y = \frac{\begin{vmatrix} a & h & c & d \\ a_1 & h_1 & c_1 & d_1 \\ a_2 & h_2 & c_2 & d_2 \\ a_3 & h_3 & c_3 & d_3 \end{vmatrix}}{\Delta}, \quad z = \frac{\begin{vmatrix} a & b & h & d \\ a_1 & b_1 & h_1 & d_1 \\ a_2 & b_2 & h_2 & d_2 \\ a_3 & b_3 & h_3 & d_3 \end{vmatrix}}{\Delta},$$

$$t = \frac{\begin{vmatrix} a & b & c & h \\ a_1 & b_1 & c_1 & h_1 \\ a_2 & b_2 & c_2 & h_2 \\ a_3 & b_3 & c_3 & h_3 \end{vmatrix}}{\Delta}$$

Pour démontrer ce théorème, désignons par $A, A_1 \ldots B, B_1 \ldots$, etc., les coefficients respectifs de $a, a_1 \ldots b, b_1, \ldots$ etc., dans le déterminant Δ; multiplions les équations respectivement par A, A_1, A_2, A_3, et ajoutons, nous aurons :

$$\begin{array}{l} (A a + A_1 a_1 + A_2 a_2 + A_3 a_3) \ x \\ + (A b + A_1 b_1 + A_2 b_2 + A_3 b_3) \ y \\ + (A c + A_1 c_1 + A_2 c_2 + A_3 c_3) \ z \\ + (A d + A_1 d_1 + A_2 d_2 + A_3 d_3) \ t = A h + A_1 h_1 + A_2 h_2 + A_3 h_3 \end{array}$$

Le coefficient de x est le déterminant Δ développé par rapport aux éléments de la première colonne; le coefficient de y est le même déterminant dans lequel on aurait remplacé la colonne des a par celle des b sans faire la substitution inverse. Ce coefficient a donc deux colonnes égales et il est nul. Pour une raison analogue, les coefficients de z et t sont nuls aussi, et l'inconnue x subsiste seule dans le résultat. Si maintenant on multiplie les équations (1) par B, B_1, B_2, B_3 ou par C, C_1, C_2, C_3, etc., on formera le système :

$$(2) \quad \begin{array}{l} \Delta x = A h + A_1 h_1 + A_2 h_2 + A_3 h_3 \\ \Delta y = B h + B_1 h_1 + B_2 h_2 + B_3 h_3 \\ \Delta z = C h + C_1 h_1 + C_2 h_2 + C_3 h_3 \\ \Delta t = D h + D_1 h_1 + D_2 h_2 + D_3 h_3 \end{array}$$

qui se résout immédiatement et donne effectivement les formules de Cramer, quand Δ n'est pas nul. Seulement, il faut démontrer que ce système (2) est bien équivalent au système (1). Le calcul précédent montre que toutes les fois que le système (1) est vérifié, le système (2) le sera aussi. Il faut prouver que, réciproquement, si (2) est vérifié, (1) l'est aussi. A cet effet, je multiplie respectivement les équations (2) par a b c d et j'ajoute les résultats; je trouve;

$$\Delta (ax + by + cz + dt) = h (Aa + Bb + Cc + Dd)$$
$$+ h_1 (A_1a + B_1b + C_1c + D_1d)$$
$$+ h_2 (A_2a + B_2b + C_2c + D_2d)$$
$$+ h_3 (A_3a + B_3b + C_3c + D_3d)$$

Le coefficient de h est le déterminant Δ développé par rapport aux éléments de la première ligne. Le coefficient de h_1 est le même déterminant Δ qu'on aurait développé par rapport aux éléments de la seconde ligne et où l'on aurait remplacé la ligne des a_1, b_1, par celle des a, b... Ce déterminant a donc deux lignes égales et il est nul. Pour des raisons analogues, les coefficients de h_2 et h_3 sont nuls aussi, et il reste :

$$\Delta (ax + by + cz + d) = h\Delta.$$

Si Δ n'est pas nul, on peut diviser les deux membres par Δ et l'on retrouve la première équation du système (1). En multipliant les équations (2) par a_1, b_1, c_1, d_1, ou a_2, b_2, c_2, d_2, etc., on retrouverait de la même manière les autres équations du système (1), ce qui achève de prouver l'équivalence des deux systèmes.

Des formes indépendantes. — Le théorème de Cramer peut encore s'énoncer de la manière suivante : *Etant données n formes linéaires à n variables, telles que le déterminant des coefficients ne soit pas nul, on pourra toujours trouver un système de valeurs des inconnues et un seul qui donne à ces n formes des valeurs quelconques choisies à l'avance.* Si, en effet, on désigne les formes par X_1, X_2,... X_n et les valeurs qu'on veut leur faire prendre par h_1, h_2,... h_n, il s'agit de résoudre les équations :

$$X_1 = h_1, \quad X_2 = h_2,... X_n = h_n,$$

ce qui se fait par les formules de Cramer, pourvu que le déterminant ne soit pas nul.

On dit que plusieurs formes linéaires sont *indépendantes*, quand on peut choisir les valeurs des variables, de manière que les formes prennent des valeurs quelconques choisies à l'avance. Si, au contraire, les formes ne peuvent pas prendre toutes les valeurs possibles, c.-à-d. s'il y a une relation nécessaire entre les valeurs que prendront les formes, quelles que soient les valeurs qu'on donne aux variables, on dit que les formes sont *dépendantes*. Pour étudier les conditions suivant lesquelles des formes données sont indépendantes ou dépendantes, imaginons qu'on range dans un tableau *rectangulaire* les coefficients de toutes les inconnues, ce qui revient à écrire les formes les unes au-dessous des autres et à effacer les variables et les signes + dans tous les différents termes. En effaçant dans ce tableau un certain nombre de lignes horizontales et de colonnes verticales, on peut s'arranger de manière qu'il reste un tableau *carré*, lequel définira un déterminant. Cela peut se faire de beaucoup de manières. L'ordre le plus élevé des déterminants ainsi obtenus est le plus petit des deux nombres de lignes ou de colonnes, ou, ce qui revient au même, le plus petit des deux nombres de formes ou de variables. On obtient des déterminants d'ordre maximum en effaçant des rangées *dans une seule dimension*. Il peut arriver que tous ces déterminants d'ordre maximum soient nuls. Alors on effacera une rangée dans l'autre dimension, et l'on trouvera des déterminants d'un ordre diminué d'une unité. Si tous ceux-là sont nuls aussi, on effacera une rangée de plus dans chaque dimension, et ainsi de suite, jusqu'à ce qu'on trouve un déterminant différent de 0. M. Rouché a donné le nom de *déterminant principal* au déterminant ainsi obtenu. On peut le définir en disant que le *déterminant principal* est un déterminant formé avec certains coefficients des variables dans les formes données, qui jouit de cette double propriété que : 1° il n'est pas nul, et que 2° tous les déterminants d'ordre supérieur à lui sont nuls. Cela posé, on peut énoncer le théorème suivant :

Pour que plusieurs formes linéaires soient indépendantes, il faut et il suffit que le déterminant principal soit d'un ordre égal au nombre des formes, ou, ce qui revient au même, que toutes les formes aient concouru à la formation du déterminant principal.

Le fait que la condition est suffisante est une conséquence immédiate du théorème de Cramer. On peut se donner arbitrairement : 1° les valeurs des formes, 2° les valeurs des varia-

bles dont les coefficients n'ont pas servi à former le déterminant principal. Alors les valeurs des autres variables seront déterminées par les formules de Cramer.

Considérons, par exemple, un système de trois formes à 5 variables :

$$X = ax + by + cz + dt + eu$$
$$Y = a'x + b'y + c'z + d't + e'u$$
$$Z = a''x + b''y + c''z + d''t + e''u$$

et supposons que le déterminant principal soit :

$$P = \begin{vmatrix} a & b & c \\ a' & b' & c' \\ a'' & b'' & c'' \end{vmatrix}$$

On pourra se donner arbitrairement les valeurs de X, Y, Z, t et u, et l'on aura à résoudre un système des trois équations à trois inconnues x, y, z, qui sera complètement déterminé puisque le déterminant P n'est pas nul par hypothèse. Les valeurs de x, y, z, seront :

$$X = \frac{\begin{vmatrix} X - dt - eu & b & c \\ Y - d't - e'u & b' & c' \\ Z - d''t - e''u & b'' & c'' \end{vmatrix}}{\begin{vmatrix} a & b & c \\ a' & b' & c' \\ a'' & b'' & c'' \end{vmatrix}}$$

$$Y = \frac{\begin{vmatrix} a & X-dt-eu & c \\ a' & Y-d't-e'u & c' \\ a'' & Z-d''t-e''u & c'' \end{vmatrix}}{\begin{vmatrix} a & b & c \\ a' & b' & c' \\ a'' & b'' & c'' \end{vmatrix}} \qquad Z = \frac{\begin{vmatrix} a & b & X-dt-eu \\ a' & b' & Y-d't-e'u \\ a'' & b'' & Z-d''t-e''u \end{vmatrix}}{\begin{vmatrix} a & b & c \\ a' & b' & c' \\ a'' & b'' & c'' \end{vmatrix}}$$

Pour démontrer que la condition est nécessaire, considérons un système de 5 formes à 5 variables :

$$X = ax + by + cz + dt + eu$$
$$X_1 = a_1x + b_1y + c_1z + d_1t + e_1u$$
$$X_2 = a_2x + b_2y + c_2z + d_2t + e_2u$$
$$X_3 = a_3x + b_3y + c_3z + d_3t + e_3u$$
$$X_4 = a_4x + b_4y + c_4z + d_4t + e_4u$$

et supposons que le déterminant principal soit du 3e ordre :

$$P = \begin{vmatrix} a & b & c \\ a_1 & b_1 & c_1 \\ a_2 & b_2 & c_2 \end{vmatrix}$$

Considérons le déterminant formé en *bordant* P inférieurement avec les coefficients d'une autre forme, et latéralement avec les valeurs des formes elles-mêmes :

$$C = \begin{vmatrix} a & b & c & X \\ a_1 & b_1 & c_1 & X_1 \\ a_2 & b_2 & c_2 & X_2 \\ a_3 & b_3 & c_3 & X_3 \end{vmatrix}$$

Si l'on y remplace X, X_1, X_2, X_3, par les polynômes qu'ils représentent, C devient :

$$C = \begin{vmatrix} a & b & c & ax + by + cz + dt + eu \\ a_1 & b_1 & c_1 & a_1x + b_1y + c_1z + d_1t + e_1u \\ a_2 & b_2 & c_2 & a_2x + b_2y + c_2z + d_2t + e_2u \\ a_3 & b_3 & c_3 & a_3x + b_3y + c_3z + d_3t + e_3u \end{vmatrix}$$

Ce déterminant est la somme de cinq autres :

$$C = \begin{vmatrix} a & b & c & ax \\ a_1 & b_1 & c_1 & a_1x \\ a_2 & b_2 & c_2 & a_2x \\ a_3 & b_3 & c_3 & a_3x \end{vmatrix} + \begin{vmatrix} a & b & c & by \\ a_1 & b_1 & c_1 & b_1y \\ a_2 & b_2 & c_2 & b_2y \\ a_3 & b_3 & c_3 & b_3y \end{vmatrix} + ... \text{etc.}$$

Les trois premiers sont nuls comme ayant deux colonnes composées d'éléments proportionnels. Le quatrième contient t et le cinquième u en facteur commun dans la dernière colonne. Si l'on supprime ce facteur, il reste un déterminant du 4e ordre qui est nul comme étant d'un ordre supérieur à celui du déterminant principal. Donc C est identiquement nul, quelles que soient les valeurs qu'on donne aux variables x, y, z, t, u, ce qui établit une relation linéaire entre X, X_1, X_2, X_3. En se servant de la cinquième équation, on trouverait une autre relation. Ainsi les cinq formes sont liées par les deux relations linéaires :

$$\begin{vmatrix} a & b & c & X \\ a_1 & b_1 & c_1 & X_1 \\ a_2 & b_2 & c_2 & X_2 \\ a_3 & b_3 & c_3 & X_3 \end{vmatrix} = 0 \qquad \begin{vmatrix} a & b & c & X \\ a_1 & b_1 & c_1 & X_1 \\ a_2 & b_2 & c_2 & X_2 \\ a_4 & b_4 & c_4 & X_4 \end{vmatrix} = 0.$$

Donc elles ne sont pas indépendantes, et les formes ne peuvent recevoir que des valeurs qui vérifient ces deux relations.

Il résulte de ce qui précède que :

Si les formes linéaires ne sont pas indépendantes, elles sont liées les unes aux autres par des relations linéaires dont le nombre est égal au nombre des formes qui n'ont pas concouru à former le déterminant principal.

Si le nombre des formes dépasse le nombre des variables, l'ordre du déterminant principal, ne pouvant dépasser le nombre des variables, ne saurait atteindre celui des formes, d'où il suit que : des formes linéaires en nombre supérieur à celui des variables ne sont jamais indépendantes.

Équations linéaires. — L'application de cette théorie à la discussion d'un système de n équations linéaires à p inconnues est immédiate. En effet, résoudre ces n équations, c'est déterminer les p inconnues de manière que les n formes constituées par les premiers nombres des équations prennent des valeurs données. Si les formes sont indépendantes, le problème est toujours possible; si les formes sont dépendantes, le problème ne sera possible que si les valeurs de ces formes, c.-à-d. les seconds membres des équations, vérifient les relations linéaires qui lient ces formes. Or, ces relations s'expriment en égalant à 0 les déterminants qu'on forme en bordant le déterminant principal inférieurement avec les coefficients d'une équation qui n'a pas servi à le former, et latéralement avec les valeurs que doivent prendre les formes, c.-à-d. les termes connus des équations dans le second membre. M. Rouché a donné le nom de *caractéristiques* à ces déterminants dont le nombre est égal au nombre des équations qui n'ont pas servi à former le déterminant principal. Si ces formes sont indépendantes, il n'y a pas de caractéristique, et l'on peut dire que ceux-ci sont nuls. Alors la discussion se résume dans la proposition suivante qui est le théorème de M. Rouché :

Pour qu'un système de plusieurs équations linéaires à plusieurs inconnues, en nombres quelconques, puisse être vérifiée, il faut et il suffit que tous les déterminants caractéristiques du système soient nuls.

On peut ajouter que :

Quand le système peut être résolu, on peut se donner arbitrairement les inconnues dont les coefficients n'ont pas concouru à former le déterminant principal.

Soit par ex. le système des 5 équations à 4 inconnues :

$$ax + by + cz + dt = h$$
$$a_1x + b_1y + c_1z + d_1t = h_1$$
$$a_2x + b_2y + c_2z + d_2t = h_2$$
$$a_3x + b_3y + c_3z + d_3t = h_3$$
$$a_4x + b_4y + c_4z + d_4t = h_4.$$

Supposons que le déterminant principal soit du 3e ordre :

$$P = \begin{vmatrix} a & b & c \\ a_1 & b_1 & c_1 \\ a_2 & b_2 & c_2 \end{vmatrix}.$$

Il y a deux déterminants caractéristiques :

$$C = \begin{vmatrix} a & b & c & h \\ a_1 & b_1 & c_1 & h_1 \\ a_2 & b_2 & c_2 & h_2 \\ a_3 & b_3 & c_3 & h_3 \end{vmatrix} \quad \text{et} \quad C' = \begin{vmatrix} a & b & c & h \\ a_1 & b_1 & c_1 & h_1 \\ a_2 & b_2 & c_2 & h_2 \\ a_4 & b_4 & c_4 & h_4 \end{vmatrix}$$

Le système n'est possible que si C et C' sont nuls tous deux. S'il en est ainsi, on peut se donner arbitrairement la valeur de t, et les valeurs de x, y, z seront déterminées ensuite par les formules de Cramer.

Une autre proposition importante à signaler, c'est que :

Pour que n formes linéaires à n variables s'annulent pour des valeurs des variables qui ne sont pas toutes nulles, il faut et il suffit que le déterminant de leurs coefficients soit nul : car si ce déterminant n'était pas nul, les formules de Cramer montreraient qu'il n'y a qu'un seul système de valeurs qui, attribuées aux variables, rendent toutes les formes nulles, et ces valeurs sont évidemment toutes zéro. Si au contraire le déterminant est nul, les déterminants caractéristiques sont tous nuls, puisque la colonne des termes constants est formée de zéros, et l'on pourra se donner arbitrairement une ou plusieurs des variables, suivant l'ordre du déterminant principal, et calculer ensuite les autres.

Cette proposition équivaut à celle-ci :

Pour qu'un déterminant soit nul, il faut et il suffit qu'il existe une même relation linéaire entre les éléments d'une même ligne ou d'une même colonne, car si le déterminant est nul, on peut trouver des nombres x, y, etc., tels que toutes les formes qui ont pour coefficients les éléments d'une même ligne ou d'une même colonne soient nulles, et si l'on trouve de pareils nombres, le déterminant sera nul. Le fait que la condition est suffisante a déjà été démontré, par

une autre méthode, au mot Déterminant, et ce qui précède prouve qu'elle est nécessaire.

Si l'on considère un nombre de formes inférieur au nombre des variables, on pourra toujours trouver une infinité de valeurs des variables qui annulent ces formes : car le déterminant principal étant d'un ordre au plus égal au nombre des formes, est assurément d'un ordre inférieur au nombre des variables, et si, l'on se donne les variables dont les coefficients n'ont pas concouru à la formation du déterminant principal, on pourra déterminer les autres par les formules de Cramer. Cette proposition revient à dire que : *Un système d'équations linéaires homogènes en nombre inférieur au nombre des inconnues est toujours indéterminé.*

Une autre conséquence de ces théorèmes, c'est que : *Pour éliminer n inconnues entre $n+1$ équations linéaires, il suffit d'égaler à 0 le déterminant formé par les coefficients et les termes connus de ces $n+1$ équations.* Soient, en effet, les quatre équations à trois inconnues :

$$ax + by + cz = d$$
$$a'x + b'y + c'z = d'$$
$$a''x + b''y + c''z = d''$$
$$a'''x + b'''y + c'''z = d'''.$$

Éliminer x, y, z, entre ces quatre équations, c'est chercher la condition pour que ces quatre équations puissent être vérifiées simultanément.

Or, si on rend homogènes par l'introduction d'une 4e variable t, on aura quatre équations à quatre inconnues qui devront être vérifiées par des valeurs des inconnues, parmi lesquelles t, au moins, n'est pas nul. Il faudra donc que le déterminant du 4e ordre soit nul Comme on peut changer les signes de d, d', d'', d''', sans changer autre chose que le signe du déterminant, le résultat est donc :

$$\begin{vmatrix} a & b & c & d \\ a' & b' & c' & d' \\ a'' & b'' & c'' & d'' \\ a''' & b''' & c''' & d''' \end{vmatrix} = 0.$$

Seulement, on n'exprime ainsi qu'une condition nécessaire, parce que si tous les déterminants du 3e ordre ne contenant pas d sont nuls, il peut se faire que les équations soient incompatibles.

On arrive au même résultat, si l'on suppose que le déterminant principal est du 3e ordre, en écrivant que le déterminant caractéristique est nul. D'une manière générale, il faut et il suffit que tous les déterminants caractéristiques soient nuls, ce qui n'est autre chose que le théorème de M. Rouché.

Au mot Linéaire, nous donnerons un peu plus de détails sur la résolution pratique des systèmes d'équations du premier degré.

III. Formes quadratiques. — Une forme quadratique à n variables contient les carrés de ces variables et les produits de toutes ces variables deux à deux; le nombre de ceux-ci est celui des combinaisons de n objets deux à deux, soit $\dfrac{n(n-1)}{2}$.

Le nombre total des termes est donc :

$$n + \frac{n(n-1)}{2} = \frac{n(n+1)}{2}.$$

Il est bien entendu qu'un certain nombre de ces termes peuvent disparaître, si leurs coefficients sont nuls.

On dit qu'on effectue une substitution linéaire quand on remplace les variables x, y, z, par des formes linéaires de n autres variables :

$$(1) \quad \begin{aligned} x &= ax' + by' + cz' + \ldots \\ y &= a_1x' + b_1y' + c_1z' + \ldots \\ z &= a_2x' + b_2y' + c_2z' + \ldots \end{aligned}$$

Comme $x, y, z, \ldots$ sont des variables indépendantes qui peuvent recevoir toutes les valeurs possibles, la substitution n'a d'intérêt que si les formes linéaires qui figurent dans les seconds membres sont *indépendantes*. En d'autres termes, il faut que les nouvelles variables x', y', z'... puissent être choisies de manière que les polynomes qui remplacent $x, y, z, \ldots$ prennent des valeurs quelconques choisies à l'avance. D'après le théorème relatif aux formes linéaires, cette condition exige que le déterminant principal des formes soit d'un ordre égal au nombre des formes, et comme le nombre des formes est égal au nombre des variables, il faut que le déterminant des coefficients :

$$\begin{vmatrix} a & b & c & \ldots \\ a_1 & b_1 & c_1 & \ldots \\ a_2 & b_2 & c_2 & \ldots \\ \ldots & \ldots & \ldots & \ldots \end{vmatrix}$$

soit différent de 0.

Cette condition étant supposée vérifiée, on pourra résoudre les équations (1) par rapport aux variables x' y' z' ... :

$$(2) \quad \begin{aligned} x' &= a'x + b'y + c'z + \dots \\ y' &= a'_1 x + b'_1 y + c'_1 z + \dots \\ z' &= a'_2 x + b'_2 y + c'_2 z + \dots \\ & \dots \dots \dots \end{aligned}$$

et le nouveau déterminant :

$$\begin{vmatrix} a' & b' & c' & \dots \\ a'_1 & b'_1 & c'_1 & \dots \\ a'_2 & b'_2 & c'_2 & \dots \\ \dots \end{vmatrix}$$

ne sera pas nul non plus, puisque les équations (2) sont par hypothèse équivalentes aux équations (1), ce qui implique qu'elles peuvent être résolues par les formules (1).

La question qui se pose est alors celle-ci : peut-on choisir la substitution de telle sorte qu'une fois la transformation opérée, la f. contienne un nombre de variables inférieur à n? En d'autres termes, peut-il arriver qu'une fois la substitution effectuée, la variable x', par ex., ne figure plus dans la f. transformée? C'est cette question de la possibilité de la diminution du nombre des variables, qui constitue la partie la plus importante de la théorie des formes quadratiques.

Soit $F_1(x', y', z', \dots)$ la f. transformée par la substitution. Si x' n'y figure pas, c'est que la dérivée de cette f. par rapport à x' est nulle :

$$\frac{dF_1}{dx'} = 0.$$

Mais par hypothèse, on a identiquement :

$$F_1(x', y', z, \dots) = F(x, y, z, \dots),$$

et par conséquent :

$$\frac{dF_1}{dx'} = \frac{dF}{dx}\frac{dx}{dx'} + \frac{dF}{dy}\frac{dy}{dx'} + \frac{dF}{dz}\frac{dz}{dx'} + \dots$$

ou, d'après les équations (1) :

$$(3) \quad \frac{dF_1}{dx'} = a\frac{dF}{dx} + a_1\frac{dF}{dy} + a_2\frac{dF}{dz} + \dots$$

Ce polynôme doit être nul identiquement, c.-à-d., quelles que soient les valeurs des variables $x, y, z, \dots$; or, $\frac{dF}{dx}, \frac{dF}{dy}$ etc., sont des formes linéaires par rapport à $x, y, z, \dots$:

$$\begin{aligned} \frac{dF}{dx} &= \alpha x + \alpha_1 y + \alpha_2 z + \dots; \\ \frac{dF}{dy} &= \beta x + \beta_1 y + \beta_2 z + \dots; \\ \frac{dF}{dz} &= \gamma x + \gamma_1 y + \gamma_2 z + \dots \end{aligned}$$

Pour que le polynôme (3) soit nul identiquement, il faut que les coefficients de $x, y, z, \dots$ soient nuls séparément, ce qui donne les conditions :

$$\begin{aligned} \alpha a + \beta a_1 + \gamma a_2 + \dots &= 0; \\ \alpha_1 a + \beta_1 a_1 + \gamma_1 a_2 + \dots &= 0; \\ \alpha_2 a + \beta_2 a_1 + \gamma_2 a_2 + \dots &= 0; \end{aligned}$$

$a, a_1, a_2 \dots$ sont donc n valeurs qui ne sont pas toutes nulles et qui annulent n formes linéaires. La condition nécessaire et suffisante pour que ces valeurs existent, c'est que le déterminant soit nul :

$$\begin{vmatrix} \alpha & \beta & \gamma & \dots \\ \alpha_1 & \beta_1 & \gamma_1 & \dots \\ \alpha_2 & \beta_2 & \gamma_2 & \dots \\ \dots \end{vmatrix} = 0.$$

Ce déterminant joue un rôle capital dans la théorie des formes quadratiques : c'est le déterminant des coefficients des variables dans les *dérivées partielles* de la f. On lui a donné le nom de *Discriminant*. Voy. ce mot.

Ainsi, *la condition nécessaire et suffisante pour que le nombre des variables d'une f. quadratique puisse être réduit d'au moins une unité par une substitution linéaire, c'est que le discriminant de cette f. soit nul.*

Par une analyse plus détaillée, on montrerait que si tous les mineurs d'ordre $n-1$ du discriminant d'une f. quadratique à n variables sont nuls, la f. peut être ramenée à ne contenir que $n-2$ variables; si tous les mineurs d'ordre $n-2$ sont nuls, la f. pourra être réduite à n'avoir que $n-3$ variables, et ainsi de suite.

Le discriminant est un déterminant *symétrique*, c.-à-d. que chaque ligne horizontale est identique avec la colonne verticale du même rang :

$$\begin{aligned} \beta &= \alpha_1 \quad \gamma = \alpha_2 \dots \\ \gamma_1 &= \beta_2 \dots \end{aligned}$$

Cette propriété est presque évidente. Voy., au mot DISCRIMINANT, les développements des discriminants des formes quadratiques à 2 ou 3 variables. On en déduit, par un calcul très facile, une identité importante, souvent appliquée en géométrie analytique :

$$x_1 F'_x + y_1 F'_y + z_1 F'_z + \dots = x F'_{x_1} + y F'_{y_1} + z F'_{z_1} + \dots$$

c.-à-d. que le polynôme exprimé par le premier membre de l'identité précédente reste le même quand on y permute x avec x_1, y avec y_1, etc.

Sans insister sur ces questions, il nous reste à dire quelques mots de la décomposition d'une f. quadratique en carrés. On peut toujours choisir la substitution de manière que la f. transformée ne contienne plus que des carrés, et cette transformation peut se faire d'une infinité de manières. Nous ne discuterons pas complètement la question, mais nous indiquerons un procédé de transformation qui est classique.

D'abord, si la f. ne contient pas de carrés, il est facile d'en introduire : elle contiendra au moins un produit de deux variables, xy. Or :

$$xy = \frac{(x+y)^2}{4} - \frac{(x-y)^2}{4}.$$

En faisant la substitution :

$$\begin{aligned} x' &= x + y, \\ y' &= x - y, \\ z' &= z, \end{aligned}$$

on introduira les carrés x'^2 et y'^2. Ceci posé, considérons par exemple une f. à 4 variables :

$$\begin{aligned} &Ax^2 + A'y^2 + A''z^2 + A'''t^2 + 2Byz + 2B'zx + 2B''xy \\ &\quad + 2Cxt + 2C'yt + 2C''zt, \end{aligned}$$

et ordonnons-la par rapport à x :

$$Ax^2 + 2(B''y + B'z + Ct)x + A'y^2 + \dots$$

On peut compléter le carré des deux premiers termes, comme on le fait pour résoudre l'équation du second degré à une inconnue et écrire la forme :

$$A\left[x + \frac{B''y + B'z + Ct}{A}\right]^2 - \frac{(B''y + B'z + Ct)^2}{A^2} + A'y^2 + \dots$$

Alors on prendra pour première variable :

$$x' = x + \frac{B''y + B'z + Ct}{A},$$

et la f. deviendra :

$$Ax'^2 + F_1(y, z, t);$$

$F_1(y, z, t)$ étant une f. quadratique à 3 variables sur laquelle on opérera de même, en l'ordonnant par rapport à y, et ainsi de suite. Finalement, la f. deviendra :

$$A_1 x'^2 + A_2 y'^2 + A_3 z'^2 + A_4 t'^2.$$

Quel que soit le procédé employé pour effectuer cette transformation, les lettres x', y', z', t', désigneront des formes linéaires en x, y, z, t, qui seront indépendantes si le discriminant est différent de 0, sans qu'aucun des coefficients A_1, A_2, A_3, A_4, puisse être nul. En effet, si l'un des coefficients était nul, la f. n'aurait plus trois variables, et si les formes x', y', z', t', n'étaient pas indépendantes, elles seraient liées par une ou plusieurs relations linéaires qui permettraient d'exprimer une ou plusieurs d'entre elles en fonction des autres, et alors le nombre des variables se réduirait encore, ce qui ne peut avoir lieu si le discriminant est différent de 0. Si, au contraire, le discriminant est nul, on commencera par réduire le nombre des variables au minimum, et l'on effectuera ensuite la décomposition en carrés. Il en résulte que :

Toute f. quadratique peut être décomposée en une somme de carrés de formes linéaires indépendantes dont le nombre est égal au nombre minimum de variables auxquelles on peut réduire la f.

Une proposition importante signalée par M. Sylvester et connue sous le nom de *Loi d'inertie* consiste en ce que, de quelque manière que l'on décompose la f. en carrés, le nombre des carrés affectés d'un exposant positif et celui des carrés affectés d'un exposant négatif, restent toujours le même. Supposons, en effet, qu'il en soit autrement, et qu'on ait par exemple, en mettant les signes en évidence :

$$A x^2 + A' y^2 - A'' z^2 - A''' t^2 = B x'^2 + B' y'^2 + B'' z'^2 - B''' t'^2,$$

x, y, z, t, d'une part, x', y', z', t', d'autre part, désignant les deux systèmes variables, on en déduirait l'identité :

$$A x^2 + A' y^2 + B''' t'^2 = A'' z^2 + A''' t^2 + B x'^2 + B' y'^2 + B'' z'^2.$$

Le premier nombre qui contient moins de variables s'annulerait pour :

$$x = 0, \quad y = 0, \quad t' = 0.$$

Mais t' est une fonction linéaire et homogène de x, y, z et t. On a donc à résoudre un système d'équations linéaires et homogènes en nombre inférieur à celui des inconnues, ce qui est toujours possible d'une infinité de manières. Dans le second membre, qui est aussi nul, et qui est une somme de carrés tous positifs, il faut que chaque carré soit nul isolément. On aurait donc :

$$z = t = x' = y' = z' = 0,$$

toutes les fois que :

$$x = y = t' = 0.$$

Il en résulte que les quatre quantités x, y, z, t, qui sont les variables indépendantes, s'annuleraient pour une infinité de valeurs, ce qui est absurde.

Enfin, il reste à signaler une propriété importante du discriminant qui lui a valu le nom d'*invariant*. Si l'on suppose les équations qui définissent une substitution résolues par rapport aux anciennes variables $x, y, z, \ldots$ (équations (1)), le déterminant des coefficients des nouvelles variables s'appelle le *module* de la substitution :

$$\mu = \begin{vmatrix} a & b & c & \ldots \\ a_1 & b_1 & c_1 & \ldots \\ a_2 & b_2 & c_2 & \ldots \\ \ldots \end{vmatrix}$$

Considérons la forme transformée :

$$F_1(x', y', z', \ldots) = F(x, y, z, \ldots),$$

et formons son discriminant. Ce sera le déterminant des coefficients de $x', y', z', \ldots$ dans les dérivées partielles :

$$\frac{dF_1}{dx'}, \quad \frac{dF_1}{dy'}, \quad \ldots \text{ etc.}$$

Mais :

$$\frac{dF_1}{dx'} = \frac{dF}{dx}\frac{dx}{dx'} + \frac{dF}{dy}\frac{dy}{dx'} + \frac{dF}{dz}\frac{dz}{dx'} + \ldots$$

ou, en employant des notations déjà employées :

$$\frac{dF}{dx} = (\alpha x + \alpha_1 y + \alpha_2 z + \ldots) a + (\beta x + \beta_1 y + \beta_2 z + \ldots) a_1 + \ldots$$

et en ordonnant :

$$\frac{dF}{dx'} = (\alpha a + \beta a_1 + \gamma a_2 + \ldots) x + (\alpha_1 a + \beta_1 a_1 + \gamma_1 a_2 + \ldots) y + \ldots$$

On aurait de même :

$$\frac{dF}{dy'} = (\alpha b + \beta b_1 + \gamma b_2 + \ldots) x + (\alpha_1 b + \beta_1 b_1 + \gamma_1 b_2 \ldots) y + \ldots$$

$$\frac{dF}{dz'} = (\alpha c + \beta c_1 + \gamma c_2 + \ldots) x + (\alpha c + \beta_1 c_1 + \gamma c_2 + \ldots) y + \ldots$$

On reconnaît alors que le déterminant des coefficients de $x, y, z \ldots$ dans le second membre est le produit des déterminants :

$$\begin{vmatrix} \alpha & \alpha_1 & \alpha_2 & \ldots \\ \beta & \beta_1 & \beta_2 & \ldots \\ \gamma & \gamma_1 & \gamma_2 & \ldots \\ \ldots \end{vmatrix} = \Delta, \quad \text{et} \quad \begin{vmatrix} a & b & c & \ldots \\ a_1 & b_1 & c_1 & \ldots \\ a_2 & b_2 & c_2 & \ldots \\ \ldots \end{vmatrix} = \mu$$

Voy. DÉTERMINANT.

Si, pour abréger, nous désignons par $\lambda, \mu, \nu, \lambda', \mu', \nu'$, etc., les coefficients de x, y, z, dans les dérivées précédentes, on a :

$$\begin{vmatrix} \lambda & \mu & \nu & \ldots \\ \lambda' & \mu' & \nu' & \ldots \\ \lambda'' & \mu'' & \nu'' & \ldots \\ \ldots \end{vmatrix} = \Delta \mu,$$

Δ étant le discriminant de la f. F et μ le module de la substitution.

Remplaçons maintenant $x, y, z, \ldots$ par leurs valeurs (1) dans les expressions des dérivées :

$$\frac{dF}{dx'} = \lambda (ax' + by' + cz' + \ldots) + \mu (a_1 x' + b_1 y' + c_1 z' + \ldots) + \ldots$$

ou en ordonnant :

$$\frac{dF}{dx'} = (\lambda a + \mu a_1 + \nu a_2 + \ldots) x' + (\lambda b + \mu b_1 + \nu b_2 + \ldots) y' + \ldots$$

et de même :

$$\frac{dF}{dy'} = (\lambda' a + \mu' a_1 + \nu' a_2 + \ldots) x' + (\lambda' b + \mu' b_1 + \nu' b_2 + \ldots) y' + \ldots$$

$$\frac{dF}{dz'} = (\lambda'' a + \mu'' a_1 + \nu'' a_2 + \ldots) x' + (\lambda'' b + \mu'' b_1 + \nu'' b_2 + \ldots) z' + \ldots$$

et l'on voit encore que le déterminant des coefficients de x', y', z', qui est le nouveau discriminant Δ', est égal au produit des deux déterminants :

$$\Delta' = \begin{vmatrix} \lambda & \mu & \nu & \ldots \\ \lambda' & \mu' & \nu' & \ldots \\ \lambda'' & \mu'' & \nu'' & \ldots \\ \ldots \end{vmatrix} \times \begin{vmatrix} a & b & c & \ldots \\ a_1 & b_1 & c_1 & \ldots \\ a_2 & b_2 & c_2 & \ldots \\ \ldots \end{vmatrix}$$

Le premier facteur est le déterminant de tout à l'heure égal à $\Delta \mu$; le second est encore le module de la substitution μ. On a donc finalement :

$$\Delta' = \Delta \mu^2,$$

c.-à-d. que :

Si l'on effectue dans une f. quadratique une substitution linéaire, le discriminant de la f. transformée est égal à celui de la f. donnée, multiplié par le carré du module de la substitution.

La théorie des formes quadratiques est féconde en applications. On la rencontre dans un très grand nombre de questions. En particulier, elle contient implicitement la théorie des diamètres des coniques et celle des diamètres et plans diamétraux des surfaces du second ordre. L'importance considérable qu'elle a acquise dans les études mathématiques contemporaines justifie la place que nous avons cru devoir lui accorder dans ce Dictionnaire.

FORMEL, ELLE. adj. (lat. *formalis*, m. s., de *forma*, forme). Exprès, précis, positif. *Paroles formelles. Termes formels.* Voici le texte f. de la loi. C'est une des clauses formelles du contrat. Il a reçu un démenti f. Dénégation formelle. Contradiction formelle. || T. Philos. Cause formelle. Voy. CAUSE.

FORMELLEMENT. adv. [Pr. *for-mè-leman*]. En termes exprès, précisément, clairement. *La loi le défend f. Le contrat le porte f.* Il s'y est opposé f. Il l'a nié f. Elle a déclaré f. que... || Dans la Philos. scolast., se disait par oppos. à *Matériellement.*

FORMÈNE. s. m. (R. *formique*). T. Chim. Syn. de MÉTHANE.

FORMENTERA, une des îles Baléares ; 2,000 hab.

FORMER. v. a. (lat. *formare*, m. s., de *forma*, forme). Donner l'être et la forme. *Dieu a formé l'homme à son image*; il *l'a formé du limon de la terre.* || Façonner, donner une certaine forme, une certaine figure. *Le potier forme les vases et leur donne telle figure qu'il veut. F. un triangle. F. des lettres, des caractères. F. un nœud.* — Fig., *F. des nœuds, des liens*, etc., S'engager dans quelque union. || Par ext., Façonner par les leçons, instruire, faire contracter les habitudes propres à une certaine destination. *F. un jeune homme. Je lui formerai l'esprit, le caractère. F. la jeunesse d'un prince. F. quelqu'un à la vertu, aux bonnes mœurs. F. un disciple, un apprenti. C'est l'expérience qui forme les hommes. La lecture des bons livres forme les mœurs. F. des soldats, des marins. C'est la guerre qui forme les généraux.* — Dans un sens anal., on dit : Il forma son style sur celui de Tacite. *Les anciens sont les meilleurs modèles sur lesquels on puisse f. son goût, se f. le goût. Se f. le goût par l'étude des grands écrivains.* || Dans un sens plus général, Former sign. Produire, faire, opérer ou composer, constituer. *F. un son. F.*

une voix articulée. Les eaux ont formé un ravin profond. Les vapeurs qui forment les nuages. Les arbres formaient un berceau. Il faut tant d'hommes pour f. un régiment. Les anneaux qui forment une chaîne. Les sons qui forment un accord. F. un concert de voix et d'instruments. Les mots qui forment une phrase. Près d'ici, la route forme un coude. Les lignes qui forment un triangle, un carré. Ils formèrent le cercle autour de lui. Le bataillon forma le carré. Ces deux objets forment un contraste frappant. Cette dissertation à elle seule la moitié de l'ouvrage. C'est le style qui forme le seul mérite de cet ouvrage. La constance dans ses entreprises formait le caractère de Pierre le Grand. || Concevoir, produire dans son esprit. *F. un dessein, une résolution, un projet. Se f. une idée claire de quelque chose. F. des vœux, des souhaits, des désirs. Se f. des chimères.* — Exposer, proposer ce qu'on a conçu. *F. une objection, une difficulté. F. sa plainte devant le juge. F. opposition.* || Organiser, instituer, établir. *F. un bataillon, un escadron. Il forma une réserve de cent mille hommes. F. une société, une académie. F. une république, une monarchie. F. une cabale, une conspiration. F. une ligue, une engagement, une liaison.* — *F. un siège,* Commencer le siège d'une place, ouvrir les travaux. *Il a investi la place, mais il n'en a pas encore formé le siège.* —*F. une entreprise,* La concevoir et travailler à l'exécuter. *Les grandes entreprises qu'il avait formées furent interrompues par sa mort.* || T. Gram. En parlant des mots d'une langue, les composer, leur faire prendre toutes les formes dont ils sont susceptibles. *Ce mot a été formé de tel autre par corruption. F. les temps d'un verbe.* = FORMER. v. pron. Se dit dans la plupart des sens qui viennent d'être indiqués. *Le poulet se forme dans l'œuf. Les traits de son visage commencent à se f. Sa taille se forme. Un jeune homme se forme en voyant le monde. Il se forme très bien aux affaires. L'esprit et le goût se forment en lisant de bons auteurs. Il faut vous f. sur de bons modèles. Son style commence à se f. Les sons se forment dans le larynx. Il s'est formé un gouffre en cet endroit. Les météores qui se forment dans l'air. Un orage se formait sur nos têtes. Des rassemblements se formèrent sur divers points de la ville. Il se forme autour de nous un cercle de curieux. Les idées, les images qui se forment dans notre esprit. La plupart des villes se formèrent en république. Des bandes de voleurs se formèrent. L'assemblée se forma en comité secret. Une conspiration se forma contre les étrangers. Le futur des verbes français se forme ordinairement de l'infinitif.* || En parlant de troupes qui manœuvrent, *Se f.,* sign. Prendre une certaine disposition, se ranger dans un certain ordre. *La troupe se forma sur la droite. Les soldats se formèrent en colonne, en bataille.* — Absol., *Les troupes se formèrent devant la caserne.* = FORMÉ, ÉE. part.

FORMERET. s. m. (R. *forme*). T. Archit. Arête saillante dans une voûte gothique. Voy. VOUTE.

FORMERIE, ch.-l. de c. (Oise), arr. de Beauvais, 1,400 hab.

FORMEY (JEAN-HENRI-SAMUEL), savant écrivain allemand, d'origine française (1711-1797).

FORMIAMIDE. s. f. T. Chim. Amide de l'acide formique. Voy. FORMIQUE.

FORMIATE. s. m. T. Chim. Nom donné aux sels et aux éthers de l'acide formique. Voy. FORMIQUE.

FORMICA-LEO. s. m. (mots lat. sign. *fourmi* et *lion*). T. Entom. Syn. de FOURMILION. Voy. PLANIPENNE.

FORMICANT, ANTE. adj. (lat. *formicans,* de *formica,* fourmi). T. Méd. Qui donne une sensation analogue au picotement des fourmis. Voy. POULS.

FORMICATION. s. f. [Pr. ...*sion*] (R. *formicant*). T. Méd. Fourmillement.

FORMICIDES. s. m. pl. (lat. *formica,* fourmi; gr. εἶδος, aspect). T. Entom. Famille d'insectes hyménoptères. Voy. FOURMI.

FORMIDABLE. adj. 2 g. (lat. *formidabilis,* m. s., de *formido,* crainte). Redoutable, qui est à craindre, ou qui inspire

une grande crainte. Une armée f. Une puissance f. C'est la chose du monde la plus f. Un aspect f. Cet homme s'est rendu f. à ses voisins.

FORMIDABLEMENT. adv. D'une manière formidable.

FORMIER. s. m. Ouvrier qui fait et vend des formes pour les chaussures.

FORMIGNY, village de France (Calvados), arr. de Bayeux. Célèbre par la victoire des Français sur les Anglais, en 1450; 600 hab.

FORMIQUE. adj. 2 g. (lat. *formica,* fourmi). T. Chim. D'anciens observateurs, tels que Targus et Langham, avaient déjà remarqué que le contact des fourmis rouges avec ces pétales humides de certaines plantes (bourrache, chicorée sauvage, etc.) avait pour effet de décolorer ces parties, lorsque Wray, en 1670, constata que ces insectes, soumis à la distillation, donnaient un acide semblable à l'esprit de vinaigre. Plus tard, en 1749, Margraff démontra que ce produit était un acide particulier. Enfin, les travaux de Berzelius, de Dœbereiner et de Liebig l'ont fait connaître sous tous les rapports. — L'*Acide* f. se rencontre aussi dans les poils de certains insectes irritants, chez les chenilles processionnaires, dans les feuilles de pin et de sapin, et dans l'ortie brûlante, dont il constitue le liquide irritant. Il se forme dans l'oxydation d'un grand nombre de substances organiques, telles que le sucre, l'amidon, la gomme, l'acide tartrique, la sciure de bois, etc.; on peut le préparer en traitant ces substances par un mélange d'acide sulfurique et de peroxyde de manganèse. Mais le procédé de préparation employé actuellement dans les laboratoires est celui de Berthelot, qui consiste à soumettre à l'action d'une douce chaleur, pendant 12 à 15 heures environ, un mélange d'acide oxalique du commerce et de glycérine avec de l'eau. Le même chimiste est parvenu à produire de l'acide f. de toutes pièces, en chauffant pendant plusieurs jours de l'oxyde de carbone avec de l'hydrate de potassium légèrement humecté. Kolbe a également réalisé la synthèse de l'acide f. en réduisant l'anhydride carbonique humide par le potassium.

L'acide f. est liquide, incolore, soluble en toutes proportions dans l'eau; il dégage l'odeur piquante et caractéristique des fourmis. Il est fortement acide et très corrosif; une seule goutte déposée à la surface de la peau y détermine la formation d'une ampoule. Sa densité à 0° est 1,223. Il bout à 101°, se solidifie à zéro et fond à + 8°. L'acide sulfurique et les corps déshydratants le dédoublent en eau et en oxyde de carbone. Il peut aussi, sous l'action de la chaleur ou en présence de certains métaux, se scinder en hydrogène et anhydride carbonique. Chauffé avec les alcalis, il se convertit en acide oxalique et dégage de l'hydrogène. Avec les corps oxydants il se comporte comme un réducteur en donnant de l'anhydride carbonique et de l'eau; ainsi il réduit à chaud les sels d'or, d'argent, de cuivre et de mercure.

L'acide f. est monobasique et répond à la formule CO_2H_2. C'est le terme le plus simple de la série des acides gras; il est constitué par de l'hydrogène uni à un groupe fonctionnel CO_2H des acides organiques. Ses sels, les *Formiates,* sont presque tous solubles dans l'eau; celui de plomb l'est très peu à froid. Ils sont tous décomposables par la chaleur. Ils réduisent à l'ébullition les sels d'argent et de mercure. Chauffés avec l'acide sulfurique concentré, ils dégagent de l'oxyde de carbone. Le formiate d'ammoniaque HCO_2AzH_4 se dédouble à chaud en acide cyanhydrique et en eau. Celui de potassium HCO_2K chauffé avec de la potasse caustique, peut servir à préparer de l'hydrogène pur. Le formiate de calcium $(HCO_2)_2$Ca et celui de baryum sont employés pour transformer les acides organiques en aldéhydes. Les formiates, ainsi que l'acide f. sont des antiseptiques énergiques.

On donne aussi le nom de *Formiate* aux éthers de l'acide f. Le *formiate de méthyle* $HCO_2.CH_3$ est un liquide incolore, d'odeur agréable, bouillant à 32°. Le *formiate d'éthyle* $HCO_2.C_2H_5$ s'obtient en chauffant un mélange de glycérine, d'acide oxalique et d'alcool; c'est un liquide incolore, doué d'une odeur de noyaux de pêches; il bout à 54°. En éthérifiant l'acide f. par l'alcool ordinaire en présence de l'acide sulfurique on obtient un liquide riche en formiate d'éthyle, qui sert à améliorer les alcools de qualité inférieure et à leur donner le bouquet du rhum.

La *Formiamide* HCO_2AzH_2, c.-à-d. l'amide de l'acide f., s'obtient en chauffant le formiate d'éthyle avec du gaz ammoniac, ou en traitant l'isocyanate de potassium par l'amalgame de sodium; elle ne se forme qu'en petite quantité dans la distillation sèche du formiate d'ammoniaque. Elle est liquide, soluble en toutes proportions dans l'eau, l'alcool et l'éther. Chauffée à 190° elle se dédouble en ammoniaque et en oxyde de carbone. — Le *Nitrile f.*, qui se produit par la déshydratation de la formiamide ou du formiate d'ammoniaque, n'est autre chose que l'acide cyanhydrique.

A l'acide f. correspond l'aldéhyde méthylique, souvent appelée *Aldéhyde f.* Voy. MÉTHYLIQUE.

FORMISTE. s. m. Néol. Dans les beaux-arts, artiste qui s'attache à l'étude des formes.

FORMOSE. s. f. (R. *formique*, et la suff. *ose*, qui désigne les sucres). T. Chim. Matière sucrée obtenue par Loew en traitant l'aldéhyde méthylique (aldéhyde formique) par un lait de chaux. Elle a la même formule que le glucose $C^6H^{12}O^6$, mais sa constitution est encore inconnue. La f. possède un goût sucré, réduit la liqueur de Fehling, forme une ozazone avec la phénylhydrazine, et présente toutes les réactions caractéristiques des glucoses. Elle n'a pas d'action sur la lumière polarisée et ne subit pas la fermentation alcoolique sous l'action de la levure.

Ce fait de la production d'un sucre aux dépens de l'aldéhyde méthylique a servi de base à la célèbre théorie de Baeyer sur l'assimilation du carbone par les plantes; d'après cette théorie, la chlorophylle transformerait l'acide carbonique et l'eau en aldéhyde méthylique, suivant la formule $CO^2+H^2O = CH^2O+O^2$; la polymérisation de cette aldéhyde fournirait ensuite des glucoses et des hydrates de carbone.

FORMOSE (lat. *formosus*, beau), île de l'Asie (Océan Pacifique), voisine de la Chine; ch.-l. Taï-Houan. En 1884-85, les Français y dirigèrent des opérations militaires contre les Chinois. 2,600,000 hab. = Nom des hab. : FORMOSAN, ANE.

FORMOSE, pape de 891 à 892.

FORMUER. v. a. (R. *fors*, hors, et *mue*). T. Vén. Faire passer la mue à un oiseau. = FORMUÉ, ÉE. part.

FORMULAIRE. s. m. (lat. *formula*, formule). Livre, recueil de formules. *F. des notaires. F. des actes de procédure. F. pharmaceutique. F. magistral.* || Se dit encore de tout ce qui contient quelque formule, quelque formalité à observer, quelque profession de foi. *F. de dévotion. Signer un f. de foi.* — S'est dit particulièr. et absol., du bref émané de la cour de Rome au sujet du livre de Jansénius. *Il refusa de signer le Formulaire.*

FORMULATION. s. f. [Pr. ...sion]. Action de formuler; résultat de cette action.

FORMULE. s. f. (lat. *formula*, formule, de *forma*, forme). Modèle qui contient les termes formels et exprès sous lesquels un acte authentique, solennel, religieux, etc., est ou doit être conçu. *La f. d'un acte. F. de serment. F. de droit Recueil de formules. F. de prières.* || Dans le langage ordinaire, se dit de certaines façons de s'exprimer dont on se sert habituellement dans les diverses relations de la vie. *Des formules de politesse. Supprimons dorénavant entre nous les vaines formules. La f. qui termine une lettre.* || T. Mathém. Expression algébrique donnant le moyen de calculer la solution d'un problème, quelles que soient les valeurs numériques des données. Voy. ALGÈBRE. || T. Chim. Symbole qui représente la composition d'un corps. Voy. CHIMIE.

Méd. et Pharm. — On appelle *Formule* l'exposé des substances qui doivent entrer dans un médicament composé, avec indication de la dose de chacune d'elles, de la forme pharmaceutique, et souvent de la manière dont le médicament doit être administré. — *L'Art de formuler* n'est pas une chose facile, et qui puisse s'exposer dans une série de propositions ou de règles. Pour choisir et réunir de la manière la plus convenable les différentes substances qui doivent entrer dans la composition d'un médicament destiné à produire tel ou tel effet, il faut connaître parfaitement les propriétés chimiques et physiologiques de ces substances et leurs usages thérapeutiques; il faut savoir encore la réaction des principes immédiats les uns sur les autres, et, ce qui est beaucoup plus difficile, comment un principe immédiat étant donné, ses propriétés physiologiques ou ses usages thérapeutiques peuvent être modifiés par un ou plusieurs autres principes qui lui sont associés et qui sont administrés en même temps.

Les diverses sortes de préparations usitées en médecine se distinguent en *officinales* et en *magistrales*. On donne le nom de *préparations officinales* à celles dont la composition est indiquée dans le Codex, et qui se trouvent le plus souvent toutes préparées dans les pharmacies : il n'est donc point, en général, nécessaire de donner le détail de leur f. Les *préparations magistrales* sont celles dont la composition est indiquée en détail par le médecin, et que les pharmaciens préparent immédiatement d'après la f. qui leur est apportée. — Quand on compose une f., trois choses doivent surtout préoccuper : 1° le choix de la substance active; 2° la dose; 3° les associations. La substance active peut être, ou un corps inorganique, ou un principe immédiat, ou un produit, ou une partie végétale ou animale. On réunit quelquefois plusieurs substances actives dont l'effet peut, ou s'ajouter, ou se modifier, ou se neutraliser. Trouver la substance qui convient le mieux dans un cas donné, voilà le génie du thérapeutiste, qui est beaucoup plus rare qu'on ne pense.

La fixation de la dose est, après le choix de la substance active, le problème le plus important et le plus difficile. En variant les doses d'une même substance, les effets physiologiques peuvent non seulement varier d'intensité, mais encore différer complètement. Rendons claire cette proposition par quelques exemples. Le sulfate de soude, administré à haute dose, n'est point absorbé; son action est locale et bornée à la surface intestinale, il agit alors comme purgatif; à dose faible, au contraire, il est absorbé et devient diurétique. Il en est de même du nitrate de potasse. Administré à haute dose, il agit comme purgatif; à doses plus faibles, dites *réfractées*, son action est diurétique. La digitale à haute dose agit comme émeto-cathartique; à dose réfractée, elle est absorbée, agit sur la circulation et devient diurétique. L'ipécacuanha à haute dose agit sur l'appareil gastro-intestinal comme vomitif et souvent comme purgatif; à dose plus faible, il provoque des vomituritions sans vomissements ni purgations; à dose moindre encore, sa présence ne se manifeste par aucun trouble sensible de l'estomac ou des intestins : dans ce cas, il est absorbé, et il modifie la sécrétion de l'appareil pulmonaire; on dit alors que le médicament a été administré à *dose altérante*. On voit, d'après cela, combien est grande l'influence de la dose. En outre, celle-ci est nécessairement varier suivant l'âge, le sexe, l'habitude, l'idiosyncrasie, la période de la maladie, et suivant un grand nombre d'autres conditions que nous ne pouvons indiquer, mais que le vrai praticien doit apprécier. Toutefois, relativement à l'âge, on est en général dans l'habitude de diminuer la dose dans les proportions suivantes. Pour un adulte, la dose entière étant prise pour unité, on donnera, au-dessous d'un an, $1/15$ à $1/12$; à deux ans, $1/8$; à trois, $1/6$; à quatre, $1/4$; à sept, $1/3$; à quatorze, $1/2$; à dix-huit, $2/3$; de vingt à soixante, 1; au-dessus de cet âge, on suit la gradation inverse.

Lorsqu'on écrit une f., on a souvent l'habitude de la faire précéder, soit du signe ℞, soit des lettres R ou Pr, ce qui signifie *recipe, prenez* : puis on inscrit les diverses substances les unes au-dessous des autres, en commençant par la plus active; et l'on ajoute ensuite l'auxiliaire et le correctif, s'il doit y en avoir, et l'on finit par l'intermède et l'excipient. Anciennement toutes les formules étaient écrites en latin; aujourd'hui on ne fait guère usage de cette langue que lorsqu'on veut cacher au malade ou à ceux qui l'entourent les noms des remèdes auxquels on a recours. Autrefois aussi, on employait des signes particuliers pour indiquer les poids; aujourd'hui on se sert du gramme. Nous ne donnerons ici, ni l'explication de ces signes, ni celles des abréviations encore usitées dans les formules, car elles se trouveront au mot PHARMACIE.

FORMULER. v. a. (R. *formule*). T. Jurispr. *F. un acte, un jugement*, etc., Le rédiger en la forme accoutumée. || T. Méd. et Pharm. *F. une ordonnance*, La rédiger selon les règles et avec les termes de l'art. *Le médecin avait mal formulé son ordonnance.* — Absol., *Il ne sait pas f.* || T. Math. et Chim. Exprimer, au moyen d'une formule, le résultat d'un calcul algébrique, le résultat et les circonstances d'une loi naturelle, la composition chimique d'un corps, les phénomènes d'une réaction, etc. = FORMULÉ, ÉE. part.

FORMULISTE. s. m. Celui qui est attaché aux formules, qui les suit scrupuleusement.

FORMYLE. s. m. (lat. *formique*, et le suff. *yle*, de ὕλη, matière). T. Chim. Nom donné au radical univalent CHO contenu dans l'acide formique, la formiamide et l'aldéhyde méthylique.

FORMYLÈNE. s. m. (R. *formyle*, et le suff. *ène*, qui désigne les carbures d'hydrogène). T. Chim. Nom donné au radical trivalent CH contenu dans le chloroforme.

FORNARINA (LA), Romaine d'une grande beauté, aimée de Raphaël, à qui elle servait fréquemment de modèle. C'était la fille d'un boulanger (Fornarino), d'où le nom sous lequel elle est connue.

FORNICATEUR, TRICE. s. Celui, celle qui commet le péché de fornication. *L'Écriture dit que ni les fornicateurs ni les adultères n'entreront dans le royaume des cieux.* Ce mot n'est guère usité que dans le style religieux.

FORNICATION. s. f. [Pr. ...*sion*] (lat. *fornicatio*, de *fornix*, petite chambre voûtée où se tenaient, à Rome, les prostituées). Le péché de la chair, en général, c'est-à-dire entre deux personnes qui ne sont ni mariées (en ce cas il y a adultère), ni liées par aucun vœu. *Le péché de f. Commettre f.* Ce mot n'est guère usité qu'en matière de religion.

FORNIQUER. v. n. (lat. *fornicari*, m. s.). Commettre le péché de fornication. Peu usité.

FORNO-CONVERTISSEUR. s. m. (lat. *fornax*, fourneau). T. Métall. Four à gaz destiné à convertir en acier des matières qui ne pourraient se prêter au traitement par les autres méthodes, notamment les fontes phosphoreuses. Ce four fonctionne à haute température ; la sole est circulaire, inclinée, mobile et pourvue d'un côté de tuyères.

FORNOUE, village d'Italie (Fornoso), célèbre par la victoire de Charles VIII sur les Italiens, en 1495.

FORNOUER. v. a. (R. *fors*, hors, et *nouer*). T. Techn. Laisser nouer un fil en tissant.

FORPAISSON. s. f. [Pr. *for-pè-son*] (R. *fors*, hors, et *paisson*, de *paître*). T. Forest. Délit qui consiste à laisser paître les troupeaux en lieu défendu.

FORPAÎTRE ou **FORPAISER.** v. n. (lat. *fors*, hors, et *paître*, ou *payer*). T. Vén. Se dit des bêtes qui vont chercher leur pâture dans des lieux éloignés de leur séjour ordinaire.

FORQUINE. s. f. (R. *fourche*). Fourchette d'arquebuse.

FORS. prép. [Pr. *for*] (lat. *foras*, dehors). Excepté, hormis, à la réserve de. *Ils ont tous péri, f. deux ou trois. Tout est perdu f. l'honneur.* Vx.

FORSENANT, ANTE. adj. (Part. prés. de *forcener*). T. Chasse. Se dit d'un chien, d'une chienne, qui a beaucoup d'ardeur.

FORSTER, naturaliste et voyageur allemand, fit partie en qualité de journaliste de l'expédition de Cook (1792-1794).

FORSTÉRITE. s. f. (R. *Forster*, n. d'un naturaliste allemand). T. Minér. Variété incolore du péridot.

FORT, FORTE. adj. (lat. *fortis*, m. s.). Robuste, vigoureux. *Un homme f., extrêmement f. Un homme grand et f. Avoir le bras f., la main forte, les reins forts. Être f. des reins. Avoir une forte constitution. Il est assez f. pour porter ce fardeau. Vous êtes plus f., moins f. que lui. Il faut être bien f. pour résister à ce travail.* || Grand et puissant de corps, épais de taille. *Un f. mulet. Un cheval f. du dessous.* On dit dans un sens anal. *Avoir la jambe forte, la main forte,* etc. || En part. des choses, Qui est capable d'une action énergique. *Ressort très f.,* Qui produit une très grande force en se débandant et qui par contre est très dur à bander. — *Poudre très forte,* Dont l'explosion produit des effets considérables. — *Moteur très f., Machine très forte.* || Toujours en parlant des choses, signifie souvent gros, épais. *solide, tenace, capable de résister à toute force ou qui tend à séparer leurs parties. De fortes murailles. Une forte digue. Ces solives ne sont pas assez fortes. Cet arbre est déjà f. De la vaisselle d'argent extrêmement forte. Il faut une barre de fer plus forte. Ce drap est très f. et durera longtemps. Voilà de la toile très f. Cette étoffe n'est pas assez forte. Un cuir f. et qui résiste à l'eau. Ce papier est trop f.* — *Colle-forte,* Sorte de colle plus tenace que la colle ordinaire. || Par anal., se dit des villes et des places de guerre, et sign. qui est en état de résister aux attaques de l'ennemi. *Ville forte, Place forte. Les dehors sont encore plus forts que le corps de la place. Cette place est forte d'assiette.*

On dit de même, relativement à la difficulté de l'attaque : *La position de cette ville est très forte. L'ennemi occupait des positions très fortes dont il fallait le déloger.* — *Ville forte, place forte,* s'emploie souvent pour dire simpl. qu'une ville est munie de fortifications. || En parlant des bois, des blés, etc., Touffu, serré. *Les blés sont forts cette année. La haie est trop forte pour qu'on puisse y passer.* || Rude, difficile, pénible. *C'est un travail trop f. pour lui. À deux lieues d'ici, il y a une forte montée.* Fam., *Le plus f. en est fait.* Le plus difficile, le plus désagréable de la chose est fait. || Puissant, soit par le nombre, soit par les ressources dont on dispose, soit par quelque circonstance ; se dit tant au sens physique qu'au sens moral. *L'ennemi était plus f. que nous. Il est plus f. en nombre. Leur armée était très forte en artillerie, en cavalerie. La division que nous avions devant nous était forte de dix mille hommes. Son parti est le plus f. Ils étaient forts de nos divisions. Ils sont forts par leur union. Vous avez tort de vous attaquer à plus f. que vous. Vous aurez affaire à forte partie. Le plus f. qui fait la loi. La raison du plus f. Céder au plus f. On est bien f. quand on a la justice pour soi. Être f. de sa conscience. Il est f. de la protection du ministre. Être f. en raisons. Cette habitude est si forte chez lui qu'il n'a jamais pu s'en défaire.* — Fam., *Cela est plus f. que moi, que lui,* se dit d'une passion, d'une aversion, d'une habitude, qu'on ne peut surmonter. || Fig., se dit de ce qui est considérable dans son genre. *Une forte somme. Un nombre plus f. qu'un autre. De forts appointements. Un f. salaire. Une forte dépense. Une forte tâche. On y laissa un f. détachement. Un f. ruisseau.* — *Un ordinaire f.,* Une table servie tous les jours copieusement. *Une forte entrée,* Une entrée copieuse ; on dit aussi dans ce sens, *Un plat f., très f.* || Fig., se dit pour intense, énergique, impétueux, etc., *Une forte chaleur. Une forte pluie. Un vent f. Un orage très f. Une forte gelée. À cet endroit de la rivière le courant est très f. Une forte douleur. Une forte maladie. Une forte fièvre. Il a le pouls f. et élevé. Une forte purgation. Une forte impulsion. Une forte résistance. Des sons très forts. Une forte détonation.* — *Voix forte,* Voix pleine et qui se fait bien entendre. || Fig., s'emploie dans le même sens en parlant des choses morales. *Il conçut pour elle une forte inclination. Avoir une forte passion pour quelque chose. Cette émotion était trop forte pour elle. Cela fit une forte impression sur son esprit. Elle recherche les émotions fortes.* || Se dit spécialement en parl. de l'activité de certaines choses qui font une vive impression sur le goût ou l'odorat. *Ce vinaigre est très f. Liqueurs fortes. Une saveur forte. Une odeur forte. Bière forte. Cidre f.* — Dans un sens particulier, se dit d'une substance qui est excessivement âcre, désagréable au goût, à l'odorat. *Du beurre f. Avoir l'haleine forte.* — *Eau-forte.* Voy. EAU. — En parlant d'un liquide, d'une couleur, etc., se dit dans le sens de chargé, foncé en couleur. *Ce bouillon n'est pas assez f. Voilà du café qui est trop f. Couleur forte. Des teintes trop fortes.* — On dit aussi dans ce sens, *F. en couleur. Ce vin est trop f. en couleur.* || Fig., en parl. des choses de raisonnement, signifie bien fondé, solide, appuyé sur de bons principes. *Ces raisons me paraissent assez fortes. L'objection est forte. Votre raisonnement n'est pas f.* — Par comparaison du plus au moins, on dit, *À plus forte raison, Avec d'autant plus de raison. Si l'on doit toujours être sobre, à plus forte raison doit-on être quand on n'a pas une bonne santé.* || Fig., en parlant du style, des expressions, sign. Énergique, qui frappe, qui entraîne. *Une expression forte. Un style f. et concis. Une éloquence forte et rapide.* — Par ext., Dur, offensant. *Cette expression-là est un peu forte. Ce que vous dites là est trop f. L'épithète est f.* — Fam., on dit d'une chose qui surprend désagréablement, qui semble extraordinaire ou difficile à croire, *Voilà qui est f., cela me paraît f.,* etc. || Fig., Habile, expérimenté. *Il est très f. en grec. Être f. aux échecs, au billard. Il est très f. à l'épée. Il est beaucoup plus f. que vous.* — Fam., *Il est f. pour parler,* se dit par raillerie de celui qui parle beaucoup plus qu'il n'agit. || *C'est une tête forte, une forte tête,* C'est un homme de beaucoup de capacité. C'était une des plus fortes têtes du conseil. Se dit très souvent ironiq., *La plus forte tête de l'endroit.* On appelle aussi, *Tête forte,* Un homme qui peut boire beaucoup sans en être incommodé. || *Avoir l'esprit f.,* Avoir de la vigueur, de la pénétration et de l'étendue d'esprit. — Dans un sens particulier, on appelle *Esprit f.,* Une personne qui se pique de ne pas croire les vérités de la religion, ou, en général, qui veut se mettre au-dessus des opinions et des maximes reçues. *C'est un esprit f. Elle fait l'esprit f. Les prétendus esprits *forts.* || Fig. en parl. de l'âme, du caractère, sign. Ferme, magnanime, courageux. *C'est un homme qui a le caractère f. Cela est d'une âme forte. La femme forte de l'Écriture.* || *Se faire f.,* S'engager à quelque chose, se rendre caution, se rendre garant. *Il s'est fait f. de réussir. Elle s'est fait f. d'obtenir le consentement de ses parents. Se faire f. pour quelqu'un.* On dit de même. *Se porter f. pour quelqu'un.* Répondre du consentement de quelqu'un. = **Fort.** s. m. Celui qui a la force physique ou la puissance. || Dans le style élevé, celui qui a la force et la puissance, par opposition à faible. *Protéger le faible contre le f.* || *Les forts de la halle,* Les portefaix qui faisaient le service de la halle aux blés de Paris. || En parlant des choses, L'endroit le plus solide, le plus résistant dans une chose. *Mettre une poutre sur son f. Le f. de la voûte. Le f. de la balance. Le f. de l'épée.* — Fig., on dit aussi, *Connaître le f. et le faible d'une affaire.* || L'endroit le plus épais et le plus touffu d'un bois. *S'enfoncer dans le f. du bois. Courir dans le f.* — T. Chasse. Le repaire, la retraite de certains animaux, parce qu'ils se réfugient toujours dans l'endroit le plus épais du bois. *Relancer une bête dans son f.* || Le temps où une chose est dans son plus haut point, dans son plus haut degré; se dit dans cette acception, tant au sens phys. qu'au sens moral. *Dans le f. de l'été, de l'hiver. Au plus f. de la tempête, du combat. Au plus f. de la mêlée. Dans le f. de la fièvre, de la douleur,* etc. || Fig. et fam., Le genre de savoir, de talent, etc., qui distingue particulièrement une personne. *Son f., c'est l'histoire, l'archéologie. La critique est son f. C'est là son f.* || Fam., *Du f. au faible, le f. portant le faible.* Voy. **Faible.** || T. Guerre. Construction établie pour fortifier un lieu. Voy. **Forteresse.** || T. Mar. Dimension la plus considérable d'une pièce de bois après l'équarrissage. — Partie de la coque où chacun des couples de la membrure atteint sa largeur maximum. = **Fort.** adv. Vigoureusement, d'une manière forte. *Frappez f. Poussez un peu plus f. Vous criez trop f.* || Extrêmement, beaucoup. *Il pleut, il vente f. Elle lui plaît f. Il est f. en colère. Il nie f. et ferme. Cela lui tient f. au cœur. Il est f. à son aise.* || Placé devant un adj., *Fort* exprime le superlatif. *Il est f. beau, f. laid. Ce morceau est f. bon. Cela est f. bien, f. mal. J'en ai été f. surpris. Il n'est pas f. habile. Il a gelé très fort.*

Syn. — *Robuste, Vigoureux.* — *Fort* exprime l'activité et la puissance sous tous les aspects possibles, *vigoureux* se dit surtout de la force considérée dans son action, et *robuste* de la même force considérée à l'état passif. L'homme *fort* peut produire des effets considérables, porter une lourde charge, soutenir une attaque puissante, résister à une grande fatigue; l'homme *vigoureux* déploie dans l'action une grande énergie, une grande vivacité; l'homme *robuste* possède une force de résistance considérable. On est *fort* par la parfaite harmonie de toutes les puissances actives de l'organisme; on est *vigoureux* par le développement musculaire et l'ardeur du sang; on est *robuste* par la structure, par la constitution des parties solides du corps. Il n'est pas facile de vaincre ou de faire céder ce qui est *fort*; ce qui est *vigoureux* renverse les obstacles par son impétuosité; ce qui est *robuste* résiste efficacement à la fatigue et aux travaux.

FORTALEZA, ville maritime du Brésil, ch.-l. de l'État de Ceara; 36,000 hab.

FORTAVENTURA, l'une des îles Canaries.

FORTE. adv. [Pr. *Forté*]. T. Mus. Mot italien qui signifie *fort,* et qui se met dans un morceau de musique pour indiquer que le son doit être renforcé. *Observez bien les forte.*

FORTEMENT. adv. Avec force, avec vigueur, d'une manière ferme et solide. *Il le saisit f. par le bras, par le milieu du corps. Cela tient f. à la muraille.* || Fig., Avec énergie, avec force, avec ardeur. *Il a f. insisté sur ce point. C'est un ouvrage f. pensé. Vos paroles ont agi f. sur son esprit. Désirer une chose f. Travailler f.* — *Des contours, des muscles,* etc., *fortement dessinés,* Des muscles, des contours, etc., dont la saillie est très prononcée. En parlant d'un visage, on dit dans un sens analogue, *Il a les traits f. prononcés.*

FORTE-PIANO. s. m. [Pr. *Forté*]. T. Mus. Voy. **Piano.**

FORTERESSE. s. f. (R *fort*). Lieu fortifié, destiné à recevoir une garnison et à défendre un pays. || Par ext., Lieu bien gardé, où l'on pénètre difficilement. || Fig., Ce qui est difficile à vaincre, à saisir, à forcer.

Art milit. — Les termes de *Forteresse* et de *Fort* ne sont point synonymes. En effet, dans le langage militaire, on applique le nom de *Fort* à une espèce particulière de fortification permanente, tandis que le mot de *Forteresse* ne s'emploie qu'en parlant d'un ensemble de fortifications permanentes ayant en général une étendue considérable. En outre, le *fort* n'a d'autres habitants que les soldats chargés de le garder, tandis qu'une *forteresse,* précisément à cause de son étendue, renferme en général une population civile plus ou moins considérable. Quant au terme de *Place forte* ou simplement de *Place,* il s'applique à toute localité pourvue de fortifications permanentes. Les places fortes sont généralement établies sur les frontières.

La liste suivante contient les noms des places de guerre qui couvrent nos frontières et les mettent à l'abri de l'invasion; nous les énumérons par ordre de frontières.

Frontières du Nord: Places fortes. — Dunkerque et Fort-Louis. Gravelines et Fort-Philippe. Bergues et Fort-Français. Lille et ses forts. Fort de Scarpe, batteries de côtes. Maubeuge et ses forts. Forts de Curgies, de Flines, de Maulde et le fort d'Hirson.

Frontières de l'Est. — Laon et ses forts. La Fère et ses forts. Reims et ses forts. Charlemont, Verdun et ses forts; forts de la vallée de la Meuse. Toul et ses forts. Forts de Frouard, de Saint-Vincent, de Manonvillers. Épinal et ses forts. Forts de la Haute-Moselle, fort de Giromagny. Camp retranché de Belfort. Besançon et ses forts. Forts de Joux, de Pontarlier. Fort l'Écluse. Fort de la Chaux, de Montbard, de Lormont. Langres et ses forts. Camp retranché de Dijon.

Frontières des Alpes. — Fort Barault. Grenoble et ses forts. Albertville et ses forts. Forts de la Savoie. Briançon et ses forts. Fort Queyras. Mont-Dauphin. Fort d'Entrevaux, de Colmars, Sisteron. Camp retranché de Lyon.

Frontières de la Méditerranée. — Toulon et ses forts. Marseille et ses forts. Fort des Martigues. Ouvrages du golfe Jouan. Nice et ses forts, batteries de côte. Fort de Villefranche. Fort du Picciavet. Ajaccio, Corte, Bastia, Bonifaccio, Saint-Florent, batteries de côte.

Frontières des Pyrénées. — Perpignan et ses forts. Forts de Collie et batteries de côte. Forts de Collioure et de Port-Vendres. Fort-les-Bains, Bellegarde, Pratz-de-Mollo. Montlouis. Le Portalet. Saint-Jean Pied-de-Port.

Frontières de l'Océan. — Fort de Blaye, de Médoc, de Royan, de Bayonne, batteries de côte. La Rochelle, Rochefort, île d'Oléron, île de Ré, batteries de côte. Quiberon, Fort-Penthièvre, Lorient et ses forts. Brest et ses forts.

Frontières de la Manche. — Le Havre et ses forts. Cherbourg, ses forts et de nombreuses batteries de côte. Ouvrages de la côte est du Cotentin.

Les progrès de la fortification actuelle ont été la cause du démantèlement d'un grand nombre de places, tant sur la frontière qu'à l'intérieur. Si un grand nombre de villes ont encore aujourd'hui, soit des citadelles, soit une ceinture de fortifications, incapables de résister à l'artillerie moderne, leur disparition absolue n'est qu'une affaire de temps; on utilise les citadelles qui survivent encore au logement des troupes et comme magasins, et on a remplacé l'ancien système de fortification par une suite de forts appelés *forts d'arrêt,* placés généralement dans une position qui commande, soit une ou plusieurs routes importantes, soit une voie ferrée. La description de ces ouvrages absolument modernes sera donnée au mot **Fortification** permanente.

Paris lui-même est aujourd'hui un vaste camp retranché, défendu par deux lignes de forts; les ouvrages les plus éloignés sont les forts de grande ceinture, souvent reliés entre eux par des ouvrages intermédiaires ou batteries fortifiées.

FORTESCUE (John), jurisconsulte anglais (1394-1476).

FORTH, rivière et golfe d'Écosse (Mer du Nord). La rivière a 185 kil. de longueur. On a jeté entre Queensferry et North Queensferry un gigantesque pont en fer qui joint les deux rives.

FORTIA DE PILES (Comte de), littérateur français (1758-1826).

FORTIA D'URBAN (Marquis de), écrivain fr. (1756-1843).

FORTIFIABLE adj. Qui peut être fortifié.

FORTIFIANT, ANTE. adj. Qui augmente les forces; se dit des remèdes et des aliments. *Le vin est un remède et un aliment f.* || Fig., Qui donne du courage, de la force. *Une lecture fortifiante.* || Subst., au masc., Aliment, boisson. *Prendre un f.*

FORTIFICATEUR. s. m. Celui qui fortifie une place.

FORTIFICATION. s. f. [Pr. ...sion] (lat. *fortificatio*, de *fortificare*, fortifier). Ouvrage de terre ou de maçonnerie qui sert à fortifier. *On répara les fortifications de toutes les places.* || L'art de fortifier. *Cet ingénieur entend bien la f.* || L'action même de fortifier. *On travaille à la f. de telle place.*

Art milit. — La *Fortification* est l'art d'organiser une position de telle sorte que la troupe qui l'occupe puisse résister sans trop de désavantage à une autre troupe plus considérable. On donne encore le même nom aux obstacles, soit naturels, soit artificiels, que l'assailli oppose à l'assaillant : de là la distinction des fortifications en *naturelles* et *artificielles*. Mais les obstacles de la première espèce ne présentant qu'imparfaitement les conditions nécessaires pour une bonne défense, on est toujours obligé de les combiner avec des constructions faites de main d'homme, qui ont pour effet de donner au point fortifié toute la valeur possible : c'est à ces constructions que l'on applique spécialement la dénomination de *Fortifications*, et c'est dans ce sens exclusif que nous prendrons ce terme dans le cours de cet article.

On distingue en outre les fortifications en *passagères* et *permanentes*, suivant le but que l'on se propose d'atteindre ; enfin, il faut aussi considérer la *f. du champ de bataille* qui est celle que les armées belligérantes exécutent à la hâte avant le combat. Cette dernière est une variante de la f. passagère. Les premières s'emploient quand il s'agit de mettre en état de défense un point dont l'importance n'est que momentanée et dépend de la position respective des armées en présence, tandis qu'on a recours aux secondes, quand il s'agit de soustraire à l'action de l'ennemi une localité dont les richesses ou l'emplacement géographique et topographique rendent la conservation constamment utile. Néanmoins il n'existe aucune différence essentielle entre les ouvrages de la f. permanente et ceux de la f. passagère. En effet leur nature est absolument la même. Cependant il est habituel, dans la f. passagère, d'employer isolément des moyens de défense que l'on combine ensemble dans la f. permanente. — En conséquence, nous parlerons d'abord de la f. passagère, parce que, ses éléments étant moins complexes, il nous sera plus aisé de faire comprendre ses procédés ; nous passerons ensuite à la f. permanente où nous verrons comment on combine ensemble, pour offrir une résistance supérieure, les divers ouvrages que nous connaîtrons déjà ; enfin, nous terminerons en exposant la marche suivie dans l'attaque et la défense des places.

I. Fortification passagère. — Les travaux de f. passagère sont souvent désignés sous le nom de *Fortifications de campagne*, quelquefois même sous celui de *Retranchements*. Leur développement sur le terrain est appelé le *Tracé*, et l'on nomme *Relief* leur hauteur au-dessus du niveau du sol.

A. Retranchement simple. — Tout retranchement doit remplir ces deux objets : intercepter les projectiles ennemis, et empêcher l'assaillant d'arriver jusqu'au défenseur pour l'at-

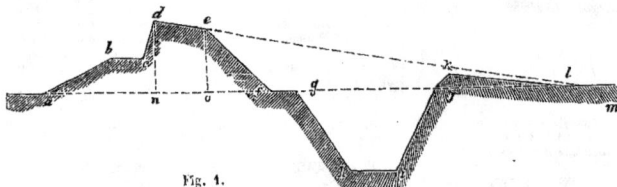

Fig. 1.

taquer à l'arme blanche. On obtient ce double résultat en creusant un *Fossé* assez large et assez profond pour arrêter l'ennemi, et en formant avec les terres excavées et rejetées vers l'intérieur une levée ou remblai, appelée *Masse couvrante* ou *Parapet*, qui intercepte les projectiles et augmente en même temps l'obstacle. Chacune de ces parties a des formes nettement définies, tant pour la bonne défense que pour rendre possible une bonne défense. On les termine habituellement par des surfaces planes auxquelles on donne le nom de *Talus*, quand elles sont plus ou moins inclinées. La Fig. 1 représente le profil d'un retranchement établi sur un terrain horizontal. *abcdef* est le parapet ou masse couvrante, *ghij* le fossé, et *anofgjlm* la ligne de niveau du sol naturel. L'arête *d*, qui se trouve à la partie supérieure du

prisme du remblai, est la *Crête intérieure* du retranchement ; on l'appelle aussi *Ligne couvrante*, parce qu'elle abrite les défenseurs, et *Ligne de feu*, parce que ces derniers déchargent leurs armes par-dessus. C'est la partie la plus élevée de la f., et sa hauteur au-dessus du sol varie avec l'élévation de l'objet à garantir et celle que l'assaillant peut donner à son arme : 2 mètres suffisent pour couvrir un fantassin, et 2 m. 50 pour couvrir un cavalier. Le talus *de* s'appelle la *Plongée* ; il sert aux fusiliers pour appuyer l'arme afin de diriger leur tir, et a une inclinaison telle que le défenseur puisse découvrir tout ce qui se présente en avant, à partir du bord extérieur du fossé *k*. Le talus extérieur, *ef*, qui se trouve en avant de la plongée, doit être assez doux pour ne pas trop se dégrader sous l'action des projectiles ennemis, et présenter néanmoins assez de roideur pour qu'on ne puisse pas le gravir trop facilement : on est d'ailleurs obligé de varier cette inclinaison suivant la nature des terres. L'arête *e*, qui est formée par l'intersection de la plongée et du talus extérieur, se nomme *Crête extérieure*, et l'on applique la dénomination d'*épaisseur du parapet* à la distance *no* comprise entre les plans verticaux qui passent par les deux crêtes. Cette épaisseur doit être proportionnée à la force des projectiles dont l'ennemi peut faire usage : en général, on la fait égale à une fois et demie l'enfoncement de ces derniers, ordinairement entre 1 m. 60 et 4 mètres ; 70 centim. suffisent pour les balles d'infanterie. En dedans du retranchement et à 1 m. 30 en contre-bas de la crête intérieure, on établit une sorte de marche horizontale, *bc*, appelée *Banquette*, sur laquelle se postent les défenseurs pour faire feu : on donne à cette partie une largeur de 80 cent. à 1 m. 20, suivant qu'elle doit recevoir un ou deux rangs de fusiliers. On roidit autant que possible le *talus intérieur cd*, afin que les hommes soient mieux couverts et moins éloignés du point où ils appuient leurs armes. Le *talus de banquette ab* facilite la montée du terrain naturel ou *Terre-plein* sur la banquette : en conséquence, on lui donne une pente très-douce. En avant du parapet, du côté de la campagne, se trouve la *Berme, fg*, à laquelle on donne de 30 centim. à 1 m. de largeur, suivant que la terre est forte ou légère ; elle a pour objet de permettre aux hommes de relever les terres éboulées et de reculer la masse du parapet, afin que son poids n'écrase pas les bords du fossé. Celui-ci se compose de trois parties distinctes : le *talus d'escarpe*, ou simplement *Escarpe, gh*, qui supporte la masse couvrante et qu'on fait aussi roide que possible ; le *talus de contrescarpe*, ou la *Contrescarpe, ij*, que l'on roidit encore davantage ; et le *fond du fossé, hi*, que l'on fait ordinairement horizontal, à moins qu'il ne soit très humide, auquel cas on lui donne une légère pente pour diriger les eaux vers l'extérieur. La largeur du fossé se compte toujours à la partie supérieure : elle ne peut être moindre de 4 m. ; autrement l'ennemi pourrait la franchir aisément au moyen de planches ou de madriers. Quant à sa profondeur, elle ne peut dépasser 4 m. ni être au-dessous de 2 ; car, dans le premier cas, il serait trop difficile de rejeter les terres sur la berme, et, dans le second, l'excavation ne présenterait pas un obstacle suffisant. En avant de la contrescarpe, on construit quelquefois un petit remblai *jkl*, appelé *Glacis*, qui est soutenu du côté du fossé par un talus incliné, et dont le plan supérieur ou *plan de glacis, kl*, est ordinairement parallèle à la plongée, mais inférieur de quelques centimètres. Le glacis a pour objet d'ajouter à la force des retranchements en rendant la descente du fossé plus difficile à effectuer par l'assaillant, et en couvrant par son élévation la *Fraise*, sorte de palissade que l'on place souvent sur la berme. (Voy. plus loin G). Les terres du glacis sont fournies par un élargissement du fossé ; quelquefois cependant on se les procure en creusant une sorte d'avant-fossé. Mais alors il faut que la nouvelle excavation puisse être vue de la ligne couvrante, et on la garnit d'un rang d'*Abatis*, c.-à-d. de fortes branches d'arbres entrelacées les unes avec les autres, assujetties par des piquets, et les pointes tournées vers l'ennemi. — Tel est le profil ordinaire des fortifications de campagne ; mais des raisons tirées, tantôt de la nature ou de la topographie du terrain, tantôt des intérêts du moment, y font introduire quelquefois de nombreuses modifications. Dans tous les cas, les dimensions en sont réglées, soit par des considérations militaires, soit par des considérations de facilité de construction.

Dans la description que nous venons de faire, nous avons supposé que le fossé et le parapet formaient une ligne droite continue. Mais les feux des défenseurs étant toujours perpendiculaires à la direction de la crête intérieure du parapet, il est facile de concevoir que, si le retranchement est construit en ligne droite, l'espace qui précède le fossé ne pourra être défendu que par des feux directs, et que l'assaillant se trouvera à couvert aussitôt qu'il arrivera dans l'excavation. Un retranchement en ligne droite ne peut donc opposer qu'une faible résistance. On remédie à cet inconvénient en interrompant les directions de manière à former des parties saillantes dont les feux, en se croisant, battent parfaitement les abords de l'ouvrage et en rendent l'attaque très difficile. Dans tous les cas, et quelle que soit la forme générale à laquelle on s'arrête, il faut toujours que les différentes parties du retranchement se *flanquent*, c.-à-d. se défendent réciproquement. En outre, pour que ce flanquement soit efficace, on ne doit éloigner une partie flanquée de celle qui la défend que de 300 mètres, qui est aujourd'hui la bonne portée du feu de mousqueterie. En brisant la direction des retranchements, on forme nécessairement des *angles saillants*, c.-à-d. dont le sommet est tourné vers l'extérieur, et des *angles rentrants*, c.-à-d. dont le sommet est tourné vers les défenseurs. On donne le nom de *Capitale* (Fig. 2) à

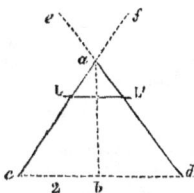

Fig. 2.

la ligne *ab* qui divise un angle saillant en deux parties égales, celui de *Faces* aux deux côtés *ca*, *da*, qui le constituent, et celui de *Gorge* à la ligne *cd*, qui joint les extrémités des faces. Les coups de feu partant perpendiculairement à la projection horizontale de la crête intérieure, le terrain placé en avant du sommet de l'angle saillant ne se trouve pas défendu par les feux des faces. On applique à cet espace, *eaf*, la dénomination de *secteur sans feux*. Enfin chaque espèce d'angle a des limites d'ouverture qu'il ne convient pas de dépasser : ainsi, l'ouverture d'un angle rentrant ne doit jamais descendre au-dessous de 90°, ou de l'angle droit, parce qu'alors les défenseurs des deux faces pourraient s'atteindre, et celle d'un angle saillant ne doit pas dépasser 90° ou 100°, parce que, au delà, le flanquement est très défectueux. D'une façon générale, il faut considérer le saillant comme un point faible, d'autant plus faible qu'il est plus aigu. Pour obvier aux inconvénients du secteur sans feux, on remplace la pointe *a* du saillant par un pan coupé LL′ (Fig. 2).

Les positions que l'on se propose de défendre sont, tantôt impossibles à tourner, et tantôt, au contraire, plus ou moins accessibles d'un ou de plusieurs côtés. Dans le premier cas, on les protège, soit au moyen d'ouvrages *ouverts à la gorge*, c.-à-d. du côté de l'intérieur, soit à l'aide de retranchements qui occupent toute la longueur du front vis-à-vis de l'ennemi, et auxquels on donne le nom de *Lignes*. Dans le second, on les garantit en construisant des ouvrages *fermés*, c.-à-d. clos de toutes parts. Les ouvrages ouverts présentent le grave inconvénient de pouvoir être tournés assez facilement, il faut donc les appuyer sur les flancs et en arrière ; mais ils ont l'avantage d'être vite construits ; ils ne couvrent pas l'ennemi qui s'en est emparé, et par suite, on peut les lui reprendre plus facilement. Les ouvrages fermés ont les qualités et les défauts inverses.

B. *Ouvrages ouverts à la gorge.* — Les ouvrages ouverts à la gorge sont : la *Coupure*, le *Redan*, la *Flèche*, le *Redan renforcé*, la *Lunette*, la *Demi-redoute*, le *Tracé bastionné*.

1° La *Coupure* (Fig 3) est une portion de retranchement presque toujours en ligne droite et qui sert à barrer un chemin, une digue : sa lon-

Fig. 3.

gueur est au plus de 40 mètres, mais elle offre un grand désavantage : tout son fossé est à angle mort, c.-à-d. qu'il n'est pas protégé par aucun saillant. Il est nécessaire pour ce genre de f. d'appuyer les extrémités de la coupure, soit à un cours d'eau, soit à des murs mis en état de défense.

Le *Redan* (Fig. 4) est un petit ouvrage ayant la forme du saillant ; il a un secteur privé de feux auquel on remédie par un pan coupé PA comme il a été dit quand on a parlé du saillant. Ses fossés sont à angle mort comme ceux de la coupure ; il est exposé malheureusement aux feux d'enfilade ;

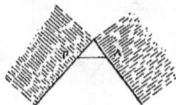 

Fig. 4.   Fig. 5.

on y remédie un peu en ne donnant aux faces qu'une longueur de 50 à 60 mètres. ; le minimum de l'angle est de 60°.

La *Flèche* est un petit redan dont les faces ne dépassent pas 25 mètres environ.

Le *Redan renforcé* (Fig. 5) est un ouvrage plus important que le redan : il offre beaucoup plus d'avantages, en ce sens qu'il porte vers le milieu de chaque face une brisure à flanc. La crête du flanc donne des feux en avant du saillant et fait ainsi disparaître le secteur privé de feu. On voit d'ailleurs d'après la figure ci-contre que les lignes brisées augmentent l'intensité des feux.

La *Lunette* (Fig. 6 et 7) est une espèce de redan très ouvert auquel on a ajouté des faces. L'avantage de ce tracé

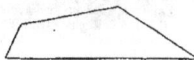

Fig. 6.   Fig. 7.

est de garantir les défenseurs des attaques de flanc ; les côtés de la lunette défendent cet ouvrage. La lunette est déjà un ouvrage d'une certaine importance ; ses faces peuvent avoir 160 mètres de longueur, les flancs 50 mètres au plus, car une longueur plus considérable augmenterait la profondeur de l'ouvrage. Le danger est, en effet, moins grand dans une lunette large que dans une lunette étroite. Les flancs de la lunette n'ont pas besoin d'être égaux.

La *Demi-redoute* (Fig. 8) est une sorte de lunette dont les deux faces sont remplacées par une crête unique.

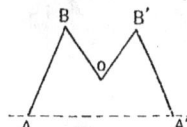

Fig. 8.

2° Tous les ouvrages dont il vient d'être parlé, excepté toutefois le redan renforcé, ont leurs fossés en angle mort. Nous allons parler d'ouvrages qui ne présentent pas cet inconvénient.

Le *Bonnet de prêtre* (Fig. 9) est composé de deux crêtes BO et OB′ formant ce qu'on appelle une tenaille BOB′ à la

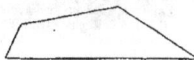

Fig. 9.

quelle on adjoint 2 branches AB et A′B′ En brisant les 2 crêtes comme celles du redan renforcé, on flanque à la fois les fossés du front principal, ainsi que ceux des branches. Néanmoins, cet ouvrage offre peu de sécurité aux défenseurs ; aussi est-il presque abandonné.

Nous arrivons enfin au *Tracé bastionné* (Fig. 10) qui est le seul ouvrage qui supprime absolument les angles morts et les secteurs privés de feux.

Après avoir pris 2 points A et B, on trace la ligne AB qui s'appelle le côté extérieur. Sur le milieu C de cette ligne, on élève une perpendiculaire, et l'on prend à partir du point C sur cette droite une longueur CD égale au 1/6 de la droite AB ; on joint AD et BD et l'on prend sur ces lignes, à partir des points A et B, des longueurs AG et BH égales au 2/7 de AB. De G et de H, on abaisse des perpendiculaires sur les lignes BD et AD, et l'on joint les pieds de ces perpendiculaires. La

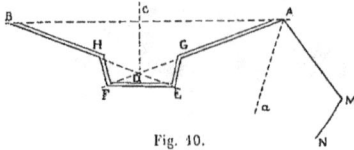

Fig. 40.

ligne brisée AGEFHB est le front bastionné : les lignes BH et AG sont les *faces*, GE et HF sont les *flancs*, EF la *courtine*. Une face AG et le flanc GE forment la moitié d'un bastion ; l'autre moitié AMN de ce bastion est fournie par un autre front adjacent au premier.

Dans un bastion de ce genre EGAMN, on distingue le *Saillant* A, la *Gorge* EN et la *Capitale* Aa bissectrice du saillant ; l'angle EGA s'appelle *Angle d'épaule* ; l'angle GEF *Angle de flanc*. Pour attaquer un bastion, on choisit de préférence le saillant le plus prononcé, celui qu'il est le plus facile de couvrir de feux croisés, ou bien la portion de ligne sur laquelle les défenses ont été un peu négligées. — Le tracé bastionné doit toujours avoir des côtés extérieurs d'au moins 200 mètres, sous peine d'avoir une courtine trop courte ; cette dernière ne doit pas être inférieure à 60 mètres.

L'*Ouvrage à cornes* et la *Couronne* (Fig. 11), genres de tracés bastionnés, sont aujourd'hui fort peu usités. Le premier

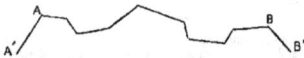

Fig. 11.

est un tracé bastionné auquel on a adjoint deux longues branches. Le second est formé de deux fronts bastionnés, réunis et garnis de deux flancs AA' et BB'. Mais, nous le répétons, ces ouvrages ne s'emploient plus guère.

C. *Ouvrages fermés à la gorge.* — On en distingue trois espèces : les *Redoutes*, les *Fortins* et les *Forts*. Les ouvrages fermés d'une petite superficie s'appellent *redoutes* ; lorsqu'ils atteignent une plus grande dimension, ce sont des *forts* ou *fortins*. Leur forme est très variable ; tantôt ils affectent celle d'une lunette, tantôt celle d'une *demi-redoute* ; pour les fermer, on ajoute un parapet que l'on fortifie par des défenses accessoires dont il sera parlé plus loin. On trace les côtés de la redoute de façon à bien apercevoir le terrain que ses feux doivent battre ; les fossés sont en angle mort et les saillants sont dégarnis de feux. Anciennement, on donnait à la redoute la *forme étoilée* ou *bastionnée*, qui s'appelait alors, suivant le cas, *fort étoilé*, *fortin bastionné*. La f. moderne a abandonné ces ouvrages, et le fort d'aujourd'hui ne ressemble plus à l'ancien que par le nom : sa description sera donnée, lorsque nous parlerons de la f. permanente.

D. *Lignes.* — On appelle *lignes* un retranchement qui

Fig. 12.

s'étend sur une certaine longueur de terrain. Les lignes sont formées d'ouvrages tels que redan, lunettes, redoutes, que l'on réunit entre elles par des crêtes droites ou brisées qui

Fig. 13.

s'appellent des *Courtines*. On les divise en trois catégories : les *lignes continues*, les *lignes à intervalles*, et les *lignes à ouvrages isolés*.

1° Les *lignes continues* sont des ouvrages qui se dévelop-

peut sur une position, sans autres interruptions que celles qui sont nécessaires pour faciliter la circulation. On les divise en lignes à *redans* (Fig. 12), lignes à *crémaillères* (Fig. 13), lignes à *tenailles* (Fig. 14), et lignes à *bastions* ou lignes

Fig. 14.

bastionnées (Fig. 15), suivant les éléments dont elles sont composées. Ces dernières s'emploient rarement, en raison de la longueur de leur construction. Leurs extrémités sont ordinairement défendues par des obstacles naturels, tels que des

Fig. 15.

marais, des bois, etc., ou par des ouvrages détachés, et on les dispose de manière que toutes leurs parties puissent se flanquer mutuellement.

Les *lignes continues* sont d'un emploi commode dans la défense d'une position, mais elles ont de graves inconvénients : il faut d'abord une garnison nombreuse, puis leur construction exige un long travail ; ces deux raisons font que souvent on renonce à les employer.

2° Les *lignes à intervalles* sont formées par des ouvrages simples ouverts à la gorge, que l'on dispose sur un ou plusieurs rangs, et que l'on place à des distances convenables (250 à 300 mètres les uns des autres) pour qu'ils puissent se défendre mutuellement. Les fortifications de ce genre offrent cet avantage que, si, à la suite d'une surprise, l'ennemi vient à s'en emparer, il ne peut s'y abriter contre un retour offensif. Quand les lignes ne doivent avoir qu'un rang, on les compose ordinairement de lunettes, qui ont leur saillant sur la ligne de front et leur capitale perpendiculaire à cette même ligne. Si elles ont deux rangs, chacun d'eux est formé de lunettes, et celles du second sont placées dans les intervalles des ouvrages du premier. Il faut citer encore comme lignes à intervalle : 1° les lignes *à redoutes détachées* ; 2° les lignes à *redans détachés* ; 3° lignes à *lunettes détachées*. Les premières sont formées de redoutes séparées par des intervalles de 300 à 500 mètres, et soutenues en arrière par des redans dont les faces flanquent le prolongement des flancs des redoutes. Les secondes remplacent les redoutes par des redans et conservent les mêmes dimensions. Mais l'emploi des deux lignes dont nous venons de parler ne constitue pas une ligne de défense très solide. Pour les renforcer d'une manière avantageuse, on peut y ajouter une ligne à *lunettes détachées*. On aura alors 3 lignes de défense : la première sera composée de lunettes ouvertes à la gorge ; la deuxième de redans flanquant les faces des lunettes ; la troisième à environ 500 mètres en arrière sera formée de lunettes fermées à la gorge, placées en face des lunettes de première ligne. On fortifiera ces lignes par de l'artillerie qui, en raison de la longue portée des pièces, sera placée très en arrière et dans l'intervalle des ouvrages.

E. *Défilement.* — On dit qu'un ouvrage est défilé quand il est disposé de telle manière que son intérieur est soustrait à la vue de l'ennemi et mis à l'abri des projectiles. On peut encore facilement, aujourd'hui, dérober les défenseurs à la vue de l'ennemi, mais avec la précision du tir de l'artillerie actuelle on ne peut les garantir sûrement des projectiles de l'assaillant. On se contente de disposer les crêtes de l'ouvrage de sorte que les défenseurs placés sur le terre-plein soient complètement cachés à l'ennemi : on cherche également à ce que les hommes placés sur les banquettes de l'ouvrage ne laissent apercevoir que la partie du corps qui dépasse la crête.

On appelle *terrain dangereux* tout le terrain qui environne l'ouvrage et d'où l'ennemi peut observer ; *points dangereux* les portions de terrain d'où l'on découvre le mieux l'ouvrage ; ce sont généralement des points éloignés d'environ

.3000 mètres; à une distance plus grande on ne verrait plus grand'chose, en un mot on ne plongerait plus dans l'ouvrage. Ainsi 2 points dangereux étant pris dans la zone ou le terrain dangereux, le plus dangereux n'est pas infailliblement le plus élevé. Prenons par ex. la figure suivante (Fig. 16).

Le point H, dont le relief est plus fort que le point G, a sur l'ouvrage O une vue moins plongeante que le point G, parce qu'il se trouve plus éloigné de la masse couvrante O ; si donc on dispose les crêtes de l'ouvrage dans un plan passant à

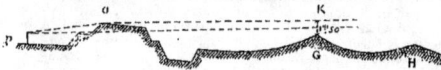

Fig. 16.

1m,50 au-dessus de tous les points dangereux, et laissant 2m,50 au-dessous de lui le point P du terre-plein, ses défenseurs seront défilés. Ce plan s'appelle le plan de défilement, c'est la ligne pointillée OK de notre dessin. On peut obtenir le plan de défilement de différentes manières; mais leur description nous entraînerait trop loin. Pour terminer, nous ajouterons que, lorsque le défilement ne peut avoir lieu par les moyens ordinaires, en raison de la nature du terrain, on l'obtient en élevant des masses couvrantes en terre appelées traverses ou parados et auxquelles on donne la forme et les dimensions convenables.

F. Dispositions particulières. — Il nous reste à passer rapidement en revue certaines dispositions particulières que l'on prend, soit à l'intérieur, soit à l'extérieur des ouvrages, pour rendre leur défense plus efficace.

1° Entrée de l'ouvrage. — L'entrée d'un ouvrage fermé doit être disposée de manière qu'on ne puisse y pénétrer sans défiler devant une crête ou une ligne de palanques qui permet au besoin d'interdire le passage. L'interruption du parapet qui forme l'entrée, peut être défendue en arrière par une traverse séparée ou coudée, ou enfin par un Blockhaus ou réduit. Le blockhaus est un abri fermé et blindé destiné à couvrir les soldats logés à l'intérieur ; ce petit ouvrage n'est plus utilisé aujourd'hui que pour défendre le passage d'un ouvrage. Pour traverser le fossé, on peut se servir d'un pont-levis improvisé.

2° Revêtements. — Parmi les talus qui limitent le parapet, les uns sont inclinés au talus naturel des terres et n'ont besoin d'aucun secours pour se soutenir. Les autres, au contraire, ont une inclinaison beaucoup plus roide et s'éboule-raient sous l'action des pluies, si on ne les maintenait en place au moyen de revêtements qui tirent leurs noms de la matière avec laquelle on les construit. En conséquence, on distingue les revêtements de gazon, de fascines, de clayonnages et de pisé.

G. Défenses accessoires. — On désigne sous ce nom les différentes sortes d'obstacles artificiels que l'on peut créer pour embarrasser la marche de l'ennemi lorsqu'il se dirige sur un ouvrage, et pour le tenir plus longtemps sous le feu des défenseurs. Nous nous contenterons de mentionner les principales.

1° Les Palissades sont de fortes pièces de bois rondes ou triangulaires, aiguisées par un bout et longues de 3 mètres à 3m,50, qu'on plante verticalement dans la terre, la pointe en haut, à 7 ou 8 centimètres d'intervalle, et qu'on assujettit les unes aux autres au moyen d'un liteau, qui se fixe du côté intérieur et à 50 centimètres au-dessous des pointes. Les palissades doivent être abritées du canon : en conséquence, on les place ordinairement au milieu du fond des fossés. D'autres fois, on les établit sur la berme en les inclinant vers le fossé sous un angle de 25 à 30°. Dans ce cas, on les désigne sous le nom de Fraises, elles sont peu employées aujourd'hui.

2° Les Palanques sont des pièces de bois équarries de 20 à 25 centimètres de côté sur 3m,50 à 4m,50 de longueur, et pointues à leur extrémité supérieure. On les enfonce verticalement dans le sol, de manière qu'elles soient exactement jointes ensemble et forment ainsi une muraille impénétrable aux balles; on y pratique ensuite des créneaux de mètre en mètre : ces créneaux sont à 1m,80 au-dessus du sol, ce qui exige une banquette du côté de la défense. On creuse un fossé devant les palanques en ayant soin de rejeter la terre contre les bois : de cette manière les défenseurs postés sur la banquette se couvrent. L'ensemble du retranchement ainsi organisé porte aussi le nom de Palanque.

3° Les Trous de loup, appelés aussi Trappes et Puits défensifs, sont tout simplement des trous creusés dans le sol en forme de trone de cône renversé. On leur donne en général 1m,40 de profondeur, 2 mètres de diamètre à la partie supérieure, et 60 centimètres au fond. On plante en outre au fond de chacun d'eux un pieu pointu de 50 à 60 centimètres de hauteur. Les trous de loup se placent en avant des glacis ou aux angles morts des fossés. Dans le premier cas, on les emploie sur trois rangs au moins, en les disposant en quinconce.

4° Parmi les autres défenses accessoires, il suffit de nommer les Abatis, les Chevaux de frise, les Chausses-trapes, les Fougasses (Voy. ces mots), et les Réseaux de fil de fer. Ces derniers sont constitués par des piquets verticaux de 1 mètre à 1m,50 de hauteur placés en quinconce et sur lesquels on vient entrelacer des fils de fer. Cette défense accessoire est excellente en ce sens qu'elle donne peu de prise à l'artillerie et qu'elle opposerait des difficultés sérieuses dans le cas d'une marche en avant de l'assaillant. Enfin, on met à profit les obstacles que forment les bois, les haies, les murs de clôture, les cours d'eau, etc. Pour ces derniers, on les utilise généralement en produisant, au moyen de barrages ou de digues de terre, des inondations artificielles en avant des ouvrages. On donne à ces inondations le nom de Blancs d'eau, quand elles n'ont que 30 à 50 centimètres de profondeur.

II. Mise en état de défense des lieux habités. — Au lieu de construire des ouvrages en rase campagne, la f. passagère préfère souvent mettre en état de défense des lieux habités, comme villages, hameaux, maisons isolées. Souvent même, on agit ainsi à l'égard d'une ville ouverte, dans le but de protéger un passage ou une retraite, d'assurer une communication, de servir d'appui à des mouvements de troupes, etc. Les moyens de défense varient nécessairement selon la disposition et les avantages que présentent les localités, et selon le temps qu'on a devant soi. On commence par éclairer les accès d'une ville en détruisant les habitations, les haies, les vergers, les bouquets de bois qui ne peuvent être utiles à la défense et qui pourraient au contraire favoriser l'attaque. On coupe les arbres à 65 centimètres de terre, afin de gêner la marche de l'ennemi sans masquer les feux des retranchements. On ferme l'enceinte de la ville en profitant des maisons, des murs de clôture, des haies et des fossés. Les ouvertures et tous les points qui pourraient donner accès dans la place sont fermés au moyen de palissades, de palanques ou de fossés couverts par des abatis. On creuse un fossé devant les parties de l'enceinte fermées par des bâtiments ou clôtures, et, si le temps et les moyens le permettent, on défend ses abords par des palissades ou des abatis, des réseaux de fils de fer, etc. Aujourd'hui on a abandonné la mise en défense des villages et hameaux : l'artillerie actuelle pulvériserait les maisons et les défenseurs.

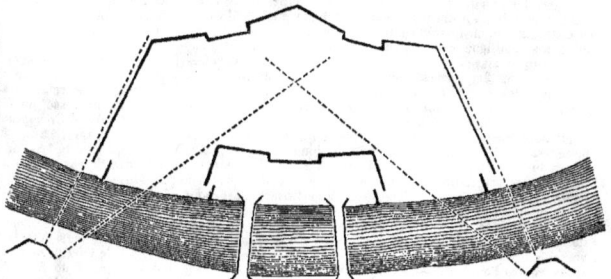

Fig. 17.

Cependant dans le cas où une armée bat en retraite et qu'un village se trouve sur sa route, pour arrêter l'ennemi, on met en défense ce village au moyen de barricades ; mais, nous le répétons, la résistance ne peut être longue.

I. *Têtes de ponts.* — On appelle ainsi les retranchements que l'on construit en avant d'un pont pour le mettre à l'abri des attaques de l'ennemi. Le développement et la forme de ces ouvrages sont subordonnés à l'importance de la position et au temps dont on peut disposer. Tantôt ce sont de simples redans ou des lunettes ; tantôt ce sont des ouvrages à cornes ou à couronne (Fig. 17. Tête de pont formée par un ouvrage à cornes qu'enveloppe un ouvrage à couronne). Quelquefois ils consistent en lignes continues dont les extrémités s'appuient à la rivière. Dans tous les cas, les faces extrêmes qui aboutissent au cours d'eau doivent, autant que possible, être perpendiculaires à ce dernier, et il faut que l'intérieur des ouvrages puisse être battu dans tous les sens par les feux de batteries élevées sur la rive opposée.

Tous les ouvrages destinés à défendre un pont doivent être établis à 2 ou 3 kilomètres en avant du pont : on préfère aujourd'hui avoir une ligne d'ouvrages séparés les uns des autres de 250 à 300 mètres et soutenus par des batteries placées dans les intervalles.

J. *Fortification du champ de bataille.* — Cette fortification est une variante de la fortification passagère. On comprendra facilement que la construction des ouvrages dont nous venons de parler exige un temps relativement assez long. Il a donc fallu trouver pour l'organisation défensive du champ de bataille des ouvrages d'une exécution très rapide. Dans ce cas, chaque arme construit elle-même ses retranchements. L'infanterie a adopté la *tranchée-abri* : c'est une tranchée de 1ᵐ,30 de large sur 0ᵐ,50 de profondeur qu'une berme de 0ᵐ,40 sépare d'un bourrelet de terre de 0ᵐ,60 de hauteur et d'une largeur égale. Le tireur est assis sur la jambe gauche posée sur la berme, la jambe droite retombant dans la tranchée. Cette tranchée est exécutée en 50 minutes environ. On en construit de différents types, suivant le temps dont on dispose. L'artillerie construit, pour se couvrir du feu de l'adversaire, des *épaulements* en terre. La hauteur de genouillère des pièces étant de 1 mètre environ, on creuse le sol de 0ᵐ,40 et on forme un parapet de même hauteur qu'on retourne sur les côtés de l'emplacement occupé par la pièce ; on creuse des tranchées de 0ᵐ,80 de profondeur qui servent de retraite aux servants quand ils n'ont pas à servir leur pièce.

II. FORTIFICATION PERMANENTE. — *Historique.* La f. des lieux habités remonte à l'origine même des sociétés. Dans le principe, on se contenta d'entourer les points à défendre d'un ou de plusieurs rangs de palissades : c'est ainsi, par ex., que les sauvages de la Nouvelle-Zélande fortifiaient leurs villages, à l'époque de la découverte de cette île par le capitaine Cook. Mais comme ce genre d'obstacle ne pouvait arrêter longtemps l'ennemi, qui était toujours maître d'arriver à portée pour le détruire, on imagina de creuser un fossé du côté de la campagne, et les terres extraites du déblai servirent à former un parapet intérieur sur lequel le défenseur se postait pour combattre. De cette manière l'assiégeant avait plus de difficultés à surmonter pour attaquer l'assiégé corps à corps, et celui-ci dut à la position élevée qu'il occupait une supériorité matérielle qui lui permit de repousser plus aisément l'assaillant. Plus tard on substitua des murs de maçonnerie aux retranchements de bois et de terre. Cependant on reconnut bientôt que la forme des nouvelles fortifications ne permettait pas de découvrir l'ennemi, une fois qu'il était parvenu à se loger dans le fossé : en conséquence, on imagina d'interrompre leur direction plus ou moins rectiligne en construisant de distance en distance des tours qui faisaient saillie à l'extérieur et qui étaient séparées les unes des autres par un intervalle égal au plus à la portée des armes de jet. On donnait ordinairement une grande épaisseur aux murailles, afin d'augmenter leur solidité et de pouvoir pratiquer à leur partie supérieure une plate-forme ou *chemin de ronde* assez large pour recevoir les défenseurs. Un mur peu épais courait le long de cette plateforme du côté de la campagne, et servait à garantir les combattants des projectiles de l'ennemi. Ce mur était souvent à hauteur d'appui ; d'autres fois on le faisait assez élevé pour garantir entièrement un homme ; mais alors on y pratiquait des *meurtrières*, ou bien on couronnait le mur de *créneaux*, de sorte que l'assiégé pouvait, au moyen de ces ouvertures, surveiller les alentours de la place et lancer à couvert ses traits contre l'ennemi. — Ce système de f. a été en usage dans toute l'antiquité, et, nonobstant sa simplicité, il donnait un si grand avantage à la défense qu'une ville une ville entourée de bonnes murailles et gardée par une troupe nombreuse et déterminée pouvait résister pendant plusieurs années, jusqu'à ce que la famine la forçât de se rendre.

Avant l'invention de l'artillerie, on attaquait les forteresses de trois manières : on cherchait à y pénétrer par ruse, on tentait de s'en emparer par escalade, ou enfin, si ces deux moyens échouaient, on procédait à une attaque régulière, c.-à-d. à un *siège* proprement dit. L'assiégeant entourait la ville de deux retranchements continus : l'un, appelé *Ligne de circonvallation*, faisait face à la campagne, et était destiné à s'opposer à la marche des armées de secours, tandis que l'autre, qui portait le nom de *Ligne de contrevallation*, était élevé du côté de la ville, à 600 mètres environ du premier, afin de mettre le camp, qui était placé entre les deux, à l'abri des entreprises de l'assiégé. Ensuite, pendant qu'une partie des assaillants chassait à coups de traits et de projectiles de tout genre les défenseurs du haut de leurs murailles, les autres comblaient les fossés et attaquaient les murailles elles-mêmes pour y faire brèche. Les anciens, du reste, avaient imaginé un fort grand nombre de machines d'une plus ou moins grande puissance, soit pour déloger l'assiégé de ses murailles et de ses tours, soit pour ruiner les maçonneries les plus épaisses et les plus solides. Il nous suffira de rappeler, sans y insister davantage ici, la *baliste*, la *catapulte*, la *vigne*, l'*hélépole*, le *bélier*, le *corbeau*, etc. D'autre part, les assiégés en avaient aussi pour repousser les attaques de l'assaillant, et, en définitive, les moyens de défense étaient supérieurs aux moyens d'attaque.

Au moyen âge, l'art de la f., ainsi que nous l'avons vu au mot CHÂTEAU, resta identiquement le même que dans l'antiquité. La seule invention ingénieuse qu'on voit surgir durant cette longue période est celle des *mâchicoulis*, qui est d'origine arabe. Voy. CHÂTEAU. En conséquence, l'attaque et la défense restèrent aussi entre eux dans les mêmes rapports, c.-à-d. que celle-ci demeura supérieure à celle-là. Mais l'invention de la poudre et de l'artillerie ayant changé complètement le système d'attaque, un changement analogue dut nécessairement se produire dans le système de défense. Comme les bouches à feu, à cause de leur longueur et de leur recul, ne pouvaient se mettre en batterie sur les plates-formes étroites employées jusqu'alors, il fallut d'abord élargir celles-ci en ajoutant des terres en arrière ; c'est ce qu'on appela *remparer* les murailles, et cette masse de terre reçut le nom de *Rempart*. La même cause fit agrandir les tours, que l'on eut, en outre, le soin de laisser ouvertes du côté de la ville, afin de faciliter la manœuvre des nouveaux engins. La hauteur des murailles fournissant à l'assaillant le moyen de les battre de loin, on comprit encore qu'il était nécessaire de la réduire. En même temps, les tours, mises au même niveau que les courtines, et très agrandies, reçurent le nom de *Boulevards*. De plus, comme les portes étaient à peu près sans défense, on les protégea par de petits ouvrages appelés *Ravelins*, et que l'on nomma encore *Demi-lunes*, parce qu'on leur donna d'abord une forme demi-circulaire. Enfin, pour soustraire le plus possible les murailles aux coups de l'ennemi, on plaça en avant du fossé une masse de terre, ou *Glacis*, disposée en pente, et de telle manière qu'elle couvrît parfaitement l'ouvrage construit en arrière. Jusqu'alors l'assaillant avait principalement porté ses attaques sur les courtines ; mais quand il vit leur pied si bien défendu, il changea de système et dirigea ses coups sur les boulevards dont la partie avancée était la plus faible. L'assiégé fit disparaître ce défaut en terminant extérieurement ses ouvrages en pointe, et construisit ainsi de véritables *Bastions*. (Disons en passant que le terme *bastion* vient de l'italien *bastione*, qui est dérivé lui-même du mot *bastone*, à cause des pièces de charpente et des clayonnages qui entraient dans la construction pour donner plus de solidité aux terres.) Comme l'ennemi ne peut faire brèche qu'après s'être emparé de la crête du glacis, on imagina de retarder sa marche en établissant, sur le bord extérieur du fossé, un terre-plein pour la fusillade, que l'on appela d'abord *Corridor de contrescarpe*, et auquel on donna plus tard, après l'avoir élargi, le nom de *Chemin couvert*. Le côté intérieur du fossé ou escarpe était encore souvent muni d'un *Chemin de ronde* ; on construisait quelquefois, vers le milieu de sa hauteur, un deuxième terre-plein ou *corridor d'escarpe*, qu'on appelait aussi *Fausse-braie*, et qu'on abritait par un mur crénelé derrière lequel le défenseur se plaçait pour tirer dans le chemin couvert. Afin d'augmenter la puissance des feux défensifs contre les batteries de brèche, on établit de l'artillerie dans des casemates construites au-dessous des batteries de flanc des bastions ; mais ces feux casemates offrant de grands inconvénients, on ne tarda pas à les supprimer, et on les remplaça par plusieurs parapets superposés, que l'on abrita des pièces ennemies en modifiant la forme de la f. Ces modifications consistèrent à prolonger les faces des bastions de façon à couvrir leurs flancs ; ces parties saillantes reçurent le nom d'*Orillons*, à cause de la forme arrondie qu'elles présentaient généralement; mais on renonça encore à cette nouvelle disposition. — Sans entrer ici dans de plus longs détails au sujet des progrès de l'art de la f., nous dirons d'une manière générale que c'est la forme et la marche des attaques qui, après avoir amené, dès le XV° siècle, la transformation graduelle de l'ancienne muraille flanquée de tours en front bastionné, ont provoqué tous les perfectionnements successifs introduits dans cette partie de l'art militaire. Parmi les hommes dont les études et les travaux ont le plus contribué à la formation du nouveau système de f. imposé par l'invention de la poudre, nous nous contenterons de citer l'Italien Marchi, l'Allemand Daniel Speckle, le Hollandais Freytag, et les Français Errard, de Ville et Pagan, qui vivaient tous au commencement du XVII° siècle; mais ils furent dépassés, dans la seconde moitié du même siècle, par le maréchal de Vauban, et par son rival, le Hollandais Cohorn. Le front bastionné avait cependant de grands défauts qui furent mis en lumière par deux ingénieurs français, Montalembert et Carnot : le plus capital de ces inconvénients consistait en ce que les flancs et les faces à angles très aigus étaient facilement enfilables; de plus ils pouvaient être pris à revers. Alors, on adopta en principe le *front polygonal*, dont nous parlerons plus loin. Les progrès de l'artillerie obligèrent ensuite les ingénieurs à entourer les forteresses d'une ceinture de forts transformant ainsi chaque place forte en un camp retranché. Les choses en étaient à ce point lorsque la guerre de 1870 démontra la nécessité d'un remaniement absolu dans la f. La précision du tir de l'artillerie imposa encore de nouvelles conditions : les parapets devaient être considérablement renforcés, des abris solides en quantité suffisante pour les défenseurs et les munitions étaient indispensables. Mais la précision du tir plongeant, la force explosive des obus-torpilles a la mélinite modifièrent encore notre système défensif. En effet, des expériences prouvèrent que les obus-torpilles étaient capables d'anéantir les abris casematés : les murs n'offraient plus la résistance nécessaire, il fallait trouver autre chose. Actuellement, les abris sont bétonnés et recouverts d'une couche de terre; des coupoles cuirassées abritent l'artillerie; les ouvrages de f. permanente sont construits dans le roc autant que possible et toujours sur les hauteurs; ils communiquent entre eux par le télégraphe électrique ou optique; en un mot, la f. par la construction des forts modernes devient presque souterraine : la description d'un ouvrage de ce genre sera donnée plus loin.

La f. permanente est l'ensemble des travaux exécutés pendant la paix avec toutes les ressources de l'industrie sur des points dont l'importance est bien définie. Nous avons dit que les progrès actuels de l'artillerie avaient fait abandonner, dans les nouvelles fortifications, le front bastionné pour le *front polygonal*. Toute enceinte de place forte est inscrite dans un polygone irrégulier d'un nombre de côtés variable et à angles très obtus. On appelle *front de f.*, l'ensemble des ouvrages établis sur l'un des côtés du polygone. Dans la f. permanente, les profils sont les mêmes que ceux de la f. passagère, mais leurs dimensions sont plus considérables; en outre, ils sont organisés de manière à résister d'une manière satisfaisante au puissant tir de l'artillerie de siège. Ils comprennent : 1° l'obstacle, qui est le fossé; 2° le parapet; 3° le terre-plein; 4° le chemin couvert. Les ouvrages de f. permanente sont, par leur nature même, garnis d'une artillerie très importante, et leur f. est dès lors destinée à donner à ces pièces une protection qu'on doit s'efforcer de rendre très efficace. Nous avons vu précédemment que le caractère de la f. passagère consiste dans la nature des matériaux employés, la terre pour la plus grande partie : dans la f. qui nous occupe pour le moment, de nouveaux facteurs s'imposent; ce sont : la maçonnerie, le béton et enfin le cuirassement, mais employé dans certaines conditions. En effet, aujourd'hui, la force explosive des projectiles est considérable : si un obus frappe une maçonnerie de plein fouet, il laisse un trou qui ébranle la partie atteinte; la précision du tir permet à un autre projectile de frapper au même endroit, et le second projectile produira un effet désastreux, auquel aucune maçonnerie ne pourra résister. Mais si l'ingénieur, par une habile disposition, oblige l'assaillant à se servir du tir plongeant, la direction suivant laquelle les projectiles tomberont, influera sur leur justesse et sur leur puissance de pénétration : il est évident que plus l'artillerie de l'assaillant sera éloignée, plus ses projectiles auront de chances de ricocher, et alors l'effet produit sera moins désastreux.

Profil. — Nous avons énuméré plus haut les quatre parties constitutives du profil. Nous allons sommairement les passer en revue :

1° Le *parapet* ou masse couvrante comprend toute la partie qui s'élève au-dessus du terrain naturel; actuellement, sa hauteur est peu considérable, 6 à 7 mètres environ : les forts actuels étant généralement construits sur des points très élevés, d'où la vue est fort étendue, on a pu sans inconvénients diminuer la hauteur du parapet ; il comprend le talus extérieur, le talus intérieur et les banquettes d'infanterie et d'artillerie; les banquettes d'artillerie ont généralement une largeur de 9m,50, afin de permettre la manœuvre de la pièce. Après la banquette d'artillerie, se trouve le *terre-plein* ; c'est dans cette partie de l'ouvrage que se trouvent, dans les fortifications modernes, les façades des abris voûtés; les magasins à poudre y avaient d'abord été installés, mais aujourd'hui on y a renoncé; on préfère abriter les explosifs dans des cavernes, quelquefois situées en dehors des ouvrages et auxquelles on accède par des sortes de caponnières.

2° Le *fossé* est l'obstacle principal avec le mur d'escarpe qui soutient les terres du parapet : sa largeur n'excède pas 20 mètres, car une plus grande dimension éloignerait forcément la crête du glacis, cette partie essentielle de la f. serait vite démolie par le canon de l'assaillant. D'un autre côté, il ne faudrait pas tomber dans l'excès contraire : car alors on risquerait, au diminuant sa largeur, de voir le fossé comblé par les débris de la contrescarpe : la profondeur du fossé est d'environ 10 mètres.

Le fond du fossé est composé de deux plans inclinés se réunissant ; au milieu est une rigole destinée à l'écoulement des eaux pluviales, qui s'appelle *cunette*.

3° L'*escarpe* des ouvrages permanents est toujours recouverte d'une maçonnerie appelée à supporter le poids des terres du parapet et à servir d'obstacle à l'assaillant. Les escarpes sont dites *attachées* ou *détachées* : attachées quand elles sont adossées aux terres du parapet; détachées quand elles forment un mur placé au fond du fossé; elles ont les unes et les autres leurs avantages et leurs inconvénients, mais le cadre de cet ouvrage ne nous permet pas de les discuter.

La contrescarpe qui termine le fossé du côté de l'ennemi n'a pas l'importance de l'escarpe, en ce sens qu'elle ne supporte point une masse de terre comme celle du parapet, généralement on lui donne une assez grande hauteur; cette disposition protège l'escarpe du feu de l'ennemi.

4° Le *chemin couvert* est une sorte de grande tranchée-abri qui entoure la place, il sert à surveiller le terrain extérieur par delà son fossé, et facilite les sorties de la garnison. Il doit toujours être commandé par le parapet : car dans le cas d'un assaut heureux de l'ennemi, il est indispensable que cette partie extérieure de la défense, ainsi que les glacis tombés sur son pouvoir, soient balayés par le feu du corps de place. On fortifie le chemin couvert à l'aide de palissades en bois derrière lesquelles, les tirailleurs de la défense exécutent des feux de salve. Sur le glacis on accumule également les défenses accessoires, principalement des fils de fer en quinconce, de manière à le rendre le plus possible impraticable à la marche.

Caponnières. — On appelle caponnières des ouvrages construits dans le fossé pour en balayer le fond. Anciennement ces ouvrages servaient principalement à abriter le passage pour se rendre aux défenses extérieures; aujourd'hui leur objectif principal est de remplir un rôle de fortin dans le fossé. Elles sont attachées à l'escarpe et communiquent avec le corps de place par des poternes qui sont elles-mêmes fermées par des grilles en fer ou des portes blindées susceptibles d'arrêter l'ennemi dans le cas où il se serait rendu maître du fond du fossé et de la caponnière. La forme générale de ces ouvrages comporte deux faces, dont la direction est voisine de la perpendiculaire : l'un des fossés et une tête, c.-à-d. une partie qui la termine vers la contrescarpe. La tête affecte souvent soit la forme du redan, soit la forme arrondie; l'ouvrage entier est entouré d'un fossé étroit profond de 3 à 4 mètres, que l'on appelle fossé diamant; les caponnières sont casematées et munies de créneaux et d'embrasures pour permettre le tir de l'infanterie et des canons-revolvers; les embrasures des pièces sont fort profondes et très évasées, afin de mieux abriter les défenseurs. A l'emplacement choisi pour la caponnière, le plus souvent un saillant, et afin d'obtenir des feux croisés, on place un ouvrage ayant la forme d'un redan qui s'appelle le *Ravelin*. Ce dernier ouvrage possède un fossé assez large pour le mettre à l'abri de l'escalade.

Le système moderne de f. a fait abandonner en grande partie tous les *ouvrages extérieurs* qui avaient une grande importance dans le genre bastionné, tels que demi-lune, tenaille, etc. Comme ouvrages intérieurs, on a conservé les cavaliers et les retranchements intérieurs proprement dits.

Les cavaliers sont des ouvrages dont les crêtes dominent celles du corps de place et dont le commandement permet de voir au loin : on les installe généralement à un saillant, et leurs crêtes sont presque parallèles à celles du corps de place. Les retranchements intérieurs ont pour but d'arrêter l'ennemi si ce dernier est parvenu à s'emparer d'un point quelconque de la place : c'est généralement une seconde ligne fortifiée bastionnée ou polygonale.

Citadelles. — Les citadelles, aujourd'hui, ne sont plus considérées comme un supplément de défense : celles qui existent encore servent de casernes et de magasins ; leur esplanade, de place d'exercice.

III. ATTAQUE ET DÉFENSE DES PLACES. — Pour s'emparer d'une ville de guerre, on a pu avoir recours à une attaque par trahison et surprise, à une attaque par surprise et escalade de vive force, à une attaque de vive force à découvert, à un blocus, ou à un bombardement. Aujourd'hui, il semble que la résistance d'une place n'est qu'une affaire de temps en raison de la puissance de l'artillerie. On procède donc le plus souvent à une attaque régulière ou *Attaque dans les formes*, c.-à-d. à un *siège* proprement dit, la seule qui s'exécute suivant des règles connues à l'avance.

A. *Attaque des places.* — La première opération consiste dans l'*Investissement* de la place : elle a pour but de cerner celle-ci, d'intercepter ses communications avec l'extérieur et d'empêcher que quoi que ce soit puisse entrer dans la place ou en sortir, en un mot d'en faire le blocus. On emploie de préférence la cavalerie pour cette opération préliminaire. L'armée assiégeante prend ensuite ses positions. Elle assied son camp de manière à être hors de la portée du canon des assiégés, et elle l'entoure de retranchements destinés à la protéger soit contre une armée de secours, soit contre les sorties de la garnison. Les cantonnements de l'assiégeant sont généralement à 8 ou 10 kilomètres de la place investie ; on utilise pour loger les troupes les villages, fermes, etc., et au besoin on crée des camps baraqués. On admet généralement que pour l'investissement complet d'une place, les troupes assiégeantes doivent être trois fois plus nombreuses que la garnison assiégée. On détermine le *Point d'attaque*, c.-à-d. la partie de la place sur laquelle l'armée assiégeante dirigera ses efforts. Ce point est généralement un saillant qui paraît être le moins fortifié. L'artillerie doit être fort nombreuse et comprendre différents calibres : entre autres des canons de 120 millimètres, et les mortiers rayés destinés à

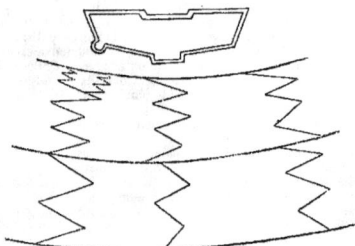

Fig. 18

attaquer les cuirassements, puis des canons de 95 pour repousser toute tentative de sortie. On établit tout d'abord des batteries armées de canons de gros calibre à environ 2,500 mètres de la place qui bombarderont les abris, les magasins : ce sont les batteries dites de première position. Quand le tir de l'assiégeant aura ruiné une partie des ouvrages de la défense, on établira de nouvelles batteries plus rapprochées qui prennent le nom de *batteries de deuxième position*. C'est alors que commencent les travaux d'approche : on entend par travaux d'approche : les *parallèles* et les boyaux de communication. Les parallèles, appelées aussi places d'armes, ont une direction parallèle au front de l'ouvrage attaqué : ce sont de grandes tranchées où les troupes d'attaque sont rassemblées. Les parallèles servent de grands moyens de communication ; des chemins de fer à voie étroite y sont installés ; les grosses pièces d'artillerie portées sur des wagonnets, à traction de chevaux, sont amenées à proximité des batteries qu'elles doivent garnir. Les boyaux de communication, qui sont

de petites tranchées, cheminent au moyen de lignes brisées vers le saillant attaqué (Fig. 18). On ouvre généralement la première parallèle à 800 mètres ; ce sont des travailleurs d'infanterie qui, sous la direction d'officiers du génie, sont chargés de la creuser : on choisit de préférence une nuit sombre ; les parallèles ont 3 mètres de profondeur au fond. Les boyaux de communication partent de la première parallèle aussi bien en avant qu'en arrière : en arrière, ils font communiquer la parallèle avec le *dépôt de tranchée*. Il est absolument indispensable que ces boyaux soient défilés des feux de la défense. Pour les exécuter, on donne à chaque travailleur un *gabion*, espèce de panier cylindrique et sans fond de 0m.80 de hauteur sur 0m65 de diamètre, que l'on place verticalement et qu'il remplit de terre au moyen d'une pelle ; ce mode d'exécution s'appelle : *sape volante*. Les tranchées, posés ainsi, consolident le parapet. Dans les tranchées, on établit des *gradins de fusillade* et de *franchissement*, à l'effet de permettre à l'infanterie, de sortir au besoin et de poursuivre l'ennemi en cas de nécessité. A 500 mètres environ du saillant attaqué, on réunit les extrémités des boyaux et on ouvre la deuxième parallèle. Tous les travaux dont nous venons de parler, sont protégés par des troupes dites : gardes de tranchées, toujours prêtes à se porter en avant ; au fur et à mesure que les travaux gagnent du terrain, les gardes de tranchées s'établissent dans les nouvelles parallèles. Il est facile de comprendre que plus on s'approche de la place, plus les difficultés augmentent ; tout en procédant pour les parallèles à ouvrir comme il vient d'être dit pour la première, on replie les zigzags des boyaux de cheminement. On arrive ainsi à l'établissement de la troisième parallèle qui ne se trouve plus qu'à 60 mètres environ du chemin couvert ou même à une plus grande distance si les glacis sont minés. A partir de ce moment les tranchées sont creusées perpendiculairement au front d'attaque, mais en les garnissant de parapets à droite et à gauche ; puis tous les 15 mètres environ, on fait des crochets parallèles à la crête de la f., on arrive ainsi à faire cheminer les tranchées en crémaillère dans lesquelles on établit des batteries de petits mortiers, dont le feu écrase le chemin couvert.

Nous venons de voir théoriquement les procédés usités pour l'attaque des places ; mais il est permis de se demander si dans la guerre de demain les progrès véritablement effrayants de l'artillerie ne bouleverseront pas toute cette manière de faire. L'électricité, les voies ferrées nécessaires pour transporter un matériel et des approvisionnements d'un poids énorme seront les facteurs avec lesquels il faudra compter. L'assaillant, avec sa puissante artillerie, ses fourneaux de mine, bouleversera les uns après les autres les ouvrages de la défense, anéantira les escarpes, les contrescarpes, et de toutes ces ruines, et de l'amoncellement de décombres, il se fera un chemin par lequel les colonnes d'attaque envahiront la place.

Les places étant presque toujours entourées de forts, l'effort de l'armée assiégeante se portera sur ces ouvrages ; les forts pris, la reddition de la place n'est plus qu'une affaire de temps. Toutefois si l'enceinte est très fortement fortifiée, et si les troupes assiégées sont commandées par un gouverneur énergique, le siège peut être encore fort long. On agira alors contre le corps de place d'une manière à peu près analogue à celle qui vient d'être décrite.

B. *Défense des places.* — Après les détails dans lesquels nous venons d'entrer au sujet de l'attaque, nous n'aurons que quelques mots à dire sur la défense. — Lorsqu'une place de guerre est menacée, l'autorité militaire concentre entre ses mains tous les pouvoirs, et prend les mesures nécessaires pour assurer le maintien de l'ordre et la marche des divers services, et pour organiser la plus forte résistance possible. En même temps, des patrouilles parcourent la campagne dans tous les sens, afin d'empêcher les reconnaissances de l'ennemi. Le gouverneur fait occuper, en avant de la ligne des forts, les villages, fermes et bois : on construit des batteries entre les forts appelées à rendre de très grands services, car établies au dernier moment, elles sont ignorées de l'assaillant. On blinde les fenêtres des forts, on veille avec le plus grand soin au bon fonctionnement des réseaux téléphoniques et télégraphiques entre les forts, les batteries détachées et la place. Le gouverneur devra employer tous les moyens pour gêner l'investissement. La nuit, au moyen de puissantes projections électriques, il pourra se rendre compte des travaux de l'ennemi et diriger son feu en conséquence, de manière à retarder le plus longtemps possible l'établissement de la première parallèle. Le gouverneur ordonnera de petites sorties dirigées contre les travailleurs et cherchera à détruire leurs premiers travaux. Quand les circonstances le permettront, on utilisera le système des contre-approches, qui sont des tranchées analogues à celles que construit l'ennemi. On ne manquera pas de s'en servir quand ces défenses pourront prendre en écharpe les tranchées de l'ennemi. Enfin la défense utilisera un système de mines pour ruiner les travaux de l'assaillant. — En France, les lois militaires condamnent à la peine de mort le commandant de place forte qui consent à une capitulation avant d'avoir soutenu un assaut au moins au corps de la place. En outre, tout commandant qui a perdu une place est tenu de justifier de sa conduite devant un conseil d'enquête.

IV. FORTS. — Nous terminerons cet article par la description du fort moderne, appelé à jouer un rôle si prépondérant dans les guerres futures. Établis dans des conditions bien différentes, ils ne ressemblent plus à leurs devanciers que par le nom.

Nous avons dit plus haut que ces ouvrages de f. permanente sont construits sur des points stratégiques élevés et servent à garder les points de passage qu'il importe de défendre, d'où leur nom de forts d'arrêt : ces ouvrages se protègent mutuellement et sont généralement reliés les uns aux autres par des batteries qui ne sont en réalité que de petits forts. Ces batteries servent à couvrir de leurs feux les plis de terrain qui ne seraient pas suffisamment battus par ceux des forts. Les fronts de ces ouvrages sont très variables, sans toutefois dépasser 250 mètres, les flancs ont de 50 à 70 mètres, la gorge ne dépasse pas 500 mètres. Les parapets sont garnis de traverses : ces traverses sont constituées par des masses de terre transversales d'une épaisseur de 4 mètres, qui divisent les faces de l'ouvrage en un certain nombre de compartiments appelés à protéger les servants de l'artillerie des coups d'enfilade. A l'intérieur de ces traverses on installe des abris voûtés d'une grande épaisseur et recouverts en béton, ils servent alors à loger les munitions des pièces et quelquefois de refuges aux artilleurs. Quand ces traverses sont de petites dimensions, elles prennent le nom de parc-éclats. On leur reproche, en général, de prendre beaucoup de place et, par suite, de diminuer le nombre de pièces d'artillerie à mettre en batterie ; on atténue ce défaut en intercalant les traverses et les parc-éclats. On établit également dans les forts, en arrière des terrepleins, de grandes masses de terre d'environ 12 mètres d'épaisseur, destinées à abriter les défenseurs des coups de revers et d'être pris à dos, d'où leurs noms de parados : on y installe des abris.

La garnison est logée dans des abris casematés construits le long des faces. On les forme d'une série de voûtes d'environ 6 mètres de largeur sur 3 mètres de hauteur, la longueur, très variable, est généralement de 15 à 18 mètres. Ces voûtes sont superposées sur 2 ou 3 étages ; on dispose de nombreuses cheminées de ventilation, un escalier fait communiquer les différents étages. Les fenêtres sont garnies de traverses en fer ou en bois, pour amortir le choc des éclats d'obus ou de bombes. Les munitions et les différents explosifs sont enfermés dans des abris spéciaux appelés magasins-cavernes, le plus souvent en dehors de l'ouvrage même.

Nous avons vu en parlant du profil l'emplacement des pièces d'artillerie sur la banquette dite d'artillerie ; ces pièces sont à

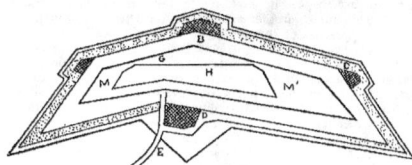

Fig. 19.

ciel ouvert ou dans des abris bétonnés et cuirassés, mieux encore dans des coupoles cuirassées. Les coupoles ont généralement une forme sphérique, elles sont mobiles et mises en mouvement au moyen de la vapeur : le service est fait automatiquement. Par suite du mouvement continu de rotation dont elles sont animées, elles sont disposées pour que le coup de canon parte au moment précis où la pièce se trouve dans la direction du but à atteindre.

L'armement d'un fort est très variable : il est en rapport avec l'importance de l'ouvrage ; généralement il se compose de 35 à 40 pièces de canons de différents calibres. Les fossés sont défendus par des caponnières installées comme il a été dit plus haut, dans l'aperçu que nous avons donné du tracé polygonal. Au saillant principal on établit très souvent une ca-

ponnière double, qui sert à battre les deux fronts de tête ; suivant la forme du fort, on augmente ou on diminue le nombre de ces ouvrages.

Dans le fort représenté par notre Fig. 19, il y a donc 4 caponnières ; deux doubles, B et D (cette dernière commandant l'entrée du fort) ; deux simples, A et C. Elles sont toutes reliées à l'intérieur de l'ouvrage par des poternes qui communiquent elles-mêmes avec des corridors souterrains. On protège l'entrée du fort par des défenses accessoires, réseaux de fil de fer, abatis, etc., etc. [Fig. 19. ABCD, caponnières ; E, entrée du fort ; G, crête ; H, locaux d'habitation ; MM, magasins].

FORTIFIER. v. a. (lat. fortificare, m. s., de fortis, fort, et facere, faire). Rendre fort, donner plus de force. Au pr., Les exercices gymnastiques fortifient le corps. — Au sens moral, La religion fortifie l'âme contre l'adversité. L'étude de la philosophie fortifie l'esprit. F. le cœur, le courage de quelqu'un. Le temps fortifie l'amitié. Cette circonstance fortifie singulièrement l'accusation. F. une preuve, une démonstration. — F. quelqu'un dans une résolution, L'y affermir. || T. Art milit. Entourer une ville, un poste, un camp, etc., d'ouvrages de fortification, pour les mettre en état de résister à une attaque. On avait négligé de f. la ville du côté du fleuve. Voy. FORTIFICATION. || T. Peint. F. une figure, les membres d'une figure, Leur donner plus de grosseur. F. les teintes, Les rendre plus vigoureuses. F. les ombres et les touches, Les rendre plus brunes et plus obscures. == SE FORTIFIER, v. pron. Devenir fort, plus fort ; se dit au prop. et au fig. Cet enfant se fortifie tous les jours. Le corps croît, se développe, se fortifie. L'esprit se fortifie par la méditation. Son âme s'était fortifiée par le malheur. Se f. dans la vertu. Se f. dans une résolution. — Se f. dans un poste, dans un village, S'y retrancher, s'y mettre en état de défense. == FORTIFIÉ, ÉE. part. — Conj. Voy. PRIER.

FORTIN. s. m. (ital. fortino, m. s.). Dim. Petit fort.

FORTIORI (A). [Pr. a for-si-ori] (lat. a, par, et fortior, plus fort, comparatif de fortis). Expression latine qui sign. A plus forte raison, et qui du langage de l'école a passé dans le langage ordinaire. Si je dois aider mon voisin, à f. dois-je secourir mon frère. — Raisonner, conclure à f., D'après un rapport du moins au plus.

FORTISSIMO. T. Mus. Emprunté à l'italien. Très fort.

FORTITRER. v. n. (R. foras, hors, et titre, ancien terme de chasse exprimant le lieu où les chiens étaient mis sur la voie). T. Vén. Se dit du cerf lorsqu'il évite de passer dans les lieux où il y a des chiens frais amenés pour le courre. Le cerf a fortitré deux fois.

FORT-NATIONAL, commune d'Algérie, arr. de Tizi-Ouzou ; 64,600 hab.

FORTOUL (HIPPOLYTE-NICOLAS-HONORÉ), écrivain fr. et ministre de l'Instruction publique de 1851 à sa mort (1811-1856). L'Université a conservé les plus mauvais souvenirs de son administration.

FORTRAIT, AITE. adj. (R. for, du lat. foras, dehors, et trait, de trahere, tirer). T. Man. Cheval f., Cheval outré de fatigue.

FORTRAITURE. s. f. Fatigue outrée d'un cheval.

FORT-ROYAL ou **FORT-DE-FRANCE,** capitale de la Martinique ; 15,000 hab.

FORTUIT, ITE. adj. (lat. fortuitus, m. s., de fors, sort). Qui arrive par hasard, d'une manière imprévue. Une rencontre fortuite. Un événement f. Par cas f. On n'est point tenu des cas fortuits.

FORTUITEMENT. adv. Par cas fortuit, par hasard. Je l'ai rencontré f. Cela est arrivé f. == Syn. Voy. ACCIDENTELLEMENT.

FORTUNAT (VENANTIUS FORTUNATUS), poète latin et évêque de Poitiers (530-609).

FORTUNE. s. f. (lat. fortuna, m. s., de fors, sort). T. Myth. Divinité qui était censée faire, à son gré, le bonheur et le malheur, les bons et les mauvais succès. Le temple de la

F. Les Romains adoraient la F. La roue de la F. || Par allusion à cette déesse, le terme de *Fortune* s'emploie dans un grand nombre de phrases figurées. *La f. est aveugle, capricieuse, changeante, volage. L'inconstance, le caprice, la bizarrerie de la f. Les rigueurs de la f. La f. élève les uns, abaisse les autres. Les hommes sont le jouet de la f. La f. lui sourit. La f. lui a tourné le dos. Il accuse la f. de son malheur. Être maltraité de la f. La f. a trompé leur espoir. Braver la f. — Les jeux, les coups, les caprices de la f., Les grands changements qui arrivent aux hommes ou aux États, et qui les élèvent ou les abaissent. — Les biens de la f., La richesse, les honneurs, les emplois. Les biens de la f. ne sont pas les vrais biens. — Fig. et prov., Attacher un clou à la roue de la f., Trouver moyen de fixer la f. Adorer, encenser la f.; sacrifier à la f.,* etc., S'attacher à ceux qui sont en faveur, en crédit. || Chance, hasard. *La f. des armes. J'en courrai la f. S'attacher à la f., suivre la f. de quelqu'un. Partager la bonne et la mauvaise f. de quelqu'un. On voit parfois d'étranges retours de f. C'est une bonne f. pour moi de vous rencontrer. Ma mauvaise f. a voulu que... Cet homme, cet ouvrage, cette doctrine a eu des fortunes très diverses.* — *Tenter f.,* S'engager dans quelque entreprise dont le succès dépend en grande partie d'événements qu'on ne peut prévoir. *Chercher f.,* Chercher les occasions qui peuvent procurer ce que l'on désire, et particulièrement la richesse. *Il est allé chercher f. en Californie.* — T. Galanterie. *Bonne f.,* se dit des faveurs d'une femme. *Un homme à bonnes fortunes. Il a beaucoup de bonnes fortunes. Il est en bonne f.* || *Fortune,* employé absol., se prend quelquefois pour bonne f., chance heureuse. *Il est en f., Il réussit dans tout ce qu'il entreprend. Dès que sa f. l'eut abandonné, il tomba dans un profond découragement.* — D'autres fois, il se prend pour mauvaise f., péril, accident fâcheux, malheur. *Il faut faire contre f. bon cœur. Dieu vous préserve de mal et de f.* En T. Pratiq., on dit de même, *A ses risques, périls et f.* — *Revers de f.,* Disgrâce, accident qui change une bonne situation en une mauvaise. *Éprouver un revers, un fâcheux revers de f. Il est à l'abri des revers de f.* — *F. de mer,* se dit des accidents qui peuvent arriver à ceux qui naviguent sur mer, comme de faire naufrage, de rencontrer des pirates, etc. — *Gouvernail, mât, vergues,* etc., *de f.,* Gouvernail, etc., que l'on emploie provisoirement pour remplacer ceux qui ont été rompus dans une tempête. || *Fortune* se dit souvent de l'avancement et de l'établissement dans les biens, dans les honneurs, etc. *Il portera sa f. bien loin. Parvenir à une haute f. Avancer, établir, affermir sa f. Vous êtes l'arbitre de ma f. Il a fait f. bien rapidement. Tenir sa f. de quelqu'un. Il ne doit sa f. qu'à son propre mérite.* — *Homme de f.,* Celui qui s'est élevé à une condition fort au-dessus de celle d'où il est parti. *Soldat, officier de f.,* Qui s'est élevé par son propre mérite. — Fig., *Faire f.,* se dit aussi des choses, et sign., Obtenir du succès, être goûté, gagner des partisans. *Cette doctrine a fait f. dans le monde. Son livre a fait f. Son système n'a pas fait f.* — Fig. et prov., *Chacun est artisan de sa f.,* Le succès dépend en général du talent, de la conduite de chacun, ou chacun peut se rendre heureux dans la condition où il est placé. || Dans un sens plus partic., *Fortune* se dit pour biens, richesses, opulence. *Il a une grande f., une belle f., une f. immense. Une f. médiocre. Une petite f. Ménager, grossir, augmenter sa f. Faire f. dans le commerce. Acquérir de la f. Ce n'est pas la f. qui rend heureux. Engager sa f. dans une affaire. Ces pertes ont anéanti sa f. Il rassembla les débris de sa f. Il n'a point de f. Il a épousé une femme sans f.* || Se dit aussi quelquefois de l'état, de la condition où l'on est. *Se contenter de sa f. Il s'est toujours tenu dans sa première fortune.*

FORTUNÉ, ÉE. adj. (lat. *fortunatus,* m. s., de *fortuna, fortune*). Heureux. *Prince f. Amants fortunés. Vous êtes le plus f. des hommes.* || *Qui rend heureux, où l'on est heureux. Union fortunée. Siècle f. Terre fortunée.* — Syn. Voy. HEUREUX.

FORTUNÉES (Iles), ancien nom des îles Canaries.

FORTUNY (MARIANO), peintre espagnol (1838-1874).

FORT-VÊTU. s. m. (R. *foras,* hors, et *vêtu*). Homme qui a un habit au-dessus de son état. Vx et inus.

FORUM. s. m. [Pr. *fo-ro-me*]. T. Antiq. Place publique

chez les Romains. Voy. plus loin. || Fig., Lieu où l'on discute les affaires publiques. *L'éloquence du F.* || T. Mar. Intervalle vide dans l'arrimage.

Hist. — Chez les Romains, le mot *Forum* désignait originairement un endroit découvert (*area*), situé devant quelque monument, ce qui rend assez vraisemblable l'opinion des étymologistes qui font dériver ce terme de l'adverbe *foras,* dehors. Mais, plus tard, par une extension naturelle, on s'en servit pour désigner toute place publique. — A Rome, un f. consistait toujours en un espace nivelé, de forme rectangulaire, et entouré d'édifices publics, tels que temples, portiques ou basiliques, et de maisons particulières. Dans le principe, c'était dans le f. que siégeaient les magistrats chargés de rendre la justice, et qu'avaient lieu les marchés publics. Mais, par la suite, l'accroissement de la population et l'extension qui en résulta dont les affaires obligèrent de créer des forums spéciaux pour chacune de ces destinations. Il y eut donc alors des places publiques, où les tribunaux tenaient leurs séances et les comices leurs assemblées, et que l'on appelait pour ce motif *fora judicialia,* et d'autres où les marchands venaient exposer et vendre leurs denrées et leurs marchandises : ces derniers étaient de simples marchés. Toutefois les opérations mercantiles n'étaient pas absolument exclues des premiers; car les banquiers (*argentarii*) et les usuriers avaient leurs comptoirs dans les édifices et sous les portiques qui entouraient cette sorte de place publique.

1. — Parmi les forums où l'on rendait la justice, le plus important était le *F. Romanum,* que l'on appela simplement le *F.,* tant qu'il fut le seul en ce genre. Mais, vers les derniers temps de la république et sous les empereurs, quand d'autres emplacements semblables furent destinés aux mêmes usages, on le désigna par les épithètes de *F. vetus* et de *F. magnum,* c.-à-d. vieux F. et grand F. Ce f. était situé entre les monts Palatin et Capitolin; il formait un rectangle de 800 mètres de longueur et 400 mètres de largeur, couvrant ainsi une superficie de 32 hectares. Il occupait l'emplacement d'un ancien marais qui, dit-on, avait été desséché par Romulus et Tatius, après la réunion des Sabins aux Romains, pour servir aux assemblées du peuple. Tarquin l'ancien fut le premier qui songea à l'entourer de constructions et commença à l'orner de portiques. Vers la fin de la république, il était entouré de monuments, tels que le temple de Saturne, celui de la Concorde, la Prison publique, etc. On y voyait aussi plusieurs maisons particulières qui appartenaient pour la plupart à des banquiers (*argentarii*); mais elles disparurent peu à peu pour faire place à des édifices publics. C'est dans le f. qu'après la victoire navale remportée par Duilius sur les Carthaginois, fut élevée la fameuse colonne rostrale destinée à perpétuer la mémoire de ce glorieux événement. Le f. était en outre divisé en deux parties, l'une orientale, l'autre occidentale. La première, qui était la plus élevée des deux, était désignée sous le nom particulier de *Comitium,* parce qu'elle servait de lieu d'assemblées aux comices par curies, tandis que les comices par tribus se tenaient dans la partie occidentale, qui constituait le f. proprement dit, par opposition au *comitium.* Entre le *comitium* et le f. s'élevait la tribune aux harangues, espèce de plate-forme sur laquelle montaient les orateurs pour s'adresser au peuple. Cette tribune, appelée d'abord *suggestus* et *templum,* parce qu'elle avait été consacrée par les augures, reçut plus tard le nom de *Rostres* (*Rostra*), lorsqu'on eut orné sa base avec les becs de fer (*rostra*) qui armaient la proue des navires pris sur les Antiates. Dans les premiers temps, les orateurs qui parlaient du haut des rostres, et même les tribuns du peuple, se tournaient vers le *comitium;* mais C. Gracchus, suivant Plutarque, ou C. Licinius, selon Varron et Cicéron, introduisirent l'usage de faire face au f., comme un hommage rendu à la souveraineté du peuple. Par la suite, lorsque les curies eurent perdu leur importance, cette distinction entre le *comitium* et le f. tomba en désuétude.

Dans les derniers temps de la République, le vieux f. de Romulus étant devenu tout à fait insuffisant, Jules César en établit un second au pied du mont Quirinal et du mont Esquilin. Les seuls travaux de nivellement du terrain lui coûtèrent plus d'un million de sesterces. Ce nouveau f. fut appelé du nom de son fondateur *f. Cæsaris* et *f. Julii.* Mais ces deux forums ne pouvant encore suffire à l'expédition des affaires, Auguste en construisit un troisième au bas et à l'est du mont Capitolin. Ce prince orna son f. d'un magnifique temple de Mars, ainsi que de nombreuses statues qui représentaient les hommes les plus éminents de la république. Les auteurs anciens désignent ce troisième f. sous les noms de *f. Augusti* et de *f. Martis.* — Les trois forums qui précédent étaient exclusivement consacrés aux affaires publiques; ceux qui furent créés plus tard par les empereurs, tels que le *f. Trajani* ou *f. Ulpium*, le *f. Sallustii*, le *f. Nervæ*, appelé aussi *f. Palladium*, le *f. Diocletiani*, le *f. Aureliani*, etc., paraissent n'avoir été construits que dans le dessein d'orner et d'embellir la cité reine du monde.

II — Les forums spécialement destinés à remplir les fonctions de nos halles et de nos marchés n'étaient naturellement ni aussi vastes, ni aussi beaux que ceux dont nous venons de parler. On les désignait communément par une épithète qui indiquait leur destination : tels étaient, par ex., les marchés aux bestiaux (*f. boarium*), aux légumes (*f. olitorium*), aux poissons (*f. piscarium*), aux porcs (*f. suarium*), etc.

III. — A l'imitation de ce qui se pratiquait à Rome, toutes les villes importantes de l'empire avaient également leurs forums : ils ne différaient de ceux de la capitale que par la distance qu'il y a des grandes choses aux petites. Remarquons, en terminant, que, par *f.*, on entendait aussi, dans les provinces, le point central de l'administration territoriale, le lieu où le magistrat se rendait pour tenir ses assises. Ces centres administratifs étaient toujours placés sur une grande route et prêtaient fort souvent le nom du magistrat qui les avait établis. La plupart des forums de cette sorte sont devenus des villes, dont la dénomination moderne rappelle encore l'origine : nous citerons, comme exemples, Forli (*Forum Livii*), Fossombronc (*F. Sempronii*), Fréjus (*F. Julii*), Feurs (*F. Segusianorum*), etc.

FORURE. s. f. (R. *forer*). Trou fait avec un foret.

FOSCARI (FRANÇOIS), doge de Venise en 1423, fut déposé en 1457.

FOSCOLO (UGO), écrivain et poète italien (1778-1827).

FOSSANE. s. f. T. Mamm. Petit mammifère qui vit à Madagascar. Voy. CIVETTE.

FOSSE. s. f. [Pr. *fô-se*] (lat. *fossa*. m. s.; de *fossum*, supin de *fodere*, fouir). Creux dans la terre, fait par la nature ou par l'art, et qui est plus ou moins large ou profond. *F. à fumier. Creuser une f. pour planter un arbre. Faire une f. d'asperges. F. de vigne*, Creux pratiqué autour des pieds de vigne. *Tomber dans une f. Daniel fut jeté dans la f. aux lions.* — *F. d'aisances*, Fosse de latrine creusée pour recevoir les excréments. || Particul., L'excavation que l'on creuse en terre pour y mettre un corps mort. *Mettre un corps dans la f. F. commune*, Longue tranchée pratiquée pour mettre plusieurs corps dans peu d'espace pour les familles qui ne peuvent acheter un terrain. — Fig., *Être sur le bord de sa f., avoir un pied dans la f.*, N'avoir que peu de temps à vivre. *Creuser sa f.*, Altérer sa santé, abréger sa vie par des excès quelconques. || *Basse-f.*, Cachot très obscur et très profond dans une prison. *Mettre un condamné dans les basses-fosses. On le plongea dans un cul de basse-f.* || T. Anat. Cavité ou dépression plus ou moins profonde que présentent certaines parties. *Fosses nasales. Fosses orbitaires. F. iliaque. F. temporale*, etc. || T. Mar. Inégalité du sol d'une rade; fond plus bas que les autres parties. *Mouiller dans une f.* — *F. aux lions*, Se dit de plusieurs endroits de la cale affectés à différents usages. — *F. aux mâts*, Réservoir qu'on pratique dans les grands ports pour conserver les mâts. || T. Techn. Espace entouré de murs où les fondeurs placent l'ouvrage à fondre. — Chaudière où les plombiers fondent le plomb. — Lavoir dans lequel les fondeurs dépouillent la fonte de la couche de sable qui est dans le moule. — Cavité sous le balancier qui frappe les monnaies. — *F. à chaux*, Cavité dans laquelle on conserve la chaux éteinte. — *Coucher en f.*, Disposer les cuirs dans les fosses pour les rendre incorruptibles. — *F. à piquer le fer*, Fosse pratiquée sur la voie ferrée pour recevoir les matières qui tombent du foyer et pouvoir même au besoin passer sous la locomotive. || T. Min. *F. de remplissage*, Fosse établie dans la chambre d'accrochage pour faciliter le versage des wagons dans les bennes.

FOSSÉ. s. m. [Pr. *fô-sé*] (lat. *fossatum*, m. s., de *fossa*, fosse). Fosse creusée en long pour clore, pour enfermer quelque espace de terre, ou pour faire écouler les eaux, ou pour la défense d'une place. *Entourer un pré de fossés. Relever les fossés d'une route. Le pays est tout coupé de fossés. Les fossés de la citadelle. F. taillé dans le roc*, Tranchée qui entoure les murailles d'un château. — Prov., *Ce qui tombe dans le f. est pour le soldat. F. comble, et famil., Faire de la terre le f.*, Se servir d'une partie d'une chose pour conserver ou pour payer l'autre; emprunter d'un côté pour payer de

l'autre. *Sauter le f.*, Prendre un parti hasardeux après avoir longtemps balancé. *Au bout du f. la culbute*, Un acte d'audace peut avoir une issue fatale. || T. Techn. Espace vide ménagé dans la mécanique à tulle. — Creux pratiqué dans la couche de sable au fond du moule à plomb.

Législ. — Le code civil s'occupe des fossés qui servent à séparer les propriétés. La mitoyenneté d'un f. résulte de deux causes : sa construction à frais communs par les deux propriétaires voisins ou l'acquisition amiable de la mitoyenneté postérieurement à la construction dudit f. La loi n'impose pas aux propriétaires de deux terrains contigus la mitoyenneté d'un f., comme elle impose celle d'un mur. La même raison, celle d'éviter des frais onéreux, n'existe pas, en effet, dans les deux cas. Pour les fossés, il y a marque de non-mitoyenneté, lorsque la levée ou le rejet de la terre se trouve d'un côté seulement du f. : le f. est censé appartenir exclusivement à celui du côté duquel le rejet se trouve (Code civil, art. 666 et suiv., modifié par la loi du 20 août 1881). Quiconque comble frauduleusement, en tout ou en partie, un f. encourt un emprisonnement d'un mois à un an et une amende, au minimum, de cinquante francs (Code pénal, art. 456). Les fossés des places de guerre et des forteresses dépendent du domaine public de l'État et sont soumis, comme tels, à des règlements spéciaux (Code civil, art. 540).

FOSSETTE. s. f. [Pr. *fô-sè-te*] (Dimin. de *fosse*). Petit creux que les enfants font en terre, pour jouer à qui y fera tenir plus de billes, de noix, plus de noisettes, etc., en les jetant d'une certaine distance. *Jouer à la f.* || Le petit creux que certaines personnes ont au bout du menton, ou qui se forme au milieu de la joue quand elles rient. || T. Anat. Petite creux. — *F. du cœur*, Creux de l'estomac, dépression qui se montre à la partie inférieure et inférieure de la poitrine. || T. Conchyl. *Fossettes cardinales*, Dépression qu'on observe dans le voisinage de la charnière des coquilles bivalves. Voy. CONCHYLIOLOGIE. || T. Oisell. Petit trou que l'on creuse pour prendre les moineaux.

FOSSILE. adj. 2 g. [Pr. *fos-sile*] (lat. *fossilis*, m. s., de *fossum*, supin de *fodere*, fouir). T. Hist. natur. Se dit des substances qui se tirent de la terre, pour les distinguer des substances de même nature qui se trouvent ailleurs. *Charbon f. Du sel f.* || Se dit plus ordinairement des dépouilles, des débris, des empreintes de corps organisés, soit animaux, soit végétaux, qu'on trouve dans les couches de la terre. *Animal f. Ivoire f. Coquillage f. Plante f. Bois f.* — S'empl. aussi subst. dans ce dernier sens. *L'étude des fossiles. Ce terrain abonde en fossiles.* Voy. PALÉONTOLOGIE.

FOSSILIFÈRE. adj. 2 g. [Pr. *fossilifère*] (R. fr. *fossile* et lat. *ferre* porter). T. Géol. Qui contient des fossiles. *Terrain f.*

FOSSILISATION. s. f. [Pr. *fos-si-li-za-sion*]. T. Hist. nat. Conversion en fossile.

FOSSILISER (SE). v. pron. [Pr. *fos-sili-zer*]. Devenir fossile, c.-à-d. passer par des phénomènes qui mettent un corps en état de se conserver dans les couches du globe. || Fig., Prendre des idées arriérées.

FOSSILITÉ. s. f. [Pr. *fos-silité*]. Qualité de ce qui est fossile.

FOSSOIEMENT. s. m. [Pr. *fo-soi-man*]. Action de fossoyer.

FOSSOIR. s. m. [Pr. *fo-soir*] (lat. *fossum*, supin de *fodere*, fouir). Sorte de houe pour labourer les vignes.

FOSSOMBRONE, v. d'Italie (prov. de Pesaro et Urbino), 9,000 hab.

FOSSOYAGE. s. m. [Pr. *fo-so-ia-je*]. L'action de fossoyer, et le travail du fossoyeur.

FOSSOYER. v. a. [Pr. *fo-so-ier*] (R. *fosse*). Fermer avec des fossés. *Faire f. un pré.* || Creuser des fossés. *Il faudra f. la vigne.* = FOSSOYÉ, ÉE. part. = Conj. Voy. EMPLOYER.

FOSSOYEUR, EUSE. s. [Pr. *fo-so-ieur*]. Personne qui remue, qui façonne les terres. || Celui qui creuse les fosses pour enterrer les morts. || T. Entom. Insecte du genre Nécro-

phore qui enterre les corps des petits animaux morts, sur
lesquels sa femelle dépose ses œufs. Voy. SYLPHIDES.

FOU, FOL, FOLLE. adj. (bas-lat. *follis*, m. s., du lat.
follis, ballon plein de vent). [*Fol*, qui est l'ancienne forme, ne
s'emploie plus que devant un subst. au singul., et lorsque ce
subst. commence par une voyelle ou par une *h* non aspirée.]
Qui a perdu le sens, l'esprit. *Devenir f. Il est f. à lier. Il
faudrait être f. pour ne pas juger que...* — Fam. et par
exagér., *Il est f., il faut qu'il soit f.*, se dit de quelqu'un
qui fait et qui dit des extravagances, quoiqu'il n'ait point
l'esprit aliéné. *Je ne vous comprends pas, je crois réellement que vous êtes f. Êtes-vous f. de faire une pareille
dépense?* On dit aussi de quelqu'un qui nous fait perdre
patience, *Il m'a pensé faire devenir f., Vous finiriez par
me rendre f.*, etc. — Figur., *Être f. d'une personne, d'une
chose*, L'aimer avec une passion démesurée, y avoir un attachement excessif. *Un mari qui est f. de sa femme. Elle
est folle de ses enfants.* || Par ext., se dit pour simple,
crédule, ou pour imprudent, extravagant. *Elle est bien folle
de le croire. Vous êtes bien f. de vous en tourmenter. Il a
été assez f. pour lui en parler.*

Souvent femme varie
Bien fol est qui s'y fie, (FRANÇOIS Ier),

|| Se dit encore pour extrêmement gai, badin, enjoué. *Que
vous êtes f.! Il est f. comme un jeune chien. Il a l'humeur folle. C'est une tête folle.* On appelle aussi *Gaieté
folle*, Une gaieté qui se manifeste par des actions ou par des
discours peu raisonnables. || En parlant des choses, se dit de
tout ce qui est contraire à la raison, à la prudence, à la
modération. *Fol amour. Fol entêtement. De folles dé-
penses. C'est une entreprise folle.* || Fam., s'emploie encore
dans le sens d'excessif, *Il y avait sur les boulevards un
monde f. Il dépense un argent f. Il m'en a demandé un
prix f. Ce vaudeville a un succès f. Avoir un mal de
tête f.* — *F. rire*, Rire dont on n'est pas le maître. || Popul.,
Un chien f., Un chien enragé. — Fig. et prov., *Être fait
comme un chien f.*, Être accoutré d'une façon bizarre, ou
avoir une toilette fort en désordre. || T. Prat. *Folle enchère* et
Fol enchérisseur. Voy. ENCHÈRE. || T. Agric. *Herbes f.*,
Herbes fines et légères qui croissent en abondance et sans cul-
ture. || T. Bot. *Folle avoine*, Voy. AVOINE. || *Folle farine*,
La plus subtile fleur de la farine. || T. Ornith. Voy. plus bas,
|| T. Mar. *Brise f.*, Petit vent qui varie souvent. || T. Phys.
Se dit de l'aiguille aimantée qui ne s'arrête plus à un point
fixe. || T. Mécan. *Poulie f., roue f.*, Poulie, roue qui tour-
nent librement sur leur axe. || T. Artill. *Pièce folle*, Pièce
dont le tir est irrégulier parce que l'âme n'en est pas droite.
= FOU. s. m. FOLLE, s. f. Qui a perdu le sens, qui est
aliéné d'esprit. *C'est un f. C'est une folle. Un f. furieux.
Un f. mélancolique. L'hôpital des fous.* — Prov., *Tête de
f. ne blanchit jamais*, Parce qu'on suppose les fous exempts
des inquiétudes, des soucis qui font assez souvent blanchir les
cheveux. || Par exag., Celui qui dit ou qui fait des extrava-
gances, ou qui est crédule, imprudent, ou qui a une gaieté
folle. *C'est un f., un jeune f., un vieux f. Pauvre f., tu
ne vois pas qu'on se moque de toi. Ils sont là un tas de
fous qui raisonnent à perte de vue.* Prov., *Il y a plus de
fous que de sages. Plus on est de fous, plus on rit.* ||
Fête des fous, Fête bouffonne, parodie des offices divins qui
se faisait au moyen âge dans certaines églises. || Bouffon ; ne se
dit guère que des bouffons à gages, tels qu'on avait autrefois
les princes et quelques grands seigneurs. *Le f. de François Ier.
Les fous de cour avaient le privilège de dire impunément
des vérités hardies.* — Fam. *Faire le f.*, Faire le bouffon,
contrefaire le chien f., Être en gaieté extravagante, quelque im-
pertinence. || T. Jeu. Pièce du jeu d'échecs. Voy. ÉCHECS.

Ornith. — Le genre *Fou* (*Sula*) appartient à l'ordre des
Palmipèdes et à la famille des Totipalmes. Les oiseaux qui
composent ce genre se distinguent essentiellement des autres
Totipalmes par les denticules dont sont garnis les bords de
leurs mandibules, et par leur doigt médian dont l'ongle est
dentelé en scie. — Les Fous ont la tête petite, le cou assez
épais, les ailes longues, les jambes rentrées dans l'abdomen ;
en somme, ils sont massifs et de forme peu gracieuse. Leur
système de coloration est le blanc mêlé au brun et au noirâtre,
et leur taille est à peu près celle de l'Oie. Ces oiseaux ont
été improprement accusés de stupidité, parce qu'ils se laissent
approcher par l'homme et leur tuent sans résistance, et parce que
les Frégates les forcent fréquemment à dégorger le poisson
qu'ils ont pris. Mais leur inertie résulte simplement de ce qu'une
fois à terre, la brièveté de leurs jambes les empêche de fuir,

et la longueur de leurs ailes de s'élancer d'un seul bond dans
les airs. Les Fous nagent rarement, et jamais ils ne plongent ;
mais on les voit habituellement planer avec une admirable légèreté au-dessus des vagues, et enlever avec une dextérité
étonnante les poissons qui viennent à la surface. D'autres fois,
perchés sur un rocher ou sur un arbre dans un état complet
d'immobilité, ils épient les Harengs et les Sardines qui font leur
nourriture ordinaire. En général, ils s'éloignent peu des côtes,

et l'on pense qu'ils viennent chaque soir se retirer dans les rochers où ils ont établi leur domicile. Ces oiseaux nichent en
grandes bandes sur les rochers et les falaises peu baigno la
mer ; leurs nids, construits assez négligemment, sont si rapprochés les uns des autres que les couveuses se touchent. Elles
y pondent deux ou trois œufs d'un blanc pur et également
pointus par les deux bouts. — Ce genre se compose de 3 ou
4 espèces. Nous mentionnerons le *F. de Bassan* et le *F. brun*.
Le premier est la seule espèce européenne : son nom lui vient
de la petite île de Bassan, dans le golfe d'Édimbourg, où il
multiplie beaucoup ; son plumage est blanc, avec les premières
pennes des ailes et les pieds noirs. Le *F. brun* (Fig. ci-dessus) n'a que le ventre blanc ; tout le reste du plumage est d'un
cendré brun ; ses pieds sont d'un jaune pâle. Cette espèce
habite les Antilles.

FOU. s. m. (lat. *fagus*, hêtre). Vieux nom du hêtre.

FOUACE. s. f. (ital. *focaccia*, du bas-lat. *focacius*, cuit
au foyer, de *focus*, feu). Sorte de galette faite de fleur de
farine qu'on fait ordinairement cuire sous la cendre.

FOUAGE. s. m. (lat. *focus*, foyer). Sorte de droit et de redevance qui se payait autrefois dans certaines provinces par
chaque feu ou maison.

FOUAILLE. s. f. [Pr. *fou-alle*, ll mouillées] (lat. *focus*,
foyer). T. Vénerie. Part que l'on fait aux chiens après la
chasse du sanglier : c'est ce qu'on appelle *Curée*, à la chasse
du cerf. || T. Eaux et Forêts. Grands roseaux.

FOUAILLER. v. a. fréquentatif. [Pr. *fou-aller*, ll mouil-
lées] (R. *fouet*). Donner souvent des coups de fouet. *F. des
chevaux. F. un enfant.* Fam. || T. Art milit. Détruire par
un tir de plein fouet. *F. une redoute.* = FOUAILLÉ, ÉE. part.

FOUAILLEUR. s. m. [Pr. *fou-alleur*, ll mouillées]. Celui
qui aime à fouailler, à battre.

FOUCAULT (LÉON), physicien français, a mis en évidence
le mouvement diurne de la terre, par la rotation apparente du
plan d'oscillation d'un pendule et par le déplacement apparent
du *Gyroscope*. Voy. PENDULE et GYROSCOPE (1819-1868).

FOUCHÉ (JOSEPH), duc d'Otrante, conventionnel, fut ministre de la police sous le premier empire et au commencement de la Restauration ; mourut exilé (1754-1820).

FOUCHER DE CAREIL (LOUIS-ALEXANDRE, Comte), littérateur et homme politique français (1826-1891).

FOUCHER DE CHARTRES, historien français, né à Chartres (1058-1127).

FOUCQUET. Voy FOUQUET.

FOUDRAS (Marquis de), romancier français (1800-1872).

FOUDRE. s. f. et quelquefois m. (lat. *fulgur*, m. s.). Se dit de l'électricité, lorsque, dans un temps d'orage, elle s'échappe des nuages avec un vif dégagement de lumière et une violente détonation. *La f. sillonne les nues. L'éclat, la rapidité de la f. Être atteint, frappé de la f.* — Par exagération, on dit d'un homme qui est fort redouté, *On le craint comme la f.* On dit aussi, en parl. d'une grande rapidité, d'une extrême impétuosité, *Il va comme la f. Il s'élance avec la rapidité de la f. Aussi prompt que la f.*, etc. — Fig., *Coup de f.*, Voy COUP ‖ Par ext., *Les foudres de la guerre,* Les canons, l'artillerie; ne se dit qu'en poésie ou dans le style élevé. — Fig., et dans le style élevé, on dit quelquefois, au masc., *Un f. de guerre. Un f. d'éloquence,* en parl. d'un général célèbre par le nombre et la rapidité de ses victoires, et d'un grand orateur, remarquable par sa véhémence et sa puissance. ‖ Figur., en parl. du courroux de Dieu ou d'un souverain, que l'on suppose préparés à punir un coupable, on dit : *Les prières ferventes apaisent Dieu et lui font tomber les foudres des mains. Le prince est en colère et la f. est près de tomber.* — *Les foudres de l'excommunication,* L'excommunication. On dit de même, *Les foudres de l'Église. Les foudres du Vatican. Les foudres des censures ecclésiastiques.* ‖ Fig., *Les foudres de l'éloquence,* Les arguments victorieux par lesquels un orateur confond ses adversaires. ‖ T. Mythol. et Blas. Au masc. Sorte de trait en forme de grand fuseau, d'où sortent plusieurs petits dards en zigzag, dont les anciens armaient les représentations figurées de Jupiter, et qui est aussi employé comme figure héraldique. *Un f. ailé. Un aigle tenant un f. dans ses serres.* Dans ce sens. *Foudre* est masc.; c'est aussi par allusion au foudre de Jupiter qu'on emploie quelquefois le mot *Foudre,* au masc., dans le style oratoire et poét., pour désigner la foudre proprement dite. *Le f. vengeur. Dieu, retiens les foudres vengeurs.* ‖ T. Mar. *Souffler en f.,* Se dit du vent soufflant par coups d'une extrême violence. ‖ T. Art. milit. Ornement brodé sur les généraux français portent au retroussis de leur habit. ‖ *Demi-f.,* Ornement propre aux adjudants généraux, aux aides de camp, aux officiers d'état-major. ‖ T. Pyrotech. *F. de salon,* Papier trempé dans l'acide azotique fumant, qui s'allume instantanément au contact d'un corps en ignition et brûle avec une belle flamme de différentes couleurs, suivant qu'on y ajoute des sels de strontium ou de cuivre.

Obs. gram. — Nous avons indiqué ci-dessus les cas où foudre est employé au masc., savoir : 1° en parl. d'un homme, *Un f. de guerre;* 2° en terme de mythol. et de blason, pour désigner la représentation figurée de l'emblème de Jupiter. *Un aigle tenant un f. dans ses serres;* 3° Au propre et au fig., dans le style poétique. *Le f. vengeur de Dieu.* Dans tous les autres cas, f. est féminin.

Phys. — On appelle *Foudre* la décharge électrique lumineuse qui, pendant les orages, s'effectue entre deux nuages ou entre un nuage et la terre. On nomme *Éclair,* le phénomène lumineux qui se produit alors, et *Tonnerre,* le bruit qui accompagne cette lumière.

I. *De l'Éclair.* — C'est, comme nous venons de le dire, la lumière éblouissante que projette la décharge électrique en s'élançant des nuages orageux. Cette lumière est blanche dans les basses régions de l'atmosphère; mais, dans les hautes régions, elle prend une coloration purpurine, violacée ou bleuâtre. Cette coloration particulière résulte simplement de la raréfaction de l'air dans ces parties supérieures. Nous savons, en effet, que si l'on fait passer l'étincelle électrique dans la cloche de la machine pneumatique, après qu'on y a fait le vide, sa lumière est d'autant plus violette que ce dernier est plus parfait. — Arago divise les éclairs en 4 classes, qui varient autant par leurs formes que par leurs propriétés.

1° La première classe comprend les éclairs en zigzag. Ces éclairs se meuvent avec une vitesse extrême; ils ont la forme d'un liséré de feu nettement limité, et ressemblent entièrement à l'étincelle de nos machines. Quelquefois ces éclairs s'élancent d'un groupe de nuages sur un autre groupe; mais leur course la plus ordinaire les porte des nuages vers la terre. Dans ce dernier cas, on a cru que l'extrémité du trait de lumière découpée comme un dard. Un fait beaucoup moins douteux, c'est que parfois l'extrémité se bifurque et se partage même en trois rameaux qui vont frapper des points de la terre fort éloignés les uns des autres. Bien plus, Kaemtz rapporte avoir observé, à Halle, dans un orage très violent qui eut lieu en 1834, un éclair qui avait l'apparence d'une colonne

vertébrale munie des côtes qu'elle supporte. Les éclairs en zigzag sont généralement considérés comme portant principalement, sinon exclusivement, avec eux la destruction et l'incendie; c.-à-d. comme constituant la *foudre* proprement dite. La longueur de l'éclair peut atteindre une quinzaine de kilomètres. Il est probable que, dans ces cas, l'étincelle est discontinue et saute d'une masse relativement conductrice à une autre, comme dans l'expérience du tube étincelant. On est parvenu à photographier les éclairs, et les épreuves ainsi obtenues montrent que l'éclair se ramifie en un très grand nombre de traits plus ou moins apparents, ce qui prouve que le trajet de la décharge est beaucoup plus compliqué qu'on ne le supposait autrefois. Voy. ÉCLAIR.

2° Dans les éclairs de la deuxième classe, la lumière, au lieu d'être concentrée dans des traits sinueux presque sans largeur, occupe de vastes espaces. En outre, elle n'a ni la vivacité, ni la blancheur de celle des éclairs fulminants : sa teinte dominante est ordinairement une rouge très intense; dans quelques cas, elle est bleue ou violette. Tantôt les éclairs de cette espèce ne paraissent illuminer que les contours des nuages d'où ils s'élancent; tantôt ils embrassent toute l'étendue de ces mêmes nuages et semblent sortir de leur intérieur : on dirait alors que les *nuages s'entr'ouvrent.* Ces éclairs sont d'ailleurs les plus communs de tous; pendant un orage ordinaire, il en surgit des milliers, tandis qu'on n'en voit souvent qu'un en zigzag.

3° Les éclairs de la troisième classe sont appelés *Éclairs en boule,* à cause de la forme sphérique qu'ils affectent. Ces éclairs se distinguent essentiellement des précédents par la lenteur de leur marche. En effet, tandis que ceux-ci ont une durée inférieure à un millième de seconde, les éclairs en boule durent en général plusieurs secondes, de sorte que l'œil peut les suivre dans leur marche et apprécier leur vitesse. Ces globes rebondissent souvent à la surface du sol; d'autres fois, ils se divisent et éclatent en produisant un bruit semblable à celui de plusieurs bouches à feu; d'autres fois encore, ils abandonnent le long de leur course des parcelles enflammées qui ont quelque ressemblance avec les fusées des feux d'artifice. On ne connaît pas encore l'origine des éclairs en boule, mais ce qu'on a remarqué, c'est que l'électricité prend fréquemment cette forme quand elle pénètre dans l'intérieur des édifices. L'éclair en boule peut s'évanouir progressivement en diminuant de volume, jusqu'à disparaître, ou au contraire se détruire subitement avec une violente explosion. — Parmi les nombreux exemples d'éclairs en boule rapportés par les auteurs, nous nous contenterons de citer le suivant, d'après Peltier, puis un cas plus récent. « Le 28 août 1839, au milieu d'un violent orage dont les nues noires et surbaissées touchaient presque au sommet des bâtiments, la f. tomba au milieu de la cour du bureau central de l'octroi de Paris encore inachevé. Cette f. avait la forme d'un gros globe de feu, et s'accompagnait d'une traînée de vapeur. Elle frappa le sol formé de remblais nouveaux, y creusa un enfoncement de 18 centimètres de diamètre, s'y agita violemment en tournant sur elle-même, enleva les terres meubles, puis rejaillit pour retomber à 3 mètres plus loin, où elle fit une nouvelle excavation de 9 centimètres de diamètre, s'agitant toujours violemment. Ce globe de feu sauta bientôt de cette excavation sur le mur de clôture, dont il suivit le chaperon sur une longueur d'environ 30 mètres. Arrivé à l'angle du mur, en face de l'hôpital Saint-Louis, ce globe, déjà très diminué de volume, s'élança dans la rue, sur le pavé mouillé par la pluie : il s'y traîna en long sillon serpentant, traversa la porte cochère de l'hôpital, et disparut au milieu de la cour. À mesure que le temps s'écoulait et que son contact se prolongeait, on voyait incontestablement sa masse s'amoindrir : lorsqu'elle arriva au milieu de la cour de l'hôpital, ce n'était plus qu'une lanière mince et peu lumineuse qui disparut tout à coup. » En 1885, M. Mavrocordato, à Péra, vit entrer brusquement dans la pièce où il se trouvait un globe de feu gros comme une orange, par la fenêtre entr'ouverte. Le globe vint frôler un bec de gaz, passa entre deux personnes qui étaient à table, tourna autour d'une lampe centrale, fit entendre un bruit analogue à un coup de pistolet, reprit le chemin de la rue, et, une fois hors la pièce, éclata avec un fracas épouvantable.

4° Les éclairs de la quatrième classe sont connus sous le nom d'*Éclairs de chaleur :* ce sont ces lueurs intermittentes qui, souvent par une soirée sereine, et après le coucher du soleil, illuminent *sans bruit* une grande portion du ciel. — Les éclairs de cette espèce sont aussi fréquents entre les tropiques que sous nos zones tempérées. On a fait plusieurs hypothèses sur l'origine de ces éclairs. La plus vraisemblable est celle qui les considère comme des éclairs ou des reflets d'éclairs appartenant à des orages trop éloignés pour que le bruit du tonnerre puisse arriver jusqu'à l'oreille de l'observateur. Il peut même y avoir des éclairs sans tonnerre, quand les orages sont très élevés dans l'atmosphère, car alors le son engendré dans un air très raréfié s'affaiblit d'autant plus qu'il traverse des couches plus denses.

5° Les nuages orageux émettent ordinairement des éclairs; néanmoins, quand ils sont très bas, il arrive souvent qu'ils n'en produisent pas. Dans ce cas, ils décomposent par influence l'électricité des objets placés sur le sol, et cette électricité s'échappe, sous forme de flammes légères, de tous les points saillants. Ce phénomène, que nous désignons sous le nom de *Feu Saint-Elme*, était bien connu des anciens, qui le rangeaient parmi les *prodiges*, et l'appelaient *Castor et Pollux*. Sur les navires, ces flammes se montrent fréquemment à l'extrémité des mâts, et à terre à la pointe des girouettes de nos clochers. Ce phénomène s'observe plus souvent en hiver que dans toute autre saison. Il est aussi plus commun sur les montagnes, quand les nuages électriques passent dans leur voisinage. Bien plus, s'il y a entre la terre et les nuages d'autres corps susceptibles d'être électrisés par influence, alors ceux-ci peuvent également dégager de l'électricité visible sous forme de flamme. C'est ainsi qu'on a vu plus d'une fois, pendant un orage, de la neige phosphorescente tomber sur le sol, et toujours l'air était alors fortement chargé d'électricité. — Il est à peine besoin de faire remarquer que le feu Saint-Elme, malgré son analogie avec la flamme des corps en ignition, ne brûle pas les objets qu'il touche.

II. *Tonnerre.* — L'éclair et la détonation qui l'accompagnent ont toujours lieu en même temps; mais on observe un intervalle plus ou moins long entre ces deux phénomènes, parce que le son parcourt seulement 337 mètres environ par seconde, tandis que la vitesse de la lumière est telle qu'on peut à peine l'apprécier. Nous avons dit au mot ACOUSTIQUE comment on évalue la distance des nuages orageux par le temps écoulé entre l'éclair et le tonnerre; nous ajouterons simplement ici que la distance maximum à laquelle on peut entendre le tonnerre paraît être de 24 kilomètres environ. — Le bruit du tonnerre résulte de l'ébranlement que l'étincelle électrique excite dans l'air. Par suite de cet ébranlement, un grand déplacement s'opère dans les couches atmosphériques; mais aussitôt les couches voisines se précipitent dans le vide pour le remplir, absolument comme on l'observe quand on ouvre un étui bien fermé. Toutefois ce bruit varie suivant la distance à laquelle on se trouve de l'éclair. Ainsi, lorsque la f. tombe à la surface de la terre, les observateurs placés dans le voisinage entendent un bruit sec mais un bruit fort qui cesse à l'instant même. Un peu plus loin, on entend une série de bruits qui se succèdent rapidement. Plus loin encore, le bruit, faible au commencement, augmente graduellement et se change en un roulement prolongé, qui n'atteint sa plus grande force qu'au bout d'un certain temps, et qui paraît entremêlé de coups plus violents, qu'on nomme *éclats*. D'après les observations faites par De l'Isle, en 1712, la durée des plus longs roulements serait de 35 à 45 secondes, et l'espace de temps qui sépare l'éclair du bruit maximum oscillerait entre 12 et 26 secondes.

On a donné plusieurs explications du roulement du tonnerre. Les anciens physiciens n'y voyaient qu'une répercussion de son par la terre; et ce qui semblait favoriser cette hypothèse, c'est qu'il est beaucoup plus fort dans les pays de montagnes que dans les plaines, toutefois, comme on l'entend aussi en pleine mer, quoiqu'il n'y ait là ni vallons, ni collines, ni rochers, etc., pour réfléter le son, on pensa que les nuages pouvaient aussi servir de surfaces réfléchissantes. Au XVIIIe siècle, plusieurs physiciens considérèrent l'éclair, non pas comme une seule étincelle électrique, mais comme une série d'étincelles dont chacune donnait lieu à une explosion particulière. Or, ces détonations particulières, partant de points diversement éloignés et de couches atmosphériques d'inégale densité, doivent parvenir successivement à l'oreille de l'observateur, et, de plus, y apporter des sons d'inégale intensité; ce qui explique la durée et l'inégalité du roulement. Enfin, plus récemment, on a attribué ce phénomène aux zigzags même de l'éclair, en admettant qu'il y a un maximum de compression de l'air à chaque angle saillant, ce qui donnerait lieu à l'inégale intensité du son. Il paraît certain que le bruit du tonnerre prend naissance au même instant sur tout le trajet de l'éclair; mais comme les divers points de ce trajet ne sont pas à la même distance de l'observateur, le son n'arrive que successivement à l'oreille de celui-ci, de sorte qu'au lieu d'une explosion instantanée, il entend un bruit continu

durant tout le temps qu'il faudrait au son pour passer de la distance minima à la distance maxima. De plus, l'intensité du bruit perçu par ex. pendant un dixième de seconde, dépend de la longueur de la partie de l'éclair sur laquelle se produisent les bruits qui arrivent à l'oreille de l'observateur pendant le dixième de seconde considéré. Les portions d'éclairs à peu près perpendiculaires à la ligne qui les joint à l'observateur donnent donc des bruits plus forts que les portions de l'éclair alignées sur l'observateur. On s'explique ainsi que les changements de direction de l'éclair peuvent être la cause des éclats, sans être obligé d'admettre, ce qui pourtant peut être vrai, que la commotion atmosphérique est plus forte aux angles que toutes les circonstances.

III. *Odeur de la foudre.* — Dans les lieux où elle éclate, la f. développe souvent de la fumée, et, presque toujours, une forte odeur que l'on compare généralement à celle du soufre enflammé. On attribue, en général, cette odeur à la formation d'une certaine quantité d'ozone et de vapeurs nitreuses sous l'influence de la décharge électrique à travers l'oxygène et l'azote de l'air.

IV. *Effets de la foudre.* — Les effets de la f. sont en apparence très nombreux et très variés. Néanmoins, malgré la capricieuse bizarrerie, pour ainsi dire, qu'on attribue communément à la f., il est probable que ces phénomènes extraordinaires cesseraient de paraître tels, si l'on en étudiait avec soin toutes les circonstances.

1° Nous venons à l'instant, en parlant de l'odeur développée par la f., de signaler l'un des effets les plus curieux produits par la f. C'est la formation de l'ozone et de l'acide nitrique pendant les pluies d'orage. Les décharges électriques déterminent d'une part la condensation de l'oxygène qui se transforme ainsi en ozone, et d'autre part, la combinaison directe de l'azote avec l'oxygène de l'air, de manière à former divers composés oxygénés de l'azote. L'eau, même, paraît être en partie décomposée, et l'hydrogène mis en liberté intervient dans la réaction, car on a trouvé dans les pluies d'orage une certaine quantité d'azotate d'ammoniaque. Ces réactions curieuses ont été reproduites dans les laboratoires par l'emploi des décharges que fournit la bobine d'induction.

2° Lorsque la f. tombe sur la terre, elle suit, comme toute étincelle électrique, les meilleurs conducteurs: aussi se porte-t-elle principalement sur les métaux. Si ces derniers sont en plaques très minces ou en fils déliés, ils sont fondus instantanément. Les gouttelettes brûlantes, qui alors sont quelquefois projetées de toutes parts, ont donné lieu à la croyance suivant laquelle la chute du tonnerre serait parfois accompagnée d'une pluie de feu. Parmi les exemples de fusion des métaux par la f., le plus remarquable est assurément celui qui a été observé à la Martinique, en 1759, où la f., en tombant sur une chapelle, réduisit d'un fil très mince une barre de fer carrée de 25 millimètres de côté. Nous mentionnerons encore le coup du f. qui, le 19 avril 1827, fondit, à bord du paquebot *le New-York*, un tuyau de plomb de 5 centimètres de diamètre et de 8 millimètres d'épaisseur. D'autres fois, la f. amène les métaux à cet état d'incandescence et de mollesse qui permet de les souder; c'est ainsi qu'en avril 1807 et en juin 1829, aux moulins de Great-Marlow et de Toothill, en Angleterre, les anneaux d'une chaîne de fer qui servait à monter les sacs de blé se trouvèrent soudés entre eux à la suite d'un violent coup de tonnerre. Dans certains cas, la f. raccourcit les fils métalliques à travers lesquels elle passe, et il est probable que ce phénomène a lieu toutes les fois que la décharge électrique n'est pas assez forte pour produire les effets précédents: on expliquerait ainsi comment la f. peut briser des fils de métal tendus entre deux points fixes ou presque fixes. — Cette affinité de l'électricité pour les métaux se manifeste, même dans les cas où ces derniers sont complètement cachés. En 1759, un détachement qui allait du Fort-Royal à Saint-Pierre (Martinique), s'étant placé, pour se garantir de la pluie, au pied du mur d'une petite chapelle qui n'avait ni tour ni clocher, un violent coup de tonnerre le surprit dans cette position, lui tua deux hommes, et ouvrit dans le mur derrière les deux victimes une brèche d'environ 1m,30 de hauteur sur 1 mètre de largeur. Vérification faite, il se trouva qu'à la partie démolie sur laquelle s'appuyaient les deux soldats, correspondait exactement, à l'intérieur de la chapelle, un ensemble de barres de fer massives destinées à supporter un tombeau. — La marche de la f. est encore influencée par les proportions relatives des corps métalliques que le météore rencontre sur son trajet: c'est ainsi qu'on voit parfois l'électricité abandonner un fil mince pour se porter, même à quelque distance, sur une tige plus massive.

Au reste, lorsqu'elle se porte sur des corps métalliques, la

386

f. ne produit jamais de dégâts notables qu'à son entrée ou à sa sortie. Tant qu'elle parcourt, sans être sollicitée à dévier par quelque cause particulière, une tige métallique continue, elle est complètement inoffensive; mais, une fois arrivée à l'extrémité de cette tige, elle s'en échappe en bouleversant tout autour d'elle. On dirait qu'elle ne peut se dégager par les extrémités des corps métalliques qu'à l'aide d'un violent effort qui détruit tout aux environs. Néanmoins ces dégâts n'ont lieu que lorsque ces corps se trouvent, par leur bout inférieur, en contact avec des substances telles que la maçonnerie, la terre sèche, etc., qui conduisent mal l'électricité; mais s'ils sont en communication avec une pièce d'eau, ou une terre imprégnée d'humidité, ou même si elles se terminent simplement à une petite distance au-dessus, tout se passe tranquillement, silencieusement, sans effets mécaniques appréciables; l'électricité s'écoule alors librement dans le sol.

3° La f. produit encore d'autres effets sur les métaux. Quand elle passe près d'une aiguille de boussole, elle en altère ou en détruit le magnétisme, ou bien elle renverse ses pôles. Cet effet peut avoir les plus graves conséquences : car l'on a vu des navires dont les boussoles avaient été dérangées par un coup de f., trompés par les fausses indications de ces instruments, aller se jeter sur des écueils dont ils se croyaient fort éloignés. Dans d'autres cas, au contraire, la f. communique une aimantation plus ou moins forte à des barres de fer ou d'acier qui, auparavant, n'offraient aucune trace de magnétisme. Quand cette aimantation artificielle a lieu sur les chronomètres nautiques, elle occasionne, dans la marche des appareils, des accélérations ou des retards qui produisent, après un certain nombre de jours de navigation, des erreurs de longitude qui peuvent entraîner les plus graves dangers.

4° Lorsque la f. rencontre sur son passage des corps mauvais conducteurs, tantôt elle les perce, tantôt, et c'est le cas le plus ordinaire, elle les brise avec une force inouïe, et en disperse au loin les débris.— Le premier de ces effets s'observe assez fréquemment lorsque l'objet foudroyé est une substance vitreuse. Ainsi, par exemple, il arrive assez souvent que la f. perce les vitres des fenêtres d'un ou de plusieurs trous d'un très petit diamètre. On l'a même vu, quoique rarement, percer également de plusieurs trous des lames métalliques, comme des girouettes. Quant aux exemples de fractures causées par la f., ils sont tellement nombreux qu'on n'a que l'embarras du choix. En 1718, un coup de tonnerre fit sauter le toit et les murailles de l'église de Coueснon, près de Brest, absolument comme l'aurait fait une mine; des pierres furent lancées jusqu'à la distance de 51 mètres. En 1762, la f. démolit entièrement la tourelle du clocher de l'église de Breng, dans le comté de Cornouailles, et en dispersa les matériaux. Une pierre du poids de 80 kilogrammes fut jetée dans la direction du sud à 55 mètres de distance. On en trouva une autre à 364 mètres, mais vers le nord, et une troisième au sud-ouest. Quelquefois la maçonnerie se trouve simplement changée de place. C'est ainsi que, le 6 août 1809, à Swinton près de Manchester, un mur de briques haut de 3m,60, épais de 90 centimètres, et d'un poids d'environ 19,240 kilogrammes, fut arraché de ses fondations, soulevé en masse et transporté verticalement, sans être renversé, de manière qu'après l'événement l'une de ses extrémités se trouva à 1m,20, et l'autre à 1m,80 de la position qu'elles occupaient primitivement.

5° En tombant sur les roches solides, il arrive fréquemment que la f. vitrifie instantanément leur surface. De Saussure a trouvé sur le Mont-Blanc des rochers d'amphibole schisteux recouverts de bulles vitreuses semblables à celles que l'on voit sur les tuiles foudroyées. Ramond et de Humboldt ont fait les mêmes remarques sur des roches porphyriques, celui-ci au Nevado de Toluca, au Mexique, celui-là à la Roche-Sanadoire, dans le Puy-de-Dôme. — C'est également à des vitrifications produites par la f. que sont dus les *Fulgurites* ou *Tubes fulminaires*. On nomme ainsi des tubes rétrécis à leur partie inférieure où ils se terminent en pointe, que l'on rencontre assez souvent dans les terrains sablonneux. Leur diamètre varie de 1 à 90 millimètres, et l'épaisseur de leurs parois de 1/2 à 24 millimètres. Quant à leur longueur, elle dépasse quelquefois 6 mètres. Vitrifiés en dedans, ils sont couverts en dehors de grains de sable agglutinés et qui paraissent arrondis comme s'ils avaient éprouvé un commencement de fusion. En général, les fulgurites s'enfoncent verticalement dans le sable; cependant on en a rencontré qui avaient une direction oblique. On observe assez souvent qu'à une certaine profondeur, le tube fulminaire se partage en deux ou trois branches, dont chacune donne naissance à de petits rameaux latéraux, longs de 2 à 30 centimètres et terminés par des pointes. Ces tubes paraissent avoir été découverts dès 1711, par Hermann, à

Massel en Silésie; mais c'est le Dr Hentzen qui, le premier, en 1805, a démontré leur origine. On peut d'ailleurs obtenir des fulgurites artificiels en faisant passer de fortes étincelles électriques dans du sable rendu plus fusible par une addition de sel ordinaire.

6° Quand la f. tombe sur des corps combustibles, elle les enflamme, les carbonise à la surface ou les réduit en éclats. « Il est probable, dit Kaemtz, que dans ce dernier cas l'explosion est tellement forte, qu'elle éteint le feu à l'instant même, de la même manière qu'une forte étincelle électrique disperse la poudre à canon, tandis qu'une étincelle plus faible l'enflamme aussitôt. Ai-je besoin d'ajouter qu'un incendie allumé par la f. s'éteint aussi facilement qu'un autre ? »

7° Après les métaux, ce sont les substances humides que la f. suit de préférence : c'est pourquoi elle frappe fréquemment les arbres. Mais, comme ceux-ci ne constituent que de médiocres conducteurs de l'électricité, la f. produit en général sur eux les mêmes effets que sur les maçonneries : elle les brise et en jette au loin les fragments. D'autres fois, elle les dépouille totalement de leur écorce, ou bien elle les fend, dans la direction de leurs fibres, en une multitude de morceaux presque aussi minces que des lattes, ou en filets encore plus déliés. Au commencement du XIXe siècle, par ex., le professeur Muncke a vu, dans une forêt d'Allemagne, un chêne dont le tronc, à fleur de terre, n'avait pas moins de 1 mètre de diamètre. La f. en tombant sur lui le partagea en filaments de plusieurs mètres de long et de 3 à 4 millimètres d'épaisseur, semblables à ceux que l'action d'une gouge en aurait détachés. On n'y voyait nulle trace de combustion ou de carbonisation. Ce phénomène, s'explique quand on observe que dans ce cas la f. a pour effet de vaporiser tous les fluides du végétal, et que le déchirement de l'arbre en filaments est le résultat de la force expansive de la vapeur ainsi formée.

8° La f., lorsqu'elle frappe les hommes ou les animaux, paraît agir spécialement sur leur système nerveux : le plus souvent elle les tue ou les étourdit, sans qu'il y ait aucune trace de lésion, soit interne, soit externe. Les êtres vivants tués par le tonnerre conservent presque toujours la position qu'ils avaient avant d'être frappés. Dans quelques cas cependant, le corps des personnes foudroyées est sillonné de brûlures plus ou moins profondes, et présente même des blessures assez variées.

9° Signalons aussi l'un des effets les plus curieux de la f. : la photographie d'arbres et d'objets divers sur le corps des foudroyés. C'est là un phénomène encore inexpliqué.

V. *Choc en retour.* — Il n'est pas rare de voir deux orages séparés par une partie du ciel presque sereine; un éclair dans le premier est suivi d'un éclair dans le second. Mais, par influence, la terre étant toujours dans un état électrique opposé à celui du nuage, cet état se trouve modifié dès que le nuage cesse d'être électrisé. L'électricité du sol ainsi mise en liberté se déplacera donc et pourra produire une violente commotion : c'est ce que les physiciens appellent le *Choc en retour*. L'exemple le plus remarquable de choc en retour qui existe dans les annales de la science, est celui qui fut observé en Écosse, sur les bords de la Tweed, et dont Brydone nous a conservé tous les détails. Le 19 juillet 1785, à la suite d'une belle matinée, des nuages se montrèrent vers 11 heures dans le sud-ouest; entre midi et 1 heure, ils échangèrent des éclairs auxquels succédèrent des coups de tonnerre dans l'intervalle de 20 à 30 secondes. Tout à coup Brydone entendit une forte détonation, comme si on déchargeait rapidement plusieurs fusils à de courts intervalles; cette détonation n'avait été précédée d'aucun éclair. À peu de distance de la maison, un homme, nommé Lander, conduisant une voiture de charbon, fut tué avec ses chevaux; un autre charretier, assis sur une voiture qui suivait la première, avait vu tomber les chevaux sans apercevoir d'éclair et sans éprouver de commotion. Plusieurs morceaux de charbon avaient été dispersés. À 5 décimètres derrière chaque roue de la voiture, il y avait dans la terre un trou de 5 centimètres de diamètre dont le milieu correspondait à l'arrière de la roue. Dans le voisinage, un berger qui faisait paître des moutons vit un agneau tomber mort, et lui-même crut sentir une flamme passer devant son visage; cet accident précéda d'un quart d'heure environ celui de Lander, et il eut lieu à 2,700 mètres de l'endroit où celui-ci fut tué. Une femme, qui coupait de l'herbe à quelque distance, éprouva une forte commotion dans le pied et tomba. Le pasteur Bell assura avoir senti le sol de son jardin trembler sous ses pieds. — Ces phénomènes résultent de l'action des nuages entre eux et sur la terre : nous pouvons les imiter à l'aide de nos machines. Électrisez positivement un conducteur que j'appellerai A, puis disposez dans le voisinage et à une faible distance doux petits cylindres B et C placés l'un derrière l'autre. Si A et B sont assez éloignés pour que l'étincelle ne puisse pas passer de l'un à l'autre, B sera électrisé par influence : alors l'extrémité la plus rapprochée de A sera négative, l'autre positive ; cette extrémité attirera l'électricité négative de C, et un grand nombre d'étincelles passeront de B à C. La même chose a lieu après un éclair entre plusieurs nuages ou entre un nuage et le sol. Supposons qu'un gros nuage électrise le sol par influence, si un éclair éclate entre ce nuage et un autre nuage, ou entre l'une des extrémités du nuage et le sol, alors le nuage sera déchargé, et l'électricité accumulée sur la surface du sol retournera dans l'intérieur de la terre. Si le sol est humide, le passage se fait facilement ; sinon il y a commotion, parce que la terre conduit mal l'électricité.

VI. *Dangers de la foudre.* — Cette question peut être envisagée relativement aux simples individus, relativement aux habitations, et relativement aux navires.

1° Relativement aux individus, le danger que peut faire courir la f. n'est pas assez grand pour mériter qu'on s'en occupe. En effet, si l'on relève le petit nombre de morts ou de blessures causées par la f. qui a lieu chaque année dans un pays comme la France, et qu'on compare ce chiffre avec celui de toutes les autres causes de morts ou de blessures, on voit aussitôt que la première est infiniment moins à redouter que la plus rare même de ces dernières. Les accidents produits par l'électricité atmosphérique ne présentent un chiffre de quelque importance que dans les cas rares où la f. tombe au milieu d'une nombreuse assemblée. C'est, par ex., ce qui eut lieu à Châteauneuf-les-Moutiers, dans les Basses-Alpes, le dimanche 11 juillet 1819. La f. étant tombée dans l'église, pendant la messe, y tua 9 personnes et en blessa plus ou moins 82. « Malgré tous les exemples de ce genre qu'on pourrait citer, personne, dit Arago, ne me démentira si j'affirme que, pour chacun des habitants de Paris, le danger d'y être foudroyé est moindre que celui de périr dans la rue, par la chute d'un ouvrier couvreur, d'une cheminée ou d'un vase à fleurs. » La crainte du tonnerre n'est évidemment pas excusable chez une personne qui a l'habitude de raisonner ; mais, chez la plupart des individus, elle tient purement et simplement à des préjugés qui datent de l'enfance, ou à l'état nerveux que fait naître le spectacle aveuglant des éclairs et le bruit étourdissant du tonnerre. Peut-être aussi, les mouvements électriques de l'atmosphère ne sont-ils pas sans influencer le système nerveux de certaines personnes prédisposées. — Nonobstant ce que nous venons de dire de l'insignifiance des dangers que nous fait courir la f., il paraît qu'il faut faire une exception pour certaines localités. « Dans la Nouvelle-Grenade, dit Arago, personne n'habite volontiers le territoire de Tumba Barrelo, près de la mine d'or ou de la Vega de Supía, à cause de la fréquence des coups foudroyants. Le peuple a conservé le souvenir des nombreux mineurs que le tonnerre y a tués. Pendant que notre savant compatriote Boussingault traversait ce canton en temps d'orage, un coup de f. jeta à terre le nègre qui lui servait de guide. La Loma de Pitago, aux environs de Popayan, a la même triste célébrité. Un jeune botaniste suédois, Planchoman, s'obstina, malgré l'avis des habitants, à traverser cet endroit pendant que le ciel était couvert de nuages orageux, et y fut tué. » En revanche, il est des pays où la f. est inconnue. Ainsi dans tous les pays situés au delà du 65° de latitude nord, le bruit du tonnerre est un phénomène extrêmement rare, et il ne se fait jamais entendre passé le 75°. Au Caire, on entend à peine trois ou quatre fois par an, et, dans le bas Pérou, situé précisément au bas de ces Cordillères si fécondes en orages et en accidents causés par la f., le tonnerre est absolument inconnu.

En France, le nombre des personnes tuées par la f. est en moyenne de 108 par an, avec de grandes variations (86 en 1879 contre 187 en 1892). Il y a beaucoup plus d'hommes que de femmes tués par la f., parce que les accidents arrivent généralement dans les champs et qu'il y a, en effet, beaucoup plus d'hommes que de femmes travaillant aux champs. La statistique des foudroyés donne 26 p. 100 de femmes. La proportion des accidents de f. varie beaucoup selon les départements. A Paris, il n'y a presque jamais personne de tué, probablement à cause du nombre des paratonnerres de toute nature, des toits et balcons métalliques et de la distribution instantanée des décharges électriques sur de vastes étendues. On est parfois enveloppé de la flamme d'un éclair sans être foudroyé. Les départements les moins foudroyés sont ceux du nord-ouest, Bretagne et Normandie. Les plus atteints sont ceux du Plateau central, Auvergne. Nous reproduisons ici, d'après l'*Atmosphère* de M. Flammarion, la carte de la distribution des coups de f. en France par départements : la teinte est proportionnelle aux risques.

2° Si le nombre des victimes de la f. est assez insignifiant, sauf en quelques rares localités tristement privilégiées, dans les centres de population, celui des édifices frappés et généralement endommagés est, au contraire, considérable. En 1718, dans la seule nuit du 14 au 15 avril, 24 clochers furent frappés, le long de la côte de Bretagne, entre Landerneau et Saint-Pol-de-Léon. A Londres, en 1773, trois monuments publics et un grand nombre de bâtiments particuliers fort distants les uns des autres furent frappés dans une seule journée. Enfin, en 1783, un savant allemand trouvait que, dans l'espace de 33 ans, la f. était tombée sur 386 clochers et avait tué 121 sonneurs. Dans les circonstances ordinaires, l'importance des dégâts occasionnés par la f. est très variable, mais elle peut causer des désastres immenses lorsqu'elle donne lieu à des incendies ou enflamme des dépôts de matières très

combustibles, comme les magasins de poudre à canon. A Brescia, par exemple, la f. étant tombée, le 18 août 1769, sur une tour dont les souterrains renfermaient près d'un million de kilogrammes de poudre, la sixième partie de la ville fut détruite par l'explosion ; le reste éprouva un ébranlement qui en nécessita la reconstruction presque complète, et il périt plus de 3,000 personnes. — Quant à la tour, elle fut lancée tout entière dans les airs, d'où elle retomba comme une pluie de pierres, et l'on en trouva des débris à d'énormes distances. Remarquons en passant que dans des cas semblables, le météore offre quelquefois des bizarreries extraordinaires. Ainsi, le 5 novembre 1755, le tonnerre tomba, près de Rouen, sur la poudrière de Maromme, fendit une des poutres du toit, et réduisit en petites parcelles deux tonneaux qui étaient remplis de poudre, sans y mettre le feu. C'est en généralisant outre mesure quelques faits de ce genre qu'on a été jusqu'à prétendre que le feu du ciel, quand il descend sur les magasins à poudre, ne met jamais le feu aux munitions qu'ils renferment.

3° La f. tombe aussi très fréquemment sur les navires, où elle commet des dégâts très variés, tuant ou blessant les hommes de l'équipage, brisant les vergues et les mâts, etc. Assez souvent elle y met le feu, et quelquefois même les fait sauter, quand elle atteint la soute aux poudres. D'autres fois encore elle les coule bas, sans qu'on sache comment elle a pu produire un pareil désastre. C'est ainsi qu'au dernier siècle le vaisseau anglais *la Résistance*, et le *Loup-Cervier* disparurent complètement après quelques coups de tonnerre, dans un convoi dont ils faisaient partie. Arago, dans sa remarquable *Notice sur le tonnerre*, cite un grand nombre d'exemples d'accidents causés par la f. sur les navires ; mais, d'autre part, il fait remarquer que la fréquence des coups de tonnerre en mer diminue à mesure qu'on s'éloigne des continents. « J'ai même, dit-il, quelque lieu de croire qu'au delà d'une certaine distance de toute terre, *il ne tonne jamais.* »

VII. *Des moyens préservatifs de la foudre.* — Ces moyens peuvent avoir pour objet de préserver de la f. les édifices et les navires, ou bien de préserver les individus exclusivement. Nous parlerons des premiers au mot *Paratonnerre*; en conséquence nous nous bornerons à dire ici quelques mots des seconds.

Si l'on consulte la science, elle nous apprend que le seul moyen d'éviter les atteintes de la f., c'est de s'isoler, ou, en d'autres termes, de se tenir éloigné des corps conducteurs de l'électricité et de s'entourer de substances qui soient mauvaises conductrices. Lorsqu'on se trouve dans une maison pendant un orage, Franklin recommande d'éviter le voisinage des cheminées, car la f. entre souvent par cette partie des édifices, à cause de la conductibilité de la suie et du courant d'air. Il recommande également de s'éloigner des endroits où il y a des métaux, par conséquent des dorures, et même des glaces, à cause du tain. Par le même motif, il conseille de déposer les objets métalliques, tels que monnaie, bijoux, etc., que l'on peut avoir sur soi. Le mieux, suivant lui, serait de se tenir au milieu d'un salon, hors cependant le cas où l'on aurait un lustre ou une lampe au-dessus de la tête. De plus, moins on touche les murs et le sol, moins on est exposé. Quand on est surpris en pleine campagne par un orage, tous les petits moyens que nous venons d'énumérer font défaut. Il convient cependant, si l'on est porteur d'un fusil, d'un bâton ferré, ou de quelque instrument garni de fer, de le mettre de côté. En outre, il est bien démontré aujourd'hui qu'on augmente notablement le danger lorsqu'on se réfugie sous un arbre isolé, car il attire la f. en sa qualité de corps conducteur. Mais ce danger existe moins dans une forêt, à cause du grand nombre des arbres, dont quelques-uns seulement sont plus exposés à être foudroyés, soit par leur élévation, soit par l'humidité des branches et de la tige, soit par la nature du sous-sol.

Le quart des victimes ont été foudroyées sous des arbres en rase campagne, d'autres sur les routes ou dans les champs, très peu dans les maisons, personne dans les lits.

Enfin, pour terminer cet article par un argument capable de rassurer les personnes un plus timides, nous dirons qu'on n'a plus rien à craindre de la f. lorsqu'on a vu l'éclair. C'est, en effet, ce qui résulte du témoignage de tous les individus qui sont revenus à eux après avoir été foudroyés : tous déclarent n'avoir rien entendu et n'avoir rien vu au moment de leur accident. Cela d'ailleurs est facile à comprendre, si l'on se rappelle que la durée des éclairs des deux premières classes n'égale pas un millième de seconde. On est donc frappé avant de voir l'éclair, ou, en d'autres termes, on n'a rien à redouter de l'éclair quand on l'a vu.

Bibliogr. — ARAGO, Notice sur le Tonnerre ; FLAMMARION, L'Atmosphère ; SESTIER, De la Foudre, de ses formes et de ses effets.

FOUDRE. s. m. (all. fuder, tonneau). Grande tonne, vase de bois d'une très vaste capacité, qui sert à contenir du vin ou de la bière.

FOUDRERIE. s. f. Fabrique de tonneaux nommés foudres.

FOUDRIER. s. m. Ouvrier qui fait les foudres.

FOUDROIEMENT. s. m. ou **FOUDROÎMENT.** [Pr. Foudroi-man]. Action par laquelle une personne, une chose est foudroyée. Le f. des géants.

FOUDROYANT, ANTE. adj. [Pr. fou-dro-ian]. Qui foudroie. Jupiter f. || Qui frappe avec la rapidité de la foudre. Bras f. Épée foudroyante. Apoplexie foudroyante. || Par extens., Qui jette l'épouvante, qui interdit. A cette nouvelle foudroyante. Il en reçut cette réponse foudroyante. || Qui exprime un grand courroux, une vive indignation. Des regards foudroyants. Il lui écrivit une lettre foudroyante.

FOUDROYER. v. a. [Pr. fou-dro-ier]. Frapper de la foudre. Jupiter foudroya les Titans. || Par ext., Battre, détruire à coups de canon, etc. F. une ville. Le feu de la place foudroyait les assiégeants. || Fig., se dit tant au sens phys. qu'au sens moral. pour terrasser, confondre. F. la rébellion. Un orateur qui foudroie ses adversaires. Cet argument le foudroya. || Tuer soudainement. Ce poison f. ceux qui en prennent. — F. les erreurs, les vices, etc., Les combattre avec véhémence. = FOUDROYER. v. n. T. Techn. Se dit d'une cuve qui éclate par la violence des matières mises en fermentation, notamment dans la préparation de l'indigo. = FOUDROYÉ, ÉE. p. — Conjug. Voy. EMPLOYER.

FOUDSI-NO-YAMA, montagne du Nippon central (Japon), 3,750 mètres.

FOUÉE s. f. (bas-lat. focata, de focus, foyer). Feu qu'on allume dans un four. || Sorte de chasse aux oiseaux, qui se fait la nuit à la clarté du feu. || Quantité de charbon produite par la carbonisation d'une meule. || Fagot, faisceau de branchages pour le feu. — Provision de bois à brûler.

FOUESNANT, ch.-l. de c. (Finistère), arr de Quimper; 2,800 hab.

FOUET. s. m (lat. fustis, verge, bâton). Cordelette de chanvre ou de cuir, qui est attachée à une baguette, à un bâton, et dont on se sert pour conduire et pour châtier les chevaux et autres animaux. Le f. d'un cocher, d'un charretier. Donner du f. Chasser des chiens à coups de f. — Fig. et fam., Donner un coup de f., Presser, obliger quelqu'un de faire promptement ce qu'on désire de lui. On lui a donné un coup de f., il fera bientôt ce qu'on lui a demandé. Dans un sens anal., on dit d'une affaire, Cette affaire ne marche pas, elle a besoin d'un coup de f. — Critique sanglante, châtiment que l'on inflige à quelqu'un en le reprenant vertement. Le f. de la censure publique. Le f. de la satire. || Espèce de petite corde fort menue et fort pressée, dont les cochers et les charretiers se servent ordinairement pour mettre au bout de leurs fouets. Ne prenez pas de la ficelle, prenez du f. || Lanière de peau d'anguille qui est attachée au bout d'un petit bâton, et dont les enfants se servent pour faire tourner un sabot. || Se dit aussi des coups de verge dont on châtie les enfants, et, dans quelques pays, certains criminels. Tu mériterais le f. Il a eu le f. Menacer du f. Il avait été condamné au f. || T. Hist. nat. Le fouet de l'aile, Le bout de l'aile d'un oiseau. || T. Art milit. F. d'armes, Syn. de Fléau d'armes. || T. Artill. Tirer le canon de plein f. Voy. Tir. || Ouvrier verrier qui arrange les objets dans les fourneaux. || T. Mar. Bout de cordage ou de ralingue, extrémité supérieure de la flèche du mât le plus élevé. — Coup de f., Agitation subite de la mer. || T. Méd. Coup de f., Douleur vive, subite, qui saisit la partie postérieure de la jambe dans un mouvement brusque d'extension du pied.

Hist. — La peine du Fouet remonte à une antiquité très reculée, puisque les Juifs, les Grecs et les Romains la faisaient servir à la punition du coupable. On la voit également en usage chez les Perses, les Égyptiens et tous les peuples de l'Asie ancienne. Chez les Romains, le châtiment du f. (flagrum ou flagellum) était réservé aux seuls esclaves ; mais fort souvent, afin de rendre les coups plus terribles, les lanières du f. étaient munies d'osselets, de balles de plomb, de petits disques métalliques, ou même de crochets aigus : cette dernière sorte de f. était appelée scorpion (scorpio). Ce supplice cruel et dégradant fut un de ceux que les Romains se plaisaient à infliger aux chrétiens, à l'époque des persécutions. — La peine du f. a également figuré dans la législation des peuples modernes. En France, par ex., il y en avait autrefois deux espèces : l'une infamante, toujours accompagnée de la marque ou flétrissure, qui consistait à être publiquement battu de verges ou de cordes par la main du bourreau ; l'autre, non infamante, appelée sous la custode, parce qu'elle était infligée dans l'intérieur de la prison par le questionnaire ou le geôlier. Au XVIe siècle, sous François Ier, cette peine fut même introduite dans l'armée française; mais elle était considérée comme tellement infamante, qu'on ne l'infligeait à un soldat qu'après l'avoir dégradé. Elle disparut légalement de nos Codes en 1792. Le f. continua néanmoins à servir de moyen de correction dans les maisons centrales de détention et dans les bagnes jusqu'en 1848. Cette peine figure encore comme peine, soit civile, soit militaire, dans la législation de plusieurs États de l'Europe : nous citerons notamment l'Angleterre et la Turquie.

Le f. n'a pas été seulement employé comme instrument de supplice; on se sert aussi servi comme d'un moyen de mortification. C'est pour ce dernier motif qu'on le voit figurer sous le nom de Discipline dans les statuts de plusieurs corporations ou congrégations religieuses, et entre les mains des bandes de fanatiques appelés Flagellants, qui à diverses reprises ont troublé l'Europe. Ces fanatiques se sont montrés, pour la première fois, au XIIIe siècle : on croit qu'ils furent institués à Pérouse, vers 1260, par un ermite appelé Reinier, qui prit le titre de Général de la dévotion, et donna à ses sectateurs le nom de Dévots. Ils parcouraient processionnellement les villes, nus jusqu'à la ceinture, et se fouettaient publiquement en punition de leurs péchés. Condamnés par la cour de Rome, qui craignait que leurs pratiques n'engendrassent des désordres, les Flagellants disparurent au commencement du siècle suivant. Néanmoins, en 1348, les ravages de la peste noire qui enleva le tiers de la population de l'Europe, provoquèrent leur réapparition. Mais bientôt ils occasionnèrent de si grands troubles en Allemagne et en même temps ils y répandirent des doctrines tellement hétérodoxes, que l'autorité ecclésiastique et l'autorité civile s'unirent pour les poursuivre avec rigueur, et finirent par les détruire. Ces fanatiques portaient un manteau blanc marqué d'une croix rouge, d'où les dénominations de *Blancs-battus* et de *Frères de la Croix*, sous lesquelles on les désignait quelquefois. Au XVe et au XVIe siècle, on vit encore reparaître la manie des flagellations publiques ; mais ces nouveaux Flagellants durèrent peu et n'eurent pas d'ailleurs le caractère d'hétérodoxie de leurs prédécesseurs.

FOUETTABLE. adj. 2 g. [Pr. *fouè-table*]. Qui mérite d'être fouetté.

FOUETTAGE. s. m. [Pr. *fouè-tajc*]. Opération par laquelle on fouette. *Le f. du vin.* || T. Art vét. Procédé de castration au moyen d'une cordelette nouée autour des bourses au-dessus des testicules.

FOUETTEMENT. s. m. [Pr. *fouè-teman*]. Action de fouetter. || Se dit aussi de la pluie, de la neige qui fouette. *Le f. de la pluie contre les vitres.*

FOUETTE-QUEUE s. m. T. Erpét. Espèce de Lézard que l'on trouve en Égypte. Voy. AGAMIENS.

FOUETTER. v. a. [Pr. *fouè-ter*]. Donner des coups de fouet ou donner le fouet. *F. des chevaux. F. un sabot. F. un enfant. On fouettait autrefois les coupeurs de bourses.* — Prov., on dit d'une faute très légère, *Il n'y a pas là de quoi f. un chat* ; et d'une personne qui a diverses affaires importantes à traiter, *Il a bien d'autres chiens à f.* — Fig. et prov., *Donner des verges pour se faire f., pour se f.,* Fournir des armes contre soi-même. || *F. de la crème, des œufs, du sang, du vin,* etc., Battre de la crème, etc., avec des verges pour les faire mousser, pour coaguler la fibrine, etc. || Fig. Frapper de sarcasmes.

> Fouetter d'un vers sanglant ces grands hommes d'un jour.
> GILBERT.

|| T. Mar. *Les voiles fouettent les mâts,* se dit lorsque le vent n'étant pas assez fort pour enfler les voiles, les soulève et puis les laisse retomber. *F. une poulie, une bosse,* La fixer en entortillant le fouet. || Se dit de la pluie, de la neige, de la grêle, du vent, lorsqu'ils frappent violemment contre quelque chose. *La pluie, le vent,* etc., *nous fouettait au visage. F. le sang,* En activer la circulation, donner du ton à l'organisme. *L'exercice fouette le sang.* — Fig., *F. le sang à quelqu'un,* Le stimuler. || Irriter, impatienter. *Ce spectacle me fouette le sang.* — On dit encore neutralement, *La grêle fouettait contre les vitres.* || En parlant des canons qui tirent de plein fouet, on dit aussi neutralement, *La batterie fouettait tout le long de la courtine.* || T. Art vétér. *F. un bélier,* Lui lier le scrotum pour le châtrer. || T. Techn. *F. un livre,* Le serrer fortement entre deux planchettes, afin de bien appliquer la couverture sur toutes les parties du volume. || T. Constr. Jeter du plâtre contre les lattes d'un lambris ou d'un plafond. — FOUETTÉ, ÉE. part. *Ce pays a été fouetté du mauvais vent,* Le vent y a gâté les fruits. — *Crème fouettée.* || Adject. se dit des fleurs et des fruits qui sont marqués de petites raies comme de coups de fouet. *Une tulipe fouettée. Fouetté de rouge, de bleu,* etc.

Syn. — *Flageller, Fustiger.* — *Fouetter,* se dit des personnes, des animaux et des choses : on *fouette* un enfant, on *fouette* un chien, on *fouette* un sabot. Xercès même fit *fouetter* la mer. *Flageller* et *fustiger,* au contraire, ne s'emploient qu'en parlant des personnes. Il existe en outre des différences entre ces trois verbes quand ils s'appliquent aux personnes : *fouetter* emporte l'idée de peine, de supplice ; *fustiger,* celle de correction ; *flageller,* celle de pénitence et de mortification.

FOUETTEUR, EUSE. s. [Pr. *fouè-teur*]. Celui, celle qui fouette. *Ce maître d'école est un grand f. Le frère f.,* Frère chargé de fouetter les écoliers, dans les anciens collèges ecclésiastiques. Fam.

FOUGADE. s. f. (R. *fougue*). Élan passager, capricieux. Fam.

FOUGASSE. s. f. [Naguère on disait *Fougade*] (lat. *focus,*

foyer). T. Art milit. Petit puits au fond duquel on place un fourneau de mine. Voy. MINE.

FOUGE. s. f. (R. *fouger*). T. Vénér. Ce que le sanglier retire de la terre pour sa nourriture avec son boutoir.

FOUGER. v. n. (lat. *fodicare,* fouiller, de *fodere,* fouir). T. Chasse. Se dit du sanglier qui arrache des plantes avec son boutoir.

FOUGERAIE. s. f. Lieu planté de fougères.

FOUGERAY, ch.-l. de c. (Ille-et-Vilaine, arr. de Redon) ; 3,700 hab.

FOUGÈRE, s. f. (lat. *filix,* m. s., par l'intermédiaire d'une forme d'adjectif *filicaria*). Nom générique donné à un grand nombre de plantes cryptogames vasculaires, dont toutes les espèces sont herbacées. *Danser sur la f. Coucher sur la f. La cendre de f. donne du silicate de potasse qu'on emploie dans la fabrication du verre.* De là l'expression *Verre de f.,* et la loc. ellipt., *Quand le vin pétille dans la f.* || *Fougère commune, Grande f., F. mâle, F. femelle* et *F. fleurie.* Voy. POLYPODIACÉES. || T. Charp. *Assemblage en f., à brin de f.,* Où les pans de bois disposés diagonalement alternent de droite à gauche comme les feuilles de f.

Bot. — Les *Fougères* sont des Cryptogames vasculaires dont l'ensemble constitue le premier ordre de la classe des *Filicinées.*

Caract. bot. : Les *F.* sont quelquefois de petites plantes délicates (*Hyménophyllées*) ; mais le plus souvent ce sont

Fig. 1.

des végétaux en partie ligneux ; certaines espèces tropicales prennent la dimension et le port des Palmiers et constituent les Fougères dites *arborescentes* (Fig. 1).

La tige rampe dans la terre ou à sa surface (*Pteris aquilina, Polypodium vulgare*) ou grimpe le long des arbres et des rochers ; dans les *F.* arborescentes, elle constitue une colonne verticale. Elle est fixée au sol par de nombreuses racines, qui, dans les *F.* arborescentes, descendent en s'appliquant le long de la surface et la recouvrent souvent tout entière d'une enveloppe épaisse et serrée. Dans le bourgeon, les feuilles sont toujours enroulées en crosse ; la nervure médiane et les nervures latérales y sont recourbées d'arrière en avant et ne se déroulent que dans la dernière période de la croissance. Les formes de ces feuilles sont des plus variées et leur contour varie à l'infini ; elles sont le plus souvent très grandes en comparaison de la tige et peuvent atteindre jusqu'à 3 et 6 mètres de longueur (*Pteris aquilina*, *Cibotium*, *Alsophila*). Elles sont toujours pétiolées, et dans les espèces du genre *Lygodium* le pétiole est volubile et s'enroule autour des supports. Souvent les jeunes feuilles des F. sont recouvertes de poils écailleux, aplatis, qui peuvent atteindre 5 ou 6 centimètres de longueur (*Cibotium*, etc.), et qui les enveloppent complètement dans le bourgeon. Leur limbe est quelquefois muni de longs et forts aiguillons (*Acrostic chevelu*, etc.).

Organes reproducteurs. — La formation de l'œuf chez les F. comprend deux phases successives : la plante adulte produit d'abord et met en liberté des *spores*; puis ces spores germent et produisent chacune un petit corps lamelleux ou *prothalle.* C'est sur ce prothalle, enfin, que l'œuf se forme et qu'il se développe en embryon.

Les spores sont renfermées en grand nombre dans des sacs

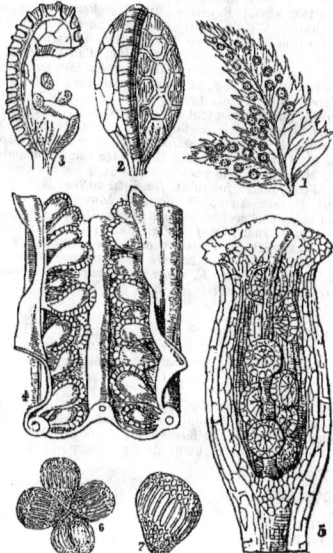

Fig. 2.

pédicellés (*Polypodiacées, Cyathéacées* (Fig. 2. — 2, 3) ou sessiles autres F. (Fig. 2. — 6, 7), que l'on nomme *sporanges.* Ceux-ci sont ordinairement groupés à la face inférieure des feuilles et sur les nervures (Fig. 2. — 4), chaque groupe de sporanges est un *sore.* Quelquefois nu comme dans le Polypode, l'Osmunde, etc., le sore est le plus souvent protégé par une excroissance de l'épiderme qu'on nomme *indusie.* Dans quelques espèces, les sporanges sont situés au fond de cryptes creusées dans la face inférieure de la feuille (Fig. 2—5). La paroi du sporange mûr ne comprend qu'une seule assise de cellules, dont une rangée se développe autrement que les autres. Elles sont plus grandes et proéminent au dehors ; leur membrane s'épaissit en fer à cheval, se cutinise et se colore fortement ; elles constituent ce qu'on appelle l'*anneau* (Fig. 2. — 2 et 3). Cet anneau, ordinairement longitudinal (Fig. 2. — 2, 2) est quelquefois oblique ou transversal (*Gleichenia*, Fig. 2. — 6 et 7). En se desséchant, les cellules de l'anneau se contractent davantage sur la face externe ; l'anneau cherche par

conséquent à se redresser et par là déchire la paroi du sporange perpendiculairement à sa propre direction, produisant une fente de déhiscence, transversale dans le cas ordinaire, longitudinale dans les Gleichéniées. Les spores se trouvent de la sorte projetées vers le bas et tombent à la surface du sol.

[Fig. 2. — 1. Fragment d'une fronde d'*Aspidium Lonchitis*; 2 et 3. Sporanges d'*Hymenocystis caucasica*; 4. *Onychium lucidum*; 5. Sporanges et crypte du *Trichomanes radicans*; 6 et 7 Sporanges de *Gleichenia*].

Sur le sol, la spore germe après un temps de repos plus ou moins long. Elle donne d'abord naissance à un tube cloisonné transversalement ; à mesure qu'elle s'allonge, l'extrémité de ce tube s'élargit de plus en plus et forme enfin une lame verte d'abord triangulaire, plus tard échancrée en avant en forme de cœur ou en forme de *prothalle.* Il est étroitement appliqué contre la terre humide, dans laquelle les cellules de la face inférieure se prolongent en un grand nombre de poils absorbants. En arrière de l'échancrure, se voit un coussinet qui se prolonge quelquefois d'un bout à l'autre du prothalle en formant une sorte de nervure médiane (*Osmonde*), [Fig. 3. — 1]. —

[Fig. 3. Prothalle d'Osmonde vu par la face inférieure avec poils absorbants et anthéridies ; 4. Section médiane d'un prothalle de Capillaire avec sa plantule ; 5. État plus avancé de la plantule avec sa première feuille épanouie et sa première racine.]

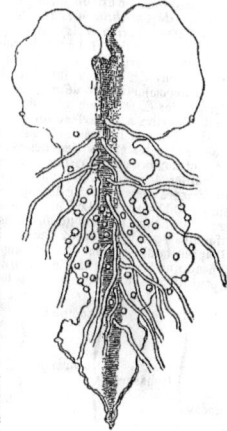

Fig. 3.

A la face inférieure de ce prothalle, naissent les organes mâles et les organes femelles dont le concours est nécessaire à la formation de l'œuf. Les organes mâles ou *anthéridies* sont situés en grand nombre dans toute la région postérieure et latérale ; les organes femelles ou *archégones* sont disposés en petit nombre sur le coussinet voisin de l'échancrure antérieure. L'anthéridie a la forme d'un tore fermé à la partie supérieure par une sorte de couvercle en forme de dôme ; à l'intérieur,

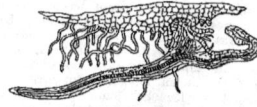

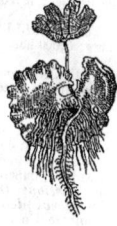

Fig. 4.   Fig. 5.

et aux dépens de la cellule centrale, se forment un grand nombre d'*anthérozoïdes.* A la maturité, l'anthéridie absorbe de l'eau qui la gonfle et détache le couvercle, et les anthérozoïdes s'échappent dans le liquide ambiant où ils se meuvent rapidement. Chacun d'eux est un ruban spirale, enroulé 2 ou 3 fois en tire-bouchon, et dont l'extrémité antérieure amincie porte de nombreux cils vibratiles.

L'archégone comprend une partie basilaire, renflée, à l'intérieur de laquelle se forme la cellule femelle ou *oosphère*; cette partie renflée est surmontée par une partie amincie qui constitue le *col* de l'archégone, qui est traversé en son milieu par un canal faisant communiquer le ventre de l'archégone avec l'extérieur. Ce canal est rempli d'une substance mucilagineuse qui s'échappe même au dehors en s'arrondissant en une gouttelette ; ce liquide permet l'arrivée des anthérozoïdes jusqu'à l'oosphère. Un d'eux au moins pénètre dans l'oosphère et s'y perd en confondant sa substance avec celle de l'oosphère; l'œuf ainsi formé s'entoure aussitôt d'une membrane de cellulose pendant que s'oblitère le col de l'archégone.

Formé comme il vient d'être dit, l'œuf des F. se développe tout de suite sur le prothalle et aux dépens des matériaux nutritifs qu'il contient. Il se forme d'abord une sorte d'embryon (Fig. 4), puis une plante complète, qui s'affranchit du prothalle et n'a plus qu'à croître pour devenir adulte (Fig. 5).

Dans certaines espèces de F., le limbe de la plante adulte forme parfois à sa surface des bourgeons adventifs munis de racines adventives. Quand la feuille vient à toucher le sol, ces bourgeons s'enracinent et se développent bientôt en autant d'individus vigoureux; c'est un marcottage naturel (*Asplenium furcatum, decussatum, Ceratopteris thalictroides,* etc.). Dans le *Pteris cretica,* l'*Aspidium falcatum,* le prothalle, au lieu de former des archégones, donne des bourgeons adventifs qui ne tardent pas à se transformer en autant de plantules nouvelles tout à fait semblables à celles qui proviennent normalement du développement de l'œuf.

L'ordre des F. renferme plus de 3,500 espèces très inégalement réparties à la surface du globe; ainsi plus de 2,500 appartiennent aux contrées chaudes et humides du globe, et surtout aux côtes et aux îles des mers tropicales. On connaît un grand nombre de F. fossiles; les espèces basées sur l'étude des feuilles dépassent 750; en y comprenant celles qui sont caractérisées seulement par des tiges et des pétioles, ce chiffre monte à 900 environ. Les plus anciennes appartiennent au terrain dévonien, les plus nombreuses au terrain houiller. Ces F. fossiles seront étudiées à leurs familles respectives.

D'après la disposition des sporanges et la conformation de l'anneau qui détermine la direction de la ligne de déhiscence, on peut diviser l'ordre des F. en 6 familles :

Anneau
  transversal
    sporanges
      complet; à l'extrémité de la feuille.... *Hyménophyllées.*
      Sur la face inférieure de la feuille *Gleichéniées.*
    latéral.......... *Schizéacées.*
    polaire........ *Osmondacées.*
  longitudinal
    complet..... *Cyathéacées.*
    incomplet..... *Polypodiacées.*

FOUGÈRES, ch.-l. d'arr. (Ille-et-Vilaine), à 48 kil. N.-E. de Rennes; 18,200 hab.

FOUGEROLLES, bourg de France (Haute-Saône), arr. de Lure; 6,000 hab.

FOUGON. s. m. (lat. *focus,* foyer). T. Mar. Lieu où se fait la cuisine dans certains petits bâtiments de la Méditerranée.

FOUGUE. s. f. [Pr. *fou-ghe,* g dur] (gr. φυγὴ, fuite). Mouvement violent et impétueux, ordinairement accompagné de colère; se dit des hommes et des animaux. *Il est en f. Entrer en f. Il vient de lui prendre une f. Sa f. est passée.* || Ardeur, impétuosité naturelle. *La f. de la jeunesse. La f. des passions. On n'a pu dompter la f. de son caractère. Un cheval plein de f.* On dit, au plur., *Les fougues de la jeunesse,* l'emportement avec lequel les jeunes gens se livrent aux plaisirs. — En parlant d'un poète, d'un artiste, *Fougue* se dit pour Enthousiasme, verve, surtout lorsqu'elle est exagérée et les entraîne à certains écarts. *La f. de ce poète s'est éteinte bien promptement. Il s'abandonne trop à la f. de son imagination.* || T. Mar. Mât de f., vergue de f., perroquet de f., etc., Mât, vergue, perroquet d'artimon. || T. Bot. Exubérance d'un arbre dont le bois pousse au détriment du fruit. || T. Artif. Fusée volante, sans baguette, qui perd son mouvement, puis le reprend avec vitesse.

FOUGUETTE. s. f. [Pr. *fou-ghè-te,* g dur]. T. Art milit. Sorte de fusée de petite dimension.

FOUGUEUX, EUSE. adj. [Pr. *fou-gheu,* g dur]. Qui est sujet à entrer en fougue, ardent, impétueux. *Un homme extrêmement f. Cheval f. Caractère f. Jeunesse fougueuse. Imagination fougueuse. Désirs f. Passions fougueuses.* = Syn. Voy. IMPÉTUEUX.

FOUGUISTE. s. m. Ouvrier qui travaille aux poudres explosives pour les mines.

FOU-HI. Voy. FO-HI.

FOUILLE. s. f. [Pr. *fou-lle,* ll mouil.] (R. *fouiller*). Travail que l'on fait en fouillant dans la terre. *Faire une f. La f. des terres. Les fouilles d'Herculanum. Entreprendre des fouilles.* || T. Techn. Action de mettre à jour des tuyaux de conduite pour chercher une fuite. || Fig. Action d'explorer une bibliothèque, des archives, etc.

FOUILLE-AU-POT. s. m. [Pr. *fou-llô-po,* ll mouil.]. Petit marmiton. Trivial.

FOUILLEMENT. s. m. [Pr. *fou-lle-man,* ll mouil.]. Action de chercher, de fouiller.

FOUILLE-MERDE. s. m. Nom vulgaire donné à diverses espèces de Scarabées, qui appartiennent principalement aux genres Bousier et Géotrupe.

FOUILLER. v. a. [Pr. *fou-ller,* ll mouil.] (bas-lat. *fodicare,* de *fodere,* fouir). Creuser pour chercher quelque chose. *F. la terre. F. une mine.* || *F. un bois,* Le parcourir, l'explorer en tous sens. || *F. quelqu'un,* Chercher soigneusement dans ses habits, s'il n'a point caché quelque chose. *On nous a tous fouillés à la douane.* || T. Sculpt. Travailler avec le ciseau les parties renfoncées d'une statue, d'un bas-relief, ou pratiquer des enfoncements qui puissent produire des ombres fières et vigoureuses. *Il fouille le marbre avec une vigueur singulière.* — T. Peint. Donner de la force aux touches et aux ombres qui représentent les enfoncements. *Cette draperie est bien fouillée.* = FOUILLER, v. n. Creuser. *F. dans un champ, dans les entrailles de la terre. La taupe a fouillé là.* || Chercher quelque chose avec soin, un endroit où elle peut être cachée. *F. dans une armoire. J'ai fouillé jusqu'au fond du coffre. Il a fouillé partout. F. dans sa poche, dans sa bourse,* etc., Y mettre la main pour y chercher quelque chose. On dit quelquefois, dans un sens anal., *Se f.* || Fig., Rechercher consciencieusement, examiner. *F. dans les archives, dans de vieilles chroniques. F. dans les secrets de la nature. F. dans le passé, dans l'avenir. F. dans sa mémoire. F. dans les cœurs, dans les replis les plus profonds du cœur.* = FOUILLÉ, ÉE. part.

FOUILLEUR, EUSE. s. [Pr. *fou-lleur,* ll mouil.]. Celui, celle qui fouille, qui fait des recherches. || T. Agric. Instrument pour remuer le sous-sol sans ramener à la surface la terre qui le compose.

FOUILLIS. s. m. [Pr. *fou-lli,* ll mouil.] (R. *fouiller*). Désordre, confusion de diverses choses mêlées ensemble. *Il y a sur son bureau un f. de paperasses à ne pas s'y reconnaître.* Fam. || Fig. Composition littéraire confuse.

FOUILLOT. s. m. [Pr. *fou-llo,* ll mouil.]. Voy. FOLIOT.

FOUILLOUX (JACQUES DU), écrivain cynégétique français (1521-1580).

FOUINE. s. f. (lat. *faginus,* de hêtre). T. Mamm. Espèce de mammifère du genre *Martre.* Voy. ce mot. || T. Agric. Instrument de fer à deux ou trois fourchons qu'on met au bout d'une perche, et qui sert à élever les gerbes sur le tas. || T. Pêche. Espèce de trident à pointes tranchantes et barbelées, dont on se sert à bord des navires pour harponner les dorades et certains autres poissons. Une corde est attachée au manche de la f. pour qu'on puisse la retirer après qu'on l'a lancée sur le poisson. — La pêche à la f. est interdite dans les rivières de France. — Dans ce sens, on écrit aussi *foëne* ou *foenne.*

FOUINER. v. n. (R. *fouine*). Se dérober comme la fouine, finasser. Fam.

FOUINETTE. s. f. (R. *fouine*). Petite fourche en fer.

FOUIR. v. a. (lat. *fodere,* m. s.). Creuser; ne se dit proprement que de la terre. *F. la terre. Il faudra f. bien avant pour trouver de l'eau.* — FOUI, IE. part.

FOUISSEMENT. s. m. [Pr. fou-i-se-man]. Action de fouir, de fouiller.

FOUISSEUR. s. m. [Pr. fou-i-seur]. Celui qui fouit. || T. Zool. Les *fouisseurs*, Mammifères (Talous, Taupes, etc.) qui creusent le sol. — Insectes dont les femelles creusent en terre des trous pour y déposer leurs œufs.

Mamm. — Le nom de *Fouisseurs* convient à tous les Mammifères qui creusent la terre pour y trouver un abri ou des aliments, et surtout à ceux dont les membres antérieurs présentent à cet effet une construction spéciale : tels sont, par ex., la Taupe, le Spalax, le Tatou et l'Échidné. Mais comme ces animaux, malgré cette analogie particulière, diffèrent essentiellement les uns des autres, la Taupe étant un Insectivore, le Spalax un Rongeur, le Tatou un Édenté, et l'Échidné un Monotrème, on ne saurait les ranger dans un même groupe.

Entom. — Dans sa méthode entomologique, Latreille désigne sous la dénomination de *F.* une famille de l'ordre des Hyménoptères. Cette famille comprend des Hyménoptères porte-aiguillon, dont les pieds sont exclusivement propres à la marche, et dans plusieurs à fouir le sable, la terre et le bois. Ce sont des insectes ailés, à ailes toujours étendues, qui sont tous mâles ou femelles (c.-à-d. qu'il n'y a pas de neutres), et qui vivent solitairement. La plupart des femelles placent à côté de leurs œufs, dans les nids qu'elles ont préparés pour leurs petits, ordinairement dans la terre ou dans le bois, des insectes ou des larves, et quelquefois même des arachnides. Avant de déposer ainsi près de leurs petits la proie qui est destinée à leur servir de nourriture, elles la piquent de leur aiguillon de façon non à la tuer, mais simplement à l'engourdir, car la progéniture de ces Hyménoptères est carnassière et veut une nourriture vivante. Les larves des Hyménoptères fouisseurs n'ont jamais de pieds et ressemblent à un petit ver : elles se filent une coque dans laquelle elles se métamorphosent pour passer à l'état de nymphes. L'insecte parfait est ordinairement très agile et vit sur les fleurs. Les mâchoires et la lèvre sont allongées et en forme de trompe dans plusieurs espèces.

Les nombreux insectes qui constituent cette famille ont été partagés par Latreille en sept groupes : 1° Les *Scoliètes* ont les pieds courts, gros, très épineux ou fort ciliés, les antennes

plus courtes que la tête et le thorax réunis, et le premier segment du thorax non linéaire. Ce groupe renferme trois genres indigènes, savoir : le genre *Scolie*, le g. *Méric* et le g. *Typhie*; il a pour type la *Scolie des jardins* (Fig. 1. Sc. femelle), insecte long de 34 à 40 mill., noir, velu, avec le front jaune tacheté de noir (seulement dans la femelle); l'abdomen est noir, avec une large bande transversale jaune sur le deuxième et troisième segments, souvent interrompue dans les deux sexes, mais toujours dans la femelle. — 2° Les *Sapygites* diffèrent des précédents par leurs pieds grêles et sans épines, et par la plus grande longueur de leurs antennes. La *Sapyge ponctuée* (Fig. 2, grossie), type de cette division, habite une grande partie de l'Europe : elle est noire et tachetée de blanc. — 3° Les *Sphégides* sont caractérisés par la longueur de leurs pattes postérieures et surtout par le long pédicule qui unit l'abdomen au corselet. Ce groupe renferme un grand nombre de genres pour la plupart exotiques. Parmi les espèces indigènes, l'une des plus répandues chez nous est l'*Ammophile des sables* (Fig. 3, grossie), qui est noire avec l'extrémité du troisième anneau de l'abdomen, la totalité du quatrième et le bord du cinquième d'un roux vif. Les genres *Sphex, Pompile,*

Céropale, Dolichure, etc., renferment aussi des espèces qui se trouvent en France. — 4° Les *Bembécides* ont le premier anneau du thorax linéaire, et le labre entièrement nu ou très

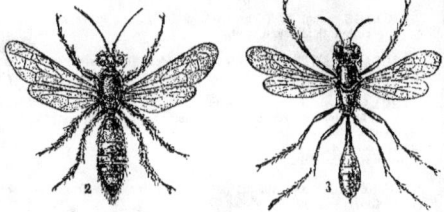

saillant. Ce groupe a pour type le *Bembex à bec* (Fig. 4), insecte noir, avec l'abdomen marqué de bandes ondées d'un vert jaunâtre, et les pattes jaunes. — 5° Les *Larrates* diffèrent des Bembécides par leur labre caché : ils ont en outre les mandibules profondément échancrées en bas, près de leur base. Nous citerons comme ex. de cette division le *Larre anathème*

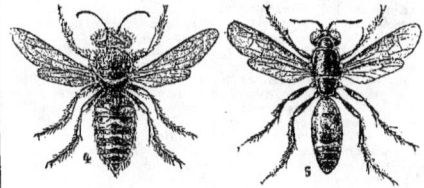

(Fig. 5) : cet insecte est noir et velu, avec les ailes violacées, et les deux premiers anneaux de l'abdomen ferrugineux. — 6° Les *Nyssoniens* ont également le labre caché des précédents, mais ils n'ont pas les mandibules échancrées de la sorte, et de plus leur abdomen est triangulaire ou conique. Tous les genres qui composent ce groupe, *Nysson, Astate, Oxybèle, Nytèle*

et *Pison*, appartiennent à l'Europe. Le *Nysson interrompu* (Fig. 6, grossie) est noir, avec une raie jaune sur le corselet et les pattes fauves : cet insecte se tient particulièrement sur les fleurs de carottes. — 7° Les *Craboniens* se distinguent surtout des Nyssoniens par la forme de leur abdomen ; ils ont aussi le labre caché et les mandibules lisses. Ce groupe se compose d'un assez grand nombre de genres pour la plupart européens et indigènes : tels sont les genres *Trypoxylon, Goryte, Crabron, Pemphrédon, Melline, Psen, Philanthe, Cerceris,* etc. Parmi les espèces les plus curieuses de ce groupe nous nommerons la *Cerceris des sables* (Fig. 7, grossie) et le *Philanthe triangle.* Le premier de ces insectes nourrit ses petits avec l'un des coléoptères les plus nuisibles à l'agriculture, les Charançons ; et le second, au contraire, attaque l'un des insectes les plus utiles à l'homme, nous voulons dire les Abeilles. Ce dernier est vraisemblablement l'insecte que Virgile, dans ses *Géorgiques,* signale sous le nom de *Crabro,* comme l'un des plus dangereux ennemis des ruches.

FOUKOUÏ, v. du Japon, 39,600 hab.

FOUKOUOKA, v. du Japon 46,500 hab.

FOULAGE. s. m. T. Techn. Action de fouler ; le résultat de cette action. || Massage méthodique.

FOULANT, ANTE. adj. Qui foule ; n'est guère usité que dans la loc., *Pompe foulante*. Voy. POMPE.

FOULARD. s. m. [Pr. *fou-lar*]. Étoffe de soie ou de soie et coton, fort légère, dont on fait des mouchoirs, des cravates, des fichus, etc. et qui offre ordinairement des dessins variés. F. *des Indes. Une robe de f.* || Mouchoir, cravate de foulard. *Se couvrir la tête d'un foulard.*

FOULD (ACHILLE), homme politique et financier français (1800-1867).

FOULE. s. f. (R. *fouler*). T. Techn. L'action de fouler des draps, des chapeaux, etc. || Dans les métiers à tisser, ouverture qui produit le métier à tisser dans la chaîne pour laisser passer la navette. || Morceau de bois dont se sert le tisserand pour tenir écartées les jumelles du peigne. || T. Mar. Vergue supplémentaire. || T. Pêche. Genre de pêche qui se fait à la marée basse. || L'atelier, où l'on foule. || Fig., Oppression. *Ces privilèges tendent à la f. des citoyens.* Vx et inus. || Multitude de personnes qui se pressent, s'entrepoussent. *Une grande f. Se jeter, se perdre, disparaître dans la f. Se tirer de la f. Laissez écouler la f. Cette comédie attire la f. Une f. de peuple remplissait la place. La f. des curieux se porta de ce côté.* || Fig., Le vulgaire, le commun des hommes. *La f. ignorante. Il s'était mis, par ses talents, au-dessus de la f. Se tirer de la f.* || Se dit encore dans le sens de grand nombre, grande quantité, et s'emploie également en parlant des personnes et des choses. *Une f. de gens ont cette opinion. Une f. de solliciteurs l'attendait à son passage. Mes regards étaient distraits par une f. d'objets. Cette f. d'écrits que chaque jour voit paraître. La f. des affaires m'accable. Avoir une f. d'idées, de souvenirs, de raisons.* = EN FOULE. loc. adv. En se pressant, ou en grande quantité, en grande multitude. *Ils accoururent en f. Les biens viennent en f. dans cette maison. Les idées se présentaient en f. à mon esprit.* = Syn. Voy. MULTITUDE.

FOULÉ. s. m. T. Drap. Sorte de drap d'été.

FOULÉE. s. f. (R. *fouler*). T. Man. Temps pendant lequel, dans la marche, le pied du cheval pose sur le sol. = FOULÉES. s. f. pl. T. Vénerie. Les traces légères que la bête laisse de son pied, en passant sur l'herbe ou sur les feuilles : on les nomme aussi *Foulures*, en parlant du cerf. Les marques du pied sur terre nette se nomment *Voie* pour les bêtes fauves et le lièvre, *Piste* pour le loup et le renard, et *Trace* pour la bête noire. || T. Constr. Dessus d'une marche d'escalier. || T. Techn. Quantité de peaux que l'on soumet à l'opération du foulage. || Chacune des impulsions que l'on donne à un soufflet de forge.

FOULEMENT. s. m. Action de fouler.

FOULEPOINTE, v. de la côte orientale de Madagascar, à 60 kil. N. de Tamatave.

FOULER. v. a. (ital. *follare*, d'un rad. lat. *full*, qui se trouve dans *fullo*, foulon, et dans *fulcire*, appuyer). Presser plus ou moins fortement, soit avec les pieds, soit avec les mains, soit avec quelque instrument, un corps, une substance qui a un certain degré de mollesse. *F. la vendange. F. une cuve. On foule les draps, les chapeaux, les cuirs, etc.* || Marcher sur ; ne se dit, en ce sens, qu'en poésie et dans le style élevé. *On n'y saurait faire un pas sans f. la cendre d'un héros. Je foulais avec respect ce sol antique et sacré.* || Fig., Opprimer par des exactions, accabler d'impôts. *F. le peuple. Cette province a été extrêmement foulée.* — F. *aux pieds,* Traiter avec mépris. *Un vrai chrétien foule aux pieds les vanités du monde. F. aux pieds les préjugés. Il foulait aux pieds toutes les lois.* || Blesser en pressant fortement ; ne se dit guère que des bêtes de trait ou de somme. *Les selles neuves foulent d'ordinaire les chevaux.* — Plus particul., Blesser en produisant la distension plus ou moins violente de certaines parties ; se dit des personnes et des animaux. *Ce cheval s'est foulé le pied. Je me suis foulé le poignet. Cette chute lui a foulé un tendon.* On dit aussi, *Mon poignet s'est foulé.* || Se f. *la rate,* Avoir de l'oppression au côté pour avoir couru trop fort. *Il ne se foule pas la rate,* Il ne se donne pas grand'peine. Absol., *Il ne se foule pas.* Fam. || T. Vén. Faire battre ou parcourir un terrain par le limier ou par la meute. || T. Typogr. *Fouler* s'emploie absol. pour désigner l'action de la presse sur les feuilles qui reçoivent l'impression. *Cette presse foule également, régulièrement.* = FOULÉ, ÉE. part. — On dit d'une bête qui a les jambes usées par un long et violent travail, qu'*Elle a les jambes foulées*.

FOULERIE. s. f. Atelier où l'on foule les draps, les cuirs, etc. || Machine à fouler. || Bâtiment où l'on foule le raisin.

FOULEUR, EUSE. s. Celui, celle qui fait le foulage. || Celui qui foule le raisin dans la cuve. || F. *au tonneau,* Ouvrier qui foule dans la cuve les peaux de lapins et autres. || Machine qui sert au foulage dans les fabriques de chapeaux.

FOULLAHS. Voy. FELLATAHS.

FOULOIR. s. m. T. Techn. Instrument qui sert au foulage. *Un f. de chapelier.* || T. Chir. Outil du dentiste pour plomber les dents. || Instrument pour fouler la terre. || Appareil pour fouler la vendange. || Lieu où l'on foule.

FOULOIRE. s. f. T. Techn. Table sur laquelle les chapeliers foulent les chapeaux. — Grand cuvier dans lequel on foule les bas. || T. Agric. Sorte de cuve où l'on foule le raisin avant de le porter au pressoir.

FOULON (JOSEPH-FRANÇOIS), contrôleur général des finances ; pendu par le peuple de Paris (1717-1789).

FOULON. s. m. (lat. *fullo*, m. s.). Artisan qui foule, qui apprête les draps et autres étoffes de laine. — *Moulin à f.,* Voy. DRAP. — *Terre à f.,* Voy. ARGILE — *Chardon à f.,* Voy DIPSACÉES. || T. Entom. Espèce de Hanneton. Voy. ce mot.

FOULONNAGE. s. m. [Pr. *fou-lo-naje*]. T. Techn. Apprêt que l'on fait subir aux tissus de laine. Vx.

FOULONNIER. s. m. [Pr. *foulo-nié*]. Propriétaire de moulins à foulon.

FOULOUPS. Voy. FELOUPS.

FOULQUE. s. f. (lat. *fulica*, m. s.). T. Ornith. — Les Échassiers Macrodactyles dont les ailes ne sont pas armées d'éperons ont été divisés par Linné en deux groupes tellement naturels, qu'ils ont été conservés par presque tous les ornithologistes : ce sont les *Râles* et les *Foulques*. — Les *Foulques,* ou *Fulicariés,* sont essentiellement caractérisés par leur bec qui se prolonge sur le front, de manière à y former une sorte d'écusson. Les oiseaux compris dans ce groupe peuvent en outre se partager en trois genres, d'après la forme du bec et la garniture des pieds : ce sont les *Poules d'eau,* les *Talèves* et les *Foulques* proprement dites.

Les *Poules d'eau,* ou *Gallinules* (Gallinula), ont les doigts fort longs et munis d'une bordure très étroite. Nous n'en avons en Europe qu'une espèce, la P *d'eau ordinaire* (Gall. chloropus), qui est brun foncé dessus, gris d'ardoise dessous, avec du blanc aux cuisses, le long du milieu du bas-ventre et au bord extérieur de l'aile. Cet oiseau habite en général le bord des rivières et des étangs. Il court très bien à terre, marche avec facilité au-dessus des herbes aquatiques, nage et plonge admirablement : cependant il ne nage et ne plonge guère que par nécessité. Pendant la plus grande partie de la journée, les Poules d'eau restent cachées dans les roseaux ; elles ne sortent de leur retraite que le soir et le matin, pour chercher leur nourriture, qui consiste en insectes et en graines de plantes aquatiques. La femelle fait au bord des eaux un nid grossier avec des herbes et des joncs entrelacés, et y pond de 8 à 12 œufs. Les petits courent et nagent dès qu'ils sont éclos. En automne, les Gallinules quittent les pays froids pour passer l'hiver dans des lieux plus tempérés, où il y a des sources et des eaux vives.

Les *Talèves,* ou *Poules sultanes* (Porphyrio), ont le bec plus haut que les Gallinules relativement à sa longueur, les doigts très longs, presque sans bordure sensible, et la plaque frontale considérable. Les mœurs de ces oiseaux sont à peu près celles de la Poule d'eau : cependant leur nourriture consiste principalement en grains, et ils ont la singulière habitude, lorsque l'objet qu'on leur présente est trop gros pour pouvoir être avalé d'un seul coup, de le saisir avec un de leurs pieds, de le porter à leur bec et de le manger en le morcelant, comme font les Perroquets. On compte une huitaine d'espèces de Porphyrions toutes exotiques; la plus commune est la *Poule sultane ordinaire* (*Porph. hyacinthinus*) [Fig. ci-dessous], qui est originaire d'Afrique, mais qui est aujourd'hui natura-

lisée dans les îles et sur les côtes de la Méditerranée. Son plumage est d'un bleu lustré à reflets brillants, et sa taille est de peu inférieure à celle de nos poules ordinaires.

Les *Foulques* proprement dites, ou *Morelles* (*Fulica*), joignent à un bec court et à une plaque frontale considérable, des doigts fort élargis par une bordure festonnée. Par ce caractère, elle forment la transition entre l'ordre des Échassiers et celui des Palmipèdes. Ces oiseaux sont excellents nageurs: aussi passent-ils leur vie sur les marais et les étangs. Leur plumage lustré ne s'accommode pas moins que leur conformation à ce genre de vie; leurs mœurs sont d'ailleurs semblables à celles des Gallinules. Nous n'en avons chez nous qu'une seule espèce, la *Foulque noire* ou *Morelle d'Europe* (*F. atra*), qui est grosse comme une Perdrix, et de couleur d'ardoise foncée, avec le bord des ailes blanc. La plaque frontale devient rouge au temps de la parade. Cet oiseau est très commun dans tous les lieux où il y a des étangs, et on lui fait une chasse fort active, bien que sa chair sente le marais. On l'appelle vulgairement *Macroule* ou *Macreuse*.

FOULQUES, nom de cinq comtes d'Anjou, dont le dernier, devenu roi de Jérusalem, abandonna l'Anjou à son fils aîné, Geoffroy Plantagenet, en 1129.

FOULQUES, curé de Neuilly-sur-Marne, prédicateur de la 4ᵉ croisade, m. en 1201.

FOULURE. s. f. (R. *fouler*). Distension violente des tendons, des ligaments d'une articulation. C'est en somme une entorse peu prononcée. Voy. ENTORSE. || T. Techn. Action de fouler des draps, des cuirs, etc. || T. Vén. Voy. FOULÉE.

FOUQUET (JEAN), éminent miniaturiste français, né à Tours (1415-1485).

FOUQUET ou mieux **FOUCQUET** (NICOLAS), surintendant des finances sous Louis XIV, né à Paris en 1615, fut condamné pour trahison et malversations au bannissement perpétuel. Sa peine fut commuée en celle de la prison perpétuelle (1665), et il mourut dans la forteresse de Pignerol (1680).

FOUQUIÈRE. s. m. (R. *Fouquier*, nom d'homme). T. Bot. Genre de plantes Dicotylédones de la famille des *Tamaricacées*. Voy. ce mot.

FOUQUIÉRÉES. s. f. pl. (R. *Fouquière*). T. Bot. Tribu de végétaux de la famille des *Tamaricacées*. Voy. ce mot.

FOUQUIÈRES (JACQUES FOUQUIER, dit), paysagiste flamand (1595-1659).

FOUQUIER-TINVILLE (ANTOINE-QUENTIN), accusateur public au tribunal révolutionnaire en 1793, sanguinaire, implacable et féroce, enfin guillotiné à son tour (1746-1795).

FOUR. s. m. (lat. *furnus*, m. s.). Ouvrage de maçonnerie en forme de voûte circulaire ou elliptique, avec une seule ouverture par devant, qui sert à faire cuire le pain, la pâtisserie, etc. L'*âtre d'un f.*, La surface horizontale, ordin. carrelée, sur laquelle on pose les pains. La *bouche*, la *gueule d'un f.*, L'ouverture par laquelle on introduit le bois pour chauffer le four et les objets que l'on veut faire cuire. L'*autel d'un f.*, La tablette horizontale située en avant de la bouche. — *F. banal*, F. du seigneur, où les vassaux étaient tenus de faire cuire leur pain en payant une redevance. — *F. de campagne*, Espèce de f. portatif, fait ordinairement de cuivre rouge. — *Pièce de f.*, Gâteau ou autre pièce de pâtisserie qui se cuit au f. — *Petits fours*, Pâtisseries légères pour dessert, thé, lunch, etc. — Prov. et fam., on dit d'un lieu très obscur, et d'un lieu où il fait extrêmement chaud, Il y fait noir, il y fait chaud comme dans un f. — Ouvrir une bouche comme un f. — On ne peut pas être au f. et au moulin, On ne peut pas faire deux choses à la fois. — Ce n'est pas pour lui que le f. chauffe, Ce n'est pas à lui que la chose est destinée. || *F. continu*, Cylindres en tôle, mobiles autour d'un axe central, dans lesquels on introduit la pâte qu'on veut transformer en pain. || Se dit également des lieux voûtés et couverts par en haut, où l'on fait cuire la chaux, le plâtre, la brique, la tuile, etc. *F. à chaux, à plâtre, à briques*, etc. — *F. à puddler*, Voy. FER. — *F. de verrerie*. || *F. à poulets*, Espèce de f. dans lequel on maintient une chaleur égale, et où l'on place des œufs pour l'éclosion des poulets. || Par extens., Le lieu où est un f. *Je vais au f. Il revenait du f.* || Autrefois, le lieu où l'on enrôlait ceux que l'on enrôlait par force. *Il a été deux jours dans un f. et il s'est échappé.* || T. Archit. *Cul de f.*, Espèce de voûte en plein cintre. Voy. VOÛTE. || Petit caveau des églises grecques placé sous l'autel. || T. Mar. Espace ménagé à l'arrière de la soute aux poudres. || T. Minér. *F. à cristaux*, Cavités tapissées de cristal de roche, que l'on rencontre dans les montagnes des Alpes. || T. Théât. *Faire f.*, se disait autrefois des comédiens, lorsque, au lieu de jouer, ils renvoyaient les spectateurs, parce qu'ils n'avaient pas assez de monde pour couvrir leurs frais; et se dit encore aujourd'hui d'un acteur ou même d'une pièce qui n'a pas réussi. *La jeune première a fait f. C'est un f. complet.* || Nom donné autrefois aux loges du cinquième d'un théâtre.

Techn. — *Four électrique.* — Cet appareil a pour but d'effectuer des réactions à une température très élevée au milieu de l'arc électrique. Il se compose, en principe, d'un bloc de matière réfractaire dans lequel on a creusé une cavité qui sert de creuset. Deux tiges de charbon de cornues amènent le courant; on fait jaillir entre elles l'arc produit par une machine dynamo-électrique. Les substances que l'on soumet à l'expérience sont placées dans le creuset entre les deux charbons. C'est au moyen de cet appareil que M. Moissan a pu reproduire le diamant; il est devenu le point de départ de nombreuses et importantes études. Avec le petit modèle de laboratoire (*creuset électrique*), il suffit d'un courant de 12 ampères et 35 volts pour obtenir la fusion de l'alumine, la production de petits rubis et celle des bronzes d'aluminium par le procédé Cowles. De plus, en plaçant cet appareil de laboratoire entre les pôles d'un aimant, on peut allonger et diriger l'arc et réaliser un véritable chalumeau électrique. De grands fours électriques sont employés aujourd'hui pour la fabrication du carbure de calcium (voy. ÉCLAIRAGE), et dans l'*Électro-métallurgie*. Voy. ce mot.

FOUR (Passage du), entre la côte du Finistère et les petites îles au sud d'Ouessant.

FOURBE. s. f. (ital. *furbo*, m. s.; même rad. que *fourbir*?). Tromperie basse et odieuse. *F. grossière, subtile. Inventer, découvrir une f.* || Par extens., L'habitude de faire des fourbes. *On a démasqué sa f.* = Syn. Voy. FOURBERIE.

FOURBE. adj. et s. 2 g. (ital. *furbo*, m. s.). Qui emploie pour tromper des ruses odieuses, une adresse maligne et perfide. *C'est un homme bien f. Il a l'esprit f. Un maître f. C'est une grande f. que cette femme-là.*

FOURBER. v. a. Tromper d'une manière basse et odieuse. *Il fourbe tout le monde.* = FOURBÉ, ÉE. part.

FOURBERIE. s. f. (R. *fourbe*). Tromperie basse. *Faire des fourberies. C'est une insigne f.* || *Le caractère de celui qui a l'habitude de faire des fourberies. Sa f. est maintenant bien connue.*

Syn. — *Fourbe.* — Les mots *fourbe* et *fourberie* se disent, tantôt de certains actes, tantôt du caractère de celui qui commet ces actes. L'acte qualifié de *fourbe* est plus grave que celui qu'on nomme simplement *fourberie.* Une *fourberie* indique l'emploi de la tromperie et le dessein de nuire; mais la *fourbe* exprime une tromperie plus calculée, plus profonde, plus lâche, plus odieuse. Scapin commet des *fourberies* pour extorquer de l'argent à son maître; Appius imagina une *fourbe* détestable pour faire tomber Virginie en son pouvoir. Employé en parl. du caractère, les mots *fourbe* et *fourberie* offrent une différence analogue. *Fourbe* se dit du vice de la *fourberie* dans sa plus grande intensité: le premier se dit du caractère de celui qui commet des *fourbes;* le second de celui qui fait des *fourberies.*

FOURBI. s. m. (R. *fourbir*). T. Milit. Tous les vêtements et objets que possède chaque militaire.

FOURBIR. v. a. (german. *furban*, nettoyer). Nettoyer, polir, rendre clair en frottant; ne se dit que de certains ouvrages de fer, de cuivre, etc. *F. une lame d'épée, un canon de fusil, une cuirasse. F. des chenets.* = FOURBI, IE. part.

FOURBISSAGE. s. m. [Pr. *fourbi-sa-je*]. Action de fourbir; le résultat de cette action.

FOURBISSEMENT. s. m. Action de fourbir.

FOURBISSEUR. s. m. [Pr. *fourbi-seur*]. Artisan qui fourbit, et qui monte des sabres, des épées, etc.

FOURBISSURE. s. f. [Pr. *fourbi-sure*]. Nettoiement, polissure.

FOURBU, UE. adj. (part. passé de l'anc. verbe *forboire,* boire avec excès). Qui est atteint de fourbure. — En parlant de l'homme, harassé de fatigue. || Fig. Taré, perdu par les excès.

FOURBURE. s. f. (R. *fourbu*). T. Art vét. On applique ce nom à deux maladies différentes du cheval. — La première est en général considérée comme une fièvre inflammatoire simple, qui se caractérise principalement par l'accablement, la langueur, la perte d'appétit, la chaleur de la peau, la fréquence du pouls, la raideur des articulations, etc. Elle est le plus souvent causée par un excès de fatigue, par le séjour dans un lieu humide, ou par un refroidissement subit, surtout quand l'animal a bu quand très chaud. C'est même de cette dernière circonstance qu'est dérivé le nom de la maladie *forboure,* action de boire mal à propos. On combat cette sorte de f. par les moyens antiphlogistiques. — La seconde affection désignée sous ce nom est l'inflammation du tissu réticulaire du pied: elle accompagne souvent l'affection précédente, lorsque celle-ci est le résultat de travaux excessifs. Elle se manifeste par une chaleur considérable du pied et une douleur qui force l'animal à s'appuyer sur les autres membres pour soulager celui qui souffre. Au début de la f., il faut avoir recours à la diète, aux délayants, aux saignées, ainsi qu'aux topiques résolutifs et astringents. On détermine en même temps une inflammation dérivative aux genoux et aux jarrets, en frictionnant fortement les parties affectées avec de l'huile essentielle de lavande ou même avec de l'essence de térébenthine. Voy. FOURMILIÈRE.

FOURCHAMBAULT, v. de France (Nièvre), sur la rive droite de la Loire, arr. de Nevers; 6,000 hab. Forges et hauts fourneaux d'une grande importance.

FOURCHE. s. f. (lat. *furca*, m. s.). Instrument qui consiste en un long manche terminé par deux ou trois branches ou pointes, qui vont en s'écartant. *F. de bois, de fer. Des paysans armés de fourches. On les poursuivit à coups de f.* — Fig. et fam., *Faire une chose à la f.,* La faire négligemment ou grossièrement. *Traiter quelqu'un à la f.,* Le traiter durement ou d'une manière humiliante. Vx et peu us. || Par anal., *Faire la f., une f.,* se dit d'une chose qui se divise en deux ou trois à son extrémité. *Le chemin fait une f.*

à tel endroit. *Cette branche fait la f.* || *Fourches patibulaires,* Gibet à plusieurs piliers. Voy. GIBET. || *F. à recherches,* Instrument pour aider à la rech..che des noyés. || T. Mus. Manière de disposer les doigts sur un instrument à vent et qui consiste à lever le doigt du milieu, tandis que l'index et l'annulaire bouchent chacun un trou. || T. Mar. Nom donné à deux mâts qui se réunissent au sommet et qui sont employés à élever des fardeaux. — *F. de beaupré,* Support formé par les allonges d'écubier, pour maintenir le mât contre les mouvements latéraux. — *F. de carène,* Longue perche au bout de laquelle est une f. et qui sert à tenir les fagots allumés sur la carène quand on chauffe un bâtiment, || T. Techn. En terme de tisseur, Assemblage de deux fils retors de 4 à 6 brins et réunis à leur sommet. || T. Chir. Instrument employé pour comprimer une artère et arrêter l'hémorragie. || T. Pathol. Nom donné a de petits abcès qui surviennent entre les doigts. || T. Agric. *F. fière, Grosse f.* de fer avec laquelle on enlève les gerbes. || T. Vén. Bâton à deux branches dont on se sert pour donner la curée. — *F. à blaireau,* Fourchette qui a deux fortes dents de fer, et dont on se sert pour arrêter le blaireau. || *Fourches caudines,* Défilé de la Campanie, près de l'ancienne Caudium, où les Romains, cernés par les Samnites, subirent l'affront de passer sous le joug, l'an de Rome 433. Par allus. à cet événement, on applique quelquefois la dénomination de *Fourches caudines* à une capitulation honteuse, à une paix humiliante. — *Passer sous les Fourches caudines,* Subir les conditions très dures que quelqu'un impose.

FOURCHÉE. s. f. Ce qu'on prend en une fois avec la fourche.

FOURCHER. v. n. (R. *fourche*). Se partager, se diviser en deux ou trois par l'extrémité, en manière de fourche. *Un chemin qui fourche. Si l'on coupe la tête de ces arbres, ils fourcheront ou se fourcheront.* || T. Agric. *F. la terre,* La remuer avec une fourche. — *F. le chiendent,* Le retirer avec une fourche, quand il est arraché de terre. || T. Jeux. Aux échecs, placer un cavalier de telle sorte que, tout en donnant échec, il menace en même temps la dame ou une autre pièce. || Fig. *Cette famille n'a point fourché,* Elle n'a formé qu'une seule branche. || Fig. et fam., *La langue lui a fourché,* se dit de quelqu'un qui, par méprise, a prononcé un mot pour un autre à peu près semblable. = FOURCHÉ. ÉE. part. *Pied fourché,* Pied fendu. Autrefois on appelait aussi *Pied fourché,* Un droit d'entrée qui se levait, dans certaines villes, sur les bêtes dont le pied est fendu, comme bœufs, moutons, etc. || T. Blas. *Croix fourchée,* Voy. CROIX.

FOURCHET. s. m. (R. *fourche*). T. Arboric. Division d'une branche d'arbre en deux. || T. Agric. Fourche à deux dents que l'on emploie à décharger les voitures de foin.

Méd. vét. — Les vétérinaires nomment *Fourchet* l'inflammation du canal interdigité du Mouton, espèce de sinus dont l'ouverture est située près de la division des phalanges, et qui est tapissé d'une membrane folliculeuse. Cette maladie résulte de l'accumulation de l'humeur sébacée ou de l'introduction accidentelle d'un corps étranger; mais elle peut dégénérer en abcès ou en ulcère, causer la chute du sabot, le dépérissement et la mort de l'animal, si l'on ne se hâte de pratiquer l'opération du *fourchet,* qui consiste à faire l'ablation du canal tout entier au moyen de l'instrument tranchant.

FOURCHETÉ, ÉE. adj. T. Blas. Se dit d'une croix dont chaque branche est terminée par trois pointes.

FOURCHETÉE. s. f. Ce qu'on peut prendre en une fois avec une fourchette.

FOURCHETTE. s. f. [Pr. *four-chète*] (Dimin. de *fourche*). Ustensile de table, qui a deux, trois ou quatre pointes ou dents par le bout, et dont on se sert pour prendre les viandes. *C'est dans un inventaire de l'argenterie de Jean, duc de Bretagne, en 1306, qu'il est fait pour la première fois mention des fourchettes en France.* — *Déjeuner à la f.,* Manger de la viande à son déjeuner. — *Avoir un joli coup de f. Être une belle f.,* Être un grand mangeur. — *Se servir de la f. du père Adam,* Se servir de ses doigts pour manger — *Au hasard de la f.,* Enseigne de boutique, où pour un sou on a le morceau qu'on pique au hasard dans la casserole. *Instrument en forme d'Y, dont les soldats se servaient autrefois pour appuyer l'arquebuse ou le mousquet en tirant.* || T. Techn. On nomme ainsi divers instruments qui servent à différents usages, mais qui ont cela de commun qu'ils ressemblent plus ou moins à une fourche. || T. Mus. Partie du mécanisme de la harpe dont on se sert pour élever les cordes d'un demi-ton et qui se meut à l'aide d'une pédale. || T. Chir. Instrument dont on se sert pour maintenir la langue des enfants, lorsqu'on opère la section du filet. || T. Pêche. Sorte de fourche dont on se sert pour prendre le poisson. || T. Anat. Nom vulgaire de la clavicule chez les oiseaux. — Pop., La f. de l'estomac, L'appendice cartilagineux du sternum, parce qu'il est quelquefois bifurqué. || T. Art vét. Partie du sabot d'un cheval située à la face inférieure, dans l'angle que forme l'extrémité de la barre. Voy. CHEVAL. || T. Lingère, la partie de la manchette qui garnit l'ouverture de la manche d'une chemise d'homme. || T. Jeux. Avoir la f., Être le dernier à jouer avec deux cartes telles que le valet et le dix, contre un adversaire qui a le roi et la dame, en sorte que les deux cartes soient prises de quelque manière qu'on attaque.

FOURCHON. s. m. Chacune des pointes de la fourche ou de la fourchette. || L'endroit où commencent à diverger deux branches qui s'écartent en forme de fourche.

FOURCHU, UE. adj. Qui se fourche, fourché, Arbre f. Chemin f. Barbe fourchue. — Menton f., Menton qui présente à son milieu un sillon prononcé. || T. Manu. Pied f., Pied divisé en deux. — Par ext., Pied de boue avec lequel on figure le diable. || Fig. et fam., Faire l'arbre f., Se tenir la tête en bas et les pieds en haut écartés l'un de l'autre.

FOURCROY (ANTOINE-FRANÇOIS, comte de), célèbre chimiste français, auteur du Système des connaissances chimiques, fut un des organisateurs de l'instruction publique en France (1755-1809).

FOURCROYER. s. m. (R. Fourcroy, n. d'homme). Genre de plantes Monocotylédones (Fourcroya), de la famille des Amaryllidacées. Voy. ce mot.

FOURGON. s. m. Espèce de charrette couverte dont on se sert ordinairement dans les armées et dans les voyages, pour porter les bagages, les munitions, etc. || T. Ch. de fer. Wagon qui dans un train de voyageurs est destiné aux colis, aux gros bagages.

FOURGON. s. m. (anc. fr. fourgier, fouiller, du lat. foricare, fréquent.; de foricare, forer). Instrument de fer plus ou moins long, qui est droit ou recourbé à l'une de ses extrémités, dont on se sert pour remuer et arranger le bois, le charbon, dans un four, dans un fourneau, etc. — Prov., La pelle se moque du f., Tel qui se moque d'un autre, ne vaut pas mieux.

FOURGONNER. v. n. [Pr. four-go-ner]. Remuer la braise dans le four avec le fourgon. — Remuer le feu avec les pincettes, de le déranger en le voulant accommoder. Il ne fait que f. Fam. || Fig. et fam. Fouiller maladroitement en brouillant et en mettant tout sens dessus dessous, Ne fourgonnez point dans ce coffre.

FOURICHON (MARTIN), marin français, membre du gouvernement de la Défense nationale en 1870-1871 (1809-1884).

FOURIER (J.-B. JOSEPH), savant français, auteur de la Théorie analytique de la chaleur (1768-1830), fit partie de l'expédition d'Égypte en 1798 — Série de Fourier. T. Math. Voy. SÉRIE.

FOURIER (FRANÇOIS-MARIE-CHARLES), économiste français (1772-1835), imagina une théorie nouvelle de la société humaine, le Fouriérisme. Ses principaux ouvrages sont la Théorie des quatre mouvements (histoire de la Terre partagée en quatre phases dont la dernière sera la période de parfaite harmonie), et le Traité de l'association domestique et agricole, réimprimé avec le titre de Théorie de l'Unité universelle.

FOURIÉRISME. s. m. Système philosophique et social imaginé par Fourier. — Ce système, aujourd'hui bien oublié, mais qui a fait beaucoup de bruit au commencement du XIXe siècle, consiste en une sorte d'association où chacun apporterait ses capitaux, son travail et son talent, et serait rémunéré suivant son apport sous ces trois formes. Tous les associés d'une même phalange habiteraient un même édifice appelé phalanstère, où ils trouveraient à leur portée, et suivant leurs ressources, toutes les choses utiles à la vie, et les

distractions nécessaires. Enfin, et c'est là la partie la plus originale de l'œuvre, Fourier se flatte de rendre le travail agréable et, par cela même, plus productif, en répartissant les travailleurs en séries, chacun suivant son goût, et en faisant appel à leur amour-propre, à leur désir de se distinguer, etc. Il est inutile de faire la critique de ce système, forcément chimérique comme tous ceux qui ont prétendu et prétendent refaire de toutes pièces l'organisation des sociétés humaines, œuvre lente du temps et de l'évolution. Mais on peut et on doit améliorer le sort des travailleurs, les associer aux résultats obtenus. Le familistère de Guise, fondé par Godin, est un pas vers ce perfectionnement, et il a été inspiré par les idées sociales de Fourier.

FOURIÉRISTE. adj. et s. 2 g. Qui appartient au fouriérisme; partisan du fouriérisme.

FOURMI. s. f. (lat. formica, m. s.). T. Entom. — Les Fourmis forment une famille (Formicides) de l'ordre des Hyménoptères Porte-Aiguillon. Ce sont de petits insectes qui ont de tout temps attiré l'attention des observateurs par leurs mœurs si curieuses à étudier. En effet, ils vivent en sociétés nombreuses, composées de mâles, de femelles et d'individus stériles ou neutres. Les Fourmis présentent les caractères suivants : Tête triangulaire, libre large, mandibules fortes, antennes coudées; pattes assez longues et frêles; abdomen ovale attaché au thorax par un pédicule très étroit; glandes anales sécrétant un liquide acide, appelé acide formique. Ces insectes peuvent se diviser en quatre groupes : les Formicides vraies, dont le pédicule abdominal est surmonté d'une écaille; les Dorylides dont les femelles et les ouvrières sont aveugles; les Ponérides, qui sont toutes aveugles et ont l'abdomen rétréci entre le premier et le deuxième anneau; les Myrmicides, dont le pédicule abdominal comprend deux articles, alors qu'il n'y en a qu'un seul dans les trois autres groupes.

Parmi les genres qui appartiennent à ces quatre groupes, nous nous contenterons de citer ceux qui contiennent nos espèces indigènes. Ainsi, nous trouvons dans les Myrmicides le g. Atte et le g. Myrmica, dans les Ponérides le g. Ponère, et

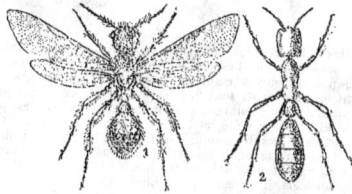

dans les Formicides le g. Polyergue et le g. Fourmi. Le type du g. Atte est l'Atte maçonne, qui est assez répandue en France, où elle construit des nids dans le sable, et fixe avec la terre qu'elle en retire une sorte de couvercle à l'entrée. Les Attes sont aisément reconnaissables à leur tête qui est très grosse par rapport au corps. L'espèce la plus commune chez nous du g. Myrmica est la M. rouge, appelée vulgairement F. rouge (Fig. 1. Femelle très grossie). Elle est rougeâtre; le premier nœud est muni d'une épine en dessous; l'abdomen est lisse et brillant avec le premier anneau brunâtre. Cet insecte établit son domicile dans la terre, sous des pierres, sous des détritus de végétaux. Nous n'avons en France qu'une seule espèce de Ponère, la Pon. resserrée (Fig. 2. Neutre, très grossie). Elle est d'un brun foncé glabre et luisant, avec la tête d'un brun jaunâtre en avant. Elle se trouve ordinairement sous les pierres, réunie en petites sociétés de quelques individus. Les Polyergues se distinguent des Fourmis proprement dites en ce qu'ils ont les mandibules étroites, arquées et terminées en pointe très crochue, tandis que celles-ci les ont triangulaires et très dentées. Ils ont pour type une espèce assez commune en France : c'est le Pol. roussâtre, qui est long de 7 à 9 millim. et qui est entièrement d'un roux pâle. Parmi les Fourmis propres, les plus répandues chez nous sont : la F. rousse ou fauve (Fig. 3. Femelle; 4. Neutre; toutes les deux très grossies), la F. sanguine, ainsi nommée parce qu'elle a le corselet et la tête d'un rouge sanguin; la F. fuligineuse, la F. mineuse appelée aussi cunicularie, et la F. noire cendrée.

Les diverses espèces qui composent la famille des Formicides vivent, ainsi que nous l'avons dit, en sociétés plus ou moins nombreuses, formées de mâles, de femelles et d'individus neutres, appelés communément *Ouvrières*. Ces dernières ne sont que des femelles dont les ovaires sont atrophiés ; elles sont privées d'ailes pendant toute la durée de leur existence, caractère qui suffit pour les distinguer des autres. Tout ce qui concerne la construction, la garde, la défense de l'habitation, les expéditions guerrières, la nourriture et l'éducation des jeunes, regarde les ouvrières. Ces infatigables insectes sont à la fois maçons, charpentiers, guerriers et nourrices.

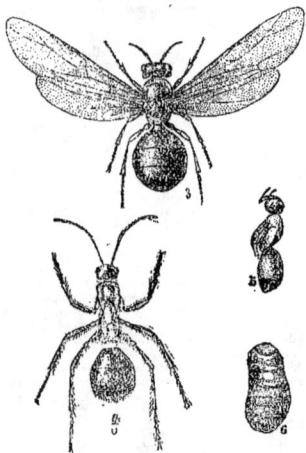

Les mâles et les femelles, au contraire, ont pour unique fonction la propagation de l'espèce. — Le nombre des mâles est de beaucoup supérieur à celui des femelles. Les deux sexes quittent les nids où ils sont nés, depuis la fin de juillet jusqu'au milieu de septembre ; l'essaim s'élève dans les airs, par une chaude journée d'été, et l'accouplement s'accomplit. Les mâles ont alors rempli l'unique fonction qui leur soit dévolue, ils n'ont plus qu'à mourir ; jamais un mâle ne rentre à la fourmilière après l'avoir quittée ; mais tout se passe sous la surveillance d'une *garde du corps*, qui à la fin, c.-à-d. au moment où le développement des ovaires ne permet presque plus à la femelle de se mouvoir, se réduit à une sentinelle unique. Cette sentinelle, qu'on a soin de relever régulièrement, se poste sur le dos de la reine, et son office paraît être d'attendre la sortie des œufs, dont elle s'empare aussitôt pour les porter aux cellules destinées à les recevoir. Une femelle produit généralement de 4000 à 5000 œufs dans l'année. L'entomologiste Gould fait un curieux récit des hommages qui sont rendus à la mère du futur essaim d'une année. Elles se pressent autour d'elle, lui offrent à manger, la prennent par les mandibules pour la guider parmi les dédales de la fourmilière, la portent lorsqu'elle est fatiguée, puis la déposent doucement à terre. — Ces habitudes peuvent, selon les espèces, varier dans leurs détails ; mais la ligne de conduite générale est partout la même.

Cet attachement des ouvrières pour les femelles se continue à la postérité de celles-ci, sous ses différents états d'œufs, de larves et de nourrissons ; il paraît même augmenter progressivement à chaque transformation. Environ quinze jours après la ponte, dit Huber, la larve sort de l'œuf ; ce n'est encore qu'une masse informe dans laquelle on ne distingue qu'une tête et des anneaux articulés. On voit alors, quand il fait beau, les ouvrières les porter au dehors, les exposer aux rayons du soleil, puis les rentrer dès que la chaleur devient trop grande ou lorsqu'il va tomber de la pluie, ce dont elles paraissent être averties par leur instinct. Si un ennemi ou un danger quelconque menace la fourmilière, les larves sont le premier objet de leur sollicitude ; elles sont aussitôt emportées et mises en sûreté dans l'intérieur par ces gardiens infatigables. Les Fourmis paraissent avoir, comme les Abeilles, une nourriture particulière pour chaque espèce de larves. Pour nourrir celles-ci, l'ouvrière écarte simplement leurs mandibules et leur verse dans la bouche les sucs destinés à leur alimentation. L'époque de la transformation en nymphe arrivée, la plupart des espèces se filent un cocon dans lequel elles atteindront l'état d'insecte parfait (Fig. 5. Nymphe de F. noire cendrée, vue de profil ; 6. La coque qui la contient : toutes deux très grossies). Parvenue à ce dernier degré de développement, la jeune F., dont les mâchoires ne sont point encore assez résistantes, ne pourrait briser les murs de sa prison ; il faut voir alors nos ouvrières arracher péniblement et pièce à pièce quelques fragments de la tunique soyeuse, la percer, la tordre, la tirailler en tous sens jusqu'à ce qu'il y ait une ouverture assez grande pour livrer passage au nouvel insecte. Une fois hors du cocon, il faut encore que ce dernier dépouille son enveloppe de nymphe ; mais les ouvrières sont toujours là pour l'assister. Petit à petit elles dégagent ses pattes et ses antennes ; puis elles lui donnent à manger et guident ses premiers pas dans les galeries qu'elles paraissent vouloir lui faire connaître. Enfin, si le nouveau-né est mâle ou femelle, elles étendent délicatement ses ailes froissées par une longue compression. En un mot, elles ne cessent de veiller sur leurs élèves qu'au moment où ils ont acquis assez de force pour suffire eux-mêmes à leurs besoins.

S'il n'est donné qu'à la patiente observation du naturaliste de surprendre les détails intimes dont nous venons de donner un court aperçu, les personnes les plus étrangères à l'entomologie peuvent chaque jour admirer avec quel art merveilleux les Fourmis procèdent à l'édification de leur demeure. Voici en quels termes Spence et Kirby décrivent les procédés industriels employés par la *F. fauve* dans la construction de son nid. « Extérieurement, on ne distingue qu'une élévation conique composée de brins de paille, de fragments de bois, de graines, de petits cailloux, bref, de toute espèce de matériaux en rapport avec les forces des habitants ; mais les dispositions intérieures de l'édifice contrastant singulièrement avec l'apparence grossière du dehors. Toutes les précautions sont prises pour mettre la cité à l'abri des changements brusques de température. L'édifice se compose d'un certain nombre de cellules ou chambres de grandeur variable, communiquant l'une avec l'autre au moyen de galeries séparées. Les cellules sont disposées par étages indépendants les uns des autres, mais reliés par une sorte d'escalier commun. Une moitié de l'édifice est creusée dans la terre ; l'autre s'élève au-dessus du sol. La première sert à recevoir les jeunes Fourmis pendant la saison froide et pendant la nuit ; la seconde les abrite pendant le jour. Les déblais retirés de la partie souterraine, mélangés aux matériaux divers indiqués plus haut, servent à exhausser et à consolider la construction du monticule. Outre les galeries qui joignent ensemble les appartements, d'autres passages communiquant avec l'extérieur débouchent au sommet du monument. Les Fourmis ferment à volonté ces ouvertures pour empêcher la pluie ou les ennemis de pénétrer chez elles ; pour plus de précaution, elles laissent même des sentinelles à chaque issue. » Les habitations de la F. fauve, quoique relativement considérables, ne sont que des taupinières si on les compare aux immenses fourmilières que d'autres insectes de la même famille, mais d'une taille beaucoup plus grande, construisent dans les pays chauds. Malouet fit en avoir vu dans les forêts de la Guyane qui étaient hautes de 15 à 20 pieds au-dessus du sol, et qui avaient de 30 à 40 pieds de diamètre à leur base. — Au reste, toutes les espèces ne bâtissent pas leurs demeures à la surface du sol ; sir Jos. Banks a observé, dans la Nouvelle-Galles du Sud, un nid de ces insectes formé de feuilles larges comme la main, et agglutinées solidement entre elles. La F. fuligineuse se loge dans les troncs des vieux chênes ou des saules, dont elle ronge le bois pour y creuser des galeries et des cellules.

Dans notre pays, les Fourmis font ordinairement leur apparition dans les premiers jours de mars, et ne disparaissent que vers la fin d'octobre. Elles aiment à jouer en se chauffant au soleil; elles luttent entre elles, grimpent sur le dos des unes des autres, et présentent un spectacle aussi curieux qu'animé. Elles ne restent pas engourdies tout l'hiver, suivant l'opinion commune, mais elles se répandent à l'extérieur de la fourmilière dans les jours tièdes et doux. Pendant les grands froids, elles se ramassent en pelotons serrés afin de se réchauffer mutuellement. Une croyance plus séduisante que conforme à la vérité avait doué ces insectes d'une prévoyance qui n'a jamais existé que dans l'imagination des fabulistes; les Fourmis n'amassent aucune provision pour l'hiver. Ce qui a pu accréditer cette opinion, c'est l'empressement avec lequel elles entraînent du côté de leur demeure les différentes substances dont elles se nourrissent : aucune matière nutritive n'échappe à leur voracité. Néanmoins les matières sucrées sont surtout l'objet de leur convoitise; pour s'en procurer, elles bravent tous les périls. À cette passion se rattache un des faits les plus extraordinaires de l'histoire des insectes; nous voulons parler de leurs rapports avec les Pucerons, que Linné nomme leurs *vaches à lait*. L'abdomen de ces insectes distille un liquide sucré dont les Fourmis sont excessivement friandes. Elles en augmentent la sécrétion en les titillant avec leurs antennes, tout en évitant soigneusement de leur faire aucun

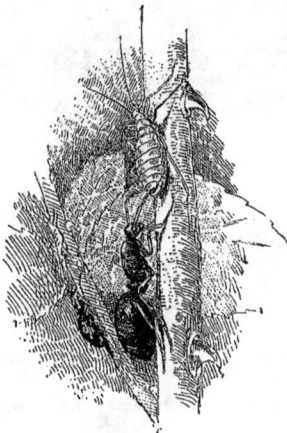

Fig. 7.

mal (Fig. 7. Fourmi en train de traire un puceron). Quand il existe des Pucerons sur une plante, on est sûr d'y rencontrer des Fourmis. Ces dernières même, afin d'avoir les Pucerons plus à leur portée, les transportent sur les végétaux qui avoisinent la fourmilière ou même dans l'intérieur de celle-ci. C'est dans le même but que les Fourmis nourrissent dans leurs demeures d'autres insectes, tels que les Clavigères et les Lomechuses, qui sécrètent également un liquide sucré. Les soins qu'elles prodiguent alors à ce bétail d'un nouveau genre les a fait plaisamment nommer par Huber un *peuple pasteur*. Dans les contrées tropicales où les Pucerons font défaut, les Fourmis les remplacent par certains insectes homoptères pourvus d'une sécrétion analogue.

À côté de ces habitudes toutes pacifiques, les fourmis présentent des instincts belliqueux et un courage indomptable. La guerre civile semble inconnue parmi elles ; mais les combats entre les différentes fourmilières sont fréquents et acharnés. La possession d'un nid mieux exposé, le désir de se procurer des larves ou des Pucerons ; enfin, chose plus étrange encore, la coutume de faire des esclaves, en sont les principales causes. — Lorsqu'il s'agit d'entreprendre une expédition, nos guerriers (ce sont exclusivement les neutres) quittent la cité, se rangent sur une ou plusieurs colonnes, et marchent ainsi vers la cité ennemie. Si un obstacle s'oppose à leur marche, elles le franchissent ou le tournent suivant sa nature. Mais la ville menacée ne tarde pas à être avertie, par ses sentinelles avancées, de l'imminence de l'attaque. En un instant tous les

défenseurs sont sur pied ; les mâles et les femelles, qui ne doivent pas prendre part au combat, sont transportés, ainsi que les larves, dans un endroit sûr et mis à l'abri de tout péril. Pendant ce temps, la lutte s'est engagée. Rien ne peut dépasser la férocité et l'obstination des combattants. Ces petites créatures furieuses se déchirent les unes les autres ; elles se saisissent deux à deux jusqu'à ce qu'une troisième vienne achever l'un des adversaires ou le faire prisonnier; ou bien elles se jettent dans la mêlée, refusant tout quartier, jusqu'à ce qu'un renfort ou les hasards de la guerre viennent donner la victoire à l'une des deux armées. Dans tous les cas, l'approche de la nuit sépare les combattants ; mais la bataille recommence tous les jours jusqu'à la saison des pluies, pendant laquelle les parties belligérantes se retirent dans leurs citadelles respectives. Bien qu'appartenant à la même espèce, les deux partis opposés savent reconnaître leurs propres guerriers dans la chaleur du combat. Si par méprise, dit Huber, une F. attaque un ami, on voit immédiatement les carosses succéder aux coups. Lorsque l'expédition a réussi, les vainqueurs reviennent au logis, chargés des Pucerons et des larves conquis sur l'ennemi.

Les Fourmis qui naîtront de ces dernières sont destinées à l'esclavage. — On ne rencontre pas des esclaves chez toutes les Fourmis ; mais on en trouve constamment chez certaines espèces, telles que le *Polyergue roussâtre* et la *F. sanguine*, qui paraissent même ne pouvoir s'en passer. Ces ilotes d'un nouveau genre non seulement accompagnent leurs maîtres dans leurs expéditions, bâtissent leurs demeures, prennent soin de leur progéniture, mais encore sont obligés de les nourrir. Huber fils s'est assuré que les Polyergues se laissent mourir de faim, en présence même d'aliments sucrés, s'ils n'ont pas là leurs esclaves pour leur donner la pâtée. L'ingénieux observateur désigne sous le nom d'*Amazones* ou de *Légionnaires* les Fourmis qui font ainsi des esclaves ; quant à celles qui leur fournissent ces ilotes, ce sont les espèces que nous avons appelées *F. noire cendrée* et *F. mineuse* ou *cuniculaire*.

Dans nos climats, les Fourmis sont des insectes plus incommodes que nuisibles ; mais il n'en est pas de même dans les régions tropicales, où elles sont parfois un fléau non moins redoutable que les Sauterelles. En outre, tandis que l'aiguillon des espèces armées indigènes ne cause qu'une faible douleur, la piqûre de certaines espèces exotiques, comme la *F. biépineuse* de Cayenne, appelée vulgairement *F. de feu*, peut occasionner de véritables accidents. Cette même f. compose son nid avec le duvet qu'elle tire des capsules du Bombax, et le feutre de façon à lui donner l'apparence de l'amadou. Or, cette substance ainsi préparée est vantée par les indigènes comme un excellent hémostatique.

L'intelligence si remarquable des fourmis a donné à un chercheur (M. Flammarion) l'idée de peser un cerveau de f. Il a trouvé 16 centièmes de milligrammes. Il en faut donc six mille pour 1 gramme.

Paléont. — Les Fourmis sont apparues, pour la première fois, au début des terrains secondaires. Ce sont d'abord quelques rares débris que l'on trouve dans les couches liasiques partout où se rencontrent des Insectes ; puis leur nombre va promptement en augmentant et, à l'époque tertiaire, ce sont certainement les Insectes les plus nombreux.

Bibliogr. — Voir surtout les ouvrages de Huber, John Lubbock, Forel et André.

FOURMIES, v. du dép. du Nord, arr. d'Avesnes ; 15,900 hab. Filatures, verreries.

FOURMILIER. s. m. (R. *fourmi*). T. Mamm. Mammifères appartenant à l'ordre des *Édentés* et au groupe des *Vermilingues*. Voy. ce mot.

Ornith. — Le nom de *Fourmilier* (*Myiothera* ou *Myrmothera*) est également employé par les ornithologistes pour désigner un genre d'oiseaux qui appartient à l'ordre des Passereaux dentirostres : on a ainsi appelé des insectes qui font la nourriture favorite de ces oiseaux. Les Fourmiliers sont fort voisins des Merles, dont ils diffèrent surtout par leurs jambes hautes et leur queue courte. Toutes les espèces sont étrangères à l'Europe et se partagent la plupart américaines. Les auteurs sont fort peu d'accord, soit sur la place à assigner à ce genre, soit sur les coupes qu'il convient d'y établir. Cuvier le place entre les Merles et les Cincles, et le partage seulement en trois sousgenres, *Brève*, *Fourmilier* et *Orthonix*. La Fig. ci-contre représente l'un des plus beaux oiseaux de ce groupe, la *Brève azurine* (*Pitta cyanura* de Vieillot), qui habite les Indes orientales. Le dessus du corps du mâle est d'un brun rougeâtre ; les ailes sont noires avec une bande blanche dentelée ;

la queue est bleue; les côtés de la tête et du cou sont occupés par des bandes d'un jaune orangé et d'autres d'un beau noir

velouté ; une grande plaque bleu d'azur couvre la poitrine ; le ventre est jaune avec des raies transversales bleues ; enfin, le bec et les pieds sont bruns.

FOURMILIÈRE. s. f. (anc. fr. *fourmière*, de *fourmi*). Lieu où habite une société de fourmis. *F. souterraine.* || L'ensemble des fourmis qui l'habitent. *Vous verrez sortir toute la f.* || Fig., se dit d'une grande quantité de certains autres insectes ou animaux, et même d'un grand nombre de personnes. *Une f. de vers, de souris, de serpents,* etc. *Une f. d'enfants. Il y a une f. de pauvres dans ce quartier.*
Méd. vét. — Chez le Cheval, l'inflammation du tissu réticulaire du pied, dont nous avons parlé sous le nom de *Fourbure*, est souvent suivie d'une affection organique de ce même tissu qu'on appelle *Fourmilière*. L'ongle se soulève et ne reste fixé à l'os du pied que par une multitude de filaments qui forment un tissu spongieux et vasculaire, contenant dans ses interstices une matière fluide. Quand la f. est bornée à l'extrémité de la pince, elle disparaît d'elle-même ou à l'aide d'une ferrure méthodique ; mais, lorsqu'elle est très étendue, elle entraîne le plus souvent la perte du sabot.

FOURMI-LION. s. m. T. Ent. Genre d'*Insectes Névroptères.* Voy. PLANIPENNES.

FOURMILLANT, ANTE. adj. [Pr. *fourmi-llan*, ll mouillées). Où les habitants sont nombreux comme des fourmis.

FOURMILLEMENT. s. m. [Pr. *fourmi-lle-man*, ll mouillées] (R. *fourmiller*). Picotement, comme si l'on sentait des fourmis courir sur la peau. *Sentir un f. par tout le corps. J'ai des fourmillements dans les jambes.* || Mouvement de gens nombreux qui s'agitent. *Le f. de la foule.*

FOURMILLER. v. n. [Pr. *fourmi-ller*, ll mouillées) (R. *fourmi*). Être en très grand nombre; ne se dit au propre que des êtres vivants qui se meuvent et s'agitent. *Les vers fourmillent dans ce fromage. Les solliciteurs fourmillent dans ce ministère.* || Sign. aussi Être rempli d'une multitude d'êtres qui s'agitent. *Les rues fourmillaient de peuple. Tout le pays fourmille de soldats. Sa garenne fourmille de lapins.* || Par ext., se dit de certaines choses qui sont réunies en très grande quantité. *Ce livre fourmille de fautes. Les beautés fourmillent dans cet ouvrage. Sa traduction fourmille de contre-sens.* || Se dit aussi d'un picotement qu'on sent quelquefois à la peau, et principalement aux pieds et aux mains. *Toute la main me fourmille.* == FOURMILLÉ, ÉE, part.

FOURMONT (MICHEL), sinologue français (1690-1746).

FOURNACHE. s. f. Amas d'herbes et de feuilles qu'on brûle dans les champs.

FOURNAGE. s. m. (R. *four*). Ce que l'on paye au fournier pour la cuisson du pain.

FOURNAISE. s. f. [Pr. *four-nèze*] (lat. *fornax*, m. s.). Sorte de grand four. *Les trois enfants qui furent jetés dans la f.* — Par anal., *Le cratère du volcan présentait l'aspect d'une immense f.* || Fig., se dit dans le sens de creuset, dans cette phrase et dans quelques autres semblables. *L'âme s'épure dans l'adversité, comme le métal dans la f.* — *C'est une f.,* Se dit d'un lieu où il fait très chaud. *Jeter de l'huile dans la f.,* Attiser davantage une passion en voulant l'éteindre.

FOURNEAU. s. m. (lat. *furnellus*, de *furnus*, four). Petite construction de maçonnerie ou de briques, soit portative, soit à demeure, et à plusieurs cavités, dans lesquelles on met du charbon, de la braise, pour cuire et chauffer les mets. Se dit également d'un ustensile, ordinairement de terre ou de fer, qui sert au même usage, dans les petites cuisines. *F. de terre cuite. F. de fer. F. potager. F. de cuisine. F. économique. Le foyer, la grille, le cendrier d'un f. Mettre de la braise, du charbon dans le f.* || Dans les arts, se dit aussi de certaines constructions de maçonnerie ou de briques, de certains appareils qui servent à soumettre diverses substances à l'action du feu. *F. de coupelle. F. à réverbère. F. à moufle. F. de forge. Haut f.* Voy. ESSAI, FER, etc. || Dans les verreries, Grand four où l'on fond le verre. || T. Art milit. Voy. MINE. || T. Mar. *F. à roulis,* Fourneau suspendu dont on se sert pour cuire les aliments par un gros temps. || T. Techn. *F. à charbon,* Pyramide de bois, au centre de laquelle on ménage un espace vide où l'on met le feu, pour convertir le bois en charbon. — *F. de pipe,* Partie de la pipe où brûle le tabac.

FOURNÉE. s. f. (part. pass. de l'anc. verbe *fourner*, mettre au four). La quantité de pain ou d'autres choses qu'on fait cuire ou qu'on peut faire cuire à la fois dans un four. *Une f. de pain. F. complète. Une demi-f. Une f. de faïence, de briques, de chaux.* || Fig. et fam., se dit d'un certain nombre de personnes nommées à la fois aux mêmes fonctions. *On parlait d'une nouvelle f. de pairs.*

FOURNERIE. s. f. Lieu où sont les fours.

FOURNETTE. s. f. [Pr. *four-nète*]. Petit four à réverbère pour calciner l'émail.

FOURNEYRON (BENOÎT), ingénieur et homme politique français (1802-1867).

FOURNIER, IÈRE. s. Celui, celle qui tient un four public et qui y fait cuire, moyennant une légère rétribution, le pain qu'on y apporte. — Celui, celle qui travaille au four. || s. m. T. Zool. Petits oiseaux d'Amérique, de l'ordre des Passereaux, dont le nid est en forme de four. Voy. GRIMPEREAU.

FOURNIER-LHÉRITIER (CLAUDE), dit *Fournier l'Américain,* farouche révolutionnaire (1745-1825).

FOURNIL. s. m. [Pr. *Fourni*]. Le lieu où est le four et où l'on pétrit la pâte. || Partie d'une habitation rurale, munie d'un fourneau, où l'on fait la lessive.

FOURNILLES. s. f. pl. [Pr. les *ll* mouillées]. Petites branches provenant de la coupe des taillis et propres à chauffer les fours.

FOURNIMENT. s. m. (R. *fournir*). Sorte d'étui où les soldats renfermaient autrefois leur poudre. || Aujourd'hui, se dit de certains objets d'équipement à l'usage de chaque soldat, et particulièrement de la bufleterie. *Nettoyer son f.*

FOURNIR. v. a. (haut-allem. *frumjan,* achever, procurer). Pourvoir, approvisionner ; il implique ordinairement une idée d'habitude. *C'est un tel qui fournit la maison de vin. F. l'armée de blé, de vivres. C'est lui qui fournit le lycée.* || Livrer, donner, procurer, faire avoir. *F. du blé à l'armée. Ce prince avait fourni la moitié des troupes. Les paysans* étaient obligés de f. des vivres à l'armée. Il s'est engagé à fournir l'argent nécessaire. L'un fournit les matériaux et l'autre son travail. On lui fournissait les livres qui lui étaient nécessaires. ‖ Fig., Ces fruits fournissent une nourriture saine et rafraîchissante. F. des idées, des renseignements, des preuves. Cela peut nous f. quelque lumière. Il attendait que les circonstances lui fournissent les moyens d'exécuter ses projets. F. un aliment à la curiosité publique. F. matière à des conjectures. ‖ Garnir. F. une maison de meubles. F. un magasin de toutes les marchandises nécessaires. ‖ Parfaire, compléter. Il faut encore vingt francs pour fournir la somme entière. ‖ T. Pratiq. Exposer, produire, établir. F. ses dépenses, ses griefs. Il n'a pas encore fourni toutes ses pièces. Il lui sera impossible d'en f. la preuve. ‖ T. Jeux. Jouer une carte de la couleur demandée. ‖ T. Escr. F. à quelqu'un un coup d'épée, Lui donner un bon coup d'épée. ‖ T. Man. F. la carrière, La parcourir tout entière. — Fig., On dit de quelqu'un qui a vécu avec honneur et avec estime jusqu'à la fin de sa vie, qu'Il a bien fourni sa carrière. = Fournir. v. n. Approvisionner. C'est le marchand qui fournit dans telle maison. ‖ Subvenir, contribuer en tout ou en partie. F. à la dépense, aux frais, à l'appointement. La nature fournissait à tous leurs besoins. ‖ Suffire. Il n'y peut f. Il ne peut f. à tout. == se Fournir. v. pron. S'approvisionner. Se f. des choses nécessaires à la vie. Je me fournis d'ordinaire chez ce marchand. = Fourni, ie. part. Être abondamment fourni de tout. Une boutique, une table, une bibliothèque bien fournie. — Lance fournie, Voy. Gendarmerie. ‖ Adject., se dit pour Épais, touffu. Un bois bien fourni. Une barbe, une chevelure bien fournie.

FOURNISSEMENT. s. m. [Pr. fourni-se-man] (R. fournir). ‖ T. Comm. Fonds que chaque associé doit mettre dans une société. Compte de f. ‖ T. Jurisp. Se dit des choses qui, dans un partage, doivent être respectivement comptées entre copartageants, en dépense ou en recette, ou rapports et retours. Procéder à la composition des lots et aux fournissements.

FOURNISSEUR, EUSE. s. [Pr. fourni-seur]. Celui, celle qui entreprend de faire ou qui fait habituellement la fourniture de quelque marchandise, de quelque denrée. Les fournisseurs de l'armée. Quel est votre fournisseur ? ‖ T. Mar. Servant de gauche d'une caronade. ‖ T. Techn. Chacun des canaux par lesquels on fait entrer le métal en fusion dans le moule.

FOURNITURE. s. f. Provision fournie ou à fournir. F. de blé, de vin, de bois, etc. Les fournitures du munitionnaire ont été refusées. C'est un tel qui fait les fournitures de cette maison. Il y a encore assez d'huile pour ma f. ‖ L'action d'approvisionner. Il a entrepris la fourniture de l'armée. Il est chargé de cette f. ‖ T. Admin. milit. F. complète, Celle qui comprend, en fait d'objets de literie, une couchette, une paillasse, un matelas, une paire de draps, une couverture de laine et deux traversins. — Demi-f., Trois planches, deux tréteaux, un sac de toile et deux bottes de paille. ‖ Fourniture, se dit aussi des menus accessoires que les tailleurs, les couturières, les tapissiers et autres semblables artisans ont coutume de fournir quand on leur donne la matière principale. Le tapissier a pris tant pour façon et fournitures. ‖ T. Mus. Jeu d'orgues servant à donner du volume aux sons. ‖ Se dit encore des petites herbes dont on accompagne les salades. La f. de cette salade est excellente. ‖ T. Techn. Menues pièces de peaux dont le gantier se sert pour faire les coins, les fourchettes des gants. — Menues pièces, menus outils nécessaires pour l'exercice d'un métier manuel. F. d'horlogerie. F. pour dentistes, etc.

FOURNOYER. v. a. [Pr. four-no-ier] (R. four). F. des cocons. Les exposer à la chaleur pour étouffer la chrysalide.

FOURQUET. s. m. Pelle percée dans son milieu, avec laquelle dans les brasseries on délaye la farine. ‖ Fourche en bois à deux dents avec laquelle on retourne les foins.

FOURRAGE. s. m. coll. [Pr. fou-raje] (anc. fr. feurre, feille). La paille, le foin et toute espèce d'herbes qu'on donne pour nourriture aux bestiaux, aux chevaux, etc., lorsqu'on ne les fait point paître. F. vert. F. sec. Ration de f. Cette plante donne un très bon f. On la cultive pour le f., comme f. ‖ Particul., l'herbe qu'on coupe et qu'on amasse, à l'armée,

pour la nourriture des chevaux. Un pays abondant en f. L'armée manquait de f. — Mettre de la cavalerie en quartier de f., L'établir dans un canton où il y a abondance de f. ‖ Par ext., L'action même de couper le f. Ordonner un f. Envoyer au f. On fit un grand f. en présence de l'ennemi. ‖ Par une ext. plus grande encore, se dit des troupes commandées, tant pour faire le f. que pour le soutenir. Les ennemis attaquèrent le f. ‖ T. Artill. Le foin ou l'herbe dont on se sert pour bourrer le canon, etc.

Agric. — Conservation des Fourrages. — Quand le foin est général et le seul employé. Il présente des avantages réels en ce qu'il évite les frais de construction et d'entretien de bâtiments spéciaux, et qu'il fournit du foin de qualité supérieure. Dans les pays où les deux modes sont en usage, on sait distinguer l'odeur le foin des meules, et il se paye toujours plus cher sur les marchés. Toutefois, la construction des meules exige une plus grande somme de travail et présente souvent de l'embarras dans les saisons pluvieuses, parce que le f. n'est en sûreté contre la pluie que quand les meules sont terminées, et on n'est pas toujours assuré que le temps restera au beau fixe pendant leur construction. Dans le cas de pluie, il y a toujours perte plus ou moins grande de temps et de f. — On distingue deux sortes de « meules » : celles qu'on élève temporairement jusqu'à ce que le foin ait fermenté et perdu la plus grande partie de l'eau de végétation que le fanage n'a pu dissiper, meules qu'on défait pour botteler le foin, le rentrer au grenier, et qui portent plus spécialement le nom de « meulons » ; et les meules permanentes, beaucoup plus volumineuses, qui suppléent aux greniers, et qui servent à conserver le foin jusqu'à l'époque de sa consommation. Les meulons ou meules temporaires sont établis sur la prairie même. Au moyen d'une fourche, l'ouvrier prend le foin aux villottes qui ont été formées après le fanage complet, l'apporte sur l'emplacement choisi et en forme un tas régulier auquel il donne une forme ronde et légèrement conique. A mesure que la meule s'élève, on tasse en comprimant le foin aussi également que possible, en retroussant sans cesse les brins d'herbes, afin qu'ils n'excèdent pas la dimension adoptée, et, pendant ce temps, des femmes armées de râteaux tournent autour, râtelant les parois du meulon, faisant tomber les brins qui ne tiennent pas, et les rejetant par-dessus. On fait habituellement ces meulons temporaires le plus larges et le plus hautes possible. — Les meules permanentes qu'on construit ordinairement dans une cour de la ferme, sont élevées avec plus de soin. On les isole d'abord du sol par un lit de paille, de fagots, ou mieux en établissant un plancher sur des pièces de bois de 16 à 20 centimètres d'épaisseur. Celles-ci reposent à leur tour sur des pierres, ou bien, comme en Angleterre, sur des piliers de fonte. De cette manière, le f. est préservé de l'humidité du sol et des déprédations des petits animaux. On donne aux meules une forme ovoïde ou carrée ; la première forme est la plus usitée en France ; dans tous les cas, le sommet se termine en pointe, le milieu est renflé et la base va en rétrécissant légèrement. On fait aussi des meules rondes. Mais quelle que soit la forme adoptée, toutes sont montées contre une forte perche de bois placée perpendiculairement et fortement fichée en terre dans le centre de l'emplacement. Cette perche fixe la hauteur qu'aura la meule, mais elle l'excède, parce qu'à son sommet on attache de la paille tout autour pour recouvrir la meule ; c'est le point de départ d'une couverture rayonnant le plus souvent sur une étendue assez grande pour protéger le tas du foin contre les pluies. — A mesure qu'on amoncelle le f. sur le plancher, on le tasse par couches égales, en marchant dessus et le comprimant autant que possible. Lorsque la meule est à hauteur convenable, on la peigne d'abord avec le râteau, puis on coupe soigneusement tous les brins qui dépassent ; enfin on répare avec adresse les inégalités de sa forme, pour que l'humidité ne puisse y pénétrer. Ces précautions prises, il ne reste plus qu'à couvrir la meule. Voici d'ailleurs la description d'une couverture économique et dont la protection est très suffisante. On place sur la pyramide de f. de petites gerbes de paille ou de joncs de la grosseur du bras, liées dans la partie supérieure et coupées également dans l'inférieure. Ces petites gerbes se posent en recouvrement les unes sur les autres, de la même manière que les tuiles d'un bâtiment. A l'extrémité supérieure de la meule, et contre la perche qui la traverse du haut en bas, on assujettit avec des cordes les dernières petites gerbes et on les couronne par une provision de paille longue, également et solidement attachée à la perche. On termine la confection d'une meule en creusant tout autour un petit fossé pour recevoir les eaux pluviales et les porter au loin. Quand on meule une meule, il est prudent d'avoir à sa disposition une grande bâche imperméable pour la couvrir en cas de besoin jusqu'à ce qu'elle soit terminée. Ces meules permanentes, ainsi construites, renferment souvent 40,000 kilogr. de f. Il ne faut pas trop les rapprocher les unes des autres, pour que si la foudre mettait le feu à l'une d'elles, les autres ne soient pas exposées à être incendiées par communication. Le foin peut se conserver en meules fort longtemps. Il se tasse tellement, qu'il devient difficile de le séparer par la fourche, lorsqu'on en a besoin pour la consommation. On le coupe perpendiculairement et d'une manière uniforme au moyen d'un instrument tranchant, on « coupe-foin », dont la forme varie suivant les localités. La méthode de couper le foin par une section nette offre cet avantage que les fleurs et les petites feuilles ne se détachent pas de la tige. Matin et soir, on enlève ainsi la provision nécessaire pour la nourriture des bêtes, en ayant soin de ménager une saillie dans la partie supérieure pour recouvrir l'inférieure. Le foin fortement tassé dans les meules ne tarde pas à s'échauffer, à exhaler des vapeurs aqueuses et aromatiques. Cet échauffement est le résultat d'une fermentation analogue à celle du raisin mis en cuve; il se développe à cause de l'humidité que le foin le plus sec renferme toujours. Cette fermentation dure plusieurs mois dans toute sa force; elle rend les fibres ligneuses plus tendres et plus nutritives; le f. répand alors une légère odeur de miel. Toutefois, il ne faut commencer à l'offrir aux bestiaux que lorsque la fermentation est terminée; autrement il peut charrier toutes les maladies qui ont pour cause la pléthore. S'il y a nécessité d'employer ce foin avant qu'il ait « jeté tout son feu », comme on dit, il convient de le mélanger avec d'autre foin vieux ou avec de la paille. Les fermiers anglais n'entament leurs meules qu'une année après leur construction; les amateurs de chevaux ne leur donnent que du f. de deux ans. Cependant, il ne faudrait pas conserver une meule au delà de quatre années, car, après ce temps, le f. devient trop sec et perd de sa qualité. — Pour qu'un f. soit le meilleur possible, il faut qu'il ait été séché sans avoir reçu de l'eau ou de la rosée, et surtout qu'il n'ait pas subi les alternatives d'humidité et de sécheresse. Dans les années pluvieuses, il est fort difficile, même en multipliant la main-d'œuvre et les frais, d'amener les fourrages au degré de dessication nécessaire pour les mettre en meules; ils moisissent, pourrissent, perdent leurs qualités nutritives et peuvent même provoquer de nombreuses maladies chez le bétail. En Angleterre et en Hollande, où il faut aller chercher des enseignements, contre l'humidité on construit des meules creuses dans le centre, pour donner accès à l'air et former cette cheminée d'appel, soit au moyen de perches disposées en rond et réunies à leur sommet, soit au moyen d'un cylindre qu'on place au centre de la meule et qu'on monte à mesure qu'on l'élève. Le foin est amoncelé autour de l'espace central réservé, sur une épaisseur de 1m,50 à la base, diminuant progressivement jusqu'au sommet de la pyramide. On ménage trois ouvertures à la base de la meule et une au sommet, du côté de l'est; pour former des courants d'air, on facilite l'établissement de ces ouvertures à la base par trois bâtons placés horizontalement à 1m,50 de hauteur, attachés d'un bout à trois perches de la pyramide et supportés à l'autre bout, à la partie extérieure, par de petits paquets fourchus, fichés en terre. Cette meule a une largeur de 5 mètres sur 6 d'élévation; elle est moins large et plus élevée que les meules ordinaires, le sommet est surtout beaucoup plus aigu. Le f. disposé de la sorte se dessèche rapidement par s'échauffer, malgré son grand état d'humidité, et cinq ou six jours après sa mise en meule on peut le botteler. Si on le laisse plus longtemps, il faut, pour éviter une trop grande dessication par l'effet du courant d'air intérieur, boucher avec du foin les ouvertures du bas et du haut. Dans beaucoup de pays du Nord, on a l'habitude de saler le f. au moment où on le met en meule. Le sel y est répandu en poudre, au moyen d'un tamis, dans la proportion d'environ 4250 grammes pour 100 kilogr. de f. Ce sel se dissout peu à peu par l'eau d'évaporation, pendant que le foin s'échauffe, et il se trouve ainsi distribué très également dans la masse. C'est une excellente manière d'administrer le sel aux bestiaux. Cette méthode a encore l'avantage d'empêcher la moisissure, de modérer la fermentation et d'assurer la bonne conservation des fourrages. La petite dépense du sel est plus que compensée par le poids plus élevé et la meilleure qualité du f. A plus forte raison, doit-on recourir à la salaison

lorsque les foins sont vaseux ou sablés par suite des crues extraordinaires des eaux. Mieux vaudrait, sans doute, mettre ces mauvais fourrages au tas de fumier, mais comme souvent, par suite du manque de nourriture, on est obligé de les faire consommer, on diminue les inconvénients et les dangers de leur absorption en les salant. Dans ce cas, il est utile de porter la dose de sel jusqu'à 2 kilogr. pour 100 kilogr. de foin. — Quand on veut se livrer à la vente du f., il ne faut pas oublier qu'il perd de son poids en vieillissant. L'herbe verte se réduit au quart de son poids par la fenaison. Après un mois de mise en meule, 100 kilogr. de f. ne pèsent plus que 95 kil., ils sont réduits à 90 dans le cours de l'hiver, et à 80 à la fin de l'été suivant. Pendant le second hiver la diminution est peu sensible. Cette différence, ainsi que le rapport du prix dans les diverses saisons de l'année, pourront déterminer le cultivateur sur l'époque où il est plus avantageux de vendre.

Conservation dans les bâtiments. — Dans le Nord de la France, l'habitude est de rentrer les fourrages après la fenaison. On agit surtout ainsi pour les trèfles, les luzernes et les foins de pré les plus estimés. Généralement on bottelle sur le pré; c'est une mauvaise pratique. Le f. botté prend plus de place au fenil; il ne peut se tasser régulièrement et, s'il n'est pas parfaitement sec, il est exposé à moisir. Si le temps est pluvieux, on ne doit pas craindre de rentrer les fourrages légèrement humides; l'important, c'est qu'ils soient bien tassés partout, qu'on ne laisse aucun vide et surtout qu'il n'existe pas de courant d'air. Ces conditions étant bien remplies, le f. humide fermente, il est vrai, sec, s'échauffe à devenir brun, mais il ne s'enflamme ni ne moisit. Si l'on trouve au grenier du foin avarié, c'est dans les endroits où le tassement n'a pas été effectué, comme dans les angles des murs et sous des pièces de charpente. Ordinairement la surface des tas de f. dans les greniers est gâtée; cet accident est causé par les vapeurs qui sortent de la masse, se condensent, en contact de l'air, dans la partie supérieure qui se détériore. On prévient cette perte en couvrant le tas d'une couche de paille qui fixe cette humidité et garantit le f. sous-jacent. On enlève la paille dès que la fermentation est terminée, et on l'utilise comme litière. Le f. se conserve beaucoup mieux sous le chaume que sous la tuile ou l'ardoise; cela tient à ce que la paille est un bien plus mauvais conducteur de la chaleur que les autres matières.

FOURRAGEMENT. s. m. [Pr. *fou-rajeman*]. Action de fourrager.

FOURRAGER. v. n. [Pr. *fou-rajer*]. Couper et amasser du fourrage; se dit surtout en T. Guerre. *L'armée a fourragé dans cette contrée. On était contraint d'aller f. au loin.* = Fourrager. v. a. Ravager. *F. un pays. Les vaches ont fourragé toute cette pièce de blé.* || Fam. *F. des papiers, dans des papiers.* Les mettre en désordre. = Fourragé, ée. part. — Conj. Voy. Manger.

FOURRAGER, ÈRE. adj. [Pr. *fou-rajer*]. T. Agric. *Plantes fourragères.* Les plantes qui sont propres à être employées comme fourrage. || *Arbres fourragers.* Arbres dont les feuilles sont propres à la nourriture des bestiaux. || s. f. Pièce de terre la plus rapprochée de la métairie et consacrée aux fourrages verts.

FOURRAGEUR. s. m. [Pr. *fou-rajeur*]. T. Guerre. Celui qui va au fourrage. *L'ennemi tomba sur nos fourrageurs.*

FOURRAGEUX, EUSE. adj. [Pr. *foura-jeu*]. Qui fournit du fourrage, qui se consomme comme fourrage. *La paille est fourrageuse.*

FOURRÉ. s. m. [Pr. *fou-ré*] (part. pas. de *fourrer*). Endroit d'un bois où il y a un assemblage épais d'arbustes, d'arbrisseaux, de broussailles. *Pénétrer dans le f. d'un bois*, ou absol., *dans le f. La bête se réfugia dans un fourré.*

FOURREAU. s. m. [Pr. *fou-rô*] (vx fr. *fuerre*, m. s.). Gaine, étui, enveloppe. *F. d'acier, de cuir, de velours. F. d'épée, de baïonnette, de pistolet. F. de parapluie. F. de chaise, de fauteuil.* — *Faux f.* Sorte de f. dont on couvre le véritable f. d'une épée, d'un pistolet, etc., pour le garantir de la pluie ou de la poussière. || Robe d'enfant qui n'a point de ceinture. || T. Anat. La peau qui couvre le membre génital du cheval. || T. Techn. Espèce de sac ouvert des deux bouts, où le batteur d'or enferme l'outil quand il veut battre. — Morceau de peau servant à couvrir le trait d'un harnais. — Parchemin roulé qu'on place dans les pendants d'un baudrier. — Tuyau de tôle qui contient une bascule servant à manœuvrer une sonnette. — Tuyau de cuivre établi au haut d'une pompe pour servir de réservoir d'eau. ‖ T. Bot. Enveloppe de l'épi naissant. ‖ T. Ornith. Mésange à longue queue.

FOURRÉE. s. f. [Pr. *fou-ré*]. T. Pêche. Espèce de parc auquel on amarre des filets pour retenir le poisson lorsque la marée se retire.

FOURRER. v. a. [Pr. *fou-rer*] (vx fr. *fuere*, fourreau). Mettre une chose dans une autre, comme dans un fourreau, pour la cacher, l'envelopper; ou Mettre une chose dans plusieurs autres, l'y faire entrer de force. *F. ses mains dans un manchon, dans sa poche. F. les bras dans son lit. F. son pied dans un trou. Vous fourrez à cet enfant de trop gros morceaux dans la bouche. Il aura fourré cela dans quelque coin. J'ai fourré cela dans mes papiers. Fourrez ce livre avec les autres. Tâchez de f. encore cela dans la malle.* — Fig., *F. tout dans son ventre,* Dépenser, dissiper tout ce qu'on a pour satisfaire sa gourmandise. *F. quelque chose dans l'esprit, dans la tête de quelqu'un,* Parvenir à lui faire comprendre quelque chose; ou faire croire quelque chose à quelqu'un, le lui persuader. *On a eu bien de la peine à lui f. dans l'esprit que... Il est si stupide qu'il est impossible de rien lui f. dans la tête. Qui donc a pu lui f. cette idée dans la tête. Il se fourre des chimères dans l'esprit.* ‖ Fig., Introduire quelqu'un dans une maison, dans une société, etc.; ou l'engager dans une affaire; se prend ordinairement en mauvaise part. *Je ne sais qui l'a fourré dans cette maison. Comment se trouve-t-il fourré dans cette affaire, dans cette intrigue?* ‖ Fig., Insérer hors de propos. *Il fourre toujours du latin dans ses plaidoyers.* == Par extension, Donner mal à propos et en trop grande quantité. *Elle fourre en cachette de l'argent à son fils.* ‖ Garnir, doubler de fourrure. *F. de martre une robe, un manteau. F. d'hermine.* ‖ T. Techn. *F. les tuiles faîtières,* En garnir le dessous de plâtre pour les fixer. == SE FOURRER. v. pron. Se mettre, se cacher, se blottir. *Il fait si chaud, qu'on ne sait où se f. Il s'est fourré sous le lit. Le lièvre s'était fourré dans son trou.* — Fig. et fam., *Ne savoir où se f.,* Ne savoir où se cacher, ne savoir comment se dérober à la confusion qu'on éprouve. *Chercher quelque trou à se f.,* Chercher un emploi, une condition quelconque, et avoir peine à en trouver. ‖ Fig., S'introduire quelque part, s'engager dans quelque affaire. *Il se fourre partout. Il s'est fourré dans cette maison, dans cette société. Il s'est fourré dans cette affaire, dans cette querelle jusqu'au cou. Qu'allait-il se f. dans ce guêpier. Il s'est fourré dans l'embarras.* ‖ Fig., *Où diable, Comment cette idée, cette erreur s'est-elle fourrée dans sa tête, dans son esprit?* ‖ Se vêtir chaudement. *Il faut bien se f. en hiver.* == FOURRÉ, ÉE. part. *Des gants fourrés, Un manteau fourré de petit-gris.* ‖ *Langues fourrées,* Langues de bœuf, de cochon, de mouton, recouvertes d'une autre peau que la leur et avec laquelle on les fait cuire. ‖ *Pain fourré,* Pain garni intérieurement de foie gras, d'anchois, de beurre, etc. ‖ *Médaille fourrée,* ou mieux *Médaille plaquée,* Médaille dont le dessus est d'or ou d'argent, et le dedans d'un métal différent. On appelle aussi *Bijou fourré,* Un bijou dans l'intérieur duquel on a introduit quelque matière étrangère, pour en augmenter le poids. Il est clair que c'est là une manœuvre frauduleuse. — *Botte de paille, botte de foin fourrée,* Botte dans laquelle, parmi de bon foin ou de bonne paille, on a mêlé de la paille ou du foin de moindre qualité. ‖ *Bois fourré,* Bois qui est fort garni de broussailles et d'épines. — *Pays fourré,* Pays rempli de bois, de haies, etc. ‖ T. Escrime. *Coup fourré,* Voy. COUP. ‖ *Paix fourrée,* Voy. PAIX. == Le verbe *Fourrer* est fam. dans toutes ses acceptions, sauf celle de garnir de fourrure.

FOURREUR. s. m. [Pr. *fou-reur*]. Artisan qui confectionne les fourrures, et marchand qui les vend.

FOURRIER. s. m. [Pr. *fou-rié*] (bas-lat. *fodrarius,* de *fodrum,* fourrage). T. Hist. et Adminis. Sous l'ancienne monarchie, on appelait *Fourrier* un officier de la maison du roi qui était placé sous les ordres d'un *maréchal des logis,* et qui avait pour fonction, quand le roi était en voyage, de marquer les logements des personnes de la cour. Il est fait mention de ces fourriers dès 1306, sous Philippe le Bel. Sous François Ier, en 1534, il fut également établi dans l'armée des *Fourriers généraux* et des *Fourriers-majors,* chargés de

pourvoir au logement des troupes. Enfin, vers le milieu du dernier siècle, on donna dans les régiments le titre de *Fourriers* aux bas-officiers chargés de la comptabilité des compagnies, et c'est dans ce dernier sens seulement que ce terme s'emploie aujourd'hui dans le langage militaire. C'est le f. qui répartit entre les escouades les vivres et les effets d'équipement, qui pourvoit au logement des soldats en route; il tient le registre d'ordres ainsi que toutes les écritures de la compagnie, à l'exception du registre des punitions et du livret d'ordinaire tenus par le sergent-major, etc. Il est placé sous les ordres immédiats du sergent-major et a le rang de caporal au de sergent: le signe distinctif de sa fonction est un galon d'or ou d'argent sur le haut du bras en plus de celui de son grade; il prend part aux exercices d'instruction ainsi qu'aux théories. Les fonctions du fourrier sont d'ailleurs déterminées par le décret du 20 octobre 1892 portant règlement sur le service intérieur des troupes d'infanterie.

FOURRIÈRE. s. f. [Pr. *fou-rière*] (vx fr. *feurre,* paille). Office qui fournit le bois pour le chauffage de la maison du roi et des princes. *La f. a fourni tant de bois. Garçon de f.* ‖ Le lieu où l'on met le bois. ‖ T. Jurispr., *Mettre un chien, un chien, une vache,* etc., *en f.,* Saisir un cheval, un chien, etc., pour cause de dégât, etc., et les mettre dans un lieu de dépôt où ils sont nourris, à tant par jour, aux frais de leur propriétaire, jusqu'à la réparation du dommage, etc. *Ses vaches sont en f.* ‖ Dépôt où l'on retient les bestiaux laissés à l'abandon, les chiens errants, les voitures abandonnées, etc.

FOURRURE. s. f. [Pr. *fou-rure*] (R. *fourrer*). Peau garnie de son poil et préparée, dont on se sert pour doubler, orner les vêtements, pour faire des manchons, des bonnets, etc. Voy. PELLETERIE. ‖ Par ext., se dit quelquefois d'une robe garnie ou ornée de fourrures. *La f. d'un président, d'un docteur.* ‖ T. Blas. Voy. ÉMAIL. ‖ T. Techn. Tringles de bois qui servent à caler des pièces de charpente. ‖ T. Mar. Garniture qui enveloppe un cordage pour le préserver. — Bois qui remplit un vide. ‖ Vieille toile pour raccommodage.

FOURS, ch.-l. de c. (Nièvre), arr. de Nevers, 1,700 hab.

FOURVIÈRES (NOTRE-DAME DE), célèbre lieu de pèlerinage, sur une colline voisine de Lyon, où se trouvait le forum de l'ancien Lugdunum des Romains, détruit sous Septime-Sévère.

FOURVOIEMENT. s. m. [Pr. *four-voè-man*]. Erreur de celui qui s'égare au milieu de son chemin. *Fig., Il est tombé dans un étrange f.* — Peu usité, soit au propre, soit au figuré.

FOURVOYER. v. a. (lat. *foris,* hors; *via,* voie). Égarer, détourner du bon chemin. *Ce guide nous a fourvoyés.* ‖ Fig., *Les mauvais exemples l'ont fourvoyé.* == SE FOURVOYER. v. pron. *Au milieu de cette obscurité, nous ne tardâmes pas à nous f. On est sûr de se f. quand on n'écoute que ses passions.* — Avec ellipse du pron., ou dit aussi, *Faire f. quelqu'un.* ‖ Signif. quelquefois Commettre une méprise grossière. *L'auteur de cet écrit s'est étrangement fourvoyé.* == FOURVOYÉ, ÉE. part. == Conj. Voy. EMPLOYER.

FOUSSERET, ch.-l. de c. (Haute-Garonne), arr. de Muret, 2,000 hab.

FOUTA-DJALLON, royaume du sud de la Sénégambie, cap. *Timbo:* sous le protectorat de la France.

FOUTAH s. m. nom persan d'une étoffe orientale.

FOU-TCHÉOU, ville de Chine, en face de l'île Formose, 630,000 hab. Port ouvert au commerce étranger, bombardé par l'amiral Courbet en 1884.

FOUTEAU. s. m. (R. *fou,* hêtre). Nom vulg. du hêtre.

FOUTELAIE. s. f. Lieu planté de fouteaux.

FOVÉOLAIRE ou **FOVÉOLÉ, ÉE.** adj. (lat. *fovea,* fosse), T. Hist. nat. Dont la superficie est creusée de petites fossettes inégales.

FOWLER (Thomas), médecin anglais (1736-1801). — Liqueur de Fowler, Solution d'arsénite de potasse. Voy. Arsenic.

FOX (George), Anglais, fondateur de la secte des quakers ou trembleurs (1624-1691).

FOX (Charles-James), orateur et homme d'État anglais, soutint contre le second Pitt la cause de la Révolution française, puis de la paix avec la France (1749-1806).

FOY (Maximilien-Sébastien), général français qui, après s'être distingué dans les guerres de l'Empire, fut sous la Restauration un des chefs éloquents de l'opposition (1775-1825).

FOYATIER (Denis), sculpteur fr. (1793-1863).

FOYER. s. m. [Pr. *fo-ié*, ou *fouè-ié*] (lat. *focus*) m. s. Lieu où se fait le feu. *Retirer la cendre du f. La flamme du f. Le f. d'un fourneau.* — Fig. et fam., *Aimer à garder son f.,* Aimer le repos, et mener une vie retirée. || T. Archit. Par ext., La dalle de pierre ou de marbre que l'on met au-devant d'une cheminée, pour éloigner du feu le plancher et les parquets. || *Tapis de f.,* Petit tapis qui se place devant une cheminée. || Dans les théâtres, la salle commune où se rassemblent les acteurs, et celle où les spectateurs peuvent se réunir pour converser, et, pendant l'hiver, pour se chauffer. *Se promener dans le f. Le f. du public. Le f. des acteurs.* || Fig., se dit au plur., pour maison, demeure. *Combattre pour ses foyers. Rentrer dans ses foyers.* || T. Mar. Feu allumé la nuit sur une hauteur pour guider les vaisseaux. || T. Phys. L'endroit où se réunissent les rayons lumineux qui, émanant d'une même source, sont réfléchis ou réfractés par une surface courbe. Voy. Lentille et Miroir. — Par anal., on donne le nom de *F. de lumière* à un point quelconque d'où rayonne une lumière plus ou moins vive. — Fig., *Cette ville était le f. des lumières,* Les sciences, les lettres et les arts y florissaient, et de là répandaient au loin leur influence. On dit, dans un sens anal., *Le f. de la sédition, de la rébellion,* etc. *Un f. d'intrigues.* || T.Méd. *F. purulent,* L'endroit où se réunit le pus dans un abcès. *F. d'une maladie,* Le siège du mal. *F. de contagion, d'infection,* Lieu d'où rayonne et se propage une maladie contagieuse.

Géom. — I. *Foyers dans les coniques.* — On sait que l'ellipse est le lieu des points tels que la somme de leurs distances à deux points fixes soit constante, et que l'hyperbole est le lieu des points tels que la différence de leur distance à deux points fixes soit constante. Quant à la parabole, elle est le lieu des points équidistants d'un point fixe et d'une droite fixe. Les deux points fixes dans l'ellipse et l'hyperbole, le point fixe dans la parabole ont reçu le nom de *Foyers.* Les anciens géomètres grecs, qui avaient poussé si loin l'étude des sections coniques, n'ont pas connu l'existence des foyers. Ils ne connaissaient l'ellipse et l'hyperbole que comme sections planes d'un cône et ignoraient cette propriété remarquable de l'invariabilité de la somme ou de la différence des rayons vecteurs.

La définition que nous venons de donner des foyers présente un grave inconvénient; elle est différente pour chacune des trois courbes: ellipse, hyperbole et parabole. On trouve une définition uniforme qui s'adressant à une propriété des foyers, laquelle est exprimée par le théorème suivant: *On peut trouver dans le plan de toute conique un point appelé f. et une droite appelée directrice, tels que la courbe est le lieu des points dont la distance au f. est dans un rapport constant avec la distance à la directrice.* Voy. Ellipse. Seulement, il faudra démontrer le théorème. Cette définition commune aux trois courbes a encore l'inconvénient de ne pas être susceptible de généralisation pour les courbes de degré supérieur au second. Alors, en faisant appel à une autre propriété du f., on est arrivé à formuler la définition suivante:

On appelle f. d'une courbe plane quelconque le centre d'un cercle de rayon nul bitangent à la courbe.

Il est bien entendu que le mot *bitangent* doit être entendu ici dans son sens *algébrique*; c.-à-d. que si l'on écrit, par exemple, en coordonnées rectangulaires, l'équation de la courbe:

$$F(x,y) = 0,$$

et l'équation du cercle de rayon nul et de centre α, β:

$$(x - \alpha)^2 + (y - \beta)^2 = 0,$$

il faudra que, parmi les solutions nécessairement imaginaires de ce système d'équations à deux inconnues, il y ait *deux solutions doubles.* Si la courbe est du second degré, le nombre des solutions est égal à 4, et il faudra que ces quatre solutions se réduisent à deux solutions doubles.

Enfin, on peut remarquer que le premier membre de l'équation d'un cercle de rayon nul peut se décomposer en deux facteurs imaginaires du premier degré:

$$[y - \beta + i(x - \alpha)][(y - \beta) - i(x - \alpha)] = 0,$$

qui représente deux droites imaginaires, lesquelles ne sont autres que les asymptotes imaginaires de tous les cercles qui ont le point α.β pour centre. Ces droites particulières dont les coefficients angulaires, en coordonnées rectangulaires, sont $+ i$ et $- i$, ont reçu le nom de *droites isotropes,* et l'on voit qu'un cercle de rayon nul est absolument la même chose que l'ensemble des deux droites isotropes qui passent par son centre. Si un cercle de rayon nul est bitangent à la courbe, c'est que chacune des droites isotropes est tangente à cette courbe, ce qui conduit à la nouvelle disposition du f. donnée la première fois par Plücker:

Un f. d'une courbe plane quelconque est un point d'où l'on peut mener à la courbe deux tangentes isotropes.

Cette définition est très remarquable, car elle établit une relation étroite entre la théorie des foyers et celle des tangentes. Ainsi, on en conclut immédiatement qu'il y a dans les coniques deux foyers réels et deux foyers imaginaires situés sur les axes. En effet, les foyers sont les points d'intersection des tangentes dont les coefficients angulaires sont $+ i$ et $- i$; il y a deux tangentes de chaque direction, ce qui fait un parallélogramme dont les quatre sommets sont les quatre foyers; mais les quatre côtés de ce parallélogramme sont deux à deux conjugués, car si l'on change i en $- i$ dans l'équation d'une des tangentes, on trouve une droite conjuguée qui est aussi tangente à l'ellipse et dont le coefficient angulaire a été changé de $+ i$ en $- i$ ou de $- i$ en $+ i$. Mais on sait que deux droites imaginaires conjuguées se coupent en un point réel. Il y a donc deux sommets du parallélogrammes qui sont réels, et ce sont deux sommets opposés, car ils ne doivent pas se trouver sur un même côté du parallélogramme. Enfin, les foyers sont sur les axes, car deux tangentes dont les coefficients angulaires diffèrent seulement par le signe, ou si l'on aime mieux, des tangentes dont les directions sont symétriques par rapport aux axes de l'ellipse, ont aussi leurs points de contact symétriques par rapport à l'un des axes, et se coupent sur l'un des axes. Dans la parabole où l'un des axes est rejeté à l'infini, les deux foyers qui sont sur cet axe sont rejetés à l'infini, ainsi que l'un des deux autres. Il ne reste donc plus qu'un seul f. à distance finie, et puisqu'il est unique, il est forcément réel, les solutions imaginaires de tout problème dont les données sont réelles se présentant toujours par groupe de deux solutions conjuguées.

Il nous faut maintenant faire voir que les foyers coniques ainsi définis possèdent bien les propriétés géométriques qui ont servi à en donner les premières définitions. Soient

$$F(x, y) = 0$$

l'équation de la conique, α, β, les coordonnées rectangulaires du f., et P == 0 l'équation de la droite, qui joint les points de contact des deux tangentes isotropes menées du f. Cette droite est réelle, parce que les points de contact sont imaginaires conjugués. Alors, la conique donnée doit faire partie du faisceau de coniques représenté par l'équation:

$$(1) \qquad (x - \alpha)^2 + (y - \beta)^2 = \lambda P^2,$$

dont l'interprétation est évidente. Le premier membre représente le carré de la distance MF du point M de la conique au foyer F, et le second membre représente, à un facteur constant près, le carré de la distance MH du même point à la droite dont l'équation est P = 0, droite qui a reçu le nom de *directrice.* L'équation exprime donc que l'une des distances est égale à l'autre multipliée par un facteur constant, ou encore que la conique est le lieu des points tels que le rapport $\frac{MF}{MH}$ des distances de chacun d'eux au f. et à la directrice est invariable, ce qui est conforme à notre deuxième définition.

On peut aller plus loin, et trouver des propriétés importantes relatives à la valeur du rapport $\frac{MF}{MH}$, qui a reçu le nom d'*excentricité.* L'équation de la directrice P == 0 peut être mise sous la forme:

$$x \cos \alpha + y \sin \alpha - h = 0,$$

dont le premier membre représente exactement, quand le point x, y n'est pas sur la directrice, la distance de ce point à la droite. Alors, l'équation (1) se mettra sous la forme :

$$(2) \quad (x - \alpha)^2 + (y - \beta)^2 - e^2 (x \cos \alpha + y \sin \alpha - h)^2 = 0,$$

et le paramètre e^2 représente exactement le carré de l'excentricité. Maintenant, on sait que si les termes du second degré de l'équation d'une conique sont :

$$Ax^2 + 2Bxy + Cy^2,$$

la conique sera une ellipse, une parabole ou une hyperbole, suivant que l'expression $B^2 - AC$ sera négative, nulle ou positive. Or, dans l'équation (2), cette expression se réduit à $e^2 - 1$. Donc, on aura une ellipse si l'excentricité e est plus petite que 1, une parabole si $e = 1$, et une hyperbole si e est plus grand que 1. En d'autres termes, dans l'ellipse, les points de la courbe sont plus près de la directrice ; les points de la parabole sont équidistants du f. et de la directrice ; tandis que ceux de l'hyperbole sont plus loin du f. que de la directrice.

Nous n'insisterons pas sur la détermination des foyers d'une conique donnée par son équation. Cette détermination peut se faire par plusieurs méthodes qui toutes reviennent, soit à identifier l'équation de la conique avec l'équation (1), afin de déterminer les valeurs de α, β, et les coefficients de la fonction P, soit à chercher les tangentes dont les coefficients angulaires sont $+ i$ et $- i$. Par exemple, l'équation de l'ellipse rapportée à ses axes est :

$$(2) \quad \frac{x^2}{a^2} + \frac{y^2}{b^2} - 1 = 0 ;$$

en cherchant à l'identifier avec l'équation (1) on la met sous la forme :

$$(3) \quad y^2 + (x - c)^2 = \left(a - \frac{cx}{a} \right)^2,$$

ou

$$(4) \quad y^2 + (x + c)^2 = \left(a + \frac{cx}{a} \right)^2,$$

dans lesquelles c désigne la quantité $\sqrt{a^2 - b^2}$.

Il est facile de vérifier que chacune des deux dernières équations est identique à la première ; il suffit pour cela de faire le calcul. Il en résulte que les deux foyers réels F et F' de l'ellipse ont pour coordonnées :

$$\alpha = c \quad \beta = 0 \quad \text{et} \quad \alpha = - c \quad \beta = 0.$$

Ils sont sur le grand axe, et les trois longueurs a, b, et c forment un triangle rectangle, d'où il suit que dans les triangles rectangles OBF, OBF' (Fig. 1) les hypoténuses BF, BF' sont égales au demi-grand axe a.

Si, maintenant, on se reporte à l'équation (3), on voit que le premier membre représente le carré de la distance MF d'un point M de la courbe au f. F ; on aura donc :

$$MF^2 = \left(a - \frac{cx}{a} \right)^2, \quad \text{ou} \quad MF = \pm \left(a - \frac{cx}{a} \right),$$

et comme, dans l'ellipse le terme $\frac{cx}{a}$ a toujours une valeur absolue inférieure à a, il faut prendre a avec le signe $+$ pour avoir un résultat positif. La distance MF' à l'autre f. s'obtiendra de la même manière au moyen de l'équation (4), et l'on aura :

$$MF = a - \frac{cx}{a},$$

$$MF' = a + \frac{cx}{a},$$

formules qui donnent en fonction de l'abscisse les valeurs des deux rayons vecteurs. La somme :

$$MF + MF' = 2a,$$

est bien constante, ce qui est conforme à la première définition du f.

On verrait, par un raisonnement analogue, que, dans l'hyperbole, c'est la différence des rayons vecteurs qui reste constante.

Cette invariabilité de la somme ou de la différence des rayons vecteurs peut aussi être démontrée géométriquement. À cause de la symétrie, l'ellipse admet deux foyers symétriques F et F' (Fig. 1), à chacun desquels correspond une directrice

Dz, Dz' ; ces deux directrices, toujours par raison de symétrie, sont parallèles au petit axe de la courbe. Menons par le

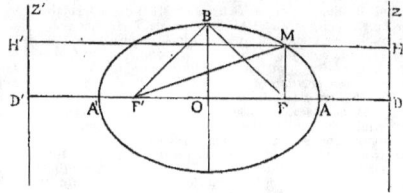

Fig. 1.

point M une parallèle au grand axe qui coupe les directrices en H et H'. Nous aurons, en désignant par e l'excentricité :

$$MF = e \cdot MH,$$
$$MF' = e \cdot MH',$$

et en ajoutant :

$$MF + MF' = e (MH + MH') = e \cdot HH',$$

ce qui est constant.

Le raisonnement est le même pour l'hyperbole.

Une autre conséquence immédiate de la définition de Plücker, c'est que *la directrice est la polaire du f.*, puisqu'elle est la corde de contact des deux tangentes isotropes

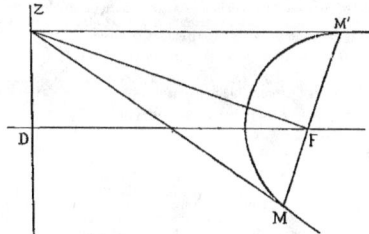

Fig. 2.

issues du f. Si l'on prend sur cette directrice un point C (Fig. 2), la polaire de C passera par le f. F et coupera la directrice en un point D dont la polaire devant passer par F, puisque le point D est sur la directrice, et par C, puisque D est sur la polaire de C, se confondra avec FC. Le triangle FCD jouit alors de cette propriété importante que chaque sommet est le pôle du côté opposé. C'est ce qu'on nomme un triangle *autopolaire*. Or, ce qui est remarquable, c'est que le triangle autopolaire ainsi formé est rectangle en F, quel que soit le point C choisi sur la directrice. On le démontre aisément en prenant le point F pour origine des coordonnées et la droite FC pour axe des x. Alors l'équation de la conique est :

$$f(x, y) = x^2 + y^2 - P^2 = 0.$$

Si l'on désigne par $x_0 y_0 z_0$ les coordonnées rendues homogènes du pôle de l'axe x, il faudra que la polaire de ce point :

$$x f'_{x_0} + y f'_{y_0} + z f'_{z_0} = 0,$$

se confonde avec l'axe des x : $y = 0$, ce qui exige :

$$f'_{x_0} = 0, \quad f'_{z_0} = 0,$$

ou en développant :

$$x_0 - P_0 P'_{x_0} = 0,$$
$$P_0 P'_{z_0} = 0$$

P_0 désignant ce que devient la fonction P quand on y remplace x et y respectivement par x_0 et y_0. Comme P est une fonction linéaire, P'_{x_0} et P'_{z_0} sont des constantes, et P'_{z_0} n'est pas nul ; autrement, P ne contiendrait pas z, et la directrice

P = 0 passerait par l'origine qui est le f. Donc P₀ est nul, et alors il faut que x_0 soit nul. Donc le pôle de l'axe ox est un point D situé sur oy, et ce triangle CFD est autopolaire et rectangle, puisque FC et FD sont les deux axes des coordonnées. On peut donc encore définir le f. en disant que :

Un f. d'une conique est un point tel que tous les triangles autopolaires qui ont ce point pour un de leurs sommets, sont rectangles en ce point.

Cette définition est l'origine d'une théorie géométrique des foyers des coniques, qui conduit à de nombreux résultats intéressants. Nous ne pouvons la développer ici, et nous nous contenterons de signaler le théorème suivant :

Si d'un point P de la directrice on mène les deux tangentes PM et PM' à la conique, la courbe des contacts MM' passe au f. F et est perpendiculaire à la droite PF (Fig. 2).

En effet, les deux triangles PFM, PFM' sont autopolaires, et, par suite, rectangles en F.

II. *Foyers dans les surfaces de second ordre.* — La notion du f. se généralise pour les surfaces du second ordre ou *quadriques*. On appelle f. d'une quadrique le centre d'une sphère de rayon nul bitangente à la quadrique. Si

$$F(x, y, z) = 0$$

est l'équation de la quadrique, et si α, β, γ sont les coordonnées d'un f., centre de la sphère de rayon nul :

$$(x - \alpha)^2 + (y - \beta)^2 + (z - \gamma)^2 = 0,$$

il arrivera, d'après des théorèmes bien connus, que ces deux surfaces étant bitangentes, se couperont suivant deux courbes planes : si alors on désigne par P = 0 et Q = 0, les plans de ces deux courbes, la quadrique F = 0 passera par l'intersection de la sphère et de l'ensemble des deux plans, de sorte que son équation pourra se mettre sous la forme :

$$\lambda\left[(x - \alpha)^2 + (y - \beta)^2 + (y - \gamma)^2\right] + PQ = 0.$$

Les deux équations représentant la même surface seront identiques, et l'on aura identiquement :

$$F(x, y, z) = \lambda\left[(x - \alpha)^2 + (y - \beta)^2 + (z - \gamma)^2\right] + PQ.$$

ou

$$F(x, y, z) - \lambda\left[(x - \alpha)^2 + (y - \beta)^2 + (z - \gamma)^2\right] = PQ.$$

La détermination des foyers d'une quadrique revient donc à la recherche des 4 nombres λ, α, β, γ, tels que le polynôme qui figure dans le premier membre se réduise à un produit de deux facteurs. Si on rend les équations homogènes par l'introduction d'une quatrième variable, on aura dans le premier membre une forme quadratique à quatre variables qui doit dépendre en réalité de deux variables seulement P et Q. Du reste, cette condition est suffisante, car toute forme quadratique à 2 variables P' et Q' peut se décomposer en un produit de deux facteurs qui seront les formes linéaires P et Q. Mais pour qu'une forme quadratique à 4 variables ne dépende que de 2 variables, il faut que tous les mineurs du déterminant soient nuls. Tous calculs faits, on trouve seulement trois conditions pour déterminer les 4 inconnues λ, α, β, γ. Le problème est donc indéterminé. Il y a une infinité de foyers. On démontre que le lieu de tous ces foyers se compose de 3 coniques appelées *focales* qui sont situées dans chacun des plans de symétrie de la surface et dont une seule est réelle. Dans l'ellipsoïde, celle qui est réelle est située dans le plan principal qui contient à la fois le plus grand et le plus petit des trois axes. Si

$$\frac{x^2}{a^2} + \frac{y^2}{b^2} + \frac{z^2}{c^2} =$$

est l'équation de l'ellipsoïde, et si l'on y suppose $a > b > c$, la focale réelle est dans le plan $y = 0$, et son équation est :

$$\frac{x^2}{a^2 - b^2} + \frac{z^2}{c^2 - b^2} = 1.$$

L'équation de la quadrique peut se mettre sous la forme :

$$(x - \alpha)^2 + (y - \beta)^2 + (z - \gamma)^2 = \mu\, PQ.$$

Le premier membre représente la distance du point M, (x, y, z), du la surface au f. α, β, γ. Chacun des facteurs du second membre représente, à un facteur constant près, la distance du même point à chacun des plans P = 0 Q = 0. Donc :

Un foyer est un point tel que la quadrique est le lieu des points dont le carré de la distance au foyer est dans un rapport constant avec les produits des distances du même point à deux plans fixes.

Comme PQ peut se mettre sous la forme d'une différence de carrés :

$$PQ = \frac{(P + Q)^2}{4} - \frac{(P - Q)^2}{4},$$

on peut encore dire que la *quadrique est le lieu des points tels que le carré de leur distance au foyer est dans un rapport constant avec la différence des carrés des distances du même point à deux plans fixes.* Seulement, les deux plans fixes sont ceux ceux qui ont pour équation :

$$P + Q = 0 \qquad P - Q = 0.$$

Enfin, on démontre encore que :

Tout foyer d'une quadrique est le sommet d'un cône de révolution circonscrit à la quadrique, et, par conséquent, les focales sont le lieu des sommets des cônes de révolution circonscrits à la quadrique.

III. — Le mot f. est encore pris en géométrie dans quelques autres acceptions; mais celles-ci se rapportent à des sujets trop particuliers pour que nous puissions donner ici les explications nécessaires.

Bibliogr. — Les bons traités de géométrie analytique et de géométrie des coniques. Voy. CONIQUE.

FRAC. s. m. (all. *frack*, m. s.). Habit d'homme qui ne couvre par devant que la poitrine, et qui se termine par derrière en deux longues basques plus ou moins étroites.

FRACAS. s. m. (R. *fracasser*). Rupture ou fracture avec bruit et violence. *Le vent a fait un grand f. dans la forêt.* Peu us. || Par ext., Grand bruit comme celui que produit une chose qu'on brise avec violence. *Le f. du tonnerre. Un torrent qui roule ses eaux avec f. Le f. des armes. La porte s'ouvrir avec f.* || Par exagér., Tumulte, désordre, agitation, qui s'accompagne de quelque bruit. *Il ne peut s'habituer au f. des rues de Paris. Quel f. dans cette maison!* || Fig., se dit du bruit, de l'éclat que l'on fait dans le monde par son train, par sa manière de vivre, etc. *Les parvenus aiment à faire du f. Ce prédicateur fait f.* — Par ext., se dit aussi des choses qui excitent vivement l'attention du public. *Sa beauté fait du f. dans le monde. Son livre fait f. Cette polémique a causé bien du f.* || T. Peint. *Il y a un grand f. dans ce tableau*, se dit d'un tableau où il y a de l'exagération dans les attitudes, une trop grande exubérance de détails, des contrastes de couleurs ou de lumière et d'ombre trop heurtés. == Syn. Voy. TUMULTE.

FRACASSEMENT. s. m. [Pr. *fra-ka-seman*]. Action de fracasser; état de ce qui est fracassé.

FRACASSER. v. a. [Pr. *fra-ka-ser*] (ital. *fracassare*, m. s., de *fra*, à travers, *cassare*, casser). Briser, rompre en plusieurs pièces. *Un éclat de bombe lui fracassa la jambe.* == SE FRACASSER. v. pr. *Toute la vaisselle s'est fracassée dans le voyage.* == FRACASSÉ, ÉE. part.

FRACASTORI (GIROLAMO), médecin et poète véronais (1483-1553).

FRACHOIR. s. m. (lat. *fractum*, brisé). Petit râteau pour égrapper la vendange.

FRACTION. s. f. [Pr. *frak-sion*] (lat. *fractio*, m. s., de *frangere*, rompre). Action par laquelle on rompt, ou divise; n'est usité que dans certaines phrases consacrées. *Les pèlerins d'Emmaüs connurent Notre-Seigneur à la f. du pain. Le corps de Jésus-Christ n'est point rompu par la f. de l'hostie.* || Portion, partie. *Le sou était une f. de la livre. Les opposants ne formaient qu'une très petite f. de l'assemblée.*

Arithm. — 1. PRÉLIMINAIRES ET PROPRIÉTÉS FONDAMENTALES. — Lorsqu'on divise l'unité en un certain nombre de parties égales et qu'on prend une ou plusieurs de ces parties, on a ce que l'on nomme une *Fraction*. On appelle *Dénominateur* le nombre qui indique en combien de parties égales l'unité est divisée, et *Numérateur* celui qui indique combien on prend de ces parties. Le numérateur et le dénominateur sont les deux *termes* de la f. Si, par ex., nous divisons l'unité en 7 parties égales et si nous prenons 3 de ces parties, le nombre 7 sera le dénominateur et le nombre 3 le numérateur; 7 et 3 sont les deux termes. — Pour écrire une f., on place le numérateur au-dessus du dénominateur en séparant les deux termes par un trait horizontal, et on l'énonce en nommant d'abord le numérateur, puis le dénominateur auquel on ajoute la désinence *ième* : ainsi, la f. que nous avons déjà prise pour ex. s'écrira $\frac{3}{7}$ et s'énoncera *trois septièmes*. Il y a exception pour les fractions dont le dénominateur est 2, 3 ou 4; on dit alors *demi*, *tiers*, *quart*.

Une f. peut être plus grande que l'unité. C'est ce qui arrive quand le numérateur est plus grand que le dénominateur.

Ex. : $\frac{17}{4}$. Une f. peut même se réduire à un nombre entier.

Ex. : $\frac{20}{4}$ qui équivaut au nombre entier 5, puisque 20 contient 5 fois 4 et que $\frac{4}{4}$ reproduisent l'unité par définition.

Les fractions constituent le premier exemple que l'on rencontre de la *généralisation de l'idée de quantité*. Après avoir acquis la notion de nombre entier par la répétition d'un même fait (Voy. Nombre), on acquiert, par une abstraction qui tire son origine de la division d'un objet matériel, l'idée d'une nouvelle sorte d'unité, qui peut s'ajouter à elle-même comme l'unité fondamentale servant à former les nombres entiers, et qui jouit de cette propriété que l'addition d'un nombre convenable de ces nouvelles unités reproduit l'unité ancienne; cette nouvelle unité s'appelle *une partie aliquote* de l'unité.

Ex. : $\frac{1}{5}$, $\frac{1}{7}$, etc. Chaque nombre entier donne ainsi naissance à une nouvelle sorte d'unité, *à une partie aliquote spéciale de l'unité*. Ce sont ces parties aliquotes de l'unité qui vont devenir l'origine des fractions. On peut dire qu'une f. est la somme de plusieurs parties aliquotes de l'unité toutes égales entre elles. Le dénominateur définit l'*espèce* de ces parties aliquotes et le numérateur indique combien on en doit prendre pour les ajouter ensemble.

Puisqu'on a convenu qu'on ajoutera les parties aliquotes de l'unité comme on ajoutait l'unité elle-même, on peut aussi ajouter les groupes de parties aliquotes, comme on ajoutait les groupes d'unités qui constituaient les nombres. La seule condition qui s'impose actuellement, et dont nous nous affranchirons plus tard, c'est que les parties aliquotes considérées doivent être toutes de même espèce. En d'autres termes, nous ne pouvons actuellement considérer que *des fractions de même dénominateur*, et il ressort de ce qui précède que :

Pour ajouter des fractions de même dénominateur, il suffira d'ajouter leurs numérateurs, et de conserver le dénominateur commun :

$$\text{Ex. : } \frac{3}{4} + \frac{7}{4} + \frac{11}{4} = \frac{3+7+11}{4} = \frac{21}{4}.$$

L'addition ainsi comprise possède bien toutes les propriétés de l'addition des nombres entiers, c.-à-d. que la somme des fractions considérées est indépendante de l'ordre dans lequel on les ajoute, et que l'on peut répartir les fractions à ajouter en plusieurs groupes, faire la somme des fractions contenues dans chaque groupe, et, enfin, ajouter toutes ces sommes partielles.

La *soustraction*, étant l'opération inverse de l'addition, se trouve définie en même temps que celle-ci. Elle a pour objet, étant données deux fractions, d'en trouver une troisième qui, ajoutée à la seconde des fractions données, reproduise la première. *Pour retrancher deux fractions de même dénominateur, il suffit de retrancher leurs numérateurs*, car il est clair que si, à la f. ainsi obtenue, on ajoute la seconde des fractions données, on retrouvera la première :

$$\text{Ex. : } \frac{11}{7} - \frac{5}{7} = \frac{11-5}{7} = \frac{6}{7},$$

car :

$$\frac{6}{7} + \frac{5}{7} = \frac{6+5}{7} = \frac{11}{7}.$$

La preuve a réussi, parce qu'en définitive, aussi bien pour l'addition que pour la soustraction, on n'a opéré que sur les numérateurs.

La *multiplication* d'une fraction *par un nombre entier* est aussi définie en même temps que l'addition : c'est l'opération qui a pour objet *d'ajouter autant de fractions égales au multiplicande qu'il y a d'unités dans le multiplicateur*. Ainsi, multiplier $\frac{5}{7}$ par 4, c'est ajouter 4 fractions égales

à $\frac{5}{7}$. Comme toutes ces fractions ont même dénominateur, il suffit d'ajouter les numérateurs, et comme ceux-ci sont tous égaux, cette addition est une multiplication, d'où l'on déduit immédiatement la règle :

Pour multiplier une f. par un nombre entier, il suffit de multiplier le numérateur par ce nombre entier.

$$\frac{5}{7} \times 4 = \frac{5}{7} + \frac{5}{7} + \frac{5}{7} + \frac{5}{7} = \frac{5+5+5+5}{7} = \frac{5 \times 4}{7}.$$

Une conséquence immédiate de cette règle, c'est que l'on peut permuter le numérateur de la f. et le multiplicateur :

$$\frac{5}{7} \times 4 = \frac{4}{7} \times 5,$$

puisque les deux produits donnent : $\frac{4 \times 5}{7}$.

De cette simple remarque on déduit le théorème suivant : *Le produit d'une f. par son dénominateur est égal à son numérateur.*

Par ex. : $\frac{5}{7} \times 7 = 5$. En effet, d'après la remarque précédente,

$$\frac{5}{7} \times 7 = \frac{7}{7} \times 5,$$

et comme $\frac{7}{7} = 1$ par définition, le produit est 1×5 ou 5.

Ce théorème présente une grande importance : il équivaut à dire que *toute f. est le quotient exact de son numérateur par son dénominateur*.

L'introduction des fractions rend ainsi possible, dans tous les cas, la division de deux nombres entiers, opération qui, dans la théorie des nombres entiers, ne pouvait se faire que dans les cas très restreints où le dividende est un multiple du diviseur.

La *division* d'une f. *par un nombre entier* étant l'opération inverse de la multiplication, se trouve définie : *il faut trouver une f. dont le produit par le diviseur reproduira la f. dividende*. Or, on démontre que :

Pour diviser une f. par un nombre entier, il suffit de multiplier le dénominateur par le diviseur entier.

Considérons d'abord une partie aliquote de l'unité, c.-à-d. une f. de numérateur 1. Soit, par ex., $\frac{1}{7}$ à diviser par 4. Je dis que le quotient est $\frac{1}{7 \times 4} = \frac{1}{28}$. Il faut montrer que :

$$\frac{1}{28} \times 4 = \frac{1}{7}.$$

Or, les 28 parties aliquotes de l'unité peuvent être réparties en 7 groupes de 4, puisque 28 est le produit de 7 par 4. Chacun de ces groupes constitue donc $\frac{1}{7}$ de l'unité, ce qui prouve bien que :

$$\frac{1}{7} = \frac{4}{28} = \frac{1}{28} \times 4.$$

Soit maintenant une f. quelconque $\frac{5}{7}$. Je dis que le quotient de $\frac{5}{7}$ par 4 est $\frac{5}{7 \times 4} = \frac{5}{28}$, c.-à-d. que :

$$\frac{5}{28} \times 4 = \frac{5}{7}.$$

Or, d'après une remarque précédente :

$$\frac{5}{28} \times 4 = \frac{4}{28} \times 5,$$

et l'on vient de voir que $\frac{4}{28} = \frac{1}{7}$. Donc le produit est

$$\frac{1}{7} \times 5 = \frac{5}{7}, \qquad \text{C. Q. F. D.}$$

Ce théorème nous amène à la considération des fractions de dénominateur différent. Il est susceptible d'un énoncé qui paraît fort différent, quoique ayant au fond la même signification :

Une f. ne change pas si l'on multiplie ses deux termes par un même nombre.

Dire que :

$$\frac{5}{7} = \frac{5 \times 3}{7 \times 3},$$

équivaut en effet à dire que :

$$\frac{5}{7} = \frac{5}{7 \times 3} \times 3,$$

ou que :

$$\frac{5}{7 \times 3} \text{ est le quotient de } \frac{5}{7} \text{ par 3.}$$

Sous cette nouvelle forme, le théorème montre bien toute son importance : il nous permet de comparer deux fractions dont les dénominateurs sont différents, et il va nous permettre d'étendre les règles de calcul à des fractions quelconques.

II. TRANSFORMATION DES FRACTIONS. — Nous nous occuperons ici de trois sortes de transformations :

1° *Simplification des fractions.* — Le théorème précédent montre qu'on ne change pas non plus une f. si l'on divise ses deux termes par un de leurs diviseurs communs ; car en multipliant les deux termes de la nouvelle f. par le diviseur employé, on retrouverait la première. Cette remarque fournit un moyen de *simplifier* une f., c.-à-d. de l'exprimer avec des termes plus petits, toutes les fois que les deux termes de la f. donnée admettent un diviseur commun autre que 1. Quelquefois, on aperçoit successivement plusieurs diviseurs communs, ce qui permet d'opérer plusieurs simplifications successives. Soit, par ex., la f. $\frac{540}{1260}$. Si nous divisons le numérateur et le dénominateur par les nombres successifs 10, 9 et 2, nous avons la série de fractions égales $\frac{540}{1260}, \frac{54}{126}, \frac{6}{14}, \frac{3}{7}$. Lorsque les deux termes de la f. sont *premiers entre eux*, c.-à-d. qu'ils n'admettent plus d'autre diviseur commun que l'unité, le procédé de simplification n'est plus applicable. On peut se demander s'il n'existe pas un autre procédé qui permettrait de pousser plus loin la simplification. Le théorème suivant répond négativement :

Les termes de toute f. équivalente à une f. dont les deux termes sont premiers entre eux, sont équimultiples de ceux de cette dernière f. Soit, par ex., la f. $\frac{3}{7}$ dont les deux termes sont premiers entre eux, et $\frac{a}{b}$ une f. ayant la même valeur. Je dis que a est un multiple de 3, b un multiple de 7, et que les deux quotients respectifs de a par 3 et de b par 7 sont égaux. C'est là ce qu'il faut entendre par le mot *équimultiple*. Multiplions par b les deux termes de la première f., et par 7 les deux termes de la seconde, elles deviendront respectivement $\frac{3 \times b}{7 \times b}, \frac{a \times 7}{b \times 7}$. Ces deux fractions sont égales par hypothèse, et comme leurs dénominateurs sont les mêmes, leurs numérateurs sont aussi égaux ; donc $3 \times b = a \times 7$. Le nombre 7 divise le produit $a \times 7$; il divise son égal $3 \times b$, et comme il est premier avec 3, il doit diviser b, d'après le théorème fondamental de la théorie des nombres entiers. Le nombre b est donc un certain multiple de 7 que l'on peut représenter par $7 \times m$. Dans l'égalité précédente, remplaçons b par cette valeur, il viendra : $3 \times 7 \times m = a \times 7$, ou, en divisant par 7 les deux produits égaux, $3 \times m = a$. Les deux nombres a et b sont donc les produits par un même nombre m des deux termes 3 et 7 de la f. $\frac{3}{7}$.

Ce théorème montre bien qu'une f. dont les deux termes sont premiers entre eux ne saurait être simplifiée. Aussi, est-elle appelée une f. *irréductible.* Toutes les fractions qui sont égales entre elles peuvent se former en multipliant par un même nombre les deux termes d'une même f. irréductible.

De là résulte aussi que :

Pour réduire une f. à sa plus simple expression, il suffit de diviser ses deux termes par leur plus grand commun diviseur. On sait, en effet, qu'après la division

des deux termes par leur plus grand commun diviseur, les quotients seront premiers entre eux : la f. sera donc irréductible. Par ex., pour réduire la f. $\frac{540}{1260}$ à sa plus simple expression, nous diviserons chacun de ses termes par leur plus grand commun diviseur 180, et nous aurons les deux quotients 3 et 7 déjà trouvés précédemment par trois opérations successives.

2° *Extraction des entiers.* — Lorsque le numérateur d'une f. est plus grand que son dénominateur, la f. est plus grande que 1, et l'on peut se proposer de la décomposer en une somme d'un nombre entier et d'une f. complémentaire plus petite que 1. Remarquons d'abord que si le numérateur est un multiple du dénominateur, la f. se réduit à un nombre entier, qui est le quotient du numérateur par le dénominateur. Par ex. :

$$\frac{28}{7} = \frac{7 \times 4}{7} = \frac{7}{7} \times 4 = 1 \times 4 = 4.$$

Nous voyons ainsi que les nombres entiers se présentent comme cas particuliers des fractions.

Considérons maintenant une f. dont le numérateur n'est pas divisible par le dénominateur, soit $\frac{a}{b}$. Divisons a par b, nous aurons un quotient q et un reste r plus petit que b :

$$a = b \times q + r.$$

Alors :

$$\frac{a}{b} = \frac{b \times q + r}{b} = \frac{b \times q}{b} + \frac{r}{b} = q + \frac{r}{b},$$

q est le nombre entier et $\frac{r}{b}$ la f. complémentaire plus petite que 1. Ce résultat s'énonce de la manière suivante :

Pour extraire les entiers d'une f., on divise le numérateur par le dénominateur : le quotient donne le nombre entier et le reste, le numérateur de la f. complémentaire.

Ex. : $\frac{2350}{17}$. Je divise 2350 par 7. Le quotient est 138, le reste 4. Donc :

$$\frac{2350}{17} = 138 + \frac{4}{17}.$$

Le raisonnement précédent démontre que les seules fractions qui se réduisent à des nombres entiers sont celles dont le numérateur est multiple du dénominateur.

La transformation inverse se fait évidemment en multipliant le nombre entier par le dénominateur de la f. et en ajoutant au produit le numérateur de la f. :

$$19 + \frac{5}{7} = \frac{19 \times 7}{7} + \frac{5}{7} = \frac{19 \times 7 + 5}{7} = \frac{133 + 5}{7} = \frac{138}{7}.$$

3° *Réduction des fractions au même dénominateur.* — La possibilité de multiplier les deux termes d'une f. sans changer la valeur de cette f., fournit immédiatement un moyen de réduire plusieurs fractions au même dénominateur : *il suffit de multiplier les deux termes de chaque f. par le produit des dénominateurs de toutes les autres.* Soient, par ex., les fractions :

$$\frac{2}{3}, \frac{3}{5} \text{ et } \frac{8}{15}.$$

L'application de la règle précédente donne :

$$\frac{2}{3} = \frac{2 \times 5 \times 15}{3 \times 5 \times 15}, \quad \frac{3}{5} = \frac{3 \times 3 \times 15}{5 \times 3 \times 15}, \quad \frac{8}{15} = \frac{8 \times 3 \times 5}{15 \times 3 \times 5},$$

$$\frac{2}{3} = \frac{150}{225}, \quad \frac{3}{5} = \frac{135}{225}, \quad \frac{8}{15} = \frac{120}{225}.$$

Cette règle, très simple à exposer, a l'inconvénient de donner souvent un dénominateur commun trop grand. Pour trouver le plus petit dénominateur commun, supposons d'abord que les fractions aient été réduites à leur plus simple expression. D'après le théorème sur les fractions irréductibles, on ne pourra les transformer qu'en prenant de nouveaux dénominateurs multiples des anciens. Donc le plus petit dénominateur commun possible sera le plus petit commun multiple, d'où la règle :

Pour réduire plusieurs fractions à leur plus petit commun dénominateur, on commence par les réduire à leur plus simple expression; puis on cherche le plus petit commun multiple des dénominateurs; on divise ce plus petit commun multiple par chacun des dénominateurs donnés, et on multiplie les deux termes de chaque fraction par le quotient correspondant.

Il est clair que l'application de cette règle ne change pas les fractions et leur fait acquérir un dénominateur commun égal au plus petit commun multiple des dénominateurs des fractions irréductibles.

Dans l'exemple choisi, 15, qui est le plus grand des trois dénominateurs, se trouve exactement divisible par chacun des deux autres : il est donc le plus petit multiple, et nous le prendrons pour dénominateur commun. Or, 15 divisé par 3, puis par 5, donne pour quotients respectifs 5 et 3. Ainsi nous multiplierons le numérateur de la première f. par 5, celui de la

seconde par 3, et nous aurons les fractions $\frac{10}{15}, \frac{9}{15}, \frac{8}{15}$, égales

aux fractions primitives et réduites au dénominateur commun le plus petit possible. — En général, on n'aperçoit pas immédiatement le plus petit commun multiple des dénominateurs. Dans ce cas, on cherche le plus petit multiple par la décomposition de chaque dénominateur en ses facteurs premiers. Si tous les dénominateurs sont premiers entre eux deux à deux, la seconde méthode se confond avec la première, puisque, dans ce cas, le plus petit multiple est le produit même des dénominateurs.

III. OPÉRATIONS SUR LES FRACTIONS.

A. *Addition et Soustraction.* — On réduit les fractions données au même dénominateur, et on effectue l'opération demandée sur les numérateurs.

B. *Multiplication.* — Le cas où le multiplicateur est entier a déjà été traité.

Quand le multiplicateur est fractionnaire, la multiplication doit être définie spécialement.

Multiplier un nombre quelconque par une fraction, c'est le diviser par le dénominateur et multiplier le quotient obtenu par le numérateur de la fraction donnée.

Ainsi, multiplier un nombre par $\frac{4}{7}$, c'est le diviser par 7 et

multiplier le quotient obtenu par 4. On dit quelquefois que multiplier un nombre par une f., c'est prendre la même f. du multiplicande. Cette définition dit exactement la même chose

que la précédente, car prendre les $\frac{4}{7}$ d'un nombre, c'est bien

le diviser par 7 et multiplier le quotient obtenu par 4; mais elle le dit avec moins de précision.

Soit à multiplier $\frac{3}{5}$ par $\frac{4}{9}$. Diviser $\frac{3}{5}$ par 9 donnera $\frac{3}{5 \times 9}$,

et le produit de ce quotient par 4 est $\frac{3 \times 4}{5 \times 9}$, d'où la règle :

Pour multiplier une fraction par une fraction, on multiplie les numérateurs entre eux et les dénominateurs entre eux. — La multiplication d'un nombre entier par une f. est comprise dans le cas précédent. Il suffit d'observer que tout nombre entier est une f. de dénominateur 1. Par

ex., si l'on veut multiplier 8 par $\frac{3}{7}$, on remplacera 8 par $\frac{8}{1}$.

$8 \times \frac{3}{7} = \frac{8}{1} \times \frac{3}{7} = \frac{24}{7}$. On arrive encore au même résultat

en divisant 8 par 7 et en multipliant le résultat par 3.

Remarques. — 1° *Le produit de plusieurs facteurs fractionnaires ne change pas quand on intervertit leur ordre.* En effet, le produit est une f. qui a pour numérateur le produit des numérateurs, et pour dénominateur le produit des dénominateurs. Or, changer l'ordre des facteurs fractionnaires, c'est changer simplement l'ordre des facteurs entiers qui constituent le numérateur et le dénominateur du produit. Une telle opération n'altère pas la valeur de ces deux termes. — 2° On prouverait de même que les théorèmes relatifs à la possibilité de grouper les facteurs s'appliquent aussi aux facteurs fractionnaires.

C. *Division.* — Le cas où le diviseur est entier a déjà été traité.

Si le diviseur est fractionnaire, l'opération a toujours pour objet de trouver un nombre appelé quotient dont le produit par le diviseur reproduira le dividende.

Soit à diviser A par $\frac{3}{5}$. Le produit du quotient par $\frac{3}{5}$,

c'est-à-dire les $\frac{3}{5}$ du quotient, sont égaux à A. Donc $\frac{1}{5}$ du quo-

tient s'obtiendra en divisant A par 3, et les $\frac{5}{5}$ du quotient

ou le quotient entier s'obtiendront en multipliant le résultat précédent par 5. Finalement, il faut diviser A par 3 et multiplier le résultat par 5, c'est-à-dire qu'il faut multiplier A

par $\frac{5}{3}$. Donc :

Pour diviser une fraction par une fraction, on multiplie la fraction dividende par la fraction diviseur renversée.

Ex. : $\frac{8}{15} : \frac{3}{5} = \frac{8}{15} \times \frac{5}{3} = \frac{8 \times 5}{15 \times 3} = \frac{8}{3 \times 3} = \frac{8}{9}$

Remarquons que le raisonnement précédent ne fait pas de distinction entre les cas où le diviseur est entier ou fractionnaire :

$$5 : \frac{3}{7} = 5 \times \frac{7}{3} = \frac{5 \times 7}{3} = \frac{35}{3}$$

IV. FRACTIONS DÉCIMALES. — Quand une f. a pour dénominateur une puissance de 10, elle prend le nom de *Fraction*

décimale. Ainsi, par ex., $\frac{44}{100}, \frac{3657}{1000}$ sont des fractions déci-

males. Au lieu de f. décimale, on emploie souvent l'expression impropre de *nombre décimal.*

A. *Numération.* — Toute f. décimale plus petite que l'unité est une somme de fractions décimales dont les dénominateurs sont les puissances successives de 10, et les numérateurs les chiffres successifs du numérateur donné. Ainsi :

$$\frac{253}{10\,000} = \frac{2}{100} + \frac{5}{1\,000} + \frac{3}{10\,000},$$

comme on le voit immédiatement en réduisant toutes les fractions du second membre au dénominateur commun 10 000. En écrivant, si c'est nécessaire, un certain nombre de zéros à gauche du numérateur, on peut faire commencer la suite des dénominateurs à 10. Ex. :

$$\frac{253}{10\,000} = \frac{0\,253}{10\,000} = \frac{0}{10} + \frac{2}{100} + \frac{5}{1\,000} + \frac{3}{10\,000}.$$

$$\frac{3\,007}{1\,000\,000} = \frac{0}{10} + \frac{0}{100} + \frac{3}{1\,000} + \frac{0}{10\,000} + \frac{0}{100\,000} + \frac{7}{1\,000\,000}.$$

Si la f. est plus grande que l'unité, on la décompose en un nombre entier et une somme de fractions décimales ;

$$\frac{2\,870\,037}{1\,000} = 2870 + \frac{0}{10} + \frac{0}{100} + \frac{3}{1\,000} + \frac{7}{1\,000}.$$

De là résulte que chaque chiffre du numérateur représente des *unités d'un certain ordre*, telles que *tout chiffre placé à gauche d'un autre représente des unités qui sont formées par l'addition de 10 des unités que représente cet autre chiffre.* C'est le principe de la numération des nombres entiers étendu aux parties aliquotes de l'unité. Dès lors, il est inutile d'écrire le dénominateur; il suffit d'écrire le numérateur et d'indiquer l'ordre d'unités représenté par un de ses chiffres pour que la f. soit complètement déterminée. La convention adoptée pour cet objet est d'écrire une virgule entre le chiffre des unités et celui des dixièmes. Si les unités, ou même les dixièmes, centièmes, etc., font défaut, on écrira des zéros à la place des chiffres d'ordre d'unités absentes, afin de conserver aux autres chiffres la place qu'ils doivent occuper. D'après ces principes, les fractions précédentes s'écriront :

$$\frac{253}{100\,000} = 0,025\,3$$

$$\frac{3\,007}{1\,000\,000} = 0,003\,007$$

$$\frac{2\,870\,037}{1\,000} = 2,870,037,$$

et s'énonceront respectivement : 253 *cent-millièmes*, 3007 *millionièmes*, 2870 *unités*, 37 *millièmes*.

On voit, d'après cela, comment on pourra énoncer une f. décimale écrite en chiffres, ou inversement écrire une f. décimale énoncée.

Remarques. — 1° La valeur d'un nombre décimal ne change pas quand on écrit à sa droite un ou plusieurs zéros. En effet, chaque chiffre conservant son rang à partir du chiffre des unités, il conserve sa valeur. On peut encore remarquer qu'écrire des zéros à la droite d'une f. décimale équivaut à multiplier à la fois le numérateur et le dénominateur par une même puissance de 10.

2° Les chiffres qui sont à la droite de la virgule s'appellent les *chiffres décimaux*. Le nombre de chiffres décimaux est égal au nombre de zéros dans le dénominateur.

3° Il en résulte que si, dans un nombre décimal, on déplace la virgule d'un rang vers la droite, le nombre lui-même sera multiplié par 10, puisque le numérateur restant le même, le dénominateur aura été divisé par 10, par la suppression d'un zéro. De même, le déplacement de la virgule vers la droite de un, deux, trois, quatre, etc., rangs multiplie ce nombre par cent, mille, dix mille, etc. Inversement, le transport de la virgule de un, deux, trois, etc., rangs vers la gauche divise le nombre par dix, cent, mille, etc.

Pour faciliter l'énoncé des règles de calcul, nous conviendrons que tout nombre entier ou fractionnaire est écrit avec virgule et une suite indéfinie de zéros à droite et à gauche, quoique ces zéros ne doivent pas être expressément figurés. Cette convention nous permettra de dire que nous déplaçons la virgule dans un sens ou dans l'autre d'un nombre quelconque de rangs, sans être obligés, d'ajouter que si le nombre des chiffres est insuffisant pour opérer le déplacement, on y suppléera par l'introduction de zéros.

B. *Addition.* — Les fractions décimales peuvent s'ajouter comme les nombres entiers par l'addition successive de leurs unités de même ordre, à condition de reporter sur chaque ordre d'unités le nombre de dizaines des unités trouvées par l'addition des unités de l'ordre immédiatement inférieur. Il en résulte que : *Pour additionner plusieurs nombres décimaux, on suit la même règle que pour additionner des nombres entiers, et l'on place la virgule au-dessous des virgules des nombres donnés.* Exemple ci-contre.

$$\begin{array}{r} 36,4319 \\ 7,85 \\ 192,5072 \\ \hline 236,7891 \end{array}$$

C. *Soustraction.* — Règle : *La soustraction des fractions décimales s'effectue aussi d'après les mêmes procédés que celle des nombres entiers, et, comme pour l'addition des nombres décimaux, on place la virgule du résultat au-dessous des virgules des nombres donnés.* Si le plus grand nombre a moins de chiffres décimaux que l'autre, on lui suppose des zéros : Exemple ci-contre.

$$\begin{array}{r} 35,24 \\ 14,3787 \\ \hline 20,8613 \end{array}$$

D. *Multiplication.* — Soit à multiplier 4,36 par 5,412 ;

c'est multiplier $\dfrac{436}{100}$ par $\dfrac{5412}{1000}$; il faut multiplier les numérateurs et les dénominateurs. Le produit est donc :

$$\frac{435 \times 5412}{100 \times 1000} \, ;$$

le dénominateur contiendra autant de zéros qu'il y en a dans les deux dénominateurs réunis. Donc le produit contiendra autant de chiffres décimaux qu'il y en a dans les deux facteurs réunis, soit ici, 5 :

$$0,436 \times 5,412 = \frac{2359632}{100000} = 23,59632 \, ;$$

d'où la règle :

On obtient le produit de deux nombres décimaux en multipliant les nombres donnés par la règle de la multiplication des nombres entiers sans s'occuper de la virgule, et en séparant sur la droite du produit autant de chiffres décimaux qu'il y en a dans les deux facteurs réunis.

Cette règle s'applique au cas où l'un des facteurs est un nombre entier. Le nombre des chiffres décimaux du produit est égal au nombre des chiffres décimaux du facteur fractionnaire :

$$37 \times 2,53 = 37 \times \frac{253}{100} = \frac{37 \times 253}{100} = \frac{9361}{100} = 93,61.$$

Multiplication abrégée. — Lorsque deux nombres entiers sont suivis d'un grand nombre de chiffres décimaux, il est rare que le calcul exact de leur produit soit une opération nécessaire. Dans ce cas, on se contente d'en calculer un cer-

tain nombre, et l'on obtient ainsi un produit approché à moins d'une unité d'un ordre décimal donné. La règle à suivre en pareil cas est connue sous le nom de *Règle d'Angleterre*. En voici l'énoncé : Pour trouver à moins d'une unité entière ou d'un ordre décimal donné, le produit de deux nombres entiers ou décimaux, on écrit *les unités du multiplicateur* sous le chiffre du multiplicande qui exprime des *unités cent fois plus faibles que celles du dernier ordre que l'on veut conserver* ; on dispose les autres chiffres du multiplicateur à droite et à gauche de celui des unités, mais en ayant soin de *renverser l'ordre des chiffres de ce facteur* ; on multiplie successivement par chaque chiffre du multiplicateur *le chiffre correspondant du multiplicande et tous ceux qui sont placés à sa gauche, mais ceux-là seulement* ; puis, on écrit les différents produits partiels les uns au-dessous des autres, en mettant *les premiers chiffres de droite dans une même colonne verticale* ; enfin, on fait la somme de tous ces produits, et l'on supprime sur sa droite *les deux chiffres extrêmes* en augmentant *d'une unité le dernier chiffre conservé*. — Appliquons cette règle au produit 3,141592 × 27,1628 dont on demande une valeur *approchée à*

$$\begin{array}{r} 3141592 \\ 828172 \\ 62830 \\ 21987 \\ 314 \\ 248 \\ 6 \\ \hline 85385 \\ 85,4 \end{array}$$

moins d'un dixième. — J'écris le 7 qui représente les unités du multiplicateur au-dessous du 1 qui, dans le multiplicande, représente des unités cent fois plus faibles que les dixièmes, et, à partir de là, j'écris les chiffres du multiplicateur dans l'ordre inverse. La partie du multiplicande écrite à la droite du premier chiffre 2 employé comme multiplicateur étant moindre que 1 dix-millième, en omettant de la multiplier par 20, on a diminué le produit proposé d'une quantité moindre que 2 millièmes ; la partie du multiplicande écrite à droite du deuxième chiffre 7 du multiplicateur étant moindre que 1 millième, en omettant de la multiplier par 7, on diminue le produit d'une quantité moindre que 7 millièmes. En appliquant le même raisonnement aux chiffres suivants employés comme multiplicateurs, on voit que le produit est successivement diminué de trois nombres formant une somme moindre que (1 + 8 + 2) millièmes. Enfin, le multiplicande étant moindre que 10, et la partie du multiplicande écrite à sa gauche étant moindre que (8 + 1) dix-millièmes, en omettant de multiplier le multiplicande par cette partie du multiplicateur, on a diminué le produit d'un nombre moindre que (8 + 1) millièmes. Donc, en définitive, si l'on remplaçait le produit réel par le produit 85,385, on aurait diminué le premier produit d'un nombre moindre que (2 + 7 + 1 + 8 + 2 + 8 + 1) millièmes, ou, plus généralement, d'un nombre moindre que 101 millièmes, en supposant que la somme précédente d'excède pas le nombre 100. De plus, si l'on supprime les deux premiers chiffres à droite du nombre 85,385, ce qui laisse le nombre 85,3, on diminue encore le produit réel de 85 millièmes, c'est-à-dire d'un nombre qui ne peut excéder 99 millièmes. Donc la diminution totale du produit proposé sera moindre que (101 + 99) millièmes ou que 2 dixièmes. Donc enfin, si l'on ajoute 1 dixième à 85,3 le résultat 85,4 et le produit proposé différeront entre eux d'une quantité moindre que 1 dixième. —

Remarques : Si la somme des chiffres du multiplicateur était supérieure à 100, il faudrait placer ses unités sous le chiffre du multiplicande qui exprime des unités 1000 fois plus faibles que celles qu'on désire avoir au produit. — Si les chiffres du multiplicateur renversé dépassaient à droite le multiplicande, on compléterait ce dernier par un nombre suffisant de zéros écrits à sa suite.

E. *Division.* — Nous avons à considérer deux cas :
1° *Le diviseur est un entier.* — Soit à diviser 56,271 par 3. On a à effectuer l'opération :

$$\frac{56\,271}{1000} : 3 = \frac{56\,271}{1000} \times \frac{1}{3} = 56\,271 \times \frac{1}{3} \times \frac{1}{1000}$$
$$= \frac{56\,271}{3} \times \frac{1}{1000}$$

Il suffira donc de diviser 56 271 par 3, ce qui donne 18 757,

et de multiplier ce nombre par $\dfrac{1}{1000}$, ce qui se fera en séparant sur sa droite, 3 chiffres décimaux ; on a ainsi :

$$\begin{array}{r|l} 56,271 & 3 \\ 26 & \\ 22 & 18,757 \\ 17 & \\ 21 & \end{array}$$

On remarquera que le nombre de chiffres décimaux du quotient est égal à celui des chiffres décimaux du diviseur. On réalisera donc l'opération par la règle suivante : *Pour diviser un nombre décimal par un nombre entier, on procède à la division comme si le dividende était un nombre entier ; seulement on a le soin de mettre une virgule au quotient, au moment où l'on abaisse le premier des chiffres décimaux du dividende.*

Voyons maintenant le cas où la division ne se ferait pas exactement, et soit, par exemple, 56,271 à diviser par 35. Le nombre entier 56271 divisé par 35 donne un quotient égal à

$1607 + \dfrac{26}{35}$. Si l'on multiplie ces 1607 unités plus cette frac-

tion $\dfrac{26}{35}$ par 35, on trouve 56271 unités ; en multipliant

1607 millièmes plus la fraction $\dfrac{26}{35\,000}$ par 35, on aura donc

56271 millièmes, c.-à-d. le dividende proposé. Il en résulte

que le quotient cherché vaut 1607 millièmes, plus $\dfrac{26}{35}$ de mil-

lième. En négligeant cette f. de millième, on commet une erreur moindre que 1 millième. La règle est donc la même que précédemment. — Comme on le voit, le quotient est compris entre 1,607 et 1,608 ; mais duquel de ces deux nombres se rapproche-t-il plus ? Le reste étant plus grand que la moitié du diviseur, la f. négligée est plus grande qu'un demi-millième ; le quotient est donc plus rapproché de 1,608 que de 1,607. Par conséquent, on prendra 1,608 par excès, à moins d'un demi-millième près. Si, au contraire, le reste se fût trouvé moindre que la moitié du diviseur, on aurait pris le quotient 1,607 ; car alors ce nombre eût été approché, par défaut, à moins d'un demi-millième près. — Si l'on désire une approximation plus grande, si, par ex., on demande le quotient, à moins d'un millionième près, il suffira d'écrire à la droite du dividende assez de zéros pour que le dernier occupe la place des millionièmes. Après la division, on néglige la f. complémentaire, en commettant une erreur moindre qu'un millionième. Dans la pratique, il est inutile d'écrire ces zéros à la droite du dividende ; il suffit de les y supposer et de les abaisser à mesure qu'on écrit les dividendes partiels successifs. On peut ainsi continuer la division aussi loin qu'on le désire. L'erreur sera toujours moindre qu'une unité de l'ordre auquel on s'arrêtera ; elle sera donc aussi petite qu'on voudra.

2° *Le diviseur est un nombre décimal.* — Soit à diviser 456,371 par 2,98. Je multiplie par 100 le diviseur et le dividende, ce qui ne change pas le quotient. La question revient ainsi à diviser le nombre décimal 45637,1 par 298, ce qui rentre dans le cas précédent. On voit que le procédé consiste à rendre le diviseur entier en multipliant le dividende et le diviseur par une puissance convenable de 10. On peut alors appliquer la règle pratique suivante, qui s'applique à tous les cas, moyennant la remarque que nous avons faite au sujet des zéros, qu'on peut toujours supposer à droite et à gauche de tout nombre décimal : *Pour diviser un nombre décimal par un autre, on supprime la virgule du diviseur, et l'on déplace celle du dividende d'autant de rangs sur la droite qu'il y avait de chiffres décimaux au diviseur.*

Il convient de remarquer que le reste a été multiplié par la même puissance de 10 que le dividende et le diviseur. Si donc on a besoin du reste, il faut avoir soin de le diviser par cette puissance de 10. Ex. : Soit à diviser 23,75 par 2,855 à moins de 1 millième près. On divisera 23750 par 2855 ce qui donne le quotient 8,318 et le reste 2,110 ; mais celui-ci a été multiplié par 1000. Le reste véritable est donc 0,00211 et l'on a :

$$23,75 = 2,855 \times 8,318 + 0,00211,$$

comme il est facile de le vérifier.

Division abrégée. — Proposons-nous de trouver à 1 dixième près le quotient de 15466,21387 par 64,271795. — Nous multiplions d'abord le dividende par l'unité suivie d'autant de zéros que l'on veut avoir de décimales au quotient, par 10 dans le cas présent. Le quotient du nombre 154662,1387 par le diviseur étant calculé à moins d'une unité, on n'a qu'à le diviser par 10 pour avoir le quotient demandé. On détermine ensuite le nombre de chiffres dont se composera la partie entière du quotient des nombres 154662,1387 et 64,271795 ; dans l'exemple actuel ce quotient aura 4 chiffres. On prend alors sur la gauche du diviseur $4 + 2$ chiffres, et l'on supprime les autres : le diviseur devient ainsi 64,2717. Pour

former le premier dividende partiel, on prend sur la gauche du dividende un nombre qui contienne moins de 10 fois le diviseur restreint ; quant aux autres chiffres, on les supprime. Le dividende se trouve donc réduit à 154662,1.

On néglige les virgules : la division de 1546621 par les six premiers chiffres du diviseur donne pour quotient 2 et pour reste 261187. Au lieu d'abaisser à la droite de ce reste le chiffre suivant 3 du dividende pour former un nouveau dividende partiel, on barre le premier chiffre 7 à la droite du diviseur, et l'on divise 261187 par 64271 ; le quotient est 4 et le reste 4103. Supprimant

un nouveau chiffre au di-
viseur, on divise ce reste
par 6427, le quotient est 0.
On supprime au diviseur
un chiffre de plus et l'on
divise 4103 par 642, ce qui
donne 6 pour quotient, et
251 pour reste. Les chif-
fres 2, 4, 0 et 6, successi-

154662	1	387	64,2717 95
128543	4		2406
26118	7		
25708	4		
410	3		
385	2		
25	1		

vement trouvés, forment à moins d'une unité le quotient de 154662,1387 par 64,271795. En le divisant par 10, ce qui donne 240,6 on a, à 1 dixième près, le quotient de 15466,21387 par le diviseur proposé.

Démonstration. — Les produits partiels 1285434, 257084, 3852, sont les produits partiels que l'on obtiendrait en multipliant 64,271795 par 2406, d'après les règles de la multiplication abrégée, le chiffre 6 des unités du multiplicateur étant placé sous le chiffre 2 des dixièmes du multiplicande. Ce produit est inférieur au véritable : appelons e l'erreur commise. Le reste obtenu est 251 dixièmes, ou 25,1 ; le reste complet, celui qu'on aurait en ne négligeant aucun chiffre du dividende, serait 25,1387. Ainsi,

$$154662,1387 = 64,271795 \times 2406 - e + 25,1387,$$

et si l'on divise de part et d'autre par le diviseur,

$$\dfrac{154662,1387}{64,271795} = 2406 + \dfrac{25,1387 - e}{64,271795}.$$

Nous allons prouver tout à l'heure que le dernier terme de cette égalité est une f. plus petite que l'unité. Si on divise par 10, on aura :

$$\dfrac{15466,21387}{64,271795} = 240,6 + f,$$

f désignant le dixième de la f. précédente, c.-à-d. une f. plus

petite que $\dfrac{1}{10}$. Donc 240,6 sera bien le quotient des deux

nombres donnés à 1 dixième près.

Démontrons donc que le terme $\dfrac{25,1387 - e}{64,271795}$ est une f. plus

petite que 1. 1° Pour ce qui concerne 25,1387, d'après l'opération, le reste 251 est moindre que le diviseur abrégé 642 ;
donc 25,1 est moindre que 64,2 ; et, comme ces nombres diffèrent d'au moins un dixième, on ne changera pas leur ordre
de grandeur en ajoutant à chacun d'eux une quantité moindre
que 1 dixième ; ainsi d'abord, 25,1387 est moindre que
64,271795. 2° Quant à e, cette erreur due à la multiplication
abrégée est moindre que $6 + 0 + 4 + 2$ unités de l'ordre des
dixièmes, et à plus forte raison moindre que 100 unités de
cette espèce. Or, le diviseur a au moins 100 unités de ce même
ordre, car il a deux chiffres de plus que la partie entière du
quotient, et par conséquent deux chiffres à gauche des dixièmes,
puisque c'est au-dessous des dixièmes qu'est placé le chiffre
des unités du multiplicateur renversé dans la multiplication
abrégée dont il s'agit ; l'erreur e est donc moindre que le diviseur. — Chacune des quantités 25,1387 et e étant séparément moindres que le diviseur, leur différence l'est encore, à
coup sûr, davantage. Le dernier terme de l'égalité est donc
bien une f. plus petite que 1, ainsi que nous l'avions affirmé.
— *Remarque :* Il peut arriver qu'un dividende partiel contienne 10 fois le diviseur abrégé qui lui correspond ; dans ce
cas, on augmente d'une unité le dernier chiffre obtenu au
quotient, et tous les chiffres suivants seront des zéros.

F. *Erreurs relatives correspondantes des données et du
résultat.* — L'*erreur absolue* d'une quantité, remplacée par
une valeur approchée par excès ou par défaut, est la différence
entre cette quantité et sa valeur approchée. Ainsi l'erreur absolue du nombre 200 remplacé par 202 ou par 198, est égale
à 2 unités. L'*erreur relative* d'une quantité, remplacée par
une valeur approchée par excès ou par défaut, est le rapport

de l'erreur absolue de cette quantité à la quantité elle-même. Ainsi, l'erreur relative du nombre 200 remplacé par 202 ou 198, est égale à $\frac{2}{200}$. Si donc on représente le résultat exact par a, l'erreur absolue par e, et l'erreur relative par m, on aura $\frac{e}{a} = m$, d'où $e = ma$. On voit par là qu'on peut représenter le résultat approché par $a + ma$ ou $a - ma$, selon qu'il est approché par excès ou par défaut.

Lorsque les données d'une question, au lieu d'être exactes, ne sont qu'approchées, il peut être utile de comparer l'erreur relative du résultat aux erreurs relatives données. Nous exposerons quelques principes relatifs à cette partie de la *théorie des approximations*. — 1° *Quand dans un produit de deux facteurs un seul d'entre eux est modifié, l'erreur relative du produit égale celle du facteur inexact.* Soient $a - ma$ le facteur approché, et b le facteur exact ; le produit approché sera $ab - mab$; le produit exact est d'ailleurs ab ;

l'erreur absolue est donc mab, et l'erreur relative $\frac{mab}{ab}$ ou m.

— 2° *L'erreur relative d'un produit de deux facteurs approchés par défaut est moindre que la somme des erreurs relatives des deux facteurs.* Soient $a - ma$ et $b - nb$ les deux facteurs approchés par défaut ; le produit approché sera $(a - ma)(b - nb)$ ou $mab + nab - mnab$;

$$ab - (a - ma)(b - nb) \text{ ou } mab + nab - mnab ;$$

et l'erreur relative $\frac{mab + nab - mnab}{ab}$ ou $m + n - mn$, quantité moindre que la somme des erreurs relatives des deux facteurs. — *Corollaire :* La proposition s'étend à un nombre quelconque de facteurs ; donc l'erreur relative de la n^{me} puissance d'un nombre approché est moindre que n fois l'erreur relative de ce nombre. — 3° *Lorsque le dividende seul est inexact, l'erreur relative du quotient est la même que celle du dividende.* Soient $a - ma$ le dividende, b le diviseur, le quotient approché est $\frac{a - ma}{b}$; l'erreur absolue est $\frac{a}{b} - \frac{a - ma}{b}$,

c.-à-d. $\frac{ma}{b}$; l'erreur relative est le quotient de cette dernière quantité par $\frac{a}{b}$, c.-à-d. m. — 4° *Lorsque le dividende est*

approché par défaut et le diviseur par excès, le quotient est approché par défaut, et l'erreur relative est moindre que la somme des erreurs relatives du dividende et du diviseur.* Soient $a - ma$ le dividende, $b + nb$ le diviseur ; le quotient approché sera $\frac{a - ma}{b + nb}$, quantité moindre que $\frac{a}{b}$, ce qui démontre déjà que le quotient sera approché par

défaut. L'erreur absolue sera $\frac{a}{b} - \frac{a - ma}{b + nb}$ ou $\frac{a}{b}\left(1 - \frac{1 - m}{1 + n}\right)$,

et l'erreur relative $1 - \frac{1 - m}{1 + n} = \frac{n + m}{1 + n}$, quantité moindre

que la somme $n + m$ des erreurs relatives du dividende et du diviseur. — 5° *Quand le diviseur seul est inexact et approché par excès, le quotient est approché par défaut, et l'erreur relative est moindre que celle du diviseur.* Soient a le dividende, et $b + n$ le diviseur. Le quotient approché sera $\frac{a}{b + n}$, quantité moindre que $\frac{a}{b}$; donc approximation par dé-

faut. L'erreur absolue sera $\frac{a}{b} - \frac{a}{b + n} = \frac{a}{b}\left(1 - \frac{1}{1 + n}\right)$,

et l'erreur relative $1 - \frac{1}{1 + n} = \frac{n}{1 + n}$ quantité moindre que n. Voy. ERREUR.

V. CONVERSION DES FRACTIONS ORDINAIRES EN FRACTIONS DÉCIMALES. — Le calcul des fractions décimales étant plus simple que celui des fractions ordinaires, il y a souvent avantage à transformer une f. ordinaire en f. décimale.

Une f. ordinaire exprimant le quotient de la division de son numérateur par son dénominateur, on la convertira en décimales en effectuant cette division d'après la règle établie pour diviser les nombres décimaux. Soit, par ex., la f. $\frac{3}{5}$ à convertir en f. décimale, on trouvera 0,6. Ici, l'opération ne donnant point de reste, la f. ordinaire $\frac{3}{5}$ est égale à la f. décimale 0,6. — Mais la conversion exacte n'est pas possible dans tous les cas. Réduire une f. en f. décimale, c'est la transformer en une autre dont le numérateur soit une puissance de 10. Or, si nous supposons la f. réduite à sa plus simple expression, nous savons que les seules fractions égales à celle-là sont celles dont les deux termes sont des équimultiples de ceux de la f. donnée. La transformation ne sera donc possible que s'il existe une puissance de 10 qui soit divisible par le dénominateur ; mais comme une puissance de 10 ne renferme que les deux facteurs premiers 2 et 5, il faut donc que le dénominateur lui-même ne renferme que ces deux facteurs. — Cette condition est d'ailleurs suffisante ; car, en multipliant les deux termes de la f. par celui des facteurs 2 ou 5 qui figure le moins de fois au dénominateur, avec un exposant égal à la différence des deux exposants des facteurs 2 et 5 dans le dénominateur de la f. donnée, on transformera le dénominateur en une puissance de 10. Exemple :

$$\frac{3}{2^2 5^7} = \frac{3 \times 2^5}{2^7 \times 5^7} = \frac{3 \times 2^5}{10^7} = \frac{3 \times 32}{10^7} = \frac{96}{10^7} = 0,000\ 009\ 6.$$

Le procédé par la division de 3 par $2^2 5^7$ doit évidemment donner le même résultat. La division se fera donc exactement. Il résulte aussi de là que la f. décimale obtenue renfermera un nombre de chiffres décimaux égal au plus haut exposant des facteurs 2 et 5 du dénominateur. En conséquence : *Pour qu'une f. irréductible puisse être convertie exactement en f. décimale, il faut et il suffit que son dénominateur ne contienne pas d'autres facteurs premiers que 2 et 5, et le nombre des chiffres décimaux est égal au plus haut exposant des facteurs 2 et 5 dans le dénominateur.*

Quand le dénominateur d'une f. irréductible contient d'autres facteurs premiers que 2 et 5, cette f. ne peut se convertir exactement en décimales ; si alors on effectue la division du numérateur par le dénominateur, la division se prolonge indéfiniment et le quotient se compose des mêmes chiffres qui se reproduisent périodiquement à partir d'un certain rang. On dit que le quotient est *périodique*. — Soit, par ex., la f. ordinaire 3/7 qui est irréductible : division 3 par 7 : les restes de la division sont tous moindres que le diviseur ; il ne peut donc y avoir plus de restes différents qu'il n'y a d'unités dans le diviseur ; donc, après un nombre de divisions partielles au plus égal au diviseur, on retombera infailliblement sur un reste obtenu précédemment. A partir de ce moment, les divisions déjà faites se reproduiront dans le même ordre, et les mêmes chiffres s'écriront au quotient. — Dans l'exemple proposé, si les six premières divisions présentent les restes 1, 2, 3, 4, 5, 6, dans un ordre quelconque, la 7° devra ramener l'un d'eux.

Le nombre 428571 formé par des chiffres qui se reproduisent indéfiniment, constitue ce que l'on nomme une *Période*. Au maximum la période renferme un nombre de chiffres égal au diviseur diminué d'une unité ; fort souvent elle en renferme moins.

```
30 | 7
20 | 0,4285714...
60
40
50
10
30
 2
```

Le symbole formé par un zéro, une virgule et des chiffres qui se reproduisent périodiquement et indéfiniment s'appelle une *Fraction périodique simple*, lorsque tous les chiffres se reproduisent périodiquement à partir du premier, autrement dit lorsque la période commence immédiatement après la virgule, telle est : 0,272727... On lui donne au contraire le nom de F. périodique mixte, lorsque quelques-uns de ses chiffres, après la virgule, ne se reproduisent plus : telle la f. 0,647727272... La partie qui se répète (72) constitue seule la période, et l'on qualifie d'irréguliers les trois chiffres (647) placés entre la virgule et la première période. Ces symboles n'ont par eux-mêmes aucun sens ; mais nous allons démontrer que, si l'on considère un nombre de plus en plus grand de périodes, on obtient une suite de fractions décimales qui tendent vers une limite. C'est cette limite qu'on appelle la *valeur* de la f. périodique, ou encore la *f. génératrice*, parce que si l'on veut convertir cette valeur limite en décimales, on retrouve nécessairement pour valeurs approchées les fractions décimales limitées à un nombre quelconque de périodes.

Fraction périodique simple. — Soit la f. périodique simple 0,272727... Prenons d'abord un nombre limité de périodes, n par ex., ci soit x la f. ainsi limitée; nous aurons $x = 0,2727...27$ (n périodes). Transportons la virgule après la première période en multipliant les deux membres par 100, il viendra $100\,x = 27,2727...27$ (n — 1 périodes). Le nombre de périodes aura diminué d'une unité. Retranchant la première égalité de la seconde, les parties décimales disparaîtront, nous la dernière période qui représente une f. dont le numérateur est 27 et dont le dénominateur est la n^{me} puissance de 100, puisqu'il y a n périodes de deux chiffres. On aura donc:

$$100\,x = 27,2727...... \quad (n-1)$$
$$x = 0,272727... \quad (n)$$
$$99\,x = 27 - \frac{27}{100^n}.$$

Divisant tous les termes par 99, on aura $x = \dfrac{27}{99} - \dfrac{27}{100^n \times 99}$.

Or le dernier terme peut devenir aussi petit que l'on voudra en prenant le nombre n suffisamment grand; la f. $\dfrac{27}{99}$ est donc une limite vers laquelle tend la valeur de la f. périodique à mesure que l'on prend un plus grand nombre de périodes. Donc: *Toute f. décimale périodique simple a pour f. génératrice une f. ordinaire ayant pour numérateur la période, et pour dénominateur un nombre formé d'autant de 9 qu'il y a de chiffres dans la période.* — Remarque:

La f. $\dfrac{27}{99}$ peut être simplifiée; mais, comme un nombre formé de 9 exclusivement ne renferme aucun des facteurs 2 et 5, on arrivera à une f. ordinaire irréductible dont le dénominateur ne contiendra ni le facteur 2, ni le facteur 5.

Fraction périodique mixte. — Soit la f. périodique mixte 0,345272727... Transportons la virgule après le dernier des chiffres irréguliers en multipliant par 1000; nous aurons, en appelant y la limite vers laquelle tend la f. à mesure que le nombre des périodes augmente:

$$1000\,y = 345,272727... = 345 + \frac{27}{99},$$
$$= \frac{345 \times 99 + 27}{99} = \frac{345 \times 100 + 27 - 345}{99},$$
$$= \frac{34527 - 345}{99},$$

d'où
$$y = \frac{34527 - 345}{99000}.$$

Donc: *La f. génératrice d'une f. périodique mixte a pour numérateur l'ensemble des chiffres irréguliers et de la première période, diminué du nombre formé par les chiffres irréguliers; et elle a pour dénominateur un nombre formé d'autant de 9 qu'il y a de chiffres dans la période, suivi d'autant de zéros qu'il y a de chiffres irréguliers.*

Remarques. — 1° Le numérateur ne peut jamais être terminé par un zéro; car il faudrait pour cela que le dernier des chiffres irréguliers fût le même que le dernier chiffre de la période, et alors la période commencerait un chiffre plus tôt. Dans l'exemple donné, le dernier chiffre irrégulier serait un 7, la période serait donc 72, et il n'y aurait que deux chiffres à la partie non périodique. — 2° Le dénominateur 99×1000 de la f. génératrice renferme les facteurs 2 et 5, avec des exposants égaux au nombre des chiffres irréguliers, et, de plus, des facteurs premiers autres que 2 et 5. Si nous simplifions la f., nous pourrons bien supprimer des facteurs 2 ou des facteurs 5, mais jamais à la fois un facteur 2 et un facteur 5, car ce serait diviser par 10; or, nous savons que le numérateur n'est pas divisible par ce nombre. Le dénominateur de la f. irréductible obtenue contiendra donc l'un des facteurs 2 ou 5, avec un exposant égal au nombre des chiffres irréguliers. De cette dernière remarque et de celle qui suit le paragraphe qui traite de la transformation d'une f. périodique simple en f. ordinaire, le lecteur tirera immédiatement les deux conséquences suivantes: — 1° *Une f. ordinaire irréductible, dont le dénominateur ne renferme que des facteurs premiers autres que 2 et 5, donne naissance à une f. périodique simple.* — 2° *Une f. ordinaire irréductible, dont le dénominateur renferme les facteurs 2 et 5 et d'autres facteurs, donne naissance à une f. décimale périodique mixte, et le nombre des chiffres irréguliers est égal au plus haut exposant des facteurs 2 et 5 dans le dénominateur.*

Alg. — I. FRACTIONS EN GÉNÉRAL. — On appelle f. en algèbre une expression qui représente le quotient de deux autres; on représente une f. par le symbole $\dfrac{A}{B}$ qui exprime le quotient de A par B. La valeur numérique de cette f. est bien déterminée toutes les fois qu'on connaît les valeurs numériques de A et de B, pourvu toutefois que la valeur de B ne soit pas zéro, auquel cas la f. ne pourrait plus se calculer. Les fractions algébriques représentant des quotients, on peut leur faire subir les transformations qui ne changent pas la valeur de ces quotients et leur appliquer les règles de calcul démontrées en arithmétique pour les quotients, règles qui sont en définitive les règles de transformation et de calcul des fractions arithmétiques. Il importe peu que les quantités A et B puissent recevoir les valeurs négatives: car on a démontré que toutes les règles de calcul applicables aux nombres positifs s'appliquent aussi aux nombres négatifs. Ainsi, on peut multiplier ou diviser par une même quantité les deux termes d'une f.; et l'on réduit plusieurs fractions à un dénominateur commun, en multipliant les deux termes de chacune d'elles par le produit des dénominateurs des autres. Enfin, pour additionner ou soustraire des fractions algébriques, pour les multiplier ou les diviser entre elles, on suit, et c'est pour les mêmes raisons, les règles données en arithmétique.

Examinons ce que devient une f. $\dfrac{a}{b}$, lorsque l'un ou l'autre, ou l'un et l'autre de ses termes deviennent nuls. — Quand le numérateur seul devient nul, la f. $\dfrac{0}{b}$ devient évidemment nulle elle-même, car 0 est le seul nombre dont le produit par b soit nul. — Lorsqu'au contraire c'est le dénominateur seul qui devient nul, $\dfrac{a}{0}$, il n'y a pas de quotient possible, attendu qu'il n'existe aucun nombre qui, multiplié par 0, puisse donner pour produit un nombre a différent de 0. Mais remarquons que si, au lieu de 0, on avait un diviseur très petit, le quotient qui varie en raison inverse du diviseur, serait très grand, et que plus le diviseur serait petit, avec un même dividende, plus le quotient serait grand. On peut même démontrer que l'on peut prendre le diviseur assez petit pour que le quotient soit plus grand que n'importe quel nombre donné. C'est ce qu'on exprime en disant que *si le diviseur tend vers zéro, le quotient augmente indéfiniment.* On exprime encore le même fait en disant que la f. $\dfrac{a}{0}$ est *infinie*: cette dernière locution est une manière abrégée de dire que le dénominateur peut être assez petit pour que la f. soit aussi grande qu'on voudra. — Enfin, si les deux termes deviennent nuls en même temps, le quotient $\dfrac{0}{0}$ peut évidemment recevoir toutes les valeurs limitées possibles, entières ou fractionnaires, rationnelles ou irrationnelles, positives ou négatives, puisque le produit de n'importe quel nombre par 0 sera toujours 0.

C'est ce qui a fait dire que $\dfrac{0}{0}$ est le symbole de l'indétermination. Si l'on considère une f. $\dfrac{a}{b}$ où a et b sont deux fonctions d'une même variable qui s'annulent en même temps, il peut arriver que l'on fait tendre simultanément a et b vers zéro, la f. qui est bien déterminée tant que a et b ne sont pas nuls, *tende vers une limite déterminée.* Alors, cette limite s'appelle la *valeur limite* de la f. On lui donnait autrefois le nom assez impropre de *vraie valeur.* La recherche des valeurs limites des expressions qui, comme la f. considérée, prennent une forme illusoire, constitue un chapitre important de l'analyse mathématique. Voy. ILLUSOIRE.

II. FRACTIONS RATIONNELLES. — On appelle ainsi une f. dont les deux termes sont des polynômes entiers. Nous ne parlerons ici que des fractions dont les deux termes sont des polynômes entiers à une seule variable : $\frac{f(x)}{\varphi(x)}$. On sait que tout polynôme entier de degré m peut être décomposé en un produit de m facteurs réels ou imaginaires du premier degré. Voy. POLYNÔME. — Il en résulte que les règles de calcul applicables aux fractions rationnelles présentent la plus grande analogie avec les règles de calcul des fractions arithmétiques, les facteurs du premier degré des deux polynômes jouant le même rôle que les facteurs premiers des deux termes d'une f. arithmétique. Ainsi, on peut simplifier les fractions rationnelles quand leurs deux termes admettent un ou plusieurs facteurs communs; on peut les réduire au même dénominateur de moindre degré en prenant, pour dénominateur commun, le multiple commun de moindre degré des dénominateurs donnés, etc. On démontre aussi que si une f. rationnelle a ses deux termes *premiers entre eux*, c.-à-d. n'admettant pas de diviseur commun dépendant de x, toute f. égale à celle-là pour termes des équimultiples de ceux de la f. considérée. Une f. rationnelle dont les deux termes sont premiers entre eux est donc *irréductible*, et l'on réduit une f. rationnelle *à sa plus simple expression*, en divisant les deux termes par leur plus grand commun diviseur. Voy. DIVISEUR. — Quand une f. rationnelle n'est pas irréductible, les deux termes s'annulent pour une ou plusieurs valeurs de x qui sont les valeurs de x qui annulent les facteurs communs du numérateur et du dénominateur. Ainsi, la f. $\frac{x^3 - a^3}{x^2 - a^2}$ prend la forme $\frac{0}{0}$ pour $x = a$, parce que les deux termes sont divisibles par $x - a$. Si on supprime ce facteur commun, il vient $\frac{x^2 + ax + a^2}{x + a}$ qui est irréductible, et qui, pour $x = a$, prend la valeur $\frac{3a}{2}$.

Au contraire les deux termes d'une f. rationnelle irréductible ne s'annulent jamais en même temps, car s'ils s'annulaient pour $x = a$, c'est qu'ils seraient l'un et l'autre divisibles par $x - a$. On voit par là que toutes les fois qu'une f. rationnelle prend la forme $\frac{0}{0}$, c'est qu'elle n'est pas irréductible, et on trouvera sa valeur limite en supprimant les facteurs communs. Dans l'ex. précédent, les deux fractions $\frac{x^3 - a^3}{x^2 - a^2}$ et $\frac{x^2 + ax + a^2}{x + a}$ prennent la même valeur tant que x est différent de a. Si x tend vers a, la seconde f. tend vers la limite $\frac{3a}{2}$; donc la première qui lui est égale tend aussi vers $\frac{3a}{2}$ qui est ainsi sa valeur limite.

Décomposition en fractions simples. — C'est une transformation fort importante qu'on peut faire subir à une f. rationnelle, transformation qui du reste a son analogue en arithmétique.

Considérons une f. rationnelle qu'on peut supposer irréductible, $\frac{f(x)}{\varphi(x)}$. Si d'abord f est de degré supérieur à φ, on divisera f par φ; on trouvera un quotient $Q(x)$ et un reste f_1 de degré inférieur à celui du diviseur φ :

$$f(x) = \varphi(x)\, Q(x) + f_1(x),$$

et, en divisant par φ :

$$\frac{f}{\varphi} = Q + \frac{f_1}{\varphi}.$$

La f. est décomposée en un polynôme entier et une f. $\frac{f_1}{\varphi}$ dont le numérateur est de degré inférieur à celui du dénominateur. C'est l'opération analogue de l'extraction des entiers en arithmétique. Nous pouvons donc supposer le degré du numérateur inférieur à celui du dénominateur. Soit a l'une des racines du dénominateur, et supposons d'abord que ce soit une racine simple, c.-à-d. que φ est divisible seulement par $x - a$ au premier degré. On aura :

$$\frac{f(x)}{\varphi(x)} = \frac{f(x)}{(x - a)\varphi_1(x)}.$$

$\varphi_1(x)$ étant un polynôme qui ne s'annule plus pour $x = a$. Je dis qu'on peut décomposer la f. de la manière suivante :

$$\frac{f(x)}{\varphi(x)} = \frac{A}{x - a} + \frac{f_1(x)}{\varphi_1(x)},$$

A étant une constante, et f_1 un polynôme de degré inférieur à φ_1.

On peut en effet écrire :

$$\frac{f(x)}{\varphi(x)} - \frac{A}{x - a} = \frac{f(x)}{(x-a)\varphi_1(x)} - \frac{A}{x - a} = \frac{f(x) - A\varphi_1(x)}{(x - a)\varphi_1(x)}.$$

Or, on peut déterminer A de manière que le numérateur soit divisible par $x - a$. Il suffit que ce numérateur s'annule pour $x = a$, ce qui donne :

$$f(a) - A\varphi_1(a) = 0,$$

d'où

$$A = \frac{f(a)}{\varphi_1(a)}.$$

A étant ainsi déterminé, on peut supprimer le facteur commun $x - a$, et il restera :

$$\frac{f(x)}{\varphi(x)} - \frac{A}{x - a} = \frac{f_1(x)}{\varphi_1(x)}$$

ou

$$\frac{f(x)}{\varphi(x)} = \frac{A}{x - a} + \frac{f_1(x)}{\varphi_1(x)},$$

f_1 étant un nouveau polynôme et f_1 un polynôme de degré inférieur à φ_1, et c'est bien là la décomposition indiquée.

Si a est une racine multiple d'ordre m, le dénominateur sera divisible par $(x - a)^m$:

$$\varphi(x) = (x - a)^m\, \varphi_2(x),$$

φ_2 ne s'annulant plus par $x = a$. Alors la décomposition sera de la forme :

$$\frac{f(x)}{\varphi(x)} = \frac{A}{(x - a)^m} + \frac{f_1(x)}{(x - a)^{m-1}\varphi_2(x)}.$$

On peut en effet écrire :

$$\frac{f(x)}{\varphi(x)} - \frac{A}{(x-a)^m} = \frac{f(x)}{(x-a)^m \varphi_2(x)} - \frac{A}{(x-a)^m} = \frac{f(x) - A\varphi_2(x)}{(x-a)^m \varphi_2(x)},$$

et déterminer tout à l'heure A, de manière que le numérateur du dernier membre soit divisible par $(x - a)$, ce qui permettra de supprimer une fois ce facteur.

En opérant de la même manière sur le second terme de la décomposition, on fera sortir une deuxième *fraction simple*, et ainsi de suite. Finalement la f. proposée sera décomposée en une somme de fractions simples ayant pour numérateurs des constantes, et pour dénominateurs les facteurs du dénominateur affectés de tous les exposants jusqu'à celui qu'ils ont dans le dénominateur. La forme générale de la décomposition est représentée par l'identité :

$$\frac{f(x)}{(x-a)^\alpha (x-b)^\beta (x-c)^\gamma \dots} = \frac{A}{(x-a)^\alpha} + \frac{A_1}{(x-a)^{\alpha-1}} + \dots + \frac{A_{\alpha-1}}{x-a}$$
$$+ \frac{B}{(x-b)^\beta} + \frac{B_1}{(x-b)^{\beta-1}} + \dots + \frac{B_{\beta-1}}{x-b}$$
$$+ \frac{C}{(x-c)^\gamma} + \frac{C_1}{(x-c)^{\gamma-1}} + \dots + \frac{C_{\gamma-1}}{x-c}$$
$$+ \dots \dots \dots$$

L'une des manières les plus simples de calculer les numérateurs est la méthode des *coefficients indéterminés*. On écrit d'abord la forme de la décomposition en représentant les numérateurs par des lettres; on multiplie ensuite toute l'égalité par la plus haute puissance d'un binôme $(x - a)^\alpha$: tous les termes du second membre, excepté le premier, contiendront $x - a$ en facteur, de sorte que si l'on fait $x = a$, ils s'annuleront tous et A sera la valeur que prendra le premier terme. Aussitôt qu'un terme est connu, on fait passer la f. correspondante dans le premier membre, on réduit, et on opère de même pour calculer un autre terme. Soit par ex. la f.

$$\frac{x^2 + x + 1}{(x - 1)(x + 2)^2}$$

La forme de décomposition est :

$$\frac{x^2 + x + 1}{(x - 1)(x + 2)^2} = \frac{A}{x - 1} + \frac{B}{(x + 2)^2} + \frac{C}{x + 2}.$$

Je multiplie par $x-1$ et je fais $x=1$; j'ai :

$$\frac{x^2+x+1}{(x+2)^2}=A+[\dots](x-1)$$

$$A=\frac{3}{3^2}=\frac{1}{3}.$$

L'identité devient :

$$\frac{x^2+x+1}{(x-1)(x+2)^2}-\frac{1}{3(x-1)}=\frac{B}{(x+2)^2}+\frac{C}{x+2}.$$

Quand je réduirai le premier membre, le facteur $x-1$ devra disparaître, parce qu'il ne figure plus au dénominateur dans le second membre. Je trouve en effet que le premier membre se réduit à

$$\frac{2}{3}\frac{x^2-x-1}{(x-1)(x+2)^2}=\frac{2x+1}{3(x+2)^2}=\frac{B}{(x+2)^2}+\frac{C}{x+2}.$$

Je multiplie par $(x+2)^2$:

$$\frac{2x+1}{3}=B+C(x+2).$$

Je fais $x=-2$, j'ai $B=-1$.
Je fais passer B dans le premier membre :

$$\frac{2x+1}{3}+1=C(x+2),$$

ou

$$\frac{2x+4}{3}=\frac{2}{3}(x+2)=C(x+2).$$

Donc $C=\frac{2}{3}$, et la décomposition est :

$$\frac{x^2+x+1}{(x+1)(x+2)^2}=\frac{1}{3(x-1)}-\frac{1}{(x+2)^2}+\frac{2}{3(x+2)}.$$

Cette décomposition s'applique aussi bien si certaines racines du dénominateur sont imaginaires; mais, dans la pratique, la difficulté est de calculer les racines réelles ou imaginaires du dénominateur. La décomposition des fractions rationnelles en fractions simples est très importante. Entre autres choses, elle sert à calculer les dérivées successives d'une f. rationnelle et à trouver l'intégrale de cette f. Voy. INFINITÉSIMAL.

III. — FRACTIONS CONTINUES.
A. *Fractions continues limitées.* — On appelle f. *continue*, une f. dont le numérateur est 1, et le dénominateur est un entier joint à une f., laquelle a elle-même pour numérateur l'unité, et pour dénominateur un entier joint à une f. dont le numérateur est 1 et le dénominateur un entier joint à une f. de même forme, et ainsi de suite. Telle est, par ex., la f. continue :

$$x=\cfrac{1}{2+\cfrac{1}{3+\cfrac{1}{4+\cfrac{1}{1+\frac{1}{2}}}}}$$

On pourra calculer la valeur de cette f. en commençant par le bas. On trouve ainsi :

$$1+\frac{1}{2}=\frac{3}{2}; \quad 4+\cfrac{1}{\frac{3}{2}}=4+\frac{2}{3}=\frac{14}{3}; \quad 3+\cfrac{3}{14}=\frac{45}{14};$$

$$2+\frac{14}{45}=\frac{104}{45}; \quad \text{et} \quad x=\frac{45}{104}.$$

Les nombres entiers 2, 3, 4, 1 et 2 qui forment les parties entières des dénominateurs sont appelés les *quotients incomplets*, et l'on appelle *quotients complets*, chacun de ces nombres entiers suivi de la f. correspondante, savoir :

$$2+\cfrac{1}{3+\cfrac{1}{4+\cfrac{1}{1+\frac{1}{2}}}} \qquad 3+\cfrac{1}{4+\cfrac{1}{1+\frac{1}{2}}}; \qquad 4+\cfrac{1}{1+\frac{1}{2}};$$

$$1+\frac{1}{2}; \quad 2.$$

Le dernier quotient complet est égal au dernier quotient incomplet.

Toute f. peut être développée en f. continue par la recherche du plus grand commun diviseur à ses deux termes. Il est en effet facile de démontrer que les quotients incomplets successifs sont les quotients successifs des divisions qu'il faut faire pour trouver le plus grand commun diviseur. Cependant, il convient que la f. soit préalablement réduite à sa plus simple expression. Considérons, par exemple, la f. précédente $\frac{45}{104}$ qui est irréductible. Cherchons le plus grand commun diviseur aux deux termes :

$$\begin{array}{c|c|c|c} 2 & 3 & 4 & 1 & 2 \\ \hline 104 & 45 & 14 & 3 & 2 & 1 \\ 14 & 3 & 2 & 1 & 0 \end{array}$$

On voit qu'on aura successivement :

$$104=45\times 2+14,$$

ou

$$\frac{104}{45}=2+\frac{14}{45},$$

$$\frac{45}{104}=\cfrac{1}{2+\cfrac{14}{45}};$$

Puis :

$$\frac{45}{14}=3+\frac{3}{14}; \qquad \frac{14}{45}=\cfrac{1}{3+\cfrac{3}{14}};$$

De même :

$$\frac{3}{14}=\cfrac{1}{4+\cfrac{2}{3}}; \qquad \frac{2}{3}=\cfrac{1}{1+\frac{1}{2}},$$

et, en remplaçant successivement, on retrouve bien la f. continue :

$$\frac{45}{104}=\cfrac{1}{2+\cfrac{1}{3+\cfrac{1}{4+\cfrac{1}{1+\frac{1}{2}}}}}$$

Si on limite la f. continue à un quotient incomplet quelconque, en supprimant la f. qui le suit, on obtient ce qu'on appelle les *réduites* successives. Ainsi, dans l'ex. précédent, les réduites successives sont :

$$R_1=\frac{1}{2}; \quad R_2=\cfrac{1}{2+\frac{1}{3}}=\frac{3}{7}; \quad R_3=\cfrac{1}{2+\cfrac{1}{3+\frac{1}{4}}}=\frac{13}{30};$$

$$R_4=\cfrac{1}{2+\cfrac{1}{3+\cfrac{1}{4+\frac{1}{1}}}}=\frac{16}{37};$$

et

$$R_5=\cfrac{1}{2+\cfrac{1}{3+\cfrac{1}{4+\cfrac{1}{1+\frac{1}{2}}}}}=\frac{45}{104}.$$

La dernière réduite est égale à la valeur de la fraction donnée.

On démontre que l'on peut calculer les réduites successives en multipliant les deux termes de la dernière réduite calculée par le premier des quotients incomplets qui n'a pas encore servi, et en ajoutant aux résultats les deux termes de la réduite précédente, ce qui s'exprime par la formule suivante, où $\dfrac{P_n}{Q_n}$ désigne la réduite d'ordre n, et r_n le n^{me} quotient incomplet

$$\frac{P_{n+1}}{Q_{n+1}} = \frac{P_n r_{n+1} + P_{n-1}}{Q_n r_{n+1} + Q_{n-1}}.$$

Cette règle rend très aisé le calcul des réduites successives. Son application à l'ex. précédent donne :

$$\frac{P_1}{Q_1} = \frac{1}{2} \quad \frac{P_2}{Q_2} = \frac{3}{7} \quad \frac{P_3}{Q_3} = \frac{3 \times 4 + 1}{7 \times 4 + 2} = \frac{13}{30}$$

$$\frac{P_4}{Q_4} = \frac{13 \times 1 + 3}{30 \times 1 + 7} = \frac{16}{37}$$

$$\frac{P_5}{Q_5} = \frac{16 \times 2 + 13}{37 \times 2 + 30} = \frac{45}{104}.$$

Il résulte de cette règle que chaque réduite est comprise entre les deux précédentes. On démontre de plus que la différence entre deux réduites consécutives est une f. qui a pour numérateur 1 et pour dénominateur le produit des dénominateurs de ces deux réduites :

$$\frac{P_{n+1}}{Q_{n+1}} - \frac{P_n}{Q_n} = \pm \frac{1}{Q_n Q_{n+1}}.$$

On peut aussi démontrer que les réduites d'ordre impair sont plus grandes que la valeur de la f. continue, et vont en décroissant, tandis que les réduites d'ordre pair sont plus petites que la valeur de la f. continue et vont en croissant, de sorte que les premières fournissent des valeurs de plus en plus approchées par excès, et les autres des valeurs de plus en plus approchées par défaut de la valeur de la f. continue. Enfin, on démontre que chaque réduite est plus approchée de la valeur de la f. continue que toute f. qui aurait un dénominateur moindre que celui de cette réduite.

Analyse indéterminée du premier degré. — L'une des applications importantes de la théorie des fractions continues est la résolution en nombres entiers d'une équation du premier degré à deux variables, problème connu sous le nom d'*analyse indéterminée*.

Soit l'équation :

$$ax + by = c$$

où a, b, c représentent trois nombres entiers. Il s'agit de trouver deux nombres entiers x et y qui vérifient cette équation. Il faut supposer a et b premiers entre eux, car, s'ils admettaient un diviseur commun d, l'équation ne serait possible qu'autant que c serait divisible par d et l'on pourrait supprimer ce facteur commun d. Supposons qu'on ait une solution de cette équation :

$$x = x_1, \quad y = y_1.$$

Pour en avoir une autre, posons :

$$x = x_1 + x', \quad y = y_1 + y'.$$

Nous aurons à résoudre l'équation :

$$a(x_1 + x') = b(y_1 + y') = c = ax_1 = by_1,$$

ou, en réduisant :

$$ax' = by',$$

a divisant by' et étant premier avec b devra diviser y'. Il faudra donc prendre pour y' un multiple de a, soit :

$$y' = at.$$

Alors il faudra :

$$x' = bt,$$

et la solution la plus générale sera :

$$x = x_1 + bt, \quad y = y_1 + at.$$

Il suffit donc de trouver une seule solution de l'équation donnée. Il y a plus : il suffit de trouver une solution de l'équation :

$$ax + by = 1,$$

car si l'on a une solution $x = x_1$, $y = y_1$ de cette équation, cx_1 et cy_1 seront une solution de l'équation

$$ax + by = c.$$

Supposons b négatif, et, en mettant le signe en évidence, nous écrirons :

$$ax - by = 1.$$

Développons la f. $\dfrac{b}{a}$ en f. continue, et soit $\dfrac{P}{Q}$ l'avant-dernière réduite. D'après un théorème précédent, nous aurons :

$$\frac{a}{b} - \frac{P}{Q} = \pm \frac{1}{bQ},$$

ou

$$aQ - bP = \pm 1.$$

Donc

$$x = Q, \quad y = P, \quad \text{ou} \quad x = -Q, \quad y = -P$$

seront une solution de l'équation.

Soit, par ex., à résoudre l'équation :

$$104\,x - 45\,y = 3.$$

Résolvons d'abord l'équation :

$$104\,x - 45\,y = 1.$$

L'avant-dernière réduite de la f. $\dfrac{45}{104}$ est $\dfrac{16}{37}$, et l'on a :

$$104 \times 16 - 45 \times 37 = -1.$$

— 16 et — 37 sont donc une solution. Nous en aurons une autre plus commode en ajoutant 45 à — 16 et 104 à — 37, ce qui donne :

$$29 \text{ et } 67.$$

En multipliant par 3, nous aurons une solution de la première équation :

$$x = 87, \quad y = 201,$$

et la solution générale sera :

$$x = 87 + 45\,t$$
$$y = 201 + 104\,t,$$

ou, en augmentant t d'une unité et diminuant 87 de 45 et 201 de 104 :

$$x = 42 + 45\,t$$
$$y = 97 + 104\,t.$$

Si on a une équation

$$ax + by = c,$$

où a et b sont positifs, on résoudra d'abord l'équation :

$$ax - by = c,$$

et l'on changera ensuite le signe de y.

Si enfin on a $n - 1$ équation à n inconnues, on éliminera $n - 2$ inconnues entre les équations données, de manière à tomber sur une équation à 2 inconnues x et y qu'on résoudra par le procédé précédent. La solution comprendra une indéterminée t. En portant les valeurs de x et y dans les autres équations, on aura diminué d'une unité à la fois le nombre des inconnues et celui des équations, puisqu'au lieu des inconnues x et y, on n'a plus que l'inconnue t. La répétition du même procédé permettra la résolution complète du problème.

B. *Fractions continues indéfinies.* — On peut aussi concevoir l'existence d'une f. continue *indéfinie*, c.-à-d. dans laquelle les quotients incomplets se succèdent indéfiniment. C'est ce qu'on trouve quand on cherche à développer en f. continue un nombre incommensurable. Soit, par ex., le nombre $\pi = 3,1415926535\ldots$ On a d'abord :

$$\pi = 3 + 0,1415926535.$$

Divisons 1 par la f. complémentaire; nous trouverons un nombre entier a_1 et une f. complémentaire f_1 :

$$\frac{1}{0,1415926535} = a_1 + f_1$$

ou

$$0,1415926535 = \frac{1}{a_1 + f_1}.$$

Opérons de même sur f_1 :

$$f_1 = \frac{1}{a_2 + f_2},$$

puis sur f_2 :

$$f_2 = \frac{1}{a_3 + f_3},$$

et ainsi de suite.

On trouvera donc :

$$\pi = 3 + \cfrac{1}{a_1 + \cfrac{1}{a_2 + \cfrac{1}{a_3 + \dots}}}$$

et ainsi de suite indéfiniment, sans que jamais aucune division puisse se faire exactement, autrement π serait un nombre commensurable. Numériquement, on trouve les quotients successifs 3, 7, 15, 1, 292, 1, etc. Donc :

$$\pi = 3 + \cfrac{1}{7 + \cfrac{1}{15 + \cfrac{1}{1 + \cfrac{1}{292 + \dots}}}}$$

La première réduite $3 + \dfrac{1}{7} = \dfrac{22}{7}$ est la valeur donnée par Archimède. La troisième :

$$3 + \cfrac{1}{7 + \cfrac{1}{15 + 1}} = \frac{355}{113},$$

est la valeur donnée par Adrien Métius.

Pour rendre la théorie rigoureuse, il faut démontrer que si l'on considère une suite de nombres entiers a_1, a_2, a_3... qui se succèdent suivant une loi déterminée, la f. continue

$$\cfrac{1}{a_1 + \cfrac{1}{a_2 + \cfrac{1}{a_3 \dots}}}$$

limitée à un quelconque des quotients incomplets tend vers une limite, quand on prend un nombre de plus en plus grand de quotients incomplets. Cette démonstration se fait aisément par la considération des réduites qui jouissent évidemment des mêmes propriétés que si la f. était limitée. La seule différence est que la suite des réduites est elle-même illimitée. Il est facile de prouver, en s'appuyant sur les théorèmes précédents, que la suite des réduites tend vers une limite déterminée.

La théorie des fractions continues donne un moyen commode de trouver des valeurs fractionnaires très approchées d'un nombre incommensurable donné.

Enfin, il reste à signaler un cas intéressant : c'est celui où les quotients incomplets se reproduisent périodiquement. On dit alors que la f. continue est *périodique*. On a démontré que la valeur d'une f. continue périodique est une racine d'une équation du second degré à coefficients entiers, c.-à-d. un nombre de la forme $a + \sqrt{b}$ où a et b sont deux nombres commensurables. Réciproquement, tout nombre de cette forme peut se développer en f. continue *périodique*. Un exemple très simple est fourni par $\sqrt{2}$. Si on pose :

$$\sqrt{2} = 1 + x,$$

on aura :

$$x = \sqrt{2} - 1 = \frac{1}{\sqrt{2}+1} = \frac{1}{2 + (\sqrt{2}-1)} = \frac{1}{2+x}.$$

Donc, successivement :

$$\sqrt{2} = 1 + x = 1 + \cfrac{1}{2+x} = \cfrac{1}{2 + \cfrac{1}{2+x}}$$

et ainsi de suite, d'où finalement :

$$\sqrt{2} = 1 + \cfrac{1}{2 + \cfrac{1}{2 + \cfrac{1}{2 \dots}}}$$

FRACTIONNAIRE. adj. 2 g. [Pr. *frak-sio-nère*]. T. Arith. *Nombre f.* Voy. FRACTION.

FRACTIONNEMENT. s. m. [Pr. *frak-sio-ne-man*]. Action de briser en petites parties. État d'une chose fractionnée. *Le f. de l'assemblée en petites coteries arrêtait tous les travaux.*

FRACTIONNER. v. a. [Pr. *frak-sio-ner*] (R. *fraction*). Réduire en petites parties. *Il faut f. les doses de ce médicament.* —: SE FRACTIONNER. v. pron. *La masse contenue dans la cellule se fractionne en quatre parties semblables.* = FRACTIONNÉ, ÉE. part. *Ce médicament s'administre par doses fractionnées.*

FRACTURE. s. f. (lat. *fractura*, m. s., de *fractum*. sup. de *frangere*, briser). Rupture avec effort. *La fracture des portes.* || T. Géol. Voy. FAILLE, FILON.

Méd. — On entend par f. la division brusque et violente d'un os. Les fractures sont différentes dans leurs symptômes, leur mécanisme, leurs causes et leur évolution, suivant qu'elles siègent sur tel ou tel point du squelette ; mais si on néglige les lésions voisines concomitantes, elles présentent des lieux communs identiques.

I. *Étiologie.* — Certains individus offrent une réceptivité particulière : ce sont évidemment les adultes en raison de l'activité de leur vie ; cependant les fractures sont également très fréquentes chez les vieillards, si on tient compte du petit nombre d'hommes qui dépassent la soixantaine. — Il est à peine besoin de dire que le sexe féminin est le moins atteint ; — enfin il est certains os qui par leur situation superficielle, leur rôle physiologique, leur forme, leur texture, sont plus spécialement exposés (os longs en général).

Ceci posé, on peut distinguer deux variétés de fractures : des fractures *accidentelles*, dans lesquelles il n'existe aucune lésion pathologique préalable de la pièce du squelette fracturé ; et des fractures dites *spontanées*, dans lesquelles l'os, antérieurement à la f., a été affaibli dans sa résistance par une lésion locale ou par une maladie générale ; parfois le traumatisme occasionnel peut être considéré comme accessoire, voire négligeable. Les causes des fractures accidentelles peuvent se classer en deux groupes distincts, suivant que l'action traumatique porte directement sur le point qui va être fracturé, ou bien qu'agissant à distance, elle détermine indirectement la f. Envisagées d'après cette notion, les fractures sont dites *directes* lorsqu'elles siègent au lieu même du traumatisme (écrasement, broiement, éclatement, choc, pression, coup de feu) ; elles sont dites *indirectes* quand le trait de f. se trouve à distance du point où a porté la violence extérieure (chutes, f. par pénétration, par arrachement, par torsion, par flexion, par contraction musculaire). — Les causes des fractures spontanées ne se réduisent pas entièrement aux causes prédisposantes ; mais elles se caractérisent par la faiblesse de la cause occasionnelle (traumatisme particulièrement léger, contraction musculaire plus ou moins violente). L'étude des maladies prédisposantes est fort intéressante : tantôt il s'agit d'une affection propre au système osseux (ostéomyélite, ostéite, rachitisme, ostéomalacie, kystes hydatiques, ostéopsathyrose ou fragilité constitutionnelle des os) ; tantôt la f. spontanée est due à une maladie générale, localisation de la syphilis, de la tuberculose, de l'arthritisme ou du cancer, ou conséquence de la cachexie de l'organisme entier ; tantôt c'est un état physiologique particulier qui peut être responsable (sénilité, grossesse, impotence prolongée des membres) ; enfin on a vu des fractures spontanées se produire au cours de certaines affections nerveuses (ataxie locomotrice, atrophie musculaire progressive, paralysie générale, etc.).

II. *Anatomie pathologique.* — Les lésions produites par une f. sont de différents ordres : les unes, les principales, portent sur l'os ; les autres intéressent les parties molles voisines. Si l'on n'envisage que les lésions osseuses, on peut diviser les fractures en deux variétés : *fractures complètes* intéressant toute l'épaisseur de l'os, et *fractures incomplètes*, limitées à une portion de l'épaisseur ; ces dernières sont de plusieurs sortes que l'on désigne sous le nom de flexions ou courbures, fractures partielles ou esquilleuses, et fissures. Les fractures complètes sont de beaucoup les plus fréquentes : la direction du trait de solution de continuité permet de distinguer des fractures transversales (en rave, dentelées) et des fractures obliques (en bec de plume, en bec de flûte, en coin, longitudinales). Lorsque le traumatisme a divisé les os et rendu ainsi les deux fragments indépendants l'un de l'autre, il peut arriver que les surfaces restent en contact parfait, mais le plus souvent elles s'abandonnent plus ou moins, se dévient en différents sens ; on dit alors qu'il y a déplacement. Le déplacement peut cependant être empêché par la conservation du périoste formant manchon, par des os voisins faisant attelle, par l'engrènement des fragments. On distingue en général six variétés de déplacements : suivant l'épaisseur, suivant la direction ou angulaire, suivant la circonférence ou par rotation, suivant la longueur ou par chevauchement, par enfoncement ou pénétration, enfin par écartement, mode spécial à la rotule. Les causes des déplacements sont nombreuses : la violence, la direction du traumatisme original ; les mouvements, les efforts essayés par le blessé ; la contraction ou le spasme musculaire. Il nous reste à signaler une sorte de f. complète que nous avons passée sous silence jusqu'ici : la f. comminutive, caractérisée par la présence de plusieurs foyers de fractures sur le même os.

Les lésions des parties molles sont naturellement différentes suivant les régions. Le périoste participe presque toujours à la solution de continuité, parfois cependant il reste intact : fractures sous-périostées. Les muscles voisins sont déchirés, contus, infiltrés de sang. Les gaines tendineuses sont déchirées, les tendons déplacés, luxés, quelquefois même rompus. Les nerfs sont souvent lésés, distendus, contusionnés par le traumatisme, comprimés par une pointe osseuse ou englobés dans les fragments. La lésion des vaisseaux et en particulier des artères constitue une complication grave, assombrissant toujours le pronostic, nécessitant souvent une intervention chirurgicale. Le tissu cellulaire des membres est le siège d'un épanchement sanguin constant, de quantité variable depuis l'infiltration simple jusqu'au véritable anévrisme diffus. Enfin la peau peut être plus ou moins atteinte soit par le traumatisme qui en a détruit ou enlevé une partie plus ou moins grande, soit par les fragments qui ont secondairement perforé la peau. Devant cette complication, toutes les autres disparaissent, au point que l'on désigne sous le nom de f. compliquée toute f. avec plaie extérieure : au point de vue de leur évolution, les fractures ouvertes et fermées se comportent bien différemment. Il faut encore signaler les eschares plus ou moins étendues, qui sont soit la conséquence directe du traumatisme, soit le résultat de la pression des téguments sur les saillies des fracturés : la chute de ces eschares suffit pour transformer en f. ouverte une f. jusqu'alors fermée. Enfin, quelques jours après le début des accidents, il est fréquent de voir l'épiderme se soulever et des phlyctènes se produire.

L'os fracturé se consolide par des tissus de nouvelle formation qui ont reçu le nom de cal, ce nom désignant à la fois les tissus aux diverses périodes de leur évolution et les tissus complètement solides et définitivement constitués. — Lorsque la formation du cal est régulière, le cal est normal. Les recherches histologiques modernes ont précisé le mécanisme intime de la formation du cal, longtemps discuté. Il y a une différence extrêmement importante, à ce sujet, entre les fractures compliquées et les fractures fermées. C'est dans les fractures ouvertes suppurantes que l'évolution histologique est la plus simple, la plus rapide. Les phénomènes sont complètement identiques à ceux de l'ostéite : dans tous les points irrités de la surface de la solution de continuité, la moelle devient embryonnaire : sous le périoste, la moelle embryonnaire nouvelle ne tarde pas à former des trabécules osseuses, et cette transformation se produit progressivement de la périphérie au centre. La consolidation se trouve peu à peu effectuée sans qu'on ait assisté aux trois périodes que nous allons énoncer plus bas. Le mode que nous venons d'indiquer, s'observe peu de nos jours, où, grâce aux pansements antiseptiques, les fractures ouvertes deviennent de quelque sorte des fractures fermées et ne suppurent pas. — La formation régulière du cal normal comprend trois périodes, embryonnaire, cartilagineuse et osseuse : l'ossification se fait de meilleure heure à la périphérie qu'au centre ; mais, à un moment donné, immédiatement après l'ossification, la cavité médullaire se trouve oblitérée, et ce n'est qu'au bout de deux mois et plus qu'une résorption se fait, perforant le disque osseux formé, rétablissant la continuité du canal. — La formation du cal peut être défectueuse : le cal est alors difforme. Les difformités les plus fréquentes sont dues tantôt à la position vicieuse des deux fragments qui se sont consolidés dans une situation différente de la situation normale, tantôt à une exubérance du cal. Comme affections plus rares, on doit signaler la présence possible de séquestres dans le cal et sa dégénérescence tuberculeuse ou néoplastique. Aux cals vicieux on peut remédier ou bien par le port d'un appareil orthopédique, ou bien par une série d'opérations : redressement manuel, ostéoclasie, ostéotomie. Pour les cals exubérants, trop gênants, on pratique l'ablation de portions plus ou moins volumineuses avec la gouge et le maillet. — Quelquefois le cal, sans présenter

de difformité spéciale, détermine des douleurs vives, attribuées à divers états constitutionnels ; mais le plus souvent résultant de quelque trouble local, dont le plus important est la compression ou l'inclusion d'un nerf dans le tissu osseux nouvellement formé. Assez souvent ces troubles graves peuvent être guéris par une intervention chirurgicale variable suivant les cas, résection d'un fragment osseux, libération de filets nerveux, etc. — Il est enfin des cas où la formation du cal fait défaut, où il n'y a pas seulement retard dans la consolidation, mais où la soudure reste imparfaite : il y a pseudarthrose. Ces accidents sont rares en égard au grand nombre de fractures observées : ils se produisent surtout au niveau de l'humérus. Les causes sont de deux ordres : 1° générales, comprenant toutes les causes débilitantes, et, en particulier, la grossesse et la phosphaturie ; 2° locales, et ce sont les plus importantes, épanchement sanguin abondant, défaut de nutrition, constriction immodérée dans l'appareil, interposition entre les fragments de débris musculaires d'aponévroses ou de tendons. On reconnaît classiquement cinq variétés de pseudarthroses : 1° pseudarthrose incomplète, répondant au simple retard de consolidation ; 2° pseudarthrose fibreuse, où le travail de réparation n'a abouti qu'à un cal fibreux interfragmentaire ; 3° pseudarthrose fibro-synoviale, type rare, dans lequel une fausse articulation s'organise avec synoviale, ligaments, surfaces articulaires ; 4° pseudarthrose flottante, extrêmement rare, dans laquelle on assiste à l'atrophie des fragments, au lieu de la production d'éléments nouveaux ; 5° pseudarthrose ostéophytique, où l'ossification interfragmentaire se produit, mais irrégulière, plutôt périphérique que centrale, formant des jetées, des stalactites d'un fragment à l'autre, véritable maladie du cal plutôt que retard de consolidation. Les pseudarthroses se reconnaissent à des signes locaux, mobilité du siège anormale, douleur vive lorsqu'on violente les troncsceaux fibreux de réunion, et en outre à certains signes fonctionnels qui tiennent à l'importance du segment osseux fracturé au siège de la f. et au degré d'atrophie ou de dégénérescence musculaire concomitantes. Le diagnostic est souvent difficile, étant donnés les obstacles à l'examen de certaines régions, et le pronostic essentiellement variable. La thérapeutique est, en conséquence, aussi variable. Lorsque le retard de consolidation dépend d'un état général, on peut s'efforcer de modifier celui-ci, en même temps qu'on cherche à réveiller le travail de réparation au moyen de révulsifs divers, de massages, de frottements méthodiques des fragments. Si on échoue, on peut tenter des injections profondes, recourir à l'électrolyse ; mais il ne faut pas s'attarder, et il convient de se décider promptement à l'intervention sanglante (avivement des fragments, résection des fragments, suture osseuse, transplantation osseuse).

III. Symptomatologie. — A. Fractures simples ou fermées. — On peut ramener les phénomènes qui caractérisent les fractures à trois classes : 1° les signes commémoratifs, mécanisme de la f., bruit, sensation perçue par le malade ou les assistants ; 2° les signes rationnels ou subjectifs : la douleur spontanée et provoquée, localisée au niveau même du trait de fracture ; l'impotence fonctionnelle, inconstante d'ailleurs et non pathognomonique ; les ecchymoses primitives au point fracturé ou à distance, secondaires et progressives ; 3° les signes physiques ou objectifs : la déformation, gonflement produit par le sang épanché ou déplacement des fragments ; la mobilité anormale, signe pathognomonique, mais inconstant malheureusement, entraînant la crépitation, sensation perçue par le toucher plutôt que par l'oreille, sensation de frottement sec, comparable à la collision de deux surfaces dures et inégales. — Les fractures, même simples, entraînent parfois des suites fâcheuses tardives, alors même que le cal s'est effectué normalement : nous devons signaler l'atrophie musculaire, d'ordre réflexe, consécutive à l'inflammation de petits filets nerveux, contusionnés et atteints consécutivement de névrite ; les troubles circulatoires, œdème, embolies ; les raideurs articulaires et tendineuses.

Certains accidents, locaux ou généraux, peuvent compliquer les fractures. Parmi les premiers, il faut signaler la contusion, les épanchements sanguins, les anévrysmes, les hémorragies, les plaies, les corps étrangers, la multiplicité des fragments, les esquilles, l'emphysème primitif, le spasme musculaire, l'inflammation, les abcès, la gangrène, les luxations, la pénétration du trait de fracture dans la cavité d'articulations voisines. D'autres complications sont dues à l'état général du blessé. Tantôt la f. réagit sur l'état général et l'aggrave, tantôt l'état général réagit sur la f. Le premier ordre de faits explique les morts rapides, attribuées autrefois à la congestion hypostatique du poumon ; aussi, l'état de tous les organes a-t-il un intérêt dans le pronostic des fractures (reins, foie, urines, etc.).

II. *Fractures compliquées, ouvertes ou exposées.* — Lorsque le foyer de la fracture communique avec l'extérieur par une solution de continuité des téguments, la f. est considérée comme grave. Le danger vient de ce que, par cette voie perméable à l'air, ont pénétré des agents septiques venus du dehors, soit par les vêtements du malade, soit par son tégument même, soit par les agents du traumatisme, et trop souvent, autrefois, par les mains et les pansements du chirurgien. Les diverses modalités anatomiques des fractures compliquées influencent beaucoup moins la marche et la nature du travail réparateur que le degré et la nature de l'infection. Il se produit du gonflement inflammatoire autour de la plaie, recouverte d'un exsudat jaunâtre, ecchymotique par places; les extrémités fracturées présentent une coloration blanc mat, et la suppuration peut s'étendre plus ou moins; des nécroses souvent étendues peuvent se produire dans l'os, éliminant des esquilles dites secondaires; la cicatrice entamée qui se produit au terme est adhérente à l'os. D'ailleurs il est des cas où la gravité des phénomènes locaux entraîne deux interventions chirurgicales plus ou moins importantes, et d'autres où les phénomènes généraux aboutissent à une terminaison funeste.

IV. *Diagnostic.* — Le diagnostic d'une f., souvent porté à simple inspection, demande quelquefois un examen approfondi, ayant pour règle d'épargner au patient toute douleur inutile. Il faut procéder à l'examen aussitôt que possible et commencer par les moyens d'investigation les plus anodins. Certes, la contusion et l'entorse sont parfois difficilement distinguées; la luxation elle-même, qui exige parfois le secours de l'anesthésie pour arriver à un résultat précis; néanmoins, les fractures se reconnaissent facilement. Il convient ensuite de noter les complications et les accidents possibles, avant d'établir le traitement.

V. *Traitement.* — A. *Fractures simples.* — La première remarque à faire regarde les précautions immédiates après l'accident; si la fracture siège au membre supérieur, application d'une écharpe; si la f. siège au membre inférieur, sans essayer aucun mouvement, se confier à deux assistants et se faire transporter sur un brancard. La première partie du traitement consiste à réduire la fracture, s'il existe un déplacement, comme c'est la règle; ensuite il faut maintenir la réduction avec un appareil.

La réduction peut être inutile, nuisible ou nécessaire : inutile, lorsque le déplacement est nul ou peu appréciable, nuisible, lorsque les fragments sont solidement engrenés; elle est nécessaire en dehors de ces cas. La réduction peut être facile, difficile ou impossible. En général, elle ne doit pas être tentée sur-le-champ; il faut attendre que le gonflement ait cessé de paraître et presque disparu. On ne doit la tenter d'ailleurs qu'au moment de l'application de l'appareil définitif. Cependant la réduction doit être faite d'urgence, lorsque les fragments saillent sous la peau et menacent de la perforer. Pour pratiquer la manœuvre, deux aides sont le plus souvent nécessaires : l'un fait la contre-extension, l'autre l'extension. Les efforts sont faits dans l'axe du membre. Il est parfois nécessaire de recourir à l'anesthésie pour réussir.

Les appareils de contention peuvent être amovibles, amovo-inamovibles, inamovibles ou amovibles. Les appareils amovibles se composent d'attelles, d'éclisses, de coussins, de bandes et de lacs, destinés à réunir toutes les pièces de l'appareil, à les rendre solidaires (appareil de Scultet). Le meilleur type des appareils inamovibles, le plus employé aujourd'hui, est l'appareil plâtré, formant gouttière pour le membre, modifié suivant le siège de la f. comme forme et fabrication. Il faut encore signaler les gouttières ou appareils en fil de fer, souvent utiles comme moyen provisoire de contention, en attendant que les membres dégonflent. Reste un groupe d'appareils, les appareils à extension, qui jouent un grand rôle dans la thérapeutique chirurgicale moderne, et nous aurons assez en revue les principales ressources dont on dispose. Nous devons cependant dire que, dans bien des cas, le blessé peut se passer d'appareil et qu'avec un massage rationnel, bien fait, on peut arriver à d'excellents résultats, meilleurs même qu'avec l'immobilisation prolongée, au point de vue des conséquences (atrophie musculaire, raideurs articulaires).

B. *Fractures compliquées.* — A proprement parler, d'après ce que nous avons dit, une f. compliquée non septique n'est plus une f. compliquée. C'est donc à rendre aseptique le foyer de toute f. que le chirurgien doit s'appliquer pour obtenir une consolidation régulière. Les pansements antiseptiques actuels rendent ces règles faciles à pratiquer. Moins aisée est la méthode à suivre dans les cas de fracas ou d'écrasement des membres. Les amputations primitives immédiates, peut-être plus graves que les secondaires, en tant qu'acte opératoire, donnent cependant une mortalité moins forte.

FRACTURER. v. a. (R. *fracture*). Rompre avec effort. *On a fracturé son coffre-fort.* || T. Chir. *F. l'avant-bras. F. le crâne. Il s'est fracturé la jambe.* — SE FRACTURER. v. pron. *L'os s'est fracturé en plusieurs endroits.* = FRACTURÉ, ÉE. part.

FRA DIAVOLO, c'est-à-dire *Frère Diable*, chef de brigands napolitains, dont le nom était Michel Pozza, se signala dans les bandes calabraises qui attaquaient les Français, de 1799 à 1806, fut pris et pendu. — Titre d'un opéra-comique de Scribe et Auber (1830).

FRAGARIA. s. m. (lat. *fragum*, fraise). Voy. FRAISIER.

FRAGARIÉES. s. f. pl. (R. *fragaria*). T. Bot. Tribu de plantes de la famille des *Rosacées*. Voy. ce mot.

FRAGIFORME. adj. 2 g. (lat. *fragum*, fraise; *forma*, forme). T. Didact. Qui a la forme d'une fraise.

FRAGILAIRE. s. f. (lat. *fragilis*, frêle). T. Bot. Genre d'Algues (*Fragilaria*) de la famille des *Diatomacées*. Voy. ce mot.

FRAGILARIÉES. s. f. pl. (R. *fragilaria*). T. Bot. Tribu d'Algues de la famille des *Diatomacées*. Voy. ce mot.

FRAGILE. adj. 2 g. (lat. *fragilis*, m. s.). Aisé à rompre, sujet à se casser. *F. comme du verre. Ces porcelaines sont très fragiles.* || Fig. Qui n'est pas solidement établi, qui peut aisément être détruit. *Une fortune f. Les biens de ce monde sont fragiles.* || Fig., et au sens mor., Sujet à tomber en faute. *La nature humaine est f. L'esprit et la chair sont fragiles. Une vertu f. Sexe f.*

Syn. — *Frêle.* — Ces deux mots ont la même étymologie et la même signification; néanmoins on ne les emploie pas l'un pour l'autre. C'est qu'en effet, *fragile* peut se dire de tout corps qu'il est facile de briser, tandis que *frêle* n'est us. qu'en parlant d'un corps *fragile*, qui est tel parce qu'il est grêle, mince, délié.

FRAGILITÉ. s. f. (R. *fragile*). Aptitude à être facilement brisé. *La f. du verre.*

Et comme elle a l'éclat du verre,
Elle en a la fragilité.
CORNEILLE.

|| Fig., Instabilité. *La f. des choses humaines.* || Fig., et au sens moral, Facilité à tomber en faute. *La f. de notre nature. La f. humaine.*

FRAGMENT. s. m. (lat. *fragmentum*, m. s.). Morceau d'une chose qui a été brisée; est surtout en termes de chirurgie, ou en parlant de choses considérables par leur prix, par leur rareté. *Un f. d'os. Les fragments d'une statue antique, d'une inscription.* || T. Liturg. Collection des fragments de l'hostie, Acte du prêtre qui, après avoir rompu l'hostie, en recueille les parcelles avec la patène. || Fig., Petite partie qui est restée d'un livre, d'un poème, etc. *Les fragments de Polybe. On ne possède que quelques fragments de Ménandre.* — Par anal., se dit aussi d'un livre qui n'est point encore terminé ou qui n'a pu l'être, ou même d'un morceau détaché qui se réfère à un certain ensemble d'idées. *Il m'a lu quelques fragments de la comédie qu'il destine à l'Odéon. Il n'a laissé que quelques fragments de l'ouvrage qu'il voulait faire. Il n'a publié que quelques fragments philosophiques.*

FRAGMENTAIRE. adj. 2 g. Qui est par fragments.

FRAGMENTATION. s. f. [Pr. ...sion]. Action de fragmenter. *La f. d'une substance.*

FRAGMENTER. v. a. Diviser, séparer par fragments. *Une œuvre fragmentée.* — SE FRAGMENTER. v. pron. Être divisé par fragments.

FRAGMENTEUX, EUSE. adj. T. Didact. Qui résulte d'un assemblage de fragments.

FRAGMENTISTE. s. m. T. Littér. Auteur n'ayant écrit que des fragments, des articles de revues ou de journaux.

FRAGON. s. m. (lat. *fragum*, fraise ?). T. Bot. Genre de plantes Monocotylédones (*Ruscus*) de la famille des *Liliacées*. Voy. ce mot.

FRAGONARD (HONORÉ), peintre érotique français (1732-1806).

FRAGRANCE. s. f. (lat. *fragrantia*, m. s.). Parfum.

FRAGRANT, ANTE. adj. (lat. *fragrans*, m. s., part. prés. de *fragrare*). Parfumé.

FRAGUIER (l'abbé CLAUDE-FRANÇOIS), érudit français, un des rédacteurs du *Journal des savants* (1666-1728).

FRAI. s. m. (Vx fr. *froier*, frotter, du lat. *fricare*, m. s.). Se dit des œufs des poissons et des batraciens. *Du f. de carpe. F. de grenouille.* || Par ext., L'époque où ces animaux déposent leurs œufs. *Le temps du f. Durant le f.* || Se dit aussi des jeunes poissons qui viennent de naître. *Vous n'avez pêché que du f.*

FRAI. s. m. (lat. *fractus*, déchet, de *frangere*, briser). T. Monnayage. La diminution de poids de la monnaie par l'effet de l'usure.

FRAÎCHEMENT. adv. Au frais, avec un frais agréable. *On est f. dans ce bosquet.* -- Fig. et par plaisanterie, s'emploie quelquefois comme diminutif de froidement. *Il m'accueillit d'abord f. Ils sont un peu f. ensemble.* || Récemment, depuis peu. *J'ai reçu f. de ses nouvelles. Il est tout f. arrivé de sa province.* Fam.

FRAÎCHEUR. s. f. (lat. *frigor*, m. s.). Froid doux et modéré, qui tempère la chaleur de l'atmosphère, et qui cause une sensation agréable. *La f. de l'air, de la nuit, des matinées. La f. des bois. Une f. délicieuse. Une agréable sensation de f. Marcher à la f.* On dit de même, *La f. de l'eau, d'une boisson,* etc. || Se dit aussi quelquefois pour froidure. *Il a fait cette année des fraîcheurs qui ont beaucoup nui à la vigne.* || Vulg., Douleur rhumatismale produite par l'humidité, par un froid humide. *Il a attrapé une f. Cela cause des fraîcheurs.* — Figur., *La f. des fleurs, du teint, des couleurs,* etc., L'éclat, le brillant des fleurs, etc. On dit de même, *La f. de la jeunesse. Cette femme a perdu toute sa f. Ce tableau a une grande f. de coloris. La f. d'un costume neuf. Cette robe est encore dans sa f.* || Figur., on dit encore, *La f. des pensées, de l'imagination, du style,* en parlant de la douceur, de la grâce qui caractérisent particulièrement les conceptions de l'esprit d'un jeune homme. || T. Marine. Vent très faible qui s'élève après un calme plat. *Voilà un peu de f.*

FRAÎCHIR. v. n. (R. *frais*).T. Mar. Se dit du vent quand il devient plus fort. *Le vent fraîchit.*

FRAIESON. s. f. [Pr. frè-iè-zon]. T. Pêch. Temps du frai.

FRAINTE. s. f. (part. pass. de l'anc. verbe *fraindre*, briser). Déchet que subit le coton transformé en fil. — Perte que subit le sucre transporté.

FRAIRIE. s. f. (bas-lat. *fratria*, société, du même radical que *frater*, frère). Partie de divertissement et de bonne chère. *Faire f. Etre en f. Demain nous sommes de frairie.*

Un loup donc étant de frairie.

LA FONTAINE.

FRAIS, AÎCHE. adj. (ital. *fresco*, du haut-allem. *frisc*, m. s.). Qui est d'un froid très modéré et le plus souvent agréable. *Un vent, un temps, un petit air f. Une matinée, une nuit fraîche. Eau fraîche. Ombrage f. Boire du vin f.,* ou adverbial., *Boire f. Avoir les mains fraîches.* || Se dit aussi pour froid. *A l'automne, les matinées commencent à devenir fraîches.* || T. Mar. *Vent f., brise fraîche,* Vent de force médiocre et bon pour faire route. On exprime aussi les différents degrés de force du vent en ajoutant à Frais uno épithète particulière. *Il vente petit f., bon f., grand f.,* etc. == Récent; Qui est nouvellement produit, nouvellement fait,

nouvellement cueilli, ou nouvellement arrivé: et par ext., Qui n'a point encore été altéré, desséché, corrompu, etc., par le laps du temps. *Un œuf f. Du pain f. Des figues fraîches. Procédé pour conserver les légumes f. Du poisson f. De la marée, de la viande fraîche. Ce beurre est encore f. Le pain de seigle se conserve longtemps f. Une barbe fraîche. Les traces en sont encore toutes fraîches.* — Dans un sens partic., en parlant de certaines substances alimentaires, se dit par oppos. à Salé, fumé, etc. *Du porc f. Des harengs f.* || Fig., on dit également, dans le sens qui précède, *Des lettres, des nouvelles fraîches. Cela est de fraîche date, Quoique cet évènement soit arrivé depuis longtemps, j'en ai encore le souvenir très f., j'en ai encore la mémoire toute fraîche.* — Fig., *Etre f. de quelque chose,* En avoir la mémoire récente. *Je suis tout f. de cette lecture. Il était encore tout f. de sa leçon, de sa philosophie.* Par ellipse, on dit, *Il est encore tout f. de son collège,* Tout f. des leçons qu'il y a reçues. || En parl. des fleurs, du teint, des couleurs, des étoffes, etc., sign. qui a de la fraîcheur, de l'éclat, du lustre, etc. *Mettez ces fleurs dans un vase d'eau pour les tenir fraîches. Un coloris f. Des couleurs fraîches. Avoir le teint f., le visage f. Cette jeune fille est fraîche comme une rose. Les lèvres fraîches et vermeilles. Elle avait un costume très f.* || En parl. des personnes, *Etre f.,* se dit quelquefois pour avoir bon visage, avoir un air de santé. *Un vieillard qui est encore très f. Je ne vous ai jamais vu si f.* — Fig. et popul., on dit, par moquerie, de quelqu'un qui est dans une situation fâcheuse, embarrassante, délicate, *Le voilà f. Vous avez fait là un joli coup, vous êtes f.* On dit encore d'un ouvrage à la main qu'on trouve mal fait, *Il est f. l'ouvrage que vous me rapportez.* || On dit d'un cheval qu'*Il a la bouche fraîche,* lorsqu'il l'a humide et écumeuse. == Qui n'est point fatigué, qui a recouvré ses forces par le repos. *Il est à présent tout f. Il est f. et reposé, f. et dispos. Des chevaux f.* — *Troupes fraîches,* Troupes qui ne sont point fatiguées, qui n'ont point encore donné. == *Frais* s'emploie encore subst. pour dire un air f., une température fraîche, un froid modéré. *Un f. agréable. Chercher, prendre le f. Aller, se tenir au f. Donner du f. Mettre du vin au f. Il commence à faire f.* || T. Mar. Vent modéré qui permet de déployer toutes les voiles. || Désignation des différents degrés du vent. *Petit f., grand f.,* etc. = FRAÎCHE. s. f. *La f.,* Heure où il fait frais. *Se promener à la f.* Fam. || *Boisson f.* || T. Mar. *Brise f.* || T. Agric. Prairie où l'herbe f. se renouvelle et peut être souvent cueillie pour les bestiaux. == *Frais* et *Fraîche,* se disent aussi adverbial. dans le sens de nouvellement, récemment. *Un appartement tout f. décoré. Du beurre f. battu. Une fleur fraîche éclose. Maison toute fraîche bâtie. Des roses toutes fraîches cueillies. Il est tout f. relevé de sa maladie. Il est tout f. émoulu de ses études.*

FRAIS. s. m. pl. (lat. *fractum*, déchet, de *frangere*, briser). Dépense, dépens. *Grands f. F. immenses. Menus f. Les f. de la guerre, d'un procès, d'un voyage,* etc. *F. de bureau. F. généraux. F. funéraires ou d'enterrement. Faire les frais d'une chose. Payer, avancer les f. Faire des f. Se mettre en f. Se consumer en f. Faire ses f. En être pour ses f. Tous f. faits. A grands f. A peu de f. A f. communs. A moitié de f.,* ou elliptiq., *A moitié f. A ses f. et dépens. Sans f. Sans faire de f.* — T. Pratiq. *F. ordinaires,* Les frais des procédures nécessaires pour parvenir à un jugement, sans aucun incident. *F. extraordinaires,* Ceux qui ont lieu pour lever les obstacles et incidents. *Faux f.,* Ceux qui n'entrent pas en taxe. *F. frustratoires,* Ceux qui sont faits sans nécessité. — Dans le langage ordinaire, *Faux frais* se dit de toutes les menues dépenses qui accompagnent une dépense principale. || Famil., *Etre de grands f.,* Coûter beaucoup à nourrir, à entretenir; ou, en général, occasionner beaucoup de dépense à quelqu'un. *Constituer quelqu'un en f.,* Etre cause qu'il fait des dépenses extraordinaires. *Se mettre en f.,* Faire une plus grande dépense que de coutume. || Fig. et fam., *Se mettre en f., en grands f.,* se dit, par ironie, de celui qui ne fait qu'une partie de ce qu'il devait faire, ou qui offre d'une chose beaucoup moins qu'elle ne vaut. *Se mettre en f.,* se dit aussi quelquefois pour faire quelque effort extraordinaire. *Il s'est mis en f. pour être aimable.* —*Faire les f. de la conversation,* se dit de celui qui est l'objet de la conversation, ou qui est obligé de la soutenir presque tout seul. On dit aussi, dans un sens anal., d'un auteur qui fournit la matière de l'ouvrage, de l'érudition d'un autre écrivain, qu'*Il fait les f. de sa science, de son érudition. C'est Grævius qui fait tous les f. de l'érudi-

lion d'un tel. Recommencer sur nouveaux f. Recommencer un ouvrage, un travail, comme si rien n'en eût été fait; ou faire de nouveau quelque chose avec plus d'ardeur que la première fois. *A peu de f.*, Sans beaucoup de peine, de travail, de mérite, etc. *Il a acquis une grande réputation à peu de f.* || Au jeu, et particul. au billard, la dépense que l'on fait pour jouer. *Perdre les f. Gagner les f.*

FRAISAGE. s. m. [Pr. *frè-zaje*]. Action de fraiser.

FRAISE. s. f. [Pr. *frè-ze*] (lat. *fragum*, m. s.). T. Bot. Fruit du fraisier. — *F. en grappe*, Arbouse. — *F. d'écorce*, Champignon parasite. || T. Pathol. Accident naturel de la peau ressemblant quelque peu à une f. — Variété de végétations syphilitiques, ressemblant pour la forme au fruit du fraisier. || T. Techn. On donne le nom de f. à différents outils de fer ou d'acier destinés, pour la plupart, à percer des trous.

FRAISE. s. f. [Pr. *frè-ze*] (bas-lat. *fractillum*, frange?). Le mésentère du veau et de l'agneau. *F. de veau. F. d'agneau.* || Sorte de collet à plusieurs plis ou godrons, que les hommes et les femmes portaient autrefois autour du cou. *F. de taffe. F. de batiste. F. à l'espagnole. F. à languettes, à tuyaux d'orgue*, etc. *La mode des fraises a commencé sous Henri II et a fini avec le règne d'Henri IV.* || Chair rouge et plissée qui pend sous le cou du dindon. || T. Mar. Bout de ralingue qui dépasse la partie de la voile qu'elle étarge. || T. Vénerie. Forme des meules et des pierrures de la tête du cerf, du daim et du chevreuil. || T. Art milit. Palissades inclinées plantées dans le talus extérieur du parapet. Voy. FORTIFICATION, I.

FRAISEMENT. s. m. [Pr. *frè-ze-man*]. T. Fortif. État d'une fortification garnie d'une fraise.

FRAISER. v. a. [Pr. *frè-zer*]. Plisser en manière de fraise. *F. des manchettes, du papier.* || *F. la pâte*, La bien pétrir. || T. Fortificat. *F. un retranchement*, Le munir d'une fraise. || T. Techn. Se servir de l'outil appelé fraise pour exécuter divers travaux. = FRAISÉ, ÉE. part. *Chaux fraisée*, Chaux humectée d'un peu d'eau pour former des pelotes qu'on emploie dans la savonnerie.

FRAISETTE. s. f. [Pr. *frè-zète*]. Petite fraise. *En grand deuil, les hommes portaient autrefois des fraisettes au lieu de manchettes.*

FRAISEUSE. s. f. [Pr. *frè-zeu-ze*]. Machine-outil portant un arbre sur lequel on peut monter des outils dans le genre de la fraise.

FRAISIER. s. m. [Pr. *frè-zier*]. T. Bot. Genre de plantes Dicotylédones (*Fragaria*) de la famille des *Rosacées*. Ce mot est surtout employé spécifiquement pour désigner le *fraisier commun* (*Fragaria vesca*). Voy. ROSACÉES. || *F. en arbre*, Nom vulgaire de l'arbousier.

Hort. — Le f. se répartit ordinairement en 6 sections: 1° *F. commun* ou *des bois*, aujourd'hui délaissé par la culture. — 2° *F. des Alpes, des quatre saisons*, ou *de tous les mois*, qui peut tenir lieu de tous les autres, donne en pleine terre depuis avril jusqu'aux gelées, et pendant l'hiver sous châssis. — 3° *F. étoilé* ou *Capronnier*, peu cultivé. — 4° *F. écarlate* ou *de Virginie*, fruits moyens ou petits, arrondis, nombreux, de couleur écarlate, plus hâtifs, en général, que dans les autres races; calice rabattu sur le fruit, chair fine, de bonne qualité. — 5° *F. ananas;* fruits gros, variables dans leurs formes et leur parfum, très succulents. Ce f. a donné naissance à un nombre considérable de variétés qui approvisionnent nos marchés. Les plus renommées de ce groupe sont: *Princesse royale, Héricart de Thury, Docteur Nicaise, Marguerite Lebreton, Napoléon III, Jucunda*, etc. — 6° *F. du Chili;* fleurs grandes, souvent unisexuées; les fruits se redressent pour mûrir, tandis qu'ils s'inclinent dans les autres espèces. Ce f. prospère à merveille à Brest où il a été importé de la Conception, en 1712, par un officier du génie nommé Frézier. Principales variétés: *Queen Victoria*, fruit gros, rouge foncé, vernissé, chair parfumée; *Superbe de Wilmot*, remarquable par la beauté et la grosseur de ses fruits, qui atteignent jusqu'à 0m,22 de circonférence.

Culture. — On plante en planches ou en bordure, dans une terre bien ameublie et amendée avec du fumier réduit en terreau. Les pieds seront espacés de 40 centimètres et disposés en quinconce, si l'on plante en planches. Il faut avoir le soin de pailler tous les ans, d'arroser souvent, d'enlever

les coulants qui épuisent les pieds, et de renouveler la plantation à la fin de la 3e année. Le f. exige de la chaleur et de l'eau.

FRAISIÈRE. s. f. [Pr. *frè-zi-ère*]. Terrain planté de fraisiers.

FRAISIÉRISTE. s. m. [Pr. *frè-zi-érist*]. Celui qui s'occupe particulièrement de la culture des fraises.

FRAISIL. s. m. [Pr. *frè-zi*]. La cendre du charbon de terre qu'on brûle dans les foyers. || T. Charbonnier. Mélange de terre calcinée et de débris de charbon qui reste après l'enlèvement d'une meule. Voy. CHARBON.

FRAISOIR. s. m. [Pr. *frè-zoir*]. Sorte de vilebrequin qui sert aux ouvriers en marqueterie.

FRAISURE. s. f. [Pr. *frè-zure*]. T. Armur. Creux demi-cylindrique pratiqué dans le bassinet un peu au-dessous de la lumière.

FRAIZE, ch.-l. de c. (Vosges), arr. de Saint-Dié; 3,100 h.

FRAMBŒSIA. s. m. [Pr. *fran-bè-zia*] (R. framboise). T. Méd. Maladie caractérisée par des tumeurs dont la forme rappelle celle des framboises. Voy. TUBERCULES.

FRAMBOISE. s. f. [Pr. *fran-boize*] (mot allem. *bramberi*, fruit de la ronce). Fruit du framboisier. || T. Anat. Se dit de certaines parties mamelonnées comme les framboises.

FRAMBOISEMENT. s. m. [Pr. *fran-boi-zeman*]. T. Anat. Disposition de tissu en framboises, c'est-à-d. en saillies mamelonnées.

FRAMBOISER. v. a. [Pr. *fran-boi-zer*]. Parfumer avec du suc de framboise. *F. des cerises.* = FRAMBOISÉ, ÉE. part.

FRAMBOISIER. s. m. [Pr. *fran-boi-zié*] (R. framboise). T. Bot. et Hortic. Nom spécifique du *Rubus idœus*, dont le fruit comestible est connu sous le nom de *framboise*. Voy. ROSACÉES.

FRAMÉE. s. f. (lat. *framea*, orig. german.). Sorte de lance que portaient les anciens Germains et les Francs.

FRAMERIES, ville du Hainaut (Belgique); 10,000 hab. Houillères.

FRANC. s. m. [Pr. *fran*] (R. *Franc*, nom de peuple. En 1360, le roi Jean fit frapper des pièces représentant le roi à cheval et armé de toutes pièces. On nomma cette monnaie, *Franc à cheval*, à cause du titre *Francorum Rex*. Il y avait aussi des *Francs à pied*). Unité monétaire du système métrique, pesant 5 grammes, alliage de 4 grammes 5 décigrammes d'argent et 5 décigrammes de cuivre. En pratique, 4 grammes 475 milligrammes d'argent alliés à 825 milligrammes de cuivre. || Autrefois, on donnait également ce nom à la livre tournois; mais on ne l'employait ni au singul., ni avec les nombres primitifs, un, deux, trois et cinq, tandis qu'on s'en servait avec la plupart des autres nombres. *Quatre francs, six francs, sept francs, dix francs, vingt francs, vingt-deux francs, cent francs, mille francs*, etc. Cependant, quand il ne s'agissait pas d'une somme ronde, on revenait au mot *Livre*, et l'on disait *Quatre livres dix sous*, et non *Quatre francs dix sous.* || *Au marc le f.* Voy. MARC.

Numism. — Les premiers francs d'or furent frappés, avons-nous dit, en 1360, sous le règne de Jean II. Ils valaient 12f,60 ou 20 sols tournois. Les premiers francs d'argent furent frappés sous le règne de Henri III, pièces de 20 sols. On frappa aussi des demi-francs et des quarts de franc. Le premier franc républicain fut frappé comme pièce de 5 francs le 21 septembre 1796 à la Monnaie de Paris: la face représente Hercule debout, s'appuyant sur la Liberté et sur l'Égalité (gravure de Dupré). Les premières pièces de 1 franc et 2 francs ont été frappées sous le gouvernement consulaire. Les premières pièces d'or de 20 francs ont été frappées en 1802, au type du Premier Consul, coin de Tiolier, successeur de Dupré. Les premières pièces de 100 francs ont été frappées en 1856.

FRANC, ANCHE. adj. [Pr. *franc*] (lat. *Francus*, le peuple franc). Libre. *Tout esclave qui entre en France devient f. et libre.* F. arbitre. — *Avoir ses coudées franches.* Voy. Coudée. — Figur., F. *de toute passion, d'ambition*, etc., Libre et exempt de toute passion, d'ambition, etc. || Exempt d'impositions, de charges, de dettes. *Demeurer f. et quitte. Il vendit sa terre franche et quitte de toute dette. La femme peut stipuler dans son contrat qu'elle reprendra ses apports francs et quittes.* On appelait autrefois villes franches celles qui ne payaient pas la taille. Port f. Foire franche. — F. *de port, avoir ses ports francs.* Voy. Port. — *Jouer part franche,* se dit lorsque plusieurs personnes, jouant à qui aura quelque étoffe, quelque bijou, etc., conviennent que celui qui gagnera ne paiera rien pour sa part. On dit de même, *Avoir part franche,* Avoir sa part dans quelque affaire, quoiqu'on n'y ait fait aucune mise. — F. *archer.* Voy. Archer. F. *tenancier.* Voy. Tenancier. F. *bourgeois.* Au moyen âge, homme exempt de certaines redevances, par rapport à son seigneur. — Pauvres exemptés d'impositions à cause de leur misère. — Plus tard et jusqu'à la fin du XVIIIe siècle, on désigna sous ce nom une catégorie de pauvres honteux, vêtus de noir et coiffés d'une grosse perruque très poudrée. || Sincère, loyal, qui dit ce qu'il pense. *Un homme, un cœur, un caractère f. Une âme franche.* — F. *du collier.* Voy. Collier. || En parl. des choses, se dit de celles qui indiquent de la franchise, où il y a de la sincérité, de la loyauté, de la candeur, etc. *Sa conduite a été très franche dans cette affaire. Des manières franches. Un air f. et ouvert. Parler d'un ton f. et résolu.* — F. *parler.* Voy. Parler. || T. Beaux-Arts. Aisé, hardi, qui ne laisse apercevoir ni timidité, ni tâtonnements. *Pinceau f. Ciseau f. Burin f. Un faire f. Dessin, coloris f. Touche franche.* || Vrai; dans ce sens, il précède ordinair. le subst. *Ce moineau est un f. mâle. Ce qu'il vous a dit est une franche défaite. Il parle son f. patois.* — Un f. *Breton, un f. Picard, un f. Gascon,* etc., Un Breton, un Picard, etc., qui a bien les qualités et les défauts qu'on attribue communément aux habitants de sa province. — Dans ce sens, *Franc* se joint le plus souvent à quelque terme injurieux, pour lui donner encore plus de force. *Un f. imbécile. Un f. pédant. Une franche coquette. Un f. animal. Un f. coquin,* etc. On dit de même, *Une franche bévue; Une franche friponnerie.* || Entier, complet. *Il n'y est resté que deux jours francs, c'est-à-dire qu'il est arrivé le lundi et qu'il est reparti le jeudi. Sauter vingt-quatre semelles franches.* — *Courir à f. étrier,* Courir la poste à cheval. — F. *carreau.* Voy. Carreau. || T. Agric. et Hortic. *Terre franche,* Terre végétale qui n'est point mêlée de cailloux ni de sable. — On donne aussi l'épithète de *Franc* à un arbre fruitier qui, sans avoir été greffé, porte des fruits doux, par oppos. à *Sauvageon,* ou arbre qui ne porte que des fruits âpres quand il n'a pas été greffé. *Noisetier f. Pommier f. Pêcher.* Par ext., on dit quelquefois des fruits mêmes : *Noisettes franches. Pêche franche. Abricot f.* — *Enter f. sur f.,* Enter un scion d'arbre franc sur un autre franc. *Enter f. sur sauvageon,* Enter un scion d'arbre franc sur un sauvageon; dans ces phrases, *franc* est employé substantiv. || T. Marine, on dit que *Le vent est f.,* Lorsque le vent ne varie ni en force, ni en direction; que *Le navire est f. d'eau,* Lorsqu'on a tiré avec la pompe toute l'eau qu'il pouvait contenir, et que *La pompe est franche,* Lorsqu'elle ne jette plus d'eau. — *Marcher à franches boulines,* Avoir une allure intermédiaire, ne pas être obligé de serrer le vent, *Gouverner à barre franche,* Manœuvrer la barre à la main, sans l'aide d'une roue ou d'un palan. = Franc. adv. Ouvertement, résolument, sans déguiser, sans biaiser. *Il lui parla f. Il le démentit f. et net. Il me l'a dit tout f.* || Absol., entièrement, sans qu'il y manque rien. *Il saula le fossé f., tout f.*

FRANC, ANQUE. s. (lat. *francus,* m. s.). Qui appartient à la peuplade des Francs. *La race franque, la monarchie franque, le peuple franc.* || Nom générique que les Turcs et les habitants du Levant et de la Barbarie donnent aux Européens. *Le quartier des Francs.* Adjectivem., *Langue franque,* Sorte de jargon qui consiste en un mélange de français, d'italien, d'espagnol, etc., qui est en usage dans les ports du Levant. Voy. Francs.

FRANÇAIS. AISE. adj. (R. *franc*). Qui est de France, qui appartient à la France, qui est propre aux Français. *Citoyen f. Il est né de parents f. Perdre la qualité de f. L'armée française. Les colonies françaises. La langue française. Le caractère f. La politesse, la galanterie française.* || Fig. *Cela n'est pas f.,* se dit d'un propos ou d'une action

contraire à l'honneur ou à la délicatesse. = Français, aise. s. Celui qui est né, celle qui est née de parents français. *Un Français, Une Française. Les Français.* || *Français,* au masculin, s'emploie fréquemment pour dire la langue française. *Tous les étrangers qui ont de l'esprit se piquent de savoir le f.* || Fig. et fam., *Entendez-vous le f.?* Comprenez vous bien mon avertissement, mes menaces, ma réprimande? On dit de même, *J'entends le f.,* Je vous comprends très bien || Fig. et fam., *Parler f.,* S'expliquer clairement, intelligiblement, sans ambages. *Parler f. à quelqu'un* (sign. aussi Parler à quelqu'un avec autorité et d'un ton menaçant. — *En bon f.,* Franchement et sans ménagement. = A la française, loc. adv. A la mode française. *Un habit à la française.*

FRANÇAIS DE NANTES (Comte), homme d'État et littérateur français (1756-1836).

FRANC-ALLEU. s. m. Voy. Alleu.

FRANCATU. s. m. Sorte de pomme qui se conserve longtemps.

FRANC-BORD. s. m. T. Archit. milit. et hydraul. Synon. de berme. || T. Mar. Le bordage extérieur d'un bâtiment depuis la quille jusqu'à la première précédente. || Ponts et Chauss. Espace de terrain qui borde une rivière ou un canal.

FRANCE. La F. occupe la majeure partie de l'ancienne Gaule, entre 42° et 51° de latitude Nord et entre 7° de longitude Ouest et 5° de longitude Est. Sa superficie est de 532,500 kil. carrés. Son territoire a la forme d'un hexagone à peu près régulier, limité au N.-O. par la mer du Nord et la Manche jusqu'à l'extrémité de la presqu'île de Bretagne, à l'O. par l'Océan Atlantique, au S.-O. par les monts des Pyrénées, au S.-E. par la mer Méditerranée, à l'E. par les chaînes des Alpes, du Jura et des Vosges. Au N.-E., le sixième côté est ouvert et n'est marqué que par une frontière conventionnelle, adjacente à l'Allemagne, au Luxembourg et à la Belgique. Les Romains comparaient, non sans raison, la forme de la Gaule à la peau d'un animal écorché.

On remarque dans les Pyrénées les pics du Cylindre (3,368m d'altitude), du mont Perdu (3,404m), de Posets (3,437m), de la Maladetta (3,427m), du Néthou (3,574m), du Montcalm (3,250m), les cols de Bellalto, d'Ibanella, de Roncevaux, de Canfranc, les ports de Gavarnie, d'Oo, de Venosque, de la Perche et du Pertuis; dans les Alpes les monts Viso (3,826m), Pelvoux (4,097m), Genèvre (3,392m), les Ellions (3,882m), Cenis (3,490m), Izeran (4,045m), enfin le mont Blanc (4,810m) — le point culminant de l'Europe — les cols de Tende, de l'Argentière, du mont Cenis, du mont Saint-Bernard; dans les Vosges le ballon d'Alsace, le ballon de Guebviller, le mont Donon, les cols de Valdieu, de Bussang, de Sainte-Marie, de Schirmeck et de Saverne.

La ligne de partage des eaux est formée par les monts Faucilles, qui se détachent vers l'Ouest de l'extrémité méridionale des Vosges et se continuent vers le Sud par le plateau de Langres, la Côte-d'Or et les Cévennes. Cette dernière chaîne, dont les plus hauts sommets sont le Pélat, le Mezenc et le Gerbier-des-Jones, sépare les eaux du bassin d'Auvergne, l'important massif montagneux de la France centrale, lequel contient des montagnes élevées, comme le Puy de Dôme, le Mont-Dore, le Cantal, pour la plupart d'anciens volcans éteints. Les Cévennes (monts du Gévaudan) se continuent jusqu'au col de Naurouze, où commencent les Corbières, qui se rattachent aux Pyrénées Orientales.

Les Vosges, les monts Faucilles, avec les Argonnes qui s'en détachent vers le Nord, prolongées par les Ardennes, forment le bassin de la Moselle et de son affluent de droite, la Meurthe, tributaires du Rhin. Entre l'Argonne orientale et l'Argonne occidentale s'écoule la Meuse qui se jette dans la mer du Nord, conjointement avec le Rhin. Coupant de l'Est à l'Ouest l'angle Nord de la France, les collines de Picardie limitent par le Sud le bassin de la Somme qui se jette dans la Manche. Ces collines, avec l'Argonne occidentale, le-plateau de Langres et la Côte-d'Or à l'Est et avec une série de hauteurs qui se continuent vers l'Ouest jusqu'à l'extrémité de la Bretagne, où elles deviennent monts d'Arrhée et montagnes Noires, enferment le bassin de la Seine, tributaire de la Manche, et ses affluents : à droite l'Aube, la Marne, l'Oise grossie de l'Aisne; à gauche l'Yonne et l'Eure. Au Sud de ces dernières collines coule vers l'Océan la Vilaine, avec son affluent l'Ille; à l'Ouest des Cévennes et au Nord des monts d'Auvergne s'étend le large bassin de la Loire, le plus grand fleuve français (985 kil. de longueur); ses affluents sont : à gauche l'Allier, le Cher, l'Indre, la Vienne grossie de la Creuse, et la Sèvre nantaise; à droite la Nièvre et la Maine formée de la Mayenne, de la Sarthe et du Loir. Un peu au Sud de l'embouchure de la Loire se jettent également dans l'Océan la Sèvre Niortaise et la Charente. Entre les monts d'Auvergne et les Cévennes, les Corbières et les Pyrénées, la Garonne reçoit à gauche le Gers, à droite l'Ariège, le Tarn grossi de l'Aveyron, le Lot et la Dordogne. A partir de ce dernier confluent elle prend le nom de Gironde et se jette dans le golfe de Gascogne. Dans le fond du golfe, au Sud de cette embouchure, se jette l'Adour, tout près des Pyrénées; à l'Est des Cévennes l'Aude et l'Hé-

rault se déversent dans la Méditerranée. Entre les Cévennes et les Alpes coule du Nord au Sud, vers la Méditerranée également, le Rhône, qui prend sa source en Suisse, et dont les principaux affluents sont : à droite, l'Ain et la Saône grossie du Doubs, entre le Jura, les Faucilles, le plateau de Langres et la Côte-d'Or; l'Ardèche et le Gard, qui descendent des Cévennes; à gauche, tombant des Alpes, l'Isère, la Drôme et la Durance. Enfin, l'Argens et le Var sont resserrés entre les Alpes et la mer.

Le relief de la France s'appréciera par la photogravure que nous donnons ici d'une carte muette en relief, extraite du curieux atlas de Henri Mager récemment publié par la librairie géographique Bertaux (Fig. 1). Les côtes sont sablonneuses de la mer du Nord où le cap Gris-Nez forme, avec la côte anglaise, le détroit

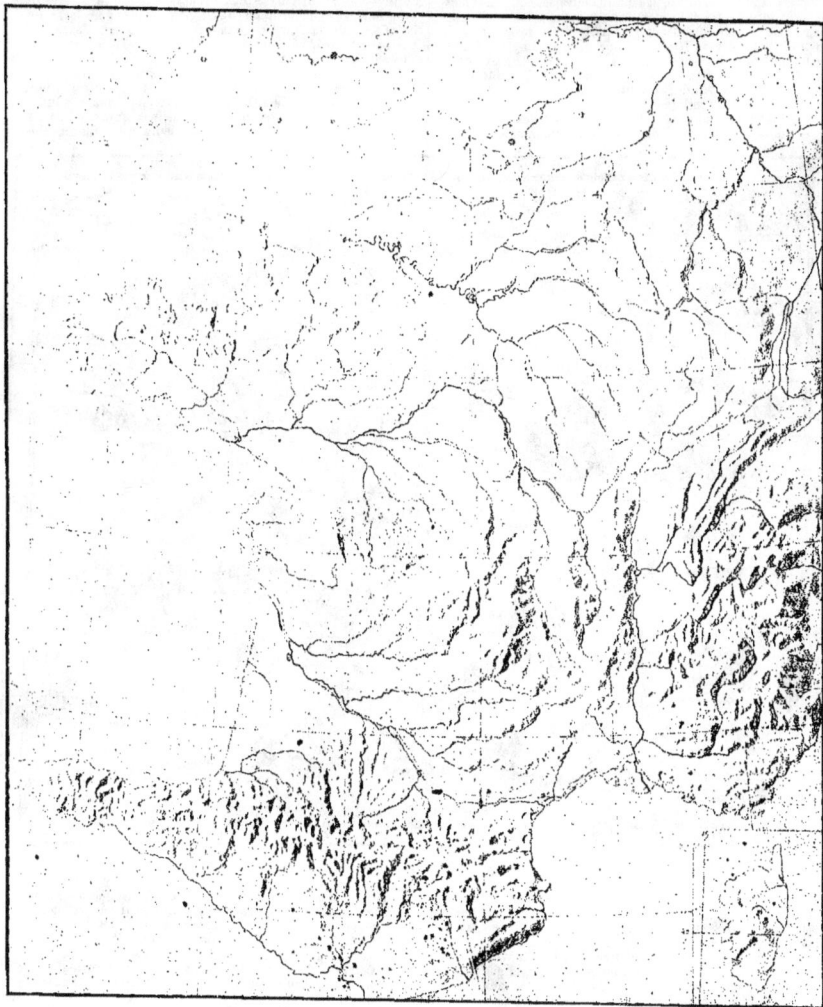

Fig. 1.

du Pas-de-Calais ou détroit de Douvres jusqu'à l'embouchure de la Somme. De la Somme à la pointe de la Hève, embouchure de la Seine, se dressent, comme un long mur, de hautes falaises crétacées. A partir de la rive gauche du fleuve, les côtes se rabaissent très verdoyantes et forment la baie du Calvados, en face des rochers de ce nom, jusqu'à la presqu'île à peu près carrée du Cotentin, terminée au N.-O. par le cap de La Hogue, et à laquelle font face, à l'Ouest, les îles Normandes : Serck, Aurigny, Guernesey et Jersey, qui appartiennent à l'Angleterre. Là s'ouvre la baie du Mont-Saint-Michel, à partir de laquelle les côtes deviennent granitiques et déchiquetées, tout le long de la presqu'île bretonne, où se creusent les baies de Cancale, de la Rance, du Guildo, de Saint-Brieuc, de Lannion, de Brest,

de l'ère chrétienne, commença à attaquer l'empire romain et, au V°, s'installa d'abord dans le nord de la Gaule, qui prit le premier le nom de France, de même que la région de la rive droite du Rhin, originaire des Francs, a conservé le nom de Franconie. Ces peuples intervinrent pour la première fois dans les affaires de la Gaule sous leur roi Mérovée, en s'associant aux Gallo-Romains d'Aétius et aux Wisigoths de Théodoric contre Attila et les Huns, peuples mongoliques sortis d'Asie, qui venaient de saccager l'empire d'Orient et qui, écrasés aux plaines catalauniques par la coalition des Gaules, furent chassés hors d'Europe (451). Dès lors, le clergé catholique romain, voulant se défaire des Wisigoths, qui étaient ariens, favorisa la puissance des Francs, en mariant un de leurs rois, Clovis, avec

Fig 2.

de Douarnenez, d'Audierne, de Concarneau, de Quiberon, du Morbihan, etc. En face se dressent les îles Bréhat, Sept-îles, de Batz, d'Ouessant, de Croix, de Belle-Ile, d'Hoat, de Noirmoutiers, d'Yeu, de Ré, d'Aix et d'Oléron. A partir de l'estuaire de la Loire jusqu'aux Pyrénées les côtes redeviennent sablonneuses et se présentent de même dans le golfe de Lion, sur la Méditerranée, des Pyrénées-Orientales aux Bouches-du-Rhône, semées d'étangs, tels que ceux de Sigean, de Cette, de Valcarez et de Berre. De là elles recommencent à être accidentées, coupées de nombreuses baies, rades de Toulon, d'Hyères (en face des îles de ce nom), golfes de Saint-Tropez, de Fréjus, Jouan, vis-à-vis l'île Sainte-Marguerite. Au large, à environ 200 kil., l'île de Corse.

L'histoire de la France peut se diviser en 5 périodes : 1° sa formation ; 2° son expansion ; 3° sa lutte contre la domination anglaise ; 4° sa renaissance ; 5° sa révolution.

I. Le nom de France, donné à ce pays, vient de celui d'un peuple germanique, les Francs, qui, dès le II° ou III° siècle

Clotilde, fille du roi des Burgondes. Clovis, que les Romains, débordés et vaincus à Soissons, nommèrent patrice pour couvrir leur recul, se retourna d'abord contre les Allemands, les battit à Tolbiac, se fit chrétien, détruisit l'empire des Wisigoths en Gaule, fit assassiner les autres rois francs de Cologne, de Cambrai, du Mans ; et la puissance des Mérovingiens continua à s'agrandir par le meurtre. Childebert assassina ses neveux de sa propre main ; Chilpéric fit mettre à mort son frère Sigebert ; Clotaire II attacha sa tante Brunehaut à la queue d'un cheval indompté. Cette première dynastie s'épuisa en partages et en guerres fratricides, et finit dans la langueur des Rois Fainéants (737).

II. Les Francs reprirent leur essor avec le maire du palais Charles-Martel et son fils Pépin, qui fut roi, et fonda la deuxième dynastie, celle des Carolingiens, ainsi nommée du fils de Pépin, Charlemagne, qui ressuscita sur sa tête l'empire d'Occident (800). Ils battirent successivement les Arabes, qu'ils chassèrent de Poitiers jusqu'au delà de l'Ebre, les Lombards à

qui ils reprirent l'Italie et Rome, les Saxons et les Awares qu'ils
subjuguèrent jusqu'à l'Elbe et à la Theiss. Charlemagne ayant
partagé ce vaste empire entre ses fils, la France se trouva réduite à l'Ouest d'une ligne partant des bouches de l'Escaut à
celles du Rhône ; à l'Est, la Lorraine s'étendit jusqu'au Rhin,
le royaume de Bourgogne et d'Arles jusqu'aux Alpes. Puis un
peuple venu de Scandinavie, les Normands, envahit par mer
les rives de la Seine, assiégea Paris et se fit octroyer, le long
de la Manche, l'important duché auquel il donna son nom,
de la Seine à la Bretagne. Ces Normands, sous la dynastie
suivante, celle de Hugues Capet, conquirent l'Angleterre (1066),

jeunesse, des maçons de génie élevaient les belles cathédrales
gothiques qui sont encore l'orgueil de nos cités, et les trou-
vères chantaient des poëmes d'une langue encore informe,
mais d'une haute envolée et du sentiment le plus élevé.

III. Mais une crise de trois siècles interrompit le développement de la nation française et la mit à deux doigts de sa perte.
Le duc de Normandie, maître de l'Angleterre, était un vassal
aussi puissant que le roi de France, son suzerain. Cette puissance s'accrut encore en passant par héritage aux mains du
duc d'Anjou, Henri Plantagenet, qui, par son mariage avec
Eléonore d'Aquitaine, épouse divorcée du roi Louis VII, ajouta

EMPIRE FRANÇAIS EN 1812
(130 DÉPARTEMENTS)

Chefs-lieux de départements..........○
Limites des départements............
Limites d'États.....................

Kilomètres.
0　50　100　200　300

Fig. 3.

tandis que quelques-uns des leurs allaient s'emparer de toute
l'Italie méridionale ; et ce mouvement d'expansion fut suivi
par la France entière. Un prince de Bourbon, gendre d'un
roi de Castille, fonda le royaume de Portugal des provinces
reprises aux Arabes. Mais c'est au cœur même de l'empire
musulman que furent portés les plus grands coups. Les croisades, au nombre de huit (1095 à 1270), transportèrent vers
le Levant, à la suite des Francs, les Anglais, les Flamands,
les Allemands, les Lombards. Mais les Francs y étaient partis
les premiers, ils y jouèrent le plus grand rôle (Gesta Dei per
Francos), et conquirent successivement Jérusalem, Rhodes,
Constantinople, Alexandrie, Tunis, à nouveau l'Italie méridionale, fondant partout des royaumes de plus ou moins longue
durée, tandis qu'à l'intérieur les rois Capétiens abattaient la
noblesse et que les communes reconquéraient sur elle leurs
libertés. Pendant cette période étonnante de vitalité et de

à son empire tout le Midi de la France, à partir de la Loire.
Ses fils Richard Cœur de lion et Jean sans Terre commencèrent la révolte, avec l'aide des Flamands et des Allemands.
D'abord Philippe-Auguste repoussa la coalition à Bouvines
(1214) ; Louis IX, le Saint, vainquit les Anglais à Taillebourg ;
Philippe IV, le Bel, le créateur des États généraux (premier
essai de représentation nationale) et l'adversaire des Papes,
battu par les Flamands à Courtray, les vainquit à son tour à
Mons-en-Puelle. Mais la dynastie des Capétiens directs s'étant
éteinte (1328), le roi d'Angleterre allégua sa parenté avec eux
pour revendiquer leur couronne et battit ses concurrents, les
Valois, à Crécy et à Poitiers. Les États généraux, souvent convoqués par les Valois, eurent à ce moment la toute-puissance,
sous le prévôt Étienne Marcel (1357), mais sans grand résultat.
Pourtant, les Anglais furent repoussés par Duguesclin sous
Charles V, les Flamands abattus par Clisson sous Charles VI.

Mais ce roi étant devenu fou, son frère et son cousin, les ducs d'Orléans et de Bourgogne, se disputèrent la régence et furent tous les deux assassinés. A la faveur des luttes sanglantes de leurs partis, Armagnacs et Bourguignons, les Anglais revinrent, vainquirent à Azincourt, s'avancèrent jusqu'à Orléans; leurs souverains, acclamés dans Paris, avaient déjà pris le titre de rois de France, quand une jeune fille inspirée, Jeanne d'Arc, souleva l'enthousiasme national, fit sacrer Charles VII et donna l'élan qui, après sa mort sur le bûcher de Rouen, amena la délivrance finale de la Patrie (1453). Louis XI acheva de la reconstituer, soumit les dernières pro-

chef, Henri IV de Bourbon, appelé à la succession du trône, capitula devant la résistance de Paris, alors inféodé à l'ultramontanisme et à la réaction (1593). Dès lors les réformés ou protestants furent combattus sous Louis XIII par son ministre le cardinal de Richelieu, et finalement persécutés et exilés sous Louis XIV, alors le plus puissant roi de l'Europe, vainqueur de l'Espagne, de l'Allemagne, des Pays-Bas, et à qui la ville libre de Strasbourg venait de se donner (1681). Lebrun, H. Rigault, Van der Meulen, peignaient l'apothéose de ce prince. Pendant ce temps, la renaissance des lettres antiques avait atteint son apogée avec Corneille, Racine, Molière, Bos-

Fig. 4.

vinces réfractaires, la Bourgogne et la Bretagne, et acquit pacifiquement la Provence.

IV. La France put alors reprendre son rôle interrompu, sa place à la tête des nations. En cette année 1453, les Turcs s'étaient emparés de Constantinople et tous les dépositaires de l'art antique s'étaient réfugiés en Italie. Charles VIII, Louis XII, François Ier ayant porté leurs armes dans ce pays, les Français y ramassèrent le flambeau de la pensée humaine, et ce fut le signal d'une renaissance des arts et des lettres, qui atteignit sa plus haute expression en architecture par des chefs-d'œuvre comme le Louvre à Paris et les châteaux de la Loire. Il s'y joignit une réforme libérale de la religion chrétienne, prêchée, en Allemagne par Luther, en France par Calvin. Les derniers Valois combattirent ce mouvement et des guerres de religion ensanglantèrent, incendièrent, ruinèrent le pays. La Réforme avait fini pourtant par triompher, quand son

suet, Fénelon, Pascal, Descartes, Labruyère. La littérature française régnait en souveraine sur tous les pays et la langue française devenait celle de toutes les chancelleries.

V. Cette suprématie de la France dans le domaine de la pensée lui traça, au XVIIIe siècle, sa véritable mission : celle de la délivrance de l'esprit humain. Voltaire, J.-J Rousseau, Montesquieu, Diderot, d'Alembert, Condorcet, Beaumarchais, combattirent les préjugés du moyen âge, soutinrent la liberté de penser, tracèrent les droits du citoyen, s'élevèrent contre les persécutions religieuses, contre les abus de la royauté et de l'aristocratie, à mesure que cette royauté et cette aristocratie, minées par des courtisans, croupissaient, s'enlisaient dans une dépravation éhontée, quoique élégante et digne de l'exquis peintre Watteau. Louis XV s'adjoignit cependant deux provinces voisines et autonomes, la Lorraine et la Corse ; mais il perdit les Indes et le Canada, colonisés sous ses prédéces-

sours. La faiblesse du roi suivant, Louis XVI, jointe à des embarras financiers, nécessita la convocation des Etats généraux (1789) et ce fut le signal de la Révolution. Soutenus par le peuple de Paris, les Etats se constituèrent en Assemblée nationale, proclamèrent les *droits de l'homme et du citoyen*. La seconde Assemblée (législative) déposa le roi, la troisième (Convention) proclama la République. La noblesse avait émigré et ameuté l'Europe contre la France ; le roi avait voulu la rejoindre. Il fut décapité et presque tous les chefs des partis monarchistes ou républicains le suivirent sur l'échafaud ; mais la coalition fut vaincue. La Belgique, la Hollande, l'Italie, la Suisse entrèrent dans l'orbite de la France. Après huit ans de guerre, un général vainqueur, Napoléon Bonaparte, chassa le Directoire et les Assemblées régulières, s'empara de la dictature, se fit sacrer empereur, roi d'Italie, protecteur de la Confédération du Rhin, vainquit encore pendant douze années l'Europe sans cesse coalisée contre lui, soumit l'Autriche, la Prusse, l'Espagne, mit à la place des rois renversés ses frères et ses maréchaux sortis du peuple, atteignit jusqu'à Moscou et s'y brisa devant l'incendie et la neige. Les Bourbons, ramenés par l'étranger, déchaînèrent la réaction, la transportèrent en Espagne, mais, par esprit chrétien, soutinrent la révolte des Grecs contre les Turcs musulmans. Une seconde révolution les chassa en 1830 ; une troisième, en 1848, chassa leur cousin Louis-Philippe, dont le règne avait été rempli par la conquête de l'Algérie, et proclama la deuxième République. Un neveu de Napoléon rétablit l'empire par un coup d'Etat, combattit la Russie et l'Autriche, contribua à une seconde libération de l'Italie, mais fut abattu par la coalition allemande (1870) ; une quatrième révolution proclama la troisième République, qui subsiste depuis vingt-six ans. Ce régime fut impuissant à sauver l'Alsace et la Lorraine, mais il répara les forces nationales et reconstitua l'empire colonial de la France par la conquête de la Tunisie, de l'Annam, de Madagascar, du Soudan occidental et de la rive droite du Congo. Le chef du pouvoir exécutif est le président de la République nommé par la Chambre des Députés et par le Sénat réunis en Assemblée nationale ou congrès, et qui choisit les ministres, responsables devant les deux Chambres. La Chambre des députés est élue au suffrage universel direct, le Sénat au suffrage à trois degrés. L'une et l'autre ont le pouvoir législatif.

Au point de vue administratif, le territoire est divisé en 86 départements constitués en 1790 et qui portent les noms inspirés par leur caractère géographique ; plus l'arrondissement de Belfort. Chaque département a à sa tête un préfet assisté d'un conseil général et se subdivise en sous-préfectures, en cantons et en communes. Il y a 36,000 communes. Chaque commune est administrée par un maire assisté d'un conseil municipal ; chaque arrondissement par un sous-préfet assisté d'un conseil d'arrondissement.

Au point de vue judiciaire, il y a un juge de paix par canton ; un tribunal de 1re instance par arrondissement. La France est enfin divisée en 26 cours d'appel, au-dessus desquelles une cour de cassation siège à Paris.

Sous le rapport militaire, la France est divisée en deux gouvernements (Paris et Lyon), et en 18 corps d'armée. Un 19e occupe l'Algérie ; une division indépendante, la Tunisie. Le littoral maritime se divise en cinq préfectures.

Au point de vue de l'instruction publique, le territoire est divisé en 16 académies administrées par des recteurs, sauf celle de Paris dont le chef n'a que le titre de vice-recteur.

Enfin, l'administration ecclésiastique comprend 17 archevêchés et 67 évêchés.

Nous avons mis sous les yeux de nos lecteurs trois cartes géographiques intéressantes : celle de la France avant 1789, partagée en 32 provinces ou gouvernements (Fig. 2) ; la France sous Napoléon en 1812, alors qu'elle s'étendait du Tibre à l'Elbe, de Rome à Hambourg (Fig. 3) ; la France actuelle (Fig. 4).

Liste chronologique des chefs d'État.

Rois des Francs (*Mérovingiens*) : Clodion (428), Mérovée (448), Childéric Ier (458), Clovis Ier (481).
Thierry Ier (511), Clodomir (511), Childebert Ier (511), Clotaire Ier (511), Théodebert Ier (534), Théodebald (548).
Caribert (561), Gontran (561), Chilpéric Ier (561), Sigebert Ier (561), Childebert II (575), Clotaire II (584), Théodebert II (596).
Dagobert Ier (628), Sigebert II (638), Clovis II (638)
Clotaire III (656), Childéric II (660), Thierry III (670), Dagobert II (673), Clovis III (691), Childebert III (695), Dagobert III (711), Chilpéric II (715), Clotaire IV (717), Thierry IV (720), Chilpéric III (742).

Carolingiens : Pépin le Bref (752), Charles, depuis Charlemagne, empereur d'Occident (768) ; Carloman (768), Louis le Débonnaire, empereur (814).
Rois des Français : Charles II le Chauve (840), Louis II le Bègue (877), Louis III et Carloman (879), Charles le Gros (884), Eudes (duc de France, comte de Paris) (888), Charles III le Simple (898), Raoul de Bourgogne (923), Louis IV d'Outremer (936), Lothaire (754), Louis V (986).
Rois de France (*Capétiens directs*, descendants d'Eudes) : Hugues Capet (987), Robert (996), Henri Ier (1031), Philippe Ier (1060), Louis VI le Gros (1108), Louis VII le Jeune (1137), Philippe II Auguste (1180), Louis VIII (1223), Louis IX le Saint (1226), Philippe III le Hardi (1270), Philippe IV le Bel (1285), Louis X le Hutin (1314), Jean Ier posthume (1316), Philippe V le Long (1316), Charles IV le Bel (1322).
Valois directs (descendants de Philippe le Hardi) : Philippe VI (1328), Jean II le Bon (1350), Charles V le Sage (1364), Charles VI le Fou (1380), Charles VII le Victorieux (1422), Louis XI (1461), Charles VIII (1483).
Valois-Orléans (descendants de Charles V) : Louis XII (1498).
Valois-Angoulême (3e branche descendant de Charles V) : François Ier (1515), Henri II (1547), François II (1559), Charles IX (1560), Henri III (1574).
Bourbons (descendants de Louis IX) : Henri IV (1589), Louis XIII (1610), Louis XIV (1643), Louis XV (1715), Louis XVI (1774).
République : Convention (1792), Directoire (1795), Consulat (1799). Bonaparte, Premier Consul.
Empereur : Napoléon Ier (1804).
Roi de France : Louis XVIII (1814).
Empereur : Napoléon Ier (1815).
Rois de France : Louis XVIII (1815), Charles X (1824).
Roi des Français : Louis-Philippe (1830).
République : Gouvernement provisoire (1848). *Président :* Louis-Napoléon Bonaparte (1848).
Empereur : Napoléon III (1852).
République : Gouvernement provisoire (1870). *Présidents :* Thiers (1871), Mac-Mahon (1873), Grévy (1879), Carnot (1887), Casimir-Perier (1894), Félix Faure (1895).
Pendant ce siècle de révolutions permanentes à la recherche d'un état politique meilleur, les lettres, les arts et les sciences ont atteint un développement unique au monde. Chateaubriand, Lamartine, Victor Hugo, Alfred de Musset, Alfred de Vigny, Théophile Gautier, Baudelaire, Flaubert, Leconte de Lisle, etc., enrichissaient la langue française d'une longue série de chefs-d'œuvre. Les peintres Louis David, Gros, Horace Vernet, Géricault, Eugène Delacroix, Paul Delaroche, etc. fixaient des pages d'époques grandioses ; Rude sculptait des géants et Carpeaux faisait vivre la pierre ; tandis que des compositeurs comme Méhul, Boïeldieu, Hérold, Adam, Auber, Félicien David, Berlioz, Bizet, Gounod, etc., charmaient les générations. Laplace expliquait le système du monde ; Le Verrier découvrait la planète Neptune ; Lavoisier, la composition de l'air ; Cuvier, la paléontologie ; Lamarck et Geoffroy Saint-Hilaire, la loi de l'évolution ; Gay-Lussac, la loi des volumes chimiques ; Daguerre, la photographie ; Pasteur, les microbes ; Champollion, la clef des hiéroglyphes égyptiens, et de Lesseps creusait l'isthme de Suez. L'industrie française, enfin, faisait éclater sa suprématie dans ses Expositions universelles.

Le sol, au point de vue de la culture, consiste surtout en terres de labour (25,000,000 d'hect.), puis en pâturages, surtout dans le Nord (5,000,000), en vignes, surtout dans le Midi (2,000,000), en forêts (9,000,000). La population est d'environ 38,000,000 d'habitants.

Les principales villes de France sont : Paris, capitale (2,500,000 hab.), Lyon (438,000 hab.), Marseille (400,000 hab.), Bordeaux (250,000 hab.), Toulouse (150,000 hab.), Nantes (130,000 hab.), Lille (200,000 hab.), Roubaix (100,000 hab.), Le Havre (115,000 hab.), Rouen (110,000 hab), Saint-Étienne (120,000 hab.).

FRANCE (Ile de), anc. prov. de France, cap. *Soissons*, a formé les dép. de Seine-et-Oise, de la Seine, et une partie des dép. de Seine-et-Marne, de l'Oise et de l'Aisne. Paris formait un petit gouvernement à part.

FRANCE (Ile de), anc. nom de l'île Maurice (aux Anglais depuis 1763).

FRANCÉINE. s. f. (R. *France*). T. Chim. Nom donné à un groupe de matières colorantes qu'on obtient en chauffant les dérivés chlorés du benzène avec de l'acide sulfurique concentré. Les francéines se dissolvent dans l'alcool en donnant des solutions dichroïques très colorées. La plupart se dissolvent aussi dans les alcalis en formant des sels neutres très solubles. Elles teignent le coton, le lin et la soie en nuances qui varient du rose au marron. L'intensité de la couleur et le pouvoir tinctorial augmentent avec la proportion de chlore que contient la matière colorante.

FRANCESCAS, ch.-l. de c. (Lot-et-Garonne), arr. de Nérac, 1,900 hab.

FRANCESCHINI (Marcantonio), peintre ital. (1648-1729).

FRANC-ÉTABLE (de). loc. adv. Voy. Abordage.

FRANCEVILLE, station du Congo français, sur l'Ogooué.

FRANC-FIEF. s. m. Voy. Fief.

FRANC-FILIN ou **FRANC-FUNIN**. s. m. Voy. Funin.

FRANCFORT-SUR-LE-MAIN, v. d'Allemagne (prov. de Hesse-Nassau), anc. ville libre; 179,900 hab. Patrie de Gœthe. C'est à Francfort que fut signé, le 10 mai 1871, le traité de paix entre la France et l'Allemagne.

FRANCFORT-SUR-L'ODER, v. d'Allemagne (royaume de Prusse), 55,400 hab.

FRANCHE-COMTÉ, anc. prov. de France, acquise en 1678, par la paix de Nimègue, cap. Besançon; a formé les dép. du Doubs, du Jura et de la Haute-Saône. = Nom des hab. Franc-Comtois, oise.

FRANCHEMENT. adv. T. Pratiq. Avec exemption de toutes charges, de toutes dettes; ne s'empl. qu'avec le mot Quittement. Il lui a vendu sa terre f. et quittement. Vieux. ‖ Sincèrement, ingénument. Parlons f. J'avoue f. Pour le dire f. A parler f. ‖ Librement, sans se retenir ni hésiter. Ces mouvements doivent être exécutés vivement et f. Ce cheval se porte f. en avant. — Fig., Se prononcer f. pour une opinion, pour un parti.

FRANCHIPANIER. s. m. Voy. Frangipanier.

FRANCHIR. v. a. (R. franc). Sauter par-dessus. F. un fossé, une barrière. ‖ Par ext. Passer, traverser vigoureusement, hardiment, des lieux, des endroits difficiles, de grands espaces, etc. Annibal, après avoir franchi les Alpes, entra en Italie. F. une montagne, un défilé. F. un fleuve. F. les mers. L'imagination franchit sans peine cet immense intervalle. ‖ Dépasser, aller au delà. F. les limites, les bornes. ‖ Fig., F. les bornes du devoir, de la pudeur, de la modestie, etc., Ne pas se contenir dans les bornes du devoir, etc. — F. toutes sortes de difficultés, d'obstacles, N'être retenu par aucune difficulté, surmonter tous les obstacles. ‖ Fig. et fam., F. le pas, Se décider à faire une chose, après avoir longtemps hésité. On dit aussi dans le même sens, F. le saut, mais mieux, Faire le saut. — F. le mot, Dire le mot essentiel, prononcer enfin une chose à laquelle on avait peine à se résoudre; ou exprimer en propres termes une chose que d'abord on n'osait dire ouvertement. Il a franchi le mot, et lui a dit qu'il était un fripon. ‖ T. Mar. F. la lame, S'élever sur la lame et la descendre sans accident. F. une barre, un haut-fond, un récif, Passer par-dessus sans s'y accrocher. Ces loc. se disent en parlant soit d'un bâtiment, soit d'un nageur. = Franchi, v. n. T. Mar En parlant du vent, devenir plus favorable. ‖ Se renflouer, en parlant d'un navire échoué. = Franchi, ie. part.

FRANCHISE. s. f. [Pr. fran-chize]. Exemption, immunité. Jouir de certaines franchises. Le roi jurait à son avènement de garder les franchises de la ville. Cet ouvrier n'est pas maître, mais il travaille dans un lieu de f. — Par ext., Le lieu qui jouissait de certaines immunités, de certains privilèges. Il habitait dans la f. de Londres. ‖ Dans un sens partie., le droit d'asile attaché à certains lieux. Les franchises des églises ne sont point admises en France. On ne put le saisir à cause de la f. de l'église où il s'était réfugié. A Rome, l'hôtel d'un ambassadeur est un lieu de f. Un lieu de f. pour les débiteurs. ‖ Par ext., Le lieu même qui sert d'asile. On ne peut l'arrêter dans ce lieu-là, c'est une f. ‖ T. Admin. des Postes. Franchise, se dit du droit qu'ont certaines personnes

de recevoir leurs lettres franches de port. La f. n'est accordée aux fonctionnaires que pour les lettres relatives aux affaires de service. ‖ Se dit encore quelquefois pour Liberté, affranchissement. La ville obtint une charte de f. Marseille a dû longtemps sa prospérité à la f. de son port. ‖ Sincerité, loyauté, candeur. Parler avec f., avec trop de f. Un homme plein de f. La f. de son caractère, Il a mis beaucoup de f. dans ses procédés. Ce ton de f. me gagna. Des paroles, des manières pleines de f. ‖ T. Beaux-Arts. La qualité de ce qui est franc, hardi. La f. du crayon, du pinceau, du ciseau. La f. du dessin, du coloris. = Syn. Voy. Liberté et Sincérité.

FRANCHISSABLE. adj. 2 g. [Pr. fran-chi-sable]. Qu'on peut franchir.

FRANCHISSEMENT. s. m. [Pr. fran-chi-seman]. Action de franchir. ‖ T.Fortif. Gradin de f., Gradins pratiqués dans un épaulement pour permettre de le franchir.

FRANCIA (Raibolini dit le), graveur et peintre italien (1450-1518).

FRANCISATION. s. f. [Pr. fransi-za-sion]. T. Jurisp. comm. Acte qui constate qu'un navire est français. Acte de f. Un navire doit toujours avoir sa f. à bord. ‖ T. Gramm. Action de donner la forme française à un mot étranger.

FRANCISCAIN. s. m. Voy. Cordelier.

FRANCISCEA. s. m. (R. Franciscus, n. lat. de François Ier, empereur d'Autriche). T. Bot. Genre de plantes Dicotylédones de la famille des Solanacées. Voy. ce mot.

FRANCISER. v. a. [Pr. fran-si-zer] (R. français). Donner une terminaison, une inflexion française à un mot d'une autre langue. L'usage a francisé beaucoup de noms propres latins ou grecs. == SE Franciser. v. pron. Devenir français. Ce mot a fini par se f. ‖ Prendre l'air, le maintien, les manières françaises. Jamais un Anglais ne parvient à se f. complètement. Fam. et peu usité. = Francisé, ée. part.

FRANCISQUE. s. f. (lat. francisca, m. s., de francus, franc). Sorte de hache d'armes à un seul tranchant, qui était en usage chez les Francs.

FRANC-JUGE. s. m. Membre d'un tribunal secret qui existait en Allemagne aux XIVe et XVe siècles. Voy. Vehme.

FRANCK (Adolphe), philosophe français (1809-1893).

FRANCK (César-Auguste), compositeur fr. (1822-1890).

FRANCKEN (Frans le vieux), peintre flam. (1542-1616).

FRANCKEN (Frans le jeune), peintre flam. (1581-1642).

FRANC-MAÇON. s. m. [Pr. fran-mason] (R. franc et maçon). Celui qui est initié à la franc-maçonnerie, qui en fait partie.

FRANC-MAÇONNERIE. s. f. [Pr. fran-masonerie]. — La Franc-maçonnerie est une association secrète, répandue dans toutes les parties du monde, mais particulièrement en Angleterre, en France, en Allemagne et en Italie. Son nom lui vient, soit de son origine, soit de l'usage symbolique qu'elle fait des instruments employés dans l'art de bâtir. Ses membres, appelés Francs-maçons, se qualifient de frères, parce qu'ils doivent s'assister mutuellement comme des frères, à quelque nation et à quelque classe de la société qu'ils appartiennent. Le but avoué de la f.-m. est « l'exercice de la bienfaisance, l'étude de la morale universelle, des sciences et des arts, et la pratique de toutes les vertus ». L'origine de cette société a été enveloppée à dessein d'obscurité: les uns l'ont fait remonter aux mystérieuses initiations de l'Égypte ou de la Grèce; les autres lui ont donné pour fondateur Hiram, l'architecte du temple de Salomon; suivant quelques écrivains, elle est issue de l'ordre du Temple ou des Francs-Juges de l'ancienne Allemagne. Mais la seule opinion plausible est celle qui la fait dériver des confréries ou corporations de maçons qui se formèrent au moyen âge. Il est cependant possible et même vraisemblable que, lorsque l'association issue des corporations de maçons eut pris un caractère plus ou moins mystique et philosophique, elle ait continué les traditions de sociétés de même nature plus anciennes. — Les premières associations de constructeurs paraissent s'être formées au Xe siècle, dans la Lombardie, d'où elles se répandirent peu à peu dans toutes les autres parties de l'Europe. Ainsi nous voyons déjà, au XIIe siècle, en 1145, les maçons de la Normandie organisés en corporations. Toutefois c'est dans le siècle suivant que les confréries maçonniques sont surtout nombreuses et florissantes, et c'est aux efforts combinés de ces ouvriers de génie, presque tous inconnus, que l'Europe chrétienne doit les plus beaux monuments de l'art ogival. Chaque *Loge*, car c'est ainsi qu'on appelait et qu'on appelle encore les assemblées entre lesquelles se fractionne l'association maçonnique, chaque loge, disons-nous, formait comme une sorte d'école où l'on n'était admis qu'après un long apprentissage et une initiation rigoureuse, et qui possédait des traditions propres, des procédés d'exécution, ou, comme on disait alors, des *secrets* particuliers, qui n'étaient communiqués qu'aux adeptes. C'est même à cette circonstance qu'il faut vraisemblablement attribuer le caractère de parenté que présentent, non seulement dans le même pays, mais encore dans des pays situés à de grandes distances les uns des autres, beaucoup d'édifices gothiques. L'une des loges les plus célèbres du XIIIe siècle, celle de Strasbourg, était dirigée par Erwin de Steinbach, architecte de la cathédrale de cette ville. Elle entretenait des inspirations des institutions semblables à Vienne, à Zurich, à Cologne et ailleurs. Du reste, à quelque loge qu'ils appartinssent, les francs-maçons jouissaient de privilèges dont l'importance variait suivant les lieux, et qui consistaient le plus ordinairement dans l'exemption des taxes et des corvées. Il paraît, en outre, que les loges admettaient, à titre de membres honoraires, les personnages riches et puissants qui pouvaient protéger la corporation ou servir ses intérêts. En 1327, toute la haute noblesse de l'Angleterre se trouvait ainsi enrôlée dans la confrérie maçonnique. Cette affiliation aux loges maçonniques de personnages étrangers à l'art de bâtir explique seule la transformation de l'ancienne franc-maçonnerie.

En effet, lorsque, à l'époque de la Renaissance, les procédés de l'architecture cessèrent d'être un secret et furent insensiblement répandus, les associations de constructeurs n'ayant plus de raison d'être, disparurent complètement; mais les affiliés étrangers continuèrent de se réunir, et s'affublèrent eux-mêmes de nouveaux membres pris dans toutes les classes de la société, quoique plus particulièrement dans les classes élevées, et fondèrent ainsi une f.-m. nouvelle, qui adopta pour devise la fraternité universelle. Néanmoins les membres des loges ainsi transformées conservèrent à titre de francs-maçons et perpétuèrent par leur langage symbolique et par leurs emblèmes empruntés à l'art de bâtir, tels que l'équerre, la truelle, le compas et le tablier de peau, le souvenir de leur première origine. C'est en Angleterre, avons-nous dit, que l'on trouve les premières traces de la f.-m. nouvelle. En 1502, Henri VIII prit l'institution sous son patronage, et ouvrit une loge dans son propre palais. En 1725, l'ordre maçonnique fut introduit en France par lord Derwent-Waters, l'un des gentilshommes les plus dévoués du parti des Stuarts. La première loge américaine date de 1730, et la première loge allemande de 1735. Depuis cette époque, la f.-m. a pénétré partout, mais le mystère dont elle entoure ses réunions, les pratiques plus ou moins bizarres auxquelles elle se livre, le langage secret dont elle fait usage, et plus que tout cela, le rôle politique ou anti-religieux qu'elle a joué à plusieurs reprises, sous la direction et à l'instigation de certains meneurs, lui ont plus d'une fois attiré les rigueurs de plusieurs gouvernements, et en particulier de l'autorité ecclésiastique. — Aujourd'hui l'ordre maçonnique est organisé à peu près partout de la même manière. Néanmoins on y distingue plusieurs *rites* particuliers, dont les principaux sont le *rit ancien* ou *écossais* qui est suivi en Écosse, en Angleterre, en Allemagne et dans une partie de l'Amérique; le *rit moderne* ou *français* qui est pratiqué de préférence par les loges de France; et le *rit égyptien* ou *rit de Misraïm* qui a des partisans dans presque tous les pays. Dans chaque nation, les francs-maçons forment un certain nombre de loges qui obéissent toutes à une loge centrale, à la tête de laquelle se trouve un conseil suprême. En France, ce conseil s'intitule le *Grand-Orient*, et son président reçoit le titre de *Grand Maître*. Chaque loge a un président qualifié de *Vénérable*, et se réunit dans un lieu spécial, qu'on appelle *Temple* et qui est tout décoré d'ornements symboliques. La loge est accessible à toutes les conditions sociales. Pour en faire partie, il faut passer par certaines épreuves, nommées *Voyages*; le candidat jure ensuite de garder inviolablement les secrets qui lui seront confiés; après quoi il est admis à la *lumière*, c.-à-d. au premier grade maçonnique. Quant aux

grades, on en compte jusqu'à trente-trois, mais la plupart des initiés n'acquièrent généralement que les trois premiers, ceux d'*Apprenti*, de *Compagnon* et de *Maître*, qui constituent ce qu'on appelle la *maçonnerie bleue* ou *symbolique*. Les francs-maçons se reconnaissent entre eux, au milieu des *profanes*, à l'aide de signes et d'attouchements qui varient pour chaque grade et auxquels se joignent certains termes consacrés. Le Grand-Orient de France, en supprimant de ses « planches » le *Grand Architecte de l'Univers*, c'est-à-dire la croyance obligatoire en Dieu, a limité forcément l'action de la maçonnerie française, brouillée, de ce fait, avec la plupart des Orients étrangers. Aussi, depuis une vingtaine d'années, son rôle est-il devenu purement politique et anticlérical et la fréquentation des loges n'est guère le fait que des républicains bourgeois ou conservateurs. Les avancés et les socialistes s'agitent en dehors des temples, et la maçonnerie retarde !

FRANCO. adv. (ital. *franco*, libre). T. Comm. Sans frais. *Vous recevrez ce paquet* franco.

FRANCOA. s. m. T. Bot. Genre de plantes Dicotylédones de la famille des *Saxifragacées*. Voy. ce mot.

FRANCOÉES. s. f. pl. (R. *Francoa*). T. Bot. Tribu de plantes de la famille des *Saxifragacées*. Voy. ce mot.

FRANCŒUR (LOUIS-BENJAMIN), mathématicien français (1773-1849). Principaux ouvrages : *Cours complet de Mathématiques pures, Uranographie et Astronomie pratique*.

FRANÇOIS, nom de deux ducs de Bretagne, dont le second prit part aux ligues des seigneurs contre Louis XI, et mourut en laissant pour héritière sa fille Anne, qui épousa Charles VIII, puis Louis XII.

FRANÇOIS Ier, roi de France, fils de Charles, comte d'Angoulême, et de Louise de Savoie, et arrière-petit-fils de Charles V, succéda à Louis XII, son cousin et beau-père (1515-1547). Il est célèbre par la lutte qu'il a soutenue contre Charles-Quint, et par la protection qu'il accorda aux lettres et aux arts et qui ont favorisé le mouvement intellectuel de la RENAISSANCE. ═ FRANÇOIS II, son petit-fils, roi de France, succéda à son père Henri II, en 1559, et mourut en 1560, après un règne troublé par la conjuration d'Amboise; il avait épousé Marie Stuart.

FRANÇOIS. Nom de plusieurs princes allemands, entre autres : FRANÇOIS Ier de Lorraine, empereur d'Allemagne (1745-1765), épousa Marie-Thérèse. ‖ FRANÇOIS II, son petit-fils, succéda à son père, Léopold II (1792). Plusieurs fois vaincu par Napoléon Ier, il renonça au titre d'empereur d'Allemagne, lorsque fut créée la Confédération du Rhin en 1806: depuis 1804, du reste, il avait pris celui d'empereur d'Autriche. En 1810, il donna sa fille Marie-Louise en mariage à Napoléon, et fut dédommagé de ses pertes en 1815, à la suite de la chute de l'Empire français ‖ FRANÇOIS-JOSEPH Ier, empereur d'Autriche, a succédé à son oncle Ferdinand Ier en 1848; il a perdu la Lombardie en 1859, et, après la bataille de Sadowa (1866), la Vénétie. Depuis 1867, il est dit empereur d'Autriche-Hongrie.

FRANÇOIS Ier, roi des Deux-Siciles (1825-1830), fils de Ferdinand Ier, fut le père de Caroline, qui épousa le duc de Berry (neveu de Louis XVIII), et de Marie-Christine, mariée à Ferdinand VII, roi d'Espagne.

FRANÇOIS D'ASSISE (SAINT), né à Assise, en Ombrie, fondateur de l'ordre des Frères Mineurs ou Franciscains (1182-1226). Fête le 4 octobre.

FRANÇOIS DE NEUFCHÂTEAU (NICOLAS, comte), poète et homme d'État français (1750-1828), membre du Directoire (1797), puis ministre de l'intérieur (1798), créa les expositions de l'industrie et le musée du Louvre.

FRANÇOIS DE PAULE (SAINT), né à Paule, en Calabre, fondateur de l'ordre des Minimes (1416-1507). Fête le 26 janvier.

FRANÇOIS DE SALES (SAINT), né au château de Sales, près d'Annecy (1567-1622), évêque de Genève, fondateur de l'ordre de la Visitation (1610), auteur de l'*Introduction à la vie dévote*. Fête le 29 janvier.

FRANÇOISE (Sainte), dame romaine (1384-1440). Fête le 9 mars.

FRANÇOISE DE RIMINI, femme de Malatesta, seigneur de Rimini, immortalisée par les vers de Dante.

FRANÇOIS-JOSEPH (Archipel), archipel polaire découvert à l'est du Spitzberg en 1872-1873.

FRANÇOIS RÉGIS (Saint), ecclésiastique français, célèbre par sa charité (1597-1640). Fête le 16 juin.

FRANÇOIS-XAVIER (Saint), né au château de Xavier, dans la Navarre (1506-1552), jésuite, apôtre des Indes et du Japon. Fête le 2 décembre.

FRANCOLIN. s. m. (R. *franc*, et *colin*, sorte de perdrix). T. Ornith. — Les oiseaux ainsi nommés sont des *Gallinacés* qui se rapprochent beaucoup des Perdrix. Ils n'en diffèrent que par leur bec plus fort et plus allongé, et par leur queue également plus longue ; en outre, le mâle a les tarses armés d'un et quelquefois de deux éperons cornés et aigus. Les Francolins ont les mêmes mœurs et les mêmes habitudes que

les Perdrix proprement dites, si ce n'est qu'ils paraissent préférer le voisinage des bois, fréquentent les plaines humides, et se tiennent, la nuit, habituellement perchés sur les arbres. Ce groupe, qui renferme une quinzaine d'espèces, n'a qu'un seul représentant en Europe, le *F. à collier roux*, de la Sicile et de l'île de Chypre. Les autres espèces appartiennent à l'Afrique, à l'Asie et aux îles Malaises ; nous citerons comme ex. le *F. ensanglanté* (Fig. ci-dessus) qui habite le Népaul : c'est un oiseau remarquable par l'élégance de son plumage. Il a les parties supérieures grises avec des traits blancs bordés de noir, l'abdomen taché de rouge, les couvertures inférieures de la queue rouges, et la tête ornée d'une huppe de plumes effilées, grises et variées de blanchâtre.

FRANCOLITE. s. f. T. Minér. Variété d'*Apatite*. Voy. ce mot.

FRANCONI (Antonio), habile écuyer français (1738-1836).

FRANCONIE, région de l'Allemagne (Bavière), pays d'origine des Francs, a été un des dix cercles de l'empire germanique. 188,000 hab. ; v. princ. : Baireuth, Anspach et Wurtzbourg.

FRANC-QUARTIER. s. m. T. Blas. Premier quartier de l'écu. Voy. Héraldique.

FRANC-RÉAL. s. m. (R. *franc* et *royal*). T. Hortic. Sorte de poire d'ailleurs peu estimée.

FRANCS, peuplade germanique qui envahit la Gaule au IIIe et au IVe siècle, se fixa au nord de la Loire en 480 ; conquit presque toute la Gaule sous Clovis, et lui donna son nom actuel de *France*.

FRANC-SALÉ. s. m. Anciennement, privilège de vendre, d'acheter du sel, sans payer la gabelle.

FRANC-TILLAC. s. m. T. Mar. Pont-léger du XVIIe siècle. Voy. Tillac.

FRANC-TIREUR. s. m. Soldat faisant partie d'un corps franc, c.-à-d. d'un corps qui n'appartient pas à l'armée, qui s'est recruté lui-même par association entre ses membres et qui a nommé ses officiers à l'élection. Les corps de francs-tireurs étaient nombreux pendant la guerre de 1870-1871. Ils n'étaient pas considérés comme belligérants par les Prussiens, et ceux qui étaient faits prisonniers étaient impitoyablement fusillés. Souvent aussi, les Allemands firent brûler des villages qui avaient donné asile à des francs-tireurs.

FRANGE. s. f. (lat. *frangere*, rompre, diviser). Tissu de quelque matière que ce soit, d'où pendent des filets, et dont on se sert pour orner les vêtements, les meubles, les draperies, etc. *F. d'or, de soie, de fil. Rideaux à franges.* || Par anat. Ce qui pend au bord de quelque chose. *Son pantalon avait une f. de boue.* || T. Phys. Nom donné aux bandes colorées que l'on remarque à l'intersection de deux cercles lumineux reçus sur un écran par deux petites ouvertures. || T. Anat. *Franges synoviales.* Replis des synoviales qui sont un peu flottants dans les cavités des articulations. || T. Zool. Poisson du genre Cyprin. — Variété du papillon de nuit.

FRANGEON. s. m. Morceau de frange, petite frange.

FRANGER. v. a. Garnir de frange. *F. une jupe.* = Frangé, ée. part. *Des rideaux frangés.* || T. Blas. Se dit des gonfanons qui ont des franges d'un autre émail. *D'or au gonfanon de gueules, frangé de sinople.* || T. Hist. nat. Qui a un bord découpé en manière de frange. *Pétales frangés. Ce papillon a les ailes frangées.*

FRANGER ou **FRANGIER, IÈRE.** s. Ouvrier, ouvrière qui fait de la frange.

FRANGIBILITÉ. s. f. Qualité de ce qui est frangible.

FRANGIBLE. adj. Qui est susceptible d'être rompu.

FRANGIPANE. s. f. (*Frangipani*, nom propre). Espèce de crème où il entre des amandes et divers ingrédients, et dont on garnit certaines pièces de pâtisserie. *Servir une f. Tourte à la f.,* ou *de f.* || Espèce de parfum. *Pommade à la f.*

FRANGIPANIER. s. m. (R. *frangipane*). T. Bot. Nom parfois donné au genre *Plumeria*, de la famille des *Apocynées.* Voy. ce mot.

FRANGULACÉES. s. f. pl. (lat. *frangula*, nom scientif. de la Bourdaine). T. Bot. Nom par lequel certains botanistes désignaient la famille des *Rhamnées.*

FRANGULINE. s. f. T. Chim. Matière colorante jaune contenue dans la bourdaine (*Rhamnus frangula*). On l'extrait de cette plante en épuisant l'écorce par de l'eau ammoniacale et neutralisant ensuite la solution. La f. est d'un jaune citron ; elle est cristallisable, soluble dans l'alcool chaud. Elle fond à 230°. Elle répond à la formule C[20]H[18]O[9], H[2]O. C'est un glucoside que les agents d'hydratation dédoublent en une glucose et en acide frangulique. Elle se dissout dans les alcalis avec une magnifique coloration pourpre.

FRANGULIQUE. adj. T. Chim. *L'acide f.* C[14]H[6]O[4], produit du dédoublement de la franguline, peut s'extraire de la bourdaine (*Rhamnus frangula*) en épuisant la racine par une solution de soude caustique. Il forme de petits prismes orangés, contenant de l'eau de cristallisation qu'il perd à 120°. Il fond à 252°. Peu soluble dans l'eau et dans le benzène, il se dissout facilement dans l'alcool et l'éther. Avec les alcalis il donne des solutions rouges. Chauffé avec la poudre de zinc il fournit de l'anthracène. L'acide f. est une dioxy-anthraquinone isomérique avec l'alizarine, mais il ne peut pas être utilisé pour la teinture.

FRANGY, ch.-l. de c. (Haute-Savoie), arr. de Saint-Julien ; 1,300 hab.

FRANKÉNIE. s. f. T. Bot. Genre de plantes Dicotylédones (*Frankenia*) de la famille des *Tamaricacées.* Voy. ce mot.

FRANKÉNIÉES. s. f. pl. (R. *Frankenius*, n. d'un médecin suédois). T. Bot. Tribu de plantes de la famille des *Tamaricacées.* Voy. ce mot.

FRANKENSTEIN, v. de Prusse (Silésie) ; 8,000 hab.

FRANKLANDITE. s. f. (R. *Frankland*, n. d'un chimiste anglais). T. Minér. Borate hydraté de soude et de chaux; en longues fibres blanches et soyeuses.

FRANKLIN (BENJAMIN), savant et homme d'État américain, inventa le paratonnerre, et contribua à l'affranchissement des États-Unis d'Amérique par ses missions en Europe et surtout en France (1706-1790). Turgot mit au pied de son portrait ce vers si connu :

Eripuit cœlo fulmen, sceptrumque tyrannis.

FRANKLIN (JOHN), navigateur anglais, périt à la recherche d'un passage au N.-O. de l'Amérique (1786-1847).

FRANKLINITE. s. f. (R. *Franklin*, n. d'homme). T. Minér. Minéral contenant du fer, du zinc et du manganèse.

FRANQUE. adj. f. Voy. FRANC.

FRANQUETTE. s. f. [Pr. *fran-kète*] (R. franc). N'est usité que dans cette loc. popul., *A la bonne f.*, Franchement, ingénument.

FRAPPAGE. s. m. [Pr. *fra-paje*]. T. Mét. Action de frapper, résultat de cette action.

FRAPPANT, ANTE. adj. [Pr. *fra-pan*] (R. *frapper*). Qui fait une impression vive sur les sens, sur l'esprit, sur l'âme. *Un spectacle f. Une vérité frappante. C'est une observation frappante de vérité. Cet ouvrage contient des beautés frappantes. Un exemple f. Voilà une preuve frappante de son désintéressement. Un portrait f. de ressemblance.* || s. m. Ce qui frappe, ce qui produit une forte impression.

FRAPPE. s. f. [Pr. *fra-pe*]. Empreinte que le balancier fait sur la monnaie. || T. Fondeur en caractères. Assortiment complet de matrices pour fondre des caractères d'imprimerie. *Une f. de romain, d'italique, de cicéro.*

FRAPPE-DEVANT. s. m. Outil de forgeron.

FRAPPEMENT. s. m. [Pr. *fra-peman*]. Action de frapper; ne se dit que de l'action de Moïse, lorsqu'il frappa le rocher pour en faire sortir de l'eau. *Le Frappement du rocher est un des plus beaux tableaux du Poussin.*

FRAPPE-PLAQUE. s. m. Plaque de fer dont les orfèvres se servent pour donner le contour à une pièce.

FRAPPER. v. a. [Pr. *fra-per*] (or. germ. : all. *floppen*, souffleter). Donner un ou plusieurs coups. *F. quelqu'un avec la main, avec un bâton. F. quelqu'un d'un poignard. F. la terre du pied. La balle l'a frappé à la tête. Être frappé du tonnerre.* — Par anal., *Les parties d'un objet que frappe la lumière.* — *F. l'air de cris, de clameurs, etc.*, Pousser des cris qui retentissent au loin.

Qui frappe l'air, bon Dieu ! de ces lugubres cris ?

BOILEAU.

|| Fig. et fam., *F. son coup*, Produire l'effet qu'on se propose. *F. un grand coup*, Faire un grand exploit, faire une chose qui a des suites importantes. *F. les grands coups*, Employer les moyens les plus énergiques pour le succès d'une affaire. || Donner une empreinte à quelque chose, au moyen d'une matrice ou autrement. *F. de la monnaie, des médailles, des caractères d'imprimerie.* || T. Techn. *F. les épingles*, Y fixer la tête en donnant un coup sur l'enclume. *F. la toile*, Donner un coup pour serrer les fils de la trame à chaque passage de la navette. || Fig., Faire impression sur les sens, sur l'esprit, sur l'âme. *Tout ce qui frappe nos sens. Un bruit étrange a frappé mon oreille. Cette grande lumière frappe la vue. Les imaginations étaient frappées de ce nom. La vérité de cette observation m'a frappé. Je fus vivement frappé de cette idée. Je fus frappé de sa beauté.* — *F. d'étonnement, d'admiration*, Causer tout à coup un grand étonnement, etc. || *F. de mort*, ou absol., *Frapper*, Faire périr, exterminer. *Dieu frappa de mort tous les premiers-nés de l'Égypte. La mort nous frappe au moment où nous y pensons le moins. Il a été frappé de mort subite.* — Par ext., en parlant d'une maladie mortelle, grave, dont l'invasion est brusque et rapide. Attaquer, saisir; alors *Frapper* s'emploie le plus souvent à la forme passive. *Il a été frappé d'apoplexie. Être frappé de la peste, du choléra, etc. Il est frappé à mort*, Il est atteint à ne pouvoir réchapper. Abs. :

Ils ne mouraient pas tous ; mais tous étaient frappés.

LA FONTAINE.

— Par anal., on dit, dans le langage religieux, *F. d'anathème, d'excommunication, d'interdit*; et, dans le langage ordinaire, *F. de réprobation*; *F. d'aveuglement*; *F. de stérilité*, etc. — Dans le style élevé, *Frapper* se dit encore absol., en parlant d'un grand malheur, d'une grande affliction. *Dieu l'a frappé dans ce qu'il avait de plus cher.* || *F. de glace*, ou simpl. *Frapper*, Rafraîchir avec de la glace. *A-t-on frappé le champagne ?* || T. Jurispr. Être établi, assigné sur. *Cette hypothèque frappe tous ses biens.* || T. Mar. Fixer, attacher à demeure. *F. une poulie, une manœuvre.* = FRAPPER. v. n. *F. dans la main pour conclure un marché. F. des mains* pour applaudir. *F. sur l'épaule en manière de jeu. F. sur une enclume. Frappez à la porte*, ou simplement, *Frappez. Voilà l'endroit où la balle a frappé.* — *C'est de ce côté que frappe la lumière.* — *L'hypothèque ne frappe que sur sa maison.* || T. Vénerie. *F. à route*, Faire retourner les chiens pour qu'ils relancent le cerf. = SE FRAPPER. v. pron. *Je me suis frappé contre la porte. Se f. à la tête. Se f. avec une discipline. Ils se sont frappés l'un l'autre.* || Fig. et fam., Se remplir l'imagination de quelque pensée sinistre. *Il se frappe aisément.* = FRAPPÉ, ÉE. part. *Une médaille bien frappée. Du champagne frappé.* — *Drap bien frappé*, Drap fort et serré. || Fig., *Un ouvrage frappé au bon coin*, Voy. COIN. *Vers bien frappé, passage, endroit bien frappé*, etc., Vers, passage, etc., où il y a beaucoup de force et d'énergie. || Fig., *Avoir l'imagination frappée de quelque chose*, ou simpl., *Avoir l'imagination frappée*, et, même, fam., *Être frappé*, Avoir l'imagination remplie de quelque appréhension, de quelque idée sinistre. — *Avoir l'esprit frappé d'une idée, être frappé d'une idée*, En être fort préoccupé, ne pouvoir l'écarter. = Syn. Voy. BATTRE.

FRAPPEUR, EUSE. s. [Pr. *fra-peur, euze*]. Celui, celle qui frappe. Fam. || Dans les forges, ouvrier qui frappe sur le fer avec un marteau qu'il manie à deux mains. || Organe du batteur, tournant avec rapidité pour débarrasser la matière textile des corps étrangers qu'elle contient. || Ouvrier qui sert d'un emporte-pièce pour faire des dessins à jour dans la gaze. || *Esprits frappeurs*, Esprits qui, suivant les spirites, répondent aux interrogations en frappant un certain nombre de coups.

FRARY (RAOUL), littérateur français (1842-1892).

FRAS. s. m. [Pr. *fra*]. T. Bouch. Région qui s'étend de la partie postérieure et latérale du ventre vers l'extrémité inférieure et antérieure de la cuisse.

FRASAGE. s. m. [Pr. *fra-zaje*]. Action de fraser la pâte; résultat de cette action.

FRASCATI, v. d'Italie, près de Rome, anc. *Tusculum*, 7,500 hab.

FRASE. s. f. [Pr. *fra-ze*]. Outil avec lequel on racle le pétrin pour faire le frasage.

FRASEAU. s. m. [Pr. *fra-zo*]. Tige sur laquelle se meuvent les roues de l'ourdisseur.

FRASER. v a. Voy. FRAISER.

FRASER (LE), fleuve de la Colombie anglaise, qui sort des Montagnes Rocheuses et se jette dans le Pacifique 1,300 kil.

FRASÈRE. s. f. (R. *Fraser*, n. d'un savant américain). T. Bot. Genre de plantes Dicotylédones (*Frasera*) de la famille des Gentianées. Voy. ce mot.

FRASQUE. s. f. (ital. *frasca*, branche, buisson). Action extravagante, tour malicieux. *Il m'a déjà fait une f. La jeunesse est sujette à faire des frasques. Voilà de ses frasques ordinaires.* Fam.

FRASSINELLE. s. f. [Pr. *fra-si-nèle*]. Sorte de pierre pour polir l'émail et donner le fil à certains outils.

FRATER. s. m. [Pr. *fra-tère*]. Mot latin qui sign. *Frère*, et qui autrefois servait à désigner un garçon chirurgien. Par plaisant., on le dit quelquefois d'un mauvais chirurgien. *Ce n'est qu'un f.* || Dans les régiments et sur les vaisseaux, on appelle encore *Frater* celui qui est chargé de raser les hommes de la compagnie ou de l'équipage. || Par plais., Moine.

FRATERNEL, ELLE. adj. (lat. *fraternus*, m. s., de *frater*, frère). Qui est propre à des frères ou sœurs, tel qu'il convient entre des frères et des sœurs. *Amour f. Union fraternelle. Il existait entre eux une amitié fraternelle.* — *Charité fraternelle*, La charité que les chrétiens, comme enfants du même père par le baptême, doivent avoir les uns pour les autres. *Correction fraternelle*, Correction qui se fait en secret et avec l'esprit de charité que l'on doit avoir pour ses frères.

FRATERNELLEMENT. adv. [Pr. *frater-nè-leman*]. En frère, d'une manière fraternelle. *Ils ont toujours vécu f.*

FRATERNISANT, ANTE. adj. [Pr. *fraterni-zan*]. Qui fraternise, qui montre de la sympathie.

FRATERNISATION. s. f. [Pr. *fraterni-za-sion*]. Action de fraterniser.

FRATERNISER. v. n. [Pr. *frater-nizer*] (lat. *fraternus*, fraternel). Vivre ensemble en parfaite intelligence. *Ces deux hommes, ces deux familles fraternisent très bien ensemble.* || Se promettre mutuellement une amitié fraternelle. *Les partis réconciliés fraternisèrent ensemble.*

FRATERNITÉ. s. f. (lat. *fraternitas*, m. s.). Lien de parenté qui unit ensemble des frères, ou le frère et la sœur. *Prouver la f.* Peu us. || Par ext., Union, amitié fraternelle. *Ils vivaient dans une grande f. Il n'a point de sentiments de f. pour ses cadets.* || Liaison étroite et comme fraternelle qui existe entre des personnes qui ne sont point unies par le lien du sang. *Il y a f. entre ces deux hommes, entre ces deux familles. La f. prêchée par l'Évangile.* — Par anal., se dit de l'union intime qui existe entre deux États. *Il y a f. entre les deux républiques.* || T. Chevalerie. *F. d'armes*, l'alliance qui existait entre des frères d'armes. Voy. FRÈRE.

FRATRICIDE. s. m. (lat. *fratricida*, m. s., de *fratrem*, frère; *cædere*, tuer). Celui qui tue son frère ou sa sœur. *Caïn fut le premier f.* || Le crime que commet celui qui tue son frère ou sa sœur. *Il a commis un f.*

FRAUDE. s. f. (lat. *fraus*, *fraudis*, m. s.). Tromperie, action faite de mauvaise foi. *F. grossière, subtile. F. pieuse. Faire, commettre une f. Sans faire de f. Sans user de f. Sans f. Par f. Suspect de f. Il a vendu sa maison en f. de ses créanciers.* || Dans un sens particul., L'action de soustraire des marchandises ou des denrées aux droits de douane, d'octroi, etc. *Faire la f. Être condamné pour f. Être pris en f. F. à main armée.* — *Des marchandises introduites en f.*, Par le moyen de la fraude.
Législ. — La loi du 9 février 1895, qui a pour objet la répression de la f. en matière artistique, punit d'un emprisonnement d'un an au moins et de cinq ans au plus et d'une amende de 1,600 à 3,000 francs : 1° ceux qui ont apposé frauduleusement un nom usurpé sur une œuvre de peinture, de sculpture, de dessin, de gravure ou de musique ; 2° les marchands ou commissionnaires qui ont sciemment recélé, mis en vente ou en circulation les objets revêtus de faux noms. La même loi décide en outre que les objets délictueux doivent être confisqués et remis au plaignant, ou détruits sur son refus de les recevoir. Il demeure entendu que les dispositions qui précèdent sont seulement applicables aux œuvres qui ne sont pas tombées dans le domaine public.

FRAUDER. v. a. (lat. *fraudare*, m. s., de *fraus*, *fraudis*, fraude). Tromper, décevoir. *F. quelqu'un.* Vx. || Frustrer par quelque fraude. *F. ses créanciers par des ventes simulées.* — *F. les droits*, ou absol., Frauder, Éluder le paiement des droits imposés sur une marchandise. = FRAUDÉ, ÉE. part.

FRAUDEUR, EUSE. s. Celui, celle qui fait la fraude, la contrebande. *C'est un f. de profession.*

FRAUDULEUSEMENT. adv. [Pr. *frôduleu-zeman*]. Avec fraude. *Il a contracté f. pour frustrer ses créanciers.*

FRAUDULEUX, EUSE. adj. (lat. *fraudulosus*, m. s.). Enclin à la fraude. *C'est un esprit f.* Peu us. || Fait avec fraude. *Acte f. Contrat f. Banqueroute frauduleuse.* || *Banqueroutier f.*, Qui a fait une banqueroute frauduleuse.

FRAUENFELD. v. de Suisse, ch.-l. du canton de Thurgovie, 6,000 hab.

FRAULER. v. a. Voy. FRÔLER.

FRAUNHOFER (JOSEPH DE), habile opticien allemand, découvrit en 1815 les raies du spectre solaire (1787-1826).

FRAXÉTINE. s. f. T. Chim. Voy. FRAXINE.

FRAXINE. s. f. (lat. *fraxinus*, frêne). T. Chim. Glucoside contenu dans l'écorce du Frêne commun (*Fraxinus excelsior*). On la rencontre aussi dans l'écorce du Marronnier d'Inde où elle accompagne l'esculine, et dans différentes espèces de Pavia. On l'extrait ordinairement de la décoction aqueuse de l'écorce de frêne. Elle cristallise en aiguilles blanches, d'une saveur un peu amère, très solubles à chaud dans l'eau et l'alcool. Chauffée, elle perd de l'eau de cristallisation entre 100° et 150°, puis elle fond vers 320°. Sa formule est $C^{16}H^{18}O^{10}$. Sa solution aqueuse est jaune, et présente, lorsqu'elle est très diluée, une forte fluorescence bleue. L'acide sulfurique étendu et bouillant dédouble la f. en glucose et en fraxétine.
La *Fraxétine*, $C^{10}H^{18}O^{5}$, est une substance cristalline, soluble dans l'eau, possédant une saveur légèrement astringente. L'acide sulfurique concentré la dissout en prenant une coloration jaune intense. L'acide azotique la colore en violet sombre, qui passe au rouge et au jaune.

FRAXINELLE. s. f. [Pr. *frak-si-nèle*] (lat. *fraxinus*, frêne). T. Bot. Nom spécifique du *Dictamnus albus*. Voy. RUTACÉES.

FRAXININE. s. f. (lat. *fraxinus*, frêne). T. Chim. Substance extraite de l'écorce de frêne et employée comme fébrifuge.

FRAXINUS. s. m. [Pr. *fraksinuss*]. T. Bot. Voy. FRÊNE.

FRAYEMENT. s. m. [Pr. *frè-yeman*]. Action de frayer un chemin.

FRAYER. v. a. [Pr. *frè-yer*[(lat. *fricare*, frotter). T. Vén. Frotter. *Le cerf fraie son bois aux arbres.* — Toucher légèrement, frôler. *Le coup n'a fait que lui f. la botte.* Vieux et peu usité. || Marquer, tracer, pratiquer ; se dit d'un chemin, d'une route, d'un passage, etc. *F. un chemin, un sentier, une voie. Se f. un passage à travers les halliers,* || Fig., Se f. un passage à travers les bataillons ennemis, Les enfoncer et passer au travers. *Se f. le chemin à une dignité, à un emploi ; Se f. le chemin des honneurs ; Se f. un chemin au trône,* etc., Combiner ses mesures, disposer toutes choses afin de parvenir à une dignité, etc. *F. le chemin, la voie à quelqu'un,* Lui donner les moyens ou l'exemple de faire quelque chose. *Les anciens nous ont frayé le chemin.* L'alchimie du moyen âge a frayé la route à la chimie moderne. || T. Techn. *F. une lame*, La frotter à l'émeri pour enlever les traits de la meule. = FRAYER. v. n. S'user par le frottement. *Voilà un écu qui a beaucoup frayé.* || Fig. et fam., en parl. des personnes, sign. Avoir habituellement des relations, ou se convenir, s'accorder. *C'est un homme avec lequel je ne veux point f. Ils ne fraient pas ensemble.* = FRAYÉ, ÉE. part. *Chemin frayé. Route frayée.* || T. Art vétér. *Cheval frayé aux ars*, Voy. ARS. = Conj. Voy. PAYER.

FRAYER. v. n. [Pr. *frè-ier*] (R. *frai*). En parlant des poissons et des reptiles, déposer ses œufs et les féconder. *Dans la saison où les poissons fraient. La perche ne fraie qu'à l'âge de trois ans.*

FRAYÈRE. s. f. [Pr. *frè-ière*]. Lieu où les poissons fraient.

FRAYEUR. s. f. [Pr. *frè-yeur*] (lat. *fragor*, bruit éclatant). Peur, agitation véhémente de l'âme, causée par l'image d'un mal véritable ou apparent. *Grande f. F. mortelle. Il fut saisi de f. Trembler de f. La f. lui trouble l'esprit. Il n'est pas encore bien remis de la f. qu'il a eue. Il est*

dans des frayeurs continuelles. Les frayeurs de la mort. Que ne peut la frayeur sur l'esprit des mortels !
RACINE.

== Syn. Voy. EFFROI.

FRAYEUX. s. m. T. Métall. Pièce de fonte qui sert de point d'appui aux ringards qu'on emploie comme leviers.

FRAYOIR. s. m. [Pr. frè-youar] (R. frayer). T. Vén. Marques qui restent sur les baliveaux contre lesquels le cerf a frotté son bois nouveau, pour en détacher la peau qui le couvre.

FRAYON ou **FRION.** s. m. [Pr. frè-yon ou fri-ion] (R. frayer). Pièce de bois qui forme chapeau sur le gros fer d'un moulin. — Fer garnissant le cep de la charrue.

FRAYSSINOUS, évêque *in partibus* d'Hermopolis (1765-1841), célèbre par ses conférences dans l'église Saint-Sulpice à Paris, fut grand maître de l'Université et ministre des affaires ecclésiastiques de 1824 à 1828.

FRAYURE. s. f. [Pr. frè-yure] (R. frayer). Action des cerfs qui frottent leur bois contre les arbres.

FREDAINE. s. f. (Orig. inconnue). Folie de jeunesse ; toute action qui y est analogue. *Faire des fredaines. Je connais vos fredaines.* Fam.

FRÉDÉGAIRE, auteur présumé d'une *Chronique* qui va jusqu'en 642.

FRÉDÉGONDE, reine de France, femme de Chilpéric 1er, célèbre par son ambition, ses crimes et sa rivalité avec Brunehaut (535-597).

FRÉDÉRIC (SAINT), apôtre des Frisons, tué en 838. Fête le 18 juillet.

FRÉDÉRIC, nom de plusieurs princes dont voici les principaux :
1° **Empereurs de l'ancien Empire d'Allemagne.** — FRÉDÉRIC 1er *Barberousse* (1152-1190), mourut durant la 3e croisade. || FRÉDÉRIC II (1211-1250), excommunié par Grégoire IX. || FRÉDÉRIC III, *le Pacifique* (1440-1493).
2° **Rois de Prusse.** — FRÉDÉRIC-GUILLAUME, électeur de Brandebourg (1620-1688). || FRÉDÉRIC 1er, son fils, né en 1657, reçut le titre de roi en 1701 et mourut en 1713. || FRÉDÉRIC-GUILLAUME 1er, fils du précédent (1713-1740). || FRÉDÉRIC II *le Grand* (1712-1786), agrandit sans cesse son royaume et prit en 1772 une partie de la Pologne ; l'un des plus grands hommes de son temps, protecteur des lettres et des sciences ; attira Voltaire dans ses États ; fonda la puissance militaire de la Prusse. || FRÉDÉRIC-GUILLAUME II (1786-1797), organisa la coalition contre la France. || FRÉDÉRIC-GUILLAUME III (1797-1840). || FRÉDÉRIC-GUILLAUME IV (1840-1861). Fondateur du nouvel empire d'Allemagne. Voy. GUILLAUME. || FRÉDÉRIC III, second empereur du nouvel empire d'Allemagne, né en 1831, mort en 1888 après trois mois de règne.
3° **Électeurs de Saxe.** — 3 électeurs du nom de FRÉDÉRIC (1423-1525). || 3 électeurs du nom de FRÉDÉRIC-AUGUSTE (1697-1827) ; le 3e fut créé roi de Saxe en 1807 par Napoléon.
4° **Danemark et Norvège.** — 7 rois (1523-1863).
5° **Suède.** — FRÉDÉRIC 1er (1720-1751), successeur de Charles XII.
6° **Sicile.** — Trois rois appelés : FRÉDÉRIC D'ARAGON de 1296 à 1541.

FRÉDÉRIC-CHARLES, prince prussien, neveu de Guillaume 1er, empereur d'Allemagne, savant stratégiste (1828-1883).

FRÉDÉRICK-LEMAÎTRE (ANTOINE-LOUIS-PROSPER), célèbre acteur français (1800-1876).

FRÉDÉRICIA, v. forte de Danemark (Jutland) ; 8,300 hab.

FRÉDÉRIKSBORG, v. de Danemark (Sudland), château royal.

FREDERIKSHALD, v. de Norvège sous les murs de laquelle Charles XII fut tué, 11,300 hab.

FREDERIKSTOWN, v. du Canada, cap. du *Nouveau-Brunswick* ; 4,000 hab.

FREDON. s. m. (Orig. incon.). Se disait autrefois des ornements, des fioritures du chant ; ne s'emploie plus aujourd'hui qu'en manière de raillerie. *Où ce chanteur va-t-il chercher ces vieux fredons ?* || Par ext., Refrain de chanson. *De joyeux fredons.* || T. Joux. Dans certains jeux de cartes, réunion dans la même main de quatre cartes de même valeur.

FREDONNEMENT. s. m. [Pr. fre-done-man]. Le chant de celui qui fredonne. *Ce f. continuel est insupportable.*

FREDONNER. v. n. [Pr. fre-do-ner] (R. fredon). Chanter entre ses dents, et sans articuler d'une manière distincte. *Elle aime à f.* — Activ., on dit quelquefois, *F. un air, une chanson.* == FREDONNÉ, ÉE. part.

FREDONNEUR, EUSE. s. [Pr. fre-do-neur]. Celui, celle qui fredonne, qui chante à demi-voix.

FREETOWN, capitale de la colonie anglaise de Sierra-Leone ; 30,000 hab.

FRÉGATE. s. f. (esp. *fragata*, m. s.). T. Mar. On nomme ainsi un type disparu de la marine de guerre, qui, pour la force et les dimensions, ne le cédait qu'aux vaisseaux de ligne. Les frégates (Fig. ci-dessous) avaient la mâture, la voilure et la carène semblables à celles de ces derniers ; mais elles en différaient en ce qu'elles n'avaient qu'une batterie recouverte, les deux files de caronades qu'elles portaient sur le pont n'en constituant pas réellement une seconde. Les frégates avaient une

marche supérieure et une grande stabilité ; elles étaient très faciles à manœuvrer et le gouvernaient parfaitement. Il y avait trois sortes de frégates. Les frégates de premier rang avec 60 canons, celles de deuxième avec 50 et celles de troisième avec 40. Le rôle de la f. était d'accompagner, d'éclairer les escadres. Son apogée fut le type de l'*Astrée*, f. mixte, filant de 10 à 11 nœuds sous vapeur et ayant, malgré cela, de grandes qualités sous voiles. Aujourd'hui (1896), il n'existe plus que deux frégates en service dans notre marine de guerre : la *Melpomène,* f. à voiles, servant d'école aux gabiers, et l'*Iphigénie,* f.-école, sur laquelle les aspirants de 2e classe, élèves sortants de l'École navale, font un stage et un voyage d'une année avant d'être promus à la 1re classe.

Ornith. — Les oiseaux ainsi nommés appartiennent à l'ordre des *Palmipèdes* et à la famille des *Totipalmes* de Cuvier. Ils sont fort voisins des Cormorans, mais ils en diffèrent cependant par leur bec, dont les deux mandibules sont recourbées au bout, leur queue fourchue, leurs pieds courts avec une membrane profondément échancrée, et les dimensions de leurs ailes. On n'en connaît bien qu'une espèce, appelée par Vieillot *Tachypetes aquila* (Fig. ci-dessous), qui est grosse comme une Poule, avec le plumage noir, plus ou moins varié de blanc sous la gorge et le cou; elle a le bec rouge et long de 15 centim.; enfin son envergure dépasse souvent 3 mètres.

La force de son bec et de ses ailes fait de la Frégate l'un des oiseaux de proie maritimes les plus redoutables. Elle vole avec une rapidité incroyable (de là le nom qu'elle a reçu), et enlève avec une prestesse merveilleuse les poissons à la surface de l'eau; souvent aussi elle poursuit les Fous pour les forcer à dégorger leur proie, dont elle s'empare aussitôt. On dit que la longueur de leurs ailes empêche les Frégates de nager; mais ce qui est certain, c'est qu'elle est un grand embarras pour ces oiseaux quand ils sont à terre: on peut alors les assommer tout comme les Fous. Aussi, perchent-ils de préférence sur la cime des arbres ou des rochers, où ils font leurs nids avec quelques brindilles entrelacées. La femelle pond deux ou trois œufs de couleur verdâtre. Suivant la plupart des auteurs, les Frégates se rencontrent parfois sous les tropiques, jusqu'à la distance de 300 lieues de toute terre; leurs ailes d'une énorme envergure peuvent littéralement se reposer sur le vent. Michelet a consacré dans son beau livre de *l'Oiseau* une de ses plus belles pages à la F. à son vol immense:

Des ailes par-dessus la vie,
Des ailes par delà la mort.

FRÉGATER. v. a. T. Mar. Donner à un bâtiment la forme d'une frégate.

FREIBERG. v. d'Allemagne (Saxe), 27,000 hab.; mines d'argent et de plomb. Puits très profonds.

FREIBERGITE. s. f. [Pr. *fré-berjite*] (R. *Freiberg*, ville d'Allemagne). T. Minér. Panabase argentifère.

FREISLÉBÉNITE. s. f. [Pr. *frè-ies-lébénite*] (R. *Freiesleben*, nom d'un minéralogiste allemand). T. Minér. Sulfure d'antimoine, d'argent et de plomb.

FREIN. s. m. (lat. *frenum*). Mors, la partie de la bride qu'on met dans la bouche du cheval pour le gouverner. *Ce cheval mâche son f., ronge son f.*— Fig., *Mettre un f. à sa langue*, La contenir, ménager ses paroles. *Ronger son f.*, Retenir son ressentiment, sans le laisser éclater. || Fig., Se dit de tout ce qui retient dans les bornes du devoir, de la raison. *Une citadelle sert de f. à la ville. Dès lors sa passion ne connut plus de f. Le f. des lois. Mettre un f. à ses désirs, à ses passions.* || T. Anat. Repli membraneux qui bride ou retient certains organes. *Le f.* ou *le filet de la langue.*

Mécan. — Le f. est un organe indispensable à la marche régulière d'une machine fixe ou mobile; il sert à en modérer la vitesse et aussi à la détruire complètement en cas de besoin, en arrêtant d'une manière absolue le mouvement imprimé tout d'abord au moteur. Cet appareil agit en général par un énergique frottement sur une surface dépendant de la machine et en relation directe avec les pièces mécaniques ou autres qui donnent le mouvement. On peut dire que les systèmes de freins varient à l'infini, suivant l'usage auquel on les destine. Depuis l'antique f. rudimentaire employé pour arrêter les ailes d'un moulin à vent, celui destiné à caler les roues d'un fardier ou d'une voiture quelconque jusqu'aux freins les plus perfectionnés, à air

comprimé et à air raréfié, et les freins électriques, tous d'une puissance extraordinaire, on rencontre des séries complètes d'appareils similaires qui concourent au même but. Nous passerons rapidement en revue les types principaux de freins actuellement en usage et en donnerons la description sommaire.

Freins des véhicules ordinaires. — Afin de diminuer la vitesse du mouvement des roues dans un véhicule ordinaire, descendant une pente plus ou moins rapide, il est indispensable d'employer l'action du f. qui, dans ce cas, agit sur une ou deux roues de la voiture, et par son frottement de glissement empêche les roues de tourner autour de l'essieu. Le f. se compose essentiellement d'un sabot de bois, quelquefois de fer ou d'acier et qu'un système de tringles articulées, mises en mouvement par une vis, approche de la jante de la roue en le serrant fortement contre elle. Souvent les deux sabots, afin qu'ils puissent agir simultanément sur les deux roues de la voiture, sont montés et calés sur une barre horizontale en bois ou métallique, offrant une grande résistance à la flexion que tendent de lui imprimer les leviers de rappel. Le frottement énergique produit sur les jantes par les sabots, ralentit presque instantanément la vitesse acquise; suivant le système de f. adopté, toute la force vive se trouve ou peut se trouver absorbée, d'où cessation complète du mouvement de rotation et son remplacement par un mouvement de glissement. Il est souvent nécessaire, soit à cause de l'encombrement des rues, soit par la crainte d'un accident possible, soit pour toute autre cause, d'arrêter presque instantanément le fardier ou la voiture ayant acquis une vitesse assez grande. Dans ce cas on fait usage, au lieu et place du f. à vis ordinaire dont la manœuvre est toujours lente, du f. à enroulement, consistant en cordes ou chaînes qui sont enroulées autour du moyeu des roues, dans le sens même de la marche du véhicule. Ces cordes ou ces chaînes se relient à des ressorts spéciaux qui agissent sur elles par tension. Cette tension s'augmente lorsque l'on débraye un levier à portée de la main du conducteur, ou encore à l'aide d'une pédale sur laquelle le cocher appuie. Le levier ou la pédale exerce une certaine traction sur les ressorts, et alors les cordes ou chaînes entraînées par cette même traction serrent de plus en plus leurs spires autour des moyeux. En quelques secondes, par suite de l'énergique tension des brins, les roues se trouvent calées et ne tournent plus. Ce système de f. imaginé il y a quelques années par le capitaine Lemoine, est à l'heure actuelle adopté aux voitures chargées d'un service public et aussi à celles d'un grand nombre de particuliers. C'est jusqu'à présent le f. le plus rapide et le plus puissant que l'on connaisse et dont l'application aux véhicules ordinaires soit la plus simple.

Freins pour locomotives et wagons. — Pendant de nombreuses années, les freins destinés à arrêter ou à ralentir la vitesse d'un train de chemin de fer consistaient, comme pour les voitures ordinaires, en deux ou quatre sabots que des leviers articulés serraient contre les bandages des roues. Ces sabots agissaient tantôt en pressant sur les parties postérieures des bandages, tendant ainsi à rapprocher les essieux l'un de l'autre; tantôt leur action s'opérait sur les parties internes de ces mêmes bandages; dans ce dernier cas, la pression exercée tendait au contraire à un mouvement inverse du premier sur les essieux. Quelle que soit la position des sabots par rapport aux bandages, la manœuvre de ce genre de f. offrait le grave inconvénient de ne donner qu'une pression progressive et lente. On jugea, après que de terribles accidents en eurent démontré toute l'inefficacité, que ce système était complètement insuffisant. On chercha à remplacer la petite manivelle à main par un volant d'assez grand diamètre, donnant une plus grande vitesse de descente ou d'ascension plus rapide à la vis commandant les leviers articulés. Les résultats obtenus furent cette fois encore peu concluants; on substitua aux sabots métalliques qui se polissaient trop rapidement, les sabots en bois; cela ne suffit pas encore et l'on chercha autre chose. C'est alors qu'apparurent, et disparurent presque à l'instant même de leur venue, des systèmes de freins plus ou moins ingénieux: les uns supprimant complètement les sabots et les remplaçant par des sortes de patins qui s'intercalaient entre le rail et le bandage de la roue; les autres se trouvant mis en action par la vitesse même du train qui agissait à un moment donné sur des ressorts actionnant directement les sabots. Tous ces essais infructueux ne lassaient pas les inventeurs, et bientôt le succès le plus complet répondit à l'attente générale.

Un Américain, du nom de Westinghouse, venait d'imaginer, vers 1865, un f. pour la manœuvre duquel il employait l'air comprimé. Ce f. continu, c.-à-d. agissant simultanément sur toutes les roues d'un train, ayant dès lors une très énergique action, ne tarda pas à être adopté par nos grandes compagnies de chemins de fer et aussi par celles de l'étranger. Le f. Westinghouse avait, du reste, fait ses preuves en Amérique, et les essais nombreux faits par de puissantes sociétés américaines n'ayant donné que les résultats les meilleurs, l'emploi de ce f. se répandit rapidement. Presque à la même époque, mais antérieurement à la découverte de Westinghouse, l'Anglais Smith avait inventé un f. continu dit *f. à vide* ou *à air raréfié*. Les compagnies anglaises de chemins de fer n'hésitèrent pas à en faire usage et l'adaptèrent à leurs trains rapides. Plus récemment M. Wenger a modifié le f. Westinghouse, dont l'action se modérait difficilement et qui avait l'inconvénient de caler trop brusquement les roues. Il établit avec un dispositif un peu différent du premier un f. facilement modérable et d'un fonctionnement des plus simples. Nous nous bornerons à signaler le principe de chacun de ces types si distincts les uns des autres.

Frein continu Westinghouse. — L'ensemble de ce frein comprend tout d'abord un réservoir dans lequel une petite machine secondaire placée sur la locomotive comprime l'air nécessaire à la manœuvre. Un robinet met en communication le réservoir avec une conduite double passant sous chaque voiture et se reliant par des tubes en caoutchouc ou en cuir solide qui s'assemblent hermétiquement et à volonté deux à deux entre les véhicules. Les tringles articulées qui commandent la manœuvre des sabots, se trouvent elles-mêmes reliées à l'extrémité de la tige d'un piston pouvant monter ou descendre dans un cylindre vertical placé au-dessous et au centre du véhicule. Une des conduites communique avec l'une des extrémités du cylindre, tandis que l'autre se rend à son extrémité opposée. Entre ces deux communications se meut le piston. Dès que le mécanicien ouvre le robinet du récipient, à air comprimé, le fluide sous pression s'échappe et, presque instantanément, parvient dans chacun des petits cylindres que portent les wagons. Il refoule le piston violemment. La tige de ce dernier, actionnant directement les leviers des sabots du f., serre ces derniers énergiquement contre les bandages. La pression s'exerce ainsi tant que besoin est. Dès que cette action n'offre plus d'intérêt, le mécanicien, fermant le robinet d'adduction d'air comprimé dans la conduite générale, met cette conduite en communication directe avec l'atmosphère. Le piston, ne se trouvant plus refoulé par suite de l'expulsion de l'air comprimé au dehors, n'agit plus sur les leviers, et les sabots se desserrent. Comme on le voit, ce f. n'agit qu'au moment même où l'air comprimé se trouve chassé dans la conduite. Après maints perfectionnements apportés par lui à son invention, Westinghouse a rendu ce même f. automatique, lui permettant d'agir énergiquement et de prévenir les agents du train d'une avarie quelconque survenue dans la circulation générale, ce que ne saurait voir le mécanicien avec le f. non automatique. L'air comprimé se trouve emmagasiné à demeure dans la conduite générale et, par son action sur le piston de f., empêche les sabots de presser sur les bandages. Il suffit au mécanicien de laisser échapper cet air à l'extérieur pour que le f. fonctionne. Or, si pendant le trajet un organe quelconque se détériore, si, par exemple, la conduite générale n'est plus étanche, l'air comprimé s'échappant par les fissures fait automatiquement fonctionner le f. Les sabots calent les roues, le convoi s'arrête et le mécanicien se trouve ainsi prévenu que son f. ne fonctionne plus; il est alors aisé aux agents du train de rechercher et de trouver la fuite, cause du brusque arrêt.

Frein continu automatique Wenger. — Ce f. constitue une heureuse modification du f. précédent, en ce sens que son fonctionnement est parfait et qu'il est possible, à volonté, de modérer son action. Le dispositif général est le même et se compose également d'un réservoir à air comprimé et d'une conduite passant sous les voitures et allant d'un bout à l'autre du train. Comme dans le f. automatique Westinghouse, cette conduite est constamment remplie d'air sous pression, mais grâce à un régulateur que fait fonctionner le mécanicien, ce dernier peut, comme il le désire, régler la pression de l'air à l'intérieur des tubes. Il se produit donc des arrêts moins brusques qu'en faisant usage du Westinghouse; en outre ce qui le différencie de ce dernier, c'est que chaque cylindre sous les voitures contient non plus un seul piston agissant sur les leviers du f., mais bien deux pistons de diamètres inégaux, calés sur la même tige et se mouvant simultanément dans deux cylindres intérieurs l'un à l'autre et par conséquent de sections différentes aussi. Il se produit dès lors, dans le même sens, sur la surface de chacun de ces pistons des efforts différentiels diminuant considérablement l'action brusque des sabots sur les bandages, sans amoindrir en quoi que ce soit l'énergie du serrage. C'est là un grand avantage; en effet, grâce à cet agencement spécial, les secousses qu'éprouvaient les voyageurs au moment d'un arrêt subit, se trou-

vent considérablement diminuées, sinon totalement supprimées.

Frein continu à air raréfié ou à vide de Smith. — Avec ce système, nous constatons encore la présence d'une conduite d'une extrémité à l'autre du train, mais elle est unique au lieu d'être double, comme avec les types qui précèdent. En temps habituel, c'est-à-dire lorsque le f. ne fonctionne pas, conduite et cylindres contiennent de l'air à la pression atmosphérique. Mais si, pour une cause quelconque, il est nécessaire de ralentir la marche ou d'obtenir un arrêt très rapide de la machine et des véhicules, le mécanicien ouvre un robinet par lequel s'échappe un jet de vapeur en traversant un appareil spécial appelé *éjecteur*. Cet éjecteur se trouve en communication directe avec la conduite générale, et, en s'échappant, occasionne dans cette dernière un énergique appel d'air qui produit dans les cylindres du f. un vide relatif. L'air extérieur ayant ainsi une pression supérieure à celle qui existe sous le piston, refoule ce dernier dont la tige agit instantanément sur les tringles du f., appuyant les sabots contre les bandages. Dès que le mécanicien cesse de faire fonctionner l'éjecteur, l'air ambiant pénètre de nouveau dans la conduite et les cylindres et les sabots de f. s'éloignent des roues. Tout comme Westinghouse, Smith a complété son f. en le rendant automatique. Pour cela, il établit le vide permanent dans la conduite et les cylindres de f. Il suffit au mécanicien d'ouvrir une petite valve à portée de sa main sur la locomotive pour laisser rentrer l'air dans tout le système, et alors, le vide n'existant plus, les sabots agissent par pression contre les bandages des roues Si, en cours de route, une rentrée d'air accidentelle se produit dans la conduite et les cylindres, le f. fonctionne automatiquement, cale les roues, et le train stoppe comme avec le f. automatique Westinghouse, mais pour une cause inverse. Le f. à vide automatique Smith a également trouvé de nombreuses applications.

Freins électriques. — Jusqu'à l'heure actuelle, et malgré d'innombrables essais entrepris depuis une vingtaine d'années, les freins électriques, pour mille raisons, n'ont pu arriver à se substituer définitivement aux freins à air comprimé ou à vide, automatiques ou non. M. André est le créateur de ce système, qui présente encore trop d'inconvénients pour que les compagnies de chemins de fer, malgré de très nombreux essais, puissent en faire un emploi courant. D'autres inventeurs ont cherché vainement à trouver mieux ; ils n'ont pas encore réussi dans leur tâche. Le fonctionnement de ce f. est extrêmement brutal et aussi peu régulier que possible. Pour sans causes apparentes, par suite d'un passage inopiné ou accidentel du courant électrique, les sabots calent les roues, interrompant ainsi la marche du train. S'ils étaient plus pratiques, les freins électriques seraient de beaucoup préférables à tous les autres systèmes, puisque leur action est instantanée et que le simple changement d'une *manette*, d'un bouton à l'autre, suffit pour que le courant électrique agisse ou cesse d'actionner les freins. Nous en sommes encore uniquement réduits à la théorie. Un jour prochain viendra sûrement qui permettra de vaincre les difficultés rencontrées jusqu'ici, et alors, mais seulement alors, le f. électrique jouira à juste titre d'une faveur qui lui fait encore défaut.

Frein de Prony. — Cet appareil n'est pas un f. à proprement parler ; c'est un appareil dynamométrique qui permet de mesurer le travail que l'on peut recueillir sur un arbre mis en mouvement par une machine motrice. Il est le type d'une série d'appareils dont nous avons parlé au mot DYNAMOMÈTRE. Nous le décrirons au mot TRAVAIL.

FREINSHEIM (FREINSHEMIUS), savant philologue, né à Ulm (1608-1660).

FREINTE ou **FRAINTE**. s. f. Voy. FRAINTE.

FRÉJUS, ch.-l. de c. (Var), arr. de Draguignan ; 3,400 hab. Évêché; patrie de Sieyès et de Desaugiers.

FRELATAGE. s. m. L'action de frelater, et le résultat de cette action.

FRELATATION. s. f. [Pr. ...*sion*]. Action de frelater.

FRELATER. v. a. (holland. *verlaten*, transvaser). Mêler une substance avec une autre, afin de déguiser les défauts de celle-ci ou de lui communiquer des propriétés qu'elle ne possédait pas primitivement; se dit surtout des vins et des drogues médicinales. *Ce cabaretier frelate ses vins.* = FRELATÉ, ÉE. part. *Vin frelaté.* ‖ Fig. et fam., on dit qu'*Une chose n'est point frelatée,* Quand on n'a rien fait pour la rendre plus belle en apparence qu'elle ne l'est en effet.

FRELATERIE. s. f. Voy. Frelatage.

FRELATEUR, EUSE. s. Celui, celle qui frelate.

FRÊLE. adj. 2 g. (lat. *fragilis*, m. s.). Fragile, aisé à casser, à rompre. *Une f. embarcation. Une f. édifice. Tige f. F. comme un roseau.* || Fig., *Un corps f. Une santé f. Une f. complexion. Un f. appui.*

La beauté du visage est un frêle ornement. (Molière.)

= Syn. Voy. Fragile.

FRELOCHE. s. f. (Orig. inconnue). Poche de gaze servant à prendre les insectes volants. || Poche de toile servant à prendre les insectes aquatiques.

FRELON. s. m. (bas-lat. *furlo, furlonis*, de *fur*, voleur et *leo*, lion). T. Ent. Espèce de guêpe qui s'empare parfois du miel des abeilles. Voy. Porte-Aiguillon. || Fig., se dit de celui qui vit aux dépens d'autrui, ainsi que d'un auteur qui en pille d'autres. || T. Bot. *Houx f.*, Nom vulgaire du Fragon. || T. Vén. Poil qui sort des narines du faucon.

FRELUCHE. s. f. (ital. *fanfaluca*, flammèche). Petite houppe de soie, sortant d'un bouton, du bout d'une ganse, ou de quelque autre ouvrage. *Bouton, ganse à f.*

FRELUQUET. s. m. (R. *freluche*). Homme léger, frivole et sans mérite. *Ce n'est qu'un f.* Fam. || T. Techn. Léger contrepoids que l'ouvrier tisseur suspend à un ou à plusieurs fils de chaîne, pour les maintenir tendus.

FRÉMIR. v. n. (lat. *fremere*, m. s.). Éprouver une vive émotion accompagnée d'une espèce de tremblement, et produite par un sentiment d'indignation, de colère, d'horreur, de crainte, etc. *F. d'horreur, de colère, d'indignation. F. de plaisir. J'en frémis d'effroi*, etc. *Ce spectacle faisait f. Elle frémissait du péril que son fils allait courir. Je frémissais de l'entendre blasphémer ainsi. Ses coursiers frémissaient au bruit du clairon* — Fig., on dit d'un forfait qui inspire une profonde horreur, qu'*Il fait f. la nature.* || Par anal., se dit d'un corps qui éprouve des vibrations, et de ce qui produit, en s'agitant, un bruissement léger, un faible murmure. *Une cloche, une corde frémit encore après qu'elle a cessé d'émettre des sons. La terre frémissait sous nos pieds. Le feuillage frémit sous le souffle du zéphyr. La vague expirait à nos pieds en frémissant.* — *L'eau va bientôt bouillir, elle commence à f.,* Elle commence à s'agiter avec un léger bruit. On dit également que *La mer frémit,* quand elle commence à s'agiter.

Les drapeaux...

Frémirent comme le vent frémissent les épis. (Victor Hugo.)

FRÉMISSANT, ANTE. adj. [Pr. *fré-misan*]. Qui frémit. *F. de courroux, d'indignation. Un peuple f. sous le joug. Des coursiers frémissants. Les vagues frémissantes.* S'emploie surtout en poésie et dans le style élevé.

FRÉMISSEMENT. s. m. [Pr. *fré-mis-man*] (R. *frémir*). Vive émotion accompagnée de tremblement. *Je ne puis y songer sans f. Ces paroles causèrent dans l'assemblée un f. d'horreur. De sourds frémissements.* || Tremblement dans les membres, espèce de frisson qui précède ou accompagne certaines maladies. *Son mal a commencé par un léger f.* On dit plus ordin. Frisson ou Frissonnement. || En parl. des corps solides ou liquides, série de vibrations rapides, ou agitation légère souvent accompagnée d'un bruissement léger. *Le f. d'une cloche. Le f. des cordes d'une harpe. Le f. de l'air, du feuillage. Le f. de la mer, des eaux, des vagues.* || T. Pathol. *F. hydatique,* Sensation comparée au bruit d'une montre à répétition et qu'on observe lorsqu'on percute les kystes hydatiques. — *F. vibratoire ou cataire,* Sorte de ronronnement que l'on perçoit dans les maladies de cœur.

FRÉMY (Edme), chimiste fr. (1814-1894).

FRÊNAIE. s. f. Lieu planté de frênes.

FRÊNAL, ALE. adj. Hist. nat. et anat. Qui se rapporte au frein.

FRÊNATEUR, TRICE. adj. Qui met un frein à l'action de certains organes.

FRÊNE. s. m. (lat. *fraxinus*, m. s.). T. Bot. Genre d'arbres Dicotylédones (*Fraxinus*) de la famille des *Oléacées.*

Voy. ce mot. La Fig. ci-dessus montre le port de l'arbre. || *F. épineux,* Nom souvent donné à une espèce américaine de *Zanthoxylum,* le *Z. fraxineum.* Voy. Rutacées.

FRENELOPSIS. s. m. T. Bot. Genre de *Conifères* fossiles renfermant jusqu'ici une seule espèce. le *F. Hoheneggeri,* que l'on rencontre dans le jurassique supérieur (Schistes marneux de Leipnik).

FRÉNÉSIE. s. f. [Pr. *fré-né-zie*] (gr. φρενῆσις, m. s.). Délire furieux. *Tomber en f. Avoir un accès de f.* || Fig. On qualifie de *F.* toute passion portée jusqu'à enlever l'usage de la raison. *Sa passion pour le jeu est une véritable f. Sa colère va jusqu'à la f. Il l'aime avec f.* || T. Pathol. Inflammation aiguë de la membrane arachnoïde.

FRÉNÉTIQUE. adj. 2 g. (gr. φρενητικός, m. s.). Atteint de frénésie, se dit au prop. et au fig. *Un malade f. Elle devient f. Des transports frénétiques. Une passion f.* || Substantiv.. *C'est un f. Agir en f.*

FRÉNÉTIQUEMENT. adv. D'une manière frénétique.

FRENZÉLITE. s. f. (R. *Frenzel,* nom d'homme). T. Minér. Séléno-sulfure de bismuth; ordinairement en masses compactes, ductiles, d'un gris bleu, à éclat métallique.

FREPPEL (Charles-Émile), évêque, écrivain et homme politique français (1827-1891).

FRÉQUEMMENT. adv. [Pr. *fré-ka-man*]. Souvent, très ordinairement, plus que de coutume. = Syn. Voy. Souvent.

FRÉQUENCE. s. f. [Pr. *fré-kanse*] (lat. *frequentia,* m. s.). Réitération, répétition fréquente. *La f. de ses visites, de ses lettres commence à m'importuner. La f. de ses rechutes alarme sa famille. La f. des mêmes sensations.* || T. Méd. *La f. du pouls,* La vitesse de ses battements. *La f. de la respiration,* La succession rapide des mouvements respiratoires.

FRÉQUENT, ENTE. adj. [Pr. *fré-kan*] (lat. *frequens,* m. s.). Qui arrive souvent. *Ses visites deviennent trop fréquentes. Les tempêtes sont fréquentes dans ces parages. Vous faites de ce remède un usage trop f.* || T. Méd. *Pouls f.,* Qui bat plus vite qu'à l'ordinaire. *Respiration fréquente,* Respiration courte et rapide.

FRÉQUENTABLE. adj. [Pr. *fré-kan-table*]. Que l'on peut fréquenter.

FRÉQUENTATIF, IVE. adj. [Pr. *fré-kan-tatif*] (lat. *frequentativus*, m. s.). T. Gram. Se dit d'un mot dérivé qui joint à la signification propre de son radical l'idée accessoire de répétition, de fréquence. Crinailler et criaillerie *sont des mots fréquentatifs*. || Subst., et au masc. Crachoter *est le f. de* cracher.

FRÉQUENTATION. s. f. [Pr. *fré-kan-ta-sion*] (lat. *frequentatio*, m. s.). Communication habituelle avec d'autres personnes. La *f. des gens de bien. Il s'est fait beaucoup de tort par la f. de ces mauvaises sociétés. C'est une mauvaise f. pour vous. — La f. des sacrements*, L'usage fréquent du sacrement de pénitence et de celui de l'eucharistie.

FRÉQUENTER. v. a. [Pr. *fré-kanter*] (lat. *frequentare*, m. s.). Hanter, voir souvent quelqu'un, ou aller souvent dans un lieu. *Il ne fréquente que d'honnêtes gens. F. mauvaise compagnie. Vous fréquentez beaucoup trop cette maison. F. le barreau. F. les églises, les hôpitaux. F. les cafés, les promenades. Il n'y a que les Anglais qui fréquentent ces parages. — F. les sacrements*, S'approcher souvent du tribunal de la pénitence et de la sainte table. = FRÉQUENTER. v. n. *Il vous est défendu de f. avec gens-là. Il fréquente chez un tel, dans la maison d'un tel.* = FRÉQUENTÉ, ÉE. part. ne se dit guère que des lieux où il y a, où il va ordinairement beaucoup de monde. *Ce jardin est très fréquenté. Un théâtre très fréquenté. Le marché de cette ville est assez fréquenté. Une église fréquentée.* On dit de même, qu'*Un port est fréquenté*, que *Des parages sont fréquentés*, lorsqu'il y vient d'ordinaire beaucoup de navires.

Syn. — *Hanter.* — Fréquenter se dit plus particulièrement des choses, et il implique en général l'idée d'une multitude, d'une foule qui fréquente. On *fréquente* une place, un marché, un port; on ne dit pas qu'on les *hante. Hanter* se dit surtout des personnes avec lesquelles on a un commerce familier. On *hante* la bonne compagnie, on *hante* de mauvais sujets. Cependant on dit *hanter* les théâtres, les cafés, parce que, dans ce cas, l'attention se porte davantage sur l'idée des sortes de gens qu'on y rencontre. *Fréquenter* marque ordinairement la fréquence des visites; *hanter* l'habitude d'être avec certaines personnes, habitude qui influe sur les mœurs, la conduite et la réputation. Enfin, *fréquenter* appartient à tous les styles, tandis que *hanter* est toujours du style familier.

FREQUIN. s. m. Tonneau servant au transport des sucres, sirops et autres marchandises qui peuvent couler.

FRÈRE. s. m. (lat. *frater*, m. s.). Celui qui est né de même père et de même mère. *F. aîné. F. puîné. F. cadet. Frères jumeaux. Ils sont frères. C'est mon f.*

Un frère est un ami donné par la nature. (LEGOUVÉ.)

Vivre en frères, comme des frères. Traiter quelqu'un en f. Les rois de la chrétienté se donnent le titre de Frère en s'écrivant. — *Demi-f.*, Celui qui n'est frère que du côté paternel ou du côté maternel. — *Frères germains* ou *Frères de père et de mère*, Ceux qui sont nés de même père et de même mère. *Frères consanguins* ou *Frères de père*, Ceux qui ne sont frères que du côté paternel. *Frères utérins* ou *Frère de mère*, Ceux qui ne le sont que du côté maternel. Les expressions *F. germain, consanguin* et *utérin* ne sont guère usitées qu'en Jurisprudence. — *F. naturel*, Celui qui est né du même père ou de la même mère, mais non en légitime mariage. — Fam., on dit dans le même sens, *F. du côté gauche.* — *F. par adoption* ou *F. adoptif*, Celui qui a été adopté par le père naturel et légitime d'un autre enfant. — *Frères de lait*, l'enfant de la nourrice et le nourrisson qu'elle a nourris du même lait. — *Beau-f.* Voy. BEAU-FRÈRE. || *Frères d'armes*, se disait autrefois des chevaliers qui avaient contracté une alliance d'armes en se jurant réciproquement d'être toujours unis et de s'entr'aider envers et contre tous. *Les chevaliers qui avaient contracté cette sorte d'alliance, appelée fraternité d'armes, se donnaient réciproquement le nom de Frère.* || Se dit aussi de tous les hommes en général, comme étant tous sortis d'un même père. *Tous les hommes sont frères en Adam. Il faut avoir pitié des pauvres, ce sont nos frères.* On dit plus particulièrement de tous les chrétiens, comme étant tous enfants de Dieu par le baptême. *Tous les chrétiens sont frères en Jésus-Christ.* C'est dans ce sens que les prédicateurs, en s'adressant à leurs auditeurs, disent : *Mes frères, mes chers*

frères! || *Frère* est aussi le titre que tout religieux prend dans les actes publics, et le nom que l'on donne ordinairement à tout religieux qui n'est pas prêtre. *Le f. un tel. F. Jérôme.* — C'est encore le titre qu'ont adopté certains ordres religieux, certaines congrégations; mais alors il s'emploie le plus souvent au plur. *Les frères Prêcheurs. Les frères de la Charité. Les frères de la Doctrine chrétienne.* — *F. lai, f. convers, f. servant*, Religieux qui n'est point dans les ordres, et qui n'a été reçu dans un monastère que pour y vaquer aux œuvres serviles. — Dans l'ordre de Malte, *F. servant* ou *Chevalier servant*, Celui qui était entré dans l'ordre sans faire preuve de noblesse, et qui était d'un rang inférieur aux autres chevaliers. — Chez les francs-maçons, *Les frères visiteurs.* || T. Antiq. Titre donné aux membres de certains collèges sacerdotaux. *Les frères Arvales.* || Fig., Chose considérée comme unie à une autre. *Les vices sont frères.* || *Faux f.*, Celui qui trahit une société ou quelqu'un de cette société.

FRÈRES SIAMOIS, nom sous lequel on a désigné deux jumeaux nommés Chang et Eng, nés vers 1811, dans le royaume de Siam, tenant l'un à l'autre par une membrane placée sur le côté, au-dessous du bras; morts à New-York, le 20 janvier 1874, à deux heures d'intervalle l'un de l'autre. Ils avaient un caractère très différent. Ils se marièrent tous les deux.

FRÉRET (NICOLAS), célèbre érudit fr. (1688-1749), a écrit sur l'histoire, la géographie, la mythologie, etc.

FRÉRON (ÉLIE-CATHERINE), critique fr., fondateur de *l'Année littéraire*, connu surtout par ses attaques contre Voltaire (1719-1776).

On sait combien Voltaire était sensible aux critiques et l'on connaît son épigramme sur Fréron :

> L'autre jour, au fond d'un vallon,
> Un serpent mordit Jean Fréron.
> Que pensez-vous qu'il arriva?
> Ce fut le serpent qui creva.

= Son fils, LOUIS-MARIE-STANISLAS, député de Paris à la Convention, fut un des artisans les plus actifs de la chute de Robespierre (1754-1802).

FRÉROT. s. m. Petit frère. Fam.

FRESAIE. s. f. (lat. *presaga avis*, l'oiseau des présages). T. Ornith. Nom vulgaire de *l'Effraie commune*, appelée encore *Chouette des clochers*. Voy. CHOUETTE.

FRESNAY, ch.-l. de c. (Sarthe), arr. de Mamers; 2,900 hab.

FRESNAYE (LA), ch.-l. de c. (Sarthe), arr. de Mamers; 1200 hab.

FRESNEL (AUGUSTIN-JEAN), célèbre physicien fr., connu par ses travaux sur la théorie de la lumière et le perfectionnement des phares (1788-1827). = Son frère, FULGENCE, fut un orientaliste distingué (1795-1855).

FRESQUE. s. f. [Pr. *freske*] (ital. *fresco*, frais). Manière de peindre sur les murailles fraîchement enduites. *Peindre à f. La f. exige une grande sûreté de pinceau.* || Par ext., se dit de toute peinture à fresque. *Une église ornée de fresques. Les fresques de Michel-Ange.* Voy. PEINTURE.

FRESQUISTE. s. m. [Pr. *fres-kiste*]. Peintre de fresques.

FRESSURE. s. f. coll. [Pr. *frè-sure*]. Se dit de plusieurs parties intérieures de quelques animaux prises ensemble, comme le foie, le cœur, la rate et le poumon. *F. de mouton, de cochon, de veau, etc.*

FRET. s. m. [Pr. *frè*] (all. *fracht*, charge). T. Comm. Le louage d'un navire soit en totalité, soit en partie. *Prendre un navire à f. Le prix du f.* Voy. AFFRÈTEMENT. || Par ext., Le prix du fret. *Payer le f. Le capitaine a touché son f.* On dit même, *Payer le f. d'une marchandise*, etc., pour en payer le port. || La cargaison, le chargement d'un bâtiment de commerce. *Prendre un f. Débarquer son f.*

FRÈTEMENT s. m. (R. fréter). T. Mar. Action de louer un bâtiment à un tiers.

FRÉTER. v. a. (R. fret). Donner un bâtiment à loyer, en

lolalité ou en partie. *F. un navire. F. au mois, au voyage, au tonneau.* || Abusiv., Equiper. *Il fréta un navire à ses dépens pour aller faire un voyage de découvertes.* || T. Agric. Arracher les herbes qui gênent la végétation du blé et remettre du blé en herbe aux places où il en manque. == FRÉTÉ, ÉE. part. == Conj. Voy. CÉDER.

FRÉTEUR. s. m. (R. *fréter*). T. Comm. Celui qui donne un bâtiment à loyer.

FRÉTILLAGE. s. m. [Pr. *fré-ti-llaje*, *ll* mouillées]. Action de frétiller.

FRÉTILLANT, ANTE. adj. [Pr. *fré-ti-llan*, *ll* mouill.]. Qui frétille. *Un poisson tout f.* || Fig. et fam., *Il arriva tout f. de joie, tout f.*

FRÉTILLEMENT. s. m. [Pr. *frétille-man*, *ll* mouill.] Mouvement de ce qui frétille. *Il est dans un f. continuel.*

FRÉTILLER. v. n. [Pr. *fré-tiller*, *ll* mouill.] (lat. *fritillus*, cornet à remuer les dés). Se remuer, s'agiter par des mouvements vifs et courts. *Cet enfant ne fait que f. Cette anguille frétille encore. Le chien frétille de la queue.* || Prov. et popul., *Les pieds lui frétillent*, Il a impatience d'aller. *La langue lui frétille*, Il a grande envie de parler.

FRÉTILLON. s. m. [Pr. *fréti-llon*, *ll* mouillées]. Personne qui frétille sans cesse.

FRETIN. s. m. (de *fret*, part. de l'anc. verbe *fraindre*, briser). Le menu poisson. *Il n'y a que du f. dans cet étang.* || Fig. et fam., se dit des choses de rebut et de nulle valeur. *Il a vendu ce qu'il y avait de meilleur dans son magasin, il n'y a plus que du f.* — Quelquefois, il se dit des personnes auxquelles on accorde peu de considération. *Il ne reçoit pas à ses soirées le f. de ses employés.* || T. Hort. Branches qui ne peuvent plus produire ; fruits et légumes de mauvaise qualité.

FRETTAGE. s. m. [Pr. *frè-taje*]. Action de fretter.

FRETTE. s. f. [Pr. *frè-te*] (lat. *fretus*, soutenu?). Lien ou cercle de fer dont on entoure l'extrémité du moyeu des roues, la tête des pilotis, etc., pour empêcher qu'ils n'éclatent, qu'ils ne se fendent. || T. Artill. Anneau d'acier de faible longueur destiné à renforcer le corps d'une bouche à feu, là où elle fatigue le plus. La frette, dont le diamètre intérieur est un peu plus faible que celui du canon, est placée à chaud, et en se refroidissant elle exerce sur le corps de la pièce un serrage dont la valeur est calculée à l'avance. || T. Arch. Syn. de *Grecque.* || T. Blas. Pièce de l'écu, formée de baguettes entre-croisées, moitié dans le sens de la barre, moitié dans le sens de la bande.

FRETTÉ, ÉE. adj. (angl. *to fret*, sillonner). T. Blas. Chargé d'une frette.

FRETTER. v. a. Garnir d'une frette. *F. un moyeu. F. le manche d'un outil.* || T. Techn. Munir d'une frette une pièce de machine ou d'artillerie. == FRETTÉ, ÉE. part.

FREUX. s. m. (orig. germ. anc.: haut-all. *hruoch*, m. s.). T. Ornith. Espèce de *Corneille.* Voy. CORBEAU.

FREYA, divinité scandinave, deuxième femme d'Odin, déesse de l'amour.

FREYCINET (LOUIS-CLAUDE DESAULGES DE), navigateur fr., a écrit un *Voyage autour du monde* (1779-1842).

FREYRE (MANOEL), général espagnol (1765-1834).

FREYTAG (GEORGES), savant orientaliste all. (1788-1861).

FREZE. s. m. Redoublement d'appétit des vers à soie, après avoir changé de peau.

FRIABILITÉ. s. f. Qualité de ce qui est friable.

FRIABLE. adj. 2 g. (lat. *friabilis*, de *friare*, émier). Qui peut aisément être réduit en poudre. *Le sel est très f. Une terre f.*

FRIAND, ANDE. adj. (pour *friant*, part. de *frire*). Qui aime la chère fine et délicate, et qui s'y connaît. *Il n'est pas gourmand, mais il est f.* — On dit aussi subst., *C'est un f., une friande.* || Avoir le goût f., Avoir le goût délicat. — *Un morceau f.*, Un morceau délicat. || Être f. d'un mets, Avoir un goût particulier pour ce mets. — Fig. et fam., on dit encore, *Être f. de nouveautés, de louanges, de musique*, etc. Les aimer beaucoup, les rechercher avec empressement. — *F. de la lame*, Qui aime à se battre en duel. || Fig., *Un f. minois.* Fam.

FRIANDEMENT. adv. D'une manière friande.

FRIANDISE. s. f. (R. *friand*). Goût pour la chère fine et délicate. *Je connais votre f.* || Se dit de certains mets délicats, mais plus particulièrement des mets sucrés et de la pâtisserie. *Aimer les friandises.*

FRIANT (LOUIS, comte), général français (1758-1829).

FRIBOURG, ville de Suisse, ch.-l. du canton de même nom, 12,300 hab. — Le canton a 119,500 hab. == Nom des hab. FRIBOURGEOIS, OISE.

FRIBOURG-EN-BRISGAU, ville d'Allemagne (grand-duché de Bade) 48,900 habitants. Bataille de Fribourg entre les Français commandés par Turenne et Condé et les Bavarois commandés par Mercy. Victoire des Français chèrement acquise (5 août 1644).

FRICANDEAU. s. m. (même origine que *Fricasser*). T. Cuisine. Morceau de veau sans os et lardé qu'on assaisonne de diverses manières. *Un f. à l'oseille.* — Par ext., *F. de lapin, de bœuf*, etc., Lapin ou morceau de bœuf accommodé en fricandeau.

FRICASSÉE. s. f. [Pr. *fri-ka-sée*] (Part. de *fricasser*). Viande fricassée. *Faire une f.* || T. Fam. Mélange confus de choses diverses. || T. Hist. milit. Batterie de tambour à coups précipités, qui servait jadis à assembler les hommes.

FRICASSER. v. a. [P. *fri-ka-ser*] (bas-lat. *fricare*, corrupt. de *frictare*, fréq. de *frigere*, frire, ou bien de *frixa*, friture). Faire cuire dans la poêle, dans une casserole, etc., quelque chose, après l'avoir coupé par morceaux. *F. un poulet, une carpe. F. des pommes de terre.* || Fig. et pop., Dissiper, soit en débauches, soit en folles dépenses. *Il aura bientôt fricassé tout son bien.* == Fig. FRICASSÉ, ÉE. part. || Fig. et pop., *Cet argent est fricassé, c'est autant de fricassé*, Cet argent est perdu, c'est autant d'argent perdu.

FRICASSEUR, EUSE. [Pr. *fri-ka-seur*]. Celui, celle qui fait des fricassées. || T. Fam. Personne qui dépense follement son bien, son argent. *Un f. d'héritage.*

FRICATIF, IVE. adj. (lat. *fricare*, frotter). T. Didact. Relatif au frottement. || T. Gram. *Consonnes fricatives*, Consonnes produites par une fermeture incomplète de la bouche, de manière que le courant d'air qui les produit sorte comme étranglé : *s, ch, f, v*, sont des fricatives.

FRICHE. s. f. (bas-lat. *friscum*, m. s.). Terrain qui n'est point cultivé, soit qu'il n'ait jamais été mis en culture, soit qu'on ait cessé de le cultiver. *Il y a beaucoup de friches dans ce canton. Bientôt son domaine ne sera plus qu'une f. Laisser une terre en f. Ce champ est tombé en f.* || Fig. État de ce qui est négligé, dépourvu de culture intellectuelle. || Emplacement où se tiennent les foires et les fêtes publiques. == Syn. Voy. LANDE.

FRICOT. s. m. [Pr. *fri-ko*]. Se dit de toute espèce de mets, mais principalement de la viande. *Nous n'avions plus de f.*

FRICOTER. v. n. Faire du f., cuisiner. Faire bonne chère. *Il aime à f.* || Fig., Se ménager des profits illicites.

FRICOTEUR, EUSE. s. Un mauvais cuisinier, une mauvaise cuisinière. || Celui, celle qui aime à fricoter. || Celui qui sait se ménager des profits illicites.

FRICTION. s. f. [Pr. *frik-sion*] (lat. *frictio*, m. s.) T. Méd. C'est l'action de frotter une partie quelconque de la surface cutanée en exerçant une pression plus ou moins forte. Les frictions ont pour objet soit d'exciter les fonctions de la peau, soit de faciliter l'absorption, par cette voie, de certaines substances médicamenteuses. On les distingue en *sèches* et en *humides*. Les premières se font avec la main, une brosse, du linge ou de la flanelle; les secondes avec des huiles, des liniments, des onguents, etc. En conséquence, ces dernières sont encore appelées, suivant la substance employée, frictions *huileuses*, frictions *mercurielles*, etc. || Les coiffeurs font des frictions sur la tête, avec des eaux et des mélanges alcooliques parfumés.

FRICTIONNER. v. a. [Pr. *frik-sioner*]. Faire une friction, des frictions. *F. une partie malade.* = se Frictionner. v. pr. *Se f. avec une brosse.* =: Frictionné, ée. part.

FRIEDELITE. s. f. [Pr. *fri-délite*] (R. *Friedel.* n. d'un chimiste français). T. Minér. Silicate hydraté de manganèse, en masses roses ou en lamelles hexagonales.

FRIEDLAND, ville d'Allemagne (Prusse), célèbre par la bataille qu'y gagna Napoléon sur les Russes le 14 juin 1807; 3,400 hab.

FRIEDLINGEN, localité d'Allemagne (Bade), célèbre par la bataille gagnée par Villars sur le prince de Bade, le 14 octobre 1702.

FRIES (J.-F.), philosophe allemand (1773-1843).

FRIES (Élias-Magnus), célèbre botaniste suédois (1794-1878).

FRIGANE. s. f. T. Entom. Mauvaise orthographe pour *Phrygane.* Voy. Phryganides.

FRIGGA, divinité scandinave, femme d'Odin, correspond à la Junon des Latins.

FRIGIDARIUM. s. m. [Pr. *fri-jida-ri-ome*]. T. Antiq. rom. Mot latin qui signifie la partie des thermes où l'on prenait les bains froids.

FRIGIDITÉ. s. f. (lat. *frigiditas*, m. s.). État d'un corps dont la température est fort abaissée, ou qui produit une sensation de froid. *Les membres atteints de paralysie sont souvent remarquables par leur f. La f. du marbre.* || L'état d'inertie des fonctions génitales.

FRIGORIFIQUE. adj. 2 g. (lat. *frigorificus*, m. s. de *frigus*, froid; *facere*, faire). T. Phys. Qui détermine du froid. *Mélange f.* Voy. Froid. || T. Didact. Qui se rapporte au froid, qui concerne la froidure.

Techn. — *Bateau frigorifique.* — Ce sont des bateaux disposés de manière qu'on puisse entretenir dans la cale, au moyen des procédés connus actuellement pour produire le froid artificiellement, une température de 10 à 20 degrés au-dessous de zéro. Ils servent au transport de la viande fraîche qui arrive ainsi de certains pays, particulièrement d'Australie et de la République Argentine, où les bestiaux sont très abondants. Un de ces bateaux a séjourné en 1877 sur la Seine, où on a pu le visiter. Cependant, ce genre de transport n'a pas donné les bénéfices qu'en espéraient les inventeurs.

FRIGTOMÈTRE. s. m. Appareil servant à mesurer par le frottement la valeur lubrifiante des huiles et des graisses.

FRILEUX, EUSE. adj. (lat. *frigorosum*, m. s.). Fort sensible au froid. = Subst., *Un f., une frileuse*, Personne qui craint le froid. — *Le f.*, Nom vulgaire du rouge-gorge. — *Une frileuse*, Coiffure de femme en laine et tricot.

FRILLER. s. m. [Pr. *friller*, ll mouil.] T. Teintur. Se di du bruissement qu'on entend dans la cuve avant qu'elle soit fermée ou remise à doux.

FRIMAIRE. s. m. (R. *frimas*). Le troisième mois du calendrier républicain (du 21 novembre au 20 décembre). Voy. Calendrier.

FRIMAS. s. m. [Pr. *fri-ma*] (german. *hrim*, m. s.). Brouillard froid et épais qui se congèle en tombant. *Des arbres couverts de f. Le f. s'attache aux cheveux, aux crins des chevaux.* || Par ext., se dit quelquefois de tous les météores de l'hiver, et particulièrement de la neige. *Le temps, la saison des frimas.* || T. Cost. *Coiffé poudré à f.*, Coiffé avec une légère couche de poudre. || *F. de la mer*,

Éclaboussures d'écume laissées par les lames qui se brisent contre le navire. || Fig., *Avaleur de frimas*, Celui qui rêve bouche bée. Fam.

FRIME. s. f. (vx fr. *frume*, mine). Le semblant, la mine que l'on fait de quelque chose. *Il n'en a fait que la f. Ce n'est que pour la f.* Pop. || Ce que l'on fait par frime. *Pourquoi toutes ces frimes-là?* Pop.

FRIMOUSSE. s. f. [Pr. *fri-mouse*]. T. Popul. Mot par lequel on désigne quelquefois la figure.

FRINGALE. s. f. (Corrup. de *faim-valle*). Besoin irrésistible de manger. — Par ext. et fam., Grand appétit. Voy. Faim-valle.

FRINGANT ANTE. adj. (Pour *fringuant*, part. prés. de *fringuer*). Alerte, vif, éveillé, et dont la vivacité se manifeste par des mouvements rapides et fréquents. *Un homme f. Il a l'air f. Il a épousé une femme bien fringante. Ce cheval est très f.* || Fig. et fam., *Faire le f.*, Se donner des airs pétulants, avantageux. Dans cette phrase, *Fringant* est employé subst.

FRINGILLES et **FRINGILLIDÉS.** s. m. pl. [Pr. les *ll* mouillées] (lat. *fringilla*, pinson). T. Ornith. Famille de *Passereaux* appartenant aux *Conirostres* de Cuvier. Ce sont de petits oiseaux à *Gros bec*, comme on les appelle vulgairement, dont les représentants les plus connus sont les *Moineaux* et les *Pinsons*. Voy. ces mots.

FRINGUER. v. n. [Pr. *frin-gher*, g dur] (lat. *fringultire*, frétiller). Danser, sautiller en dansant. Vieux et ne se dit guère que des chevaux trop vifs qui ont des mouvements désordonnés. *Ce cheval fringue continuellement.*

FRION. s. m. Voy. Frayon.

FRIOUL, contrée située au N.-E. de l'Italie, moitié à l'Autriche et moitié à l'Italie. V. pr. *Trieste* et *Goritz* (Autriche), *Udine* (Italie). == Nom des hab. *Forlan*, ane.

FRIOUL (Duc de). V. Duroc.

FRIPER. v. a. (vx fr. *frepe*, guenille). Chiffonner. *Votre robe est toute fripée. Vous avez fripé votre collerette.* Fam. || Par ext., Gâter, user. *Cet enfant a bientôt fripé ses vêtements.* Fam. || Fig. et pop., Consumer, dissiper en débauches. *Il a fripé tout son bien.* || Manger goulûment, avec avidité. *On leur servit quantité de viandes, mais ils eurent bientôt tout fripé.* Trivial. = se Friper. v. pron. Se chiffonner, se gâter, s'user. *Ma robe s'est toute fripée. Cette étoffe se fripe en moins de rien.* == Fripé, ée. part. *Habits fripés. Livre fripé. Des meubles tout fripés.*

FRIPERIE. s. f. (R. *friper*). Se dit des habits, des meubles qui ont servi à d'autres personnes, et qui sont fripés, usés. *Tous ses habits ne sont que f. Vendre de la f.* || Par ext., Métier d'acheter, de raccommoder et de revendre de vieux habits et de vieux meubles. *Il ne se mêle plus de f.* — Le lieu où se vendent ces sortes de marchandises. *Acheter un habit à la friperie.* || T. Écon. rur. Dans les plantations de cannes à sucre, Hangar sous lequel on dépose les cannes avant de les porter au moulin. || Fig., Collection de vieilleries. *La f. mythologique.*

FRIPE-SAUCE. s. m. (R. *friper* et *sauce*). Un goinfre, un goulu ou un mauvais cuisinier. *C'est un vrai fripe-sauce.* Bas.

FRIPIER, IÈRE. s. (R. *friper*). Celui, celle qui fait le métier d'acheter et de vendre de vieux habits, de vieux meubles. || Fig. et fam., *F. d'écrits*, Plagiaire, compilateur maladroit et sans goût.

FRIPON, ONNE. s. (R. *friper*). Celui, celle qui vole adroitement. *Un maître f. Une friponne fieffée.*

J'appelle un chat un chat, et Rollet un fripon. (Boileau.)

|| Par ext., se dit d'une personne de mauvaise foi, qui ne se fait aucun scrupule de tromper. *C'est un f., un vrai f. Il m'a fait un tour de f.* || Dans un sens particulier, *Fripon* se dit d'un homme qui se plaît à tromper les femmes. *C'est un grand f.* || Par manière de plaisanterie, on dit quelquefois d'un enfant vif et espiègle, *C'est un petit f.*; d'un jeune homme qui

fait quelques fredaines, *C'est un f. qui tourmente bien ses parents; Mon f. de neveu;* d'une femme coquette et adroite, *C'est une f., une aimable friponne.* || s. f. T. Comm. Petite boîte de sapin, plate et ronde, remplie de gelée de cotignac. == *Fripon, onne,* s'emploie adject. dans ces dernières acceptions. *Un enfant f. Elle est bien friponne.* || On dit encore en parlant de la mine, du regard, et dans le sens de coquet, éveillé : *Un petit air f., Une mine friponne, Cette jeune personne a l'œil f.*

FRIPONNEAU. s. m. [Pr. *fri-po-no*]. Dimin. fam. de *Fripon.*

FRIPONNER. v. a. [Pr. *fri-poner*] (R. *fripon*). Escroquer, dérober, attraper quelque chose par adresse. *Il lui a friponné cent francs. Il a friponné quatre ou cinq personnes de ma connaissance.* — Absol., Faire des tours, des actions de fripon. *C'est un homme qui ne fait que f. F. au jeu.* ·= FRIPONNÉ, ÉE. part.

FRIPONNERIE. s. f. [Pr. *fri-ponerie*]. Action de fripon. *Il y a de la f. à cela. Faire des friponneries.*

FRIQUET. s. m. (anc. fr. *frique,* autre forme de *frisque*). Anciennement Freluquet. T. Ornith. Nom vulgaire d'une espèce de *Moineau* très remuant. Voy. MOINEAU.

FRIRE. v. a. (lat. *frigere,* m. s.). Faire cuire dans une poêle avec du beurre, du saindoux ou de l'huile. *F. des œufs, une carpe, des côtelettes.* || Fig. et pop. *N'avoir pas de quoi f.,* Être ruiné. *Il n'y a rien à f. dans cette affaire,* Il n'y a rien à gagner dans cette affaire. == FRIRE. v. n. *Une sole qui frit. Faire f. des œufs* == FRIT, ITE. part. *Poisson frit. Artichauds frits.* || Fig. et pop., *Cet homme est frit,* Il est ruiné, perdu. *Tout est frit,* Tout a été mangé, dissipé, il ne reste plus rien.

Obs. gram. — Outre l'infinitif et les temps composés, le v. *Frire* n'est usité qu'au singulier du présent de l'indicatif; *Je fris, tu fris, il frit;* au futur, *Je frirai, tu friras, il frira, nous frirons, vous frirez, ils friront;* au conditionnel présent, *Je frirais, tu frirais, il frirait, nous fririons, vous fririez, ils friraient;* et à la deuxième personne du singulier de l'impératif, *fris.* On supplée les formes qui manquent au moyen du verbe *faire* et de l'infinitif *frire. Nous faisons frire; que je fasse frire,* etc.

FRISAGE. s. m. [Pr. *fri-zaje*]. Action de friser.

FRISANT, ANTE. adj. [Pr. *fri-zan*]. Qui frise, qui rase.

FRISCH (JAC.-LÉONARD), savant écrivain wurtembergeois (1666-1743).

FRISE. s. f. [Pr. *fri-ze*] (ital. *fregio,* ornement). T. Archit. Partie de l'entablement qui est entre l'architrave et la corniche. Voy. ENTABLEMENT. || Par anal., en termes de décorateur, de menuisier, de serrurier, etc., on désigne par le nom de Frise, Toute surface plate et continue qui forme un bandeau. *La f. d'une boiserie, d'un parquet, d'une rampe d'escalier,* etc.

FRISE. s. f. [Pr. *fri-ze*] (R. *friser*). Sorte d'étoffe de laine à poil frisé. *Manteau doublé de frise.* || T. Mar. Laine feutrée dont on garnit les joints des mantelets des sabords et des hublots, pour empêcher l'eau d'y pénétrer. || T. Techn. Machine à friser, à ratisser les étoffes de laine.

FRISE, province du royaume de Hollande, 333,400 hab.; cap. *Leeuwarden.* == Nom des hab. FRISON, ONNE.

FRISE. s. f. [Pr. *fri-ze*]. Sorte de toile venant de Frise en Hollande.

FRISE. s. f. [Pr. *fri-ze*] (corrupt. de *fraise*). T. Guerre. N'est usité que dans la loc., *Cheval de f.* Voy. CHEVAL. || T. Mar. Ornement de sculpture placé sous l'aiguille de l'éperon. || T. Théât. Nom donné à des bandes de toile placées au cintre d'un théâtre pour figurer un plafond ou un ciel.

FRISÉE. s. f. (part. de *friser*). T. Agric. Maladie des pommes de terre.

FRISER. v. a. [Pr. *fri-zer*] (R. *fer?*) Crêper, anneler, boucler; se dit principalement des cheveux. *F. ses cheveux*

au fer avec le fer. *Se f. la moustache.* — Par méton. *F. quelqu'un,* Lui friser les cheveux. *Se faire f. par un coiffeur.* || On dit *f. des plumes.* — On dit encore en parlant du poil des étoffes, *F. du drap, de la ratine.* || Fig. et fam., Effleurer, ne faire que toucher superficiellement. *La balle n'a fait que lui f. le visage.* On dit aussi que *Le vent frise l'eau,* lorsqu'il en ride légèrement la surface. *F. la corde,* Être bien près de subir quelque peine. *F. la potence.* Voy. POTENCE. || Fig. et fam., *F. la quarantaine, la cinquantaine,* etc., Être fort près d'atteindre l'âge de quarante, de cinquante ans. *Friser l'impertinent, l'insolent,* etc., Faire des actions, tenir des discours qui sont bien près de l'impertinence. || T. Mar. *F. les sabords,* Mettre une bande de frise autour. || T. Chorégr. *F. la cabriole,* Agiter vivement les pieds pendant qu'on est en l'air. *F. la jambe, le pied.* Faire un certain mouvement qui marque la légèreté du pied ou de la jambe. || T. Horlog. *F. les roues,* Repasser les dents des roues, pour enlever toutes les inégalités. == FRISER. v. n. Se mettre en boucles. *Ses cheveux frisent naturellement.* || T. Techn. *Une feuille de métal frise,* Lorsqu'elle offre de légères ondulations. — *Du sucre frise,* Lorsqu'il se solidifie en minces cristallisations. || T. Imprim. On dit qu'*Une presse frise,* Lorsque les caractères paraissent doublement imprimés sur la feuille. == SE FRISER. v. pron. Boucler ses cheveux, les arranger par anneaux. *Elle met bien du temps à se f.* || T. Man. Se dit d'un cheval qui, en marchant, touche avec le pied qu'il se lève le pied qui est posé. || T. Musiq. Se dit d'une corde dont les vibrations sont troublées par le contact d'un corps étranger ou par quelque autre cause. == FRISÉ, ÉE. part. *Cheveux frisés. Ce chien a le poil frisé.* || *Drap d'or ou d'argent frisé,* Celui qui est crêpé et inégal du côté qu'on appelle l'endroit. — *Choux frisés,* Choux dont la feuille est ondulée.

FRISETTE. s. f. [Pr. *fri-zète*]. T. Popul. Petite boucle de cheveux frisés.

FRISOIR. s. m. [Pr. *fri-zoir*]. Pince à friser les cheveux. || Table de la machine à friser les étoffes. || Ciselet de fourbisseur.

FRISON. s. m. [Pr. *fri-zon*] (R. *friser*). Chacune des boucles d'une frisure. || Techn. Déchets de cocons résultant du tirage de la soie. || T. Techn. Trait bouclé et aplati au cylindre dont on orne les broderies. || Ondulation en couleur sur le papier que l'on marbre.

FRISOTTER. v. a. [Pr. *fri-zoter*]. Friser souvent et par menues boucles; ne se dit guère que par moquerie. *Elle est toujours à f. sa fille.* — *Elle perd bien du temps à se f.* == FRISOTTÉ, ÉE. part.

FRISQUET, ETTE. adj. (provençal *fresquet,* dimin. de *fresc,* frais). T. Popul. Se dit d'un froid vif et piquant.

FRISQUETTE. [Pr. *fris-kète*]. T. Impr. Pièce de la presse à bras qu'on abaisse sur la feuille pour protéger les marges. Voy. TYPOGRAPHIE.

FRISSON. s. m. [Pr. *fri-son*] (lat. *frictio,* m. s., de *frigere,* frire). Tremblement involontaire, irrégulier et passager, causé par le froid qui précède la fièvre. *Le f. de la fièvre. Être dans le f.* || Fig., Le saisissement qui naît de la peur, de l'horreur ou de quelque autre émotion violente. *Un f. de terreur. Éprouver des frissons. Cela donne le frisson.*

FRISSONNANT, ANTE. adj. [Pr. *fri-sonan*]. Qui frissonne.

FRISSONNEMENT. s. m. [Pr. *fri-soneman*]. Léger frisson, mouvement spasmodique de la peau qui donne lieu à l'état appelé vulgairement chair de poule. *Il m'a pris un f.* || Fig., Frémissement, trouble soudain, causé par une émotion très vive. *Quand je pense à cela, il me prend un f.*

FRISSONNER. v. n. [Pr. *fri-soner*]. Avoir le frisson. *La fièvre va le prendre, il commence à f.* || Fig., se dit du frémissement soudain que cause une émotion très vive. *F. de peur, d'horreur. La seule idée de ces horreurs me fait f.*

FRISURE. s. f. [Pr. *fri-zure*]. Façon de friser. *Cette f. est belle.* || État de ce qui est frisé. *Le vent a dérangé sa f.* || T. Techn. L'ensemble des petits grains que l'on forme sur les étoffes de laine en frisant le poil. || Fil d'or ou d'argent qu'on emploie dans certaines broderies.

FRITEAU. s. m. [Pr. *fri-tô*] (R. *frit*). T. Cuis. Pâte frite contenant de la volaille, du hachis, etc.

FRITEUR, EUSE. s. Celui, celle qui vend des comestibles frits. Pop.

FRITIGERN, chef des Wisigoths, qui battit l'empereur Valens en 378, m. en 393.

FRITILLAIRE. s. f. [Pr. *fritil-lère*] (lat. *fritillus*, cornet à jouer aux dés). T. Bot. Genre de plantes Monocotylédones (*Fritillaria*) de la famille des *Liliacées*. Voy. ce mot.

FRITTAGE. s. m. [Pr. *fri-taje*]. Action de réduire en fritte. ‖ T. Métall. Opération qui consiste à calciner les matériaux basiques, calcaire ou dolomie, destinés à la déphosphoration de la fonte.

FRITTE. s. f. [Pr. *fri-te*] (lat. *frigere*, frire). T. Technol. Mélange de substances terreuses et de substances salines, auquel on a fait éprouver un commencement de fusion et de vitrification. ‖ L'action de cuire ce mélange. Voy. VERRE.

FRITTER. v. a. [Pr. *fri-ter*]. T. Techn. Faire chauffer certaines substances terreuses et salines employées à la fabrication du verre et des émaux, de façon à obtenir un commencement de vitrification. = FRITTE, ÉE. part. ‖ Adject., *Porcelaine frittée*, Voy. PORCELAINE.

FRITTEUX, EUSE. adj. [Pr. *fri-teu*]. Qui a de la ressemblance avec les frittes, comme les matières vomies par les volcans.

FRITTIER. s. m. [Pr. *fri-tié*]. Ouvrier qui fritte le verre.

FRITURE. s. f. L'action ou la manière de frire. *Cette huile est bonne pour la f. F. au beurre* ‖ La graisse, le beurre ou l'huile qui sert à frire et qu'on garde ensuite pour le même usage. *Acheter de la f. Cette f. est trop vieille.* ‖ Par ext., se dit des mets qu'on accommode avec la friture. *Il n'aime pas la friture.* ‖ T. Techn. La préparation des sardines à l'huile.

FRITURERIE. s. f. (R. *friture*). T. Technol. Établissement où l'on prépare les sardines à l'huile.

FRITURIER, IÈRE. s. Celui qui fait cuire, qui vend de la friture. ‖ Ouvrier, ouvrière d'une friturerie.

FRIVOLE. adj. 2 g. (lat. *frivolus*, m. s.). Vain et léger, qui n'a nulle importance, nulle solidité. *Discours f. Un prétexte, une excuse f. Objection f. Conversations, amusements frivoles.* S'occuper sérieusement d'objets frivoles. ‖ Se dit aussi des personnes. *Homme, esprit, tête f.* — On dit encore, *Talents frivoles.* = FRIVOLE. s. m. Ce qui est frivole. *Le goût du f. Il donne dans le f.*

Syn. — *Futile.* — Ce qui est *frivole* est sans solidité, sans raison suffisante; ce qui est *futile* est sans valeur et sans aucune raison. Une chose *frivole* est une bagatelle; une chose *futile* n'est rien. Un discours *frivole* se compose d'idées peu graves et de peu d'intérêt; un discours *futile* est vide de sens. Une personne *frivole* n'aime rien de ce qui est sérieux et ne s'occupe que de petites choses, de choses légères; une personne *futile* est inepte, et ne s'occupe que de choses oiseuses.

FRIVOLEMENT. adv. D'une manière frivole.

FRIVOLITÉ. s. f. Caractère de ce qui est frivole. *Il y a bien de la f. dans cet ouvrage. La f. de sa conversation. La f. de l'esprit. Elle est d'une extrême f.* ‖ Choses frivoles. *Tous ses discours ne sont que des frivolités.* ‖ T. Comm. Petite dentelle de coton. ‖ Ornements qui se font avec une petite navette sans aiguille ni crochet et qui forment de grandes ou petites dentelles.

FROBEN (JEAN), célèbre imprimeur allemand, établi à Bâle (1460-1527).

FROC. s. m. [Pr. *frok*] (bas-lat. *froccus*, par corrupt. de *floccus*, flocon de laine). La partie de l'habit monacal qui couvre la tête et tombe sur l'estomac et sur les épaules. Par ext., se dit aussi de tout l'habit. *Mettre son f.* — *Prendre le f.*, Se faire moine. *Porter le f.*, Être moine. *Quitter le f.*, Sortir d'un monastère avant d'avoir fait ses vœux. — Fig. et

fam., *Jeter le f. aux orties*, Quitter son couvent après ses vœux prononcés. Par ext., Renoncer à l'état ecclésiastique; et par une ext. plus grande, Renoncer, par inconstance, à la profession qu'on avait d'abord embrassée. ‖ Laine grossière dont on fait les vêtements de moine.

FROCARD. s. m. (R. *froc*). Terme injurieux par lequel on désigne un moine.

FROCHOT (NICOLAS, comte), administrateur français (1761-1828), fut le premier préfet de la Seine, de 1800 à 1812.

FRODOARD. Voy. FLODOARD.

FRŒBEL (FRÉDÉRIC), célèbre pédagogue all. (1782-1852).

FRŒSCHWILLER, commune de la Basse-Alsace, arr. de Wissembourg, cant. de Woerth; 488 hab. Bataille du 6 août 1870, perdue par Mac-Mahon contre le prince royal de Prusse.

FROHSDORFF, château situé en Autriche, devint en 1841 la résidence du duc de Chambord, qui y mourut en 1883.

FROID. s. m. [Pr. *froua*] (lat. *frigidum*, m. s.). Sensation pénible qui résulte de la soustraction, de la diminution, de la perte de la chaleur. *Il a f. à la tête, aux mains. Sentir du f. Trembler, transir de f. F. cuisant, perçant, âpre, sec, humide.* — Fig. et fam., *Cela ne fait, ne lui fait ni f. ni chaud*, Voy. CHAUD. ‖ L'abaissement même de la température. *Éprouver une sensation de f. Être sensible au f. Souffrir du f. Supporter le f. S'habituer au f. Geler de f. Mourir de f. Il est tout raide de f. Il fait grand f., un f. insupportable. Il fait un f. de sept degrés au-dessous de zéro. Durant le f. de l'hiver. Les premiers froids sont les plus sensibles.* — Fig. et prov., *Souffler le chaud et le f.*, Voy. SOUFFLER. *Il y a du f. entre eux*, se dit de deux personnes dont l'amitié a souffert quelque altération. ‖ État, action des corps qui produisent la sensation de froid; se dit partic. en parl. de l'atmosphère lorsque sa température est fort abaissée. *Le f. de l'air, de l'eau, de la glace. La rigueur du f. Le f. pique. Le f. l'avait saisi. Se munir contre le f. Cela garde du f. Un beau f. Un f. gai.* — Fig., *Le f. de la mort.* Poétiq., *Le f. des ans, de la vieillesse.* ‖ Fig., se dit d'un air sérieux et composé, ou qui ne marque nulle émotion. *Il est d'un f. qui repousse tout le monde. Il lui répondit avec un f. glacial.* ‖ Fig., en parlant des ouvrages d'esprit, se dit pour manque de chaleur, de mouvement, d'affaiblissement de l'intérêt. *Il y a un peu de langueur et de f. dans son roman. Cette scène épisodique jette du f. dans son dernier acte.*

Phys. — Lorsque nos organes sont mis dans un rapport plus ou moins immédiat avec des corps dont la température est inférieure à la nôtre, nous éprouvons une sensation particulière plus ou moins vive, désignée sous le nom de sensation de *froid*. — Le f. n'est pas un agent particulier, comme on l'a pendant longtemps admis. L'impression ressentie par la main que l'on approche d'un bloc de glace, n'est pas due à ce que la glace envoie à la main des *rayons frigorifiques*; mais à ce que la main rayonne vers la glace plus de chaleur que celle-ci ne lui en renvoie. En effet, si l'on place ce même morceau de glace près d'un thermomètre amené à une température inférieure à la sienne, aussitôt l'instrument montera. Par conséquent, cette glace, qui d'abord semblait lancer du froid, rayonne maintenant de la chaleur. De même, les caves, dont la température est à peu près constante, nous paraissent froides en été et chaudes en hiver. En physique, on définit donc le f. un degré relativement moindre de chaleur.

Le f., à proprement parler, est toujours naturel; cependant les physiciens et les chimistes sont convenus d'appeler *artificiel* le f. qu'ils produisent à volonté en toute saison. Les moyens employés pour cela se réduisent à trois principaux : 1° On peut refroidir un corps en le mettant simplement en contact avec une substance dont la température est plus basse que la sienne, comme lorsqu'on entoure une carafe d'eau de glace pilée : dans ce cas, la glace enlève à la carafe et à l'eau qu'elle contient une partie de leur chaleur, jusqu'à ce qu'il y ait équilibre de température. 2° On produit également du f. en entourant le corps à refroidir par une substance qui se liquéfie ou se vaporise, car celle-ci ne change d'état qu'en enlevant aux corps environnants une partie de leur chaleur. 3° Mais le plus ordinairement on fait usage de quelque mélange de diverses substances capables de produire, par leur réaction mutuelle, un abaissement considérable de température : les mélanges de ce genre sont appelés *mélanges réfrigérants* ou *frigorifiques*.

La dissolution est toujours une cause d'absorption de chaleur, et par suite d'abaissement de température, à moins qu'elle ne soit accompagnée d'une combinaison chimique. Dans ce dernier cas, il peut y avoir absorption ou dégagement de chaleur, selon l'effet dominant. Ainsi nous aurons une élévation considérable de température en mélangeant 4 parties d'acide sulfurique et 1 de neige, tandis que, avec 1 partie d'acide et 4 parties de neige, nous aurons un mélange réfrigérant. Dans ce dernier cas, c'est l'effet de la fusion de la neige qui domine, tandis que dans le premier c'est l'effet de la combinaison de l'acide sulfurique et de l'eau.

Principaux mélanges réfrigérants. — Neige ou glace pilée 1 p. et sel marin, 1 p. — Neige 1 p. et chlorure de calcium, 2 p. — Eau 1 p. et Azotate d'ammonium, 1 p. — Sulfate de sodium, 8 p. et acide chlorhydrique, 5 p. — Ce sont les dissolutions salines qui constituent les mélanges réfrigérants les plus économiques; car, lorsqu'on a obtenu l'effet désiré, il suffit de faire évaporer au soleil la dissolution pour régénérer le sel employé. Au reste, pour obtenir des mélanges réfrigérants tout l'effet possible, il faut que les substances employées soient très divisées; par conséquent, les sels doivent être finement pulvérisés, et la glace soigneusement pilée. En outre, le mélange doit se faire très exactement et le plus rapidement possible dans des vases mauvais conducteurs du calorique. Enfin, il convient d'opérer dans des lieux frais et sur des masses un peu considérables, pour que les causes extérieures de réchauffement n'aient pas trop d'influence.

Dans ces circonstances, il est bien difficile de préciser à l'avance l'abaissement de température. Les mélanges déjà cités donnent une vingtaine à une trentaine de degrés.

Froid produit par l'évaporation. — L'évaporation rapide de l'eau dans le vide la refroidit suffisamment pour en amener la congélation. C'est le principe du congélateur Carré. Voy. ÉVAPORATION, et plus bas.

Techn. — L'évaporation de l'alcool, de l'éther, du sulfure de carbone produit un f. considérable, surtout si on l'active par un courant d'air. L'évaporation des gaz liquéfiés produit un abaissement de température bien plus rapide. Voy. LIQUÉFACTION. On se sert couramment de l'anhydride sulfureux, du chlorure de méthyle, du gaz ammoniac, de l'anhydride carbonique liquéfiés, et dont on active l'évaporation par le vide pour obtenir le froid. On fabrique ainsi industriellement de la *glace* artificielle sur une grande échelle.

En faisant bouillir de l'éthylène liquide dans le vide, on a pu abaisser la température jusqu'à — 136° et solidifier l'alcool et le sulfure de carbone.

M. Raoul Pictet a soumis différents corps à des températures excessivement basses (jusqu'à — 140°). D'après lui les radiations qui correspondent à ces températures traversent tous les corps. Il a constaté que les animaux et même l'homme pouvaient supporter ces basses températures. La respiration et la circulation augmentent alors rapidement, ce qui amène une sensation de faim. Dans ces expériences, les êtres vivants ne doivent être amenés en contact avec aucune pièce métallique : car, à ces basses températures, les métaux, bons conducteurs de la chaleur, produisent sur la peau l'effet d'une brûlure.

Techn. — Depuis quelques années notamment, les applications du f. artificiel à de très nombreuses branches de l'industrie et du commerce ont pris une extension considérable. Pendant longtemps, et avant la découverte de machines et d'appareils frigorifiques spéciaux destinés à obtenir des froids considérables, on se trouvait réduit à faire usage soit de la glace naturelle, soit de mélanges réfrigérants. Avec la glace naturelle, on se borne à plonger la substance à conserver dans un vase contenant de la glace brisée; avec les mélanges réfrigérants, on entoure les objets dont on veut obtenir le refroidissement, préalablement enfermés dans un récipient étanche, au milieu d'un mélange de produits chimiques avec de la glace naturelle. De cette manière, on arrivait à avoir une température inférieure de quelques degrés à celle de la fusion de la glace. Le mélange réfrigérant, le plus communément usité, celui qu'emploient couramment les confiseurs et pâtissiers pour la fabrication de certaines denrées telles que glaces, sorbets, bombes et fromages glacés, etc., consiste en un mélange de chlorure de sodium ou sel marin en poudre avec de la glace naturelle brisée en petits morceaux. Mais lorsque, dans les laboratoires, on désire avoir des températures beaucoup plus basses, on arrive à ce résultat par des mélanges de substances désignées en partie ci-dessus et à l'aide desquels il est possible d'obtenir très rapi-

dement des froids intenses. On trouvera dans les cours de chimie cette nomenclature complète.

Nombre d'inventeurs ne tardèrent pas à imaginer des machines frigorifiques à l'aide desquelles il devenait facile, sans avoir à manipuler ces produits chimiques quelquefois dangereux, d'obtenir des froids intenses, atteignant même 40 à 50 degrés au-dessous de zéro, si besoin est. Ces machines, d'un fonctionnement des plus simples, sont la plupart du temps basées sur ce principe physique, que les substances liquides absorbent, en se volatilisant, une quantité de chaleur plus ou moins considérable. C'est cette absorption, ainsi qu'il est dit plus haut, qu'on utilise pour la production du f. artificiel. D'autres appareils, dont nous parlerons, ne font usage que d'air atmosphérique comprimé dans un récipient, puis qu'on laisse se détendre. L'appareil Carré, le plus perfectionné, celui à l'aide duquel on peut obtenir des froids considérables, applique cette propriété de certains liquides volatils, comme l'ammoniaque qui, en passant à l'état gazeux, produisent des refroidissements considérables que l'on peut utiliser industriellement et sur une vaste échelle. Nous avons décrit, au mot ÉVAPORATION, un appareil réfrigérant très commode, également dû à Carré et dans lequel la congélation de l'eau est obtenue par l'évaporation rapide de l'eau, qu'on détermine en absorbant la vapeur d'eau par l'acide sulfurique. Voy. ÉVAPORATION. D'autres inventeurs, comme M. Raoul Pictet, de Genève, notamment, font usage de liquides volatils différents dans leurs machines d'une remarquable simplicité. M. Pictet, dont les appareils ont acquis un grand renom, emploie l'acide sulfureux liquide. D'autres encore font usage d'éthers et de liquides analogues.

Cependant, nous devons reconnaître que ces diverses machines, tout en offrant d'incontestables avantages et d'un maniement des plus simples, et qui donnent des résultats excellents, restent cependant moins parfaites que les appareils frigorifiques à air. Ici aucun agent chimique n'intervient pour la production du f. Il suffit de puiser dans l'atmosphère l'air dont on a besoin, de le comprimer dans de solides récipients, et de refroidir cet air comprimé à l'aide d'un courant d'eau extérieur. L'essentiel est de ramener la température ambiante du fluide contenu dans le réservoir et dont la compression a singulièrement échauffé les molécules. Dès que ce résultat est obtenu, si l'on désire obtenir un f. intense, on laisse détendre cet air autour de l'objet que l'on veut refroidir. Tel est le principe de la machine à air f. à quelque système qu'elle appartienne. L'une des plus remarquables est celle qui a été inventée par M. P. Giffard, il y a quelques années. À l'étranger, on trouve également des machines frigorifiques à air, différentes de la précédente comme disposition des éléments constitutifs; mais toutes s'appuient sur le principe que nous venons d'exposer. Les applications de ces dernières machines ont acquis rapidement une importance bien plus considérable encore que celles qui emploient des liquides volatils. On les utilise notamment pour le transport des viandes fraîches provenant d'Amérique. Une société avait, en 1876, armé un navire, le *Frigorifique*, pour se livrer à cette exploitation; ce steamer transportait, de New-York et de Philadelphie, des bœufs entiers. L'entreprise ne réussit pas et fut bientôt abandonnée, puis reprise par une société anglaise qui aménagea un de ses transports, le *Paraguay*, vers 1878. Actuellement, nombre de ports anglais reçoivent les viandes fraîches que leur expédient l'Amérique du Nord, l'Australie, la Nouvelle-Zélande, etc. Grâce à ces machines, l'industrie fabrique de la glace artificielle, conserve le lait, le beurre et le fromage; elle arrive à extraire des eaux salines, par congélation, les sels qu'elles renferment; la médecine et l'hygiène en font constamment usage pour les assainissements des hôpitaux. Elles ont, en outre, rendu d'immenses services à la médecine légale pour la conservation en quelque sorte indéfinie des cadavres, ce qu'on ne pouvait obtenir, il y a quelques années encore.

Enfin, l'art de l'ingénieur lui-même a trouvé dans l'emploi de ces machines un puissant adjuvant pour l'exécution de certains travaux dans des terrains aquifères. C'est un ingénieur allemand, du nom de Poetch qui, le premier, a tenté cette application avec succès dans le fonçage d'un puits en plein marais. Par un dispositif spécial, on arrive à congeler le terrain; il est alors facile d'y opérer tous les travaux nécessaires, comme s'il s'agissait d'un sol ordinaire quelconque.

FROID, OIDE, adj. [Pr. *froua*] (lat. *frigidus*, m. s.). Qui est privé de chaleur, qui donne lieu à la sensation du froid. *Pays, climat, temps, vent, air* f. La saison froide. *Température froide. L'hiver a été très* f. *cette année. Une froide matinée d'hiver.* F. *comme glace.* F. *comme du* marbre. *Eau froide. Avoir les mains froides. Son corps était déjà f.* — On dit qu'*Un vêtement est f.*, Lorsqu'il ne garantit pas assez du froid. || Se dit dans le sens de refroidi, qui est a u température de l'air ambiant. *Si l'on attend encore, le dîner sera f. On lui a prescrit de prendre ses aliments froids. Boisson froide. Bain f.* — On appelle particul. *Viandes froides*, Des viandes préparées pour être mangées froides. *Déjeuner f.*, Déjeuner composé de viandes froides, || En parlant d'êtres vivants : à qui la chaleur vitale vient à faire défaut ou fait plus en moins défaut.

> Froide gémissante et presque inanimée,
> Aux pieds de son amant elle tombe pâmée.
>
>   RACINE.

Les animaux à sang f. Cerveau f. Tempérament f. Abcès f. — Humeurs *froides*, Voy. SCROFULES. *Sueur froide*, Sueur qui s'accompagne d'une sensation de froid, et qui est ordinairement causée par une émotion déprimante. — Fig., *Sang-f.*, Voy. SANG. || Fig., *Qui manque d'activité, d'énergie, de sensibilité, qui ne s'émeut point, qui marque de l'indifférence. Un homme f. Un caractère f. Un cœur froid. Une âme froide. Une imagination froide. La froide raison. Les exagérations de la passion me laissent toujours f. Je l'ai trouvé bien f. là-dessus. C'est un ami bien f.* — On dit d'un homme calme, sérieux, qui ne se laisse dominer par aucune passion, *C'est un esprit f., une tête froide.* — On dit aussi des actions et des états de l'âme qui marquent une complète insensibilité. *De froides atrocités. C'est une froide barbarie. Une haine froide et réfléchie.* || Fig., se dit de l'air, du ton, des discours, lorsqu'ils marquent une réserve excessive, ou l'indifférence, ou même des dispositions peu favorables pour quelqu'un. *Il a l'abord f., mais il a un cœur excellent. Il nous fit un accueil très f., une mine très froide. Il répondit d'un ton f. Cette lettre est bien froide.* — Fam., *Faire le f.*, Faire le réservé, l'indifférent, ne témoigner que d'un empressement. *Battre f.*, Recevoir une proposition de manière à faire voir qu'on n'est pas disposé à l'accepter. *Battre f. à quelqu'un*, Le recevoir avec moins d'empressement, avec un visage moins ouvert qu'à l'ordinaire. || Fig., en parl. des ouvrages d'esprit, *Froid*, sign. qui n'a rien d'animé, de touchant, d'intéressant, de piquant. *Style f. Des vers froids. Un drame f. et languissant. Une froide plaisanterie.* — Par anal., on dit, *Un auteur f., un poète f.*, Un auteur dont le style est f., dont les ouvrages sont froids. *Un orateur f.*, Un orateur dont l'action n'est point animée, qui ne touche point ses auditeurs, et qui ne paraît pas lui-même touché. || Fig. dans les Beaux-Arts, se dit des œuvres qui manquent d'âme, d'expression. *Ce tableau est très f. Composition froide. Ce dessin est correct, mais il est f. Cette statue est froide.* En parl. des couleurs, des tons, *Froid* signifie encore, Qui manque d'éclat et de vivacité. *Un coloris f. et monotone. Cela est d'un ton f. Sa couleur est froide.* = T. Méd. anc. Se disait des substances qu'on supposait capables de diminuer l'excès de la chaleur animale, *Les quatre semences froides* (concombre, melon, citronnelle et courge). *Le mercure était classé parmi les remèdes froids.* On appelait aussi *Poisons froids*, Ceux dont l'action est promptement suivie de la diminution de la chaleur animale. = A FROID. locut. adv. Sans mettre au chaud. *Faire une infusion à f. Forger un fer à f. De l'or, de l'argent battu à f.* || Fig., *Faire de l'enthousiasme, de la colère à f.*, En faire sans verve, sans passion.

FROIDEMENT. adv. De telle sorte qu'on est exposé au froid. *Il est logé, vêtu bien f.* || Fig. d'une manière réservée, avec un air d'indifférence. *Il les reçut f. Il écouta f. leurs injures. Il envisagea f. la mort.* — Sans chaleur, sans énergie. *Il a chanté très f.*

FROIDEUR. s. f. Qualité de ce qui est froid. *La f. de l'eau, du temps, de l'air. La f. du marbre.* — On dit également, *La f. de la vieillesse. La f. de son tempérament.* — Fig., *La f. de l'âme, du caractère, du cœur, de l'imagination.* — *La f. d'un accueil, d'une réception, d'une lettre, d'une réponse. La f. du style, du dessin, du coloris.* || Fig., *Froid accueil, ou air froid, indifférence. Il m'a reçu avec f. Les froideurs d'une maîtresse.* — *Il y a de la f. entre eux*, se dit de deux personnes qui ne vivent plus ensemble avec la même amitié qu'auparavant. || T. Pathol. Impuissance, stérilité.

FROIDIR. v. n. **FROIDIR** (SE). v. pron. Devenir froid après avoir été chaud, Vx ; on dit *Refroidir* et *Se refroidir.*

FROIDURE. s. f. Le froid répandu dans l'air. *La f. de la saison. La f. d'un climat.* — Poétiq., se dit pour l'hiver.

FROISSABLE adj. 2 g. Qui peut se gâter par le froissement. || Fig. Facile à froisser, à offenser.

FROISSAGE. s. m. Action de froisser. || T. Comm. *Huile de f.*, Huile obtenue par le premier pressurage des graines.

FROISSART (JEHAN), poète et chroniqueur né à Valenciennes vers 1333, mort vers 1410, auteur d'une *Chronique* qui s'étend de 1325 à 1400.

FROISSEMENT. s. m. Action de froisser. *Le f. d'un membre contre une pierre. Le f. a gâté cette étoffe.* || Fig., Atteinte portée. *Le f. des intérêts.* || Offense ou acte qui cause du dépit, du mécontentement. || T. Chir. *F. des artères*, Compression que l'on exerce sur elles à l'aide de pinces pour arrêter une hémorragie.

FROISSER. v. a. (bas-lat. *frustiare*, m. s., de *frustum*, morceau). Frotter fortement. *F. des cailloux l'un contre l'autre.* || Chiffonner. *F. du papier, du satin*, etc. *Vous froissez ses manchettes.* — On dit, dans un sens anal., *F. des fleurs, des épis.* || Meurtrir par une pression violente. *Mon cheval, en passant près d'un arbre, m'a froissé la cuisse. Il s'est froissé tout le corps en tombant.* || T. Chir. *F. une artère*, La comprimer avec des pinces. || Fig., en parl. d'intérêts, d'opinions, etc., Blesser, heurter. *Cette mesure froisse les intérêts de beaucoup de gens. Il ne faut pas f. les opinions de votre père.* — Fam., on dit aussi, *Cette mesure froisse beaucoup de gens. Vous le froissez en lui parlant ainsi.* = FROISSÉ, ÉE. part.

FROISSEUR, EUSE. adj. Qui froisse, *Cylindre f.* || s. m. Celui qui froisse, qui b'esse.

FROISSIR. s. m. Bruit que produisent des choses qui se froissent.

FROISSURE. s. f. L'impression qui demeure à un corps qui a été froissé. *La f. de cette étoffe ne disparaîtra pas sous le fer. Il n'est pas encore guéri de sa f.*

FRÔLEMENT. s. m. Action de frôler, ou l'effet d'une chose qui frôle. *Le f. de la langue contre le palais. Je sentis le f. de sa robe.* || T. Chir. *F. péricardique*, Bruit que l'on perçoit dans le cœur lorsque la surface séreuse péricardique est devenue rugueuse.

FRÔLER. v. a. (orig. inconnue). Toucher légèrement en passant. *La balle lui frôla les cheveux.* || T. Rur. Frotter des graines entre ses doigts pour les débarrasser des parties de la fleur qui y sont encore adhérentes. — Dans ce sens on écrit aussi *Frauler.* = FRÔLÉ, ÉE. part.

FROMAGE. s. m. (ancienn. *formage*; de *forma*, forme). Sorte d'aliment qui se prépare avec le lait séparé de son sérum ou petit-lait. *F. de lait de vache. F. de lait de chèvre* ou *F. de chèvre*, Faire du f. De la soupe au f. || Un pain, une masse de fromage. *Acheter un f.*

> Maître Corbeau, sur un arbre perché,
> Tenait en son bec un fromage.   LA FONTAINE.

|| Par anal., *F. glacé*, Mets composé de crème et de sucre, auquel on joint ordinairement quelque substance agréable au goût, et qu'ensuite on frappe de glace. || En Charc. *F. de cochon* ou *F. d'Italie*, Chair de porc hachée et mêlée de graisse, à laquelle on donne ordinairement la forme d'un fromage. || *Entre la poire et le f.*, Au dessert. — Faire des *fromages*, se dit d'une fillette qui tourne rapidement et se baisse tout à coup, de sorte que sa jupe se gonfle en forme de gros fromage.

Techn. — On sait que le lait abandonné au repos, dans un lieu frais et tranquille, au contact de l'air, se couvre bientôt d'une couche jaunâtre, onctueuse et épaisse, connue bien-tôt sous le nom de *crème*. Celle-ci séparée, il reste un liquide d'un blanc bleuâtre, plus dense et moins consistant ; c'est ce qu'on appelle le *lait écrémé.* Si l'on chauffe celui-ci à une température de 40 à 50 degrés, et qu'on y ajoute un peu de *présure*, c'est-à-dire de la membrane interne de l'estomac du veau, ou si on le laisse en repos pendant un certain temps, on verra se produire, au sein du liquide, un coagulum de plus en plus

considérable, blanc, opaque, solide, et le liquide restant sera
devenu transparent et jaunâtre. Le coagulum est connu sous
le nom de *caillé*, de *caséine*; le liquide jaunâtre porte celui
de *sérum* ou de *petit-lait*.

La *caséine*, reconnaissable à son apparence de grumeaux
blancs, est une substance ayant beaucoup de rapport avec
l'albumine coagulée; elle est très riche en azote, très nutritive et constitue la base de tous les fromages.

Nous venons d'indiquer comment on peut mettre en évidence
la caséine contenue dans le lait; la fabrication du fromage
est basée sur ce principe. Elle comprend toujours deux opérations fondamentales : coagulation de la caséine, séparation
du petit-lait. Lorsqu'on opère sur du lait non écrémé, la
caséine, en se coagulant, entraîne avec elle les globules buty-
reux; on obtient alors le fromage *gras*; s'il s'agit au contraire de *lait écrémé*, on fait du fromage *maigre*. Cette
dernière catégorie n'a qu'une importance médiocre en France;
dans les pays du Nord, en Danemark, en Suède, elle est
très développée, car la production du beurre absorbe tout le
lait de ferme, et l'on ne peut fabriquer que des fromages
maigres avec le lait provenant du barattage.

Après les deux opérations que nous avons indiquées, et qui
s'appliquent à tous les fromages, il en existe des séries qui
sont spéciales à certaines variétés; tels sont : la salaison, le
séchage, l'affinage, la mise en presse, la cuisson, etc. Nous
nous occuperons plus loin de ces différentes manipulations.
Examinons d'abord les fabrications les plus élémentaires.

Le lait de vache frais, passé au tamis, est conservé dans
une pièce maintenue à la température de 12° environ. Peu à
peu, la crème monte sur le lait; on l'enlève, on la conserve
à part, et on laisse ensuite le lait au repos, jusqu'à ce qu'il
soit absolument caillé. Alors on le dispose sur un tamis de
crin pour le laisser égoutter. Lorsque tout le sérum a disparu,
on pétrit le caillé avec la crème mise à part jusqu'à constitution de pâte molle, fine et homogène. Ce mets, qui se
mange avec du sucre et des fraises, porte différents noms;
c'est tout simplement du fromage sous sa forme la plus
élémentaire. — Mais ce fromage était gras, puisqu'il contenait
de la crème, c'est-à-dire tout le lait. Pour faire le fromage maigre, dit *à la pie*, on enlève toute la crème du lait,
dont on fait du beurre; la masse du caillé est distribuée
dans de petits moules percés de trous, pour laisser écouler
le petit-lait; on le mange frais, avec du sel, quand il a pris
une certaine consistance.

Dans les exemples qui précèdent, la coagulation de la
caséine s'est produite naturellement sous l'influence du ferment qui a transformé le sucre de lait en acide lactique.
Dans la pratique, on se sert de présures ou *tournures*, préparées avec la pepsine et dont l'effet est rapide. On chauffe
légèrement le lait pour activer l'action du ferment, qui agit
plus rapidement en été qu'en hiver, et plus activement sur
du lait non écrémé. Enfin, plus le fromage doit être mou et
crémeux, plus la température du lait mis en présure doit
être basse. Le caillé, pour être réussi, doit être compact,
moelleux, brillant, élastique.

Examinons quelques-uns des types les plus connus. Voici
une classification généralement adoptée :

FROMAGES MOUS.	frais.	À la pie, à la crème, Suisse.
	affinés	Marolles, Neufchâtel, Camembert, Livarot, Brie, Coulommiers, Mont-d'Or, Gérômé, Limbourg.
FROMAGES FERMES.	I. Pressés et salés.	Hollande. Cantal. Roquefort. Chester. Gruyère.
	II. Cuits.	Port-de-Salut. Parmesan.

Nous ne pouvons ici indiquer la fabrication de tous les
fromages. Bornons-nous à décrire les particularités les plus
intéressantes.

Le fromage à la crème se vend dans de petits paniers
tressés en forme de *cœur* et garnis de mousseline. On prend
le caillé bien égoutté, on le pétrit avec de la crème; on remplit le panier; on laisse égoutter. Deux heures après, le fromage, privé de sérum, a pris une consistance convenable; on
le sert en cet état en l'entourant de crème fraîche. — Le fromage dit *Suisse* se fabrique aux environs de Gournay (Seine-
inférieure), où il existe de grandes manufactures de ce

produit. Le lait, caillé rapidement à une température de 25°,
est pressuré, puis malaxé dans les auges avec une certaine
quantité de crème et mis aux moules; quelques grandes
fabriques divisent l'opération en deux parties; la pâte et la
crème sont expédiées séparément à Paris. Le marchand de la
capitale, aussitôt les matières reçues, les fait triturer au
moyen d'une machine mise en mouvement par la vapeur; il les
passe au moule et, à cinq heures du matin, les fromages en
boîtes sont distribués aux débitants de Paris, à raison de
2 fr. 40 la douzaine.

Les fromages que nous venons d'examiner sont frais et ne
peuvent être conservés. Pour éviter la corruption, on a recours
à la salaison et à la dessication. Ces deux opérations constituent l'*affinage* et s'appliquent, avec des variations, aux fromages de cette catégorie.

Le *Camembert* est un fromage très délicat, qui réclame
des manipulations longues et méticuleuses. Le lait est mis en
présure à une température assez basse. Toutes les transformations se font très lentement. Le caillé est placé par tranches
dans des moules cylindriques en bois, en fer-blanc, où il ne
tarde pas à s'affaisser et à devenir compact. On retourne alors
le moule et on sale légèrement le fromage. À la sortie du
moule, nouveau salage. On porte ensuite le produit au séchoir :
c'est une pièce fortement ventilée, où commence à se développer cette végétation cryptogamique qui indique la maturation. Au bout d'une semaine ou deux, le fromage passe dans
la salle de perfection, où il est maintenu dans une atmosphère
douce et chaude qui achève le développement des moisissures.
La pâte atteint alors une consistance molle, élastique, homogène. La partie grasse du fromage prend un accroissement
notable, une sorte de prépondérance. On dirait que la crème
se *refait* aux dépens du caillé.

Les moisissures qui couvrent le fromage ont une importance
considérable; elles sont à la fois l'indice et le résultat de la
maturation. Les principaux cryptogames qui composent cette
végétation sont les suivants : *Oïdium aurantiacum*; *Mucor
racemosus*; *Penicilium glaucum*; *Aspergillus glaucus*. —
Une ménagère expérimentée n'achètera jamais un Camembert,
un Brie, un Roquefort, si la croûte ou l'intérieur ne possèdent pas la couleur caractéristique de l'espèce arrivée à point.
Le lait est si bien connu des producteurs, qu'ils s'attachent à
développer ces végétations et quelquefois à colorer artificiellement leurs produits. Ils savent déterminer sur la croûte une
sorte de décomposition qui trompe l'œil, et, lorsqu'on a coupé
le fromage, on s'aperçoit que la partie maigre, la caséine, a
encore atteint son apparence et que le travail de maturation n'a
encore atteint que les couches extérieures.

L'*Oïdium aurantiacum* domine sur le fromage de Brie; il
est très apprécié sur le Camembert. La moisissure qui
tapisse intérieurement les œils du Roquefort, c'est le *Penicilium glaucum*. La végétation de ce cryptogame est provoquée
par un moyen artificiel que nous indiquerons.

Le *Pont-l'Évêque* est un fromage moins gras que le Camembert; il y entre, en général, une forte proportion de lait
écrémé. — Le *Livarot* est fait avec le lait complètement
écrémé. Il est coloré avec du rocou et cerclé de feuilles de
laiches. — Le *Brie* contient toutes les échelles de qualités,
depuis les fromages les plus gras jusqu'aux plus absolument
maigres. Dans les qualités supérieures, on augmente encore
la quantité de matière grasse en ajoutant au lait non écrémé
la crème prélevée sur une autre traite. Ce procédé est d'ailleurs employé pour tous les fromages gras, notamment pour
le Camembert, quand on veut leur procurer une finesse exceptionnelle.

Le *Hollande* est un fromage pressé à pâte ferme. Son
importance est considérable au point de vue de l'exportation et
de la nourriture des flottes et des armées. Aussi sa fabrication
tend-elle à se généraliser et à pénétrer en Suède, en France,
en Allemagne. Ce fromage, étant essentiellement un aliment de
conservation, ne comporte qu'une partie restreinte de matière
grasse; il est donc fabriqué avec du lait écrémé dans la proportion de 80 p. 100. Le liquide, porté à la température de
32°, est additionné d'une forte quantité de présure et la coagulation est complète au bout de vingt minutes. Le caséum,
ayant pris une grande consistance, est divisé, haché en petits
morceaux, puis égoutté, broyé dans un moulin à cet usage, salé
pendant cette dernière opération, passé dans ces moules dont
le couvercle est mobile et soumis à une forte pression pendant
12 heures. On retire alors les fromages des moules, on les
dispose dans une caisse où ils restent pendant dix jours,
subissant une salaison énergique. On les passe ensuite à la
saumure, d'où on les retire pour les exposer au séchoir. On
les retourne chaque jour, on les frotte chaque semaine avec

une brosse de chiendent. S'il se produit des fissures, elles sont bouchées avec du beurre frais et salé. Les fromages de Hollande préparés pour l'exportation sont colorés extérieurement au moyen d'une préparation dont le tournesol et l'ocre rouge font les frais. On frotte ensuite la surface avec un peu de beurre coloré en rouge.

La fabrication du *Chester* se rapproche beaucoup de celle du Hollande. Le fromage du *Cantal* a également, avec les précédents, de nombreux points de similitude. La principale particularité, pour ce dernier, consiste en ce qu'on détermine dans le caillé, avant la mise en moule, une fermentation assez active, qui lui procure un goût piquant, tout particulier, mais qui nuit à la conservation.

Le *Roquefort*, bien qu'appartenant à la famille des fromages à pâte ferme, se sépare complètement des précédents. Il forme à lui seul un produit original, ayant ses procédés spéciaux. On le fabrique avec du lait de *brebis*. On évalue à 700,000 le nombre d'animaux élevés en vue de la production du roquefort. La vente de ces fromages dépasse 4 millions de kilog., représentant environ 5 millions de francs. En ajoutant le prix de la laine et des vieilles brebis, on évalue à 20 millions de francs la valeur de cette industrie. Elle occupe plus de 60,000 personnes. — Le lait écrémé est mis en présure; on enlève le petit-lait, on pétrit avec les mains. La pâte est ensuite introduite, par couches, dans des moules en terre vernie percés de trous. Entre chaque couche, on saupoudre de pain formé de farine de froment et d'orge pétrie avec du vinaigre et fortement cuite. Le pain a été ensuite mis à moisir, et sa mie pulvérisée dans un moulin. C'est lui qui détermine dans l'intérieur du fromage ces végétations bleuâtres de *Penicilium glaucum* si recherchées des amateurs. Le fromage est mis à égoutter dans un grand coffre, puis au séchoir, vaste local très aéré. C'est de là qu'il passe dans les caves. Ces caves naturelles de Rochefort sont la cause de la grande supériorité des produits de la contrée sur toutes les fabrications similaires. Les courants d'air chargés d'humidité qui circulent dans ces souterrains naturels, maintiennent la température entre 4° et 8°. C'est là que les fromages sont affinés, posés sur le côté, fréquemment retournés, brossés sur toutes les faces et salés. Pour activer le travail de fermentation, on les soumet à l'action d'une machine, appelée piqueuse, armée d'une centaine d'aiguilles très fines, qui les transpercent de part en part.

La fabrication du *Gruyère* a pris, depuis quelques années, une extension énorme; elle est devenue, pour plusieurs de nos départements, une véritable source de richesse. Ce fromage est originaire de la Suisse, où on en fait de trois qualités : le fromage gras ou Emmenthal, le fromage demi-gras, où il entre du lait de la veille, écrémé, et le lait du matin ; enfin, le fromage maigre. Le nom de ce produit vient de la ville de Greier, près Fribourg, où il se fabrique, et les habitants le marquent d'une *grue*, armoirie de la ville. — Une fromagerie à gruyère comprend deux pièces principales, l'atelier et le saloir. L'atelier renferme la chaudière, ordinairement de grande dimension, pouvant contenir parfois jusqu'à 500 litres. Le lait est apporté à la fromagerie matin et soir, pesé, mesuré, examiné et passé au filtre ou *couloir*. Il est versé dans la chaudière et chauffé à 30° ou 35°. Lorsque le liquide a atteint cette température, on le retire du feu, on le traite par la présure. La coagulation est obtenue en 25 minutes. Alors on coupe le caillé, on le rompt très énergiquement pendant 15 à 20 minutes ; puis on le replace sur le feu, sans cesser le brassage ; il est suffisamment cuit lorsqu'il atteint 55°. On le retire du feu et on continue à le brasser pendant une demi-heure. Le moule se compose d'un cercle de noyer, de dimension extensible. On recueille la masse du caillé dans un linge et, après l'avoir bien enveloppée, on l'introduit sous une presse exerçant un effort de 18 kilog. par kilog. de fromage. Le gruyère est ensuite au saloir, où chaque jour on le retourne et saupoudre de sel fin. La maturation est atteinte au bout de deux mois en été et trois mois en hiver.

On compte 11 litres de lait pour 1 kilog. de fromage. En général, les gruyères suisses sont de couleur rouge ; les français ont une teinte grisâtre. La production du gruyère en France a fait éclore l'organisation de *fruitières*, sociétés coopératives agricoles qui présentent un grand intérêt. — Les cultivateurs d'un village ou de quelques hameaux voisins s'associent pour faire exploiter en commun le lait de leurs vaches. Ils choisissent un local et y installent un fromager habile et quelques apprentis. On arrive ainsi à centraliser le lait de 200 ou 300 vaches et à faire économiquement les manipulations. Le chef de la fruitière pèse le lait fourni par chaque sociétaire et porte au compte particulier la quantité constatée. Les produits de la fruitière sont vendus en commun et les bénéfices partagés au prorata des quantités de lait fournies par chacun des associés.

En Savoie, l'hectolitre de lait traité dans la vallée rapporte 8 francs ; employé à la fruiterie, il rapporte 13 francs. Dans les Pyrénées, même résultat. Aussi l'organisation des fruitières prend-elle un énorme développement dans l'Ain, le Doubs, le Jura et les pays de montagne.

FROMAGER, ÈRE. s. Celui, celle qui fait ou vend des fromages. || FROMAGER, s. m. Petit vaisseau percé de plusieurs trous, dans lequel on dresse le lait caillé pour en faire des fromages frais ou mous. || T. Bot. Genre de plantes Dicotylédones (*Bombax*) de la famille des *Malvacées*. Voy. ce mot. == Adj. Relatif au fromage. L'*Industrie fromagère*.

FROMAGERIE. s. f. Fabrique de fromages ; lieu, marché, boutique où on les vend. Chambre où l'on fait sécher les fromages.

FROMAGEUX, EUSE. adj. T. Didact. Qui tient de la nature du fromage.

FROMENT. s. m. T. Bot. [Pr. *fro-man*] (lat. *frumentum*, m. s.). Nom vulgaire du *Triticum sativum;* se dit tant de la plante que du grain.

Bot. — Les botanistes nomment *Froment* (*Triticum*) un genre de la famille des Graminées et de la tribu des Poées, qui se caractérise ainsi : Epi dense, rarement ramifié à la base ; épillets isolés, rarement deux ensemble sur le même gradin de l'axe, 2-10 flores. Fleurs fertiles, ordinairement 1-2 ;

glumes multinerviées, larges, bombées, aiguës, aristées ou obtuses, plus courtes que l'épillet. Glumelle aristée ou inerme ; étamines 3 ; ovaire sessile, poilu au sommet ; stigmates 2, terminaux plumeux ; caryopse nu, allongé, obtus, marqué d'un sillon, velu au sommet, ou vêtu, tout l'épillet avec un article de l'axe tenant ensemble.

Les feuilles des végétaux de ce genre sont planes, et roulées dans la pousse. Ce genre se subdivise en 2 sous-genres, l'un appelé *Triticum*, comprenant toutes les espèces cultivées, et l'autre *Agropyrum*, comprenant les espèces vivaces spontanées. Ces espèces de F. sont peu nombreuses, mais les variétés obtenues par la culture vont à près de 300. Les agriculteurs les classent généralement en deux groupes, selon que les grains se détachent nus de l'épi par le battage, ou que la balle reste adhérente au grain après la maturité ; les premières constituent les *blés nus* ou froments proprement dits (*Triticum sativum*) et les secondes les *blés vêtus* ou Épeautres (*Tr. Spelta, Tr. monococcum*, etc.).

Dans le *Tr. sativum*, plusieurs botanistes font 4 sous-espèces : *Tr. hibernum* ou *F. Tourelle* ; *Tr. æstivum* ou *F. Seisette* ; *Tr. Turgidum* ou *F. Poulard* ou *Pétanielle* et *Tr. durum* ou *F. Aubaine* ou *Durelle*. La plupart des agriculteurs classent les froments de la façon suivante : 1° *Froments tendres d'automne* ou *blés d'hiver*, comprenant un certain nombre de variétés, les unes *sans barbes* (Fig. 1), les autres *barbues* (Fig. 2) ; les blés barbus, délaissés à tort dans bien des pays, ont l'avantage de ne pas s'égrener par les grands vents et de moins souffrir des ravages des oiseaux. Citons dans ce groupe, le *Blé d'hiver commun* (Fig. 1), le *Blé blanc de Flandre*, la *Touzelle blanche de Provence*,

le *Blé de Crépi*, le *Blé rouge de Lorraine*, le *Blé de Saumur d'automne*, le *Blé d'automne rouge barbu*, etc. — 2° *Froments tendres de printemps* ou *Blés de mars*. Dans ce groupe, comme dans le précédent, on trouve des Froments sans barbes et barbus. Les variétés les plus importantes sont : le *Blé de Bordeaux*, le *Blé Hérisson*, le *Blé d'Odessa sans barbes*, le *Talavera de Bellevue*, le *Blé de Zélande*, le *Blé de Mars barbu ordinaire* (Fig. 2), le *Blé précoce du Japon*, etc. — 3° *Froments Poulards*. Ces blés ont l'épi barbu généralement gros, la paille forte et pleine au voisinage de l'épi, le grain renflé et pour ainsi dire bossu. Ils sont rustiques et s'accommodent mieux que les blés fins des sols trop humides. On cultive beaucoup le *Poulard carré velu* (Fig. 3), la *Pétanielle blanche*, la *Pétanielle noire de Nice*, le *Blé de Miracle*, la *Nonette de Lausanne*, etc. — 4° *Froments*

durs. Les blés durs ont l'épi barbu, carré, et la paille pleine ; le grain, qui est glacé ou corné, est riche en gluten et très recherché pour la fabrication des pâtes alimentaires. Étant sensibles au froid, ce sont surtout des blés de printemps ; ils ne peuvent être semés à l'automne que dans la région méridionale. On cultive le *Blé de Taganrock* (Fig. 4), le *Blé dur de Médéa*, le *Blé de Bologne*, etc. — 5° *Froments Épeautres* ou *Froments vêtus*. L'*Épeautre* (*Tr. Spelta*) [Fig. 5] est beaucoup moins répandu que le F., à cause de la difficulté qu'on éprouve à séparer son grain de la balle ; néanmoins, comme il réussit bien dans des terres médiocres et résiste mieux à l'humidité, on le cultive de préférence dans certaines localités. Parmi les variétés de cette espèce, nous citerons l'*Ép. sans barbes à grains rouges*, l'*Épeautre ordinaire blanc barbu*, l'*Épeautre amidonnier noir*, etc. On cultive aussi le *Petit Épeautre* (*Tr. monococcum*), appelé aussi *Engrain* et *Locular*, qui se reconnaît aisément à son épi mince, étroit, très aplati et composé de deux rangs d'épillets à un seul grain. Cette sorte est très peu productive ; mais elle croît dans les sols les plus mauvais, comme ceux du Gâtinais et du Berry, qui se refusent même à la culture du Seigle et de l'Avoine.

Les usages économiques du F. sont trop connus pour qu'il soit besoin de les énumérer longuement. Comme fourrage vert, son chaume sert à la nourriture du bétail ; sa paille concourt à son alimentation et sert à faire la litière, qui se convertit, après avoir été imprégnée de son urine et de ses excréments, en un fumier destiné à restituer au sol les éléments de fertilité que la culture lui a enlevés. Les autres usages de la paille sont très multipliés, et l'industrie en a retiré les produits les plus variés. Mais ce qui constitue surtout l'utilité du F., c'est la farine qu'on extrait de ses grains, et qui forme la base de l'alimentation des habitants des zones tempérées, particulièrement en Europe et en Amérique. Les deux points extrêmes au delà desquels le F. cesse de croître sont, au nord le 58°, et au sud le 12°. Néanmoins il prospère surtout dans les zones qui jouissent d'un climat analogue à celui de Paris. On a observé en effet que le grain du F. augmente en poids dans ce climat si bien tempéré, et diminue en s'avançant vers le sud. Ainsi, par ex., 100 grains de Blé de Fellemberg venant du midi de la France pesant 40, et, sous le climat de Paris, ils pesaient 66 ; le Blé Pictet, pesant 42 1/2, a donné 79 ; le Blé rouge de mars sans barbes, pesant 54, a donné 66 ; la Richelle blanche, pesant 72, a donné 98 ; la Pétanielle blanche, pesant 97, a donné 121 ; etc. La contre-épreuve a donné les mêmes résultats : 100 grains de Blé de Talavera, pesant à Paris 90, n'ont pesé à Toulon que 77 1/2 ; la Richelle blanche, pesant 100 à Paris, a donné 66 seulement dans le midi de la France ; le Poulard blanc lisse, pesant 104, a donné 85, etc.

Il en est du F. comme de la plupart des végétaux que l'homme exploite à son profit ; on a perdu toute trace de son origine. Aussi les naturalistes se sont-ils livrés à toutes sortes de conjectures à ce sujet, mais sans arriver à aucun résultat satisfaisant. Tandis qu'Ollivier pensait avoir trouvé en Perse le véritable F. à l'état sauvage, d'autres botanistes supposent que cette céréale provient de quelque espèce de Graminée voisine, modifiée et transformée par une longue culture. C'est ainsi qu'Esprit Fabre a entrepris, mais sans succès, la métamorphose de l'*Ægilops triticoides* en Blé ; l'*Ægilops* qu'il a cultivé a cessé d'être un Ægilops, sans devenir un Triticum. En conséquence, la question est encore à résoudre. Au reste, si nous ignorons l'origine du F., nous ne sommes pas mieux instruits sur l'époque de son introduction dans l'agriculture. En compulsant les annales des Chinois, on n'y trouve aucun renseignement à ce sujet, et, malgré les gloses des commentateurs des Livres saints, nous ne savons pas si par *Chittah* on doit entendre le *Tr. sativum* ou le *Tr. Spelta*. Nous igno-

rons également si le πυρὸς d'Homère désigne l'Orge ou bien le F. ; plus tard ce dernier se trouve mentionné par les écrivains grecs sous le nom de σῖτος. L'incertitude est moins grande pour l'Épeautre. On sait assez positivement que les Grecs donnaient le nom d'Ὄλυρα au grand Épeautre, et celui de τίφη au petit. L'Épeautre est évidemment la céréale la plus anciennement cultivée dans la péninsule italique, comme le prouve le simple nom de *Semen* que lui donnaient les Romains. On prétend aussi que c'était ce Triticum que les Égyptiens cultivaient de préférence à tout autre, malgré l'adhérence de sa balle.

FROMENTACÉ, ÉE. adj. (R. *froment*). T. Bot. Se disait des plantes qui ont du rapport avec le blé par leur fructification, et par la disposition de leurs feuilles et de leurs épis. Inus.

FROMENTAL. s. m. (R. *froment*). T. Bot. Qualificatif donné à une espèce d'Avoine, l'*Avena elatior*. Voy. AVOINE.

FROMENTERA (île au blé), une des îles Baléares (Espagne). 22 kilom. de longueur sur 17 de large.

FROMENTEUX, EUSE. adj. Abondant en froment.

FROMENTIER, IÈRE. adj. Se dit d'une terre qui peut produire du froment.

FROMENTIN (EUGÈNE), peintre et littérateur français (1820-1876).

FROMENTINE (Détroit de), entre l'île de Noirmoutier et la côte.

FROMENT-MEURICE (DÉSIRÉ-FRANÇOIS), habile orfèvre parisien (1802-1855).

FRONCE. s. f. (R. *froncer*). T. Couture. Pli formé à une étoffe et assujetti par une couture. || T. Techn. Pli défectueux qui se trouve dans le papier et dans les cartes à jouer.

FRONCEMENT. s. m. Action de froncer, ou état de ce qui est froncé ; se dit principalement des sourcils. *Le f. des sourcils*. || T. Pathol. Rides qui se forment sur la peau ou sur une membrane, après l'écoulement du liquide qui les distendait.

FRONCER. v. a. (orig. germ. : holl. *frons*, all. *runzel*, ride). Rider en contractant, en resserrant. *F. le sourcil, les sourcils. F. les lèvres. Cela fronce la peau.* || Plisser ; se dit de certains plis menus et serrés que l'on fait à du linge, à des étoffes. *F. une jupe.* = SE FRONCER, v. pron. Former des plis, des rides. *J'ai vu ses sourcils se f. La peau de ce fruit commence à se f.* = FRONCÉ, ÉE. part. = Conj. Voy. AVANCER.

FRONCIS. s. m. (Pr. *fron-si*). Les plis que l'on fait à une robe, à une chemise, etc., en les fronçant. *Faire un f. à une manche, à une jupe. Un f. se compose de fronces.*

FRONÇURE. s. f. Action de froncer. || État de ce qui est froncé.

FRONDAISON. s. f. (Pr. *fron-dè-son*) (lat. *frons, frondis*, feuillage). T. Bot. L'époque où paraît le feuillage. || Le feuillage même. *Une abondante f.*

FRONDE. s. f. (lat. *funda*, m. s.). Instrument fait de corde ou de cuir, avec lequel on lance des pierres et même des balles. *David tua Goliath d'un coup de f. Des soldats armés de f. La f. a cessé d'être en usage au XIVᵉ siècle.* || T. Bot. On nomme ainsi les feuilles des fougères, et quelquefois celles des palmiers, ainsi que les expansions foliacées des algues. || La pousse des feuilles au printemps. || T. Hist. Au XVIIᵉ siècle, on désignait sous ce nom le parti qui prit les armes contre la cour, sous la minorité de Louis XIV : 1648-1653. *Le parti de la F. La guerre de la F. Du temps de la F.* || T. Archéol. Nom donné à des pierres trouvées dans les cités lacustres.

FRONDER. v. a. Jeter, lancer avec une fronde. *F. des pierres.* — Absol., *Ces enfants, en s'amusant à f., blesseront quelque passant.* || Fig., Blâmer, censurer, critiquer. *F. le gouvernement, le ministère, la conduite d'une personne. Il fronde avec amertume tout dernier ouvrage. F. les travers, les ridicules de son siècle.* — Absol., *Il passe sa vie à f.* = FRONDÉ, ÉE. part.

FRONDERIE. s. f. Mouvement, tumulte de la Fronde.

FRONDESCENT, ENTE. adj. (Pr. *frondes-san*). T. Bot. Qui est en forme de feuillage. || Qui se couvre de feuillage.

FRONDEUR, EUSE. s. Celui qui lance des pierres, des balles, avec une fronde. *Dans l'antiquité, on estimait surtout les frondeurs des îles Baléares.* || Fig., Personne qui blâme, qui censure, qui critique, qui contredit, qui trouve à redire. *C'est un f. éternel. Quel est le gouvernement qui n'a pas ses frondeurs? Son livre a eu autant de frondeurs que d'approbateurs.* || Autrefois, se disait des partisans de la Fronde. *Le nom de F. avait été donné, dès le commencement des troubles, à ceux du parlement qui étaient opposés aux sentiments de la cour.*

FRONDIFÈRE. adj. 2 g. (lat. *frons, frondis*, feuillage ; *fero*, je porte). T. Bot. Qui porte des feuilles.

FRONDIPARE. adj. 2 g. (lat. *frons, frondis*, feuillage ; *parere*, produire). T. Bot. *Fleur, fruit f.*, Fleur, fruit d'où sort un rameau qui continue à s'accroître et qui ne sort pas d'habitude de ces organes.

FRONSAC, ch.-l. de c. (Gironde), arr. de Libourne 1,500 hab. Vins estimés.

FRONT. s. m. (lat. *frons, frontis*, m. s.). La partie du visage qui est comprise entre la racine des cheveux et les sourcils. *Large f. F. élevé, découvert. F. étroit. F. majestueux. Avoir un diadème sur le f. Avoir des rides au f., sur le f. Dérider son f. Les Romains marquaient au f. les esclaves fugitifs.* || Par ext., se dit du visage tout entier. *Un f. serein. Un f. toujours sévère. La rougeur qui couvrait son f. Montrer un f. menaçant.* || Dans le style élevé et poétiq., se dit quelquefois pour désigner la tête. *Courber, humilier son f. Lever, relever le f.* || Chez les animaux, la partie antérieure et supérieure de la tête. *Le f. de l'éléphant d'Afrique est bombé. Son cheval a une étoile au f. Le bec de la morelle se prolonge sur le f., où il forme une plaque cornée.* || T. Archit. *F. de taille*, La face du terrain, où s'arrête le fonctionnement. || Fig., *N'avoir point de f.*, N'avoir ni honte ni pudeur. *Avoir un f. d'airain*, Être d'une impudence extrême. || Fig., se dit pour effronterie, impudence. *Il eut le f. de me dire... De quel f. a-t-il osé se présenter devant vous? C'est avoir bien du f.* || Fig., L'étendue que présente la face d'une armée, d'une troupe, d'un bâtiment. *L'armée présentait un grand f. Notre troupe étendit son f. Le f. d'un bâtiment. Le f. d'un bastion.* — *Faire f.*, Faire face ; se dit d'une troupe qui était par le flanc, et dont les hommes se tournent de manière à présenter le front. En T. Commandement, on dit elliptiq., *Halte, f.!* — *F. de bandière.* Voy. BANDIÈRE. || Dans le style élevé et poétiq., se dit quelquefois pour cime, sommet. *Ces montagnes cachent leur f. dans les nues.* = DE FRONT. loc. adv. Par-devant. *Attaquer l'ennemi de f.* — Fig., Heurter de f. les préjugés, Les attaquer ouvertement. || Sur le même rang. *Un défilé où il ne peut passer que deux hommes de f. Atteler quatre chevaux de f. Ils marchaient tous les trois de f.* — Fig., Mener deux affaires de f., S'occuper de deux affaires en même temps.

FRONTAIL. s. m. (Pr. *fron-tall*, ll mouillées). Partie de la têtière qui passe en avant de la tête du cheval, au-dessus des yeux. || Pièce qui couvre le front d'un cheval caparaçonné.

FRONTAL, ALE. adj. T. Anat. Qui a rapport ou qui appartient au front. *Os f.*, Os du front appelé aussi *Coronal*. Voy. CRÂNE. — *Muscle f.*, Muscle qui relève les sourcils et la peau de la racine du nez. — *Nerf f.*, La plus volumineuse des trois branches formées par le nerf ophtalmique. — *Sinus frontaux*, Voy. SINUS. || Pièce de métal qui dans les anciens casques grecs descendait entre les deux yeux jusqu'au dessous du nez. || T. Techn. Outil dont se servent les luthiers pour faire des ornements à la partie antérieure des touches. || Marteau à soulèvement, dont on se sert pour cingler les grosses loupes de fer. = FRONTAL. s. m. T. Chir. Bandeau que l'on applique sur le front. Inus. || T. Pharm. Fomentation destinée à être appliquée sur le front dans les céphalalgies. || Autrefois, instrument de torture, qui consistait en une corde à plusieurs nœuds, dont on serrait le front de l'individu auquel on voulait arracher quelque aveu. || T. Man. Une des pièces du mors. Voy. BRIDE.

FRONTEAU. s. m. [Pr. *fron-tô*]. Sorte de bandeau appliqué sur le front ; n'est guère usité qu'on parlant des Juifs qui avaient coutume de porter des bandeaux sur lesquels était écrit le nom de Dieu ou quelque passage de l'Écriture. *Quand les Juifs prient Dieu dans leurs synagogues, ils se mettent le f.* || T. Man. Se dit pour *Frontal*. || Morceau de drap noir dont on couvre le front d'un cheval qu'on veut harnacher de deuil. || T. Archit. Petit fronton qu'on met au-dessus de quelques portes ou fenêtres. || T. Mar. Balustrade sculptée dont on couvre les barrels de l'avant de la dunette et ceux du gaillard d'avant. || *F. de volée*, Petite saillie disposée de manière à recevoir la volée du canon. || T. Artill. Pièce de bois ou de métal adaptée à la volée des canons, et qui, s'élevant à la hauteur de la culasse, rend la ligne de mire parallèle à la ligne de tir. On dit aussi *guidon de tir*.

FRONTENAY, ch.-l. de c. (Deux-Sèvres), arr. de Niort, 1,000 hab.

FRONTIÈRE. s. f. (R. *front*). Les limites, les confins qui séparent un pays, un État, d'un autre pays, d'un autre État. *L'armée était sur la f. Passer la f. Nos frontières sont bien défendues. Reculer les frontières d'un État.* || T. Artill. Masse en métal fixée sur certaines pièces un peu en avant des tourillons. = FRONTIÈRE. adj. 2 g. Qui est limitrophe, qui est sur les limites d'un autre pays. *Ville, place f.* Voy. FORTIFICATION.

FRONTIGNAN, ch.-l. de c. (Hérault), arr. de Montpellier, 3,600 hab. Vins muscats très renommés. = FRONTIGNAN. s. m. Vin récolté à Frontignan.

FRONTIN (SEXTUS JULIUS FRONTINUS), écrivain latin (41-103).

FRONTISPICE. s. m. (lat. *frontispicium*, m. s., de *frons*, front, façade ; *inspicio*, je regarde). La face principale d'un grand bâtiment. *Le f. du Louvre, de Saint-Pierre de Rome.* Peu us. || Le titre placé à la première page, lorsqu'il est entouré ou accompagné d'ornements ou de vignettes. — La gravure que l'on place en regard du titre d'un livre, et dont le sujet a quelque rapport avec le contenu de l'ouvrage.

FRONTO-ETHMOÏDAL, ALE. adj. T. Anat. Qui a rapport au frontal et à l'ethmoïde.

FRONTON. s. m. (R. *front*). T. Archit. Le *Fronton* est un ornement d'architecture qui termine supérieurement les grands édifices. Il consiste en une construction triangulaire dont la base est formée par la corniche de l'entablement, et sur les côtés latéraux de laquelle sont répétées les différentes moulures de cette même corniche. L'espace compris entre l'encadrement qui résulte de l'ensemble de ces moulures, a reçu le nom de *Tympan*. — Le f. représente évidemment le toit et le comble, et ce qui le prouverait, c'est qu'on ne le trouve pas chez les peuples dont l'architecture primitive a suivi un autre modèle que celle des Grecs. Ainsi, par ex., aucun monument égyptien n'a encore offert la moindre apparence de f., parce que l'idée de figurer des indications de comble ou de toiture en charpente n'a pu venir dans un pays où il ne pleut jamais, et où, par conséquent les couvertures doivent être de simples terrasses, tandis que le f., n'étant que la continuation du toit à deux égouts, accuse le besoin de mettre l'intérieur des bâtiments à l'abri des eaux pluviales.

L'origine du f. une fois reconnue, il est facile de déterminer les règles auxquelles cet ornement doit être soumis pour correspondre convenablement à sa destination. En premier lieu, comme il figure l'angle formé par le toit, son inclinaison est subordonnée à la nature du climat de chaque pays. Ainsi, elle est peu prononcée dans les contrées où les pluies sont rares, tandis qu'elle est plus grande dans celles où il pleut souvent, là surtout où les neiges séjournent longtemps sur les édifices. Quant à la forme du f., il résulte également de ce qui précède qu'elle doit être invariablement celle d'un triangle plus ou moins ouvert. Mais les modernes se sont plus d'une fois écartés de cette règle et ont imaginé des formes particulières, que l'on considère avec raison comme de véritables non-sens. Tels sont : le *F. à pans*, dont la corniche supérieure forme trois parties ; le *F. brisé*, dont les corniches rampantes, s'arrêtant avant d'être parvenues au sommet de l'angle, sont coupées ou recourbées par réduits et ressauts ; le *F. entrecoupé*, dont le sommet est tronqué pour recevoir quelquefois un cartel, un buste ou quelque autre ornement ; le *F. par enrou-*

lements, dont les corniches latérales ne se joignent point et sont contournées de manière à figurer des espèces de consoles couchées ; le *F. sans base*, dont la corniche horizontale est ou entièrement supprimée, ou interrompue au milieu ; le *F. sans retour ou glissant*, dont la base n'est pas profilée sous les corniches rampantes. D'autres fois, on place dans le tympan d'un f un fronton moins grand, et dans ce dernier un troisième fronton plus petit encore. Le f. qui présente la première disposition a reçu le nom de *F. double*. Enfin, on appelle *F. circulaire ou F. sphérique*, un f. qui est formé par un segment de cercle. Les frontons de cette dernière espèce sont généralement condamnés par les architectes les plus éminents. Néanmoins ils ne paraissent pas aussi défectueux que les précédents, surtout quand ils sont mis à leur

place, c.-à-d. quand ils correspondent à un comble en voûte.

En ce qui concerne les proportions, le f. varie suivant chaque ordre, et il est assez généralement admis que son caractère est d'autant plus grave que sa hauteur est moindre, c.-à-d. que l'ouverture de son angle supérieur est plus considérable. D'après cela, c'est dans l'ordre dorique que l'inclinaison du f. doit être la moins prononcée, et c'est, en effet, ce que l'on remarque dans les monuments de la Grèce. En outre, ce sont les frontons doriques qui présentent la plus grande profondeur. Quelquefois même cette profondeur est telle, qu'on a pu placer des statues de ronde bosse dans le tympan, au lieu de figures en bas-relief, comme c'est l'usage dans les autres ordres.

Nous avons vu que la base du f. est formée par la corniche elle-même. Or, celle-ci recevant, suivant les ordres, des mutules, des modillons ou des denticules, objets qui, dans le système de l'architecture grecque, rappellent les extrémités des chevrons de la toiture, les architectes ont naturellement été amenés à donner aux pentes du f. les mêmes profils et les mêmes ornements qu'à la base. En conséquence, on a attribué les mutules aux pentes du f. dorique, les denticules à celles du f. ionique, et les modillons à celles du f. corinthien (la figure ci-dessus représente le temple romain de Nîmes, si connu sous le nom de *Maison carrée*). Toutefois, dans l'antiquité aussi bien que dans les temps modernes, beaucoup d'architectes ont regardé comme un non-sens la répétition de ces ornements dans les pentes du f. « Les anciens, dit Vitruve, n'ont pas approuvé de mettre des mutules ou des denticules aux frontons. Ils ont préféré y faire les corniches tout unies, parce que ni les forces ni les chevrons ne peuvent être supposés apparents dans la partie du comble qui compose le f., puisque ce sont eux, au contraire, qui forment la partie latérale du toit ainsi que la pente. Avec raison ils n'ont point cru pouvoir faire dans la représentation, ce qui n'a pas lieu dans la réalité, parce qu'ils ont fondé tous les rapports de leurs ouvrages sur la nature des choses. » — Indépendamment des moulures dont nous venons de parler, le f. reçoit ordinairement des ornements assez variés. Quelquefois on établit à son sommet, et même à ses deux extrémités, des espèces de piédestaux sans base, appelés *Acrotères*, sur lesquels on place des statues ou des vases; mais la décoration la plus remarquable du f. consiste dans les figures qui en remplissent ordinairement le tympan. Chez les anciens, ces figures étaient fréquemment exécutées à part, tantôt en marbre ou en bronze, tantôt en terre cuite, puis scellées dans la maçonnerie. Les modernes, au contraire, préfèrent les sculpter en bas-relief dans la matière même de la construction. Parmi les frontons modernes les plus renommés pour leurs sculptures, nous citerons celui du Panthéon, et celui de l'église de la Madeleine, à Paris. Les sculptures du premier sont dues au ciseau de David (d'Angers), et celles du second à celui de Lemaire.

On fait encore un fréquent usage de frontons au-dessus des portes, des fenêtres et des niches. Cet usage est condamné par plusieurs architectes, qui suivent en cela l'opinion de Vitruve. Cependant on fait observer, en sa faveur, qu'un f. est assez naturel au-dessus d'une porte, lorsqu'on a orné ces parties de corniches très saillantes, parce qu'alors le f. représente le toit de ces ouvertures. Mais, en ceci comme en toutes choses, il faut éviter l'abus. Ainsi, lorsque les fenêtres sont à peu de distance l'une de l'autre, un grand nombre de frontons fait un mauvais effet, à cause des nombreux angles pointus qu'on voit de tous côtés. Cet effet des frontons devient encore plus désagréable quand les étages sont séparés par des corniches; car alors les sommets des frontons sont trop près de ces corniches, ce qui forme encore de nouveaux angles par le point de contact des sommets des frontons avec la corniche de séparation. Quant à l'emploi des frontons dans la décoration intérieure des appartements, rien ne saurait le justifier.

Dans le principe, le f. servait spécialement à orner les temples; on le regardait même comme indispensable pour donner un extérieur solennel à ces monuments. Les autres édifices publics en avaient très rarement. De plus, il était interdit aux habitations particulières, et la première exception à cet égard fut faite en faveur de J. César. Cette permission était considérée comme un honneur divin. A partir de cette époque, les palais des empereurs et bientôt les maisons des plus riches citoyens adoptèrent le même genre de décoration.

Dans l'Architecture navale, on donne quelquefois le nom de *Fronton*, mais plus ordinairement celui de *Tableau*, à la partie sculptée du couronnement d'un vaisseau qui se trouve au-dessus de la galerie.

FRONTON, ch.-l. de c. (Haute-Garonne), arr. de Toulouse, 2,500 hab.

FRONTON (M. Cornelius), écrivain latin mort vers 170.

FRONTO-NASAL, ALE. adj. (R. *front* et *nasal*). T. Anat. Qui appartient au front et au nez.

FRONTO-PARIÉTAL, ALE. adj. (R. *front* et *pariétal*). T. Anat. Qui a rapport au frontal et aux pariétaux.

FRONTO-SOURCILIER. adj. (R. *front* et *sourcilier*). T. Anat. Qui a rapport au front et au sourcil.

FROQUER. v. a. [Pr. *fro-ker*] (R. *froc*). T. Fam. Habiller d'un froc, mettre dans un couvent.

FROSINONE, ville de l'Italie centrale, 10,000 hab.

FROSSARD (Ch.-Aug.), général fr. (1807-1875). Il commandait le 2e corps de l'armée du Rhin au début de la guerre franco-allemande et perdit la bataille de Forbach, le 6 août 1870.

FROTTAGE, s. m. [Pr. *fro-taje*]. Le travail de celui qui frotte.

FROTTANT, ANTE. adj. [Pr. *fro-tan*]. Qui sert à frotter. || Qui est soumis à un frottement.

FROTTÉ (Louis, comte de), chef royaliste né en 1755, fusillé à Verneuil en 1800.

FROTTÉE. s. f. [Pr. *fro-téc*] (part. de *frotter*). Tartine frottée d'ail. || Fam. Coups reçus par quelqu'un.

FROTTEMENT. s. m. [Pr. *fro-te-man*]. Action de frotter; Action de deux choses qui se frottent.

Méc. — Quand un corps glisse sur une surface plane, l'expérience apprend que son mouvement est retardé par une certaine *résistance* qui constitue une *force* dirigée en sens contraire du mouvement : en Mécanique, cette résistance au mouvement est ce qu'on appelle *Frottement*. — Dans la mécanique élémentaire, on commence par étudier les problèmes en négligeant le f., mais dès qu'on veut passer aux applications, il devient nécessaire de tenir compte de cette force de résistance, sous peine de s'exposer à des mécomptes graves. Dans beaucoup de cas même, la résistance due au frottement forme la partie principale, sinon la totalité, de la résistance à vaincre. Tel est, par exemple, le cas des machines employées dans les filatures et des métiers à tisser. Par conséquent, pour apprécier exactement la valeur des puissances appliquées aux machines, il est nécessaire d'évaluer la force de f. et d'ajouter cette nouvelle résistance, à celle qui est donnée par la théorie élémentaire. La théorie du f. ne pouvait être établie qu'à la suite d'expériences précises destinées à faire connaître les *lois* du f., car rien ne permettait d'établir ces lois *à priori*. Aussi la détermination des lois et des conditions du f. a occupé l'attention de beaucoup de physiciens et de mathématiciens : tels sont Amontons, Euler, Désaguliers, Vince, Rennie et surtout Coulomb, dont les travaux ont servi de guide en ces matières jusqu'à ce que le général Morin ait repris en grand les mêmes expériences et les ait portées à un degré supérieur de précision.

Pour déterminer expérimentalement les lois fondamentales

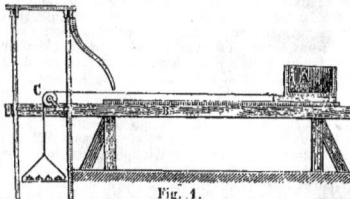

Fig. 1.

du f., on peut employer deux méthodes. La première est celle qu'a adoptée Coulomb. Son appareil (Fig. 1) consistait en un banc horizontal B parfaitement dressé, sur lequel il plaçait une caisse A qu'il pouvait charger de poids différents. Une corde attachée à la paroi de la caisse, et tendue parallèlement à la table, venait passer sur la poulie de renvoi C, et portait à son autre extrémité un plateau disposé pour recevoir des poids. S'il n'y avait pas de f. entre les surfaces, le moindre poids mis dans le plateau devrait faire glisser la caisse d'un mouvement uniformément accéléré; mais le f. empêche qu'il en soit ainsi. Il faut que la charge du plateau atteigne un certain poids pour que la caisse commence à se mouvoir. Les poids mis dans le plateau, augmentés du poids du plateau lui-même, représentent la force qu'il faut employer pour vaincre le f.; ils mesurent donc l'intensité de celui-ci. Or, on observe qu'en chargeant la caisse de poids, de manière que la pression devienne double ou triple, la charge du plateau nécessaire pour ébranler la caisse devient aussi double ou triple : ce qui démontre que le f. est doublé ou triplé, c.-à-d. proportionnel à la pression.

La seconde méthode consiste (Fig. 2) à placer une caisse P, que l'on charge de poids à volonté, sur un plan AB qui peut prendre divers degrés d'inclinaison par rapport au plan horizontal BC, puis à incliner le plan AB jusqu'à ce que la caisse commence à glisser. Lorsque le mouvement commence, c'est que la pesanteur commence aussi à surpasser la résistance occasionnée par le f. Or, l'action de la pesanteur dépend du poids du corps et de l'inclinaison du plan; nous avons donc ainsi le moyen de comparer le f. avec une force connue. Désignons le poids du corps par P, la pression par p, le f. par F et par i l'angle ABC qui mesure l'inclinaison du plan. Nous avons d'après la théorie du plan incliné, en observant qu'au moment où le corps commence à se mouvoir, le f. est égal à la composante du poids, P parallèle au plan AB : $p = P \cos i$,

Fig. 2.

$F = P \sin i$, et, en divisant ces deux expressions l'une par l'autre, $F = p \tang i$. L'angle i est ce qu'on appelle l'*angle limite de la résistance*, ou plus simplement l'*angle de f.*, et l'expression $\tang i$, ou le rapport du f. à la pression, est ce qu'on nomme le *coefficient du f*. On désigne assez ordinairement ce coefficient par la lettre f; on a donc comme relation fondamentale $\tang i = f$.

Ainsi qu'on le voit, il résulte des deux expériences qui précèdent : 1° que le f., *pendant le mouvement, est proportionnel à la pression qui s'exerce entre les deux corps qui frottent l'un sur l'autre*. Mais, en outre, Coulomb a établi expérimentalement : 2° que le f., *au départ, est également proportionnel à la pression*; 3° que le f., *pendant le mouvement, est indépendant, soit de l'étendue des surfaces en contact, soit de la vitesse du mouvement*; 4° que le f., *au départ, est aussi indépendant des surfaces en contact.* — Le principe que le f. est indépendant de l'étendue des surfaces en contact peut, au premier abord, sembler paradoxal : cependant c'est une conséquence de la proportionnalité entre le f. et la pression. En effet, supposons que deux corps de même poids s'appuient sur un même plan horizontal par des surfaces de même nature, mais telles que l'une, par exemple, soit double de l'autre. Si l'on fait glisser les deux corps sur le plan, la pression du premier sera répartie sur une surface deux fois plus grande, et, par conséquent, la pression exercée sur l'unité de surface sera deux fois plus petite. Le f. du premier corps sera donc deux fois plus petit sur l'unité de surface que le f. du second, et, comme le premier a une surface double, il en résulte que le f. est le même dans les deux cas. — Avec l'appareil de Coulomb, aussitôt que le départ a lieu, si l'on observe les espaces parcourus par la caisse dans des temps égaux, on reconnaît que le mouvement est uniformément accéléré. La force qui le produit est donc constante. Mais cette force est évidemment l'excès du poids moteur sur le f. Or, le poids moteur est constant, il s'ensuit nécessairement que le f. l'est aussi; par conséquent, le f. pendant le mouvement est, ainsi que nous l'avons dit, indépendant de la vitesse de celui-ci.

Le f. au départ est sensiblement le même que le f. pendant le mouvement, quand les deux corps qui glissent l'un sur l'autre sont très durs, comme les pierres et différents métaux; mais il est beaucoup plus considérable quand les corps sont très compressibles, comme le bois. Lorsqu'on place l'un sur l'autre deux corps très compressibles, ou bien un corps dur et un corps compressible, le f. au départ dépend de la durée du contact antérieur à l'expérience. Pour le glissement du bois sur bois, le f. devient maximum au bout de 2 ou 3 minutes; lorsqu'au contraire on fait glisser des métaux sur du bois, ou du bois sur des métaux, ce n'est qu'après 24 et même 48 heures que le f. atteint sa plus grande intensité. En outre, à égalité de pression, le f. varie avec la nature des surfaces en contact. Ainsi, le f. de métaux sur métaux est plus faible que le f. de bois sur bois, et ce dernier est lui-même inférieur au f. de bois sur métaux. Dans tous les cas, plus les corps sont polis, plus l'intensité du f. diminue. C'est pour cela que l'on est dans l'usage d'enduire de quelque substance grasse les surfaces des pièces qui, dans les machines, doivent frotter les unes contre les autres. Ces substances diminuent le f., vraisemblablement en remplissant les cavités produites par les aspérités naturelles des surfaces; de plus, elles isolent les deux surfaces l'une de l'autre, de sorte qu'au f. des surfaces solides l'une sur l'autre se trouve substitué le f. de la matière grasse sur elle-même. Cependant l'enduit gras pourrait augmenter le f. s'il était trop consistant. Ces enduits sont indispensables lorsque les surfaces supportent de grandes pressions ou lorsqu'elles sont animées d'une grande vitesse.

Dans l'appareil dont Coulomb s'est servi pour ses belles expériences, la course du plateau était assez petite; il était donc très difficile de mesurer les espaces parcourus avec une exactitude suffisante. En 1831, Morin a repris ces recherches avec une précision et une rigueur inconnues jusqu'à lui. Son appareil est analogue à celui de Coulomb; mais il est d'une course plus considérable. En outre, à l'axe de la poulie de renvoi est fixé un grand plateau circulaire recouvert d'une feuille de papier, sur la surface de laquelle s'appuie légèrement l'extrémité d'un pinceau qui est imbibé d'encre de Chine, et qui est animé d'un mouvement uniforme de rotation au moyen d'un mécanisme d'horlogerie. Quand le plateau couvert de papier reste immobile, le pinceau y trace une circonférence; mais aussitôt que la caisse se met en mouvement et que le disque tourne, le pinceau décrit sur celui-ci une courbe qui dépend à la fois de son propre mouvement et de celui du disque. Or, c'est de la forme que prend la courbe décrite par le pinceau, que l'on déduit les espaces parcourus par la caisse à chaque instant de l'expérience.

Le tableau ci-dessous résume les principales expériences qui ont été faites pour la détermination du coefficient de f.

Expériences plus récentes. — Les principes sur lesquels repose la théorie que nous venons d'exposer ont été mis en doute à la suite d'expériences plus récentes exécutées dans diverses compagnies de chemins de fer. En 1851, M. Jules Poirée, sur le chemin de fer de Lyon, faisait remarquer par une locomotive ou wagon à balais plus ou moins chargé et dont toutes les roues étaient calées, qu'il trouvait que pour des vitesses supérieures à 5 mètres par seconde, le f. diminue quand la vitesse croît. M. Rochet, ingénieur des mines, exécuta en 1856 et 1860, sur le chemin de fer de l'Ouest, des expériences analogues; il conclut que la diminution du f. à mesure que la vitesse croît est un phénomène général pour des vitesses de 0 à 25 mètres par seconde et que la relation entre le f. et la surface de contact est des plus complexes; il y aurait, suivant lui, une valeur de la surface donnant le minimum de f. Quant

INDICATION DES SURFACES EN CONTACT	DISPOSITION des FIBRES	ÉTAT des SURFACES	COEFFICIENT DE FROTTEMENT	
			après un contact de quelque durée	pendant le mouvement.
Chêne sur chêne	Parallèles.	Sans enduit.	0,62	0,48
	Id.	Frottées de savon sec.	0,44	0,16
	Perpendiculaires.	Sans enduit.	0,54	0,34
	Id.	Mouillées d'eau.	0,71	0,25
Orme sur chêne	Parallèles.	Sans enduit.	0,69	0,43
	Id.	Frottées de savon sec.	0,41	0,25
	Id.	Mouillées d'eau.	0,65	0,21
Fer sur chêne	Id.	Frottées de savon sec.	»	0,49
Fonte sur fonte et sur bronze		Graissées d'huile ou de saindoux.	»	0,07 à 0,08
Fer sur fonte et sur bronze				
Bronze sur bronze				
Cuir tanné sur chêne	Cuir à plat.	Sans enduit.	0,61	0,35
		Mouillées d'eau.	»	0,29
Cuir tanné sur fonte et sur bronze	Cuir à plat ou de champ.	Mouillées d'eau.	»	0,36
Courroie sur tambour en chêne	A plat.	Sans enduit.	0,50	»
Courroie sur poulie en fonte	Id.	Id.	0,28	»
Corde de chanvre sur chêne		Id.	0,62	»
Calcaire oolithique sur calcaire oolithique		Id.	0,74	0,64
Brique sur calcaire oolithique		Id.	0,67	0,65
Chêne sur calcaire oolithique		Id.	0,63	0,38

à la valeur du coefficient, elle peut varier de 1/5 à 1/12 pour le glissement sur les rails des bandages en fer ou en acier fondu.

L'état de l'atmosphère a une très grande influence sur le f. qui, d'après les expériences de MM. Wuillemin, Guebhard et Dieudonné, en désaccord sur ce point avec M. Rochet, paraît être plus grand par un temps sec ou par une forte pluie, que par un temps simplement humide. D'autres études ont été faites sur le f. des fusées d'essieux de wagon tournant dans des coussinets de bronze. Les plus anciennes sont dues à Wood qui trouva $f = 0,05$ pour une pression de 7 kilogrammes par centimètre carré, et des valeurs de f plus grandes pour des charges inférieures ou supérieures à la précédente. Vers 1860, M. Kirchweger, aux ateliers de Hanovre, et MM. Bokelberg et Weikner, aux ateliers de Goettingue, firent des expériences précises à l'aide d'un appareil analogue au frein de Prony et trouvèrent que f est égal à 0,014 pour de grandes vitesses de rotation et plus grand pour des vitesses plus petites. En résumé, les lois fondamentales de la théorie du f. peuvent être admises lorsque la vitesse, la charge ou la surface varient peu; mais, dans chaque cas, si l'on veut une valeur exacte du coefficient, il faut la tirer d'expériences faites dans des conditions analogues à celles dans lesquelles on se trouve.

Applications. — La mécanique donne des règles pour calculer l'effet du f. et le travail qu'il parvient dans certains cas particuliers. Parmi les résultats les plus intéressants de cette étude, nous signalerons les trois suivants :

1° Supposons une vis mobile dans un écrou fixe. Imaginons qu'on exerce sur la vis un effort dans le sens de son axe. Si le f. n'existait pas, cet effort aurait pour effet de faire mouvoir la vis qui s'avancerait en tournant sur son axe, et cela quel que soit l'angle des filets avec la génératrice du cône. Le f. peut empêcher ce déplacement. On démontre que *si l'angle des filets avec la section droite du cylindre est plus petit que l'angle de frottement*, le déplacement de la vis par un effort longitudinal sera impossible, quel que soit cet effort. On ne pourra mouvoir la vis qu'on la tournant. Toutes les vis qui ont pour fonction d'exercer un serrage doivent remplir cette condition, autrement la vis se desserrerait d'elle-même. Inversement, si la vis est employée pour transformer un mouvement rectiligne en mouvement circulaire, comme cela a lieu dans le petit appareil appelé *drille* et destiné à percer de petits trous, il faut que les filets soient allongés, afin que l'angle des filets avec la section droite soit supérieur à l'angle de f. Du reste, le travail du f. est d'autant plus petit que les filets sont plus allongés. Il va sans dire que les conclusions sont les mêmes, que ce soit la vis ou l'écrou qui soit mobile.

2° Pour des raisons analogues, il est impossible d'enfoncer un coin, si le demi-angle au sommet de ce coin est plus grand que l'angle de f. Le coin doit donc être d'autant plus aigu que le f. des surfaces est moindre.

3° Si une corde enroulée en partie sur un cylindre est tendue à ses deux extrémités et qu'on exerce une traction sur l'un des brins pour la mettre en mouvement, le f. aura pour effet d'empêcher que la tension du premier brin se transmette intégralement au second. On démontre que, une fois l'équilibre obtenu, la différence des tensions est une fonction exponentielle de la valeur angulaire de l'arc embrassé, d'où il suit que cette différence croît très vite avec l'arc. Grâce à cette particularité, on peut équilibrer un effort considérable qui s'exerce à l'une des extrémités de la corde, par un effort beaucoup moindre appliqué à l'autre extrémité. C'est ainsi que les bateliers arrêtent facilement leurs lourds bateaux, en enroulant une amarre autour d'un pieu de bois ou de pierre. Il leur suffit de retenir le brin libre de l'amarre avec une force médiocre pour équilibrer la traction qu'exerce le bateau sur l'autre brin. Pour la même raison, il serait facile, en cas d'incendie, de descendre par une fenêtre en s'attachant autour du corps une corde qu'on enroulerait en plusieurs tours autour de l'appui d'une fenêtre, et dont on tiendrait l'autre extrémité dans la main. Un effort très médiocre suffirait à retenir le poids du corps et à modérer ainsi la descente. Au reste, on a imaginé pour descendre les personnes par les fenêtres, en cas d'incendie, plusieurs appareils qui reposent sur le même principe.

Rôle du frottement dans la nature et dans les arts. — Le f. joue dans la nature un rôle capital; il n'est pas de phénomène où nous ne retrouvions ses effets. C'est lui qui nous permet de marcher en opérant une résistance à notre pied; sur un sol trop lisse, la marche devient difficile, parfois même impossible. Quand nous saisissons un objet, c'est le bras souvent le f. qui le fait rester entre nos doigts. Les fils dont sont formés nos vêtements, les cordes qui nous servent journellement ne doivent leur solidité qu'au f. des fibres qui les com-

posent. C'est encore lui qui donne à nos constructions toute leur stabilité et qui maintient les pilotis dans les sols mouvants, etc. Dans les arts mécaniques, comme nous l'avons déjà dit, son rôle est tantôt utile, tantôt nuisible. Ainsi, les locomotives remorquent les trains à des vitesses considérables sans que les roues patinent, parce que le f. de glissement ou *adhérence* des roues motrices sur le rail surpasse l'effort de traction du train ; mais, d'un autre côté, une partie considérable de la puissance de la machine est employée à vaincre les résistances de ses propres organes ; dans une machine de 400 chevaux, le f. des tiroirs en absorbe à lui seul de 30 à 35. Comme applications utiles, citons encore tous les genres de frein, les transmissions par courroie, les engrenages à f., etc. Dans les machines, on diminue le f. en lubrifiant les surfaces avec des corps gras qui s'interposent entre elles et, de plus, empêchent les pièces de chauffer ou de gripper ; encore faut-il que la première ne soit pas assez forte pour chasser le corps lubrifiant. Il ne faut guère dépasser 15 kilog. par centimètre carré pour la graisse, 20 kilog. pour l'huile, 10 kilog. pour l'eau. Lorsque les pressions sont très fortes, on évite le grippement en remplissant d'alliages spéciaux, tels que l'antifriction, des cavités ménagées dans les parties frottantes. Ces alliages font en quelque sorte l'office d'une graisse extrêmement consistante.

Lorsque deux corps durs frottent l'un sur l'autre, leurs surfaces s'usent lorsque l'une l'autre et se polissent ; cet effet est appelé *attrition*. Il est utilisé dans les arts pour polir certaines substances. Si de plus, les deux surfaces frottent l'une sur l'autre dans différents sens, elles ne peuvent rester en contact que si elles sont planes ou sphériques. Dès lors, les parties saillantes s'usent les premières jusqu'à ce que les deux surfaces aient la forme géométrique plane ou sphérique. C'est par ce procédé qu'on dresse les miroirs plans, si usités en physique.

Nous avons parlé plusieurs fois du travail perdu par le f. En réalité, ce travail se transforme en chaleur et n'est perdu que quand on abandonne la chaleur qu'il fournit. C'est en se basant sur cette transformation que Joule a déterminé l'équivalent mécanique de la chaleur. Le travail absorbé par le f. peut aussi être transformé partiellement en travail électrique, comme cela a lieu dans la machine électrique de *Ramsden*. Voy. ÉLECTRICITÉ, XII.

Frottement dans les liquides et dans les gaz. — Le f. n'est pas spécial aux solides ; il se manifeste aussi dans le mouvement des fluides dont les molécules éprouvent de la résistance à se déplacer soit sur la surface d'un corps solide, soit les unes par rapport aux autres. C'est pour cette raison que dans une rivière le courant est plus fort au milieu que sur les bords.

Frottement de roulement. — Outre l'espèce de f. que nous venons d'étudier, et qu'on appelle *F. de glissement*, on distingue encore une autre espèce de résistance qu'on appelle improprement *F. de roulement*. Celui-ci se développe quand un corps arrondi roule sur un autre sans glisser, comme, par ex., une bille sur le tapis d'un billard, une roue de voiture sur une route, etc. Coulomb a reconnu, par des expériences spéciales, que l'intensité du f. d'un rouleau en mouvement sur un plan est sensiblement proportionnelle à la pression exercée par le rouleau sur le plan, et en raison inverse du diamètre du rouleau. Le f. de roulement est d'ailleurs notablement plus faible que celui de glissement ; par conséquent, dans beaucoup de cas, on substitue le f. de roulement au f. de glissement. Ainsi, dans la machine d'Atwood, l'axe de la poulie principale repose sur les jantes croisées d'autres poulies, qui, étant mobiles elles-mêmes, donnent lieu à un f. de roulement qui remplace un f. de la première espèce. On opère une substitution du même genre quand, pour mouvoir un bloc d'un poids considérable, au lieu de le faire glisser sur le sol, on le place sur des rouleaux dont le mouvement détermine celui du bloc. Les roues de voiture sont aussi une application du f. de roulement, et il est évident, d'après ce qui précède, qu'il y a avantage, pour diminuer le f., à leur donner un grand diamètre. Voy. RÉSISTANCE.

FROTTER. v. a. [Pr. *fro-ter*] (même origine que le lat. *frictum*, frotté ; *frictio*, frottement, etc.). Presser ; se dit de tout corps qui presse contre un autre, pendant qu'il est lui-même, ou que les deux corps sont en mouvement. F. doucement, légèrement, fortement. F. avec la main, avec un morceau d'étoffe. F. la tête de quelqu'un. F. la jambe d'un cheval. F. un métal avec de l'émeri pour le polir. F. deux pierres l'une contre l'autre. || Un âne *f*rotte l'autre, Les ignorants se congratulent l'un l'autre. || Oindre, enduire en frottant. On lui frotte le bras avec du baume. F. des meubles, un parquet avec de la cire. On dit, par méton., F. un appartement, et absol., Frotter, Frotter un parquet, un plancher. *Ce domestique sait* f. || Fig. et fam., Battre, maltraiter. *On l'a frotté d'importance. Les ennemis ont été bien frottés dans cette rencontre.* On dit dans un sens anal., *F. les oreilles à quelqu'un.* || T. Peint. *F. une esquisse.* La couvrir d'une teinte transparente. || T. Mar. *F. la toile à voile,* Y former des plis distincts. || T. Techn. Oter avec un morceau de drap les parcelles d'or que le conteau du doreur n'a pu faire tomber du livret. || Donner la dernière façon à une forme avec un frottoir de peau de chien marin. || *F. des caractères d'imprimerie,* Les passer sur le grès afin d'enlever les bavures. || *F. un volume.* En gratter le dos pendant l'opération de l'endossure afin de faire bien pénétrer la colle. ⸗ FROTTER. v. n. Se dit d'une chose qui glisse sur une autre ou contre une autre, en exerçant une certaine pression, *La roue frotte contre l'essieu.* ⸗ SE FROTTER. v. pron. Se f. *avec la main. Se f. contre quelque chose. Se f. l'un l'autre. — Les athlètes se frottaient d'huile avant de lutter.* || Fig. et fam., Se f. *à quelqu'un,* Avoir commerce avec quelqu'un, *Il est bon de se f. aux savants, on en apprend toujours quelque chose.* || Se f. *les mains,* Donner des marques de satisfaction. || Se f. *les yeux,* Douter de ce qu'on voit. — Signifie aussi, S'attaquer à quelqu'un, *Ne vous frottez pas à cet homme-là, il est plus fort, plus adroit que vous. C'est un homme auquel il est dangereux de se f.* On dit de même, *Ne vous y frottez pas, je ne vous conseille pas de vous y f.,* etc., Quand on veut dissuader quelqu'un de faire une chose dont on pense qu'il se repentirait. — Fig. et prov., *Qui s'y frotte, s'y pique,* se dit d'un homme qui ne se laisse pas attaquer impunément. ⸗ FROTTÉ, ÉE. part. *Une personne frottée de grec,* Qui sait un peu de grec, superficiellement.

FROTTERIE. s. f. [Pr. *fro-terie*]. Action de frotter les caractères d'imprimerie sur un grès pour enlever les bavures qui s'y trouvent.

FROTTEUR, EUSE. s. [Pr. *fro-teur*]. Celui, celle qui frotte. Celui qui frotte les planchers, les parquets. *Il est f. de son état.* — Ouvrière qui frotte sur le grès les caractères d'imprimerie sortant de la fonte.

FROTTIS. s. m. [Pr. *fro-ti*] (R. *frotter*). T. Peint. Couche de couleur légère et transparente. || Copie d'une inscription obtenue en frottant un crayon sur du papier appuyé sur l'original.

FROTTOIR. s. m. [Pr. *fro-toir*]. Linge dont on se sert pour se frotter la tête et le corps. || Le linge dont les barbiers se servent pour essuyer leur rasoir en faisant la barbe. || T. Phys. Coussins ou disques entre lesquels on fait tourner à frottement les plateaux d'une machine électrique. || T. Techn. Outil dont se sert le relieur pour unir le dos des livres. — Tissu de crin pour frotter les cordes à boyaux. — Plaque garnie de phosphore amorphe contre laquelle on frotte les allumettes pour les enflammer. — Coffret de bois pour sécher les épingles. — Brosse à frotter le parquet. — Petit coussin pour donner le lustre aux chapeaux de soie. — Outil pour aplanir les coutures des voiles de navire. — Planche taillée en pointes de diamant, sur laquelle on passe le chanvre pour le rendre uni.

FROTTON. s. m. [Pr. *fro-ton*]. Instrument employé dans la fabrication des cartes à jouer.

FROTTURE. s. f. [Pr. *fro-ture*]. Couche de bois mort qui se forme et se recouvre d'une nouvelle écorce.

FROUARD, com. du dép. de Meurthe-et-Moselle, arr. et canton de Nancy; 3,200 hab. Mines de fer. Hauts fourneaux. Point stratégique important.

FROUEMENT. s. m. T. Chass. Action de frouer. || Résultat de cette action.

FROUER. v. n. T. Chasse. Faire une espèce de sifflement à la pipée, pour attirer les oiseaux.

FROU-FROU. s. m. (Onomatopée). Bruit produit par un froissement léger. *Le f. de la soie.*

FRUCTIDOR. s. m. (lat. *fructus,* fruit; et grec ὁρον, don). Le douzième mois du calendrier républicain. Voy. CALENDRIER.

FRUCTIFÈRE. adj. 2 g. (lat. *fructus,* fruit; *ferre,* por-

---

ter). T. Bot. Qui porte un fruit ou des fruits. *Rameau f. Bourgeon f.*

FRUCTIFIANT, ANTE. adj. Qui fructifie.

FRUCTIFICATEUR, RICE. adj. T. Didact. Qui fait fructifier.

FRUCTIFICATION. s. f. [Pr..... *sion*] (lat. *fructificatio,* m. s.). T. Bot. Se dit de la formation, du développement du fruit, et de l'ensemble des organes de la reproduction. *Les parties, les organes de la f. La f. des algues est peu apparente.*

FRUCTIFIER. v. n. (lat. *fructus,* fruit; *fieri,* être fait). Au prop., se dit d'un végétal qui produit des fruits. *Cet arbre ne fructifie qu'à telle époque.* || Par ext., Rapporter des fruits, des récoltes. *Quand les terres sont bien fumées, elles en fructifient davantage.* || Fig., Produire un effet, un résultat avantageux. *Faire f. la vigne du Seigneur,* Propager la foi. *Vos conseils, vos exemples ont bien fructifié. Faire f. la parole de Dieu.* ⸗ Conj. Voy. PRIER.

FRUCTOSE. s. f. (lat. *fructus,* fruit, et le suffixe *ose,* qui désigne les sucres). T. Chim. Matière sucrée isomérique avec le glucose. On la connaît sous trois formes : dextrogyre, lévogyre et racémique. La variété lévogyre, très répandue dans le règne végétal, est ordinairement désignée sous le nom de *Lévulose.* Voy. ce mot.

FRUCTUEUSEMENT. adv. Avec fruit, utilement, avec succès. *Les missionnaires ont travaillé f. dans la Chine.*

FRUCTUEUX, EUSE. adj. (lat. *fructuosus,* m. s.). Qui produit du fruit. *Rameaux f.* N'est usité qu'en poésie. || Fig., Utile, profitable, lucratif. *Emploi f. Entreprise fructueuse.*

FRUGAL, ALE. adj. (lat. *frugalis,* m. s.). Qui se contente de peu pour sa nourriture, qui vit de choses communes. *Il est extrêmement f.* — On dit aussi, *Mener une vie frugale. Des mœurs frugales.* Ce mot n'a point de pluriel au masculin. || *Repas f., Table frugale,* Repas où l'on ne sert que des mets simples et communs, et que ce qu'il en faut pour se nourrir. ⸗ SYN. Voy. SOBRE.

FRUGALEMENT. adv. Avec frugalité. *Vivre f.*

FRUGALITÉ. s. f. (lat. *frugalitas,* m. s.). Simplicité dans la manière de se nourrir, et, par ext., Simplicité de mœurs et de vie. *Vivre avec f. Aimer la f. La f. rend le corps plus sain et plus robuste. Les repas étaient d'une extrême f.*

FRUGARDITE. s. f. T. Minér. Sorte de pierre précieuse.

FRUGES, ch.-l. de c. (Pas-de-Calais), arr. de Montreuil, 3,100 hab.

FRUGIFÈRE. adj. 2 g. (lat. *fruges,* fruits; *ferre,* porter). T. Didact. Qui porte des fruits.

FRUGIVORE. adj. 2 g. (lat. *fruges,* fruits; *vorare,* dévorer). Qui se nourrit de substances végétales, et particul. de fruits. *Les animaux frugivores. Cet oiseau est exclusivement f.* || Subst., au masc., *Les frugivores,* Les oiseaux frugivores.

FRUIT. s. m. (lat. *fructus,* m. s.). L'ensemble des organes végétaux qui succèdent à la fleur, et qui servent à la propagation de l'espèce. *F. sec. F. charnu. F. simple. F. composé.* — Dans le langage ordinaire, se dit particul. des fruits qui servent d'aliment. *Ces fruits sont encore verts. Des fruits mûrs. Du f. nouveau. F. précoce, hâtif, tardif. Fruits à noyaux, à pépins. Les fruits rouges. F. gâté, pourri. Les fruits de la saison, de l'arrière-saison. Manger du f. Aimer le f. Il ne vit presque que de fruits. Conserver des fruits. Fruits secs. Fruits confits. Fruits à l'eau-de-vie. — Fruits d'été, d'automne, d'hiver,* Qui se mangent en été, en automne, en hiver. || Le dessert, tout ce qu'on sert au dernier service de table, après les viandes et les entremets; dans ce sens il n'a point de pluriel. *Servir le f. On était au f. F. monté,* Fruit décoré avec des cristaux, des figures de sucre ou de porcelaine, posées sur un ou plusieurs plateaux. || Par ext., on appelle *Fruits de la terre,* Toutes les productions du sol qui servent à la nourriture des hommes et des animaux ; et en T. Jurisp., *Fruits pendants par les racines ou par racines*, Les blés, les raisins, et généralement tous les fruits lorsqu'ils sont encore sur pied. || Par anal., se dit quelquefois de l'enfant qu'une femme porte dans son sein, ou qu'elle vient de mettre au monde. *Elisabeth dit à la Vierge : Le f. de vos entrailles est béni. Dès qu'une femme s'est délivrée de son f.* Dans ce sens, *Fruit* n'est usité qu'au sing. || Au fig.,

Parlez mes vers, dernier fruit de ma veine.

BOILEAU.

— *F. défendu*, Fruit de l'arbre de vie, auquel Adam et Ève ne devaient pas toucher. On donne ce nom à toute personne ou chose qu'on ne peut, ni ne doit s'approprier. — Dans le style élevé, on dit, mais presque exclusivement en parlant de la progéniture de l'homme, *Cet enfant est le seul f. de leur union. Les fruits de leur hymen.* == En T. Jurisp. Se dit des produits ou des revenus d'un immeuble quelconque, d'un emploi, d'un bénéfice, etc. *Percevoir les fruits. Rendre compte des fruits. Restitution de fruits. Le possesseur de bonne foi fait les fruits siens. Résigner un bénéfice avec rétention de fruits.* On dit, dans un sens anal., *Les fruits d'un travail, d'une industrie*, etc. — *Fruits naturels*, Les productions spontanées d'une terre, d'un fonds : comme le foin, le bois, le croît des animaux. *Fruits industriels*, Les productions qu'on obtient par la culture, comme le blé, le vin, etc. *Fruits civils*, Le loyer des maisons, le prix des baux à ferme, les intérêts des sommes exigibles, etc. || Dans le langage ordinaire, en parlant de travaux industriels, *Fruit* se dit quelquefois dans le sens général de Produit. *Sa fortune est le f. de son industrie. Il jouit à cette heure des fruits de son travail et de son économie. Cet ouvrage est le f. de son travail.* ==. Fig., Utilité, profit, avantage qu'on retire de quelque chose. *Travailler avec f. Il n'a retiré aucun f. de cette affaire. Il a perdu en un instant tout le f. de ses veilles. Il a tiré un grand f. de ses études. Beaucoup de travail et peu de f.* || Fig., se dit encore de l'effet, du résultat d'une cause, soit bonne, soit mauvaise. *C'est un f. de votre piété. Ses infirmités sont le f. de la guerre. La tranquillité d'esprit est un f. de la bonne conscience. La honte et le repentir sont les fruits ordinaires des mauvaises actions. Ces provocations à la révolte ne tardèrent pas à porter leur f.* — *Faire du f.*, Produire des effets avantageux par les exhortations, par de bons exemples. *Ce missionnaire a fait un grand f. dans cette ville.* Vx et inus.

Écon. rur. — Voy. FRUITIER.

Bot. — Une fois la fécondation opérée, toute la vie de la fleur se concentre dans l'ovaire et, tandis que les ovules se développent en graines, le pistil qui les porte et le plus souvent les enferme, s'accroît, mûrit en même temps que les graines

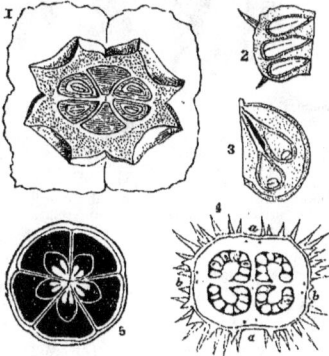

et devient le *fruit*. Le fruit est donc le pistil de la fleur, fécondé, accru et mûri. On retrouvera par conséquent dans le f. la conformation du pistil avec des modifications plus ou moins profondes introduites par la fécondation et dont il convient de signaler les principales.

Le stigmate se dessèche toujours, et souvent le style tombe après la fécondation : pourtant, dans quelques plantes, le f. est surmonté par le pistil persistant et accrescent (ex., les Pulsa-

tiles, les Clématites, la Benoîte) ou par le stigmate sessile (ex., le Pavot, Fig. 6). Quelquefois tous les carpelles du pistil avortent avec les ovules qu'ils renferment, à l'exception d'un seul qui devient le f. Tel est le cas du Coudrier, du Chêne, du Hêtre, du Dattier, du Cocotier, etc.

Les parties essentielles du f. sont donc les graines et le péricarpe. Elles se développent en général simultanément ; cependant, leur solidarité n'est pas absolue, car fréquemment la graine avorte, tandis que le péricarpe se développe, comme on l'observe souvent dans le Bananier, le Raisin de Corinthe, l'Épine-vinette, etc., tandis que, d'autres fois, c'est le péricarpe qui s'atrophie et la graine qui se développe.

Tantôt un pistil composé d'une ou deux loges se change en un f. qui en renferme plusieurs : cette multiplication résulte, soit de la division ou du dédoublement des lames placentaires, comme dans le *Petræa zanguebarica* (Fig. 1), soit de l'expansion de quelque portion de l'endocarpe à l'intérieur de la cavité de cette membrane. Ce dernier cas se présente fréquemment, et il a ordinairement pour effet de partager la cavité primitivement simple de l'ovaire en autant de loges séparées par des cloisons horizontales ; il en est ainsi dans le f. du *Cneorum tricoccum* (Fig. 2), du *Tribulus terrestris*, des *Glaucium*, etc. Ces prolongements, qui s'observent dans le f. seulement et non dans l'ovaire, sont désignés sous le nom de *fausses cloisons*. Les *cloisons vraies* des fruits sont ordinairement formées par l'accolement et la soudure des bords rentrants de deux feuilles carpellaires ; elles se reconnaissent en outre à ce qu'elles alternent constamment avec les stigmates ou leurs divisions, dont chacun correspond en général à la partie moyenne de chaque carpelle. Dans beaucoup de plantes, les fausses cloisons sont produites par les lames placentaires : c'est ainsi, par ex., que nous trouvons dans le *Datura*, vulgairement la *Stramoine* (Fig. 4), une cloison vraie *aa*, formée par les côtés des feuilles carpellaires, et une fausse cloison *bb*, qui résulte de la confluence des placentas et d'un prolongement de la suture dorsale.

Quand le pistil est formé de plusieurs carpelles non soudés, le fruit se compose d'autant de pièces qu'il y avait de carpelles, comme dans la Renoncule, la Pivoine, le *Quassia amara* (Fig. 17), etc. Quand le pistil est formé d'un seul carpelle ou de plusieurs carpelles soudés, le f. est habituellement

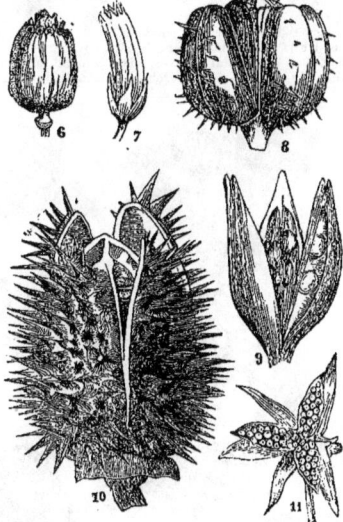

d'une seule pièce. (Fruit de Nigelle, Fig. 5). Mais, cependant, il peut arriver qu'avant la maturité le f. se sépare en plusieurs pièces distinctes : ainsi, le f. des Ombellifères (Fig. 16), celui de l'Érable (Fig. 19) se séparent en deux fragments ; de même, le f. à 5 loges des Géraniums se sépare en 5 coques.

On trouve dans les fruits la plus grande variété de formes, de consistance et de grandeur, et souvent ils paraissent peu en rapport avec les plantes qui les produisent. Tandis que le Potiron, plante grêle et rampante, porte le fruit le plus volumineux, les Amarantes et les Chénopodiées produisent un f. gros comme une tête d'épingle. Le Mimosa scandens porte des gousses gigantesques, et l'Orme une petite samare. Parmi les plus grands végétaux, nous voyons le Chêne porter de petits

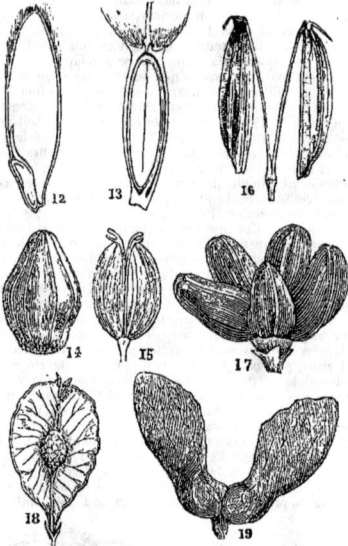

glands et le Lodoïcea des Maldives un f. plus gros que la tête. Les fruits sont globuleux, ovales, cylindriques, anguleux, prismatiques, lenticulaires, vésiculeux, moniliformes, en spirale, etc. Leur surface présente un nombre infini de modifi-

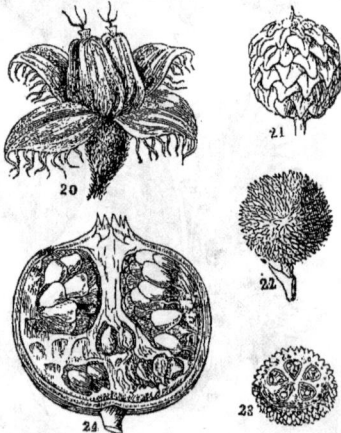

cations; ils sont ornés de crêtes, d'aigrettes, de becs, de couronnes, d'ailes, etc., et, sous le rapport de la couleur, de l'odeur et de la saveur, ils présentent encore la plus extrême variété.

Structure du péricarpe. — La paroi de l'ovaire est devenue la paroi du f., qu'on nomme péricarpe. Avec A. Richard, les anciens botanistes considéraient que le péricarpe est toujours formé de trois parties, qui sont de dehors en dedans, l'*épicarpe*, le *mésocarpe* et l'*endocarpe*. La plus extérieure, ou *épicarpe*, est une membrane mince, qui représente l'épiderme de la face inférieure de la feuille carpellaire. Mais, lorsque l'ovaire est infère, c.-à-d. toutes les fois qu'il est soudé avec le tube du calice, c'est celui-ci qui forme l'épicarpe. L'*Endocarpe* ou membrane pariétale interne du f., représente l'épiderme de la face supérieure de la feuille carpellaire. En conséquence, il est généralement fort mince, et il tapisse la cavité où sont contenues les graines. Le *Mésocarpe* représente le parenchyme de la feuille carpellaire et les vaisseaux qui parcourent ce parenchyme. Dans les fruits où le péricarpe est mince, le mésocarpe se trouve réduit à une très petite épaisseur, tandis qu'il est extrêmement développé dans les fruits charnus, tels que les Pêches, les Pommes, les Melons, etc.

Aujourd'hui, on considère que le péricarpe comprend un parenchyme compris entre l'épiderme externe et l'épiderme interne. L'épiderme externe est tantôt lisse et parfois recouvert d'un enduit cireux qu'on appelle la *pruine* ou la *fleur* (Prune, Raisin, etc.), tantôt hérissé de poils (*Papaver Argemone*), ou bien encore revêtu d'émergences épineuses (Mar-

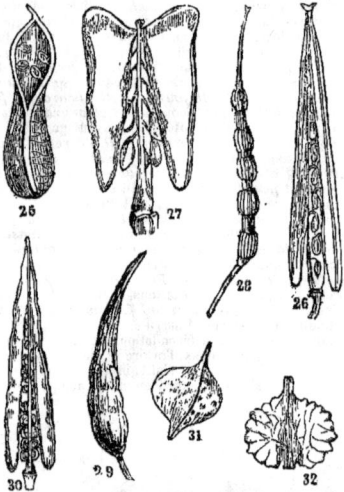

ronnier); quelquefois, il porte des prolongements aplatis en forme d'ailes (Orme, Fig. 48; Érable, Fig. 19). L'épiderme interne est souvent garni de poils qui peuvent être très longs et s'insinuer entre les graines (*Bombax*, etc.), tantôt ils sont épais, succulents, et les graines se trouvent plongées dans une pulpe charnue comme dans l'Orange (Fig. 51); c'est cette pulpe qui est la partie comestible de ce fruit.

Le parenchyme du péricarpe peut être homogène dans toute son épaisseur. Il est alors tout entier sec et résistant (Salicorne, Ortie, Plantain, Polygonées, etc.), ou tout entier charnu et mou (Raisin, Groseille, etc.). Il peut aussi se présenter en deux couches: l'externe à membranes minces, l'interne formant une zone dure sclérifiée. La distinction est très grande, quand la zone externe est charnue, et l'interne ligneuse formant un noyau dur autour de la graine (Prune, Pêche, Fig. 46; Cerise, etc.).

Déhiscence du péricarpe. — Lorsque le f. a atteint sa maturité parfaite, il faut qu'il livre passage aux graines qu'il renferme. On désigne sous le nom de *Déhiscence*, l'action par laquelle un f. s'ouvre naturellement: la plupart des fruits sont donc *Déhiscents*. Cependant, il existe, particulièrement dans les fruits monospermes ou charnus, comme ceux des Graminées, des Composées, des Amygdalées, des Pomacées, etc., des péricarpes qui ne s'ouvrent pas, et que, pour cela, on appelle *Indéhiscents*. La déhiscence du f. peut se faire par des fentes soit longitudinales, soit transversales, ou bien par des pores.

Relativement au nombre et à la position des fentes, la déhiscence longitudinale peut s'opérer de quatre façons différentes: 1° Les carpelles soudés se séparent entièrement les uns des autres par le dédoublement de la cloison en deux feuillets, puis s'ouvrent en dedans le long de la ligne de soudure des bords carpellaires; la déhiscence est *septicide* (Colchique, Tabac, Scrofulaire, etc.). Lorsque les carpelles sont libres, ils s'ouvrent en dedans le long de la ligne de soudure, en forme de nacelle (Pivoine, Spirée, etc.). — 2° La déhiscence se fait par la suture dorsale, c.-à-d. par le milieu de chaque carpelle; en conséquence, la cloison reste adhérente au milieu

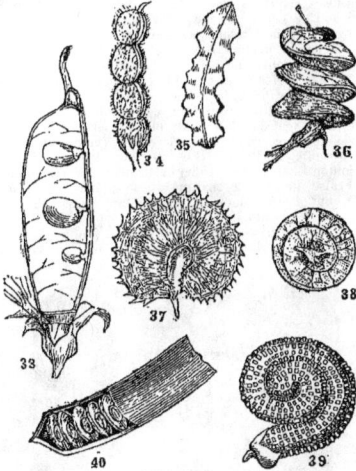

de la face interne de chaque valve, laquelle se compose des deux moitiés soudées de deux carpelles contigus; la déhiscence est *loculicide* (Tulipe, Kalmie comestible, Fig. 9, Pensée, Fig. 11, etc.). — 3° La déhiscence s'opère à la fois des deux manières différentes. Si les carpelles sont libres, chacun d'eux se sépare en deux valves portant les graines sur un seul des deux valves (Légumineuses, Fig. 33). Si les carpelles sont soudés, ils se séparent d'abord par le dédoublement des cloisons et s'ouvrent ensuite chacun en deux valves (Ricin, Fig. 8).

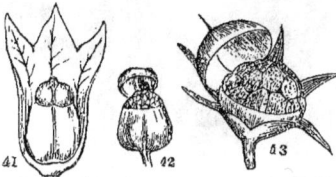

— 4° La déhiscence se produit le long de deux lignes latérales situées non loin des bords, séparant chaque carpelle en deux parties une valve médiane et deux bords séminifères, unis ou séparés. Si les carpelles sont soudés, les fentes se font de chaque côté des cloisons, et les valves en se séparant laissent à nu les bords placentaires unis au centre et les cloisons qui les séparent; la déhiscence est *septifrage* (Stramoine, Fig. 10; Crucifères, Fig. 26 et 27; Papavéracées, Fig. 30, etc.). La déhiscence longitudinale est parfois incomplète et ne porte que sur la partie supérieure du f., comme dans la plupart des Caryophyllées (Fig. 7). Il existe quelques plantes dans lesquelles la déhiscence s'opère non plus longitudinalement comme dans les précédents, mais par une suture transversale, de telle sorte que les valves sont superposées. Ces fruits à *déhiscence transversale* ont reçu le nom

de *Pyxide* (Jusquiame, Fig. 41 et 42; Mouron, Fig. 43; Plantain, etc.). Dans la déhiscence *poricide*, les portes se forment soit sous le sommet (Pavot, Fig. 6; Muflier, etc.), soit vers la base (Campanule, etc.).

La déhiscence longitudinale s'opère parfois avec élasticité en projetant les graines à une certaine distance (*Impatiens*, *Hura crepitans*, Fig. 44 et 45, etc.). Le péricarpe charnu de l'*Ecballium elaterium* est indéhiscent, mais à la maturité il se détache brusquement de so... pédoncule, et par l'ouverture ainsi formée les graines sont projetées à une assez grande distance.

Classification des principales sortes de fruits. — On peut classer les fruits en trois groupes suivant que le péricarpe est tout entier sec, tout entier charnu, ou mi-partie sec et mi-partie charnu. Chacun de ces groupes se subdivise ensuite, selon que le péricarpe est indéhiscent ou déhiscent. Un fruit sec indéhiscent est un *akène* ou un dérivé de l'akène; s'il est déhiscent, c'est une *capsule* ou un de ses dérivés.

Un f. charnu qui ne s'ouvre pas est une *baie*; s'il s'ouvre, c'est une *capsule charnue*. Enfin, un f. du troisième groupe, c.-à-d. un f. charnu à noyau, est une *drupe*, s'il est indéhiscent, et une *capsule drupacée*, s'il est déhiscent. Examinons chacune de ces catégories en détail.

a. Fruits secs et indéhiscents (*Type akène*). — L'akène *proprement dit* ne renferme qu'une graine non adhérente au

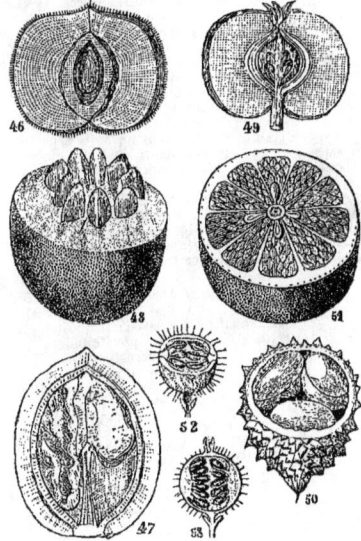

péricarpe (Composées, Fig. 13; Polygonées, etc.). Le *Caryopse* a le péricarpe intimement soudé avec la face externe de la graine elle-même dépourvue de tégument propre. Elle appartient à toute la famille des Graminées, comme le Blé, l'Avoine, le Riz, le Maïs (Fig. 12. Caryopse d'*Avoine* coupé verticalement pour montrer l'adhérence du péricarpe). Un fruit sec indéhiscent qui contient plusieurs graines se sépare habituellement en autant de compartiments qu'il y a de graines et chacun de ces compartiments appelés *Méricarpes* et *Crémo-*

carpes par certains auteurs est un akène ; on distingue dans ce groupe suivant le nombre de ces compartiments, le *Diakène* : ex., les Ombellifères (Fig. 15. Diakène d'Ombellifères ; 16. Autre, après la séparation de la columelle en deux parties); le *Triakène* : ex., la Capucine; le *Tétrakène* : ex., les Borraginées ; le *Pentakène* : ex., les Simaroubées (Fig. 17. Pentakène du *Quassia amara*), et le polyakène comme chez les Mimosées, les *Hedysarum* (Fig. 34), le Radis. (Fig. 28), etc. La *Samare* est un akène ailé (Frêne, Orme, Fig. 18, etc.) ; la *Disamare* est un diakène ailé (Érable, Fig. 19). On a cru devoir donner le nom de *gland* aux akènes de la famille des Cupulifères autour desquels persistent les bractées de l'inflorescence (Chêne, Coudrier, Hêtre, Fig. 20, etc.). Enfin, on a, donné le nom de *carcérule* à un f. sec indéhiscent dont les loges ne se séparent pas les unes des autres (Tilleul, Fig. 22, 23).

b. Fruits secs et déhiscents (*Type capsule*). — Ici aussi, il y a plusieurs variétés à considérer. Le *Follicule* est une capsule formée d'un seul carpelle qui s'ouvre par une seule suture longitudinale et intérieure et une seule valve, et représente ainsi la feuille carpellaire étalée (Pivoine, Ancolie, Aconit, Fig. 25, etc.). On a quelquefois appelé *Camare*, un f. composé de plusieurs follicules (Aconit, Pied-d'alouette, etc.). La *Gousse* ou *Légume* est un f. formé d'un seul carpelle, mais celui-ci s'ouvre à la fois le long de la soudure et de la nervure dorsale en deux valves, comme dans la plupart des Légumineuses (Fig. 35), où il affecte des formes très variées (Fig. 35, 36, 37, 38, 39). Quelquefois, la gousse est indéhiscente, comme dans le *Cassia fistula* (Fig. 40), le Sainfoin, (Fig. 34), etc. Dans cette espèce, elle se sépare en autant d'articles qu'il y a de grains et devient ainsi un polyakène. Si la capsule comprend deux carpelles et s'ouvre par 4 fentes voisines de 2 placentas en détachant 2 valves et laissant en place un cadre portant les graines, c'est une *silique*, comme chez les Crucifères (Fig. 26, 27, 29), la Chélidoine (Fig. 30), etc. Quand la silique est courte, c'est une *silicule* (*Nestia paniculata*, Fig. 31 ; *Senebiera Coronopus*, Fig. 32, etc.). De toute autre façon, c'est une *capsule* dont la déhiscence est, suivant les cas, loculicide, septicide, septifrage (Fig. 44 et 45), transversale (Fig. 41 et 42) ou poricide.

c. *Fruits charnus*. — La plupart des fruits charnus sont indéhiscents ; on les désigne sous le nom général de *baie* (Vigne, Groseillier, Fig. 52 et 53 ; Belladone, Tomate, Cucurbitacées, Fig. 50; Grenadier, Fig. 24; Oranger, Fig. 51). Certains botanistes désignent la baie des Cucurbitacées sous le nom de *péponide* et celle des Orangers, Citronniers, etc. sous le nom d'*Hespéridie*. On a aussi appelé *fausse baie*, une baie qui a des loges et des graines rangées dans un ordre apparent. On connaît cependant un certain nombre de fruits charnus qui sont déhiscents, tels sont les fruits de la Balsamine, du Marronnier, du Nénuphar, etc.

d. *Fruits mi-partie secs et charnus.* — Les fruits indéhiscents de cette catégorie portent le nom de *drupe* (Prunier, Cerisier, Amandier, Pêcher, Fig. 46). Dans le Noyer, le fruit est déhiscent, c'est une *capsule drupacée* (Fig. 47).

Le tableau suivant résume cette classification :

FRUITS SECS	indéhiscents (Type akène)		Akène p' dit (Composées). Diakène (Ombellifères). Triakène (Capucine, etc.). Caryopse (Graminées). Samare (Orme). Disamare (Érable).
	déhiscents (Type capsule)	longitudinalement	Capsule p' dite Follicule (Aconit). Gousse (Légumineuses). Silique (Crucifères).
		transversalement	Pyxide (Jusquiame).
		par pores	Capsule poricide (Mûrier).
FRUITS CHARNUS	indéhiscents		Baie (Vigne, Groseillier)
	déhiscents		Capsule charnue (Balsamine).
FRUITS MI-PARTIE SECS ET CHARNUS	indéhiscents		Drupe (Cerisier, Amandier).
	déhiscents		Capsule drupacée (Noyer).

Annexes du fruit. — L'ovaire n'est pas toujours la seule

partie de la fleur qui se développe après la fécondation ; d'autres organes floraux persistent et quelquefois prennent un très grand développement. Ainsi, dans les *Cupulifères*, les bractées persistent, s'accroissent, et ce sont elles qui forment autour des fruits du Hêtre (Fig. 20), du Châtaignier, une coque hérissée de piquants, ou constituent l'enveloppe sèche herbacée des Noisettes, des fruits du Charme, etc. Dans le Sapotier (Fig. 21), les écailles imbriquées qui recouvrent l'ovaire, s'accroissent, deviennent cornées et forment autour du f. une cuirasse luisante. Souvent aussi c'est le calice qui se développe. Il est quelquefois simplement persistant, comme dans la Fraise (Fig. 54), la Framboise (Fig. 55), ou bien il grandit beaucoup (Coqueret). Dans beaucoup de Chénopodiacées et de Nyctaginées, le f. qui est un akène se trouve enveloppé par le calice devenu charnu (Fig. 14, Belle-de-Nuit). En outre, il faut remarquer que dans toutes les fleurs à ovaire infère, la portion des enveloppes florales qui est soudée à l'ovaire contribue à former le f. C'est ce qu'on voit dans le f. charnu des Pomacées (*Mélonide* de certains auteurs), telles que la Poire, la Pomme, la Nèfle (Fig. 48), etc.; dans le f. du Groseillier, dans celui des *Cucurbitacées*, etc. On retrouve souvent dans ces fruits, et à la partie supérieure, une couronne dentée représentant le calice, comme on le voit dans la Groseille, la Pomme (Fig. 49), etc. Ailleurs, c'est le réceptacle floral qui peut se renfler beaucoup et former, comme dans la Fraise, une masse charnue où sont fixés les akènes (Fig. 54), ou, comme dans le Rosier, une coupe charnue emprisonnant les fruits.

Fruits composés. — Quand les divers fruits qui proviennent des fleurs d'une inflorescence serrée se soudent

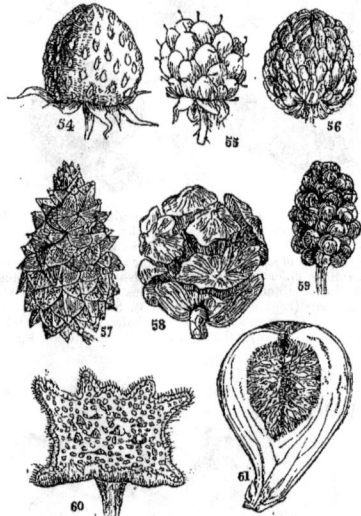

ensemble pendant leur développement, ils forment une masse unique qu'on appelle un *fruit composé*. Ainsi, dans la Figue, le réceptacle commun de l'inflorescence, creusé en forme de bouteille, devient pulpeux et comestible ; c'est à sa surface interne que sont fixés les fruits constituant de nombreux akènes (Fig. 61). Il en est de même dans le *Dorstenia* (Fig. 60) ; mais ici le réceptacle forme une sorte de plateau. Dans le Mûrier, toutes les drupes du capitule, enveloppées par les calices persistants et charnus, se soudent en un f. composé qui est la *mûre* (Fig. 59). Dans la plupart des Conifères, ce qu'on appelle *cône* est aussi constitué par toute l'inflorescence (Fig. 57 et 58) ; les graines, étant nues, sont protégées par les bractées qui s'agrandissent et s'épaississent. Dans l'Anone écailleuse (Fig. 56), les baies se soudent toutes ensemble en un f. comestible. Enfin, dans l'*Ananas*, les fruits, les calices, les bractées et le pédicelle commun sont confondus en une masse charnue et comestible.

FRUIT. s. m. T. Maçonnerie. Retraite ou diminution d'épaisseur qu'on donne en dehors à une muraille à mesure qu'on l'élève. *Donner du f. à une muraille.*

FRUITAGE. s. m. Toute sorte de fruits bons à manger.

FRUITÉ, ÉE. adj. Blas. Se dit des arbres chargés de fruits d'un émail différent. *Oranger de sinople f. d'or.*

FRUITERIE. s. f. Lieu où l'on garde, où l'on conserve le fruit. *Serrez ces pommes dans la f.* On dit ordinairement *Fruiterie.* || Dans la maison du roi, l'office qui fournit le fruit pour les tables, et, en outre, la bougie et la chandelle. || Le commerce du marchand fruitier. *Quitter la f.* — Collectiv., Les articles que vend un marchand fruitier. *Un commerce de fruiterie.* — Boutique où l'on vend des fruits, des légumes frais.

FRUITIER. s. m. Lieu où l'on garde, où l'on conserve le fruit. *Portez ceci au f.* || Jardin exclusivement consacré aux arbres fruitiers, Vx ; on dit *Verger.*

Écon. rur. — Le *fruitier* ou *fruiterie*, pour remplir les meilleures conditions, doit être situé au rez-de-chaussée, élevé de 0m,70 à 1m au-dessus du sol, exposé au nord et impénétrable à la gelée. Points les plus importants : la température sera constante et se maintiendra un peu au-dessus de zéro ; l'air sera sec, sans courants, et ne sera renouvelé que pour enlever l'humidité dégagée par les fruits eux-mêmes. Les lambris et les parquets en bois, même grossiers, constituent d'excellents revêtements protecteurs. On établit tout autour du local des tablettes larges de 0m,70, bordées en avant d'une petite tringle de bois, ayant 0m,03 de saillie, pour empêcher les fruits de tomber ; on couvre ces tablettes d'un lit de paille fine et neuve, très sèche et dépourvue d'odeur.

L'époque de la maturité des fruits est très variable ; il en est qu'il faut attendre 4 mois après la cueillette. On rassemble à part chaque sorte de fruit ; on a même soin de ne pas mêler les fruits récoltés sur espalier avec ceux des arbres de plein vent, quoique de même espèce, parce que les premiers mûrissent plutôt. A mesure qu'on les cueille, on pose doucement les fruits dans des paniers, et on les porte d'abord dans une pièce bien aérée, où on les étend pour les faire ressuyer. Cinq ou six jours après, quand l'humidité de la peau est évaporée, on les dépose au f. ; on les range sur les tablettes, espèce par espèce, à côté les uns des autres, ayant soin de les poser sur l'œil. Si le temps est beau, le f. peut rester ouvert pendant quelques jours après le rangement, puis on le ferme hermétiquement, et les fenêtres, s'il en existe, seront closes par des volets, pour tamiser ou même supprimer la lumière. Non seulement il est nécessaire de jeter un coup d'œil sur toutes les tablettes, quand on va chercher des fruits pour la table, mais il faut encore s'assujettir à visiter en entier le f. deux fois par semaine, afin de retirer les fruits tachés, dont la présence et le contact détériorent les autres.

On doit se procurer un local particulier pour les raisins, à cause de la grande humidité qu'ils laissent évaporer. Voy. Raisin.

FRUITIER, IÈRE. adj. Qui porte des fruits ; n'est guère usité que dans les loc., *Arbre f.* et *Jardin f.*

FRUITIER, ÈRE. s. Celui, celle qui vend des fruits, des légumes, etc. *Le f. du coin. Marchande fruitière.*

FRUITIÈRE. s. f. Dans le Jura, le lieu où l'on fabrique les fromages de Gruyère. || L'association formée pour l'exploitation d'une fruitière. Voy. Fromage.

FRUMENCE (Saint), premier évêque d'Abyssinie (IVe siècle). Fête le 27 octobre.

FRUMENTAIRE. s. f. (lat. *frumentum*, blé). T. Zool. Nom donné aux coquilles microscopiques qui ressemblent aux graines de froment. || T. Ant. Qui appartient aux céréales.

FRUMENTALITE. s. f. (lat. *frumentum*, blé). T. Minér. Nom donné à des pierres regardées comme des grains de blé fossiles.

FRUSQUES. s. f. pl. (R. *frusquin*). T. Pop. Est employé pour effets, nippes.

FRUSQUIN. s. m. (Mot tiré de l'argot). Ce qu'un homme a d'argent et de nippes. *Il a perdu tout son f., tout son saint-f.* Pop. Le mot *saint* qui lui est généralement accolé

vient d'une ancienne habitude de nos pères, qui mettaient ce mot à toutes sauces : *Saint Gris*, patron des ivrognes, *Sainte N'y touche*, etc.

FRUSTE. adj. 2 g. (lat. *frustum*, fragment). T. Archéol. Se dit d'une médaille ou d'une pierre antique dont le temps a effacé les reliefs et corrodé la surface. *Médaille, marbre, colonne f.* || Par anal., *Un coquillage est f.*, lorsque ses pointes et ses cannelures sont usées.

FRUSTRABLE. adj. 2 g. Qui peut être frustré.

FRUSTRANÉ, ÉE. adj. T. Didact. Qui a lieu en vain, qui est inutile.

FRUSTRATEUR. s. m. Celui qui frustre.

FRUSTRATION. s. f. [Pr. *frustra-sion*]. Action de frustrer.

FRUSTRATOIRE. adj. 2 g. (lat. *frustratorius*, m. s.). T. Pratique. Fait pour frustrer, pour tromper, ou pour éluder, gagner du temps. *Acte, appel, exception f. — Frais frustratoires*, Voy. Frais. || s. m. Boisson sucrée ou aromatisée qu'on prend quelquefois après le repas, pour faciliter la digestion, ou que l'on donne à un malade pour l'aider à supporter la diète. Vx.

FRUSTRER. v. a. (lat. *frustrare*, de *frustra*, en vain). Priver quelqu'un de ce qui lui est dû, ou de ce à quoi il s'attend. *Il m'a frustré de mes droits. Il a voulu f. ses créanciers. On l'a frustré de son salaire. Il a été frustré de ses espérances, dans ses espérances.* On dit aussi, *F. l'attente, l'espoir, l'espérance, les espérances de quelqu'un.* = Frustré, ée. part.

FRUTESCENT, ENTE. adj. (lat. *frutex*, arbrisseau). T. Bot. Les végétaux ligneux, qui sont ramifiés dès leur base, sont appelés *Frutescents*, et quelquefois *Frutiqueux* ; et l'on nomme *Sous-frutescents, Suffrutescentes*, et quelquefois *Fruticuleuses*, les plantes ligneuses de très petite dimension, dont la base seule résiste aux gelées. *Les espèces qualifiées de frutescentes et de sous-frutescentes, sont autrement appelées arbrisseaux et sous-arbrisseaux.*

FRUTICULEUX, EUSE. adj. Voy. Frutescent.

FRUTIQUEUX, EUSE. adj. Voy. Frutescent.

FUAD-PACHA (Mehemed), homme d'État turc (1814†1869).

FUALDÈS (Antoine-Bernardin), ancien magistrat, assassiné à Rodez le 19 mars 1817.

FUCACÉES. s. f. pl. (lat. *fucus*, lichen). T. Bot. Famille d'Algues marines de l'ordre des Phéophycées.

Caractères botaniques : Le thalle des *Fucacées* est toujours massif, toujours fixé aux rochers par un crampon rameux et présente les formes les plus variées. Tantôt il est homogène et se développe en une coupe brièvement pédicellée, en un ruban dichotome (*Fucus*), etc., tantôt, au contraire, il est très différencié, au point d'affecter l'aspect extérieur de Phanérogames, comme on le voit dans l'*Anthophycus longifolius* et le *Sargassum bacciferum* (Fig. 1). Diverses Fucacées ont leur thalle muni de vésicules pleines de gaz qui jouent le rôle de flotteurs. Lorsque l'organisation du thalle est simple, elles sont disséminées dans le tissu ; au contraire, lorsque l'organisation du thalle est complexe, ce sont de petits rameaux spé-

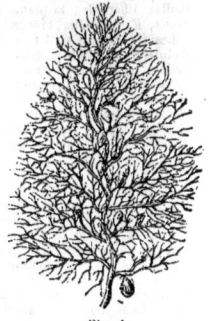

Fig. 1.

cialisés qui se renflent en vésicules ressemblant à des fruits pédicellés (Sargasse, Fig. 1). C'est grâce à ces flotteurs que s'accumulent à la surface de l'eau, dans la moitié septentrionale de l'Océan Atlantique, ces grands amas de *Sargassum bacciferum* qui portent le nom de *mers de Sargasse*. Ces thalles, arrachés par le flot, sont emportés par les courants marins et vont se rassembler entre les Canaries, les Açores et les Bermudes en une immense prairie flottante de 60,000 carrés de surface.

Reproduction des Fucacées. — Les Fucacées ne se reproduisent jamais par spores, mais par œufs engendrés par hétérogamie avec anthérozoïdes mobiles. Le thalle est creusé, soit dans toute son étendue, soit seulement à l'extrémité des rameaux, de cavités en forme de bouteilles pilifères, par l'ouverture desquelles les poils supérieurs s'échappent quelquefois en forme de bouquet. C'est dans certaines de ces cryptes que se forment, par différenciation de certains poils, les anthéridies et les oogones; les cryptes où se développent les organes reproducteurs portent le nom de *conceptacles*. Quelquefois, à côté de poils stériles ou *paraphyses*, le même

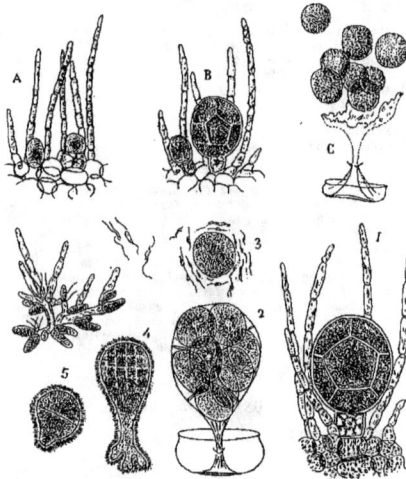

Fig. 2.

conceptacle renferme des anthéridies et des oogones; il y a monœcie (*Fucus platycarpus*, *Pelvetia*, etc.); ailleurs, les conceptacles sont unisexués et ceux-ci sont portés sur des thalles différents; la plante est alors dioïque (*Fucus vesiculosus*, *F. serratus*, *Ascophyllum*, etc.).

Les anthéridies sont formées par des branches latérales unicellulaires de poils ramifiés (Fig. 2-6), chacune d'elles est une cellule ovale à paroi mince qui produit par divisions successives 64 petits anthérozoïdes, pointus à une extrémité, renflés à l'autre. Ils sont incolores, mais munis latéralement d'un globule orangé près duquel sont attachés deux cils dirigés l'un en avant, l'autre en arrière. Ils s'échappent de l'anthéridie par un orifice terminal et se meuvent aussitôt dans le liquide ambiant.

Les oogones terminent des poils simples, bicellulaires (Fig. 2-A). Tantôt le contenu tout entier forme une oosphère (*Cystosira*), tantôt au contraire il se divise en deux (*Pelvetia*), quatre (*Ascophyllum*) ou huit oosphères (*Fucus*, Fig. 2-1, 2, B et C). Ces oosphères ne tardent pas à s'échapper de l'oogone par une ouverture au sommet, en demeurant enveloppées par la membrane interne de l'oogone. Celle-ci se déchire plus tard à deux reprises (*Fucus*, Fig. 2-2 et C) ou se dissout totalement dans l'eau et les oosphères se dispersent dans le liquide où nagent les anthérozoïdes. Ceux-ci se rassemblent en grand nombre autour des oosphères et s'attachent solidement à leur surface (Fig. 2-3). Un ou plusieurs anthérozoïdes pénètrent la masse de l'oosphère, et celle-ci fécondée devient un œuf qui s'enveloppe d'une membrane de cellulose et tombe au fond de l'eau à la surface de quelque corps solide. Cet œuf germe et donne un crampon qui fixe la

plante et le thalle proprement dit, qui va s'accroissant. (Fig. 2 — 4 et 5).

Les Fucacées n'ont pas de distribution géographique particulière; on les rencontre sur tous les rivages de l'Océan et de la Méditerranée. Les principaux genres de la famille des Fucacées peuvent se grouper en deux tribus :

TRIBU I. — *Myriodesmées.* — Conceptacles répartis uniformément (*Durvillea*, *Myriodesma*, *Himanthalia*, etc.). Le *Durvillea utilis* ou *Poireau de mer* fournit en abondance une matière gélatineuse recherchée au Chili comme alimentaire; on en prépare des potages fortifiants.

TRIBU II. — *Fucées.* — Conceptacles localisés au sommet des branches (*Cystosira*, *Fucus*, *Ascophyllum*, *Sargassum*, etc.). —Les diverses espèces de *Fucus* qui sont connues sous le nom de *Goémons* et de *Varechs* ont été pendant longtemps utilisées pour la préparation de la soude; aujourd'hui on les utilise surtout pour l'iode qu'elles contiennent; plusieurs, notamment les *F. crispus* et *vesiculosus*, servent à faire des cataplasmes émollients. Le *F. vesiculosus* servait autrefois à préparer l'*æthiops* végétal préconisé contre le goitre; dans ces derniers temps il a été, ainsi que le *F. serratus*, préconisé contre l'obésité. Ajoutons que, dans quelques îles de l'Écosse, en Suède et en Norvège, les *Fucus* sont employés à la nourriture des chevaux et du bétail; sur les côtes de France on les donne communément aux porcs. Le *Sargassum bacciferum* est employé dans l'Amérique du Sud contre les tumeurs, la dysurie et le goitre; aussi les indigènes désignent-ils ce remède sous le nom de *Palocoto*, littéralement bâton à goitre. Aux îles Sandwich, on mange communément le *S. cuneifolium*; on en fait même des conserves.

FUCÉES. s. f. pl. T. Bot. Tribu d'*Algues* de la famille des *Fucacées*. Voy. ce mot.

FUCHS (LEONHARD), savant naturaliste bavarois (1501-1566).

FUCHSIA. s. m. [Pr. *fus-kia*] (R. *Fuchs*, n. d'un botaniste bavarois). T. Bot. Genre de plantes Dicotylédones de la famille des *Œnothéracées*. Voy. ce mot.

FUCHSINE. s. f. [Pr. *fuk-sine*] (R. *fuchsia*). T. Chim. Matière colorante constituée essentiellement par du chlorhydrate de rosaniline. Elle se présente en cristaux orthorhombiques vert doré qui se dissolvent dans l'eau en donnant une solution d'un rouge cramoisi intense. Elle teint en rouge, avec la plus grande facilité et sans mordant, les tissus de laine et de soie. Elle sert aussi à teindre le cuir, le papier, etc. Elle a été souvent employée pour colorer les vins, les sirops, les sucreries; mais, comme elle contient ordinairement de l'arsenic, et que, même pure, elle paraît posséder des propriétés toxiques, son emploi pour la coloration des substances alimentaires a été interdit. De toutes les matières colorantes artificielles, la f. est la plus importante, moins par ses applications directes à la teinture que comme matière première servant à fabriquer d'autres couleurs. Voy. ANILINE. — On prépare la f. à l'aide d'un mélange d'aniline, d'orthotoluidine et de paratoluidine; on oxyde ce mélange, soit par l'acide arsénique, soit par le nitrobenzène en présence du fer et de l'acide chlorhydrique. Un procédé plus récent consiste à se servir de l'aldéhyde méthylique (formaldéhyde) pour transformer l'aniline ou ses homologues en rosaniline. Ainsi quand on chauffe cette aldéhyde avec de l'aniline, il y a élimination d'eau et il se forme un produit de condensation, la *formaldéhyde-aniline* $C^{6}H^{5}Az\,CH^{2}$, qui, en réagissant de nouveau sur une molécule d'aniline, se convertit aisément en diamido-diphénylméthane. Ce dernier, par condensation avec une troisième molécule d'aniline, donne le triamido-triphényl-méthane, que l'oxydation transforme en para-rosaniline.

FUCHSINÉ, ÉE. adj. Coloré avec de la fuchsine.

FUCHSITE. s. f. T. Minér. Mica vert contenant une certaine proportion de chrome.

FUCICOLE. adj. (lat. *fucus*, lichen; *colere*, fréquenter). T. Hist. nat. Qui vit parmi les fucus ou les algues.

FUCIFORME. adj. 2 g. (R. *fucus* et *forme*). T. Bot. Qui a la forme d'un fucus.

FUCIN (Lac), anc. lac de l'Italie centrale, desséché récemment, à 4 kilomètres de Celano. Les Romains exécutèrent des travaux gigantesques pour le munir d'un déversoir. Cette œuvre, tour à tour abandonnée et reprise, n'a été achevée qu'en 1875.

FUCITE. s. f. (R. *fucus*). Nom donné aux végétaux fossiles provenant de la famille des Algues.

FUCOÏDE. adj. (R. *fucus* et gr. εἶδος, forme). T. Bot. Qui ressemble à un fucus.

FUCOSE. s. f. (R. *fucus*, et le suff. *ose* qui désigne les sucres). T. Chim. Matière sucrée extraite de divers *Fucus*. Elle est cristallisable en aiguilles microscopiques. Ses solutions sont lévogyres et possèdent une saveur sucrée. Avec la phénylhydrazine elle forme une hydrazone fusible à 170° et une osazone fusible à 159°. La f. répond à la formule C⁶H¹²O⁵ et paraît être un dérivé méthylique de l'arabinose.

FUCUS. s. m. (lat. *fucus*; gr. φῦχος, lichen). T. Bot. Nom scientifique du genre Varech de la famille des *Fucacées*. Voy. ce mot.

FUCUSAMIDE. s. f. T. Chim. Voy. Fucusol.

FUCUSINE. s. f. T. Chim. Voy. Fucusol.

FUCUSOL. s. m. T. Chim. Composé obtenu en distillant avec l'acide sulfurique étendu divers *Fucus*, ou encore certains Lichens. Il est isomérique, et peut-être identique avec le furfurol, dont il possède presque toutes les propriétés. Toutefois il est moins soluble dans l'eau et il distille à une température plus élevée. L'ammoniaque le transforme en *Fucusamide*, qui cristallise en longues aiguilles groupées et qui présente les réactions de la furfuramide. Par ébullition avec une solution de soude ou de potasse, la fucusamide se transforme en une matière résineuse jaune d'où l'on peut extraire, à l'aide de l'acide azotique, une base cristallisée appelée *Fucusine*.

FUENTES (D. Pedro Henriquez d'Azevedo, Comte de), général espagnol, fut vaincu par Condé et tué à Rocroi (1560-1643).

FUEROS, nom donné par les Espagnols aux recueils de coutumes et aux chartes consacrant les libertés politiques des villes et des provinces.

FUGACE. adj. 2 g. (lat. *fugax*, m. s.) Qui disparaît aussitôt après s'être montré. *Symptômes fugaces. Il est difficile de saisir ces phénomènes fugaces.* || En bot., se dit des parties qui tombent bientôt après leur apparition sans presque laisser de trace. *Corolle f. Pétales fugaces.* || Fig., *Souvenir f., Mémoire f.*

FUGACITÉ. s. f. Néol. Qualité de ce qui est fugace.

FUGATO. s. m. (ital. *fugato*, fugué; de *fuga*, fugue). T. Mus. Passage écrit dans le genre de la fugue.

FUGGER (Les), famille de riches et célèbres marchands allemands (XIVᵉ, XVᵉ et XVIᵉ siècle).

FUGITIF, IVE. adj. (lat. *fugitivus*, m. s.). Qui fuit ou Qui s'est enfui, qui a pris la fuite. *Un esclave f. Un criminel f.* — On dit aussi subst., *C'est un f. Errer en f. On ne tarda pas d'arrêter nos deux fugitifs. La belle fugitive était inconsolable.* || Fig., se dit de ce qui court ou passe avec rapidité; et de ce qui est passager ou peu durable. *L'onde fugitive. L'ombre fugitive se déroba à ses embrassements. Éclat f. Bonheur, espoir f. Des plaisirs fugitifs.* || Fig., *Pièces fugitives*, poésies fugitives, Petites pièces de vers sur divers sujets, et n'ayant entre elles aucune liaison.

FUGIT IRREPARABILE TEMPUS. « Le temps s'enfuit, perdu pour toujours ». Vers de Virgile, *Géorgiques*, III, 280.

FUGITIVEMENT. adv. D'une manière fugitive.

FUGUE. s. f. (lat. *fuga*, fuite). T. Mus. Morceau de musique établi sur une phrase donnée, qui passe alternativement dans toutes les parties par une imitation périodique. || Fig. et fam., *Faire une f.*, Prendre la fuite.

Mus. — Lorsque l'imitation prend une forme périodique pour être reprise ensuite, on lui donne le nom de *Fugue*, parce que, dans une imitation de cette espèce, les parties semblent se fuir dans les reprises du motif. « La f., dit Fétis, lorsqu'elle

est bien faite et maniée par un homme de génie, comme J.-Séb. Bach, Haendel ou Cherubini, est la plus majestueuse, la plus énergique et la plus harmonieuse de toutes les formes musicales. On ne peut l'employer avec succès dans la musique dramatique, parce que sa marche très développée nuirait à l'intérêt de la scène; mais dans la musique instrumentale, et surtout dans la musique d'église, elle produit des effets admirables d'un ordre tout particulier. Le magnifique *alleluia* du *Messie* de Haendel, et les fugues des messes de Cherubini, sont les modèles de ce genre de beautés. » — Les diverses parties qui composent une f. sont le *sujet*, le *contre-sujet*, la *réponse*, l'*exposition*, les *épisodes* ou *divertissements*, les *reprises modulées*, les *strettes* et la *pédale*. — La phrase qui doit être imitée se nomme le *Sujet*. Le *Contre-sujet* est une phrase d'accompagnement qui forme avec le sujet un contre-point double, c.-à-d. une harmonie susceptible d'être renversée, de manière à échanger la position des notes en passant alternativement des voix inférieures aux supérieures, et de celles-ci aux inférieures. Quelquefois le compositeur emploie deux contre-sujets; on dit alors que la f. est à *trois sujets*. L'imitation du sujet est ce qu'on nomme la *Réponse*. Cette réponse ne peut pas être en tout semblable au sujet, parce que, si celui-ci module d'un ton quelconque à un ton analogue, il faut que la réponse ramène l'oreille du ce ton nouveau dans le ton primitif; car c'est précisément dans cette sorte de promenade d'un ton dans un autre que consiste l'intérêt de la f. La marche inverse que l'on suit dans la réponse du sujet oblige à un léger changement d'intervalle qu'on nomme *Mutation*. L'*Exposition* comprend un certain nombre de reprises du sujet et de la réponse, après lesquelles viennent les *Épisodes*, qui se composent ordinairement d'imitations formées de fragments du sujet et du contre-sujet. Ce sont ces épisodes qui jettent de la variété dans la f. et qui servent à moduler. Lorsque le compositeur juge qu'il s'est assez étendu sur les développements du sujet, il rentre dans le ton primitif, et fait ce qu'on appelle la *Strette* ou les *strettes* (ital. *stretta*, de *stretto*, serré), parce que ces strettes sont des imitations plus vives du sujet et de la réponse. Cette partie de la f. est la plus brillante, et c'est celle où le compositeur peut mettre le plus d'effet. La *Pédale* est une note soutenue à la basse ou à toute autre partie, sur laquelle plusieurs accords se succèdent sans être même en rapport direct avec elle: une pédale où toutes les richesses de l'harmonie sont réunies termine ordinairement les strettes. — On compte quatre espèces principales de fugues: la *F. du ton* ou *tonale* est celle dans laquelle le sujet et la réponse sont contenus dans les limites de l'octave; la *F. réelle* est celle dans laquelle la réponse est faite à une quinte supérieure, note pour note, intervalle pour intervalle, dans les mêmes temps de la mesure, et dont le sujet commence et finit par la même note; la *F. régulière modulée* est fondée sur la tonalité moderne: telles sont les fugues de Jomelli, Haendel, Cherubini, etc.; enfin la *F. d'imitation* imite dans sa réponse le sujet à un intervalle quelconque. Des autres espèces de fugues, appelées *F. mixte*, *F. irrégulière*, *F. serrée*, etc., rentrent dans l'une des quatre espèces qui précèdent.

FUGUÉ. adj. Qui est dans le style de la fugue, qui a de l'analogie avec la fugue.

FUIE. s. f. (lat. *fuga*, fuite). Espèce de petit colombier construit sur un pilier de bois et fermé avec un volet.

FUIR. v. n. (lat. *fugere*, m. s.). S'éloigner avec vitesse, par quelque motif de crainte. *F. son pays, hors de son pays. Je voudrais f., et ne saurais m'y résoudre. Quand il vit que les ennemis fuyaient... Fuis, sors d'ici. On ne lui reprochera jamais d'avoir fui devant l'ennemi. Lâches, où fuyez-vous?* || Fig. et fam., Différer, éluder, empêcher qu'une chose ne se termine. *Il fuit habilement, mais je l'atteindrai sans courir. On ne peut en finir avec lui, il fuit toujours.* || Par anal., se dit des choses qui se mouvent ou qui s'éloignent avec quelque rapidité; ce sens est surtout usité en poésie et dans le style soutenu. *Un ruisseau qui fuit dans la prairie. Les nuages fuient le ciel reprend sa sérénité. Le rivage fuyait loin de nous.* — Fig., *L'hiver a fui. Nos beaux jours fuient rapidement. Le temps fuit.* Fam., *Cela ne peut, ne saurait lui f., Cela doit lui arriver infailliblement.* Vx. || T. Perspective, se dit des objets qui paraissent s'enfoncer et s'éloigner de l'œil du spectateur. *Nous avions devant nous une plaine qui fuyait à perte de vue. Les derniers plans de ce tableau ne fuient pas bien. Cette partie ne fuit pas assez. Il faut*

faire f. davantage ces arbres. || En parlant d'un vase des-
tiné à contenir quelque liquide, sign. Laisser échapper par
quelque fente, par quelque fêlure, le liquide qu'on y a mis. Ce
tonneau, ce pot, ce vase fuit. — Fuir. v. n. Au propre et
au fig., se dit pour S'éloigner de quelqu'un ou de quelque
chose, éviter par crainte, par aversion, etc. F. l'ennemi.
C'est un homme que tout le monde fuit. F. les mauvaises compagnies. F. le danger, le péril. F. le vice, le
mal. F. les occasions de péché. F. le jeu. F. le travail.
Le méchant fuit la lumière. La paix a f. ce séjour. Le
sommeil me fuit. || T. Mar. Arriver vent arrière dans une
tempête quand on ne peut tenir debout au vent et à la lame.
= F. à mâts et à cordes, Être forcé de serrer toutes les
voiles et de se mettre vent arrière quand la tempête devient
extrême. || T. Techn. Se dit d'un outil qu'on ne tient pas assez
ferme quand on le manie. = se Fuir. v. pron. S'éviter mutuel-
lement. Ils se fuyaient l'un l'autre. || Fig., Se f. soi-même,
Chercher à éviter les remords, l'ennui, etc., qu'on porte avec
soi. Le coupable cherche en vain à se f. lui-même. Le
désœuvré voudrait se f. lui-même. = Fui, ie. part. =
Syn. Voy. Éluder.

Conj. — Je fuis, tu fuis, il fuit; nous fuyons, vous
fuyez, ils fuient. Je fuyais, tu fuyais il fuyait; nous
fuyions, vous fuyiez, ils fuyaient. Je fuis, tu fuis, il
fuit; nous fûmes, vous fûtes, ils fuirent. Je fuirai;
nous fuirons. — Je fuirais; nous fuirions. — Fuis;
fuyons. — Que je fuie, que tu fuies, qu'il fuie; que nous
fuyions, que vous fuyiez, qu'ils fuient. Que je fuisse, que
tu fuisses, qu'il fuît; que nous fuissions, que vous fuis-
siez, qu'ils fuissent. — Fuir. Fuyant Fui, ie. part. —
Aux temps composés, ce verbe prend l'auxiliaire Avoir.

FUITE. s. f. (lat. pop. fugita, m. s., de fugere, fuir).
Action de fuir. Une prompte f. Une f. précipitée. Une f.
honteuse. Être en f. Prendre la f. Mettre en f. Chercher
son salut dans la f. Il fut arrêté dans sa f. La f. en
Égypte. || Action d'un gaz, d'un liquide qui s'échappe par une
fente, une fissure du récipient dans lequel il est enfermé. || La
fissure elle-même. Voir s'il n'existe pas de fuites dans ce
tuyau. F. de gaz d'éclairage. Boucher une f. — Fig., La
f. du vice, de l'occasion. || Fig et fam., Détour, échappa-
toire, retardement artificiel. Toutes ces procédures ne sont
que des fuites. Vous ne répondez point précisément, c'est
une f. || Fig et poét., se dit de choses qui passent, s'éloi-
gnent, ou s'écoulent avec quelque rapidité. La f. des années.
Cette vie dont la f. précipitée nous tourmente toujours. ||
Rigole de f., Rigole pour déverser un trop-plein.

FULBERT (Saint), évêque de Chartres (960-1028). Fête
le 10 avril.

FULBERT, chanoine de Paris, oncle d'Héloïse (XIe siècle).

FULCRACÉ, ÉE. adj. (R. fulcre). T. Bot. Se dit des bourgeons qui sont enveloppés d'écailles composées de pétioles
garnis de stipules, comme ceux du Prunier.

FULCRE ou FULCRUM. s. m. [Pr. ful-krome] (lat. fulcrum, soutien, appui). T. Bot. Mot employé pour désigner
tous les organes appendiculaires qui favorisent la végétation,
tels que les vrilles, les crampons, les stipules, les poils, etc.
|| T. Zool. Écaille osseuse en forme de chevron qui protège les
nageoires impaires des Poissons Ganoïdes.

FULDA, v. de Prusse (Hesse-Cassel); 12,500 hab.

FULGENCE (Saint), évêque d'Afrique (468-533). Fête le
1er janvier.

FULGENCE (Fabius-Planciades-Fulgentius), écrivain
latin de la première moitié du VIe siècle, mort vers 550.

FULGENT (SAINT-), ch.-l. de c. (Vendée), arr. de La Roche-
sur-Yon ; 2,400 hab.

FULGORE. s. m. (lat. fulgor, éclat). T. Entom. Voy. Fulgorides.

FULGORIDES. s. m. pl. (lat. fulgor, éclat). T. Entom.
Tribu d'insectes (Hémiptères) de la famille des Cicadaires.
Les Fulgorides ont les antennes insérées immédiatement
sous les yeux, et leur front est souvent prolongé en forme de
museau. Le genre le plus remarquable de cette division est

celui des Fulgores (Fulgora), qui ont la tête assez grande et
vésiculeuse, des couleurs vives, et atteignent une taille considérable. L'espèce type est le Fulg. Porte-Lanterne (F. la-
ternaria) qui est propre à l'Amérique méridionale. Elle est
agréablement variée de jaune et de roux, avec une grande
tache en forme d'œil sur les deux ailes. Son nom lui vient de
ce que, suivant quelques observateurs, elle répand par la tête

une lumière phosphorescente fort vive. D'autres, cependant,
n'ont pu constater ce phénomène de phosphorescence ; mais
il est vraisemblable que les Fulgores ne jouissent de cette
propriété lumineuse qu'en certains moments, sans doute à
l'époque de la reproduction, et qu'ils la perdent ensuite. Le
midi de l'Europe nous offre une petite espèce du même genre,
c'est le Fulg. européen, vert, à front conique et à ailes
transparentes. Voy. Cicadaires.

FULGURAL, ALE. adj. (lat. fulguralis, m. s.). T. Didact.
Qui concerne la foudre.

FULGURANT, ANTE. adj. (lat. fulgurans, m. s.). T.
Didact. Environné d'éclairs. Trombe fulgurante. || T. Méd.
Douleurs fulgurantes, Douleurs très intenses et très rapides.

FULGURATION. s. f. [Pr. ...sion] (lat. fulguratio,
m. s.). Syn. d'Éclair. Se dit surtout des éclairs électriques
qui apparaissent dans les hautes régions de l'atmosphère sans
être accompagnés du bruit du tonnerre. || T. Chim. Syn.
d'Éclair dans l'essai par coupellation. Voy. Essai. || Fig.,
Émanation soudaine. || T. Métall. Grand éclat lumineux que
jette l'argent au bain, au moment où il perd sa fluidité.

FULGURITE. s. m. (lat. fulgur, foudre). T. Météor. et
Minér. Nom donné à des tubes à parois vitrifiées qu'on rencontre dans les terrains sablonneux, et qui sont produits par
l'action de la foudre. Voy. Foudre.

FULGUROMÈTRE. s. m. (lat. fulgur, foudre ; fr. mètre).
T. Phys. Appareil mesurant l'intensité de l'électricité dans les
temps d'orage.

FULICARIÉES. s. m. pl. (lat. fulica, foulque). T. Ornith.
Voy. Foulque.

FULIGE. s. m. (lat. fuligo, suie). T. Bot. Genre de Champignons (Fuligo) de la famille des Endomyxées. Voy. ce mot.

FULIGINEUX, EUSE. adj. (lat. fuligo, suie). Qui ressemble à de la suie, qui est chargé de suie, qui est couleur
de suie ; ne se dit que de certaines vapeurs grossières chargées d'une espèce de crasse ou de suie ; et des lèvres, de la
langue, des dents, lorsqu'elles sont devenues brunâtres par
l'effet de quelque maladie. Vapeurs fuligineuses. Flamme fuligineuse. Langue fuligineuse. Lèvres, dents fuligineuses.

FULIGINOSITÉ. s. f. (lat. fuliginosus, fuligineux). Suie
légère qui se dépose quand on brûle certains corps organi-
ques. || T. Méd. Matière noirâtre qui recouvre les dents, les
lèvres, dans quelques cas de certaines maladies.

FULIGOKALI. s. m. (lat. fuligo, suie; kali, potasse). T.
Pharm. Préparation de suie et de potasse employée dans certaines affections de la peau.

FULMICOTON. s. m. (lat. *fulmen*, foudre, et fr. *coton*). T. Chim. Matière explosible qui est de la cellulose nitrée, connue aussi sous les noms de *Pyroxyle*, *Coton-poudre*, etc. Voy. CELLULOSE.

FULMINABILITÉ. s. f. (lat. *fulmen*, foudre). T. Techn. Disposition à être frappé de la foudre.

FULMINAIRE. adj. 2 g. (lat. *fulmen*, foudre). T. Météor. et Minér. Qui est produit par la foudre, qui a reçu de la foudre un aspect particulier. *Tube f. Pierre f.* Voy. FOUDRE.

FULMINAL, ALE. adj. (lat. *fulmen*, foudre). De la foudre. *Phénomène f.*

FULMINANT, ANTE. adj. (lat. *fulminans*, m. s.). Qui lance la foudre, qui est armé de la foudre. *Jupiter f.* || Fig. et fam., se dit de celui qui se livre à de grands emportements de colère. *Il se met en colère pour la moindre chose, il est toujours f.* Peu us. — Qui exprime, qui dénote une violente colère, une vive indignation. *Un regard f. Écrit f.* || T. Chim. Se dit de certaines compositions chimiques qui détonent lorsqu'elles sont chauffées ou percutées. || T. Jeux. *Bloc f.*, Coup frappé avec raideur, par lequel on bloque la bille au jeu de billard. || T. Hist. *Légion fulminante*, Légion composée de chrétiens qui, sous Marc-Aurèle, aurait sauvé l'armée romaine en attirant la foudre sur les ennemis.

Chim. — Les chimistes appliquent l'épithète de *Fulminants* aux composés qui jouissent de la propriété de détoner lorsqu'on les chauffe légèrement, lorsqu'on les triture, ou lorsqu'on les soumet à une pression moindre légère. Parmi les corps qui possèdent cette propriété au plus haut degré, nous citerons le chlorure et l'iodure d'azote, les fulminates d'argent, d'or et de mercure. Ce sont les fulminates d'argent ou de mercure qui servent à confectionner la *poudre fulminante* dont on fait aujourd'hui les amorces des armes à feu. On emploie de préférence le fulminate de mercure, comme moins facilement explosible et moins dangereux. En outre, on le mélange avec environ la moitié de son poids de poudre ordinaire ou de nitrate de potasse. Voy. FULMINIQUE.

FULMINATE. s. m. T. Chim. Voy. FULMINIQUE.

FULMINATERIE. s. f. Atelier, usine où l'on fabrique des fulminates.

FULMINATION. s. f. [Pr. ...*sion*] (lat. *fulminatio*, action de lancer la foudre). T. Chim. Détonation subite, explosion d'une matière fulminante. || T. Droit canon. Se dit de la publication que fait l'autorité ecclésiastique, avec certaines formalités, d'actes portant quelque condamnation ou simplement comminatoires. *La f. des bulles. La f. d'une sentence, d'un monitoire.*

FULMINATOIRE. adj. (lat. ecclés. *fulminatorius*, m. s.). T. Théol. Qui fulmine.

FULMINER. v. n. (lat. *fulminare*, lancer la foudre). T. Chim. Faire explosion ; ne se dit que des matières fulminantes. *Ce composé fulmine au moindre choc.* || Fig., S'emporter, invectiver contre quelqu'un avec menaces. *Il fulmine étrangement contre vous. Il est en colère, il fulmine, il tempête.* On dit aussi quelquefois, F. *contre le vice, contre les abus,* etc. = FULMINER, v. a. T. Droit canon. Se dit de l'autorité ecclésiastique, et sign. Publier avec certaines formalités un acte portant quelque condamnation ou simplement comminatoire. *F. un interdit. F. une bulle d'excommunication.* = FULMINÉ, ÉE. part.

FULMINIFÈRE. adj. 2 g. (lat. *fulmen*, foudre; *ferre*, porter). T. Didact. Qui porte la foudre. || T. Art milit. *Mines fulminifères*, Genre de mine de guerre inventé depuis peu d'années.

FULMINIQUE. adj. m. (lat. *fulmen*, foudre). T. Chim. L'*acide fulminique* est l'acide bibasique qui correspondrait aux fulminates. Il aurait pour formule $C^2H^2Az^2O^2$ et serait, par conséquent, un polymère de l'acide cyanique. — On connaît des *Fulminates* neutres et des fulminates acides; tous sont explosifs. Les plus importants sont ceux de mercure et d'argent, employés longtemps pour la fabrication des amorces détonantes. Voy. ARGENT et MERCURE.

En faisant agir l'amalgame de sodium sur le sel de mercure

on obtient le fulminate de sodium $C^2O^2Az^2Na^2$, $2H^2O$, en cristaux prismatiques. — L'acide f. lui-même n'a pas été isolé. On l'obtient probablement à l'état de dissolution éthérée, lorsqu'on fait passer à 0° un courant d'acide chlorhydrique sec dans un mélange d'éther et de fulminate de mercure.

FULMINURIQUE. adj. 2 g. (R. *fulminique*, et *urée*). T. Chim. L'*Acide fulminurique* $C^3H^3Az^3O^3$, isomère de l'acide cyanurique, s'obtient sous la forme d'une poudre cristalline, soluble dans l'eau, l'alcool et l'éther. La chaleur le décompose à 145° avec une légère explosion. Ses solutions donnent avec le sulfate de cuivre ammoniacal une coloration caractéristique, d'un bleu intense. — Les *Fulminurates* alcalins se préparent en chauffant le fulminate de mercure avec une solution aqueuse d'un chlorure ou d'un iodure alcalins. Ils servent à préparer, par double décomposition, les autres fulminurates. Quant à l'acide f., on l'obtient par l'action de l'acide sulfhydrique sur le sel de plomb ou d'argent.

L'*Acide isofulminurique*, isomérique avec le précédent, s'en distingue en ce qu'il ne donne pas la coloration bleue avec le sulfate de cuivre ammoniacal. Chauffé, il se charbonne sans fondre. On le prépare au moyen de son amide, qui se dépose dans la solution éthérée d'acide fulminique, lorsqu'on traite celle-ci par l'ammoniaque.

Un autre isomère, l'*Acide métafulminurique*, se forme par l'action de l'acide sulfurique sur le fulminate de sodium. Il cristallise en aiguilles qui fondent à 81° et détonent à 106°. C'est un acide tribasique. Il se transforme peu à peu en un second *acide isofulminurique* qui ne fond qu'à 188°.

FULTON. (ROBERT), mécanicien américain, l'un des inventeurs de la navigation à vapeur (1765-1815). Son premier bateau à vapeur fut expérimenté sur la Loire en 1803. Quatre ans plus tard, en 1807, il organisa sur l'Hudson le premier service de bateaux à vapeur. Dès 1783, le marquis de Jouffroy avait fait marcher sur la Saône, à Lyon, un bateau à vapeur de 150 tonneaux.

FULVERIN. s. m. (lat. *fulvus*, fauve). T. Peint. Couleur dérivée de l'urine, qu'on emploie en détrempe, pour glacer les bruns.

FULVIE. femme de Marc-Antoine. Elle se fit apporter la tête de Cicéron et en perça la langue; m. en 40 av. J.-C.

FULVIPÈDE. adj. 2 g. (lat. *fulvus*, fauve; *pes, pedis*, pied). T. Zool. Qui a les pattes fauves.

FULVIPENNE. adj. 2 g.(lat. *fulvus*, fauve; *penna*, aile). T. Zool. Qui a les ailes ou les élytres roux.

FULVIROSTRE. adj. 2 g. (lat. *fulvus*, fauve; *rostrum*, bec). T. Zool. Qui a le bec ou le rostre de couleur fauve ou rousse.

FUMADE. s. f. (R. *fumée*). Signal que l'on donne d'une côte en brûlant de la poudre, pour avertir les embarcations de ne pas approcher.

FUMAGE. s. m. (R. *fumée*). Opération par laquelle on donne une fausse couleur d'or à l'argent filé, en l'exposant à la fumée de certaines compositions. || Action de soumettre à la fumée des poissons, etc., pour les conserver.

FUMAGE. s. m. (R. *fumer*). T. Agric. Action d'amender par le fumier.

FUMAGINE. s. f. (lat. *fumus*, fumée). Genre de Champignons (*Fumago*) de la famille des *Pyrénomycètes*, qui forment sur la tige et sur les feuilles de beaucoup de plantes une couche noire ressemblant à de la suie. Voy. PYRÉNOMYCÈTES.

FUMANT, ANTE. adj. Qui fume, qui jette de la fumée ou quelque vapeur. *Tison f. Cendres fumantes. Des viandes fumantes.* — F. *de sang*, Couvert d'un sang qui fume encore. Par analog., on dit aussi, F. *de carnage.* — Figur., F. *de courroux, de colère*, Qui est dans un grand emportement de colère.

> Fumante encor d'un généreux courroux.
> CORNEILLE.

FUMARATE. s. m. T. Chim. Nom donné aux sels et aux éthers de l'acide fumarique

FUMARIÉES. s. f. pl. (lat. *fumaria*, fumeterre). T. Bot. Tribu de plantes de la famille des *Papavéracées*. Voy. ce mot.

FUMARINE. s. f. (R. *Fumaria*, fumeterre). T. Chim. Alcaloïde contenu dans la Fumeterre (*Fumaria officinalis*). Il cristallise en prismes monocliniques, solubles dans l'alcool, le benzène et le sulfure de carbone. Ses solutions sont amères et présentent une réaction alcaline.

FUMARIQUE. adj. 2 g. (R. *Fumaria*, fumeterre). T. Chim. L'*Acide fumarique* $C^4H^4O^4$ existe dans la Fumeterre (*Fumaria officinalis*) et dans un assez grand nombre de végétaux; il est identique avec l'acide *bolétique* retiré de certains champignons et avec l'acide *lichénique* extrait du Lichen d'Islande. Il se produit par l'action de la chaleur sur l'acide maléique et par la réduction de l'acide succinique dibromé. On le prépare en chauffant à 180° l'acide malique. L'acide f. forme de petits cristaux incolores, solubles dans l'eau bouillante. Il se sublime à 200°; quand on le chauffe davantage, il ne fond pas, mais perd de l'eau et se convertit en anhydride maléique fusible à 57°, bouillant à 196°. L'acide f. est bibasique. C'est un composé non saturé : traité par l'amalgame de sodium, il fixe deux atomes d'hydrogène et se convertit en acide succinique; il s'unit aussi à l'acide bromhydrique et au brome pour donner les acides bromo- et dibromo-succinique. Chauffé à 150° avec beaucoup d'eau, il se convertit en acide malique inactif. L'acide f. est un isomère stéréochimique de l'acide maléique et répond comme lui à la formule

$$CO^2H.CH:CH.CO^2H$$

FUMAROLLE ou **FUMEROLLE.** s. f. (R. *fumer*). T. Géol. Crevasse d'un terrain volcanique par où s'échappent de la fumée et des vapeurs. Voy. VOLCAN et BORE.

FUMARYLE. s. m. (R. *fumarique*). T. Chim. Nom donné au radical bivalent $C^4H^2O^2$ contenu dans l'acide fumarique. Le *chlorure de f.* ou *chlorure maléique* $C^4H^2O^2Cl^2$ est un liquide incolore, bouillant à 160°, qu'on obtient par l'action du perchlorure de phosphore sur l'acide malique.

FUMATURE. s. f. Action de fumer un terrain par le parcage.

FUMAY, ch.-l. de c. (Ardennes), arr. de Rocroy; 5,300 h.

FUMÉ. s. m. (part. pass. de *fumer*). T. Grav. Épreuve que l'on tire d'une gravure en épargne, après avoir noirci la planche à la fumée d'une bougie. *Examinez ces fumés.*

FUMÉE. s. f. (lat. *fumus*, m. s.). Vapeur plus ou moins épaisse qui se dégage des corps en ignition, ou extrêmement chauffés. *La f. d'un foyer, d'un volcan, des flambeaux, d'une pipe. La f. du tabac. Le bois vert fait beaucoup de f. La f. s'élevait en tourbillons. S'exhaler en f. Noircir de f. L'odeur de la f. Une odeur de f.* — Fig. et prov., *Il n'y a point de f. sans feu,* En général, il ne court point de bruit qui n'ait quelque fondement. *Il n'y a point de feu sans f.,* Une passion vive se trahit toujours par quelques signes extérieurs. — Fig., *S'en aller en f.,* se dit de ce qui n'aboutit pas, ou ne produit point l'effet attendu. *Tous ces beaux projets s'en sont allés en f.* — Figur. et famil., *C'est un vendeur de f.,* se dit de celui qui n'a qu'un crédit apparent, dont il fait parade pour en tirer quelque avantage. ‖ La vapeur qui s'exhale des viandes chaudes. *La f. du rôt.* — Prov. et popul., *Manger son pain à la f. du rôt,* ou simpl. *à la f.,* Être spectateur des plaisirs d'autrui, sans pouvoir y prendre part. ‖ So dit aussi des vapeurs qui s'exhalent des corps humides, lorsqu'ils viennent à être échauffés par quelque cause que ce soit. *Il se leva une f. de la rivière, du marais.* ‖ Figur., dans le style soutenu, se dit pour des choses vaines, frivoles, périssables. *Toutes les choses du monde ne sont que f. Tout n'est que f.* — *Se repaître, s'enivrer de f.,* Se repaître de vaines espérances, de vains honneurs, d'une vaine gloire, etc. *Brûler de la f. sous le nez de quelqu'un,* l'encenser, le flatter. ‖ *Fumées,* au pl., se dit des vapeurs qui montent de l'estomac ou des entrailles au cerveau. *Les fumées du vin troublent le cerveau.* — Fig., *Les fumées de l'orgueil, de l'ambition,* etc., obscurcissent son intelligence. ‖ T. Vén. *Fumées,* se dit de la fiente des cerfs et des autres bêtes fauves. ‖ *Noir de f.,* Couleur noire préparée avec de la suie très fine. ‖ T. Techn. Taches demi-opaques qui diminuent la transparence des diamants et leur ôte de leur valeur.

Techn. — Lorsque, dans un foyer, la combustion se fait d'une manière incomplète, le combustible ne se convertit pas entièrement en cendres et en substances gazeuses. Les produits de son oxydation sont mélangés de particules très fines de charbon, de matières pyrogénées, d'huiles empyreumatiques, et même de fragments ténus et non altérés de combustible. Le mélange des produits de la combustion parfaite et de la combustion incomplète porte le nom de *Fumée;* le courant d'air chaud entraîne toutes ces matières dans l'atmosphère, sous forme de nuages plus ou moins épais. La composition de la f. varie suivant la nature des substances soumises à l'action du feu. Ainsi, celle qui résulte de la calcination des matières organiques de nature animale renferme des vapeurs ammoniacales et autres qui sont à la fois infectes et insalubres. — La f., même pour ne parler que de celle que produisent les combustibles les plus usités, comme le bois et la houille, a de graves inconvénients, surtout dans les grandes cités, à cause de la multitude de foyers qui sont sans cesse en activité. L'inconvénient devient une incommodité dans les lieux où sont réunies en certain nombre des usines qui consomment une grande quantité de houille. Enfin, pour certains établissements industriels, comme, par ex., les fabriques de noir animal, la f. qu'ils dégagent est tellement désagréable et insalubre, qu'on est obligé de les reléguer loin des endroits habités. La f., quelle qu'elle soit, en outre un autre inconvénient, c'est qu'elle constitue une véritable perte, et souvent une perte considérable de combustible. La suppression de la f. aurait donc à la fois pour effet de faire disparaître une cause d'incommodité et parfois même d'insalubrité, et de réaliser au profit des industries qui consomment beaucoup de combustible, une économie fort appréciable. Pour cela, il suffit de brûler la f. que dégage le foyer. — On a imaginé à cet effet un très grand nombre d'appareils *fumivores*, c.-à-d. destinés à consumer la f. produite par une combustion incomplète : plusieurs d'entre eux atteignent plus ou moins complètement le but proposé; cependant ils doivent être tous défectueux en quelque manière, car ils sont peu employés, et les locomotives, les bateaux à vapeur, les usines continuent à empoisonner l'air de fumées âcres et épaisses. Tous ces appareils ont pour principe de favoriser la combustion complète des gaz hydrocarbonés qui se dégagent du foyer en augmentant la quantité d'air et en multipliant la surface de contact de l'air et du combustible. Ceux qui donnent les meilleurs résultats sont les *fumivores Thierry* ou les appareils analogues imaginés depuis, dans lesquels on injecte de la vapeur sur le foyer. Cette vapeur entraîne avec elle un assez grande quantité d'air qui favorise la combustion.

Nous avons déjà mentionné, en traitant de la métallurgie du fer, des procédés employés dans les hauts fourneaux pour assurer la combustion complète du combustible. Nous nous bornerons donc à citer ici, en empruntant la description qu'en a donnée M. Béranger, l'ingénieux système imaginé par Félix Foucou. « Le foyer, construit dans la forme ordinaire, est pourvu, sur ses parois latérales, de chambres par lesquelles circule l'air destiné à alimenter la combustion. Cet air, en passant à travers des orifices pratiqués aux parois latérales, s'échauffe et n'arrive sur le foyer que porté à une température très élevée et propre à activer la combustion. La paroi qui termine le foyer ou l'autel est construit en briques réfractaires. Elle consiste en une sorte de cloison percée de trous, à travers lesquels doit s'échapper la f. avant d'aller se perdre dans la cheminée. Cette cloison, échauffée par le feu du foyer, atteint bientôt la température rouge ; alors la f. se brûle nécessairement en traversant ses orifices, de manière qu'il ne se dégage plus dans la cheminée que les gaz résidus de la combustion. »

FUMEL, ch.-l. de c. (Lot-et-Garonne), arr. de Villeneuve ; 3,900 hab.

FUMER. v. n. (lat. *fumare*, m. s.) Jeter de la fumée. *Ce bois n'est pas sec, il fume beaucoup. L'encens fumait sur les autels. Ce volcan fume continuellement.* — *Cette chambre, cette cheminée fume,* ou, impersonnellement, *Il fume dans cette chambre,* La fumée, au lieu de sortir par le tuyau de la cheminée, se rabat et entre dans la chambre. *Une lampe qui fume,* Dont la flamme file et donne trop de fumée. ‖ En parl. des corps humides, Exhaler des vapeurs sous l'influence de la chaleur. *Les prés fument. Au printemps, on voit les marécages f. Ce cheval a couru, il s'est échauffé, il fume. Leur sang fumait encore.* On dit de même, *La terre fumait encore de leur sang.* = FUMER, v. a. Exposer les viandes à la fumée plus ou moins longtemps, pour les sécher et les conserver. *F. des langues, des jambons, du bœuf salé, des harengs*, etc. == Aspirer, par la bouche, la fumée du tabac ou de quelque autre substance. *F. du tabac. de la stramoine, F. un cigare, une pipe. Fumer comme un Suisse*, Fumer sans cesse. — Absolum., se dit pour fumer du tabac. *Il fume continuellement. F. est un des plaisirs les plus bêtes et les plus coûteux* (A. Karr). — *F., c'est s'empester l'haleine et se salir la bouche* (V. Hugo). || Fig., *F. ses terres*, S'allier, étant noble et pauvre, avec des roturiers riches. || T. Chasse. *Fumer un renard*, L'enfumer dans son terrier pour l'obliger à en sortir. || T. Techn. Sécher. *Fumer un four, un fourneau*, Y faire du feu pour le sécher quand il est construit ou réparé. == SE FUMER. v. pron. *Mettre un jambon dans la cheminée pour qu'il se fume. — Ce tabac est trop humide, il se fume difficilement.* == Fumer, ÉE. p. *Jambon fumé. Terre bien fumée. — Verre fumé*, Verre noirci à la fumée pour regarder le soleil au travers, pendant une éclipse. *Verres fumés*, Verres de lunettes de couleur de fumée, pour reposer la vue. == Subst., *Une fumée*, Dessin exécuté sur une carte noircie à la fumée, où l'on rend les parties éclairées avec une estompe fine.

FUMER. v. a. (R. *fumier*). Épandre du fumier sur une terre cultivée. *F. un champ, une vigne*.

FUMEROLLE. s. f. Voy. FUMAROLLE.

FUMERON. s. m. (R. *fumer*) Morceau de charbon de bois qui n'est pas assez carbonisé, et qui jette encore de la flamme et beaucoup de fumée quand on le fait brûler.

FUMET. s. m. (R. *fumer*). Vapeur qui s'exhale de certains vins et de certaines viandes, et qui frappe agréablement l'odorat et le goût. *Ce vin a un f. délicieux. Ce f. d'une perdrix. Ce faisan a un grand f.* || Par ext. Odeur pénétrante en général. || Émanation sortie d'un être vivant et sensible au flair de certains animaux.

FUMETERRE. s. f. (lat. *fumus terræ*, fumée de la terre, parce que le suc de cette plante pique les yeux comme la fumée.) Genre de plantes Dicotylédones (*Fumaria*) de la famille des *Papavéracées*. Voy. ce mot.

FUMEUR, EUSE. s. Personne qui a l'habitude de fumer. *Une réunion de fumeurs. Une fumeuse de cigarettes, Un f. d'opium.* || Subst. f. *Fumeuse*, Fauteuil ou chaise où l'on s'installe pour fumer commodément.

FUMEUSEMENT. adv. D'une manière fumeuse.

FUMEUX, EUSE. adj. (lat. *fumosus*, m. s.) D'où sort de la fumée. || Qui envoie des vapeurs à la tête. *Du vin f. De la bière fumeuse.*

FUMIER. s. m. (lat. *fimarium*, de *fimus*, m. s.). Paille qui a servi de litière aux chevaux, aux bestiaux, et qui est mêlée avec leur fiente. — Par ext. se dit de toute sorte d'engrais. || Se dit encore pour un tas de fumier. — *Trou à f.* || Dans une ferme, trou pratiqué dans la cour et où on jette le fumier et toutes les ordures. Figur. et prov., Objet qui par sa nature ou par le cas qu'on en fait. — *Mourir sur un f.*, Mourir misérable, après avoir perdu tout son bien. — Prov., *Hardi comme un coq sur son f.*, se dit d'un homme qui se prévaut de ce qu'il est dans un lieu où il a de l'avantage. *Le f. de Job*, Une extrême misère. *Mourir sur le f.*, Mourir dans la misère. — Par all. à cette façon de parler on dit encore, *Il ne faut pas l'attaquer sur son fumier.* || Perle dans un f., Personne d'un grand mérite et mêlée à des individus de mince valeur.

Agric — Au mot *Engrais*, nous avons parlé de la fermentation du fumier et des soins qu'il convient d'y apporter. Ici, nous dirons quelques mots des diverses sortes de fumier, suivant leur provenance.

Dans les fermes, la confection du f. est abandonné au hasard; on ne s'en occupe pas. D'ailleurs, la plupart des praticiens ne savent pas faire le f., ni lui donner les soins que réclament l'éclosion et la conservation de ses éléments actifs. Aussi perdent-ils une masse considérable de principes fertilisants. En effet, les agents les plus actifs du f., ceux qui stimulent le plus énergiquement la végétation, sont l'ammoniaque, qui produit la substance azotée, et les sels solubles dans l'eau, puisqu'ils sont immédiatement assimilables. Or, l'ammoniaque

dans le f. est surtout à l'état de carbonate qui se volatilise e se perd dans l'atmosphère, si l'on ne fait rien pour le retenir Les sels solubles dissous dans les liquides, purins et eaux de pluie, sont abandonnés souvent; dans quelques fermes, on leur donne un écoulement vers le chemin où le ruisseau voisin. C'est le comble de l'incurie et de la maladresse. Il faut bien se rappeler que le crottin de cheval, à l'état frais, contient 3 p. 100 d'azote combiné; abandonné à lui-même et desséché, il n'en contient plus que 1 p. 100. Le f. consommé, à l'état de « beurre noir », a perdu plus de la moitié de ses éléments solubles qu'on retrouve, il est vrai, dans le purin, si on l'a conservé, et les trois quarts de son azote qui se sont évaporés, si on ne les a retenus. Ainsi les fumiers mal traités ne rendent guère d'autre service que comme amendement des terres compactes. Exposons donc brièvement les pratiques les plus simples pour lui conserver ses précieuses qualités.

Il est entendu qu'on doit bien se garder d'abandonner le f. sans ordre dans la cour de la ferme, à mesure qu'il sort de l'étable ou de l'écurie. Quelques agriculteurs font établir des fosses assez profondes et maçonnées où ils dirigent tous les liquides et déposent les fumiers solides. Cette disposition, très rationnelle au premier abord, a ses inconvénients. Les pluies qui viennent s'ajouter aux liquides de l'étable, arrêtent la fermentation du f. immergé. Lorsque celui-ci est transporté aux champs, le purin saturé de tous les sels solubles se répand le long du chemin. C'est une grosse perte, parce que la sauce vaut mieux dans la cour que la partie solide. Le procédé le plus avantageux consiste à défoncer de quelques centimètres l'emplacement choisi pour recevoir les fumiers et à rendre le sol imperméable par une légère couche de béton. Le fond de cette excavation est légèrement incliné vers un point central où l'on a pratiqué une petite fosse maçonnée, assez profonde pour recueillir tous les liquides, y compris ceux des étables et les eaux de pluie. Les fumiers sont rangés régulièrement et par catégories autour de cette fosse et fortement tassés dans un espace ne comprenant d'abord que le quart ou le huitième de l'emplacement total. Quand la masse atteint une hauteur raisonnable, on recommence à côté une nouvelle forme, évitant ainsi l'excès de l'élévation et le chargement de nouvelles matières sur les vieux fumiers. Il convient de choisir, sans trop s'éloigner des étables, l'endroit où le f. est le plus à l'abri du vent, du soleil et de la pluie, au besoin, on couvre avec un hangar. Souvent on a planté quelques arbres autour de cette enceinte, afin de maintenir une protection économique. Les essences dont les racines ne sont pas impressionnées par le purin sont : les peupliers blancs et gris, le platane, le marronnier d'Inde, qui donne un feuillage très touffu et dont les fruits peuvent être utilisés. On garantit, en outre, les tas de f. montés au moyen d'une couverture de bruyère, de gazon, et mieux par une couche de terre mélangée de plâtre cru ou poudre, ayant quelques centimètres d'épaisseur. Cet obstacle retient les gaz ammoniacaux par leur conversion en sulfates, au moment où ils traversent la surface plâtrée qui devient elle-même un excellent engrais. Les fumiers ainsi protégés peuvent se conserver longtemps, sans rien perdre de leurs propriétés utiles. Pendant les chaleurs, si la sécheresse devient trop grande, il convient de les arroser. A cet effet, une pompe est fixée dans le réservoir à purin; elle sert à diriger le liquide sur les tas de f., et plus tard dans le tonneau qui les conduira au champ ou à la prairie. Si, par suite d'un arrosage modéré, la chaleur de la masse s'élevait beaucoup et dépassait 28° centigrades, il faudrait diminuer la fermentation par des arrosages répétés, autrement, il y aurait perte considérable d'ammoniaque.

Dans les petites exploitations, le tas de fumier est le plus souvent composé de toutes les déjections solides et liquides des bœufs, des chevaux, moutons et porcs nourris à couvert et des végétaux qui ont reçu ces matières. Le mélange de tous les f., dans ce cas spécial, offre peu d'inconvénients, les qualités des uns compensant les défauts des autres. D'ailleurs la nature de la terre, dans un espace restreint, étant peu variée, la division des f. apporterait un embarras inutile. Le cas est tout autre pour les grandes fermes. Là, les animaux sont classés par espèces ; la séparation de leur f. se fait naturellement. On met les déjections des écuries dans un tas, celles des étables et des porcheries dans un autre. L'utilité de cette séparation se fait surtout remarquer dans le gouvernement des f. et dans l'amélioration des terres offrant des variétés accentuées de composition. Ainsi les terres argileuses et froides profitent davantage de l'apport des fumiers longs du cheval qui sont, en outre, un engrais chaud. Les terres calcaires et sablonneuses se trouvent mieux du f. des bêtes à cornes, qui donnent de la consistance, et dont les effets des engrais froids sont activés par la nature du sol.

L'emploi des végétaux qui servent à faire des litières, n'est pas indifférent pour la qualité du f. Le plus ordinairement ce sont les pailles des céréales qu'on utilise, parce qu'on les a sous la main. Mais celles sont pauvres en azote, en sels alcalins, et très inférieures sous ce rapport aux tiges des légumineuses et des crucifères, qu'on néglige à tort. D'ailleurs une partie de la paille doit avoir une autre destination, celle d'être appliquée, hachée ou non, à la nourriture des animaux. C'est d'abord améliorer le régime alimentaire; de plus, les pailles ayant éprouvé la fermentation intestinale dans le mécanisme de la digestion, s'imprègnent de principes animalisés qui doublent leur valeur comme engrais. Les feuilles de genêts, d'orme, de hêtre, de chêne, de peuplier sont plus riches que les pailles de blé et de seigle en substances salines et azotées. La fougère surtout, si abondan e dans beaucoup de cantons, imprégnée des déjections animales, constitue le plus riche de tous les f. La tourbe, qui renferme de 85 à 90 p. 100 de matières organiques et de 7 à 18 p. 100 de matières minérales, forme un bon coucher pour les bergeries, et plus tard un excellent f. pour les prés et les herbes.

Fumier des bêtes à cornes. — La meilleure méthode de traiter cette sorte d'engrais consiste à déposer chaque jour, sous les pieds de ces animaux, une nouvelle couche de litière sur l'ancienne, et à n'enlever la masse que quand elle a pris une certaine épaisseur. Cette pratique doit être doublée de la précaution suivante : inclinaison du sol de l'avant à l'arrière, pour permettre au liquide de s'écouler dans un réservoir imperméable construit à cet effet et à l'abri de l'évaporation. Sans cette disposition, il se produirait de fréquents accidents chez les animaux ayant constamment les pieds dans l'humidité. — Les avantages sont : fermentation, d'ordinaire laborieuse, accélérée par le poids et les pieds du bétail et sa chaleur naturelle; réduction rapide de l'engrais à cet état où les gaz ammoniacaux se trouvent engagés dans des combinaisons plus fixes; somme des principes fertilisants augmentée par les émanations animales; conservation des urines. Quelques praticiens enlèvent ce f. tous les quinze jours. D'autres le laissent beaucoup plus longtemps. Il y a lieu de remarquer que la santé des bestiaux n'est nullement compromise par cette accumulation de matières. Cependant nous conseillons l'enlèvement plus rapproché des litières pendant l'été, à cause de la chaleur qui s'en dégage.

Fumier de cheval. — Le cheval exige des soins de propreté excessifs. Il est donc indispensable d'enlever, au moins une fois par jour, les litières et plus souvent les déjections, sous peine de compromettre la santé de l'animal. Abandonnée à elle-même, la masse de ce f. ne tarde pas à s'échauffer. Comme elle ne contient pas assez d'humidité pour terminer avec avantage la série de ses fermentations, le centre se dessèche bientôt, il s'y établit une végétation cryptogamique qui fait perdre au f. une partie notable de ses éléments les plus utiles. On pare à ces inconvénients au moyen de l'eau et de la pompe à purin. Les gaz ammoniacaux se dégagent plus énergiquement du f. de cheval que de tout autre; les précautions et les soins généraux que nous avons indiqués à propos du montage des f. et de la conservation de leurs principes fertilisants lui sont donc plus rigoureusement applicables. — Le f. de cheval frais ne convient qu'aux terres froides et argileuses, à cause de son état de fermentation rapide, du dégagement de chaleur intense et de la décomposition à peine ébauchée des détritus végétaux qui le composent. Il réchauffe ces sortes de terres et les divise. Lorsque le travail de fermentation est consommé, il est excellent pour toutes les terres, et ne diffère des autres f. que par sa supériorité.

Fumier de mouton. — La fiente des bêtes à laine, de consistance plus solide que celle des autres animaux, se mêle très imparfaitement à la litière. Pour convertir en f. les résidus de la bergerie, il est nécessaire de les réunir en tas qu'on arrose souvent. Le crottin de mouton, moins chaud que celui du cheval, conserve dans le sol une action plus durable. Il convient surtout dans les terres argileuses, compactes et froides. Son action est énergique sur les crucifères, choux, navettes, colza. Mais les produits de la vigne sont altérés par sa présence, les légumes prennent une saveur désagréable, le lin mûrit trop vite, les blés sont sujets à verser, la farine est de qualité inférieure, la betterave donne moins de sucre, l'orge moins d'amidon.

Fumier de porc. — Ce f. prend sa valeur de la nourriture que l'on donne à l'animal. Quand on le pousse à l'engraissement, ses déjections sont assez riches en matières azotées et salines. C'est toujours un engrais froid. Il faut convenir toutefois que le porc privilégié d'un excellent laboratoire digestif triture et s'assimile, avec plus de facilité qu'aucune autre bête, les parties nutritives de ses aliments. Si le f. est pauvre, la bedaine s'arrondit et le râble prend de la tournure à vue d'œil. On ne peut pas tout avoir à la fois, donner et retenir.

Les excréments du pigeon et de la poule ont des qualités supérieures aux autres f. Ceux des canards et des oies ont moins de valeur. On ne doit pas négliger de répandre, sous forme de litière, dans les poulaillers, des débris de toutes sortes, balle d'avoine, sciure de bois, même du sable pour augmenter la masse de l'engrais et le diviser. C'est une pratique vicieuse de laisser ces déjections s'amonceler d'un bout à l'autre de l'année. La fiente des oiseaux exige un emploi à peu près immédiat avant la fermentation, si l'on veut éviter une perte d'au moins 15 p. 100 des principes fertilisants.

Manière d'employer le f. — Ce n'est pas assez de faire d'excellent fumier, il faut encore savoir l'employer à propos, afin de tirer de ses qualités la plus grande somme de récoltes. Il résulte des préceptes que nous avons exposés que ce serait une détestable habitude de voiturer longtemps à l'avance le f. dans les champs pour l'abandonner divisé en petit tas. L'évaporation des matières ammoniacales accélérées par l'ardeur du soleil, le lavage par les pluies anéantiraient bien vite tous nos soins. Cependant, lorsqu'ils en ont le temps, beaucoup d'agriculteurs transportent les fumiers sur place, peu importe le moment de l'année. Mais ils les répandent et les enterrent de suite par un premier labour. Alors plus rien ne se perd, si le sol est riche en humus, ou s'il est pourvu en quantité suffisante d'argile et d'oxyde de fer. Voyez TERRE *arable.* — Mais il faudrait s'abstenir de fumer à l'avance si la terre était sablonneuse et calcaire à l'excès. Et c'est de règle de confier le fumier non à la terre qui va recevoir la semence de blé, mais une année d'avance à celle qui produira la récolte sarclée. La raison en est facile à saisir. Les f. frais renferment quantité de mauvaises graines et d'œufs d'insectes qui pourraient compromettre ou amoindrir la moisson de froment. Tandis que la culture des carottes, betteraves, colza, fèves, pommes de terre, tabac, etc., exige plusieurs binages qui nettoient la terre. D'ailleurs ces plantes ne donnent un rendement rémunérateur que dans un sol fortement fumé (à l'exception de la pomme de terre que l'excès d'azote tend à rendre malade. — Les f. courts, à l'état de beurre noir, n'ont pas, il est vrai, le défaut que nous venons de signaler, la fermentation ayant détruit les germes des herbes et des insectes; mais, pour peu que l'on fume copieusement, les blés sont sujets à verser, autre écueil redoutable. Ce que nous cherchons à obtenir, ce n'est pas précisément de la paille, mais un bel épi, lourd et bien fourni.

Quelle quantité de fumier faut-il répandre dans le champ, par hectare ? — On doit se baser sur la rotation de culture, la richesse du f., la constitution et les besoins du sol, enfin sur le stock disponible. Le f. fait sentir son influence pendant trois années. Après ce temps son intervention demande rapidement Nous avons dit qu'on ne doit employer les f. frais et longs que dans les terres fortes, compactes, argileuses, parce qu'ils agissent comme diviseurs. Ces sortes de terres préfèrent des fumures copieuses et moins fréquentes. C'est par la raison inverse que les terres légères exigent des fumures plus rapprochées, plus faibles, avec des matières plus consommées.

Dans les plaines de Caen, on fume à 60,000 kilogr. à l'hectare, tous les trois ans. On admet généralement que le bon f. de ferme pèse 1,000 kilogr. le mètre cube. — Schwerz rapporte que, dans le Brabant, on fume avec 160.000 kilogr. de f. et 13 tonnes de purin; on répète tous les cinq ans; c'est une dose à outrance dont nos récoltes se trouveraient fort mal, parce qu'il y aurait excès de production dans les pailles et la frondaison. Dans le département du Nord, on d'ailleurs les terres sont fertiles et amendées de longue main, les fumures ordinaires sont de 30,000 kilogr. pour une rotation de trois années, mais renforcées de masses d'engrais artificiels de toute nature. Voy. ENGRAIS.

D'ailleurs un cultivateur instruit, avisé, n'emploie jamais le f. seul, parce qu'il le considère comme un réparateur incomplet. Il sait encore que plus on fume, — du moins jusqu'à certaine limite, — mieux on s'en trouve; qu'il est plus lucratif de bien préparer un seul hectare de terre que de promener quelques charretées de maigres engrais sur une grande étendue. « Qui trop embrasse mal étreint, » est un vieux proverbe de sa connaissance. Voy. ENGRAIS, AMENDEMENT.

FUMIFUGE. adj. 2 g. (lat. *fumus,* fumée; *fugare,* chasser). T. Didact. Qui chasse la fumée. *Appareil f.*

FUMIGATEUR. s. m. Celui qui administre les fumigations.

FUMIGATION. s. f. [Pr. *fumi-ga-sion*] (lat. *fumigatio*, m. s.) T. Chim. et Méd. On appelle *Fumigation* la réduction d'une substance quelconque en vapeur, dans le but, soit d'agir sur une partie malade, soit de désinfecter l'air contenu dans une espace clos où les objets imprégnés de miasmes dangereux.— L'action produite par les fumigations employées dans un but thérapeutique varie suivant la nature de la substance qu'on réduit en vapeur. En conséquence, on distingue les fumigations *émollientes* et les fumigations *excitantes*. Pour les premières, on emploie simplement la vapeur de l'eau chaude, ou celle de décoctions de plantes émollientes, comme les Malvacées. Pour les secondes, on emploie les vapeurs des décoctions de plantes fortement aromatiques, celles de l'alcool ou de quelque teinture éthérée. Les fumigations sulfureuses, qui sont produites par la combustion du soufre et sont particulièrement usitées dans le traitement de la gale, des affections squameuses et autres maladies de la peau, rentrent véritablement dans la catégorie des fumigations excitantes. On faisait autrefois usage de beaucoup d'autres sortes de fumigations, actuellement tombées en désuétude : nous citerons, entre autres, les fumigations de cinabre et autres composés mercuriels. La manière d'administrer les fumigations diffère selon les cas. Si l'on veut se borner à une application locale, on dirige à l'aide d'un tube la vapeur ou fumée produite sur la partie malade. Si l'on veut agir sur le corps tout entier, on laisse la vapeur se répandre librement dans la pièce où est le malade. — On donne également le nom de *fumigation* à la fumée de certaines substances végétales, comme la stramoine et la belladone, et même aux gaz et vapeurs, comme l'oxygène, le chlore, les vapeurs d'iode, etc., que l'on fait parfois inspirer aux malades atteints de certaines affections des voies respiratoires. Cette méthode d'administration par inspiration a joui autrefois d'une certaine vogue, sous le nom d'*Atmiatrie pulmonaire*. — Quant aux fumigations employées comme désinfectants, il en a été parlé au mot DÉSINFECTION.

FUMIGATOIRE. adj. 2 g. (lat. *fumigare*, fumiger). T. Méd. Qui sert à faire des fumigations. *Appareil f.* — *Boîte f.*, Voy. NOYÉ.

FUMIGER. v. a. (lat. *fumigare*, m. s.). Exposer un corps à l'action de quelque fumée ou vapeur.═ FUMIGÉ, ÉE. part.═ Conj. Voy. MANGER.

FUMISTE. s. m. (R. *fumée*). Ouvrier dont la profession est d'empêcher que les cheminées ne fument. — Par exten., Artisan dont le métier est d'installer ou de réparer les cheminées, poêles, calorifères, etc. Voy. CHAUFFAGE. || Popul. Personne qui fait des plaisanteries de mauvais goût.

FUMISTERIE. s. f. Travail du fumiste. || Mauvaises plaisanteries.

FUMIVORE. adj. 2 g. (lat. *fumus*, fumée, *vorare*, dévorer). T. Technol. Appareil destiné à produire la combustion complète de la fumée. Voy. FUMÉE. || Petite coupe de porcelaine ou de métal qu'on suspend, la concavité en dessous, au-dessus d'un bec de gaz, d'une lampe, etc., pour arrêter la fumée et l'empêcher de noircir le plafond.

FUMIVORITÉ. s. f. Qualité de ce qui est fumivore.

FUMOIR. s. m. Pièce où se réunissent les hommes pour fumer. || Bâtiment où l'on fume les viandes et les poissons.

FUMOSITÉ. s. f. Qualité de ce qui est fumeux.

FUMURE. s. f. (R. *fumer*). T. Agricult. Action de répandre le fumier sur une terre, et le résultat de cette action. || Quantité d'engrais que demande une terre, que produisent les bestiaux d'une ferme, etc. || Action de fumer les viandes, le poisson.

FUNAMBULE. s. m. (lat. *funambulus*, m. s., de *funis*, corde, et *ambulare*, marcher). Danseur de corde. — *Funambule* est le nom que les Romains donnaient aux danseurs de corde; les Grecs les appelaient *Neurobates* et *Schœnobates*. Aujourd'hui cette classe d'*artistes* préfère à la dénomination vulgaire de danseurs de corde, celles plus sonores de *Funambule* et d'*Acrobate*. — L'art de danser sur la corde paraît avoir été porté chez les anciens à un degré de perfection

bien supérieur à ce que nous voyons à cette heure. On en peut juger par une série de peintures découvertes dans les fouilles d'Herculanum, et dont la figure ci-contre reproduit quelques types choisis. Ces danseurs offrent une variété infinie d'attitudes à la fois gracieuses et comiques. Ils représentent des personnages de bacchanales, des satyres et autres figures de la Fable. Trois d'entre eux portent le thyrse, dont ils se servent comme d'un balancier; deux jouent de la double flûte, et un troisième de la lyre. Deux autres versent du vin dans

des vases de formes différentes. Tous ont la tête enveloppée d'une épaisse coiffure de cuir, probablement dans le but de les protéger en cas de chute. Les Romains étaient passionnés pour ce genre de spectacle; néanmoins la plupart des individus qui se livraient à ces exercices étaient d'origine grecque. — Sénèque, Suétone et Pline l'ancien attestent que l'on avait dressé des éléphants à marcher sur une corde tendue (*per funem incedere*).

FUNAMBULESQUE. adj. 2 g. Néol. Qui a rapport aux funambules.

FUNAMBULISER. v. n. Néol. Faire le funambule.

FUNARIA. s. f. (lat. *funis*, corde). T. Bot. Genre de Mousses de la famille des *Bryacées*. Voy. ce mot.

FUNCHAL, cap. de l'île de Madère ; 20,000 hab.

FUNE. s. f. (lat. *funis*, corde). T. Mar. Se dit pour cordage. — Au plur. Cordages employés pour haler au rivage le filet du seine.

FUNÈBRE. adj. 2 g. (lat. *funebris*, m. s.). Qui appartient aux funérailles. *Ornements funèbres. Honneurs funèbres. Oraison f. Chant f. Convoi f. Pompe f. Repas f. Jeux funèbres.* || Fig., Sombre, triste, lugubre, effrayant. *Cri f. Des images funèbres. — Oiseaux funèbres*, se dit de certains oiseaux nocturnes, tels que le hibou et l'orfraie dont le cri a quelque chose de sinistre.

Syn. — *Funéraire* — *Funèbre* se dit de ce qui représente la mort ou en rappelle l'idée; *funéraire*, de ce qui a trait aux derniers devoirs rendus à un mort. Aussi le premier se dit-il des choses matérielles et des choses abstraites, tandis que le second ne se dit guère que des choses matérielles. Ainsi, on dit pompe, cérémonie, chant, oraison, image, idée *funèbre*, etc., tandis que l'on dit urne *funéraire*, frais *funéraires*, et style *funéraire*, pour désigner le style des épitaphes.

FUNÈBREMENT. adv. Néol. D'une manière funèbre.

FUNER. v. a. (lat. *funis*, corde). T. Mar. Garnir de cordages. || *F. un mât.* Le garnir de son étai et de sa manœuvre.

FUNÉRAILLES. s. f. pl. [Pr. *funéra-lle, ll* mouillées]

(lat. *funeralia*, choses funéraires, de *funus*, *funeris*, obsèques). Cérémonies qui se font aux enterrements. ‖ Figur., Ruine, perte, destruction. *Assister aux f. de l'Empire.* = Syn. Voy. OBSÈQUES.

1. — L'histoire atteste que partout et dans tous les temps le culte des morts a été consacré par la religion, la morale et les lois. En outre, bien que les cérémonies funèbres par lesquelles s'exprime ce culte présentent des différences singulières en raison du degré de barbarie ou de civilisation des divers peuples et surtout en raison de leurs idées religieuses, elles ont cela de commun que toutes elles témoignent de la foi universelle des hommes en une vie future, et de leur croyance unanime à la persistance de l'individualité humaine au delà du tombeau.

Chez les *Égyptiens*, les f. s'accompagnaient d'une grande pompe et de grandes démonstrations de deuil. Les femmes, les cheveux épars, les seins nus, se frappaient la poitrine et se déchiraient les joues. Les cadavres étaient embaumés avec soin, puis déposés dans ces immenses hypogées que l'on trouve encore remplis de momies. Mais la cérémonie la plus intéressante des f. était celle du jugement des morts. Quarante juges choisis parmi les vieillards examinaient la vie du défunt; si sa conduite avait été irréprochable, ils laissaient transporter le corps dans la nécropole au milieu des membres de sa famille qui l'avaient précédé. Dans le cas contraire, on déposait le cadavre dans une fosse commune qu'on appelait le *Tartare*. Les rois eux-mêmes étaient soumis au jugement des morts; là, du moins, ils pouvaient être accusés, dit-on, par le dernier de leurs sujets.

Les *Hébreux* enterraient les gens du commun, mais ils embaumaient les personnages considérables avant de les déposer dans le sépulcre. Parfois ils brûlaient des parfums sur les corps. Quelquefois aussi, comme semblent le prouver plusieurs passages de la Bible, on brûlait les corps mêmes. Ceux qui suivaient le convoi étaient vêtus de deuil et se lamentaient à haute voix. Des femmes, appelées *lamentatrices*, chantaient des hymnes ou des *lamentations* en l'honneur du mort. Bien que les f. fussent un devoir de piété, il ne s'y mêlait aucune cérémonie religieuse: c'était au contraire une action profane qui souillait, jusqu'à ce qu'elles se fussent purifiées, les personnes qui y avaient pris part. En conséquence, il était interdit aux prêtres d'assister à des f., excepté à celles de leurs proches. On offrait des sacrifices pour les morts, c.-à-d. pour la rémission de leurs péchés, comme fit Judas Machabée; et le baptême des morts, dont parle saint Paul, était une cérémonie de purification qu'on croyait leur être utile aussi bien que les prières.

Les anciens *Perses*, ainsi que la plupart des peuples de l'Orient, considéraient les cadavres comme impurs. Or, comme les éléments étaient l'objet de leur culte universel et qu'ils auraient cru les souiller, ils ne pouvaient ni brûler les cadavres, ni les enterrer, ni même les jeter à l'eau. Chaque ville, en Perse, possédait hors des murs deux hautes tours bâties de pierre, l'une blanche et l'autre noire, et ces deux tours, couvertes d'une plate-forme, étaient destinées à recevoir les morts. On avait soin d'y entretenir un grand nombre de vautours et de charognes qui prévenaient l'infection en dévorant les corps dès qu'ils étaient exposés; et la construction des plates-formes, qui étaient creuses au centre, permettait d'y ensevelir les ossements. Tout Perse était jugé après sa mort, et les prêtres étaient d'ordinaire chargés du jugement; s'ils déclaraient le défunt vertueux, il était exposé sur la tour blanche; tandis que si leur jugement lui était défavorable, on l'exposait sur la tour noire. Ce jugement n'était pas regardé comme entraînant l'absolution ou la condamnation divine. Les Perses croyaient que le mort n'était jugé par l'Être suprême que trois jours après avoir rendu le dernier soupir. Pendant ces trois jours, les parents et les amis du défunt ne cessaient de prier pour lui. Au reste, la mort n'était pas considérée comme un mal, et il était défendu de pleurer et de se lamenter. La cérémonie des f. se terminait, en général, par un grand repas en l'honneur du défunt, et comme, grâce aux prières ou au jugement des prêtres, on le croyait dans un état de félicité éternelle, ce repas était une véritable fête.

II. — Les *Grecs* attachaient une grande importance à ce que leurs corps reçussent la sépulture: car ils croyaient que les âmes de ceux dont le corps n'avait pas été enseveli ne pouvaient entrer dans les Champs Élysées. Aussi voyons-nous dans l'*Odyssée* l'ombre d'Elpénor supplier instamment Ulysse de rendre à son corps les derniers devoirs. Ulysse de même, lorsqu'il se trouve en danger de faire naufrage, déplore de ne point avoir trouvé la mort devant Troie; car là, du moins, il aurait obtenu une sépulture honorable. En conséquence, les Grecs considéraient comme un devoir religieux de couvrir de terre le corps d'un mort qu'on rencontrait sans sépulture.

Dès qu'une personne avait rendu le dernier soupir, on commençait par lui mettre dans la bouche une obole, afin qu'elle pût payer son passage au nocher des enfers. Puis, on lavait le corps, on le frottait d'huile parfumée, et l'on couronnait sa tête avec des fleurs de la saison. Ensuite, on le revêtait d'une robe blanche, la plus belle que la famille pouvait se procurer, afin, dit Lucien, que le mort n'eût pas froid en faisant le voyage aux enfers, et qu'il ne parût pas nu devant Cerbère. C'étaient les femmes de la famille qui étaient chargées de remplir ces tristes fonctions. Le corps ainsi orné, on le déposait sur un lit, la tête et le dos appuyés sur un coussin. Dans le principe, le lit sur lequel était exposé le corps était placé devant la porte de la maison; mais à Athènes, une loi de Solon prescrivit de faire cette exposition dans l'intérieur. Cette exposition avait pour objet de permettre de constater que le défunt était bien mort de mort naturelle et non de mort violente. A côté du lit, on plaçait des vases de terre peinte, qu'on enterrait avec le cadavre. Un grand nombre de ces vases peints ont été trouvés dans les temps modernes, et ils ont beaucoup servi à élucider diverses questions d'archéologie. A côté du corps, on mettait aussi un gâteau de miel, qui, paraît-il, était destiné à Cerbère. Enfin, devant la porte, on déposait un vase plein d'eau, afin que les personnes qui étaient entrées dans la maison pussent se purifier en s'aspergeant à leur sortie. Les parents entouraient le lit, et les femmes se livraient aux lamentations en déchirant leurs vêtements et en s'arrachant les cheveux. Solon essaya d'empêcher ces marques exagérées d'affliction; cependant il ne semble pas que ses prescriptions à ce sujet aient été généralement observées.

Le lendemain de l'exposition, et le surlendemain de la mort, on enlevait le corps; on l'inhumait le matin de très bonne heure, c.-à-d. avant le lever du soleil, car on pensait qu'un prompt enterrement après la mort devait être agréable au défunt. Dans quelques villes grecques, l'inhumation du cadavre avait lieu le lendemain même de la mort. Les hommes marchaient devant le corps, et les femmes le suivaient. La procession funèbre était précédée ou accompagnée de pleureuses louées à cet effet: c'étaient, en général, des femmes de la Carie qui faisaient ce métier. Cependant Platon parle d'hommes qui remplissaient cet office, et qui jouaient sur la flûte des airs funèbres.

Le cadavre était enterré ou brûlé. Wachsmuth dit que, dans les temps historiques, les morts étaient toujours enterrés; mais cette assertion n'est pas rigoureusement exacte. En effet, dans le *Phédon* de Platon, nous voyons Socrate parler de son corps comme devant être brûlé ou enterré, et Plutarque nous apprend que les corps de Timoléon et de Philopœmen furent brûlés. Dans Homère, les corps des morts sont brûlés; néanmoins on les enterrait aussi quelquefois dans les temps héroïques. Cicéron dit qu'à Athènes, au temps de Cécrops, on enterrait les morts, et les écrivains grecs racontent que les os d'Oreste furent trouvés dans un cercueil à Tégée. L'usage d'enterrer les morts prévalait chez les Spartiates et les Sicyoniens, et le grand nombre de cercueils contenant des squelettes qui évidemment n'ont jamais subi l'action du feu, découverts par les fouilles des modernes, démontre que cette coutume était fort répandue dans les premiers siècles de la Grèce. Il paraît donc que les deux modes de sépulture ont toujours existé simultanément dans ce pays, jusqu'à l'époque où le christianisme triomphant mit fin à la coutume de brûler les corps. — Ceux-ci étaient ordinairement brûlés sur des bûchers, c.-à-d. sur des amas de bois, au sommet desquels on les déposait. Dans les temps primitifs, on brûlait aussi, avec le corps des héros, des animaux et même des captifs ou des esclaves. C'est ainsi qu'aux f. de Patrocle, Achille, outre un grand nombre de moutons, de bœufs, de chevaux et de chiens, immole 12 Troyens captifs dont il fait brûler les corps avec celui de son ami. On jetait aussi des huiles et des parfums dans la flamme du bûcher; puis, lorsque celui-ci était consumé, on éteignait les restes du feu avec du vin, et les parents ou amis du mort recueillaient ses os, qu'ils lavaient avec du vin et de l'huile, et qu'ils déposaient dans une urne.

Les corps qui n'étaient pas brûlés étaient enterrés dans les cercueils. Les cercueils étaient faits de différentes matières, mais le plus ordinairement d'argile cuite au feu. Leurs formes étaient aussi très variées. La Fig. 1 représente deux cercueils des plus anciens temps de la Grèce, ainsi que la coupe de l'un d'eux. — Les morts étaient enterrés hors de l'enceinte de la ville, parce qu'on croyait que leur présence dans la cité était une souillure pour les vivants. Les tombes

étaient considérées comme des propriétés privées, et appartenaient exclusivement aux familles dont les parents s'y trouvaient ensevelis. Lorsque la famille était riche, elle érigeait un
mort un monument funéraire plus ou moins somptueux, sur
lequel on gravait une inscription, indiquant le nom du défunt,
le dème auquel il appartenait, et parfois contenant un court
résumé de sa vie.

On prononçait quelquefois des discours à la louange du
mort ; mais une loi de Solon défendit toute oraison funèbre,
et réserva cet honneur à ceux-là seulement dont les f. se
faisaient aux frais de l'État. Dans les âges héroïques, comme

Fig. 1.

on le voit au sujet de Patrocle, on célébrait des jeux aux f.
des grands hommes ; mais cette coutume tomba en désuétude
dans les temps historiques. — Toutes les personnes qui avaient
assisté à des f. étaient regardées comme souillées, et il leur
était interdit d'entrer dans les temples avant de s'être purifiées. — Après les f., les membres de la famille assistaient à
un repas funèbre qui se donnait dans la maison du plus
proche parent du mort. Les parents de tous ceux qui avaient
succombé à la bataille de Chéronée assistèrent au repas funèbre dans la maison de Démosthène, comme si, pour tous, il
eût été leur plus proche parent. Ces repas mortuaires sont
souvent représentés sur les monuments funéraires ; on y re-

Fig. 2.

marque ordinairement une tête de cheval placée dans un coin :
c'est une emblème qui signifie que la mort est un voyage. (La
Fig. 2 est la reproduction d'un repas funèbre tiré des Marbres
d'Oxford). Le second jour après les f., on offrait au mort un
sacrifice. On en célébrait encore deux autres le neuvième jour
et le trentième après cette époque. Le principal était celui du
neuvième. A Athènes, le deuil se prolongeait jusqu'au trentième jour ; mais à Sparte sa durée était limitée à onze jours.
Pendant ce temps, les parents du défunt ne pouvaient paraître
en public. Ils portaient des vêtements noirs, et, dans les
temps primitifs, coupaient leurs cheveux en signe de douleur.

Les tombeaux étaient entretenus avec le plus grand soin
par les familles. On les regardait comme le lien le plus puissant qui unit un homme à sa terre natale. A Athènes, dans la
docimasie des archontes, on ne manquait jamais de s'enquérir s'ils avaient eu le soin convenable du tombeau de leurs
ancêtres. A certains jours, on couronnait les tombes de fleurs
et l'on apportait aux morts des offrandes qui consistaient en
guirlandes de fleurs et en objets de toute sorte. On voit des
offrandes de ce genre représentées sur une foule de vases
points. Tel est le sujet de la Fig. 3, empruntée à l'un de ces
vases. Le tombeau est construit en forme de temple et sa face
principale représente le personnage dont il renferme les
restes.

Certains criminels, condamnés pour crimes contre l'État,
étaient privés des honneurs de la sépulture, ce qui était considéré comme une énorme aggravation de peine. A Athènes,
ainsi qu'à Sparte, il existait des endroits particuliers où l'on
jetait les cadavres de ces criminels. — On regardait comme
sacrés les corps de ceux qui avaient été frappés par la foudre :
on les enterrait à l'endroit même où ils avaient été tués.

III. — Lorsqu'un *Romain* allait expirer, le plus proche parent
qui se trouvait présent s'efforçait de recueillir avec sa bouche
le dernier souffle du moribond ; il lui retirait l'anneau qu'il
portait au doigt, et, aussitôt qu'il était mort, il lui fermait la
bouche et les yeux, l'appelait par son nom, et lui disait adieu
(*ave* ou *vale*). Alors le corps était lavé et frotté d'huile et de
parfums par des esclaves qu'on louait aux *libitinarii*, espèce
d'entrepreneurs de f. Les *libitinarii* étaient ainsi nommés,
parce qu'ils demeuraient près du temple de Vénus Libitina,
où l'on vendait tout ce qui était nécessaire pour les f. A ce
temple, on tenait une liste des individus qui étaient morts, et
l'on payait une légère rétribution pour l'enregistrement de
leurs noms. Comme chez les Grecs, on mettait dans la bouche du cadavre une pièce de menue monnaie pour payer le
nocher des enfers, on l'étendait revêtu de sa plus belle robe
sur un lit de repos, et on l'exposait, dans le vestibule de la

Fig. 3.

maison, les pieds tournés vers la porte. Ordinairement, on revêtait les simples citoyens d'une toge blanche et les magistrats
de la toge qu'ils portaient dans l'exercice de leurs fonctions.
Si, pendant sa vie, le défunt avait reçu une couronne comme
récompense militaire, on la plaçait sur sa tête ; parfois aussi,
on couvrait le lit funèbre de feuillages et de fleurs. Enfin,
quand il s'agissait d'un personnage de marque, on suspendait
une branche de cyprès à sa porte.

Il y avait deux sortes de f., les f. publiques, ainsi nommées parce que le peuple était invité à y assister par un hé-
raut, et les f. privées. Le plus souvent, les Romains fixaient
dans leur testament la somme qui devait être consacrée aux
frais de leurs f.; mais lorsque le défunt n'avait rien statué
à cet égard, ou lorsqu'il était mort intestat, les frais funéraires étaient à la charge de l'héritier soit testamentaire, soit
légal. Dans ce dernier cas, la somme à consacrer aux f. était
fixée par un arbitre, selon la fortune et le rang du défunt ;
c'est pour cela que nous voyons quelquefois chez les auteurs
le mot *arbitria* employé dans le sens de *frais funéraires*.

Dans les premiers temps de Rome, les f., se faisaient toujours la nuit ; mais plus tard cet usage ne subsista plus que
pour les citoyens pauvres, parce qu'ils ne pouvaient subvenir
aux frais d'une procession funèbre. Ordinairement on n'enlevait le corps de la maison que le 8ᵉ jour après la mort.
L'ordre de la procession funèbre était réglé par un commissaire qui était assisté par des licteurs vêtus de noir. En tête
marchaient des musiciens de différentes sortes qui jouaient
des airs lugubres ; puis venaient les pleureuses qu'on louait
pour pleurer et pour psalmodier les chants funèbres en
l'honneur du défunt. Elles étaient parfois accompagnées
d'histrions et de bouffons dont l'un, appelé *Archimime*, représentait le défunt et imitait ses paroles et ses gestes. Enfin
venaient les esclaves que le défunt avait affranchis, et qui
portaient la coiffure, signe de l'affranchissement. On portait
devant le corps les images du mort et de ses ancêtres, ainsi
que les couronnes et les récompenses militaires qu'il avait
remportées pendant sa vie.

Le corps du défunt était déposé sur une litière. Quant aux
pauvres et aux esclaves, on les mettait dans une espèce de
bière fort grossière qui était portée par des individus appelés
vespæ ou *vespillones*, parce que, d'après Festus, ils remplissaient ces fonctions à la tombée de la nuit (*vespertino tem-
pore*). Les lits d'apparat sur lesquels on transportait les corps
des citoyens riches étaient parfois d'ivoire et couverts d'or et
de pourpre. Les plus proches parents du mort, ou d'autres
fois ses affranchis portaient ce lit sur leurs épaules. Jules
César fut porté par les magistrats, et Auguste par les sénateurs. Les parents en vêtements de deuil suivaient le corps,

les fils la tête voilée, les filles le visage découvert et les cheveux épars, contrairement à l'usage commun. De temps en temps ils poussaient de longs gémissements: les femmes se frappaient la poitrine et se déchiraient les joues, nonobstant la défense de la loi des Douze Tables : *Mulieres genas ne radunto.* Lorsque le défunt était d'un rang illustre, la procession funèbre traversait le forum et s'arrêtait devant les rostres, où l'on prononçait une oraison funèbre sur son honneur. Cette coutume, chez les Romains, remontait à la plus haute antiquité; quelques écrivains prétendent qu'elle fut introduite par Publicola, qui prononça l'éloge de son collègue Brutus. On accordait également aux femmes les honneurs de l'oraison funèbre. Du forum, le corps était porté dans le lieu où il devait être enterré ou brûlé; mais ce lieu, d'après la loi des Douze Tables, devait être situé hors de la ville.

Dans les premiers siècles, les Romains enterraient leurs morts; cependant l'usage de les brûler se répandit d'assez bonne heure, ainsi que l'atteste la loi des Douze Tables. Vers la fin de la république, il était devenu général. Mais sous l'empire, cette coutume tomba graduellement en désuétude, au fur et à mesure des progrès du christianisme, de telle sorte que, au IV° siècle, elle avait complètement disparu. On ne livrait pas au bûcher les corps de ceux qui avaient été frappés de la foudre, on les brûlait sur le lieu même, et ce lieu était regardé comme sacré. On ne brûlait pas non plus les enfants qui n'avaient pas encore de dents: on les enterrait dans un endroit spécial. Les corps que l'on enterrait, étaient ordinairement placés dans un cercueil de pierre. On employait quelquefois une sorte de pierre nommée *pierre assienne*, parce qu'elle venait d'Assos dans la Troade: cette pierre possédait, dit-on, la propriété de consumer, dans l'espace de 40 jours, le corps tout entier, à l'exception des dents. Les cercueils de ce genre étaient appelés *Sarcophages;* mais, par la suite des temps, on appliqua ce nom à toute espèce de cercueil ou de tombeau.

Le bûcher sur lequel on brûlait le corps avait la forme d'un autel. On déposait au sommet du bûcher le cadavre avec le lit sur lequel on l'avait apporté, et le plus proche parent du défunt y mettait le feu en détournant la tête. Dès que les flammes commençaient à s'élever, on jetait dans le feu toutes sortes de parfums. Enfin, on lançait aussi au milieu des flammes des. coupes remplies d'huile, des ornements, des vêtements, des plats chargés de mets, et d'autres objets que l'on supposait être agréables au mort. Aux f. d'un empereur ou d'un général illustre, les soldats faisaient trois fois le tour du bûcher; parfois aussi on immolait des victimes. Dans les temps primitifs, on y immolait même des prisonniers et des esclaves, car on supposait que les mânes aimaient le sang. Plus tard, on loua des gladiateurs pour combattre autour du bûcher: ces gladiateurs étaient désignés sous le nom de *Bustuaires.*

Lorsque le bûcher était consumé, on répandait du vin sur les cendres chaudes, et le plus proche parent recueillait les os et les cendres du mort. Il les arrosait de parfums et les plaçait dans une *urne funéraire*, dont la matière variait selon le rang et la richesse des personnes. Alors les assistants étaient, dans un but de purification, aspergés trois fois d'eau pure, avec une branche d'olivier ou de laurier; après quoi le signal du départ était donné par le *præfica* ou par toute autre personne qui prononçait la parole sacramentelle, *Illicet*, c.-à-d. *Ire licet.* En partant on avait l'habitude de dire au mort un dernier adieu par ce mot, *Vale.* Les urnes funéraires étaient ensuite déposées dans les tombeaux qui, comme nous le savons déjà, étaient toujours situés hors de l'enceinte de la ville.

Les tombeaux et tout lieu qui avait servi de sépulture, même à un cadavre, étaient regardés comme *religieux*: on appelait ainsi tout ce qui appartenait aux dieux Mânes ou était placé sous leur invocation, tandis que les choses consacrées aux dieux supérieurs étaient *sacrées.*

Quand on avait recueilli les cendres dans une urne, les amis du défunt retournaient à sa maison, où ils subissaient une nouvelle purification qui consistait à s'asperger d'eau et à passer sur le feu. La maison elle-même était purifiée: pour cela on la balayait avec une espèce particulière de balai.

On donnait en l'honneur du mort un festin appelé *silicernium*, mais on ne sait au juste quel jour. Parmi les tombes de Pompéi, on a trouvé un triclinium funéraire pour la célébration de ces festins (Fig. 4). Il est à ciel ouvert; les murs sont couverts de peintures représentant des animaux au milieu des compartiments bordés de fleurs. Les lits sont de pierre, et au centre se trouve un piédestal également de pierre pour recevoir la table. — Après les f. des grands personnages, outre le festin auquel assistaient seuls les parents et amis du défunt, on faisait au peuple une distribution de viande crue;

quelquefois même on donnait des repas publics. Enfin, on célébrait souvent des jeux publics en l'honneur du mort, et les combats de gladiateurs figuraient au premier rang parmi ces jeux. Ainsi, par ex., aux f. de P. Licinius Crassus, qui avait été souverain pontife, on distribua de la viande crue au peuple, on fit combattre 120 gladiateurs, et l'on donna des jeux funèbres qui durèrent trois jours et furent suivis d'un banquet public dans le forum. Parfois même on célébrait l'anniversaire des f. par des jeux et des repas publics. Les convives qui y assistaient devaient être habillés de blanc. — Les Romains, comme les Grecs, avaient l'habitude de visiter les tombeaux de leurs parents à certaines époques. Ils leur offraient alors des sacrifices et des présents. Les Romains semblent avoir vénéré les mânes ou les âmes de leurs ancêtres à l'égal des dieux: c'est de là que vint la coutume de leur faire des oblations qui consistaient en victimes, en vin, en lait, en guirlandes de

Fig. 4.

fleurs et autres objets. A cette occasion, on illuminait quelquefois le tombeau avec des lampes. A la fin du mois de février avait lieu une fête nommée *Feralia*, pendant laquelle les Romains avaient coutume de porter dans les tombeaux des aliments à l'usage des morts. — La domination romaine introduisit dans la Gaule les cérémonies funèbres usitées chez le peuple vainqueur. Mais avant la conquête, les f. des anciens Gaulois, ainsi que nous l'avons vu ailleurs (voy. DRUIDISME), témoignaient, plus peut-être que celles d'aucun autre peuple, une croyance profonde dans l'existence d'une vie future.

IV. — Ce serait ici le lieu de parler des f., telles qu'elles se pratiquent chez les peuples chrétiens, et surtout parmi les nations catholiques; mais nous croyons superflu d'entrer dans des détails que tout le monde connaît. — Voy. DEUIL, CATACOMBES, CIMETIÈRE, TOMBEAU et URNE.

Législ. — La loi du 15 novembre 1887 établit la liberté des f.; elle contient à ce sujet les dispositions suivantes : les honneurs funèbres qui sont proscrits par la loi, doivent être rendus, quel que soit le caractère des f., religieux ou civil. Tout majeur ou mineur émancipé, en état de tester, peut régler les conditions de ses f., notamment en ce qui concerne le caractère civil ou religieux à leur donner et le mode de sa sépulture; il peut charger une ou plusieurs personnes de veiller à l'exécution de ses dispositions; sa volonté, exprimée dans un testament ou dans une déclaration faite en forme testamentaire, soit par-devant notaire, soit sous signature privée, a la même force qu'une disposition testamentaire relative aux biens. En cas de contestation sur les conditions des f., il est statué, le jour même, sur la citation de la partie la plus diligente, par le juge de paix du lieu du décès, sauf appel devant le président du tribunal civil de l'arrondissement, qui doit statuer dans les vingt-quatre heures; la décision est notifiée au maire, qui est chargé d'en assurer l'exécution. Est punie d'une amende de 16 à 100 francs, et en cas de récidive, pour la première fois, d'un emprisonnement de deux à cinq ans, pour la seconde fois, de la détention, toute personne qui a donné aux f. un caractère contraire à la volonté du défunt ou à la décision judiciaire, lorsque l'acte constatant la volonté du défunt ou la décision du juge lui a été dûment notifié. Le règlement d'administration publique, en date du 27 avril 1889, rendu en exécution de la loi précitée, détermine les conditions applicables aux divers modes de sépulture; il prévoit l'établissement de chambres funéraires, sur la demande du conseil municipal, dans chaque commune; il contient des dispositions d'ordre général sur les inhumations et aussi sur l'incinération.

FUNÉRAIRE. adj. 2 g. (lat. *funerarius*, m. s.). Qui concerne les funérailles. *Frais funéraires. Urne, colonne f.* = Syn. Voy. FUNÈBRE.

FUNÉRAL, ALE. adj. Qui a rapport aux funérailles.

FUNESTE. adj. 2 g. (lat. *funestus*, m. s.). Malheureux, sinistre, qui porte la calamité et la désolation avec soi. *Guerre f. Voyage f. Entreprise f. Conseil f. Événement f. Nouvelle*

f. *Mort f. Ce jour lui a été f. Cette méprise eut des suites funestes. Il ne put résister à la f. influence de ce climat brûlant.* — Syn. Voy. FATAL.

FUNESTEMENT. adv. D'une manière funeste. Peu usité.

FÜNFKIRCHEN, v. de Hongrie; 28,702 hab.

FUNGINE. s. f. Voy. FONGINE.

FUNGUS. s. m. Voy. FONGUS.

FUNICULAIRE. adj. 2 g. (lat. *funiculus*, cordage). Qui est composé de cordes. *Machine funiculaire.* || Qui fonctionne à l'aide de cordes, ou de câbles. *Chemin de fer f.*, ou substantiv., *Un f.* Chemin de fer dans lequel les wagons sont mis en mouvement par un câble enroulé sur un treuil. Voy. ci-après. || T. Méc. *Courbe f.*, ou subst. *La f.*, Courbe qu'affecterait une corde flexible inextensible, suspendue par ses extrémités à deux points fixes et soumise à l'action de certaines forces. || T. Anat. Qui concerne le cordon testiculaire.

Méc. — 1. — On appelle *polygone funiculaire* la position d'équilibre d'un fil inextensible dont certains points sont soumis à l'action de certaines forces. Soit A l'une des extrémités du fil et B, C, D... etc. les points auxquels sont appliquées les forces F, F₁, F₂... etc. Entre deux consécutifs de ces points, B et C par ex., chaque élément M du fil ne subit d'autre action que celle des deux tensions qui s'exercent aux deux extrémités de l'élément M. L'équilibre subsistera si l'élément M est remplacé par un solide invariable. Il faut donc que les deux tensions soient égales, dirigées suivant la direction de l'élément, et en sens inverse. Comme la tension d'un fil est toujours tangente à la forme de ce fil, il faudra donc que l'élément M soit rectiligne. Par suite, la forme du fil entre B et C est celle d'une ligne droite, et la tension est la même tout le long du segment B C. Ainsi déjà, la forme d'équilibre du fil est celle d'une ligne polygonale dont les sommets sont les points A, B, C, D, etc., où sont appliquées les forces. L'un de ces sommets, B, par exemple, est soumis à l'action de trois forces qui sont les tensions des deux brins AB et BC, et la force F₁ appliquée en B. Pour qu'il y ait équilibre, il faut donc que *chaque force soit égale et directement opposée à la résultante des tensions des deux brins* qui aboutissent au point d'application de cette force. Quant à la force F appliquée à l'extrémité du fil, elle doit être dans la direction de ce brin extrême, égale à sa tension, et dirigée en sens inverse. Ces principes fort simples permettent de résoudre, soit géométriquement, soit par des équations, tous les problèmes qu'on peut rencontrer sur les polygones funiculaires. Nous remarquerons que chacune des forces, telles que F₁ appliquée en B, peut se décomposer en deux autres égales et directement opposées aux tensions des brins adjacents AB et BC. L'une de ces forces sera dirigée de B vers C. Mais la force appliquée en C pourra de même se décomposer en deux autres dont l'une égale à la tension de B C sera dirigée de C en B. Celle-ci se détruira avec la précédente, et il en sera de même de toutes les composantes des autres forces F₂, F₃, etc. : les composantes dirigées suivant un même côté du polygone seront égales et de sens contraire, et se détruiront. Comme cette conclusion s'applique aussi aux brins extrêmes, on voit que toutes les forces considérées se détruisent mutuellement : *leur résultante est nulle.* D'après les théorèmes généraux de la statique, cela exige que la somme de leurs projections sur un axe quelconque soit nulle, et que la somme de leurs moments par rapport à un axe quelconque soit nulle.

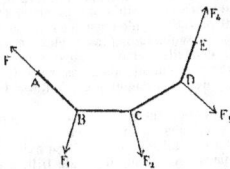

Ces conclusions résultent aussi de ce fait que l'équilibre doit subsister si l'on remplace le fil par un solide invariable, de sorte que toutes les forces considérées doivent d'abord se faire équilibre comme si elles étaient appliquées à un solide invariable. Ces considérations se rattachent à la détermination graphique de la résultante de plusieurs forces. Voy. STATIQUE graphique.

II. — Si l'on suppose que les forces sont appliquées d'une manière continue tout le long du fil, celui-ci, au lieu de prendre une forme polygonale, affectera la forme d'une certaine courbe, et l'on appelle *courbe funiculaire* cette figure d'équilibre d'un fil dont tous les points sont soumis à l'action d'une force variant continuellement de direction et d'intensité avec son point d'application. Pour étudier les propriétés de cette courbe, on imagine qu'on décompose le fil en éléments aussi petits qu'on voudra, chacun de ces éléments étant soumis à l'action d'une force infiniment petite. Si on désigne par *ds* l'un des éléments du fil, *s* étant la longueur de ce fil comptée à partir d'une certaine origine, la force qui agit sur cet élément pourra être représentée par F *ds*, la direction et la grandeur de F étant des fonctions de *s*. On obtient les conditions d'équilibre en projetant les forces sur la tangente et la normale à la courbe. Chaque élément *ds* est en équilibre sous l'action de trois forces qui sont : 1° la tension T, à l'une des extrémités de *ds*, laquelle est dirigée suivant la tangente en ce point ; 2° la tension T + *d*T à l'autre extrémité de cet élément, dirigée suivant la tangente en ce second point ; 3° la force F *ds*. Ces trois forces devant être dans le même plan, on en déduit déjà que la force F est dans le plan de deux tangentes infiniment voisines, plan que les géomètres appellent le *plan osculateur* à la courbe. Si l'on projette sur la direction de la première tangente, la projection de la force T + *d*T ne différera de cette force que par un infiniment petit du second ordre; mais elle sera en sens inverse de T; nous lui donnerons donc le signe —. Si alors on désigne par F*ₜ* la composante tangentielle de F, on aura la première équation :

$$T - (T + dT) + F_t \, ds = 0$$
$$F_t \, ds - dT = 0$$

ou enfin

$$F_t = \frac{dT}{ds}.$$

Si, maintenant, nous projetons sur la normale à l'élément considéré, on remarquera que la tension T a une projection nulle et que la tension T + *d*T fait avec cette normale un angle égal au complément de l'angle *d*α des deux tangentes. Sa projection sera donc :

$$(T + dT) \cos\left(\frac{\pi}{2} - d\alpha\right) = (T + dT) \sin d\alpha.$$

En négligeant les infiniment petits d'ordre supérieur, on peut supprimer *d*T et remplacer le sinus de *d*α par l'arc ; enfin, on remarquera que cette projection est dirigée du côté de la *concavité* de la courbe.

Si alors on appelle F*ₙ* la composante normale de la force, nécessairement dirigée vers la *convexité*, on aura la seconde équation :

$$F_n \, ds - T \, d\alpha = 0,$$

ou

$$F_n = T \frac{d\alpha}{ds}.$$

*d*α est ce que les géomètres appellent *l'angle de contingence*, et le rapport $\dfrac{d\alpha}{ds}$ est l'inverse du rayon de courbure ρ. On a donc :

$$F_n = \frac{T}{\rho}.$$

Ces équations suffisent à déterminer la forme de la courbe, quand on connaît la quantité F en fonction des coordonnées *x*, *y*, *z*, d'un point M. Le problème est ramené à un problème de géométrie qui se traite facilement par les méthodes de calcul différentiel et intégral.

Nous remarquerons seulement l'analogie des équations précédentes avec les équations du mouvement d'un point matériel soumis à l'action d'une force *f*. En désignant par *f*ₜ et *f*ₙ les composantes tangentielle et normale de la force, on sait d'abord que la force est dans le plan osculateur de la trajectoire, et en projetant sur la tangente et sur la normale on a, *m* désignant la masse du point, et *v* sa vitesse :

$$f_t = m \frac{dv}{dt}; \quad f_n = \frac{m v^2}{\rho}.$$

Mais

$$v = \frac{ds}{dt},$$

d'où

$$dt = \frac{ds}{v}.$$

Donc :

$$f_t = m \frac{v dv}{ds} = \frac{1}{2} \frac{d m v^2}{ds},$$

Donc, à part le facteur $\frac{1}{2}$ les équations deviennent les mêmes si l'on remplace f par F et la force vive mv^2 par la tension T.

Dans les applications, les calculs se simplifient si toutes les forces F sont parallèles. Par ex., si le fil n'est soumis à d'autres forces que son poids, le poids de chaque élément est vertical et proportionnel à la longueur ds de cet élément. F est donc constant. On déduit de là toutes les propriétés de la figure d'équilibre d'un fil pesant, courbe qui a reçu le nom de *Chaînette*. Voy. ce mot. On peut supposer la force appliquée en chaque élément proportionnelle non à la longueur de cet élément, mais à la projection sur le plan horizontal : c'est ce qui arrive pour le cas des câbles des ponts suspendus, chaque élément de ce câble supportant une portion de tablier dont la longueur est précisément la projection sur l'horizon de l'élément du câble. Dans ces conditions, la figure d'équilibre est une *parabole*. Voy. PONT *suspendu*.

Techn. — Le f. est à proprement parler un chemin de fer ou un tramway possédant des moyens de traction spéciaux. On emploie l'un ou l'autre dans les pays montagneux et aussi dans les contrées où, par suite des rampes excessives à franchir, une locomotive resterait impuissante à remorquer, non seulement les voitures qu'elle conduit, mais ne parviendrait même pas à avoir une adhérence suffisante pour traîner son propre poids. En général, le f. se compose d'un certain nombre de voitures, le plus fréquemment deux, solidement reliées à un câble métallique sans fin. Aux deux extrémités ou *terminus* de la ligne, ce câble s'enroule autour de deux tambours de grand diamètre, dont l'un, celui qui occupe le sommet de la rampe, se meut autour d'un axe horizontal qu'actionne directement un moteur à vapeur, électrique ou hydraulique.

Les voitures roulent comme à l'ordinaire sur deux files de rails parallèles constituant la voie du f. ; les unes descendent tandis que les autres font l'ascension de la rampe. Chacun de ces véhicules contient un nombre de places destinées aux voyageurs, en rapport avec l'importance du trafic de la ligne. Par son fonctionnement simple et rapide, le f. a vu ses installations s'accroître rapidement. En Suisse, notamment, on en compte plusieurs ; il en est de même en France, en Angleterre et aussi dans le nouveau monde. Nous examinerons successivement les principaux chemins de fer ou tramways funiculaires présentant des remarquables particularités, suivant que le câble sans fin se meut extérieurement ou souterrainement.

En France, le premier f. créé est celui de Notre-Dame de Fourvières à Lyon, communément appelé : *chemin de fer à ficelle*. Il fonctionne de la manière suivante : Près de l'église de Fourvières, c.-à-d. au point culminant, on a installé une gigantesque poulie à gorge que met en mouvement une puissante machine à vapeur. Un câble sans fin s'enroule sur cette poulie. En deux points diamétralement opposés du câble se relie un wagon de forme spéciale, mais circulant sur une voie ferrée. Lorsque sous l'impulsion que lui transmet le moteur, cette poulie se trouve animée d'un mouvement de rotation, elle tire l'une des voitures, tandis que l'autre descend la même rampe. A la *Croix-Rousse*, faubourg dépendant de la même ville, existe également un f. dont le fonctionnement est identique au premier.

Un autre tramway, mû par câble, mais dont l'installation générale diffère essentiellement des précédents, est le *F. de Belleville* à Paris. Il gravit des rampes assez raides et serpente à travers des rues étroites et tortueuses. Dans le cas actuel, il devenait impossible de faire usage des moyens de traction que rien n'empêchait d'employer à Lyon ; les rues suivies par ce tramway sont, en effet, parcourues à toute heure par de nombreux clients dont la circulation aurait été singulièrement entravée par la présence d'un câble aérien. Après mille difficultés rencontrées et successivement vaincues par les ingénieurs de la société concessionnaire, le mode de traction, définitivement adopté, consiste en un câble d'acier sans fin se mouvant dans une tranchée creusée entre les rails de la voie. Un moteur quelconque met ce câble en mouvement. Chaque voiture porte sous le plancher, à portée de la main du conducteur, un levier faisant fonctionner un grappin ou *grip* qui, entre ses mâchoires, saisit le câble ou l'abandonne suivant les nécessités du service. Un certain nombre de voies d'évitement existent sur le parcours et permettent ainsi d'augmenter le nombre des véhicules à certaines heures de la journée.

Un nouveau f. a été construit, il y a peu d'années, aux environs de Paris ; il réunit le Bas-Meudon, situé sur les rives de la Seine, à la terrasse. Une machine à vapeur de 70 chevaux actionne un tambour autour duquel s'enroule un câble métallique. Elle se trouve placée au sommet ou terminus de la rampe, dont la longueur n'excède pas 190 mètres. Par contre la hauteur à gravir dépasse 50 mètres. Deux voitures assurent le service courant ; l'une monte pendant que la seconde descend. Chacune d'elles contient 56 places. Ce petit tramway f., véritable miniature du genre, à voie de 4 mètre, se relie au chemin de fer des Moulineaux et aux bateaux parisiens. Inutile d'ajouter que le câble tracteur, dans le cas présent, est, d'un bout à l'autre de la ligne, aérien.

La Suisse possédant de très nombreux sites pittoresques, attirant chaque année une multitude de touristes, devait songer à faciliter aux excursionnistes l'ascension des hauteurs. Aussi, de tous côtés, aujourd'hui, fonctionnent des chemins de fer à crémaillère ou des funiculaires grimpant sur la pente des montagnes. De son côté, l'Italie possède, depuis peu d'années, un f. des plus curieux. Il part de Naples pour aboutir aux bords mêmes du cratère du Vésuve. Une puissante machine à vapeur agit sur trois câbles en fer par l'intermédiaire d'un tambour, autour duquel ils enroulent leurs spires. Deux voitures, l'une ascendante, l'autre descendante, assurent le service dans les points terminus de la ligne. En Amérique, les chemins de fer à grappins de San Francisco et de Chicago présentent également un certain intérêt. Le premier a permis de franchir les rampes très fortes que possèdent les rues importantes de cette ville. Ces rampes, dont les plus faibles ont une inclinaison de 12 p. 100, vont en augmentant sur quelques points du parcours et dépassent parfois 18 à 20 p. 100. Il n'en est plus de même à Chicago où, tout en restant souterrains, les câbles ne facilitent que l'ascension de déclivités assez faibles. Cela n'empêche pas les funiculaires circulant dans les rues de cette capitale d'avoir obtenu, dès le premier jour, toute la faveur du public.

L'Angleterre, avec ses tendances à s'engager à adopter toutes les innovations pratiques, a commencé en 1884 dans diverses villes l'installation de funiculaires. Il en existe deux principaux dans ce pays : celui de Highgate Hill, près de Londres, et celui de Birmingham. Les câbles pour chacun de ces funiculaires fonctionnent dans des ornières accusées au-dessous du niveau des chaussées. Le tracé du premier de ces funiculaires est des plus tortueux ; mais, ce qui simplifie beaucoup la manœuvre et le service, c'est que, presque partout, existe une double voie. Les rampes varient de 6 à 10 centimètres par mètre. Dans la seconde de ces villes, à Birmingham, la longueur totale de la ligne n'excède pas 4,500 mètres ; les rampes à franchir, beaucoup plus faibles que précédemment, ont un maximum ne dépassant pas 5 centimètres par mètre. La différence de niveau à racheter est d'environ 25 mètres. Une voie double existe sur tout le parcours.

Bien que servant plus spécialement au transport de marchandises ou denrées, les chemins de fer aériens peuvent se rattacher au type f. Hogdson les inventa il y a moins de trente ans, mais ils ont été grandement perfectionnés par Bluchert. Le rail de fer ou d'acier se trouve remplacé par des câbles métalliques dont l'un supporte, à l'aide d'une chape munie d'une petite poulie à gorge, de petits wagonnets ou des bennes remplies des objets à déplacer. Accrochés de la même manière au second, les récipients vides peuvent ainsi regagner leur point de départ. Ces câbles intermédiaires enroulés à leurs extrémités sur des cylindres et attachés aux côtés des wagonnets ou des bennes, tirent ces dernières dans un sens ou dans l'autre, suivant les besoins. Ces chemins de fer aériens ont reçu, depuis quelques années, d'importantes applications en France et à l'étranger pour faciliter les transports à distance. La majeure partie des usines où se fabrique le sucre, possèdent ces funiculaires aériens rayonnant en tous sens et amenant les betteraves des divers points du territoire jusqu'aux laveries de la fabrique. Dans de nombreuses exploitations différentes, ce mode de transport est également employé, qu'il s'agisse de travaux souterrains comme ceux des mines, ou extérieurs comme ceux que nécessite le transport des pierres ou des bois.

FUNICULE. s. m. (lat. *funiculus*, dimin. de *funis*, corde). T. Bot. Pédoncule au moyen duquel l'ovule est attaché au placenta. Voy. GRAINE.

FUNICULÉ, ÉE. adj. T. Bot. Qui est muni d'un funicule.

FUNICULITE. s. f. (lat. *funiculus*, cordon). T. Pathol. Inflammation du cordon testiculaire.

FUNIFORME. adj. 2 g. (lat. *funis*, corde; *forma*, forme). Qui a la forme d'un cordon.

FUNIN. s. m. (lat. *funis*, corde). T. Mar. Nom générique des cordages blancs, c.-à-d. faits de fil non goudronné. On dit aussi, et plus ordin., *Franc-funin* et *Franc-filin*.

FUR. s. m. (lat. *forum*, marché; on a dit d'abord *à fur*, ou *fur*). N'est usité que dans le loc., *Au fur et à mesure*, ou *A fur et mesure*, qui sign., à mesure que, à mesure de, à mesure. *On vous fera passer les livraisons au fur et à mesure qu'elles paraîtront. Il est payé au fur et à mesure de l'ouvrage. Travaillez, on vous payera à fur et mesure.*

FURET. s. m. (lat. popul. *furittum*, le petit voleur, de *fur*, voleur). Petit animal carnivore dont on se sert pour prendre des lapins, et qui va les chercher dans leur terrier. Voy. MARTRE. || Fig. et fam., on dit, *C'est un f., un vrai f.*, en parlant d'un individu qui s'enquiert de tout, et qui s'applique à savoir ce qui se passe de plus particulier dans les familles, ou qui montre beaucoup de sagacité pour découvrir les choses qu'il veut savoir. || Jeux. Amusement consistant à passer un objet de main en main pendant qu'un des joueurs s'efforce de le saisir au passage.

FURETAGE. s. m. T. Chass. Chasse au lapin avec le furet. || Fig. Action de fureter. || T. Forest. Mode d'exploitation d'un taillis, qui consiste à ne couper sur chaque souche que les brins de trente ans.

FURETER. v. n. Chasser au furet. *Il est allé f. dans la garenne.* || Fig., Fouiller, chercher partout avec soin, curieusement. *Il va furetant partout. Qu'allez-vous f. dans ce cabinet?* || Fig., S'empresser à savoir les nouvelles de tout, chercher à satisfaire sa curiosité sur tout. *Il ne fait que f. partout pour savoir ce qui se passe.* || T. Sylvic. *F. un bois*, En couper les arbres qui ont l'âge de la coupe. == FURETER, v. a. S'emploie dans les divers sens qui précèdent. *F. une garenne, un terrier. Il furetait mes papiers. F. des nouvelles.* Les emplois figurés de ce verbe sont familiers. = FURETÉ, ÉE. part. == Conjug. Voy. CAQUETER.

FURETEUR. s. m. Celui qui chasse aux lapins avec un furet. || Fig. et fam., Celui qui fouille, qui cherche partout, ou celui qui s'enquiert de tout, qui cherche à tout savoir, soit par curiosité, soit pour son profit. *Quel indiscret f. — Un f. de nouvelles*, Celui qui va furetant des nouvelles partout.

FURETIÈRE, littérateur français, fut chassé de l'Académie française parce qu'il faisait seul et promptement le Dictionnaire que cette compagnie se proposait de faire (1619-1688).

FUREUR. s. f. (lat. *furor*, m. s.). Délire accompagné de colère ou d'actes de violence. *Il est devenu fou et de temps en temps il entre dans des accès de f. Lorsque sa f. lui prend.* || Dans son acception la plus ordinaire, signifie Colère extrême, qui ne connaît pas de bornes. *Un mouvement, un transport de f. Être transporté de fureur. Il a été impossible d'apaiser sa f. Ses traits étaient décomposés par la f. La f. du peuple n'en devint que plus terrible. Assouvir sa f. Sa patience poussée à bout se changea en f.* — S'emploie aussi en parlant des animaux. *Un lion en f. Mettre un taureau en f.* — En T. Écrit. sainte, se dit quelquefois de la colère de Dieu. *Seigneur, ne me reprenez pas dans votre f.* — Par anal., se dit encore de l'agitation violente de certaines choses inanimées. *La f. de la tempête, de l'orage, des vents. La f. de la mer, des flots. La f. des flammes, de l'incendie.* || Se prend quelquefois dans le sens de passion démesurée, excessive. *Il l'aime, et il l'aime jusqu'à la f. Il joue avec f. Elle a la f. de rimer. La f. des duels.* — Par exag., et fam., se dit d'une habitude qu'on ne peut déraciner. *Il a la f. de se mêler de ce qui ne le regarde pas. Cet enfant a la f. de manger tous les fruits qu'il rencontre.* || Dans un sens particul., Transport qui élève l'esprit au-dessus de lui-même, et qui fait faire ou fait dire des choses extraordinaires. *F. poétique. F. prophétique. F. martiale. Il fut saisi d'une f. divine. Une sainte f. s'empara de lui.* || *Fureurs*, au plur., se dit des transports frénétiques, des comportements, des excès auxquels on se livre dans la fureur, dans la colère; des mouvements d'exalta-

tion, etc. *Les fureurs d'Oreste. Des fureurs poétiques. Les fureurs de l'amour, de la jalousie. Les fureurs de la guerre civile.*

Syn. — *Fureur. — Furie.* — Les mots *fureur* et *furie* indiquent tous les deux une émotion violente de nature semblable; mais *furie* dit plus que *fureur*, c'est la *fureur* portée à l'extrême. La *fureur* se contient quelquefois; la *furie* est sans frein, et éclate toujours par des transports excessifs. Au figuré, lorsqu'on parle des choses inanimées, on dit le plus souvent *furie* : la *furie* du combat, la *furie* du mal, et non la *fureur* du combat, la *fureur* du mal. Enfin, *furie* se prend toujours en mauvaise part; il n'en est pas ainsi de *fureur*. En effet, on dit une sainte, une poétique, une divine, une prophétique *fureur*.

FURFURACÉ, ÉE. adj. (lat. *furfuraceus*, m. s., de *furfur*, son). T. Méd. Qui ressemble à du son. *Dartre furfuracée.*

FURFURAMIDE. s. f. (R. *furfurol*, et *amide*). T. Chim. Substance qui se dépose peu à peu en masse cristalline jaune lorsqu'on laisse le furfurol en contact avec une solution d'ammoniaque. La *f.* est insoluble dans l'eau froide, très soluble dans l'alcool et dans l'éther. Elle fond à 117°. Elle répond à la formule $(C^4H^2O)^3Az^2$.

Les acides la décomposent en furfurol et ammoniaque. Bouillie avec une solution étendue de potasse, elle se transforme en une substance isomérique qui se dépose par refroidissement. Cet isomère, appelé *furfurine*, cristallise en aiguilles blanches soyeuses, fusibles à 116°, très solubles dans l'alcool et dans l'éther; c'est une base assez énergique qui donne naissance à des sels extrêmement amers, bien qu'elle soit elle-même sans saveur.

FURFURANE. s. m. (R. *furfurol*). T. Chim. Composé cyclique répondant à la formule C^4H^3O. On peut le considérer comme du benzène dans lequel deux groupes CH seraient remplacés par un seul atome d'oxygène. A cause des analogies avec le thiophène et le pyrrol on lui attribue la formule de constitution HC — CH

$$\begin{array}{ccc} HC & & CH \\ & \diagdown \ \diagup & \\ & O & \end{array}$$

Le *f.* se produit quand on distille l'acide pyromucique avec de la chaux sodée. On l'obtient encore par l'action du perchlorure de phosphore sur le dihydrofurfurane. Il est liquide, incolore, bout à 31° et peut être solidifié. Insoluble dans l'eau, il se dissout facilement dans l'alcool. Il présente une assez grande stabilité : le chlore, le perchlorure de phosphore, la potasse caustique, le sodium sont à peu près sans action sur lui. Les acides le convertissent en une matière brune, insoluble, répondant à la formule $C^{12}H^{10}O^2$.

Les dérivés de substitution peuvent présenter des isoméries; on les distingue à l'aide des lettres α et β, qui indiquent la place où s'est faite la substitution sur le noyau $3C — C\beta$

$$\begin{array}{ccc} \alpha C & & C\alpha \\ & \diagdown \ \diagup & \\ & O & \end{array}$$

Les principaux dérivés monosubstitués sont l'acide pyromucique (acide furfurane α carboxylique) et son aldéhyde, le furfurol.

Un *diméthylfurfurane* $C^4H^2O(CH^3)^2$ se produit par la distillation sèche de l'acide pyrotritarique avec de la chaux. C'est un liquide incolore, bouillant à 94°, insoluble dans l'eau, soluble dans l'alcool et l'éther. Chauffé avec de l'eau, il se transforme en une dicétone, l'acétonylacétone.

Le *dihydrofurfurane* C^4H^6O est un produit d'addition qu'on obtient en réduisant l'érythrite par l'acide formique. C'est un liquide incolore, mobile, qui bout à 67°. Peu soluble dans l'eau, il se dissout dans les acides étendus. Comme on l'a vu plus haut, il peut servir à préparer le *f.* Il n'est pas encore complètement saturé et peut fixer deux atomes de brome pour donner un dibromure $C^4H^6O Br^2$ solide fusible à 12°.

FURFURES. s. m. pl. (lat. *furfur*, son). T. Médec. Écailles d'épiderme qui se détachent dans certains cas à la tête.

FURFURINE. s. f. T. Chim. Voy. FURFURAMIDE.

FURFUROL. s. m. (lat. *furfur*, son, *oleum*, huile). T. Chim. Le *f.* est l'aldéhyde correspondant à l'acide pyromucique et a pour formule $C^4H^3O.CHO$. Il dérive du furfurane par la substitution du groupe aldéhydique CHO à un atome d'hydrogène. Il se forme en général dans la distillation sèche des hydrates de carbone ou des substances qui en contiennent : aussi le rencontre-t-on dans le vinaigre de bois, dans les produits de la torréfaction du café et du cacao, dans la fumée du tabac, etc. Il se forme encore lorsqu'on distille avec l'acide sulfurique étendu un grand nombre de substances organiques, telles que le son, l'amidon, le sucre, la sciure de bois, la gomme, les tourteaux de lin : on en obtient de grandes quantités dans la préparation de la garancine à l'aide de la garance et de l'acide sulfurique. Enfin il se produit en petite quantité quand on fait bouillir des solutions sucrées ou qu'on les traite par des acides, ce qui explique sa présence dans la plupart des boissons fermentées : vin, bière, eaux-de-vie. Le whisky et les alcools mauvais goût en renferment souvent une assez forte proportion. — Pour le préparer, on chauffe 1 partie de son avec 1 partie d'acide sulfurique et 3 parties d'eau ; le produit qui distille est ensuite neutralisé par de la chaux et rectifié.

Le $f.$ est un liquide incolore, huileux, qui bout à 162° et dont l'odeur rappelle l'essence de cannelle et l'essence d'amandes amères. Il est assez soluble dans l'eau, très soluble dans l'alcool et dans l'éther. Quand il n'est pas absolument pur, il brunit à la lumière ; les acides le colorent en rouge. Le $f.$ présente les réactions générales des aldéhydes. Il se combine avec le bisulfite de soude et avec la phénylhydrazine. Par ébullition avec une solution alcoolique de potasse il se convertit en acide pyromucique et en alcool furfurolique. Traité par l'oxyde d'argent, il donne du pyromucate d'argent. Il forme des produits de condensation avec un grand nombre de corps. C'est ainsi qu'il s'unit aux amines aromatiques pour donner naissance à des composés fortement colorés. Avec la xylidine mélange d'acide acétique et d'un peu d'alcool, il donne une coloration rouge intense ; cette réaction, très sensible, est utilisée pour déceler la présence du furfurol.

Le $f.$, à l'état brut, contient toujours du *métafurfurol*, substance huileuse qui s'oxyde facilement en se résinifiant et qui prend une belle coloration pourpre sous l'influence des acides sulfurique, azotique ou chlorhydrique.

FURFUROLIQUE. adj. T. Chim. L'*alcool f.* $C^5H^3O.CH^2OH$ est l'alcool correspondant au furfurol. On l'obtient en traitant le furfurol par l'amalgame de sodium ou par une solution concentrée de potasse. C'est un liquide sirupeux donnant par dessiccation une masse amorphe, résineuse. Il est soluble dans l'alcool et l'éther, un peu soluble dans l'eau. Il se décompose quand on cherche à le distiller. Les acides, en général, le transforment en une substance rouge. L'acide chlorhydrique aqueux le colore en vert.

FURFURONITRILE. s. m. (R. *furfurol* et *nitrile*). T. Chim. Le F. appelé aussi *Cyanure de furfuryle*, est le nitrile de l'acide pyromucique et s'obtient en chauffant l'amide de cet acide avec du perchlorure de phosphore. Il répond à la formule $C^4H^3O.CAz$. Il est liquide, incolore, insoluble dans l'eau. Il bout à 148°. Sous l'action de la potasse, il reproduit l'acide pyromucique. Traité par le zinc et l'acide sulfurique étendu, il se transforme lentement en *Furfurylamine*. Cette dernière substance, qui a pour formule C^4 H^3 O. CH^2 Az H^2 est l'amine correspondant à l'alcool furfurolique. Elle est liquide, soluble en toutes proportions dans l'eau et douée d'une odeur rappelant celle de la conicine. Elle bout à 145°. C'est une base assez énergique, qui absorbe l'acide carbonique de l'air en donnant une masse cristalline fusible à 75°.

FURFURYLAMINE. s. f. (R. *furfuryle* et *amine*). T. Chim. Voy. Furfuronitrile.

FURFURYLE. s. m. T. Chim. Nom donné au radical univalent C^4H^3O qui est contenu dans le furfurane et dans ses dérivés monosubstitués.

FURIBOND, ONDE. adj. (lat. *furibundus*, m. s.). Qui est sujet à des accès, à des transports fréquents de fureur. *Un homme f. Une femme furibonde.* — Subst.. *C'est un f., une furibonde.* ‖ Se dit aussi de celui dont les traits, les gestes, etc., annoncent une grande fureur. *Il vient à nous tout f. Un air f. Des regards furibonds.*

FURIE. s. f. (lat. *furia*, m. s.). Fureur qui éclate avec violence, grand emportement de colère. *Entrer en f. Se mettre en f. Être en f. Laissez passer sa f. La f. du*

tigre. *Le lion en f. s'élança sur lui.* ‖ Par anal., se dit de l'action impétueuse de certaines choses inanimées. *La f. des vents, de la tempête, des flots.* ‖ L'ardeur impétueuse avec laquelle on se porte à une chose. *Nos troupes se précipitèrent avec furie sur l'ennemi. La f. française.* Il *faut laisser passer cette première f.* ‖ Se dit encore de la plus grande intensité d'une chose. *Dans la f. du combat, de la mêlée. Dans la f. de son mal.* ‖ T. Mythol. Les divinités infernales qui étaient chargées de tourmenter les méchants, les criminels. Les Grecs les nommaient, par antiphrase, *Euménides.* — Fig. et par allus. à ces divinités, *Furie* se dit d'une femme extrêmement méchante et emportée. *Ce n'est pas une femme, c'est une f., c'est une f. d'enfer.* = Syn. Voy. Fureur.

Mythol. — Les redoutables divinités nommées F. par les mythologues sont autre chose que la personnification des malédictions et des remords. Les Grecs les nommaient *Erinnyes*, qui signifie les *découvreuses*, et *Euménides*, qui veut dire les *bienveillantes.* Le premier de ces noms exprimait leur vigilance à laquelle nul forfait ne pouvait échapper, et le second s'employait, par antiphrase, pour flatter et apaiser ces divinités terribles. Les Romains les appelaient *furie* (les furieuses) et *diræ* (les exécrations). Hésippe les désigne comme filles d'Uranus, c'est-à-dire du Ciel et de la Terre. Eschyle et Sophocle les font filles de la Nuit et de la Terre ; Servius, de la Nuit et de l'Achéron ; Hygin, de l'Éther et de la Terre, et enfin les poésies orphiques, de Pluton et de Proserpine. Homère et Hésiode, ainsi que les tragiques grecs, supposent que ces déesses sont en fort grand nombre. C'est ainsi qu'Eschyle, dans sa tragédie des *Euménides*, les fait figurer sur la scène au nombre de 50, et les représente les cheveux en désordre et entrelacés de serpents, couvertes de tuniques noires et flottantes, avec les yeux hagards et une voix terrible. Après lui, Euripide donna des ailes à ces terribles déesses. Mais ce sont les poètes postérieurs qui ont réduit à trois le nombre des Furies, en les nommant Alecton, Tisiphone et Mégéro. Les Furies sont des divinités vierges qui habitent les enfers, d'où elles remontent sur la terre pour découvrir, poursuivre et punir les coupables, qu'elles ne cessent de tourmenter, soit pendant leur vie, soit après leur mort. Elles invoquent la justice ($\Delta i x \eta$), qui les aide dans leur œuvre : car elles n'appesantissent jamais leurs mains que sur les criminels. Suivant les mythologues des derniers temps, Tisiphone apportait la peste sur la terre ; Mégère, les morts prématurées et violentes ; Alecton, la guerre et ses horreurs. Le culte de ces déesses était très répandu dans la Grèce ; à Athènes, en particulier, elles avaient un temple célèbre, auquel étaient attachés dix prêtres, qui présidaient aux *Euménédéia*, fêtes célébrées en leur honneur. Elles avaient également des temples à Colone, à Mégapolis, à Cérynée. On leur offrait des libations d'eau et de miel, et on leur sacrifiait des brebis noires. La tourterelle et le narcisse leur étaient consacrés.

FURIÈRE. s. f. Ouverture dans un four à briques.

FURIEUSEMENT. adv. Avec furie ; n'est guère usité dans ce sens. ‖ Fig. et fam., Prodigieusement, extrêmement, excessivement. *Il est f. grand. Elle est f. laide. Il ment f. J'ai des souliers qui me blessent furieusement.*

FURIEUX, EUSE. adj. lat. *furiosus*, m. s.) Qui est en furie, qui est transporté de fureur. *C'est un fou f. Un peuple f. demandait leur tête. Elle devint furieuse de cette résistance. Un lion f. La lionne devint furieuse.* — Subst., *Interdire un f. C'est donner des armes à un f. On arrêta ces f.* ‖ Qui dénote ou exprime la fureur. *Un visage, un air f. Des regards, des gestes f. Des transports, des cris f.* ‖ Se dit aussi, soit des personnes, soit des choses dont la violence, l'impétuosité, la véhémence sont extrêmes. *Il est f. dans le combat. Il se livra en cet endroit un combat f. Nos soldats firent alors une charge furieuse. Vent f. Torrent f. Une mer furieuse.* On dit de même, au sens moral, *Passion furieuse, Ambition furieuse.* ‖ Fig. et fam., Prodigieux, excessif, extraordinaire dans son genre ; alors, l'adj. précède toujours le subst. *C'est un f. mangeur, un f. menteur. Il a reçu un f. coup, une furieuse entorse. Vous avez entrepris un f. travail. Voilà une furieuse dépense.* ‖ T. Blason. Se dit d'un taureau élevé sur ses pieds. *D'azur au taureau f. et levé en pieds d'or.*

FURILE. s. m. T. Chim. Voy. Furoïne.

FURIN. s. m. T. Mar. *Mener un vaisseau en f.,* Le conduire hors du port à l'aide d'un pilote qui connaisse les endroits dangereux.

FURNES, v. de Belgique (Flandre occidentale) ; 5,000 hab.

FUROÏNE. s. f. (R. *furfurol*). T. Chim. Substance qu'on obtient en masse cristalline rougeâtre lorsqu'on fait bouillir le furfurol avec de l'alcool, de l'eau et du cyanure de potassium. Elle fond à 135°. Elle est très soluble dans le toluène, assez soluble dans l'eau chaude et dans l'alcool. Elle se dissout dans l'alcool avec une coloration bleu vert intense. Elle est analogue à la benzoïne et répond à la formule :

$$C^4H^3O . CO . CHOH . C^4H^2O.$$

En faisant passer à 0° un courant d'air dans une solution alcoolique de f. on obtient le *Furile* $C^4H^3O . CO . CO . C^4H^3O$. Ce corps, analogue au benzile, cristallise en aiguilles d'un jaune d'or, fusibles à 162°, insolubles dans l'eau. La potasse concentrée le transforme en un acide appelé *Acide furilique*, très instable en présence de l'eau.

FUROLLE. s. f. [Pr. *furo-le*] (Vx fr. *fuirole*, de *fuir*). Exhalaison enflammée qui apparaît quelquefois sur la terre et à la surface de la mer.

FURON. s. m. Petit du furet.

FURONCLE. s. m. (lat. *furunculus*, m. s.). T. Méd. Le f. est une inflammation circonscrite de la peau dont l'origine semble être dans l'appareil pilo-sébacé. Sa caractéristique anatomique est le bourbillon, petite masse molle, spongieuse, grisâtre, renfermée au centre de la tumeur et qui sort avec le pus. La phlegmasie initiale d'un follicule pilo-sébacé est démontrée, outre les preuves anatomiques, par une série de faits cliniques : implantation d'un poil au sommet du f., siège habituel dans les régions pourvues de follicules et, au contraire, exceptionnel en autres lieux. Ainsi le bourbillon est une eschare glandulaire, produite par l'étranglement des aréoles du derme, que provoquent certains micro-organismes : le microbe du f. est le *staphylococcus pyogenes aureus*, microbe des suppurations circonscrites en général et de l'ostéomyélite : il s'introduit par l'orifice des follicules, à la faveur de la transpiration.

La fréquence du f. est très grande : il se produit de préférence à la saison chaude, et chez les ouvriers que leur profession oblige à manier des objets souillés. On le rencontre le plus souvent à la face, au cou, dans le dos ou aux fesses. Certains états généraux y prédisposent, tels le diabète et plus généralement tous les états de déchéance physiologique ; mais la cause déterminante réside dans une irritation de la peau qui facilite l'invasion du microbe.

Tantôt on assiste à l'évolution d'un f. isolé qui apparaît comme une élevure rouge, s'ulcère au sommet, laissant échapper un liquide jaunâtre, strié de sang, et une masse spongieuse verdâtre, provoquant une démangeaison, puis une douleur vive et lancinante qui s'amende, en même temps que la cavité vide s'oblitère. Tantôt on se trouve en présence d'une éruption plus ou moins confluente de f., d'une furonculose. D'ailleurs, chacun de ces éléments peut prendre une allure moins bénigne ; des phénomènes phlegmoneux ou gangréneux peuvent survenir et assombrir le pronostic. Même des complications sont à redouter parfois et, entre toutes, la phlébite : celle-ci a été signalée surtout à la face, aux lèvres ; elle est due à l'abondance des canaux veineux et à leur siège dans l'épaisseur même de la peau, et se termine souvent par la mort.

Le diagnostic n'est généralement pas douteux, et, en présence du pronostic variable, hésitant en raison des complications, il faut inciser plutôt précocement. L'avortement à l'aide des antiseptiques ne réussit que rarement. L'incision doit se faire au bistouri ou au thermocautère ; ce dernier instrument doit être préféré à la face, dans les régions vasculaires en général, et chez les diabétiques. Le médecin doit, enfin, se préoccuper attentivement de l'état général du patient : l'analyse des urines est spécialement de rigueur, ainsi que l'examen du tube digestif.

FURONCULEUX, EUSE. adj. (lat. *furunculosus*, m. s.). Qui est de la nature du furoncule.

FURONCULOSE. s. f. T. Pathol. Maladie caractérisée par l'éruption successive ou simultanée d'un nombre plus ou moins grand de furoncles. Voy. Furoncle.

FURST (Walter), l'un des fondateurs de la Confédération suisse ; mort vers 1317.

FURSTENBERG, anc. principauté d'Allemagne (Souabe).

FURSTENBERG, nom de deux frères successivement princes-évêques de Strasbourg, qui jouèrent sous Louis XIV un rôle favorable à la France. Le cardinal, surnommé le prince Guillaume, reçut de Louis XIV l'abbaye de Saint-Germain-des-Prés (1629-1704).

FURTH, v. de Bavière (Franconie moyenne) ; 35,527 hab.

FURTIF, IVE. adj. (lat. *furtivus*, m. s.). Qui se fait à la dérobée, en cachette. *Entrer d'un pas f. Un regard f. — Une main furtive*, Qui se glisse à la dérobée.

FURTIVEMENT. adv. A la dérobée. *Il est entré f.*

FUSAIN. s. m. [Pr. *fu-zin*] (bas-lat. *fusaginum*, de *fusum*, fuseau). T. Bot. Genre de plantes Dicotylédones (*Evonymus*) de la famille des *Célastracées*. Voy. ce mot. || Espèce de crayon fait avec le charbon du fusain. Par extens. Esquisse, dessin obtenu avec ce crayon. || T. Techn. Petit fuseau de bois dur avec lequel on nettoie les pièces dans un mouvement de montre.

FUSAINISTE ou **FUSINISTE**. s. m. Artiste qui emploie le fusain.

FUSAÏOLE. s. f. [Pr. *fu-za-yole*]. T. Archéol. Petit peson conique que l'on trouve en des sépultures fort antiques et dont on ignore l'usage.

FUSANT, ANTE. adj. [Pr. *fu-zan*]. Qui fuse. *Fusée fusante*, Fusée qui fait éclater le projectile avant le choc.

FUSANE. s. m. [Pr. *fu-zane*]. T. Bot. Genre de plantes Dicotylédones (*Fusanus*) de la famille des *Santalacées*. Voy. ce mot.

FUSAROLE. s. f. [Pr. *fu-zarole*] (ital. *fusarola*, m. s.). T. Arch. Astragale taillé en forme de collier ou de chapelet, et composé de grains alternativement oblongs et ronds.

FUSCIPENNE. adj. 2 g. [Pr. *fus-si-pène*] (lat. *fuscus*, brun ; *penna*, aile). Qui a les ailes brunes.

FUSCITE. s. m. [Pr. *fus-site*] (lat. *fuscus*, brun). T. Minér. Minéral tendre, opaque, de couleur grisâtre ou verdâtre de la Norvège.

FUSCO-COBALTIQUE. adj. 2 g. T. Chim. Voy. Cobaltamine.

FUSEAU. s. m. [Pr. *fu-zo*] (bas-lat. *fusellum*, m. s). Petit instrument de bois de la longueur d'environ 16 centimètres, qui est arrondi partout, renflé à son milieu, d'où il va en diminuant jusqu'à ses deux extrémités, où il finit en pointe, et dont les femmes se servent pour filer et tordre le fil. *Tourner, remplir, vider le f.* Poétiq., *Le f. des Parques*, Le f. sur lequel les Parques, selon la Fable, filaient la vie des hommes. — Autre petit instrument dont on se sert pour faire de la dentelle et des passements de fil et de soie. *Dentelle au f.* || Dans les Arts et Métiers, on donne le nom de *Fuseau* à différents outils ou à certaines parties d'appareils mécaniques qui ont à peu près la forme d'un f. T. Mar. Chacun des taquets du cabestan. || T. Géom. Surface engendrée par un arc de courbe qui tournant autour de sa corde. — Portion de la surface de la sphère comprise entre deux demi-grands cercles. Si les fuseaux sont assez étroits, on peut les représenter approximativement sur un plan, de manière qu'on les collant les uns à côté des autres, sur une sphère de bois ou de carton, on reproduit la surface primitive ; c'est ainsi que sont fabriqués les globes terrestres ou célestes. || T. Blas. Losange très allongé. Voy. Héraldique. || T. Zool. Piquant de porc-épic. — Mollusque Gastéropode marin. Voy. Fusimés. || T. Bot. Variété d'agaric à pédicule renflé au milieu.

FUSÉE. s. f. [Pr. *fu-zée*] (bas-lat. *fusata*, m. s., de *fusum*, fuseau). Le fil qui entoure du fuseau, quand la filasse est filée. *Vider une f. Sa f. est bien embrouillée.* — Fig. et prov., *Démêler une f.*, Débrouiller une intrigue, une affaire. Suc-

cession de traits spirituels, manifestation vive, éclatante.
|| T. Méc. Tambour conique destiné à régulariser la force du
ressort. Voy. HORLOGERIE. || T. Carrossier. La partie tournée
en tronc de cône d'un essieu fixe. || T. Artificier. Pièce d'ar-
tifice formée d'un cylindre de carton rempli de poudre. Voy.
PYROTECHNIE. || T. Blas. Losange très allongé. Voy. HÉRALDI-
QUE. || T. Art vét. Exostose oblongue qui survient parfois sur l'un
des os du canon. || T. Chir. F. purulente, Trajet plus ou moins
long et sinueux que parcourt quelquefois le pus, pour se porter
au dehors. || T. Mus. Trait fort rapide et continu qui unit deux
notes séparées par un intervalle. || T. Arch. Colonne de f.,
Celle qui paraît trop renflée. || T. Vén. Nom des conduits
très étroits qui, dans les terriers du renard et du blaireau, mènent des carrefours appelés Mères aux réduits nommés
Acculs. || T. Typogr. Signe de correction en forme de trait
allongé. || T. Mar. Mèche, pièce centrale d'un cabestan, diffé-
rentes parties d'un aviron. || T. Techn. Arbre tournant du
pressoir. — Partie du tourne-broche sur laquelle s'enroulent
les cordes. — Fil de laine ou de coton enroulé sur un tube de
carton. || T. Bot. Agaric élevé. || T. Armur. Partie de la poi-
gnée d'une épée par laquelle on lient cette arme.

FUSÉEN. s. m. [Pr. *fu-zé-in*]. T. Milit. Soldat d'artillerie
chargé de lancer les fusées de guerre.

FUSELÉ, ÉE. adj. [Pr. *fu-ze-lé*]. En forme de fuseau;
ne s'emploie guère que dans ces loc.: *Colonne fuselée*, *Doigt
f.* || T. Blas. *Écu f.*, Écu chargé de fusées. Voy. HÉRALDIQUE.

FUSELER. v. a. [Pr. *fu-zeler*]. T. Arch. Donner la forme
d'un fuseau. || Façonner le fût d'une colonne.

FUSELIER. s. m. [Pr. *fu-zelier*]. Faiseur de fuseaux.

FUSELOL. s. m. [Pr. *fu-ze-lol*]. T. Chim. Mélange d'impuretés volatiles contenues dans les alcools bruts de pommes de
terre, de grains, de betterave, etc. Ces impuretés sont constituées principalement par les homologues supérieurs de l'alcool
ordinaire, parmi lesquels domine l'alcool amylique. Lors de la
rectification, elles s'accumulent dans les produits de *queue*,
c.-à-d. dans les portions qui passent les dernières à la distillation. L'alcool de pommes de terre, en particulier, contient une
forte proportion de f. et surtout d'alcool
amylique; aussi donne-t-on souvent à
ces produits le nom d'*Huile de pommes de terre*.

FUSEMENT. s. m. [Pr. *fuze-man*].
T. Chim. Action de fuser. *Le f. des
chlorates.*

FUSER. v. n. [Pr. *fu-zer*] (lat. *fusus*,
partic. de *fundere*, répandre). S'étendre,
se répandre. *Le pus de l'abcès a fusé
tout le long du canal crural.* || T.
Chim. Se dit des sels qui, projetés sur
des charbons ardents, fondent et perdent
leur oxygène sans détoner. *Le salpêtre
fuse lorsqu'on le jette sur des charbons.* = Fusé, ée. adj. On appelle
Chaux fusée, La chaux amortie sans
eau, et qui s'est d'elle-même réduite
en poudre.

FUSEROLE. s. f. [Pr. *fu-ze-role*]
(R. *fuseau*). T. Tisser. Brochette de
fer qui passe de l'épouiln dans la poche
de la navette. || T. Archit. Voy. FUSA-
ROLE.

FUSIBILITÉ. s. f. [Pr. *fu-zi*...].
Qualité de ce qui est fusible.

FUSIBLE. adj. 2 g. [Pr. *fu-zi-ble*]
(R. *fuser*). Qui peut être fondu, liquéfié.
|| T. Minér. *Pierre f.*, Pierre qui de-
vient transparente par l'action du feu.

FUSIDÉS. s. m. pl. [Pr. *fu-zi-dés*]
(R. *fuseau*, et gr. *eidos*, aspect). T. Zool.
Famille de Mollusques Gastéropodes appartenant à l'ordre
des Prosobranches-Cténobranches. Ces mollusques sont caractérisés par une coquille allongée renflée en son milieu comme

un fuseau et dépourvue d'ombilic (Fig. ci-contre, *Fuseau
aigu*). — Toutes les espèces de cette famille habitent les mers
chaudes; on les divise en 2 groupes d'après la forme de la
radula : les *Fasciolarinés* et les *Turbinellinés*.

Le genre Fuseau (*Fusus*), l'un des plus nombreux en espèces, parmi les Mollusques, présente quelques représentants
dans la Méditerranée. La columelle de sa coquille est lisse,
alors que celle du genre voisin, *Fasciolaire*, est striée obliquement. Les *Turbinelles* ont, au milieu de leur columelle,
de gros plis transversaux; c'est ce qui a fait donner le nom
de *Dent de chien* à l'espèce type de ce groupe, la *Turb. cor-
nigère*, que l'on trouve dans les Indes et aux Moluques.

FUSIFORME. adj. 2 g. [Pr. *fu-zi-forme*] (lat. *fusus*, fuseau; *forma*, forme). Qui a la forme d'un fuseau.

FUSIL. s. m. [Pr. *fu-zi*] (ital. *focile*, dérivé du lat. *focus*,
foyer). Petite pièce d'acier avec laquelle on bat un caillou
pour en tirer du feu. *Pierre à f. Battre le f.* || Par ext., Arme
à feu portative, longue de 1 mètre à 1 mèt. 50. || Morceau
d'acier long et arrondi, dont les bouchers se servent pour
donner le fil à leurs couteaux.

Techn. — I. *Des premières armes à feu portatives.* —
Les bouches à feu étaient à peine inventées, que l'on imagina
de donner aux troupes des armes établies suivant le même
système, mais assez légères pour qu'un seul homme pût les
manœuvrer. Ces armes parurent vers 1380, et furent appelées
Canons à main Elles consistaient en un tube de fer du poids
de 12 à 15 kilog., qu'on chargeait ordinairement avec des
balles de plomb, et qu'on appuyait sur un chevalet pour les
tirer. On y mettait le feu avec une mèche allumée, comme
naguère encore on le pratiquait pour l'artillerie. — Mais ces
nouveaux engins de guerre étaient extrêmement lourds et
fort peu maniables. On remédia à ces inconvénients en diminuant la longueur et le poids du tube, et en adaptant à son
centre de gravité 2 tourillons servant d'axe de rotation, et re-

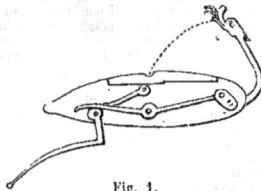

Fig. 1.

posant sur une fourchette, appelée *croc*. De plus, le canon fut
terminé par une poignée que l'on tenait de la main gauche,
tandis que la main droite portait le feu à la lumière. Ainsi
perfectionnés, les canons à main reçurent d'abord le nom
d'*Haquebutes*, puis celui d'*Arquebuses à croc*. Vers 1480,
une nouvelle amélioration fut introduite dans la fabrication
de ces armes. On en fit donc le canon était fixé à un fût de
bois muni d'une crosse cintrée pour s'appuyer à l'épaule. Ces
nouvelles arquebuses avaient la lumière percée sur le côté, et
portaient une sorte de bassinet destiné à recevoir l'amorce.
On y mettait le feu avec une mèche que tenait la main droite,
pendant que la main gauche appuyait le fût contre l'épaule.
Néanmoins, la plupart d'entre elles étant encore trop lourdes
pour qu'on pût les mettre en joue sans point d'appui, on appuyait le bout du canon sur une béquille ou fourchette plantée
en terre. Ces armes conservèrent le nom de *Haquebutes*,
tandis que celles qui étaient assez légères pour qu'on pût les
tirer à main libre furent désignées sous celui d'*arquebuses*.

Quoique les arquebuses eussent été rendues assez légères
pour être tirées sans autre appui que l'épaule, elles étaient
cependant d'un service incommode, à cause de l'obligation où
l'on se trouvait de viser en même temps qu'on mettait le feu.
Ce fut pour remédier à cet inconvénient qu'on imagina la
platine à mèche ou *à serpentin* et la *platine à rouet*. —
La Platine à serpentin prit naissance au commencement du
XVIe siècle, mais on ignore dans quel pays. Elle consistait (Fig. 1) en une espèce de bascule, appelée *Serpentin*,
qu'un petit ressort tenait éloignée du bassinet et qu'on forçait
à s'en rapprocher à l'aide d'un levier qu'on pressait avec le
doigt. Le serpentin tenait entre ses mâchoires un bout de
mèche allumée qui communiquait le feu à l'amorce. — La Pla-

tine à rouet (Fig. 2) paraît avoir été inventée à Nuremberg en 1517. Une petite roue d'acier, cannelée à son pourtour, était fixée sous le bassinet, au fond duquel elle pénétrait à travers une fente. Son axe était muni d'une chaînette dont l'extrémité opposée s'attachait à un ressort disposé à peu près comme celui d'une montre. Une pièce de fer recourbée, appelée *Chien*, se trouvait fixée en arrière du bassinet. Ce chien tournait autour d'une vis par l'un de ses bouts, tandis que l'autre était muni de deux espèces de dents ou mâchoires entre lesquelles on plaçait un fragment d'alliage d'antimoine et de fer. Quand on voulait faire usage de l'arme, on ouvrait le bassinet, qui se fermait avec une coulisse; on abaissait le chien de manière que la composition métallique se trouvait en

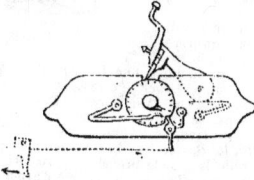

Fig. 2.

contact avec le rouet; puis, à l'aide d'une petite clef, on bandait le ressort de ce dernier absolument comme on monte une montre. Une détente maintenait le ressort en place quand il était arrivé au bandé; mais aussitôt qu'on pressait sur cette détente, le rouet, obéissant à l'action du ressort, décrivait une demi-révolution sur son axe, et le frottement de ses cannelures sur l'alliage produisait des étincelles qui enflammaient l'amorce. — L'invention de ces deux mécanismes donna naissance à deux espèces d'armes à feu. Les *Arquebuses à rouet* qui étaient relativement légères, furent destinées à la cavalerie, tandis que les *Arquebuses à mèche*, qui étaient beaucoup plus lourdes, mais dont le mécanisme plus simple était moins sujet à se détraquer, furent données à l'infanterie. Ces dernières se tiraient à l'aide d'une fourchette; elles lançaient une balle de 32 à la livre, et plus tard une balle de 24.

C'est vers le milieu du XVIe siècle que paraît avoir été imaginé le *Mousquet*. Cette arme, qui fut d'abord en usage en Espagne, différait des arquebuses par la forme de sa crosse qui était moins recourbée ou tout à fait droite, et par son calibre qui était plus considérable. Son nom lui vient, dit-on, de *moschetta*, petite mouche, qui lui aurait sans doute été donné, en manière de plaisanterie, à cause de la grosseur de ses projectiles. En effet, ses balles étaient d'abord de 8 à la livre; plus tard, on descendit à 10 et même à 16. Il y avait des mousquets à mèche et à rouet. Suivant Brantôme, le mousquet fut introduit en France, vers 1600, par Strozzi, et il devint bientôt d'un usage général. — Au reste, à cette époque, il se produisit différentes variétés d'armes à feu portatives. Vers 1545, on imagina, pour la cavalerie, des arquebuses à rouet de petite dimension montées sur un fût sans crosse, et qui se tiraient à bras tendu; on les appela *Pistoles*, d'où est dérivé le mot *Pistolet*, non pas parce qu'elles avaient été inventées à Pistoïa, comme on l'a dit communément, mais parce que leur canon avait le diamètre de la pièce de monnaie ainsi nommée. On en fit également d'autres qui étaient de moyenne grandeur, et tantôt à mèche, tantôt à rouet, auxquelles on appliqua la dénomination de *Poitrinal* ou *Pétrinal*, parce que, pour les tirer, on appuyait leur crosse sur le milieu de la poitrine. Enfin, il paraît qu'au XVIe siècle, peut-être même à la fin du XVe, on connaissait déjà les armes rayées, c.-à-d. munies intérieurement de cannelures en spirale; mais elles étaient peu employées à cause de la lenteur de leur chargement. — Dans les premières années du XVIIe siècle l'infanterie française se servait, sur les champs de bataille, de mousquets du calibre de 20 à 22, et pour la défense des places de mousquets de 12 à 16. La cavalerie portait des arquebuses raccourcies, des pistolets et des carabines rayées, le tout à rouet; mais ces dernières armes ne tardèrent pas à être remplacées par de petits mousquets à rouet, dits *Mousquetons*, qui étaient plus faciles et plus prompts à charger, parce qu'ils ne réclamaient pas l'emploi du maillet.

II. *Fusils proprement dits.* — Déjà, sous Henri IV, on avait substitué, dans les mousquets à rouet, un fragment de silex pyromaque à l'alliage métallique primitivement usité;

mais ce n'est que vers 1630 que l'on eut l'idée de remplacer la vieille platine par un mécanisme nouveau, qui différait surtout de l'ancien en ce que l'inflammation de l'amorce y était produite non plus par le frottement, mais par le choc du silex sur une pièce d'acier, nommée *fusil* et plus tard *batterie*, qui remplissait le rôle du morceau d'acier appelé *fusil* dans le briquet à pierre. En conséquence, les mousquets qui reçurent la nouvelle platine, prirent la dénomination de *Fusils*. La supériorité de ces armes les fit adopter presque aussitôt par les différentes nations de l'Europe. Toutefois, bien qu'elles ne parurent qu'assez tard dans notre infanterie nationale. Suivant Louis-Napoléon, c'est en 1646 qu'il est fait, pour la première fois, mention d'un corps de *Fusiliers* dans notre histoire. Nonobstant l'immense perfectionnement que la nouvelle platine à silex apportait au système des armes à feu portatives, le f. avait un inconvénient grave. Il était d'un excellent usage comme arme de jet, mais le soldat se trouvait désarmé aussitôt qu'il avait fait feu, et son f. devenait inutile dans les combats corps à corps avec la cavalerie. Cet inconvénient limita d'abord considérablement l'emploi du f., à ce point que jusque vers la fin du XVIIe siècle, les deux tiers de nos fantassins n'avaient encore que des piques. Mais les choses changèrent de face au commencement du siècle suivant, après l'invention de la baïonnette à douille par Vauban, qui fit du f. une arme de jet et d'hast tout à la fois. Cependant le f. se chargeait en introduisant séparément la poudre et la balle. Gustave-Adolphe, par l'invention de la cartouche, en 1703, fit faire un nouveau progrès à l'armement des troupes. Ce fut à la même date que le f. fut définitivement adopté dans notre armée comme arme principale de l'infanterie.

La platine à silex (Fig. 3 et 4) se compose, tant à l'extérieur qu'à l'intérieur, de 9 pièces principales, assemblées au moyen de vis sur une plaque de fer appelée *corps de platine* et fixée

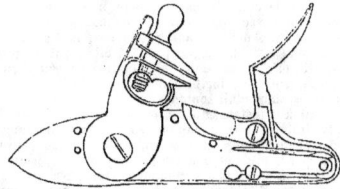

Fig. 3.

elle-même au fût de l'arme par des pivots. A l'extérieur (Fig. 3), on remarque le *Bassinet*, la *Batterie*, le *Ressort de platine* et le *Chien*. Le *Bassinet* est une petite pièce creuse, ordinairement de laiton, dans laquelle on met la poudre qui sert d'amorce. La *Batterie* est cette pièce de fer acéré sur laquelle recouvre le bassinet et produit sous le choc du silex les étincelles nécessaires pour enflammer l'amorce. Le *Ressort de batterie* presse sur le pied de la batterie pour fermer ou découvrir le bassinet: il est invariablement d'acier. Le *Chien* est cette espèce de levier de fer auquel le mécanisme

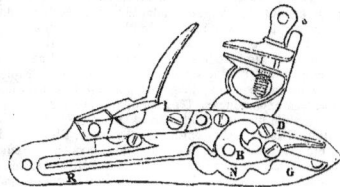

Fig. 4.

intérieur communique un mouvement de rotation autour de son extrémité inférieure, et dont l'extrémité supérieure porte deux mâchoires entre lesquelles on ajuste un fragment de silex taillé en biseau, et entouré en partie d'une feuille de plomb. L'une des mâchoires, la supérieure, est mobile et peut à volonté se rapprocher de l'autre, au moyen d'une vis appelée *vis du chien*. Lorsque le chien exécute son mouvement de rotation, le silex, en frappant la partie aciérée de la batterie, fait jaillir des étincelles, et en même temps renverse la batterie de manière à découvrir le bassinet. — Parmi les pièces intérieures, nous nommerons la *Noix*, la *Bride de noix*, la *Gâchette*, le *Ressort de gâchette* et le *Grand ressort*. La *Noix* (Fig 4, N) sert à communiquer au chien, avec lequel elle s'engrène, l'action du grand ressort. Son pourtour présente deux enfoncements ou crans qui servent à mettre le chien au repos (*cran du repos*), ou à l'armer (*cran du bandé*). La *Bride de noix* (B) est placée par-dessus la noix pour la maintenir parallèlement au corps de platine. La *Gâchette* (G) a pour objet de tenir le chien au repos ou au bandé, au moyen d'une dent appelée *bec* que la pression d'un ressort spécial fait entrer dans les crans de la noix quand on porte le chien en arrière. Le *Ressort de gâchette* (D) est un petit ressort qui presse la gâchette pour la faire engrener avec la noix. Enfin, le *Grand ressort* (R) donne le mouvement au chien par l'intermédiaire de la noix. — Maintenant il est facile de comprendre le jeu de ce mécanisme. En tirant le chien en arrière, la noix exécute un mouvement dans le même sens, et se trouve maintenue dans la position voulue par le bec de la gâchette, qui, grâce à l'action du petit ressort de gâchette, pénètre dans le cran du repos ou dans celui du bandé, suivant l'effet que l'on veut obtenir. Quand on veut armer le f., c.-à-d. le mettre en état de faire feu, c'est avec le deuxième cran que la gâchette doit engrener. Alors, il suffit de presser avec le doigt sur un petit levier, appelé *Détente*; on dégage ainsi brusquement cette dernière, et la noix, se trouvant libre, obéit aussitôt à la pression du grand ressort et reprend sa position première, ce qu'elle ne peut effectuer qu'en entraînant le chien. De cette manière, celui-ci s'abat sur la batterie et la soulève, tandis que le silex en détache des étincelles qui mettent le feu à l'amorce. Enfin, le feu de celle-ci se transmet à la charge en pénétrant par un petit trou appelé *Lumière*, qui est percé dans la partie inférieure et sur le côté du canon, pour mettre le bassinet en communication avec l'intérieur de l'arme.

Comparée aux mécanismes antérieurs, la platine à pierre était un immense progrès; cependant elle avait de nombreux défauts. En effet, d'un côté, elle était très compliquée, et, par conséquent, très facile à détraquer; de l'autre côté, l'amorce du bassinet était toujours trop forte ou trop faible, ce qui nuisait à la justesse du tir, parce que la quantité de poudre introduite dans le canon ne se trouvait pas toujours la même à chaque coup. En outre, cette amorce pouvait être mouillée par la pluie ou chassée par le vent; elle pouvait aussi faire long feu, ou ne pas s'enflammer, soit parce que la pierre ne donnait pas d'étincelles, soit parce que ces étincelles ne tombaient pas dans le bassinet. Enfin, après un certain nombre de coups, la lumière s'obstruait, la batterie et la pierre s'encrassaient, et les ratés se multipliaient dans une progression très rapide.

III. *Fusils à percussion*. — On nomme ainsi les armes dans lesquelles on a substitué à l'amorce de poudre ordinaire une amorce de poudre fulminante qu'on enflamme au moyen de la simple percussion; elles sont en conséquence munies d'une platine de construction particulière. Les premiers essais de platine à percussion remontent à 1786; mais cette invention n'est devenue pratique que dans les premières années du XIXᵉ siècle. Ainsi, en 1809, on appliqua des mécanismes de ce genre aux canons de la marine militaire des États-Unis. Vers la même époque, les Anglais l'adaptèrent à des fusils de chasse et leur exemple fut suivi, vers 1812, par l'armurier parisien Lepage. L'année suivante, un autre armurier français, Julien Leroy, proposa un modèle de *f. percutant* à l'usage de l'armée; mais avant d'adopter un changement aussi radical dans l'armement des troupes, le gouvernement dut procéder à de nombreuses expériences. C'est pendant les essais qui eurent lieu à ce sujet que se produisirent les fusils Roux, Sartoris, Valdaton, Latura, Châteaubran, Brunel, Charroy, Hourieloup, etc., ainsi appelés du nom de leurs inventeurs. Mais aucun de ces systèmes n'a prévalu. — D'ailleurs, les armes à percussion étaient primitivement très compliquées, parce que la poudre fulminante dont on se servait alors, et qui était une composition de 3 parties de chlorate de potasse et de 1 de soufre, s'employait sous forme de petites boules, et qu'il fallait un mécanisme particulier pour l'amener devant la lumière, où une percussion en déterminait l'inflammation. Or, ce mécanisme se dérangeait très facilement. En outre, la composition employée brûlait incomplètement, encrassait considérablement la lumière et la mettait rapidement hors de service. Mais ces deux inconvénients disparurent par l'emploi du fulminate de

mercure et l'invention des capsules en forme de petits cylindres de cuivre. Comparés aux armes à silex, les fusils à percussion offrent un très grand nombre d'avantages. Leur platine est beaucoup plus simple, et par conséquent plus facile à tenir en bon état. Les ratés sont en très petit nombre, et le service de l'arme est assuré malgré le vent et la pluie. Le tir est plus exact, par suite de l'égalité des charges et de leur inflammation plus soudaine. Enfin, la suppression de l'amorce permet de diminuer la charge d'une quantité assez notable, ce qui, outre l'économie de poudre, amène une petite diminution dans l'effet du recul.

La *Platine* se faisait primitivement comme

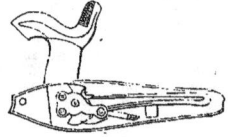

Fig. 5.

celle des fusils à pierre; mais, plus tard, on lui donna la disposition qui a été imaginée par George Lowell, directeur de la manufacture d'armes d'Enfield en Angleterre, et suivant laquelle le ressort principal se trouve renversé. On y distingue (Fig. 5) le *Corps de platine*, le *Chien*, la *Noix*, la *Bride de noix*, la *Gâchette*, le *Ressort*, et la *Chaînette* ou pièce d'articulation qui relie la grande branche du ressort à la noix.

Le f. devant remplir à la fois l'office d'arme de jet et celui d'arme de main, ses dimensions sont calculées de manière à lui donner ce double caractère. Sous le rapport de la longueur totale, c.-à-d. la baïonnette y comprise, les praticiens les plus compétents ont admis longtemps qu'il ne faut pas dépasser 1 m. 93, cette dimension suffisant pour mettre le fantassin hors de l'atteinte du sabre du cavalier. D'un autre côté, on fixait à 1 m. 477 sa longueur sans baïonnette, pour permettre aux hommes de petite taille de charger facilement leur arme; en outre, cette longueur suffit pour qu'on puisse exécuter des feux sur deux rangs, sans incommoder le premier rang. La longueur de la baïonnette devait s'accroître d'autant plus que diminuait celle du canon. Mais aujourd'hui c'est surtout dans le feu qu'on compte pour repousser les charges; on considère comme suffisante une longueur de 1 m. 20 pour le fusil et on a réduit à 0 m. 45 environ la longueur de la baïonnette, ce qui donne une longueur totale de 1 m. 65, satisfaisante dans tous les cas. — On a cherché à donner au fusil le moindre poids possible, pour ne pas fatiguer inutilement le soldat. Jusqu'à une époque assez récente, on avait dû fixer par expérience le poids de l'arme et de la cartouche, car il existe une relation entre le poids de l'arme, son recul, le poids de la balle et sa vitesse initiale. Mais actuellement on a trouvé le moyen d'augmenter la vitesse initiale en réduisant le calibre et le poids de la balle, de sorte que le poids du fusil, fixé d'abord à 4 k. 500, puis à 4 k. 300, est abaissé à 4 k. environ.

IV. *Carabine*. — Dès le principe, le nom de *Carabine* a été donné à un mousquet dont le canon était rayé intérieurement et qui se chargeait à balles forcées: telle est encore la signification propre du mot. Cependant on a maintes fois appliqué cette dénomination, mais fort abusivement, à une arme plus courte que le f. ordinaire, et même au mousqueton de la cavalerie. — La carabine paraît avoir été imaginée à la fin du XVᵉ siècle: car déjà, en 1498, on la voit figurer dans un tir à la cible qui eut lieu à Leipsick, et l'on attribue généralement son invention à Gaspard Zœllner, armurier à Vienne, en Autriche. Cette découverte fut le résultat d'observations purement empiriques faites sur le chargement et le tir des premières armes portatives. Malgré sa supériorité sur le f. ordinaire, la carabine rayée fut peu employée comme arme de guerre à cause de la difficulté et de l'embarras du chargement. Nos troupes l'abandonnèrent tout à fait pendant les guerres de la Révolution, mais elle fut conservée par plusieurs nations ennemies pour armer des corps de tirailleurs. Ce furent même les résultats avantageux que ces derniers en obtinrent dans plusieurs circonstances qui attirèrent de nouveau l'attention du gouvernement français sur les armes rayées, et bientôt, grâce aux belles inventions

Fig. 6.

de plusieurs de nos compatriotes, nous eûmes dépassé tous nos voisins.

La première de ces inventions, celle qui a servi de point de départ à toutes les autres, est due au lieutenant d'infanterie Delvigne. En 1827, cet officier fit disparaître les complications du chargement au maillet en imaginant une carabine qui se chargeait aussi facilement que le f. ordinaire. Son système (Fig. 6) consistait à rayer le canon, et à pratiquer dans sa culasse une petite chambre cylindrique d'un diamètre plus petit que celui de l'arme, et destinée à recevoir la poudre. La balle, qui était sphérique, s'enfonçait jusqu'à l'ouverture de cette dernière. Alors deux ou trois bons coups de baguette suffisaient pour aplatir la balle et la faire engrener avec les rayures. De cette façon, les inconvénients de l'ancien chargement étaient évités. Néanmoins le système Delvigne avait de nombreux défauts, dans le détail desquels notre cadre ne nous permet pas d'entrer, et qui rendaient impossible son adoption pure et simple. On travailla donc à perfectionner cette belle invention. En 1833, le chef d'escadron d'artillerie de Pontcharra reconnut qu'on se

Fig. 7.

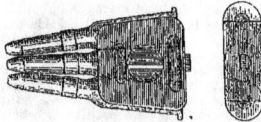

Fig. 9.

servant d'une cartouche dans laquelle la balle est séparée de la poudre par un petit sabot de bois entouré d'un morceau de canepin graissé, on obtenait l'avantage d'un *forcement* régulier, et l'on empêchait les dégagements iné-

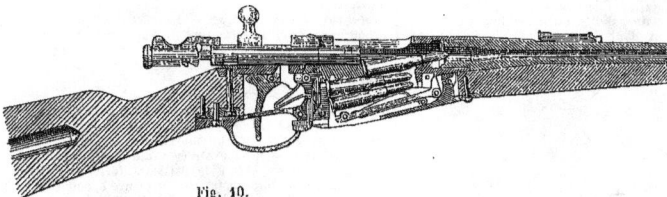

Fig. 8.

gaux de gaz autour de la balle, ce qui faisait disparaître, mais en compliquant la cartouche, deux des principaux inconvénients du système Delvigne. Vers 1840, le colonel d'artillerie Thierry modifia le nombre et la forme des

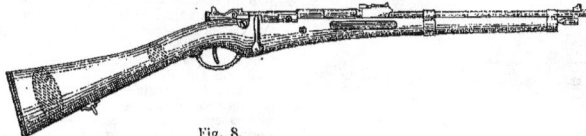

Fig. 10.

rayures et augmenta la grandeur de la chambre : l'arme proposée par cet officier reçut le nom de *Carabine de munition*; elle se chargeait avec des cartouches ordinaires. Enfin, en 1842, le lieutenant-colonel d'artillerie Thouvenin conçut l'idée ingénieuse de donner pour appui au projectile, non plus le rebord de la chambre, mais une simple tige d'acier vissée, par un bout, dans le bouton de la culasse et suivant la direction de l'axe du canon. Dans cette arme, qui reçut le nom de *Carabine à tige*, c'est l'espace compris entre la tige et les parois du tonnerre qui forme la chambre où se loge la poudre, tandis que la balle vient se placer sur l'extrémité de cette tige, où elle est forcée par quelques coups de baguette, sans se déformer d'une manière nuisible à la justesse du tir. On la chargeait avec des balles sphériques ordinaires, lorsqu'un lieutenant de chasseurs à pied, Minié, proposa l'emploi de balles cylindro-ogivales. Ces dernières avaient déjà été expérimentées plusieurs fois, mais sans succès, car on n'avait encore trouvé, ni les rayures convenables à leur forme, ni le moyen, soit de les forcer sans déformer irrégulièrement leur

base, soit de maintenir leur centre de gravité dans l'axe du canon. L'adoption de la tige permit de réaliser toutes ces conditions. La *Carabine Minié* (Fig. 7), car c'est le nom qu'on a donné à la carabine Delvigne après tous ces perfectionnements, avait des propriétés balistiques, remarquables pour l'époque ; sa portée et sa justesse étaient de beaucoup supérieures à celles des autres armes portatives.

Elle est remplacée actuellement en France, pour l'armement de la cavalerie, par une carabine de 8mm, adoptée en 1890 (Fig. 8) et tirant la même cartouche que le f. modèle 1886, mais elle se distingue surtout de ce dernier par l'emploi de chargeurs pour assurer le fonctionnement de la répétition (Voy. *Fusils à répétition*). Le magasin, ouvert par le haut et par le bas est entièrement encastré dans la monture et peut recevoir un chargeur de 3 cartouches (Fig. 9). Le mécanisme de répétition est sensiblement le même que celui du f. modèle 1886. Cette carabine (Fig. 10) permet également le tir coup par coup.

V. *Fusils rayés*. — Les effets obtenus avec la carabine à tige ont donné l'idée d'appliquer au f. d'infanterie une partie des dispositions propres à cette manière : c'est de cette manière qu'on a obtenu le *F. rayé*, ou la *Carabine à balle expansive*. Le canon de cette arme est muni intérieurement de 4 rayures hélicoïdales ; mais le forcement de la balle y est produit uniquement par l'expansion des gaz de la charge. Cette balle (Fig. 11), qui a été inventée par Minié en 1849, a la même forme extérieure que celle de la carabine à tige, mais sa partie conique est un peu moins aiguë, et, en outre, elle est évidée à sa base de telle

Fig. 11.

sorte que les parois de cette partie puissent, sans se déchirer, s'étendre sous l'action des gaz de la poudre, et s'imprimer dans les rayures du canon. Le f. rayé diffère encore du f. ordinaire par quelques dispositions de détail. Ainsi, par ex., il est pourvu d'une hausse, et la tête de sa baguette est un peu creusée comme dans la carabine à tige. Quant au tir, il donne sensiblement les mêmes résultats que celle-ci.

VI. *Fusils se chargeant par la culasse.* — Les premiers essais en ce genre remontent au début des armes à feu, mais ils se sont surtout fort multipliés depuis qu'on a trouvé le moyen de fermer suffisamment toute issue aux gaz du côté de la culasse ; l'Allemagne adopta même, dès 1841, le f. à aiguille Dreyse, qui constituait une avance considérable sur l'armement des autres puissances et fut en grande partie cause de ses succès contre l'Autriche (1866). Les

Fig. 12.

inventeurs des nouvelles armes se proposaient de remédier aux imperfections que présentaient les fusils employés auparavant et qui étaient :
1° de ne pouvoir être chargés dans toutes les positions possibles du corps ; 2° d'exiger l'emploi d'une baguette et d'être hors de service quand celle-ci se trouvait perdue ou brisée ; 3° d'être longs à charger ; 4° de ne posséder que des propriétés balistiques insuffisantes, provenant des effets irréguliers de la cartouche, qu'il fallait encore déchirer ; 5° d'être très lourds, en raison du calibre trop élevé (environ 18mm). —
Il est vrai que l'augmentation de rapidité du tir qui résulte

de ce nouveau système fit hésiter longtemps en France à l'adopter, en raison du gaspillage possible des munitions. Mais, après Sadowa, on s'empressa d'adopter le fusil proposé par le contrôleur d'armes *Chassepot*, et qui est connu sous le nom de f. modèle 1866, avec calibre réduit à 11ᵐᵐ. On transforma en outre, en 1867, les anciens fusils en armes se chargeant par la culasse, au moyen du système de fermeture dit *à tabatière* (Fig. 12).

Le *f. Chassepot* (Fig. 13) tirait une cartouche à enveloppe

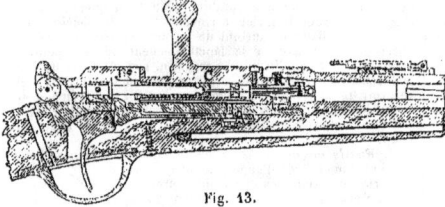

Fig. 13.

combustible en papier. Au départ du coup, la rondelle en caoutchouc R, comprimée par une plaque, s'appliquait fortement contre les parois du canon, de manière à former toute issue aux gaz vers l'arrière. Une tête mobile T, logée dans l'axe du cylindre C, donnait passage à une aiguille que le mécanisme de

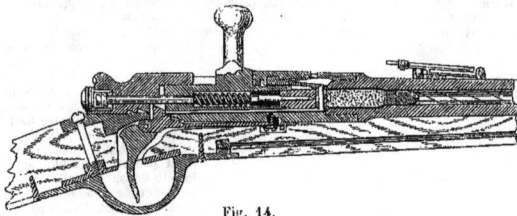

Fig. 14.

percussion portait en avant de manière à enflammer l'amorce contenue dans le culot de la cartouche. La guerre de 1870-71 fit ressortir les nombreux défauts de ce f., provenant du mode d'obturation (crachements, encrassements), de la fragilité de l'aiguille et du manque de solidité de la cartouche, qui se détériorait rapidement et dont l'amorce mal placée amenait de fréquents ratés. — L'adoption d'une cartouche métallique permit de remédier à la plupart des inconvénients signalés,

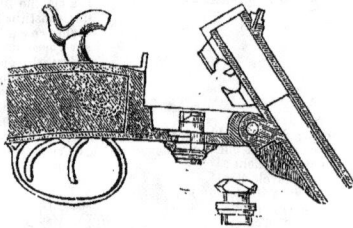

Fig. 45.   Fig. 16.

mais son emploi entraînait la suppression de l'appareil d'obturation, et, par suite, des modifications assez sérieuses. On fut amené ainsi à rechercher un système nouveau, pouvant s'appliquer à la transformation des armes modèle 1866, et l'on adopta le *f. Gras* modèle 1874 (Fig. 14), de même calibre et dont l'aspect général et le mécanisme sont peu différents. L'aiguille, trop faible, était remplacée par un percuteur plus solide P. Le mécanisme, plus rapide, ne comprenait p.us que trois temps au lieu de quatre et les propriétés balistiques étaient considérablement améliorées.

Pendant ce temps, l'armement des puissances étrangères avait à peu près passé par les mêmes phases et ses progrès suivi le même développement.

Il existe encore une autre classe de fusils se chargeant par la culasse, ce sont ceux qui se séparent en deux pour le chargement, de telle sorte que la crosse et le canon cessent alors de se trouver en ligne droite ; ces fusils ne peuvent convenir que comme armes de chasse ; le type le plus connu est le *système Lefaucheux*. Dans le *F. Lefaucheux* (Fig. 15), le canon bascule autour d'un tourillon adapté sur la monture à 15 cent. environ du tonnerre, et découvre par ce mouvement l'orifice de celui-ci pour recevoir la cartouche. La culasse, qui est fixée à la monture, ferme exactement le tonnerre quand on a redressé le canon après l'introduction de la charge. Cette culasse est traversée en dessous par un boulon mobile (Fig. 16), appelé T à cause de sa forme, et dont la tête s'engage par un mouvement de rotation entre deux griffes fortement soudées sous le canon. Ce mouvement s'exécute, tantôt au moyen d'un petit levier ou *Clef* placée sous la bascule, tantôt à l'aide de la queue du pontet, qui est alors mobile horizontalement autour d'une cheville-pivot. Lorsque l'arme est dans sa position ordinaire, c.-à-d. avec la culasse et le canon liés l'un à l'autre, ce dernier ne peut basculer, parce qu'il est maintenu en place par le T, dont la tête se trouve engagée entre les crochets dans une position parallèle à son axe. Mais quand on veut charger le f., on le saisit de la main droite et l'on appuie avec la main gauche sur la clef (ou sur le pontet), qui tourne aussitôt et dégage les crochets. Alors le canon s'abat et présente son tonnerre ouvert. Dans cette position, la clef est maintenue en place par un ressort et ne peut plus retomber. Pendant que le f. est tenu de la main gauche, on introduit la cartouche dans l'âme, on relève le canon, et l'on remet la clef en place. Il ne reste plus alors qu'à enflammer la charge, ce qui a lieu avec une platine ordinaire à percussion, mais suivant deux systèmes en ce qui concerne la capsule. Ainsi, tantôt cette dernière est placée, comme dans le f. généralement en usage, sur une cheminée taraudée dans le canon, tantôt elle est fixée dans l'intérieur même de la cartouche, et le choc du chien lui est communiqué par une pointe de fer qui passe par une rainure pratiquée dans la tranche du tonnerre. Enfin, cette cartouche elle-même est très compliquée, surtout lorsqu'elle est faite suivant ce dernier système.

Mécanismes de culasse. — Le mécanisme de culasse comprend le système de fermeture et l'appareil de percussion. Il en existe de nombreuses variétés, qui peuvent se classer en deux grandes catégories, dites culasses glissantes et culasses tournantes.

Les armes à culasse mobile par glissement sont à verrou lorsque le glissement se fait parallèlement au canon, et *à tiroir* lorsqu'il est perpendiculaire à ce dernier. La fermeture à verrou s'obtient au moyen d'une *culasse mobile* ou cylindre qui peut se mouvoir en avant et en arrière dans une *boîte de culasse*, fixée à la partie postérieure du canon. La cartouche, introduite dans une ouverture spéciale de la boîte de culasse, est poussée dans la chambre par le mouvement en avant de la culasse mobile. Celle-ci est maintenue dans la position de fermeture, soit par un levier de manœuvre qui se rabat dans une échancrure (*rempart*) de la boîte de culasse, soit par des tenons qui viennent s'engager dans des mortaises correspondantes. Pour ouvrir la culasse, on ramène le cylindre en arrière, soit en le dégageant de ses appuis par un détour de 1/4 à 1/6 de tour, comme en France, et en achevant le mouvement de rotation par un mouvement direct, soit par un simple mouvement rectiligne du levier de manœuvre, comme en Autriche et en Suisse. On ajoute à l'appareil de percussion un dispositif de sûreté, pour mettre l'arme chargée à l'abri d'un départ fortuit (cran de sûreté). — Toutes les armes à répétition actuelles sont à verrou, parce que le mécanisme en est simple, facile à démonter et peut se manier même la nuit sans aucune précaution et sans qu'il soit besoin de fixer les yeux sur la culasse pour le chargement. — Le *mécanisme de percussion* ou *appareil de détente* consiste généralement en un percuteur solide logé dans le cylindre et fixé à l'arrière à un chien qui fait office de marteau. En s'éloignant du cylindre, le chien fait comprimer un ressort à boudin qui entourne le chien, et ce dernier se trouve armé. Il suffit alors d'agir sur la détente pour abaisser une gâchette à ressort dont l'arme a amené la tête à faire saillie à l'intérieur de la boîte de culasse ; le percuteur ainsi libéré est projeté en avant et vient frapper l'amorce de la cartouche. Le mécanisme du fermeture de culasse, à verrou est ou autre disposé de manière à produire automatiquement, par les mouvements d'ouverture et de fermeture du tonnerre, l'armé de l'appareil de détente, l'extraction et l'éjection de l'étui vide. — Dans les *armes à tiroir*, la culasse mobile se meut de haut en bas dans une ouverture percée dans la boîte de culasse, en ouvrant ou en fermant ainsi l'ouverture de la chambre. Ce système, abandonné aujourd'hui, a été appliqué dans le mousqueton des Cent-gardes, du commandant Treuille de Beaulieu, et qui fut la première arme de petit calibre (9mm).

Les *armes à culasse tournante* peuvent se diviser en cinq grandes classes, savoir : 1° les *armes à barillet*, dans lesquelles la culasse mobile est formée par un barillet tournant autour d'un axe situé dans le plan de symétrie de l'arme, en ouvrant ou en démasquant ainsi la chambre (ancien f. Werndl autrichien) ; 2° le *système à tabatière* (Fig. 12), consistant en un bloc mobile autour d'un axe longitudinal, d'où la culasse peut s'ouvrir ou se former comme une tabatière. Ce système très économique, mais très défectueux, a été employé pour transformer notre ancien f. en arme se chargeant par la culasse ; 3° les *armes à bloc* ou à *culasse tombante*, dont le mécanisme est contenu dans un bloc solide, mobile autour d'un axe situé à l'arrière de la culasse et au-dessus de l'axe du canon ; un levier coudé produit le mouvement de rotation, avec grande branche formant pontet et petite branche venant s'engager dans une échancrure du bloc. Ces armes sont simples et solides, ont une culasse bien protégée et occupent peu de place, mais leur obturation est incomplète, l'extracteur n'est pas suffisant. Aussi ce système employé dans le f. américain Peabody, dans les anciens fusils anglais Martini-Henry et bavarois Werder, n'a-t-il été adopté dans aucune des armes modernes ; 4° la *fermeture à pêne* ou *à clapet*, consiste en un bloc de culasse mobile autour d'une charnière transversale placée au-dessus de l'entrée de la chambre ; la culasse, ou clapet, est maintenue à sa position de fermeture au moyen d'un coin ou un pêne. Ce système, analogue à celui de la tabatière, a pour les mêmes raisons été employé autrefois presque uniquement à transformer des armes se chargeant par la bouche en armes se chargeant par la culasse (Milbank - Amsler, suisse, Berdan n° 1, espagnol, Wanzl, autrichien, Springfield, américain) ; 5° les *armes à rotation rétrograde* ont leur axe placé au-dessous de l'extrémité arrière du canon. Le bloc de culasse est mobile autour d'un axe présentant deux surfaces cylindriques à base circulaire, pouvant s'emboîter exactement dans deux surfaces semblables disposées après l'arbre autour duquel tourne le chien. Ce système très simple, dont le type est le Remington espagnol, tend à disparaître, en raison de l'extrême précision de l'ajustage des différentes pièces, de la grande régularité et de la faible longueur des cartouches.

VII. Fusils à répétition. — Les progrès réalisés dans la justesse et la vitesse du tir, par l'adoption des armes se chargeant par la culasse les plus perfectionnées, ne tardèrent pas à paraître insuffisants à la suite de la dernière guerre d'Orient (1877-78), qui fit ressortir les propriétés importantes et caractéristiques des fusils à répétition. On sait que, avec les armes de ce genre, on arrive à augmenter la vitesse du tir sans en diminuer la justesse, en réduisant le temps nécessaire au chargement, au moyen de magasins chargés d'avance. L'idée première de ce genre de tir est d'ailleurs fort ancienne, mais n'avait pu jusqu'alors être réalisée d'une manière pratique avant l'adoption de cartouches métalliques.

La question du tir à répétition fut d'ailleurs fort controversée au début, car si, d'une part, ce tir a l'avantage d'une rapidité plus grande à un moment critique, on lui reproche de compliquer le mécanisme et de permettre plus que jamais le gaspillage des munitions. C'est pourquoi, les principales armées européennes étant munies de fusils dont la valeur pouvait être considérée comme sensiblement égale, on ne s'empressa pas de construire des fusils à répétition, exigeant une dépense relativement considérable. Mais, lorsqu'en 1884, l'Allemagne transforma son fusil Mauser modèle 1871 en Mauser à répétition, les autres puissances durent suivre son exemple, pour ne pas se trouver en état d'infériorité surtout morale : car un adversaire muni du fusil ordinaire n'aurait

pas manqué de se croire moins bien armé que celui qui serait pourvu du fusil à répétition. Chaque nation choisit alors, parmi les nombreux modèles existant déjà, celui qui lui parut le mieux répondre à sa manière de voir, à son tempérament, et le problème fut résolu d'une manière différente par chacune, pour faire autrement que les autres. On transforma en France, dès 1884, un certain nombre de fusils modèle 1874 en fusils à répétition et l'on fit tout autre transformation du même genre en 1885, mais ces deux modèles, qui conservaient le calibre de 11mm, n'ont pas été mis en service.

Mais la transformation exécutée par certaines puissances ou le modèle adopté par d'autres ne constitua pas une solution de longue durée ; car tout fut remis en question lorsqu'on eut trouvé les *poudres dites sans fumée*, qui permirent de réduire considérablement le calibre, tout en améliorant sensiblement les propriétés balistiques, en diminuant le poids de l'arme et des cartouches, et en permettant par suite à l'homme de porter un plus grand nombre de ces dernières. Ce progrès si caractéristique mit hors de conteste le principe de la répétition, fort discuté jusqu'alors, et toutes les puissances, même les plus réfractaires, comme la Russie, s'empressèrent d'adopter un f. à répétition de calibre réduit, en renouvelant au besoin, à bref délai, leur armement. C'est la France qui est entrée la première dans la voie de la réduction du calibre, en adoptant dès 1886 un fusil du calibre de 8mm et que la découverte d'une poudre convenable (Vieille) lui avait permis de réaliser dès lors. L'Allemagne adopta, en 1889, un f. Mannlicher de 7mm,9 ; l'Angleterre, en 1889, un f. Lee-Medfort de 7mm,7 ; l'Autriche, en 1888, un f. Mannlicher de 8mm ; la Belgique, en 1889, un Mauser de 7mm,65 ; le Danemark, en 1889, un f. Krag-Jorgenson de 8mm ; le Portugal, en 1886, un Kropatchek de 8mm ; la Suisse, en 1889, un Rubin-Schmidt de 7mm,5 ; la Turquie, en 1889, un Mauser de 7mm,65, etc.

On n'avait pas cru pouvoir pousser plus loin alors la réduc-

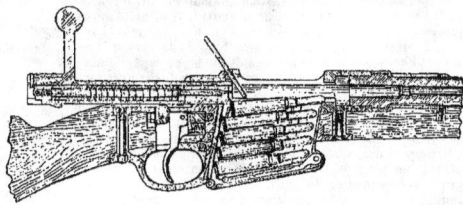

Fig. 17.

tion du calibre, à cause des difficultés de forage et de rayage du canon ou de nettoyage de l'arme. Ces difficultés ayant été surmontées, on a fait de nouvelles recherches sur la *réduction du calibre*, en se basant uniquement sur des données expérimentales ayant pourbut de déterminer, pour une poudre donnée, le calibre satisfaisant le mieux aux conditions balistiques les meilleures. L'ingénieur autrichien Mannlicher est arrivé ainsi à un calibre de 6mm,5, qui fut adopté pour le f. ita.ion modèle 1891 et pour les fusils hollandais et roumain modèle 1892, lesquels sont tous trois des variantes du type Mannlicher (Fig. 17).

Espèces de mécanisme de répétition. — On peut obtenir la répétition dans les fusils par des procédés très variés. Nous ne ferons que citer en passant les suivants, qui n'ont pas été employés pratiquement : 1° au moyen de canons multiples, comme dans les mitrailleuses ou les canons à plusieurs coups ; 2° par le système des revolvers, avec un barillet et un canon unique, système compliqué qui ne donne aucune justesse dans le tir ; 3° au moyen de *chargeurs mobiles*, sortes de cartouchières perfectionnées, permettant un meilleur disposition des cartouches, pour augmenter la rapidité du chargement ; mais ce palliatif, purement économique, auquel on avait songé d'abord, ne tarda pas à être jugé insuffisant. — Dans les systèmes adoptés, on s'en est tenu aux magasins fixes, qui peuvent se diviser en trois grandes catégories, suivant qu'ils sont placés dans la crosse, sous la boîte de culasse ou sous le canon. — *Avec le magasin dans la crosse*, la répartition du poids est bien équilibrée et les cartouches ne craignent pas l'échauffement du canon, mais leur construction présente de sérieuses difficultés et leur chargement, qui ne s'opère en général que par cartouches successives, exige ainsi un certain temps. Les types de ce genre les plus connus sont les systèmes Hotchkiss, Spencer, Mannlicher, etc. — Dans les armes à répétition avec *magasin dans la boîte de culasse* (magasin central), le magasin proprement dit consiste généralement en une simple ouverture permettant l'introduction d'un chargeur et en un ou plusieurs ressorts (*élévateur*) faisant monter successivement les cartouches à hauteur de la chambre. Ces *chargeurs* ont souvent la forme d'une boîte dont la contenance varie de 3 à 12 cartouches, mais est en moyenne de 5 placées les unes sur les autres. Une de ces boîtes étant introduite dans le magasin, le mouvement du chien dans les *armes à verrou*, auxquelles ce système s'applique particulièrement, amène les cartouches l'une après l'autre dans le canon (Fig. 9). C'est le système des nouveaux fusils adoptés par l'Allemagne, l'Autriche, l'Angleterre, l'Italie, le Danemark, et même la France pour sa carabine de cavalerie. Mais pour réduire au minimum le poids mort constitué par les boîtes-chargeurs, on peut remplacer celles-ci par des *lames-chargeurs* (Fig. 18). ne pesant que 6 grammes au lieu de 20, dont les cartouches, au nombre de 4 à 6, sont vidées d'un seul mouvement dans le magasin (Belgique, Russie, Turquie). Enfin, le *magasin sous le canon* (magasin tubulaire) consiste généralement en un tube métallique placé dans le fût, dans lequel les cartouches sont introduites successivement et avancées à l'entrée du magasin par un ressort à boudin solide. Un transporteur spécial amène les cartouches du magasin devant la chambre ; ses formes les plus usitées sont celles de *tiroir* avec mouvement en avant et en arrière parallèle à l'axe du canon, comme dans le Vetterli modèle 1889, et celle d'*auget* ou de *cuiller*, avec mouvement oscillant autour d'un axe fixe comme dans le Lebel. Cette organisation du magasin présente l'inconvénient de déplacer le centre de gravité après chaque coup tiré, d'exiger un temps assez long pour le chargement, d'augmenter de 200 grammes le poids de l'arme lorsqu'elle est chargée, d'avoir un mécanisme assez compliqué et d'un maniement assez dur. — En résumé, les fusils à magasin sous le canon ou dans la crosse, une fois vidés, ne peuvent guère être rechargés sous le feu de l'ennemi, de sorte qu'ils ne remplissent alors qu'accidentellement le rôle d'arme à répétition ; il est vrai que le tir coup par coup est suffisant dans la plupart des cas. Par contre, les fusils à chargeur automatique ne peuvent tirer qu'à répétition, ce qui peut entraîner la consommation de toutes les cartouches du soldat en quelques minutes et le laisser ainsi désarmé. Le meilleur solution, et c'est celle qui a été admise pour les armes à répétition les plus récentes, paraît être celle de fusils à chargeur permettant également le tir coup par coup, mais il faut alors disposer de cartouches empaquetées isolément en même temps que de chargeurs.

Fusil modèle 1886. — Le f. adopté en 1886 pour l'armée française est surtout une arme perfectionnée dans les détails.

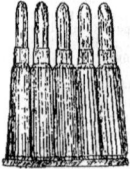

Fig. 18.

Fig. 19.

Il n'a pas été inventé par une seule individualité, mais étudié par un groupe d'hommes compétents présidés par le colonel Lebel, et c'est sous le nom de ce dernier qu'il est le plus généralement connu. — Comme tous les fusils actuels, il comprend 6 parties principales : I. Le *canon* en acier trempé, de forme tronconique, bronzé extérieurement, avec la boîte de culasse qui y est vissée, et les organes de pointage, qui y sont vissés ou brasés. La boîte de culasse est destinée à loger la culasse mobile et à faciliter son fonctionnement. Les organes de pointage se composent d'une hausse à curseur et à gradins et d'un guidon (Fig. 20). Il est du calibre de 8mm et est creusé de 4 rayures allant de droite à gauche, au pas de 0mm,24 et d'une profondeur de 0mm,15. — II. La *culasse mobile* (Fig. 19) constitue le système de fermeture et ressemble sensiblement à celle du modèle 1874. Elle comprend : 1° la *tête mobile*, qui sert à donner appui au culot de la cartouche et à loger

l'extracteur ; elle forme le prolongement du cylindre, mais ne participe pas à son mouvement de rotation ; 2° l'*extracteur*, qui sert à faire revenir en arrière la douille de la cartouche jusque contre l'éjecteur, qui l'expulse hors du tonnerre ; 3° le *cylindre*, qui est creux et renferme le ressort à boudin ainsi que le *percuteur* ; 4° le *chien*, partie massive qui, par l'action de la détente, entraîne brusquement le percuteur en avant pour enflammer l'amorce ; 5° le *percuteur*, dont la tête, en frappant la capsule, détermine l'explosion de la cartouche ; 6° le *manchon*, reliant le chien au percuteur ; 7° le *ressort à boudin*, qui pousse le percuteur en avant ; 8° la *vis d'assemblage* du cylindre et de la tête mobile. — III. Le *mécanisme de répétition*, qui comprend : 1° le *corps de mécanisme*, plaque sur laquelle sont assemblées les diverses pièces ainsi que celles du mécanisme de

Fig. 20.   Fig. 21.

détente ; le *pontet de sous-garde* est fixé au corps de mécanisme ; 2° l'*auget*, qui sert à transporter la cartouche du magasin devant la chambre ; 3° la *vis de mécanisme*, qui sert à relier le mécanisme à la boîte de culasse ; 4° le *levier de manœuvre*, qui permet le tir coup par coup ou à répétition, suivant que son bouton quadrillé est poussé en avant ou en arrière ; 5° d'autres pièces, telles que le *bouton d'auget*, l'*arrêt de cartouche*, etc., qui servent à compléter le fonctionnement du mécanisme ; 6° l'*appareil de détente*. — IV. La *monture* en bois de noyer, qui relie, conjointement avec les garnitures,

Fig. 22.

les différentes pièces de l'arme. Elle est en deux parties : le *fût*, qui est percé d'un canal sans tube, formant magasin pour 8 cartouches et contenant les diverses pièces qui complètent ce magasin ; la *crosse*, qui s'élargit pour répartir l'action du recul sur toute la surface de l'épaule et faire contrepoids au canon. — V. Les *garnitures*, qui servent à lier le canon à la monture et à assurer le service de l'arme. Ce sont : la *baguette*, l'*embouchoir*, la *grenadière*, la *plaque de couche* et la *sous-garde*. — VI. L'*épée-baïonnette* (Fig. 21), qui sert à transformer le fusil en arme d'hast ; sa lame est quadrangulaire, avec poignée en bronze de nickel. — La fig. 22

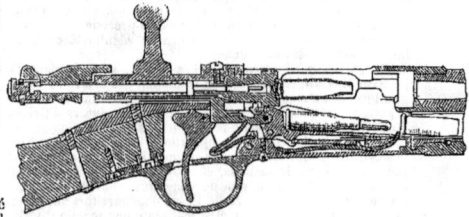

Fig. 23.

donne l'aspect d'ensemble du f., et la fig. 23 indique le mode de fonctionnement du mécanisme.

Avec ce fusil, en tirant coup par coup, la vitesse du tir peut être de 12 cartouches par minute. Les 10 cartouches du magasin peuvent être tirées en 30 secondes, en ajustant convenablement. La balle a une vitesse initiale de 625 mètres, telle que, sans avoir à changer de hausse, on peut atteindre un fantassin debout jusqu'à 520 mètres et à genou jusqu'à 420 mètres. La portée peut aller jusqu'à 3,000 mètres en produisant des blessures mortelles ; la précision est remarquable. Enfin, la force de pénétration de la balle est considérable, car on a vu, au Dahomey, une balle traverser un arbre et cinq

FUSILS DES ARMÉES EUROPÉENNES

PUISSANCES	MODÈLES	LONGUEUR de L'ARME sans baïonnette	avec baïonnette	POIDS de L'ARME sans baïonnette	avec baïonnette	CANON Calibre	RAYURES Nombre	Profondeur	Pas	CARTOUCHE Poids total	Poids de la balle	Poids de la charge	Vitesse initiale	MAGASIN Nombre de cartouches	Espèce	OBSERVATIONS
		m.	m.	k.	k.	m/m		m/m	m.	gr.	gr.	gr.	m.			
Allemagne	Mannlicher, 1888	1,245	1,645	3,800	4,200	7,9	4	0,12	0,240	27,30	14,7	2,75	630	5	Sous la boîte de culasse à boîte-chargeur.	Tous les systèmes de fermeture sont à verrou. Toutes les cartouches sont à bourrelet saillant, sauf en Belgique, en Suisse et en Turquie, où elles sont à gorge.
Angleterre	Lee-Metfort, 1889	1,257	1,261	3,600	4,080	7,7	7	0,10	0,254	21,50	14,0	2,50	670	10	Id.	
Autriche-Hongrie	Mannlicher, 1888-1890	1,290	1,530	4,400	4,800	8,0	4	0,20	0,250	28,80	15,8	2,75	630	5	Id.	
Belgique	Mauser, 1889	1,275	1,525	3,900	4,270	7,65	4	0,135	0,250	27,00	14,2	3,00	608	5	Sous la boîte de culasse à lame-chargeur.	
Danemark	Krag-Jorgenson, 1889	1,330	1,500	4,250	4,470	8,0	6	0,15	0,300	33,00	15,4	5,00	640	5	Sous la boîte de culasse à boîte-chargeur.	
Espagne	Mauser, 1892	1,275	1,525	3,900	»	7,0	4	0,135	0,250	»	11,2	2,55	697	5	Id.	
France	Lebel, 1886	1,307	1,825	4,180	4,580	8,0	4	0,413	0,240	29,00	15,0	2,70	630	8	Dans le fût, sous le canon.	
Hollande	Mannlicher, 1892	1,280	1,343	4,100	4,470	6,5	4	»	»	32,45	10,5	2,35	730	5	Sous la boîte de culasse à boîte-chargeur.	
Italie	Mannlicher-Carcano, 1892	1,200	1,450	3,000	»	6,5	4	»	0,200	21,50	10,5	2,10	700	6	Id.	
Norvège	Jarmann, 1885	1,343	1,782	4,435	4,720	10,15	4	0,15	0,558	21,85	»	4,46	500	8	Dans le fût, sous le canon.	
Portugal	Kropatchok, 1886	1,320	1,790	4,000	4,530	8,0	4	»	0,330	35,20	10,0	4,50	532	7	Id.	
Roumanie	Mannlicher, 1892	1,225	»	3,800	»	6,5	4	0,13	0,200	29,50	10,3	2,35	710	5	Sous la boîte de culasse à lame-chargeur.	
Russie	Mossine, 1891	1,290	1,730	3,900	4,300	7,62	4	0,45	0,286	23,46	13,86	2,63	625	5	Id.	
Suisse	Rubin-Schmidt, 1889	1,302	1,602	4,300	4,700	7,5	3	0,10	0,270	27,30	13,7	2,00	620	12	Id.	
Turquie	Mauser, 1889	1,275	1,525	3,900	4,270	7,65	4	0,125	0,250	»	13,8	2,40	630	7	Id.	

hommes qui étaient abrités derrière. On peut donc affirmer que notre fusil modèle 1886 peut, sous tous les rapports, soutenir avantageusement la comparaison avec ceux des armées étrangères.

Fusil Kropatchek (Fig. 24). — Les équipages de notre flotte sont armés, depuis 1878, d'un f. à répétition du système

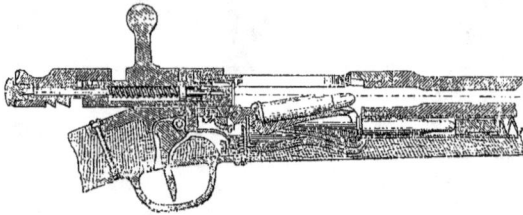

Fig. 24.

tème Kropatchek, du calibre de 11ᵐᵐ, avec un magasin contenant 7 cartouches. Il présente le système de fermeture de culasse du modèle 1874, auquel on a ajouté un mécanisme de répétition fort simple et qui fonctionne bien. Néanmoins, cette arme ne tardera pas à être remplacée par le f. modèle 1886.

VIII. *Mousquetons.* — Les armes de ce nom sont des espèces de petits fusils, avec ou sans baïonnette, qui ne diffèrent en général du f. que par leurs moindres dimensions. Ce genre d'armement est employé uniquement par certaines troupes spéciales et pour leur défense personnelle. Celui qui existe en France est destiné aux servants de l'artillerie et aux aérostiers.

IX. *Fusils de rempart.* — Ce sont des fusils d'un très fort calibre, qui sont spécialement destinés à la défense des ouvrages permanents. Le f. de rempart modèle 1831, du calibre de 31ᵐᵐ,8, lance une balle du poids d'environ 80 gram. Il est à percussion, se charge par la culasse et muni de 12 rayures hélicoïdales. Pour le tirer, on l'appuie ordinairement sur un piquet dont la tête, qui est frettée, porte un trou dans lequel on introduit un pivot de fer fixé sous la monture. Il en existe divers autres modèles, de 1838, 1840 et 1841, du calibre de 20ᵐᵐ,5 à 6 rayures.

X. *Fusils de chasse.* — Ils sont construits suivant les mêmes principes que les armes de guerre, et ne se distinguent guère de celles-ci que par leur légèreté, leur luxe, et par la disposition de quelques parties accessoires. Ils se chargent généralement par la culasse (à bascule) et ceux du *système Lefaucheux* (Fig. 15) sont les plus répandus. — On emploie également des fusils dits *Hammerless*, qui n'ont pas de chien apparent. Il existe même depuis peu des fusils sans chien, avec éjecteurs automatiques.

XI. *Fusils divers.* — M. Paul Giffard a présenté, en 1889, à la chambre de commerce de Saint-Étienne, un f. avec

Fig. 25.

cartouche *à gaz liquéfié* (Fig. 25). Ce gaz est contenu dans un récipient en acier *f f'*, disposé au-dessous du canon *a*; une garniture de caoutchouc *b* assure l'étanchéité de la soupape, du ressort et de la tige, qui assurent le départ du coup. En pressant sur la détente, une goutte *d* de gaz liquéfié, dont la grosseur est réglée par la vis *e*, chasse en avant le projectile préalablement introduit dans le canon *a*. On n'a fait jusqu'à présent des expériences qu'avec des carabines de tir ou de salon et des pistolets de toute nature, mais les recherches faites jusqu'alors pour appliquer ce système aux armes de guerre n'ont pas abouti.

L'ingénieur américain *Maxim*, inventeur d'une mitrailleuse automatique, a imaginé un *fusil* dont le mécanisme fonctionne *automatiquement*. La force du recul est utilisée pour armer, charger et fermer la culasse, de sorte qu'il ne reste au tireur qu'à presser sur la détente pour faire partir

le coup. Ce système, très ingénieux, mais peu pratique, exige un mécanisme trop compliqué et trop délicat pour que ce f. puisse être considéré comme une arme de guerre. Depuis, de nombreux systèmes de fusils ou pistolets automatiques ont été présentés par divers inventeurs.

Pour éviter l'inconvénient du coup de doigt en pressant sur la détente, on a cherché à enflammer la cartouche par l'électricité. A cet effet, un fil de platine est porté à l'incandescence par le passage d'un courant produit en pressant sur la détente. Mais cette invention n'est pas encore suffisamment pratique pour pouvoir être appliquée aux armes de guerre. Pour donner une idée d'ensemble et permettre la comparaison, nous avons résumé, dans le tableau ci-contre, les renseignements numériques concernant les différents fusils en service dans les armées européennes.

FUSILIER. s. m. [Pr. *fu-zi-lié*]. Soldat qui a pour arme un fusil; se disait spécialement des soldats qui formaient les compagnies du centre, par opposition à grenadiers et à voltigeurs. || T. Mar. *Fusiliers de marine*, Corps de mousqueterie formant les compagnies d'abordage et de débarquement.

FUSILIÈRE. adj. f. [Pr. *fu-zi-liaire*]. (R. *fusil*) *Pierre f.*, Espèce de caillou dont on se sert pour les bassins de fontaine.

FUSILLADE. s. f. [Pr. *fu-zi-llade, ll mouillées*] (R. *fusiller*). Décharge de plusieurs fusils dans un combat, dans un exercice, etc. *Le bruit de la f.* || Combat à coups de fusil. *Une vive f.*

FUSILLEMENT. s. m. [Pr. *fu-zi-lleman, ll mouillées*]. Action de fusiller.

FUSILLER. v. a. [Pr. *fu-zi-ller, ll mouillées*] Tirer des coups de fusil, tuer à coups de fusil. *De l'endroit où nous étions embusqués, nous fusillâmes l'ennemi presque à bout portant.* — Se dit plus ordin. en parl. d'un individu condamné à être passé par les armes. *On a fusillé plusieurs espions.* ⁼ SE FUSILLER. v. pron. Se dit de deux troupes qui se tirent mutuellement des coups de fusil. *Ces deux troupes se sont fusillées longtemps.* || T. Techn. Affûter sur le fusil. *F. un couteau.* ⁼ FUSILLÉ, ÉE. part.

FUSILLETTE. s. f. [Pr. *fu-zi-llète, ll mouillées*]. Petite fusée. Serpenteau monté sur une baguette comme les fusées.

FUSION. s. f. [Pr. *fu-zion*] (lat. *fusio*, m. s., de *fusum*, sup. de *fundere*, fondre). Fonte, liquéfaction. *La f. des métaux.* || Fig., se dit pour Alliance, combinaison. *La f. des partis, des systèmes.* || T. Phys. Points de *f*.

Phys. — Quand on chauffe un corps solide, un morceau d'étain, par ex., on le voit s'amollir peu à peu; la force de cohésion des molécules s'affaiblit à mesure que la température s'élève, et alors un nouveau phénomène se produit : le corps passe de l'état solide à l'état liquide, il y a fusion. La liste des substances fusibles, d'abord assez restreinte, s'est étendue à mesure que l'on a perfectionné l'art de produire et de concentrer la chaleur, de sorte que l'on regarde aujourd'hui le phénomène de la fusion comme général. Il est vrai que la plupart des substances organiques, telles que le bois, le linge, la laine, etc., se décomposent par l'action du feu plutôt que de se liquéfier, parce qu'elles sont en général composées de carbone et d'éléments gazeux plus ou moins volatils. Certains sels se décomposent également au lieu de se fondre. Toutefois Hall a fait voir qu'on peut parfois empêcher leur décomposition en les chauffant sous une haute pression : c'est ainsi qu'il a fait fondre du marbre sans qu'il se convertît en chaux. On est parvenu à fondre tous les corps simples solides : un seul, le carbone pur, fait encore exception à la règle. Voy. CARBONE. Le platine, le palladium et quelques autres métaux sont infusibles au feu de forge; mais ils ne résistent pas à la chaleur produite par les miroirs ardents, le chalumeau à gaz ou les courants électriques. Il en est de même de la silice et de l'alumine, qui constituent les *argiles réfractaires* et la plupart des pierres précieuses.

1° Tout corps entre en fusion à une température qui lui est

propre, mais qui reste *invariable* pour la même substance. Il est nécessaire toutefois que la pression soit constante, car il est reconnu aujourd'hui que le point de fusion s'élève ou s'abaisse sensiblement suivant que les corps quand la pression augmente (Voy. plus loin). L'invariabilité du point de *fusion* fournit même en Minéralogie un moyen commode de distinguer plusieurs substances. Voici le point de fusion d'un certain nombre de corps, exprimé en degrés centigrades :

Platine.	2000
Fer martelé anglais.	1600
— doux français.	1500
Acier	{ 1400
	1300
Fonte grise.	1200
— blanche.	1100
Cuivre.	1150
Or pur.	1045
— au titre des monnaies.	1030
Argent très pur.	1000
Bronze.	900
Antimoine.	432
Zinc.	423
Plomb.	332
Bismuth.	270
Étain.	235
Soufre.	115
Alliage de Darcet.	94
Sodium.	95,6
Potassium.	62,5
Phosphore.	44,2
Acide stéarique.	70
Cire blanchie.	68
Acide margarique.	60
Spermaceti.	49
Suif.	33,33
Glace.	0,0
Huile de térébenthine.	—10
Mercure.	—40

On n'a pas encore exactement déterminé le point de fusion des sels; mais on sait qu'en général la chaleur rouge est plus que suffisante. Un grand nombre d'entre eux renferment de l'eau de cristallisation. Quand on les chauffe, ils commencent par fondre dans cette eau; puis, à mesure que celle-ci se vaporise, ils se dessèchent, pour fondre une seconde fois, par l'action seule de la chaleur. On distingue ces deux moments par les mots de *fusion aqueuse* et de *fusion ignée*.

2° Le passage d'un corps de l'état solide à l'état liquide présente un phénomène constant, c'est la disparition, pendant qu'il s'opère, d'une grande quantité de chaleur. Le corps soumis à une forte chaleur s'échauffe d'abord, ou se dilatant; mais, arrivé au point de fusion, il demeure à une température constante, qui se maintient obstinément pendant toute la durée de l'opération, bien que la source continue à lui fournir de la chaleur. Ainsi une masse de glace ou de neige, placée dans un vase, sur un brasier ardent, fondra jusqu'à la dernière molécule, sans qu'on puisse y constater la moindre élévation de température; mais la fusion une fois terminée, la température reprend sa marche ascensionnelle.

Solidification. — La chaleur qui fait fondre les corps est nécessaire pour les maintenir à l'état liquide; aussi le refroidissement les ramène-t-il à l'état solide par un phénomène inverse de la fusion, et que l'on appelle *solidification* ou *congélation*. La solidification d'un corps peut s'opérer brusquement, par l'emploi d'un froid artificiel, ou lentement sous la seule influence de l'air ambiant. Le refroidissement lent, appliqué à la solidification, provoque dans les corps une disposition régulière et géométrique de leurs molécules, et il donne lieu au phénomène connu sous le nom de *cristallisation.* Voy. ce mot. — La solidification est constamment soumise aux deux lois suivantes qui rappellent exactement celles de la fusion : 1° Elle se produit, pour chaque corps, à une température déterminée, qui est précisément celle de sa fusion; 2° à partir de l'instant où la solidification commence jusqu'à celui où elle est complète, la température du liquide reste invariable. — A zéro, par ex., la glace fond ou bien l'eau gèle suivant que, à partir de ce point, la température s'élève ou s'abaisse. Voici les points de solidification de quelques substances qui restent liquides au-dessous de zéro : Eau de mer, — 2°,5; Huile de navette, —4°; H. d'olive et de colza, — 6°; H. d'amandes douce et de térébenthine, — 10°; H. d'œillette, — 18°; H. de noix, de lin et de chènevis, —27°; Mercure,

— 40°; Anhydride carbonique liquide, —65°; Alcool, —130°

Chaleur de fusion. — Puisque la température d'un corps demeure fixe pendant toute la durée de la fusion, il en résulte que la chaleur qui lui est fournie sert uniquement à effectuer le travail moléculaire de la fusion. On appelle *chaleur de fusion* le nombre de calories qu'il faut pour fondre un gramme d'un corps. Cette chaleur est restituée par le corps au moment de sa solidification.

La chaleur de fusion se mesure par la méthode des mélanges. Voy. CALORIMÉTRIE.

Surfusion. — On peut abaisser la température de certains liquides bien au-dessous de leur point de solidification sans qu'ils se solidifient. On dit alors que le corps est en *surfusion*. Le phosphore présente ce phénomène très nettement. Son point de fusion est 44°, mais on peut refroidir du phosphore fondu jusque vers 30° sans qu'il prenne l'état solide. Ce liquide en surfusion est dans un état instable : il suffit de le toucher avec une parcelle de phosphore solide aussi petite que l'on voudra pour voir immédiatement le tout se prendre en masse.

L'eau présente également ce phénomène, on peut la refroidir avec précaution jusqu'à — 20°. Il suffit de la secouer pour faire cesser la surfusion. Quand le liquide en surfusion se solidifie, on remarque qu'il y a dégagement de chaleur. La température s'élève à la température de fusion du corps. Voy. CONGÉLATION.

Changements de volume au moment de la fusion. — La majeure partie des corps augmentent de volume en fondant. Néanmoins, un certain nombre de corps font exception et diminuent de volume en fondant, et, par conséquent, augmentent de volume en se solidifiant. L'eau est dans ce cas. La glace flotte à la surface de l'eau; sa densité est seulement 0,92. Cette augmentation de volume est accompagnée d'une force d'expansion considérable. Pour la mettre en évidence on remplit complètement d'eau un canon de fusil que l'on ferme ensuite au moyen d'un bouchon à vis, puis l'on expose à un froid suffisant pour amener la congélation de l'eau. Le canon est alors brisé par l'expansion de la glace. On explique de la même manière la rupture des conduites d'eau exposées à la gelée.

Certaines pierres poreuses peuvent être brisées par la gelée, à cause de l'augmentation de volume que subit en se congelant l'eau qu'elles ont absorbé. Voy. PIERRES *gélives.*

Influence de la pression sur le point de fusion. — Le point de fusion d'un corps varie légèrement avec la pression qu'il supporte. Sous ce rapport les corps se divisent en deux catégories. Pour les corps qui augmentent de volume en fondant, une augmentation de pression amène une élévation du point de fusion. Pour les corps qui, au contraire, diminuent de volume en se liquéfiant ou augmentent de volume en se solidifiant, un accroissement de pression détermine un abaissement du point de fusion. Le blanc de baleine, qui appartient à la première catégorie, a été étudié par M. Bunsen. Sous la pression atmosphérique ordinaire son point de fusion est 47°,7; il s'élève à 50°,9 sous une pression de 156 atmosphères. La glace se classe dans la deuxième catégorie. Sir William Thompson (Lord Kelvin) a constaté que dans une pression de 17 atmosphères le point de fusion de la glace s'abaisse à — 0°,13.

M. Mousson a pu abaisser le point de congélation de l'eau jusque vers — 20° en l'enfermant dans un tube en acier très résistant et en exerçant une pression de plusieurs milliers d'atmosphères au moyen d'un bouchon à vis.

La variation du point de fusion sous l'influence de la pression est prévue par les lois de la THERMODYNAMIQUE. Voy. ce mot.

M. Amagat a montré que l'on peut solidifier ou liquéfier certains corps sous l'influence de fortes pressions. Le chlorure de carbone se solidifie à 0° sous une pression de 620 atmosphères et à 19°5 sous une pression de 1,160 atmosphères. Pour l'eau on a le phénomène inverse : l'eau congelée est ramenée à l'état liquide par un accroissement de pression.

Regel. — *Plasticité apparente de la glace.* — Lorsque l'on presse ensemble plusieurs morceaux de glace, ils se soudent. L'expérience suivante due à Tyndall montre bien ce fait. On prend deux morceaux de buis, creusés chacun d'une cavité ayant la forme d'une lentille plan-convexe. On remplit cette espace creux de petits morceaux de glace et l'on soumet le tout à une compression énergique. Lorsque l'on démonte ensuite le moule lenticulaire formé par les deux morceaux de buis, on y trouve une lentille de glace parfaitement homogène. Pendant la période de compression, le point de fusion de la glace a été abaissé, une partie a été fondue et l'eau s'est répandue dans les interstices; cette fusion partielle a amené un refroidissement de l'eau de fusion. Lorsque la pression est supprimée, le point de solidification monte à zéro et le tout se prend en masse. Cette curieuse propriété de la glace joue un grand rôle dans la marche des *glaciers*.

On peut aussi mettre le regel de la glace en évidence par une expérience très simple. On prend un bloc de glace et on place dessus un fil métallique lesté à ses deux extrémités par de gros poids. On voit alors le fil traverser lentement le bloc de glace de part en part sans cependant le couper. La pression du fil abaisse le point de fusion et fait fondre la glace, mais derrière le fil où la pression n'existe plus il y a regel et le tout prend en masse.

État pâteux.—Un grand nombre de corps tels que le verre, la poix, la gutta-percha, etc., se ramollissent et passent par l'état pâteux avant de devenir liquides. Le phénomène ne présente alors aucune netteté et il n'est plus possible de préciser le point de fusion.

FUSIONIENNE (Religion). Nom d'une secte religieuse socialiste fondée vers 1845 par Tourcil, disciple de Saint-Simon et de Pierre Leroux.

FUSIONNEMENT. s. m. [Pr. *fu-zio-neman*]. Néol. Action de fusionner.

FUSIONNER. v. a. [Pr. *fu-zio-ner*]. Néol. Opérer la fusion entre des partis, des compagnies, des opinions = FUSIONNER. v. n. Faire fusion. = SE FUSIONNER. v. pron.

FUSIONNISTE. adj. 2 g. [Pr. *fu-zio-niste*]. Qui veut la fusion des partis. *Politique f.* || Subst. *Le parti des fusionnistes.*

FUST (JEAN), orfèvre de Mayence, s'associa à Gutenberg et à Schœffer dans leurs premiers essais d'imprimerie (xve s.).

FUSTANELLE. s. f. [Pr. *fous-tanè-le*] Sorte de jaquette que portent les Grecs modernes.

FUSTE. s. f. (lat. *fustis*, bâton). Sorte de bâtiment long et de bas bord, qui va à voiles et à rames. Vx.

FUSTEL DE COULANGES, érudit et historien fr., né à Paris (1830-1889).

FUSTER. v. n. T. Chass. Se dit de l'oiseau pris qui s'échappe, ou qui évite le piège.

FUSTET. s. m. [Pr. *fus-tè*] (esp. *fustete*, m. s., de l'arabe, *fostoc*, pistachier). T. Bot. Nom vulgaire du *Rhus Cotinus* de la famille des *Anacardiacées*. Voy. ce mot. — On donne aussi ce nom au bois ou à l'écorce de cette plante qui fournit une matière tinctoriale jaune. Voy. FUSTINE.

FUSTIBALE. s. m. (lat. *fustis*, bâton ; gr. βαλλειν, jeter). Sorte d'arme qui consistait en un bâton long d'environ un mètre, au milieu duquel était attachée une fronde de cuir. *On prenait le f. à deux mains et on lançait ainsi de grosses pierres avec une grande force.*

FUSTIE. s. m. T. Bot. Syn. de *Fustet.* Voy. ce mot.

FUSTIGATION. s. f. [Pr... *sion*]. Action de fustiger.

FUSTIGER. v. a. (lat. *fustigare*. m. s. de *fustis*, bâton). Battre à coups de verges ou de fouet. *Il faisait f. ses esclaves pour la moindre faute.* || Fig. Châtier, corriger, reprendre. = FUSTIGÉ, ÉE. part. = Syn. Voy. FOUETTER.

FUSTINE. s. f. (R. *fustet*) T. Chim. Glucoside contenu, à l'état de combinaison avec un tanin, dans le bois de fustet (*Rhus cotinus*). Ce glucoside cristallise en aiguilles fusibles à 219°, très solubles dans l'eau bouillante, dans l'alcool et dans les alcalis. Chauffé avec l'acide sulfurique étendu, il se dédouble en une matière sucrée et en fisétine.

La *Fisétine* est la matière colorante du fustet. On lui attribue la formule C³⁰H¹⁰O⁹. Elle cristallise en petits prismes jaunes, sublimables, peu solubles dans l'eau, très solubles dans l'alcool. Elle réduit la liqueur de Fehling. Les alcalis brunissent sa solution alcoolique. Fondue avec la potasse caustique, elle donne de la phloroglucine et de l'acide protocatéchique.

Le bois de fustet sert au tannage et à la teinture en jaune des peaux et des cuirs. On l'emploie peu pour teindre la laine, car les nuances ne résistent pas à la lumière.

FUSULINIDES. s. f. pl. [Pr. *fu-zu-li-nides*]. T. Zool. Famille de *Foraminifères* du groupe des Perforés calcaires. Là, i. n'y a ni intersquelette, ni canaux périphériques. La coquille est divisée en un grand nombre de loges disposées suivant une spirale plane, dont les divers tours se recouvrent complètement. Chez l'adulte, la coquille se ferme tout à fait. Les genres de cette famille sont abondants dans le calcaire carbonifère et le Permien.

FUSUS ou **FUSEAU.** s. m. (lat. *fusus*, fuseau). T. Zool. Genre de *Mollusques gastéropodes* dont la coquille est allongée et renflée à son milieu en forme de fuseau ; la columelle est lisse, arquée et terminée par un long canal droit. Les Fuseaux habitent toutes les mers chaudes et tempérées. Voy. FUSIDÉS.

FÛT. s. m. (lat. *fustis*, bâton). T. Archit. La tige de la colonne, la partie qui est entre la base et le chapiteau. Voy. COLONNE et ORDRE. — Par anal., on dit, *Le fût d'un candélabre, d'une girouette*, etc. || Le bois sur lequel est monté le canon d'un fusil, d'un pistolet, etc. Par anal., le morceau de bois qui sert de monture à certains outils. *Le f. d'un rabot.* || Toute espèce de futaille. *On rendra les vieux fûts au marchand.* || T. Mur. Assemblage de petites lattes qui forment la monture de la girouette d'un bâtiment || T. Mus. Baguette de l'archet d'un violon. — Buffet d'un orgue. || Jeux. Bois de la raquette. || T. Véner. Partie principale du bois d'un cerf. || T. Relieur. *Fût de couteau*, Outil qui sert pour rogner la tranche des livres.

FUTAIE. s. f. (R. *fût*). Bois qu'on a laissé grandir et qu'on a éclairci, de manière que chaque arbre puisse atteindre son entier développement. Les grandes futaies des belles forêts, telles que celles de Compiègne et de Fontainebleau, présentent un caractère de grandeur et de majesté qui impressionne vivement le spectateur. Voy. SYLVICULTURE.

FUTAILLE. s. f. [Pr. *fu-ta-lle*, *ll* mouill]. (R. *fût*). Vaisseau de bois à mettre le vin ou d'autres liqueurs. *F. vide.* — *F. montée*, Celle dont les douves sont reliées ensemble au moyen de cercles, et qui est munie de ses fonds et de ses barres. *F. en botte*, Celle dont les différentes parties sont préparées, mais non ajustées et montées. || Se dit collectiv. d'une certaine quantité de tonneaux. *Voilà bien de la f.*

FUTAILLERIE. s. f. [Pr. *fu-ta-lle-rie*, *ll* mouillées]. Bois pour futailles.

FUTAINE. s. f. (R. *Fostat*, faubourg du Caire, d'où l'on importait cette étoffe). Sorte de tissu croisé dont la chaîne est de fil et la trame de coton.

FUTÉ, ÉE. adj. (Part. de l'anc. verbe *fustor*, battre). Fin, rusé, adroit. *C'est un f. matois. Cette femme est bien futée.* Fam. — Subst., *Un petit f.* || T. Blas. Se dit d'un arbre dont le tronc et les rameaux, ou bien d'une javeline ou autre arme dont le fer et le bois sont d'un émail différent. *D'argent à l'orme de sinople f. de sable.*

FUTÉE. s. f. (R. *fût*). Espèce de mastic composé de sciure de bois et de colle forte, propre à boucher les fentes et les trous des pièces de bois.

FUTILE. adj. 2 g. (lat. *futilis* m. s.) Qui est de nulle importance, dépourvu de valeur, de peu de considération. *Raisons, arguments, discours, paroles futiles. Un talent f.* || En parlant des personnes, sign. qui n'a rien de sérieux dans l'esprit, qui agit et parle sans réflexion. *Un homme f. Des esprits futiles.* = Syn. V. FRIVOLE. || s. m. T. Antiq. rom. Vase allongé se terminant par une pointe et qui servait dans les sacrifices offerts à Vesta.

FUTILEMENT. adv. D'une manière futile.

FUTILITÉ. s. f. Caractère de ce qui est futile. *La f. de ce raisonnement, de ces discours.* On ne peut se faire une idée de la f. de son esprit. || Chose futile. *Un livre rempli de futilités. S'attacher à des futilités.*

FUTUM. s. m. T. [Pr. *fu-tom*]. Antiq. Sorte de vase à fond très étroit, dans lequel on recueillait les restes des sacrifices.

FUTUR, URE. adj. (lat. *futurus*, m. s. part. fut. du verbe *esse*, être). Qui est à venir. *Le temps f. La vie future. Ce fut un présage de sa grandeur future. Les races futures. L'incertitude des choses futures.* — En style de notaire. *F. mariage*, Mariage dont on dresse le contrat. *Les futurs époux*, Les deux personnes qui contractent ensemble pour se marier ensuite. On dit de même, *Le f. époux, la future épouse*, ou subst., *Le f., la future*, etc. On dit aussi, *Il est allé rendre visite à sa future. Sa belle-mère future. Son futur gendre*, etc. = Futur. s. m. T. Log. *F. contingent*, Ce qui peut arriver ou n'arriver pas. ‖ T. Gram. Temps d'un verbe indiquant que l'action exprimée par le verbe s'accomplira. Voy. Conjugaison et Temps.

FUTURITION. s. f. [Pr....*sion*] (R. *futur*). T. Didact. Qualité d'une chose en tant que future.

FUYANT, ANTE. adj. [Pr. *fui-ian*] (R. *fuir*). Se dit de tout ce qui, comparé à un autre objet, paraît s'enfoncer plus ou moins. *Les parties fuyantes d'un tableau. Il a un front f.* — *Échelle fuyante.* V. Perspective.

FUYARD, ARDE. adj. [Pr. *fui-iar*]. Qui s'enfuit, qui a coutume de s'enfuir. *Animaux fuyards. Troupes fuyardes.* = Fuyard. s. m. Se dit des gens de guerre qui s'enfuient des combats. *Poursuivre, rallier les fuyards. Un fuyard est venu jeter l'alarme dans la ville.* ‖ Autrefois, celui qui prenait la fuite pour ne pas tirer à la milice. *Quand un f. était arrêté, il était milicien de plein droit.*

FUZELIER, auteur dramatique fr., né à Paris (1672-1752).

FYT (Jean). peintre d'animaux, né à Anvers (1609-1661).

FIN DU TOME QUATRIÈME

2me Série   Prix : 50 centimes

CAMILLE FLAMMARION

DICTIONNAIRE
ENCYCLOPEDIQUE
UNIVERSEL

ILLUSTRÉ DE
20000 FIGURES

SCIENCES
ARTS
LETTRES
INDUSTRIE
HISTOIRE
GRAMMAIRE
GÉOGRAPHIE
DÉCOUVERTES

Boudin

PARIS

E. FLAMMARION

LIBRAIRE-ÉDITEUR

26, RUE RACINE, PRÈS L'ODÉON

CAMILLE FLAMMARION

DICTIONNAIRE
ENCYCLOPEDIQUE
UNIVERSEL

ILLUSTRÉ DE
20000 FIGURES

DÉPÔT LÉGAL
Seine
Nº 6
1896

SCIENCES
ARTS
LETTRES
INDUSTRIE
HISTOIRE
GRAMMAIRE
GÉOGRAPHIE
DÉCOUVERTES

PARIS
E. FLAMMARION
LIBRAIRE-ÉDITEUR
26, RUE RACINE, PRÈS L'ODÉON

4ᵐᵉ Série

Prix : 50 centimes

CAMILLE FLAMMARION

DICTIONNAIRE

ENCYCLOPÉDIQUE

UNIVERSEL

ILLUSTRÉ DE
20000 FIGURES

DÉPOT LÉGAL
Seine
Nº
1896

SCIENCES
ARTS
LETTRES
INDUSTRIE
HISTOIRE
GRAMMAIRE
GÉOGRAPHIE
DÉCOUVERTES

PARIS

E. FLAMMARION

LIBRAIRE-ÉDITEUR

26, RUE RACINE, PRÈS L'ODÉON

re Série

Prix : 50 centimes

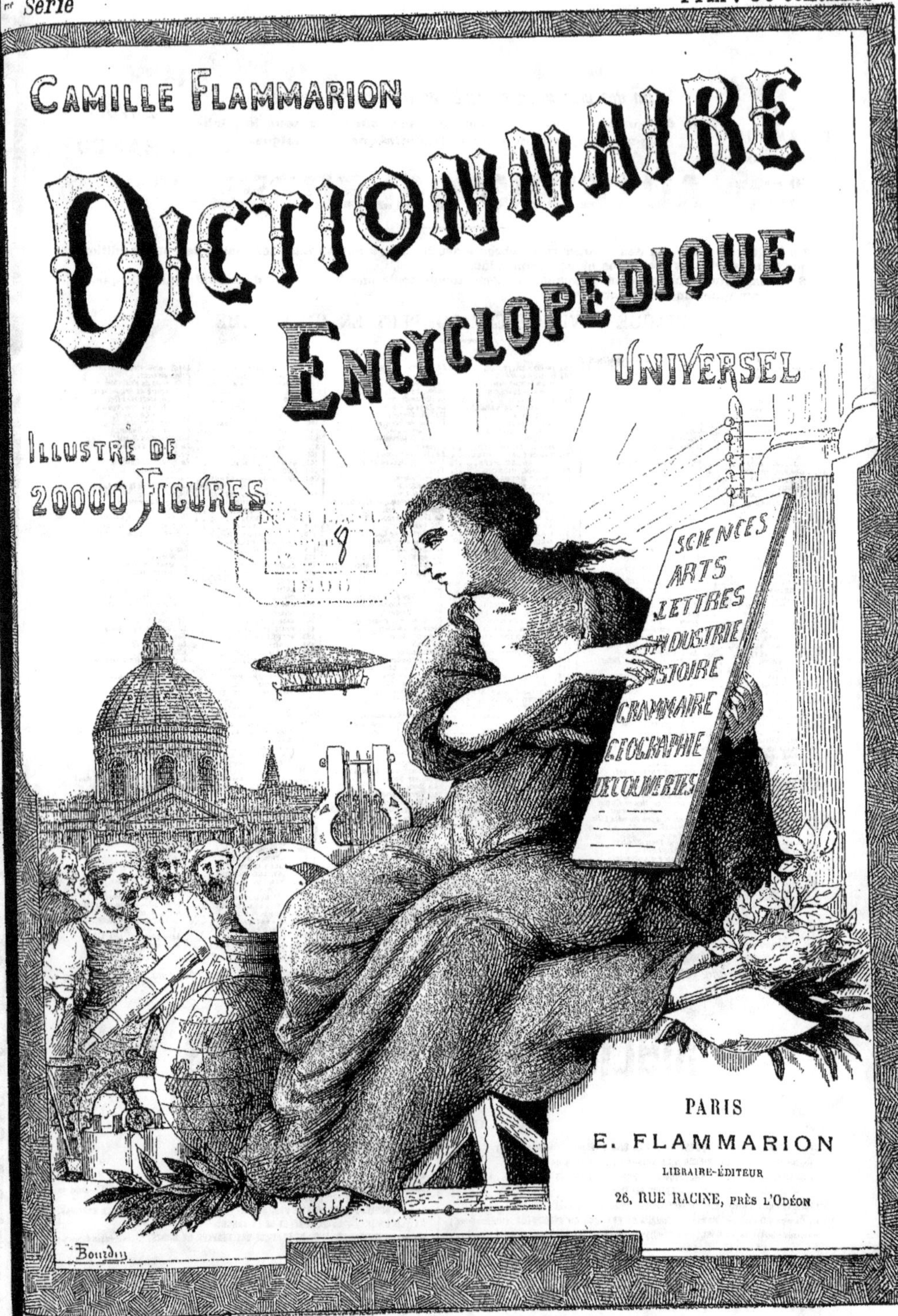

CAMILLE FLAMMARION

DICTIONNAIRE

ENCYCLOPEDIQUE

UNIVERSEL

ILLUSTRÉ DE
20000 FIGURES

SCIENCES
ARTS
LETTRES
INDUSTRIE
HISTOIRE
GRAMMAIRE
GÉOGRAPHIE
DÉCOUVERTES

PARIS
E. FLAMMARION
LIBRAIRE-ÉDITEUR
26, RUE RACINE, PRÈS L'ODÉON

7me Série

Prix : 50 centimes

CAMILLE FLAMMARION

DICTIONNAIRE
ENCYCLOPÉDIQUE
UNIVERSEL

ILLUSTRÉ DE 20000 FIGURES

SCIENCES
ARTS
LETTRES
INDUSTRIE
HISTOIRE
GRAMMAIRE
GÉOGRAPHIE
DÉCOUVERTES

PARIS
E. FLAMMARION
LIBRAIRE-ÉDITEUR
26, RUE RACINE, PRÈS L'ODÉON

mc Série

Prix : 50 centimes

Camille Flammarion

DICTIONNAIRE

ENCYCLOPEDIQUE

UNIVERSEL

ILLUSTRÉ DE
20000 FIGURES

SCIENCES
ARTS
LETTRES
INDUSTRIE
HISTOIRE
GRAMMAIRE
GÉOGRAPHIE
ET TOURISES

PARIS

E. FLAMMARION

LIBRAIRE-ÉDITEUR

26, RUE RACINE, PRÈS L'ODÉON

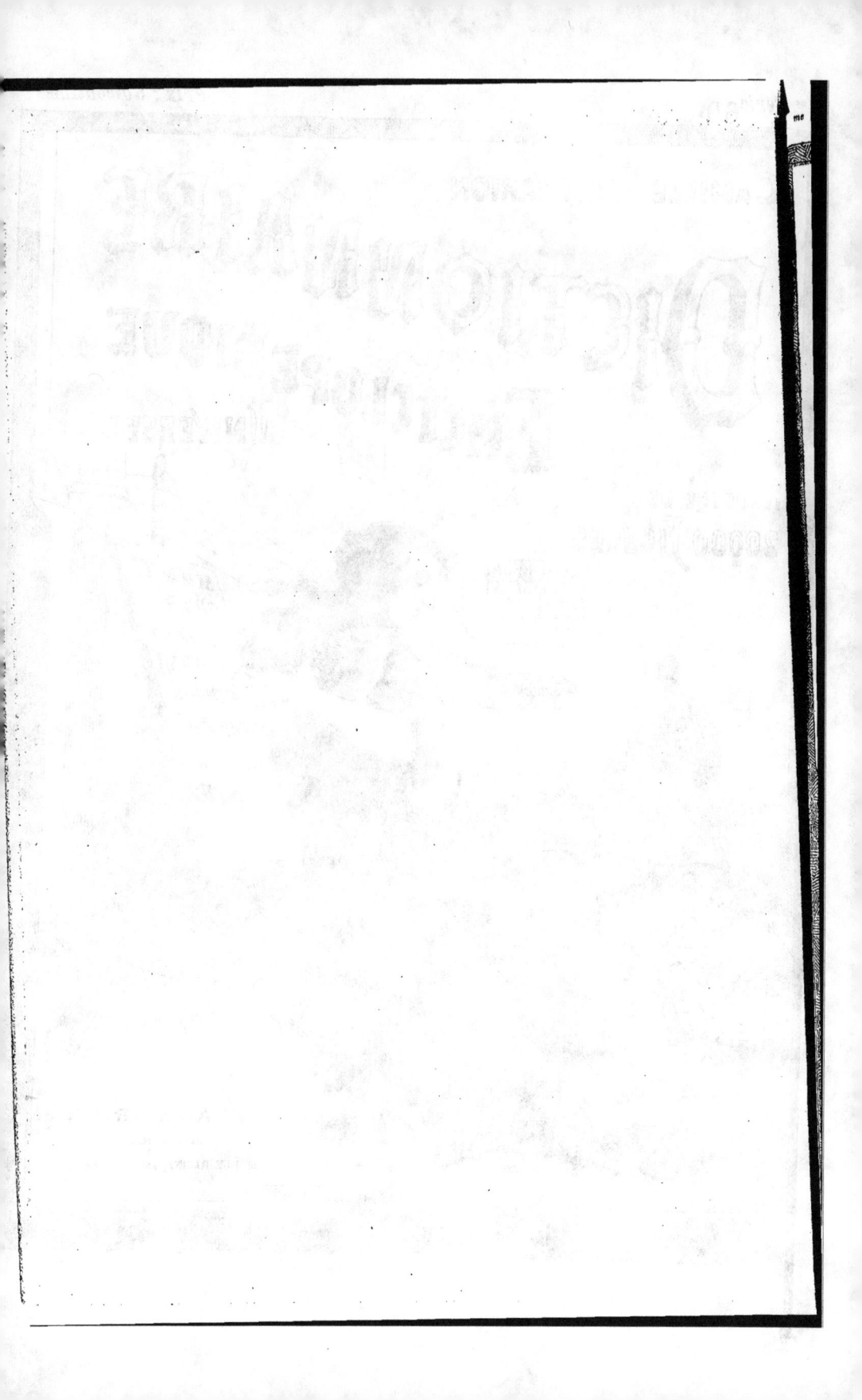

me Série 69

Prix : 50 centimes

Camille Flammarion

DICTIONNAIRE

ENCYCLOPÉDIQUE

UNIVERSEL

ILLUSTRÉ DE
20000 FIGURES

DÉPÔT LÉGAL
SEINE
No
1896

SCIENCES
ARTS
LETTRES
INDUSTRIE
HISTOIRE
GRAMMAIRE
GÉOGRAPHIE
DÉCOUVERTES

Bourdais

PARIS

E. FLAMMARION

LIBRAIRE-ÉDITEUR

26, RUE RACINE, PRÈS L'ODÉON

me

ᵐᵉ Série 7 U

Prix : 50 centimes

CAMILLE FLAMMARION

DICTIONNAIRE ENCYCLOPEDIQUE

UNIVERSEL

ILLUSTRÉ DE 20000 FIGURES

SCIENCES
ARTS
LETTRES
INDUSTRIE
HISTOIRE
GRAMMAIRE
GEOGRAPHIE
DÉCOUVERTES

Bourdin

PARIS

E. FLAMMARION

LIBRAIRE-ÉDITEUR

26, RUE RACINE, PRÈS L'ODÉON

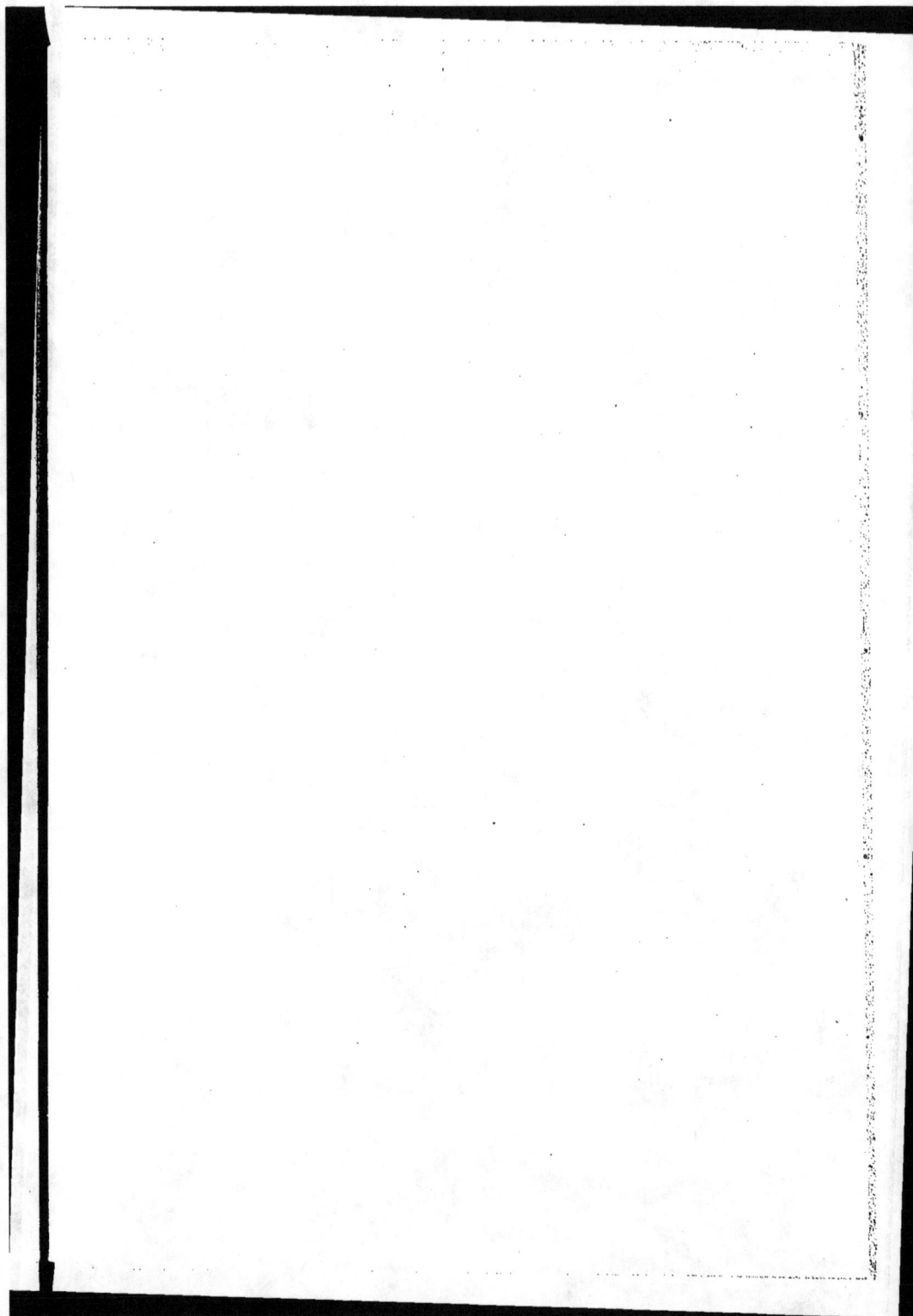

Série 1   Prix : 50 centimes

CAMILLE FLAMMARION

DICTIONNAIRE
ENCYCLOPÉDIQUE
UNIVERSEL

ILLUSTRÉ DE
20000 FIGURES

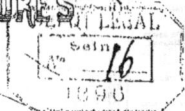

DÉPÔT LÉGAL
Seine
N° 16
1896

SCIENCES
ARTS
LETTRES
INDUSTRIE
HISTOIRE
GRAMMAIRE
GÉOGRAPHIE
DÉCOUVERTES

PARIS
E. FLAMMARION
LIBRAIRE-ÉDITEUR
26, RUE RACINE, PRÈS L'ODÉON

Camille Flammarion

Dictionnaire Encyclopédique

Universel

ILLUSTRÉ DE
20000 FIGURES

SCIENCES
ARTS
LETTRES
INDUSTRIE
HISTOIRE
GRAMMAIRE
GÉOGRAPHIE
DÉCOUVERTES

PARIS

E. FLAMMARION

LIBRAIRE-ÉDITEUR

26, RUE RACINE, PRÈS L'ODÉON

me

me Série 73

Prix : 50 centimes

CAMILLE FLAMMARION

DICTIONNAIRE ENCYCLOPEDIQUE UNIVERSEL

ILLUSTRÉ DE 20000 FIGURES

SCIENCES
ARTS
LETTRES
INDUSTRIE
HISTOIRE
GRAMMAIRE
GÉOGRAPHIE
DÉCOUVERTES

Bondin

PARIS

E. FLAMMARION

LIBRAIRE-ÉDITEUR

26, RUE RACINE, PRÈS L'ODÉON

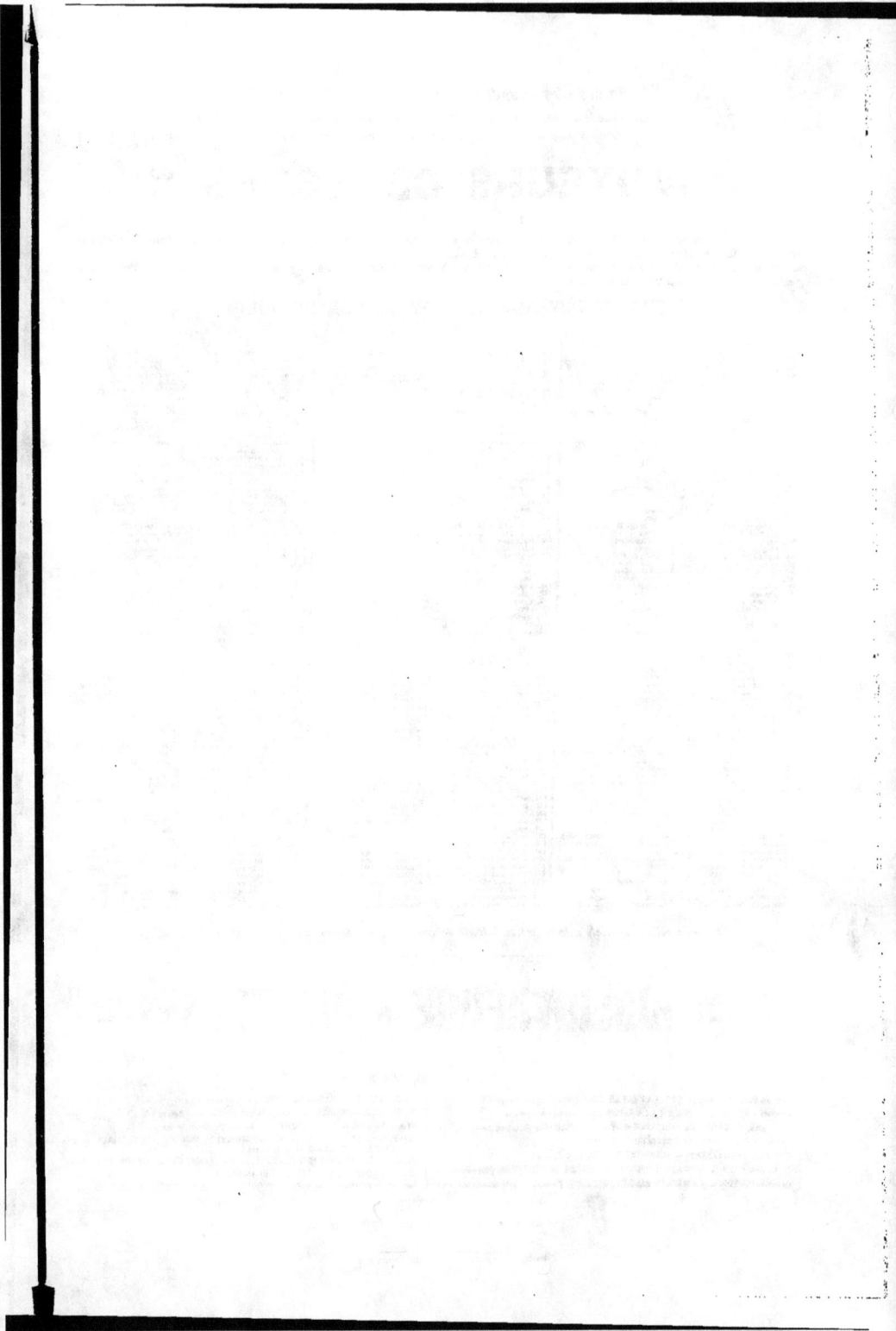

me Série 74

Prix : 50 centimes

CAMILLE FLAMMARION

DICTIONNAIRE
ENCYCLOPEDIQUE
UNIVERSEL

ILLUSTRÉ DE
20000 FIGURES

DÉPOT LÉGAL
Seine
1896

SCIENCES
ARTS
LETTRES
INDUSTRIE
HISTOIRE
GRAMMAIRE
GÉOGRAPHIE
DÉCOUVERTES

PARIS
E. FLAMMARION
LIBRAIRE-ÉDITEUR
26, RUE RACINE, PRÈS L'ODÉON

Série   PRIX : 50 centimes

CAMILLE FLAMMARION

DICTIONNAIRE ENCYCLOPEDIQUE UNIVERSEL

ILLUSTRÉ DE 20000 FIGURES

SCIENCES
ARTS
LETTRES
INDUSTRIE
HISTOIRE
GRAMMAIRE
GÉOGRAPHIE
DÉCOUVERTES

PARIS

E. FLAMMARION

LIBRAIRE-ÉDITEUR

26, RUE RACINE, PRÈS L'ODÉON

me Série 76

Prix : 50 centimes

CAMILLE FLAMMARION

DICTIONNAIRE ENCYCLOPEDIQUE UNIVERSEL

ILLUSTRÉ DE 20000 FIGURES

DÉPOT LÉGAL
Seine
N° 2
1897

SCIENCES
ARTS
LETTRES
INDUSTRIE
HISTOIRE
GRAMMAIRE
GEOGRAPHIE
DECOUVERTES

PARIS

E. FLAMMARION

LIBRAIRE-ÉDITEUR

26, RUE RACINE, PRÈS L'ODÉON

Bourdin

me Série 78

Prix : 50 centimes

CAMILLE FLAMMARION

DICTIONNAIRE

ENCYCLOPEDIQUE

UNIVERSEL

ILLUSTRÉ DE
20000 FIGURES

SCIENCES
ARTS
LETTRES
INDUSTRIE
HISTOIRE
GRAMMAIRE
GEOGRAPHIE
DECOUVERTES

PARIS
E. FLAMMARION
LIBRAIRE-ÉDITEUR
26, RUE RACINE, PRÈS L'ODÉON

CAMILLE FLAMMARION

DICTIONNAIRE

ENCYCLOPÉDIQUE

UNIVERSEL

ILLUSTRÉ DE
20000 FIGURES

SCIENCES
ARTS
LETTRES
INDUSTRIE
HISTOIRE
GRAMMAIRE
GÉOGRAPHIE
ÉTOILERIES

PARIS
E. FLAMMARION
LIBRAIRE-ÉDITEUR
26, RUE RACINE, PRÈS L'ODÉON

CAMILLE FLAMMARION

DICTIONNAIRE

ENCYCLOPEDIQUE

UNIVERSEL

ILLUSTRÉ DE
20000 FIGURES

SCIENCES
ARTS
LETTRES
INDUSTRIE
HISTOIRE
GRAMMAIRE
GÉOGRAPHIE
DÉCOUVERTES

PARIS
E. FLAMMARION
LIBRAIRE-ÉDITEUR
26, RUE RACINE, PRÈS L'ODÉON

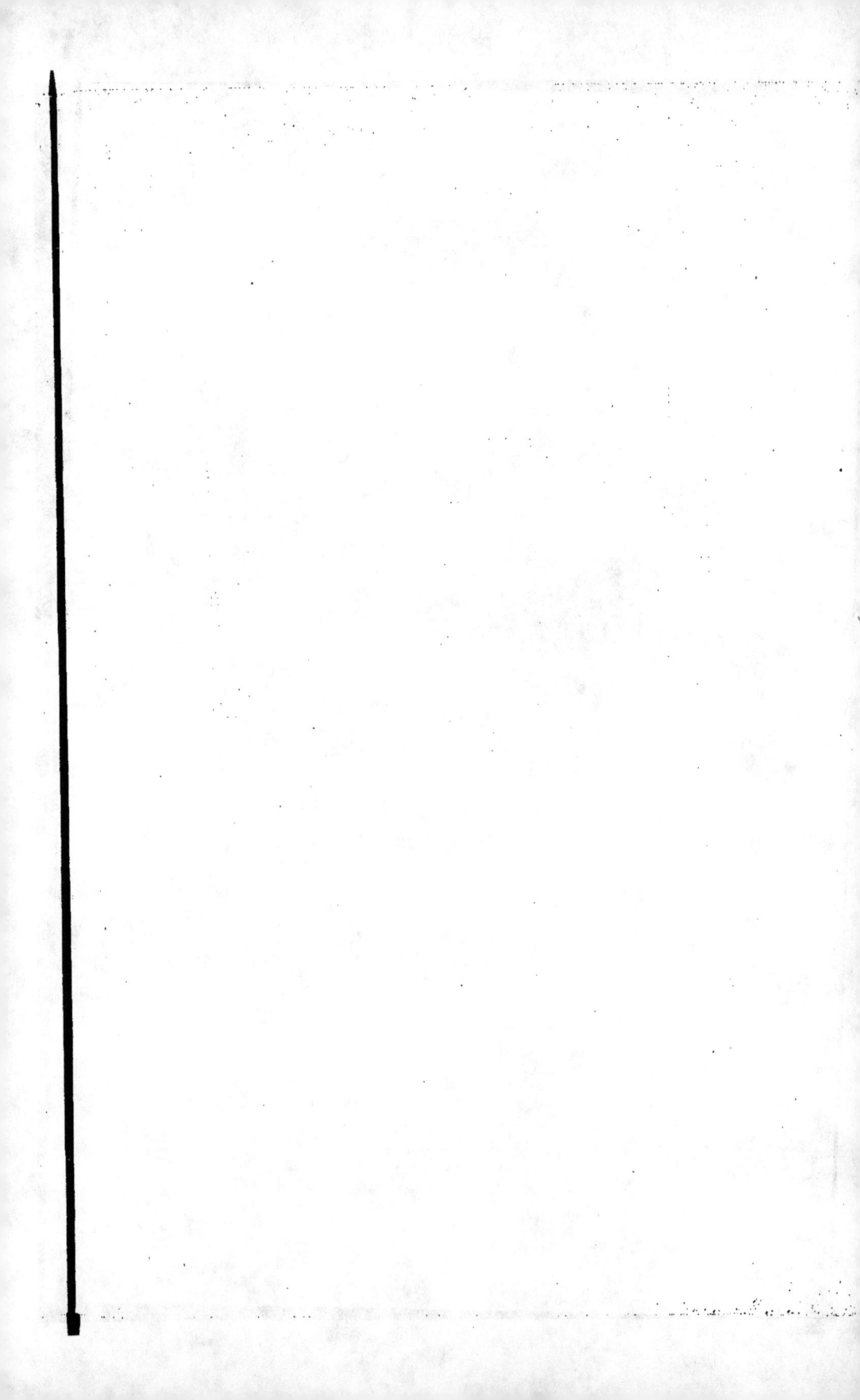

www.ingramcontent.com/pod-product-compliance
Lightning Source LLC
Chambersburg PA
CBHW060535280326
41932CB00011B/1293